복 있는 사람

오직 여호와의 율법을 즐거워하여 그 율법을 주야로 묵상하는 자로다.
저는 시냇가에 심은 나무가 시절을 좇아 과실을 맺으며 그 잎사귀가 마르지 아니함 같으니
그 행사가 다 형통하리로다 (시편 1:2-3)

하나님 나라 신학으로 읽는 모세오경

하나님 나라 신학으로 읽는 모세오경

모세
五經

김회권 지음

복 있는 사람

하나님 나라 신학으로 읽는 모세오경

2017년 2월 20일 초판 1쇄 발행
2020년 10월 20일 초판 3쇄 발행

지은이 김회권
펴낸이 박종현

도서출판 복 있는 사람
주소 서울특별시 마포구 연남동 246-21(성미산로23길 26-6)
전화 02-723-7183, 7734(영업·마케팅)
팩스 02-723-7184
이메일 blesspjh@hanmail.net
등록 1998년 1월 19일 제1-2280호

ISBN 978-89-6360-214-1 03230

이 도서의 국립중앙도서관 출판예정도서목록(CIP)은
서지정보유통지원시스템 홈페이지(http://seoji.nl.go.kr)와 국가자료공동목록시스템
(http://www.nl.go.kr/kolisnet)에서 이용하실 수 있습니다. (CIP 제어번호: 2017002053)

십여 년 이상 독자들의 사랑을 받아 오던 대한기독교서회 간 『하나
님 나라 신학의 관점에서 읽는 모세오경 1』과 『하나님 나라 신학의
관점에서 읽는 모세오경 2』가 복 있는 사람 출판사를 통해 합본 개
정증보판으로 나오게 되었다. 월간지 『기독교 사상』 2003년 3월호
부터 2004년 12월호까지 「김회권의 성서해설」이라는 꼭지로 창
세기·출애굽기·레위기 강해를 마칠 수 있었고, 2005년 1월부터
2006년 2월까지 월간지 『목회와 신학』의 부록 『그 말씀』에 「김회권
목사의 성경강해」라는 꼭지로 민수기·신명기 강해를 마칠 수 있었
다. 대한기독교서회의 『하나님 나라 신학의 관점에서 읽는 모세오경
1·2』는 『기독교 사상』과 『그 말씀』에 연재된 원고를 거의 그대로
출간하였다. 그 책들이 출간된 지 10년이 넘어 개정증보판을 내게
된 이유는 두 가지다. 우선 그동안 저자의 모세오경 연구 결과를 반
영하고 싶었다는 점이다. 또한 좀 더 자세한 모세오경 강해서를 요
청한 독자들의 필요에도 부응하고 싶었다. 이번에 복 있는 사람 출
판사에서 단권으로 내는 『하나님 나라 신학으로 읽는 모세오경』은
몇 가지 면에서 명실공히 전면 개정증보판이다.

　지난번 강해서가 모세오경 통독을 도와주는 통독 참고서 정도였
다면, 이번 단권 개정증보판은 모든 장과 단락을 구분해 주해한 강
해서다. 특히 창세기 1-11장의 신학적 범례와 도식을 따르는 원시역
사 부분을 한층 자세하게 주해했고, 신명기 부분을 좀 더 분명한 구

8

속사적 관점을 가지고 대폭 수정하고 보완했다. 지난 책과 같이 2차 자료에 많이 의존하지 않고 히브리어 본문과 한글성경, 기타 영어성경을 참조하며 강해했다. 또한, 하나님 나라 신학의 관점과 예수 그리스도의 십자가 구원 예고를 구약성경의 최고 기여라고 보는 구속사적 관점 둘 다를 염두에 두고 모세오경 각 책을 해석했다. 모세오경의 최초 독자였을 이스라엘 백성의 관점(족장 시대, 모세 시대, 왕국 시대, 왕국분열 시대, 그리고 바벨론 포로기와 그 이후 시기의 구두독자와 문서독자 모두를 포함)에서 읽으려는 노력, 곧 매 순간 하나님의 명령과 규례에 복종함으로써 하나님의 다스림과 통치를 경험하고 매개하는 원리는 여전히 유지되지만, 또한 예수 그리스도가 십자가에서 이룬 구원의 복음을 믿고 아브라함과 이삭과 야곱의 식탁에 참여한 ^{마 8:11} 그리스도인, 곧 새 이스라엘의 관점에서 읽으려고도 노력했다. 모세오경을 어디까지나 그리스도인의 경전으로 읽으려고 했다는 것이다. 끝으로, 모세오경의 최종 본문을 해석 대상으로 삼았지만 모세오경 곳곳에서 발견되는 후대 저자(들)의 관점을 주목해서 강해했다. 따라서 일부 본문 강해에서는 역사적-비평적 관점을 수용해 해석했다.[1] 모세는 모세오경을 쓰게 한 '사역형 저자'다. 책으로서의 모세오경 편찬 저자는 모세보다 훨씬 후대에 모세적인 관점을 가지고 야웨와 이스라엘의 언약을 수호하려고 한 예언자적 저자들이다. 모세오경은 아브라함, 이삭, 야곱의 구두전승을 집대성하여 이스라엘 민족의 초기 형성에 결정적으로 이바지한 모세가 쓰기 시작해서 훨씬 후대에 등장한 모세의 후계자들이 마침내 완성한 하나님의 구속 계시사다. 본 강해서의 모세오경 해석에 작동하는 한 가지 전제는 모세와 그의 후계자들인 모세오경 마지막 편찬 저자들의 관점이 타원형 구조를 이루고 있다는 것이다.

이 책을 읽는 독자들을 위하여 몇 가지 안내의 말씀을 드리고자 한다. 첫째, 이 책은 애초부터 한글성경을 가지고 설교를 준비하거나 주일학교 강의안을 준비해야 하는 목회자들과 신학교에 재학 중인 전도사, 주일학교 교사, 그리고 성경을 통하여 자신의 신앙 성장을 꿈꾸는 신자들의 눈높이에 맞춘 강해서다. 비록 중요한 곳곳마다 히브리어 성경을 음역하여 원문이나 원어를 소개하고 있지만, 난해한 히브리어 본문에 대한 원전해석을 시도하지 않으며 그와 관련된 쟁점들을 거의 다루지 않는다. 또한 전통적인 절 단위의 주석을 시도하지 않고 단락과 단원을 중심으로 강해한다. 각 단원의 강해는 그 자체로 하나의 설교가 될 정도로 어느 만큼의 자기완결성을 가지고 있다. 하지만 이 책이 적용 위주의 강해서는 아니다. 어떤 부분에서는 강해를 시도하기보다는 구약 본문을 현대어로 쉽게 풀어쓴 것과 같은 수준의 평이한 해석을 내놓는다. 또 어떤 부분에서는 주의 깊게 읽지 않았을 때에는 잘 포착되지 않던 해석상의 요점들을 부각시킨다. 예를 들어, 각 장의 연관성, 상이해 보이는 주제들의 관련성, 어떤 장이 왜 현재의 위치에 배치되었는지 등에 대하여 가능한 대답을 제시하면서 해석하려고 노력했다. 특히 각 장과 장 사이의 연속성과 보다 더 큰 단원과 단원, 단락과 단락 사이의 유기체적인 연관성을 드러내는 데 주의를 기울였다.

둘째, 본 강해서는 모세오경 안에서 하나님의 음성을 듣기 원하는 독자, 곧 모세오경의 규범적 권위를 믿는 독자들의 갈증에 응답하려고 한다. 그동안 서구의 성서비평학을 연마한 전문학자들은 상당한 수준의 학문적 노작을 산출해 내었다. 그러나 실상 모세오경에 대한 전문학자들의 연구는 예상과 달리 그렇게 썩 많지 않다. 설령 있다 하더라도 (그런 저작은 그 자체로 소중한 연구이지만) 19세기 이후 독일을 중심으로 발전한 복잡한 성서비평학과 역사적-비평적 방법에 익숙하지 않은 독자들에게는 손쉽게 활용되지 못한다는 한계를 드러내고 있다. 성경에서 이스라엘의 과거 역사를 재구성하려는 역사적-비평적 관점의 연구들은 성경 말씀에서 "오늘 지금 여기서 필요한 하나님의 음성을 듣고자 열망하는" 하나님의 백성들에게 하나님의 말씀을 효과적으로 매개하지 못한다는 것이다. 이 강해서는 모세오경을 인간의 죄와 불순종을 초극하시는 하나님의 은혜를 송축하는 '하나님의 구원사'로 읽으며 그 안에서 신앙과 삶의 지침을 찾으려는 독자들이 모세오경 말씀의 세계 속으로 직접 들어가도록 격려하고 있다. 모세오경을 읽는 하나님의 백성들은 오늘날에도 그 안에서 하나님의 음성을 듣고자 열망하며 광야 같은 세상살이에 빛이 되고 등불이 되는 권위 있는 가르침을 얻고자 한다. 그래서 저자는 모세오경의 배후에 있는 역사적인 배경에 대한 지식이 적거나 거의 없는 해석자라 할지라도 본문 안에서 하나님의 말씀을 들을 수 있는 길이 있음을 보여주고자 하였다. 본문 사이사이에 있는 여섯 꼭지의 보설補說은 학술적 관심을 가진 독자들을 위해 추가한 것이므로, 학술적 관심이 없는 독자들은 읽지 않고 넘어가도 된다.

셋째로, 본 강해서는 '하나님 나라 신학'의 관점에서 쓰였다. 이와 같은 관점을 전통적으로는 '구속사적 관점' 읽기라고 말하는데, 이 용어에는 개인 구원에 대한 강조가 두드러지고 전우주적이고 사회정치적인 차원의 공적 질서로서의 하나님 나라 사상이 잘 부각되지 않는다. 따라서 우리는 하나님 나라 신학의 관점이라는 보다 포괄적인 용어를 사용하고자 한다. '하나님 나라'는 예수님께 저작권이 귀속되는 신학 개념이다. 예수님은 모세오경부터 예언서, 시편 모두를 자신에 관한 말씀으로 읽되 자신의 선先 고난감수, 후後 영광획득의 관점에서 푸셨다.눅 24:27-44 예수님은 구약성경을 하나님 나라의 복음으로 압축하셨고, 하나님의 창조로부터 하나님께 순종하는 한 백성, 곧 하나님 나라를 세우시려는 하나님 아버지의 뜻을 이루시려고 오셨다.^{마 5:17-19, 6:9-10, 33-34, 요 4:34, 5:36-39, 8:29} 예수 그리스도는 모세가 바로 모세오경에서 자신에 대하여 썼고(이상적으로 순종할 아브라함의 후손 대망),^{요 5:46} 아브라함은 심지어 자신의 후손 예수 그리스도를 통해 성취될 천하 만민을 복되게 할 그날^{창 22:18}을 바라보고 즐거워했다고 단언하신다.^{요 8:56} 예수 그리스도가 말하는 하나님 나라는 하나님께 순종하는 한 무리의 거룩한 백성을 가리킨다. 창세기 1장부터 하나님의 유일한 관심은 하나님을 믿고 순종하며 하나님의 통치를 이 땅에 매개하고 구현할 한 거룩한 백성의 창조에 있었다. 예수 그리스도는 복음서의 숱한 담화 속에서 자신이 하나님 아버지께로부터 영생을 가져온 자로서, 산 자(하나님 나라에 들어간 자)와 죽은 자(하나님 나라에서 배제된 자)를 가르는 심판 권세, 곧 다니엘 7:13이 말하는 천상적 인자^{人子}의 권세를 위탁받았다고 주장하신다.^{마 28:18-20, 막 2:5-10, 요 5:18, 8:16-19, 28-29} 인자가 되신 예수 그리스도는 이 땅에서부터 죄를 용서하는 권세를 발휘해 반역적인 세상을 하나님의 통치에 복속시키는 일을 하신다는 것이다.

예수 그리스도의 십자가 죽음과 부활은 먼저는 유대인(이스라엘)을 하나님께 재복속시키는 구원 갱신의 하나님 나라 복음이요, 다음으로 이방인에게는 처음으로 이스라엘의 하나님, 곧 아브라함, 이삭, 그리고 야곱의 하나님의 식탁으로 초청하는 복음이다. 이방인의 사도요 비^非할례자의 사도인 바울은 이방인들을 상대로 죄 사함의 구원과 영생의 복음을 증거했는데 그 목적이 바로 아브라함, 이삭, 야곱의 식탁에 그들을 초청하려는 것이었다. 그래서 바울에게 '하나님 나라'는 "하나님의 말씀이 이방인 중에서도 흥왕하여 세력을 얻는" 현장이며 아브라함과 이삭과 야곱의 식탁 공동체가 온 세계 만민으로 확장되는 사건이다.^{행 19:20} 하나님 아버지께서는 예수 그리스도의 십자가 죽음과 부활로 인간의 모든 죄와 허물을 용서하시고 하나님과 언약을 맺기에 합당한 조건, 곧 의롭다하심을 선사하셨다. 유대인과 이방인 모두 예수 그리스도를 통해 확보된 구원의 길, 곧 의롭다하심을 얻는 길을 통해서만 성자의 십자가 순종과 부활을 통해 성부로부터 주어진 성령의 감화감동을 받을 수 있다. 성령의 감화감동 없이는 하나님의 계명과 율례, 법도와 규례에 복종할 수 없다. 하나님의 아들이신 예수 그리스도를 통해 선사된 성령의 감화감동을 통해서만 우리는 하나님 나라에 들어갈 수 있다. 창세기부터 요한계시록까지 하나님의 구원과 영생 은혜의 목적은 하나님의 생명 잔치에 참여해 하나님의 통치를 받는 데 있다. 죄와 죽음으로부터의 해방과 구원의 목적 자체가 하나님의 통치에 들어가기 위함이며, 이미 하나님께서 먼저 구원해 주신 믿음의 선진들의 공동체에 참여하는 데 있다.

결국 하나님 나라는 예수 그리스도를 믿는 믿음으로 누리게 되는 성령의 감화감동 속에 사는 구원받은 하나님의 자녀들에게 하나님의 말씀이 순종되고 복종되어 '현실'이 되는 세계다.시 103:19-22 모세오경은 먼저 이스라엘이라는 공동체 안에서 하나님 나라의 전초기지를 세우시려는 하나님의 분투를 증언한다. 모세오경은 세계를 통치하시고 온 우주를 다스리실 하나님께서 이스라엘 백성 공동체 안에서 '나라'를 세우시기 위해 이스라엘을 선택하시고 구원하시고 성별하시고 연단하시어 마침내 가나안 땅 안에 정착하게 하시는 이야기다. 따라서 모세오경 안에서는 이 세계 안에 하나님 나라를 세우시려는 하나님의 압도적인 의지가 인간들의 죄와 불순종을 초극한다. 첫 사람 아담의 반역과 불신앙, 온 인류의 반역과 불신앙, 그리고 이스라엘의 반역과 불순종은 이 세상 안에 하나님 나라를 세우시려는 하나님의 절대주권적 의지를 좌절시키는 데 실패한다. 모세오경의 가장 중심되는 예언은 천하 만민에게 하나님의 구원과 복을 나누어 줄 아브라함의 후손의 도래에 관한 것이다. 모세오경은 벌써부터 아브라함의 아들 예수 그리스도의 이상적인 순종과 신뢰가 천하 만민을 구원해 아브라함, 이삭, 야곱의 공동체에 참여시키는 그날을 바라본다. 모세오경은 복음서와 사도행전, 그리고 바울서신을 이미 내다보고 있는 셈이다.

마지막으로, 저자는 이 강해서가 모세오경 통독을 돕는 부교재로 사용되기를 기대한다. 성경을 처음 대하는 신자들일수록 통독형 성경공부가 큐티^{QT}식 성경묵상보다 어떤 점에서 더 효과적인 성경 입문이 될 수 있다. 특히 모세오경의 경우, 세부적인 단락이나 단위로 나누어 읽지 말고 앉은자리에서 연속적으로 한두 시간씩 통독하기를 권한다. 물론 모세오경 통독을 도와주는 참고서로 쓰였더라도 이 책을 읽는 것이 모세오경을 직접 통독하는 것을 결코 대체할 수 없다. 오직 모세오경 본문으로 인도하는 길라잡이의 역할에 머물기를 기대한다. 따라서 이 책의 유익은 곧 구약성경 통독의 유익과 거의 흡사하다.

구약성경을 통독할 때 오는 유익을 누가복음 24:13-49만큼 더 잘 예해(例解)하는 본문은 없다. 이스라엘 민족의 해방자로 굳게 믿었던 나사렛 예수가 어이없이 유대 당국자들과 로마 총독의 담합에 의하여 십자가에 처형당하자 예수의 제자들은 뿔뿔이 흩어져 버렸다.^{눅 24:19-20} 예루살렘에서 10km 정도 떨어진 엠마오로 낙향하는 두 제자도 큰 슬픔과 절망에 잠겨 예루살렘을 황급하게 탈출하고 있었다. 그들은 강력하던 나사렛 예수가 "그렇게 무기력하게 죽었다"는 사실이 믿기지 않아 길을 가면서 시종일관 그의 죽음에 대하여 서로 이야기하며 질문하고 있었다.^{눅 24:13-15} 그들은 예수님의 십자가 처형 자체도 믿을 수 없었지만 천사들로부터 '예수의 부활'을 통고받고 열두 제자 공동체에게 와서 "예수가 다시 사셨다"는 메시지를 전달

하는 여제자들의 횡설수설에 더욱 절망하였던 터였다.녹 24:22-23

　바로 이때 부활하신 예수님이 두 제자에게 부활신앙을 심어 주기 위하여 구약성경을 가르쳐 주신다. 그분은 통독 방식의 성경공부를 주도하신다. "선지자들이 말한 모든 것을 마음에 더디 믿는" 제자들에게녹 24:25 그리스도의 선 고난감수(십자가에서 세상 죄를 짊어짐), 후 영광획득(부활 후 하나님 우편보좌에 앉으심)을 증거하는 구약성경 자체의 논리요 3:14-16, 8:28, 12:32, 빌 2:6-11를 심도 있게 파헤쳐 주신다. 이러한 구약성경의 내적 논리를 모세오경에서부터 가르치신 것이다. "이에 모세와 모든 선지자의 글로 시작하여 모든 성경에 쓴 바 자기에 관한 것을 자세히 설명하시니라."녹 24:27 구약성경 통독 공부는 모세오경부터 시작해 예언서와 시편으로 끝났으며 그것의 결론은 "그리스도가 이런 고난을 받고 자기의 영광에 들어가야" 한다는 것이었다.녹 24:26 이처럼 성경의 일관된 논리를 깨우쳐 주시기 위해 부활하신 예수님은 모세오경부터 구약성경 통독을 주도하신다. 창세기부터 구약성경을 읽지 않으면서 예수님의 십자가 죽음과 부활을 이해하려는 것은 셰익스피어의 연극을 3막부터 보면서 감동받으려는 관객과 같다.

　엠마오로 낙향하는 두 제자에게 그리고 마가의 다락방에 모인 제자들에게 예수님은 자신의 부활을 믿도록 도와주기 위해 모세의 글부터 시작하여 선지자의 글을 거쳐 시편까지 나아가, 그리스도의 '필연적 고난'과 그것에 뒤이은 '필연적 영화화'를 다루는 모든 구약성경 본문을 자세히 설명하는 방식으로 성경을 가르쳐 주신 것이다. 자신의 부활체를 만져 보게 한다든지 자신의 부활 형상을 보게 하는 방식에 호소하는 것이 아니라 구약성경 자체의 내적 논리에 호소했다는 것이다. 누가복음 24:32은 부활하신 예수님이 주도한 통독 방식의 성경공부가 끼친 유익을 간결하게 증언한다. "그들이 서로 말하되 길에서 우리에게 말씀하시고 우리에게 성경을 풀어 주실 때에 우리 속에서 마음이 뜨겁지[불타지] 아니하더냐." 부활하신 예수님은 구약성경 통독으로 제자들의 냉담한 마음을 뜨겁게 만드신 것이다. 그리하여 제자들은 말씀의 역동적인 힘에 의해 불타오르게 되고, 그들은 외치지 않고는 견딜 수 없는 예레미야와 같이 말씀의 강력에 사로잡히게 된 것이다.렘 20:9 짧은 말씀 묵상으로는 쉽게 마음이 뜨거워지지 않으며 불붙지 않는다. 일정하게 집중된 장소에서 집중된 시간을 가지고 통독을 하면 냉담한 마음에 불이 붙는다. 마음에 불붙자 그들은 부활하신 예수님을 눈으로 볼 수는 없었지만 오히려 예수님의 부활에 대한 확신으로 다시 예루살렘으로 되돌아간다. 부활의 증인 공동체에 합류하게 된 것이다.

마가의 다락방에 모여든 제자들에게 부활하신 예수님은 또 한 번 모세오경을 필두로 구약성경 통독 공부를 주도하신다. "또 이르시되 내가 너희와 함께 있을 때에 너희에게 말한 바 곧 모세의 율법과 선지자의 글과 시편에 나를 가리켜 기록된 모든 것이 이루어져야 하리라 한 말이 이것이라 하시고 이에 그들의 마음을 열어 성경을 깨닫게 하시고."눅 24:44-45

부활하신 예수님은 처음에는 성경을 더디게 믿는 마음을 비추어 주시고 믿도록 설득하셨다.눅 24:25, 32 그런데 이제 마가의 다락방에서는 뜨겁게 달구어진 "그들의 마음을 열어 성경을 깨닫게" 하신다. 성경과 마음은 해석학적 순환 관계를 이룬다. 먼저 성경 말씀에 비추어 보면 우리 마음이 완악하고 굳어져 있음을 알게 된다. 그 다음 성경은 우리 마음을 계시에 민감한 마음으로 데워 주고 달구어 준다. 말씀에 의해 달구어지고 불붙게 된 마음은 그동안 감춰져 있던 성경 진리의 깊은 비밀까지 깨닫는 열린 마음으로 변화된다. 부활하신 주님은 부활한 자신을 보고도 참다운 부활신앙에 이르지 못하고,

땅끝까지 달려가야 할 부활의 증인으로서의 사명에 눈을 뜨지 못하고 있던 제자들을 근본적으로 갱생시키신다. 땅끝까지 전파되어야 할 복음의 미래에 대해, 그리고 땅끝까지 달려가기 전에 성령의 권능으로 가득 채움을 받아야 할 것에 대해 가르쳐 주신다.

> 또 이르시되 이같이 그리스도가 고난을 받고 제삼일에 죽은 자 가운데서 살아날 것과 또 그의 이름으로 죄 사함을 받게 하는 회개가 예루살렘에서 시작하여 모든 족속에게 전파될 것이 기록되었으니 너희는 이 모든 일의 증인이라. 볼지어다, 내가 내 아버지께서 약속하신 것을 너희에게 보내리니 너희는 위로부터 능력으로 입혀질 때까지 이 성에 머물라 하시니라. 눅 24:46-49

결국 부활하신 주님은 성경 통독을 통하여 이제 부활의 증인들이 왜 땅끝까지 달려가야 하며, 땅끝으로 달려가기 전에 먼저 예루살렘에서 약속된 성령의 권능을 받아야 하는지를 심도 있게 가르쳐 주신 것이다.

이번 모세오경 단권 강해서가 비록 독자들을 낙담시킬 정도로 두꺼워졌으나, 모쪼록 성경과 함께 천천히 읽어 가는 독자들에게 뜨거운 감동을 일으키는 데 쓰임받기를 간절히 바란다. 특히 모세오경 통독의 열망을 불러일으키는 데 도움이 되기를 바란다. 앞서 살펴보았듯이, 우리는 그리스도의 고난과 부활과 승천 소식이 갖는 세계사적 사명을 심도 있게 공부하기 위하여 모세오경부터 읽어야 한다. 모세오경은 성경의 뿌리이며 그리스도의 고난, 부활, 승천을 가장 근본적으로 가르쳐 주는 책이다. 십자가의 대속적인 죽음에 자신을 내맡기는 그리스도의 깊은 메시아적 자기의식은, 모세오경에서 선포된 열방 중 거룩한 백성이요 열방을 위한 제사장 나라로 선택된 이스라엘 백성의 세계사적 사명의식에 대한 전前이해 없이는 도저히 이해할 수 없다. 따라서 모세오경은 온통 그리스도의 고난과 부활 그리고 세계사적인 사명에 대한 이야기, 곧 하나님 나라 이야기로 가득 차 있다.

독자들이 이 모세오경 강해서를 읽음으로써 예수 그리스도께서 그토록 힘 있게 선포하신 하나님 나라가 바로 구약성경, 좀 더 좁게는 모세오경을 관통하는 핵심 주제임을 깨달을 수 있기를 기대한다. 이스라엘의 영적 갱신과, 이스라엘을 중심으로 하되 이방인도 참여하는 확장된 새 언약백성 공동체를 창조하심으로써 하나님의 통치를 세계적으로 확장하신 예수 그리스도의 꿈과 비전이 바로 모세오경에서 연원하고 있음을 실감할 수 있기를 바란다.

이러한 야심에 찬 기대에도 불구하고 많은 미비점과 부족한 점을 그대로 가진 채 책을 낸다는 것은 부담스러운 일이 아닐 수 없다. 그럼에도 불구하고 저자는 이 작은 성취를 위하여 도움을 아끼지 않은 많은 분들에게 진심으로 감사를 드린다. 저자에게 처음으로 성경공부의 깊은 맛을 알게 해준 한국기독대학인회ESF의 여러 간사님들에게 깊은 감사를 드린다. 저자를 본격적으로 성서신학의 세계로 인도해 준 장로회신학대학교의 스승님들과, 성서신학적 세계를 풍요롭게 담금질해 준 프린스턴 신학대학원의 스승님들에게 감사의 마음을 전하고 싶다. 또한 저자와 함께 여러 학기에 걸쳐 모세오경 공부를 같이하면서 서로 많은 깨우침을 주고받은 숭실대학교 기독교학과 대학원 학생들과 이 작은 성취의 기쁨을 나누고 싶다. 숭실대학교와 장로회신학대학원 제자들은 이 책의 초고를 읽어 주었고 크고 작은 실수를 바로잡는 데 도움을 주었다. 특히 백승훈 조교와 양진일 목사는 저자가 요청한 각주 작업을 도와주고 여러 중요한 길목마다 적절한 문제 제기를 해줌으로써 이 책의 완성도를 높여 주었다. 또한, 제도권 기독교회에 마음을 열지 못하고 방황하고 있으면서도 여러 가지 문제에 토론 상대가 되어 주었던 딸 하은이와 아들 소은이에게 감사의 마음을 전하고 싶다. 무엇보다도 매번 퇴고 작업을 세심하게 도와주는 아내 정선희 자매에게 진심 어린 감사의 마음을 전하고 싶다.

이 묵직한 단행본을 해산하기 위해 산고 같은 고난의 시간을 감수한 복 있는 사람 출판사에 진심으로 감사를 드린다.

2017년 2월
김회권

들어가며

: 이스라엘 역사의 '압축파일', 모세오경

모세오경^{Pentateuch}은 창세기부터 신명기까지의 다섯 권을 가리킨다. 고대 이스라엘 사람들이 이 두루마리 책을 다섯 개의 통에 넣어 보관했다는 전설에서 오경五經이라는 이름이 유래했다. 기원전 3-2세기 이전부터 오경이라는 이름이 알렉산드리아의 유대인 공동체에서 사용되었을 가능성을 시사하는 문헌적 증거가 있다. 이 다섯 책은 기독교가 채택한 정경 66권의 토대요 뿌리가 되며, 유대교가 정경으로 채택하는 구약 24권의 토대요 뿌리가 된다. 또한 이슬람교의 경전인 코란에서도 수없이 많이 언급된다. 모세오경은 아브라함의 후예인 이집트 거주 히브리 노예들이 거룩한 언약 공동체인 이스라엘로 형성되어, 전 세계 만민을 하나님께로 이끌 거룩한 백성이요 제사장 공동체로 발돋움해 가는 과정을 다룬다. 모세오경은 왕과 세습왕조, 상비군과 관료조직 등에 의해 지탱되는 국가 공동체로 발전되기 이전 단계의 '유아기' 이스라엘을 보여주는 한편,^{창 36:31, 신 17:14-20} 이미 그러한 의미의 국가 공동체 단계를 거친 후 다시 '광야'로 내몰린 바벨론 유수幽囚 이후 시대를 살아가는 이스라엘을 보여준다. 모세오경 안에는 천지창조부터 바벨론 귀환 포로들의 가나안 재정착 역사가 연대기적 지층을 이루며 하나의 연속적인 이야기로 엮어져 있다. 모세오경의 청중과 독자들은 모세 시대의 회중에서부터 바벨론 귀환 포로들에 이르기까지 약 700여 년 이상의 역사적 시차를 두고 등장한 모든 이스라엘 사람을 포함하고 있다. 모세오경의 3대 중심 줄거리는 천지창조, 아브라함과 이삭과 야곱을 부르셔서 하나님 백성으로 삼아 주신 선택과 언약, 의와 공도를 구현하는 나라를 세우라고 가나안 땅을 선사하신 하나님의 땅 하사下賜 사건이다.

믿음 공동체 '이스라엘' 역사의 '압축파일'인 모세오경

모세오경 안에는 역사적으로 매우 다양한 시대에서 기원한 자료들과, 문학적으로 다양한 삶의 자리를 가진 문서들이 절묘하게 교직되어 있다. 모세오경은 천지창조와 태곳적 인류 역사에 대한 기억부터 모세와 여호수아 시대의 출애굽 구원과 광야 방황, 시내산 언약 체결, 그리고 가나안 동쪽 정복 전승을 담고 있지만, 가장 늦게는 포로기 이스라엘의 신앙고백과 집단적인 전기傳記도 포함하고 있다.신 29-30장 즉, 모세오경 안에는 기원전 13세기(혹자들은 15세기) 히브리 노예들의 신앙적 고투도 있고, 사사 시대와 왕국 시대의 이스라엘 공동체의 지리멸렬한 배교의 역사에 대한 전망이자 또 다른 한편으로는 복기하는 방식의 기억도 있으며, 포로기 시대의 회한에 찬 왕국 시대 역사 회고와 미래 갱신과 회복에 대한 열망도 포함되어 있다. 요약하자면, 모세오경에는 결국 기원전 13세기부터 기원전 6세기까지 약 700년간의 구속 역사와 신학적 자기이해가 압축되어 있다. 그래서 모세오경은 이스라엘 역사의 압축파일이며 이 압축파일을 풀고 해제하는 방식이 중요하다. 모세오경의 다층적이고 다극적인 구조를 모른 채 기원전 13세기의 모세만을 중심으로 모세오경을 해석해서는 안 된다. 모세오경은 아브라함, 이삭, 야곱의 관점을 이어받은 모세의 관점에서 이스라엘 민족 형성사를 설명하지만, 현재 모습의 모세오경의 마지막 편찬자들은 바벨론 포로기 이후의 이스라엘 공동체다. 바벨론 귀환 포로들의 관점에서 다시금 약속의 땅을 차지하고 하나님의 언약백성으로 새출발하는 그들의 열망이 모세오경의 가장 아래 지층에 흐르고 있다.

모세오경을 꿰뚫고 흐르는 주제는 "이스라엘의 하나님 야웨는 창조주 하나님이며, 이스라엘의 왕이시다"라는 신앙고백이다. 모세오경은 천지만물의 창조 사건과 이스라엘의 창조 사건(선택과 계약 사건)이 동일한 사건의 순차적 전개 과정이라고 주장한다. 하늘과 땅의 창조주 하나님이 이스라엘을 창조하신 하나님이라는 신앙고백이 모세오경의 핵심 주장이다. 하늘과 땅을 창조하신 창조주 하나님이 이스라엘 백성을 하나님의 백성으로 삼아 주셨다는 것이다. 하늘과 땅을 창조하신 목적과 이스라엘을 하나님 백성으로 삼으신 목적이 동일하다는 것이다. 온 땅에 하나님의 영광이 가득 차게 되는 것,[사 6:3] 곧 하나님을 아는 지식이 온 세상에 가득 차게 되어[사 11:9] 온 세상 만민이 하나님의 영광을 인정하는 데[합 2:14] 이르는 것이 하나님의 천지 창조와 이스라엘 창조의 목적이다. 이스라엘이 하나님을 아는 지식을 보존하고 온 세상에 중개하며 전파하고 가르치는 제사장 공동체이기 때문에, 이스라엘의 멸망은 하나님을 아는 지식의 전파와 교육의 중단을 의미했다.

그래서 "삼라만상과 우주의 창조주 하나님이 이스라엘과 열방의 왕이시다"라는 신앙고백은 이스라엘이 세계 속에서 흩어져 소멸되는 것을 막아 준 결정적인 신앙 자산이었다. 낮과 밤이 하나님의 창조 질서의 일부이듯이 이스라엘이 하나님의 백성이라는 사실은 이스라엘의 도덕적·영적 수준에 상관없이 창조 질서의 일부였다.[렘 31:35-36, 33:20-26] 이스라엘의 예언자들은 한결같이 천지가 존속되는 한 하나님의 백성 이스라엘도 하나님이 주신 사명을 다 이룰 때까지 세계 열방 한복판에서 살아남을 것임을 확신했다.

결국 모세오경은 전제권력을 휘두르는 어떤 인간 왕도 개입되지 않았던 모세 시대의 신정주의적 이상의 관점에서 이스라엘의 과거를 분석하고 미래를 전망한다. 이스라엘의 과거는 창세기에서부터 등장하여 열왕기하로 끝난다. 아브라함의 후예인 이스라엘은 하나님이 천지를 창조하신 후 아담인류가 죄와 죽음의 길로 치닫자 아담인류의 죄와 죽음의 역사를 대체할 하나님의 '새 하늘과 새 땅' 창조를 위해 하나님의 동역자로 부름받았으나, 하나님을 배척하는 세상권세의 거소인 이집트에 내려가 노예가 되었다. 하나님께서는 이 히브리 노예들을 출애굽시켜 언약백성으로 삼으시고 가나안을 기업의 땅으로 주셨다. 이스라엘은 압제적인 군주 없이 가나안 정착생활을 시작했지만 가나안 정착 이후 이스라엘도 열방을 닮아 출애굽 이전의 시대로 퇴행했다. 사사 시대를 거쳐 왕정이 도입된 이후 이스라엘은 이집트의 압제적 군주인 바로(파라오)를 닮은 이스라엘 동포 출신 인간 왕들의 폭정에 시달리게 되었고, 마침내 오로지 하나님을 경배하고 섬기는 신앙에 실패해 가나안 땅을 잃고 국가 기간요원들이 이역만리 먼 나라로 유배되었다. 결국 이스라엘의 과거는 하나님의 선물인 가나안 땅을 얻었다가 다시 잃는 역사다. 약 700년 동안 이루어진 가나안 정착 실험의 실패 이야기다.

모세오경이 꿈꾸는 미래는 가나안 땅에서 쫓겨났다가 다시 가나안 땅에 재진입하여 재정착하려는 바벨론 귀환세대가 그리는 이상사회다. 가나안은 이제 더 이상 압제적인 지배층의 탐욕에 의해 독점되고 사회적 계층 분화와 분열을 촉진시키는 억압의 방편이 되어서는 안 된다. 패배한 바둑을 복기하듯이 바벨론 귀환세대는 지나간 700년의 가나안 정착 시대를 비판적으로 회고하면서 가나안 땅을 선물로 주신 하나님의 율법과 명령과 법도에 순종하게 될 날을 내다보고 있다. 모세오경에는 이처럼 현실적으로 존재했던 이스라엘과 하나님의 마음속에 이상적으로 존재했던 이상화된 이스라엘이 뒤섞여 있다. 하나님은 항상 당신의 언약에 충실하고 당신이 주신 계명 24

과 법도에 순종함으로써 온 세상을 하나님의 영광으로 가득 차게 만들 거룩한 백성 이스라엘, 제사장 나라 이스라엘이라는 이상화된 하나님의 백성을 향해 말씀하신다. 그러나 현실적으로 이스라엘은 하나님의 마음속에 상정된 순종하는 하나님의 아들, 이상화된 이스라엘과는 너무나 동떨어진 패역한 백성으로 드러난다. 모세오경은 순종과 신뢰를 기대하면서 언약을 맺어 주시고 그 언약에 부가된 율법을 주시는 하나님과 극히 인색하게 순종하며 대부분 불순종하는 이스라엘의 비틀거리는 동행의 여정을 보여준다. 모세오경은 처음부터 끝까지 하나님의 통치(명령)와 이에 응답하는 이스라엘의 순종 혹은 불순종의 결과를 분명히 도식적으로 보여준다. 이스라엘의 순종이 있는 곳에 하나님의 통치가 나타나고, 이스라엘의 불순종이 득세하면 하나님의 통치는 더 이상 이루어지지 않는다. 하나님의 통치가 멈추는 순간 인간은 죄악과 패역의 원시적 충동에 사로잡히게 되고 이스라엘 언약 공동체는 해체되고 만다.

　이런 이유 때문에 우리는 모세오경을 하나님 나라 신학의 관점에서 읽어 보고자 한다. 여기서 말하는 하나님 나라는 창세기 1장에서 시작되고, 예수 그리스도의 십자가와 부활을 통해 역사 속에서 결정적으로 승리했으며, 요한계시록 22장에서 완성될 바로 그 하나님 나라를 말한다. 하나님 나라 신학의 핵심은 하나님의 천지창조와 이스라엘 창조를 하나님의 통치를 위한 목적의 관점에서 파악하는 데 있다. 하나님은 다스리시기 위해 이 세상을 창조하시고, 세상을 대표하는 이스라엘을 창조하셨다는 것이다. 하나님의 통치 목적은 하나님을 아는 지식으로 온 세상을 가득 채우는 것이며, 온 세상이 하나님의 영광을 알고 하나님께 자발적으로 순복하는 상황을 조성하는 것이다. 인간 구원과 온 피조물의 구원도 하나님의 통치의 일환이며 하나님의 다스림의 관철이다. 하나님 나라 신학은 또한 하나님의 통치를 대리하도록 위임받은 대리자들을 폐기하고 하나님의 마음에 합한 메시아, 곧 그리스도의 통치가 하나님 통치와 동연적[同延的]이라고 본다. 공평과 정의로 구현되는 이상왕의 통치, 다윗적인 통치가 하나님 나라라는 것이다. 하나님 나라는 폭압적인 국가기구나 감시와 처벌 체제, 계급독재나 이념독재를 통해 자유와 인간 존엄을 박탈하는 억압적인 국가 지배체제를 전면적으로 해체하고, 하나님의 영으로 추동되어 스스로 하나님의 율법을 지켜 자율의 왕국을 이룬 세상이다. 하나님 나라는 모든 율법의 완성인 하나님 사랑(하나님 경외)과 이웃 사랑의 자발적인 실천으로 구축된다. 하나님 나라는 하나님의 영에 사로잡힌 공동체(교회)에 우선적으로 구축되고 폭압적인 국가기구로 다스려지는 모든 세상 나라들을 아래로부터 변화시킨다. 하나님 나라는 예수 그리스도를 주[主]라고 고백한 사람들에게 임하는 성령의 부단한 감화감동으로 세워지는 나라이므로 국적, 계급, 인종, 성별, 종교를 초월하여 단일체를 이룬다. 하나님 나라는 모세오경이 그리는 이상사회의 이름이다.[출 15:18]

모세오경 읽기의 틀, '하나님 나라 신학'

이처럼 모세오경을 비롯하여 구약성경을 하나님 나라 신학으로 처음 읽어 내신 분은 나사렛 예수 그리스도다. 예수 그리스도의 방식으로 읽을 때 구약성경은 하나님 나라의 관점으로 이해될 수 있고, 비로소 신약성경과 의미 깊게 연결될 수 있다. 예수 그리스도는 구약성경, 곧 모세의 글과 시편의 글과 선지자의 글들이 자신에 대해 말한다고 주장한다.[눅 24장] 구약 전체에 걸쳐서 하나님은 순종하기로 기대되는 당신의 아들 이스라엘에게 말씀하신다. 구약 전체에서 하나님은 이스라엘에게 순종과 신뢰를 기대하며 말씀하신다. 이스라엘의 언약 순종과 율법 준수는 하나님의 의지와 마음이 이스라엘과 세계 속에 체현되게 만드는 결정적인 통로다. 십계명과 부대조항을 공동체적으로 순종해 보면 하나님의 마음을 만지고 가늠할 수가 있다. 하나님이 현실 이스라엘에게 말씀하실 때 하나님은 마음속으로 당신의 말씀을 순종할 이상적인 아들 이스라엘을 생각하셨다. 독생자 그리스도는 바로 하나님 아버지의 모든 말씀을 듣고 이해하고 납득하고 순종하신 독특한 하나님의 아들이다. 하나님 아버지께서 이스라엘에게 하신 모든 말씀은 이 독특한 하나님의 아들 예수 그리스도에게 하신 말씀인 셈이다. 이러한 이유 때문에 예수님은 모세오경부터 시작한 모든 하나님의 말씀이 순종할 이스라엘에게 주어진 말씀이요 곧 독생자이신 자기 자신에게 주신 말씀이라고 본 것이다. 구약성경에서 하나님은 순종을 기대하고 명령하신다. 하나님은 이스라엘의 언약 순종과 율법 준수를 통해 하나님 나라, 곧 하나님의 통치가 제도화되고 도덕화되며 일상 규범으로 구현되기를 기대하셨다.

이는 구약성경이 곧 하나님 나라에 대해 말한다는 것과 같은 뜻이다. 현실 이스라엘이 듣고 불순종하던 그 자리에서 하나님의 독생자 그리스도는 듣고 순종했다. 주후 알렉산드리아의 희랍 교부였던 오리게네스*Origenes*가 그의 마태복음 강해에서 말했듯이 예수 그리스도는 그의 인격 안에 현존하는 하나님 나라, 아우토바실레이아*autobasileia* 였다.[1] 하나님의 다스림 아래 자신을 철두철미하게 복종시킨 인격이요 걸어 다니는 하나님 나라, 곧 몸소 하나님 나라였다는 것이다. 나사렛 예수는 하나님의 왕적인 통치를 극대화하기 위하여 자신을 극소화, 곧 십자가에 죽기까지 복종하셨다. 하나님 나라를 말할 때마다 그분은 하나님 아버지에 대한 자신의 순도 높은 복종을 담보했다. 하나님 나라는 그것을 말하는 자의 순도 높은 순종과 신뢰를 바탕으로 이 땅에 구현된다. 하나님 나라 신학은 무엇보다도 먼저 자기부인을 통해 하나님의 통치를 극대화시키는 신학이요, 예수 그리스도의 주권 고백자들에게 주어진 성령의 종횡무진한 역사하심을 갈망하는 신학이다. 하나님의 통치권은 하나님 백성의 순종과 신뢰의 크기에 비례해서 증대되고 심화된다. 모세오경에서 줄곧 하나님의 말씀과 언약에 대한 신뢰와 하나님의 법도와 율례에 대한 복종이 하나님 통치(동행, 구원 간섭, 임재와 보호)를 매개하고 구현하는 결정적인 통로임이 드러난다.

결국 모세오경의 신학적 주장은 이스라엘이 하나님의 말씀(명령)에 순종할 때 하나님의 통치(하나님 나라)가 양적으로, 질적으로 확장된다는 것이다. 하나님 나라의 도래를 앙청仰請하는 예수님의 주기도문에서도 이 원리가 드러난다. "나라가 임하옵소서"라고 기도할 때, 그것은 기도하는 사람이 하나님의 말씀에 대한 자발적인 복종을 스스로에게 요청하는 기도다. 모세오경을 공부하면서 우리는 다시금 하나님 나라가 그리스도인들의 십자가를 지는 자기부인과 복종 없이는 지상에 정착하지 못하고 그리스도교 형이상학으로 증발할 수밖에 없음을 발견할 것이다. 하나님의 말씀에 대한 순종은 그분의 명령에 대한 순종이며, 그리스도인이 하나님의 말씀 때문에 자기 기득권을 부인하는 결단이다. 이와 같은 의미의 '말씀에 대한 순종'을 통하여 거대한 로마가톨릭 권력 체제를 뚫고 탄생한 것이 바로 종교개혁교회가 아니었던가?

종교개혁교회는 말씀에 대한 순종의 힘이 거대하고 막강한 교회 위계질서, 세상 군왕들의 비호 아래 발호하는 제사장 권력 엘리트들을 압도한 역사적 경험을 축적하고 있다. 개혁교회는 하나님의 말씀에 따라 자신을 부단히 개혁의 대상으로 바침으로써 스스로 갱신되고, 바깥세상을 향하여 개혁의 에너지를 방출한다. 우리가 꿈꾸는 교회 갱신의 기준점과 목표는 하나님 나라의 완성이다. 하나님 나라가 온 세계를 온전히 다스릴 때까지 교회는 항상 하나님의 왕적 다스림에 목말라한다. 교회는 그 안에 속한 그리스도인 개개인이, 그리고 조직체와 유기체로서의 교회가 삼위일체 하나님의 왕적인 통치 아래 온전히 복속될 때까지 성령의 역사에 항상 자신을 노출시킨다. 교회 갱신의 시발점은 교회와 개인의 양심이 하나님의 왕적인 통치 앞에 굴복하고 엎드리는 것이다. 하나님의 사죄의 은총을 경험함으로써 하나님의 왕적 다스림 아래로 복속되는 것이다. 믿음으로 말미암아 이신칭의以信稱義를 경험하는 것, 곧 사죄 경험눅 24:47은 하나님의 왕적인 다스림 아래로 들어가기 위한 준비일 뿐이다.

'구원'은 하나님의 왕적인 통치 아래 복종할 수 있는 자유를 준다. 하나님의 왕적인 통치에 복종하기 위해서는 구원을 받아야 한다. 더 정확하게 말해 하나님의 다스림에 거역하고 하나님의 법도와 율례에 저항하며 반역하는 삶이 죄와 죽음이요, 하나님의 영으로 추동되어 율법의 요구를 이루어 사는 순종, 곧 하나님의 통치를 받아들이는 삶이 구원이다. 그러므로 하나님께서 죄인을 구원하는 행위 자체는 죄인을 거룩하게 하는 행위인 것이다(To save is to sanctify). 구원받은 죄인은 하나님의 거룩한 인격 앞에서 자유함을 누리며, 그분 앞에 자발적으로 복종하는 존재가 되는 것이다.² 구원은 하나님의 왕적인 통치 아래 복종할 수 있을 정도로 죄의 충동과 지배로부터 자유로워지는 것이다. 하나님의 인간 구원의 목적 자체가 그분의 왕적인 통치 아래 스스로 순종할 정도로 거룩하고 성별된 공동체를 창조하기 위함이기 때문에, 하나님께서 죄인을 구원하는 행위가 곧 죄인을 거룩하게 하는 행위인 것이다. 구원받은 죄인은 거룩해지는 도상으로 부름을 받은 죄인이며 성도로 변화되는 도상으로 출애굽한 죄인이다. 히브리 노예들을 구원하여 시내산으로 불러올리신 이유는 그들을 거룩한 백성, 자유로운 백성으로 변화시키기기 위함이다. 실로 구원받은 죄인은 하나님의 거룩한 인격 앞에서 자유함을 누리며, 그분 앞에 자발적으로 복종하는 존재가 되는 것이다. 구원받은 신자가 많은 사회일수록 그 사회는 하나님의 다스림을 더욱 철저하게 구현하는 공동체로 발전한다. 그런데 이 하나님의 구원에는 반드시 회개라는 통과의례가 있다.

그래서 사죄의 은총을 맛본 그리스도인은 죄인이면서 동시에 의인으로서 하나님 나라의 도래 메시지가 회개 촉구의 메시지임을 이해하게 된다. "하나님의 나라가 가까이 왔으니 회개하고 복음을 믿으라"막 1:15는 나사렛 예수의 메시지는 자신의 복종을 통하여 분출되는 하나님의 생명력을 받아들이라는 초청이자 명령이다. 예수님이 자기를 부인하고 복종한 그 여백에 하나님 나라가 임하였다. 예수님은 "네가 만일 하나님의 아들이어든……십자가에서 내려오라"막 27:40고 조롱하던 자들의 야유에도 불구하고 십자가에서 탈출하지 않고 고통에 포박된 채 죽음을 맛볼 때까지 매달려 계셨다. 예수님은 자신의 십자가상의 대속적 죽음의 효력을 앞당겨 씀으로써 공생애 동안 여러 차례 대담하게 하나님의 사죄 선언을 집행하셨다.막 2:12-17, 요 8:11 하나님 나라에 대한 나사렛 예수의 초청은 사실상 '선 구원/해방'(사죄 은총) 경험, '후 회개' 결단 요구로 구성되어 있다. 나사렛 예수가 공포한 하나님 나라는 어느 누구도 자신의 도덕적인 공로나 종교적인 수련으로 획득할 수 없고, 하나님의 사죄 은총으로만 누릴 수 있다. 이 사죄 은총을 예기하고 기대하면서 인간은 비로소 회개할 수 있다. 따라서 회개가 공로가 될 수 없다. 나사렛 예수의 사죄 은총 선포는 세리와 강도, 군병과 죄인들의 양심까지 움직여 그들을 하나님 나라의 도상에 쇄도하도록 만들었다. 나사렛 예수의 하나님 나라 선포는 말이 아니라 거대한 하나님 생명의 선사였고 하나님의 자애로운 다스림의 구현이었다. 이 엄청난 하나님 나라의 대향연은 나사렛 예수 자신의 생명을 담보로 한 극도의 자기부인과 순종에 대한 하나님 아버지의 응답이었다.

　예수님이 공생애 동안 사용한 사죄 권세는 십자가상에서의 대속적·대신적·대표적 죽음과 부활에 근거한다. 예수님은 저주받은 자의 죽음을 대신 죽고 부활하심으로써 자신이 대표하고 대신해 준 그 사람들의 죄가 하나님께 용서받았음을 공증하셨다.^{롬 4:25} 그를 믿는 사람들의 사죄 확신을 결정적으로 입증하는 증거로서 하나님의 일으키심(죽은 자 가운데서의 부활)을 맛보았다. 예수 그리스도의 십자가의 죽으심과 부활은 그가 일차적으로 대표한 이스라엘 백성이 심판받고 다시 의로워졌음을 의미하며, 궁극적으로 이스라엘 백성이 대표한 온 인류가 받을 심판과 칭의를 대신 맛본 것임이 드러났다. 십자가에 달린 예수를 주라고 고백한 사람들에게 성령이 임하고 내주하게 되며 비로소 그리스도의 몸된 교회가 탄생했다. 예수님이 맛본 부활의 위력은 교회와 그리스도인의 앞당겨진 하나님 나라 구현 활동에 드러난다.

　나사렛 예수가 선포한 하나님 나라는 이 지상에서 새롭게 시작될 그리스도인의 공동체 생활을 통해 이루어진다. 공관복음서의 하나님 나라는 예수 그리스도가 자신의 의로운 삶을 바쳐 얻어 내신 사죄 선언, 사죄 효력과 더불어 시작된다. 나사렛 예수의 인격과 사역 안에서 활동하는 하나님 나라는 예수 그리스도를 주로 영접하는 개인들을 변화시킴으로써 시작되고, 궁극적으로 세계 변화와 세계 갱신을 주도하는 교회 공동체를 탄생시킴으로써 비약적으로 확장된다. 나사렛 예수가 가져오신 사죄 은총과 구원은 결국 구원받은 사람을 나사렛 예수처럼 하나님 앞에서 자신을 부인하고 복종하는 삶을 살게 만들기 때문에 세상은 예수 그리스도를 주로 영접한 사람들에 의해 거룩한 동요에 사로잡히게 된다. 사도행전은 교회가 이 세상 나라에 연착륙하고 경착륙하는 다양한 양상을 예시하고 있다. 이 세상의 정사와 권세, 어둠의 세상 주관자들과 공중의 권세 잡은 영적 세력들까지 성령에 붙들린 교회와 그리스도인의 공세 앞에 동요하며 무너지고 해체된다. 이 사도행전적 교회의 마지막 선교지는 땅끝, 바로 가이사 앞이다. 세계를 지배하고 아우르던 인간 권력의 사령부인 로마제국의 가이사 앞에 서서 하나님 나라 복음을 선포하는 것이 땅끝 선교다. 가이사를 두려워하지 않고 그 앞에서 하나님 나라의 도래를 선포하고 세계의 통치권을 내놓으라고 소리칠 수 있는 사도들의 영적 기상과 위력의 원천은 하나님 앞에서 죽기까지 복종하신 나사렛 예수 그리스도, 몸소 하나님 나라였다.

하나님의 뜻에 복종하기 위하여 자신을 죽기까지 무기력하게 만드신 나사렛 예수의 복종은 성자 예수 그리스도의 능력이며, 자신의 무력함 속에서 드러난 성자의 순종을 통해 하나님 아버지께서는 당신의 큰 권능을 드러내신다. 하나님 아버지께 자신의 모든 기득권을 양도하고 자신을 무기력한 자처럼 굴복시킨 십자가 순종 속에서 하나님은 인간과 세계를 변화시키는 능력을 창조하신다. 그리스도인은 이 변혁적인 십자가(순종) 말씀의 동력에 이끌리어 기존의 현실 이해를 뒤집어엎고, 주변 세계와 문화를 변혁하며 갱신시키는 하나님 나라 운동 속으로 불가항력적으로 이끌려 들어간다.[3] 예수를 주라고 고백함으로써, 자기부인과 진리에 대한 복종을 가능케 하는 성령에 붙들린 교회가 출현함으로써, 하나님이 착상하신 종말의 환상이 영적 상상력의 지평 위에 떠오른다. 교회는 인류 역사의 마지막 때에 일어날 사회생활을 앞당겨 실험하고 실연實演하는 공동체다. 현 세계를 분열시키고 대립시키는 모든 갈등과 장애가 성령 안에서 해소된다. 교회는 계급과 성별, 계층과 종족, 언어와 문화를 뛰어넘어 세계 만민이 친교를 이루는 공동체이므로, 민족이나 국가 단위로 갈라져 있는 이 세상은 교회라는 새로운 사회생활체 앞에 자리를 내주게 된다.

이처럼 하나님 나라는 마지막 때에 이 새로운 백성(교회 공동체)에서부터 시작하고 현존한다. '현존하다'Dasein, Being-There는 말은 어떤 물체나 공간에 의해 지배당하지 않으면서 그곳에 영향을 끼치는 방식으로 존재하는 것을 의미한다. 위대한 사상가의 사상은 그/그녀의 글을 읽은 후에도 읽은 사람의 마음속에 현존한다. 교회 안에 현존하시는 하나님은 자유롭고 초월적으로 교회 안에 거하신다. 따라서 교회가 하나님 나라를 독점하는 것이 아니며 하나님의 현존이 교회로부터 언제든지 철수될 수도 있다.^{겔 8-11장} 하나님 나라와 교회는 동일체가 아니며 동심원적인 내포-외연 관계를 이룬다. 그리스도의 몸된 교회의 핵에는 그리스도가 주라고 하는 고백과 그것에 대한 응답으로서의 성령의 강림과 내주하심이 있다. 그러나 현실 교회는 언제 어디서나 성령의 이끄심과 인도하심에 100퍼센트 순종하지 못하고, 일탈하고 방황하며 때로는 그리스도의 주권적 통치에 반항하기도 한다. 역사 속에 출현한 제도적 교회는 불완전한 교회로서, 교회 안팎의 악과 어둠의 세력들과 공방전을 벌이는 전투적인 교회다.

성령의 피조물로서 성령에 추동되어 하나님 나라를 예고하고 그 통치를 다채롭게 구현하며 체현해야 할 교회는 도래하는 하나님 나라의 전위前衛일 뿐이지 하나님 나라 자체는 아니다. 그래서 주기도문에서 나사렛 예수는 "나라가 임하옵소서"Thy kingdom come!라고 기도한다. 예수님에게 하나님 나라는 아직도 미래형이다. 하나님 나라가 로마가톨릭의 봉건적 교회정치 구조를 통해 완전하게 재현되고 있다고 믿는 가톨릭교회와 달리 개혁교회는 하나님 나라(통치)가 아직 100퍼센트 구현되지 못한 현실 속에 자신을 위치시킨다. 하나님 나라와 의가 구현되기를 목말라하는 존재다. 그러므로 개혁교회는 하나님께서 자신을 접수하시도록 부단히 자기 자신을 드리는 존재다. 그러나 종교개혁의 유산을 이어받았다고 자임하는 개혁교회는 현실적으로 자주 하나님 나라 운동과 상관없이 자율적으로 성장하는 인간의 조직체로 변질되고는 했다. 특히 한국교회는 당회장 담임목사에게 재정, 인사, 영적 교도권 모두가 집중되어 있기에 당회장의 수준에 따라 언제든지 자본주의 주류 이데올로기에 포박당하기 쉬운 상황에 처해 있다. 개교회주의적 성장주의, 토목건축에 열을 내는 확장주의, 하나님과 성도 사이를 관장하는 제사장 독점주의 등 여러 가지 폐단을 낳고 있다. 거룩하신 하나님의 영에 의해 원격적으로 혹은 직간접적으로 추동되고 이끌리는 교회가 교회과두정치 세력 (당회)에 의해 장악될 때 교회는 거룩성과 사도적 교도권위를 상실하고, 초대교회에 몰려왔던 고아와 과부 같은 세상 하층민들에게는 너무나 문턱이 높은 곳이 되어 버린다. 오늘날 한국교회는 신자유주의적 무한경쟁 체제를 신적 질서로 승인하고 그것에 편승하는 경향을 보이며 급격하게 세속화되어 가고 있다. 목회자들과 성도들 모두가 거룩한 성도다움을 잃어 가며 세상의 지탄을 자초하는 도덕적 슬럼지대로 전락하고 있다. 교회는 십자가에 달리신 나사렛 예수를 주라고 고백하며 이 고백에 대한 신적 승인의 표시로 성령을 받아 자아 갱신적이고 세상 변혁적인 하나님 말씀을 먹고 자란다. 하나님의 말씀을 듣는 순간 교회는 세상과 거룩한 긴장과 이격감에 사로잡히고 세상 안에 있으되 세상 초극적인 비전에 붙들리게 된다.

이렇게 거룩하고 세상 초극적인 교회는 부활절-오순절 절기에 태어나고 주의 재림 때까지 과도기로 설정된 유예된 시간 사이에서 재림하실 예수를 앙망하며 살아간다.[4] 교회는 하나님 나라의 완성을 기대하며, 성령의 역사와 그리스도의 살아 계신 현존(사도행전의 부

34

활 현존, 요한계시록의 일곱 교회를 거니심)을 통해 이미 충만해지고 그 충만케 된 경험으로 세계 변혁을 주도할 수 있다.^{엡 4:6, 히 6:5} 그래서 교회 갱신은 사회 변혁이자 국가·문화 변혁의 에너지를 창출한다. 그러나 성령의 상시적이고 항상적인 충만과 지배 없이 그리스도교회는 하나님 나라 운동에 자신을 드릴 수 없게 된다. 교회가 자리 잡은 세상에서 성령의 추동과 격려에 사로잡히지 않고서는 하나님의 통치가 이 세상에 어떻게 작동하는지를 입증할 수 없다. 교회가 터 잡은 이 세상은 하나님 통치가 저항을 받는 영역이기에 성령의 추동 아래 있는 교회는 세상과 손쉽게 구별될 수밖에 없다.

교회가 터 잡고 있는 이 세계는 부분적으로 하나님의 통치를 드러내고, 근본적으로는 하나님의 통치에서 완전히 벗어나지 못한다. 그러나 결정적인 지점에서 이 세상은 하나님의 다스림을 벗어난 찬탈자들의 본거지로서 하나님께 맞서고 있다. 아무리 고상하고 고결한 종교들이 활동하고 화려한 문화와 예술, 철학과 학문이 꽃피었다고 하더라도, 이 세계는 근본에 있어서는 거룩한 사도행전적 교회를 통해 들려오는 하나님 나라의 복음에 저항하고 맞서 대적하려고 한다. 이 세계 안에는 하나님께서 종말에 진압하실 때까지 최대한 반역을 시도하는 자율적인 권력기관과 체계들이 철옹성처럼 버티고 있다. 이런 세계에 대하여 하나님 나라(통치)는 커다란 위기를 의미하며 거룩한 동요를 초래한다. 자율적인 주권으로 구획된 나라들과 민족들의 느슨한 연방체인 이 세계는 '회개' 없이는 하나님 나라를 맞이할 수 없다. 회개 없는 모든 자율적인 개인, 조직, 기관, 국가는 하나님 나라의 왕권을 잠정적으로 탈취한 찬탈자들인 정사^{principalities}와 권세,^{authorities} 보좌와 주관일 뿐이다.^{골 2:15, 엡 1:21, 2:2, 3:10, 6:12, 벧전 3:22} 따라서 자연인과 자연세계는 급진적인 자기부인과 자기갱신을 통해서만 도래하는 하나님 나라와 직면할 수 있다. 개혁교회는 새로운 공동체적 사회생활과 자기비판적인 삶을 통하여 하나님께 등을 돌린 세상을 변혁하고, 그 세상의 기초를 허물며 세상의 신으로부터 사람들과 불의한 사회 구조를 건져 내고 해방시키는 하나님 나라의 증인이다. 그러나 쟈크 엘룰Jacques Ellul이 설파하듯이, 교회 공동체는 주변 세계의 질서와 지배적인 이데올로기에 적응하도록 항구적으로 유혹당하고 있다.[5] 그러므로 자신의 사회적인 삶에 대한 자기비판과 검토를 통해 기독교회는 주변의 사회·경제·정치·문화적인 체제를 상대화하고 비판함으로써 주류 지배 이데올로기 및 기존 체제의 정당성에 대한 질문을 부단하게 제기해야 한다.

이러한 과업을 감당하기 위해 교회 자체가 가장 먼저 하나님 말씀에 조명되고 노출되며 준열한 자기검열을 실시해야 한다. 교회를 대표하는 설교 사역과 선교 사역의 전모를 하나님 말씀과 성령의 이끄심에 드러내 평가하고 분석해야 한다. 교회의 선교는 담임목사의 설교나 선교부원들의 구제나 활동에 국한되지 않는다. 교회의 선교는 세속사회에 파송된 모든 교우들의 일치되고 단결된 하나님 나라 증언에 의해 감당된다. 진실로 교회 공동체는 말씀 선포를 통하여, 또 성령의 능력에 의해 변화된 공동체적인 삶을 통하여, 세상을 밝혀 주는 빛과 세상을 보존하는 소금이 된다. 세상의 빛과 소금이 되도록 부름받은 교회 공동체는 하나님 나라를 위하여, 주변 세계를 위하여 헌신하고 아낌없이 자신을 내어 주도록 이끌린다.[6] 이렇게 함으로써 교회는 자신을 둘러싸고 있는 하나님을 등진 세상에 거친 동요를 일으키고 격렬한 저항을 자초하게 된다. 성령의 공세적인 사역은 말씀 선포와 신앙의 사회적 실천을 통해 이루어지는 복된 공격이다. 교회의 선교가 세상에 대한 복된 공격이 되는 이유는, 이 공격을 통해 세상과 그 안에 사는 사람들이 거룩하신 하나님의 구원을 맛보기 때문이다.

모세오경을 필두로 한 구약성경과 공관복음서와 사도행전을 통해 예시된 하나님 나라 운동은 처음에는 이스라엘 민족과 국가를 통해 맹아적으로 나타났으며, 예수 그리스도와 성령의 강림을 통해서는 교회 공동체 안에서 확장되고 증폭된다. 특히 오순절 성령 강림 이후에 확장되고 심화된 하나님 나라 운동은 하나님 없는 세상에 대한 복되고 해방적인 공격으로서, 사회적이고 정치적인 삶의 모든 영역에 침투하여 주변 세계를 변혁하고자 분투한다. 교회는 아브라함부터 나사렛 예수까지의 하나님의 구원사와 그것을 계승한 신약 시대 성도들 안에서 시작된 사건, 곧 하나님 나라의 공격 사건을 집요하고 일관성 있게 따름으로써 모든 사회적·정치적 영역에 침투하는 하나님 나라 운동에 참여한다. 그러기 위하여 교회는 일차적으로 교회 공동체에서 드러나는, 그러나 모든 지역과 나라를 혁신하려는 '하나님의 정치 활동'(폴 레만)에 참여한다.[7] **하나님의 정치**는 하나님 나라 운동의 다른 말이다. 하나님은 다스리시기 위해 세상을 창조하시고 구원하신다. 하나님의 다스림은 하나님의 주권적 통치와 인간과 피조물에 대한 설복의 감화감동을 통해 구현된다. 하나님의 다스림은 인격적이고 상호적인 접촉을 통해 확장된다. 하나님 나라는 하나님을 알고 사랑하고 경배하고 즐거워하는 사람들에게 구축되는 나라로서, 그 나라와 접촉하는 모든 피조물의 영역을 사랑과 기쁨, 생명과 평화로 가득 채운다. 교회는 이런 하나님의 정치, 곧 하나님 나라의 동역자로 부름받았다. 교회는 진공 상태에서 하나님 나라 복음을 받아들이는 것이 아니라 구체적인 역사·정치·사회의 맥락에서 받아들인다. 교회가 받아들인 하나님 나라 복음은 교회를 둘러싼 주변 사회의 가치와 이념과 날카롭게 충돌한다. 따라서 교회가 하나님 나라 복음을 주변 사회의 삶과 직접 관련시키지 않고는 교회 공동체 안에서 복음을 선포하고 증언할 수 없다. 성령의 능력 안에서 하나님의 통치를 우선적으로 경험한 교회만이 하나님 나라 운동의 동역자가 되어 세상을 향한 복되고 해방적인 공격을 감행할 수 있다. 그러므로 모든 인간적인 정치체제에 대하여 하나님 나라는 엄청난 정치적 동요를 의미한다.[8]

부단한 자기비판과 자기검열을 통해 교회는 특정 사회 질서의 상부 이데올로기로 고착되지 않으며, 특정한 체제를 유지시키는 역할에서 면제될 수 있다. 예수 그리스도가 선포하는 하나님 나라의 관점에서 보면 모든 단위의 인간적·정치적 결사체(민족, 국가, 정당, 국제기구)는 극도의 자기중심적 편집증과 그로 인해 야기된 정신착란에 빠져 있다. 세계 속에 흩어져 있는 모든 그리스도인은 극도의 자기중심적인 혈과 육의 집단(국가와 민족)의 편집증과 정신착란을 경각시키고 하나님 나라의 도래와 대면시켜야 한다. 모든 민족 속에 흩어진 그리스도인은 국가주의와 민족주의라는 이름의 완강한 저항 세력을 예상해야 한다. 심각하고 지속적인 전선戰線은 서구 기독교 문명과 이슬람 문명의 사이가 아니라, 미국-유럽의 기독교 문명권 국가들의 국가주의와 그것에 대항하는 이슬람 문명의 국가주의 사이의 전선이다. 가장 항구적인 갈등은 제도권 기독교와 타종교의 갈등도 아니다. 심지어 노사갈등도 궁극적인 갈등이 아니다. 가장 항구적인 갈등은 정직과 거짓의 갈등이요 탐욕과 청빈의 갈등이며 특권적인 지배 의지와 섬김과 헌신을 통한 정의 추구의 갈등이다. 교회는 빛, 정직, 청빈, 섬김과 헌신의 진영에 서서 이 창조적 갈등을 감내해야 한다. 이것이 하나님의 우주적인 통치를 현실 속에 구현하는 방략이다.

하나님의 우주적인 평화를 구현하기 위한 그리스도인의 정치 참여가 진보적 그리스도인의 개인적이고 전위대적인 윤리를 대신할 때가 되었다. 물론 교회와 그리스도인의 정치 참여가 이 땅에 유토

피아를 건설하려는 몽상적인 급진주의를 의미할 수는 없다. 그리스도인들과 교회가 아무리 최선을 다해 신앙 실천을 하며 사랑과 섬김을 극대화한다고 하더라도 세상이 그것을 보고 회개하며 하나님 나라로 화할 수는 없다. 그리스도인들과 교회의 가장 순도 높은 신앙실천과 영적 분투도 하나님 나라를 완성하는 데 역부족이다. 하나님 나라는 미래로부터, 종말의 '오메가 포인트'로부터 오는 선물이요 일방적인 향연이지 인간의 역사내재적 진보와 발전, 성숙과 자기갱신의 결과일 수 없다. 교회가 해야 할 가장 겸손하고도 적극적인 실천은 최선을 다해 하나님 나라의 대의를 구하는 신앙 실천에 참여하면서도 또한 종말에 선물로 주어지는 하나님 나라를 기다리는 신앙이다.

따라서 교회 공동체의 정통신앙은 하나님 나라의 확장을 위해 각각의 구체적인 역사적 맥락에서 최선을 다해 분투하면서도 하나님 나라의 완성을 기다려야 한다. 하나님 나라의 완성을 촉진하기 위해 분초를 다투는 수준으로 각각의 시대를 하나님께 이끌려고 애를 써야 하지만 또한 기다려야 한다. 약속된 재림이 더딜지라도 사도신경의 고백처럼 다시 오실 그리스도를 기다려야 하고, 어떤 쟁점에 대한 심판은 최후심판에 이월해야 할 수도 있다. 교회는 재림하실 그리스도를 망각한 채 세속사회에서 종교적 형이상학과 이원론을 밑천 삼아 구원독과점 장사를 하기 쉽다. 하나님 보좌 우편에 앉아 계시다가 산 자와 죽은 자를 심판하러 오실 그리스도를 기다리는 교회는 그리스도의 왕권을 참칭하지 않는다. 예수 그리스도의 재림을 망각한 교회는 그리스도의 왕권을 참칭하며 내세 구원에 목을 매는 대중들 위에 왕노릇하여 구원독과점 카르텔을 구축한다. 천국에 가고 싶은 열망을 가진 소시민들의 소박한 종교성을 자극해 면죄부를 내다 팔며 종교적 흥행에 몰두한다. 그러나 예수 그리스도를 주라고 고백하며 성령의 부단한 감동과 권고에 열려 있는 교회는 지연되는 재림을 회개의 기회를 연장하시려는 하나님의 오래 참으심의 표징으로 해석한다. 과연 그리스도의 부활과 승천 이후의 역사는 재림의 지연이며 이는 인간들의 회개를 위한 하나님의 인내를 드러내는 유예다. 그렇기 때문에 이 유예된 기간을 사는 교회와 그리스도인은 하나님의 인내를 악용해서는 안 되며, 하나님 나라를 기다리고 기다리되 그 나라와 의를 열정적으로 추구해야 한다.

그럼에도 불구하고 하나님 나라의 도래에 대한 교회 공동체의 기다림은, 하나님 나라의 궁극적인 완성을 교회가 주도할 수 없다는 뜻에서 수동적이다. 그러나 이 기다림은 단순히 수동적인 태도가 아니라 긴장 속에서 살펴보고 망보며 서둘러 신랑을 마중 나가는 열 처녀와 같이 깨어 있는 기다림이다.[마 25:1-13] 그것은 하나님 나라를 지상 속에 앞당겨진 현실이 되도록, 세상을 향해 하나님 나라의 도래를 준비하도록 호소하는 예언자적 기다림이다. 깨어 있는 파수꾼은 새벽이 온다는 것을 알리는 거룩한 사신이다.[사 21:11-12] 깨어 있는 기다림은 결코 수동적인 기다림이 아니라 현재의 모든 순간을 도래할 하나님 나라 규준에 맞추는 주도면밀한 기다림이다. 하나님 나라의 궁극적인 완성을 믿는 그리스도인은 인간들, 세력들, 이데올로기들, 신들에게로 향하지 않고 인내와 신념을 가지고 해방자와 구원자를 앙망한다. 기독교 공동체는 승천하신 그리스도의 재림과 자유의 나라의 완성을 기다리며 모든 역사와 삶의 분기점에 이르고, 마침내 그 모든 역사와 삶의 의미가 밝혀지기를 기다린다. 이렇게 긴장감 넘치는 기다림의 종말 윤리가 개혁교회의 정신적 기풍이다. 하나님 나라의 운동력에 빈번하고 심도 있게 노출되면 될수록 교회는 세상 변혁과 자기갱신의 에너지를 더욱 많이 공급받게 될 것이다.

하나님 나라 신학의 관점에서 모세오경을 읽는 것은 모세오경 속에 작용한 하나님 나라의 운동력에 우리 자신을 노출시키는 행위다. 말씀에 대한 노출은 하나님 말씀의 권능에 대한 독자의 복종을 유도하는 행위다.^{히 4:12-13} 우리는 도래하는 하나님 나라 신학의 관점에서 오경을 다시 읽어 봄으로써, 단순한 주석 작업이 아니라 오경의 신학으로 우리 자신을 분석하고 해석하는 일에 또한 주의를 기울이려고 한다. 성경을 읽는 시간은 교회에 맡겨진 선교와 하나님 나라 운동의 실천 지향적 성격과 세계 변혁적이고 생활 갱신적인 파급 효과들을 분석하고 교회 안팎에서 하나님의 왕적 통치가 실현되는지의 여부를 면밀하게 점검하는 시간이다. 특히 성경 읽기는 교회 활동을 지배하거나 영향을 미치는 정치적이고 사회적인 세력과 구조, 세계관과 인생관들을 폭로하고, 말씀 해석과 교회/신앙 활동을 그것들로부터 해방시키는 비판적 기능을 수행한다. 따라서 우리가 모세오경을 하나님 나라의 관점에서 읽는다는 것은 성경 본문에 대한 해석만이 아니라, 성경 본문을 해석하는 독자 자신과 그들이 속한 교회 공동체를 지배하는 시대정신에 대한 분석을 의미한다. 성경을 통하여 우리는 우리 자신을 분석하고 또 해석하는 것이다.

모세오경 서른다섯 마당 개괄

앞으로 우리는 하나님 나라 운동의 관점에서 모세오경을 서른다섯 마당으로 나누어 연구할 것이다. 절 단위 혹은 장 단위의 해설을 시도하지 않고 주요한 문학적인 단락을 중심으로 해석할 것이다(서른다섯 마당의 순서는 차례를 참조하라).

창세기부터 신명기까지 우리는 하나님의 말씀(명령, 초청, 약속, 계약)에 대한 믿음과 순종이 가져오는 하나님의 왕적 권능과 다스림을 예의 주시할 것이다. **창세기**는 1장에서 하나님의 말씀(명령)과 그것에 순종하는 삼라만상을 보여줌으로써 하나님 나라가 시작됨을 선포한다. 하나님 나라는 하나님의 명령이 아무 방해받지 않고 집행되는 영역이다. 하나님 말씀에 대한 응답적 순종이 있는 곳에 하나님 나라가 세워진다. 역사와 자연 속에 뿌리를 내리려는 하나님 나라는 인간의 죄와 불순종과 반역에 의해 좌절되는 듯하지만, 다시 아브라함의 믿음과 순종을 통해 역사의 궤도를 타고 복귀한다. 아브라함과 이삭과 야곱과 요셉의 이야기는 한 개인의 삶 속에 일어난 모든 하나님 나라 사건은 세계사적인 의미를 가짐을 예해한다.

출애굽기에서 하나님 나라는 억압과 노예근성으로부터의 해방을 의미한다. 1-12장에서 하나님 나라는 거짓된 애굽 신들(신적 왕들)에 대한 무장해제를 통해 구축된다. 여기서 우리는 구원의 목적이 바로 하나님 나라에 들어가기, 곧 하나님의 율법에 복종할 수 있는 자유의 획득임을 알게 된다. 출애굽기에서 하나님은 또다시 십계명 수여와 성막 건설을 통해 이스라엘 백성과의 친밀한 동거와 연합을 시도하시지만, 이스라엘의 우상숭배와 배교는 하나님의 의도를 좌절시킨다. 이스라엘의 하나님이 거룩하신 하나님임이 드러나고 이스라엘 안에서 하나님 나라가 건설되기 위해서는 이스라엘 백성이 품성 면에서도 거룩한 백성이 되지 않으면 안 된다는 과제를 남기며 출애굽기는 끝난다.

레위기에서 하나님 나라는 거룩하신 하나님과 거룩한 백성 이스라엘의 연합과 동거를 의미한다. 레위기 제사신학은 가까이 나아감의 신학이다. 죄로 인하여 멀리 떨어진 이스라엘과 하나님 사이의 친밀성을 확보하는 도구가 제사다. 제사 자체의 효력은 제물에 있지 않고 하나님 자신의 죄 용서 의지에 있음이 드러난다. 하나님은 성막에 가득 찬 하나님의 거룩한 영광이 사회, 정치, 경제, 일상생활, 종교 제의/절기 등 모든 개인적·사회적 삶의 영역에 가득 차기를 열망하신다. 레위기는 거룩하신 하나님과의 공존이 일상생활에서 구현되는 나라가 바로 하나님 나라임을 밝힌다.

민수기는 하나님 나라가 자유를 위한 조직화요, 쉼 없는 연단이 며, 자기부인의 광야 여정임을 밝힌다. 히브리 노예들이 법적으로 자유를 얻었지만 품성적인 자유를 얻기까지 치르는 혹독한 대가가 하나님 나라에 들어가기 위한 대가임이 드러난다. 민수기에서는 또한 하나님 나라 질서에 저항하는 대항 조직들(광야의 반역 행위)이 하나님 나라의 운동력에 의해 어떻게 분쇄되는지를 잘 예시한다. 끝으로 민수기는 조직화되고 정예화된 용사들이 하나님 나라의 전쟁 명령을 수행할 수 있음을 보여주며, 종말의 시대를 사는 전투적 교회 church militant의 모형을 보여준다. 여기서 하나님 나라의 부름에 응답하는 것은 가나안 정복전쟁을 향한 새로운 세대를 징집하시는 하나님의 징집령에 응답하는 데서 시작됨을 보여준다.

신명기는 하나님 나라를 세상을 향한 복된 공격이요 거룩한 육박으로 이해한다. 신명기는 하나님 나라가 지상에 돌입하면서 치르게 되는 하나님의 거룩한 전쟁으로 구체화됨을 밝힌다. 여기서 하나님 나라는 하나님의 통치에 저항하는 반역자들로부터 하나님의 땅을 되찾으려는 전쟁이다. 그러나 신명기의 가나안 정복전쟁은 인종청소와 같은 민족학살 전쟁이 아니며, 하나님의 대적들에 대한 거룩하고 공변된 심판이다. 하나님께서 무찌르시는 대적들은 인종이나 종교의 차이를 따라 구분되지 않고 하나님의 통치에 대한 반응 여부에 따라 구분된다. 여기서 하나님의 대적 명단에는 불순종하고 의롭지 못한 이스라엘 백성도 포함되기 때문이다. 한편 신명기에서 하나님 나라는 보금자리에서 추방되어 광야를 전전하던 백성들을 다시한 번 보금자리로 불러들이는 죄 용서와 회복과 갱신의 희망으로 다가온다. 하나님의 다함없는 신실하심으로 말미암아 언약백성이 된,

곧 의롭게 된 이스라엘에게 가나안 약속의 땅으로의 복귀가 허락된
다. 신명기가 보여주는 하나님 나라의 지평선에는 이미 이스라엘의
실패와 배교를 넘어서는 미래, 곧 모세를 넘어가는 하나님의 미래인
'그리스도 예수'가 희미하게 동터 온다.

● 창세기 │ 창조 자체가 하나님 나라의 시작이다

I.

창세기 1-2장

천지창조와 하나님 나라의 시작

창세기의 창조 사건은 두 가지 상호보완적인 창조 기사로 보도된다.[1:1-2:4a, 2:4b-25] 1장은 추상같은 명령으로 질서정연하게 우주만물과 그 안에서 있는 삼라만상을 창조하시는 전제군주형 하나님을 제시하고, 2장은 시행착오를 거치는 듯한 실험적인 예술가형 가내수공업자 이미지의 하나님을 제시한다. 우리는 두 창조 기사를 서로 다른 저자와 서로 다른 연대를 대표하는 독립적인 자료(제사장 자료 P와 야웨주의자 자료 J)로 단정하기보다는, 절묘하게 상호보완적이며 조화를 이루고 있는 한 저자의 두 가지 신학적 관점이라고 본다.[1]

①·②

I.　하나님의 명령에 의한 천지창조　●1:1-2:4a

1

[1]태초에 하나님이 천지를 창조하시니라. [2]땅이 혼돈하고 공허하며 흑암이 깊음 위에 있고 하나님의 영은 수면 위에 운행하시니라. [3]하나님이 이르시되 빛이 있으라 하시니 빛이 있었고 [4]빛이 하나님이 보시기에 좋았더라. 하나님이 빛과 어둠을 나누사 [5]하나님이 빛을 낮이라 부르시고 어둠을 밤이라 부르시니라. 저녁이 되고 아침이 되니 이는 첫째 날이니라. [6]하나님이 이르시되 물 가운데에 궁창이 있어 물과 물로 나뉘라 하시고 [7]하나님이 궁창을 만드사 궁창 아래의 물과 궁창 위의 물로 나뉘게 하시니 그대로 되니라. [8]하나님이 궁창을 하늘이라 부르시니라. 저녁이 되고 아침이 되니 이는 둘째 날이니라. [9]하나님이 이르시되 천하의 물이 한 곳으로 모이고 뭍이 드러나라 하시니 그대로 되니라. [10]하나님이 뭍을 땅이라 부르시고 모인 물을 바다라 부르시니 하나님이 보시기에 좋았더라. [11]하나님이 이르시되 땅은 풀과 씨

맺는 채소와 각기 종류대로 씨 가진 열매 맺는 나무를 내라 하시니 그대로 되어 ¹²땅
이 풀과 각기 종류대로 씨 맺는 채소와 각기 종류대로 씨 가진 열매 맺는 나무를 내니
하나님이 보시기에 좋았더라. ¹³저녁이 되고 아침이 되니 이는 셋째 날이니라. ¹⁴하나
님이 이르시되 하늘의 궁창에 광명체들이 있어 낮과 밤을 나뉘게 하고 그것들로 징조
와 계절과 날과 해를 이루게 하라. ¹⁵또 광명체들이 하늘의 궁창에 있어 땅을 비추라
하시니 그대로 되니라. ¹⁶하나님이 두 큰 광명체를 만드사 큰 광명체로 낮을 주관하게
하시고 작은 광명체로 밤을 주관하게 하시며 또 별들을 만드시고 ¹⁷하나님이 그것들
을 하늘의 궁창에 두어 땅을 비추게 하시며 ¹⁸낮과 밤을 주관하게 하시고 빛과 어둠을
나뉘게 하시니 하나님이 보시기에 좋았더라. ¹⁹저녁이 되고 아침이 되니 이는 넷째 날
이니라. ²⁰하나님이 이르시되 물들은 생물을 번성하게 하라. 땅 위 하늘의 궁창에는
새가 날으라 하시고 ²¹하나님이 큰 바다 짐승들과 물에서 번성하여 움직이는 모든 생
물을 그 종류대로, 날개 있는 모든 새를 그 종류대로 창조하시니 하나님이 보시기에
좋았더라. ²²하나님이 그들에게 복을 주시며 이르시되 생육하고 번성하여 여러 바닷
물에 충만하라. 새들도 땅에 번성하라 하시니라. ²³저녁이 되고 아침이 되니 이는 다
섯째 날이니라. ²⁴하나님이 이르시되 땅은 생물을 그 종류대로 내되 가축과 기는 것과
땅의 짐승을 종류대로 내라 하시니 그대로 되니라. ²⁵하나님이 땅의 짐승을 그 종류대
로, 가축을 그 종류대로, 땅에 기는 모든 것을 그 종류대로 만드시니 하나님이 보시기
에 좋았더라. ²⁶하나님이 이르시되 우리의 형상을 따라 우리의 모양대로 우리가 사람
을 만들고 그들로 바다의 물고기와 하늘의 새와 가축과 온 땅과 땅에 기는 모든 것을
다스리게 하자 하시고 ²⁷하나님이 자기 형상 곧 하나님의 형상대로 사람을 창조하시
되 남자와 여자를 창조하시고 ²⁸하나님이 그들에게 복을 주시며 하나님이 그들에게
이르시되 생육하고 번성하여 땅에 충만하라, 땅을 정복하라, 바다의 물고기와 하늘의
새와 땅에 움직이는 모든 생물을 다스리라 하시니라. ²⁹하나님이 이르시되 내가 온 지
면의 씨 맺는 모든 채소와 씨 가진 열매 맺는 모든 나무를 너희에게 주노니 너희의 먹
을거리가 되리라. ³⁰또 땅의 모든 짐승과 하늘의 모든 새와 생명이 있어 땅에 기는 모
든 것에게는 내가 모든 푸른 풀을 먹을거리로 주노라 하시니 그대로 되니라. ³¹하나님

이 지으신 그 모든 것을 보시니 보시기에 심히 좋았더라. 저녁이 되고 아침이 되니 이는 여섯째 날이니라.

2 ¹ 천지와 만물이 다 이루어지니라. ² 하나님이 그가 하시던 일을 일곱째 날에 마치시니 그가 하시던 모든 일을 그치고 일곱째 날에 안식하시니라. ³ 하나님이 그 일곱째 날을 복되게 하사 거룩하게 하셨으니 이는 하나님이 그 창조하시며 만드시던 모든 일을 마치고 그 날에 안식하셨음이니라. ⁴ 이것이 천지가 창조될 때에 하늘과 땅의 내력이니.

첫 번째 창조 기사는 상투적인 표현으로 된 열 개의 명령^{fiat}으로 이루어져 있고 다분히 시적이다. 적어도 다음 표현들은 매우 정치한 언어학적 대칭성과 도식성을 보여준다. "하나님이 이르시되", "되라"(있으라), "그대로 되니라." 특히 하나님의 행동을 서술하는 산문체 해설, 이름을 붙이거나 복을 주시는 하나님의 행위를 묘사하는 자기평가적 소감 피력("좋았더라"), "저녁이 되고 아침이 되니……날이니라"는 구절 속에서 발견되는 반복성, 대칭성, 도식성은 하나님의 창조 계획의 주도면밀성과 총체성, 균형과 조화를 강조한다.²

하나님의 창조 행위는 1-3일 창조 사건과 4-6일 창조 사건으로 나눌 수 있다. 넷째 날에 창조된 해, 달, 천체 질서는 1-3일, 4-6일에 창조된 피조물들을 주관하도록[마샬(מָשַׁל)] 위임된다. 여기서 우리는 해와 달, 일월성신과 천체가 사람까지 주관할 가능성과 맞부딪친다. 해와 달이 일자와 연한과 징조와 사시四時를 이룸으로써 인간에게 역법상의 인도와 초보적인 계시 기능을 수행할 정도로 인간사에 관여하는 것은 허용되지만, 신적인 후광을 스스로 발하며 인간의 경배를 받아서는 안 된다는 깨우침이 암시된다. 적어도 창세기는 인간이 해와 달, 일월성신과 천체를 신으로 숭배하기가 얼마나 쉬운 존재인지를 동정한다. 해, 달, 그리고 천체에 위임된 '주관하라'는 명령의 부작용이 이스라엘을 포함한 고대 근동 민족들의 천체/태양숭배 속에 나타났음은 널리 알려진 사실이다. 특히 이 우주적인 천체 질서가 고대 이스라엘과 유다를 멸망으로 몰고 간 우상숭배의 대상이 되었다. 최근 팔레스타인의 고고학적 성과에 의하면 유다의 멸망기였던 기원전 7세기 유다 사회가 얼마나 철두철미하게 태양신 및 일월성신 숭배에 의해 지배되었는지가 밝혀지고 있다.^{왕하 23:4-5, 11, 렘 7:18, 8:2, 겔 8:6-14}

또한 여섯째 날에 창조된 사람도 4-6일에 창조된 피조물을 다스리고 주관하도록 위임된다. 여섯째 날의 창조 기사에서는 '하나님이 이르시되'라는 표현이 네 번이나 사용되었고, '창조하였다'라는 동사가 두 번 반복되며, '형상'이라는 명사가 세 번 반복되었다. '우리가 …하자'라는 구문과 '형상', '모양'이라는 단어들에 의해 이날의 독특성이 두드러진다. 하나님의 형상[첼렘(צֶלֶם)]과 모양[드무트(דְּמוּת)]이 무엇을 의미하는지를 정확하게 규명하는 것은 어렵다. 다만 하나님의 형상과 모양이 아담의 통치자적 사명과 관련되어 있다는 점에 비추어 볼 때, 이 두 단어는 동식물에게 하나님을 생각나게 하고 하나님을 대리한다는 생각을 심어 줄 정도의 지식, 명철, 영광, 교제 및 통치 능력을 포괄하는 신적 역능^{役能}을 가리키는 말로 보면 된다. 시편 8편, 104편 등에서 인간은 왕적인 영광과 존귀를 지닌 존재인 동시에 하나님이 지으신 피조물을 다스리고 땅을 정복(경작)하느라고 종일 수고하는 노동자로 그려진다.^{시 104:23}

사람[에노쉬(אֱנוֹשׁ)]이 무엇이기에 주께서 그를 생각하시며 인자[벤-아담(בֶן־אָדָם)]가 무엇이기에 주께서 그를 돌보시나이까. 그를 하나님보다 조금 못하게 하시고 영화와 존귀로 관을 씌우셨나이다. 주의 손으로 만드신 것을 다스리게 하시고 만물을 그의 발 아래 두셨으니.^{시 8:4-6}

이 본문은 창세기 1:26-27에 대한 시적 해설로 읽힌다. 여기서 하나님께서는 아담을 하나님보다는 약간 모자라게 하셨으나 영광과 존귀의 관을 씌워 주셨다. 영광과 존귀 면에서 하나님보다 열등했지만 하나님은 아담을 존귀와 영광의 위엄, 곧 왕적 위엄으로 옷 입히셨다는 것이다. 시편 80:17은 "주의 오른쪽에 있는 자"를 인자(벤-아담)와 동일시한다. 이 시편에서 인자는 왕이나 제사장 같은 신정통치의 대리자를 가리킨다. 아담은 그저 한 인간으로 창조된 것이 아니라 인류의 대표자인 왕적 존재로 창조된 것임을 알 수 있다.

이러한 이유 때문에 하나님의 형상으로 창조된 왕적인 대리자 아담은 해, 달, 천체가 일시와 징조를 주관하는[1:16, 18] 것과 다른 방식으로 동식물계와 에덴을 포함한 자연세계를 "정복하고 통치하도록"[라다(רָדָה), 카바쉬(כבש)] 위임된다.[1:28] 1장에 나열된 피조물들(곤충, 짐승, 땅에 기는 동물, 조류, 어류)은 멸망 직전의 유다 사회에서 신으로 숭배되던 것들이었다.[겔 8:10] 아니나 다를까 출애굽기 20:4은 땅에 있는 동물, 하늘을 나는 짐승, 그리고 물속에 사는 물고기류의 동물들이 하나님의 자리를 차지하는 우상신으로서 인간을 지배할 것을 부정적으로 예상한다.

넷째 날과 여섯째 날에 각각 중간 단계의 절정을 드러내며 진행된 창조 사건은 일곱째 날에 이르면 전혀 새로운 단계로 접어든다. 일단 상투적·반복적·대칭적·도식적 문체가 사라진다. 일곱째 날은 창조 활동의 완료를 의미하며 엿새 동안의 창조 활동에 대한 신적 만족이 표출된 안식일이다. "하나님이 지으신 그 모든 것을 보시니 보시기에 심히 좋았더라."[1:31] 저자는 '일곱째 날'은 3회, '안식하셨다'라는 말은 2회 사용함으로써 제7일의 중요성을 부각시킨다. 게다가 저자는 "하나님이 복을 주셨다", "하나님이 거룩하게 하셨다"라는 선언을 추가함으로써, 앞의 여섯 날에 비하여 일곱째 날이 얼마나 독특하고 구별되는 날인지를 더욱 강조했다. 그동안 모든 날들은 하나님 앞에 좋은 날이었으나, 일곱째 날은 단순히 좋은 날이 아니라 '거룩한 날'이었다. 좋은 날에는 인간이 창조주 하나님을 모방해 열심히 맡겨진 일을 수행하고 일곱째 날에는 하나님이 안식하시듯이 안식을 누려야 한다. 안식은 고대 근동신학의 관점에서 볼 때 최고의 신이 누리는 대권에 속한다. 고대 바벨론의 창세기격에 해당하는 『에누마 엘리쉬』*Enuma Elish*에 따르면 안식은 최고의 대권을 가진 마르두크*Marduk* 신에게 배타적으로 향유되었다.[3] 그러나 창세기는 인간이 신의 노예가 아니라 신적 안식에 참여하는 하나님의 동역자임을 강조한다. 노동일은 안식일에 의해 완성된다. 안식이 보장되지 않는 노동은 노예노동이다. 노동의 결과로 획득된 생산물이 일곱째 날에 생계노동의 굴레로부터 해방시켜 준다. 하나님께서는 죄가 시작되기 이전부터 노동이 인간에게 생명의 감가상각을 일으킨다는 것을 아셨기 때문에 안식을 선사하신다. 또 다른 한편 안식일은 노동의 수고로움으로부터 마모되고 황폐화된 인간의 영혼과 육체를 회복하는 시간이라는 점에서 다가올 종말의 안식에 미리 참여하는 연습이다. 아브라함 요수아 헤셀*Abraham Joshua Heschel*이 말했듯이 안식일은 시간으로 된 성전이다.[4] 노동 가치설이 힘을 잃고 하나님을 향한 거룩한 멈춤이 경축된다. '좋은 여섯 날들'은 '거룩한 일곱째 날'에 의해 지양되고 대체된다.

그런데 하나님은 피곤치도 아니하시고 곤비치도 아니하신데 왜 안식하셨을까?창 2:4, 출 20:11, 사 40:30-31, 시 121편 이 질문에 대답하기 위해서는 창조주의 '안식'이 고대 근동의 창조 설화『에누마 엘리쉬』에서 혼돈과 무질서의 신적 세력에 대한 창조주의 승리를 기리는 축제와 관련된다는 사실을 상기해야 한다. 안식은 고대 근동 창조 설화에서 최고의 창조신이 그의 수위권에 도전하던 경쟁적 신들의 반역과 저항을 완전히 제압하였음을 공공연히 선포하는 행위였다. 창세기의 유일신 신앙 세계관에서는 다신교적인 신들의 반역에 대한 인정은 거의 자취를 감추고 있다. 그럼에도 불구하고 고대 근동의 창조 설화라는 거대 담론의 틀을 어느 정도 전제하고 있다. 이스라엘의 조상들은 이 거대 담론이 존재하던 구체적인 세계 속에서 출현했기에 고대 근동의 세계관에서 완전히 자유롭지는 못했다.

따라서 창세기 1-2장이 하나님의 천지창조가 일종의 무질서와 혼돈 세력에 대한 '승리' 사건임을 은근히 암시하고 있는 것이 이상한 일은 아니다. 하나님의 천지창조는 단지 무無로부터의 창조를 넘어서서 무질서와 혼돈과 심연(이것이 성경적 '무') 세력에 대한 질서 부여 행위(나누다)임을 암시하고 있다. 1:1-2을 다음과 같이 번역하면 이런 해석은 더욱더 가능해진다. "하나님이 천지만물을 창조하셨을 때, 땅은 혼돈하고 공허하고 흑암이 깊음 위에 있었다."[5] 혹은 "땅이 혼돈하고 공허하며 흑암이 깊음 위에 있을 때, 하나님은 천지를 창조하셨다."[6] 하지만 고대 근동의 다신교적 창조 설화는 창세기에서 강하게 드러나는 유일신 신앙의 세례를 받으며 약간 변형된다. 바벨론 창세기격인 『에누마 엘리쉬』[7]에서 창조주 신에게 저항하던 흑암 세력과 혼돈 세력을 상징하는 '티아마트'(깊음)Tiamat가 창세기 1:2에는 터홈(תְּהוֹם, 깊음)으로 표현되어 있다. 『에누마 엘리쉬』에서 창조주 마르두크 신에 대항하던 티아마트는 창세기에서 하나의 무생물적인 원시 우주의 질료 정도(깊은 바다)로 격하된다. 한글성경에서는 한 걸음 더 나아가 터홈을 '심연'이라고 번역하지 않고 아예 '깊음'이라는 정체불명의 단어로 번역하는 바람에 창세기 1장의 창조 상황이 더욱 흐려져 있다.

이러한 관점에서 다시 창세기 1장을 읽어 보면 다음과 같이 요약될 수 있다. "하나님의 창조 질서가 시작되기 전에, 원시 우주는 '혼돈'과 '깊음'이라고 하는 무질서 세력에 의해 지배되고 있었는데, 야웨 하나님의 명령으로 우주는 아름다운 질서로 창조되었다." 6일 동안에 단계적으로 수행된 하나님의 창조 노동을 통해 무질서와 혼돈 세력에 대한 질서 부여 작업을 온전히 성취했기 때문에(혼돈 세력에 대하여 승리했기 때문에), 하나님께서는 일곱째 날에 승리한 최고의 신이 누리는 '안식'을 누리셨다는 말이다. 이 장면은 또한 고대 가나안의 창조 설화를 담은 바알 신화The Baal Cycle에서 혼돈의 바다에 대한 승리를 거둔 바알이 '안식'을 요구하는 상황을 상기시킨다.[8] 이처럼 여섯 날 동안에 획득된 하나님의 완전 승리와 성취가 없다면 일곱째 날인 안식일은 송축될 수 없다. 안식일은 혼돈 세력에 대한 하나님의 승리 경축일이며, 사람은 고된 노동(무질서와 혼돈의 세계를 질서의 세계로 변혁시키는 노동)으로부터 심신을 쉬고 하나님의 승리 잔치에 초청을 받는다. 안식일은 미리 맛보는 종말론적 '구원'이다.[히 4:3]

결론적으로 말해 1:1-2:4a의 창조 기사는 구속 역사의 전제다. 하나님께서 창조주가 아니라면, 하나님께서 인간의 역사 속에 간섭하실 권리를 갖지 못할 것이다. 창조주 하나님은 명령으로 우주를 창조하신 왕으로서 경배받아야 한다. 창세기 1장은 하나님의 명령에 순종하는 삼라만상을 보여줌으로써 창세기 1장이 하나님 나라의 시작임을 보여준다. 하나님 나라는 하나님의 명령에 대한 인격적인 순종이며, 이 순종을 통해 피조물은 하나님을 아는 지식에서 자라가 하나님과의 격조 높은 친교에 들어간다. 시편 33편과 89편은 하나님의 말씀을 통한 천지창조가 하나님의 성품인 공평과 정의를 선포한 사건임을 강조한다. 하나님의 천지창조는 공의와 정의를 사랑하시고 인자하심이 충만한 하나님의 성품을 반영한다.[시 33:5-11] 하나님이 하늘을 창조하신 것 자체가 하늘에 하나님의 보좌를 세우신 사건이며 땅을 창조하신 것 자체가 땅에 정권을 세우신 행위다.[시 103:19-22]

의와 공의가 주의 보좌의 기초다.^{시 89:14} 혼돈 세력에 대한 하나님의
승리를 의미하는 하늘과 땅, 만유의 창조 사건은 하나님의 공평과
정의의 확정 행위다. 하나님의 창조는 공평과 정의라는 통치 원리의
선포 사건임과 동시에 하나님의 명철과 지혜의 과시 사건이다.^{잠 3:19}
하나님의 창조에는 하나님의 지혜가 참여했다. 선재하는 지혜가 창
조주 하나님을 돕는 창조자(창조 대리자)가 되어 날마다 하나님의 뜻
을 준행했다. 천지창조에는 하나님의 지혜와 명철을 대표하는 하나
님의 말씀, 곧 하나님의 아들이 동역했다.^{잠 8:30} 창세기 1장은 하나님
아버지의 창조를 다루는 한편 그 창조 명령을 준행하고 집행하는 하
나님 아들의 순종을 암시하고 있다. 바로 이런 이유 때문에 창세기 1
장의 창조는 요한복음 1장의 성자 하나님의 창조 동역의 빛에 비추
어 해석되어야 한다.

1 · 2

창세기 1장에 대한 요한복음 1장의 기독론적 읽기

I.

천지창조와 하나님 나라의 시작

창세기 1장을 하나님 나라의 시작이라고 보아야 하는 더 깊은 이유
는 요한복음의 로고스 기독론에서 발견된다. 창세기 1장의 말씀에
의한 창조 사건은 요한복음 1:1-3에서 하나님 아버지에 대한 하나
님 말씀 자체의 순종에 의한 창조 사건으로 바뀐다. 이 말씀은 하나
님 아버지에 대하여 독립적인 위격을 갖는 하나님의 아들로 불린다.
창세기 1:3에 나오는 하나님의 언표^{言表} 행위("이르시되")가 요한복
음에서는 독립적인 위격을 가지고 하나님 아버지의 명령을 듣고 순
종한 아들의 역할로 격상된다. 창세기의 창조주 하나님의 언표 행위
하나하나는 요한복음에서는 창조주 아버지 하나님의 뜻을 하나하나
대신해서 성취한 아들 하나님의 활동으로 간주된다. 즉, 창세기에서
천지를 창조하시는 하나님의 말씀은 요한복음에서 하나님의 뜻을

100퍼센트 성취하는 대리자가 된다. 이사야 55:10-11이 말하는 하나님의 말씀이 바로 요한복음 1장이 말하는 하나님의 말씀이다.

> 이는 비와 눈이 하늘로부터 내려서 그리로 되돌아가지 아니하고 땅을 적셔서 소출이 나게 하며 싹이 나게 하여 파종하는 자에게는 종자를 주며 먹는 자에게는 양식을 줌과 같이 내 입에서 나가는 말도 이와 같이 헛되이 내게로 되돌아오지 아니하고 나의 기뻐하는 뜻을 이루며 내가 보낸 일에 형통하리라.

여기서 하나님의 말씀은 발설자이신 하나님에게서 파송되어 하나님의 기뻐하시는 뜻을 이루며 성취하는 대리자다. 마찬가지로 요한복음이 말하는 말씀도 발설자인 하나님과 독립적인 위격을 갖는 대리자다. 요한복음은 태초부터 있던 그 말씀이 완전한 순종의 화신이며 완벽한 대리자(심복)였다고 말한다. 영어성경 *Living Bible*에서는 요한복음 1:1의 첫 소절인 "엔 아르케 에-엔 호 로고스"(Ἐν ἀρχῇ ἦν ὁ λόγος)를 "Before anything existed there was Christ"라고 번역한다. "어떤 것이 있기도 전에 그리스도가 있었다"라고 말한다. 그리스도는 창세 전부터 내내(미완료시제 '에-엔') 하나님의 아들이었고, 창조 사건 이전에 먼저 하나님 아버지께 순종하는 아들이었다.요 1:1-3, 엡 1:4, 빌 2:6-11 천지창조 사건은 성부 하나님의 일방적인 명령 발설로 이루어진 것이 아니라 성자 하나님(말씀)의 의도적이고 목적 지향적인 순종을 통해 성취되었다. 따라서 요한복음 1:1은 "태초에 한 순종(순종하는 아들, 말씀)이 있었다"라고 번역될 수 있다. 이 순종하는 대리자(아들)는 하나님과 아주 밀접한 관계[프로스(πρός)]를 누리고 있었는데 본질 면에서는 완전한 하나님이었다.요 1:12-14, 18, 5:18-19, 빌 2:6-7 9 이것은 성부와 성자 간의 위격을 구분하면서도 인격적인 일치와 연합이 어떤 조건 아래서 가능했겠는지를 이해하도록 도와준다.요 8:58, 10:30, 17:11 창세기 1장을 성부 하나님의 명령에 대한 그리스도(말씀)의 의도적인 순종을 통한 천지창조 사건으로 파악하는 기독론적인 읽기는, 하나님의 명령에 순종하는 그리스도적인 결단이 있는 곳에서 하나님 나라가 시작되고 확장되어 감을 확증한다. 창조주 하나님이 설계하시는 이상적인 사회는 하나님의 자녀들의 창조적인 순종이 있는 곳에서 육화되고 실재화된다는 것이다. 이사야 55:10-11은 이 같은 의미의 하나님 말씀의 대리자적 지위를 진술한다.

하나님의 기쁘신 뜻을 이루며 하나님이 맡기신 일을 형통하게 성취하는 하나님의 말씀이 육신이 되어 우리 가운데 오신 분이 바로 예수 그리스도다. 하나님의 명령 창조는 하나님 말씀의 순종을 통한 창조이기도 하다. 성자 그리스도는 아버지께서 일하시는 그 현장에서 배우고 아버지의 일을 함께 행하신다.요 5:17 아들은 아버지가 행하시는 일을 보지 않고는 아무것도 스스로 할 수 없다.요 5:19 요한복음의 이 두 절은 그리스도의 창조 사역 동참을 암시하는 것처럼 보인다. "태초에 말씀으로 인한 천지창조가 있었다"라는 창세기 1장은 요한복음 1장에서 와서 "태초에 아버지의 명령에 순종하는 말씀(아들)으로 인한 천지창조가 있었다"로 해석되었다. 하나님의 창조 사역이 요한복음 1장에서처럼 재해석될 때 비로소 오늘날 우리가 살고 있는 현장에서 우리가 드리는 순종을 통한 하나님의 새 하늘 새 땅 창조 사역의 발판이 마련된다. 하나님의 말씀(명령) 창조는 항상 순종하는 대리자, 곧 그리스도적 순종을 드리는 결단을 통해 실현된다. 그리스도인은 하나님의 새 하늘 새 땅 창조 프로젝트, 곧 하나님 나라 운동에 부름받았다. 교회와 그리스도인에게는 말씀에의 순종, 말씀의 성육신이 절대적으로 기대되고 요청된다. 하나님의 세계 변혁은 성도들의 자발적인 말씀 순종으로부터 발원한다.

두 번째 창조 기사

: 하나님 나라의 미래는 사람의 순종 여부에 달려 있는가? ● 2:4b-25

2 ⁴ 여호와 하나님이 땅과 하늘을 만드시던 날에 ⁵ 여호와 하나님이 땅에 비를 내리지 아니하셨고 땅을 갈 사람도 없었으므로 들에는 초목이 아직 없었고 밭에는 채소가 나지 아니하였으며 ⁶ 안개만 땅에서 올라와 온 지면을 적셨더라. ⁷ 여호와 하나님이 땅의 흙으로 사람을 지으시고 생기를 그 코에 불어넣으시니 사람이 생령이 되니라. ⁸ 여호와 하나님이 동방의 에덴에 동산을 창설하시고 그 지으신 사람을 거기 두시니라. ⁹ 여호와 하나님이 그 땅에서 보기에 아름답고 먹기에 좋은 나무가 나게 하시니 동산 가운데에는 생명 나무와 선악을 알게 하는 나무도 있더라. ¹⁰ 강이 에덴에서 흘러 나와 동산을 적시고 거기서부터 갈라져 네 근원이 되었으니 ¹¹ 첫째의 이름은 비손이라. 금이 있는 하윌라 온 땅을 둘렀으며 ¹² 그 땅의 금은 순금이요 그곳에는 베델리엄과 호마노도 있으며 ¹³ 둘째 강의 이름은 기혼이라. 구스 온 땅을 둘렀고 ¹⁴ 셋째 강의 이름은 힛데겔이라. 앗수르 동쪽으로 흘렀으며 넷째 강은 유브라데더라. ¹⁵ 여호와 하나님이 그 사람을 이끌어 에덴 동산에 두어 그것을 경작하며 지키게 하시고 ¹⁶ 여호와 하나님이 그 사람에게 명하여 이르시되 동산 각종 나무의 열매는 네가 임의로 먹되 ¹⁷ 선악을 알게 하는 나무의 열매는 먹지 말라. 네가 먹는 날에는 반드시 죽으리라 하시니라. ¹⁸ 여호와 하나님이 이르시되 사람이 혼자 사는 것이 좋지 아니하니 내가 그를 위하여 돕는 배필을 지으리라 하시니라. ¹⁹ 여호와 하나님이 흙으로 각종 들짐승과 공중의 각종 새를 지으시고 아담이 무엇이라고 부르나 보시려고 그것들을 그에게로 이끌어 가시니 아담이 각 생물을 부르는 것이 곧 그 이름이 되었더라. ²⁰ 아담이 모든 가축과 공중의 새와 들의 모든 짐승에게 이름을 주니라. 아담이 돕는 배필이 없으므로 ²¹ 여호와 하나님이 아담을 깊이 잠들게 하시니 잠들매 그가 그 갈빗대 하나를 취하고 살로 대신 채우시고 ²² 여호와 하나님이 아담에게서 취하신 그 갈빗대로 여자를 만드시고 그를 아담에게로 이끌어 오시니 ²³ 아담이 이르되 이는 내 뼈 중의 뼈요 살 중의 살이라. 이것을 남자에게서 취하였은즉 여자라 부르리라 하니라. ²⁴ 이러므로 남

자가 부모를 떠나 그의 아내와 합하여 둘이 한 몸을 이룰지로다. ²⁵ 아담과 그의 아내 두 사람이 벌거벗었으나 부끄러워하지 아니하니라.

두 번째 창조기사는 하나님의 실험적인 창조 이야기다. 창세기 1장과 2장의 차이 가운데 하나는 여자의 창조 순서다. 1:26-27에는 아담 (사람)을 창조하시되 남성[자카르(זָכָר)]과 여성[느케바(נְקֵבָה)]으로 양성화된 아담을 창조하시는 하나님을 보여준다. 반면에 2장에서는 남자 창조와 여자 창조 사이에 시간적·논리적 계기가 끼어 있다. 2장에서는 하나님이 먼저 단성 인류 아담을 창조하신 후에 여자를 창조하신다. 단성 인류 아담의 활동과 사역을 관찰하시고 그의 결핍을 보신 후 심사숙고를 거쳐서 단성 인류인 아담을 남자와 여자로 분화시켜 창조하신다. 엄격하게 말하면 남자에게서 여자가 창조된 것이 아니라, 단성 인류 아담으로부터 남자와 여자가 창조적 분리를 거치면서 창조된 것이다.¹⁰ 하나님은 아담의 갈빗대로 여자를 창조하시고 남은 몸으로 현재의 남자를 창조하신다.²⁺²²

2:4b부터는 하나님의 이름 엘로힘(אֱלֹהִים) 앞에 야웨(יהוה)라는 말이 덧붙여진다. 모세에게 처음으로 당신의 이름을 야웨로 계시해 주신 시내산의 하나님,ᵉˣ ³˸⁶⁻¹⁴˒ ⁶˸³ 출애굽 구원의 하나님이 곧 천지를 창조하신 하나님이라는 것이다. '야웨'라는 하나님의 이름은 모세와 함께하실 하나님, 곧 모세가 영도하는 이스라엘과 함께하실 신실한 하나님을 계시하는 하나님의 자기계시적 이름이다. '야웨'는 이스라엘과 언약 중인 하나님이라는 뜻이며 인간에게 베푸신 약속을 반드시 성취하실 신실한 하나님의 성품을 담지한다. 2:4b이 하나님을 단지 엘로힘이 아니라 야웨 엘로힘이라고 부르는 이유는, 이스라엘을 당신의 백성 삼으신 하나님은 천지를 창조하신 바로 그 하나님이라는 사실을 강조하기 위함이다. 창조주 하나님이 바로 이스라엘을 당신

의 백성 삼으신 하나님이라고 믿는 이 고백은 이스라엘이 세상 안에서 하나님의 통치를 대신하고 구현할 특별한 백성임을 드러낸다. 창세기 2장에서 하나님은 우주만물을 초월하는 천공에 계시지 않고 인간의 질료를 구성하는 흙 속으로 들어오신다. 하나님은 흙을 묻히시며 흙이라는 질료를 통해 자신을 닮은 영적이고 인격적인 피조물인 사람을 만드신다.

이제 더 이상 하나님은 초월적인 명령으로 천지만물을 창조하고 다스리는 우주적인 왕의 자리에 머물러 있지 않으시고, 흙과 먼지를 묻히기까지 겸손하셔서 인간의 순종에 당신 나라의 미래를 맡기려고 율법을 주시며 언약을 맺으신다. '야웨' 하나님은 아브라함과 모세를 부르시기 전에 최초로 아담을 불러 당신의 언약백성으로 삼으신 것이다. 자신을 인간과 약속 관계에 묶어 두는 지극히 겸손하신 하나님이다. 1:1-2:4a에서 하나님은 모든 피조물과 멀찍이 떨어진 명령자요 삼라만상과 우주 위에 계시는 창조주 '엘로힘'으로 소개되지만, 2:4b에서 소개되는 '야웨' 하나님은 "사람과 특별하고 집중적으로 교섭하시는" 분이다. 천지만물을 추상같은 명령으로 창조하신 바로 그 하나님이 이제 이스라엘에게 진흙을 만지며 토기를 굽는 토기장이요 정원사처럼 친근한 하나님으로 나타났다는 말이다.

이처럼 첫 번째 창조 기사에서 절대적인 권능과 제왕적 명령으로 혼돈과 흑암 세력을 제압하셨던 하나님 이미지가 2:4b-25에서는 다소간 중화된다. 1장에서 느껴지던 일사불란한 질서와 안정감이 희미해지고 이제부터 '불확실한 상황'이 전개될 것 같다는 느낌이 들기 시작한다. 이 느낌은 본문에 대한 깊은 관찰을 통해 어느 정도 뒷받침된다. 1:1-2:4a과 2:4b-25 사이에는 하나님의 왕적 통치와 명령에 대한 모종의 우주적 저항과 반역이 있었음이 전제된다. 이 같은 추정을 가능케 하는 몇 가지 단서들을 살펴보자. 먼저 에덴동산 중앙에 생명나무와 선악을 알게 하는 나무를 심어 주셨다. 여기서 '선악을 알게 하는 나무'라는 말이 중요하다. 선과 악이 이미 존재하고 있다는 것이다. 즉, 악이 이미 활동 중이라는 암시가 9절에 들어 있는 셈이다. 둘째, 에덴동산을 지켜야 할 사명이 아담에게 주어진다. 에덴동산 주변에 암약하는 잠재적 침략자를 상정하는 말이 아닐 수 없다. 셋째, 반드시 죽으리라는 하나님의 선언이다. '죽다'는 것이 무엇인지를 아담이 이미 알고 있지 않다면 이 경고는 무의미하다. 아담은 죽는다는 것이 무엇인지를 이미 알고 있어야 했다. 마지막으로, 엄중한 전체 상황을 고려해 볼 때 하나님께서는 아담이 독처(獨處)하는 것이 좋지 못하다고 판단하신다. 하나님은 1장에서 일곱 번이나 '좋다'고 말씀하시며 당신의 6일 창조 결과에 대만족을 피력하셨는데 지금은 무슨 이유에서인지 '좋지 않다'라고 평가하신다. 아담이 도덕적으로나 영적으로 나빠졌다는 말이 아니라, 에덴동산의 엄중한 긴장 국면에 비추어 볼 때 아담이 독처하는 것이 좋지 않다는 말이다.

확실히 2:15-17의 음울하고 비장한 하나님의 신신당부("동산을 지키라")를 고려해 보면 하나님께 당혹스러운 일이 진행되고 있음을 짐작할 수 있다. 하나님은 아담에게 혹은 창세기 독자들에게 다 털어놓지 못한 사태를 염두에 두고 아담에게 매우 함축적인 에덴동산 수호 사명을 부여하신다. 하나님의 엄중한 경고와 당부는 아담이 통제하기 힘든 우주적 사태 때문이기도 하거니와 인간의 존재론적 취약성과 밀접하게 관련되어 있다. 야웨 하나님은 한낱 흙으로 사람을 빚으신 후 어마어마한 사명을 맡기며 동산에 거주하게 하신다. 흙은 부서지기 쉬운 질료다. 의지적 응집성이 결여되어, 결심하지만 그 결심에 충실하지 못하는 인간 존재의 근원적 취약성을 예기하는 질료다. 이 흙으로 지어진 아담에게 하나님은 신적 묵직함을 내포한 사명을 주신 것이다. 인간 존재의 질료적 취약성과 사명의 장중함 사이에 무언가 불균형이 감지된다.

2:15에서는 1:27-28에서 아담에게 주어진 추상적인 사명 선언보다 훨씬 구체적인 사명이 주어진다. "동산을 잘 다스리며 지키라." 1장에서 바다의 물고기와 하늘의 새와 가축과 땅에 기는 모든 것을 다스리도록 위임받은 사람[1:26]은 이제 "에덴동산을 잘 다스리며 지키라"는 구체적인 사명 위임을 받았다. 다스리며 지키는 행동은 정치적인 행위인데, 잠재적인 반역과 무질서를 초래할 침략자를 예기하며 대비하라는 명령이다. 2:16-17의 명령에 비추어 볼 때 하나님께서는 아담에게 본문에 다 기록되지 않은 동산 밖의 어떤 사태(뱀과 관련된 사태로서 하나님의 통치에 저항하는 세력의 등장)에 대해 미리 말해 주었을 가능성이 매우 크다. 그렇지 않으면 2:16-17의 신신당부는 이해할 수 없을 정도로 돌연스럽다. 2:16-17을 이해하기 위해서 아담은 금지명령(선악을 알게 하는 나무 실과를 따먹지 말라)의 함의를 이해했어야 했고, 적어도 선과 악이 무엇인지, 혹은 '죽는다'는 말이 무슨 의미인지 미리 이해하고 있었어야 한다.[3:17-19 11] 창세기 1-3장은 움베르토 카수토Umberto Cassuto가 말했듯이,[12] 무언가를 알려 주려는 의도보다 무언가를 이미 다 알고 있는 독자들에게 그들이 알고 있는 모종의 사태의 의미만을 압축적으로 알려 주려는 듯한 인상을 준다. 창세기 1-3장은 시적 산문이라고 불릴 정도로 생략이 많고, 단어·이미지·개념 등이 문자적 해석으로 다 파악하기 힘들 정도로 풍요롭고 함축적이다.

확실히 창세기 저자는 1장과 2장 사이를 극명하게 대조시키려는 의도를 감추지 않는다. 1장에는 하나님의 추상 명령 앞에 절대적으로 순종하는 삼라만상과 천체들이 열병하듯 왕의 명령에 따라 순서대로 출현하였다.[사 40:26] 1장에서 하나님 나라는 모든 것을 통제하고 있다.^{시 103-104편} 하나님은 페르시아 군주^{단 5장}와 로마 황제 가이사^{눅 2장}처럼 천하 만민을 명령만으로 움직이신다. 바벨론 창조 설화에서 창조주 신의 통치에 마지막까지 저항하던 '바다'(티아마트)마저도 하나님의 명령에 따라 '뭍'을 낸다.^{출 14-15장} 1장에서는 어떤 반역이나 저항의 그림자도 드리워져 있지 않다.

그러나 2장에 오면 하나님의 절대적인 통치권이 약화되는 듯한 상황이 예상된다. 격하고 위협적인 용어들이 등장한다. '반드시', '선악', '죽는다' 등이다. 1장의 하나님의 절대적 '안식'은 잠재적 도발자의 도래를 대비하는 엄숙한 명령에 의해 중화된다.^{2:16-17} 인간은 안식의 느긋함을 누리기보다는 불침번처럼 사주경계 태세를 갖추고 사방을 주시한다. 에덴동산은 아담이 하나님의 엄숙한 명령에 입각하여 잠재적인 침입자로부터 지켜 내야 할 영토가 된다. 만일 에덴동산을 다스리고 지키는 데 실패한다면 아담은 '죽는다'는 가히 충격적인 선언을 듣는다.

하나님의 엄숙하고 추상같은 금지명령을 지키기에는 인간의 내적 취약성이 금방 드러난다. 아담은 흙으로 만들어졌다! 아담의 재료가 흙[아파르(עָפָר)]—"흙 너여![(키-아파르 아타(כִּי-עָפָר אַתָּה)] 흙으로 돌아가라"[뷔엘아파르 타숩(וְאֶל-עָפָר תָּשׁוּב)]—이라는 사실은 인간의 존재론적인 취약성을 암시한다.^{3:19} 흙은 깨지기 쉬움, 내적 취약성을 상징한다. 시편 103:14은 인간의 체질이 진토(먼지)라는 사실이 창조주의 신적 동정심을 자아내는 근거가 된다고 본다. 인간이 흙으로 만들어졌음은 동물스러움을 의미하고, 하나님의 명령을 실행하는 데 실패할 가능성 쪽으로 저울눈을 돌리는 사건이다.

또 다른 한편 흙으로 만들어진 사람은 위험천만하게도 '하나님의 생기'를 받고 생령(a living soul)이 되었다. 한글성경이 '생령'으로 번역한 히브리어 네페쉬 하야(נֶפֶשׁ חַיָּה)는 창세기 1:20에 나오는 '생물'

을 의미하는 바로 그 단어다. 따라서 '생령'을 '생물'이라고 번역하든지 아니면 동물을 가리키는 번역어인 '생물'을 '생령'으로 번역해야 더 정확한 번역이 될 것이다. 그런데 동식물의 영과 인간의 영을 구분했던 아리스토텔레스 이후의 그리스 철학의 영향을 받아서였는지 성경 번역가들은 사람에 대해서만은 '생령'이라고 번역했다(영어성경도 동물에 대해서는 living creatures, 사람에 대해서는 a living being이라고 번역). 히브리어 성경의 원래 의미대로 인간을 네페쉬 하야, 곧 생물이라고 번역해도 특별히 문제될 것이 없어 보인다.

창세기 2-3장의 맥락에서 네페쉬 하야는 직역하면 '생명의 목구멍', 혹은 '생명의 욕망'이라고 번역할 만하다. 처음으로 창조된 아담은 생명(욕망) 추구적 존재였다는 것이다. 아담의 생명력은 욕망하고 욕구하는 힘이었다. 아담은 생물적(동물적)인 생명력으로 넘치는 존재라는 말이다. 아담은 만지려고 하고 먹으려고 하고 금지된 경계를 넘으려고 하는 주체할 수 없는 에너지에 휘둘리는 존재가 되었다. 자신 안에 충만하게 넘치는 원시적 생명 의지로 가득 찬 존재가 되었다. 그 자체로 중립적일 수 있는 이 드센 욕망을 인간 아담은 노동(에덴동산 관리와 보호)을 통해 연소시키고 승화시키도록 부름받았다. 욕망은 창조적 억제를 통하여 스칼라^{scalar}에서 벡터^{vector}가 된다. 이것이 인간 존재의 신비다. 인간은 하나님의 계명에 따라 살면서 짐승 수렴적인 존재가 아니라 하나님 모방적인 존재로 변화되어 가도록 부름을 받은 것이다. 네페쉬 하야인 아담을 하나님 형상으로 변화시켜 가는 데 결정적으로 중요한 것은 하나님의 계명이다. 하나님의 계명은 자유 보장 계명과 금지 계명으로 구성되어 있다. 아담에게 강조되는 것은 아담이 임의로 따먹을 수 있는 나무의 실과들이 아니라 아담의 넘치는 야생적 생명력을 억제한 금지명령이다.

하나님의 금지명령은 에덴동산 중앙에 "탐스러운 열매를 맺는 나무의 모습"을 하고 서 있다. 아담의 삶이 이루어지는 에덴동산 한복판에 생명나무와 시험의 나무인 선악을 알게 하는 나무가 서 있다. 아담은 동산 중앙에 있는 선악을 알게 하는 나무를 보면서 자신의 욕망을 금지하고 한계를 지우는 하나님의 엄숙한 명령과 늘 대면한다. 아담은 선과 악의 경계에 대해 이미 알고 있는 존재로 상정된다. 하나님은 아담을 처음부터 완전체로 만드시지 않고 교육과 연단을 통해 온전해지도록 만드셨다. 하나님을 믿고 하나님의 계명을 따라 살아가는 연습을 통해 아담은 하나님을 닮아 가도록 부름을 받았다. 그러나 주체할 수 없는 욕망 덩어리였던 아담에게 선악과를 따먹지 말라는 단 하나의 금지조항은 동산의 다른 모든 실과를 따먹을 수 있는—하나님이 강조하시는—자유를 질적으로 초라하게 만드는 강렬한 금지로 들렸을 것이다. 히브리어 성경으로 16절 하반절은 "모든 각각의 나무로부터 너는 확실히 먹을 수 있다"라고 번역되는 도치문이다. "임

의로 먹을 수 있다"는 말은 히브리어 부정사 절대형 아콜(אָכֹל)이 사용된 미완료 토켈(תֹּאכֵל) 문장이다. **확실히** 따먹을 수 있다는 점이 강조된다. 그런데 다른 모든 나무 실과를 따먹을 수 있다는 자유마저도 그 강력하고 근본적인 금지명령을 상쇄시키기에는 역부족이었는지도 모른다. 아담은 99의 자유와 1의 금지를 두고도 자유보다는 억압을 느끼는 존재였다. 그 선악을 알게 하는 나무가 동산 중앙에만 있지 않았더라도 아담이 느끼는 유혹은 훨씬 약했을지도 모른다! 선악과나무와 생명나무, 두 나무의 병립은 마치 종속절과 주절의 관계처럼 읽히는 하나님의 명령을 드러낸다. "만일 선악을 알게 하는 나무의 실과를 따먹지 말라는 명령을 지키면—시험을 극복하면—생명나무 열매를 따먹을 수 있다." 이것이 아마도 언표^{言表}되지 않은 하나님의 계획이었을 것이다(요한계시록에서 시험과 환난을 이긴 자가 생명나무 실과를 먹는다).^{창 3:22} 선악을 알게 하는 나무는 그 실과를 따먹

는 행위가 선과 악을 나누는 기준이 되는 계명을 상징하며 후에 나올 토라를 예기한다. 아담은 아브라함의 후손들이 십계명 돌판과 종이 두루마리로 보았던 생명 계명과 선악 계명을 동산 중앙의 나무들을 통해 보고 읽었던 것이다. 선악을 알게 하는 나무의 핵심은 하나님의 계명에 순종하면 선이 되고 불순종하면 악이 된다는 것을 깨우치는 데 있었다.

로마서 2:7-10은 토라의 선악을 알게 하는 교육 방향을 잘 요약한다. "참고 선을 행하여 영광과 존귀와 썩지 아니함을 구하는 자에게는 영생으로 하시고……악을 행하는 각 사람의 영에는 환난과 곤고가" 있다. 아담은 율법을 듣고 행하는 의로운 자가 되도록, 곧 하나님과 맺은 에덴동산 언약(생명나무와 선악과나무 계명)을 충실히 지키도록 명령을 받았다.^{롬 2:13} 이 선악을 알게 하는 나무의 실과를 따 먹지 말라는 금지명령은 아담이 하나님의 지극히 선한 뜻을 분간하여 하나님과의 생명 넘치는 친교에 참여할 수 있는 길을 열어 주시려는 하나님의 목적을 담고 있었다. 아담은 선악을 알게 하는 나무 계명을 부단히 준행함으로써 하나님의 뜻을 분간하기 시작하며, 마침내 자율적인 선악 판단력을 얻어 이 계명이 더 이상 억압적으로 들리지 않을 날이 올 것이었다. 율법은 몽학선생(초등교사)으로 아버지 하나님의 뜻을 자발적으로 이해하고 순종하는 데 이르도록 돕는 역할을 한다. 율법이 금지처럼 느끼지는 이유는 인간이 자기중심적인 영적 유아 상태에 있기 때문이다. 아담은 선악과 금지계명을 통해 하나님과 영광과 존귀와 불멸의 생명 교제를 누리도록 초청받았다. 그런데 선을 행하지 않고 이 선악을 알게 하는 계명을 어기는 순간 아담은 하나님을 두려워하여 피하는 존재가 되어 버린다. 선을 행하지 않으면 하나님 앞에 낯을 들고 다닐 수 없다. 선을 행하지 아니하고 하나님과 등을 돌리는 순간, 인간의 집 대문에는 우리를 삼키려고 죄가 맹수처럼 엎드리게 되고 우리 자신을 지배하려고 한다. 이 완강한 죄악의 인력을 인간은 다스려야 한다. 창세기 4:7에서 하나님은 동생 아벨을 살해한 가인에게 "선을 행하지 않는 자의 예물을 받으실 수 없다"는 점을 깨우치신다. 가인은 선을 행하지 아니한 채 하나님께 예물을 드렸다가 하나님의 거절을 맛보고 충격에 빠졌다. 분노와 실망으로 얼굴빛이 변했다. 이처럼 선악을 알게 하는 나무 열매의 취식 금지는 아담이 하나님을 알고 하나님과 교제하는 방법을 터득하는 교육인 성화 훈련의 핵심이었다.

요약하자면 선악과 계명의 핵심은 아담의 자기부인과 시험probation에 있다. 하나님께서 아담의 본성 속에 과연 무슨 생각이 들어 있는지 몰라서 하는 시험이 아니라, 아담의 영적·도덕적 감수성을 한 단계 고양시키기 위한 시험이다. 어떤 자격을 얻기 위한 시험이다.[13] 그러나 선악과 계명은 이런 선하신 하나님의 의도에도 불구하고 진토로 만들어진 인간에게는 항구적인 유혹이었으며 그의 전락을 부추기는 도구였다.

2:17-25은 단성 인간이었던 아담이 여자 하와, 남자 아담으로 분화되는 과정을 보도한다. 하나님은 경험적으로 단성 인류가 독처하는 것이 좋지 않다는 평가를 내린다. 여성은 아담(남성)의 돕는 배필로 창조되었음이 강조된다. 이것은 여성의 지위에 대한 종속성을 부각시키는 것도 아니고, 여성의 우월성을 강조하는 말도 아니다. 여성에 대한 남성의 지배는 죄와 불순종이 시작된 후에 생겨난 뒤틀린 질서다. 하와를 아담의 갈빗대로 만들었다는 말은 남성과 여성 사이에 있는 본질적 일체성을 강조하는 것이며, 서로에 대해 갖는 강력한 성적 이끌림(인력)을 강조하는 것이다. '돕는 배필'로 번역된 히브리어 에제르 커넥도(עֵזֶר כְּנֶגְדּוֹ)는 "앞에 혹은 맞은편에 있는 도우미"(a helper in his presence)라고 번역될 수 있다. 아담과 다르게 보는 관

점을 가지고 아담을 돕고 보충하는 짝이라는 말일 것이다. 하와에게 는 아담이 맞은편 도우미가 된다는 말도 성립된다. 이처럼 하나님께 서 단성 인류 아담 대신에 양성 인류 남자와 여자를 다시 창조하신 것이다. 실험과 시행착오를 거치면서 피조세계를 개선해 가시는 창 조주 하나님의 이미지가 선명하게 부각된다.

고대 히브리 성경을 기록한 영감받은 저자들은 이처럼 모순적으 로 보이는 두 가지 하나님의 이미지(추상같은 제왕적 창조주 하나님과 흙과 먼지를 만지며 인간을 창조하시는 노동자 하나님)를 긴장과 병립의 관계로 배치해 놓고 있다. 구약성경의 하나님은 추상같은 명령으로 창조하시는 하나님임과 동시에, 피조물의 좋지 않음을 발견하고 추 후 대책의 방법으로 개선해 가시는 실험적인 하나님이다. 원샷$^{one-shot}$ 의 명령으로 모든 천지만물을 단번에 창조하시는 현재완료형 창조 주임과 동시에 영원히 현재진행형인 창조주이기도 하다. 하와 창조 는 하나님의 추후 성찰적 계속 창조의 일환으로 이루어진 일이었다. 하나님이 자신의 첫 창조를 보고 좋지 않다 여겨 개선하고 수선하며 보완하는 창조 작업을 계속하실 수도 있다는 생각은 하나님의 절대 적 완전무결성과 전지전능성을 의심하게 만드는 요소일 수도 있지 만, 성경은 하나님의 명예 흠결을 개의치 않고 인간의 처지와 형편 을 더 우선적으로 고려하시는 겸손한 창조주 하나님을 부각시킨다. 가정은 추후 대책적인 숙고를 거쳐 창조된 하와가 등장함으로 만들 어진 기관이다. 가정은 아담에게 주신 원사명$^{1:26-27}$ 수행을 위해 만들 어진 기관이다. 가정의 사명 수행 여부는 하와가 아담의 맞은편 도 우미로서의 역할 수행의 성공 여부에 달려 있다.

결론적으로 창세기 1-2장은 우주적 시야를 상정한 천지창조에 서부터 시작해 지구와 인간의 창조를 거쳐 가정 창조로 마무리된다. 창세기의 창조 기사가 가정 창조로 마무리된다는 사실이 시사하는 바가 적지 않다. 에덴동산의 경작과 보호에는 가정이 결정적으로 중요하다는 생각이 이 본문에 깃들어 있다. 여기에는 가정은 우주적 평화를 수호하고 하나님 나라를 이 땅에 확장시키는 데 결정적인 지렛대라는 생각이 표현되어 있다. 아담과 하와가 하나님의 통치 위임을 수행할 때 긴밀하게 동역해야 한다는 것이다. 아담에게 "뼈 중의 뼈요 살 중의 살이라"고 감탄을 자아냈던 하와의 역할 수행 실패를 예기케 하는 아담-하와의 극한적 연합 분위기가 창조 기사의 마지막 단락에 두드러진다는 점도 의미심장하다. 이 상황은 고도의 인격적 연합이 어느 정도 내구성을 가지게 될지 독자들의 서스펜스를 불러일으킨다. 아담과 하와는 벌거벗었으나 부끄러워하지 않을 정도로 완전히 하나가 되었다. 벌거벗었으나 부끄럽지 않은 사이는 타자의식이 거의 없을 정도로 일체감을 이룬 사이다. 천의무봉天衣無縫한 신뢰와 연합이 아담과 하와를 결속시켰다.

천지창조와 하나님 나라의 시작

I. 창조주 신앙의 실제적인 힘: 창조주 하나님은 이스라엘의 왕이시다

창세기 1장은 십계명 제1-4계명의 토대다. 하나님은 당신의 기쁘신 뜻으로 이 세상을 창조하시고 그 한복판에 하나님 형상을 닮은 아담을 창조하셨다. 하나님의 형상을 따라 지음받은 아담이 하나님께서 이 세상을 창조하신 결정적인 목적이다. 아담은 창조주 하나님과 에덴동산 언약을 맺고 에덴동산을 경작하고 다스리고 지키며 하나님을 알아 가는 일에 진력하도록 부름을 받았다. 아담은 6일 노동을 통해 일곱째 날 안식함으로써 안식하시는 하나님과 사랑과 생명이 넘치는 친교로 초청받는다. 이 과정에서 아담은 하나님을 아는 지식을 쌓아 가며, 계명에 순종을 더해 갈수록 하나님의 심장에서 작동하는 선하신 뜻을 알고 납득해 하나님을 자발적으로 경배하고 섬기도록 부름받았다. 하나님의 형상을 따라 지음받은 아담은 하나님을 알고 사랑하고 경배할 때 하나님처럼 변화되는 존재다. 따라서 아담은 하나님을 경배하고 알고 사랑하고 신뢰함으로써 하나님 형상다움을 100퍼센트 실현하도록 창조되었다. 창세기 1장은 하나님을 따라 지음받은 아담에게 최고의 영예는 하나님을 경배하고 사랑하는 일임을 명백히 가르쳐 준다.

창세기 1장의 변증적 기능은 이집트와 바벨론의 창조 설화와 비교해 보면 아주 분명해진다. 유일무이하시고 전능하신 하나님에 대한 신앙고백으로 수천 년을 견뎌 온 이스라엘 백성과는 달리, 다른 어떤 고대 근동의 민족도 우주 창조를 자신들의 역사와 관련시키지 못한다. 그들은 창조주 하나님의 창조 목적과 자신들의 존재 목적을 연동시키지 못한다. 고대 근동의 이방종교들은 이 세계가 각기 서로 다른 신들(신적 세력)에 의해 분할되고 지배당하는 영역으로 구성되었다고 믿었기 때문에, 어떻게 만물이 서로 각각 질서정연하게 연결되어 있는지를 설명하지 못했다. 그들에게는 해와 달, 채소와 뇌우를 관장하는 신들은 각각 존재했지만, 그 모든 것을 통괄하여 관장하고 통치하는 한 분 하나님에 대한 이해와 앎은 없었다. 이스라엘을 제외한 거의 모든 지역에서 단일한 하나님보다는 여러 영역을 분할해 관장하는 신들의 협의체에 대한 이해가 득세했다. 오로지 이스라엘의 하나님만이 해, 달, 별, 들, 바다, 채소, 다산과 풍요, 생명과 죽음 등 자연 안에 일어나는 모든 힘을 통합하고 주관한다고 고백된다. 창세기의 창조신앙에 의하면 이 세계는 통제할 수 없는 우주적 힘이나 운명에 지배되지 않는다. 지극히 인격적이고 겸손하셔서 아담(인간)과 언약을 맺어 주신 창조주 하나님만이 역사와 자연 속에 일어나는 일들에 일관성을 부여하신다.

하나님의 천지창조 사건은 창조주 하나님의 자기노출이자 자기

계시이며 자기제한의 시작이다. 하나님은 당신이 만드신 세계와 그 세계의 대표인 인간에게 당신이 어떤 하나님이신지를 여러 가지 방식으로 알려 주신다. 그중 하나가 하나님의 언약이다. 하나님은 언약을 통해 자신이 자의적이고 변덕스러운 절대군주가 아니라, 인격적이고 지극히 예측 가능하며 인간의 협조와 신뢰를 바탕으로 우주를 다스리실 협치적이고 소통 충만한 하나님이요 왕이심을 알려 주신다. 성경은 여러 곳에서 창조 사건 자체가 하나님 자신이 자연질서와 계약을 체결하신 사건이라고 본다.^{렘 31:35-36, 33:20-21, 25-26} 이스라엘이 하나님의 언약백성이라는 사실은, 이스라엘이 천지창조 질서의 일부라는 이 고백에서 한층 더 강력하게 표명된다. 이스라엘과 언약을 맺어 하나님의 백성으로 창조해 주셨다는 이 사실은, 고대 이스라엘이 천지창조 사건을 언약 체결 사건으로 이해했다는 것을 알 수 있다.

구약성경 여러 곳에서 계약은 규례와 병행을 이룬다.^{욥 38:33, 렘 31:35, 36, 시 148:6} 이것은 창조주 하나님께서 자신이 설정한 객관적인 규칙과 원리에 따라 삼라만상을 신실하게 다스린다는 사실을 강조한다. 따라서 인간이 통제할 수 없는 변덕스러운 신들이 갈등하는 우주란 성경에 없다. 오직 입헌군주적이고 예측 가능한 기준에 따라 행동하시는 창조주 하나님만 이 우주를 통치하시는 왕이다. 우리 하나님은 "높은 곳에 앉으셨으나 스스로 낮추사 천지를 살피시고"^{시 113:5-6} "높고 거룩한 곳"에 계시나 "통회하고 마음이 겸손한 자와 함께"^{사 57:15} 계셔서 굴욕을 당한 사람들의 영을 소생시켜 주시는 왕이다. 우리 하나님은 소통과 공감의 군주시며 가장 비천한 자들의 아우성에 가장 신속하게 응답하시는 하나님이다. 하나님은 지상 왕후장상들의 입에서 나오는 세상 평가보다는 비천하고 주변화된 자들의 세상 평가에 귀 기울이신다. 하나님은 어질고 자비로운 품성을 피조물에게 알려 주시고자 이 세상을 창조하셨다. 하나님은 당신 안에 넘치는 왕적인 위엄과 자비를 온 세상에 가득 차게 하기 위해 이 세상을 만드시고 그 절정 단계에서 인간을 만드셨다. 하나님은 다스리시기 위해 창조하셨다. 공평과 정의가 하나님의 품성이며 선과 거룩함이 하나님의 성품임을 알려 주시기 위해 이 세상을 창조하셨다.

그래서 고대 이스라엘 사람들은 창조 사건이 바로 하나님 나라의 시작 사건임을 알고 고백하였다. 하나님 나라는 하나님의 명령이 지체 없이 집행되고 실행되는 영역이다. 하나님의 말씀(명령)은 하나님의 뜻하는 바를 이루신다.[사 55:10-11] 하나님이 발설하시는 명령은 순종과 믿음을 요구한다.[신 30:15-16, 시 29편, 33:6-11, 119편] 하나님이 "말씀하시매 이루어졌으며 명령하시매 견고히 섰도다."[시 33:9] 하나님의 말씀(명령)은 그것을 믿고 영접하는 사람에 의해 완성되고 성취된다. 하나님의 말씀에 대한 완전한 순종의 화신이 바로 그리스도 예수다. 그분 자신이 걸어 다니는 하나님 나라, 몸소 하나님 나라이다. 하나님의 말씀에 대한 복종을 통해 하나님의 충만한 다스림이 세상 안에 실현된다.[히 1:3-4, 3:1-6]

예레미야 31:35-36, 33:20-21, 25-26은 창조세계 일반에 대한 하나님의 일반적이고 법칙적인 관심에 대한 언급에서 출발하여, 이를 자기 백성에 대한 특별한 관심으로 확장시킨다. 그것들은 천지만물과 맺은 낮밤과 계절 언약이 바로 이스라엘 백성과 맺은 언약의 원류임을 선언한다. 창조 사건과 이스라엘의 구속사를 등치시킨다.[사 43:1-9] 이스라엘은 출애굽의 하나님, 시내산의 하나님, 곧 이스라엘을 구속하고 선택하여 그들과 계약을 맺으신 야웨가 바로 천지만물의 창조자, 세계 열방을 다스리는 대왕임을 믿고 고백하였다.[사 41:1-29] 이러한 창조주 신앙은 하나님 외에 어떤 존재나 기구에 대한 절대적인 충성심을 비판하며 오로지 하나님께만 사랑과 찬양과 경배를 불러

일으킨다. 그래서 창세기 1장은 반^反우상 선언이요, 십계명 제1-4계명과 쉐마^{신 6:4-5}의 신학적 근거가 된다.

창세기 1장을 시적 운문으로 해설하고 있는 이사야 40:12-31은 창조주 하나님의 위대하심 앞에 초라해지는 모든 피조물을 열거하며, 강대국들과 거대한 피조물 세력에 짓눌려 위축된 하나님의 백성이 소성케 되는 길은 창조주 하나님을 앙망하는 것임을 선포한다. 이스라엘의 하나님, 창조주 하나님은 당신의 손바닥으로 바닷물을 헤아렸으며 뼘으로 하늘을 쟀으며 땅의 티끌을 되에 담아 보았으며 접시저울로 산들을, 막대저울로 언덕들을 달아 보았다.^{사 40:12} 창조주 하나님은 누구의 지도나 다신교 협의체의 모사들인 하등신들과의 의논 없이 세상을 창조하셨으며, 그 천지창조는 공평과 정의의 확정이자 우주 통치 행위였다.^{사 40:13-14} 이스라엘을 침수시켜 죽음의 바다에 빠뜨린 거대한 열방들(바벨론, 앗수르, 페르시아)이 하나님 앞에서는 물통에 담긴 한 방울의 물과 같고 저울의 작은 티끌 같을 뿐이다.^{사 40:15} 야웨 하나님 앞에는 모든 열방이 아무것도 아니며 하나님은 그들을 없는 것 같이, 빈 것 같이 여기신다.^{사 40:17} 창세기 1장의 천지창조주 하나님을 자기 하나님으로 삼는 이스라엘은 이런 창조주 하나님의 관점에서 거대 열방들의 흥망성쇠를 해석해야 하고 절대 평화를 누려야 한다. 이스라엘이 할 일은 거대 열방들을 두려워하여 위축되지 말고 창조주 야웨 하나님/왕을 경배하고 일편단심으로 사랑하며 경외하기만 하면 된다.

창조주 하나님 야웨는 우주에 비길 수 없는 절대적으로 크고 위대하고 거룩하신 하나님이다. 큰 바다, 태산과 같은 큰 산, 땅, 거대한 피조물(혼돈/무질서 세력, 국가, 조직)은 하나님의 가장 작은 저울(간칭과 명칭)에 달아도 오히려 가볍다. 이스라엘을 괴롭힌 앗수르, 바벨론, 페르시아 등 제국들은 한 방울의 물처럼 보잘것없다! 그러므로 이스라엘 백성은 강대국, 열국, 태산, 대양을 의존하거나 그것들의 힘을 의지하려는 우상숭배에 빠져서는 안 된다. 이스라엘은 거대 열방에 가서 보았던 우상들을 보고 두려워해서는 안 된다. "그런즉 너희가 하나님을 누구와 같다 하겠으며 무슨 형상을 그에게 비기겠느냐."^{사 40:18} 이스라엘이 기억하고 알아야 할 진실은 천지를 창조하신 하나님의 역사 주재 대권이다.^{사 40:20-24} 세상의 권력을 휘두르며 압제와 박해를 가하는 귀인들을 폐하시고 세상의 사사들을 헛되게 하시는 하나님은 바로 공평과 정의를 우주에 세우신 창조주이시다. 창조주 하나님을 믿고 경배하는 백성은 세상의 귀인들과 사사들을 무로 돌리는 두려워할 만한 창조주 하나님의 우주 통치 대권, 역사 주재권을 영접하고 붙들어야 한다. 세상 귀인들과 지배자들은 겨우 심기고 겨우 뿌려졌으며 그 줄기가 겨우 땅에 뿌리를 박자 곧 하나님의 심판 입김에 불려 사라지고 마는 존재다. 그들은 심판의 회오리바람에 불려 가는 초개 같은 존재다.^{사 40:24} 시편 1:5-6이 바로 이 진실을 되울린다. 악인은 하나님의 심판 때에 고개를 들지 못하며 바람에 날리는 겨처럼 사라지지만 의인의 길은 하나님께서 지키고 감찰해 주신다. 이러한 진리를 다채롭게 가르치는 책이 바로 토라, 야웨의 율법이다. 창세기 1장의 주지를 이사야는 다음과 같은 시적 영탄으로 풀어쓴다.

거룩하신 이가 이르시되 그런즉 너희가 나를 누구에게 비교하여 나를 그와 동등하게 하겠느냐 하시니라. 너희는 눈을 높이 들어 누가 이 모든 것을 창조하였나 보라. 주께서는 수효대로 만상을 이끌어 내시고 그들의 모든 이름을 부르시나니 그의 권세가 크고 그의 능력이 강하므로 하나도 빠짐이 없느니라. 야곱아, 어찌하여 네가 말하며 이스라엘아, 네가 이르기를 내 길은 여호와께 숨겨졌으며 내 송사는 내 하나님에게서 벗어난다 하느냐. 너는 알지 못하였느냐. 듣지 못하였느냐. 영원하신 하나님 여호와, 땅끝까지 창조하신 이는 피곤하지 않으시며 곤비하지 않으시며 명철이 한이 없으시며 피곤한 자에게는 능력을 주시며 무능한 자에게는 힘을 더하시나니 소년이라도 피곤하며 곤비하며 장정이라도 넘어지며 쓰러지되 오직 여호와를 앙망하는 자는 새 힘을 얻으리니 독수리가 날개치며 올라감 같을 것이요 달음박질하여도 곤비하지 아니하겠고 걸어가도 피곤하지 아니하리로다.사 40:25-31

이처럼 창조주 하나님에 대한 신앙은 우상 투쟁 선언이자 그 이상이다. 창조주 하나님에 대한 신앙고백의 위력은 이사야 40:25-31에서 잘 표현된다. 당신이 지으신 만물을 이름으로 부르며 이끌어 내시는 하나님께서 해와 달처럼 천지창조 질서의 일부로 지으신 당신의 백성 이스라엘을 잊어버리실 리가 없다. 하나도 빠짐없이 당신의 피조물을 챙기고 점호를 부르며 보존하고 지키시는 하나님은 야곱의 후예들을 망각하실 수도 없고 외면하실 수도 없다. 야곱이 당한 억울한 일을 반드시 신원하시고 위로하실 것이다. 창조주 하나님은 거대 열방들에게 학대당하고 식민지배를 당하고 존엄을 유린당한 비천해진 백성을 소생시키시는 정의의 하나님, 해원상생의 하나님이다. 땅끝까지 창조하신 하나님은 당신의 공평과 정의집행을 통한 우주 통치, 역사 주관적 다스림에 추호의 소홀함도 없으시다. 하나님은 피곤하고 곤비한 모든 자들에게 새 힘을 주시고 다시금 하나님과 함께 달려갈 능력을 부어 주신다. 특히 40:28-31은 창조주에 대한 신앙고백이 갖는 실제적인 함의를 집약한다. 거대 열방들에게 학대당하고 유린당하여 더 이상 걸어갈 힘이 없는 이 땅의 비천한 자들에게 새 힘을 주신다. 천지창조의 질서와 역사를 통해 하나님의 공평과 정의는 지치고 않고 달린다.

창세기 1장은 우상숭배에 대한 강력한 단죄인 동시에 우상을 숭배하던 거대 열방에게 학대를 당해 절망에 빠진 하나님의 백성들을 위로하고 소생시키는 예언자적 선포다. 적어도 이사야 41:5-7, 21-24, 29, 42:14-17, 44:9-20, 45:16-17의 우상숭배에 대한 예언자적 비판은 포로기 청중들의 삶 속에 우상숭배적인 삶의 습속이 얼마나 광범위하게 침투되어 있는지를 보여준다. 특히 이사야 42:14-17은 우상숭배자들을 격렬하게 비판하며 하나님의 역동적 역사 관여를 증언한다.

내가 오랫동안 조용하며 잠잠하고 참았으나 내가 해산하는 여인 같이 부르짖으리니 숨이 차서 심히 헐떡일 것이라. 내가 산들과 언덕들을 황폐하게 하며 그 모든 초목들을 마르게 하며 강들이 섬이 되게 하며 못들을 마르게 할 것이며 내가 맹인들을 그들이 알지 못하는 길로 이끌며 그들이 알지 못하는 지름길로 인도하며 암흑이 그 앞에서 광명이 되게 하며 굽은 데를 곧게 할 것이라. 내가 이 일을 행하여 그들을 버리지 아니하리니 조각한 우상을 의지하며 부어 만든 우상을 향하여 너희는 우리의 신이라 하는 자는 물리침을 받아 크게 수치를 당하리라.

창세기 1장은 바로 이와 같은 상황에 처한 하나님의 백성들에게 강력한 영적 각성의 타종이었을 것이다. 창조주 하나님에 대한 강조는 바벨론 땅에 살면서 이스라엘 백성이 얼마나 그 마음이 분열되었는지를 잘 보여준다. 이사야 46:1-10은 구체적으로 포로기 동안의 창조주 신앙은 바벨론의 신 벨Bel과 느보Nebo 그리고 그것들과 관련된 우상숭배에 대한 가장 강력하고 효과적인 신학적 공격이었음을 보여준다.

벨은 엎드러졌고 느보는 구부러졌도다. 그들의 우상들은 짐승과 가축에게 실렸으니 너희가 떼메고 다니던 그것들이 피곤한 짐승의 무거운 짐이 되었도다. 그들은 구부러졌고 그들은 일제히 엎드러졌으므로 그 짐을 구하여 내지 못하고 자기들도 잡혀 갔느니라. 야곱의 집이여, 이스라엘 집에 남은 모든 자여, 내게 들을지어다. 배에서 태어남으로부터 내게 안겼고 태에서 남으로부터 내게 업힌 너희여, 너희가 노년에 이르기까지 내가 그리하겠고 백발이 되기까지 내가 너희를 품을 것이라. 내가 지었은즉 내가 업을 것이요 내가 품고 구하여 내리라. **너희가 나를 누구에게 비기며 누구와 짝하며 누구와 비교하여 서로 같다 하겠느냐.** 사람들이 주머니에서 금을 쏟아 내며 은을 저울에 달아 도금장이에게 주고 그것으로 신을 만들게 하고 그것에게 엎드려 경배하며 그것을 들어 어깨에 메어다가 그의 처소에 두면 그것이 서 있고 거기에서 능히 움직이지 못하며 그에게 부르짖어도 능히 응답하지 못하며 고난에서 구하여 내지도 못하느니라. 너희 패역한 자들아, 이 일을 기억하고 장부가 되라. 이 일을 마음에 두라. 너희는 옛적 일을 기억하라. **나는 하나님이라. 나 외에 다른 이가 없느니라. 나는 하나님이라. 나 같은 이가 없느니라.** 내가 시초부터 종말을 알리며 아직 이루지 아니한 일을 옛적부터 보이고 이르기를 나의 뜻이 설 것이니 내가 나의 모든 기뻐하는 것을 이루리라 하였노라.

결국 창세기 1장은 하나님 나라는 하나님 명령의 자기실현 과정이자 하나님 의지의 관철이며 하나님에 대한 경배를 방해하는 모든 우상숭배에 대한 복된 공격임을 선포한다. 우상에게 구원을 요청하고 갈구하는 우상숭배자들은 아직 역사에서 소멸되지 않았다. 하나님에 대한 인격적인 순복과 순종을 통해 생명과 평화, 안전보장과 영생을 누리는 길 대신 돈과 권력을 숭배하는 우상숭배자들이 자본주의 체제의 총아가 되어 득세하고 있다. 자본주의 체제는 개인의 자유와 사유재산권 보호라는 초기의 소박한 이념에서 너무 크게 일탈해 자기파멸적 재산 추구와 증식 탐욕을 무한히 긍정하고 옹호하는 우상신이 되었다. 자본주의적 물신숭배, 돈숭배에 빠지지 않아서 가난하게 된 사람을 학대하고 박해하는 악한 우상이 되어 버렸다. 이런 점에서 창세기 1장의 창조주 신앙고백은 여전히 기독교 신앙고백의 제1조다.

요약하자면 창조주 신앙^{특히 사 40:21-31}은 우상숭배에 대한 대안적·대항적 삶의 체계다. 우상숭배를 피하고 참 하나님에 대한 일편단심의 신앙 안에 거하려면 첫째, 창조주 하나님에 대한 깊은 이해를 가져야 한다. 둘째, 역사의 주관자 하나님, 역사 변혁(국가의 흥망성쇠)과 사회 변혁(방백의 전락)의 주관자 하나님에 대한 바른 이해를 가져야 한다. 역사 변혁의 상수^{Constant}이신 하나님에 대한 바른 이해만이 우상숭배의 유혹에서 건져 준다. 셋째, 하나님의 절대적으로 거룩하심과 비길 수 없음을 알아야만 우리의 나누어지지 않은 전심의 충성을 야웨께 바칠 수 있다. 창조주 하나님이 말씀으로 온 세상 만물을 창조하시고 삼라만상의 이름을 알고 계심을 알아야 우리는 역사 안의 염세주의, 허무주의, 비관주의, 피곤과 탈진과 무기력을 극복할 수 있다. 그래야 독수리가 비상하듯이 힘차게 날아오를 수 있다. 바벨론 땅에서 팔레스타인으로 돌아가는 포로들의 여정은 1,200km에 걸쳐 있다. 하나님은 걸어갈 수 없이 먼 그 길을 날아갈 수 있게 하신다. 창조주 신앙은 굼벵이처럼 기어가는 우상숭배적인 삶에 대하여 독수리처럼 날아오르는 삶을 제공한다. 바벨론에서 팔레스타인으로 돌아가는 1,200km 대장정은 야웨 하나님에 대한 초점 잡힌 앙망에서 솟아나는 날아오르는 힘으로 답파할 수 있다.

하나님의 선한 창조 질서와
악의 끈질긴 존속

사도신경의 첫 번째 신조는 "나는 전능하사 천지를 만드신 하나님 아버지를 믿습니다"이다. 우리가 "전능하신 하나님 아버지"라고 고백할 때 그것은 무엇을 의미하는가? 창조주 하나님은 사랑과 공의의 하나님이시며, 이 하나님의 사랑은 어떤 난관과 장애도 극복하여 당신의 백성을 사랑하시는 능력임을 고백하는 것이다. 하나님의 전능하심과 선하심을 동시에 고백하는 것이다.^{요일 4:8, 애 3:22, 아 8:7} 그럼에도 불구하고 현실 속에서 우리는 전능하시면서도 동시에 선하신 하나님의 현존을 잘 느끼지 못한다. 하나님은 선하시고 전능하신데, 왜 이 세상에는 이렇게도 많은 악이 존재하는 것일까?

왜 선하시고 전능하신 하나님이 창조한 세계에 악이 존재할까? 하나님은 자신감에 넘쳐서 선한 창조 질서를 위협하고 파괴하는 일을 기꺼이 허락하시는 것인가? 아니면 하나님 자신도 속수무책으로 당하고 계시는가? 하나님의 절대주권은 허구적 신념에 불과한 것인가? 왜 하나님은 충분할 정도로 선하고 의로운 사람들을 후원하거나 공공연히 지원해 주시지 않는가? 세상은 악인의 손에 장악되었는가? 아니면 이 세상은 대등한 힘과 권능을 가진 선신과 악신의 영원한 각축장이 되었는가? 아우슈비츠의 대학살에 하나님은 연루되어 있지 않은가? 엘리 비젤^{Elie Wiesel}의 『흑야』^{Night}에서 욥기와 전도서의 절규를 들어 보라. 이 질문은 20세기 실존주의 문학과 철학의 핵심 주제다. 까뮈, 사르트르, 도스토옙스키, 러셀, 비젤 등 숱한 철학자와 문학가들이 이 질문과 씨름했다. 특히 20세기 최고의 논리학자요 수학자, 철학자였던 버트런드 러셀Bertrand Russell은 『나는 왜 기독교인이 아닌가』Why I Am Not a Christian라는 책에서 이 세상에는 오직 두 종류의 신만이 존재할 수 있다고 주장한다. 전능하기는 하지만 선하지는 않은 신이 존재하거나, 선하기는 하지만 전능하지 못한 신이 존재한다.

과연 우리는 현상 세계에서 벌어지는, 그러나 즉각적인 하나님의 응징을 받지 않은 채 자행되는 엄청난 악행을 보면서전 8:11 하나님의 정의로운 다스리심을 확신하는 데 심각한 인식론적 부조화를 경험하고 있다.전 2-4장 그래서 심지어 구약성경 안에서도 하나님은 당신의 업무태만sabotage 때문에―충분히 공의를 드러내지 않고 약자를 돌보는 일에 충분히 신경을 쓰지 않는다고―힐난을 당하는 것처럼 보인다.시 44:23-24, 89:38-49, 사 51:9 이런 맥락에서 존 레벤슨Jon D. Levenson은 그의 책 『하나님의 선한 창조와 악의 끈질긴 잔존』Creation and the Persistence of Evil이라는 저서에서 하나님의 전능성을 재정의한다. 하나님의 전능성은 모든 인간의 악행을 즉각적으로 중단시키는 전능성이 아니라 악에 의해 상처받고 망가지는 것을 견디는 전능성이라는 것이다. 그에 따르면 하나님의 전능성은 인간의 순종을 통해 완성되는 전능성이며, 하나님의 절대주권도 인간의 자발적이고 협력적인 복종에 의해 완전해지는 겸손한 주권이라는 것이다.

이렇게 보면 현실 역사 속에 자행되는 악행들은 과연 하나님의 선한 창조 질서가 어떤 공격에도 유지될 수 있는 견고한 구조인지를 검증하는 과정의 일부라고 볼 수 있을 것이다. 과연 저지되지 않는 악의 무차별 공격에도 부서지지 않을 만큼 이 세상의 창조 질서는 충분히 선한가? 구약성경은 하나님의 전능성과 선하심을 의심하게 만드는, 방해받지 않은 악의 창궐은 사람들로 하여금 하나님의 전능성과 절대주권을 의심하게 만들 수 있다고 인정한다. 하지만 하나님께서는 사람이 보는 앞에서 과연 하나님이 지으신 선한 창조 질서가 그것을 무효화하려고 덤벼드는 악의 격렬한 도전에 흔들리지 않을 만큼 견고한지를 기꺼이 검증하신다. 이 검증의 과정을 통과한 후에 하나님은 진정으로 전능하신 하나님임과 동시에 선하신 하나님임을 스스로 증명하신다. 악의 끈질긴 잔존은 선한 창조세계의 내적 취약성을 고통스럽게 일깨우지만, 하나님께서는 선한 창조세계가 악과의 싸움을 통해 변증법적으로 선해져야 함을 일깨워 주신다. 악의 공격과 도전으로 악을 경험하면서도 선을 의지적으로 지향하여 선한 창조 질서를 구현해 가는 것이다. 하나님의 선한 창조 질서는 태초의 창조 시점부터 내재적으로 선한 창조 질서였다. 그러나 그것은 악의 도전과 공격을 경험하지 않았다는 점에서 불완전한 의미의 '선한' 창조 질서였다. 아직 악과의 싸움을, 악의 도전을 거치지 않은 꿈꾸는 순진무구성의 세계로서의 선한 질서인 것이다. 이 정태적이고 잠재적인 의미의 선한 창조 질서가 실제적인 의미에서 '선한' 창조 질서로 발전하려면 변증법적인 부정을 거쳐야 한다. 즉, 하나님의 선하심과 전능성이 송두리째 도전받고 위협당하는 위기가 발생하여야 한다. 하나님의 선한 창조 질서는 결코 선하지 않으며, 세계를 창조하신 하나님은 그것을 당신의 의도대로(창조주의 절대주권적 목적대로) 보호하고 지탱할 능력이 없을지도 모른다는 의심을 불러일으켜야 한다. 그분의 전능성과 선하심이 송두리째 부정당할 위기 한복판에서 하나님은 자신의 선하심과 전능성(절대주권)을 온전히 증명해야 한다. 하나님의 전능하심과 선하심은 극적으로 증명되어야 한다. 극의 전반부와 중반부는 악당들이 독무대를 이루듯이 현실을 지배하도록 내버려 두어야 한다. 오직 마지막 순간에 갑자기 출현한 선한 주인공에 의해 악당들의 무대는 파탄당해야 하고, 의심받고 부정당하던 선하고 전능한 주인공이 홀연히 승리해야 한다. 하나님의 전능성은 태초에 한 번 과시되고 종말에 다시 과시될 때까지 세찬 의심과 부정의 대상이 된다. 태초와 종말의 중간 시기인 현실 역사 속에서 하나님은 일시적인 패배를 맛보실 수도 있고 그분의 권위는 의심당하거나 훼손당할 수도 있다는 것이다.

따라서 역사의 중간기를 사는 하나님의 백성들은 전능하사 천지를 지으신 하나님을 고백함으로써 현상 세계를 초극해야 한다. 이 과정에 인간의 능동적인 순종과 신뢰에 찬 복종이 매우 중요한 의미를 가진다. 의심받고 있는 하나님과 함께 현실적인 악, 공중의 권세 잡은 자를 몰아내면서 새 하늘과 새 땅 창조의 공동 참여자가 되는 것이다. 전능하시면서도 선하신 창조주 하나님에 대한 신앙고백은 이 세상에 창궐하는 악과의 싸움에 엄청난 무기가 된다. 다니엘과 세 친구가 바벨론 제국과 맞싸운 무기가 바로 이 신앙고백이다. 본회퍼가 히틀러의 파시스트적 제국과 맞싸울 때, 주기철 목사가 일제의 군국주의와 맞싸울 때 휘두른 무기가 바로 이 전능하면서도 선한 창조주 하나님에 대한 신앙고백이었던 것이다.

이에 반해 하나님의 전능성에 대한 고전적인 논의는 하나님의 패배 불가능성, 하나님의 수난 불가능성을 강조하고 하나님의 실패처럼 보이는 모든 현상도 인간의 자유의지의 탓으로 돌렸다.[1] 악에 관한 전통적인 설명은, 자신을 높여 하나님과 동등됨을 강탈하려고 한 오만한 천사장이 악의 기원이며 이 타락한 천사의 꾐에 빠져 역사 속에 악을 육화시키는 인간의 자유 남용이 악의 실재라는 주장이다.^{창 3장, 유다서} 모든 악을 사탄과 자유의지를 잘못 사용하는 인간에게 귀속시킨 것이다. 이 이론은 사탄(대적자)^{Satan}은 하나님의 절대주권이 정해 주는 한계 안에서 신비로운 이유 때문에 제한적으로 악한 활동을 하도록 허용받고 있다고 설명한다. 물론 이 설명은 악의 피해자에게 약간의 위안을 줄 수 있을지언정, 악 자체를 제거하고 극복하는 데 실제적인 도움을 주지는 않는다.

따라서 우리는 여기서 악은 하나님의 (선한) 창조 질서 안에 내재된 일종의 프로그램이라고 보는 존 레벤슨의 입장을 좀 더 진지하게 경청할 필요가 있다고 본다. 그에 따르면 잔존하는 악은 하나님과 인간의 신뢰 관계 위에 구축될 하나님 나라의 항구적인 위협 세력의 역할을 한다는 것이다. 악은 선한 창조 질서 내에서 일어난 사건이 아니며 오히려 하나님의 선한 창조 질서가 극복하려 한 일종의 창조 이전부터 있던 혼돈 세력이라는 것이다. 하나님이 보시기에 선한 피조세계^{창 1-2장}는 선재하던 악과 혼돈 세력에 대한 대항 질서요 대안 질서로 창조되었다는 것이다. 하나님은 충분히 전능하지 못해서 태초의 창조 시 그 혼돈 세력을 제거하지 못하신 것이 아니라, 하나님의 창조 주권을 변증법적으로 과시하기 위해, 피조물의 대표인 인간이 보는 앞에서 당신 자신의 전능하심과 선하심을 과시하기 위해 악과 혼돈 세력이 세계 안에 잔존하도록 허용하셨다는 것이다. 이 경우에 악은 창조의 내재적인 질서나 사건이 아니라 창조 이전의 문제 상황인 셈이다. 하나님께서 천지창조를 통해 극복하려고 했던 문제 상황인 셈이다. 따라서 창세기 1장의 하나님의 '선한' 창조 질서는 창조 이전부터 존재하던 악과 혼돈 세력의 간단없는 공격과 위협에 노출된 질서인 셈이다.

하나님은 창조 질서가 악의 공격과 대면하며 악과 혼돈의 위력을 경험해 가면서도 하나님께 순종하는 '선한' 질서가 되도록 섭리하시는 분이다. 이 과정에서 하나님은 때때로 잠자고 있는 것처럼, 활동 중지에 빠진 것처럼 행동하신다. 야웨의 절대주권이 자주 혼돈 세력에 의해 일시적으로 억제되거나 탈취당한 것처럼 무기력하게 보인다. 당신의 전능하심과 선하심을 드러내는 일에 너무나 느린 것처럼 보인다. 그래서 이 억제된 하나님의 전능성과 선하심의 역동적 재활성화를 요청하는 구약성경의 애가형 시편이 여기저기서 분출하는 것이다. 시편 44편에 의하면 자연뿐만 아니라 역사 자체도 가끔 하나님의 통제를 벗어난 방향으로 움직이고 있다.^{시 44:18, 23-26} 따라서 시인은 하나님이 잠에서 깨어나야 한다고 주장한다. 시편 97편도 하나님이 왕이 아닌 상태(무기력증으로 잠자는 상태)에서 되돌아와 다시 왕이 되셨다는 사실을 감격적으로 노래한다. 시편 74편과 89편에서도 애가의 주인공들은 하나님께 깨어나시고 일어나시라고 탄원한다. 다시금 혼돈과 악의 세력을 억제하시고 선한 세계를 창조하실 때의 바로 그 전능성을 과시해 달라고 간청한다.[2] 천지를 창조할 때 (악을 처음으로 거의 완전히 무장해제시킬 만큼 강력하게 제압하신 사건) 과시했던 그 엄청난 창조적 권능을 다시금 과시해 달라고 요청하는 것이다.^{시 44, 78, 89편} 잠자고 있는, 억제된 전능하심을 다시 보여 달라는 것이다.

하지만 이런 탄원과 애가에도 불구하고 안타깝게도 구약성경에 의하면 이 억제된 전능성은 악이 무장해제되는 종말론적 전쟁 때에 가서야 다시금 봇물 터지듯이 과시되기로 예정되어 있다. 즉, 태초와 종말 두 시점에 하나님의 전능성이 거침없이 발휘되고 태초와 종말의 두 극점 사이의 중간 시점을 사는 하나님의 백성들은 오로지 하나님의 전능성을 믿고 긍정하도록 요청받는다. 이런 점에서 "전능하사 천지를 만드신 하나님 아버지를 믿는" 것은 현실 초극적인 신앙고백이다. 이것은 현실 묘사적인 고백도 아니요 현실 반영적인 관찰도 아니다. 오히려 현실 재해석을 통한 신앙고백이다.

그렇다면 왜 하나님은 시간의 중간기인 이 현실 안에서는 당신의 전능을 억제하셔야 하는가? 왜 바로 당장 당신의 전능으로 지상에 완전한 정의와 공평을 정립하면 안 되는가? 구약성경 저자들은

84

악의 창궐을 보고 지성적으로 설명하여 하나님을 곤경으로부터 건져 내려는 사람들이었던가? 결코 아니다. 그들은 존 밀턴^{John Milton}처럼 현재 일어나는 모든 것은 하나님의 영광을 드러내는 소재가 된다고 주장하는 과도한 시적 영감을 주장하지도 않았다. 그들은 오히려 "하나님, 당장 악을 날려 보내소서!"라고 소리 질렀다.^{시 92편, 렘 12:1-}
³ 창궐하는 악을 보고 하나님께 개입해 달라고 소리치는데 하나님이 응답하시지 않을 때 우리에게 남은 것은 세 가지 선택이다. 계속 하나님과 논쟁하여 마침내 하나님의 개입을 이끌어 내는 것, 하나님을 포기하는 것, 또는 다니엘의 세 친구 같은 입장이다. 세 친구처럼 우리는 하나님을 전능하고 선하신 창조주라고 고백함으로써 하나님의 창조 주권에 저항하는 악의 세력들을 무력화시키는 길을 갈 수 있다. 세 친구의 '그리 아니하실지라도'의 신앙은 하나의 정태적 공식이 아니라 준^準예전적 행동이다. 하나님의 전능성에 대한 변증법적인 고백은 악과 혼돈 세력(하나님의 선하심과 전능하심을 의심하게 만드는 세력)의 공격을 무력화시킬 수 있다.[3]

하나님을 이 세계의 창조주라고 고백하는 것은 하나님과 그의 창조 행위(악 억제 및 질서의 창조와 유지 행위)에 저항하고 적대하는 세력들을 향해 싸움을 거는 신앙고백이다. 창조 행위가 기존의 어떤 세력에 대한 싸움이라고 해석하는 입장은 후대 유대교와 기독교의 '무로부터의 창조' 교리와 배치되는 것처럼 보일 수도 있다. 그러나 창세기 1:2은 말한다. 하나님께서 이 세계 땅을 토후 봐보후(תהו ובהו, 황무지)로부터 만들었다는 것이다. 토후 봐보후가 창조의 원재료로 활용되었다는 것이다. 하나님은 중립적인 무로부터가 아니라 토후 봐보후라는 상대적으로 선재하는 상황으로부터 우리가 누리는 이 세계를 창조하셨다. 토후 봐보후는 아무것도 없는 상태라기보다는 우주를 가득 채운 천체들과 심지어 지구상에 어떤 거주자도 존재하지 않

던 원시 우주를 의미한다. 그런데 그 땅은 물에 가득 잠겨 있는 땅이며 어떤 생명체도 품기 힘든 원질료라는 것이다. 하나님께서는 당신의 가슴속에 있는 생명의 공동체인 지구 생태계에 매우 해악한 원재료를 가지고 우리가 현재 누리고 있는 이 멋지고 장엄한 생명 공동체를 만들었다는 것이다. 따라서 무^{nothing}는 존재의 반대인 무가 아니라 어떤 나쁜 것$^{something\ negative}$을 의미한다. 무로부터의 창조$^{creatio\ ex\ nihilo}$에서 *nihilo*는 nihil, nothing을 의미하는데, 그것은 단순히 '없음'이 아니라 어떤 방향으로 활동하는 실재하는 힘을 의미한다. 쓰레기 더미, 변소, 톱밥이 가득 찬 작업장 위에 위엄에 찬 대궐을 건축한 왕과 같은 마음으로 하나님은 무로부터 세상을 창조하신 것이다. 난지도 같은 쓰레기 하치장 위에 베르사유 궁전을 지었다는 것을 의미한다. '창조하다'를 의미하는 히브리어 동사 빠라(בָּרָא)도 흔히 통속적으로 이해되듯이 '순수 없음'으로부터 무엇인가를 만드는 행위를 가리키는 말이 아니다. 이 동사의 강세능동형(피엘) 뻬레(בָּרֵא)는 삼림과 황무지를 경작지로 개척하고 개간하는 행위를 표현할 때 사용되는 말이기도 하다("삼림에 올라가서 스스로 개척하라").$^{수\ 17:15}$ 빠라는 '나누다, 구획하다, 장소를 최적화하다' 등의 의미를 갖는다. 오히려 하나님의 창조는 무질서와 뒤엉켜 있는 상태로부터 피조물 친화적, 생명체 친화적 거주 공간으로 지구를 만드는 행위였다.

오히려 무, 곧 '카오스'를 비존재, 존재 결여로 보는 입장은 아리스토텔레스적인 자연주의 철학의 입장이다. 이런 입장에서 보면 하나님이 텅 빈 상태에서 무엇인가를 존재케 하고 창조하는 일은 자연과학적 공작 활동이지 더 이상 불의, 혼돈, 무질서에 대한 정의의 승리가 아니다. 하나님의 창조는 가치중립적인 자연과학적 행동에 불과하다는 것이다. 이 경우 하나님의 창조 행위는 인간에 의해 재활성화될 수 없고 모방될 수도, 계속될 수도 없다. 그런데 이와 같은 해석은 하나님의 창조 행위가 갖는 정치신학적 차원을 놓치고 있다. 창세기 1장의 천지창조 행위는 혼돈 세력을 무장해제시키고 유폐시키는 정치적 행동이다. 창세기 1장에서 분출되는 하나님의 추상같은 위엄으로 가득 찬 명령들은 하나님 자신이 혼돈 세력을 억제하여 선한 창조 질서를 창조해 내는 창조주이자 절대왕권을 가진 왕이심을 증명한다. 따라서 우리는 창세기 1장의 창조 명령은 도덕적 및 정치적 차원을 가진다는 사실을 충분히 강조해야 한다.

하나님의 창조 행위가 도덕적 행위라는 의미는 창세기 1장이 혼돈 세력에 대한 명령 행위이며 역사 속에 활동하는 불의, 억압, 어둠에 대한 의로움, 평화, 사랑, 빛의 승리라는 것을 의미한다. 하나님의 창조 활동은 가치내포적이고 가치주창적$^{\text{value-advocating}}$인 활동이라는 것이다. 이렇게 보면 하나님의 창조 행위는 자연과학적 행동에 가깝기보다는 정치적·윤리적 행동에 가깝다. 불행하게도 현대 자연과학은 그 영역을 도덕과 영적인 세계(차원)로부터 집요하게 분리시킨다. 도덕과 자연과학의 분리를 통하여 과연 서구 사상은 하나님의 창조 행위 안에 있는 도덕적·영적 차원을 사상捨象시킨다. 특히 극소수를 제외하고 현대 서구 신학은 창세기 1장에 담겨 있는 정치신학적인 차원을 잘 모른다. 그러므로 창세기 1장의 창조 사건을 혼돈 세력에 대한 하나님의 도덕적 억제 명령 사건이요, 어둠과 무질서를 무장해제시키는 정치적 사건이라고 읽을 때 우리는 관념적인 서구 신학의 한계를 극복할 수 있다.

II.

창세기 3-5장

인간 창조와 하나님 나라의 좌절

창세기 2장 공부를 통해 우리는 사람이 하나님의 생기를 입고 나서 생령(욕망 추구적 존재)이 되었다는 것을 보았다. 3장의 시험 기사에 와서 비로소 독자들은 사람의 욕망 추구적인 본질을 만나며 동시에 사람이 진토로 창조되었다는 진실의 의미를 되새기게 된다. 또한 우리는 하나님께서 왜 2장에서 동물을 다스리라고 신신당부하셨는지를 3장에 와서야 깨닫는다. 하나님의 의지대로 움직이는 하나님 나라의 미래가 사람 부부의 등장으로 불확실해지고 있다는 느낌은 2장에서 이미 감지되고 있다. 2:16-17의 선악과나무 계명은 인간의 독특한 사명을 부각시키는 반면에 인간의 존재론적인 취약성을 예기케 한다. 하나님의 사역형 동사 명령으로 창조 질서가 일방적으로 이루어졌지만, 2장에서는 하나님 나라의 미래가 에덴동산의 청지기로 임명된 아담이 하나님의 계명에 순종할지 아니할지에 달린 것처럼 보일 정도로 아담과 하와의 역할이 크게 부각된다. 1-2장의 창조 기사에서 가장 늦게 창조된 하와가 각광을 받는다. 아니나 다를까 뱀이 하와에게 접근한다.

뱀의 유혹에 넘어지는 하와와 아담 ● 3:1-10

3 [1] 그런데 뱀은 여호와 하나님이 지으신 들짐승 중에 가장 간교하니라. 뱀이 여자에게 물어 이르되 하나님이 참으로 너희에게 동산 모든 나무의 열매를 먹지 말라 하시더냐. [2] 여자가 뱀에게 말하되 동산 나무의 열매를 우리가 먹을 수

있으나 ³동산 중앙에 있는 나무의 열매는 하나님의 말씀에 너희는 먹지도 말고 만지지도 말라. 너희가 죽을까 하노라 하셨느니라. ⁴뱀이 여자에게 이르되 너희가 결코 죽지 아니하리라. ⁵너희가 그것을 먹는 날에는 너희 눈이 밝아져 하나님과 같이 되어 선악을 알 줄 하나님이 아심이니라. ⁶여자가 그 나무를 본즉 먹음직도 하고 보암직도 하고 지혜롭게 할 만큼 탐스럽기도 한 나무인지라. 여자가 그 열매를 따먹고 자기와 함께 있는 남편에게도 주매 그도 먹은지라. ⁷이에 그들의 눈이 밝아져 자기들이 벗은 줄을 알고 무화과나무 잎을 엮어 치마로 삼았더라. ⁸그들이 그날 바람이 불 때 동산에 거니시는 여호와 하나님의 소리를 듣고 아담과 그의 아내가 여호와 하나님의 낯을 피하여 동산 나무 사이에 숨은지라. ⁹여호와 하나님이 아담을 부르시며 그에게 이르시되 네가 어디 있느냐. ¹⁰이르되 내가 동산에서 하나님의 소리를 듣고 내가 벗었으므로 두려워하여 숨었나이다.

3장의 시험 기사에서는 여자의 주도적 역할과 남자의 책임 회피라는 부조화가 부각된다. 아담의 맞은편에서 아담을 돕도록 창조된 하와는 아담 사명에 최적화된 도움을 주도록 예정된 존재였다. 그런데 들짐승 중 가장 간교한 뱀이 아담이 아니라 가장 늦게 창조된 하와에게 내밀한 의사소통을 시도한다. 2:25과 '그런데'로 시작하는 3:1 사이에는 많은 생략이 전제되어 있다. 이 생략은 창세기 2:16-17에서부터 어느 정도 감지되었다. 1절의 '그런데'는 2:25의 상황을 이어 받는 접속사다. 1절은 히브리어 구문으로 보자면 접속사(그런데) 바로 뒤에 주어인 '그 뱀'[한나하쉬(הַנָּחָשׁ)]이 나오는 상황절이다. 상황절의 의미는 앞의 상황에서 이어지는 상황을 서술하는 데 있다. 히브리어 성경에는 장절 구분이 없었으므로 사실상 최초의 독자들은 3:1을 2:26으로 읽었을 것이다. 그렇게 읽도록 유도하는 또 하나의 언어적 실마리가 발견된다. 2:25에서 두 사람이 '벌거벗었다'[아루밈(עֲרוּמִּים)]은 아롬(עָרוֹם)의 복수형용사]를 의미하는 형용사와 '간교하다'[아룸

(עָרוּם)]를 뜻하는 형용사가 동음이의 관계이기 때문이다.[1] 이것은 무엇을 암시하는가? 1절은 뱀 또한 자신의 정체를 드러내고 하와에게 내밀하게 접근했다는 말도 되고, 아니면 뱀이 아주 간교하게 접근해서 하와와 뒤로 이어지는 대화를 이끌 위치에 있다는 점을 각인시켜 주었을지도 모른다. 어떻게 해석하든 아담과 하와가 천의무봉한 신뢰와 연합을 누리는 한복판에 뱀이 끼어들었다는 점은 분명하다. 여기서 중요한 또 하나 흥미로운 점은 하와에게 말을 걸어오는 뱀은 이미 정관사(ה)를 가진 채 등장한다. 즉, 이때의 정관사는 하와에게 이미 알려져 있는 그 뱀이라는 뜻으로, 이 대화가 뱀과 하와의 첫 대화가 아닐 수도 있다는 점을 보여준다. 3:1-5은 뱀과 하와가 이미 이전에 가졌던 대화의 마무리 단계라는 인상을 준다. 독자들에게는 잘 알려져 있지 않은 대화가 뱀과 하와 사이에서 이미 진행되어 왔을 가능성을 배제할 수 없다. 창세기 1-11장은 창세기 12-50장에 비하면 표준적인 내러티브(육하원칙의 전개 구조를 가진 이야기)가 아니라 많은 생략과 암시, 은유와 이미지가 섬세하게 작용하는 시적 산문이다. 시적 산문은 해석의 여지가 너무 많아 동일 본문을 전혀 다르게 해석할 가능성을 낳는다. 어쨌든 3:1의 그 뱀은 이미 하와와 초면이 아닐 수도 있는 뱀이며, 하와에게 질문하고 도전하는 모습을 볼 때 창세기 2:16-17 어딘가에 숨어 아담과 하와에게 주시는 하나님의 선악과나무 계명을 엿들었을 가능성이 매우 크다.

그렇다면 과연 하와를 유혹하는 뱀은 어떤 존재이며, 무슨 문제를 가지고 하와를 유혹하는가?[1-2, 3-5절, 사 27:1, 계 20:2] 여기서 뱀은 간교한 들짐승 중에서도 가장 간교하다고 소개된다. 갑자기 여러 질문이 쏟아진다. 모든 들짐승이 간교하고 그중에서 뱀이 가장 간교한 들짐승으로 소개되기 때문이다. 동물 세계가 하나님께 먼저 반역하였던 영적 세력에 접수되었는가?[2] 혹은 동물 세계가 독자적으로 인간보다 먼저 하나님의 질서에 대항하였음을 짐작할 수 있다. 들짐승들은 그 본성 안에 있는 하나님의 통치에 저항하는 생래적 야생성에 의해 움직이고 있었는가? 이 뱀은 지금 우리가 보는 파충류에 속한 그 동물인가? 아니면 성 아우구스티누스 이래 기독교가 믿어온 대로 타락한 천사의 변신일까? 이런저런 질문에 대한 정확한 답이 없더라도 창세기 3장의 의미를 파악하는 데 큰 어려움은 없다. 즉, 들짐승(야생적 본능)을 다스리지 못해 하나님의 계명을 어기고 타락하여 낙원을 상실한 이야기다. 또한 이스라엘의 가나안 정착 역사 700년에 비추어 보면 가나안 땅을 잃고 바벨론으로 유배된 자들의 집단 전기적 회고를 담고 있는 것처럼 보인다. 풍요와 다산을 상징하는 뱀신(바로의 보좌를 두른 뱀 조각과 많은 제왕들의 보좌를 점령한 용상도 풍요와 다산을 통한 지배권 주장)의 유혹에 빠져 하나님의 사활적 계명을 어기고 땅을 빼앗겨 이방 땅으로 추방된 이야기의 원형인 것은 사실이다. 고대 유다 왕국의 바벨론 포로들은 자신들의 가나안 땅 상실과 바벨론 유수 이야기 속에서 아담의 원죄와 낙원 추방의 이야기가 반복되었다고 믿었다. 에스겔 8-11장은 이스라엘 여인들의 담무스 여신 등 여러 우상숭배가 성전을 더럽히고, 이스라엘의 영적 지도자들인 70장로도 타락해 온갖 종류의 동물 우상숭배(파충류 포함)에 참여하는 장면을 보도한다. 여인들을 통해 침투한 뱀 숭배가 나라를 망하게 했다는 역사 해석을 가지고 창세기 3장을 읽을 수 있다. 그러나 이 본문은 이스라엘 후대 역사 경험의 투사물 이상의 의미를 갖기에 그것의 정경적 의미를 자세히 탐구할 가치가 있다.

일단 뱀은 하나님이 지으신 들짐승 중 하나이지만 가장 간교한 영물로 추정된다. 뱀이 영물이라고 간주되는 이유는 뱀이 이미 하나님과 아담-하와 부부 사이에 있던 선악과나무 계명을 친숙하게 알고 있는 것으로 소개되기 때문이다. 무슨 이유였는지 모르지만 뱀은 아담과 하와가 하나님과의 천의무봉한 신뢰 관계에 머물러 있는 것을 원치 않는다. 뱀은 하나님에 대해 상당한 수준의 적개심과 의심을 드러낸다. 따라서 우리는 이 뱀을 동물원에서 만나는 단순한 파충류로 생각할 수는 없다. 고대 근동 사회에서 뱀은 인간적 왕 혹은 천상의 신적 왕의 보좌 주변을 호위하듯이 도열해 있는 '거룩한 존재'였다.[사 6장] 즉, 뱀은 이 문맥에서 들짐승임과 동시에 천사적 존재angelic being를 가리킨다.

우리는 신약성경에 가서야 뱀이 하나님께 반역한 천사장 사탄과 동일시되고 있음을 알게 된다. 뱀은 처음부터 하나님과 사람을 이간질하기 위해 거짓말하는 자요 살인자였다.[요 8장] 그것은 요한계시록 20장에 가서야 완전히 결박당해 끝없이 깊은 심연으로 굴러떨어질 것이다. 이사야 6:2-5의 스랍Seraph은 날개 달린 뱀(불뱀) 모양winged serpent의 천사를 가리킨다.[민 21:6-9, 사 30:6] 기원전 9-8세기 팔레스타인 및 이집트 일대에서 만들어진 것으로 보이는 고고학 유물 중 날개 달린 뱀 형상의 천상적 피조물이 왕의 보좌를 둘러싸서 호위하는 듯한 조각물이 많이 발견된다. 이사야 6:2에서도 나타나듯이 뱀 형상을 가진 천사적 존재(스랍)는 다리와 날개를 가지고 있다. 날개를 가지고 날며 다리를 가지고 서 있는 뱀에게 배로 기어 다니는 것, 흙을 먹고 살아가야 한다는 것은 필시 저주였을 터이다. 이런 정도의 전前이해를 가지면 우리는 한갓 들짐승 주제인 뱀이 어떻게 하나님께서 아담과 하와 부부에게 주신 선악과 계명에 대해 알게 되었는지 짐작하게 된다. 무엇보다도 뱀은 아담과 하와에게는 절대적이고 사활적인 하나님의 명령[2:16-17]을 의심하게 만들고 상대화한다. 신명기, 시편, 잠언 등은 하나님의 계명이 얼마나 인간에게 최적화되고 인간의 영적 유익과 복지를 철저하게 보증하는지를 감동적으로 선언한다.

II.

인간 창조와 하나님 나라의 좌절

그런즉 너는 오늘 위로 하늘에나 아래로 땅에 오직 여호와는 하나님이시요 다른 신이 없는 줄을 알아 명심하고 오늘 내가 네게 명령하는 여호와의 규례와 명령을 지키라. 너와 네 후손이 복을 받아 네 하나님 여호와께서 네게 주시는 땅에서 한없이 오래 살리라. 신 4:39-40

다만 그들이 항상 이같은 마음을 품어 나를 경외하며 내 모든 명령을 지켜서 그들과 그 자손이 영원히 복 받기를 원하노라.……내가 모든 명령과 규례와 법도를 네게 이르리니 너는 그것을 그들에게 가르쳐서 내가 그들에게 기업으로 주는 땅에서 그들에게 이것을 행하게 하라 하셨나니……너희 하나님 여호와께서 너희에게 명령하신 모든 도를 행하라. 그리하면 너희가 살 것이요 복이 너희에게 있을 것이며 너희가 차지한 땅에서 너희의 날이 길리라. 신 5:29-33

여호와의 율법은 완전하여 영혼을 소성시키며 여호와의 증거는 확실하여 우둔한 자를 지혜롭게 하며 여호와의 교훈은 정직하여 마음을 기쁘게 하고 여호와의 계명은 순결하여 눈을 밝게 하시도다. 시 19:7-8

악인들이 나를 멸하려고 엿보오나 나는 주의 증거들만을 생각하겠나이다. 내가 보니 모든 완전한 것이 다 끝이 있어도 주의 계명들은 심히 넓으니이다. 내가 주의 법을 어찌 그리 사랑하는지요. 내가 그것을 종일 작은 소리로 읊조리나이다. 시 119:95-97

훈계를 굳게 잡아 놓치지 말고 지키라. 이것이 네 생명이니라. 잠 4:13

하나님의 계명은 억압적이지 않으며, 인간을 포박한 죄악의 위력을 무너뜨리고 죄를 정조준한다. 하나님의 계명은 인간 존엄을 고양하며, 인간이 한갓 본능에 충실한 동물이 아니라 자기가 스스로 결단하고 선택해 하나님 형상을 구현하도록 감화감동시킨다. 그런데도 뱀은 대담하고 뻔뻔스럽게 하나님의 선악과나무 계명이 인간을 위한 계명이 아니라 하나님 자신의 이익을 지키기 위한 떳떳하지 못한 협박에 불과하다고 암시한다. 하나님을 인간 억압적 금지자, 인간 성숙과 발전의 방해자로 각인시키려는 듯한 뉘앙스를 풍긴다. "과연 하나님이 모든 나무의 열매 취식 금지령을 내렸는가?"요일 3:8, 요 8:44 이렇게 접근하는 뱀에게 하와는 무방비 상태로 휘감긴다. 하나님의 계명을 조금씩 왜곡 인용하는 뱀에게 맞장구를 치면서 자신 또한 하나님의 계명을 피해의식으로 바라보며 마침내 하나님의 절대적 계명을 어기는 죄를 범하게 된다.3:1-6 2:16-17과 3:1-5을 자세히 비교해 보면 뱀이 하와-아담을 유혹으로 파멸시키기 위해 얼마나 주도면밀하게 준비해 왔는지를 알 수 있다. 뱀은 하나님의 말씀에다 자신의 의견을 일부 추가하고(sin of addition), 어떤 경우에는 하나님의 말씀 일부를 생략하거나 원의를 왜곡한다(sin of omission).

2:16-17	3:1-5
각종 나무의 열매를 따먹을 수 있는 자유 강조	하나님의 억압적 명령 부각과 하와의 왜곡 추가
따먹는 날, "반드시 죽는다"	따먹는 날, "죽을지도 모른다"(하와) "정녕 죽지 않고 대신 눈이 밝아져 하나님처럼 된다"(뱀)

표에서 보듯이 2:16-17은 각종 나무의 실과를 따먹을 수 있는 자유를 강조한다. 그러나 3:1은 하나님 계명의 억압적인 측면을 부각시

킨다. "하나님이 참으로 너희더러 동산 모든 나무의 열매를 먹지 말라 하시더냐?" 2:16의 '각종'(모든)은 하나님이 주신 자유를 강조하는 말인데 3:1의 '모든'은 하나님께서 전적인 금지를 명하신 것처럼 느끼게 만든다. 3:3에서 여자는 2:16의 하나님 말씀 속에 담긴 긍정과 자유를 흐리고 심지어 하나님께서 언급하지 않은 말까지 덧붙인다. 하나님께서 그들에게 동산 중앙에 있는 나무의 열매는 먹지도 말고 만지지도 말라고 말씀하셨다고 말함으로써 2:16의 자유와 허용의 어조를 금지와 억압의 어조로 변질시킨다. 뿐만 아니라 3:2에서 하와는 하나님의 원래 계명 속에 있던 중요한 요소인 '임의로'[자유롭게, 아콜(אָכֹל)]라는 '자유의 언어'를 생략한다. 2:16은 부정사 절대형이 정동사(토켈)보다 앞에 배치되어 자유를 강조한다[미콜 에츠-하간 아콜 토켈(מִכֹּל עֵץ־הַגָּן אָכֹל תֹּאכֵל)]. "동산의 모든 나무로부터 **확실히**(원하는 대로) 먹을 수 있다"를 의미하는 2:16을 3:2의 "동산 나무의 열매를 우리가 먹을 수 있다"라는 밋밋한 문장으로 변질시킨다.

3절에서 하와는 불길한 '추가의 죄'를 범한다. "하나님은 동산 중앙에 있는 그 나무에 대하여서는 '만지지도' 말라고 했다." 하지만 2:16-17 어디에도 만지지 말라는 금지명령은 없다. 하와는 뱀과의 대화 속에서 뱀의 의지와 소원 아래 자신을 종속시키고 뱀의 거짓말을 더욱 확신 있게 받아들일 심리적인 자기암시에 빠져든다. 영적으로 강력한 자는 허약한 자에게 자신의 의지와 소원을 이런 방식으로 주입시킨다. 그러나 이러한 하와 및 뱀의 생략과 추가의 죄는 뒤따라오는 직접적인 계명 왜곡죄에 비하면 순진해 보인다. 하나님의 절대적·정언적 계명을 상대적·불확실적 조건 계명으로 변질시키는 뱀의 행동은 하나님에 대한 고의적이고 궁극적인 반역이다. "선악을 알게 하는 나무의 열매는 먹지 말라. 네가 먹는 날에는 반드시 죽으리라"는 2:17의 계명은 뱀에 의해 정면으로 부정된다. 이처럼 죄는 하나님의 왕적 다스림과 그것을 관철시키는 계명에 대한 고의적 반역이다. 신실하시고 선하신 하나님의 인격에 대한 반발이요 배척이다. 선, 정의, 공평에 대한 반항이다. 선과 악을 갈라 선의 편에 서도록 돕는 하나님의 의도를 묵살하고 배척하는 것이 죄의 과녁이다. "악을 선하다 하며 선을 악하다 하며 흑암으로 광명을 삼으며 광명으로 흑암을 삼으며 쓴 것으로 단 것을 삼으며 단 것으로 쓴 것을 삼는 자들은 화 있을진저."^{사 5:20} 인간의 역사를 통틀어 볼 때 선악의 경계를 자의적으로 넘나드는 자들은 악한 지배층이요 통치자들이었다. 선악과 계명을 어긴 자들은 거의가 권력자, 유력자, 지배층이었다. 아담은 왕적인 통치권을 위임받은 에덴 통치자였는데 선악을 알게 하는 나무 열매 취식금지 명령을 어김으로써 자신이 스스로 선과 악의 기준점이 되어 버렸다. 이처럼 하나님의 계명과 말씀이 거부되고 배척받는 곳이 바로 하나님 나라가 좌절되는 영역이다.

3장은 하나님의 사랑에 대한 거부와 의심, 하나님의 의도에 대한 의문과 피해의식이 하나님의 왕적 통치, 곧 하나님 나라를 좌절시키는 가장 항구적인 반동 세력임을 보여준다. 하나님의 계명을 어기는 것은 그 계명을 주신 하나님에 대한 인격적인 신뢰를 포기하는 것이다. 즉, 하나님에 대하여 죽는 것이다("죄에 대하여 죽고 하나님께 대하여 살다").^{롬 6:2, 10, 11} 선악과 계명을 주신 목적은 아담과 하와가 하나님에 대한 신뢰를 유지하도록 돕는 과정에서 하나님이 정하신 선악 기준을 가르치는 데 있다. 하나님 형상을 인격화하는 것은 하나님을 아는 지식을 심화시켜 선악을 아는 일에 통달하는 것이다. 하나님 형상을 따라 지음받은 존재인 아담과 하와는 에덴의 통치자로서 선악을 아는 일에서 깨어 있어야 하고 절대적으로 하나님 중심적인 선악관을 가져야 했다. 선악과 계명의 목적은 하나님이 아담과 하와를 에덴의 통치자로 세우신 목적의 연장선상에 있다. 하나님은 당신의 형상대로 창조된 아담과 하와가 선악을 아는 일에 하나님을 닮아 하나님의 뜻대로 만물을 통치하기를 기대하셨다. 이러한 목적을 가진 선악과 계명을 어긴다는 것은 하나님께서 그 계명을 통해 아담에게 이루려고 하신 원대한 계획에 대한 불신을 의미하며, 하나님의 인격 자체에 대한 불신앙을 의미한다. 하나님에 대한 인격적 신뢰와 연합을 상실하는 것이 하나님에 대하여 죽는 것이며 죄에 대하여 사는 것이다. 선악과 계명을 어기는 순간 악을 아는 셈이다. 선악을 알게 하는 나무는 그 계명을 지키면 선을 아는 지식에서 자라 가고 그 계명을 어기면 악을 아는 지식에서 자라 가게 하는 나무인 것이다. 아담과 하와에게는 선악이 무엇인지, 하나님이 맡겨 주신 통치 사명의 엄중함에 대한 사전 교육이 있었을 것이다. 그렇지 않고는 아담이 동물의 이름을 지어주는 통치 행위를 시작하지 못했을 것이다. 뱀의 이름도 아담이 지어주었으므로 아담은 뱀의 간교함에도 낯설지 않았을 것이다. 그런데도 아담과 하와는 선악을 알게 하는 나무 실과 취식을 대수롭지 않게 생각하고 따먹고 말았다.

죄의 실행이 이루어지기 전에 하와의 마음속에 자기를 정당화하는 심리적 준비 과정이 있었다는 점이 흥미롭다. 하와는 생명과 죽음을 갈라놓는 절대적 계명을 상대적으로 불명료한 예상으로 변질시킨다. "먹지도 말고 만지지도 말라. 그러다가 죽을지도 모른다." "따먹는 날에는 반드시 죽으리라"는 말이 아주 막연하고 불길하고 애매모호한 사족으로 둔갑된다. '반드시'라는 부사어는 확실성을 표현하는 부정사 절대형 모트(מוֹת)를 풀어쓴 말이다. 이 부정사는 뒤따라 나오는 정동사 '죽으리라'[타무트(תָּמוּת)]를 강조할 때 그 앞에 배치된다. 하나님은 부정사 절대형으로 죽음의 확실성을 강조했건만 하와는 "죽을지도 모른다"라고 말함으로써 선악과 계명을 어겼을 때 희미한 개연성만 언급한다. 그러자 뱀은 하나님이 죽음의 확실성을 강조하기 위해 사용한 부정사 절대형 앞에 부정어를 배치함으로써 '결코' 죽지 않을 것임을 강조한다. 이번에는 부정사 절대형이 부정어 로(לֹא)와 함께 죽음의 불가능성을 강조하기 위해 동원된다[로-모트(לֹא-מוֹת)]. 놀라운 사실은, 하나님의 말씀의 일부가 뱀의 입이나 하와의 입으로 옮겨지는 순간마다 거두절미되어 치명적으로 곡해되고 정반대의 의미를 강조하는 말로 변질된다는 것이다.

여기서 하나님의 말씀에 대한 정확한 인용과 바른 해석의 중요성이 부각된다. 하나님의 말씀에 대한 유혹자의 뒤틀린 인용과 변질, 이에 맞장구를 치는 하와의 부정확한 인용과 왜곡은 태초의 에덴동산에만 있었던 일은 아니다. 죄가 발생하기 전에 먼저 하나님 말씀에 대한 왜곡된 인용과 해석과 변질이 있다는 사실은 교회 안팎에서 늘 경험되는 현실이다. 우리는 여기서, 광야에서 40일 동안 굶주리면서 겪은 유혹에서 유혹자(사탄)의 왜곡된 말씀 인용과 해석에 대하여 단호하게 대처하시는 예수님을 떠올린다. 예수님은 말씀을 정확하게 인용함으로써 사탄의 궤계를 적절하게 격파하고 제압하신다.^{마 4:1-11} 성령에게 이끌리어 마귀에게 시험을 받으러 광야로 들어가 40일을 밤낮으로 금식하신 후에 시험하는 자가 예수께 나아와 도전했다. "네가 만일 하나님의 아들이어든 명하여 이 돌들로 떡덩이가 되게 하라." 예수님은 신명기 8:3을 인용하여 "사람이 떡으로만 살 것이 아니요 하나님의 입으로부터 나오는 모든 말씀으로 살 것이라 하였느니라"는 말씀으로 사탄의 궤계를 대적했다. 또 마귀가 예수를 거룩한 성으로 데려다가 성전 꼭대기에 세우고, 시편 91:11-12의 "그가 너를 위하여 그의 사자들을 명하시리니 그들이 손으로 너를 받들어 발이 돌에 부딪치지 않게 하리로다"라는 말씀으로 "네가 만일 하나님의 아들이어든 이 신적 보장을 믿고 뛰어내려 보라"고 시험했다. 예수님은 신명기 6:16 "주 너의 하나님을 시험하지 말라 하였느니라"고 답변함으로 사탄의 도전을 격파했다. 마지막으로 마귀가 예수를 지극히 높은 산으로 데려가서 천하 만국과 그 영광을 보여주면서 노골적인 거래를 제안한다. "만일 내게 엎드려 경배하면 이 모든 것을 네게 주리라." 그때 예수께서 "사탄아, 물러가라"고 크게 질책하고 신명기 6:13 "주 너의 하나님께 경배하고 다만 그를 섬기라"는 말씀으로 사탄의 도발을 분쇄하셨다. 아담과 하와가 시험하는 자에게 넘어지던 그 자리, 이스라엘 백성이 광야의 시험자에게 휘둘려 하나님의 현존하심과 가나안 복지福地에로의 이끄심을 불신하여 넘어지던 그 자리에서, 하나님의 아들 예수는 기적의 권세, 신적 보호의 과시 권세, 그리고 천하 만국 획득의 권세를 통해 자신의 하나님 아들됨을 공증하는 길을 거부한다. 대신에 하나님의 말씀을 정확하게 이해하고 바르게 해석하여 그것에 전적인 신뢰를 보내며 하나님께 겸손히 엎드림으로 하나님 아들됨을 공증하신다. 빌립보서 2:6-11은 예수 그리스도의 하나님 아들됨 공증 사건을 그리스도 찬미송으로 집약한다.

그는 근본 하나님의 본체시나 하나님과 동등됨을 취할[강탈할] 것[하르파그모스(ἀρπαγμός)]으로 여기지 아니하시고 오히려 자기를 비워 종의 형체를 가지사 사람들과 같이 되셨고 사람의 모양으로 나타나사 자기를 낮추시고 죽기까지 복종하셨으니 곧 십자가에 죽으심이라. 이러므로 하나님이 그를 지극히 높여 모든 이름 위에 뛰어난 이름을 주사 하늘에 있는 자들과 땅에 있는 자들과 땅 아래에 있는 자들로 모든 무릎을 예수의 이름에 꿇게 하시고 모든 입으로 예수 그리스도를 주라 시인하여 하나님 아버지께 영광을 돌리게 하셨느니라.

예수 그리스도는 선악을 아는 일에 하나님과 동등됨^{창 3:5}을 강탈할 권리로 간주하지 않았다는 것이다. 하와와 아담처럼 선악을 아는 일에 하나님처럼 신적 자율성을 누리려고 하지 않고, 하나님 아버지께 복종함으로써 하나님처럼 되려고 했다는 것이다. 그런데 이 에덴동산의 신적 유혹자는 적敵그리스도의 길을 제시한다.

유혹자는 아주 대담하게 하나님의 말씀—"반드시 죽으리라"—과 정면으로 충돌하는 대항명제—"결코 죽지 않을 것이다"—를 내세우는 데 만족하지 않고 하와에게 적극적인 약속을 제시한다. "선악을 알게 하는 나무의 열매를 따먹는 순간, 죽기는커녕 오히려 눈이 밝아져 선악을 분별하고 판단하는 일에 독자적인 역량을 발휘하는 신적 존재가 될 것이다." 여기서 선악 판단에 있어서 '하나님처럼' 된다는 것은 애매모호한 약속으로 들린다. 하나님 수준의 공평무사함과 정의로움으로 선악을 판단할 수 있는 능력을 갖게 된다는 말인지 아니면 선악 판단의 자율성을 가지게 된다는 말인지 분명하지 않다. 그러나 "선악을 아는 일에 우리 중 하나같이 되었다"³:²²에 비추어 볼 때, 하나님처럼 된다는 것은 선악 분별과 판단에 있어 신적 정확성과 공평무사함을 갖추게 되었다는 말이 아니라, 선악과 정사正邪 진위의 판단을 하나님처럼 자유롭게 행하는 자들이 되었다는 말일 것이다.ᴬ⁵:²¹⁻²⁴ 하와는 선악 판단 작용에서 하나님의 점진적인 가르침에 의존하여 단계적·귀납적으로 배우기보다는 선악을 알게 하는 나무의 열매를 따먹고 순식간에 신적 판단 능력을 확보하기를 열망했다.

잠언과 시편의 대부분(특히 시 1, 19, 119편)에 의하면 선악 판단의 능력은 하나님의 계명을 순종하는 삶에서 점진적으로 습득된다. 구체적인 생활의 현장에서 하나님에 대한 순종이 선악을 구분하는 능력을 길러 준다. 하나님이 동산 중앙에 선악을 알게 하는 나무를 두었다는 말은, 일상생활의 한복판에 하나님의 계명에 대한 순종이 있어야 하고 일상생활의 현장에서 순종을 통해 선악을 점진적으로 알아 가야 한다는 의미였다. 뱀은 구차하고 점진적인 선악 판단력 획득의 길 대신에 직관적으로 선악을 판단할 수 있는 신적 통찰력을 단번에 얻는 길을 제시하겠다고 주장한 셈이다. 뱀은 선악을 아는 일이 신의 배타적 대권에 속하는 일이며 선악과 계명을 어기는 순간 이 신적 대권을 일순간에 획득할 수 있다고 유혹하였다.^{3:5, 22} 이 말은 반은 진실이지만 나머지 반은 반의 진실마저도 무색하게 만드는 거짓이다.^{요 8장} 과연 선악과나무 실과를 따먹은 후에 아담과 하와는 눈이 밝아졌다. 이것은 야웨의 계명에 대한 순종 때문에 열린 영적 개안과는 다른 열림이다. 선악을 아는 일에 하나님과 동등한 수준에 도달한 것이 아니라, 하나님처럼 자신의 마음대로 선악을 판단하는 신적 지위를 탈취한 대가로 눈이 밝아진 것이다. 하나님의 계명에 대한 일상적인 순종을 통해 선악을 점진적이고 교육적으로 알아 가는 것이 아니라, 일시적이고 직관적으로 선악을 판단하는 통찰력을 가졌다고 주장하는 인간이 탄생한 것이다. 눈이 밝아진 아담과 하와가 본 것은 무엇인가? 첫째, 자신들이 벌거벗었음을 보고 무화과나무 잎으로 치마를 만들어 그들의 하체를 가렸다. 둘째, 야웨의 음성을 듣고 야웨의 낯을 피하여 동산 나무 사이에 숨었다. 벌거벗은 채 아무런 부끄럼을 느끼지 않던 부부는 서로에 대하여 낯선 존재가 되었고, 둘은 동시에 하나님의 음성을 듣고 두려워하며 피할 정도로 하나님께 낯선 존재가 되어 버렸다. 아담과 하와는 눈이 밝아져 서로의 벌거벗음을 부끄럽게 여기고 하나님의 음성을 듣고 두려워하는 등 선악 판단의 자율성을 구사하기 시작했다.

3:22에서 하나님도 이러한 사실을 어느 정도 인정하는 듯한 판단을 하신다. 물론 뱀의 약속을, 그리고 하나님의 평가를 액면 그대로 받아들여서는 안 된다. 선악을 독자적으로 판단한다는 점에서 신적

존재가 된 것은 사실이지만, 인간의 선악 판단 자체가 신적 진실성과 공평성을 담보한다는 말이 아니다. 신적 존재로서의 인간의 선악 판단은 하나님의 심판에 의해 여지없이 역전되고 재심리된다.시 82편 사람이 내린 독자적인 선악 판단은 완전히 거짓임이 드러난다.롬 1:20-23 결국 뱀의 거짓된 약속에 깊은 공명을 보인 하와는 뱀의 시나리오대로 움직인다. 뱀의 유혹에 공감적으로 응답하자마자 하와의 감각도 심각하게 왜곡되기 시작한다.

무엇보다도 먼저 유혹받은 하와의 눈에 선악과나무 열매가 탐스럽게 보이기 시작한다.3:6, 13:10-11, 마 6:22-24 이제 그 열매는 하와의 탐심을 자극하는 유혹자가 되었다.요일 2:15-17 마침내 여자는 선악을 알게 하는 열매를 따먹고 아담에게도 준다. 하와와 아담은 눈이 밝아져 자신들이 벌거벗은 존재임을 알게 되고 놀랍게도 이 벌거벗음이 하나님 앞에서 부자연스럽고 두려운 일임을 알게 되었다. 2:25의 벌거벗음은 천의무봉한 성적 일치와 연합을 부각시키는 데 사용되는 이미지인데 여기서는 동물적 경향성을 드러내는 데 사용되는 표상이다. 고대 수메르의 서사시 『길가메시』*Gilgamesh*에서처럼 벌거벗음은 인간이 극복해야 하는 동물적 열등성을 표상하는 사실로 작용한다. 뱀의 유혹의 결과 하나님이 주신 남녀 간의 순수한 사랑의 표상인 벌거벗음이 두려운 일이 되어 버린 것이다. 눈이 밝아진 아담과 하와는 자신이 벌거벗은 짐승(동물)으로 격하된 사실을 알게 되었다.

그래서 아담과 하와는 하나님을 정면으로 대면하지 못하고 동산 나무 사이에 숨는다. 그들이 하나님을 피해 숨는 것은 눈이 밝아진 후 아담과 하와가 취한 첫 행동이다. 하나님의 계명을 어긴 후 사람은 눈이 밝아져 하나님을 두려워하고 피해야 할 존재로 인식하게 된 것이다. 하나님에 대한 합당한 경외심이 사라진 자리에 하나님에 대한 회피심과 공포심이 생겨났다. 그럼에도 불구하고 하나님은 검사처럼 추궁하기보다는 자애로운 부모처럼 "아담아, 네가 어디 있느냐?"고 물으신다. 이 질문은 다의적이고 중층적이다. 하와가 뱀의 유혹을 받아 먼저 따먹고 아담에게도 주어 먹었다는 사실을 아시는 하나님이 왜 아담을 부르실까? 하와를 부르시지 않고 아담을 부르신 이유는 이 일련의 범죄 발생 전 과정이 아담의 행동이라고 보셨기 때문일 수도 있다. 또한 하나님께서 아담이 동산 나무 뒤에 숨어 있는 사실을 모르셨기 때문도 아니다. 3:9을 자세히 읽어 보면 "아담아, 네가 어디에 있느냐"라고 찾으신 이유가 좀 더 분명해진다. 9절 상반절을 직역하면 이렇다. "야웨 하나님이 아담을 부르셨다. 그리고 그에게 네가 어디 있느냐라고 말하셨다." 봐이크라 아도나이 엘로힘 엘-하아담(וַיִּקְרָא יְהוָה אֱלֹהִים אֶל-הָאָדָם). 이 표현은 아브라함, 모세, 사무엘과 여러 선지자들을 부르실 때 쓰는 신적 호출문이다. 이때 통상적으로 기대되는 대답은 "내가 여기 있나이다"[힌네니(הִנֵּנִי)]이다.^{창 22:1.} ^{출 3:4. 삼상 3:4} 그런데 이 대답이 들려오지 않자 하나님이 그에게 후속적으로 말씀하셨다. "네가 어디 있느냐?" 이와 같은 상황을 고려해 보면 이 질문의 성격을 짐작할 수 있다. 이 질문은 하나님을 피하여 숨은 모든 인간에게 던지시는 질문이기도 하다. 죄인은 하나님이 부르시는 그 자리에서 이탈한 인간이다. 하나님과의 대면 교제를 감당하지 못하고 하나님 면전을 피해 숨은 인간에게 하나님은 네가 어디에 있느냐고 물으신다.

결국 아담에게 어디 있느냐고 물으신 까닭은 아담의 심히 부자연스러운 행동을 아담 스스로 반성하고 성찰해 보도록 돕기 위함이다. 아담은 하나님 앞에 있어야 할 존재인데 하나님을 피해 숨은 일을 지적하신 것이다. 이 질문에 대한 아담의 대답은 신학적인 반응을 담고 있다. "내가 동산에서 하나님의 소리를 듣고 내가 벗었으므로 두려워하여 숨었나이다." 3:10의 이유접속사절은 서술어가 앞에 나온 도치문이자 일인칭 대명사 아노키(אָנֹכִי)가 따로 사용된 구문이다. "왜냐하면 벌거벗음을 내가 보았기 때문이며 그래서 숨었습니다." 아담 자신의 벌거벗음이 숨게 된 근본 원인이었음을 말한 것이다. 벌거벗음은 또한 하나님의 거룩한 심판의 빛에 노출되는 당혹스러운 상황을 가리키기도 한다("우리가 벗은 자들로 발견되지 않으려 함이라").^{고후} ^{5:3} 하나님의 거룩한 음성은 하나님의 심판을 순식간에 생각나게 하였기에 아담은 벌거벗은 채로 심판의 시선에 노출될 것을 두려워했다.

흥미로운 사실은, 아담은 자신에게 두려움을 일으킨 일의 자초지종을 말하지 않고 그것이 자신에게 남긴 심리적 결과만을 말한다는 점이다. '벌거벗음' 자체가 문제가 된다는 식이다. 아담의 본질 회피적 대답에 대한 하나님의 대답은 단도직입적이다. "누가 너의 벗었음을 네게 알렸느냐. 내가 네게 먹지 말라 명한 그 나무 열매를 네가 먹었느냐."^{3:11} 하나님은 **누가**를 먼저 언급하심으로써 아담의 범죄에 유혹자가 모종의 역할을 했음을 암시하신다. 즉, "누가 네가 벌거벗었다는 점이 두려워할 일이라고 가르쳐 주었느냐?" 아담과 하와의 벌거벗었음이 좋지 않다고 가르쳐 준 어떤 교사가 있었음이 암시된다. 부부 사이의 지극한 인격적 연합과 친밀성을 표현하던 벌거벗음이 갑자기 동물 수준의 원시성과 야만성을 상징하는 벌거벗음으로 해석되어 버린다. 아마도 뱀은 아담과 하와가 동물 수준으로 벌거벗고 사는 것은 하나님이 선악을 아는 일을 독점하고 사람에게 그런 지혜를 나누어 주지 않기 때문이라고 주장했을 것이다. 뱀의 의도는 아담과 하와가 하나님의 선한 의도를 오해하도록 만드는 것이다. 뱀은 하나님께서 인간이 하나님처럼 되는 것을 원하지 않고 동물처럼 사는 것을 원하며 그래서 선악을 알게 하는 나무의 열매 취식을 금지했다고 주장했을 것이다.

이러한 사정을 아신 하나님께서는 아담과 하와가 벌거벗었음을 부끄러워하게 된 결정적인 계기가 금지된 그 열매를 따먹은 사건임을 우회적으로 말씀하신다. 범죄하기 전에는 아담과 하와가 벌거벗었으나 부끄러워하지 않고 완전한 일체를 이루어 사는 것이 선이었지만, 선악을 알게 하는 나무의 실과를 먹고 하나님의 계명을 어긴 후부터는 벌거벗은 것이 문제가 될 정도로 아담과 하와는 선악 판단의 자율성을 행사하기 시작했다. 선악을 알게 하는 나무는 생명나무와 함께 동산 중앙에 심겨져 있는 것을 볼 때^{2:9} 선악과 취식금지 계명이 하나님께서 생명나무 실과를 선사하실 의도를 가리키는 것임에도 불구하고 뱀은 하나님의 선한 의도를 최악의 의도로 왜곡했고 아담과 하와는 뱀의 간교함에 놀아났다. 하나님께서는 사탄의 시험을 이기고 신앙을 지킨 성도들에게 낙원에 있는 생명나무의 실과를 주어 먹게 하신다.^{계 2:7} 이제 다음 단락은 아담과 하와, 뱀에 대한 하나님의 심판을 다룬다.

죄와 벌

: 뱀, 하와, 아담, 땅으로 번지는 하나님의 저주와 심판 선언 ●3:11-24

3 ¹¹ 이르시되 누가 너의 벗었음을 네게 알렸느냐. 내가 네게 먹지 말라 명한 그 나무 열매를 네가 먹었느냐. ¹² 아담이 이르되 하나님이 주셔서 나와 함께 있게 하신 여자 그가 그 나무 열매를 내게 주므로 내가 먹었나이다. ¹³ 여호와 하나님이 여자에게 이르시되 네가 어찌하여 이렇게 하였느냐. 여자가 이르되 뱀이 나를 꾀므로 내가 먹었나이다. ¹⁴ 여호와 하나님이 뱀에게 이르시되 네가 이렇게 하였으니 네가 모든 가축과 들의 모든 짐승보다 더욱 저주를 받아 배로 다니고 살아 있는 동안 흙을 먹을지니라. ¹⁵ 내가 너로 여자와 원수가 되게 하고 네 후손도 여자의 후손과 원수가 되게 하리니 여자의 후손은 네 머리를 상하게 할 것이요 너는 그의 발꿈치를 상하게 할 것이니라 하시고 ¹⁶ 또 여자에게 이르시되 내가 네게 임신하는 고통을 크게 더하

리니 네가 수고하고 자식을 낳을 것이며 너는 남편을 원하고 남편은 너를 다스릴 것이니라 하시고 ¹⁷아담에게 이르시되 네가 네 아내의 말을 듣고 내가 네게 먹지 말라 한 나무의 열매를 먹었은즉 땅은 너로 말미암아 저주를 받고 너는 네 평생에 수고하여야 그 소산을 먹으리라. ¹⁸땅이 네게 가시덤불과 엉겅퀴를 낼 것이라. 네가 먹을 것은 밭의 채소인즉 ¹⁹네가 흙으로 돌아갈 때까지 얼굴에 땀을 흘려야 먹을 것을 먹으리니 네가 그것에서 취함을 입었음이라. 너는 흙이니 흙으로 돌아갈 것이니라 하시니라. ²⁰아담이 그의 아내의 이름을 하와라 불렀으니 그는 모든 산 자의 어머니가 됨이더라. ²¹여호와 하나님이 아담과 그의 아내를 위하여 가죽옷을 지어 입히시니라. ²²여호와 하나님이 이르시되 보라. 이 사람이 선악을 아는 일에 우리 중 하나 같이 되었으니 그가 그의 손을 들어 생명나무 열매도 따먹고 영생할까 하노라 하시고 ²³여호와 하나님이 에덴동산에서 그를 내보내어 그의 근원이 된 땅을 갈게 하시니라. ²⁴이같이 하나님이 그 사람을 쫓아내시고 에덴동산 동쪽에 그룹들과 두루 도는 불 칼을 두어 생명나무의 길을 지키게 하시니라.

II.

인간 창조와 하나님 나라의 좌절

이 단락은 심판 선고에 앞서 아담과 하와가 자신의 죄책을 경감시키기 위해 변명하는 상황을 먼저 보여준다. 하나님의 냉정한 추궁 앞에서 아담과 하와는 어설픈 변명만을 늘어놓는다. 금지한 선악과를 먹었느냐고 단도직입적으로 심문하시는 하나님에게 아담은 "하나님이 주셔서 나와 함께하게 하신 여자가 나에게 주었으므로 ('먹으라고 강권하였기에' 정도의 숨은 의미가 느껴진다) 내가 (할 수 없이) 먹었습니다"라고 대답한다. 하와에게 책임을 전가하고 더 나아가서는 하나님 탓으로 돌린다. "하나님이 주신 여자가 주었으므로 먹어도 괜찮은 줄 알고 먹었습니다." 그동안 하와에 대해 금 가지 않은 신뢰와 일치와 한 몸 됨을 유지하던 아담의 변명은 궁색하게 들린다. 아담에게 더 이상 하와는 "내 뼈 중의 뼈요 살 중의 살"이 아니다. 그에게 하와는 그저 하나님이 부차적으로 붙여 주신 이물질과 같은 존재로 격하된다. 『거짓의 사람들』*People of the Lie*에서 저자 스캇 펙Scott Peck은 사탄적 거짓에 휘둘린 사람들의 일관된 특징은 책임전가형 거짓말과 거짓 의식이라고 지적한다. 사탄은 자신의 죄를 타인의 죄라고 전가시켜 타자를 악마화하는 악 자체의 원천이다. 이런 사탄의 논리에 영향을 받은 거짓의 사람들은 자신의 죄책을 가볍게 하기 위해 타인의 잘못을 과장한다. 아담은 거짓의 아비 사탄의 영향 아래서 자신의 죄책을 하와와 하나님께 분산 전가한다.

이런 책임전가형 거짓은 하와에게도 나타난다. 하나님께서 하와에게 "너는 어찌하여 따먹었으냐?"고 물으시자 그녀는 대답한다. "그 뱀이 나를 꾀었으므로 내가 먹었습니다." 자신은 고의적으로 반역하지 않고 단지 '유혹받은 존재'라고 강변한 것이다. 그러나 우리는 이미 앞에서 하와가 단순히 뱀의 유혹에 넘어간 순진한 피해자가 아님을 보았다. 하와는 뱀과의 내밀한 교통을 통해 자신의 탐심을 적극적으로 추구하고 실현했다. 유혹자의 역할을 일정 부분 인정하더라도 유혹에 넘어간 하와의 내적인 경향성과 결단의 죄책은 결코 면제될 수 없다.

마지막으로 하나님은 뱀에게는 심문도 하지 않으시고 바로 선고하신다. 하나님은 사건의 전모를 훤히 꿰뚫고 계셨기 때문이다. 놀라운 것은 뱀만이 변명하지 못한다는 사실이다. 뱀은 "사탄이 나를 꾀므로 나는 사탄에게 몸을 빌려준 것뿐입니다"라고 말하지 않는다. 그렇다면 이 뱀의 정체는 무엇일까? 평생 흙을 먹고 배로 기어 다니는 것이 저주로 여기지려면 뱀은 그저 기어 다니는 파충류 짐승 그 이상이어야 한다. 여기서 뱀이 단순한 들짐승이 아님이 분명해진다. 한낱 파충류 뱀을 이 모든 사태의 궁극적인 책임 원천으로 간주하는 것은 창세기 3장을 동화로 읽는 셈이 될 것이다. 적어도 창세기 3장에서는 뱀의 정체가 다 규명되지 못한 채 신비한 애매모호함으로 남겨진다. 그럼에도 뱀의 죄책은 면제되거나 전가되지 않는다. 뱀은 모든 짐승들보다 더욱 격렬한 저주를 받아 배로 다니고 흙을 먹고 살아가야 한다. 뱀에게 선고된 가장 무서운 심판은 여자와 원수가 되고 이 적개심은 뱀의 후손과 여자의 후손 사이에도 계승될 것이라는 사실이다. 이 적대성의 마지막 단계는 여자의 후손이 뱀의 머리를 상하게 하고 뱀은 그 여자의 후손의 발꿈치를 상하게 하는 쌍방 타격전이 될 것이다.[3] 뱀과 여자의 후손의 대를 이은 투쟁은 가나안 땅에 정착한 이스라엘 백성이 겪은 투쟁의 역사 속에 갈무리되어 있다. 신명기 전체가 보여주듯이 이스라엘의 가나안 정착 역사는 이집트나 가나안적 기원을 가진 풍요제의를 앞세운 주변 민족들의 종교적 유혹에 맞서는 투쟁의 역사였다. 뱀과 여자의 후손의 투쟁과 갈등은 이스라엘의 가나안 정착 역사를 통해 실연되었고 아브라함의 후손 예수 그리스도, 십자가에 달리신 예수 그리스도를 통해 온 인류의 유혹자인 사탄의 머리를 타격함으로써 일단락되었다. 뱀은 에덴동산 파괴 범죄의 궁극적인 원천으로 합당한 선고가 내려졌다. 이처럼 뱀에게 가장 먼저 심판 선고가 내려진 것에서 보듯이, 죄의 추궁 순서의 역순으로 심판과 저주의 내용이 소개된다.

뱀에게 내린 징벌에는 미치지 못하지만 범죄한 아담과 하와에게 내린 징벌도 엄중했다. 여인은 잉태와 해산의 고통(하와)을 거쳐야 생산할 수 있게 되고, 남편을 사모하여야 하며 그의 지배를 받으면서 살아야 한다. 이것은 일부다처제 아래서 남편에 대한 아내들의 질투 어린 독점욕과 남편의 아내 지배 관습을 내다보거나 반영하고 있다. 더 중요한 것은 여자의 후손은 뱀의 후손과 영원히 화해할 수 없는 적대 관계를 유지하도록 운명지워졌다. 확실히 이것은 여자에게 내린 벌의 일부이지만 또한 징벌을 넘는 하나님의 세계 구원 계획의 일부를 성취하는 것이기도 한다. 사탄과 끊임없는 투쟁을 벌여

야 하는 사명이 '여자의 후손'에게 위임되었다는 점은 사탄의 유혹을 받아 가장 먼저 죄인이 된 여자가 자신의 죗값을 치르는 과정이기도 하기 때문이다("해산함으로 구원을 얻으리라").^{딤전 2:14-15} 뱀의 머리를 타격할 후손이 여자에게서 나오리라는 것은 인류 중 누군가에 의해 죄와 유혹의 문제가 극복될 수 있다는 약속이다. 따라서 뱀과 여자의 영구적 갈등과 여자의 후손에 의한 뱀의 머리 타격 예언은 복음적 요소를 내포한다. 죄와 죽음을 가져온 하와가 생명을 잉태할 어머니가 되는 위대한 반전이 예기되고 있다.^{3:20, 4:1} 하와는 "생명 있는 자의 어머니"로 불리게 되었다. 여성은 이 생명의 어머니가 되기 위해 엄청나게 큰 잉태의 고통을 감당할 것이며 수고하며 자식을 낳아야 할 것이다. 생명의 어머니가 되는 과정 자체가 큰 수고를 감당하는 것이다. 뱀의 머리를 칠 여자의 후손은 이처럼 큰 잉태 고통과 해산 수고를 통해 세상에 나올 것이다. 이 징벌 안에 복음이 감추어져 있으니 얼마나 놀라운 역설인가? 하나님은 심판 중에도 자비를 베푸신다. 그래서 3:15을 어떤 사람들은 '원시복음'이라고 한다.⁴

아담에게 내려진 선고도 다층적이다. 무엇보다 먼저 아담의 죄로 인해 땅이 저주를 받았다. 하와와 아담의 범죄가 전 생태계적 파급 효과를 가져온다. 결국 아담 한 사람으로 인해 죄와 사망이 세상에 들어왔다는 원죄설의 예비적 표현을 여기서 본다. 아마도 원죄설의 요점은 한 사람의 죄가 인류 전체를 죽음으로 몰아간다는 연대 의식일 것이다.^{롬 5:12-21} 원죄론을 상쇄하는 대속론도 한 사람의 순종의 중요성을 중심으로 전개된다는 점이 인상적이지만, 아담으로 인해 온 생태계가 저주를 받았다는 사실은 아담의 지위가 단순한 개인이 아니라 하나님과 에덴동산 사이의 언약 관계를 매개하는 왕적 중보자였음을 짐작케 한다.^{시 72편, 호 4:1-4} 에덴동산의 풍요를 유지할 사명을 가졌던 왕적인 중보자 아담의 범죄 때문에 에덴은 더 이상 생명의 강으로 윤택해지는 땅이 아니라 사막으로 돌변했다. 척박한 땅을 갈아 생계노동을 꾸려 가야 하는 아담의 벌은 가혹했다. 땅이 비옥도를 잃어버렸기 때문에 아담은 "종신토록 수고해야 먹을 수 있다." 수렵채집 경제의 경우 하루 4시간 정도만 일해도 먹을 수 있었지만 아담은 이제 채집 경제적 풍요를 잃고 땅을 경작해 곡물을 재배해야 먹을 수 있는 존재가 되었다. 이제 아담은 생계유지 노동에 속박당한 땅의 소작인으로 전락한다. 척박한 땅에서 나오는 가시덤불과 엉겅퀴가 땅을 뒤덮는다. 밭을 가는 것은 흙으로 만들어진 자신의 몸을 갈아엎는 것처럼 고통스럽다. 밭의 채소를 먹고 살아가야 하는 인간에게 치명적인 징벌은 비가 내리지 않는 땅, 가시와 엉겅퀴가 솟아나는 땅에서 종신토록 수고하며 간신히 사는 것이다. 얼굴에 땀을 흘리는 노동을 통해, 곧 강도 높은 격렬한 육체노동을 통해 생계를 유지해야 한다. 그런데 안식도 보장받지 못한 가혹한 생계노동의 끝에 흙으로 되돌아가야 하는 허무가 기다리고 있다.

　　인간은 근원인 흙으로 되돌아가야 한다. 노동으로 생명력이 다 소진된 후 더 이상 노동할 여력을 갖지 못할 때 인간은 창조 이전의 자연 상태, 곧 흙으로 되돌아간다. 3:19의 둘째와 셋째 소절 히브리어 구문은 충격적일 정도로 가혹해 보이는 하나님의 진토회귀 명령을 부각시킨다. 이 소절은 2:7의 역순으로 움직인다. 2:7은 흙으로 만든 아담의 코에 하나님의 호흡이 고취되자 생령이 되었던 인간을 묘사한다. 3:19 마지막 소절은 가혹한 생계노동으로 소진된 인간이 더 이상 하나님의 생기를 담지 못하자 다시 흙으로 되돌아가는 상황을 묘사한다. 하나님의 호흡, 곧 생기가 떠나면 인간은 순식간에 흙이 되어 버린다. 19절은 두 개의 접속사절을 가지고 있다. 19절 전체를 직역하면 이렇다. "네 얼굴의 땀흘림으로 너는 네가 땅으로 되돌아갈 때까지 (둘째 소절: 왜냐하면 네가 그것으로부터 취함을 받았기 때문이다, 셋

째 소절: 왜냐하면 먼지! 너여! 먼지로 네가 돌아가야 할 것이기 때문이다) 떡을 먹을 것이다." 19절의 둘째 소절은 첫째 소절의 원인 설명 삽입절이며 셋째 소절은 둘째 소절의 원인 설명 삽입절인 셈이다. 셋째 소절의 히브리어 구문은 하나님의 진토회귀 명령을 잘 부각시킨다. 키-아파르 아타 붜엘-아파르 타슙(כִּי־עָפָר אַתָּה וְאֶל־עָפָר תָּשׁוּב). "왜냐하면 먼지요, 너는. 그리고 먼지로 되돌아가야 할 것이라." 서술어 먼지가 주어보다 먼저 배치된 도치문이다. 아담의 먼지다움이 강조되고 있다. 아담이 받은 가장 비참한 징벌은 가혹한 생계노동 끝에 먼지로 되돌아간다는 것이다. 이 세상에서 이런 가혹한 생계노동을 하는 자들은 누구인가? 노예뿐이다. 아담이 받은 저주 안에서 우리는 출애굽기 1-2장에 나오는 고센 땅의 노예들인 히브리인의 초상을 엿보고 에스겔 1장과 시편 137편이 암시하는 바벨론 포로들의 가혹한 노동 수용소를 내다본다. 3:17은 결국 하나님 나라를 빼앗기면, 곧 하나님이 주시는 생명의 선물인 에덴을 빼앗기면 인간에게 남겨진 운명은 노예살이임을 암시한다.

이상에서 우리는 3:15-19에서 내려진 일련의 저주 및 심판 선언이 2:16-17에서 암시된 '죽는다'는 위협의 총체적인 실현임을 깨닫게 된다. 전후 문맥으로 볼 때 '죽는다'는 행위는 즉각적인 생물화학적 숨 끊어짐이 아니라, 아담이 금단의 열매를 따먹은 날에[2:16] 아담에게 취하여진 모든 조치를 포함하고 있음을 알 수 있다. 하나님의 음성을 듣고 두려워하며 그분의 낯을 피하여 숨는 행위, 남편과 아내의 소외와 아담의 사탄적 책임 전가, 뱀의 후손과 여자의 후손 사이에 있게 될 싸움, 아내를 억압적으로 다스리는 남편을 사모해야 하는 여자의 고달픈 예종, 비옥도를 잃어버린 땅을 경작하며 생명 소모적 생계유지 노동에 속박당하는 것, 가시덤불과 엉겅퀴와 고투를 벌이다가 그것들에 찔리는 경험(탈무드에 의하면 가시와 엉겅퀴는 질병과 고통의 시작이다), 그리고 마침내 생물화학적 차원의 죽음 등이 모든 경험이 '죽음'의 선취적 경험이라는 것이다.[5]

그러나 앞에서 간략하게 언급했듯이, 이러한 심판과 저주의 선언 와중에서도 두 가지 소망의 불씨가 눈에 띈다. 아담과 하와가 즉각 죽지 않고 생명을 잉태하여 '생명의 계보'가 시작되는 것이다. 또 하나는 짐승 가죽으로 무화과잎을 대신함으로(죄를 용서해 주심으로) 인간의 죄책감과 형벌을 해결할 신적 해결책이 마련되었다는 것이다. 아담과 하와는 고통스러운 잉태와 해산의 수고를 통해 그리고 척박한 땅을 경작하여 생계를 유지하는 수고를 통해 흙으로 되돌아가지만, 그것은 허무로 끝나는 죽음이 아니라 징벌을 감수하면서 희망을 잉태하고 죽는 죽음이다. 아담과 하와의 종신 수고와 진토 귀의가 생명을 선물로 주신 하나님과의 영원한 작별이 아니라 잠시간의 이별이라는 것이다. 하나님과 아담과 하와는 결코 영원히 이별하지는 않는다. 하나님은 아담과 하와에게서 후손이 태어날 것을 약속하심으로써 상실한 낙원을 되찾을 희망을 남겨 주신다. 아담과 하와는 태어날 후손을 통해 계속 교섭할 것이다. 하와는 죄로 인해 죽은 여자이지만 이 여자에게서 뱀의 머리를 칠 복음 선포적 후손이 등장할 것이다. 이러한 희망을 더욱 믿음직스럽게 만드는 실마리가 3:21에서 발견된다. 하나님이 무화과잎으로 자신의 치부를 가리며 두려워 떨고 있던 아담과 하와에게 가죽옷을 지어 입혀 주셨다. 아담과 하와를 위해 짐승이 희생된 것이다. 주석가들은 짐승 가죽옷으로 치부를 가린 사건을 하나님 자신에 의한 최초의 제사로 간주한다. '덮는다'[키페르(כָּפַר)]는 행위는 '구속'atonement의 행위이기 때문이다. 하나님의 사랑이 아담과 하와의 죄를 덮어 준 셈이기 때문이다.

3장의 마지막 단락인 22-24절은 짧지만 의미심장한 1-3장 전체의 종결부를 구성한다. 하나님께서 창조하신 생명의 동산을 보존하기 위해 에덴동산에서 아담과 하와가 추방된다. 하나님은 선악을 아는 일에 하나님처럼 자율성을 획득한 아담과 하와가 손을 뻗어 생명나무 열매도 따먹고 영생할 것을 걱정하신다. 아담이 하나님 수준의 선악 판단 능력을 구비했다는 말이 아니라 하나님처럼 자율적인 선악 판단자가 되어 버렸다는 점을 우려하신 것이다. 선악 판단 능력 자체의 신적 수준이 아니라 선악 판단의 자의성과 자율성에 있어 신적 수준에 이른 아담은 이제 통제불능의 자기세계 구축에 나설 것이 뻔하다. 이런 죄인에게 신적 불멸성을 선사하실 수가 없기에 하나님은 생명나무 실과로부터 아담을 멀찍이 떨어지게 하신다. 생명나무 열매를 따먹고 생명을 누리는 대신에 아담은 낙원으로부터 추방되어 자신의 몸의 모태가 된 땅을 갈아 농사지어 먹고 살아야 한다. 척박한 땅에서의 농사는 자기 몸에 쟁기질을 하는 것처럼 고통스럽다. 이제 낙원에서 추방된 아담과 하와에게 생명동산으로 가는 길은 영구적으로 봉쇄되어 있다. 길이요 진리요 생명이라고 불리는 여자의 후손이 와서 이 굳게 잠긴 낙원의 문을 다시 열어 주기까지는 에덴동산으로 돌아가는 길은 막혀 있다. 에덴동산의 동쪽에, 곧 입구에 그룹Cherub 천사들[6]과 두루 도는 화염검을 위병으로 세우셨다. 에덴동산은 지성소처럼 거룩하게 봉인되었다. 지성소 법궤 보좌 위의 두 그룹은 에덴동산을 지키는 그룹과 같은 천사들이며 이사야 6장의 천상 보좌를 에워싼 그룹도 같은 위계에 속한 천사들이다. 하나님의 거룩과 성결의 수호 천사들이다. 봉인된 생명나무 길을 다시 여신 분, 그 과정에서 그룹 천사의 불칼 같은 율법의 저주를 대신 받으신 분이 길이요 진리요 생명이신 예수 그리스도다. 그리스도는 엠마오 도상의 두 제자에게 그리고 열두 제자에게 모세의 글로부터 자신의 고난과 영광의 논리로 성경을 통달하도록 깨우쳐 주셨다. 생명나무의 열매를 주실 분은 바로 두루 도는 불칼에 찍혀 고난을 당하신 우리 주 예수 그리스도다. 이처럼 우리는 창세기부터 그리스도의 현존을 발견한다.

죄악의 질적·양적 팽창의 역사: 한 개인의 범죄에서
한 가정의 범죄, 한 씨족의 범죄로 팽창하는 죄악 ●4-5장

4 [1] 아담이 그의 아내 하와와 동침하매 하와가 임신하여 가인을 낳고 이르되 내가 여호와로 말미암아 득남하였다 하니라. [2] 그가 또 가인의 아우 아벨을 낳았는데 아벨은 양 치는 자였고 가인은 농사하는 자였더라. [3] 세월이 지난 후에 가인은 땅의 소산으로 제물을 삼아 여호와께 드렸고 [4] 아벨은 자기도 양의 첫 새끼와 그 기름으로 드렸더니 여호와께서 아벨과 그의 제물은 받으셨으나 [5] 가인과 그의 제물은 받지 아니하신지라. 가인이 몹시 분하여 안색이 변하니 [6] 여호와께서 가인에게 이르시되 네가 분하여 함은 어찌 됨이며 안색이 변함은 어찌 됨이냐. [7] 네가 선을 행하면 어찌 낯을 들지 못하겠느냐. 선을 행하지 아니하면 죄가 문에 엎드려 있느니라. 죄가 너를 원하나 너는 죄를 다스릴지니라. [8] 가인이 그의 아우 아벨에게 말하고 그들이 들에 있을 때에 가인이 그의 아우 아벨을 쳐죽이니라. [9] 여호와께서 가인에게 이르시되 네 아우 아벨이 어디 있느냐. 그가 이르되 내가 알지 못하나이다. 내가 내 아우를 지키는 자니이까. [10] 이르시되 네가 무엇을 하였느냐. 네 아우의 핏소리가 땅에서부터 내게 호소하느니라. [11] 땅이 그 입을 벌려 네 손에서부터 네 아우의 피를 받았은즉 네가 땅에서 저주를 받으리니 [12] 네가 밭을 갈아도 땅이 다시는 그 효력을 네게 주지 아니할 것이요 너는 땅에서 피하며 유리하는 자가 되리라. [13] 가인이 여호와께 아뢰되 내 죄벌이 지기가 너무 무거우니이다. [14] 주께서 오늘 이 지면에서 나를 쫓아내시온즉 내가 주의 낯을 뵈옵지 못하리니 내가 땅에서 피하며 유리하는 자가 될지라. 무릇 나를 만나는 자마다 나를 죽이겠나이다. [15] 여호와께서 그에게 이르시되 그렇지 아니하다. 가인을 죽이는 자는 벌을 칠 배나 받으리라 하시고 가인에게 표를 주사 그를 만나는 모든 사람에게서 죽임을 면하게 하시니라. [16] 가인이 여호와 앞을 떠나서 에덴 동쪽 놋 땅에

거주하더니 ¹⁷ 아내와 동침하매 그가 임신하여 에녹을 낳은지라. 가인이 성을 쌓고 그의 아들의 이름으로 성을 이름하여 에녹이라 하니라. ¹⁸ 에녹이 이랏을 낳고 이랏은 므후야엘을 낳고 므후야엘은 므드사엘을 낳고 므드사엘은 라멕을 낳았더라. ¹⁹ 라멕이 두 아내를 맞이하였으니 하나의 이름은 아다요 하나의 이름은 씰라였더라. ²⁰ 아다는 야발을 낳았으니 그는 장막에 거주하며 가축을 치는 자의 조상이 되었고 ²¹ 그의 아우의 이름은 유발이니 그는 수금과 퉁소를 잡는 모든 자의 조상이 되었으며 ²² 씰라는 두발가인을 낳았으니 그는 구리와 쇠로 여러 가지 기구를 만드는 자요 두발가인의 누이는 나아마였더라. ²³ 라멕이 아내들에게 이르되 아다와 씰라여, 내 목소리를 들으라. 라멕의 아내들이여, 내 말을 들으라. 나의 상처로 말미암아 내가 사람을 죽였고 나의 상함으로 말미암아 소년을 죽였도다. ²⁴ 가인을 위하여는 벌이 칠 배일진대 라멕을 위하여는 벌이 칠십칠 배이리로다 하였더라. ²⁵ 아담이 다시 자기 아내와 동침하매 그가 아들을 낳아 그의 이름을 셋이라 하였으니 이는 하나님이 내게 가인이 죽인 아벨 대신에 다른 씨를 주셨다 함이며 ²⁶ 셋도 아들을 낳고 그의 이름을 에노스라 하였으며 그 때에 사람들이 비로소 여호와의 이름을 불렀더라.

5 ¹ 이것은 아담의 계보를 적은 책이니라. 하나님이 사람을 창조하실 때에 하나님의 모양대로 지으시되 ² 남자와 여자를 창조하셨고 그들이 창조되던 날에 하나님이 그들에게 복을 주시고 그들의 이름을 사람이라 일컬으셨더라. ³ 아담은 백삼십 세에 자기의 모양 곧 자기의 형상과 같은 아들을 낳아 이름을 셋이라 하였고 ⁴ 아담은 셋을 낳은 후 팔백 년을 지내며 자녀들을 낳았으며 ⁵ 그는 구백삼십 세를 살고 죽었더라. ⁶ 셋은 백오 세에 에노스를 낳았고 ⁷ 에노스를 낳은 후 팔백칠 년을 지내며 자녀들을 낳았으며 ⁸ 그는 구백십이 세를 살고 죽었더라. ⁹ 에노스는 구십 세에 게난을 낳았고 ¹⁰ 게난을 낳은 후 팔백십오 년을 지내며 자녀들을 낳았으며 ¹¹ 그는 구백오 세를 살고 죽었더라. ¹² 게난은 칠십 세에 마할랄렐을 낳았고 ¹³ 마할랄렐을 낳은 후 팔백사십 년을 지내며 자녀들을 낳았으며 ¹⁴ 그는 구백십 세를 살고 죽었더라. ¹⁵ 마할랄렐은 육십오 세에 야렛을 낳았고 ¹⁶ 야렛을 낳은 후 팔백삼십 년을 지내며 자녀를

낳았으며 ¹⁷ 그는 팔백구십오 세를 살고 죽었더라. ¹⁸ 야렛은 백육십이 세에 에녹을 낳았고 ¹⁹ 에녹을 낳은 후 팔백 년을 지내며 자녀들을 낳았으며 ²⁰ 그는 구백육십이 세를 살고 죽었더라. ²¹ 에녹은 육십오 세에 므두셀라를 낳았고 ²² 므두셀라를 낳은 후 삼백 년을 하나님과 동행하며 자녀들을 낳았으며 ²³ 그는 삼백육십오 세를 살았더라. ²⁴ 에녹이 하나님과 동행하더니 하나님이 그를 데려가시므로 세상에 있지 아니하였더라. ²⁵ 므두셀라는 백팔십칠 세에 라멕을 낳았고 ²⁶ 라멕을 낳은 후 칠백팔십이 년을 지내며 자녀를 낳았으며 ²⁷ 그는 구백육십구 세를 살고 죽었더라. ²⁸ 라멕은 백팔십이 세에 아들을 낳고 ²⁹ 이름을 노아라 하여 이르되 여호와께서 땅을 저주하시므로 수고롭게 일하는 우리를 이 아들이 안위하리라 하였더라. ³⁰ 라멕은 노아를 낳은 후 오백구십오 년을 지내며 자녀들을 낳았으며 ³¹ 그는 칠백칠십칠 세를 살고 죽었더라. ³² 노아는 오백 세 된 후에 셈과 함과 야벳을 낳았더라.

3·5

II.

인간 창조와 하나님 나라의 좌절

4-5장은 아담의 죄악이 질적으로나 양적으로 급팽창하는 이야기다. 이 두 장은 6-9장의 노아 홍수 이야기를 예기케 하는 인류 역사의 초기 죄악 팽창사, 문명 멸절적인 무신론의 역사 첫 단계를 보여준다. 아담/하와 한 개인에게서 시작된 하나님의 계명에 대한 불순종은 그들의 후손에게서 아주 참혹할 정도로 팽창되고 확장된다. 아담과 하와의 첫 아들과 둘째 아들 사이에서 인류 최초의 살인사건이 일어나고, 가인의 6대손 라멕은 작은 상처에 대해 살인이라는 대량 보복으로 응답하고 스스로를 의롭다고 칭한다. 가인-라멕 계보가 주도하는 세계에서 셋-에노스-에녹 계보는 문명 창조의 주도력을 발휘하지 못하는 주변인으로 살아간다.

이 단락의 음울한 분위기에도 불구하고 4장은 죽음을 극복할 가능성, 곧 여자의 후손 출생 이야기로 시작한다. 아담과 하와가 동침하여 가인을 낳았는데 그 출생 소감을 하와가 피력한다. "내가 여호와로 말미암아 득남하였다."^{4:1} 이 소절의 히브리어 구문을 직역하면

"내가 야웨를 힘입어 한 남자를 얻었다"이다. 카니티 이쉬 엘-아도나이(קָנִיתִי אִישׁ אֶת־יְהוָה). 가인(קַיִן)은 '얻다', '낳다'를 의미하는 동사 카나(קָנָה)에서 나왔다. 따라서 이 소절을 히브리어로 음역해 보아야 첫 아들의 이름이 가인으로 불리는 이유를 알게 된다. 가인은 야웨로 말미암아 얻은 남자, 곧 아들이다. 하나님은 아담과 하와 부부에게 뱀의 머리를 칠 후손을 일으키시기 위한 생명 계보를 시작하신 것이다.

하와의 감격적인 득남 선언은 심판 중에서도 철회되지 않는 하나님의 자비를 강조한다. 선악과나무의 실과를 따먹는 날에는 죽는다고 선언하셨음에도 불구하고 아담과 하와는 즉각 죽지 않고 마침내 가인이라는 아들을 낳았다. 죽음의 권세가 작동하는 세상 한복판에서도 아담과 하와는 다시금 생명의 상속에 대해 희망을 갖게 된다(하와, 곧 산 자의 어머니).3:20 가인은 죽음의 선언으로 소멸될 위기에 처한 아담과 하와의 가정에 한 줄기 희망의 빛으로 출현한다. 이 희망의 빛은 가인의 아우 아벨[헤벨(הֶבֶל)]이 태어나면서 더 밝아지는 것처럼 보인다. 2절 하반절은 갑자기 두 아들의 직업을 소개한다. 아벨은 양 치는 자[로에 촌(רֹעֵה צֹאן)]였고 가인은 땅 경작자[오베드 아다마(עֹבֵד אֲדָמָה)]였다. 앞으로 전개될 두 형제의 갈등이 단순히 개인적인 성격 갈등이 아니라 농사하는 자와 목축하는 자의 계층 갈등을 대표함을 암시한다. 고대 셈족에서 형제들로 소개된 사람들 사이에는 기본적으로 영역 갈등, 이해 상충이 작동한다. 아브라함과 롯, 야곱과 라반, 야곱과 에서, 레아와 라헬, 요셉과 형들 사이에는 갈등이 작동했다. 아니나 다를까 세월이 흐른 후 형제 간의 갈등이 표면화되었다. 가인은 농사하는 사람이었으므로 땅의 소산으로 제사를 드리고 동생 아벨은 양 치는 자였으므로 양의 첫 새끼와 기름으로 제사를 드린다. 4절 하반절부터 형제 갈등의 단초가 언급된다. 야웨께서 아벨과 그의 제물은 받으셨으나 가인과 그의 제물은 받지 않으셨다.

제물의 종류로 볼 때 가인의 제사는 소제레 2장였고 아벨의 제사는 번제나 화목제 3장. 히 11:4였을 것이다. 그러나 가인은 자신과 제물을 하나님께서 받으시지 않자 몹시 분노했으며 안색이 변할 정도로 격분했다. 이 분노의 대상이 하나님인지 아벨인지는 불명확하지만 자신과 자신의 제물에 대한 하나님의 거절 때문에 격발된 분노임에는 틀림없다. 하나님은 가인에게 왜 안색이 바뀔 정도로 격분하는지를 추궁하듯이 물으신다. 이어지는 하나님의 책망에서 왜 가인과 그의 제물이 하나님께 열납되지 못했는지 그 이유가 어느 정도 드러난다. 여기서 주목할 것은 하나님이 받아들이지 못하신 것은 단지 가인의 제물이 아니라 가인 자신이었다는 점이다. 마찬가지로 하나님은 아벨과 그의 제물을 한 묶음의 제물로 받으셨다. 가인을 받으시지 않은 증거가 그의 제물 배척인 셈이다. 가인의 삶 자체가 하나님께 열납될 만한 선한 삶이 아니었기에 그의 제물은 열납되지 못하였다. 아벨에 대한 적대적인 행동 때문인지, 아니면 다른 선하지 못한 행동 때문인지 가인의 삶 자체가 하나님께 기쁨이 되지 못하였다.마 5:23-25, 암 5:21-24, 사 1:10-16, 삼상 15:22, 호 6:6 4:7을 고려해 볼 때 가인은 선을 행하지 않던 사람임을 알 수 있다. 선한 삶을 살지 못할 때 드리는 제물(제사)은 하나님과 가깝게 만들 수 없다. '제물'을 의미하는 히브리어 코르반(קָרְבָּן)은 '가깝게 하다', '가깝다'를 의미하는 동사 카랍(קָרַב)에서 파생된 명사다. 하나님께 가까이 나아갈 수 있는 삶을 살지 못한 경우 코르반은 무의미하다.시 15편 왜냐하면 제사신학의 제1명제가 제사를 드리는 사람과 바쳐진 제물은 동일시된다는 것이기 때문이다(안수는 동일시 의례).

가인의 삶 자체가 선하지 않을 뿐만 아니라 죄의 장악력에 휘둘리기 쉬운 삶이었다. 선을 행하지 않는 한 죄가 그를 덮치려고 기회를 노린다. 죄가 가인을 원하는 수준이다. 죄악된 충동이 가인을 장

3 · 5

II.

인간 창조와 하나님 나라의 좌절

악할 태세다. 가인의 삶은 검은 황소 같은 압도적인 힘을 가진 맹수에 의해 휘둘린다. 거대한 맹수 같은 죄악된 욕망이 가인의 문에 엎드려 있다. 문은 가정에서 사회로 나아가는 통로로서 가인의 사회생활이 죄악의 강한 소원에 지배당함을 알 수 있다.^{신 6:4-11} 부모 세대의 죄악은 아들 세대에 가서 강력한 죄의 소원을 상속시킨 것처럼 보인다. 가인은 마치 강력한 맹수처럼 엎드려 삼키려고 육박하는 죄의 소원과 불가항력적 죄의 의지(노예 의식)에 사로잡히는 존재임을 알 수 있다.^{롬 7:24-28} 아담에 비해 가인은 한층 더 강력한 죄의 충동과 의지에 사로잡힌 존재가 되었다. 선을 행하지 않는 삶이 가인을 장악한 죄의 강력한 지배력 때문임이 암시되고 있다. 결국 가인의 삶 자체가 제사를 드려 하나님과 화목을 누릴 수 없는 상태다. 하나님이 가인의 제물을 받지 않으시는 것이 아니라 가인 자체를 받지 않으시는 것이다. 하나님께 받아들여지지 못한 가인의 삶은 최고의 징벌 아래 사는 자의 불안과 불만으로 가득 차 있었다.

거절된 제물을 안고 분노로 일그러진 가인에게 하나님은 제물이 열납될 수 있는 길을 우회적으로 제시하신다. 그것은 문제 상황의 정확한 진단과 대처 방법 제시로 구성된다. 선을 행하는 삶을 살면 하나님께 가인 자신과 그의 제물은 열납될 수 있다는 것이다. "가인 너의 제물이 열납되지 못한 이유는 네 삶이 선을 행하는 데에서 크게 이탈했기 때문이다." 그러나 가인은 이 진단에 대해 전혀 수긍하지 않고 격분에 사로잡힌다. 하나님에 대한 증오와 불만이 어떤 이유 때문이었는지 동생 아벨을 살해하는 충동적인 에너지로 전환된다. 하나님의 카운슬링을 무시한 가인은 아벨을 '빈 들에서' 끝내 죽였다. 빈 들에서 죽였다는 말은 가인의 행위가 완전범죄를 노린 의도적 살인 행위였음을 보여준다.^{신 22:25-27} 이런 해석은 8절에 의해 지지받는다. 8절은 가인이 아벨을 죽이는 과정을 부연설명하는 정보를 제공하고 있다. 70인역을 비롯한 고대의 역본들은 "가인이 그의 아우 아벨에게 말하고"라는 구절에서 가인이 무엇을 말했는지를 알려 준다. "우리가 들로 나가자"라고 말했다는 것이다. 가인이 아벨을 들로 유인했음을 시사한다. 가인은 아벨을 들로 데리고 가서 쳐죽였다. 살인 충동이라는 죄를 다스리는 데 실패한 것이다.

하나님은 동생 아벨을 죽인 가인을 차분하게 추궁하신다.[4:9-11] 하나님의 추궁은 사실심리에서 시작된다. "네 아우 아벨이 어디 있느냐?" 이 질문은 아마도 "왜 너만 빈 들에서 돌아왔느냐?"라는 의미일 것이다. 하나님은 가인의 양심을 소환하기 위해 이 질문을 던지신 것이다. 가인은 아무 거리낌 없이 "나는 모릅니다"라고 대답한다. 이 대답은 전형적인 무책임의 말이다. 셈족의 세계에서 형제의 고통과 곤경을 모른다고 하는 것은 큰 죄로 분류된다. 가인은 형제돌봄의 책임을 회피하고 있다. "내가 내 아우를 지키는 자입니까?" 가인은 양심에 불화살을 맞은 자처럼 하나님께 대항하는 자세로 자신의 범죄 사실을 숨기고 있다. 그래서 하나님의 진전된 추궁이 이어진다. "네가 네 아우에게 무엇을 행하였느냐? 네 아우의 핏소리가 땅속에서부터 내게 호소하노라." 가인의 범죄 은폐와 완전범죄 기도는 무위로 끝났다. 아벨의 핏소리가 하나님의 법정에 직소直訴하였기 때문이다.

가인에 대한 하나님의 선고는 가인에게 치명적인 타격을 안겨 준다. 무죄한 아우의 피를 받은 땅에서 가인은 저주를 받을 것이다. 무죄한 자의 피를 흘리는 죄는 그 땅의 거민들에게 땅을 상실케 하는 치명적인 죄악이다.[신 19:10-13, 왕하 24:4] 땅에서 저주를 받는다는 것은 비옥도가 상실된 땅을 경작하고 살아야 하는 고통을 받는 것이다.[4:11-12] "땅은 네 손으로부터 네 아우의 피를 받았은즉 농사하는 자가 받을 수 있는 가장 큰 징벌인 땅의 저주를 받을지어다." 땅에서 저주를 받는다는 말은 생산력을 상실한 땅을 경작하는 것을 의미한다.[3:17] 죄악이 지배하는 개인의 삶과 가정·사회 공동체는 저주를 받아 비옥도를 상실한다. 따라서 농업은 포기될 수밖에 없고 가인은 땅에서 피하여 유리방황하는 존재가 된다. 유리방황하는 것이 가인의 운명이며 그는 끊임없는 피해망상에 사로잡혀 살아가야 한다.

이렇게 무서운 심판 선언을 듣고도 가인은 극도의 자기중심적 반발을 보인다. 그는 자기 죄악의 참혹성에 대하여 진지한 자책감을 보여주는 대신에 받은 벌이 상대적으로 더 중하다고 불평한다. 땅에서 쫓겨나면 하나님의 낯을 뵐 수 없다는 절망감을 피력하는데 이것은 가인마저도 하나님 앞에서 얼굴을 뵙고(평화로운 관계) 사는 삶의 복스러움을 알고 있음을 보여주는 대목이다. 결국 땅에서 유리방황하는 자로 살면서 하나님의 보호를 받지 못할 것에 대한 두려움을 피력한다. 그러나 하나님은 가인에 대한 형벌 선언과 함께 모종의 유예 선언도 덧붙이신다. 하나님은 가인이 죽는 것을 기뻐하지 않으시고 회개하기를 기뻐하신다.[겔 33:11] 하나님의 보호의 증표로서 가인에게 표를 주신다. 가인을 죽인 자는 벌이 일곱 배가 될 것이다.

14절이 상정하는 가인을 죽일 가능성이 있는 자들이 사람인가 동물인가에 대한 끊임없는 논쟁이 있어 왔다. 보수적인 학설은 가인을 죽일 가능성이 있는 사람도 결국 아담의 후손이라고 주장한다. 5:4-5에 의하면 아담은 130세부터 930세까지 수없이 많은 자손을 낳았기 때문에 아담의 후손 중 어떤 사람일 수가 있다는 것이다. 가인의 아벨 살해는 아담이 자녀를 낳기 시작한 때를 기준으로 많은 세월이 지난 후에[4:3] 일어난 사건이기 때문에 아담의 다른 후손이 가인을 만나 죽일 수 있는 사람이라고 보는 것이다.[7] 또 다른 입장은 탈무드와 일부 주석가들(존 스토트 등)의 견해로,[8] 하나님께서 아담 외에도 다른 사람들을 많이 창조하셨기 때문에 아담 계보 외의 다른 인간들이 가인의 잠재적 살해자가 된다고 보는 입장이다. 이 견해 외에 사나운 육식동물일 수도 있다고 보는 입장이 있다.^{창 9:3-6} 셋째 견해가 가장 가능성이 희박한 입장이다. 첫째 견해와 둘째 견해 중 하나일 수 있겠지만 둘 다 성경 본문상의 확실한 지지를 발견하기는 힘들다. 그러나 둘 중 하나의 견해를 취하자면 둘째 견해가 타당해 보인다. 첫째 견해의 경우 근친상간으로 인류가 번식했다고 전제해야 하는 딜레마를 해결하기 힘들다. 물론 둘째 견해를 취하는 경우 아담을 생물학적 인류의 유일 조상인 것처럼 말하는 신약 몇몇 성경 구절을 달리 해석해야 하는 부담을 떠안아야 한다. 그럼에도 불구하고 후자의 견해가 더 수용하기 쉽다. 그것은 윤리적 딜레마를 제기하지는 않기 때문이다.

하나님은 아우 살해자 가인이 유리방황하는 자의 신세를 면치 못할 것을 아시고 그에게 안전보장책을 주신다. 고대 사회에서 유리방황자는 자신이 속한 공동체의 보호를 받지 못해 안전보장에 가장 취약한 자들이었다. 그래서 동해보복의 법칙으로 보복을 허락하는 데 그치지 않고 가인을 죽이는 자에게는 일곱 배의 초과 응징이 가해질 것이라고 엄명하신다. 가인이 자기를 보호할 수단을 갖지 못한 유리방황자의 처지를 십분 배려하신 것이다. 아우를 살해한 가인에게마저도 하나님은 자비를 베푸신다.

신적인 안전보장책을 받고 가인은 결국 에덴의 동편 놋 땅에 거주하게 되었다. 그는 자신의 아들 이름 에녹으로 된 도시를 건설하고 안전보장책을 스스로 강구한다. 유리방황자의 신세를 벗고 정착민이 된 것이다. 결국 하나님에 대한 믿음을 갖지 못하고 스스로 안전보장을 강구한 것이다. 4:16-24 단락은 가인-라멕 계보의 문명사를 기록하고 있다. 그들은 뒤에 소개되는 셋의 계보에 속한 사람들^{4:25-26, 5:1-32}에 비하여 물질문명의 발전에 주도적으로 기여한 자들이다. 17절이 가리키듯이 가인 사회의 특징은 안전보장에 대한 집착이며 그것은 성을 쌓기 시작하는 데서 분명해진다. 가인의 6대손 라멕은 두 아내를 취하며, 악하고 음란하고 잔인한 삶을 사는 자로서 가인보다 더 악해진 죄인 유형을 대표한다. 그는 작은 상처를 입힌 소년들에게 대량학살로 보복하는 잔악한 인간이다. 라멕의 아들들 중 문명 창조의 주도자로는 야발(가축 치는 자의 조상), 유발(수금과 통소를 잡는 자의 조상), 두발가인(무기 제작의 창시자)[9]이 있다. 라멕은 가인에게 주신 하나님의 보호 약속을 오만하게 왜곡하여 하나님의 이름을 모독한다. 가인을 죽인 자가 받는 벌이 일곱 배라면 자신을 죽이는 자의 벌은 일흔일곱 배라 호언장담한다.[10] 하나님의 이름을 망령되이 일컫고 하나님의 거룩한 명의를 임의로 이용한다.

4:25-26은 5:32까지 이어지는 아담-(아벨)-셋 계보를 기록한다. 아담과 하와는 다시 동침하여 아들을 낳아 셋이라고 이름을 짓는다. 셋은 아벨 대신 아담에게 주신 소망의 아들이었다. 아벨 대신으로 주어진 아들인 셋은 하나님을 올바로 예배하고 하나님과 동행하는 거룩한 계보를 향도한다. 하지만 아벨 대신에 주신 제3의 아들 셋의 후손은 전혀 화려하지 않다. 그들은 없는 듯 있는 존재로서, 그들의 발자취는 오로지 하나님과 관련된 행적뿐이다. 셋의 아들 에노스 때에 비로소 사람들은 야웨 하나님의 이름을 부르고 다시 기도와 하나님과 동행하는 삶이 회복된다. 아담(930세 향수)-셋(아담의 형상 같은 아들, 아담이 130세에 출생, 912세 향수)-에노스(셋이 105세에 출생, 905세 향수)-게난(에노스가 90세에 출생, 910세 향수)-마할랄렐(게난이 70세에 출생, 895세 향수)-야렛(마할랄렐이 65세에 출생, 962세 향수)-에녹(야렛이 162세에 출생, 365세 향수)-므두셀라(에녹이 65세에 출생, 969세 향수)-라멕(므두셀라가 187세에 출생, 777세 향수)-노아(라멕이 182세에 출생, 950세 향수)-셈·함·야벳(노아가 500세에 출생)

으로 이어지는 계보는 노아 시대를 향해 줄기차게 달려다가가 멈춰 선다. 노아 시대는 아담인류의 멸절을 가져온 대홍수 심판의 폭발기다. 이 계보 연대가 반드시 모든 세대를 담았다고 생각해서는 곤란하다. 마태복음 1장의 예수 그리스도 족보가 모든 세대를 다 포함하지 않은 것처럼 성경의 계보는 도식적으로 제시될 때가 많다. 이 계보에 나타난 인물들의 생몰 연대를 단순히 계산해 보면 므두셀라를 비롯한 많은 셋 계보 인물들도 자연사한 것이 아니라 홍수 심판으로 죽은 것으로 추정된다. 노아의 할아버지 므두셀라도 노아의 120년에 걸친 의의 설교를 듣고도 회개하지 않은 불경건 계보에 속한 사람으로 분류될 가능성이 있다. 므두셀라의 나이 369세에 태어난 노아가 600세 되던 해에 홍수가 났으니 므두셀라는 홍수가 나던 해에 죽은 것으로 계산된다. 므두셀라는 자연사했을까? 홍수로 멸절된 아담인류의 일부였을까? 이 계보를 단순히 합산해서 아담을 기원전 6천 년경 인물이라고 상정하거나 지구의 연대가 1만 년이 안된다고 생각하는 '젊은 지구론자'들의 문자주의적 해석은 그 경건한 동기에도 불구하고 여러 가지 난제를 촉발시킬 수 있다.

아담에서 노아로 이어지는 계보 중 가장 독특한 인물은 에녹과 노아다. 에녹은 위경 '에녹서'의 주인공이 될 정도로 많은 상상력을 불러일으킨 신비한 인물이다. 셋의 5대손 에녹은 300년 동안 하나님과 동행했다가 하나님의 데려가심을 받았다.5:24, 히 11:5-6 다른 사람들은 죽었다고 말하는 데 비해 창세기 저자가 에녹에 대해서만 "하나님이 데려가셨다"[라카흐(לָקַח)]라고 말하는 데서 에녹 승천설이 거의 정설처럼 굳어졌다.[11] 위경 '에녹서'에서 에녹은 승천했다고 믿어져 하늘의 모든 비밀을 가지고 이 세상에 다시 와 묵시가들의 수호성자처럼 맹활약한다. 하나님이 데려가셨다는 말은 다른 인물들보다 일찍 죽은 에녹의 죽음에 대한 경건한 표현으로 보는 것이 더 정확할 것이다. 900세에 달하는 장수 계보에서 에녹만이 365세에 죽었다는 것은 하나님의 심판 결과로 오해될 수 있는 시대에 창세기 저자는 그렇지 않다고 말하는 셈이다. 하나님이 의도적으로 데려가셨다는 것이다. 때 이른 죽음을 맞은 성도들을 대하는 자세를 엿볼 수 있다. 신실한 성도의 때 이른 죽음은 하나님의 심판 결과가 아니라 "하나님이 뜻이 있어서 데려가신" 것으로 이해하자는 것이다. 하나님과 300년을 동행하던 신실한 성도가 먼저 죽었다고 해서 놀라지 말자는 것이다. 이 세상의 신실한 성도들 중에도 에녹처럼 하나님께 먼저 데려가심을 받은 이들이 적지 않다. 지상에서 1,000년에 육박하는 장수를 누리는 것도 하나님의 은혜요, 좀 더 일찍 데려가심을 당하는 것도 하나님의 은혜다.

에녹의 3대손 노아는 자기 시대의 의인으로서 하나님의 위로를 가져다 줄 자로 인정된다.[5:29-32, 6:8] 120년간 의의 설교자로서 노아는 자신의 시대가 하나님께 반역한 세대임을 단죄하고 이에 맞섰다. 이상에서 살펴본 셋 계보의 특징은 하나님의 이름을 부르고, 오래 살고(장수 계보), 하나님과 동행하는 사람들의 이야기로 가득 차 있다는 것이다. 그들은 땅의 저주를 온몸으로 겪는 계보로서 하나님의 위로를 기다리는 사람들이었다. 반면에 가인 계보의 사람들은 땅의 저주 대신에 양을 치는 자로, 날카로운 기계의 힘으로 사는 약탈적 유목민으로 살아가며 때때로 대량학살을 저지르고 명맥을 이어 간다. 이런 두 줄기의 계보가 병렬적으로 흐르다가 노아 시대에 와서 악화가 양화를 구축하는 양상을 띠고 뒤섞여 버린다. 이제 하나님과 동행하는 계보와 가정이 하나님의 시야에서 사라진 것처럼 보인다.

왜 전능하신 하나님이
인간의 신뢰와 순종을 필요로 하실까

구약성경에서 하나님은 코란에서만큼 빈번하지는 않지만 절대권능을 가진 창조자요 구원자로 그려진다. 모세오경에서 그려진 하나님은 절대권능을 휘두르시는 하나님이다. 말씀으로 천지를 창조하시는 하나님, 절대주권적 권능으로 출애굽 구원을 일으켜 히브리 노예들을 해방하시고 그들에게 가나안 땅을 기업으로 주기 위해 가나안 원주민을 무장해제시키시는 하나님은 절대권력자의 모습에 가깝다. 창세기 1장에서 말씀(명령)으로 천지를 창조하시는 하나님은 당신이 뜻하신 바를 거침없이 이루어 가시는 절대권능의 창조주다. 그러나 하나님이 세상을 창조하시고, 특히 당신의 형상대로 사람을 만드시고 그를 지상의 대리 통치자로 세우신 후부터는 이 절대권능이 의도적으로 유보되거나 억제된다. 창세기 1장의 하나님은 추상같은 명령으로 세상을 창조하시지만 창세기 2장의 하나님은 아담의 순종과 신뢰를 바탕으로 에덴동산을 가꾸어 가신다. 아담을 창조하신 후부터는 아담의 순종과 신뢰에 **의존하신 채로** 세상을 다스리신다. 창세기 1장의 하나님이 우주의 단일군주시라면, 창세기 2장의 하나님은 입헌군주제에서 아담(의회)과 협치하시는 권력분산적 하나님이다. 구약성경 전체에 걸쳐 두 상반된 하나님 이미지가 서로 교차하고 있다.

하지만 통계적으로 계산해 보면 구약성경 전체에서는 전능하신 하나님의 권력이 신정통치의 대리자들에게 위탁되고 분할되어 행사되는 상황이 훨씬 더 많이 나온다. 아담을 창조하시고 그에게 에덴 통치를 위임하시는 하나님, 아브라함을 부르시고 그의 후손을 당신의 언약백성으로 삼으시는 하나님, 곧 관계 의존적인 하나님이 구약성경에서 보다 두드러진 하나님 모습이다. 구약성경은 코란과는 달리 전능하신 하나님에 대한 강조가 훨씬 덜하다. 구약성경 전체에 걸쳐서 하나님은 당신 스스로 언약백성으로 삼으신 이스라엘 백성의 반역과 불신, 불신앙과 불순종 때문에 상처를 입으시고 그 거룩한 명의가 손상당하여 괴로움을 당하신다. 하나님은 전능하신 하나님이기도 하지만 언약의 하나님이시기에 인간(이스라엘)에게 어떤 특정 조건이 조성된 이후에는 "이렇게 저렇게 행동하겠다"고 약속해 주심으로 당신 자신을 스스로 제한하시는, 지극히 인격적인 하나님이다.

하나님은 절대권력을 가진 창조주이시지만 동시에 당신의 고유한 성품에 반하는 방식으로 권력을 남용하실 수 없다. 하나님은 전능하시지만 당신의 거룩한 성품을 배반하면서까지 전능하시지는 않다. 하나님의 전능은 지극히 인격적인 사랑과 거룩한 성품에 억제당하는 전능이기 때문이다. 따라서 하나님은 악을 행하기에는 전적으로 무능하시고 당신의 절대공평과 정의를 훼손하는 방식으로 권력을 남용하실 수는 없다는 점에서 무능하신 하나님처럼 보인다. 바로 이 이유 때문에 하나님의 세상 통치 자체가 인간들의 의심을 사고 있다. 요컨대 구약성경이 말하는 하나님의 절대권능은 자의적이거나 변덕스러운 권세가 아니라 당신의 사랑과 공의 때문에 억제되거나 유보된 방식으로 사용된다. 때때로 가증스러운 악인들이 횡행하고 득세해도 하나님이 그냥 내버려 두시는 것처럼 보인다. 이런 상황에서 사람들은 하나님의 살아 계심을 의심하고 저항적 무신론으로 경도되기도 하지만, 하나님의 성품을 알고 하나님과 연합된 성도들은 거친 환경에서도 신앙을 유지할 수 있다. 하나님의 권력 행사가 지극히 복합적이고 기묘한 변증법적 방식으로 이루어지기에 사람들은 악의 범람에 직면할 때마다 하나님이 어디 계시느냐고 항의하지만, 하나님의 의인들은 그분의 신실함에 기대어 살며 감화감동되어 파생하는 성도들 자신의 신실성으로 현상을 넘어 본질을 붙든다.

즉, 구약의 하나님은 전능하시면서도 선하신 인격적인 하나님이다. 하나님의 선한 창조 질서 안에 면역주사액과 같은 악이 잔존하고 있다. 악은 하나님의 전능성을 부정하는 것이 아니라 변증법적으로 옹호하며 창조 이전의 피조물의 한 면목을 보존하고 있다. 전능하사 천지를 창조하신 하나님을 의심하게 만드는 대표적인 사태는 제지되지 않는 폭력과 무질서와 악의 범람이며 이 악에 대하여 아무런 제재도 가할 수 없는 상황이다. 심판과 하나님의 개입을 느낄 수 없을 만큼 제 길을 가는 혼돈의 세상은 전능하시고 선하신 하나님 아버지의 존재를 믿지 못하게 한다. 그러나 하나님의 전능은 여러 가지 이유로 억제되거나 유보되거나 감추어져 있다. 첫째는 사랑 때문에, 둘째는 인간의 자유의지 존중(인간다움의 존중, 하나님께서 인간을 창조하실 때 스스로에게 하신 맹세와 자기속박적 약속)이라는 교육적 의도 때문에,[1] 그리고 셋째로 악마/악에 대한 완전한 승리(폭력에 의한 승리가 아니라 진리에 의한 승리)를 위하여 억제되고 있다. 하나님의 전능하신 공권력은 억제된 전능이요 숨은 전능일 뿐, 하나님의 전능하심은 변증법적으로 옹호된다. 하나님의 선하심과 인자하심도 마찬가지로 변증법적으로 옹호된다. 하나님의 전능하심과 선하심은 처음에는 의심되지만 결국 옹호된다.

III.

창세기 6-11장

창조 질서에 저항하는 정사와 권세들의 세계

무신론적 세대에 홀로 맞선 의인 노아 ●6장

6 ¹사람이 땅 위에 번성하기 시작할 때에 그들에게서 딸들이 나니 ²하나님의 아들들이 사람의 딸들의 아름다움을 보고 자기들이 좋아하는 모든 여자를 아내로 삼는지라. ³여호와께서 이르시되 나의 영이 영원히 사람과 함께 하지 아니하리니 이는 그들이 육신이 됨이라. 그러나 그들의 날은 백이십 년이 되리라 하시니라. ⁴당시에 땅에는 네피림이 있었고 그 후에도 하나님의 아들들이 사람의 딸들에게로 들어와 자식을 낳았으니 그들은 용사라. 고대에 명성이 있는 사람들이었더라. ⁵여호와께서 사람의 죄악이 세상에 가득함과 그의 마음으로 생각하는 모든 계획이 항상 악할 뿐임을 보시고 ⁶땅 위에 사람 지으셨음을 한탄하사 마음에 근심하시고 ⁷이르시되 내가 창조한 사람을 내가 지면에서 쓸어버리되 사람으로부터 가축과 기는 것과 공중의 새까지 그리하리니 이는 내가 그것들을 지었음을 한탄함이니라 하시니라. ⁸그러나 노아는 여호와께 은혜를 입었더라. ⁹이것이 노아의 족보니라. 노아는 의인이요 당대에 완전한 자라. 그는 하나님과 동행하였으며 ¹⁰세 아들을 낳았으니 셈과 함과 야벳이라. ¹¹그때에 온 땅이 하나님 앞에 부패하여 포악함이 땅에 가득한지라. ¹²하나님이 보신즉 땅이 부패하였으니 이는 땅에서 모든 혈육 있는 자의 행위가 부패함이었더라. ¹³하나님이 노아에게 이르시되 모든 혈육 있는 자의 포악함이 땅에 가득하므로 그 끝 날이 내 앞에 이르렀으니 내가 그들을 땅과 함께 멸하리라. ¹⁴너는 고페르 나무로 너를 위하여 방주를 만들되 그 안에 칸들을 막고 역청을 그 안팎에 칠하라. ¹⁵네가 만들 방주는 이러하니 그 길이는 삼백 규빗, 너비는 오십 규빗, 높이는 삼십 규빗이라. ¹⁶거기에 창을 내되 위에서부터 한 규빗에 내고 그 문은 옆으로 내고 상 중 하 삼층으로

할지니라. ¹⁷내가 홍수를 땅에 일으켜 무릇 생명의 기운이 있는 모든 육체를 천하에서 멸절하리니 땅에 있는 것들이 다 죽으리라. ¹⁸그러나 너와는 내가 내 언약을 세우리니 너는 네 아들들과 네 아내와 네 며느리들과 함께 그 방주로 들어가고 ¹⁹혈육 있는 모든 생물을 너는 각기 암수 한 쌍씩 방주로 이끌어들여 너와 함께 생명을 보존하게 하되 ²⁰새가 그 종류대로, 가축이 그 종류대로, 땅에 기는 모든 것이 그 종류대로 각기 둘씩 네게로 나아오리니 그 생명을 보존하게 하라. ²¹너는 먹을 모든 양식을 네게로 가져다가 저축하라. 이것이 너와 그들의 먹을 것이 되리라. ²²노아가 그와 같이 하여 하나님이 자기에게 명하신 대로 다 준행하였더라.

6-9장은 노아 홍수와 노아 가족의 생존 이야기를 다룬다. 노아 시대는 야웨 하나님의 땅 저주 때문에 땅을 경작하는 셋 계보의 사람들이 혹독한 고난을 겪던 시대였다. 그 시대는 하나님의 위로를 기다리던 시대였다. 그래서 라멕은 그 아들이 자신들을 위로해 주길 바라는 마음으로 이름을 노아(נֹחַ, 안식)라고 지었다. 사람들은 땅에 임한 저주 때문에 안식을 박탈당하고 불의를 당하고 있었다. 노아가 위로해 주길 바라는 라멕의 마음은 세상 도처에 창궐하는 악과 폭력으로 만신창이가 되어 있었다. 특히 라멕은 "이 아들이 위로해 주길!"[제 여 나하메누(זֶה יְנַחֲמֵנוּ), 나함 동사의 3인칭 저시브형(청원)] 바라는 마음을 아들 작명으로 피력했다. 여기에서 주목할 말은 '위로하다'라는 동사의 의미다. 이 동사의 히브리어는 나함(נחם)인데 이것은 억울하고 괴로운 일들[마아세누(מַעֲשֵׂהוּ, 우리의 일)와 이처본 야데누(עִצְּבוֹן יָדֵינוּ, 우리 손들의 수고)]⁵:²⁹로부터 해방시켜 주고 억압적 강자로부터 건져 주는 해방을 내포하는 행동이다.사⁴⁰:¹⁻³ 노아가 태어나기 전의 경건한 조상들은 하나님이 저주하신 땅에서 온갖 종류의 고생스러운 일을 강요당하고 있었음을 가리킨다. 노아가 의를 설교하였다는 말은 그 세대가 타락한 폭력과 불의의 세대였음을 짐작할 수 있다. 그런데 창세

기 6:1-7은 이 불의하고 음란하고 폭력적인 세태는 가인 계보도 아니고 셋 계보도 아닌 존재들에 의해 조장되었다고 말한다. 타락한 하늘의 계보와 인간의 계보가 열등한 방향으로 통폐합된 것이다. 6장의 메시지는 하늘의 타락이 인간과 땅의 타락에 깊이 연동되었다는 것이다. 6장 전체는 '땅'의 타락상과 '땅'에 사는 피조물의 폭력성과 불의를 부각시킨다.

6:1의 히브리어 산문의 전형적인 구문은 봐여히 키(וַיְהִי כִּי, 때와 상황 서술 도입어)로 시작된다. 사람[하아담(הָאָדָם)]이 땅 위에 번성하기 시작할 때에 그들에게서 딸들이 태어났다. 하나님의 아들들이 사람의 딸들[1]의 아름다움을 보고 자기들이 좋아하는 모든 여자를 아내로 삼았다. 2절은 노아 시대를 특징짓는 음란과 폭력을 자행한 자들의 기원을 말한다. 이것은 단순한 혼인 상황을 말하지 않으며, 하나님의 아들들과 사람의 딸들 사이에 태어난 자들이 문제가 된다는 식의 진술이다. 4절은 2절의 삽입구 기능을 한다. 하나님의 아들들의 다른 이름은 네피림(נְפִילִים, 나팔 동사)이다. 이들은 하늘에서 떨어진 자들 [나팔(נָפַל)] 혹은 쓰러뜨리는 자, 전복시키는 자, 치는 자들을 가리킨다. 하나님의 어전회의에 출입하는 천상적 존재들[욥 1:6, 2:1, 시 82:1]이었는데 땅으로 쫓겨난 자들이다. 이럴 경우 하나님이 만드신 아름답고 선한 세계가 천상의 타락천사들의 유형지 역할로 축소되고 폄하된다. 그럼에도 불구하고 네피림은 하나님의 아들들과 동일한 존재를 가리킨다. 이들이 사람의 딸들에게 들어가 낳은 자식들이 용사들[기쁘림 (גִּבֹּרִים)]이었는데 그들은 오래전부터 유명한 자들이었다. 노아 시대는 이런 용사들이 활개치고 득세하던 시대다. 이들은 남들을 괴롭히는 자들이며 시대의 타락을 주도하는 자들이다. 그 결과 노아 시대에 대한 하나님의 실망과 분노는 극에 달했다. "나의 영이 영원히 사람과 함께하지 아니하리니 이는 그들이 육신이 됨이라. 그러나 그들의

III.

창조 질서에 저항하는 정사와 권세들의 세계

날은 백이십 년이 되리라 하시니라."[6:3] 하나님의 영이 사람들과 함께 하지 않는다는 표현은 히브리어 구문의 의미를 흐리는 번역이다. "나 의 영이 사람들과 영원히 함께하지 않으리라"는 로-야돈 루히 바아 담 러올람 브싸감(לֹא־יָדוֹן רוּחִי בָאָדָם לְעֹלָם בְּשַׁגַּם)의 번역문이다. 이것 의 보다 정확한 의미는 "나의 영이 사람들을 쳐서 심판하는 일을 영 원히 하지는 않으리라"는 정도다. 이제 더 이상 경고하지 않고 곧장 심판을 집행하시겠다는 의미다. 예언자들의 화법상 하나님이 사람과 쟁변하시는 것은 심판의 유예를 의미했다. 더 이상 유예는 없고 이제 심판을 집행하시겠다는 말이다.

따라서 3절 하반절은 역접 접속사 '그러나'로 시작될 수가 없다. "그래서 인류의 날은 120년이 될 것이다." 하나님이 노아를 통해 "그 시대의 사람들을 단죄하고 심판하는 일을 영원히 하지는 않을 것이다. 120년 동안만 노아의 의의 설교를 통해 심판하고 그 후에 는 홍수 심판으로 대응할 것이다"라는 의미다. 결국 노아는 120년간 의의 설교자로 살면서 방주를 지은 것으로 추정된다. 방주를 제작하 는 데 필요한 노아의 믿음은 조롱과 야유를 견디는 믿음이었을 것이 다.[6:14-22] 120년 후에 있을 홍수를 대비해 육지에서 배를 건조하다가 많은 오해와 야유를 받았지만 '믿음'으로 장차 올 홍수 심판을 준비 하였다. "믿음으로 노아는 아직 보이지 않는 일에 경고하심을 받아 경외함으로 방주를 준비하여 그 집을 구원하였으니 이로 말미암아 세상을 정죄하고 믿음을 따르는 의의 상속자가 되었느니라."[히 11:7] 하 나님께서 사람과 쟁변하고 다투시는 때는 회개 가능성이 남아 있는 때다. 하나님이 더 이상 예언자나 의인을 통해 시대를 책망하고 정 죄하는 일을 하시지 않는 경우에는 심판 집행이 하나님의 말씀을 대 변하게 된다.

5절은 하나님이 사람들을 심판하고 책망하는 일을 영원히 하시지

134

않는 이유를 부분적으로 말한다. 하나님의 최후 결심이 엿보인다. 하나님은 예언자를 통한 인간성 개선이나 인간 사회 개선의 희망을 보지 못하신 것이다. 6절은 하나님의 극단적인 소회를 서술한다. 하나님은 "땅 위에 사람 지으셨음을 한탄하사 마음에 근심"하신다. 전지전능하신 하나님이 어떻게 인간의 타락을 예상하지 못하고 땅 위에 사람 지으셨음을 한탄하신단 말인가? 전지전능하신 하나님에 대한 고전적인 이해[민 23:19-20]를 가진 사람들에게는 매우 충격적인 장면이 아닐 수 없다. 확실히 이것은 어려운 문제를 제기한다. 먼저 우리가 하나님의 전지전능에 대한 이해를 바꾸지 않으면 이해하기가 힘든 장면이다. 하나님은 전지전능하지만 동시에 인격적이시다. 인격적인 하나님은 인간의 우발적인 행동에 놀라고 당황하시는 하나님이다. 전지전능하다고 해서 예기치 않은 상황에 대해 놀라거나 실망하거나 후회하실 수도 없지는 않다. 하나님은 노아 시대 인간들의 타락상 때문에 극도의 좌절감을 느끼고 인간을 창조하신 것 자체를 후회하신 것이다. 그래서 하나님은 창조 이전의 세계로 되돌리려고 결단하신다. 사람으로부터 가축과 기는 것과 공중의 새까지 지면에서 멸절할 결심을 하신다. 오로지 노아만이 야웨께 은혜를 입었다.

인간을 포함한 전 생명체를 멸절하시려는 하나님의 속마음은 노아 같은 의인의 회개 촉구 사역으로도 인간성의 개선과 변화 가능성을 더 이상 보지 못했던 상황을 고려하면 이해할 만하다. 노아 시대의 타락을 주도한 용사들은 단지 가인 계보와 셋 계보로 나누어진 인류에게서 태어난 자들이 아니라 천상적 타락의 결과로 땅에 출현한 하나님의 아들들의 소생이었다. 그들이 노아 시대의 특징인 음란, 잔인, 성도덕 문란, 인구의 폭발적 증가, 하나님에 대한 신앙 소멸[마 24:37-40, 벧전 3:20-22]을 초래하는 데 주도적인 역할을 했다. 그들은 노아를 통해 들려온 하나님의 경고와 심판의 음성을 희롱했다. 땅이 패괴敗壞하여 인간 사회를 유지하게 하는 윤리와 도덕이 붕괴되고 심지어 짐승들마저도 악독해져 가는 세상이었다. 이러한 노아 시대의 성적 타락과 폭력-힘 숭배 문화를 주도하던 세력인 네피림(하늘에서 떨어진 영적 존재들), 혹은 하나님의 아들들(천사급 존재)에게서 고대의 용사들이 출생했다.

그런데 이 네피림 혹은 하나님의 아들들이 인간 딸들을 아내로 취해 고대의 용사들을 낳았다는 주장을 과연 어떻게 이해할 것인가? 이들의 결혼을 과연 문자적으로 해석할 수 있는가? 우리는 하나님의 아들들과 사람의 딸들의 결혼을 문자적으로 해석하는 일에 신중할 필요가 있다. 창세기 6장은 그들의 결혼을 신화적 양식을 가지고 설명하고 있다는 점을 이해해야 한다. 창세기 1-6장은 신화적 이야기를 통하여 인간 타락의 우주적 기원을 설명한다. 즉, 인간의 타락은 우주적 반역 천사들의 현신격인 뱀의 꾐에 넘어간 결과이며, 노아 홍수는 그리스-로마 신화에 등장할 법한 호색적인 신들의 원조격인 네피림과 인간 여자의 결혼을 통해 태어난 용사들의 죄악에 대한 하나님의 심판이라는 것이다. 죄의 기원과 홍수 심판을 초래한 노아 시대의 죄악된 인류의 출생에 대한 이러한 신화적 주장은 죄악의 팽창 역사 발전에 대한 과학적·인류학적·역사적 설명이 아니라 신학적 설명이다.[2] 이것은 고대 메소포타미아 신화의 단편들에 등장하는 인간 타락과 하나님의 홍수 심판에 대한 해석 방법이다. 이 메소포타미아 신화가 그리스-로마 신화로 발전되어 윤색되었다. 그리스 신화의 가장 특징적인 요소는 호색적인 신들의 군웅할거적 양상이다. 창세기는 메소포타미아나 그리스 신화에 등장하는 호색적인 신들(하나님께 반역한 천사들)의 피가 섞인 인류를 정죄하되 하나님 앞에서 구원의 여지가 없는 존재로 정죄한다. 이처럼 창세기는 고대 거인족의 출현에 대한 신화적인 설명을 아무 거리낌 없이 사용함으로써 당시 독자들의 문화적 인식의 틀에 부합하는 메시지를 전하려고 노력하였다. 이런 설명은 현대인에게 다소 우스꽝스럽고 불합리하다. 그러나 분명한 메시지는 노아 시대의 거인족에 의해 주도되던 음란, 잔인, 폭력 문화가 우주적·사탄적 기원을 가지고 있다는 것이다.

9-22절은 총체적으로 타락한 세상과 노아를 대조한다. 노아는 의인[이쉬 차디크(אִישׁ צַדִּיק)]이다. 그는 순전했으며[타밈(תָּמִים)], 하나님과 공공연히 동행했다[히트할레크(הִתְהַלֶּךְ)]. 의인이라는 말은 하나님과 세상이 모종의 계약 관계에 놓여 있었음을 전제한다. 노아는 하나님과의 언약에 충실했으며 일편단심으로 하나님께 신실했다. 그리고 그 자신의 세대 안에서 하나님과 밀접하게 동행했다. '동행하다'를 의미하는 동사는 에녹이 하나님과 동행했다고 묘사할 때 사용된5:24 바로 그 단어다. 이 히트할레크는 '걷다'를 의미하는 할라크(הָלַךְ)의 강세재귀동사로서, 하나님께 속한 자신의 정체성을 박해와 조롱을 초래할 정도로 공공연히 밝힌 채 살아가는 행위를 의미한다. 그의 세대 안에서 하나님과 동행했다는 말은 그의 세대와는 달리 하나님의 명령을 준행하며 살았다는 뜻이다. 그러는 사이 500세에 노아는 세 아들 셈과 함과 야벳을 낳았다.

그때에 온 땅이 하나님 앞에 부패하여 포악함이 땅에 가득했다. 하나님은 땅이 부패한 이유가 땅에서 행해지는 모든 혈육 있는 자의 행위가 부패했기 때문임을 아셨다. 하나님은 노아에게 당신의 생물 멸절 계획을 알려 주셨다. "모든 혈육 있는 자의 포악함이 땅에 가득하므로 그 끝 날이 내 앞에 이르렀으니 내가 그들을 땅과 함께 멸하리라."6:13 멸절 수단은 아직 알려 주시지 않았다. 다만 노아에게 고페르 나무로 길이 삼백 규빗, 너비 오십 규빗, 높이 삼십 규빗의 방주를 만들라고 명하신다(1규빗은 약 60cm). 구체적으로 방주를 여러 칸으로 구획하고 역청으로 발라 방수 처리를 하라고 명하신다. 상중하 삼층으로 배를 만들되 위로는 창을 내고 옆으로는 문을 만들라고 명하신다. 그는 하나님이 정해 주시는 크기와 넓이 수치에 따라 거대한 방주를 제작하였다. 잣나무를 가지고 방주를 제작하되 안팎을 역청(방수용 타르)으로 칠하였다. 모든 면에서 하나님의 지침을 따랐다. 일점일획까지도 정확한 하나님의 말씀에 대한 순종의 중요성을 보여주는 대목이다.^{출 25-31장, 35-40장}

방주 건조 명령을 내리신 후에야 하나님은 홍수 심판으로 땅의 모든 생명체를 멸절시킬 계획을 공포하신다. 그러나 노아와는 언약을 세워 주시며 노아 부부와 세 아들과 세 며느리를 방주에 데리고 들어가 홍수 심판을 대비하라고 명하신다. 그리고 모든 생물(새, 가축, 땅에 기는 동물)을 각기 암수 한 쌍씩 방주로 이끌어 들여 생명을 살리라고 명하신다. 마지막으로 노아에게 그의 가족과 모든 동물이 먹을 양식을 방주에 실으라고 명하시니, 노아는 하나님이 명하신 대로 다 준행했다.

노아 홍수: 창조 이전의 혼돈으로 되돌아간 세계 ●7-9장

7 ¹ 여호와께서 노아에게 이르시되 너와 네 온 집은 방주로 들어가라. 이 세대에서 네가 내 앞에 의로움을 내가 보았음이니라. ² 너는 모든 정결한 짐승은 암수 일곱씩, 부정한 것은 암수 둘씩을 네게로 데려오며 ³ 공중의 새도 암수 일곱씩을 데려와 그 씨를 온 지면에 유전하게 하라. ⁴ 지금부터 칠 일이면 내가 사십 주야를 땅에 비를 내려 내가 지은 모든 생물을 지면에서 쓸어버리리라. ⁵ 노아가 여호와께서 자기에게 명하신 대로 다 준행하였더라. ⁶ 홍수가 땅에 있을 때에 노아가 육백 세라. ⁷ 노아는 아들들과 아내와 며느리들과 함께 홍수를 피하여 방주에 들어갔고 ⁸ 정결한 짐승과 부정한 짐승과 새와 땅에 기는 모든 것은 ⁹ 하나님이 노아에게 명하신 대로

암수 둘씩 노아에게 나아와 방주로 들어갔으며 ¹⁰칠 일 후에 홍수가 땅에 덮이니 ¹¹노아가 육백 세 되던 해 둘째 달 곧 그 달 열이렛날이라. 그날에 큰 깊음의 샘들이 터지며 하늘의 창문들이 열려 ¹²사십 주야를 비가 땅에 쏟아졌더라. ¹³곧 그날에 노아와 그의 아들 셈, 함, 야벳과 노아의 아내와 세 며느리가 다 방주로 들어갔고 ¹⁴그들과 모든 들짐승이 그 종류대로, 모든 가축이 그 종류대로, 땅에 기는 모든 것이 그 종류대로, 모든 새가 그 종류대로 ¹⁵무릇 생명의 기운이 있는 육체가 둘씩 노아에게 나아와 방주로 들어갔으니 ¹⁶들어간 것들은 모든 것의 암수라. 하나님이 그에게 명하신 대로 들어가매 여호와께서 그를 들여보내고 문을 닫으시니라. ¹⁷홍수가 땅에 사십 일 동안 계속된지라. 물이 많아져 방주가 땅에서 떠올랐고 ¹⁸물이 더 많아져 땅에 넘치매 방주가 물 위에 떠 다녔으며 ¹⁹물이 땅에 더욱 넘치매 천하의 높은 산이 다 잠겼더니 ²⁰물이 불어서 십오 규빗이나 오르니 산들이 잠긴지라. ²¹땅 위에 움직이는 생물이 다 죽었으니 곧 새와 가축과 들짐승과 땅에 기는 모든 것과 모든 사람이라. ²²육지에 있어 그 코에 생명의 기운의 숨이 있는 것은 다 죽었더라. ²³지면의 모든 생물을 쓸어버리시니 곧 사람과 가축과 기는 것과 공중의 새까지라. 이들은 땅에서 쓸어버림을 당하였으되 오직 노아와 그와 함께 방주에 있던 자들만 남았더라. ²⁴물이 백오십 일을 땅에 넘쳤더라.

1) 육지의 모든 생명체를 멸절시킨 대홍수 심판 •7장

하나님께서 노아의 의로움을 보신 후 노아와 그의 가족을 방주로 피신시켜 주셨다. 홍수에서 구원받는 노아는 순전히 자신의 의로움만으로 구원받은 것이 아니라^{벧전 3:19-22} 먼저 하나님의 은혜를 덧입어 의로운 자, 곧 하나님에 대한 믿음을 가진 자가 되었다.^{6:8, 7:1, 신 6:25} 하나님 앞에서의 의는 이 땅을 차지할 만한 도덕적·영적 품격을 의미하는 언약적 신실성을 의미한다. 하나님께서 아담에게 에덴동산의 관리를 맡기고 주신 사명은 다스리고 정복하여 이 땅이 하나님을 향해 선한 열매를 가득 맺도록 하는 것이었다. 아담 이래 인간이 하나님께 드릴 의는 하나님의 형상을 유지하고 하나님이 주신 땅을 경작, 관리, 보호함으로써 사용권의 확장(정복)을 도모하는 데 최선을 다하는 것이다. 하나님이 주신 이웃과 사랑과 평화를 누리며 사는 것이 하나님께 바칠 언약적 신실성, 곧 의義다. 노아는 하나님 경외와 이웃 사랑의 두 가지 측면에서 의를 보였다. 그는 하나님에 대해서는 순전하고 일편단심적인 순종의 사람인 반면에 이웃에 대해서는 위로와 안식을 선물하는 자, 곧 '노아'였다. 노아는 하나님 앞에서 인류의 멸절을 막고 대홍수 심판을 넘어 인류 생존을 가능케 할 언약적 중보자요 인류 대표급 경건의 사람이었다. 그와 같은 의인이 시대를 홍수 심판에서 구원할 방주 건조 사명을 받는 것이다. 노아는 자신의 나머지 가족 7명 외에 가축과 하늘의 새도 방주에 태웠다. 의인의 영향력은 동물 생명 보존에도 결정적이다. 하나님은 정결한 짐승은 암수 일곱씩, 부정한 짐승은 암수 둘씩을 방주에 태워 그 씨를 온 지면에 유전하게 하라고 명하신다. 인상적인 사실은 노아와 더불어 방주로 들어가는 동물들 중에는 정결한 짐승도 있지만 부정한 짐승도 포함된다는 것이다.[7:2, 8] 정결한 짐승이 많은 이유는 제물로 사용할 짐승을 확보하기 위해서였다.[8:20] 그러나 피조물 안에 퍼져 있는 부패와 타락의 증거로 삼으시기 위해(6:7, 11-12, 7:15은 동물 세계의 타락도 극도에 이름을 나타냄) 하나님께서 부정한 동물과 새도 홍수 이후의 세상에까지 유전시키려고 하신다.

앞서 살펴보았듯이, 이 명령은 모든 혈육 있는 생물[미콜-하하이 미콜-바사르(מִכָּל־הָחַי מִכָּל־בָּשָׂר)] 암수 한 쌍씩을 방주에 태우라고 명한 앞의 명령과 충돌한다.[6:19] 그래서 서구 학자들은 이 차이가 고대 이스라엘 사람들이 서로 다른 기원을 가진 두 홍수 설화 자료(J자료와 P자료)를 합하는 과정에서 발생했다고 주장했다. 19세기 말[1875-1878년] 율리우스 벨하우젠[Julius Wellhausen 3] 등 문서가설주의자들은 하나님을 부르는 호칭 차이(엘로힘과 야웨), 중복병행 자료(창 12장, 20장, 26장의 모 가장 위기), 성경 증언의 모순과 불일치, 합문단의 존재, 어휘와 문체의 차이(서사시적 구술체와 제사장적 도식 언어), 시대착오적 언급,^{창 36:31} 신학과 사상의 차이(친근한 하나님 이미지와 초월적인 하나님 이미지) 등을 근거로 창세기를 비롯한 모세오경은 다른 시대에 다른 장소에서 기원한 네 개의 독립된 자료를 합성해서 만든 책이라고 주장했다. 이런 주장을 학자들은 '문서가설'이라고 부른다. 이 가설의 많은 부분은 폐기되었으나 아직도 그 근본은 흔들리지 않고 있다. 하지만 이런 주장도 깊고 자세한 본문 읽기에 의해 예상외로 쉽게 무너질 수 있다.

방주에 들어간 동물(생물)의 숫자에 관한 명령도 자세히 들여다보면 앞뒤 두 명령이 약간 다른 것을 알 수 있다. 6:19 명령은 모든 혈육 있는 생물에 관한 명령이며 7:2-3은 가축[브헤마(בְּהֵמָה)]과 새[오프(עוֹף)], 곧 제사 드릴 때 쓰는 제물용 짐승에 관한 명령임을 알 수 있다. 하나님께서는 첫 명령에 추가해서 얼마든지 세부 지침을 주실 수 있다. 따라서 이 두 명령의 차이를 성경의 모순이거나 난제라고 볼 필요가 없다.⁴

하나님께서 홍수 심판 예고 7일 후부터 사십 주야 동안에 땅에 비를 내려 당신이 지은 모든 생물을 지면에서 쓸어버리겠다고 통고하시는 음성을 듣고, 노아는 야웨께서 자기에게 명하신 대로 다 준행했다. 이 홍수는 노아가 600세에 일어났다. 노아는 480세에 홍수 심판의 경고를 듣기 시작하여 그때부터 120년간 의의 설교자로서 삶을 살다가, 600세 된 해 2월 17일에 홍수를 맞았다. 이날에 홍수가 시작되어 40일 동안 비가 내리고 깊음의 샘이 터졌다. 홍수의 근원은 궁창 위의 물과 깊음의 샘이었다.

홍수가 터지기 직전에 노아의 가족과 정결한 짐승과 부정한 짐승과 새와 땅에 기는 모든 것이 함께 홍수를 피하여 극적으로 방주에 들어갔다. 그런데 9절은 하나님이 노아에게 명하신 대로 암수 둘씩 노아에게 나아와 방주로 들어갔다고 말한다. 아마도 이것은 부정한 짐승의 방주 피신을 언급하는 것처럼 보인다. 왜냐하면 정결한 짐승은 일곱 쌍이 들어가도록 되어 있기 때문이다.

과연 노아가 600세 되던 해 둘째 달 곧 그달 열이렛날, 홍수 심판을 통고하신 지 7일 후에 홍수가 땅을 뒤덮었다. 홍수 심판에 동원한 물은 큰 깊음의 샘들이 터지며 하늘의 창문들이 열려 쏟아진 물이었다. 사십 주야를 비가 땅에 쏟아졌다. 곧 그날에 노아와 그의 가족들 모두가 방주로 들어갔고 그들과 함께한 모든 들짐승과 가축, 땅에 기는 모든 생물, 모든 새가 그 종류대로, 곧 모든 숨 쉬는 생명체가 둘씩 노아에게 나아와 방주로 들어갔다. 노아가 그 생명체들을 확인하고 방주에 태웠다는 것이다. 15절은 들어간 '모든 생물'[미콜-하바사르 아쉐르 보 루아흐 하임(מִכָּל-הַבָּשָׂר אֲשֶׁר-בּוֹ רוּחַ חַיִּים), "그 안에 생기가 있는 모든 육체로부터"]이 암수 둘씩 짝 맞추어 방주에 들어갔음을 강조한다.[5] 하나님이 명하신 대로 모든 생명체가 방주에 들어가자 하나님께서 문을 닫으셨다.

17-24절은 홍수 심판의 개시와 실현 과정을 증거한다. 40일을 쏟아진 홍수 때문에 방주가 땅에서 떠올라 물 위에 떠다녔다. 17-19절은 "물이 많아져, 물이 더 많아져, 물이 땅에 더욱 넘치매"의 점층적 과정을 묘사한다. 천하의 높은 산이 다 잠길 정도로 물이 많아졌고, 물이 불어서 십오 규빗이나 수면이 상승해 산들이 잠겼다. 그 결과 땅 위에 움직이는 생물, 곧 새와 가축과 들짐승과 땅에 기는 것과 사람이 다 죽었다. 코로 생명의 숨을 내쉬는 모든 육지 생명체가 죽었다. 하나님께서 지면의 모든 생물을 땅으로부터 쓸어 없애버리셨는데 오직 노아와 그와 함께 방주에 있던 자들만 살려 두셨다. 물이 150일을 땅에 넘쳤다.

물이 뭍을 다 삼켜 버린 노아 홍수는 하나님의 창조 사역의 원천 무효화 같은 결과를 초래했다. 창세기 1장 강해에서 살펴보았듯이, 하나님의 창조 사건은 원시 바다에 잠겨 있는 땅(뭍)을 건져 내신 구원 사건이었다. 1:2은 창조 명령이 작동하기 이전 원시 우주의 상태를 물이 뭍을 100퍼센트 침수시킨 상황으로 설정한다. "땅이 혼돈하고 공허하며 흑암이 깊음[깊은 물] 위에 있었다." 하나님의 창조 명령이 떨어지기 직전에 땅을 완전히 뒤덮고 있던 원시 바다의 수면 위에 하나님의 신바람(영)이 격렬하게 불고 있었다. 창조의 첫 단계는 하나님의 바람에 의해 원시 바다의 물이 궁창 위의 물과 궁창 아래의 물로 나누어지면서 그 중간에 뭍(육지)이 드러난 사건이다. 창조는 원시 바다 아래 잠겨 있던 땅(물과 뭍이 뒤엉켜 있는 상태), 그래서 어떤 피조물도 살지 못하던 공허한 땅을 바닷물 가운데서 분리해 내시고 그 위를 온갖 종류의 생명체로 충만케 하신 사건이다. 원시 바다 위에 격렬하게 불어닥친 하나님의 바람이 바닷물을 한곳에 모아들이자 뭍이 드러났다. 땅이 창조된 것은 물에서 땅이 건져 올림을 받은 사건이었다. 물과 뭍이 뒤엉켜 있던 창조 이전의 혼돈은 하나님의 창조 명령으로 이제 사라졌다. 이렇게 보면 땅 창조 사건은 땅 구원 사건이다. 나일 강 창일한 물결에서 건짐을 받은 모세는 "창조되면서 동시에 구원받은 인물"이다. 그는 자신의 구원과 땅의 구원을 같은 논리로 이해할 수 있었다. 고대 히브리인들은 바다를, 땅을 뒤덮는 혼돈과 창조 질서 반역 세력의 근거지로 간주하였다. 땅을 창조하신 사건은 신화적인 용어로 보자면 바다의 용을 갈라 물에서 뭍을 건져 올린 승리 사건이었다.[6]

노아 홍수는 땅과 그 위에 사는 인간과 동물에 대한 심판으로서 땅을 다시 원시 바다 아래로 침수시키는 심판이다. 6:1-13에서 하나님의 환멸과 실망, 그리고 분노를 불러일으키는 '땅'(세상, 지면)이라는 말이 아주 빈번히 언급된 이유는 하나님이 땅에 사는 모든 생명체를 멸절시켜 버려도 되는 신적 정당성을 독자들에게 확신시키기 위한 장치다. 홍수 심판은 창조주 하나님의 뜻을 정면으로 거역하는 피조물의 보금자리인 땅을 다시 원시 바다 속으로 침수시키는 반(反)창조 사건이자 창조 무효화 선언이다. 그래서 하나님에 의해 원시 바다로부터 건짐을 받은 땅은 다시 바다 아래로 침수한다. 결국 노아 시대의 홍수 심판은 하나님 자신의 창조 질서를 스스로 무효화한 조치였다. 하나님의 창조 사역이 시작되기 전에 원시 우주는 물과 뭍이 뒤엉킨 혼돈 상태였는데 노아 홍수에 의해 세계(뭍의 세계, 육지)는 다시 수면 아래로 잠기게 되었다. 인간의 잔인함, 폭력성, 그리고 음란함에 대한 창조주 하나님의 극도의 실망과 환멸은 노아 홍수라는 참혹한 재난을 초래한다.

노아 홍수 사건은 하나님께서 죄에 대해 분노하시는 지극히 인격적인 분임을 확연히 계시한다. 그런데 이 분노는 감정을 잃은 뒤에 발생하는 것이 아니라 하나님 자신이 감정을 가진 인격적인 분이기에 일어나는 작용이다. 하나님은 주도면밀하며 의도적으로 분노하신다. 하나님의 분노는 죄에 대한 미워하심의 표현이다.[7] 하나님의 죄에 대한 미워하심과 심판의 정당성을 인정하지 않으면 하나님께서 죄인을 용서하시는 일이 얼마나 큰 대가를 요구하는지 알 수 없다. 하나님의 심판은 소박한 인도주의적 감정으로 이해할 수 없는 심연과 같은 면을 가진다. 노아 홍수에서 우리는 죄에 대한 하나님의 참을 수 없는 진노의 폭발을 만난다. 인간의 어떤 의와 선행도 하나님의 폭발하는 진노를 멈출 수 없다.

8 [1]하나님이 노아와 그와 함께 방주에 있는 모든 들짐승과 가축을 기억하사 하나님이 바람을 땅 위에 불게 하시매 물이 줄어들었고 [2]깊음의 샘과 하

늘의 창문이 닫히고 하늘에서 비가 그치매 ^{3} 물이 땅에서 물러가고 점점 물러가서 백오십 일 후에 줄어들고 ^{4} 일곱째 달 곧 그 달 열이렛날에 방주가 아라랏 산에 머물렀으며 ^{5} 물이 점점 줄어들어 열째 달 곧 그 달 초하룻날에 산들의 봉우리가 보였더라. ^{6} 사십 일을 지나서 노아가 그 방주에 낸 창문을 열고 ^{7} 까마귀를 내놓으매 까마귀가 물이 땅에서 마르기까지 날아 왕래하였더라. ^{8} 그가 또 비둘기를 내놓아 지면에서 물이 줄어들었는지를 알고자 하매 ^{9} 온 지면에 물이 있으므로 비둘기가 발 붙일 곳을 찾지 못하고 방주로 돌아와 그에게로 오는지라. 그가 손을 내밀어 방주 안 자기에게로 받아들이고 ^{10} 또 칠 일을 기다려 다시 비둘기를 방주에서 내놓으매 ^{11} 저녁때에 비둘기가 그에게로 돌아왔는데 그 입에 감람나무 새 잎사귀가 있는지라. 이에 노아가 땅에 물이 줄어든 줄을 알았으며 ^{12} 또 칠 일을 기다려 비둘기를 내놓으매 다시는 그에게로 돌아오지 아니하였더라. ^{13} 육백일 년 첫째 달 곧 그 달 초하룻날에 땅 위에서 물이 걷힌지라. 노아가 방주 뚜껑을 제치고 본즉 지면에서 물이 걷혔더니 ^{14} 둘째 달 스무이렛날에 땅이 말랐더라. ^{15} 하나님이 노아에게 말씀하여 이르시되 ^{16} 너는 네 아내와 네 아들들과 네 며느리들과 함께 방주에서 나오고 ^{17} 너와 함께한 모든 혈육 있는 생물 곧 새와 가축과 땅에 기는 모든 것을 다 이끌어내라. 이것들이 땅에서 생육하고 땅에서 번성하리라 하시매 ^{18} 노아가 그 아들들과 그의 아내와 그 며느리들과 함께 나왔고 ^{19} 땅 위의 동물 곧 모든 짐승과 모든 기는 것과 모든 새도 그 종류대로 방주에서 나왔더라. ^{20} 노아가 여호와께 제단을 쌓고 모든 정결한 짐승과 모든 정결한 새 중에서 제물을 취하여 번제로 제단에 드렸더니 ^{21} 여호와께서 그 향기를 받으시고 그 중심에 이르시되 내가 다시는 사람으로 말미암아 땅을 저주하지 아니하리니 이는 사람의 마음이 계획하는 바가 어려서부터 악함이라. 내가 전에 행한 것 같이 모든 생물을 다시 멸하지 아니하리니 ^{22} 땅이 있을 동안에는 심음과 거둠과 추위와 더위와 여름과 겨울과 낮과 밤이 쉬지 아니하리라.

2) 노아의 번제를 흠향하신 야웨 하나님 •8장

150일 동안의 충일한 홍수가 육지의 모든 생명체에 대한 하나님의 심판을 대행하는 동안, 하나님은 노아와 그와 함께 방주에 있는 모든 들짐승과 가축을 기억하셔서 바람을 땅 위에 불게 해 물을 감소시키셨다. 깊음의 샘과 하늘의 창문이 닫히고 하늘에서 비가 그치자, 물이 땅에서 물러가고 점점 물러가서 150일 후에 줄어들었다. 150일이 지난 얼마 후 일곱째 달 곧 그달 열이렛날에 방주가 아라랏 산에 머물렀다. 물이 점점 줄어들더니 그해 10월 1일에 산들의 봉우리가 보이기 시작했다. 방주가 아라랏 산에 정박하고 40일이 지난 후 노아는 물이 감한 여부를 알고자 까마귀를 한 차례, 비둘기를 세 차례 방주 밖으로 보냈다. 비둘기가 감람나무 잎사귀(감람나무는 매우 낮은 지대에서 자라기 때문에 물이 거의 다 줄어들었음을 증명하는 나무)를 물고 온 후 다시는 돌아오지 않았다. 땅에 물이 줄고 그 결과 자란 감람나무에 돋아난 잎사귀가 땅에 다시금 새로운 생명이 시작되었음을 알려 준 것이다. 601년 1월 1일에 지면에 물이 걷히고 하나님이 다시 물(구원의 상징)을 선물로 주셨다. 601년 2월 27일에 땅이 말랐고 노아는 가족들을 방주 밖으로 데리고 나온다. 방주에 함께 탔던 혈육 있는 생물(새, 가축, 땅에 기는 모든 것)을 다 이끌어 낸 노아는 하나님의 창조의 축복 선언을 듣는다. "땅에서 생육하고 땅에서 번성하리라."[8:17] 이상의 홍수력을 계산해 보면 결국 하나님의 홍수 심판이 1년에 걸쳐 진행되었음을 알 수 있다. 원시 바다와 같은 바닷물에 침수당한 뭍을 건져 내기 위하여 하나님은 이번에도 '바람'으로 '물' 위에 불게 하셨다. 홍해 바닷물을 밤새도록 동풍으로 말리셔서 뭍의 길을 내신 야웨는 창조주 하나님임과 동시에 구원의 하나님이시다.[출 14:21]

방주에서 나온 노아는 제단을 쌓고 정결한 짐승과 정결한 새를 가지고 번제를 드린다. 하나님께서 제사를 기쁘게 흠향[8]하신 후("여호와께서 그 향기를 받으시고")[8:21] 다시는 물로 세상을 심판하지 않으리라는 결심을 하신다. 심판으로는 인간의 죄 문제가 해결될 수 없음을 천명하신다. 하나님께서는 땅이 있을 동안에는 심음과 거둠, 추위와 더위, 여름과 겨울, 낮과 밤의 부단한 순환 질서를 견고하게 유지시켜 주실 것을 약속하신다.

9 [1] 하나님이 노아와 그 아들들에게 복을 주시며 그들에게 이르시되 생육하고 번성하여 땅에 충만하라. [2] 땅의 모든 짐승과 공중의 모든 새와 땅에 기는 모든 것과 바다의 모든 물고기가 너희를 두려워하며 너희를 무서워하리니 이것들은 너희의 손에 붙였음이니라. [3] 모든 산 동물은 너희의 먹을 것이 될지라. 채소 같이 내가 이것을 다 너희에게 주노라. [4] 그러나 고기를 그 생명 되는 피째 먹지 말 것이니라. [5] 내가 반드시 너희의 피 곧 너희의 생명의 피를 찾으리니 짐승이면 그 짐승에게서, 사람이나 사람의 형제면 그에게서 그의 생명을 찾으리라. [6] 다른 사람의 피를 흘리면 그 사람의 피도 흘릴 것이니 이는 하나님이 자기 형상대로 사람을 지으셨음이니라.

[7] 너희는 생육하고 번성하며 땅에 가득하여 그 중에서 번성하라 하셨더라. [8] 하나님이 노아와 그와 함께 한 아들들에게 말씀하여 이르시되 [9] 내가 내 언약을 너희와 너희 후손과 [10] 너희와 함께한 모든 생물 곧 너희와 함께한 새와 가축과 땅의 모든 생물에게 세우리니 방주에서 나온 모든 것 곧 땅의 모든 짐승에게니라. [11] 내가 너희와 언약을 세우리니 다시는 모든 생물을 홍수로 멸하지 아니할 것이라. 땅을 멸할 홍수가 다시 있지 아니하리라. [12] 하나님이 이르시되 내가 나와 너희와 및 너희와 함께하는 모든 생물 사이에 대대로 영원히 세우는 언약의 증거는 이것이니라. [13] 내가 내 무지개를 구름 속에 두었나니 이것이 나와 세상 사이의 언약의 증거니라. [14] 내가 구름으로 땅을 덮을 때에 무지개가 구름 속에 나타나면 [15] 내가 나와 너희와 및 육체를 가진 모든 생물 사이의 내 언약을 기억하리니 다시는 물이 모든 육체를 멸하는 홍수가 되지 아니할지라. [16] 무지개가 구름 사이에 있으리니 내가 보고 나 하나님과 모든 육체를 가진 땅의 모든 생물 사이의 영원한 언약을 기억하리라. [17] 하나님이 노아에게 또 이르시되 내가 나와 땅에 있는 모든 생물 사이에 세운 언약의 증거가 이것이라 하셨더라. [18] 방주에서 나온

III.

창조 질서에 저항하는 정사와 권세들의 세계

노아의 아들들은 셈과 함과 야벳이며 함은 가나안의 아버지라. [19]노아의 이 세 아들로부터 사람들이 온 땅에 퍼지니라. [20]노아가 농사를 시작하여 포도나무를 심었더니 [21]포도주를 마시고 취하여 그 장막 안에서 벌거벗은지라. [22]가나안의 아버지 함이 그의 아버지의 하체를 보고 밖으로 나가서 그의 두 형제에게 알리매 [23]셈과 야벳이 옷을 가져다가 자기들의 어깨에 메고 뒷걸음쳐 들어가서 그들의 아버지의 하체를 덮었으며 그들이 얼굴을 돌이키고 그들의 아버지의 하체를 보지 아니하였더라. [24]노아가 술이 깨어 그의 작은 아들이 자기에게 행한 일을 알고 [25]이에 이르되 가나안은 저주를 받아 그의 형제의 종들의 종이 되기를 원하노라 하고 [26]또 이르되 셈의 하나님 여호와를 찬송하리로다. 가나안은 셈의 종이 되고 [27]하나님이 야벳을 창대하게 하사 셈의 장막에 거하게 하시고 가나안은 그의 종이 되게 하시기를 원하노라 하였더라. [28]홍수 후에 노아가 삼백오십 년을 살았고 [29]그의 나이가 구백오십 세가 되어 죽었더라.

3) 비구름 속에 빛나는 언약의 무지개 ●9장

다시 공허해져 버린 텅 빈 세상을 충만하게 채우기 위해 하나님은 결국 아담에게 주셨던 창조 축복 명령, "생육하고 번성하여 땅에 충만하라"를 노아에게 갱신해 주신다.[9:1-2,7] 번성, 충만, 확산의 축복 명령이 노아에게 계승된다. 다만 땅의 짐승과 공중의 모든 새와 땅에 기는 모든 것과 바다의 고기가 인간을 두려워하기 시작함으로써 새롭게 추가된 명령이 등장한다. 육식이 허용되나 피째 먹지 말 것, 곧 무원칙적인 짐승 도살 행위를 통제하고 금지한다. 무죄한 피를 흘리는 행위(살인 행위)─그것이 동물의 피건 사람의 피건 상관없이─는 반드시 피의 값을 치르게 할 것임을 선언하신다. 특히 사람의 피를 흘리는 일을 절대 금하신다. 하나님의 형상으로 창조된 사람 목숨의 특별한 값어치가 강조된다. 이 인간 생명의 값어치에 대한 특별한 강조 직후에 다시금 창조 축복 명령이 갱신된다. "생육하고 번성하며 땅에 가득하여 그 중에서 번성하라."[9:7] 이 창조 축복 명령이 실현되기 위한 조건으로 하나님은 노아에게 특별언약을 세워주신다. 이 언약은 노아와 그와 함께 방주에서 살아 나온 모든 생명체에게 베푸신 언약이기도 했다. 하나님께서 노아와 그의 후손들에게 주신 창조 축복은 어떤 상황에서도 피조세계를 보존해 주시겠다는 창조 보존 언약으로 일컬어지는 '노아 언약'에서 절정에 이른다.[9:8-17] 10절이 강조하듯이 이 노아 언약의 당사자는 노아와 후손들, 함께한 모든 생물(피조세계)이다. 언약의 내용이 "다시는 물로 세상을 멸망시키는 심판은 없을 것이다"라면 언약의 증거는 비구름 속에 걸어 두신 무지개다. 비를 몰고 올 것 같은 구름을 보고도 두려워 말라는 것이다. 구름 속에 무지개를 숨겨 놓았기 때문이다. 이제 구름은 그 속에서 찬연히 빛나는 무지개 때문에 멸망과 파괴의 홍수를 상징하지 않고 하나님이 노아와 그의 후손들과 동물들과 맺은 평화의 증거를 드러내는 도구가 될 것이다. 구름이 땅을 덮을 때 홍수가 오리라는 공포에 질리지 말고 하나님의 평화의 언약, 세상 보존의 언약을 기억해 줄 것을 명령하신다.

15-17절은 13-14절을 되풀이한다. 하나님은 비구름 속에 무지개를 걸어 두심으로써 당신이 노아에게 및 육체를 가진 모든 생물에게 베푸신 언약을 기억하고 다시는 모든 육체를 멸하는 홍수 심판을 되풀이하지 않으리라고 결심하신다. 비구름 속의 무지개는 노아에게도 언약의 증거가 되지만 하나님에게도 노아 언약을 상기시키는 증거가 된다. 비구름 속에 뜬 무지개를 통해 하나님께서는 당신이 육체를 가진 땅의 모든 생물과 맺은 영원한 언약을 기억하실 것이다. 당연히 이 무지개는 노아에게도 땅에 있는 모든 생물에게도 하나님께서 베푸신 언약의 증거다.

18-29절은 홍수 심판 후에 노아와 그의 세 아들의 운명에 대한 원인론적 일화를 소개하고 있다. 왜 함의 아들 가나안이 셈의 종이 될

운명에 처하게 되었는지를 해설하는 일화가 노아의 만취 노출 사건을 중심으로 생겨났다. 이 일화를 중심으로 창세기 저자는 방주에서 나온 노아의 아들 셈과 함과 야벳의 후예들이 온 땅에 퍼져 간 경위 일부를 설명한다. 창조 질서 보존의 언약 당사자인 노아는 포도농사를 짓고 그 소출로 포도주를 만들어 마심으로 인사불성이 되도록 만취했다. 포도주에 취해 벌거벗고 잠을 자는 바람에 자식들의 운명을 죽음과 삶으로 갈라놓았다.^{잠 20:1} 아버지의 실수는 아들 대에 가서 그 부정적 효력을 드러낸다. 노아의 세 아들인 셈, 함, 야벳은 어처구니 없는 아버지의 하체 노출 사건을 사이에 두고 각기 다른 운명의 갈림 길에 서게 된다. 가나안의 아버지 함이 그의 아버지의 하체를 처음으로 보고 밖으로 나가 두 형제에게 알렸다. '알린' 행위를 설명하는 히브리어 동사 야게드(יַגֵּד)는 단순히 '말하다'를 의미하는 동사 나가드(נָגַד)의 히필동사로서 "미주알고주알 자세히 보고하다"를 의미한다. 아버지가 만취해 하체를 드러내고 자고 있다는 사실 보고 이상의 경멸적인 판단이 가미된 고자질이었을 것이다. 아버지의 영적 권위 실추를 공론화시킨 것이다. 그가 최초로 이 민망한 장면을 보았다면 아버지의 허물을 덮어 주었어야 했는데 아버지의 개인적 허물을 공개적으로 폭로함으로써 노아의 영적 권위와 영향력을 손상시킨 것이다. 반면에 셈과 야벳은 아버지의 민망한 실수를 보지 않으려고 지혜롭게 처신한다. 둘은 옷을 가져다가 자기들의 어깨에 메고 뒷걸음쳐 들어가서 아버지의 하체를 덮고 얼굴을 돌이켜 아버지의 하체를 끝내 보지 않았다. 가나안 족속의 조상 함이 만취된 채 벌거벗고 잠든 아버지에 대해 다른 두 형제에게 떠벌려 아버지의 권위를 실추시킨데 비해, 셈과 야벳은 아버지의 하체를 보지 않고 뒷걸음쳐서 아버지의 실수를 가려 준 것이다. 노아는 단순히 세 아들의 아버지일 뿐 아니라 당시 영적인 지도자였으므로 함의 행동은 지도자의 권위를 크게 실추시킨 꼴이 된다.

노아의 실수에 대하여 하나님은 어떤 책망의 말씀도 하지 않으신다. 오히려 노아는 세 아들의 운명을 갈라놓는 구두 축복을 천명한다. 노아가 술이 깨어 그의 작은아들이 자기에게 행한 일을 알고 예언을 한다. "가나안은 저주를 받아 그의 형제의 종들의 종이 되기를 원하노라."[9:25] "셈의 하나님 여호와를 찬송하리로다. 가나안은 셈의 종이 되고 하나님이 야벳을 창대하게 하사 셈의 장막에 거하게 하시고 가나안은 그의 종이 되게 하시기를 원하노라."[9:26-27] 가장 어린 아들 함(가나안의 아버지)은[9] 저주를 받고 야벳과 셈의 종이 되는 명에를 지게 된다는 것이다. 하나님은 셈의 하나님으로 불린다. 셈족이 하나님의 선택된 종족이 된다는 의미다. 창세기 11:10-32에는 셈족의 족보가 다시 한 번 자세하게 열거되고 그 족보 끝자락에 이름을 올린 데라와 아들 아브람의 출현에 초점이 맞춰진 채 끝난다. 결국 셈족의 족보 구술 목적이 노아-셈의 계보를 적통으로 계승한 데라와 아브람을 등장시키는 데 있음을 암시한다.

노아는 하나님께서 야벳의 영토를 확장시켜 주시기를 기원한다(야베스의 기도의 원형). 야벳이 셈의 장막에 거하기를 축원하고, 함은 그 둘의 종이 되기를 기원한다. 함에게는 일종의 저주 선언이며, 셈과 야벳에게는 축복 선언이다. 이처럼 노아의 축복과 저주는 인류 전체에게는 절반의 행복이요 절반의 불행인 셈이다. 물론 우리는 노아의 저주/축복기도를 결정론적으로 이해해서는 안 된다. 네덜란드 개혁장로교회처럼 흑인(함족)에 대한 백인의 지배를 정당화하기 위해 이 저주 기원문을 인증할 수 없다. 축복과 저주의 갈림길에서 나누어진 노아의 세 아들이 지중해 일대에 퍼진 온 인류의 조상이 된다. 홍수 심판으로 인류 멸절을 목격한 노아는 하나님과 다시 화해한 인류의 원형으로, 홍수 이후에 이어진 하나님의 인류 구속사의 의미심장한 조상으로 등재된다.

결국 파란만장한 인생을 마감하는 마지막 순간에 얼룩을 남기고 노아도 구원사의 무대에서 퇴장당한다. 그는 홍수 후에 350년을 더 살고 950세가 되어 죽었다.

노아 세 아들의 인종적·언어적·지리적 확장과 분화 ●10-11장

10 ¹노아의 아들 셈과 함과 야벳의 족보는 이러하니라. 홍수 후에 그들이 아들들을 낳았으니 ²야벳의 아들은 고멜과 마곡과 마대와 야완과 두발과 메섹과 디라스요 ³고멜의 아들은 아스그나스와 리밧과 도갈마요 ⁴야완의 아들은 엘리사와 달시스와 깃딤과 도다님이라. ⁵이들로부터 여러 나라 백성으로 나뉘어서 각기 언어와 종족과 나라대로 바닷가의 땅에 머물렀더라. ⁶함의 아들은 구스와 미스라임과 붓과 가나안이요 ⁷구스의 아들은 스바와 하윌라와 삽다와 라아마와 삽드가요 라아마의 아들은 스바와 드단이며 ⁸구스가 또 니므롯을 낳았으니 그는 세상에 첫 용사라. ⁹그가 여호와 앞에서 용감한 사냥꾼이 되었으므로 속담에 이르기를 아무는 여호와 앞에 니므롯 같이 용감한 사냥꾼이로다 하더라. ¹⁰그의 나라는 시날 땅의 바벨과 에렉과 악갓과 갈레에서 시작되었으며 ¹¹그가 그 땅에서 앗수르로 나아가 니느웨와 르호보딜과 갈라와 ¹²및 니느웨와 갈라 사이의 레센을 건설하였으니 이는 큰 성읍이라. ¹³미스라임은 루딤과 아나밈과 르하빔과 납두힘과 ¹⁴바드루심과 가슬루힘과 갑도림을 낳았더라. (가슬루힘에게서 블레셋이 나왔더라.) ¹⁵가나안은 장자 시돈과 헷을 낳고 ¹⁶또 여부스 족속과 아모리 족속과 기르가스 족속과 ¹⁷히위 족속과 알가 족속과 신 족속과 ¹⁸아르왓 족속과 스말 족속과 하맛 족속을 낳았더니 이 후로 가나안 자손의 족속이 흩어져 나아갔더라. ¹⁹가나안의 경계는 시돈에서부터 그랄을 지나 가사까지와 소돔과 고모라와 아드마와 스보임을 지나 라사까지였더라. ²⁰이들은 함의 자손이라. 각기 족속과 언어와 지방과 나라대로였더라. ²¹셈은 에벨 온 자손의 조상이요 야벳의 형이라. 그에게도 자녀가 출생하였으니 ²²셈의 아들은 엘람과 앗수르와 아르박삿과 룻과 아람

이요 23 아람의 아들은 우스와 훌과 게델과 마스며 24 아르박삿은 셀라를 낳고 셀라는
에벨을 낳았으며 25 에벨은 두 아들을 낳고 하나의 이름을 벨렉이라 하였으니 그 때에
세상이 나뉘었음이요 벨렉의 아우의 이름은 욕단이며 26 욕단은 알모닷과 셀렙과 하살
마과 예라와 27 하도람과 우살과 디글라와 28 오발과 아비마엘과 스바와 29 오빌과 하윌
라와 요밥을 낳았으니 이들은 다 욕단의 아들이며 30 그들이 거주하는 곳은 메사에서
부터 스발로 가는 길의 동쪽 산이었더라. 31 이들은 셈의 자손이니 그 족속과 언어와
지방과 나라대로였더라. 32 이들은 그 백성들의 족보에 따르면 노아 자손의 족속들이
요 홍수 후에 이들에게서 그 땅의 백성들이 나뉘었더라.

1) 야벳, 함, 셈의 계보 • 10장

10-11장은 지중해를 중심으로 확장된 인종 및 종족의 지리적 분화
와 이동 역사를 간략하게 소개한다. 노아의 세 아들로 대표되는 노
아 후손들은 지중해를 중심으로 퍼져 간 인류들로서 당시 성경 저자
들에게 알려진 세계의 전부였을 것이다. 창세기 10장의 열국 목록표
는 약 70여 민족을 열거한다. 신명기 32:8-9은 이스라엘 자손의 숫
자(애굽으로 내려간 70명의 야곱 식구들)만큼의 나라가 세상에 존재한
다고 말한다. 각 나라에는 각 나라를 관장하는 신이 할당되었는데
지극히 높으신 야웨 하나님이 이스라엘을 기업의 백성으로 삼으셨
다. 창세기 10장은 창세기 저자에게 알려진 세계를 대표하는 고대의
70민족을 열거한다.

  10:1-5은 노아의 아들 야벳 족속의 후예들이 지중해 일대에 퍼
져 간 경로를 간략하게 언급한다. 주로 유럽 쪽의 인종이다(야완, 두
발, 메섹, 금의 집산지로 유명한 달시스, 엘리사 등). 5절은 야벳의 후손
들로부터 "여러 나라 백성으로 나뉘어서 각기 언어와 종족과 나라
대로 바닷가의 땅에 머물렀더라"고 증거한다. 여기서 언어, 종족(문
화적 단위), 나라(정치적 단위)를 기준으로 야벳의 후손들이 분화되어

간 것을 알 수 있다. 인상적인 족속은 2절에 나오는 고멜과 마곡, 메섹과 두발 등이다. 에스겔 38:2은 야벳의 족속인 마곡 땅에 있는 로스와 메섹과 두발 왕 곡이 장차 정결케 된 하나님의 백성 이스라엘을 공격하는 침략군이 될 것이라고 예언한다. 이들은 하나님의 땅에서 평안히 거하는 이스라엘을 공격하러 왔다가 수치스러운 패퇴를 당한다. 노아의 아들들은 형제지간으로 서로 나뉘져 살다가 숱한 세월이 지난 후 원수대적이 되어 만날 운명이다. 형제 관계가 시간과 세월의 풍화침식 작용을 당하면 원수가 되고 대적이 되어 다시 만난다. 인류는 한때 형제로 헤어졌다가 억만년의 망각과 이격의 세월이 흘러 원수처럼 대적한다. 이것이 아담인류의 숙명이다.

10:6-20은 노아의 아들 함의 후손들의 지리적·인종적·정치적 확장과 분화 과정을 다룬다. 여기서 금방 눈에 띄는 나라는 미스라임(애굽)과 구스(에디오피아)다. 또 8-10절은 시날(바벨론 평지)[단 3장]에 본거지를 둔 함족의 영웅호걸인 니므롯을 특별하게 소개한다. 그는 기원전 20세기 이전에 이미 메소포타미아에 휘황찬란한 토목건축 문명(거대한 바벨탑의 원형이었을 지구라트 문명의 전신)을 주도한 영도자다. 니므롯이 "여호와 앞에서 용감한 사냥꾼이 되었으므로 속담에 이르기를 아무는 여호와 앞에 니므롯 같이 용감한 사냥꾼이로다 하더라."[10:9]

이 함 족속의 한 갈래가 팔레스타인 땅을 두고 수천 년에 걸쳐 갈등하고 대결하는 이스라엘의 숙적 블레셋이며 가나안 7부족의 일원이었던 "여부스 족속과 아모리 족속과 기르가스 족속과 히위 족속"이었다. 특히 이스라엘의 조상 아브라함이 가나안 땅에 출현하였을 때는 이미 함족의 한 갈래인 가나안 자손의 일파가 시돈에서부터 가사와 그랄과 소돔과 고모라와 아드마와 스보임에 이르는 넓은 지역을 차지하고 있었다. 야벳 족속과 마찬가지로 함족의 후예들은 아주

자연적인 방법으로, 곧 '족속'과 '언어'와 '지방'과 '나라' 단위로 흩어지고 확산되었다.

아브라함의 원줄기 인종을 이룬 셈족의 지리적·인종적 분화 과정은 가장 나중에 소개된다. 셈족은 메소포타미아 문명의 중심적 창조 세력을 형성하였다. 아마도 에벨은 함족의 영웅 니므롯이 바빌로니아의 시날 평지에서 주도하던 바벨탑 건설에 동조하였던 셈족의 지도자였을 것이다.[10:25] 셈족도 앞의 두 형제의 후손들과 마찬가지로 지리적·인종적 분화와 확산 과정을 거친다. "이들은 셈의 자손이니 그 족속과 언어와 지방과 나라대로였더라."[10:31]

11

¹온 땅의 언어가 하나요 말이 하나였더라. ²이에 그들이 동방으로 옮기다가 시날 평지를 만나 거기 거류하며 ³서로 말하되 자, 벽돌을 만들어 견고히 굽자 하고 이에 벽돌로 돌을 대신하며 역청으로 진흙을 대신하고 ⁴또 말하되 자, 성읍과 탑을 건설하여 그 탑 꼭대기를 하늘에 닿게 하여 우리 이름을 내고 온 지면에 흩어짐을 면하자 하였더니 ⁵여호와께서 사람들이 건설하는 그 성읍과 탑을 보려고 내려오셨더라. ⁶여호와께서 이르시되 이 무리가 한 족속이요 언어도 하나이므로 이같이 시작하였으니 이 후로는 그 하고자 하는 일을 막을 수 없으리로다. ⁷자, 우리가 내려가서 거기서 그들의 언어를 혼잡하게 하여 그들이 서로 알아듣지 못하게 하자 하시고 ⁸여호와께서 거기서 그들을 온 지면에 흩으셨으므로 그들이 그 도시를 건설하기를 그쳤더라. ⁹그러므로 그 이름을 바벨이라 하니 이는 여호와께서 거기서 온 땅의 언어를 혼잡하게 하셨음이니라. 여호와께서 거기서 그들을 온 지면에 흩으셨더라. ¹⁰셈의 족보는 이러하니라. 셈은 백 세 곧 홍수 후 이 년에 아르박삿을 낳았고 ¹¹아르박삿을 낳은 후에 오백 년을 지내며 자녀를 낳았으며 ¹²아르박삿은 삼십오 세에 셀라를 낳았고 ¹³셀라를 낳은 후에 사백삼 년을 지내며 자녀를 낳았으며 ¹⁴셀라는 삼십 세에 에벨을 낳았고 ¹⁵에벨을 낳은 후에 사백삼 년을 지내며 자녀를 낳았으며 ¹⁶에벨은 삼십사 세에 벨렉을 낳았고 ¹⁷벨렉을 낳은 후에 사백삼십 년을 지내며 자녀를 낳았으며 ¹⁸벨렉

은 삼십 세에 르우를 낳았고 ¹⁹ 르우를 낳은 후에 이백구 년을 지내며 자녀를 낳았으며 ²⁰ 르우는 삼십이 세에 스룩을 낳았고 ²¹ 스룩을 낳은 후에 이백칠 년을 지내며 자녀를 낳았으며 ²² 스룩은 삼십 세에 나홀을 낳았고 ²³ 나홀을 낳은 후에 이백 년을 지내며 자녀를 낳았으며 ²⁴ 나홀은 이십구 세에 데라를 낳았고 ²⁵ 데라를 낳은 후에 백십구 년을 지내며 자녀를 낳았으며 ²⁶ 데라는 칠십 세에 아브람과 나홀과 하란을 낳았더라. ²⁷ 데라의 족보는 이러하니라. 데라는 아브람과 나홀과 하란을 낳고 하란은 롯을 낳았으며 ²⁸ 하란은 그 아비 데라보다 먼저 고향 갈대아인의 우르에서 죽었더라. ²⁹ 아브람과 나홀이 장가 들었으니 아브람의 아내의 이름은 사래며 나홀의 아내의 이름은 밀가니 하란의 딸이요 하란은 밀가의 아버지이며 또 이스가의 아버지더라. ³⁰ 사래는 임신하지 못하므로 자식이 없었더라. ³¹ 데라가 그 아들 아브람과 하란의 아들인 그의 손자 롯과 그의 며느리 아브람의 아내 사래를 데리고 갈대아인의 우르를 떠나 가나안 땅으로 가고자 하더니 하란에 이르러 거기 거류하였으며 ³² 데라는 나이가 이백오 세가 되어 하란에서 죽었더라.

창

2) 하나님 나라에 저항하는 대항 세력들: 정사와 권세들의 세계 ●11장

10장 열국 목록에서 발견되는 인상적인 사실은, 아직도 이스라엘은 세계사에 독자적인 하나의 민족으로 출현하지 않았다는 사실이다. 기원전 20세기는 수메르 문명이 꽃을 피우면서 동시에 고^故바빌로니아-고^故앗수르 문명 창도 세력들에게 주도권을 빼앗기는 권력의 교체기였다. 기원전 18세기 함무라비 시대의 바빌로니아는 전성기를 지나면서 다시 약 300년간의 역사적 격변기를 겪게 되는데, 이 시기에 메소포타미아 지역의 많은 사람들이 여러 가지 이유로 팔레스타인과 애굽 지역으로 대규모 인종/민족 이동을 감행했다. 아브람의 고향 갈대아 우르는 수메르 문명과 고바빌로니아 문명의 터전 중 하나였을 것이다. 비록 갈대아 우르가 고바빌로니아 세력에 의해 대체된 고대 수메르 문명의 중심지, 곧 우르 3왕조^{Ur III}의 중심지인 수메르 우르는 아니었을지라도[10] 수메르-고바빌로니아 문명의 상속자 중 하나였을 것이 틀림없다. 바로 이런 점이 창세기 1-11장을 고대 수메르-고바빌로니아 지역의 창조 설화, 홍수 설화와 비교해 보도록 유도하는 역사적 접촉점을 제공한다. 아브람은 메소포타미아 지역 사람들의 애굽 및 팔레스타인 이주가 한창이던 기원전 18-15세기 어느 한 시점에 아버지 데라의 주도로 가나안 땅으로 가는 이주 대열에 합류했을 것이다. 그러나 아브람은 자연적·지리적 이유 때문에 확장되는 종족 역사의 한 부분으로 분류될 수 없는 이유로 가나안 땅 이주에 나선다.[12:1-3] 아브람의 가나안 이주는 하나님의 명령이자 약속(초청)에 대한 순종에 의해 이루어졌다.

여기에 이스라엘 민족의 자기정체성에 대한 독특한 이해가 내포되어 있다. 이스라엘 민족은 고대 근동의 여러 나라나 민족들의 형성 과정과는 판이하게 다른 방식으로 창조되었다는 것이다. 즉, 이스라엘 민족은 노아 홍수 후에 세계 속으로 흩어졌던 노아의 세 아들과 같은 방식으로—지리적·자연적·정치적·문화적·언어적 분화 과정을 거쳐서—형성된 나라가 아니라는 주장이다. 또한 바벨탑 축조 세대에 대한 심판의 끝에 이루어진 종족들의 심화된 정치적·문화적·언어적 분화 과정의 산물이 아니라는 것이다.[11:8-9] 이스라엘은 인종들의 '아래로부터'의 족보 한 마디에서 생성된 민족이 아니다. 이스라엘은 하나님의 독특한 목적과 약속에 대한 순종으로 형성된 '위로부터'의 민족이라는 것이다. 바로 이 지점이 구속사와 세계사가 갈라지는 지점이다.

성경의 역사나 이스라엘의 형성사도 분명히 자연적인 원인으로, 인류학적·정치적·지리적 원인으로 설명될 수 있는 부분이 있지만 그것만으로는 충분히 설명되지 않는 면이 있다. 아브람의 가나안 이주는 기원전 18-15세기에 진행된 메소포타미아 아모리 족속의 대규모 서진─팔레스타인/시리아/애굽 이주 행렬─의 한 부분으로 이해될 수 있는 반면에 전혀 다른 신학적 차원으로 이해되어야 할 부분이 있다는 것이다. 11:10-32은 셈족의 한 지류에서 이스라엘의 조상이 될 아브람이 겪었던 불임의 세월을 보도한다. 아브람은 셈족을 생물학적으로 계승하는 후손을 생산하는 데는 실패한다. 아브람은 전혀 다른 씨를 생산하고 전혀 다른 민족을 이루는 조상이 될 운명을 타고 태어났기 때문에 고통스러운 불임의 세월을 보낸 것이다. 하나님은 아브람을 세계 만민을 복되게 할 큰 민족의 조상으로 삼고자 셈족 아브람은 죽고 '새로운 민족'의 조상 아브람이 다시 살도록 섭리하신 것이다. 세속적인 세계 역사의 일부에 지나지 않던 아브람의 가족사와 구원의 역사 속에서 하나님의 구원 의지가 저류^{底流}처럼 흐르기 시작한 것이다. 아마도 데라가 가나안 땅으로 이주하고자 했던 시도는 자연적 세계사의 일부였을 것이다.[11:26-31] 그러나 아브람의 가나안 이주에는 하나님의 거룩한 약속과 명령이 작용하고 있었다. 따라서 성경의 역사는 세계사의 좌표 속 한 지점에 자리매김될 수 있는 인간적인 행동의 차원과, 이성으로는 포착될 수 없는 하나님의 의지가 서로 엮어져 만들어진 직조물이다.

창세기 11장은 바벨탑 사건으로 시작하지만 사실은 바벨탑 축조 세대의 잔해를 배경으로 등장하는 셈족의 후예, 곧 데라의 아들 아브람을 등장시키는 긴 플랫폼 같은 역할을 한다. 11장의 정경적 비중을 심층적으로 이해하기 위해서는 1-11장 전체의 서사적 흐름이라는 더 큰 맥락에서 읽어야 한다. 창세기 1-11장은 하나님 나라에 저항하는 반역적 세력들의 점층적·조직적 결집 과정을 보도한다.

앞에서 살펴보았듯이, 창세기 1-2장은 하나님 나라의 본질을 계시한다. 하나님 나라는 하나님의 말씀이 곧바로 성취되는 세계다. 하나님의 명령이 집행되고 실현되는 세계가 하나님 나라다.[시 33, 103편]

그런 의미에서 1장은 하나님 나라의 완전한 모습이다. 하나님의 모든 피조물은 저마다 제자리에서 하나님의 창조 목적을 성취하는 '선한' 혹은 '적절한' 피조물들이었다.엡2:10 2장에서 하나님 나라는 하나님의 계명에 대한 사람의 순종이 이루어지는 곳에서 세워진다. 하나님 나라의 서고 무너짐이 인간이라는 변수에 의해 좌우되는 것처럼 보인다. 결국 2장은 인간이 하나님 나라 질서 유지의 견인차이며, 보다 구체적으로 선악과나무 계명에 대한 순종이 하나님 나라의 실현에 관건이 된다는 사실을 보여준다. 인간의 불신앙과 불순종이 하나님 나라의 항구적인 대항 세력을 형성한다. 창세기 3-4장은 선악과 계명 준수에 실패하는 아담과 하와의 타락과 동시에 하나님 나라의 좌절을 보여준다. 4-6장을 거치면서 하나님 나라에 저항하는 반역 세력은 질적으로나 양적으로 팽창한다. 하나님의 선한 의도에 대한 의심과 조롱이 하나님의 인격적인 다스림에 대한 고의적 반역으로 결실하고 있음을 보여준다.

결국 3-11장은 다섯 가지 유형의 '죄인'의 활약상을 증언한다. 시편 1편의 도식에 따르면 3장은 악인의 꾀를 좇는 단계의 죄인(아담형 죄인)을, 4:1-14은 죄의 길에 들어선 죄인(가인형 죄인)을, 4:23-24은 오만한 자의 자리에 앉은 죄인(라멕형 죄인)을 보여준다. 6:1-12의 반인반신적 거인족은 하나님의 말씀을 적극적으로 조롱하며 하나님을 두려워하지 않는 가장 패역한 단계의 죄인 유형을 보여준다. 노아 시대의 인류는 과연 네피림의 후예들이다. 하늘에서 '떨어진' 타락한 자손들이다. 11장은 바벨탑 축조형 죄인들로서, 그들은 저항적 일신교 유신론자들이다. 그들은 하나님이 한 분인 것을 알지만 하나님의 다스림에 복종하기보다는 자신의 이름을 드러내고 흩어지지 않으려고 버틴 세대다. 이상 다섯 유형의 죄인들은 한결같이 하나님의 선한 의도와 다스림에 고의적으로 반역하는 인간형을 대표한다.

결국 창세기 3-11장은 하나님의 다스림(통치)에 저항하는 세력들의 성장사를 다룬다. '정사', '권세', '보좌', '주관', '능력'은 (봉건제도 아래서) 황제의 제후로서 어느 정도의 독립성과 자율성을 가진 제후국들을 가리킨다. 황제의 통치 아래 있지만 잠재적인 반역자들이며 많은 경우 황제의 다스림에 반역하여 자율적인 대항국가 체제를 세우려고 한 적이 많았다. 중국과 서구 유럽의 봉건제도 역사를 보면 정사, 권세, 보좌, 주관, 능력으로 불리는 작은 공국(제후국)들이 황제의 통치에 얼마나 자주 그리고 집요하게 반역을 시도했는지 잘 알 수 있다. 사도 바울이 이 용어를 쓸 때 그것은 하나님의 절대주권적 통치에 반역하는 천사적·영적 세력을 가리킨다.^{고전 15:24, 엡 1:21-22, 6:12, 골 2:15, 벧전 3:21-22} 그것은 역사의 마지막 날에 완전히 진압될 때까지 잠정적으로 반역 상태를 유지하도록 허용된다.

3-11장은 하나님의 다스림을 이런저런 모양으로 거부하는 '정사'와 '권세'들이 세력화해 가는 과정을 보여준다. 아담의 죄는 단독자가 범한 죄였다. 가인이 저지른 죄는 농사짓는 자의 대표자인 가인이 양 치는 자의 대표인 아벨에게 가한 폭력과 살해다. 약간의 사회적 성격을 띤 죄다. 라멕이 소년과 사람들에게 가한 대량학살 죄는 집단적·부족적 단위의 죄악이다. 노아 시대는 하나님에 대한 반역이 전 생태계적인 현상임을 목격한다. 3-9장에서 진행된 하나님에 대한 반역과 저항은 11장 바벨탑 축조 사건에서 가장 명백한 목소리를 표출하면서 세계적 정치 세력화의 길로 접어든다.

11:1-9은 3-11장까지 이어지는 인간의 반역적 역사를 이끌고 가는 집단적인 목소리를 담아낸다. 11:1은 온 땅의 언어가 하나요 말이 하나였다고 증언한다. 대홍수 이후에 노아의 세 아들에게서 퍼져나간^{10:32} 70민족의 의사소통 체계가 단일했다는 것이다. 그들이 동

방으로 옮겨 가다가 시날 평지를 만나 거기에 거류했다. 여기까지는 10장에서 말하는 노아의 세 아들 후예들의 지리적·언어적 분화가 일어나기 전의 상황이다. 10:5, 20, 31(족속과 언어와 지방과 나라를 기준으로 노아의 후손들이 분화되는 과정)에 비추어 볼 때 11:1-9이 10장보다 더 이른 시기의 상황을 말하고 있음이 틀림없다. 11:1-9은 아주 간략하게 바벨탑 축조 세대의 죄악을 말하지만 그들의 분투는 자가구원책이었을 것이다. 그들의 제일 큰 두려움은 온 지면에 흩어지는 것이었다. 그들은 벽돌을 굽는 재료인 역청이 풍성한 시날 평지에서 묘안을 내는 데 성공했다. 노아의 후손들은 서로 말했다. "자, 벽돌을 만들어 견고히 굽자 하고 이에 벽돌로 돌을 대신하며 역청으로 진흙을 대신하고 또 말하되 자, 성읍과 탑을 건설하여 그 탑 꼭대기를 하늘에 닿게 하여 우리 이름을 내고 온 지면에 흩어짐을 면하자."[11:3-4] 흩어짐을 면하려고 바벨탑을 쌓은 것처럼 보인다. 따라서 바벨탑은 종교적 기능보다는 정치적 기능이 더 컸던 것처럼 보인다.

언뜻 보면 흩어짐을 면하자는 도모가 어떤 점에서 하나님을 향해 저항적인 태도를 표출하는지 분명하게 드러나지 않는다. 그러나 창세기 1:27-28 이래 하나님의 축복 명령은 인류가 온 땅에 퍼져 사는 것을 전제한다. 10장에서 살펴보았듯이 노아의 세 아들이 지중해를 중심으로 확산되고 분산되는 것이 하나님의 뜻임을 추정할 수 있다. "생육하고 번성하여 땅에 충만하라"[9:1]는 명령은 거주 영역의 지리적 확장 명령을 내포한다. 노아의 세 아들이 지면에 흩어짐을 경험하는 것은 하나님의 뜻 안에 있는 일이다. 그러나 함족의 영웅 니므롯(셈족의 에벨)이 자신의 영지에 바벨탑을 쌓아 하늘에 메시지를 보내려고 한다.[10:10-12] 꼭대기를 하늘에 닿게 한다는 말은 하나님의 세계에 인간의 지혜와 능력을 과시함으로써 하나님의 흩으시려는 의도에 반대 의사를 피력하는 행위라고 볼 수 있다. 하나님의 의도는 아담에게 주신 문화창조 명령을 수행하도록 인간들을 독려하시려는 것이었다. 그런데 바벨탑 축조자들은 하나님에 대해 자신들의 이름(사람의 권능)을 내어 온 지면에 흩어짐을 피하려고 했다. 아마도 바벨탑 축조자들은 하나님의 흩으심을 하나님의 징벌과 혼동했을 가능성이 있다. 아담의 후손들에 대한 하나님의 엄중한 징벌 중 하나는 창조의 축복을 경험하기 위한 흩어짐이 아니라 땅에서 추방되어 보호받을 수 없는 난민 신분으로의 격하였다. 아벨을 살해한 가인에게 하나님은 지면을 유리방황하는 벌을 내리신다. 가인은 이에 대항하여 자신의 아들 이름을 따서 에녹 성을 쌓는다.

결국 바벨탑을 쌓았던 세대도 지면에 유리방황하는 대신 성채와 탑을 쌓았다. 구약성경과 고대 근동의 문명에서 성과 탑은 항상 교전 상태를 의미한다. 잠재적인 전쟁 상태를 의미한다. 하늘(하나님)을 향하여 성과 탑을 쌓은 행위는 하나님과의 원수 상태를 유지하려는 의도를 드러낸다. 하나님에 대한 도전인 셈이다. 하나님께서는 노아의 세 아들로부터 나온 후예들이 한 언어를 사용했기 때문에 이런 전 지구적 반역 행위가 가능했다고 보시고 바벨탑 축조를 좌절시키신다. 지금 바벨탑 축조를 막지 않으면 "이후로는 그 하고자 하는 일을 막을 수 없으리로다"[11:6]라고 결심하신 후 마침내 언어를 혼잡케 하신다. 야웨께서 그들을 온 지면에 흩으셨으므로 그들이 그 도시 건설하기를 그쳤다. 하나님을 등진 사람들이 성읍과 탑을 중심으로 인류를 하나의 공동체로 결집시키는 행위는 하나님께 대항하는 호전적 태도를 드러낸다. 하나님을 향한 호전적이고 도발적인 태도는 심판을 초래한다. 바벨탑은 언어와 의사소통의 일치에 근거하여 시작된 프로젝트였지만 이제 영원한 혼란과 혼잡, 의사소통 불가능성을 의미하는 심판의 잔해를 상징하는 말이 되었다.

하나님에 대항하는 인간의 전 지구적이고 집단적인 일치와 단결은 항신적 요소를 내포하고 있다. 세계를 하나의 나라로 만들려는 모든 시도는 바벨탑을 축조하는 신학적 오만이다. 각 나라와 종족, 언어 단위 부족의 개별적 정체성이 유지되는 것이 하나님이 예정하시는 종말의 특징이다.계 7:9, 11:9 따라서 미국과 유럽 선진국 중심의 세계화와 표준화는 하나님께 용납되기 어려운 바벨탑적인 전체주의의 전조다. 이런 의미에서 전 세계를 자신의 깃발 아래 뭉치게 만들려는 초강대국들의 호전성은 바벨탑 심판을 자초할 것이다. 전 세계를 단일 시장으로 묶어 지배하려는 다국적 기업체들과 그들 배후의 정치 세력은 우리 시대의 바벨탑 축조자들이다. 미국, 중국, 러시아, 일본 등 세계를 지배하는 열강들의 강압적 세계화는 하나님 나라의 자애로운 통치를 대변하기보다는 배척할 가능성이 크다. 단일한 세계 시장화, 단일한 세계경제 체제는 강자들의 이익을 우선적으로 관철시키는 강압적인 지배체제요 약탈체제로 돌변할 가능성이 큰 바벨탑이다. 세계 지도상에 나타난 모든 민족국가, 연방체, 합중국은 예수 그리스도가 다스리는 하나님 나라에 대해서 어디까지나 잠정적으로 반역하도록 허용받은 정사와 권세들이다. 결국 세상 나라들은 그리스도의 나라에 의해 접수될 것이다.계 11:15

11:10-32 단락은 셈족의 후예 아브람을 등장시키는 셈의 계보다.대상 1:24-27 10장의 셈의 계보를 아브람에 초점을 맞추어 다시 소개한다. 노아가 500세일 때 태어난 셈은 노아 600세에 일어난 홍수 후 2년, 곧 자신의 나의 102세에 아르박삿을 낳고 500백 년을 지내며 자녀를 낳다가 602세에 죽었다. 바벨탑 축조는 노아 홍수 후 셈의 4대손 벨렉 때 일어났다. 그리고 드디어 데라는 70세에 아브람과 나홀과 하란을 낳았다.11:26

11:27-32은 아브람 중심의 데라 계보를 소개한다. 데라는 아브람과 나홀과 하란을 낳고, 하란은 롯을 낳고 데라보다 먼저 고향 갈대

아인의 우르에서 죽었다. 아브람은 사래와 결혼하고, 나홀은 하란의 딸 밀가와 결혼했다. 하란은 롯과 밀가 외에 딸 이스가를 낳았으나 아버지보다 일찍 죽었다. 데라의 계보에서 가장 중요한 정보는 아브람의 아내 사래가 임신하지 못해 자식이 없었다는 사실과 데라 가문의 가나안 이주 시도다. 데라가 아들 아브람과 하란의 아들인 손자롯과 며느리 사래를 데리고 갈대아 우르를 떠나 가나안 땅으로 가고자 했지만 하란에 이르러 거류했다. 하나님은 갈대아 우르에서부터 아브람을 부르셨지만,[15:7] 아브람의 가나안 이주는 아버지 데라의 자연 이주의 일부로 간주될 수도 있었다. 그래서 하나님은 아들이 없이 사는 75세의 아브람을 다시 한 번 부르셨다. 그때 아버지 데라는 145세였다. 데라는 아들 아브람이 자신을 떠난 지 60년이나 되는 긴 세월 동안 하란 땅에 머물다가 그곳에서 죽었다.

창

바벨론 창조 설화의 빛 아래서 본
노아 홍수 이야기

노아 홍수 이야기는 하나님의 선한 창조 질서(특히 '땅')를 원천적으로 창조 이전의 혼돈 상태(땅이 원시 바다에 침수되어 있는 상태)로 되돌려 놓게 하는 피조물의 패역성을 집중적으로 부각시킨다. 홍수 이야기는 하나님 편에서 이 세계에 대한 완전 통치를 실현하기 위해서는 많은 난관을 극복하지 않으면 안 된다는 것을 보여준다. 바벨론 홍수 설화의 빛 아래서 노아 홍수 이야기를 보면[1] 창세기를 '하나님 나라 신학'의 관점에서 읽어 보려는 우리의 시도가 적지 않은 지지를 받게 됨을 알게 된다. 바벨론 문명의 창조 설화격인 『에누마 엘리쉬』("아주 먼 옛날 하늘들과 땅에서는")에 따르면 창조는 땅 아래의 신선한 물(앞수)[Apsu]과 대양의 소금기 어린 물(티아마트)[Tiamat] [2]이 뒤엉킴으로써 시작된다. 이 뒤엉킴으로부터 열등한 신들이 창조되었는데 너무나 많은 신이 창조되어 최고신인 앞수를 괴롭게 할 정도가 되었다. 그래서 앞수는 육체노동용 일군으로 창조된 이 열등한 신들을 전멸하기로 작정했다. 그런데 전멸될 운명에 처해 있는 신 중 하나인 이아[Ea]가 앞수의 의도를 알아차리고 그를 최면으로 무력화시키는 데 성공한다. 더 나아가 그는 앞수를 죽이고 왕권을 찬탈해 버린다. 이에 격분한 앞수의 아내인 티아마트가 킹구[Kingu]를 야전사령관으로 임명하여 이아와 그의 동맹 세력인 열등한 신들과 전쟁을 벌인다. 그런 가운데 초기 전세는 티아마트와 킹구 쪽으로 기울어지기 시작했다. 아무도 킹구를 감당하지 못했고, 이제 열등한 신들은 패배 직전으로 내몰린다. 이때 이아의 아들 마르두크가 나서자 전세는 급전된다. 마르두크는 마침내 킹구를 격파하여 신들의 최고위직에 오른다. 마르두크의 전과를 인정한 여러 신들은 마르두크에게 성전을 지어 바침으로써 그가 최고 수위직의 지위를 획득하게 된 것을 인정하고 송축하기에 이른다. 신들은 마르두크에게 왕의 예를 갖추고 복종한다. 최고신이요 우주의 대주재 왕으로 등극한 마르두크는 티아마트를 두 동강으로 내어 세상, 곧 땅과 하늘을 만든다. 그는 땅과 바다를 나누어 바닷물이 땅을 덮쳐 그의 승리를 위협하지 못하도록 경계를 정하고 지킨다. 원시 바다 세력을 상징한 티아마트는 땅과 바다로 갈라진 셈이다. 그렇지만 현재의 창조세계 안에서도 바다는 여전히 옛 티아마트적인 반역 성향을 감추고 있다.

바로 이런 바벨론 신화와 거의 흡사한 창조 설화를 공유한 구약성경에서 '바다'는 항상 하나님을 향한 잠재적 반역 세력의 본거지가 될 것처럼 묘사되거나 예언된다(요한계시록 14장의 바다에서 올라온 네 짐승, 21-22장의 바다가 다시 존재하지 않는 새 하늘과 새 땅). 마르두크는 킹구의 몸을 잘라서 인류를 만드는데 인류는 열등한 노동자 신들의 고역을 대신 떠맡기 위해 창조된 일종의 신의 노예들이었다. 위대한 신의 천지창조와 인간창조에 감사하여 열등한 신들은 에사길라Esagila에 마르두크를 위해 성전을 지어 바친다. 티아마트 세력에 대한 승리에 하등 신들의 보은 응답이 바로 '안식'을 위한 성전이다. 마르두크는 에사길라 성전에서 '안식'에 들어간다. 더 이상 대적이 준동할 수 없는 상태가 되었다는 것이다. 열등한 신들은 마르두크를 찬양하는 50가지의 화려한 칭호를 선포하고 열거함으로써 그를 최고의 신으로 모신다. 여기서 『에누마 엘리쉬』는 끝난다.

이런 관점에서 보면 창세기 2:3에서 하나님이 '안식'하셨다는 선언은, 창세기 1장의 창조 사역도 모종의 창조를 위한 전쟁과 유사한 사건에서 하나님이 온전히 승리하셨음을 암시하는 구절로 이해된다. 하나님은 원래 피곤하지도 곤비하지도 않으셨기에 안식할 이유를 갖지 않으시는 신이다.^{사 40:30-31} 따라서 여기서 말하는 안식은 다른 의미의 안식이다. 그것은 전쟁에서 이긴 자가 누리는 안식이다. 하나님은 오로지 더 이상 대적자를 남겨 두지 않고 완벽하고 절대적인 승리자가 되셨기 때문에 안식하실 수가 있는 것이다. 이렇게 보면 창세기 1장의 숱한 명령이 하나님 편에서는 일종의 전쟁 승리를 송축하는 행위와도 같다. 창세기 1장은 최고의 지위에 오른 야웨 하나님이 신적 대권을 휘두르는 장면이라는 것이다.

물론 우리는 여기서 창세기의 창조 기사나 노아 홍수 이야기가 바벨론의 창조 설화인 『에누마 엘리쉬』를 그대로 차용했다거나 그것에 맹목적으로 의존했다고 주장하지 않는다.[3] 오히려 구약성경은 바벨론 창조 설화를 야웨 하나님의 절대주권적인 지배권을 송축하는 방향으로 개작하고 재주형했다고 본다. 창조 기사와 노아 홍수 설화에서 오로지 강조되는 것은 하나님의 절대주권적 통치권이다. 구약성경에서 두드러지는 야웨 하나님에 대한 배타적 유일신 신앙은 바벨론의 다신교적 창조 신화가 가공되지 않은 채, 원색적인 다신교 색채를 띤 채 구약성경 속으로 이식되는 것을 저지하고 있다. 그럼에도 불구하고 존 레벤슨의 지적처럼 창세기와 다른 구약성경의 창조신학적 본문들이 바벨론 창조 설화나 가나안의 바알 신화처럼 "혼돈 세력과의 전쟁을 통한 창조신학"의 편린을 산발적으로 기억하고 있다는 점을 부인할 수는 없다.[4] 세 가지 면에서 노아 홍수 설화를 바벨론 창조 설화의 빛 아래서 해석할 수 있는 실마리를 논의할 수 있을 것이다.

첫째, 바벨론 창조 설화는 노아 홍수 이야기의 신학적 메시지를 좀 더 잘 부각시키는 데 통찰을 던져 준다. 노아 홍수 설화에서 '바다' 혹은 '물'을 단지 수소 둘과 산소 하나로 구성된 무기물 원소 결합체로 파악하는 것은 노아 홍수 설화의 신학적 차원을 간과하는 해석이라고 본다. 창세기 1장의 7일 창조 기사 중 어디에서도 하나님이 원시 바다, 물(1:2의 수면)을 '창조'했다는 언급은 발견되지 않는다. 처음부터 거기 있는 것처럼 보인다. 아마도 그것은 하나님의 우주 창조 이전의 선재 물질이었을 것이다. 그런데 이런 추론은 전통적인 유대교-기독교의 '무로부터의 창조' 교리와 즉각 충돌한다. 많은 그리스도인들은 이 교리를 성경 안에서 추론할 수 있는 유일무이한 창조 교리라고 믿는다. 그러나 '무로부터의 창조' 교리는 창세기 1:1을 "태초에 하나님이 천지를 창조하시니라"고 번역할 때만(하나님의 광범위한 창조 행위에 대한 포괄적 언급이라고 볼 때만) 추론 가능한 교리다. 그러나 이 해석은 중세의 위대한 유대인 랍비 라쉬Rashi 이래로 의심되어 온 해석이다. A. 스파이저A. Speiser 같은 창세기 주석가에게도 이미 폐기된 해석이다. 1장의 나머지 부분을 잘 읽어 보면 둘째 날 하늘이 창조된 목적이 천상의 물을 억제하기 위함이었음을 가리킨다. 물론 땅은 셋째 날 창조되었다. 이때 땅의 창조는 사실상 알고 보면 원시 바다 아래 침수되어 있는 땅을 물에서 건져 올려 '마른 땅'[얍바샤(יַבָּשָׁה)]이 되게 하신 사건 외에 다름 아니다(적어도 창세기 1장에서는). 결국 땅의 창조도 원시 바다에서 '마른 땅'을 건져 올린 사건인 셈이다.

둘째, 창세기 1장에서 벌써 **다른 신적 존재들**이 암시된다는 점이다(26절의 '우리의 형상과 모양'). 이 다른 신적 존재들은—하나님 옆에 있는 '우리'의 일부—언제 창조되었는가? 이들도 적어도 현재 우리가 알고 있는 우주의 창조 전에 선재하고 있는 것처럼 보인다. 이런 생각이 제2이사야[5]에 가서는 아주 격렬하게 부정된다.사 43:11; 44:8 그러나 창세기에서는 인정된다. 우리는 이 다른 신적 존재들이 하나님의 천지창조 시 어떤 역할을 하였는지 결정할 수 없다. 모종의 역할을 하였을 가능성을 암시하는 본문도 있지만,^{욥 1:6-12, 2:1-6, 왕상 22:19-23} 확신 있게 그들의 역할을 규정할 수 없다. 또한 의사결정 시 이 존재들이 하나님의 절대주권과 완전한 통치권에 어떤 제한을 가했는지를 결정할 수는 없다. 그러나 이들은 『에누마 엘리쉬』의 마지막 부분에서 마르두크를 찬양하는 하급의 신적 존재들과 비슷한 역할을 하고 있는 것처럼 보인다. 창세기는 그들이 하나님의 의사결정에 거의 중요한 역할을 하지 못하였음을 암시한다. 이스라엘의 하나님에게는 자신의 기원에 관한 어떤 신화도 없다는 점에서, 그리고 야웨 하나님의 기원에 대해 말해 주는 어떤 신적 족보도 히브리 성경에서는 발견되지 않는다는 점에서, 창세기 1장과 다신교를 배경으로 저작된 바벨론 창조 설화를 곧장 비교 대상으로 삼는 것을 조심해야 한다. 우리는 바벨론의 다신교적 토양에서 산출된 『에누마 엘리쉬』와 창세기의 창조 이야기나 노아 홍수 이야기를 곧장 연결시키는 것은 무리라고 생각한다. 하지만 우리는 양자의 차이를 지나치게 과장하거나 극대화할 필요가 없다. 그것이 구약성경의 가치를 더 높이는 것은 아니다. 다만 창세기 6-9장의 노아 홍수 이야기가 '바다'를 갈라 육지로 만드는 일에 주안점을 두고 있는 바벨론 창조 설화의 빛 아래서 신학적인 메시지를 더 잘 부각시킨다는 점을 지적하고자 한다.

셋째, 우리는 노아 홍수 설화를 이해하기 위해 창세기 1장 외에 구약성경 안에 있는 다른 창조 기사들의 증언을 청취할 필요가 있다고 본다. 창세기 1장이 제일 처음 배치된 데에 의미가 없는 것은 아니지만 그 사실을 너무 과도하게 강조할 필요도 없다. 토라의 편찬자나 저자는 창세기 1장을 처음에 배치함으로써 하나님의 절대주권에 대한 의심이나 논란을 잠재우려고 했을 수도 있다. 즉, 하나님은 절대주권적 위엄을 가진 분이요, 어떤 선재하는 물질의 도움을 받지 않고 우주를 창조하신 분이라고 강조하기 위해 이렇게 배치했을 수도 있다. 그러나 구약성경은 병렬적 배치 원리를 통해 특정한 하나의 본문이 다른 본문에 대하여 교조적 권위를 갖지 못하도록 잠금장치를 가지고 있는 경우가 더러 있다. 창세기 1장 이외에 다른 창조본문은 창조 시의 다른 정황을 그리고 있는 것이다. 시편 82편, 특히 6-7절을 보라. 여기에 '엘로힘'은 신적 존재들을 가리킨다("너희는 신들이며"). 이 시편에 대한 전통적인 해석은 '엘로힘'이 인간 재판관을 가리킨다고 해석하지만, 본문을 공정하게 평가해 보자면 타락한 인간 재판관을 가리키는 말이 아니라 신적 존재를 가리킨다고 보는 것이 타당해 보인다. 이 시편은 이스라엘 야웨 하나님이 고대 근동의 판테온(만신전)에서 최고위직 신의 자리를 차지하는 순간을 보여준다. 야웨 하나님은 최고의 왕위에 등극하면서 동료신들의 신적 위광과 지위를 박탈해 버린다. 결국 시편 82편은 다른 신적 존재들에 대한 사형선고인 셈이다. 만일 이런 해석이 옳다면 그것은 놀라울 정도로 『에누마 엘리쉬』와 유사하다. 시편 82편은 마르두크가 티아마트와 그녀의 연합 세력을 분쇄하고 최고신의 지위에 오르면서 다른 신들을 열등한 지위로 격하시키는 바벨론 창조 신화와 닮은 것이다. 두 경우 모두에서 최고신(마르두크와 야웨)의 최고위직과 절대지배권은 창조 이전부터 자명하게 주어진 실체가 아니라 전쟁 후에 얻은 일종의 '전리품'으로 이해된다. 시편 82편에는 우주 기원과 창조과정에 연루된 신적 존재들의 각축과 전쟁이 명시적으로 언급되어 있지 않지만, 적어도 야웨의 절대지배권과 주권 사상이 이교도 종교사상과 판연하게 다른 특징이라고 주장한 에헤즈켈 카우프만^{Yehezkel Kaufmann}의 단정적인 결론에는 의심의 여지가 있다. 둘 모두에서 최고신은 모종의 사건을 치른 후(전쟁과 유사한 그 무엇) 최고신 지위에 오른다. 마르두크의 최고직 신적 대권을 기리는 바벨론의 신년 축제는 마르두크의 절대지배권이 매년 정기적으로 갱신되고 재구현되어야 할 신분임을 가리키고 있다. 마르두크의 절대왕권은 영원히 주어진 정태적 실체나 닫힌 현실이 아니라 그 반대의 현실에 의하여 늘 공격당하고 부서지기 쉬운 상태라는 점을 시사하고 있다. 시편 82:8도 마찬가지다. "야웨여! 일어나소서! 세상을 차지하고 세상을 다스리고 심판하소서." 즉, "야웨여, 절대왕권을 다시 휘둘러 주십시오"의 의미인 것이다. 이것은 무엇을 말하는가? 하나님의 세계에 대한 완전한 지배와 통치가 아직 완결된 사건이 아님을 암시하는 것 아닌가? 오히려 야웨의 절대주권적 통치에 대적하는 어둠 세력의 몰락은 불확실한 미래에 일어날 것임을 시사하고 있는 것 아닌가?[6]

히브리 성경에서 주도적으로 나타나는 야웨 하나님의 신적 대권 장악에 대한 묘사(최고신의 보좌에 등극하는 사건에 대한 묘사)는 바다의 용(티아마트)과 힘든 전투를 치른 후 최고신의 지위에 오르는 마르두크의 창조 설화와 크게 다르지 않다. 시편 74:12-17(특히 13-16절)을 보라. 74편의 직접적인 문학적 맥락은 가나안 신화다. 기원전 14세기에 유래하는 바알 신화를 보면 가나안판 최고신 지위를 차지하는 바알이 바다 용[7]을 격파하고 분쇄하는 이야기가 있다. 이 각각의 표현이 시편 74편에 어떤 모양으로든지 나타난다. 만일 우가릿의 바알 신화가 없다면 이런 표현은 비의^{秘義}적인 애매모호함을 가지고 해석되지 못한 채 방치될 수밖에 없을 것이다. 구약성경 안에서는 우주 창조를 전후한 신적 존재들의 전쟁과 갈등을 일련의 자기완결적 이야기 형식으로 기록한 책이나 문단이 없다. 다만 시편이나 시문 등에 산발적으로 흩어져 암시되고 있을 뿐이다. 하지만 바알 신화 때문에 우리는 구약성경의 창조신학에도 어렴풋이 신적 존재들 간의 갈등과 전쟁이 있었음을 암시하는 구절이 잔존하고 있음을 발견한다.^{시89편, 104편, 사51장} 특히 시편 74:12-17에 묘사된 원시 바다의 괴물은 야웨 하나님의 창조 활동에 의해 억제된 혼돈 세력, 무질서, 어둠 세력의 표상물로 이해될 수 있다. 시편 74편은 원시 바다의 괴물과 전쟁을 치른 후 선한 세상을 창조하신 하나님의 창조 사건을 다루는 시편으로 이해된다. 특히 "하나님은 예로부터 나의 왕이시라"[엘로힘 말케 미케뎀 (וֵאלֹהִים מַלְכִּי מִקֶּדֶם)]는 표현은 야웨가 우주 창조를 위한 전쟁을 승리로 종결지은 후 최고직 신의 자리에 등극할 때의 태초 이전의 한 시점을 가리키는 말처럼 보인다. 한 걸음 더 나아가 시편 74:12-17(특히 16-17절)은 필시 하나님의 창조 사역(경계선 구분)을 가리키고 있음이 틀림없다.

하나님은 예로부터 나의 왕이시라. 사람에게 구원을 베푸셨나이다. 주께서 주의 능력으로 바다를 나누시고 물 가운데 용들의 머리를 깨뜨리셨으며 리워야단[바다 괴물]의 머리를 부수시고 그것을 사막에 사는 자에게 음식물로 주셨으며 주께서 바위를 쪼개어 큰 물을 내시며 주께서 늘흐르는 강들을 마르게 하셨나이다. 낮도 주의 것이요 밤도 주의 것이라. 주께서 빛과 해를 마련하셨으며 주께서 땅의 경계를 정하시며 주께서 여름과 겨울을 만드셨나이다.

하나님의 창조 행위에 대한 긍정적 선언이 바다 용에 대한 야웨의 격파와 분쇄를 묘사하는 구절에 바로 뒤따라 나온다는 사실은 『에누마 엘리쉬』와 거의 동일하다. 이 양자 간의 평행관계를 우연의 일치라고 볼 수 없을 것 같다. 결국 시편 74:12-17은 하나님 야웨와 바다 괴물들 간에 있던 우주 창조를 위한 전투를 증거하고 있다고 보아야 한다. 바다 괴물을 물리치고 나서 야웨는 세상에 질서를 부여할 수 있게 되었다. 즉, 세상의 질서 부여(물과 뭍의 경계, 계절의 순환과 경계 부여)는 원시 바다 괴물에 대한 야웨 하나님의 창조 전쟁의 승리가 가져온 결과인 것이다. 그래서 시편 74편이 증언하는 창조 이야기는 만물에 대한 야웨의 절대주권적 장악과 지배를 당연한 것으로 말하지 않고 획득한 것, 극적이고 흥분스러울 정도로 즐거운 일, 널리 그리고 크게 송축해야 할 사건임을 말한다.[8]

다시 강조하지만 하나님의 창조 행위는 원시 바다 세력, 카오스 세력과의 전쟁 행위와 유사한 정치적 행위라는 것이다. 하나님은 원시 바다를 갈라 땅과 궁창을 만드시고 만물의 거처를 마련해 주셨듯이 역사 속에서 원시 바다 세력의 육화된 세력으로 활약하는 혼돈 세력(애굽의 바로, 앗수르, 바벨론 제국, 히틀러 제3제국과 일본 군국주의 등)을 억제하고 분쇄함으로써 당신의 창조 행위를 계속하신다는 것이다. 창세기 6-9장에 나오는 노아 홍수 이야기는 인간의 불의가 하나님 나라에 대하여 갖는 의미를 극적으로 부각시킨다. 인간의 불의는 우주적 대파국을 초래하는 창조 질서 파괴 행위라는 것이다. 인간의 패역과 영적 피조물의 반역은 하나님의 선한 창조 질서를 혼돈으로 되돌려 놓으려고 위협한다. 즉, 인간과 신적 존재가 연합하여 하나님의 창조의 면류관인 '땅'을 폭력과 패역으로 관영케 하였다 (6장에 그토록 반복되는 '땅'에 대한 언급을 보라). 이 우주적 반역이 땅의 세계를 다시 창조 이전의 물과 뭍이 뒤엉킨 원시 수면 아래로 침수시키려고 위협하는 것이다. 여기서 우리는 땅은 원래 원시 바다에 의한 침수 상태에서 건짐을 받았던 '마른 땅'이었음을 기억할 필요가 있다. 그런데 노아 홍수는 마른 땅을 다시 원시 바다 아래로 침수시킨다는 점에서 하나님의 창조 행위를 원천적으로 무효화하는 반역 사건의 결과인 것이다. 노아 홍수는 하나님의 선한 창조 질서(마른 땅과 하늘이 있는 세상이 선한 세상)의 면류관인 땅을 원시 바다 속으로 집어 던진다. 이것은 혼돈 세력의 일시적 승리 사건이다. 하나님의 태초의 아름다운 창조를 기억해 보라. 하나님은 태초에 원시 바닷물을 궁창 위의 물과 궁창 아래의 물로 나누어서 분할통치했고 그 결과 땅과 하늘이라는 인간을 위한 매우 안정되고 자애로운 삶의 근거지를 창조해 주시지 않았던가? 그런데 노아 홍수 때 이 나누어진 물이 다시 합수되어 버린 것이다. 더 나아가 가두어 둔 물들, 곧 깊음의 샘까지 터졌던 것이다.[창 7:11] 결과적으로 궁창 위의 물과 궁창 아래의 물로 나눈 하나님의 창조 행위의 결과가 사라져 버린다. 아울러 두 물의 나뉨으로 인해 생겨난 마른 땅도 사라져 버린다. 이것은 무엇을 말하는가? 하나님의 선한 창조 질서가 절대적으로 안정된 환경이 아님을 말한다. 인간의 반역과 죄악이 땅에 관영하면 언제든지 노아 홍수급 혼돈 세력이 발호할 빌미를 줄 수 있다는 것이다. 그러나 하나님의 창조 의지는 노아 홍수로 대표되는 혼돈 세력을 또다시 억제하고 더 이상 넘을 수 없는 경계선 안에 가두어 버린다.

마침내 노아 홍수로 침수된 땅은 하나님의 큰 바람에 의해 서서히 원시 바다로부터 다시 솟아오른다.⁹ 침수된 땅이 마른 땅이 됨으로써 세상은 다시 창조된다. "생육하고 번성하라"는 창조의 축복 명령이 노아에게 반복적으로 들린다. 홍수 설화에서 원시 바다가 물러가고 다시 자애롭고 우호적으로 인간을 위한 땅이 물에서 융기하여 나온 것은 신적 구원의 표지다. 바로의 억압을 피해 도망치는 이스라엘처럼 노아와 그의 가족은 치명적인 바다의 분노를 피해 마침내 하나님의 새로운 계약을 선물로 받는다.

2,000년간의 서구 신학은 창조가 물리적인 무로부터의 물질 창조가 아니라 오히려 혼돈 세력 한가운데, 혼돈 세력의 방해에도 불구하고 자애롭고 생명 유지적인 질서 안에 존재하는 하나의 안정된 공동체의 창조를 의미했다는 것을 잊어버리도록 조장하였다. 그러나 앞서 논의한 것처럼 창조는 창조 질서를 교란시키려는 원시 바다의 혼돈 세력을 격퇴하고 패배시킨 야웨의 승리 결과인 선한 창조

질서의 출현이다. 선한 창조 질서는 원시 바다의 혼돈 세력이 마른 땅의 출현으로 일정한 경계선을 넘지 않고 유폐되어 있는 상태다. 역사 안에서 이렇게 유폐된 원시 바다 세력, 혼돈 세력은 언제나 그 경계선을 넘어 덮치려고 광분한다. 이 혼돈의 바다가 경계선을 넘는 순간에 하나님은 활동 중지, 동면 상태에 빠진 것처럼 보인다. "야웨의 팔이여, 옛날처럼 깨어나소서"라고 호소하는 탄원기도[사 51장]는 창조 시 태곳적 야웨에 의하여 패퇴당한 세력이 아직 완전히 멸절되지 않고 있다는 사실의 방증이다. 그들은 창조주가 정해 준 경계선을 넘어 거룩한 신적 정복자에게 도전했다. 원시 바다의 범람은 악의 창궐이요 도덕적 무질서 상태 수준의 폭력과 음란의 발호다. 이런 악행들이 통제할 수 없을 정도로 지상에 범람하면 노아 홍수에서처럼 다시 선한 창조 질서는 이전의 혼돈으로 되돌아가 버린다.

여기서 우리는 우리가 속해 있는 하나님의 창조 질서의 내적 취약성에 눈을 뜨게 된다. 우리가 속한 하나님의 창조세계는 본질적이고 항구적으로 안정된 구조가 아니라 언제든지 깨질 수 있고 혼돈 세력으로 퇴행할 수 있는 불안정 구조라는 것이다. 인간의 악이나 바다의 용들이 도전해 오면 부서질 수 있고 혼돈으로 치달을 수 있는 생물체적인 구조라는 것이다. 따라서 안정되고 질서 있는 세상을 유지하는 것은 하나님의 자유롭고 특별한 행동으로만이 가능하다. 노아 홍수 기사에서는 다시는 물로 세상을 심판하지 않겠다는 하나님의 맹세에 의해 세상이 유지된다. 구약성경에서 자연은 그 자체가 자율적이고 자기충족적인 존재가 아니라 하나님의 특별한 요청과 열심(피조된 세상을 향한 그분의 부드러운 관심) 위에 의존하고 있다. 세상 자체의 존속이 하나님의 강력하심과 자애로우심을 증거한다.[시 19:2] 또한 노아 홍수 설화는, 선한 창조 질서의 존속은 그 질서를 향유하는 인간의 도덕적·영적 자질에 달려 있음을 강력하게 경고한다.

IV.

창세기 12-15장

아브람의 순종과 믿음 속에서 자라 가는 하나님 나라

지금까지 1-11장 공부를 통해, 하나님 나라는 분명 인간의 순종과 불순종 여부와는 상관없이 절대적으로 존재하지만 인간^{1장}의 순종 여부에 따라 좌절당할 수도 있는 역동적 실체^{2-3장, 6-11장}임을 배웠다. 아담에게 주신 생육, 번성, 땅 충만의 복은 아담의 범죄 이후로 3-11장에서 저주의 양상을 띠고 부정적으로 성취되었다. 하나님께 반역하는 인류의 인구 폭발이 일어났고 온 땅에 퍼져 살라는 명령은 흩어짐을 면하려는 인간의 반발을 초래했다. 생육과 번성의 모든 결과는 노아 홍수로 무위로 돌아갔다. 하나님의 형상을 따라 지음받고 그 형상을 구현한 인간 대신에 오히려 육체가 되어 버린 타락하고 폭력적이고 음란한 용사들이 대표한 아담인류는 땅 위에서 노아 홍수로 멸절되었다. 홍수에서 살아남은 노아의 세 아들로부터 생겨난 노아인류도 아담인류의 죄성과 악을 극복하지 못했다. 아담인류의 죄와 악이 노아인류에게도 그대로 전승되었고 노아인류는 바벨탑을 쌓아 하나님께 맞서다가 온 세계로 흩어졌다. 이 심판의 흩어짐이라는 맥락 안에서 이스라엘의 조상 아브람의 등장 의의를 평가할 수 있다. 넓게 보면 창세기 1-11장은 아브람을 등장시키기 위한 긴 서론이다. 아브람은 아담인류와 노아인류를 주장하던 죄악을 하나님에 대한 믿음과 신실한 순종으로 극복한 새로운 인류였다. 창세기는 아담인류의 죄와 불순종의 역사를 아브람이 극복해 나간 역사다. 창세기는 아담의 죄와 저주의 역사를 아브람의 믿음과 순종의 역사가 덮어쓰기하는 과정을 보여준다. 아담인류의 역사 속에서 하나님의 다스림은 작동할 여지가 없었다. 3-11장에서는 인간의 죄와 불순종에 대증요법對症療法식으로 대응한 심판을 통한 하나님의 통치는 뚜렷했지만 생육, 번성, 땅 충만으로 드러나는 하나님의 자애로운 통치는 희미해졌다. 아브람의 등장으로 비로소 하나님의 목적지향적 인류 향도의 발자취가 지속적이고 규칙적으로 찍히기 시작했다.

창세기 12-25장은 아브람과 사래의 순종과 믿음 속에서 자라 가는 하나님 나라의 성장사를 보여준다. 그동안 아브라함을 비롯한 족장들의 이야기는 대부분 개인 경건의 모범을 보여주는 본문으로만 읽히거나 이해되어 왔다. 믿음과 순종의 문제를 단지 개인적이고 실존적인 차원으로만 파악하려고 한 것이다. 그러나 창세기 12:1-3의 원原아브라함 약속은 땅, 후손, 임재와 보호, 이름의 창대 등에서 볼 수 있듯이 하나님의 마음속에 이상적으로 착상된 정치적·공동체적 실체를 지향하고 있다. 다시 말해 생육, 번성, 땅 충만을 통해 의와 공도公道를 이루는 한 나라를 형성하는 방향으로 움직이고 있다.창 18:19, 히 11:10, 16 히브리서 11:8-16이 강조하듯이 아브라함은 하나님이 지으시고 경영하시는 성, 곧 하나님의 심판으로 더 이상 흔들리지 않는 나라를 찾아가는 순례자였다. 아브라함과 이삭과 야곱의 발자취는 죄와 저주가 극복된 인간과 하나님이 함께 조직해 가는 하나님 나라, 곧 의와 공도의 공동체를 창조하려는 원대한 하나님의 목적 아래서 가장 잘 이해될 수 있다. 따라서 우리는 아브라함의 이야기를 하나님 나라의 관점에서 더욱 풍요롭게 읽을 수 있을 것이다. 이런 관점에서 아브람과 사래의 천로역정을 해석하려는 시도는 본문 밖에서 이질적으로 삽입된 낯선 관점으로 창세기를 읽으려는 시도가 아니다. 하나님 나라 관점의 창세기 읽기는 창세기 본문으로부터 도출된 해석 원리이며 본문의 지지를 받고 있다.

무엇보다도 창세기 12:1-3에는 이스라엘 민족 형성사를 세계사적인 지평 속에서 반추하는 신학적 성찰이 들어 있다. 창세기 3-11 장의 역사가 준 미완의 과업을 성취하려고 이스라엘 민족이 태어났다는 사명의식이 이 단락에 깃들어 있다. 우리는 여기서 이스라엘이 스스로 선택받은 민족이라는 자의식을 가졌음에도 불구하고 자신의 역사가 세계 만민을 향한 하나님의 보편적 구속 계획의 도구임을 예리하게 의식했음을 볼 수 있다. 그런데 10-11장에 나오는 열국 도표에는 '이스라엘'이 누락되어 있다. 여기에는 이스라엘이라는 나라가 자연적·인종적·언어학적 차이 때문에 생성된 여러 민족 중 하나가 아니라는 주장이 깔려 있다. 결국 12장의 아브람의 등장과 그 구속사적 의미는 창세기 3-11장이라는 긴 서론을 전제하지 않고는 충분히 이해할 수 없는 것이다.

여러 학자들이 이구동성으로 말하듯이 3-11장은 인류의 원역사原歷史 혹은 범례적範例的 역사를 시적 산문의 형식으로 기술한다. 3-11장이 겉으로는 서사적 이야기체로 쓰였지만 사실상 시적 산문이라 말은, 이 단락에는 많은 생략과 은유와 압축적 이미지 기법이 인류 역사 최초 시기를 기술하는 데 동원되었다는 말이다. 이런 의미의 범례적 역사는 모든 문명의 시초 역사 속에 보편적으로 나타난다. 범례적 역사에 의하면 인간 역사는 한 '선한 창조'에서 시작하여 점점 더 나빠지는 방향으로 전개된다. 실로 3-11장은 죄와 심판의 악순환이 인류가 문명사의 초창기에 경험한 하나님의 역사였음을 보여준다. 이런 점에서 3-11장은 아무런 목적 없이 순환하기만 하는 역사를 기록하고 있다.

악순환의 역사를 배경으로 등장한 아브라함형 인류는 3-11장에 등장했던 죄인 유형들, 곧 아담형 죄인, 가인형 악인, 라멕형 오만한 자, 노아 시대의 네피림 자손(아낙 자손), 바벨탑 축조형 인류와는 전혀 다른 유형의 인류다. 하나님은 노아의 세 아들 중 셈창 9:26을 택하

IV.

아브람의 순종과 믿음 속에서 자라 가는 하나님 나라

시고, 그중에서도 데라를 택하시고, 또 그중에서도 아브람을 택하신다. 하나님의 선택 안목은 셈족을 중심으로 범위를 좁혀 가다가 75세까지 대물림을 할 아들도 낳지 못한 아브람에게서 멈춘다. 셈족의 대를 잇는 데는 실패하지만 하나님의 새로운 가문을 일으키는 데 적합한 불임자 아브람에게 하나님은 추상같은 명령을 내리신다. "너는 너의 고향과 친척과 아버지의 집을 떠나 내가 네게 보여줄 땅으로 가라"는 하나님의 명령은 바로 만민시대를 끝내고 선민시대를 여는 말씀이다. 따라서 아브람은 이제 "한 새로운 위대한 나라의 조상이 될 것이며 그와 그의 후손은 세계 만방을 복되게 하는 근원이 될 것"이다. 그런데 이 말씀은 창세기 3-11장에서 인류 원역사가 경험한 저주와 심판의 악순환 구조를 전제하지 않고는 충분히 이해할 수 없는 말씀이다. 그리고 여기서 비로소 만민의 역사와 선민의 역사가 갈라지게 된다.

요약하자면, 아브람의 등장이 갖는 구속사적 의미는 아브람의 순종과 믿음이 죄와 벌이라는 악순환으로 반복되는 원역사 시대를 종결짓는다는 데 있다. 이처럼 선민의 역사가 등장하기 전에 있었던 죄와 벌의 순환론적인 역사는 선민의 믿음과 순종의 역사에 의해 포섭된다. 이 과정에서 인류 역사는 불가피하게 선택과 비선택(배제)의 논리에 의해 나누어질 수밖에 없다. 그러나 선민과 비선민의 구분은 잠정적인 것이다.^{롬 9-11장, 엡 1-3장} 어디까지나 선민은 만민을 위해 존재하기 때문이다. 만민의 역사가 선민의 역사 바깥으로 배제되는 것처럼 보이지만, 실상은 선민의 역사가 만민의 역사를 내포하고 견인한다. 바로 순종과 믿음으로 점철된 아브람의 생애야말로 인류 역사를 하나님의 구원 의지가 작용하는 장으로 전환시키는 데 결정적인 지렛대 역할을 한 셈이다.

12

¹여호와께서 아브람에게 이르시되 너는 너의 고향과 친척과 아버지의 집을 떠나 내가 네게 보여 줄 땅으로 가라. ²내가 너로 큰 민족을 이루고 네게 복을 주어 네 이름을 창대하게 하리니 너는 복이 될지라. ³너를 축복하는 자에게는 내가 복을 내리고 너를 저주하는 자에게는 내가 저주하리니 땅의 모든 족속이 너로 말미암아 복을 얻을 것이라 하신지라. ⁴이에 아브람이 여호와의 말씀을 따라갔고 롯도 그와 함께 갔으며 아브람이 하란을 떠날 때에 칠십오 세였더라. ⁵아브람이 그의 아내 사래와 조카 롯과 하란에서 모은 모든 소유와 얻은 사람들을 이끌고 가나안 땅으로 가려고 떠나서 마침내 가나안 땅에 들어갔더라. ⁶아브람이 그 땅을 지나 세겜 땅 모레 상수리나무에 이르니 그때에 가나안 사람이 그 땅에 거주하였더라. ⁷여호와께서 아브람에게 나타나 이르시되 내가 이 땅을 네 자손에게 주리라 하신지라. 자기에게 나타나신 여호와께 그가 그곳에서 제단을 쌓고 ⁸거기서 벧엘 동쪽 산으로 옮겨 장막을 치니 서쪽은 벧엘이요 동쪽은 아이라. 그가 그곳에서 여호와께 제단을 쌓고 여호와의 이름을 부르더니 ⁹점점 남방으로 옮겨갔더라.

아브람의 순종과 믿음 속에서 자라 가는 하나님 나라

1) 너는 복의 근원이 될지라 •12:1-9

하나님의 창조 축복의 절정은 "생육하고 번성하여 땅에 충만하라"였다.¹:²⁶⁻²⁸ 이런 관점에서 보면 아브람과 사래의 불임¹¹:³⁰은 분명 하나님의 저주 경험이었다. 아브람과 사래는 3-11장의 원역사를 관통하는 하나님의 저주를 가정적으로 겪고 있었던 것이다. 실제로 셈족 데라와 아브람의 족보를 살펴보면,¹¹:²⁷⁻³² 한 씨족 공동체의 종손, 곧 데라의 장남인 아브람(씨족장이라는 뜻)¹ 사래 부부가 불임의 세월 속에서 겪었을 고통을 미루어 짐작할 수 있다. 셈족의 족장 데라의 자연적 족보는 아브람-사래에 와서 갑자기 끊어진다. 아브람의 아내 사래가 잉태치 못하여 남자 후계자를 낳지 못한 것이다. 낳고 낳음의 수없는 반복 속에서 사래의 낳지 못함은 돌발적인 불협화음이며 자연적인 종족 계승의 좌절을 의미한다. 이 길고도 상세한 족보는 낳고 죽으면서도 세대를 넘어 대를 이어 가는 데라-아브람 가정의 세대 계승을 집중적으로 부각시킴으로써, 아브람 대에 와서 대가 끊기게 되었다는 사실을 강조하려는 저자의 의도를 반영한다.

이러한 아브람-사래 부부를 결정적으로 변화시킨 말씀은 "고향과 친척과 아버지의 집을 떠나라"는 하나님의 명령이자 약속이었다. 고향과 친척과 아버지의 집은 고조(증조) 할아버지를 우두머리로 모시는 씨족 공동체의 위계질서를 가리킨다. 아울러 가부장적인 이데올로기로 건축한 견고하기 짝이 없는 아성이기도 하다. 당시 씨족 사회를 유지하는 데 남자아이의 출생은 매우 중요한 사건이었다. 그런데 이제 하나님은 남자아이를 낳아 종족을 유지하고 확장하는 데 궁극적인 목적을 둔 고향과 친척과 아버지의 집의 세계관을 벗어나서 하나님의 꿈(열국의 아비)에 동참하도록 아브람을 불러내신다. 고대 셈족 사회에서 한 개인이 씨족 공동체와 분리되어 살아가는 일이 쉽지 않았음을 고려해 볼 때, 고향과 친척과 아버지의 집에서 떨어져 나오라는 하나님의 명령이 얼마나 급진적이고 과격하게 들렸을지 충분히 짐작할 수 있다.

하지만 결국 아브람은 고향과 친척과 아버지의 집과 혈연적·문화적·종교적 유대를 끊고 창조적 분리를 감행함으로써 자신의 불임 세월 속에 담겨 있던 하나님의 '숨은 뜻'을 이해하게 되었다. 실로 아브람은 하나님이 지시하시는 약속의 땅에서 열국의 조상이 될 운명이었기 때문에 고향과 친척과 아버지의 집에서는 불임의 사람으로 살았던 것이다! 하나님은 네 가지 약속(땅, 큰 민족, 이름, 임재와 보호)을 근거로 아브람을 고향과 친척과 아버지의 집에서 불러내신다. 그중에서도 가장 놀라운 약속은 당장의 대물림도 하지 못하는 아브람을 큰 민족(세계 만민에게 하나님의 복을 매개하고 유통하는 민족)의 조상으로 만들어 주시겠다는 것이다. 그리고 아브람은 고향과 친척과 아버지의 집에서 창조적인 탈출을 감행함으로써 하나님의 약속에 대한 믿음을 증명해 보인다.

이처럼 아브람은 세계 만민에게 복을 주고자 하시는 하나님의 도구가 되기 위해 자신의 고향과 친척과 아버지의 집의 결속에서 분리되어야 했다. 고대 사회에서 고향과 친척과 아버지의 집이라고 하면 개인의 삶에서 궁극적 충성의 대상이었다. 그러다 보니 개인이 세상과 접촉하는 통로 역시 그가 속한 1차(씨족) 공동체였다. 정상적인 경우라면 이와 같이 가족적·혈연적·지연적 유대에 충실한 것이 죄악은 아니었다. 그러나 하나님 나라는 혈과 육의 유대로 건설되는 것이 아니라 오로지 하나님에 대한 믿음으로 건설되기에 아브람은 가족적 유대로부터 창조적인 탈출을 감행해야만 했다. 분명 하나님께서 건설하려고 하는 세계는 지역, 인종, 이념 등에 의해 구획되는 혈과 육의 나라가 아니다. 따라서 아브람은 만민에게 복의 근원이 되기 위해 혈연적·지연적·문화적 모태에서 단절되어야 했던 것이다. 이때 '복'이란 아브람의 후손들이 하나님의 복을 받는 통로가 되는 '큰 민족'[고이 가돌(גוֹי גָּדוֹל)], 곧 의와 공도를 구현한 위대한 공동체로서 주변 세계를 하나님의 통치권으로 편입시킬 확장적인 공동체가 됨을 의미한다. 또 여기서 말하는 큰 민족의 구성 요소에는 후손의 번성, 많은 땅의 확보, 이름이 만방에 널리 퍼지는 명예, 그리고 하나님의 밀접한 임재와 동행의 향유가 포함된다. 하나님의 밀접한 임재와 동행을 향유하는 조건은 의와 공도의 구현이었다. 창 18:19, 사 1:21-26, 33:14, 삼하 8:15 의와 공도는 하나님을 두려워하는 마음으로 가난한 자와 사회적 약자들을 자애롭게 돌보고[의, 체데크(צֶדֶק)], 타인의 권리와 존엄을 빼앗을 정도로 강력해지는 자들을 법적·도덕적으로 견제하는 형평 활동[공평, 미쉬파트(מִשְׁפָּט)]이 잘 조화된 공동체다. 모세오경에 나오는 십계명과 3대 법전(출 20-23장의 계약 법전, 신 12-26장의 신명기 법전, 레 17-26장의 성결 법전)이 지향하는 사회가 바로 의와 공도가 실현되는 사회다. 이스라엘이 하나님의 창조 축복을 맛보고 의와 공도를 구현하는 것이 열방에게는 복이 되는 첩경이다.

아브람과 그 후손의 이러한 '복의 근원'으로서의 삶은 세계 만민이 참여하는 복의 시발점이 되는 삶을 살아 내는 것을 의미한다. 여기에는 독점의 원리가 들어설 여지가 없고 오직 나눔과 유통의 원리가 있을 뿐이다. 12:3의 원문 목적절을 부각시켜 직역해 보면 다음과 같다. "땅의 모든 족속이 너로 인하여 복을 얻을 수 있도록, 너를 축복하는 자에게는 내가 복을 내리고 너를 저주하는 자에게 내가 저주할 것이다." 위와 같이 목적절이 부각되어야 아브람을 축복과 저주의 기준점으로 삼는 하나님의 의도가 훨씬 더 분명해진다. 또한 이 구절은 믿음으로 사는 사람에게 복을 주시겠다는 하나님의 일반 원칙을 천명하고자 하신 말씀이었다. 여기서 아브람은 아담의 불순종과 불신앙을 극복하여 아담이 열어 놓은 저주의 판도라 상자를 닫는 복의 회복자로 묘사된다. 아브람을 축복한다는 말은 아브람과 같은 믿음의 길을 지지하고 따르는 행위를 말하며, 아브람을 저주한다는 말은 아브람이 걸어간 믿음과 순종의 길을 적대시하는 행동을 의미한다. 결국 아브람은 믿음과 순종이 하나님의 복을 유통시키는 근본 원리임을 구현하는 모범으로 선택받았음을 알 수 있다.

하나님의 약속에서 발견되는 또 하나 놀라운 사실은, 1-3절이 명령 형식으로 된 약속이라는 점이다. 하나님의 명령에 대한 아브람의 반응은 즉각적인 순종이었는데 그것은 하나님의 약속에 대한 믿음의 반응이었다.[4-9절] 하나님의 부르심에 대한 아브람의 응답에 하란의 아들인 조카 롯도 동참해 아브람은 조카를 데리고 하란을 떠났다.

그때 아브람의 나이 75세였다. 하나님의 부르심을 받기 전에 아브람은 자신의 운명적 한계 안에 갇혀 사는 사람이었다. 그런데 이 무기력한 75세의 중늙은이와 10살 아래인 그의 아내 사래에게 저항할 수 없는 인생의 전환점, 곧 하나님의 부르심의 말씀이 찾아왔다. 75세가 되기까지 자식도 낳지 못한 불임의 세월을 살아온 이 늙은 부부에게 하나님은 전혀 예상치 못한 미래를 준비하고 계셨다. 데라가 아브람을 낳을 때 70세였고 그가 205세까지 살았으므로, 아브람이 75세의 나이에 하나님의 부르심을 받아 고향과 친척과 아버지의 집을 떠났다는 사실은 아브람이 아버지 데라가 살아 있을 때 떠났음을 의미한다.[2] 그래서 아브람이 아버지의 집을 탈출할 당시 가족과 분리되는 고통이 뒤따랐을 것이다. 여기서 우리는 하나님 나라를 전파하는 일이 아버지의 장례식보다 더 긴급한 과제임을 역설하신 나사렛 예수의 급진적인 요구를 떠올리게 된다.눅 9:59-61

하란을 떠나기로 결단한 아브람의 이주는 사래와 단둘이 떠나는 여행이 아니라, 한 가문을 이끌고 떠나는 위험천만한 이주였다. 아내 사래와 조카 롯과 하란에서 모은 모든 소유와 얻은 사람들을 이끌고 떠난 이주였다. 아브람은 즉각 순종했지만 사실 하나님이 지시하시는 땅이 정확하게 어디를 가리키는지 알지 못하고 떠났다("하나님이 나로 하여금 방황하게 하셨다!").창 20:13, 히 11:8-9 그는 자신이 도착한 곳이 하나님이 지시하시는 땅이 맞는지 알아보기 위해 가나안 토착민들의 성소에 주로 들어가 하나님께 제단을 쌓음으로 하나님의 뜻을 찾고 물었다. 아브람은 그 땅에 거주하던 가나안 사람들의 성소인 세겜 땅 모레 상수리나무에 당도해 하나님을 찾았다. 거기서 여호와께서 아브람에게 나타나 아브람이 머문 그곳이 하나님이 지시하신 땅임을 깨닫게 하셨다. "내가 이 땅을 네 자손에게 주리라."12:7 아브람은 자기에게 나타나신 여호와께 그곳에서 제단을 쌓고 하나님의 인도하심을 추구했다. 세겜의 모레 상수리나무에서 모레(מוֹרֶה)는 선생님(신적 인도자)을 의미한다. 선생님 상수리나무라는 뜻이다. 고대 가나안 사람들의 토착성소를 에둘러 표현한 말이다. 아브람은 후에 헤브론의 마므레라는 헷 사람의 상수리나무 중심으로 신앙생활을 했다.[13:18] 세겜에서 제단을 쌓은 후 얼마 있다가 아브람은 벧엘 동쪽 산으로 옮겨 장막을 쳤다. 서쪽의 벧엘과 동쪽의 아이 사이 한 곳에 야웨께 제단을 쌓고 여호와의 이름을 불렀다. 세겜에 비해 벧엘과 아이 사이 지역은 남쪽이었는데 시간이 갈수록 아브람은 점점 남방으로 옮겨 갔다. 이처럼 아브람은 가나안 땅에 도착한 순간부터 가는 곳마다 단을 쌓으며 하나님의 임재와 동행을 믿고 경험했다.

아브람은 거대한 바벨탑 축조를 주도했던 함족의 영웅 니므롯과는 정반대로 소박한 단을 쌓고 하나님의 인도와 보호를 추구했다. 하나님은 영웅호걸형 인간이 아니라 일상생활 속에서 소박하게 하나님과 동행하며 순종과 믿음을 바치는 아브람과 그 후손을 통해 세상 만민을 하나님 나라로 이끌어 들이기를 기뻐하셨다. 인생의 전환점이 될 만한 결단을 불러일으키는 하나님 말씀에 추동되어 약속의 땅을 향해 길을 떠나지만 본질적으로 하나님과의 동행은 비영웅적이고 소박한 일상 속에서 이루어진다. 믿음의 결단은 하나님의 말씀에 감동받아 순종할 때 이루어지지만 그 믿음을 유지하는 데는 훨씬 덜 극적이고 일상적이며 소소한 결단이 중요하다. 아브람의 발자취를 따르는 믿음의 성도들에게 최초의 극적 결단이나 이후 소소한 일상의 결단 모두의 목표는 다름 아닌 많은 사람들을 위한 복의 근원으로서의 삶을 사는 일이다.

12 [10]그 땅에 기근이 들었으므로 아브람이 애굽에 거류하려고 그리로 내려갔으니 이는 그 땅에 기근이 심하였음이라. [11]그가 애굽에 가까이 이르렀을

때에 그의 아내 사래에게 말하되 내가 알기에 그대는 아리따운 여인이라. ¹²애굽 사람이 그대를 볼 때에 이르기를 이는 그의 아내라 하여 나는 죽이고 그대는 살리리니 ¹³원하건대 그대는 나의 누이라 하라. 그러면 내가 그대로 말미암아 안전하고 내 목숨이 그대로 말미암아 보존되리라 하니라. ¹⁴아브람이 애굽에 이르렀을 때에 애굽 사람들이 그 여인이 심히 아리따움을 보았고 ¹⁵바로의 고관들도 그를 보고 바로 앞에서 칭찬하므로 그 여인을 바로의 궁으로 이끌어들인지라. ¹⁶이에 바로가 그로 말미암아 아브람을 후대하므로 아브람이 양과 소와 노비와 암수 나귀와 낙타를 얻었더라. ¹⁷여호와께서 아브람의 아내 사래의 일로 바로와 그 집에 큰 재앙을 내리신지라. ¹⁸바로가 아브람을 불러서 이르되 네가 어찌하여 나에게 이렇게 행하였느냐. 네가 어찌하여 그를 네 아내라고 내게 말하지 아니하였느냐. ¹⁹네가 어찌 그를 누이라 하여 내가 그를 데려다가 아내를 삼게 하였느냐. 네 아내가 여기 있으니 이제 데려가라 하고 ²⁰바로가 사람들에게 그의 일을 명하매 그들이 그와 함께 그의 아내와 그의 모든 소유를 보내었더라.

(12) · (15)

IV.

아브람의 순종과 믿음 속에서 자라 가는 하나님 나라

2) 약속의 땅과 세상 사이에서 방황하는 아브람 ● 12:10-20

하나님의 풍성한 약속(땅, 후손, 이름, 보호와 동행)을 믿고 천신만고 끝에 찾아온 약속의 땅은 아브람에게는 낯설기만 했다. 아브람은 가나안 원주민들이 이미 정착하여 살던 평지에는 장막을 치지 못하고 주로 산지에 장막을 치며 이리저리 옮겨 다니면서도, 장소를 옮길 때마다 제단을 쌓고 하나님에 대한 믿음을 표현한다. 그러나 약속의 땅에 기근이 오자 아브람은 하나님을 경외하지 않는 땅 애굽으로 내려가고 만다. 안타깝게도 그는 12:1-3에서 언명된 하나님의 임재와 보호 약속을 신뢰하지 못했다. 이번에는 하란에서 가나안으로 이주해 온 동기와는 다른 동기로 애굽으로 내려간 것이다. 비록 가나안에 기근이 찾아왔지만 그곳은 분명 하나님의 임재와 보호의 약속이 걸려 있는 땅이었다. 그러나 아브람은 하나님의 약속을 믿지 못하고

187

애굽을 구원의 피난처로 삼았다. 그의 애굽 이주는 한마디로 말해 불신앙의 길이었다.^{창 26:1-4} 창 26:1-4

그는 하나님의 보호와 임재의 약속을 믿지 못한 채 대신 자기 아내 사래를 누이라고 속이며 자신의 목숨을 보존하려는 또 하나의 자구책을 강구했다. 하나님의 경호 임재를 믿지 못했기 때문에 아브람 스스로 구원의 방책을 강구할 수밖에 없었다. 하나님을 경외함이 없던 나라인 애굽에 가까이 이르렀을 때 아브람은 자신의 아리따운 아내를 애굽 사람들에게 강탈당하고 자신은 죽임을 당할 것을 두려워하여 자신과 사래를 오누이 관계로 위장하자고 제의했다. 이런 자구책이 없으면 아내를 빼앗기고 자신은 필경 죽임을 당할 것을 두려워하여 짜낸 나름의 묘안이었다. 자신의 목숨을 보존하고자 아내를 애굽 사람에게 넘겨 순결을 잃게 만드는 위험천만한 묘안이었다. 아니나 다를까 아브람이 예상한 대로 둘이 애굽에 이르렀을 때에 애굽 사람들이 사래의 심히 아리따움을 보았다. 그 소문은 바로의 고관들에게도 퍼져 그들도 사래를 보고 바로 앞에서 칭찬하므로 후궁으로 삼고자 바로의 궁으로 사래를 데려갔다. 바로는 사래를 후궁으로 얻는 일로 기뻐하며 오라비 아브람을 후대하였다. 아브람은 양과 소와 노비와 암수 나귀와 낙타를 얻었다. 여기까지는 인간의 주도권이 사태를 장악했으나 아브람의 하나님이 곧장 개입하신다. 야웨께서 아브람의 아내 사래의 일로 바로와 그 집에 재앙을 내리셨다. 바로가 사래의 일로 자신의 집에 하나님의 재앙이 임했다는 것을 즉시 깨달을 정도로 큰 재앙이 바로의 집을 덮쳤다. 바로는 즉시 아브람을 불러 항의하고 질책했다. "네가 어찌하여 그를 네 아내라고 내게 말하지 아니하였느냐. 네가 어찌 그를 누이라 하여 내가 그를 데려다가 아내를 삼게 하였느냐. 네 아내가 여기 있으니 이제 데려가라."^{12:18-19} 12:18-19 큰 재앙에 놀란 바로는 아브람을 힐난하면서도 즉시 사래를 아브람에게 돌려보낸다. 바로의 신하들이 즉시 아브람의 아내와 모든 소유를 보냄으로써 사래의 순결이 손상당할 위기는 모면되었다. 결국 아브람의 불신앙은 아내의 순결을 위태롭게 하였으며, 그 자신은 수치스럽게도 애굽의 바로에게 혹독한 책망을 받아야 했다.

그렇다면 아브람의 실수의 본질은 무엇인가? 무엇보다 아브람은 먹고사는 일차원적 문제에서 하나님을 믿지 못했다. 그러나 이 모든 허물과 실수와 불순종을 하나님은 묵묵히 참으시고 수습해 주신다. 아브람 역시 자신의 삶이 하나님의 특별한 보호와 후견(돌봄) 속에 있음을 깨닫고 다시 약속의 땅으로 되돌아온다. 이후로 아브람은 실수를 한 번 할 때마다 조금씩 성장해 나간다.

윤택한 요단 들판보다
헤브론 산지에 거주하기를 결단하는 아브람 ●13장

IV.

아브람의 순종과 믿음 속에서 자라가는 하나님 나라

13 ¹아브람이 애굽에서 그와 그의 아내와 모든 소유와 롯과 함께 네게브로 올라가니 ²아브람에게 가축과 은과 금이 풍부하였더라. ³그가 네게브에서부터 길을 떠나 벧엘에 이르며 벧엘과 아이 사이 곧 전에 장막 쳤던 곳에 이르니 ⁴그가 처음으로 제단을 쌓은 곳이라. 그가 거기서 여호와의 이름을 불렀더라. ⁵아브람의 일행 롯도 양과 소와 장막이 있으므로 ⁶그 땅이 그들이 동거하기에 넉넉하지 못하였으니 이는 그들의 소유가 많아서 동거할 수 없었음이니라. ⁷그러므로 아브람의 가축의 목자와 롯의 가축의 목자가 서로 다투고 또 가나안 사람과 브리스 사람도 그 땅에 거주하였는지라. ⁸아브람이 롯에게 이르되 우리는 한 친족이라. 나나 너나 내 목자나 네 목자나 서로 다투게 하지 말자. ⁹네 앞에 온 땅이 있지 아니하냐. 나를 떠나가라. 네가 좌하면 나는 우하고 네가 우하면 나는 좌하리라. ¹⁰이에 롯이 눈을 들어 요단 지역을 바라본즉 소알까지 온 땅에 물이 넉넉하니 여호와께서 소돔과 고모라를 멸하시기 전이었으므로 여호와의 동산 같고 애굽 땅과 같았더라. ¹¹그러므로 롯이 요단 온

지역을 택하고 동으로 옮기니 그들이 서로 떠난지라.

1) 첫 사랑을 회복한 아브람 ● 13:1-11

바로의 책망을 들은 아브람은 애굽을 떠나 아내와 모든 소유와 롯과 함께 일단 네게브로 올라갔다. 사래가 바로의 후궁으로 간택된 일로 받은 재산까지 더해 많은 가축과 은과 금을 가지고 가나안으로 돌아왔다. 하지만 그는 네게브에서 멈추지 않고 다시 길을 떠나 벧엘과 아이 사이 곧 전에 장막 쳤던 곳에 이르렀다. 약속의 땅으로 되돌아온 아브람이 한 일은, 처음 제단을 쌓았던 곳에서 다시 제단을 쌓고 하나님의 이름을 부르는 일이었다. 하나님의 이름을 불렀다는 말은 하나님만이 아브람의 보호자요, 의식주를 공급하는 자요, 구원자임을 인정한다는 뜻이다. 하나님의 이름을 부르는 행위 자체가 하나님의 임재와 보호를 확보하는 길이었다. 이처럼 아브람은 약속의 땅에 와서 처음 하나님의 이름을 부른 곳에서, 곧 하나님이 함께하심을 맛보고 경험했던 바로 그곳에서 다시 하나님의 이름을 불렀다. 하나님에 대한 신앙을 회복했다. 벧엘과 아이 사이(헤브론)에서 제단을 쌓고 하나님과 친밀하게 동행하면서 그 낯선 가나안 땅이 하나님께서 약속으로 주신 땅임을 확신하기 위해 첫사랑의 기억도 회복했다.[제 2:4-5] 가나안 복귀 후 생활이 안정되자 이번에는 가문 내부에서 다툼이 일어났다. 조카 롯의 재산도 늘어나 분가하지 않으면 안될 정도였다.

　하나님의 복을 받아 번성하게 된 아브람과 조카 롯 사이에 영역 다툼이 일어난다. 아브람의 가축 목자와 롯의 가축 목자들 사이에 목초지 문제로 다툼이 일어났다. 그것은 가나안 사람과 브리스 사람도 함께 살던 곳에서 일어난 다툼이었으므로 자칫하면 가나안 토착 부족들과의 분쟁으로도 번질 수 있었다. 롯과 아브람은 모두 더 이상 한 지역에 살 수 없을 정도로 번성했기에 그들에게는 우아한 분리가 필요했다. 이때 아브람이 롯에게 "우리는 한 친족이라. 나나 너나 내 목자나 네 목자나 서로 다투게 하지 말자"[13:8]고 제안한다. 아브람은 영역 다툼 문제를 해결하기 위해 아주 대범한 제안을 한다. 롯에게 먼저 거주할 땅을 선택하라고 우선권을 준 것이다. "네 앞에 온 땅이 있지 아니하냐. 나를 떠나가라. 네가 좌하면 나는 우하고 네가 우하면 나는 좌하리라."[13:9]

롯이 어떤 땅을 선택할 것인지는 그의 됨됨이를 드러내는 계기가 될 것이다. 이에 롯이 눈을 들어 요단 지역을 바라보았다. 소알까지 온 땅에 물이 넉넉한 것을 보았다. 여호와께서 소돔과 고모라를 멸하시기 전이었으므로 롯이 선택한 요단 평지는 여호와의 동산 같고 애굽 땅과 같았다. 롯이 요단의 평야 지역을 택하고 동쪽으로 옮겨 마침내 아브람을 떠났다. 롯이 선택한 땅은 언뜻 보기에도 비옥하고 번성한 평지 도시 지역이었다. 롯은 애굽 땅과 같이 기름지고 에덴 동산처럼 윤택한 땅을 차지한 것이다. 그에게 땅의 선택 기준은 "어디가 재산을 유지하고 증식하는 데 도움이 되며 어디에서 편리한 문명 생활을 할 수 있겠는가?"였을 것이다. 그는 하나님만을 구원과 복의 근원으로 생각하지 않고 물질과 재산과 문명 생활을 구원이라고 믿었을 것이다. 그래서 결국 롯은 소돔 성까지 이주했고 그곳에서 명목상 지도자 노릇을 하긴 했지만 사회적으로 또 가정적으로 전혀 선한 영향력을 발휘하지 못했다.[창 19:1-9, 14, 26, 30-38, 벧후 3:6-8, 고전 3:13-15] 현상 유지는커녕 그 자신의 신앙마저도 퇴보하는 결과를 가져왔을 뿐이다. 그가 받은 복이 그의 신앙을 퇴보시키는 올무로 작용했던 것이다. 이처럼 영적인 그릇이 준비되지 못한 사람에게 하나님이 주신 복은 오히려 올무가 되고 영적 쇠락의 계기가 된다. 이런 사람이 저지르기 쉬운 잘못은 하나님의 복을 받은 후에 오히려 영적 침륜과 나태에 빠진다는 것이다.

13

¹² 아브람은 가나안 땅에 거주하였고 롯은 그 지역의 도시들에 머무르며 그 장막을 옮겨 소돔까지 이르렀더라. ¹³ 소돔 사람은 여호와 앞에 악하며 큰 죄인이었더라. ¹⁴ 롯이 아브람을 떠난 후에 여호와께서 아브람에게 이르시되 너는 눈을 들어 너 있는 곳에서 북쪽과 남쪽 그리고 동쪽과 서쪽을 바라보라. ¹⁵ 보이는 땅을 내가 너와 네 자손에게 주리니 영원히 이르리라. ¹⁶ 내가 네 자손이 땅의 티끌 같게 하리니 사람이 땅의 티끌을 능히 셀 수 있을진대 네 자손도 세리라. ¹⁷ 너는 일어나 그 땅을 종과 횡으로 두루 다녀 보라. 내가 그것을 네게 주리라. ¹⁸ 이에 아브람이 장막을 옮겨 헤브론에 있는 마므레 상수리 수풀에 이르러 거주하며 거기서 여호와를 위하여 제단을 쌓았더라.

2) 실망과 허탈감에 빠진 아브람을 위로하시는 하나님
: 다시 약속을 붙잡는 아브람 ● 13:12-18

13:12은 아브람과 롯의 거주지 선택의 결과를 상황절로 대비시킨다. 아브람은 가나안 땅에 거주하였고 롯은 그 지역의 도시들에 머무르며 장막을 옮겨 소돔까지 진출했다. 12절 하반절은 주어를 롯으로 하는 상황절이다. 아브람이 거주한 곳은 가나안 땅이었다. 여기서 가나안 땅은 아직 도시화가 되지 않은 곳을 의미한다. 본문에서는 헤브론 지역을 의미한다. 소돔과 고모라처럼 도시화되어 도시국가 체제에 편입되지 않은 인구 희소지역을 가리킨다. 반면에 롯은 12절의 삽입절 역할을 하는 13절이 가리키듯이 야웨 하나님 앞에 큰 죄인으로 알려진 소돔 사람들의 본거지까지 진출한 것이다. 영적으로 아주 타락한 사람들의 도시까지 장막을 옮겼다. 이것은 소돔 사람들이 사는 방식에 대한 경각심을 갖지 못했음을 의미한다. 반면에 아브람은 가나안 땅 산지에 거주한다.

14-18절은 아브람이 가나안 사람들이 아직 주도권을 쥔 헤브론에 정착하게 된 과정을 설명한다. 롯이 아브람을 떠난 후에 야웨께서 아브람에게 거주할 땅을 선택하라는 제안을 하신다. 아브람은 롯에게 제안하고 야웨는 아브람에게 제안을 하시는 것이다. "눈을 들어 너 있는 곳에서 북쪽과 남쪽 그리고 동쪽과 서쪽을 바라보라."^{13:14} 하나님은 아브람의 시야가 닿는 땅을 아브람과 그의 후손에게 영원히 거주할 땅으로 주겠다고 약속하신다. 뿐만 아니라 후손 번영의 약속도 덧붙여 주신다. 12:2의 '큰 민족' 약속 이후에 처음으로 주시는 약속이다. 큰 민족의 의미는 아브람의 후손이 '땅의 티끌'처럼 많게 하시겠다는 것이다. 이 약속 후에 하나님께서는 아브람에게 땅을 종과 횡으로 정탐한 후에 거주할 곳을 찾아보라고 명하신다. 아브람은 종과 횡으로 땅을 두루 정탐한 후에 헤브론으로 장막을 옮기는데 특히 마므레 상수리 수풀에 거주하며 거기서 야웨를 위해 제단을 쌓았다. 세겜의 모레 상수리나무에 거주했던 아브람은 이제 마므레 상수리 수풀에 거주한다. 헷 족속 마므레가 관할하던 성소를 중심으로 살면서 하나님의 세심한 인도를 의지하며 살아갔다는 말이다.

아브람은 도시문화가 번성한 곳이 아니라 상대적으로 척박하고 한적한 지역에 장막을 친다. 헤브론은 기원전 14세기경 작성된 아마르나 서신(가나안 도시국가들을 다스리던 이집트의 봉신이 보낸 외교 서신)에 등장할 정도로 이미 사람들이 살던 거주지였는데, 아브람은 헤브론의 도시 안에 들어가 살지 않고 상수리 수풀에 장막을 쳤다. 그는 의식주 문제를 해결해 주시는 구원자가 하나님이시라고 확신했기 때문에 비옥한 땅을 조카 롯에게 과감하게 양보할 수 있었다. 애굽 땅이 비옥한 땅이었지만 신앙생활을 하는 데 방해가 됨을 깨달았던 것이다. 따라서 애굽 땅과 같이 윤택해 보였던 요단 들과 소돔,

고모라 지역을 탐하지 않았다. 아마도 12:10-20의 경험을 통해 아브람은 척박한 땅일지라도 가나안 산지가 더욱 소중한 약속의 땅이라고 생각할 수 있는 여유를 가졌을 것이다.

그러나 이러한 신앙적인 결단에도 불구하고 아브람에게는 우선 손에 잡히는 땅의 복이 없었다. 그래서 하나님은 좋은 땅을 롯에게 양보한 아브람에게 깊고 장구한 약속을 베푸신다. 현실적인 재물이나 값나가는 땅에 비하여 약속은 보다 추상적으로 들릴 수 있다. 그러나 롯이 선택한 '현실'의 땅에 비해 아브람에게 주신 '약속'의 땅은 아브람의 후손까지 살리는 땅이 될 것이다. 반면에 요단 들과 소돔, 고모라는 부모세대야 그런대로 잘 살 수 있을지 몰라도 도저히 후손에게는 남겨 줄 수 없는 죽음과 죄악의 땅이었다.

아브람은 미래지향적 '약속'이라는 이름의 땅을 받았다. 실로 아브람의 시선이 머물고 그의 발바닥이 닿는 땅은 모두 다 그의 땅이 될 것이다. 이제 아브람은 약속이라고 불리는 보금자리에 머물며 거기서 하나님의 임재를 맛보는 삶의 비밀을 조금씩 깨달아 간다. 아브람은 또다시 단을 쌓고 하나님의 이름을 부름으로써 이 깊고 장구한 하나님의 위로에 응답한다. 그리고 자신이 차지하고 있는 그 작은 땅 너머, 오히려 하나님의 시선으로 가나안 땅 전체를 상속 기업으로 받는 믿음을 갖게 된다.

실로 아브람은 자신을 매몰시키고 영적 침륜으로 이끌 수 있는 눈앞의 '윤택한 도시'보다는 하나님의 위대하고 장구한 약속을 생각나게 하는 '척박한 산지'를 선택했다. 그로 인해 비옥한 작은 땅을 차지하고 전체적인 전망을 잃어버린 롯과 달리, 척박한 산지를 받아 지리적으로 동서남북과 시간적으로 다음 세대를 걸쳐 상속되고 점유하게 될 더 큰 하나님의 영토를 소망하게 된 것이다. 이제 아브람은 그의 후손들이 이어받아 살아가게 될 가나안 산지와 같은 신령한 영토를 '약속'으로 받아 차지하게 될 것이다. 또한 일부러 산지 한적한 곳으로 장막을 옮겨 신앙 터전을 구축한 아브람은 하나님과의 영적 친밀성과 동행을 삶의 최우선 과제로 삼았다. 게다가 신앙인의 명예와 위엄을 지키기 위해 물질적인 이익을 기꺼이 양보할 수 있는 대범성까지 과시한다. 그리고 결국 경쟁의 원리가 아니라 양보의 원리로 승리를 거둔다.

비겁한 소시민에서 용맹무쌍한 장군으로 변화된 아브람 •14장

14 [1] 당시에 시날 왕 아므라벨과 엘라살 왕 아리옥과 엘람 왕 그돌라오멜과 고임 왕 디달이 [2] 소돔 왕 베라와 고모라 왕 비르사와 아드마 왕 시납과 스보임 왕 세메벨과 벨라 곧 소알 왕과 싸우니라. [3] 이들이 다 싯딤 골짜기 곧 지금의 염해에 모였더라. [4] 이들이 십이 년 동안 그돌라오멜을 섬기다가 제십삼년에 배반한지라. [5] 제십사년에 그돌라오멜과 그와 함께한 왕들이 나와서 아스드롯 가르나임에서 르바 족속을, 함에서 수스 족속을, 사웨 기랴다임에서 엠 족속을 치고 [6] 호리 족속을 그 산 세일에서 쳐서 광야 근방 엘바란까지 이르렀으며 [7] 그들이 돌이켜 엔미스밧 곧 가데스에 이르러 아말렉 족속의 온 땅과 하사손다말에 사는 아모리 족속을 친지라. [8] 소돔 왕과 고모라 왕과 아드마 왕과 스보임 왕과 벨라 곧 소알 왕이 나와서 싯딤 골짜기에서 그들과 전쟁을 하기 위하여 진을 쳤더니 [9] 엘람 왕 그돌라오멜과 고임 왕 디달과 시날 왕 아므라벨과 엘라살 왕 아리옥 네 왕이 곧 그 다섯 왕과 맞서니라. [10] 싯딤 골짜기에는 역청 구덩이가 많은지라. 소돔 왕과 고모라 왕이 달아날 때에 그들이 거기 빠지고 그 나머지는 산으로 도망하매 [11] 네 왕이 소돔과 고모라의 모든 재물과 양식을 빼앗아 가고 [12] 소돔에 거주하는 아브람의 조카 롯도 사로잡고 그 재물까지 노략하여 갔더라. [13] 도망한 자가 와서 히브리 사람 아브람에게 알리니 그때에 아브람이 아모리 족속 마므레의 상수리 수풀 근처에 거주하였더라. 마므레는 에스골의 형제요 또 아넬의 형제라. 이들은 아브람과 동맹한 사람들이더라. [14] 아브람이 그의 조카가 사로잡혔

IV.

아브람의 순종과 믿음 속에서 자라가는 하나님 나라

음을 듣고 집에서 길리고 훈련된 자 삼백십팔 명을 거느리고 단까지 쫓아가서 ¹⁵ 그와 그의 가신들이 나뉘어 밤에 그들을 쳐부수고 다메섹 왼편 호바까지 쫓아가 ¹⁶ 모든 빼앗겼던 재물과 자기의 조카 롯과 그의 재물과 또 부녀와 친척을 다 찾아왔더라. ¹⁷ 아브람이 그돌라오멜과 그와 함께한 왕들을 쳐부수고 돌아올 때에 소돔 왕이 사웨 골짜기 곧 왕의 골짜기로 나와 그를 영접하였고 ¹⁸ 살렘 왕 멜기세덱이 떡과 포도주를 가지고 나왔으니 그는 지극히 높으신 하나님의 제사장이었더라. ¹⁹ 그가 아브람에게 축복하여 이르되 천지의 주재이시요 지극히 높으신 하나님이여, 아브람에게 복을 주옵소서. ²⁰ 너희 대적을 네 손에 붙이신 지극히 높으신 하나님을 찬송할지로다 하매 아브람이 그 얻은 것에서 십분의 일을 멜기세덱에게 주었더라. ²¹ 소돔 왕이 아브람에게 이르되 사람은 내게 보내고 물품은 네가 가지라. ²² 아브람이 소돔 왕에게 이르되 천지의 주재이시요 지극히 높으신 하나님 여호와께 내가 손을 들어 맹세하노니 ²³ 네 말이 내가 아브람으로 치부하게 하였다 할까 하여 네게 속한 것은 실 한 오라기나 들메끈 한 가닥도 내가 가지지 아니하리라. ²⁴ 오직 젊은이들이 먹은 것과 나와 동행한 아넬과 에스골과 마므레의 분깃을 제할지니 그들이 그 분깃을 가질 것이니라.

13장에 이어 14장에서도 아브람은 신앙 인격의 괄목할 만한 성장을 보여준다. 얄미운 조카 롯에게 좋은 땅을 다 양보하고 척박한 산지에서 아직도 안정되지 못한 유목생활을 하던 아브람에게 다급한 소식이 찾아든다. 바벨론 지역의 그돌라오멜 왕 주도의 4개국 연합군이 조카 롯이 살고 있던 소돔 성을 점령하고 부녀와 인민을 포로로 잡아갔다는 소식이다. 전쟁의 원인은 이전까지 그돌라오멜의 봉신국가였던 가나안 도시국가들이 12년 동안 그돌라오멜을 종주로 섬기다가 13년 만에 배반했기 때문이다. 이들의 배반이 있은 1년 후에 그돌라오멜과 그와 함께한 왕들이 나와서 가나안 소부족들을 쳐부수기 시작했다. 아스드롯 가르나임에서 르바 족속을, 함에서 수스 족속을, 사웨 기랴다임에서 엠 족속을,^{5절} 후에 세일산으로 불리게 될 지역에서는 그 원주민 호리 족속을 쳤다. 그돌라오멜 연합군이 쳐 부순 원주민들의 몰락으로 세일에는 에돔 족속이, 요단 강 동쪽에는 모압과 암몬 족속이 정착하게 되었다.신 2:8-11 이 외에도 그돌라오멜 연합군은 더 남쪽으로 방향을 돌려 엔미스밧 곧 가데스에 이르러 아말렉 족속의 온 땅과 하사손다말에 사는 아모리 족속까지 쳤다. 남부 가나안 도시국가들의 원군이 될 모든 원주민들을 쳐부순 것이다. 마침내 그돌라오멜 연합군은 싯딤 골짜기에 와서 진을 치며 소돔 왕과 고모라 왕과 아드마 왕과 스보임 왕과 벨라 곧 소알 왕과의 대전을 준비했다. 네 명의 침략 왕과 다섯 명의 방어군 왕이 맞붙은 것이다. 전세는 급격하게 가나안 주변을 다 정복하고 온 그돌라오멜 연합군으로 기울었다. 소돔 왕과 고모라 왕이 달아나다가 싯딤 골짜기에 많은 역청 구덩이에 빠지는가 하면 거기서 빠져나온 나머지 군대는 산으로 도망갔다. 소돔 왕이 주도한 반역 봉신들의 대패로 전쟁이 끝나자 네 왕이 소돔과 고모라의 모든 재물과 양식을 빼앗아 갔는데, 소돔에 거주하는 아브람의 조카 롯도 사로잡고 그 재물까지 노략해 갔다. 패주하는 전쟁터에서 살아남아 도망한 자가 아브람에게 와서 전황을 알려 주었다.

그때에 아브람은 아모리 족속 마므레의 상수리 수풀 근처에 거주하고 있었는데, 마므레는 에스골의 형제요 또 아넬의 형제였으며 이들 모두는 아브람과 동맹한 사람들(아브람과 맺은 언약의 주인들)이었다. 아브람은 아모리 족속과 나름대로 안전보장 동맹을 맺음으로써 가족의 안전을 도모했다. 그는 하나님을 믿고 그분이 주시는 신적 안전보장책을 추구하면서도 땅의 사람, 현실의 사람이었다. 수직적 동맹도 중시했지만 수평적 동맹, 곧 이웃들과의 우호 동맹도 맺음으로써 총체적인 안전보장을 확보했다. 그는 일편단심인 하나님의 사람이었지만 다른 종족, 다른 문화에 속한 사람들과 우정과 협력

관계를 맺을 정도로 열린 신앙인이었다. 아브람의 개방적 사교성과 우정 능력은 위기의 순간에 빛을 발했다. 아브람은 자신이 길러온 사병 318명과 그의 동맹 부족(마므레, 에스골, 아넬)을 설득하여 롯 탈환 작전에 뛰어든다. 조카 롯이 사로잡혔음을 듣고 형제애를 발휘해 위험을 무릅쓴 전쟁에 참여한다. 집에서 길리고 훈련된 자(가문의 태어난 자들, 그의 피훈련자들, 곧 가신들) 318명을 거느리고 단까지 추격했다. 그와 그의 가신들이 추격팀을 나눠 밤에 그돌라오멜 연합군을 쳐부수고 다메섹 왼편 호바까지 쫓아가 모든 빼앗겼던 재물과 조카 롯과 그의 재물과 부녀와 친척을 다 찾아왔다. 우리는 여기서 자신의 목숨을 부지하려고 아내의 순결까지 팔아먹던 비겁한 소시민 아브람의 급격한 인격 성장을 발견한다. 헤브론 산지에 거하면서 마므레, 에스골, 아넬이라는 토착민을 동맹 세력으로 얻고 전쟁에서 승리를 거둔 아브람은 원주민들 한복판에서 소수의 거류자로 살면서도 토착 부족을 동맹 세력으로 포섭할 수 있었다. 이것은 그의 인격과 지도력을 가늠해 주는 사건이 아닐 수 없다. 결국 아브람은 동맹군과 자신이 기른 사병을 거느리고 롯과 롯의 인민과 물품을 되찾아 오는 대승리를 거두었다.

이 국제전 참전을 통해 아브람은 멜기세덱[3]이라는 살렘 왕이자 제사장을 만나 엄청난 영적 도약과 성장을 경험한다. 아브람이 그돌라오멜 연합군을 쳐부수고 돌아올 때에 소돔 왕이 사웨 골짜기, 곧 왕의 골짜기로 나와 그를 영접했다. 그는 아브람을 용병대장 정도로 간주했는지 전리품을 아브람에게 다 가지라고 말한다. 그는 아브람에게 의미심장한 만남의 기억을 남기지 못했다. 반면에 살렘 왕이자 "지극히 높으신 하나님[엘 엘욘(אֵל עֶלְיוֹן)]의 제사장"[시 78:35]인 멜기세덱이 떡과 포도주를 가지고 개선장군 아브람을 마중해 축복하며 기도했다. "천지의 주재이시요 지극히 높으신 하나님이여, 아브람에게 복을 주옵소서. 너희 대적을 네 손에 붙이신 지극히 높으신 하나님을 찬송할 지로다."14:19-20 이처럼 멜기세덱은 아브람의 승리가 하나님의 역사하심 때문이라고 선언하며 아브람을 위해 축복기도를 드린다. 아브람이 전리품 중 10분의 1을 멜기세덱에게 바친 사실을 볼 때 그가 멜기세덱의 영적 지도와 가르침을 받았음에 틀림없다. 아브람은 또한 소돔 왕으로부터 전리품을 모두 취하라는 제의를 받지만 자신이 약탈 전쟁을 일삼는 소돔 왕의 용병이라고 오해를 받을까 봐 단호하게 거절한다. 그리고 그는 멜기세덱에게서 배운 기도문의 일부를 인용하면서 맹세한다. 자신의 명예를 재산보다 더 소중하게 여겼던 것이다. "천지의 주재이시요 지극히 높으신 하나님 여호와께 내가 손을 들어 맹세하노니 네 말이 내가 아브람으로 치부하게 하였다 할까 하여 네게 속한 것은 실 한 오라기나 들메끈 한 가닥도 내가 가지지 아니하리라."14:22-23 다만 동맹군의 전쟁 수행에 대한 보상금은 챙겨 주는 배려를 보여준다.

여기 또다시 물질 문제에서 자유로운 아브람의 성품이 나타난다. 이렇게 해서 하나님은 또 한 번 아브람을 기르시고 성장시키신다. 아브람의 신앙 성장은 높은 단계의 신앙 선배인 멜기세덱을 만나면서 더욱 가속화되었을 것이다. 멜기세덱과의 영적 교제를 통해 전쟁 승리의 원천이 하나님이심을 더욱 확신하며 자신의 공로를 감춘다. 이처럼 아브람의 신앙은 하나님의 보호하심과 자기희생적 모험을 통해 성장한다. 그리고 신앙생활의 명백한 효과는 인격의 성장과 성숙으로 이어진다. 아브람의 인격 성장과 영적 성숙은 전리품을 거절하고 명예를 소중히 지키려는 결단에서 열매를 맺는다. 또한 아브람은 자신의 경건과 성숙을 빙자하여 에스골, 마므레, 아넬 등 동맹자들의 전쟁 공로마저 도외시하는 실수를 범하지 않았다.

아브람과 언약을 맺으시는 하나님 ●15장

15 ¹이 후에 여호와의 말씀이 환상 중에 아브람에게 임하여 이르시되 아브람아, 두려워하지 말라. 나는 네 방패요 너의 지극히 큰 상급이니라. ²아브람이 이르되 주 여호와여, 무엇을 내게 주시려 하나이까. 나는 자식이 없사오니 나의 상속자는 이 다메섹 사람 엘리에셀이니이다. ³아브람이 또 이르되 주께서 내게 씨를 주지 아니하셨으니 내 집에서 길린 자가 내 상속자가 될 것이니이다. ⁴여호와의 말씀이 그에게 임하여 이르시되 그 사람이 네 상속자가 아니라 네 몸에서 날 자가 네 상속자가 되리라 하시고 ⁵그를 이끌고 밖으로 나가 이르시되 하늘을 우러러 뭇별을 셀 수 있나 보라. 또 그에게 이르시되 네 자손이 이와 같으리라. ⁶아브람이 여호와를 믿으니 여호와께서 이를 그의 의로 여기시고 ⁷또 그에게 이르시되 나는 이 땅을 네게 주어 소유를 삼게 하려고 너를 갈대아인의 우르에서 이끌어 낸 여호와니라. ⁸그가 이르되 주 여호와여, 내가 이 땅을 소유로 받을 것을 무엇으로 알리이까. ⁹여호와께서 그에게 이르시되 나를 위하여 삼 년 된 암소와 삼 년 된 암염소와 삼 년 된 숫양과 산비둘기와 집비둘기 새끼를 가져올지니라. ¹⁰아브람이 그 모든 것을 가져다가 그 중간을 쪼개고 그 쪼갠 것을 마주 대하여 놓고 그 새는 쪼개지 아니하였으며 ¹¹솔개가 그 사체 위에 내릴 때에는 아브람이 쫓았더라. ¹²해 질 때에 아브람에게 깊은 잠이 임하고 큰 흑암과 두려움이 그에게 임하였더니 ¹³여호와께서 아브람에게 이르시되 너는 반드시 알라. 네 자손이 이방에서 객이 되어 그들을 섬기겠고 그들은 사백 년 동안 네 자손을 괴롭히리니 ¹⁴그들이 섬기는 나라를 내가 징벌할지며 그 후에 네 자손이 큰 재물을 이끌고 나오리라. ¹⁵너는 장수하다가 평안히 조상에게로 돌아가 장사될 것이요 ¹⁶네 자손은 사대 만에 이 땅으로 돌아오리니 이는 아모리 족속의 죄악이 아직 가득 차지 아니함이니라 하시더니 ¹⁷해가 져서 어두울 때에 연기 나는 화로가 보이며 타는 횃불이 쪼갠 고기 사이로 지나더라. ¹⁸그 날에 여호와께서 아브람과 더불어 언약을 세워 이르시되 내가 이 땅을 애굽 강에서부터 그 큰 강 유브라데까지 네 자손에게 주노니 ¹⁹곧 겐 족속과 그니스 족속과 갓몬 족속과 ²⁰헷 족속과 브리스 족속과 르바 족속과 ²¹아모

리 족속과 가나안 족속과 기르가스 족속과 여부스 족속의 땅이니라 하셨더라.

아브람 이야기는 땅, 후손, 임재와 보호, 이름(복의 근원과 창대)이라는 하나님의 네 가지 일방적 약속을 중심으로 전개된다. 그러나 하나님의 '후손' 약속은 10년 동안 성취되지 않은 채 그저 '약속'으로만 남아 있었다. 그동안 아브람은 신자의 명예와 자존심을 지키기 위해, 곧 하나님의 이름을 영예롭게 하기 위해 물질과 땅 문제 등에서 대범하고 너그럽게 행동했다. 13:9-18(롯에게 땅 선택 우선권 양보)과 14:21-24(전리품 양보)은 아브람의 청렴한 양심과 고상한 신앙 인품을 유감없이 보여준다. 현실적으로 누리고 차지할 만한 물질과 땅에 집착하는 대신 하나님의 약속을 붙들었기 때문에 이런 양보와 희생이 가능했다.

그러나 그 역시 하나님의 약속이 멀리 느껴지고 현실적으로 실현 가능성이 줄어들 때마다 깊은 고독과 좌절을 맛보아야 했다. 10년이나 세월이 흘렀건만 하나님의 약속은 아직도 이루어질 기미가 보이지 않고 자신의 몸은 더욱더 늙어 가고 있음을 보면서 아브람은 깊은 우울증에 빠져든다. 개선장군이었지만 어떤 물질적 보상도 양보한 그에게 깊은 두려움과 고독 그리고 허탈감이 찾아든 것이다. 그 고독하고 우울한 밤에 야웨 하나님이 아브람을 기습적으로 찾아오신다. 하나님의 거룩한 야간 기습이 의기소침한 아브람을 일깨웠다. "이 후에 여호와의 말씀이 환상 중에 아브람에게 임하여 이르시되 아브람아, 두려워하지 말라. 나는 네 방패요 너의 지극히 큰 상급이니라."15:1 히브리어 구문에서는 '이 후에'가 '이 일들 후에'[아하르 하드바림 하엘레(אַחַר הַדְּבָרִים הָאֵלֶּה)]다. 14장의 전쟁 참여와 전리품 양보 등이 있은 후의 어느 날 오후에, 아브람에게 찾아오신 하나님의 말씀은 아브람의 정신적·심리적 공허 상태를 정확하게 짚어 냈다. "두려워 말라.

나는 너의 방패요 너의 지극히 큰 상급이니라.”

이 전광석화 같은 말씀은 아브람이 깊이 고민해 온 세 가지 쟁점에 대한 답변이었다. 여기서 “하나님의 말씀이 임한다”[하야 드바르 아도나이(הָיָה דְבַר־יְהוָה)]는 구문은 “야웨의 신적 의사소통 행위가 일어났다”는 말이다. 야웨의 의사소통 행위가 바로 다바르(דָּבָר)다. 이것은 히브리서 4:12-13의 말씀 능력을 경험하는 것을 의미한다. 아브람에게 임한 하나님의 말씀은 그의 속생각을 여지없이 드러내며 그를 괴롭히던 문제를 의식의 표면 위로 끌어올린다. 하나님의 말씀이 기습적으로 찾아온 그 밤은 아브람이 그돌라오멜 동맹군이 보복 공격을 해올까 두려움에 빠지고(내 방패는 누구인가?), 자신이 포기한 전리품의 대가로 얻게 될 상급에 대한 생각에 사로잡히며(내 전리품/상급은 무엇인가?), 상속자에 대해 고민하던 바로 그 순간이었다. 하지만 하나님의 전격적인 위로의 말씀에도 불구하고 10년간이나 성취되지 않은 후손 약속과 땅 약속에 대한 아브람의 누적된 불만과 불평이 스스럼없이 터져 나왔다.[15:2-3] 하나님을 향해 아브람은 후손에 대한 약속을 더 이상 믿지 못하겠다는 식으로 반응한 셈이다. 그는 “다메섹 사람 엘리에셀이 나의 상속자가 될 것”이라고 소리치며 하나님의 후손 약속에 대해 냉소적으로 말한다. 나아가 자식 없이 지내 온 지난 괴로운 시절을 고통스럽게 회상한다.

하나님은 아브람의 불평과 짜증 섞인 말을 듣고 “네 몸에서 날 자가 네 상속자가 되리라”[15:4]고 위로하신다. 하지만 아브람은 여전히 설득되지 못한 채 서 있다. 그러자 하나님은 이번에는 아브람을 밖으로 데려가 하늘에 있는 수많은 별들을 보여주시며 약속을 성취할 수 있는 능력을 과시하신다. “하늘을 우러러 뭇별을 셀 수 있나 보라. 또 그에게 이르시되 네 자손이 이와 같으리라.”[15:5] 하늘의 뭇별은 하나님의 능력과 확실성을 예시하는 증인들이다. 하나님 말씀은 반드시 성취된다는 진리를 증거하는 증인들이다. 과연 이때 하나님은 아브람에게 별이 총총 빛나는 하늘을 보여주시며 무슨 생각을 하셨을까? 아브람이 당신의 약속을 전적으로 믿어 주기를 기대하셨을 것이다. 인간의 믿음을 얻기 위해 애쓰시는 하나님의 인격적이고 겸비한 분투가 눈물겹도록 황송하다. 아마도 하나님은 당신의 전능하심과 신실하심에 대한 믿음을 아브람에게 심어 주고 싶으셨을 것이다.^{시 19:1-16, 33:8-11}

하나님의 진정성 넘치는 노력에 결국 아브람이 마음을 열었다. 밤하늘에 빛나는 무수한 별들을 보고 아브람은 더 이상 늙고 무기력해진 자신의 형편을 보지 않게 되었을 뿐 아니라, 하나님의 압도적인 전능하심을 믿게 되었다. 그리고 하나님은 이런 아브람의 전폭적인 믿음을 의로 여기셨다.^{15:6} 6절 하반절 봐야흐쉬베하 로 츠다카(וַיַּחְשְׁבֶהָ לּוֹ צְדָקָה)를 직역하면 "그리고 그분이 그것을 그에게 의[츠다카(צְדָקָה)]로 여기셨다"이다. 의는 하나님과 쌍방언약의 당사자가 될 만한 일관성 있는 심지다. 어떤 경우라도 하나님의 약속을 믿고 그 약속에 따라 행동할 것이라는 신뢰를 하나님께 심어 준 것이다. 하나님의 일방적인 '약속'^{promise}의 수혜자에게는 의가 요구되지 않지만, 하나님과 맺는 쌍방속박적인 '언약'^{covenant}의 당사자가 되기에는 의가 요청되었다. 의는 쌍방속박적 언약(계약) 당사자가 언약을 준수하는 의무 수행을 가리킨다. 하나님께서 이제 아브람에게 가나안을 영원한 기업의 땅으로 주시고 하늘의 별처럼 많은 자녀를 주시겠다는 것은 일방적인 약속이 아니라 언약이다. 아브람도 이 약속을 믿고 그것을 성취하기 위해 믿어야 할 의무가 생긴 것이다.

하나님은 이제 당신을 "가나안 땅을 유업으로 주기 위해 아브람을 갈대아 우르에서 불러낸 야웨 하나님"이라고 다시 소개하신다. 하나님은 이제 가나안 땅을 반드시 아브람에게 유업으로 줄 언약

IV.

아브람의 순종과 믿음 속에서 자라 가는 하나님 나라

에 매인 하나님이라는 것이다. 아브람도 가나안 땅 유업을 얻기 위해 하나님의 약속을 믿을 의무가 생긴 것이며 하나님과 맺은 언약에 충실해야 한다. 가나안 땅을 아브람에게 유업으로 주실 의무에 매여 있는 하나님이라고 소개하는 하나님의 자기소개가 아브람에게는 위로가 되었다. 왜냐하면 그 말씀은 하나님 편에서 12:1-3의 땅 약속을 잊지 않고 계심을 의미하기 때문이다. 그러나 다시 가나안 땅을 유업으로 주시겠다는 약속의 유효성에 대한 아브람의 의심이 부각되자 하나님 편에서는 이번에도 거의 일방적인 설득 작업에 들어가신다. 아브람이 자신과 후손이 가나안 땅을 차지할 수 있음을 확증할 징표를 달라고 요구하자 하나님은 계약을 맺어 주심으로 이에 응답하신다.[15:8-21]

마침내 하나님은 '의'로운 아브람과 계약을 맺으신다. 6절의 '의로 여기다'는 아브람이 하나님과 쌍방의 의무를 부과하는 계약 체결의 상대자로 대우받았다는 말이다. 아브람은 그의 후손이 가나안 땅을 확실히 차지할 것에 대해 하나님의 자기속박적 계약을 얻어 낸 것이다. 하나님은 12:1-3의 약속을 성취하는 데 필요한 당신의 의무를 거의 일방적으로 부각시킨 계약을 통해 '땅 약속'을 확증해 주신다. 야웨께서 아브람에게 3년 된 암소와 3년 된 암염소와 3년 된 숫양과 산비둘기와 집비둘기 새끼를 가져와 새를 제외한 모든 것의 중간을 쪼개고 그 쪼갠 것을 마주 대하여 놓게 하셨다. 이것은 하나님께서 아브람과 맺은 언약을 반드시 지키겠다는 자기속박적 언약 체결식이다. 이 의식은 하나님 편에서 당신의 인격을 걸고 약속을 지키겠다는 뜻으로, 곧 하나님이 스스로를 결박하는 행위인 셈이다. 실제로 고대 근동에서는 계약 당사자가 제물을 쪼개는 의식을 행하여 스스로를 제물과 동일시하였다.[렘 34:18-19] 만일 언약을 지키지 않으면 제물처럼 쪼개질 것임을 선언하는 의식인 셈이다. 그 제물 사이를 지나가는 연기와 횃불은 하나님의 서명 작업이자 인격적인 현존 presence을 가리킨다. 결국 하나님은 지금 당신의 인격을 걸고 가나안 땅 약속을 지킬 것임을 굳게 맹세하고 계신 것이다. 그러나 이 계약 체결 현장에 암시적인 사건이 일어났다. 그것은 쪼개어지지 않은 새의 사체 위에 솔개가 덮치려고 하자 아브람이 쫓는 사건이다. 충분히 쪼개어지지 않은 제물, 곧 충분히 성별되지 못하고 정결케 되지 못한 제물에 솔개가 덮치는 이미지에 내재된 메시지는 이스라엘이 장차 당할 고난(솔개에 뜯기는 제물) 예고다.

이런 일이 있은 그날 해 질 때에 아브람에게 깊은 잠이 임하고 아울러 큰 흑암과 두려움이 그에게 임하였다. 큰 흑암과 두려움은 하나님의 두려워할 만한 현존을 상징한다. 하나님의 손 아래서 아브람이 모종의 고난에 빠지게 될 것이다. 13-14절은 깊은 잠 가운데 임한 큰 흑암과 두려움의 정체를 해명해 준다. "여호와께서 아브람에게 이르시되 너는 반드시 알라. 네 자손이 이방에서 객이 되어 그들을 섬기겠고 그들은 사백 년 동안 네 자손을 괴롭히리니 그들이 섬기는 나라를 내가 징벌할지며 그 후에 네 자손이 큰 재물을 이끌고 나오리라."

이 큰 흑암과 두려움에 내재된 메시지는 아브람의 후손이 가나안 땅을 유업으로 얻을 시기와 땅을 차지하기 위해 겪어야 할 연단의 세월에 관한 것이다. 아브람의 후손은 약속의 땅을 반드시 차지할 것이지만, 그 시기는 그들이 이방의 객이 되어 400년 동안 이방인을 섬기는 고역스러운 노예생활을 한 후가 될 것이다. 왜냐하면 현재 살고 있는 원주민의 죄악이 그들을 쫓아내고 새로운 정착자를 입주시킬 만큼 관영하지 않았기 때문이다. 이에 따라 아브람의 후손은 이방 땅에서 엄청난 고역을 겪은 후, 곧 이방 땅에 거한 지 약 400년이 흘러야만 그 땅을 차지하게 될 것이다. 그렇게 보면 지체된 하나님의 약속을 사이에 두고 아브람이 보낸 10년의 세월은 이제 그의 후손들이 실제로 약속의 땅을 차지할 시점, 곧 약속의 성취 시점까지 기다려야 할 지난한 세월에 비하면 아무것도 아닌 것처럼 보인다.

아브람은 장수하다가 평안히 조상에게로 돌아가 장사될 것이지만 아브람의 후손은 이방의 객이 된 지 4대 만에 가나안 땅으로 돌아올 것이다. 아브람이 환상 중에 가나안 땅 실제 상속 시기와 과정에 관한 메시지를 받자마자 하나님과 아브람 사이에 체결된 언약은 쌍방에게 비준되었다. "해가 져서 어두울 때에 연기 나는 화로가 보이며 타는 횃불이 쪼갠 고기 사이로 지나더라."[15:17] 계약 체결이 완료된 이후에 하나님은 다시금 가나안 땅을 아브람과 후손에게 유업으로 주실 약속을 재확증하신다. 이번에는 아브람이 차지하게 될 땅의 경계와 현재 그곳을 차지하고 있는 토착 원주민들의 면면을 말해 주신다. 아브람과 그의 후손이 하나님께 유업으로 받을 땅은 애굽 강에서부터 큰 강 유브라데까지의 땅으로서 현재는 겐 족속과 그니스 족속과 갓몬 족속과 헷 족속과 브리스 족속과 르바 족속과 아모리 족속과 가나안 족속과 기르가스 족속과 여부스 족속의 땅이다. 가나안 땅을 아브람과 그의 후손에게 주시는 과정이 창세기 나머지 부분과 신명기에 이르기까지 모세오경 전체 이야기의 중심 줄거리를 구성한다.

우리는 지금껏 아브람의 신앙 인격과 순종 속에서 하나님의 다스림이 질적·양적으로 확장되고 있음을 목격했다. 아브람은 하나님의 일방적인 약속 수혜자에서 하나님과 언약을 맺은 당사자로, 하나님의 약속을 성취하기 위해 자신도 하나님이 요구하시는 언약의 요구를 성취할 만한 계약 당사자로 승격되었다. 이제 아브람은 가나안 땅을 주실 하나님의 약속을 믿고 그 땅을 차지하여야 할 의무를 지게 되었다. 가나안 땅을 선물로 받는 과정은 실로 복잡하고 위험하다. 신명기의 초점은 가나안을 선물로 주신 하나님을 믿고 그 땅을 차지하여야 할—전쟁을 통해서라도!—의무를 진 아브람의 후손들의 언약 준수 의무를 상기시키는 데 있다. 이런 점에서 아브람의 순종은 하나님 나라를 지상에 펼치는 도구이며, 그가 맛보는 구원은 그 자체에 머물지 않고 하나님의 다스림을 확장하고 심화하는 계기가 된다. 따라서 그가 맛보는 간헐적인 구원 경험들은 '하나님 나라'의 확장과 심화라는 보다 큰 목적에 늘 이바지하는 것이다.

V.

창세기 16-19장

열국의 아버지 아브라함, 열국의 어머니 사라

창세기 16장에서 하나님의 후손 약속[12:1-2, 15:4-5]에 대한 아브람과 사래의 신앙은 심각한 좌절을 겪는다. 그 이유는 하나님 약속의 애매모호함 때문이다. 15:4에서 하나님은 아브람의 몸을 통하여 후손이 태어날 것을 확증하시지만 사래의 몸에 대해서는 언급하지 않으신다. 과연 어떤 여인의 몸을 통하여 아브람의 후손이 태어날 것인지에 대해서는 침묵하시는 것이다. 17:17-19, 21에 가서야 그 약속의 자녀는 아브람과 사래의 몸을 통하여 태어날 것이 확정적으로 선언된다. 그러나 15-16장에서는 어떤 여인의 몸을 통하여 후손이 태어날 것인지는 불확실한 질문으로 남아 있다. 그래서 사래와 아브람은 하나님의 약속을 자가추진 방식으로 성취시키려고 한다. 이 과정에서 하갈과 이스마엘이 중심이 된 구속사의 방계傍系 역사가 시작된다.

하갈의 '감찰하시는 하나님' ● 16장

16 [1]아브람의 아내 사래는 출산하지 못하였고 그에게 한 여종이 있으니 애굽 사람이요 이름은 하갈이라. [2]사래가 아브람에게 이르되 여호와께서 내 출산을 허락하지 아니하셨으니 원하건대 내 여종에게 들어가라. 내가 혹 그로 말미암아 자녀를 얻을까 하노라 하매 아브람이 사래의 말을 들으니라. [3]아브람의 아내 사래가 그 여종 애굽 사람 하갈을 데려다가 그 남편 아브람에게 첩으로 준 때는 아브람이 가나안 땅에 거주한 지 십 년 후였더라. [4]아브람이 하갈과 동침하였더니 하갈이 임신하

매 그가 자기의 임신함을 알고 그의 여주인을 멸시한지라. [5] 사래가 아브람에게 이르되 내가 받는 모욕은 당신이 받아야 옳도다. 내가 나의 여종을 당신의 품에 두었거늘 그가 자기의 임신함을 알고 나를 멸시하니 당신과 나 사이에 여호와께서 판단하시기를 원하노라. [6] 아브람이 사래에게 이르되 당신의 여종은 당신의 수중에 있으니 당신의 눈에 좋을 대로 그에게 행하라 하매 사래가 하갈을 학대하였더니 하갈이 사래 앞에서 도망하였더라. [7] 여호와의 사자가 광야의 샘물 곁 곧 술 길 샘 곁에서 그를 만나 [8] 이르되 사래의 여종 하갈아, 네가 어디서 왔으며 어디로 가느냐. 그가 이르되 나는 내 여주인 사래를 피하여 도망하나이다. [9] 여호와의 사자가 그에게 이르되 네 여주인에게로 돌아가서 그 수하에 복종하라. [10] 여호와의 사자가 또 그에게 이르되 내가 네 씨를 크게 번성하여 그 수가 많아 셀 수 없게 하리라. [11] 여호와의 사자가 또 그에게 이르되 네가 임신하였은즉 아들을 낳으리니 그 이름을 이스마엘이라 하라. 이는 여호와께서 네 고통을 들으셨음이니라. [12] 그가 사람 중에 들나귀 같이 되리니 그의 손이 모든 사람을 치겠고 모든 사람의 손이 그를 칠지며 그가 모든 형제와 대항해서 살리라 하니라. [13] 하갈이 자기에게 이르신 여호와의 이름을 나를 살피시는 하나님이라 하였으니 이는 내가 어떻게 여기서 나를 살피시는 하나님을 뵈었는고 함이라. [14] 이러므로 그 샘을 브엘라해로이라 불렀으며 그것은 가데스와 베렛 사이에 있더라. [15] 하갈이 아브람의 아들을 낳으매 아브람이 하갈이 낳은 그 아들을 이름하여 이스마엘이라 하였더라. [16] 하갈이 아브람에게 이스마엘을 낳았을 때에 아브람이 팔십육 세였더라.

가나안 땅에 들어온 지 10년이 지나도 하나님의 후손 약속이 성취될 기미가 보이지 않자 사래가 자가추진적인 계획을 입안한다. 더이상 늙어 가는 몸을 통해 자식을 낳을 수 없음을 깨달은 사래는 자신의 애굽인 여종 하갈을 아브람의 후처로 제공한다. 사래는 당시의 풍습을 따라 후처인 하갈이 낳은 아들을 자신의 이름으로 입양할 계획을 가지고 있었다. 가부장적 사회에서 여성은 남자아이(상속자)를 낳아야 비로소 안정된 지위를 누릴 수 있었다. 하갈도 남자아이를 잉태하는 순간부터 여주인 사래를 업신여기기 시작했다. 사래는 하갈이 아브람의 품 안에 안긴 채 자신을 학대하고 구박한다고 주장했다. 사래는 하갈의 권력이 아브람의 사랑에서 나온다고 보았다. 그래서 사래는 아브람에게 강력하게 항의하고 아브람은 사래에게 하갈의 처분권을 맡겨 버린다. "당신의 여종은 당신의 수중에 있으니 당신의 눈에 좋을 대로 그에게 행하라."16:6 사래는 여주인인 자신을 학대하고 구박하는 하갈을 다시 종으로 다루기 시작한다. 그녀는 하갈의 신분 상승을 용납하지 않고 그녀가 낳을 아들을 자신의 아들로 입양할 생각에만 골몰하고 있었던 것이다. 어찌 보면 갈등하던 두 여인 다 남자아이 상속자를 절대시하던 고대 가부장적 사회의 피해자였다. 하지만 잉태로 얻은 하갈의 권력은 종과 주인이라는 기존 신분 질서를 극복하는 데는 한계를 드러낸다.

결국 사래의 학대를 견디지 못한 하갈은 광야로 도망친다. 여기서 하나님의 사자가 도망치는 여종 하갈을 극적으로 만나 주신다. 광야의 샘물 곁 곧 술 길 샘 곁에서 하갈을 만난 야웨의 사자가 그녀의 고난에 찬 도망길에 간섭한다. 사자는 하갈을 부를 때 '사래의 여종 하갈'이라고 부른다. "사래의 여종 하갈아, 네가 어디서 왔으며 어디로 가느냐."16:8 이 질문은 모르는 정보를 얻기 위한 것이 아니라 하갈에게 각성과 냉정한 현실 인식을 촉구하는 것이다. '사래의 여종'의 정체성을 강조한 것이다. 즉, 지금은 사래의 품을 떠날 때가 아니라는 암시다. 하갈도 사래를 '내 여주인'이라고 부름으로써 임신 초기에 사래를 학대하고 멸시하던 기고만장한 모습은 이미 없어졌다. 바로 이 순간에 하나님의 사자가 끼어든다. 그는 하갈에게 "여주인 사래에게로 돌아가라"고 충고한다. 이것은 현대적 평등 정서에 익숙한 독자들이 의아해할 수 있는 상황이다. 왜 하나님은 하갈로 하여금 다시 사래의 수하로 돌아가라고 하시는가? 하나님은 그릇된 현질서status quo의 옹호자인가? 아니면 잉태한 여인의 미래를 깊이 생각하시는 현실주의자인가? 아마도 후자의 이유 때문에 하나님은 하갈을 사래의 수하로 되돌려 보내시려고 하셨을 것이다. 하나님은 임신한 여인이 광야에서 살아갈 길이 없음을 아시고 기존 체제로 돌려보내셨을 것이다. 대신 "네 씨를 크게 번성하여 그 수가 많아 셀 수 없게 하리라"16:10는 약속을 주신다. 더 나아가 하나님은 하갈의 기도를 들으시고 그녀가 낳을 아들의 이름을 '이스마엘'이라고 붙여주신다. "그(하나님)가 들으시리라"는 뜻이다. 아들의 이름에서 엿보이듯이 하갈이 낳은 후손들도 하나님이 돌보실 것이라는 뜻이다. 다만한 가지 단서가 붙는 조건으로 이스마엘의 번성을 허락하신다. "그가 사람 중에 들나귀 같이 되리니 그의 손이 모든 사람을 치겠고 모든 사람의 손이 그를 칠지며 그가 모든 형제와 대항해서 살리라."16:12 들나귀 같은 사람은 상대적으로 더 강한 자에게 예속된 위치에처한 사람으로서, 여건상 어쩔 수 없이 주변 족속들과 갈등하며 살아가야 하는 운명을 짊어져야 한다는 것이다. 이 구절은 이스마엘이사는 방식에 대한 예언을 넘어 그와 그의 후손이 살아가야 할 장소가 그와 같은 운명을 안겨 줄 것이라는 예언으로 보아야 할 것이다.

그럼에도 불구하고 하갈과 그의 아들 이스마엘에 대한 하나님의권고하심과 돌보심은 확약되었다. 매 맞는 종이 주인을 피해 무인지경의 광야에서 타는 목마름으로 죽어 가는 시점에 하나님은 샘물에서 나타나 주신다.16:7, 14 하갈은 광야의 오아시스에서 자신을 만나주신 야웨의 이름을 '나를 살피시는 하나님'이라고 불렀다. 이 이름을 부름으로써 자신이 어떻게 이 샘에서 '나를 살피시는 하나님'을뵈었는가를 감격해 하고 늘 감사했다. 하갈은 또 야웨가 자신을 만나 주신 그 샘을 브엘라해로이(나를 감찰하시는 자의 우물)라 불렀고그것은 가데스와 베렛 사이에 있었다. 아마도 하갈은 다시 사래와 아브람에게 돌아가 야웨 하나님이 광야 샘 곁에서 자신을 구조하고 권면했던 모든 과정을 들려주었을 것이며 아브람은 하갈의 증언을 진지하게 듣고 믿었을 것이다. 그래서 하갈이 아브람의 아들을 낳으매 아브람이 하갈이 낳은 그 아들을 이름하여 이스마엘이라 불렀다. 즉, 하갈에게 나타난 하나님을 아브람도 믿었던 것이다. 절대적으로 고립무원하고 고독한 광야에서 하갈이 만난 하나님은 하갈 같은 피억압자를 감찰하시는 하나님이다. 하갈의 하나님은 피억압자의 하나님으로 후세에 알려진다.

16장은 상당 부분 이스마엘과 하갈의 입장에서 쓰여진 기록으로서 사실상 이슬람교의 성경에 해당하는 코란의 출발지라고 볼 수 있다. 비록 코란에는 하갈이 언급되지 않지만 이슬람은 아브람의 맏아들 이스마엘을 통해 전승된 하나님의 구원 전승을 상속한다는 마호메트의 발설이 빈번히 발견된다. 하갈의 이름을 널리 알린 것은 성경이지만 하갈이 만난 하나님, 감찰하시는 하나님의 이름은 이슬람교를 통해서 더 널리 알려졌다.

성경은 아브람-사래의 정통 구원사 계보의 관점 외에 구원사의 방계로 배제된 듯한 하갈-이스마엘의 구원 전승도 포함한다는 점에서 보편적이다. 성경의 선민주의는 배제적 선민주의가 아니라 내포적 선민주의이기 때문에, 정통 이스라엘의 구원 경험이 범례적 성격을 가진 경험이라고 주장하지만 다른 부족과 민족에게 일어난 하나님의 구원을 배척하거나 부인하지 않는다. 그런 점에서 사래만 중요한 인물이 아니라 하갈 또한 성경에서 중요한 인물이다. 하갈은 자신이 고난받던 시절에 하나님을 만난 장소를 기억하고 이름을 붙여—나를 감찰하시는 하나님의 우물(브엘-라해로이)[1]—후세에 남긴다. 하갈은 구약성경에서 자신이 만난 하나님의 이름을 후세에 전달한 유일한 여인이다. 피억압자를 감찰하시는 하나님, 도망치는 종의 방황 여정에 나타나신 하나님의 이름을 이 세상에 남겼다. 그녀는 비록 돌아가고 싶지 않았지만 하나님의 때에 이루어질 하나님의 계획을 믿고 돌아갔을 것이다. 비록 호전적인 족속으로 살겠지만 하갈이 낳을 이스마엘 족속도 한 무리의 민족을 이룰 것이라는 약속을 믿고 다시 사래의 수하로 돌아가 이스마엘을 낳는다. 이러한 우여곡절 끝에 아브람은 하갈을 통하여 이스마엘을 얻는다. 하갈이 아브람에게 이스마엘을 낳았을 때에 아브람이 86세였다. 이스마엘은 "하나님께 기도가 응답받은 사람"이라는 뜻이다. 아브람은 하나님께서 하갈의 기도를 들으시고 이스마엘을 낳게 해주셨듯이 이스마엘 족속의 미래도 하나님 안에 있을 것임을 믿었다.

열국의 아비 아브라함과 열국의 어미 사라 ●17장

17 ¹아브람이 구십구 세 때에 여호와께서 아브람에게 나타나서 그에게 이르시되 나는 전능한 하나님이라. 너는 내 앞에서 행하여 완전하라. ²내가 내 언약을 나와 너 사이에 두어 너를 크게 번성하게 하리라 하시니 ³아브람이 엎드렸더니 하나님이 또 그에게 말씀하여 이르시되 ⁴보라, 내 언약이 너와 함께 있으니 너는 여러 민족의 아버지가 될지라. ⁵이제 후로는 네 이름을 아브람이라 하지 아니하고 아브라함이라 하리니 이는 내가 너를 여러 민족의 아버지가 되게 함이니라. ⁶내가 너로 심히 번성하게 하리니 내가 네게서 민족들이 나게 하며 왕들이 네게로부터 나오리라. ⁷내가 내 언약을 나와 너 및 네 대대 후손 사이에 세워서 영원한 언약을 삼고 너와 네 후손의 하나님이 되리라. ⁸내가 너와 네 후손에게 네가 거류하는 이 땅 곧 가나안 온 땅을 주어 영원한 기업이 되게 하고 나는 그들의 하나님이 되리라. ⁹하나님이 또 아브라함에게 이르시되 그런즉 너는 내 언약을 지키고 네 후손도 대대로 지키라. ¹⁰너희 중 남자는 다 할례를 받으라. 이것이 나와 너희와 너희 후손 사이에 지킬 내 언약이니라. ¹¹너희는 포피를 베어라. 이것이 나와 너희 사이의 언약의 표징이니라. ¹²너희의

대대로 모든 남자는 집에서 난 자나 또는 너희 자손이 아니라 이방 사람에게서 돈으로 산 자를 막론하고 난 지 팔 일 만에 할례를 받을 것이라. ¹³너희 집에서 난 자든지 너희 돈으로 산 자든지 할례를 받아야 하리니 이에 내 언약이 너희 살에 있어 영원한 언약이 되려니와 ¹⁴할례를 받지 아니한 남자 곧 그 포피를 베지 아니한 자는 백성 중에서 끊어지리니 그가 내 언약을 배반하였음이니라. ¹⁵하나님이 또 아브라함에게 이르시되 네 아내 사래는 이름을 사래라 하지 말고 사라라 하라. ¹⁶내가 그에게 복을 주어 그가 네게 아들을 낳아 주게 하며 내가 그에게 복을 주어 그를 여러 민족의 어머니가 되게 하리니 민족의 여러 왕이 그에게서 나리라. ¹⁷아브라함이 엎드려 웃으며 마음속으로 이르되 백 세 된 사람이 어찌 자식을 낳을까. 사라는 구십 세니 어찌 출산하리요 하고 ¹⁸아브라함이 이에 하나님께 아뢰되 이스마엘이나 하나님 앞에 살기를 원하나이다. ¹⁹하나님이 이르시되 아니라. 네 아내 사라가 네게 아들을 낳으리니 너는 그 이름을 이삭이라 하라. 내가 그와 내 언약을 세우리니 그의 후손에게 영원한 언약이 되리라. ²⁰이스마엘에 대하여는 내가 네 말을 들었나니 내가 그에게 복을 주어 그를 매우 크게 생육하고 번성하게 할지라. 그가 열두 두령을 낳으리니 내가 그를 큰 나라가 되게 하려니와 ²¹내 언약은 내가 내년 이 시기에 사라가 네게 낳을 이삭과 세우리라. ²²하나님이 아브라함과 말씀을 마치시고 그를 떠나 올라가셨더라. ²³이에 아브라함이 하나님이 자기에게 말씀하신 대로 이 날에 그 아들 이스마엘과 집에서 태어난 모든 자와 돈으로 산 모든 자 곧 아브라함의 집 사람 중 모든 남자를 데려다가 그 포피를 베었으니 ²⁴아브라함이 그의 포피를 벤 때는 구십구 세였고 ²⁵그의 아들 이스마엘이 그의 포피를 벤 때는 십삼 세였더라. ²⁶그날에 아브라함과 그 아들 이스마엘이 할례를 받았고 ²⁷그 집의 모든 남자 곧 집에서 태어난 자와 돈으로 이방 사람에게서 사온 자가 다 그와 함께 할례를 받았더라.

이스마엘을 낳은 지 13년이 지나도록 하나님과 아브람 사이에는 의미 깊은 교제가 없었다. 아브람은 이스마엘을 약속의 성취라고 믿으며 그럭저럭 살아가고 있었다. 그는 '약속의 자녀'를 낳는 것이 자신의 가정 문제라고 생각하였다. 아브람이 이스마엘을 낳은 지 13년 만에 나타나신 하나님의 전격적인 자기계시는 아브람의 불신앙에 대한 간접적인 책망을 담고 있다. "나는 전능한 하나님이라. 너는 내 앞에서 행하여 완전하라."[17:1] 이 하나님의 자기계시와 명령은 고대 근동의 국제조약 서론과 계약 조항에 상응하는 요소다.[2] 기원전 15-14세기 고대 근동의 비대칭적인 국제 관계를 특징짓는 종주-봉신 조약에서 보호자 역할을 하는 종주 대왕은 피보호국의 왕에게 먼저 자신의 능력을 과시하며 일편단심의 충성을 바치라고 요구한다. 하나님의 자기계시[엘 샤다이(אֵל שַׁדַּי), 전능한 하나님][창 49:25, 민 24:4, 16]와 아브라함을 향한 요구는 인과관계를 맺고 있다. "행하여 완전하라"는 명령의 히브리어 구문 히트할레크 러파나이 붸흐예 타밈(הִתְהַלֵּךְ לְפָנַי וֶהְיֵה תָמִים)을 직역하면 "내 앞에서 일관성 있게 걸으라. 그리고 일편단심이 되어라"이다. 히트할레크(הִתְהַלֵּךְ)는 에녹과 노아의 영적 순전과 일편단심적 하나님 경외를 규정짓는 전문용어다. 히트할레크는 '걷다'를 의미하는 할라크(הָלַךְ) 동사의 강세재귀동사로서 하나님께 속한 자신의 정체성을 공공연히 밝힌 채 살아가는 행위를 의미한다. 아브람이 16장에서 전능하신 하나님을 믿지 못하고 하나님의 약속을 자기 스스로 실현하려고 한 행동을 염두에 둔 명령이다. 따라서 17:1은 "하나님의 전능하심과 신실하신 약속을 일편단심으로 믿고 다른 인간적인 자구책을 강구하지 말라"는 뜻이 된다. 하나님의 전능하심을 믿지 못하여 자신의 늙어 가는 몸을 바라보고 절망한 나머지 이스마엘을 낳은 사건에 대한 간접적 질책인 셈이다.

그렇다면 하나님은 무엇에 근거하여 일편단심의 충성을 요구하시는가? 여기서 우리는 창세기 15장에서 하나님 주도로 체결된 언약에 근거해 하나님께서 아브람에게 일편단심의 충성을 요구하고 있음을 알게 된다. 그러나 또 한편 "행하여 완전할 것"에 대한 명령은 이제 17장에서 맺어질 더 뚜렷해진 쌍방계약(할례) 안에 담길 의무의 선취적 요구라고 볼 수도 있다. 이제 아브람은 하나님의 거의 일방적인 약속에만 의존하는 삶에서 진일보하여, 하나님의 약속을 성취하기 위해 자신 스스로도 계약적 의무를 준행해야 하는 쌍방계약의 당사자로 행동해야 한다는 것이다. 15장의 쌍방속박적 언약에서는 하나님 편에서의 계약 준수 의무가 더 강조되었다면, 17장에서는 아브람과 그 후손의 계약 준수 의무가 더 강조된다. 또 다른 차이는 15장이 가나안 땅을 아브람과 그 후손에게 영원히 기업으로 주리라는 하나님의 언약 준수 의무를 부각시킨다면, 17장은 하나님의 후손 번성에 대한 약속 성취 의무를 부각시킨다. 아브람이 일편단심으로 행하여 지킬 언약은 이제 17:2에서부터 나오는 할례언약이다. "내가 내 언약을 나와 너 사이에 두어 너를 크게 번성하게 하리라." 후손 번영은 하나님께서 언약 준수 부담을 안고 성취시켜야 할 의무 조항이지만 아브람 편에서도 성취시켜야 할 의무 조항이다. 후손의 번영을 실현시킬 의무 조항을 스스로 지겠다고 다짐하는 언약 준수 맹세의식이 남자의 포피를 베는 할례의식이다.

하나님이 이제 15장의 언약과는 다른 새 언약을 맺어 후손을 번성케 하시겠다는 말을 듣자마자 아브람은 엎드린다. 자신과 아내의 늙은 몸을 생각하면서 듣기에는 너무 충격적인 말씀이었기 때문이다. 엎드린 아브람에게 더욱 충격적인 하나님의 말씀이 쏟아진다. 첫째, 이제 맺게될 언약(할례언약)으로 아브람은 여러 민족의 아버지가 될 것이다. 아브람과 맺은 하나님의 언약 때문에 그는 이제 더 이상 아브람이라고 불리지 않고 아브라함이라고 불릴 것이다. 존경받는 가장 아브람에서 열국의 아비 아브라함이 될 것이다. 아브라함이 열국의 아비가 된다는 말은 하나님께서 아브라함을 심히 번성케 해 민족들이 나게 하며 왕들이 나오게 하신다는 뜻이다. 둘째, 하나님과 아브라함이 맺은 언약은 하나님과 아브라함의 대대 후손 사이에도 작동하는 영원한 언약이 될 것이며 따라서 야웨 하나님은 아브라함의 하나님을 넘어 아브라함 후손의 하나님도 되실 것이다. 셋째, 하나님께서 아브라함과 그의 후손에게 지금 아브라함이 주변인으로 머물고 있는 가나안 온 땅을 영원한 기업으로 주심으로 야웨 하나님은 그들의 하나님이 되실 것이다. 하나님이 아브라함의 후손들에게 하나님 되심에 있어서 결정적인 요소는 그들에게 가나안 땅을 주시는 것이라는 점이 암시되어 있다. 넷째, 매우 논리적인 귀결이지만 하나님이 아브라함과 맺을 이 할례언약을 아브라함은 물론이거니와 그의 후손도 대대로 지켜야 한다.

17:10-14은 하나님이 아브라함과 맺을 언약의 내용, 곧 할례언약을 다룬다. 첫째, 할례언약은 아브라함의 후손 중 남자가 지켜야 할 언약이다. 이것이 하나님과 아브라함과 그의 후손 사이에 지켜져야 할 하나님의 언약이기 때문이다. 15장 언약은 하나님의 언약으로 규정되었고 할례언약도 하나님의 언약이라고 말해진다. 아무리 쌍방속박적 언약이라지만 15장과 17장 언약 모두 하나님이 주도해 맺은 언약이며 하나님 스스로에게 부과하신 언약 준수 의무가 비대칭적일 정도로 훨씬 더 무겁기 때문에 둘 다 하나님의 언약이라고 불린다. 둘째, 할례는 하나님과 아브라함과 그 후손 공동체 사이의 언약의 표징으로 남자의 포피를 베어야 한다. 셋째, 할례의 대상은 이스라엘에 속한 모든 세대의 남자들이다. 자녀는 물론이며 집에서 난 자(종) 또는 이방 사람에게서 돈으로 산 자를 막론하고 난 지 8일 만에 할례를 받아야 한다. 할례는 아브라함의 후손의 살에 새겨진 하나님의 영원한 언약이 될 것이다. 따라서 할례를 받지 아니한 남자는 이스라엘 백성 공동체로부터 비이스라엘 사람으로 축출될 것이다. 왜냐하면 할례 거부는 이스라엘과 하나님 사이에 맺어진 하나

님의 언약을 배반한 것이기 때문이다. 할례계약은 하나님과 아브라함 및 그의 후손 사이에 영원히 지속되어야 할 계약이라는 것이다. 바로 이런 이유 때문에 할례를 받지 않고도 하나님의 자녀가 되어 새 이스라엘로 접목된다고 주장하는 사도 바울의 '복음'이 유대교 전통 사회를 얼마나 큰 충격으로 몰아넣었겠는지 생각해 볼 수 있다.^{행 15:7-8, 롬 2:25-29, 갈 2:7-9}

결국 이 할례계약의 핵심은 자손을 크게 번성케 할 것이라는 하나님의 약속을 재확증하는 것이다.^{17:2, 7-8} 따라서 17장에서는 하나님의 '후손 약속' 성취를 촉진시키는 과정에 요청되는 아브라함과 그 후손들의 계약적 의무 조항이 강조되는 것이 자연스럽다. 아브라함이 전능하신 하나님 앞에 일편단심으로 행하는 첫걸음은 할례에서 시작된다. 남자의 성기를 구별하여 하나님께 드리는 의식은 하나님의 후손 번성의 약속에 대한 믿음의 표현이었다. 할례의식을 통해 아브라함과 그의 후손은 하나님의 거룩한 씨앗으로서의 질적 변종을 경험하여 세상 만민을 복되게 하는 거룩한 백성으로서의 성별을 성취한다. 할례는 근본적인 구별과 성화를 의미한다. 하나님은 우리가 세상 안에서 살되 세상에 휩쓸리지 말고 하나님께 전적으로 속하여 세상을 바꾸는 사람이 되기를 원하신다. 바로 이런 이유 때문에 하나님은 아브라함으로 하여금 그와 그의 아들 및 모든 가속들의 남자, 심지어 이방 출신 종들에게까지 할례를 실시하게 함으로써 거룩한 공동체를 구성하도록 명하신다.

할례받은 아브람(남편)은 이제 데라 가문의 씨족장에서 열국의 조상인 아브라함으로 변화된다. 아브라함과 사라는 열방 구원이라는 하나님의 위대한 구속사의 시야를 가지고 자신의 후손 탄생을 기대해야 한다. 데라 가문의 씨족장 아브람과 여주인 사래는 각각 죽고, 열방을 구원하는 새 족보의 조상으로 거듭 태어나야 한다. 아브람의 변화는 사래의 변화를 동반한다. 모가장matriarch 사래는 열국의 어미 사라로 변화된다. "네 아내 사래는 이름을 사래라 하지 말고 사라라 하라. 내가 그에게 복을 주어 그가 네게 아들을 낳아 주게 하며 내가 그에게 복을 주어 그를 여러 민족의 어머니가 되게 하리니 민족의 여러 왕이 그에게서 나리라."17:15-16 하나님은 이제 세계 열방에게 복의 근원이 될 후손 탄생에 앞서서 아브라함-사라 부부의 영적인 환골탈태를 요구하신다. 이러한 맥락에서 아브라함과 그 후손의 성기는 하나님의 씨를 생산하는 거룩한 성기가 되었고 하나님의 자녀를 생산하는 제물이 되었다. 그리고 이제 하늘의 별만큼이나 많은 후손이 늙어 버린 사라의 몸을 통해 태어날 것이다. 우리는 여기서 처음으로 사라의 몸을 통해 후손 약속이 성취될 것이라는 하나님의 명시적 선언을 듣는다. 아브라함과 사라의 몸을 통해 태어날 '약속의 자녀'는 세계 열방을 복 주시려는 하나님의 계획의 일부임이 명백하게 천명된다.

그러나 사라가 아이를 낳을 것이라는 하나님의 거창한 약속에 대한 아브라함-사라 부부의 반응은 의심과 놀람이 뒤섞인 웃음이었다.17:17-18, 18:12, 롬 4:17-22 아브라함이 엎드려 중얼거린 말이 하나님께 들렸다. "100세 된 사람이 어찌 자식을 낳을까. 사라는 90세니 어찌 출산하리요. 이스마엘이나 잘 컸으면 좋겠습니다"라고 체념하는 아브라함에게 하나님은 강한 부정어를 발설하신다. "아니다!" 그리고 사라를 충격적으로 격동시키는 말을 덧붙이신다. "사라가 네게 아들을 낳아 줄 것이다. 그녀가 낳을 아들의 이름을 이삭(웃음둥이)이라고 지어라." 사라의 몸을 통해 태어날 아이에 대한 믿음을 가질 것을 요구하신다. 그리고 하나님은 할 걸음 더 나아가신다. "저렇게 늙어 버린 여인 사라를 통하여 이삭이 태어날 뿐만 아니라 나는 이삭과 그의 후손과 영원한 언약을 세울 것이다." 이제 아브라함은 자신의 아들 이삭을 통하여 태어날 후손, 그 후손의 후손을 통하여 추진될 하나님의 유구한 세계 구원의 계획에 참여하도록 부름받는다.^{요 8:56} 아브라함의 하나님은 가장 개인적인 하나님이며 동시에 세계 열방을 품는 보편적인 하나님이다. 무릇 성경적인 신앙 안에는 이기적이고 폐쇄주의적인 기복신앙이 들어설 여지가 없으며, 가장 개인적인 신앙일지라도 그것은 열방 지향적인 신앙으로 담금질되어 간다. 결국 개인의 신앙 성장은 하나님 나라 성장의 가장 근본적인 단계다.

17장 마지막 부분에서 독자들은 마음을 뜨겁게 하는 하나님의 성품을 만난다. 이스마엘에 대한 아브라함의 간절한 중보기도를 들어주셔서 그에게도 복을 약속하시는 장면이다. 아브라함도 선량하지만 아브라함의 기도를 들으시는 하나님은 더욱 선하시고 자비로우시다. 구원사의 정통 계보에서 밀려난 자들은 결코 용도 폐기된 영적 폐기물이 아니다. 그들도 하나님의 복을 받는다. "이스마엘에 대하여는 내가 네 말을 들었나니 내가 그에게 복을 주어 그를 매우 크게 생육하고 번성하게 할지라. 그가 열두 두령을 낳으리니 내가 그를 큰 나라가 되게 하려니와."^{17:20} 이스마엘도 열두 두령을 낳고 큰 나라를 이룰 것이다. 하지만 하나님이 택하셔서 세계 열방을 복되게 할 인류 구속사는 아브라함-이삭 계보를 통해 전진할 것이다. 하나님은 1년 후 사라가 아브라함에게 낳아 줄 이삭과도 당신의 할례언약을 연장시켜 맺어 주실 것을 말씀하시며, 아브라함과 나눌 말씀을 다 마치신 후에 올라가셨다. 17:22은 하나님의 처소가 저 위의 '하늘' 보좌임을 암시한다.^{시 89:1-2, 103:19} 이 구절은 18장에서 나타날 하나님의 천사들이 내려오는 동선을 예기케 한다.

마지막으로 17:23-27은 아브라함의 철저한 할례언약 준수 과정을 보도한다. 아브라함이 99세에 포피를 뺐고, 이스마엘이 13세에 포피를 뺐다. 아브라함과 이스마엘이 같은 날 할례를 받았다. 뿐만 아니라 하나님이 말씀하신 대로 집에서 태어난 모든 자와 돈으로 산 모든 자, 곧 아브라함의 집 사람 중 모든 남자를 데려다가 그 포피를 베었다. 할례언약은 아브라함의 후손들의 성기에 새겨진 언약으로 이스라엘을 거룩한 민족으로 살아남게 만든 결정적인 언약 표징이었다. 이스라엘 남자들은 자신의 할례받은 생식기를 볼 때마다 하나님과 맺은 언약을 기억하는 민족으로 부름받은 것이다. 거룩한 자녀들을 출산하여 세상에 내보내는 거룩한 백성이 된 것이다.^{출 19:5-6}

이삭의 출생: 아브라함과 사라를 웃게 하시는 하나님 ●18:1-15

18

¹ 여호와께서 마므레의 상수리나무들이 있는 곳에서 아브라함에게 나타나시니라. 날이 뜨거울 때에 그가 장막 문에 앉아 있다가 ² 눈을 들어 본즉 사람 셋이 맞은편에 서 있는지라. 그가 그들을 보자 곧 장막 문에서 달려나가 영접하며 몸을 땅에 굽혀 ³ 이르되 내 주여, 내가 주께 은혜를 입었사오면 원하건대 종을 떠나 지나가지 마시옵고 ⁴ 물을 조금 가져오게 하사 당신들의 발을 씻으시고 나무 아래에서 쉬소서. ⁵ 내가 떡을 조금 가져오리니 당신들의 마음을 상쾌하게 하신 후에 지나가소서. 당신들이 종에게 오셨음이니이다. 그들이 이르되 네 말대로 그리하라. ⁶ 아브라함이 급히 장막으로 가서 사라에게 이르되 속히 고운 가루 세 스아를 가져다가 반죽하여 떡을 만들라 하고 ⁷ 아브라함이 또 가축 떼 있는 곳으로 달려가서 기름지고 좋은 송아지를 잡아 하인에게 주니 그가 급히 요리한지라. ⁸ 아브라함이 엉긴 젖과 우유와 하인이 요리한 송아지를 가져다가 그들 앞에 차려 놓고 나무 아래에 모셔 서매 그들이 먹으니라. ⁹ 그들이 아브라함에게 이르되 네 아내 사라가 어디 있느냐. 대답하되 장막에 있나이다. ¹⁰ 그가 이르시되 내년 이맘때 내가 반드시 네게로 돌아오리니 네 아내 사라에게 아들이 있으리라 하시니 사라가 그 뒤 장막 문에서 들었더라. ¹¹ 아브라함과 사라는 나이가 많아 늙었고 사라에게는 여성의 생리가 끊어졌는지라. ¹² 사라가 속으로 웃고 이르되 내가 노쇠하였고 내 주인도 늙었으니 내게 무슨 즐거움이 있으리요.

¹³ 여호와께서 아브라함에게 이르시되 사라가 왜 웃으며 이르기를 내가 늙었거늘 어떻게 아들을 낳으리요 하느냐. ¹⁴ 여호와께 능하지 못한 일이 있겠느냐. 기한이 이를 때에 내가 네게로 돌아오리니 사라에게 아들이 있으리라. ¹⁵ 사라가 두려워서 부인하여 이르되 내가 웃지 아니하였나이다. 이르시되 아니라, 네가 웃었느니라.

17:21에서 사라가 아브라함으로부터 낳을 아들 이삭과 계약을 맺으시겠다는 하나님의 선언 이후 사라는 하나님의 후손 약속을 성취시키는 결정적인 도구가 된다. 이제까지 사라의 순결은 두 차례나 위협을 받지만^{12:10-20, 20:1-18} 그때마다 하나님께서 극적으로 사라를 구출하셔서 약속의 자녀를 낳을 태를 보호하셨다. 아브라함과 사라는 이런 사건 속에서 사라를 향하신 하나님의 일관성 있는 계획을 추론하고 깨달았어야 했다. 결국 파란과 곡절을 거쳐서 이제 후손 약속을 받고 하란에서 떠난 지 25년 만에 그 약속은 실현된다. 18:1-15, 21:1-7과 18:16-19:38은 아브라함과 그의 후손이 건설할 '큰 민족', '의와 공도'로 다스려질 공동체와 불법과 폭력으로 심판을 자초하여 멸망당하는 소돔, 고모라를 대조시킨다.

당시 가나안 지역의 여행자들은 보통 정오 시간에 여행하지 않았다. 아주 긴급한 임무를 띤 사람만이 정오에도 여행한다. 그런데 정오에 세 사람의 여행자가 아브라함을 찾아온다. 매우 비상한 사명을 띤 여행자들임을 짐작케 한다. 여호와께서 마므레 수풀 상수리나무들 가운데에서 거주하던 아브라함에게 나타나셨다. 아브라함은 날이 뜨거워 장막 문에서 앉아 쉬고 있었다. 그때 사람 셋이 맞은편에서 있었다. 야웨와 세 사람은 어떤 관계일까? 세 사람은 야웨를 대신하는 사자들^{messengers}이며 그중에 한 사람으로 언급되는 존재가 하나님임이 암시되고 있다. 눈을 들어 자신에게 접근하는 세 나그네를 보자마자 아브라함은 장막 문에서 달려가 영접하며 몸을 굽힌다. 아브라함은 극진한 친절과 겸손으로 정오의 시간에 여행하는 이상한 세 여행자(천사)를 영접한 것이다. 2-5절은 아브라함의 극진한 손님 접대 자세(말과 행동)를 자세하게 부각시킨다. "원컨대 종을 떠나 지나가지 마시고 물을 조금 가져오게 하사 당신들의 발을 씻으시고 나무 아래에서 쉬소서. 내가 떡을 조금 가져오리니 당신들의 마음을 상쾌하게 하신 후에 지나가소서."

손님들이 자신의 환대를 받아들이자 그들을 극진히 대접하기 위하여 부부는 매우 숙달되고 민첩하게 요리하고 식사 시중을 든다. 세 나그네는 아브라함이 마련한 극진한 음식을 먹었다. 그들은 단지 음식을 먹은 것이 아니라 아브라함의 친절과 나그네를 영접하는 극진한 환대를 먹으면서, 과연 아브라함과 그의 후손이 열방을 초청해 환대를 베풀 그날을 기대했을 것이다. 나중에 밝혀지겠지만 아브라함의 이 극진하고 공손한 나그네 환대는 소돔과 고모라의 폭도 같은 나그네 도발 시도와 철저하게 대조된다("네게 온 사람들을 이끌어내라. 우리가 상관하리라").^{창 19:5} 소돔은 외지에서 온 자들을 폭력으로 짓이겨 순치시키려는 잔혹한 도시였다. 반면에 아브라함의 환대는 부지중에 천사를 대접한 기독교적 환대의 모범으로 칭송되고 있다.^{히 13:1-2} 창세기 저자는 19장의 소돔 멸망 기사 앞에 나그네를 환대하는 아브라함 가정의 미덕을 배치함으로써 아브라함과 그 후손이 이룰 의와 공도의 나라를 소돔과 고모라의 대안 공동체로 부각시키고자 했을 것이다.

그렇다면 이 나그네들이 누구이며 그들의 방문 목적은 무엇인가? 이제까지는 아브라함의 환대를 받는 나그네들이 누구인지 분명치 않았지만, 느닷없이 "네 아내 사라가 어디 있느냐"고 묻는 장면에서 그들의 정체와 방문 목적이 부분적으로 드러난다.^{18:9, 17:21} 둘은 사라의 잉태 예고를 위임받은 천사들이었고, 한 분은 하나님이었을 것이다(13절의 여호와, 16절의 그들과 하나님은 서로 다른 장소에 존재, 19:1의 두 천사). 사라가 어디에 있는지를 묻는 나그네들에게 아브라함은 사라가 자신의 장막에 있다고 답변한다. 10-15절은 세 사람이 아니라 야웨로 명시되는 주어가 등장해 대사를 이끌어 간다. 야웨의 말씀은 "내년 이맘때 내가 반드시 네게로 돌아오리니 네 아내 사라에게 아들이 있으리라"[18:10]였다. 결국 천사들의 아브라함 방문 목적은 17:15-19에서 사라에게 주신 하나님의 약속을 확증하는 데 있었다. "사라가 내년 이맘때에 아들을 낳을 것이라"[18:10, 17:21]는 하나님의 약속을 믿을 수 있도록 도와주고, 사라가 17:21의 이삭 탄생 약속을 어떻게 받아들이고 있는지 알아보기 위한 방문이었다. 사라와 아브라함의 아들 출생 약속에 대한 신앙의 중간 점검차 방문한 것이었다. 또한 순전히 사라를 위한 목회상담적 차원의 방문이었다. 그런데 이 천사들이 이삭을 통한 한 위대한 민족의 창조를 예고하며 동시에 소돔의 파멸을 예고한다. 이삭을 통해 나타날 아브라함 후손 공동체가 소돔과 고모라가 대표하던 가나안 문명을 새롭게 갱신하고 변혁시킬 전망을 슬쩍 내비치는 셈이다.

그러나 정작 이삭을 낳을 것이라고 통보를 받은 사라는 '열국의 어머니'가 되기에는 충분한 믿음에 이르지 못하였다. 17장에서 아브라함이 웃었던 것처럼 사라도 장막 문에서 자신이 내년에 아들을 낳을 것이라는 야웨의 말을 듣고 있다가 속으로 웃어 버렸다. 자신과 남편의 몸이 아이를 낳기에는 너무나 늙어 버렸음을 보고 탄식하고 체념한 듯한 태도를 보였다. 가임 여성의 조건인 생리가 끊어져 버린 사라는 "내가 노쇠하였고 내 주인도 늙었으니 내게 무슨 즐거움이 있으리요"[18:12]라고 말하며 탄식한다. 그러자 야웨께서 아브라함에게 사라의 불신앙을 지적하신다. "사라가 왜 웃으며 이르기를 내가 늙었거늘 어떻게 아들을 낳으리요 하느냐."[18:13] 사라가 한 말을 인용하는 '내가 늙었거늘'은 강조적으로 사용된 일인칭대명사 '나'가 주어로 문두에 나오는 상황절[아니 자칸티(אֲנִי זָקַנְתִּי)]이다. 자신이 늙어서 도저히 출산 능력이 없음을 강조한 것이다. 이에 대해 야웨께서는 "능하지 못한 일이 있겠느냐. 기한이 이를 때에 내가 네게로 돌아오리니 사라에게 아들이 있으리라"18:14고 사라의 아들 출생을 재확증하신다. 하나님의 장엄한 재확증 기세에 눌린 사라가 두려워서 부인하며, "내가 웃지 아니하였나이다"라고 변명했다. 그러자 하나님께서는 유머러스하게 응대하신다. "아니라, 네가 웃었느니라." 이것은 책망이라기보다는 90세가 다 된 노파에게 아들을 낳을 것이라고 설득하는 하나님 자신이 오히려 사라를 웃게 하셨다는 사실을 인정하는 뜻일 것이다. 하나님께서는 사라의 불신앙을 치료하기 위하여 다시금 하나님의 전능하심을 강조하며, 기한이 이를 때에 사라에게 돌아와서 아들을 낳게 하실 것을 확증하신다. 따라서 사라는 하나님께서 내년에 다시 자신에게 돌아오실 때까지 믿음을 가지고 기다려야 한다.

아브라함과 그의 후손이 건설할 의와 공도의 나라와 소돔 ● 18:16-19장

18 ¹⁶그 사람들이 거기서 일어나서 소돔으로 향하고 아브라함은 그들을 전송하러 함께 나가니라. ¹⁷여호와께서 이르시되 내가 하려는 것을 아브라함에게 숨기겠느냐. ¹⁸아브라함은 강대한 나라가 되고 천하 만민은 그로 말미암아 복을 받게 될 것이 아니냐. ¹⁹내가 그로 그 자식과 권속에게 명하여 여호와의 도를 지켜 의와 공도를 행하게 하려고 그를 택하였나니 이는 나 여호와가 아브라함에게 대하여 말한 일을 이루려 함이니라. ²⁰여호와께서 또 이르시되 소돔과 고모라에 대한 부르짖음이 크고 그 죄악이 심히 무거우니 ²¹내가 이제 내려가서 그 모든 행한 것이 과연 내게 들린 부르짖음과 같은지 그렇지 않은지 내가 보고 알려 하노라. ²²그 사람들이 거기서 떠나 소돔으로 향하여 가고 아브라함은 여호와 앞에 그대로 섰더니 ²³아브라함이 가

까이 나아가 이르되 주께서 의인을 악인과 함께 멸하려 하시나이까. 24 그 성 중에 의인 오십 명이 있을지라도 주께서 그곳을 멸하시고 그 오십 의인을 위하여 용서하지 아니하시리이까. 25 주께서 이같이 하사 의인을 악인과 함께 죽이심은 부당하오며 의인과 악인을 같이 하심도 부당하니이다. 세상을 심판하시는 이가 정의를 행하실 것이 아니니이까. 26 여호와께서 이르시되 내가 만일 소돔 성읍 가운데에서 의인 오십 명을 찾으면 그들을 위하여 온 지역을 용서하리라. 27 아브라함이 대답하여 이르되 나는 티끌이나 재와 같사오나 감히 주께 아뢰나이다. 28 오십 의인 중에 오 명이 부족하다면 그 오 명이 부족함으로 말미암아 온 성읍을 멸하시리이까. 이르시되 내가 거기서 사십오 명을 찾으면 멸하지 아니하리라. 29 아브라함이 또 아뢰어 이르되 거기서 사십 명을 찾으시면 어찌 하려 하시나이까. 이르시되 사십 명으로 말미암아 멸하지 아니하리라. 30 아브라함이 이르되 내 주여 노하지 마시옵고 말씀하게 하옵소서. 거기서 삼십 명을 찾으시면 어찌 하려 하시나이까. 이르시되 내가 거기서 삼십 명을 찾으면 그리하지 아니하리라. 31 아브라함이 또 이르되 내가 감히 내 주께 아뢰나이다. 거기서 이십 명을 찾으시면 어찌 하려 하시나이까. 이르시되 내가 이십 명으로 말미암아 그리하지 아니하리라. 32 아브라함이 또 이르되 주는 노하지 마옵소서. 내가 이번만 더 아뢰리이다. 거기서 십 명을 찾으시면 어찌 하려 하시나이까. 이르시되 내가 십 명으로 말미암아 멸하지 아니하리라. 33 여호와께서 아브라함과 말씀을 마치시고 가시니 아브라함도 자기 곳으로 돌아갔더라.

1) 열국의 아버지, 중보자 아브라함 ● 18:16-33

18:16은 아브라함을 방문한 사람들의 목적지가 소돔이라고 말한다. 13-14장에 등장했다가 다시 등장하는 소돔은 이미 하나님께 큰 죄인들이 사는 도시로 알려진 곳이다. 아브라함을 방문한 나그네들이 소돔으로 향하자 아브라함이 그들을 전송하러 함께 나갔다. 이때 야웨께서 나그네들이 소돔으로 향하는 이유를 궁금해하는 아브라함에게 알려 주시고자 한다. 17절 하반절을 직역하면 "내가[아니(אָנִי)] 하

려는 것을 내가(아니) 아브라함에게 숨기겠느냐." 일인칭 대명사 '아니'가 두 번이나 돌출되어 사용되고 있음을 볼 때 하나님이 아브라함에게 당신의 비밀을 반드시 털어놓겠다는 의지가 강조되고 있음을 알 수 있다. 하나님께서 당신의 비밀을 아브라함에게 털어놓으시는 것은 의미심장한 신호라는 것이다. 이것은 아브라함이 하나님에게 마음을 털어놓는 친구, 곧 하나님의 천상회의 비밀 결정을 고지받는 예언자로 대접받고 있음을 암시한다. "주 여호와께서는 자기의 비밀을 그 종 선지자들에게 보이지 아니하시고는 결코 행하심이 없으시리라."암 3:7 "그의 종의 말을 세워 주며 그의 사자들의 계획을 성취하게 하며."사 44:26

하나님이 털어놓으신 비밀은 두 가지다. 첫째, 아브라함은 강대한 나라(고이 가돌)가 되고 천하 만민은 그로 말미암아 복을 받게 될 것이다. '강대한 나라'로 번역된 히브리어 고이 가돌은 창세기 12:2에서는 '큰 민족'으로 번역된다. 둘 다 같은 말이다. 지금까지 고이 가돌은 주로 하늘의 별처럼 많은 후손으로 구성된 민족(나라), 만민에게 복을 매개하는 민족이라는 의미로 사용되었다. 여기서는 고이 가돌을 결정적으로 특징짓는 요소를 강조한다. 아브라함이 이룰 강대한 나라, 큰 민족은 의[츠다카(צְדָקָה)]와 공도[미쉬파트(מִשְׁפָּט)]를 이루는 나라다. 따라서 하나님은 아브라함에게 명령하신다. 하나님이 아브라함을 선택하신 목적은 그로 하여금 그 자식과 권속에게 야웨의 도를 지켜 공의(츠다카)와 정의(미쉬파트)를 행하도록 가르치게 하기 위함이었다.18:19 아브라함의 후손과 권속이 공의와 정의를 실천하는 것만이 야웨께서 아브라함에게 주신 모든 선한 약속을 성취하기 때문이다. 아브라함이 세계 만민에게 복이 되리라는 하나님의 약속은 실상 그의 후손과 권속이 공의와 정의를 실천하는 나라와 민족이 되어야 성취된다는 것이다.사 45:8, 51:1-8 이처럼 25년간 약속의 자손을 기다린 아브라함과 사라에게, 하란을 떠날 때 주어진 후손 약속과 '큰 민족' 약속이 공교롭게도 소돔과 고모라 파멸 시점에서 다시금 확증된다. 아브라함의 후손과 권속은 이제 멸망당할 소돔과 고모라와 정반대로 의와 공도를 이루는 강대한 나라가 되어야 한다. 그러기 위해서 아브라함의 후손은 야웨를 자기 하나님으로 삼은 나라, 곧 하나님의 기업으로 선택된 민족답게 시33:12, 신32:8-9 약자를 선대하며 강하고 유력한 자들의 범람을 적절하게 억제하고 견제하는 나라가 되어야 한다. 무엇보다도 하나님과의 언약의 신실성을 헌법적 가치로 여기며 살아가야 한다. 야웨를 하나님으로 삼은 아브라함의 후손은 의와 공도를 이룸으로써 강대한 나라가 될 것이라는 말씀은 예언이 아니라 하나님의 명령이요 요구다. 한 개인이 의와 공도 실천에 불순종하면 이스라엘 백성 공동체의 시민권을 상실하지만 민족 전체가 집단적으로 정의와 공의 실천을 거절하고 배척하면 국가적 사망과 민족 해체가 일어난다. 이제 멸망당할 위기에 처한 소돔과 고모라는 공의와 정의 (의와 공도)가 없는 사회다.

하나님이 털어놓으신 두 번째 비밀은 소돔과 고모라 암행 감찰 및 심판 계획이다. 소돔과 고모라에 대한 부르짖음이 크고 그 죄악이 심히 무거워 야웨 하나님이 이제 직접 내려가서 그 모든 행한 것이 과연 들린 부르짖음과 같은지 그렇지 않은지 보려고 하신다. 소돔과 고모라 암행 감찰 계획을 털어놓으신 것이다. 나그네들은 야웨의 암행 감찰사임이 분명하다. 그들이 소돔으로 향하여 떠나갔을 때에도 아브라함은 야웨 앞에 그대로 서 있었다.

18:23-32은 소돔 성을 생각하면서 아브라함이 드리는 간절한 중보기도다. 아브라함은 야웨께 가까이 나아가 "주께서 의인을 악인과 함께 멸하려 하시나이까"18:23라고 단도직입적으로 따져 묻는다. 그 성 중에 의인 50명이 있을지라도 주께서 그곳을 멸하시고 의인도

악인과 함께 멸하시는 것은 부당하다는 논리를 내세운다. 아브라함은 하나님께서 의인을 악인과 함께 죽이심은 부당하고 의인과 악인을 같이 대우하심도 부당하다고 말하며, 세상을 심판하시는 이가 정의를 행하셔야 되지 않겠는가 하고 오히려 하나님께 충고하듯이 따진다. 아브라함은 아마 의인 롯 같은 사람들을 생각하면서 이런 기도를 드렸을 것이다. 소돔 성에도 최소한 의인 50명은 존재할 것이라 믿고 기도를 드렸을 것이다. 야웨께서 여유 있게 응대하신다. "내가 만일 소돔 성읍 가운데에서 의인 오십 명을 찾으면 그들을 위하여 온 지역을 용서하리라."[18:26] 아무리 생각해도 소돔과 고모라 전체를 통틀어 의인 50명을 찾아낼 가망이 없자 아브라함은 자신을 한껏 낮추며 재협상을 시도한다. "오십 의인 중에 오 명이 부족하다면 그 오 명이 부족함으로 말미암아 온 성읍을 멸하시리이까." 하나님은 또다시 너그럽고 여유 있게 응답하신다. "내가 거기서 사십오 명을 찾으면 멸하지 아니하리라."[18:28] 아브라함은 다시 소돔과 고모라에서 의인 45명을 찾을 자신이 없자 다섯 명을 감한 조건을 내걸고, 하나님은 또 의인 40명만 있어도 멸하지 않겠다고 대답하신다. 더욱 기가 죽은 아브라함은 "내 주여, 노하지 마시옵고 말씀하게 하옵소서"라고 자신을 낮추며 의인 30명을 기준으로 제시한다. 그러자 하나님은 30명을 찾으면 소돔과 고모라를 심판하지 않겠다고 대답하신다. 아브라함은 하나님의 인내를 과도하게 짜내면서 심판 면제 기준을 열 명으로까지 낮추는 데 성공하지만 하나님의 예상을 넘는 자비와 긍휼에 압도된다. "내가 십 명으로 말미암아 멸하지 아니하리라."[18:32] 의인 열 명만 있어도 한 나라를 구할 수 있다는 말이다. 협상은 성공했으나 협상 조건을 충족시키는 데 실패할 것 같은 인상을 주고 아브라함과 하나님의 토론은 끝났다. 아브라함과 말씀을 마치신 야웨께서는 당신의 처소로 돌아가시고 아브라함도 자기 곳으로 돌아갔다.

소돔 성 심판 계획을 통고받은 아브라함이 하나님 앞에 격정적으로 쏟아 낸 중보기도는 역사할 것인가? 두 천사를 배웅한 후 하나님을 떠나지 않고 그 자리에 서서 하나님과 협상한 아브라함은 명징한 논리(공의로우신 하나님은 악인과 의인을 동시에 죽일 수 없다)로 하나님을 압박했지만 하나님의 측량할 수 없는 자비만 보고 돌아선다. 하나님의 공의로운 성품과 극소수의 의인을 보시고 대다수의 불의한 사람에 대한 심판을 유보하시는 하나님의 오래 참으심에 근거한 그의 중보기도는 겸손하고 단호하고 집요했으며, 하나님도 한없이 약해지신다. 아브라함이 하나님께 가까이 다가가면서 티끌 속에 머리를 파묻고 조아리며 하나님의 진노를 감수할 각오로 대담하게 제안할수록 하나님도 몸을 굽혀 아브라함의 논리에 수긍하며 그의 제안을 따뜻하게 수용하신다. 마침내 소돔 성 안에 의인이 열 명만 있어도 심판하시지 않겠다는 하나님의 확약이 주어진다. 이처럼 성경의 하나님은 한 사람의 의로운 행동으로 나머지 모든 인류의 죄를 용서하시는 사랑이 많으신 하나님이다.렘 5:1, 롬 5:12-21 하나님은 성이 무너진 데 올라서서 당신의 심판을 말리는 중보자가 출현하기를 원하신다.겔 22:30 그러나 소돔 성에는 심판을 중지시킬 의인 열 명이 발견되지 않는다.

19 ¹ 저녁 때에 그 두 천사가 소돔에 이르니 마침 롯이 소돔 성문에 앉아 있다가 그들을 보고 일어나 영접하고 땅에 엎드려 절하며 ² 이르되 내 주여, 돌이켜 종의 집으로 들어와 발을 씻고 주무시고 일찍이 일어나 갈 길을 가소서. 그들이 이르되 아니라, 우리가 거리에서 밤을 새우리라. ³ 롯이 간청하매 그제서야 돌이켜 그 집으로 들어오는지라. 롯이 그들을 위하여 식탁을 베풀고 무교병을 구우니 그들이 먹으니라. ⁴ 그들이 눕기 전에 그 성 사람 곧 소돔 백성들이 노소를 막론하고 원근에서

다 모여 그 집을 에워싸고 ⁵롯을 부르고 그에게 이르되 오늘 밤에 네게 온 사람들이 어디 있느냐. 이끌어 내라. 우리가 그들을 상관하리라. ⁶롯이 문 밖의 무리에게로 나가서 뒤로 문을 닫고 ⁷이르되 청하노니 내 형제들아, 이런 악을 행하지 말라. ⁸내게 남자를 가까이 하지 아니한 두 딸이 있노라. 청하건대 내가 그들을 너희에게로 이끌어 내리니 너희 눈에 좋을 대로 그들에게 행하고 이 사람들은 내 집에 들어왔은즉 이 사람들에게는 아무 일도 저지르지 말라. ⁹그들이 이르되 너는 물러나라. 또 이르되 이 자가 들어와서 거류하면서 우리의 법관이 되려 하는도다. 이제 우리가 그들보다 너를 더 해하리라 하고 롯을 밀치며 가까이 가서 그 문을 부수려 하는지라. ¹⁰그 사람들이 손을 내밀어 롯을 집으로 끌어들이고 문을 닫고 ¹¹문 밖의 무리를 대소를 막론하고 그 눈을 어둡게 하니 그들이 문을 찾느라고 헤매었더라. ¹²그 사람들이 롯에게 이르되 이 외에 네게 속한 자가 또 있느냐. 네 사위나 자녀나 성 중에 네게 속한 자들을 다 성 밖으로 이끌어 내라. ¹³그들에 대한 부르짖음이 여호와 앞에 크므로 여호와께서 이곳을 멸하시려고 우리를 보내셨나니 우리가 멸하리라. ¹⁴롯이 나가서 그 딸들과 결혼할 사위들에게 말하여 이르기를 여호와께서 이 성을 멸하실 터이니 너희는 일어나 이곳에서 떠나라 하되 그의 사위들은 농담으로 여겼더라. ¹⁵동틀 때에 천사가 롯을 재촉하여 이르되 일어나 여기 있는 네 아내와 두 딸을 이끌어 내라. 이 성의 죄악 중에 함께 멸망할까 하노라. ¹⁶그러나 롯이 지체하매 그 사람들이 롯의 손과 그 아내의 손과 두 딸의 손을 잡아 인도하여 성 밖에 두니 여호와께서 그에게 자비를 더하심이었더라. ¹⁷그 사람들이 그들을 밖으로 이끌어 낸 후에 이르되 도망하여 생명을 보존하라. 돌아보거나 들에 머물지 말고 산으로 도망하여 멸망함을 면하라. ¹⁸롯이 그들에게 이르되 내 주여, 그리 마옵소서. ¹⁹주의 종이 주께 은혜를 입었고 주께서 큰 인자를 내게 베푸사 내 생명을 구원하시오나 내가 도망하여 산에까지 갈 수 없나이다. 두렵건대 재앙을 만나 죽을까 하나이다. ²⁰보소서, 저 성읍은 도망하기에 가깝고 작기도 하오니 나를 그곳으로 도망하게 하소서. 이는 작은 성읍이 아니니이까. 내 생명이 보존되리이다. ²¹그가 그에게 이르되 내가 이 일에도 네 소원을 들었은즉 네가 말하는 그 성읍을 멸하지 아니하리니 ²²그리로 속히 도망하라. 네가 거기 이르기까지는 내가 아무 일도 행할 수 없노라 하였더라. 그러므로 그 성읍 이름을 소알이라 불렀더라. ²³ 롯이 소알에 들어갈 때에 해가 돋았더라. ²⁴ 여호와께서 하늘 곧 여호와께로부터 유황과 불을 소돔과 고모라에 비같이 내리사 ²⁵ 그 성들과 온 들과 성에 거주하는 모든 백성과 땅에 난 것을 다 엎어 멸하셨더라. ²⁶ 롯의 아내는 뒤를 돌아보았으므로 소금 기둥이 되었더라. ²⁷ 아브라함이 그 아침에 일찍이 일어나 여호와 앞에 서 있던 곳에 이르러 ²⁸ 소돔과 고모라와 그 온 지역을 향하여 눈을 들어 연기가 옹기 가마의 연기같이 치솟음을 보았더라. ²⁹ 하나님이 그 지역의 성을 멸하실 때 곧 롯이 거주하는 성을 엎으실 때에 하나님이 아브라함을 생각하사 롯을 그 엎으시는 중에서 내보내셨더라. ³⁰ 롯이 소알에 거주하기를 두려워하여 두 딸과 함께 소알에서 나와 산에 올라가 거주하되 그 두 딸과 함께 굴에 거주하였더니 ³¹ 큰 딸이 작은 딸에게 이르되 우리 아버지는 늙으셨고 온 세상의 도리를 따라 우리의 배필 될 사람이 이 땅에는 없으니 ³² 우리가 우리 아버지에게 술을 마시게 하고 동침하여 우리 아버지로 말미암아 후손을 이어가자 하고 ³³ 그 밤에 그들이 아버지에게 술을 마시게 하고 큰 딸이 들어가서 그 아버지와 동침하니라. 그러나 그 아버지는 그 딸이 눕고 일어나는 것을 깨닫지 못하였더라. ³⁴ 이튿날 큰 딸이 작은 딸에게 이르되 어제 밤에는 내가 우리 아버지와 동침하였으니 오늘 밤에도 우리가 아버지에게 술을 마시게 하고 네가 들어가 동침하고 우리가 아버지로 말미암아 후손을 이어가자 하고 ³⁵ 그 밤에도 그들이 아버지에게 술을 마시게 하고 작은 딸이 일어나 아버지와 동침하니라. 그러나 아버지는 그 딸이 눕고 일어나는 것을 깨닫지 못하였더라. ³⁶ 롯의 두 딸이 아버지로 말미암아 임신하고 ³⁷ 큰 딸은 아들을 낳아 이름을 모압이라 하였으니 오늘날 모압의 조상이요 ³⁸ 작은 딸도 아들을 낳아 이름을 벤암미라 하였으니 오늘날 암몬 자손의 조상이었더라.

2) 영원히 파괴된 소돔과 고모라 ●19장

아브라함의 처절한 중보기도가 펼쳐지는 가운데 거룩한 심판 천사들이 소돔 성문에 앉아 있던 롯과 조우한다. 척박한 산지의 이동식 거주지인 장막 문에 앉아 있다가 천사들을 조우했던 아브라함과 달리 롯은 도시 주거지인 성문 앞에서 천사들의 방문을 받았다. 성문은 재판이나 사회적 여론 수렴 작업이 일어나는 곳임을 고려해 보면,[암5:10, 15] 롯이 성문의 재판석에 앉아 공의를 세우는 일에 주력하고 있었음을 알 수 있다. 그는 소돔의 지도자 역할을 하면서도 성의 타락한 문화에 의해 인간성이 황폐화하지는 않았던 것처럼 보인다. 그래서 거룩한 나그네들의 기습적인 방문을 받은 롯도 나름대로 그들을 친절하게 영접하려고 한다. 하지만 방문자들은 그의 환대와 영접에 선뜻 응하기보다는 '거리'에서 밤을 보내겠다고 응답한다. 롯의 강청에 못이겨 롯의 집으로 들어왔지만 그들의 비상한 언동이 묘한 긴장을 불러일으킨다. 롯이 준비한 소박한 음식(무교병)을 먹고 자려고 할 때 노소와 원근을 가리지 않고 소돔 사람들이 롯의 집으로 쇄도해 왔다. "오늘 밤 네 집으로 들어온 외지 사람들을 이끌어 내라. 우리가 성적으로 도발하리라"고 소리친다. 5절의 '상관하다'는 성교를 의미한다. 소돔 사람들은 외지인을 집단으로 성폭행해 자신들의 예하로 편입시키려고 했다. 롯이 이 폭도들의 요구를 처리하는 방식은 지극히 서글프다.[19:6-8] 외지인들에게는 어떤 도발도 하지 말고 자신에게 있는 두 처녀 딸을 마음대로 도발하라고 제안한 것이다. 외지인을 보호하고 환대하기 위하여 딸들을 희생시키려고 한 것이다. 하지만 소돔 사람들은 더욱 포악스럽게 나오며 롯 자체를 비난한다. 외지에서 와서 자신들의 도덕선생이 되려 한다며 롯을 대적한 것이다. 롯의 손님들보다 롯을 더 해칠 기세로 집에 난입하려고 했다. 바로 그 순간에 손님들이 급히 개입해 문을 닫고 롯을 보호했다. 그리고 문밖 폭도들의 눈을 어둡게 해 지리멸렬하게 만들었다.

롯을 둘러싼 소돔과 고모라 공동체의 문화가 그의 개인적 친절과 순결함을 원천적으로 상쇄해 버렸는지 롯의 경건은 이 순간에 지극히 무력하다. 집에서 잠을 자지 않고 거리에서 밤을 새우겠다고 결심하는 천사들을 설득하여 그의 집으로 간신히 초청했지만 그 나그네들이 거리에서 감찰해 보려고 했던 소돔의 타락상과 패역성을 목격하는 것을 막지 못했다. 자신들에게 집단 성폭력을 가하려고 쇄도하는 폭도들은 나그네에 대해 극도로 적대적인 악인이요, 존재할 가치가 없는 인간성 이하의 짐승들이었다. 어쩌면 짐승보다 못한 패역자들이었다. 이들이 두 거룩한 천사에게 가하려고 한 상관 행위가집단 성폭행이건 동성간 성폭행이건 상관없이 그들의 참혹한 죄악상과 타락상은 조금도 경감될 수 없다. 굳이 좀 더 정확히 해석하자면 그들이 시도한 상관 행위는 동성애적 집단 성폭행을 가리키는 말로서, 그것은 고대 사회에서 새로운 거주자를 기죽이기 위해 가하는 원주민들의 관습화된 폭력의 일종으로 보는 것이 좋다(창 34장의 디나에 대한 하몰과 세겜 가문의 능욕, 삿 19장의 방랑하는 레위인의 첩에 대한 베냐민 지파의 집단 성폭행).[벧후 2:7-8, 롬 1:26-27]

사회관습화된 집단폭력 문화를 순화시키기에는 롯은 너무나 무기력한 개인이었다. 롯은 결코 이상적일 수 없는 타협책—자신의 딸을 성폭행의 희생물로 제시—을 제시함으로써 거룩하고 지체 높은 방문객들을 보호하려고 한다. 그러나 소돔 성의 폭력적인 남자들은 외부에서 들어온 주제에 지도자 구실을 하던 롯을 조롱하고 있다. 오히려 롯 자신도 그들의 폭력에 희생될 뻔하였다. 그때 천사들이 롯을 보호하기 위해 폭도들을 눈멀게 하고 큰 혼란에 빠뜨리지 않았다면 소돔 사람들은 훨씬 더욱 광기 어린 타락상을 연출했을 것이다. 바로 이 절체절명의 순간에 거룩한 나그네들은 자신들의 정체를 드러내 소돔성 전체를 불태울 야웨의 계획을 롯에게 통보하고 롯 가문에 속한 가속을 피신시키라고 명령하며 몇 가지 주의사항(불타는 소돔을 뒤돌아보지 말라 등)을 추가한다. 소돔에 대한 하나님의 심판을 촉발시킨 것은 그들에 대한 부르짖음이라는 사실이 중요하다. 소돔 사람들의 죄악 때문에 학대당하고 시달린 소돔 성 밖의 가난한 자와 나그네 등 사회적 약자들의 부르짖음[츠아카(צְעָקָה)]이 야웨 앞에 크게 들렸기 때문이라는 것이다. 소돔 사람들의 타락과 죄악 때문에 희생당한 사람들의 신원과 보복 요구가 하나님께 크게 들렸다는 것이다.

이런 절박한 위기 상황에서 롯의 개인적 경건을 고려한 천사들이 롯과 그의 가족만이라도 구원하려고 배려했지만, 롯의 피신 요청에 대한 가족들의 반응은 차갑다. 예비 사위들은 롯의 피신 요청을 농담으로 여긴다. 천사들은 롯을 재촉하며 그의 아내와 두 딸의 피신을 서두르라고 명한다. 롯 자신이 지체하자 천사들이 주도적으로 두 딸과 아내의 손을 붙잡고 피신을 도와 성 밖으로 이끌어 내었다. 야웨의 큰 자비가 역사한 것이다. 천사들은 롯의 가족을 성 밖으로 이끌어 낸 후 들에 머물거나 뒤를 돌아보지 말고 산으로 도망해 생명을 보존하라고 다그쳤지만 롯이 오히려 머뭇거린다. 자신이 은혜와 인자를 덧입은 자라면 산에까지 도망가게 하지 말고 소돔과 같은 작은 평지 성읍 소알에 가서 피신케 해달라고 간청한다. 왜냐하면 롯과 그의 가족이 산으로 피신하다가 도중에 재앙을 만나 죽을지도 모른다고 생각했기 때문이다. 롯의 강청에 못이겨 천사들은 롯 가족의 소알 피신을 허락하고 롯은 소알에 입성했다. 밤새 걸어간 곳이었다. 소알에 들어가자 해가 돋았고 그날에 하나님은 하늘로부터 불과 유황을 비처럼 쏟아부어 소돔과 고모라를 뒤집어엎으셨다. 들과 성에 사는 모든 자들을 죽이고 땅에서 난 모든 농작물과 가축도 멸절시켰다. 그러나 끝내 롯의 아내는 뒤를 돌아보다가, 곧 머뭇거리다가 소금기둥으로 변했다. 불과 유황이 엄청난 소금기를 머금고 쏟아졌다는 말이다.

롯의 아내는 소돔 성에 대한 미련을 끊지 못해 소금기둥이 되었고 예비 사위들은 결국 멸망당한 소돔 사람들의 일부가 되었다. 이 사건을 통해 롯의 가정 전체가 얼마나 무기력하고 파편적인 구조였는지가 드러난다. 롯의 개인적 경건은 사회 일반에 영향을 끼치지 못한 것은 물론이고 가족 구성원(사위, 딸, 아내)에게도 전혀 영향력을 끼치지 못했음이 밝히 드러난다. 사위들은 불탈 소돔 성을 빠져나가라고 호소하는 장인의 명령을 농담으로 간주하고, 아내는 천사들의 엄숙한 경고에도 불구하고 불타는 성을 향하여 미련을 두다가 소금 기둥이 된 것을 볼 때 롯은 수신제가에 실패한 자였던 것이다.

전체적으로 보면 이런 미온적인 반응의 원인은 롯이 제공한 것처럼 보인다. 19:27-29은 롯 자신도 아브라함의 중보기도 때문에 살아남을 수 있었음을 강조한다. 그러나 누구보다도 그 자신이 불타고 있던 소돔 성에 대한 미련을 버리지 못한 것처럼 보인다. 소돔을 멀리 떠나 산으로 도망가라는 천사들의 권고를 무시하고 근처의 소알 성에 잠시 피한 것을 보면 그는 기회주의적 처신을 한 셈이다. 그는 아마도 유황과 불의 파괴 작용이 끝나면 다시 소돔 성으로 들어가려고 했을는지도 모른다. 창세기 13:10-12은 그가 소돔에 대해 얼마나 큰 애착을 가졌는지 보여준다. 그에게 소돔은 애굽 땅과 같이 비옥하고 에덴동산처럼 안락한 곳으로 보였다. 그는 원래 요단 강 앞의 평지에 살다가 큰 죄인들이 사는 소돔까지 이주하여 갔다. 큰 자석에 끌려가는 작은 쇠붙이처럼 그는 소돔의 마력에서 벗어나지 못했다. 14장에서 그돌라오멜 동맹군에게 포로로 잡혀갔을 때 그는 삼촌을 따라 다시 산지로 이주할 수도 있었을 것이다. 그러나 그는 단호한 탈출을 감행하지 못했다. 결국 소돔은 유황과 불로써 멸망당하고 그는 두 딸과 함께 소알 성으로 간신히 피신하였다.

그런데 이 일시적인 구원 경험마저도 더 나쁜 일의 실마리를 제공하고 말았다. 두 딸은 종족 번식을 명분 삼아 아버지를 만취케 하고 근친 성관계를 가져 모압과 암몬을 낳았다. 이 불행한 파국은 '상황

윤리'의 이름으로 용납될 수 없었다. 모압과 암몬 족속은 이렇게 불행한 근친상간으로부터 생겨났다. 롯의 전락은 소돔에 불어닥친 불과 유황 심판의 후폭풍인 셈이었다. 족장 시대 후에 소돔과 고모라 지역은 유황과 불의 심판 잔재로 간주된 암염으로 가득 찬 땅이 되었고, 모압과 암몬 족속과 아브라함의 후손은 이 땅을 사이에 두고 필사적인 각축을 벌이는 사이가 되었다. 여기서 우리는 이스라엘의 숙적인 모압과 암몬이 롯과 그 가정의 영적 파산에 따른 결과라는 주장과 만난다. 요약하자면 롯과 소돔의 동거는 참혹한 대실패로 끝났다. 소돔은 하나님의 백성이 안전하게 살 수 있는 도성이 아니란 것이 명백하게 증명되었다.

에스겔 16:49에 의하면 소돔은 불법과 불의, 약자의 부르짖음으로 가득 찬 공동체였다. 반면에 아브라함의 후손이 건설할 나라는 의(츠다카)와 공도(미쉬파트)가 지배하는 나라(다윗 제국의 본질)였다.삼하 8:15, 23:3, 사 9:5-6, 11:1-9 이것은 무엇을 말하는가? 아브라함 후손의 나라가 불법과 폭력으로 멸망당하는 소돔과 고모라의 대안 공동체로 떠오르고 있다는 뜻이다. 따라서 아브라함의 후손 약속은 단순히 가정사적으로 중요한 약속이 아니라, 하나님 나라 건설이라는 구속사의 목적을 이루는 데 결정적으로 중요한 약속임이 드러나고 있다. 그렇다면 소돔과 아브라함의 관계는 무엇일까? 소돔을 위한 아브라함의 중보기도에 그 관계가 암시되어 있다.

극도의 불법과 원한에 찬 부르짖음 때문에 멸망당할 위기에 놓였던신 32:32, 사 1:9-11, 12-17, 5:5-7, 겔 16:49 소돔을 위해 아브라함이 끝까지 중보기도했다는 점이 중요하다. 세상이 아무리 타락해도 기독교인과 교회는 중보기도를 멈춰서는 안 된다는 것이다. 소돔을 암행 감찰하고 심판할 천사와 사라의 이삭 수태고지 사명을 띤 천사가 동일하다는 것에서도 우리는 교회의 사명을 깨닫는다. 소돔 성의 죄악과 불법,

음란 상태를 실사하여 심판을 집행하려고 하는 천사가 교회에게는 약속의 자녀들이 태어날 것을 예고한다. 이것은 교회가 죄악된 세상을 위해 할 수 있는 일은 복된 약속의 자녀들을 세상에 낳아 주는 것임을 가르쳐 준다. 교회는 소돔과 고모라 같은 세상을 하나님의 복된 다스림으로 편입시킬 복의 근원으로서의 거룩한 후손을 낳고 낳아야 한다. 바로 이런 의도 때문에 하나님께서 소돔을 심판하러 가는 도중에 다시 한 번 아브라함에게 주신 원초적 약속―땅과 후손을 통한 큰 민족 건설―을 재확증해 주셨을 것이다. 천사들의 이중 사명을 부각시키는 창세기 저자는 아브라함의 후손이 건설할 나라(민족, 공동체)와 소돔을 대조시킴으로써, 의와 공도를 구현하는 아브라함의 후손이 소돔과 고모라 같은 세상을 하나님 나라의 통치 아래 복속시키는 선교적 사명을 부여받고 있음을 강조한다.

V.

열국의 아버지 아브라함, 열국의 어머니 사라

VI.

창세기 20-26장

온유한 이삭의 인격 속에 자라 가는 하나님 나라

이방에서 발휘되는 아브라함의 영적 지도력 ●20장

20 ¹아브라함이 거기서 네게브 땅으로 옮겨가 가데스와 술 사이 그랄에 거류하며 ²그의 아내 사라를 자기 누이라 하였으므로 그랄 왕 아비멜렉이 사람을 보내어 사라를 데려갔더니 ³그 밤에 하나님이 아비멜렉에게 현몽하시고 그에게 이르시되 네가 데려간 이 여인으로 말미암아 네가 죽으리니 그는 남편이 있는 여자임이라. ⁴아비멜렉이 그 여인을 가까이 하지 아니하였으므로 그가 대답하되 주여, 주께서 의로운 백성도 멸하시나이까. ⁵그가 나에게 이는 내 누이라고 하지 아니하였나이까. 그 여인도 그는 내 오라비라 하였사오니 나는 온전한 마음과 깨끗한 손으로 이렇게 하였나이다. ⁶하나님이 꿈에 또 그에게 이르시되 네가 온전한 마음으로 이렇게 한 줄을 나도 알았으므로 너를 막아 내게 범죄하지 아니하게 하였나니 여인에게 가까이 하지 못하게 함이 이 때문이니라. ⁷이제 그 사람의 아내를 돌려보내라. 그는 선지자라. 그가 너를 위하여 기도하리니 네가 살려니와 네가 돌려보내지 아니하면 너와 네게 속한 자가 다 반드시 죽을 줄 알지니라. ⁸아비멜렉이 그 날 아침에 일찍이 일어나 모든 종들을 불러 그 모든 일을 말하여 들려 주니 그들이 심히 두려워하였더라. ⁹아비멜렉이 아브라함을 불러서 그에게 이르되 네가 어찌하여 우리에게 이렇게 하느냐. 내가 무슨 죄를 네게 범하였기에 네가 나와 내 나라가 큰 죄에 빠질 뻔하게 하였느냐. 네가 합당하지 아니한 일을 내게 행하였도다 하고 ¹⁰아비멜렉이 또 아브라함에게 이르되 네가 무슨 뜻으로 이렇게 하였느냐. ¹¹아브라함이 이르되 이곳에서는 하나님을 두려워함이 없으니 내 아내로 말미암아 사람들이 나를 죽일까 생각하였음이요 ¹²또 그는 정말로 나의 이복 누이로서 내 아내가 되었음이니라. ¹³하나님이 나를 내 아버지의 집

을 떠나 두루 다니게 하실 때에 내가 아내에게 말하기를 이 후로 우리의 가는 곳마다 그대는 나를 그대의 오라비라 하라. 이것이 그대가 내게 베풀 은혜라 하였었노라. ¹⁴ 아비멜렉이 양과 소와 종들을 이끌어 아브라함에게 주고 그의 아내 사라도 그에게 돌려보내고 ¹⁵ 아브라함에게 이르되 내 땅이 네 앞에 있으니 네가 보기에 좋은 대로 거주하라 하고 ¹⁶ 사라에게 이르되 내가 은 천 개를 네 오라비에게 주어서 그것으로 너와 함께한 여러 사람 앞에서 네 수치를 가리게 하였노니 네 일이 다 해결되었느니라. ¹⁷ 아브라함이 하나님께 기도하매 하나님이 아비멜렉과 그의 아내와 여종을 치료하사 출산하게 하셨으니 ¹⁸ 여호와께서 이왕에 아브라함의 아내 사라의 일로 아비멜렉의 집의 모든 태를 닫으셨음이더라.

20장은 여전히 이방 땅에서 나그네와 주변인으로 살아가는 아브라함의 고단한 삶의 일단을 스냅사진처럼 보여준다. 아브라함은 헤브론보다 좀 더 남쪽인 네게브로 이주해 가데스와 술 사이의 그랄에 정착한다. 그랄은 블레셋 사람의 관할 지역이었다. 이번에도 애굽에서 그랬던 것처럼 아브라함은 아내를 누이동생이라고 속이며 살아간다. 그랄 왕 아비멜렉은 여전히 아름다운 사라를 후궁으로 삼기 위하여 데려갔다. 그러나 아비멜렉은 꿈에 나타난 하나님으로부터 엄중한 심판 경고를 듣게 되었다. "네가 데려간 이 여인으로 말미암아 네가 죽으리니 그는 남편이 있는 여자임이라."^{20:3} '이 여인'이라는 표현에 비추어 볼 때 아마도 아비멜렉이 사라를 '옆에 두고'(물리적 거리는 어느 정도인지는 모르지만) 있었던 상황에서 이런 현몽을 받은 것으로 추정할 수 있다. 아비멜렉은 사라를 범하지 않았기 때문에 제법 결백함과 당당함을 갖추어 하나님께 항의했다. "주께서 의로운 백성도 멸하시나이까."^{20:4} 이 항의는 정확하게 18:23의 아브라함 중보기도를 되울리는 기도문이다. 19장과 20장은 이 주제, 곧 주께서 의로운 백성을 악인과 도매금으로 처리해 멸망시키지는 않는다는 점에서 서로 묶여 있다. 아비멜렉은 아브라함과 사라의 오누이 노릇을 근거로 자신의 사라 간택은 온전한 마음과 깨끗한 손으로 행한 일임을 주장한다.

하나님은 꿈(아마도 다른 꿈)에 다시 나타나셔서 아비멜렉의 항변을 접수하고 그의 정당성을 인정하셨다. 한 걸음 더 나아가 하나님은 아비멜렉의 순전한 마음을 보시고 그를 죄로부터 건져 주시기 위해 극적으로 개입하셨음을 강조하신다. 마지막으로 하나님은 아비멜렉에게 살 길을 제시하신다. "즉시 그녀를 아브라함에게 돌려보내라. 그는 너를 위해 중보기도해 줄 예언자다. 그가 너를 위해 기도하면 네가 살고, 돌려보내지 않으면 너와 네 가문 모두 반드시 죽을 것이다." 이 무서운 경고에 놀란 아비멜렉은 다음 날 일찍 모든 종들을 불러 자초지종을 설명해 주었다. 그랬더니 그의 모든 종들이 심히 두려워했다. 다만 아비멜렉은 끝까지 자신의 순전함과 왕적 위엄을 과시하기 위해 아브라함을 불러 일장 책망성 훈계를 늘어놓는다. "내가 네게 무슨 잘못을 했길래 네가 나와 내 나라가 큰 죄에 빠질 뻔하게 했느냐? 네가 내게 부당한 일을 행했다. 도대체 무슨 뜻으로 이렇게 했느냐?" 억울함과 분이 덜 풀린 어조로 아브라함을 몰아붙인 것이다. 그러자 어리숙해 보이는 아브라함 또한 아비멜렉의 기운에 안 밀리는 수준의 변명을 늘어놓는다. 현대어로 풀면 다음과 같은 취지의 변명을 했다.[20:11-13]

당신의 나라인 이 그랄 땅에는 하나님을 경외함이 없어서 당신 나라 사람들이 나의 아리따운 아내를 취하기 위해 언제든지 나를 죽일 수 있다고 염려해 우리 부부는 오누이처럼 행동하기로 했소. 실제는 그녀는 나의 이복 누이기도 하오. 하나님께서 나를 본토 친척 아비 집을 떠나 가나안 땅을 이리저리 방황하게 하실 때부터 불경건한 사람들이 사는 곳에 이를 때마다 우리는 오누이 노릇으로 내 생명을 보존하는 계약을 구사하기로 합의하였소. 내 아내가 나를 오라비라고 부르는 것은 그녀가 나에게 베풀 은혜(언약적 호의)라오.

아내를 누이라고 부르는 오누이 노릇은 아브라함과 사라가 하나님 경외가 없는 이방 땅에서 생존하기 위해 취한 주도면밀한 전략이라는 것이다. 13절에서 '은혜'라고 번역된 히브리어는 헤세드(חֶסֶד)로서, 쌍방속박적 계약을 맺은 당사자가 다른 당사자에게 보여주어야 하는 의리(계약적 의무)를 의미한다. 이 오누이 노릇이 아브라함 자신의 잘못만은 아니라는 점을 강조한 것이다. 곰곰이 생각해 보면 아브라함의 변명에도 근거가 있었다. 아비멜렉은 "하나님을 경외하지 않는 사람들은 무슨 일이라도 저지를 수 있다"는 아브라함의 전제에 대해서는 어떤 이의도 제기하지 않은 채 아브라함에게 엄청난 위자료를 지불하며 사라를 돌려보내 준다. 아비멜렉은 사라의 순결이 손상되지 않았음을 공증하기 위해 엄청난 양의 금전을 지불하였다. 대신 하나님께서는 중보자 아브라함의 기도를 들으시고 닫아 버렸던 아비멜렉 집안의 닫힌 태를 열어 주셨다. 아브라함의 중보기도는 아비멜렉과 군대장관 비골에게 끼친 그의 영적 지도력이 어떻게 시작되었는지 설명하는 첫 일화로 소개된다(두 번째 일화는 21:22-34에서 아브라함에게 평화우호 조약을 맺자고 제안하는 아비멜렉).

웃음둥이 이삭 탄생과 이스마엘의 추방 ●21장

21 [1] 여호와께서 말씀하신 대로 사라를 돌보셨고 여호와께서 말씀하신 대로 사라에게 행하셨으므로 [2] 사라가 임신하고 하나님이 말씀하신 시기가 되어 노년의 아브라함에게 아들을 낳으니 [3] 아브라함이 그에게 태어난 아들 곧 사라가

자기에게 낳은 아들을 이름하여 이삭이라 하였고 ⁴그 아들 이삭이 난 지 팔 일 만에 그가 하나님이 명령하신 대로 할례를 행하였더라. ⁵아브라함이 그의 아들 이삭이 그에게 태어날 때에 백 세라. ⁶사라가 이르되 하나님이 나를 웃게 하시니 듣는 자가 다 나와 함께 웃으리로다. ⁷또 이르되 사라가 자식들을 젖먹이겠다고 누가 아브라함에게 말하였으리요마는 아브라함의 노경에 내가 아들을 낳았도다 하니라. ⁸아이가 자라매 젖을 떼고 이삭이 젖을 떼는 날에 아브라함이 큰 잔치를 베풀었더라. ⁹사라가 본즉 아브라함의 아들 애굽 여인 하갈의 아들이 이삭을 놀리는지라. ¹⁰그가 아브라함에게 이르되 이 여종과 그 아들을 내쫓으라. 이 종의 아들은 내 아들 이삭과 함께 기업을 얻지 못하리라 하므로 ¹¹아브라함이 그의 아들로 말미암아 그 일이 매우 근심이 되었더니 ¹²하나님이 아브라함에게 이르시되 네 아이나 네 여종으로 말미암아 근심하지 말고 사라가 네게 이른 말을 다 들으라. 이삭에게서 나는 자라야 네 씨라 부를 것임이니라. ¹³그러나 여종의 아들도 네 씨니 내가 그로 한 민족을 이루게 하리라 하신지라. ¹⁴아브라함이 아침에 일찍이 일어나 떡과 물 한 가죽부대를 가져다가 하갈의 어깨에 메워 주고 그 아이를 데리고 가게 하니 하갈이 나가서 브엘세바 광야에서 방황하더니 ¹⁵가죽부대의 물이 떨어진지라. 그 자식을 관목덤불 아래에 두고 ¹⁶이르되 아이가 죽는 것을 차마 보지 못하겠다 하고 화살 한 바탕 거리 떨어져 마주 앉아 바라보며 소리 내어 우니 ¹⁷하나님이 그 어린 아이의 소리를 들으셨으므로 하나님의 사자가 하늘에서부터 하갈을 불러 이르시되 하갈아, 무슨 일이냐. 두려워하지 말라. 하나님이 저기 있는 아이의 소리를 들으셨나니 ¹⁸일어나 아이를 일으켜 네 손으로 붙들라. 그가 큰 민족을 이루게 하리라 하시니라. ¹⁹하나님이 하갈의 눈을 밝히셨으므로 샘물을 보고 가서 가죽부대에 물을 채워다가 그 아이에게 마시게 하였더라. ²⁰하나님이 그 아이와 함께 계시매 그가 장성하여 광야에서 거주하며 활 쏘는 자가 되었더니 ²¹그가 바란 광야에 거주할 때에 그의 어머니가 그를 위하여 애굽 땅에서 아내를 얻어 주었더라. ²²그 때에 아비멜렉과 그 군대 장관 비골이 아브라함에게 말하여 이르되 네가 무슨 일을 하든지 하나님이 너와 함께 계시도다. ²³그런즉 너는 나와 내 아들과 내 손자에게 거짓되이 행하지 아니하기를 이제 여기서 하나님을 가리켜 내게 맹세하라. 내가 네게 후

VI.

온유한 이삭의 인격 속에 자라 가는 하나님 나라

대한 대로 너도 나와 네가 머무는 이 땅에 행할 것이니라. ²⁴아브라함이 이르되 내가 맹세하리라 하고 ²⁵아비멜렉의 종들이 아브라함의 우물을 빼앗은 일에 관하여 아브라함이 아비멜렉을 책망하매 ²⁶아비멜렉이 이르되 누가 그리하였는지 내가 알지 못하노라. 너도 내게 알리지 아니하였고 나도 듣지 못하였더니 오늘에야 들었노라. ²⁷아브라함이 양과 소를 가져다가 아비멜렉에게 주고 두 사람이 서로 언약을 세우니라. ²⁸아브라함이 일곱 암양 새끼를 따로 놓으니 ²⁹아비멜렉이 아브라함에게 이르되 이 일곱 암양 새끼를 따로 놓음은 어찜이냐. ³⁰아브라함이 이르되 너는 내 손에서 이 암양 새끼 일곱을 받아 내가 이 우물 판 증거를 삼으라 하고 ³¹두 사람이 거기서 서로 맹세하였으므로 그곳을 브엘세바라 이름하였더라. ³²그들이 브엘세바에서 언약을 세우매 아비멜렉과 그 군대 장관 비골은 떠나 블레셋 사람의 땅으로 돌아갔고 ³³아브라함은 브엘세바에 에셀 나무를 심고 거기서 영원하신 여호와의 이름을 불렀으며 ³⁴그가 블레셋 사람의 땅에서 여러 날을 지냈더라.

21장은 이삭의 출생, 하갈과 이스마엘의 축출, 그리고 아브라함과 아비멜렉의 브엘세바 계약 체결을 보도한다. 1절은 두 번씩이나 하나님께서 '말씀하신 대로' 사라를 돌보시고 사라에게 행하셨다고 증거한다. 신실하신 하나님의 언약적 돌보심 덕분에 사라는 임신하여 노년의 아브라함에게 아들을 낳아 주었다. 1년 전 야웨 하나님이 권고해 주신 바로 그 기간, 1년간의 기다림을 믿음으로 채운 사라와 아브라함에게 마침내 이삭이 태어난 것이다. 하나님은 신실하신 하나님일 뿐만 아니라 전능하신 하나님임을 이삭의 출생을 통해 증명하셨다. 아브라함은 사라가 낳아 준 아들을 이삭(웃음둥이, 그가 웃다)이라고 작명하고 태어난 지 8일 만에 할례를 베풀어 아브라함의 언약 상속자가 되게 했다. 이삭이 태어났을 때 아브라함의 나이가 100세였다. 사라에게는 주체할 수 없는 웃음이 그칠 줄 몰랐다. 사라의 불신앙과 체념의 웃음은 기쁨과 감격의 웃음으로 변화되었다. 이삭을 낳은 후 당당해진 사라의 모습을 살펴보라. "하나님이 나를 웃게 하시니 듣는 자가 다 함께 웃으리로다. 또 이르되 사라가 자식들을 젖먹이겠다고 누가 아브라함에게 말하였으리요마는 아브라함의 노경에 내가 아들을 낳았도다."21:6-7 100세 아브라함과 90세 사라에게서 태어난 이삭은 하나님의 전능하심과 신실하심을 증거하는 살아 있는 증인이다.

이삭이 태어난 후 이스마엘의 지위에 변동이 생겼다. 이스마엘과 하갈은 이제 추방될 처지에 놓인다. 이스마엘이 추방된 계기는 이삭이 젖을 떼는 잔칫날이었다. 이삭이 자라 젖을 떼는 날 아브라함이 큰 잔치를 베풀었는데 애굽 여종 하갈의 아들 이스마엘이 이삭을 희롱하는 것을 사라가 목격했다. 사라는 즉시 아브라함에게 이 사태를 보고하고 여종과 그 아들을 쫓아내라고 강력하게 요구했다. 아브라함은 이스마엘의 일로 매우 근심하였다. 그동안 아브라함은 이스마엘을 장자로 대우하며, 많은 사랑과 기대를 가지고 양육했다.17:18 아브라함은 이스마엘이 복 받고 크게 번성하기를 간절히 기도하면서 양육했다.17:20 하나님께서는 이스마엘을 위한 아브라함의 기도를 들으시고 그에게 큰 복을 주신다. 이슬람교의 코란은 이스마엘 자손 (아랍 자손)에 대한 이 위대한 하나님의 복을 믿고 있다. 사라에게서 난 이삭이 아브라함의 정통 상속자요, 이삭에게서 난 자라야 아브라함의 씨라고 불릴지라도 이스마엘은 나름대로 한 민족을 이루게 될 것이다.21:13 아브라함의 당당한 아들로서 이스마엘은 할례를 받고 이제 하나님이 엮어 가실 새로운 구속사의 방계 역사를 대표하며 자라 간다.

창자가 끊어지는 듯한 애통의 감정을 감추고 아브라함은 아침 일찍 일어나 떡과 물 한 가죽부대를 하갈의 어깨 위에 지우고 아이를 함께 내보낸다. 하갈이 애굽 쪽으로 가다가 브엘세바 광야에서 목이 말라 방황하기 시작했다. 가죽부대의 물이 다 떨어지자 이스마엘을 관목덤불 아래에 두고 화살 한 바탕 날아갈 정도로 멀찍이 떨어진 곳에서 아이를 바라보며 통곡했다. 아이가 목이 말라 죽는 것을 차마 보지 못하겠다고 소리치며 통곡했다. 엄마의 통곡에 놀라 이스마엘도 울었다. 이때 하나님이 그 어린 아이의 소리를 들으셨으므로 (이스마엘) 개입하신다.[21:17] "하갈아, 무슨 일이냐? 하나님께서 저기 있는 저 아이의 소리를 들으셨다." 하나님께서 이번에도 목이 말라 울부짖는 하갈과 이스마엘에게 즉각 응답하신다. "일어나 아이를 일으켜 네 손으로 붙들라. 그가 큰 민족을 이루게 하리라."[21:18] 이때 하나님이 하갈의 눈을 밝히셔서 샘물을 발견케 하신다. 하갈은 가죽부대에 물을 채워 이스마엘에게 마시게 했다. 브엘세바 근처에서 방황하던—아마도 자신의 조국인 애굽으로 가던—하갈은 마침내 다시금 13년 전 자신에게 나타나셨던 '감찰하시는 하나님'을 만났다. 그녀는 또 하나의 '감찰하시는 하나님의 우물'을 발견한 것이다.

죽음의 위기에서 건짐을 받은 소년 이스마엘은 어엿한 청년으로 성장한다. 하나님이 이스마엘과 함께하시므로 그가 장성하여 광야에 거주하며 활쏘는 자가 되었고, 바란에 거주할 때에는 애굽 땅에서 아내를 얻어 가정을 꾸렸다. 이스마엘은 이제 하나님의 큰 복을 받으며 광야에서 자신의 영지를 개척한다. 비로소 우리는 하나님께서 16장에서 왜 하갈에게—아직 이스마엘을 낳기 전—다시 여주인 사라의 수하로 돌아가라고 명령하셨는지에 대한 해답을 얻는다. 하나님은 이스마엘이 장성할 때까지 기다려 주신 것이다.

하갈과 이스마엘의 고통을 들어주시는 하나님의 사랑 이야기는 언제 읽어도 우리 마음을 뜨겁게 한다. 성경의 하나님은 우는 사람과 목마름으로 타들어 가는 사람들을 무조건 편드시고 도와주시는 하나님이다. 적어도 이슬람교도들은 나름대로의 구원 경험이 축적되어 이슬람교와 그것의 경전인 코란이 형성되었고 믿는다. 결국 고귀한 윤리와 도덕을 가르치는 고등종교에서는 나름대로 하나님의 구원에 대한 다채로운 증언을 보유하고 있다. 어떤 의미에서는 모든 윤리적 고등종교들은 창세기 16장의 부록에 첨부되어 있는 구속사의 방계 족보라고 볼 수 있을 것이다. 따라서 우리는 아브라함을 원시조로, 이스마엘을 실제 조상으로 믿는 아랍의 이슬람교도들을 창세기 16장의 관점으로 바라볼 수 있을 것이다. 하갈과 이스마엘의 자손인 아랍 민족도 나름대로 하나님의 기도 응답을 경험하고 복 주심을 경험한 족속이라고 볼 수 있다는 것이다. 잘 살펴보면 이스마엘이 받은 복은 이삭이 받은 복과 거의 동일하다.[21:18] 하갈-이스마엘 사건은 하나님의 약속 성취가 지연되는 와중에서 아브라함과 사라의 불신앙이 초래한 불행한 일화에 속하지만 그것도 하나님의 장엄하고 신비로운 구원 섭리와 직간접적으로 연결되어 있다. 하나님은 아브라함과 사라의 불신앙 일화를 통해 이 세상에 태어난 이스마엘 자손까지도 돌보시며 살 길을 주신다. 하나님께서 이삭을 선택하였다는 것이 다른 민족(이스마엘/아랍)의 포기를 의미하지는 않는다.[신 2:9-12, 20, 암 9:7]

21:22-34은 아브라함이 블레셋인 아비멜렉의 땅에서 얼마나 선한 영향력을 미쳤는지를 예증하는 일화를 담고 있다. 아브라함이 블레셋의 그랄 땅에 와서 사는 것을 오랫동안 지켜본 아비멜렉과 그 군대장관 비골이 아브라함에게 전격적으로 선린우호 조약을 맺자고 제의해 왔다. 이유는 그들이 보기에 아브라함이 무슨 일을 하든지 하나님이 그와 함께 계시기 때문이었다. 아브라함과 선린우호 조약을 맺어 자자손손에게까지 이 조약이 연장되기를 간청한다. "너는 나와 내 아들과 내 손자에게 거짓되이 행하지 아니하기를 이제 여기서 하나님을 가리켜 내게 맹세하라. 내가 네게 후대한 대로 너도 나

와 네가 머무는 이 땅에서 행하여 보이라."21:23 아브라함은 이 제안을 받아들이고 "내가 맹세하리라" 하고 응답했다. 다만 이 선린우호 조약을 맺기에 앞서 아브라함은 아비멜렉의 종들이 자신이 판 우물을 빼앗은 사건을 주지시키며 아비멜렉을 책망했다. 아비멜렉은 우물 강탈 사건에 대해 자신은 알지 못하고 있었다고 변명한다. 이런 초기 접촉을 통해 선린우호 조약을 맺기로 합의한 후 아브라함이 주도하여 조약을 맺는다. "아브라함이 양과 소를 가져다가 아비멜렉에게 주고 두 사람이 서로 언약을 세우니라."21:27 이 언약의 부칙 조항에는 아브라함의 우물 소유권 공증건이 들어 있었는데 아브라함은 일곱 암양 새끼를 따로 떼어 아비멜렉에게 준다. 자신이 브엘세바라는 우물을 판 증거로 일곱 암양 새끼를 아비멜렉에게 준 것이다. 이에 두 사람이 거기(우물)에서 서로 맹세하였으므로 그곳을 브엘세바, 곧 맹세의 우물이라고 불렀다. 브엘세바에서 언약을 세운 후 아비멜렉과 군대장관 비골은 블레셋 사람의 땅으로 돌아갔고, 아브라함은 브엘세바에 에셀나무를 심고 영원하신 여호와의 이름을 불렀다. 아브라함은 오랫동안 블레셋 사람의 땅에서 정주했다.

아브라함의 우물을 강탈했던 아비멜렉과 그의 군대장관 비골이 아브라함에게 찾아와 평화조약을 맺어 달라고 요청하는 이 사건은 세속사회에 대한 아브라함의 영향력이 얼마나 위대하고 지속적이었는지를 보여주는 중요한 일화다. 아비멜렉 세력은 처음에는 아브라함의 아내를 빼앗았을 뿐 아니라 아브라함이 판 우물을 빼앗았던 적이 있다. 그러나 이 역경 속에서도 아브라함은 아비멜렉에게 하나님이 자신과 함께하심을 공공연히 증명했다. 특히 가나안에 정착하던 초기에 그의 아내를 빼앗았던 아비멜렉은 우물 강탈 사건의 와중에서 아브라함이야말로 하나님의 특별한 보호와 동행을 경험하고 사는 믿음의 사람임을 공인하기에 이른다. "네가 무슨 일을 하든지 하

나님이 너와 함께 계시는도다.”[21:22, 12:3]

　아비멜렉이 아브라함의 신앙적 영향력 앞에 순복할 뿐만 아니라 점점 강성해지는 아브라함의 우월적 지위를 인정하며 먼저 불가침 평화조약을 맺자고 제의한 사실이 중요하다.[21:23] 자신을 존경하고 두려워하던 아비멜렉을 아브라함은 예언자적인 어조로 책망한다. 자신이 판 우물을 빼앗았던 아비멜렉의 강탈 행위를 책망하면서도, 아브라함은 실로 관대하게 암양 일곱 마리를 제공하면서 자신이 판 우물을 공적으로 등기이전하는 의식을 가진다. 이런 우여곡절 끝에 아브라함이 확보한 우물이 브엘세바였고 그곳은 아브라함 말년의 신앙 중심지였다. 그는 거기서 영생하시는 하나님의 이름을 부르고 하나님과 매우 긴밀한 영적 교제를 나누며 살고 있었다.

공포와 전율의 제단에 독자 이삭을 바치는 아브라함 ●22장

22 [1]그 일 후에 하나님이 아브라함을 시험하시려고 그를 부르시되 아브라함아 하시니 그가 이르되 내가 여기 있나이다. [2]여호와께서 이르시되 네 아들 네 사랑하는 독자 이삭을 데리고 모리아 땅으로 가서 내가 네게 일러 준 한 산 거기서 그를 번제로 드리라. [3]아브라함이 아침에 일찍이 일어나 나귀에 안장을 지우고 두 종과 그의 아들 이삭을 데리고 번제에 쓸 나무를 쪼개어 가지고 떠나 하나님이 자기에게 일러 주신 곳으로 가더니 [4]제삼일에 아브라함이 눈을 들어 그곳을 멀리 바라본지라. [5]이에 아브라함이 종들에게 이르되 너희는 나귀와 함께 여기서 기다리라. 내가 아이와 함께 저기 가서 예배하고 우리가 너희에게로 돌아오리라 하고 [6]아브라함이 이에 번제 나무를 가져다가 그의 아들 이삭에게 지우고 자기는 불과 칼을 손에 들고 두 사람이 동행하더니 [7]이삭이 그 아버지 아브라함에게 말하여 이르되 내 아버지여 하니 그가 이르되 내 아들아, 내가 여기 있노라. 이삭이 이르되 불과 나무는 있거니와 번제할 어린 양은 어디 있나이까. [8]아브라함이 이르되 내 아들아, 번제할 어린 양은

하나님이 자기를 위하여 친히 준비하시리라 하고 두 사람이 함께 나아가서 9하나님이 그에게 일러 주신 곳에 이른지라. 이에 아브라함이 그곳에 제단을 쌓고 나무를 벌여 놓고 그의 아들 이삭을 결박하여 제단 나무 위에 놓고 10손을 내밀어 칼을 잡고 그 아들을 잡으려 하니 11여호와의 사자가 하늘에서부터 그를 불러 이르시되 아브라함아, 아브라함아 하시는지라. 아브라함이 이르되 내가 여기 있나이다 하매 12사자가 이르시되 그 아이에게 네 손을 대지 말라. 그에게 아무 일도 하지 말라. 네가 네 아들 네 독자까지도 내게 아끼지 아니하였으니 내가 이제야 네가 하나님을 경외하는 줄을 아노라. 13아브라함이 눈을 들어 살펴본즉 한 숫양이 뒤에 있는데 뿔이 수풀에 걸려 있는지라. 아브라함이 가서 그 숫양을 가져다가 아들을 대신하여 번제로 드렸더라. 14아브라함이 그 땅 이름을 여호와 이레라 하였으므로 오늘날까지 사람들이 이르기를 여호와의 산에서 준비되리라 하더라. 15여호와의 사자가 하늘에서부터 두 번째 아브라함을 불러 16이르시되 여호와께서 이르시기를 내가 나를 가리켜 맹세하노니 네가 이같이 행하여 네 아들 네 독자도 아끼지 아니하였은즉 17내가 네게 큰 복을 주고 네 씨가 크게 번성하여 하늘의 별과 같고 바닷가의 모래와 같게 하리니 네 씨가 그 대적의 성문을 차지하리라. 18또 네 씨로 말미암아 천하 만민이 복을 받으리니 이는 네가 나의 말을 준행하였음이니라 하셨다 하니라. 19이에 아브라함이 그의 종들에게로 돌아가서 함께 떠나 브엘세바에 이르러 거기 거주하였더라. 20이 일 후에 어떤 사람이 아브라함에게 알리어 이르기를 밀가가 당신의 형제 나홀에게 자녀를 낳았다 하였더라. 21그의 맏아들은 우스요 우스의 형제는 부스와 아람의 아버지 그므엘과 22게셋과 하소와 빌다스와 이들랍과 브두엘이라. 23이 여덟 사람은 아브라함의 형제 나홀의 아내 밀가의 소생이며 브두엘은 리브가를 낳았고 24나홀의 첩 르우마라 하는 자도 데바와 가함과 다하스와 마아가를 낳았더라.

창세기 22장은 주석가들에 의해 '결박akedah 본문'으로 불린다. 유대인은 여기서 가나안 땅에 인신희생제사가 폐지되고 아브라함으로 인해 처음으로 동물희생제사가 시작되는 계기를 본다고 주장한다.

한편 기독교인은 이삭의 결박당함 속에서 하나님의 독생자 예수 그리스도의 결박과 십자가에서의 도살당함을 본다고 주장한다. 둘 다 가능한 해석이다. 그러나 우리는 아브라함의 신앙 성장사의 맥락에서 이 본문의 중차대한 의미를 천착해 볼 필요가 있다. 본문은 아브라함의 신앙 여정상 최악의 위기를 보여주는 동시에 아브라함 신앙의 최고 순도를 보여준다. 우리는 여기서 성경적 신앙 안에는 가장 불확실하고 모순적인 요구 앞에서도 하나님만을 전적으로 의뢰하고 허공 속에 자신을 내던지는 것과 같은 모험의 요소가 들어 있음을 깨닫는다.

아브라함을 하란(갈대아 우르)^{창 15:7}에서 불러내는 데 결정적인 역할을 한 후손 약속은, 25년의 기다림 끝에 태어난 이삭의 탄생을 통하여 절정의 성취를 이룬 듯이 보인다. 그러나 본문은 이삭 탄생 자체가 후손 약속의 절정이 아니라 번제단 위의 이삭, 곧 독자를 아끼지 않고 제단에 바친 아브라함의 순종이야말로 후손 약속의 궁극적 성취임을 보여준다. 이삭을 낳은 후 이스마엘과 하갈도 내보낸 아브라함의 노년은 평안 그 자체였다. 그의 노년은 이미 지상에서 시작된 영생을 누리는 시간이었다. '영생하시는 하나님'과의 천의무봉한 신뢰와 교제 속에 살아가던 아브라함의 노년에 청천벽력 같은 말씀이 들려왔다. 하나님의 추상같은 명령에 의해 아브라함의 보금자리는 세차게 뒤흔들린다. "네 아들 네 사랑하는 독자 이삭을 데리고 모리아 땅으로 가서 내가 네게 일러 준 한 산 거기서 그를 번제로 드리라."^{22:2, 히 11:17-19} 독자들은 이 명령이 순전히 하나님의 시험용 명령임을 알면서 다음에 이어지는 이야기를 읽어 간다. 하지만 아브라함은 하나님의 이 추상같은 명령이 그의 일편단심 충성에 대한 시험용 명령이라는 것을 전혀 모른다. 이 시험은 낙방해도 다음 기회가 있는 시험이며 일종의 토목공학적 슬럼프테스트였다. 과연 아브라함의 신앙 터전 위에 하나님 나라를 건축할 수 있을지를 보려는 시험이었다. 아브라함과 그의 후손이 천하 만민의 복이 될 정도로 단단히 여물게 성장했는지를 검증하려는 시험이었다. 이 시험에 응답하지 못한다고 해서 하나님의 택함받은 선민 자격이 박탈되지는 않는다.

이러한 사정을 명확하게 모르고 어렴풋하게나마 짐작 정도 할 수 있었을 법한 아브라함은 잠시간 무거운 상념에 빠졌을 것이다. 이 명령 앞에서 아브라함은 그동안 하나님과 주고받은 철석같은 약속의 언어들을 떠올리며 온갖 감정에 사로잡혔을 것이다. 하지만 브엘세바의 노년기 아브라함은 하나님에 대한 신뢰가 무르익을 대로 익은 신앙인이었다. "아브라함아!"라고 부르시자마자 "내가 여기 있나이다"라고 대답하는 하나님과 아브라함 사이에는 심허지우(心許之友) 수준의 우정이 작동하고 있었다. 그래서 사랑하는 독자를 번제로 바치라는 명령을 듣고 민첩하게 응답한다. "이삭을 번제로 바치라"고 요구하시는 하나님이 과연 자신을 갈대아 우르에서 이끌어 내시고 25년 만에 약속의 성취인 이삭을 선물로 주신 바로 그 하나님인가? 이삭을 중심으로 펼쳐질 후손과 큰 민족 형성에 대한 약속은 어떻게 될 것인가? '하늘의 별'과 '바닷가의 모래'만큼 번성하리라는 후손 약속은 폐기되었단 말인가? 사랑하는 독자 이삭을 번제로 바치라는 것은 하나님의 이름으로 선포될 수 있는 가장 반인륜적인 요구가 아닌가? 이와 같은 질문을 다 삼켜 버린 채 아브라함은 다음 날 아침 일찍 두 종과 아들을 데리고 **또 하나의** 하나님이 지시하신 곳으로 떠나갔다.^{창 12:1} 언뜻 보면 아브라함은 죽음과 삶을 초월한 달관의 경지에서 하나님의 산으로 떠난 것처럼 보인다. 그러나 실상 그는 키르케고르가 묘사한 공포와 전율을 가득 안고서 3일길의 먼 여정을 떠났을 것이다.¹ 누가 듣기에도 부조리해 보이는 명령에 대한 아브라함의 반응은 천근의 침묵에 바쳐진 말 없는 순종이었다.

아브라함은 두 종과 이삭을 데리고 번제용 화목을 가지고 모리아 (예루살렘)를 향해 출발해 3일 내내 걸었다. 브엘세바에서 모리아산 까지의 거리는 약 100km 정도 된다. 아브라함은 3일간의 여정에서 이삭을 얻기까지 겪었던 인내의 세월, 이삭을 낳고 기뻐한 일, 이삭을 위해 맏아들 이스마엘을 쫓아냈던 일 등 만감이 교차하는 경험을 하였을 것이다. 불안과 공포 속에서 보낸 그 3일은 그가 얼마든지 마음을 고쳐먹고 다시 브엘세바로 돌아갈 수도 있는 긴 시간이었다. 우리는 여기서 왜 3일의 여정 끝에 이삭을 번제로 바치라고 하셨는지 그 이유를 짐작할 수 있다. 하나님께서는 3일간의 여정 동안 과연 아브라함의 마음에 일관성 있는 믿음의 태도가 유지되었는지 알고 싶으셨을 것이다. 아브라함은 산 밑에 당도하여 눈을 들어 번제를 드릴 산꼭대기를 바라보았다. 거기서 두 종에게 "아들과 함께 경배하고 오겠다"고 말하며 이삭과 자신 둘이서만 마지막 제단으로 걸어간다. 지금부터는 번제용 화목을 이삭에게 짐 지우고 아브라함 자신은 불과 칼을 들고 걸어간다. 이 광경은 실로 비장하다.

엄청난 불안감과 불확실성을 안고 심연처럼 깊은 하나님의 마음 속으로 진입하는 아브라함의 손에는 잠시 후에 이삭의 목을 내리칠 칼과 그를 번제로 태울 불이 꼭 쥐어져 있다. 아브라함의 마음속에 격류처럼 흐르는 공포와 전율을 이삭이 감지하지 못할 리가 없다. 말없이 제단으로 접근하는 아버지를 향해 바로 뒤따라오는 사랑하는 독자 이삭이 무엇인가를 말할 듯이 멈추어 선다. 자신을 번제로 태울 장작더미를 지고 반 발자국 뒤에서 걸어오고 있던 이삭이 아브라함에게 질문한다. "아버지, 나무와 불은 있는데 번제할 어린 양이 어디 있습니까?" 이 비장하고 고독한 신앙의 여정 속에 깃든 침묵을 깨는 이삭의 질문에, 그는 피가 역류하는 것을 느꼈으리라. 이미 '번제'의 의미, 특히 당시 가나안에 만연했던 맏아들 희생번제 관습을 알고 있었을 것으로 추정되는 이삭은 모리아산으로 가는 여정의 의미를 알았을 것이다. 이삭은 이미 십대 소년의 나이 이상의 청년이었을지도 모른다. 따라서 '번제할 어린 양'이 어디 있느냐고 묻는 이삭은, 당시에 만연하던 맏아들 인신희생제사 풍습에 비추어 볼 때 어쩌면 자신이 번제로 바쳐질 것이라는 사실을 눈치채고 이렇게 물어보았을 수도 있다. 왜냐하면 고대 가나안 족속들은 맏아들을 신께 드리는 최고의 예물이라고 생각했기 때문이다.^{왕하 16:3, 미 6:6-7}

이삭의 질문에 대한 아브라함의 대답은 예상외로 담담하다. "하나님이 번제로 쓸 양을 친히 준비하실 것이다." 이르에-로(יִרְאֶה-לּוֹ)는 "자기를 위해 보실(챙기실) 것이다"의 의미다. 여기서 14절의 '여호와 이레'가 나온다. 하나님이 준비하시는 곳, 바로 하나님의 제단이라는 말이다. 모리아산은 나중에 하나님이 제물을 스스로 준비하시는 곳, 하나님의 제단이라는 이름으로 불리게 된다. 그렇다면 하나님이 친히 자기를 위하여 준비하시는 어린 양은 누구를 가리키는가? 요한복음 8:56에는 이 어린 양이 바로 예수 그리스도 자신이라고 말씀하는 장면이 나온다. 그러나 아브라함은 적어도 이 순간에는 그렇게 생각하지 못했을 것이며 18절(천하 만민이 아브라함의 후손으로 말미암아 복을 받게 될 것)에 가서야 종말에 오실 아브라함의 후손 예수 그리스도를 생각했을 수도 있을 것이다. 그렇다면 아브라함이 말하는 '하나님이 준비하신 어린 양'은 이삭이 될 수도 있고, 혹은 다른 대체 제물인 어린 양을 가리킬 수도 있다. 최악의 경우 자신이 이삭을 죽여 번제로 바치더라도 하나님께서는 그의 약속을 지키시기 위해 이삭을 죽은 자 가운데서 다시 살리실 것까지도 믿었을 수도 있다.^{히 11:19} 그러나 이 부활신앙에도 불구하고 아브라함과 이삭이 겪었을 공포와 전율은 조금도 경감되지 않았을 것이다. 왜냐하면 그는 결국 이삭을 결박하고 도살해야 했기 때문이다. 이삭의 질문과 아브라함의 대답이 일진광풍을 일으켰을 법도 하지만 아버지와 아들은 하나님이 일러 주신 그 산을 향해 계속 걸어간다. 마침내 두 사람은 하나님께서 지시하신 곳에 이르렀다. 아브라함이 즉시 그곳에 제단을 쌓고 나무를 벌여 놓고 이삭을 결박하여 제단 나무 위에 놓고 손을 내밀어 칼을 잡고 아들을 도살하려고 했다. 개역개정에서 '잡으려'라고 번역한 히브리어 샤하트(שָׁחַט)는 단지 잡는다는 의미를 넘어 '희생제물을 도살하다'의 의미를 갖는 동사다. 물론 '잡다'의 의미 중에 먹기 위해 개, 돼지를 '붙잡다'는 의미가 있기는 하지만 여기서 샤하트 동사는 칼로 내리치는 제의적 도살행위를 가리키는 말로 번역해야 한다.

아마도 전광석화처럼 일어난 도살 시도 행위에 대해 아브라함은 미리 이삭에게 설명하고 동의를 얻었을 것이다. 이삭이 무력하고 약해서 아버지의 결박을 받아들였을까? 그렇지는 않았을 것이다. 이야기 전개상 이때쯤에는 아브라함이 이삭에게 사태의 진상을 말해 주었을 것이다. 십대의 나이는 넘었을 법한 청년 이삭이 노인 아버지에게 잠잠히 결박당하는 장면을 보면, 이삭 스스로 결박당하려고 하지 않았으면 일어날 수 없는 일인 것이다. 그렇게 보면 이삭 번제 사건은 아브라함 신앙의 절정이면서 이삭 신앙의 진수임을 알 수 있다. 충분히 납득되지 않았지만 아버지에게 순순히 결박당했던 경험 속에서 이삭은 아마 수동형 능동[2] 신앙을 배웠을 것이다. 아브라함은 하나님에게 순종했지만, 이삭은 하나님과 아버지 모두에게 순종했다. 결박을 마친 아브라함이 이삭을 도살하려고 칼을 내려치는 바로 그 순간에 하나님께서 다급하게 간섭하신다. 엘리 비젤 같은 유대인 학자들은 이 장면에서 제일 놀란 인물은 아브라함도 아니요 이삭도 아니고 하나님이었다고 말한다.[3] 아브라함-이삭 부자의 극단적인 번제 시도를 예상하지 못했다는 듯이 하나님은 너무 놀란 나머지 소리치신다. "아브라함아! 아브라함아! 그 아이에게 네 손을 대지 말라. 아무 일도 그에게 하지 말라. 네가 네 아들 네 독자까지도 내게 아끼지 아니하였으니 내가 이제야 네가 하나님을 경외하는 줄을 아노라." 아마도 하나님께서는 식은땀을 흘리고 안도의 쉼을 내시며 이렇게 말씀하셨을 것이다. 12절에 비추어 볼 때 이삭 번제 시험의 의도를 짐작할 수 있겠다. 아브라함이 독자 이삭을 너무 사랑한 나머지 약속의 후손을 통해 천하 만민을 복 주시려는 하나님에 대한 경외심이 느슨해졌는지를 묻는 시험이었던 것이 어느 정도 분명해진다.

어떤 학자들은 여기서 하나님의 가학적 변태심리를 발견할 수 있다고 시비하지만, 우리는 그렇게 생각하지 않는다. 전지전능하신 하나님은 번제 시험을 해보지 않고도 다 아실 텐데 왜 이런 어처구니없는 시험을 내셨을까? 여기서 우리가 생각해야 할 것은 하나님의 전지전능하심이 하나님의 인격적인 면모를 삼키지 못한다는 사실이다. 미리 알기 때문에 하나님이 인간의 예기치 않은 행동에 놀라실 수도 없다는 말은 아니다. 인격적인 하나님은 상대방이 어떻게 행동하느냐에 따라 그것에 맞게 반응하시는 분이다. 하나님은 인간의 수준에 맞게 축소 지향적으로 행동하시는 분이다. 이렇게 축소 지향적으로 인간이 기대하는 방식으로 행동하실 수 있는 것이 진정 전능하신 하나님의 참 면모다. 하나님은 진실로 아브라함과 이삭 부자의 100퍼센트 순도의 순종에 놀라셨다. 많이 가진 자, 많이 이룬 자 아브라함에게 하나님을 경외하는 일은 사랑하는 독자 이삭을 번제로 드리는 행동을 통해서 공증된다. 하란의 아브람, 75세의 무자한 중년 아브람에게 하나님을 경외하는 일은 말씀을 좇아 하나님이 지시하시는 땅으로 가는 일이었다. 하나님은 당신의 언약백성 아브라함에게서 단지 약속을 믿는 신앙을 넘어 부조리해 보이는 명령에까지 순도 높은 순종과 신뢰를 요구하신다. 하나님 당신과 아브라함 사이에 영적 결속감을 느끼게 만드는 그런 순종을 기대하신다.

아브라함의 시험 합격을 보고 기뻐하신 하나님은 그에게 이삭 번제 요구가 시험이었음을 털어놓으셨다. 그리고 하나님께서는 이미 수풀에 뿔이 걸린 한 마리 숫양을 준비하고 계셨다. 모리아산 제단은 여호와 이레 제단이 되었다. 아브라함의 절망적인 곤경은 하나님의 예기치 않은 준비하심(여호와 이레) 때문에 부활의 축제와 환희로 반전되었다. 결국 이 시험은 아브라함을 연단하사 하나님과 더 깊은 신뢰를 맺고 믿음의 반석 위에 굳건히 세우기 위한 것임이 밝혀졌다. 하나님의 시험은 아브라함이 독생자를 떼어 내는 고통도 감수할 만큼 하나님만을 절대적으로 신뢰하는지 아니면 하나님의 복 주심에만 탐닉하는지 검증하는 시험이었다. 하나님 편에서 보면 아브라함은 이미 이삭을 '심리적으로' 도살한 셈이었다. 여기서 우리는 제사의 본질이 하나님의 명령에 대한 인격적인 신뢰와 의탁, 그리고 순종에 있음을 확인하게 된다. 창세기 22장은 순종이 제사보다 낫다는 명제가 성립되는 현장이다.

이제 하나님께서는 독자도 아끼지 않고 하나님께 바친 아브라함에게 복을 주시기 위해 당신 스스로에게 맹세하신다. "내가 네게 큰 복을 주고 네 씨가 크게 번성하여 하늘의 별과 같고 바닷가의 모래와 같게 하리니 네 씨가 그 대적의 성문을 차지하리라."22:17, 3:15 결국 천하 만민은 하나님의 명령에 순종하며 자신의 가장 소중한 아들을 바친 아브라함과 그의 후손으로 인하여 복을 얻을 것이다. 왜냐하면 하나님의 말씀을 듣고 준행한 사람만이 천하 만민을 복되게 하는 하나님 구원 계획의 매개자가 될 수 있기 때문이다. 천하 만민에게 하나님의 복을 매개할 자격을 갖춘 사람은 사랑하는 독자를 하나님의 번제단에 바칠 정도로 하나님을 경외하는 사람이다. 모리아산의 번제단은 아브라함과 이삭 부자가 함께 결박당한 채 하나님의 번제로 바쳐진 제단이다. 이런 아브라함과 이삭의 계보에서 하나님의 독생자 예수 그리스도가 태어난다.^{마 1:1-2} 아브라함과 이삭이 보여준 모리아 제단의 순도 높은 순종과 경외를 종말까지 총적분하면 그리스도 예수의 100퍼센트 순도 높은 하나님 사랑, 하나님 경외, 하나님 신뢰가 된다. 요한복음 8:56은 이삭 번제 사건이 바로 모리아산으로 알려진 시온의 골고다에서 십자가에 달려 죽으사 온 인류를 구원할 복음이 되신 예수 그리스도의 십자가 사건을 가리키는 예표임을 말한다. "너희 조상 아브라함은 나의 때 볼 것을 즐거워하다가 보고 기뻐하였느니라." 아브라함과 그 후손이 받은 복이 위대한 이유는 천하 만민을 복 주실 통로로 그들이 받은 복이 사용된다는 것이다. 우리는 사랑하는 아들을 천하 만민을 복 주실 하나님의 제단에 바치기보다는 혈과 육의 영광, 탐욕, 이기적 욕망의 제단에 바치려고 한다. 우리가 받은 복을 다시 하나님의 제단에 바칠 때 그 복은 나에게 머무는 복이 아니라 천하 만민이 함께 누리는 복이 된다.

아브라함의 모리아산 번제 시도는 아브라함 순종의 절정이다. 아브라함은 결코 개인의 영달이나 셈족 가문의 부흥을 위해 100년을 하나님과 동행한 것은 아니다. 75세에 하란에서 부름을 받은 이후 그는 100년간 하나님과 동행하며 자신과 자신의 후손을 통해 천하 만민을 복 주시고 다스리실 하나님 나라에 대한 비전에 사로잡혀 갔다. 그에게 하나님이 지시하시는 땅은 매번 달라졌다. 갈대아 우르에서는 하란이었다가 하란에서는 가나안이 되었다. 처음에는 세겜 모레 상수리나무 숲이 그의 거처였고 얼마 후에는 헤브론 마므레 상수리나무 숲이었으며, 그 후에는 블레셋 관할 지역인 그랄, 그 다음에는 브엘세바였다. 그리고 마지막으로는 모리아산이었다. 그럼에도 불구하고 아브라함의 순례는 그치지 않았다. 그는 하나님이 지으시고 경영하시는 성을 찾아 부단히 순례했고^{히 11:8-16} 더 이상 흔들리지 않을 나라를 그리워하면서 하나님과의 동행을 계속했다.[히 12:28] 그는 방황하면서도 전진했고 후손들에게 위대한 하나님 나라의 비전을 남겼다. 아브라함이 그리는 하나님 나라는 의와 공도가 가득 찬 나라, 강대한 나라, 열방에 하나님의 복을 흘러넘치게 할 나라다. 그 나라는 자신의 몸을 하나님께 번제로 바치는 사람들의 나라요 감화감동으로 통치하는 나라다. 블레셋 사람 아비멜렉과 군대장관 비골을 감화감동시켜 선린우호 조약을 이끌어 내듯이, 아브라함과 그 후손이 이룰 나라는 침략하는 나라가 아니라 희생, 양보, 자기부인의 미덕으로 감화감동을 일으켜 통치하는 나라다. 하나님 나라는 공격하지만 멸절하기 위한 공격이 아니라 하나님의 생명을 나누어 주기 위한 복된 공격이다. 아브라함은 자신의 후손이 하늘의 별처럼, 바닷가의 모래처럼 번성한 나라가 되고 그래서 대적의 성문을 접수하여 의와 공도를 바로 시행하게 될 날을 바라보았다.[22:17] 아브라함은 강대한 나라가 된 그의 씨(후손 개인 및 공동체)로 말미암아 천하 만민이 복받는 날을 그리며 다시 브엘세바로 돌아갔다.

22:20-24은 데라의 아들 나홀의 계보를 소개하는데 그 초점은 이삭의 아내가 될 리브가를 등장시키는 연결고리다. 이삭의 배필을 구하러 메소포타미아로 간 아브라함의 종이 처음으로 도착한 곳이 아람의 나홀 성이었다.[24:10] 아브라함의 형제 나홀은 그의 아내 밀가를 통해 여덟 아들을 낳았는데 그중 브두엘이 이삭의 장인이 된다. 24절은 나홀의 첩 르우마가 낳은 네 자녀를 소개하며 끝난다. 성경은 가끔 더 이상 구원사의 대하 같은 줄거리에 등장하지 않고 유성처럼 사라지고 마는 인물들의 이름과 계보에도 주목한다. 하나님의 눈에는 신적 주목을 끌지 않는 계보나 무의미한 인물은 없기 때문이다.

23 ¹ 사라가 백이십칠 세를 살았으니 이것이 곧 사라가 누린 햇수라. ² 사라가 가나안 땅 헤브론 곧 기럇아르바에서 죽으매 아브라함이 들어가서 사라를 위하여 슬퍼하며 애통하다가 ³ 그 시신 앞에서 일어나 나가서 헷 족속에게 말하여 이르되 ⁴ 나는 당신들 중에 나그네요 거류하는 자이니 당신들 중에서 내게 매장할 소유지를 주어 내가 나의 죽은 자를 내 앞에서 내어다가 장사하게 하시오. ⁵ 헷 족속이 아브라함에게 대답하여 이르되 ⁶ 내 주여, 들으소서. 당신은 우리 가운데 있는 하나님이 세우신 지도자이시니 우리 묘실 중에서 좋은 것을 택하여 당신의 죽은 자를 장사하소서. 우리 중에서 자기 묘실에 당신의 죽은 자 장사함을 금할 자가 없으리이다. ⁷ 아브라함이 일어나 그 땅 주민 헷 족속을 향하여 몸을 굽히고 ⁸ 그들에게 말하여 이르되 나로 나의 죽은 자를 내 앞에서 내어다가 장사하게 하는 일이 당신들의 뜻일진대 내 말을 듣고 나를 위하여 소할의 아들 에브론에게 구하여 ⁹ 그가 그의 밭머리에 있는 그의 막벨라 굴을 내게 주도록 하되 충분한 대가를 받고 그 굴을 내게 주어 당신들 중에서 매장할 소유지가 되게 하기를 원하노라 하매 ¹⁰ 에브론이 헷 족속 중에 앉아 있더니 그가 헷 족속 곧 성문에 들어온 모든 자가 듣는 데서 아브라함에게 대답하여 이르되 ¹¹ 내 주여, 그리 마시고 내 말을 들으소서. 내가 그 밭을 당신에게 드리고 그 속의 굴도 내가 당신에게 드리되 내가 내 동족 앞에서 당신에게 드리오니 당신의 죽은 자를 장사하소서. ¹² 아브라함이 이에 그 땅의 백성 앞에서 몸을 굽히고 ¹³ 그 땅의 백성이 듣는 데서 에브론에게 말하여 이르되 당신이 합당히 여기면 청하건대 내 말을 들으시오. 내가 그 밭 값을 당신에게 주리니 당신은 내게서 받으시오. 내가 나의 죽은 자를 거기 장사하겠노라. ¹⁴ 에브론이 아브라함에게 대답하여 이르되 ¹⁵ 내 주여, 내 말을 들으소서. 땅 값은 은 사백 세겔이나 그것이 나와 당신 사이에 무슨 문제가 되리이까. 당신의 죽은 자를 장사하소서. ¹⁶ 아브라함이 에브론의 말을 따라 에브론이 헷 족속이 듣는 데서 말한 대로 상인이 통용하는 은 사백 세겔을 달아 에브론에게 주었더니 ¹⁷ 마므레 앞 막벨라에 있는 에브론의 밭 곧 그 밭과 거기에 속한 굴과 그 밭과 그 주위에 둘린

창

모든 나무가 ¹⁸성 문에 들어온 모든 헷 족속이 보는 데서 아브라함의 소유로 확정된지라. ¹⁹그 후에 아브라함이 그 아내 사라를 가나안 땅 마므레 앞 막벨라 밭 굴에 장사하였더라. (마므레는 곧 헤브론이라.) ²⁰이와 같이 그 밭과 거기에 속한 굴이 헷 족속으로부터 아브라함이 매장할 소유지로 확정되었더라.

이삭과의 무서운 결별 연습을 치른 아브라함에게 생의 반려자요 동역자인 사라와의 이별이 다가왔다. 127세의 나이로 하나님의 품 안에 잠든 사라의 매장지를 매입하는 과정은 신앙인 아브라함의 사회적 영향력을 여실히 보여준다. 사라가 헤브론, 곧 기럇아르바에서 죽자 아브라함이 사라를 위하여 슬퍼하며 애통하다가 헷 족속에게 매장지를 매입할 의사를 말한다. "나는 당신들 중에 나그네요 거류하는 자이니 당신들 중에서 내게 매장할 소유지를 주어 내가 나의 죽은 자를 내 앞에서 내어다가 장사하게 하시오."^{23:4} 아브라함을 지켜보아 온 헤브론의 원주민 헷 족속은 아브라함을 "우리 중 하나님의 방백"(하나님을 대리하는 지방관리)이라고 말한다. 그래서 그들은 매장지를 돈 받지 않고 제공하겠다고 제의한다. 매장지를 팔지 않고 무상으로 주겠다는 제의는 언뜻 보면 헷 족속의 호의처럼 들리지만 사실 아브라함을 헷 족속에게 붙어사는 체류자의 신분으로 묶어 두려는 의도를 드러내는 일이기도 하다. 그래서 아브라함은 굳이 매장지를 돈(은 400세겔)을 주고 구입하려고 한다. 아브라함은 구체적으로 소할의 아들 에브론의 밭머리에 있는 막벨라 굴을 매입하기를 희망한다. 아브라함은 충분한 대가를 주고 그 굴을 사서 가족의 매장지로 삼으려고 한다. 헷 족속 중에 앉아 있던 에브론은 성문에 들어온 모든 자가 듣는 데서, 돈을 받지 않고 무상으로 아브라함에게 주고 싶다고 말한다. "내가 그 밭을 당신에게 드리고 그 속의 굴도 내가 당신에게 드리되 내가 내 동족 앞에서 당신에게 드리오니 당신의 죽은 자를 장사하소서."²³:¹¹ 한두 차례 에브론과 옥신각신한 끝에 마침내 아브라함은 은 400세겔로 막벨라 굴을 사는 데 성공한다. "마므레 앞 막벨라에 있는 에브론의 밭 곧 그 밭과 거기에 속한 굴과 그 밭과 그 주위에 둘린 모든 나무가 성 문에 들어온 모든 헷 족속이 보는 데서 아브라함의 소유로 확정된지라."²³:¹⁷⁻¹⁸ 그 후 아브라함이 아내 사라를 가나안 땅 마므레 앞 막벨라 밭 굴에 장사했다(마므레는 곧 헤브론이다). 이렇게 해서 에브론의 밭과 거기에 속한 굴이 아브라함의 가족 소유 매장지로 확정되었다. 가나안 땅에 정착한 지 62년 동안 아브라함과 사라 부부가 약속의 땅을 실제로 소유한 것은 이 막벨라 굴과 그 부근의 야산 일부뿐이었다.

헷 족속 에브론이 아브라함에게 막벨라 굴을 무상으로 주겠다는 제의는 아브라함을 헷 족속의 호의에 의존하는 주변인, 혹은 객으로 머물게 하려는 의도와 관련이 있다. 아브라함이 군이 막벨라 굴을 가족 매장지로 구입한 행위는, 가나안 땅을 영원한 기업으로 차지하겠다는 신앙고백적 결단의 표현이다. 하나님이 주시는 가나안 땅을 실제로 아브라함이 유업으로 상속함으로써 이제 다른 지역으로 이주하거나 방황하지 않고 이 땅에 뼈를 묻고 후손들에게 물려주겠다는 신앙적 결의의 표시였다. 겉으로 보기에는 몇백 평의 땅에 불과한 막벨라 굴을 매입하는 행위는 가나안 땅 전체를 앞당겨 차지해 보는 믿음의 행위였다. 결국 얼마 후에는 아브라함도 175세의 나이로 죽어 막벨라 굴에 묻힌다. 막벨라 굴은 아브라함으로 하여금 가나안 땅 전체를 유업으로 차지하게 하겠다는 하나님의 약속이 실제로 실현되는 첫 현장이며, 앞으로 가나안 땅 전체를 아브라함의 자손이 얻게 될 것임을 가리키는 예표적인 영지領地가 된다. 무상으로 제공하겠다는 토착세력 헷 족속의 호의를 거절하면서까지 돈으로 구입하며 공개적인 소유권 이전 의식을 가진 아브라함은 약속의 땅이 선물임과 동시에 돈으로 매입해야 하는 땅, 곧 믿음의 선先투자를 요구하는 땅임을 확실하게 터득하고 있었다.

거룩한 궁합: 이삭과 리브가의 결혼 ●24장

24 ¹ 아브라함이 나이가 많아 늙었고 여호와께서 그에게 범사에 복을 주셨더라. ² 아브라함이 자기 집 모든 소유를 맡은 늙은 종에게 이르되 청하건대 내 허벅지 밑에 네 손을 넣으라. ³ 내가 너에게 하늘의 하나님, 땅의 하나님이신 여호와를 가리켜 맹세하게 하노니 너는 내가 거주하는 이 지방 가나안 족속의 딸 중에서 내 아들을 위하여 아내를 택하지 말고 ⁴ 내 고향 내 족속에게로 가서 내 아들 이삭을 위하여 아내를 택하라. ⁵ 종이 이르되 여자가 나를 따라 이 땅으로 오려고 하지 아니하거든 내가 주인의 아들을 주인이 나오신 땅으로 인도하여 돌아가리이까. ⁶ 아브라함이 그에게 이르되 내 아들을 그리로 데리고 돌아가지 아니하도록 하라. ⁷ 하늘의 하나님 여호와께서 나를 내 아버지의 집과 내 고향 땅에서 떠나게 하시고 내게 말씀하시며 내게 맹세하여 이르시기를 이 땅을 네 씨에게 주리라 하셨으니 그가 그 사자를 너보다 앞서 보내실지라. 네가 거기서 내 아들을 위하여 아내를 택할지니라. ⁸ 만일 여자가 너를 따라 오려고 하지 아니하면 나의 이 맹세가 너와 상관이 없나니 오직 내 아들을 데리고 그리로 가지 말지니라. ⁹ 그 종이 이에 그의 주인 아브라함의 허벅지 아래에 손을 넣고 이 일에 대하여 그에게 맹세하였더라. ¹⁰ 이에 종이 그 주인의 낙타 중 열 필을 끌고 떠났는데 곧 그의 주인의 모든 좋은 것을 가지고 떠나 메소보다미아로 가서 나홀의 성에 이르러 ¹¹ 그 낙타를 성 밖 우물 곁에 꿇렸으니 저녁 때라. 여인들이 물을 길으러 나올 때였더라. ¹² 그가 이르되 우리 주인 아브라함의 하나님 여호와여, 원하건대 오늘 나에게 순조롭게 만나게 하사 내 주인 아브라함에게 은혜를 베푸시옵소서. ¹³ 성 중 사람의 딸들이 물 길으러 나오겠사오니 내가 우물 곁에 서 있다가 ¹⁴ 한 소녀에게 이르기를 청하건대 너는 물동이를 기울여 나로 마시게 하라 하리니 그의 대답이 마시라. 내가 당신의 낙타에게도 마시게 하리라 하면 그는 주께서 주의 종 이삭을 위

하여 정하신 자라. 이로 말미암아 주께서 내 주인에게 은혜 베푸심을 내가 알겠나이다. ¹⁵ 말을 마치기도 전에 리브가가 물동이를 어깨에 메고 나오니 그는 아브라함의 동생 나홀의 아내 밀가의 아들 브두엘의 소생이라. ¹⁶ 그 소녀는 보기에 심히 아리땁고 지금까지 남자가 가까이 하지 아니한 처녀더라. 그가 우물로 내려가서 물을 그 물동이에 채워가지고 올라오는지라. ¹⁷ 종이 마주 달려가서 이르되 청하건대 네 물동이의 물을 내게 조금 마시게 하라. ¹⁸ 그가 이르되 내 주여, 마시소서 하며 급히 그 물동이를 손에 내려 마시게 하고 ¹⁹ 마시게 하기를 다하고 이르되 당신의 낙타를 위하여서도 물을 길어 그것들도 배불리 마시게 하리이다 하고 ²⁰ 급히 물동이의 물을 구유에 붓고 다시 길으려고 우물로 달려가서 모든 낙타를 위하여 긷는지라. ²¹ 그 사람이 그를 묵묵히 주목하며 여호와께서 과연 평탄한 길을 주신 여부를 알고자 하더니 ²² 낙타가 마시기를 다하매 그가 반 세겔 무게의 금 코걸이 한 개와 열 세겔 무게의 금 손목고리 한 쌍을 그에게 주며 ²³ 이르되 네가 누구의 딸이냐. 청하건대 내게 말하라. 네 아버지의 집에 우리가 유숙할 곳이 있느냐. ²⁴ 그 여자가 그에게 이르되 나는 밀가가 나홀에게서 낳은 아들 브두엘의 딸이니이다. ²⁵ 또 이르되 우리에게 짚과 사료가 족하며 유숙할 곳도 있나이다. ²⁶ 이에 그 사람이 머리를 숙여 여호와께 경배하고 ²⁷ 이르되 나의 주인 아브라함의 하나님 여호와를 찬송하나이다. 나의 주인에게 주의 사랑과 성실을 그치지 아니하셨사오며 여호와께서 길에서 나를 인도하사 내 주인의 동생 집에 이르게 하셨나이다 하니라. ²⁸ 소녀가 달려가서 이 일을 어머니 집에 알렸더니 ²⁹ 리브가에게 오라버니가 있어 그의 이름은 라반이라. 그가 우물로 달려가 그 사람에게 이르러 ³⁰ 그의 누이의 코걸이와 그 손의 손목고리를 보고 또 그의 누이 리브가가 그 사람이 자기에게 이같이 말하더라 함을 듣고 그 사람에게로 나아감이라. 그 때에 그가 우물가 낙타 곁에 서 있더라. ³¹ 라반이 이르되 여호와께 복을 받은 자여, 들어오소서. 어찌 밖에 서 있나이까. 내가 방과 낙타의 처소를 준비하였나이다. ³² 그 사람이 그 집으로 들어가매 라반이 낙타의 짐을 부리고 짚과 사료를 낙타에게 주고 그 사람의 발과 그의 동행자들의 발 씻을 물을 주고 ³³ 그 앞에 음식을 베푸니 그 사람이 이르되 내가 내 일을 진술하기 전에는 먹지 아니하겠나이다. 라반이 이르되 말하소서. ³⁴ 그가 이르되 나는 아브라함의 종이니이다. [35] 여호와께서 나의 주인에게 크게 복을 주시어 창성하게 하시되 소와 양과 은금과 종들과 낙타와 나귀를 그에게 주셨고 [36] 나의 주인의 아내 사라가 노년에 나의 주인에게 아들을 낳으매 주인이 그의 모든 소유를 그 아들에게 주었나이다. [37] 나의 주인이 나에게 맹세하게 하여 이르되 너는 내 아들을 위하여 내가 사는 땅 가나안 족속의 딸들 중에서 아내를 택하지 말고 [38] 내 아버지의 집, 내 족속에게로 가서 내 아들을 위하여 아내를 택하라 하시기로 [39] 내가 내 주인에게 여쭈되 혹 여자가 나를 따르지 아니하면 어찌하리이까 한즉 [40] 주인이 내게 이르되 내가 섬기는 여호와께서 그의 사자를 너와 함께 보내어 네게 평탄한 길을 주시리니 너는 내 족속 중 내 아버지 집에서 내 아들을 위하여 아내를 택할 것이니라. [41] 네가 내 족속에게 이를 때에는 네가 내 맹세와 상관이 없으리라. 만일 그들이 네게 주지 아니할지라도 네가 내 맹세와 상관이 없으리라 하시기로 [42] 내가 오늘 우물에 이르러 말하기를 내 주인 아브라함의 하나님 여호와여, 만일 내가 행하는 길에 형통함을 주실진대 [43] 내가 이 우물 곁에 서 있다가 젊은 여자가 물을 길으러 오거든 내가 그에게 청하기를 너는 물동이의 물을 내게 조금 마시게 하라 하여 [44] 그의 대답이 당신은 마시라. 내가 또 당신의 낙타를 위하여도 길으리라 하면 그 여자는 여호와께서 내 주인의 아들을 위하여 정하여 주신 자가 되리이다 하며 [45] 내가 마음속으로 말하기를 마치기도 전에 리브가가 물동이를 어깨에 메고 나와서 우물로 내려와 긷기로 내가 그에게 이르기를 청하건대 내게 마시게 하라 한즉 [46] 그가 급히 물동이를 어깨에서 내리며 이르되 마시라. 내가 당신의 낙타에게도 마시게 하리라 하기로 내가 마시매 그가 또 낙타에게도 마시게 한지라. [47] 내가 그에게 묻기를 네가 뉘 딸이냐 한즉 이르되 밀가가 나홀에게서 낳은 브두엘의 딸이라 하기로 내가 코걸이를 그 코에 꿰고 손목고리를 그 손에 끼우고 [48] 내 주인 아브라함의 하나님 여호와께서 나를 바른 길로 인도하사 나의 주인의 동생의 딸을 그의 아들을 위하여 택하게 하셨으므로 내가 머리를 숙여 그에게 경배하고 찬송하였나이다. [49] 이제 당신들이 인자함과 진실함으로 내 주인을 대접하려거든 내게 알게 해 주시고 그렇지 아니할지라도 내게 알게 해 주셔서 내가 우로든지 좌로든지 행하게 하소서. [50] 라반과 브두엘이 대답하여 이르되 이 일이 여호와께로 말미암았으니 우리는 가부를 말할 수 없노라. ⁵¹ 리브가가 당신 앞에 있으니 데리고 가서 여호와의 명령대로 그를 당신의 주인의 아들의 아내가 되게 하라. ⁵² 아브라함의 종이 그들의 말을 듣고 땅에 엎드려 여호와께 절하고 ⁵³ 은금 패물과 의복을 꺼내어 리브가에게 주고 그의 오라버니와 어머니에게도 보물을 주니라. ⁵⁴ 이에 그들 곧 종과 동행자들이 먹고 마시고 유숙하고 아침에 일어나서 그가 이르되 나를 보내어 내 주인에게로 돌아가게 하소서. ⁵⁵ 리브가의 오라버니와 그의 어머니가 이르되 이 아이로 하여금 며칠 또는 열흘을 우리와 함께 머물게 하라. 그 후에 그가 갈 것이니라. ⁵⁶ 그 사람이 그들에게 이르되 나를 만류하지 마소서. 여호와께서 내게 형통한 길을 주셨으니 나를 보내어 내 주인에게로 돌아가게 하소서. ⁵⁷ 그들이 이르되 우리가 소녀를 불러 그에게 물으리라 하고 ⁵⁸ 리브가를 불러 그에게 이르되 네가 이 사람과 함께 가려느냐. 그가 대답하되 가겠나이다. ⁵⁹ 그들이 그 누이 리브가와 그의 유모와 아브라함의 종과 그 동행자들을 보내며 ⁶⁰ 리브가에게 축복하여 이르되 우리 누이여, 너는 천만인의 어머니가 될지어다. 네 씨로 그 원수의 성 문을 얻게 할지어다. ⁶¹ 리브가가 일어나 여자 종들과 함께 낙타를 타고 그 사람을 따라가니 그 종이 리브가를 데리고 가니라. ⁶² 그 때에 이삭이 브엘라해로이에서 왔으니 그가 네게브 지역에 거주하였음이라. ⁶³ 이삭이 저물 때에 들에 나가 묵상하다가 눈을 들어 보매 낙타들이 오는지라. ⁶⁴ 리브가가 눈을 들어 이삭을 바라보고 낙타에서 내려 ⁶⁵ 종에게 말하되 들에서 배회하다가 우리에게로 마주 오는 자가 누구냐. 종이 이르되 이는 내 주인이니이다. 리브가가 너울을 가지고 자기의 얼굴을 가리더라. ⁶⁶ 종이 그 행한 일을 다 이삭에게 아뢰매 ⁶⁷ 이삭이 리브가를 인도하여 그의 어머니 사라의 장막으로 들이고 그를 맞이하여 아내로 삼고 사랑하였으니 이삭이 그의 어머니를 장례한 후에 위로를 얻었더라.

어머니 사라가 죽은 지 3년 후, 이삭은 40세에야 신부를 맞이하게 되었다. 24:1-9은 이삭의 신붓감을 구하기 위해 하란 땅으로 떠나는 아브라함의 종이 받은 사명을 진술한다. 아브라함은 나이가 많아 늙었지만 하나님께서는 그의 범사를 형통케 하시고 복을 주셨다. 다만 한 가지 관심은 이삭이 독립 가정을 이루어 하나님이 자신에게 주신 믿음의 유업을 잇게 하는 것이었다. 아브라함은 그의 가정일을 총괄하는 청지기 종에게 "이삭을 위하여 가나안 족속의 딸 중에서 아들의 배필을 구하지 말고, 고향 하란 땅에서 배필을 구해 오라"는 특별 사명을 준다. 애굽 여인과 결혼한 이스마엘을 의식한 명령이었을 가능성도 있다.[21:21] 아브라함의 종은 주인의 특명에 대하여 주인의 허벅지 아래 손을 넣는 맹세로 화답한다. 그러나 종은 부정적인 경우의 수를 제기하며 질문한다. "만일 여자 쪽에서 오지 않으려고 할 때는 아들을 데려가야 합니까?"라고 묻는 종에게 아브라함은 "여자가 오지 않으려거든 그냥 두고 아들을 그곳으로 데려가지는 말라"고 대답한다.

7절은 아브라함이 왜 이삭의 아내 구하는 일에 신중함을 보이는지, 왜 고향 친족 중에서 이삭의 배필을 찾아 주려는지를 설명한다. 하나님께서 아브라함 자신을 고향과 친척과 아버지의 집을 떠나게 하셨을 때 주신 약속, "이 땅을 네 씨(후손)에게 주리라"를 의식해서였다. 아브라함은 가나안 땅을 지키고 계승할 아들을 도울 배필을 찾고 있었던 것이다. 아브라함이 고향 땅에서 이삭의 배필을 구하려고 한 이유는 이삭이 토착인의 딸들과 결혼할 경우 가나안에 동화될 가능성 때문이었을 것이다.[신 7장] 그는 '이주자' 정서를 가진 여인이 토착세력에 동화되지 않고 믿음의 가정을 꾸려 가기에 적합하다고 생각했을 것이다. 하나님께서도 아브라함을 배려해 아마도 고향 친척에게 가서 아들의 배필을 구하도록 권고하셨을 것이다. 7절 하반절에서 이러한 신앙적 확신의 일단을 피력한다. 아브라함은 근본적으로 하나님이 당신의 사자를 그의 청지기 종에 앞서 보내어 섭리하실 것을 확신하고 있었다. 아브라함은 만일 고향의 적합한 규수가 종의 제의를 받고도 따라오지 않는다고 해서 이삭을 그리로 데려가지는 말 것을 명한다. 그 경우는 종의 책임이 아니라는 점도 분명히 해둔다. 일련의 사명을 띤 종이 주인의 허벅지 아래에 손을 넣고 맹세한다. 허벅지 아래 손을 넣은 맹세는 종 자신의 운명을 걸고 성취해야 할 엄숙한 맹세였다.

24:10-61은 아브라함의 종이 이삭의 배필로 리브가를 설득해 데려오는 과정을 구술하는 단편소설이다. 종이 리브가의 가족을 만나는 과정, 리브가를 설득하는 과정, 그리고 마침내 리브가를 데리고 오는 과정으로 구성된 짧은 소설 같은 이 단락은 하나님의 섭리 안에서 인간의 최선이 열매를 맺는다는 원칙을 예시한다. 종은 아브라함의 신앙 궤적 안에서 아브라함의 아바타처럼 주인의식을 갖고 이삭의 배필을 구하기 위해 최선을 다한다. 아브라함의 종은 삶의 연륜에서 배어 나오는 신중함과 민첩함, 사명감과 영적인 지혜를 두루 갖춘 인물이다. 그는 아브라함의 종답게 하나님을 믿는 신앙인이면서도 동시에 주인의 명령을 지극히 성실하게 수행하는 직장인이다. 아브라함의 종이 주인의 낙타 열 필을 끌고 주인의 모든 좋은 것을 가지고(가문의 세력 과시를 위한 소품) 메소포타미아의 나홀 성에 들어갔다. 저녁 때 여인들이 물 긷는 시간에 도착해 낙타를 무릎 꿇렸다. 그리고 저녁 물 긷는 여인 중에서 이삭의 배필을 만나게 해달라는 취지의 기도를 드린다. 그는 하나님의 섭리를 믿는 신앙 안에서 구체적인 예상 시나리오를 가지고 하나님의 뜻을 구하는 기도의 사람이자 주도면밀한 계획가다. 항상 '만일'의 상황을 설정하고 대책(플랜 B)을 세웠을 뿐만 아니라, 아주 구체적인 기도로 미리 준비하는 사람이었다.[24:12-14] 그는 현실의 우연성 너머에 신적 필연성이 작용하고 있음을 알고 있는 사람이었다.

그는 이삭의 배필감을 분별하는 방법을 기도로 아뢴다. 어떤 처녀에게 "마실 물 좀 달라"고 요청할 때 그 처녀가 만일 "당신만 마실 뿐 아니라 당신의 낙타들에게까지 마실 물을 드리겠습니다"라고 말하면 그녀는 일단 이삭의 배필 후보가 될 것이다. 그는 이렇게 기도하고 여인들이 물 긷는 저녁 시간에 우물가에서 하나님의 섭리적인 인도하심을 기다린다. 그는 먼저 이상적인 신붓감의 자질을 설정하고 거기에 맞는 사람을 기다린 것이다. 이런 시나리오를 가지고 기도를 마칠 때 즈음 리브가가 물동이를 어깨에 메고 우물가로 나아온다. 그녀는 바로 아브라함의 동생 나홀의 아내 밀가의 아들 브두엘의 딸이었다. 외모가 출중한 처녀였다. 그가 물동이에 물을 채워 이고 오는 리브가에게 마실 물을 달라고 요청하자, 그녀는 그는 물론 낙타들에게까지 물을 마시우게 할 정도로 자애로운 마음씨를 과시하였다. 리브가는 민첩하고 친절하고 자애로운 마음씨를 드러냈다. 종의 기도를 마치 엿들은 사람처럼 행동한 것이다. 이 장면을 묵묵히 주목하던 종은 과연 이 리브가가 하나님이 예비하신 배필인지를 알아보고자 기초적인 인적 정보를 캐묻기 시작한다. 종은 리브가의 환심을 단숨에 사기 위해서였는지 자신과 낙타의 마실 물을 준 친절에 대한 보답으로 반 세겔의 금 코걸이 한 개와 열 세겔의 금 손목고리 한 쌍을 준다. 그는 선물 공세를 펴 리브가의 마음을 상당히 감동시켜 놓는다. 아마도 이 엄청난 선물 공세는 리브가를 충격에 몰아넣었을 것이다. 리브가의 혼을 빼놓을 정도로 신부를 데려올 때 신랑측이 신부측에 주는 선물의 수준을 훨씬 능가하는 이 선물에 놀랐을 리브가에게 종은 그녀의 가정에 대해 알아보고 이내 그녀가 아브라함의 종손녀(동생 나홀의 손녀)임을 확인한다.

　　종이 또 리브가에게 "그대의 집에 유숙할 곳이 있느냐"고 묻자 또 다시 리브가는 공세적인 친절을 과시한다. "사람뿐만 아니라 동물들이 유숙할 곳과 먹을 것도 있습니다." 종은 한편으로는 리브가와의 대화에 몰두하면서 또 다른 한편으로는 하나님의 인도하심을 확인해 간다. 그는 일의 추이를 지켜보면서 가만히 야웨 하나님의 인도하심이 있는지를 곰곰이 묵상하고 사려 깊게 판단하며 하나님의 인도하심에 대하여 순간마다 감사 찬송을 하기도 한다. 아브라함의 종의 사명 제1막은 감사기도로 마무리된다. "나의 주인 아브라함의 하나님 여호와를 찬송하나이다. 나의 주인에게 주의 사랑[헤세드(חֶסֶד)]과 성실[에메트(אֱמֶת)]을 그치지 아니하셨사오며 여호와께서 길에서 나를 인도하사 내 주인의 동생 집에 이르게 하셨나이다."24:27 종은 하나님의 섭리가 자신의 여정을 이끌고 있음을 고백한 것이다.

28-60절은 리브가의 가족이 아브라함의 종에게 리브가를 내어 주기까지의 과정을 보도한다. 리브가가 달려가 오라버니 라반에게 자초지종을 설명하자 라반이 우물로 달려왔다. 누이동생 리브가가 받은 귀금속 액세서리를 보고 놀란 라반이 우물로 가자 종은 낙타들 곁에 서 있었다. 리브가의 간략한 설명을 듣고 종에게 큰 호감을 가진 라반은 종을 적극적으로 환대했다. 아브라함의 종을 "여호와께 복을 받은 자"라고 부르며 집으로 맞아들인다. 종뿐만 아니라 낙타들의 숙소도 제공했고 종과 수행자들의 발 씻을 물도 주었다. 지극한 환대 분위기를 풍기며 식사를 대접한다. 하지만 종은 리브가의 집에 초청을 받아 식사 대접을 받지만 자신의 사명을 마칠 때까지 먹고 마시지 않겠다며 리브가 가족의 결단을 촉구한다. 그는 리브가를 만나기까지 하나님의 인도하심에 대해 감동적인 간증을 하면서, 주인 아브라함이 하나님께 받은 엄청난 복(재산)과 신앙 여정에 대해서도 간간이 언급한다. "위대한 하나님의 종인 아브라함의 종"이라는 확고한 정체성을 가진 그는 주인 아브라함과 동행하신 하나님의 구원 이야기를 거침없이 쏟아 낸다. 종의 간증을 들은 리브가의 가족들은 리브가와 이삭의 결혼에는 전적으로 하나님의 거룩한 연분이 작용하고 있음을 확신하게 되었다.

한편 리브가의 부모와 라반은 결혼은 허락하지만 10일 동안만 리브가가 친정에서 더 머물게 해달라고 요청한다. 그러나 종은 즉시 브엘세바로 돌아가겠다고 주장한다. 10일간의 긴 체류가 혼인의 성사에 끼칠 모든 불확실한 영향을 미리 차단하기 위한 지혜로운 주장이었을 것이다. 이때 리브가는 어머니와 오라버니의 요청을 단호하게 물리치며 과감하고 신속한 결단으로 결혼을 급진전시킨다. "즉시 가겠습니다."

종이 리브가를 만나서 하나님의 뜻을 분별해 가는 과정이 우연의 조합처럼 보일지라도 그것은 일련의 원칙에 입각한 판단 행위였다. 그는 먼저 자비심과 동정심이 넘치는 규수를 찾았다. 그 외에도 리브가는 이상적인 신부의 품격을 갖추고 있음이 드러나고 있다. 남자를 가까이하지 아니한 처녀일 것, 아름답고 근면한 품성의 소유자일 것 등이 이상적인 신부의 자질이다. 리브가는 근면하며 민첩한 사람이었다('급히 달려나가' 등의 표현에 주목). 그녀는 결단력의 소유자였고 가족 사랑이 돈독하지만 딸의 의견을 존중하는 분위기 속에 자란 처녀였다. 이런 모든 도덕적 품성과 가정적인 분위기 외에 종이 리브가가 하나님께서 예비하신 이삭의 신부라고 생각하게 된 또 하나의 현실적인 이유는 그녀가 아브라함의 친척이었기 때문이다(이삭과 리브가는 오촌).^{창 11:29} 라반이 누이를 머나먼 땅으로 시집보내면서 터뜨린 축복의 인사는 이삭이 받은 축복에 견줄 수 있다. "우리 누이여, 너는 천만인의 어머니가 될지어다. 네 씨로 그 원수의 성 문을 얻게 할지어다."^{24:60}

61-67절은 어머니를 잃은 후 고독에 빠진 이삭이 들에서 '배회'(사냥 혹은 애도의 생각에 가까운 묵상)하고 있다가 리브가 일행을 만나는 과정을 묘사한다. 어머니의 치마폭에서 자란 이삭은 이제 어머니로부터 정신적으로 독립하여 아내와 연합한다.^{창 2:24-25} 이삭은 리

브가를 사라의 장막으로 인도한다. 남자에게 결혼은 어머니의 장막에 아내를 맞아들이는 일이다. 이삭은 리브가를 얻은 후 그녀를 사랑하고 또 그녀로부터 위로를 얻었으며 점차 가장으로서의 면모를 갖추어 가기 시작했다. 사라의 장막에 들어간 리브가는 이제 사라를 대신해 아브라함-이삭 가문의 모가장 역할을 계승한다.

아브라함의 퇴장과 에서, 야곱의 출생 ● 25장

25 ¹ 아브라함이 후처를 맞이하였으니 그의 이름은 그두라라. ² 그가 시므란과 욕산과 므단과 미디안과 이스박과 수아를 낳고 ³ 욕산은 스바와 드단을 낳았으며 드단의 자손은 앗수르 족속과 르두시 족속과 르움미 족속이며 ⁴ 미디안의 아들은 에바와 에벨과 하녹과 아비다와 엘다아이니 다 그두라의 자손이었더라. ⁵ 아브라함이 이삭에게 자기의 모든 소유를 주었고 ⁶ 자기 서자들에게도 재산을 주어 자기 생전에 그들로 하여금 자기 아들 이삭을 떠나 동방 곧 동쪽 땅으로 가게 하였더라. ⁷ 아브라함의 향년이 백칠십오 세라. ⁸ 그의 나이가 높고 늙어서 기운이 다하여 죽어 자기 열조에게로 돌아가매 ⁹ 그의 아들들인 이삭과 이스마엘이 그를 마므레 앞 헷 족속 소할의 아들 에브론의 밭에 있는 막벨라 굴에 장사하였으니 ¹⁰ 이것은 아브라함이 헷 족속에게서 산 밭이라. 아브라함과 그의 아내 사라가 거기 장사되니라. ¹¹ 아브라함이 죽은 후에 하나님이 그의 아들 이삭에게 복을 주셨고 이삭은 브엘라해로이 근처에 거주하였더라. ¹² 사라의 여종 애굽인 하갈이 아브라함에게 낳은 아들 이스마엘의 족보는 이러하고 ¹³ 이스마엘의 아들들의 이름은 그 이름과 그 세대대로 이와 같으니라. 이스마엘의 장자는 느바욧이요 그 다음은 게달과 앗브엘과 밉삼과 ¹⁴ 미스마와 두마와 맛사와 ¹⁵ 하닷과 데마와 여둘과 나비스와 게드마니 ¹⁶ 이들은 이스마엘의 아들들이요 그 촌과 부락대로 된 이름이며 그 족속대로는 열두 지도자들이었더라. ¹⁷ 이스마엘은 향년이 백삼십칠 세에 기운이 다하여 죽어 자기 백성에게로 돌아갔고 ¹⁸ 그 자손들은 하윌라에서부터 앗수르로 통하는 애굽 앞 술까지 이르러 그 모든 형제의 맞은편에 거주

하였더라. ¹⁹ 아브라함의 아들 이삭의 족보는 이러하니라. 아브라함이 이삭을 낳았고 ²⁰ 이삭은 사십 세에 리브가를 맞이하여 아내를 삼았으니 리브가는 밧단 아람의 아람 족속 중 브두엘의 딸이요 아람 족속 중 라반의 누이였더라. ²¹ 이삭이 그의 아내가 임신하지 못하므로 그를 위하여 여호와께 간구하매 여호와께서 그의 간구를 들으셨으므로 그의 아내 리브가가 임신하였더니 ²² 그 아들들이 그의 태 속에서 서로 싸우는지라. 그가 이르되 이럴 경우에는 내가 어찌할꼬 하고 가서 여호와께 묻자온대 ²³ 여호와께서 그에게 이르시되 두 국민이 네 태중에 있구나. 두 민족이 네 복중에서부터 나누이리라. 이 족속이 저 족속보다 강하겠고 큰 자가 어린 자를 섬기리라 하셨더라. ²⁴ 그 해산 기한이 찬즉 태에 쌍둥이가 있었는데 ²⁵ 먼저 나온 자는 붉고 전신이 털옷 같아서 이름을 에서라 하였고 ²⁶ 후에 나온 아우는 손으로 에서의 발꿈치를 잡았으므로 그 이름을 야곱이라 하였으며 리브가가 그들을 낳을 때에 이삭이 육십 세였더라. ²⁷ 그 아이들이 장성하매 에서는 익숙한 사냥꾼이었으므로 들사람이 되고 야곱은 조용한 사람이었으므로 장막에 거주하니 ²⁸ 이삭은 에서가 사냥한 고기를 좋아하므로 그를 사랑하고 리브가는 야곱을 사랑하였더라. ²⁹ 야곱이 죽을 쑤었더니 에서가 들에서 돌아와서 심히 피곤하여 ³⁰ 야곱에게 이르되 내가 피곤하니 그 붉은 것을 내가 먹게 하라 한지라. 그러므로 에서의 별명은 에돔이더라. ³¹ 야곱이 이르되 형의 장자의 명분을 오늘 내게 팔라. ³² 에서가 이르되 내가 죽게 되었으니 이 장자의 명분이 내게 무엇이 유익하리요. ³³ 야곱이 이르되 오늘 내게 맹세하라. 에서가 맹세하고 장자의 명분을 야곱에게 판지라. ³⁴ 야곱이 떡과 팥죽을 에서에게 주매 에서가 먹으며 마시고 일어나 갔으니 에서가 장자의 명분을 가볍게 여김이었더라.

25장은 아브라함의 죽음, 이스마엘의 죽음, 에서와 야곱의 출생, 그리고 에서의 장자권 매각을 다룬다. 사라가 죽은 후 아브라함은 그두라라는 후처를 맞아 구원사의 또 다른 방계를 남겼다. 그두라에게서 낳은 아브라함의 자손들은 시므란과 욕산과 므단과 미디안과 이스박과 수아다. 이 중에서 욕산과 미디안의 후예만 특별히 언급된다.[25:3-4] 이들은 아브라함의 유업을 이을 상속권이 없었지만 아버지 아브라함으로부터 일정량의 재산을 상속받아 이삭을 떠나 살길을 찾아 멀리 동쪽 땅으로 떠났다. 아브라함은 자기의 모든 소유를 이삭에게 물려주었다. 아브라함은 나이가 높고 늙어서 기운이 다하여 향년 175세의 나이로 죽어 자기 열조에게로 돌아갔다. 그의 아들들인 이삭과 이스마엘이 마므레 앞 헷 족속 소할의 아들 에브론의 밭에 있는 막벨라 굴, 사라가 묻혀 있는 그 장지에 아브라함을 장사했다. 아브라함이 죽은 후에 하나님께서는 그의 아들 이삭에게 복을 주셨고 이삭은 브엘라해로이(나를 살피시는 살아 계신 이의 우물)[16:14] 근처에 거주하였다. 이곳은 이스마엘과 그의 어머니 하갈이 하나님을 만나 구원을 경험한 오아시스가 있는 지역이었다.

12-18절은 사라의 애굽 여종인 하갈이 아브라함에게 낳은 아들 이스마엘의 족보와 죽음을 보도한다. 이스마엘의 아들들은 촌과 부락을 대표하는 장로들이며 이스마엘 열두 가문의 지도자들이었다. 이스마엘도 향년이 137세에 자연사로 죽어 자기 백성에게로 돌아갔다. 이스마엘의 자손들은 하윌라에서부터 앗수르로 통하는 애굽 앞 술까지 이르러 그 모든 형제의 맞은편에 거주했다.

19-34절은 에서와 야곱의 출생 비밀과 출생 후 심화되는 두 형제의 갈등을 보도한다. 아브라함의 아들 이삭은 40세에 밧단아람의 아람 족속 브두엘의 딸이요 라반의 누이였던 리브가를 맞이하여 아내를 삼았으나, 리브가가 임신하지 못했다. 그래서 이삭은 아내를 위해 야웨께 간구했다. 야웨께서 이삭의 간구를 들으셨으므로 리브가가 임신하였는데, 쌍둥이를 잉태했다. 그런데 쌍둥이가 태 속에서 서로 싸워서 리브가는 야웨께 이것이 어찌 된 일인지 물었다. 야웨의 대답은 두 국민, 두 민족을 대표하게 될 쌍둥이 형제가 리브가의 복중에서부터 국가와 민족 단위로 있게 될 상쟁과 갈등을 미리 앞당겨 경험

하고 있다는 것이었다. 그런데 문제는 큰 자가 형성하게 될 나라(민족)가 어린 자가 이룰 나라(민족)보다 열등해 어린 자를 섬기게 될 것이라는 계시가 주어졌다. 이런 태몽을 얻은 리브가가 해산 기한이 차서 이삭의 나이 60세에 쌍둥이를 낳았는데, 장자는 붉고 전신이 털옷 같아서 이름을 에서라 하였고 아우는 손으로 에서의 발꿈치를 잡았으므로 그 이름을 야곱['붙잡다'는 동사 아카브(עָקַב), 야아콥(יַעֲקֹב)]이라 불렀다.

자라는 과정에서 에서와 야곱의 특징이 조금씩 드러나는데 태몽 예언을 성취시키는 방향으로 각각 자라 가는 모습이 어머니 리브가의 눈에 관찰되었다. 에서는 자라 익숙한 사냥꾼이 되었으므로 들사람이 되고 야곱은 조용한 사람이었으므로 장막에 거주했다. 이삭은 에서가 사냥한 고기를 좋아하므로 그를 편애하고 반면에 어머니리브가는 야곱을 사랑했다. 어느 날 조용한 장막의 사람 야곱이 죽을 쑤었는데 들사람 에서가 들에서 돌아와 심히 피곤하여 야곱에게 "내가 피곤해 죽게 되었으니 그 붉은 죽을 좀 달라"고 요청했다(붉은 죽을 좋아한 에서의 별명은 '붉다'를 의미하는 에돔이 되었다). 야곱은 죽을 줄테니 형의 장자의 명분을 팔라고 요구해 장자권을 샀다. 죽게 된 마당에 "이 장자의 명분이 내게 무엇이 유익하리요"라고 경거망동하게 처신한 에서는 망령된 자의 표상이 될 정도로 어리석은 거래를 하고 말았다. 에서에 비하여 야곱은 장자권 매입 절차도 숙지했는데 에서의 구두 맹세를 서명 날인 정도로 받아들여 장자의 명분을 획득했다. 당시 고대 근동 사회에서는 장자권 거래가 가능했던 것으로 알려져 있었기에 이 장자권 거래 행위가 야곱의 영악함과 비열함 때문에 일어난 일이라고 볼 수는 없다. 오히려 25:34은 이 거래가 장자의 명분을 가볍게 여긴 에서의 경솔함 때문이라고 판단한다.

26

¹아브라함 때에 첫 흉년이 들었더니 그 땅에 또 흉년이 들매 이삭이 그랄로 가서 블레셋 왕 아비멜렉에게 이르렀더니 ²여호와께서 이삭에게 나타나 이르시되 애굽으로 내려가지 말고 내가 네게 지시하는 땅에 거주하라. ³이 땅에 거류하면 내가 너와 함께 있어 네게 복을 주고 내가 이 모든 땅을 너와 네 자손에게 주리라. 내가 네 아버지 아브라함에게 맹세한 것을 이루어 ⁴네 자손을 하늘의 별과 같이 번성하게 하며 이 모든 땅을 네 자손에게 주리니 네 자손으로 말미암아 천하 만민이 복을 받으리라. ⁵이는 아브라함이 내 말을 순종하고 내 명령과 내 계명과 내 율례와 내 법도를 지켰음이라 하시니라. ⁶이삭이 그랄에 거주하였더니 ⁷그곳 사람들이 그의 아내에 대하여 물으매 그가 말하기를 그는 내 누이라 하였으니 리브가는 보기에 아리따우므로 그곳 백성이 리브가로 말미암아 자기를 죽일까 하여 그는 내 아내라 하기를 두려워함이었더라. ⁸이삭이 거기 오래 거주하였더니 이삭이 그 아내 리브가를 껴안은 것을 블레셋 왕 아비멜렉이 창으로 내다본지라. ⁹이에 아비멜렉이 이삭을 불러 이르되 그가 분명히 네 아내거늘 어찌 네 누이라 하였느냐. 이삭이 그에게 대답하되 내 생각에 그로 말미암아 내가 죽게 될까 두려워하였음이로라. ¹⁰아비멜렉이 이르되 네가 어찌 우리에게 이렇게 행하였느냐. 백성 중 하나가 네 아내와 동침할 뻔하였도다. 네가 죄를 우리에게 입혔으리라. ¹¹아비멜렉이 이에 모든 백성에게 명하여 이르되 이 사람이나 그의 아내를 범하는 자는 죽이리라 하였더라. ¹²이삭이 그 땅에서 농사하여 그 해에 백 배나 얻었고 여호와께서 복을 주시므로 ¹³그 사람이 창대하고 왕성하여 마침내 거부가 되어 ¹⁴양과 소가 떼를 이루고 종이 심히 많으므로 블레셋 사람이 그를 시기하여 ¹⁵그 아버지 아브라함 때에 그 아버지의 종들이 판 모든 우물을 막고 흙으로 메웠더라. ¹⁶아비멜렉이 이삭에게 이르되 네가 우리보다 크게 강성한즉 우리를 떠나라. ¹⁷이삭이 그곳을 떠나 그랄 골짜기에 장막을 치고 거기 거류하며 ¹⁸그 아버지 아브라함 때에 팠던 우물들을 다시 팠으니 이는 아브라함이 죽은 후에 블레셋 사람이 그 우물들을 메웠음이라. 이삭이 그 우물들의 이름을 그의 아버지가 부르던 이름으로

창

불렀더라. ¹⁹ 이삭의 종들이 골짜기를 파서 샘 근원을 얻었더니 ²⁰ 그랄 목자들이 이삭의 목자와 다투어 이르되 이 물은 우리의 것이라 하매 이삭이 그 다툼으로 말미암아 그 우물 이름을 에섹이라 하였으며 ²¹ 또 다른 우물을 팠더니 그들이 또 다투므로 그 이름을 싯나라 하였으며 ²² 이삭이 거기서 옮겨 다른 우물을 팠더니 그들이 다투지 아니하였으므로 그 이름을 르호봇이라 하여 이르되 이제는 여호와께서 우리를 위하여 넓게 하셨으니 이 땅에서 우리가 번성하리로다 하였더라. ²³ 이삭이 거기서부터 브엘세바로 올라갔더니 ²⁴ 그 밤에 여호와께서 그에게 나타나 이르시되 나는 네 아버지 아브라함의 하나님이니 두려워하지 말라. 내 종 아브라함을 위하여 내가 너와 함께 있어 네게 복을 주어 네 자손이 번성하게 하리라 하신지라. ²⁵ 이삭이 그곳에 제단을 쌓고, 여호와의 이름을 부르며 거기 장막을 쳤더니 이삭의 종들이 거기서도 우물을 팠더라. ²⁶ 아비멜렉이 그 친구 아훗삿과 군대 장관 비골과 더불어 그랄에서부터 이삭에게로 온지라. ²⁷ 이삭이 그들에게 이르되 너희가 나를 미워하여 나에게 너희를 떠나게 하였거늘 어찌하여 내게 왔느냐. ²⁸ 그들이 이르되 여호와께서 너와 함께 계심을 우리가 분명히 보았으므로 우리의 사이 곧 우리와 너 사이에 맹세하여 너와 계약을 맺으리라 말하였노라. ²⁹ 너는 우리를 해하지 말라. 이는 우리가 너를 범하지 아니하고 선한 일만 네게 행하여 네가 평안히 가게 하였음이니라. 이제 너는 여호와께 복을 받은 자니라. ³⁰ 이삭이 그들을 위하여 잔치를 베풀매 그들이 먹고 마시고 ³¹ 아침에 일찍이 일어나 서로 맹세한 후에 이삭이 그들을 보내매 그들이 평안히 갔더라. ³² 그 날에 이삭의 종들이 자기들이 판 우물에 대하여 이삭에게 와서 알리어 이르되 우리가 물을 얻었나이다 하매 ³³ 그가 그 이름을 세바라 한지라. 그러므로 그 성읍 이름이 오늘까지 브엘세바더라. ³⁴ 에서가 사십 세에 헷 족속 브에리의 딸 유딧과 헷 족속 엘론의 딸 바스맛을 아내로 맞이하였더니 ³⁵ 그들이 이삭과 리브가의 마음에 근심이 되었더라.

25장이 이삭과 리브가의 중년기 가정 분위기를 보여주는 반면에, 26장은 세속사회 한복판에서 발휘된 그의 영적 영향력을 잘 예시해 준다. 이삭의 신앙생활은 '수동적 능동'으로 특징지어진다. 모리아산에서처럼 그는 늘 무기력하게 결박당하는 것처럼 보이지만 결국 승리하는 신앙인이다. 26장에서 온유한 이삭의 수동적 능동 신앙이 위력을 발휘한다. 그러나 이런 신앙적 성숙이 있기 전에 이삭 또한 아버지 아브라함처럼 일차원적인 생존의 문제로 하나님 앞에 신앙 연단을 받았던 사람이다.

아브라함 때에 첫 흉년이 들었던 약속의 땅에 다시 기근이 들자 이삭도 보통 사람들처럼 양식이 풍족한 애굽으로 피난길에 올랐다. 애굽을 향해 남쪽으로 이동하다가 애굽과 브엘세바의 중간 지점인 그랄에 머물며 아비멜렉 왕에게 도움을 요청하러 간다. 그런데 이 위기의 순간에 이삭은 애굽으로 내려가지 말라는 하나님의 경고와 복을 주겠다는 약속의 말씀을 듣게 되었다.26:2-4 이 경고와 약속의 말씀 중 마지막 문장, "네 자손으로 말미암아 천하 만민이 복을 받으리라" 는 모리아산에서 이삭이 아버지 아브라함과 함께 들었던 약속의 말씀이었다.22:18 5절은 아브라함의 후손으로 인해 천하 만민이 복을 얻게 되는 이유를 말한다. "이는 아브라함이 내 말을 순종하고 내 명령[미쉬메레트(מִשְׁמֶרֶת)]과 내 계명[미츠바(מִצְוָה)]과 내 율례[후카(חֻקָּה)]와 내 법도[토라(תּוֹרָה)]를 지켰음이라." 아브라함이 하나님의 말씀을 순종했다는 것을 분석적으로 표현하면 하나님의 명령, 계명, 율례, 법도를 준행하고 지켰다는 말이다. 아브라함이 세계 만민을 복되게 할 선민의 조상이 된 이유는 세계 만민에게 하나님의 다스림을 매개하고 구현해 줄 하나님의 명령, 하나님의 계명, 하나님의 율례, 하나님의 법도를 지켰기 때문이다. 선민사상의 핵심은 특권 옹호가 아니라 책임 각인이다. 세계 만민이 다 하나님께 불순종할지라도 선민 아브라함과 그 후손은 하나님의 말씀을 듣고 순종하며 그분의 법도, 율례, 계명, 명령을 지켜야 한다는 말이다. 선민사상을 신비화할 필요가 없다.4 누가 선민인가? 인류의 불순종과 죄악을 만회하고 상쇄시킬 정도로 하나님께 순종하고 하나님의 모든 계명과 율례, 법도와 명령을 신실하게 지키는 자, 그가 하나님의 복을 세계 만민에게 매개하고 유통시키는 자인 것이다.

가나안 땅을 중심으로 번성해 천하 만민을 복되게 할 사명을 되새겨 주시는 하나님의 말씀으로 이삭은 애굽 이주 계획을 포기하고 대신 애굽과 약속의 땅 경계 지점인 그랄에 상당 기간 우거했다. 그런데 이 과정에서 이삭은 부전자전형 허물을 범하며 혹독한 신앙 연단을 받는다. 그가 그랄 사람들이 리브가 때문에 자신을 죽일까 두려워 리브가를 누이라고 소개하며 행세하던 것이 화근이었다. 아브라함과 사라 부부의 속임수 사건을 익히 아는 아비멜렉 왕은 우연히 창문을 통해 이삭이 리브가를 껴안는 장면을 목격하였다. 진실을 알고 난 왕은 격노하며 이삭을 불러서 크게 책망한다. "왜 공공연히 거짓말을 하여 나의 백성이 네 아내를 범할 수 있는 덫을 놓았느냐? 네가 우리 백성 중 하나를 죄짓게 할뻔 했다." 이에 대해 이삭은 아브라함과 비슷한 대답으로 응수한다.26:9, 20:11 "내가 죽게 될까 두려워서 이렇게 하였소." 이삭의 변명을 들은 후 아비멜렉은 이삭에게 한결 우호적으로 변하여 오히려 그의 보호자 역할을 담당한다. "이삭이나 아내를 범하는 자는 죽임을 당하리라."

이러한 파란 속에서도 하나님은 이삭과 세심하게 동행해 주셨다. 하나님께서는 그랄에서 이삭을 물질적으로 크게 번성케 하셨다. 그랄 땅에서 농사를 짓던 이삭은 100배의 수확을 거둔다. 그 외에도 하나님께서는 이삭에게 엄청난 재물로 복을 주셨다. 그래서 창대하고 왕성하여 마침내 거부가 되었다. 양과 소가 떼를 이루고 종이 심히 많으므로 블레셋 사람들이 시기하기 시작했다. 결국 이 모든 번성과 풍요가 이삭을 또 다른 곤경에 빠뜨린다. 이삭의 번성을 시기하는 아비멜렉의 목자들이 아브라함이 판 우물을 메워 버리거나 강탈한 것이다. 아비멜렉은 엄청난 세력을 이룬 이삭에게 그랄을 아예 떠날 것을 요구한다. "네가 우리보다 크게 강성한즉 우리를 떠나라." ^{26:16} 거칠게 나오는 아비멜렉과 대항하고 대결하기보다 이삭은 조용히 물러갔다. 이삭은 그랄 평지를 떠나 그랄 골짜기에 장막을 치고 거류했다.^{26:17}

아버지의 우물들을 퍼마시고 살던 수동적 능동형인 이삭은 "빼앗기면 빼앗기리라" 하는 마음으로 이 부조리한 현실을 담담히 받아들인다. 그러나 우물을 빼앗긴 후 이삭의 목자들은 골짜기에서 다시 샘을 파서 물을 얻었으며 그 우물들을 아버지가 부르던 그 이름으로 불렀다. 우물의 소유권을 주장하는 시위였던 셈이다.^{26:18} 얼마 후에는 아버지가 팠던 우물들을 다시 복구한 정도가 아니라 아예 그랄 골짜기에서 샘 근원을 얻었다. 그러자 그랄의 목자들은 이삭이 판 우물 근원을 다투어[히트앗서쿠(הִתְעַשְּׂקוּ)] 강탈한다. 다툼으로 빼앗긴 이 우물은 에섹(עֵשֶׂק, 다툼)이라고 불렸다. 이삭은 또 양보하며 다른 우물을 파서 물을 얻는다. 또다시 그랄 목자들에게 빼앗기니 그 우물은 싯나[시트나(שִׂטְנָה)는 대적, Satan과 동근어]라고 불린다. 이삭은 그랄 목자들과 악에 받친 대결을 벌이지 않고 수동적 능동으로 빼앗겨 주면서 다른 우물을 파는 방식으로 위기를 헤쳐 나간다. 이삭은 에섹, 싯나두 우물을 빼앗기면서 자신도 모르게 점점 장막터를 브엘세바 근처로 옮기고 있는 자신을 발견했다. 이것을 통해 그는 그랄 목자들의 적대 행위 배후에 자신을 브엘세바로 다시 불러들이시는 하나님의 의지가 작용하고 있음을 감지했을 것이다.

그는 브엘세바 근처에서 다시는 그랄 목자들이 싸움을 걸어 오지 않을 만큼 큰 우물, 르호봇(רְחֹבוֹת, 넓음)을 파서 샘물을 얻는다. 어느새 이삭은 그랄 목자들에게 쫓겨 올라간 르호봇으로 가는 길이 브엘세바로의 복귀 여정, 곧 신앙 회복의 여정임을 깨닫게 되었다. 르호봇으로부터 브엘세바로 올라가 다시 하나님의 환상을 보았다.[26:24-25] 인근 족속들과의 갈등은 그에게 잊고 지내던 브엘세바 약속(하나님의 임재와 보호)을 상기시키는 역할을 하였다. "애굽으로 내려가지 말라"는 하나님의 경고는 실상 "브엘세바로 돌아와 번성을 누리라"는 하나님의 초청이었던 것이다. 브엘세바의 밤 환상에서 하나님은 다시금 이삭에게 '아브라함의 하나님'이 왜 '이삭이 경외하는 하나님'이 되시는지를 가르쳐 주신다. 이삭이 브엘세바로 올라가서 단을 쌓고 다시 하나님의 이름을 불렀다는 것은 신앙으로 사는 삶의 방식을 되찾았다는 것을 의미한다. 단을 쌓고 야웨 하나님의 이름을 부르는 행위는 일상생활 안에서 벌어지는 범사의 배후에 하나님의 뜻이 작용하고 있다고 믿는 신앙의 표현이다.

이러한 신앙 회복을 맛본 이삭에게 아비멜렉 세력이 평화우호 조약을 맺자고 접근한다. 아버지 대부터의 경쟁자였던 아비멜렉과 그의 친구 아훗삿, 군대장관 비골은 아무리 잃고 빼앗겨도 이삭의 삶 전체를 채워 주시는 하나님의 절대적인 복 베푸심의 현장을 보면서 그에게 승복하게 된다. "그들이 이르되 **여호와께서 너와 함께 계심**을 우리가 분명히 보았으므로 우리의 사이 곧 우리와 너 사이에 맹세하여 너와 계약을 맺으리라 말하였노라.……이제 너는 **여호와께 복을 받은 자니라**."[26:28-29] 아비멜렉 세력도 하나님의 함께하심이 어떤 힘보다 강한 것임을 인정한 셈이다. 온유한 자 이삭이 땅을 차지하는 순간이다.[시 37:9-11]

이삭은 아비멜렉과 평화조약을 체결하고 그것을 기념하는 계약 식사를 주재한다. 대적이라 할지라도 친절과 자비로 대하였을 때 하나님께서 또 다른 복, 또 하나의 우물을 얻게 하신다. 이삭은 그 우물을 맹세의 우물, 세바라고 불렀다. 아비멜렉과 맹세를 주고받으면서 확보한 우물이라는 뜻이다. 아비멜렉과 그의 일행을 온유하게 영접하여 화친조약을 맺고 송별한 바로 직후 브엘세바 우물에서 샘이 터져 나온다. 이삭은 이렇게 적시에 터져 나오는 구원의 샘물을 퍼마시면서 살았다. 브엘세바는 수동적 능동형인 온유한 이삭의 '세상을 이기는 신앙'을 증거하는 우물의 도시다. 요 7:37-38

VII.

창세기 27-30장

고난과 연단 속에서 성화되는 야곱

야곱의 인생은 파란만장하다. 130세에 애굽으로 이주해 왕 바로를 알현하는 자리에서 그는 자신의 파란만장한 생애를 간결하게 요약한다. "내 나그네 길의 세월이 백삼십 년이니이다. 내 나이가 얼마 못 되니 우리 조상의 나그네 길의 연조에 미치지 못하나 험악한 세월을 보내었나이다."^{창 47:9} 야곱은 또한 애굽에 거한 지 17년이 지나 147세가 되던 임종 직전에 요셉과 그의 두 아들 앞에서 인생을 되돌아보며 자신을 기르시고 모든 환난에서 건지신 하나님을 증거한다.^{48:15-16} 창세기 25:19-34, 27-35장, 37장, 42장, 43:1-15, 46:1-47:12, 47:27-31, 48-49장이 야곱의 파란만장한 생애 동안에 이루어진 인격 성장 과정을 파노라마처럼 펼쳐 간다.

야곱의 생애는 네 장소에서 보낸 네 시기의 인생 역정으로 나누어진다. 첫째, 출생 시부터 밧단아람으로 도주할 때까지 브엘세바의 부모님 슬하에서 보냈던 시기다. 이 시기는 장자권과 장자의 복을 획득하기 위해 경쟁 의지로 자신을 담금질하며 속임수까지 구사하던 시기였다. 두 번째는 20년 동안 밧단아람에서 온갖 고난을 겪던 시절이다. 밧단아람 시기를 특징짓는 신앙 경험은 뻗엘에서 '전능하신 하나님'을 만난 사건이다. 그는 이 시기에도 여전히, 때로는 인간적인 계략에 의지하며, 때로는 하나님의 도우심을 의지하며 자신의 인생을 꾸려 간다. 돌베개로 대표되는 고난 경험 속에서 하나님의 쉼 없는 천우신조(사닥다리)를 경험하는 시기였다.

세 번째 시기는 다시 고향으로 돌아와서 애굽으로 이주하기까지,

곧 130세까지 벧엘-헤브론에서 보낸 때이다. 이 시기 동안에 야곱은 자신의 옛 사람이 후패함과 동시에 돋는 해처럼 빛나는 하나님의 얼굴을 대면하면서 성화되어 간다. 그는 초인적 성실과 강철 같은 경쟁 의지로 단련된 인생의 허무한 붕괴를 맛본다. 초인적 성실과 강철 같은 의지를 상징하던 환도뼈(허벅지 관절 혹은 허벅다리)는 하나님의 손에 의해 타격되며, 그는 나머지 긴 생애를 다리를 절며 살아간다. 브니엘에서 환도뼈 위골과 자신의 이름이 바뀌는 체험을 함과 동시에 형 에서와의 20년 묵은 적대 관계를 청산한다. 그리고 그는 마침내 벧엘로 올라가 20년 전에 드린 서원을 성취한다. 그는 120세가 되어 아버지가 계신 헤브론에 이르러 180세가 된 아버지 이삭의 장례식을 치른다. 그 후 그는 130세에 애굽으로 이주하기 전까지 헤브론에서 거주한다. 이 세 번째 시기는 사랑하는 사람들의 상실과 죽음, 자녀들로 인한 비통한 환난(디나 성폭행, 르우벤과 서모 빌하의 간통, 레위와 시므온의 대학살 연루)을 집중적으로 경험하는 시기이다. 그래서 종과 사기꾼에서 성자로 변형되어 간다.

마지막 네 번째 시기는 130세부터 147세로 죽을 때까지 애굽에서 보낸 시기다. 이 마지막 시기는 그의 생애 가장 험악한 고난이었던 요셉의 죽음, 곧 요셉과의 이별로부터 시작된다. 그는 이 극단적인 환난을 통하여 험악한 나그네 세월의 대미를 장식한다. 그러나 그는 이 환난을 거치면서 오히려 12지파의 장래를 예언하고 축복할 뿐만 아니라 애굽 왕 바로를 축복하는 예언자적 성자로 성숙해 간다. 마침내 그의 백골이 요셉과 그의 형제들에 의해 가나안 땅 가족 선산 막벨라 굴에 묻힘으로써 야곱의 파란만장한 인생은 종료된다.

이와 같이 야곱의 생애는 환난과 연단의 세월 속에서 기암괴석과 같은 인격이 하나님의 손에 의해 어떻게 아름답고 거룩하게 조각되어 가는지를 예증한다. 그에게서 하나님의 다스림 아래 산다는 것은 하나님과의 이인삼각 경주를 배워 가는 과정이었다.

야곱의 태내 시절과 유·청소년기, 초기 장년기 에피소드 • 25:19-34

유·청소년기부터 청장년 시기 내내 야곱은 격렬한 경쟁의식과 승부사적 긴장 때문에 고난 가운데로 내던져진다. 창세기 25:19-34과 27장은 야곱의 태내기와 유·청소년기를 특징적으로 부각시킨 스냅사진 같다. 결혼 후 20년 동안이나 잉태하지 못하던 리브가를 위한 이삭의 지속적인 간구(희생제사를 동반한 기도를 의미)參3:10로 리브가가 잉태하였다. 그러나 배 속에서부터 싸우는 쌍둥이를 잉태하여 생긴 고통을 하나님께 하소연하다가 리브가는 두 아이의 미래와 관련해 충격적인 계시를 받는다.25:21-26 두 쌍둥이는 두 민족의 조상이 될 터인데 작은아들의 후손이 큰아들의 후손보다 더 강한 나라가 될 것이라는 계시였다.

에서는 전신이 붉은 아이였고 외향적이고 사교적인 사람이었다. 그는 익숙한 사냥꾼, 타고난 들사람으로 호방한 기질의 소유자였다. 그는 먹는 문제나 배우자를 고르는 문제 등에서 보이듯이 감정 통제력 지수EQ가 낮은 사람이었다. 한편 배 속에서부터 장자가 되려고 형의 발꿈치를 잡았던 야곱은 경쟁심과 승부욕이 강한 사람이었다. 야곱은 운명을 뒤집으려는 꿈을 꾸던, 조용하고 내성적인 성격의 승부사였다. 그의 활동 근거지는 들이 아니라 장막이었다. 장막은 전통적으로 어머니가 주도권을 쥐는 영역으로 조상들로부터 구전되는 전승과 지혜가 보존되는 공간이었다. 야곱은 들에 나가 사냥을 즐기기보다는 어머니의 일을 도와 죽을 쑤기도 하였다.25:27-34 리브가가 하나님의 예언, 곧 큰 자가 어린 자를 섬기리라는 말씀을 결정론적으로 이해하지 않았다 할지라도, 어쨌든 조용하고 신중한 야곱이 장자 노릇을 하였으면 하고 항상 빌었을 것이다. 에서와 야곱의 기질과 성격을 비교하는 창세기 저자의 의도에 비추어 볼 때 이런 상상은 충분히 가능하다. 리브가는 두 아들을 양육하는 과정에서 에서에 비해 야곱이 더 장자다운 내면성을 갖추었기 때문에 야곱을 선호하였을 것이다. 아니나 다를까 어느 날 사냥에서 돌아온 에서는 너무나 허기진 나머지 야곱의 팥죽 한 그릇과 자신의 장자권을 맞바꾸는 실수를 저지른다. 25:31-34은 에서의 장자권 상실과 관련하여 야곱의 교활함을 비판하기보다 에서의 경거망동을 더욱 질책한다.

요약하면 에서의 장자권 상실에 기여한 요인은 세 가지다. 첫째, 리브가가 받은 하나님의 계시다. 25:23에서는 분명히 두 민족의 각축이 예언되고 있다. 그것은 물론 야곱과 에서 당대의 장유유서 질서의 파괴를 사주하지는 않는다. '작은 자'를 섬기게 될 '큰 자'the elder도 에서를 가리키기보다는 '큰 아들'로부터 비롯되는 민족(나라)을 가리킨다. '섬긴다'는 말은 종주-봉신 관계를 드러내는 정치적 용어로 야곱과 에서의 장유유서 질서의 파괴를 가리키는 말이라기보다, 에돔 족속이 훗날에 이스라엘 족속(다윗 왕국)을 종주로 섬길 것을 예고하는 예언의 일부다.

그런데 로마서 9:10-13에서 바울은 창세기 25:23의 예지 사건을 하나님의 이중예정 사건으로 바꾼다. 그래서 주석가들은 로마서 9:10-13에 근거하여 창세기 25:23을 해석하려는 유혹에 빠지기 쉽다. 그러나 로마서를 창세기 문맥 속에 집어넣어 읽으면 곤란한 문제가 발생한다. 창세기 25:23을 결정론적(이중예정)으로 이해하게 되면 에서의 장자권 상실과 야곱의 장자권 획득 과정에 여러 가지 인간적 요인이 작용했다고 증언하는 창세기 27장과 충돌한다. 창세기 25:23-34과 27:1-45은 야곱의 장자권 획득 과정을 하나님의 예지와 예정으로만 돌려 버리지 않기 때문이다. 하나님의 예정 때문에 에서가 장자권을 팔 수밖에 없었고 장자의 복을 잃을 수밖에 없었던 것이 아니라는 말이다. 리브가는 쌍둥이를 키우면서 누가 장자권을 갖는 것이 좋을 것인지 판단하였을 것이다. 리브가가 야곱이 장자권을 갖는 것이 훨씬 낫겠다는 경험적인 판단을 하지 않았더라면 그녀에게 창세기 25:23은 기억나지도 않았을 것이다. 단지 태몽으로 받은 계시에 대한 맹목적 신봉 때문이라기보다는 리브가의 양육 과정의 경험이 수십 년 전의 그 잉태(계시)를 기억나게 했을 것이다.

결국 장자가 되기에는 부족한 에서의 감정 통제력과 성급한 기질 (먹는 문제, 배우자 고르는 문제 등)이 그의 장자권 상실의 빌미를 제공한다. 팥죽 한 그릇과 장자권을 교환한 것은 그가 장자권을 경시하였기 때문이라고 창세기 저자는 못박는다.[25:34] 이것이 두 번째 요인이라고 보아야 한다. 셋째로, 야곱이 에서의 장자권을 사는 과정에서 눈여겨보아야 할 사실은 장자가 되고 싶은 야곱의 강력한 욕망과 운명에 대한 도전 의식이다. 고대 근동에서 장자권은 다른 형제들에게 복의 근원이 되는 책임이자 특권을 의미하였다.[27:29] 25:27-34은 에서 자신이 내린 경솔한 판단이 야곱의 장자권에 대한 열망을 촉발시켰음을 보도하고 있다.[1]

26:34-35은 에서의 이방인 아내들에 대해 보도한다. 에서가 40세에 헷 족속 브에리의 딸 유딧과 엘론의 딸 바스맛을 아내로 맞이하였는데, 이방 출신 며느리들이 이삭과 리브가의 마음에 근심이 되었음을 언급한다. 이 단락은 27-28장에 등장할 야곱의 장자권 획득과 동족 출신 아내감을 찾아 밧단아람까지 가는 수고스러운 여정을 예기케 하는 간기[刊記]다.

VII.

고난과 연단 속에서 성화되는 야곱

27

¹이삭이 나이가 많아 눈이 어두워 잘 보지 못하더니 맏아들 에서를 불러 이르되 내 아들아 하매 그가 이르되 내가 여기 있나이다 하니 ²이삭이 이르되 내가 이제 늙어 어느 날 죽을는지 알지 못하니 ³그런즉 네 기구 곧 화살통과 활을 가지고 들에 가서 나를 위하여 사냥하여 ⁴내가 즐기는 별미를 만들어 내게로 가져와서 먹게 하여 내가 죽기 전에 내 마음껏 네게 축복하게 하라. ⁵이삭이 그의 아들 에서에게 말할 때에 리브가가 들었더니 에서가 사냥하여 오려고 들로 나가매 ⁶리브가가 그의 아들 야곱에게 말하여 이르되 네 아버지가 네 형 에서에게 말씀하시는 것을 내가 들으니 이르시기를 ⁷나를 위하여 사냥하여 가져다가 별미를 만들어 내가 먹게 하여 죽기 전에 여호와 앞에서 네게 축복하게 하라 하셨으니 ⁸그런즉 내 아들아, 내 말을 따라 내가 네게 명하는 대로 ⁹염소 떼에 가서 거기서 좋은 염소 새끼 두 마리를 내게로 가져오면 내가 그것으로 네 아버지를 위하여 그가 즐기시는 별미를 만들리니 ¹⁰네가 그것을 네 아버지께 가져다 드려서 그가 죽기 전에 네게 축복하기 위하여 잡수시게 하라. ¹¹야곱이 그 어머니 리브가에게 이르되 내 형 에서는 털이 많은 사람이요 나는 매끈매끈한 사람인즉 ¹²아버지께서 나를 만지실진대 내가 아버지의 눈에 속이는 자로 보일지라. 복은 고사하고 저주를 받을까 하나이다. ¹³어머니가 그에게 이르되 내 아들아, 너의 저주는 내게로 돌리리니 내 말만 따르고 가서 가져오라. ¹⁴그가 가서 끌어다가 어머니에게로 가져왔더니 그의 어머니가 그의 아버지가 즐기는 별미를 만들었더라. ¹⁵리브가가 집 안 자기에게 있는 그의 맏아들 에서의 좋은 의복을 가져다가 그의 작은 아들 야곱에게 입히고 ¹⁶또 염소 새끼의 가죽을 그의 손과 목의 매끈매끈한 곳에 입히고 ¹⁷자기가 만든 별미와 떡을 자기 아들 야곱의 손에 주니 ¹⁸야곱이 아버지에게 나아가서 내 아버지여 하고 부르니 이르되 내가 여기 있노라. 내 아들아, 네가 누구냐. ¹⁹야곱이 아버지에게 대답하되 나는 아버지의 맏아들 에서로소이다. 아버지께서 내게 명하신 대로 내가 하였사오니 원하건대 일어나 앉아서 내가 사냥한 고기를 잡수시고 아버지 마음껏 내게 축복하소서. ²⁰이삭이 그의 아들에게 이르되 내 아들아,

네가 어떻게 이같이 속히 잡았느냐. 그가 이르되 아버지의 하나님 여호와께서 나로 순조롭게 만나게 하셨음이니이다. 21 이삭이 야곱에게 이르되 내 아들아, 가까이 오라. 네가 과연 내 아들 에서인지 아닌지 내가 너를 만져보려 하노라. 22 야곱이 그 아버지 이삭에게 가까이 가니 이삭이 만지며 이르되 음성은 야곱의 음성이나 손은 에서의 손이로다 하며 23 그의 손이 형 에서의 손과 같이 털이 있으므로 분별하지 못하고 축복하였더라. 24 이삭이 이르되 네가 참 내 아들 에서냐. 그가 대답하되 그러하니이다. 25 이삭이 이르되 내게로 가져오라. 내 아들이 사냥한 고기를 먹고 내 마음껏 네게 축복하리라. 야곱이 그에게로 가져가매 그가 먹고 또 포도주를 가져가매 그가 마시고 26 그의 아버지 이삭이 그에게 이르되 내 아들아, 가까이 와서 내게 입맞추라. 27 그가 가까이 가서 그에게 입맞추니 아버지가 그의 옷의 향취를 맡고 그에게 축복하여 이르되 내 아들의 향취는 여호와께서 복 주신 밭의 향취로다. 28 하나님은 하늘의 이슬과 땅의 기름짐이며 풍성한 곡식과 포도주를 네게 주시기를 원하노라. 29 만민이 너를 섬기고 열국이 네게 굴복하리니 네가 형제들의 주가 되고 네 어머니의 아들들이 네게 굴복하며 너를 저주하는 자는 저주를 받고 너를 축복하는 자는 복을 받기를 원하노라. 30 이삭이 야곱에게 축복하기를 마치매 야곱이 그의 아버지 이삭 앞에서 나가자 곧 그의 형 에서가 사냥하여 돌아온지라. 31 그가 별미를 만들어 아버지에게로 가지고 가서 이르되 아버지여, 일어나서 아들이 사냥한 고기를 잡수시고 마음껏 내게 축복하소서. 32 그의 아버지 이삭이 그에게 이르되 너는 누구냐. 그가 대답하되 나는 아버지의 아들 곧 아버지의 맏아들 에서로소이다. 33 이삭이 심히 크게 떨며 이르되 그러면 사냥한 고기를 내게 가져온 자가 누구냐. 네가 오기 전에 내가 다 먹고 그를 위하여 축복하였은즉 그가 반드시 복을 받을 것이니라. 34 에서가 그의 아버지의 말을 듣고 소리 질러 슬피 울며 아버지에게 이르되 내 아버지여, 내게 축복하소서. 내게도 그리하소서. 35 이삭이 이르되 네 아우가 와서 속여 네 복을 빼앗았도다. 36 에서가 이르되 그의 이름을 야곱이라 함이 합당하지 아니하니이까. 그가 나를 속임이 이것이 두 번째니이다. 전에는 나의 장자의 명분을 빼앗고 이제는 내 복을 빼앗았나이다. 또 이르되 아버지께서 나를 위하여 빌 복을 남기지 아니하셨나이까. 37 이삭이 에서에게 대답하여 이르되 내가 그

고난과 연단 속에서 성화되는 야곱

를 너의 주로 세우고 그의 모든 형제를 내가 그에게 종으로 주었으며 곡식과 포도주를 그에게 주었으니 내 아들아, 내가 네게 무엇을 할 수 있으랴. ³⁸ 에서가 아버지에게 이르되 내 아버지여, 아버지가 빌 복이 이 하나 뿐이리이까. 내 아버지여, 내게 축복하소서. 내게도 그리하소서 하고 소리를 높여 우니 ³⁹ 그 아버지 이삭이 그에게 대답하여 이르되 네 주소는 땅의 기름짐에서 멀고 내리는 하늘 이슬에서 멀 것이며 ⁴⁰ 너는 칼을 믿고 생활하겠고 네 아우를 섬길 것이며 네가 매임을 벗을 때에는 그 멍에를 네 목에서 떨쳐버리리라 하였더라. ⁴¹ 그의 아버지가 야곱에게 축복한 그 축복으로 말미암아 에서가 야곱을 미워하여 심중에 이르기를 아버지를 곡할 때가 가까웠은즉 내가 내 아우 야곱을 죽이리라 하였더니 ⁴² 맏아들 에서의 이 말이 리브가에게 들리매 이에 사람을 보내어 작은 아들 야곱을 불러 그에게 이르되 네 형 에서가 너를 죽여 그 한을 풀려 하니 ⁴³ 내 아들아, 내 말을 따라 일어나 하란으로 가서 내 오라버니 라반에게로 피신하여 ⁴⁴ 네 형의 노가 풀리기까지 몇 날 동안 그와 함께 거주하라. ⁴⁵ 네 형의 분노가 풀려 네가 자기에게 행한 것을 잊어버리거든 내가 곧 사람을 보내어 너를 거기서 불러오리라. 어찌 하루에 너희 둘을 잃으랴. ⁴⁶ 리브가가 이삭에게 이르되 내가 헷 사람의 딸들로 말미암아 내 삶이 싫어졌거늘 야곱이 만일 이 땅의 딸들 곧 그들과 같은 헷 사람의 딸들 중에서 아내를 맞이하면 내 삶이 내게 무슨 재미가 있으리이까.

25장이 장자권 구입과 관련하여 에서의 경거망동을 강조한다면,² 27장은 에서가 장자의 복을 상실하는 과정에서 드러난 리브가와 야곱의 교활함을 부각시킨다. 이삭이 별미를 중심으로 장자의 복을 에서에게 넘기려고 하는 처사에 대해 리브가가 저항하는 과정에서, 그녀의 무리수가 끼어들었다. 리브가가 야곱을 편애하는 근거가 일종의 신적 계시와 자신의 양육 경험이라면, 이삭이 에서를 편애하는 이유는 그가 장자로 태어났다는 사실 외에 그의 입맛(혀)에 맞는 별미를 잘 만들어 준다는 데 있다. 나이가 많이 들어 눈먼 노인이 된 이삭은 에서와 야곱의 잉태 비밀을 아는지 모르는지 죽기 전에 에서에게 장자의 복을 넘겨주려고 작정한다.[27:4] "내가 즐기는 별미를 만들어 내게로 가져와서 먹게 하여 내가 죽기 전에 내 마음껏 네게 축복하게 하라." 고대 근동 사회에서 아버지의 구두 축복 선언(유언)은 자녀의 운명을 결정짓는 신적인 선언으로 인정되었다는 점에서 이삭의 요청은 엄청난 의미를 가졌다. 그런데 이 말을 리브가가 엿듣고 비밀 공작을 꾸미기 시작했다. 리브가는 이런 중대한 의미의 구두 축복이 야곱에게 주어지는 것이 하나님의 뜻이라고 믿었기 때문이다. 25:23의 예언이 성취되기 위해서는 이삭의 장자축복이 에서가 아니라 야곱에게 주어져야 한다고 믿었다. 이처럼 리브가와 이삭의 자식 사랑은 엇박자 편애였다.

창세기 저자는 이삭이 눈이 멀었음을 강조함으로써 하나님의 차자 상속 기획을 눈치 채지 못하는 그의 허약한 영적 분별력을 비판적으로 보도한다. 이삭이 눈먼 것과는 정반대로 리브가의 귀는 너무나 밝다. 하나님의 계시를 듣는 데도 귀가 밝을 뿐만 아니라 이삭의 속생각, 이삭과 에서의 말까지 완전하게 엿듣는다.[27:5-6, 41-42] 죽기 전에 장자 에서를 축복(구두 유언)하려고 하던 이삭의 말을 엿들은 리브가의 대항 계략은 주도면밀하다.[27:5-10] 아버지를 속이고 축복기도를 받아 내라는 어머니의 제안에 대해 소심한 야곱이 고뇌하자, 리브가는 잘못되면 자신이 저주를 뒤집어쓰겠다며 야곱을 힘 있게 독려한다. 에서가 사냥 고기를 요리해 오기 전에 이미 리브가의 주방에서는 완벽한 속임수가 준비되고 있었다. 그녀는 야곱을 에서로 변장시켜 들여보내고 사냥 별미 대신 염소요리를 만들어 사냥 고기인 것처럼 이삭에게 갖다 주도록 조종한다.

예상보다 빨리 준비된 사냥 별미에 놀란 이삭이 요리를 가지고 온 아들을 향하여 "네가 누구냐?"고 묻는다. 눈이 어두운 이삭이 자신의 축복을 받으려고 앞에 서 있는 아들이 누구인지 판단하기 위해 사용한 방법을 보면 이삭이 얼마나 긴장하고 있는지 알 수 있다.[27:20-24, 27] 이삭은 먼저 논리적으로 추론을 하며 방법론적 의심을 시도한다("어떻게 속히 잡았느냐?"). 그 다음 청각, 촉각, 후각에 호소한다. 리브가는 청각을 빼고는 털옷, 인조 피부, 에서의 냄새 나는 옷 등 모든 것을 야곱의 에서 대역 노릇을 위해 준비해 놓고 있었다. 에서의 털북숭이 피부와 에서의 향취를 풍기는 옷을 입고 나타난 야곱에게 이삭은 진실로 속았는지 아니면 알면서도 무기력하게도 속아주는지 알쏭달쏭한 말을 터뜨린다. "음성은 야곱의 음성이나 손은 에서의 손이로다."[27:22] 자신을 에서라고 소개하며 나타난 아들에게 "누구냐?"고 묻는 것은, 그가 에서가 아닐 수도 있다는 예감의 피력이었을 것이다. 분명히 야곱의 목소리를 가진 이 아들을 두고 수차례나 "네가 정녕 에서냐?"고 묻던[18, 21, 24절] 이삭은 마침내 장자에게 돌아갈 축복(신적 풍요와 번성, 정치적 영향력의 증대, 복의 근원)을 야곱에게 부어 준다. 더 정확하게 말하면 에서의 '명의'를 도용한 야곱에게 부어 준 것이다. 야곱은 이 축복기도를 통해 에서의 명의로, 곧 장자답게 살아야 한다. 고대 사회에서 아버지가 죽기 전 아들에게 내리는 구두 축복은 예언적 효력이 있다고 믿어졌다.[27:33, 48:15-20, 히 3:1-10] 이것은 세대 간에 존재하는 운명적 연대성에 대한 믿음이었다.

엄숙하고 예언적인 아버지의 구두 축복이 야곱을 향해 선포되었음에도 불구하고 내부 사정에 감감무소식이던 에서는 아버지의 축복을 받기 위해 황급히 사냥 별미를 만들어 달려온다. 그러나 그는 이삭이 들려준 청천벽력 같은 말에 경악한다. 에서는 장자권과 아버지의 축복을 분리할 수 있다고 믿고 있는 듯[27:36] 남은 복이라도 자신에게 부어 달라고 강청한다. 하지만 히브리서 12:16-17은 에서가 아버지의 축복을 받을 수 없었던 것은 장자권을 판 이전의 경거망동한 행위의 결과라고 말한다. 하나님의 선택과 예정은 운명주의와는 다르며, 여기에도 책임감을 동반한 인간의 자유의지가 중요하게 작용하고 있음을 보여준다. 에서의 때늦은 축복 요청에 대한 이삭의 예언은 축복 선언이라기보다는 맏아들 앞에 놓인 거칠고 모진 운명을 노래하는 불길한 예언시다.[27:39-40] 야곱의 거처는 하늘의 풍요와 돌봄으로 가득 채워질 것이다. 야곱의 후손이 열국을 지배하는 정치적 세력이 되어 열국의 운명을 가름하는 기준이 되고, 에서 및 모든 형제들의 주[主]로 세움을 받을 것이다.[12:3, 27:29] 이에 반하여 에서의 거처는 땅의 기름짐과는 동떨어진 곳이 될 것이며, 하늘의 이슬 혜택에서 제외될 것이다. 그의 후손은 칼을 믿고 생활할 것이며(호전적 약탈 생활), 아우 나라를 섬길 것이다.

장자의 명분과 장자의 복, 둘 다를 속임수에 의해 잃어버렸다고 생각하는 에서는 야곱을 죽이겠다고 다짐한다. 이런 에서의 결심이 리브가의 또 다른 계략을 촉발시킨다. 그녀는 결혼을 명분 삼아 야곱을 먼 밧단아람 외가로 며칠 동안 피신시킨다. 엇박자 자식 편애가 형제간에 큰 비극을 가져온 것이다. 전체적으로 리브가의 야곱 편애는 야곱의 남은 이야기 전체의 문맥에서 볼 때 찬양되기보다는 은근히 비판받고 있다.[27:41-46] 형제간에 갈등의 씨앗을 심은 것, 가족과의 이별, 야곱에게 잘못 전수된 삶의 지혜(속임수)가 초래한 고난의 역경 등은 분명 리브가의 능동적이고 인간적인 계략의 대가였다. 그러나 리브가의 오버액션에는 하나님의 계시에 대한 순종 의지도 작용했다는 점을 고려하면 그녀의 행동을 단순히 도덕주의적 잣대로만 재단할 수 없는 면이 있다. 야곱에게 장자의 복을 상속시키는 이삭의 구두 축복 결정에는 리브가의 계략 이상의 어떤 것(야곱을 위한 하나님의 권능)이 작용하고 있다고 보아야 한다. 리브가의 속임수가 야곱이 받은 장자축복의 결정적인 요인은 아니며, 리브가 편에서 보면 이미 결정된 축복의 방향을 돕는 도구라고 볼 수도 있을 것이다. 야곱의 장자명분 구입과 장자축복 절도 사건은 하나님의 계시와 인간의 실수와 계략이 뒤엉켜서 발생한 사건이다. 46절은 리브가가 이삭에게 에서의 아내들이 이방 여인이라는 사실에 대해 터뜨리는 불평을 보도한다. 헷 사람의 딸들로 말미암아 자신의 삶이 싫어졌기 때문에 야곱까지 에서처럼 헷 사람의 딸들 중에서 아내를 맞이하면 더 이상 삶의 기쁨이 없어질 것이라고 호소하며 야곱을 외갓집에 보낼 명분을 쌓는다.

돌베개와 사닥다리 사이에서: 야곱의 망명 생활 ●28장

28 [1] 이삭이 야곱을 불러 그에게 축복하고 또 당부하여 이르되 너는 가나안 사람의 딸들 중에서 아내를 맞이하지 말고 [2] 일어나 밧단아람으로 가서 네 외조부 브두엘의 집에 이르러 거기서 네 외삼촌 라반의 딸 중에서 아내를 맞이하라. [3] 전능하신 하나님이 네게 복을 주시어 네가 생육하고 번성하게 하여 네가 여러 족속을 이루게 하시고 [4] 아브라함에게 허락하신 복을 네게 주시되 너와 너와 함께 네 자손에게도 주사 하나님이 아브라함에게 주신 땅 곧 네가 거류하는 땅을 네가 차지하게 하시기를 원하노라. [5] 이에 이삭이 야곱을 보내매 그가 밧단아람으로 가서 라반에게 이르렀으니 라반은 아람 사람 브두엘의 아들이요 야곱과 에서의 어머니 리브가의 오라비더라. [6] 에서가 본즉 이삭이 야곱에게 축복하고 그를 밧단아람으로 보내어 거기서 아내를 맞이하게 하였고 또 그에게 축복하고 명하기를 너는 가나안 사람의 딸들 중에서 아내를 맞이하지 말라 하였고 [7] 또 야곱이 부모의 명을 따라 밧단아람으로 갔으며 [8] 에서가 또 본즉 가나안 사람의 딸들이 그의 아버지 이삭을 기쁘게 하지 못하는지라. [9] 이에 에서가 이스마엘에게 가서 그 본처들 외에 아브라함의 아들 이스마엘의 딸이요 느바욧의 누이인 마할랏을 아내로 맞이하였더라. [10] 야곱이 브엘세바에서 떠나 하란으로 향하여 가더니 [11] 한 곳에 이르러는 해가 진지라. 거기서 유숙하려고 그곳의 한 돌을 가져다가 베개로 삼고 거기 누워 자더니 [12] 꿈에 본즉 사닥다리가 땅 위에 서 있는

데 그 꼭대기가 하늘에 닿았고 또 본즉 하나님의 사자들이 그 위에서 오르락내리락 하고 13 또 본즉 여호와께서 그 위에 서서 이르시되 나는 여호와니 너의 조부 아브라함의 하나님이요 이삭의 하나님이라. 네가 누워 있는 땅을 내가 너와 네 자손에게 주리니 14 네 자손이 땅의 티끌 같이 되어 네가 서쪽과 동쪽과 북쪽과 남쪽으로 퍼져나갈지며 땅의 모든 족속이 너와 네 자손으로 말미암아 복을 받으리라. 15 내가 너와 함께 있어 네가 어디로 가든지 너를 지키며 너를 이끌어 이 땅으로 돌아오게 할지라. 내가 네게 허락한 것을 다 이루기까지 너를 떠나지 아니하리라 하신지라. 16 야곱이 잠이 깨어 이르되 여호와께서 과연 여기 계시거늘 내가 알지 못하였도다. 17 이에 두려워하여 이르되 두렵도다, 이 곳이여. 이것은 다름 아닌 하나님의 집이요 이는 하늘의 문이로다 하고 18 야곱이 아침에 일찍이 일어나 베개로 삼았던 돌을 가져다가 기둥으로 세우고 그 위에 기름을 붓고 19 그 곳 이름을 벧엘이라 하였더라. 이 성의 옛 이름은 루스더라. 20 야곱이 서원하여 이르되 하나님이 나와 함께 계셔서 내가 가는 이 길에서 나를 지키시고 먹을 떡과 입을 옷을 주시어 21 내가 평안히 아버지 집으로 돌아가게 하시오면 여호와께서 나의 하나님이 되실 것이요 22 내가 기둥으로 세운 이 돌이 하나님의 집이 될 것이요 하나님께서 내게 주신 모든 것에서 십분의 일을 내가 반드시 하나님께 드리겠나이다 하였더라.

형 에서로부터 장자권을 산 야곱은 아버지 이삭을 속여 에서가 받을 장자의 축복까지 가로채지만, 그의 인간적 계략과 행동은 오히려 화를 자초한다. 형의 분노 때문에 그는 약속의 땅으로부터 쫓겨나는 망명자로 전락한다. 실제로는 형 에서의 살기 어린 복수를 피하기 위해, 겉으로는(적어도 아버지 이삭에게는) 신붓감을 구하러 간다는 명분으로 야곱은 적어도 40세가 넘는 나이에(에서가 40세에 결혼)³ 밧단아람으로 망명의 길을 떠난다. 리브가는 이삭 앞에서 야곱의 밧단아람 도피를 정당화하기 위해 에서가 헷 족속의 딸들과 어울리는 상황에 대한 혐오를 피력한다.27:46 이삭은 이러한 진상을 아는

지 모르는지 장자의 복과 약속을 상기시킴으로써 야곱의 밧단아람 여정을 축복한다. 이삭이 야곱을 불러 축복하고 또 당부한다.²⁸:¹⁻² 이삭이 보기에는 야곱의 밧단아람 여정은 도피나 망명이 아니라 신붓감을 구하러 가는 길이었다. 이 당부 끝에 이삭은 아브라함과 자신에게 주어진 복이 야곱에게 계승되기를 간구한다.²⁸:³⁻⁴ 이삭은 이미 야곱을 후손 번성과 가나안 땅 상속 약속의 정통 상속자로 인정한 것이다. 사실상 장자로 인정한 셈이다.

그러나 야곱에게는 밧단아람행이 신붓감을 구하러 가는 여정이 아니라 형 에서의 살기 어린 분노를 피하러 가는 도피행이었다. 형의 장자권과 장자축복을 가로챈 대가는 야곱에게 가족과의 쓰라린 생이별이었고 불확실한 미래 속으로 집어 던져짐이었다. 그에게 기다리는 밧단아람 20년은 환난과 연단을 통한 변화와 성숙의 시간이었다. 그가 밧단아람에서 보낸 삶은 돌베개(고독, 차가운 현실)와 사닥다리(천우신조) 사이의 삶이었다. 고립무원의 황야에서 돌베개를 베고 노숙했던 야곱은 "하나님이 함께하신다"는 약속의 위력을 깨닫기 시작했을 것이다. 고독한 황야에서 온몸으로 느끼는 돌베개의 한기 속에서 만난 천사의 위로가 20년 동안 야곱을 지탱시킨 힘이었다.

인간적으로 보면 야곱에게 밧단아람 망명길은 하나님의 뜻에 대한 리브가의 과잉 해석이 초래한 재난처럼 보인다. 그러나 야곱은 기약 없는 망명의 도피 여정 속에서 장자권과 장자 복이 자신에게로 이미 옮겨진 것을 확신하게 되었다. 인간적인 계략과 실수와 하나님의 예지 사건 등이 뒤엉켜 발생된 일이긴 하지만 야곱의 장자권과 장자 복 획득은 신적 승인을 받았다. 28장의 벧엘 꿈 계시는 장자권과 장자 복의 야곱 상속을 정당화한다.

5-9절은 1-2절을 부연하는 단락이다. 이삭이 야곱을 리브가의

오라비 라반의 집으로 의도적으로 보낸 것에 비추어 볼 때 아마도 리브가가 이 계획을 주도했을 것이다.[4] 6절은 이런 일련의 움직임에 대한 에서의 반응을 보도한다. 에서는 이삭이 야곱에게 축복하고 그를 밧단아람으로 보내어 거기서 아내를 맞이하게 하며 축복하고 명하기를 가나안 사람의 딸들 중에서 아내를 맞이하지 말라고 하는 장면을 보고 뒤늦은 응답을 보인다. 자신이 아내로 삼은 가나안 사람의 딸들이 아버지 이삭을 기쁘게 하지 못하는 것을 본 에서는 본처들 외에 아브라함의 아들 이스마엘의 딸이요 느바욧의 누이인 마할랏을 아내로 맞이했다. 이런 상황에서 야곱의 부모는 야곱을 밧단아람으로 보내 아내를 구해 오도록 떠나보낸다. 실제로는 형의 분노와 복수를 피해 도망치는 길이지만 겉으로 볼 때는 신붓감을 찾아 단기 출장길을 떠나는 마음으로 야곱은 브엘세바를 떠났다.

브엘세바에서 떠나 하란으로 가는 여정의 첫날부터 야곱에게 고난이 시작되었다. 어떤 도시에 도착할 즈음에 해가 졌다. 그곳에 유숙하려고 야곱이 한 돌을 취해 베개로 삼고 노숙했다. 그런데 돌베개를 베고 한기를 온몸에 휘감고 잠든 야곱은 하늘 사닥다리를 부지런히 왕래하는 천사의 꿈을 꾼다.[28:10-12] 두려움, 외로움, 그리고 죄책감으로 뒤엉킨 채 돌처럼 굳어 버린 마음으로 잠든 야곱의 사닥다리 꿈은 잠재의식 속에 표현된 하나님을 향한 소원이자 믿음이었을 것이다. 아버지 이삭의 이별 축복기도 중 "아브라함에게 허락하신 복을 네게 주시되"라는 구절이 그의 심층의식, 잠재의식을 강력하게 사로잡았을 것이다. 그 절대적인 고독의 밤에서야 "하나님이 함께하신다"는 아브라함 약속은 그의 잠재의식 속에서 신앙이 되고 소원이 되어 사닥다리 환상으로 승화되었을 것이다. 하나님의 말씀에 대한 잠재의식적 신뢰는 꿈으로 나타나고 이 꿈은 야곱의 나머지 인생의 거친 현실을 향도하는 힘이 되었을 것이다. 하늘로부터 내려온 사닥다리를 오르내리는 천사들의 모습은 이미 그들이 밧단아람을 향해 떠나는 여정에 처음부터 야곱을 감찰하며 동행해 왔음을 가리킨다. 그가 60세의 나이에 하늘로부터 내려온 사닥다리와 천사 동행의 의미를 완전히 깨닫지 못하였을지라도, 야곱은 147년 동안 사람은 하나님의 절대적인 복 주심을 믿고서야 자신의 이기심과 죄성을 극복해 갈 수 있다는 진리를 깨달아 간다. 사닥다리 위를 오르내리는 천사를 통해 하나님께서는 아브라함과 이삭에게 주신 바로 그 약속(땅, 후손, 보호와 동행)을 야곱에게 주신다. 아버지 이삭의 장자축복 선언과 야곱의 꿈에 나타나셔서 주신 하나님의 약속은 내용적으로 일치하고 있다.[27:27-29, 28:3-4] 하나님께서 야곱을 하나님의 약속의 계승자(아브라함과 이삭처럼)로서 대우하시며 주시는 축복의 약속[28:13-15]은 이삭이 밧단아람을 떠날 때 빌어 준 복과 거의 동일하다. 이것은 바로 **아브라함과 이삭이 누린** 하나님의 약속이다. 아브라함과 이삭, 그리고 야곱에게 땅과 많은 자손을 주시는 궁극적인 목적은 "땅의 모든 족속이 너와 네 자손으로 말미암아 복을 받는 것"이었다. 야곱에게 주신 약속 중 가장 놀라운 추가 요소는 "내가 네게 허락한 것을 다 이루기까지 너를 떠나지 아니하리라"[28:15]는 절대동행의 약속이다. 야곱이 거치게 될 험한 세월을 미리 예기케 한다.

고독한 망명 여정의 첫날 밤에 나타나신 하나님의 복 선언에 대한 야곱의 응답은, 그곳에 돌기둥을 세우고 성스럽게 구별하는 데서 시작된다. 그는 하나님과 상관없이 불리던 그곳 루스라는 도시에 '벧엘'이라는 새로운 이름을 붙였다. 그리고 자신의 미래를 이 벧엘에 나타나신 하나님께 결박해 버린다. 인생 전체를 하나님의 약속에 묶어 서원을 드린다.[28:20-22] 이 서원기도의 중점은 하나님에게 부담을 안겨 드리는 기도다. 하나님의 보호와 임재, 복 주심과 돌보심을 덧입어 다시 고향으로 돌아올 수 있기를 간구하며 이 기도가 성취될 때에야 소득의 10분의 1을 드리겠다는 것은 조건적인 서원기도문이다. 하나님이 떡, 옷, 평안한 귀가를 보장해 주실 때에야 "야웨께서 나의 하나님이 되실 것"이라고 말하는 것을 보면, 당시에 야곱이 자신의 생존 문제를 얼마나 절박하게 생각했는지를 엿보게 된다. 그때에 '개인의 하나님'으로 불리는 경우 하나님은 기본적으로 이런 자신을 믿는 자에게 떡, 옷, 집을 보장해 주시는 분으로 알려졌다. 따라서 야곱의 신앙은 자기중심적이고 생존 문제에 치중한 단계에 머물렀고 믿음의 조상이 되기에는 부족해 보였다. 그럼에도 불구하고 야곱의 신앙을 기복신앙이라고 보기에는 힘들다. 다만 자신의 절박한 중심 관심사를 단도직입적으로 아뢴 것뿐이다.

네 아내의 남편, 열두 지파의 아버지 야곱

: 가정은 연단과 고난의 학교 ●29장

29 [1]야곱이 길을 떠나 동방 사람의 땅에 이르러 [2]본즉 들에 우물이 있고 그 곁에 양 세 떼가 누워 있으니 이는 목자들이 그 우물에서 양 떼에게 물을 먹임이라. 큰 돌로 우물 아귀를 덮었다가 [3]모든 떼가 모이면 그들이 우물 아귀에서 돌을 옮기고 그 양 떼에게 물을 먹이고는 우물 아귀 그 자리에 다시 그 돌을 덮더라. [4]야곱이 그들에게 이르되 내 형제여, 어디서 왔느냐. 그들이 이르되 하란에서 왔노라. [5]야곱이 그들에게 이르되 너희가 나홀의 손자 라반을 아느냐. 그들이 이르되 아노라. [6]야곱이 그들에게 이르되 그가 평안하냐. 이르되 평안하니라. 그의 딸 라헬이 지금 양을 몰고 오느니라. [7]야곱이 이르되 해가 아직 높은즉 가축 모일 때가 아니니 양에게 물을 먹이고 가서 풀을 뜯게 하라. [8]그들이 이르되 우리가 그리하지 못하겠노라. 떼가 다 모이고 목자들이 우물 아귀에서 돌을 옮겨야 우리가 양에게 물을 먹이느니라. [9]야곱이 그들과 말하는 동안에 라헬이 그의 아버지의 양과 함께 오니 그가 그의 양들을 치고 있었기 때문이더라. [10]야곱이 그의 외삼촌 라반의 딸 라헬과 그의 외삼촌의 양을

보고 나아가 우물 아귀에서 돌을 옮기고 외삼촌 라반의 양 떼에게 물을 먹이고 ¹¹ 그가 라헬에게 입맞추고 소리 내어 울며 ¹² 그에게 자기가 그의 아버지의 생질이요 리브가의 아들 됨을 말하였더니 라헬이 달려가서 그 아버지에게 알리매 ¹³ 라반이 그의 생질 야곱의 소식을 듣고 달려와서 그를 영접하여 안고 입맞추며 자기 집으로 인도하여 들이니 야곱이 자기의 모든 일을 라반에게 말하매 ¹⁴ 라반이 이르되 너는 참으로 내 혈육이로다 하였더라. 야곱이 한 달을 그와 함께 거주하더니 ¹⁵ 라반이 야곱에게 이르되 네가 비록 내 생질이나 어찌 그저 내 일을 하겠느냐. 네 품삯을 어떻게 할지 내게 말하라. ¹⁶ 라반에게 두 딸이 있으니 언니의 이름은 레아요 아우의 이름은 라헬이라. ¹⁷ 레아는 시력이 약하고 라헬은 곱고 아리따우니 ¹⁸ 야곱이 라헬을 더 사랑하므로 대답하되 내가 외삼촌의 작은 딸 라헬을 위하여 외삼촌에게 칠 년을 섬기리이다. ¹⁹ 라반이 이르되 그를 네게 주는 것이 타인에게 주는 것보다 나으니 나와 함께 있으라. ²⁰ 야곱이 라헬을 위하여 칠 년 동안 라반을 섬겼으나 그를 사랑하는 까닭에 칠 년을 며칠 같이 여겼더라. ²¹ 야곱이 라반에게 이르되 내 기한이 찼으니 내 아내를 내게 주소서. 내가 그에게 들어가겠나이다. ²² 라반이 그곳 사람을 다 모아 잔치하고 ²³ 저녁에 그의 딸 레아를 야곱에게로 데려가매 야곱이 그에게로 들어가니라. ²⁴ 라반이 또 그의 여종 실바를 그의 딸 레아에게 시녀로 주었더라. ²⁵ 야곱이 아침에 보니 레아라. 라반에게 이르되 외삼촌이 어찌하여 내게 이같이 행하셨나이까. 내가 라헬을 위하여 외삼촌을 섬기지 아니하였나이까. 외삼촌이 나를 속이심은 어찌됨이니이까. ²⁶ 라반이 이르되 언니보다 아우를 먼저 주는 것은 우리 지방에서 하지 아니하는 바이라. ²⁷ 이를 위하여 칠 일을 채우라 우리가 그도 네게 주리니 네가 또 나를 칠 년 동안 섬길지니라. ²⁸ 야곱이 그대로 하여 그 칠 일을 채우매 라반이 딸 라헬도 그에게 아내로 주고 ²⁹ 라반이 또 그의 여종 빌하를 그의 딸 라헬에게 주어 시녀가 되게 하매 ³⁰ 야곱이 또한 라헬에게로 들어갔고 그가 레아보다 라헬을 더 사랑하여 다시 칠 년 동안 라반을 섬겼더라. ³¹ 여호와께서 레아가 사랑 받지 못함을 보시고 그의 태를 여셨으나 라헬은 자녀가 없었더라. ³² 레아가 임신하여 아들을 낳고 그 이름을 르우벤이라 하여 이르되 여호와께서 나의 괴로움을 돌보셨으니 이제는 내 남편이 나를 사랑하리로다 하였더라. ³³ 그가 다시 임신하여 아들을 낳고 이르되 여호와께서 내가 사랑 받지 못함을 들으셨으므로 내게 이 아들도 주셨도다 하고 그의 이름을 시므온이라 하였으며 ³⁴ 그가 또 임신하여 아들을 낳고 이르되 내가 그에게 세 아들을 낳았으니 내 남편이 지금부터 나와 연합하리로다 하고 그의 이름을 레위라 하였으며 ³⁵ 그가 또 임신하여 아들을 낳고 이르되 내가 이제는 여호와를 찬송하리로다 하고 이로 말미암아 그가 그의 이름을 유다라 하였고 그의 출산이 멈추었더라.

29:1-15은 야곱이 라반의 집에 데릴사위 신분으로 고용되는 과정을 보도한다. 야곱이 벧엘을 떠나 동방 사람의 땅에 들어가 우물에 갔다가 라헬을 우연히 만나게 된다. 야곱은 우물에서 일련의 하란 출신 목자들을 만난다. 야곱이 그들에게 "너희가 나홀의 손자 라반을 아느냐"고 묻자 그들은 안다고 대답하고, 야곱이 그의 안부를 묻자 그들은 라반이 평안하다고 말하면서 심지어 그의 딸 라헬이 지금 양을 몰고 온다고 말하지 않는가? 야곱이 하란 목자들과 양에게 물을 먹이고 풀을 뜯기는 문제로 의견을 주고받는 사이에, 아버지의 양을 치던 라헬이 양들을 몰고 우물로 오고 있었다. 야곱은 이종사촌 누이인 라헬과 수인사도 나누지 않고 우물 아귀의 돌을 옮겨 외삼촌 라반의 양떼에게 물을 주었다. 외삼촌의 양떼에게 물을 마시게 해준 뒤에 야곱은 갑자기 라헬에게 입맞추고 소리 내어 울며 자기를 소개한다. "나는 네 아버지의 생질이요 리브가의 아들이다." 라헬이 놀라 달려가서 아버지 라반에게 이 소식을 알렸다. 라반은 그의 생질 야곱의 소식을 듣고 달려와서 그를 영접하여 안고 입맞추며 자기 집으로 인도하여 들였다. 야곱이 자기의 '모든 일'(신붓감을 구하러 온 일, 장자권 파동, 외삼촌의 데릴사위로 받아 달라는 요청)을 라반에게 말하자, 라반이 "너는 참으로 내 혈육이로다"라고 말하며 환대했다. 목자들과 라헬을 우물가에서 만난 후 거의 즉시 감격적인 골육상봉의

기쁨을 나눈 것이다. 형을 속이고 아버지를 속여서 고향을 떠나 낯선 땅으로 도망칠 수밖에 없었던 야곱에게 밧단아람 생활의 첫 출발은 상서롭다. 외삼촌 라반의 집에 도착하여 기쁨의 눈물을 흘린 지한 달이 지날 즈음에 라반이 본격적인 비즈니스 이야기를 꺼낸다. 라반은 야곱을 데릴사위로 삼아 주겠지만, 곧 딸을 아내로 주겠지만 임금도 주겠다는 제안을 함으로써 자신의 관대함을 드러낸다. "네 품삯을 어떻게 할지 내게 말하라."29:15

16-20절은 야곱이 라헬을 위하여 7년간 일을 해주는 조건으로 고용 계약이 성립되었음을 보여준다. 그런데 느닷없이 16절은 라반의 두 딸 중 언니인 레아부터 소개한다. 둘째 딸이 라헬이다. 아마도 라반은 처음부터 레아와 라헬 둘 다를 야곱의 아내로 주려는 계획을 가졌던 것처럼 보인다. 그런데 레아는 시력이 약하고 라헬은 곱고 아리따워서, 야곱이 라헬을 더 사랑하므로 대답하되 "내가 외삼촌의 작은 딸 라헬을 위하여 외삼촌에게 칠 년을 섬기리이다"29:18라고 답변한다. 야곱의 대답을 고려해 볼 때, 라반이 야곱에게 임금협상 시 두 딸 중 누구를 더 좋아하느냐고 물었을 가능성이 있다. 그랬다면 이 구두 계약서에는 라헬을 신부로 얻을 때 지불할 지참금이 7년 봉사라는 의무 사항이 적힌 셈이다. 19절에서 라반은 동의하는 듯한 발언을 한다. "그를 네게 주는 것이 타인에게 주는 것보다 나으니 나와 함께 있으라."

아내를 구하려고 간 야곱의 미션이 순조롭게 진행될 듯하다. 라반은 친족의 이름으로 야곱을 환영하여 처음에는 친절을 베푸는 듯한 태도를 보인다. 생질이지만 그저 일만 시키지 않고 품삯을 정해 두고 일을 시키겠다고 하며 품삯을 흥정해 보자고 제안하기까지 한다. 16-20절은 야곱이 품삯을 흥정하는 과정에서 있었던 이해타산적인 마음 씀씀이를 보여준다. 외삼촌의 둘째 딸 라헬을 아내로 달라는 조건을 7년간의 품삯으로 흥정했다. 야곱은 외삼촌의 두 딸 가운데 라헬을 사랑했다. 17절은 장녀 레아와 둘째 딸 라헬의 매력(적어도 야곱의 판단 기준)을 비교한다. 레아는 시력이 약하고[5] 라헬은 곱고 아리땁다. '시력이 약하다'와 '곱고 아리땁다'는 표현이 대조를 이루려면 '시력이 약하다'는 표현이 외모가 아름답지 못하다는 말의 완곡어법으로 간주되어야 할 것이다. 이런 상황에서 야곱은 오로지 곱고 아리따운 라헬을 얻기 위해 7년을 수일처럼 일했다. 그러나 이때부터 라반의 속임수가 작동하기 시작했다.[29:21-27] 라반은 야곱을 데릴사위로 삼으며 그의 노동력을 최대한 활용했고 속이는 일에서 야곱보다 한 수 위임이 금세 드러난다.

라헬을 아내로 얻기 위하여 7년간 일하기로 약조를 맺고 드디어 라헬을 아내로 맞이할 밤이 되었다. 그러나 혼례를 치르고 첫날밤을 지내고 보니 시력이 약한(못생긴) 언니 레아가 옆에 누워 있는 것이 아닌가? 속이는 자였던 야곱이 이번에는 라반에게 속는 자가 된 것이다. 눈먼 아버지 이삭을 속였던 죄를 생각나게 만드는 눈먼 레아가 그의 첫 부인이 된 것이다. 자신이 아내로서는 원치 않았던 여인 레아를 떠안듯이 아내로 삼은 야곱은 일주일 후 라헬을 아내로 맞아들인다. 그리고 나서 다시 7년을 일한다. 처음 일한 7년 봉사는 레아를 위한 지참금이며 다음 7년 봉사는 라헬을 위한 지참금인 셈이다. 갑자기 두 여인의 남편이 된 야곱은 7년의 머슴살이 연장 계약에 동의한다. 야곱이 외삼촌에게 "왜 자기를 속이느냐?"고 항의해 보았지만, 라반은 밧단아람 풍습(언니를 아우보다 먼저 결혼시키는 풍습)을 들어 야곱의 항의를 간단히 짓뭉갠다. 레아에게는 실바를, 라헬에게는 빌하를 시녀로 붙여줌으로써 야곱은 네 명의 여자를 매일 보고 상대해야 할 처지가 되었다.

야곱이 레아보다 라헬을 더 사랑하여 다시 7년간 라반을 섬기는 동안, 남편의 사랑을 받지 못한 레아를 하나님께서는 권념하셨다. 그래서 레아는 여섯 명의 아들과 한 명의 딸을 낳았다.[29:31-25, 30:17-21] 반면에 사랑하는 아내 라헬은 오랫동안 자녀를 낳지 못했다.[29:31] 이로 인하여 후에 레아와 라헬 사이에 벌어지는 아이 낳기 경쟁은 민망스러울 정도였다. 에서의 장자권과 장자의 복을 빼앗기 위해 각축하던 자신의 삶을 되비추는 그런 경쟁이었다. 아이들의 이름을 보면 레아와 라헬이 야곱을 독차지하려는 마음이 어떠했는지를 잘 보여준다. 레아의 아들들의 이름 속에는 냉대받고 살아온 여인의 한이 서려 있다. 르우벤(나의 괴로움을 권고하셨다), 시몬(내가 사랑받지 못함을 들어 주셨다), 레위(이제 남편과 연합되리라), 유다(이제 찬송하리라), 잇사갈(하나님께서 라헬에게 합환채를 판 값으로 내게 주신 아들이다), 스불론(이제 남편이 나와 함께 거하리라) 등의 이름에는 레아의 한과 필사적인 야곱 독점욕이 짙게 배어 있다.[창 3:16]

직장 상사의 갑질에 시달리면서도 복이 된 야곱 ●30장

30 [1] 라헬이 자기가 야곱에게서 아들을 낳지 못함을 보고 그의 언니를 시기하여 야곱에게 이르되 내게 자식을 낳게 하라. 그렇지 아니하면 내가 죽겠노라. [2] 야곱이 라헬에게 성을 내어 이르되 그대를 임신하지 못하게 하시는 이는 하나님이시니 내가 하나님을 대신하겠느냐. [3] 라헬이 이르되 내 여종 빌하에게로 들어가라. 그가 아들을 낳아 내 무릎에 두리니 그러면 나도 그로 말미암아 자식을 얻겠노라 하고 [4] 그의 시녀 빌하를 남편에게 아내로 주매 야곱이 그에게로 들어갔더니 [5] 빌하가 임신하여 야곱에게 아들을 낳은지라. [6] 라헬이 이르되 하나님이 내 억울함을 푸시려고 내 호소를 들으사 내게 아들을 주셨다 하고 이로 말미암아 그의 이름을 단이라 하였으며 [7] 라헬의 시녀 빌하가 다시 임신하여 둘째 아들을 야곱에게 낳으매 [8] 라헬이 이르되 내가 언니와 크게 경쟁하여 이겼다 하고 그의 이름을 납달리라 하였더라. [9] 레아가

자기의 출산이 멈춤을 보고 그의 시녀 실바를 데려다가 야곱에게 주어 아내로 삼게 하였더니 ¹⁰ 레아의 시녀 실바가 야곱에게서 아들을 낳으매 ¹¹ 레아가 이르되 복되도다 하고 그의 이름을 갓이라 하였으며 ¹² 레아의 시녀 실바가 둘째 아들을 야곱에게 낳으매 ¹³ 레아가 이르되 기쁘도다. 모든 딸들이 나를 기쁜 자라 하리로다 하고 그의 이름을 아셀이라 하였더라. ¹⁴ 밀 거둘 때에 르우벤이 나가서 들에서 합환채를 얻어 그의 어머니 레아에게 드렸더니 라헬이 레아에게 이르되 언니의 아들의 합환채를 청구하노라. ¹⁵ 레아가 그에게 이르되 네가 내 남편을 빼앗은 것이 작은 일이냐. 그런데 네가 내 아들의 합환채도 빼앗고자 하느냐. 라헬이 이르되 그러면 언니의 아들의 합환채 대신에 오늘 밤에 내 남편이 언니와 동침하리라 하니라. ¹⁶ 저물 때에 야곱이 들에서 돌아오매 레아가 나와서 그를 영접하며 이르되 내게로 들어오라. 내가 내 아들의 합환채로 당신을 샀노라. 그 밤에 야곱이 그와 동침하였더라. ¹⁷ 하나님이 레아의 소원을 들으셨으므로 그가 임신하여 다섯째 아들을 야곱에게 낳은지라. ¹⁸ 레아가 이르되 내가 내 시녀를 내 남편에게 주었으므로 하나님이 내게 그 값을 주셨다 하고 그의 이름을 잇사갈이라 하였으며 ¹⁹ 레아가 다시 임신하여 여섯째 아들을 야곱에게 낳은지라. ²⁰ 레아가 이르되 하나님이 내게 후한 선물을 주시도다. 내가 남편에게 여섯 아들을 낳았으니 이제는 그가 나와 함께 살리라 하고 그의 이름을 스불론이라 하였으며 ²¹ 그후에 그가 딸을 낳고 그의 이름을 디나라 하였더라. ²² 하나님이 라헬을 생각하신지라. 하나님이 그의 소원을 들으시고 그의 태를 여셨으므로 ²³ 그가 임신하여 아들을 낳고 이르되 하나님이 내 부끄러움을 씻으셨다 하고 ²⁴ 그 이름을 요셉이라 하니 여호와는 다시 다른 아들을 내게 더하시기를 원하노라 하였더라. ²⁵ 라헬이 요셉을 낳았을 때에 야곱이 라반에게 이르되 나를 보내어 내 고향 나의 땅으로 가게 하시되 ²⁶ 내가 외삼촌에게서 일하고 얻은 처자를 내게 주시어 나로 가게 하소서. 내가 외삼촌에게 한 일은 외삼촌이 아시나이다. ²⁷ 라반이 그에게 이르되 여호와께서 너로 말미암아 내게 복 주신 줄을 내가 깨달았노니 네가 나를 사랑스럽게 여기거든 그대로 있으라. ²⁸ 또 이르되 네 품삯을 정하라 내가 그것을 주리라. ²⁹ 야곱이 그에게 이르되 내가 어떻게 외삼촌을 섬겼는지, 어떻게 외삼촌의 가축을 쳤는지 외삼촌이 아시나이다. ³⁰ 내가 오기 전에는 외삼촌의 소유가 적더니 번성하여 떼를 이루었으니 내 발이 이르는 곳마다 여호와께서 외삼촌에게 복을 주셨나이다. 그러나 나는 언제나 내 집을 세우리이까. [31] 라반이 이르되 내가 무엇으로 네게 주랴. 야곱이 이르되 외삼촌께서 내게 아무것도 주시지 않아도 나를 위하여 이 일을 행하시면 내가 다시 외삼촌의 양 떼를 먹이고 지키리이다. [32] 오늘 내가 외삼촌의 양 떼에 두루 다니며 그 양 중에 아롱진 것과 점 있는 것과 검은 것을 가려내며 또 염소 중에 점 있는 것과 아롱진 것을 가려내리니 이같은 것이 내 품삯이 되리이다. [33] 후일에 외삼촌께서 오셔서 내 품삯을 조사하실 때에 나의 의가 내 대답이 되리이다. 내게 혹시 염소 중 아롱지지 아니한 것이나 점이 없는 것이나 양 중에 검지 아니한 것이 있거든 다 도둑질한 것으로 인정하소서. [34] 라반이 이르되 내가 네 말대로 하리라 하고 [35] 그 날에 그가 숫염소 중 얼룩무늬 있는 것과 점 있는 것을 가리고 암염소 중 흰 바탕에 아롱진 것과 점 있는 것을 가리고 양 중의 검은 것들을 가려 자기 아들들의 손에 맡기고 [36] 자기와 야곱의 사이를 사흘 길이 뜨게 하였고 야곱은 라반의 남은 양 떼를 치니라. [37] 야곱이 버드나무와 살구나무와 신풍나무의 푸른 가지를 가져다가 그것들의 껍질을 벗겨 흰 무늬를 내고 [38] 그 껍질 벗긴 가지를 양 떼가 와서 먹는 개천의 물 구유에 세워 양 떼를 향하게 하매 그 떼가 물을 먹으러 올 때에 새끼를 배니 [39] 가지 앞에서 새끼를 배므로 얼룩얼룩한 것과 점이 있고 아롱진 것을 낳은지라. [40] 야곱이 새끼 양을 구분하고 그 얼룩무늬와 검은 빛 있는 것을 라반의 양과 서로 마주 보게 하며 자기 양을 따로 두어 라반의 양과 섞이지 않게 하며 [41] 튼튼한 양이 새끼 밸 때에는 야곱이 개천에다가 양 떼의 눈앞에 그 가지를 두어 양이 그 가지 곁에서 새끼를 배게 하고 [42] 약한 양이면 그 가지를 두지 아니하니 그렇게 함으로 약한 것은 라반의 것이 되고 튼튼한 것은 야곱의 것이 된지라. [43] 이에 그 사람이 매우 번창하여 양 떼와 노비와 낙타와 나귀가 많았더라.

한편 아이를 낳지 못하던 라헬은 언니를 시기하며 야곱에게 아이를 낳게 해달라고 극단적으로 압박한다. 야곱은 라헬의 불임이 하나님 때문이라고 단정 짓고 라헬의 항변을 피한다. 그러자 라헬은 당시의 관습대로 자신의 여종 빌하를 통해 아들을 낳고 입양하였다. 빌하를 통하여 단(하나님이 나의 억울함을 신원해 주셨다)과 납달리(언니와 경쟁하여 이겼다)가 태어나 라헬의 아들로 입양된다. 그러나 자신이 스스로 아들을 낳는 것에 비하면 입양은 만족스럽지 못하였다. 이러는 사이 자신의 출산이 멈춘 것을 안 레아도 아이 낳기에 뒤질세라 자기 시녀 실바를 야곱에게 주어 갓(복되도다)을 낳게 했다. 실바가 둘째 아들을 낳아 레아가 아셀(나를 기쁜 자라 칭하리라)이라고 이름을 지으며 경쟁자 라헬을 자극했다. 이때 레아의 장남 르우벤이 최음초(催淫草)의 일종이었던 합환채를 어머니 레아에게 구해 주었는데 라헬이 이 사실을 알고 언니에게 그것을 자기에게 달라고 요청하기에 이른다. 대신 라헬은 레아가 야곱과 동침하도록 허락한다. 그러나 결과적으로 합환채를 먹은 라헬은 여전히 아들을 낳지 못하고 있을 때, 모처럼 남편과 동침한 레아는 오히려 잇사갈(하나님이 내가 시녀에게 남편을 양보한 것에 대한 보상을 주셨다)과 스불론(이제는 그가 나와 함께 살리라)을 연달아 낳는다. 레아는 시녀 실바를 통하여 얻은 갓과 아셀까지 모두 여덟 명의 아들을 얻는다. 그 후에 레아는 마지막으로 딸 디나를 낳는 복을 누린다. 외모에서는 박복했으나 다산의 복을 누린 것이다.

이러는 사이 라헬은 언니와의 자녀 출산 경쟁에서 크게 패배해 의기소침해 있었는데 하나님이 그녀의 소원을 들어주시고 늦게서야 그 태를 열어 주셨다. 아이를 낳지 못한 부끄러움을 씻어 주셨다. 라헬은 어렵게 낳은 아들을 요셉(또 한 명의 아들을 더 낳게 하여 주소서)이라고 작명한다. 어렵게 자녀를 낳음으로써 라헬은 오랫동안 불임의 세월을 보내다가 어렵게 아들을 낳은 모가장들인 사라-리브가의 적법한 후계자로 은근히 인정받는다.

이처럼 자식 낳기 경쟁을 벌인 네 여인이 얻은 자식들에게 레아와 라헬이 붙인 이름을 살펴보면 남편의 사랑을 독차지하기 위해 치르는 아내(여성)의 희생이 얼마나 큰 것인지를 알게 된다. 창세기 3:16에 의하면 그것은 타락한 질서에 속한 것이다. 남편이 아내를 지배하고 아내는 남편을 사모해야 하는 관습은 원래의 선한 질서가 아니라는 것이다. 이들 사이에 벌어지는 경쟁은 하나님의 약속을 계승하는 것에 대한 관심과 거룩한 열망이 아니라(자녀 번성의 약속 성취를 위한 거룩한 열망이 아니라), 자매간의 시기와 경쟁일 뿐이다. 자식들의 이름에도 이러한 그들의 지극히 사사롭고 왜곡된 욕망이 반영되어 있음을 알 수 있다. 물론 이들의 경쟁은 남자아이를 낳은 아내가 대접을 받았던 고대 근동 가부장사회 체제의 근원적 모순과 분리시켜 생각할 수 없다.

사정이야 어쨌든 이와 같은 레아와 라헬의 경쟁은 자신과 형 에서와의 경쟁을 고통스럽게 상기시켰을 것이다. 밧단아람에서의 삶은 야곱 자신이 살아온 삶의 방법에 대해 다시금 생각하도록 압박했을 것이다. 이 과정에서 야곱은 라반의 계략과 두 자매의 경쟁에 의해 졸지에 네 명의 아내를 얻고 순식간에 열세 자녀의 아버지로 성장해 간다. 밧단아람에서의 야곱 인생 또한 하나님의 뜻과 애매모호하게 상호작용하는 인간의 속임수, 경쟁, 시기심까지도 하나님의 약속을 이루어 가는 도구가 됨을 잘 보여준다.

30:25-43은 요셉을 얻은 야곱이 마침내 고향으로 돌아갈 결심을 하고 라반과 임금 문제로 언성을 높이며 논쟁하는 상황을 보도한다. 라헬이 요셉을 낳았을 때에 야곱이 라반에게 사람을 보내어 자신의 귀향 결심을 통보하며 귀향을 도와 달라고 요청한다. 자신이 얻은 아내와 자녀들 그리고 재산을 챙겨 돌아가게 해달라고 요청한 것이다. 라반은 야곱으로 인해 자신이 야웨 하나님의 복을 받은 것을 깨달았지만 야곱의 귀향에 동의하지 않는다. 대신 그동안 밀린 임금을 산정

해 지불하겠다고 역제안한다. 그러나 야곱은 자신이 외삼촌을 위해 얼마나 충성스럽게 봉사했는지를 상기시키며 외삼촌의 번영에 기여한 자신의 수고를 낱낱이 진술한다. 자신의 초인적인 성실과 정직이 외삼촌에게 어떻게 복으로 작용했는지를 예증하는 것이었다. 전에는 라반의 소유가 적더니 야곱이 라반을 위해 일한 후부터는 라반의 재산이 번성하여 떼를 이루었고, 야곱이 밟는 곳마다 야웨께서 라반에게 복을 주셨음을 일깨우며 이제 스스로 '집(가문)을 세우려는' 자신을 도와 달라는 것이다. 야곱은 라반에게 다음과 같은 조건으로 밀린 임금을 달라고 요청했다. 라반의 양떼 중에 아롱진 것과 점 있는 것과 염소 중에서 점 있는 것과 아롱진 것을 가려내어 앞으로 이같은 얼룩이나 점, 아롱진 새끼가 태어나면 자신의 품삯으로 달라는 것이었다. 자신의 신실성[의, 츠다카(צְדָקָה)]을 걸고 정직하게 행하겠다고 다짐한다. 그러자 라반은 쉽게 동의했다.

그날에 라반은 얼룩무늬 있는 숫염소와 점 있는 숫염소를 가려내고, 암염소 중 흰 바탕에 아롱진 것과 점 있는 것을 가려내며, 양 중의 검은 것들을 가려내어 자기 아들들의 손에 맡겼다. 자신과 야곱의 사이를 사흘 길이 뜨게 하였고 야곱은 라반의 남은 양떼를 치도록 했다. 이렇게 얼룩무늬에 아롱지거나 점 있는 것들이 너무 멀리 떨어져 있기에 야곱의 임금으로 간주될 염소나 양이 태어날 확률은 아주 적어진 셈이다. 그러나 야곱에게는 비장의 무기가 있었다. 얼룩무늬가 있는 염소나 양이 태어나게 하는 방법을 이미 알고 있는 야곱은 라반이 아무리 계략을 써도 극복할 기지가 있었다. 야곱은 하나님의 계시로 그 비법을 터득했다고 고백한다.[31:9-12] 식물성 화학 염료를 새끼를 밸 적기가 된 염소와 양에게 먹이는 잉태 실험을 한 것이다.

313   야곱이 버드나무와 살구나무와 신풍나무의 푸른 가지를 가져다

가 그것들의 껍질을 벗겨 흰 무늬를 내고 그 껍질 벗긴 가지를 양떼가 와서 먹는 개천의 물 구유에 세워 새끼를 배는 적기가 된 양떼가 물 먹으러 올 때 양떼를 향하게 했다. 식물 염료가 타진 물을 마신 양떼는 얼룩얼룩한 것과 점이 있고 아롱진 것을 낳았다. 야곱이 튼튼한 양이 새끼 밸 때에는 개천에다가 양떼의 눈앞에 그 식물 염료를 흘리는 가지를 두어 양이 그 가지 곁에서 새끼를 배게 하고, 약한 양이 올 때면 가지를 치웠기 때문에 약한 새끼들은 라반의 것이 되고 튼튼한 새끼들은 야곱의 것이 되었다. 야곱은 태어난 새끼 양을 구분하고 그 얼룩무늬와 검은 빛 있는 것을 라반의 양과 서로 마주보게 하며 자기 양을 라반의 양과 섞이지 않게 각별히 유의했다. 이렇게 해서 야곱은 20년 동안 밀린 체불 임금을 일시에 받았다. 하나님의 정의는 살아 있었다. 기묘한 방식으로 20년 체불 임금을 일시불로 받은 야곱은 매우 번창하여 양떼와 노비와 낙타와 나귀가 많아졌다.

VIII.

창세기 31-32장

야곱, 마침내 새날을 맞다

믿음으로 홀로서기에 도전하는 야곱 ●31장

31 ¹야곱이 라반의 아들들이 하는 말을 들은즉 야곱이 우리 아버지의 소유를 다 빼앗고 우리 아버지의 소유로 말미암아 이 모든 재물을 모았다 하는지라. ²야곱이 라반의 안색을 본즉 자기에게 대하여 전과 같지 아니하더라. ³여호와께서 야곱에게 이르시되 네 조상의 땅 네 족속에게로 돌아가라. 내가 너와 함께 있으리라 하신지라. ⁴야곱이 사람을 보내어 라헬과 레아를 자기 양 떼가 있는 들로 불러다가 ⁵ 그들에게 이르되 내가 그대들의 아버지의 안색을 본즉 내게 대하여 전과 같지 아니하도다. 그러할지라도 내 아버지의 하나님은 나와 함께 계셨느니라. ⁶ 그대들도 알거니와 내가 힘을 다하여 그대들의 아버지를 섬겼거늘 ⁷ 그대들의 아버지가 나를 속여 품삯을 열 번이나 변경하였느니라. 그러나 하나님이 그를 막으사 나를 해치지 못하게 하셨으며 ⁸ 그가 이르기를 점 있는 것이 네 삯이 되리라 하면 온 양 떼가 낳은 것이 점 있는 것이요 또 얼룩무늬 있는 것이 네 삯이 되리라 하면 온 양 떼가 낳은 것이 얼룩무늬 있는 것이니 ⁹ 하나님이 이같이 그대들의 아버지의 가축을 빼앗아 내게 주셨느니라. ¹⁰ 그 양 떼가 새끼 밸 때에 내가 꿈에 눈을 들어 보니 양 떼를 탄 숫양은 다 얼룩무늬 있는 것과 점 있는 것과 아롱진 것이었더라. ¹¹ 꿈에 하나님의 사자가 내게 말씀하시기를 야곱아 하기로 내가 대답하기를 여기 있나이다 하매 ¹² 이르시되 네 눈을 들어 보라. 양 떼를 탄 숫양은 다 얼룩무늬 있는 것, 점 있는 것과 아롱진 것이니라. 라반이 네게 행한 모든 것을 내가 보았노라. ¹³ 나는 벧엘의 하나님이라. 네가 거기서 기둥에 기름을 붓고 거기서 내게 서원하였으니 지금 일어나 이곳을 떠나서 네 출생지로 돌아가라 하셨느니라. ¹⁴ 라헬과 레아가 그에게 대답하여 이르되 우리가 우리 아버지

집에서 무슨 분깃이나 유산이 있으리요. ¹⁵아버지가 우리를 팔고 우리의 돈을 다 먹어 버렸으니 아버지가 우리를 외국인처럼 여기는 것이 아닌가. ¹⁶하나님이 우리 아버지에게서 취하여 가신 재물은 우리와 우리 자식의 것이니 이제 하나님이 당신에게 이르신 일을 다 준행하라. ¹⁷야곱이 일어나 자식들과 아내들을 낙타들에게 태우고 ¹⁸그 모은 바 모든 가축과 모든 소유물 곧 그가 밧단아람에서 모은 가축을 이끌고 가나안 땅에 있는 그의 아버지 이삭에게로 가려 할새 ¹⁹그 때에 라반이 양털을 깎으러 갔으므로 라헬은 그의 아버지의 드라빔을 도둑질하고 ²⁰야곱은 그 거취를 아람 사람 라반에게 말하지 아니하고 가만히 떠났더라. ²¹그가 그의 모든 소유를 이끌고 강을 건너 길르앗 산을 향하여 도망한 지 ²²삼 일 만에 야곱이 도망한 것이 라반에게 들린지라. ²³라반이 그의 형제를 거느리고 칠 일 길을 쫓아가 길르앗 산에서 그에게 이르렀더니 ²⁴밤에 하나님이 아람 사람 라반에게 현몽하여 이르시되 너는 삼가 야곱에게 선악간에 말하지 말라 하셨더라. ²⁵라반이 야곱을 뒤쫓아 이르렀으니 야곱이 그 산에 장막을 친지라. 라반이 그 형제와 더불어 길르앗 산에 장막을 치고 ²⁶라반이 야곱에게 이르되 네가 나를 속이고 내 딸들을 칼에 사로잡힌 자 같이 끌고 갔으니 어찌 이같이 하였느냐. ²⁷내가 즐거움과 노래와 북과 수금으로 너를 보내겠거늘 어찌하여 네가 나를 속이고 가만히 도망하고 내게 알리지 아니하였으며 ²⁸내가 내 손자들과 딸들에게 입맞추지 못하게 하였으니 네 행위가 참으로 어리석도다. ²⁹너를 해할 만한 능력이 내 손에 있으나 너희 아버지의 하나님이 어제 밤에 내게 말씀하시기를 너는 삼가 야곱에게 선악간에 말하지 말라 하셨느니라. ³⁰이제 네가 네 아버지 집을 사모하여 돌아가려는 것은 옳거니와 어찌 내 신을 도둑질하였느냐. ³¹야곱이 라반에게 대답하여 이르되 내가 생각하기를 외삼촌이 외삼촌의 딸들을 내게서 억지로 빼앗으리라 하여 두려워하였음이니이다. ³²외삼촌의 신을 누구에게서 찾든지 그는 살지 못할 것이요 우리 형제들 앞에서 무엇이든지 외삼촌의 것이 발견되거든 외삼촌에게로 가져가소서 하니 야곱은 라헬이 그것을 도둑질한 줄을 알지 못함이었더라. ³³라반이 야곱의 장막에 들어가고 레아의 장막에 들어가고 두 여종의 장막에 들어갔으나 찾지 못하고 레아의 장막에서 나와 라헬의 장막에 들어가매 ³⁴라헬이 그 드라빔을 가져 낙타 안장 아래에 넣고 그 위에 앉은지라. 라반이 그 장막에서 찾다가 찾아내지 못하매 [35] 라헬이 그의 아버지에게 이르되 마침 생리가 있어 일어나서 영접할 수 없사오니 내 주는 노하지 마소서 하니라. 라반이 그 드라빔을 두루 찾다가 찾아내지 못한지라. [36] 야곱이 노하여 라반을 책망할새 야곱이 라반에게 대답하여 이르되 내 허물이 무엇이니이까. 무슨 죄가 있기에 외삼촌께서 내 뒤를 급히 추격하나이까. [37] 외삼촌께서 내 물건을 다 뒤져보셨으니 외삼촌의 집안 물건 중에서 무엇을 찾아내었나이까. 여기 내 형제와 외삼촌의 형제 앞에 그것을 두고 우리 둘 사이에 판단하게 하소서. [38] 내가 이 이십 년을 외삼촌과 함께 하였거니와 외삼촌의 암양들이나 암염소들이 낙태하지 아니하였고 또 외삼촌의 양 떼의 숫양을 내가 먹지 아니하였으며 [39] 물려 찢긴 것은 내가 외삼촌에게로 가져가지 아니하고 낮에 도둑을 맞았든지 밤에 도둑을 맞았든지 외삼촌이 그것을 내 손에서 찾았으므로 내가 스스로 그것을 보충하였으며 [40] 내가 이와 같이 낮에는 더위와 밤에는 추위를 무릅쓰고 눈 붙일 겨를도 없이 지냈나이다. [41] 내가 외삼촌의 집에 있는 이 이십 년 동안 외삼촌의 두 딸을 위하여 십사 년, 외삼촌의 양 떼를 위하여 육 년을 외삼촌에게 봉사하였거니와 외삼촌께서 내 품삯을 열 번이나 바꾸셨으며 [42] 우리 아버지의 하나님, 아브라함의 하나님 곧 이삭이 경외하는 이가 나와 함께 계시지 아니하셨더라면 외삼촌께서 이제 나를 빈손으로 돌려보내셨으리이다마는 하나님이 내 고난과 내 손의 수고를 보시고 어제 밤에 외삼촌을 책망하셨나이다. [43] 라반이 야곱에게 대답하여 이르되 딸들은 내 딸이요 자식들은 내 자식이요 양 떼는 내 양 떼요 네가 보는 것은 다 내 것이라. 내가 오늘 내 딸들과 그들이 낳은 자식들에게 무엇을 하겠느냐. [44] 이제 오라. 나와 네가 언약을 맺고 그것으로 너와 나 사이에 증거를 삼을 것이니라. [45] 이에 야곱이 돌을 가져다가 기둥으로 세우고 [46] 또 그 형제들에게 돌을 모으라 하니 그들이 돌을 가져다가 무더기를 이루매 무리가 거기 무더기 곁에서 먹고 [47] 라반은 그것을 여갈사하두라 불렀고 야곱은 그것을 갈르엣이라 불렀으니 [48] 라반의 말에 오늘 이 무더기가 너와 나 사이에 증거가 된다 하였으므로 그 이름을 갈르엣이라 불렀으며 [49] 또 미스바라 하였으니 이는 그의 말에 우리가 서로 떠나 있을 때에 여호와께서 나와 너 사이를 살피시옵소서 함이라. [50] 만일 네가 내 딸을 박대하거나 내 딸들 외에 다른 아내들을 맞이하면 우리와 함께 할 사람은 없어도 보라, 하나님이 나와 너 사이에 증인이 되시느니라 함이었더라. [51] 라반이 또 야곱에게 이르되 내가 나와 너 사이에 둔 이 무더기를 보라. 또 이 기둥을 보라. [52] 이 무더기가 증거가 되고 이 기둥이 증거가 되나니 내가 이 무더기를 넘어 네게로 가서 해하지 않을 것이요 네가 이 무더기, 이 기둥을 넘어 내게로 와서 해하지 아니할 것이라. [53] 아브라함의 하나님, 나홀의 하나님, 그들의 조상의 하나님은 우리 사이에 판단하옵소서 하매 야곱이 그의 아버지 이삭이 경외하는 이를 가리켜 맹세하고 [54] 야곱이 또 산에서 제사를 드리고 형제들을 불러 떡을 먹이니 그들이 떡을 먹고 산에서 밤을 지내고 [55] 라반이 아침에 일찍이 일어나 손자들과 딸들에게 입맞추며 그들에게 축복하고 떠나 고향으로 돌아갔더라.

밧단아람에 와서 진정한 고수 사기꾼 라반을 만나 처음으로 인생이 자기 뜻대로 풀리지 않는 경험을 하면서 야곱은 하나님을 의지하며 사는 법을 조금씩 터득했다. 외삼촌 라반의 계략에 넘어가 아내가 둘이 되었다가 결국 넷이 되는 사태를 맞이하지만 이런 이상한 일을 통해서도 하나님의 자녀다산 축복 약속이 실현되었다. 아브라함이 가까스로 이삭을 낳으려고 분투하던 상황에 비하면 격세지감이 들 정도로 야곱은 다산의 복을 받았다. 그러나 아들들이 태어나는 과정에 두 자매의 경쟁과 갈등이 작동했고, 사랑받지 못하는 여인 레아에게 여섯 명의 자녀를 주시고 사랑받는 아내 라헬에게는 두 명의 자녀만을 주시는 하나님의 균형 감각에 의해 또다시 영적인 연단을 받는다. 31장은 초인적인 성실과 강철 같은 의지, 그리고 가느다란 신앙으로 홀로서기에 도전하는 야곱의 진면목을 보여준다. 야곱은 최악의 조건 속에서 부조리한 직장 상사의 갑(甲)질에 당하면서 마침내 직장 상사를 설복하는 데 성공한다.

  타향살이의 가장 마지막 시기에 태어난 요셉의 출생은 야곱의 귀향 의지를 점화시키는 계기가 된다. 마침내 라헬과 레아, 그리고 11

명의 아들과 딸 디나를 데리고 귀향길에 오르려고 하자 라반은 쉽게 놓아주려고 하지 않는다. 라반은 아마도 야곱을 그의 영원한 데릴사위로 밧단아람에 주저앉히고 싶었을 것이다. 데릴사위는 아들 같은 머슴이요 머슴 같은 아들이기 때문에 욕심이 많은 라반에게는 야곱이 이용가치가 컸을 것이다. 라반은 야곱의 귀향 계획을 좌절시키기 위해 품삯을 일시불로 줄 테니 자신과 함께 머물자고 호소하기도 한다. 이러는 과정에서 야곱의 귀향은 지연된다. 그러나 이 일을 통해 야곱은 많은 자식뿐 아니라 풍부한 재산까지 얻는다. 야곱은 기막힌 속임수와 하나님이 주신 지혜로 라반의 양떼 중 가장 실하고 튼튼한 양들을 자신의 품삯으로 챙기는 데 성공한다. 점점 부자가 됨으로써 라반의 의혹과 시기를 산 야곱은 라반에게서 도망치는 듯이 밧단아람을 떠나지 않으면 안될 상황에 빠졌다.[31:1-2]

밧단아람은 야곱에게 번영의 땅이었지만 그곳은 어디까지나 하나님의 계획 속에 들어 있는 보금자리는 아니었다. 야곱에게 그곳은 영원히 머물 땅이 아니라 일시적인 체류지일 뿐이었다. 밧단아람에서의 야곱의 번영은 어디까지나 벧엘에서 나타나신 하나님의 약속에 근거해 있었다. 드디어 가나안 땅으로 돌아가는 문제는 이제 야곱 자신의 희망 사항이 아니라 하나님의 명령에 속한 일이 되었다. "여호와께서 야곱에게 이르시되 네 조상의 땅 네 족속에게로 돌아가라. 내가 너와 함께 있으리라 하신지라."[31:3] 야곱은 고향으로 돌아가라는 하나님의 명령에 따라 귀향길에 오른다. 먼저 두 아내를 자기 양떼가 있는 들로 불러내 귀향 계획과 이유를 알리고 설득한다. 두 아내에게 장인 라반이 자신을 얼마나 속이고 나쁘게 이용했는지를 설명한다. 힘을 다해 장인을 섬겼던 자신의 품삯을 열 번이나 변경하는 노동착취로부터 하나님이 자신을 보호하셨다는 것이다. 하나님께서 장인을 막아 자신을 더 이상 해치지 못하게 하셨다는 점을 강조한다. 특히 야곱은 얼룩무늬 양떼 임금 지불 방식은 하나님의 개입으로 가능한 아이디어였으며 아예 꿈으로 보여주셨다는 점을 강조한다. 결국 20년 체불된 임금을 일시불로 지불해 주시기 위해 하나님이 장인의 가축을 빼앗아 자신에게 주셨다고 고백한다. 31:11-12은 하나님의 보다 더 직접적인 계시를 언급한다. 즉, 교미 중인 모든 숫양은 얼룩무늬가 있거나 아롱지거나 점이 있는 것을 본 것이다. 하나님의 이 간결하고 암시적인 말씀은 그 자체로 볼 때 어떤 지침이나 명령을 담고 있지 않다. 다만 현상을 진술하는 것처럼 보인다. 그런데도 야곱은 그 꿈을 창조적으로 해석함으로써 하나님이 지침을 주셨다고 믿었다. 하얀 양떼들이 교미할 때 자신이 나뭇가지를 물에 넣고 흔드는 것을 보면 점 있고 아롱지고 얼룩무늬인 숫양으로 순간적인 변형을 겪으리라는 지침을 받았다고 믿은 것이다.

　이처럼 애매모호한 꿈 계시에서 야곱은 하나님의 지침이 제시되었다고 믿었던 것이다. 야곱은 하얀 털을 가진 라반의 양과 염소 중에서 가장 튼실하고 건강한 양과 염소가 교미할 때 그들의 눈앞에 나무껍질을 벗겨서 생긴 얼룩무늬와 아롱진 점을 보여줌으로써 하얀 양과 염소가 순간적으로 얼룩무늬나 점이나 아롱무늬가 있는 양과 염소로 바뀌도록 조작한 것이다. 혹은 교미할 때 생겨난 새끼들이 숫양이나 숫염소가 본 것(얼룩무늬, 아롱진 것, 점) 때문에 강력한 영향을 받아 얼룩무늬, 아롱무늬, 점무늬를 갖게 되었을 수도 있다. 결국 야곱은 하나님의 계시로 건강한 숫양이나 숫염소가 교미하려고 짝 위에 올라탔을 때 그들의 눈앞에 버드나무, 살구나무, 신풍나무의 푸른 가지를 자극적으로 노출시킴으로써 그것들이 얼룩무늬, 아롱무늬, 점무늬를 가진 새끼를 잉태하도록 하는 데 성공했다.30:43, 31:13 라반의 모든 우량주들이 야곱의 계좌로 이체되는 효과가 난 것이다. 라반의 가장 귀한 재산이 야곱 소유로 이전되어 버린 것이다. 이런 방식으로 동물의 털색을 조작하는 것이 과학적으로 입증하기가 쉽지 않을지 모르지만 적어도 야곱은 이렇게 하나님의 도우심을 경험했다.

결국 야곱의 어리숙해 보이고 기묘한 임금 지불 방식 제안이 기회주의적이고 즉흥적이며 사기성이 농후한 라반을 기습적으로 제압하기에 충분했다. 아주 원시적인 동물 바탕색 조작을 위한 잉태 실험과 기막힌 성공은 데릴사위이자 조카였던 야곱의 임금을 열 번이나 변역하고 떼먹은 불량 상사 라반을 향한 하나님의 통쾌한 도덕적 복수였다.[31:41-42] 이처럼 야곱이 라반으로부터 체불되거나 변역된 임금을 일시불로 지급받는 과정에는 하나님의 깊숙한 개입이 있었다. 하나님은 라반에게 당한 야곱의 억울한 종살이 세월을 보시고 야곱을 신원해 주신 것이다.

31:13은 라반의 노동 착취, 고용 조건 변경, 임금 체불 등으로부터 야곱을 보호하고 20년간의 억울한 종살이를 일시에 신원해 주신 하나님이 20년 전 벧엘에서 나타나신 바로 그 하나님임을 밝힌다. "나는 벧엘의 하나님이라. 네가 거기서 기둥에 기름을 붓고 거기서 내게 서원하였으니 지금 일어나 이곳을 떠나서 네 출생지로 돌아가라 하셨느니라." 벧엘의 하나님이 자신에게 다시 나타나 귀향을 명하셨다는 것을 강조함으로써 야곱은 두 아내를 완전히 설득했고, 오히려 자기 아버지 라반이 남편 야곱에게 행한 모든 불의한 일에 대해 냉정한 평가를 내리게 만들었다. 라헬과 레아는 친정 아버지와 감정적인 이별을 하고 야곱의 귀향 계획에 전적으로 찬동한다.[31:14-16]

31:17-22은 밧단아람을 몰래 빠져나가는 야곱의 도주 상황을 보도한다. 그는 자식과 아내들을 낙타에 태우고 밧단아람에서 모은 가축을 데리고 모든 소유물을 싸서 가나안 땅 아버지 이삭을 향해 라

반에게 알리지도 않고 가만히 떠났다. 이 과정에서 양털을 깎으러 간 아버지 몰래 라헬이 재물 수호신으로 알려진 소장용 드라빔 신상을 훔치기도 했다. 야곱이 모든 소유를 이끌고 강을 건너 길르앗 산을 향하여 도망한 지 3일 만에 야곱 가족의 도주 소식이 라반에게 들렸다. 아니나 다를까 라반의 추격전이 벌어진다.^{31:23-30} 라반이 그의 형제를 거느리고 7일 길을 쫓아가 길르앗 산에서 머물던 야곱 일행을 덮쳤다. 그러나 그 밤에 하나님께서 라반에게 현몽하셨다. "너는 삼가 야곱에게 선악간에 말하지 말라."^{31:24} 라반은 물리적인 공격이나 귀향 저지책을 강구하지 못하고 약간의 책망과 그 동기가 의심스러운 작별 인사를 하려고 시도한다. 첫째, 라반은 야곱이 자신을 속이고 자기 딸들을 칼에 사로잡힌 자 같이 끌고 갔다고 비난한다. 둘째, 정식 작별 인사를 고하지 않고 속여 몰래 도주함으로써 자신이 우아한 송별연을 열 기회를 주지 않았다고 야곱을 책망한다. 셋째, 손자들과 딸들에게 입맞추고 작별할 기회를 빼앗은 야곱의 행동은 참으로 어리석다는 힐난을 덧붙인다. 넷째, 자신은 야곱을 해칠 능력이 있지만 하나님이 말려 참는다고 말한다. 마지막으로, 자신은 야곱이 그의 아버지 집을 사모하여 돌아가려는 것은 인정하지만 "왜 내 신을 도둑질하였느냐?"고 추궁한다. 라반의 가장 큰 관심은 재물 수호신인 드라빔을 찾아오는 데 있음을 보여주는 대목이다. 야곱은 이런 분위기를 알아차리고 드라빔 수색에 적극 협조할 테니 드라빔을 자신의 일행으로부터 찾아보라고 요구한다.

31:31-35은 라반의 드라빔 수색과 그 실패를 보도하고 31:36-42은 라반에 대한 야곱의 감동스러운 도덕적·영적 훈계 반격을 보도한다. 31:43-55은 정(라반 공격), 반(야곱 반격), 합(평화우호 조약 체결)으로 이어지는 결론부로서 야곱과 라반 사이에 맺어진 불가침 평화우호 조약 체결을 보도한다. 야곱은 자신이 장인에게 알리지 않

고 몰래 도주한 것은 외삼촌의 딸들, 곧 자기 아내들을 가나안으로 가지 못하도록 억지로 빼앗을 것을 두려워했기 때문임을 밝힌 후, 라반에게 드라빔 수색을 해보라고 당당하게 요청한다. 라헬이 드라빔 훔친 것을 알지 못한 채, 외삼촌의 신을 훔친 자가 발각되면 죽임을 당할 것이라고 호언한다. 라반이 두 딸과 두 딸의 여종 장막에 다 들어갔으나 찾지 못했다. 라헬도 남편을 닮아 순간적인 기지와 거짓말(생리 핑계)을 해 위기를 모면한다.

라반이 드라빔을 찾아내지 못하자 이제부터는 야곱의 대반격이 시작된다. 야곱은 라반에게 지난 20년간 자신이 당한 부당 대우와 억울한 사연을 장광설로 늘어놓으며 신앙적·도덕적 훈계로 라반을 압도한다. 야곱이 노하여 라반을 책망하며 그의 급소를 찌른다. "내 허물이 무엇이니이까. 무슨 죄가 있기에 외삼촌께서 내 뒤를 급히 추격하나이까."[31:36] 자신의 형제와 라반의 형제 사이에 일어난 이 사태를 두고 (아마도 하나님께서) 판단해 주기를 희망할 정도로 억울함을 호소한다. 한 걸음 더 나아가 자신의 초인적인 성실과 정직한 직장 생활의 면모를 강조한다. 야곱 자신이 20년을 외삼촌 라반과 함께하면서도 그의 암양들이나 암염소들이 낙태하지 아니하였고 또 외삼촌 양떼의 숫양을 몰래 잡아먹지도 아니하였음을 강조한다. 물려 찢긴 것은 변상했고 도둑맞은 것도 모두 변상했음도 강조한다. 라반의 양떼를 지키느라고 낮에는 더위와 밤에는 추위를 무릅쓰고 눈 붙일 겨를도 없이 지냈다는 것이다. 결국 외삼촌의 두 딸을 아내로 얻기 위해 14년, 외삼촌의 양떼를 위해 6년을 봉사하는 동안 품삯을 열 번이나 바꾸었지만, 하나님이 함께하셔서 자신이 빈손으로 귀향하지 않게 되었다는 것이다. 야곱은 감히 하나님의 이름으로 라반을 책망한다. "우리 아버지의 하나님, 아브라함의 하나님 곧 이삭이 경외하는 이[파하드 이츠학(פַּחַד יִצְחָק)]가 나와 함께 계시지 아니하셨더라면 외삼촌께서 이제 나를 빈손으로 돌려보내셨으리이다마는 하나님이 내 고난과 내 손의 수고를 보시고 어제 밤에 외삼촌을 책망하셨나이다."³¹:⁴² 야곱은 이제 어엿한 아브라함과 이삭의 계승자답게 자신의 인생사를 하나님을 주어로 삼아 정리하고 해석할 수 있는 영적 안목이 생겼다. 하나님을 주어로 삼아 자신의 인생사를 정리하고 해석하는 것은 참된 신앙인의 표지다.

야곱의 책망을 들은 라반은 한풀 기가 꺾이고 유순해진 듯한 어조로 제법 이성적인 해결책을 제안한다.³¹:⁴³⁻⁵⁵ 야곱이 하나님의 이름으로 그를 훈계하고 책망한 것이 약간의 영향을 끼친 듯하다. 그럼에도 불구하고 라반은 구제불능적으로 자기중심적이다. 여전히 야곱이 자신의 덕과 호의로 부와 재산을 모으고 가족을 꾸렸다고 주장한다. 라반은 야곱에게 그의 아내들이 여전히 자신의 딸이요, 그의 자식들은 자신의 자식이요, 야곱의 양떼는 자신의 양떼요, 심지어 야곱의 모든 것은 다 자신의 것임을 주장하면서 자기 딸들과 그들이 낳은 자식들을 보고 야곱의 도주 사태를 참아 넘어가겠다고 말한다. 하지만 이런 한바탕 허장성세를 부린 후에 그는 자신의 너그러움을 스스로 공치사하면서 한 걸음 물러선다. 라반은 마침내 야곱에게 우호 조약을 맺자고 제안하고 두 사람은 돌기둥을 쌓아 조약 맺은 증거로 삼았다. 아람어로 그 증거의 돌무더기를 여갈-사하두다[여가르-사하두타(יְגַר שָׂהֲדוּתָא)]라 불렀고,¹ 야곱은 그것을 갈르엣[증거, 갈에드(גַּלְעֵד)] 또는 미스바(מִצְפָּה)라고 불렀다.² 그들은 계약 체결을 기념하고 평화 우호 조약을 맺은 기념으로 식사를 했다. 라반은 야곱에게 자기 딸들을 결코 박대하지 말고 다른 아내들을 맞이하지도 말 것을 강조한다. 그는 또 이 돌기둥과 돌무더기가 라반과 야곱의 땅 경계선이 될 것이라고 말한다. 라반도 아브라함의 하나님, 나홀의 하나님, 그들의 조상의 하나님을 불러 "우리 사이에 판단하옵소서"라고 기도하고 야곱은 그의 아버지 이삭이 경외하는 이를 가리켜 맹세했다. 야곱이 또 산에서 제사를 드리고 형제들³을 불러 떡을 먹이니 그들이 떡을 먹고 산에서 밤을 지내었고, 라반은 아침에 일찍이 일어나 손자들과 딸들에게 입맞추며 축복하고 떠나 고향으로 돌아갔다. 이렇게 해서 마치 아브라함과 이삭이 블레셋의 아비멜렉 세력을 도덕적·영적으로 압도해 평화우호 조약 체결을 주도했듯이 야곱도 길고 장황하게 불가침 조약 체결을 주도한다.

주여, 주께서 꺾으신 뼈로 인하여 즐거워하게 하소서
: 야곱에서 이스라엘로 변화되는 성숙의 드라마 ●32장

32 ¹야곱이 길을 가는데 하나님의 사자들이 그를 만난지라. ²야곱이 그들을 볼 때에 이르기를 이는 하나님의 군대라 하고 그 땅 이름을 마하나임이라 하였더라. ³야곱이 세일 땅 에돔 들에 있는 형 에서에게로 자기보다 앞서 사자들을 보내며 ⁴그들에게 명령하여 이르되 너희는 내 주 에서에게 이같이 말하라. 주의 종 야곱이 이같이 말하기를 내가 라반과 함께 거류하며 지금까지 머물러 있었사오며 ⁵내게 소와 나귀와 양 떼와 노비가 있으므로 사람을 보내어 내 주께 알리고 내 주께 은혜 받기를 원하나이다 하라 하였더니 ⁶사자들이 야곱에게 돌아와 이르되 우리가 주인의 형 에서에게 이른즉 그가 사백 명을 거느리고 주인을 만나려고 오더이다. ⁷야곱이 심히 두렵고 답답하여 자기와 함께 한 동행자와 양과 소와 낙타를 두 떼로 나누고 ⁸이르되 에서가 와서 한 떼를 치면 남은 한 떼는 피하리라 하고 ⁹야곱이 또 이르되 내 조부 아브라함의 하나님, 내 아버지 이삭의 하나님 여호와여, 주께서 전에 내게 명하시기를 네 고향, 네 족속에게로 돌아가라 내가 네게 은혜를 베풀리라 하셨나이다. ¹⁰나는 주께서 주의 종에게 베푸신 모든 은총과 모든 진실하심을 조금도 감당할 수 없사오나 내가 내 지팡이만 가지고 이 요단을 건넜더니 지금은 두 떼나 이루었나이다. ¹¹내가 주께 간구하오니 내 형의 손에서, 에서의 손에서 나를 건져내시옵소서. 내가 그를 두

려워함은 그가 와서 나와 내 처자들을 칠까 겁이 나기 때문이니이다. ¹²주께서 말씀하시기를 내가 반드시 네게 은혜를 베풀어 네 씨로 바다의 셀 수 없는 모래와 같이 많게 하리라 하셨나이다. ¹³야곱이 거기서 밤을 지내고 그 소유 중에서 형 에서를 위하여 예물을 택하니 ¹⁴암염소가 이백이요 숫염소가 이십이요 암양이 이백이요 숫양이 이십이요 ¹⁵젖 나는 낙타 삼십과 그 새끼요 암소가 사십이요 황소가 열이요 암나귀가 이십이요 그 새끼 나귀가 열이라. ¹⁶그것을 각각 떼로 나누어 종들의 손에 맡기고 그의 종에게 이르되 나보다 앞서 건너가서 각 떼로 거리를 두게 하라 하고 ¹⁷그가 또 앞선 자에게 명령하여 이르되 내 형 에서가 너를 만나 묻기를 네가 누구의 사람이며 어디로 가느냐. 네 앞의 것은 누구의 것이냐 하거든 ¹⁸대답하기를 주의 종 야곱의 것이요 자기 주 에서에게로 보내는 예물이오며 야곱도 우리 뒤에 있나이다 하라 하고 ¹⁹그 둘째와 셋째와 각 떼를 따라가는 자에게 명령하여 이르되 너희도 에서를 만나거든 곧 이같이 그에게 말하고 ²⁰또 너희는 말하기를 주의 종 야곱이 우리 뒤에 있다 하라 하니 이는 야곱이 말하기를 내가 내 앞에 보내는 예물로 형의 감정을 푼 후에 대면하면 형이 혹시 나를 받아 주리라 함이었더라. ²¹그 예물은 그에 앞서 보내고 그는 무리 가운데서 밤을 지내다가 ²²밤에 일어나 두 아내와 두 여종과 열한 아들을 인도하여 얍복 나루를 건널새 ²³그들을 인도하여 시내를 건너가게 하며 그의 소유도 건너가게 하고 ²⁴야곱은 홀로 남았더니 어떤 사람이 날이 새도록 야곱과 씨름하다가 ²⁵자기가 야곱을 이기지 못함을 보고 그가 야곱의 허벅지 관절을 치매 야곱의 허벅지 관절이 그 사람과 씨름할 때에 어긋났더라. ²⁶그가 이르되 날이 새려하니 나로 가게 하라. 야곱이 이르되 당신이 내게 축복하지 아니하면 가게 하지 아니하겠나이다. ²⁷그 사람이 그에게 이르되 네 이름이 무엇이냐. 그가 이르되 야곱이니이다. ²⁸그가 이르되 네 이름을 다시는 야곱이라 부를 것이 아니요 이스라엘이라 부를 것이니 이는 네가 하나님과 및 사람들과 겨루어 이겼음이니라. ²⁹야곱이 청하여 이르되 당신의 이름을 알려주소서. 그 사람이 이르되 어찌하여 내 이름을 묻느냐 하고 거기서 야곱에게 축복한지라. ³⁰그러므로 야곱이 그곳 이름을 브니엘이라 하였으니 그가 이르기를 내가 하나님과 대면하여 보았으나 내 생명이 보전되었다 함이더라. ³¹그가 브니엘을 지날 때에 해가 돋았고 그의 허벅다리로 말미암아 절었더라. [32] 그 사람이 야곱의 허벅지 관절에 있는 둔부의 힘줄을 쳤으므로 이스라엘 사람들이 지금까지 허벅지 관절에 있는 둔부의 힘줄을 먹지 아니하더라.

신앙은 과연 인격을 변화시킬 수 있는가? 이 질문에 "예"라고 대답해야겠지만 우리 주변에서는 하나님을 믿고 살면서 성숙하고 성화되는 사람을 발견하기가 쉽지 않다. 왜냐하면 정상적인 생활을 통해서는 신앙 성숙과 인격적 성장을 이루는 사례가 그리 많지 않기 때문이다. 대부분 영적인 환골탈태 수준의 품성 변화와 성화를 이루는 사람은 하나님의 연단의 막대기와 징계의 지팡이로 담금질된 이들이다. 하나님의 손안에서 징계와 연단을 거치면서 비약적인 성장을 이룬 대표적 성경 인물이 야곱이다. 크게 보면 창세기 12-50장 전체가 아브라함, 이삭, 야곱의 품성 변화와 영적 성숙의 대하드라마다. 세 족장의 이야기는 천하 만민에게 하나님의 복을 매개하고 퍼뜨릴 복된 후손(씨)을 얻기 위해 애쓰시는 하나님의 영적 성장 프로젝트였다. 특히 요셉 이야기는 천하 만민을 복되게 할 거룩한 후손을 얻기 위한 하나님의 인간 품성 개량 실험의 중간결산 보고서다. 아브라함을 부르신 후 4대 만에 하나님은 굶주림으로 죽어 가는 천하 만민을 살려 낸 아브라함의 씨 요셉을 내셨다. 요셉 이야기는 아브라함부터 1,500년 이상 계속되는 하나님의 구원 역사의 중심 관심사를 압축한다. 구약성경의 중심 관심사는 천하 만민을 복되게 할 거룩한 아브라함의 씨를 찾고 기다리고 발굴하는 하나님의 열망의 성취 과정을 보여주는 데 있다. 구약성경의 역사는 천하 만민을 결정적으로 그리고 불가역적으로 복되게 하실 '아브라함의 그 후손'을 기다리는 하나님의 마음에 초점을 맞추고 전진을 거듭하고 있다. 마태복음 1장 족보는 바로 이러한 구약성경의 중심 관심사를 압축적

VIII.

야곱, 마침내 새날을 맞다

으로 보여준다.^{눅 3:23-38, 갈 4:4} 우리도 창세기 저자의 세밀하고 전진감 넘치는 구술의 흐름에 걸맞게 야곱의 변화 과정을 조밀하게 살피되 얍복 강 나루에서 보낸 결정적인 밤의 혈투에 초점을 맞추어 보고자 한다.

야곱의 파란만장한 생애는 한 평범한 개인을 향한 하나님의 섬세한 인격 조련 과정을 세밀하게 보여준다. 야곱의 성화 과정은 성부 하나님의 부성적 훈육이야말로 인격 성장과 영적 진보를 가능케 한다는 사실을 잘 예시한다. 그의 생애는 겉으로 보기에는 인간의 우발적인 욕망이 추동한 사건들로 점철되어 있는 듯 보이지만 실상은 야곱을 향한 하나님의 뜻이 초월적으로 작용하는 연단과 품성 가공의 현장이다. 우리는 야곱의 이야기를 통해 하나님의 뜻이 윤리적·도덕적 청정 지역에서만 이루어지는 것이 아니라는 사실을 발견한다. 다시 말해, 야곱을 아브라함-이삭 약속의 상속자요 천하 만민을 복되게 할 아브라함의 후손으로 세우시려는 하나님의 거룩한 뜻이, 인간적 야망이나 운명에 도전하는 투지, 허약한 인간의 실수와 경거망동 등 입체적인 무대에서 극화되는 하나의 각본처럼 실연된다는 것이다. 야곱의 생애는 현대인의 사고로는 잘 납득이 안될지 모르지만 하나님의 절대주권적 의지가 작용하는 무대다. 냉혹한 승부사요 각축자로 인생을 시작한 그는 청장년기를 비천한 종으로 살다가 늦은 장년기와 노년기에 자수성가를 해 인생의 목표를 거의 달성한다. 이 가운데 가장 결정적이고 양자도약적인 순간이 그의 인생 장년기에 찾아온다. 그는 얍복 강 나루에서 보낸 씨름의 밤을 거치면서 강철 같은 의지가 산산이 부서지는 경험을 하면서 하나님과 함께 걸어가는 법, 곧 하나님이 원하시는 속도로 걸어가는 법을 터득하기에 이른다.^{32-33장} 급기야 노년에는 비극적이고 불행한 가정사로 인해 세속적 욕망을 추구한 삶의 한계와 고통스럽게 직면한다.^{34-35장} 그는 아주 늦은 노년기에 애굽 왕 바로에게 축복기도를 해줄 정도로 행복과 불행의 경계를 초탈한 성자로 변화되었으며, 숨지기 직전에는 아들들과 손자들의 미래를 전망하며 복을 빌고 권계하는 예언자로 탈바꿈한다.^{47,49장}

야곱의 생애에서 추론할 수 있듯이 우리 각 개인의 인생의 가장 큰 의미는 하나님의 뜻, 곧 천하 만민을 행복하게 해주시려는 뜻을 이루는 도구와 통로가 될 수 있다는 데 있다. 개인의 인생이란 하나님의 세계사적 혹은 보편적 구원 계획, 그리고 하나님 나라 완성 계획을 성취하는 도구가 된다. 개인적으로 각자의 구체적인 삶을 성실하게 사는 사람이 하나님의 보편적인 뜻을 이루는 도구가 된다는 것이다. 모든 개인은 하나님 앞에서 세계를 대표하는 개인이며 모든 개인의 삶 속에는 세계를 향하신 하나님의 보편적인 뜻이 작용한다. 야곱의 생애 자체가 평범한 개인의 삶 속에 작용하는 절대자 하나님의 성스러운 계획의 생생한 증거다. 그는 소시민적이고 자기중심적이고 출세지향적(장자지향적)인 인생관을 가지고 살았다. 그러나 숱한 환난과 연단을 거친 후부터 세계 만민에게 복과 구원을 주시려는 하나님의 도구로 그 쓰임새를 익혀 갔다. 자신의 인생을 바라보는 시야가 하나님의 시야처럼 광활해졌다. 그 자신(개인)에게 복을 내리시는 하나님이 바로 그의 후손에게 복을 주시는 하나님이며 곧 세계 만민에게 복을 주시는 하나님임을 점차 깨달아 간 것이다. 도덕적·윤리적으로 결코 최상급의 인물이라고 할 수 없는 야곱이 하나님의 인류 구원사에서 주인공이 되었다는 사실은 이 세상의 지극히 평범한 장삼이사와 필부필부들도 하나님의 인류 구원드라마의 주인공으로 선택될 수 있다는 사실을 강력하게 증거한다.

그런데 여기서 중요한 사실은 하나님의 뜻을 이루는 도구가 되기 위해 야곱이 많은 환난과 연단으로 담금질된다는 것이다. 특히 독

VIII.

야곱, 마침내 새날을 맞다

자들은 노년기의 야곱이 경험하는 가파른 추락과 비통한 좌절을 목격하면서, 하나님과 함께 같은 방향의 목적지를 보며 같은 보폭으로 속도를 맞춰 걷는 일이 얼마나 장엄하고 옛 자아 해체적인지를 깨닫게 된다.

창세기 30:25-35장까지는 야곱의 인생에서 일어난 가장 극적인 환골탈태와 형 에서와의 화해, 비통한 슬픔과 이별, 그리고 뼈아픈 상실의 연대기를 보여준다. 슬프고 고통스러운 사건이 줄지어 일어나 노년기의 야곱은 세상적 기쁨과 자랑에 대한 애착을 끊어 버린다. 20년 전 원수로 결별했던 형과의 화해와 재회 감격은 그가 사랑한 자녀들에게 일어난 비극적인 사건들과 불화와 일탈 앞에서 빛을 잃는다. 그의 자랑거리던 자녀들은 그에게 우환거리가 되고, 그가 편애하는 아들 요셉은 형들을 버릇없이 도발하고 능멸하는 오만한 허풍쟁이처럼 행동하다가 형들의 버림을 받는다. 세겜-하몰과 동맹을 맺고 살아 보려는 외지인 야곱은 딸 디나의 강간이라는 재난을 만난다. 이 누이의 억울한 사연을 듣고 보복하는 과정에서 둘째 아들 시므온과 셋째 레위는 세겜 부족 학살의 주모자가 되고 야곱으로 하여금 세겜을 신속히 도망치듯이 빠져나가지 않으면 안 되도록 만들었다. 맏아들 르우벤과 서모 빌하의 근친상간은 야곱에게 척추를 부서뜨리는 고통과 환멸을 안겨 주었다. 마지막으로 가장 사랑하는 요셉의 '죽음' 소식은 야곱의 노년을 결정적으로 쓰라리고 비통하게 만들었다. 이 모든 과정은 고집 센 양을 바른 길로 인도하기 위하여 뼈를 꺾기까지 하시는 선한 목자의 손길을 보여준다.시 51:8

창세기 32장은 경쟁과 각축의 사람 야곱이 하나님의 사람으로, 곧 이스라엘로 변형되는 결정적인 순간을 증거한다. 겉으로 볼 때는 하룻밤의 씨름으로 야곱에서 이스라엘로 변화된 것처럼 보이지만, 이 변화의 밤이 되기까지 많은 사건과 그것들에 대한 야곱의 성찰과 회한이 쌓여 왔다. 야곱은 20년 동안의 밧단아람 삶을 마치고 꿈에 그리던 고향을 향해 귀향길에 오른다. 그러나 야곱의 귀향길은 라반과의 평화로운 작별의 길임과 동시에 복수심에 차 노기를 띤 채 작별했던 형 에서와 어쩌면 적대적으로 대면해야 하는 길이었다. 야곱은 20년 전의 시간 속으로 소환되면서 주체할 수 없는 공포와 불안에 사로잡힌다.[32:1-7] 이때 하나님의 사자들이 그 길에서 야곱을 '만난다.' 31:55은 라반이 자기 고향으로 떠났음을 말하고, 32:1은 야곱을 주어로 하는 상황절로서 야곱 또한 자기 길(이삭에게로 귀향)을 가는 상황을 부각시킨다. 이 야곱의 여정에 하나님의 사자들, 곧 하나님의 군대[마하네 엘로힘(מַחֲנֵה אֱלֹהִים)]가 그를 조우했다. 야곱은 하나님의 사자들이 나타난 곳을 마하나임(מַחֲנָיִם)이라고 불렀다.[4]

　1절의 '만나다'[파가(פָּגַע) + 전치사 쁘(בְ)]라는 동사는 보호 혹은 동행을 위한 의도적 접근(마주침)을 의미한다. 여기서 출현하는 하나님의 사자들은 야곱의 귀향을 호위하는 천상의 군대를 가리킨다. 야곱은 벧엘에서 망명 생활의 첫 밤을 보낼 때에도(28:12에서 동일한) 하나님의 사자들의 호위를 받았고 망명 생활을 마치고 귀향길에 오를 때에도 천사의 호위를 받은 셈이다. 하나님의 보호와 동행하심의 약속은 원[原] 아브라함-이삭 약속의 가장 중요한 부분 중 하나인데 야곱은 지금 아브라함과 이삭이 누린 바로 그 장자의 특권을 누리고 있다. 이것은 야곱에게 벧엘의 약속을 상기시켰을 것이다.[31:3, 28:15] 하나님은 "고향으로 돌아가라"는 명령을 주실 뿐만 아니라 그 명령이 실현되도록 도우신다. 야곱은 비로소 자신에게 허락하신 축복 약속이 다 실현될 때까지는 하나님께서 자신을 떠나지 않겠다는 벧엘 약속의 위력을 어렴풋하게나마 깨달았을 것이다.

　그런데 왜 하나님의 천사들이 갑자기 그의 귀향길에 동행하려고 할까? 우리는 32장에서 또 다른 의미에서 야곱을 '만나러'[카라

VIII.

야곱, 마침내 새날을 맞다

(קְרָא)] 오는 에서 군대의 위협적인 육박을 상기할 필요가 있다.[32:6] 에서는 400명의 남자를 대동하고 야곱을 맞이하러 나온다. 이 400명의 남자는 아무리 좋게 보아도 평화로운 이미지를 주는 집단이 아니다. 야곱을 치러 나오는 에서의 선봉부대처럼 보인다. 그래서 여기 등장하는 하나님의 사자들은 에서와의 대면을 준비하는 야곱을 도우려는 하나님의 군대로 보는 것이 적당하다. 라반과의 20년 갈등을 가까스로 청산하는 데 성공한 야곱은 20년 전의 갈등, 곧 형 에서와의 갈등을 풀지 않으면 안되는 위기에 봉착한 것이다. 형과의 적대 관계를 청산하지 않으면, 다른 말로 하면 에서의 용서를 받지 못하면 이제껏 얻은 모든 가족과 재산을 일시에 잃을지도 모른다. 야곱은 불안과 공포에 사로잡혀 어찌할 바를 모르는 상황으로 내몰린 것이다. 이와 같은 불안과 공포를 이완시켜 주기 위해 파송된 하나님의 사자들의 출현에도 불구하고 형 에서가 400명의 남자들을 데리고 자신을 맞이하러 온다는 전갈은 그의 두려움을 확장시키고 심화시킨다.

이 전갈을 받기 전에 야곱은 '에돔 들'에 있는 '들사람' 에서의 동향을 파악하기 위해 사자를 에서에게 먼저 보내 자신의 귀향 소식을 알렸다. 야곱은 이제까지 살아온 방식대로 기민한 지혜를 발휘한다. 형 에서의 호의를 기대하는 마음으로 사절단을 먼저 보낸 것이다. 야곱은 사자들을 통해 전하는 전갈에서 형 에서를 '내 주'[아도니(אֲדֹנִי)]라고 부르며 한껏 자신을 낮춘다. 에서에게 보낸 전갈의 핵심은 "내 주께 은혜받기를 원합니다"였다. 이것은 주종관계에서 오고 가는 말이다. 힘과 세력의 비대칭이 분명할 때 열등 지위에 있는 자가 주인에게 하는 말이다. 형 에서를 존중하며 자신을 너그럽게 받아 달라는 것이다. 단지 동생으로서가 아니라 주종관계의 질서 속에서 자신을 종으로 받아 달라는 정치적 수사였다. 그런데 에서는 야곱의 사자에게 어떤 메시지(우호적 영접 혹은 적대적 조우를 예기하는 메시지)를 전하기보다는 400명의 남자를 데리고 야곱을 만나러 온다는 소식만 전한 것이다. 사절단이 가져온 소식은 아주 불길한 내용이었다.

그러자 야곱은 두렵고 답답하여 자신의 일행을 두 떼로 나누고 에서가 와서 한 떼를 치면 나머지 한 떼는 피할 수 있도록 꾀를 내었다. 야곱의 자기구원 방책이었다. 이렇게 하고도 불안과 공포가 진정되지 않자 마침내 야곱이 허겁지겁 기도를 하기 시작한다. 그의 기도가 그의 두려움의 정체를 잘 드러낸다.[32:9-12]

그는 먼저 조부 아브라함의 하나님, 아버지 이삭의 하나님 야웨를 부르면서 자신에게 고향으로 돌아가라고 명하신 그 명령을 생각하셔서 자신이 무사히 아버지 이삭에게 돌아가게 해달라고 간구했다. 무사 귀향을 위하여 자기 형 에서의 손에서 자신을 구해 달라고 간구한다. 자신이 죽지 않고 살아남아 "네 씨로 바다의 셀 수 없는 모래와 같이 많게 하리라"[32:12]는 하나님의 약속이 성취되게 해달라고 간청한 것이다. 아브라함의 하나님과 이삭의 하나님을 부르는 야곱의 기도는 허공 중에 흩어지는 공허한 자기암시처럼 들릴지 몰라도 그 기도는 야곱 자신이 아브라함-이삭 약속의 정통 상속자임을 주장하며 하나님께서 자신에게 하신 약속을 상기시킴으로써 하나님을 은근히 압박하는 기도였다. 또한 그의 미천한 출발과 현재의 기적적인 번성을 비교하면서 자신의 지난 인생을 회한에 차서 고백한다. 이러는 가운데 얍복 강의 밤은 깊어 가고 에서와 400명의 남자들은 서서히 야곱의 심장을 향하여 육박하고 있다. 두려움이 극에 달하고 있었다. 창세기 27:36-43은 에서의 분노를 생생하게 증언한다. "에서가 이르되 그의 이름을 야곱이라 함이 합당하지 아니하니이까. 그가 나를 속임이 이것이 두 번째니이다. 전에는 나의 장자의 명분을 빼앗고 이제는 내 복을 빼앗았나이다.……그의 아버지가 야곱에게 축복한 그 축복으로 말미암아 에서가 야곱을 미워하여 심중에 이르기를 아버지를 곡할 때가 가까웠은즉 내가 내 아우 야곱을 죽이리라 하였더니." 야곱이 죽음의 공포를 느끼는 것은 당연했다. 심히 두렵고 답답하여 그는 다각도로 자가구원 방책을 마련하고 에서의 공격에 대비했지만 두려움은 없어지지 않았다.

그래서 이제 야곱의 산발적인 기도는 거룩한 천상 씨름꾼과의 씨름으로 바뀐다.[32:24-32] 그러면서도 그는 인간적으로 최선을 다한다. 그의 다급한 기도도 불안과 공포를 진정시키지 못하자 형의 진노를 해소하기 위한 대규모 선물 공세와 평화사절단을 보내는 한편 하나님의 호의와 보호를 요청하기 위해 하나님과 겨루듯이 얍복 나루터를 건너지도 못한 채 홀로 남아 신적 보호 요청기도[32:11]를 계속한다. 그 기도가 나중에는 천상 씨름꾼의 도발로 씨름이 되어 버린다. 32:13-23이 가리키듯이 야곱의 선물 공세도 에서를 대면하게 될 상황에 대한 그의 두려움을 전혀 해소하지 못한 듯하다.

그런데 왜 창세기 32장은 야곱의 두려움을 이토록 심층심리학적으로 분석하고 있을까? 왜 야곱은 20년 만에 만나는 형과의 상봉을 극도의 두려움으로 맞이해야 할까? 두려움의 원인이 에서의 존재 자체일까, 아니면 에서가 자신을 만나게 되면 하게 될 무서운 보복 행동에 대한 예단 때문일까? 아마도 야곱의 죄책감에 안에 깃든 형벌에 대한 공포심이 야곱의 온 존재를 망가뜨리는 원인일 것이다. 야곱을 두렵게 한 원인은 에서 자체가 아니라 자신이 에서에게 행한 죄와 허물, 그리고 그것이 초래할 보복과 심판일 터였다. 야곱에게 육박하는 것은 에서가 아니라 야곱의 죄책감이다. 이 죄책감의 무게에 짓눌린 야곱의 모습을 부각시키는 창세기 저자의 의도는 아마도 지난 삶에 대한 야곱 자신의 도덕적·신앙적 회한과 회개의 감정을 보여주는 것이다. 32장 전체에 걸쳐서 부각되는 야곱의 불안과 두려움은 그가 20년 전 형 에서에게 행한 악의적이고 기만적인 장자

축복 탈취 행동[5]에 대한 통렬한 자기비판을 촉발시켰을 것이다. 이렇게 보면 창세기 저자는 25-27장에 보이는 하나님의 잉태 계시에 대한 야곱의 자가성취적 집착에 대해 아무런 도덕적 평가 없이 묵인했던 것이 아님을 짐작할 수 있다. 창세기 저자는 야곱의 편의주의적이고 기만적인 사취 행위를 은근히 비판하고 있는 셈이다. 얍복 강에서 무너져 내리는 야곱을 볼 때 독자들은 야곱이 20년 전 장자권 매입과 장자축복 유언 사취 사건에 대해 어떤 모양으로든지 자책하고 있음을 깨닫게 된다. 형의 보복을 두려워한 나머지 극도의 불안과 공포에 사로잡힌 야곱은 부당한 방법으로 하나님의 뜻을 이루려고 한 것에 대해 뉘우쳤을 것이다.[32:5, 20, 33:8, 10] 그는 27장의 장자축복 탈취 사건에, 특히 그 방법에 대해 심각하게 뉘우쳤을 것이다. 20년 전 자신이 범한 일은 되돌릴 수 없는 과거가 되었고 야곱은 형을 속였다는 죄책감에 20년 동안 시달려 왔던 것이다. 야곱은 형 에서의 보복 감정이 정당하다고 보고 있으며 그래서 그가 자신에게 보복할 가능성에 전율하고 있는 것이다. 그는 가해자로서 진실로 피해자인 형 에서의 너그러운 용서를 소망하지만 그의 마음 깊은 곳에는 극단적인 당혹감과 두려움이 자리 잡고 있다.

형의 공격으로 20여 년의 성취가 물거품이 되고 자신의 목숨도 부지하기 힘든 위기 앞에서 다급한 SOS기도("내가 주께 간구하오니 내 형의 손에서, 에서의 손에서 나를 건져 내시옵소서")[32:11]를 드려 보지만 구원의 확신이 서지 않았다. 기도로는 도움이 안되었는지 야곱의 제2차 자기구원 계획이 입안되고 실행된다. 여차하면 폭발할 형의 분노에 찬 복수를 피하기 위해 한편으로는 주도면밀한 도주 계획을 세우면서도 그것과 함께 선물 공세를 펼친다. 단순히 예비 사절단 파견 정도가 아니라 선물과 함께 사절단을 미리 보낸 것이다.[32:13-15] 이 정도의 예물 규모는 개인 대 개인 사이에 오고 가는 예물이 아니라 정치적 세력 간에 오고 가는 예물이다. 봉신이 종주에게 보내는 예물 수준이다. 그는 형 에서를 깍듯이 '주'라고 부르면서 장자의 명분에 집착했던 지난날의 과오를 반성하는 것처럼 보인다.[6]

야곱은 자신의 평화 예물 사절단을 모두 세 대열로 나누어 각각의 향도에게 에서에게 보내는 인사를 먼저 하도록 당부한다. "주의 종 야곱의 화친과 공경의 인사"를 강조하도록 당부한 것이다. 이 인사는 개인 대 개인의 인사가 아니라 야곱 가문이 에서 부족에게 바치는 정치적 복종 선언이다. 야곱은 에서의 공격을 피하기 위해 미리 봉신이 되기로 자처한 것처럼 행동한 것이다. 종주는 자신에게 스스로 복종해 오는 충성스러운 봉신에게 어떤 군사적 공격도 가할 필요를 느끼지 못하는 법이다. 야곱은 형과 동생의 만남을 생각하는 것이 아니라 봉신 야곱 가문과 종주 에서 부족의 정치적 관계를 설정하려고 선수를 치는 것이다. 아울러 야곱은 앞서가는 선물 공세 사절단에게, 만일 에서가 이 모든 짐승이 누구의 것이냐 묻거든 "이것은 모두 우리 주인 야곱이 그의 형님 에서께 드리는 선물입니다. 야곱은 곧 뒤따라옵니다"라고 말하라고 당부했다.

하지만 그의 발빠른 선물 공세[32:20]도 두려움을 가라앉히지 못한다. 돈으로 죄책감을 해결하지 못한 것이다. 선물 사절단 모두가 얍복 강을 건넌 밤에도 그는 건너지 못하고 장막에 묵었다. 잠을 이루지 못한 야곱은 밤에 일어나 두 아내와 두 여종과 열한 아들을 인도하여 얍복 나루를 건너가게 하며 그의 소유도 건너가게 했다. 그러나 야곱은 시내를 건너지 않고 홀로 남았다가 어떤 사람의 도발을 받아 날이 새도록 씨름했다. 홀로 남아 야곱이 한 일은 아마도 32:11의 기도였을 것이다. "형 에서의 손에서 나를 건져 주시옵소서." 선물 사절단과 본진을 세 집단으로 나누고 두려움에 압도된 야곱은 고독한 단독자가 되어 탄원하였을 것이다. 그의 온몸 기도는 하나님을 향해 거룩한 씨름과 육박을 하는 레슬링 같은 기도였을 것이다. 그러는 중 신비한 존재가 자신을 쓰러뜨리려고 씨름을 걸어옴을 깨닫고 응수했다. 밤새도록 둘은 서로를 이기려고 씨름한 것이다.

그런데 어둠 속에 그 모습이 감추어져 있는 어떤 사람과 밤새도록 씨름한 사건이 도대체 야곱의 불안과 공포와 무슨 상관이 있을까? 이것은 야곱의 환도뼈를 내리치는 사건에 이를 때까지 다소간 신비스러운 사건으로 남아 있다. 그 신비한 씨름꾼은 자기가 야곱을 이기지 못함을 보고 야곱의 허벅지 관절을 쳐 위골시켰다. 허벅지 관절이 위골되고서도 야곱은 씨름꾼을 붙들고 있다. 날이 새려하자 그 사람이 "나를 놓아 달라"고 하자, 야곱은 "당신이 내게 축복하지 아니하면 가게 하지 아니하겠나이다"[32:26]라고 응수한다.

그 기이한 씨름꾼은 어둠 속에 모습을 감추고 드러내지 않다가 야곱의 완강한 공격 앞에 씨름을 그친다. 신비한 씨름꾼은 새벽이 될 때까지 씨름에서 지지 않는 야곱 앞에 항복하며 풀어 달라고 한 것이다. 그러나 야곱은 풀어 주지 않고 오히려 정체 모를 그에게 축복을 요청하기에 이른다. 풀어 주는 조건으로 복을 내려 달라는 것이다. 축복 대신에 신비한 씨름꾼은 먼저 야곱의 환도뼈를 내리쳤다. 아마도 이것이 야곱을 축복하는 방식이었을 것이다. 적어도 야곱은 환도뼈 위골 사건이 자신에게 복을 빌어 주는 사건임을 후에는 깨달았을 것이다. 야곱은 환도뼈 위골을 경험하면서도 그 신비스러운 씨름꾼에게 축복해 달라고 강권한다. 그러자 그는 오히려 야곱에게 "네 이름이 무엇이냐?"고 묻는다. 자신의 지난 삶을 정면으로 응시해 보도록 압박하는 질문이었다. "네가 누구냐?"라는 질문이었다. 야곱은 자신의 야곱스러운 본질을 드러낸다. "나는 야곱입니다." 다른 말로 하면 "나는 속이는 자, 형의 발꿈치를 붙잡고 사는 경쟁적 인생의 전형입니다"라는 고백이었다. 이런 불명예스러운 야곱의 이

VIII.

야곱,
마침내
새날을
맞다

름 뜻을 풀이한 에서의 분노에 찬 항변을 들어 보자. "에서가 이르되 그의 이름을 야곱이라 함이 합당하지 아니하니이까. 그가 나를 속임이 이것이 두 번째니이다. 전에는 나의 장자의 명분을 빼앗고 이제는 내 복을 빼앗았나이다."²⁷:³⁶

그런데 야곱의 환도뼈를 내리친 천상의 씨름꾼은 야곱 대신에 '이스라엘'이라는 이름을 준다. "하나님과 사람으로 더불어 겨루어 이긴 자"라는 말은 하나님의 축복을 지상^{至上} 가치로 여기는 사람이 되라는 뜻이다. 이제야 우리는 환도뼈가 부서지는 고통이 그가 받을 축복의 내적 조건이었음을 알게 된다. 밤새 씨름하느라고 기진맥진한 야곱, 이제 도망도 칠 수 없는 야곱은 400명의 무사를 거느리고 나타난 에서에게 극한 동정심을 자아냈을 것이다. 연약하게 다리를 저는 야곱이 에서의 마음을 녹였을 것이다.

얍복 나루터에서 야곱이 벌였던 그 씨름은 고난에 찬 지난 삶의 요약이요, 새로운 존재로 환골탈태하기 위한 해산의 고통이었다. 야곱 신앙 역정의 절정인 얍복 나루터의 철야 씨름기도는 야곱의 생애를 AD와 BC로 나누는 획기적인 사건이 된다. 돌이켜 보면 지난 세월 동안 야곱의 인생은 씨름에서 지지 않으려는 경쟁의 삶이었다(에서, 라반과의 씨름을 통해 축복을 쟁취해 왔던 삶). 그는 비록 인간의 힘으로 씨름(경쟁)에서의 승리를 쟁취했지만 그 자체가 하나님의 축복을 대체할 수 없음을 통렬하게 자각했을 것이다. 위골된 환도뼈로 다리를 절었으나 "해가 돋았다"³²:³¹는 표현은 야곱의 마음속에 일어난 영적 각성을 엿보게 해준다. 그는 길고 긴 성찰과 반성, 회개와 자책을 총결산하는 마지막 밤의 기도를 통하여 사기꾼(경쟁자)으로서의 경력을 접고 하나님의 지팡이에 의지하는 절름발이가 된다. 하나님께서 경쟁 의지와 운명 도전 의식으로 가득 차 자신의 인생을 개척한 이기는 자 야곱을 전적으로 하나님을 의존하는 절름발이가 되게 하심으로써 그의 인생이 승화될 계제를 마련해 주신다. 그는 이제 성자로, 바로와 12지파 후손을 위해 기도해 주는 복의 근원이자 예언자가 된다. 창세기 저자는 결국 경쟁과 각축으로 점철된 야곱의 인생이 엄청난 고통과 환난을 거친 후 성숙되었음을 말한다. 결코 경쟁과 승부욕, 각축하는 삶의 태도가 세상에서 쉽게 취할 만한 삶의 방식이라고 말하지 않는다. 그렇다고 아브라함과 이삭의 경우와는 달리 온유와 양보를 칭찬하지도 않는다.

이제 야곱은 밤새도록 벌어진 씨름 사건이 하나님의 얼굴을 대면한 사건이라고 해석하고 그곳의 지명을 브니엘, '하나님의 얼굴'이라고 짓는다. 자신의 옛 사람이 붕괴된 그 밤에 '하나님의 얼굴'을 대면하였다고 주장한 것이다. 야곱은 자신이 하나님과 대면하는 곳마다 새로운 이름을 지음으로써 하나님과의 만남 사건이 자기 인생의 중심 줄기임을 분명하게 자각하고 있다(벧엘, 마하나임, 브니엘). 환도뼈는 위골되어 절름발이가 되었지만, 불안과 공포로 가득 찬 음습한 밤은 지나고 돋는 해처럼 새날을 맞이한다. 그날을 정녕 새날로 만든 것은 돋는 해처럼 빛나는 하나님의 얼굴을 보고도 죽지 않고 자신의 생명이 보전되었다는 감격이었다. 그는 형과 다툴 싸움을, 두려움과의 싸움을 이미 브니엘에서 완료했다. 야곱은 자신의 옛 사람이 후패함을 맛보며 자신 속에 자라나는 한 새 사람의 정체를 인식하기 시작했다.[고후 4:16] 우리는 야곱의 파란만장한 신앙 역정 속에서 인격 성장이 이루어지고 있음을 보며, 신앙적 인격 성장이야말로 하나님의 다스림을 훨씬 더 포괄적이고 심층적으로 경험할 수 있는 필수 과정임을 목격한다. 야곱은 경쟁에서 이긴 자에서 하나님의 손에 거룩한 징계를 당하여 하나님의 지팡이에 의지해 살아가는 은총의 사람이 되었고, 마침내 만민을 위해 복의 근원으로 부르신 하나님의 원초적 부르심에 충실한 삶을 살게 되었다.

"야곱이 브니엘을 지날 때에 해가 돋았고 그의 허벅다리로 말미암아 절었다"[32:31]는 것은 두 가지 진실을 암시한다. 하나님을 대면해 환도뼈가 부서져 이제는 초인적인 성실과 강철 같은 의지로 사람들을 이기려고 하는 삶에서 은퇴하라는 뜻이다. 혈과 육으로 사람을 이기고 제압하고 속여서 자신을 부유하게 하고 강하게 하는 삶은 하나님의 얼굴을 대면하면 모두 부서지고 붕괴되는 야곱적 생존 방식이라는 것이다. 이스라엘의 삶은 다리를 절고 하나님과 같은 길을 하나님과 같은 마음으로 동행하는 자기부인적 삶이다. 누가 하나님과 겨루어 이기는가? 하나님께 거룩하게 타격당하여 하나님과 동행하는 자, 하나님의 새 이름을 얻는 자가 이기는 자다. 32:32은 야곱의 허벅지 관절 위골과 근육 손상을 거룩한 예전禮典으로 기리고 기념하기 위하여 창세기 저작 당시까지도 이스라엘 사람들이 허벅지 관절에 있는 둔부의 힘줄을 먹지 않는 관습을 지켰다고 증언한다. 야곱, 곧 이스라엘의 후손은 모두 하나님께 허벅지 관절 위골과 근육 손상을 당한 거룩한 백성이라는 것이다. 영적 정화를 위한 시편 51편 기도문과, 징계와 연단의 가치를 강조하는 히브리서 12장은 야곱의 마음을 잘 대변한다.

하나님이여, 주의 인자를 따라 내게 은혜를 베푸시며 주의 많은 긍휼을 따라 내 죄악을 지워 주소서. 나의 죄악을 말갛게 씻으시며 나의 죄를 깨끗이 제하소서. 무릇 나는 내 죄과를 아오니 내 죄가 항상 내 앞에 있나이다.……우슬초로 나를 정결하게 하소서. 내가 정하리이다. 나의 죄를 씻어 주소서. 내가 눈보다 희리이다. 내게 즐겁고 기쁜 소리를 들려 주시사 주께서 꺾으신 뼈들도 즐거워하게 하소서.[시 51:1-3, 7-8]

너희가 죄와 싸우되 아직 피 흘리기까지는 대항하지 아니하고 또 아들들에게 권하는 것 같이 너희에게 권면하신 말씀도 잊었도다. 일렀으되 내 아들아, 주의 징계하심을 경히 여기지 말며 그에게 꾸지람을 받을 때에 낙심하지 말라. 주께서 그 사랑하시는 자를 징계하시고 그가 받아들이시는 아들마다 채찍질하심이라 하였으니 너희가 참음은 징계를 받기 위함이라. 하나님이 아들과 같이 너희를 대우하시나니 어찌 아버지가 징계하지 않는 아들이 있으리요. 징계는 다 받는 것이거늘 너희에게 없으면 사생자요 친아들이 아니니라.……무릇 징계가 당시에는 즐거워 보이지 않고 슬퍼 보이나 후에 그로 말미암아 연단 받은 자들은 의와 평강의 열매를 맺느니라. 그러므로 피곤한 손과 연약한 무릎을 일으켜 세우고 너희 발을 위하여 곧은 길을 만들어 저는 다리로 하여금 어그러지지 않고 고침을 받게 하라.히 12:4-8, 11-13

하나님은 우리를 치고 타격하시는 거룩한 대적자요 씨름꾼이다. 우리를 성장시키고 성숙시키기 위해 우리를 굴욕에 이르게 하는 자가 있다면 그는 하나님의 천사다. 아마도 저는 다리를 가진 야곱은 더 이상 도망칠 수 없었을 것이다. 얍복 나루의 한밤에 거룩한 씨름꾼과 씨름하는 사람은 자기를 치러오는 대적자(에서)의 얼굴에서도 하나님의 얼굴을 볼 수 있다. "내가 형님의 얼굴을 뵈온즉 하나님의 얼굴을 본 것 같사오며 형님도 나를 기뻐하심이니이다."33:10 야곱은 얍복 강의 기적을 통해 에서 앞에 가서 일곱 번 절할 수 있을 만큼 유연해졌다. 그는 더 이상 장자권을 다투던 사람이 아니다. 하나님은 우리를 연약하게 하셔서 구원하신다. 하나님은 인간의 자기구원 방책이 속수무책이 되어 하나님만 믿고 역경 앞으로 뚜벅뚜벅 걸어갈 때 구원이 되어 주신다. 야곱이 받은 구원은 인간성이 바뀌는 구원이다. 하나님과 더불어 싸워 이긴, 하나님께 거룩하게 타격을 당해 변화되고 성화된 자다. 성화되고 정결케 된 자가 하나님과 더 붙어 씨름해 이긴 자라는 이름, 곧 '이스라엘'이라는 이름을 얻는다. 야곱이 그토록 집착했던 장자권은 특권, 책임, 명예를 동시에 짐지고 누리는 자기희생적 상속자다. 맏아들이 풍요로운 땅을 상속받는 이유는 만민의 복의 근원이 되기 위함이다. 야곱은 진정한 장자가 되기 위해 자신이 살아온 방식인 야곱적 자아와 씨름해야 했다. 변모되어야 했다. 히브리서는 죄와 피 흘리기까지 하는 싸움이라는 말로 야곱의 얍복 나루터 혈투를 빗대어 말한다.[히 12:4] 옛 자아, 수단과 방법을 가리지 않고 이기려는 의지와의 싸움이 얍복 강의 씨름 대상이다. 맹목적인 권력의지와의 싸움이 얍복 강에서 우리가 극복해야 할 내적 대적이다.

마지막으로 기억할 것은 우리 주 예수 그리스도와 바울 사도의 연약함의 영성이다. 나사렛 예수 우리 주님은 연약함의 화신이다. 의식주 모두에서 예수님은 하나님의 능력을 극대화하기 위해 대중들이 열렬히 찾을 때 산으로 잠적했다. 며칠씩 굶주리기도 했다.[막 8:1-2] 잠을 잘 곳도 마련하지 못했다.[눅 9:58] 십자가 죽음은 무능력의 극치다. 자신을 보호할 힘이 전혀 없는 자의 운명이다. 하나님 아버지께서는 당신의 독생자가 연약한 자가 되어 십자가에 달려 죽는 순종에 이르기를 기뻐하셨다. 영적 지도자가 얍복의 나루터에서 밤새 씨름하다가 환도뼈를 타격당하여 연약한 자가 되어 나오면 교회에는 새 날이 돋는다. 자신의 기민한 지혜가 아무 힘이 되지 못하고 하나님의 신적 타격에 상처 입고 다리를 저는 자가 되었을 때, 야곱은 하나님을 의존하는 자가 되었다. 자신의 환도뼈를 의지하는 자로서의 삶을 마감한 것이다.

바울은 고린도후서 6장과 11장에서 자신이 얼마나 연약함의 극치에 도달한 자인지 말한다. 또한 고린도전서 2:3에서 바울은 "내가 너희 가운데 거할 때 약하고 두려워하고 심히 떨었노라"고 말했다.

그 이유가 2:4-5에 나온다. "내 말과 내 전도함이 설득력 있는 지혜의 말로 하지 아니하고 다만 성령의 나타나심과 능력으로 하여 너희 믿음이 사람의 지혜에 있지 아니하고 다만 하나님의 능력에 있게 하려 하였노라." 그의 확신은 하나님의 약하심이 사람의 강함보다 강하다는 것이다.^{고전 1:25}

나에게 이르시기를 내 은혜가 네게 족하도다. 이는 내 능력이 약한 데서 온전하여짐이라 하신지라. 그러므로 도리어 크게 기뻐함으로 나의 여러 약한 것들에 대하여 자랑하리니 이는 그리스도의 능력이 내게 머물게 하려 함이라. 그러므로 내가 그리스도를 위하여 약한 것들과 능욕과 궁핍과 박해와 곤고를 기뻐하노니 이는 내가 약한 그때에 강함이라.^{고후 12:9-10}

VIII.

야곱, 마침내 새날을 맞다

IX.

창세기 33-36장

야곱의 종교개혁

야곱의 인격 성숙의 과정은 범람하는 강처럼 쇄도하는 연속적인 고통을 수반하였다. 그것은 가파른 절벽 아래로 추락하는 과정이요 비통한 상실의 과정이었다. 형과 감정적인 화해를 이루었지만 야곱은 여전히 '속이는 본성' 자체를 완전히 벗어 버리지는 못한다. 그는 변화의 도상에 있는 존재였다. 33장에서 우리는 야곱 속에 작용하는 두려움과 확신, 성자다움과 사기꾼다움 속에서 인간이 얼마나 부서지기 쉬운 진토로 빚어진 고귀한 영혼인지를 다시금 확인한다. 34장의 세겜 정착은 야곱 생애에 가장 큰 패착 중 하나였다. 롯의 소돔 정착이 대실패로 끝나듯이 야곱의 세겜 정착은 큰 상처와 재난으로 끝났다. 자녀들에게 닥친 환난과 사랑하는 가족들의 죽음과 상실을 겪으면서 야곱은 점점 변화된 새 사람 이스라엘로 살아가는 것의 의미를 실감하게 된다. 세겜 정착이 가져온 파괴적 환난은 야곱의 종교개혁으로 귀결되고 그는 마침내 20년 전에 드린 벧엘 서원을 성취함으로써 영적인 갱신을 경험한다.

야곱과 에서의 화해 ●33장

33 [1]야곱이 눈을 들어 보니 에서가 사백 명의 장정을 거느리고 오고 있는지라. 그의 자식들을 나누어 레아와 라헬과 두 여종에게 맡기고 [2]여종들과 그들의 자식들은 앞에 두고 레아와 그의 자식들은 다음에 두고 라헬과 요셉은 뒤에 두고 [3]자기는 그들 앞에서 나아가되 몸을 일곱 번 땅에 굽히며 그의 형 에서에게 가까

이 가니 ⁴에서가 달려와서 그를 맞이하여 안고 목을 어긋맞추어 그와 입맞추고 서로 우니라. ⁵에서가 눈을 들어 여인들과 자식들을 보고 묻되 너와 함께 한 이들은 누구냐. 야곱이 이르되 하나님이 주의 종에게 은혜로 주신 자식들이니이다. ⁶그 때에 여종들이 그의 자식들과 더불어 나아와 절하고 ⁷레아도 그의 자식들과 더불어 나아와 절하고 그 후에 요셉이 라헬과 더불어 나아와 절하니 ⁸에서가 또 이르되 내가 만난 바 이 모든 떼는 무슨 까닭이냐. 야곱이 이르되 내 주께 은혜를 입으려 함이니이다. ⁹에서가 이르되 내 동생아, 내게 있는 것이 족하니 네 소유는 네게 두라. ¹⁰야곱이 이르되 그렇지 아니하니이다. 내가 형님의 눈앞에서 은혜를 입었사오면 청하건대 내 손에서 이 예물을 받으소서. 내가 형님의 얼굴을 뵈온즉 하나님의 얼굴을 본 것 같사오며 형님도 나를 기뻐하심이니이다. ¹¹하나님이 내게 은혜를 베푸셨고 내 소유도 족하오니 청하건대 내가 형님께 드리는 예물을 받으소서 하고 그에게 강권하매 받으니라. ¹²에서가 이르되 우리가 떠나자. 내가 너와 동행하리라. ¹³야곱이 그에게 이르되 내 주도 아시거니와 자식들은 연약하고 내게 있는 양 떼와 소가 새끼를 데리고 있은즉 하루만 지나치게 몰면 모든 떼가 죽으리니 ¹⁴청하건대 내 주는 종보다 앞서 가소서. 나는 앞에 가는 가축과 자식들의 걸음대로 천천히 인도하여 세일로 가서 내 주께 나아가리이다. ¹⁵에서가 이르되 내가 내 종 몇 사람을 네게 머물게 하리라. 야곱이 이르되 어찌하여 그리하리이까. 나로 내 주께 은혜를 얻게 하소서 하매 ¹⁶이 날에 에서는 세일로 돌아가고 ¹⁷야곱은 숙곳에 이르러 자기를 위하여 집을 짓고 그의 가축을 위하여 우릿간을 지었으므로 그 땅 이름을 숙곳이라 부르더라. ¹⁸야곱이 밧단아람에서부터 평안히 가나안 땅 세겜 성읍에 이르러 그 성읍 앞에 장막을 치고 ¹⁹그가 장막을 친 밭을 세겜의 아버지 하몰의 아들들의 손에서 백 크시타에 샀으며 ²⁰거기에 제단을 쌓고 그 이름을 엘엘로헤이스라엘이라 불렀더라.

거룩한 씨름꾼과의 철야 씨름 후 야곱은 환도뼈는 위골당했지만 영혼에는 두려움을 극복케 하는 내적인 평안과 확신이 찾아들었다. 그는 하나님의 얼굴을 대면하고도 살았다는 절대적인 안정감을 누렸으며 돋는 햇살을 받으며 가나안 땅으로 입성한다. 그러나 그의 두려움이 완전히 극복된 것은 아니었다. 야곱은 일찍이 요단 강을 건너기 전에 사자들과 풍성한 예물들을 보내어 에돔 들에 있는 형 에서에게 자신의 귀향을 알렸다.[32:3] 이에 에서는 400명의 남자들을 거느리고 야곱을 향하여 마중길을 떠난다. 귀향하는 야곱을 향하여 400인을 거느리고 다가오는 에서의 대열이 우호적인 출영인지 20년 전의 복수를 위한 적대적인 조우인지 분명하지 않다. 특히 32:6의 '만나려고'라는 동사 카라(קָרָא)는 흔히 '군사적 조우'를 가리킬 때 쓰이는 동사다. 결국 얍복 나루를 건너지 못하게 밤새도록 야곱을 붙들어 매었던 불안과 공포의 정체는 에서와 그가 거느리고 있는 400명의 무장 세력 육박과 관련되어 있었다. 물론 33장에 가서야 에서의 출진이 우호적인 출영이자 야곱을 보호하기 위한 형다운 배려임을 알게 되지만,[33:12, 15] 32장까지만 읽은 독자는 아마도 야곱의 불안과 공포를 공유했을 것이다. "에서가 야곱을 공격하려고 하는 것이 아닐까?" 그러나 브니엘의 햇살 아래 새 인생의 걸음마를 시작한 야곱에게 에서와의 조우는 다른 의미를 가지게 되었다. 한 가지 주목할 만한 사실은 에서 행렬의 정체를 애매모호하게 묘사한 것은 창세기 저자의 의도를 반영하였으리라는 것이다. 에서가 처음부터 환영을 위한 우호적인 출영을 계획했는지 얍복 나루터에서 야곱이 변화될 때 에서의 마음도 화해 쪽으로 치달았는지 분명하지 않다는 것이다. 그래서 문학적 긴장감이 고조되었던 것이다.

하여간 33:1은 마침내 야곱을 향하여 400명의 무사[아르바 메오트 이쉬(אַרְבַּע מֵאוֹת אִישׁ), 직역하면 '400명의 남자', 한글성경은 '장정', '부하']를 거느리고 달려오는 에서의 진면목을 드러내고 있다. 이미 브니엘에서 환도뼈를 크게 다친 야곱의 상황은 에서와 군사적으로 대결할 처지도 못되고 도망갈 처지도 못되었다. 두려움과 내적 평안 사이에 붙들려 있는 것이다. 에서와 대면하기 직전에 보여준 야곱의 모습 속에서 우리는 그의 두려움과 확신이 어떻게 뒤엉켜 있는지를 본다.[33:1-3] 그의 두려움은 자신의 진을 세 부분으로 나누는 데서 드러난다. 두 여종과 그들의 자식들을 1진, 레아와 그의 자식들을 2진, 그리고 라헬과 요셉을 3진으로 배치한다. 여기서 진을 세 부분으로 나눈 것은 32장에서 진을 세 부분으로 나눈 행동의 연장선상에 있다. 이렇게 진을 세 부분으로 나눈 것은 유사시 에서의 군대로부터 공격당할 것을 대비하는 행위였다. 라헬과 요셉을 가장 뒤에 배치함으로써 그는 그들에게 쏟는 유별난 애착을 과시한다.

그러나 또 한편 야곱은 이러한 두려움 속에서도 단호한 확신의 일단을 보여준다. 32장에서 보여준 비겁함(항상 진의 뒤에 서거나 무리 가운데 위치)과 판연하게 다른 자세를 보이며(나보다 앞서 건너가서, 또 앞선 자에게 명령하여, 야곱도 우리 뒤에 있나이다, 예물은 그에 앞서 보내고, 야곱은 홀로 남았더니) 이번에는 자신이 제일 앞으로 나아갈 뿐만 아니라 형 에서에게 가깝게 나아간다.[33:3] 이러한 야곱의 자기비하적 겸손과 정직한 죄책 고백은 그가 형 에서의 복수심과 분노의 정당성을 인정하고 있음을 보여준다. 이런 모습을 볼 때 야곱이 그토록 집착했던 장자축복과 장자명분도 장유유서의 질서를 파괴하지 못했다는 것을 알 수 있다. 일곱 번 절하며 예의를 갖추는 동생 야곱에게 형 에서는 달려와 그의 목을 안고 입맞추었다. 피차 울고 난 후 야곱은 자신의 가족들을 일일이 소개하며 형과의 화해를 심화시킨다.

봇물처럼 터진 화해의 눈물을 훔친 후 에서는 자신이 도중에 만난 엄청난 짐승 떼의 의미를 묻는다. 야곱은 화해와 용서를 비는 선물임을 인정하고 받을 것을 강권한다. 그는 또한 "형님의 얼굴을 본 것은 마치 하나님의 얼굴을 본 것 같다"고 고백함으로써 얍복 나루터에 보낸 그 고독하고 무서운 밤의 씨름이 에서를 만날 준비를 시키신 하나님의 배려였음을 인정하기에 이른다. 이 고백은 야곱이 지난 20년 동안 장자권 파동 사건으로 얼마나 죄책감과 번뇌를 안고 살았는지를 잘 보여준다. 형의 얼굴을 본 것이 하나님의 얼굴(용서의 얼굴)32:30을 뵌 것과 동일한 속죄 효력이 있었다는 말이다. 하나님의 얼굴을 보고도 죽지 않고 살아난 것처럼, 복수심에 일그러져 있을 것이라고 생각한 형 에서의 용서와 자비의 얼굴을 보고 야곱은 자신의 생명이 보전되었다고 술회하는 것이다.33:10 인격적인 친밀도나 장유유서의 관점에서 보면 야곱과 에서의 관계는 다시 장자권 파동 이전 단계로 되돌아간 것처럼 보인다. 야곱은 동생으로서 형에게 최고의 예의를 차리고 에서는 쌍둥이 형으로 믿기지 않을 만큼 의젓하고 호방한 용서와 아량의 금도襟度를 보여준다. 인격적인 성숙도 면에서 야곱은 아직 설익은 청소년 같은 분위기를 드러내고 에서는 나이가 많은 맏형 같은 느낌을 준다.

하지만 감격적인 화해 분위기는 에서의 전격적인 동행 제안에 대한 야곱의 반응에 의해 약간 희석된다. "우리가 떠나자. 내가 너와 동행하리라"33:12는 에서의 제안은 그가 400명의 남자를 거느리고 온 목적이 야곱 일행을 보호하고 동행하여 아버지 이삭이 계신 곳으로 인도하려고 한 것임을 알 수 있다. 적어도 현재 맥락에서는 이런 해석이 가능하다. 그러나 (아버지가 계신 브엘세바로 혹은 에서의 영지인 세일산으로) 함께 떠나자는 에서의 제안을 야곱은 의뭉스럽게 거절한다. 놀랍게도 많은 짐승 떼와 어린 새끼들의 안전과 건강을 걱정해서 에서와 나머지 긴 여정을 동행할 수 없다고 답변한다. 야곱은 어린 양떼의 걸음걸이만큼 아주 천천히 성장하는 것처럼 보인다. 더 나아가서 그는 종자 일부를 남겨 야곱의 진을 보호하게 해주겠다는 에서의 후속 제안도 거절한다. 아마도 그의 속마음은 형 에서와 적당한 거리를 두려는 것이었으리라. 야곱은 천천히 세일산에 도착할 것이라고 안심을 시키지만 그는 실상 숙곳에 장막을 치고 상당 기간 거주할 생각을 굳히고 있었다. 땅을 사들이고 짐승의 우릿간을 건축하였다.³³:¹⁷ 야곱의 거짓말 버릇은 완전히 없어진 것이 아니었다. 거짓말이 효과를 발휘할 수 있는 상황이 닥치면 그의 임기응변용 거짓말 버릇은 적시에 돌발하고 있었다.

에서가 얼마나 먼 거리를 달려와 야곱을 환영하였는지를 보려면 세일산과 얍복 나루터까지의 거리(150km 이상)를 보면 알 수 있다. 에서는 다시 세일산으로 허망하게 회정하고 야곱은 짐승 떼를 먹이기에 적당한 장소를 발견하고 우릿간을 짓는데 그 지역을 숙곳(장막)이라고 부른다. 아마도 숙곳은 세겜 근처의 목초지였을 것이다. 짐승 떼에게 쏟는 야곱의 과도한 관심은 그가 밧단아람에서 이룬 물질적인 성취를 얼마나 소중하게 생각하는지 잘 보여준다. 그는 짐승의 생존과 건강을 위하여 기꺼이 세겜 지역과 근접한 곳에서 살기로 작정한 것이다. 이것은 아브라함의 목자들과 자신의 목자들이 짐승 때문에 다투자 비옥한 요단 지역을 선호하여 소돔 성 근처까지 진출하였던 롯의 행태를 생각나게 한다. 불과 지척의 거리에 자신이 20년 전 철석같은 서원을 드렸던 꿈의 성지 벧엘이 있건만 그의 시야에 아직 벧엘은 포착되지 않는다. 그렇다고 아버지가 계신 브엘세바나 형 에서가 정착한 세일도 그의 목적지가 아니다. 야곱의 근시안적 숙곳 정착은 곧 편의주의적인 세겜 정착으로 귀결된다.

역설적이게도 33:18은 야곱의 세겜 정착을 벧엘 서원을 생각나게 만드는 방식으로 말한다. 야곱이 밧단아람에서부터 '평안히' 가나안 땅 세겜 성에 이르렀다. 20년 전 야곱은 벧엘에서 '평안히' 아버지 집으로 돌아오게 해주신다면 이 벧엘을 제단 삼아 자신의 모든 소유에서 1/10을 하나님께 드리겠다고 약속하지 않았던가?²⁸:²¹⁻²² 하지만 그는 벧엘이 아니라 세겜에서 제단을 쌓고 그것을 '엘엘로헤 이스라엘'이라고 부른다. '하나님, 이스라엘의 하나님'이라고 불리는 세겜 제단은 야곱이 세겜에 상당 기간 정착할 의향이 있음을 보여주는 단서가 된다. 그는 벧엘로 올라가야 할 의무를 망각하고 있으면서도 하나님의 원초적인 약속을 의지하고 있는 것이다. 벧엘 약속을 잊어버리고 눈앞에 우선 편리한 세겜에 장막을 친다. 세겜과 하몰 족속으로부터 은 200냥 어치의 토지도 사들이고 마침내 제단도 짓는다. 야곱의 세겜 정착은 롯의 소돔 정착과 거의 같은 수준의 영적 전략임이 금방 드러난다. 어디서 살 것인가? 이 문제는 참으로 중요하다. 아브라함이 가나안 정착 초기에 일부러 헤브론 등 가나안 토착세력이 왕성하게 활동하지 않은 지역에 장막을 치고 하나님의 제단을 쌓았던 것과 달리, 야곱은 이미 잘 발전되어 있는 세겜의 도시 문화와 위태로운 공존을 시도한다.

하몰-세겜 세력과 갈등에 휩싸인 야곱 ● 34장

34 ¹레아가 야곱에게 낳은 딸 디나가 그 땅의 딸들을 보러 나갔더니 ²히위 족속 중 하몰의 아들 그 땅의 추장 세겜이 그를 보고 끌어들여 강간하여 욕되게 하고 ³그 마음이 깊이 야곱의 딸 디나에게 연연하며 그 소녀를 사랑하여 그의 마음을 말로 위로하고 ⁴그의 아버지 하몰에게 청하여 이르되 이 소녀를 내 아내로 얻게 하여 주소서 하였더라. ⁵야곱이 그 딸 디나를 그가 더럽혔다 함을 들었으나 자기의 아들들이 들에서 목축하므로 그들이 돌아오기까지 잠잠하였고 ⁶세겜의 아버지 하몰은 야곱에게 말하러 왔으며 ⁷야곱의 아들들은 들에서 이를 듣고 돌아와서 그들 모두가 근심하고 심히 노하였으니 이는 세겜이 야곱의 딸을 강간하여 이스라엘에게 부끄러운 일 곧 행하지 못할 일을 행하였음이더라. ⁸하몰이 그들에게 이르되 내 아들 세겜이 마음으로 너희 딸을 연연하여 하니 원하건대 그를 세겜에게 주어 아내로 삼게 하라. ⁹너희가 우리와 통혼하여 너희 딸을 우리에게 주며 우리 딸을 너희가 데려가고 ¹⁰

너희가 우리와 함께 거주하되 땅이 너희 앞에 있으니 여기 머물러 매매하며 여기서 기업을 얻으라 하고 ¹¹세겜도 디나의 아버지와 그의 남자 형제들에게 이르되 나로 너희에게 은혜를 입게 하라. 너희가 내게 말하는 것은 내가 다 주리니 ¹²이 소녀만 내게 주어 아내가 되게 하라. 아무리 큰 혼수와 예물을 청할지라도 너희가 내게 말한 대로 주리라. ¹³야곱의 아들들이 세겜과 그의 아버지 하몰에게 속여 대답하였으니 이는 세겜이 그 누이 디나를 더럽혔음이라. ¹⁴야곱의 아들들이 그들에게 말하되 우리는 그리하지 못하겠노라. 할례 받지 아니한 사람에게 우리 누이를 줄 수 없노니 이는 우리의 수치가 됨이니라. ¹⁵그런즉 이같이 하면 너희에게 허락하리라. 만일 너희 중 남자가 다 할례를 받고 우리 같이 되면 ¹⁶우리 딸을 너희에게 주며 너희 딸을 우리가 데려오며 너희와 함께 거주하여 한 민족이 되려니와 ¹⁷너희가 만일 우리 말을 듣지 아니하고 할례를 받지 아니하면 우리는 곧 우리 딸을 데리고 가리라. ¹⁸그들의 말을 하몰과 그의 아들 세겜이 좋게 여기므로 ¹⁹이 소년이 그 일 행하기를 지체하지 아니하였으니 그가 야곱의 딸을 사랑함이며 그는 그의 아버지 집에서 가장 존귀하였더라. ²⁰하몰과 그의 아들 세겜이 그들의 성읍 문에 이르러 그들의 성읍 사람들에게 말하여 이르되 ²¹이 사람들은 우리와 친목하고 이 땅은 넓어 그들을 용납할 만하니 그들이 여기서 거주하며 매매하게 하고 우리가 그들의 딸들을 아내로 데려오고 우리 딸들도 그들에게 주자. ²²그러나 우리 중의 모든 남자가 그들이 할례를 받음 같이 할례를 받아야 그 사람들이 우리와 함께 거주하여 한 민족 되기를 허락할 것이라. ²³그러면 그들의 가축과 재산과 그들의 모든 짐승이 우리의 소유가 되지 않겠느냐. 다만 그들의 말대로 하자. 그러면 그들이 우리와 함께 거주하리라. ²⁴성문으로 출입하는 모든 자가 하몰과 그의 아들 세겜의 말을 듣고 성문으로 출입하는 그 모든 남자가 할례를 받으니라. ²⁵제삼일에 아직 그들이 아파할 때에 야곱의 두 아들 디나의 오라버니 시므온과 레위가 각기 칼을 가지고 가서 몰래 그 성읍을 기습하여 그 모든 남자를 죽이고 ²⁶칼로 하몰과 그의 아들 세겜을 죽이고 디나를 세겜의 집에서 데려오고 ²⁷야곱의 여러 아들이 그 시체 있는 성읍으로 가서 노략하였으니 이는 그들이 그들의 누이를 더럽힌 까닭이라. ²⁸그들이 양과 소와 나귀와 그 성읍에 있는 것과 들에 있는 것과 ²⁹그들의 모든 재물을 빼앗으며 그들의 자녀와 그들의 아내들을 사로잡고 집 속의 물건을 다 노략한지라. [30] 야곱이 시므온과 레위에게 이르되 너희가 내게 화를 끼쳐 나로 하여금 이 땅의 주민 곧 가나안 족속과 브리스 족속에게 악취를 내게 하였도다. 나는 수가 적은즉 그들이 모여 나를 치고 나를 죽이리니 그러면 나와 내 집이 멸망하리라. [31] 그들이 이르되 그가 우리 누이를 창녀 같이 대우함이 옳으니이까.

놀랍게도 야곱이 장막을 친 곳은 세겜 성이 한눈에 다 보이는 곳이었다(camped within sight of the city).[33:18] 그는 이미 세겜의 지도자 세겜과 그의 아버지 하몰과 토지매입 거래를 함으로써 토착민들과 어울렸다. 이 어울림은 딸 디나가 세겜 여인들과 어울리는 길을 내었다. 레아의 딸 디나가 그 땅의 여인들을 보러 갔다는 말은 무슨 뜻인가? '보러 가다'는 디나가 세겜 여인들의 문화에 노출되고 있다는 뜻이다. 디나는 그 땅의 여인들을 보러 갔다가 세겜 성의 추장 세겜으로부터 성폭행을 당한다. 이것은 일견 한 남자가 한 여인에게 품은 거친 정욕에 의해 발생한 우발적인 사고일 수도 있지만[34:8] 다른 한편 외래 거류자들에 대한 시험적 거세 행위였을 가능성도 있다. 하몰과 세겜은 이런 방식으로 통혼 정책을 써서 야곱 세력을 흡수할 수 있다고 생각했을 것이다.[34:9-10, 20-23] 그들은 결혼을 부족 간의 합병 혹은 동맹 관계로 파악하고 있는 셈이다. 그들은 단지 남녀 한 쌍의 결혼을 생각하는 것이 아니라 두 부족 사이의 자유로운 통혼 정책을 주창하고 있지 않은가?

하몰과 세겜이 야곱과 그의 아들들에게 전격적으로 내놓은 결혼 동맹 제안은 우리의 추론을 뒷받침한다. 그들의 제안은 외부 유입 세력인 야곱 부족을 통합시켜 버리려는 정치적 계산을 깔고 이루어지고 있다. 고대 사회의 결혼은 개인과 개인의 애정만으로 이루어지지 않고 다분히 정치적인 의미를 가졌음을 고려해 보면 이런 해석은 충분히 가능하다. 그러나 힘에 있어서 우위를 보인 하몰-세겜 세력은 욕망을 과도하게 추구하다가 스스로 자충수에 빠진다. 디나를 자신의 아내로 삼고 싶다는 세겜의 소원은 일종의 병적 집착으로 변질된다. 디나를 주면 어떤 제안도 받아들일 수 있음을 과시한다. 바로 이 지점에서 오만한 토착세력인 하몰-세겜의 몰락의 근인近因이 드러난다.

외동딸 디나의 강간 피해 소식을 들은 야곱의 반응과 아들들의 반응은 상당한 차이를 보인다.^{34:5, 7} 늙은 아버지 야곱은 아들들이 돌아오기까지 잠잠하다. 세겜 세력에 비하여 미약한 자신의 처지를 고려하고 위축되어 있다. 그러나 아들들은 크게 흥분하고 격노한다. '이스라엘' 가운데서 일어나서는 안 되는 일이 일어났다고 한탄하고 슬퍼한다.^{수 7:15, 삿 20:6}

야곱의 아들들은 원통함과 격분을 감추고 냉정을 유지하며 하몰-세겜의 전격적인 통혼 제안에 대해 기습적인 역제안으로 맞선다. "우리와 통혼하는 관계에 들어오려면 너희들 중 모든 남자는 할례를 행하여야 한다." 이 기습적인 역제안에 대해 하몰과 세겜의 반응은 어리석을 정도로 단순하고 자기중심적이다.^{34:18-24} 남의 패를 전혀 고려하지 않고 자기 패에만 몰두하는 노름꾼 같다. 하몰과 세겜은 세겜 성문에서 민회를 열어 이 조건을 토의하는 한편, 야곱 족속을 흡수 병합하기 위해서는 통혼 정책이 유익하다고 공동체 백성들을 설득한다. 세겜의 모든 백성이 할례 조건을 수용하여 할례를 받는다. 한 이방 여인을 추장의 아내로 맞아들이기 위해 치르는 대가가 얼마나 혹독한지를 그들은 미처 깨닫지 못하고 있다. 이런 조건부 약속에 입각하여 디나는 일단 세겜의 집으로 시집을 간다. 창세기 저자는 독자들에게 이방인 아내를 맞아들이기 위해 하몰과 세겜처럼 어리석은 흥정을 하지 말 것을 경고하고 있다. 여기에는 한 이방 아내를 잘못 들이면 도시 전체가 멸살될 수도 있다는 엄중한 경고가 들어 있는 셈이다.

할례 후 3일이 제일 고통스럽다. 모든 세겜 남자들이 고통의 절정에 도달했을 때 디나 사건에 가장 통렬하게 분노한 시므온과 레위가 급습하여 모든 남자를 학살하고 디나를 찾아온다. 뿐만 아니라 그들은 세겜 사람들의 재산과 짐승을 약탈하고 자녀들과 아내들을 포획해 온다. 이에 대한 야곱의 반응은 아주 소극적으로 표현되어 있는데 소수 부족의 안전에 대한 염려를 드러내고 있다. 시므온과 레위의 과격한 대량 보복 행위로 가나안 원주민들에게 야곱 자신이 아주 역겨운 존재가 될 것에 대하여 염려한다. 젊은 아들들은 명분론에 집착하는 하는 데 비하여 늙은 아버지 야곱은 자신의 세력이 약한 것에 위축되어 있다. 야곱은 시므온과 레위의 행동에 대해 당시에는 어떤 적극적인 평가를 유보하고 있었지만, 인생의 마지막 시기에 후손들의 미래를 예언하는 시에서 그들의 성급한 행동과 잔인한 보복에 신랄한 비판을 가하였다.[49:5-7] 이 사건의 충격이 얼마나 컸던지를 잘 보여주는 대목이다.

33 · 36

IX.

야곱의 종교개혁

일어나 벧엘로 올라가자 ●35장

35 ¹하나님이 야곱에게 이르시되 일어나 벧엘로 올라가서 거기 거주하며 네가 네 형 에서의 낯을 피하여 도망하던 때에 네게 나타났던 하나님께 거기서 제단을 쌓으라 하신지라. ²야곱이 이에 자기 집안 사람과 자기와 함께한 모든 자에게 이르되 너희 중에 있는 이방 신상들을 버리고 자신을 정결하게 하고 너희들의 의복을 바꾸어 입으라. ³우리가 일어나 벧엘로 올라가자. 내 환난 날에 내게 응답하시며 내가 가는 길에서 나와 함께하신 하나님께 내가 거기서 제단을 쌓으려 하노라 하매 ⁴그들이 자기 손에 있는 모든 이방 신상들과 자기 귀에 있는 귀고리들을 야곱에게

주는지라. 야곱이 그것들을 세겜 근처 상수리나무 아래에 묻고 ⁵ 그들이 떠났으나 하나님이 그 사면 고을들로 크게 두려워하게 하셨으므로 야곱의 아들들을 추격하는 자가 없었더라. ⁶ 야곱과 그와 함께한 모든 사람이 가나안 땅 루스 곧 벧엘에 이르고 ⁷ 그가 거기서 제단을 쌓고 그 곳을 엘벧엘이라 불렀으니 이는 그의 형의 낯을 피할 때에 하나님이 거기서 그에게 나타나셨음이더라. ⁸ 리브가의 유모 드보라가 죽으매 그를 벧엘 아래에 있는 상수리나무 밑에 장사하고 그 나무 이름을 알론바굿이라 불렀더라. ⁹ 야곱이 밧단아람에서 돌아오매 하나님이 다시 야곱에게 나타나사 그에게 복을 주시고 ¹⁰ 하나님이 그에게 이르시되 네 이름이 야곱이지마는 네 이름을 다시는 야곱이라 부르지 않겠고 이스라엘이 네 이름이 되리라 하시고 그가 그의 이름을 이스라엘이라 부르시고 ¹¹ 하나님이 그에게 이르시되 나는 전능한 하나님이라. 생육하며 번성하라. 한 백성과 백성들의 총회가 네게서 나오고 왕들이 네 허리에서 나오리라. ¹² 내가 아브라함과 이삭에게 준 땅을 네게 주고 내가 네 후손에게도 그 땅을 주리라 하시고 ¹³ 하나님이 그와 말씀하시던 곳에서 그를 떠나 올라가시는지라. ¹⁴ 야곱이 하나님이 자기와 말씀하시던 곳에 기둥 곧 돌 기둥을 세우고 그 위에 전제물을 붓고 또 그 위에 기름을 붓고 ¹⁵ 하나님이 자기와 말씀하시던 곳의 이름을 벧엘이라 불렀더라. ¹⁶ 그들이 벧엘에서 길을 떠나 에브랏에 이르기까지 얼마간 거리를 둔 곳에서 라헬이 해산하게 되어 심히 고생하여 ¹⁷ 그가 난산할 즈음에 산파가 그에게 이르되 두려워하지 말라. 지금 네가 또 득남하느니라 하매 ¹⁸ 그가 죽게 되어 그의 혼이 떠나려 할 때에 아들의 이름을 베노니라 불렀으나 그의 아버지는 그를 베냐민이라 불렀더라. ¹⁹ 라헬이 죽으매 에브랏 곧 베들레헴 길에 장사되었고 ²⁰ 야곱이 라헬의 묘에 비를 세웠더니 지금까지 라헬의 묘비라 일컫더라. ²¹ 이스라엘이 다시 길을 떠나 에델 망대를 지나 장막을 쳤더라. ²² 이스라엘이 그 땅에 거주할 때에 르우벤이 가서 그 아버지의 첩 빌하와 동침하매 이스라엘이 이를 들었더라. 야곱의 아들은 열둘이라. ²³ 레아의 아들들은 야곱의 장자 르우벤과 그 다음 시므온과 레위와 유다와 잇사갈과 스불론이요 ²⁴ 라헬의 아들들은 요셉과 베냐민이며 ²⁵ 라헬의 여종 빌하의 아들들은 단과 납달리요 ²⁶ 레아의 여종 실바의 아들들은 갓과 아셀이니 이들은 야곱의 아들들이요 밧단아람에서 그에게 낳은 자

더라. ²⁷야곱이 기럇아르바의 마므레로 가서 그의 아버지 이삭에게 이르렀으니 기럇

아르바는 곧 아브라함과 이삭이 거류하던 헤브론이더라. ²⁸이삭의 나이가 백팔십 세

라. ²⁹이삭이 나이가 많고 늙어 기운이 다하매 죽어 자기 열조에게로 돌아가니 그의

아들 에서와 야곱이 그를 장사하였더라.

결국 야곱의 세겜 장기 정착을 위한 시도는 연착륙이 아니라 경착륙

이었음이 드러났다. 세겜에서 딸 디나는 순결을 강탈당하고 그의 둘

째, 셋째 아들인 시므온과 레위는 대량학살범으로 몰렸다. 토착민들

과 편하게 지내려던 야곱의 의도는 수포로 돌아가고 그제야 그가 벧

엘 서원을 까마득히 망각하고 있었음을 알게 된다. 환난은 하나님께

바쳐져야 할 우리의 순전한 충성이 그릇된 대상에게 쏠릴 때 우리

영혼을 난타하는 각성의 타종이다.

야곱이 시므온과 레위가 저지른 세겜 부족 대학살 사건을 접하

고 어찌할 바를 몰라 망연자실하고 있을 때 "일어나 벧엘로 올라가

서 거기 거주하며 네가 네 형 에서의 낯을 피하여 도망하던 때에 네

게 나타났던 하나님께 거기서 제단을 쌓으라"^{35:1}는 하나님의 명령

을 듣는다. 야곱은 거칠고 혹독한 환난을 겪으면서 영적인 지각력을

다시 회복한다. 그래서 그는 바로 코앞에 있는 벧엘이 그의 목적지

가 되어야함을 깨닫는다. 그것은 20년 전에 드린 그의 서원을 송두

리째 상기시키는 명령이었다.^{31:13} 저지대에 위치한 세겜에 비해 벧

엘은 상대적으로 고지대에 위치하고 있기 때문에 벧엘로 가려면 올

라가야 한다. 영적 등고선을 높이라, 영적 고도를 높이라는 명령이

었다. 여기서 영적 고도를 높인다는 것은 하나님께 바친 서원을 성

취하는 방향으로 살아가라는 뜻이다. 벧엘로 올라가서 20년 전 드

린 서원을 갚으라는 것이다. 단을 쌓고 거기서 하나님께 받은 것의

1/10을 바치는 삶을 살라는 것이다. 야곱이 자신의 가축과 짐승 떼

IX.

야곱의 종교개혁

의 생존과 안전에 과도하게 집착한 나머지 하나님께 바치는 삶을 망각하고 있을 때 하나님의 명령은 정곡을 찌르며 다가왔다. 이러한 경우가 하나님의 말씀이 살아 있고 운동력 있음을 느끼는 순간이리라. 하나님의 말씀은 야곱의 속생각을 꿰뚫고 있으며 야곱의 의도를 벌거벗은 자처럼 빛 가운데 드러내신다. 전광석화 같은 하나님의 명령에 대한 야곱의 반응은 자신을 포함한 모든 식솔들의 신속하고 철저한 순종이었다.[35:2-6]

야곱은 자신의 모든 가족과 종들에게 명령한다. "모든 이방 신상(라헬이 훔쳐 온 드라빔 포함)을 버리고 자신을 정결케 하고 세겜식 의복(문화)을 벗어던지라." 야곱 자신이 가슴속 깊은 내실에 이방 신상을 품고 살았음을 인정하고 있으며 그의 공동체가 세겜 세력과 얼마나 동화되었는지를 인정하고 있다. 야곱 부족은 세겜에 대하여 빛과 소금이 되기보다는 세겜의 어둠에 휘둘리고 있었던 것이다. 그는 벧엘로 올라가야 하는 이유를 분명하게 선포한다. "거기서 나는 나의 환난 날에 나와 동행하신 하나님께 단을 쌓으려 하노라." 세겜 사건을 통해 그는 또 한 차례 하나님에 대한 앎을 심화시킨다. 환난 날에 자신과 동행하시는 하나님을 또 한 번 만나고 하나님의 응답을 경험한 것이다. 3절의 '내게 응답하시며'라는 구절은 1절의 하나님 명령도 야곱의 기도("하나님, 이제 우리는 어떻게 해야 합니까?")에 대한 응답임을 암시하고 있다. 그는 자신의 여행길에 함께하시고 동행(보호)하시는 하나님에 대한 신앙고백을 통하여 토착세력의 보복 공격과 추격전에 대한 두려움을 극복하고 있다. 결국 야곱 부족은 모든 이방 신상과 금귀고리 등을 세겜 땅에 묻고 벧엘로 향한다. 5절은 하나님께서 야곱 일행의 여정을 신적인 후광으로 보호하셔서 토착민들의 보복 공격을 원천봉쇄하고 있음을 보여준다.

야곱은 마침내 벧엘로 올라가서 제단을 쌓고 그 제단을 '엘벧엘'

이라고 이름 붙인다. 하나님은 벧엘에서 야곱과 재회하신다. 다시 한 번 야곱의 이름을 이스라엘이라고 고쳐 주신다. 얍복 나루터의 하룻밤 씨름이 야곱의 변화를 영단번에 완성하신 것이 아님을 알 수 있다. 하나님은 긴 시간 동안 반복적으로 우리의 인격을 조련하시고 담금질하신다. 하나님은 우리가 반복적으로 하나님의 구원 경험을 기억하도록 구원 경험이 일어난 곳에 새 이름을 붙이기를 기대하신다. 야곱에서 이스라엘로 변화된 의미를 재확증하신 셈이다. 벧엘 재회를 통해 하나님은 야곱이 아브라함과 이삭에게 주신 하나님 약속의 적법한 계승자임을 다시 확증해 주신다.[35:12-13] 하나님은 자신을 '전능한 하나님'[엘 샤다이(אֵל שַׁדַּי)]으로 부르면서 생육, 번성, 큰 민족 형성, 땅에 대한 약속을 확증하신다. 하나님은 그가 이삭의 장자임을 인정하신다.

이와 같은 영적 고양 속에서도 야곱은 두 가지 비통한 사건을 겪는다. 하나는 벧엘에서 리브가의 유모 드보라와 사별한 것이다. 드보라는 어머니 리브가가 시집올 때 따라온 나이 많은 여종으로서[24:59] 가나안 땅의 리브가와 밧단아람의 야곱 사이에 소식을 전달하는 중간고리 역할을 하였을 것이다. 따라서 드보라는 먼저 돌아가신 어머니에 대한 감미로운 기억들을 보존하고 있었던 사람이었다. 야곱은 어머니에 대한 사랑의 매개자였던 드보라를 '통곡의 상수리나무'라는 뜻의 알론바굿 아래에 묻는다. 그러나 이 통곡은 벧엘에서 베들레헴으로 가는 도중에 아기를 낳다가 죽는 라헬의 죽음을 앞 둔 예고편 통곡에 불과하였다.

벧엘에서 베들레헴으로 가는 도중에 라헬이 베냐민을 난산하다가 죽는다. 이제까지 겪은 슬픔과 비통 중에서도 가장 심각한 비통이요 상실이었다. 그러나 이 슬픔도 불원간에 겪을 요셉의 상실에 비하면 오히려 경미한 환난이었다. 이처럼 야곱에게 닥치는 슬픔은 점층적으로 심화된다. 드보라와 라헬의 연속적인 죽음은 야곱을 탈속적인 성자로 빚어 가는 데에 기여했을 것이다. 일종의 세상 이유식인 셈이다. 인생이 영원하지 않으며 영원하신 하나님의 뜻에 복종하는 것이 얼마나 중요한지를 깨달았을 터였다.

그러나 노년기 야곱의 인생 여정길이 괴롭고 참담한 재난의 연속이었음을 또 한 번 확인시켜 주는 사건이 일어난다. 드보라의 죽음과 라헬의 죽음에 뒤이어 맏아들이 라헬의 여종인 서모 빌하와 통간을 범하는 사건이 일어난다. 야곱의 즉각적인 반응은 본문에서 나타나지 않지만 그는 죽기 직전 후손들을 위한 예언기도에서 르우벤의 미래를 저주 어린 예언으로 채우는 분노를 보인다.[49:3-4] 안팎으로 엄청난 환난을 겪으면서 마침내 야곱은 아버지 이삭이 계신 헤브론에 도착한다. 그는 죽기 직전 아버지 이삭에게 와서 그를 장사지낸다. 살아 있는 아버지 이삭과 상봉하는 장면을 보여주지 않은 채 창세기는 야곱이 에서와 함께 180세로 세상을 떠난 아버지 이삭의 장례식을 치렀다고 보도한다.

구원의 방계로서의 에서 족보 ●36장

36 ¹ 에서 곧 에돔의 족보는 이러하니라. ² 에서가 가나안 여인 중 헷 족속 엘론의 딸 아다와 히위 족속 시브온의 딸인 아나의 딸 오홀리바마를 자기 아내로 맞이하고 3또 이스마엘의 딸 느바욧의 누이 바스맛을 맞이하였더니 ⁴ 아다는 엘리바스를 에서에게 낳았고 바스맛은 르우엘을 낳았고 ⁵ 오홀리바마는 여우스와 얄람과 고라를 낳았으니 이들은 에서의 아들이요 가나안 땅에서 그에게 태어난 자들이더라. ⁶ 에서가 자기 아내들과 자기 자녀들과 자기 집의 모든 사람과 자기의 가축과 자기의 모든 짐승과 자기가 가나안 땅에서 모은 모든 재물을 이끌고 그의 동생 야곱을 떠나 다른 곳으로 갔으니 ⁷ 두 사람의 소유가 풍부하여 함께 거주할 수 없음이러라.

그들이 거주하는 땅이 그들의 가축으로 말미암아 그들을 용납할 수 없었더라. ⁸ 이에서 곧 에돔이 세일산에 거주하니라. ⁹ 세일산에 있는 에돔 족속의 조상 에서의 족보는 이러하고 ¹⁰ 그 자손의 이름은 이러하니라. 에서의 아내 아다의 아들은 엘리바스요 에서의 아내 바스맛의 아들은 르우엘이며 ¹¹ 엘리바스의 아들들은 데만과 오말과 스보와 가담과 그나스요 ¹² 에서의 아들 엘리바스의 첩 딤나는 아말렉을 엘리바스에게 낳았으니 이들은 에서의 아내 아다의 자손이며 ¹³ 르우엘의 아들들은 나핫과 세라와 삼마와 미사니 이들은 에서의 아내 바스맛의 자손이며 ¹⁴ 시브온의 손녀 아나의 딸 에서의 아내 오홀리바마의 아들들은 이러하니 그가 여우스와 얄람과 고라를 에서에게 낳았더라. ¹⁵ 에서 자손 중 족장은 이러하니라. 에서의 장자 엘리바스의 자손으로는 데만 족장, 오말 족장, 스보 족장, 그나스 족장과 ¹⁶ 고라 족장, 가담 족장, 아말렉 족장이니 이들은 에돔 땅에 있는 엘리바스의 족장들이요 이들은 아다의 자손이며 ¹⁷ 에서의 아들 르우엘의 자손으로는 나핫 족장, 세라 족장, 삼마 족장, 미사 족장이니 이들은 에돔 땅에 있는 르우엘의 족장들이요 이들은 에서의 아내 바스맛의 자손이며 ¹⁸ 에서의 아내인 오홀리바마의 아들들은 여우스 족장, 얄람 족장, 고라 족장이니 이들은 아나의 딸이요 에서의 아내인 오홀리바마로 말미암아 나온 족장들이라. ¹⁹ 에서 곧 에돔의 자손으로서 족장 된 자들이 이러하였더라. ²⁰ 그 땅의 주민 호리 족속 세일의 자손은 로단과 소발과 시브온과 아나와 ²¹ 디손과 에셀과 디산이니 이들은 에돔 땅에 있는 세일의 자손 중 호리 족속의 족장들이요 ²² 로단의 자녀는 호리와 헤맘과 로단의 누이 딤나요 ²³ 소발의 자녀는 알완과 마나핫과 에발과 스보와 오남이요 ²⁴ 시브온의 자녀는 아야와 아나며 이 아나는 그 아버지 시브온의 나귀를 칠 때에 광야에서 온천을 발견하였고 ²⁵ 아나의 자녀는 디손과 오홀리바마니 오홀리바마는 아나의 딸이며 ²⁶ 디손의 자녀는 헴단과 에스반과 이드란과 그란이요 ²⁷ 에셀의 자녀는 빌한과 사아완과 아간이요 ²⁸ 디산의 자녀는 우스와 아란이니 ²⁹ 호리 족속의 족장들은 곧 로단 족장, 소발 족장, 시브온 족장, 아나 족장, ³⁰ 디손 족장, 에셀 족장, 디산 족장이라. 이들은 그들의 족속들에 따라 세일 땅에 있는 호리 족속의 족장들이었더라. ³¹ 이스라엘 자손을 다스리는 왕이 있기 전에 에돔 땅을 다스리던 왕들은 이러하니라. ³² 브올의 아들 벨라가 에돔의

IX.

야곱의
종교
개혁

왕이 되었으니 그 도성의 이름은 딘하바며 ³³벨라가 죽고 보스라 사람 세라의 아들 요밥이 그를 대신하여 왕이 되었고 ³⁴요밥이 죽고 데만 족속의 땅의 후삼이 그를 대신하여 왕이 되었고 ³⁵후삼이 죽고 브닷의 아들 곧 모압 들에서 미디안 족속을 친 하닷이 그를 대신하여 왕이 되었으니 그 도성 이름은 아윗이며 ³⁶하닷이 죽고 마스레가의 삼라가 그를 대신하여 왕이 되었고 ³⁷삼라가 죽고 유브라데 강변 르호봇의 사울이 그를 대신하여 왕이 되었고 ³⁸사울이 죽고 악볼의 아들 바알하난이 그를 대신하여 왕이 되었고 ³⁹악볼의 아들 바알하난이 죽고 하달이 그를 대신하여 왕이 되었으니 그 도성 이름은 바우며 그의 아내의 이름은 므헤다벨이니 마드렛의 딸이요 메사합의 손녀더라. ⁴⁰에서에게서 나온 족장들의 이름은 그 종족과 거처와 이름을 따라 나누면 이러하니 딤나 족장, 알와 족장, 여뎃 족장, ⁴¹오홀리바마 족장, 엘라 족장, 비논 족장, ⁴²그나스 족장, 데만 족장, 밉살 족장, ⁴³막디엘 족장, 이람 족장이라. 이들은 그 구역과 거처를 따른 에돔 족장들이며 에돔 족속의 조상은 에서더라.

36장은 에서의 계보를 기록한다. 에서 계보의 특징은 융합과 혼합 (하이브리드)을 통한 번영이다. 야곱이 토착 원주민인 히위 족속과 결별하려는 것과 달리 에서는 처음부터 헷 족속과 히위 족속의 딸들, 이스마엘의 딸들과 잘 어울리는 인물로 소개된다.²⁸⁸⁻⁹, ³⁶²⁻⁵ 이런 점에 비추어 볼 때 그는 이스라엘 민족이 하나님과 세계 만민에 대하여 특별히 선택된 민족이라고 믿는 일에 별로 큰 관심을 보이지 않은 듯하다. 아브라함과 이삭으로부터 내려온 아브라함 후손의 특별한 사명¹²²², ²²¹⁸에 대한 이해는 거의 없었던 것으로 보인다. 그래서 장자의 명분도 팥죽 한 그릇에 팔아 버리는 치명적인 실수를 범한다. 결국 에서는 약속의 후손을 낳으려는 장자다운 책임감을 스스로 포기한 셈이다. 마침내 36:6-7에서 에서와 야곱은 영구적으로 이별한다. 그 구체적인 이유는 가히 부정적이지 않다. 야곱과 에서의 소유가 풍부해져서 결별이 불가피해졌다는 것이다. 이 상황은 창세기

13장 롯과 아브라함의 결별 분위기, 그리고 창세기 31장 라반과 야곱의 결별 분위기와도 비슷하다. 적대적인 분열이 아니라 각자 성장을 통한 영역 분할 차원의 분리였다.

그러나 에서 또한 하나님의 복을 받는 구원사의 방계를 구성한다. 창세기는 열 개의 족보, 톨레도트(תּוֹלְדוֹת)로 구성된다. 그는 당당히 창세기의 열 계보 중 하나를 대표한다.[1] 그는 장자권을 야곱에게 넘기고 영구적으로 세일산에 거주하지만 그 또한 하나님의 천부불가양의 기업으로서 세일산을 차지한다. 신명기 2:4-5에서 하나님은 세일산은 에돔에게 주신 영원한 기업이므로 이스라엘에게 절대로 침범하지 말도록 명령하신다. 구원사의 적통을 계승하지 못했다고 구원에서 끊어진 것이 아니다. 선민의 역사 바깥의 역사를 모두 신적 유기와 심판의 영역으로 보는 견해는 비성경적이다. 비선민인 만민의 역사는 '따라지'의 역사가 아니다. 만민은 하나님의 구원의 이차적인 수혜자이며 하나님의 보호하심과 돌보심의 영역에 머물고 있다.

에서 부족은 후에 에돔 왕국으로 발전한다. 긴 이스라엘 역사상 유다(이스라엘)와 에돔의 관계는 거의 대부분 적대적이었는데 야곱-에서 장자권 파동 이야기를 통하여 이스라엘은 에돔 지배를 신학적으로 정당화했을 수도 있다. 그러나 창세기 33-36장은 이런 신학적 정당화를 어느 정도 상대화시킨다. 에돔은 정복당할 수 없는 독립적인 복을 누리도록 예정된 족속이라는 것이다. 창세기 33-36장은 에돔에 대해 참으로 우호적인 시각을 가지고 있다. 특히 36:20-30은 에돔 족속판 가나안 정복 이야기를 담고 있다.[대상 1:34-42] 에서 자손도 마치 이스라엘이 가나안 원주민을 격퇴하고 그 땅을 차지한 것처럼 세일산의 원주민인 호리 족속을 격퇴하고 그 땅을 차지한 구원사적인 기억을 가지고 있다. 이것이 바로 이스라엘이 에돔 족속을 멸절시키지 못하고 에돔 영토를 정복하지 못하는 이유가 된다는 것이다.^{신 2:4-5, 암 9:7} 다만 에서 족속은 원주민을 전멸하지 않고 함께 공존했던 것처럼 보인다. 이런 점에서 에돔 족속에게는 선민으로서의 정체성이 거의 없었음을 알 수 있다. 아브라함-이삭-야곱 계보가 선택과 계약 전승을 발전시키는 동안에 에돔 족속은 열국 가운데 하나로 만족하며 살았다고 보아야 한다. 그래서 창세기 36:31-43은 에서 부족이 이스라엘보다 먼저 왕정을 도입하여 자신들의 문명을 이루고 살았다고 기록한다.

솔로몬 왕정 이래 에돔은 베두인 족속(광야 유목족) 특유의 민속 지혜의 저장고 역할을 톡톡히 하였다. 예를 들면, 에돔 사람 도엑은 사울 왕의 지혜 참모였다. 36장에 소개된 에서 후손들의 이름이 고대에 유명한 지혜자들의 이름과 유사함을 볼 때 에돔이 적어도 지혜자들의 본거지 중 하나였음을 짐작할 수 있다. 16절의 엘리바스는 욥기의 엘리바스를 생각나게 하고 13절의 르우엘은 잠언 31:1의 르무엘 왕을 생각나게 한다. 에돔의 대표적인 지혜 고장인 데만은 욥기 엘리바스의 고향임을 기억할 필요가 있다.

이처럼 선민의 적통을 계승하지 못한 에돔도 자신 나름의 구원사 기억과 축적된 지혜 전승을 가지고 문명을 이루도록 배려하신 하나님께서 바로 온 세계를 하나님의 사랑으로 품으신 예수 그리스도의 하나님이시다. 적통 구원사 계보는 구원을 독점하지 않고 방계 족보와 더불어 함께 누리려고 할 때 그 위대성이 인정될 것이다.

X.

창세기 37-45장

아브라함의 후손 요셉과 동행하신 하나님

요셉 이야기를 담고 있는 창세기 37-50장은 야곱의 족보(톨레도트) 의 일부다. 요셉의 인생 역정은 원[原]아브라함 약속[12:1-3, 22:18] 가운데 두 가지, 곧 하나님의 함께하심(임재와 보호)의 약속과 세계 만민에 게 복의 근원이 된다는 약속이 실현되는 현장이었다. 그는 모든 환 난과 전락의 순간에도 하나님의 함께하심, 곧 하나님의 임재와 보호 를 아주 세밀하게 경험했을 뿐만 아니라, 자신의 고난에 찬 인생살 이를 통하여 세계 만방에 이름이 창대하게 되는 대역전극의 주인공 이 되었다. 그의 인생은 아브라함-이삭-야곱이 받은 "네 후손으로 말미암아 천하 만민이 복을 얻으리라"는 약속의 성취였다.

37 · 45

X.

아 브 라 함 의 후 손 요 셉 과 동 행 하 신 하 나 님

꿈꾸는 청소년 요셉의 추락 속에 함께하신 하나님 ●37장

37 ¹야곱이 가나안 땅 곧 그의 아버지가 거류하던 땅에 거주하였으니 ²야곱 의 족보는 이러하니라. 요셉이 십칠 세의 소년으로서 그의 형들과 함께 양 을 칠 때에 그의 아버지의 아내들 빌하와 실바의 아들들과 더불어 함께 있었더니 그 가 그들의 잘못을 아버지에게 말하더라. ³요셉은 노년에 얻은 아들이므로 이스라엘이 여러 아들들보다 그를 더 사랑하므로 그를 위하여 채색옷을 지었더니 ⁴그의 형들이 아버지가 형들보다 그를 더 사랑함을 보고 그를 미워하여 그에게 편안하게 말할 수 없었더라. ⁵요셉이 꿈을 꾸고 자기 형들에게 말하매 그들이 그를 더욱 미워하였더라. ⁶요셉이 그들에게 이르되 청하건대 내가 꾼 꿈을 들으시오. ⁷우리가 밭에서 곡식 단 을 묶더니 내 단은 일어서고 당신들의 단은 내 단을 둘러서서 절하더이다. ⁸그의 형들

이 그에게 이르되 네가 참으로 우리의 왕이 되겠느냐. 참으로 우리를 다스리게 되겠느냐 하고 그의 꿈과 그의 말로 말미암아 그를 더욱 미워하더니 ⁹요셉이 다시 꿈을 꾸고 그의 형들에게 말하여 이르되 내가 또 꿈을 꾼즉 해와 달과 열한 별이 내게 절하더이다 하니라. ¹⁰그가 그의 꿈을 아버지와 형들에게 말하매 아버지가 그를 꾸짖고 그에게 이르되 네가 꾼 꿈이 무엇이냐. 나와 네 어머니와 네 형들이 참으로 가서 땅에 엎드려 네게 절하겠느냐. ¹¹그의 형들은 시기하되 그의 아버지는 그 말을 간직해 두었더라. ¹²그의 형들이 세겜에 가서 아버지의 양 떼를 칠 때에 ¹³이스라엘이 요셉에게 이르되 네 형들이 세겜에서 양을 치지 아니하느냐. 너를 그들에게로 보내리라. 요셉이 아버지에게 대답하되 내가 그리하겠나이다. ¹⁴이스라엘이 그에게 이르되 가서 네 형들과 양 떼가 다 잘 있는지를 보고 돌아와 내게 말하라 하고 그를 헤브론 골짜기에서 보내니 그가 세겜으로 가니라. ¹⁵어떤 사람이 그를 만난즉 그가 들에서 방황하는지라. 그 사람이 그에게 물어 이르되 네가 무엇을 찾느냐. ¹⁶그가 이르되 내가 내 형들을 찾으니 청하건대 그들이 양치는 곳을 내게 가르쳐 주소서. ¹⁷그 사람이 이르되 그들이 여기서 떠났느니라. 내가 그들의 말을 들으니 도단으로 가자 하더라 하니라. 요셉이 그의 형들의 뒤를 따라 가서 도단에서 그들을 만나니라. ¹⁸요셉이 그들에게 가까이 오기 전에 그들이 요셉을 멀리서 보고 죽이기를 꾀하여 ¹⁹서로 이르되 꿈 꾸는 자가 오는도다. ²⁰자, 그를 죽여 한 구덩이에 던지고 우리가 말하기를 악한 짐승이 그를 잡아먹었다 하자. 그의 꿈이 어떻게 되는지를 우리가 볼 것이니라 하는지라. ²¹르우벤이 듣고 요셉을 그들의 손에서 구원하려 하여 이르되 우리가 그의 생명은 해치지 말자. ²²르우벤이 또 그들에게 이르되 피를 흘리지 말라. 그를 광야 그 구덩이에 던지고 손을 그에게 대지 말라 하니 이는 그가 요셉을 그들의 손에서 구출하여 그의 아버지에게로 돌려보내려 함이었더라. ²³요셉이 형들에게 이르매 그의 형들이 요셉의 옷 곧 그가 입은 채색옷을 벗기고 ²⁴그를 잡아 구덩이에 던지니 그 구덩이는 빈 것이라 그 속에 물이 없었더라. ²⁵그들이 앉아 음식을 먹다가 눈을 들어 본즉 한 무리의 이스마엘 사람들이 길르앗에서 오는데 그 낙타들에 향품과 유향과 몰약을 싣고 애굽으로 내려가는지라. ²⁶유다가 자기 형제에게 이르되 우리가 우리 동생을 죽이고 그의 피를 덮어둔들 무엇이

유익할까. ²⁷ 자, 그를 이스마엘 사람들에게 팔고 그에게 우리 손을 대지 말자. 그는 우리의 동생이요 우리의 혈육이니라 하매 그의 형제들이 청종하였더라. ²⁸ 그 때에 미디안 사람 상인들이 지나가고 있는지라. 형들이 요셉을 구덩이에서 끌어올리고 은 이십에 그를 이스마엘 사람들에게 팔매 그 상인들이 요셉을 데리고 애굽으로 갔더라. ²⁹ 르우벤이 돌아와 구덩이에 이르러 본즉 거기 요셉이 없는지라. 옷을 찢고 ³⁰ 아우들에게로 되돌아와서 이르되 아이가 없도다. 나는 어디로 갈까. ³¹ 그들이 요셉의 옷을 가져다가 숫염소를 죽여 그 옷을 피에 적시고 ³² 그의 채색옷을 보내어 그의 아버지에게로 가지고 가서 이르기를 우리가 이것을 발견하였으니 아버지 아들의 옷인가 보소서 하매 ³³ 아버지가 그것을 알아보고 이르되 내 아들의 옷이라. 악한 짐승이 그를 잡아 먹었도다. 요셉이 분명히 찢겼도다 하고 ³⁴ 자기 옷을 찢고 굵은 베로 허리를 묶고 오래도록 그의 아들을 위하여 애통하니 ³⁵ 그의 모든 자녀가 위로하되 그가 그 위로를 받지 아니하여 이르되 내가 슬퍼하며 스올로 내려가 아들에게로 가리라 하고 그의 아버지가 그를 위하여 울었더라. ³⁶ 그 미디안 사람들은 그를 애굽에서 바로의 신하 친위대장 보디발에게 팔았더라.

X.

요셉은 야곱의 노년에 태어난 아들(특히 라헬의 아들)이었으므로 아버지의 특별한 사랑을 받았다. 17세까지 요셉은 아버지 야곱의 특권적 편애와 돌봄을 받으면서 자라 매사에 거칠 것이 없는 '되바라진 막내' 혹은 '오만하고 미성숙한 응석받이'였다. 청소년 요셉은 빌하와 실바에게서 태어난 이복형들과 함께 아버지의 양을 치러 다니다가 형들의 비리를 발견하면 즉시 아버지에게 고자질했다. 그렇게 순진하고도 영악한 소년이었다. 그는 아버지의 편애와 과잉보호 속에서 형들을 주관하는 꿈을 자주 꾸었다.^{37:5-10} 그는 단지 꿈을 꾸는 데 그치지 않고 형들 앞에서 그 꿈 이야기를 늘어놓기까지 했다.

요셉이 꾼 꿈은 한결같이 정치적인 야망과 관련된 꿈이었다. 첫 꿈은 자신의 곡식단에게 형들의 곡식단이 절하는 꿈이다.^{37:7} 그의 이야기를 들은 형들의 반응("네가 우리의 왕이 되겠느냐?")으로 미루어 볼 때 이 꿈은 정치적 야심을 드러내는 제왕형 꿈이었다. 두 번째 꿈은 해와 달과 열한 별이 자신에게 절하는 꿈이다. 요셉은 아버지 야곱에게도 꿈 이야기를 들려준다. 꿈을 꾸는 행위는 자연적인 현상이지만 꿈 이야기를 공공연히 말하고 다니는 행위는 권력의지의 과시였다. 그의 꿈에 대한 형들과 아버지의 반응은 서로 달랐다. 야곱도 이 꿈을 정치적인 주관의 관점에서 해석하고 요셉의 경솔한 행동을 질책했다. 그러면서도 그 의미를 마음 깊은 곳에 담아 둔다. 그러나 당돌한 꿈 이야기로 형들의 자존감을 무너뜨리는 요셉의 거침없는 행동은 결국 형들의 증오심을 심화시키고 있었다. "요셉이 꿈을 꾸고 자기 형들에게 말하매 그들이 그를 더욱 미워하였더라."37:5 "그의 꿈과 그의 말로 말미암아 그를 더욱 미워하더니."37:8

어느 날 아버지의 심부름으로 요셉은 형들이 양떼를 잘 돌보고 있는지 알아보기 위해 세겜으로 여행을 떠난다. 그는 세겜에서 형들을 만나지 못하여 온 들판을 방황하다가 마침내 도단에 이르러서야 형들을 만난다. 그러나 아버지의 심부름으로 도단까지 찾아온 요셉을 향해 형들의 적개심은 순식간에 폭발하고 만다. 멀리서도 채색옷을 입고 걸어오는 요셉을 알아본 형들은 '꿈꾸는 자'가 온다며 놀리고 죽일 모의를 한다. 그를 죽여 버림으로써 그의 꿈이 과연 어떻게 실현되는지 지켜보자고 한다.

형들은 요셉을 보자마자 채색옷을 벗기고 죽이려고 하지만 르우벤과 유다는 이를 만류한다. 그들은 요셉을 죽이는 것을 반대하는 면에서 어느 정도 지도력을 발휘한다. 형들은 요셉의 채색옷을 벗기고 결국 물 없는 구덩이에 요셉을 집어 던진다. 여기서도 장남 르우벤은 동정적인 온건 노선을 취한다. 요셉을 혼만 내고 아버지에게로 돌려보내자고 설득하지만 동생들은 그의 말을 듣지 않는다. 이 논란의 과정에서 유다가 마침 그곳을 지나가던 이스마엘 상인에게 요셉을 팔자고 제안한다. 유다는 르우벤보다는 어쩌면 더 가혹한 처리안을 제시한 것이다. 아니면 더 깊은 생각을 가지고 이런 제안을 했을 수도 있다. 유다는 적대적인 형제들이 자신이 없을 때 요셉을 죽일 수도 있다고 생각해서 이스마엘 상인에게 팔자고 했을 수도 있다는 것이다. 유다의 논리는 요셉은 "우리의 동생이요 혈육이니 죽이지는 말자"였다. 아마도 유다의 제안은 르우벤이 없을 때 이루어진 것처럼 보인다. 르우벤은 요셉이 걱정이 되어 구덩이에 와 보니 요셉이 없어진 것을 보고 자기 옷을 찢는다. 아우들에게 와서 "아이가 없다. 나는 어디로 갈까?"라고 탄식하며 어찌할 바를 모른다. 이처럼 르우벤 부재 시 유다의 지도력 아래 요셉은 노예상인에게 팔린다. 요셉은 다시 끌어올려져 은 스무 냥에 이스마엘 상인에게 팔렸다. 결국 애굽의 노예시장에서 요셉은 애굽 왕의 친위대장인 보디발의 노예로 팔려 간다.

X.

아브라함의 후손 요셉과 동행하신 하나님

　　요셉의 실종에 대해 형들은 야곱을 감쪽같이 속인다. 형들은 염소 피가 묻은 찢어진 채색옷을 야곱에게 가져다주며 요셉을 향한 아버지의 특권적 편애를 조롱했을 것이다. 숫염소의 피를 이용한 속임수 모티프는 숫염소 고기를 가지고 눈먼 아버지 이삭을 속였던 야곱 자신의 청년 시절을 생각나게 한다. 야곱은 짐승이 요셉을 찢어 삼켰다고 생각한 나머지 자기 옷을 찢은 뒤 베옷을 입고 지옥으로 내려가고 싶은 괴로운 심정을 피력한다.

'젊은 요셉'과 대비되는 인간형 '늙은 유다' ●38장

38 [1] 그 후에 유다가 자기 형제들로부터 떠나 내려가서 아둘람 사람 히라와 가까이 하니라. [2] 유다가 거기서 가나안 사람 수아라 하는 자의 딸을 보고

그를 데리고 동침하니 ³그가 임신하여 아들을 낳으매 유다가 그의 이름을 엘이라 하니라. ⁴그가 다시 임신하여 아들을 낳고 그의 이름을 오난이라 하고 ⁵그가 또 다시 아들을 낳고 그의 이름을 셀라라 하니라. 그가 셀라를 낳을 때에 유다는 거십에 있었더라. ⁶유다가 장자 엘을 위하여 아내를 데려오니 그의 이름은 다말이더라. ⁷유다의 장자 엘이 여호와가 보시기에 악하므로 여호와께서 그를 죽이신지라. ⁸유다가 오난에게 이르되 네 형수에게로 들어가서 남편의 아우 된 본분을 행하여 네 형을 위하여 씨가 있게 하라. ⁹오난이 그 씨가 자기 것이 되지 않을 줄 알므로 형수에게 들어갔을 때에 그의 형에게 씨를 주지 아니하려고 땅에 설정하매 ¹⁰그 일이 여호와가 보시기에 악하므로 여호와께서 그도 죽이시니 ¹¹유다가 그의 며느리 다말에게 이르되 수절하고 네 아버지 집에 있어 내 아들 셀라가 장성하기를 기다리라 하니 셀라도 그 형들 같이 죽을까 염려함이라. 다말이 가서 그의 아버지 집에 있으니라. ¹²얼마 후에 유다의 아내 수아의 딸이 죽은지라. 유다가 위로를 받은 후에 그의 친구 아둘람 사람 히라와 함께 딤나로 올라가서 자기의 양털 깎는 자에게 이르렀더니 ¹³어떤 사람이 다말에게 말하되 네 시아버지가 자기의 양털을 깎으려고 딤나에 올라왔다 한지라. ¹⁴그가 그 과부의 의복을 벗고 너울로 얼굴을 가리고 몸을 휩싸고 딤나 길 곁 에나임 문에 앉으니 이는 셀라가 장성함을 보았어도 자기를 그의 아내로 주지 않음으로 말미암음이라. ¹⁵그가 얼굴을 가리었으므로 유다가 그를 보고 창녀로 여겨 ¹⁶길 곁으로 그에게 나아가 이르되 청하건대 나로 네게 들어가게 하라 하니 그의 며느리인 줄을 알지 못하였음이라. 그가 이르되 당신이 무엇을 주고 내게 들어오려느냐. ¹⁷유다가 이르되 내가 내 떼에서 염소 새끼를 주리라. 그가 이르되 당신이 그것을 줄 때까지 담보물을 주겠느냐. ¹⁸유다가 이르되 무슨 담보물을 네게 주랴. 그가 이르되 당신의 도장과 그 끈과 당신의 손에 있는 지팡이로 하라. 유다가 그것들을 그에게 주고 그에게로 들어갔더니 그가 유다로 말미암아 임신하였더라. ¹⁹그가 일어나 떠나가서 그 너울을 벗고 과부의 의복을 도로 입으니라. ²⁰유다가 그 친구 아둘람 사람의 손에 부탁하여 염소 새끼를 보내고 그 여인의 손에서 담보물을 찾으려 하였으나 그가 그 여인을 찾지 못한지라. ²¹그가 그곳 사람에게 물어 이르되 길 곁 에나임에 있던 창녀가 어디 있느냐. 그들이 이르되 여기는 창녀가 없느니라. ²² 그가 유다에게로 돌아와 이르되 내가 그를 찾지 못하였고 그곳 사람도 이르기를 거기에는 창녀가 없다 하더이다 하더라. ²³ 유다가 이르되 그로 그것을 가지게 두라. 우리가 부끄러움을 당할까 하노라. 내가 이 염소 새끼를 보냈으나 그대가 그를 찾지 못하였느니라. ²⁴ 석 달쯤 후에 어떤 사람이 유다에게 일러 말하되 네 며느리 다말이 행음하였고 그 행음함으로 말미암아 임신하였느니라. 유다가 이르되 그를 끌어내어 불사르라. ²⁵ 여인이 끌려나갈 때에 사람을 보내어 시아버지에게 이르되 이 물건 임자로 말미암아 임신하였나이다. 청하건대 보소서, 이 도장과 그 끈과 지팡이가 누구의 것이니이까 한지라. ²⁶ 유다가 그것들을 알아보고 이르되 그는 나보다 옳도다. 내가 그를 내 아들 셀라에게 주지 아니하였음이로다 하고 다시는 그를 가까이 하지 아니하였더라. ²⁷ 해산할 때에 보니 쌍태라. ²⁸ 해산할 때에 손이 나오는지라. 산파가 이르되 이는 먼저 나온 자라 하고 홍색 실을 가져다가 그 손에 매었더니 ²⁹ 그 손을 도로 들이며 그의 아우가 나오는지라. 산파가 이르되 네가 어찌하여 터뜨리고 나오느냐 하였으므로 그 이름을 베레스라 불렀고 ³⁰ 그의 형 곧 손에 홍색 실 있는 자가 뒤에 나오니 그의 이름을 세라라 불렀더라.

- **37 · 45**

X.

아브라함의 후손 요셉과 동행하신 하나님

독자들은 37장과 39장 사이에 왜 늙은 유다의 일화를 담은 38장이 끼어드는지 의아해할 것이다. 여러 가지 이유가 있을 수 있겠지만 요셉형 인물과 유다형 인물을 대비하되 38장을 37장과 39장 사이에 배치함으로써, 창세기 저자는 독자들이 앞으로 전개되는 이야기 39-49장를 요셉과 유다라는 두 주인공을 중심으로 읽어 주기를 의도한 것으로 보인다. 다른 한편으로 저자는 젊은 요셉과 대비되는 늙은 유다 인간형을 비교해 봄으로써 앞으로 두 지파에 의해 주도되는 남북 왕국의 병립 시대를 미리 엿보게 한다.

38:1-11은 유다의 아들들과 그의 며느리 다말 사이에 있는 형사 취수(형이 상속자 아들이 없이 죽는 경우 동생이 형수를 아내로 맞아 낳는 첫 아들을 형의 아들로 입적시키는 고대 이스라엘의 관습) 제도의 적용

과정에서 일어난 안타까운 일화를 담고 있다. 유다는 가나안 사람 수아라는 자의 딸을 데리고 동침하여 세 아들을 낳는다. 유다는 장자 엘을 위하여 다말이라는 여인을 데려와 아내로 삼게했다. 하나님이 장자 엘의 사악함으로 인해 그를 일찍 죽게 하셨는데 그 다음부터가 문제였다. 둘째 아들 오난이 형을 대신하여 형수를 아내로 취해 형의 가문을 잇게 해주어야 하는 형사취수 의무를 저버리고 다말의 몸이 아니라 땅에 사정했다. 그 이유는 자신의 살림을 희생시켜가면서(아내를 두 명 갖는 경제적인 부담) 형에게 아들 상속자를 낳아주기 싫어서였다. 이 일이 야웨 하나님 앞에 악했기에 하나님은 오난도 죽이신다.

이제 셀라가 이 의무를 수행해야 하는데 그는 형들처럼 야웨께 죽임을 당할까 두려워했다. 유다는 더 이상 이런 사태가 계속되어서는 안 되겠다는 생각으로 다말을 친정 아버지 집으로 보냈다. 이때 마침 유다의 아내가 죽어 '위로'를 받은 후에 친구 아둘람 사람 히라와 함께 딤나에 있는 자기 양털 깎는 자에게 올라갔다. 마침 친정집에 가 있는 다말에게도 이 소식이 들렸다. 그즈음에는 셋째 아들 셀라가 다말을 아내로 취할 정도로 장성했는데 유다가 셀라를 다말의 남편으로 주지 않았기에, 다말은 과부옷을 벗고 창녀로 변장해(너울로 얼굴을 가리고 몸을 휩싸고) 에나임 문 곁에 앉아 있다가 유다를 고객으로 맞았다. 유다는 그녀를 창녀[조나(זוֹנָה)]로 여겨 성매매를 했다. 다말은 즉시 임신했다. 한편, 염소 새끼를 화대로 주겠다고 흥정한 유다는 담보물로 자신의 도장, 끈, 그리고 지팡이를 다말에게 주었다. 유다는 나중에 자신의 화대를 주고 담보물을 찾으려고 그 창녀를 찾았으나 사람들로부터 "이곳에 창녀[퀘데사(קְדֵשָׁה), 지방 성소의 사제수종 여인]는 없다"는 말만 들었다. 석 달 후에 다말이 행음하여 임신했다는 소식이 유다에게 들려오자 유다는 다말을 끌어내 불사르라고 명한다. 다

말은 끌려가는 가운데 사람을 유다에게 보내어 "이 물건들(도장, 끈, 지팡이)의 임자로 말미암아 임신했습니다"라고 고백한다. 유다는 즉시 장성한 셀라를 다말에게 남편으로 주지 않은 자신의 잘못을 인정하고 다시는 며느리를 가까이하지 않았다.

37장에서처럼 유다는 실수를 범하지만 그 부정적인 결과를 처리하는 과정에서는 투명하고 정직한 인간으로 묘사된다. 유다 집안의 씨를 받아 가문을 잇고 싶어 하는 며느리 다말이 자신보다 더 의롭다고 시인하기에 이른다. 그 결과 다말은 시부 유다로부터 베레스와 세라라는 쌍둥이를 낳았는데 그 둘은 유다를 계승하는 아들이 되었다. 쌍둥이 중 세라가 머리가 아니라 손을 먼저 내밀고 나오려고 하자 산파가 그 손에 홍색 실을 가져다가 장자 표시를 하려고 했는데 희한하게 동생이 먼저 엄마 자궁을 터뜨리고 나왔다. 터뜨림을 의미하는 베레스라는 이름을 먼저 나온 둘째 아들에게 주었다. 남자아이를 낳아 가문의 대를 잇는 일을 신성시하던 고대 근동의 가부장적 문화에서 보면 다말의 행동은 위대한 자기희생이었다. 그래서 후대에 다말은 유다 지파의 위대한 모가장 가운데 한 사람으로 칭송받는다.^{룻 4:11-12} 부정한 임신을 핑계 삼아 며느리를 죽이려고 한 유다는 기이한 방법을 쓰면서까지 대를 이으려고 집착했던 다말이 자신보다 더 '의로운' 사람이라고 평가한 것이다.

이처럼 38장은 유다 노년기의 한 일화를 통하여 그의 정직하고 회개에 민첩한 성품을 보여준다. 따라서 창세기 저자는 38장을 요셉의 됨됨이와 비교되는 유다의 됨됨이를 중심으로 읽도록 기대한다. 고난 없이 자라다가 성격이 왜곡된 요셉은 고난을 통해 담금질되고 정련되어 가는 유형이었고, 흠과 점과 얼룩으로 뒤엉킨 복합적인 존재 유다는 자신의 잘못을 고쳐 가는 회개형 인물이었다.

후대의 역사는 유다가 남왕국의 중심 지파가 되고 요셉이 북왕국의 중심 지파가 되어 장자권을 공유하는 형국으로 전개된다. 유다는 형제들의 공경과 복종을 받는 중심 지파(왕권의 상징인 홀을 쥐는 지파)가 됨으로써 장자 지파가 되고, 요셉은 12지파 중에서 에브라임과 므낫세 두 지파 몫의 상속을 받았으므로 장자 지파로 인정되었다.[49:8-10, 22-26]

노예에서 죄수로 전락하는 청년 요셉 ●39장

39 [1]요셉이 이끌려 애굽에 내려가매 바로의 신하 친위대장 애굽 사람 보디발이 그를 그리로 데려간 이스마엘 사람의 손에서 요셉을 사니라. [2]여호와께서 요셉과 함께하시므로 그가 형통한 자가 되어 그의 주인 애굽 사람의 집에 있으니 [3]그의 주인이 여호와께서 그와 함께하심을 보며 또 여호와께서 그의 범사에 형통하게 하심을 보았더라. [4]요셉이 그의 주인에게 은혜를 입어 섬기매 그가 요셉을 가정 총무로 삼고 자기의 소유를 다 그의 손에 위탁하니 [5]그가 요셉에게 자기의 집과 그의 모든 소유물을 주관하게 한 때부터 여호와께서 요셉을 위하여 그 애굽 사람의 집에 복을 내리시므로 여호와의 복이 그의 집과 밭에 있는 모든 소유에 미친지라. [6]주인이 그의 소유를 다 요셉의 손에 위탁하고 자기가 먹는 음식 외에는 간섭하지 아니하였더라. 요셉은 용모가 빼어나고 아름다웠더라. [7]그 후에 그의 주인의 아내가 요셉에게 눈짓하다가 동침하기를 청하니 [8]요셉이 거절하며 자기 주인의 아내에게 이르되 내 주인이 집안의 모든 소유를 간섭하지 아니하고 다 내 손에 위탁하였으니 [9]이 집에는 나보다 큰 이가 없으며 주인이 아무것도 내게 금하지 아니하였어도 금한 것은 당신뿐이니 당신은 그의 아내임이라. 그런즉 내가 어찌 이 큰 악을 행하여 하나님께 죄를 지으리이까. [10]여인이 날마다 요셉에게 청하였으나 요셉이 듣지 아니하여 동침하지 아니할 뿐더러 함께 있지도 아니하니라. [11]그러할 때에 요셉이 그의 일을 하러 그 집에 들어갔더니 그 집 사람들은 하나도 거기에 없었더라. [12]그 여인이 그의 옷을 잡고 이르되 나와 동침하자. 그러나 요셉이 자기의 옷을 그 여인의 손에 버려두고 밖으로 나가매

¹³그 여인이 요셉이 그의 옷을 자기 손에 버려두고 도망하여 나감을 보고 ¹⁴그 여인의 집 사람들을 불러서 그들에게 이르되 보라, 주인이 히브리 사람을 우리에게 데려다가 우리를 희롱하게 하는도다. 그가 나와 동침하고자 내게로 들어오므로 내가 크게 소리 질렀더니 ¹⁵그가 나의 소리 질러 부름을 듣고 그의 옷을 내게 버려두고 도망하여 나갔느니라 하고 ¹⁶그의 옷을 곁에 두고 자기 주인이 집으로 돌아오기를 기다려 ¹⁷이 말로 그에게 말하여 이르되 당신이 우리에게 데려온 히브리 종이 나를 희롱하려고 내게로 들어왔으므로 ¹⁸내가 소리 질러 불렀더니 그가 그의 옷을 내게 버려두고 밖으로 도망하여 나갔나이다. ¹⁹그의 주인이 자기 아내가 자기에게 이르기를 당신의 종이 내게 이같이 행하였다 하는 말을 듣고 심히 노한지라. ²⁰이에 요셉의 주인이 그를 잡아 옥에 가두니 그 옥은 왕의 죄수를 가두는 곳이었더라. 요셉이 옥에 갇혔으나 ²¹여호와께서 요셉과 함께하시고 그에게 인자를 더하사 간수장에게 은혜를 받게 하시매 ²²간수장이 옥중 죄수를 다 요셉의 손에 맡기므로 그 제반 사무를 요셉이 처리하고 ²³간수장은 그의 손에 맡긴 것을 무엇이든지 살펴보지 아니하였으니 이는 여호와께서 요셉과 함께하심이라. 여호와께서 그를 범사에 형통하게 하셨더라.

X.

요셉은 졸지에 애굽 왕 바로의 친위대장인 보디발의 가정 총무 노예로 전락한다. 그러나 이 시기는 하나님의 함께하심을 세밀하게 경험하는 시절이었다. 요셉은 비참한 노예생활 중에도 성실한 인품과 충성심으로 주인의 사랑과 신뢰를 독차지한다. 하나님이 요셉의 범사를 형통하게 하심을 발견한 주인은 요셉에게 모든 소유를 관리하게 한다. 그때부터 하나님께서 보디발의 집과 재산에 복이 미치게 하신다.

그러나 그의 충성스러운 노예생활에 또 한 차례의 환난이 닥친다. 순결한 영혼을 지닌 요셉이었기에 당하는 환난이었다.^{39:7-10} 요셉은 보디발의 아내가 집요하게 동침을 요구하는데도 이를 거절하다가 성추행범으로 낙인찍혀 국사범들이 갇히는 감옥에 투옥된다.^{39:11-20} 하지만 감옥에서도 요셉은 하나님이 함께하신다는 약속의 위력을 체험하였다. 21-23절은 그가 참담한 불운과 역경 속에서도 보석처럼 빛나는 영혼의 소유자로 남을 수 있었던 이유가 무엇인지 가르쳐 준다. 감옥에서도 하나님은 요셉과 함께하실 뿐만 아니라 아브라함과 맺은 언약에 근거하여 아브라함의 후손인 요셉에게 인자(헤세드)를 베푸셔서 간수장의 눈에 은총을 덧입게 하셨다. "여호와께서 요셉과 함께하시고 그에게 인자를 더하사 간수장에게 은혜를 받게 하시매."[39:21] 인자라고 번역된 히브리어 헤세드(חֶסֶד)는 계약 당사자가 서로에 대하여 보여주는 신실한 의무 수행을 가리킨다. 하나님은 아브라함과 맺은 언약에 근거하여 요셉과 함께하시고 그의 범사를 형통케 하시는 것이다. 요셉은 세계 만민에게 복의 근원이 되게 하겠다는 원아브라함 약속을 성취하는 아브라함의 후손이 되기 위하여 고강도의 품성 훈련을 받고 있다.[롬 5:3-5]

감옥 안의 영적 지도자 ●40장

40 [1] 그 후에 애굽 왕의 술 맡은 자와 떡 굽는 자가 그들의 주인 애굽 왕에게 범죄한지라. [2] 바로가 그 두 관원장 곧 술 맡은 관원장과 떡 굽는 관원장에게 노하여 [3] 그들을 친위대장의 집 안에 있는 옥에 가두니 곧 요셉이 갇힌 곳이라. [4] 친위대장이 요셉에게 그들을 수종들게 하매 요셉이 그들을 섬겼더라. 그들이 갇힌 지 여러 날이라. [5] 옥에 갇힌 애굽 왕의 술 맡은 자와 떡 굽는 자 두 사람이 하룻밤에 꿈을 꾸니 각기 그 내용이 다르더라. [6] 아침에 요셉이 들어가 보니 그들에게 근심의 빛이 있는지라. [7] 요셉이 그 주인의 집에 자기와 함께 갇힌 바로의 신하들에게 묻되 어찌하여 오늘 당신들의 얼굴에 근심의 빛이 있나이까. [8] 그들이 그에게 이르되 우리가 꿈을 꾸었으나 이를 해석할 자가 없도다. 요셉이 그들에게 이르되 해석은 하나님께 있지 아니하니이까. 청하건대 내게 이르소서. [9] 술 맡은 관원장이 그의 꿈을 요셉에게 말하여 이

르되 내가 꿈에 보니 내 앞에 포도나무가 있는데 ¹⁰그 나무에 세 가지가 있고 싹이 나서 꽃이 피고 포도송이가 익었고 ¹¹내 손에 바로의 잔이 있기로 내가 포도를 따서 그 즙을 바로의 잔에 짜서 그 잔을 바로의 손에 드렸노라. ¹²요셉이 그에게 이르되 그 해석이 이러하니 세 가지는 사흘이라. ¹³지금부터 사흘 안에 바로가 당신의 머리를 들고 당신의 전직을 회복시키리니 당신이 그 전에 술 맡은 자가 되었을 때에 하던 것 같이 바로의 잔을 그의 손에 드리게 되리이다. ¹⁴당신이 잘 되시거든 나를 생각하고 내게 은혜를 베풀어서 내 사정을 바로에게 아뢰어 이 집에서 나를 건져 주소서. ¹⁵나는 히브리 땅에서 끌려온 자요 여기서도 옥에 갇힐 일은 행하지 아니하였나이다. ¹⁶떡 굽는 관원장이 그 해석이 좋은 것을 보고 요셉에게 이르되 나도 꿈에 보니 흰 떡 세 광주리가 내 머리에 있고 ¹⁷맨 윗광주리에 바로를 위하여 만든 각종 구운 음식이 있는데 새들이 내 머리의 광주리에서 그것을 먹더라. ¹⁸요셉이 대답하여 이르되 그 해석은 이러하니 세 광주리는 사흘이라. ¹⁹지금부터 사흘 안에 바로가 당신의 머리를 들고 당신을 나무에 달리니 새들이 당신의 고기를 뜯어 먹으리이다 하더니 ²⁰제삼일은 바로의 생일이라. 바로가 그의 모든 신하를 위하여 잔치를 베풀 때에 술 맡은 관원장과 떡 굽는 관원장에게 그의 신하들 중에 머리를 들게 하니라. ²¹바로의 술 맡은 관원장은 전직을 회복하매 그가 잔을 바로의 손에 받들어 드렸고 ²²떡 굽는 관원장은 매달리니 요셉이 그들에게 해석함과 같이 되었으나 ²³술 맡은 관원장이 요셉을 기억하지 못하고 그를 잊었더라.

X.

아브라함의 후손 요셉과 동행하신 하나님

끝없이 추락하는 요셉의 인생은 절망의 심연에서 대반전의 계기를 만난다. 요셉이 갇힌 감옥에 또 다른 두 명의 국사범이 투옥되었다. 그들은 왕에 대한 모반죄 혐의를 뒤집어쓰고 투옥된 술 맡은 관원장과 떡 굽는 관원장이었다. 요셉은 그들을 섬기도록 명령을 받았으므로 그들의 내부 사정을 어느 정도 알고 있었다. 투옥된 지 수일 후 두 관원장이 각각 꿈을 꾸고 깊은 근심에 싸이게 되었다. 요셉이 그들을 근심하게 만든 꿈을 해석해 준다. 요셉은 꿈 해석의 근거가 하나님이라는 사실을 인정하며 꿈의 계시적 기능을 인정한다. 성경에 나타난 주요 인물들의 경우에서처럼 두 관원장의 꿈도 미래와 현실을 조명하는 꿈이었다. 술 맡은 관원장은 포도나무 세 가지에 싹이 나고 꽃이 피어 포도송이를 맺었는데 그 포도로 포도주를 만들어 바로에게 올리는 꿈을 꾸었다. 요셉은 그의 꿈이 사흘 안에 복직되는 꿈이라고 해석해 주며 복직되거든 자신의 억울함을 바로에게 보고해 달라고 요청하였다.

또한 그는 흰 떡 세 광주리에 담긴 각종 구운 음식을 새들이 먹어 버리는 꿈을 꾼 떡 굽는 관원장의 꿈도 해석해 주었다. 사흘 안에 바로가 떡 굽는 관원장의 머리를 자를 것이며 그의 시신을 나무에 매달아 새들의 먹이로 줄 꿈이라고 해석하였다. 요셉의 해석대로 술 맡은 관원장은 복직되고 떡 굽는 관원장은 처형되었다. 그러나 술 맡은 관원장은 요셉의 일을 잊어버렸고 요셉의 감옥 생활이 끝날 희망의 빛도 꺼져 버렸다. 그러나 요셉은 햇빛 한 줄기 들어오지 않는 지하감옥에서도 낙담하지 않고 작은 일에 충성하는 사람이었다. 독자들의 기대와는 달리 복직된 술 맡은 관원장은 요셉을 기억하지 못했다. 인간의 신실치 못함 때문에 상심했을 수도 있었지만 요셉은 아마도 이 또한 대수롭지 않게 여겼을 것이다. 이제 하나님은 애굽의 최고지도자 바로에게 두 차례의 희한한 꿈을 꾸게 하심으로써 술 맡은 관원장이 요셉을 다시 기억하게 만드는 섭리를 보여주신다.

애굽과 온 세상의 미래: 30세 총리 요셉 ●41장

41

[1] 만 이 년 후에 바로가 꿈을 꾼즉 자기가 나일 강 가에 서 있는데 [2] 보니 아름답고 살진 일곱 암소가 강 가에서 올라와 갈밭에서 뜯어먹고 [3] 그 뒤에 또 흉하고 파리한 다른 일곱 암소가 나일 강 가에서 올라와 그 소와 함께 나일 강

가에 서 있더니 ⁴그 흉하고 파리한 소가 그 아름답고 살진 일곱 소를 먹은지라. 바로가 곧 깨었다가 ⁵다시 잠이 들어 꿈을 꾸니 한 줄기에 무성하고 충실한 일곱 이삭이 나오고 ⁶그 후에 또 가늘고 동풍에 마른 일곱 이삭이 나오더니 ⁷그 가는 일곱 이삭이 무성하고 충실한 일곱 이삭을 삼킨지라. 바로가 깬즉 꿈이라. ⁸아침에 그의 마음이 번민하여 사람을 보내어 애굽의 점술가와 현인들을 모두 불러 그들에게 그의 꿈을 말하였으나 그것을 바로에게 해석하는 자가 없었더라. ⁹술 맡은 관원장이 바로에게 말하여 이르되 내가 오늘 내 죄를 기억하나이다. ¹⁰바로께서 종들에게 노하사 나와 떡 굽는 관원장을 친위대장의 집에 가두셨을 때에 ¹¹나와 그가 하룻밤에 꿈을 꾼즉 각기 뜻이 있는 꿈이라. ¹²그곳에 친위대장의 종 된 히브리 청년이 우리와 함께 있기로 우리가 그에게 말하매 그가 우리의 꿈을 풀되 그 꿈대로 각 사람에게 해석하더니 ¹³그 해석한 대로 되어 나는 복직되고 그는 매달렸나이다. ¹⁴이에 바로가 사람을 보내어 요셉을 부르매 그들이 급히 그를 옥에서 내 놓은지라. 요셉이 곧 수염을 깎고 그의 옷을 갈아 입고 바로에게 들어가니 ¹⁵바로가 요셉에게 이르되 내가 한 꿈을 꾸었으나 그것을 해석하는 자가 없더니 들은즉 너는 꿈을 들으면 능히 푼다 하더라. ¹⁶요셉이 바로에게 대답하여 이르되 내가 아니라 하나님께서 바로에게 편안한 대답을 하시리이다. ¹⁷바로가 요셉에게 이르되 내가 꿈에 나일 강 가에 서서 ¹⁸보니 살지고 아름다운 일곱 암소가 나일 강 가에 올라와 갈밭에서 뜯어먹고 ¹⁹그 뒤에 또 약하고 심히 흉하고 파리한 일곱 암소가 올라오니 그같이 흉한 것들은 애굽 땅에서 내가 아직 보지 못한 것이라. ²⁰그 파리하고 흉한 소가 처음의 일곱 살진 소를 먹었으며 ²¹먹었으나 먹은 듯하지 아니하고 여전히 흉하더라. 내가 곧 깨었다가 ²²다시 꿈에 보니 한 줄기에 무성하고 충실한 일곱 이삭이 나오고 ²³그 후에 또 가늘고 동풍에 마른 일곱 이삭이 나더니 ²⁴그 가는 이삭이 좋은 일곱 이삭을 삼키더라. 내가 그 꿈을 점술가에게 말하였으나 그것을 내게 풀이해 주는 자가 없느니라. ²⁵요셉이 바로에게 아뢰되 바로의 꿈은 하나라. 하나님이 그가 하실 일을 바로에게 보이심이니이다. ²⁶일곱 좋은 암소는 일곱 해요 일곱 좋은 이삭도 일곱 해니 그 꿈은 하나라. ²⁷그 후에 올라온 파리하고 흉한 일곱 소는 칠 년이요 동풍에 말라 속이 빈 일곱 이삭도 일곱 해 흉년이니 ²⁸내가 바로

X.

아브라함의 후손 요셉과 동행하신 하나님

에게 이르기를 하나님이 그가 하실 일을 바로에게 보이신다 함이 이것이라. ²⁹ 온 애굽 땅에 일곱 해 큰 풍년이 있겠고 ³⁰ 후에 일곱 해 흉년이 들므로 애굽 땅에 있던 풍년을 다 잊어버리게 되고 이 땅이 그 기근으로 망하리니 ³¹ 후에 든 그 흉년이 너무 심하므로 이전 풍년을 이 땅에서 기억하지 못하게 되리이다. ³² 바로께서 꿈을 두 번 겹쳐 꾸신 것은 하나님이 이 일을 정하셨음이라. 하나님이 속히 행하시리니 ³³ 이제 바로께서는 명철하고 지혜 있는 사람을 택하여 애굽 땅을 다스리게 하시고 ³⁴ 바로께서는 또 이같이 행하사 나라 안에 감독관들을 두어 그 일곱 해 풍년에 애굽 땅의 오분의 일을 거두되 ³⁵ 그들로 장차 올 풍년의 모든 곡물을 거두고 그 곡물을 바로의 손에 돌려 양식을 위하여 각 성읍에 쌓아 두게 하소서. ³⁶ 이와 같이 그 곡물을 이 땅에 저장하여 애굽 땅에 임할 일곱 해 흉년에 대비하시면 땅이 이 흉년으로 말미암아 망하지 아니하리이다. ³⁷ 바로와 그의 모든 신하가 이 일을 좋게 여긴지라. ³⁸ 바로가 그의 신하들에게 이르되 이와 같이 하나님의 영에 감동된 사람을 우리가 어찌 찾을 수 있으리요 하고 ³⁹ 요셉에게 이르되 하나님이 이 모든 것을 네게 보이셨으니 너와 같이 명철하고 지혜 있는 자가 없도다. ⁴⁰ 너는 내 집을 다스리라. 내 백성이 다 네 명령에 복종하리니 내가 너보다 높은 것은 내 왕좌뿐이니라. ⁴¹ 바로가 또 요셉에게 이르되 내가 너를 애굽 온 땅의 총리가 되게 하노라 하고 ⁴² 자기의 인장 반지를 빼어 요셉의 손에 끼우고 그에게 세마포 옷을 입히고 금 사슬을 목에 걸고 ⁴³ 자기에게 있는 버금 수레에 그를 태우매 무리가 그의 앞에서 소리 지르기를 엎드리라 하더라. 바로가 그에게 애굽 전국을 총리로 다스리게 하였더라. ⁴⁴ 바로가 요셉에게 이르되 나는 바로라. 애굽 온 땅에서 네 허락이 없이는 수족을 놀릴 자가 없으리라 하고 ⁴⁵ 그가 요셉의 이름을 사브낫바네아라 하고 또 온의 제사장 보디베라의 딸 아스낫을 그에게 주어 아내로 삼게 하니라. 요셉이 나가 애굽 온 땅을 순찰하니라. ⁴⁶ 요셉이 애굽 왕 바로 앞에 설 때에 삼십 세라. 그가 바로 앞을 떠나 애굽 온 땅을 순찰하니 ⁴⁷ 일곱 해 풍년에 토지 소출이 심히 많은지라. ⁴⁸ 요셉이 애굽 땅에 있는 그 칠 년 곡물을 거두어 각 성에 저장하되 각 성읍 주위의 밭의 곡물을 그 성읍 중에 쌓아 두매 ⁴⁹ 쌓아 둔 곡식이 바다 모래 같이 심히 많아 세기를 그쳤으니 그 수가 한이 없음이었더라. ⁵⁰ 흉년이 들기 전에 요셉에게

창

384

두 아들이 나되 곧 온의 제사장 보디베라의 딸 아스낫이 그에게서 낳은지라. 51 요셉이 그의 장남의 이름을 므낫세라 하였으니 하나님이 내게 내 모든 고난과 내 아버지의 온 집 일을 잊어버리게 하셨다 함이요 52 차남의 이름을 에브라임이라 하였으니 하나님이 나를 내가 수고한 땅에서 번성하게 하셨다 함이었더라. 53 애굽 땅에 일곱 해 풍년이 그치고 54 요셉의 말과 같이 일곱 해 흉년이 들기 시작하매 각국에는 기근이 있으나 애굽 온 땅에는 먹을 것이 있더니 55 애굽 온 땅이 굶주리매 백성이 바로에게 부르짖어 양식을 구하는지라. 바로가 애굽 모든 백성에게 이르되 요셉에게 가서 그가 너희에게 이르는 대로 하라 하니라. 56 온 지면에 기근이 있으매 요셉이 모든 창고를 열고 애굽 백성에게 팔새 애굽 땅에 기근이 심하며 57 각국 백성도 양식을 사려고 애굽으로 들어와 요셉에게 이르렀으니 기근이 온 세상에 심함이었더라.

요셉의 예언대로 과연 술 맡은 관원장은 복직하지만, 복직되거든 자신의 억울한 사정을 왕에게 보고해 달라던 요셉의 간청을 잊어버렸다. 하지만 하나님은 애굽 왕 바로에게 기막힌 꿈을 내리심으로써 요셉을 고난의 시궁창에서 건져 내실 계기를 마련하신다. 바로가 두 번에 겹쳐 꾼 꿈은 제왕의 평안을 앗아 가는 꿈들이었다. 첫 번째 꿈은 아름답고 살진 일곱 암소가 강에서 올라와 갈밭에서 뜯어 먹은 후, 뒤이어 올라온 흉악하고 파리한 다른 일곱 암소에 의해 먹히는 꿈이었다. 두 번째 꿈은 한 줄기에 무성하고 충실한 일곱 이삭이 그 후에 일어난 쇠약하고 동풍에 마른 일곱 이삭에 의해 삼켜지는 꿈이었다. 바로가 애굽의 술객과 박사를 모두 불러 그 꿈의 해석을 명령하였으나 아무도 해석하지 못하였다. 바로 이 순간에 술 맡은 관원장이 감옥 안의 꿈 해석가 요셉을 기억하고 왕에게 천거한다. 요셉은 바로의 두 꿈이 일곱 해의 풍년 후에 일곱 해의 흉년이 있을 것을 알려주는 하나님의 계시임을 확신시켰다.41:25-32 그는 바로의 꿈을 단순히 해석하는 데만 그치지 않고 그 해석을 바탕으로 어떻게 미래를

대비할 것인지에 대하여 종합적인 대책을 내놓는다.[41:33-36]

요셉이 제시한 대책은 바로가 명철하고 지혜 있는 총리를 임명하여 수확된 모든 곡물을 바로의 성에 적치하게 한 후에 일곱 해 흉년에 대비하도록 하자는 제안이었다. 바로와 그 모든 신하가 요셉의 제안을 좋게 여겨 받아들이고 요셉을 총리로 임명하기에 이른다. "이와 같이 하나님의 영에 감동된 사람을 우리가 어찌 찾을 수 있으리요"[41:38]라고 탄성을 지르는 바로의 전적인 신임 속에서 요셉은 마침내 30세에 애굽의 총리가 되었다. 바로는 자신의 인장반지를 빼어 요셉의 손에 끼우고(왕권의 일부를 위임) 그에게 세마포 옷을 입히고 금 사슬을 목에 걸어 주었다. 또한 바로는 요셉에게 사브낫바네아라는 애굽식 이름을 주고 온의 제사장 보디베라의 딸 아스낫을 주어 아내로 삼게 하였다.[1] 흉년이 들기 전에 요셉이 아스낫과의 사이에서 므낫세(하나님이 나의 모든 고난과 내 아비의 온 일을 잊어버리게 하셨다)와 에브라임(하나님이 나의 수고한 땅에서 창성하게 하셨다)을 낳고 실제적으로 13년 동안 외국에서 겪은 온갖 굴욕과 고난의 상처로부터 벗어나게 되었다.[2]

바로의 꿈처럼 과연 애굽과 온 세상에는 7년의 풍년이 끝나고 흉년이 시작되었다. 요셉은 7년간의 풍년 동안 곡물을 거두어 각 성에 저축하되 성 주위의 밭에서 난 곡물을 그 성에 저장하여 흉년에 대비했다. 아니나 다를까 일곱 해 흉년이 들기 시작하자 애굽 온 땅이 굶주려서 백성이 바로에게 부르짖어 양식을 구할 때 요셉은 모든 창고를 열어 애굽 백성에게 양식을 공급했다. 동시에 각국 백성도 양식을 사려고 애굽으로 들어와 요셉에게 이르렀다. 기근이 온 세상에 심할 때 요셉은 애굽의 총리일 뿐만 아니라 세계 만민을 살리는 지도자로 부상한 것이다. 애굽을 비롯한 온 세계에 닥친 기근은 가나안 땅에도 임하여 야곱 가문도 위기에 처하게 되었다.

42

¹그 때에 야곱이 애굽에 곡식이 있음을 보고 아들들에게 이르되 너희는 어찌하여 서로 바라보고만 있느냐. ²야곱이 또 이르되 내가 들은즉 저 애굽에 곡식이 있다 하니 너희는 그리로 가서 거기서 우리를 위하여 사오라. 그러면 우리가 살고 죽지 아니하리라 하매 ³요셉의 형 열 사람이 애굽에서 곡식을 사려고 내려갔으나 ⁴야곱이 요셉의 아우 베냐민은 그의 형들과 함께 보내지 아니하였으니 이는 그의 생각에 재난이 그에게 미칠까 두려워함이었더라. ⁵이스라엘의 아들들이 양식 사러 간 자 중에 있으니 가나안 땅에 기근이 있음이라. ⁶때에 요셉이 나라의 총리로서 그 땅 모든 백성에게 곡식을 팔더니 요셉의 형들이 와서 그 앞에서 땅에 엎드려 절하매 ⁷요셉이 보고 형들인 줄을 아나 모르는 체하고 엄한 소리로 그들에게 말하여 이르되 너희가 어디서 왔느냐. 그들이 이르되 곡물을 사려고 가나안에서 왔나이다. ⁸요셉은 그의 형들을 알아보았으나 그들은 요셉을 알아보지 못하더라. ⁹요셉이 그들에게 대하여 꾼 꿈을 생각하고 그들에게 이르되 너희는 정탐꾼들이라. 이 나라의 틈을 엿보려고 왔느니라. ¹⁰그들이 그에게 이르되 내 주여, 아니니이다. 당신의 종들은 곡물을 사러 왔나이다. ¹¹우리는 다 한 사람의 아들들로서 확실한 자들이니 당신의 종들은 정탐꾼이 아니니이다. ¹²요셉이 그들에게 이르되 아니라. 너희가 이 나라의 틈을 엿보러 왔느니라. ¹³그들이 이르되 당신의 종 우리들은 열두 형제로서 가나안 땅 한 사람의 아들들이라. 막내 아들은 오늘 아버지와 함께 있고 또 하나는 없어졌나이다. ¹⁴요셉이 그들에게 이르되 내가 너희에게 이르기를 너희는 정탐꾼들이라 한 말이 이것이니라. ¹⁵너희는 이같이 하여 너희 진실함을 증명할 것이라. 바로의 생명으로 맹세하노니 너희 막내 아우가 여기 오지 아니하면 너희가 여기서 나가지 못하리라. ¹⁶너희 중 하나를 보내어 너희 아우를 데려오게 하고 너희는 갇히어 있으라. 내가 너희의 말을 시험하여 너희 중에 진실이 있는지 보리라. 바로의 생명으로 맹세하노니 그리하지 아니하면 너희는 과연 정탐꾼이니라 하고 ¹⁷그들을 다 함께 삼 일을 가두었더라. ¹⁸사흘 만에 요셉이 그들에게 이르되 나는 하나님을 경외하노니 너희는 이같이 하여 생명을 보

37 ● **45**

X.

아브라함의 후손 요셉과 동행하신 하나님

전하라. ¹⁹너희가 확실한 자들이면 너희 형제 중 한 사람만 그 옥에 갇히게 하고 너희는 곡식을 가지고 가서 너희 집안의 굶주림을 구하고 ²⁰너희 막내 아우를 내게로 데리고 오라. 그러면 너희 말이 진실함이 되고 너희가 죽지 아니하리라 하니 그들이 그대로 하니라. ²¹그들이 서로 말하되 우리가 아우의 일로 말미암아 범죄하였도다. 그가 우리에게 애걸할 때에 그 마음의 괴로움을 보고도 듣지 아니하였으므로 이 괴로움이 우리에게 임하도다. ²²르우벤이 그들에게 대답하여 이르되 내가 너희에게 그 아이에 대하여 죄를 짓지 말라고 하지 아니하였더냐. 그래도 너희가 듣지 아니하였느니라. 그러므로 그의 핏값을 치르게 되었도다 하니 ²³그들 사이에 통역을 세웠으므로 그들은 요셉이 듣는 줄을 알지 못하였더라. ²⁴요셉이 그들을 떠나가서 울고 다시 돌아와서 그들과 말하다가 그들 중에서 시므온을 끌어내어 그들의 눈 앞에서 결박하고 ²⁵명하여 곡물을 그 그릇에 채우게 하고 각 사람의 돈은 그의 자루에 도로 넣게 하고 또 길 양식을 그들에게 주게 하니 그대로 행하였더라. ²⁶그들이 곡식을 나귀에 싣고 그 곳을 떠났더니 ²⁷한 사람이 여관에서 나귀에게 먹이를 주려고 자루를 풀고 본즉 그 돈이 자루 아귀에 있는지라. ²⁸그가 그 형제에게 말하되 내 돈을 도로 넣었도다. 보라, 자루 속에 있도다. 이에 그들이 혼이 나서 떨며 서로 돌아보며 말하되 하나님이 어찌하여 이런 일을 우리에게 행하셨는가 하고 ²⁹그들이 가나안 땅에 돌아와 그들의 아버지 야곱에게 이르러 그들이 당한 일을 자세히 알리어 아뢰되 ³⁰그 땅의 주인인 그 사람이 엄하게 우리에게 말씀하고 우리를 그 땅에 대한 정탐꾼으로 여기기로 ³¹우리가 그에게 이르되 우리는 확실한 자들이요 정탐꾼이 아니이다. ³²우리는 한 아버지의 아들 열두 형제로서 하나는 없어지고 막내는 오늘 우리 아버지와 함께 가나안 땅에 있나이다 하였더니 ³³그 땅의 주인인 그 사람이 우리에게 이르되 내가 이같이 하여 너희가 확실한 자들임을 알리니 너희 형제 중의 하나를 내게 두고 양식을 가지고 가서 너희 집안의 굶주림을 구하고 ³⁴너희 막내 아우를 내게로 데려 오라. 그러면 너희가 정탐꾼이 아니요 확실한 자들임을 내가 알고 너희 형제를 너희에게 돌리리니 너희가 이 나라에서 무역하리라 하더이다 하고 ³⁵각기 자루를 쏟고 본즉 각 사람의 돈뭉치가 그 자루 속에 있는지라. 그들과 그들의 아버지가 돈뭉치를 보고 다 두려워하더니 ³⁶그들의

창

아버지 야곱이 그들에게 이르되 너희가 나에게 내 자식들을 잃게 하도다. 요셉도 없어
졌고 시므온도 없어졌거늘 베냐민을 또 빼앗아 가고자 하니 이는 다 나를 해롭게 함
이로다. [37] 르우벤이 그의 아버지에게 말하여 이르되 내가 그를 아버지께로 데리고 오
지 아니하거든 내 두 아들을 죽이소서. 그를 내 손에 맡기소서. 내가 그를 아버지께로
데리고 돌아오리이다. [38] 야곱이 이르되 내 아들은 너희와 함께 내려가지 못하리니 그
의 형은 죽고 그만 남았음이라. 만일 너희가 가는 길에서 재난이 그에게 미치면 너희
가 내 흰 머리를 슬퍼하며 스올로 내려가게 함이 되리라.

우여곡절 끝에 다시는 만날 수 없을 것 같았던 요셉과 그의 형들은
온 땅에 일어난 기근 때문에 운명적으로 해후한다. 13년 만에 자신
의 곡식단을 둘러싸고 절하던 형들의 곡식단에 대한 요셉의 꿈이 이
루어질 시점에 이르렀다. 요셉은 양식을 사러 내려온 형들을 이내
알아보았으나 형들은 요셉을 알아보지 못하였다. 마침내 형들은 애
굽 총리가 된 동생 요셉에게 절하며 양식을 사게 해달라고 요청한
다. 그러나 요셉은 형들을 애굽의 정세를 정탐하러 온 적국의 정탐
꾼이라고 누명을 씌우며 표독스럽게 다룬다. 형들은 자신들이 정탐
꾼이 아니라 한 평범한 아버지의 열 아들임을 증명하기 위해 가족사
를 이야기할 수밖에 없었다. 그들은 자신들의 결백을 증명하는 과정
에서 형제 한 명의 실종 사건에 대해서도 언급해야 했다. 그들은 원
래 열두 형제였으나 한 형제는 가나안 땅에 아버지와 함께 있고 하
나는 없어졌다고 얼버무렸다. 아마도 요셉이 가족사를 꼬치꼬치 물
어본 목적은 형들이 자신을 애굽에 팔아 버린 사건을 어떻게 해석하
는지 알아보고자 할 뿐만 아니라, 그들이 자신의 동생 베냐민을 어
떻게 대하는지 알아보고자 함이었을 것이다.

    한 걸음 더 나아가서 요셉은 그들이 결백을 증명하려면 아홉 명은
애굽에 남고 한 명이 가서 막냇동생 베냐민을 데려와야 한다고 압박

X.

아브라함의 후손 요셉과 동행하신 하나님

하였다. 그는 열 명의 형들을 3일 동안 감옥에 가두어 놓았다가, 3일 후에 시므온만 남기고 나머지 형들은 석방하였다. 아홉 형제를 가나안 땅으로 돌려보내면서 그는 앞으로 양식을 사려면 반드시 막냇동생을 데려와야 한다는 조건을 내걸었다.

이 과정에서 열 명의 형들은 요셉을 팔아넘긴 사건을 괴롭게 회상하였다. 결박당한 시므온을 보면서 결박당한 채 살려 달라고 애걸하던 요셉의 괴로움을 기억해 내었다. 요셉의 모든 연극 행위는 바로 그 사건을 기억해 내도록 돕는 도덕극이었다. 그들은 자신들이 애걸해도 듣지 않는 총리대신을 보면서 요셉의 애걸을 들어주지 않았던 자신들의 잔인함을 기억해 낸 것이다. 요셉은 형들이 의논하는 장면을 통역 없이도 다 알아듣고 몰래 울음을 터뜨리기까지 하였다. 요셉은 돈을 받지 않고 형들의 자루에 양식을 가득 채웠을 뿐만 아니라 길 가다가 먹을 양식을 따로 채워 줌으로써 형들을 선대하였다.

그러나 형들이 회개하도록 압박하는 요셉의 도덕극은 여기서 끝나지 않았다. 형들의 자루에 돈을 그대로 넣어 둠으로써 형들에게 돈을 지불하지 않고 양식을 가져간 파렴치범 혐의를 뒤집어씌울 명분을 축적해 놓고 있었다. 요셉의 형들은 한 여관에서 자루에 돈이 그대로 있는 것을 보고 서로 떨며 두려워하였다. 집에 돌아와서 이 사건을 아버지 야곱에게 실토하자 그도 두려워하였다. 이런 두려움 속에서 요셉의 형들이 아버지에게 베냐민을 애굽으로 데려가야만 양식을 살 수 있다고 설명하는 장면은 복잡하고 음울하다. 먼저 형들은 애굽의 총리대신이 자신들을 강압적으로 다루고 오해한 일을 아버지에게 자세하게 보고한 후, 자신들이 정탐꾼이 아님을 증명하기 위해서는 베냐민을 애굽으로 데려가야 한다고 말하였다. 자세한 내막을 들은 야곱은 절망적으로 탄식한다. 요셉과 시므온에 이어 이제 베냐민까지 잃을지도 모른다는 두려움에 사로잡힌 것이다. 이때 르우벤이 맏아들답게 자신의 두 아들의 목숨을 걸고 베냐민을 데려가고자 아버지를 설득하지만 별 소용이 없었다. 오히려 야곱은 '내 아들 베냐민'을 데려갈 수 없다는 강경한 주장만을 펼쳤다.

베냐민을 데려와서 너희가 정탐꾼이 아님을 증명하라 •43장

43 ¹ 그 땅에 기근이 심하고 ² 그들이 애굽에서 가져온 곡식을 다 먹으매 그 아버지가 그들에게 이르되 다시 가서 우리를 위하여 양식을 조금 사오라. ³ 유다가 아버지에게 말하여 이르되 그 사람이 우리에게 엄히 경고하여 이르되 너희 아우가 너희와 함께 오지 아니하면 너희가 내 얼굴을 보지 못하리라 하였으니 ⁴ 아버지께서 우리 아우를 우리와 함께 보내시면 우리가 내려가서 아버지를 위하여 양식을 사려니와 ⁵ 아버지께서 만일 그를 보내지 아니하시면 우리는 내려가지 아니하리니 그 사람이 우리에게 말하기를 너희의 아우가 너희와 함께 오지 아니하면 너희가 내 얼굴을 보지 못하리라 하였음이니이다. ⁶ 이스라엘이 이르되 너희가 어찌하여 너희에게 또 다른 아우가 있다고 그 사람에게 말하여 나를 괴롭게 하였느냐. ⁷ 그들이 이르되 그 사람이 우리와 우리의 친족에 대하여 자세히 질문하여 이르기를 너희 아버지가 아직 살아 계시느냐, 너희에게 아우가 있느냐 하기로 그 묻는 말에 따라 그에게 대답한 것이니 그가 너희의 아우를 데리고 내려오라 할 줄을 우리가 어찌 알았으리이까. ⁸ 유다가 그의 아버지 이스라엘에게 이르되 저 아이를 나와 함께 보내시면 우리가 곧 가리니 그러면 우리와 아버지와 우리 어린 아이들이 다 살고 죽지 아니하리이다. ⁹ 내가 그를 위하여 담보가 되오리니 아버지께서 내 손에서 그를 찾으소서. 내가 만일 그를 아버지께 데려다가 아버지 앞에 두지 아니하면 내가 영원히 죄를 지리이다. ¹⁰ 우리가 지체하지 아니하였더라면 벌써 두 번 갔다 왔으리이다. ¹¹ 그들의 아버지 이스라엘이 그들에게 이르되 그러할진대 이렇게 하라. 너희는 이 땅의 아름다운 소산을 그릇에 담아가지고 내려가서 그 사람에게 예물로 드릴지니 곧 유향 조금과 꿀 조금과 향품과 몰약과 유향나무 열매와 감복숭아이니라. ¹² 너희 손에 갑절의 돈을 가지고 너희 자루 아귀에

도로 넣어져 있던 그 돈을 다시 가지고 가라. 혹 잘못이 있었을까 두렵도다. ¹³ 네 아우도 데리고 떠나 다시 그 사람에게로 가라. ¹⁴ 전능하신 하나님께서 그 사람 앞에서 너희에게 은혜를 베푸사 그 사람으로 너희 다른 형제와 베냐민을 돌려보내게 하시기를 원하노라. 내가 자식을 잃게 되면 잃으리로다. ¹⁵ 그 형제들이 예물을 마련하고 갑절의 돈을 자기들의 손에 가지고 베냐민을 데리고 애굽에 내려가서 요셉 앞에 서니라. ¹⁶ 요셉은 베냐민이 그들과 함께 있음을 보고 자기의 청지기에게 이르되 이 사람들을 집으로 인도해 들이고 짐승을 잡고 준비하라. 이 사람들이 정오에 나와 함께 먹을 것이니라. ¹⁷ 청지기가 요셉의 명대로 하여 그 사람들을 요셉의 집으로 인도하니 ¹⁸ 그 사람들이 요셉의 집으로 인도되매 두려워하여 이르되 전번에 우리 자루에 들어 있던 돈의 일로 우리가 끌려드는도다. 이는 우리를 억류하고 달려들어 우리를 잡아 노예로 삼고 우리의 나귀를 빼앗으려 함이로다 하고 ¹⁹ 그들이 요셉의 집 청지기에게 가까이 나아가 그 집 문 앞에서 그에게 말하여 ²⁰ 이르되 내 주여, 우리가 전번에 내려와서 양식을 사가지고 ²¹ 여관에 이르러 자루를 풀어본즉 각 사람의 돈이 전액 그대로 자루 아귀에 있기로 우리가 도로 가져왔고 ²² 양식 살 다른 돈도 우리가 가지고 내려왔나이다. 우리의 돈을 우리 자루에 넣은 자는 누구인지 우리가 알지 못하나이다. ²³ 그가 이르되 너희는 안심하라. 두려워하지 말라. 너희 하나님, 너희 아버지의 하나님이 재물을 너희 자루에 넣어 너희에게 주신 것이니라. 너희 돈은 내가 이미 받았느니라 하고 시므온을 그들에게로 이끌어내고 ²⁴ 그들을 요셉의 집으로 인도하고 물을 주어 발을 씻게 하며 그들의 나귀에게 먹이를 주더라. ²⁵ 그들이 거기서 음식을 먹겠다 함을 들었으므로 예물을 정돈하고 요셉이 정오에 오기를 기다리더니 ²⁶ 요셉이 집으로 오매 그들이 집으로 들어가서 예물을 그에게 드리고 땅에 엎드려 절하니 ²⁷ 요셉이 그들의 안부를 물으며 이르되 너희 아버지 너희가 말하던 그 노인이 안녕하시냐. 아직도 생존해 계시느냐. ²⁸ 그들이 대답하되 주의 종 우리 아버지가 평안하고 지금까지 생존하였나이다 하고 머리 숙여 절하더라. ²⁹ 요셉이 눈을 들어 자기 어머니의 아들 자기 동생 베냐민을 보고 이르되 너희가 내게 말하던 너희 작은 동생이 이 아이냐. 그가 또 이르되 소자여, 하나님이 네게 은혜 베푸시기를 원하노라. ³⁰ 요셉이 아우를 사랑하는 마음이 복받쳐 급히 울 곳을 찾아 안방으로 들어가서 울고 ³¹ 얼굴을 씻고 나와서 그 정을 억제하고 음식을 차리라 하매 ³² 그들이 요셉에게 따로 차리고 그 형제들에게 따로 차리고 그와 함께 먹는 애굽 사람에게도 따로 차리니 애굽 사람은 히브리 사람과 같이 먹으면 부정을 입음이었더라. ³³ 그들이 요셉 앞에 앉되 그들의 나이에 따라 앉히게 되니 그들이 서로 이상히 여겼더라. ³⁴ 요셉이 자기 음식을 그들에게 주되 베냐민에게는 다른 사람보다 다섯 배나 주매 그들이 마시며 요셉과 함께 즐거워하였더라.

이렇게 옥신각신하는 가운데 시간이 흘러 애굽에서 사온 양식이 바닥나 다시 애굽으로 양식을 사러 가야 할 형편이 되었다. 그러나 베냐민을 대동하지 않고는 총리의 얼굴을 볼 수 없다는 언질에 매여 있는 형들은 쉽게 애굽으로 내려가지 못했다. 이때 정신적인 공황 상태에 빠진 야곱을 차분하게 설득하여 베냐민을 애굽으로 데려가는 데 결정적인 지도력을 발휘한 사람이 유다였다. 유다의 논리는 "베냐민을 보내면 우리 가족이 다 살 수 있지만 보내지 않으면 우리 가족이 멸절된다"는 것이었다. 또한 베냐민을 살아 돌아오게 하지 못하면 유다 자신이 영원히 죄를 뒤집어쓰겠다고 주장하였다. 마지막으로 그는 지체하지 않았다면 벌써 두 번은 갔다 왔을 것이라고 설득하였다. 마침내 야곱은 허락하며 애굽 총리에게 보낼 예물을 챙겨 주고 지난번 값까지 계산하여 두 배의 돈을 가져가도록 한다.

요셉은 베냐민과 형들을 영접할 잔치를 준비하였지만 애굽에 도착한 형들은 오히려 지난번 자루에 든 돈 사건 때문에 자신들을 노예로 삼고 나귀를 빼앗지 않을까 심히 염려했다. 그래서 그들은 아예 처음부터 요셉의 청지기에게 자루에 든 돈 사건에 대하여 자초지종을 말했다. 뜻밖에도 청지기는 "안심하라. 두려워 말라. 너희 하나님, 너희 아버지의 하나님이 재물을 너희 자루에 넣어 너희에게 주신 것이니라. 너희 돈은 내가 이미 받았느니라"^{43:23}고 위로하며 시므온을 석방시켜 주었다.

간신히 위기를 넘긴 형들과 베냐민은 예물을 정돈하고 요셉을 면담하려고 대기하다가 그가 오자 예물을 바치고 땅에 엎드려 절하였다(요셉의 꿈 실현). 정확하게 이 시점부터 요셉은 좀 더 노골적으로 자신의 정체를 하나씩 드러내기 시작한다. 그는 먼저 그들의 아버지 야곱의 노년에 대해 소상히 물었다. 또한 그는 베냐민에 대한 각별한 애정을 과시했는데 베냐민을 축복한 후 다른 방에서 울기까지 하였다. 요셉은 자기가 먹는 음식을 형제들에게 주되 베냐민에게는 다른 사람보다 다섯 배나 더 주었다. 마지막으로 요셉은 형들을 장유의 차서대로 앉게 하여 그들이 요셉의 정체에 대해 한층 더 심각한 생각에 잠기도록 도와주었다.

베냐민을 인질로 붙잡아 형들의 내적 품성을 검증하는 요셉 ● 44장

44 [1] 요셉이 그의 집 청지기에게 명하여 이르되 양식을 각자의 자루에 운반할 수 있을 만큼 채우고 각자의 돈을 그 자루에 넣고 [2] 또 내 잔 곧 은잔을 그 청년의 자루 아귀에 넣고 그 양식 값 돈도 함께 넣으라 하매 그가 요셉의 명령대로 하고 [3] 아침이 밝을 때에 사람들과 그들의 나귀들을 보내니라. [4] 그들이 성읍에서 나가 멀리 가기 전에 요셉이 청지기에게 이르되 일어나 그 사람들의 뒤를 따라 가서 그들에게 이르기를 너희가 어찌하여 선을 악으로 갚느냐. [5] 이것은 내 주인이 가지고 마시며 늘 점치는 데에 쓰는 것이 아니냐. 너희가 이같이 하니 악하도다 하라. [6] 청지기가 그들에게 따라 가서 그대로 말하니 [7] 그들이 그에게 대답하되 내 주여, 어찌 이렇게 말씀하시나이까. 당신의 종들이 이런 일은 결단코 아니하나이다. [8] 우리 자루에 있던 돈도 우리가 가나안 땅에서부터 당신에게로 가져왔거늘 우리가 어찌 당신의 주인의 집에서 은 금을 도둑질하리이까. [9] 당신의 종들 중 누구에게서 발견되든지 그는 죽을 것이요 우리는 내 주의 종들이 되리이다. [10] 그가 이르되 그러면 너희의 말과 같이 하리

라. 그것이 누구에게서든지 발견되면 그는 내게 종이 될 것이요 너희는 죄가 없으리라. [11] 그들이 각각 급히 자루를 땅에 내려놓고 자루를 각기 푸니 [12] 그가 나이 많은 자에게서부터 시작하여 나이 적은 자에게까지 조사하매 그 잔이 베냐민의 자루에서 발견된지라. [13] 그들이 옷을 찢고 각기 짐을 나귀에 싣고 성으로 돌아가니라. [14] 유다와 그의 형제들이 요셉의 집에 이르니 요셉이 아직 그곳에 있는지라. 그의 앞에서 땅에 엎드리니 [15] 요셉이 그들에게 이르되 너희가 어찌하여 이런 일을 행하였느냐. 나 같은 사람이 점을 잘 치는 줄을 너희는 알지 못하였느냐. [16] 유다가 말하되 우리가 내 주께 무슨 말을 하오리이까. 무슨 설명을 하오리이까. 우리가 어떻게 우리의 정직함을 나타내리이까. 하나님이 종들의 죄악을 찾아내셨으니 우리와 이 잔이 발견된 자가 다 내 주의 노예가 되겠나이다. [17] 요셉이 이르되 내가 결코 그리하지 아니하리라. 잔이 그 손에서 발견된 자만 내 종이 되고 너희는 평안히 너희 아버지께로 도로 올라갈 것이니라. [18] 유다가 그에게 가까이 가서 이르되 내 주여, 원하건대 당신의 종에게 내 주의 귀에 한 말씀을 아뢰게 하소서. 주의 종에게 노하지 마소서. 주는 바로와 같으심이니이다. [19] 이전에 내 주께서 종들에게 물으시되 너희는 아버지가 있느냐, 아우가 있느냐 하시기에 [20] 우리가 내 주께 아뢰되 우리에게 아버지가 있으니 노인이요 또 그가 노년에 얻은 아들 청년이 있으니 그의 형은 죽고 그의 어머니가 남긴 것은 그뿐이므로 그의 아버지가 그를 사랑하나이다 하였더니 [21] 주께서 또 종들에게 이르시되 그를 내게로 데리고 내려와서 내가 그를 보게 하라 하시기로 [22] 우리가 내 주께 말씀드리기를 그 아이는 그의 아버지를 떠나지 못할지니 떠나면 그의 아버지가 죽겠나이다. [23] 주께서 또 주의 종들에게 말씀하시되 너희 막내 아우가 너희와 함께 내려오지 아니하면 너희가 다시 내 얼굴을 보지 못하리라 하시기로 [24] 우리가 주의 종 우리 아버지에게로 도로 올라가서 내 주의 말씀을 그에게 아뢰었나이다. [25] 그 후에 우리 아버지가 다시 가서 곡물을 조금 사오라 하시기로 [26] 우리가 이르되 우리가 내려갈 수 없나이다. 우리 막내 아우가 함께 가면 내려가려니와 막내 아우가 우리와 함께 가지 아니하면 그 사람의 얼굴을 볼 수 없음이니이다. [27] 주의 종 우리 아버지가 우리에게 이르되 너희도 알거니와 내 아내가 내게 두 아들을 낳았으나 [28] 하나는 내게서 나갔으므로 내가 말하기를 틀

림없이 찢겨 죽었다 하고 내가 지금까지 그를 보지 못하거늘 ²⁹ 너희가 이 아이도 내게서 데려가려 하니 만일 재해가 그 몸에 미치면 나의 흰 머리를 슬퍼하며 스올로 내려가게 하리라 하니 ³⁰ 아버지의 생명과 아이의 생명이 서로 하나로 묶여 있거늘 이제 내가 주의 종 우리 아버지에게 돌아갈 때에 아이가 우리와 함께 가지 아니하면 ³¹ 아버지가 아이의 없음을 보고 죽으리니 이같이 되면 종들이 주의 종 우리 아버지가 흰 머리로 슬퍼하며 스올로 내려가게 함이니이다. ³² 주의 종이 내 아버지에게 아이를 담보하기를 내가 이를 아버지께로 데리고 돌아오지 아니하면 영영히 아버지께 죄짐을 지리이다 하였사오니 ³³ 이제 주의 종으로 그 아이를 대신하여 머물러 있어 내 주의 종이 되게 하시고 그 아이는 그의 형제들과 함께 올려 보내소서. ³⁴ 그 아이가 나와 함께 가지 아니하면 내가 어찌 내 아버지에게로 올라갈 수 있으리이까. 두렵건대 재해가 내 아버지에게 미침을 보리이다.

44장은 형들을 회개시키기 위해 요셉이 연출한 또 하나의 도덕극을 보여준다. 요셉은 이번에는 아예 형제들을 범죄자로 취급하여 베냐민과 아버지 야곱에 대한 형들의 진심을 검증한다. 요셉은 돈을 받지 않는 것은 물론이고 각 형제의 자루에 양식을 가득 채우고 특별히 청지기로 하여금 그의 은잔을 베냐민의 자루에 집어넣게 하였다. 그리고 날이 밝아 형제들이 가나안 땅을 향해 출발한 지 얼마 안되어 청지기가 그들을 추격하여 "누가 우리 주인의 은잔을 훔쳐 갔느냐?"고 다그치게 하였다. 이 모두는 물론 형들의 내적 품성을 검증하고 약 20년 전의 범죄에 대해 회개를 유도하기 위한 방편이었다.

청지기는 주인의 명대로 그들을 추격하여 "악으로 선을 갚는다"고 질책하며 은잔 절도범을 찾아내려고 하였다. 청지기의 추격과 추궁에 당황한 요셉의 형들은 결백을 입증하기 위해 "훔친 사람은 죽을 것이요 자신들은 요셉의 종이 되겠다"고 맹세하였다. 그러나 청지기는 "훔친 사람만 요셉의 종이 될 것이요 나머지는 무죄로 인정될 것이라"고 말한다. 그 사이에 베냐민의 자루에서 은잔이 발견되고 형들은 각기 자신들의 옷을 찢고 다시 요셉에게로 소환당한다. 베냐민의 자루에서 발견된 은잔을 보고 요셉은 이 사건을 베냐민의 단독 절도 행위로 보지 않고 형제들의 연대적인 범죄라고 주장하였다. 그러나 요셉은 은잔이 발견된 그 자루의 주인만 종이 되고 나머지 형제들은 아버지께로 평안히 가라고 말한다. 그럼에도 불구하고 형들과 베냐민 모두 요셉의 종이 되겠다고 자청한다. 형들은 이전에 요셉을 대할 때 보였던 무자비함 대신에 책임감과 형제적 연대의식을 보여준다. 특히 유다의 지도력이 빛을 발하고 그의 언변은 요셉을 감동시킨다.

베냐민을 가나안 땅으로 귀향시키기 위해 유다는 자기희생적 책임감을 보이며 요셉을 설득했다.[44:14-34] 사실상 베냐민의 자루에서 은잔이 발견된 사건부터는 유다가 사태를 수습하는 맏형의 역할을 다한다. 18절부터는 아예 유다 혼자서 요셉에게 가까이 가서 자신들의 기구한 가족사를 다시 반복하고 왜 베냐민을 석방해 주어야 하는지를 설득한다. 여기서 유다는 베냐민에 대한 아버지 야곱의 사랑과 아들을 잃게 될 경우 그가 겪을 괴로움을 감동적으로 대변하고 동생에 대한 형의 책임감과 사랑을 충분히 과시한다. 베냐민마저 잃을지도 모른다는 야곱의 피해의식은 사실 요셉을 잃어버린 고통의 악몽이자 아물지 않은 상처를 의미했다. 유다는 또한 베냐민을 다시 아버지 집으로 데려가지 못하면 자신이 평생 죄인으로 살겠다는 맹세를 하였음을 요셉에게 실토한다. 마지막으로 유다는 자신이 베냐민을 대신하여 종이 될 테니 십대 소년에 불과한 아우를 석방해 달라고 간청한다. 유다의 언변은 감동과 설득력으로 가득 차 있었다. 요셉은 아버지에 대한 유다의 사랑, 동생 베냐민에 대한 그의 사랑을 확인하고 자신의 정체를 드러내기 시작한다.

X.

아브라함의 후손 요셉과 동행하신 하나님

45 ¹요셉이 시종하는 자들 앞에서 그 정을 억제하지 못하여 소리 질러 모든 사람을 자기에게서 물러가라 하고 그 형제들에게 자기를 알리니 그 때에 그와 함께 한 다른 사람이 없었더라. ²요셉이 큰 소리로 우니 애굽 사람에게 들리며 바로의 궁중에 들리더라. ³요셉이 그 형들에게 이르되 나는 요셉이라. 내 아버지께서 아직 살아 계시니이까. 형들이 그 앞에서 놀라서 대답하지 못하더라. ⁴요셉이 형들에게 이르되 내게로 가까이 오소서. 그들이 가까이 가니 이르되 나는 당신들의 아우 요셉이니 당신들이 애굽에 판 자라. ⁵당신들이 나를 이곳에 팔았다고 해서 근심하지 마소서. 한탄하지 마소서. 하나님이 생명을 구원하시려고 나를 당신들보다 먼저 보내셨나이다. ⁶이 땅에 이 년 동안 흉년이 들었으나 아직 오 년은 밭갈이도 못하고 추수도 못할지라. ⁷하나님이 큰 구원으로 당신들의 생명을 보존하고 당신들의 후손을 세상에 두시려고 나를 당신들보다 먼저 보내셨나니 ⁸그런즉 나를 이리로 보낸 이는 당신들이 아니요 하나님이시라. 하나님이 나를 바로에게 아버지로 삼으시고 그 온 집의 주로 삼으시며 애굽 온 땅의 통치자로 삼으셨나이다. ⁹당신들은 속히 아버지께로 올라가서 아뢰기를 아버지의 아들 요셉의 말에 하나님이 나를 애굽 전국의 주로 세우셨으니 지체 말고 내게로 내려오사 ¹⁰아버지의 아들들과 아버지의 손자들과 아버지의 양과 소와 모든 소유가 고센 땅에 머물며 나와 가깝게 하소서. ¹¹흉년이 아직 다섯 해가 있으니 내가 거기서 아버지를 봉양하리이다. 아버지와 아버지의 가족과 아버지께 속한 모든 사람에게 부족함이 없도록 하겠나이다 하더라고 전하소서. ¹²당신들의 눈과 내 아우 베냐민의 눈이 보는 바 당신들에게 이 말을 하는 것은 내 입이라. ¹³당신들은 내가 애굽에서 누리는 영화와 당신들이 본 모든 것을 다 내 아버지께 아뢰고 속히 모시고 내려오소서 하며 ¹⁴자기 아우 베냐민의 목을 안고 우니 베냐민도 요셉의 목을 안고 우니라. ¹⁵요셉이 또 형들과 입맞추며 안고 우니 형들이 그제서야 요셉과 말하니라. ¹⁶요셉의 형들이 왔다는 소문이 바로의 궁에 들리매 바로와 그의 신하들이 기뻐하고 ¹⁷바로는 요셉에게 이르되 네 형들에게 명령하기를 너희는 이렇게 하여 너희 양식을 싣

X.

고 가서 가나안 땅에 이르거든 ¹⁸너희 아버지와 너희 가족을 이끌고 내게로 오라. 내가 너희에게 애굽의 좋은 땅을 주리니 너희가 나라의 기름진 것을 먹으리라. ¹⁹이제 명령을 받았으니 이렇게 하라. 너희는 애굽 땅에서 수레를 가져다가 너희 자녀와 아내를 태우고 너희 아버지를 모셔 오라. ²⁰또 너희의 기구를 아끼지 말라. 온 애굽 땅의 좋은 것이 너희 것임이니라. ²¹이스라엘의 아들들이 그대로 할새 요셉이 바로의 명령대로 그들에게 수레를 주고 길 양식을 주며 ²²또 그들에게 다 각기 옷 한 벌씩을 주되 베냐민에게는 은 삼백과 옷 다섯 벌을 주고 ²³그가 또 이와 같이 그 아버지에게 보내되 수나귀 열 필에 애굽의 아름다운 물품을 실리고 암나귀 열 필에는 아버지에게 길에서 드릴 곡식과 떡과 양식을 실리고 ²⁴이에 형들을 돌려보내며 그들에게 이르되 당신들은 길에서 다투지 말라 하였더라. ²⁵그들이 애굽에서 올라와 가나안 땅으로 들어가서 아버지 야곱에게 이르러 ²⁶알리어 이르되 요셉이 지금까지 살아 있어 애굽 땅 총리가 되었더이다. 야곱이 그들의 말을 믿지 못하여 어리둥절 하더니 ²⁷그들이 또 요셉이 자기들에게 부탁한 모든 말로 그에게 말하매 그들의 아버지 야곱은 요셉이 자기를 태우려고 보낸 수레를 보고서야 기운이 소생한지라. ²⁸이스라엘이 이르되 족하도다. 내 아들 요셉이 지금까지 살아 있으니 내가 죽기 전에 가서 그를 보리라 하니라.

요셉은 유다의 감동적인 언변에 봇물 터지는 듯한 눈물을 억제하지 못하고 자신의 정체를 밝히며 방성대곡하였다. 요셉은 가장 먼저 아버지 야곱의 안부를 물었다. 형들이 충격과 두려움에 휩싸이지 않도록 하기 위해 요셉은 자신이 당한 고난을 하나님의 선하신 섭리로 돌린다. 그는 너무나 큰 충격을 받은 나머지 떨고 있던 형들에게 "내게로 가까이 오소서"라고 말한다. 그는 재차 자신이 "당신들이 애굽에 판 아우 요셉"이라고 밝힌다. 이 마지막 말, "당신들이 애굽에 판 아우 요셉"은 형들의 양심에 폭풍을 불러일으켰을 것이다. 이때부터 요셉은 자신을 애굽에 노예로 팔아넘긴 형들의 죄를 더 이상 추궁하거나 심판하지 않고 대신에 악과 고난을 선으로 만들어 주신 하나님을 찬미한다. 자신이 애굽에 오게 된 궁극적인 원인은 형들의 시기심이나 미움 때문이 아니라 하나님의 장구한 계획 때문이라고 주장하는 것이다. "당신들이 나를 이곳에 팔았다고 해서 근심하지 마소서. 한탄하지 마소서. 하나님이 생명을 구원하시려고 나를 당신들보다 먼저 보내셨나이다."45:5 하나님이 기근의 때에 형들과 그들의 후손의 생명을 보존하여 세상에 두시려고 자신을 앞서 애굽에 보내 준비시켰다고 주장하는 것이다. 시편 105:16-23은 이와 같은 요셉의 관점을 좀 더 부연설명하고 있다.

그가 또 그 땅에 기근이 들게 하사 그들이 의지하고 있는 양식을 다 끊으셨도다. 그가 한 사람을 앞서 보내셨음이여. 요셉이 종으로 팔렸도다. 그의 발은 차꼬를 차고 그의 몸은 쇠사슬에 매였으니 곧 여호와의 말씀이 응할 때까지라. 그의 말씀이 그를 단련하였도다. 왕이 사람을 보내어 그를 석방함이여. 뭇 백성의 통치자가 그를 자유롭게 하였도다. 그를 그의 집의 주관자로 삼아 그의 모든 소유를 관리하게 하고 그의 뜻대로 모든 신하를 다스리며 그의 지혜로 장로들을 교훈하게 하였도다. 이에 이스라엘이 애굽에 들어감이여. 야곱이 함의 땅에 나그네가 되었도다.

요셉은 자신을 애굽에 판 형들의 행동을 섭리적으로 재해석했을 뿐만 아니라, 한 걸음 더 나아가 형제들에게 앞으로 5년 더 계속될 기근에 대처하는 방법을 알려 준다. 애굽에서 양식을 사다 날라서 해결될 문제가 아님을 밝히며 아버지를 비롯한 온 가족이 자신의 통치 근거지인 수도와 가까운 고센 땅으로 이주할 것을 권고한다. 자신이 아버지를 봉양하겠다고 말하고 있음에도 아직 요셉의 정체를 실감 나게 받아들이지 못한 형들에게 자신이 요셉임을 재차 강조한다. 형들에게 애굽에서 이룬 부귀영화를 아버지 야곱에게 알리고 아버지를 모시고 이주할 것을 강권한다. 처음에는 요셉의 정체 노출 앞에서 너무 두려워한 나머지 아무 말도 못하던 형들이 요셉의 이주 초청을 듣고서야 으리으리한 애굽 총리가 자신들이 판 동생임을 믿게 되었다. 요셉과 베냐민, 요셉과 형들 사이에 감격적인 포옹과 입맞춤이 오갔고 그들은 눈물바다를 이루었다.

요셉의 형들이 왔다는 소식을 들은 바로와 그의 신하들은 극진한 환대를 보여주며 야곱과 그 가속들의 애굽 이주를 강권하기까지 했다. 그들은 아름다운 땅을 제공할 의향을 피력하고 야곱 가족이 타고 올 수레와 기타 이주를 돕는 기구 및 양식을 보내 주었다. 요셉도 수나귀 열 필에 애굽의 아름다운 물품을 실어 아버지 야곱에게 예물로 보냈다. 암나귀 열 필에는 오가는 길에서 공궤할 곡식과 떡과 양식을 실어 보냈다. 요셉의 형제들이 가나안 땅에 가서 야곱에게 자초지종을 말하였을 때, 야곱은 특히 요셉이 보낸 수레를 보고서야 원기 소생을 경험하였다. 야곱은 죽기 전에 요셉을 볼 것이라며 흥분한 채 애굽 이주길을 재촉한다.

우리는 자신이 13년 동안 겪은 고난의 의미를 하나님의 놀라운 생명의 섭리로 해석하는 요셉의 아름다운 인격 속에서 세계 만민을 복되게 할 아브라함의 후손의 전형을 만난다. 아브라함형 인간은 아담형 인간이 저지른 죄와 불순종의 역사를 수습하는 인간형이다. 아담은 자신의 불순종과 죄로 온 인류를 죽음과 고난의 시궁창 아래로 몰아넣었지만, 아브라함형 인류의 이상형인 요셉은 타인의 죄악으로 초래된 재난과 악한 운명을 견디어 마침내 세계 만민을 살리는 복의 근원이 되었다. 그는 아담형 인간이 열어 놓은 판도라의 상자를 닫는 사람, 곧 저주를 대신 지고 악을 선으로 만드는 사람이다. 아브라함의 후손이 세계 만민을 위한 복의 근원이 될 것이라는 약속 22:18은 요셉의 생애에서 실현되었다.

XI.

창세기 46-50장

막벨라 굴에 묻어다오
: 약속의 땅에 묻히는 야곱과 요셉

하나님 나라를 대망하는 창세기

창세기 1장은 하나님 말씀(명령)의 권세 아래 창조된 세계를 보여준다. 명령^{fiat}을 통한 창조 행위는 하나님 자신이 왕이심을 증명한다.[눅 2:1-2] 창세기 2장에서 하나님은 왕의 명령에 복종하고 믿음으로 응답할 한 계약 동반자를 창조하신다.[시 33:9-11] 사람은 삼인칭 명령형으로 창조되지 않고, 일인칭 복수 청유형(심사숙고 후 자기 명령형)에 의하여 창조된다.[창 1:26-28] 해, 달, 별, 물고기, 새는 하나님의 말씀에 순종하라든지 믿으라는 요청을 받지 않는다. 그러나 인간은 하나님께 무생물적 반응이 아니라 인격적 반응을 보이도록 창조되었다. 하나님은 왕이시기에, 세상 만물을 창조하신 왕이시기에 피조물의 경배를 기대하신다. 사람은 피조세계를 대신하여 하나님의 계명에 대한 믿음과 순종으로 에덴동산을 지켜야 할 사명을 부여받았다. 에덴동산의 평화는 하나님의 말씀에 대한 사람의 순종과 믿음으로 유지될 수 있도록 설계되었다. 결국 사람의 순종과 믿음은 하나님께서 피조세계에 하나님 자신의 통치를 확장하는 결정적인 지렛대가 된다. 요약컨대 창세기 1-2장은 사람의 순종과 믿음을 통해 "땅 위에서 완성될 하나님 나라"[마 6:9-10]의 시작을 선포한다.

　창세기 1-2장에서 시작된 하나님 나라는 시종일관 땅에 대한 열망(약속의 땅)을 긍정하고, 한 큰 민족의 형성을 지향한다. 나아가 하나님 나라는 '큰 민족'으로 대표되는 한 무리의 신앙 공동체를 통해 세계 만민을 구원하려는 의도임을 미리 밝힌다. 하나님 나라(통치)는 인간을 향한 하나님의 약속을 믿는 신앙 속에서 심화하고 확장된다. 히브리서 11:8-10에 의하면, 아브라함은 흔들리지 아니할 나라에 대한 열망과 의와 공도를 이루는 한 공동체^{창 18장}에 대한 열망을 안고 약속의 땅을 방랑하였다.^{창 20:13} 아브라함과 이삭과 야곱은 땅에서는 외국인과 나그네로 살았으며, 하늘과 땅, 하나님과 사람의 경계 속에서 경계인 의식을 가지고 살았다. 이 거룩한 외톨이들은 하나님 나라의 청사진을 보며 하나님과 이인삼각의 신앙 순례를 감내했다. 아브라함, 이삭, 야곱의 이야기는 하나님 나라가 인간의 믿음과 순종을 통해 전진하고 확장됨을 잘 보여준다.

요셉의 인생 유전도 믿음이 무엇인지를 적확하고 세밀하게 보여준다. 의심과 불안, 좌절과 낙망의 한복판에서도 하나님의 약속(하나님의 꿈)에 대한 믿음을 놓치지 말아야 한다는 것이다. 그는 함(애굽) 땅에서 객이 되어 발이 차꼬에 묶이는 시련과 환난을 겪으면서도 하나님의 꿈이 이루어질 것을 믿었다.^{시 105:17-19} 그는 자신의 형제들을 살리기 위해, 아니 세계 만민을 살리기 위해 먼저 고난의 현장에 파송된 고난의 종이었다. 그는 13년 동안 차가운 운명의 거적더미에 굴러떨어진 채 좌절했지만 믿음의 복원력을 통해 그 거친 현실을 하나님의 눈으로 새롭게 해석해 내었다.

애굽으로 이주하는 야곱과 그의 가족들 ●46장

46 ¹ 이스라엘이 모든 소유를 이끌고 떠나 브엘세바에 이르러 그의 아버지 이삭의 하나님께 희생제사를 드리니 ² 그 밤에 하나님이 이상 중에 이스라엘에게 나타나 이르시되 야곱아, 야곱아 하시는지라. 야곱이 이르되 내가 여기 있나이다 하매 ³ 하나님이 이르시되 나는 하나님이라. 네 아버지의 하나님이니 애굽으로 내려가

기를 두려워하지 말라. 내가 거기서 너로 큰 민족을 이루게 하리라. 4내가 너와 함께 애굽으로 내려가겠고 반드시 너를 인도하여 다시 올라올 것이며 요셉이 그의 손으로 네 눈을 감기리라 하셨더라. 5야곱이 브엘세바에서 떠날새 이스라엘의 아들들이 바로가 그를 태우려고 보낸 수레에 자기들의 아버지 야곱과 자기들의 처자들을 태우고 6그들의 가축과 가나안 땅에서 얻은 재물을 이끌었으며 야곱과 그의 자손들이 다함께 애굽으로 갔더라. 7이와 같이 야곱이 그 아들들과 손자들과 딸들과 손녀들 곧 그의 모든 자손을 데리고 애굽으로 갔더라. 8애굽으로 내려간 이스라엘 가족의 이름은 이러하니라. 야곱과 그의 아들들 곧 야곱의 맏아들 르우벤과 9르우벤의 아들 하녹과 발루와 헤스론과 갈미요 10시므온의 아들은 여무엘과 야민과 오핫과 야긴과 스할과 가나안 여인의 아들 사울이요 11레위의 아들은 게르손과 그핫과 므라리요 12유다의 아들 곧 엘과 오난과 셀라와 베레스와 세라니 엘과 오난은 가나안 땅에서 죽었고 베레스의 아들은 헤스론과 하물이요 13잇사갈의 아들은 돌라와 부와와 욥과 시므론이요 14스불론의 아들은 세렛과 엘론과 얄르엘이니 15이들은 레아가 밧단아람에서 야곱에게 난 자손들이라. 그 딸 디나를 합하여 남자와 여자가 삼십삼 명이며 16갓의 아들은 시본과 학기와 수니와 에스본과 에리와 아로디와 아렐리요 17아셀의 아들은 임나와 이스와와 이스위와 브리아와 그들의 누이 세라며 또 브리아의 아들은 헤벨과 말기엘이니 18이들은 라반이 그의 딸 레아에게 준 실바가 야곱에게 낳은 자손들이니 모두 십육 명이라. 19야곱의 아내 라헬의 아들 곧 요셉과 베냐민이요 20애굽 땅에서 온의 제사장 보디베라의 딸 아스낫이 요셉에게 낳은 므낫세와 에브라임이요 21베냐민의 아들 곧 벨라와 베겔과 아스벨과 게라와 나아만과 에히와 로스와 뭅빔과 훕빔과 아릇이니 22이들은 라헬이 야곱에게 낳은 자손들이니 모두 십사 명이요 23단의 아들 후심이요 24납달리의 아들 곧 야스엘과 구니와 예셀과 실렘이라. 25이들은 라반이 그의 딸 라헬에게 준 빌하가 야곱에게 낳은 자손들이니 모두 칠 명이라. 26야곱과 함께 애굽에 들어간 자는 야곱의 며느리들 외에 육십육 명이니 이는 다 야곱의 몸에서 태어난 자이며 27애굽에서 요셉이 낳은 아들은 두 명이니 야곱의 집 사람으로 애굽에 이른 자가 모두 칠십 명이었더라. 28야곱이 유다를 요셉에게 미리 보내어 자기를 고센으로 인도하게 하고 다 고센 땅에 이르니 ²⁹요셉이 그의 수레를 갖추고 고센으로 올라가서 그의 아버지 이스라엘을 맞으며 그에게 보이고 그의 목을 어긋맞춰 안고 얼마 동안 울매 ³⁰이스라엘이 요셉에게 이르되 네가 지금까지 살아 있고 내가 네 얼굴을 보았으니 지금 죽어도 족하도다. ³¹요셉이 그의 형들과 아버지의 가족에게 이르되 내가 올라가서 바로에게 아뢰어 이르기를 가나안 땅에 있던 내 형들과 내 아버지의 가족이 내게로 왔는데 ³²그들은 목자들이라. 목축하는 사람들이므로 그들의 양과 소와 모든 소유를 이끌고 왔나이다 하리니 ³³바로가 당신들을 불러서 너희의 직업이 무엇이냐 묻거든 ³⁴당신들은 이르기를 주의 종들은 어렸을 때부터 지금까지 목축하는 자들이온데 우리와 우리 선조가 다 그러하니이다 하소서. 애굽 사람은 다 목축을 가증히 여기나니 당신들이 고센 땅에 살게 되리이다.

46장은 야곱 가문이 고센 땅에 정착하게 된 배경을 해설한다. 야곱은 과연 요셉의 애굽 이민 초청을 받아들여야 할 것인지 말 것인지를 놓고 고민에 고민을 했다. 마침내 이스라엘이 헤브론 근처에서 머물던 삶을 청산하고 모든 소유를 이끌고 떠나, 더 남쪽인 브엘세바에 가서 그의 아버지 이삭의 하나님께 희생제사를 드림으로 하나님의 뜻을 구했다. 하나님께서 아브라함과 그 후손에게 주실 가나안 땅을 버리고 애굽으로 내려가는 것이 옳은지 물었을 것이다. 아브라함의 애굽 이주가 초래한 곤경을 알고 있었을 야곱이 이렇게 고민한 것은 당연했다. 브엘세바에 내려가 희생제사를 드리는 그 밤에 하나님이 이상 중에 이스라엘에게 나타나 애굽 이주를 허락하셨다. "나는 네 아버지의 하나님이니 애굽으로 내려가기를 두려워하지 말라. 내가 거기서 너로 큰 민족(고이 가돌)^{12:2, 18:19}을 이루게 하리라. 내가 너와 함께 애굽으로 내려가겠고 반드시 너를 인도하여 다시 올라올 것이며 요셉이 그 손으로 네 눈을 감기리라."^{46:3-4} 야곱이 애굽으로 내려가기를 두려워하지 말아야 할 이유는 하나님이 거기서 큰 민족을 이루게 하실 것이기 때문이다.[15:13-18] 특히 4절이 야곱의 염려를 결정적으로 해소시켜 주었다. 이처럼 하나님은 밤에 환상vision을 통하여 야곱 일족의 애굽 이주를 허락하시고 원아브라함의 약속 중 '큰 민족' 약속을 성취할 것이라고 굳게 말씀하신다. 하나님께서는 아브라함과 이삭이 기근 때문에 애굽이나 그랄로 이주하는 것을 기뻐하지 않으셨지만 야곱의 애굽 이주는 허락하셨던 것이다. 하나님은 상황과 상관없는 기계적인 명령을 내리는 분이 아니라 상황에 적합한 명령을 내리는 분이다.

46:8-27은 애굽으로 내려간 이스라엘 가족의 이름을 나열한다. 레아가 밧단아람에서 야곱에게 낳은 자손들은 그 딸 디나를 합하여 남자와 여자가 33명이었다. 라반이 그의 딸 레아에게 준 실바가 야곱에게 낳은 자손들은 모두 16명이었다. 야곱의 아내 라헬의 아들로는 요셉과 베냐민이 있는데 요셉도 먼저 애굽으로 내려간 아들로 야곱 가문 이주자 명단에 들어갈 뿐만 아니라, 애굽 땅에서 온의 제사장 보디베라의 딸 아스낫이 요셉에게 낳은 므낫세와 에브라임도 애굽 이주자 명단에 포함된다. 라헬이 야곱에게 낳은 자손들은 베냐민과 그의 아들까지 모두 14명이었다. 라반이 그의 딸 라헬에게 준 빌하가 야곱에게 낳은 자손들은 모두 7명이었다. 야곱과 함께 애굽에 들어간 자는 야곱의 며느리들 외에 66명이었는데 이는 다 야곱의 몸에서 태어난 자였다. 애굽에서 요셉이 낳은 아들 두 명에 요셉과 야곱 자신을 포함해 계산해 보면 야곱의 집 사람으로 애굽에 이른 자가 모두 70명이었다. 이 낯선 이름들을 낱낱이 읽어야 하는 이유는 하나님 나라의 역사에는 단 한 번 등장하고 다시는 역사의 중심 무대에 등장하지 못하는 무명의 주인공들이 얼마나 많은지를 기억하자는 저자의 의도 때문이다. 하나님 나라의 역사에서 의미심장한 순간순간에 무명 용사들의 평범하고 일상적인 순종이 귀하게 쓰

임받을 때가 있다는 것이다. 창세기 저자에게는 이 이름들이 한결같이 남겨둘 만한 이름이었을 것이다.

이렇게 해서 66명 대가족의 아버지 야곱은 바로가 보낸 수레를 타고 가나안 땅에서 얻은 재물과 후손 및 생축들을 이끌고 애굽으로 내려간다. 이제 야곱 가족의 애굽 이주는 아브라함의 후손이 바다 모래만큼, 또 하늘의 별만큼 수다하게 성장할 것을 예언하신 하나님의 약속을 실현하는 도구가 될 것이다.출 1:7, 20 아마도 야곱은 요셉과 바로가 보낸 엄청난 예물과 최고급 수레를 보고서야 요셉이 살아 있을 뿐만 아니라 애굽의 총리가 되었음을 더욱 확신했을 것이다.

야곱은 미리 유다를 요셉에게 보내어 자신의 일행을 고센 땅으로 인도하게 해달라고 요청한다. 요셉은 수레를 갖추고 고센 땅으로 올라가 아버지와 극적으로 해후한다. 요셉은 아버지 이스라엘을 영접하고 그 목을 껴안고 통곡하였다. 이스라엘은 요셉에게 "네가 지금까지 살아 있고 내가 네 얼굴을 보았으니 지금 죽어도 족하도다"46:30라고 말한다. 46:31-34은 요셉이 야곱과 형들에게 바로를 알현할 때 오고 갈 질문(목축업자들의 거주지 선정 문제)을 미리 알려 주는 상황을 보도한다. 요셉은 형들과 아버지께 자신들은 목축업자이니 가나안 땅에서 가장 가깝고 가나안으로 올라가기 가장 쉬운 교통 요지인 고센 땅에 거주하고 싶다고 말하라고 지침을 준다.

고센 땅에서 번성하는 야곱의 가문 •47장

47

¹ 요셉이 바로에게 가서 고하여 이르되 내 아버지와 내 형들과 그들의 양과 소와 모든 소유가 가나안 땅에서 와서 고센 땅에 있나이다 하고 ² 그의 형들 중 다섯 명을 택하여 바로에게 보이니 ³ 바로가 요셉의 형들에게 묻되 너희 생업이 무엇이냐. 그들이 바로에게 대답하되 종들은 목자이온데 우리와 선조가 다 그러하

니이다 하고 ⁴그들이 또 바로에게 고하되 가나안 땅에 기근이 심하여 종들의 양 떼를 칠 곳이 없기로 종들이 이곳에 거류하고자 왔사오니 원하건대 종들로 고센 땅에 살게 하소서. ⁵바로가 요셉에게 말하여 이르되 네 아버지와 형들이 네게 왔은즉 ⁶애굽 땅이 네 앞에 있으니 땅의 좋은 곳에 네 아버지와 네 형들이 거주하게 하되 그들이 고센 땅에 거주하고 그들 중에 능력 있는 자가 있거든 그들로 내 가축을 관리하게 하라. ⁷요셉이 자기 아버지 야곱을 인도하여 바로 앞에 서게 하니 야곱이 바로에게 축복하매 ⁸바로가 야곱에게 묻되 네 나이가 얼마냐. ⁹야곱이 바로에게 아뢰되 내 나그네 길의 세월이 백삼십 년이니이다. 내 나이가 얼마 못 되니 우리 조상의 나그네 길의 연조에 미치지 못하나 험악한 세월을 보내었나이다 하고 ¹⁰야곱이 바로에게 축복하고 그 앞에서 나오니라. ¹¹요셉이 바로의 명령대로 그의 아버지와 그의 형들에게 거주할 곳을 주되 애굽의 좋은 땅 라암셋을 그들에게 주어 소유로 삼게 하고 ¹²또 그의 아버지와 그의 형들과 그의 아버지의 온 집에 그 식구를 따라 먹을 것을 주어 봉양하였더라. ¹³기근이 더욱 심하여 사방에 먹을 것이 없고 애굽 땅과 가나안 땅이 기근으로 황폐하니 ¹⁴요셉이 곡식을 팔아 애굽 땅과 가나안 땅에 있는 돈을 모두 거두어들이고 그 돈을 바로의 궁으로 가져가니 ¹⁵애굽 땅과 가나안 땅에 돈이 떨어진지라. 애굽 백성이 다 요셉에게 와서 이르되 돈이 떨어졌사오니 우리에게 먹을 거리를 주소서. 어찌 주 앞에서 죽으리이까. ¹⁶요셉이 이르되 너희의 가축을 내라. 돈이 떨어졌은즉 내가 너희의 가축과 바꾸어 주리라. ¹⁷그들이 그들의 가축을 요셉에게 끌어오는지라. 요셉이 그 말과 양 떼와 소 떼와 나귀를 받고 그들에게 먹을 것을 주되 곧 그 모든 가축과 바꾸어서 그 해 동안에 먹을 것을 그들에게 주니라. ¹⁸그 해가 다 가고 새 해가 되매 무리가 요셉에게 와서 그에게 말하되 우리가 주께 숨기지 아니하나이다. 우리의 돈이 다하였고 우리의 가축 떼가 주께로 돌아갔사오니 주께 낼 것이 아무것도 남지 아니하고 우리의 몸과 토지뿐이라. ¹⁹우리가 어찌 우리의 토지와 함께 주의 목전에 죽으리이까. 우리 몸과 우리 토지를 먹을 것을 주고 사소서. 우리가 토지와 함께 바로의 종이 되리니 우리에게 종자를 주시면 우리가 살고 죽지 아니하며 토지도 황폐하게 되지 아니하리이다. ²⁰그러므로 요셉이 애굽의 모든 토지를 다 사서 바로에게 바치니 애굽의 모든

XI.

막벨라 굴에 묻어다오

409

사람들이 기근에 시달려 각기 토지를 팔았음이라. 땅이 바로의 소유가 되니라. ²¹ 요셉이 애굽 땅 이 끝에서 저 끝까지의 백성을 성읍들에 옮겼으나 ²² 제사장들의 토지는 사지 아니하였으니 제사장들은 바로에게서 녹을 받음이라. 바로가 주는 녹을 먹으므로 그들이 토지를 팔지 않음이었더라. ²³ 요셉이 백성에게 이르되 오늘 내가 바로를 위하여 너희 몸과 너희 토지를 샀노라. 여기 종자가 있으니 너희는 그 땅에 뿌리라. ²⁴ 추수의 오분의 일을 바로에게 상납하고 오분의 사는 너희가 가져서 토지의 종자로도 삼고 너희의 양식으로도 삼고 너희 가족과 어린 아이의 양식으로도 삼으라. ²⁵ 그들이 이르되 주께서 우리를 살리셨사오니 우리가 주께 은혜를 입고 바로의 종이 되겠나이다. ²⁶ 요셉이 애굽 토지법을 세우매 그 오분의 일이 바로에게 상납되나 제사장의 토지는 바로의 소유가 되지 아니하여 오늘날까지 이르니라. ²⁷ 이스라엘 족속이 애굽 고센 땅에 거주하며 거기서 생업을 얻어 생육하고 번성하였더라. ²⁸ 야곱이 애굽 땅에 십칠 년을 거주하였으니 그의 나이가 백사십칠 세라. ²⁹ 이스라엘이 죽을 날이 가까우매 그의 아들 요셉을 불러 그에게 이르되 이제 내가 네게 은혜를 입었거든 청하노니 네 손을 내 허벅지 아래에 넣고 인애와 성실함으로 내게 행하여 애굽에 나를 장사하지 아니하도록 하라. ³⁰ 내가 조상들과 함께 눕거든 너는 나를 애굽에서 메어다가 조상의 묘지에 장사하라. 요셉이 이르되 내가 아버지의 말씀대로 행하리이다. ³¹ 야곱이 또 이르되 내게 맹세하라 하매 그가 맹세하니 이스라엘이 침상 머리에서 하나님께 경배하니라.

47:1-10은 야곱과 아들 대표 5명이 바로를 알현하는 상황을 보도한다. 요셉이 바로에게 먼저 아버지와 형들이 가나안 땅에서 가축을 데리고 고센 땅에 와 있음을 보고한다. 바로가 그들의 생업을 묻자, 그들은 목축업자라고 소개하며 가나안의 기근 때문에 애굽에 내려왔다고 말한다. 양떼를 칠 거주지인 고센에 살게 해달라고 청원한다. 요셉은 형들과 아버지가 바로를 알현하는 자리에서 바로가 혹 어디에 살고 싶으냐고 물으면 목초지인 고센 땅이라고 대답할 것을 미리 일러두었기 때문에 거주지 선정은 쉽게 이뤄졌다. 바로는 정착

지를 줄 뿐만 아니라 요셉의 형들에게 자신의 짐승들을 주관하고 양육하는 일자리까지 제의한다. 이렇게 해서 이스라엘 자손은 목축을 가증스럽게 여기는 애굽인들과 동떨어진 곳, 곧 고센(라암셋)에 정착하였다. 그러나 호의와 은총을 상징하는 고센은 그 후 억압과 착취의 땅으로 바뀌어 버린다.^{출1장}

이제 바로와 형들의 알현이 끝나자 요셉은 야곱과 바로가 일대일로 독대하는 자리를 만든다. 야곱은 이제 애굽 왕 바로에게 축복기도를 해줄 정도로 영적 지도력을 발휘한다. 축복기도를 받는 자리에서 바로가 야곱의 나이를 묻자 그는 고난에 찬 자신의 인생을 의미 깊게 술회한다. "내 나그네 길의 세월이 백삼십 년이니이다. 내 나이가 얼마 못 되니 우리 조상의 나그네 길의 연조에 미치지 못하나 험악한 세월을 보내었나이다."^{47:9} 야곱의 인생은 가히 험악한 세월들로 가득 차 있었다.

알현이 끝나자 요셉은 바로의 명령대로 애굽의 좋은 땅(라암셋)을 아버지와 형들에게 주고 경제적으로 부양했다. 이스라엘 일족이 고센 땅에 정착하는 동안에 온 누리의 기근은 더욱 극심해졌다. 애굽 땅도 기근으로 황폐해졌다. 총리 요셉은 곡식을 팔아 애굽 땅과 가나안 땅에 있는 돈을 거두어 왕실 재정으로 확보하는 데 주력한다. 애굽 백성은 먼저 그들의 가축과 양식을 바꾸고, 나중에는 그들의 몸과 토지와 양식을 바꾼다. 18-20절은 기근 때문에 자유농민이 왕의 종으로 전락하는 과정을 잘 보여준다. 즉, 다음 해에 애굽 자유농민들은 그들의 땅을 왕에게 팔아 버림으로써 결국 바로의 농업 노동자로 전락하면서 양식을 구하게 된다.

요셉은 성읍 밖에 사는 이들을 종으로 부리기 위해서였는지 애굽 전역의 사람을 성읍들로 이주시키는 정책을 집행한다. 22절은 바로에게 녹을 받는 제사장들의 토지는 양식을 주는 대가로 차압하지 않았던 상황을 보도한다. 반면 애굽 자유농민들의 자유는 이제는 상당히 제한될 처지에 빠지게 되었다. 종자 곡식까지 먹어 버렸는지 요셉이 농민들에게 종자를 나누어 줄 정도가 되었다. 이렇게 해서 소작제도가 도입되었다. 애굽의 자유농민들이 소출 가운데 5분의 1은 바로에게 바치고 나머지 5분의 4는 자신들이 갖는 소작농으로 전락한 것이다. 21절 내용은 백성들이 바로의 농노로 전락하는 과정에서 아마 강제 이주의 형식도 수반하였음을 암시한다. 오늘의 관점에서 보면 정부가 백성들의 약점을 이용하여 농노로 격하시킨 이런 정책은 부당하지만, 당시의 절박한 상황 속에서는 땅과 백성을 동시에 살리는 제도로 이해된 모양이다. 소작제도는 왕의 전제 통치권을 강화시키는 조치로 작용하였을 것이다. 그러나 왕의 선정과 덕치를 전제할 때, 이런 정책은 받아들여질 만한 제도였다. 그것은 오히려 제왕의 통치 아래 살던 사람들에게는 '은혜로운' 정책으로 받아들여졌을 수도 있다. 백성들도 요셉에게 "주께서 우리를 살리셨다"고 고백하고 있지 않은가?[47:25] 결국 제사장의 땅을 제외한 모든 애굽 땅은 왕의 것이 되었다. 저자는 애굽의 이러한 토지법이 이 부분을 기록할 당시까지도("오늘날까지 이르느라") 여전히 시행되었음을 보여준다.

한편으로 고센 땅에 거주한 이스라엘 자손은 목축업을 하면서 생육하고 번성했다. 야곱이 애굽에 거한 지 17년이 되어 147세가 되었다(130세에 애굽으로 이주). 임종을 앞둔 야곱은 자신의 유골을 애굽이 아닌 헤브론 막벨라 굴에 묻어 줄 것을 요청함으로써 자신의 영적 나침반을 가나안 땅을 향해 고정시킨다. 애굽에 거한 지 17년이 지난 후 야곱은 요셉에게 엄숙한 맹세를 시킴으로써 자신을 선영에 묻어 달라고 요청한 것이다. 번영을 이룬 이방 땅에 묻지 말고 약속의 땅에 묻어 달라는 아버지의 요청에 요셉은 자신의 손을 아버지 야곱의 허벅지 아래 넣어 맹세한다. 야곱의 약속의 땅에 대한 믿음이 얼마나 간절하였는지 잘 보여주는 대목이다. 요셉은 자신의 손을 아버지 허벅지 아래 넣는 맹세(가장 엄숙한 맹세)[24:2]를 통해 아버지를 반드시 조상의 묘역에 모시겠다고 다짐함으로써 야곱을 크게 안심시킨다. 이 맹세를 듣고 크게 안도한 야곱은 임종의 침상 머리에서 온 힘을 다해 하나님을 경배했다.

요셉의 두 아들, 에브라임과 므낫세를 축복하는 야곱 ● 48장

48

[1] 이 일 후에 어떤 사람이 요셉에게 말하기를 네 아버지가 병들었다 하므로 그가 곧 두 아들 므낫세와 에브라임과 함께 이르니 [2] 어떤 사람이 야곱에게 말하되 네 아들 요셉이 네게 왔다 하매 이스라엘이 힘을 내어 침상에 앉아 [3] 요셉에게 이르되 이전에 가나안 땅 루스에서 전능하신 하나님이 내게 나타나사 복을 주시며 [4] 내게 이르시되 내가 너로 생육하고 번성하게 하여 네게서 많은 백성이 나게 하고 내가 이 땅을 네 후손에게 주어 영원한 소유가 되게 하리라 하셨느니라. [5] 내가 애굽으로 와서 네게 이르기 전에 애굽에서 네가 낳은 두 아들 에브라임과 므낫세는 내 것이라. 르우벤과 시므온처럼 내 것이 될 것이요 [6] 이들 후의 네 소생은 네 것이 될 것이며 그들의 유산은 그들의 형의 이름으로 함께 받으리라. [7] 내게 대하여는 내가 이전에 밧단에서 올 때에 라헬이 나를 따르는 도중 가나안 땅에서 죽었는데 그곳은 에브랏까지 길이 아직도 먼 곳이라. 내가 거기서 그를 에브랏 길에 장사하였느니라. (에브랏은 곧 베들레헴이라.) [8] 이스라엘이 요셉의 아들들을 보고 이르되 이들은 누구냐. [9] 요셉이 그의 아버지에게 아뢰되 이는 하나님이 여기서 내게 주신 아들들이니이다. 아버지가 이르되 그들을 데리고 내 앞으로 나아오라. 내가 그들에게 축복하리라. [10] 이스라엘의 눈이 나이로 말미암아 어두워서 보지 못하더라. 요셉이 두 아들을 이끌어 아버지 앞으로 나아가니 이스라엘이 그들에게 입맞추고 그들을 안고 [11] 요셉에게 이르되 내가 네 얼굴을 보리라고는 생각하지 못하였더니 하나님이 내게 네 자손까지도 보게 하셨도다.

¹² 요셉이 아버지의 무릎 사이에서 두 아들을 물러나게 하고 땅에 엎드려 절하고 ¹³ 오른손으로는 에브라임을 이스라엘의 왼손을 향하게 하고 왼손으로는 므낫세를 이스라엘의 오른손을 향하게 하여 이끌어 그에게 가까이 나아가매 ¹⁴ 이스라엘이 오른손을 펴서 차남 에브라임의 머리에 얹고 왼손을 펴서 므낫세의 머리에 얹으니 므낫세는 장자라도 팔을 엇바꾸어 얹었더라. ¹⁵ 그가 요셉을 위하여 축복하여 이르되 내 조부 아브라함과 아버지 이삭이 섬기던 하나님, 나의 출생으로부터 지금까지 나를 기르신 하나님, ¹⁶ 나를 모든 환난에서 건지신 여호와의 사자께서 이 아이들에게 복을 주시오며 이들로 내 이름과 내 조상 아브라함과 이삭의 이름으로 칭하게 하시오며 이들이 세상에서 번식되게 하시기를 원하나이다. ¹⁷ 요셉이 그 아버지가 오른손을 에브라임의 머리에 얹은 것을 보고 기뻐하지 아니하여 아버지의 손을 들어 에브라임의 머리에서 므낫세의 머리로 옮기고자 하여 ¹⁸ 그의 아버지에게 이르되 아버지여, 그리 마옵소서. 이는 장자이니 오른손을 그의 머리에 얹으소서 하였으나 ¹⁹ 그의 아버지가 허락하지 아니하며 이르되 나도 안다. 내 아들아, 나도 안다. 그도 한 족속이 되며 그도 크게 되려니와 그의 아우가 그보다 큰 자가 되고 그의 자손이 여러 민족을 이루리라 하고 ²⁰ 그 날에 그들에게 축복하여 이르되 이스라엘이 너로 말미암아 축복하기를 하나님이 네게 에브라임 같고 므낫세 같게 하시리라 하며 에브라임을 므낫세보다 앞세웠더라. ²¹ 이스라엘이 요셉에게 또 이르되 나는 죽으나 하나님이 너희와 함께 계시사 너희를 인도하여 너희 조상의 땅으로 돌아가게 하시려니와 ²² 내가 네게 네 형제보다 세겜 땅을 더 주었나니 이는 내가 내 칼과 활로 아모리 족속의 손에서 빼앗은 것이니라.

임종에 도달한 야곱의 병세가 요셉에게 알려지자 요셉은 아버지로부터 유언과 같은 축복을 받게 하려고 두 아들을 데리고 야곱에게 달려간다. 아버지의 유언 축복이 후손의 미래를 규정짓는 예언적 힘이 있다고 믿어지던 시대였으므로 아버지(조부)의 축복을 듣는 것은 대단히 중요한 일이었다. 임종 순간에 야곱은 아브라함의 약속을 요셉에게 상속한다. 야곱은 벧엘에서 그에게 나타나신 전능한 하나님

께서 주신 복을 회상하며 이 복을 요셉에게 넘겨준다. "이전에 가나안 땅 루스에서 전능하신 하나님이 내게 나타나사 복을 주시며 내게 이르시되 내가 너로 생육하고 번성하게 하여 네게서 많은 백성이 나게 하고 내가 이 땅을 네 후손에게 주어 영원한 소유가 되게 하리라 하셨느니라."48:3-4

야곱은 자신을 날 때부터 기르시고 모든 환난에서 건져 주신 하나님께서 요셉에게 장자의 복을 내려 주시기를 기도한다. 아브라함의 하나님, 이삭의 하나님, 야곱의 하나님과 같이 요셉의 하나님으로 불리기를 기도한다.48:16 요셉 지파가 받을 복은48:20-22, 49:22-27 이스라엘의 나머지 족속이 번영과 복의 대명사로 에브라임과 므낫세를 인용하는 날이 올 것이라는 예언 속에서 적시된다. 또한 요셉의 두 아들은 야곱의 아들로 인정되어 삼촌들과 같은 항렬에 오르게 될 것이다. 요셉이 장자의 복을 받았다는 것은 그의 두 아들이 삼촌들과 같은 항렬로 격상되고 삼촌들의 지위를 부여받을 것이라는 데서 잘 드러난다. 그의 두 아들은 장자가 받는 두 배의 기업을 대표하기 때문에 두 배의 땅을 상속받는 장자의 명분을 차지하는 셈이 된다.

그러나 므낫세와 에브라임에 대한 축복기도에서 야곱은 또 한 차례 장유의 질서를 깨뜨리며 축복기도의 수령자를 마지막 순간에 바꾼다. 그는 에브라임에게 자신의 오른손(장자)을, 므낫세에게 자신의 왼손을 얹었던 것이다. 야곱과 에서의 뒤바뀐 축복기도를 생각나게 하는 대목이다. 요셉이 저지하려고 하였지만 야곱은 고의적으로 이렇게 한다. 단지 눈이 어두워서 그런 것이 아니다. 야곱(혹은 이스라엘 민족)은 여기서 차자축복 전통을 세움으로써 고대 세계의 장자 기득권 체제에 도전하고 있는 셈이다. 그래서 에브라임이 므낫세보다 더 번성할 것이다. 하지만 결국은 둘 다 북왕국의 중심 지파가 될 것이다.사 9:21, 호 7:8, 11, 8:9, 11, 9:11, 16, 10:6, 11, 11:8, 9, 12, 12:1, 8, 14, 13:1, 12, 14:8 에브라임과 므낫세를 위한 야곱의 축복기도는 그 자체로 가치 있고 소중하다. 에브라임이 받은 오른손 축복기도가 왼손으로 축복기도를 받은 므낫세의 복을 '따라지'로 만들어 버린 것은 아니었다. 하나님은 생물학적 질서상 작은 자를 더 번성케 하셔서 장자보다 앞세워 준다. 체제전복적 축복이다. 세상의 모든 큰 자들이 누릴 기득권은 영속적으로 보장된 것이 아니며, 하나님의 우발적이고 자유의지적인 결정이 인습이나 관습보다 더 중요함을 보여준다. 하나님의 축복은 자연적 혈통의 이름으로 오지 않고 오직 하나님의 자유로운 선택을 통하여 오므로 아무도 자랑할 수 없다.^{고전 1:26-31}

마지막으로 야곱은 자신을 막벨라 굴에 묻어 달라고 요청함으로써 요셉에게 가나안 땅에 대한 주인의식을 각인시킨다.^{48:21-22} 번영과 출세의 땅 애굽에 묻히지 말고 열조의 약속이 걸려 있는 땅, 하나님의 약속이 걸려 있는 땅으로 돌아갈 것을 명령한다. 이스라엘은 "하나님이 너희와 함께 계시사 너희를 인도하여 너희 조상의 땅으로 돌아가게" 하실 것을 예언하고 요청한다(요셉의 해골을 메고 가는 출애굽 세대).^{출 12장} 여기서 처음으로 야곱이 칼과 활로 아모리 족속의 손에서 빼앗은 땅을 언급한다. 야곱은 요셉에게 다른 형들보다 한 몫을 더 주었고, 이로써 장자로 대우하였음을 일깨우며 가나안 땅으로 돌아갈 것을 당부한다.

열두 아들의 미래를 예언하고 축복하는 야곱 ●49장

49 ¹야곱이 그 아들들을 불러 이르되 너희는 모이라. 너희가 후일에 당할 일을 내가 너희에게 이르리라. ²너희는 모여 들으라. 야곱의 아들들아, 너희 아버지 이스라엘에게 들을지어다. ³르우벤아, 너는 내 장자요 내 능력이요 내 기력의 시작이라. 위풍이 월등하고 권능이 탁월하다마는 ⁴물의 끓음 같았은즉 너는 탁월하지

못하리니 네가 아버지의 침상에 올라 더럽혔음이로다. 그가 내 침상에 올랐었도다. ⁵

시므온과 레위는 형제요 그들의 칼은 폭력의 도구로다. ⁶ 내 혼아, 그들의 모의에 상관

하지 말지어다. 내 영광아, 그들의 집회에 참여하지 말지어다. 그들이 그들의 분노대

로 사람을 죽이고 그들의 혈기대로 소의 발목 힘줄을 끊었음이로다. ⁷ 그 노여움이 혹

독하니 저주를 받을 것이요 분기가 맹렬하니 저주를 받을 것이라. 내가 그들을 야곱

중에서 나누며 이스라엘 중에서 흩으리로다. ⁸ 유다야, 너는 네 형제의 찬송이 될지라.

네 손이 네 원수의 목을 잡을 것이요 네 아버지의 아들들이 네 앞에 절하리로다. ⁹ 유

다는 사자 새끼로다. 내 아들아, 너는 움킨 것을 찢고 올라갔도다. 그가 엎드리고 웅크

림이 수사자 같고 암사자 같으니 누가 그를 범할 수 있으랴. ¹⁰ 규가 유다를 떠나지 아

니하며 통치자의 지팡이가 그 발 사이에서 떠나지 아니하기를 실로가 오시기까지 이

르리니 그에게 모든 백성이 복종하리로다. ¹¹ 그의 나귀를 포도나무에 매며 그의 암나

귀 새끼를 아름다운 포도나무에 맬 것이며 또 그 옷을 포도주에 빨며 그의 복장을 포

도즙에 빨리로다. ¹² 그의 눈은 포도주로 인하여 붉겠고 그의 이는 우유로 말미암아 희

리로다. ¹³ 스불론은 해변에 거주하리니 그곳은 배 매는 해변이라. 그의 경계가 시돈까

XI.

막
벨
라
굴
에
묻
어
다
오

지리로다. ¹⁴ 잇사갈은 양의 우리 사이에 꿇어앉은 건장한 나귀로다. ¹⁵ 그는 쉴 곳을

보고 좋게 여기며 토지를 보고 아름답게 여기고 어깨를 내려 짐을 메고 압제 아래에

서 섬기리로다. ¹⁶ 단은 이스라엘의 한 지파 같이 그의 백성을 심판하리로다. ¹⁷ 단은

길섶의 뱀이요 샛길의 독사로다. 말굽을 물어서 그 탄 자를 뒤로 떨어지게 하리로다.

¹⁸ 여호와여, 나는 주의 구원을 기다리나이다. ¹⁹ 갓은 군대의 추격을 받으나 도리어 그

뒤를 추격하리로다. ²⁰ 아셀에게서 나는 먹을 것은 기름진 것이라. 그가 왕의 수라상을

차리리로다. ²¹ 납달리는 놓인 암사슴이라. 아름다운 소리를 발하는도다. ²² 요셉은 무

성한 가지 곧 샘 곁의 무성한 가지라. 그 가지가 담을 넘었도다. ²³ 활쏘는 자가 그를

학대하며 적개심을 가지고 그를 쏘았으나 ²⁴ 요셉의 활은 도리어 굳세며 그의 팔은 힘

이 있으니 이는 야곱의 전능자 이스라엘의 반석인 목자의 손을 힘입음이라. ²⁵ 네 아버

지의 하나님께로 말미암나니 그가 너를 도우실 것이요 전능자로 말미암나니 그가 네

게 복을 주실 것이라. 위로 하늘의 복과 아래로 깊은 샘의 복과 젖먹이는 복과 태의

복이리로다. ²⁶ 네 아버지의 축복이 내 선조의 축복보다 나아서 영원한 산이 한 없음 같이 이 축복이 요셉의 머리로 돌아오며 그 형제 중 뛰어난 자의 정수리로 돌아오리로다. ²⁷ 베냐민은 물어뜯는 이리라. 아침에는 빼앗은 것을 먹고 저녁에는 움킨 것을 나누리로다. ²⁸ 이들은 이스라엘의 열두 지파라. 이와 같이 그들의 아버지가 그들에게 말하고 그들에게 축복하였으니 곧 그들 각 사람의 분량대로 축복하였더라. ²⁹ 그가 그들에게 명하여 이르되 내가 내 조상들에게로 돌아가리니 나를 헷 사람 에브론의 밭에 있는 굴에 우리 선조와 함께 장사하라. ³⁰ 이 굴은 가나안 땅 마므레 앞 막벨라 밭에 있는 것이라. 아브라함이 헷 사람 에브론에게서 밭과 함께 사서 그의 매장지를 삼았으므로 ³¹ 아브라함과 그의 아내 사라가 거기 장사되었고 이삭과 그의 아내 리브가도 거기 장사되었으며 나도 레아를 그곳에 장사하였노라. ³² 이 밭과 거기 있는 굴은 헷 사람에게서 산 것이니라. ³³ 야곱이 아들에게 명하기를 마치고 그 발을 침상에 모으고 숨을 거두니 그의 백성에게로 돌아갔더라.

야곱은 이제 임종 순간에 침상 머리에서 열두 아들을 불러 놓고 그들의 미래(후손의 역사, 곧 사사 시대 및 왕국 초기 역사)를 예언한다. 이 장면에는 조상은 후손이 미리 당할 일을 내다볼 수 있는 혜안과 통찰력을 가졌다고 믿어지던 시대의 사상이 반영되어 있다. 야곱의 예언에는 축복과 비난이 뒤섞여 있다. 레아에게서 태어난 첫 세 아들에 대한 예언은 부정적인 전망으로 가득하다. 르우벤은 장자이고 야곱 자신의 기력의 시작이며 한때 위풍이 월등하고 권능이 탁월했지만, 끓는 물처럼 정욕을 이기지 못하여 자신의 장자권을 상실했다. 아버지 야곱의 첩 빌하와 간통한 까닭이었다.^{35:22} 르우벤에 대한 부정적인 예언은 그 간통 사건에 대한 신학적 응답으로 들린다. 그래서 르우벤은 탁월한 지위(장자권)를 상실하였고 12지파 중에서 가장 먼저 소멸되는 지파가 된다(신명기 33:6은 이미 르우벤 지파의 인구가 급격하게 감소하고 있음을 반영한다). 르우벤 지파는 요단 강 서쪽 가나안 본토에 진입하지 못하고 요단 강 동쪽 암몬 족속과 인접한 접경 지역에 살았다. 둘째와 셋째 아들 시므온과 레위는 한 통속으로 취급받는다. 그들은 무모하고 혈기방장하다는 점에서 진정 형제이며, 그들의 칼은 잔해한 무기였다. 5-7절은 그들이 34장 세겜 부족 학살 사건의 주모자임을 가리키고 야곱 자신은 그들의 음모와 학살에 대해 상관이 없음을 강조한다. 야곱은 그들의 원시적이고 보복적인 혈기를 비난한다. 그래서 그들은 나누어질 것이며 이스라엘 중에서 지파적인 독립성을 상실할 것이다. 시므온 지파는 미디안 족속과 혼합되어 지파적인 정체성을 상실하고 아주 이른 시기에 가나안 땅 안에서 흩어져 버린다(민수기 25장 바알브올 사건의 주모자들이 시므온 지파다).^{대상 4:24-43} 레위 지파는 제사장 지파로 승격되면서 지파적인 정체성의 변화를 겪는다. 사사기에는 생계를 위해 이스라엘 여러 지방을 방랑하는 레위인들의 처량한 신세가 간헐적으로 묘사된다(사사기 18장 미가의 일화). 그러나 신명기 33:8-11에서 레위 지파는 제사장 지파로 변모되어 있다(출애굽기 32장의 시내산 배교 사건을 처리하는 과정에서 모세를 도와 배교자를 처단).

르우벤, 시므온, 레위 지파에 대해서는 비난과 정죄로 얼룩진 데 비하여 유다 지파와 요셉 지파에 대해서는 탁월한 지위가 예언되고 있다. 특히 유다는 형제의 찬송을 받는 지파가 될 것이다(이름의 의미가 '찬송'). 사자처럼 용맹무쌍하여 엄청난 군사력을 과시할 것이며 원수의 목을 잡을 것이다.^{49:8-12} 이 군사적 용맹무쌍함으로 다른 형제 지파들의 복종을 얻게 될 것이며 유다 지파에게 정치적 헤게모니를 가져다줄 것이다. 실로 성소의 예언자 아히야가 통일 이스라엘 왕국의 분열을 사주할 때까지^{왕상 12장} 왕권을 상징하는 홀(규)과 치리자의 지팡이가 통일 이스라엘의 중심 지파인 유다 지파를 떠나지 아니할 것이다. 유다 지파의 정치적인 영향력은 인근 모든 백성을 정복할 만큼 강력해질 것이다(다윗 제국). 그의 땅은 엄청난 포도농사로 번영할 것이다. 여기서 포도주는 문자적인 의미로 이해될 수도 있고 또한 비유적인 의미로 이해될 수도 있다. 후자의 경우라면 그것은 이민족을 정복하여 흘리는 피를 상징할 것이다. 유다(통일 이스라엘)의 번영은 이민족을 정복한 결과임을 암시하는 것이다. 문자적인 의미라면 나귀들을 포도나무에 맬 정도로 포도농사가 번성하였음을 가리키는 말이기도 하다. 즉, 낙농업(우유)의 번성을 암시하는 셈이다. 두 의미가 모두 의도되고 있는 것처럼 보인다.[1]

스불론, 잇사갈, 단, 갓, 아셀, 납달리도 나름의 긍정적·부정적 예언을 듣는다.[49:13-21] 스불론은 해변에 거하는데 시돈과 접경을 이루고 있다. 상당히 번영하는 해변 지파가 될 것이라는 전망이다. 잇사갈은 양의 우리 사이에 꿇어앉은 건장한 나귀처럼 쉴 곳을 보고 좋게 여겨, 곧 토지를 보고 아름답게 여겨 압제와 예속을 수용하면서 살아가는 수동적 지파가 될 것이다. 단은 백성을 심판하는 위치에 설 것이다. 단 지파는 길의 뱀이요 첩경의 독사처럼 잠복하여 약탈함으로써 자신의 세력을 확장해 갈 것이다. 그러나 단은 결국 삼손의 몰락 이후 어느 때부터 블레셋에게 밀려 최북단으로 쫓겨 간다.[삿18장] 갓 지파는 대적의 추격을 받으나 도리어 그 뒤를 추격하는 용맹무쌍함을 보일 것이다. 아셀 지파는 기름진 땅에서 왕의 진수를 공궤하는 특산품의 생산지가 될 것이다. 납달리는 놓인 암사슴처럼 아름다운 소리를 발할 것이며 빠르고 민첩한 지파가 될 것이다. 납달리는 가나안 중부 지역 정복전쟁을 지휘한 여자 사사 드보라를 가장 강력하게 지원한 지파였다.[삿5장]

라헬의 소생 요셉과 베냐민의 미래는 아주 자세하고 밝고 풍성한 비유어들에 의하여 묘사된다.[49:22-28] 요셉 지파는 샘 곁의 무성한 가지처럼 번성할 것이며 그 가지가 경계(담)를 넘어 확장될 것이다. 활쏘는 자가 그를 학대하며 그를 쏘아 군박하였으나 그는 야곱의 전능자의 손을 힘입어 그 공격을 격퇴할 것이며, 이스라엘의 반석인 목자의 힘을 덧입어 힘 있게 반격할 것이다. 그의 활이 도리어 견강하며 그의 팔이 힘 있을 것이다. 이스라엘의 반석인 목자가 요셉에게서 배출되거나 요셉이 이스라엘 목자의 특별한 보호를 받을 것이다. 요셉 지파는 아버지 야곱의 하나님(야곱의 전능자)을 상속하고 조상의 하나님이 베푸시는 도움을 경험할 것이다. 그의 영지는 천혜의 혜택을 누릴 것이다. "위로 하늘의 복과 아래로 깊은 샘의 복과 젖먹이는 복과 태의 복이리로다."[49:25] 요셉 지파는 아버지 야곱의 개인적인 축복을 상속함으로써 다른 어떤 조상이 받은 복보다 더 큰 복을 받을 것이다. 영원한 태산 같은 큰 복이 요셉의 머리로 임할 것이다. 그의 형제들 가운데서 '뛰어난 자'의 지위를 부여받을 것이다. 즉, 요셉 지파도 왕적인 지도력을 발휘할 것임을 암시한다. 베냐민 지파는 매우 호전적인 강력한 지파가 될 것이다. 베냐민 지파는 전사들을 배출하는 지파였다. 중부 가나안 정복전쟁(여리고, 벧엘, 아이 등)의 향도 지파가 베냐민 지파였으며 초대 왕을 배출한 지파도 베냐민 지파였다. 사사기 20장을 보면 베냐민 지파가 열한 지파를 상대로 전쟁을 벌였을 때 초반에는 우세하였음을 확인할 수 있다.

이와 같이 함으로써 야곱은 열두 아들을 위한 축복기도를 마친다. 그는 각 사람의 분량대로 축복하였다. 어떤 예언은 심판과 저주에 가깝게 들리고 어떤 예언은 엄청난 하나님의 은총을 확약하는 예언으로 들린다. 이 축복 가운데 더러는 비판과 정죄도 포함하고 있음을 고려하면 고대 이스라엘에서는 축복의 개념이 매우 포괄적이었음을 알 수 있다.[2]

야곱의 유언시는 열두 지파의 정치적 흥망성쇠를 중심으로 전개되는데, 그 특징은 유다와 요셉을 향한 현저하고도 탁월한 지위다.

야곱의 예언적 기도는 사사 시대와 이스라엘 왕국 초기까지에 걸친 각 지파의 개별 역사를 반영하거나 미리 내다본다. 아마도 야곱의 예언은 열두 지파의 연맹체적 연합 의식이 느슨해지던 시대에 다시 열두 지파의 하나됨을 강조하기 위해 자주 인용되었을 것이다. 구체적으로 말하면 야곱의 유언시는 사사 시대 말기나 왕국 분열 직후 열두 지파의 통일성을 강조하고 유다 지파와 요셉 지파의 탁월한 지위(왕적 지위)를 정당화하는 예언으로 간주될 수 있을 것이다. 그렇다면 이 예언은 남북 왕조 시대를 전망하거나 반영하는 것으로 이해된다. 이 예언시를 읽으면서 후대 이스라엘 백성은 남북 왕조 병립 현실은 일찍이 국조國祖 야곱의 입에서 떨어진 임종 예언기도의 실현임을 믿고 회고하였을 것이다. 국조의 예언기도는 후손의 미래를 마술적으로 혹은 주술적으로 지배하지는 못할지라도 여전히 중요했다. 조상은 후손들의 미래를 내다보는 혜안으로 후손들에게 경고하고 축복할 수 있는 위치에 놓여 있다. 조상의 임종 석상의 유언적 기도는 오늘날에도 여전히 중요하다.

열두 아들에 대한 유언 성격의 축복을 마친 야곱은 열두 아들에게 자신을 막벨라 굴, 아브라함과 사라, 이삭과 리브가, 그리고 레아가 묻혀 있는 곳에 함께 묻어 달라고 요청한다. 그의 소원은 그가 약속의 땅에서 번성하게 될 큰 민족 공동체의 출현을 얼마나 간절하게 기다리고 있었는지를 보여준다.

영원한 고향으로 가는 중간 기착지, 막벨라 굴 ●50장

50 ¹요셉이 그의 아버지 얼굴에 구푸려 울며 입맞추고 ²그 수종 드는 의원에게 명하여 아버지의 몸을 향으로 처리하게 하매 의원이 이스라엘에게 그대로 하되 ³사십 일이 걸렸으니 향으로 처리하는 데는 이 날수가 걸림이며 애굽 사람

들은 칠십 일 동안 그를 위하여 곡하였더라. ⁴ 곡하는 기한이 지나매 요셉이 바로의 궁에 말하여 이르되 내가 너희에게 은혜를 입었으면 원하건대 바로의 귀에 아뢰기를 ⁵ 우리 아버지가 나로 맹세하게 하여 이르되 내가 죽거든 가나안 땅에 내가 파 놓은 묘실에 나를 장사하라 하였나니 나로 올라가서 아버지를 장사하게 하소서. 내가 다시 오리이다 하라 하였더니 ⁶ 바로가 이르되 그가 네게 시킨 맹세대로 올라가서 네 아버지를 장사하라. ⁷ 요셉이 자기 아버지를 장사하러 올라가니 바로의 모든 신하와 바로 궁의 원로들과 애굽 땅의 모든 원로와 ⁸ 요셉의 온 집과 그의 형제들과 그의 아버지의 집이 그와 함께 올라가고 그들의 어린 아이들과 양 떼와 소 떼만 고센 땅에 남겼으며 ⁹ 병거와 기병이 요셉을 따라 올라가니 그 떼가 심히 컸더라. ¹⁰ 그들이 요단 강 건너편 아닷 타작마당에 이르러 거기서 크게 울고 애통하며 요셉이 아버지를 위하여 칠 일 동안 애곡하였더니 ¹¹ 그 땅 거민 가나안 백성들이 아닷 마당의 애통을 보고 이르되 이는 애굽 사람의 큰 애통이라 하였으므로 그 땅 이름을 아벨미스라임이라 하였으니 곧 요단 강 건너편이더라. ¹² 야곱의 아들들이 아버지가 그들에게 명령한 대로 그를 위해 따라 행하여 ¹³ 그를 가나안 땅으로 메어다가 마므레 앞 막벨라 밭 굴에 장사하였으니 이는 아브라함이 헷 족속 에브론에게 밭과 함께 사서 매장지를 삼은 곳이더라. ¹⁴ 요셉이 아버지를 장사한 후에 자기 형제와 호상꾼과 함께 애굽으로 돌아왔더라. ¹⁵ 요셉의 형제들이 그들의 아버지가 죽었음을 보고 말하되 요셉이 혹시 우리를 미워하여 우리가 그에게 행한 모든 악을 다 갚나 아니할까 하고 ¹⁶ 요셉에게 말을 전하여 이르되 당신의 아버지가 돌아가시기 전에 명령하여 이르시기를 ¹⁷ 너희는 이같이 요셉에게 이르라. 네 형들이 네게 악을 행하였을지라도 이제 바라건대 그들의 허물과 죄를 용서하라 하셨나니 당신 아버지의 하나님의 종들인 우리 죄를 이제 용서하소서 하매 요셉이 그들이 그에게 하는 말을 들을 때에 울었더라. ¹⁸ 그의 형들이 또 친히 와서 요셉의 앞에 엎드려 이르되 우리는 당신의 종들이니이다. ¹⁹ 요셉이 그들에게 이르되 두려워하지 마소서. 내가 하나님을 대신하리이까. ²⁰ 당신들은 나를 해하려 하였으나 하나님은 그것을 선으로 바꾸사 오늘과 같이 많은 백성의 생명을 구원하게 하시려 하셨나니 ²¹ 당신들은 두려워하지 마소서. 내가 당신들과 당신들의 자녀를 기르리이다 하고 그들

XI.

막벨라 굴에 묻어다오

423

을 간곡한 말로 위로하였더라. ²² 요셉이 그의 아버지의 가족과 함께 애굽에 거주하여 백십 세를 살며 ²³ 에브라임의 자손 삼대를 보았으며 므낫세의 아들 마길의 아들들도 요셉의 슬하에서 양육되었더라. ²⁴ 요셉이 그의 형제들에게 이르되 나는 죽을 것이나 하나님이 당신들을 돌보시고 당신들을 이 땅에서 인도하여 내사 아브라함과 이삭과 야곱에게 맹세하신 땅에 이르게 하시리라 하고 ²⁵ 요셉이 또 이스라엘 자손에게 맹세시켜 이르기를 하나님이 반드시 당신들을 돌보시리니 당신들은 여기서 내 해골을 메고 올라가겠다 하라 하였더라. ²⁶ 요셉이 백십 세에 죽으매 그들이 그의 몸에 향 재료를 넣고 애굽에서 입관하였더라.

요셉 이야기는 야곱의 약전(톨레도트) 가운데 일부다. 그래서 야곱의 죽음과 더불어 창세기는 대단원의 막을 내린다. 야곱의 죽음을 애도하는 애굽 사람들의 지극한 공경과 예우를 보면 애굽에서 차지하는 요셉의 비중이 어느 정도였는지를 알 수 있다. 야곱의 시신은 미라처럼 방부 처리되고 그의 죽음으로 말미암아 애굽인은 70일 동안 애곡한다(국장급 장례). 그러나 야곱이 가나안 땅에 묻힘으로써 하나님의 구원 역사가 애굽에서가 아니라 약속의 땅 가나안에서 이루어질 것임이 암시된다. 그는 죽어 가면서도 요셉에게 이방 땅에서 번영하였으나 약속의 땅을 잊지 말 것을 가르치는 셈이다. 야곱의 장례를 주도하는 요셉을 돕기 위해 파견된 애굽의 많은 장례 요원이 요단 강 건너편 아닷 타작마당에 이르러 얼마나 크게 호곡하고 애통하였는지 가나안 원주민들은 그 땅 이름을 아벨미스라임(애굽 사람들의 애곡)이라 불렀다.

놀랍게도 야곱이 죽은 후 요셉의 형들은 요셉의 보복 가능성을 생각하고 다시 두려움에 빠진다.^{50:15-21} 그래서 그들은 아버지 야곱의 유언을 날조하여 안전을 보장받으려고 하였다. 형들은 이런 거짓말을 하고도 부족하여 다시 요셉 앞에 엎드려 "우리는 당신의 종들이니이다"라며 굽실거린다. 그들의 죄책감은 너무나 깊어서 요셉의 용서에 대한 확신조차 갖지 못하였던 셈이다. 아버지가 말했다고 전해준 그 날조된 유언, 곧 "네 형들이 네게 악을 행하였을지라도 이제 바라건대 그들의 허물과 죄를 용서하라"^{50:17}는 말을 듣고 요셉은 또한 번 울었다. 요셉은 자신이 그들의 죄를 심판할 권리가 없음을 선언하고 다시금 하나님의 역설적인 섭리를 찬양한다. "당신들은 나를 해하려 하였으나 하나님은 그것을 선으로 바꾸사 오늘과 같이 만민의 생명을 구원하게 하시려 하셨나니."^{50:20} 하나님은 악을 제거하기 위한 목적으로 그리하신 것이 아니라 악을 선으로 만들고자 그리하셨다. 그래서 악은 잠정적인 생명력을 가졌을지라도 세상에 창궐한다. 악의 존재는 인간의 선을 극대화하기 위한 하나님의 실험이다. 악을 선으로 만드는 이 창조적 작업은 고난받는 의로운 종들의 고통을 통해 이루어진다. 마지막으로 요셉은 형들과 그들의 자녀까지 기르겠다고 약속한다. 장자의 명분과 책임을 동시에 감당한다.

창세기의 열매 요셉도 110세의 나이로 이제 숨을 거둔다. 요셉은 후손 4대까지 애굽에서 낳고 양육한다. 형제들에게 남긴 요셉의 기도는 아버지 야곱의 요청과 방불하다. 그는 하나님이 형들을 돌보시고 이 땅에서 인도하여 내사 아브라함과 이삭과 야곱에게 맹세하신 땅에 이르게 하실 것을 예언한다. 형들에게 자신의 유골을 가나안 땅에 묻어 달라고 요청하며 맹세를 받아낸다.^{출 13:19}

창세기의 마무리는 죽음의 이야기다. 이로써 창세기는 인류의 희망은 죽음을 회피하는 길이 아니라 죽음 너머에 있는 새로운 부활임을 깨닫게 한다. 야곱과 요셉은 죽지만 약속은 사라지지 않고 살아 있다. 약속을 믿는 신앙 안에서 후손과 조상은 하나가 된다. 인류역사는 하나님의 약속에 의해 지탱된다. 하나님의 약속은 인류를 향한 하나님의 겸손하신 자기속박이며 자기제한이다. 혼탁한 죄와 고

XI.

막벨라 굴에 묻어다오

난과 죽음의 탁류에서도 하나님의 약속은 막힘없이 흘러간다. 개인은 죽고 사라지지만 하나님의 약속은 궁창의 별처럼 빛난다. 창세기는 죽음의 현실성을 받아들이고 죽음 그 너머를 내다본다. 하나님께서 아브라함에게 주신 네 가지 약속은 태양처럼 빛날 것이며, 온 인류를 복되게 할 아브라함의 '그 후손'이 올 때까지 살아 있을 것이다. 인생은 짧고 하나님의 약속은 길다. 창세기는 아브라함의 후손들이 이룰 한 위대한 민족^{창 12:1-3, 출 19:5-6}의 형성을 바라보며 막을 내린다. 애굽에 이주한 70명의 야곱 자손은 이제 하늘의 별만큼 허다하게 번성할 것이다. 출애굽기 3:6에서 하나님은 모세를 부르실 때 그에게 아무런 설명 없이 창세기의 족장 약속을 꺼내신다.^{출 2:24-25} 하나님은 창세기의 족장 약속을 근거로 애굽의 노예로 살던 히브리 백성들을 '나의 백성'이라고 부르시며 그들을 젖과 꿀이 흐르는 땅으로 인도할 것이라고 선포하신다. 여기서 창세기의 족장 신앙과 출애굽 신앙의 연결고리가 확보된다. 아브라함의 하나님, 이삭의 하나님, 야곱의 하나님을 모르면 도저히 납득할 수 없는 사명이 모세에게 떨어진 것이다. 모세가 등장할 때까지 아브라함의 후손들은 애굽 땅에서 430년 동안 대기하여야 할 것이다. 아모리 족속의 죄악이 가나안 땅에 가득 찰 때까지, 곧 가나안 땅이 원주민들의 죄악으로 말미암아 그들을 토해 낼 때까지 이방인의 땅에서 기다려야 한다.^{창 15:13}

出애굽記

● 출애굽기 ｜ 하나님 나라는 억압과 노예근성으로부터의 해방이다

I.

출애굽기 1-5장

하나님 나라, 억압과 노예근성으로부터의 해방

창세기는 모든 중요한 것들(하늘과 땅, 인류와 가정, 죄와 벌, 그리고 이스라엘)의 시작을 다룬다. 그러면서도 창세기 저자의 가중치는 12-50장에서 다루어지는 이스라엘 민족의 세 조상인 아브라함, 이삭, 야곱의 가족이 파란과 곡절 속에서 가나안 땅에 뿌리내리는 과정을 보여주는 데 있다. 갈대아 우르에서부터, 그리고 아람으로부터 가나안 땅으로 흘러 들어와 간신히 뿌리내리는 과정을 창세기 후반부는 자세히 보여준다. 출애굽기는 아브라함-이삭-야곱의 후손이 애굽 땅에서 하늘의 별처럼 강대한 나라로 발전하는 과정을 추적한다. 출애굽기는 말 그대로 아브라함의 후손인 히브리 노예들의 애굽 탈출기다. 출애굽기에서 아브라함, 이삭, 야곱의 하나님은 단지 자신을 믿고 섬기는 개인들의 사사로운 신이 아니라 역사 속에 객관적인 성품을 드러내시는 신이다. 출애굽기의 하나님은 억압당하고 박해당하는 노예들의 하나님이다. 이 애굽 탈출 대사를 향도하고 주도하는 인물이 모세다.

창세기 족장 전승과 출애굽 전승의 연결은 이 모세의 부르심에서 확보된다.^{출 3:6} 모세는 출애굽 구원의 영도자로 부름받기 전에 이미 창세기 족장들의 약속(땅, 자손, 복의 근원, 임재와 보호의 사중 약속)을 잘 알고 있는 족장 전승의 계승자이자 신봉자임이 전제되고 있다. 하나님께서 모세에게 처음 나타나 출애굽 구원과 가나안 땅으로의 인도에 대한 사명을 주시면서 아브라함의 하나님, 이삭의 하나님, 야곱의 하나님으로 자신을 소개하신다. 하나님은 여기서 모세가 창세기 구원사를 정통으로 꿰뚫고 있음을 당연히 전제하신다. 하나님이 모세를 처음으로 부르셨을 때 그가 이미 아브라함의 하나님, 이삭의 하나님, 야곱의 하나님을 알고 있지 않았다면, 하나님이 자신을 "나는 아브라함의 하나님, 이삭의 하나님, 야곱의 하나님"이라고 소개하는 것 자체가 무의미한 말로 들렸을 것이다. 창세기 12-50장에 등장하는 세 족장의 이야기는 이스라엘을 부르신 하나님이 바로 하늘과 땅을 창조하신 세계 열방의 하나님임을 강조한다. 출애굽기는 창세기에서 시작된 이스라엘 민족 창조 역사의 후반부라고 할 수 있다. 창세기는 출애굽기적 관점, 곧 모세적 관점에서 쓰여진 책이다. 역으로 출애굽기도 창세기적 관점에서 쓰여진 책이다. 창세기에 이미 하나님의 거룩한 백성을 창조하심으로 세계 만민에게 복을 주시려는 하나님의 의도가 명시적으로 반복되고 있으며, 출애굽기에도 이스라엘을 당신의 택한 백성으로 삼으시는 바로 그 하나님이 천지를 창조하신 하나님이라는 창세기적 관점이 철두철미하게 관철되고 있기 때문이다.

출애굽기에서 하나님은 이스라엘을 구원하심으로써 오합지졸에 불과한 히브리 노예들을 하나님의 계약 동반자, 곧 하나님 백성으로 창조하신다. 이사야 40-55장은 천지를 창조하신 야웨가 바로 이스라엘을 구원하신 하나님이며, 이스라엘을 구원하신 하나님이 결국 이스라엘을 창조하신 하나님임을 강조한다. 이스라엘은 야웨의 구원을 통해 창조되었고, 야웨의 영광을 드러낼 백성으로 창조되었다. 그런데 이스라엘을 구원하시고 창조하신 하나님은 이 행위를 이스라엘에게 영원히 기억시키기 위하여 이스라엘과 계약을 맺으신다. 이스라엘은 하나님이 주신 계약 조항을 볼 때마다 자신을 구원하신 하나님의 구원 행위 때문에 자신이 노예 집단에서 거룩한 백성이요 강대한 나라가 되었음을 깨닫게 되었다. 하나님은 이스라엘 백성을 언약 관계에 묶어 둠으로써 점차 하나님 백성다운 공동체로 성장시키고 성숙시켜 가신다. 즉, 노예 집단을 하나님의 거룩한 백성으로 창조하는 과정은 이스라엘로 하여금 계약 관계에 충실하도록 호소하고 권계하는 예언자적 중개 활동을 내포한다.^{출 19:1-6} 출애굽기-신명기는 족장들에게 주신 하나님의 사중적인 약속^{창 12:1-3}이 얼마나 철저하게 성취되는지를 보여준다. 400여 년 이상 긴 세월이 지난 후에야 하나님의 약속이 실현된다는 것은 하나님의 살아 계심을 증명하는 사건이며 하나님 자신이 스스로를 신뢰할 만한 하나님으로 계시하는 사건이다.^{창 15:13-14}

출애굽기의 주제는 일방적인 하나님의 구원과, 그 구원을 바탕으로 하나님과 이스라엘 사이에 맺어지는 쌍방속박적 언약이다. 하나님은 이스라엘을 바로의 압제에서 건져내 하나님의 통치 아래 복속시킨 후 하나님의 백성답게 살 언약 조항들을 주셨다. 그것은 십계명과 부대조항으로서, 크게 보면 하나님을 사랑하고 경배하기 위해 지켜야 할 율법과 이웃 사랑을 위해 지켜야 할 율법으로 구성되어 있다. 출애굽기에 나타나는 하나님의 주도적이고 강권적인 구원은, 400년 노예생활에서 만들어진 노예근성으로 오합지졸이 되어 버린 히브리 노예들을 형제자매의 우애와 사랑이 넘치는 자유민 공동체로 만들고자 하시는 하나님의 정치적 목적(하나님 나라 건설) 속에서 이루어졌다. 히브리 노예들은 애굽 왕 바로의 채찍질이 고통스럽고 벽돌을 구워 애굽의 국고성을 짓는 노동이 고역스러워 아우성친 것이었지, 하나님의 백성이 되고자 아우성을 친 것은 아니었다. 그들은 애굽의 채찍질도 싫었지만, 자유를 향해 무인지경의 광야로 나가 하나님의 훈련을 받기도 싫어하는 자들이었다. 죄악의 삶에 한 번 인이 박힌 사람들, 곧 죄와 사망의 세력 아래 노예로 살았던 사람들은 자유인이 되기를 오히려 무서워한다. 노예에서 자유인으로 신분이 바뀌었지만 자유인으로 살기를 두려워해 다시 노예생활을 사모하는 기막힌 역설이 출애굽한 이스라엘 백성에게도 나타난다.[민 11-14장]

창세기부터 신명기까지의 모세오경은 여호수아서, 사사기, 사무엘서, 열왕기서로 이어지는 이스라엘 통사通史의 서론부다. 이 이스라엘 통사는 아브라함과 맺어 주신 약속대로 하늘의 별처럼 번성한 이스라엘이 가나안 땅 정착에 성공했으나, 야웨 하나님에 대한 일편단심의 신앙에서 크게 이탈하여 약 700년 만에 가나안 땅을 잃고 열방 중에 흩어지는 이야기로 마무리된다. 모세오경 전체를 하나의 이야기로 읽었을 최초의 독자는 바벨론 포로기의 이스라엘 백성이었다. 그 이전의 이스라엘 백성은 모세오경에 얽힌 단편적인 이야기들을 구두 혹은 문서전승 형태로 듣고 알았을 가능성이 있지만, 지금 우리가 가진 것과 같이 잘 정리되고 완성된 역사 내러티브로서의 모세오경의 최초 청중(독자)은 바벨론 포로기의 이스라엘 사람들이었다. 이 말은 모세오경이 이때 처음으로 저작되었다는 역사비평적 학자들의 의견을 정당화하는 것이 아니라, 지금 같은 온전한 서사구조를 갖춘 문서로서의 모세오경은 바벨론 포로기에 산출되었다는 것이다. 이 주장의 결정적인 증거는 모세오경 전체에 걸쳐서, 특히 레위기와 신명기에서 바벨론 포로기 독자를 겨냥한 편집적인 삽입문들이 상당히 많이 발견된다는 것이다. 결국 모세오경은 바벨론 포로기의 저자(혹은 편찬자)가 모세 시대부터 전승되어 온 자료(구두전승과 문서전승)를 총합하여 모세가 받은 사명과 율법(가나안 정복과 십계명과 언약 조항)을 중심으로 쓴 책으로, 결국 모세가 시켜서 쓴 책인 셈이다. 모세의 의도가 반영된 책이라는 의미다. 모세는 바벨폰 포로기의 서기관들로 하여금 이렇게 쓰도록 지침을 준 최초의 언약 중보자요 율법 수여자였다는 말이다.

출애굽기는 히브리 노예들을 바로의 억압과 착취로부터 구원하신 하나님의 역사적·정치적 해방 기록이다. 이 책은 모든 억압으로부터의 해방을 지지하시는 하나님의 성품을 계시하는 책이다. 세계사에 일어난 모든 노예들의 해방 배후에는 하나님의 뜻이 있다고 볼수 있다. 따라서 출애굽기를 영해하거나 유형론적으로 해석해 이스라엘 백성에게 일어난 구원과 해방의 가치를 흐려서는 안 된다. 그럼에도 불구하고, 출애굽기는 고대 이스라엘에게 일어난 단순한 정치적 해방 사건의 기록만이 아니다. 이 책은 또한 예수 그리스도 안에서 일어난 하나님의 구원, 죄와 죽음으로부터의 구원을 가리키는 예언적인 책이기도 하다. 따라서 궁극적으로는 그리스도 예수의 인류 구원을 예고하는 책이기도 한 것이다.

하늘과 땅을 창조하신 하나님이 이스라엘을 창조하신 하나님이다

앞서 말했듯이 연대기적 관점에서뿐만 아니라 주제적 관점에서도 출애굽기는 창세기의 속편이다. 창세기가 삼라만상과 열국의 창조 이야기라면, 출애굽기는 이스라엘 백성의 창조 이야기이기 때문이다. 우리는 이미 창세기 1-2장, 6-9장을 통해 하나님의 천지창조 사역이 혼돈의 바다(원시 바다)를 갈라서 마른 땅을 내신 사건, 곧 바다 한복판에서 마른 땅을 건져 올리신 사건임을 확인했다.^{출 14-15장, 욥 38:11, 시 29:3-4, 10, 65:7, 89:9, 93:4, 104:3-9} 구약성경 여러 군데에서 바다는 창조주 하나님께 끝까지 반역하는 혼돈과 무질서의 세력을 대표하는 권력체로 표상화된다. 혼돈과 무질서의 바다는 하나님의 절대주권에 반역하면서까지 세계를 휩쓰는 독신적瀆神的인 세계 국가를 가리킨다.^{사 8:8-10, 17:12-14} 출애굽 구원은 홍해를 갈라서 마른 땅[얍바샤(יַבָּשָׁה)]을 내신 하나님의 창조 사역(혼돈의 바다 제압 사건)^{창 1:10, 출 14:16}인 동시에 히브리 노예들을 자유민으로 변화시켜 주신 구원 사건이다. 홍해의 기적은 바다에서 맛본 하나님의 승리(victory at the Red Sea)일 뿐만 아니라, 바다에 대항하여 거둔 승리(victory over the sea)이기도 하다.[1] 결국 창세기도 혼돈의 바다를 갈라 육지를 내신 사건이요, 출애굽기도 혼돈의 바다 홍해를 갈라 마른 땅을 내신 사건이다. 그래서 이사야서는 '창조주 하나님이 이스라엘을 구속하신 하나님'이라는 등식을 빈번히 구사한다. 즉, 애굽에서 구원하신 그 사건이 바로 히브리 노예들을 계약 백성 이스라엘로 재창조하신 사건임을 누누이 강조한다.

하늘을 창조하여 펴시고 땅과 그 소산을 내시며 땅 위의 백성에게 호흡을 주시며 땅에 행하는 자에게 영을 주시는 하나님 여호와께서 이같이 말씀하시되 나 여호와가 의로 너를 불렀은즉 내가 네 손을 잡아 너를 보호하며 너를 세워 백성의 언약과 이방의 빛이 되게 하리니. 사 42:5-6

야곱아, 너를 창조하신 여호와께서 지금 말씀하시느니라. 이스라엘아, 너를 지으신 이가 말씀하시느니라. 너는 두려워하지 말라. 내가 너를 구속하였고 내가 너를 지명하여 불렀나니 너는 내 것이라. 네가 물 가운데로 지날 때에 내가 너와 함께할 것이라. 강을 건널 때에 물이 너를 침몰하지 못할 것이며 네가 불 가운데로 지날 때에 타지도 아니할 것이요 불꽃이 너를 사르지도 못하리니 대저 나는 여호와 네 하나님이요 이스라엘의 거룩한 이요 네 구원자임이라. 내가 애굽을 너의 속량물로, 구스와 스바를 너를 대신하여 주었노라. 사 43:1-3

이상의 이사야 단락들은 이스라엘을 선택하여 하나님의 백성 삼으신 것은 하나님의 의와 정직을 만천하에 공포한 사건임을 강조한다. 이스라엘을 압도적인 혼돈 세력인 압제적 강대국(애굽과 바벨론)으로부터 해방시켜 자유민의 공동체로 창조하신 사건은, 하나님의 공의로우신 성품을 온 천하에 공포하고 계시한 사건이다. "여호와께서 공의로운 일을 행하시며 억압당하는 모든 자를 위하여 심판하시는도다. 그의 행위를 모세에게, 그의 행사를 이스라엘 자손에게 알리셨도다."시 103:6-7

출애굽 구원 사건의 본질은 홍해 도강 사건에 있지 않고, 시내산 계약 사건에 있다. 시내산 언약에 이스라엘이 자발적이고 지속적으로 스스로를 결박시킬 때 이스라엘 민족은 공의로우신 하나님을 배우고 익히고 경배하게 되는 것이다. 하나님께서는 시내산에서 히브리 노예들을 계약출 19-24장에 묶어 두시는 한편 자신을 그들의 하나님으로 결박하신다. 이렇게 하여 히브리 노예 집단은 비로소 한 무리의 계약 공동체로 창조된다. 바로의 채찍에서 해방되고 홍해에 넘실대는 죽음의 물결로부터 건짐받은 이스라엘 백성은 시내산 계약을 체결함으로써 한 무리의 책임적인 계약 공동체로 환골탈태한다. 그들은 하나님께서 주시는 계약의 계명들을 잘 준수하는 조건하에서 삼중적인 정체성을 획득할 것이다. 온 세계의 백성들이 하나님께 속하였지만 이스라엘 백성은 특별한 의미를 지닌다. 그들은 특별히 소유된 백성[쉬굴라(סְגֻלָּה)]이 될 것이다. 그들은 열방에 대하여 제사장 나라[맘므레케트 코하님(מַמְלֶכֶת כֹּהֲנִים)]가 되며, 거룩한 나라[고이 카도쉬(גּוֹי קָדוֹשׁ)]가 되어야 할 것이다.출 19:5-6 아브라함에게 주신 하나님의 약속, 곧 강대한 나라(고이 가돌)창 12:2, 18:18 약속은 거룩한 나라(고이 카도쉬)로 승화된다. 아브라함의 후손들은 거룩함으로 강대한 나라, 하나님과 친밀하게 동행함으로 강대한 나라가 되도록 부름을 받았다.

1

¹ 야곱과 함께 각각 자기 가족을 데리고 애굽에 이른 이스라엘 아들들의 이름은 이러하니 ² 르우벤과 시므온과 레위와 유다와 ³ 잇사갈과 스불론과 베냐민과 ⁴ 단과 납달리와 갓과 아셀이요 ⁵ 야곱의 허리에서 나온 사람이 모두 칠십이요 요셉은 애굽에 있었더라. ⁶ 요셉과 그의 모든 형제와 그 시대의 사람은 다 죽었고 ⁷ 이스라엘 자손은 생육하고 불어나 번성하고 매우 강하여 온 땅에 가득하게 되었더라. ⁸ 요셉을 알지 못하는 새 왕이 일어나 애굽을 다스리더니 ⁹ 그가 그 백성에게 이르되 이 백성 이스라엘 자손이 우리보다 많고 강하도다. ¹⁰ 자, 우리가 그들에게 대하여 지혜롭게 하자. 두렵건대 그들이 더 많게 되면 전쟁이 일어날 때에 우리 대적과 합하여 우리와 싸우고 이 땅에서 나갈까 하노라 하고 ¹¹ 감독들을 그들 위에 세우고 그들에게 무거운 짐을 지워 괴롭게 하여 그들에게 바로를 위하여 국고성 비돔과 라암셋을 건축하게 하니라. ¹² 그러나 학대를 받을수록 더욱 번성하여 퍼져나가니 애굽 사람이 이스라엘 자손으로 말미암아 근심하여 ¹³ 이스라엘 자손에게 일을 엄하게 시켜 ¹⁴ 어려운 노동으로 그들의 생활을 괴롭게 하니 곧 흙 이기기와 벽돌 굽기와 농사의 여러 가지 일이라. 그 시키는 일이 모두 엄하였더라. ¹⁵ 애굽 왕이 히브리 산파 십브라라 하는 사람과 부아라 하는 사람에게 말하여 ¹⁶ 이르되 너희는 히브리 여인을 위하여 해산을 도울 때에 그 자리를 살펴서 아들이거든 그를 죽이고 딸이거든 살려두라. ¹⁷ 그러나 산파들이 하나님을 두려워하여 애굽 왕의 명령을 어기고 남자 아기들을 살린지라. ¹⁸ 애굽 왕이 산파를 불러 그들에게 이르되 너희가 어찌하여 이같이 남자 아기들을 살렸느냐. ¹⁹ 산파가 바로에게 대답하되 히브리 여인은 애굽 여인과 같지 아니하고 건장하여 산파가 그들에게 이르기 전에 해산하였더이다 하매 ²⁰ 하나님이 그 산파들에게 은혜를 베푸시니 그 백성은 번성하고 매우 강해지니라. ²¹ 그 산파들은 하나님을 경외하였으므로 하나님이 그들의 집안을 흥왕하게 하신지라. ²² 그러므로 바로가 그의 모든 백성에게 명령하여 이르되 아들이 태어나거든 너희는 그를 나일 강에 던지고 딸이거든 살려두라 하였더라.

출

이 거룩한 사명을 수행해야 할 아브라함의 후손이 혼돈의 바다 같은 제국을 섬기는 노예 백성으로 살아가고 있다. 모세가 역사의 중심 무대로 등장하게 되는 역사적 전경前景은 바로 이 참혹한 고난의 현장이다.[2:23-25] 학자들에 따르면 요셉이 애굽의 총리로 승진하는 역사적 무대는 기원전 17세기를 전후하여 약 200년간 아시아 민족이었던 힉소스족이 애굽을 지배하던 시기였다. 힉소스족은 애굽의 15-16왕조 통치자를 배출한 아시아 침략자들이다. 지금까지 남아 있는 당시에 건설된 성벽들은 힉소스족 특유의 것으로 밝혀지고 있다. 기원전 1550년경 애굽 18왕조의 창건자 아모시스 1세Amosis I는 힉소스족의 통치를 종식시켰으며, 다시 기원전 1490-1436년경 투트모세 3세Thutmose III에 이르러 팔레스타인 및 시리아까지 애굽의 정치적 종주권이 확장된다. 학자들은 히브리인의 애굽 정착은 힉소스 시대에 일어난 사건이라고 생각한다.[2] 이 연대기를 따르면 히브리 노예들을 압제한 "요셉을 알지 못하는 새로운 바로"는 기원전 1290-1224년 애굽 19왕조의 람세스 2세Ramses II였을 가능성이 크다. 성경 외의 자료 가운데 공동체로서 이스라엘 백성의 가나안 존재를 증명하는 가장 이른 시기의 고고학적 자료는 기원전 1207년에 세워진 애굽 왕 메르넵타Merneptah의 팔레스타인 일대 정복 비문이다. 이 비문에 따르면 이스라엘 백성이 기원전 1207년 이전에 이미 가나안 땅에 '공동체'를 이루며 정착해 있었다. 그렇다면 출애굽 구원은 광야 40년 방황을 고려하면 기원전 13세기 중반BC 1250년경보다 이른 어느 시점에 일어난 사건이었다고 추정할 수 있다.

애굽을 탈출한 히브리 노예들이 가나안 땅으로 진입하려고 시도할 수 있었던 국제정치적 정황은, 이른바 아마르나Amarna 시대BC 15-14세기로 알려진 때의 가나안 지역이 정치적 지배력의 와해 분위기 속에 있었음을 볼 수 있다. 이 시기에는 가나안 일대에 대한 애굽의 정치적 영향력이 급격하게 쇠락했고 가나안에는 이스라엘의 진입을 막을 중앙집권적 국가가 존재하지 않았다. 주요 거점에 들어선 도시국가들이 존재했었지만 그 도시국가들이 가나안 땅 전체를 지배하거나 자국령으로 통치하지는 않았다. 가나안은 새로운 이주자들이 정착할 빈 땅이 많았다. 애굽에서 발굴된 아마르나 서신들로 볼 때 출애굽 해방이 일어나던 시기는 가나안 지역을 다스리던 애굽의 지역 봉신들이 하비루족 여러 족속들의 무질서한 침탈 행위로 더 이상 통치할 수 없다고 불평하던 시대였다.^{BC 1400-1350년경 3} 하나님은 이스라엘이 애굽을 탈출하기 오래전부터, 애굽이 아시아 출신의 이주민들(힉소스)로 인해 상당히 혼란을 겪으며 가나안에 대한 애굽의 전통적 장악력도 크게 쇠락하던 그 시대에 히브리 노예들의 출^出애굽-입^入가나안을 기획하고 계셨다. 출애굽 구원사가 일어나던 시기는 이처럼 보편 역사로 볼 때도 하나님의 때가 찬 시점이었다. 출애굽기는 요셉의 초청으로 고센으로 이주했던 야곱의 열한 아들의 이름을 나열함으로써 시작된다. 히브리어 성경 출애굽기 1:1이 '그리고'라는 접속사로 시작된다는 것은 출애굽기 1장이 창세기 50장을 이어받는 이야기라는 뜻이다. "그리고 이것은 야곱과 자기 가문과 함께 애굽으로 내려간 이스라엘 아들 11명의 이름이다." 출애굽기 1:5은 야곱과 함께 애굽에 내려간 이스라엘의 자손이 먼저 애굽에 와 있던 요셉을 포함해 모두 70명이었다고 말한다.^{창 46:27}

때가 이르자 하나님은 한때 애굽의 호의를 상징하던 고센 땅을 박해와 압제의 땅으로 변화시키신다. 히브리인들은 애굽에서 엄청난 번성을 누렸지만 하나님께서는 바로의 채찍을 통해 그들이 애굽으로부터 정을 떼도록 유도하신다. 요셉을 알지 못하는 바로의 박해는 야곱 자손들을 고향으로 되돌아가게 하시려는 하나님의 섭리였다. 새 바로가 이전의 총리 요셉을 알지 못한다는 의미가 아니라, 요셉이 이전의 바로에게 덧입은 호의와 혜택을 전혀 인정하지 않으려고 했다는 의미로 '알지 못했다'는 뜻이다. 새 바로는 박해를 받을수록 더욱 번성하는 히브리 노예들의 존재에 위협을 느꼈고, 그럴수록 그들을 벽돌을 구워 비돔과 라암셋 국고성을 짓는 데 더욱 가혹하게 동원하였다.[1:8-14] 이것도 부족하다고 생각한 그는 히브리 산파들을 시켜서 모든 히브리 남자아이는 태어나자마자 죽이도록 명령하였다.[1:15-22] 그러나 히브리 산파들 사이에서 시민불복종 운동이 일어났다. 히브리 산파 십브라와 부아는 히브리 남자아이들을 살려 내는 데 혁혁한 성과를 올렸다. 그들은 재치 있는 거짓말로 바로의 명령을 비켜 가며 마침내 모세가 살아남을 수 있는 환경을 조성하는 데 일조한다. 왜 히브리 남아들을 살려 두었느냐는 왕의 취조와 심문을 받고 그들은 "히브리 산모들은 산파가 가기 전에 이미 출산했기에 산파가 손을 쓸 수가 없었다"고 둘러댔다. 하나님이 그 산파들에게 은혜를 베푸셔서 히브리 남아들을 멸절시키려는 바로의 흉계를 좌절케 하시니 이스라엘 자손들은 번성하고 매우 강해졌다. 아울러 하나님께서 하나님을 경외하여 악한 군주의 명령을 배척하는 위험도 마다하지 않았던 산파들에게 복을 주셔서 그들의 집안을 흥왕하게 하셨다. 이에 반해 애굽 왕 바로는 히브리 산파들에게만 내렸던 히브리 남아 살해 명령을 그의 모든 백성을 향한 명령으로 전격적으로 변화시킨다. 이제 애굽 사람 모두에게 정당한 절차 없이 히브리 남아가 태어나자마자 "나일 강에 던지라"고 명령한 것이다. 모세는 이렇게 야만적이고 잔혹한 학살 명령이 내려진 세상에 태어난 것이었다.

2

¹레위 가족 중 한 사람이 가서 레위 여자에게 장가 들어 ²그 여자가 임신하여 아들을 낳으니 그가 잘 생긴 것을 보고 석 달 동안 그를 숨겼으나 ³더 숨길 수 없게 되매 그를 위하여 갈대 상자를 가져다가 역청과 나무 진을 칠하고 아기를 거기 담아 나일 강 가 갈대 사이에 두고 ⁴그의 누이가 어떻게 되는지를 알려고 멀리 섰더니 ⁵바로의 딸이 목욕하러 나일 강으로 내려오고 시녀들은 나일 강 가를 거닐 때에 그가 갈대 사이의 상자를 보고 시녀를 보내어 가져다가 ⁶열고 그 아기를 보니 아기가 우는지라. 그가 그를 불쌍히 여겨 이르되 이는 히브리 사람의 아기로다. ⁷그의 누이가 바로의 딸에게 이르되 내가 가서 당신을 위하여 히브리 여인 중에서 유모를 불러다가 이 아기에게 젖을 먹이게 하리이까. ⁸바로의 딸이 그에게 이르되 가라 하매 그 소녀가 가서 그 아기의 어머니를 불러오니 ⁹바로의 딸이 그에게 이르되 이 아기를 데려다가 나를 위하여 젖을 먹이라. 내가 그 삯을 주리라. 여인이 아기를 데려다가 젖을 먹이더니 ¹⁰그 아기가 자라매 바로의 딸에게로 데려가니 그가 그의 아들이 되니라. 그가 그의 이름을 모세라 하여 이르되 이는 내가 그를 물에서 건져내었음이라 하였더라. ¹¹모세가 장성한 후에 한번은 자기 형제들에게 나가서 그들이 고되게 노동하는 것을 보더니 어떤 애굽 사람이 한 히브리 사람 곧 자기 형제를 치는 것을 본지라. ¹²좌우를 살펴 사람이 없음을 보고 그 애굽 사람을 쳐죽여 모래 속에 감추니라. ¹³이튿날 다시 나가니 두 히브리 사람이 서로 싸우는지라. 그 잘못한 사람에게 이르되 네가 어찌하여 동포를 치느냐 하매 ¹⁴그가 이르되 누가 너를 우리를 다스리는 자와 재판관으로 삼았느냐. 네가 애굽 사람을 죽인 것처럼 나도 죽이려느냐. 모세가 두려워하여 이르되 일이 탄로되었도다. ¹⁵바로가 이 일을 듣고 모세를 죽이고자 하여 찾는지라. 모세가 바로의 낯을 피하여 미디안 땅에 머물며 하루는 우물 곁에 앉았더라. ¹⁶미디안 제사장에게 일곱 딸이 있었더니 그들이 와서 물을 길어 구유에 채우고 그들의 아버지의 양 떼에게 먹이려 하는데 ¹⁷목자들이 와서 그들을 쫓는지라. 모세가 일어나 그들을 도와 그 양 떼에게 먹이니라. ¹⁸그들이 그들의 아버지 르우엘에게 이를 때에 아버지가

이르되 너희가 오늘은 어찌하여 이같이 속히 돌아오느냐. ¹⁹ 그들이 이르되 한 애굽 사람이 우리를 목자들의 손에서 건져내고 우리를 위하여 물을 길어 양 떼에게 먹였나이다. ²⁰ 아버지가 딸들에게 이르되 그 사람이 어디에 있느냐. 너희가 어찌하여 그 사람을 버려두고 왔느냐. 그를 청하여 음식을 대접하라 하였더라. ²¹ 모세가 그와 동거하기를 기뻐하매 그가 그의 딸 십보라를 모세에게 주었더니 ²² 그가 아들을 낳으매 모세가 그의 이름을 게르솜이라 하여 이르되 내가 타국에서 나그네가 되었음이라 하였더라. ²³ 여러 해 후에 애굽 왕은 죽었고 이스라엘 자손은 고된 노동으로 말미암아 탄식하며 부르짖으니 그 고된 노동으로 말미암아 부르짖는 소리가 하나님께 상달된지라. ²⁴ 하나님이 그들의 고통 소리를 들으시고 하나님이 아브라함과 이삭과 야곱에게 세운 그의 언약을 기억하사 ²⁵ 하나님이 이스라엘 자손을 돌보셨고 하나님이 그들을 기억하셨더라.

2:1-10은 히브리 남아로 태어난 모세가 애굽 공주의 아들로 입양되었다가 다시 생모의 젖을 먹고 자라는 과정을 간략하게 구술한다. 모세는 레위인 아므람과 요게벳⁴ 사이에서 태어났는데 그 용모가 준수한 것을 본 엄마 요게벳이 석 달 동안 엄마의 젖을 먹고 자라게 했다. 더 이상 숨길 수 없던 요게벳은 역청과 나무 진을 칠한 방수용 갈대상자(일종의 방주) 속에 아이를 담아 나일 강에 던졌다. 누이가 갈대상자에 실린 모세에게 어떤 일이 일어날지 지켜보고 있는데 때마침 나일 강에 목욕하러 가던 바로의 딸('하트셉수트'라는 가설)이 그를 건져다 아들로 입양하였다. 그녀는 갈대상자에 갇혀 우는 아이를 보고 불쌍히 여겼다. 그녀는 히브리 남자아이인 줄을 알고도 불쌍히 여겨 살려 주었다. 바로 그때 이 모든 과정을 지켜보던 누이가 한 히브리 유모를 추천했는데 추천된 이는 사실 모세의 생모 요게벳이었다. 이렇게 해서 모세는 우여곡절 끝에 유모 역할을 맡은 생모의 젖을 먹으며 자랄 수 있었다. 젖을 뗀 모세를 다시 본 애굽 공주

는 이름을 '모세'⁵라고 지었다. 이 이름은 자신이 모세를 물에서 건져 내었음을 강조하고 기리는 것이었다.

이 과정에는 각 순간마다 하나님의 섭리가 개입하고 있었다. 특히 애굽 왕의 명령을 어기고 왕의 턱밑에서 공주가 히브리 남아를 입양한 것이다. 공적 세계에서는 애굽 왕 바로의 잔혹 통치가 지배하지만 그 빈틈에는 반드시 하나님의 통치에 응답하고 공명하는 영혼이 있다. 애굽 왕의 야만적인 포고령도 공주의 동정심을 소멸시키지는 못했다. 히브리 산파들의 거룩한 시민불복종 외에도 애굽 왕의 잔혹 통치는 체제 내의 저항자에 의해 또 좌절된 것이다. 세상의 악한 군주의 악한 세계 통치는 완성될 수 없다. 하나님이 우리 인간에게 너무나 깊고 넓게 하나님을 아는 지식의 단초가 될 만한 하나님 형상적 요소를 심어 주셨기 때문이다. 하나님은 인간에게 동정심, 정의 추구, 교제 욕구, 사랑의 열정, 고귀한 예술혼 등 악이 파괴할 수 없는 무수하고 숭고한 자질과 미덕을 심어 주셨다. 인간의 전적 타락과 부패를 너무 교조적으로 신봉한 나머지 하나님이 우리에게 심어 주신 고귀한 동정심, 자애심, 선량함에 대한 감사를 잊어서는 안 된다. 적어도 본문은 애굽 공주의 동정심이 모세를 살려 냈다는 사실을 강조한다. 하나님은 애굽 공주의 동정심을 지렛대 삼아 애굽 왕의 잔혹한 유아 살해 포고령을 부분적으로 무효화시킨 것이다.

이처럼 이스라엘을 물에서 건져 내실 하나님의 구원이 마치 예고편처럼 모세의 구원 드라마 안에 이미 전개되고 있다. 모세의 인생은 물에서 구원되는 사건으로 시작한다. 생모의 젖을 먹고 자란 아주 짧은 기간을 제외하면 40세 이전까지 그의 삶은 히브리 동족 노예들의 비명과 아우성으로부터 동떨어진 엘리트의 삶이었다. 모세는 동족 히브리 노예들의 압제와 민족 멸절적인 수난이라는 당대의 중심 쟁점으로부터 격리되어 자신의 정체성을 알지 못한 채 애굽의 궁중에서 공주의 아들로 살았다.^{히 11:24}

그러나 장성한 후에 모세는 자신의 정체성을 깨닫는다.^{히 11:24-27} 40세가 된 청년 모세는 자신이 애굽 공주의 아들이 아니라 히브리인의 아들이라는 사실을 깨닫는다. 그의 가슴에 박해받고 있는 동족들의 신음이 타전되어 온다. 아브라함의 후손인 히브리 노예 백성들에 대한 하나님의 계약적 책임감(권념, 개역개정은 '기억'으로 번역)^{출 2:25 6}이 작동하는 바로 그 시점에 모세의 동족의식도 싹이 트고 있었다. 하나님의 보좌로 상달된 히브리 노예들의 신음과 그들을 돌보시고 생각하시는 하나님의 마음은, 모세의 가슴에 영적 감응이라는 형식으로 전달된다. 히브리 노예-하나님-모세 사이에는 일종의 거룩한 텔레파시가 작동하고 있었다. 고난받는 백성들의 신음에 응답할 만한 영적 감응력이 회복된 사람은 역사의 중심부로 부름받아 지도력을 행사할 수밖에 없다. 모세는 비참하고 잔혹한 동족 히브리인들의 강제노역을 보고서야 소명의 세계에 눈을 뜨게 된다. 하지만 모세의 설익은 소명감은 그에게 정치적 망명이라는 예기치 않은 삶의 행로를 열어 준다. 2:11-22은 모세가 설익은 민족애를 가지고 고난받는 동족의 보호자로 행세하다가 망명자가 되어 미디안으로 도주해 정착하는 과정을 증언한다.

자신이 고난받는 히브리 노예의 아들임을 알게 된 어느 날, 모세는 동족들의 강제노동 현장에 나갔다. 그들이 고되게 노역하는 것을 보고 있다가 우연히 한 애굽인이 자기 형제를 구타하는 것을 보았다. 주변에 아무도 없는 것을 본 모세는 그 애굽인을 주먹으로 때려 죽이고 모래 속에 암매장하고 자리를 뜬다. 얼마 후 그는 히브리 동포끼리의 싸움을 말리다가 자신의 살인죄를 알고 있는 동족에게 고발당함으로써 먼 미디안 광야로 도망치게 된다. 거기서 그는 미디안 제사장 이드로의 딸 십보라와 결혼하여 게르솜(이방에서 객이 되었다)과 엘리에셀(하나님은 나의 도움이시다)을 낳는다. 역사의 핵심 모순에 눈뜨자마자 당한 곤경 때문에 모세는 중심 무대로부터 미디안으로 유배당한 채 40년의 세월을 보내야 했다.

그러나 모세가 히브리 백성의 노예생활이라는 현실과 아브라함, 이삭, 야곱에게 주신 하나님의 약속을 완전히 망각하며 산 것은 아니었다. 미디안에 유배당한 채 장인 이드로의 양떼를 치면서 늙어갈 때도 그는 동족이 당하는 고난의 현장을 잊지 못했을 것이다. 오히려 그는 자기 동족의 미래가 어떻게 될 것인지를 더욱 근심하며 하나님께 묻고 물었을 것이다. "과연 아브라함의 하나님, 이삭의 하나님, 야곱의 하나님은 어디 계시는가? 과연 아브라함, 이삭, 야곱과 맺은 하나님의 삼중 축복언약(하늘의 별처럼 많은 후손과 가나안 땅을 기업으로 주겠다, 아브라함의 후손으로 말미암아 천하 만민이 복을 누릴 것이다)은 폐기되었는가?" 그가 하나님의 산 호렙으로 올라가기 위하여 양 무리를 광야의 경계 너머까지 끌고 간 것을 보면 그의 망명 생활 중심에 하나님의 산이 있었다고 보아야 할 것이다. 실로 모세는 미디안이 아니라 호렙 근처에서 양 무리를 치면서 하나님의 산이라는 영적 중력권을 이탈하지 않았던 것이다. 모세가 하나님의 산 근처에서 40년을 목자로 살았다는 것은 뒤이어 전개될 그의 극적 부상浮上과 관련해 매우 의미심장한 대목이다.

이러한 사정을 감안해 볼 때, 모세가 미디안 땅에서 이드로의 목자로 살면서도 고센 땅에서 아우성치는 형제들(아브라함 후손들)의 탄식에 귀를 막고 살 수는 없었을 것이다. 자신의 맏아들 이름을 짓는 과정을 볼 때 그가 미디안을 고향이자 보금자리로 생각하지 않았음은 더 분명해진다. 그의 실존적인 무게는 고센 땅 동족들의 신음소리가 깊어 가는 박해와 유배의 현장을 향하고 있었다. 히브리 노예들을 향한 하나님의 권념과 애휼이 극에 달할 때 모세 또한 자신의 필생의 사명에 대해 깊이 생각하고 있었을 것이다. 그래서 그는 부르심이 있기 전에 이미 여러 차례 하나님의 산을 오르락내리락하였을 것이다. 출애굽기 3:1-6의 떨기나무 불꽃 사건은 모세가 어느 날 우연히 양들을 이끌고 호렙산을 배회하다가 만난 사건이라고 보기 어렵다. 모세는 일부러 목초지의 경계를 지나(광야 서편) 양 무리를 이끌고 하나님의 산에 의도적으로 오르려고 하였으며, 그러다가 하나님의 불꽃 천사와 조우한 것이었다. 미디안 망명 40년이 되는 해, 모세가 80세 되던 해, 때가 찬 그 섭리적인 적시에 히브리 노예들에 대한 하나님의 권념과 애휼의 마음이 모세에게 영적인 감응을 불러일으켰던 것이다.

모세는 일종의 불가항력에 이끌려 하나님의 산으로 올라간다. 커다란 자석에 끌려가는 작은 쇠붙이처럼 그는 그렇게 끌려간 것이다. 자신을 끌어들이는 거대한 자기장을 느낀 우주선이 도킹을 앞두고 모선으로 서서히 접근하듯이 모세는 하나님의 산으로 한 발짝 한 발짝 접근한다. 모세가 광야의 경계를 지나 하나님의 산에 오르고 싶은 충동에 이끌리던 바로 그 순간이야말로 하나님께서 아브라함의 후손이 당하는 곤경에 가장 입체적으로 공명하시는 시점이었다. 하나님은 그들의 곤경을 보셨고, 들으셨고, 기억하셨고, 권념하셨다.[2:23-25, 저자 사역]

이스라엘 자손은 고된 노동으로 말미암아 탄식하며 부르짖으니 그 고된 노동으로부터 도와 달라고 그들의 부르짖는 소리[샤브아탐(שַׁוְעָתָם)]가 하나님께 상달되었다. 그리고 하나님이 그들의 고통 소리를 들으셨고[샤마(שָׁמַע)] 하나님이 아브라함과 이삭과 야곱에게 세운 그의 언약을 기억하셨으며[자카르(זָכַר)] 하나님이 이스라엘 자손을 보셨고[라아(רָאָה)]

하나님이 그들을 아셨다[야다(יָדַע)].

　누구보다도 하나님 자신이 히브리 노예들의 조상인 아브라함, 이삭, 야곱과 맺은 약속 때문에 그들을 구원하셔야만 하는 언약적 의무감에 매여 있음을 자각하고 계셨다는 것이다. 아브라함의 후손은 세계 만방에 복의 근원이 될 민족이며 가나안 땅으로 돌아가야 할 후손이었다. 그러나 하나님은 출애굽-입가나안 대사역을 같이 추진할 인간 동역자와 중보자들을 찾고 찾으셨으며 그런 자들이 나타날 때까지 기다리고 기다리셨던 것이다. 그러나 과연 누가 출애굽의 영도자가 될 것인가? "누가 우리를 위하여 갈꼬?" 심사숙고하시는 바로 그 순간에 이제야 공생애 사역에 나아가기에 무르익은 모세가 하나님의 레이더망에 걸려든다. 돌이켜 보면 모세는 역사의 중심부에서 일어나는 일에 무관심한 채 살아갈 수 없는 타고난 지도자였다. 지도자로 살도록 부름받은 사람은 역사의 중심 과제에 대해 모른 체할 수 없다. 하나님은 지도자의 품성을 가진 모세를 훈육시키기 위해 40년간 미디안에서 자기 비움의 시간을 거치게 하셨다가 때가 차자 부르신 것이다.

　드와이트 무디Dwight L. Moody는 모세의 120세 생애를 삼등분한다.7 애굽에서 궁중 생활을 하는 동안 모세는 자신을 꽤 중요한 인물(somebody)이라고 생각하며 보냈다. 40년간의 미디안 망명 시절에는 자신이 철두철미 아무것도 아닌 존재(nobody)라고 생각하며 지냈다. 그가 80세가 되었을 때에는 남은 생애 40년 동안 명심하였을 깨달음에 이르렀다. 하나님은 자신을 꽤 중요한 인물이라고 생각하는 사람이 아니라 자신을 전혀 무가치하다고 생각하는 사람과만 동역하신다는 것을 깨달았다. 40년의 미디안 망명 시절에 하나님은 모세가 양떼를 치는 목자로 살면서 온갖 인내와 섬김의 훈련을 받도

출

록 하신다. 하나님의 때를 기다릴 줄 아는 훈련은 그에게 매우 중요한 훈련이었다. 지도자로 살아갈 사람의 품성은 오랫동안 하나님에 의해 담금질되어야 한다. 초벌구이를 넘어 두벌구이까지 거쳐야 한다. 옹기와 상감청자의 차이를 보라. 옹기는 섭씨 150도 정도의 열만 견디면 되지만, 상감청자가 되기 위해서는 1,000도 이상의 고열을 견뎌야 한다. 귀하게 사용될 그릇은 오랫동안 정련되어야 했다.[딤후 2:20-21] 하나님은 당신의 마음에 합한 지도자가 등장하기 전까지 구속사를 진취시키지 못하실 때가 많다. 바로를 응징하려고 준비하는 하나님이셨지만, 바로와 거룩하게 대항할 사람이 등장하지 못한 채 오랜 세월이 흘렀다. 히브리 백성들이 지르는 고통의 아우성은 하나님께 상달되건만, 하나님께서 쓰실 어떤 인간 구원자도 나타나지 않는다면 하나님의 출애굽 구원 역사는 출범할 수 없는 것이다. 하나님의 구원은 사람을 통해 중개되기 때문에 하나님의 동역자(지도자)가 나타나지 않으면 하나님의 구원 역사는 오랫동안 지체될 수 있다는 말이다.

마침내 모세를 출애굽-입가나안 대역사의 영도자로 부르시는 하나님 ●3장

3 [1] 모세가 그의 장인 미디안 제사장 이드로의 양 떼를 치더니 그 떼를 광야 서쪽으로 인도하여 하나님의 산 호렙에 이르매 [2] 여호와의 사자가 떨기나무 가운데로부터 나오는 불꽃 안에서 그에게 나타나시니라. 그가 보니 떨기나무에 불이 붙었으나 그 떨기나무가 사라지지 아니하는지라. [3] 이에 모세가 이르되 내가 돌이켜 가서 이 큰 광경을 보리라. 떨기나무가 어찌하여 타지 아니하는고 하니 그 때에 [4] 여호와께서 그가 보려고 돌이켜 오는 것을 보신지라. 하나님이 떨기나무 가운데서 그를 불러 이르시되 모세야, 모세야 하시매 그가 이르되 내가 여기 있나이다. [5] 하나님이

이르시되 이리로 가까이 오지 말라. 네가 선 곳은 거룩한 땅이니 네 발에서 신을 벗으라. ⁶ 또 이르시되 나는 네 조상의 하나님이니 아브라함의 하나님, 이삭의 하나님, 야곱의 하나님이니라. 모세가 하나님 뵈옵기를 두려워하여 얼굴을 가리매 ⁷ 여호와께서 이르시되 내가 애굽에 있는 내 백성의 고통을 분명히 보고 그들이 그들의 감독자로 말미암아 부르짖음을 듣고 그 근심을 알고 ⁸ 내가 내려가서 그들을 애굽인의 손에서 건져내고 그들을 그 땅에서 인도하여 아름답고 광대한 땅, 젖과 꿀이 흐르는 땅 곧 가나안 족속, 헷 족속, 아모리 족속, 브리스 족속, 히위 족속, 여부스 족속의 지방에 데려가려 하노라. ⁹ 이제 가라. 이스라엘 자손의 부르짖음이 내게 달하고 애굽 사람이 그들을 괴롭히는 학대도 내가 보았으니 ¹⁰ 이제 내가 너를 바로에게 보내어 너에게 내 백성 이스라엘 자손을 애굽에서 인도하여 내게 하리라. ¹¹ 모세가 하나님께 아뢰되 내가 누구이기에 바로에게 가며 이스라엘 자손을 애굽에서 인도하여 내리이까. ¹² 하나님이 이르시되 내가 반드시 너와 함께 있으리라. 네가 그 백성을 애굽에서 인도하여 낸 후에 너희가 이 산에서 하나님을 섬기리니 이것이 내가 너를 보낸 증거니라. ¹³ 모세가 하나님께 아뢰되 내가 이스라엘 자손에게 가서 이르기를 너희의 조상의 하나님이 나를 너희에게 보내셨다 하면 그들이 내게 묻기를 그의 이름이 무엇이냐 하리니 내가 무엇이라고 그들에게 말하리이까. ¹⁴ 하나님이 모세에게 이르시되 나는 스스로 있는 자이니라. 또 이르시되 너는 이스라엘 자손에게 이같이 이르기를 스스로 있는 자가 나를 너희에게 보내셨다 하라. ¹⁵ 하나님이 또 모세에게 이르시되 너는 이스라엘 자손에게 이같이 이르기를 너희 조상의 하나님 여호와 곧 아브라함의 하나님, 이삭의 하나님, 야곱의 하나님께서 나를 너희에게 보내셨다 하라. 이는 나의 영원한 이름이요 대대로 기억할 나의 칭호니라. ¹⁶ 너는 가서 이스라엘의 장로들을 모으고 그들에게 이르기를 여호와 너희 조상의 하나님 곧 아브라함과 이삭과 야곱의 하나님이 내게 나타나 이르시되 내가 너희를 돌보아 너희가 애굽에서 당한 일을 확실히 보았노라. ¹⁷ 내가 말하였거니와 내가 너희를 애굽의 고난 중에서 인도하여 내어 젖과 꿀이 흐르는 땅 곧 가나안 족속, 헷 족속, 아모리 족속, 브리스 족속, 히위 족속, 여부스 족속의 땅으로 올라가게 하리라 하셨다 하면 ¹⁸ 그들이 네 말을 들으리니 너는 그들의 장로들과 함께 애굽 왕에게 이르기를 히브리 사람의 하나님 여호와께서 우리에게 임하셨은즉 우리가 우리 하나님 여호와께 제사를 드리려 하오니 사흘길쯤 광야로 가도록 허락하소서 하라. ¹⁹ 내가 아노니 강한 손으로 치기 전에는 애굽 왕이 너희가 가도록 허락하지 아니하다가 ²⁰ 내가 내 손을 들어 애굽 중에 여러 가지 이적으로 그 나라를 친 후에야 그가 너희를 보내리라. ²¹ 내가 애굽 사람으로 이 백성에게 은혜를 입게 할지라. 너희가 나갈 때에 빈손으로 가지 아니하리니 ²² 여인들은 모두 그 이웃 사람과 및 자기 집에 거류하는 여인에게 은 패물과 금 패물과 의복을 구하여 너희의 자녀를 꾸미라. 너희는 애굽 사람들의 물품을 취하리라.

3장은 철두철미 하나님 중심 장이다. 출애굽-입가나안의 대역사는 모세나 이스라엘 장로들의 머리에서 나온 아이디어가 아니라, 하나님의 마음속에서 400년 이상 갈무리된 언약적 의무감임을 강조한다. 3장은 모세를 설득하기 위한 하나님의 다양한 분투를 보여준다. 약간의 신비한 구경거리를 제공함으로써 호렙산 떨기나무 불꽃으로 모세를 유인하신 하나님, 모세에게 당신의 언약적 속박감을 피력하시고 모세의 동역과 협조를 구하시기 위해 애쓰시는 하나님, 출애굽의 기초 계획을 모세에게 알려 주시고 이스라엘 장로들과 동역하고 연대할 방법을 알려 주시는 하나님이 3장 전체를 채운다.

3:1은 모세의 매우 일상적인 동선을 보여준다. 장인 이드로의 양 무리를 치는 일은 수개월 동안 목초지를 찾아 광야를 전전하면서 사는 삶이었다. 그런데 이 운명적인 날에 모세는 양떼를 서쪽으로 인도하여 하나님의 산 호렙에까지 당도했다. '하나님의 산'은 당시 미디안 족속과 유목민들에게 하나님의 현현顯現이 발생한 신성구역으로 알려진 호렙산이었다. 모세는 하나님을 의식하면서 하나님의 산으로 양떼를 이끌고 갔던 것이다. 그날은 모세가 하나님의 산 호렙 근처에 처음으로 접근한 날도 아닐 것이다. '하나님의 산'으로 알려

진 이곳은 모세에게도 익숙한 땅이었다.

모세가 하나님의 산에 도착하자 야웨의 사자가 떨기나무 가운데로부터 나오는 불꽃 안에서 그에게 나타나셨다. 모세가 보니 떨기나무를 싸고 있는 그 불은 그냥 불이 아니라 천상적 존재의 출현을 의미하는 큰 광경이었다. 떨기나무 불꽃으로 모세를 좀 더 가까운 곳으로 유인하신 하나님은 떨기나무 가운데서 전격적으로 그를 두 번씩이나 부르셨다. 하나님은 모세를 아주 다정하게 여기며 오랜 친구처럼 부르셨다. "모세야! 모세야!" 하나님은 믿을 만한 인물이 나타나면 다정하게 고유명사로 부르신다. 하나님은 우리 각자를 고유명사로 알고 계신다. 성경적 신앙의 가장 깊은 차원은, 우리가 하나님을 믿고 구원을 받는 데서 끝나지 않고 하나님께 믿음직스러운 동역자가 되어 인류 구원의 역사, 하나님 나라 완성의 대역사에까지 쓰임받는 데 있다. 이기적이고 개인적인 구원 열망은 인류 공동체의 다른 지체들을 위험에 빠뜨리고 죽음으로 몰아갈 수 있다. 하나님의 신뢰를 얻는 수준의 믿음은 공익적이고 이웃 소생적인 참 기독교 신앙이다. 모세를 두 번씩이나 불렀다는 것은 하나님께서 모세를 오랫동안 지켜보셨다가 마침내 그를 부르셨다는 뜻이다.

모세는 표준적인 예언자적 응답을 보여준다. "내가 여기 있나이다."[3:4] 말씀을 들을 준비가 되어 있다는 말이다. 하나님은 무엇보다 먼저 더 이상 불꽃 쪽으로 오지 말라고 명하신다. 그리고 "네가 선 곳은 거룩한 땅이니 네 발에서 신을 벗으라"[3:5]고 명하신다. 모세는 하나님의 신성구역에 들어선 것이다. 여기서부터 모세는 인간적 자아를 상징하는 신을 벗고 하나님의 메시지에 최고로 순도 높은 감응력을 보여야 한다. 혈과 육을 가진 모세가 아니라 하나님의 신성구역에 초청된 사람답게 행동해야 하는 것이다. 이렇게 신성구역 입장 프로토콜이 끝나자마자 하나님은 모세에게 엄청난 사실을 털어놓으

신다.^{3:6-10}

하나님께서 모세에게 아브라함의 하나님, 이삭의 하나님, 야곱의 하나님으로서 맺으신 언약을 처음부터 이야기하시지만 모세는 전혀 놀라지 않았다. 하나님은 모세에게 새삼스럽게 아브라함과 이삭과 야곱의 이야기를 들려줄 필요를 느끼지 않았다. 자신이 속한 히브리 노예들이 아브라함의 후손임을 깨달았을 때부터 족장 약속(특히 가나안 땅 상속 약속)의 성취 여부는 모세 필생의 중심 관심사였기 때문이다. 하나님은 모세가 이미 창세기의 족장 전승을 정통으로 알고 있다고 전제하고 곧바로 본론으로 들어가신다. 창세기 족장 전승의 핵심은 아브라함의 후손이 가나안 땅을 상속받아 강대하고 큰 민족이 되어 천하 만민에게 복이 되는 것이다. 이 언약이 이루어지기 위해서는 언약 성취를 위해 하나님도 노력해야 하지만 아브라함의 후손도 노력해야 한다. 하나님은 모세에게 당신의 언약적 의무감을 대리해서 성취할 뿐만 아니라 아브라함의 후손을 대표해서 가나안 땅을 차지할 것을 요청하신다.

7-10절은 모세에게 위임된 필생의 과업을 요약한다. 하나님은 모세에게 당신의 백성을 바로의 노예살이에서 구출하여 젖과 꿀이 흐르는 땅으로 인도해 달라고 요청하신다. 하나님은 모세에게 출애굽-입가나안의 구원 대사를 중개할 사람으로 그를 선택했다고 일방적으로 선포하신다. 물론 출애굽-입가나안의 주체는 하나님이시다. 그런데 하나님의 의지를 대리하고 성육신해 줄 인간 동역자, 중보자가 요청되는 것이다. 하나님은 모세의 부담감을 줄여 주시기 위해 당신이 출애굽-입가나안 대역사의 총괄 집행자임을 선언하신다. 7-8절은 일련의 지각동사를 중첩적으로 사용함으로써 히브리 노예들을 향한 하나님의 계약적 투신을 부각시킨다. 점층적으로 고조되는 일련의 지각동사와 그것에 뒤따르는 하나님의 구원 행위 부각 동

사들에 나타나는 하나님의 단호한 의지를 관찰해 보라. "내가…분명히 보고…듣고…알고…내려가서…건져내고…인도하여…데려가려 하노라."

여기서 또 한 가지 주목할 만한 사실은, 하나님께서 모세에게 히브리 노예 백성을 지칭하실 때 처음부터 '내 백성'이라고 부르신다는 점이다. 모세의 사역은 본질적으로 하나님 당신의 일임을 확신시키시는 것이다. 모세의 사명은 애굽의 노예로 전락한 하나님의 백성을 애굽에서 해방시켜 젖과 꿀이 흐르는 땅으로 인도하는 일이다.

이 엄청난 하나님의 미션을 통보받은 모세의 첫 반응은 냉담한 거절이었다. "내가 누구이기에 바로에게 가며 이스라엘 자손을 애굽에서 인도하여 내리이까."³˸¹¹ 출애굽 사역이 자신이 홀로 감당할 사역인 것처럼 말하는 모세에게 하나님이 주신 응답은 "내가 반드시 너와 함께 있으리라"는 언질이다. 12절의 첫 소절은 "내가 너와 함께할 것이기 때문이다"라고 번역하는 것이 낫다. 개역개정 성경은 히브리어 접속사 키(כִּי)를 '반드시'로 번역했는데 그에 뒤따라 나오는 동사 하야(הָיָה, to be)의 일인칭 미완료 에흐예(אֶהְיֶה)와 연결된 것을 고려해 볼 때(כִּי־אֶהְיֶה), 키를 부사가 아니라 이유접속사로 보는 것이 더 낫다. 문맥상 모세의 거절을 상쇄시키는 하나님의 논리를 소개하는 이유접속사절이 뒤따라오는 것이 더 논리적이다. 하나님은 모세에게 "내가 너와 함께할 것이기 때문에 너는 출애굽-입가나안 사역을 감당할 수 있다"고 말하시는 셈이다.

12절 하반절에서는 야웨께서 모세와 함께하시겠다는 언질이 과연 지켜질 것인지를 검증하기 위한 하나의 방식이 제시된다. 그것은 모세가 정말로 아브라함의 하나님, 이삭의 하나님, 야곱의 하나님이 보내셔서 이스라엘을 위한 출애굽-입가나안 사명을 부여받았는지를 공증하는 방식이다. 하나님이 모세와 함께하셔서, 모세가 아브라함의 후손들을 애굽에서 끌어내 그들이 호렙산에서 하나님을 경배하게 될 것이다. 만일 이런 일이 일어난다면 하나님이 모세를 보내신 증거가 된다. 모세가 히브리 노예들을 이끌고 반란을 일으켜 체제 정변을 획책한다면 히브리 백성은 모세의 신적 파송을 의심하겠지만, 그들을 하나님의 산으로 데려와 하나님 경배로 이끈다면 그것은 필시 모세 자신의 개인적 야심(나라를 세우려는 야심)에 따른 정치적 혁명이 아니라 그 배후에 하나님이 함께하시는 신적 혁명임을 확신하게 된다는 것이다. "네가 그 백성을 애굽에서 인도하여 낸 후에 너희가 이 산에서 하나님을 섬기리니 이것이 내가—일인칭 대명사 아노키(אֶנֹכִי)의 독립사용을 통한 신적 의지 강조—너를 보낸 증거니라."3:12 하나님은 반드시 모세와 히브리 노예들을 이 호렙산으로 이끌어 내어 모세의 신적 파송과 신임을 온 백성에게 공증시킬 작정이시다. 하나님께서는 출애굽 기획이 모세 자신의 인간적·정치적 야심이 아니라 하나님의 주도적이고 절대주권적인 구원 기획임을 객관적으로 증명할 중간 검증장치, 곧 표징까지 주겠다고 약속하신 것이다. 그 표징은 출애굽한 노예들이 호렙산에 올라왔을 때 하나님께서는 이곳에서 히브리 노예들을 집단적으로 만나 주시겠다는 언질이었다. 하나님의 산 호렙에서 히브리 노예들에게 공동체적으로 하나님의 현현을 경험하도록 함으로써 출애굽 구원이 하나님의 일방적이고 절대주권적인 구원 기획임을 증명하실 것이다. 히브리 노예들이 호렙산에 올라왔을 때 하나님께서 그들에게 나타나 주셔야만 모세와 히브리 노예들은 출애굽 탈출이 하나님의 비전이요 구원 기획임을 알게 될 것이다. 그렇지 않으면 출애굽은 모세와 아론 등이 순전히 정치적인 야심을 채우기 위해 일으킨 일종의 정변에 불과한 사건으로 격하될 것이다.

이처럼 하나님께서는 과업을 주시면 반드시 그 과업을 수행할 권능도 주신다. 여기서 권능은 기사와 이적을 행할 수 있는 카리스마와 어떤 순간에도 하나님의 함께하심을 믿을 수 있는 백절불굴의 신앙으로 구성된다. 따라서 하나님께서는 모세에게 출애굽 및 가나안 인도 과업을 수행할 수 있는 권능으로 무장시켜 줄 것이며 시종일관 그와 함께하시겠다는 약속을 덧붙이신다.[3:1-4:17]

그러나 하나님의 함께하시겠다는 약속도 모세를 안심시키거나 확신시키지는 못했다. 모세는 조상들의 하나님이 자신을 이스라엘 자손에게 보냈다고 주장하면 그들이 "너를 보낸 하나님의 이름이 무엇이냐?"고 물을 것이라고 말하며 하나님의 동일성, 정체성을 캐묻는다. 인류 종교사에서 이처럼 독특하고 희귀한 순간은 없을 것이다. 자신을 거룩한 불꽃(거룩한 섬광), 누미노제[Numinose]적 현존으로 압박하는 하나님을 향해 "당신의 이름이 무엇이냐?"고 묻는다. 이것은 모세의 질문이기 이전에 히브리 노예들이 제기할 질문이다. "당신은 무슨 근거로 우리 인생에 개입하고 간섭하시는가? 당신은 어떤 존재이기에 바로의 채찍에서 우리를 건져내 가나안 땅을 기업으로 주시려는가?" 하나님의 이름은 하나님의 이력을 의미한다. 하나님의 이름을 묻는 것은 추상적인 형이상학적 사변에서 나온 질문이 아니다. 역사적 경험에 퇴적된 신의 행적을 캐물으려는 것이다. 하나님은 경배받으시기 전에 당신을 경배해 주기를 기대하는 그 백성에게 자신의 이름을 말해 주어야 한다는 것이다. 창세기 1-50장은 바로 출애굽의 대역사를 시작하시려는 하나님의 이름이 무엇인가에 대한 긴 해설이다. 하나님의 이름은 하나님의 성품과 의지, 지성과 권능의 종합적 총화다. 하나님의 이름은 항상 하나님의 행동과 말을 통해 알려진다. 하나님이 행하신 모든 행동과 말을 종합하면 하나님의 이름이 추론된다. 히브리 노예들의 물음은, 자신들을 구원해 주시고 종국적으로 자신들에게 경배를 받으실 만한 하나님 당신의 업적을 말해 달라는 것이다. 하나님의 이력서를 떼 달라는 것이다. 히브리 노예들의 조상의 하나님이라는 소개만으로는 부족하다는 것이다.

모세는 히브리 백성들에게 그를 파송했다고 주장하시는 하나님의 이름을 알려 주어야 한다고 하나님을 압박한다. 그들에게 어떤 이름으로 하나님을 소개할지를 묻는다. 모세는 히브리 노예들이 자신들을 출애굽-입가나안의 장도로 이끄시려는 하나님의 이름을 물을 것이라고 판단한 것이다. 이처럼 모세는 어떤 철학자보다 더 치열하게 하나님의 이름에 대한 질문으로 하나님의 시종일관성, 인격적 일관성을 따지고 캐묻는다. 이름은 일관성, 곧 자아 동일성(정체성)을 의미한다. 이에 대한 하나님의 대답은 이중적이다. 그 유명한 하나님의 자기 이름 계시 문장이 이 맥락에서 발출된다. "나는 스스로 있는 자이니라. 또 이르시되 너는 이스라엘 자손에게 이같이 이르기를 스스로 있는 자가 나를 너희에게 보내셨다 하라."^{3:14} 15절은 14절을 부연한다. 13-15절 전체 맥락을 보면 15절은 이미 13절에서 한 번 간략하게 진술된 내용을 되풀이하고 있음을 알 수 있다. 하나님의 이름은 13절과 15절 그리고 14절에서 계시되는데, 사실상 동일한 하나님의 이름을 다르게 설명한 것이다.

먼저 하나님은 당신을 히브리 노예들의 조상의 하나님이라고 밝힌다. 430년 전에 족장들과 맺으신 언약을 망각하지 않고 있을 뿐만 아니라 그 언약을 성취시킬 부담을 안고 있는 하나님임을 계시하신다. 오래전에 그들의 조상들과 맺은 언약을 성취시켜야 한다는 부담을 느끼고 있음을 강조하기 위해 하나님은 자신을 아브라함의 하나님, 이삭의 하나님, 야곱의 하나님이라고 소개하신다. 하나님은 약속을 하시고 그것을 역사 속에서 성취시키려는 하나님이다. 역사의 한 시점에 맺은 약속을 결코 잊지 않으며 세대들의 역사를 넘어서까지 성취시키시는 하나님임을 분명하게 밝힌다. 그러나 조상들의 하나님이라는 소개로는 아마도 부족하다고 생각했던 모세는 단도직입적으로 여전히 "당신의 이름은 무엇인지요?"라고 묻는다. 이 맥락에서 하나님의 이름 계시에 부연이 덧붙여진다.

두 번째, 하나님은 자신을 '스스로 있는 자'라고 계시하신다. 에흐예 아쉐르 에흐예(אֶהְיֶה אֲשֶׁר אֶהְיֶה). 이 구문은 한국어 번역이 지극히 어렵다. 오히려 거칠게나마 영어로 직역해 보고 나서 의미를 추론해야 한다. "I am who I am" 혹은 "I will be who I will be" 정도의 의미다. "나는 나 자신이다. 나는 나 외에 다른 어떤 유비로도 내 이름을 계시하지 못한다. 나는 항상 자신이고자 소원하고 의향하는 바로 자신이다." 즉, "나의 나됨을 규정하는 어떤 외부 요인이나 세력이 없다. 나는 항상 자신됨을 유지할 것이다." 이 이름 계시의 의미는 구문해석으로는 불가능하다. 전체 맥락에 비추어 문장으로 제시된 하나님 이름의 뜻을 파악할 수 있다. 도대체 '나는 나다'라는 이름 뜻이 강조하는 바는 무엇인가? 그것은 신적 일관성, 성품과 목적의 일관성, 견고성과 믿음직스러움을 강조하는 이름이다. 본문의 맥락에서 다시 풀어 쓰면, 하나님은 과거의 언약을 지금도 생각하고 의식하며 그것을 지킬 의지가 가득 찬 하나님이라는 뜻이다. 따라서 하나님은 자신이 옛날에 맺은 언약을 성취시키기 위하여 아브라함의 후손들을 약속의 땅으로 인도해야 할 의무(계약적 의무) 아래 놓여 있을 뿐만 아니라, 또한 그럴 능력과 의지가 있음을 천명하신 것이다.[3:13-22] 이 두 가지 의미를 동시에 포괄하는 하나님의 이름이 '스스로 있는 자'로서의 하나님이다. 스스로 있는 자라는 하나님의 동사 이름(에흐예 아쉐르 에흐예)은 함께하겠다[에흐예 임마크(אֶהְיֶה עִמָּךְ)]라는 문장의 축약형 또는 호환 가능한 문장인 셈이다. 스스로 있는 자로서의 하나님은 히브리 노예들의 조상과 맺은 계약에 속박된 하나님으로서, 그 계약을 성취시킬 때까지 인간 계약 당사자와 함께하심을 확신시키는[창 28:15, 사 43:1-4] 은혜로운 동사 이름인 것이다. 결국 하나님은 함께하겠다는 약속으로 모세의 마음을 얻으신다.[8] 15절에서 하나님의 동사문장 이름은 다시 아브라함의 하나님, 이삭의 하나님, 야곱의 하나님의 이름과 동일시되며, 하나님은 이름으로 기억되고 불리게 될 것임을 확증하신다. 예수님과 바울도 아브라함의 하나님, 이삭의 하나님, 야곱의 하나님의 약속의 유산 아래서 활동하셨다. 하나님은 온 세상에 추상화된 하나님의 이름을 공포하기보다는, 특수한 개인들의 하나님이 되심으로 세계 만민의 보편적인 하나님이 되실 수 있음을 입증하려는 것이다.

요약하자면 하나님은 자신을 '스스로 있는 자'라고 계시하심으로써 하나님의 능력과 의지의 일관성에 대한 백성들의 잠재적 의심을 불식시키신다. 하나님은 모세에게 먼저 고센에 가서 이스라엘 장로들을 모아 하나님의 출애굽 프로젝트를 설명하라고 명하신다. 히브리 노예들을 애굽의 고난 중에서 인도하여 내어 젖과 꿀이 흐르는 땅으로 올라가게 하리라는 하나님의 의지를 강조하라고 하신다.[3:17] 이 확증적인 하나님의 말씀을 들은 장로들이 설복되면 그들을 대동하고 광야 예배를 위한 특별휴가를 요청하라고 하신다. 첫 협상에서 장로들과 모세가 내걸어야 하는 조건은 광야(호렙산)에 가서 하나님을 예배하도록 3일간의 특별휴가를 요청하는 것이었다. 그런데 바로는 이 요청을 묵살할 것이며 하나님께서 바로를 강한 손과 여러 가지 이적으로 타격하기 전까지 히브리 노예들을 놓아주지 않을 것도 미리 일러 주신다. 출애굽기 7-12장에서 펼쳐지는 열 가지 재앙 드라마는 바로의 뿌리 깊은 강퍅함[9]과 불순종 의지를 배경으로 전개된다. 이런 바로와 애굽의 전면적인 불순종과 강퍅함에 거룩한 자연재앙(천재지변)으로 대항하시면서 하나님은 히브리 노예들을 기어코 출애굽시켜 주실 것이다.

하나님께서는 믿음으로 무장된 모세와 히브리 노예들의 출애굽을 진두지휘하실 뿐만 아니라, 심지어 애굽 사람들의 은금 패물로 그동안 체불된 임금을 일시불로 지불받게 하실 것이다. 그럼에도 불구하고 모세는 여전히 자신의 능력과 지도자적인 자질에 대해 회의한다.[4:1] 4-5장에 걸쳐서 하나님은 그에게 지도자적인 카리스마를 구비하게 하신다.

"내 백성을 풀어 놓으라" ● 4-5장

4 [1] 모세가 대답하여 이르되 그러나 그들이 나를 믿지 아니하며 내 말을 듣지 아니하고 이르기를 여호와께서 네게 나타나지 아니하셨다 하리이다. [2] 여호와께서 그에게 이르시되 네 손에 있는 것이 무엇이냐. 그가 이르되 지팡이니이다. [3] 여호와께서 이르시되 그것을 땅에 던지라 하시매 곧 땅에 던지니 그것이 뱀이 된지라. 모세가 뱀 앞에서 피하매 [4] 여호와께서 모세에게 이르시되 네 손을 내밀어 그 꼬리를 잡으라. 그가 손을 내밀어 그것을 잡으니 그의 손에서 지팡이가 된지라. [5] 이는 그들에게 그들의 조상의 하나님 곧 아브라함의 하나님, 이삭의 하나님, 야곱의 하나님 여호와가 네게 나타난 줄을 믿게 하려 함이라 하시고 [6] 여호와께서 또 그에게 이르시되 네 손을 품에 넣으라 하시매 그가 손을 품에 넣었다가 내어보니 그의 손에 나병이 생겨 눈 같이 된지라. [7] 이르시되 네 손을 다시 품에 넣으라 하시매 그가 다시 손을 품에 넣었다가 내어보니 그의 손이 본래의 살로 되돌아왔더라. [8] 여호와께서 이르시되 만일 그들이 너를 믿지 아니하며 그 처음 표적의 표징을 받지 아니하여도 나중 표적의 표징은 믿으리라. [9] 그들이 이 두 이적을 믿지 아니하며 네 말을 듣지 아니하거든 너는 나일 강 물을 조금 떠다가 땅에 부으라. 네가 떠온 나일 강 물이 땅에서 피가 되리라. [10] 모세가 여호와께 아뢰되 오 주여, 나는 본래 말을 잘 하지 못하는 자니이다. 주께서 주의 종에게 명령하신 후에도 역시 그러하니 나는 입이 뻣뻣하고 혀가 둔한 자니이다. [11] 여호와께서 그에게 이르시되 누가 사람의 입을 지었느냐. 누가 말 못 하는 자나 못 듣는 자나 눈 밝은 자나 맹인이 되게 하였느냐. 나 여호와가 아니냐. [12] 이

제 가라. 내가 네 입과 함께 있어서 할 말을 가르치리라. ¹³ 모세가 이르되 오 주여, 보낼 만한 자를 보내소서. ¹⁴ 여호와께서 모세를 향하여 노하여 이르시되 레위 사람 네 형 아론이 있지 아니하냐. 그가 말 잘 하는 것을 내가 아노라. 그가 너를 만나러 나오나니 그가 너를 볼 때에 그의 마음에 기쁨이 있을 것이라. ¹⁵ 너는 그에게 말하고 그의 입에 할 말을 주라. 내가 네 입과 그의 입에 함께 있어서 너희들이 행할 일을 가르치리라. ¹⁶ 그가 너를 대신하여 백성에게 말할 것이니 그는 네 입을 대신할 것이요 너는 그에게 하나님 같이 되리라. ¹⁷ 너는 이 지팡이를 손에 잡고 이것으로 이적을 행할지니라. ¹⁸ 모세가 그의 장인 이드로에게로 돌아가서 그에게 이르되 내가 애굽에 있는 내 형제들에게로 돌아가서 그들이 아직 살아 있는지 알아보려 하오니 나로 가게 하소서. 이드로가 모세에게 평안히 가라 하니라. ¹⁹ 여호와께서 미디안에서 모세에게 이르시되 애굽으로 돌아가라. 네 목숨을 노리던 자가 다 죽었느니라. ²⁰ 모세가 그의 아내와 아들들을 나귀에 태우고 애굽으로 돌아가는데 모세가 하나님의 지팡이를 손에 잡았더라. ²¹ 여호와께서 모세에게 이르시되 네가 애굽으로 돌아가거든 내가 네 손에 준 이적을 바로 앞에서 다 행하라. 그러나 내가 그의 마음을 완악하게 한즉 그가 백성을 보내주지 아니하리니 ²² 너는 바로에게 이르기를 여호와의 말씀에 이스라엘은 내 아들 내 장자라. ²³ 내가 네게 이르기를 내 아들을 보내 주어 나를 섬기게 하라 하여도 네가 보내 주기를 거절하니 내가 네 아들 네 장자를 죽이리라 하셨다 하라 하시니라. ²⁴ 모세가 길을 가다가 숙소에 있을 때에 여호와께서 그를 만나사 그를 죽이려 하신지라. ²⁵ 십보라가 돌칼을 가져다가 그의 아들의 포피를 베어 그의 발에 갖다 대며 이르되 당신은 참으로 내게 피 남편이로다 하니 ²⁶ 여호와께서 그를 놓아 주시니라. 그 때에 십보라가 피 남편이라 함은 할례 때문이었더라. ²⁷ 여호와께서 아론에게 이르시되 광야에 가서 모세를 맞으라 하시매 그가 가서 하나님의 산에서 모세를 만나 그에게 입맞추니 ²⁸ 모세가 여호와께서 자기에게 분부하여 보내신 모든 말씀과 여호와께서 자기에게 명령하신 모든 이적을 아론에게 알리니라. ²⁹ 모세와 아론이 가서 이스라엘 자손의 모든 장로를 모으고 ³⁰ 아론이 여호와께서 모세에게 이르신 모든 말씀을 전하고 그 백성 앞에서 이적을 행하니 ³¹ 백성이 믿으며 여호와께서 이스라엘 자손을 찾으시고 그

1 · 5

I.

하나님 나라, 억압과 노예근성으로부터의 해방

들의 고난을 살피셨다 함을 듣고 머리 숙여 경배하였더라.

1) 출애굽 사명보다 더 긴급하고 중요한 사명인 '아들 할례' •4장

4:1-9은 모세의 지도자적인 자격과 품격을 구비시키기 위하여 몇 가지 이적을 행하시는 하나님의 모습을 조명한다. 그래도 모세는 자신의 뻣뻣한 입을 핑계로 삼지만 하나님은 자신이 모세의 구변을 도울 것이라고 확신을 주신다. 구체적으로 말하면, 아론이 모세의 대변자가 될 것이다. 아론은 모세의 대변자로서, 모세는 아론에게 신적인 존재(발언 주체)가 될 것이다. 더 나아가서 모세의 지팡이는 하나님의 기적을 수행하며 카리스마를 상징하는 지팡이가 될 것이다. 4:18-6:1은 모세가 애굽으로 돌아가 자신의 사명을 진술하고 초기 동역자들을 모으는 과정에서 겪는 좌절을 그린다. 여기에 느닷없이 할례의 엄청난 중요성을 역설하는 한 일화가 삽입된다.⁴:¹⁸⁻²⁶

이 일화에 의하면 할례는 모세의 출애굽 및 가나안 영도 사명보다 더 중요한 종교적인 근본 의무에 속한다.ᶜʰ ¹⁷ᵃ 출애굽 구원 목적 자체가 아브라함의 자손들을 하나님의 언약백성으로 삼으시려는 것이다. 언약백성의 영원한 표징은 할례다. 그런데 모세는 그때까지 자신의 두 아들에게 할례를 행하지 않았던 모양이다. 자신의 아들들에게는 출애굽 구원을 행하지 않고 민족 구원의 장도에 나서는 셈이다. 창세기 17:9-14에 의하면 할례는 아브라함의 후손이자 하나님의 계약백성의 근본 표지다. 성별과 성화의 표지로서 할례는 세대를 넘어 영원히 준행되어야 할 규례였다. 그런데 모세는 미디안 여인에게서 얻은 두 아들에게 할례를 행하지 않고 출애굽 구원의 장도에 오르려고 하였다. 아브라함의 후손을 속량하려고 떠나는 모세 자신이 아브라함의 후손된 계약백성의 의무를 준행하지 않으면 모순이 아닌가? 하나님은 마치 이제까지 그렇게 비장하게 위임하셨던 출애굽 구원 기획과 가나안 인도 사명이 다 취소라도 된 듯이 모세를 죽이려고 하신다.[4:24, 창 17:14] 이 우발적인 일화 속에는 할례 계명에 대한 준행이 출애굽 및 가나안 입성 사건보다 더 중요하다는 주장이 전면에 등장한다. 상황의 긴박성을 깨달은 십보라가 신속하게 두 아들에게 할례를 행하는 것을 보고서야 하나님은 모세를 놓아주신다. 십보라의 즉각적인 논평은 야유와 비난에 가깝게 들린다. 급히 두 아들에게 할례를 실행한 십보라는 모세를 '피 남편'이라고 부른다. 그러나 이 짤막한 논평 속에 모세의 사명이 에둘러 표현된다. 모세는 이스라엘의 아들들을 살리기 위해 피를 보게 될 것이기 때문이다.

피 흘림을 요구하게 될 사명의 비장함에 어느 정도 눈을 뜨고 동시에 그 비장함에 상응하는 카리스마로 무장한 모세는 드디어 장로들과 바로를 상대로 첫 대결을 벌인다. 첫 대면에서 "내 백성을 보내어 나를 섬기게 하라"는 야웨의 메시지를 전달하자 바로는 냉소와 야유를 보냈고, 동족들로부터는 배척과 박해를 자초했다. 모세는 출애굽 구원 역사가 결코 녹록치 않을 것임을 실감하며 위축된다. 그리고 자신의 사명 자체에 대한 회의에 빠져 버린다.[5:1-6:1]

4:27-31은 모세가 아론을 만나 하나님의 모든 계획을 나누고 자신이 받은 특별한 사명을 형과 공유하는 상황을 보도한다. 하나님이 먼저 아론에게 연락을 취하여 하나님의 산에 와 있는 모세를 만나도록 유도하신다. 아론이 하나님의 산에서 모세를 만나 입맞춘 후에 모세는 자신이 하나님께 받은 사명과 이적 능력 등에 대해 아론에게 자세히 알려 준다. 이내 의기상합한 모세와 아론이 이스라엘의 모든 장로들을 모은다. 아론이 모세가 받은 하나님의 특별 사명과 명령을 다 전하자, 모세는 백성 앞에서 이적을 시범적으로 행해 보였다. 이스라엘 백성은 비로소 야웨께서 모세를 보내신 것을 믿었으며, 이스라엘 백성을 돌아보시고(찾으시고) 그들이 당하는 고난을 감찰해 오

셨다는 말씀도 믿음으로 수용했다. 그들은 실로 머리 숙여 하나님께 경배를 드렸다.

5 ¹그 후에 모세와 아론이 바로에게 가서 이르되 이스라엘의 하나님 여호와께서 이렇게 말씀하시기를 내 백성을 보내라. 그러면 그들이 광야에서 내 앞에 절기를 지킬 것이니라 하셨나이다. ²바로가 이르되 여호와가 누구이기에 내가 그의 목소리를 듣고 이스라엘을 보내겠느냐. 나는 여호와를 알지 못하니 이스라엘을 보내지 아니하리라. ³그들이 이르되 히브리인의 하나님이 우리에게 나타나셨은즉 우리가 광야로 사흘길쯤 가서 우리 하나님 여호와께 제사를 드리려 하오니 가도록 허락하소서. 여호와께서 전염병이나 칼로 우리를 치실까 두려워하나이다. ⁴애굽 왕이 그들에게 이르되 모세와 아론아, 너희가 어찌하여 백성의 노역을 쉬게 하려느냐. 가서 너희의 노역이나 하라. ⁵바로가 또 이르되 이제 이 땅의 백성이 많아졌거늘 너희가 그들로 노역을 쉬게 하는도다 하고 ⁶바로가 그 날에 백성의 감독들과 기록원들에게 명령하여 이르되 ⁷너희는 백성에게 다시는 벽돌에 쓸 짚을 전과 같이 주지 말고 그들이 가서 스스로 짚을 줍게 하라. ⁸또 그들이 전에 만든 벽돌 수효대로 그들에게 만들게 하고 감하지 말라. 그들이 게으르므로 소리 질러 이르기를 우리가 가서 우리 하나님께 제사를 드리자 하나니 ⁹그 사람들의 노동을 무겁게 함으로 수고롭게 하여 그들로 거짓말을 듣지 않게 하라. ¹⁰백성의 감독들과 기록원들이 나가서 백성에게 말하여 이르되 바로가 이렇게 말하기를 내가 너희에게 짚을 주지 아니하리니 ¹¹너희는 짚을 찾을 곳으로 가서 주우라. 그러나 너희 일은 조금도 감하지 아니하리라 하셨느니라. ¹²백성이 애굽 온 땅에 흩어져 곡초 그루터기를 거두어다가 짚을 대신하니 ¹³감독들이 그들을 독촉하여 이르되 너희는 짚이 있을 때와 같이 그 날의 일을 그 날에 마치라 하며 ¹⁴바로의 감독들이 자기들이 세운 바 이스라엘 자손의 기록원들을 때리며 이르되 너희가 어찌하여 어제와 오늘에 만드는 벽돌의 수효를 전과 같이 채우지 아니하였느냐 하니라. ¹⁵이스라엘 자손의 기록원들이 가서 바로에게 호소하여 이르되 왕은 어찌하여 당신의 종들에게 이같이 하시나이까. ¹⁶당신의 종들에게 짚을 주지 아니하고 그들이

우리에게 벽돌을 만들라 하나이다. 당신의 종들이 매를 맞사오니 이는 당신의 백성의 죄니이다. ¹⁷바로가 이르되 너희가 게으르다, 게으르다. 그러므로 너희가 이르기를 우리가 가서 여호와께 제사를 드리자 하는도다. ¹⁸이제 가서 일하라. 짚은 너희에게 주지 않을지라도 벽돌은 너희가 수량대로 바칠지니라. ¹⁹기록하는 일을 맡은 이스라엘 자손들이 너희가 매일 만드는 벽돌을 조금도 감하지 못하리라 함을 듣고 화가 몸에 미친 줄 알고 ²⁰그들이 바로를 떠나 나올 때에 모세와 아론이 길에 서 있는 것을 보고 ²¹그들에게 이르되 너희가 우리를 바로의 눈과 그의 신하의 눈에 미운 것이 되게 하고 그들의 손에 칼을 주어 우리를 죽이게 하는도다. 여호와는 너희를 살피시고 판단하시기를 원하노라. ²²모세가 여호와께 돌아와서 아뢰되 주여, 어찌하여 이 백성이 학대를 당하게 하셨나이까. 어찌하여 나를 보내셨나이까. ²³내가 바로에게 들어가서 주의 이름으로 말한 후로부터 그가 이 백성을 더 학대하며 주께서도 주의 백성을 구원하지 아니하시나이다.

2) 좌절감과 회의에 빠진 모세와 아론 ● 5장

5장은 모세의 사명감이 급랭되는 초기의 상황을 그린다. 온 이스라엘 자손을 대표한 모세와 아론이 "내 백성이 광야에서 절기를 지내도록 내보내라"는 야웨의 메시지를 바로에게 대언하는 과정에서 발생한 부작용을 부각시킨다. 바로는 예상대로 전격적인 야웨 묵살과 배척으로 응수한다. 야웨를 알지 못하는 자기로서는 당연히 그 요구를 들어줄 수 없다고 잘라 말한다. 모세와 아론은 다시금 히브리인의 하나님이 우리에게 나타나셨음을 강조하고 사흘길쯤 광야로 들어가서 우리 하나님 여호와께 제사를 드리도록 휴가를 달라고 청원한다. "만일 우리가 하나님께 제사 드리지 않으면 야웨께서 전염병이나 칼로 우리를 치실까 두렵습니다"라는 약간의 위협적인 어조로 요청한다. 애굽 왕은 모세와 아론의 휴가 요청은 백성의 노역을 쉬게 하려는 저의를 감추고 있다고 단정 짓고 강제노역을 계속 하라고 다그친다. 인구가 불어났다고 그것을 믿고 사보타주(태업)를 하지 말라는 경고까지 덧붙인다.

이 과정에서 모세는 노예들을 선동해 일을 못하게 하는 위험한 인물이라고 단죄된다. 바로는 이제 더 이상 짚도 주지 않으면서 짚을 주던 때와 같은 수의 벽돌을 만들어 내라고 명령한다. 결국 히브리 노예들은 모세에 대한 불평과 원망을 드높이고 모세의 지도력은 심각한 위기에 직면한다. 야웨께 제사 드리기 위한 3일간의 말미를 요청하는 모세와 아론에게 바로는 시종 "너희가 게으르다, 게으르다. 그러므로 너희가 이르기를 우리가 가서 여호와께 제사를 드리자 하는도다"^{5:17} 하고 응수한다. 니르핌 아템 니르핌(נִרְפִּים אַתֶּם נִרְפִּים)이라고 음역되는 히브리어는 "게으르도다, 너희들이야말로! 게으르도다"의 의미다. 하나님을 경배하러 가려는 인간의 근원적인 영적 갈망도 분쇄하는 바로의 강제노동 체제는 스탈린 체제의 굴락^{gulag}이나 히틀러의 나치 수용소 수준의 극야만적이고 잔혹한 감시 체제였다. 결과적으로 모세의 해방운동은 단기적으로 억압을 강화시키는 부작용을 낳았다. 벽돌 수를 채워 생산량을 맞추는 중간관리자 기록원들이 바로에게 불려가 혹독한 고난을 당한다. 이들은 급기야 모세와 아론을 원망했고 하나님께서 그들과 자신들 사이에 정의로운 재판관이 되어 달라고 간청하기에 이르렀다. 이 상황에서 모세는 자신의 사명에 대한 절망적인 회의에 빠진다. 하나님은 6장에서 이처럼 바로의 강퍅한 마음에 충격을 받은 모세의 위축된 마음을 달래시며 다시금 사명을 새롭게 하신다.^{5:22-6:1}

하나님 나라는 모든 전체주의적 체제로부터의 해방이다

출애굽 구원은 인간의 존엄성을 억압하고 유린하는 모든 비인간화한 권력 집중체로부터 인간을 해방하시는 하나님의 일방적인 구원이다. 하나님은 모세를 통하여 출애굽 구원 기획을 집행하고 중개하신다. 이 구원 기획에서 모세는 이중적 투쟁에 직면한다. 첫째는 바로의 전체주의적인 권력 집중체와 맞대결을 해야 한다. 둘째는 히브리 백성들 안에 내재화한 노예근성과 싸워야 한다. 비자주적이고 상황 의존적인 단견과 조급증이 노예근성에 찌든 대중의 치명적 약점이었다. 히브리 노예들은 냉정하고 객관적인 자기평가에 이르지 못할 뿐만 아니라 바로 권력 체제의 허점도 모른다. 그리고 무엇보다도 하나님의 절대주권적 출애굽-가나안 입성 프로젝트의 시종여일한 목적을 모른다. 모세는 앞으로 이 두 전선의 싸움에서 때로는 승리하고 때로는 좌절한다.

　모세가 혈혈단신으로 대면해야 할 적대적 권력 집중체인 바로 체제의 본질은 인간의 생명력을 침탈하여 자신의 부와 여유, 그리고 문명을 창조하고 향유하려는 탐욕과 교만에 있다. 다른 사람의 안식을 박탈하여 나의 생명의 질과 양을 늘리려고 하는 권력 강제 행위는 바로의 전체주의적 체제의 일부다. 어찌 보면 모든 제도적인 권력은 하나님의 잠재적인 적대 세력으로 변질될 위기에 항상 노출되어 있다. 권력이 자기를 비우지 않고 타인의 생명과 노동력을 착취하여 그 위에 성(항구적 안정성)을 쌓으려고 할 때 그 권력은 필시 악마적으로 남용되고 무한히 왜곡된다. 악마적인 권력은 그 자체로 하나님과 적대적이다. 따라서 하나님 나라는 하나님의 자유하게 하시는 사역과 생명 창조 사역에 대항하는 모든 반역 세력과 해소될 수 없는 적대적 긴장 관계에 놓여 있다. 이런 관계를 몸으로 느끼는 중보자들의 삶의 행로는 험난하다. 카리스마와 동지적 연대로 무장해도 쉽게 붕괴되지 않는 권력 집중체는 모든 선한 하나님 나라의 일꾼을 기죽이고 위축시킬 만큼 충분히 위협적이다. 하나님 나라 운동의 단기적인 두 가지 결과는 첫째, 외부적인 적대 세력의 출현이며 둘째, 내적인 비관주의와 부정적인 위축감의 확산이다. 출애굽 구원을 좌절시키려는 이 둘째 요소는 히브리 노예들 안에 바로의 당근과 채찍질이 심어 둔 노예근성이다. 어떤 의미에서는 자유인이 되고자 하는 용기를 근원적으로 꺾어 놓는 노예근성이 더 집요하고도 지속적인 하나님 나라 대적 세력이다. 모세는 곧 전개될 바로와의 점층적인 대결 과정에서 자신의 혈기로는 넘을 수 없는 악마적 권력의 실체를 뼈저리게 감지하면서 거룩한 전사로 성장해 간다.

II.

출애굽기 6-12장

자유를 향한 대탈출로서의 하나님 나라

출애굽기는 남아메리카에서 일어난 해방신학의 신학적 원천으로 이해되어 왔다. 주제적으로는 적절한 착상이었지만 출애굽기는 단지 정치적 해방 추구만 주목하지 않는다. 인간성에 작동하는 죄와 죽음의 권세를 폭로한다. 출애굽기의 히브리 노예들은 1789년의 프랑스 대혁명이나 1917년의 러시아 대혁명의 자각되고 각성된 대자적^{對著的} 민중이 아니었다. 그들은 아주 좁은 의미의 안락한 개선을 원했는지는 모르나, 해방 투쟁 목표나 절차 등에 대해 명확한 자기의식적 이해를 갖추지는 못했다. 이런 의미로 히브리 노예들은 혁명이라는 대의에의 참여를 통해 자기해방을 이루려는 각성된 민중이 아니라, 자신의 옛 자아로부터의 해방이 요청된다는 사실도 자각하지 못한 즉자적^{卽著的} 혹은 각성화되지 못한 대중에 머물고 있다. 자신들의 노예 상태를 능동적으로 혁파하려는 의식화된 대중이 아니다. 오히려 바로의 채찍과 강제노역은 싫어했지만 완전한 해방을 위해 치러야 하는 희생은 두려워하는 오합지졸이었다. 즉, 노예의지에 매여 있는 군중들이다. 먹고사는 문제에 관한 한 애굽 노예 시절이 더 나았다고 생각하는 대중들이다. 그들은 거친 광야생활을 견디지 못하며 심지어 물과 양식을 제공하던 애굽이야말로 젖과 꿀이 흐르는 땅이었다고 주장한다.^{민 16:13-14} 일차원적 욕구에 관한 한 애굽은 자유와 번영의 땅이었다는 것이다. 그들에게 육체적인 고달픔과 고통을 안겨 주었던 애굽의 바로 체제는 그들의 자유를 박탈하는 신학적 전체주의로까지는 인지되지 못했다. 따라서 출애굽 구원 이전의 히브

II.

자유를 향한 대탈출로서의 하나님 나라

리 노예들은 파시스트적 독재자에게 자유를 양도하고 빵을 얻어먹는 정도의 삶에 만족하는 일차원적 군중이다. 결국 출애굽기 6-12장에서 모세의 싸움은 애굽의 전체주의적인 바로 체제를 대상으로 하지만, 그 후부터 모세의 보다 본질적인 대적은 히브리 노예들 마음속에 각인된 노예근성과 노예의지였다. 바로 체제는 먹고사는 일차원적인 생존을 해결해 주는 대가로 정신과 자유를 송두리째 속박하려고 육박하는 신자유주의 체제 같은 압제적 지배체제다.[1] 신학적 의미의 노예 속박은 일차원적인 생존을 위해 삶의 의미를 추구할 에너지를 빼앗긴 채 살아가는 도회지 보통 시민들의 삶 속에 작용하고 있다. 출애굽기의 히브리 노예들은 자유롭다고 느끼지만 사실상 의지의 노예 상태 아래 살아가는 자본주의적·자유주의적 보통 시민들의 자화상이다.

출애굽기에서 히브리 노예들은 젖과 꿀이 흐르는 땅으로 인도하여 들이겠다는 하나님과 영도자 모세의 의도를 자주 의심하고 대적하는 군중으로 묘사된다. 400년 동안 내면화된 그들의 노예근성은 자유인이 되려고 할 때 치러야 할 모험과 위험을 거부한다. 6-12장에서 모세는 야웨 하나님의 거룩한 전사로 맹활약한다. 그는 소심하지만 바로와의 갈등을 통해 점차 강인해지며 마침내 출애굽의 영도자로 부상한다. 모세와 아론은 바로와의 첫 협상(3일간의 휴가를 달라는 요청)에서 바로의 혹독한 박해만을 초래한다. 더욱이 그들은 이스라엘 동족 출신의 중간 지도자들인 패장들의 도전과 집단 반발을 사기에 이른다. 그들은 스스로 깊은 영적 침체에 빠지고 군중들의 저항 속에서 그들의 사명감은 급격하게 냉각된다. 이처럼 의기소침해 있던 모세에게 하나님은 다시 사명감을 갱신시켜 주신다.[6:1-8] 모세에게 나타나신 하나님은 "자신이 바로 400년 동안이나 아브라함, 이삭, 야곱에게 베푸신 약속을 성취하기 위해 기다려 오신 야웨 하나님"이라고 누차 강조하신다. 하나님은 가나안 땅을 아브라함의 후손에게 기업으로 넘겨주시겠다는 자신의 약속에 결박되어 있음을 강조하신다.

히브리 노예들의 출애굽과 가나안 땅 인도 기획을 추진하시는 하나님의 행동 근거는 아브라함 및 그의 후손들과 맺은 약속이다. 하나님은 모세를 통해 아브라함의 자손들에게 이 놀라운 구속사적 근거를 제시했으나 그들은 감동받기는커녕 더욱 고통스럽게 가격해 오는 바로의 채찍질에 절망한다. 바로는 히브리 노예들을 위한 모세의 두 번째 3일 휴가 요청도 거절한다. 모세의 첫 출애굽 기획은 3일간의 휴가를 통해 히브리 노예들을 일단 시내산까지 데려가는 일이었다. 그 자신도 6-12장에서 전개되는 엄청난 규모와 범위의 출애굽을 예상하지는 못한 것처럼 보인다. 거절당한 채 기죽어 있는 모세를 향해 하나님은 이번에도 자신의 절대주권적 개입 의지를 천명함으로써 흔들리는 지도자를 붙들어 주신다. 6:14-27은 일약 출애굽의 영도자로 부상한 모세와 아론의 족보를 소개하며 뼈대 있는 집안 자손임을 은근하게 알려 준다. 6:28-30은 사실 6:11-12의 반복으로 모세의 두려움과 망설임을 부각시킨다. 모세의 망설임과 회의를 언급하는 저자는 출애굽 구원 기획 자체가 하나님 자신의 일방적이고 주도적인 구원 대사임을 강조하는 것이다.

모세와 바로의 갈등은 야웨와 애굽 신들의 전쟁을 대표한다(함석헌은 『뜻으로 본 한국역사』에서 "역사는 신들의 전쟁이다"라고 말한다). 애굽의 전체주의적인 강제징발 노예노동 위에 구축된 권력 체제는 성경에서 말하는 전형적인 정사와 권세와 보좌와 주관의 영적 세력이다. 인간의 존엄을 박탈하고 인간을 비인간화하는 지상 권력은 단순한 정치적 실체가 아니라 영적 실체다. 바로는 회개에 저항하는 사악한 지상 권력이자 하나님 나라에 대항하는 영적 저항 세력의 원형이다. 출애굽기 6-12장에서 야웨는 애굽의 신들을 강력한 힘으로 무장해제시키신다. 야웨의 선은 그의 강력으로 완성된다. 아홉 가지 재앙을 당하고도 히브리 노예들을 풀어 주지 않는 바로는 거룩한 용 사이신 하나님의 강력한 무력시위를 촉발시키는 도구일 뿐이다. 실상 야웨 하나님은 바로에 대해서도 오래 참으시는 하나님이었다. 그러나 바로는 전적으로 파멸될 때까지 저항하다 마침내 파멸의 궤도를 질주한다. 12장에서 애굽의 장자들은 멸망당하고 이스라엘의 장자들은 살아남는다. 히브리 노예들을 강권적으로 애굽에서 끌어내기 위해 하나님은 그들을 '아주 급격하게' 끌어내신다(유월절 무교병은 너무 급하게 만들어 발효되지 않은 밀가루 반죽으로 만든 빵이다). 출애굽은 이스라엘 백성을 하나님께만 배타적으로 소속되는 하나님의 친親백성으로 삼는 계약 체결을 위한 행위였다.출 19:3-6 이제 이스라엘 공동체는 애굽으로 대표되는 낡은 세계 체제의 대안 공동체로 떠오른다. 유월절은 바로 애굽의 전체주의적인 정치 세력과 영적 세력 대신 하나님이 보여주시는 해방의 능력을 강력하게 체험한 공동체가 탄생하는 축제절기다. 12장은 애굽 장자의 죽음을 다루고 13장은 이스라엘 장자의 속량을 다룬다.

갱신된 모세의 소명의식 •6장

6 ¹여호와께서 모세에게 이르시되 이제 내가 바로에게 하는 일을 네가 보리라. 강한 손으로 말미암아 바로가 그들을 보내리라. 강한 손으로 말미암아 바로가 그들을 그의 땅에서 쫓아내리라. ²하나님이 모세에게 말씀하여 이르시되 나는 여호와이니라. ³내가 아브라함과 이삭과 야곱에게 전능의 하나님으로 나타났으나 나의 이름을 여호와로는 그들에게 알리지 아니하였고 ⁴가나안 땅 곧 그들이 거류하는 땅을 그들에게 주기로 그들과 언약하였더니 ⁵이제 애굽 사람이 종으로 삼은 이스라엘

자손의 신음 소리를 내가 듣고 나의 언약을 기억하노라. ⁶ 그러므로 이스라엘 자손에 게 말하기를 나는 여호와라. 내가 애굽 사람의 무거운 짐 밑에서 너희를 빼내며 그들의 노역에서 너희를 건지며 편 팔과 여러 큰 심판들로써 너희를 속량하여 ⁷ 너희를 내 백성으로 삼고 나는 너희의 하나님이 되리니 나는 애굽 사람의 무거운 짐 밑에서 너희를 빼낸 너희의 하나님 여호와인 줄 너희가 알지라. ⁸ 내가 아브라함과 이삭과 야곱에게 주기로 맹세한 땅으로 너희를 인도하고 그 땅을 너희에게 주어 기업을 삼게 하리라. 나는 여호와라 하셨다 하라. ⁹ 모세가 이와 같이 이스라엘 자손에게 전하나 그들이 마음의 상함과 가혹한 노역으로 말미암아 모세의 말을 듣지 아니하였더라. ¹⁰ 여호와께서 모세에게 말씀하여 이르시되 ¹¹ 들어가서 애굽 왕 바로에게 말하여 이스라엘 자손을 그 땅에서 내보내게 하라. ¹² 모세가 여호와 앞에 아뢰어 이르되 이스라엘 자손도 내 말을 듣지 아니하였거든 바로가 어찌 들으리이까. 나는 입이 둔한 자니이다. ¹³ 여호와께서 모세와 아론에게 말씀하사 그들로 이스라엘 자손과 애굽 왕 바로에게 명령을 전하고 이스라엘 자손을 애굽 땅에서 인도하여 내게 하시니라. ¹⁴ 그들의 조상을 따라 집의 어른은 이러하니라. 이스라엘의 장자 르우벤의 아들은 하녹과 발루와 헤스론과 갈미니 이들은 르우벤의 족장이요 ¹⁵ 시므온의 아들들은 여무엘과 야민과 오핫과 야긴과 소할과 가나안 여인의 아들 사울이니 이들은 시므온의 가족이요 ¹⁶ 레위의 아들들의 이름은 그들의 족보대로 이러하니 게르손과 고핫과 므라리요 레위의 나이는 백삼십칠 세였으며 ¹⁷ 게르손의 아들들은 그들의 가족대로 립니와 시므이요 ¹⁸ 고핫의 아들들은 아므람과 이스할과 헤브론과 웃시엘이요 고핫의 나이는 백삼십삼 세였으며 ¹⁹ 므라리의 아들들은 마흘리와 무시니 이들은 그들의 족보대로 레위의 족장이요 ²⁰ 아므람은 그들의 아버지의 누이 요게벳을 아내로 맞이하였고 그는 아론과 모세를 낳았으며 아므람의 나이는 백삼십칠 세였으며 ²¹ 이스할의 아들들은 고라와 네벡과 시그리요 ²² 웃시엘의 아들들은 미사엘과 엘사반과 시드리요 ²³ 아론은 암미나답의 딸 나손의 누이 엘리세바를 아내로 맞이하였고 그는 나답과 아비후와 엘르아살과 이다말을 낳았으며 ²⁴ 고라의 아들들은 앗실과 엘가나와 아비아삽이니 이들은 고라 사람의 족장이요 ²⁵ 아론의 아들 엘르아살은 부디엘의 딸 중에서 아내를 맞이하였고 그는 비느하스를 낳았으니 이들은 레위 사람의 조상을 따라 가족의 어른들이라. ²⁶ 이스라엘 자손을 그들의 군대대로 애굽 땅에서 인도하라 하신 여호와의 명령을 받은 자는 이 아론과 모세요 ²⁷ 애굽 왕 바로에게 이스라엘 자손을 애굽에서 내보내라 말한 사람도 이 모세와 아론이었더라. ²⁸ 여호와께서 애굽 땅에서 모세에게 말씀하시던 날에 ²⁹ 여호와께서 모세에게 말씀하여 이르시되 나는 여호와라. 내가 네게 이르는 바를 너는 애굽 왕 바로에게 다 말하라. ³⁰ 모세가 여호와 앞에서 아뢰되 나는 입이 둔한 자이오니 바로가 어찌 나의 말을 들으리이까.

출애굽의 예행 연습이 될 3일간의 시내산 순례 휴가를 요청하는 모세에게 바로는 두 가지 가시 돋친 질문과 함께 그 요청을 거절한다. "너를 보낸 야웨라는 신은 도대체 어떤 존재냐? 야웨에 의해 파송되었다고 주장하는 모세라는 자, 너는 누구냐?" 폐부를 찌르는 질문이요, 모든 예언자들의 확신과 자신감을 한꺼번에 앗아 가는 거센 뒤흔듦이다. 이렇게 해서 모세의 일차 출애굽 요청 협상은 단기적으로 볼 때 분명히 실패로 끝난다. 바로는 더욱 강경하고 사악하게 악의 위력을 한껏 과시한다. 히브리 노예들에게 이제 짚도 주지 않고 동일한 수의 벽돌을 만들어 낼 것을 강요한다. 혹독한 노동과 박해로 말미암아 이스라엘의 저항 의지를 박멸하여 민족 에너지를 소진시키려고 한다. 히브리 노예 백성은 장로들과 모세의 어설픈 중재사역 결과에 더욱 마음이 강퍅해진다. 장로들과 모세에 대한 비난도 거세어진다. 총체적인 상황은 악화되었고 출애굽 기획은 물거품이 될 위기에 처해 있다. 6장은 이처럼 바로의 강한 저항과 동족 히브리 노예들의 반발과 비협조로 또다시 사명의 궤도를 이탈할 위기에 처한 모세를 영적으로 앙양시키는 장면부터 시작한다. 야웨께서는 모세에게 이제 신적 공권력을 구사해서라도 바로가 이스라엘 자손을 내보내지 않을 수 없도록 하겠다고 확언하신다. 이제 모세는 야웨의 강한 손으로 말미암아 바로가 이스라엘 자손을 그들의 땅에서부터 내보내며 심지어 강제 추방 수준으로 그들의 땅에서 쫓아내지 않을 수 없는 신적 개입의 장관을 보게 될 것이다.[6:1]

바로와의 일차 대결에서 낙심하여 퇴장하는 모세를 하나님은 다시 불러, 애굽의 종 되었던 집에서 히브리 노예들을 구출하여 젖과 꿀이 흐르는 땅으로 인도해 낼 사명감을 재확증하신다. 다시 바로에게 가서 "내 백성을 보내 달라"(비록 이스라엘 백성조차 듣지 않을지라도)고 요청하도록 모세를 설득하신다. 바로 설득도 중요하지만 출애굽 자체에 대해 의심스러워하는 이스라엘 자손의 설복도 중요하다. 그래서 이번에 하나님께서는 모세가 이스라엘 백성을 설복시킬 수 있도록 당신이 이스라엘 족장들과 맺은 언약을 강조하시며 출애굽-입가나안 계획을 공포하신다.

II.

자유를 향한 대탈출로서의 하나님 나라

나는 여호와[아니 아도나이(אֲנִי יְהוָה)]이니라. 내가 아브라함과 이삭과 야곱에게 전능의 하나님[엘 샤다이(אֵל שַׁדָּי)]으로 나타났으나 나의 이름을 여호와로는 그들에게 알지 아니하였고 가나안 땅 곧 그들이 거류하는 땅을 그들에게 주기로 그들과 언약하였더니 이제 애굽 사람이 종으로 삼은 이스라엘 자손의 신음 소리를 심지어 내가[감 아니(גַּם אֲנִי)] 듣고 내 언약을 기억했노라. 그러므로 이스라엘 자손에게 말하기를 나는 여호와(아니 아도나이)라. 내가 애굽 사람의 무거운 짐 밑에서 너희를 빼내며 그들의 노역에서 너희를 건지며 편 팔과 여러 큰 심판들로써 너희를 속량함으로써 너희를 내 백성으로 삼고 나는 너희의 하나님이 되리니 나는 애굽 사람의 무거운 짐 밑에서 너희를 빼낸 너희의 하나님 여호와(아니 아도나이)인 줄 너희가 알지라. 내가 아브라함과 이삭과 야곱에게 주기로 맹세한 땅으로 너희를 인도하고 그 땅을 너희에게 주어 기업을 삼게 하리라. 나는 여호와(아니 아도나이)라.[6:2-8, 저자 사역]

이 단락은 주제상 3:6-14과 거의 동일하다. 문서가설을 신봉하는 학자들은 3장 부분은 야웨 문서(J문서)와 엘로힘 문서(E문서)의 합성 자료, 6장은 제사장 문서(P문서)로 분류하여 동일 주제의 문단이 중복 배치되어 있는 생생한 증거 사례라고 속단한다.[2] 그러나 반드시 문서가설주의자들처럼 읽어야 할 필요는 없다. 모세의 사명감이 좀 더 내면화되는 과정에서 생긴 반복 교육의 필요성 때문에 혹은 내러티브 전개상 유사한 문단이나 단락이 한 번 더 배치된 것이라고 봐도 무방하다. 6:2-8도 3:6-14처럼 출애굽-입가나안 프로젝트가 무엇보다도 하나님의 관심사임을 강조함으로써 모세의 부담감을 완화시켜 주려고 한다. 구문론적으로 볼 때 '나는 여호와'라는 동사문장이 이 단락에 네 번이나 사용된 것은, '야웨'라는 하나님의 이름이 모세와 이스라엘에게 모종의 의미를 가진다는 사실을 전제할 때 의미 있는 강조 기법으로 간주될 것이다. 이 구문론적인 요점은 출애굽기 저자가 하나님께서 당신의 이름을 걸고 출애굽-입가나안 프로젝트를 반드시 성취시킬 것임을 강조하는 데 있다.

따라서 모세는 지금 아브라함과 맺은 언약을 성취하시려는 하나님의 진심과 열심을 영접해야 한다. 하나님의 열심에 압도되어 백성들의 미온적이고 냉담한 야유와 조롱과 좌절감을 극복하고, 바로의 적대적인 거절과 방해를 뛰어넘어야 한다. 하나님은 거두절미하고 모세에게 "네가 히브리 노예들을 젖과 꿀이 흐르는 땅으로 인도해야 하며, 인도할 수 있는 영도자다"라고 강조하신다. 모세는 이 순간 가나안 땅은 이스라엘에게 떼어 주신 기업(할당된 몫의 땅)임을 믿어야 한다. 그러나 백성들은 여전히 한층 더 가혹해진 노예살이에 지치고 짜증나서 모세의 말을 들으려 하지 않는다.

이처럼 모세의 하나님 말씀 대언은 바로의 반발을 살 뿐만 아니라 히브리 노예들로부터도 배척당하는 사역이다. 그럼에도 모세는 지상 최대 최악의 권력자인 바로를 대면하여 그에게 하나님의 말씀을 대언해야 한다. 모든 예언자는 최대 권력을 누린 제왕들의 보좌를 격동시키는 하나님의 말씀의 전령이다. 엘리야는 아합에게, 이사야는 아하스와 히스기야에게, 예레미야는 여호야김과 시드기야에게, 프란체스코는 술탄에게 가서 하나님의 말씀을 전달하였다. 모세와 아론은 바로에게 가서 "내 백성 이스라엘을 풀어 주어 나를 섬기게 하라"고 선포해야 한다. 지상의 절대권력자에게 하나님의 말씀을 대언하는 것이 예언의 본질적인 측면이다. 따라서 오늘날 설교는 예언자들의 말씀 대언과는 본질적으로 다르다. 오늘날의 설교는 두려운 일이거나 자기 생명에 위험을 초래하는 권력 대항적인 담론이 전혀 아니다.

6:10-13은 망설이고 주저하는 모세를 끝내 설득해 다시 바로에게 보내시는 하나님의 모습을 보여준다. 모세는 자신을 압박하는 야웨 앞에 하소연한다. "이스라엘 자손도 내 말을 듣지 아니하였거든 바로가 어찌 들으리이까. 나는 입이 둔한 자니이다."[6:12] 모세의 좌절과 탄식은 타당한 이유가 있다. 그는 실로 입이 둔한 자였다. 입이 둔하다는 말은 권력자에게 나아가 하나님 말씀을 담대하게 대언하는 기개가 모자란다는 말이다. 하나님은 모세의 이 약점을 보완해 주도록 아론을 붙여 주셨지만, 아직도 모세는 바로와의 대면을 두려워한다. 하지만 하나님은 모세의 변명을 더 이상 듣지 않고 모세를 바로에게 파송하는 데 성공하신다. 7-12장은 모세와 아론이 이스라엘 자손과 애굽 왕 바로에게 야웨의 명령을 전하고 집행함으로써 이스라엘 자손을 애굽 땅에서 인도하여 내는 과정을 자세히 기술한다.

14-27절은 바로와 거룩하게 대항하는 이 두 레위 지파 출신 용사들의 족보를 추적한다. 16-19절은 레위의 아들들을 열거한다(게르손, 고핫, 므라리). 본문은 레위의 바로 위 형들의 족보를 간략하게

언급한 후, 20절에서 이 족보의 마지막에 거룩한 용사이신 하나님의 전령 아론과 모세가 태어난 것임을 강조한다. 아브라함-이삭-야곱-레위-고핫-아므람/요게벳의 자손인 아론과 모세가 하나님의 영(하나님의 계시)을 받아 지금 바로와 거룩한 대결을 벌이고 있다.[6:26-27] 모세와 아론은 히브리 노예 백성들을 하나님의 군대로 대오를 편성하여 젖과 꿀이 흐르는 약속의 땅으로 인도하라는 명령을 수행하는 위대한 사명자들이다. 이처럼 출애굽기 저자는 아론과 모세의 가족 계보가 아브라함 언약과 굳게 결속되어 있음을 강조한다. 그는 아브라함의 족보에 걸려 있는 하나님의 약속을 성취할 사명이 모세와 아론에게 위임된 것을 강조한다.

28-30절은 여호와께서 모세와 아론을 특명전언 대사로 재위임하고 바로에게 파송하시는 상황을 보도한다. 하나님은 여기서 모세에게 자신이 누구인지를 다시금 강조하고 전하시려는 모든 말씀을 애굽 왕 바로에게 가감 없이 말하라고 명하신다. 모세와 아론이 수행해야 할 사명을 재진술하시는 하나님께 모세는 동일한 변명을 늘어놓는다. "나는 입이 둔한 자이오니 바로가 어찌 나의 말을 들으리이까?"[6:30] 이 변명은 입의 힘으로 바로를 설복시키는 것이라면 타당하지만, 하나님의 영적 권능으로 바로를 압도하는 것이라면 별로 설득력이 없다. 하나님은 모세와 아론의 동역을 더욱 공고하게 해서 바로에게 하나님의 "내 백성을 풀어 주라"는 명령을 대담하게 대언케 하실 것이다.

애굽에 대한 야웨의 절대주권적 권능 과시: 열 가지 재앙　●7:1-11:10

7

¹ 여호와께서 모세에게 이르시되 볼지어다, 내가 너를 바로에게 신 같이 되게 하였은즉 네 형 아론은 네 대언자가 되리니 ² 내가 네게 명령한 바를

너는 네 형 아론에게 말하고 그는 바로에게 말하여 그에게 이스라엘 자손을 그 땅에서 내보내게 할지니라. ³내가 바로의 마음을 완악하게 하고 내 표징과 내 이적을 애굽 땅에서 많이 행할 것이나 ⁴바로가 너희의 말을 듣지 아니할 터인즉 내가 내 손을 애굽에 뻗쳐 여러 큰 심판을 내리고 내 군대, 내 백성 이스라엘 자손을 그 땅에서 인도하여 낼지라. ⁵내가 내 손을 애굽 위에 펴서 이스라엘 자손을 그 땅에서 인도하여 낼 때에야 애굽 사람이 나를 여호와인 줄 알리라 하시매 ⁶모세와 아론이 여호와께서 자기들에게 명령하신 대로 행하였더라. ⁷그들이 바로에게 말할 때에 모세는 팔십 세였고 아론은 팔십삼 세였더라. ⁸여호와께서 모세와 아론에게 말씀하여 이르시되 ⁹바로가 너희에게 이르기를 너희는 이적을 보이라 하거든 너는 아론에게 말하기를 너의 지팡이를 들어서 바로 앞에 던지라 하라. 그것이 뱀이 되리라. ¹⁰모세와 아론이 바로에게 가서 여호와께서 명령하신 대로 행하여 아론이 바로와 그의 신하 앞에 지팡이를 던지니 뱀이 된지라. ¹¹바로도 현인들과 마술사들을 부르매 그 애굽 요술사들도 그들의 요술로 그와 같이 행하되 ¹²각 사람이 지팡이를 던지매 뱀이 되었으나 아론의 지팡이가 그들의 지팡이를 삼키니라. ¹³그러나 바로의 마음이 완악하여 그들의 말을 듣지 아니하니 여호와의 말씀과 같더라.

83세의 아론과 80세의 모세는 청년의 기백으로 다시 바로와 긴장감 넘치는 조우를 해야 한다. 자신의 입이 뻣뻣한 점과 영적 기백 결여를 핑계 삼아 바로에게 가서 하나님의 명령을 대언하지 않으려는 모세를 하나님은 놀라운 약속으로 다그치신다. "나는 너를 바로에게 신 [강력한 용사, 엘로힘(אֱלֹהִים)]이 되게 하겠고 아론은 너의 대변인[나비 (נָבִיא)]이 되게 하겠다." 모세가 아론에게 말하고 아론이 바로에게 말하는 형식으로 바로를 압박하라는 것이다.

하나님께서는 모세와 아론에게 "내 백성을 풀어 가게 하라"는 메시지를 위탁하겠지만, 또 다른 한편으로는 바로의 마음을 강퍅하게 하실 것임도 분명하게 밝혀 두신다. 하나님의 명령을 듣지 않으려는 적대적 청중에게 파송받는 예언자처럼 모세와 아론도 거절당하고 배척당할 각오로 하나님 말씀을 대언해야 한다. 하나님의 명령을 묵살하고 배척하는 바로의 강퍅함은 한편으로는 권력자로 살아온 삶의 방식에 축적된 오만과 권세 의식에서 나오겠지만, 다른 한편 그 강퍅함은 하나님의 강력한 이적과 기사의 경연 무대를 제공하게 될 것이다. 그래서 애굽 땅은 히브리 노예들의 하나님이신 야웨의 세계 만민과 삼라만상에 대한 전적인 통치권의 실체를 고통스럽게 확인하게 될 것이다. 하나님은 창조주일 뿐만 아니라 창조세계의 무질서를 질서로 억제하시는, 아직도 창조하시는 하나님이다. 하나님은 무질서의 힘을 억제하고, 혼돈의 바다를 억제하는 분이다. 영적이며 우주적인 기원을 가진 악을 구현하는 지상 권력체, 곧 정사와 권세와 주관들을 무장해제시키신다. 출애굽 구원 전쟁은 애굽을 지배하는 신들에 대한 정벌이요 무장해제다. "내가 그 밤에 애굽 땅에 두루 다니며 사람이나 짐승을 막론하고 애굽 땅에 있는 모든 처음 난 것을 다 치고 애굽의 모든 신을 내가 심판하리라. 나는 여호와라."^출 ^{12:12} 이 엄청난 하나님의 창조주적인 권능 시위 앞에 온 세상은 히브리 노예들의 하나님 야웨가 온 세상을 창조하신 바로 그 하나님임을 알게 될 것이다. 천지만물을 창조하신 바로 그 하나님이 아브라함의 후손인 이스라엘 백성을 당신의 백성으로 선택하고 돌보고 계심을 온 세상은 인정하게 될 것이다. 하나님의 격려와 숭고한 사명감 고취로 무장한 모세는 다시 바로와 조우한다.

그러나 이번에는 바로를 충격과 경악으로 몰아갈 엄청난 카리스마로 그를 압박할 것이다. 하나님께서 그 손을 애굽 위에 펴서 이스라엘 자손을 그 땅에서 인도하여 낼 때에야 애굽 사람이 모세와 아론의 배후에 계신 하나님 야웨를 인정하게 될 것이다.^{7:4-5} 이 엄청난 하나님의 대역사를 대리하고 대행하는 모세와 아론은 각각 80세와

83세의 무르익은 장년이었다.

출애굽 구원을 기획하시는 하나님은 모세와 아론을 통해 바로를 두 가지 전선에서 압박하신다. 하나는 말의 설득이요, 두 번째는 기사와 표적을 통한 물리적 압박이다. 이 모든 설득과 압박도 바로에게는 통하지 않는다. 바로를 대파국적 심판으로 몰아가기 위해 하나님은 그를 광기 어린 완악함 속에 가두어 두셨기 때문이다. 네루Nehru는 『세계사 편력』에서 어떤 조직이나 개인이 보이는 광기 어린 강팍함은 멸망 직전의 징후라고 기록한다. 하나님에 의해 강팍하게 된 바로는 그렇게 심판을 당하면서도 히브리 노예들을 풀어 주지 않는다. 열 가지 연속적인 재앙은 광기 어린 바로의 파멸을 점진적으로(회개의 기회를 주면서), 동시에 파국적 절정의 방식으로 추진해 간다.

8-13절은 모세가 자신에게 위탁된 하나님의 카리스마로 바로를 압박하려다가 바로의 술사들에게 예기치 않은 반격을 받아 당황해하는 모습을 보여준다. 모세가 구사한 최초의 이적은 지팡이가 뱀으로 바뀌는 것인데, 이것은 애굽의 술사들도 흉내낼 수 있었다. 다만 모세의 뱀이 애굽 술사들의 뱀을 삼켜 버렸다. 하지만 이 정도로는 바로의 마음이 녹지 않고 오히려 강팍해져 모세의 말을 듣지 않으려고 한다. 여기가 바로 말의 설득에서 힘과 거룩한 폭력에 의한 징벌로 전환되는 지점이다. 앞으로 전개될 열 가지 재앙은 애굽의 모든 신[콜 엘로헤 미츠라임(כָּל־אֱלֹהֵי מִצְרַיִם)]에 대한 심판이다. 애굽의 모든 신을 심판한다[3]는 말은 하나님이 보시기에 실제로 애굽을 다스리는 신들을 심판한다기보다는 애굽에서 신으로 숭배되는 모든 것들[4]을 심판한다는 의미다.[5]

7 [14] 여호와께서 모세에게 이르시되 바로의 마음이 완강하여 백성 보내기를 거절하는도다. [15] 아침에 너는 바로에게로 가라. 보라, 그가 물 있는 곳으

로 나오리니 너는 나일 강 가에 서서 그를 맞으며 그 뱀 되었던 지팡이를 손에 잡고 ¹⁶ 그에게 이르기를 히브리 사람의 하나님 여호와께서 나를 왕에게 보내어 이르시되 내 백성을 보내라. 그러면 그들이 광야에서 나를 섬길 것이니라 하였으나 이제까지 네가 듣지 아니하도다. ¹⁷ 여호와가 이같이 이르노니 네가 이로 말미암아 나를 여호와인 줄 알리라. 볼지어다, 내가 내 손의 지팡이로 나일 강을 치면 그것이 피로 변하고 ¹⁸ 나일 강의 고기가 죽고 그 물에서는 악취가 나리니 애굽 사람들이 그 강 물 마시기를 싫어 하리라 하라. ¹⁹ 여호와께서 또 모세에게 이르시되 아론에게 명령하기를 네 지팡이를 잡고 네 팔을 애굽의 물들과 강들과 운하와 못과 모든 호수 위에 내밀라 하라. 그것들 이 피가 되리니 애굽 온 땅과 나무 그릇과 돌 그릇 안에 모두 피가 있으리라. ²⁰ 모세 와 아론이 여호와께서 명령하신 대로 행하여 바로와 그의 신하의 목전에서 지팡이를 들어 나일 강을 치니 그 물이 다 피로 변하고 ²¹ 나일 강의 고기가 죽고 그 물에서는 악취가 나니 애굽 사람들이 나일 강 물을 마시지 못하며 애굽 온 땅에는 피가 있으나 ²² 애굽 요술사들도 자기들의 요술로 그와 같이 행하므로 바로의 마음이 완악하여 그 들의 말을 듣지 아니하니 여호와의 말씀과 같더라. ²³ 바로가 돌이켜 궁으로 들어가고 그 일에 관심을 가지지도 아니하였고 ²⁴ 애굽 사람들은 나일 강 물을 마실 수 없으므로 나일 강 가를 두루 파서 마실 물을 구하였더라. ²⁵ 여호와께서 나일 강을 치신 후 이레 가 지나니라.

8 ¹ 여호와께서 모세에게 이르시되 너는 바로에게 가서 그에게 이르기를 여 호와의 말씀에 내 백성을 보내라. 그들이 나를 섬길 것이니라. ² 네가 만일 보내기를 거절하면 내가 개구리로 너의 온 땅을 치리라. ³ 개구리가 나일 강에서 무수 히 생기고 올라와서 네 궁과 네 침실과 네 침상 위와 네 신하의 집과 네 백성과 네 화 덕과 네 떡 반죽 그릇에 들어갈 것이며 ⁴ 개구리가 너와 네 백성과 네 모든 신하에게 기어오르리라 하셨다 하라. ⁵ 여호와께서 모세에게 이르시되 아론에게 명령하기를 네 지팡이를 잡고 네 팔을 강들과 운하들과 못 위에 펴서 개구리들이 애굽 땅에 올라오 게 하라 할지니라. ⁶ 아론이 애굽 물들 위에 그의 손을 내밀매 개구리가 올라와서 애굽

땅에 덮이니 7요술사들도 자기 요술대로 그와 같이 행하여 개구리가 애굽 땅에 올라오게 하였더라. 8바로가 모세와 아론을 불러 이르되 여호와께 구하여 나와 내 백성에게서 개구리를 떠나게 하라. 내가 이 백성을 보내리니 그들이 여호와께 제사를 드릴 것이니라. 9모세가 바로에게 이르되 내가 왕과 왕의 신하와 왕의 백성을 위하여 이 개구리를 왕과 왕궁에서 끊어 나일 강에만 있도록 언제 간구하는 것이 좋을는지 내게 분부하소서. 10그가 이르되 내일이니라. 모세가 이르되 왕의 말씀대로 하여 왕에게 우리 하나님 여호와와 같은 이가 없는 줄을 알게 하리니 11개구리가 왕과 왕궁과 왕의 신하와 왕의 백성을 떠나서 나일 강에만 있으리이다 하고 12모세와 아론이 바로를 떠나 나가서 바로에게 내리신 개구리에 대하여 모세가 여호와께 간구하매 13여호와께서 모세의 말대로 하시니 개구리가 집과 마당과 밭에서부터 나와서 죽은지라. 14사람들이 모아 무더기로 쌓으니 땅에서 악취가 나더라. 15그러나 바로가 숨을 쉴 수 있게 됨을 보았을 때에 그의 마음을 완강하게 하여 그들의 말을 듣지 아니하였으니 여호와께서 말씀하신 것과 같더라. 16여호와께서 모세에게 이르시되 아론에게 명령하기를 네 지팡이를 들어 땅의 티끌을 치라 하라. 그것이 애굽 온 땅에서 이가 되리라. 17그들이 그대로 행할새 아론이 지팡이를 잡고 손을 들어 땅의 티끌을 치매 애굽 온 땅의 티끌이 다 이가 되어 사람과 가축에게 오르니 18요술사들도 자기 요술로 그같이 행하여 이를 생기게 하려 하였으나 못 하였고 이가 사람과 가축에게 생긴지라. 19요술사가 바로에게 말하되 이는 하나님의 권능이니이다 하였으나 바로의 마음이 완악하게 되어 그들의 말을 듣지 아니하였으니 여호와의 말씀과 같더라.

1) 1차 재앙[6] ●7:14-8:19

첫째 재앙, 피로 변한 나일 강물. 이것은 나일 강을 담당하는 신들에 대한 공격이다. 하피Hapi 혹은 아피스Apis는 나일 강을 수호하는 황소 신이다.[7] 이시스Isis는 나일 강을 담당하는 여신이요, 크눔Khnum은 나일 강을 수호하는 숫양신이다. 아침에 모세는 나일 강에 나와 있는 (아마 종교 제례에 참석하고 있던) 바로를 만나러 간다. 모세는 나일 강과 주변 물들을 피로 변질시키는데 이 기적은 애굽 마술사들도 흉내 낼 수 있는 기적이었다.[8] 그래서 애굽 백성들은 물을 구하느라고 땅 파는 고생을 하건만 바로는 꿈쩍도 하지 않는다. 바로는 백성들의 고통을 돌아보지 않는 전제적인 군주였다.

둘째 재앙, 개구리. 개구리 모양의 머리를 가진 출생(다산, 풍요)의 여신 헤케트[Heqet]에 대한 공격이다.[9] 이 개구리 신은 백성들이 혐오할 때까지 모든 방향에서 급증한다. 모세는 바로에게 하나님의 백성을 풀어 주어 하나님을 섬기게 하라고 권고하지만 바로는 거절한다. 그래서 엄청난 개구리떼가 애굽 전역을 쇄도하는 기사를 베푼다. 애굽의 술사들도 어느 정도 이 기사를 흉내내지만 바로는 약간 기가 죽는다. 모세가 개구리 재앙을 어느 정도 완화시켜 주면 노예들을 보내겠다는 동의도 안도감을 가질 만하니 다시 번복한다. 하나님께서는 자신의 욕망으로 지배된 바로의 마음을 완강하게 하신다.

셋째 재앙, 이. 사막의 신 세트[Set]에 대한 공격이다.[10] 하나님께서는 땅의 먼지로부터 이를 불러들여 모든 짐승들과 사람들에게 달라붙게 하신다. 여기서부터는 애굽 술사들이 따라할 수 없다. 그들도 이 재앙이 하나님의 심판의 손길임을 인정하지만 바로의 마음은 완악해져서 모세와 아론의 말을 듣지 않았다.

8

[20] 여호와께서 모세에게 이르시되 아침에 일찍이 일어나 바로 앞에 서라. 그가 물 있는 곳으로 나오리니 그에게 이르기를 여호와께서 이와 같이 말씀하시기를 내 백성을 보내라. 그러면 그들이 나를 섬길 것이니라. [21] 네가 만일 내 백성을 보내지 아니하면 내가 너와 네 신하와 네 백성과 네 집들에 파리 떼를 보내리니 애굽 사람의 집집에 파리 떼가 가득할 것이며 그들이 사는 땅에도 그러하리라. [22] 그 날에 나는 내 백성이 거주하는 고센 땅을 구별하여 그곳에는 파리가 없게 하리니 이로 말미암아 이 땅에서 내가 여호와인 줄을 네가 알게 될 것이라. [23] 내가 내 백성과

네 백성 사이를 구별하리니 내일 이 표징이 있으리라 하셨다 하라 하시고 ²⁴ 여호와께서 그와 같이 하시니 무수한 파리가 바로의 궁과 그의 신하의 집과 애굽 온 땅에 이르니 파리로 말미암아 그 땅이 황폐하였더라. ²⁵ 바로가 모세와 아론을 불러 이르되 너희는 가서 이 땅에서 너희 하나님께 제사를 드리라. ²⁶ 모세가 이르되 그리함은 부당하니이다. 우리가 우리 하나님 여호와께 제사를 드리는 것은 애굽 사람이 싫어하는 바인즉 우리가 만일 애굽 사람의 목전에서 제사를 드리면 그들이 그것을 미워하여 우리를 돌로 치지 아니하리이까. ²⁷ 우리가 사흘길쯤 광야로 들어가서 우리 하나님 여호와께 제사를 드리되 우리에게 명령하시는 대로 하려 하나이다. ²⁸ 바로가 이르되 내가 너희를 보내리니 너희가 너희의 하나님 여호와께 광야에서 제사를 드릴 것이나 너무 멀리 가지는 말라. 그런즉 너희는 나를 위하여 간구하라. ²⁹ 모세가 이르되 내가 왕을 떠나가서 여호와께 간구하리니 내일이면 파리 떼가 바로와 바로의 신하와 바로의 백성을 떠나려니와 바로는 이 백성을 보내어 여호와께 제사를 드리는 일에 다시 거짓을 행하지 마소서 하고 ³⁰ 모세가 바로를 떠나 나와서 여호와께 간구하니 ³¹ 여호와께서 모세의 말대로 하시니 그 파리 떼가 바로와 그의 신하와 그의 백성에게서 떠나니 하나도 남지 아니하였더라. ³² 그러나 바로가 이 때에도 그의 마음을 완강하게 하여 그 백성을 보내지 아니하였더라.

9

¹ 여호와께서 모세에게 이르시되 바로에게 들어가서 그에게 이르라. 히브리 사람의 하나님 여호와께서 말씀하시기를 내 백성을 보내라. 그들이 나를 섬길 것이니라. ² 네가 만일 보내기를 거절하고 억지로 잡아두면 ³ 여호와의 손이 들에 있는 네 가축 곧 말과 나귀와 낙타와 소와 양에게 더하리니 심한 돌림병이 있을 것이며 ⁴ 여호와가 이스라엘의 가축과 애굽의 가축을 구별하리니 이스라엘 자손에게 속한 것은 하나도 죽지 아니하리라 하셨다 하라 하시고 ⁵ 여호와께서 기한을 정하여 이르시되 여호와가 내일 이 땅에서 이 일을 행하리라 하시더니 ⁶ 이튿날에 여호와께서 이 일을 행하시니 애굽의 모든 가축은 죽었으나 이스라엘 자손의 가축은 하나도 죽지 아니한지라. ⁷ 바로가 사람을 보내어 본즉 이스라엘의 가축은 하나도 죽지 아니하였더

라. 그러나 바로의 마음이 완강하여 백성을 보내지 아니하니라. ⁸ 여호와께서 모세와 아론에게 이르시되 너희는 화덕의 재 두 움큼을 가지고 모세가 바로의 목전에서 하늘을 향하여 날리라. ⁹ 그 재가 애굽 온 땅의 티끌이 되어 애굽 온 땅의 사람과 짐승에게 붙어서 악성 종기가 생기리라. ¹⁰ 그들이 화덕의 재를 가지고 바로 앞에 서서 모세가 하늘을 향하여 날리니 사람과 짐승에게 붙어 악성 종기가 생기고 ¹¹ 요술사들도 악성 종기로 말미암아 모세 앞에 서지 못하니 악성 종기가 요술사들로부터 애굽 모든 사람에게 생겼음이라. ¹² 그러나 여호와께서 바로의 마음을 완악하게 하셨으므로 그들의 말을 듣지 아니하였으니 여호와께서 모세에게 말씀하심과 같더라.

2) 2차 재앙 ● 8:20-9:12

넷째 재앙, 파리. 이것은 태양신 레^{Re}에 대한 공격이거나 혹은 파리로 대표되는 신 우아트킷^{Uatchit}에 대한 공격이다. 모세는 아침에 일찍 바로를 만나 히브리 노예들을 풀어 달라고 요청하지만 바로는 거절한다. 고센 땅을 제외한 애굽 땅에 파리들이 들끓기 시작한다. 바로는 너무나 급한 나머지, 모세가 더 이상 파리가 날지 않도록 기도해 준다면 히브리 노예들이 애굽에서 하나님을 섬기는 것을 허락하겠다고 동의한다. 그러나 파리가 사라졌을 때 바로는 그의 마음을 더욱 완강하게 하여 이스라엘 백성을 놓아주지 않았다.

다섯째 재앙, 동물 돌림병. 이것은 암소 머리를 가진 여신 하토르^{Hathor 11}에 대한 공격인 동시에 풍산의 상징인 황소신 아피스에 대한 공격이다. 애굽의 가축들에 대한 전면 공격인 셈이다. 악질에 걸린 동물들이 다 죽었지만 바로의 마음은 더욱 완강해져 히브리 노예들을 풀어 주지 않았다.

여섯째 재앙, 악성 종기. 이것은 질병을 관장하고 아우르는 힘을 가진 여신 세크메트^{Sekhmet 12}에 대한 공격인 동시에 역병의 신 수누와 치료의 여신 이시스에 대한 공격이다. 야웨가 모세와 아론에게 아궁

이에서 재 두 움큼을 들어 하늘에 흩뿌리게 하였더니 애굽 전역에 미세한 가루가 되어 날아가기 시작했다. 그것은 사람과 동물에게 내려앉아 갑자기 독종으로 발전했다. 심지어 애굽의 요술사들에게도 독종이 생겨 모세 앞에 나오지도 못했다. 하지만 하나님께서 바로의 마음을 강퍅하게 하셔서 그는 모세와 아론의 말을 듣지 않았다.

9 ¹³ 여호와께서 모세에게 이르시되 아침에 일찍이 일어나 바로 앞에 서서 그에게 이르기를 히브리 사람의 하나님 여호와의 말씀에 내 백성을 보내라. 그들이 나를 섬길 것이니라. ¹⁴ 내가 이번에는 모든 재앙을 너와 네 신하와 네 백성에게 내려 온 천하에 나와 같은 자가 없음을 네가 알게 하리라. ¹⁵ 내가 손을 펴서 돌림병으로 너와 네 백성을 쳤더라면 네가 세상에서 끊어졌을 것이나 ¹⁶ 내가 너를 세웠음은 나의 능력을 네게 보이고 내 이름이 온 천하에 전파되게 하려 하였음이니라. ¹⁷ 네가 여전히 내 백성 앞에 교만하여 그들을 보내지 아니하느냐. ¹⁸ 내일 이맘때면 내가 무거운 우박을 내리리니 애굽 나라가 세워진 그 날로부터 지금까지 그와 같은 일이 없었더라. ¹⁹ 이제 사람을 보내어 네 가축과 네 들에 있는 것을 다 모으라. 사람이나 짐승이나 무릇 들에 있어서 집에 돌아오지 않는 것들에게는 우박이 그 위에 내리리니 그것들이 죽으리라 하셨다 하라 하시니라. ²⁰ 바로의 신하 중에 여호와의 말씀을 두려워하는 자들은 그 종들과 가축을 집으로 피하여 들였으나 ²¹ 여호와의 말씀을 마음에 두지 아니하는 사람은 그의 종들과 가축을 들에 그대로 두었더라. ²² 여호와께서 모세에게 이르시되 너는 하늘을 향하여 손을 들어 애굽 전국에 우박이 애굽 땅의 사람과 짐승과 밭의 모든 채소에 내리게 하라. ²³ 모세가 하늘을 향하여 지팡이를 들매 여호와께서 우렛소리와 우박을 보내시고 불을 내려 땅에 달리게 하시니라. 여호와께서 우박을 애굽 땅에 내리시매 ²⁴ 우박이 내림과 불덩이가 우박에 섞여 내림이 심히 맹렬하니 나라가 생긴 그 때로부터 애굽 온 땅에는 그와 같은 일이 없었더라. ²⁵ 우박이 애굽 온 땅에서 사람과 짐승을 막론하고 밭에 있는 모든 것을 쳤으며 우박이 또 밭의 모든 채소를 치고 들의 모든 나무를 꺾었으되 ²⁶ 이스라엘 자손들이 있는 그곳 고센 땅에는 우

박이 없었더라. ²⁷바로가 사람을 보내어 모세와 아론을 불러 그들에게 이르되 이번은

내가 범죄하였노라. 여호와는 의로우시고 나와 나의 백성은 악하도다. ²⁸여호와께 구

하여 이 우렛소리와 우박을 그만 그치게 하라. 내가 너희를 보내리니 너희가 다시는

머물지 아니하리라. ²⁹모세가 그에게 이르되 내가 성에서 나가서 곧 내 손을 여호와를

향하여 펴리니 그리하면 우렛소리가 그치고 우박이 다시 있지 아니할지라. 세상이 여

호와께 속한 줄을 왕이 알리이다. ³⁰그러나 왕과 왕의 신하들이 여호와 하나님을 아직

도 두려워하지 아니할 줄을 내가 아나이다. ³¹그 때에 보리는 이삭이 나왔고 삼은 꽃

이 피었으므로 삼과 보리가 상하였으나 ³²그러나 밀과 쌀보리는 자라지 아니한 고로

상하지 아니하였더라. ³³모세가 바로를 떠나 성에서 나가 여호와를 향하여 손을 펴매

우렛소리와 우박이 그치고 비가 땅에 내리지 아니하니라. ³⁴바로가 비와 우박과 우렛

소리가 그친 것을 보고 다시 범죄하여 마음을 완악하게 하니 그와 그의 신하가 꼭 같

더라. ³⁵바로의 마음이 완악하여 이스라엘 자손을 내보내지 아니하였으니 여호와께서

모세에게 말씀하심과 같더라.

10

¹여호와께서 모세에게 이르시되 바로에게로 들어가라. 내가 그의 마음과 그의 신하들의 마음을 완강하게 함은 나의 표징을 그들 중에 보이기 위함

이며 ²네게 내가 애굽에서 행한 일들 곧 내가 그들 가운데에서 행한 표징을 네 아들과

네 자손의 귀에 전하기 위함이라. 너희는 내가 여호와인 줄을 알리라. ³모세와 아론이

바로에게 들어가서 그에게 이르되 히브리 사람의 하나님 여호와께서 말씀하시기를 네

가 어느 때까지 내 앞에 겸비하지 아니하겠느냐. 내 백성을 보내라 그들이 나를 섬길

것이라. ⁴네가 만일 내 백성 보내기를 거절하면 내일 내가 메뚜기를 네 경내에 들어가

게 하리니 ⁵메뚜기가 지면을 덮어서 사람이 땅을 볼 수 없을 것이라. 메뚜기가 네게

남은 그것 곧 우박을 면하고 남은 것을 먹으며 너희를 위하여 들에서 자라나는 모든

나무를 먹을 것이며 ⁶또 네 집들과 네 모든 신하의 집들과 모든 애굽 사람의 집들에

가득하리니 이는 네 아버지와 네 조상이 이 땅에 있었던 그 날로부터 오늘까지 보지

못하였던 것이리라 하셨다 하고 돌이켜 바로에게서 나오니 ⁷바로의 신하들이 그에게

말하되 어느 때까지 이 사람이 우리의 함정이 되리이까. 그 사람들을 보내어 그들의 하나님 여호와를 섬기게 하소서. 왕은 아직도 애굽이 망한 줄을 알지 못하시나이까 하고 ⁸ 모세와 아론을 바로에게로 다시 데려오니 바로가 그들에게 이르되 가서 너희의 하나님 여호와를 섬기라. 갈 자는 누구 누구냐. ⁹ 모세가 이르되 우리가 여호와 앞에 절기를 지킬 것인즉 우리가 남녀 노소와 양과 소를 데리고 가겠나이다. ¹⁰ 바로가 그들에게 이르되 내가 너희와 너희의 어린 아이들을 보내면 여호와가 너희와 함께 함과 같으니라. 보라, 그것이 너희에게는 나쁜 것이니라. ¹¹ 그렇게 하지 말고 너희 장정만 가서 여호와를 섬기라. 이것이 너희가 구하는 바니라. 이에 그들이 바로 앞에서 쫓겨 나니라. ¹² 여호와께서 모세에게 이르시되 애굽 땅 위에 네 손을 내밀어 메뚜기를 애굽 땅에 올라오게 하여 우박에 상하지 아니한 밭의 모든 채소를 먹게 하라. ¹³ 모세가 애굽 땅 위에 그 지팡이를 들매 여호와께서 동풍을 일으켜 온 낮과 온 밤에 불게 하시니 아침이 되매 동풍이 메뚜기를 불어 들인지라. ¹⁴ 메뚜기가 애굽 온 땅에 이르러 그 사방에 내리매 그 피해가 심하니 이런 메뚜기는 전에도 없었고 후에도 없을 것이라. ¹⁵ 메뚜기가 온 땅을 덮어 땅이 어둡게 되었으며 메뚜기가 우박에 상하지 아니한 밭의 채소와 나무 열매를 다 먹었으므로 애굽 온 땅에서 나무나 밭의 채소나 푸른 것은 남지 아니하였더라. ¹⁶ 바로가 모세와 아론을 급히 불러 이르되 내가 너희의 하나님 여호와와 너희에게 죄를 지었으니 ¹⁷ 바라건대 이번만 나의 죄를 용서하고 너희의 하나님 여호와께 구하여 이 죽음만은 내게서 떠나게 하라. ¹⁸ 그가 바로에게서 나가서 여호와께 구하매 ¹⁹ 여호와께서 돌이켜 강렬한 서풍을 불게 하사 메뚜기를 홍해에 몰아넣으시니 애굽 온 땅에 메뚜기가 하나도 남지 아니하니라. ²⁰ 그러나 여호와께서 바로의 마음을 완악하게 하셨으므로 이스라엘 자손을 보내지 아니하였더라. ²¹ 여호와께서 모세에게 이르시되 하늘을 향하여 네 손을 내밀어 애굽 땅 위에 흑암이 있게 하라. 곧 더듬을 만한 흑암이리라. ²² 모세가 하늘을 향하여 손을 내밀매 캄캄한 흑암이 삼 일 동안 애굽 온 땅에 있어서 ²³ 그 동안은 사람들이 서로 볼 수 없으며 자기 처소에서 일어나는 자가 없으되 온 이스라엘 자손들이 거주하는 곳에는 빛이 있었더라. ²⁴ 바로가 모세를 불러서 이르되 너희는 가서 여호와를 섬기되 너희의 양과 소는 머물러 두고 너

II.

자유를 향한 대탈출로서의 하나님 나라

희 어린 것들은 너희와 함께 갈지니라. ²⁵ 모세가 이르되 왕이라도 우리 하나님 여호와께 드릴 제사와 번제물을 우리에게 주어야 하겠고 ²⁶ 우리의 가축도 우리와 함께 가고 한 마리도 남길 수 없으니 이는 우리가 그 중에서 가져다가 우리 하나님 여호와를 섬길 것임이며 또 우리가 거기에 이르기까지는 어떤 것으로 여호와를 섬길는지 알지 못함이니이다 하나 ²⁷ 여호와께서 바로의 마음을 완악하게 하셨으므로 그들 보내기를 기뻐하지 아니하고 ²⁸ 바로가 모세에게 이르되 너는 나를 떠나가고 스스로 삼가 다시 내 얼굴을 보지 말라. 네가 내 얼굴을 보는 날에는 죽으리라. ²⁹ 모세가 이르되 당신이 말씀하신 대로 내가 다시는 당신의 얼굴을 보지 아니하리이다.

3) 3차 재앙 ●9:13-10:29

일곱째 재앙, 우박. 하늘의 여신 누트,ᴺᵘᵗ ¹³ 곡물과 풍산의 여신 오시리스,ᴼˢⁱʳⁱˢ ¹⁴ 그리고 폭풍우의 신 세트에 대한 공격이다. 이 재앙은 너무나 심각하여 하루 전날 미리 경고한다. 애굽 전역에 쏟아지는 우박의 피해는 전무후무할 것이기 때문에 미리 대비하라고 말한다. 종들과 가축들을 보호할 수 있는 방책도 말해 준다. 어떤 애굽 사람들은 모세의 충고와 지침을 따라 피해를 면했지만 대다수는 우박에 의해 엄청난 손상과 파괴를 경험한다. 바로는 처음으로 자신이 죄를 지었다고 인정하고 도움을 요청한다. 모세가 그의 간청을 들어 기도하자 우박이 그쳤다. 그러나 하나님께서 그의 마음을 강팍하게 하셨으므로 바로는 히브리 백성을 풀어 주지 않았다.

여덟째 재앙, 메뚜기. 이것은 하늘의 여신인 누트와 곡물과 풍산을 관장하는 신 오시리스에 대한 공격이다. 애굽 전역의 농작물을 향해 파괴적으로 육박하는 메뚜기들의 공격 앞에서 바로는 히브리 남자들만 가서 야웨 하나님께 예배 드리고 오는 것에는 동의한다. 모세가 기도하였을 때 동풍을 타고 메뚜기들이 몰려오자 바로는 '회개' 하였고 야웨는 서풍과 함께 메뚜기를 몰아가셨다. 그러나 바로의 마음을 강퍅하게 하셨으므로—야웨의 기사가 그의 마음을 더욱 강퍅하게 만드는 역설—이스라엘을 보내 주지 않는다. 다만 이제 이스라엘 자손은 이 기사의 원천이 하나님 야웨이며 하나님이 애굽인들을 조롱하고 계심을 깨달을 것이다.

아홉째 재앙, 흑암. 이것은 애굽의 태양신 레^{Re}와 호루스,$^{Horus\ 15}$ 누트, 하토르(하늘의 여신)에 대한 공격이다. 애굽 사람들의 장자의 죽음이 일어날 그 밤을 예기케 하는 궁극적 심판의 전조다. 이 3일간의 흑암 재앙(고센 땅 제외)에는 죽음과 같은 침묵이 지배한다. 누구나 느낄 수 있는 죽음과 같은 침묵이다. 그런데 이 침묵은 마지막 장자 심판 재앙의 급작스러운 통곡과 모종의 대조를 이룬다.[16] 흑암 재앙을 당한 바로는 짐승을 제외하고 모든 사람이 시내산에 가서 3일간의 종교축제를 지내고 돌아오도록 동의한다. 그러나 모세는 희생제사를 드리려면 동물을 가져가야 한다고 주장한다. 이 말을 듣자 바로의 마음이 강퍅해진다. 하나님이 강퍅하게 하신 것이기도 하다. 그래서 바로는 한 번만 더 나타나면 심지어 모세를 죽이겠다고 위협한다. 모세는 이제 다시는 바로가 자신을 볼 수 없을 것이라는 의미심장한 최후통첩 선언을 보낸다. 그는 이제 영원히 사라지고 말 것이기 때문이다.

11 ^{1}여호와께서 모세에게 이르시기를 내가 이제 한 가지 재앙을 바로와 애굽에 내린 후에야 그가 너희를 여기서 내보내리라. 그가 너희를 내보낼 때에는 여기서 반드시 다 쫓아내리니 ^{2}백성에게 말하여 사람들에게 각기 이웃들에게 은금패물을 구하게 하라 하시더니 ^{3}여호와께서 그 백성으로 애굽 사람의 은혜를 받게 하셨고 또 그 사람 모세는 애굽 땅에 있는 바로의 신하와 백성의 눈에 아주 위대하게 보였더라. ^{4}모세가 바로에게 이르되 여호와께서 이와 같이 말씀하시기를 밤중에 내가 애굽 가운데로 들어가리니 ^{5}애굽 땅에 있는 모든 처음 난 것은 왕위에 앉아 있는 바로

의 장자로부터 맷돌 뒤에 있는 몸종의 장자와 모든 가축의 처음 난 것까지 죽으리니 [6] 애굽 온 땅에 전무후무한 큰 부르짖음이 있으리라. [7] 그러나 이스라엘 자손에게는 사람에게나 짐승에게나 개 한 마리도 그 혀를 움직이지 아니하리니 여호와께서 애굽 사람과 이스라엘 사이를 구별하는 줄을 너희가 알리라 하셨나니 [8] 왕의 이 모든 신하가 내게 내려와 내게 절하며 이르기를 너와 너를 따르는 온 백성은 나가라 한 후에야 내가 나가리라 하고 심히 노하여 바로에게서 나오니라. [9] 여호와께서 모세에게 이르시기를 바로가 너희의 말을 듣지 아니하리라. 그러므로 내가 애굽 땅에서 나의 기적을 더하리라 하셨고 [10] 모세와 아론이 이 모든 기적을 바로 앞에서 행하였으나 여호와께서 바로의 마음을 완악하게 하셨으므로 그가 이스라엘 자손을 그 나라에서 보내지 아니하였더라.

4) 열째 재앙, 장자 심판 ●11:1-10

이 재앙은 재앙 심판 단락의 절정임과 동시에 출애굽 구원 이야기의 서론 역할을 한다. 이 재앙은 재생산과 출산의 신 민,[Min 17] 출산하는 여인들을 관장하고 돌보는 여신 헤케트, 그리고 어린이들과 바로의 장자(그 자신도 하나의 신으로 간주되었다)를 보호하는 여신에 대한 공격이다. 얀 포켈만[Jan P. Fokkelman]은 장자 심판에 할애된 많은 분량을 감안해 보면 그것의 독특한 중요성을 알 수 있다고 말한다. 이 11-13장 단락에는 이야기와 법률적인 규정이 교직되어 두 성격의 본문이 교대로 나오며 서로 침투하고 있다.[18] 애굽 사람들의 장자는 죽임을 당하지만 이스라엘 사람들의 장자는 살아남을 것이다. 이 선언을 한 모세는 이제 애굽 사람들에 의해 경외의 대상으로 떠오르기 시작한다. 바로의 종들과 백성들이 모세 앞에 와서 절하며 제발 애굽을 떠나 달라고 비는 형국이 될 것이다. 이제 애굽을 떠나는 마당에 이스라엘은 애굽 사람들에게서 은금 패물을 닥치는 대로 탈취할 수 있다. 애굽인들은 기꺼이 은금 패물을 주면서까지 히브리 노예들을 내어 보내지 않으면 안 되는 궁지에 몰릴 것이다.[12:35-36] 이러한 은금 패물 탈취가 이루어지는 한가운데서 애굽 사람들의 장자는 살육당하고 마침내 온 애굽은 이스라엘이 떠나는 것을 원하는 경지에 이를 것이다.

그럼에도 불구하고 야웨 하나님은 바로가 듣지 않고 그의 마음이 강퍅해져서 야웨의 기사들이 애굽 땅에서 증가될 것이라고 설명하신다.[11:9-10] 결국 장자 심판은 자정의 정적을 깨고 시작된다. 유월절 어린 양의 피를 문설주와 인방에 바르지 않은 모든 애굽의 장자와 동물 초태생이 죽는다. 장자가 아버지 세대의 적법한 계승자라는 점을 고려해 보면 장자의 죽음은 그 의미를 분명히 알 수 있다. 계승자의 전멸이다. 즉, 애굽 바로 체제는 계승되고 존속될 가치가 없는, 시효가 다 지나 버린 낡은 체제인 것이다. 그러나 어떤 이스라엘 장자도 손상당하지 않을 것이며, 오히려 이스라엘의 장자들은 하나님의 맏아들로 성별되어 세계 만민을 대표해 하나님께 바쳐질 것이다. 대탈출은 시작되고 애굽 바로의 군대가 히브리 노예들을 가시적인 추격권에 놓고도 포획하지 못할 것이다. 왜냐하면 애굽과 이스라엘 사이에는 야웨의 거룩한 구분이 있을 것이기 때문이다.

유월절 대탈출과 이스라엘 장자들의 거룩한 구별
: 하나님의 장자 이스라엘의 정체성 ●12장

12 [1] 여호와께서 애굽 땅에서 모세와 아론에게 일러 말씀하시되 [2] 이 달을 너희에게 달의 시작 곧 해의 첫 달이 되게 하고 [3] 너희는 이스라엘 온 회중에게 말하여 이르라. 이 달 열흘에 너희 각자가 어린 양을 취할지니 각 가족대로 그 식구를 위하여 어린 양을 취하되 [4] 그 어린 양에 대하여 식구가 너무 적으면 그 집의 이웃과 함께 사람 수를 따라서 하나를 취하며 각 사람이 먹을 수 있는 분량에 따라서 너

희 어린 양을 계산할 것이며 ⁵ 너희 어린 양은 흠 없고 일 년 된 수컷으로 하되 양이나 염소 중에서 취하고 ⁶ 이 달 열나흗날까지 간직하였다가 해 질 때에 이스라엘 회중이 그 양을 잡고 ⁷ 그 피를 양을 먹을 집 좌우 문설주와 인방에 바르고 ⁸ 그 밤에 그 고기를 불에 구워 무교병과 쓴 나물과 아울러 먹되 ⁹ 날것으로나 물에 삶아서 먹지 말고 머리와 다리와 내장을 다 불에 구워 먹고 ¹⁰ 아침까지 남겨두지 말며 아침까지 남은 것은 곧 불사르라. ¹¹ 너희는 그것을 이렇게 먹을지니 허리에 띠를 띠고 발에 신을 신고 손에 지팡이를 잡고 급히 먹으라. 이것이 여호와의 유월절이니라. ¹² 내가 그 밤에 애굽 땅에 두루 다니며 사람이나 짐승을 막론하고 애굽 땅에 있는 모든 처음 난 것을 다 치고 애굽의 모든 신을 내가 심판하리라. 나는 여호와라. ¹³ 내가 애굽 땅을 칠 때에 그 피가 너희가 사는 집에 있어서 너희를 위하여 표적이 될지라. 내가 피를 볼 때에 너희를 넘어가리니 재앙이 너희에게 내려 멸하지 아니하리라. ¹⁴ 너희는 이 날을 기념하여 여호와의 절기를 삼아 영원한 규례로 대대로 지킬지니라. ¹⁵ 너희는 이레 동안 무교병을 먹을지니 그 첫날에 누룩을 너희 집에서 제하라. 무릇 첫날부터 일곱째 날까지 유교병을 먹는 자는 이스라엘에서 끊어지리라. ¹⁶ 너희에게 첫날에도 성회요 일곱째 날에도 성회가 되리니 너희는 이 두 날에는 아무 일도 하지 말고 각자의 먹을 것만 갖출 것이니라. ¹⁷ 너희는 무교절을 지키라. 이 날에 내가 너희 군대를 애굽 땅에서 인도하여 내었음이니라. 그러므로 너희가 영원한 규례로 삼아 대대로 이 날을 지킬지니라. ¹⁸ 첫째 달 그 달 열나흗날 저녁부터 이십일일 저녁까지 너희는 무교병을 먹을 것이요 ¹⁹ 이레 동안은 누룩이 너희 집에서 발견되지 아니하도록 하라. 무릇 유교물을 먹는 자는 타국인이든지 본국에서 난 자든지를 막론하고 이스라엘 회중에서 끊어지리니 ²⁰ 너희는 아무 유교물이든지 먹지 말고 너희 모든 유하는 곳에서 무교병을 먹을지니라. ²¹ 모세가 이스라엘 모든 장로를 불러서 그들에게 이르되 너희는 나가서 너희의 가족대로 어린 양을 택하여 유월절 양으로 잡고 ²² 우슬초 묶음을 가져다가 그릇에 담은 피에 적셔서 그 피를 문 인방과 좌우 설주에 뿌리고 아침까지 한 사람도 자기 집 문 밖에 나가지 말라. ²³ 여호와께서 애굽 사람들에게 재앙을 내리려고 지나가실 때에 문 인방과 좌우 문설주의 피를 보시면 여호와께서 그 문을 넘으시고 멸하는 자에게 너희 집에 들어가서 너희를 치지 못하게 하실 것임이니라. ²⁴ 너희는 이 일을 규례로 삼아 너희와 너희 자손이 영원히 지킬 것이니 ²⁵ 너희는 여호와께서 허락하신 대로 너희에게 주시는 땅에 이를 때에 이 예식을 지킬 것이라. ²⁶ 이 후에 너희의 자녀가 묻기를 이 예식이 무슨 뜻이냐 하거든 ²⁷ 너희는 이르기를 이는 여호와의 유월절 제사라. 여호와께서 애굽 사람에게 재앙을 내리실 때에 애굽에 있는 이스라엘 자손의 집을 넘으사 우리의 집을 구원하셨느니라 하라 하매 백성이 머리 숙여 경배하니라. ²⁸ 이스라엘 자손이 물러가서 그대로 행하되 여호와께서 모세와 아론에게 명령하신 대로 행하니라.

²⁹ 밤중에 여호와께서 애굽 땅에서 모든 처음 난 것 곧 왕위에 앉은 바로의 장자로부터 옥에 갇힌 사람의 장자까지와 가축의 처음 난 것을 다 치시매 ³⁰ 그 밤에 바로와 그 모든 신하와 모든 애굽 사람이 일어나고 애굽에 큰 부르짖음이 있었으니 이는 그 나라에 죽임을 당하지 아니한 집이 하나도 없었음이었더라. ³¹ 밤에 바로가 모세와 아론을 불러서 이르되 너희와 이스라엘 자손은 일어나 내 백성 가운데에서 떠나 너희의 말대로 가서 여호와를 섬기며 ³² 너희가 말한 대로 너희 양과 너희 소도 몰아가고 나를 위하여 축복하라 하며 ³³ 애굽 사람들은 말하기를 우리가 다 죽은 자가 되도다 하고 그 백성을 재촉하여 그 땅에서 속히 내보내려 하므로 ³⁴ 그 백성이 발교되지 못한 반죽 담은 그릇을 옷에 싸서 어깨에 메니라. ³⁵ 이스라엘 자손이 모세의 말대로 하여 애굽 사람에게 은금 패물과 의복을 구하매 ³⁶ 여호와께서 애굽 사람들에게 이스라엘 백성에게 은혜를 입히게 하사 그들이 구하는 대로 주게 하시므로 그들이 애굽 사람의 물품을 취하였더라. ³⁷ 이스라엘 자손이 라암셋을 떠나서 숙곳에 이르니 유아 외에 보행하는 장정이 육십만 가량이요 ³⁸ 수많은 잡족과 양과 소와 심히 많은 가축이 그들과 함께 하였으며 ³⁹ 그들이 애굽으로부터 가지고 나온 발교되지 못한 반죽으로 무교병을 구웠으니 이는 그들이 애굽에서 쫓겨나므로 지체할 수 없었음이며 아무 양식도 준비하지 못하였음이었더라. ⁴⁰ 이스라엘 자손이 애굽에 거주한 지 사백삼십 년이라. ⁴¹ 사백삼십 년이 끝나는 그 날에 여호와의 군대가 다 애굽 땅에서 나왔은즉 ⁴² 이 밤은 그들을 애굽 땅에서 인도하여 내심으로 말미암아 여호와 앞에 지킬 것이니 이는 여호와의 밤이라. 이스라엘 자손이 다 대대로 지킬 것이니라. ⁴³ 여호와께서 모세와 아론에게 이르시

되 유월절 규례는 이러하니라. 이방 사람은 먹지 못할 것이나 ⁴⁴ 각 사람이 돈으로 산 종은 할례를 받은 후에 먹을 것이며 ⁴⁵ 거류인과 타국 품꾼은 먹지 못하리라. ⁴⁶ 한 집 에서 먹되 그 고기를 조금도 집 밖으로 내지 말고 뼈도 꺾지 말지며 ⁴⁷ 이스라엘 회중 이 다 이것을 지킬지니라. ⁴⁸ 너희와 함께 거류하는 타국인이 여호와의 유월절을 지키 고자 하거든 그 모든 남자는 할례를 받은 후에야 가까이 하여 지킬지니 곧 그는 본토 인과 같이 될 것이나 할례 받지 못한 자는 먹지 못할 것이니라. ⁴⁹ 본토인에게나 너희 중에 거류하는 이방인에게 이 법이 동일하니라 하셨으므로 ⁵⁰ 온 이스라엘 자손이 이 와 같이 행하되 여호와께서 모세와 아론에게 명령하신 대로 행하였으며 ⁵¹ 바로 그 날 에 여호와께서 이스라엘 자손을 그 무리대로 애굽 땅에서 인도하여 내셨더라.

이상에서 살펴보았듯이, 하나님께서는 애굽의 장자들을 치심으로 바로가 히브리 노예들을 풀어 주지 않으면 안 될 만큼 강력하게 압 박하셨다. 애굽 장자들은 심판으로 죽임을 당하고 이스라엘 장자들 은 살아남은 이야기가 바로 유월절 전승의 핵심이다. 애굽 체제는 계승될 만한 가치가 없는 체제요, 이스라엘이 애굽적인 체제의 대안 으로 떠오르는 것이다.[12:1-13:16]

12:1-14은 이스라엘이 길이 축성^{祝聖}해야 할 유월절 경축 지침을 말하고, 12:15-20은 유월절 바로 다음 날부터 일주일 동안 축성되 는 무교병 절기 규정을 말한다. 12:21-28은 모세와 아론 시대 최초 의 유월절 준행 상황을 보도하고, 12:29-36은 열째 재앙인 장자몰 살 재앙을 다룬다. 12:37-42은 이스라엘의 실제적인 야간 탈출 상 황을 보도하고, 12:43-51은 유월절 축성에 참여할 수 있는 범위를 다룬다.[19] 하나님은 유월절을 어떻게 축성할 것인지 먼저 모세와 아 론에게 지침을 주시고, 두 지도자는 이제 이스라엘 장로들에게 그 지침을 내린다.

하나님은 출애굽을 앞둔 시점에 애굽 땅에서 모세와 아론에게 애굽을 탈출한 달을 해의 첫 달로 삼을 것을 명하신다. 유월절이 일어날 달이 이스라엘의 정월이 되는데, 그달 10일에 이스라엘 사람이 각 세대별 가족식구(house of fathers)를 위하여 어린 양을 확보해야 한다. 각 세대별 가족식구가 너무 적으면 그 집의 이웃도 함께 유월절 식사 인원으로 포함시켜 하나를 잡고 각 사람이 먹을 수 있는 분량을 고려하되, 유월절 어린 양으로는 흠 없고 1년 된 수컷으로 양이나 염소 중에서 취할 수 있다. 숫양이나 숫염소 둘 다 유월절 희생제물이 될 수 있다. 이렇게 확보된 어린 양을 그달 14일까지 간직했다가 해 질 때에 이스라엘 회중이 그 양을 거룩하게 도살해야[샤하트(שָׁחַט)] 한다. 유월절 양고기를 먹기 전에 먼저 이스라엘 회중은 각각 그 어린 양의 피를 양을 먹을 집 좌우 문설주와 인방에 바른 후에, 그 밤에 고기를 불에 구워 무교병과 쓴 나물과 아울러 먹어야 한다. 날것으로나 물에 삶아서 먹지 말고 머리와 다리와 내장까지 다 불에 구워 먹되 아침까지 남겨 두지 말아야 한다. 아침까지 남은 것은 곧 불살라야 한다. 이스라엘 온 회중은 첫 달 14일 해 질 녘에 유월절 어린 양의 고기를 먹되 아주 신속하게 먹어야 한다. 하나님의 애굽 장자 심판이 진행되는 밤에 먹는 식사요, 곧 있게 될 탈출을 앞둔 식사이기에 여유로울 겨를이 없다. 허리에 띠를 띠고 발에 신을 신고 손에 지팡이를 잡고 급히 먹어야 한다. 이것이 야웨를 위한 유월절[페사흐(פֶּסַח)]이다. 페사흐는 묵과함, 넘어감, 건너뜀 등을 의미한다. 하나님의 심판이 유월절 어린 양의 피가 흥건히 발라진 이스라엘 회중의 집들을 묵과하고 용서하고 '넘어가신다'는 뜻이다. 유월절 어린 양의 피를 집의 인방과 설주에 발라 놓고 식사하는 동안 하나님은 그 어린 양의 피를 보시고 심판하지 않고 넘어가신다.[12:12-13]

애굽 백성을 심판하기 위해 돌파하는(pass through) 죽음의 천사들이 애굽의 장자들(애굽 모든 신들과 함께)과 동물의 초태생을 죽일 때 이스라엘 진중은 그냥 지나칠 것이다(pass over). 이런 급박한 상황에서 이스라엘은 유월절 식사를 한다. 유월절 식사의 핵심은 유월절 어린 양의 고기를 먹는 것이다. 유월절 식사는 너무나 급하게 만들어서 채 발효되지 않은 반죽으로 만든 무교병과 애굽 노예살이의 쓰라림을 기억하게 만드는 쓴 나물과 함께, 심판을 위해 돌격하는 죽음의 천사들을 막아 주는 피를 쏟아 내고 통째로 구워진 유월절 어린 양의 고기를, 허리띠를 매고 지팡이를 짚은 채 서서 먹는 식사다. 이는 '신속한 탈출'을 예기하는 식사다. 일련의 유월절 예식은 이스라엘 백성이 영원히 기리고 실연하고 실행해야 할 축제요 규례로 정해진다.

긴박한 출애굽의 밤에 갑자기 이 유월절을 영원히 지켜야 할 야웨의 절기로 삼으라는 지침이 끼어든다.[12:15-20] 14일 저녁에 먹는 유월절 식사는 뒤이어 7일 동안 축성되는 무교절로 확장된다. 유월절 식사의 방점이 어린 양이었다면 무교절의 핵심은 발효되지 않은 밀가루 반죽으로 만든 무교병을 먹는 데 있다. 이스라엘 회중은 7일 동안 무교병을 먹되 그 첫날에 각자의 집에서 누룩을 제하여야 한다. 무릇 첫날부터 일곱째 날까지 유교병을 먹는 자는 이스라엘에서 끊어질 것이다. 무교절의 첫날과 일곱째 날은 성회로 모이는 날이기 때문에 이스라엘 온 회중은 이 두 날에는 아무 일도 하지 말고 각자의 먹을 것만 갖추면 된다. 17절은 무교절을 축성해야 하는 이유를 말한다. "이 날에 내가 너희 군대[치브오테켐(צִבְאוֹתֵיכֶם)]를 애굽 땅에서 인도하여 내었음이니라. 그러므로 너희가 영원한 규례로 삼아 대대로 이 날을 지킬지니라." 무교절이 이스라엘의 군대를 애굽 땅에서 끌어낸 기념이라는 것이다. 이 '군대'라는 단어는 전쟁에 나갈 만한 이스라엘 장정의 숫자를 세는 민수기를 벌써 예기케 하는 말이다. 앞에서 이미 진술된 규정이 반복되는 인상이 드는 구절이 18-20절이다. 이스라엘 회중은 첫째 달 14일 저녁부터 21일 저녁까지 무교병을 먹되, 집에서 모든 누룩을 제하여야 한다. 유교물을 먹는 자는 타국인이든지 본국에서 난 자든지를 막론하고 이스라엘 회중에서 끊어지게 될 것이다.

12:21-42은 11장의 상황을 이어받아 실제로 모세 당시 최초의 유월절이 앞에서 주어진 지침대로 지켜졌음을 말한다. 모세가 이스라엘 모든 장로를 불러서 유월절 식사 규정을 가르치고 온 이스라엘에게 알려 주도록 한다. 이스라엘 자손은 가족대로 어린 양을 택하여 유월절 양으로 도살해, 우슬초 묶음을 피에 적셔서 그 피를 문 인방과 좌우 설주에 뿌리고 아침까지 한 사람도 자기 집 문밖에 나가지 말아야 한다. 야웨께서 애굽 사람들에게 재앙을 내리려고 지나가실 때에, 문 인방과 좌우 문설주의 피를 보시면 그 문을 넘으시고 멸하는 자(장자 심판을 대행하는 천사)로 하여금 그 집은 치지 못하게 하실 것이기 때문이다. 모세는 유월절 식사 예식은 이스라엘의 후손들이 약속의 땅에서도 지켜야 할 절기가 됨을 강조한다.

출애굽기 저자는 후세대들이 이 복잡한 유월절 규례에 대하여 무관심하고 냉담한 자세로 물어볼 날이 올 것을 예고한다.[12:26] 후손들은 출애굽의 의미를 자세히 배우고 난 뒤 유월절 절기를 기림으로써 출애굽의 대열에 들어서는 것이다. 따라서 모든 이스라엘 후손은 정신적으로는 '출애굽한' 원[原]출애굽 세대에 속한다. 조상들의 허리에서 출애굽을 간접 경험한 것이다. 그래서 이스라엘 후손은 출애굽과 유월절의 의미를 세밀하게 이해해야 한다. 후세대들의 냉담하고 반항적인 질문에 답변하기 위해 이스라엘 구원사는 오늘날의 성경 방식으로 정리되었을 것이다.[12:37-13:16] 따라서 먼 훗날 후세대가 일어나 이 예식이 무슨 뜻이냐 묻거든, 모든 부모세대는 "이는 여호와의 유월절 제사라. 여호와께서 애굽 사람에게 재앙을 내리실 때에 애굽에 있는 이스라엘 자손의 집을 넘으사 우리의 집을 구원하셨느니라"^{12:27}고 답변할 수 있어야 한다. 이 간절한 유월절 절기 의미 설명을 들은 이스라엘 백성은 머리 숙여 경배했다. 유월절의 의미를 듣고 감화감동을 받은 이스라엘 자손은 여호와께서 모세와 아론에게 명령하신 대로 행했다.

예고하신 대로^{11:5-6} 유월절 밤중에 야웨께서 애굽 땅에서 모든 처음 난 것, 곧 왕위에 앉은 바로의 장자로부터 옥에 갇힌 사람의 장자까지와 가축의 처음 난 것을 다 치시자, 바로와 모든 신하와 애굽 사람이 일어나고 애굽에 큰 부르짖음이 있었다. 장자가 죽임을 당하지 않은 애굽 사람 집이 하나도 없었다. 너무나 황망한 바로가 밤에 모세와 아론을 불러 드디어 출애굽을 허락한다. "너희와 이스라엘 자손은 일어나 내 백성 가운데에서 떠나 너희의 말대로 가서 여호와를 섬기며……너희 양과 너희 소도 몰아가라."^{12:31-32} 그런 와중에서도 바로는 모세와 아론에게 자신을 위해 축복해 달라고 당부한다. 그는 자신이 무슨 말을 중얼거리는지 알지 못할 정도로 얼이 나간 상태가 된 것이다. "우리가 다 죽은 자가 되도다"^{12:33}라고 통곡하는 백성들은 어떻게 하고 자신을 위해 축복을 빌어 달라고 요청하는가? 애굽 사람들이 히브리 노예들을 애굽 땅에서 속히 내보내려 하므로, 이스라엘 백성은 발효되지 못한 반죽 담은 그릇을 옷에 싸서 어깨에 메고 탈출했다. 이 과정에서 이스라엘 자손은 모세의 권고에 따라 애굽 사람에게 은금 패물과 의복을 요구하여 획득하게 되었다.

애굽의 장자들이 죽임을 당한 그 밤에 바로와 애굽인들은 모세와 아론에게 어서 애굽을 떠나 줄 것을 강청하는 처지에 놓였을 뿐만 아니라, 심지어 그들에게 은금과 옷을 요청하는 대로 주기까지 한다(빼앗은 사건을 에둘러 표현하는 것일 가능성). 마침내 이스라엘 자손이 애굽에 거주한 지 430년이 끝나는 그날에 '모든 여호와의 군대'[콜 치브오트 아도나이(כָּל־צִבְאוֹת יְהוָה)]가 다 애굽 땅에서 나왔다. 왜 출애굽기 저자는 여기서 이스라엘 자손을 갑자기 '야웨의 군대'라고 말하는가? 야웨의 군대는 야웨의 군령에 따라 일사불란하게 움직이고 목적지를 향해 전진하는 집단을 의미한다. 이 말은 이스라엘 자손이 가나안 땅을 향해 하나님의 명령을 따라 일사불란하게 전진할 하나님의 군대임을 강조한다. 민수기에서 이스라엘 12지파는 성막을 중심으로 일사불란한 행진 대열을 갖추고 나팔소리에 따라 전진과 정지를 거듭해 가며 광야를 통과해 마침내 가나안 땅으로 접근한다. 이스라엘은 이제 오합지졸 노예 집단이 아니라 야웨의 명령과 지휘통솔을 받는 군대조직으로 거듭나게 된다는 뜻이다. 이렇게 해서 이스라엘은 애굽에서 430년의 체류 기간을 마감하고 가나안 땅을 향한 장도에 오른다. 창세기 15:13-15의 예언이 마침내 이루어진다. 아모리 족속의 죄악이 관영하여 가나안 땅에서 쫓겨날 상황, 곧 가나안 땅이 새로운 정주민을 기다리던 바로 그 시점에 이스라엘이 가나안 땅으로 야웨의 군대처럼 진군하게 된 것이다.

유월절 그 '야웨의 밤'[night vigil]에 히브리 노예들은 억압과 착취의 상징인 라암셋을 떠나 애굽을 탈출한다.[12:37-42] 이스라엘 자손이 라암셋을 떠나서 숙곳에 이르니 유아 외에 보행하는 장정이 60만 명가량이며, 수많은 잡족과 양과 소와 심히 많은 가축이 그들과 함께했다. 그들이 애굽으로부터 가지고 나온 발효되지 못한 반죽으로 무교병을 구웠는데 그들이 애굽에서 쫓겨나므로 지체할 수 없었음이며 아무 양식도 준비하지 못했기 때문이다. 유월절과 출애굽이 일어난 '야웨의 밤'은 이스라엘이 영원히 그들을 애굽 땅에서 인도하여 내신 야웨를 감사함으로 기억해야 할 밤이다. 야웨 앞에서 야웨의 밤으로 지켜야 한다. 야웨를 위해 깨어 있어야 할 감사의 밤, 기억의 밤이어야 한다. 이 밤은 대낮을 흑암으로 만드사 애굽의 장자를 치신 그 여백에 히브리 노예들의 탈출 공간을 만드신 하나님을 기리고 경배하는 밤이다. 이것이 이스라엘 자손이 대대로 지켜야 할 야웨의 밤이다.

12:43-51은 가나안 땅에 들어가서 지켜야 할 유월절 규례로서, 유월절 식사에 참여할 수 있는 범위에 대한 추가 지침을 담고 있다. 1-20절에서 이미 언급되었듯이, 이스라엘이 가나안 땅에 정착한 후 유월절은 일주일 내내 무교병을 먹는 무교절로 확장된다. 할례받지 못한 나그네와 외국인, 체류자와 가나안 원주민, 고용된 종들은 유월절 식사에 동참할 수 없다. 할례받은 사람들이 식사에 참여할 때 양고기를 한 집에서 모여 먹되 집 밖으로 가져갈 수 없다. 이 단락은 전체적으로 할례 여부가 유월절 식사 참여의 결정적인 기준이 됨을 강조한다. 이스라엘 온 회중은 모세와 아론을 통해 하달된 지침대로 유월절 식사를 마치고 마침내 애굽 땅으로부터 벗어났다.

이상에서 살펴본 것처럼 유월절은 애굽 장자 심판 이야기인 동시에 이스라엘 장자 생환 이야기다. 어떤 의미에서는 이스라엘 장자도 하나님의 심판 아래 있었지만 하나님이 유월절 어린 양의 피를 보시고 그냥 넘어가셨다. 유월절 어린 양의 피가 그들을 살린 것이다. 이런 점에서 이스라엘 자손은 하나님의 자비에 의해 생포되고 사로잡힌 자들이다. 하나님께서는 모세를 통해 이스라엘 사람들의 장자와 동물들의 초태생을 하나님 자신을 위해 성별하라고 명령할 수 있는 권리를 가지신다. 하나님의 심판으로 죽음을 맞이한 애굽 장자들과 달리 하나님의 은혜로 생환한 이스라엘 장자들은, 하나님 백성을 구성하는 장자인 동시에 세계 만민의 복의 근원으로 살아가야 할 장자적 책임을 지게 된다. 따라서 13장의 이스라엘 장자 및 초태생 성별 규정은 12장의 애굽 장자 및 초태생 멸절 이야기의 자연스러운 귀결이다.

출애굽의 역사성과 연대 논쟁[1]

역사 속에서 일어난 하나님의 구원 활동

성경의 가장 대담한 선언 중 하나는 하나님께서 인간 역사에 개입하셨다는 주장이다. 인간 역사 속에 하나님의 목적지향적인 간섭이 일어났다는 주장은 유대교를 넘어 기독교 신앙의 가장 근본적인 신앙고백이 되었다. 성경의 신앙고백은 역사 속에 일어난 하나님의 위대한 구원 사역에 대한 감사와 찬양, 그리고 그것에 대한 응답이다. 구약의 중심 신앙고백은 창조주 하나님께서 이스라엘의 역사 초기부터 구원자로 개입하셨고 마침내 그들을 세계 만민을 다스릴 하나님의 대행자로 선택하셨다는 믿음이다. 그래서 이스라엘은 자신들의 역사는 하나님의 구원 활동이 뚜렷하게 각인된 역사, 곧 구원사라고 주장한다. 그 구원사의 첫 시작이 출애굽 구원이다. 바로의 압제에 시달리던 히브리 노예들을 모세의 영도 아래 젖과 꿀이 흐르는 땅으로 이끌어 내신 사건이다. 이 출애굽이 이스라엘을 형성시킨 결정적 사건이기에 성경 구원사의 골격이 되었다. 성경은 출애굽 과정에서 압제적인 애굽 왕국을 거의 초토화시킨 열 가지 재앙이 일어나고 홍해가 갈라져 히브리 노예들이 마른 땅을 건너 애굽을 벗어났다고 고백한다.

이성과 자연법칙의 정합성과 충족성의 기준으로만 역사에서 일어나는 모든 사건을 설명하려는 역사주의·실증주의 세계관에 익숙한 현대인들에게 성경의 주장은 걸림돌이 된다. 그러나 성경은 하나님의 구원 활동을 매개한 이적과 기사들이 자연질서를 파괴하고 희생시킴으로써 일어났다고 보지 않는다. 오히려 이성과 실증주의적인 인과관계로 설명되거나 해설될 수 없는 '빈틈'에 혹은 '창조의 여백'에 하나님의 개입이 일어났다고 본다. 이런 점에서 출애굽 구원 사건은 자연질서 안에서 일어난 사건이지만 동시에 그것의 여백과 빈틈에서 일어난 하나님의 역사내적 활동^{divine agency}의 가장 명백한 사례다. 출애굽 구원에서 하나님의 활동으로 고백되는 행동은 두 가지다. 애굽 바로 체제에 대한 하나님의 직접적인 공격인 열 가지 재앙 사건과 홍해 바다를 갈라 물길을 내어 히브리 노예들을 극적으로 구출해 내신 활동이다. 그것은 육하원칙을 따라 기술할 수 있는 사건이라는 점에서 일반 역사와 똑같은 역사적 사건이지만, 그 한복판에서 그것을 경험한 이스라엘 백성에게는 하나님이 개입하여 일으키신 사건이기에 하나님의 뜻과 목적을 계시하시는 계시적 역사이면서 구원사다. 이 출애굽 구원사는 근대 이전까지는 한 번도 의심되거나 부정되지 않았다. 아직까지도 극소수의 학자를 제외하고는 출애굽 구원사를 대담하게 부정하지는 않는다.

그런데 출애굽 구원사는 18세기부터 시작된 서구 계몽주의 역사관의 지배를 받는 합리주의자들에 의해 그 역사성이 의심받거나 부정되어 왔다. 역사비평학이라고 불리는 고등비평은 성경의 이적과 기적을 부인했고, 이스라엘이 하나님께서 베푸셨다고 믿었던 모든 구원사의 은혜들을 자기암시적인 원시적 세계관에 속박된 히브리인들이 지어낸 종교적 드라마라고 단정했다. 한국에서도 1980년대부터 출애굽 구원을 합리적으로 설명하려는 과정에서 홍해 도강 기적의 역사성을 부인하며, 히브리 노예들이 건넌 것은 죽음의 물결이 넘실거리던 홍해가 아니라 얕은 갈대 늪지대였다는 도발적인 주장을 소개하거나 펴는 학자들이 나타나기에 이르렀다. 그들은 성경에 대한 불신앙을 의도적으로 고취하려는 생각이 있었던 것이 아니라 서구 역사비평학의 성경해석 일부를 학문적으로 소개했을 뿐이다. 그러나 그것이 끼친 영향력은 실로 대단했다. 사정이 이렇다 보니 역사비평학을 신봉하는 신학의 영향을 받는 그리스도인은 성경의 이적과 기사를 문자적으로 해석하기보다는 가능한 한 합리적이고 자연주의적으로 이해하려고 노력한다. 그들은 과학주의적 세계관과 성경의 이적 둘 다를 살리고 싶어 하기 때문이다. 기독교 신앙을 가지고 출애굽 구원의 핵심인 열 가지 재앙을 자연적이고 인과적으로 설명하려는 시도는 그리스도인 과학자들에게는 매혹적인 과제가 될 수 있다. 시로 이기노 트레비사나토^{Siro Igino Trevisanato}의 2005년 저서인 『이집트 10가지 재앙의 비밀: 고고학, 역사, 과학이 밝혀낸 출애굽의 기적들』^{The Plagues of Egypt: Archaeology, History, and Science Look at the Bible}이 바로 이런 유형의 대표적인 저작이다.

　이 책은 애굽 열 가지 재앙의 연쇄적 발생 과정을 자연적이고 물리화학적으로 설명한다. 저자는 구체적으로 열 가지 재앙이 기원전 1600년대에 일어났던 에게 해 산토리니 섬의 화산 폭발 결과로 연쇄적으로 발생했다고 보고 그 과정을 설명함으로써 출애굽 연대까지 추정하려고 시도한다. 저자의 초점은 '성경에 기록된 그대로', 곧 하나님의 간섭 때문에 열 가지 재앙이 일어났다고 믿도록 도와주는 데 있지 않고, 신학적으로 해석되기 이전에 재앙 사태의 자연적 면모를 보여주는 데 있다. 열 가지 재앙이 사실상 연쇄적으로 일어난 사건이었으며, 물리화학적·기상학적 대사태였다는 점을 밝히는 데 주력한다. 이 책은 중심 논지를 논증해 가는 자연과학적 치밀성과 훨씬 앞당겨진 출애굽 연대 추정 때문에 기존 구약학계에 창조적인 논란을 촉발시켰다. 이 논란의 의미를 파악하기 위해 먼저 구약학계의 출애굽 연대 논쟁을 살펴볼 필요가 있다.

기존 구약학계의 양대 출애굽 연대설

주류 구약학계의 출애굽 연대 가설은 두 견해로 나누어진다. 하나는 레온 우드^{Leon Wood} 등을 중심으로 하는 초기 연대설이다. 구약학자 대부분은 히브리 노예 탈출을 통해 이스라엘 국가 형성의 기초가 될 인적 공동체가 건설되었다는 데에는 이견이 없다. 다만 언제 히브리 노예들의 탈출이 있었는지가 문제일 뿐이다. 다른 하나는 윌리엄 올브라이트^{William F. Albright}를 필두로 하는 중도적 진보파 계열 학자들의 후기 연대설이다. 이중 후자의 견해가 좀 더 이른바 계몽된 서구 학자들의 입장이다. 이 입장의 논거는 이집트 역사 자료와 고고학적 방증이다.

하지만 한국교회에 더 널리 유포된 주류 의견은 출애굽 초기 연대설이다. 즉, 기원전 1446년에 출애굽이 일어났다고 보는 입장이다. 이 입장은 이스라엘 자손이 애굽에 산 지가 430년이 되었다고 증언하는 출애굽기 12:40과, 이스라엘 자손이 헤스본과 그 인근 촌락들에 산 지가 300년이 되었다고 말하는 사사기 11:26 입다의 말과, 이스라엘 자손이 출애굽한 지 480년 만인 솔로몬 재위 4년에 성전 공사가 착공되었다고 말하는 열왕기상 6:1에 대한 문자적 해석의 결과다. 초기 연대설 주창자들을 대표해 앤드류 힐^{Andrew Hill}과 존 월턴^{John Walton}은 이 입장을 지지하는 네 가지 논거를 제시한다.[2]

(1) 출애굽 연대를 추정하는 데 도움을 주는 성경구절

(2) 아마르나 문서

(3) 투트모세 4세의 꿈 비명 등 이집트 고고학 유물

(4) 성서고고학 유물

초기 연대설을 지지하는 논리

무엇보다도 이 입장은 열왕기상 6:1에 근거하여 성전 착공이 일어난 솔로몬 재위 4년이 기원전 966/960/957년 어간이라고 보아 출애굽 연대를 기원전 1446년이라고 본다. 사사기 11:26에 따르면 입다^{BC 1100-1050}가 등장하기 전에 이스라엘은 이미 요단 동쪽에 300년째 거주하고 있었다. 여호수아의 정복 연대를 기원전 1400-1350년 사이로 잡고 광야 40년 방황 연수를 고려하면 출애굽은 기원전 1440-1390년 사이에 일어난 셈이다. 모세는 광야에서 40년을 보냈다.^{행 7:3} 그를 추적하던 바로는 여전히 살아 있었다. 40년 이상 애굽을 다스렸던 왕은 투트모세 3세^{BC 1504-1450}와 람세스 2세^{BC 1290-1224} 뿐이다. 이 입장은 투트모세 3세 때 출애굽이 일어났다고 본다.

둘째, 이 입장은 이집트 고고학 자료들에 호소한다. 메르넵타 비문^{BC 1220}은 이미 이스라엘이 공동체를 이루고 가나안 땅에 존재하고 있었다는 것을 증언한다. 이스라엘이 벌써 공동체를 이루고 있었다면 후기 연대설 시나리오는 현실성이 없다고 본다. 이미 오래전에 가나안 땅에 정착했다고 보는 게 더 자연스럽다는 것이다. 기원전 14세기경의 아마르나 서신도 가나안 일대에 하비루에 의해 초래된 혼란상(아마도 히브리인일 가능성)을 증언한다. 하비루들 중 일부가 히브리인이라고 보면 그들은 기원전 14세기 전에 이미 가나안 땅에 들어갔다고 보아야 한다. 셋째, 투트모세 4세의 꿈 비명^{Dream Stele}에서 발견된 그의 예기치 않은 왕위 승계에 대한 언급이다. 그가 합법적인 왕위 계승자가 아니었는데 갑자기 왕이 되었다고 말한다. 아마도 합법적인 왕위 계승자는 열 번째 재앙으로 죽었다는 시나리오에 부합한다는 것이다. 즉, 투트모세 3세가 출애굽 때의 바로였음을 암시한다는 것이다.

마지막으로 성경연대기 연구 대가들의 지지다. 역사비평학적인 방법론도 사용하는 에드윈 틸레[Edwin Thiele]는 성경 연대기를 자세히 연구한 결과 이 견해와 유사한 의견[BC 1450]을 내놓는데,[3] 틸레는 투트모세 3세 치세[BC 1479-1425] 동안에 출애굽이 일어났다고 본다(투트모세 3세의 치세 기간은 힐과 월턴, 레온 우드와 각각 다르다). 참고로 유대교의 전통적인 출애굽 연대는 기원전 1312년이다.[4] 1세기 유대인 문필가였던 요세푸스는 이스라엘을 18왕조[BC 1550-1530]에 의해 축출된 힉소스족과 동일시했으므로 출애굽이 초기 연대설보다 더 이른 시기에 일어났던 것으로 본다. 전체적으로 이러한 증거들의 누적적인 증언에 근거해 초기 연대설 주창자들은 기원전 1446년보다 더 후대에 출애굽이 일어났을 가능성은 희박하다고 본다.[5]

　기원전 15세기 중반 출애굽 연대 가설은 1978년 존 빔슨[John Bimson]의 저작[6]이 나와 한층 주목을 받으며 추종자를 모았으나 결정적으로 입증되지 않은 가설 단계에 머물고 있다. 그러나 그 책에 제시된 증거는 중립적이다. 빔슨의 책은 1978년 출간 이래로 찬반양론의 평가를 받았다.[7] 맥스웰 밀러[Maxwell Miller]가 보기에 빔슨의 책이 끼친 가장 의미 깊은 공헌은 기원전 13세기 연대를 주장하는 사람들이 고고학적 증거를 자신들에게 독점적으로 유리하게 사용할 수 없다는 것을 밝힌 점이다. 빔슨의 책은 출애굽 연대 문제는 아직 미해결이라는 것을 보여준다. 하지만 이 책으로 후기 연대설의 기세는 다소 꺾였다.

후기 연대설을 지지하는 논리

또 다른 주류 학설은 출애굽 후기 연대설, 곧 기원전 13세기[BC 1290-1280] 가설이다. 후기 연대설 논거는 네 가지다.

　(1) 출애굽기 1장의 비돔과 라암셋 언급

(2) 가나안 정복 기사에 언급된 도시들이 기원전 13세기에 파괴된 증거

(3) 요단 동쪽에서 나온 중기청동기 및 후기청동기 고고학 증거[8]

(4) 세티 1세와 람세스 2세의 군사 원정[9]

무엇보다 먼저 기원전 13세기 출애굽 연대설 옹호자들은 출애굽기 1:8의 요셉을 알지 못하는 새 바로를 이집트 18왕조 개창자 아흐모세 1세라고 보고, 그가 약 200년간 나일 강 하류 지역을 중심으로 이집트를 지배한 아시아 셈족 출신의 힉소스 지배체제를 종식시킨 왕이라고 본다. 반면에 요셉에게 호의를 베푼 왕은 힉소스족이었다고 본다. 이 입장에 따르면 출애굽기 12:40이 말하는 430년은 히브리인들의 노예생활 전체 기간이 아니라 이집트 체재 전체 기간이다. 이 입장을 초기에 개진한 학자들은 조지 어니스트 라이트, 윌리엄 올브라이트이지만, 대중적으로 유포시킨 사람은 버나드 앤더슨 Bernhard W. Anderson이다. 그는 기원전 1290-1280년을 출애굽이 일어난 시기로 본다.[10] 그는 힉소스족의 이집트 지배 시절이 요셉과 히브리인들에게 호의를 베풀던 15-16왕조 시기[BC 1720-1552]라고 본다. 이집트 신민족주의의 부흥기를 연 18왕조[BC 1552-1306] 후에 들어선 19왕조가 사실상 출애굽기 1장의 상황이라고 본다. 출애굽기 1장이 기원전 14세기 말에 시작된 19왕조 상황을 전제한다고 보는 이유는, 새 왕조가 수도를 테베에서 다시 델타 지역으로 옮기고 대규모 토목공사를 시작한 것으로 묘사되고 있기 때문이다. 이것은 힉소스족으로 대표되던 아시아족의 통치 지역을 이집트 토착세력이 재정복한 분위기를 반영한다. 19왕조의 창건자 세티 1세[BC 1305-1290]가 옛 힉소스 수도 아바리스를 재정복해 다시 수도로 재건한다. 세티 1세를 뒤이은 아들 라암셋 2세[BC 1290-1224]가 토목공사를 계승하는데 그가 출애굽 때의 바로라고 간주된다. 그래서 앤더슨은 기원전 1280년에 출애굽

구원이 일어났다는 것이다. 세티 1세의 또 다른 아들인 메르넵타[BC 1224-1211]가 남긴 가나안 정복 전적비는 '공동체로 존재하는 이스라엘'(공동체를 가리키는 관형사가 '이스라엘'에 붙어 있음)에 대한 가장 오래된 언급이 나온다. 이 비석에 의하면 기원전 1220년경에는 공동체로서의 이스라엘이 이미 가나안 땅에 들어가 있는 것으로 전제된다. 따라서 늦어도 기원전 1250년경에는 이스라엘이 가나안에 정착했을 것으로 본다.

이 입장이 대체로 올브라이트 입장의 정교한 보완이면서[11] 보다 많은 학자들이 신봉하는 주류 견해다. 이들은 출애굽기 1장의 토목공사 본문과 관련된 이집트 자료와 고고학적 자료에 더욱 신빙성을 둔다. 1930년 이래 기원전 13세기 연대설이 주류 의견인 것처럼 유포된 배경에는 넬슨 글뤽[Nelson Glueck] 등이 주도한 요단 동쪽 중부 및 남부 지역의 지표조사 발표가 있었다. 요단 동쪽 지역에서 출토된 고고학 증거에 따르면, 민수기 20-22장과 사사기 11장이 말하듯이 히브리인들이 가나안으로 가는 길목에서 요단 동쪽의 에돔, 모압, 아모리 왕들에 의해 방해를 받았음을 가리키고 있기 때문이다. 이 지역 표층조사를 실시한 넬슨 글뤽은 기원전 1300년경에 에돔, 모압 지역의 거주지 파괴를 방증하는 흔적이 존재한다고 말한다. 따라서 기원전 13세기가 이스라엘이 요단 동쪽을 정복한 연대라고 추론한다.[12] 존 빔슨, 존 매팅리 등의 문제 제기 때문인지 후기 연대설 주창자들은 요즘은 이러한 중부 및 남부 지역 고고학 증거에 이전만큼은 의존하지 않는 추세를 보인다. 아무래도 이들이 내세우는 가장 결정적인 증거는 대규모 토목공사와 요셉을 모르는 새 왕 치하에서 일어나는 고센(델타) 지역 재건 사업이다. 이것은 이집트 19왕조 치하에서 일어난 일이 거의 틀림없다고 보기 때문이다.

또 다른 한편 올브라이트가 초기 연대설을 배척할 수밖에 없었던 이유는 그것을 지지할 결정적인 고고학적 증거 자료의 결핍 때문이었다. 1818년에 발견된 투트모세 3세의 미라에는 히브리인들의 축출과 탈출에 대한 어떤 암시도 없었다. 성경이 말하는 어떤 재앙도 언급되거나 전제되지 않았다. 1930년대의 이스라엘 고고학 발굴 작업은 기원전 1400년경에 동시다발적으로 파괴된 가나안 도시 흔적을 밝혀내는 데 실패했다. 당시에는 여리고에 사람이 살고 있지 않았던 것으로 밝혀진다. 그래서 그는 기원전 1250-1200년 가나안 성읍 대량파괴 가설을 주창한다. 이 시기에 일어났을 것으로 추정되는 베델 파괴 증거, 비슷한 시기에 나타난 특이한 주거 형태, 목테두리 달린 항아리 형태 등 누적적인 증거에 비추어 볼 때 이것은 이제막 가나안 땅에 들어온 이스라엘 사람들이 남긴 흔적일 것이라고 판단했던 것이다. 그러나 이 고고학적 입장도 앞에서 살펴보았듯이 존 빔슨이나 존 매팅리 등의 중부 및 남부 요단 동쪽 지역 출토 고고학 자료 등에 대한 비판적 재검토로 인해 지지되기 힘든 주장으로 판명되었다.

결국 후기 연대설의 주창자인 올브라이트의 입장은 20세기 중반까지는 상당히 지지를 받았으나 점차 지지를 잃고 폐기되었다.[13] 그의 견해를 폐기케 하는 데 결정적인 증거들이 고고학에서 나왔기 때문이다. 목테두리가 달린 항아리는 원래 몇 세기 전부터 가나안 저지대에서 사용되었던 것으로 밝혀진다. 하솔, 라기스, 므깃도 등 여호수아서에 나오는 도시들은 기원전 1250-1145년에 파괴되거나 격변을 거친 것으로 보이는데 반해, 여리고 같은 다른 도시들에는 그 시기에 파괴된 층이 나타나지 않거나 아예 그 기간에는 사람이 살지 않았던 것으로 보인다.[14]

구약학계 밖의 연구가들 사이에 유포되는 초기 연대설

전문적인 구약학자들 사이에는 이 두 견해가 공유되고 있었지만 비전문가들, 곧 대중적인 출애굽 연구가들 사이에서는 보다 급진적인 초기 연대설이 널리 퍼졌다. 대부분의 대중적인 연구가들은 출애굽 연대를 기원전 1440년 이전으로 잡는다. 가장 대표적인 가설이 기원전 1600년대 에게 해의 티라(산토리니) 섬 화산 폭발과 출애굽을 연결시키려는 시도들이다.[15] 앞서 언급한 트레비사나토의 출애굽 재앙 설명 가설도 이러한 연구 방향의 노선을 취한다. 캐나다의 분자생물학자이자 화산연구가인 트레비사나토는 역사학, 자연과학, 그리고 성경연구를 통해 출애굽기 7-12장에 나타난 열 가지 재앙의 역사적 신빙성을 입증하려고 한다. 물론 그의 연구는 성경의 신학적 주장까지 입증하려고 하지는 않는다. 신학적 진술의 토대가 된 자연적·역사적 상황을 재구성할 뿐이다.

그동안 이집트의 열 가지 재앙 이야기에 대한 성서학자들의 연구는 출애굽 연대 추정과 관련하여 주변적으로 이루어져 왔다. 그들의 방법론은 성경 문헌에 대한 비평적 분석 내지는 몇 가지 고고학 자료 및 고문서들과 출애굽기 본문의 비교였다. 출애굽기 7-12장에 나오는 열 가지 재앙 본문에 대한 역사적-비평적 학자들의 주장은 일단 재앙 숫자가 원래는 열 가지가 아니었다고 본다. 예를 들면, 독종 재앙과 이 재앙은 원래 같은 재앙을 가리키는 말이었는데 전승 과정에서 다르게 표현되다가 마지막에는 마치 다른 두 재앙인 것처럼 전달되었다는 것이다. 그들은 결국 셋째 이 재앙, 여섯째 독종 재앙, 그리고 아홉째 흑암 재앙은 원래는 같은 재앙인데 서로 다른 자료에서 전승되다가 독립적인 재앙으로 다루어졌다고 판단한다. 재앙 이야기들이 처음에는 각각 독립적인 이야기였을 텐데 전승되다가 현재 모습의 열 가지 재앙 이야기가 되었다고 본다. 따라서 이 가설은 몇 가지 자료가 합해지는 과정에서 열 가지 재앙이 되었기에 각 재앙을 애써 구분해서 그것의 발생 원인을 규명하려는 것은 무의미하다고 본다.

마찬가지로 일부 과학자들과 성경연구가들도 이집트의 재앙이 원래는 보통의 자연재난 이야기였는데 전승되는 과정에서 도덕적·신학적 교훈을 가진 이야기로 윤색되고 탈바꿈되었다고 주장한다. 그럼에도 불구하고 일부 자연과학적 성경연구가 사이에는 이집트 열 가지 재앙에 대한 자연적·물리환경적 설명이 있어 왔던 것이 사실이다. 그 가운데서도 이집트에서 북서쪽으로 약 1,000km 이상이나 멀리 떨어진 산토리니 화산 폭발로 생긴 화산재가 열 가지 재앙의 원인이 되었다는 학설이 유력하게 부상했다. 이 학설이 학계에 발표된 이후로 화산 폭발의 범지구적 영향에 대한 다각도의 연구와 실측이 이루어지기 시작했다. 먼저 나일 강 삼각주의 화산재 퇴적층, 미국 서부 브리슬콘 소나무의 혹한기 나이테, 그린란드의 황산염이나 화산재 퇴적층 등이 산토리니의 화산 폭발물 흔적으로 밝혀지고 있다. 그런데 문제는 산토리니 화산 폭발이 일어났을 것으로 추정된 연대가 이제까지 알려진 출애굽 사건 연대보다 수백 년 앞선다는 것이었다. 그래서 이 모순을 해결하기 위해 절충적인 의견들이 제시되었다. 산토리니 화산 폭발은 일부 재앙만 일으켰거나 출애굽 사건 직전에 일어나지 않고 그보다 훨씬 더 전에 일어났다는 주장 등이다. 이런 연구 환경에서 시로 트레비사나토의 『이집트 10가지 재앙의 비밀』이 등장했다.

이 책에서 트레비사나토는 열 가지 재앙이 두 단계[BC 1602, 1600]에 걸쳐 폭발한 산토리니 화산에 의해 촉발되었으며, 나일 강물을 핏빛으로 붉게 만든 엄청난 양의 화산재가 첫째 재앙을 만들고 두 차례의 폭발로 생긴 화산구름과 화산 분출물이 후속적인 재앙의 촉매제 역할을 했다고 논증한다. 그는 이 화산 폭발이 북부 이집트 아바리스에 본거지를 가진 힉소스족이 이집트 남부를 정복하려던 시기에 일어났으며, 아홉째 재앙을 불러일으킨 두 번째 화산구름이 결정적으로 이집트에 거주하는 모든 족속들로 하여금 인신희생제사를 드려서라도 신들의 진노를 달래려고 하다가 사람의 장자들과 가축의 초태생들을 죽이게 되었다고 주장한다. 트레비사나토는 여러 고대 문서 자료와 다양한 분야의 과학 자료들을 섭렵하여 출애굽기에 기록된 열 가지 재앙을 인과관계와 발생 순서에 세심한 주의를 기울이며 재구성하는 데 성공하고 있다. 그는 이집트에 닥친 열 가지 재앙을 자세하게 재구성해 세 가지 중요한 결론에 이른다.

첫째, 성경의 열 가지 재앙 이야기는 신학적 논지를 주장하기 위해 날조된 허구나 과장이 아니라 역사적 사건이라는 점이다. 둘째, 이 열 가지 재앙은 도미노 효과를 일으키는 방식으로 연쇄적·인과적으로 일어난 사건이다. 셋째, 이 재앙은 기원전 1602-1600년 중기청동기시대 에게 해의 산토리니라는 섬에서 일어난 엄청난 화산 폭발로 인한 화산재가 일으킨 직간접의 영향으로 일어났다는 것이다.

출애굽기 7-12장과 신명기 28장, 시편 78편과 105편에 기록되어 있는 이집트에 닥친 재앙에 대한 트레비사나토의 다차원적인 연구와 그 결과 구축된 열 가지 재앙 시나리오는, 성경 재앙 이야기의 역사적 신빙성과 그 결과로 일어난 출애굽 사건의 역사적 토대를 진지하게 받아들이도록 강한 설득력을 발휘한다. 그는 다양한 역사적·신화적·고고학적·과학적 자료를 성경 본문 연구에 융합함으로써 히브리 노예들이 어떤 구체적인 상황에서 이집트를 떠날 수 있게 되었는지를 아주 생동감 있게 재구성하는 데 성공한다. 역사적으로 보면 아시아 족속인 힉소스족이 이집트 북부에 왕조를 세워 이집트 전역을 지배하려고 한참 분투하던 때였다. 이집트에 닥친 열 가지 재앙의 순서 자체는 화산재와 화산구름, 그리고 화산 활동의 부수 현상인 지진 등의 파괴적 영향으로 일어난 사건일 수밖에 없음을 설득력 있게 논증한다.

우리가 트레비사나토의 책에서 가장 높이 평가하는 것은 저자의 연구 주제에 대한 복합적이고 학제적인 입체 연구방법론이다. 저자는 열 가지 재앙의 역사성 토대를 찾기 위해 매우 다양한 학문 영역을 넘나들면서 자료를 모으고 학자들과 토론하여 가설을 자세히 검증한다. 심지어 자신이 세운 가설도 중간중간 검증해 간다. 이 철저한 귀납적·과학적 성경연구는 성경 본문과 관련되는 역사 문서 등을 대충 읽고 성경을 연구하는 성서학자들에게 세찬 도전과 신선한 자극을 제공한다. 누군가가 저자의 결론에 시비를 걸 수 있을지 몰라도, 아무도 역사적 진실을 찾기 위해 저자가 구사한 철저한 귀납적 방법론을 시빗거리로 삼을 수는 없을 것이다.

어떤 사람들에게는 출애굽의 역사성이나 열 가지 재앙의 역사성을 규명하는 일이 중요하지 않게 보일지도 모른다. 역사를 믿는 것이 아니라 성경을 믿는 믿음으로, 더 궁극적으로는 말씀의 화육이신 예수 그리스도를 믿는 믿음으로 구원받는 교리 때문인지, 독일 성서학계가 주도하는 세계의 성서학계는 최근에 구약성경의 역사성 규명을 무가치한 것으로 여기려는 경향을 보여 왔다. 더욱이 요즘에는 최종 본문이 중요하지 그 너머에 있는, 혹은 그 이전 본문 바깥에 있는 역사는 중요하지 않다는 입장이 대세처럼 보인다. 이 말은 어느 정도 타당하다. 그러나 성경의 가장 근본적인 신앙 중 하나는 역사 속에서 구원 역사를 일으키시고 역사적 사건을 통해 당신을 계시하시는 하나님에 대한 믿음이다.[16] 이스라엘이 구체적인 역사 속에서 하나님의 구원과 해방을 경험했고 그 결과 하나님 백성으로서의 자기정체성을 형성했기 때문에 기독교 신앙에서 '역사'는 참으로 중요하다. 역사 속에서 일어난 구체적인 사건을 통해 하나님의 구원 사역이 일어났기 때문이다. 특별히 이집트의 열 가지 재앙과 출애굽은 이스라엘 역사, 더 나아가 기독교 구원사의 토대 사건이다. 이 토대 사건의 역사성을 규명하지 않고도 성경에 기록된 고백이니까 믿어야만 하는 진리라고 가르치는 것은 교리적 자기만족이요 지적 태만이 아닐 수 없다. 모든 성경구절의 역사성을 다 규명할 수 있는 것도 아니요, 모든 성경구절의 역사성을 규명해야만 계시성과 영감성을 획득하는 것도 아니다. 그러나 어떤 본문은 역사성이 입증되고 규명되어야만 하나님의 인격적 사랑과 구원 의지를 생동감 있게 경험하도록 만든다. 열 가지 재앙과 출애굽 본문의 역사성이 규명되지 않으면 기독교 신앙이 형이상학적 신념 체계나 가현설Docetism로 전락할 위험에 빠지게 된다. 이런 점에서 트레비사나토가 성경이 제시한 이집트 열 가지 재앙과 출애굽 사건의 역사적 신빙성을 입증하기 위해 쏟은 학문적 노작은 그 가치를 인정받을 만하다.

열 가지 재앙과 상관없이 출애굽 사건을 고대 이집트 역사의 특정 맥락에 배치함으로써 출애굽 연대를 추정해 보려는 많은 가설들이 제시되어 왔다. 그것들은 두 가지 가설로 분류될 수 있다. 앞서 살펴보았듯이, 첫째 가설은 기원전 15세기BC 1446 출애굽설이다.[17] 둘째 가설은 기원전 13세기BC 1280/1250 출애굽설(람세스 2세 파피루스)이다. 어떤 가설도 서로를 충분히 설득시키는 데 실패하고 있는 그야말로 가설 수준의 담론들이다. 안타깝게도 주류 가설들 중 하나를 지지하는 대부분의 학자들은 열 가지 재앙 사건과는 독립적으로 출애굽 사건의 연대만을 추정하려고 했지 열 가지 재앙의 역사적 토대를 규명하는 데는 별다른 노력을 기울이지 않았다. 이러한 점에서 성서학자들은 트레비사나토나 바바라 시베르트센 같은 비신학 연구가들의 도전을 받아들여야 하고 응답해야 한다.

물론 트레비사나토의 다차원적이고 학제적인 연구가 열 가지 재앙을 자세히 재구성했다고는 하지만, 그것이 출애굽기의 모세적 기원을 열 가지 재앙의 역사성을 입증하는 그런 수준으로 '입증하는' 것은 아니다. 저자는 연쇄적인 재앙의 발생 과정에서 모세와 하나님이 수행한 역할에 대해서는 직접 취급하지 않은 채, 열 가지 재앙에 대한 자연주의적·물리화학적 병행 설명만을 제시하고 있는 것이다. 간단히 말해, 트레비사나토는 성경 재앙 본문의 신학적 정당성을, 곧 '하나님이 일으키신 재앙'이라는 점을 결정적으로 입증한 것은 아니다. 이런 이유 때문에 설령 우리가 그의 재앙 재구성 시나리오를 받아들인다 하더라도 정작 모세가 영도했던 출애굽이 정확하게 언제 일어났는지 모른다. 그의 연구가 어떤 상황에서 히브리 노예들이 탈출할 수 있었겠는지를 짐작케 해주는 것은 사실이지만, 역사적 모세 문제를 열 가지 재앙만큼 철저하게 과학적으로나 역사적으로 연구한 것은 아니다. 성경의 애굽 재앙 본문을 자연과학적으로 설명하는 것과 이를 신학적으로 정당화하는 것은 전혀 별개의 문제라는 말이다.

III.

출애굽기 13-18장

광야로 내몰린 자유민의 공동체

13 ¹여호와께서 모세에게 일러 이르시되 ²이스라엘 자손 중에서 사람이나 짐승을 막론하고 태에서 처음 난 모든 것은 다 거룩히 구별하여 내게 돌리라. 이는 내 것이니라 하시니라. ³모세가 백성에게 이르되 너희는 애굽 곧 종 되었던 집에서 나온 그 날을 기념하여 유교병을 먹지 말라. 여호와께서 그 손의 권능으로 너희를 그곳에서 인도해 내셨음이니라. ⁴아빕월 이 날에 너희가 나왔으니 ⁵여호와께서 너를 인도하여 가나안 사람과 헷 사람과 아모리 사람과 히위 사람과 여부스 사람의 땅 곧 네게 주시려고 네 조상들에게 맹세하신 바 젖과 꿀이 흐르는 땅에 이르게 하시거든 너는 이 달에 이 예식을 지켜 ⁶이레 동안 무교병을 먹고 일곱째 날에는 여호와께 절기를 지키라. ⁷이레 동안에는 무교병을 먹고 유교병을 네게 보이지 아니하게 하며 네 땅에서 누룩을 네게 보이지 아니하게 하라. ⁸너는 그 날에 네 아들에게 보여 이르기를 이 예식은 내가 애굽에서 나올 때에 여호와께서 나를 위하여 행하신 일로 말미암음이라 하고 ⁹이것으로 네 손의 기호와 네 미간의 표를 삼고 여호와의 율법이 네 입에 있게 하라. 이는 여호와께서 강하신 손으로 너를 애굽에서 인도하여 내셨음이니 ¹⁰해마다 절기가 되면 이 규례를 지킬지니라. ¹¹여호와께서 너와 네 조상에게 맹세하신 대로 너를 가나안 사람의 땅에 인도하시고 그 땅을 네게 주시거든 ¹²너는 태에서 처음 난 모든 것과 네게 있는 가축의 태에서 처음 난 것을 다 구별하여 여호와께 돌리라. 수컷은 여호와의 것이니라. ¹³나귀의 첫 새끼는 다 어린 양으로 대속할 것이요 그렇게 하지 아니하려면 그 목을 꺾을 것이며 네 아들 중 처음 난 모든 자는 대속할지니라. ¹⁴후일에 네 아들이 네게 묻기를 이것이 어찌 됨이냐 하거든 너는 그에게 이르기를 여

13 · 18

III.

광야로 내몰린 자유민의 공동체

519

호와께서 그 손의 권능으로 우리를 애굽에서 곧 종이 되었던 집에서 인도하여 내실새 ¹⁵ 그 때에 바로가 완악하여 우리를 보내지 아니하매 여호와께서 애굽 나라 가운데 처음 난 모든 것은 사람의 장자로부터 가축의 처음 난 것까지 다 죽이셨으므로 태에서 처음 난 모든 수컷들은 내가 여호와께 제사를 드려서 내 아들 중에 모든 처음 난 자를 다 대속하리니 ¹⁶ 이것이 네 손의 기호와 네 미간의 표가 되리라. 이는 여호와께서 그 손의 권능으로 우리를 애굽에서 인도하여 내셨음이니라 할지니라. ¹⁷ 바로가 백성을 보낸 후에 블레셋 사람의 땅의 길은 가까울지라도 하나님이 그들을 그 길로 인도하지 아니하셨으니 이는 하나님이 말씀하시기를 이 백성이 전쟁을 하게 되면 마음을 돌이켜 애굽으로 돌아갈까 하셨음이라. ¹⁸ 그러므로 하나님이 홍해의 광야 길로 돌려 백성을 인도하시매 이스라엘 자손이 애굽 땅에서 대열을 지어 나올 때에 ¹⁹ 모세가 요셉의 유골을 가졌으니 이는 요셉이 이스라엘 자손으로 단단히 맹세하게 하여 이르기를 하나님이 반드시 너희를 찾아오시리니 너희는 내 유골을 여기서 가지고 나가라 하였음이더라. ²⁰ 그들이 숙곳을 떠나서 광야 끝 에담에 장막을 치니 ²¹ 여호와께서 그들 앞에서 가시며 낮에는 구름 기둥으로 그들의 길을 인도하시고 밤에는 불 기둥을 그들에게 비추사 낮이나 밤이나 진행하게 하시니 ²² 낮에는 구름 기둥, 밤에는 불 기둥이 백성 앞에서 떠나지 아니하니라.

이미 앞에서 두 차례 이상 무교절 절기에 대한 지침이 주어졌는데 여기 또다시 무교절 규정이 다루어진다. 현대 독자들이 당황해하는 구약성경의 편집 관행 중 하나는 반복 혹은 부연적 확장을 통한 반복이다. 이 반복 부연은 특히 구약성경의 율법 규정 본문에 자주 등장한다. 옛 지침을 지우지 않고 새로운 추가 지침을 병렬시키는 방식의 부연도 일어난다. 출애굽기 본문의 최종 편저자는 무교절에 대해 이미 두 차례 이상 언급된 것을 마치 모르는 것처럼 13:1-10에서 다시 무교절 축성 규칙을 말한다. 물론 앞의 준수 규정과 이번 지침은 약간 다르다. 굳이 말하자면 13:1-10은 가나안 땅에 정착한 후대의 이스라엘을 위한 무교절 규정 수정본이라고 볼 수 있다. 2절은 무교절 절기 규정의 서론으로서, 언뜻 보면 무교절 축성과 별 상관 없어 보이는 초태생 봉헌 규정을 말한다. 그러나 잘 생각해 보면 초태생 봉헌은 유월절과 관련되어 있다. 유월절은 이스라엘 장자의 생환 드라마가 펼쳐진 날이기 때문이다.

이 유월절 구원은 이스라엘의 모든 초태생을 하나님께 성별시켜 바치는 규례를 낳았다. 원래 애굽 땅의 이스라엘 장자들도 하나님의 심판 아래 있었지만 묵과되고 용서되어 살아난 자들이기에 하나님께 거룩하게 구별해 바치라는 요구는 정당하다. "내게 돌리라"는 하나님께 인신희생제물로 바치라는 말이 아니라, 장자 봉헌에 해당하는 금전적 봉헌을 하라는 뜻이다. 3절은 가나안 정착 이후 유월절 구원 경험이 무교절이라는 보다 확장된 축제절기의 일부로 편입되어 야웨 하나님의 구원을 영속적으로 기억하는 절기로 자리 잡는 과정을 보여준다. 무교절은 야웨의 능하신 손에 의해 애굽의 종 되었던 집에서 거의 반강제적으로 구출된 해방 경험을 자자손손 전승해야 하는 절기다.[13:3-9] 너무나 급히 애굽 땅을 빠져나오는 바람에 발효되지 못한 밀가루 반죽으로 빵을 만들어 무교병이 되었음을 늘 기억해야 한다. 즉, 하나님의 일방적이고 강권적인 출애굽 구원 대사를 무교병을 먹을 때마다 기억하라는 것이다. 유대인의 첫 달은 후에 바벨론 포로세대에 의해 아빕월로 불리게 된다. 따라서 첫 달은 아빕월이므로 유월절은 아빕월 14일 해 질 녘에 시작된다.

이스라엘 자손은 가나안 사람과 헷 사람과 아모리 사람과 히위 사람과 여부스 사람의 땅, 곧 야웨께서 이스라엘의 조상들에게 맹세하신 바 젖과 꿀이 흐르는 땅에 정착해서도 아빕월 유월절 예식을 지켜야 한다. 이스라엘 자손은 7일 동안 무교병을 먹고, 유교병과 누룩은 이 절기 동안 이스라엘 땅에 존재해서는 안 된다. 13:8은 12:27을

III.

광야로 내몰린 자유민의 공동체

되풀이한다. 번잡해 보이는 유월절 규례에 대해 시큰둥한 자세로 묻는 후손에게 다시금 야웨 하나님의 일방적이고 강권적인 출애굽 구원 대사를 영구적으로 기리기 위함이라고 대답해 주어야 한다. 아마도 이런 후세대들의 질문에 답변을 하다가 축적되고 결정화된 것이 야웨의 토라[토라트 아도나이(תּוֹרַת יְהוָה)]일 것이다. 9절이 말하는 야웨의 율법은 유월절 구원 대사와 그것을 축성하고 기념하라고 주신 지침을 한데 묶어 지칭하는 말이다. 하나님은 야웨의 율법을 손의 기호, 미간의 표로 삼으라고 명하신다. 그 목적은 야웨의 토라가 이스라엘 자손의 입에 있도록 하기 위함이다. 입에 있다는 말은 음송되거나 낭송되어 늘 기억되고 말해지는 것을 의미한다. 야웨의 토라의 핵심은 무엇인가? "야웨께서 강하신 손으로 너를 애굽에서 인도하여 내셨다." 이 사실이 늘 이스라엘 후손의 입에 있어야 한다는 것이다. 따라서 9절을 풀어 쓰면 다음과 같다. "유월절 구원 대사와 그것을 영구적으로 기리고 기억하는 유월절 축성 규례를 담은 야웨의 율법(토라트 아도나이)이 너희 손의 기호, 미간의 표가 되게 하라. 야웨께서 너희를 애굽에서 인도하여 내셨다는 이 사실이 너희의 입에 늘 음송될 수 있도록!" 이 원초적이고 선험적인 야웨 하나님의 출애굽 구원 대사가 이스라엘 백성의 손의 기호, 미간의 표가 되어야 한다는 것은 출애굽 구원이 이스라엘의 모든 행동과 관점을 지배하는 요소가 되어야 한다는 의미다. 이 유월절 구원 대사는 해마다 축성되는 유월절 절기를 통해 이스라엘 백성에게 영원한 현재 사건이 된다.

13:11-16은 이스라엘이 가나안 땅에 들어가서 가축의 초태생 수컷을 야웨께 바치라는 규정을 다룬다. 나귀의 첫 새끼는 다 어린 양으로 대속해야 하며 대속되지 않은 나귀 첫 새끼는 목을 꺾을 것이다. 이스라엘 사람의 아들 중 장자도 (아마도 가축의 초태생이 하나님께 대신 바쳐짐으로) 대속되어야 한다. 이스라엘 사람과 동물의 초태

생을 공히 하나님의 것으로 성별하도록 명하는 초태생 대속 제도 역시 하나님의 유월절 구원 대사를 기억하는 하나의 방편이다. 이 제도의 취지는 유월절의 공동체적 구원 경험이 가나안 땅에 들어간 후에도 이스라엘 백성의 정체성을 규정하는 근본 경험으로 남아 있어야 한다는 것이다.

8절에서처럼 후세대가 초태생 봉헌과 대속 관습의 유래가 무엇이냐고 물을 때 부모세대는 자세한 답변을 준비해야 한다. 그 답변은 하나님의 절대주권적이고 강권적인 출애굽 구원 대사를 들려주는 것이다. 야웨께서 그 손의 권능으로 애굽에서 이스라엘을 이끌어 내실 때, 애굽 왕 바로가 완악하여 하나님의 백성을 보내지 않자 야웨께서 애굽 가운데 처음 난 모든 것은 사람의 장자로부터 가축의 처음 난 것까지 다 죽이셨다. 애굽 가운데서 태어난 모든 초태생을 죽이셨는데 이스라엘 장자와 가축의 초태생은 죽이지 않으셨다. 여기서 바로 초태생 봉헌 규정이 나온다. 이스라엘 중에서 처음 난 모든 수컷은 야웨께 제물로 드려짐으로써 이스라엘 백성의 맏아들이 대속될 길을 열라는 것이다. 출애굽 구원 대사와 초태생 봉헌 규정을 담은 야웨의 율법이 이스라엘 자손의 손의 기호와 미간의 표가 되게 해야 한다. 그렇게 함으로써 이스라엘은 야웨께서 그 손의 권능으로 애굽에서 인도하여 내셨음을 기억할 것이기 때문이다.

13:17-22은 구름기둥과 불기둥의 인도를 받는 히브리 노예들의 출애굽 이후 여정을 말한다. 이스라엘 자손은 가나안 땅으로 진입하는 최단거리 여정인 블레셋 해변길^{via maris} 대신에 길고 위험한 우회로인 홍해 광야길로 회정한다. 가나안 진입 시도부터 블레셋 족속과 치러야 할지 모르는 전쟁을 무서워하여 애굽으로 다시 돌아갈 가능성 때문에 하나님은 홍해 광야를 통과하는 하행길로 몰아가신다. 군대조직처럼 항오를 벌여 행진하는 히브리 노예들은 요셉의 해골

을 메고 홍해 광야길로 들어선다. 요셉의 해골에 대한 언급은 출애굽 세대가 요셉의 유언을 존중하고 있으며 그들이 요셉 출애굽 신앙의 계승자임을 보여준다.^{창 49:29, 50:24-26, 수 24:32, 행 7:15-16} 이스라엘 자손은 숙곳에서 발행하여 에담에 장막을 치면서 본격적인 광야생활을 시작한다. 이 광야 여정에 하나님의 구름기둥과 불기둥이 함께하여 낮의 더위와 밤의 추위로부터 이스라엘을 보호해 주신다. 구름과 불의 기둥은 광야 여정 기간 동안에 수차례 언급되는데,^{출 40:38, 민 9:15-23, 14:14, 신 1:33, 느 9:12, 19, 시 78:14, 105:39, 고전 10:1} 하나님의 특별한 신적 돌봄과 보호를 대표한다. 애굽에서 이스라엘로 올라가는 데 걸어야 할 사막 지역은 구름기둥으로 형성된 그늘이 없다면 낮 시간에 도보 여행은 불가능하며, 일교차가 너무 심해 밤에는 불의 온기 없이는 잠을 잘 수도 없다. 불기둥과 구름기둥은 이스라엘 자손을 가나안 땅까지 이끄시는 하나님의 무한 자비의 가시적인 증거다.

바다에서 거둔 승리, 바다를 향하여 거둔 승리 ●14장

14 ¹ 여호와께서 모세에게 말씀하여 이르시되 ² 이스라엘 자손에게 명령하여 돌이켜 바다와 믹돌 사이의 비하히롯 앞 곧 바알스본 맞은편 바닷가에 장막을 치게 하라. ³ 바로가 이스라엘 자손에 대하여 말하기를 그들이 그 땅에서 멀리 떠나 광야에 갇힌 바 되었다 하리라. ⁴ 내가 바로의 마음을 완악하게 한즉 바로가 그들의 뒤를 따르리니 내가 그와 그의 온 군대로 말미암아 영광을 얻어 애굽 사람들이 나를 여호와인 줄 알게 하리라 하시매 무리가 그대로 행하니라. ⁵ 그 백성이 도망한 사실이 애굽 왕에게 알려지매 바로와 그의 신하들이 그 백성에 대하여 마음이 변하여 이르되 우리가 어찌 이같이 하여 이스라엘을 우리를 섬김에서 놓아 보내었는가 하고 ⁶ 바로가 곧 그의 병거를 갖추고 그의 백성을 데리고 갈새 ⁷ 선발된 병거 육백 대와 애굽의 모든 병거를 동원하니 지휘관들이 다 거느렸더라. ⁸ 여호와께서 애굽 왕 바로의 마음을 완

악하게 하셨으므로 그가 이스라엘 자손의 뒤를 따르니 이스라엘 자손이 담대히 나갔음이라. ⁹애굽 사람들과 바로의 말들, 병거들과 그 마병과 그 군대가 그들의 뒤를 따라 바알스본 맞은편 비하히롯 곁 해변 그들이 장막 친 데에 미치니라. ¹⁰바로가 가까이 올 때에 이스라엘 자손이 눈을 들어 본즉 애굽 사람들이 자기들 뒤에 이른지라. 이스라엘 자손이 심히 두려워하여 여호와께 부르짖고 ¹¹그들이 또 모세에게 이르되 애굽에 매장지가 없어서 당신이 우리를 이끌어 내어 이 광야에서 죽게 하느냐. 어찌하여 당신이 우리를 애굽에서 이끌어 내어 우리에게 이같이 하느냐. ¹²우리가 애굽에서 당신에게 이른 말이 이것이 아니냐. 이르기를 우리를 내버려 두라. 우리가 애굽 사람을 섬길 것이라 하지 아니하더냐. 애굽 사람을 섬기는 것이 광야에서 죽는 것보다 낫겠노라. ¹³모세가 백성에게 이르되 너희는 두려워하지 말고 가만히 서서 여호와께서 오늘 너희를 위하여 행하시는 구원을 보라. 너희가 오늘 본 애굽 사람을 영원히 다시 보지 아니하리라. ¹⁴여호와께서 너희를 위하여 싸우시리니 너희는 가만히 있을지니라. ¹⁵여호와께서 모세에게 이르시되 너는 어찌하여 내게 부르짖느냐. 이스라엘 자손에게 명령하여 앞으로 나아가게 하고 ¹⁶지팡이를 들고 손을 바다 위로 내밀어 그것이 갈라지게 하라. 이스라엘 자손이 바다 가운데서 마른 땅으로 행하리라. ¹⁷내가 애굽 사람들의 마음을 완악하게 할 것인즉 그들이 그 뒤를 따라 들어갈 것이라. 내가 바로와 그의 모든 군대와 그의 병거와 마병으로 말미암아 영광을 얻으리니 ¹⁸내가 바로와 그의 병거와 마병으로 말미암아 영광을 얻을 때에야 애굽 사람들이 나를 여호와인 줄 알리라 하시더니 ¹⁹이스라엘 진 앞에 가던 하나님의 사자가 그들의 뒤로 옮겨 가매 구름 기둥도 앞에서 그 뒤로 옮겨 ²⁰애굽 진과 이스라엘 진 사이에 이르러 서니 저쪽에는 구름과 흑암이 있고 이쪽에는 밤이 밝으므로 밤새도록 저쪽이 이쪽에 가까이 못하였더라. ²¹모세가 바다 위로 손을 내밀매 여호와께서 큰 동풍이 밤새도록 바닷물을 물러가게 하시니 물이 갈라져 바다가 마른 땅이 된지라. ²²이스라엘 자손이 바다 가운데를 육지로 걸어가고 물은 그들의 좌우에 벽이 되니 ²³애굽 사람들과 바로의 말들, 병거들과 그 마병들이 다 그들의 뒤를 추격하여 바다 가운데로 들어오는지라. ²⁴새벽에 여호와께서 불과 구름 기둥 가운데서 애굽 군대를 보시고 애굽 군대를 어지럽게 하시며 ²⁵그들의 병거 바퀴를 벗겨서 달리기가 어렵게 하시니 애굽 사람들이 이르되 이스라엘 앞에서 우리가 도망하자. 여호와가 그들을 위하여 싸워 애굽 사람들을 치는도다. ²⁶ 여호와께서 모세에게 이르시되 네 손을 바다 위로 내밀어 물이 애굽 사람들과 그들의 병거들과 마병들 위에 다시 흐르게 하라 하시니 ²⁷ 모세가 곧 손을 바다 위로 내밀매 새벽이 되어 바다의 힘이 회복된지라. 애굽 사람들이 물을 거슬러 도망하나 여호와께서 애굽 사람들을 바다 가운데 엎으시니 ²⁸ 물이 다시 흘러 병거들과 기병들을 덮되 그들의 뒤를 따라 바다에 들어간 바로의 군대를 다 덮으니 하나도 남지 아니하였더라. ²⁹ 그러나 이스라엘 자손은 바다 가운데를 육지로 행하였고 물이 좌우에 벽이 되었더라. ³⁰ 그 날에 여호와께서 이같이 이스라엘을 애굽 사람의 손에서 구원하시매 이스라엘이 바닷가에서 애굽 사람들이 죽어 있는 것을 보았더라. ³¹ 이스라엘이 여호와께서 애굽 사람들에게 행하신 그 큰 능력을 보았으므로 백성이 여호와를 경외하며 여호와와 그의 종 모세를 믿었더라.

14장은 바로의 군대가 이스라엘 자손을 배수진으로 몰아넣는 과정에서 발생하는 위기와 대반전을 보도한다. 하나님은 바로의 군대를 유인하기 위해 이스라엘로 하여금 바다와 믹돌 사이의 비하히롯 앞, 곧 바알스본 맞은편 바닷가에 장막을 치게 하신다. 이것은 바로가 "이스라엘 자손이 애굽 땅에서 멀리 떠나더니 결국 광야에 갇혔다"라고 오해하도록 하기 위한 하나님의 연막작전이었다. 가던 길을 돌이켜 비하히롯 앞, 믹돌과 바다 사이에 진을 치도록 지시받은 이스라엘 자손은 이 회정 명령에 당황했을 것이다. "왜 회정해야 하는가? 바로의 사정권에서 안전할 만큼 멀리 도망치는 길이 아니고 오히려 바로의 추격을 고무하는 듯한 명령이 아닌가?"라고 생각했을 것이다. 아니나 다를까 하나님은 모세에게 노선 변경이 바로의 추격을 고무하기 위한 것이었다고 말씀하신다.^{14:4} 하나님은 바로와 그의 온 군대를 인하여 영광을 얻어 애굽 사람들이 당신이 이스라엘의 하나님 야웨인 줄을 깨닫게 하고 싶어 하셨다. 하나님의 소원처럼 애굽 왕과 그를 따르는 무리들은 야웨께서 쳐 놓으신 덫으로 질주하기 시작한다.

무제한 사용할 수 있는 노예들을 잃고 난 바로는 강팍하게 된 마음으로 600대의 신속 기병대를 동원하여 그들을 추격한다. 급속하게 진격해 오는 애굽 군대를 보고 기가 질린 이스라엘 백성에게 극도의 공포가 엄습한다. 처음에는 하나님께 부르짖다가 애굽 군대가 가까이 육박해 오고 피신할 희망이 사라져 가자, 그들의 두려움은 쓰라린 후회로 바뀐다. "애굽에 매장지가 모자라서 우리를 이 광야에서 죽게 하려는가? 차라리 애굽의 노예로 살았더라면 훨씬 더 좋았을 것을!"

그러나 하나님께서 어찌하든지 이스라엘 백성을 애굽 군대로부터 구출해 주실 것을 확신한 모세는 그들에게 하나님의 임박한 간섭을 확신시켜 주기 위해 애쓴다. "두려워 말고 가만히 있어 하나님의 싸워 주심을 기대하라." 모세는 바로의 마음이 강팍하게 된 과정 속에서 바로를 멸절시킬 하나님의 궁극적인 목적을 확신했기 때문에 하나님의 구원을 조용히 기다려 보라고 명령한다. 물론 모세 또한 시간이 경과함에 따라 이 군은 확신에서 조금씩 이탈되어 꽤 허둥대며 하나님께 부르짖은 듯이 보인다.[14:15] 부르짖는 모세에게 하나님은 오히려 "백성들을 인도하여 바다 쪽을 향해 전진하라"고 명령하신다. "바다를 향해 전진하라"는 하나님의 명령은, 이스라엘의 하나님 야웨가 창조주일 뿐만 아니라 바다(혼돈 세력)를 지배하는 역사의 주요 왕임을 확신하도록 돕는 명령이다. 하나님은 모세로 하여금 지팡이를 들고 손을 바다 위로 내밀어 바다를 갈라지게 하여 생긴 마른 땅으로 이스라엘이 행진할 것이라고 말씀하신다. 하나님은 혼돈의 바다를 갈라 마른 땅[얍바샤(יַבָּשָׁה), 창세기 1장의 원시 바다 가운데 건져 올린 '뭍']

이 드러나게 하신다. 바다를 갈라 육지를 내신 하나님은 바로 창조주 하나님이시다. 바다 한복판에 마른 길을 내심으로써 이스라엘의 도피로를 확보해 주신 후 하나님은 애굽 사람들의 마음을 완악하게 하여 이스라엘을 추격하게 하실 것이다. 이스라엘을 추격하다가 바다에 빠져 죽을 바로와 그의 모든 군대와 병거와 마병으로 말미암아 하나님은 영광을 받으실 것이다. 이 재앙을 당한 후에야 애굽 사람들은 이스라엘을 출애굽시키는 하나님이 이스라엘의 하나님 야웨인 줄을 알게 될 것이다. 과연 하나님의 예측대로 애굽 사람들이 추격전을 벌인다. 이스라엘 사람들은 동풍으로 벽처럼 갈라져 선 홍해의 물길을 유유히 걸어가고, 애굽인들은 아무리 추격해도 이스라엘 백성에게 닿지 못하고 공격하지 못한다. 하나님께서 바닷물을 갈라 주실 뿐만 아니라 애굽 추격군이 이스라엘을 덮치지 못하도록 후방 엄호부대가 되어 주신다. 이스라엘 진 앞에 가던 하나님의 사자가 그들의 뒤로 옮겨 가자 구름기둥도 앞에서 그 뒤로 옮겨지니, 애굽 진과 이스라엘 진 사이에 큰 장벽이 생긴다. 저쪽에는 구름과 흑암이 있고 이쪽에는 밤이 밝으므로 밤새도록 저쪽이 이쪽에 가까이 못하였다. 밤내내 불기둥이 애굽 사람에게는 어둠을, 이스라엘 자손에게는 빛을 공급하고 양 진영 사이를 격리시켜 준 것이다.

모세가 바다 위로 손을 내밀자 야웨께서 부리시는 큰 동풍이 밤새도록 바닷물을 물러가게 해 그 가운데 마른 땅이 생겼고, 이스라엘 자손이 좌우에 만들어진 물벽을 보면서 바다 가운데 생겨난 육지로 걸어가고, 애굽 사람들과 바로의 말들, 병거들과 그 마병들이 다 그들의 뒤를 추격하여 바다 가운데로 들어왔다. 애굽 사람들의 강퍅함은 바닷길로 뛰어드는 무모함에 의해 완성된다. 이제 이스라엘 자손을 다 잡았다고 생각했을 법한 득의양양한 새벽에 야웨께서 불과 구름기둥 가운데서 애굽 군대를 보시고 그들을 어지럽게 하셨다. 그들의 병거바퀴가 벗겨져 달리기가 어렵게 되자, 그제야 애굽 사람들이 사태의 진실을 목격했다. "이스라엘 앞에서 우리가 도망하자. 여호와가 그들을 위하여 싸워 애굽 사람들을 치는도다."[14:25] 너무 늦게 온 깨달음이었다. 하나님께서 초자연적인 강도強度로 그들의 마음을 강팍케 하셨기 때문에 가장 상식적이고 초보적인 상황 판단에서 치명적인 실수를 범하고 만 것이다. 밤새도록 이스라엘을 추격했던 애굽 군대는 새벽에 덮친 하나님의 공격으로 산산이 궤멸된다. 병거의 수레바퀴들이 빠져나가 버리거나 길을 이탈하여 끈적끈적한 모래 속으로 빠져 버린다.[시 77:16-19] 바닷길 한복판에서 벼락과 천둥 번개의 공격을 받은 애굽 군대는 야웨 하나님이 이스라엘을 위하여 싸우신다는 것을 뒤늦게 깨달은 것이다.

바로 그때 모세는 하나님의 명령에 따라 다시금 바다를 향해 지팡이를 번쩍 치켜들고, 바닷물은 쇄도하여 애굽 군대를 순식간에 수몰시킨다. 모세가 손을 바다 위로 다시 내밀자 새벽이 되어 바다의 위력이 회복되었다. 애굽 사람들이 물을 거슬러 도망하나 여호와께서 애굽 사람들을 바다 가운데 엎으셨다. "물이 다시 흘러 병거들과 기병들을 덮되 그들의 뒤를 따라 바다에 들어간 바로의 군대를 다 덮으니 하나도 남지 아니하였더라."[14:28] 그러나 이스라엘 자손은 바다 가운데를 육지로 행하였고 물이 좌우에 벽이 되었다. 그날에 야웨께서 이처럼 기막힌 방법으로 이스라엘을 애굽 사람의 손에서 구원하셨고 온 이스라엘이 바닷가에서 애굽 사람이 죽어 있는 것을 보았다. 이스라엘 백성이 야웨께서 애굽에 퍼부은 큰 권능과 이적을 목격했기 때문에 비로소 야웨를 경외했고 그의 종 모세를 믿기 시작했다. 아마도 이 순간부터 이스라엘 백성은 "표적을 행하는 자가 하나님의 현존을 가장 충실하게 대표한다"고 믿는 표적신앙을 갖게 되었을 것이다.[마 12:38, 요 3:2]

III.

광야로 내몰린 자유민의 공동체

529

이상에서 살펴본 것처럼 홍해의 갈라진 길이 이스라엘에게는 약속의 땅으로 인도하는 구원의 길이지만, 애굽 사람들에게는 스올^{Sheol}로 빨려 들어가는 사망의 길이라는 사실이 드러났다. 이스라엘을 추격하기 위해 홍해까지 건너던 애굽 사람들은 갑자기 밀어닥친 바닷물로 말미암아 무거운 돌처럼 영원히 바닷물에 잠겨 버린다. 혼돈과 악의 제국은 혼돈과 악의 거소인 바다 아래로 수장된다. 홍해가 이스라엘 사람에게는 구원의 도구가 되고, 애굽 군대에게는 멸망의 도구가 되었다.

이 초자연적인 구원 기적을 경험한 후 이스라엘은 모세야말로 하나님이 지명하신 영도자임을 더욱 깊이 인정하기에 이른다. 유월절 구원의 후속편인 홍해 구원 사건은 이스라엘 민족의 정체성을 규정하는 뿌리경험으로 기억된다. 모세와 미리암이 부른 바다에서의 승리 노래는 이스라엘 민족의 기억 속에 영원히 새겨진 구원 노래의 전형이다.^{15:1-21}

하나님의 도덕성과 절대주권은 긴장 관계에 놓여 있는가?

여기서 우리는 바로 체제의 파멸을 촉진시키는 하나의 요소로서 '바로와 그의 군대의 강퍅케 된 마음'이 갖는 신학적 의미를 곰곰이 생각해 볼 필요가 있다. 바로와 그의 제국에 대한 하나님의 심판은 마음을 강퍅하게 하시는 사역으로부터 시작되고 마무리된다. 7-12장에서 펼쳐지는 열 가지 재앙의 매 순간마다 바로는 돌이킬 수 있는 계기가 있었다. 그러나 그때마다 바로의 마음은 더욱 강퍅하게 된다. 열 가지 재앙의 절정에 홍해 심판이 있는 것이다. 여기서 강퍅케 된 마음이야말로 하나님의 심판을 집행하고 추진하는 핵심적인 수단이 된다. "마음을 강퍅하게 하다"는 표현은 출애굽기에서 모두 열

네 차례 사용되는데(바로의 군대 혹은 관리들의 마음도 강퍅케 된다), 그 중 여섯 차례나 하나님에 의해 강퍅케 되는 바로의 마음에 대해 언급하고 있다.[9:12, 10:1, 20, 27, 11:10, 14:8] 그중 세 차례는 바로 자신에 의해 그 마음이 스스로 강퍅케 되는 사건을 기록한다.[8:15, 32, 9:34] 다섯 차례는 불확실한 상황의 강퍅케 된 사건을 기록한다.[7:13, 22, 8:19, 9:7, 35] 이상에서 우리가 알 수 있는 것은 다음과 같다.

첫째, 강퍅케 되는 현상은 일순간에 완료되는 행위가 아니라 과정이라는 것이다. 둘째, 그것은 한편으로 신적 주도권에 의해 추동되는 현상이지만, 다른 한편으로 인간의 결단에 의하여 시발되는 현상이라는 것이다. 하나님의 강퍅케 하시는 사역은 인간의 그릇된 결단을 완성하는, 혹은 촉진시키는 이차적 단계다. 하나님은 노예를 놓아주지 않으려는 바로의 마음을 강퍅케 하신다.[14:4-5] 이처럼 하나님의 강퍅케 하시는 사역은 사람이 이미 자신을 위해 잘못 선택해 놓은 길에서 돌이키지 못하도록 잠그는 사역이다. 사람들은 바로처럼 명백하게 죄라고 식별될 수 있는 행동을 함으로써 자신의 마음을 강퍅케 한다(히 3:13은 강퍅케 됨을 죄의 기만성의 결과라고 본다). 동시에 사람은 마음을 강퍅하게 함으로써 죄를 짓고, 죄를 지음으로써 역으로 그들의 마음을 강퍅하게 만든다.

그러나 세 번째 경우는 다소 복잡하고 심각한 경우다. 우리는 또한 14장에서 하나님의 강퍅케 하시는 사역이 도덕적으로 애매모호하다는 데 주목하지 않을 수 없다. 14장에는 하나님의 도덕성을 의심하게 만들 만큼 일관성이 있는, 하나님 주도적인 강퍅케 하시는 사역이 부각되고 있다. 하나님께서 모세에게 출애굽 사명을 주시는 처음부터 바로와 애굽 군대의 마음을 강퍅케 하실 것임을 여러 차례 언급하신다.[7-13장] "내가 애굽 사람들의 마음을 완악하게 할 것인즉 그들이 그 뒤를 따라 들어갈 것이라. 내가 바로와 그의 모든 군대와

III.

광야로 내몰린 자유민의 공동체

그의 병거와 마병으로 말미암아 영광을 얻으리니."[14:17]

하나님께서 미리 정해 놓으신 목적을 성취하기 위해 바로의 마음을 강퍅하게 하신다는 것이다.[사 6:10-12] 이 경우에 하나님의 강퍅케 하시는 사역의 초점은 사람의 지각을 아둔하게 만들어 임박하게 다가온 위험이나 심판을 알아차리는 것을 방해하는 일이다. 이런 관점에서 보면 하나님의 강퍅케 하심의 결과 바로 자신의 선택은 일정한 선을 넘지 못했다고 보아야 한다.[14:21-31] 이런 관점이 곧장 바로의 죄책을 경감시켜 주는 것은 아니다. 다만 "하나님의 절대주권적 결정이 갖는 도덕적 애매모호함을 어떻게 해석해야 하는가?"라는 문제가 따른다. 구약성경의 전반적인 경향은 하나님의 도덕성과 절대주권이 동시에 문제가 될 때 하나님의 절대주권을 강조하기 위해 하나님의 도덕성을 다소 상대화시키는 듯하다.

인류의 역사는 선과 악의 투쟁의 역사다. 그러나 많은 고등종교들은 이 선악의 갈등을 비실재적인 것으로 간주하는 경향을 드러낸다. 힌두교는 이 긴장을 환영과 실제 사이의 갈등이라고 본다. 조로아스터교는 빛의 신과 어둠의 신의 갈등이라고 본다. 악의 실재성에 대한 예민한 자각이 결여된 종교의 특징은 역사 변혁을 위한 에너지를 공급하지 못한다. 극단적인 아우구스티누스 계열의 서구 신학도 악의 실재성에 대한 예민한 지각을 충분히 보여주지 못한 것이 사실이다. 성경은 악의 실재성과 정치적 실재화를 끊임없이 경고한다. 성경 전체를 통틀어 애굽의 바로 제국은 하나님 나라에 대항하는 항구적인 악의 세력을 상징한다. 애굽은 굴욕적인 압박과 지독한 착취와 폭압적인 지배 세력을 상징한다. 미국의 역사가 찰스 비어드[Charles A. Beard]의 통찰에 따르면 "악은 자기파괴적인 요소를 가지고 있다."[1] 악이 이미 그 속에 파멸의 기운을 배태하고 있다는 것이다. 바로 체제는 그 자체 안에 강퍅케 됨이라는 치명적인 약점을 안고 아주 제한적으로 활동하는 악의 구현체인 것이다. 하나님의 백성들에게 도덕적·신앙적 감수성을 불러일으켜 하나님 나라라는 대안-대항 공동체를 건설하도록 사명감을 고취시키는 악역을 수행하는 필멸할 제국인 것이다. 결국 홍해에서 일어난 하나님의 구원 사건은 바다에서의 승리(victory at the sea)임과 동시에 바다에 대하여 거둔 승리(victory over the sea)다. 여기서 바다는 구원이 일어난 장소인 동시에 하나님이 무찌르고 억제한 혼돈 세력의 신화적·상징적 잔존물이기도 하다. 어디서나 언제든지 성경의 하나님은 악의 군대를 원래의 출처였던 혼돈의 바다 속으로 집어 던진다.[2]

바다의 노래 ●15장

15 [1] 이 때에 모세와 이스라엘 자손이 이 노래로 여호와께 노래하니 일렀으되 내가 여호와를 찬송하리니 그는 높고 영화로우심이요 말과 그 탄 자를 바다에 던지셨음이로다. [2] 여호와는 나의 힘이요 노래시며 나의 구원이시로다. 그는 나의 하나님이시니 내가 그를 찬송할 것이요 내 아버지의 하나님이시니 내가 그를 높이리로다. [3] 여호와는 용사시니 여호와는 그의 이름이시로다. [4] 그가 바로의 병거와 그의 군대를 바다에 던지시니 최고의 지휘관들이 홍해에 잠겼고 [5] 깊은 물이 그들을 덮으니 그들이 돌처럼 깊음 속에 가라앉았도다. [6] 여호와여, 주의 오른손이 권능으로 영광을 나타내시니이다. 여호와여, 주의 오른손이 원수를 부수시니이다. [7] 주께서 주의 큰 위엄으로 주를 거스르는 자를 엎으시니이다. 주께서 진노를 발하시니 그 진노가 그들을 지푸라기 같이 사르니이다. [8] 주의 콧김에 물이 쌓이되 파도가 언덕 같이 일어서고 큰 물이 바다 가운데 엉기니이다. [9] 원수가 말하기를 내가 뒤쫓아 따라잡아 탈취물을 나누리라, 내가 그들로 말미암아 내 욕망을 채우리라, 내가 내 칼을 빼리니 내 손이 그들을 멸하리라 하였으나 [10] 주께서 바람을 일으키시매 바다가 그들을 덮으니 그들이 거센 물에 납 같이 잠겼나이다. [11] 여호와여, 신 중에 주와 같은 자가 누구니이까. 주와

같이 거룩함으로 영광스러우며 찬송할 만한 위엄이 있으며 기이한 일을 행하는 자가 누구니이까. [12]주께서 오른손을 드신즉 땅이 그들을 삼켰나이다. [13]주의 인자하심으로 주께서 구속하신 백성을 인도하시되 주의 힘으로 그들을 주의 거룩한 처소에 들어가게 하시나이다. [14]여러 나라가 듣고 떨며 블레셋 주민이 두려움에 잡히며 [15]에돔 두령들이 놀라고 모압 영웅이 떨림에 잡히며 가나안 주민이 다 낙담하나이다. [16]놀람과 두려움이 그들에게 임하매 주의 팔이 크므로 그들이 돌 같이 침묵하였사오니 여호와여, 주의 백성이 통과하기까지 곧 주께서 사신 백성이 통과하기까지였나이다. [17]주께서 백성을 인도하사 그들을 주의 기업의 산에 심으시리이다. 여호와여, 이는 주의 처소를 삼으시려고 예비하신 것이라. 주여, 이것이 주의 손으로 세우신 성소로소이다. [18]여호와께서 영원무궁 하도록 다스리시도다 하였더라. [19]바로의 말과 병거와 마병이 함께 바다에 들어가매 여호와께서 바닷물을 그들 위에 되돌려 흐르게 하셨으나 이스라엘 자손은 바다 가운데서 마른 땅으로 지나간지라. [20]아론의 누이 선지자 미리암이 손에 소고를 잡으매 모든 여인도 그를 따라 나오며 소고를 잡고 춤추니 [21]미리암이 그들에게 화답하여 이르되 너희는 여호와를 찬송하라. 그는 높고 영화로우심이요 말과 그 탄 자를 바다에 던지셨음이로다 하였더라. [22]모세가 홍해에서 이스라엘을 인도하매 그들이 나와서 수르 광야로 들어가서 거기서 사흘길을 걸었으나 물을 얻지 못하고 [23]마라에 이르렀더니 그곳 물이 써서 마시지 못하겠으므로 그 이름을 마라라 하였더라. [24]백성이 모세에게 원망하여 이르되 우리가 무엇을 마실까 하매 [25]모세가 여호와께 부르짖었더니 여호와께서 그에게 한 나무를 가리키시니 그가 물에 던지니 물이 달게 되었더라. 거기서 여호와께서 그들을 위하여 법도와 율례를 정하시고 그들을 시험하실새 [26]이르시되 너희가 너희 하나님 나 여호와의 말을 들어 순종하고 내가 보기에 의를 행하며 내 계명에 귀를 기울이며 내 모든 규례를 지키면 내가 애굽 사람에게 내린 모든 질병 중 하나도 너희에게 내리지 아니하리니 나는 너희를 치료하는 여호와임이라. [27]그들이 엘림에 이르니 거기에 물 샘 열둘과 종려나무 일흔 그루가 있는지라. 거기서 그들이 그 물 곁에 장막을 치니라.

이스라엘의 집단적 구원 경험과 그것을 영속적으로 기억하는 신앙고백은 노래와 춤의 축제로 보전된다. 바다에서 맛본 승리가 주는 감격과 확신은 이스라엘을 향한 하나님의 미래 의도까지 성취될 것이라는 보증이 된다. 여기서 이미 가나안 정복전쟁 시 대면하게 될 대적들에 대한 승리가 예견된다. 바다의 승리 사건은 오고 올 미래의 승리 및 구원 사건의 보증이 된다는 주장이다. 14장이 바다에서 거둔 하나님의 승리를 산문적으로 보도한다면, 15장은 바다를 향해 거둔 하나님의 승리를 시적으로 보도한다.

1-21절은 바다의 노래의 노랫말을 담고 있고, 22-26절은 마라의 쓴물 사건을 보고한다. 27절은 이스라엘의 엘림 오아시스 도착을 언급한다. 바다의 노래(1-21절)는 다시 두 부분으로 나눠진다. 하나님께서 이미 행하신 구원(1-12절)과 하나님께서 앞으로 행하실 구원(13-21절)이다. 바다의 승리를 기리는 모세의 노래는 무리들에 의해 화답되고, 미리암과 여인들의 군무로 다시 화답되었다. "말과 그 탄 자를 바다에 집어 던지심으로 영화롭게 되신 하나님께 찬양을 돌릴지어다." "자연의 힘을 초자연적으로 사용하셔서 악의 세력을 바닷속에 침수시키신 하나님을 찬양하라." 14장에서 보여주신 하나님의 극적 구원에 대해 모세와 이스라엘 자손이 야웨를 찬양했다. "내가 여호와를 찬송하리니 그는 높고 영화로우심이요 말과 그 탄 자를 바다에 던지셨음이로다."[15:1] 하나님은 정의롭고 자비로우시며 공의로우시다. 말과 그 탄 자는 히브리 노예들을 다시 나포하여 억류하기 위해 바닷길 한복판까지 추격한 바로와 그 군대다. 2절은 이 사건을 통해 이스라엘이 집단적으로 하나님의 우호적 현존을 경험했음을 보여준다. 하나님의 구원에 대한 이스라엘의 응답인 셈이다. 야웨는 공허한 연기 같은 사변언어가 아니다. 하나님은 자기를 도울 힘이 없는 절대적 약자에게 힘으로 나타나신다. 하나님은 모든 희망을 삼

키는 절망에 빠진 자에게 노래를 불러일으키신다. 하나님은 찬양 대상이시다. 하나님은 노래로 그 자비와 사랑의 행적을 찬양하고 기리어야 할 구원자다. 하나님은 절체절명의 파멸과 몰락의 순간에 구원으로 경험된다. 힘이 되시고 찬양을 불러일으키는 방식으로 곤경에 처한 인간을 돕고 구조하시는 하나님은 찬양받아 마땅하다. 마른땅을 딛고 홍해 도강에 성공한 이스라엘은 자신들을 도우신 그 하나님이 바로 조상들의 하나님이심을 깨닫고 높이 찬양한다.

3-5절은 이스라엘의 거룩한 전사이신 야웨를 노래한다. 야웨가그 이름이신 이스라엘의 하나님은 전쟁에 능한 용사, 군건한 용사이시다. 거룩한 용사이신 야웨께서 바로의 병거와 그의 군대를 바다에 던지자 최고의 지휘관들이 홍해에 잠겼다. "깊은 물이 그들을 덮으니 그들이 돌처럼 깊음 속에 가라앉았도다."[15:5] 애굽 사람들은 무거운 돌처럼 '심연'[터홈(תְּהוֹם), 혼돈 세력의 출처][창 1:2]으로 가라앉았다.

6-8절은 바로와 애굽 군대를 수장시킨 주체가 단순히 바닷물이아니라 하나님임을 강조한다. 주의 오른손이 권능으로 하나님의 영광을 나타냈고 주의 오른손이 원수를 부수었다고 고백한다. 애굽에대한 하나님의 타격은 주를 거스르는 자를 주의 큰 위엄으로 엎으신 사건이며, 주께서 진노를 격발하사 주를 거스르는 자들을 지푸라기 같이 불태운 사건이다. 이처럼 하나님의 권능 안에서 자연은 비자연적-초자연적으로 활동한다. 하나님의 콧구멍에서 불어온 바람때문에 물은 진흙처럼 응결되어 하나의 방벽을 이루었다. 여기서 하나님의 절대주권적 권능은 자연의 세력에 대한 완벽한 통제에서 입증된다. 9-10절에서는 하나님의 절대주권적 권능이 지상 최강 세력인 애굽을 제압하고 패배시키는 사건 속에서 입증된다. 하나님의 위엄에 찬 권능과 영광을 모르는 주의 원수들은 단 한 가지 욕망에 사로잡혀 몰락한다. 9절은 원수들의 속마음을 삼행운율시처럼 표현한

다. "원수가 말하기를 내가 뒤쫓아 따라잡아 탈취물을 나누리라, 내가 그들로 말미암아 내 욕망을 채우리라, 내가 내 칼을 빼리니 내 손이 그들을 멸하리라." 그러나 주께서 바람을 일으키심으로써 바다가 일어나 그 원수들을 덮었더니 그들이 거센 물에 납 같이 잠겨 버렸다.

11-12절은 이 엄청난 바다대첩을 거두신 하나님의 위엄과 행사에 대한 이스라엘의 반응을 보여준다. 찬양과 감사가 그들의 반응이다. 이 두 절은 바다에서 거둔 승리의 함축적 의미들을 요약한다. 11절은 야웨 하나님의 비길 데 없는 거룩함을 노래한다. 야웨처럼 거룩함으로 영광스러우며 찬송할 만한 위엄을 두르고 기이한 일을 행하는 신도 없으며 주도 없다. 야웨 하나님만이 비길 데 없는 유일한 영광을 발산하면서 역사 속에 인간의 이성으로 다 추론할 수 없는 신비스러운 역사주권을 행사하신다. 주의 오른손을 들자 땅이 입을 벌려 대적들을 삼켜 버린다. 이처럼 역사 속에서 펼쳐진 하나님 구원 행적은 하나님의 성품과 본질을 명백하게 계시한다. 역사 속에서 벌어진 하나님의 구원 대사를 잘 분석해 보면, 아무도 다툴 수 없고 비길 수 없는 거룩한 위엄과 창조주다운 권능을 가진 하나님의 존재를 추론할 수 있다. 이 거룩한 위엄과 영광을 가지면서도 인간의 비천한 역사와 동행하시는 하나님이 이스라엘의 조상들에게 나타나신 야웨 하나님이다. 이스라엘 백성은 출애굽 구원 대사와 홍해 도강을 통해 하나님의 거룩한 위엄과 권능을 동시에 경험했다. 홍해 도강 후 이스라엘 백성이 처음으로 "야웨는 나의 하나님이요 나는 그를 찬양하리라"고 노래한 것은 지극히 자연스러운 반응이다.

13-21절은 가나안 정복전쟁 전후에 대면하게 될 적들에 대한 예언적 승리의 노래다. 이스라엘의 가나안 정착을 방해하는 대적들과의 싸움에서 하나님은 다시금 이스라엘의 보호자요 구원자가 되실

III.

광야로 내몰린 자유민의 공동체

것이다. 출애굽 구원은 가나안 땅 정복에서 완성된다는 것이다. 모압, 에돔, 가나안 거민, 그리고 블레셋 족속은 이스라엘의 가나안 진입을 결사 저지하려는 대적들이다. 이런 점에서 그들은 애굽 군대와 같이 이스라엘의 존재를 위협하는 적들이다.[6:6-8]

특별히 13절은 출애굽한 이스라엘 백성의 궁극적인 행선지이자 거룩한 처소인 가나안 땅에 주의를 집중시킨다.[시 92:13, 78:55, 사 11:9] 하나님과 이스라엘의 궁극적인 랑데부는, 이스라엘 백성이 하나님을 예배하는 거룩한 성산에서 이루어진다.[3:12] 14-16절은 이스라엘의 가나안 진입을 저지하려는 대적들을 낙담시키고 패배시키는 하나님의 거룩한 전쟁을 묘사하고 있다. 애굽에 대한 야웨의 강력하고 가공할 만한 승리는 가나안 원주민들을 이미 심리적으로 패배시키고 붕괴시킨다(민수기 22-24장의 발락, 여호수아 2장의 라합). 애굽에 대한 승리가 일으키는 상승효과가 이미 가나안 원수들을 궤멸시키고 있다! 그들은 "돌같이 고요하며" 주의 백성이 가나안 땅을 유유히 통과하여 정착하는 장면을 놀람과 무력감으로 목격하게 될 것이다. 애굽 군대가 돌처럼 심연으로 추락하듯이, 가나안 땅의 적들은 돌처럼 고요하게 이스라엘의 개선 진입을 지켜볼 수밖에 없을 것이다. 이스라엘 백성이 바닷물 한가운데를 통과하듯이 가나안 원주민 한복판을 유유히 통과하게 될 것이다.

17-18절은 하나님께서 기필코 당신의 백성을 약속의 땅으로 인도하여 들이실 것에 대한 강한 긍정으로 끝난다. 여기서 말하는 '주의 처소'는 시온산의 성전을 가리키고 있을 것이다. 성전은 하나님의 보좌가 설치된 하나님의 궁궐로서, 거기서 하나님의 백성을 영구적으로 다스리실 것이다. 확실히 18절은 출애굽 구원과 입가나안의 목적이 야웨 하나님께서 이스라엘을 영원무궁토록 다스리시기 위함이라는 점을 잘 부각시킨다.

19-21절은 모세의 누이 미리암과 이스라엘 여자들이 홍해 도강 기적에 대해 보인 반응을 담는다. 14장 전체를 다시 요약하는 19절은 홍해 바닷물로 바로와 그 군대를 멸망시키신 하나님이 바다 한복판에 마른 길을 내어 이스라엘을 살리신 하나님과 **동일한** 하나님임을 말한다. 아론과 모세의 누이 여선지자 미리암이 일련의 여인들을 데리고 소고를 치며 노래하는데 그 주제는 1절의 반복이다. 모세의 노래처럼 미리암의 노래도 이스라엘의 미래 구원은 홍해 구원의 영원한 복제가 될 것임을 암시한다. 출애굽 혹은 바다에서의 승리를 직간접으로 언급하거나 암시하는 본문들을 살펴보면 이 주제가 어느 정도 철저하게 구약성경의 중심부에 스며들어 있는지 잘 알 수 있다. 그것은 후손들에게 알려지고 수없이 되풀이되어야 할 구원 대사로 평가된다.^{신 4:32-40, 7:17-19, 수 3:14-17} 3

하지만 이스라엘 백성은, 신앙생활이 구원 감격이라는 고조되고 격앙된 감정의 구름 위를 걸어다니는 일이 아니라 다시 일상의 궤도를 묵묵히 걸으며 하나님을 의지하는 것임을 금방 깨닫는다.^{15:22-27} 모세가 이스라엘을 홍해에서 수르 광야로 인도하여 사흘을 걷게 했지만 물을 구해 주지 못하고 쓴물만 나오는 마라로 이끌었다. 그러자 이스라엘 백성이 이런 물을 어떻게 마시느냐고 항의하며 모세에게 원망을 쏟아 내기 시작했다. 3일간 물을 충분히 마시지 못하고 강행한 광야 여정 후 발견한 물이 쓴물이라는 점이 이스라엘을 불평으로 몰아간 것이다. 그들은 아주 냉각된 회중으로 돌변해 있다. 바다의 구원 경험을 완전히 망각한 듯하다. 이제까지의 감격적인 출애굽 구원과 홍해 도해가 하나님의 인도라고 생각하지 않고 모세의 기획이라고 주장하며 그에게 덤벼든다. 그들은 지도자의 그릇된 인도에 모든 탓을 돌린다. 이것이 모든 지도자, 특히 영적 지도자에게 일어나는 일상적 위기다. 생수의 샘으로 양떼를 인도해 주지 못하는 목자는 항상 대중의 불평을 듣게 마련이다. 모세도 자신을 위협하듯이 원망하는 무리를 보고 의기소침해 하나님께 부르짖었다. 그러자 하나님께서 마라의 쓴물을 해독해 줄 한 나무를 보여주셨다. 모세가 해독제 나무를 집어 던짐으로써 쓴물이 마실 수 있는 물로 바뀐다.

여기서 야웨께서는 그들을 위해 법도와 율례를 정하시고 과연 그들이 이 법도[혹(חֹק)]와 율례[미쉬파트(מִשְׁפָּט)]를 지킬 것인지 아닌지를 시험하신다. 마라의 쓴물이 단물로 바뀐 사건은 이스라엘의 믿음을 시험하는 첫 사건이었다는 말이다. 그런데 왜 갑자기 마라의 쓴물 변화 기적 직후에 이스라엘을 위한 법도와 율례를 제정하셨고, 정확하게 무엇을 시험하셨다는 말인지는 분명하지 않다. 하지만 문맥에 비추어, 하나님을 신뢰하는지 아니하는지를 판단하는 기준을 세워 주셨다는 의미로 이해하면 되겠다. 이 법도와 율례의 제정을 출애굽기 18장부터 나오는 시내산 율법 수여 맥락 안에서 이해할 수도 있다. 마라에서 일어난 사건을 기회로 하나님께서 이스라엘에게 법도와 율례를 주시기로 했고 그것을 시내산에서 좀 더 정교하게 다듬어 주셨다고 볼 수도 있을 것이다.

여기서 발견되는 중요한 원리는 하나님의 선구원, 이스라엘의 후순종 기대다. 하나님은 이스라엘을 먼저 곤경에서 구해 내신 후에 법도와 율례를 주심으로 이스라엘을 가나안으로 이끌어 가신다는 것이다. 하나님의 은혜는 하나님에 대한 순종과 신뢰를 자라게 하는 데 결정적인 자양분이 된다. 마라의 쓴물이 단물로 바뀐 이 구원은 이스라엘 자손의 순종과 신앙 여부를 검증할 수 있는 율례와 법도를 제정하는 계기를 제공했다. 율례와 법도를 제정해 주신 목적은, 이스라엘이 그들의 하나님 야웨의 말을 들어 순종하고 하나님 보시기에 의를 행하며 하나님의 계명에 귀를 기울이며 모든 규례를 지키도록 교육하고 훈육하는 데 있다. 야웨와 맺은 언약에 나오는 언약적 요구를 잘 수행하고 의를 행하면, 애굽 사람에게 내린 어떤 질병도 이스라엘을 치지 못할 것이다. 하나님은 이스라엘을 치료하는 야웨, "너희의 치료자 야웨"[아니 아도나이 로프에카(אֲנִי יְהוָה רֹפְאֶךָ)]시기 때문이다. 마라의 단물을 마신 후에 기운을 차린 이스라엘을 하나님께서 사막의 오아시스로 이끄신다. 하나님은 그들을 열두 샘과 종려나무 70그루가 서 있는 큰 오아시스 엘림으로 이끄신다.

바다의 노래와 마라의 불신앙 사건은 서로 대척적인 관계에 있다. 뜨거운 구원 감격과 감사와 식어 버린 불평과 의심의 대결이다. 여기서 우리는 장엄한 구원 대사에서만 믿음이 필요한 것이 아니라 일상적인 하나님의 구원 사건을 경험하기 위해서도 믿음은 필요하다는 것을 알게 된다. 이스라엘 백성은 지금 그들을 인도하는 궁극적인 책임이 모세가 아니라 하나님께 있음을 깨달았어야 했다. 그러나 그들은 하나님을 아예 무시해 버린 것이다. 앞으로 광야에서 겪게 될 혹독한 시험의 한복판에 그들의 불신앙 후렴 구절은 "하나님이 과연 우리 가운데 계신가?"이다. 야웨 하나님께서 분명하게 대답하신다. "일상적인 순종이 애굽 사람에게 가한 모든 질병으로부터 이스라엘 백성을 구할 것이다."

만나와 메추라기로 먹이시는 하나님 ●16장

16 ¹이스라엘 자손의 온 회중이 엘림에서 떠나 엘림과 시내산 사이에 있는 신 광야에 이르니 애굽에서 나온 후 둘째 달 십오일이라. ²이스라엘 자손 온 회중이 그 광야에서 모세와 아론을 원망하여 ³이스라엘 자손이 그들에게 이르되 우리가 애굽 땅에서 고기 가마 곁에 앉아 있던 때와 떡을 배불리 먹던 때에 여호와의 손에 죽었더라면 좋았을 것을 너희가 이 광야로 우리를 인도해 내어 이 온 회중이 주려 죽게 하는도다. ⁴그 때에 여호와께서 모세에게 이르시되 보라, 내가 너희를 위하여

하늘에서 양식을 비 같이 내리리니 백성이 나가서 일용할 것을 날마다 거둘 것이라. 이같이 하여 그들이 내 율법을 준행하나 아니하나 내가 시험하리라. ⁵ 여섯째 날에는 그들이 그 거둔 것을 준비할지니 날마다 거두던 것의 갑절이 되리라. ⁶ 모세와 아론이 온 이스라엘 자손에게 이르되 저녁이 되면 너희가 여호와께서 너희를 애굽 땅에서 인도하여 내셨음을 알 것이요 ⁷ 아침에는 너희가 여호와의 영광을 보리니 이는 여호와께서 너희가 자기를 향하여 원망함을 들으셨음이라. 우리가 누구이기에 너희가 우리에게 대하여 원망하느냐. ⁸ 모세가 또 이르되 여호와께서 저녁에는 너희에게 고기를 주어 먹이시고 아침에는 떡으로 배불리시리니 이는 여호와께서 자기를 향하여 너희가 원망하는 그 말을 들으셨음이라. 우리가 누구냐. 너희의 원망은 우리를 향하여 함이 아니요 여호와를 향하여 함이로다. ⁹ 모세가 또 아론에게 이르되 이스라엘 자손의 온 회중에게 말하기를 여호와께 가까이 나아오라. 여호와께서 너희의 원망함을 들으셨느니라 하라. ¹⁰ 아론이 이스라엘 자손의 온 회중에게 말하매 그들이 광야를 바라보니 여호와의 영광이 구름 속에 나타나더라. ¹¹ 여호와께서 모세에게 말씀하여 이르시되 ¹² 내가 이스라엘 자손의 원망함을 들었노라. 그들에게 말하여 이르기를 너희가 해 질 때에는 고기를 먹고 아침에는 떡으로 배부르리니 내가 여호와 너희의 하나님인 줄 알리라 하라 하시니라. ¹³ 저녁에는 메추라기가 와서 진에 덮이고 아침에는 이슬이 진 주위에 있더니 ¹⁴ 그 이슬이 마른 후에 광야 지면에 작고 둥글며 서리 같이 가는 것이 있는지라. ¹⁵ 이스라엘 자손이 보고 그것이 무엇인지 알지 못하여 서로 이르되 이것이 무엇이냐 하니 모세가 그들에게 이르되 이는 여호와께서 너희에게 주어 먹게 하신 양식이라. ¹⁶ 여호와께서 이같이 명령하시기를 너희 각 사람은 먹을 만큼만 이것을 거둘지니 곧 너희 사람 수효대로 한 사람에 한 오멜씩 거두되 각 사람이 그의 장막에 있는 자들을 위하여 거둘지니라 하셨느니라. ¹⁷ 이스라엘 자손이 그같이 하였더니 그 거둔 것이 많기도 하고 적기도 하나 ¹⁸ 오멜로 되어 본즉 많이 거둔 자도 남음이 없고 적게 거둔 자도 부족함이 없이 각 사람은 먹을 만큼만 거두었더라. ¹⁹ 모세가 그들에게 이르기를 아무든지 아침까지 그것을 남겨두지 말라 하였으나 ²⁰ 그들이 모세에게 순종하지 아니하고 더러는 아침까지 두었더니 벌레가 생기고 냄새가 난지라. 모세가 그들에게 노하니라. [21] 무리가 아침마다 각 사람은 먹을 만큼만 거두었고 햇볕이 뜨겁게 쬐면 그것이 스러졌더라. [22] 여섯째 날에는 각 사람이 갑절의 식물 곧 하나에 두 오멜씩 거둔지라. 회중의 모든 지도자가 와서 모세에게 알리매 [23] 모세가 그들에게 이르되 여호와께서 이같이 말씀하셨느니라. 내일은 휴일이니 여호와께 거룩한 안식일이라. 너희가 구울 것은 굽고 삶을 것은 삶고 그 나머지는 다 너희를 위하여 아침까지 간수하라. [24] 그들이 모세의 명령대로 아침까지 간수하였으나 냄새도 나지 아니하고 벌레도 생기지 아니한지라. [25] 모세가 이르되 오늘은 그것을 먹으라. 오늘은 여호와의 안식일인즉 오늘은 너희가 들에서 그것을 얻지 못하리라. [26] 엿새 동안은 너희가 그것을 거두되 일곱째 날은 안식일인즉 그 날에는 없으리라 하였으나 [27] 일곱째 날에 백성 중 어떤 사람들이 거두러 나갔다가 얻지 못하니라. [28] 여호와께서 모세에게 이르시되 어느 때까지 너희가 내 계명과 내 율법을 지키지 아니하려느냐. [29] 볼지어다, 여호와가 너희에게 안식일을 줌으로 여섯째 날에는 이틀 양식을 너희에게 주는 것이니 너희는 각기 처소에 있고 일곱째 날에는 아무도 그의 처소에서 나오지 말지니라. [30] 그러므로 백성이 일곱째 날에 안식하니라. [31] 이스라엘 족속이 그 이름을 만나라 하였으며 깟씨 같이 희고 맛은 꿀 섞은 과자 같았더라. [32] 모세가 이르되 여호와께서 이같이 명령하시기를 이것을 오멜에 채워서 너희의 대대 후손을 위하여 간수하라. 이는 내가 너희를 애굽 땅에서 인도하여 낼 때에 광야에서 너희에게 먹인 양식을 그들에게 보이기 위함이니라 하셨다 하고 [33] 또 모세가 아론에게 이르되 항아리를 가져다가 그 속에 만나 한 오멜을 담아 여호와 앞에 두어 너희 대대로 간수하라. [34] 아론이 여호와께서 모세에게 명령하신 대로 그것을 증거판 앞에 두어 간수하게 하였고 [35] 사람이 사는 땅에 이르기까지 이스라엘 자손이 사십 년 동안 만나를 먹었으니 곧 가나안 땅 접경에 이르기까지 그들이 만나를 먹었더라. [36] 오멜은 십분의 일 에바이더라.

이스라엘 온 회중이 출애굽한 지 두 달 15일 만에 엘림과 시내산 사이에 있는 신 광야에 도착했다. 엘림 오아시스에서의 달콤한 나날을 뒤로한 채 다시 광야로 들어선 것이다. '광야'는 결핍의 곤경이 기다리는 땅이다. 이스라엘 회중은 그 거친 광야에서 모세와 아론을 향해 원망하기 시작한다. 마라의 쓴물 때문에 터진 첫 불평 이후 이스라엘 백성은 궁핍한 식단 때문에 불평하기 시작한다. 이스라엘 회중은 이제 탐욕과 불평이라는 두 가지 죄에 휘둘린다. 양식이 끊어지자 온 회중이 모세와 아론을 향해 달려든다. 그들의 불평과 의심은 이 신 광야에서 폭발한다. 광야 여정으로 굶주린 이스라엘 백성은 출애굽 구원 자체가 일어나지 않았더라면 더 좋았을 것이라는 불평을 늘어놓는다. 3절이 이스라엘 회중의 마음 깊은 곳에서 터져 나온 불평을 들려준다. "우리가 애굽 땅에서 고기 가마 곁에 앉아 있던 때와 떡을 배불리 먹던 때에 여호와의 손에 죽었더라면 좋았을 것을 너희가 이 광야로 우리를 인도해 내어 이 온 회중이 주려 죽게 하는도다." 엘림에서 반역적 불평 기운이 어느 정도 진정되었는 줄 알았는데 그것이 아니었다. 엘림에서의 안락한 생존 조건이 더 이상 보장되지 않는 신 광야에서 음식과 고기에 대한 불평으로 바뀐다. 그들은 단도직입적으로 "왜 우리를 광야로 불러내어 죽게 하느냐? 우리의 정력이 쇠잔해 간다. 빵과 고기를 달라"고 요구한 것이다. 하나님은 이 불평을 당신을 향한 불평으로 이해하시고 그들의 불평을 부드럽게 접수하시는 것처럼 보인다.16:4, 민 11장

16:4-12은 이스라엘 회중의 원망에 대한 하나님의 대책을 말한다. 첫째, 하나님께서 하늘에서 양식을 내려주실 것이다. 이것은 초자연적인 양식이라는 말이 아니라 광야의 자연조건을 이용해서 하나님이 제공하시는 양식이라는 말이다. 아침에 거둘 수 있는 식물성 양식이다. 둘째, 저녁에는 고기를 먹게 해주시겠다고 언질을 주셨다. 셋째, 하늘에서 내리는 양식은 단지 육체에 자양분을 제공하는 음식이 아니라 하나님의 율법에 대한 순종을 실천하는 시험의 양식이 될 것이다. 매일 나가되 안식일 전 6일째에는 갑절의 만나를 수확할 것

이며, 안식일에는 양식이 내리지 않을 것이다. 이 하늘양식은 이스라엘 회중이 안식일 율법을 준행하는지 안하는지를 시험하는 방편이 될 것이다. 첫 6일간은 날마다 광야로 가서 이 하늘양식을 채취하고, 안식일에는 광야에 나가지 않고 각자의 처소에서 하나님을 즐거워하는 거룩한 쉼을 실천해야 한다.

하나님의 대책을 들은 모세는 이스라엘 회중을 불러 하나님의 대책을 공지한다. 무엇보다도 먼저 "오늘 저녁 이스라엘 자손이 그들을 출애굽시켜 이 광야로 이끄신 분이 모세 자신이 아니라 야웨 하나님을 깨닫게 될 것"이라고 말한다. 뿐만 아니라 자신들의 애굽 탈출과 광야 여정이 하나님이 총연출하시고 주장하시는 구원 대사라는 사실을 깨닫게 될 것이며, 그 깨달음의 연장선상에서 이스라엘 회중은 '다음 날'에는 야웨의 영광을 보게 될 것이라고 말한다. 이 대책을 알려 주는 과정에서 모세는 이스라엘 회중의 불평과 원망이 자신이 아니라 하나님을 향한 반역적 언사임을 주지시키고, 이스라엘 회중의 하나님 대면을 준비시킨다. 모세는 자신과 아론을 향한 회중의 원망과 저항적 불평을 하나님께서 당신을 향한 원망과 불평으로 받으셨다는 점을 강조함으로써 회중의 마음속에 경건한 두려움을 불러일으킨다. 아론을 통해 회중에게 전달된 모세의 말, 특히 9절은 회중의 마음속에 두려움을 불러일으키는 말로 들렸을 것이다. "여호와께 가까이 나아오라. 여호와께서 너희의 원망함을 들으셨느니라." 하나님께 가까이 나아오라는 요구는 하나님의 거룩한 현존을 느끼고 두려워 떨라는 말이다. 이런 모세의 말을 아론이 전하는 바로 그 순간에, 광야를 바라보고 있던 이스라엘 회중의 시야를 가득 채운 야웨의 영광이 구름 속에 나타났다. 야웨의 거룩한 영광의 방출을 도중에 차단해 주는 구름이 둘러쌌음에도 불구하고 야웨의 영광은 두려움과 떨림을 일으키며 나타났다. 온 회중이 보는 앞에서 영광 중에 계신 야웨 하나님이 모세에게 말씀하신다. "내가 이스라엘 자손의 원망함을 들었노라. 그들에게 말하여 이르기를 너희가 해질 때에는 고기를 먹고 아침에는 떡으로 배부르리니 내가 여호와 너희의 하나님인 줄 알리라 하라."[16:12] 하나님은 이스라엘 회중이 보는 데서, 모세를 부르신 이도 하나님이요 모세를 통해 이스라엘을 출애굽시키신 이도 하나님임을 공포해 주신 것이다. 구름 가운데서 영광을 드러내신 하나님은 만나(아침)와 메추라기(저녁)를 한량없이 공급할 것을 약속하신다. 이것이 구름 영광 담화의 요지다. 이스라엘 회중의 불평에 정면으로 응답하신 것이다.

과연 저녁에는 메추라기가 와서 진에 덮이고 아침에는 이슬이 진 주위에 내렸다. 그 이슬이 마른 후에 광야 지면에 생긴 작고 둥글며 서리 같은 음식이 하늘에서 내리시는 음식, 만나다. 이것은 하늘의 도움(이슬) 없이는 생길 수 없는 음식이기에 하늘에서 내리는 양식이라고 불러도 된다. 이스라엘 자손이 이 신기한 먹거리를 보고 그것이 무엇인지 알지 못하여 서로 물었다. "이것이 무엇이냐?"[만-후(מָן הוּא)]. 만(무엇)-후(이것)에서 만나라는 단어가 유래했다. 모세는 이것이 "야웨께서 너희에게 주어 먹게 하신 양식이다"라고 답변했다. 16절은 하나님이 주신 만나 채취 지침을 말한다. "너희 각 사람은 먹을 만큼만 이것을 거둘지니 곧 너희 사람 수효대로 한 사람에 한 오멜[2리터]씩 거두되 각 사람이 그의 장막에 있는 자들을 위하여 거둘지니라." 만나는 장막에 있는 자들을 위해 필요한 만큼 가져가되 저장하거나 축적할 수 없는 양식인 것이다. 아침 해가 열기를 내자마자 저장된 만나는 힘없이 스러지는 양식이기 때문이다. 하나님은 이스라엘 회중이 매일 광야로 나가는지, 탐욕 없이 필요한 만큼만 채취하는지, 그리고 안식일에는 나가지 않고 대신 6일째 되는 날에 갑절을 거두는지 등을 시험하신다. 여기서 우리는 만나를 거두러 가는 일상적 수고 대신에 축적하려는 이스라엘의 탐욕과 대면한다. 매일 거두러 나가라는 하나님의 명령은 그들의 믿음을 검증하기 위한 수단이다.[15:25] 만나 계명에서도 일상적 순종의 중요성이 부각된다. "정한 날에 정한 양식만을 각자가 자신의 필요한 것만큼 거두라"는 명령은 탐욕적 소유와 축적 경제에 대한 경계다. 이스라엘 회중은 처음에는 이 지침을 잘 준수했다. 그런데도 만나를 더 많이 채취하고 심지어 그것을 저장해서 매일 나가는 수고를 기피하려는 기회주의적 무리가 나타났다. 분명히 다음 날 아침까지 남겨 두지 말라고 명령했는데도 일부 사람들이 불순종해 다음 날 아침까지 저장해 두었더니 벌레도 생기고 심지어 냄새까지 나 모세가 노를 발하는 사태가 벌어졌다.[16:20]

이스라엘 회중이 아침마다 각 사람은 먹을 만큼만 거두었고 햇볕이 뜨겁게 쬐면 그것이 스러졌다. 만나는 소유하거나 축적할 수 있는 부가 아니라 그날 즉시 소비해야 하는 소비재였던 것이다. 일시적 소유와 축적이 허용되는 경우는 안식일 대비용이다.[16:22-25] 여섯째 날에는 각 사람이 갑절의 식물, 곧 하나에 두 오멜씩 거두었으며 회중의 모든 지도자가 와서 모세에게 이 사실을 알렸다. 모세는 6일째 갑절의 수확은 안식일, 곧 거룩한 휴일 대비 양식이라고 말하며 나머지를 안식일 식사를 위해 다음 날 아침까지 간수하라고 지침을 내린다. 과연 모세의 명령대로 안식일 아침까지 간수하였으나 이렇게 저장된 만나에서는 냄새도 나지 않고 벌레도 생기지 않았다. 야웨의 안식일에는 들에 가서 만나를 얻지 못할 것이니 6일째 된 날에 거둔 만나를 먹어야 한다.

16:26-30은 만나가 이스라엘 회중이 하나님의 계명에 매일 순종하는지의 여부를 시험하는 영적 교육 프로그램임을 말한다. 엿새 동안은 만나를 거둘 수 있지만 일곱째 날 안식일에는 만나를 거둘 수 없는데도, 어떤 사람들이 안식일에도 만나를 거두러 나갔다가 얻지

못했다. 하나님의 계명[미츠바(מִצְוָה)]과 율법[토라(תּוֹרָה)]을 지키지 않았던 것이다. 여섯째 날에 이틀치 양식을 내려 주시는 이유는 안식일에는 온 이스라엘이 각기 처소에서 안식을 누리도록 배려하기 위함이었다. 그런데 만나를 더 많이 가지려는 사람들은 안식일에도 들로 나갔다. 이 만나 훈련을 통해 하나님은 이스라엘 회중이 부단히 일곱째 날에 안식하는 법을 훈육했던 것이다. 이처럼 만나는 인간의 탐욕을 경계하면서 하나님의 말씀에 대한 순종이야말로 광야 여정의 참된 양식임을 가르친다. 하나님의 말씀에 대한 순종이 곧 음식을 먹는 것과 같다는 것이다.요 4:34 그러므로 사람은 떡으로만 사는 것이 아니라 하나님의 입에서 나오는 모든 말씀에 순종함으로 원기를 공급받는다.마 6:11, 요 6:35 만나 훈련은 하나님의 뜻에 대한 순종이 음식을 먹고 원기를 얻는 일임을 각인시키는 훈련이다.

16:31-36은 만나를 증거판 앞에 보관하라는 하나님의 명령을 말한다. 이스라엘 족속이 40년 동안 광야에서 먹은 만나는 깟씨 같이 희고 맛은 꿀 섞은 과자 같았다. 만나는 아마도 광야 식물에서 채취된 열매 음식이었을 것이다. 하나님의 명령에 따라 모세는 만나 한 오멜(십분의 일 에바)을 담은 항아리를 마련했다. 후손들을 위하여 야웨께서 이스라엘 자손을 애굽 땅에서 인도해 낼 때에 광야에서 그들에게 먹인 양식 증거로 남기라는 것이다. 모세가 아론에게 하나님의 명령을 전하자 아론이 항아리를 가져다가 그 속에 만나 한 오멜을 담아 여호와 앞에 두어 대대로 간수하게 했다. 이스라엘 회중이 사람이 사는 땅, 곧 가나안 땅 국경에 이르기까지 40년 동안의 광야 여정 내내 이 만나를 먹었다.

17 ¹이스라엘 자손의 온 회중이 여호와의 명령대로 신 광야에서 떠나 그 노정대로 행하여 르비딤에 장막을 쳤으나 백성이 마실 물이 없는지라. ²백성이 모세와 다투어 이르되 우리에게 물을 주어 마시게 하라. 모세가 그들에게 이르되 너희가 어찌하여 나와 다투느냐. 너희가 어찌하여 여호와를 시험하느냐. ³거기서 백성이 목이 말라 물을 찾으매 그들이 모세에게 대하여 원망하여 이르되 당신이 어찌하여 우리를 애굽에서 인도해 내어서 우리와 우리 자녀와 우리 가축이 목말라 죽게 하느냐. ⁴모세가 여호와께 부르짖어 이르되 내가 이 백성에게 어떻게 하리이까. 그들이 조금 있으면 내게 돌을 던지겠나이다. ⁵여호와께서 모세에게 이르시되 백성 앞을 지나서 이스라엘 장로들을 데리고 나일 강을 치던 네 지팡이를 손에 잡고 가라. ⁶내가 호렙산에 있는 그 반석 위 거기서 네 앞에 서리니 너는 그 반석을 치라. 그것에서 물이 나오리니 백성이 마시리라. 모세가 이스라엘 장로들의 목전에서 그대로 행하니라. ⁷그가 그곳 이름을 맛사 또는 므리바라 불렀으니 이는 이스라엘 자손이 다투었음이요 또는 그들이 여호와를 시험하여 이르기를 여호와께서 우리 중에 계신가 안 계신가 하였음이더라. ⁸그 때에 아말렉이 와서 이스라엘과 르비딤에서 싸우니라. ⁹모세가 여호수아에게 이르되 우리를 위하여 사람들을 택하여 나가서 아말렉과 싸우라. 내일 내가 하나님의 지팡이를 손에 잡고 산 꼭대기에 서리라. ¹⁰여호수아가 모세의 말대로 행하여 아말렉과 싸우고 모세와 아론과 훌은 산 꼭대기에 올라가서 ¹¹모세가 손을 들면 이스라엘이 이기고 손을 내리면 아말렉이 이기더니 ¹²모세의 팔이 피곤하매 그들이 돌을 가져다가 모세의 아래에 놓아 그가 그 위에 앉게 하고 아론과 훌이 한 사람은 이쪽에서, 한 사람은 저쪽에서 모세의 손을 붙들어 올렸더니 그 손이 해가 지도록 내려오지 아니한지라. ¹³여호수아가 칼날로 아말렉과 그 백성을 쳐서 무찌르니라. ¹⁴여호와께서 모세에게 이르시되 이것을 책에 기록하여 기념하게 하고 여호수아의 귀에 외워 들리라. 내가 아말렉을 없이하여 천하에서 기억도 못하게 하리라. ¹⁵모세가 제단을 쌓고 그 이름을 여호와 닛시라 하고 ¹⁶이르되 여호와께서 맹세하시기를 여호와가 아말

렉과 더불어 대대로 싸우리라 하셨다 하였더라.

야웨의 명령대로 신 광야를 떠나 이스라엘 자손의 온 회중이 신 광야 노선상에 있는 르비딤에 당도해 장막을 쳤으나 백성이 마실 물이 없었다. 백성이 모세와 다투어 "우리에게 물을 주어 마시게 하라"고 드세게 요구했다. 이 반역적 불평의 엄중함을 알아차린 모세는 그들에게 "너희가 어찌하여 나와 다투느냐. 너희가 어찌하여 여호와를 시험하느냐"[17:2]고 책망했다. 이런 책망을 들으면서도 르비딤에서 물을 찾고 찾다가 지친 백성이 모세에게 "왜 당신은 우리를 출애굽시켜 우리 자신과 가족들은 물론이요 가축까지 목말라 죽게 하느냐?"고 항의했다. 이스라엘의 의심과 불평은 이제 반역 행위로 악화될 조짐을 보인다. 출애굽 자체가 잘못된 일이라는 사고방식이 여기서 작동하고 있다. 그들은 극단적이고 자극적인 말을 해 "하나님이 우리 중에 계신가 안 계신가?"를 시험하고 싶었을 것이다. 므리바에서 겪은 물의 결핍 때문에 이스라엘은 하나님과 다투고 심지어 하나님의 출애굽 구원 자체를 지극히 냉소적으로 바라본다.

15-16장에서 그들은, 하나님은 그들의 일차원적인 욕구를 능히 해결해 주실 수 있는 분임을 반복적으로 확인했다. 하지만 하나님을 아는 지식에서 전혀 자라지 못한 이스라엘은 이제 모세와 아론에게 물을 내놓으라고 윽박지르며 그들을 돌로 쳐죽이려는 데까지 이른다.[17:4] 그러나 그들이 진정 도전하고 대적한 대상은 모세가 아니라 하나님이었다. 모세는 자신을 향한 백성들의 다툼을 하나님을 향한 다툼이라고 해석한다. '다투다'는 말은 법정 전문용어[립(ריב)]로서, 백성들이 모세에게 그가 하나님의 함께하심을 덧입은 지도자임을 법적으로 입증해 보라고 거세게 요구한다는 뜻이다. 즉, 하나님이 지명한 지도자임을 입증하기 위해 물을 찾아 공급하는 능력을 보이라고

요구하는 것이다. 그들의 핵심 질문은 "과연 야웨가 우리 가운데 계신가 안 계신가?"였다. 이런 악한 시험에 든 회중은 언제든지 모세에게 돌을 던질 태세를 갖추고 있다. 그들은 이내 애굽의 좋았던 시절에 대한 회상으로 이탈한다. 모세는 이 당혹스러운 사태 앞에서 하나님을 향해 호소한다. 하나님께서는 모세에게 전혀 기죽지 말고 백성 앞을 가로질러 가서 장로들을 소집하라고 명령하신다. 나일 강물을 치던 그 막대기를 손에 들고 장로들 앞에 서라고 하신다. 하나님이 회집한 장소는 일반 백성들의 장막 근처가 아니라 "호렙산에 있는 그 반석"17:6 앞이었다. 독자들이 다소 놀랄 수 있는 상황이다. 호렙산에 있는 그 반석이 도대체 어디를 가리키는가? 이제까지 호렙산에 올라간 사람은 모세밖에 없는데 출애굽기 저자는 왜 독자들이 이미 호렙산에 있는 그 반석을 알고 있는 것처럼 전제하는지 궁금하다. 아마도 3장에서 하나님이 처음으로 모세를 불러 세워 신을 벗게 한 그곳이 호렙산 반석일 가능성이 크다. 이 가능성 외에 다른 가능성을 상정하기는 힘들다.

하나님께서는 모세가 알고 있는 호렙산에 있는 그 반석 위, 거기서 모세 앞에 서실 것이다. 하나님이 딛고 서신 그 반석을 모세는 쳐야 한다. "너는 그 반석을 치라. 그것에서 물이 나오리니 백성이 마시리라."17:6 모세가 이스라엘 장로들의 목전에서 그대로 행하니 하나님이 서신 반석에서 물이 나왔다. 하나님(혹은 모세)이 그곳 이름을 맛사(시험) 또는 므리바(다툼)라 불렀다. 그 이유는 거기서 이스라엘 자손이 하나님과 다투었기 때문이며 또 야웨를 시험했기 때문이다. 하나님을 시험한다는 말은 이스라엘 회중이 하나님이 개입하실 수밖에 없도록 극단적으로 그리고 자극적으로 하나님과 다투는 언동을 했다는 뜻이다. 하나님의 지시에 의해 반석을 치자 물이 샘솟듯이 솟아나 이스라엘 회중은 일시적으로 구원을 맛보았지만, 그들의 마음 깊은 곳에 뿌리내리는 반역 기운을 근절시키지는 못한다. 이 반역적 불평은 광야 여정 내내 하나님의 입가나안 계획을 위태롭게 할 만큼 빈번히 분출한다. 그것은 광야를 통과하는 이스라엘 백성의 영적 만성질환으로 자리 잡기 시작했다.민 20:1-13, 신 6:16-17, 8:15, 32:4, 13, 15, 18, 33:8, 느 9:15, 시 78:15-16, 35, 56, 81:7, 16, 95:7-9, 105:41, 106:7, 13-14, 25, 29, 32, 114:8, 사 48:21, 고전 10:1-13, 히 3-4장 이 경우 "하나님이 우리 중에 계신가 안 계신가?"를 시험하는 행위는 아주 모욕적이고 불경스러운 태도로 하나님의 현존을 하나님 스스로 입증해 보라고 요구하는 행위다.출 17:2, 7, 신 6:16, 8:16, 시 81:7, 106:14 그들은 하나님의 함께하심을 의심할 뿐만 아니라 아예 하나님에 대한 외경감과 삼감의 유순한 복종 의식도 완전히 상실한 반역자가 되어 버린 것이다.

이와 같은 명백한 반역에도 불구하고 이스라엘을 향한 하나님의 계약적 신실함은 군건히 유지된다. 아말렉과의 전쟁에서 하나님은 이스라엘의 하나님으로 싸우신다. 이제 하나님은 자신이 치료자, 의식주 공급자일 뿐만 아니라 거룩한 전사임을 계시하신다. 거룩한 전사이신 하나님17:8-16, 신 25:17-19은 이스라엘이 처음으로 벌인 아말렉과의 전쟁에서 확실하게 전쟁의 승패를 주장하는 하나님임을 드러내신다. 아말렉과의 전쟁은 기도를 통하여 이긴 전쟁이다. 모세와 아론과 훌이 손을 높이 들어 기도하면 여호수아는 전쟁에서 승리하고, 손을 내리면 전쟁에서 진다. 모세의 기도와 여호수아의 전쟁 형세 사이에는 초과학적·영적 상응관계가 작용하고 있다.

17:14-16은 아말렉 족속을 뱀의 후손급인 불구대천의 원수로 규정한다.창 3:15-16 하나님은 모세로 하여금 아말렉과의 전쟁을 책에 기록하여 기념하게 하고 여호수아에게 하나님의 아말렉 멸절 의지를 각인시킬 것을 명하신다. 모세는 여호수아의 귀에 "내가 아말렉을 없이하여 천하에서 기억도 못하게 하리라"17:14는 하나님의 적의를

각인시킬 것을 명령받았다. 아말렉과의 전쟁이 얼마나 불리한 여건 아래서 치러진 비인간적인 전쟁인지를 일깨워 준다. 아말렉은 이스라엘을 멸절하려고 이스라엘의 후방(가장 약한 구성원들, 아녀자들)을 무차별 공격했고^{신 25:17-18, 민 14:43, 24:20} 모세는 아말렉의 공격을 피해 가나안 땅으로 벗어나 안전 지역에 도달하려는 방어전을 치른 셈이다. 하나님의 도움으로 아말렉의 공격을 막고 살아남은 모세는 이 생존을 기념하여 제단을 쌓고 그 이름을 여호와 닛시(여호와는 나의 깃발)라고 불렀다.^{17:15} 하나님이 친히 군기를 든 사령관이 되셔서 아말렉의 공격을 피해 살아남았다는 증언인 셈이다.

이 특정 순간의 전쟁에서 생긴 대^對 아말렉 적의는 이스라엘 후손에게까지 영원히 상속되는 적의가 된다. 아말렉은 불구대천급 원수로 규정되어 버린 것이다. 아말렉은 단지 이스라엘이라는 특정 민족을 공격한 것이 아니라 인간성 자체에 대한 공격을 한 자들이다. 영토 방어나 식량 약탈을 위한 전쟁이 아니라 인간의 사악한 야수성과 약탈 본능을 발산하기 위한 전쟁을 한 것이다. 가인이나 라멕급의 살기로 가득 차 비무장 이스라엘을, 그것도 광야 여정으로 지치고 탈진한 민간인들을 공격했기 때문이다. 적어도 이 문맥에서 아말렉은 이런 야만적이고 사악한 인간성을 대표하는 자들이다. 하나님의 "아말렉과 더불어 대대로 싸우리라"^{17:16}는 맹세는 이런 악마적 잔인성과 싸우시겠다는 것을 의미한다. 특정 인종에 대한 편견이나 적개심을 조장하려고 하신 맹세가 아님이 분명하다. 하나님은 확실히 악마적 회개 불가능으로 전락하는 인간성과 싸워 오고 계신다. 여자의 후손은 뱀의 후손과의 적의와 갈등을 피할 수 없다. 다만 어떤 인간도 자신이 하나님을 홀로 100퍼센트 대신한다고 자임해서는 안 된다. 미국이 공산주의 세력과 전쟁할 때 혹은 이슬람 국가들과 전쟁할 때 자신이 마치 빛과 선의 질서를 대표하는 듯한 전쟁 개시의 수

사학을 동원하는데, 그것은 오만한 자기확신이다. 히틀러나 스탈린, 모택동 등 인간성 파괴 전쟁을 일삼는 자들과 하나님과의 싸움은 화려한 살상무기들의 경연이 아니라, 예수님이 십자가를 지시고 뱀의 머리를 치신 방식으로 싸우는 믿음의 선한 싸움으로 표현된다.

유아독존적 지도력의 한계와 극복 방안 ●18장

18 [1] 모세의 장인이며 미디안 제사장인 이드로가 하나님이 모세에게와 자기 백성 이스라엘에게 하신 일 곧 여호와께서 이스라엘을 애굽에서 인도하여 내신 모든 일을 들으니라. [2] 모세의 장인 이드로가 모세가 돌려 보냈던 그의 아내 십보라와 [3] 그의 두 아들을 데리고 왔으니 그 하나의 이름은 게르솜이라. 이는 모세가 이르기를 내가 이방에서 나그네가 되었다 함이요 [4] 하나의 이름은 엘리에셀이라. 이는 내 아버지의 하나님이 나를 도우사 바로의 칼에서 구원하셨다 함이더라. [5] 모세의 장인 이드로가 모세의 아들들과 그의 아내와 더불어 광야에 들어와 모세에게 이르니 곧 모세가 하나님의 산에 진 친 곳이라. [6] 그가 모세에게 말을 전하되 네 장인 나 이드로가 네 아내와 그와 함께 한 그의 두 아들과 더불어 네게 왔노라. [7] 모세가 나가서 그의 장인을 맞아 절하고 그에게 입 맞추고 그들이 서로 문안하고 함께 장막에 들어가서 [8] 모세가 여호와께서 이스라엘을 위하여 바로와 애굽 사람에게 행하신 모든 일과 길에서 그들이 당한 모든 고난과 여호와께서 그들을 구원하신 일을 다 그 장인에게 말하매 [9] 이드로가 여호와께서 이스라엘에게 큰 은혜를 베푸사 애굽 사람의 손에서 구원하심을 기뻐하여 [10] 이드로가 이르되 여호와를 찬송하리로다. 너희를 애굽 사람의 손에서와 바로의 손에서 건져내시고 백성을 애굽 사람의 손 아래에서 건지셨도다. [11] 이제 내가 알았도다. 여호와는 모든 신보다 크시므로 이스라엘에게 교만하게 행하는 그들을 이기셨도다 하고 [12] 모세의 장인 이드로가 번제물과 희생제물들을 하나님께 가져오매 아론과 이스라엘 모든 장로가 와서 모세의 장인과 함께 하나님 앞에서 떡을 먹으니라. [13] 이튿날 모세가 백성을 재판하느라고 앉아 있고 백성은 아침부터 저녁까지 모세 곁

출

에 서 있는지라. [14] 모세의 장인이 모세가 백성에게 행하는 모든 일을 보고 이르되 네가 이 백성에게 행하는 이 일이 어찌 됨이냐. 어찌하여 네가 홀로 앉아 있고 백성은 아침부터 저녁까지 네 곁에 서 있느냐. [15] 모세가 그의 장인에게 대답하되 백성이 하나님께 물으려고 내게로 옴이라. [16] 그들이 일이 있으면 내게로 오나니 내가 그 양쪽을 재판하여 하나님의 율례와 법도를 알게 하나이다. [17] 모세의 장인이 그에게 이르되 네가 하는 것이 옳지 못하도다. [18] 너와 또 너와 함께 한 이 백성이 필경 기력이 쇠하리니 이 일이 네게 너무 중함이라. 네가 혼자 할 수 없으리라. [19] 이제 내 말을 들으라. 내가 네게 방침을 가르치리니 하나님이 너와 함께 계실지로다. 너는 하나님 앞에서 그 백성을 위하여 그 사건들을 하나님께 가져오며 [20] 그들에게 율례와 법도를 가르쳐서 마땅히 갈 길과 할 일을 그들에게 보이고 [21] 너는 또 온 백성 가운데서 능력 있는 사람들 곧 하나님을 두려워하며 진실하며 불의한 이익을 미워하는 자를 살펴서 백성 위에 세워 천부장과 백부장과 오십부장과 십부장을 삼아 [22] 그들이 때를 따라 백성을 재판하게 하라. 큰 일은 모두 네게 가져갈 것이요 작은 일은 모두 그들이 스스로 재판할 것이니 그리하면 그들이 너와 함께 담당할 것인즉 일이 네게 쉬우리라. [23] 네가 만일 이 일을 하고 하나님께서도 네게 허락하시면 네가 이 일을 감당하고 이 모든 백성도 자기 곳으로 평안히 가리라. [24] 이에 모세가 자기 장인의 말을 듣고 그 모든 말대로 하여 [25] 모세가 이스라엘 무리 중에서 능력 있는 사람들을 택하여 그들을 백성의 우두머리 곧 천부장과 백부장과 오십부장과 십부장을 삼으매 [26] 그들이 때를 따라 백성을 재판하되 어려운 일은 모세에게 가져오고 모든 작은 일은 스스로 재판하더라. [27] 모세가 그의 장인을 보내니 그가 자기 땅으로 가니라.

18장은 그 앞뒤 장들인 16-17장, 19장과는 달리 어디에서 벌어진 상황을 보도하는지가 분명하지 않다. 일단 19:2("그들이 르비딤을 떠나")에 비추어 볼 때 모세의 재판 상황과 그의 장인 이드로의 방문은 아마도 르비딤에서 일어났을 가능성이 있다. 하지만 만일 반석에서 물을 치던 상황이 호렙산이라면[17:6] 18장도 이미 호렙산에 도착한 이스라엘에게 일어난 일을 보도하는 것일지도 모른다. 확실한 것은 18장이 미디안 족속 이드로의 땅과 멀지 않은 곳 어딘가에서 일어난 일이라는 사실이다. 이런 질문들에 대한 답이 18:5에 주어져 있다. 모세가 하나님의 산에 진 친 곳에서 일어난 상황이다. 그렇다면 18장은 19장보다 더 늦게 일어난 상황을 보도하는 것으로 추정할 수 있다.

18:1은 모세의 장인이자 미디안 제사장인 이드로가 하나님의 출애굽 대사를 듣고 모세를 찾아오는 상황을 보도한다. 4장에서 모세는 출애굽 장도를 위해 아내와 두 아들을 장인 이드로에게 보낸다. 이드로가 모세를 방문할 즈음에 모세는 공적 업무로 거의 고갈되어 가던 중이었다. 그는 이스라엘 공동체 안에서 증대되는 카리스마적 지도력으로 말미암아 모든 공동체 구성원의 송사를 독점적으로 주관하는 유아독존적 지도자의 면모를 드러낸다. 가족들과는 이별한 채 대의명분으로 자신의 생명력을 탈진시키고 있다. 자신에게 쏠리는 백성들의 아우성을 분산시키고 지도력을 나누어 가질 온유함이 필요한 시점이 도래한 것이다. 바로 이때 미디안의 제사장이자 장인인 이드로의 기습적인 방문을 받는다. 1-6절은 방문의 계기와 목적을 진술하고, 7-12절은 이드로의 출애굽 구원에 대한 찬양과 믿음 고백을 다룬다. 이드로와 모세 사이에 영적인 교류가 시작된다.

1절에 따르면 장인 이드로는 모세와 이스라엘 백성에게 베푸신 하나님의 구원 대사를 소상한 것까지 훤히 꿰뚫어 알고 있었다. 상당한 영적 경륜과 통찰력을 갖춘 이드로는 이제 모세와 그의 가족이 재상봉해야 할 시점이라는 판단을 내린 것 같다. 가족 상봉 추진이 그의 방문 목적이다. 2절에 따르면 모세의 출애굽 장도에 처음에는 그의 두 아들과 아내가 동행한 것처럼 보인다.[4:24-26] 그러나 어느 순간에 모세는 그들을 다시 장인의 집으로 돌려보냈을 것이다. 그런 상황에서 이드로가 십보라와 함께 두 아들을 데리고 다시 모세를 찾은 것이다. 장남은 게르솜인데 모세 자신이 "이방에서 나그네가 되었다"는 정서를 피력한 이름이었다. 차자의 이름은 엘리에셀인데, "내 아버지의 하나님이 나를 도우사 바로의 칼에서 구원하셨다"18:4는 뜻이다.

이드로가 하나님의 산에 진 친 곳에 있는 모세를 방문하자 모세가 자신의 장막으로 영접했다. 모세가 야웨께서 이스라엘을 위해 바로와 애굽 사람에게 행하신 모든 일과 길에서 그들이 당한 모든 고난과 여호와께서 그들을 구원하신 일을 장인에게 말하자, 이드로가 야웨께서 이스라엘에게 큰 은혜를 베푸셔서 애굽 사람의 손에서 구원해 주셨음을 기뻐하며 야웨를 찬양했다. "여호와를 찬송하리로다. 너희를 애굽 사람의 손에서와 바로의 손에서 건져 내시고 백성을 애굽 사람의 손 아래에서 건지셨도다."18:10 출애굽 구원 대사를 듣고 이드로는 야웨 하나님을 아는 지식에서 한 단계 도약한다. 이스라엘의 하나님 야웨는 모든 신보다 크시므로 이스라엘에게 교만하게 행하는 자들을 이기셨다는 것을 깨달았다. 모세의 장인 이드로가 번제물과 희생제물들을 하나님께 바치자 아론과 이스라엘 모든 장로가 와서 모세의 장인과 함께 하나님 앞에서 떡을 먹었다. 화목제물을 바친 후에 상호 간의 언약적 우의를 다지는 시간을 가졌다는 뜻이다.

출애굽 구원이라는 대의명분에 가정생활을 희생한 사위를 배려한 장인의 적시 방문은 모세 자신에게 가정을 세워 주신 하나님께 감사하는 마음을 불러일으켰을 것이다. 모세가 출애굽의 대업에 몰두하면서 친정으로 돌려보낸 아내와 두 아들을 대동한 이드로의 출현은 고독한 제왕적 지도자의 면모를 갖추어 가던 모세의 인간적 연약함을 순식간에 상기시킨다. 모세 스스로도 가정의 도움을 받으며 쉬어야 하고 다른 사람들과 함께 일하는 동역형 지도자가 되어야 한다는 사실을 깨달았을 것이다. 근처에 사는 아말렉 족속은 이스라엘의 궤멸을 위해 잔혹한 후방 공격을 가해 왔으나, 미디안 족속은 하나님의 절대주권적 출애굽 대사를 함께 기뻐하며 야웨 하나님의 역사 주재권과 통치권을 송축하는 데 동참했다. 이드로의 방문은 종국적으로는 미디안 족속 안에 출애굽-입가나안 역사를 돕는 우군 진지를 구축하는 효과도 주었을 것이다.

18:13-27은 이드로의 방문이 모세의 지도력 행사에 획기적인 진전을 가져다준 상황을 보도한다. 이드로는 모세의 독점적인 지도력 행사 현장을 지켜본 후 지도력을 분산시키는 방법을 제안한다. 과도한 모세의 재판 업무를 본 이드로는 단도직입적으로 이 상황을 평가한다. "네가 하는 것이 옳지 못하도다. 너와 또 너와 함께한 이 백성이 필경 기력이 쇠하리니 이 일이 네게 너무 중함이라. 네가 혼자 할 수 없으리라."^{18:17-18} 이드로는 "하나님이 그대와 함께 계실지로다"라고 모세를 축복하며 모세의 역할을 중앙적 과업에 집중시키고 나머지 재판을 분권형 재판관들에게 맡기는 방안을 제안한다. 모세가 할 일은 백성들의 소송 사건을 하나님께 가져오며 그들에게 율례와 법도를 가르쳐서 마땅히 갈 길과 할 일을 그들에게 보이는 것이다. 이런 큰 과업에서 모세는 영적 지도력을 발휘해야 한다. 하지만 이드로는 하나님을 두려워하며 진실하며 불의한 이익을 미워하는 자를 살펴서 백성 위에 천부장과 백부장과 오십부장과 십부장을 세움으로써, 그들이 때를 따라 백성을 재판하게 하라고 제안한다. 즉, 큰일은 모두 모세가 담당하고 작은 일은 아래 직급의 지도자들이 재판한다면 모세에게 집중된 과중한 부담이 크게 경감될 것이다. 끝으로 이드로는 이렇게 지도력 분산이 효과적으로 이루어지면 모세의 지도력 행사도 순조롭게 될 것이며 모든 백성도 자기 곳으로 평안히 갈 것이라고 예언한다. 이드로의 우발적인 방문은 모세에게 새로운

관점에서 사물을 바라보도록 하는 계기를 제공했을 것이다. 모세는 이드로의 지도력 분산 제의를 들으며 자신에게 너무 집착하는 백성들 때문에 스스로도 자신의 지도력을 과신하고 도취해 있었음을 깨닫는다. 모세는 모든 민원을 홀로 접수해 소송의 두 당사자 주장을 청취하고 재판하여 하나님의 율례와 법도를 알게 해주고 있다. 이런 과중한 재판 업무로 서서히 탈진해 갈 때 즈음 모세는 가족과의 랑데부를 통해, 또한 다른 훌륭한 중간 지도자들을 임명하여 세움으로써 새로운 의미의 충전과 안식을 누릴 기틀을 마련한 것이다.

모세는 오십부장과 백부장이라는 중간 지도자를 세우라는 이드로의 지혜로운 충고 속에서 하나님의 도우심을 발견한다. 소송의 경중대소를 구분하여 지도력을 공유하고 분산시키라는 장인의 지혜로운 충고를 통해 모세는 광야생활이 장기화될 것임을 예상하고 또 이스라엘이 조직화된 군대로서 어떻게 하면 미래에 닥칠 위기 상황을 타개해야 할 것인지에 대해서도 깨닫는 바가 있었을 것이다. 모세는 장인의 충고를 듣고 그대로 실행함으로써 집착적인 자기과신의 짐으로부터 구출되기에 이른다. 모세가 이스라엘 무리 중에서 능력 있는 사람들을 택하여 천부장과 백부장과 오십부장과 십부장으로 세우자, 그들이 때를 따라 백성을 재판하되 어려운 일은 모세에게 가져오고 모든 작은 일은 스스로 재판했다. 하루 종일 대소사의 송사를 어리석게 혼자서 감당하는 모세에게 이드로는 지혜로운 개혁자요 충고자였다. 나중에 밝혀지겠지만 지금 이 시점에서 모세의 지도력을 나누어 가질 중간 지도자들을 선발하여 이스라엘을 일사불란한 공동체로 재주형한 것은 시의적절한 조치였다. 이드로는 모세를 과중한 업무 중압감으로부터 해방시켜 준 후 자기 땅으로 되돌아갔다.

우리 주변을 돌아보면 모세 같은 자기소진형 과로증후군 인물을 어렵지 않게 발견할 수 있다. 모세 같은 위치에 있는 지도자는 바쁜 스케줄과 무수한 사람들이 자신을 찾고 요구하는 상황을 즐기면서 서서히 탈진해 간다.[4] 그들은 지도자의 중압감에서 구출되지 못하는 상황을 즐기는 버릇이 있다. 지도자의 일중독을 '3A현상'이라고 한다. 첫째, 부신수질 호르몬인 아드레날린Adrenalin이다. 일중독증 지도자들의 자기혹사를 뒷받침하는 아드레날린은, 중단을 모르고 달려가는 폭주 기관차로 만드는 호르몬이다. 둘째, 과도한 성취동기Achievement다. 셋째, 다른 사람들로부터 인정받으려는 욕구Affirmation다. 이런 지도자에게는 항상 이드로의 촌철살인 같은 지혜로운 충고가 필요하다. 영육 간의 피폐와 핍절 상황에서 건짐받는 길은 두 가지다. 지도력의 분산과 능률-효율 중심의 과도한 성취욕에서 해방되어 관계-내면 지향적 태도로 전향하는 것이다. 또한 가족과 같은 친밀성을 나누어야 할 지지 그룹support group의 발견이다. 즉, 우정과 사랑의 관계성을 재발견하는 것이다. 이것이 모세 같은 자아집중적 지도자의 쉼이요 안식이다. 때로는 나이 든 영적 선배들의 상식과 경륜, 경험과 지혜가 하나님의 뜻일 수가 있다. 이드로의 방문을 촉진시킨 것은 이미 모세가 일중독으로 영육 간에 상당한 피폐가 일어났으리라는 지혜로운 통찰이었으리라.

바로의 착취와 지배의 손아귀에서 벗어난 히브리 노예들은 자유인의 짐을 지는 순례 여정에 들어선다. 자유민의 공동체요 하나님의 계약백성으로 거듭 태어나기 위한 히브리 노예들의 광야 여정은 고단하다. 그 여정은 자유인의 품성을 담금질하는 훈육의 길이요 징계와 초달의 길이다. 광야길 행진 도중에 하나님은 자신과 이스라엘의 관계가 단지 일회적인 구원자-피구원자의 관계가 아니라, 영속적이고 상호적인 계약 관계에 놓여 있음을 가리키는 여러 가지 기적과 섭리적 돌봄을 제공하신다. 호렙산으로 가는 길은 가파른 오르막이다. 영적 고도를 높이는 자기부인의 정진이다. 계약백성의 일종의 품성 훈련 과정이다. 광야는 히브리 노예들이 자유인으로 환골탈태하는 거룩한 순종 연습 학교다. 이 광야학교에서 하나님은 치료자이시고 먹거리 공급자이시며, 대적들과 친히 싸우시는 거룩한 전사이시고 지혜로운 선생을 통해 조직화의 지혜를 가르치시는 교사이시다.

III.

광야로 내몰린 자유민의 공동체

IV.

출애굽기 19-24장

거룩한 백성, 제사장 나라 이스라엘

출애굽기 19-24장은 히브리 백성이 하나님의 계약백성이라는 고귀한 신분으로 격상되는 이야기다. 19:5-6은 이스라엘의 정체성을 삼중적으로 규정한다. 하나님의 특별한 보배(소유), 제사장 나라, 거룩한 백성. 그런데 제사장 나라와 거룩한 백성으로서의 이스라엘의 미래는 시내산 계약 준수 여부에 달려 있다. 학자들은 출애굽기 19-24장(신명기 일부 포함)을 기원전 14세기경 히타이트 제국의 종주-봉신 조약 양식의 빛 아래서 이해하는데, 이 종주-봉신 조약은 출애굽기 19-24장 서사의 내적 논리 전개를 이해하는 데 도움이 되는 유비를 보여준다.[1] 종주-봉신 조약은 강대국과 약소국 사이에 맺어지는 비대칭적인 조약으로, 서로가 서로에 대해 예측 가능한 틀(조약) 안에서 행동하기로 약속하는 쌍방속박적 조약이다. 종주-봉신 조약은 종주 소개 서언,preamble 종주가 봉신에게 베푼 은혜로운 과거 역사, 조약을 지탱시키는 봉신의 의무 조항, 봉신의 조약 사본 보관 규정, 봉신의 정기적 조약 낭독 규정, 체결된 조약의 효력을 보증하는 증인(증인신)의 호명invocation 등 여섯 가지 요소로 구성된다.[2]

1. 서언(20:2a): 종주의 정체성을 밝힌다. "나는 히타이트/앗수르 제국의 아무개 대왕이다." 출애굽기 19-24장에서는 "나는 애굽 땅, 종 되었던 집에서 너희들을 이끌어낸 야웨다"가 서언인 셈이다.

2. 역사적 서론(19:3b-6, 20:2b): 종주가 봉신을 위해 베풀어 준 은혜로운 전사前史를 개괄한다. "내가 베푼 은혜를 잘 명심하라"는 식이다. 여

기서 하나님은 자신이 이스라엘을 위하여 '애굽에게 행한 일'(출 7-15장)을 언급하신다.

3. 중심 조항(20:3-23:19): 봉신이 지키고 준행해야 할 핵심 의무 사항을 기록한다. 여기서는 20-23장의 십계명과 시행세칙들이 중심 조항에 해당한다. 거룩한 종주 야웨는 봉신 이스라엘을 위해 미래의 보호를 약속하고, 이것에 근거하여 배타적인 충성심을 요구한다. 가끔씩 저주와 축복의 긴 목록이 첨부되기도 한다(신 28장).

4. 조약 사본의 보관 규정(24:4, 12): 봉신이 조약을 보관하라는 규정을 담고 있다. 모세와 하나님이 각각 하나님의 율법을 기록하는 행위는 바로 조약의 영구 보관을 위한 작업이다.

5. 정기적·공적 낭독(25:16, 21, 40:20, 신 10:2): 출애굽기 20:7에서 처음으로 모세가 백성에게 율법을 낭독해 주고 백성은 준수하겠다고 동의한다. 또한 신명기 27장과 여호수아 24장이 율법의 정기적 낭독 전승을 예시한다.

6. 증인으로 채택된 신들의 호명: 유일신 신앙을 옹호하는 구약성경은 신들을 증인으로 호출하는 히타이트나 앗수르의 종주-봉신 조약과 이 점에서 차이를 드러낸다. 대신 시내산 계약의 증인으로 '하늘'과 '땅'을 호출한다(신 32:1, 사 1:2).

이러한 양식비평적인 접근은 시내산 계약 체결이 출애굽으로 말미암은 구원(은혜로운 전사)의 열매라는 점을 분명하게 보여준다. 시내산 계약 단락^{출 19-24장}에 와서야 우리는 출애굽 구원이 단지 바로 체제로부터의 탈출이 아니라 새로운 종주인 야웨 하나님의 봉신으로 거듭 태어나는 데서 완성되는 것임을 깨닫는다.

19 ¹이스라엘 자손이 애굽 땅을 떠난 지 삼 개월이 되던 날 그들이 시내 광야에 이르니라. ²그들이 르비딤을 떠나 시내 광야에 이르러 그 광야에 장막을 치되 이스라엘이 거기 산 앞에 장막을 치니라. ³모세가 하나님 앞에 올라가니 여호와께서 산에서 그를 불러 말씀하시되 너는 이같이 야곱의 집에 말하고 이스라엘 자손들에게 말하라. ⁴내가 애굽 사람에게 어떻게 행하였음과 내가 어떻게 독수리 날개로 너희를 업어 내게로 인도하였음을 너희가 보았느니라. ⁵세계가 다 내게 속하였나니 너희가 내 말을 잘 듣고 내 언약을 지키면 너희는 모든 민족 중에서 내 소유가 되겠고 ⁶너희가 내게 대하여 제사장 나라가 되며 거룩한 백성이 되리라. 너는 이 말을 이스라엘 자손에게 전할지니라. ⁷모세가 내려와서 백성의 장로들을 불러 여호와께서 자기에게 명령하신 그 모든 말씀을 그들 앞에 진술하니 ⁸백성이 일제히 응답하여 이르되 여호와께서 명령하신 대로 우리가 다 행하리이다. 모세가 백성의 말을 여호와께 전하매 ⁹여호와께서 모세에게 이르시되 내가 빽빽한 구름 가운데서 네게 임함은 내가 너와 말하는 것을 백성들이 듣게 하며 또한 너를 영영히 믿게 하려 함이니라. 모세가 백성의 말을 여호와께 아뢰었으므로 ¹⁰여호와께서 모세에게 이르시되 너는 백성에게로 가서 오늘과 내일 그들을 성결하게 하며 그들에게 옷을 빨게 하고 ¹¹준비하게 하여 셋째 날을 기다리게 하라. 이는 셋째 날에 나 여호와가 온 백성의 목전에서 시내산에 강림할 것임이니 ¹²너는 백성을 위하여 주위에 경계를 정하고 이르기를 너희는 삼가 산에 오르거나 그 경계를 침범하지 말지니 산을 침범하는 자는 반드시 죽임을 당할 것이라. ¹³그런 자에게는 손을 대지 말고 돌로 쳐죽이거나 화살로 쏘아 죽여야 하리니 짐승이나 사람을 막론하고 살아남지 못하리라 하고 나팔을 길게 불거든 산 앞에 이를 것이니라 하라. ¹⁴모세가 산에서 내려와 백성에게 이르러 백성을 성결하게 하니 그들이 자기 옷을 빨더라. ¹⁵모세가 백성에게 이르되 준비하여 셋째 날을 기다리고 여인을 가까이 하지 말라 하니라.

IV.

거룩한 백성, 제사장 나라 이스라엘

출애굽한 이스라엘이 르비딤에서 떠나 시내 광야에 들어간 후 셋째 달에 모세는 "시내산에서 랑데부하자"는 하나님의 약속[3:12]에 따라 하나님의 산(호렙)으로 올라간다.[19:1-3] 여기서 처음으로 출애굽 기획이 모세 자신의 정치적인 야심인지 아니면 하나님의 주도적인 기획인지가 판명될 것이다. 과연 야웨 하나님, 이스라엘 조상의 하나님이 탈출한 히브리 노예들에게 거룩한 하나님으로 나타나실 것인가? 모세는 하나님에 의해 파송된 종인가? 아니면 그 자신의 정치적 야심을 위해 무모한 출애굽 기획을 추진한 것인가? 이런 긴장 속에서 홀로 시내산에 오른 모세에게 하나님은 출애굽의 목적을 단도직입적으로 선포하신다.

> 내가 애굽 사람들에게 무엇을 행하였는지와 내가 어떻게 너희들을 독수리 날개로 업어 내어 내게로 이끌었는지를 너희는 친히 보았다. 비록 온 세계가 나에게 속하였으나, 너희가 내 말을 듣고 나와 맺은 계약을 지키면 너희는 열국 중에서 나에게 특별 소유가 될 것이며, 나를 위하여 제사장 왕국이 될 것이며, 거룩한 나라가 될 것이다.[19:4-6, 저자 사역]

여기서 강조되는 점은, 이스라엘의 존재 자체는 애굽에 대한 심판의 결과라는 것이다. 독수리 이미지는 출애굽 구원이 이스라엘의 자발적이고 주체적인 기획이 아니라 하나님 주도적인 기획의 산물임을 강조한다. 독수리는 날개가 돋아나는 어린 새끼들에게 나는 훈련을 시키기 위해 날개 위에 새끼들을 업고 높은 하늘에 올라가 그것들을 허공 중에 던진다("자기의 새끼 위에 너풀거리며 그의 날개를 펴서 새끼를 받으며").[신 32:11 3] 새끼들이 잘 날지 못해 땅에 떨어질 무렵 다시 날개로 그 새끼를 업어 올리며 날 때까지 이런 훈련을 반복한다. 이처럼 하나님께서 친히 이스라엘 백성이 자유인의 비상을 배우도록 애굽에서 이끌어 내셨다는 것이다. 여기서 자유는 하나님에 대한 배타적 소속에서 터득되는 인격적인 힘이다. 하나님은 여러 나라와 민족 중에서 하나님께 배타적으로 소속되는 한 '자유로운' 백성을 창조하시려고 한다. 그런데 이 배타적 소속의 목적은 열국을 위해 제사장 나라와 거룩한 백성으로서의 사명을 감당하기 위함이다.^창 ^{12:2} 이스라엘의 특권적 지위는 "온 세계가 다 하나님께 속한다"는 보편적 진리 아래 유지되는 지위다. 이스라엘은 온 세계를 위해 제사장 나라가 되고 거룩한 백성이 되는 초청을 받고 있는 것이다. 이스라엘이 엄숙한 삼중의 책임감과 정체성을 유지하기 위해서는 말씀을 듣고 언약을 지키는 백성이 되어야 한다. 과연 이스라엘 백성은 이 놀랄 만한 초청에 어떻게 응답할 것인가?

산에서 내려온 모세는 19:4-6의 하나님 초청문을 회집된 이스라엘 장로들에게 공공연히 알려 주었다. 하나님의 모든 말씀을 낱낱이 진술하자 이스라엘 백성이 일제히 응답한다. 하나님의 일방적인 계약 초청에 엄청난 충격을 받았을 수도 있는 이스라엘 백성은 놀랍게도 모세를 통해 전달된 기습적인 하나님의 초청을 기꺼이 받아들인다. "우리가 다 행하리이다."^{19:8} 아마도 계약 내용을 정확하게 알지 못한 채 분위기에 압도당해 이렇게 동의했을 수도 있다. 하지만 이 동의성 응답은 다음 단계의 계약 체결을 위한 발판이 된다. 모세가 백성들의 대답을 하나님께 전달하기 위해 다시 혼자 산으로 올라간다(8절에 암시). 마침내 하나님은 연기와 검은 구름 속에 나타나셔서 온 백성이 중보자로서의 모세의 권위와 특권적 책임을 인정하도록 하기 위해 그들이 보는 앞에서 모세와 말씀하신다. 여기서 모세는 3일 후에 있게 될 하나님의 현현에 대비하여 백성들을 성결케 하라는 명령을 받는다. 10-15절에서는 제3일에 나타나실 하나님과 대면하기 위해 이스라엘 백성이 지켜야 할 몇 가지 세칙이 공포된다.

첫째, 사람과 짐승이 하나님의 강림이 이루어지는 산에 올라오지 못하도록 경계선이 세워져야 한다. 거룩한 신성구역의 설정이다. 이 신성불가침 구역을 넘어오는 동물과 사람은 이스라엘 백성의 손에 죽임을 당할 것이다. 위반자는 직접적인 접촉을 통하지 않는 방식으로 처형되어야 한다. 둘째, 옷을 씻음으로써 백성들은 자신의 몸을 성별하여야 한다. 셋째, 백성들은 성적인 접촉을 하면 안 된다. 정액을 설정泄精하는 것이 의식적으로 불결하다고 생각되었기 때문이다.

하나님의 시내산 현현 ● 19:16-25

19 ¹⁶ 셋째 날 아침에 우레와 번개와 빽빽한 구름이 산 위에 있고 나팔 소리가 매우 크게 들리니 진중에 있는 모든 백성이 다 떨더라. ¹⁷ 모세가 하나님을 맞으려고 백성을 거느리고 진에서 나오매 그들이 산 기슭에 서 있는데 ¹⁸ 시내산에 연기가 자욱하니 여호와께서 불 가운데서 거기 강림하심이라. 그 연기가 옹기 가마 연기 같이 떠오르고 온 산이 크게 진동하며 ¹⁹ 나팔 소리가 점점 커질 때에 모세가 말한즉 하나님이 음성으로 대답하시더라. ²⁰ 여호와께서 시내산 곧 그 산 꼭대기에 강림하시고 모세를 그리로 부르시니 모세가 올라가매 ²¹ 여호와께서 모세에게 이르시되 내려가서 백성을 경고하라. 백성이 밀고 들어와 나 여호와에게로 와서 보려고 하다가 많이 죽을까 하노라. ²² 또 여호와에게 가까이 하는 제사장들에게 그 몸을 성결히 하게 하라. 나 여호와가 그들을 칠까 하노라. ²³ 모세가 여호와께 아뢰되 주께서 우리에게 명령하여 이르시기를 산 주위에 경계를 세워 산을 거룩하게 하라 하셨사온즉 백성이 시내산에 오르지 못하리이다. ²⁴ 여호와께서 그에게 이르시되 가라, 너는 내려가서 아론과 함께 올라오고 제사장들과 백성에게는 경계를 넘어 나 여호와에게로 올라오지 못하게 하라. 내가 그들을 칠까 하노라. ²⁵ 모세가 백성에게 내려가서 그들에게 알리니라.

백성들이 아직 장막에 있을 때 천둥과 번개가 치기 시작하고 짙은 구름이 산을 에워싼다. 모세는 백성을 데리고 산기슭으로 오른다. 찢을 듯한 나팔소리가 대기를 진동한다. 백성들은 공포와 전율에 사로잡힌다. 야웨는 불 가운데, 그리고 피어오르는 짙은 연기 가운데 강림하신다. 이때 갑자기 온 산이 진동하며 나팔소리는 점점 더 커져 간다. 모세는 하나님께 말하고 하나님은 천둥으로 대답하신다. 모든 자연물이 창조주를 경배하는 것처럼 보인다. 떨기나무 가운데 나타나신 하나님이 모세에게 처음 불러일으킨 외경의 감정이 백성들에게 공동체적으로 발동한다. 백성들과 함께 산기슭에 있던 모세는 홀로 산꼭대기에 강림하시는 하나님을 만나러 산 정상으로 소환된다. 그리고 다시 내려와서 백성들에게 "가까이 오지 말라"는 경고를 발한 후 다시 올라간다. 모세의 반복적인 오르내림은 긴장감을 더욱 고조시킨다. 모세는 이윽고 산 정상에서 들려오는 무서운 신적 경고를 듣는다. "여호와께서 모세에게 이르시되 내려가서 백성을 경고하라. 백성이 밀고 들어와 나 여호와에게로 와서 보려고 하다가 많이 죽을까 하노라."19:21 제사장들도 하나님께 돌격당하지 않으려면 자신을 성별시켜야 한다. 이 무서운 진실을 단단히 알리려고 모세는 다시 하산한다. 그리고 그 후 모세는 다시 아론과 함께 산 정상으로 되돌아가야 한다. 영도자의 영적 고도를 유지하기 위해 모세는 거룩한 폭풍과 화염 속에 계신 하나님의 현존과 대면해야 한다.

폭풍과 흑암, 흑운과 큰 나팔소리 가운데 강림하신 하나님히 12:18-21은 소멸하는 불꽃으로 이스라엘 백성을 전율케 하신다. 하나님의 중심으로부터 거룩한 폭풍이 불어와 죄인을 가까이 오지 못하도록 만든다. 거룩하신 하나님은 거룩한 빛과 폭풍으로 당신께 나아가는 죄인을 돌격하시고 돌파하신다. 하나님이 강림하신 시내산 정상은 하나님의 인격적인 현존이 머무는 신성구역으로 선포된다. 동물이나 죄인(심지어 제사장일지라도)이 성결치 않은 상태에서 시내산 정상의 거룩한 구역으로 돌진하면 하나님에 의해 돌격당하고 돌파당한다.[19:13, 21] 그래서 모세는 시내산 주위에 경계를 세워 산을 거룩하게 구별함으로써 백성이 산에 오르지 못하도록 권계에 권계를 더한다. 모세는 신성구역인 하나님의 산에 성결케 되지 못한 사람이 오르면 하나님의 신적 타격이 가해질 것임을 백성들에게 알렸다. 전체적으로 이렇게 전율스러운 분위기 속에서 모세와 이스라엘 백성은 십계명과 그것의 시행세칙을 받는다.

시내산 계약의 핵심, 십계명 ●20:1-21

20 ¹하나님이 이 모든 말씀으로 말씀하여 이르시되 ²나는 너를 애굽 땅, 종 되었던 집에서 인도하여 낸 네 하나님 여호와니라.

1) 서언 및 역사적 서론 ●20:1-2

하나님은 이스라엘이 지켜야 할 중심 조항들로 구성된 십계명을 제시하신다. 십계명은 한 공동체의 정체를 규정하는 헌법적 요강이며, 동시에 이스라엘의 문화가 견지해야 할 기준이다. 이스라엘은 십계명을 준행함으로써 종주인 야웨 하나님께 자신을 결속시킨다. 십계명은 하나님에 대한 사랑 계명과 이웃에 대한 사랑 계명으로 나뉜다.⁴ 먼저 하나님께서는 애굽 땅, 종 되었던 집에서 이스라엘을 해방시켰다는 역사적 근거에 입각하여 이스라엘에게 배타적 예배와 복종을 요구하신다.

20 ³너는 나 외에는 다른 신들을 네게 두지 말라. ⁴너를 위하여 새긴 우상을 만들지 말고 또 위로 하늘에 있는 것이나 아래로 땅에 있는 것이나 땅 아래 물 속에 있는 것의 어떤 형상도 만들지 말며 ⁵그것들에게 절하지 말며 그것들을 섬

기지 말라. 나 네 하나님 여호와는 질투하는 하나님인즉 나를 미워하는 자의 죄를 갚

되 아버지로부터 아들에게로 삼사 대까지 이르게 하거니와 ⁶나를 사랑하고 내 계명을

지키는 자에게는 천 대까지 은혜를 베푸느니라. ⁷너는 네 하나님 여호와의 이름을 망

령되게 부르지 말라. 여호와는 그의 이름을 망령되게 부르는 자를 죄 없다 하지 아니

하리라. ⁸안식일을 기억하여 거룩하게 지키라. ⁹엿새 동안은 힘써 네 모든 일을 행할

것이나 ¹⁰일곱째 날은 네 하나님 여호와의 안식일인즉 너나 네 아들이나 네 딸이나 네

남종이나 네 여종이나 네 가축이나 네 문안에 머무는 객이라도 아무 일도 하지 말라.

¹¹이는 엿새 동안에 나 여호와가 하늘과 땅과 바다와 그 가운데 모든 것을 만들고 일

곱째 날에 쉬었음이라. 그러므로 나 여호와가 안식일을 복되게 하여 그 날을 거룩하게

하였느니라.

2) 마음과 뜻과 힘을 다하여 네 하나님을 사랑하라 ● 20:3-11

다른 신들을 두지 말라. 출애굽 구원을 허락하신 하나님은 전적으로
당신 자신에게만 소속되는 하나님의 백성을 부르신다. 따라서 백성
들의 충성심을 나눠 가질 어떤 경쟁적 신들의 존재를 용납하지 않으
신다. '다른 신들'은 인간의 충성심을 도둑질하려는 신적 존재 혹은
기만적인 피조물이다. 가나안 원주민들과의 통교와 접촉은 다른 신
들을 섬기도록 유혹할 것이다.수 24:14, 삼상 8:8 제1계명은 이방 신상과 제
단들을 파괴하도록 명령하는 시행세칙의 토대가 된다.신 12장

어떤 신의 형상도 만들지 말라. 제2계명의 근거는 시내산 폭풍과
불 가운데 일어난 하나님의 계시다.신 4:12, 15-18 이스라엘은 하나님의
목소리만 들었을 뿐 어떤 형용이나 형상도 보지 못하였다. 하나님은
국지적·부분적으로 시각화하거나 표현할 수 없는 전체이시다. 그래
서 "야웨 하나님을 형상으로 만들어 축소시키지 말라"는 계명이 등
장한 것이다. 이미지나 형상으로 하나님을 대표할 수 있다고 착각하
지 말라는 것이다. 하나님은 신학으로도 교단으로도 신앙 위인의 삶

으로도 축소될 수 없는 만유보다 크신 분이다.[20:4-6] 고대 근동의 모든 신은 형상으로 표상화되었으나 야웨 하나님만이 이미지나 형상(조각)으로 표상화될 수 없었다. 결국 제1계명은 예배 대상과 관련된 계명이며, 제2계명은 예배 방식과 관련된다. 부모세대의 형상숭배 죄악은 이 죄악을 이어받아 행하는 삼사 대의 자녀세대에 가서 징벌할 것이며,[신 28:32, 41, 대하 7:19-20, 렘 25:11-12] 아비세대의 순종은 천대의 후손에게까지 연장되는 인애를 가져다줄 것이다.[롬 1:20, 렘 11:9-12, 16:10-13]

4절 하반절과 5절은 징벌 조항과 보상 조항을 덧붙인다. 하나님은 당신을 질투하는 하나님이라고 계시하시며, 당신을 미워하는 자와 사랑하는 자에 대한 정반대의 처우를 말씀하신다. 이 징벌과 보상 언급은 제2계명 준수에 대한 징벌과 보상이 아니라 제1-2계명 모두의 준수 여하에 따른 징벌과 보상 조항이라고 보아야 한다. 하나님의 질투는 아버지로서 아들의 공경이 다른 신에게 갈 때, 이스라엘의 남편으로서 야웨의 신부인 이스라엘의 충성과 애모가 호세아 1-3장이 그리듯이 사악한 정부情夫에게로 바쳐질 때 작동되는 분노다. 하나님은 당신의 아들과 신부를 지키기 위하여 질투의 화염을 내뿜으신다. 하나님은 제1-2계명을 어기는 자들에게 삼사 대까지 그 죄책을 추궁하실 것이다. 즉, 조상의 죄악 때문에 후손이 그 죗값을 치러야 한다는 말이다. 반면에 야웨를 사랑하고 그 계명을 지키는 자에게는 천대까지 인애(헤세드)를 베푸실 것이다. 하나님의 진노 어린 질투와 인애는 불합리할 정도로 비대칭적이다. 죄책 추궁용 진노는 짧고 인애는 장구하다. 하나님은 여기서 하나님을 사랑하기 때문에 계명을 지킬 것을 기대하신다. 하나님은 우리가 당신의 계명을 지킬 때 사랑받는다고 느끼신다. 존 칼빈John Calvin이 말한 것처럼 하나님에 대한 사랑만이 그분의 계명에 대한 우리의 자발적 순복을 이끌어 낸다.[5] 하나님에 대한 감사와 감격이 하나님 사랑의 기초가 되고, 하나님을 사랑하는 마음이 우리 안에 자리 잡으면 십계명이 우리 인간의 행복과 평강을 위한 하나님의 최고 선물임을 깨닫고 더욱 자발적인 율법 순종을 추동시킨다.

하나님의 이름을 헛되이 들지 말라. 제3계명은 정직과 진실언어를 통한 하나님 예배를 다룬다. 언행일치, 신행일치를 이룬 자들만이 하나님의 이름을 불러 그 이름에 자신의 정당성을 호소할 수 있다. 여기서 '이름'과 '헛되이' 그리고 '들다'[나사(נָשָׂא)]라는 동사가 특별히 중요하다. 하나님의 '이름'은 하나님의 일관된 성품, 본질, 인격[시 20:1, 눅 24:47, 요 1:12]을 가리키며 더 나아가서는 하나님의 가르침과 교리,[시 22:22, 요 17:6, 26] 그리고 윤리적인 방침과 도덕적 요구들을 가리킨다.[미 4:5] '헛되이'라는 부사는 하나님의 본성과 부합되지 않는 주장을 하나님의 이름에 근거하여 말하는 실익 없는 행위를 가리킨다.[잠 18:10] 즉, "하나님의 이름을 헛되게 남용하지 말라", "하나님의 이름으로 자신의 거짓됨을 은폐하거나 축소시키려고 하지 말라"는 의미다. 왜냐하면 하나님의 이름을 공허하게 사용한 자는 징벌을 당할 것이기 때문이다. 개역개정에 망령되게 '부르다'라고 번역된 히브리어는 어떤 물건을 '들다'를 의미하는 동사 '나사'다. 하나님의 이름이라는 추상명사를 든다는 생각은 매우 낯설다. 법정맹세 상황을 제외하고는 하나님의 이름을 들듯이 손을 들어 맹세하는 경우는 거의 없을 것이다. 따라서 이 계명은 법정맹세 시 하나님 성품을 거스르는 자들이 하나님의 거룩한 이름을 일시 도피처 삼아 자신의 거짓을 가리는 행위를 금지하고 있는 셈이다.

안식일을 거룩하게 지키라. 제4계명은 노동생산성을 창조하는 6일 노동을 마친 후 하나님께 매혹당하고 하나님의 성품을 즐거워하는 안식을 누리라는 계명이다. 즉, 노동생산성에 목을 매는 저등사역을 그치고 하나님의 은총의 절대적 우선성을 깨우쳐 주는 고등사역(노동의 중지를 통한 휴식)에 몰입하라는 명령이다. 노동의 효율성에 탐닉하여 일중독자가 되지 말라는 계명이다. 노동생산성을 신봉하지 말며 더 나아가 은총의 절대가치 앞에 노동가치를 상대화하라는 뜻이다. 안식이 노동의 완성임을 기억하라는 것이다. 창세기의 하나님처럼 노동의 마지막 시간에 노동의 결과를 만족스럽게 음미하는 안식의 시간이 필요하다는 것이다. 특히 안식일 준수 계명은 종과 노예를 거느린 유력자들에게 그들이 부리는 종들의 안식을 보장하라고 다그친다. 그러나 이 계명이 노동의 가치를 깎아내리거나 부정하지는 않는다. 이 안식일 향유 계명을 잘 보면 6일 동안 해야 할 일을 다하지 못한 게으름뱅이들은 안식일의 축제에 참여할 수 없다는 사실을 깨달을 수 있다.

20

¹² 네 부모를 공경하라. 그리하면 네 하나님 여호와가 네게 준 땅에서 네 생명이 길리라. ¹³ 살인하지 말라. ¹⁴ 간음하지 말라. ¹⁵ 도둑질하지 말라. ¹⁶ 네 이웃에 대하여 거짓 증거하지 말라. ¹⁷ 네 이웃의 집을 탐내지 말라. 네 이웃의 아내나 그의 남종이나 그의 여종이나 그의 소나 그의 나귀나 무릇 네 이웃의 소유를 탐내지 말라.

3) 네 이웃을 네 몸과 같이 사랑하라 ● 20:12-17

네 부모를 공경하라. 이 계명은 일차적으로 미성년자인 자녀들이 아니라 성인이 되어 경제력을 갖게 된 아들딸들에게 적용된다. 성인이 된 자녀들이 연로한 부모님 세대를 봉양하라고 명령하는 계명이다. 부모 봉양과 효도는 "가나안 땅을 오랫동안 차지할 수 있는 복을 누리는 첩경"이다. 부모 공경이 가나안 땅을 장구하게 차지하게 해 줄 것이라는 약속이 이 계명에 첨가되어 있다. 여기서 가나안 땅은 언제든지 빼앗길 수 있는 땅이라는 점이 전제된다. 구약성경에 따르면, 율법을 준수하면 가나안 땅에 정착할 수 있다.^{신 30:15-16} 부모를 공경하는 것은 자녀들에게 율법을 가르쳐 전승시키는 부모의 역할에 대한 공경을 의미하기에 부모 공경은 곧 율법 준수를 의미한다.^{잠 6:25,} ^{신 6:20, 출 12:25} 따라서 부모에 대한 공경은 부모가 가르치는 토라에 대한 존중과 공경을 내포하였을 것이다. 부모를 공경하라는 계명을 잘 지키는 사람이 하나님의 계명을 잘 지킬 가능성이 크다. 부모를 공경하지 않고 어버이를 저주하는 인간은 사회적으로 약자들을 삼키는 악인이 된다.^{잠 30:11-14} 반면에 자신의 어머니가 가르쳐 준 하나님의 토라를 잘 듣고 준수하는 르무엘 왕은 왕도를 익혀 가난하고 불운한 자들을 잘 돌보는 왕이 될 것이다.^{잠 31:1-5, 8-9} 특히 경제적 약자와 병자에 대한 사회복지적인 정책은 이 계명 준수의 연장선에 있다. 생산성이 결여된 노인들을 사회적으로 경멸하기가 쉽겠지만, 잘 봉양하면 자손의 번영을 가져다준다.

살인하지 말라. 생명의 신성성을 지키라는 명령이다. 창세기 9:1-7은 하나님의 형상으로 창조된 사람을 죽이는 죄는 하나님을 향한 범죄임을 증거한다. 이 계명에 대한 예수님의 급진적인 해석은 "살인하지 말라"의 포괄적 성격을 잘 예시한다. 형제에게 분노한 자, '라가'라고 한 자, 곧 '바보 멍청이'라고 욕을 한 사람은 지옥불에 던져질 것이다. 특히 분노는 살인으로 발전하는 잠재적인 살인죄이며,^{창 4:5-12} 다른 사람을 가치 없는 자, 열등한 자, 사회의 짐이 되는 쓰레기라고 말하는 것은 살인죄다.^{마 5:21-26}

간음하지 말라. 간음은 혼인 계약의 파기를 의미한다. 이 계명은 결혼과 가정의 신성성을 보호하려는 하나님의 의지를 드러낸다. 예수님 당시 부부가 이혼을 할 때 남자가 소박맞고 쫓겨나는 아내에게 이혼증서를 써주기만 하면 이 계명을 어기지 않는 셈이 된다고 주장하는 경향이 만연하였다. 예수님은 남자들의 습관적 죄악을 갈파하기 위하여 이 계명을 급진적으로 해석하신다. "음욕을 품은 채 다른 여자를 빤히 쳐다보는 것은 이미 간음한 자다." 당시 남자들은 자기 아내보다 성적으로 훨씬 매력적인 여자가 나타나면 가차 없이 자기 본처를 버리곤 하였기 때문이다. 간음죄를 범하지 않은 아내를 버리는 것은 자신은 물론 버린 아내마저도 간음죄를 범하도록 유도하는 행위라는 것이다.^{마 5:31-32, 19:9} 물론 이 계명은, 미혼 남녀가 다른 이성에게 성적 매력을 발견하고 음미할 수 있는 자유와 권리를 부정하는 것이 아니다. 한편 이차적으로 확장하자면 하나님이 아닌 잡령들에게 가서 미래를 묻는 것은 영적 간음이다.^{레 20:6} 또한 강대국을 좇아 하나님에 대한 계약적 신의를 저버리는 행위도 행음하는 것이며 간음죄를 범하는 것이다.^{호 11-14장}

도둑질하지 말라. 이 계명은 차라리 "인신 납치하지 말라"는 명령으로 이해되는 것이 낫다. 물론 재물과 관련해서도 적용되지만 일반적인 도둑질은 십계명의 탐심금지 계명에서 다루고 있다고 볼 수 있다. 고대 이스라엘 사회에서 인신 납치는 노동력을 위한 부당 징발의 일환으로 자행된 범죄였다.^{21:16} 이런 점에서 임금을 지불하지 않고 노동력을 착취하는 행위는 인신 납치에 버금가는 범죄다. 노동력을 얻기 위해 전쟁을 벌이는 행위도 도둑질이다. 자원을 강탈하기 위해 전쟁을 벌이는 행위도 제8계명의 위반이다.

거짓 증거하지 말라. 이 계명은 사법적 정의를 세우라는 명령이다. 주로 거짓 증거의 죄악은 약자를 원통하게 만드는 유력자들의 죄악이다. 하나님 백성의 공동체를 기초부터 허물어뜨리는 범죄가 사법적 정의의 왜곡이다. 거짓 증거는 공동체 사회의 세포적인 결속을 파괴하는 흉악한 범죄다. 이스라엘 왕 아합은 평민 나봇의 포도원을 강탈하려고 엉터리 재판을 열고 불의한 증인들을 동원함으로써 엘리야의 심판 예언을 들어야 했다. 보디발의 아내가 거짓 증거를 함으로써 요셉은 투옥되고, 동원된 거짓 증인들의 고소로 나사렛 예수는 산헤드린 법정에서 고소당하였다. 증언의 진실성은 공평과 정의 실현의 필수요소다.

탐내지 말라. 정당하게 획득된 사유재산의 정당성을 인정하는 계명이다. 탐냄의 대상으로 이웃의 재산, 아내, 노예, 가축 등이 망라되어 있다. 우리아에게서 밧세바를 빼앗은 다윗을 회개시키기 위해 나단이 다윗에게 들려준 이야기에 따르면^{삼하 12장} 다윗은 남의 아내를 탐낸 죄악을 범했다. 탐심은 우상숭배^{골 3:5, 딤전 6:6-10}이며, 이 마지막 계명은 우리의 초점을 제1계명으로 되돌려 놓는다. 십계명은 중요도에 있어서 서열을 이루는 방식으로 선포된 것이 아니라 동등하게 중요한 계명들로서 선포되었음을 암시해 준다. 첫째 계명을 어기는 자가 곧 열째 계명을 어기는 자이며, 남의 것을 탐내는 자는 하나님 한 분만을 경배하라는 첫째 계명을 위반한 자인 셈이다.

20 ¹⁸ 뭇 백성이 우레와 번개와 나팔 소리와 산의 연기를 본지라. 그들이 볼 때에 떨며 멀리 서서 ¹⁹ 모세에게 이르되 당신이 우리에게 말씀하소서. 우리가 들으리이다. 하나님이 우리에게 말씀하시지 말게 하소서. 우리가 죽을까 하나이다. ²⁰ 모세가 백성에게 이르되 두려워하지 말라. 하나님이 임하심은 너희를 시험하고 너희로 경외하여 범죄하지 않게 하려 하심이니라. ²¹ 백성은 멀리 서 있고 모세는 하나님이 계신 흑암으로 가까이 가니라.

4) 중보자 모세 ●20:18-21

모세가 어떤 계기로 하나님과 이스라엘 백성 사이를 오고 가는 언약과 율법의 중보자가 되었는지를 보여주는 일화다. 이스라엘 백성은 압도적인 거룩함과 영광의 위엄을 동반한 채 나타나신 하나님의 현현(우레, 번개, 나팔소리, 연기)에 두려움을 느끼고 모세에게 중보자가 되어 달라고 요청한다. 그들은 모세에게 "당신이 우리에게 말씀하소서[다뻬르 아타 임마누(דַּבֵּר־אַתָּה עִמָּנוּ)]. 우리가 들으리이다. 하나님이 우리에게 말씀하시지 말게 하소서. 우리가 죽을까 하나이다"^{20:19}라고 간청한다. 19절 상반절은 이인칭 남성단수대명사 '아타'가 돌출적으로 사용되어 "다른 사람이 아닌 모세 당신이 우리에게 말씀하소서"라는 뜻을 만든다. 모세는 백성의 간청을 응낙하면서 하나님의 압도적인 현현의 목적을 말해 준다. 하나님이 이렇게 두려움을 촉발시키는 방식으로 이스라엘 자손에게 임하심은 그들이 하나님을 진실로 두려워하는지 않는지를 시험하고 또 그들로 하여금 하나님을 경외함으로써 범죄하지 않도록 하기 위함이라고 말해 준다. 이스라엘의 하나님 경험의 본질은 하나님을 절대적으로 초월적이고 두려운 하나님으로 고백하고 인식하는 데 있다. 하나님과 인간 사이에는 극복할 수 없는 거리가 있다는 것이다. 시내산에서 하나님을 두려워하여 중보자가 필요하다고 간청한 이스라엘의 하나님 경험은 참이다. 하나님을 두려워하면서 극히 삼가는 사람만이 참된 하나님을 아는 자들이다. 하나님을 이용하여 종교적 흥행을 추구하거나 하나님 명의를 도용해 하나님의 성품과 정반대되는 일을 일삼는 자들은 하나님을 알지 못하는 불법의 사람일 가능성이 크다. 이런 점에서 이스라엘 백성의 하나님 경험은 나머지 모든 종교의 하나님 경험의 진정성을 판단하는 시금석이다. 하나님을 두려워하며 멀리 서 있는 백성을 뒤로하고 중보자 모세만이 하나님이 계신 흑암으로 가까이 간다.

계약 법전 1 ●20:22-21장

20 ²² 여호와께서 모세에게 이르시되 너는 이스라엘 자손에게 이같이 이르라. 내가 하늘로부터 너희에게 말하는 것을 너희 스스로 보았으니 ²³ 너희는

나를 비겨서 은으로나 금으로나 너희를 위하여 신상을 만들지 말고 ²⁴ 내게 토단을 쌓고 그 위에 네 양과 소로 네 번제와 화목제를 드리라. 내가 내 이름을 기념하게 하는 모든 곳에서 네게 임하여 복을 주리라. ²⁵ 네가 내게 돌로 제단을 쌓거든 다듬은 돌로 쌓지 말라. 네가 정으로 그것을 쪼면 부정하게 함이니라. ²⁶ 너는 층계로 내 제단에 오르지 말라. 네 하체가 그 위에서 드러날까 함이니라.

21 ¹ 네가 백성 앞에 세울 법규는 이러하니라. ² 네가 히브리 종을 사면 그는 여섯 해 동안 섬길 것이요 일곱째 해에는 몸값을 물지 않고 나가 자유인이 될 것이며 ³ 만일 그가 단신으로 왔으면 단신으로 나갈 것이요 장가 들었으면 그의 아내도 그와 함께 나가려니와 ⁴ 만일 상전이 그에게 아내를 주어 그의 아내가 아들이나 딸을 낳았으면 그의 아내와 그의 자식들은 상전에게 속할 것이요 그는 단신으로 나갈 것이로되 ⁵ 만일 종이 분명히 말하기를 내가 상전과 내 처자를 사랑하니 나가서 자유인이 되지 않겠노라 하면 ⁶ 상전이 그를 데리고 재판장에게로 갈 것이요 또 그를 문이나 문설주 앞으로 데리고 가서 그것에다가 송곳으로 그의 귀를 뚫을 것이라. 그는 종신토록 그 상전을 섬기리라. ⁷ 사람이 자기의 딸을 여종으로 팔았으면 그는 남종 같이 나오지 못할지며 ⁸ 만일 상전이 그를 기뻐하지 아니하여 상관하지 아니하면 그를 속량하게 할 것이나 상전이 그 여자를 속인 것이 되었으니 외국인에게는 팔지 못할 것이요 ⁹ 만일 그를 자기 아들에게 주기로 하였으면 그를 딸 같이 대우할 것이요 ¹⁰ 만일 상전이 다른 여자에게 장가 들지라도 그 여자의 음식과 의복과 동침하는 것은 끊지 말 것이요 ¹¹ 그가 이 세 가지를 시행하지 아니하면, 여자는 속전을 내지 않고 거저 나가게 할 것이니라. ¹² 사람을 쳐죽인 자는 반드시 죽일 것이나 ¹³ 만일 사람이 고의적으로 한 것이 아니라 나 하나님이 사람을 그의 손에 넘긴 것이면 내가 그를 위하여 한 곳을 정하리니 그 사람이 그리로 도망할 것이며 ¹⁴ 사람이 그의 이웃을 고의로 죽였으면 너는 그를 내 제단에서라도 잡아내려 죽일지니라. ¹⁵ 자기 아버지나 어머니를 치는 자는 반드시 죽일지니라. ¹⁶ 사람을 납치한 자가 그 사람을 팔았든지 자기 수하에 두었든지 그를 반드시 죽일지니라. ¹⁷ 자기의 아버지나 어머니를 저주하는 자는 반드시 죽

일지니라. ¹⁸ 사람이 서로 싸우다가 하나가 돌이나 주먹으로 그의 상대방을 쳤으나 그가 죽지 않고 자리에 누웠다가 ¹⁹ 지팡이를 짚고 일어나 걸으면 그를 친 자가 형벌은 면하되 그간의 손해를 배상하고 그가 완치되게 할 것이니라. ²⁰ 사람이 매로 그 남종이나 여종을 쳐서 당장에 죽으면 반드시 형벌을 받으려니와 ²¹ 그가 하루나 이틀을 연명하면 형벌을 면하리니 그는 상전의 재산임이라. ²² 사람이 서로 싸우다가 임신한 여인을 쳐서 낙태하게 하였으나 다른 해가 없으면 그 남편의 청구대로 반드시 벌금을 내되 재판장의 판결을 따라 낼 것이니라. ²³ 그러나 다른 해가 있으면 갚되 생명은 생명으로, ²⁴ 눈은 눈으로, 이는 이로, 손은 손으로, 발은 발로, ²⁵ 덴 것은 덴 것으로, 상하게 한 것은 상함으로, 때린 것은 때림으로 갚을지니라. ²⁶ 사람이 그 남종의 한 눈이나 여종의 한 눈을 쳐서 상하게 하면 그 눈에 대한 보상으로 그를 놓아 줄 것이며 ²⁷ 그 남종의 이나 여종의 이를 쳐서 빠뜨리면 그 이에 대한 보상으로 그를 놓아 줄지니라. ²⁸ 소가 남자나 여자를 받아서 죽이면 그 소는 반드시 돌로 쳐서 죽일 것이요 그 고기는 먹지 말 것이며 임자는 형벌을 면하려니와 ²⁹ 소가 본래 받는 버릇이 있고 그 임자는 그로 말미암아 경고를 받았으되 단속하지 아니하여 남녀를 막론하고 받아 죽이면 그 소는 돌로 쳐죽일 것이고 임자도 죽일 것이며 ³⁰ 만일 그에게 속죄금을 부과하면 무릇 그 명령한 것을 생명의 대가로 낼 것이요 ³¹ 아들을 받든지 딸을 받든지 이 법규대로 그 임자에게 행할 것이며 ³² 소가 만일 남종이나 여종을 받으면 소 임자가 은 삼십 세겔을 그의 상전에게 줄 것이요 소는 돌로 쳐서 죽일지니라. ³³ 사람이 구덩이를 열어 두거나 구덩이를 파고 덮지 아니하므로 소나 나귀가 거기에 빠지면 ³⁴ 그 구덩이 주인이 잘 보상하여 짐승의 임자에게 돈을 줄 것이요 죽은 것은 그가 차지할 것이니라. ³⁵ 이 사람의 소가 저 사람의 소를 받아 죽이면 살아 있는 소를 팔아 그 값을 반으로 나누고 또한 죽은 것도 반으로 나누려니와 ³⁶ 그 소가 본래 받는 버릇이 있는 줄을 알고도 그 임자가 단속하지 아니하였으면 그는 소로 소를 갚을 것이요 죽은 것은 그가 차지할지니라.

20:22-23:33은 흑암으로 들어가 하나님과 면대하여 하나님의 율 580

법을 깨우치고 돌아온 모세가 이스라엘에게 가르쳐 준 율법들의 집 성물로 간주된다.[6] 이 단락은 '계약 법전'the Book of Covenant이라고 불리 며, 십계명을 구체적인 상황에 적용하는 시행세칙들을 다룬다. 그것 은 가나안의 다신교적인 환경에서 유일하신 한 분 하나님과 동행하 는 삶을 살 때 나타나는 국가적·공동체적·가정적 도전들에 대한 응답이다.

20:22-23은 하나님을 섬긴다는 명목으로 신상을 만드는 행위를 단호하게 금지한다. 가나안의 모든 이교도 신들의 제단은 금과 은의 신상으로 복마전을 이룰지라도 야웨 하나님은 금이나 은과 동일시 될 수 없는 거룩한 하나님이시다. 20:24-26은 야웨의 거룩한 성품 과 부합하는 제단을 만들라는 명령이다. "토단을 쌓거나 다듬지 않 은 돌로 제단을 만들어 그 위에 제물을 드리라." 돌을 다듬기 위해서 는 가나안의 철 연장을 버리는 기술을 도입해야 하고 그 과정에서 가나안 종교의 침투를 경험하게 될 것이다. 그렇다면 자연스럽게 가 나안의 선진 물질문명 도입과 더불어 가나안의 이방종교도 이스라 엘에 침투하게 될 것이다. 이런 이유 때문에 토단이나 자연석 제단 을 이용해 제물을 바치라는 율법이 나온 것이다. 결국 야웨 하나님 에 대한 일편단심을 바치기 위해 토단이나 거친 자연석 그대로 제단 으로 사용하라는 것이다. "제사장의 하체가 드러날 정도의 높은 층 계식 제단을 만들지 말라." 아마도 이 또한 가나안이나 시돈, 두로 등의 신전 시설을 흠모하거나 모방하는 것을 금지하는 계명일 것이 다. 이런 이교도풍 제단에서 하나님의 이름을 불러도 소용없다는 이 야기다. 야웨종교의 제단이 화려하면 안 되는 이유는 그 제단에 하 나님의 신성한 이름이 머물 것이기 때문이다. 이 두 시행세칙은 십 계명 제1-3계명의 각론적이고 확장적인 적용이다.

안식일 계명의 각론적인 적용 사례[렘 34:8-22]를 담고 있는 21:1-11은

IV.

거룩한 백성, 제사장 나라 이스라엘

노예 소유의 정당성과 한계를 다룬다. "네가 히브리 종을 사면 그는 여섯 해 동안 섬길 것이요 일곱째 해에는 몸값을 물지 않고 나가 자유인이 될 것이며."²¹⁺² 이것은 동족인 히브리 노예를 7년 이상 부리지 말 것을 말하며 동족 노예의 인권과 행복도 세심하게 배려하라는 명령이다. 여기서 중요한 것은 노예가 어느 순간에 주인 및 그 아들의 배우자가 되고 주인의 가족으로 편입될 수 있는 가능성이다. 부채나 기타 이유로 동족의 노예가 되었다고 할지라도 6년간의 노예살이 후에는 자유인이 될 수 있다. 여기서 남자 노예와 여자 노예의 해방 규정에 불평등이 작용하고 있음을 볼 수 있다. 어차피 율법은 하나님이 인간에게 기대할 수 있는 최소한의 도덕이기에 구약의 율법도 인간에게 기대하는 최고 최선의 윤리적 행동을 상정하지 않는다. 오히려 일정한 윤리적 하한선을 제시한다. 따라서 우리가 이런 율법을 다 지킨다고 해도 하나님의 마음을 만족시킬 수는 없으며, 심지어 오늘날 고도로 민감화된 인권의식을 가진 인간의 정의감도 충족시키지 못한다. 율법은 인간의 완악한 마음이 지킬 수 있는 최소 한계를 반영하기 때문에, 불평등해 보이는 규정이 하나님의 본마음을 온전히 표현한 것일 수 없다.ᵐᵃᵏ ¹⁰⁺⁵

12-14절, 18-27절, 28-36절은 "살인하지 말라"는 계명의 의미를 상황적으로 밝힌다. 특히 12-14절에 따르면, 고의적 살인 행위는 하나님의 제단 뿔을 잡더라도 사형으로 응징되어야 하지만, 부주의하게 사람을 죽인 자는 도피성으로 피할 수 있다. 18-27절은 신체 손상 행위에 대해서는 동해동량同害同量의 보복만을 허락하는 원칙을 제시한다. 여기서 중요한 것은 동해 보복의 원칙(탈리오의 법칙)이 최소 보복의 원칙을 의미한다는 사실이다. 이 규정은 먼저 손상당하거나 공격당한 당사자가 동해 보복을 하기보다 오히려 초과 보복을 가하기 쉽다는 인간의 내적 경향을 간파한 것이다. 그런 점에서 보

면 "눈의 손상에는 눈의 손상으로"라는 원칙은 어떤 점에서 최소 보복의 원칙인 셈이다. 또 하나 주목할 만한 점은 종이 구타당하여 손상을 입는 경우, 그 벌은 비교적 경미하다는 사실이다.[21:20-21] 여기서도 마찬가지로 우리는 구약의 형사법이나 형사소송법이 인간의 정의감을 무한정 만족시키는 최선의 법이 아니라 인간의 죄악 충동을 억제하는 최소한의 방파제라는 점을 기억할 필요가 있다. 28-32절, 35-36절은 사나운 가축을 잘못 관리한 주인이 미필적고의로 이웃을 살인하게 되는 경우를 언급한다. 자신의 소가 사람을 치명적으로 치받는 버릇이 있는 줄 알면서도 잘 관리하지 못하여 다른 사람을 죽이게 되는 경우, 원칙적으로 소 주인은 죽임을 당해야 하지만 피해자의 가족이 가난한 경우 생명의 속전을 지불하고 생명을 보전할 수도 있었던 것 같다. 35-36절은 치받는 소가 다른 소에게 상해를 입히는 사례를 다룬다. 어떤 사람의 소가 다른 사람의 소를 치받아 죽이면, 가해 소의 주인은 그 치받는 소를 팔아 그 판값의 반을 죽은 소 주인에게 배상해야 한다. 그런데 그 소가 본래 치받는 버릇이 있는 줄을 알고도 임자가 단속하지 않아서 이웃 소를 치받아 죽였다면 가해 소의 주인은 치받는 소를 죽은 소 주인에게 주어야 한다.

또 사람이 자신의 전토나 집의 위험한 구덩이를 잘 관리하지 못하여 어떤 사람의 동물이 빠지더라도 배상 책임을 져야 한다. 이처럼 "살인하지 말라"는 계명을 준수하기 위해서는 사소해 보이는 일상적 생명 존중, 이웃 배려의 미덕을 갖추어야 한다. 사람을 치받아 죽일 수 있을 정도로 사납고 난폭한 가축을 가진 사람은 이 가축이 타인의 생명을 손상시키는 일이 없도록 미리 주의해야 하고, 자기 집이나 땅에 이웃의 생명을 손상시킬 수 있는 위험한 시설을 가진 사람도 부단하게 시설물 관리에 신경을 써야 한다. 타인의 생명가치를 파괴하지 않기 위해 이스라엘은 이웃의 생명과 안전을 도모하는 일상적인 책임감으로 자신을 단련시켜야 했다.

15, 17절은 제5계명의 확장적 적용으로, 부모를 구타하거나 저주하는 자식에 대한 징벌 규정을 담는다. 그런 자녀는 죽임을 면치 못하게 될 것이라고 밝힌다. 16절은 제8계명의 확장 적용 사례를 보여준다. "사람을 납치한 자가 그 사람을 팔았든지 자기 수하에 두었든지 그를 반드시 죽일지니라."

계약 법전 2 ●22장

22 ¹사람이 소나 양을 도둑질하여 잡거나 팔면 그는 소 한 마리에 소 다섯 마리로 갚고 양 한 마리에 양 네 마리로 갚을지니라. ²도둑이 뚫고 들어오는 것을 보고 그를 쳐죽이면 피 흘린 죄가 없으나 ³해 돋은 후에는 피 흘린 죄가 있으리라. 도둑은 반드시 배상할 것이나 배상할 것이 없으면 그 몸을 팔아 그 도둑질한 것을 배상할 것이요 ⁴도둑질한 것이 살아 그의 손에 있으면 소나 나귀나 양을 막론하고 갑절을 배상할지니라. ⁵사람이 밭에서나 포도원에서 짐승을 먹이다가 자기의 짐승을 놓아 남의 밭에서 먹게 하면 자기 밭의 가장 좋은 것과 자기 포도원의 가장 좋은 것으로 배상할지니라. ⁶불이 나서 가시나무에 댕겨 낟가리나 거두지 못한 곡식이나 밭을 태우면 불 놓은 자가 반드시 배상할지니라. ⁷사람이 돈이나 물품을 이웃에게 맡겨 지키게 하였다가 그 이웃 집에서 도둑을 맞았는데 그 도둑이 잡히면 갑절을 배상할 것이요 ⁸도둑이 잡히지 아니하면 그 집 주인이 재판장 앞에 가서 자기가 그 이웃의 물품에 손 댄 여부의 조사를 받을 것이며 ⁹어떤 잃은 물건 즉 소나 나귀나 양이나 의복이나 또는 다른 잃은 물건에 대하여 어떤 사람이 이르기를 이것이 그것이라 하면 양편이 재판장 앞에 나아갈 것이요 재판장이 죄 있다고 하는 자가 그 상대편에게 갑절을 배상할지니라. ¹⁰사람이 나귀나 소나 양이나 다른 짐승을 이웃에게 맡겨 지키게 하였다가 죽거나 상하거나 끌려가도 본 사람이 없으면 ¹¹두 사람 사이에 맡은 자가 이웃의 것에 손을 대지 아니하였다고 여호와께 맹세할 것이요 그 임자는 그대로 믿을 것이며

그 사람은 배상하지 아니하려니와 ¹²만일 자기에게서 도둑 맞았으면 그 임자에게 배상할 것이며 ¹³만일 찢겼으면 그것을 가져다가 증언할 것이요 그 찢긴 것에 대하여 배상하지 아니할지니라. ¹⁴만일 이웃에게 빌려온 것이 그 임자가 함께 있지 아니할 때에 상하거나 죽으면 반드시 배상하려니와 ¹⁵그 임자가 그것과 함께 있었으면 배상하지 아니할지니라. 만일 세 낸 것이면 세로 족하니라. ¹⁶사람이 약혼하지 아니한 처녀를 꾀어 동침하였으면 납폐금을 주고 아내로 삼을 것이요 ¹⁷만일 처녀의 아버지가 딸을 그에게 주기를 거절하면 그는 처녀에게 납폐금으로 돈을 낼지니라. ¹⁸너는 무당을 살려두지 말라. ¹⁹짐승과 행음하는 자는 반드시 죽일지니라. ²⁰여호와 외에 다른 신에게 제사를 드리는 자는 멸할지니라. ²¹너는 이방 나그네를 압제하지 말며 그들을 학대하지 말라. 너희도 애굽 땅에서 나그네였음이라. ²²너는 과부나 고아를 해롭게 하지 말라. ²³네가 만일 그들을 해롭게 하므로 그들이 내게 부르짖으면 내가 반드시 그 부르짖음을 들으리라. ²⁴나의 노가 맹렬하므로 내가 칼로 너희를 죽이리니 너희의 아내는 과부가 되고 너희 자녀는 고아가 되리라. ²⁵네가 만일 너와 함께 한 내 백성 중에서 가난한 자에게 돈을 꾸어 주면 너는 그에게 채권자 같이 하지 말며 이자를 받지 말 것이며 ²⁶네가 만일 이웃의 옷을 전당 잡거든 해가 지기 전에 그에게 돌려보내라. ²⁷그것이 유일한 옷이라. 그것이 그의 알몸을 가릴 옷인즉 그가 무엇을 입고 자겠느냐. 그가 내게 부르짖으면 내가 들으리니 나는 자비로운 자임이니라. ²⁸너는 재판장을 모독하지 말며 백성의 지도자를 저주하지 말지니라. ²⁹너는 네가 추수한 것과 네가 짜낸 즙을 바치기를 더디하지 말지며 네 처음 난 아들들을 내게 줄지며 ³⁰네 소와 양도 그와 같이 하되 이레 동안 어미와 함께 있게 하다가 여드레 만에 내게 줄지니라. ³¹너희는 내게 거룩한 사람이 될지니 들에서 짐승에게 찢긴 동물의 고기를 먹지 말고 그것을 개에게 던질지니라.

22:1-15도 "도둑질하지 말라"라는 계명의 각론적 적용 사례를 보여준다. 현행범인 도둑을 잡아 죽이는 경우는 정당방위로 인정되어 살인죄 혐의를 벗을 수 있다. 도둑질이 발각되고 체포된 경우 훔친 물

건의 갑절로 보상해야 한다. 가축을 남의 포도원이나 곡식밭에 풀어 놓아 곡식을 마구 먹게 한 행위도 도둑질이다. 방화를 하여 남의 곡식을 태우는 행위, 맡긴 물건에 손을 대는 행위도 도둑질이다. 도둑질 행위는 경제적 보상으로 해결되어야 한다는 점이 인상적이다.

22:16-20은 "간음하지 말라"는 계명의 위반 사례를 묘사하고 있다. 혼인빙자 간음 사건과 같은 혼전 처녀에 대한 성적 침탈은 제7계명을 범한 것이다. 무당이나 신접한 자, 곧 잡령과 이방신에게 가서 묻는 것도 영적 간음이다.

22:21-24과 23:9은 공동체의 가장 연약한 구성원들에 대한 경제적·정치적·문화적 압제 행위와 차별 행위를 금지하는 계명이다. 어떤 계명에 속하는지는 분명하지 않지만 (아마도 살인하지 말라는 계명의 연장이거나 네 이웃을 네 몸처럼 사랑하라는 계명의 연장) 이방 나그네와 고아와 과부를 학대하는 행위는 십계명을 어기는 행위와 동등한 죄악이라는 것이다. 어쩌면 십계명의 한 조항을 위반했을 때보다 더 치명적이고 파국적인 재난과 심판을 초래할 수 있는 죄라는 주장이다. 아마도 외국인, 나그네 등 인권의 사각지대에 방치된 사람들에 대한 배려는 하나님에 대한 영적 순결성의 유무를 결정짓는 기준이 될 수도 있을 것이다. 25-27절도 유사한 성격의 규정이다. 가난한 자에게 이자를 받을 요량으로 돈을 빌려주는 일이 없어야 하며, 가난한 자의 저당 물건들 가운데 이불 역할을 하는 겉옷은 밤에는 저당 잡을 수 없다. 그 겉옷은 그의 유일한 재산이기 때문이다(욥기 24:7의 의복이 없어 벗은 몸으로 밤을 새우는 가난한 자). 구약율법은 형벌적 응보 규정들로 가득 차 있어 보이지만 이와 같은 세심한 인도주의적 배려도 적지 않게 보인다. 백성 중 제일 가난한 이들은 하나님의 친자식과 같이 가장 우선적인 보호와 돌봄의 대상이 됨을 기억하라는 것이다. 하나님에 대한 언약적인 순결은 가난한 이웃의 영육

간의 복지에 세심한 배려를 아끼지 않는 것으로 표현된다. 28절은 제5계명 혹은 제9계명의 위반 사례를 보여주며, 29-31절은 하나님께 바쳐야 할 제물을 사람이 취하여 가질 수 없음을 말한다. 제물을 도적질하지 말라는 것이다(말라기). 이와 같은 총체적인 법령의 목표는 이스라엘 백성이 이 세칙들을 잘 준수함으로써 하나님의 거룩한 백성됨을 유지하라는 것이었다.

계약 법전 3 ●23장

23 ¹너는 거짓된 풍설을 퍼뜨리지 말며 악인과 연합하여 위증하는 증인이 되지 말며 ²다수를 따라 악을 행하지 말며 송사에 다수를 따라 부당한 증언을 하지 말며 ³가난한 자의 송사라고 해서 편벽되이 두둔하지 말지니라. ⁴네가 만일 네 원수의 길 잃은 소나 나귀를 보거든 반드시 그 사람에게로 돌릴지며 ⁵네가 만일 너를 미워하는 자의 나귀가 짐을 싣고 엎드러짐을 보거든 그것을 버려두지 말고 그것을 도와 그 짐을 부릴지니라. ⁶너는 가난한 자의 송사라고 정의를 굽게 하지 말며 ⁷거짓 일을 멀리 하며 무죄한 자와 의로운 자를 죽이지 말라. 나는 악인을 의롭다 하지 아니하겠노라. ⁸너는 뇌물을 받지 말라. 뇌물은 밝은 자의 눈을 어둡게 하고 의로운 자의 말을 굽게 하느니라. ⁹너는 이방 나그네를 압제하지 말라. 너희가 애굽 땅에서 나그네되었었은즉 나그네의 사정을 아느니라. ¹⁰너는 여섯 해 동안은 너의 땅에 파종하여 그 소산을 거두고 ¹¹일곱째 해에는 갈지 말고 묵혀두어서 네 백성의 가난한 자들이 먹게 하라. 그 남은 것은 들짐승이 먹으리라. 네 포도원과 감람원도 그리할지니라. ¹²너는 엿새 동안에 네 일을 하고 일곱째 날에는 쉬라. 네 소와 나귀가 쉴 것이며 네 여종의 자식과 나그네가 숨을 돌리리라. ¹³내가 네게 이른 모든 일을 삼가 지키고 다른 신들의 이름은 부르지도 말며 네 입에서 들리게도 하지 말지니라. ¹⁴너는 매년 세 번 내게 절기를 지킬지니라. ¹⁵너는 무교병의 절기를 지키라. 내가 네게 명령한 대로 아빕월의 정한 때에 이레 동안 무교병을 먹을지니 이는 그 달에 네가 애굽에서 나왔음이라. 빈

손으로 내 앞에 나오지 말지니라. ¹⁶ 맥추절을 지키라. 이는 네가 수고하여 밭에 뿌린 것의 첫 열매를 거둠이니라. 수장절을 지키라. 이는 네가 수고하여 이룬 것을 연말에 밭에서부터 거두어 저장함이니라. ¹⁷ 네 모든 남자는 매년 세 번씩 주 여호와께 보일지니라. ¹⁸ 너는 네 제물의 피를 유교병과 함께 드리지 말며 내 절기 제물의 기름을 아침까지 남겨두지 말지니라. ¹⁹ 네 토지에서 처음 거둔 열매의 가장 좋은 것을 가져다가 너의 하나님 여호와의 전에 드릴지니라. 너는 염소 새끼를 그 어미의 젖으로 삶지 말지니라. ²⁰ 내가 사자를 네 앞서 보내어 길에서 너를 보호하여 너를 내가 예비한 곳에 이르게 하리니 ²¹ 너희는 삼가 그의 목소리를 청종하고 그를 노엽게 하지 말라. 그가 너희의 허물을 용서하지 아니할 것은 내 이름이 그에게 있음이니라. ²² 네가 그의 목소리를 잘 청종하고 내 모든 말대로 행하면 내가 네 원수에게 원수가 되고 네 대적에게 대적이 될지라. ²³ 내 사자가 네 앞서 가서 너를 아모리 사람과 헷 사람과 브리스 사람과 가나안 사람과 히위 사람과 여부스 사람에게로 인도하고 나는 그들을 끊으리니 ²⁴ 너는 그들의 신을 경배하지 말며 섬기지 말며 그들의 행위를 본받지 말고 그것들을 다 깨뜨리며 그들의 주상을 부수고 ²⁵ 네 하나님 여호와를 섬기라. 그리하면 여호와가 너희의 양식과 물에 복을 내리고 너희 중에서 병을 제하리니 ²⁶ 네 나라에 낙태하는 자가 없고 임신하지 못하는 자가 없을 것이라. 내가 너의 날 수를 채우리라. ²⁷ 내가 내 위엄을 네 앞서 보내어 네가 이를 곳의 모든 백성을 물리치고 네 모든 원수들이 네게 등을 돌려 도망하게 할 것이며 ²⁸ 내가 왕벌을 네 앞에 보내리니 그 벌이 히위 족속과 가나안 족속과 헷 족속을 네 앞에서 쫓아내리라. ²⁹ 그러나 그 땅이 황폐하게 됨으로 들짐승이 번성하여 너희를 해할까 하여 일 년 안에는 그들을 네 앞에서 쫓아내지 아니하고 ³⁰ 네가 번성하여 그 땅을 기업으로 얻을 때까지 내가 그들을 네 앞에서 조금씩 쫓아내리라. ³¹ 내가 네 경계를 홍해에서부터 블레셋 바다까지, 광야에서부터 강까지 정하고 그 땅의 주민을 네 손에 넘기리니 네가 그들을 네 앞에서 쫓아낼지라. ³² 너는 그들과 그들의 신들과 언약하지 말라. ³³ 그들이 네 땅에 머무르지 못할 것은 그들이 너를 내게 범죄하게 할까 두려움이라. 네가 그 신들을 섬기면 그것이 너의 올무가 되리라.

23:1-2, 6-8은 거짓 증언 금지의 확장적 적용 사례를 묘사하고 있다. 4-5절은 십계명의 요구를 초월하는 원수 사랑의 계명을 제시한다. 원수의 잃어버린 가축을 찾아주며 원수의 탈진한 짐승도 보살펴주라는 요구다. 이것은 십계명의 부정적 금지 규정으로 담을 수 없는 가장 이상적인 도덕적 요청이다. 하나님의 계명은 인간의 최소 도덕을 기대하지만 때로는 최고 상한선까지 선량해지도록 도전하고 촉구한다. 10-19절은 안식년과 안식일 규정으로서 제4계명의 확장적 적용 사례를 다룬다. 무교절, 맥추절, 수장절 세 번의 절기 동안에 이스라엘 백성은 경작할 땅을 주신 하나님께 감사를 표현하는 축제절기를 준수하도록 명령받는다. 이 세 축제절기는 인간의 노동가치를 하나님의 은총의 절대가치 앞에 상대화하는 때다. 하나님이 선물로 주신 땅과 물, 그리고 안전보장 없이는 식량 생산은 불가능하다. 이스라엘은 이 절기 축성을 통해 부와 풍요의 원천이 자신의 수고가 아니라 하나님의 은총임을 깨달아야 한다. 그래서 이웃에게 관대하여 베풀고 나누는 자가 되어야 한다.

이제 마지막으로 20-33절은 이러한 안식년과 감사의 축제절기가 열리는 무대가 될 가나안 땅 정복에 관한 하나님의 확신과 약속을 담고 있다. 하나님은 가나안이 유혹과 시험의 땅이 될 것을 예고하시며, 이스라엘이 그 땅에 들어가자마자 가나안 이방신들의 제단을 헐어 버리도록 명령하신다. 물론 하나님의 왕벌과 사자가 가나안 정복전쟁을 미리 기획하고 준비하실 것이다. 가나안 땅의 원주민들은 일시에 멸절되지 않고 시나브로 정복되고 추방될 것이다. 이스라엘 백성은 가나안 땅에서 이방신들과 언약을 맺어서는 안 된다. 가나안 땅을 차지하고 오래 누릴 수 있으려면 이스라엘 백성의 올무가될 이방신들을 멸절해야 한다.

24

¹ 또 모세에게 이르시되 너는 아론과 나답과 아비후와 이스라엘 장로 칠십 명과 함께 여호와께로 올라와 멀리서 경배하고 ² 너 모세만 여호와께 가까이 나아오고 그들은 가까이 나아오지 말며 백성은 너와 함께 올라오지 말지니라. ³ 모세가 와서 여호와의 모든 말씀과 그의 모든 율례를 백성에게 전하매 그들이 한 소리로 응답하여 이르되 여호와께서 말씀하신 모든 것을 우리가 준행하리이다. ⁴ 모세가 여호와의 모든 말씀을 기록하고 이른 아침에 일어나 산 아래에 제단을 쌓고 이스라엘 열두 지파대로 열두 기둥을 세우고 ⁵ 이스라엘 자손의 청년들을 보내어 여호와께 소로 번제와 화목제를 드리게 하고 ⁶ 모세가 피를 가지고 반은 여러 양푼에 담고 반은 제단에 뿌리고 ⁷ 언약서를 가져다가 백성에게 낭독하여 듣게 하니 그들이 이르되 여호와의 모든 말씀을 우리가 준행하리이다. ⁸ 모세가 그 피를 가지고 백성에게 뿌리며 이르되 이는 여호와께서 이 모든 말씀에 대하여 너희와 세우신 언약의 피니라. ⁹ 모세와 아론과 나답과 아비후와 이스라엘 장로 칠십 인이 올라가서 ¹⁰ 이스라엘의 하나님을 보니 그의 발 아래에는 청옥을 편 듯하고 하늘 같이 청명하더라. ¹¹ 하나님이 이스라엘 자손들의 존귀한 자들에게 손을 대지 아니하셨고 그들은 하나님을 뵙고 먹고 마셨더라. ¹² 여호와께서 모세에게 이르시되 너는 산에 올라 내게로 와서 거기 있으라. 네가 그들을 가르치도록 내가 율법과 계명을 친히 기록한 돌판을 네게 주리라. ¹³ 모세가 그의 부하 여호수아와 함께 일어나 모세가 하나님의 산으로 올라가며 ¹⁴ 장로들에게 이르되 너희는 여기서 우리가 너희에게로 돌아오기까지 기다리라. 아론과 훌이 너희와 함께 하리니 무릇 일이 있는 자는 그들에게로 나아갈지니라 하고 ¹⁵ 모세가 산에 오르매 구름이 산을 가리며 ¹⁶ 여호와의 영광이 시내산 위에 머무르고 구름이 엿새 동안 산을 가리더니 일곱째 날에 여호와께서 구름 가운데서 모세를 부르시니라. ¹⁷ 산 위의 여호와의 영광이 이스라엘 자손의 눈에 맹렬한 불 같이 보였고 ¹⁸ 모세는 구름 속으로 들어가서 산 위에 올랐으며 모세가 사십 일 사십 야를 산에 있으니라.

모세가 십계명과 '계약의 책'의 내용을 이스라엘 백성에게 전달하자 백성들은 그 모든 것을 지키겠다고 서약한다. 이 자발적인 서약을 바탕으로 모세는 계약의 책을 문서로 기록한다. 그것은 법궤에 영구적으로 보관되어야 한다. 이제 시내산 계약이 쌍방결속의 양식으로 체결되고 비준된다. 계약 비준은 시내산에서 이루어진 계약 식사에 의해 극화된다.^{창 26:26-31, 31:43-45} 모세는 희생제물의 피를 제단에 뿌리고 백성들에게도 뿌린다. 모세, 아론, 나답, 아비후와 70장로들은 시내산으로 올라간다. 그들은 하나님 앞에서 계약 식사인 화목제 식사를 한다. 심지어 이스라엘의 젊은이 세대도 계약 축제에 참여한다. 시내산 계시에 참여한 사람들은 거룩하신 하나님을 보았으나 죽지 않았다. "그들은 모두 피로 정결케" 되었기 때문이다.^{히 9:22} 거룩하신 하나님은 또한 죄인을 용납하시고 영접하시는 은총의 하나님이다. 그 후 하나님께서는 모세를 따로 불러 계명들과 규례들이 적힌 돌판을 하사하신다. 모세는 사십 주야를 구름 속에서 하나님과 깊은 교제를 누린다. 그 후에 십계명 돌판과 성막 설계도를 받아 내려온다. 마지막으로 산에 올라갔다 내려올 때에 하늘의 양식을 따른 성막 설계도가 모세의 손에 들려 있다는 사실은 출애굽기의 남은 내용을 짐작하게 한다. 하나님은 이제 성막 속에 거하시며 이스라엘 백성과 동행하실 것이다. 남은 광야 여정은 성막 위에 현존하시는 하나님과 함께 가는 여정이다.

V.

출애굽기 25-31장

시내산 계시와 거룩한 배척을 영속화하는 성막

이제 시내산 계약 비준으로 하나님은 이스라엘의 거룩한 종주가 되신다. 계약 체결 후 모세는 시내산 정상에서 40일 동안 기도하면서 하나님으로부터 십계명 돌판과 성막 설계도를 받는다. 출애굽기 25-31장은 하나님께서 이스라엘 백성과 함께 거하시기 위해 구축되어야 할 물적·인적 인프라(성막과 제사장과 레위인)를 다룬다. 성막 설계도와 이스라엘 백성이 성막을 중심으로 하나님의 거룩한 백성으로 살도록 지도할 제사장들의 위임식 절차를 취급한다. 하나님께서는 이제 성막을 통해 이스라엘 진중에 거하려 하신다. 이제부터 이스라엘과 하나님의 동거가 초래할 파괴적 국면이 점차 감지되어온다. 성막은 시내산 폭풍계시와 거룩한 배척 경험을 영속적으로 기억시키는 구조물이다. 시내산 폭풍계시 앞에 떨었던 이스라엘은 이제 성막 위에 나타난 구름과 하나님의 영광 앞에서 떨게 될 것이다.

35-40장은 실제적인 성막 건축 과정과 제사장 위임식을 다룬다. 그런데 이 성막 설계도와 성막 건축 사이에 이스라엘의 배교가 일어난다. 시내산 폭풍계시를 경험하고 거룩해진 이스라엘 백성이 하나님과 혼인해 밀월 같은 신혼살림을 시작하려는 바로 그 시점에 발생한 금송아지 숭배 사건은 이스라엘이 지금 막 하나님과 맺은 계약을 파기하는 행위로 간주된다. 이것은 야웨의 질투를 촉발시킨, 야웨의 신부인 이스라엘의 음행으로 규정된다.[34:14-16] 야웨와 맺은 언약이 채 굳게 다져지기도 전에 목이 곧은 백성인 이스라엘이 하나님의 거룩한 요구를 견디지 못하고 중심권에서부터 해체되어 버린 것이다. 하

나님의 거룩한 성품과 이스라엘 백성의 천성적인 반역성이 충돌을 일으킨 셈이다. 하나님의 거룩한 율법이 이스라엘 백성을 고양시키는가 싶더니 오히려 그들의 영적 파탄을 노정시켜 버린 것이다.롬 7:21-25 결국 성막 설계도와 제사장 위임식 규정, 실제적인 성막 건축과 제사장 위임식 사이에 삽입된 간주곡으로서 시내산 금송아지 주형 및 배교 사건32-34장은 출애굽기에서 신명기까지의 광야 여정을 해체주의적deconstructive 관점에서 읽도록 유도한다.

하나님께서는 시종일관 하나님께 배타적으로 소속된 거룩한 공동체를 형성하려고 시도하신다. 그러나 그럴수록 이스라엘 백성은 하나님과 분리되거나 이격되려고 한다. 그들 안에 터 잡고 있는 무저갱 같은 혼돈과 반역의 에너지가 빈번히 하나님의 의도를 허물어뜨리는 방향으로 분출된다. 하나님의 다스림에 대한 전적인 배척인 셈이다. 따라서 출애굽기 32-34장 사건은 앞으로 폭로될 이스라엘 백성의 진면목과 앞으로 그들의 광야 시절이 어떤 양상으로 전개될 것인지를 예견할 수 있게 해준다.

성막 설계도 1 ●25장

25 ¹ 여호와께서 모세에게 말씀하여 이르시되 ² 이스라엘 자손에게 명령하여 내게 예물을 가져오라 하고 기쁜 마음으로 내는 자가 내게 바치는 모든 것을 너희는 받을지니라. ³ 너희가 그들에게서 받을 예물은 이러하니 금과 은과 놋과 ⁴ 청색 자색 홍색 실과 가는 베 실과 염소 털과 ⁵ 붉은 물 들인 숫양의 가죽과 해달의 가죽과 조각목과 ⁶ 등유와 관유에 드는 향료와 분향할 향을 만들 향품과 ⁷ 호마노며 에봇과 흉패에 물릴 보석이니라. ⁸ 내가 그들 중에 거할 성소를 그들이 나를 위하여 짓되 ⁹ 무릇 내가 네게 보이는 모양대로 장막을 짓고 기구들도 그 모양을 따라 지을지니라. ¹⁰ 그들은 조각목으로 궤를 짜되 길이는 두 규빗 반, 너비는 한 규빗 반, 높이는 한 규

빗 반이 되게 하고 ¹¹너는 순금으로 그것을 싸되 그 안팎을 싸고 위쪽 가장자리로 돌아가며 금 테를 두르고 ¹²금 고리 넷을 부어 만들어 그 네 발에 달되 이쪽에 두 고리 저쪽에 두 고리를 달며 ¹³조각목으로 채를 만들어 금으로 싸고 ¹⁴그 채를 궤 양쪽 고리에 꿰어서 궤를 메게 하며 ¹⁵채를 궤의 고리에 꿴 대로 두고 빼내지 말지며 ¹⁶내가 네게 줄 증거판을 궤 속에 둘지며 ¹⁷순금으로 속죄소를 만들되 길이는 두 규빗 반, 너비는 한 규빗 반이 되게 하고 ¹⁸금으로 그룹 둘을 속죄소 두 끝에 쳐서 만들되 ¹⁹한 그룹은 이 끝에, 또 한 그룹은 저 끝에 곧 속죄소 두 끝에 속죄소와 한 덩이로 연결할지며 ²⁰그룹들은 그 날개를 높이 펴서 그 날개로 속죄소를 덮으며 그 얼굴을 서로 대하여 속죄소를 향하게 하고 ²¹속죄소를 궤 위에 얹고 내가 네게 줄 증거판을 궤 속에 넣으라. ²²거기서 내가 너와 만나고 속죄소 위 곧 증거궤 위에 있는 두 그룹 사이에서 내가 이스라엘 자손을 위하여 네게 명령할 모든 일을 네게 이르리라. ²³너는 조각목으로 상을 만들되 길이는 두 규빗, 너비는 한 규빗, 높이는 한 규빗 반이 되게 하고 ²⁴순금으로 싸고 주위에 금 테를 두르고 ²⁵그 주위에 손바닥 넓이만한 턱을 만들고 그 턱 주위에 금으로 테를 만들고 ²⁶그것을 위하여 금 고리 넷을 만들어 그 네 발 위 네 모퉁이에 달되 ²⁷턱 곁에 붙이라. 이는 상을 멜 채를 꿸 곳이며 ²⁸또 조각목으로 그 채를 만들고 금으로 싸라. 상을 이것으로 멜 것이니라. ²⁹너는 대접과 숟가락과 병과 붓는 잔을 만들되 순금으로 만들며 ³⁰상 위에 진설병을 두어 항상 내 앞에 있게 할지니라. ³¹너는 순금으로 등잔대를 쳐 만들되 그 밑판과 줄기와 잔과 꽃받침과 꽃을 한 덩이로 연결하고 ³²가지 여섯을 등잔대 곁에서 나오게 하되 다른 세 가지는 이쪽으로 나오고 다른 세 가지는 저쪽으로 나오게 하며 ³³이쪽 가지에 살구꽃 형상의 잔 셋과 꽃받침과 꽃이 있게 하고 저쪽 가지에도 살구꽃 형상의 잔 셋과 꽃받침과 꽃이 있게 하여 등잔대에서 나온 가지 여섯을 같게 할지며 ³⁴등잔대 줄기에는 살구꽃 형상의 잔 넷과 꽃받침과 꽃이 있게 하고 ³⁵등잔대에서 나온 가지 여섯을 위하여 꽃받침이 있게 하되 두 가지 아래에 한 꽃받침이 있어 줄기와 연결하며 또 두 가지 아래에 한 꽃받침이 있어 줄기와 연결하며 또 두 가지 아래에 한 꽃받침이 있어 줄기와 연결하게 하고 ³⁶그 꽃받침과 가지를 줄기와 연결하여 전부를 순금으로 쳐 만들고 ³⁷등잔 일곱을 만들어 그

V.

시내산 계시와 거룩한 배척을 영속화하는 성막

위에 두어 앞을 비추게 하며 ³⁸ 그 불 집게와 불 똥 그릇도 순금으로 만들지니 ³⁹ 등잔대와 이 모든 기구를 순금 한 달란트로 만들되 ⁴⁰ 너는 삼가 이 산에서 네게 보인 양식대로 할지니라.

시내산 계약이 비준된 이후 하나님께서는 계약 비준식에 참여한 아론과 훌, 그리고 70장로로부터 모세를 따로 산 정상으로 불러올리신다(이때 여호수아가 동행한다). 70장로와 아론과 훌, 그리고 계약 체결을 기리는 식사에 초청받은 이스라엘 청년들은 6일 동안 시내산 산봉우리를 가득 메우고 머무는 하나님의 구름(영광)을 목격한다. 한편 모든 이스라엘 백성은 하나님의 영광이 맹렬한 불처럼 타오르는 산꼭대기로 초치招致되는 모세를 멀리서 쳐다본다. 십계명 돌판과 성막 설계도를 받으러 모세는 영광의 구름 속으로 인도된다. 모세의 영적 권위와 영도력을 공공연하게 보증하는 하나님의 의도적 연출인 셈이었다. 이렇게 불처럼 맹렬한 하나님의 거룩한 인격에서 불어오는 배척과 이격의 힘이 거룩함의 본질이다. 하나님의 본성이 아닌 죄악성을 배척하신다. 하나님은 하나님되심을 유지하기 위하여 하나님의 성품에 대적하는 것들을 배척하고 거절하셔야 한다. 그래서 성막 설계와 건축과 운용에 있어서 결정적으로 중요한 것은 하나님의 거룩하심과 그 거룩하심에 응답하는 인간적 거룩과 성결 확보다. 성막 설계도와 성막에서 섬길 제사장들이 얼마나 거룩하게 유지되어야 할 것인지는 이 압도적인 하나님의 영광의 시위가 충분히 각인시켜 준다.

　25-27장은 성막 재료가 될 만한 소재들과 성막의 내부 시설물들을 자세히 열거한다. 25:1-7은 백성들이 자원하여 바치도록 기대하는 '예물들'[터루마(תְּרוּמָה)]gifts의 목록을 제시한다. 금과 은과 놋, 청색과 자색과 홍색 실과 가는 베실과 염소 털, 붉은 물들인 숫양의 가

죽과 해달가죽과 조각목, 등유와 제사장 위임식 때 붓게 될 관유에 쓰일 향품들과 분향할 때 사용되는 향품, 호마노, lapis lazuli 에봇과 흉패에 물릴 보석. 이 모든 헌물은 레위기에 많이 등장하는 '예물'[코르반(קָרְבָּן)]과 다른 의미의 봉헌물이다. 코르반은 죄인과 무한하게 초월해 계시는 하나님 앞에 죄인이 '가깝게' 접근하기 위해 바치는 제물로서 '가깝게 나아가다', '화해하다'라는 개념을 내포하고 있다.

출애굽기 40:34-35에 의하면 모세는 하나님의 영광으로 가득 찬 회막(지성소 그룹 사이) 안으로 들어가지 못하고 있다. 그래서 레위기는 이와 같이 모세(이스라엘 백성)가 하나님께 가까이 나아가지 못하는 상황을 타개하기 위하여 '예물'(코르반)을 가지고 하나님께 가까이 다가가는 길을 제시한다. 레위기 안에는 코르반, 타크립(תַּקְרִיב, 카랍 동사의 이인칭 남성단수 사역미완료, '네가 가져올 때'), 야크립(יַקְרִיב, 카랍 동사의 삼인칭 남성단수 사역미완료, '그가 가깝게 가져올 때') 등 카랍(קָרַב) 동사의 어근이 시종일관 메아리치고 있다. 하나님의 일방적인 화해 의지가 전면에 부각되는 것이다. 성막 건축과 더불어 이미 레위기가 시작되고 있는 셈이다.

그런데 25:1-7이 말하는 '예물'은 레위기에서 자주 언급되는 코르반이 아니라 터루마다. 터루마는 하나님께 바치기 위해 '번쩍 들어 올려진 헌물'을 의미한다. 시내산 계약의 감격으로 뜨거워진 백성들이 자발적으로 자신들이 소장한 가장 소중한 금은 패물을 '번쩍 들어 올려' 하나님께 바치는 전경을 그려 볼 수 있을 것이다. '번쩍 들어 올려진 것'을 의미하는 '터루마'는 하나님의 성막은 백성들의 자발적인 헌신과 충성심, 곧 번쩍 들어 올려진 마음으로 건축된다는 뜻이다. 하나님은 백성들의 자발적인 헌신과 순종 의지를 당신이 안전히 거하실 거룩한 성소로 간주하신다. 하나님은 자발적으로 번쩍 들어 올려진 인간의 정성과 충성심 안에 거하신다.

25:8-9은 성막을 건축하는 목적과 건축 방법의 대강을 진술한다. "내가 그들 중에 거할 성소를 그들을 시켜 나를 위하여 짓되, 내가 네게 보이는 양식을 따라 지을지니라." 광야를 배회하고 이동하는 이스라엘 백성을 따라 이동하실 하나님의 현존을 상징하는 텐트를 만들라는 명령이다. 성막은 하나님의 거룩한 인격이 머무는 신성 불가침 영역으로 이스라엘을 하나님 앞에서 거룩한 백성, 제사장 나라, 보배로운 백성으로 만드는 핵심 기관이다.[19:5-6] 성막은 구름과 흑암, 폭풍과 나팔소리, 우레와 번개가 총동원되었던 시내산 하나님의 거룩한 현존을 모시는 집이다. 시내산에 강림하신 하나님이 성막을 통해 스스로 이스라엘과 동행하심을 가시적으로 보여주신다.

성막 재료들은 조각목(아까시나무)과 잣나무, 일반 염소가죽과 해달가죽 등이다. 성막은 바깥뜰, 성소, 그리고 지성소 구역으로 나누어진다. 지성소에는 십계명 돌판과 아론의 싹 난 지팡이,[민 16:10-1] 그리고 만나를 보관할 용기인 법궤와 속죄소 혹은 시은좌施恩座가 있다.[25:10-22] 법궤 위에 일종의 덮개 형식인 속죄소atonement cover를 정금으로 만들어야 한다. 속죄소 양 끝에는 날개를 서로 잇닿게 하여 마주쳐다보는 모양으로 서 있는 그룹Cherub 천사를 만들어 세워야 한다. 그룹 천사는 하나님의 거룩한 현존을 지키고 대표하는 거룩 수호 천사단의 일원이다. 에스겔서에서 하나님의 신성한 불전차를 호위하듯이 근접 수행하는 천사와 창세기 3:24에서 생명나무로 향하는 길을 지키는 천사도 모두 그룹 천사단의 일원이다. 시내산에 강림한 하나님의 거룩한 현존을 에워싼 맹렬한 불과 거룩한 폭풍은 그룹 천사들의 활동을 에둘러 표현한 것이다.[히 1:7, 14] 이 그룹 천사의 날개 아래 설치된 속죄소가 중요한 이유는 그것이 하나님과 이스라엘 백성(대표자 대제사장)이 만나는 지점이기 때문이다. 이스라엘이 언약의 증거를 준행하는 데 실패하여 하나님의 용서를 구할 때 이 속죄소

앞에 와야 하며, 하나님의 명령을 들을 때도 이 속죄소 앞에서 들어야 한다.[25:22]

27:21에서는 특별히 두 그룹 사이, 곧 하나님이 이스라엘(대표자 대제사장)에게 나타나 만나 주시는 공간을 회막[오헬 모헤드(אֹהֶל מוֹעֵד)]이라고 부른다. 25:21-22을 직역하면 다음과 같다. "내가 네게 줄 언약의 돌판을 그 법궤 속에 놓은 후 속죄소를 법궤 위에 설치하라. 법궤 위에 있는 두 그룹 사이, 곧 속죄소 거기서 내가 너를 만나겠고 이스라엘 백성에 관하여 내가 너에게 명령할 모든 것을 네게 말할 것이다." 아론과 아론 뒤에 올 모든 대제사장은 속죄소에서 하나님의 말씀을 듣고 하나님과 만날 것이다. 하나님이 이스라엘을 만나는 지점이 속죄소라는 것은 이스라엘과 하나님의 계약 관계가 일방적인 하나님의 은총인 죄 용서에 의해 지탱될 것임을 예고하는 규정이다.

그 다음 진설병을 놓은 상을 조각목으로 만들고 숟가락, 병, 잔은 정금으로 만들어야 한다. 진설병은 직역하면 '얼굴들의 떡'[레헴 파님(לֶחֶם פָּנִים)]인데 '하나님의 얼굴' 앞에서 사는 12지파를 상징한다. 진설병은 하나님의 존전에서 사는 이스라엘 백성을 상징하는 동시에 이스라엘을 먹이는 생명의 떡 되시는 하나님의 인격적 현존을 상징한다.[25:23-30] 다음으로는 일곱 등잔을 세워둘 수 있는 등잔대를 정금으로 만들어야 한다.[25:31-40] 일곱 등잔은 온 세상을 비추는 하나님의 영광을 반사해 세상을 비추어야 할 이스라엘 백성을 상징한다.[슥 4:1-2, 10] 일곱은 완전수이므로 일곱 등잔은 성막 내부는 물론 온 누리를 능히 비출 수 있는 참으로 밝은 빛을 의미한다.[마 5:14-16] 하나님의 백성(교회)은 하나님의 빛을 반사하는 일곱 등잔과 같은 존재로 부름받았음을 상기시키는 규정이다.

26

¹너는 성막을 만들되 가늘게 꼰 베 실과 청색 자색 홍색 실로 그룹을 정교하게 수 놓은 열 폭의 휘장을 만들지니 ²매 폭의 길이는 스물여덟 규빗, 너비는 네 규빗으로 각 폭의 장단을 같게 하고 ³그 휘장 다섯 폭을 서로 연결하며 다른 다섯 폭도 서로 연결하고 ⁴그 휘장을 이을 끝폭 가에 청색 고를 만들며 이어질 다른 끝폭 가에도 그와 같이 하고 ⁵휘장 끝폭 가에 고 쉰 개를 달며 다른 휘장 끝폭 가에도 고 쉰 개를 달고 그 고들을 서로 마주 보게 하고 ⁶금 갈고리 쉰 개를 만들고 그 갈고리로 휘장을 연결하여 한 성막을 이룰지며 ⁷그 성막을 덮는 막 곧 휘장을 염소털로 만들되 열한 폭을 만들지며 ⁸각 폭의 길이는 서른 규빗, 너비는 네 규빗으로 열한 폭의 길이를 같게 하고 ⁹그 휘장 다섯 폭을 서로 연결하며 또 여섯 폭을 서로 연결하고 그 여섯째 폭 절반은 성막 전면에 접어 드리우고 ¹⁰휘장을 이을 끝폭 가에 고 쉰 개를 달며 다른 이을 끝폭 가에도 고 쉰 개를 달고 ¹¹놋 갈고리 쉰 개를 만들고 그 갈고리로 그 고를 꿰어 연결하여 한 막이 되게 하고 ¹²그 막 곧 휘장의 그 나머지 반 폭은 성막 뒤에 늘어뜨리고 ¹³막 곧 휘장의 길이의 남은 것은 이쪽에 한 규빗, 저쪽에 한 규빗씩 성막 좌우 양쪽에 덮어 늘어뜨리고 ¹⁴붉은 물 들인 숫양의 가죽으로 막의 덮개를 만들고 해달의 가죽으로 그 윗덮개를 만들지니라. ¹⁵너는 조각목으로 성막을 위하여 널판을 만들어 세우되 ¹⁶각 판의 길이는 열 규빗, 너비는 한 규빗 반으로 하고 ¹⁷각 판에 두 촉씩 내어 서로 연결하게 하되 너는 성막 널판을 다 그와 같이 하라. ¹⁸너는 성막을 위하여 널판을 만들되 남쪽을 위하여 널판 스무 개를 만들고 ¹⁹스무 널판 아래에 은 받침 마흔 개를 만들지니 이쪽 널판 아래에도 그 두 촉을 위하여 두 받침을 만들고 저쪽 널판 아래에도 그 두 촉을 위하여 두 받침을 만들며 ²⁰성막 다른 쪽 곧 그 북쪽을 위하여도 널판 스무 개로 하고 ²¹은 받침 마흔 개를 이쪽 널판 아래에도 두 받침, 저쪽 널판 아래에도 두 받침으로 하며 ²²성막 뒤 곧 그 서쪽을 위하여는 널판 여섯 개를 만들고 ²³성막 뒤 두 모퉁이 쪽을 위하여는 널판 두 개를 만들되 ²⁴아래에서부터 위까지 각기 두 겹 두께로 하여 윗고리에 이르게 하고 두 모퉁이 쪽을 다 그리

출

600

하며 25 그 여덟 널판에는 은 받침이 열여섯이니 이쪽 판 아래에도 두 받침이요 저쪽 판 아래에도 두 받침이니라. 26 너는 조각목으로 띠를 만들지니 성막 이쪽 널판을 위하여 다섯 개요 27 성막 저쪽 널판을 위하여 다섯 개요 성막 뒤 곧 서쪽 널판을 위하여 다섯 개이며 28 널판 가운데에 있는 중간 띠는 이 끝에서 저 끝에 미치게 하고 29 그 널판들을 금으로 싸고 그 널판들의 띠를 꿸 금 고리를 만들고 그 띠를 금으로 싸라. 30 너는 산에서 보인 양식대로 성막을 세울지니라. 31 너는 청색 자색 홍색 실과 가늘게 꼰 베 실로 짜서 휘장을 만들고 그 위에 그룹들을 정교하게 수 놓아서 32 금 갈고리를 네 기둥 위에 늘어뜨리되 그 네 기둥을 조각목으로 만들고 금으로 싸서 네 은 받침 위에 둘지며 33 그 휘장을 갈고리 아래에 늘어뜨린 후에 증거궤를 그 휘장 안에 들여놓으라. 그 휘장이 너희를 위하여 성소와 지성소를 구분하리라. 34 너는 지성소에 있는 증거궤 위에 속죄소를 두고 35 그 휘장 바깥 북쪽에 상을 놓고 남쪽에 등잔대를 놓아 상과 마주하게 할지며 36 청색 자색 홍색 실과 가늘게 꼰 베 실로 수 놓아 짜서 성막 문을 위하여 휘장을 만들고 37 그 휘장 문을 위하여 기둥 다섯을 조각목으로 만들어 금으로 싸고 그 갈고리도 금으로 만들지며 또 그 기둥을 위하여 받침 다섯 개를 놋으로 부어 만들지니라.

26장은 성막을 지탱하는 골격과 휘장에 대한 제작 지침을 담고 있다. 먼저 성막 지붕을 덮기 위해 베실과 청색, 자색, 홍색 실로 그룹 천사를 공교하게 수놓아 새긴 양장 열 폭짜리 휘장을 만들어야 한다. 이 휘장 위에 붉게 물들인 숫양의 가죽으로 덮개를 씌우고 그 위에 해달의 가죽으로 덮개를 만들어 얹어야 한다. 성막의 골격에 해당하는 널판은 조각목으로 만들어야 한다. 그 다음에는 지성소와 성소를 나눌 휘장(커튼)을 만들어야 한다. 이 휘장도 역시 성막 전체를 덮는 열 폭짜리 양장처럼 청색, 자색, 홍색 실과 가늘게 꼰 베실을 가지고 만들어야 한다. 26:33, 36의 그 장막(오헬)은 지성소를 가리킨다.[출 40:34] 법궤와 속죄소로 들어가는 길을 차단하는 휘장을 만들라는 것이다. 이 휘장을 중심으로 북쪽에는 진설병 상을 배치하고 남쪽에는 등잔대를 배치해야 한다.

성막 설계도 3 ●27장

27 ¹너는 조각목으로 길이가 다섯 규빗, 너비가 다섯 규빗의 제단을 만들되 네모 반듯하게 하며 높이는 삼 규빗으로 하고 ²그 네 모퉁이 위에 뿔을 만들되 그 뿔이 그것에 이어지게 하고 그 제단을 놋으로 싸고 ³재를 담는 통과 부삽과 대야와 고기 갈고리와 불 옮기는 그릇을 만들되 제단의 그릇을 다 놋으로 만들지며 ⁴제단을 위하여 놋으로 그물을 만들고 그 위 네 모퉁이에 놋 고리 넷을 만들고 ⁵그물은 제단 주위 가장자리 아래 곧 제단 절반에 오르게 할지며 ⁶또 그 제단을 위하여 채를 만들되 조각목으로 만들고 놋으로 쌀지며 ⁷제단 양쪽 고리에 그 채를 꿰어 제단을 메게 할지며 ⁸제단은 널판으로 속이 비게 만들되 산에서 네게 보인 대로 그들이 만들게 하라. ⁹너는 성막의 뜰을 만들지니 남쪽을 향하여 뜰 남쪽에 너비가 백 규빗의 세마포 휘장을 쳐서 그 한 쪽을 당하게 할지니 ¹⁰그 기둥이 스물이며 그 받침 스물은 놋으로 하고 그 기둥의 갈고리와 가름대는 은으로 할지며 ¹¹그 북쪽에도 너비가 백 규빗의 포장을 치되 그 기둥이 스물이며 그 기둥의 받침 스물은 놋으로 하고 그 기둥의 갈고리와 가름대는 은으로 할지며 ¹²뜰의 옆 곧 서쪽에 너비 쉰 규빗의 포장을 치되 그 기둥이 열이요 받침이 열이며 ¹³동쪽을 향하여 뜰 동쪽의 너비도 쉰 규빗이 될지며 ¹⁴문 이쪽을 위하여 포장이 열다섯 규빗이며 그 기둥이 셋이요 받침이 셋이요 ¹⁵문 저쪽을 위하여도 포장이 열다섯 규빗이며 그 기둥이 셋이요 받침이 셋이며 ¹⁶뜰 문을 위하여는 청색 자색 홍색 실과 가늘게 꼰 베 실로 수 놓아 짠 스무 규빗의 휘장이 있게 할지니 그 기둥이 넷이요 받침이 넷이며 ¹⁷뜰 주위 모든 기둥의 가름대와 갈고리는 은이요 그 받침은 놋이며 ¹⁸뜰의 길이는 백 규빗이요 너비는 쉰 규빗이요 세마포 휘장의 높이는 다섯 규빗이요 그 받침은 놋이며 ¹⁹성막에서 쓰는 모든 기구와 그 말뚝과 뜰의 포장 말뚝을 다 놋으로 할지니라. ²⁰너는 또 이스라엘 자손에게 명령하여 감람으로 짠

순수한 기름을 등불을 위하여 네게로 가져오게 하고 끊이지 않게 등불을 켜되 ²¹아론과 그의 아들들로 회막 안 증거궤 앞 휘장 밖에서 저녁부터 아침까지 항상 여호와 앞에 그 등불을 보살피게 하라. 이는 이스라엘 자손이 대대로 지킬 규례이니라.

27장은 주로 바깥뜰 구역에 설치될 시설물에 대한 제작 지침을 담고 있다. 정사각형 제단을 조각목으로 만들고 놋으로 덧씌워야 한다. 부대 도구들인 재를 담는 통과 부삽과 대야와 고기 갈고리와 불 옮기는 그릇을 모두 놋으로 만들어야 한다.²⁷:¹⁻⁸ 9-19절은 바깥뜰을 만드는 규정이 소개되고, 20-21절은 감람유를 제조하고 공급하는 규례를 담고 있다. 히브리어 성경에는 20절이 이인칭 남성대명사('너 자신은' 강조 용법)에 의해 시작되는 새로운 독립 단락을 이끄는 것처럼 읽힌다. "너는[아타(אַתָּה)] 또 이스라엘 자손에게 명령하여 감람으로 짠 순수한 기름을 등불을 위하여 네게로 가져오게 하고 끊이지 않게 등불을 켜되." 하나님께서 이인칭 남성단수 대명사를 돌출적으로 사용해 가며 모세에게 등불을 밝혀 두라고 명령하시는 것은, 등불을 항상 켜 두는 일이 얼마나 중요한지를 강조하기 위함이다. 감람유를 등잔에 공급하여 등불이 꺼지지 않게 하는 일이 엄청나게 중요하다는 것이다. 아론과 아들들은 항상 불타고 있는 일곱 등불을 법궤를 덮고 있는 휘장 바깥, 곧 회막(처음으로 회막이라는 말이 등장) 안에 세워 두어야 한다. 제사장의 영원한 의무는 이 등불들이 꺼지지 않도록 감람유를 쉼 없이 공급하는 것이다. 감람유는 법궤 앞, 휘장 밖에서 저녁부터 아침까지 항상 타고 있는 등잔대를 위해 부단히 공급되어야 한다. 이 감람유는 제사장들의 순전한 헌신과 성별된 삶을 의미할 것이다. 하나님의 성전을 밝히는 등대의 불빛은 감람열매로 짜어 낸 순전한 기름, 대제사장(하나님의 백성들)의 순전하고 정결한 인격과 사역으로 유지될 수 있다는 것이다. 하나님의 백성이 하나님과 세상 앞에 보이는 순전한 헌신과 복종의 삶이 성전을 환한 불빛으로 빛나게 하는 것이다.

제사장의 성물 ● 28장

28 ¹너는 이스라엘 자손 중 네 형 아론과 그의 아들들 곧 아론과 아론의 아들들 나답과 아비후와 엘르아살과 이다말을 그와 함께 네게로 나아오게 하여 나를 섬기는 제사장 직분을 행하게 하되 ²네 형 아론을 위하여 거룩한 옷을 지어 영화롭고 아름답게 할지니 ³너는 무릇 마음에 지혜 있는 모든 자 곧 내가 지혜로운 영으로 채운 자들에게 말하여 아론의 옷을 지어 그를 거룩하게 하여 내게 제사장 직분을 행하게 하라. ⁴그들이 지을 옷은 이러하니 곧 흉패와 에봇과 겉옷과 반포 속옷과 관과 띠라 그들이 네 형 아론과 그 아들들을 위하여 거룩한 옷을 지어 아론이 내게 제사장 직분을 행하게 하라. ⁵그들이 쓸 것은 금 실과 청색 자색 홍색 실과 가늘게 꼰 베 실이니라. ⁶그들이 금 실과 청색 자색 홍색 실과 가늘게 꼰 베 실로 정교하게 짜서 에봇을 짓되 ⁷그것에 어깨받이 둘을 달아 그 두 끝을 이어지게 하고 ⁸에봇 위에 매는 띠는 에봇 짜는 법으로 금 실과 청색 자색 홍색 실과 가늘게 꼰 베 실로 에봇에 정교하게 붙여 짤지며 ⁹호마노 두 개를 가져다가 그 위에 이스라엘 아들들의 이름을 새기되 ¹⁰그들의 나이대로 여섯 이름을 한 보석에, 나머지 여섯 이름은 다른 보석에 새기라. ¹¹보석을 새기는 자가 도장에 새김 같이 너는 이스라엘 아들들의 이름을 그 두 보석에 새겨 금 테에 물리고 ¹²그 두 보석을 에봇의 두 어깨받이에 붙여 이스라엘 아들들의 기념 보석을 삼되 아론이 여호와 앞에서 그들의 이름을 그 두 어깨에 메워서 기념이 되게 할지며 ¹³너는 금으로 테를 만들고 ¹⁴순금으로 노끈처럼 두 사슬을 땋고 그 땋은 사슬을 그 테에 달지니라. ¹⁵너는 판결 흉패를 에봇 짜는 방법으로 금 실과 청색 자색 홍색 실과 가늘게 꼰 베 실로 정교하게 짜서 만들되 ¹⁶길이와 너비가 한 뼘씩 두 겹으로 네모 반듯하게 하고 ¹⁷그것에 네 줄로 보석을 물리되 첫 줄은 홍보석 황옥 녹주옥이요 ¹⁸둘째 줄은 석류석 남보석 홍마노요 ¹⁹셋째 줄은 호박 백마노 자수정이요 ²⁰넷째 줄은 녹보석 호마노 벽옥으로 다 금 테에 물릴지니 ²¹이 보석들은 이스라엘 아

604

들들의 이름대로 열둘이라. 보석마다 열두 지파의 한 이름씩 도장을 새기는 법으로 새기고 ²² 순금으로 노끈처럼 땋은 사슬을 흉패 위에 붙이고 ²³ 또 금 고리 둘을 만들어 흉패 위 곧 흉패 두 끝에 그 두 고리를 달고 ²⁴ 땋은 두 금 사슬로 흉패 두 끝 두 고리에 꿰어 매고 ²⁵ 두 땋은 사슬의 다른 두 끝을 에봇 앞 두 어깨받이의 금 테에 매고 ²⁶ 또 금 고리 둘을 만들어 흉패 아래 양쪽 가 안쪽 곧 에봇에 닿은 곳에 달고 ²⁷ 또 금 고리 둘을 만들어 에봇 앞 두 어깨받이 아래 매는 자리 가까운 쪽 곧 정교하게 짠 띠 위쪽에 달고 ²⁸ 청색 끈으로 흉패 고리와 에봇 고리에 꿰어 흉패로 정교하게 짠 에봇 띠 위에 붙여 떨어지지 않게 하라. ²⁹ 아론이 성소에 들어갈 때에는 이스라엘 아들들의 이름을 기록한 이 판결 흉패를 가슴에 붙여 여호와 앞에 영원한 기념을 삼을 것이니라. ³⁰ 너는 우림과 둠밈을 판결 흉패 안에 넣어 아론이 여호와 앞에 들어갈 때에 그의 가슴에 붙이게 하라. 아론은 여호와 앞에서 이스라엘 자손의 흉패를 항상 그의 가슴에 붙일지니라. ³¹ 너는 에봇 받침 겉옷을 전부 청색으로 하되 ³² 두 어깨 사이에 머리 들어갈 구멍을 내고 그 주위에 갑옷 깃 같이 깃을 짜서 찢어지지 않게 하고 ³³ 그 옷 가장자리로 돌아가며 청색 자색 홍색 실로 석류를 수 놓고 금 방울을 간격을 두어 달되 ³⁴ 그 옷 가장자리로 돌아가며 한 금 방울, 한 석류, 한 금 방울, 한 석류가 있게 하라. ³⁵ 아론이 입고 여호와를 섬기러 성소에 들어갈 때와 성소에서 나올 때에 그 소리가 들릴 것이라. 그리하면 그가 죽지 아니하리라. ³⁶ 너는 또 순금으로 패를 만들어 도장을 새기는 법으로 그 위에 새기되 '여호와께 성결'이라 하고 ³⁷ 그 패를 청색 끈으로 관 위에 매되 곧 관 전면에 있게 하라. ³⁸ 이 패를 아론의 이마에 두어 그가 이스라엘 자손이 거룩하게 드리는 성물과 관련된 죄책을 담당하게 하라. 그 패가 아론의 이마에 늘 있으므로 그 성물을 여호와께서 받으시게 되리라. ³⁹ 너는 가는 베 실로 반포 속옷을 짜고 가는 베 실로 관을 만들고 띠를 수 놓아 만들지니라. ⁴⁰ 너는 아론의 아들들을 위하여 속옷을 만들며 그들을 위하여 띠를 만들며 그들을 위하여 관을 만들어 영화롭고 아름답게 하되 ⁴¹ 너는 그것들로 네 형 아론과 그와 함께 한 그의 아들들에게 입히고 그들에게 기름을 부어 위임하고 거룩하게 하여 그들이 제사장 직분을 내게 행하게 할지며 ⁴² 또 그들을 위하여 베로 속바지를 만들어 허리에서부터 두 넓적다리까지 이르게 하여 하체를 가리게 하라. ⁴³ 아론과 그의 아들들이 회막에 들어갈 때에나 제단에 가까이 하여 거룩한 곳에서 섬길 때에 그것들을 입어야 죄를 짊어진 채 죽지 아니하리니 그와 그의 후손이 영원히 지킬 규례니라.

이제 하나님은 모세에게 성막을 중심으로 이스라엘 백성을 하나님 앞에서 중보할 제사장들을 선임하여 세우도록 명령하신다. 28장은 제사장의 성의를 만드는 과정을 세밀하게 담고 있다. 모세의 형 아론과 그의 네 아들(시내산 계약 체결에 참여한 나답과 아비후, 엘르아살과 이다말)이 먼저 제사장으로 선임된다. 제사장이 입을 옷은 복잡하고 특별한데 하나님께 배타적으로 소속된 거룩한 중보자임을 각인시키는 것이다. 그 옷은 위엄(영광)과 아름다움을 동시에 갖추어야 한다. 하나님의 거룩한 위엄과 아름다움을 대표하는 옷이어야 한다.²⁸:²,⁴⁰ 아론과 아들들은 재판을 할 때 입을 판결 흉패, 에봇, 겉옷, 반포 속옷, 관과 띠를 착용해야 한다. 흉패 안에는 우림과 둠밈 구슬을 넣어야 한다. 우림(빛, אוּרִים)과 둠밈(완전, תֻּמִּים)은 제사장이 하나님의 뜻을 물을 때 사용하는 도구다.²⁸:³⁰, 신 ³³:⁸⁻¹¹ 빛과 완전을 의미하는 우림과 둠밈은 아론과 그의 후손들이 재판할 때 얼마나 온전하고 공정하게 재판해야 할지를 깨우쳐 주고 있다.

30절의 직역은 제사장의 사법적 책임이 엄숙함을 강조한다. "판결의 흉패 속에 너는 우림과 둠밈을 넣어 두어라. 그것들이 야웨 앞에 나아가는 아론의 가슴 위에 있도록 [하라]. 그렇게 해서 아론은 항상 야웨 앞에서 그의 가슴 위에 이스라엘 자손을 위한 판결을 지니고 다녀야 할 것이니라." 또 하나 특이한 것은 아론의 에봇 가장자리에 돌아가며 청색, 자색, 홍색 실로 석류를 수놓고 그 사이에 금방울을 달아야 하는 것이다. 이 금방울은 대제사장이 1년에 한 번 지성소에 들어가고 나갈 때 소리를 내게 함으로써 하나님의 거룩한 현존과 대면한 대제사장이 죽지 않고 살아 나오는지의 여부를 판별하게 해준다. 금방울 없이 지성소에 들어간 경우 살았는지 죽었는지 확인할 수 없기 때문이다. 대제사장이 지성소에서 하나님과의 거룩한 현존과 조우할 때 얼마나 놀랍고 두려운 감정에 휩싸였는지를 짐작케 해준다.

또한 제사장의 에봇에는 이스라엘 12지파의 이름을 새긴 호박 보석을 달아야 한다. 제사장이 쓰는 관 전면에는 '여호와께 성결'이라고 쓴 금판을 부착해야 한다. '여호와께 성결'이라고 쓴 관을 착용하는 것은, 거룩한 예물로 바친 제물과 관련하여 이스라엘의 죄에 대한 책임을 제사장이 진다는 것을 의미한다.[29:36-38, 슥 3:5]

이제 모세는 완성된 성의를 아론과 그의 아들들에게 입혀야 한다. 착의가 끝나면 감람유를 붓고 '손을 채운 후'(제사장으로 지정한 후에, 아마도 29:10을 참조하면 안수와 관련이 있는 듯하다) 제사장 직무를 시작하도록 해야 한다. 그런데 특별히 조심해야 할 사항이 42-43절에서 언급된다. 이 두 절은 허리에서 넓적다리, 곧 하체를 동여매는 고의(속옷)를 베로 만들라는 규정이다. 여기서 하체는 남자의 성기까지 포함되는 신체기관으로서 성적 에너지의 방출지다. 하체를 동여맨다는 말은 성적 에너지를 동여매는 것과 같다. 성적 에너지를 동여매는 속옷은 제사장들에게 참으로 중요하다. 특이하게도 여기에는 고의를 입지 않고, 곧 성적 에너지를 결박하지 않고 지성소에 들어가면(하나님의 성역을 감당하면) 죄를 짓게 되고 죽을 수 있다는 무서운 경고가 첨부되어 있다.[20:26] 야웨의 제사장들은 가나안의 바알과 아세라 이교도 제사장들이 성적 에너지를 방출하면서 그들의 신을 섬기는 것과는 거룩하게 구별되어야 한다는 것이다. 제사장의 영적 권능은 엉덩이와 넓적다리 사이에서 나오지 않고 거룩한 정결의 삶에서 나온다는 것이다.

29

¹ 네가 그들에게 나를 섬길 제사장 직분을 위임하여 그들을 거룩하게 할 일은 이러하니 곧 어린 수소 하나와 흠 없는 숫양 둘을 택하고 ² 무교병과 기름 섞인 무교 과자와 기름 바른 무교 전병을 모두 고운 밀가루로 만들고 ³ 그것들을 한 광주리에 담고 그것을 광주리에 담은 채 그 송아지와 두 양과 함께 가져오라. ⁴ 너는 아론과 그의 아들들을 회막 문으로 데려다가 물로 씻기고 ⁵ 의복을 가져다가 아론에게 속옷과 에봇 받침 겉옷과 에봇을 입히고 흉패를 달고 에봇에 정교하게 짠 띠를 띠게 하고 ⁶ 그의 머리에 관을 씌우고 그 위에 거룩한 패를 더하고 ⁷ 관유를 가져다가 그의 머리에 부어 바르고 ⁸ 그의 아들들을 데려다가 그들에게 속옷을 입히고 ⁹ 아론과 그의 아들들에게 띠를 띠우며 관을 씌워 그들에게 제사장의 직분을 맡겨 영원한 규례가 되게 하라. 너는 이같이 아론과 그의 아들들에게 위임하여 거룩하게 할지니라. ¹⁰ 너는 수송아지를 회막 앞으로 끌어오고 아론과 그의 아들들은 그 송아지 머리에 안수할지며 ¹¹ 너는 회막 문 여호와 앞에서 그 송아지를 잡고 ¹² 그 피를 네 손가락으로 제단 뿔들에 바르고 그 피 전부를 제단 밑에 쏟을지며 ¹³ 내장에 덮인 모든 기름과 간 위에 있는 꺼풀과 두 콩팥과 그 위의 기름을 가져다가 제단 위에 불사르고 ¹⁴ 그 수소의 고기와 가죽과 똥을 진 밖에서 불사르라. 이는 속죄제니라. ¹⁵ 너는 또 숫양 한 마리를 끌어오고 아론과 그의 아들들은 그 숫양의 머리 위에 안수할지며 ¹⁶ 너는 그 숫양을 잡고 그 피를 가져다가 제단 위의 주위에 뿌리고 ¹⁷ 그 숫양의 각을 뜨고 그 장부와 다리는 씻어 각을 뜬 고기와 그 머리와 함께 두고 ¹⁸ 그 숫양 전부를 제단 위에 불사르라. 이는 여호와께 드리는 번제요 이는 향기로운 냄새니 여호와께 드리는 화제니라. ¹⁹ 너는 다른 숫양을 택하고 아론과 그 아들들은 그 숫양의 머리 위에 안수할지며 ²⁰ 너는 그 숫양을 잡고 그것의 피를 가져다가 아론의 오른쪽 귓부리와 그의 아들들의 오른쪽 귓부리에 바르고 그 오른손 엄지와 오른발 엄지에 바르고 그 피를 제단 주위에 뿌리고 ²¹ 제단 위의 피와 관유를 가져다가 아론과 그의 옷과 그의 아들들과 그의 아들들의 옷에 뿌리라. 그와 그의 옷과 그의 아들들과 그의 아들들의 옷이 거룩하리라. ²² 또 너

출

608

는 그 숫양의 기름과 기름진 꼬리와 그것의 내장에 덮인 기름과 간 위의 꺼풀과 두 콩 팥과 그것들 위의 기름과 오른쪽 넓적다리를 가지라. 이는 위임식의 숫양이라. ²³또 여호와 앞에 있는 무교병 광주리에서 떡 한 개와 기름 바른 과자 한 개와 전병 한 개를 가져다가 ²⁴그 전부를 아론의 손과 그의 아들들의 손에 주고 그것을 흔들어 여호와 앞에 요제를 삼을지며 ²⁵너는 그것을 그들의 손에서 가져다가 제단 위에서 번제물을 더하여 불사르라. 이는 여호와 앞에 향기로운 냄새니 곧 여호와께 드리는 화제니라. ²⁶너는 아론의 위임식 숫양의 가슴을 가져다가 여호와 앞에 흔들어 요제를 삼으라. 이 것이 네 분깃이니라. ²⁷너는 그 흔든 요제물 곧 아론과 그의 아들들의 위임식 숫양의 가슴과 넓적다리를 거룩하게 하라. ²⁸이는 이스라엘 자손이 아론과 그의 자손에게 돌릴 영원한 분깃이요 거제물이니 곧 이스라엘 자손이 화목제의 제물 중에서 취한 거제 물로서 여호와께 드리는 거제물이니라. ²⁹아론의 성의는 후에 아론의 아들들에게 돌릴지니 그들이 그것을 입고 기름 부음으로 위임을 받을 것이며 ³⁰그를 이어 제사장이 되는 아들이 회막에 들어가서 성소에서 섬길 때에는 이레 동안 그것을 입을지니라. ³¹ 너는 위임식 숫양을 가져다가 거룩한 곳에서 그 고기를 삶고 ³²아론과 그의 아들들은 회막 문에서 그 숫양의 고기와 광주리에 있는 떡을 먹을지라. ³³그들은 속죄물 곧 그 들을 위임하며 그들을 거룩하게 하는 데 쓰는 것을 먹되 타인은 먹지 못할지니 그것 이 거룩하기 때문이라. ³⁴위임식 고기나 떡이 아침까지 남아 있으면 그것을 불에 사를 지니 이는 거룩한즉 먹지 못할지니라. ³⁵너는 내가 네게 한 모든 명령대로 아론과 그 의 아들들에게 그같이 하여 이레 동안 위임식을 행하되 ³⁶매일 수송아지 하나로 속죄 하기 위하여 속죄제를 드리며 또 제단을 위하여 속죄하여 깨끗하게 하고 그것에 기름 을 부어 거룩하게 하라. ³⁷너는 이레 동안 제단을 위하여 속죄하여 거룩하게 하라. 그 리하면 지극히 거룩한 제단이 되리니 제단에 접촉하는 모든 것이 거룩하리라. ³⁸네가 제단 위에 드릴 것은 이러하니라. 매일 일 년 된 어린 양 두 마리니 ³⁹한 어린 양은 아 침에 드리고 한 어린 양은 저녁 때에 드릴지며 ⁴⁰한 어린 양에 고운 밀가루 십분의 일 에바와 찧은 기름 사분의 일 힌을 더하고 또 전제로 포도주 사분의 일 힌을 더할지며 ⁴¹한 어린 양은 저녁 때에 드리되 아침에 한 것처럼 소제와 전제를 그것과 함께 드려 향기로운 냄새가 되게 하여 여호와께 화제로 삼을지니 42 이는 너희가 대대로 여호와 앞 회막 문에서 늘 드릴 번제라. 내가 거기서 너희와 만나고 네게 말하리라. 43 내가 거기서 이스라엘 자손을 만나리니 내 영광으로 말미암아 회막이 거룩하게 될지라. 44 내가 그 회막과 제단을 거룩하게 하며 아론과 그의 아들들도 거룩하게 하여 내게 제사장 직분을 행하게 하며 45 내가 이스라엘 자손 중에 거하여 그들의 하나님이 되리니 46 그들은 내가 그들의 하나님 여호와로서 그들 중에 거하려고 그들을 애굽 땅에서 인도하여 낸 줄을 알리라. 나는 그들의 하나님 여호와니라.

29장 전체는 일주일 동안 계속되는 엄숙한 제사장 성별 및 위임 규정들을 다룬다. 29장부터는 레위기의 전형적인 제사 용어와 레위기의 제물 드리는 공간인 회막(오헬 모에드)이 본격적으로 주무대에 등장한다. 제사장 위임식에 소요된 제물은 젊은 수소 한 마리, 흠 없는 숫양 두 마리, 고운 밀가루로 만든 무교병과 기름 섞인 무교과자와 기름 바른 무교전병이다. 아론 계열의 제사장들은 자신들도 허물 많은 인간이었으므로 회막 문 앞에서 속죄제를 먼저 드리지 않으면 안 된다.29:1-14 1

속죄제를 드리기 전에 먼저 아론과 그의 아들들을 회막 문 앞에서 정결하게 씻겨야 한다. 관유를 붓고 속옷을 입히고 띠를 착용하게 함으로써 제사장 직무를 수행하기에 부족함이 없도록 한 후 속죄제를 드려야 한다. 아론 자신과 후손들을 위한 속죄제는, 젊은 수소를 매일 하나님께 희생제물로 태워 드리는 화제요 번제여야 한다.29:1, 36 수소를 희생제물로 태워 드리기 전에 아론과 아들들은 그것의 머리 위에 안수해야 한다. 안수는 제물 드리는 자와 제물을 동일시하는 의식이다. 지금 번제로 바쳐지는 바로 이 수송아지가 제사장 자신임을 선언하는 것이다. 그리고 나서 속죄를 위한 수송아지 번제가 끝나면 제사장들은 자신을 제사장으로 성별시키기 위한 위임의 번제를 드려야 한다. 첫 번째 숫양으로 드리는 번제가 이어진다. 이 첫 번째 양 제물도 번제로 전체가 태워져서 하나님께 향기로운 냄새로 승화되어야 한다. 그 다음 두 번째 숫양으로 드리는 제사가 본격적인 의미의 위임제사[29:22]다. 이때 희생으로 바쳐진 숫양의 피는 제사장의 오른쪽 귓부리에 발라야 하고 나머지 피는 단 주위와 제사장의 옷에 뿌려져야 한다. 제사장의 귓부리는 하나님의 말씀을 듣고 백성들의 신음 소리를 듣는 성별된 귓부리여야 한다. 이제 이스라엘 백성과 하나님 사이의 만남과 언약 관계는 상당 부분 성별된 제사장들의 역할과 중보사역에 의존할 것이다. 마지막으로 이 두 번째 숫양의 고기 가운데 중심 부분은 야웨 하나님 앞에 흔들어 드리는 요제[搖祭]로 드려지는데 그것은 제사장 몫의 고기가 된다. 숫양의 가슴과 넓적다리는 영원히 제사장 몫의 고기가 되어 일반 백성들이 먹을 수 없는 고기로 간주된다.[29:26]

이런 방식으로 7일 동안 제사장 위임식이 거행되어야 한다. 이 7일 동안 성막의 제단에는 희생제물의 피와 기름이 뿌려져서 "지극히 거룩한 성물"이 된다. 이렇게 지극히 거룩해진 제단과 접촉하는 사람이나 물건도 덩달아 지극히 거룩해진다. 이것이 바로 제사장의 접촉신학이다. 거룩한 것과의 접촉이 정결케 하고 또다시 부정한 것과의 접촉이 부정케 한다는 것이다. 따라서 지극히 거룩한 하나님의 아들 예수가 나병 환자를 만지면 나병 환자는 거룩해지고 예수는 부정해지는데 그 이치가 바로 여기에 있다.[막 1:40-45]

38-46절은 제사장들의 일상적인 업무가 무엇인지, 그리고 그것이 얼마나 중요한지 간결하게 요약한다. 제사장들은 매일 아침에 한 번, 저녁에 한 번 제단에 1년 된 어린 양을 희생제물로 바쳐야 한다. 아침에 드리는 희생제물과 함께 드려야 할 부대 제물은 고운 밀가루 십분의 일 에바와 찧은 기름 한 힌[hin]의 사분의 일을 더하고, 또 전제

^{奠祭}로 포도주 사분의 일 힌을 더해야 한다.² 저녁 양 희생제물에 추가되는 제물들은 아침 제사와 동일하다. 이 제사는 향기로운 냄새를 올려 드리기 위해 불로 드리는 제사다. 아침과 저녁은 하루의 일과를 여닫는 시간이다. 불로 제물을 태워 하나님께 열납될 만한 삶을 드리는 것을 상징적으로 표현한다. 하나님께서 기뻐하시는 산 제물로 바쳐진 삶이 하나님께 향기로운 냄새를 풍겨 내는 삶이다. 하나님의 백성들은 하나님의 거룩한 불로서 자신의 혈과 육을 도륙하고 탐욕적이고 이기적인 자아를 불태워 향기를 발산하는 삶을 살아야 한다는 의미다.

이런 향기로운 냄새로 하나님을 기쁘시게 하는 제사가 바로 번제다. 그리고 이 번제가 드려지는 회막(지성소) 문 앞이라는 장소가 바로 하나님과 이스라엘 백성이 만나는 공간이다. 회막의 중요성과 그것이 이스라엘에게 끼치는 성결과 성화 효과를 주목하기 위해 42-46절을 보자.

그리하여 회막 문 앞에서 하나님께서 이스라엘 네게³ 말씀하시기 위해서 이스라엘 백성 너희들을 만날 것이다. 회막은 나의 영광으로 인하여 거룩해질 것이다. 나는 회막과 제단을 성별할 것이요, 아론과 그의 아들들을 제사장으로 일하도록 하기 위하여 성별할 것이다. 그리하여 나는 이스라엘 백성 가운데 거할 것이며 나는 그들에게 하나님이 될 것이다. 그리하여 그들은 나 야웨가 그들 가운데 거하기 위하여 그들을 애굽 땅에서 이끌어 낸 그들의 하나님임을, 곧 내가 그들의 하나님임을 알게 될 것이다.^{29:42-46, 저자 사역}

여기서 우리는 출애굽 구원은, 하나님께서 이스라엘 백성 가운데 거하여 그들의 하나님이 되시고 그들은 배타적으로 하나님께 소속되는 계약적 결속감에서 완성된다는 것을 알게 된다. 성막은 출애굽 구원의 완성을 위한 계약적 매개물인 셈이다.

성물 제작 규정 ●30장

30 ¹ 너는 분향할 제단을 만들지니 곧 조각목으로 만들되 ² 길이가 한 규빗, 너비가 한 규빗으로 네모가 반듯하게 하고 높이는 두 규빗으로 하며 그 뿔을 그것과 이어지게 하고 ³ 제단 상면과 전후 좌우 면과 뿔을 순금으로 싸고 주위에 금 테를 두를지며 ⁴ 금 테 아래 양쪽에 금 고리 둘을 만들되 곧 그 양쪽에 만들지니 이는 제단을 메는 채를 꿸 곳이며 ⁵ 그 채를 조각목으로 만들고 금으로 싸고 ⁶ 그 제단을 증거궤 위 속죄소 맞은편 곧 증거궤 앞에 있는 휘장 밖에 두라. 그 속죄소는 내가 너와 만날 곳이며 ⁷ 아론이 아침마다 그 위에 향기로운 향을 사르되 등불을 손질할 때에 사를지며 ⁸ 또 저녁 때 등불을 켤 때에 사를지니 이 향은 너희가 대대로 여호와 앞에 끊지 못할지며 ⁹ 너희는 그 위에 다른 향을 사르지 말며 번제나 소제를 드리지 말며 전제의 술을 붓지 말며 ¹⁰ 아론이 일 년에 한 번씩 이 향단 뿔을 위하여 속죄하되 속죄제의 피로 일 년에 한 번씩 대대로 속죄할지니라. 이 제단은 여호와께 지극히 거룩하니라. ¹¹ 여호와께서 모세에게 말씀하여 이르시되 ¹² 네가 이스라엘 자손의 수효를 조사할 때에 조사 받은 각 사람은 그들을 계수할 때에 자기의 생명의 속전을 여호와께 드릴지니 이는 그들을 계수할 때에 그들 중에 질병이 없게 하려 함이라. ¹³ 무릇 계수 중에 드는 자마다 성소의 세겔로 반 세겔을 낼지니 한 세겔은 이십 게라라. 그 반 세겔을 여호와께 드릴지며 ¹⁴ 계수 중에 드는 모든 자 곧 스무 살 이상 된 자가 여호와께 드리되 ¹⁵ 너희의 생명을 대속하기 위하여 여호와께 드릴 때에 부자라고 반 세겔에서 더 내지 말고 가난한 자라고 덜 내지 말지며 ¹⁶ 너는 이스라엘 자손에게서 속전을 취하여 회막 봉사에 쓰라. 이것이 여호와 앞에서 이스라엘 자손의 기념이 되어서 너희의 생명을 대속하리라. ¹⁷ 여호와께서 모세에게 말씀하여 이르시되 ¹⁸ 너는 물두멍을 놋으로 만들고 그 받침도 놋으로 만들어 씻게 하되 그것을 회막과 제단 사이에 두고 그 속

에 물을 담으라. ¹⁹ 아론과 그의 아들들이 그 두멍에서 수족을 씻되 ²⁰ 그들이 회막에 들어갈 때에 물로 씻어 죽기를 면할 것이요 제단에 가까이 가서 그 직분을 행하여 여호와 앞에 화제를 사를 때에도 그리 할지니라. ²¹ 이와 같이 그들이 그 수족을 씻어 죽기를 면할지니 이는 그와 그의 자손이 대대로 영원히 지킬 규례니라. ²² 여호와께서 모세에게 또 말씀하여 이르시되 ²³ 너는 상등 향품을 가지되 액체 몰약 오백 세겔과 그 반수의 향기로운 육계 이백오십 세겔과 향기로운 창포 이백오십 세겔과 ²⁴ 계피 오백 세겔을 성소의 세겔로 하고 감람 기름 한 힌을 가지고 ²⁵ 그것으로 거룩한 관유를 만들되 향을 제조하는 법대로 향기름을 만들지니 그것이 거룩한 관유가 될지라. ²⁶ 너는 그것을 회막과 증거궤에 바르고 ²⁷ 상과 그 모든 기구이며 등잔대와 그 기구이며 분향단과 ²⁸ 및 번제단과 그 모든 기구와 물두멍과 그 받침에 발라 ²⁹ 그것들을 지극히 거룩한 것으로 구별하라. 이것에 접촉하는 것은 모두 거룩하리라. ³⁰ 너는 아론과 그의 아들들에게 기름을 발라 그들을 거룩하게 하고 그들이 내게 제사장 직분을 행하게 하고 ³¹ 이스라엘 자손에게 말하여 이르기를 이것은 너희 대대로 내게 거룩한 관유니 ³² 사람의 몸에 붓지 말며 이 방법대로 이와 같은 것을 만들지 말라. 이는 거룩하니 너희는 거룩히 여기라. ³³ 이와 같은 것을 만드는 모든 자와 이것을 타인에게 붓는 모든 자는 그 백성 중에서 끊어지리라 하라. ³⁴ 여호와께서 모세에게 이르시되 너는 소합향과 나감향과 풍자향의 향품을 가져다가 그 향품을 유향에 섞되 각기 같은 분량으로 하고 ³⁵ 그것으로 향을 만들되 향 만드는 법대로 만들고 그것에 소금을 쳐서 성결하게 하고 ³⁶ 그 향 얼마를 곱게 찧어 내가 너와 만날 회막 안 증거궤 앞에 두라. 이 향은 너희에게 지극히 거룩하니라. ³⁷ 네가 여호와를 위하여 만들 향은 거룩한 것이니 너희를 위하여는 그 방법대로 만들지 말라. ³⁸ 냄새를 맡으려고 이같은 것을 만드는 모든 자는 그 백성 중에서 끊어지리라.

성막에서 봉사할 제사장을 위임하는 세밀한 절차를 규정한 후에 다시 30장부터 회막 문 앞에 설치될 분향단 제작 지침, 속전 납부 지침, 놋바다(놋 물두멍)^{laver} 제작 지침이 차례대로 소개된다. 그리고 제사장에게 붓는 감람유에 대한 규정과 향 제조법에 대한 자세한 안내가 이루어진다. 분향단 또한 조각목으로 만들어야 하는데 전후좌우 네 모퉁이의 뿔을 정금으로 싸야 한다. 이 분향단은 속죄소 맞은편, 곧 증거궤 앞에 있는 휘장 밖에 두어야 한다. 아론은 아침저녁으로 드리는 번제 외에 향을 태우는 제사를 드려야 한다. 이 분향단에는 정한 향 외에 다른 향을 사용할 수 없으며 또 그 위에서 번제나 소제를 드리면 안 된다. 1년에 한 차례 이 분향단의 뿔을 위하여 속죄제 피를 발라야 한다. 분향단의 뿔을 잡으면 범죄자라도 즉형을 면할 수 있었다(요압과 아도니야의 경우).

11-16절은 잠재적인 역병의 공격을 피하기 위해 납부해야 하는 반 세겔의 성전 유지세를 다룬다. 20세 이상 되는 이스라엘의 남자는 이 성전세를 납부해야 한다. 이것은 출애굽기 13장의 이스라엘 초태생 성별 전통과 잇닿아 있는 규정일 것이다. 이스라엘의 장자들은 유월절 재앙 때에 심판을 면제받고 살았다. 그래서 이 구원을 기념하기 위해 이스라엘의 장자들은 모종의 제물을 대가로 속량되어야 했다. 17-21절은 놋바다 제작 규정이다. 놋바다는 제사장들의 손과 발을 씻는 일종의 위생시설이다. 그것은 회막(지성소)과 놋제단 사이에 설치되었다. 이 규정에는 지성소나 성소에서 봉사할 때 물로 자신을 정결케 하지 않는 제사장은 죽임을 면치 못한다는 엄명이 첨가되어 있다. 22-33절은 거룩한 관유(제사장 위임 시 붓는 기름) 제조법을 말한다. 관유는 회막과 증거궤에 바르고 아론과 그 아들들에게도 발라야 한다. 일반 사람에게는 붓거나 바르지 말아야 한다. 거룩한 제사와 성막 봉사 목적이 아닌 한 거룩한 관유를 만들지 말아야 한다. 34-38절은 분향단에서 태울 향 제조법을 소개하고 그것의 거룩한 목적 이외의 남용을 금지하고 있다.

31

¹ 여호와께서 모세에게 말씀하여 이르시되 ² 내가 유다 지파 훌의 손자요 우리의 아들인 브살렐을 지명하여 부르고 ³ 하나님의 영을 그에게 충만하게 하여 지혜와 총명과 지식과 여러 가지 재주로 ⁴ 정교한 일을 연구하여 금과 은과 놋으로 만들게 하며 ⁵ 보석을 깎아 물리며 여러 가지 기술로 나무를 새겨 만들게 하리라. ⁶ 내가 또 단 지파 아히사막의 아들 오홀리압을 세워 그와 함께 하게 하며 지혜로운 마음이 있는 모든 자에게 내가 지혜를 주어 그들이 내가 네게 명령한 것을 다 만들게 할지니 ⁷ 곧 회막과 증거궤와 그 위의 속죄소와 회막의 모든 기구와 ⁸ 상과 그 기구와 순금 등잔대와 그 모든 기구와 분향단과 ⁹ 번제단과 그 모든 기구와 물두멍과 그 받침과 ¹⁰ 제사직을 행할 때에 입는 정교하게 짠 의복 곧 제사장 아론의 성의와 그의 아들들의 옷과 ¹¹ 관유와 성소의 향기로운 향이라. 무릇 내가 네게 명령한 대로 그들이 만들지니라. ¹² 여호와께서 모세에게 말씀하여 이르시되 ¹³ 너는 이스라엘 자손에게 말하여 이르기를 너희는 나의 안식일을 지키라. 이는 나와 너희 사이에 너희 대대의 표징이니 나는 너희를 거룩하게 하는 여호와인 줄 너희가 알게 함이라. ¹⁴ 너희는 안식일을 지킬지니 이는 너희에게 거룩한 날이 됨이니라. 그 날을 더럽히는 자는 모두 죽일지며 그 날에 일하는 자는 모두 그 백성 중에서 그 생명이 끊어지리라. ¹⁵ 엿새 동안은 일할 것이나 일곱째 날은 큰 안식일이니 여호와께 거룩한 것이라. 안식일에 일하는 자는 누구든지 반드시 죽일지니라. ¹⁶ 이같이 이스라엘 자손이 안식일을 지켜서 그것으로 대대로 영원한 언약을 삼을 것이니 ¹⁷ 이는 나와 이스라엘 자손 사이에 영원한 표징이며 나 여호와가 엿새 동안에 천지를 창조하고 일곱째 날에 일을 마치고 쉬었음이니라 하라. ¹⁸ 여호와께서 시내산 위에서 모세에게 이르시기를 마치신 때에 증거판 둘을 모세에게 주시니 이는 돌판이요 하나님이 친히 쓰신 것이더라.

1-11절은 성막 및 부대시설물을 건축하거나 제작할 사람들을 소개한다. 하나님은 미학적·기하학적 아름다움과 공학적 견고성을 충분

히 고려하는 지혜롭고 탁월한 건축자들과 장인들을 선발하신다. 유
다 지파의 브살렐이 주물 작업과 보석가공 작업의 전문가로서 성막
건축의 총감독으로 임명되었다. 단 지파의 오홀리압과 다른 여러 숙
련 장인들은 브살렐을 도우는 동역자들로 선택되었다. 이들은 브살
렐의 감독하에 각 분야의 시설물과 건축물의 설계와 제작을 주도한
다. 이 건축 및 주물가공 등의 공학적 작업에도 하나님의 성령과 지
혜의 사역이 크게 빛을 발한다. 예술품의 미학적 완성도가 하나님의
성령과 지혜의 산물이라고 보는 신학자들의 사색도 근거가 있다.

12-18절은 안식일 준수의 중요성을 각인시킨다. 성막이 거룩한
공간이자 공간적 성전이라면, 안식일은 시간의 성전이요 거룩한 시
간의 표징이다. 하나님은 성막에 거하시면서 동시에 안식일이라는
거룩한 시간 영역에서 이스라엘과 만나실 것이다. 6일 동안 모든 필
요한 일을 완수하고 7일째 되는 날에 쉬셨던 하나님을 본받아 이스
라엘도 7일째 되는 날에는 반드시 쉬어야 한다. 더 큰 이익을 누리기
위한 잉여 노동, 노동생산성에 대한 신뢰를 의미하는 초과 노동은
하나님의 진노와 심판을 초래할 것이다. 창조주 하나님이 천지를 창
조하시고 안식하셨듯이 하나님의 백성도 안식해야 한다. 이렇게 중
요한 안식일을 더럽히는 자는 모두 죽임을 당하며 그날에 일하는 자
는 모두 백성 중에서 생명이 끊어질 것이다. 이스라엘 자손은 안식
일을 지킴으로서 자신들이 영원한 하나님의 언약백성임을 입증해야
한다. 안식 계명에 대한 강조를 마지막으로 야웨께서는 시내산에서
모세에게 하실 말씀을 종결지으셨다. 하나님은 핵심 가르침인 십계
명을 두 개의 증거판에 새겨 모세에게 주셨다. 하나님이 친히 돌판
에 쓰신 십계명을 받고 모세는 하산 준비를 서둘렀다.

결론적으로 성막의 구성 요소와 중보자인 제사장 위임에 대한 하
나님의 시내산 강론을 찬찬히 살펴보면 하나님의 성품을 짐작할 수

있다. 첫째, 하나님은 크기, 넓이, 높이, 색감의 세계를 아시는 미학적, 수학적, 공학적인 하나님이다. 성막 설계 지침에서 보여지듯이 이스라엘의 하나님 야웨는 수학적·기하학적 엄밀성을 요구하시는 하나님임과 동시에 미학적·심리적 필요에도 응답하시는 하나님이다. 하나님은 목재와 금속의 연결과 조화를 아신다. 하나님은 대칭적 구도의 아름다움과 연결과 이어짐의 미학도 아신다. 그리고 하나님은 속됨과 거룩함의 경계, 부정함과 정결함의 경계를 아시는 하나님이다. 하나님은 성막이 당신의 양식대로 제작되기를 원하시며,[25:9, 40, 26:30] 제사장 위임식이 당신 자신의 엄밀한 지침대로 이루어지기를 원하신다. 결국 신학이란 모든 학문 분야에서 추구되어야 할 보편적인 진리 탐구 작업일 수밖에 없다. 둘째, 하나님은 거룩의 구역에 거하시며, 죄인들과 초월적인 거리와 이격을 유지하시는 하나님이다. 하나님은 먼저 죄인이 범접할 수 없는 영광 가운데(지성소) 거하신다. 하나님은 경계를 짓고 나아올 수 없는 사람과 나아올 수 있는 사람의 자격을 규정하시는 구별의 하나님이다.

셋째, 그러나 거룩하신 하나님이 거룩의 구역에 자신을 유폐하지 않으시고 죄인에게 다가오신다. 죄인이 코르반을 통해 가까이 나아감을 허락하신다. 이스라엘 백성 한복판에서 거하시기로 기꺼이 결단하신다. 여기에는 하나님의 모험이 개재되어 있다. 하나님은 이스라엘 백성의 잠재적 반역성의 습격으로 상처받으실 수 있을 만큼 가까이 오신다. 즉, 인간이 가격하는 거친 공격의 사정권 안으로 당신의 처소를 옮기시는 결단과 모험의 하나님이다. 실로 하나님께서 이스라엘 백성 '가운데' 거하기를 얼마나 원하시는지를 알려면 25-40장 안에서 '거하다', '머물다'를 의미하는 동사의 어근이 얼마나 자주 그리고 많이 사용되었는지를 보면 알 수 있다. 성막은 히브리어 동사 샤칸(שׁכן, 거주하다)에서 파생된 낱말이다.[25:9, 15, 26:1] 성막이라는 단어가 출애굽기 25장부터 40장까지 지천에 깔려 있다. 이처럼 성막 제작 본문은 죄인과의 교제를 원하시는 하나님의 주도적인 의지를 명확하게 표명한다. 바로 이런 이유 때문에 죄인이 예물을 통해 하나님께 가까이 나아가는 '예배'가 가능하다. 거룩하신 하나님이 죄인에게 가까이 오기를 거부하시면 가까이 나아가려는 인간의 노력도 무위에 그칠 것이다.

V.

시내산 계시와 거룩한 배척을 영속화하는 성막

VI.

출애굽기 32-34장

중보자 모세

출애굽기 32-34장은 율법이 인간의 죄악 충동과 우상숭배적 경향을 원천적으로 막을 수는 없음을 여실히 보여준다. 모세가 40일 동안 시내산 정상에서 하나님과 동거하면서 십계명을 받아 오는 동안 이스라엘 백성은 금송아지 형상을 만들어 경배하며 음란한 종교 제의에 몰입하고 있었다. 아론은 금송아지를 주형하여 "이것이 너희를 애굽에서 인도하여 낸 신"이라고 소리친다. 이스라엘의 금송아지 숭배 사건은 하나님께서 이스라엘 백성 한복판에 성막을 짓고 그 안에 거하시겠다는 것이 하나님 자신과 이스라엘 백성에게 얼마나 위험스러운 일인지를 여실히 보여준다. 하나님께서 이스라엘 진 한복판에 성막을 짓고 거하시겠다는 것은 이스라엘 백성의 반역적 공격의 사정권 안에 자신을 머물게 하시는 일이다. 하나님의 거룩한 성품과 절대주권적 위엄이 상처를 입을 수 있는 위험스러운 자기노출인 셈이다.

다른 한편으로 이스라엘에게 진 한복판에 거룩한 하나님을 모시고 사는 것은 곧 삼키는 불과 충돌하는 화염과 동거하는 일로서, 자신들을 언제든지 파멸시킬 수 있는 거룩한 폭풍을 안고 살아가는 일이었다. 이런 상황에서 성막은 이스라엘에게 하나님에 대한 접근 불가능의 영역임과 동시에, 하나님이 죄인과의 엄청난 이격을 스스로 해소하고 죄인을 가깝게 부르는 화해의 영역이기도 하다. 중보자 모세는 이스라엘 백성에게 하나님의 초월적 거리를 일깨우는 존재이며 동시에 하나님의 끝없는 화해 의지를 반영하는 화신이다.

32

¹백성이 모세가 산에서 내려옴이 더딤을 보고 모여 백성이 아론에게 이르러 말하되 일어나라. 우리를 위하여 우리를 인도할 신을 만들라. 이 모세 곧 우리를 애굽 땅에서 인도하여 낸 사람은 어찌 되었는지 알지 못함이니라. ²아론이 그들에게 이르되 너희의 아내와 자녀의 귀에서 금 고리를 빼어 내게로 가져오라. ³모든 백성이 그 귀에서 금 고리를 빼어 아론에게로 가져가매 ⁴아론이 그들의 손에서 금 고리를 받아 부어서 조각칼로 새겨 송아지 형상을 만드니 그들이 말하되 이스라엘아, 이는 너희를 애굽 땅에서 인도하여 낸 너희의 신이로다 하는지라. ⁵아론이 보고 그 앞에 제단을 쌓고 이에 아론이 공포하여 이르되 내일은 여호와의 절일이니라 하니 ⁶이튿날에 그들이 일찍이 일어나 번제를 드리며 화목제를 드리고 백성이 앉아서 먹고 마시며 일어나서 뛰놀더라.

32-34장은 성막 설계도²⁵⁻³¹장와 성막 건축³⁵⁻⁴⁰장을 다루는 본문을 갈라놓고 있다. 19-24장의 시내산 계약 체결 장면을 전후해 거룩하게 고양되고 승화된 이스라엘의 심성에 비추어 보면, 모세의 부재 동안에 야웨를 표상하는 금송아지를 만들고 축제를 벌이는 아론과 회중의 행동은 너무나 급작스러우며 동시에 불협화음이다. 금송아지 사건은 며칠 전 시내산 계약을 준행하겠다고 맹세한 이스라엘 백성이 스스로 그 맹세를 파기한 것이었다.¹⁹:⁸, ²⁴:³, ⁷

아론이 앞장선 금송아지 주조 및 숭배 사건은 모세의 오랜 부재와 관련이 있다. 이스라엘 백성은 모세가 산에서 내려옴이 더딤을 보고 야웨 하나님의 종적이나 현존을 더 이상 느낄 수 없는 무중력 상태에 빠졌다. 애굽과 가나안 땅 중간에 끼어 전진도 후진도 못하는 상황에서 이스라엘 백성은 좀 더 확실한 현존으로 자신들을 이끌 신을 찾은 것이다. 그들은 아론에게 달려가 드세게 요구한다. "일어나라.

우리를 위하여 우리를 인도할 신을 만들라. 이 모세 곧 우리를 애굽 땅에서 인도하여 낸 사람은 어찌 되었는지 알지 못함이니라."^{32:1} 그들은 자신들을 인도할 신을 찾았는데, 미지근하고 우유부단한 아론의 지도력은 신뢰할 수 없었다. 그리고 자신들을 애굽 땅에서 인도해 낸 사람, 이 모세의 종적도 알 수 없다는 불안감이 그들을 움직였다. 그러자마자 아론이 즉시 해결책을 제시한다. 이스라엘의 여인들이 소장하거나 착용하던 금 고리를 모아 달구어 조각칼로 새겨 송아지 형상을 만들어 내었다. 그러자 그들이 "이스라엘아, 이는 너희를 애굽 땅에서 인도하여 낸 너희의 신이로다"라고 소리치며 환호했다.^{32:4} 아론은 이 금송아지 형상 주조물이 신으로 받아들여지자 한 걸음 더 나아간다. 금송아지 형상 앞에 제단을 쌓고 "내일은 여호와의 절일이니라"고 선포해 버렸다. 이튿날에 그들이 일찍 일어나 번제를 드리며 화목제를 드리고 백성이 앉아서 먹고 마시며 일어나서 뛰놀았다. 이것이 사건의 전모다.

이 사건을 제대로 이해하기 위해서는 모세가 야웨 하나님을 이스라엘에 소개하고 알려 주기 이전에 고센 땅의 이스라엘은 황소로 표상되는 신을 숭배하고 있었다는 사실을 전제해야 한다. 모세 당시의 시리아-가나안-이집트 전역에 황소 표상 신인 엘과 하닷(바알)이 널리 숭배되고 있었다. 고센 땅의 히브리 노예들도 황소로 표상되는 신을 알고 있었을 것이다. 그러므로 아론이 아무 고민도 없이 금송아지 형상을 주조하고, 그것을 보자마자 이스라엘 백성이 먼저 그 금송아지 형상이 자신들을 이끈 신이었다고 소리칠 수 있었다. 결국 아론과 이스라엘은 이전 종교로 되돌아간 것이다. 적어도 이 단계에서의 이스라엘 백성은 자신들을 애굽 땅에서 이끌어 낸 이는 하나님이 아니라 모세라고 생각하고 있었다.

도대체 무슨 일이 일어났을까? 왜 계약이 비준되고 채 40일이 되기도 전에 이스라엘은 그렇게 급속하게 반역했을까? 하나님의 구원과 계약 체결에 감동하고 압도된 채 모든 계명을 지키겠다고 선언한 이스라엘 백성의 돌변을 어떻게 설명할 수 있을까? 첫째, 이 사건은 거룩한 율법과 죄악된 인간성 사이에는 화해할 수 없는 본질적인 간격이 있음을 보여준다. 하나님의 거룩한 폭풍 같은 요구는 이스라엘을 그렇게 짧은 시간 안에 율법의 멍에를 메고 가는 것을 즐거워할 만큼 변화시킬 수는 없었다. 거룩한 율법은 이스라엘의 도덕성을 고양시킨 것이 아니라 잠재된 반역성을 재점화시켰을 것이다.롬 7장 율법이 인간의 심성에 부패한 죄성을 파괴적으로 노정시킨 것이다. 그래서 하나님 앞에서의 삼감이 아니라 음란한 유희가 대신 들어선 것이다.

둘째, 지도력의 부재가 이스라엘의 우상숭배를 촉발시켰을 것이다.삿 21:25 어느 시대나 영적 지도력의 공백은 백성들의 영적 방종과 우상숭배를 초래한다.잠 29:18 모세 부재시 자신들을 인도할 신을 만들어 내라고 소리치는 위협적인 군중 앞에서 아론과 70장로도 전혀 지도자 역할을 감당하지 못했다. 적대적인 군중의 요구에 대항하여 지도력을 발휘할 영도자가 없었다는 사실이 이스라엘에서 영적 파탄이 일어난 또 하나의 원인이었다.

셋째, 모세의 오랜 기간의 부재가 이스라엘 백성의 방향 감각을 상실하게 만들었다고 보아야 한다. 즉, 그들은 자신들을 인도하고 보호할 신을 갈구하고 있었다는 것이다. 그들은 사실 두려움과 불안에 몰려 가시적인 형상숭배를 통한 신과의 접촉을 유지하려고 했던 것이다. 자신들에 앞서 인도할 신을 만들어 달라고 소리 지르는 백성들에게 아론은 "이는 너희를 애굽에서 인도하여 낸 신"이라고 말하지 않는가? 이런 표현은 아론과 이스라엘 백성이 금송아지 우상에게 군사적 역할(영도자)을 부여하였음을 시사한다.14:19, 23:23, 32:34, 신 1:30

넷째, 출애굽한 이스라엘 백성이 영적으로는 아직 진정으로 출애굽하지 못하였기 때문에 금송아지 우상숭배에 빠졌을 것이다. 금송아지 숭배는 고대 가나안, 시리아, 애굽 등지에서 널리 행해지던 종교 제의로서 풍요와 다산의 대명사격이다. 이스라엘이 금송아지 난장 축제에 너무나 자연스럽게 몰입하는 것을 보면, 이스라엘의 조상들이 애굽에서 이미 우상숭배 습속에 빠져 있었음을 알 수 있다.

하나님의 진노와 모세의 중보기도 ● 32:7-14

32 ⁷ 여호와께서 모세에게 이르시되 너는 내려가라. 네가 애굽 땅에서 인도하여 낸 네 백성이 부패하였도다. ⁸ 그들이 내가 그들에게 명령한 길을 속히 떠나 자기를 위하여 송아지를 부어 만들고 그것을 예배하며 그것에게 제물을 드리며 말하기를 이스라엘아, 이는 너희를 애굽 땅에서 인도하여 낸 너희 신이라 하였도다. ⁹ 여호와께서 또 모세에게 이르시되 내가 이 백성을 보니 목이 뻣뻣한 백성이로다. ¹⁰ 그런즉 내가 하는 대로 두라. 내가 그들에게 진노하여 그들을 진멸하고 너를 큰 나라가 되게 하리라. ¹¹ 모세가 그의 하나님 여호와께 구하여 이르되 여호와여, 어찌하여 그 큰 권능과 강한 손으로 애굽 땅에서 인도하여 내신 주의 백성에게 진노하시나이까. ¹² 어찌하여 애굽 사람들이 이르기를 여호와가 자기의 백성을 산에서 죽이고 지면에서 진멸하려는 악한 의도로 인도해 내었다고 말하게 하시려 하나이까. 주의 맹렬한 노를 그치시고 뜻을 돌이키사 주의 백성에게 이 화를 내리지 마옵소서. ¹³ 주의 종 아브라함과 이삭과 이스라엘을 기억하소서. 주께서 그들을 위하여 주를 가리켜 맹세하여 이르시기를 내가 너희의 자손을 하늘의 별처럼 많게 하고 내가 허락한 이 온 땅을 너희의 자손에게 주어 영원한 기업이 되게 하리라 하셨나이다. ¹⁴ 여호와께서 뜻을 돌이키사 말씀하신 화를 그 백성에게 내리지 아니하시니라.

하나님은 이러한 이스라엘 백성의 영적 파탄을 감지하시고 이스라엘의 본질을 '목이 곧은 백성'이라고 진단하신다. 이스라엘이 목이 곧은 백성이라는 말은 율법의 가르침, 곧 멍에를 매기에 익숙하지 않은 백성이라는 말이다. 아무리 가르쳐도 그 배움대로 살지 않는 백성이라는 뜻이다. 이스라엘 백성의 영적 파탄과 일탈에 직면하자, ^{신 9:12, 32:5, 호 9:9, 갈 1:6, 창 6:12} 하나님께서는 자신과 이스라엘 백성을 순식간에 이격시키신다.^{32:7} "너는 내려가라. 네가 애굽 땅에서 인도하여 낸 네 백성이 부패하였도다." 이스라엘 백성은 이제 졸지에 "모세가 애굽 땅에서 인도하여 낸 모세의 백성"이라고 규정된다. 하나님은 이스라엘 자손이 그들에게 명한 길을 속히 떠나 자기를 위하여 송아지를 부어 만들고 그것을 예배하며 그것에게 제물을 드리고 "이스라엘아, 이는 너희를 애굽 땅에서 인도하여 낸 너희 신이다!"라고 소리치는 모습을 보고 경악을 금치 못하신다. 그리고 하나님께서 모세에게 아브라함의 자손인 이 이스라엘 백성을 진멸하고 모세를 조상으로 하는 새 백성을 창조하시겠다는 의향을 넌지시 피력하신다. 이 때 모세는 산 위에서 하나님 앞에 힘겨운 중보기도를 드린다. 모세의 중보기도 호소는 여러 가지 차원에서 호소력과 탄탄한 논리를 갖추고 있다. 모세의 중보기도가 갖는 호소력 때문에 하나님이 오히려 일관성이 없는 변덕스러운 하나님처럼 보일 정도다.

첫째, "이스라엘은 처음부터 목이 곧은 백성이요 우상숭배자였지 않습니까? 하나님께서 이것을 알고도 출애굽시키지 않았습니까? 새삼스럽게 더 타락한 것이 아닙니다."^{삼상 8:8, 암 5:25-26} 둘째, "하나님의 의도와 약속들의 일관성을 지키기 위해 하나님이 시작한 일을 마무리하셔야 합니다. 하나님 당신께서는 아브라함, 이삭, 야곱에게 그들의 후손이 큰 나라가 될 것이라고 약속하셨습니다. 그들의 후손이 가나안 땅을 차지하게 해줄 것이라고 약속하시지 않았습니까? 출애굽의 목적이 바로 가나안 땅을 차지하여 하나님의 백성으로 존재하는 것 아닙니까? 하나님께서 약속하시고 추진해 오기 시작한 바로 그 일을 완수하지 못하는 것은 하나님 자신을 부인하는 셈이 될 것입니다." 결국 모세는 하나님의 명예를 걸고 이스라엘 전멸 계획을 철회하시도록 설득한다. 하나님 자신이 큰 권능과 강한 손으로 이끌어내신 바 된 이스라엘 백성을 스스로 진멸하신다면 하나님의 구원 자체가 무효화된다는 논리였다. 그런 모순에 빠지지 않기 위해서는 하나님께서 아브라함, 이삭, 야곱과 맺은 언약을 기억하고 스스로 성취해 주셔야 한다고 탄원한다. 하늘의 별만큼이나 많은 자손과 가나안 약속의 땅을 유업으로 주시겠다던 족장 약속이 실현되어야 함을 강조한다. 이 중보기도로 이스라엘을 전멸시키려는 하나님의 결심은 누그러졌다.

모세가 40일 후에 돌아왔을 때 그는 하나님 편에 선 중보자로서의 역할을 새롭게 추슬렀다. 그가 하산했을 때에는 금송아지가 주형되어 숭배되고 있었다. 야웨의 축제절기로 선포된 그날에 이스라엘 백성은 한바탕 광란의 난장을 벌이고 있었다. 그것은 인근 가나안이나 애굽에서 유행하던 음란과 풍요의 제의를 닮아 있었다.^{32:6} 모세는 비록 산 정상에서 이스라엘 백성의 진멸을 막기 위한 간절한 중보기도를 드렸지만 동포들의 광란의 종교축제를 보면서 하나님의 경악에 공감하고 격정적인 분노를 분출했다. 이번에는 중보자 모세가 하나님의 감정을 대변했다. 두 돌판을 깨뜨리는 행위를 함으로써 그는 하나님의 분노와 탄식, 슬픔과 좌절감을 표현한다. 그의 돌판 파괴는 "이스라엘의 종교난장 축제는 십계명 돌판을 깨뜨리는 행위"라는 것을 증거하는 셈이었다. 모세는 이스라엘 백성에게 돌판을 태워 만든 재를 흩뿌려 그 잿물을 갈아 마시게 하는 징벌을 집행했다. 그러나 잿물을 마시고도 백성들의 반역 기세는 진정되기는커녕 점점 더 방자해졌다. 21-24절은 모세의 질책과 분노를 받아낸 아론의 변명을 다소 익살스럽게 전한다. 아론은 철저하게 기회주의적이고 상황편승적이며 대중영합적인 지도자로 보인다. "내가 백성으로부터 거둔 금을 불에 던졌더니 이 송아지가 나왔나이다." 모세는 어안이 벙벙하여 대꾸도 없이 영적 정화를 위한 즉각적인 징벌에 착수한다. 그래서 모세는 하나님의 편에 서는 사람은 자신의 진문으로 모이도록 명령한다. 이때 레위 지파가 모여들었다. 레위 지파는 우상숭배에 빠져 돌이키지 않고 점점 더 방자해져 가는 자신의 가족들과 형제, 이웃까지도 살육한다. 그 충성심으로 레위 지파가 제사장 직분(헌신 직분)을 떠맡을 수 있게 되었다.[32:29, 신 33:8-11] 이 심판 살육으로 3,000명의 이스라엘 백성이 도륙되었다.

이튿날 모세는 이스라엘 자손을 불러 그들이 얼마나 큰 죄를 지었는지를 다시금 상기시킨 후에 하나님께 사죄의 은총을 간구하기 위하여 다시 산으로 올라간다. 자신의 생명을 걸고 이스라엘 백성의 죄 사함을 요청한다. 하지만 하나님의 응답은 일시적 심판 철회와 유예된 심판이었다. 오히려 하나님께서는 누구든지 죄 지은 사람 자신이 심판을 받을 것임을 선언하신다.[시 69:28, 사 4:3] 이스라엘에 대한 심판은 유예될 수 있을지언정 진노 자체는 완전히 해소되지 않을 것임을 암시하신다. '보응의 날'까지 잠시 참으실 뿐이었다. 하나님은 아론의 금송아지 주조와 숭배 죄악을 확실히 응징하셨다. 하나님은 가나안 땅으로 가는 이스라엘 행진을 주도할 의향을 거두어 들이시는 것처럼 보인다. "내 사자가 네 앞서 가리라"[32:34]는 경우에 따라 매우 냉정한 하나님의 자발적 이격을 암시하는 것처럼 들린다. 아니나 다를까 야웨의 사자가 향도하는 가나안 진군 대열에는 하나님께서 동행하지 않을 것임이 금세 드러난다.[33:3]

33 ¹여호와께서 모세에게 이르시되 너는 네가 애굽 땅에서 인도하여 낸 백성과 함께 여기를 떠나서 내가 아브라함과 이삭과 야곱에게 맹세하여 네 자손에게 주기로 한 그 땅으로 올라가라. ²내가 사자를 너보다 앞서 보내어 가나안 사람과 아모리 사람과 헷 사람과 브리스 사람과 히위 사람과 여부스 사람을 쫓아내고 ³너희를 젖과 꿀이 흐르는 땅에 이르게 하려니와 나는 너희와 함께 올라가지 아니하리니 너희는 목이 곧은 백성인즉 내가 길에서 너희를 진멸할까 염려함이니라 하시니 ⁴백성이 이 준엄한 말씀을 듣고 슬퍼하여 한 사람도 자기의 몸을 단장하지 아니하니 ⁵여호와께서 모세에게 이르시기를 이스라엘 자손에게 이르라. 너희는 목이 곧은 백성인즉 내가 한 순간이라도 너희 가운데에 이르면 너희를 진멸하리니 너희는 장신구를 떼어 내라. 그리하면 내가 너희에게 어떻게 할 것인지 정하겠노라 하셨음이라. ⁶이스라엘 자손이 호렙산에서부터 그들의 장신구를 떼어 내니라. ⁷모세가 항상 장막을 취하여 진 밖에 쳐서 진과 멀리 떠나게 하고 회막이라 이름하니 여호와를 앙모하는 자는 다 진 바깥 회막으로 나아가며 ⁸모세가 회막으로 나아갈 때에는 백성이 다 일어나 자기 장막 문에 서서 모세가 회막에 들어가기까지 바라보며 ⁹모세가 회막에 들어갈 때에 구름 기둥이 내려 회막 문에 서며 여호와께서 모세와 말씀하시니 ¹⁰모든 백성이 회막 문에 구름 기둥이 서 있는 것을 보고 다 일어나 각기 장막 문에 서서 예배하며 ¹¹사람이 자기의 친구와 이야기함 같이 여호와께서는 모세와 대면하여 말씀하시며 모세는 진으로 돌아오나 눈의 아들 젊은 수종자 여호수아는 회막을 떠나지 아니하니라. ¹²모세가 여호와께 아뢰되 보시옵소서. 주께서 내게 이 백성을 인도하여 올라가라 하시면서 나와 함께 보낼 자를 내게 지시하지 아니하시나이다. 주께서 전에 말씀하시기를 나는 이름으로도 너를 알고 너도 내 앞에 은총을 입었다 하셨사온즉 ¹³내가 참으로 주의 목전에 은총을 입었사오면 원하건대 주의 길을 내게 보이사 내게 주를 알리시고 나로 주의 목전에 은총을 입게 하시며 이 족속을 주의 백성으로 여기소서. ¹⁴여호와께서 이르시되 내가 친히 가리라. 내가 너를 쉬게 하리라. ¹⁵모세가 여호와께 아뢰되 주께서

친히 가지 아니하시려거든 우리를 이곳에서 올려 보내지 마옵소서. ¹⁶나와 주의 백성

이 주의 목전에 은총 입은 줄을 무엇으로 알리이까. 주께서 우리와 함께 행하심으로

나와 주의 백성을 천하 만민 중에 구별하심이 아니니이까. ¹⁷여호와께서 모세에게 이

르시되 네가 말하는 이 일도 내가 하리니 너는 내 목전에 은총을 입었고 내가 이름으

로도 너를 앎이니라.

33:1-17은 가나안 땅을 차지하는 전쟁에서 하나님께서 친히 함께

올라가시는 것과 하나님의 사자만 함께 가는 것을 놓고 하나님과 모

세가 토론하고 협상한 기록이다. 즉각적 응징을 통해 당신의 거룩하

심을 폭발시켰음에도 불구하고 해소되지 않은 하나님의 진노는, 당

신 자신이 이스라엘 백성을 친히 가나안 땅으로 인도하지 않고 당신

의 사자가 인도할 것이라는 다소 냉정한 응답 속에 집약적으로 표현

된다. 이제 가나안 땅에 백성을 인도하여 들이는 일은 전적으로 모

세 자신의 과업인 것처럼 간주된다.^{32:34} 만일 하나님께서 함께 가나

안 땅으로 올라가시지 않는다면 이스라엘의 가나안 정복은 세상의

야만적인 정복전쟁에 불과한 전쟁으로 격하될 것이다. 이렇게 보면

하나님께서 이스라엘과 함께 가시지 않겠다는 것은 이스라엘을 진

멸하겠다는 것과 거의 동일한 수준의 위협이다. 하나님께서 함께 가

시지 않겠다는 것은 하나님과 이스라엘 백성 사이의 계약적 결속감

이 소멸되는 것을 의미한다. 모세는 이 차이를 확실히 알고 하나님

과의 거룩한 드잡이에 들어간다. 그는 참으로 영감 깊은 예언자다.

그래서 그는 하나님 자신의 현존과 직접적인 동행을 집요하게 요구

한다.

  그런데 역설적인 사실은, 이스라엘 가운데 행하지 않고 이스라엘

과 함께 올라가지 않겠다는 하나님의 결심은 단지 하나님의 진노의

표현으로만 그치는 것이 아니었다. 하나님 편에서 볼 때 또 하나의

이유는, 하나님의 거룩한 화염과 불꽃이 이스라엘 백성을 즉흥적으로 진멸하지 않도록 미리 예방하는 차원이었다.[33:5] 이 하나님의 위협적이고 역설적인 결심을 듣고 이스라엘 백성은 당혹감을 감추지 못한 채 회개한다. 그들은 하나님의 이격 혹은 원격 인도 방침을 듣고 슬퍼하며 당황해한다. 이스라엘은 이제 젖과 꿀이 흐르는 땅에 만족하지 않고 하나님의 거룩한 인격적 현존 자체를 더욱 갈구하고 있다. 이어 즉시 단장품을 제하는 회개를 보인다.[창 35:1-4, 삿 8:22-27, 겔 7:19-20, 16:17, 23:40, 호 2:13, 계 17:4, 18:7, 16] 이들이 벗어던진 단장품은 애굽인들에게서 빼앗은 약탈 전리품이었다. 그것은 애굽의 이방 우상숭배 습속과 관련된 보석들이었다.[출 3:22, 11:2, 12:35, 암 5:26] 단장품을 제한다는 것은 애굽과의 단절을 의미했다. 또한 더 이상 금송아지 형상이나 이방 신상 주조를 하지 않겠다는 결심의 피력이기도 하다.

이때 하나님의 결심은 변화를 겪는다. 하나님은 이스라엘의 죄에 극히 실망하고 분노했으며 이스라엘로부터 자신을 이격시키셨다. 그러나 동시에 이스라엘을 향한 하나님의 근원적 자비와 긍휼, 사랑과 인애는 다 소진되지 않았다. 모세는 하나님의 마음속 깊은 곳에 기도의 닻을 내리기로 결단하고 진 밖에 설치된 특별 처소에서 하나님께 엎드려 중보기도에 정진한다. 진 바깥에 설치된 회막과 회막 문에서 실연實演된 모세의 중재사역이 이 역설적 진실의 진면목을 보여준다. 하나님께서는 이스라엘의 반역에 실망하고 분노하여 이스라엘 가운데 거하지 않고 이스라엘과 함께 가나안에 가지 않을 것이라고 말씀하신다. 그러나 또 한편 하나님께서는 이스라엘과 어느 정도 거리를 유지하면서 이스라엘과 제한적이고 임시적인 영적 접촉을 유지하신다. 진 바깥에 설치된 회막은 이런 하나님의 결심을 드러낸 임시방편이었다. 그것은 하나님의 초월적 이격과 제한적 친밀성을 동시에 구현하는 장치다. 7절의 동사를 보면 모세가 시내산에 올라가지 않는 경우에는 늘 회막에서 자신의 영성 관리를 해왔음을 알 수 있다. 그는 회막을 진 바깥에 치고 거기서 하나님과의 깊은 만남을 빈번히 가져온 것이다.

여기서 우리의 묵상 초점은 "하나님 자신의 이격 시도와 그것을 누그러뜨리는 이스라엘의 회개, 모세의 중보기도가 어떻게 맞물리는가?" 하는 점이다. 죄는 고의적이고 의도적이며 지속적인 반역 의지요, 하나님의 거룩한 인격을 향한 의도적인 공격이다. 따라서 죄는 하나님과 우리 사이를 이격시킨다. 하나님은 당신의 거룩함을 보존하기 위하여 자신의 현존을 죄인으로부터 철수하시거나(죄인 보호 차원) 죄인과 충돌하신다. 여기서 우리는 다시 "하나님께서 가나안 땅으로 함께 가시지 않겠다"는 의미를 파헤쳐 볼 필요가 있다.

하나님의 역설적인 배려(죄인을 보호하기 위한 자발적 이격)라는 측면에서 보면 "하나님께서 이스라엘과 함께 가나안 땅으로 올라가시지 않겠다"는 것은 "이스라엘 진 한복판에 거하시면서 그들과 동행하시지 않겠다"는 의미다. 즉, "내가 성막에 거하며 너희의 일상적인 반역에 나 자신을 노출시키면서 너희들을 진멸할 정도로 거룩한 진노를 폭발시키는 그런 방식으로 밀착되게 동행하지는 않겠다"는 의미다. 그래서 하나님께서는 이제 이스라엘 장막 한가운데가 아니라 진 바깥 멀찍이 떨어진 곳에서 모세와 이스라엘을 만나실 것이다.[33:7] '회막'을 통하여 하나님은 이스라엘과 안전한 거리를 유지하면서 이스라엘과 영적 접촉(친밀성)을 유지하신다.

모세의 중보자적 권위와 권능은 회막 사역을 통해 확증된다. 온 이스라엘 백성이 다 볼 수 있는 상황에서 하나님은 회막 문에서 모세와 대면하여 이야기하신다. 모든 백성은 회막 문에 임한 구름기둥 속에서 하나님과 대화하는 모세를 주목하고 그에게 깊은 복종심을 보이며 하나님을 경배하였다. 하나님은 이러한 회막 교제를 통해 모세가 시내산 정상에서 하나님과 가진 독특한 교제를 이스라엘 백성에게 보여주신 것이다. 이스라엘 백성이 모세에게 보이는 존숭의 태도는 32:1에서 보여진 모세에 대한 경멸적이고 오만한 태도와 비교하면 대단한 변화가 아닐 수 없다. 하나님은 아론과 비길 수 없는 초월적 영도자로서 모세를 높이신다. 하나님은 모세의 영도자적 중보자 위치를 확증하신 것이다. 하나님은 모세가 아론과는 비교가 될 수 없는 월등히 탁월하고 거룩한 영도자적 중보자임을 강조함으로써 금송아지 사건으로 실추되고 배척받은 모세의 영적 지도력을 다시 한 번 현양(顯揚)하신다. 그래서 이스라엘 백성은 모세가 진 바깥으로 나갈 때마다 자기 장막 문 앞에서 다 일어선다. 신령한 중보자가 하나님에 대한 회중의 경외심을 견고하게 지탱한다. 지도자의 참 카리스마는 백성이 각기 자신의 장막 문 앞에서 볼 수 있는 공간에서 지도자가 하나님과 대면하는 영적 수련에서 나온다. 회막 문으로 나아가는 영적 지도자들, 구름기둥 아래서 하나님의 음성을 듣는 지도자들은 회중의 신뢰와 존숭심을 획득할 수 있다.

회막의 구름기둥 아래서 나눈 대화를 통하여 모세는 하나님의 함께하시겠다는 약속을 받아 내는 데 성공한다. "내가 친히 가리라. 내가 너를 쉬게 하리라."33:14 모세의 집요한 기도는 하나님의 동행과 임재를 확보하는 데 성공했을 뿐만 아니라 하나님의 영광을 보여 달라는 데까지 이른다. 여기서 "하나님의 영광을 보여 달라"는 모세의 간청은 그가 이제까지 드린 중보기도의 완성판이라고 볼 수 있다.

하나님, 당신의 영광을 보여주소서 ● 33:18-34:9

33

¹⁸ 모세가 이르되 원하건대 주의 영광을 내게 보이소서. ¹⁹ 여호와께서 이르시되 내가 내 모든 선한 것을 네 앞으로 지나가게 하고 여호와의 이름

을 네 앞에 선포하리라. 나는 은혜 베풀 자에게 은혜를 베풀고 긍휼히 여길 자에게 긍휼을 베푸느니라. ²⁰또 이르시되 네가 내 얼굴을 보지 못하리니 나를 보고 살 자가 없음이니라. ²¹여호와께서 또 이르시기를 보라, 내 곁에 한 장소가 있으니 너는 그 반석 위에 서라. ²²내 영광이 지나갈 때에 내가 너를 반석 틈에 두고 내가 지나도록 내 손으로 너를 덮었다가 ²³손을 거두리니 네가 내 등을 볼 것이요 얼굴은 보지 못하리라.

34

¹여호와께서 모세에게 이르시되 너는 돌판 둘을 처음 것과 같이 다듬어 만들라. 네가 깨뜨린 처음 판에 있던 말을 내가 그 판에 쓰리니 ²아침까지 준비하고 아침에 시내산에 올라와 산 꼭대기에서 내게 보이되 ³아무도 너와 함께 오르지 말며 온 산에 아무도 나타나지 못하게 하고 양과 소도 산 앞에서 먹지 못하게 하라. ⁴모세가 돌판 둘을 처음 것과 같이 깎아 만들고 아침에 일찍이 일어나 그 두 돌판을 손에 들고 여호와의 명령대로 시내산에 올라가니 ⁵여호와께서 구름 가운데에 강림하사 그와 함께 거기 서서 여호와의 이름을 선포하실새 ⁶여호와께서 그의 앞으로 지나시며 선포하시되 여호와라, 여호와라, 자비롭고 은혜롭고 노하기를 더디하고 인자와 진실이 많은 하나님이라. ⁷인자를 천대까지 베풀며 악과 과실과 죄를 용서하리라. 그러나 벌을 면제하지는 아니하고 아버지의 악행을 자손 삼사 대까지 보응하리라. ⁸모세가 급히 땅에 엎드려 경배하며 ⁹이르되 주여, 내가 주께 은총을 입었거든 원하건대 주는 우리와 동행하옵소서. 이는 목이 뻣뻣한 백성이니이다. 우리의 악과 죄를 사하시고 우리를 주의 기업으로 삼으소서.

이 단락은 하나님의 영광을 보여 달라는 모세의 간청과 이에 대한 하나님의 응답, 그리고 하나님의 영광 계시와 이에 대한 모세의 요청으로 나누어진다. 하나님의 영광을 보여 달라고 간청하는 모세에게 하나님은 왜 등을 보여주실까? 하나님의 등과 하나님의 영광은 무슨 관계가 있을까?

33:18에 나오는 모세의 간청은 33장에 나오는 모세의 세 번째이

자 마지막 요청이다. 모세의 첫 간청은 하나님께서 당신의 길을 모세 자신에게 알려 달라는 것이었다(그가 하나님께 계속 은총을 덧입기 위하여).^{33:12} 하나님의 응답은 모세 개인에게는 당신의 함께하심을 약속하셨으나 백성들 가운데는 행하지 않으시겠다는 것이었다. 모세의 둘째 간청은 하나님께 자기 개인뿐만 아니라 이스라엘 백성 전체에게 은총을 베풀어 달라는 것이었다. 하나님의 함께하심이 없는 채로 이스라엘 백성을 가나안 땅으로 이끌어 들이지 말기를 간청하였다.^{33:13} 17절에 의하면 이 두 번째 간청도 수락된 것처럼 보인다. "내가 네가 요청한 바를 허락하겠다. 왜냐하면 너는 나에게 은총을 덧입었고 나는 너를 이름으로 알았기 때문이다."

그러나 첫째 간청 중 "당신의 길을 알려 달라"는 것은 받아들여지지 않았다. 18절에 나오는 "당신의 영광을 보여 달라"는 요구는 하나님의 길을 알려 달라는 요청의 다른 표현이었다. 이스라엘은 하나님의 영광이 머무는 곳에 장막을 치고 영광이 떠오르면 출진하였기 때문이다.^{16:7, 10, 24:16, 17, 29:43, 40:34-35} 주의 영광을 보여 달라는 것은 그 영광을 가시적으로 보여주어 하나님이 우리와 함께하심을 만민이 알게 해달라는 요청이었다.^{40:34-35} 또 다른 한편으로 하나님의 영광이 나타나는 경우는 이스라엘의 희생제사에 대한 하나님의 응답이 있을 때다.^{레 9:6} 이 경우 하나님의 영광은 인간의 죄에 대한 응답(사죄의 확신)과 희생제사의 열납을 확증하는 응답이다.^{레 9:22-24} 모세의 경우 "하나님의 영광이 나타나는 것"은 이스라엘 백성 가운데 거하실 하나님의 인격적 현존을 확신시키는 확실한 응답인 것이다.

19절에서 하나님은 모세의 간청을 하나님의 방법대로 들어주신다. 여기서 영광은 하나님의 '선하심의 통과'와 '하나님의 이름 선포'라는 두 가지 사건 속에서 보여질 것이라는 암시가 주어진다. 하나님의 선하심은 하나님의 무제한적인 사랑과 은총을 의미한다.^시

25:7, 27:13, 31:19, 65:4, 사 63:7-10, 호 3:5, 슥 9:16-17 여기서 선포되는 하나님의 이름은 '야웨'이시다.3:13-15 '야웨'는 추상명사적 이름이 아니라 하나님의 역동적인 사랑을 표현하는 동사적 이름이다. 절대주권적 자유 가운데서 자신 안에 차고 넘치는 사랑과 자비 때문에 죄인의 반역을 참아 내며 사랑으로 설복시키는 그 사랑의 활동이 야웨라는 이름으로 표상화된다.

이제 하나님께서는 당신의 영광을 보여 달라는 모세의 간청을 수락하시되 제한 조치를 덧붙여 응낙하신다.33:20-23 하나님의 얼굴을 만나는 영광을 보여 달라고 요청하는 모세에게 하나님은 대신 등의 영광을 보여주신다. 하나님의 정면 얼굴(거룩한 엄위로 가득 찬 심판의 얼굴)을 쳐다보고는 아무도 살 수 없기 때문이다. 모세는 하나님의 영광을 벌거숭이 눈으로 볼 수 없기 때문에 하나님의 영광이 지나갈 때 바위틈 속에 자신을 은닉시켜야 한다. 하나님은 오로지 당신의 등만 볼 수 있도록 당신의 손으로 모세를 덮으셨다. 하지만 순간적으로 방출된 등의 영광도 너무나 강렬하여 모세의 얼굴은 광채로 뒤덮였을 정도였다.

하나님께서 모세에게 당신의 영광을 보여주신 사건은 거룩한 심판을 견디어 살아난 사건을 예시한다. 즉, 시내산 계약의 갱신을 예고하는 사건인 셈이다. 깨진 십계명 언약의 두 돌판을 새롭게 만들어 주실 사건의 서곡인 셈이다. 24장에서 70장로와 모세, 아론, 나답, 아비후에게 하나님의 영광이 나타난 후 시내산 계약이 처음으로 체결되었듯이 이제 두 번째로 계약이 체결될 것이다. 34:1-4은 시내산 언약 갱신을 위한 두 증거 돌판 제작 준비를 말한다. 하나님은 스스로 언약 갱신적인 의식을 통해 자신을 다시 한 번 계시하신다.

34:5-7에 하나님의 이름 반포는 33:19-23에 이루어진 하나님의 약속 성취(하나님의 영광이 지나갈 것)를 기술한다. 하나님은 구름 가

636

운데 강림하여 당신의 '선하심'이 모세 앞으로 지나가게 하신다. 하나님의 선하심이 지나간다는 의미는 "하나님의 이름이 선포된다"는 것이다. 하나님의 이름은 동사다. 하나님의 일관된 행동을 적분하면 하나님의 성품이 되고 그것이 이름이 된다. 하나님은 은혜와 긍휼의 선사에 있어서 절대적으로 자유로우시다. 은혜롭고 자비로우시고 더디 노하시며 인애와 진실을 베푸심에 있어서 신실하시다. 천대까지 계약적 의리(자비)를 지키시고 죄, 불법, 불의를 사유하시는 하나님이다. 이런 하나님의 행동은 하나님에게 부단히 일어나는 행동이며 하나님의 본질을 압축적으로 보여주는 사건들이다. 하나님의 본질을 순식간에 계시하는 하나님의 행동의 총적분, 이것이 야훼의 이름이다.[34:6-7]

그러나 7절의 마지막 구절은 불안과 긴장을 불러일으킨다. "범죄한 자의 죄를 징치하지 않고 지나가거나 방치하지는 않을 것이다. 아비의 죄악 때문에 삼사 대 후손 자녀들에게 하나님의 심판이 임할 것이다." 이 선언은 하나님은 죄를 사유하시는 분이지만 죄 자체를 가볍게 여기거나 묵과하시는 분은 아니라는 말이다. 죄 사함의 필요성을 인정치 않은 채 죄악의 정당성을 주장하는 자에게는 오히려 심판이 임할 것이다. 하나님의 죄 사함은 죄 자체의 심각성에 대한 무시나 무관심 때문에 가능한 것이 아니라 죄의 대가를 다른 방식으로 치르게 하시기 때문에 가능한 것이다. 여기서 아버지 세대의 죄악을 후손 3-4대까지 추궁하여 징치하시겠다는 것은 세대 간의 연좌제를 적용하는 것처럼 들린다. 그러나 실은 이것은 한 세대의 죄악을 심판하기 위해 한 세대를 전멸하는 방식으로 심판하지 않고 삼사 대에 나눠서 심판하겠다는 의미도 된다. 하나님 백성들의 세대를 단절시키고 파괴시키는 방식이 아니라 죄악의 대가를 분산시켜 치르도록 하겠다는 은혜로운 배려인 것이다.

이 하나님의 이름 선포(하나님의 성품 계시)에 대한 모세의 반응은 즉각적이다. 그는 급하게 땅에 엎드려 하나님께 경배하며 간청한다. "주여, 내가 주께 은총을 입었거든 비록 이는 목이 곧은 백성이오나 원컨대 주는 우리 중에서 행하옵소서. 우리의 악과 죄를 사하시고 우리를 주의 기업으로 삼으소서." 여기서 하나님과 이스라엘의 미래는 하나님의 성품에 달려 있음이 분명히 밝혀진다. 그는 이스라엘이 거룩하고 의로워서가 아니라 하나님의 풍성하고 무한정한 사유하심에 근거하여 하나님이 이스라엘 가운데 계속 거하고 행하시기를 간청하는 것이다. 하나님의 무제한적인 사죄 의지가 이스라엘의 회개의 근거요 회복의 근거다. 그래서 모세는 하나님께서 그의 백성을 용서하시고 그들을 기업의 백성으로 삼아 달라고 간청하는 것이다.

새로운 출발 ● 34:10-28

34 ¹⁰ 여호와께서 이르시되 보라, 내가 언약을 세우나니 곧 내가 아직 온 땅 아무 국민에게도 행하지 아니한 이적을 너희 전체 백성 앞에 행할 것이라. 네가 머무는 나라 백성이 다 여호와의 행하심을 보리니 내가 너를 위하여 행할 일이 두려운 것임이니라. ¹¹ 너는 내가 오늘 네게 명령하는 것을 삼가 지키라. 보라, 내가 네 앞에서 아모리 사람과 가나안 사람과 헷 사람과 브리스 사람과 히위 사람과 여부스 사람을 쫓아내리니 ¹² 너는 스스로 삼가 네가 들어가는 땅의 주민과 언약을 세우지 말라. 그것이 너희에게 올무가 될까 하노라. ¹³ 너희는 도리어 그들의 제단들을 헐고 그들의 주상을 깨뜨리고 그들의 아세라 상을 찍을지어다. ¹⁴ 너는 다른 신에게 절하지 말라. 여호와는 질투라 이름하는 질투의 하나님임이니라. ¹⁵ 너는 삼가 그 땅의 주민과 언약을 세우지 말지니 이는 그들이 모든 신을 음란하게 섬기며 그들의 신들에게 제물을 드리고 너를 청하면 네가 그 제물을 먹을까 함이며 ¹⁶ 또 네가 그들의 딸들을 네 아들들의 아내로 삼음으로 그들의 딸들이 그들의 신들을 음란하게 섬기며 네 아들에게

그들의 신들을 음란하게 섬기게 할까 함이니라. ¹⁷ 너는 신상들을 부어 만들지 말지니라. ¹⁸ 너는 무교절을 지키되 내가 네게 명령한 대로 아빕월 그 절기에 이레 동안 무교병을 먹으라. 이는 네가 아빕월에 애굽에서 나왔음이니라. ¹⁹ 모든 첫 태생은 다 내 것이며 네 가축의 모든 처음 난 수컷인 소와 양도 다 그러하며 ²⁰ 나귀의 첫 새끼는 어린 양으로 대속할 것이요 그렇게 하지 아니하려면 그 목을 꺾을 것이며 네 아들 중 장자는 다 대속할지며 빈 손으로 내 얼굴을 보지 말지니라. ²¹ 너는 엿새 동안 일하고 일곱째 날에는 쉴지니 밭 갈 때에나 거둘 때에도 쉴지며 ²² 칠칠절 곧 맥추의 초실절을 지키고 세말에는 수장절을 지키라. ²³ 너희의 모든 남자는 매년 세 번씩 주 여호와 이스라엘의 하나님 앞에 보일지라. ²⁴ 내가 이방 나라들을 네 앞에서 쫓아내고 네 지경을 넓히리니 네가 매년 세 번씩 여호와 네 하나님을 뵈려고 올 때에 아무도 네 땅을 탐내지 못하리라. ²⁵ 너는 내 제물의 피를 유교병과 함께 드리지 말며 유월절 제물을 아침까지 두지 말지며 ²⁶ 네 토지 소산의 처음 익은 것을 가져다가 네 하나님 여호와의 전에 드릴지며 너는 염소 새끼를 그 어미의 젖으로 삶지 말지니라. ²⁷ 여호와께서 모세에게 이르시되 너는 이 말들을 기록하라. 내가 이 말들의 뜻대로 너와 이스라엘과 언약을 세웠음이니라 하시니라. ²⁸ 모세가 여호와와 함께 사십 일 사십 야를 거기 있으면서 떡도 먹지 아니하였고 물도 마시지 아니하였으며 여호와께서는 언약의 말씀 곧 십계명을 그 판들에 기록하셨더라.

하나님의 영광은 모세 앞을 지나간 하나님의 선하심, 곧 하나님의 계시된 이름 안에서 가시화되었다. 선포된 하나님의 이름, 야웨의 동사적 이름에 근거하여 시내산 계약이 갱신된다. 10절에서 하나님은 계약을 새롭게 체결할 것을 선언하신다. 그런데 특이한 것은 이제껏 다른 나라에서 한 번도 행해진 적이 없는 이적을 행할 것이라는 선언이 계약 조항 앞에 배치된다. 첫 계약도 출애굽 구원, 홍해 도강 등 기적[나카(נכלא)] 위에 근거했듯이,^{출 3:20} 새 계약은 가나안 땅을 정복할 때 하나님의 은혜의 방편이 될 기적들 위에 구축될 것이다. 11-26절은

계약 요구조항을 담고 있다(가나안 원주민 제단 및 주상 파괴 명령, 가나
안 원주민과의 계약적 통교와 접촉 금지, 제1-2계명, 무교절과 초태생 규례,
예루살렘 성전 예배 참석 의무 규정 등). 그것들은 출애굽기 20-23장보
다 훨씬 축약된 계명들이다. 출애굽기 20-23장에서 사회관계에 관
한 계명이 주요 부분을 이루었다면 여기서는 주로 하나님과 이스라
엘의 동행(제의적)하는 삶과 관련된 계명이 주를 이룬다. 특히 12-17
절은 가나안 사람들과의 접촉과 어울림을 금지하는데, 그 이유는 그
들이 이스라엘을 유혹하여 하나님을 버리도록 할 가능성이 있기 때
문이다. 가나안 문화와 종교와의 급진적인 단절을 명령한다. 이 명령
들은 가혹하고 엄중하다. 18-26절에서 다뤄진 계명은 하나님과 동
행하는 삶과 하나님에 대한 예배를 고양시키고 순결하게 촉진시키
는 것들이다.

계약의 광채와 모세의 변형 ●34:29-35

34 ²⁹ 모세가 그 증거의 두 판을 모세의 손에 들고 시내산에서 내려오니 그 산
에서 내려올 때에 모세는 자기가 여호와와 말하였음으로 말미암아 얼굴
피부에 광채가 나나 깨닫지 못하였더라. ³⁰ 아론과 온 이스라엘 자손이 모세를 볼 때에
모세의 얼굴 피부에 광채가 남을 보고 그에게 가까이 하기를 두려워하더니 ³¹ 모세가
그들을 부르매 아론과 회중의 모든 어른이 모세에게로 오고 모세가 그들과 말하니 ³²
그 후에야 온 이스라엘 자손이 가까이 오는지라. 모세가 여호와께서 시내산에서 자기
에게 이르신 말씀을 다 그들에게 명령하고 ³³ 모세가 그들에게 말하기를 마치고 수건
으로 자기 얼굴을 가렸더라. ³⁴ 그러나 모세가 여호와 앞에 들어가서 함께 말할 때에는
나오기까지 수건을 벗고 있다가 나와서는 그 명령하신 일을 이스라엘 자손에게 전하
며 ³⁵ 이스라엘 자손이 모세의 얼굴의 광채를 보므로 모세가 여호와께 말하러 들어가
기까지 다시 수건으로 자기 얼굴을 가렸더라.

여기서는 모세에게 불멸의 카리스마와 전설적 권위를 안겨 준 일화를 보도한다. 모세가 두 번째로 증거의 두 판을 들고 시내산에서 내려왔을 때 야웨 하나님과 말을 주고받았기 때문에 얼굴 피부에 광채가 났으나 자신은 깨닫지 못하고 있었다. 아론과 온 이스라엘 자손이 그 얼굴 피부에 광채가 남을 보고 모세에게 가까이 하기를 두려워할 정도였다. 백성들은 모세의 얼굴에 빛나는 광채를 보고 경외심에 사로잡혀 그에게 접근하기를 두려워하였다. 모세가 아론과 회중의 지도자들과 나누는 대화를 듣고서야 백성은 모세에게로 접근하였고 그의 말을 하나님의 말씀으로 영접하였다. 모세 또한 이스라엘 자손에게 야웨의 말씀과 명령을 다 전한 후에, 수건으로 자기 얼굴을 가렸다. 모세는 백성들의 불편함을 덜기 위함이었는지 일단 회막에 들어가기 전에는 으레 수건으로 그 얼굴을 가리곤 하였다. 모세가 야웨 앞에 들어가 함께 말할 때에는 수건을 벗고 있다가 나와서는 수건으로 얼굴을 싼 채 그 명령하신 일을 이스라엘 자손에게 전했다. 어쨌든 모세의 얼굴에서 방출되는 광채는 그의 영도자적 중보자의 권위를 고양시켰다. 그의 얼굴 광채가 방출되는 동안에 그가 하는 말은 하나님의 말씀으로 신적 재가를 받는 셈이었다.

이렇게 계시 수납적이고 영적으로 고양된 모세가 40주야를 하나님과 함께 보내면서 받은 계명들을 집약한 것이 십계명이다. 두 돌판을 들고 하산했을 때 모세는 의식하지 못했지만, 그 얼굴 광채는 그의 손에 들린 증거의 두 돌판의 신적 기원을 시위하듯이 증언하고 있었다.

VII.

출애굽기 35-40장

성막을 가득 채운 하나님의 영광

하나님께서 친히 거하시는 처소인 성막을 제작하기 위해 설계도를 내려 주시는 바로 그 순간에 이스라엘 백성은 우상을 만들어 경배하였다. 이스라엘 백성이 하나님과 동거할 수 없는 '죄악되고 속된 본성'을 에누리 없이 드러낸 것이다. 시내산에 강림하신 하나님의 영광을 보고 영적 고양을 맛보았을 이스라엘 백성이 어떻게 이리 급작스럽게 표변할 수 있었을까? 하나님은 시내산 계명을 내려 주실 즈음에 이스라엘 백성의 영적 진지성과 집중력에 대해 예지에 찬 논평을 내신 적이 있다. 천둥과 번개 가운데서 말씀하시는 하나님의 음성을 듣고 두려워 떨던 이스라엘 백성의 영적 중심이 얼마나 잘 흐트러지는지를 예지하신 말씀이다. "내가 이 백성들이 너에게 하는 말을 들었다(중재자가 되어달라는 요청). 그들이 참 말 잘했다. 오! 그들이 항상 그런 경외심을 가지고 있어 준다면, 그래서 그들이 내 모든 계명을 잘 지켜 그들과 그들의 후손이 복된 삶을 살 수만 있다면!"신 5:28-29, 저자 사역 여기서 하나님은 가정법 문장으로 말씀하신다. 하나님의 가정법 속에서는 이스라엘이 하나님의 계명에 순종하여 형통한 삶을 영위할 미래가 그려진다. 그러나 가정법이라는 점에서 이스라엘의 실제 삶은 우상숭배의 유혹에 간단없이 시달릴 것임을 오히려 역설적으로 반증한다.

　과연 이스라엘은 거룩하신 하나님과 순조로운 이인삼각의 동행을 감당해 낼 수 있을까? 독자들은 출애굽기의 마지막 단락인 성막 창조 단락에 와서 다시금 이런 질문에 봉착하게 된다. 독자들은 출

VII.

성막을 가득 채운 하나님의 영광

애굽기 32-34장의 심판과 회복의 범례적인 역사에 근거하여 다음과 같이 추론할 수 있을 것이다. "패역한 이스라엘 백성 가운데 거하실 하나님의 거룩한 현존은 위험에 처하겠지만, 하나님께서는 성막에 거하시는 한에 있어서 이런저런 모양으로 이스라엘의 패역을 견디셔야 할 것이다. 성막이 이스라엘의 미래를 규정하겠지만 속된 백성 이스라엘이 하나님과 함께 살면서 치를 대가는 이스라엘의 역사가 진행되면서 그 실체를 드러낼 것이다." 이런 불길하고 위험천만한 하나님과 이스라엘의 동거 실험이 성막 건설로 카운트다운에 들어가고 있다.

과연 성막 설계도(하나님과 이스라엘의 미래 청사진)를 그려 주시는 바로 그 순간에 이스라엘은 하나님을 배반하고 우상을 섬겼다. 앞에서도 확인하였듯이, 시내산 계약(십계명)이 인간성을 고양시킨 것이 아니라 휴화산처럼 잠재된 인간의 반역성을 활화산으로 만들었다. 하나님을 향한 속된 백성 이스라엘의 적대심이 오히려 더 노골적으로 드러나는 계기를 만들어 준 것이다. 여기서 율법적 긴장이 인간성을 반역적으로 변질시킨다는 사실에 주목할 만하다. 이스라엘 백성은 시내산 계약을 비준했지만 그 계약의 율법으로 자신을 정죄하는 일을 벌인 것이다. 그들은 살아 계신 하나님과의 감미로운 언약 관계에 들어갈 준비가 안된 속된 내면성을 스스로 드러낸 것이다. 출애굽기 35-40장은 이런 한계 상황과 불길한 예상에도 불구하고 이스라엘 한복판에 처소를 마련하여 이스라엘을 거룩한 백성으로 변화시키려는 하나님의 장엄한 분투를 기록한다.

출애굽기 전체에서 35-40장의 의미

이 단락의 의미를 좀 더 깊이 음미하기 위해서는 출애굽기의 전체

짜임새를 다시 살펴보는 것이 좋다. 1-18장은 이스라엘 백성의 곤경과 모세의 부름, 애굽에 가해진 역병과 재앙, 이스라엘의 출애굽 탈출, 시내산 도착을 다룬다. 19-24장은 시내산 계약 체결과 율법 하사를 다룬다. 25-31장은 성막 설계도를 다룬다. 32-34장은 하나님과 이스라엘의 동거를 위태롭게 만드는 우상숭배 사건을 다룬다. 우상숭배는 하나님의 거룩한 현존의 철수를 초래하고 이스라엘을 더는 하나님의 보호와 돌보심을 받을 수 없는 속된 백성으로 전락하게 만든다. 그런데 이런 하나님의 이격과 현존 철수 결정을 되돌려 놓은 것이 모세의 중보기도였다. 35-40장은 성막 완성과 하나님의 영광의 강림사건을 출애굽기의 절정으로 자리매김한다. 전체적으로 이 단락은 25-31장의 설계도와 제사장 위임 절차를 완벽하게 따르는 이스라엘의 갱신된 순종을 보여준다.

성막 설계도와 성막 건설 과정을 묘사하는 기록25-31, 35-40장은 출애굽기 전체 40장 가운데 13장을 차지할 정도로 중요하다. 출애굽 구원의 준비와 과정을 기록한 앞의 첫 12장과 동등하거나 약간 더 많은 분량이다. 성막 창조는 출애굽 구원 자체만큼이나, 아니 그보다 더 중요하다는 것이다. 출애굽기의 마지막 사건이 성막의 창조와 하나님 영광의 입주식이라는 사실을 고려해 보면 출애굽 구원의 목적이 바로 성막 건설과 하나님과의 동거에 있음을 알 수 있다. 35-40장을 세분하면 다음과 같다. 모든 이스라엘 백성이 바친 헌물들,35:1-36:7 성막 건설,36:8-39:43 성막의 성별과 하나님의 영광의 강림.40장

이스라엘 백성이 바친 헌물 ● 35:1-36:7

35 ¹ 모세가 이스라엘 자손의 온 회중을 모으고 그들에게 이르되 여호와께서 너희에게 명령하사 행하게 하신 말씀이 이러하니라. ² 엿새 동안은 일하고

일곱째 날은 너희를 위한 거룩한 날이니 여호와께 엄숙한 안식일이라. 누구든지 이 날에 일하는 자는 죽일지니 ³안식일에는 너희의 모든 처소에서 불도 피우지 말지니라. ⁴모세가 이스라엘 자손의 온 회중에게 말하여 이르되 여호와께서 명령하신 일이 이러하니라. 이르시기를 ⁵너희의 소유 중에서 너희는 여호와께 드릴 것을 택하되 마음에 원하는 자는 누구든지 그것을 가져다가 여호와께 드릴지니 곧 금과 은과 놋과 ⁶청색 자색 홍색 실과 가는 베 실과 염소 털과 ⁷붉은 물 들인 숫양의 가죽과 해달의 가죽과 조각목과 ⁸등유와 및 관유에 드는 향품과 분향할 향을 만드는 향품과 ⁹호마노며 에봇과 흉패에 물릴 보석이니라. ¹⁰무릇 너희 중 마음이 지혜로운 자는 와서 여호와께서 명령하신 것을 다 만들지니 ¹¹곧 성막과 천막과 그 덮개와 그 갈고리와 그 널판과 그 띠와 그 기둥과 그 받침과 ¹²증거궤와 그 채와 속죄소와 그 가리는 휘장과 ¹³상과 그 채와 그 모든 기구와 진설병과 ¹⁴불 켜는 등잔대와 그 기구와 그 등잔과 등유와 ¹⁵분향단과 그 채와 관유와 분향할 향품과 성막 문의 휘장과 ¹⁶번제단과 그 놋 그물과 그 채와 그 모든 기구와 물두멍과 그 받침과 ¹⁷뜰의 포장과 그 기둥과 그 받침과 뜰 문의 휘장과 ¹⁸장막 말뚝과 뜰의 말뚝과 그 줄과 ¹⁹성소에서 섬기기 위하여 정교하게 만든 옷 곧 제사 직분을 행할 때에 입는 제사장 아론의 거룩한 옷과 그의 아들들의 옷이니라. ²⁰이스라엘 자손의 온 회중이 모세 앞에서 물러갔더니 ²¹마음이 감동된 모든 자와 자원하는 모든 자가 와서 회막을 짓기 위하여 그 속에서 쓸 모든 것을 위하여, 거룩한 옷을 위하여 예물을 가져다가 여호와께 드렸으니 ²²곧 마음에 원하는 남녀가 와서 팔찌와 귀고리와 가락지와 목걸이와 여러 가지 금품을 가져다가 사람마다 여호와께 금 예물을 드렸으며 ²³무릇 청색 자색 홍색 실과 가는 베 실과 염소 털과 붉은 물 들인 숫양의 가죽과 해달의 가죽이 있는 자도 가져왔으며 ²⁴은과 놋으로 예물을 삼는 모든 자가 가져다가 여호와께 드렸으며 섬기는 일에 소용되는 조각목이 있는 모든 자는 가져왔으며 ²⁵마음이 슬기로운 모든 여인은 손수 실을 빼고 그 뺀 청색 자색 홍색 실과 가는 베 실을 가져왔으며 ²⁶마음에 감동을 받아 슬기로운 모든 여인은 염소 털로 실을 뽑았으며 ²⁷모든 족장은 호마노와 및 에봇과 흉패에 물릴 보석을 가져왔으며 ²⁸등불과 관유와 분향할 향에 소용되는 기름과 향품을 가져왔으니 ²⁹마음에 자원하는 남녀는 누구나 여호와께서 모세의 손을 빌어 명령하신 모든 것을 만들기 위하여 물품을 드렸으니 이것이 이스라엘 자손이 여호와께 자원하여 드린 예물이니라. ³⁰ 모세가 이스라엘 자손에게 이르되 볼지어다, 여호와께서 유다 지파 훌의 손자요 우리의 아들인 브살렐을 지명하여 부르시고 ³¹ 하나님의 영을 그에게 충만하게 하여 지혜와 총명과 지식으로 여러 가지 일을 하게 하시되 ³² 금과 은과 놋으로 제작하는 기술을 고안하게 하시며 ³³ 보석을 깎아 물리며 나무를 새기는 여러 가지 정교한 일을 하게 하셨고 ³⁴ 또 그와 단 지파 아히사막의 아들 오홀리압을 감동시키사 가르치게 하시며 ³⁵ 지혜로운 마음을 그들에게 충만하게 하사 여러 가지 일을 하게 하시되 조각하는 일과 세공하는 일과 청색 자색 홍색 실과 가는 베 실로 수 놓는 일과 짜는 일과 그 외에 여러 가지 일을 하게 하시고 정교한 일을 고안하게 하셨느니라.

36 ¹ 브살렐과 오홀리압과 및 마음이 지혜로운 사람 곧 여호와께서 지혜와 총명을 부으사 성소에 쓸 모든 일을 할 줄 알게 하신 자들은 모두 여호와께서 명령하신 대로 할 것이니라. ² 모세가 브살렐과 오홀리압과 및 마음이 지혜로운 사람 곧 그 마음에 여호와께로부터 지혜를 얻고 와서 그 일을 하려고 마음에 원하는 모든 자를 부르매 ³ 그들이 이스라엘 자손의 성소의 모든 것을 만들기 위하여 가져온 예물을 모세에게서 받으니라. 그러나 백성이 아침마다 자원하는 예물을 연하여 가져왔으므로 ⁴ 성소의 모든 일을 하는 지혜로운 자들이 각기 하는 일을 중지하고 와서 ⁵ 모세에게 말하여 이르되 백성이 너무 많이 가져오므로 여호와께서 명령하신 일에 쓰기에 남음이 있나이다. ⁶ 모세가 명령을 내리매 그들이 진중에 공포하여 이르되 남녀를 막론하고 성소에 드릴 예물을 다시 만들지 말라 하매 백성이 가져오기를 그치니 ⁷ 있는 재료가 모든 일을 하기에 넉넉하여 남음이 있었더라.

25-31장의 마지막 단락이 안식일 준수 계명으로 끝나고, 35-40장의 첫 단락이 안식일 준수 계명으로 시작한다(a-b-b´-a´의 교차대조 구조).³⁵:¹⁻³ 성막을 창조하는 노동 속에서도 안식일 계명을 어겨서는

VII.

성
막
을
가
득
채
운
하
나
님
의
영
광

안 된다는 것을 강조한다. 이것은 안식일 계명이 얼마나 근본적인 중심 계명인지를 암시한다. 안식일은 시간의 거룩구역이요, 성막은 공간의 거룩구역이다. 안식일 규정 다음에 이스라엘 백성이 바친 헌물에 대한 자세하고 반복적인 강조가 이어지고 있다.

헌물을 바치는 규정을 다루는 이 단락의 중심 사상은 자원성이다. 마음에 깊은 감동을 받아 하나님께 가져다 바치기를 원하는 사람이 헌물(터루마)을 바칠 수 있다. 또한 '모든' 사람이 참여한다는 점이 인상적이다. 즉, 성막 제조에 필요한 모든 재료가 다 헌물로 바쳐진다는 점이다. 그런 점에서 우리가 25:1-8과 이 명령의 준행 부분인 35:1-10을 비교해 보면 25장의 명령이 얼마나 정성스럽게 준행되고 있는지를 잘 알 수 있다. 출애굽기 저자는 25장에서 선포된 하나님의 명령이 얼마나 신실하고 철두철미하게 집행되고 있는지 밝히기 위해서 35장 전체와 36:1-7을 할애하고 있다(동사의 시제만 미래에서 과거로 바뀐다). 하나님의 성막 창조 명령은 자발적으로, 정확하게, 그리고 아주 축자적으로 준행되고 있다는 것이다.

다음으로는 성막 제작 때 사용되는 각 재료가 다시 세밀하게 언급된다. 현대의 독자들은 지루하게 느낄지 모르나, 하나님의 영광이 머무는 성막을 건설하는 데 쓰이는 재료들이 얼마나 소중하고 영광스러운지를 알고 있던 고대의 저자는 결코 지루하지 않았을 것이다. 금·은·구리 등 쇠붙이, 청색·자색·홍색 천 종류, 고운 옷감, 해달과 숫양의 가죽, 돌고래 가죽, 조각목, 등유, 향과 유향, 보석들, 기초석, 마름돌 등 수많은 재료들이 다시금 반복적으로 언급되고 있다. 이스라엘 백성이 바친 헌물의 특징을 살펴보면, 하나님과 동거하기 전에 헌물을 바치는 과정에서 이스라엘 백성의 마음이 이미 '하나님의 처소'로 지어지고 있음을 알 수 있다. 성막 재료를 바치고 자신들의 건축 기술과 예술적 재능을 예물로 바친 이스라엘 백성의 마음이야말로 하나님이 거하실 성막인 셈이다. 왜냐하면 거룩한 인격이시고 영이신 하나님이 궁극적으로 거하시는 곳은 물질적 영역이 아니라 인격적 공간이기 때문이다. 하나님은 지속적인 신뢰와 자발적 순종을 드리는 마음 안에 거하시는 것이다.

이스라엘 백성이 헌물을 바치는 행위 자체가 하나님이 거하실 공간이 된다는 것은 헌물을 바치는 과정을 좀 더 자세히 살피면 금방알 수 있다. 첫째, 자발적이고 즐거운 마음으로 헌물을 바쳤다.[35:5, 21-22, 29] 하나님은 자발적인 마음 안에 거하신다. 하나님은 쇠붙이나 목재, 피륙으로 휘감긴 물질적 공간에 거하시지 않고 자원하는 헌신의마음 안에 거하신다. 둘째, 차고 넘치도록 헌물을 바쳤다. 더 이상 가져오지 말도록 요청해야 할 정도였다.[36:2-7] 명백하게 자원적이고 의도적인 봉헌이 아니었다면 많은 헌물이 쌓일 수 있었겠는가? 하나님은 지속적인 헌신의 마음을 편안한 처소로 여기신다. 셋째, 모든이스라엘 백성이 일치가결된 마음으로 참여했다.[35:23-28] 하나님은 영적 일치와 연합이 순도 높게 성취된 공동체 안에, 그 공동체 구성원들 사이에 거하신다. 한 집단은 헌신적이고 다른 집단은 미온적인공동체에게는 하나님이 편안하게 당신의 현존을 내어 맡기실 수 없다. 넷째, 이스라엘 백성은 평소 자신이 가지고 있던 소중한 것을 헌물로 드렸다. 금속을 가진 사람은 금속을, 목재를 가진 사람은 목재를 바친 것이다.[35:24-29] 부자들은 가장 부유한 보석류와 기름과 향을바쳤다. 하나님은 이미 우리에게 풍성하게 주셨다. 바치는 연습을할 정도로 풍성하게 주셔서 우리의 중심을 검증하신다. 자신에게 주어진 하나님의 선물을 다시 하나님께 돌려 드리는 것은 효과적인 신앙 연습이다. 다섯째, 이스라엘 백성은 비단 물질적인 헌물뿐 아니라 노동과 기술력도 바쳤다. 피륙 재단사나 보석가공 기능사, 설계사, 인테리어 전문가, 목수 등 전문 기술자들은 그들의 갈고닦은 기술을 하나님께 바쳤다. 마지막으로, 이스라엘 백성이 바친 헌물은 가장 귀하고 최고 품질의 물건이었으며 최고 수준의 기술 용역이었다. 하나님의 거룩한 아름다움에 걸맞은 재료들이었으며 하나님의 높은 미학적 감수성에 부응하는 예술적 탁월성과 기예였다(보석류들은 애굽 사람에게 빼앗은 전리품이었다).엘 4:7-13 이러한 귀중한 재료들은 성막의 시설과 기구를 만드는 데 사용되었다.

하나님의 거룩한 처소로서의 성막 ● 36:8-39:43

성막의 모든 구성 요소들이 앞서 모세가 받은 설계도대로 따로따로 만들어졌다(휘장, 널판, 양장, 법궤, 상, 등잔대, 분향단, 번제단, 물두멍, 뜰, 부속 도구들). 성막의 특징을 살펴보면 그것이 이스라엘 백성의 삶과 역사에 어떤 의미를 가지고 있었는지를 잘 이해할 수 있다. 첫째, 신학적 효용의 관점에서 볼 때 성막은 매우 기능적으로 편리한 시설물이었다. 인간 세상으로 들어오시고 활동하시는 하나님의 역동적인 현존을 신학적으로 잘 표상하고 드러낸다. 성막이 이동용 천막이듯이 하나님은 이스라엘 백성이 움직이는 곳으로 함께 이동해 주신다. 성막은 또한 하나님과 이스라엘이 만나는 회막이기도 하다. 레위기는 1:1부터 회막에서 말씀하시는 하나님을 말한다. 하나님의 거룩한 현존이 머무는 곳을 특정해 강조할 때는 성막이라고 부르지만, 이스라엘과 교통하시는 하나님의 모든 활동을 강조할 때 성막은 회막이 되기도 한다.[1] 회막은 하나님과 인간의 만남이 이루어지는 공간이었으나, 동시에 거룩하신 하나님의 현존이 머무는 신성구역이기 때문에 이스라엘 백성이 성막 속에 거하시는 하나님을 모시고 사는 것은 언제든지 거룩한 정화와 징벌을 초래할 수 있는 위험한 일이었다.33:5 그래서 다른 한편으로 성막은 거룩하신 하나님과의 직접적인 조우와 충돌을 미연에 방지하는 완충장치 역할을 수행했다. 하나님의 구름을 상징하는 열 폭짜리 휘장은 하나님의 거룩한 현존과 죄인의 충돌을 막아 주는 간이 시설물이었다. 그럼에도 불구하고 하나님께 내침을 당할 수 있는 죄를 범한 경우 예물을 바침으로 하나님께 나아갈 수 있었다(코르반과 카랍). 이처럼 성막은 하나님과의 무한한 이격을 상징하지만 동시에 하나님의 일방적인 의지에 의해 하나님께 나아갈 수 있는 길을 열어 주는 용서의 상징물이었다.

둘째, 성막은 아주 아름답고 엄청나게 값비싼 시설물이었다. 성막 건설에 사용된 금의 무게는 약 600kg, 은의 무게는 약 2,000kg, 구리의 무게는 약 1,500kg이었다. 성막은 예술적으로나 건축학적으로 탁월한 작품이었다. 매우 견고하고 균형 잡힌 방수용 이동식 장막이었다. 어떤 태풍이나 악천후에도 부서지지 않을 만큼 견고한 구조물이었다. 그것은 영광스럽고 아름다운 건축물이다.[28:2, 40] 셋째, 성막은 하나님의 성품을 드러낸다. 재료의 품격과 기술적이고 예술적인 탁월성은 하나님의 지혜와 미적 감수성과 온전성을 반영한다. 성막은 거룩하고 장엄하였다. 겉은 수수하고 평범했지만 그 내부는 아름답고 위엄에 차 있었다. 왜냐하면 그 안에 하나님께서 거하시기 때문이다.[30:36] 여러 가지 세부적인 면에서도 성막은 하나님의 거룩한 성품을 반영한다. 특히 대제사장 아론은 '야웨께 성결'이라고 쓰인 면류관을 쓰고 다닌다.[28:36]

넷째, 성막 건축에 사용된 재료들은 다양하지만 성막이라는 더 큰 구조물 안에서 하나로 연결되어 있었다. 50개의 금 갈고리로 휘장을 서로 연결시켰고 구리 갈고리로 천막 자체를 견고하게 결속시켰다.[36:13, 18] 그래서 성막은 자기완결적인 온전한 구조물이다. 여기서 주목되는 성막의 특징은 연결성과 맞물림성이다. 하나님의 교회도 성막처럼 맞물리고 이어진 살아 있는 영적 구조물이다. 남자와 여자, 부한 자와 가난한 자가 성막의 여러 구성 요소처럼 잘 맞물려 있는 곳이 바로 교회여야 한다는 것이다. 다섯째, 어떤 의미에서 성막은 영구적인 시설물이었다(성막의 형상은 영원, 질료는 일시적).[30:8, 16, 21, 31] 하나님과 이스라엘의 동거는 일시적인 실험이 아니라 영속적인 계약이라는 것이다. 여섯째, 성막은 철두철미하게 하나님 주도적인 기획이자 하나님의 설계와 의도를 관철시킨 구조물이었다.[25:9]

이렇게 아름답고 견고한 성막을 건설하고 제작한 두 중심 지도자가 유다 지파의 브살렐과 단 지파의 오홀리압이었다. 일찍이 브살렐과 오홀리압은 하나님의 영과 기능적인 지식으로 구비된 사람으로 성막 건축의 감독 일을 부여받았다.[31:2-11] 하나님은 브살렐과 오홀리압을 거룩한 영과 지혜와 지식으로 충만하게 하신다. 이것을 통해 우리는, 기하학적이고 공학적인 지혜와 지식도 하나님의 영과 관련되어 있음을 알 수 있다. 이제 성막의 각 구성 요소가 완성되었다. 성막의 요소들이 각각 완성되어 이제 조립되고 세워지기만 하면 된다.

다음으로 성막에서 봉사할 제사장 아론의 성의에 대한 규정이 나온다. 제사장 임명과 위임까지가 성막 완성의 참 의미 속에 포함된다. 39장에서는 제사장들의 성의, 곧 옷에 대한 세부적인 소개와 묘사가 다시 되풀이된다.[28장] 에봇(제사장 정복)과 에봇 어깨받이(견대) 위에 매달아 놓은 이스라엘 12지파를 기념하는 금테에 물린 호마노가 제사장 정복의 아름답고 위엄에 가득 찬 외양을 만들어 낸다. 에봇 위에 받쳐 입었을 법한 흉패 또한 이스라엘 12지파를 기념하는 12종류의 보석으로 장식해야 한다. 도장을 새기듯이 각 지파의 이름을 새긴 보석들이 제사장의 성의인 흉패에 달려 있어야 한다. 제사장은 12지파 이스라엘 백성을 늘 가슴에 안고 올바른 재판을 해야 하며 그들을 영적으로 지도할 사명을 늘 의식해야 한다. 성의에 대한 규정은 제사장들의 엄숙한 사명감을 고취시키기에 충분했을 것이다. 이제 성의에 대한 규정을 통해 성막에서 봉사할 일꾼들, 곧 인적 인프라가 구축되었다.[39:1-31] 성막에 속한 제사장의 위임과 임명이 완료된 후에야 성막은 제 기능을 발휘하기 시작할 수 있을 것이다.

마침내 백성들이 완성된 성막을 모세에게 가져오고 모세는 그것의 준공필 검사를 하였다. 하나님의 지침대로 성막을 창조한 백성들을 모세가 축복하였다. 그들은 이제 성막을 일으켜 세우고 아론에게 기름을 붓고 그의 아들들을 성별하였다.

성막 봉헌 ●40:1-33

40 ¹ 여호와께서 모세에게 말씀하여 이르시되 ² 너는 첫째 달 초하루에 성막 곧 회막을 세우고 ³ 또 증거궤를 들여놓고 또 휘장으로 그 궤를 가리고 ⁴ 또 상을 들여놓고 그 위에 물품을 진설하고 등잔대를 들여놓아 불을 켜고 ⁵ 또 금 향단을 증거궤 앞에 두고 성막 문에 휘장을 달고 ⁶ 또 번제단을 회막의 성막 문 앞에 놓고 ⁷ 또 물두멍을 회막과 제단 사이에 놓고 그 속에 물을 담고 ⁸ 또 뜰 주위에 포장을 치고 뜰 문에 휘장을 달고 ⁹ 또 관유를 가져다가 성막과 그 안에 있는 모든 것에 발라 그것과 그 모든 기구를 거룩하게 하라. 그것이 거룩하리라. ¹⁰ 너는 또 번제단과 그 모든 기구에 발라 그 안을 거룩하게 하라. 그 제단이 지극히 거룩하리라. ¹¹ 너는 또 물두멍과 그 받침에 발라 거룩하게 하고 ¹² 너는 또 아론과 그 아들들을 회막 문으로 데려다가 물로 씻기고 ¹³ 아론에게 거룩한 옷을 입히고 그에게 기름을 부어 거룩하게 하여 그가 내게 제사장의 직분을 행하게 하라. ¹⁴ 너는 또 그 아들들을 데려다가 그들에게 겉옷을 입히고 ¹⁵ 그 아버지에게 기름을 부음 같이 그들에게도 부어서 그들이 내게 제사장의 직분을 행하게 하라. 그들이 기름 부음을 받았은즉 대대로 영영히 제사장이 되리라 하시매 ¹⁶ 모세가 그같이 행하되 곧 여호와께서 자기에게 명령하신 대로 다 행하였더라. ¹⁷ 둘째 해 첫째 달 곧 그 달 초하루에 성막을 세우니라. ¹⁸ 모세가 성막을 세우되 그 받침들을 놓고 그 널판들을 세우고 그 띠를 띠우고 그 기둥들을 세우고 ¹⁹ 또 성막 위에

막을 펴고 그 위에 덮개를 덮으니 여호와께서 모세에게 명령하신 대로 되니라. ²⁰ 그는 또 증거판을 궤 속에 넣고 채를 궤에 꿰고 속죄소를 궤 위에 두고 ²¹ 또 그 궤를 성막에 들여놓고 가리개 휘장을 늘어뜨려 그 증거궤를 가리니 여호와께서 모세에게 명령하신 대로 되니라. ²² 그는 또 회막 안 곧 성막 북쪽으로 휘장 밖에 상을 놓고 ²³ 또 여호와 앞 그 상 위에 떡을 진설하니 여호와께서 모세에게 명령하신 대로 되니라. ²⁴ 그는 또 회막 안 곧 성막 남쪽에 등잔대를 놓아 상과 마주하게 하고 ²⁵ 또 여호와 앞에 등잔대에 불을 켜니 여호와께서 모세에게 명령하신 대로 되니라. ²⁶ 그가 또 금 향단을 회막 안 휘장 앞에 두고 ²⁷ 그 위에 향기로운 향을 사르니 여호와께서 모세에게 명령하신 대로 되니라. ²⁸ 그는 또 성막 문에 휘장을 달고 ²⁹ 또 회막의 성막 문 앞에 번제단을 두고 번제와 소제를 그 위에 드리니 여호와께서 모세에게 명령하신 대로 되니라. ³⁰ 그는 또 물두멍을 회막과 제단 사이에 두고 거기 씻을 물을 담으니라. ³¹ 모세와 아론과 그 아들들이 거기서 수족을 씻되 ³² 그들이 회막에 들어갈 때와 제단에 가까이 갈 때에 씻었으니 여호와께서 모세에게 명령하신 대로 되니라. ³³ 그는 또 성막과 제단 주위 뜰에 포장을 치고 뜰 문에 휘장을 다니라. 모세가 이같이 역사를 마치니.

1-16절은 성막의 배치와 정렬, 성물 도유^{塗油}에 관한 지침을 담고 있다. 17-33절은 모세가 성막을 세우고 성별시키는 과업을 어떻게 수행하는지를 묘사한다. 1-16절에서 하나님의 명령을 듣고 있는 사람은 이스라엘 백성 '그들'(삼인칭복수)^{39:43}이 아니라 '너'(이인칭단수 모세)이다. 성막을 완성하여 준공필 검사를 내고, 그것을 세우고 성물에 기름을 발라 성별시키는 과업은 모세에게 주어진다.^{40:1, 16} 처음 1-8절은 부분적인 내부 장식물과 구성 요소들을 '두고', '정렬하고', '배열하고', '세우는' 작업을 다룬다. 이 소단락은 적절한 배열과 배치의 중요성을 말하고 있다. 둘째 소단락 9-16절에는 '성별시키다', '기름을 바르다/붓다'는 동사가 빈번하게 등장한다. 즉, 성별 작업을 다룬다. 여기서 소개되는 성물들은 가장 거룩한 물건으로부터 덜 거

록한 물건의 순서로 언급된다. 성막 안의 물건에서부터 성막 밖에 있는 물건의 순서로 언급된다. 지성소에서 시작하여 바깥뜰에서 끝난다.

17-33절은 성막이 조립되고 세워지는 과정과 광경을 그린다. 부분적인 성막 구성 요소들이 아귀가 맞아 들어가며 견고하게 결합되고 조립되는 과정은 장관이었을 것이다. 거룩한 흥분과 외경의 감정이 지배했을 것이다. 그리고 상당히 두려운 기대감이 고조되고 있었을 것이다. 과연 하나님의 영광이 강림하셔서 이스라엘 백성이 건축한 성막에 거하실 것인가? 그렇다면 거의 6개월에 걸친 성막 건축 대역사가 준공필 검사를 받고 이제 그곳에 거하실 하나님의 인정을 받는 셈이 될 것이다. 출애굽한 지 약 3개월 만에 시내산에 도착하였고, 시내산에 도착한 지 약 9개월 만에 성막이 완성된 것이다.

드디어 출애굽한 지 2년째의 첫달 첫날에 성막이 세워진다. 성막이 완전히 조립되어 세워지는 날은 출애굽 1주년 기념일이었다. 즉, 이스라엘이 거룩한 자유민이 된 첫돌을 기리는 날에 성막이 세워진 것이다.[12:2] 마침내 하나님이 주도하신 준공필 검사를 마치고 우뚝 세워진 성막 위에 하나님의 구름과 영광이 장엄하게 강림한다. 하나님의 구름과 영광에 압도된 이스라엘 백성은 거룩한 자기축소를 경험한다. 야성적 종교 열정을 무차별적으로 방출하게 만드는 금송아지 우상 앞에서 종교난장 축제를 벌이던 출애굽기 32장의 경험과 너무 다르다. 이처럼 거룩하신 하나님 경험은 두려움과 기쁨이 높은 차원에서 결합된 경험이다. 이것이 제사요 예배다. 성막은 제사와 예배 생활을 통해 이스라엘을 통치하실 궁궐이요 보좌였다. 결국 40장은 출애굽기의 결론이면서 예배와 제사를 통하여 이스라엘을 거룩한 백성으로, 제사장 나라로 빚어 가시는 하나님의 대역사를 다루는 레위기의 서론이다.

40

³⁴ 구름이 회막에 덮이고 여호와의 영광이 성막에 충만하매 ³⁵ 모세가 회막에 들어갈 수 없었으니 이는 구름이 회막 위에 덮이고 여호와의 영광이 성막에 충만함이었으며 ³⁶ 구름이 성막 위에서 떠오를 때에는 이스라엘 자손이 그 모든 행진하는 길에 앞으로 나아갔고 ³⁷ 구름이 떠오르지 않을 때에는 떠오르는 날까지 나아가지 아니하였으며 ³⁸ 낮에는 여호와의 구름이 성막 위에 있고 밤에는 불이 그 구름 가운데에 있음을 이스라엘의 온 족속이 그 모든 행진하는 길에서 그들의 눈으로 보았더라.

하나님의 성막 거주는 모세의 중보기도의 응답이요, 이스라엘이 실제적으로 '거룩한 백성'이라는 사실을 공증한 셈이다. 이스라엘은 그들의 윤리적 고결함과 도덕적 우월성 때문에 거룩한 백성이 된 것이 아니라, 하나님의 거룩한 현존을 모시고 살기 때문에 거룩한 백성이 된 것이다.민 9:15-23 레위기와 민수기 그리고 신명기 전체에 걸쳐 이스라엘은 하나님의 현존을 모시고 살면서 겪는 근본 모순과 좌절 속에서 '거룩한 백성'으로 단련되어 간다.

좀 더 멀리 뒤돌아보면, 하나님의 성막 강림은 이스라엘과 모세에게 주신 하나님의 가장 이른 약속—나는 너희의 하나님이 될 것이며 너희와 함께할 것이다3:8, 12, 29:43-46, 33:7-11—의 실현이라고 볼 수 있다. 여기서 회막을 뒤덮은 '구름'은 하나님의 영광의 가시적 현상이었다. 그것은 하나님의 현존과 영광과 동일시된다.13:21, 14:19, 24, 16:7, 10 성막 위에 강림한 하나님의 영광은 바로 시내산을 진동시키던 무시무시한 하나님의 영광이었다.19, 24장 폭풍과 흑운을 뿜어내는 하나님의 영광이었다. 34-35절에 따르면 하나님의 영광이 너무 압도적인 외경심(격리감)을 자아내기 때문에 모세마저도 성막 안으로 들어가

656

지 못하고 있다. 모세는 시내산의 거룩한 배척과 이격의 경험을 다시 반복한 것이다. 그래서 성막의 영광 경험은 시내산의 거룩한 배척과 이격 경험의 영속적 재현인 것이다. 성막 위에 강림한 하나님의 영광은 하나님의 '등'에서 방사되고 방출된 영광^{33:17-34:9}보다 훨씬 더 압도적이고 강력한 하나님의 영광 계시였다. 아니, 이제까지 이스라엘이 경험한 어떤 하나님의 영광 계시 경험보다 더 압도적이고 초월적이었다.^{13:20-22, 14:19, 24, 16:7, 10, 19:9, 16-18, 24:15-18}

하나님의 영광에 압도된 채 하나님의 현존으로 나아가지 못하는 현실을 타개할 길은 없는가? 독자들은 회막으로 들어가지 못하는 모세의 자리에서 이런 질문을 던질 수 있을 것이다. 레위기는 이 접근 불가능한 하나님께 나아가는 방법에 대하여 자세히 다룬다. 히브리어 본문 레위기 1:1은 "그러나 하나님께서 모세를 부르시고"[봐이크라 엘 모세(וַיִּקְרָא אֶל־מֹשֶׁה)]라는 문장으로 시작된다. 모세가 하나님 앞에 스스로 나아갈 수 없는 상황을 하나님께서 모세를 부르심으로 타개하신다. 모세가 하나님 자신에게 가까이 나아올 수 있는 길을 하나님께서 친히 열어 주시는 것이다. 레위기는 성막을 가득 채운 하나님의 영광에 압도되어 하나님 앞으로 나아가지 못하는 인간의 한계 상황을 전제하고 시작된다는 점이 중요하다. 따라서 레위기 전체를 지배하는 개념은 **가까이 나아가다**(화해하다)라는 개념이다. 레위기는 하나님께 가까이 나아가는 길, 하나님과 가까이 교제하면서 사는 방법을 다루는 책이다.

레위기는 '가깝게 나아가다'를 의미하는 히브리어 동사 카랍(קָרַב)과 그것의 사역형 동사 및 명사에 의해 지배되고 있다고 해도 과언이 아니다. 개역한글 성경에서는 이 어근동사인 카랍이 '예물'(코르반) 혹은 '예물을 가져오다'[이인칭남성단수 사역동사 타크립(תַּקְרִיב)과 삼인칭남성단수 사역동사 야크립(יַקְרִיב)]라는 동사로 빈번히 번역되고 있다. 레위기가 이토록 '가깝게 하다'라는 동사와 그것에서 파생된 단어를 많이 사용하고 있는 것은 하나님과 이스라엘 백성 사이에 있는 근원적 소외와 거룩한 격리감을 강조하는 것이라고 볼 수 있다. 모세가 하나님의 영광의 현존에 이르지 못하고 있는 상황이 바로 "범죄한 인간이 하나님의 영광에 이르지 못하는 상황"인 것이다.^{롬 3:23} 이런 상황에서 하나님의 구름은 일종의 완충지대를 형성하면서 이스라엘 백성에 대한 하나님의 집요하고 신실한 '가까이 오심', 혹은 '가까이 오게 하심'의 역사를 대변한다. 하나님의 영광으로 가득 찬 성막 안으로 들어가지 못한 모세는^{왕상 8:11} 오로지 예물을 가지고서야 하나님께 나아갈 수 있었다(코르반과 카랍).

시내산에 강력하게 임하신 하나님의 영광^{히 12:18-21, 딤전 6:16}이 성막 위에 강력하게 임한 바로 그 하나님의 영광이었고, 성막 위에 강림한 하나님의 영광은 솔로몬의 성전을 가득 채운 하나님의 영광이었다.^{왕상 8:11, 사 6:2-4, 겔 44:4} 그런데 나중에 이스라엘의 우상숭배와 성전 안에서의 배교 때문에 그 영광은 성소를 단계적으로 떠났다가^{겔 8:6, 9:3, 10:4, 18, 11:23} 완성된 성전으로 다시금 돌아올 예정이었다.^{겔 44-47장} 그렇게 이스라엘의 돌로 된 성전을 떠났던 영광이 다시 나사렛 예수의 육신 안에 거하게 되었다. 그래서 요한복음 1:14은 이 하나님의 영광의 회복을 다음과 같은 감격적인 선언으로 표현한다. "말씀이 육신 가운데 거하매[에스케노센(ἐσκήνωσεν)은 스케노오(σκηνόω)의 부정과 거형으로 '장막을 치다'를 의미한다] 우리가 그 영광을 보니 은혜와 진리가 충만하니라." 이처럼 성막은 하나님의 가까이 계심과 초월적 거리, 이동성과 절대주권적 자기초월을 동시에 표상한다.

성막은 하나님의 현존을 운반하는 이동식 거주 공간이다. 하나님은 성막이라는 제한된 공간에 국지적으로 유폐되실 수 없다. 따라서 성막은 국지적·배타적 소속을 의미하는 것이 아니라 하나님의 이

동성, 곧 하나님의 자유를 표상하는 것이다. 성막 위에 머무는 영광의 구름이 진의 이동 및 장막 설치 여부를 결정한다. 이처럼 이동하는 이스라엘 백성을 따라 성막도 이동한다. 하나님은 성막 안에 거주하시며 패역한 당신의 백성들이 걸어가는 여정을 따라가신다. 레위기, 민수기, 신명기는 성막 안에 거하시는 하나님의 현존과 충돌하는 이스라엘의 좌충우돌 행보를 증언하고 있다.

VII.

성막을 가득 채운 하나님의 영광

천지창조와 성막(성전) 창조의
상응성[1]

출애굽기 40:2, 17의 성막 창조 사건은 땅의 창조 사건과 놀랍게도
상응관계에 놓여 있는 사건이다. 성막 창조는 니산월, 곧 봄철에 시
작되는 신년 첫날에 완성되었다. 니산월(정월) 1일에 노아 홍수의 재
난으로부터 '마른 땅'이 나타난다. 창세기 1-2장 강해에서 우리는
이미 땅의 창조는 원시 바다로부터 '마른 땅'을 건져 올린 사건임을
밝혔다. 물론 이 역법상의 일치가 성막(성전) 완성 사건과 창조 사건
을 연결시키는 유일한 연결고리는 아니다. 우리가 앞서 살펴본 것처
럼 메소포타미아의 창조 설화『에누마 엘리쉬』에 나오는 '창조를 위
한 전쟁 신화' 또한 '우주 창조'와 '성전 건축'(안식)을 연결시켰다.
사실, 구약성경에 나오는 성전 낙성 의식을 자세히 살펴보면 이 위
대한 두 주제가 심지어 고대 이스라엘에서도 아주 깊게 연결되어 있
었음을 알 수 있다. 솔로몬의 성전 낙성식을 보도하는 열왕기상 8장
은 그 행사가, 7월에 1주간 열리던 초막절 절기 동안에 이루어졌음
을 애써 말해 주고 있다. 그 병행본문인 역대하 7장은 1주간 계속되
는 두 축제 기간 안에 거행된 성전 낙성식 정황을 그린다(왕상 8:65
은 대하 7:9에 영향을 받은 것처럼 보인다). 그 첫째 축제는 번제단을 위
한 축제요 둘째 축제는 초막절이다. 이러한 문맥은 초막절이 전체적
인 성전 낙성식 축제였음을 가리킨다. 낙성식 때 솔로몬이 행한 강
론적 기도는 모두 일곱 가지 탄원을 중심으로 짜여져 있다.^{왕상 8:31-32,}
^{33-34, 35-37a, 37b-40, 41-43, 44-45, 46-53} 여기서 성전 자체의 완공에 모두 7년이

걸렸다고 되어 있는데,^{왕상 6:38} 이것 또한 고대 근동에서 일반적인 '숫자 일곱'과 관련된 신화적 요소를 드러낸다. 고대 근동에서 일곱과 관련이 있는 신화는 이스라엘 안식일의 기원과 의미와 모종의 상관 가능성이 있다. 예를 들면 기원전 22세기 말엽 수메르의 도시 라가쉬^{Lagash}의 왕 구데아^{Gudea}는 7일 동안 진행된 성전 낙성식을 거행했다. 시간과 공간상 고대 이스라엘과 더 가까운 고대 가나안 바알 신화에 의하면 바알을 위한 성전 공사에 모두 7일이 소요되었다는 기록이 나온다.

> 그들이 그 집에 불을 질렀다네.
> 그들이 그 궁궐을 불태웠다네.
> 하루가 지나고 이틀이 지나갔네.
> 그 불은 그 집을 삼켰다네.
> 그 화염이 그 궁궐을 소멸시켰다네.
> 사흘이 지나고 나흘이 지나갔네. (중략)
> 다섯 날이 지나고 여섯째 날이 지나갔네.
> 그 불이 집을 삼켰다네.
> 그 화염이 그 궁궐을 소멸시켰다네.
> 그런데 일곱째 날에 그 집에 붙은 불은 꺼졌다네.
> 그 궁궐을 태우던 화염이 죽었다네.
> 은은 이제 건축을 위한 돌덩이가 되었고
> 금은 이제 벽돌로 바뀌었다네.
> 정복자 바알이 기뻐 소리치네.
> "내가 은으로 내 집을 세웠고
> 금으로 내 궁궐을 건축했도다."²

바알이 자신의 궁궐을 주형하는 일곱째 날에 불꽃이 소멸되었다는 말은 안식일에 빵을 굽거나 불을 켜거나 불로 음식을 끓이는 것을 금지하는 구약성경의 규례를 상기시키고 있는데, 이것은 우연의 일치 이상처럼 보인다. 그래서 어떤 학자들은 이 우가릿 바알 시편을 보며 이스라엘보다 먼저 가나안 땅에 살던 원주민들에게도 일종의 안식일 관습이 있지 않았을까 하는 추정을 한다. 만일 그렇다면 바알의 궁궐을 주형하여 세우는 데 일주일이 소요되었다는 그 사실 자체가, 안식일과 우주 창조, 안식일과 성전 건축(성막 완성)의 관련성이 구약성경의 제사장 문서에서보다 훨씬 더 오래된 기원을 가졌을 가능성을 시사한다. 고대 가나안 성전이 일곱째 날에 세워졌다면 창세기 1장의 천지창조가 일주일에 걸쳐 일어난 일로 틀지워지는 것은 조금도 놀랄 일이 아니다. 성전 완공이 일곱째 날에 이루어진다면 천지창조가 일곱째 날에 완성되었다고 말하는 것이 마땅하다. 우주 창조가 7일(7단계)에 걸쳐 일어난 것처럼, 소우주(우주의 축소판)인 성전 완공도 일곱이라는 숫자와 밀접하게 관련될 수밖에 없는 것이다.

성전과 피조된 세상 사이의 상응성을 부각시켜 주는 단서가 출애굽기 25-31장과 창세기 1:1-2:3에서 발견된다. 출애굽기의 성막 건축에 대한 제사장 자료층[25-31장, 35-40장]의 지침들이 모두 일곱 개의 '야웨 강화' 안에서 제시되고 있다.[25:1-30:10, 30:11-16, 30:17-21, 30:22-33, 30:34-37, 31:1-11, 31:12-17] 이 일곱 강화에서 한결같이 강조되고 있는 것은 안식일 준수의 중요성이다. 31:12-17의 하나님 안식 언급은 창세기 2:1-3의 마지막 결어와 너무나 흡사하다(두 본문을 비교해서 읽어 보라).

세상 창조 후 안식하신 하나님은 성막 창조 후 또한 안식하시는 것처럼 보인다. 이것은 무엇을 의미하는가? 안식 주제는 여기서 하나님의 확고부동한 왕권의 정립을 공포하는 기능을 수행한다. 또한 모세가 성막을 완성하여 세운 날인 니산월(1월) 1일이 도입하는 이야기는 모두 "야웨께서 모세에게 명령한 것처럼"이라는 표현을 일곱 번 포함한다.출 40:17-32 이것은 창세기 1:1-2:3에서 "하나님이 보시기에 좋았더라"는 표현이 일곱 번 나오는 것과 유사한 현상이며, 둘의 목적도 유사하다. 그 목적은 각각의 경우 창조된 피조물(천지와 성막)이 하나님의 의도대로 완벽하게 창조되었음을 용의주도하게 강조하는 것이었다. 창조된 세계와 성막(성전)은 둘 다 하나님의 거룩한 명령의 결과로 창조되었다. 하나님이 명령하여 창조하신 것 가운데 하나님의 기대에 못 미치는 것은 하나도 없다. 이처럼 천지창조와 성막 창조 사이에 있는 상응관계를 한층 더 강화시키는 것은 제사장 자료의 고전적 공식 구문인 명령과 실행 구문이라는 것을 알 수 있다("말씀하시니 그대로 되었다"). 이 명령-실행 공식 구문이 천지창조 기사와 성막 창조 기사에 공히 나타난다.

마지막으로 우리는 천지창조 기사와 성막 창조 기사의 주제적·문학적 상응성을 몇 가지 점에서 더 발견할 수 있다.

우주 창조	성막 창조
창조 후 만족하시는 하나님 (창 1:31)	성막 완성 후 만족하시는 하나님/모세 (출 39:43, 40:34)
천지창조 사역 완료 (창 2:1)	성막 준공 사역 완료 (출 39:32)
모든 일을 마치고 안식하신 하나님 (창 2:2)	성막 완성 후 영광으로 채우시는 하나님(출 40:33-34)
7일째 날을 복 주시는 하나님 (창 2:3)	이스라엘 자손을 축복하는 모세 (출 39:43)
안식일을 성별하시는 하나님 (창 2:3)	성막을 성별하시는 하나님 (출 40:9-11)

이 비교의 초점은 성막을 하나의 세계, 곧 인간 공동체를 지지하고 후원하는 한편 하나님께 복종하는 질서정연한 환경으로 묘사하는 데 있다. 성전/성막은 하나님의 다스림이 가시적이고 도전받지 않으며, 그분의 성결하심이 직접적으로 경험되는 세계다. 성전/성막은 하나님의 거룩하신 현존이 인간의 예기치 않은 패역과 반역에 의해 위협당하지 않고 모든 피조물에 스며드는 세계인 것이다. 그래서 시편 78:69은 성소(성전/성막) 창조를 천지창조와 유비 관계 안에서 노래한다. "그는 하늘처럼, 그리고 그가 영원히 세워 올린 땅처럼 그의 성소를 지으셨도다."

구약성경의 다른 곳에서는 성전/성막이 축소된 세상으로 묘사될 뿐만 아니라 세상이 또한 확대된 성전으로 묘사된다.[시 50:12, 134:1-3, 사 65:17-18, 66:1-2] 이것도 성전과 피조된 세계와의 신학적 상응성을 강조하는 셈이다. 성전은 소우주요 세상은 대성전인 셈이다. 이스라엘에게 이상적인 세계는 모든 만물이 하나님의 명령에 순복하는 세계다. 어디서 만물이 하나님의 명령에 순복하는가? 성전/성막 안에서다. 구약성경은 이 세상 모두가 성막적 질서로 수렴되기를 열망하고 희구한다. 성막과 성전을 가득 채운 하나님의 영광이 결국은 온 세상을 가득 채우기를 열망하고 희구하는 것이다.[사 6:3, 11:9] 즉, 구약성경은 세상을 성전의 확대판이라고 보는 것이다.[시 78:69] 한편 소우주로서 성전은 이상화된 세계다. 하나님이 원래 의도하신 세계의 표상물이다. 성전/성막은 하나님이 세상의 창조자임을 강력하게 증언하는 증거자요, 승리하신 하나님의 왕궁이자 궁전이다. 따라서 성막 창조는 하나님의 보좌가 정립되는 사건이요, 하나님의 세상 통치가 개시되는 사건이다.

레위記

● 레위기 ┃ 하나님 나라는 거룩하신 하나님과의 연합과 동거다

I.

레위기 1-7장

레위기의 제사신학과 하나님 나라

레위기의 중심 메시지

레위기는 출애굽기 19:5-6, "온 세계가 다 내게 속하였지만 너희가 내 언약을 잘 지키면 너희는 내게 대하여 특별한 보배가 되고 온 세계 백성들을 내게로 인도하는 제사장 나라가 되며 거룩한 백성이 되리라"는 약속에 대한 길고 자세한 해설이다. 하나님의 특별 소장 보배[쉬굴라(סְגֻלָּה)]요 거룩한 나라[고이 카도쉬(גּוֹי קָדוֹשׁ)]와 제사장 나라 [맘므레케트 코하님(מַמְלֶכֶת כֹּהֲנִים)]로 성장해 가려면 이스라엘 백성이 지켜야 할 지침과 법들의 묶음이다.

레위기는 거룩하신 하나님과 죄로 얼룩진 이스라엘 백성 사이에 존재하는 불화 상태에서 출발한다. 그것은 죄로 인해 발생된 신-인간 사이의 엄청난 거리감을 전제한다. 하나님과 죄인 사이에는 도저히 뛰어넘을 수 없는 빙하의 계곡 같은 간극이 놓여 있다. 따라서 인간 편에서는 하나님께 나아갈 수 없고, 하나님을 알 수도 사랑할 수도 없다. 오로지 하나님이 정해 주신 방법대로만 하나님께 가까이 갈 수 있다. 이스라엘을 출애굽시키신 하나님은 거룩한 흑암과 폭풍과 나팔소리에 둘러싸여 계시므로 어떤 죄악된 인간도 스스로는 하나님께 나아갈 수 없다. 거룩하신 하나님은 인간의 죄악된 인격과 문화를 돌파하시고 돌격하시기 때문이다.출 24:16-17, 19:11-13, 14-24, 히 12:18-20, 딤전 6:16 완성된 성막 안과 위에 충만하게 강림한 하나님의 영광이 바로 시내산을 덮친 그 하나님의 영광이다. 거룩한 하나님은 그 본성상 죄와 불의를 배척하시며, 죄와 허물을 가진 죄인을 배척하고 돌파하신다. 레위기의 무대가 되는 성막은 하나님의 초월성과 거룩한 돌격성을 표상하는 한편, 하나님께서 일방적으로 허락하신 접근 가능성과 포용성을 상징한다. 거룩하신 하나님께서 스스로를 너무나 낮추어 사람들 한가운데 오시고 비천한 인생 한복판에 거하실 수 있다. 하나님의 접근 불가능성^{사 33:13-14}과 접근 가능성^{사 57:15}이라는 변증법적 긴장 속에 레위기의 신학이 형성되었다.

하나님의 거룩한 성품에서 불어오는 폭풍 때문에 모세마저도 하나님 앞으로 한 발자국도 나아갈 수 없는 상황이 출애굽기의 마지막 상황이다.^{출 40:34-35} 바로 이때 하나님은 모세를 부르신다. 그래서 레위기의 히브리 책명은 '그러나 야웨께서 모세를 부르셨다'이다. 봐이크라 엘 모세(וַיִּקְרָא אֶל־מֹשֶׁה)가 레위기 첫 소절이다. 1:1의 접속사(וַ)를 순접접속사가 아니라 역접접속사로 읽는 것이 더 자연스럽고 논리적인 읽기다. 모세가 스스로 하나님께 나아가려고 할 때는 불가능했지만, 하나님이 먼저 가까이 오도록 부르실 때에야 하나님께 나아가는 길이 열린다는 진리를 강조하는 데 효과적이기 때문이다. 레위기는 하나님께 나아가는 두 가지의 길을 제시한다.

하나는 예물(제사)을 통해 하나님께 나아가는 길이다. 레위기는 하나님께서 지정하신 '예물'을 코르반(קָרְבָּן)이라고 한다. 코르반은 '가까움' 혹은 '누구와 누구 사이가 가까움을 표현할 때 주는 물건'이다. 이 단어의 명사형 어근 케렙(קֶרֶב)은 인간 몸의 내장을 가리키고, 약간 전의시키면 심장, 가슴, 지정의를 관장하는 인격의 중심을 가리키는 말도 된다. 코르반(예물)을 바치는 행위는 자신의 내장과 심장과 창자를 바치는 행위라는 것이다. 심장, 가슴, 창자는 인격의 가장 중추적인 부분을 가리키며 이는 곧 나눠지지 않은 전심^{全心}이 깃든 인격적 투신을 표현한다. 따라서 레위기에서 하나님이 이스라엘에게 '예물'을 가져오라고 할 때 그것은 이스라엘의 중심, 창자, 가슴, 심장을 가져오라는 의미다. 이 말은 제사 행위가 공허한 껍데기로 일탈할 수 있는 여지가 얼마나 많은지를 역설적으로 경계하는 셈이다. 또한 코르반은 하나님께 '가까이 가는' 행위를 가리키는 카랍(קָרַב)과 같은 어근에서 나왔기 때문에, 어떤 사람이 하나님께 '예물을 가져간다'라는 말을 하려면 야크립 코르반(יַקְרִיב קָרְבָּן)이라고 한다. 야크립이라는 동사는 '가까이 가다'라는 동사 카랍의 삼인칭남성단수 미완료사역형 동사로서 '가까이 가져오다'라는 뜻을 갖는다. 따라서 '예물을 드린다'는 말은 코르반(하나님과 헌제자 사이의 가까워진 관계성을 드러내는 물건)을 '가깝게 가져오는 행위'다. 동종목적어를 사용한 동사구문인 셈이다. 따라서 레위기에서 그토록 지루하게 반복되는 단어인 '예물' 혹은 '예물을 가져오다'라는 표현은 역설적으로 거룩하신 하나님과 죄인 사이에 도저히 극복할 수 없는 거리감이 있음을 상기시키고 있는 셈이며, 죄인을 당신과 화목케 하셔서 가까워지려는 하나님의 마음을 극명하게 표현하고 있다.

두 번째 방법은 거룩한 삶(문화, 절기, 법)을 통한 나아감이다. 레위기 1-16장이 주로 제사법 규정이라면, 17-27장은 거룩한 삶과 윤리에 대한 규정이다. 제사의 결과, 곧 하나님께 가까이 감(화해)의 결과는 거룩한 삶과 거룩한 문화를 구현하는 것으로 확증된다. 제사의 목적은 거룩한 인격과 거룩한 공동체 문화를 창조하는 것이다. 거룩한 삶이 뒷받침되지 않는 제사 행위는 무효하다. 사무엘은 "제사보다도 하나님의 말씀을 듣고 순종하는 것이 낫다"고 일갈한다.^{삼상 15:22} 호세아 선지자도 하나님은 "제사보다 인애(계약 공동체 구성원 간의 자비와 의리)를 더 원하신다"고 갈파한다.^{호 6:6} 예수님 또한 제사보다 마음의 자비를 원하시는 하나님의 마음을 대변하신다. 이러한 이유 때문에 레위기에서는 바른 제사에 대한 규정이 바른 삶과 문화에 대

한 규정에 앞서 제시된다. 레위기의 구조와 메시지는 다음과 같이
개괄할 수 있다.

1-7장 레위기의 제사신학과 하나님 나라

- 번제: 동물희생제사, 전체를 태우는 제사, 향기를 내어 하나님께 드리는 제사(1장)
- 소제: 곡식물(고운 가루)로 드리는 제사(2장)
- 화목제: 감사예물, 하나님과 화목한 관계를 즐기는 제사(3장)
- 속죄제: 피 흘림의 제사(4:1-5:13)
- 속건제: 보상과 회복의 제사(5:14-6:7)
- 다섯 제사 규정에 대한 부록: 추가적인 제사장의 직무 지침(6:8-7:38)

8-15장 내가 거룩하니 너희도 거룩할지어다

- 아론과 그의 아들들을 제사장으로 세우는 의식: 안수, 직분 수여, 사역(8장)
- 아론의 희생제사를 열납하시고 아론 가문의 제사장직을 승인하시는 하나님(9장)
- 거룩하신 하나님을 모독하는 불경스러운 제사를 배척하시는 하나님(10장)
  - 나답과 아비후를 죽이신 거룩하신 하나님
  - 술취한 제사장들의 성무를 금하시는 하나님
- 정결법: 음식 정결, 출생 전후 정결, 전염병 등으로부터의 정결 유지법(11-15장)

16-20장 거룩하신 하나님과의 위험한 동행

- 대속죄일과 대속신학(16장)
- 피는 죄를 속하는 생명의 원천이므로 피를 함부로 흘리지 말라(17장)
- 거룩한 백성을 위한 도덕법: 근친상간, 수간, 도둑질, 우상숭배를 단죄하는 거룩하신 하나님(18-20장)

21-23장 제사장 나라 이스라엘의 중보자, 제사장의 성결 요건

- 제사장에게 요구되는 높은 성결 요건(21장)
- 제의적인 예물과 헌물에 대한 처리 규정(22장)
- 연례 절기에 대한 규정(23:1-24:9)

24-27장 하나님 나라의 근사치, 희년 공동체 이스라엘

- 신성모독죄 및 살인죄에 대한 규정(24:10-23)
- 안식년, 희년, 토지 임대와 무르기, 노예해방법(25장)
- 계약 순종에 대한 축복들과 계약 불순종에 대한 저주들(26장)
- 서원제 규정(27장)

1-17장이 주로 레위 지파에게 위임된 희생제사와 관련된 규정을 다룬다면, 18-27장은 이스라엘 일반 백성의 거룩한 삶의 길을 다룬다. 여기서 레위 지파는 아론과 그의 아들 제사장들을 가리킨다.[6:9-7:38, 11:1, 13:1, 15:1, 21:1, 출 13:2, 13, 22:29, 민 3:12] 이런 점에서 보면 레위기는 제사장들의 성무 지침서와 같은 것이다.

레위기 제사신학

예수님께서 이미 아론 계열의 제사장들이 반복적으로 드리는 희생제사의 목적을 완성하시고 동물희생제사의 원천적인 폐지를 선언하신 마당에 왜 기독교인이 레위기의 제사 규정을 자세하게 공부해야 하는가? 이 질문에 대해 두 가지의 대답이 주어질 수 있다. 첫째, 예수님의 십자가 죽음과 구원, 그의 피 흘림과 그것의 속죄 효과를 자세히 알고 납득하기 위해서는 레위기 제사신학 공부가 필수적으로 요청된다. 죄를 미워하시면서도 죄인을 용서하시려는 하나님의 공의와 사랑의 충돌 과정에서 애매하고 죄 없는 동물들이 희생당했다는 점을 알 때 예수님이 흘리신 피가 얼마나 값진 희생인지를 알 수 있다. 둘째, 레위기 동물희생제사의 목적은 하나님과의 화목과 헌신이다. 그저 구원이 아니라 하나님과 화목케 된 자로서 하나님을 위해 자신을 재봉헌하고 성별해 바치는 것이 제사의 목적이다. 그런데 이 레위기 제사신학의 원래 맥락에서 벗어나 예수님의 십자가 죽음과 피 흘림을 이해하려고 하면, 그것은 편협한 소시민적 구원을 위한 죽음으로 폄하되거나 축소될 위험성이 크다. 예수님의 피로 구원받은 사람은 하나님 사랑과 이웃 사랑에 투신하는 공생애로 부름받은 것이다. 예수님이 주신 구원의 광활한 목적을 바로 이해하기 위해서도 레위기의 제사신학에 대한 올바른 이해가 선요청된다. 이 책에서 우리는 구약시대의 제사장 매뉴얼 같아 보이는 레위기 1-16장을 너무나 지나치게 강해하지는 않을 것이지만, 예수님의 속죄의 피제사의 진면목을 제대로 파악하기 위해서 레위기 제사 규정을 공부하려고 한다.

레위기의 제사 규정은 반복적이고 상투적인 용어, 관용어구, 구문에 의해 진술되기에 현대 독자들은 쉽게 지치고 권태로워질 수 있으니 각별히 주의해야 한다. 광막한 사막을 걸어가는 나그네처럼 길을 잃기 쉬우니 하나님의 특별 가호를 요청해야 한다. 레위기 1-7장은 하나님의 구원 역사를 육하원칙에 따라 구술하는 구원사 이야기가 아니라, 성막에서 드려지는 제사들에 대한 규례와 그에 대한 보충 설명이다. 이 단원의 중심 주제는 "어떻게 하면 속되고 부정한 죄인이 하나님 앞에 나아갈 수 있는가?"이다. 문학적인 차원에서 보면 레위기의 연대기는 출애굽 1주년 기념으로 세워진 성막 준공식부터 시작한다.^{출 40:2, 17} 성막이 준공된 지 한 달 후 이스라엘은 약속의 땅을 향하여 진군할 준비를 마친다. 레위기는 이 '한 달 동안'에 주어진 규례들이다.

그러나 역사적으로 보자면 레위기 안에는 이스라엘의 가나안 땅 정착 초기부터 땅을 상실할 때까지, 곧 성전이 건재할 동안에 준수된 율법들과 포로기 이후 스룹바벨이 지은 제2성전 시기에 효력을 가졌던 율법들이 연대 구분 없이 복합적 문서층을 이룬 채 혼재되어 있다. 그래서 율리우스 벨하우젠과 같은 비평적 역사가들은 레위기의 율법이 대부분 포로기 이후의 대파국적 재난 경험과 죄책감을 반영한, 포로기 이후에 유래한 율법들이라고 주장한다.[1] 그는『이스라엘 역사서설』*Prolegomena to the History of Israel*에서 예배 장소, 제사 제도, 거룩한 종교축제, 제사장과 레위인의 구별된 직위 제도 등에 대한 제사장 문서(이른바 P문서, 곧 출애굽기 25-31장, 35-40장, 레위기 전체, 민수기 1-10장, 15-36장의 대부분)는 왕이 없던 포로기 이후의 제2성전 시대를 반영한다고 주장하였다. 그는 더 나아가 성막을 중심으로 펼쳐진 정교한 제사 제도는 포로기 이전에는 없었다고 주장한다. 그러나 에헤즈켈 카우프만, 모세스 시갈,Moses Segal 모세 와인펠드Moshe Weinfeld 등 다수의 유대인 학자들은 레위기 율법의 고대성pre-exilic origin을 설득력 있게 옹호했다. 특히 와인펠드는 속건제를 의미하는 '아쉠'ašēm이라는 단어가 기원전 15-14세기에 유래한 것으로 추정되는 시리아의 라샴라 토판Ras Shamra tablets이나 에블라 토판Ebla tablets 등에서도 발견된다는 점을 들어, 속죄 의식이 포로기에 유래했다는 주장을 반박한다.[2] 따라서 레위기 문서 안에도 다른 오경에서와 마찬가지로 이스라엘 제의역사의 여러 지층이 공존하고 있다고 보는 것이 합리적일 것이다.

레위기의 제사신학에 따르면 거룩하신 하나님과 함께 살아가는 데 결정적으로 필요한 조건은 거룩하고 정결한 일상생활, 문화, 공동체이며, 이스라엘의 공동체적인 존속을 위한 핵심 제도 중 하나가 제사다.[3] 제사는 하나님께 자신의 전 존재를 성별시키는 행위다. 제사로 성별된 이스라엘 사람들이 거룩한 공동체를 이루고 공동체적인 삶을 살 수 있다. 레위기는 이스라엘 백성이 시내산 계약 체결 의식과 1년간의 율법 교육을 통해 거룩한 백성이 되었거나 거룩한 백성으로 변화되는 도상에 있다는 전제에서 출발한다.18:2, 19:2, 23:2, 26:46 레위기 1-16장의 일차적인 목적은 이스라엘 백성의 정체성 형성과 유지를 위한 제사장의 역할과 사명을 규정하는 것이다. 제사장은 하나님이 온 백성 앞에서 거룩하게 여김을 받고 경배를 받으시도록 이스라엘 백성을 교육시키고 훈련시킬 사명을 부여받았다.10:3 또한 제사장은 이스라엘 백성에게 각각 정결함(제의적 정결), 속죄의 제사, 그리고 거룩한 일상생활을 통하여 하나님을 예배해야 하며, 늘 하나님의 거룩한 존전에서 살아야 함을 각인시켜 주어야 한다. 레위기에서 제시된 거룩과 정결의 율법 준수 여하에 따라 이스라엘이 가나안 복지를 항구적으로 차지할 수 있느냐 없느냐가 결정되기 때문이다. 레위기는 이스라엘 공동체가 하나님이 선물로 주신 가나안 땅을 영속적으로 차지하고 그 안에서 복을 누리기 위해 필수적으로 요청되는 계약적 의무들을 준행해야 할 필요성을 깨우쳐 준다. 그러기 위해서 이스라엘은 하나님을 향한 예배와 제의를 통하여 가나안의 다신교적인 상황과 구별되는 공동체와 문화를 창조해야 한다.

레위기의 세부 규정들은 거룩하신 하나님이 가나안 땅, 곧 거룩하지 않은 백성들 한복판에 거하실 수 있도록 이스라엘이 지켜야 할 최소한의 제의적, 시민법적, 사회적, 도덕적, 경제적 율법으로 구분될 수 있다. 만일 이스라엘 백성이 거룩한 백성으로서 그리고 제사장 나라로서의 공동체성을 상실하여 하나님께서 당신의 거룩한 현존을 철수해 버리신다면 어떻게 될까? 레위기에 따르면 이스라엘의 성전은 더럽혀질 것이고 가나안 땅은 더 이상 하나님의 특별한 보호와 돌봄 속에 있지 않을 것이다. 결국 레위기의 중요한 관심 사항은 다신교적 문화 한복판에서 일상생활을 통해 하나님의 율법에 세밀하게 순종하여 가나안 땅을 영속적으로 누리는 생명길을 제시하는 데 있다.

이스라엘이 거룩한 공동체로 살아가야 하는 이유는 이스라엘의 하나님 야웨가 비길 데 없이 거룩하신 하나님이기 때문이다. 많은 신들이 인류 역사의 한때 자신을 경배하라고 주장하고 득세했지만, 그 신들은 역사의 하치장으로 투척되어 더 이상 기억되지도 않는다. 하나님이 신들의 세계에서 유비될 수 없는 홀로 독존적인 절대 지위를 누리듯이, 거룩하신 하나님의 영적 통치를 받는 이스라엘은 거룩하신 하나님을 그들의 삶, 문화, 그리고 국제관계 속에서 드러내야 한다. 이런 점에서 거룩하신 하나님은 선교의 하나님이시기도 하다. 이스라엘은 시내산 언약을 통해 당시 고대 근동의 여러 나라에 참된 거룩함이 무엇인지를 보여주어야 할 사명을 부여받은 것이다. 결국 이스라엘의 거룩은 열국에 하나님의 거룩하심을 증거하는 도구다.

레위기 전체에 걸쳐서 거룩하신 하나님께서는 거룩함, 의로움, 자비, 그리고 절대주권적 자유를 실행함으로 당신을 드러내신다. 레위기에서 이 거룩하신 하나님은 이스라엘 백성으로 하여금 하나님께 나아오는 길, 곧 화해와 친근한 동행의 길을 다채롭고 반복적으로 말씀하신다. 앞에서도 말했듯이 이 화해와 가까워짐의 주도권은 언제나 하나님께 있다. 이스라엘 백성이 개인으로서 또한 거룩한 백성(고이 카도쉬)으로서 거룩하신 하나님과 동행하기 위해서는 거룩한 제사장들의 중보사역과 희생제사를 통해 하나님께 나아가야 한다. 하나님에 의해 확정된 제사 원칙을 통하여만 하나님께 나아갈 수 있으며, 하나님께 방자하게 접근하는 자는 죽임을 당할 것이다.

문학적으로 볼 때 레위기는 장엄한 구원사의 드라마 형식으로 기록되어 있지 않기 때문에 독자에게 인내를 요구한다. 그러나 레위기의 하나님 주도적 화해신학의 실체를 고려해 보면 레위기에 대한 우리의 낯섦과 반감은 줄어들 것이다. 즉, 우리가 반복적이고 지루할 정도로 잦은 실수와 허물에 빠지기 때문에 우리의 삶을 고치시려는 하나님의 처방과 규정도 반복적이고 지루하고 따분할 수밖에 없다.

하나님께서는 '회막에서'(직역하면 '회막으로부터') 모세를 불러 이스라엘 백성에게 다섯 가지 제사 지침을 전달하도록 말씀하신다.[1:1-6:7] 일반적으로 회막과 성막은 거의 같은 의미로 사용되지만 레위기 대부분의 본문에서 '회막'은 지성소 안 언약궤 위의 속죄소를 특정하여 가리킨다. 지성소의 속죄소에는 은혜의 보좌가 설치되어 있고 하나님은 두 그룹 천사 사이에 있는 은혜의 보좌에 좌정해 계신다. 하나님은 지금 회막, 곧 지성소 안에 있는 '은혜의 보좌 위에 앉아서' 모세를 부르고 계신 것이다. 레위기는 은혜의 보좌 위에 앉아 계신 하나님의 관점에서 일방적으로 인간의 죄 문제를 해결해 보시려는 의도를 드러낸다. 하나님의 다스림은 은혜에 의한 다스림이다. 은혜를 받은 인간만이 하나님의 다스림 아래 들어갈 수 있다. 죄악의 권세에서 해방시켜 주신 뒤(자유를 주신 뒤) 그 구원의 선물에 감동된 인간의 마음을 하나님은 비로소 다스리신다. 그래서 죄 사함의 회개를 전파하는 일이 바로 하나님 나라의 확장이라고 간주하는 누가복음-사도행전의 결론^{눅 24:45, 행 1:8}은 하나님 나라의 본질을 잘 드러내고 있다. 레위기는 죄 사함을 통한 하나님의 다스림을 증거한다. 이런 점에서 레위기도 결국 하나님 나라의 신학을 설파하는 셈이다. 레위기의 모든 말씀은 '회막에서' 말씀하시는 하나님의 말씀이기 때문에 압도적이고 일방적인 은혜가 지배하는 말씀이다. 레위기의 속죄소 시은좌에 좌정하신 하나님을 먼저 이해할 때, 당신의 독생자를 희생제물로 바쳐 가면서까지 인간과 화해하고자 애쓰시는 하나님께 공감할 수 있을 것이다. 레위기의 다섯 제사는 이런 하나님의 일방적인 화해 의지를 점층적으로 부각시킨다.

번제 ●1장

1 ¹ 여호와께서 회막에서 모세를 부르시고 그에게 말씀하여 이르시되 ² 이스라엘 자손에게 말하여 이르라. 너희 중에 누구든지 여호와께 예물을 드리려거든 가축 중에서 소나 양으로 예물을 드릴지니라. ³ 그 예물이 소의 번제이면 흠 없는 수컷으로 회막 문에서 여호와 앞에 기쁘게 받으시도록 드릴지니라. ⁴ 그는 번제물

의 머리에 안수할지니 그를 위하여 기쁘게 받으심이 되어 그를 위하여 속죄가 될 것이라. [5]그는 여호와 앞에서 그 수송아지를 잡을 것이요 아론의 자손 제사장들은 그 피를 가져다가 회막 문 앞 제단 사방에 뿌릴 것이며 [6]그는 또 그 번제물의 가죽을 벗기고 각을 뜰 것이요 [7]제사장 아론의 자손들은 제단 위에 불을 붙이고 불 위에 나무를 벌여 놓고 [8]아론의 자손 제사장들은 그 뜬 각과 머리와 기름을 제단 위의 불 위에 있는 나무에 벌여 놓을 것이며 [9]그 내장과 정강이를 물로 씻을 것이요 제사장은 그 전부를 제단 위에서 불살라 번제를 드릴지니 이는 화제라. 여호와께 향기로운 냄새니라. [10]만일 그 예물이 가축 떼의 양이나 염소의 번제이면 흠 없는 수컷으로 드릴지니 [11]그가 제단 북쪽 여호와 앞에서 그것을 잡을 것이요 아론의 자손 제사장들은 그것의 피를 제단 사방에 뿌릴 것이며 [12]그는 그것의 각을 뜨고 그것의 머리와 그것의 기름을 베어낼 것이요 제사장은 그것을 다 제단 위의 불 위에 있는 나무 위에 벌여 놓을 것이며 [13]그 내장과 그 정강이를 물로 씻을 것이요 제사장은 그 전부를 가져다가 제단 위에서 불살라 번제를 드릴지니 이는 화제라. 여호와께 향기로운 냄새니라. [14]만일 여호와께 드리는 예물이 새의 번제이면 산비둘기나 집비둘기 새끼로 예물을 드릴 것이요 [15]제사장은 그것을 제단으로 가져다가 그것의 머리를 비틀어 끊고 제단 위에서 불사르고 피는 제단 곁에 흘릴 것이며 [16]그것의 모이주머니와 그 더러운 것은 제거하여 제단 동쪽 재 버리는 곳에 던지고 [17]또 그 날개 자리에서 그 몸을 찢되 아주 찢지 말고 제사장이 그것을 제단 위의 불 위에 있는 나무 위에서 불살라 번제를 드릴지니 이는 화제라. 여호와께 향기로운 냄새니라.

번제燔祭는 수소, 숫양 혹은 숫염소, 새의 수컷(집비둘기나 산비둘기) 전체를 태워 그 향기를 하나님께 바치는 헌신제다. 제물의 종류는 경제적 수준에 따라 임의로 선택할 수 있었다. 번제는 제단에서 태워져 가루가 되면서 향기를 발산하는 제사다. 이 제사의 특징은 번제물의 어떤 부분도 제사장이나 헌제자獻祭者가 먹을 수 없다는 점이다. 희생제물이 회막 문 앞으로 끌려 나오고, 헌제자는 자신의 손을 그 희생제물 위에 얹어 자신과 제물이 하나가 되었음을 선언한다. 여기서 중요한 사실은 제사장이 아니라 헌제자 자신이 제물의 머리에 안수한다는 점이다. 이것은 동일시 의례다. 지금 거룩하게 도륙되어 불태워질 제물과 헌제자 자신은 하나라는 생각의 표현인 것이다. 안수가 끝난 제물은 제사장에 의해 불태워지고, 그 제물의 피는 제단에 쏟아부어져야 한다. 제사장의 역할은 일반 백성이 스스로 안수한 흠 없는 수컷 제물을 불태워 바치는 일이었다.

요약하자면 번제는 동물희생제로서, '전체를 태우는 제사'로 '향기'를 내어 하나님께 드린다. 이스라엘 공동체 전체로 볼 때 번제는 성막(성전)에서 아침저녁으로 드려진 상번제로서, 성막을 중심으로 유지되던 이스라엘 공동체 생활의 존립 기반이었다. 상번제로서의 기능 외에 출생과 낙성식, 축제절기 등 여러 가지 계기로 번제가 드려졌을 것이다. 하나님은 이스라엘의 헌신의 향기를 마시며 이스라엘 진 한복판에 거하신다. 하나님은 번제 향기를 흠향하신다. 인간의 헌신제사가 하나님께 모종의 영향을 끼친다는 것을 암시한다. 구약성경의 제사신학은 인간이 바친 희생제물을 먹기 위해 신들이 파리떼처럼 몰려왔다고 보는 고대 수메르와 메소포타미아의 제사신학과 전적으로 다르다.[4] 그러나 야웨 하나님은 고기를 직접 드시지는 않지만 인간이 마음을 다하여 바친 제물을 태울 때 나는 냄새를 음식처럼 흠향欽饗하신다("그 향기를 받으시고").[창 8:21] 이 흠향이 고대 메소타미아 신들의 취식을 인류학적으로 희석시킨 표현으로 이해될 수도 있지만[5] 근본적으로 야웨 하나님의 인격성을 강조하는 표현이다. 하나님께서 인간이 드린 가장 거룩하고 순결한 마음과 삶을 상징하는 제물의 향기를 맡으시고 기뻐하신다는 말은, 하나님은 겸손하게도 인간이 드리는 가장 거룩하고 의로운 삶에 영향을 받으신다는 말이다. 그래서 아벨의 제사를 받으셨다는 말씀은 아벨의 삶을 받으셨다는 뜻이다.

소제 ●2장

2 [1] 누구든지 소제의 예물을 여호와께 드리려거든 고운 가루로 예물을 삼아 그 위에 기름을 붓고 또 그 위에 유향을 놓아 [2] 아론의 자손 제사장들에게로 가져갈 것이요 제사장은 그 고운 가루 한 움큼과 기름과 그 모든 유향을 가져다가 기념물로 제단 위에서 불사를지니 이는 화제라. 여호와께 향기로운 냄새니라. [3] 그 소제물의 남은 것은 아론과 그의 자손에게 돌릴지니 이는 여호와의 화제물 중에 지극히 거룩한 것이니라. [4] 네가 화덕에 구운 것으로 소제의 예물을 드리려거든 고운 가루에 기름을 섞어 만든 무교병이나 기름을 바른 무교전병을 드릴 것이요 [5] 철판에 부친 것으로 소제의 예물을 드리려거든 고운 가루에 누룩을 넣지 말고 기름을 섞어 [6] 조각으로 나누고 그 위에 기름을 부을지니 이는 소제니라. [7] 네가 냄비의 것으로 소제를 드리려거든 고운 가루와 기름을 섞어 만들지니라. [8] 너는 이것들로 만든 소제물을 여호와께로 가져다가 제사장에게 줄 것이요 제사장은 그것을 제단으로 가져가서 [9] 그 소제물 중에서 기념할 것을 가져다가 제단 위에서 불사를지니 이는 화제라. 여호와께 향기로운 냄새니라. [10] 소제물의 남은 것은 아론과 그의 아들들에게 돌릴지니 이는 여호와의 화제물 중에 지극히 거룩한 것이니라. [11] 너희가 여호와께 드리는 모든 소제물에는 누룩을 넣지 말지니 너희가 누룩이나 꿀을 여호와께 화제로 드려 사르지 못할지니라. [12] 처음 익은 것으로는 그것을 여호와께 드릴지나 향기로운 냄새를 위하여는 제단에 올리지 말며 [13] 네 모든 소제물에 소금을 치라. 네 하나님의 언약의 소금을 네 소제에 빼지 못할지니 네 모든 예물에 소금을 드릴지니라. [14] 너는 첫 이삭의 소제를 여호와께 드리거든 첫 이삭을 볶아 찧은 것으로 네 소제를 삼되 [15] 그 위에 기름을 붓고 그 위에 유향을 더할지니 이는 소제니라. [16] 제사장은 찧은 곡식과 기름을 모든 유향과 함께 기념물로 불사를지니 이는 여호와께 드리는 화제니라.

소제素祭는 곡물로 드리는 제사다. 고운 밀가루, 기름, 유향 등을 섞어 만든 무교전병이나 마른 과자를 제물로 드리는 제사이거나, 만물 또는 기념물이 될 만한 가장 먼저 익은 과수나 곡식 등을 바치는 농산물 제사다. 만물의 일부는 기념물로 하나님께 바치고 나머지는 제사장들에게 주어진다. 보리나 밀의 가장 좋은 부분에서 채취한 고운 밀가루로 만든 반죽 위에 올리브기름을 뿌리거나 바른다. 그 위에 향료로 유향을 첨가한다. 그것은 번철,燔鐵 팬, 솥 등에서 조리되며, 한 줌의 고운 밀가루, 기름, 유향은 제단 위에서 태워진다. 나머지는 제사장들이 성막의 거룩한 경내에서 먹어야 한다. 소제물은 효소(누룩)로 부풀려서 만들 수 없다. 인위적으로 부풀려진 마음이 제물로 사용될 수 없다는 암시이자, 죄인의 마음은 자신을 부풀리려는 경향을 가지고 있음을 경계하는 것이다. 누룩과 마찬가지로 꿀 또한 소제물과 함께 태워서 바쳐서는 안 된다. 달콤한 자극이 하나님 예배를 대신할 수 없다는 것이다. 누룩과 꿀을 첨가하는 대신에 언약적 신실성을 가진 소금을 소제물에 쳐야 한다. 제사 행위는 불변적이고 신실한 하나님의 언약에 대한 응답이기 때문이다. 14-16절은 첫 이삭을 소제로 바치는 규정을 다룬다. 햇곡식에서 거의 익은 첫 열매로 드리는 소제에 대한 규정도 포함되어 있다. 그 곡식은 구워져서 화제火祭가 된다.

  소제도 헌신제이지만 상번제는 아니었던 것 같다. 번제가 유목민의 헌신제라면 소제는 농경민의 헌신제라고 볼 수 있다. 소제의 함축적인 의미는 고운 가루가 될 때까지 곡식을 빻는 행위에서 드러난다. 또한 고운 가루로 이긴 반죽처럼 하나님의 손안에서 새롭게 빚어지는 경험이 소제의 신학적 차원 중 하나가 될 것이다. 결국 고운 가루로 빚은 반죽은 구워지거나 데워지거나 지져지거나 볶일 것이다. 과수나 곡물의 경우도 불에 의해 가공되거나 삶거나 조리되어 하나님께 바쳐진다. 결국 소제도 하나님의 불에 의해 태워져 향기를 발산하는 제사다.

화목제 ●3장

3 ¹사람이 만일 화목제의 제물을 예물로 드리되 소로 드리려면 수컷이나 암컷이나 흠 없는 것으로 여호와 앞에 드릴지니 ²그 예물의 머리에 안수하고 회막 문에서 잡을 것이요 아론의 자손 제사장들은 그 피를 제단 사방에 뿌릴 것이며 ³그는 또 그 화목제의 제물 중에서 여호와께 화제를 드릴지니 곧 내장에 덮인 기름과 내장에 붙은 모든 기름과 ⁴두 콩팥과 그 위의 기름 곧 허리 쪽에 있는 것과 간에 덮인 꺼풀을 콩팥과 함께 떼어낼 것이요 ⁵아론의 자손은 그것을 제단 위의 불 위에 있는 나무 위의 번제물 위에서 사를지니 이는 화제라. 여호와께 향기로운 냄새니라. ⁶만일 여호와께 예물로 드리는 화목제의 제물이 양이면 수컷이나 암컷이나 흠 없는 것으로 드리며 ⁷만일 그의 예물로 드리는 것이 어린 양이면 그것을 여호와 앞으로 끌어다가 ⁸그 예물의 머리에 안수하고 회막 앞에서 잡을 것이요 아론의 자손은 그 피를 제단 사방에 뿌릴 것이며 ⁹그는 그 화목제의 제물 중에서 여호와께 화제를 드릴지니 그 기름 곧 미골에서 벤 기름진 꼬리와 내장에 덮인 기름과 내장에 붙은 모든 기름과 ¹⁰두 콩팥과 그 위의 기름 곧 허리 쪽에 있는 것과 간에 덮인 꺼풀을 콩팥과 함께 떼어낼 것이요 ¹¹제사장은 그것을 제단 위에서 불사를지니 이는 화제로 여호와께 드리는 음식이니라. ¹²만일 그의 예물이 염소면 그것을 여호와 앞으로 끌어다가 ¹³그것의 머리에 안수하고 회막 앞에서 잡을 것이요 아론의 자손은 그 피를 제단 사방에 뿌릴 것이며 ¹⁴그는 그 중에서 예물을 가져다가 여호와께 화제를 드릴지니 곧 내장에 덮인 기름과 내장에 붙은 모든 기름과 ¹⁵두 콩팥과 그 위의 기름 곧 허리 쪽에 있는 것과 간에 덮인 꺼풀을 콩팥과 함께 떼어낼 것이요 ¹⁶제사장은 그것을 제단 위에서 불사를지니 이는 화제로 드리는 음식이요 향기로운 냄새라. 모든 기름은 여호와의 것이니라. ¹⁷너희는 기름과 피를 먹지 말라. 이는 너희의 모든 처소에서 너희 대대로 지킬 영원

한 규례니라.

수컷을 선호하는 번제와 달리 화목제물은 소떼^{3:1-5} 혹은 양떼^{3:6-11}나 염소떼^{3:12-15} 중에서 암수 상관없이 선택된다. 이때 기름 부분은 야웨 하나님께 바치고 제사장이나 헌제자 모두 어떤 기름이나 피도 먹지 말아야 한다. 이것은 영원한 규례다. 제단 불에 완전히 태워져 하나님께 전적으로 드려져야 하는 번제에 비하여, 화목제의 희생제물[제바흐(זֶבַח)]은 일종의 거룩한 식사였다. 제물의 일부는 제사장과 헌제자에 의해 나누어 가지도록 규정되었다. 오직 희생동물의 기름 중 일부가 하나님의 몫으로 제단 위에서 불태워져야 했다. 소제는 제사장만 먹을 수 있었는데, 화목제 희생제물은 헌제자도 먹을 수 있다. 제사장과 헌제자의 나눔을 특징적으로 강조하는 화목제는 제사장과 일반 백성 사이의 신앙적·종교적 유대와 결속을 강화시켰을 것이다. 그뿐 아니라 화목제는 하나님을 대표하는 제사장과 인간 헌제자 사이의 평화스러운 관계를 감사하고 기리는 제사였을 것이다. 원래 화목제는 죄를 짓거나 허물을 범한 사람이 그것을 속량하기 위해 드리는 제사가 아니라, 하나님이 주신 샬롬[제바흐 셸라밈(זֶבַח שְׁלָמִים), 번영과 건강, 축복과 평화]을 공공연히 감사하기 위한 제사였으므로 축제적 여흥을 불러일으켰을 것이다. 또한 소제물과 화목제물은 제사장 급여 지급의 한 형식이었을 수도 있다. 일반 백성들이 화목제물을 많이 드릴수록 제사장들에게 돌아가는 제물의 양도 그만큼 늘었을 것이다. 이런 점에서 화목제물은 신학적 차원 외에 복지적 차원을 가진다. 이 제사는 의무적으로 드린 제사가 아니라 자발적인 제사였다. 현대 교회의 감사헌금이 화목제물에 해당할 것이다. 이 제사 또한 향기로운 냄새로 하나님께 열납되는 화제다.

4 ¹여호와께서 모세에게 말씀하여 이르시되 ²이스라엘 자손에게 말하여 이르라. 누구든지 여호와의 계명 중 하나라도 그릇 범하였으되 ³만일 기름 부음을 받은 제사장이 범죄하여 백성의 허물이 되었으면 그가 범한 죄로 말미암아 흠 없는 수송아지로 속죄제물을 삼아 여호와께 드릴지니 ⁴그 수송아지를 회막 문 여호와 앞으로 끌어다가 그 수송아지의 머리에 안수하고 그것을 여호와 앞에서 잡을 것이요 ⁵기름 부음을 받은 제사장은 그 수송아지의 피를 가지고 회막에 들어가서 ⁶그 제사장이 손가락에 그 피를 찍어 여호와 앞 곧 성소의 휘장 앞에 일곱 번 뿌릴 것이며 ⁷제사장은 또 그 피를 여호와 앞 곧 회막 안 향단 뿔들에 바르고 그 송아지의 피 전부를 회막 문 앞 번제단 밑에 쏟을 것이며 ⁸또 그 속죄제물이 된 수송아지의 모든 기름을 떼어낼지니 곧 내장에 덮인 기름과 내장에 붙은 모든 기름과 ⁹두 콩팥과 그 위의 기름 곧 허리쪽에 있는 것과 간에 덮인 꺼풀을 콩팥과 함께 떼어내되 ¹⁰화목제 제물의 소에게서 떼어냄 같이 할 것이요 제사장은 그것을 번제단 위에서 불사를 것이며 ¹¹그 수송아지의 가죽과 그 모든 고기와 그것의 머리와 정강이와 내장과 ¹²똥 곧 그 송아지의 전체를 진영 바깥 재 버리는 곳인 정결한 곳으로 가져다가 불로 나무 위에서 사르되 곧 재 버리는 곳에서 불사를지니라. ¹³만일 이스라엘 온 회중이 여호와의 계명 중 하나라도 부지중에 범하여 허물이 있으나 스스로 깨닫지 못하다가 ¹⁴그 범한 죄를 깨달으면 회중은 수송아지를 속죄제로 드릴지니 그것을 회막 앞으로 끌어다가 ¹⁵회중의 장로들이 여호와 앞에서 그 수송아지 머리에 안수하고 그것을 여호와 앞에서 잡을 것이요 ¹⁶기름 부음을 받은 제사장은 그 수송아지의 피를 가지고 회막에 들어가서 ¹⁷그 제사장이 손가락으로 그 피를 찍어 여호와 앞, 휘장 앞에 일곱 번 뿌릴 것이며 ¹⁸또 그 피로 회막 안 여호와 앞에 있는 제단 뿔들에 바르고 그 피 전부는 회막 문 앞 번제단 밑에 쏟을 것이며 ¹⁹그것의 기름은 다 떼어 제단 위에서 불사르되 ²⁰그 송아지를 속죄제의 수송아지에게 한 것 같이 할지며 제사장이 그것으로 회중을 위하여 속죄한 즉 그들이 사함을 받으리라. ²¹그는 그 수송아지를 진영 밖으로 가져다가 첫번 수송아

지를 사름 같이 불사를지니 이는 회중의 속죄제니라. ²² 만일 족장이 그의 하나님 여호와의 계명 중 하나라도 부지중에 범하여 허물이 있었는데 ²³ 그가 범한 죄를 누가 그에게 깨우쳐 주면 그는 흠 없는 숫염소를 예물로 가져다가 ²⁴ 그 숫염소의 머리에 안수하고 여호와 앞 번제물을 잡는 곳에서 잡을지니 이는 속죄제라. ²⁵ 제사장은 그 속죄 제물의 피를 손가락에 찍어 번제단 뿔들에 바르고 그 피는 번제단 밑에 쏟고 ²⁶ 그 모든 기름은 화목제 제물의 기름 같이 제단 위에서 불사를지니 이같이 제사장이 그 범한 죄에 대하여 그를 위하여 속죄한즉 그가 사함을 얻으리라. ²⁷ 만일 평민의 한 사람이 여호와의 계명 중 하나라도 부지중에 범하여 허물이 있었는데 ²⁸ 그가 범한 죄를 누가 그에게 깨우쳐 주면 그는 흠 없는 암염소를 끌고 와서 그 범한 죄로 말미암아 그것을 예물로 삼아 ²⁹ 그 속죄제물의 머리에 안수하고 그 제물을 번제물을 잡는 곳에서 잡을 것이요 ³⁰ 제사장은 손가락으로 그 피를 찍어 번제단 뿔들에 바르고 그 피 전부를 제단 밑에 쏟고 ³¹ 그 모든 기름을 화목제물의 기름을 떼어낸 것 같이 떼어내 제단 위에서 불살라 여호와께 향기롭게 할지니 제사장이 그를 위하여 속죄한즉 그가 사함을 받으리라. ³² 그가 만일 어린 양을 속죄제물로 가져오려거든 흠 없는 암컷을 끌어다가 ³³ 그 속죄제 제물의 머리에 안수하고 번제물을 잡는 곳에서 속죄제물로 잡을 것이요 ³⁴ 제사장은 그 속죄제물의 피를 손가락으로 찍어 번제단 뿔들에 바르고 그 피는 전부 제단 밑에 쏟고 ³⁵ 그 모든 기름을 화목제 어린 양의 기름을 떼낸 것 같이 떼내어 제단 위 여호와의 화제물 위에서 불사를지니 이같이 제사장이 그가 범한 죄에 대하여 그를 위하여 속죄한즉 그가 사함을 받으리라.

5

¹ 만일 누구든지 저주하는 소리를 듣고서도 증인이 되어 그가 본 것이나 알고 있는 것을 알리지 아니하면 그는 자기의 죄를 져야 할 것이요 그 허물이 그에게로 돌아갈 것이며 ² 만일 누구든지 부정한 것들 곧 부정한 들짐승의 사체나 부정한 가축의 사체나 부정한 곤충의 사체를 만졌으면 부지중이라고 할지라도 그 몸이 더러워져서 허물이 있을 것이요 ³ 만일 부지중에 어떤 사람의 부정에 닿았는데 그 사람의 부정이 어떠한 부정이든지 그것을 깨달았을 때에는 허물이 있을 것이요 ⁴

만일 누구든지 입술로 맹세하여 악한 일이든지 선한 일이든지 하리라고 함부로 말하면 그 사람이 함부로 말하여 맹세한 것이 무엇이든지 그가 깨닫지 못하다가 그것을 깨닫게 되었을 때에는 그 중 하나에 그에게 허물이 있을 것이니 [5] 이 중 하나에 허물이 있을 때에는 아무 일에 잘못하였노라 자복하고 [6] 그 잘못으로 말미암아 여호와께 속죄제를 드리되 양 떼의 암컷 어린 양이나 염소를 끌어다가 속죄제를 드릴 것이요 제사장은 그의 허물을 위하여 속죄할지니라. [7] 만일 그의 힘이 어린 양을 바치는 데에 미치지 못하면 그가 지은 죄를 속죄하기 위하여 산비둘기 두 마리나 집비둘기 새끼 두 마리를 여호와께로 가져가되 하나는 속죄제물을 삼고 하나는 번제물을 삼아 [8] 제사장에게로 가져갈 것이요 제사장은 그 속죄제물을 먼저 드리되 그 머리를 목에서 비틀어 끊고 몸은 아주 쪼개지 말며 [9] 그 속죄제물의 피를 제단 곁에 뿌리고 그 남은 피는 제단 밑에 흘릴지니 이는 속죄제요 [10] 그 다음 것은 규례대로 번제를 드릴지니 제사장이 그의 잘못을 위하여 속죄한즉 그가 사함을 받으리라. [11] 만일 그의 손이 산비둘기 두 마리나 집비둘기 두 마리에도 미치지 못하면 그의 범죄로 말미암아 고운 가루 십분의 일 에바를 예물로 가져다가 속죄제물로 드리되 이는 속죄제인즉 그 위에 기름을 붓지 말며 유향을 놓지 말고 [12] 그것을 제사장에게로 가져갈 것이요 제사장은 그것을 기념물로 한 움큼을 가져다가 제단 위 여호와의 화제물 위에서 불사를지니 이는 속죄제라. [13] 제사장이 그가 이 중에서 하나를 범하여 얻은 허물을 위하여 속죄한즉 그가 사함을 받으리라. 그 나머지는 소제물 같이 제사장에게 돌릴지니라.

4:1-6:7은 속죄제와 속건제를 다룬다. 엄격하게 읽으면 이 두 제사는 하나의 제사, 곧 속죄제로 규정될 수 있다. 5:6이 '속건제'[아샴(אשׁם)]라는 말을 처음 사용하지만[6] 대체적으로 5:14 이하를 속건제 규정으로 본다. 속죄제는 비고의적 죄, 거룩한 의무와 율법을 소홀히 하여 지키지 못한 죄, 성소에 대하여 범한 죄,[5:15] 부지중 야웨의 금령 중 하나를 어긴 죄[5:17-19]를 사함받기 위한 제사다. 마지막 두 경우는 보상 및 오분의 일의 추가 배상이 이뤄져야 하는데,[6:5] 오분의 일의 보상이

이루어지는 속죄제를 특별히 속건제라고 부른다. 정결케 하는 제사로서 속죄제의 특이사항은 죄를 범한 주체가 누구인지에 따라 제물의 종류가 달라진다는 점이다. 대제사장의 죄와 온 회중 전체가 지은 죄는 동일한 속죄제물을 요구한다. 또한 일반 제사장, 지도자(방백), 일반 백성의 경우 제물이 다르다. 직위가 내려갈수록 제물의 값어치도 내려간다. 이상의 인물들이 비고의적인 죄를 범했거나 정당한 의무를 생략하는 허물을 범한 경우 정당하게 고백하고 적절한 희생제사를 드려야 한다. 이것이 속죄제다. 비고의적 허물만이 속죄제로 해결된다는 사실이 중요하다. 제사장4:3-12이나 온 회중4:13-21이 죄를 범하면 황소를 제물로 바쳐야 한다. 방백들은 숫염소를 속죄제물로 바쳐야 한다.4:22-26 일반 백성의 경우 암염소나 암양을 바쳐야 한다.4:27-35 헌제자의 경제적 능력에 따라 제물을 고를 수 있었던 것 같다.

속죄제물을 바쳐야 하는 주요 범과는 다음과 같다. 맹세하는 현장에 있었음에도 불구하고 정당하게 증거하지 않은 것, 부정한 물건을 접촉한 것(사체를 만진 것), 거짓 맹세를 한 것. 이런 경우 죄책을 씻는 길은 죄의 고백과 적절한 희생제사를 드리는 것이다. 이러한 비고의적인 죄를 범한 경우 이스라엘 백성은 양, 염소, 두 마리의 산비둘기, 두 마리의 집비둘기 새끼, 고운 밀가루 등으로(경제적 능력에 따라) 속죄제물을 마련할 수가 있다.5:5-13

속건제7 ● 5:14-6:7

5 ¹⁴ 여호와께서 모세에게 말씀하여 이르시되 ¹⁵ 누구든지 여호와의 성물에 대하여 부지중에 범죄하였으면 여호와께 속건제를 드리되 네가 지정한 가치를 따라 성소의 세겔로 몇 세겔 은에 상당한 흠 없는 숫양을 양 떼 중에서 끌어다가 속건제로 드려서 ¹⁶ 성물에 대한 잘못을 보상하되 그것에 오분의 일을 더하여 제사장

에게 줄 것이요 제사장은 그 속건제의 숫양으로 그를 위하여 속죄한즉 그가 사함을 받으리라. [17]만일 누구든지 여호와의 계명 중 하나를 부지중에 범하여도 허물이라 벌을 당할 것이니 [18]그는 네가 지정한 가치대로 양 떼 중 흠 없는 숫양을 속건제물로 제사장에게로 가져갈 것이요 제사장은 그가 부지중에 범죄한 허물을 위하여 속죄한즉 그가 사함을 받으리라. [19]이는 속건제니 그가 여호와 앞에 참으로 잘못을 저질렀음이니라.

6 [1]여호와께서 모세에게 말씀하여 이르시되 [2]누구든지 여호와께 신실하지 못하여 범죄하되 곧 이웃이 맡긴 물건이나 전당물을 속이거나 도둑질하거나 착취하고도 사실을 부인하거나 [3]남의 잃은 물건을 줍고도 사실을 부인하여 거짓 맹세하는 등 사람이 이 모든 일 중의 하나라도 행하여 범죄하면 [4]이는 죄를 범하였고 죄가 있는 자니 그 훔친 것이나 착취한 것이나 맡은 것이나 잃은 물건을 주운 것이나 [5]그 거짓 맹세한 모든 물건을 돌려보내되 곧 그 본래 물건에 오분의 일을 더하여 돌려보낼 것이니 그 죄가 드러나는 날에 그 임자에게 줄 것이요 [6]그는 또 그 속건제물을 여호와께 가져갈지니 곧 네가 지정한 가치대로 양 떼 중 흠 없는 숫양을 속건제물을 위하여 제사장에게로 끌고 갈 것이요 [7]제사장은 여호와 앞에서 그를 위하여 속죄한즉 그는 무슨 허물이든지 사함을 받으리라.

속죄제와 유사하지만 약간 세분화된 제사가 속건제贖愆祭인데, 속건제는 성물 관련 죄와 허물, 그리고 이웃에게 경제적 손실을 입히고 거짓 맹세한 죄를 속하는 제사다. 이것은 배상 명령이 첨부된 제사이며 속죄제보다 다소 경미한 비고의적 허물을 속하는 제사다. 먼저 어떤 사람이 성소에 대하여 죄를 범하거나 거짓된 강탈을 통하여 이웃에게 죄를 범하면 그는 원래 것을 갚아 줄 뿐만 아니라 오분의 일의 추가 보상을 해주어야 한다. 이 경우 숫양을 속건제물로 바쳐야 한다. 성소에 대하여 저질러진 비고의적 허물인 경우 숫양을 속건제

I.

레위기의 제사신학과 하나님 나라

물로 바치고 오분의 일을 더 바쳐야 한다(성전 세겔로 환산). 또한 거짓으로 이웃의 재산을 빼앗은 죄를 범한 경우 전부를 배상하고 오분의 일 이상을 배상해 주어야 한다. 이때 속건제물로 양을 바쳐야 한다. 6:2-7은 속건제를 통해 죄가 속해지는 경제적 죄를 예시한다. 야웨께 신실하지 못한 결과 이웃이 맡긴 물건이나 전당물을 도둑질하거나 착취한 행위를 한 자가 그것을 부인하고 거짓 맹세한 경우, 남의 물건을 줍고도 그 사실을 부인하며 거짓 맹세한 경우 속건제를 드려야 했다. 이런 죄를 범한 사람은 이웃의 원래 물건을 되돌려주는 것 외에 오분의 일을 더해 갚아야 한다. 그리고 야웨께 자신의 죄의 중대성을 반영한 숫양을 속건제물로 바쳐야 한다. 제사장의 중재로 그 경제사범의 죄는 속해질 수 있다.

속죄제는 부정impurity을 범한 사람에게 부정을 제거하는 정화용 제사였다.[8] 그것은 모든 죄를 용서해 주는 제사는 아니었다. 살인자나 간음죄 같은 중범죄를 지은 사람이 속죄제를 통해 용서를 받는 것은 아니라는 뜻이다. 속죄제의 근본 전제는, 이스라엘이 일상생활을 하는 과정에서 부지중에 혹은 어쩔 수 없이(12장의 출산, 14장의 나병 환자 정결, 15장의 여성의 유출과 같은 생리현상) 하나님이 제정한 정결규례와 의식적 정결 요구를 어기게 될 수 있다는 것이다. 심지어 제단도 속죄제를 통해 정화되어야 했다.[8:15] 이스라엘 백성과 제단도 일상생활을 하다가 정결함과 거룩함의 감가상각이 일어난다고 본다. 레위기 16장의 대속죄일의 핵심 가운데 하나는 제단 정결 회복이었다. 제단마저도 정결의 감가상각이 일어나기에 속죄제를 통해 정결케 되어야 했다. 이처럼 속죄제는 이스라엘이 하나님께 정결함을 유지하기 위하여 정기적으로 혹은 필요에 따라 드리는 의무적인 정화 속죄제사였다. 대부분 속죄의 희생제물은 허물을 범한 헌제자에게 가해진 죄책을 제거하는 기능을 하였고 그들을 하나님과 올바른 관계로 복원시켰다. 앞서 말했듯이 고의적인 중범죄자를 속죄해 주는 제사가 아니었다. 이 경우 율법은 실제적 범법자를 직접 징벌함으로써 그런 일이 재발되는 것을 막았다. 제의적 화해는 저질러진 허물의 고의성에 대하여 상당한 근거가 있는 상황에만 국한되었으며, 그런 경우에도 다른 사람에게 끼친 손해와 상해에 대하여 보상이 항상 요구되었다. 고의적인 범죄나 종교적인 더럽힘도 제의적 예배가 대속할 수 있다는 그릇된 관념은 이스라엘의 예언자들에 의해 집요하게 비판을 받았다.^{사 1:10-11, 암 5:23-24}

집례상의 추가 세칙 1 ●6:8-30

6 ⁸ 여호와께서 모세에게 말씀하여 이르시되 ⁹ 아론과 그의 자손에게 명령하여 이르라. 번제의 규례는 이러하니라. 번제물은 아침까지 제단 위에 있는 석쇠 위에 두고 제단의 불이 그 위에서 꺼지지 않게 할 것이요 ¹⁰ 제사장은 세마포 긴 옷을 입고 세마포 속바지로 하체를 가리고 제단 위에서 불태운 번제의 재를 가져다가 제단 곁에 두고 ¹¹ 그 옷을 벗고 다른 옷을 입고 그 재를 진영 바깥 정결한 곳으로 가져갈 것이요 ¹² 제단 위의 불은 항상 피워 꺼지지 않게 할지니 제사장은 아침마다 나무를 그 위에서 태우고 번제물을 그 위에 벌여 놓고 화목제의 기름을 그 위에서 불사를지며 ¹³ 불은 끊임이 없이 제단 위에 피워 꺼지지 않게 할지니라. ¹⁴ 소제의 규례는 이러하니라. 아론의 자손은 그것을 제단 앞 여호와 앞에 드리되 ¹⁵ 그 소제의 고운 가루 한 움큼과 기름과 소제물 위의 유향을 다 가져다가 기념물로 제단 위에서 불살라 여호와 앞에 향기로운 냄새가 되게 하고 ¹⁶ 그 나머지는 아론과 그의 자손이 먹되 누룩을 넣지 말고 거룩한 곳 회막 뜰에서 먹을지니라. ¹⁷ 그것에 누룩을 넣어 굽지 말라. 이는 나의 화제물 중에서 내가 그들에게 주어 그들의 소득이 되게 하는 것이라. 속죄제와 속건제 같이 지극히 거룩한즉 ¹⁸ 아론 자손의 남자는 모두 이를 먹을지니 이는 여호와의 화제물 중에서 대대로 그들의 영원한 소득이 됨이라. 이를 만지는 자마다 거룩하리

I.

레위기의 제사신학과 하나님 나라

라. ¹⁹ 여호와께서 모세에게 말씀하여 이르시되 ²⁰ 아론과 그의 자손이 기름 부음을 받는 날에 여호와께 드릴 예물은 이러하니라. 고운 가루 십분의 일 에바를 항상 드리는 소제물로 삼아 그 절반은 아침에, 절반은 저녁에 드리되 ²¹ 그것을 기름으로 반죽하여 철판에 굽고 기름에 적셔 썰어서 소제로 여호와께 드려 향기로운 냄새가 되게 하라. ²² 이 소제는 아론의 자손 중 기름 부음을 받고 그를 이어 제사장 된 자가 드릴 것이요 영원한 규례로 여호와께 온전히 불사를 것이니 ²³ 제사장의 모든 소제물은 온전히 불사르고 먹지 말지니라. ²⁴ 여호와께서 모세에게 말씀하여 이르시되 ²⁵ 아론과 그의 아들들에게 말하여 이르라. 속죄제의 규례는 이러하니라. 속죄제 제물은 지극히 거룩하니 여호와 앞 번제물을 잡는 곳에서 그 속죄제 제물을 잡을 것이요 ²⁶ 죄를 위하여 제사 드리는 제사장이 그것을 먹되 곧 회막 뜰 거룩한 곳에서 먹을 것이며 ²⁷ 그 고기에 접촉하는 모든 자는 거룩할 것이며 그 피가 어떤 옷에든지 묻었으면 묻은 그것을 거룩한 곳에서 빨 것이요 ²⁸ 그 고기를 토기에 삶았으면 그 그릇을 깨뜨릴 것이요 유기에 삶았으면 그 그릇을 닦고 물에 씻을 것이며 ²⁹ 제사장인 남자는 모두 그것을 먹을지니 그것은 지극히 거룩하니라. ³⁰ 그러나 피를 가지고 회막에 들어가 성소에서 속죄하게 한 속죄제 제물의 고기는 먹지 못할지니 불사를지니라.

6:8-7:38은 아론과 그의 아들들이 번제, 소제, 속죄제, 화목제 등을 집례하는 규례를 다시 다루는데, 1-6장에 나온 다섯 제사 봉헌 지침에 대한 추가(강조) 지침이라고 볼 수 있다. 아론과 그의 아들들이 이스라엘 자손이 바친 제물 중에서 취할 수 있는 것과 취해서는 안 될 것에 대한 규정을 담고 있다. 번제의 경우 불이 제단에서 꺼지지 않고 계속 타도록 하는 것이 중요하다. 제사장은 속바지를 입고 제단의 재를 취해 제단에 둔 채 다른 옷으로 갈아입고 그 재를 진영 바깥 정결한 곳으로 가져가야 한다. 제사장은 아침마다 새 땔나무를 번제단에 올리고 화목제 때 생긴 기름을 번제단 위에서 불태워야 한다. 번제단 불이 꺼지지 않도록 각별히 돌볼 제사장 사명이 두 번이나

강조된다.[6:8-13]

　소제 집례상의 특별한 규정은 제사장의 몫을 제사장들이 반드시 성막 뜰 안에서 먹어야 한다는 것이다. 이 제사는 소제의 고운 가루 한 움큼과 기름과 소제물 위에 뿌려진 유향이 제단 위에 불살라져 야웨께 향기로운 냄새를 바쳐 드리는 제사다. 불살라진 제물 외에 나머지는 제사장들이 먹되 그들이 먹는 소제물에 누룩을 넣어서는 안 된다. 누룩이 들어 있지 않은 소제물은 속건제물이나 속죄제물만큼 지극히 거룩해 제사장의 소득으로 처분되어야 한다. 이스라엘 자손이 드린 소제가 화제물로 드려진 모든 것은 제사장의 소득이 되며 이 소제의 화제물을 만지는 자도 거룩해진다. 혹은 지극히 거룩한 소제의 화제물을 만질 자격이 있는 자는 거룩한 상태에 있어야 한다.[6:14-18] 9

　6:19-23은 이 소제가 제사장이 기름부음을 받고 제사장으로 위임될 때 드려야 하는 제사임을 말한다. 제사장 위임식 때 고운 가루 십분의 일 에바를 반으로 나눠 아침에 절반, 저녁에 절반 바쳐야 한다. 그리고 그 고운 가루를 기름으로 반죽해 철판에 굽고 기름에 적셔 썰어서 야웨께 소제로 드리되 이 소제물에서 나는 향기가 야웨께 향기로운 냄새가 되게 해야 한다. 즉, 불살라지거나 태워져야 한다는 뜻이다. 소제물을 다 불살라 야웨께 향기를 나게 해드리는 이 소제가 제사장 위임식 때 드리는 소제다. 그러므로 제사장이 드린 모든 소제물은 온전히 불살라져야 하고 제사장도 먹어서는 안 된다.

　6:24-30은 (아마도 제사장 위임식 때 드려진) 속죄제 봉헌의 추가 규정을 담고 있다.[10] 속죄제물 도살은 번제 희생제물을 도살하는 장소와 같은 곳(야웨 앞)에서 해야 한다. 속죄제사를 드리는 제사장은 회막 뜰 거룩한 곳에서 그것을 먹어야 한다(모세는 이 규정을 어긴 아론의 아들들에게 분노한다).[10:17-18] 그 속죄제물 고기가 지극히 거룩하

기 때문에 고기에 접촉한 자는 누구나 거룩할 것이지만(혹은 그 고기에 접촉하는 자는 이미 거룩한 상태에 있어야 한다) 그 피가 부주의하게 묻은 옷은 거룩한 곳에서 빨아야 한다. 그 고기를 토기에 삶았으면 토기는 깨트릴 것이며 유기(놋그릇)에 삶았으면 유기는 깨끗하게 씻어야 한다. 제사장 남자는 지극히 거룩한 속죄제사로 드린 희생제물을 먹을 수 있지만 그 피가 회막 안에, 곧 내성소(지성소 포함)의 향단과 그 주위에 뿌려진 속죄제 제물의 고기는 절대로 먹어서는 안 된다. 6:25이 말하는 번제단 앞에서 도살된 속죄제물은 제사장이 먹되, 성소에서 속죄하기 위해 회막 안으로 피가 가져가진 바 된 속죄제물의 고기는 먹지 말고 불살라야 한다.[11]

집례상의 추가 세칙 2 ●7장

7 [1] 속건제의 규례는 이러하니라. 이는 지극히 거룩하니 [2] 번제물을 잡는 곳에서 속건제의 번제물을 잡을 것이요 제사장은 그 피를 제단 사방에 뿌릴 것이며 [3] 그 기름을 모두 드리되 곧 그 기름진 꼬리와 내장에 덮인 기름과 [4] 두 콩팥과 그 위의 기름 곧 허리 쪽에 있는 것과 간에 덮인 꺼풀을 콩팥과 함께 떼어내고 [5] 제사장은 그것을 다 제단 위에서 불살라 여호와께 화제로 드릴 것이니 이는 속건제니라. [6] 제사장인 남자는 모두 그것을 먹되 거룩한 곳에서 먹을지니라. 그것은 지극히 거룩하니라. [7] 속죄제와 속건제는 규례가 같으니 그 제물은 속죄하는 제사장에게로 돌아갈 것이요 [8] 사람을 위하여 번제를 드리는 제사장 곧 그 제사장은 그 드린 번제물의 가죽을 자기가 가질 것이며 [9] 화덕에 구운 소제물과 냄비에나 철판에서 만든 소제물은 모두 그 드린 제사장에게로 돌아갈 것이니 [10] 소제물은 기름 섞은 것이나 마른 것이나 모두 아론의 모든 자손이 균등하게 분배할 것이니라. [11] 여호와께 드릴 화목제물의 규례는 이러하니라. [12] 만일 그것을 감사함으로 드리려면 기름 섞은 무교병과 기름 바른 무교전병과 고운 가루에 기름 섞어 구운 과자를 그 감사제물과 함께 드리고 [13] 또 유교병

을 화목제의 감사제물과 함께 그 예물로 드리되 [14] 그 전체의 예물 중에서 하나씩 여호와께 거제로 드리고 그것을 화목제의 피를 뿌린 제사장들에게로 돌릴지니라. [15] 감사함으로 드리는 화목제물의 고기는 드리는 그 날에 먹을 것이요 조금이라도 이튿날 아침까지 두지 말 것이니라. [16] 그러나 그의 예물의 제물이 서원이나 자원하는 것이면 그 제물을 드린 날에 먹을 것이요 그 남은 것은 이튿날에도 먹되 [17] 그 제물의 고기가 셋째 날까지 남았으면 불사를지니 [18] 만일 그 화목제물의 고기를 셋째 날에 조금이라도 먹으면 그 제사는 기쁘게 받아들여지지 않을 것이라. 드린 자에게도 예물답게 되지 못하고 도리어 가증한 것이 될 것이며 그것을 먹는 자는 그 죄를 짊어지리라. [19] 그 고기가 부정한 물건에 접촉되었으면 먹지 말고 불사를 것이라. 그 고기는 깨끗한 자만 먹을 것이니 [20] 만일 몸이 부정한 자가 여호와께 속한 화목제물의 고기를 먹으면 그 사람은 자기 백성 중에서 끊어질 것이요 [21] 만일 누구든지 부정한 것 곧 사람의 부정이나 부정한 짐승이나 부정하고 가증한 무슨 물건을 만지고 여호와께 속한 화목제물의 고기를 먹으면 그 사람도 자기 백성 중에서 끊어지리라. [22] 여호와께서 모세에게 말씀하여 이르시되 [23] 이스라엘 자손에게 말하여 이르라. 너희는 소나 양이나 염소의 기름을 먹지 말 것이요 [24] 스스로 죽은 것의 기름이나 짐승에게 찢긴 것의 기름은 다른 데는 쓰려니와 결단코 먹지는 말지니라. [25] 사람이 여호와께 화제로 드리는 제물의 기름을 먹으면 그 먹는 자는 자기 백성 중에서 끊어지리라. [26] 너희가 사는 모든 곳에서 새나 짐승의 피나 무슨 피든지 먹지 말라. [27] 무슨 피든지 먹는 사람이 있으면 그 사람은 다 자기 백성 중에서 끊어지리라. [28] 여호와께서 모세에게 말씀하여 이르시되 [29] 이스라엘 자손에게 말하여 이르라. 화목제물을 여호와께 드리려는 자는 그 화목제물 중에서 그의 예물을 여호와께 가져오되 [30] 여호와의 화제물은 그 사람이 자기 손으로 가져올지니 곧 그 제물의 기름과 가슴을 가져올 것이요 제사장은 그 가슴을 여호와 앞에 흔들어 요제를 삼고 [31] 그 기름은 제단 위에서 불사를 것이며 가슴은 아론과 그의 자손에게 돌릴 것이며 [32] 또 너희는 그 화목제물의 오른쪽 뒷다리를 제사장에게 주어 거제를 삼을지니 [33] 아론의 자손 중에서 화목제물의 피와 기름을 드리는 자는 그 오른쪽 뒷다리를 자기의 소득으로 삼을 것이니라. [34] 내가 이스라엘 자손의 화목제물 중에서 그 흔든 가슴과 든 뒷다리를 가져다가 제사장 아론과 그의 자손에게 주었나니 이는 이스라엘 자손에게서 받을 영원한 소득이니라. ³⁵ 이는 여호와의 화제물 중에서 아론에게 돌릴 것과 그의 아들들에게 돌릴 것이니 그들을 세워 여호와의 제사장의 직분을 행하게 한 날 ³⁶ 곧 그들에게 기름 부은 날에 여호와께서 명령하사 이스라엘 자손 중에서 그들에게 돌리게 하신 것이라. 대대로 영원히 받을 소득이니라. ³⁷ 이는 번제와 소제와 속죄제와 속건제와 위임식과 화목제의 규례라. ³⁸ 여호와께서 시내 광야에서 이스라엘 자손에게 그 예물을 여호와께 드리라 명령하신 날에 시내산에서 이같이 모세에게 명령하셨더라.

7:1-10은 속건제 봉헌 추가 지침을 담고 있다. 속건제 희생제물도 번제물 희생제물을 도살하는 곳에서 도살해야 한다. 속건제물의 피는 제단 사방에 뿌려야 한다. 속건제물의 기름을 모두 야웨께 화제로 드려야 한다. 제사장은 그 기름진 꼬리와 내장에 덮인 기름과 두 콩팥과 그 위의 기름, 곧 허리 쪽에 있는 것과 간에 덮인 꺼풀을 콩팥과 함께 떼어 내어 다 제단 위에서 불살라 야웨께 화제로 드려야 한다. 이것이 속건제 봉헌 규정이다. 제사장인 남자는 모두 거룩한 곳에서 야웨께 바쳐지고 남은 고기를 먹을 수 있다. 그것 또한 지극히 거룩한 성물이다. 그 제물이 제사장 몫으로 돌아간다는 점에서는 속죄제와 속건제 규례가 같다. 7:8-10은 다시 번제와 소제 봉헌 규정을 추가하고 있다. 어떤 사람을 위하여 번제를 드리는 제사장은 그 드린 번제물의 가죽을 자기 몫으로 취할 수 있으며, 화덕에 구운 소제물과 냄비나 철판에서 만든 소제물도 모두 그 드린 제사장의 몫으로 귀속된다. 하지만 소제물 중 기름 섞은 것이나 마른 것은 아론의 모든 자손에게 균등하게 분배되어야 한다.

7:11-21은 화목제물 봉헌 추가 지침을 말한다. 감사함으로 드리는 화목제물은 우선 기름 섞은 무교병과 기름 바른 무교전병과 고운

가루에 기름 섞어 구운 과자를 그 감사제물과 함께 드릴 수 있다. 또 유교병을 화목제의 감사제물과 함께 예물로 드릴 수 있는데, 이런 경우 그 전체의 예물 중에서 하나씩 야웨께 거제로 드리고 그것을 화목제의 피를 뿌린 제사장들에게로 돌려야 한다. 야웨께 드린 거제물은 제사장 몫이라는 뜻이다. 감사함으로 드리는 화목제물은 고기로도 드릴 수 있는데, 고기를 화목제로 드리는 경우에는 드리는 바로 그날에 헌제자가 먹어야 하며 조금이라도 이튿날 아침까지 두지 말아야 한다. 그러나 단순 서원이나 단순 자원하는 제사라면 그 제물을 드린 날에 먹을 뿐만 아니라 남은 것은 이튿날에도 먹을 수 있으되 제물로 드려진 고기가 셋째 날까지 남았으면 불살라야 한다. 정식으로 드려진 화목제물의 고기를 셋째 날까지 남겨 두었다가 조금이라도 먹으면 그 화목제사는 기쁘게 받아들여지지 않을 것이다. 드린 자에게도 예물답게 되지 못하고 도리어 가증한 것이 될 것이며 그것을 먹는 자는 그 죄를 짊어지게 될 것이다. 만일 화목제물로 드려진 고기가 부정한 물건에 접촉되었으면 먹지 말고 불살라야 한다. 야웨께 속한 화목제물의 고기는 깨끗한 자만 먹을 수 있으며, 만일 몸이 부정한 자가 그것을 먹으면 그 사람은 자기 백성 중에서 끊어지는 징벌을 받을 것이다. 만일 누구든지 부정한 것, 곧 사람의 부정이나 부정한 짐승이나 부정하고 가증한 무슨 물건을 만지고 야웨께 속한 화목제물의 고기를 먹으면 그 사람도 자기 백성 중에서 끊어지게 될 것이다.

7:22-27은 피와 기름 취식금지 계명을 다룬다. 이스라엘 자손은 소나 양이나 염소의 기름을 먹어서는 안 되며, 스스로 죽은 것의 기름이나 짐승에게 찢긴 것의 기름은 다른 용도로 쓸 수는 있지만 결단코 먹어서는 안 된다.[12] 어떤 사람이 야웨께 화제로 드리는 제물의 기름을 먹으면 그 자는 자기 백성 중에서 끊어지는 벌을 받게 될 것

이다. 이스라엘 자손은 그들이 사는 모든 곳에서 새나 짐승의 피나 무슨 피든지 먹어서는 안 된다. 무슨 피든지 먹는 사람은 다 자기 백성 중에서 끊어지게 될 것이다.

이 끊어짐이 7:18(또한 20:17)의 제물 관련 규정을 어긴 자가 징벌을 감당하는 한 가지 방법인 것처럼 보인다. 7:20-21, 25-27은 네 번에 걸쳐 백성 중에서 끊어지는 벌을 당한다고 말한다. 이 끊어짐(니크라트)은 아마도 처음에는 '회중 공동체'로부터의 추방을 의미했을 것이지만, 시간이 갈수록 몇 가지 의미가 추가된 벌로 그 성격이 변했던 것으로 보인다. 백성으로부터의 끊어짐의 형벌은 다섯 가지의 죄와 허물을 범한 자에게 부과된 징벌이었다. 첫째, 안식일 계명 위반과 기타 거룩한 축제절기의 부적절한 준수와 축성죄,[출 12:15-19, 31:14, 레 23:29, 민 9:13] 둘째, 정결법 위반죄,[레 7:20-21, 22:3, 민 9:13, 20] 셋째, 부정한 행위로 간주되는 부적절한 성관계죄,[레 18:19, 20:17-18] 넷째, 피와 기름을 먹거나 희생제물의 관리를 잘못한 죄,[출 30:30, 38, 레 3:17, 7:25-27, 17:4, 9, 19:8] 다섯째, 난 지 8일 만에 남자아이에게 할례를 시행하지 않은 죄[창 17:14, 레 12:3]에 대하여 백성으로부터 끊어지는 벌이 가해졌다.

구약성경에서 '끊어짐'을 당하는 사례를 종합해 보면 이 징벌의 의미를 추정할 수 있다. 첫째, 성물을 만져 즉각 죽임을 당한 베레스 웃사의 경우처럼 즉각적 죽임의 형벌을 의미할 수 있다.[삼하 6:5-8] 둘째, 허물 범한 자의 때 이른 죽음, 셋째, 대를 이을 후손의 죽음을 의미한다(엘리의 아들들은 죽임을 당했지만 후손들의 대는 끊어지지 않은 경우도 있다).[삼상 2:33] 자기 백성으로부터 끊어짐을 당하게 만드는 죄는 주로 제사와 의식법을 위반한 자들이다. 이 징벌은 이스라엘 회중을 야웨께 언제든지 대면시켜도 될 정도로 정결하고 거룩한 공동체로 유지하려는 제사장적 관심을 반영하는 것으로 보인다.[13]

7:28-34은 화목제물 중에서 제사장이 받을 소득에 대한 규정을

담고 있다. 화목제물을 여호와께 드리려는 자는 제물 중에서 그의 예물을 야웨께 가져오되, 야웨께 불살라 드릴 화제물은 그 사람이 자기 손으로 가져와야 한다. 헌제자는 제물의 기름과 가슴을 제사장에게 가져오고 제사장은 그 가슴을 앞에 흔들어 요제를 삼고(제사장의 소득), 그 기름은 제단 위에서 불살라야 한다. 또한 헌제자는 화목제물의 오른쪽 뒷다리를 제사장에게 주어 거제를 삼아야 한다. 화목제물의 피와 기름을 드리는 아론 자손의 제사장은 그 오른쪽 뒷다리를 자기의 소득으로 삼을 것이다. 하나님께서 이스라엘 자손의 화목제물 중에서 그 흔든 가슴과 뒷다리는 제사장 아론과 그의 자손에게 영원한 소득으로 주셨다. 결국 7:28-34은 제사장이 먹을 수 있는 제물 고기의 여러 부위를 규정한다. 가슴 부위를 흔들어 요제로 삼아 바쳐진 부위는 제사장들이 먹을 것이다. 희생물의 우편 뒷다리를 번쩍 들어 올려 거제로 삼아 제사장의 소득으로 삼아야 한다(화목제 희생의 피와 기름을 드리는 제사장의 몫). 흔든 가슴과 번쩍 들린 오른쪽 뒷다리가 제사장의 몫이다.

7:35-38은 이상에서 논의된 번제, 소제, 속죄제, 속건제, 위임제, 화목제 규정을 요약한다. 이 제사들은 공적인 제사와 사적인 제사, 자원적인 제사와 의무적인 제사를 이룬다. 35-36절은 앞 단락의 화목제물의 제사장 귀속 규정이 아론의 아들들이 제사장으로 위임될 때 정해진 규례임을 말하고, 37-38절은 6:8-7:34 전체 규정이 야웨께서 시내 광야에서 모세에게 내려 주신 번제, 소제, 속죄제, 속건제, 제사장 위임식, 그리고 화목제의 규정임을 말한다.

기독교 신앙을 위한 레위기 제사신학의 함의

예수 그리스도가 율법의 마침이 되시고^{롬 10:4} 친히 성전이 되셨는데,

^{요 1:14, 2:21} 그분의 피 공로로 구원을 받고 성령을 받은 그리스도인들이 레위기의 이렇게 자세한 동물희생제사 규례와 관련된 정결규정을 공부해야 할 필요가 있을까? 완전하고 궁극적인 구원 계시가 십자가에 달리신 우리 주 예수 그리스도 안에서 이미 일어났는데 구약성경의 제사법을 자세하게 공부하는 것은 시간낭비이며 오히려 시대착오적인 복고주의가 아닌가? 고비사막 같은 갈증을 불러일으키는 제사 규정을 읽는 독자들에게 레위기는 능히 이런 질문을 불러일으킬 것이다. 이 질문에 대한 답변은 세 가지다.

첫째, 레위기 제사신학은 하나님께 드리는 예배의 진수를 가르쳐준다. 예배는 하나님 주도 아래 이루어지는 신-인의 화해다. 레위기는 철저하게 하나님 중심의 화해를 가르친다. 죄인된 인간은 스스로 하나님께 되돌아갈 길을 마련하지 못한다. 하나님만이 당신의 의지와 결단으로 죄인에게 하나님께로 돌아가는 화해의 길을 내실 수 있다. 레위기의 제사는 하나님께서 인간에게 허락하신 화해의 길이다. 그리스도인들은 예수 그리스도의 십자가 피제사가 하나님의 화해 의지를 얼마나 극적으로 드러내는지를 깨닫기 위해 오랫동안 죄인을 위해 대신 바쳐진 구약의 희생제물들을 알아야 한다. 앞서도 보았듯이 레위기 제사신학에서 강조되는 것은 인간의 마음이 하나님께 가까이 가는 것이다. '코르반'이라는 말뜻이 바로 하나님께 가까이 간 마음이다. 제사의 핵심은 인간의 마음이 하나님께 제물로 바쳐지는 데 있다. 레위기에서 드려지는 모든 제사의 신학적 전제는 "헌제자와 제물이 하나"라는 등식이다.^{시 51:16-17} 실제로는 동물이 바쳐진 것이 아니라 사람이 바쳐진 것이다. 레위기에서 그렇게 숱하게 반복적으로 드려지는 수많은 동물희생제사의 실체는 사실 종말에 영단번에 드려진 하나님의 아들 예수의 제사를 내다보게 만드는 예언적이며 예고적인 제사다.^{히 8-10장, 10:19-22} 인류의 구원사는 점진적으

로 발전되었고 그 절정인 예수 그리스도가 오시기까지 구원사 중간 단계의 숱한 등장인물이 저마다 제 역할을 다 했다. 이 동물희생제 사의 절정에 예수님의 제사가 있다. 예수님의 제사는 한 번 드려진 제사이지만 영원히(초시간적 및 초공간적) 하나님과 화해시키는 효력을 발하는 제사다. 레위기를 자세히 공부하지 않으면 예수 그리스도의 영단번에 드려진 제사의 의미를 충분히 깨닫지 못한다. 하늘의 성소에서 드려진 하나님 아들 예수라는 제물은 온 인류를 속죄하기 위해 하나님 자신이 고안하신 제사인 것이다.

둘째, 인간이 얼마나 자주 죄와 허물을 범하는 오류 가능적 존재인지 깨닫기 위해 레위기를 공부해야 한다. 레위기의 많은 규정들은 인간이 하나님과 교제하기에는 너무 부정하고 자기중심적이며 죄인임을 일깨워 준다. 혈과 육으로 뭉쳐진 죄인인 인간이 혈과 육이 모두 거룩하게 도살당한 제물이 될 때 하나님과의 화해에 이를 수 있다. 하나님께서 주신 생명의 선물은 피에 있는데, 이 피가 죄악된 인간에게는 하나님을 대적하고 이웃을 상해하는 죄악된 권력의지가 되고 통제되지 않는 욕망이 되어 버린다. 그래서 죄인은 자신의 죄를 속함받기 위해 피를 쏟아야 한다. 죄인이 옛 생명력인 피를 쏟는 의식을 동물희생이 대신 감당한다. 레위기에서 하나님은 피가 쏟아지고 기름이 태워진 제물을 받으신다. 그래서 하나님은 죄악된 자기를 부인하고 자기를 십자가에 못 박은 인간을 기뻐하신다. 자기 몸을 산 제사로 바쳐 향기로운 생축이 되는 거룩한 삶을 열납하신다.^롬 _{12:1, 15:16, 빌 4:18} 레위기의 모든 제사는 하나님께 열납되는 예배를 예표한 것이다.

셋째, 우리를 하나님과 화해시키기 위해 죽어 간 희생제물과 곡식에 대한 감사를 배우기 위해 레위기 공부가 필요하다. 특히 양은 인간에게 육식이 허용되기도 전에 아벨에게 최초의 동물희생제물로 희생되었다.^{창 4:4} 심지어 이보다 먼저 하나님께서 친히 아담과 하와를 위해 짐승을 잡아 그 가죽으로 그들이 입고 있던 무화과잎 의복을 대체해 주셨다.^{창 3:21} 이처럼 동물은 처음부터 인간에게 자기 몸을 내어 주는 희생의 상징이었다. 푸른 채소와 과목에서 열리는 과일은 인간의 주식이다.^{창 1:29} 인간은 자신을 둘러싼 동식물의 도움과 희생으로 이제까지 살아왔다는 것이다. 특히 동물희생제사와 소제는 하나님께 인간을 위해 대신 피 흘리고 제물이 되었다. 인간은 동물과 곡물에 의존해 사는 존재로서 겸손을 배워야 한다. 레위기의 제사 규정은 예수 그리스도께서 가르치신 으뜸 계명인 하나님 사랑과 이웃 사랑의 계명으로 창조적으로 흡수되었다. 그리스도인이 바치는 향기로운 몸 번제^{롬 12:1}는 지금도 기독교 신앙의 최고 표현이다. 제사 신학은 격조 높은 기독교 예배와 윤리로 격상되었다.

결국 레위기가 계시하는 야웨 하나님은 당신의 백성으로부터 예배받기를 원하시는 이스라엘의 왕이시다. 이스라엘의 제사와 예배에 겸손하게도 영향을 받으시는 지극히 인격적인 하나님이 제사를 요구하고 예배받기를 기뻐하시는 하나님이다. 하나님께서 죄 사함의 은총을 주시는 까닭도 다스리시기 위함이다. 이스라엘을 당신의 백성으로 삼으시기 위하여 죄 사함의 은총을 주신다. 이스라엘을 구원하신 하나님임과 동시에 이스라엘에 의해 드려지는 예배를 기뻐받으시는 거룩하신 하나님이다. 하나님은 이스라엘이 온 인류를 하나님께로 이끌 제사장 나라요 거룩한 백성이기에 이토록 자세한 제사 규정을 명하신 것이다. 이스라엘이 온 인류를 대신해 하나님께 거룩한 하나님의 백성으로 창조되었기 때문에, 이스라엘은 거룩한 백성이 되어야 한다. 거룩한 백성이 된다는 말은 구체적으로 과거에 그들이 속했던 애굽의 종교와 문화 습속을 따르지 않음을 의미하며, 앞으로 정착하게 될 가나안 땅의 종교와 문화 습속을 추종하지 않음을 의미한다.[11:44-45, 18:3-4, 19:2, 20:7-8, 24, 26] '거룩'이라는 말은 '보다 더 고등하고 고상한 목적을 위해 구별되고 분리된'이라는 뜻이다. '전체로부터 분리된' 그러나 '전체의 유익을 위해 분리된' 삶이 거룩한 삶이다. 거룩성은 빛의 빛 됨이요, 소금의 짠맛이다.

II.

레위기 8-15장

내가 거룩하니 너희도 거룩할지어다

레위기는 거룩한 것과 속된 것, 정결한[타호르(טָהוֹר)] 것과 부정한[타메(טָמֵא)] 것을 구분하는 책이다. 제사장은 이 경계선을 관리하여 하나님의 백성들을 하나님과의 계약 관계 안에 머물도록 돕는 중보자다.^{10:10, 겔 22:23-28} 레위기 신학은 거룩의 위계질서를 전제하고, 거룩한 제사장이 속된 백성과 거룩하신 하나님 사이를 중재할 수 있다고 믿는 중재신학이다. 제사장은 거룩한 하나님의 인격으로부터 불어오는 배척의 폭풍과 돌격을 막아 주는 완충지대다. 그는 이스라엘이 애굽과 가나안의 종교 및 사회문화적 습속과 단절하도록 교육시키고 계도해야 한다. 레위기 8-10장은 아론과 그의 아들들의 실제적인 성별과 위임식을 다룬다. 11-15장은 부정한 것과 정결한 것을 나누고 부정한 것과의 접촉으로 부정케 되는 경우의 해결책을 제시한다. 이것이 전형적인 제사장신학이요 접촉신학이다. 11장은 부정한 동물과 정결한 동물을 구분한다. 12장은 해산하는 여인의 부정케 됨과 정결케 하는 의식을 다룬다. 13-14장은 전염성 피부질환으로 인한 부정과 정결케 되는 과정을 다루고, 15장은 여자와 남자의 성생활과 출산에 관련된 유출로 인한 부정과 정결케 되는 과정을 다룬다.

제사장 위임식과 첫 제사 ●8-9장

8
¹ 여호와께서 모세에게 말씀하여 이르시되 ² 너는 아론과 그의 아들들과 함께 그 의복과 관유와 속죄제의 수송아지와 숫양 두 마리와 무교병 한 광

주리를 가지고 ³온 회중을 회막 문에 모으라. ⁴모세가 여호와께서 자기에게 명령하신 대로 하매 회중이 회막 문에 모인지라. ⁵모세가 회중에게 이르되 여호와께서 행하라고 명령하신 것이 이러하니라 하고 ⁶모세가 아론과 그의 아들들을 데려다가 물로 그들을 씻기고 ⁷아론에게 속옷을 입히며 띠를 띠우고 겉옷을 입히며 에봇을 걸쳐 입히고 에봇의 장식 띠를 띠워서 에봇을 몸에 매고 ⁸흉패를 붙이고 흉패에 우림과 둠밈을 넣고 ⁹그의 머리에 관을 씌우고 그 관 위 전면에 금 패를 붙이니 곧 거룩한 관이라. 여호와께서 모세에게 명령하신 것과 같았더라. ¹⁰모세가 관유를 가져다가 성막과 그 안에 있는 모든 것에 발라 거룩하게 하고 ¹¹또 제단에 일곱 번 뿌리고 또 그 제단과 그 모든 기구와 물두멍과 그 받침에 발라 거룩하게 하고 ¹²또 관유를 아론의 머리에 붓고 그에게 발라 거룩하게 하고 ¹³모세가 또 아론의 아들들을 데려다가 그들에게 속옷을 입히고 띠를 띠우며 관을 씌웠으니 여호와께서 모세에게 명령하신 것과 같았더라. ¹⁴모세가 또 속죄제의 수송아지를 끌어오니 아론과 그의 아들들이 그 속죄제의 수송아지 머리에 안수하매 ¹⁵모세가 잡고 그 피를 가져다가 손가락으로 그 피를 제단의 네 귀퉁이 뿔에 발라 제단을 깨끗하게 하고 그 피는 제단 밑에 쏟아 제단을 속하여 거룩하게 하고 ¹⁶또 내장에 덮인 모든 기름과 간 꺼풀과 두 콩팥과 그 기름을 가져다가 모세가 제단 위에 불사르고 ¹⁷그 수송아지 곧 그 가죽과 고기와 똥은 진영 밖에서 불살랐으니 여호와께서 모세에게 명령하심과 같았더라. ¹⁸또 번제의 숫양을 드릴새 아론과 그의 아들들이 그 숫양의 머리에 안수하매 ¹⁹모세가 잡아 그 피를 제단 사방에 뿌리고 ²⁰그 숫양의 각을 뜨고 모세가 그 머리와 각 뜬 것과 기름을 불사르고 ²¹물로 내장과 정강이들을 씻고 모세가 그 숫양의 전부를 제단 위에서 불사르니 이는 향기로운 냄새를 위하여 드리는 번제로 여호와께 드리는 화제라. 여호와께서 모세에게 명령하심과 같았더라. ²²또 다른 숫양 곧 위임식의 숫양을 드릴새 아론과 그의 아들들이 그 숫양의 머리에 안수하매 ²³모세가 잡고 그 피를 가져다가 아론의 오른쪽 귓부리와 그의 오른쪽 엄지 손가락과 그의 오른쪽 엄지 발가락에 바르고 ²⁴아론의 아들들을 데려다가 모세가 그 오른쪽 귓부리와 그들의 손의 오른쪽 엄지 손가락과 그들의 발의 오른쪽 엄지 발가락에 그 피를 바르고 또 모세가 그 피를 제단 사방에 뿌리고 ²⁵그가 또 그 기름과 기름진 꼬리와 내장에 덮인 모든 기름과 간 꺼풀과 두 콩팥과 그 기름과 오른쪽 뒷다리를 떼어내고 ²⁶ 여호와 앞 무교병 광주리에서 무교병 한 개와 기름 섞은 떡 한 개와 전병 한 개를 가져다가 그 기름 위에와 오른쪽 뒷다리 위에 놓아 ²⁷ 그 전부를 아론의 손과 그의 아들들의 손에 두어 여호와 앞에 흔들어 요제를 삼게 하고 ²⁸ 모세가 그것을 그들의 손에서 가져다가 제단 위에 있는 번제물 위에 불사르니 이는 향기로운 냄새를 위하여 드리는 위임식 제사로 여호와께 드리는 화제라. ²⁹ 이에 모세가 그 가슴을 가져다가 여호와 앞에 흔들어 요제를 삼았으니 이는 위임식에서 잡은 숫양 중 모세의 몫이라. 여호와께서 모세에게 명령하심과 같았더라. ³⁰ 모세가 관유와 제단 위의 피를 가져다가 아론과 그의 옷과 그의 아들들과 그의 아들들의 옷에 뿌려서 아론과 그의 옷과 그의 아들들과 그의 아들들의 옷을 거룩하게 하고 ³¹ 모세가 아론과 그의 아들들에게 이르되 내게 이미 명령하시기를 아론과 그의 아들들은 먹으라 하셨은즉 너희는 회막 문에서 그 고기를 삶아 위임식 광주리 안의 떡과 아울러 그 곳에서 먹고 ³² 고기와 떡의 나머지는 불사를지며 ³³ 위임식은 이레 동안 행하나니 위임식이 끝나는 날까지 이레 동안은 회막 문에 나가지 말라. ³⁴ 오늘 행한 것은 여호와께서 너희를 위하여 속죄하게 하시려고 명령하신 것이니 ³⁵ 너희는 칠 주야를 회막 문에 머물면서 여호와께서 지키라고 하신 것을 지키라. 그리하면 사망을 면하리라. 내가 이같이 명령을 받았느니라. ³⁶ 아론과 그의 아들들이 여호와께서 모세를 통하여 명령하신 모든 일을 준행하니라.

9

¹ 여덟째 날에 모세가 아론과 그의 아들들과 이스라엘 장로들을 불러다가 ² 아론에게 이르되 속죄제를 위하여 흠 없는 송아지를 가져오고 번제를 위하여 흠 없는 숫양을 여호와 앞에 가져다 드리고 ³ 이스라엘 자손에게 말하여 이르기를 너희는 속죄제를 위하여 숫염소를 가져오고 또 번제를 위하여 일 년 되고 흠 없는 송아지와 어린 양을 가져오고 ⁴ 또 화목제를 위하여 여호와 앞에 드릴 수소와 숫양을 가져오고 또 기름 섞은 소제물을 가져오라 하라. 오늘 여호와께서 너희에게 나타나실 것임이니라 하매 ⁵ 그들이 모세가 명령한 모든 것을 회막 앞으로 가져오고 온 회중이

나아와 여호와 앞에 선지라. ⁶모세가 이르되 이는 여호와께서 너희에게 하라고 명령하신 것이니 여호와의 영광이 너희에게 나타나리라. ⁷모세가 또 아론에게 이르되 너는 제단에 나아가 네 속죄제와 네 번제를 드려서 너를 위하여, 백성을 위하여 속죄하고 또 백성의 예물을 드려서 그들을 위하여 속죄하되 여호와의 명령대로 하라. ⁸이에 아론이 제단에 나아가 자기를 위한 속죄제 송아지를 잡으매 ⁹아론의 아들들이 그 피를 아론에게 가져오니 아론이 손가락으로 그 피를 찍어 제단 뿔들에 바르고 그 피는 제단 밑에 쏟고 ¹⁰그 속죄제물의 기름과 콩팥과 간 꺼풀을 제단 위에서 불사르니 여호와께서 모세에게 명령하심과 같았고 ¹¹그 고기와 가죽은 진영 밖에서 불사르니라. ¹²아론이 또 번제물을 잡으매 아론의 아들들이 그 피를 그에게로 가져오니 그가 그 피를 제단 사방에 뿌리고 ¹³그들이 또 번제의 제물 곧 그의 각과 머리를 그에게로 가져오매 그가 제단 위에서 불사르고 ¹⁴또 내장과 정강이는 씻어서 단 위에 있는 번제물 위에서 불사르니라. ¹⁵그가 또 백성의 예물을 드리되 곧 백성을 위한 속죄제의 염소를 가져다가 잡아 전과 같이 죄를 위하여 드리고 ¹⁶또 번제물을 드리되 규례대로 드리고 ¹⁷또 소제를 드리되 그 중에서 그의 손에 한 움큼을 채워서 아침 번제물에 더하여 제단 위에서 불사르고 ¹⁸또 백성을 위하는 화목제물의 수소와 숫양을 잡으매 아론의 아들들이 그 피를 그에게로 가져오니 그가 제단 사방에 뿌리고 ¹⁹그들이 또 수소와 숫양의 기름과 기름진 꼬리와 내장에 덮인 것과 콩팥과 간 꺼풀을 아론에게로 가져다가 ²⁰그 기름을 가슴들 위에 놓으매 아론이 그 기름을 제단 위에서 불사르고 ²¹가슴들과 오른쪽 뒷다리를 그가 여호와 앞에 요제로 흔드니 모세가 명령한 것과 같았더라. ²²아론이 백성을 향하여 손을 들어 축복함으로 속죄제와 번제와 화목제를 마치고 내려오니라. ²³모세와 아론이 회막에 들어갔다가 나와서 백성에게 축복하매 여호와의 영광이 온 백성에게 나타나며 ²⁴불이 여호와 앞에서 나와 제단 위의 번제물과 기름을 사른지라. 온 백성이 이를 보고 소리 지르며 엎드렸더라.

8장은 아론과 그의 아들들의 제사장직 성별과 위임식을 다룬다. 8장의 제사장 성별과 위임식은 출애굽기 29장의 지침을 완벽하게 따르며 진행된다.[1] 이 위임식은 7일 동안 회막 문 앞에서 거행되었으며 제사장들은 7일 동안 회막 문 앞에 머물러야 했다. 9장은 8일째 되는 날의 제사장 사역을 기술한다. 이날은 이제 아론 계열의 제사장이 집행하는 제사가 과연 열납되는지를 시험하는 날이다. 제사가 열납되면 야웨의 영광이 이스라엘 온 회중에게 나타날 것이다.[9:4, 6, 23] 9:1-7은 제사를 위한 규칙을 다룬다. 이제 모세를 통하지 않고 성별되고 위임된 아론과 그의 아들들이 직접 희생제사를 드리도록 명령받는다.

9:8-11은 아론 자신이 제사장의 자격을 얻기 위해 드리는 속죄제사를 다룬다. 속죄제물의 피는 아론이 손가락으로 찍어 제단 뿔들에 바르고 나머지 피는 단 밑에 쏟아야 한다. 그 희생제물의 기름 부분과 콩팥과 간 꺼풀은 제단 위에서 불살라야 한다. 고기와 가죽은 진 바깥에서 불살라야 한다. 12-14절은 아론 자신을 위한 숫양의 번제를 다룬다. 피를 단 주위에 뿌리고, 각과 머리는 단 위에서 불사르고, 내장과 정강이는 씻어서 단의 번제물 제일 윗부분에 올려 태워야 한다. 15-17절은 백성들을 위한 숫염소 속죄제사를 다룬다. 백성들을 위해서는 번제 희생을 드려야 한다. 소제물까지 아침 번제물 위에 얹어 불살라야 한다. 18-21절은 백성들을 위한 화목제 희생으로 수소와 숫양의 거룩한 도살을 명한다. 아론의 아들들이 그 피를 아론에게 가져가면 아론은 그 제물들의 피를 단 주위에 뿌려야 한다.

아론이 집전한 제사가 끝나고 제일 마지막 순서로 손을 든 아론의 축도가 이어진다. 속죄제, 번제, 화목제 제사를 끝내고 아론은 제단에서 내려온다. 마지막 순간에 다시 모세가 등장한다. 모세와 아론이 회막에 들어갔다가 나오면서 다시금 백성을 축복한다. 바로 그때 야웨의 영광이 온 백성에게 나타나고 이어 불이 야웨 하나님 앞에서 나와 단 위의 번제물(속죄제, 번제, 화목제)과 기름을 살랐다. 야웨의 영광이 나타난다는 것은 아론과 그의 아들들이 제사장으로 정당하게 성별되고 위임되었음을 증명하는 행위다. 과연 제사장이 바친 제물을 열납함으로써, 곧 야웨의 영광이 나타남으로써 하나님은 아론과 그의 아들들의 제사장 직무를 승인하셨음을 선포하신다.9:22-24 아론 계열의 제사장직 승인 결정은 하늘의 불이 제물을 사름으로써 확증된다. 이에 온 백성이 소리치며 엎드렸다. 두려움과 외경의 감정을 담은 탄성이었을 것이다.

제사장의 반역은 하나님의 분노를 촉발한다 ● 10장

10 ¹ 아론의 아들 나답과 아비후가 각기 향로를 가져다가 여호와께서 명령하시지 아니하신 다른 불을 담아 여호와 앞에 분향하였더니 ² 불이 여호와 앞에서 나와 그들을 삼키매 그들이 여호와 앞에서 죽은지라. ³ 모세가 아론에게 이르되 이는 여호와의 말씀이라. 이르시기를 나는 나를 가까이 하는 자 중에서 내 거룩함을 나타내겠고 온 백성 앞에서 내 영광을 나타내리라 하셨느니라. 아론이 잠잠하니 ⁴ 모세가 아론의 삼촌 웃시엘의 아들 미사엘과 엘사반을 불러 그들에게 이르되 나아와 너희 형제들을 성소 앞에서 진영 밖으로 메고 나가라 하매 ⁵ 그들이 나와 모세가 말한 대로 그들을 옷 입은 채 진영 밖으로 메어 내니 ⁶ 모세가 아론과 그의 아들 엘르아살과 이다말에게 이르되 너희는 머리를 풀거나 옷을 찢지 말라. 그리하여 너희가 죽음을 면하고 여호와의 진노가 온 회중에게 미침을 면하게 하라. 오직 너희 형제 이스라엘 온 족속은 여호와께서 치신 불로 말미암아 슬퍼할 것이니라. ⁷ 여호와의 관유가 너희에게 있은즉 너희는 회막 문에 나가지 말라. 그리하면 죽음을 면하리라. 그들이 모세의 말대로 하니라. ⁸ 여호와께서 아론에게 말씀하여 이르시되 ⁹ 너와 네 자손들이 회막에 들어갈 때에는 포도주나 독주를 마시지 말라. 그리하여 너희 죽음을 면하라. 이는 너희 대대로 지킬 영영한 규례라. ¹⁰ 그리하여야 너희가 거룩하고 속된 것을 분별하며 부정하고 정한 것을 분별하고 ¹¹ 또 나 여호와가 모세를 통하여 모든 규례를 이스라엘 자손

에게 가르치리라. ¹²모세가 아론과 그 남은 아들 엘르아살에게와 이다말에게 이르되 여호와께 드린 화제물 중 소제의 남은 것은 지극히 거룩하니 너희는 그것을 취하여 누룩을 넣지 말고 제단 곁에서 먹되 ¹³이는 여호와의 화제물 중 네 소득과 네 아들들의 소득인즉 너희는 그것을 거룩한 곳에서 먹으라. 내가 명령을 받았느니라. ¹⁴흔든 가슴과 들어올린 뒷다리는 너와 네 자녀가 너와 함께 정결한 곳에서 먹을지니 이는 이스라엘 자손의 화목제물 중에서 네 소득과 네 아들들의 소득으로 주신 것임이니라. ¹⁵그 들어올린 뒷다리와 흔든 가슴을 화제물의 기름과 함께 가져다가 여호와 앞에 흔들어 요제를 삼을지니 이는 여호와의 명령대로 너와 네 자손의 영원한 소득이니라. ¹⁶ 모세가 속죄제 드린 염소를 찾은즉 이미 불살랐는지라. 그가 아론의 남은 아들 엘르아살과 이다말에게 노하여 이르되 ¹⁷이 속죄제물은 지극히 거룩하거늘 너희가 어찌하여 거룩한 곳에서 먹지 아니하였느냐. 이는 너희로 회중의 죄를 담당하여 그들을 위하여 여호와 앞에 속죄하게 하려고 너희에게 주신 것이니라. ¹⁸그 피는 성소에 들여오지 아니하는 것이었으니 그 제물은 너희가 내가 명령한 대로 거룩한 곳에서 먹었어야 했을 것이니라. ¹⁹아론이 모세에게 이르되 오늘 그들이 그 속죄제와 번제를 여호와께 드렸어도 이런 일이 내게 임하였거늘 오늘 내가 속죄제물을 먹었더라면 여호와께서 어찌 좋게 여기셨으리요. ²⁰모세가 그 말을 듣고 좋게 여겼더라.

이렇게 고조된 절정의 분위기를 깨는 반절정^{anti-climax}적 사건이 돌발한다. 아론의 두 아들인 나답과 아비후가 '이상한 불'을 향로에 담아 분향하다가 하늘의 불에 의해 삼킴을 당한 사건이다. 시내산 구름영봉 아래서 거룩하신 하나님과의 언약 체결식에도 참여했던 나답과 아비후가 어처구니없는 허물로 죽임을 당한 것이다. 이 사건은 9장 마지막 장면에서 하늘에서 내려온 그 불이 얼마나 거룩하고 위험한 불인지를 보여준다. 이스라엘 공동체의 차세대 지도자 나답과 아비후는 하나님의 거룩한 돌격의 첫 희생자가 되었다. 이스라엘의 성막 제사가 제사장 아들들의 죽음으로 시작된다는 것이 참으로 의미심장하다. 나답과 아비후는 모세와 아론을 따라 시내산 정상에서 열린 하나님의 계약 식사에도 참여하고 하나님의 거룩한 영광을 친히 목도하지 않았던가? 그러나 하나님은 당신이 소멸하는 불임을 충격적으로 계시하셨다. 일찍이 하나님께서는 시내산 계약 체결 시 신성불가침 구역을 오만하게 침범하는 자는 하나님에 의해 돌격당하고 돌파당할 것임을 여러 차례 강조하셨다. 하나님은 당신의 거룩한 현존이 머무는 신성구역에 사람(심지어 제사장)이나 동물이 침범하지 못하도록 경계를 세우라고 엄명하신다. 왜냐하면 하나님 자신이 그들을 돌파하고 돌격하실 것이기 때문이다.^{출 19:22-24} 하나님의 거룩한 존전에서 일하는 제사장직은 위험한 직업이다.

결국 나답과 아비후는 위임식 직후 첫 성무 집행에서 참변을 당한 것이다. 이 돌연한 재난을 당하고도 아버지 아론과 두 동생 엘르아살, 이다말은 슬픔을 드러내서는 안 된다. 그 경우 회중 전체에게 야웨의 진노가 미칠 수 있기 때문이다. 그들은 "나답과 아비후의 시신도 만지지 말라"고 명령받는다. 아론의 삼촌 웃시엘의 아들 미사엘과 엘사반을 불러 그들의 시신을 진 밖으로 메어 가게 한다. 우리는 이 돌연한 죽음의 원인을 정확하게 알지 못하지만 3절에 하나님의 심판의 정당성이 암시되어 있다. "나는 나를 가까이 하는 자 중에서 내 거룩함을 나타내겠고 온 백성 앞에서 내 영광을 나타내리라 하셨느니라."

하나님은 자신을 가까이 하는 자[비커로바이(בִּקְרֹבַי), 제사장] 가운데서 '거룩히 여김을 받으신'[에카데쉬(אֶקָּדֵשׁ)] 후에 온 백성 가운데서 영화롭게[에카베드(אֶכָּבֵד)] 되기를 열망하신다는 것이다. 나답과 아비후는 '이상한 불'[에쉬 자라(אֵשׁ זָרָה)], 곧 '하나님께서 명하시지 않은 불'을 가지고 분향한 것이다. 이상한 불을 가지고 분향한 것은 하나님과 제사장 사이에 있는 정당한 제사를 통한 영적 교통과 하나님의 의사소통을 손상시키는 죄다. 이상한 불을 통한 분향은 하나님께 역겨운 냄새를 내는 분향이 될 것이다. 하나님의 거룩하고 정결한 성품에 어긋나는 제사 행위가 될 것이며 인간의 자가구원적 제사 행위가 될 것이다. 하나님이 정하신 불은 제사의 주도권이 하나님께 있다는 결정적인 가시적 상기물인데, 그 규례를 어긴 것은 매우 의도적인 도발이요 시험이었다. 따라서 나답과 아비후의 이상한 불 분향 행위는 무지에 의한 단순 사고가 아니라 고의적인 반역으로 간주되었다. 하나님을 거룩하게 받들어 섬기고 영화롭게 하는 것이 이스라엘의 존재 근거요 목적인데 처음부터 제사장의 근본 책무를 저버렸기 때문이다. 이스라엘 계약 공동체는 하나님의 거룩하심에 대한 경외감으로 가득 찬 복종과 신뢰, 하나님의 거룩하신 위엄을 쉼 없이 영화롭게 하는 한에서만 존립할 수 있다는 것이다. 하나님은 모세를 통해 이 점을 확증하신다. 여기서 아론이 하나님의 냉혹한 심판의 정당성을 인정하고 있다는 점이 중요하다.

이 기사 다음에 나오는 술 취한 제사장의 성무 배격 규정은 "아마도 나답과 아비후의 죄가 술 취함과 관련이 있지 않을까?"하는 추측을 가능케 한다. 이 명령은 아론에게 직접 내려진 명령이다. "너와 네 자손이 회막에 들어갈 때에는 포도주와 독주를 마시지 말라. 그리하여 너희 죽음을 면하라."[10:9]

12-15절은 제사장 몫의 응식應食에 관한 규정(제물, 소득)이다. 16-20절은 제사장이 먹을 수 있는 속죄제 숫염소의 처분을 놓고 모세와 아론 사이에 발생한 긴장과 그것의 해소 과정을 다룬다. 모세가 제사장의 응식으로 배정된 숫염소를 찾았을 때 아론의 두 아들 엘르아살과 이다말은 그것이 이미 불살라졌음을 알린다. 제사장 응식 규정을 어긴 것이다. 모세는 그들에게 화를 낸다. 그것은 백성의 죄를 담당하는 제사장에게 주어진 정당한 보상이요 응식으로서 지

극히 거룩한 성물이므로 제사장들이 먹어야 한다는 것이다. 하지만 아론은 두 아들의 죄악에 대한 통회의 마음과 슬픔 때문에 제사장이 마땅히 먹어야 할 숫염소를 먹지 못했음을 고백한다. "두 아들의 첫 제사 집례가 죽음의 심판으로 끝났는데 내가 어찌 속죄 제육을 먹을 수 있었으리요? 하나님이 선히 여기셨으리요?" 아론은 제사장 응식 규정을 기계적으로 해석하지 않았다. 오히려 자신의 통절한 죄책감을 피력한 것이다. 아론은 자신의 죄책감과 아버지로서의 슬픔 때문에 자신의 권리를 포기한 것이다. 모세는 이 점을 선하게 여겼다. 율법과 규칙에 대한 기계적인 복종보다 아론의 상하고 통회하는 마음이 하나님께 더 잘 열납될 제물이기 때문이다.^{시51편}

부정한 것으로부터의 분리: 내가 거룩하니 너희도 거룩할지어다 ●11장

11 ¹여호와께서 모세와 아론에게 말씀하여 이르시되 ²이스라엘 자손에게 말하여 이르라. 육지의 모든 짐승 중 너희가 먹을 만한 생물은 이러하니 ³모든 짐승 중 굽이 갈라져 쪽발이 되고 새김질하는 것은 너희가 먹되 ⁴새김질하는 것이나 굽이 갈라진 짐승 중에도 너희가 먹지 못할 것은 이러하니 낙타는 새김질은 하되 굽이 갈라지지 아니하였으므로 너희에게 부정하고 ⁵사반도 새김질은 하되 굽이 갈라지지 아니하였으므로 너희에게 부정하고 ⁶토끼도 새김질은 하되 굽이 갈라지지 아니하였으므로 너희에게 부정하고 ⁷돼지는 굽이 갈라져 쪽발이로되 새김질을 못하므로 너희에게 부정하니 ⁸너희는 이러한 고기를 먹지 말고 그 주검도 만지지 말라. 이것들은 너희에게 부정하니라. ⁹물에 있는 모든 것 중에서 너희가 먹을 만한 것은 이것이니 강과 바다와 다른 물에 있는 모든 것 중에서 지느러미와 비늘 있는 것은 너희가 먹되 ¹⁰물에서 움직이는 모든 것과 물에서 사는 모든 것 곧 강과 바다에 있는 것으로서 지느러미와 비늘 없는 모든 것은 너희에게 가증한 것이라. ¹¹이들은 너희에게 가증한 것이니 너희는 그 고기를 먹지 말고 그 주검을 가증히 여기라. ¹²수중 생물에 지느러미

와 비늘 없는 것은 너희가 혐오할 것이니라. 13 새 중에 너희가 가증히 여길 것은 이것이라. 이것들이 가증한즉 먹지 말지니 곧 독수리와 솔개와 물수리와 14 말똥가리와 말똥가리 종류와 15 까마귀 종류와 16 타조와 타흐마스와 갈매기와 새매 종류와 17 올빼미와 가마우지와 부엉이와 18 흰 올빼미와 사다새와 너새와 19 황새와 백로 종류와 오디새와 박쥐니라. 20 날개가 있고 네 발로 기어 다니는 곤충은 너희가 혐오할 것이로되 21 다만 날개가 있고 네 발로 기어 다니는 모든 곤충 중에 그 발에 뛰는 다리가 있어서 땅에서 뛰는 것은 너희가 먹을지니 22 곧 그 중에 메뚜기 종류와 베짱이 종류와 귀뚜라미 종류와 팥중이 종류는 너희가 먹으려니와 23 오직 날개가 있고 기어다니는 곤충은 다 너희가 혐오할 것이니라. 24 이런 것은 너희를 부정하게 하나니 누구든지 이것들의 주검을 만지면 저녁까지 부정할 것이며 25 그 주검을 옮기는 모든 자는 그 옷을 빨지니 저녁까지 부정하리라. 26 굽이 갈라진 모든 짐승 중에 쪽발이 아닌 것이나 새김질 아니하는 것의 주검은 다 네게 부정하니 만지는 자는 부정할 것이요 27 네 발로 다니는 모든 짐승 중 발바닥으로 다니는 것은 다 네게 부정하니 그 주검을 만지는 자는 저녁까지 부정할 것이며 28 그 주검을 옮기는 자는 그 옷을 빨지니 저녁까지 부정하리라. 그것들이 네게 부정하니라. 29 땅에 기는 길짐승 중에 네게 부정한 것은 이러하니 곧 두더지와 쥐와 큰 도마뱀 종류와 30 도마뱀붙이와 육지 악어와 도마뱀과 사막 도마뱀과 카멜레온이라. 31 모든 기는 것 중 이것들은 네게 부정하니 그 주검을 만지는 모든 자는 저녁까지 부정할 것이며 32 이런 것 중 어떤 것의 주검이 나무 그릇에든지 의복에든지 가죽에든지 자루에든지 무엇에 쓰는 그릇에든지 떨어지면 부정하여지리니 물에 담그라 저녁까지 부정하다가 정할 것이며 33 그것 중 어떤 것이 어느 질그릇에 떨어지면 그 속에 있는 것이 다 부정하여지나니 너는 그 그릇을 깨뜨리라. 34 먹을 만한 축축한 식물이 거기 담겼으면 부정하여질 것이요 그같은 그릇에 담긴 마실 것도 부정할 것이며 35 이런 것의 주검이 물건 위에 떨어지면 그것이 모두 부정하여지리니 화덕이든지 화로이든지 깨뜨려버리라. 이것이 부정하여져서 너희에게 부정한 것이 되리라. 36 샘물이나 물이 고인 웅덩이는 부정하여지지 아니하되 그 주검에 닿는 것은 모두 부정하여질 것이요 37 이것들의 주검이 심을 종자에 떨어지면 그것이 정하거니와 38 만일 종

자에 물이 묻었을 때에 그것이 그 위에 떨어지면 너희에게 부정하리라. ³⁹ 너희가 먹을

만한 짐승이 죽은 때에 그 주검을 만지는 자는 저녁까지 부정할 것이며 ⁴⁰ 그것을 먹는

자는 그 옷을 빨 것이요 저녁까지 부정할 것이며 그 주검을 옮기는 자도 그의 옷을 빨

것이요 저녁까지 부정하리라. ⁴¹ 땅에 기어 다니는 모든 길짐승은 가증한즉 먹지 못할

지니 ⁴² 곧 땅에 기어다니는 모든 기는 것 중에 배로 밀어 다니는 것이나 네 발로 걷는

것이나 여러 발을 가진 것이라. 너희가 먹지 말지니 이것들은 가증함이니라. ⁴³ 너희는

기는 바 기어다니는 것 때문에 자기를 가증하게 되게 하지 말며 또한 그것 때문에 스

스로 더럽혀 부정하게 되게 하지 말라. ⁴⁴ 나는 여호와 너희의 하나님이라. 내가 거룩

하니 너희도 몸을 구별하여 거룩하게 하고 땅에 기는 길짐승으로 말미암아 스스로 더

럽히지 말라. ⁴⁵ 나는 너희의 하나님이 되려고 너희를 애굽 땅에서 인도하여 낸 여호

라. 내가 거룩하니 너희도 거룩할지어다. ⁴⁶ 이는 짐승과 새와 물에서 움직이는 모든

생물과 땅에 기는 모든 길짐승에 대한 규례니 ⁴⁷ 부정하고 정한 것과 먹을 생물과 먹지

못할 생물을 분별한 것이니라.

레

이 단락의 중심 구절은 11:44-45이다. "나는 여호와 너희의 하나님

이라. 내가 거룩하니 너희도 몸을 구별하여 거룩하게 하고 땅에 기

는 길짐승으로 말미암아 스스로 더럽히지 말라. 나는 너희의 하나님

이 되려고 너희를 애굽 땅에서 인도하여 낸 여호와라. 내가 거룩하

니 너희도 거룩할지어다." 이스라엘이 받은 거룩하라는 명령은, 이

스라엘이 애굽과 가나안의 종교, 사회체제, 문화와 구별되는 종교,

사회체제, 문화를 이룸으로써 거룩한 백성으로 성화되라는 명령이

었다. 11장은 육류 고기와 생선 등 기타 먹거리를, 먹을 수 있고 정

결한 것과 먹을 수 없고 부정한 것으로 구분한다. '부정한'(타메)이라

는 단어는 구약성경에서 모두 88차례 나오는데 반 이상(46회)이 레

위기에 나타난다. '정결한'(타호르)이라는 단어는 관련 단어를 포함

하면 모두 90차례 나온다.² 먹을 수 있는 동물은 먼저 육지 동물^{2-8절}

중에서 선택된다. 발굽이 갈라지고 동시에 되새김질하는 동물은 정결하여 먹을 수 있다. 굽이 갈라지지 않았거나(낙타, 토끼, 사반) 되새김질하지 않는 동물(돼지)은 먹을 수 없는 부정한 동물이다. 그런 것들의 주검을 만지는 사람도 부정해진다. 네 발로 다니는 짐승 중 발바닥으로 다니는 짐승은 다 부정한데 그것의 주검과 접촉하는 자는 저녁까지 부정해진다.

강과 바다에 서식하는 동물9-12절 중에서는 비늘과 지느러미를 동시에 가진 어류만 먹을 수 있는 정결한 음식으로 분류된다. 지느러미나 비늘이 없는 어류는 부정할 뿐만 아니라 가증한 동물이다. 조류13-19절 중에는 독수리, 솔개, 물수리, 매 종류, 까마귀 종류, 타조와 타흐마스와 갈매기와 새매, 올빼미와 가마우지, 부엉이, 사다새, 너새, 학과 황새 종류와 오디새, 박쥐 등이 가증한 동물이다. 곤충류20-25절 중에는 날개가 있고 네 발로 기어 다니는 곤충은 가증하되 그중에는 발에 뛰는 다리가 있는 곤충은 먹을 수 있다(메뚜기, 베짱이, 팥중이, 귀뚜라미). 날개가 있지만 기어 다니는 곤충은 가증하다. 이것들은 이스라엘 백성을 부정하게 만든다. 그것의 주검도 부정하다.

땅에 기어 다니는 동물29-40절 중 부정한 것은 두더지와 쥐와 도마뱀 종류다. 도마뱀붙이와 육지악어와 도마뱀과 사막도마뱀과 카멜레온이다. 이 모든 동물의 주검을 만지면 부정해진다. 이런 동물과 접촉하는 그릇, 의복, 가죽 등 모든 것이 부정해진다. 정결한 것은 단순 접촉을 통해 부정한 것을 정결케 하지 못하는 데 비하여, 부정한 것은 단순 접촉에 의해 부정케 한다는 사실이 놀랍다. 그것이 질그릇, 화덕, 화로에 떨어져 부정해지면 어떻게 해야 하는가? 깨뜨려 버리라! 이것이 해결책이다. 하지만 샘물이나 고인 웅덩이의 물은 부정해지지 않는다. 왜냐하면 부정해지는 속도보다 새로 공급되는 물에 의하여 깨끗해지는 속도가 더 빠르기 때문이다. 심을 종자의 경우에도 물에 빠져 있는 경우에 부정한 것이 그것과 접촉되는 경우가 아니면 정결한 채 보존된다. 비록 정한 동물이라도 그것의 주검과 접촉하면 부정해진다. 주검에 대한 레위기의 혐오는 인상적이다.

41-43절에는 배로 기어 다니는 파충류에 대한 부정 선언이 또 나온다. 44-45절에는 레위기 전체의 중심 메시지가 메아리친다. 이스라엘의 거룩은 거룩하신 하나님의 백성이 되는 근본 요건이다. 출애굽의 목적은 야웨 하나님이 이스라엘의 하나님이 되시고 이스라엘이 야웨 하나님의 백성이 되는 계약적 속박에 있다는 것이다. 이스라엘이 거룩해야 하는 이유는 이스라엘을 자기 백성으로 삼으시는 하나님이 거룩하시기 때문이다.

요약하면, 11장이 다루는 먹는 문제는 문화의 핵심이요, 경건의 핵심이다. 벨하우젠과 같은 19세기 독일 개신교 학자들은 조야하고 번잡한 레위기 음식법이야말로 구약 종교의 원시적 잔재라고 폄하했다. 이에 반하여 유대인 구약학자인 모세 와인펠드와 존 레벤슨 같은 사람은 음식법이야말로 유대교의 근간이요, 유대인의 정체성을 보존하는 데 일등 공신임을 역설한다. 음식은 문화와 종교 보존을 위한 근간이기 때문이다. 이스라엘은 다른 일반 백성이 받지 않았던 거룩과 비거룩, 정결과 부정의 경계를 식별하고 그것을 준수하는 데 비상한 연단과 훈련을 받은 민족이다. 접촉과 내적 질병 때문에 부정케 됨은 하나님의 백성이 가진 권리의 일시 정지를 가져온다(제사장의 부정은 성무 일시정지를 초래).[22장] 또 하나님과 이웃의 교제와 접촉도 일시 금지를 명령받는다. 결국 거룩의 하위 개념으로서 정결은 거룩함의 필요조건이 된다.

오랫동안 학자들은 동물과 어류, 조류, 곤충류에 대한 정결규정과 부정 판단의 기준이 무엇인지 토론해 왔다. 여러 가지 이론이 제시되어 왔는데 대표적인 몇 가지만 소개하려고 한다. 첫째, 제의적 기준설이다.[3] 부정한 동물로 판단받은 것들은 애굽이나 가나안 종교에서 희생제물로 사용되었다는 것이다. 애굽이나 가나안 종교와의 차별성 때문에 일련의 동물들을 부정하다고 판단한다는 것이다. 예를 들면, 돼지의 뼈가 고대 근동의 다른 문화권에서는 희생제단 옆에서 빈번하게 발견된다. 그러나 문제는 다른 문화권에서는 수송아지도 희생제물로 바쳤는데, 왜 애굽이나 가나안 종교에서 흔히 사용되는 수송아지에 대해서는 아무 말이 없는가?

둘째, 보건위생학적 기준이다. 안식일 교단의 이상구 박사는 어패류 중 금지된 어패류는 보건위생학적 이유 때문에 금지되었다고 말한다. 비늘이 없다는 말은 병균을 방어할 기제가 없다는 것을 의미한다고 본다(조개류, 오징어와 낙지류, 해삼 등이 매우 불결한 음식이라는 것이다). 이것은 너무 현대적인 해석이다. 이 경우 왜 소고기가 돼지고기보다 정결한지를 보건위생학적으로 증명해야 하는 부담을 해결해야 한다.

셋째, 동물생태학적 기준이다. 독수리 등 맹금류는 시체를 파먹고 사는 식인조류이기에 매우 잔인하다고 본다. 되새김질은 말씀을 묵상하는 택함받은 백성의 토라에 대한 묵상을 상징한다고 본다. 기원전 2세기경의 위경인 「아리스테아스의 편지」는 부정한 동물과 정결한 동물을 우의적으로 해석한다. 부정한 동물은 이방인을, 정결한 동물은 유대인을 가리키는 말로 이해하고 있다. 사도행전 10장의 고넬료 회심 기사에 보면 베드로가 "하늘에서 내려온 보자기에 싸인 야생짐승을 잡아먹으라"는 하나님의 명령을 듣고서도 자신은 레위기 11장의 율법을 이제까지 지켜 왔노라고 말하며 거절하는 장면이 나온다. 보자기에 싸인 야생짐승은 맹금류와 같은 부정한 동물이다. 이것은 문맥상 이방인을 가리키는 말로 이해된다. 이것은 일종의 풍유적·상징적 기준이다.

넷째, 임의적 선택의 기준이다. 이스라엘 백성을 열국 중에서 하나님의 백성으로 선택한 것에 무슨 특별한 객관적 기준이 적용되지 않았듯이 임의로 결정되었다는 입장이다. 하나님의 절대적 자유를 옹호하는 입장이다. 하나님의 거룩한 백성으로서 이스라엘의 품성 교육을 위해 다소 인위적으로 만들어진 품성 단련 연병장으로 보는 것이다.

다섯째, 창조 질서의 보존과 회복 기준이다.[4] 이 가설을 주장하는 손진원은 레위기 11장의 음식법을 이해하기 위하여 생태계의 기본 작동원리와 생태계에서의 에너지 흐름에 대한 이해가 필요하다고 주장한다. '정결'과 '부정'의 의미는, '부정한 동물'을 잡아먹게 되면 생태계가 파괴되므로 금지한다는 것이다. 그는 정결한 동물은 생태계 파괴를 일으키지 않고 잡아먹을 수 있는 동물, 부정한 동물은 잡아먹게 되면 생태계 파괴를 초래하는 동물이라는 전제를 가지고 레위기 11장 해석을 시도한다. 여기서는 그의 핵심 논지만 소개하려고 한다.

우선 그는 부정한 동물로 분류된 것은 상위 영양단계를 대표하는 동물이라고 본다. 그는 11장 전체에서 육상 상위 포식자 대부분이 부정하다고 분류되어 있음을 주목한다. 육상 상위 포식자는 영양단계가 높아서, 이들을 잡아먹게 되면 에너지 낭비가 발생한다. 즉, 상위 영양단계의 동물일수록 더 많은 양의 에너지가 호흡을 통해 열에너지로 방출된다. 따라서 상위 영양단계로 올라갈수록 그 생물종을 잡아먹게 되었을 때 생태계에서 더 많은 에너지 낭비가 발생된다. 이런 상위 포식자를 잡아먹는다는 것은 그만큼 생태적 비효율을 초래한다는 뜻이다. 따라서 하나님께서는 영양단계가 높은 생물일수록 '부정하다'고 하시며 잡아먹는 것을 금하셨다는 말이다. 또한 이러한 상위 포식자를 남획해 개체군이 줄어들게 되면 육식동물의 먹이가 되는 초식동물의 개체수가 증가하게 된다. 이렇게 되면 초식동물 개체군은 먹이 부족, 노폐물 증가, 서식지 부족 등의 환경 저항으로 말미암아 타격을 입게 된다. 이와 같은 이유로 상위 포식자 개체군을 보호하기 위해 상위 포식자들은 부정하다고 한 것이다. 또한 어류 포식자가 부정한 이유는 육상 생태계와 수상 생태계에서 먹이사슬의 길이가 차이가 나기 때문이다. 수상 생태계에서는 먹이사슬의 길이가 길고, 그만큼 또 엄청난 양의 에너지가 호흡을 통해 유출된다. 그렇기 때문에 어류 포식자들은 대부분이 부정하다고 나와 있는 것이다. 이것도 에너지 비효율을 의미한다는 것이다.

손진원이 설정하는 부정함의 두 번째 조건은 많은 포식자 또는 피식자의 존재다. 사람 외에도 많은 다른 동물의 먹이가 되거나, 다양한 생물을 먹이로 하는 동물은 부정하다고 분류된다. 다포식자 동물을 사람이 무분별하게 잡아먹게 되면 그 동물을 잡아먹는 다른 동물들의 먹이가 줄어들게 된다. 그래서 다포식자 동물은 다른 동물들에게 양보하라는 의미에서 부정하다고 규정한 것이다. 또한 다피식자 동물의 경우 '먹이그물의 임계점'critical point of the food web에 위치한다. 이것은 포식-피식의 관계를 선으로 연결한 먹이그물에서 아주 많은 선들의 교점을 뜻한다. 먹이그물의 임계점에 있는 생물의 개체수가 줄어들게 되면 그 생물의 피식자나 포식자가 무더기로 영향을 받게 된다. 그래서 부정하다고 한 것이다.

부정함의 세 번째 조건은 특이한 생태적 지위 및 '대타 생물종' substitute species의 개념이다. 11장에서 부정하다고 규정된 동물 가운데 많은 동물들이 특이한 생태적 지위 때문에 '대타 생물종'이 없거나 적은 종이다. 대타 생물종이란, 어떤 종과 생태적 지위가 비슷하여 그 종의 개체군이 축소되었을 경우 그 종의 생태계에서의 역할을 대신 맡을 수 있는 종을 뜻한다. 생태적 지위가 특이한 조류는 대타 생물종이 적어서 이들의 개체군이 축소될 경우 생태계 전체가 위협을 받을 수 있기 때문에 부정하다고 한 것이다.

이상의 세 가지 원칙을 가지고 손진원은 포유류부터 정결과 부정에 관한 규정을 해석한다. 3-8절과 26-28절은 포유류의 정결과 부정에 관한 규정이다. 물론 19절에서 나오는 박쥐는 당연히 포유류고, 29절에 나오는 쥐와 족제비도 포유류다. 이 규정에 따르면 포유류 대부분은 부정하다. 극히 일부의 포유류만이 정결하다. 이는 조류 대부분이 정결하고 일부만 부정한 것과는 대조적이다. 따라서 그는 '부정한 포유류는 왜 부정한가?' 보다는 '정결한 포유류는 왜 정결한가?'에 초점을 맞추어 검토한다.

정결한 포유류의 조건은 3절에 나와 있다. 그것은 바로 굽이 갈라지고 그 틈이 벌어져 있으며 새김질하는 것이다. 굽이 갈라지고 그 틈이 벌어져 있다는 말은 분류학적으로 '우제류'임을 뜻한다. 그리고 새김질이라는 말은 '반추동물'임을 뜻한다. 신명기 14:4-5에 가면 이 규정이 다음과 같이 다시 한 번 나온다. "소와 양과 염소, 사슴과 영양과 꽃사슴, 들염소와 산염소, 그리고 들양과 산양이다." 정결한 포유류의 조건이 이렇게 규정된 이유는 생태계에서의 에너지 흐름과 관련이 있다. 하나님께서 반추동물 식용을 허락하신 까닭은 그것이 에너지 효율을 극대화하기 위해 필요하기 때문이다. 이런 우제류 반추동물을 제외한 모든 포유류는 부정하다고 했는데, 그것도 에너지 흐름과 관련이 있다고 본다. 그는 돼지와 쥐가 왜 부정한지에 대해서 이런 원리로 설명한다. 이사야 66:17("한가운데에 있는 자의 뒤를 따라 정원에 들기 위하여 자신을 거룩하게 하고 정결하게 한 뒤 돼지고기와 부정한 짐승과 쥐고기를 먹는 자들은 자기네 행동과 생각과 함께 멸망하리라")이 강조하듯이 돼지와 쥐는 부정하다. 손진원에 따르면 돼지가 부정한 이유는 우제류이지만 반추동물이 아니어서 셀룰로오스 에너지를 직접 이용할 수 없고 녹말을 먹어야 하므로 엄청난 열에너지 손실을 초래하기 때문이다. 그는 이런 방식으로 조류 중 정한 동물과 부정한 동물 규정도 해석한다. 결론적으로 그는 식용이 허락된 정결한 동물은 그것을 잡아먹어도 생태계에 피해를 주지 않는 것이고, 식용이 금지된 동물은 그것을 잡아먹게 되면 생태계에 피해를 줄 수 있기 때문이라고 본다. 즉, 하나님께서 생태계 보전 차원에서 어떤 동물은 식용으로 허락하고 어떤 동물은 금지했다는 것이다.

이 견해는 흥미롭지만 과연 레위기 저자가 태양계의 에너지 합성 과정에 대한 이해를 어느 정도 가지고 11장을 썼는지는 불확실하다. 또한 레위기 11장이 사용하는 '부정하다'와 '정하다'의 의미가 다른 레위기 정결의식법에도 동일한 의미 영역을 가리키는지도 불확실하다. '정하다'와 '부정하다'의 정확한 의미는 레위기 저작 당시의 성전 제사장들의 신학적·제의적·생태적·보건위생학적 세계관 전체의 틀 안에서 규명되어야 할 것이다.

위에서 제시된 다섯 가지 입장 가운데 어떤 한 가지 입장만이 레위기의 정결과 부정의 판단에 대한 하나님의 객관적인 기준을 다 해명할 수는 없다. 다섯 가지 모두에 약간의 진실이 포함되어 있다고 믿는 편이 무리가 없는 해석일 것이다.

12장, 15장의 정함과 부정함의 판결에 대한 의문

12장과 15장은 성적 재생산 활동과 관련된 부정과 그것으로부터 정결케 되는 과정을 다룬다. 현대인의 입장에서 볼 때 이상한 점은 아이를 낳은 여인이 왜 부정하며, 자연스러워 보이는 성적 유출물이 왜 부정하다는 판결을 받는가 하는 것이다. 이 두 장과 13-14장에서 거의 모든 각각의 경우를 보면, 하나님에 의해 부정하다는 판단을 받는 남자나 여자는 그 자신의 제의적 부정에 대해 어떤 도덕적 책임도 질 수 없다.[5]

어떻게 아이를 낳은 여인이 출산에 참여했다는 사실 때문에 부정하다는 판단을 받아야 하는가? 한 달에 한 번 월경을 경험하는 것이 무슨 죄인가? 피부질환을 앓고 있는 그 자체가 제의적으로 부정하다는 선언을 듣고 격리되어야 하는 이유가 되는가? 이 경우 오히려 보건위생학적으로 타인에게 해를 끼칠 수 있다거나 혹은 피부질환을 앓는 사람이 다른 사람들과 어울리면서 그 질환이 악화될 수 있기 때문에 '부정하다'는 선언이 내려진다면 차라리 좀 더 설득력이 있지 않을까? 또한 남편이나 아내가 신체적 접촉 과정에서 생식기의 유출물을 배출하는 것이 죄책을 뒤집어쓸 일인가? 그럼에도 불구하고 각각의 경우, 부정하다고 판결을 받은 사람은 공적 예배와 제사 참여가 거부되고 성막에 접근하는 것도 금지되며 이스라엘 회중과의 친교와 어울림으로부터 추방된다. 레위기 저자가 견지하는 제의적 정결관은 현대인들에게 선뜻 이해가 안되는 면이 있다. 레위기에 의해 '부정하다'고 선언된 상황의 종교적 함의를 충분히 해명하지 않고는 이 난점은 쉽게 해소되지 않을 것이다. 이런 일련의 문제의식을 가지고 우리는 편의상 13-14장을 먼저 다루고 12장, 15장을 다루려고 한다.

피부질환으로 비롯된 부정 ●13장

13 [1] 여호와께서 모세와 아론에게 말씀하여 이르시되 [2] 만일 사람이 그의 피부에 무엇이 돋거나 뾰루지가 나거나 색점이 생겨서 그의 피부에 나병 같은 것이 생기거든 그를 곧 제사장 아론에게나 그의 아들 중 한 제사장에게로 데리고 갈

것이요 3 제사장은 그 피부의 병을 진찰할지니 환부의 털이 희어졌고 환부가 피부보다 우묵하여졌으면 이는 나병의 환부라. 제사장이 그를 진찰하여 그를 부정하다 할 것이요 4 피부에 색점이 희나 우묵하지 아니하고 그 털이 희지 아니하면 제사장은 그 환자를 이레 동안 가두어둘 것이며 5 이레 만에 제사장이 그를 진찰할지니 그가 보기에 그 환부가 변하지 아니하고 병색이 피부에 퍼지지 아니하였으면 제사장이 그를 또 이레 동안을 가두어둘 것이며 6 이레 만에 제사장이 또 진찰할지니 그 환부가 엷어졌고 병색이 피부에 퍼지지 아니하였으면 피부병이라. 제사장이 그를 정하다 할 것이요 그의 옷을 빨 것이라. 그리하면 정하리라. 7 그러나 그가 정결한지를 제사장에게 보인 후에 병이 피부에 퍼지면 제사장에게 다시 보일 것이요 8 제사장은 진찰할지니 그 병이 피부에 퍼졌으면 그를 부정하다 할지니라. 이는 나병임이니라. 9 사람에게 나병이 들었거든 그를 제사장에게로 데려갈 것이요 10 제사장은 진찰할지니 피부에 흰 점이 돋고 털이 희어지고 거기 생살이 생겼으면 11 이는 그의 피부의 오랜 나병이라. 제사장이 부정하다 할 것이요 그가 이미 부정하였은즉 가두어두지는 않을 것이며 12 제사장이 보기에 나병이 그 피부에 크게 발생하였으되 그 환자의 머리부터 발끝까지 퍼졌으면 13 그가 진찰할 것이요 나병이 과연 그의 전신에 퍼졌으면 그 환자를 정하다 할지니 다 희어진 자인즉 정하거니와 14 아무 때든지 그에게 생살이 보이면 그는 부정한즉 15 제사장이 생살을 진찰하고 그를 부정하다 할지니 그 생살은 부정한 것인즉 이는 나병이며 16 그 생살이 변하여 다시 희어지면 제사장에게로 갈 것이요 17 제사장은 그를 진찰하여서 그 환부가 희어졌으면 환자를 정하다 할지니 그는 정하니라. 18 피부에 종기가 생겼다가 나았고 19 그 종처에 흰 점이 돋거나 희고 불그스름한 색점이 생겼으면 제사장에게 보일 것이요 20 그는 진찰하여 피부보다 얕고 그 털이 희면 그를 부정하다 할지니 이는 종기로 된 나병의 환부임이니라. 21 그러나 제사장이 진찰하여 거기 흰 털이 없고 피부보다 얕지 아니하고 빛이 엷으면 제사장은 그를 이레 동안 가두어둘 것이며 22 그 병이 크게 피부에 퍼졌으면 제사장은 그를 부정하다 할지니 이는 환부임이니라. 23 그러나 그 색점이 여전하고 퍼지지 아니하였으면 이는 종기 흔적이니 제사장은 그를 정하다 할지니라. 24 피부가 불에 데었는데 그 덴 곳에 불그스름하고 희거나 순전히

II.

내가 거룩하니 너희도 거룩할지어다

흰 색점이 생기면 ²⁵제사장은 진찰할지니 그 색점의 털이 희고 그 자리가 피부보다 우묵하면 이는 화상에서 생긴 나병인즉 제사장이 그를 부정하다 할 것은 나병의 환부가 됨이니라. ²⁶그러나 제사장이 보기에 그 색점에 흰 털이 없으며 그 자리가 피부보다 얕지 아니하고 빛이 엷으면 그는 그를 이레 동안 가두어둘 것이며 ²⁷이레 만에 제사장이 그를 진찰할지니 만일 병이 크게 피부에 퍼졌으면 그가 그를 부정하다 할 것은 나병의 환부임이니라. ²⁸만일 색점이 여전하여 피부에 퍼지지 아니하고 빛이 엷으면 화상으로 부은 것이니 제사장이 그를 정하다 할 것은 이는 화상의 흔적임이니라. ²⁹남자나 여자의 머리에나 수염에 환부가 있으면 ³⁰제사장은 진찰할지니 환부가 피부보다 우묵하고 그 자리에 누르스름하고 가는 털이 있으면 그가 그를 부정하다 할 것은 이는 옴이니라. 머리에나 수염에 발생한 나병임이니라. ³¹만일 제사장이 보기에 그 옴의 환부가 피부보다 우묵하지 아니하고 그 자리에 검은 털이 없으면 제사장은 그 옴 환자를 이레 동안 가두어둘 것이며 ³²이레 만에 제사장은 그 환부를 진찰할지니 그 옴이 퍼지지 아니하고 그 자리에 누르스름한 털이 없고 피부보다 우묵하지 아니하면 ³³그는 모발을 밀되 환부는 밀지 말 것이요 제사장은 옴 환자를 또 이레 동안 가두어둘 것이며 ³⁴이레 만에 제사장은 그 옴을 또 진찰할지니 그 옴이 피부에 퍼지지 아니하고 피부보다 우묵하지 아니하면 그는 그를 정하다 할 것이요 그는 자기의 옷을 빨아서 정하게 되려니와 ³⁵깨끗한 후에라도 옴이 크게 피부에 퍼지면 ³⁶제사장은 그를 진찰할지니 과연 옴이 피부에 퍼졌으면 누른 털을 찾을 것 없이 그는 부정하니라. ³⁷그러나 제사장이 보기에 옴이 여전하고 그 자리에 검은 털이 났으면 그 옴은 나았고 그 사람은 정하니 제사장은 그를 정하다 할지니라. ³⁸남자나 여자의 피부에 색점 곧 흰 색점이 있으면 ³⁹제사장은 진찰할지니 그 피부의 색점이 부유스름하면 이는 피부에 발생한 어루러기라. 그는 정하니라. ⁴⁰누구든지 그 머리털이 빠지면 그는 대머리니 정하고 ⁴¹앞머리가 빠져도 그는 이마 대머리니 정하니라. ⁴²그러나 대머리나 이마 대머리에 희고 불그스름한 색점이 있으면 이는 나병이 대머리에나 이마 대머리에 발생함이라. ⁴³제사장은 그를 진찰할지니 그 대머리에나 이마 대머리에 돋은 색점이 희고 불그스름하여 피부에 발생한 나병과 같으면 ⁴⁴이는 나병 환자라. 부정하니 제사장이 그를 확실히 부정하다고 할 것은 그 환부가 그 머리에 있음이니라. [45] 나병 환자는 옷을 찢고 머리를 풀며 윗입술을 가리고 외치기를 부정하다, 부정하다 할 것이요 [46] 병 있는 날 동안은 늘 부정할 것이라. 그가 부정한즉 혼자 살되 진영 밖에서 살지니라. [47] 만일 의복에 나병 색점이 발생하여 털옷에나 베옷에나 [48] 베나 털의 날에나 씨에나 혹 가죽에나 가죽으로 만든 모든 것에 있으되 [49] 그 의복에나 가죽에나 그 날에나 씨에나 가죽으로 만든 모든 것에 병색이 푸르거나 붉으면 이는 나병의 색점이라. 제사장에게 보일 것이요 [50] 제사장은 그 색점을 진찰하고 그것을 이레 동안 간직하였다가 [51] 이레 만에 그 색점을 살필지니 그 색점이 그 의복의 날에나 씨에나 가죽에나 가죽으로 만든 것에 퍼졌으면 이는 악성 나병이라. 그것이 부정하므로 [52] 그는 그 색점 있는 의복이나 털이나 베의 날이나 씨나 모든 가죽으로 만든 것을 불사를지니 이는 악성 나병인즉 그것을 불사를지니라. [53] 그러나 제사장이 보기에 그 색점이 그 의복의 날에나 씨에나 모든 가죽으로 만든 것에 퍼지지 아니하였으면 [54] 제사장은 명령하여 그 색점 있는 것을 빨게 하고 또 이레 동안 간직하였다가 [55] 그 빤 곳을 볼지니 그 색점의 빛이 변하지 아니하고 그 색점이 퍼지지 아니하였으면 부정하니 너는 그것을 불사르라. 이는 거죽에 있든지 속에 있든지 악성 나병이니라. [56] 빤 후에 제사장이 보기에 그 색점이 엷으면 그 의복에서나 가죽에서나 그 날에서나 씨에서나 그 색점을 찢어 버릴 것이요 [57] 그 의복의 날에나 씨에나 가죽으로 만든 모든 것에 색점이 여전히 보이면 재발하는 것이니 너는 그 색점 있는 것을 불사를지니라. [58] 네가 빤 의복의 날에나 씨에나 가죽으로 만든 모든 것에 그 색점이 벗겨졌으면 그것을 다시 빨아야 정하리라. [59] 이는 털옷에나 베옷에나 그 날에나 씨에나 가죽으로 만든 모든 것에 발생한 나병 색점의 정하고 부정한 것을 진단하는 규례니라.

13-14장은 심각한 피부질환이 한 개인을 부정하게 만들 수 있다고 선언하며, 그런 부정한 피부질환이 어떻게 식별되고 어떻게 정결함을 회복할 수 있는지를 말한다. 개역개정 성경이나 일부 영어성경[NIV. 'infectious skin disease']에서 '나병'으로 번역되는 히브리어 차라아트(צָרַעַת)는

오히려 '전염성 피부질환' 정도를 의미한다. '부정하다'고 선언되는 전염성 피부질환의 식별에서 제사장은 공중보건의사 역할을 한다. 제사장은 '전염성이 강한 피부질환'(나병)과 단순한 비전염성 피부병, 종기, 혹은 종기 흔적, 화상, 옴, 어루러기를 면밀하게 구분할 수 있어야 한다. '부정하다'는 선언을 듣는 사람이 겪는 불이익과 손해를 생각한다면 제사장의 공적 판단력이 얼마나 중요한지를 짐작할 수 있다. 13장에만 모두 21가지의 피부질환 관련 임상 사례가 다루어지고 있다. 그리고 여기에는 세 종류의 의복 감염 사례가 다루어진다. 전염성 피부질환의 특징을 요약하면 다음과 같다.

첫째, 이 질환은 모두 육안으로 관찰되며 외적으로 나타난다. 여기서 '피부'는 히브리어 오르(עוֹר)인데 사람 몸의 살갗뿐만 아니라 옷, 가죽, 물건, 그리고 건물의 표면을 가리키는 말이기도 하다. 둘째, 일반적으로 이 질환은 치명적인 질병이 아니며 흔히 생각하는 것보다 덜 심각하다. 사람의 몸에 가하는 해나 손상보다는 공동체 구성원 사이를 오가는 전염성의 여부가 더 중요하다. 셋째, 이 질환은 오로지 신체의 일부에만 영향을 주는 질병이다. 넷째, 피부질환은 모두 시간을 두고 발병하는 질병이며 전염성이 있다. 어떤 질병은 접촉 부위를 더럽게 하기도 하지만 그렇지 않은 경우도 있다. 다섯째, 오직 제사장만이 객관적인 기준에 근거하여 정하고 부정한지의 여부를 판단할 수 있다. 부정한 경우, 환자는 부정한 자로서 진 바깥으로 격리 추방되지 않으면 안 될 때도 있다.[14:3] 여섯째, 정결한지 혹은 부정한지를 따지는 제사장의 주요 관심은 질환에 걸린 개인의 치료나 공중위생의 보호가 아니라 이스라엘 진 한복판에 거하시는 하나님의 현존의 신성성을 보호하는 것이었다. 하나님의 거룩하신 인격적 현존이 머물고 계시는 진을 더럽히지 않기 위함이다. 진을 더럽히지 않아야 하는 이유는 광야의 이스라엘은 거룩한 전쟁에 참여하고 있거나 거

룩한 전쟁을 앞두고 있기 때문이다.[민 5:3, 레 15:31, 출 19:14-15] 신명기 23:14
은 거룩한 전쟁을 앞두고 진을 거룩하게 유지해야 하는 이유를 말한
다. "이는 네 하나님 여호와께서 너를 구원하시고 적군을 네게 넘기
시려고 네 진영 중에 행하심이라. 그러므로 네 진영을 거룩히 하라.
그리하면 네게서 불결한 것을 보시지 않으므로 너를 떠나지 아니하
시리라."

11-15장에서 부정하다고 선언되는 물건과 사람은 정결케 되어
이스라엘 제의 공동체에 복귀해 제자리, 제 용도로 돌아가거나 아
니면 파괴되어야 한다. 먼저, 부정해진 물건이나 사람은 씻어야 한
다.[11:32, 15:6] 혹은 불로 태워야 한다.[13:52, 55, 57] 혹은 깨뜨려야 한다.[11:33, 35]
혹은 파괴하거나 해체해야 한다.[14:40-41, 45] 이처럼 부정한 사람과 속된
백성에 대한 종교적 제재 조치는 자못 심각하였다. '부정하다'고 선
언을 받은 사람은 그 선언 자체로 굴욕감을 느낄 뿐 아니라(어떤 경
우는 걸어가다가 스스로 부정하다고 공공연히 소리쳐야 한다) 사회적 고
립을 강요당했다. 제일 안타까운 것은 하나님과의 격리, 예배 공동
체와의 소외였다. 부정한 사람 또는 물건은 진 바깥에서 살아야 하
거나 진 바깥에 두어야 했다. 부정하다고 선언된 사람은 어떤 성물
도 만질 수 없었고 성전에 출입할 수도 없었다.[12:4] "제사장은 그를
가두어 놓아야[격리해야] 한다."[13:4, 11, 21, 26, 민 5:2]

정결케 되는 과정 ●14장

14 ¹ 여호와께서 모세에게 말씀하여 이르시되 ² 나병 환자가 정결하게 되는 날
의 규례는 이러하니 곧 그 사람을 제사장에게로 데려갈 것이요 ³ 제사장은
진영에서 나가 진찰할지니 그 환자에게 있던 나병 환부가 나았으면 ⁴ 제사장은 그 정
결함을 받을 자를 위하여 명령하여 살아 있는 정결한 새 두 마리와 백향목과 홍색 실

과 우슬초를 가져오게 하고 ⁵ 제사장은 또 명령하여 그 새 하나는 흐르는 물 위 질그릇 안에서 잡게 하고 ⁶ 다른 새는 산 채로 가져다가 백향목과 홍색 실과 우슬초와 함께 가져다가 흐르는 물 위에서 잡은 새의 피를 찍어 ⁷ 나병에서 정결함을 받을 자에게 일곱 번 뿌려 정하다 하고 그 살아 있는 새는 들에 놓을지며 ⁸ 정결함을 받는 자는 그의 옷을 빨고 모든 털을 밀고 물로 몸을 씻을 것이라. 그리하면 정하리니 그 후에 진영에 들어올 것이나 자기 장막 밖에 이레를 머물 것이요 ⁹ 일곱째 날에 그는 모든 털을 밀되 머리털과 수염과 눈썹을 다 밀고 그의 옷을 빨고 몸을 물에 씻을 것이라. 그리하면 정하리라. ¹⁰ 여덟째 날에 그는 흠 없는 어린 숫양 두 마리와 일 년 된 흠 없는 어린 암양 한 마리와 또 고운 가루 십분의 삼 에바에 기름 섞은 소제물과 기름 한 록을 취할 것이요 ¹¹ 정결하게 하는 제사장은 정결함을 받을 자와 그 물건들을 회막 문 여호와 앞에 두고 ¹² 어린 숫양 한 마리를 가져다가 기름 한 록과 아울러 속건제로 드리되 여호와 앞에 흔들어 요제를 삼고 ¹³ 그 어린 숫양은 거룩한 장소 곧 속죄제와 번제물 잡는 곳에서 잡을 것이며 속건제물은 속죄제물과 마찬가지로 제사장에게 돌릴지니 이는 지극히 거룩한 것이니라. ¹⁴ 제사장은 그 속건제물의 피를 취하여 정결함을 받을 자의 오른쪽 귓부리와 오른쪽 엄지 손가락과 오른쪽 엄지 발가락에 바를 것이요 ¹⁵ 제사장은 또 그 한 록의 기름을 취하여 자기 왼쪽 손바닥에 따르고 ¹⁶ 오른쪽 손가락으로 왼쪽 손의 기름을 찍어 그 손가락으로 그것을 여호와 앞에 일곱 번 뿌릴 것이요 ¹⁷ 손에 남은 기름은 제사장이 정결함을 받을 자의 오른쪽 귓부리와 오른쪽 엄지 손가락과 오른쪽 엄지 발가락 곧 속건제물의 피 위에 바를 것이며 ¹⁸ 아직도 그 손에 남은 기름은 제사장이 그 정결함을 받는 자의 머리에 바르고 제사장은 여호와 앞에서 그를 위하여 속죄하고 ¹⁹ 또 제사장은 속죄제를 드려 그 부정함으로 말미암아 정결함을 받을 자를 위하여 속죄하고 그 후에 번제물을 잡을 것이요 ²⁰ 제사장은 그 번제와 소제를 제단에 드려 그를 위하여 속죄할 것이라. 그리하면 그가 정결하리라. ²¹ 만일 그가 가난하여 그의 힘이 미치지 못하면 그는 흔들어 자기를 속죄할 속건제를 위하여 어린 숫양 한 마리와 소제를 위하여 고운 가루 십분의 일 에바에 기름 섞은 것과 기름 한 록을 취하고 ²² 그의 힘이 미치는 대로 산비둘기 둘이나 집비둘기 새끼 둘을 가져다가 하나는 속죄제

레

물로, 하나는 번제물로 삼아 ²³ 여덟째 날에 그 결례를 위하여 그것들을 회막 문 여호와 앞 제사장에게로 가져갈 것이요 ²⁴ 제사장은 속건제의 어린 양과 기름 한 록을 가져다가 여호와 앞에 흔들어 요제를 삼고 ²⁵ 속건제의 어린 양을 잡아서 제사장은 그 속건제물의 피를 가져다가 정결함을 받을 자의 오른쪽 귓부리와 오른쪽 엄지 손가락과 오른쪽 엄지 발가락에 바를 것이요 ²⁶ 제사장은 그 기름을 자기 왼쪽 손바닥에 따르고 ²⁷ 오른쪽 손가락으로 왼쪽 손의 기름을 조금 찍어 여호와 앞에 일곱 번 뿌릴 것이요 ²⁸ 그 손의 기름은 제사장이 정결함을 받을 자의 오른쪽 귓부리와 오른쪽 엄지 손가락과 오른쪽 엄지 발가락 곧 속건제물의 피를 바른 곳에 바를 것이며 ²⁹ 또 그 손에 남은 기름은 제사장이 그 정결함을 받는 자의 머리에 발라 여호와 앞에서 그를 위하여 속죄할 것이며 ³⁰ 그는 힘이 미치는 대로 산비둘기 한 마리나 집비둘기 새끼 한 마리를 드리되 ³¹ 곧 그의 힘이 미치는 대로 한 마리는 속죄제로, 한 마리는 소제와 함께 번제로 드릴 것이요 제사장은 정결함을 받을 자를 위하여 여호와 앞에 속죄할지니 ³² 나병 환자로서 그 정결예식에 그의 힘이 미치지 못한 자의 규례가 그러하니라. ³³ 여호와께서 모세와 아론에게 말씀하여 이르시되 ³⁴ 내가 네게 기업으로 주는 가나안 땅에 너희가 이를 때에 너희 기업의 땅에서 어떤 집에 나병 색점을 발생하게 하거든 ³⁵ 그 집 주인은 제사장에게 가서 말하여 알리기를 무슨 색점이 집에 생겼다 할 것이요 ³⁶ 제사장은 그 색점을 살펴보러 가기 전에 그 집안에 있는 모든 것이 부정을 면하게 하기 위하여 그 집을 비우도록 명령한 후에 들어가서 그 집을 볼지니 ³⁷ 그 색점을 볼 때에 그 집 벽에 푸르거나 붉은 무늬의 색점이 있어 벽보다 우묵하면 ³⁸ 제사장은 그 집 문으로 나와 그 집을 이레 동안 폐쇄하였다가 ³⁹ 이레 만에 또 가서 살펴볼 것이요 그 색점이 벽에 퍼졌으면 ⁴⁰ 그는 명령하여 색점 있는 돌을 빼내어 성 밖 부정한 곳에 버리게 하고 ⁴¹ 또 집 안 사방을 긁게 하고 그 긁은 흙을 성 밖 부정한 곳에 쏟아버리게 할 것이요 ⁴² 그들은 다른 돌로 그 돌을 대신하며 다른 흙으로 집에 바를지니라. ⁴³ 돌을 빼내며 집을 긁고 고쳐 바른 후에 색점이 집에 재발하면 ⁴⁴ 제사장은 또 가서 살펴볼 것이요 그 색점이 만일 집에 퍼졌으면 악성 나병인즉 이는 부정하니 ⁴⁵ 그는 그 집을 헐고 돌과 그 재목과 그 집의 모든 흙을 성 밖 부정한 곳으로 내어 갈 것이며 ⁴⁶ 그 집을 폐쇄

II.

내가 거룩하니 너희도 거룩할지어다

한 날 동안에 들어가는 자는 저녁까지 부정할 것이요 ⁴⁷그 집에서 자는 자는 그의 옷을 빨 것이요 그 집에서 먹는 자도 그의 옷을 빨 것이니라. ⁴⁸그 집을 고쳐 바른 후에 제사장이 들어가 살펴보아서 색점이 집에 퍼지지 아니하였으면 이는 색점이 나은 것이니 제사장은 그 집을 정하다 하고 ⁴⁹그는 그 집을 정결하게 하기 위하여 새 두 마리와 백향목과 홍색 실과 우슬초를 가져다가 ⁵⁰그 새 하나를 흐르는 물 위 질그릇 안에서 잡고 ⁵¹백향목과 우슬초와 홍색 실과 살아 있는 새를 가져다가 잡은 새의 피와 흐르는 물을 찍어 그 집에 일곱 번 뿌릴 것이요 ⁵²그는 새의 피와 흐르는 물과 살아 있는 새와 백향목과 우슬초와 홍색 실로 집을 정결하게 하고 ⁵³그 살아 있는 새는 성 밖 들에 놓아 주고 그 집을 위하여 속죄할 것이라 그러면 정결하리라. ⁵⁴이는 각종 나병 환부에 대한 규례니 곧 옴과 ⁵⁵의복과 가옥의 나병과 ⁵⁶돋는 것과 뾰루지와 색점이 ⁵⁷어느 때는 부정하고 어느 때는 정함을 가르치는 것이니 나병의 규례가 이러하니라.

다시 정결하다고 선언을 받아서 건강한 사회 복귀 절차를 밟는 과정도 다소 까다롭다. "[나병에서] 정결함을 받는 자는 그의 옷을 빨고 모든 털을 밀고 물로 몸을 씻을 것이라. 그리하면 정하리니 그 후에 진영에 들어올 것이나 자기 장막 밖에 이레를 머물 것이요."^{14:8} 어떤 경우에는 부정한 물건이나 사람이 적극적으로 다른 물건이나 사람을 더럽히기도 한다.^{15:4-12, 23-24, 26-27} 정결케 하는 의식은 가끔 희생제물을 바치는 제사를 포함하기도 했는데 그것은 하나님의 처소인 성막에 들어갈 자격을 얻기 위한 제사였다. 예배 및 제의 공동체와 정상적인 사회생활로의 복귀 제의는 다음 몇 가지 요소를 포함한다. 첫째, 씻고 기다리라.^{15:7-11, 17, 18, 22} 둘째, 정결케 하는 사역을 위한 대속사역을 하라.^{14:20, 31, 15:14-15} 셋째, 정결케 하는 제의를 행하라. 예를 들어 한때 부정하게 된 집을 정결케 하는 제의에는 새 두 마리와 백향목 홍색 실과 우슬초가 사용되었다.^{14:49-53} 이 모든 개별적인 정결 사역을 1년에 한 번 총괄적으로 실시하는 재활복구 프로그램이 있

었는데 그것이 바로 대속죄일 제사다.[16:16, 30]

　이런 점에서 14장에서 우리의 주목을 끄는 것은 '놓여지는 새'의 역할이다. 1-32절은 나병 환자가 정결케 되는 아주 복잡한 규례를 담고 있고, 33-57절은 나병 색점이 발견된 집을 정결케 하는 절차를 다룬다. 각각의 경우에는 '놓여지는 새'가 중요한 역할을 한다. 이 '놓여지는 새'는 16장에서 광야로 추방되는 '놓여지는 아사셀 염소'를 예기케 하므로 좀 더 자세히 주목할 필요가 있다. '놓여지는 새'가 정결 회복을 위해 바쳐지는 다른 제물과 겹치는 역할을 하는지를 주목하여 각 단락을 좀 더 자세히 살펴볼 필요가 있다.

　발견된 나병 환자는, 정결 수호자이며 영적·제의적 공중보건의 역할을 하는 제사장에게 가서 진찰받아야 한다.[14:2] 3-32절은 나병 환자의 치유와 정상적인 재활복구 과정을 아주 복잡하게 규정한다. 나병 환부가 나은 경우, 제사장은 정결케 되어야 할 그 사람을 위해 그 사람에게 살아 있는 정결한 새 두 마리와 백향목과 홍색 실과 우슬초를 가져오도록 해야 한다. 그 새 하나는 흐르는 물 위 질그릇 안에서 잡게 하고 다른 새는 산 채로 백향목과 홍색 실과 우슬초와 함께 가져다가, 흐르는 물 위에서 잡은 새의 피를 찍어 정결케 되어야 할 자에게 일곱 번 뿌려 "정하다"라고 말한 후에 그 살아 있는 새는 들에 풀어 놓아야 한다.

　그리고 정결케 되어야 하는 자는 옷을 빨고 모든 털을 밀고 물로 몸을 씻으면 정해진다. 다시 이스라엘 진영에 들어올 것이지만 안전을 위해 자기 장막 밖에 7일을 더 머물러야 한다. 진영 밖에서 모든 털을 밀고 몸을 씻은 사람이 정해진 후 진영 안에 들어와 자기 장막에 들어가기 전에 다시 모든 털을 밀고 옷을 빨고 몸을 씻어야 한다고 규정한다. 사람에 따라 다르지만 7일도 털이 상당히 자라기 때문에 이런 규정이 불가능한 것은 아니다. 이런 식으로 해석을 하면 9절은 10절의 여덟째 날의 제사 규정으로 자연스럽게 이어진다.

그런데 이 해석은 질문을 불러일으킨다. 8절에서 이미 정해졌다고 선언된 사람이 진영 안에서 다시 정결케 되어야 할 이유가 무엇인가? 이레 동안에 다시 밀어야 할 만큼 신체의 모든 털이 자라는 것이 가능할까? 턱수염에 비해 눈썹이나 머리털은 잘 자라지 않는다. 구약성경 어디에서도 1주일 사이에 동일한 정결례를 두 번이나 요구하는 경우는 없다. 이스라엘 진영으로 돌아온 사람이 어떤 이유로 다시 부정케 되어야 두 번째 정결 요구가 타당할 텐데, 이스라엘 진은 야웨의 현존이 거하시는 곳으로 정결케 된 자들이 활동하는 공간이다. 이스라엘 진 안에서 다시 부정해질 가능성은 그만큼 적다. 따라서 9절의 두 번째 정결 요구가 사실이라면 이스라엘 진영 안과 보통 사람의 장막 밖이라는 공간에서도 나병 환자는 다시 부정해질 가능성이 있다는 말이 된다. 이런 생각은 구약성경에서 비교적 낯설다.[6] 따라서 우리는 이 난점을 피하기 위해 9절은 모든 털을 밀고 옷을 빨고 몸을 씻으라고 명하는 8절을 되풀이하는 것으로 볼 수 있을 것이다. 이런 경우에는 문장 전체를 거의 중복 오사(誤寫)한 셈이다.[7] 이런 식으로 보면 새 피로 정결케 되어 모든 털을 밀고 몸을 씻은 후 '정하게 되었다'는 선언을 받고 이스라엘 진영에 들어와 자기 장막 밖에 이레를 머문 후 바로 여덟째 날 정결 확증용 제사를 드렸다고 보면 된다.

여덟째 날에 정결케 될 그 사람은 흠 없는 어린 숫양 두 마리와 1년 된 흠 없는 어린 암양 한 마리와 또 고운 가루 십분의 삼 에바에 기름 섞은 소제물과 기름 한 록을 가지고 제사장에게로 가야 한다. 제사장은 정결케 될 자와 그가 가져온 물건들을 회막 문 야웨 앞에 둔다. 먼저 어린 숫양 한 마리를 가져다가 기름 한 록과 아울러 속건제로 드리되 야웨 앞에 흔들어 요제를 삼고, 그 어린 숫양은 거룩한 장소, 곧 속죄제와 번제물 잡는 곳에서 도살할 것이며, 속건제물은 속죄제물과 마찬가지로 제사장에게 돌려야 한다. 이것은 제사장만이 다룰 수 있는 지극히 거룩한 물건이기 때문이다. 이번에는 제사장이 그 속건제물의 피를 취하여 정결함을 받을 자의 오른쪽 귓부리와 오른쪽 엄지손가락과 오른쪽 엄지발가락에 바르며, 또 그 한 록의 기름을 취하여 자기 왼쪽 손바닥에 따라, 오른쪽 손가락으로 왼쪽 손의 기름을 찍어 그 손가락으로 그것을 야웨 앞에 일곱 번 뿌려야 한다. 손에 남은 기름은 제사장이 정결함을 받을 자의 오른쪽 귓부리와 오른쪽 엄지손가락과 오른쪽 엄지발가락, 곧 이미 정결케 될 자의 여러 곳에 발라진 속건제물의 피 위에 바를 것이다. 아직도 그 손에 남은 기름은 제사장이 그 정결함을 받는 자의 머리에 바르고 제사장은 야웨 앞에서 그를 위하여 속죄하고, 또 제사장은 속죄제를 드려 그 부정함으로 말미암아 정결함을 받을 자를 위하여 속죄해야 한다. 속죄제가 끝나면 제사장은 그 후에 번제물을 도살할 것이요, 그 번제와 소제를 제단에 드려 정결케 될 자를 위하여 속죄할 것이다. 이 모든 절차가 끝나면 한때 나병 환자였던 사람이 정결케 될 것이다.[14:10-20]

14:21-32은 나병 환자가 가난한 경우를 위한 정결 회복 규례다. 이 절차도 약간 간단하지만 앞의 절차와 거의 동일하다. 가난한 나병 환자는 흔들어 자기를 속죄할 속건제를 위하여 어린 숫양 한 마리, 소제를 위하여 고운 가루 십분의 일 에바에 기름 섞은 것과 기름 한 록을 취하고, 산비둘기 둘이나 집비둘기 새끼 둘을 가져다가 하나는 속죄제물로, 하나는 번제물로 삼아야 한다. 여덟째 날에 있을 결례를 위하여 정결케 될 자는 그것들을 회막 문 야웨 앞 제사장에게로 가져갈 것이며, 제사장은 속건제의 어린 양과 기름 한 록을 가져다가 야웨 앞에 흔들어 요제를 삼는다. 그리고 속건제의 어린

양을 잡아 그 속건제물의 피를 가져다가 정결함을 받을 자의 오른쪽 귓부리와 오른쪽 엄지손가락과 오른쪽 엄지발가락에 발라야 한다. 또 제사장은 그 기름을 자기 왼쪽 손바닥에 따르고, 오른쪽 손가락으로 왼쪽 손의 기름을 조금 찍어 야웨 앞에 일곱 번 뿌릴 것이다. 왼쪽 손바닥에 남아 있는 기름은 정결함을 받을 자의 오른쪽 귓부리와 오른쪽 엄지손가락과 오른쪽 엄지발가락, 곧 속건제물의 피가 이미 발라져 있는 곳에 발라야 한다. 또 손에 남은 기름은 제사장이 그 정결함을 받는 자의 머리에 발라 야웨 앞에서 그를 위하여 속죄할 것이며, 산비둘기 한 마리나 집비둘기 새끼 한 마리를 드리되, 한 마리는 속죄제로, 한 마리는 소제와 함께 번제로 드려야 한다. 제사장은 이런 제물을 바침으로써 정결함을 받을 자를 위하여 야웨 앞에 속죄해야 할 것이다.

이 단락은 한 명의 나병 환자가 정결케 되는 과정을 자세하게 규정한다. 일단 나병에 걸려서 회복되려면 상당한 경제적 비용이 소요된다는 점이 눈에 띈다. 이 단락의 규정을 다시 요약하면 이렇다. 나병 발생, 제사장 진찰과 격리, 격리 후 치유 확인 시 사회 복귀 절차 개시, 이스라엘 진 복귀 후 자기 장막 밖에서 7일 대기, 여덟째 날에 드리는 정결 회복 제사 절차인 새 두 마리 의식(한 마리는 피를 내고 한 마리는 들에 놓여짐), 속건제와 속죄제와 번제(어린 숫양 두 마리와 1년 된 흠 없는 어린 암양 한 마리와 또 고운 가루 십분의 삼 에바에 기름 섞은 소제물과 기름 한 록), 제사장의 '정하다' 선언 후 정상 생활 복귀.

이 복잡한 절차를 생각해 보면 예수님의 문둥병자 치료가 얼마나 강력하고 해방적인 단순함으로 빛나는지를 알 수 있다.[막 1:40-44, 마 11:4-5, 28-30] 갈릴리에서 만난 한 문둥병자를 향해 예수께서 "내가 원하노니 깨끗케 될지어다"라고 외치자 나병이 즉시 떠나갔다. 예수님은 피 흘린 새, 피 흘린 속죄제물과 속건제물의 피가 가진 죄 사함의 효력을 말씀을 통해 발출하신 것이다. 이렇게 고쳐 주신 후에도 예수님은 성전의 치유재활 제도를 존중하시기 위해 "제사장에게 가서 네몸을 보이고 모세가 명한 제물을 바쳐 네가 나았음을 입증하라"고 권면하신다. 예수님 자신이 피 흘리신 제물이 아니고서야 어떻게 이 문둥병자를 말씀만으로 고치실 수 있겠는가? 레위기에서 속죄의 피를 흘려 준 모든 동물은 예수님의 십자가 피 흘리심을 예기하고 가리키고 있다. 레위기도 예수님에 대하여 말하는 책이다.^{레 17:11, 히 9:22}

만일 가나안 땅에 들어가 살 때 거주하는 집에 나병 색점이 발견되면 집주인은 제사장에게 집에 무슨 색점이 생겼다고 보고해야 한다.^{14:33-57} 제사장은 그 색점을 살펴보러 가기 전에 그 집 안에 있는 모든 것이 부정을 면하게 하기 위하여 집을 비우도록 명령한 후에 들어가 살펴보되, 그 집 벽에 푸르거나 붉은 무늬의 색점이 있어 벽보다 우묵하면, 제사장은 그 집 문으로 나와 그 집을 이레 동안 폐쇄해야 한다. 그 후 이레 만에 제사장은 또 가서 살펴볼 것인데, 그 색점이 벽에 퍼졌으면 색점 있는 돌을 빼내어 성 밖 부정한 곳에 버리게 하고, 또 집 안 사방을 긁게 하고 그 긁은 흙을 성 밖 부정한 곳에 쏟아 버리게 해야 한다. 대신 빼낸 그 돌을 대신하여 다른 돌을 박되 다른 흙으로 집에 새로 바르도록 해야 한다. 그런데 돌을 빼내고 집을 긁고 고쳐 바른 후에도 색점이 집에 재발해, 그 색점이 만일 집에 퍼졌으면, 제사장은 그것을 악성 나병으로 판정하고 "부정하다"고 선언해야 한다. 이런 경우 제사장은 그 집을 헐고 돌과 재목과 그 집의 모든 흙을 성 밖 부정한 곳으로 내버리도록 명령해야 한다. 부정하다고 선언된 집을 폐쇄한 날 동안에 그 집에 들어가는 자는 저녁까지 부정할 것이며, 그 집에서 자는 자는 옷을 빨 것이요 그 집에서 먹는 자도 옷을 빨아야 한다.

만일 약간 고쳐진 집에 제사장이 들어가 살펴보아서 색점이 집에 퍼지지 아니했다면 그 집은 헐지 않아도 되며 따라서 제사장은 그 집을 "정하다"고 선언해야 한다. 다만 제사장은 그 집을 정결하게 하기 위하여 집주인으로부터 새 두 마리와 백향목과 홍색 실과 우슬초를 가져오게 해서 그 새 하나를 흐르는 물 위 질그릇 안에서 잡고, 백향목과 우슬초와 홍색 실과 살아 있는 새를 가져다가 잡은 새의 피와 흐르는 물을 찍어 그 집에 일곱번 뿌려야 한다. 제사장은 새의 피와 흐르는 물과 살아 있는 새와 백향목과 우슬초와 홍색 실로 집을 정결하게 하고, 그 살아 있는 새는 성 밖 들에 놓아 주고 그 집을 위해 속죄해야 한다. 이러한 절차를 거친 후에야 그 집은 정결케 될 것이다. 결국 13-14장은 각종 나병 환부에 대한 규례, 곧 옴과 의복과 가옥의 나병과 돋는 것과 뾰루지와 색점에 의해 부정케 된 것들이 다시 정결케 되는 절차를 담고 있다. 앞 단락에서처럼 여기서도 새가 부정함을 멀리 제거하는 역할을 한다. 이 '빈 들로 놓여지는 새'는 아사셀 염소처럼 부정함을 멀리 소거시키는 제물 역할을 한다. 레위기의 제사장신학은 접촉을 통해 부정케 되고 상징적인 물리적 이격을 통해 정결케 되는 원리를 철저하게 의식하고 있다.

출산에 의한 부정 ● 12장

12 [1] 여호와께서 모세에게 말씀하여 이르시되 [2] 이스라엘 자손에게 말하여 이르라. 여인이 임신하여 남자를 낳으면 그는 이레 동안 부정하리니 곧 월경할 때와 같이 부정할 것이며 [3] 여덟째 날에는 그 아이의 포피를 벨 것이요 [4] 그 여인은 아직도 삼십삼 일을 지내야 산혈이 깨끗하리니 정결하게 되는 기한이 차기 전에는 성물을 만지지도 말며 성소에 들어가지도 말 것이며 [5] 여자를 낳으면 그는 두 이레 동안 부정하리니 월경할 때와 같을 것이며 산혈이 깨끗하게 됨은 육십육 일을 지내야 하리라. [6] 아들이나 딸이나 정결하게 되는 기한이 차면 그 여인은 번제를 위하여 일 년 된

어린 양을 가져가고 속죄제를 위하여 집비둘기 새끼나 산비둘기를 회막 문 제사장에게로 가져갈 것이요 [7] 제사장은 그것을 여호와 앞에 드려서 그 여인을 위하여 속죄할지니 그리하면 산혈이 깨끗하리라. 이는 아들이나 딸을 생산한 여인에 대한 규례니라. [8] 그 여인이 어린 양을 바치기에 힘이 미치지 못하면 산비둘기 두 마리나 집비둘기 새끼 두 마리를 가져다가 하나는 번제물로, 하나는 속죄제물로 삼을 것이요 제사장은 그를 위하여 속죄할지니 그가 정결하리라.

12장은 여인의 출산으로 초래된 부정과 그것의 해소 방법을 논한다. 이 경우 부정은 피의 유출 때문에 일어난다. 남자아이를 낳으면 7일, 여자아이를 낳으면 14일 동안 '부정하다.' 매월 생리 기간의 유출이 여인을 제의적으로 부정케 하는 원리와 같다. 그런데 남자아이를 낳으면 33일, 여자아이의 경우 66일이 지나야 산혈이 깨끗해진다. 자녀가 정결케 되는 기간이 끝나면(8일째), 여인은 자신을 위한 번제로 1년 된 어린 양, 속죄제를 위한 집비둘기 새끼나 산비둘기 새끼를 회막 문 제사장에게로 가져갈 수 있다(마리아가 예수를 낳고 가져간 비둘기를 기억하라). 그런데 왜 남자아이를 낳은 경우에는 33일 만에 산혈의 부정으로부터 정결케 되는데, 여자아이를 낳으면 66일 만에 정결케 되는가? 이것은 남존여비를 정당화하는 구약 종교의 원시적 잔영일까? 뚜렷한 이유가 제시되지 않는 가운데 여러 가지 학설이 있어 왔다. 대부분 응보적 해석이요, 나머지는 보건위생학적 해석이다. 무슨 이유로 이렇게 갑절의 차이가 나는 것인가?

　보수적인 주석가들은 창세기 3장의 하와가 경험한 '저주'의 심화 경험을 위한 갑절의 부정 기간이 설정되었을 것이라고 본다. 남자아이를 낳은 경우의 두 배가 되는 부정함에 갇혀 있는 그 시간에 여인들은 하와의 죄를 생각하라는 뜻이라고 본다. 인류의 어머니 하와가 가져온 '저주' 경험을 뼈저리게 경험하면서 하나님의 은혜를 사모하라는 긴 기간이라는 것이다. 이것은 징벌론적 해석이다. 이에 비하여 보건위생학적, 실용적 해석이 제안되기도 한다. 산혈로부터 정결케 되는 기간을 산후 몸조리 기간이라고 보려는 입장이다. 산혈로 깨끗해지는 기간 동안에 성소에 가지 못한다는 것, 웬만한 것을 만지지 못하게 한다는 것은 사회생활의 의무와 종교적 의무로부터의 면제를 의미하지 않을까? 남자아이에 집착하던 고대 가부장적 사회에서 여자아이를 낳아 낙심한 여인에게 실망을 추스르고 사회생활의 부담으로부터 좀 더 오랫동안 면제해 주려는 하나님의 은혜로운 의도를 읽어 낼 수는 없을까? 이 입장 또한 흠결이 있는 해석이다. 남아선호 사상을 전제하고 있기 때문이다.

다른 한편 유대인 주석가 바룩 레빈[Baruch A. Levine]은 성경 규정을 존중하면서도 나름대로 합리적인 해설을 제시한다.[8] 그가 보기에 출산한 여인이 부정하다고 간주되는 이유와 남아 출산과 여아 출산이 산모에게 부과하는 부정한 기간(성소 출입 금지 기간)이 갑절로 차이가 나는 이유는, 고대 출산모의 위생 조건, 높은 유아 사망률, 여아의 생식 능력 보호를 위한 배려, 산모와 신생아를 덮칠지 모르는 죽음과 질병의 공격 가능성 등과 관련되어 있다. 레빈은 유아 사망률이 매우 높던 고대 사회에서 산모와 신생아가 병에 걸려 죽을 가능성이 컸고, 면역력이 약한 산모가 병에 걸린 채 성소를 출입하다가 다른 사람에게 병을 옮길 가능성 때문에 부정하다고 선언되었을 것이라고 본다. 여아를 낳았을 때 부정해지는 기간이 갑절인 이유는 여아도 언젠가 산모가 될 것이기에 신생아 때 생식력을 훼손할 수 있는 질병으로부터 보호될 필요가 있었기 때문이라고 추정한다. 이 입장이 완전하지는 않을지 몰라도 어느 정도 12장의 출산모 부정 규정을 하나님과 이스라엘 회중의 전체 위생 상황에 비추어 해석할 여지를 준다는 점에서 의의가 있다.

15

¹ 여호와께서 모세와 아론에게 말씀하여 이르시되 ² 이스라엘 자손에게 말하여 이르라. 누구든지 그의 몸에 유출병이 있으면 그 유출병으로 말미암아 부정한 자라. ³ 그의 유출병으로 말미암아 부정함이 이러하니 곧 그의 몸에서 흘러 나오든지 그의 몸에서 흘러 나오는 것이 막혔든지 부정한즉 ⁴ 유출병 있는 자가 눕는 침상은 다 부정하고 그가 앉았던 자리도 다 부정하니 ⁵ 그의 침상에 접촉하는 자는 그의 옷을 빨고 물로 몸을 씻을 것이며 저녁까지 부정하리라. ⁶ 유출병이 있는 자가 앉았던 자리에 앉는 자는 그의 옷을 빨고 물로 씻을 것이요 저녁까지 부정하리라. ⁷ 유출병이 있는 자의 몸에 접촉하는 자는 그의 옷을 빨고 물로 몸을 씻을 것이며 저녁까지 부정하리라. ⁸ 유출병이 있는 자가 정한 자에게 침을 뱉으면 정한 자는 그의 옷을 빨고 물로 몸을 씻을 것이며 저녁까지 부정하리라. ⁹ 유출병이 있는 자가 탔던 안장은 다 부정하며 ¹⁰ 그의 몸 아래에 닿았던 것에 접촉한 자는 다 저녁까지 부정하며 그런 것을 옮기는 자는 그의 옷을 빨고 물로 몸을 씻을 것이며 저녁까지 부정하리라. ¹¹ 유출병이 있는 자가 물로 그의 손을 씻지 아니하고 아무든지 만지면 그 자는 그의 옷을 빨고 물로 몸을 씻을 것이며 저녁까지 부정하리라. ¹² 유출병이 있는 자가 만진 질그릇은 깨뜨리고 나무 그릇은 다 물로 씻을지니라. ¹³ 유출병이 있는 자는 그의 유출이 깨끗해지거든 그가 정결하게 되기 위하여 이레를 센 후에 옷을 빨고 흐르는 물에 그의 몸을 씻을 것이라. 그러면 그가 정하리니 ¹⁴ 여덟째 날에 산비둘기 두 마리나 집비둘기 새끼 두 마리를 자기를 위하여 가져다가 회막 문 여호와 앞으로 가서 제사장에게 줄 것이요 ¹⁵ 제사장은 그 한 마리는 속죄제로, 다른 한 마리는 번제로 드려 그의 유출병으로 말미암아 여호와 앞에서 속죄할지니라. ¹⁶ 설정한 자는 전신을 물로 씻을 것이며 저녁까지 부정하리라. ¹⁷ 정수가 묻은 모든 옷과 가죽은 물에 빨 것이며 저녁까지 부정하리라. ¹⁸ 남녀가 동침하여 설정하였거든 둘 다 물로 몸을 씻을 것이며 저녁까지 부정하리라. ¹⁹ 어떤 여인이 유출을 하되 그의 몸에 그의 유출이 피이면 이레 동안 불결하니 그를 만지는 자마다 저녁까지 부정할 것이요 ²⁰ 그가 불결할 동안에는 그가 누웠던 자리도 다

부정하며 그가 앉았던 자리도 다 부정한즉 ²¹ 그의 침상을 만지는 자는 다 그의 옷을 빨고 물로 몸을 씻을 것이요 저녁까지 부정할 것이며 ²² 그가 앉은 자리를 만지는 자도 다 그들의 옷을 빨고 물로 몸을 씻을 것이요 저녁까지 부정할 것이며 ²³ 그의 침상 위에나 그가 앉은 자리 위에 있는 것을 만지는 모든 자도 저녁까지 부정할 것이며 ²⁴ 누구든지 이 여인과 동침하여 그의 불결함에 전염되면 이레 동안 부정할 것이라. 그가 눕는 침상은 다 부정하니라. ²⁵ 만일 여인의 피의 유출이 그의 불결기가 아닌데도 여러 날이 간다든지 그 유출이 그의 불결기를 지나도 계속되면 그 부정을 유출하는 모든 날 동안은 그 불결한 때와 같이 부정한즉 ²⁶ 그의 유출이 있는 모든 날 동안에 그가 눕는 침상은 그에게 불결한 때의 침상과 같고 그가 앉는 모든 자리도 부정함이 불결한 때의 부정과 같으니 ²⁷ 그것들을 만지는 자는 다 부정한즉 그의 옷을 빨고 물로 몸을 씻을 것이며 저녁까지 부정할 것이요 ²⁸ 그의 유출이 그치면 이레를 센 후에야 정하리니 ²⁹ 그는 여덟째 날에 산비둘기 두 마리나 집비둘기 새끼 두 마리를 자기를 위하여 가져다가 회막 문 앞 제사장에게로 가져갈 것이요 ³⁰ 제사장은 그 한 마리는 속죄제로, 다른 한 마리는 번제로 드려 유출로 부정한 여인을 위하여 여호와 앞에서 속죄할지니라. ³¹ 너희는 이와 같이 이스라엘 자손이 그들의 부정에서 떠나게 하여 그들 가운데 있는 내 성막을 그들이 더럽히고 그들이 부정한 중에서 죽지 않도록 할지니라. ³² 이 규례는 유출병이 있는 자와 설정함으로 부정하게 된 자와 ³³ 불결기의 앓는 여인과 유출병이 있는 남녀와 그리고 불결한 여인과 동침한 자에 대한 것이니라.

15장은 네 가지 경우의 분비물 유출을 다룬다. 두 가지는 남자와 관련되고 나머지 두 가지는 여자와 관련된다. 이 경우들은 현대의 기준으로 보면 정상적인 체내 분비물의 유출인 경우도 있고(남자 16-18절, 여자 19-24절), 비정상적인 유출인 경우도 있다(남자 2-15절, 여자 25-30절). 두 경우 모두 성생활로 인한 유출과 생식기에서 일어나는 배출을 다룬다.

12장은 출산 때문에 부정해진 여인이 정결해지려면 속죄제물을 포함하여 희생제사를 드려야 한다고 말한다. 속^贖해야 할 '죄'가 있다는 것이다. 15장도 남자와 여자의 비정상적인 분비물 배출에 대해 당사자가 정결케 되기 위해서는 속죄제를 드릴 것을 요구한다. 왜 레위기는 자녀 생산의 과정에 속죄해야 할 어떤 죄가 개입되어 있다고 말하는가? 혹자는 창세기 3장에서 하와의 잉태와 해산하는 고통스러운 수고에 대한 언급을 떠올릴 수도 있을 것이다.^{창 3:16} 출산의 고통은 아담의 원죄를 생각나게 만든다는 것이다. 여기서 속죄제의 필요성이 생겨났다고 보는 것이다. 어떻게 보면 다소 상상력의 무리한 확장처럼 보이기도 하지만 성경에서 실마리를 찾자면 이러한 시도도 무의미한 것은 아닐 것이다. 또한 남자의 경우 사정^{射精}이나 대변이나 기타 몸의 유출물이 거룩한 전쟁을 앞두고 진을 더럽힌다고 보았기 때문에 속죄제가 필요했을 것이다.^{출 19:14-15, 20:26, 28:42-43}

이와 같은 맥락에서 보면 우리는 왜 레위기 12장과 15장이 성생활과 생식기와 관련된 유출이 남자 혹은 여자를 부정하게 만든다고 주장하는지를 짐작할 수 있다. 이스라엘 백성은 중요한 영적 결단이나 하나님 현현을 앞두고 성생활을 금지하였다. 레위기는 성생활을, 하나님을 예배하거나 하나님의 현현을 맞이하는 데 방해가 된다고 생각한 것 같다. 아마도 이런 율법을 통하여 하나님께서는 성적 에너지 방출과 발산을 신인합일의 본질적 경험으로 간주한 고대 가나안 및 애굽의 자연종교들로부터 야웨 신앙의 순수성을 보존하려고 하셨을 것이다.^{민 25:1-9, 출 32:6} 이스라엘의 야웨종교는 성적 에너지의 방출이 아니라 억제를 통해 영적 감수성을 고양시키고 예배 시 하나님과의 친밀성을 심화시키는 종교다.

예수님 당시 일반 민중을 가장 억압하는 구약율법이 정결과 부정, 거룩과 속됨을 구분하는 레위기 정결예법이었다. 예수님은 정결예법의 핵심을 밝히신다. 하나님의 정결함으로 죄인의 부정을 삼키고 소거시키는 것이 예수님의 역逆접촉신학이다. 그분은 부정한 것과의 접촉이 불결하게 하고 부정하게 한다는 레위기의 율법을 초극하신다. 그분은 나병 환자를 친히 손으로 만져서 치유하시고 당신은 스스로 부정한 자가 되신다.^{막 1장} 그분은 12년간 유출병 걸린 한 여인이 옷자락을 휘어잡고 치유를 열망하는 모험을 허용하신다.^{막 5장} 불결한 것, 죽어 가는 것, 나병 환자, 유출병자, 죽은 지 며칠 된 시신(나인성 과부의 아들과 나사로) 등 모든 종류의 부정한 것과의 과감한 접촉을 통해 그들을 살려 내신다. 이것은 레위기 정결예법의 시효 만료를 선언한다. 하나님은 베드로에게 친히 날짐승과 맹금류도 잡아먹으라고 하심으로써 레위기 11장의 시효 만료 또한 선언하신다.

이것은 무엇을 의미하는가? 거룩과 속됨의 구분 연습, 정한 것과 부정한 것의 구분 연습은 예수 그리스도의 영단번에 드려진 희생제사로 말미암아 시효가 만료되었다는 것이다. 예수 그리스도는 자신을 부정케 하고(부정한 죄인에 의하여 접촉당함으로써) 십자가의 죄짐을 지고 모든 부정한 자를 정결케 하셨다.^{히 1:1-4} 레위기에는 거룩한 자가 접촉을 통하여 부정한 자를 정결하게 하고 속된 것을 거룩하게 만드는 역逆접촉신학은 없는데, 예수님 자신은 역접촉의 신학으로 자신이 접촉하는 모든 자를 거룩하게 하신다. 그러므로 로마서, 갈라디아서, 특히 히브리서는 레위기의 제의법이 예수 그리스도의 십자가 죽음과 부활 속에서 온전히 성취되었다고 증거한다.^{롬 10:4-11, 갈 2-3장, 히 8-10장}

III.

레위기 16-20장

일상에서 구현되는 거룩한 백성의 길
: 거룩하신 하나님과의 위험한 동행

레위기 16-20장은 하나님의 다스림 아래 자유롭게 살아가기 위한 이스라엘의 일상적 분투를 다룬다. 가나안의 다신교 문명에서 거룩한 백성으로 살아가는 것은 자발적이고 주체적인 고립의 길을 걷는 것이다. 이스라엘이 가나안에서 하나님의 다스림 아래 살아가는 데 가장 시급한 준비는 애굽 및 가나안 다신교 문명과의 급진적 단절이다. 레위기 16장은 그동안에 선포된 제사법의 완결편이면서 동시에 윤리도덕적 차원의 거룩함을 다루는 17-27장으로 가는 전환의 도입부 역할도 한다. 1-16장의 대지는 이스라엘의 제사가 하나님과 이스라엘의 계약 관계를 지탱시키는 가장 주요한 도구라는 점이다. 이스라엘이 하나님의 계약백성으로 머물 수 있는 근거는, 이스라엘이 드리는 제사를 통해 이스라엘을 부단히 용서해 주시고 하나님 백성답게 성화시켜 가시는 하나님의 일방적인 은혜 때문이다. 죄 사함은 하나님의 다스림을 위한 필요조건이다. 죄 사함 자체가 목적이 아니라 하나님의 통치를 받는 것이 더 궁극적인 사죄의 목적이다. 레위기 16장은 하나님의 일방적이고 정기적(연례적)인 죄 사함의 은총이 하나님과 이스라엘의 계약 관계를 지탱시켜 주고 있음을 명백하게 천명하고 있다. 17-20장은 거룩한 하나님과 동행하는 삶이 구체적으로 무엇을 의미하는지를 자세히 규명하고 있다. 이스라엘 백성 개개인이 공동체 안에 계속 존재하려면 각각 거룩한 개인이 되어야 하고, 동시에 이스라엘 민족 전체가 하나의 공동체로서 가나안 땅을 계속 차지하고 그 안에 거하려면 공동체적인 거룩성을 과시해

III.

일상에서 구현되는 거룩한 백성의 길

야 한다.^{18-27장} 이 공동체적 거룩성은 법, 제도, 관습, 문화 속에 온전히 스며들어야 한다. 이스라엘이 거룩성의 구현에 실패하면 이스라엘에 의해 축출되고 소멸되는 가나안 원주민의 전철을 밟게 될 것이라는 엄중한 경고음이 이 단락 내내 쩌렁쩌렁 울리고 있다.

대속죄일 ●16장

16 ¹아론의 두 아들이 여호와 앞에 나아가다가 죽은 후에 여호와께서 모세에게 말씀하시니라. ²여호와께서 모세에게 이르시되 네 형 아론에게 이르라. 성소의 휘장 안 법궤 위 속죄소 앞에 아무 때나 들어오지 말라. 그리하여 죽지 않도록 하라. 이는 내가 구름 가운데에서 속죄소 위에 나타남이니라. ³아론이 성소에 들어오려면 수송아지를 속죄제물로 삼고 숫양을 번제물로 삼고 ⁴거룩한 세마포 속옷을 입으며 세마포 속바지를 몸에 입고 세마포 띠를 띠며 세마포 관을 쓸지니 이것들은 거룩한 옷이라. 물로 그의 몸을 씻고 입을 것이며 ⁵이스라엘 자손의 회중에게서 속죄제물로 삼기 위하여 숫염소 두 마리와 번제물로 삼기 위하여 숫양 한 마리를 가져갈지니라. ⁶아론은 자기를 위한 속죄제의 수송아지를 드리되 자기와 집안을 위하여 속죄하고 ⁷또 그 두 염소를 가지고 회막 문 여호와 앞에 두고 ⁸두 염소를 위하여 제비 뽑되 한 제비는 여호와를 위하고 한 제비는 아사셀을 위하여 할지며 ⁹아론은 여호와를 위하여 제비 뽑은 염소를 속죄제로 드리고 ¹⁰아사셀을 위하여 제비 뽑은 염소는 산 채로 여호와 앞에 두었다가 그것으로 속죄하고 아사셀을 위하여 광야로 보낼지니라. ¹¹아론은 자기를 위한 속죄제의 수송아지를 드리되 자기와 집안을 위하여 속죄하고 자기를 위한 그 속죄제 수송아지를 잡고 ¹²향로를 가져다가 여호와 앞 제단 위에서 피운 불을 그것에 채우고 또 곱게 간 향기로운 향을 두 손에 채워 가지고 휘장 안에 들어가서 ¹³여호와 앞에서 분향하여 향연으로 증거궤 위 속죄소를 가리게 할지니 그리하면 그가 죽지 아니할 것이며 ¹⁴그는 또 수송아지의 피를 가져다가 손가락으로 속죄소 동쪽에 뿌리고 또 손가락으로 그 피를 속죄소 앞에 일곱 번 뿌릴 것이며 ¹⁵또 백성

레

746

을 위한 속죄제 염소를 잡아 그 피를 가지고 휘장 안에 들어가서 그 수송아지 피로 행함 같이 그 피로 행하여 속죄소 위와 속죄소 앞에 뿌릴지니 ¹⁶ 곧 이스라엘 자손의 부정과 그들이 범한 모든 죄로 말미암아 지성소를 위하여 속죄하고 또 그들의 부정한 중에 있는 회막을 위하여 그같이 할 것이요 ¹⁷ 그가 지성소에 속죄하러 들어가서 자기와 그의 집안과 이스라엘 온 회중을 위하여 속죄하고 나오기까지는 누구든지 회막에 있지 못할 것이며 ¹⁸ 그는 여호와 앞 제단으로 나와서 그것을 위하여 속죄할지니 곧 그 수송아지의 피와 염소의 피를 가져다가 제단 귀퉁이 뿔들에 바르고 ¹⁹ 또 손가락으로 그 피를 그 위에 일곱 번 뿌려 이스라엘 자손의 부정에서 제단을 성결하게 할 것이요 ²⁰ 그 지성소와 회막과 제단을 위하여 속죄하기를 마친 후에 살아 있는 염소를 드리되 ²¹ 아론은 그의 두 손으로 살아 있는 염소의 머리에 안수하여 이스라엘 자손의 모든 불의와 그 범한 모든 죄를 아뢰고 그 죄를 염소의 머리에 두어 미리 정한 사람에게 맡겨 광야로 보낼지니 ²² 염소가 그들의 모든 불의를 지고 접근하기 어려운 땅에 이르거든 그는 그 염소를 광야에 놓을지니라. ²³ 아론은 회막에 들어가서 지성소에 들어갈 때에 입었던 세마포 옷을 벗어 거기 두고 ²⁴ 거룩한 곳에서 물로 그의 몸을 씻고 자기 옷을 입고 나와서 자기의 번제와 백성의 번제를 드려 자기와 백성을 위하여 속죄하고 ²⁵ 속죄제물의 기름을 제단에서 불사를 것이요 ²⁶ 염소를 아사셀에게 보낸 자는 그의 옷을 빨고 물로 그의 몸을 씻은 후에 진영에 들어갈 것이며 ²⁷ 속죄제 수송아지와 속죄제 염소의 피를 성소로 들여다가 속죄하였은즉 그 가죽과 고기와 똥을 밖으로 내다가 불사를 것이요 ²⁸ 불사른 자는 그의 옷을 빨고 물로 그의 몸을 씻은 후에 진영에 들어갈지니라. ²⁹ 너희는 영원히 이 규례를 지킬지니라. 일곱째 달 곧 그 달 십일에 너희는 스스로 괴롭게 하고 아무 일도 하지 말되 본토인이든지 너희 중에 거류하는 거류민이든지 그리하라. ³⁰ 이 날에 너희를 위하여 속죄하여 너희를 정결하게 하리니 너희의 모든 죄에서 너희가 여호와 앞에 정결하리라. ³¹ 이는 너희에게 안식일 중의 안식일인즉 너희는 스스로 괴롭게 할지니 영원히 지킬 규례라. ³² 기름 부음을 받고 위임되어 자기의 아버지를 대신하여 제사장의 직분을 행하는 제사장은 속죄하되 세마포 옷 곧 거룩한 옷을 입고 ³³ 지성소를 속죄하며 회막과 제단을 속죄하고 또 제사장들과 백성의 회중

III.

일상에서 구현되는 거룩한 백성의 길

을 위하여 속죄할지니 ³⁴ 이는 너희가 영원히 지킬 규례라. 이스라엘 자손의 모든 죄를 위하여 일 년에 한 번 속죄할 것이니라. 아론이 여호와께서 모세에게 명령하신 대로 행하니라.

이스라엘의 대속죄일은 유월절 후 6개월이 지난 시기에 배치되어 있다. 이스라엘 달력상으로는 7월 10일이다(현대 달력으로는 9-10월 중).^{레 23:26-32, 민 29:7-11} 이날은 축제일이 아니라 국가적 애도와 탄식의 날이다. 백성이 영혼을 겸비케 하며 금식을 행함으로써 의식적으로 참회의 마음을 드리는 날이다.^{레 16:31, 23:27, 민 29:7} 대속죄일은 안식일이기에 어떤 일도 해서는 안 되는 날이다.^{레 23:26-32}

한 가지 흥미로운 사실은, 16장이 10장 사건 직후에 주어진 계명을 담고 있다는 점이다. 16:1은 대속죄일 관련 계명이 아론의 두 아들이 죽은 후에 주어진 것임을 밝히고 있다. 출애굽기 30:1-10과 나답과 아비후의 죽음에 대한 언급은 대속죄일 의식 제정 과정의 전후 맥락을 밝혀 준다. 출애굽기 30:9은 분향단에는 어떤 '다른 향'도 사르지 말아야 한다고 말한다. 아론은 속죄제의 피로 1년에 한 번씩 이 분향단 뿔을 위하여 속죄해야 한다. 이 분향단은 야웨 하나님께 지극히 거룩한 단이기 때문이다.^{출 30:10} 여기에 이미 대속죄일 의식이 암시되어 있다. 특히 출애굽기 30:1-10에 있는 "이상한 향을 바치지 말라"는 경고가 대속죄일 계명 바로 앞에 나온다는 사실은 주목할 만하다. 마찬가지로 레위기 16장도 '이상한 불'을 향로에 담아 하나님께 제사를 드리다가 신적 공격을 당해 죽은 나답과 아비후의 죽음을 언급함으로써 희생제사에 관한 지침을 도입하고 있다.

본문의 순서를 따라 우리는 대속죄일 의식의 윤곽을 그릴 수 있을 것이다. 첫째, 아론은 물로 몸을 깨끗하게 씻고 대속죄일 제사를 드리기 위해 특별한 성의를 입어야 한다.^{16:4, 출 28장, 39장} 거룩한 세마포 속

레

옷과 세마포 속바지를 입고 세마포 띠를 착용해야 하며 세마포 관을 써야 한다. 제사장의 효과적인 중보사역을 위해 제사장의 몸과 태도의 거룩과 정결이 필수적이다. 둘째, 아론은 대속죄일 제사에 필요한 제물을 확보해야 한다. 그 자신의 속죄를 위한 1년 된 수송아지, 백성들의 속죄를 위한 두 마리 염소, 아론 자신을 위한 번제용 제물인 숫양 한 마리와 백성들을 위한 번제용 숫양 한 마리를 마련해야 한다. 아론은 먼저 자신의 속죄제물인 1년 된 수송아지를 도살하여 제물로 드렸다. 셋째, 그 수송아지의 피를 가지고 지성소에 들어가기 전에 아론은 분향단에서 향을 태워 '향 구름'을 만들어야 한다. 분향단에서 만들어진 향 구름은 속죄의 보좌를 덮고 하나님의 영광이 죄인을 돌파하지 못하도록 완충지대를 형성해 주어야 한다. 완충지대가 만들어졌을 때 아론은 비로소 지성소에 들어가게 된다. 아론마저도 하나님의 거룩한 영광과 정면으로 조우할 때 죽을 수밖에 없는 죄인이기에 분향단에서 향을 태워 향 구름을 만들어야 한다는 사실은, 하나님의 영광에 대한 이스라엘의 거룩한 두려움이 어떠했는지를 보여준다.

넷째, 아론은 수송아지의 피를 일부 취하여 속죄소에 일곱 번 뿌려야 한다. 그리고 백성을 속죄하기 위한 두 염소 제물 중 한 마리는 광야로 추방하고 한 마리는 제물로 도살해야 한다. 백성을 위한 속죄제물로 도살한 염소의 피는 수송아지의 피를 일곱 번 뿌린 것처럼 지성소의 속죄소에 뿌려야 한다. 아론의 속죄제물인 수송아지의 피와 백성의 속죄제물인 숫염소의 피를 속죄소에 뿌림으로써 지성소가 속함을 받는다(속죄소의 기능 회복). 이런 방식으로 백성들의 부정과 반역으로 오염되고 거룩함을 훼손당한 성소를 속해야 한다. 마찬가지로 부정함 속에 있는 이스라엘 백성 진 가운데 있는 회막도 속량해야 한다. 아론이 회막에 들어가 지성소에서 속죄사역을 마치고 나올 때까지는 아무도 회막 안에 머물러서는 안 된다. 아론은 이제 회막에서 나와(지성소에서 나와) 두 제물의 피를 일부 취하여 번제단에 뿌려 번제단을 속해야 한다. 다섯째, 이제 남아 있는 한 마리 아사셀 숫염소는 온 백성의 죄를 뒤집어쓰고 다시는 되돌아올 수 없는 무인지경의 광야로 추방된다. 속죄일은 죄와의 단절을 선언하는 날이기 때문이다. 여섯째, 그 후 아론은 회막에 들어가서 지성소에 들어갈 때 입었던 세마포 옷을 벗고 몸을 씻고 평상시의 제사장 제복을 입어야 한다. 이제 아론과 그의 가족을 위한 숫양의 번제와 백성들을 위한 다른 숫양의 번제를 드려야 한다. 마지막으로, 아론과 백성들의 죄를 뒤집어쓴 동물을 다루는 과정에서 부정케 된 사람은 이제 몸을 씻고 진으로 돌아가야 한다. 이상의 대속죄일 제사가 드려지는 동안 백성들은 노동을 그치고 마음을 겸비케 함으로써 죄와의 단절 의지를 갱신해야 한다. 그들은 이 규례를 영원한 규례로 준수해야 한다.

대속죄일 계명과 의식에서 몇 가지 주목할 만한 점을 살펴보자. 첫째, 대속죄일 제사에 대하여 아론에게 전달되는 하나님의 지침은 그의 두 아들의 죽음을 일깨우는 데서 시작한다는 점이다. 이것은 이 규례가 그들의 죽음 직후에 주어진 계명임을 시사한다. 아론의 두 아들은 분향단에서 하나님이 명하지 않은 불로 향을 태우다가 죽임을 당했다. 아마도 이 제사는 대속죄일 행사의 전신에 해당하는 엄숙한 제사였을 것이다. 대속죄일에 아론도 역시 향을 태우면서 제사 집례에 착수해야 한다. "향로를 가져다가……향기로운 향을 두 손에 채워 가지고 휘장 안에 들어가서 여호와 앞에서 분향하여 향연으로 증거궤 위 속죄소를 가리게 할지니 그리하면 그가 죽지 아니할 것이며."16:12-13 이 구절에 비추어 볼 때 아론의 두 아들이 피워 올린 '이상한 불'은 하나님의 영광을 가리는 데 필요한 완충적 향 구름을 만들지 못하였음을 알 수 있다. 둘째, 대속죄일에 아론이 입는 성의 (하얀 세마포)는 평상시 입는 성의와 매우 다르다는 점이다. 하얀 세마포 의상은 겸비, 참회, 슬픔의 제사를 집례할 때 착용하고, 금이 박힌 화려한 옷은 일반 성무 집행시 착용한다.^{출 28:4, 39:27-29, 겔 9:2-3, 11, 10:2, 6-7, 단 10:5, 12:6-7, 계 19:8} 왕 같은 위엄을 풍기는 평상시 의상과 달리 대속죄일에 입는 의상은 비천케 된 종의 옷차림이다. 대제사장이 하나님의 자비를 호소하는 죄인의 신분으로 지성소에 들어가기 때문에 비천한 영을 표현하는 옷을 입는 것이 당연하다. 아론은 이날 하나님을 대신하는 중보자가 아니라 죄인을 대신하는 중보자인 것이다. 우리의 대제사장 예수 그리스도께서 우리의 죄를 씻기 위하여 노예의 옷차림으로 단장하고 허리를 구부리시지 않았던가? 대속사역은 중보자의 자기겸비를 통해 성취된다.^{빌 2:5-8}

셋째, 아론 자신과 그의 가족을 위한 속죄제사를 드리는 예식은 4:3-12에 규정된 평상시의 속죄제사와 비슷하지만 다르기도 하다. 두 경우 모두 속죄제물로 수송아지를 선택하여 똑같은 방식으로 도살한다. 하지만 4장에서는 수송아지의 피를 분향단의 뿔에만 뿌리는데 16장에서는 분향단 외에 속죄소에도 뿌린다. 16장의 수송아지 제사는 아론과 그의 아들들이 위임식을 할 때 드리는 수송아지 제사 의식과 유사하지만 또한 다르다. 지성소에 들어가는 과정이 추가된다는 점에서 대속죄일 수송아지 희생제사가 더욱 위대한 제사라고 할 수 있다. 넷째, 백성들을 위해 숫염소 두 마리를 바치는 제사는 독특하지만 또한 복합적이다. 두 마리의 새를 제물로 드리는 제사를 제외하고는 두 마리를 제물로 드리는 경우가 없다.^{14:3-9, 49-53} 이 숫염소 제사는 한 마리는 죽여서 제물로 드리고 한 마리는 산 채로 제물을 드리는 제사다. 아사셀이 무엇인지에 대해서는 오랫동안 논쟁이 있어 왔지만 만족할 만한 대답은 없다.¹ 제비로 야웨의 제물로 뽑힌

III.

일상에서 구현되는 거룩한 백성의 길

숫염소는 백성들의 죄를 속하기 위하여 도륙되고 그 피는 수송아지의 피처럼 속죄소와 속죄소 앞에 뿌려져야 한다. 아사셀 염소는 백성의 죄를 뒤집어쓴 채 미리 정한 사람에게 양도되고 그는 그 양을 무인지경의 광야로 데려가 추방해야 한다.

다섯째, 대속죄일은 공간(장소)과 사람을 정결케 하는 날이다. 거룩한 공간도 더럽혀졌다는 사실이 전제된다. 백성들의 죄, 반역, 부정 때문에 지성소와 회막도 그 성스러움이 훼손되었다고 본다.[16:16, 32-33] 거룩하신 하나님은 백성들의 더러움과 부정함 속에 거하실 수 없기 때문에 1년에 한 번씩 지성소와 회막, 그리고 백성 자신을 거룩하고 정결케 단장함으로써 이스라엘은 계속되는 하나님과 위험천만한 광야 여정을 감당한다. 여섯째, 두 염소 제물은 그리스도의 고뇌와 죽음을 상징하며 미리 내다본다. 그리스도의 희생제사는 산 자의 땅에서 추방되고 끊어지는 경험과 도살되는 경험으로 구성되어 있다. 그는 세상 죄를 지고 가는 어린 양인 동시에 제단에서 도륙되는 제물이다. 그는 자신의 몸을 제물로 바쳐 영단번의 제사를 드렸고 하늘 성소의 대속죄일 제사를 완성시켰다.[히 7:15-25] 그리스도는 육신을 입고 우리 가운데 장막을 치심으로써 자신 스스로 하나님의 영광과 속죄소를 가진 성막이 되셨다.[요 1:14, 히 3:14, 8:1-2, 9:1-10, 10:5, 11] 그분은 아론 계열의 제사장과는 달리 자신의 몸을 친히 제물로 바치셨다. 따라서 그분의 제사는 반복적이지 않고 영단번에 드려진 제사다.[히 9:11-14] 아론이 집행한 대속죄일 제사는 1년의 죄를 일시적으로 속죄했지만 예수 그리스도의 제사는 영원한 속죄의 효력을 발휘한다.[롬 3:23-25] 마지막으로, 대속죄일 제사는 부지불식간에 범했지만 속하지 않았던 죄들을 하나님께서 일괄적으로 용서해 주시는 제사였지[4:13-14, 27-28, 5:2-5, 시 19:12, 90:8, 139:23-24, 잠 14:12, 16:2, 스 9장, 단 9장] 고의적인 죄악을 용서해 주시는 제사가 아니었다는 것이다. 대속죄일에 속해지는 죄들은 정결규정을 어긴 죄와 허물이었다. 고의적인 죄악에 대해서는 심판이 주어졌을 뿐이다. 어떤 희생제사도 고의적인 죄악을 속할 수 없다.^민 15:27-31, 사 1:11-17, 호 6:6, 암 5:25

죄를 속하는 피의 고귀성: 희생제사의 본질은 피 흘림 ●17장

17장은 한편으로는 16장을 마무리하는 장으로 어떻게 희생의 피가 속죄의 효력을 갖게 되는지를 밝힌다. 피 흘림이 희생제사의 핵심이라는 원칙을 천명한다. 이 장은 일반 백성이 부지불식간에 범할 수 있는 허물에 집중하고 있다.^{17:3-7} 또 다른 한편에서는 일상생활의 요소요소에 거룩함이 스며들도록 명령하는 계명을 다루는 18-19장을 도입한다. 16장의 청중이 제사장들이라면, 17장은 주로 이스라엘 백성을 향한 계명이다. 16장이 주로 거룩한 것을 다룬다면, 17장은 세속적이고 정규적인 일상생활 및 그것과 관련된 질서를 다룬다.

　17장은 체계적으로 편집되어 있다. 레위기의 특징인 서론적 명령이 1-2절에 나온다.^{1:1, 4:1, 6:1, 7:28, 11:1, 15:1, 16:1-2, 18:1-2, 19:1-2} 그 다음에 뒤따라 나오는 단락들은 거의 비슷한 짜임새(희생제물과 그것의 처리 문제)를 가지고 있다. 각 단락은 비슷하게 시작한다("만일 이스라엘 사람이나 우거하는 타국인이") 그 다음 각 단락은 어떤 행동이 죄가 되는지를 규정한다. 그리고 그 죄를 범한 경우 받게 되는 벌을 언급하고 (백성들로부터 끊어짐), 마지막으로 해당 율법을 지켜야 하는 부가적인 이유를 제시하는 것으로 마무리된다.

17 ¹ 여호와께서 모세에게 말씀하여 이르시되 ² 아론과 그의 아들들과 이스라엘의 모든 자손에게 말하여 그들에게 이르기를 여호와의 명령이 이러하시다 하라. ³ 이스라엘 집의 모든 사람이 소나 어린 양이나 염소를 진영 안에서 잡든지

진영 밖에서 잡든지 ⁴먼저 회막 문으로 끌고 가서 여호와의 성막 앞에서 여호와께 예물로 드리지 아니하는 자는 피 흘린 자로 여길 것이라. 그가 피를 흘렸은즉 자기 백성 중에서 끊어지리라. ⁵그런즉 이스라엘 자손이 들에서 잡던 그들의 제물을 회막 문 여호와께로 끌고 가서 제사장에게 주어 화목제로 여호와께 드려야 할 것이요 ⁶제사장은 그 피를 회막 문 여호와의 제단에 뿌리고 그 기름을 불살라 여호와께 향기로운 냄새가 되게 할 것이라. ⁷그들은 전에 음란하게 섬기던 숫염소에게 다시 제사하지 말 것이니라. 이는 그들이 대대로 지킬 영원한 규례니라. ⁸너는 또 그들에게 이르라. 이스라엘 집 사람이나 혹은 그들 중에 거류하는 거류민이 번제나 제물을 드리되 ⁹회막 문으로 가져다가 여호와께 드리지 아니하면 그는 백성 중에서 끊어지리라.

1) 희생제물로 사용되는 동물의 도살 장소 ●17:1-9

이 단락은 희생제물로 사용되는 동물(소, 어린 양, 염소)을 식용으로 도살하는 경우에도 오직 회막에서만 도살해야 한다고 규정한다. 희생제물로 바치지 않을 동물이라 할지라도 도살 과정에서 피가 그릇되게 다뤄질 수 있는 가능성을 차단하기 위함이다. 이스라엘 백성은 제물을 드릴 때에 준하는 방식으로 동물을 회막에서 도살해야 한다.¹⁻⁷장, ¹⁶장 이 경우의 희생제사는 일종의 화목제물이 될 것이다(제사장과 나누는 제물).¹⁷⁵ 화목제사의 경우 희생되는 동물의 피는 제단 주위에 뿌리고 기름 부분은 제단 위에서 불태워야 한다. 가슴살과 오른쪽 넓적다리는 제사장의 몫으로 주어지고 나머지는 헌제자와 그의 손님들이 먹는다.

17:3-7의 화목제사 규정이 갖는 몇 가지 분명한 함의는 다음과 같다. 첫째, 이스라엘 백성은 자기 가축이라고 해도 먼저 희생제사로 드리지 않고는 도살하여 먹을 수 없다. 희생제물로 사용될 수 있는 동물은 이제까지 다룬 희생제사 규정에 따라 도살할 수 있다. 둘째, 이 규정의 주목적이 제사장의 공궤라고 볼 수는 없겠지만 제사

장의 응식(사례금)을 확보하는 수단이 되기도 했다. 이 규정의 주목적은 아마도 이스라엘이 무분별하고 잔인하게 동물을 도살하여 육식을 남용하는 위험을 미연에 방지하고자 함이었을 것이다. 짐승을 잔인하게 도살하여 고기를 먹는 이방인의 방식으로 이스라엘이 육식하는 것을 막고자 했을 것이다. 이 규정으로 그동안 이스라엘 백성이 들판에서 아무렇게나 도살하여 고기를 얻던 관습은 폐지되었다. 그들은 회막 문 앞에서 도살하여 희생제사의 일환으로 육식을 할 수 있었다. 도살된 짐승의 피를 야웨의 번제단에 뿌리고 기름 부분을 불살라 야웨께 향기로운 냄새로 바친 후에 먹을 수 있었다. 그들은 이렇게 하나님 앞에서 도살함으로써 전에 음란하게 섬기던 숫염소 마귀에게 제물을 바치던 악습을 단절할 수 있었다. 아마도 이 규정 전에는 육식하기 위해 짐승을 도살하는 경우 '숫염소 신'[2]이라는 악신에게 제물을 바쳤을 것이다.[3] 6절과 10-11절에 비추어 볼 때, 숫염소 신에게 드려진 제사에는 피를 마시는 의식이 포함되었을 가능성이 대단히 크다.

이런 점에서 보면 3-7절의 규정 목적은 예상되는 악행을 미연에 방지하는 데 있지 않고 오랫동안 있어 온 악행을 근절하는 데 있음을 알 수 있다. 광야 시절까지 잔존해 온 애굽 관습과 단절하라는 규정이다. 출애굽 구원의 효력은 애굽 종교와의 단절에서 시작된다._수 24:14, 암 5:25-26 이제 육식이 희생제사의 일부로 편입됨으로써 피째 육식하던 관습은 원천봉쇄되었다. 다른 곳에서 희생제물을 드리는 자는 이스라엘 사람이든지 외국인이든지 이스라엘의 제의 공동체로부터 끊어진다.^{17:8-9} 이 또한 제사장에게 제사를 집전하는 배타적인 권리를 보증하는 규정이었을 것이다. 하지만 이 규정은 모든 구성원이 성막 근처에 살고 있을 때(광야 시절)에만 유효한 율법이었을 것이다. 그래서 가나안 정착 이후에는 성막에 와서 도살하지 않고도 육식을 할 수 있도록 규정이 바뀌는데, 신명기 율법^{the Deuteronomic law}은 이 변화된 상황을 반영한다.^{신 12:20-23}

17 ¹⁰ 이스라엘 집 사람이나 그들 중에 거류하는 거류민 중에 무슨 피든지 먹는 자가 있으면 내가 그 피를 먹는 그 사람에게는 내 얼굴을 대하여 그를 백성 중에서 끊으리니 ¹¹ 육체의 생명은 피에 있음이라. 내가 이 피를 너희에게 주어 제단에 뿌려 너희의 생명을 위하여 속죄하게 하였나니 생명이 피에 있으므로 피가 죄를 속하느니라. ¹² 그러므로 내가 이스라엘 자손에게 말하기를 너희 중에 아무도 피를 먹지 말며 너희 중에 거류하는 거류민이라도 피를 먹지 말라 하였나니 ¹³ 모든 이스라엘 자손이나 그들 중에 거류하는 거류민이 먹을 만한 짐승이나 새를 사냥하여 잡거든 그것의 피를 흘리고 흙으로 덮을지니라. ¹⁴ 모든 생물은 그 피가 생명과 일체라. 그러므로 내가 이스라엘 자손에게 이르기를 너희는 어떤 육체의 피든지 먹지 말라 하였나니 모든 육체의 생명은 그것의 피인즉 그 피를 먹는 모든 자는 끊어지리라.

2) 피를 먹지 말라 ● 17:10-14

이스라엘인이든 타국인이든, 어떤 동물(가축이나 사냥한 동물도 포함)의 피도 먹어서는 안 된다. 왜냐하면 육체의 생명은 피에 있기 때문이다. 또한 흘려진 피는 오로지 사람의 죄를 속하는 데만 사용되어야 하기 때문이다. 모세오경 중 "피를 먹지 말라"고 금지한 본문^{창 9:4,} ^{레 3:17, 7:26-27, 17:10-14, 19:26, 신 12:15-16, 23-24, 15:23} 중에서 레위기 17:11이 가장 분명하고 근본적인 금지 근거를 제시해 준다. 하나님께서 동물이나 사람의 피를 생명의 본체로 보고 제단에서만 뿌려지도록 결정하셨다는 사실이 중요하다. 즉, 하나님께서 피를 죄악에 대한 당신의 심판을 진정시키는 속죄의 효력을 가진 것으로 결정해 놓으셨다는 것이다. 동물의 피가 하나님의 제단에서 인간의 죄를 속하는 효력을 가진다는 것이 얼마나 신비스러운가? 인류가 그 참혹한 사악함에도 불구하고 이 땅에서 진멸되지 아니한 까닭은 아무 죄 없는 희생제물이 흘린 피 때문이었다는 것이다. 죄악된 인류의 땅 위 생존을 가능케 한 것이 동물들이었다는 사실은 인간을 심히 겸손케 한다. 우리가 동물이라고 부르는 저 가축들이 하나님 앞에서 사람을 대신하여 수천 년 동안 속죄의 제물로 바쳐진 역사 앞에 머리를 숙여야 할 것이다. 동물의 피가 이렇게 값질진대 사람의 피는 얼마나 귀한가? 사람의 피가 사람의 죄를 대속할 수 있다는 생각이 바로 예수 그리스도의 십자가에서 흘리신 피에 대한 믿음의 근원이 된다.

17 ¹⁵ 또 스스로 죽은 것이나 들짐승에게 찢겨 죽은 것을 먹은 모든 자는 본토인이거나 거류민이거나 그의 옷을 빨고 물로 몸을 씻을 것이며 저녁까지 부정하고 그 후에는 정하려니와 ¹⁶ 그가 빨지 아니하거나 그의 몸을 물로 씻지 아니하면 그가 죄를 담당하리라.

III.

3) 사람의 손으로 도살하지 않은 동물에 관한 규정 ● 17:15-16

이 단락은 제사용 혹은 식용으로 의도적으로 도살된 가축과 야생짐승이 아니라 자연사한 동물이나 사고로 죽은 동물의 고기를 먹는 문제를 다룬다. 이런 경우 피를 정당하게 처리하지 못한 상태이기 때문에, 원인 불명으로 죽은 동물의 고기를 먹는 것은 의식적儀式的 부정함을 자초하는 일이다. 부지중에 먹은 자는 몸을 씻어야 하나 저녁까지는 부정할 것이다. 이 규정은 원인 불명으로 죽은 동물의 고기를 전혀 먹을 수 없다는 규정보다는 다소 완화된 것이다. 그러나 제사장은 어떤 경우에도 원인 불명으로 죽은 동물의 사체를 고기로 먹을 수 없다.²²:⁸ 전체적으로 이 규정은, 먹을 수 없는 동물의 사체를 비고의적으로 먹거나 그것에 접촉한 자가 어떻게 정결해질 수 있는지를 규정하는 11:39-40의 반복이다. 만일 동물의 사체를 먹거나 접촉한 자가 몸과 옷을 씻지 아니하면 공동체 전체에 대하여 죄책을 지게 될 것이다.[17:16, 5:1, 7:18] "죄책을 지게 된다"는 표현은 백성으로부터 끊어지는 벌보다는 가벼운 징벌을 의미할 것이다. 즉, 일반 백성의 경우 죽은 동물을 먹는 것이 금지되지는 않았지만 장려되지도 않았다.

요약하면, 레위기 17장은 피를 어떻게 다룰 것인지를 가르치는 데 집중한다. 피가 귀중한 이유는 피는 생명의 정수이기 때문이다. 피는 죄를 속할 수 있는 유일한 물질이다. 하나님의 용서는 피를 흘린 희생제물을 근거로 이루어진다. 이러한 피의 신학 때문에 메시아의 피로 드린 제사의 신학적 의미가 성립되는 것이다. 이 장에서 우리는 불가피하게 숱한 도살행위를 요구했던 구약 희생제의 가운데서도 '생명의 존엄성'을 강조하시는 하나님의 의지를 엿볼 수 있다. 따라서 피에 관한 이상의 규정을 어길 때 그 대가가 자못 심각하고 엄중하다. 16절의 "죄를 진다"는 규정을 제외하고는 피에 관한 계명에 불순종하면 한결같이 백성들로부터 끊어지는 중형이 선고되었음을 기억해야 한다. 즉, 피 흘리는 죄를 범한 자의 죄책을 뒤집어쓴다는 것이다.[17:4] 피 흘리는 죄는 살인자의 죄책과 같은 등급의 죄책을 초래한다. "만일 이스라엘 집 사람이나 그들 중에 거하는 이방의 거류민이 피를 먹는다면, 나는 내 얼굴을 피를 먹은 그 사람에게 향하여[against] 그를 그의 백성으로부터 끊어 낼 것이다."[17:10, 저자 사역] 여기서 "하나님의 얼굴을 누구에게로 향한다"는 표현은 아주 격렬한 하나님의 진노, 곧 되돌이킬 수 없는 엄중한 조치를 의미한다. 전체적으로 레위기 17장의 피에 관한 율법은 이스라엘의 희생제의를, 다른 인근 족속들의 피로 범벅된 희생제의와는 사뭇 다른 길로 발전하도록 만들었다. "피를 먹지 말라"는 이 계명에 부응하기 위해 유대인들은 피를 온전히 제거하고 만든 코쉐르[Kosher] 음식만을 고집한다.[4]

이 코쉐르 음식이 국가도 없는 유대인을 2,000년 동안 공동체로 결속시켜 준 계명이 된다. 그들은 코쉐르 음식을 나누면서 공동체적 결속감과 친밀감을 보전해 왔다.

거룩한 백성의 길: 문란한 성생활을 발본색원하라 ●18장

적용 대상으로 구분하자면 1-17장은 주로 제사장 성무 지침서 정도의 기능을 갖고 있으며, 18-27장은 일반 백성의 생활 지침과 같은 기능을 갖는다. 1-17장이 주로 의식적 거룩함 혹은 제의적 의義를 다룬다면, 18-27장은 실제 일상생활의 의로움과 거룩함을 다룬다. 그중에서도 18-20장은 자기완결적 단락을 이룬다. 18-19장은 가정과 공동체 안에서 구현되어야 할 거룩함과 의로움을 다루고, 20장은 이 기준에 미치지 못할 때 초래되는 심각한 처벌 규정을 다룬다.

18

¹ 여호와께서 모세에게 말씀하여 이르시되 ² 너는 이스라엘 자손에게 말하여 이르라. 나는 여호와 너희의 하나님이니라. ³ 너희는 너희가 거주하던 애굽 땅의 풍속을 따르지 말며 내가 너희를 인도할 가나안 땅의 풍속과 규례도 행하지 말고 ⁴ 너희는 내 법도를 따르며 내 규례를 지켜 그대로 행하라. 나는 너희의 하나님 여호와이니라. ⁵ 너희는 내 규례와 법도를 지키라. 사람이 이를 행하면 그로 말미암아 살리라. 나는 여호와이니라.

1) 고대 근동의 종주-봉신 조약을 닮은 계약 구문 ●18:1-5

18:1-5은 고대 근동의 종주-봉신 조약 구문과 유사하다. 이 구조는 주로 출애굽기와 신명기에 현저하지만 레위기 18:1-5에서도 분명하게 나타난다. 서언preamble에 해당하는 말이 "나는 너희 하나님 야웨다"라는 선언이다. 이 선언의 원래 형태는 출애굽기 20:2이다. "나

는 너를 애굽의 종 되었던 집에서 이끌어 낸 너희 하나님 야웨다." 역사적 서론(은혜로운 과거사 회고)은 "네가 거하였던 애굽"이라는 말 속에 집약되어 있다. 기본 조항은 "애굽 땅의 풍속과 가나안 땅의 풍속과 규례를 따르지 말고 나의 법도와 규례[5]를 따르며 나의 규례를 지켜 그대로 행하라"는 명령이다.[11:44-45] 세부 조항은 6-23절에 명시된다. 주로 가나안 및 애굽에서 자행되는 성적 문란의 예를 제시하며 엄중하게 금지하는 계명들이다. 축복 조항은 5절 "살리라"에 나타난다. 저주 조항은 24-30절에 나타난다. "가나안 땅이 성 문란으로 땅을 더럽힌 원주민을 토해 내듯이 너희들도 토해 내리라." 땅을 더럽히는 죄악은 땅으로부터 토해 냄을 초래한다는 땅신학의 저주가 18장을 지배한다.

레위기 저자가 이처럼 종주-봉신 조약의 틀로 거룩한 일상생활 지침을 망라하는 까닭은, 앞으로 열거될 명령들이 하나님과의 언약 관계를 지탱시키는 데 결정적인 중요성을 갖는다는 것을 강조하기 위함이다. 레위기를 '하나님 나라 신학'으로 이해해야 하는 이유가 여기에 있다. 레위기에 따르면 하나님의 다스림 속에 사는 백성이 성취해야 할 결정적인 자질이 '거룩함'이다. 거룩하신 하나님과의 사귐과 교제, 그리고 하나님의 언약적 요구에 응답하는 일상생활이 누적되다 보면, 이스라엘은 열방 중에서 비길 데 없이 구별되는 거룩한 나라로 성장해 가도록 되어 있다. 하나님의 통치권은 이 거룩한 공동체에 실재화된다. 하나님은 이스라엘을 다스림으로써 온 세계를 다스리려고 하신다. 그래서 먼저 이스라엘을 통치하려고 그들을 애굽 종 되었던 집에서 이끌어 내셨다.[출 20:2] 모세오경 내내 반복되는 후렴은, "나는 이스라엘을 애굽 땅 종 되었던 집에서 해방시킨 야웨 하나님"이다. 특히 레위기 18-26장에서 아주 빈번하게 발견되는 "나는 (애굽 땅 종 되었던 집에서 너희를 이끌어 낸) 너희 하나님 야웨"라는 후렴구는,[6] 이스라엘에 대한 하나님의 왕적 통치의 정당성을 강조한다.

앞에서 이미 언급했듯이 이 구절은 야웨 하나님의 왕적 다스림의 근거가 되는 은혜로운 전사前史를 회상시키는 데 사용된다. 이스라엘 백성에 대한 야웨의 왕권의 근거는 출애굽 구원에 있다는 것을 부단히 상기시킴으로써, 출애굽이야말로 이스라엘 역사의 토대임을 일깨워 준다. 즉, 출애굽 구원이 야웨를 이스라엘의 왕으로 만들었음을 선포하고, 이스라엘은 야웨 하나님의 절대주권적 통치에 응답하고 순종해야 함을 강조한다. 하나님이 이스라엘 백성을 다스릴 권리를 가지신 왕이라면 이스라엘의 복종을 기대할 수 있고, 복종을 기대하려면 일련의 계명을 주서야만 한다. 18장 이하의 계명은 출애굽 구원을 통해 이스라엘의 왕이 되신 바로 그 왕의 계명인 것이다.

이스라엘이 하나님의 다스림 아래 산다는 것은, 애굽의 풍습과 가나안 땅의 풍습과 규례와 법도를 따르지 않는다는 것을 의미한다.젤 20:11, 18-19 규례와 법도는 종교와 신관을 반영한다. 하나님에 대한 신앙은 법도와 규례와 문화 속에 스며들게 마련이다. 이방신의 요구는 이방인의 법도와 규례 속에 반영되어 있다. 이처럼 종교는 개인의 외적인 삶, 공동체 문화 및 양심을 조형하고 지배한다. 성생활과 가정생활, 공동체 생활 등에서 이스라엘은 애굽과 가나안의 풍습, 법도 및 규례를 따르지 말아야 한다. 이방인의 습속과 법도를 배척하고 하나님의 법도와 규례를 따르는 길이 이스라엘 백성이 '사는 길'이며 또 이 땅에 존재해야 할 근거다. 이스라엘이 하나님의 백성으로 사는 길은 이 외에 없다. 여기서 '산다'는 말은 구체적으로 "가나안 땅을 차지하며 하나님의 백성 공동체를 이루면서 산다"는 것을 의미한다. 더 나아가서 하나님의 약속된 복을 받아 누리는 것을 의미한다.18:24-30, 26:3, 신 28:1-14, 15-68, 30:15-16 7 따라서 18:5의 "살리라" 하는 말씀은 계약 함의적인 용어로 이해하는 것이 옳다. 하나님의 계명에 불순종했을 때 엄습하는 저주들은 26:14-39에 자세히 나열되어 있다. 하나님의 계명은 지키면 살고 불복종하면 죽음을 초래하는 계명이다.^{창 2:16-17} 하나님의 계명은 죽지 않기 위하여 준행해야 할 생명의 계명인 것이다.^{8:35, 10:6, 7, 9, 15:31, 16:2, 13, 출 28:35, 43, 30:20, 21} 이처럼 하나님의 계명은 이스라엘에게 사활적 중요성을 갖는다.

거룩한 백성의 성관계가 넘어서는 안 될 경계선 ●18:6-30

18 ⁶ 각 사람은 자기의 살붙이를 가까이 하여 그의 하체를 범하지 말라. 나는 여호와이니라. ⁷ 네 어머니의 하체는 곧 네 아버지의 하체이니 너는 범하지 말라. 그는 네 어머니인즉 너는 그의 하체를 범하지 말지니라. ⁸ 너는 네 아버지의 아내의 하체를 범하지 말라. 이는 네 아버지의 하체니라. ⁹ 너는 네 자매 곧 네 아버지의 딸이나 네 어머니의 딸이나 집에서나 다른 곳에서 출생하였음을 막론하고 그들의 하체를 범하지 말지니라. ¹⁰ 네 손녀나 네 외손녀의 하체를 범하지 말라. 이는 네 하체니라. ¹¹ 네 아버지의 아내가 네 아버지에게 낳은 딸은 네 누이니 너는 그의 하체를 범하지 말지니라. ¹² 너는 네 고모의 하체를 범하지 말라. 그는 네 아버지의 살붙이니라. ¹³ 너는 네 이모의 하체를 범하지 말라. 그는 네 어머니의 살붙이니라. ¹⁴ 너는 네 아버지 형제의 아내를 가까이 하여 그의 하체를 범하지 말라. 그는 네 숙모니라. ¹⁵ 너는 네 며느리의 하체를 범하지 말라. 그는 네 아들의 아내이니 그의 하체를 범하지 말지니라. ¹⁶ 너는 네 형제의 아내의 하체를 범하지 말라. 이는 네 형제의 하체니라. ¹⁷ 너는 여인과 그 여인의 딸의 하체를 아울러 범하지 말며 또 그 여인의 손녀나 외손녀를 아울러 데려다가 그의 하체를 범하지 말라. 그들은 그의 살붙이이니 이는 악행이니라. ¹⁸ 너는 아내가 생존할 동안에 그의 자매를 데려다가 그의 하체를 범하여 그로 질투하게 하지 말지니라. ¹⁹ 너는 여인이 월경으로 불결한 동안에 그에게 가까이 하여 그의 하체를 범하지 말지니라. ²⁰ 너는 네 이웃의 아내와 동침하여 설정하므로 그 여자와 함

께 자기를 더럽히지 말지니라. ²¹ 너는 결단코 자녀를 몰렉에게 주어 불로 통과하게 함으로 네 하나님의 이름을 욕되게 하지 말라. 나는 여호와이니라. ²² 너는 여자와 동침함 같이 남자와 동침하지 말라. 이는 가증한 일이니라. ²³ 너는 짐승과 교합하여 자기를 더럽히지 말며 여자는 짐승 앞에 서서 그것과 교접하지 말라. 이는 문란한 일이니라. ²⁴ 너희는 이 모든 일로 스스로 더럽히지 말라. 내가 너희 앞에서 쫓아내는 족속들이 이 모든 일로 말미암아 더러워졌고 ²⁵ 그 땅도 더러워졌으므로 내가 그 악으로 말미암아 벌하고 그 땅도 스스로 그 주민을 토하여 내느니라. ²⁶ 그러므로 너희 곧 너희의 동족이나 혹은 너희 중에 거류하는 거류민이나 내 규례와 내 법도를 지키고 이런 가증한 일의 하나라도 행하지 말라. ²⁷ 너희 전에 있던 그 땅 주민이 이 모든 가증한 일을 행하였고 그 땅도 더러워졌느니라. ²⁸ 너희도 더럽히면 그 땅이 너희가 있기 전 주민을 토함 같이 너희를 토할까 하노라. ²⁹ 이 가증한 모든 일을 행하는 자는 그 백성 중에서 끊어지리라. ³⁰ 그러므로 너희는 내 명령을 지키고 너희가 들어가기 전에 행하던 가증한 풍속을 하나라도 따름으로 스스로 더럽히지 말라. 나는 너희의 하나님 여호와이니라.

먼저 가나안의 문란한 성적 풍습과의 단절을 명령하는 규례들이다. 그것은 이스라엘의 성적 활동이 범할 수 없는 경계선을 제시한다. 6-18절은 가까운 친인척 사이에 벌어져서는 안 될 성관계를 규정하고, 19-20절은 정당한 결혼관계에서 지켜야 할 성적 활동의 경계선을 제시하며 아울러 일체의 혼외 성관계를 금지한다. 21-23절은 변태적이고 사악한 성관계를 단죄하고, 24-30절은 이런 금지의 경계선을 넘어 버리는 공동체에 대한 하나님의 엄중한 심판을 선포한다. 성적 권리가 인권의 핵심 조항으로 떠오르는 현대의 난잡한 성문화를 강력하게 단죄하는 본문이다. 문화인류학적으로 볼 때 성경은 성교는 결혼 안에서 허용되는 축복임을 전제하고 있다.^{창 24:67, 출 22:16-17} 또한 일부다처제를 묵인하거나 때로는 전제하고 있다.

근친상간 금지. 본문은 근친상간을 중대한 범죄라고 규정한다.[8] 은밀한 억압적 근친상간이나 공공연한 근친상간 모두를 전제하고 있다. 참고로 6-18절에 범해지는 각각의 죄악에 대한 징벌은 20장에 나온다. 성관계가 일어날 수 있는 가장 가까운 관계인 모자관계를 다루는 7절에서 시작하여 상대적으로 가장 먼 관계인 남편-처형/처제 사이에 벌어지는 성관계를 단죄하는 18절로 끝난다. 레위기 본문은 당시에 가나안 땅에 만연한 성적 타락을 비타협적인 어조로 정죄한다. 문화와 인권의 이름으로 성적 방종과 일탈이 너무나 쉽게 정당화되고 옹호되는 현대 문화에 드센 경종을 울린다. 들을 귀 있는 자는 들을지어다! 구약성경은 고결한 도덕윤리나 모범적인 의인들의 이야기로 가득 차 있기보다는 인간성이 도달한 최악, 최저의 도덕적 무정부 상황을 상정하고 대면한다. 하나님은 성적 일탈과 왜곡이 인간 안에 있는 하나님의 형상을 파괴하는 중대한 죄악임을 강조하신다.

혼외 성관계 금지. 19절은 "월경 중에 있는 아내와 성관계를 맺지 말라"고 명령한다. 여인의 유출물을 불결하다고 간주하는 레위기 율법에 의하면 이런 금지는 자연스러운 논리적 귀결이다. 부지중에 일어난 성관계는 용서받을 수 있지만 의도적인 불복종은 부부 둘 다 백성 중에서 끊어지는 징벌을 받게 된다.[20:18] [9] 성욕을 이기지 못하고 의도적으로 자신을 부정케 하는 행위에 대한 가혹한 징벌인 셈이다. 20절은 간음을 단죄한다. 간음은 부부 사이의 한 몸 됨의 원리를 파괴하는 죄악이기 때문이다.

변태적·우상숭배적 성관계 금지. 자녀를 몰렉[Molech] 우상(고대 이스라엘의 가나안 정착 시대 내내 시리아-가나안 일대에서 왕실의 후원까지 받으며 융성했던 다산과 풍요의 제의로 인신희생제사를 요구했다)에게 불태워 바치는 행위는 영적 간음 행위와 같다. 언뜻 보면 이 계명

레

은 변태적인 성적 결합을 정죄하는 단락에 어울리지 않는 것처럼 보인다. 이 몰렉 숭배 단죄가 성적 일탈과 타락 단죄 단락에 배치되어 있는 이유를 두 가지로 생각해 볼 수 있다. 첫째, 몰렉 제의가 음란한 의식을 포함하였을 가능성이다. 둘째, 우상에게 아들을 태워 바치는 행위는 영적 음란이라고 보는 입장이다. 어떤 이유도 정당하다. 결국 아들 학대는 영적 간음의 절정일 것이다. 22절은 동성애를 단죄한다. 23절은 수간獸姦을 단죄한다. 동성애는 물론 수간까지 장려하고 선전하는 수많은 포르노 사이트가 판을 치고 있는 사이버 세대를 향한 거침없는 규탄이다. 성적 탐닉으로 비인간화되어 가는 현실에 하나님의 말씀은 격렬하게 분노한다. 자신의 동성애 성향 때문에 괴로워하는 많은 청소년이나 심지어 그런 성향 때문에 가족이나 자신이 속한 사회로부터 흉악범죄자 취급을 당하는 오늘날의 동성애자들의 인권에 대한 존중은 마땅하다. 그렇다고 동성애나 양성애를 옹호하는 유럽발 성문화 풍조는 성경 본문에 따르면 옹호될 수 없다. 아무리 대다수가 동성애가 옳다고 주장해도 하나님의 창조 질서를 훼손해 가면서까지 인간의 성적 권리를 무한정 인정하는 것은 옳지 않다.

대파국적 심판. 레위기의 성적 일탈과 타락 단죄 단락은 엄중한 심판 경고로 마무리된다. 집단과 사회를 혼돈의 바다로 빠뜨리는 이 모든 성적 일탈과 타락, 무정부 상황은 하나님이 주신 선물인 땅을 오염시키고, 오염된 땅은 더 이상 이 사악한 죄인들을 견디지 못하고 마침내 거류민들을 토해 내버린다. 이 단락은 가나안 땅의 원주민이 바로 성적 일탈과 타락 때문에 땅을 빼앗겼음을 환기시킨다.창 15:13-15 이스라엘은 가나안 땅을 차지할 때 이 점을 명심해야 한다. 이스라엘 백성도 동일한 죄악을 저지를 때 동일한 운명을 자초한다는 것이다.롬 1:18-19, 24, 26, 27

네 이웃을 네 몸과 같이 사랑하라

: 일상생활에서 구현되는 거룩함 ●19장

19 ¹여호와께서 모세에게 말씀하여 이르시되 ²너는 이스라엘 자손의 온 회중 에게 말하여 이르라. 너희는 거룩하라. 이는 나 여호와 너희 하나님이 거 룩함이니라. ³너희 각 사람은 부모를 경외하고 나의 안식일을 지키라. 나는 너희의 하 나님 여호와이니라. ⁴너희는 헛된 것들에게로 향하지 말며 너희를 위하여 신상들을 부어 만들지 말라. 나는 너희의 하나님 여호와이니라. ⁵너희는 화목제물을 여호와께 드릴 때에 기쁘게 받으시도록 드리고 ⁶그 제물은 드리는 날과 이튿날에 먹고 셋째 날 까지 남았거든 불사르라. ⁷셋째 날에 조금이라도 먹으면 가증한 것이 되어 기쁘게 받 으심이 되지 못하고 ⁸그것을 먹는 자는 여호와의 성물을 더럽힘으로 말미암아 죄를 담당하리니 그가 그의 백성 중에서 끊어지리라. ⁹너희가 너희의 땅에서 곡식을 거둘 때에 너는 밭 모퉁이까지 다 거두지 말고 네 떨어진 이삭도 줍지 말며 ¹⁰네 포도원의 열매를 다 따지 말며 네 포도원에 떨어진 열매도 줍지 말고 가난한 사람과 거류민을 위하여 버려두라. 나는 너희의 하나님 여호와이니라. ¹¹너희는 도둑질하지 말며 속이 지 말며 서로 거짓말하지 말며 ¹²너희는 내 이름으로 거짓 맹세함으로 네 하나님의 이 름을 욕되게 하지 말라. 나는 여호와이니라. ¹³너는 네 이웃을 억압하지 말며 착취하 지 말며 품꾼의 삯을 아침까지 밤새도록 네게 두지 말며 ¹⁴너는 귀먹은 자를 저주하지 말며 맹인 앞에 장애물을 놓지 말고 네 하나님을 경외하라. 나는 여호와이니라. ¹⁵너 희는 재판할 때에 불의를 행하지 말며 가난한 자의 편을 들지 말며 세력 있는 자라고 두둔하지 말고 공의로 사람을 재판할지며 ¹⁶너는 네 백성 중에 돌아다니며 사람을 비 방하지 말며 네 이웃의 피를 흘려 이익을 도모하지 말라. 나는 여호와이니라. ¹⁷너는 네 형제를 마음으로 미워하지 말며 네 이웃을 반드시 견책하라. 그러면 네가 그에 대 하여 죄를 담당하지 아니하리라. ¹⁸원수를 갚지 말며 동포를 원망하지 말며 네 이웃 사랑하기를 네 자신과 같이 사랑하라. 나는 여호와이니라. ¹⁹너희는 내 규례를 지킬지 어다. 네 가축을 다른 종류와 교미시키지 말며 네 밭에 두 종자를 섞어 뿌리지 말며

레

두 재료로 직조한 옷을 입지 말지며 ²⁰만일 어떤 사람이 다른 사람과 정혼한 여종 곧 아직 속량되거나 해방되지 못한 여인과 동침하여 설정하면 그것은 책망을 받을 일이니라. 그러나 그들은 죽임을 당하지는 아니하리니 그 여인이 해방되지 못하였기 때문이니라. ²¹그 남자는 그 속건제물 곧 속건제 숫양을 회막 문 여호와께로 끌고 올 것이요 ²²제사장은 그가 범한 죄를 위하여 그 속건제의 숫양으로 여호와 앞에 속죄할 것이요 그리하면 그가 범한 죄를 사함 받으리라. ²³너희가 그 땅에 들어가 각종 과목을 심거든 그 열매는 아직 할례 받지 못한 것으로 여기되 곧 삼 년 동안 너희는 그것을 할례 받지 못한 것으로 여겨 먹지 말 것이요 ²⁴넷째 해에는 그 모든 과실이 거룩하니 여호와께 드려 찬송할 것이며 ²⁵다섯째 해에는 그 열매를 먹을지니 그리하면 너희에게 그 소산이 풍성하리라. 나는 너희의 하나님 여호와이니라. ²⁶너희는 무엇이든지 피째 먹지 말며 점을 치지 말며 술법을 행하지 말며 ²⁷머리 가를 둥글게 깎지 말며 수염 끝을 손상하지 말며 ²⁸죽은 자 때문에 너희의 살에 문신을 하지 말며 무늬를 놓지 말라. 나는 여호와이니라. ²⁹네 딸을 더럽혀 창녀가 되게 하지 말라. 음행이 전국에 퍼져 죄악이 가득할까 하노라. ³⁰내 안식일을 지키고 내 성소를 귀히 여기라. 나는 여호와이니라. ³¹너희는 신접한 자와 박수를 믿지 말며 그들을 추종하여 스스로 더럽히지 말라. 나는 너희 하나님 여호와이니라. ³²너는 센 머리 앞에서 일어서고 노인의 얼굴을 공경하며 네 하나님을 경외하라. 나는 여호와이니라. ³³거류민이 너희의 땅에 거류하여 함께 있거든 너희는 그를 학대하지 말고 ³⁴너희와 함께 있는 거류민을 너희 중에서 낳은 자 같이 여기며 자기 같이 사랑하라. 너희도 애굽 땅에서 거류민이 되었었느니라. 나는 너희의 하나님 여호와이니라. ³⁵너희는 재판할 때나 길이나 무게나 양을 잴 때 불의를 행하지 말고 ³⁶공평한 저울과 공평한 추와 공평한 에바와 공평한 힌을 사용하라. 나는 너희를 인도하여 애굽 땅에서 나오게 한 너희의 하나님 여호와이니라. ³⁷너희는 내 모든 규례와 내 모든 법도를 지켜 행하라. 나는 여호와이니라.

레위기 19장은 거룩한 백성으로 산다는 것의 일상적 의미를 규명한다. '거룩'은 하나님의 성품을 기준으로 하나님을 닮기 위하여 이 세상과 구별되는 품성, 곧 고결성, 의로움, 자비심, 정결을 말한다. 이스라엘을 거룩한 백성으로 변화시키시려는 하나님의 의지는 출애굽 구원에서부터 점차적으로 드러난다. 이스라엘의 가나안 정착은 여러 족속들이 이미 만들어 놓은 문화적·역사적 맥락 안에서 이루어진다. 이스라엘은 이제 그들과 동일한 문화적 경도 선상에 있으면서도 영적 위도를 달리하는 구별된 삶을 살아야 한다. 전체와 어울리면서 전체로부터 분리되어야 한다. 이 장은 "너희는 거룩하라. 이는 나 여호와 너희 하나님이 거룩함이니라"와 "나는 야웨다"라는 이중적 주조음主調音에 의해 지탱되고 있다. 3-37절의 권면과 명령은 이스라엘을 애굽 땅 종 되었던 집에서 이끌어 내신 하나님의 성품에서 우러나온 명령이요 권면이다.

구약성경 당시 고대의 어떤 종교나 신도 자신을 믿는 백성들에게 거룩하라고 요구한 적이 없다. 거룩한 하나님이 거룩한 백성을 원하시는 이유는 이 거룩해진 백성을 통해서만 하나님의 뜻이 이 세상 만민에게 왜곡 없이 전달되기 때문이다. 거룩하신 하나님은 자기복무적自己服務的이고 자기의 유익을 구하는 이기적이고 변덕스런 이방종교의 신들과는 전혀 다르다. 거룩하신 하나님은 당신이 창조하신 세계와 인간에 대해 계약적인 책임감을 가지고 다스리시는 자기희생적이고 자기공여적인 하나님이다. 하나님이 자신을 내어 주심으로써 이 세상을 생명 공동체로 창조해 내셨다. 하나님의 거룩하신 소진과 희생, 자기 내어 주심이 없으면 이 세상의 창조는 불가능했다. 하나님은 온 마음과 뜻, 힘을 다하여 이 세상을 창조하시고 인간을 사랑하시며, 이스라엘을 사랑하신다. 거룩하신 하나님은 당신을 닮은 한 백성, 한 나라를 원하신다. 그래서 아브라함의 후손이 '큰 민족', 곧 강대한 나라(고이 가돌)가 되기를 바라신다. 그런데 하나님은 이 강대한 나라, 큰 민족이 동시에 거룩한 백성(고이 카도쉬)이 되기를 원하신다. 거룩한 백성만이 거룩하신 하나님의 뜻을 알고 공감하여 그러한 하나님을 온 세상에 전할 수 있기 때문이다. 인류 역사에서 숱하게 명멸한 신들 중 누가 자기 백성에게 "거룩한 백성이 되어 온 세상 만민의 복의 근원이 되라"고 명한 적이 있는가? 이런 엄청난 복음의 명령은 참으로 이 세상을 창조하시고 사랑하시는 참 하나님만이 주실 수 있다.

레위기 문맥에서 이스라엘 백성이 거룩한 백성이 되라는 요구를 받았을 때 그것은 구체적으로 무엇을 의미했을까? 세 가지 정도를 의미했을 것이다. 첫째, 이스라엘은 이전에 속했던 애굽 습속과 종교와 문화, 그리고 앞으로 접촉하게 될 가나안-시리아 습속, 종교, 문화에 결코 동화되어서는 안 된다. 당시 상황에서 애굽, 시리아-가나안 족속들과의 어울림과 교류는 이스라엘의 정체성을 급격하게 무너뜨리는 위험천만한 일이었다. 둘째, 이스라엘은 다른 열방들처럼 전제왕이 지배권을 휘두르고 노예들이 사회 구조의 최하층을 떠받치는 전제왕권-노예제 국가를 지향하지 말아야 한다는 의미다. 사무엘상 8장에서 이스라엘의 유력자들이 "우리도 열방처럼 왕을 세우자"고 선동했을 때, 그것은 야웨 하나님의 왕권을 배척하는 말로 간주되었다. 이스라엘은 영토적인 야심에 의해서든 경제적 이유에서든 어떤 약탈전쟁도 함부로 해서는 안 되며, 상비군 제도와 전제왕권과 무거운 세금을 강요하는 수탈적 관료 제도 등을 받아들여서는 안 된다는 점에서 거룩한 나라가 되어야 한다. 셋째, 가나안 땅은 하나님이 기업으로 주신 땅이며 이 땅의 혜택으로부터 아무도 소외되어서는 안 된다는 의미에서 이스라엘은 거룩한 백성이 되도록 부름을 받았다. 하나님의 선물인 땅의 혜택을 골고루 나누는 형제자매적 우애가 가득 찬 나라가 되라는 의미로 이스라엘은 거룩하라고 명령받은 것이다. 레위기 23-25장의 절기 제도 규정과 희년법은 정치경제학적으로 '거룩한 백성'이 되는 길을 밝혀 두었다. 이처럼 이스라엘은 열방 동화와 열방 흡수에 저항하면서 하나님 품성을 정치, 경제, 법, 문화, 도덕, 종교 제의 등 모든 영역에서 성육화시킬 사명을 부여받았다. 이스라엘의 모든 삶은 거룩하신 하나님의 다스림 아래 있음을 공증하는 데 기여해야 한다.

19:3-10은 종교적 계명들이다. 십계명의 주요 계명을 해설하고 있다. 3절은 제5계명(부모 공경)과 제4계명(안식일 준수)이다. 4절은 제2계명의 부연이다. 5-8절은 화목제물을 드릴 때 유의해야 할 사항을 다시 강조하고 있다. 화목제물은 즉시 먹어야 한다는 점이 강조된다. 화목제물이 나눔의 제물임을 고려해 보면 즉시 나눠 먹어야 하는 제물을 즉시 나누지 않는 것도 죄가 된다. 9-10절도 이웃을 위한 배려와 나눔의 계명이다. 밭모퉁이 이삭은 남겨 두고 떨어진 이삭도 줍지 말고 포도원 열매도 다 수확하지 말고 낙과도 다 줍지 말아야 한다. 가난한 자와 타국인을 위하여 버려 두라. 이 계명은 출애굽 구원을 주신 하나님의 명령이다. 11-12절은 제3, 7, 9계명의 부연설명이다. 도둑질, 거짓말, 속임수는 공동체 구성원의 인격적 결속감과 신뢰를 파괴하는 중범죄다. 13-14절은 불운하고 미약한 이웃들에 대한 학대와 압제를 금지하는 계명이다. 가난한 이웃, 품꾼, 귀먹은 자, 맹인 등은 공동체 구성원 중에서 가장 착취당하거나 이용당하기 쉬운 존재들이다. 15절은 공평무사한 법정 행정과 재판을 강조하는 계명이다. 16절은 이웃을 공공연히 중상모략하는 행위나 이웃을 죽음의 위기에 처하게 만드는 망동을 하지 말 것을 명령한다. 17절은 이웃 사랑의 두 가지 차원을 말한다. 형제를 미워하지 말아야 할 뿐만 아니라, 악행으로 공동체를 무너뜨리는 사람의 잘못을 책망하여 이웃이 초래하는 죄악의 결과를 뒤집어쓰지 않도록 예방하라는 것이다. 18절은 이스라엘 동포 중 누구에게도 보복하지 말고

앙심도 품지 말고 대신 자신을 사랑하듯이 사랑하라고 명령한다.

19:19-37도 미시적이고 구체적인 삶의 영역에서 거룩함을 추구하는 것이 무엇인지를 가르쳐 주는 명령들이다. 19절은 "범주를 뒤섞는 결합을 무리하게 추구하지 말라"고 명령한다. 서로 다른 종류의 가축끼리 교배시키지 말고, 한 밭에 두 종류의 곡식을 심지 말며, 두 재료로 직조한 옷을 입지 말아야 한다. 20-22절은 다른 사람에게 (아내로) 팔리기로 약속되었으나 아직 해방되지 못한 여종과 동침하면 죽임을 당하지는 않지만 상응하는 벌을 받을 것이다. 그 남자는 속건제 숫양을 드려 속함 받아야 한다. 23-25절은 가나안 땅 정착 후 그 땅에서 자라는 유실수 열매를 어떻게 다룰 것인지를 규정한다. 3년 동안에는 할례받지 못한 열매라고 간주하여 그것을 따 먹지 말고 4년째는 하나님께 바치고 5년째부터 따먹을 수 있다.

26-28절은 영매술이나 강신술에 현혹되지 말 것을 명령하며, 나아가서 외모를 단장하는 문제나 육식을 하는 문제에 있어서 인근 족속을 모방하지 말 것을 명령한다. 이와 관련하여 31절은 신접한 자와 박수를 통해 신의 뜻을 알아내려는 시도를 단죄한다. 피째 먹지 말고, 죽은 혼령에게 물어 점을 치는 복술이나 영매술에 빠지면 안 된다. 머리 가를 둥그렇게 깎지 말아야 하며 문신을 하지도 말고 죽은 자를 애도하기 위하여 살을 베지 말아야 한다. 29절은 이스라엘의 딸을 창녀로 타락시켜 전국에 음풍이 불게 해서는 안 된다는 것이다. 땅이 음행과 악행으로 인하여 더럽혀질 것이다. 30절은 안식일과 성소를 공경할 것을 명령한다. 32절은 노인 공경을 통하여 하나님을 공경하도록 명령한다. 33-34절은 이스라엘 땅에 함께 사는 외국인에게 친절하게 대할 것과 이스라엘 자신도 한때 외국인이었음을 늘 기억할 것을 명령한다. 외국인을 동포처럼 친절하게 대우하라는 것이다. 35-36절은 재판이나 상거래 시 공평한 저울추와 도

량형을 사용하라고 명령한다. 36절 하반절과 37절은 이 모든 규례와 법도를 지키도록 요구하시는 하나님의 자기계시 선언이다. 출애굽의 구원 역사를 일으키신 하나님의 권위로 이 모든 규례와 법도를 내리신다는 점을 강조한다. 법도와 규례를 지키고 행하는 곳에서 하나님의 다스림은 위력을 발하며, 하나님이 주시겠다고 약속한 번영과 복이 이스라엘을 가득 채울 것이다.

사형으로 응징하시는 거룩하신 하나님 ●20장

20 [1] 여호와께서 모세에게 말씀하여 이르시되 [2] 너는 이스라엘 자손에게 또 이르라. 그가 이스라엘 자손이든지 이스라엘에 거류하는 거류민이든지 그의 자식을 몰렉에게 주면 반드시 죽이되 그 지방 사람이 돌로 칠 것이요 [3] 나도 그 사람에게 진노하여 그를 그의 백성 중에서 끊으리니 이는 그가 그의 자식을 몰렉에게 주어서 내 성소를 더럽히고 내 성호를 욕되게 하였음이라. [4] 그가 그의 자식을 몰렉에게 주는 것을 그 지방 사람이 못 본 체하고 그를 죽이지 아니하면 [5] 내가 그 사람과 그의 권속에게 진노하여 그와 그를 본받아 몰렉을 음란하게 섬기는 모든 사람을 그들의 백성 중에서 끊으리라. [6] 접신한 자와 박수무당을 음란하게 따르는 자에게는 내가 진노하여 그를 그의 백성 중에서 끊으리니 [7] 너희는 스스로 깨끗하게 하여 거룩할지어다. 나는 너희의 하나님 여호와이니라. [8] 너희는 내 규례를 지켜 행하라. 나는 너희를 거룩하게 하는 여호와이니라. [9] 만일 누구든지 자기의 아버지나 어머니를 저주하는 자는 반드시 죽일지니 그가 자기의 아버지나 어머니를 저주하였은즉 그의 피가 자기에게로 돌아가리라. [10] 누구든지 남의 아내와 간음하는 자 곧 그의 이웃의 아내와 간음하는 자는 그 간부와 음부를 반드시 죽일지니라. [11] 누구든지 그의 아버지의 아내와 동침하는 자는 그의 아버지의 하체를 범하였은즉 둘 다 반드시 죽일지니 그들의 피가 자기들에게로 돌아가리라. [12] 누구든지 그의 며느리와 동침하거든 둘 다 반드시 죽일지니 그들이 가증한 일을 행하였음이라. 그들의 피가 자기들에게로 돌아가리라. [13] 누구든지 여인과

동침하듯 남자와 동침하면 둘 다 가증한 일을 행함인즉 반드시 죽일지니 자기의 피가 자기에게로 돌아가리라. ¹⁴ 누구든지 아내와 자기의 장모를 함께 데리고 살면 악행인즉 그와 그들을 함께 불사를지니 이는 너희 중에 악행이 없게 하려 함이니라. ¹⁵ 남자가 짐승과 교합하면 반드시 죽이고 너희는 그 짐승도 죽일 것이며 ¹⁶ 여자가 짐승에게 가까이 하여 교합하면 너는 여자와 짐승을 죽이되 그들을 반드시 죽일지니 그들의 피가 자기들에게로 돌아가리라. ¹⁷ 누구든지 그의 자매 곧 그의 아버지의 딸이나 그의 어머니의 딸을 데려다가 그 여자의 하체를 보고 여자는 그 남자의 하체를 보면 부끄러운 일이라. 그들의 민족 앞에서 그들이 끊어질지니 그가 자기의 자매의 하체를 범하였은즉 그가 그의 죄를 담당하리라. ¹⁸ 누구든지 월경 중의 여인과 동침하여 그의 하체를 범하면 남자는 그 여인의 근원을 드러냈고 여인은 자기의 피 근원을 드러내었음인즉 둘 다 백성 중에서 끊어지리라. ¹⁹ 네 이모나 고모의 하체를 범하지 말지니 이는 살붙이의 하체인즉 그들이 그들의 죄를 담당하리라. ²⁰ 누구든지 그의 숙모와 동침하면 그의 숙부의 하체를 범함이니 그들은 그들의 죄를 담당하여 자식이 없이 죽으리라. ²¹ 누구든지 그의 형제의 아내를 데리고 살면 더러운 일이라. 그가 그의 형제의 하체를 범함이니 그들에게 자식이 없으리라. ²² 너희는 나의 모든 규례와 법도를 지켜 행하라. 그리하여야 내가 너희를 인도하여 거주하게 하는 땅이 너희를 토하지 아니하리라. ²³ 너희는 내가 너희 앞에서 쫓아내는 족속의 풍속을 따르지 말라. 그들이 이 모든 일을 행하므로 내가 그들을 가증히 여기노라. ²⁴ 내가 전에 너희에게 이르기를 너희가 그들의 땅을 기업으로 받을 것이라. 내가 그 땅 곧 젖과 꿀이 흐르는 땅을 너희에게 주어 유업을 삼게 하리라 하였노라. 나는 너희를 만민 중에서 구별한 너희의 하나님 여호와이니라. ²⁵ 너희는 짐승이 정하고 부정함과 새가 정하고 부정함을 구별하고 내가 너희를 위하여 부정한 것으로 구별한 짐승이나 새나 땅에 기는 것들로 너희의 몸을 더럽히지 말라. ²⁶ 너희는 나에게 거룩할지어다. 이는 나 여호와가 거룩하고 내가 또 너희를 나의 소유로 삼으려고 너희를 만민 중에서 구별하였음이니라. ²⁷ 남자나 여자가 접신하거나 박수무당이 되거든 반드시 죽일지니 곧 돌로 그를 치라. 그들의 피가 자기들에게로 돌아가리라.

III.

일상에서 구현되는 거룩한 백성의 길

20장은 18-19장의 규례와 법도를 지키지 못한 경우 가해지는 하나님의 징벌을 다룬다. 20장은 18-19장의 규례와 법도가 지켜지지 못할 때 한 공동체가 붕괴될 수도 있음을 강조하며 공동체의 존립 자체를 위태롭게 하는 악행에 대하여 극형(사형)을 언도하는 본문이다. 이 장의 첫 단락은 몰렉에게 아이를 바치는 관습과 영매술에 탐닉하는 행습에 대한 단죄다.20:1-8, 27 여기서는 일종의 연좌제가 적용된다는 점이 중요하다. 한 지방에서 자행되는 몰렉 숭배를 공동체가 못 본 체하여 그 숭배자를 죽이지 아니하면 하나님께서 친히 몰렉 숭배자와 그의 가족 그리고 그를 추종한 모든 사람을 처단하실 것이다. 몰렉 숭배는 모종의 음란 제의가 포함된 영매술로서 신접한 자나 박수가 몰렉 제의 제사장 역할을 했을 것이다. 한 공동체의 영적 건강을 유지하기 위해서는 공동체 전체의 공동 노력이 필요하다는 것이다.삿 11장, 왕하 3:27, 23:10

둘째 단락은 이미 18:6-27에서 다뤄진 바 있는 성적 일탈과 타락을 정죄하고 상당한 중형을 선고한다. 결국 이 단락은 제7계명(간음 금지)의 확대된 적용(모든 형태의 일탈된 성관계 단죄)인 셈이다.20:9-21 셋째 단락은 18장의 마지막 단락처럼 땅을 상실케 하는 극악무도한 악행을 단죄하고, 이런 악행으로 인한 이스라엘의 땅 상실 가능성을 암시하고 있다.20:22-23 여기서는 만민과 달라야 하는 선민 이스라엘의 길이 좀 더 강조되고, 이스라엘을 출애굽시키신 하나님의 목적과 의도가 더욱 분명하게 천명되고 있다.20:24-26

16-20장은 "왜 거룩한 백성으로 살아가야 하는가?"와 "거룩한 백성의 삶은 어떠해야 하는가?"에 대한 답을 제시한다. "너희는 거룩하라. 왜냐하면 너희 하나님 나 야웨가 거룩하기 때문이다."19:2 성경이 인류에게 준 가장 위대한 선물은 거룩하신 하나님이다. 거룩하신 하나님과 1,500년 이상 동행한 이스라엘 민족이 산출한 유산

이 바로 구약과 신약이다. 거룩하신 하나님은 죄를 배척하고 미워하시지만 죄 때문에 비천케 된 당신의 백성을 불쌍히 여겨 재활복구의 길을 열어 주시는 자비로우신 하나님이다. 거룩하신 하나님은 자기복무적이거나 막연한 자기숭배를 요구하는 분이 아니라, 인간과 언약을 맺으신 후 그 언약에 근거해 요구하고 당부하고 호소하시는 인격적인 하나님이다. 거룩하신 하나님이 주신 모든 계명을 수행하면 예수 그리스도 같은 인격과 공생애가 나타난다. 구약성경의 하나님, 거룩하신 하나님은 당신의 백성 이스라엘에게 민족주의적, 계급주의적, 인종주의적 기득권을 조금도 허락하지 않으신다. 거룩하신 하나님은 구약성경 내내 아브라함의 후손 이스라엘에게 천하 만민의 복이 되는 민족, 의와 공도를 구현해 천하 만민에게 하나님의 통치를 매개하고 전파하는 나라가 되어 줄 것을 호소하신다. 이 호소에 100퍼센트 응답하신 분이 나사렛 예수, 아브라함의 '그 후손'이다.

이스라엘은 사실상 예수님 같은 사람들의 공동체가 되라는 부름을 받은 것이다. 하나님의 다스림을 받아 사는 백성은 하나님을 닮은 거룩한 백성이 될 수밖에 없다. 이 거룩한 백성은 하나님의 다스림이 지상에 확장되는 거룩한 식민지다. 거룩의 본질은 하나님의 계명에 대한 순종, 곧 하나님의 다스림에 대한 순종에 있다. 거룩한 삶은 질적으로 아주 다르게(자기희생적으로, 자기소진적으로, 타자복무적으로) 살아야 하는 부담과 희생을 요구한다. 거룩한 삶은 무엇을 하지 않는 소극적인 삶이 아니라 하나님의 품성을 닮은 어떤 행동을 적극적으로 행하는 삶이다. 친절, 동정심, 은혜로운 태도 등에 의해 거룩한 성품이 구현된다. 거룩한 삶의 절정에 자기 몸처럼 이웃을 사랑하는 이웃 사랑이 있다. 이 단락의 중심 메시지는 "거룩하라", 그리고 "이웃을 사랑함으로써 거룩한 삶을 완성하라"로 요약된다.

IV.

레위기 21-23장

제사장 나라 이스라엘의 중보자, 제사장의 성결 요건

시내산 계약에서 이스라엘은 모든 언약을 잘 준수하면 제사장 나라와 거룩한 백성이 될 것이라는 선언을 듣는다. '제사장 나라'와 '거룩한 백성'이라고 번역된 히브리어는 각각 '맘므레케트 코하님'과 '고이 카도쉬'다. 맘므레케트 코하님은 직역하면 '제사장들의 왕국'이며 고이 카도쉬는 직역하면 '거룩한 나라'라는 뜻이다.[1] '거룩한 나라'는 나라로서 열방과 전혀 다른 나라라는 뜻이며, 나라의 수준에서 하나님의 거룩함을 반영하는 공동체라는 뜻이다. 거룩한 나라, 고이 카도쉬는 면제년, 희년, 축제절기 등을 통해 가난한 자들이 대규모 발생하는 것을 원천봉쇄하는 나라다. 레위기 17-26장은 고이 카도쉬의 정체성을 여러 가지로 규정하는데, 야웨의 땅 선물 사상이 헌법적 요강으로 작동하는 데에서 이스라엘의 고이 카도쉬적 면모가 가장 잘 드러난다.

한편 '제사장들의 왕국'이란 제사장들의 왕적 지도력이 이끌어 가는 나라라는 말이다. 상비군과 중앙집권적 관료 조직을 거느리는 왕이 다스리는 나라가 아니라, 영적 문민 지도자인 제사장들이 다스리는 나라라는 뜻이다. 역사비평적 관점을 가진 학자들은 이 제사장 나라의 비전이 포로기 이후에 제사장의 영도 아래 유지되던 이스라엘의 제의 공동체를 반영하는 개념이라고 주장한다. 확실히 고이 카도쉬로서의 국가적 비전은 이스라엘 역사의 보다 늦은 시기에 만개했을 성숙한 신학사상이다.

또한 시내산 언약과 율법 체계 안에는 어떤 전제왕권의 자리도 없다는 점을 주목해야 한다. 야웨 하나님의 봉신국가로서 이스라엘의 정체성을 규정하는 모세오경 맥락에서 볼 때, 고이 카도쉬(거룩한 나라), 맘므레케트 코하님(제사장들의 왕국) 사상이 모세 시대에 전혀 불가능했을 사상은 아니라는 점이다. 모세는 이집트에 있을 때부터 이미 제사장들이 실상 나라의 중요한 결정을 좌우하는 상황을 보았을 것이며, 제사장들의 문민 비무장 영적 통치체제를 더 이상적인 국가 형태로 보았을 가능성도 배제할 수 없다. 설령 '제사장들의 왕국', '거룩한 나라'라는 개념의 역사적 기원에 대한 명쾌한 답을 들을 수 없어도, 두 개념은 이스라엘의 역사 전개를 이해하는 데 매우 중요하다.

세계구속사적 맥락에서 볼 때 이스라엘의 국가적 정체성에 대한 이 이중 규정은 이스라엘의 세계선교적 혹은 중보자적인 사명을 가리키는 개념으로, 어떤 시기의 이스라엘에도 적용 가능한 정체성 규정이라고 볼 수 있다. 이 경우에는 '제사장들의 왕국'이라는 말이, 이스라엘은 단지 제사장이라는 특수 계층의 지도력으로 이끌어 가는 나라라는 뜻이 아니라, 이스라엘 민족 전체가 세계 만민에게 제사장적 중보 역할을 하는 나라라는 사실을 강조하는 뜻이 될 것이다. 어떻게 해석하든 제사장은 이스라엘의 민족적 정체성과 사명을 집약하는 중보자적 직분이다. 제각기 자기 행로를 추구하는 나머지 전 인류에 비해 이스라엘은 하나님의 거룩한 멍에 아래 포획된 하나님의 인질이었고, 그중에서 특히 제사장은 거룩하신 하나님을 가까이에서 모시고 섬기기 때문에 언제든지 하나님의 거룩하신 돌격과 돌파의 대상이 된 직분자들이었다. 레위기 10장의 나답과 아비후의 경우에서 보듯이, 제사장은 거룩하신 화염과 밀접하게 동행하는 사람들로서 아주 위험한 직종에 종사하는 중보자들이다. 이들에게 요구되는 덕목은 고도의 성결과 거룩한 품성과 삶이었다. 제사장은 실로 하나님의 거룩한 성품을 반영하는 중보자인 동시에 연약한 인간을 대신하는 중보자로서 이스라엘 백성에게 하나님의 거룩하심을 항상 일깨워야 할 사명을 가진 직분자들이었다. 16-20장이 이스라엘 백성 일반을 위한 거룩의 일상적 구현을 명하는 계명을 담고 있다면, 21-23장은 이스라엘 백성을 위한 중보자 제사장을 위한 특수 계명을 담고 있다. 이 단원의 주제는 "야웨를 가까이에서 모시고 섬기는 사람들을 거룩하게 하시는 야웨 하나님"[21:8, 15, 23, 22:9, 32]이다. 하나님의 거룩하심은 제사장들의 거룩에 의해 구현되고 육화되어야만 한다. 1-15장이 이스라엘 일반 백성을 위한 중보자로서 제사장의 사명과 역할에 치중했다면, 21-23장은 하나님을 위한 중보자로서 제사장의 역할과 사명에 치중한다. 특히 21-22장은 오로지 제사장의 거룩과 성결 요건만을 다루고 있다.

시무 제사장직 유지를 위한 엄격한 성결 요건

상정하는 청중 및 독자의 관점에서 볼 때 21-22장은 이른바 '성결법전'the Holiness Code으로 알려져 있는 레위기 17-26장과 아주 다르다. 레위기 17-26장은 대부분 이스라엘 일반 백성의 거룩한 삶을 위한 명령과 규례들로 가득 차 있는데 비해, 이 두 장은 오로지 제사장의 거룩과 성결 기준만을 다루고 있기 때문이다. 이 두 장의 주제는 네 가지다. 첫째는 어떤 경우든지 죽은 자와의 접촉을 금지하는 엄격한 성결유지 계명(장례식 참석 규제 및 금지), 둘째는 제사장의 배우자 선택 시 가해지는 엄격한 제한 요건, 셋째는 시무 제사장의 신체적인 흠결 및 온전성에 대한 엄격한 규정, 넷째는 제사장 몫의 음식으로 할당된 거룩한 성물을 먹을 수 있는 우선적 성결 요건이다. 시무 제사장의 신체상의 온전함과 드려지는 제물의 흠 없는 온전함은 서로 병행 관계에 놓여 있다.

제사장을 위한 지침[21:1-9]과 대제사장을 위한 지침[21:10-15] 둘 다 장례식 참석 시 있게 될 시체 접촉 상황에 대한 규정에서 시작하여 배우자 선택 문제에 대한 규제로 마무리된다. 21:16-24은 제사장으로 봉직하지 못하게 만드는 신체상의 결점과 장애 문제를 나열한다(21장과 에스겔 44장의 유사성 참조). 22:1-9은 제사장직 시무를 일시적으로 정지시키는 제사장의 정결치 못한 '부정' 상황을 다룬다. 마지막으로 22:10-16은 성물에 대한 제사장의 배타적인 권리를 다룬다. 전체적으로 21:16-22:16은 희생제사를 집전할 수 있고 제사장의 응식인 성물을 먹을 수 있는 두 가지 요건을 다룬다고 볼 수 있다.

22:17-28은 희생제사에 사용되는 제물을 드림으로써 이스라엘의 종교적인 행사에 참여할 수 있는 이스라엘 백성 일반에게 적용되는 다양한 규례를 다룬다. 모든 희생제물은 사지가 멀쩡하고 온전한 동물이어야 하며 어떤 흠도 있어서는 안 된다. 태어난 지 8일이 안된 가축은 희생제물로 사용할 수 없고 어미 동물과 새끼 동물이 같은 날 희생제물로 도살되어서는 안 된다. 22:29-33은 이스라엘 백성이 흔히 개별적으로 드렸던 감사예물[토다(תּוֹדָה)]에 대한 규정을 다룬다.

레위기의 접촉신학: 제사장을 위한 제한과 금지 ●21장

21 ¹ 여호와께서 모세에게 이르시되 아론의 자손 제사장들에게 말하여 이르라. 그의 백성 중에서 죽은 자를 만짐으로 말미암아 스스로를 더럽히지 말려니와 ² 그의 살붙이인 그의 어머니나 그의 아버지나 그의 아들이나 그의 딸이나 그의 형제나 ³ 출가하지 아니한 처녀인 그의 자매로 말미암아서는 몸을 더럽힐 수 있느니라. ⁴ 제사장은 그의 백성의 어른인즉 자신을 더럽혀 속되게 하지 말지니라. ⁵ 제사장들은 머리털을 깎아 대머리 같게 하지 말며 자기의 수염 양쪽을 깎지 말며 살을 베지

말고 ⁶ 그들의 하나님께 대하여 거룩하고 그들의 하나님의 이름을 욕되게 하지 말 것이며 그들은 여호와의 화제 곧 그들의 하나님의 음식을 드리는 자인즉 거룩할 것이라. ⁷ 그들은 부정한 창녀나 이혼 당한 여인을 취하지 말지니 이는 그가 여호와 하나님께 거룩함이니라. ⁸ 너는 그를 거룩히 여기라. 그는 네 하나님의 음식을 드림이니라. 너는 그를 거룩히 여기라. 너희를 거룩하게 하는 나 여호와는 거룩함이니라. ⁹ 어떤 제사장의 딸이든지 행음하여 자신을 속되게 하면 그의 아버지를 속되게 함이니 그를 불사를 지니라. ¹⁰ 자기의 형제 중 관유로 부음을 받고 위임되어 그 예복을 입은 대제사장은 그의 머리를 풀지 말며 그의 옷을 찢지 말며 ¹¹ 어떤 시체에든지 가까이 하지 말지니 그의 부모로 말미암아서도 더러워지게 하지 말며 ¹² 그 성소에서 나오지 말며 그의 하나님의 성소를 속되게 하지 말라. 이는 하나님께서 성별하신 관유가 그 위에 있음이니라. 나는 여호와이니라. ¹³ 그는 처녀를 데려다가 아내를 삼을지니 ¹⁴ 과부나 이혼 당한 여자나 창녀 짓을 하는 더러운 여인을 취하지 말고 자기 백성 중에서 처녀를 취하여 아내를 삼아 ¹⁵ 그의 자손이 그의 백성 중에서 속되게 하지 말지니 나는 그를 거룩하게 하는 여호와임이니라. ¹⁶ 여호와께서 모세에게 말씀하여 이르시되 ¹⁷ 아론에게 말하여 이르라. 누구든지 너의 자손 중 대대로 육체에 흠이 있는 자는 그 하나님의 음식을 드리려고 가까이 오지 못할 것이니라. ¹⁸ 누구든지 흠이 있는 자는 가까이 하지 못할지니 곧 맹인이나 다리 저는 자나 코가 불완전한 자나 지체가 더한 자나 ¹⁹ 발 부러진 자나 손 부러진 자나 ²⁰ 등 굽은 자나 키 못 자란 자나 눈에 백막이 있는 자나 습진이나 버짐이 있는 자나 고환 상한 자나 ²¹ 제사장 아론의 자손 중에 흠이 있는 자는 나와 여호와께 화제를 드리지 못할지니 그는 흠이 있은즉 나와서 그의 하나님께 음식을 드리지 못하느니라. ²² 그는 그의 하나님의 음식이 지성물이든지 성물이든지 먹을 것이나 ²³ 휘장 안에 들어가지 못할 것이요 제단에 가까이 하지 못할지니 이는 그가 흠이 있음이니라. 이와 같이 그가 내 성소를 더럽히지 못할 것은 나는 그들을 거룩하게 하는 여호와임이니라. ²⁴ 이와 같이 모세가 아론과 그의 아들들과 온 이스라엘 자손에게 말하였더라.

IV.

제사장 나라 이스라엘의 중보자, 제사장의 성결 요건

시신을 매장하는 장례식과 배우자 선정(결혼)은 제사장의 성결을 앗아 갈 수 있는 대표적인 두 계기다. 불결하고 더러운 것과의 접촉은 접촉당한 자의 거룩과 성결을 박탈하는 힘을 갖는다. 따라서 부정하고 더러운 것(시신이나 찢겨 죽은 동물의 시체)과의 접촉은 제사장의 거룩과 성결을 위협하고 마침내 그들의 일터인 성소 자체의 신성성을 위협한다. 비록 시체가 그것과 접촉하는 모든 사람을 부정하게 만든다고 믿어졌지만 이스라엘 일반 백성들은 필요하다면 부정해지는 것이 허용되었다. 친족과 부모의 장례식을 치를 때는 시신과의 접촉을 피할 수 없었을 것이다. 또 공동체 내에서 일어난 장례를 치를 때 시체 매장은 불가피한 일이었을 것이다. 하지만 제사장은 그의 부족 공동체 안에서 일반 백성이 죽은 경우에 시체를 위하여 자신을 더럽히지 말아야 한다. 심지어 제사장은 처가의 친족 장례식에는 참여할 수 없었다. 아주 예외적으로, 가까운 친족(직계존비속, 형제, 출가하지 않은 누이)이 죽은 경우에는 제사장도 장례식에 참여할 수 있었다.[겔 44:25] 하지만 대제사장의 경우 어떤 상황에서도 성소를 떠날 수 없었다. 그는 하나님의 위임을 의미하는 관유를 그 머리 위에 부은 바 된 가장 거룩한 대제사장이기에 어떤 형식의 애도도 표현할 수 없다.[21:10-12] 머리를 풀거나 옷을 찢을 수 없다. 성소를 지키는 거룩한 대제사장이기 때문에 어떤 경우든지 자신을 더럽혀서는 안 되므로, 대제사장은 부모의 장례식에조차 참석할 수가 없었다. 거룩한 관유가 그 위에 부어진 바 되어 흐르고 있고 최고의 거룩을 표현하는 영예로운 에봇을 입고 있기 때문이다.

결국 전체적으로 보면 이스라엘의 제사장은 일반인에게 기대되는 전통적인 장례식 참여(봉사) 의무에서 면제된 것이다. 결국 이 율법은 장례식에서 제사장의 역할을 전적으로 배제하는 것이다. 장례식의 핵심은 시신 매장인데, 고대 근동 문명권에서 시신 매장과 장례식에 부여된 과도한 종교적 의미에 비추어 본다면 이스라엘이 제사장과 장례식을 이렇게 멀리 떨어뜨린 것은 매우 인상적인 현상이 아닐 수 없다. 이스라엘이 제사장과 장례식을 분리시키려 한 규정 하나만으로도 고대 근동 문화에 비하여 이미 하나의 거룩한 대항문명을 이루고 있다. 제사장은 죽은 자를 위한 제사장이 아니며 죽은 자에게 무엇인가를 물어야 하는 영매적인 직분자도 아니라는 점을 강조하고 있다. 인간의 시체를 극단적으로 부정하다고 여긴 레위기 접촉신학은 분명, 죽은 자의 제의에 대한 고대 이스라엘의 극단적인 혐오를 반영하는 것이다(몰렉 제의 등). 고대 근동의 다른 종교문화권에서는 죽은 자를 위한 제의가 만연한 현상이었으며, 그런 제의에서 제사장은 아주 중요한 역할을 맡는 것이 통례였다. 그러나 유일신 신앙이 뿌리를 내린 이스라엘에서는 이러한 현상이 부정되고 있다.

그럼에도 불구하고 제사장이 장례의 매장 의식에 참여하면 자신을 더럽혀서 일반 백성처럼 되어 버린다. 그래서 제사장은 심각한 애도를 표현하기 위해 수염을 밀거나 머리를 깎아 대머리처럼 만들지 말아야 하며, 살을 베어 애도를 표하는 일을 해서도 안 된다. 이것은 고대 가나안의 장례식에서 애도를 표현하는 관습이었다.[신 14:1] 제사장은 하나님을 향해 거룩해야 하며 하나님의 이름을 욕되게 하지 말아야 한다. 그들은 화제로 하나님께 음식을 드리는 거룩한 제사장이기 때문이다.

제사장의 이상적인 배우자 후보는 아버지쪽 친족 출신의 처녀였다. 일반 제사장의 경우에는 창녀 출신이나 이혼녀 출신이 아니라면 과부와 결혼할 수도 있었다. 하지만 대제사장의 경우에는 오로지 처녀하고만 결혼할 수 있었다. 그 이유는 분명치 않으나 태어날 후손의 신성성을 확보하기 위함이었는지도 모른다. 신명기 24:1-2을 보면 고대 이스라엘의 이혼 사유는 아내의 명백한 부정이나 간음이었다. 따라서 이혼녀는 곧 간음녀라는 등식이 성립하던 시기에 제사장이 이혼녀와 결혼하는 것이 금지되었다. 이스라엘 백성은 제사장을 거룩하게 여기며 그의 가정의 거룩성을 감독해야 한다. 9절은 비슷한 이유로 제사장의 딸이 행음하여 자신을 속되게 하면 화형을 시켜야 한다고 규정한다. 자신을 속되게 할 뿐만 아니라 제사장인 아버지를 속되게 하여 궁극적으로 하나님을 속되게 하는 결과를 가져오기 때문이다.

제사장의 신체적 온전성을 강조하는 이유는 하나님을 지근의 거리에서 모시고 섬기는 직분자가 최선의 신체적 자질을 갖춘 사람이어야 한다는 생각 때문이었을 것이다. 제물이 흠 없고 점 없는 최선의 동물이어야 하듯이, 제물과 동일시되는 제사장 자신도 최선의 온전한 몸을 드려야 한다. 눈먼 자, 다리를 저는 자, 코가 불완전한 자, 지체를 더한 자, 손발이 부러진 자, 등이 구부러진 자, 키가 못 자란 자, 눈에 백막이 있는 자, 습진이나 버짐이 있는 자, 고환 상한 자 등은 제사장으로 시무할 수 없다. 이들은 휘장 안으로 들어가 봉사할수 없다. 불구나 장애가 하나님의 성소를 더럽힌다고 보았기 때문이다. 한 가지 중요한 사실은 신체적 결함이나 장애에 대한 인격적인 판단이 아니라 기능적인 판단이 이루어지고 있다는 점이다. 요약하자면, 여기서 헌제자와 제물은 동일시된다는 제사신학의 명제가 다시금 되울리고 있음을 본다. 비록 신체상의 장애와 불구 때문에 제사장 봉사를 하지 못한다 하더라도 급료는 받을 수 있었다는 사실이 이를 보여준다. 따라서 제사장의 신체적 온전 요건을 다루는 이 규정이 장애인에 대한 성경의 일반적 생각(편견)이라고 속단해서는 안 된다. 하나님은 장애인을 민망히 여기시며 사랑하신다.

22

¹여호와께서 모세에게 말씀하여 이르시되 ²아론과 그의 아들들에게 말하여 그들로 이스라엘 자손이 내게 드리는 그 성물에 대하여 스스로 구별하여 내 성호를 욕되게 함이 없게 하라. 나는 여호와이니라. ³그들에게 이르라. 누구든지 네 자손 중에 대대로 그의 몸이 부정하면서도 이스라엘 자손이 구별하여 여호와께 드리는 성물에 가까이 하는 자는 내 앞에서 끊어지리라. 나는 여호와이니라. ⁴아론의 자손 중 나병 환자나 유출병자는 그가 정결하기 전에는 그 성물을 먹지 말 것이요 시체의 부정에 접촉된 자나 설정한 자나 ⁵무릇 사람을 부정하게 하는 벌레에 접촉된 모든 사람과 무슨 부정이든지 사람을 더럽힐 만한 것에게 접촉된 자 ⁶곧 이런 것에 접촉된 자는 저녁까지 부정하니 그의 몸을 물로 씻지 아니하면 그 성물을 먹지 못할지며 ⁷해 질 때에야 정하리니 그 후에야 그 성물을 먹을 것이니라. 이는 자기의 음식이 됨이니라. ⁸시체나 찢겨 죽은 짐승을 먹음으로 자기를 더럽히지 말라. 나는 여호와이니라. ⁹그들은 내 명령을 지킬 것이니라. 그것을 속되게 하면 그로 말미암아 죄를 짓고 그 가운데에서 죽을까 하노라. 나는 그들을 거룩하게 하는 여호와이니라. ¹⁰일반인은 성물을 먹지 못할 것이며 제사장의 객이나 품꾼도 다 성물을 먹지 못할 것이니라. ¹¹그러나 제사장이 그의 돈으로 어떤 사람을 샀으면 그는 그것을 먹을 것이며 그의 집에서 출생한 자도 그렇게 하여 그들이 제사장의 음식을 먹을 것이며 ¹²제사장의 딸이 일반인에게 출가하였으면 거제의 성물을 먹지 못하되 ¹³만일 그가 과부가 되든지 이혼을 당하든지 자식이 없이 그의 친정에 돌아와서 젊었을 때와 같으면 그는 그의 아버지 몫의 음식을 먹을 것이나 일반인은 먹지 못할 것이니라. ¹⁴만일 누가 부지중에 성물을 먹으면 그 성물에 그것의 오분의 일을 더하여 제사장에게 줄지니라. ¹⁵이스라엘 자손이 여호와께 드리는 성물을 그들은 속되게 하지 말지니 ¹⁶그들이 성물을 먹으면 그 죄로 인하여 형벌을 받게 할 것이니라. 나는 그 음식을 거룩하게 하는 여호와이니라. ¹⁷여호와께서 모세에게 말씀하여 이르시되 ¹⁸아론과 그의 아들들과 이스라엘 온 족속에게 말하여 이르라. 이스라엘 자손이나 그 중에 거류하는 자가 서원제물이나 자

IV.

제사장 나라 이스라엘의 중보자, 제사장의 성결 요건

원제물로 번제와 더불어 여호와께 예물로 드리려거든 [19] 기쁘게 받으심이 되도록 소나 양이나 염소의 흠 없는 수컷으로 드릴지니 [20] 흠 있는 것은 무엇이나 너희가 드리지 말 것은 그것이 기쁘게 받으심이 되지 못할 것임이니라. [21] 만일 누구든지 서원한 것을 갚으려 하든지 자의로 예물을 드리려 하여 소나 양으로 화목제물을 여호와께 드리는 자는 기쁘게 받으심이 되도록 아무 흠이 없는 온전한 것으로 할지니 [22] 너희는 눈 먼 것이나 상한 것이나 지체에 베임을 당한 것이나 종기 있는 것이나 습진 있는 것이나 비루먹은 것을 여호와께 드리지 말며 이런 것들은 제단 위에 화제물로 여호와께 드리지 말라. [23] 소나 양의 지체가 더하거나 덜하거나 한 것은 너희가 자원제물로는 쓰려니와 서원제물로 드리면 기쁘게 받으심이 되지 못하리라. [24] 너희는 고환이 상하였거나 치었거나 터졌거나 베임을 당한 것은 여호와께 드리지 말며 너희의 땅에서는 이런 일을 행하지도 말지며 [25] 너희는 외국인에게서도 이런 것을 받아 너희의 하나님의 음식으로 드리지 말라. 이는 결점이 있고 흠이 있는 것인즉 너희를 위하여 기쁘게 받으심이 되지 못할 것임이니라. [26] 여호와께서 모세에게 말씀하여 이르시되 [27] 수소나 양이나 염소가 나거든 이레 동안 그것의 어미와 같이 있게 하라. 여덟째 날 이후로는 여호와께 화제로 예물을 드리면 기쁘게 받으심이 되리라. [28] 암소나 암양을 막론하고 어미와 새끼를 같은 날에 잡지 말지니라. [29] 너희가 여호와께 감사제물을 드리려거든 너희가 기쁘게 받으심이 되도록 드릴지며 [30] 그 제물은 그 날에 먹고 이튿날까지 두지 말라. 나는 여호와이니라. [31] 너희는 내 계명을 지키며 행하라. 나는 여호와이니라. [32] 너희는 내 성호를 속되게 하지 말라. 나는 이스라엘 자손 중에서 거룩하게 함을 받을 것이니라. 나는 너희를 거룩하게 하는 여호와요 [33] 너희의 하나님이 되려고 너희를 애굽 땅에서 인도하여 낸 자니 나는 여호와이니라.

이 장은 하나님께서 모세에게, 모세는 아론과 그의 아들들에게, 아론과 그의 아들들은 이스라엘 백성에게 전달하는 계명들을 다룬다. 첫 규례는 모세가 아론과 그의 아들들을 가르쳐 이스라엘이 하나님께 바친 성물을 일반 백성이 먹지 못하도록 금지하는 것이다. "아론과 그의 아들들에게 말하여 그들로 이스라엘 자손이 내게 드리는 그 성물에 대하여 스스로 구별하여 내 성호를 욕되게 함이 없게 하라. 나는 여호와이니라."^{22:2} 그런데 개역개정 성경은 22:2의 히브리어 원문을 불분명하게 번역하고 있다. 마치 성물에 대하여 스스로를 구별해야 할 주체가 아론과 그의 자손인 것처럼 읽힌다. 하지만 원전을 직역하면 다음과 같다. "아론과 그의 아들들에게 말하라. 이스라엘 자손이 나의 성물로부터 그들 스스로를 분리시킬 수 있도록 [말하라]. 이스라엘 자손[그들]이 성별하여 바친 나의 거룩한 이름을 더럽히지 않도록 하기 위하여." 아론과 그의 아들들은 이스라엘 일반 백성이 바친 성물로부터 떨어져 있도록 가르쳐야 한다는 것이다. 자신들이 바친 성물을 다시 먹는 일에 참여해서는 안 된다는 말이다. 만일 이스라엘 일반 백성이 제사장에게 돌아가는 성물을 먹으면 그것은 하나님의 거룩한 이름을 훼손하는 행위가 될 것이기 때문이다. 둘째로, 제사장 중에서 무자격자가 성물을 가까이하거나 먹는 것을 금지한다. 몸이 부정하면서도 이스라엘 자손이 야웨께 바친 성물을 가까이하거나 먹는 사람(제사장)은 이스라엘의 제의 공동체에서 끊어지는 벌을 받을 것이다. (제사장으로서) 나병 환자, 유출병자는 다시 정결해지기 전까지는 먹을 수 없다. 시체 접촉으로 부정해진 자, 설정泄精한 자, 부정한 벌레와 접촉한 모든 자, 부정한 물건과 접촉한 제사장은 저녁까지 부정하며 해 질 녘에 씻은 후에야 정해질 것이다. 제사장들은 하나님께 바쳐진 성물을 먹고 살아야지, 시체나 찢겨 죽은 짐승을 먹어서는 안 된다. 9절은 이 계명의 중요성을 다시금 강조한다. 일종의 삼인칭 명령형으로 제사장들의 준행 의무를 강조한다. "그들(제사장들)은 나의 이 명령을 준행할지어다. 그들이 죄책을 초래하여 그것 때문에 스스로를 속되게 함으로써 죽지 않기 위해서. 나는 그들을 거룩하게 만드는 야웨다."

10-16절은 성물을 먹을 수 있는 권리를 제사장과 그의 직계 가족에게만 국한시킴으로써 제사장의 특권과 신성성을 강조한다. 제사장 집에서 일하는 품꾼이나 객은 성물을 먹을 수 없지만 돈을 주고 산 솔거노예는 제사장의 식구처럼 간주되어 성물을 먹을 수 있다. 제사장의 딸로서 과부가 되어 다시 친정으로 돌아온 자나 미혼 딸인 경우 제사장의 성물을 먹을 수 있다. 그러나 이스라엘 일반 백성이 부지중에 성물을 먹는 경우 속건제를 드려야 할 뿐만 아니라, 피해를 입은 제사장에게 성물의 원래 값어치에다 오분의 일을 더 가산하여 보상해 주어야 한다. 이스라엘 평민이 제사장만이 먹을 수 있는 성물을 먹는 것은 하나님의 거룩한 성호를 더럽히는 일이라고 보았기 때문이다. 하나님께서 그 음식을 거룩하게 구별하셨기 때문이다. 제사장은 그들 자신이 하나님께 성별된 사람이기 때문에 하나님께 구별된 음식을 먹을 수 있다. 먹는 것은 존재를 결정한다. 무엇을 먹느냐가는 어떤 존재가 될 것인가를 결정하는 것이다. 제사장은 거룩한 성물을 먹고 고도의 거룩함을 유지해야 한다. 하나님은 거룩한 것과 속된 것 사이의 경계선을 엄격하게 지키시는 창조주 하나님이시기 때문이다.

17-25절은 일반 백성이 하나님께 자원적으로 바칠 수 있는 예물(감사예물 혹은 서원예물)에 대하여 말한다. 하나님이 평소에 주시는 샬롬(평화와 번영, 건강과 축복)에 대한 감사의 자원예물이다. 이것이 바로 화목제물이다. 화목제물은 흠 없고 점 없는 예물이어야 한다. 소, 양, 염소의 수컷이 자원예물로 드려질 수 있다. 제사장의 신체적 온전함과 건강함이 요구되듯이 화목제물로 바쳐지는 제물도 온전하고 건강해야 한다. 눈먼 것, 상한 것, 지체에 베임을 당한 것, 종기가 있는 것, 습진 걸린 것이나 비루먹은 것, 지체의 수가 더하거나 덜한 것, 고환이 상하거나 치이거나 터지거나 베임을 당한 것은 하나님께

드릴 수 없다(말라기는 이런 병든 짐승을 제물로 바치는 백성들을 규탄한다). 외국인 예배자들로부터도 이런 병든 예물을 받아서는 안 된다. 예물은 하나님의 음식이기 때문이다. 하나님이 친히 육식을 하신다는 것이 아니라, 제물을 드리는 헌제자의 마음, 곧 감사와 헌신과 순종의 마음을 '먹는다'는 말이다. 감사와 자발적인 헌신, 복종의 마음이 하나님을 기쁘고 원기 있게 해드리는 음식이 된다. 자원적인 감사예물은 하나님의 마음을 기쁘게 하는 음식이다.

26-30절은 화목제물을 드릴 때 주의해야 할 세부 지침을 말한다. 태어난 지 이레가 되지 않은 동물은 예물로 드리지 말아야 한다. 어미의 품 안에서 이레 동안은 지낼 수 있게 해야 한다. 또한 어미와 새끼를 같은 날 도살하여 제물로 바치지 말아야 한다. 이 규정은 동물에 대한 최소한의 인도주의적 배려를 드러내고 있는 것처럼 보인다. 화목제물은 제사 드린 날 즉시 먹고 다음 날까지 남겨 두어서는 안 된다. 화목제사는 나눔의 제사이기에, 즉시 나누지 않으면 화목제물이 온전히 드려진 것이 아니라는 의미일 것이다.

31-33절은 21-22장 단락을 종결짓는 계약 공식 구문으로 마무리된다. 하나님은 다시 한 번 하나님의 계명을 준행하라고 명령하시고 호소하신다. 하나님은 이스라엘을 당신의 백성으로 삼기 위하여, 곧 이스라엘의 하나님이 되시려고 그들을 출애굽시킨 하나님임을 강조한다. 하나님은 당신의 백성 중에서 거룩히 여김받기를 원하신다. 또한 하나님은 이스라엘이 열국의 어떤 백성과도 질적으로 다른 거룩한 백성이 되기를 열망하신다. '거룩'은 더 고등한 목적을 위하여 전체로부터 분리된 상태다. 거룩의 반대는 '속됨'인데 그것은 무리 전체와 하나가 되어 독특성을 갖지 못하는 하향평준화를 의미한다. 하나님은 인간이 모시고 섬기는 여러 잡신들과 거룩하게 구별되기를 원하신다. 여러 신들 중 하나로 오해되거나 축소되어 소개되기

를 원하지 않으신다. 하나님의 성호, 거룩한 이름을 속되게 하지 말라고 그렇게 호소하시는 이유는 하나님이 여러 잡신과는 전혀 다른 거룩하신 하나님이기 때문이다. 어떻게 하나님의 성호를 거룩하게 할 것인가? 이스라엘 백성이 거룩한 백성이 되어야 하나님을 거룩하게 모시는 것이며 하나님의 이름을 거룩하게 할 수 있다.^{겔 36:20, 25-}

²⁶ 이스라엘은 인근 가나안이나 애굽의 종교 습속과 접촉하여 스스로 속된 나라가 되지 말아야 한다. 이 공동체적·문화적 거룩 유지의 일차적 책임이 제사장에게 위임되어 있다. 이스라엘의 거룩을 유지하고 보존하는 특별한 사명을 부여받은 직분자가 제사장이다. 따라서 일반 백성에게 제사장은 거룩한 직분자로 인정받아야 한다. 제사장의 거룩 유지야말로 이스라엘이 하나님의 언약백성으로 유지되고 보존되는 데 결정적인 선결 요건이다.

이스라엘의 거룩한 절기: 공동체적 축제 문화 ●23장

23장은 다시 이스라엘 일반 백성에게 직접 공포하는 율법이다. 1년에 한 번 기리는 공동체적인 절기와 기타 주기적인 축일이나 성일에 대해 규정하고 있는데, 유월절과 무교절, 첫 이삭을 바치는 절기, 두 번째 거둔 이삭을 바치는 절기, 일곱째 달 첫날인 나팔절, 대속죄일, 초막절에 관한 규례가 그것이다. 출애굽기 23:12-19도 안식일과 3대 순례절기를 언급하며(무교절, 봄 추수 축제절기, 추수절), 신명기 16:1-17은 유월절과 늦은 봄 순례절^{Festival of Weeks}과 가을 순례절기 ^{Festival of Booths}에 대해 말하고 있다. 23장은 이런 장들과 비슷하지만 다소 독특한 관점에서, 매일 이루어지는 제사와 매주 단위의 안식일 준수, 새 달 축제 및 모든 계절 축제에 대한 규정을 담고 있다. 23장은 민수기 28-29장과 함께, 1년에 걸쳐서 드려지는 희생제사에 대

한 세밀한 규정을 총망라한다. ^출 34:18-26

23

23 ¹ 여호와께서 모세에게 말씀하여 이르시되 ² 이스라엘 자손에게 말하여 이르라. 이것이 나의 절기들이니 너희가 성회로 공포할 여호와의 절기들이니라. ³ 엿새 동안은 일할 것이요 일곱째 날은 쉴 안식일이니 성회의 날이라. 너희는 아무 일도 하지 말라. 이는 너희가 거주하는 각처에서 지킬 여호와의 안식일이니라.

1) 안식일 ●23:1-3

공동체적 절기의 근본 토대는 안식일이다. 이스라엘의 종교축제는 안식일 원리의 신학적 확장이라고 할 수 있다. 이스라엘은 하나님이 정하신 적절한 때에 거룩한 성회 절기[미크라에 코데쉬(מִקְרָאֵי קֹדֶשׁ)]를 선포해야 한다. 이 거룩한 성회 절기에는 노동을 금하거나 절제하고 한곳에 모여야 한다. 그리하여 이스라엘 백성은 공동체성을 드러내며 함께 모여 예배 드리고 함께 거하여야 한다. 가나안 땅 정착 후에는 이스라엘 백성이 지파별, 가문별로 개별적인 삶을 살아가겠지만, 하나님이 정하신 절기 동안에는 거룩한 공동체를 이루어야 한다. 이 모든 절기의 근본인 안식일은 6일 동안 자신의 일을 완수한 후에 맞이하는 거룩한 영적 이완과 몰입의 날이다. 하나님을 향하여 집중적으로 예배하고 몰두함으로써 6일 동안 필요한 노동의 힘을 공급받는 시간이다. 여기서 '일'이라고 번역된 히브리어 멜라카(מְלָאכָה)는 '보내다', '심부름시키다', '보내어 일하게 하다'를 의미하는 라아크(לאַךְ)에서 파생된 말이다. 일은 주인이 종을 보내어 하게 만드는 그것이다.² 안식일 계명이 종과 노예의 인권 보장과 관련이 있다는 것은 우연이 아니다. 안식일은 완전한 휴식의 날이다. 히브리어 샤바트 샤바톤(שַׁבַּת שַׁבָּתוֹן)은 최상급 표현으로 '안식 중의 안식', 혹은 '가장 편안한 안식일'을 의미한다. 그것은 야웨를 '향한'(혹은 '위한') 전면적 노동 금지의 날이요 예배를 위한 몰입의 날이어야 한다. '가장 완전하고 충분한' 안식의 날이어야 한다. 이 말에는 야웨 하나님이 안식일의 근원이라는 의미가 숨어 있다.^{사 58:13-14} 가나안 땅에 정착한 후에도 이스라엘 백성은 그들이 속한 지역에서 안식일을 지켜야 한다. 가나안 농경문화의 리듬 속에서 일주일에 한 번씩 안식하며 외견상 노동생산성을 감소시키는 결단을 하는 것은 지난하였을 것이다. 따라서 안식일은 하나님의 거룩한 명령으로 준행하지 않으면 안 되는 하나님의 복된 선물이었을 것이다.

23 ⁴ 이것이 너희가 그 정한 때에 성회로 공포할 여호와의 절기들이니라. ⁵ 첫째 달 열나흗날 저녁은 여호와의 유월절이요 ⁶ 이 달 열닷샛날은 여호와의 무교절이니 이레 동안 너희는 무교병을 먹을 것이요 ⁷ 그 첫 날에는 너희가 성회로 모이고 아무 노동도 하지 말지며 ⁸ 너희는 이레 동안 여호와께 화제를 드릴 것이요 일곱째 날에도 성회로 모이고 아무 노동도 하지 말지니라.

2) 유월절과 무교절 • 23:4-8

유대인 달력으로 정월 14일 이른 해 질 녘이 유월절이다. 한글성경에서 '유월절'^{Passover}이라고 번역된 히브리어는 페사흐(פֶּסַח)인데, 그것의 의미는 '넘어가다'라는 동사 어근과 관련이 없다. 이 동사의 칼형 파사흐(פָּסַח)는 단순히 '넘어가다', '묵과하다' 이상의 의미를 갖는다. 이 동사는 '울타리에 두 다리를 걸치다', '양다리를 걸치다'를 의미한다.^{왕상 18:21} 이것이 전의되어 '보호하다'를 의미하게 된다.^{사 31:5} 따라서 유월절이라고 번역된 페사흐는 '보호의 예물'^{protective offering}이라고 번역될 수 있다.³ 이런 점에서 보면 유월절은 단지 묵과해 주는 절기라기보다는 적극적인 보호 절기다. 하나님이 이스라엘의 유월절 어린 양 피가 발린 대문을 보호하실 것이며 죽음의 천사로 하여금 그 대문으

로 들어가지 말게 하실 것이다.^{출 12:13} 출 12:13

1월 15-22일 7일 동안 지키는 절기가 무교절이다. 이 무교절을 가리키는 히브리어는 학(חג)이다. 이 단어는 순례절기를 뜻한다. 무교절은 순례 축제절기라는 것이다. 학이라고 명명된 절기는 개인의 집에서 지킬 수 없고 하나의 제의 장소가 필요하다. 아마 이스라엘의 역사 초기에는 각 지파와 가문의 주거지에서 가까운 지방 성소를 순례해서 공동체적으로 축제절기를 기렸을 것이다. 무교절 첫날과 마지막 날은 일하지 말고 총회로 모여야 한다. 이 7일간 화제로 하나님께 예물을 드려야 한다. 그 기간에는 무교병을 먹어야 하는데 어떤 누룩도 이스라엘 내에서 발견되어서는 안 된다. 누룩으로 발효시킬 시간도 없이 급속하게 애굽을 탈출한 사건을 영구적으로 기념하는 의식인 것이다.^{출 12장} 여기서 누룩은 애굽의 영향력을 의미한다고도 볼 수 있는데, 무교병을 먹는 것은 애굽과의 근본적인 단절을 강조한다.

23 ⁹여호와께서 모세에게 말씀하여 이르시되 ¹⁰이스라엘 자손에게 말하여 이르라. 너희는 내가 너희에게 주는 땅에 들어가서 너희의 곡물을 거둘 때에 너희의 곡물의 첫 이삭 한 단을 제사장에게로 가져갈 것이요 ¹¹제사장은 너희를 위하여 그 단을 여호와 앞에 기쁘게 받으심이 되도록 흔들되 안식일 이튿날에 흔들 것이며 ¹²너희가 그 단을 흔드는 날에 일 년 되고 흠 없는 숫양을 여호와께 번제로 드리고 ¹³그 소제로는 기름 섞은 고운 가루 십분의 이 에바를 여호와께 드려 화제로 삼아 향기로운 냄새가 되게 하고 전제로는 포도주 사분의 일 힌을 쓸 것이며 ¹⁴너희는 너희 하나님께 예물을 가져오는 그 날까지 떡이든지 볶은 곡식이든지 생 이삭이든지 먹지 말지니 이는 너희가 거주하는 각처에서 대대로 지킬 영원한 규례니라.

3) 첫 이삭을 바치는 절기 ● 23:9-14

이 단락은 가나안 땅에 들어가 농사를 짓는 상황을 전제한다. 하나님께 바치는 두 가지 예물 중 첫 이삭단 제물인 오메르(עֹמֶר)는 봄에 익는 새 보리 예물이다. 새로운 곡식을 사람이 먹기 전에 하나님께 바치는 것이다. 안식일 혹은 축제일 이튿날에 제사장은 이 이삭단을 흔들어 하나님께 열납되도록 바쳐야 한다. '흔들었다'는 것은 하나님께 바치겠다는 공적인 의사표시일 수도 있다.탈무드「미쉬나 메나호트」5:1 참조 이때 1년 되고 흠 없는 숫양을 번제로 드려야 한다. 또 기름 섞은 고운 가루로 과자를 구워 하나님께 예물로 바쳐야 한다. 아울러 포도주도 전제로 부어져야 한다.

23 ¹⁵안식일 이튿날 곧 너희가 요제로 곡식단을 가져온 날부터 세어서 일곱 안식일의 수효를 채우고 ¹⁶일곱 안식일 이튿날까지 합하여 오십 일을 계수하여 새 소제를 여호와께 드리되 ¹⁷너희의 처소에서 십분의 이 에바로 만든 떡 두 개를 가져다가 흔들지니 이는 고운 가루에 누룩을 넣어서 구운 것이요 이는 첫 요제로 여호와께 드리는 것이며 ¹⁸너희는 또 이 떡과 함께 일 년 된 흠 없는 어린 양 일곱 마리와 어린 수소 한 마리와 숫양 두 마리를 드리되 이것들을 그 소제와 그 전제제물과 함께 여호와께 드려서 번제로 삼을지니 이는 화제라. 여호와께 향기로운 냄새며 ¹⁹또 숫염소 하나로 속죄제를 드리며 일 년 된 어린 숫양 두 마리를 화목제물로 드릴 것이요 ²⁰제사장은 그 첫 이삭의 떡과 함께 그 두 마리 어린 양을 여호와 앞에 흔들어서 요제를 삼을 것이요 이것들은 여호와께 드리는 성물이니 제사장에게 돌릴 것이며 ²¹이 날에 너희는 너희 중에 성회를 공포하고 어떤 노동도 하지 말지니 이는 너희가 그 거주하는 각처에서 대대로 지킬 영원한 규례니라. ²²너희 땅의 곡물을 벨 때에 밭 모퉁이까지 다 베지 말며 떨어진 것을 줍지 말고 그것을 가난한 자와 거류민을 위하여 남겨두라. 나는 너희의 하나님 여호와이니라.

4) 두 번째 거둔 곡식을 바치는 절기 ●23:15-22

이 절기는 순례절기가 아니라 이스라엘 백성이 사는 각 처소에서 기리고 준수할 절기다. 첫 이삭단을 요제로 드린 그날부터 일곱 안식일을 지낸 이튿날, 곧 50일 만에 새 소제를 하나님께 드려야 한다. 고운 가루에 누룩을 넣어 만든 유교병 두 덩이를 만들어 요제로 드려야 한다. 이 외에도 이때 드리는 제물은 꽤 복잡하고 다양하다. 1년 된 흠 없는 어린 양 일곱 마리, 어린 수소 한 마리, 숫양 두 마리를 소제와 전제물과 함께 드려야 한다. 이 희생동물을 번제로, 곧 화제로 바쳐야 한다. 특히 첫 이삭에서 나온 떡과 어린 양을 야웨 앞에 흔들어 요제를 삼아야 한다. 요제로 삼은 제물은 제사장의 몫으로 할당된다. 추수할 때, 밭을 가진 사람은 밭모퉁이까지 다 베지 말고 남겨 두어야 하며 떨어진 이삭을 줍지 말아야 한다.^{19:9-10} 우리의 사유재산 안에는 하나님이 가난한 자와 거류민을 위해 지정하신 밭고랑이나 이삭이 포함되어 있다는 것이다. 하나님께 바치는 예물은 이웃 사랑을 위한 나눔 안에서 완성된 제사가 된다. 하나님을 향한 예물과 축제절기는 이웃과 거류민에 대한 사회복지적 배려에서 완성된다.

23

23 여호와께서 모세에게 말씀하여 이르시되 **24** 이스라엘 자손에게 말하여 이르라. 일곱째 달 곧 그 달 첫 날은 너희에게 쉬는 날이 될지니 이는 나팔을 불어 기념할 날이요 성회라. **25** 어떤 노동도 하지 말고 여호와께 화제를 드릴지니라. **26** 여호와께서 모세에게 말씀하여 이르시되 **27** 일곱째 달 열흘날은 속죄일이니 너희는 성회를 열고 스스로 괴롭게 하며 여호와께 화제를 드리고 **28** 이 날에는 어떤 일도 하지 말 것은 너희를 위하여 너희 하나님 여호와 앞에 속죄할 속죄일이 됨이니라. **29** 이 날에 스스로 괴롭게 하지 아니하는 자는 그 백성 중에서 끊어질 것이라. **30** 이 날에 누구든지 어떤 일이라도 하는 자는 내가 그의 백성 중에서 멸절시키리니 **31** 너희는 아무 일도 하지 말라. 이는 너희가 거주하는 각처에서 대대로 지킬 영원한 규례니라. **32** 이는 너희가 쉴 안식일이라. 너희는 스스로 괴롭게 하고 이 달 아흐렛날 저녁 곧 그

저녁부터 이튿날 저녁까지 안식을 지킬지니라.

5) 7월 월삭 절기, 나팔절과 대속죄일 ● 23:23-32

유대력으로 7월은 가장 거룩한 달이다. 나팔절, 대속죄일, 초막절이 모두 7월에 들어 있다. 나팔절은 큰 나팔소리로 기념해야 하는 절기다.[민 29:1] 이 큰 나팔소리는 앞으로 곧 있을 큰 순례절기(초막절)를 준비시키는 기능을 한다.[시 81:4] 대속죄일은 7월 10일이다. 대속죄일에 대한 세부 지침은 레위기 16장에 기술되어 있다. 대속죄일은 성소를 깨끗하게 청소하여 다시 거룩하게 구별하는 날이다. 대속죄일 역시 초막절 절기를 준수하기 위한 성소 대청소의 날일 것이다.

23 [33] 여호와께서 모세에게 말씀하여 이르시되 [34] 이스라엘 자손에게 말하여 이르라. 일곱째 달 열닷샛날은 초막절이니 여호와를 위하여 이레 동안 지킬 것이라. [35] 첫 날에는 성회로 모일지니 너희는 아무 노동도 하지 말지며 [36] 이레 동안에 너희는 여호와께 화제를 드릴 것이요 여덟째 날에도 너희는 성회로 모여서 여호와께 화제를 드릴지니 이는 거룩한 대회라. 너희는 어떤 노동도 하지 말지니라. [37] 이것들은 여호와의 절기라. 너희는 공포하여 성회를 열고 여호와께 화제를 드릴지니 번제와 소제와 희생제물과 전제를 각각 그 날에 드릴지니 [38] 이는 여호와의 안식일 외에, 너희의 헌물 외에, 너희의 모든 서원제물 외에 또 너희의 모든 자원제물 외에 너희가 여호와께 드리는 것이니라. [39] 너희가 토지 소산 거두기를 마치거든 일곱째 달 열닷샛날부터 이레 동안 여호와의 절기를 지키되 첫 날에도 안식하고 여덟째 날에도 안식할 것이요 [40] 첫 날에는 너희가 아름다운 나무 실과와 종려나무 가지와 무성한 나무 가지와 시내 버들을 취하여 너희의 하나님 여호와 앞에서 이레 동안 즐거워할 것이라. [41] 너희는 매년 이레 동안 여호와께 이 절기를 지킬지니 너희 대대의 영원한 규례라. 너희는 일곱째 달에 이를 지킬지니라. [42] 너희는 이레 동안 초막에 거주하되 이스라엘에서 난 자는 다 초막에 거주할지니 [43] 이는 내가 이스라엘 자손을 애굽 땅에서 인도하여

내던 때에 초막에 거주하게 한 줄을 너희 대대로 알게 함이니라. 나는 너희의 하나님 여호와이니라. ⁴⁴모세는 이와 같이 여호와의 절기를 이스라엘 자손에게 공포하였더라.

6) 초막절 ● 23:33-44

7월 15-22일이 초막절이다. 불로 태운 제물을 드리는 것, 성회로 모이는 것, 총회로 모이는 날에는 노동을 하지 않는 것 등 전체적으로 무교절과 비슷하지만 순례절기인 초막절은 나름의 특징이 있다. 나뭇가지를 들고 7일 동안 하나님을 즐거워하며 초막 안에서 살아야 한다. 이스라엘 백성은 오로지 초막절에만 즐거워하라는 명령을 듣는다. 야웨 하나님의 출애굽 구원을 공동체적으로 즐겁고 감미롭게 기억하라는 뜻이다. 가나안 정착생활에 익숙한 이스라엘 백성이 다시 출애굽 1세대의 광야생활을 추체험함으로써 하나님의 출애굽 구원을 실연하고 재현하라는 뜻이다. 초막은 가나안의 정착 문화와 대립되는 유목민적 이동성을 상징한다. 출애굽 구원사에서 첫 광야(초막) 생활이 숙곳이라는 지역에서 일어났다는 점은 시사적이다. 숙곳은 최초의 야영지이면서 동시에 광야로 들어가는 여정의 첫 발진기지였다. 이런 구원사적 의미가 있는 초막에서 일주일을 거하면서 하나님의 명령에 따라 진행하고 멈추던 광야적 실존으로의 복귀를 체현하는 것이다. 가나안 정착생활이 구원의 궁극적인 모습이 아니라 또다시 언젠가 광야적 여정으로 돌입해야 할 것을 예기하는 절기이기도 했다.

  이스라엘이 거룩한 나라의 면모를 과시하는 중요한 통로가 순례 및 축제절기 축성이다. 이스라엘의 모든 종교축제는 공동체적인 축제로서의 하나님 나라 국경이 일시 개방된 것과 같은 자비, 관용, 풍요, 나눔, 교제의 환희가 넘친다. 이스라엘 공동체는 거룩에 대한 경직된 요구 앞에 각질화하는 공동체가 아니라, 하나님의 역사적 구원을 일상에서 축제와 절기 속에 갈무리해 두고 매년 그것을 재생하는 역동적인 공동체다. 매년 하나님의 구원 경험을 재생하고 공동체적으로 증폭시키며 후세대에게 전승하는 축제절기를 통하여, 이스라엘은 흩어진 각 지파가 아니라 이스라엘이라는 영적 집중체로 승화하고 발전한다. 21-23장은 이제 가나안 땅 정착이 가져올 임박한 문화 충돌, 종교 충돌을 어떻게 창조적으로 극복할 것인지를 다룬다. 가나안 문화와 종교와의 접촉이 가져올 위험성을 차단하고 이스라엘 백성의 공동체적 거룩을 보존하는 중차대한 사명은 일차적으로 제사장에게 부여되었다. 제사장들은 성소와 제의를 관장함으로써 이스라엘 백성의 제사장 나라적 정체성과 거룩한 백성으로서의 정체성을 보존해 나가야 한다. 레위기는 문화 접촉과 충돌이 갖는 신학적 차원에 예민한 자각을 보여주고 제사장들의 거룩 유지를 위한 고투를 촉구한다.

한편 23장은 가나안 농경문화의 흐름으로 편입될 위험에 처한 이스라엘 백성 일반의 대항문화적, 대조문화적 분투를 촉구한다. 이스라엘은 가나안의 농경문화에 내재한 자연신학적이고 순환론적인 제의와 결별하고, 역사 속에 일어난 야웨의 구체적인 구원 사건을 추체험하는 공동체적인 절기를 매년 지켜야 한다. 구원 사건의 경험은 개인적이면서도 궁극적으로는 공동체적인 축제와 문화로 응결되고 응집되어야 한다. 야웨의 구원은 자연의 순환 리듬과 같은 필연이 아니라, 하나님의 자유의지에 따른 역사적·일회적 구원 사건이다. 따라서 그것은 공동체적으로 기억되어야 하고, 이웃에 대한 따뜻한 배려와 돌봄의 행동 속에서 재현되어야 한다.

V.

레위기 24-27장

하나님 나라의 근사치, 희년 공동체 이스라엘

레위기는 성막을 중심으로 이루어지는 이스라엘의 공동체 생활을 다루고 있다. 적어도 문학적으로는 레위기의 모든 율법과 계명은 이스라엘 백성이 시내산에 머물던 1년간 모세를 통하여 중개된 것이다. 그러나 역사적으로 보면, 레위기는 대부분 이스라엘이 가나안 땅에 들어가 살았던 상황을 전제하거나 반영하는 율법들로 구성되어 있다. 내용과 주제 면에서 보면, 분명히 모세 시대가 아니라 사사 시대, 왕국 시대, 그리고 심지어 포로기 이후 귀환 공동체의 삶을 반영하는 율법도 포함되어 있다(성전 세겔, 땅과 가옥법, 경작지 유지법 등). 특히 '성결 법전'이라고 불리는 레위기 17-26장 대부분은 이미 가나안 땅에 오래 정착한 상황을 반영하고 있으며, 가나안 문화와의 충돌과 혼합을 동시에 겪고 있는 이스라엘 백성에게 주어진 계명들이다.

그런데 왜 레위기는 그 안에 포함되어 있는 율법들이 모두 모세가 시내산에서 중개한 율법이라고 말하고 있는가?[27:34] 이것을 이해하기 위해서는 이스라엘의 계약 갱신신학을 먼저 알아야 한다. 신명기 5:1-11[특히 3-6절]에 의하면 출애굽 2세대가 제2대 시내산 계약 체결 당사자 세대로 정의되고 계약 체결 현장으로 초청되고 있음을 알 수 있다. 시내산 계약의 '동시대화'contemporization인 것이다. 즉, 이스라엘 모든 세대는 '실존적으로는' 한결같이 시내산 계약 체결식에 참여한 세대라는 것이다. 또한 신명기 18:15-18에 의하면, 하나님께서 각 시대에 모세적 권위를 가진 예언자를 일으켜 주셔서 하나님의 말씀을 중개하도록 하겠다고 약속하신다. 이런 식으로 보면 여호수아는 제2대 모세적 예언자가 되고, 기원전 11세기에는 사무엘이, 기원전 9세기에는 엘리야와 엘리사가 모세적 예언자가 된다. 이렇게 본다면 시내산에서 모세를 통해 주신 '하나님의 율법'은 역사가 진행될수록 자라고 수정되고 보완되고 대체되는 과정의 산물인 셈이다. 그래서 "시내산에서 모세를 통하여 중개되고 가르쳐진 율법들"이란, "이스라엘 백성에 의하여 하나님의 율법(최고의 권위를 가지고 국가존망, 민족생사를 결정짓는 사활적 율법)이라고 승인된 것으로서 공동체의 안녕과 존립에 결정적으로 중요한 율법들"을 총칭하는 말이다. '모세의 율법'이란 기원전 13세기경, 특정한 모세 시대에서 유래한 법만을 가리키는 것이 아니다. 따라서 레위기 17-26장에서 포로기 이후 유대인의 삶의 정황에 부합하는 법들을 발견한다고 해서 당황할 필요가 없다.

24장은 21-24장 단락의 끝 부분을 이루는데, 제사장의 일상적 성막 관리 의무를 다룬다. 25장은 이스라엘이 계약 공동체로서 존립하기 위한 최소한의 경제적 안전장치인 희년을 다룬다. 26장은 성결 법전의 결론으로 신명기 28장을 방불케 하는 계약 축복과 저주들을 대조적으로 나열하고 있다. 27장은 성막을 유지하기 위한 재정 확충 규정을 다루고 있다.

성소에 등불을 '항상' 밝혀 두어라 ●24장

24 ¹ 여호와께서 모세에게 말씀하여 이르시되 ² 이스라엘 자손에게 명령하여 불을 켜기 위하여 감람을 찧어낸 순결한 기름을 네게로 가져오게 하여 계속해서 등잔불을 켜 둘지며 ³ 아론은 회막안 증거궤 휘장 밖에서 저녁부터 아침까지 여호와 앞에 항상 등잔불을 정리할지니 이는 너희 대대로 지킬 영원한 규례라. ⁴ 그는

여호와 앞에서 순결한 등잔대 위의 등잔들을 항상 정리할지니라. ⁵ 너는 고운 가루를 가져다가 떡 열두 개를 굽되 각 덩이를 십분의 이 에바로 하여 ⁶ 여호와 앞 순결한 상 위에 두 줄로 한 줄에 여섯씩 진설하고 ⁷ 너는 또 정결한 유향을 그 각 줄 위에 두어 기념물로 여호와께 화제를 삼을 것이며 ⁸ 안식일마다 이 떡을 여호와 앞에 항상 진설 할지니 이는 이스라엘 자손을 위한 것이요 영원한 언약이니라. ⁹ 이 떡은 아론과 그의 자손에게 돌리고 그들은 그것을 거룩한 곳에서 먹을지니 이는 여호와의 화제 중 그에 게 돌리는 것으로서 지극히 거룩함이니라. 이는 영원한 규례니라. ¹⁰ 이스라엘 자손 중 에 그의 어머니가 이스라엘 여인이요 그의 아버지는 애굽 사람인 어떤 사람이 나가서 한 이스라엘 사람과 진영 중에서 싸우다가 ¹¹ 그 이스라엘 여인의 아들이 여호와의 이 름을 모독하며 저주하므로 무리가 끌고 모세에게로 가니라. 그의 어머니의 이름은 슬 로밋이요 단 지파 디브리의 딸이었더라. ¹² 그들이 그를 가두고 여호와의 명령을 기다 리더니 ¹³ 여호와께서 모세에게 말씀하여 이르시되 ¹⁴ 그 저주한 사람을 진영 밖으로 끌어내어 그것을 들은 모든 사람이 그들의 손을 그의 머리에 얹게 하고 온 회중이 돌 로 그를 칠지니라. ¹⁵ 너는 이스라엘 자손에게 말하여 이르라. 누구든지 그의 하나님을 저주하면 죄를 담당할 것이요 ¹⁶ 여호와의 이름을 모독하면 그를 반드시 죽일지니 온 회중이 돌로 그를 칠 것이니라. 거류민이든지 본토인이든지 여호와의 이름을 모독하 면 그를 죽일지니라. ¹⁷ 사람을 쳐죽인 자는 반드시 죽일 것이요 ¹⁸ 짐승을 쳐죽인 자는 짐승으로 짐승을 갚을 것이며 ¹⁹ 사람이 만일 그의 이웃에게 상해를 입혔으면 그가 행 한 대로 그에게 행할 것이니 ²⁰ 상처에는 상처로, 눈에는 눈으로, 이에는 이로 갚을지 라. 남에게 상해를 입힌 그대로 그에게 그렇게 할 것이며 ²¹ 짐승을 죽인 자는 그것을 물어 줄 것이요 사람을 죽인 자는 죽일지니 ²² 거류민에게든지 본토인에게든지 그 법 을 동일하게 할 것은 나는 너희의 하나님 여호와임이니라. ²³ 모세가 이스라엘 자손에 게 말하니 그들이 그 저주한 자를 진영 밖으로 끌어내어 돌로 쳤더라. 이스라엘 자손 이 여호와께서 모세에게 명령하신 대로 행하였더라.

24장에는 성소 안에 등불을 밝혀 두는 의무, 진설병을 배열하는 문제, 신성모독죄와 기타 다른 중범죄에 대한 징벌 규정이 뒤섞여 있다. 1-9절은 성소의 등불을 밝히는 의무와 진설병을 배설하는 의무를 다루는데, 이것은 '규칙적으로'[타미드(תָּמִיד)] 준행해야 할 성무일과 중 하나다('계속해서', '항상'). 제사장은 빻아 만든 정결한 감람유를 가지고 저녁부터 아침까지 등불을 밝혀야 한다. 감람열매를 곱게 찧고 빻아 만든 기름은 제사장의 정결한 헌신을 의미한다. 제사장 자신이 감람유를 짜내기 위하여 감람열매처럼 곱게 빻아져야 하는 존재라는 암시가 들어 있다.

다음으로 제사장이 매주(안식일마다) '규칙적으로' 수행해야 하는 일은 12지파를 상징하는(이븐 에즈라의 해석) 12줄의 떡을 만들어 성소 안에 있는 상에 배설하는 일이다. 고운 가루를 취하여 진설병을 만들되 하나님 앞에[리프네 아도나이(לִפְנֵי יְהוָה)] 여섯 덩어리를 한 줄로 해서 두 줄로 배치해야 한다. '얼굴의 떡'(레헴 파님)을 의미하는 진설병은 이스라엘이 하나님을 향하여 '얼굴'을 보여주는 삶을 상징하거나, 아니면 이스라엘 12지파가 '하나님의 얼굴'을 의식하면서 살아간다는 사실을 일깨우는 상징물이다.

10-23절은 신성모독죄와 다른 중대한 범죄들, 그것들의 처리 과정(돌로 쳐죽임)을 다룬다. 10-16절은 신성모독죄를 범한 상황을 먼저 소개하고 그 죄에 대한 하나님의 징벌이 나중에 선포되는 과정을 보여준다. 슬로브핫의 딸들의 땅 상속 판례에서 잘 보여지듯이,[민 27장, 36장] 여기서도 모세의 율법은 구체적인 삶의 정황에서 나온다. 예를 들어, 하나님의 이름을 공공연히 모독하는 행위를 어떻게 처리할 것인가? 모세가 하나님께 묻는 동안에 신성모독자로 고소당한 피의자는 일종의 감호소[미쉬마르(מִשְׁמָר)]에 구류된다.[민 15:34] 일정한 기간이 지난 뒤에야 모세는 하나님께서 정하신 형량을 진술한다.

17-23절은 출애굽기 21:23-25과 신명기 19:21에 나오는 동해

보복법의 개정판에 해당하는 규정이다. 그런데 레위기 규정의 특징은 이 법이 외국인이나 이스라엘 본토 사람에게나 똑같이 적용된다는 점이다. 이 동해보복의 법 뒤에 하나님의 이름을 공공연히 모독한 그 혼혈 이스라엘 사람(애굽인 아버지와 이스라엘인 어머니의 아들)을 '돌로 쳐죽이는 형량'이 선포된다. 하나님은 당신의 이름을 저주한 자를 동해보복의 원칙으로 심판하시는 것처럼 보인다.

출애굽 구원의 영원한 기념 축제, 희년법 ●25장

25 ¹여호와께서 시내산에서 모세에게 말씀하여 이르시되 ²이스라엘 자손에게 말하여 이르라. 너희는 내가 너희에게 주는 땅에 들어간 후에 그 땅으로 여호와 앞에 안식하게 하라. ³너는 육 년 동안 그 밭에 파종하며 육 년 동안 그 포도원을 가꾸어 그 소출을 거둘 것이나 ⁴일곱째 해에는 그 땅이 쉬어 안식하게 할지니 여호와께 대한 안식이라. 너는 그 밭에 파종하거나 포도원을 가꾸지 말며 ⁵네가 거둔 후에 자라난 것을 거두지 말고 가꾸지 아니한 포도나무가 맺은 열매를 거두지 말라. 이는 땅의 안식년임이니라. ⁶안식년의 소출은 너희가 먹을 것이니 너와 네 남종과 네 여종과 네 품꾼과 너와 함께 거류하는 자들과 ⁷네 가축과 네 땅에 있는 들짐승들이 다 그 소출로 먹을 것을 삼을지니라. ⁸너는 일곱 안식년을 계수할지니 이는 칠 년이 일곱 번인즉 안식년 일곱 번 동안 곧 사십구 년이라. ⁹일곱째 달 열흘날은 속죄일이니 너는 뿔나팔 소리를 내되 전국에서 뿔나팔을 크게 불지며 ¹⁰너희는 오십 년째 해를 거룩하게 하여 그 땅에 있는 모든 주민을 위하여 자유를 공포하라. 이 해는 너희에게 희년이니 너희는 각각 자기의 소유지로 돌아가며 각각 자기의 가족에게로 돌아갈지며 ¹¹그 오십 년째 해는 너희의 희년이니 너희는 파종하지 말며 스스로 난 것을 거두지 말며 가꾸지 아니한 포도를 거두지 말라. ¹²이는 희년이니 너희에게 거룩함이니라. 너희는 밭의 소출을 먹으리라. ¹³이 희년에는 너희가 각기 자기의 소유지로 돌아갈지라. ¹⁴네 이웃에게 팔든지 네 이웃의 손에서 사거든 너희 각 사람은 그의 형제를 속이지 말라.

¹⁵그 희년 후의 연수를 따라서 너는 이웃에게서 살 것이요 그도 소출을 얻을 연수를 따라서 네게 팔 것인즉 ¹⁶연수가 많으면 너는 그것의 값을 많이 매기고 연수가 적으면 너는 그것의 값을 적게 매길지니 곧 그가 소출의 다소를 따라서 네게 팔 것이라. ¹⁷너희 각 사람은 자기 이웃을 속이지 말고 네 하나님을 경외하라. 나는 너희의 하나님 여호와이니라. ¹⁸너희는 내 규례를 행하며 내 법도를 지켜 행하라. 그리하면 너희가 그 땅에 안전하게 거주할 것이라. ¹⁹땅은 그것의 열매를 내리니 너희가 배불리 먹고 거기 안전하게 거주하리라. ²⁰만일 너희가 말하기를 우리가 만일 일곱째 해에 심지도 못하고 소출을 거두지도 못하면 우리가 무엇을 먹으리요 하겠으나 ²¹내가 명령하여 여섯째 해에 내 복을 너희에게 주어 그 소출이 삼 년 동안 쓰기에 족하게 하리라. ²²너희가 여덟째 해에는 파종하려니와 묵은 소출을 먹을 것이며 아홉째 해에 그 땅에 소출이 들어오기까지 너희는 묵은 것을 먹으리라. ²³토지를 영구히 팔지 말 것은 토지는 다 내 것임이니라. 너희는 거류민이요 동거하는 자로서 나와 함께 있느니라. ²⁴너희 기업의 온 땅에서 그 토지 무르기를 허락할지니 ²⁵만일 네 형제가 가난하여 그의 기업 중에서 얼마를 팔았으면 그에게 가까운 기업 무를 자가 와서 그의 형제가 판 것을 무를 것이요 ²⁶만일 그것을 무를 사람이 없고 자기가 부유하게 되어 무를 힘이 있으면 ²⁷그 판 해를 계수하여 그 남은 값을 산 자에게 주고 자기의 소유지로 돌릴 것이니라. ²⁸그러나 자기가 무를 힘이 없으면 그 판 것이 희년에 이르기까지 산 자의 손에 있다가 희년에 이르러 돌아올지니 그것이 곧 그의 기업으로 돌아갈 것이니라. ²⁹성벽 있는 성 내의 가옥을 팔았으면 판 지 만 일 년 안에는 무를 수 있나니 곧 그 기한 안에 무르려니와 ³⁰일 년 안에 무르지 못하면 그 성 안의 가옥은 산 자의 소유로 확정되어 대대로 영구히 그에게 속하고 희년에라도 돌려보내지 아니할 것이니라. ³¹그러나 성벽이 둘리지 아니한 촌락의 가옥은 나라의 전토와 같이 물러 주기도 할 것이요 희년에 돌려보내기도 할 것이니라. ³²레위 족속의 성읍 곧 그들의 소유의 성읍의 가옥은 레위 사람이 언제든지 무를 수 있으나 ³³만일 레위 사람이 무르지 아니하면 그의 소유 성읍의 판 가옥은 희년에 돌려 보낼지니 이는 레위 사람의 성읍의 가옥은 이스라엘 자손 중에서 받은 그들의 기업이 됨이니라. ³⁴그러나 그들의 성읍 주위에 있는 들판은 그들

의 영원한 소유지이니 팔지 못할지니라. ³⁵ 네 형제가 가난하게 되어 빈 손으로 네 곁에 있거든 너는 그를 도와 거류민이나 동거인처럼 너와 함께 생활하게 하되 ³⁶ 너는 그에게 이자를 받지 말고 네 하나님을 경외하여 네 형제로 너와 함께 생활하게 할 것인즉 ³⁷ 너는 그에게 이자를 위하여 돈을 꾸어 주지 말고 이익을 위하여 네 양식을 꾸어 주지 말라. ³⁸ 나는 너희의 하나님이 되며 또 가나안 땅을 너희에게 주려고 애굽 땅에서 너희를 인도하여 낸 너희의 하나님 여호와이니라. ³⁹ 너와 함께 있는 네 형제가 가난하게 되어 네게 몸이 팔리거든 너는 그를 종으로 부리지 말고 ⁴⁰ 품꾼이나 동거인과 같이 함께 있게 하여 희년까지 너를 섬기게 하라. ⁴¹ 그 때에는 그와 그의 자녀가 함께 네게서 떠나 그의 가족과 그의 조상의 기업으로 돌아가게 하라. ⁴² 그들은 내가 애굽 땅에서 인도하여 낸 내 종들이니 종으로 팔지 말 것이라. ⁴³ 너는 그를 엄하게 부리지 말고 네 하나님을 경외하라. ⁴⁴ 네 종은 남녀를 막론하고 네 사방 이방인 중에서 취할지니 남녀 종은 이런 자 중에서 사올 것이며 ⁴⁵ 또 너희 중에 거류하는 동거인들의 자녀 중에서도 너희가 사올 수 있고 또 그들이 너희와 함께 있어서 너희 땅에서 가정을 이룬 자들 중에서도 그리 할 수 있은즉 그들이 너희의 소유가 될지니라. ⁴⁶ 너희는 그

들을 너희 후손에게 기업으로 주어 소유가 되게 할 것이라. 이방인 중에서는 너희가 영원한 종을 삼으려니와 너희 동족 이스라엘 자손은 너희가 피차 엄하게 부리지 말지니라. ⁴⁷ 만일 너와 함께 있는 거류민이나 동거인은 부유하게 되고 그와 함께 있는 네 형제는 가난하게 되므로 그가 너와 함께 있는 거류민이나 동거인 또는 거류민의 가족의 후손에게 팔리면 ⁴⁸ 그가 팔린 후에 그에게는 속량 받을 권리가 있나니 그의 형제 중 하나가 그를 속량하거나 ⁴⁹ 또는 그의 삼촌이나 그의 삼촌의 아들이 그를 속량하거나 그의 가족 중 그의 살붙이 중에서 그를 속량할 것이요 그가 부유하게 되면 스스로 속량하되 ⁵⁰ 자기 몸이 팔린 해로부터 희년까지를 그 산 자와 계산하여 그 연수를 따라서 그 몸의 값을 정할 때에 그 사람을 섬긴 날을 그 사람에게 고용된 날로 여길 것이라. ⁵¹ 만일 남은 해가 많으면 그 연수대로 팔린 값에서 속량하는 값을 그 사람에게 도로 주고 ⁵² 만일 희년까지 남은 해가 적으면 그 사람과 계산하여 그 연수대로 속량하는 그 값을 그에게 도로 줄지며 ⁵³ 주인은 그를 매년의 삯꾼과 같이 여기고 네 목전에서

엄하게 부리지 말지니라. ⁵⁴그가 이같이 속량되지 못하면 희년에 이르러는 그와 그의 자녀가 자유하리니 ⁵⁵이스라엘 자손은 나의 종들이 됨이라. 그들은 내가 애굽 땅에서 인도하여 낸 내 종이요 나는 너희의 하나님 여호와이니라.

레위기 25장은 모세오경에 보존되어 있는 '땅 점유' 주제에 관한 유일한 실례를 담은 규정이다.^{25:23-25} 그것은 고대 이스라엘 문중, 지파, 개인들에 의해 점유된 땅의 법적 지위를 규정하는 유일한 율법이다. 이 규정의 근저에는 하나님께서 이스라엘에게 가나안 땅을 '영구 임대'[아후자(אֲחֻזָּה)] 토지로 주셨다는 사상이 깔려 있다. 그래서 영구적인 사적 매매나 양도는 있을 수 없다. 25장은 안식년 규정과 희년 규정으로 구성되어 있다.¹ 여기서 땅과 야웨의 관계가 대단히 직접적이라는 사실은 주목할 만하다. 이스라엘 백성이 야웨께 직접 소속된 하나님의 백성이듯이 가나안 땅 또한 직접적이고 특별한 의미에서 야웨께 소속된 땅이라는 것이다. 1-7절은 안식년 법을 규정하는 더 오래된 전승인 출애굽기 23:10-11(땅의 안식)을 되풀이하고 있다. 이스라엘 백성이 약속의 땅에 들어온 시점부터 계산하여 매 7년마다 순환적으로 땅은 안식년 휴식을 가져야 한다. 희년은 일곱째 안식년의 그 다음 해, 곧 50년이 되는 해를 가리킨다. 나팔을 불어 땅과 채무노예들을 동시에 자유하게 하는 해방의 축제절기다. 8-12절은 희년이 "너희(이스라엘)에게 거룩할 것이다"라는 사실을 전면에 부각시킨다. "왜냐하면 그것은 나팔을 불어 경축하는 축제년이며, 너희에게 거룩한 해가 될 것이기 때문이다." 즉, 희년이 이스라엘 백성의 거룩한 품격을 드러내는 표징 중 하나가 된다는 말이다.

보다 구체적으로 13-28절이 희년법의 뼈대를 구성한다. 여기서 이스라엘은 하나의 거대한 가족집단으로 이해되고 있다. 특히 빈번하게 사용되는 '형제', '이웃'이라는 용어가 희년 제도의 사회경제적 배경을 명료하게 드러낸다. 희년법의 중심 관심은 하나님이 선물로 주신 땅이요 조상에게 유산으로 받은 땅에서 가족구조로 형성된 이스라엘 공동체가 계속 정착할 수 있게 만드는 토대를 구축하는 것이다. 희년법은 이스라엘 공동체에 속한 거류민이나 가난한 자들의 생존을 가능케 하는 공동체적 돌봄을 법제화하고 예전화sacramentalize하고 있다. 가난한 자와 신분이 불안정한 경제적 약자 거류민에 대한 돌봄과 공동체적 자비 구현을 법(명령)과 축제적인 예전(자발적 참여)이라는 맥락 속에 배치하는 것이다. 따라서 희년은 기쁨의 해로서 나팔[요벨(יוֹבֵל)]을 불어서 그것의 도래를 알릴 만한 50년 주기의 자발적이고 사회 변혁적인 축제절기다. 하지만 사회학적인 견지에서 보면 그것은 모든 사람에게 나팔을 불어 그것의 도래를 알릴 만한 보편적인 기쁨의 해가 아니었다. 희년절기는 가난한 자 중심의 축제였기 때문이다. 부자들은 오히려 재산을 상실하고 기득권의 상실을 감수하면서 축제에 참여해야만 했을 것이다. 하나님의 은혜로 마음이 감동되어 있지 못한 부자들과 지주들은 나사렛 회당의 지주들처럼 예수님의 희년 도래 선포에 드세게 저항할 수밖에 없었을 것이다. 이처럼 희년의 목표는 어떤 이유로든지 파산되고 거덜 나서 생존 경계선으로 추방당한 자들을 계약 공동체에 임한 하나님의 구원 은혜의 수혜자로 다시 초청하는 것이다.

여기서 특별히 흥미로운 것은 법제화된 자비의 기능이다. 법제화된 자비와 이웃 사랑의 중심에는, 23절에 잘 요약되어 있듯이, 땅에 대한 하나님의 배타적 소유권 신앙이 있다. 빚이나 기근 혹은 전쟁으로 파산된 이스라엘의 자유농민들은 자신의 기업의 땅에서 소외되고, 이산과 방랑의 삶을 살 수밖에 없었을 것이다.룻 1장, 왕하 8:1-6 자신의 본거지를 떠나 이방 땅의 주변 지역에서 간신히 살아가는 불안정한 빈곤층을 게르ger라고 부르는데, 23절은 이스라엘 백성 모두를 하나님 앞에서는 땅에 대한 어떤 기득권도 주장할 수 없는 거류민, 곧 게르라고 규정한다. 하나님은 이스라엘 땅 한복판에 사는 경제적 약자인 게르를 보호하기 위하여 이스라엘 모두를 하나님께 붙어사는 게르라고 규정해 버리시는 것이다.

이처럼 희년법의 근저에는 거류민과 가난한 자의 생존권과 인간 존엄성을 확보해 주려는 신적 자비가 흐르고 있다. 이미 땅을 가진 유산자와 유력자가 되어 버린 일부 이스라엘 자유농민들에게 그들이 본디 이스라엘 땅에 정착할 때의 법적 신분이 이주민 정착자요 거류민이었다는 사실을 깨우침으로써, 그들에게 붙어사는 거류민과 나그네들을 신적 자비로 돌보도록 촉구하는 전략인 것이다. 이주민들이던 이스라엘에게 땅은 영속적으로 매각할 수 있는 사유재산이 될 수 없을 것이다. 땅은 하나님의 것이요 이스라엘 백성은 "나(하나님)에게 붙어사는 나그네요 거류민이기 때문이다." 23절은 몇 가지 중요한 결과를 내포하고 있다. 첫째, 하나님께서 땅에 사는 인간 거주자들과는 전적으로 독립적으로 존재하는 땅을 스스로 소유하신다는 것이다. 둘째, 하나님께서 토지재산을 매매 가능한 일반 상품과는 다른 수준으로 취급하신다는 것이다. 즉, 어떤 사람도 땅을 사서 영구적으로 소유할 수 없다. 절대적인 의미에서 땅의 소유자가 될 수 없다. 셋째, 이스라엘이 하나님 앞에서 거류자요 나그네라는 사실은 거류민과 나그네 일반에 대한 친절과 환대라는 사상을 발전시키는 신학적 준거를 제공한다. 이스라엘 계약 공동체는 가난한 자들의 살림살이가 파탄나지 않도록 공동체적으로 돌볼 윤리적·신앙적 의무 아래 속박된 것이다.[25:39-42]

25절은 23절에 상관없이, 사람들이 재정적인 이유 때문에 현실적으로 자신들의 토지재산을 팔지 않으면 안 될 상황을 인정하고 있다. 이 사실은 단지 인정되고 있을 뿐만 아니라, 그렇게 팔린 토지재산이 원소유자(경작자)에게 궁극적으로 회복되는 과정에 대한 규정까지 반영되어 있다. 그렇다면 매각된 땅이 어떻게 다시 회복될 수 있는가? 첫째, 원주인은 그것을 다시 사들일 수 있다. 둘째, 친족이 팔린 토지를 다시 사서 가문의 재산으로 복구시킬 수 있다. 즉, 기업 무르는 일이 가능한 것이다. 셋째, 희년이 오면 성벽으로 둘러싸인 지역 안에 있는 집을 제외하고는 토지재산은 원소유주에게 다시 회복되었다.^{25:8-12, 29-31} 아마도 희년이 안식년의 확장이었기 때문에, 어떤 땅이 원래의 재산으로 회복되는 것은 매매거래와 관련된 채무의 탕감이라는 전제 아래서 가능한 일이었을 것이다. 이런 규정들을 통해서 안식일법과 안식년법(희년법 포함)이 명령하는 두 가지 특징적인 사건은 땅의 안식(휴경)과 이스라엘 동포 노예들의 해방(채무 탕감)이었음을 알 수 있다. 그래서 사회복지라고 부를 수 있는 일이 이스라엘 백성(한때 애굽의 노예요, 가나안 땅에 들어와서는 약 200년간 거류민 신세를 경험한)을 향해 베푸신 하나님의 선행적 환대와 돌봄을 반영하는 법과 축제절기 속에서 시행되고 있는 것이다.

35-46절은 이스라엘 공동체 안에서 극빈자에 대한 공동체적인 돌봄을 명령하고 있다는 점에서 희년정신의 적용 사례다. 이방인은 종으로 부릴 수 있지만 동포 이스라엘은 종으로 팔리더라도 희년까지만 섬기게 하고 풀어 주어야 한다. 47-55절은 이방인에게 노예로 팔린 이스라엘 동포를 속량하도록 하되 가까운 친족부터 속량의 책임을 더욱 직접적으로 느껴야 한다. 희년법은 광범위한 공동체적인 사랑의 연습이다.

희년에 취해야 할 이상의 조치들은, 이스라엘 백성뿐만 아니라 가나안 땅도 야웨 하나님 자신에게 할당된 기업이라는 보다 더 오래된 전제에 근거하고 있다.^{삼상 26:19, 삼하 14:16, 렘 2:7, 16:18, 50:11, 시 68:10, 79:1} 그래서 희년의 법적·예전적 조치들의 의미는, 땅 상실과 땅으로부터의 소외라는 현실에 직면했을 때 옛 조상들에게 할당해 주신 가문의 토지 재산을 지켜 주시겠다는 하나님의 계약적 투신에서 찾아볼 수 있다. 토지재산의 복구와 관련된 '친족-기업 무를 자' 사상은 성경의 다른 책들에서도 잘 알려져 있는데, 그것은 가족 공동소유 재산을 보전하는 데 영향을 끼쳤다.룻 4:3-6, 렘 32:6-12, 왕상 21:1-19 희년 제도의 근저에 깔려 있는 세계관은 확실히 평등주의적인 사회를 지향하고 있다. 그러나 이 평등은 개인의 행복의 총량을 균등하게 배분하거나 물질적 재화나 용역을 산술적으로 균등하게 배분하는 평등주의적 이데올로기로 각질화되지 않는다. 한 공동체의 건강하고 평화로운 존립을 해치지 않는 한에서의 개인별, 가족별 재산상의 차이를 인정한다. 다만 묵은 땅을 주기적으로 갈아엎고 객토를 함으로써 땅의 비옥도를 높이듯이, 공동체의 불평등과 거의 세습화된 가난을 상대화시키는 사회학적 기경과 객토 작업을 해주자는 취지다.

희년법은 모세오경 율법 중에서 신약성경에 가장 큰 영향을 끼친 규정이다. 희년법은 한 가문(가정 혹은 세대)이 가난에 처하더라도 50년을 넘지 않아야 한다고 말한다. 이 법은 이스라엘이 유혈혁명 없이 스스로 50년 주기마다 가난한 자들의 생존권과 인권을 포괄적으로 보장하는 형평 작업이며, 일종의 축제적이고 자발적인 혁명이다. 사회주의 혁명이나 그것의 원조인 프랑스 대혁명이 내건 모토는 자유, 평등, 박애, 인권 등의 이념이다. 이 모든 이념은 가난한 자들의 사회경제적 재활복구에서 실현된다. 희년은 나사렛 예수의 메시아 취임설교 선포에 가장 지대한 영향을 미쳤다. 예수께서 나사렛 회당에서 읽으신 이사야 61:1-11은 희년사상의 창조적 변용인데, 예수님은 희년이 도래했다고 선포하시고 그 사실을 나사렛 회당 청중이 즉각적으로 시행할 것을 요구하셨다. 앙드레 트로끄메André Trocmé 는 이 희년사상이 예수님의 하나님 나라 운동과 모든 선포를 추동시킨 결정적인 모멘텀이라고 주장한다. 그의 역작 『예수와 비폭력 혁명』*Jesus and the Nonviolent Revolution*은 공관복음서에 기록된 예수님의 모든 발언과 행동이 희년 선포와 집행을 위한 것이었음을 설득력 있게 논증하고 있다.[2] 또한 글렌 스타센*Glen J. Stassen*과 데이비드 거쉬*David P. Gushee*는 『하나님의 통치와 예수 따름의 윤리』*Kingdom Ethics. Following Jesus in Contemporary Context*에서 이사야 61:1-11이 바로 산상수훈의 구약적 배경임을 효과적으로 논증한다.[3] 이 저자들의 주장을 종합해 보면, 예수님의 하나님 나라 운동과 하나님 나라 시민권 규정 발언인 산상수훈은 구약성경의 희년을 당시에 실현시키려는 노력의 일환이었음을 알 수 있다. 예수님의 하나님 나라는 하나님의 성령으로 감화감동된 이스라엘이 희년의 나팔소리를 듣고 즉각 돌이켜 희년을 실천하는 데서 시작된다. 구약성경 39권에서 가난한 자들에게 선포될 수 있는 현실성 있는 '복음'은 희년 도래 복음뿐이다. "복되도다! 영靈에 있어서 가난한 자들이여! 왜냐하면 하늘나라가 그들의 것이기 때문이다."마 5:3, 저자 사역 가난한 자들에게 복된 소식은 그들에게 잃었던 땅과 전토, 집, 그리고 인신 해방이 선사되는 것이기 때문이다. 물론 종말론적으로 하나님의 새 하늘 새 땅 창조가 궁극적인 복음이겠지만, 그것은 모든 하나님의 자녀들에게 들리는 복음이다. 가난한 자들이 하나님의 통치 혜택을 입고 애통한 자들이 위로를 받으며 온유한 자들이 다시 땅을 얻는 희락은, 희년 실현만이 주는 연쇄적인 복이다. 화평케 하는 자들이 하나님의 아들과 딸로 인정받는 이유는, 그들이 희년에 응답해 자기들이 차지했던 가난한 옛 원주인들의 땅과 전토, 집을 되돌려 주었기 때문이다.

성경의 토지사상은 존 로크 같은 영국 자유주의 경제학자들이 주장하듯이 토지의 영구적·사적 소유제도가 아니다. 성경의 토지사상은 하나님의 선물인 '토지'의 하나님 소유권 사상이다. 땅은 하나님이 모든 인류에게 선물로 주신 무상공여지이며, 그것의 경작권만 매매될 수 있을 뿐 영구 소유는 절대로 허용되지 않는다. 자본주의 사상과 자유주의 사상은 그 많은 장점에도 불구하고 토지 사유권을 절대화하고 부와 가난의 세습을 영속화한다. 그래서 19세기 미국 기독교사회사상가인 헨리 조지Henry George는 『진보와 빈곤』Progress And Poverty에서 희년사상을 실천할 수 있는 중간공리로 토지 단일세론을 주창했다.[4] 기타 모든 세금은 폐지하고 토지세로만 국가를 운영하자는 사상이었다. 오늘날 일부 그리스도인들은 완전하고 궁극적인 구원계시인 예수 그리스도가 오셨기 때문에 구약율법이 폐기되었다고 주장하고 있다. 그들은 로마서 7:6("우리가 영의 새로운 것으로 섬길 것이요 율법조문의 묵은 것으로 아니할지니라")과 로마서 10:4("그리스도는 모든 믿는 자에게 의를 이루기 위하여 율법의 마침이 되시니라") 등에 근거해 구약율법은 신약시대 성도들에게 더 이상 적용되지 않는다고 말한다. 그러나 이것은 큰 착각이다. 무엇보다도 개신교 신학의 초석을 놓은 존 칼빈은 『기독교 강요』Institutes of the Christian Religion에서 십계명의 유효성과, 성화를 위한 십계명과 율법의 적극적 효용성(율법의 3사용)을 설득력 있게 논증했다.[5] 용도가 폐기된 구약율법은 의식법, 정결예법, 제사법, 성전 관련 법들이다. 반면에 십계명은 더 급진화되고 철저화되어 신약의 산상수훈으로 이월되었고, 희년법은 예수님의 하나님 나라 복음 안에서 그 효용성이 극대화되었다.

토지의 영구적·사적 소유를 절대화하는 제도는 모세, 예언자, 그리고 우리 주 예수 그리스도가 극복하려고 했던 이교적 바알종교 사상의 잔재다. 토지는 하나님이 인류 모두에게 주신 선물이다. 그것은 여러 가지 이유로 가난케 된 이웃을 되살리는 데 정기적으로 재활용되어야 할 하나님의 가시적 은총이요 선물이다. 만일 그리스도인들이 희년의 토지사상을 받아들이지 않고 토지의 영구적·사적 소유를 절대시하고 신성시한다면, 그것은 바알과 아세라를 숭배하는 우상숭배가 된다. 이 점이 바로 엘리야와 아합-이세벨의 갈등 지점이었다. 하나님이 주신 선물인 땅을 왕의 권력으로 마음대로 빼앗으려고 하자 엘리야는 신적 분노를 격발해 아합과 이세벨의 행위를 격렬하게 책망했고 그로 인하여 엄청난 고난을 초래했다.^{왕상 21:1-26} 그러나 바알과 아세라를 숭배하여 이스라엘에 토지집중 사유제도(지주제도)를 도입한 오므리(오므리의 율례)^{미 6:16}와 아합 왕은 이스라엘 자유농민의 땅을 빼앗아도 된다는 이교적 사상에 휘둘리며 나봇의 포도원을 끝내 강탈했고, 그로 인해 오므리-아합 왕조는 비참한 몰락을 자초했다(오므리-아합 왕조를 멸망시킨 예후가 나봇의 포도원 강탈 사건을 언급하며 응징).^{왕하 9:25-26} 토지에 대한 태도는 십계명 제1-3계명과 결정적으로 연결되어 있다. 이 땅의 모든 그리스도인은 가난한 자들이 누적되어 유혈혁명이 일어날 정도로 하나님 나라의 공적 실현에 무관심해서는 결코 안 된다. 이 땅에서 모든 사람은 땅의 소출과 혜택으로부터 소외되어서는 안 된다.^{신 15:11} 이것이 이 땅에 임하는 하나님 나라의 근본 요구다.

짧은 축복 조항과 길고 장황한 저주 조항 ●26장

26 ¹ 너희는 자기를 위하여 우상을 만들지 말지니 조각한 것이나 주상을 세우지 말며 너희 땅에 조각한 석상을 세우고 그에게 경배하지 말라. 나는 너희의 하나님 여호와임이니라. ² 너희는 내 안식일을 지키며 내 성소를 경외하라. 나는 여호와이니라. ³ 너희가 내 규례와 계명을 준행하면 ⁴ 내가 너희에게 철따라 비를 주리니 땅은 그 산물을 내고 밭의 나무는 열매를 맺으리라. ⁵ 너희의 타작은 포도 딸 때까지 미치며 너희의 포도 따는 것은 파종할 때까지 미치리니 너희가 음식을 배불리 먹고 너희의 땅에 안전하게 거주하리라. ⁶ 내가 그 땅에 평화를 줄 것인즉 너희가 누울

때 너희를 두렵게 할 자가 없을 것이며 내가 사나운 짐승을 그 땅에서 제할 것이요 칼이 너희의 땅에 두루 행하지 아니할 것이며 ⁷ 너희의 원수들을 쫓으리니 그들이 너희 앞에서 칼에 엎드러질 것이라. ⁸ 또 너희 다섯이 백을 쫓고 너희 백이 만을 쫓으리니 너희 대적들이 너희 앞에서 칼에 엎드러질 것이며 ⁹ 내가 너희를 돌보아 너희를 번성하게 하고 너희를 창대하게 할 것이며 내가 너희와 함께 한 내 언약을 이행하리라. ¹⁰ 너희는 오래 두었던 묵은 곡식을 먹다가 새 곡식으로 말미암아 묵은 곡식을 치우게 될 것이며 ¹¹ 내가 내 성막을 너희 중에 세우리니 내 마음이 너희를 싫어하지 아니할 것이며 ¹² 나는 너희 중에 행하여 너희의 하나님이 되고 너희는 내 백성이 될 것이니라. ¹³ 나는 너희를 애굽 땅에서 인도해 내어 그들에게 종된 것을 면하게 한 너희의 하나님 여호와이니라. 내가 너희의 멍에의 빗장을 부수고 너희를 바로 서서 걷게 하였느니라. ¹⁴ 그러나 너희가 내게 청종하지 아니하여 이 모든 명령을 준행하지 아니하며 ¹⁵ 내 규례를 멸시하며 마음에 내 법도를 싫어하여 내 모든 계명을 준행하지 아니하며 내 언약을 배반할진대 ¹⁶ 내가 이같이 너희에게 행하리니 곧 내가 너희에게 놀라운 재앙을 내려 폐병과 열병으로 눈이 어둡고 생명이 쇠약하게 할 것이요 너희가 파종한 것은 헛되리니 너희의 대적이 그것을 먹을 것임이며 ¹⁷ 내가 너희를 치리니 너희가 너희의 대적에게 패할 것이요 너희를 미워하는 자가 너희를 다스릴 것이며 너희는 쫓는 자가 없어도 도망하리라. ¹⁸ 또 만일 너희가 그렇게까지 되어도 내게 청종하지 아니하면 너희의 죄로 말미암아 내가 너희를 일곱 배나 더 징벌하리라. ¹⁹ 내가 너희의 세력으로 말미암은 교만을 꺾고 너희의 하늘을 철과 같게 하며 너희 땅을 놋과 같게 하리니 ²⁰ 너희의 수고가 헛될지라. 땅은 그 산물을 내지 아니하고 땅의 나무는 그 열매를 맺지 아니하리라. ²¹ 너희가 나를 거슬러 내게 청종하지 아니할진대 내가 너희의 죄대로 너희에게 일곱 배나 더 재앙을 내릴 것이라. ²² 내가 들짐승을 너희 중에 보내리니 그것들이 너희의 자녀를 움키고 너희 가축을 멸하며 너희의 수효를 줄이리니 너희의 길들이 황폐하리라. ²³ 이런 일을 당하여도 너희가 내게로 돌아오지 아니하고 내게 대항할진대 ²⁴ 나 곧 나도 너희에게 대항하여 너희 죄로 말미암아 너희를 칠 배나 더 치리라. ²⁵ 내가 칼을 너희에게로 가져다가 언약을 어긴 원수를 갚을 것이며 너희가 성읍에 모일지라도 너희 중에 염병을 보내고 너희를 대적의 손에 넘길 것이며 26 내가 너희가 의뢰하는 양식을 끊을 때에 열 여인이 한 화덕에서 너희 떡을 구워 저울에 달아 주리니 너희가 먹어도 배부르지 아니하리라. 27 너희가 이같이 될지라도 내게 청종하지 아니하고 내게 대항할진대 28 내가 진노로 너희에게 대항하되 너희의 죄로 말미암아 칠 배나 더 징벌하리니 29 너희가 아들의 살을 먹을 것이요 딸의 살을 먹을 것이며 30 내가 너희의 산당들을 헐며 너희의 분향단들을 부수고 너희의 시체들을 부서진 우상들 위에 던지고 내 마음이 너희를 싫어할 것이며 31 내가 너희의 성읍을 황폐하게 하고 너희의 성소들을 황량하게 할 것이요 너희의 향기로운 냄새를 내가 흠향하지 아니하고 32 그 땅을 황무하게 하리니 거기 거주하는 너희의 원수들이 그것으로 말미암아 놀랄 것이며 33 내가 너희를 여러 민족 중에 흩을 것이요 내가 칼을 빼어 너희를 따르게 하리니 너희의 땅이 황무하며 너희의 성읍이 황폐하리라. 34 너희가 원수의 땅에 살 동안에 너희의 본토가 황무할 것이므로 땅이 안식을 누릴 것이라. 그 때에 땅이 안식을 누리리니 35 너희가 그 땅에 거주하는 동안 너희가 안식할 때에 땅은 쉬지 못하였으나 그 땅이 황무할 동안에는 쉬게 되리라. 36 너희 남은 자에게는 그 원수들의 땅에서 내가 그들의 마음을 약하게 하리니 그들은 바람에 불린 잎사귀 소리에도 놀라 도망하기를 칼을 피하여 도망하듯 할 것이요 쫓는 자가 없어도 엎드러질 것이라. 37 그들은 쫓는 자가 없어도 칼 앞에 있음 같이 서로 짓밟혀 넘어지리니 너희가 원수들을 맞설 힘이 없을 것이요 38 너희가 여러 민족 중에서 망하리니 너희의 원수들의 땅이 너희를 삼킬 것이라. 39 너희 남은 자 너희의 원수들의 땅에서 자기의 죄로 말미암아 쇠잔하며 그 조상의 죄로 말미암아 그 조상 같이 쇠잔하리라. 40 그들이 나를 거스른 잘못으로 자기의 죄악과 그들의 조상의 죄악을 자복하고 또 그들이 내게 대항하므로 41 나도 그들에게 대항하여 내가 그들을 그들의 원수들의 땅으로 끌어 갔음을 깨닫고 그 할례받지 아니한 그들의 마음이 낮아져서 그들의 죄악의 형벌을 기쁘게 받으면 42 내가 야곱과 맺은 내 언약과 이삭과 맺은 내 언약을 기억하며 아브라함과 맺은 내 언약을 기억하고 그 땅을 기억하리라. 43 그들이 내 법도를 싫어하며 내 규례를 멸시하였으므로 그 땅을 떠나서 사람이 없을 때에 그 땅은 황폐하여 안식을 누릴 것이요 그들은 자기 죄악의 형벌을 기쁘게 받으리라. ⁴⁴ 그런즉 그들이 그들의 원수들의 땅에 있을 때에 내가 그들을 내버리지 아니하며 미워하지 아니하며 아주 멸하지 아니하고 그들과 맺은 내 언약을 폐하지 아니하리니 나는 여호와 그들의 하나님이 됨이니라. ⁴⁵ 내가 그들의 하나님이 되기 위하여 민족들이 보는 앞에서 애굽 땅으로부터 그들을 인도하여 낸 그들의 조상과의 언약을 그들을 위하여 기억하리라. 나는 여호와이니라. ⁴⁶ 이것은 여호와께서 시내산에서 자기와 이스라엘 자손 사이에 모세를 통하여 세우신 규례와 법도와 율법이니라.

26장은 성결 법전의 결론으로서, 시내산 계약을 준수할 때 주어지는 축복과 파기할 때 초래될 재난을 다룬다. 내용과 형식면에서 모두 신명기 28장에 해당하는 본문이다. 이 에필로그 부분에서 두 가지 원칙이 천명된다. 자유의지 개념과 보상-징벌의 개념이다. 불순종에는 징벌이, 순종에는 축복이 주어지기 때문에 이스라엘의 미래는 그들에게 달려 있다는 것이다. 26장의 첫째 단락은 계약 축복 단락이다.²⁶:³⁻¹³ 축복 조항은 3-13절에서 자세하게 규정된다. 1-2절은 제2계명을 반복한다. "가나안 땅에서 하나님을 섬기기 위해 장식하여 그림을 새겨 놓은 돌을 세우지 말라. 가나안인의 예배 방식을 모방하지 말라." 모방은 선망에서 시작되고 선망과 모방은 모방되는 문화와 관습의 영향 아래 자신을 방치하는 결과를 가져오기 때문이다.민 33:52 이스라엘은 가나안 땅에 들어가 살면서도 하나님의 안식일을 지키고 하나님의 합법적인 '거룩한 절기'들을 존숭해야 한다.⁶

3절은 하나님의 축복을 누리기 위한 조건인 철두철미한 복종을 강조한다. 4절은 축복의 예를 제시한다. 율법에 대한 순종과 제때 내리는 비가 조건으로 묶여 있다. 비가 땅의 생산성과 비옥도를 높이는 것은 초월적인 하나님의 은혜다. 5절은 과장법으로 표현되어 있다. "너희 보리(밀) 타작 도리깨질이 포도농사까지 이어질 것이다." 타작할 곡식이 너무 많아서 봄부터 시작한 밀과 보리 타작이 늦여름까지 이어질 것이다. 늦여름은 포도를 추수하는 시기다. 6절은 중간 요약이다. "내가 샬롬을 줄 것이다."겔 34:25-28 "어떤 악과 고난도 그치게 하겠다. 어떤 칼도 그 땅을 가로지르게 못할 것이다. 너희가 오히려 대적을 추적하겠고 그들이 네 앞에서 칼에 엎드러질 것이다. 일당백, 일당천으로 추격하되 대적들은 칼에 엎드러지리라."신 32:29, 수 23:10 9절은 하나님과 이스라엘의 계약적 친밀성을 드러내는 말로서 물질적인 번영이 하나님의 신적 축복의 증거임을 강조한다. 9절 하반절 "내 언약을 확증하리라"[헤킴 버리트(הֲקִים בְּרִית)]는 구절에서 헤킴은 이미 체결된 계약의 축복이 실현되는 것을 의미한다. 반면에 15절의 헤페르(הָפֵר)는 무효화를 의미한다.겔 16:59-62

10절은 엄청난 풍요를 말한다. 즉, 풍성한 창고에서 옛 양식을 먹어야 새 곡식을 쌓아 둘 여지를 확보하게 되는 상황을 기술한다. 11-12절은 축복 조항의 절정이다. 이스라엘의 견고하고 신실한 율법 순종 속에 하나님은 안전한 처소를 확보하신다는 것이다. "너희 가운데 나의 거주할 처소를 둘 것이다[나타티 미스카니(נָתַתִּי מִשְׁכָּנִי)]. 너희를 내치지 않을 것이다. 나는 영원히 너희 안에 현존할 것이다." 여기서 '현존하다'로 번역된 히브리어는 '행하다'를 의미하는 할라크(הָלַךְ) 동사의 강세재귀형(히트파엘형) 동사다. 즉, 단순히 거하는 것이 아니라 적극적으로 "거주할 것이며 왕래할 것이다"라는 점을 강조한다. 하나님의 역동적인 현존을 부각시키는 표현이다. 그래서 "나는 너희에게 하나님 노릇할 것이다. 계약에 충실할 것이고 너희들은 나에게 백성(공동체)이 될 것이다." 여기서 '너희'를 의미하는 이인칭 남성복수대명사가 분리되어 사용됨으로써 강조되고 있다. '너희들이야말로' 나에게 '암'(עַם, 공동체)이 될 것이라는 의미다. '암'이 된다는 것은 공동체적인 결집으로 하나님의 뜻을 받들어 모시는 백성이 될 것이라는 의미다. 이 용어는 이스라엘의 계약적 결속을 의미한다. 13절은 다시 출애굽 구원의 의미를 반복적으로 강조한다. "나는 너희를 애굽 땅에서 이끌어 낸, 더 이상 노예로 살지 않도록 한 너희의 하나님이다. 내가 너희의 멍에와 빗장을 깨뜨린, 그리하여 너희로 하여금 똑바로 서서 걷게 한 너희 하나님이다." 쇠빗장을 목에 두르고 사는 노예는 똑바로 서서 걷지 못한다는 슬픈 자각을 순식간에 일깨우는 강력한 선언이다.

둘째는 저주 단락이다.²⁶:¹⁴⁻⁴⁵ 14-45절은 불순종-심판-재난의 악순환 시나리오를 제시한다. 대부분 3-13절의 반대 상황이다. 신명기 28장에서처럼 저주 부분이 압도적으로 많은 분량을 차지한다. 순종의 가능성보다는 불순종의 가능성으로 기울어지는 이스라엘의 잠재적 미래가 잔혹하고 음울한 색채로 그려진다. 이스라엘 백성과 땅에 일어날 징벌들이 점층적으로 나열된다. 단락이 바뀔수록 저주의 강도가 강화된다. 점층적 강화의 구조는 "일련의 징벌을 맛보고도 돌아오지 않으면 더욱 잔혹한 징벌이 엄습할 것이다"라는 식이다.

가장 먼저 이스라엘을 쇠약하게 만드는 폐병과 열병이 언급된다. 폐병과 열병으로 몸이 쇠약해진 이스라엘이 씨앗을 뿌려도 그 소출은 원수들이 먹어 버릴 것이다. 하나님 자신이 당신의 얼굴을 이스라엘에게 적대적으로 향하실 것이다. 그 결과 이스라엘 백성은 대적에 의해 패주를 당할 것이다. 이스라엘은 원수들에게 지배를 당할 것이며 추적하는 자가 없어도 도망치는 신세가 될 것이다. 18절에는 앞선 심판의 효용에 대한 하나님의 숙고가 끼어든다. 이런 재난을 보고도 아직 하나님의 율법을 지키지 않는다면, 하나님은 이스라엘의 죄에 대하여 일곱 배 징치하실 것이다. 그들의 오만한 영광을 부술 것이다. "하늘을 쇠처럼 굳게 만들 것이요 땅은 구리처럼 변하게 하리라"(에살핫돈의 조약).신 28:33 결과적으로 쇠처럼 굳은 하늘 아래

구리 같은 땅을 아무리 경작해도 그들의 힘은 아무런 성취도 가져오지 못할 것이다. 땅은 소출을 내지 못할 것이요 땅의 나무는 그들의 열매를 내지 못할 것이다.

21절에서 하나님은 다시 한 번 이스라엘의 잠재적 불순종을 상정한 징벌 처분을 공포하신다. 만일 그들이 여전히 하나님을 향하여 적대적으로 행동한다면 이스라엘을 다시 일곱 배로 세게 칠 것이다. 야생짐승을 풀어 자녀들과 가축들을 잡아먹게 할 것이다. 그것들은 백성의 수효를 감소케 하고 도로는 짐승들 때문에 황폐케 될 것이다. 23절에서 하나님은 또다시 이스라엘의 반응을 고려하며 징벌을 조절하려고 하신다. "만일 이런 일들도 너희를 징정하는 데 실패하고 너희가 여전히 적대적으로 행한다면 나도 너희에게 적대적으로 행하리라. 일곱 배로 칠 것이다." 계약 위반에 대한 복수의 칼을 보내실 것이다. "너희가 요새화된 성읍으로 철수해 모일지라도 너희 가운데 염병을 보낼 것이다. 너희는 적의 수중에 빠질 것이다." 다음으로는 이스라엘이 의뢰하는 양식을 끊으실 것이다. 그때에 열 명의 여인이 한 화덕에서 빵을 구워 저울에 달아 줄 정도로 그들은 극소의 양을 먹고 연명할 것이다. 그래서 먹어도 배부르지 않을 것이다. 이런 일련의 재앙에 가장 근접한 재앙을 겪었던 경우는 기원전 597-586년의 약 10년간 유다 왕국 말기에 바벨론 제국 침략을 전후한 상황일 것이다. 따라서 이 재앙 목록의 세부적 열거는 실제로 그것을 겪어 본 심판 감수 세대의 기억을 반영하는 것처럼 보인다.

27-33절은 이스라엘의 종교적 타락으로 인한 심판을 다룬다. 이스라엘은 종교행사 중에 살해당할 것이다. 하지만 27절에서 하나님은 다시 이스라엘의 회개 여부를 감찰하신다. 역시나 이스라엘은 여전히 하나님을 향하여 적대적이다. 격분한 하나님은 적대심으로 이스라엘을 일곱 배로 징치하실 것이다. 그리하여 이스라엘은 자녀들

의 인육을 먹게 될 것이다.^{신 28:53-54} 하나님은 이스라엘의 산당과 분
향단을 부술 것이다. 그들의 시체를 그들이 섬기던 우상들의 시체
위에 집어 던질 것이다. 하나님께서 도시들을 황폐하게 만들고 성소
들을 부수어 황무하게 만들 것이다. 하나님께서는 더 이상 이스라엘
이 태워 올리는 향기를 흠향하지 않겠다고 선언하신다. 종교(제의)
의 시효 만료가 선언된 것이다. 32절에는 일인칭 강조대명사가 중
간에 사용된다. 다른 사람이나 신이 아닌 '나 자신이' 경작지를 황무
지로 만들어 버리시겠다는 것이다. 어느 정도까지? "네 땅을 황무하
게 할 것이로되 그 안에 사는 원수들도 경악과 두려움에 빠질 정도
로 극심하게 황무하게 할 것이다."^{신 29:21-23, 사 6:11-13} 마침내 하나님은
이스라엘 백성을 열국 중에 흩어 버리실 것이다. "칼이 너희를 향하
여 공격할 것이다. 너희 땅은 황무지가 되고 도시들은 폐허가 될 것
이다."

34-38절은 이스라엘의 패망과 유배가 땅의 안식을 가져왔다는
진실을 선포한다. 철저한 유린과 파괴 속에 방치된 이스라엘의 땅
은 어떻게 되는가? "그런 연후에 땅은 그 황무한 세월 동안에 누리
지 못한 안식년을 누릴 것이며 너희는 대적의 땅에 있을 것이다."<sup>대
하 36:21</sup> 여기서 이스라엘이 안식년을 오랫동안 어겨 온 죄가 암시된
다. 25:1-3에서 명한 땅의 안식 보장 명령 파기에 대한 하나님의 심
판인 것이다. 지켜지지 못한 안식년들을 보상하듯이 땅은 강제로 휴
경될 것이다. 적들의 땅에서이기는 하지만 일부 이스라엘 백성은 과
연 살아남았다. 하지만 그 생존자들이 심판을 면제받은 것은 아니
다. 그들의 마음속에 허약함을 보내어 생존자들은 바람에 날려 가는
나뭇잎에도 놀라게 될 것이다. 아무도 추격하는 자가 없어도 그들
은 패주하는 병사처럼 도주하리라. 칼 앞에서 넘어지듯이 서로가 서
로에게 발이 걸려 넘어지리라. 원수들 앞에서 똑바로 서지도 못하고

레

열방들 가운데서 쇠멸하리라. 대적의 땅이 그들을 삼켜 버리리라. 대적의 땅에 삼켜지는 상황은 이스라엘이 대적의 땅에 끌려가 민족적 정체성을 상실하게 될 것을 말한다.

하지만 39-42절은 대적의 땅에서 이스라엘이 민족적 전멸을 경험하기 직전에 하나님의 위대한 돌이킴이 있을 것임을 예언한다. 생존자들은 대적의 땅에서 자신들과 열조의 죄악으로 인하여 쇠잔하리라. 아니, 조상들의 죄악으로 인하여 더욱 쇠잔하리라. 그리하여 이방 땅에서 살아남은 유배자들은 이제 자신들과 열조의 죄악을 낱낱이 고하리라.^{단 9장, 스 9장, 느 9장} 하나님의 명령을 거스르며 하나님을 향하여 적대적으로 행동했다는 것을 고백하리라. 하나님은 여기서 집요하게 반역하는 이스라엘을 다루다가 하나님 자신도 돌이켜 그들에게 적대적이 되었고, 그들을 대적의 땅으로 유배보내 버렸음을 인정하신다. 그런데 극단적 위험(민족 소멸) 속에서 이스라엘 백성의 할례받지 못한 마음이 겸비케 되고 그 굴욕적인 고난이 그들의 죄악을 보속하게 될 것이다. 그때 하나님은 야곱과 맺은 언약을 기억하겠고 또한 이삭과 맺은 언약을, 아브라함과 맺은 언약을 기억하시며 마침내 그 땅을 기억하실 것이다.

43-45절은 앞 단락에서 언급된 하나님의 자발적 대전향을 부연한다. 반역적이고 적대적이던 이스라엘은 안식년을 보상하기 위하여 지금은 잠시 버려질 것이다. 하나님의 율례와 법도를 버리고 거부했기 때문에 이런 재난과 심판은 상당히 근거가 있었음이 드러난다. 그러나 포로들의 굴욕적인 고난 경험은 그들의 죄를 보속하는 효과를 낼 것이다. 그래서 그들이 대적의 땅에 있다 할지라도,^{겔 36:20-21} 야웨는 완전히 진멸시키기까지는 당신의 백성을 내치거나 배척하지 않으실 것이며 그들과 맺은 계약을 폐기하는 데까지는 이르지 않으실 것이다. 야웨는 일차적으로 이스라엘 백성의 하나님이시기 때

문이다. 45절에서 하나님은 옛 언약을 기억하신다. "나는 그들을 위하여 옛적 언약을 기억할 것이다. 내가 애굽 땅에서 이끌어 낸 그들의 하나님이 되기 위하여 그 열조들과 맺은 언약을 기억할 것이다. 열국이 보는 앞에서 그들의 하나님이 되기 위하여 그들을 자유케 할 것이다. 나 야웨가 그들의 하나님이 되기 위하여." 하나님은 출애굽의 역사를 부정하실 수 없으며 이스라엘을 사랑하사 언약백성으로 삼아 주신 역사 자체를 부인하실 수 없기에 분노의 극한에서 돌이키신다. 지난 분노가 일시적이었다고 느끼실 만큼 무궁한 인애와 자비로 이스라엘을 다시 선택하고 하나님 백성으로 갱생시킬 것이다. 하나님은 스스로를 부인하실 수 없기에, 거룩하신 하나님의 분노가 극단적으로 표출된 이후에는 분노를 넘어 하나님의 소진될 수 없는 자비가 대방출된다.

결국 포로살이의 고달픔과 고난, 그리고 황무한 땅의 고뇌가 백성들의 죄 사함을 가져오는 준보속적 역할을 한다. 엄청난 환난과 이스라엘 땅이 겪은 황무함과 황폐함이 하나님의 자비와 죄 사함을 위한 문을 여는 데 쓰임받을 것이 암시된다. 하나님의 자비가 작동하기 시작하자 이스라엘 백성은 참회하면서 그들의 죄를 고백하게 될 것이며, 그에 대한 응답으로 하나님께서 당신의 언약과 땅을 기억하실 것이다. 그래서 저주 단락의 에필로그는 회복의 약속으로 끝난다. 하나님의 물리시지 않는 은총이 초래한 위대한 대반전이다.

46절은 후기로서 17장부터 시작되는 성결 법전의 결론이다. "이것은 시내산에서 이스라엘과 하나님 자신 사이에서 모세를 통하여 세워 주신 율법, 규칙, 지침들이다." 사실상 26장이 레위기의 결론이다. 하나님의 진노를 넘는 죄 사함의 전망이 파국적인 심판을 받아 역사 속에 표류하는 이방 땅 유배자들을 새로운 미래로 향도한다.

27 ¹ 여호와께서 모세에게 말씀하여 이르시되 ² 이스라엘 자손에게 말하여 이르라. 만일 어떤 사람이 사람의 값을 여호와께 드리기로 분명히 서원하였으면 너는 그 값을 정할지니 ³ 네가 정한 값은 스무 살로부터 예순 살까지는 남자면 성소의 세겔로 은 오십 세겔로 하고 ⁴ 여자면 그 값을 삼십 세겔로 하며 ⁵ 다섯 살로부터 스무 살까지는 남자면 그 값을 이십 세겔로 하고 여자면 열 세겔로 하며 ⁶ 일 개월로부터 다섯 살까지는 남자면 그 값을 은 다섯 세겔로 하고 여자면 그 값을 은 삼 세겔로 하며 ⁷ 예순 살 이상은 남자면 그 값을 십오 세겔로 하고 여자는 열 세겔로 하라. ⁸ 그러나 서원자가 가난하여 네가 정한 값을 감당하지 못하겠으면 그를 제사장 앞으로 데리고 갈 것이요 제사장은 그 값을 정하되 그 서원자의 형편대로 값을 정할지니라. ⁹ 사람이 서원하는 예물로 여호와께 드리는 것이 가축이면 여호와께 드릴 때는 다 거룩하니 ¹⁰ 그것을 변경하여 우열간 바꾸지 못할 것이요 혹 가축으로 가축을 바꾸면 둘 다 거룩할 것이며 ¹¹ 부정하여 여호와께 예물로 드리지 못할 가축이면 그 가축을 제사장 앞으로 끌어갈 것이요 ¹² 제사장은 우열간에 값을 정할지니 그 값이 제사장의 정한 대로 될 것이며 ¹³ 만일 그가 그것을 무르려면 네가 정한 값에 그 오분의 일을 더할지니라. ¹⁴ 만일 어떤 사람이 자기 집을 성별하여 여호와께 드리려면 제사장이 그 우열간에 값을 정할지니 그 값은 제사장이 정한 대로 될 것이며 ¹⁵ 만일 그 사람이 자기 집을 무르려면 네가 값을 정한 돈에 그 오분의 일을 더할지니 그리하면 자기 소유가 되리라. ¹⁶ 만일 어떤 사람이 자기 기업된 밭 얼마를 성별하여 여호와께 드리려면 마지기 수대로 네가 값을 정하되 보리 한 호멜지기에는 은 오십 세겔로 계산할지며 ¹⁷ 만일 그가 그 밭을 희년부터 성별하여 드렸으면 그 값을 네가 정한 대로 할 것이요 ¹⁸ 만일 그 밭을 희년 후에 성별하여 드렸으면 제사장이 다음 희년까지 남은 연수를 따라 그 값을 계산하고 정한 값에서 그 값에 상당하게 감할 것이며 ¹⁹ 만일 밭을 성별하여 드린 자가 그것을 무르려면 네가 값을 정한 돈에 그 오분의 일을 더할지니 그리하면 그것이 자기 소유가 될 것이요 ²⁰ 만일 그가 그 밭을 무르지 아니하려거나 타인에게 팔았으

면 다시는 무르지 못하고 ²¹ 희년이 되어서 그 밭이 돌아오게 될 때에는 여호와께 바친 성물이 되어 영영히 드린 땅과 같이 제사장의 기업이 될 것이며 ²² 만일 사람에게 샀고 자기 기업이 아닌 밭을 여호와께 성별하여 드렸으면 ²³ 너는 값을 정하고 제사장은 그를 위하여 희년까지 계산하고 그는 네가 값을 정한 돈을 그 날에 여호와께 드려 성물로 삼을지며 ²⁴ 그가 판 밭은 희년에 그 판 사람 곧 그 땅의 원주인에게로 되돌아갈지니라. ²⁵ 또 네가 정한 모든 값은 성소의 세겔로 하되 이십 게라를 한 세겔로 할지니라. ²⁶ 오직 가축 중의 처음 난 것은 여호와께 드릴 첫 것이라. 소나 양은 여호와의 것이니 누구든지 그것으로는 성별하여 드리지 못할 것이며 ²⁷ 만일 부정한 짐승이면 네가 정한 값에 그 오분의 일을 더하여 무를 것이요 만일 무르지 아니하려면 네가 정한 값대로 팔지니라. ²⁸ 어떤 사람이 자기 소유 중에서 오직 여호와께 온전히 바친 모든 것은 사람이든지 가축이든지 기업의 밭이든지 팔지도 못하고 무르지도 못하나니 바친 것은 다 여호와께 지극히 거룩함이며 ²⁹ 온전히 바쳐진 그 사람은 다시 무르지 못하나니 반드시 죽일지니라. ³⁰ 그리고 그 땅의 십분의 일 곧 그 땅의 곡식이나 나무의 열매는 그 십분의 일은 여호와의 것이니 여호와의 성물이라. ³¹ 또 만일 어떤 사람이 그의 십일조를 무르려면 그것에 오분의 일을 더할 것이요 ³² 모든 소나 양의 십일조는 목자의 지팡이 아래로 통과하는 것의 열 번째의 것마다 여호와의 성물이 되리라. ³³ 그 우열을 가리거나 바꾸거나 하지 말라. 바꾸면 둘 다 거룩하리니 무르지 못하리라. ³⁴ 이것은 여호와께서 시내산에서 이스라엘 자손을 위하여 모세에게 명령하신 계명이니라.

레

27장은 레위기의 부록이다. 앞서 말했듯이 주제적 흐름상 26:3-46을 레위기 전체의 결론부라고 보아야 한다. 그러나 '성소'(성막)가 레위기 1-26장의 가르침이 이루어지는 물리적 인프라이기 때문에 성소를 유지하는 일이 대단히 중요하다는 점을 고려한다면, 레위기가 '성소' 유지를 위한 재정 확충 주제를 추가하는 것은 자연스러운 일이다. 성소의 물리적 유지에 드는 경상비용을 지출하는 일과 제사장 급여를 지급하는 것은 성소 유지에 결정적으로 필요한 일이기 때문이다.

성소의 주수입원은 자원 서약금(은전), 자원 동물제, 토지재산으로서의 가옥, 재산, 땅, 성별된 획득 농토(바침), 첫 새끼들, 생산물과 가축의 십일조 등이다. 1-8절은 성전 세겔로 바치는 자원제自願祭를 다룬다. 이것은 자원적인 성전 인두세 같은 제물로서 원래 자신의 생명이나 자녀의 생명을 대속하는, 곧 성전 봉사를 대신하는 제물이다. "만일 어떤 사람이 사람 목숨에 상응하는 동등물을 명시적으로 자원하여 야웨께 바치기를 원한다면", 20-60세 안에 드는 사람은 자신의 몸을 바치는 것 대신에 남자는 은 50세겔, 여자는 30세겔을 바쳐야 한다. 연령별로 속하는 세겔의 액수가 줄어든다. 1개월에서 5세 이하면 남자아이인 경우 5세겔, 여자아이는 3세겔이다. 이 세겔 납부는 두 가지 일에 봉사하는 셈이다. 첫째, 모든 사람이 하나님의 아들로서 하나님을 직접 섬겨야 한다는 전통을 상기시키는 역할을 한다. 출애굽 전쟁 시 살아남은 초태생을 속량하는 전통이 이스라엘 초태생을 속량해야 할 최초의 구속사적인 근거다.출 13장 둘째, 성소를 유지하는 데 소용되는 재정 확보의 목적에 봉사한다(요아스의 성전 수리).왕하 12:5-6

9-13절은 동물로 바치는 경우를 다룬다. 이 경우에 일단 바쳐진 것은 다시 거래되거나 살 수 없다. 만일 자원해서 바치겠다고 한 것을 자신의 개인 목적으로 다시 쓰고자 한다면(속량한다면), 정가의 20퍼센트를 더 주고 다시 사야 한다. 14-15절은 집을 바치는 경우다. 바친 집을 다시 무르려면 20퍼센트를 더 주고 속량할 수 있다. 16-25절은 밭을 바쳤다가 다시 무르려고 한다면 희년을 기준으로 값을 계산하고, 그렇게 계산된 액수를 기준으로 오분의 일을 가산하여 제사장에게 물어 주어야 한다. 성소는 그 밭을 가지고 있다가 원래의 주인에게로 돌려준다. 26-27절은 생축의 첫 새끼 봉헌 규정을 다루고,

28-29절은 오직 야웨께 바친 물건, 헤렘으로 바쳐진 것을 바치는 문제를 다룬다. 전쟁 포로가 헤렘(חֵרֶם, 전적으로 파멸시켜 야웨께 제물로 바치는 행위를 가리키는 용어)[7]으로 바쳐진 경우, 속량하지 못하고 반드시 죽여야 한다. 30-33절은 땅의 소출의 십일조와 가축의 십일조를 다룬다.

마침내 34절은 레위기 전체의 결언이다. 다시금 레위기 저자는 이 모든 법이 "야웨께서 시내산에서 모세에게 명령하신 계명"임을 선언한다. 즉, 모든 레위기 율법과 계명은 모든 시대에 구속력을 가지는 최고법으로서, 모세와 모세적 예언자들에 의해 중개되고 선포되고 해설되었으며, 모든 세대의 계약 공동체인 '시내산 이스라엘'의 공동체적인 '승인'을 획득한 법임을 선포하는 것이다.

레

民數記

● 민수기 ┃ 하나님 나라는 자유를 위한 연단이자 자기부인이다

I.

민수기 1-9장

성막 중심으로 조직화되는 이스라엘과 거룩한 전쟁

연단과 훈련의 신학, 민수기

민수기^{Numbers}는 시내산에서 1년간의 율법 교육을 받고 가나안을 차지하는 전쟁에 참전할 이스라엘 장정을 징집하는 이야기부터 시작된다. 민수기의 주무대는 광야다. 이스라엘은 38년 동안 광야에서 하나님의 다스림을 아주 다양한 방식으로 맛보며 성장해 간다. 민수기는 단지 고대 이스라엘 민족 형성기의 역사 한 자락을 다루는 책이 아니다. 광야 같은 세상에서 하나님의 인도하심에 목말라하며 전진과 후퇴를 거듭하는 천로역정의 도상에 있는 모든 신자들에게 민수기야말로 하나님의 신령한 음식이요 우리의 영혼과 육체를 지탱시키는 신비로운 보약이다.[1] 민수기의 주제는 광야 속을 걸어가는 광야 여정과 그 가운데 맛보는 하나님의 인도하심이다. 하나님의 인도하심은 직접적이고 즉각적인 징계, 공급, 치유, 연단, 그리고 욕망과 정욕대로 내버려 두심을 통해 드러난다. 여기서 광야는 강력한 은유다. 현대인의 삶은 광야같은 세상을 순례하는 여정이기 때문이다. 우리가 사는 세상은 안식을 누리는 천국이 아니라 영적인 쟁투와 연단과 징계가 쉼 없이 이루어지는 연옥적인 광야이기 때문이다. 히브리어 제목이 '광야에서'[쁘미드바르(בְּמִדְבַּר), in the wilderness]라는 데서 알 수 있듯이, 민수기는 광야에서 보낸 38년간의 징계, 교육, 훈육과 연단, 심판과 용서의 경험으로 점철된 시간에 대한 압축적인 기록이다.

민수기는 또한 모세의 지도력이 직면했던 가장 세찬 시련과 좌절을 증언한다. 민수기는 불평과 반역은 전염성이 강하고 믿음과 확신은 쉽게 전염되지 않는다는 것을 잘 보여준다. 민수기를 통하여 이스라엘 백성의 본질이 과연 자유인이 아니라 노예근성과 노예의지로 살아가는 데 익숙한 오합지졸임이 드러난다. 그래서 민수기는 자유인이 되고자 할 때 치러야 할 값비싼 대가를 증언한다. 구원은 값없이 받았지만 구원의 삶을 살아가는 것은 자유케 된 하나님 백성의 공동체 및 개개인 각자의 몫임이 드러난다. 민수기는 의롭다하심을 입은 하나님의 자녀들이 법적인 자유가 아니라 품성적인 자유를 체질화시키는 데 얼마나 많은 연단과 훈련이 필요한지를 잘 보여준다. 이스라엘은 한마디로 모든 문제가 생길 때마다, 상황을 너무나 과도하게 생각하고 불평한다. 그 상황 너머에 계신, 상황보다 더 크신 하나님을 고려하지 않고 지도자와 하나님을 향하여 반역적인 불평을 쏟아 낸다. 민수기는 거듭난 하나님의 백성이, 곧 자유케 된 하나님의 백성이 자신들 속에 뿌리 깊게 자리 잡은 노예근성과 노예의지의 진면목을 만나면서 절망하고 좌절하고 불평하는 이야기다.[2] 민수기는 이스라엘의 반복적인 불순종과 불평, 불신앙 사건을 기록하고 하나님의 심판과 인내를 동시에 기록한다. 이스라엘 백성의 불평은 민수기 내내 독자들을 우울하게 만들면서 반역적이고 불평하기 잘하는 이스라엘 회중 속에서 독자 자신의 자화상을 보도록 만든다. 마침내 이스라엘 백성의 반역과 불순종이 지도자들에게까지 전염되어 모세마저 이스라엘 백성의 불평과 불순종에 휩쓸린다. 순전히 자신의 죄가 아니라 백성들의 죄악을 심각하게 다루다가 스스로 혈기를 부리게 된다. 모세는 어느 의미에서는(초보적인 의미에서) 대속적인 죽음을 죽는 셈이다.

민수기의 신학은 한마디로 정의하면 연단과 성화를 위한 훈련의 신학이다. 시내산에서 계약 공동체로 거듭 태어난 이스라엘 백성이 과연 하나의 조직체로 기능할 것인지에 초점을 맞춘 교육과 훈육의 책이다. 민수기에서 하나님 나라는 전진하다가 후퇴하는 나라다. 이스라엘을 가나안 땅으로 인도해 들이고자 하는 하나님의 의지는 자주 드센 도전을 받고, 하나님은 원래 보폭보다 더 느리게 조정하실 수밖에 없다. 일진일퇴를 거듭하는 이스라엘 행진 대열처럼, 민수기에서 작동하는 하나님 나라는 이스라엘의 불순종과 반역에 의해 침탈당하면서도 가나안 땅을 향해 전진을 거듭해 마침내 가나안 땅 입구까지 도달한다. 민수기의 구조와 메시지는 다음과 같다.

1-9장 성막 중심으로 군대조직화되는 이스라엘과 거룩한 전쟁

- 인구조사와 레위 지파의 지도력(1-4장)
- 성막을 정결한 상태로 유지하라(5장)
- 나실인 제도(6장)
- 성막 중심의 신정정치를 위한 족장급 지도자들의 재정적 투신(7장)
- 레위인의 성막 봉사 직임(8장)
- 시내산에서 두 번째로 축성되는 유월절(9장)

10-25장 광야 여정: 전진과 후퇴를 거듭하는 이스라엘 행진 대열

- 시내산에서 바란 광야까지의 여정(10장)
- 지도력의 시험과 좌절(11-21장)
- 발락과 발람의 음모를 분쇄하시는 하나님(22-24장)
- 이스라엘의 영적 대오를 부서뜨리는 바알브올 음란 제의(25장)

26-36장 가나안 정착을 위한 마지막 준비

- 두 번째 인구조사: 남자 60만1천730명, 레위인 2만3천 명(26장)
- 땅 분배 관련 서원법과 딸 상속 판례(27-30장)
- 미디안을 격파하고 요단 동편에 정착하는 이스라엘(31-32장)
- 이스라엘의 38년 광야 방랑역사 회고(33:1-49)
  - 서론(33:1-4)
  - 라암셋에서 시내 광야까지(33:5-15)
  - 시내 광야에서 가데스까지(33:16-36)
  - 가데스에서 모압 평지까지(33:37-49)
- 땅의 분배와 지리적 경계에 대한 지침(33:50-36장)

민수기의 두 무대: 광야와 성막

민수기는 히브리 노예들이 애굽과 가나안 중간 지점인 광야에서 하나님을 얼마나 자주 반역하고 격노케 하였는지를 기록한다. 하나님의 무한정한 인내와 히브리 노예들의 뿌리 깊은 노예근성을 예리하게 대비시킨다. 광야생활(방랑)의 한복판에는 하나님의 성막이 있다. 범접할 수 없는 거룩하신 하나님의 돌격과 돌파를 수없이 경험하면서 이스라엘 백성은 자신들의 어찌할 수 없는 죄성과 일차원적 노예근성과 고통스럽게 대면한다. 민수기의 광야 경험은 하나님의 성막(거룩한 현존) 앞에서 부서지는 히브리 노예들의 옛 사람의 창조적 파괴 과정이다. 따라서 민수기의 메시지는 성막에 대한 바른 이해 없이는 불가능하다.

성막은 행진할 때나 정지 중일 때 히브리 12지파의 한복판에 위치한다. 성막은 시내산 폭풍계시(거룩한 배척)의 영구적 보존물이다. 시내산에 강력하게 그리고 무섭게 강림한 하나님의 현존을 영구적으로 보전하는 장치가 바로 이동식 장막인 성막이다. 성막(대략 가로 50m, 세로 22.5m)은 바깥뜰, 성소, 지성소로 구성되어 있다. 지성소에는 그룹들 사이에 좌정하신 하나님의 현존을 상징하는 영광과 구름이 가득 차 있다. 시내산에 임한—구름, 연기, 흑암, 큰 나팔소리 히 12:18-21 가운데 강림하신—하나님의 현존이 지성소에 거하신다. 따라서 거룩하신 하나님은 인간의 죄악과 패역을 보고 화산처럼 폭발하신다. 히브리 노예 죄인들은 순식간에 거룩한 화염 속으로 타들어간다. 하나님은 소멸하시는 불이다.사 33:14-15 시내산 신성구역에 발을 들여놓는 어떤 피조물도 용서받을 수 없듯이 성막의 지성소는 신성 불가침 구역이다. 1년에 한 차례 대속죄일에 대제사장만이 지성소에 발을 들여놓을 수 있다. 하나님은 시내산 정상 부근을 거룩한 신성불가침 구역으로 선포하시고 죄인들이 그 영역을 돌파하지 못하도록 엄명하셨다. 인간이 피조물이기 때문에, 또한 동시에 죄인이기 때문에 돌파할 수 없는 신성불가침 구역인 것이다.^{출 19:12-15, 16-22, 24} 그것은 하나님 스스로 정하신 신성구역으로, 하나님의 현존이 거하시는 영역이다. 출애굽기 24:15-18도 동일한 사상을 다룬다. 모세는 시내산 정상, 곧 하나님의 신성구역 안에서 40주야를 보낸다. 이 시내산 폭풍계시 경험 안에서 모세는 하나님과 죄인 사이에 있는 빙하의 간극을 경험하고, 거룩하신 하나님과 거룩하지 못한 인간 사이에는 극복될 수 없는 간격이 있음을 선포한다. 그래서 출애굽기 40:34-35에는 완성된 성막이 시내산 정상에서처럼 하나님의 영광과 연기로 가득 차게 된다. 모세마저도 그 성막 안에 들어갈 수 없다. 모세는 하나님 앞에 먼저 나아갈 수 없는, 곧 가까이 나아갈 수 없는 죄인의 무능력과 좌절을 경험한다. 하나님의 존재 중심에서부터 죄인을 배척하는 폭풍이 불어오기 때문이다. 흑암과 흑운이 죄인을 가로막아 하나님의 현존으로 다가서지 못하게 만드는 것이다. 이처럼 민수기의 메시지는 광야 경험과 성막 경험의 변증법적인 맞물림 속에서 주형되고 생성된다.

가나안 정복전쟁에 나갈 이스라엘과 지도 세력 레위 지파 •1장

1 ¹이스라엘 자손이 애굽 땅에서 나온 후 둘째 해 둘째 달 첫째 날에 여호와께서 시내 광야 회막에서 모세에게 말씀하여 이르시되 ²너희는 이스라엘 자손의 모든 회중 각 남자의 수를 그들의 종족과 조상의 가문에 따라 그 명수대로 계수할지니 ³이스라엘 중 이십 세 이상으로 싸움에 나갈 만한 모든 자를 너와 아론은 그 진영별로 계수하되 ⁴각 지파의 각 조상의 가문의 우두머리 한 사람씩을 너희와 함께 하게 하라. ⁵너희와 함께 설 사람들의 이름은 이러하니 르우벤 지파에서는 스데울의

아들 엘리술이요 ⁶ 시므온 지파에서는 수리삿대의 아들 슬루미엘이요 ⁷ 유다 지파에서
는 암미나답의 아들 나손이요 ⁸ 잇사갈 지파에서는 수알의 아들 느다넬이요 ⁹ 스불론
지파에서는 헬론의 아들 엘리압이요 ¹⁰ 요셉의 자손들 중 에브라임 지파에서는 암미훗
의 아들 엘리사마요 므낫세 지파에서는 브다술의 아들 가말리엘이요 ¹¹ 베냐민 지파에
서는 기드오니의 아들 아비단이요 ¹² 단 지파에서는 암미삿대의 아들 아히에셀이요 ¹³
아셀 지파에서는 오그란의 아들 바기엘이요 ¹⁴ 갓 지파에서는 드우엘의 아들 엘리아삽
이요 ¹⁵ 납달리 지파에서는 에난의 아들 아히라이니라 하시니 ¹⁶ 그들은 회중에서 부름
을 받은 자요 그 조상 지파의 지휘관으로서 이스라엘 종족들의 우두머리라. ¹⁷ 모세와
아론이 지명된 이 사람들을 데리고 ¹⁸ 둘째 달 첫째 날에 온 회중을 모으니 그들이 각
종족과 조상의 가문에 따라 이십 세 이상인 남자의 이름을 자기 계통별로 신고하매 ¹⁹
여호와께서 모세에게 명령하신 대로 그가 시내 광야에서 그들을 계수하였더라.……
⁴⁴ 이 계수함을 받은 자는 모세와 아론과 각기 이스라엘 조상의 가문을 대표한 열두
지휘관이 계수하였더라. ⁴⁵ 이같이 이스라엘 자손이 그 조상의 가문을 따라 이십 세 이
상으로 싸움에 나갈 만한 이스라엘 자손이 다 계수되었으니 ⁴⁶ 계수된 자의 총계는 육
십만 삼천오백오십 명이었더라. ⁴⁷ 그러나 레위인은 그들의 조상의 지파대로 그 계수
에 들지 아니하였으니 ⁴⁸ 이는 여호와께서 모세에게 말씀하여 이르시되 ⁴⁹ 너는 레위
지파만은 계수하지 말며 그들을 이스라엘 자손 계수 중에 넣지 말고 ⁵⁰ 그들에게 증거
의 성막과 그 모든 기구와 그 모든 부속품을 관리하게 하라. 그들은 그 성막과 그 모
든 기구를 운반하며 거기서 봉사하며 성막 주위에 진을 칠지며 ⁵¹ 성막을 운반할 때에
는 레위인이 그것을 걷고 성막을 세울 때에는 레위인이 그것을 세울 것이요 외인이
가까이 오면 죽일지며 ⁵² 이스라엘 자손은 막사를 치되 그 진영별로 각각 그 진영과
군기 곁에 칠 것이나 ⁵³ 레위인은 증거의 성막 사방에 진을 쳐서 이스라엘 자손의 회
중에게 진노가 임하지 않게 할 것이라. 레위인은 증거의 성막에 대한 책임을 지킬지
니라 하셨음이라. ⁵⁴ 이스라엘 자손이 그대로 행하되 여호와께서 모세에게 명령하신
대로 행하였더라.

민

시내산에서 1년간 율법 교육을 받은 이스라엘 12지파는 가나안 정복 전쟁을 대비해 군대조직으로 조직화된다. 이제 그들은 가나안 땅을 향해 진군하라는 명령을 받는다. 이 12지파 행진 대열의 중심은 하나님의 성막이다. 이스라엘 백성은 진 한가운데 위치한 성막을 중심으로 지파별로 배치되어 행진하도록 명령받는다. 레위인과 제사장들은 장자 심판을 면제받은 이스라엘의 장자들을 대신하여 성막을 섬기는 직분자로 부름을 받는다. 민수기의 이스라엘은 하나님을 왕으로, 제사장을 신정통치의 대리자로 세운 제의적 신정공동체다.

1장은 싸움에 나갈 만한 병사를 징발하는 과정을 다룬다. 20세 이상의 이스라엘 남자가 징발 대상이다. 징발 시점은 이스라엘 자손이 애굽 땅에서 나온 후 2년 2월 1일이다. 장소는 시내 광야이며 병사 징발 업무는 모세와 12지파의 두령들에게 맡겨져 있다. 1:5-15은 12지파의 두령들을 소개한다. 1:20-46은 지파별, 가문별로 징발된 장정의 숫자를 나열한다. 르우벤 지파 4만6천5백 명, 시므온 지파 5만9천3백 명, 갓 지파 4만5천650명, 유다 지파 7만4천6백 명, 잇사갈 지파 5만4천4백 명, 스불론 지파 5만7천4백 명, 에브라임 지파 4만5천 명, 므낫세 지파 3만2천2백 명, 베냐민 지파 3만5천4백 명, 단 지파 6만2천7백 명, 아셀 지파 4만1천5백 명, 납달리 지파 5만3천4백 명으로, 레위인을 제외하고 12지파의 지파별, 씨족별, 가족/세대별로 징발된 20세 이상되는 남자는 60만3천550명이었다.

1:47-54은 레위 지파가 이 징발에서 면제된 이유와 레위인의 특별 임무를 말한다. 성막을 운반하는 레위 지파는 전투 상비군 징발에서는 면제되지만 사실상 광야에서 벌어질 전쟁의 중심 지도 세력으로 부상한다. 레위인은 증거막과 그 모든 기구와 모든 부속품을 관리해야 한다. 그들은 장막과 모든 기구를 운반하고 거기서 봉사하며 장막 사면에 진을 쳐야 한다. 광야에서 치를 전투는 병력과 무기

에 의존하는 정규전이 아니라 하나님의 거룩하신 능력에 의존하는 거룩한 전쟁이므로, 전쟁 승리의 핵심은 진을 얼마나 정결하고 거룩하게 보존하느냐에 달려 있다. 성막의 신성성 보존이 레위인의 핵심 업무다. 레위인의 거룩한 성물 관리 능력이 곧 전투력이다.

성막이 진 한복판에 있다는 것은 앞으로 이스라엘이 치르게 될 가나안 정복전쟁은 땅을 더럽힌 사악한 죄인들을 심판하는 거룩하고 정결한 하나님의 전쟁임을 보여준다. 가나안 정복전쟁은 맹목적인 인종청소 전쟁이 아니라 하나님의 거룩한 성품을 관철시키기 위한 전쟁이다. 따라서 전쟁의 승패는 이스라엘이 얼마나 진을 거룩하고 정결하게 보존하느냐에 달려 있는 것이다. 여호수아 7장에 기록된 아이 성 전투의 참패 원인은 아간의 범죄 때문이었다. 완전히 불태워 진멸해야 할 전리품 일부를 몰래 감추었던 지도자급 인물의 은닉된 죄가 진을 더럽혔을 때 이스라엘은 전투에서 패배하고 만다. 이런 이유 때문에 레위인은 성막 및 진 전체를 거룩하고 정결하게 보존해야 하는 역할을 맡고 있다. 성막에 외인이 가까이 오면 죽임을 면치 못한다. 레위인은 증거막 사면에 진을 쳐서 이스라엘 자손의 회중에게 하나님의 진노가 임하지 않게 하는 데 진력해야 한다. 당연히 성막 주변에는 특별하게 성별된 레위인들만이 장막을 칠 수 있다. 그래야 하나님의 진노 폭발을 막을 수 있다. 레위인도 다른 지파들의 정규군처럼 진을 치고 깃발을 꽂아야 한다. 진과 이스라엘 백성의 공동체적인 삶을 거룩하게 유지하는 사명이 레위 지파에 있었으므로 그들이 전쟁수행의 핵심 전력으로 간주되는 것은 당연하다. 결국 민수기 1장은 레위인 중심의 거룩한 전쟁이 앞으로 예상되는 전쟁임을 강력하게 암시한다.

2

¹ 여호와께서 모세와 아론에게 말씀하여 이르시되 ² 이스라엘 자손은 각각 자기의 진영의 군기와 자기의 조상의 가문의 기호 곁에 진을 치되 회막을 향하여 사방으로 치라. ³ 동방 해 돋는 쪽에 진 칠 자는 그 진영별로 유다의 진영의 군기에 속한 자라. 유다 자손의 지휘관은 암미나답의 아들 나손이요 ⁴ 그의 군대로 계수된 자가 칠만 사천육백 명이며 ⁵ 그 곁에 진 칠 자는 잇사갈 지파라. 잇사갈 자손의 지휘관은 수알의 아들 느다넬이요 ⁶ 그의 군대로 계수된 자가 오만 사천사백 명이라 ⁷ 그리고 스불론 지파라. 스불론 자손의 지휘관은 헬론의 아들 엘리압이요 ⁸ 그의 군대로 계수된 자가 오만 칠천사백 명이니 ⁹ 유다 진영에 속한 군대로 계수된 군인의 총계는 십팔만 육천사백 명이라. 그들은 제일대로 행진할지니라. ¹⁰ 남쪽에는 르우벤 군대 진영의 군기가 있을 것이라. 르우벤 자손의 지휘관은 스데울의 아들 엘리술이요 ¹¹ 그의 군대로 계수된 자가 사만 육천오백 명이며 ¹² 그 곁에 진 칠 자는 시므온 지파라. 시므온 자손의 지휘관은 수리삿대의 아들 슬루미엘이요 ¹³ 그의 군대로 계수된 자가 오만 구천삼백 명이며 ¹⁴ 또 갓 지파라. 갓 자손의 지휘관은 르우엘의 아들 엘리아삽이요 ¹⁵ 그의 군대로 계수된 자가 사만 오천육백오십 명이니 ¹⁶ 르우벤 진영에 속하여 계수된 군인의 총계는 십오만 천사백오십 명이라. 그들은 제이대로 행진할지니라. ¹⁷ 그 다음에 회막이 레위인의 진영과 함께 모든 진영의 중앙에 있어 행진하되 그들의 진 친 순서대로 각 사람은 자기의 위치에서 자기들의 기를 따라 앞으로 행진할지니라. ¹⁸ 서쪽에는 에브라임의 군대의 진영의 군기가 있을 것이라. 에브라임 자손의 지휘관은 암미훗의 아들 엘리사마요 ¹⁹ 그의 군대로 계수된 자가 사만 오백 명이며 ²⁰ 그 곁에는 므낫세 지파가 있을 것이라. 므낫세 자손의 지휘관은 브다술의 아들 가말리엘이요 ²¹ 그의 군대로 계수된 자가 삼만 이천이백 명이며 ²² 또 베냐민 지파라. 베냐민 자손의 지휘관은 기드오니의 아들 아비단이요 ²³ 그의 군대로 계수된 자가 삼만 오천사백 명이니 ²⁴ 에브라임 진영에 속하여 계수된 군인의 총계는 십만 팔천백 명이라. 그들은 제삼대로 행진할지니라. ²⁵ 북쪽에는 단 군대 진영의 군기가 있을 것이라. 단 자손의 지휘관은

I.

성막 중심으로 조직화되는 이스라엘과 거룩한 전쟁

암미삿대의 아들 아히에셀이요 ²⁶ 그의 군대로 계수된 자가 육만 이천칠백 명이며 ²⁷ 그 곁에 진 칠 자는 아셀 지파라. 아셀 자손의 지휘관은 오그란의 아들 바기엘이요 ²⁸ 그의 군대로 계수된 자가 사만 천오백 명이며 ²⁹ 또 납달리 지파라. 납달리 자손의 지휘관은 에난의 아들 아히라요 ³⁰ 그의 군대로 계수된 자가 오만 삼천사백 명이니 ³¹ 단의 진영에 속하여 계수함을 받은 군인의 총계는 십오만 칠천육백 명이라. 그들은 기를 따라 후대로 행진할지니라 하시니라. ³² 이상은 이스라엘 자손이 그들의 조상의 가문을 따라 계수된 자니 모든 진영의 군인 곧 계수된 자의 총계는 육십만 삼천오백오십 명이며 ³³ 레위인은 이스라엘 자손과 함께 계수되지 아니하였으니 여호와께서 모세에게 명령하심과 같았느니라. ³⁴ 이스라엘 자손이 여호와께서 모세에게 명령하신 대로 다 준행하여 각기 종족과 조상의 가문에 따르며 자기들의 기를 따라 진 치기도 하며 행진하기도 하였더라.

2장은 이스라엘 12지파의 진 편성을 보도한다. 이스라엘 자손은 각각 자기 진영의 군기와 자기 조상 가문의 기호 곁에 진을 치되 회막을 향하여 사방으로 진을 쳐야 한다. 유다 지파가 동방 해 돋는 쪽에 진 치는 선두 진영이다(동쪽: 유다, 잇사갈, 스불론. 서쪽: 에브라임, 므낫세, 베냐민. 남쪽: 르우벤, 갓, 시므온. 북쪽: 단, 아셀, 납달리). 여기서 유다 지파의 영도적 지위가 현저하게 표시된다. 2:3-9은 향도 진영인 동쪽 세 지파(유다, 잇사갈, 스불론)의 진 편성과 징발된 남자의 숫자, 그리고 각 지파별 지휘관의 이름을 나열한다. 유다 진영에 속한 군대로 계수된 군인의 총계는 18만6천4백 명이다. 2:10-16은 르우벤이 영도지파 역할을 하는 남쪽 진영에 진을 치는 지파(르우벤, 갓, 시므온)의 지휘관들과 징발된 군인의 숫자를 말한다. 르우벤 진영에 속하여 계수된 군인의 총계는 15만1천450명이다. 2:17은 회막의 행진 위치를 말한다. 회막은 레위인의 진영과 함께 모든 진영의 중앙에서 행진하되 나머지 12지파는 진 친 순서대로 자기의 위치에서 그들의 기를 따라 앞으로 행진하도록 명령받는다.

2:18-24은 에브라임이 영도지파 역할을 하는 서쪽 진영에 진을 치는 지파(에브라임, 므낫세, 베냐민)의 지휘관들과 징발된 군인의 숫자를 말한다. 에브라임 진영에 속하여 계수된 군인의 총계는 10만 8천1백 명이다. 2:25-31은 단이 영도지파 역할을 하는 북쪽 진영에 진을 치는 지파(단, 아셀, 납달리)의 지휘관들과 징발된 군인의 숫자를 말한다. 단 진영에 속하여 계수된 군인의 총계는 15만7천6백 명이다. 이스라엘 각 지파는 성막을 중심으로 동서남북 세 지파별로 행진하도록 배치된다. 1장에서 이미 말했듯이 성직자 지파인 레위인들은 전쟁을 위한 징병에 포함되지 않고 대신 성막을 섬기는 데 충원된다.[3]

어떤 학자들은 유다 지파의 현저한 우월 지위를 반영하는 민수기의 인구조사(징병조사)가 다윗-솔로몬 시대의 인구조사를 반영했을 가능성을 주장한다. 레위인 제도를 체계적으로 확정한 사람은 다윗-솔로몬이었다는 역사적인 전제를 수용한다면, 민수기 인구조사는 다윗 시대의 인구조사를 반영하고 있을 가능성을 배제할 수 없다.[삼하 24장] 하지만 광야 시대로 설정된 이 인구조사를 다윗-솔로몬 시대의 역사적 현실을 반영한다고 단정 짓는 데에는 신중해야 한다. 사무엘하 24장의 다윗의 용사 숫자 조사에 의하면 남북 지파 모두에서 칼을 빼든 용사의 숫자가 130만 명이다.[삼하 24:8] 민수기에서 계수된 장정 60만 명의 갑절이 넘는다. 민수기 인구조사를 역사적 특정 상황에 고정시켜 이해하려고 할 때의 난점을 인정하는 선에서 이 문제에 대한 사색을 멈추는 것이 좋을 듯하다.

여기서 강조되는 12지파의 일치와 연합은 사사 시대의 이상이었을 뿐 다윗-솔로몬 시대에만 하더라도 상당히 실현하기 힘든 이상이었을 것이다. 가나안 땅에 흩어져 정착한 이후에는 현실적으로 12

지파의 일치와 연합(특히 군사작전 시)이 잘 이루어지지 않았을 개연성이 크다(중부 가나안 곡창지대 정복전쟁 때 비협조적인 지파들을 책망하는 드보라의 노래).^{삿 5장} 따라서 일사불란한 12지파의 행진과 법궤 중심의 전쟁 시나리오는 사사 시대와 사무엘-사울-다윗 시대의 이상이자 지배적 규범을 반영하고 있는 것처럼 보인다.

이상에서 살펴본 바처럼 12지파의 균등적이고 중앙집권적이며 응집력 있는 행진과 조직은 다윗의 통일왕국 시대에 가장 강조되었던 이상이었을 것이다.[4] 민수기적 조직화는 전투적 교회론의 근거다. 민수기가 생각하는 가나안 정복전쟁은 거룩과 정결을 수호하기 위한 전쟁이자 거룩과 정결을 무기로 수행하는 전쟁이다. 그래서 제사장의 거룩 보존이 중요하다. 여기서 교회가 거룩과 정결을 유지해야만 전쟁에서 이길 수 있고 하나님 나라의 영토를 확장할 수 있다는 함의가 도출된다.

아론 자손의 제사장 독점과 보조 사역자 레위인의 임무 ●3장

3 [1] 여호와께서 시내산에서 모세와 말씀하실 때에 아론과 모세가 낳은 자는 이러하니라. [2] 아론의 아들들의 이름은 이러하니 장자는 나답이요 다음은 아비후와 엘르아살과 이다말이니 [3] 이는 아론의 아들들의 이름이며 그들은 기름 부음을 받고 거룩하게 구별되어 제사장 직분을 위임 받은 제사장들이라. [4] 나답과 아비후는 시내 광야에서 여호와 앞에 다른 불을 드리다가 여호와 앞에서 죽어 자식이 없었으며 엘르아살과 이다말이 그의 아버지 아론 앞에서 제사장의 직분을 행하였더라. [5] 여호와께서 또 모세에게 말씀하여 이르시되 [6] 레위 지파는 나아가 제사장 아론 앞에 서서 그에게 시종하게 하라. [7] 그들이 회막 앞에서 아론의 직무와 온 회중의 직무를 위하여 회막에서 시무하되 [8] 곧 회막의 모든 기구를 맡아 지키며 이스라엘 자손의 직무를 위하여 성막에서 시무할지니 [9] 너는 레위인을 아론과 그의 아들들에게 맡기라. 그

들은 이스라엘 자손 중에서 아론에게 온전히 맡겨진 자들이니라. ¹⁰ 너는 아론과 그의 아들들을 세워 제사장 직무를 행하게 하라. 외인이 가까이 하면 죽임을 당할 것이니라. ¹¹ 여호와께서 모세에게 말씀하여 이르시되 ¹² 보라, 내가 이스라엘 자손 중에서 레위인을 택하여 이스라엘 자손 중에 태를 열어 태어난 모든 맏이를 대신하게 하였은즉 레위인은 내 것이라. ¹³ 처음 태어난 자는 다 내 것임은 내가 애굽 땅에서 그 처음 태어난 자를 다 죽이던 날에 이스라엘의 처음 태어난 자는 사람이나 짐승을 다 거룩하게 구별하였음이니 그들은 내 것이 될 것임이니라. 나는 여호와이니라. ¹⁴ 여호와께서 시내 광야에서 모세에게 말씀하여 이르시되 ¹⁵ 레위 자손을 그들의 조상의 가문과 종족을 따라 계수하되 일 개월 이상된 남자를 다 계수하라. ¹⁶ 모세가 여호와의 말씀을 따라 그 명령하신 대로 계수하니라. ¹⁷ 레위의 아들들의 이름은 이러하니 게르손과 고핫과 므라리요 ¹⁸ 게르손의 아들들의 이름은 그들의 종족대로 이러하니 립니와 시므이요 ¹⁹ 고핫의 아들들은 그들의 종족대로 이러하니 아므람과 이스할과 헤브론과 웃시엘이요 ²⁰ 므라리의 아들들은 그들의 종족대로 말리와 무시이니 이는 그의 종족대로 된 레위인의 조상의 가문들이니라. ²¹ 게르손에게서는 립니 종족과 시므이 종족이 났으니 이들이 곧 게르손의 조상의 가문들이라. ²² 계수된 자 곧 일 개월 이상 된 남자의 수효 합계는 칠천오백 명이며 ²³ 게르손 종족들은 성막 뒤 곧 서쪽에 진을 칠 것이요 ²⁴ 라엘의 아들 엘리아삽은 게르손 사람의 조상의 가문의 지휘관이 될 것이며 ²⁵ 게르손 자손이 회막에서 맡을 일은 성막과 장막과 그 덮개와 회막 휘장 문과 ²⁶ 뜰의 휘장과 및 성막과 제단 사방에 있는 뜰의 휘장 문과 그 모든 것에 쓰는 줄들이니라. ²⁷ 고핫에게서는 아므람 종족과 이스할 종족과 헤브론 종족과 웃시엘 종족이 났으니 이들은 곧 고핫 종족들이라. ²⁸ 계수된 자로서 출생 후 일 개월 이상 된 남자는 모두 팔천육백 명인데 성소를 맡을 것이며 ²⁹ 고핫 자손의 종족들은 성막 남쪽에 진을 칠 것이요 ³⁰ 웃시엘의 아들 엘리사반은 고핫 사람의 종족과 조상의 가문의 지휘관이 될 것이며 ³¹ 그들이 맡을 것은 증거궤와 상과 등잔대와 제단들과 성소에서 봉사하는 데 쓰는 기구들과 휘장과 그것에 쓰는 모든 것이며 ³² 제사장 아론의 아들 엘르아살은 레위인의 지휘관들의 어른이 되고 또 성소를 맡을 자를 통할할 것이니라. ³³ 므라리에게서는 말리 종족과 무시 종족이 났으니 이들은 곧 므라리 종족들이라. ³⁴ 그 계수된 자 곧 일 개월 이상 된 남자는 모두 육천이백 명이며 ³⁵ 아비하일의 아들 수리엘은 므라리 종족과 조상의 가문의 지휘관이 될 것이요 이 종족은 성막 북쪽에 진을 칠 것이며 ³⁶ 므라리 자손이 맡을 것은 성막의 널판과 그 띠와 그 기둥과 그 받침과 그 모든 기구와 그것에 쓰는 모든 것이며 ³⁷ 뜰 사방 기둥과 그 받침과 그 말뚝과 그 줄들이니라. ³⁸ 성막 앞 동쪽 곧 회막 앞 해 돋는 쪽에는 모세와 아론과 아론의 아들들이 진을 치고 이스라엘 자손의 직무를 위하여 성소의 직무를 수행할 것이며 외인이 가까이 하면 죽일지니라. ³⁹ 모세와 아론이 여호와의 명령을 따라 레위인을 각 종족대로 계수한즉 일 개월 이상 된 남자는 모두 이만 이천 명이었더라. ⁴⁰ 여호와께서 또 모세에게 이르시되 이스라엘 자손의 처음 태어난 남자를 일 개월 이상으로 다 계수하여 그 명수를 기록하라. ⁴¹ 나는 여호와라. 이스라엘 자손 중 모든 처음 태어난 자 대신에 레위인을 내게 돌리고 또 이스라엘 자손의 가축 중 모든 처음 태어난 것 대신에 레위인의 가축을 내게 돌리라. ⁴² 모세가 여호와께서 자기에게 명령하신 대로 이스라엘 자손 중 모든 처음 태어난 자를 계수하니 ⁴³ 일 개월 이상으로 계수된 처음 태어난 남자의 총계는 이만 이천이백칠십삼 명이었더라. ⁴⁴ 여호와께서 모세에게 말씀하여 이르시되 ⁴⁵ 이스라엘 자손 중 모든 처음 태어난 자 대신에 레위인을 취하고 또 그들의 가축 대신에 레위인의 가축을 취하라. 레위인은 내 것이라. 나는 여호와니라. ⁴⁶ 이스라엘 자손의 처음 태어난 자가 레위인보다 이백칠십삼 명이 더 많은즉 속전으로 ⁴⁷ 한 사람에 다섯 세겔씩 받되 성소의 세겔로 받으라. 한 세겔은 이십 게라니라. ⁴⁸ 그 더한 자의 속전을 아론과 그의 아들들에게 줄 것이니라. ⁴⁹ 모세가 레위인으로 대속한 이외의 사람에게서 속전을 받았으니 ⁵⁰ 곧 이스라엘 자손의 처음 태어난 자에게서 받은 돈이 성소의 세겔로 천삼백육십오 세겔이라. ⁵¹ 모세가 이 속전을 여호와의 말씀대로 아론과 그의 아들들에게 주었으니 여호와께서 모세에게 명령하심과 같았느니라.

3장은 제사장직을 독점하는 아론의 아들들(나답, 아비후, 엘르아살, 이다말)과 보조 사역자 레위인들을 공식적으로 구분하고 있다. 1-4절은 아론 계열의 레위인이 제사장직을 차지하는 데 있어서 누리는 배타적 지위를 말한다. 앞으로 제사장직은 시내 광야에서 야웨 앞에 다른 불을 드리다가 죽임을 당한 나답과 아비후를 제외하고 엘르아살과 이다말의 후손이 맡게 된다. 5-13절은 보조 사역자 레위인에 대하여 다룬다. 레위 지파는 제사장 아론 앞에 서서 그에게 시종하는 보조 사역자들이다. 그들은 아론의 직무와 온 회중의 직무를 위하여 회막에서 시무하되 회막의 모든 기구를 맡아 지키며 이스라엘 자손의 직무를 위하여 성막에서 시무한다. 레위인은 성막 시설물 관리 책임을 맡으면서 아론과 그의 아들들에게 철저히 위탁된 봉사자들이다. "그들은 이스라엘 자손 중에서 아론에게 온전히 맡겨진 자들이니라."3:9 레위인들이 아론(제사장)에게 온전히 맡겨진 자들이라는 말은 이론의 시중을 드는 보조 사역자라는 뜻이다. 아론과 그의 아들들이 맡은 제사장 직무는 외인이 가로채거나 나누어 가질 수 없다. 외인이 제사장 직무를 맡으려고 성막에 가까이 하면 죽임을 당할 것이다.

3:11-13은 어떤 논리로 레위인들이 이스라엘 장자들을 대신하여 하나님께 바쳐지게 되었는지를 설명한다. 하나님이 애굽의 장자 심판을 집행할 때 살려 주신 모든 이스라엘 장자들을 하나님께 봉헌된 예물로 삼으셨다. "보라, 내가 이스라엘 자손 중에서 레위인을 택하여 이스라엘 자손 중에 태를 열어 태어난 모든 자를 대신하게 하였은즉 레위인은 내 것이라. 처음 태어난 자는 다 내 것임은 내가 애굽 땅에서 그 처음 태어난 자를 다 죽이던 날에 이스라엘의 처음 태어난 자는 사람이나 짐승을 다 거룩하게 구별하였음이니 그들은 내 것이 될 것이니라. 나는 여호와니라."3:12-13 12-13절의 논리는, 마땅히 죽임을 당할 처지에 있었던 이스라엘 장자들을 하나님이 살려 주셨기에 그들은 다 하나님의 소유가 되었다는 것이다. 다시 말해, 하

나님은 이스라엘 장자를 대신하여 레위인을 택하셨다. 요컨대 레위인은 이스라엘의 맏아들을 대신한 특수 지파다.^{출 13장}

3:14-39은 레위인의 인구조사를 다룬다(게르손과 고핫과 므라리 자손들 중 1개월 이상된 모든 남자). 조상의 가문과 종족을 따라 1개월 이상된 레위 지파의 남자를 다 계수한다. 레위인은 레위의 세 아들인 게르손과 고핫과 므라리의 자손들이다. 게르손 종족 중 1개월 이상된 남자의 수효 합계는 7,500명이다. 게르손 종족은 성막 뒤, 곧 서쪽에 진을 칠 것이며, 라엘의 아들 엘리아삽이 게르손 조상 가문의 지휘관이 될 것이다. 게르손 자손이 회막에서 맡을 일은 성막과 장막과 그 덮개와 회막 휘장 문과 뜰의 휘장과 및 성막과 제단 사방에 있는 뜰의 휘장 문과 그 모든 것에 쓰는 줄들을 관리하고 운반하는 일이다. 고핫 종족 중 1개월 이상된 남자는 모두 8,600명이다. 이들은 성소 관리와 보존 책임을 맡는다. 고핫 자손의 종족들은 성막 남쪽에 진을 친다. 웃시엘의 아들 엘리사반이 고핫 종족과 조상 가문의 지휘관이 될 것이며, 그들이 맡을 것은 증거궤와 상과 등잔대와 제단들과 성소에서 봉사하는 데 쓰는 기구들과 휘장과 그것에 쓰는 모든 것을 관리하는 책임이다. 성소를 맡은 고핫 자손들은 제사장 아론의 아들 엘르아살의 지휘감독을 받게 된다. 므라리 종족 중 1개월 이상으로 계수된 남자는 모두 6,200명이다. 아비하일의 아들 수리엘이 므라리 종족과 조상 가문의 지휘관이다. 므라리 종족은 성막 북쪽에 진을 칠 것이다. 므라리 자손은 성막의 널판과 그 띠와 기둥과 받침과 모든 기구와 그것에 쓰는 모든 것과 뜰 사방 기둥과 그 받침과 말뚝과 줄들을 관리하는 책임을 맡는다. 38절은 아론과 제사장들이 진 치는 위치를 말한다. 그들은 성막 앞 동쪽, 곧 회막 앞 해 돋는 쪽에 진을 치고 이스라엘 자손의 직무를 위하여 성소의 직무를 수행할 것이다. 그들은 외인이 가까이 하면 죽임을 당할 정도

로 거룩한 신성구역에서 진을 친 것이다. 이상 각 종족대로 1개월 이상된 레위인 남자를 계수하니 모두 2만2천 명이었다.

3:40-51은 어떤 논리로 레위 사람이 장자 구실을 하게 되었는지를 자세히 말하면서 이미 이 주제를 다룬 3:11-13을 부연한다. 이스라엘 자손의 처음 태어난 남자를 1개월 이상으로 다 계수하여 그 명수를 기록해, 모든 처음 태어난 자 대신에 레위인을 하나님을 섬기는 직분자로 택하셨다. 또 이스라엘 자손의 가축 중 모든 처음 태어난 것 대신에 레위인의 가축을 하나님께 돌리라고 명하신다. 처음 태어난 이스라엘 자손 남자 중 1개월 이상으로 계수된 이의 총계는 2만2천273명이었다. 하나님은 이스라엘 자손 중 처음 태어난 모든 자 대신 레위인을 취하고, 또 그들의 가축 대신에 레위인의 가축을 취한다고 하신다. 이스라엘 자손의 처음 태어난 자가 레위인보다 273명이 더 많아서, 273명의 경우는 한 사람에 다섯 성소 세겔(1세겔은 20게라)씩 받고 속량했다. 이렇게 해서 273명의 이스라엘 장자들은 다섯 세겔의 속전을 내고 성막 수종의 의무로부터 면제된다. 이 273명을 속량하고 받은 속전은 아론과 그의 아들들에게 준다. 총 1,365세겔의 수입이 생겼다.

고핫 자손, 게르손 자손, 므라리 자손의 임무 ●4장

4 [1]또 여호와께서 모세와 아론에게 말씀하여 이르시되 [2]레위 자손 중에서 고핫 자손을 그들의 종족과 조상의 가문에 따라 집계할지니 [3]곧 삼십 세 이상으로 오십 세까지 회막의 일을 하기 위하여 그 역사에 참가할 만한 모든 자를 계수하라. [4]고핫 자손이 회막 안의 지성물에 대하여 할 일은 이러하니라. [5]진영이 전진할 때에 아론과 그의 아들들이 들어가서 칸 막는 휘장을 걷어 증거궤를 덮고 [6]그 위를 해달의 가죽으로 덮고 그 위에 순청색 보자기를 덮은 후에 그 채를 꿰고 [7]진설병의 상

에 청색 보자기를 펴고 대접들과 숟가락들과 주발들과 붓는 잔들을 그 위에 두고 또 항상 진설하는 떡을 그 위에 두고 ⁸ 홍색 보자기를 그 위에 펴고 그것을 해달의 가죽 덮개로 덮은 후에 그 채를 꿰고 ⁹ 청색 보자기를 취하여 등잔대와 등잔들과 불 집게들과 불똥 그릇들과 그 쓰는 바 모든 기름 그릇을 덮고 ¹⁰ 등잔대와 그 모든 기구를 해달의 가죽 덮개 안에 넣어 메는 틀 위에 두고 ¹¹ 금제단 위에 청색 보자기를 펴고 해달의 가죽 덮개로 덮고 그 채를 꿰고 ¹² 성소에서 봉사하는 데에 쓰는 모든 기구를 취하여 청색 보자기에 싸서 해달의 가죽 덮개로 덮어 메는 틀 위에 두고 ¹³ 제단의 재를 버리고 그 제단 위에 자색 보자기를 펴고 ¹⁴ 봉사하는 데에 쓰는 모든 기구 곧 불 옮기는 그릇들과 고기 갈고리들과 부삽들과 대야들과 제단의 모든 기구를 두고 해달의 가죽 덮개를 그 위에 덮고 그 채를 꿸 것이며 ¹⁵ 진영을 떠날 때에 아론과 그의 아들들이 성소와 성소의 모든 기구 덮는 일을 마치거든 고핫 자손들이 와서 멜 것이니라. 그러나 성물은 만지지 말라. 그들이 죽으리라. 회막 물건 중에서 이것들은 고핫 자손이 멜 것이며 ¹⁶ 제사장 아론의 아들 엘르아살이 맡을 것은 등유와 태우는 향과 항상 드리는 소제물과 관유이며 또 장막 전체와 그 중에 있는 모든 것과 성소와 그 모든 기구니라. ¹⁷ 여호와께서 또 모세와 아론에게 말씀하여 이르시되 ¹⁸ 너희는 고핫 족속의 지파를 레위인 중에서 끊어지게 하지 말지니 ¹⁹ 그들이 지성물에 접근할 때에 그들의 생명을 보존하고 죽지 않게 하기 위하여 이같이 하라. 아론과 그의 아들들이 들어가서 각 사람에게 그가 할 일과 그가 멜 것을 지휘하게 할지니라. ²⁰ 그들은 잠시라도 들어가서 성소를 보지 말라. 그들이 죽으리라. ²¹ 여호와께서 또 모세에게 말씀하여 이르시되 ²² 게르손 자손도 그 조상의 가문과 종족에 따라 계수하되 ²³ 삼십 세 이상으로 오십 세까지 회막에서 복무하고 봉사할 모든 자를 계수하라. ²⁴ 게르손 종족의 할 일과 멜 것은 이러하니 ²⁵ 곧 그들이 성막의 휘장들과 회막과 그 덮개와 그 위의 해달의 가죽 덮개와 회막 휘장 문을 메며 ²⁶ 뜰의 휘장과 성막과 제단 사방에 있는 뜰의 휘장 문과 그 줄들과 그것에 사용하는 모든 기구를 메며 이 모든 것을 이렇게 맡아 처리할 것이라. ²⁷ 게르손 자손은 그들의 모든 일 곧 멜 것과 처리할 것을 아론과 그의 아들들의 명령대로 할 것이니 너희는 그들이 멜 짐을 그들에게 맡길 것이니라. ²⁸ 게르손 자손의 종족들이 회막에서 할 일은 이러하며 그들의 직무는 제사장 아론의 아들 이다말이 감독할지니라. [29] 너는 므라리 자손도 그 조상의 가문과 종족에 따라 계수하되 [30] 삼십 세부터 오십 세까지 회막에서 복무하고 봉사할 모든 자를 계수하라. [31] 그들이 직무를 따라 회막에서 할 모든 일 곧 그 멜 것은 이러하니 곧 장막의 널판들과 그 띠들과 그 기둥들과 그 받침들과 [32] 뜰 둘레의 기둥들과 그 받침들과 그 말뚝들과 그 줄들과 그 모든 기구들과 그것에 쓰는 모든 것이라. 너희는 그들이 맡아 멜 모든 기구의 품목을 지정하라. [33] 이는 제사장 아론의 아들 이다말의 수하에 있을 므라리 자손의 종족들이 그 모든 직무대로 회막에서 행할 일이니라. [34] 모세와 아론과 회중의 지도자들이 고핫 자손들을 그 종족과 조상의 가문에 따라 계수하니 [35] 삼십 세부터 오십 세까지 회막에서 복무하고 봉사할 모든 자 [36] 곧 그 종족대로 계수된 자가 이천칠백오십 명이니 [37] 이는 모세와 아론이 여호와께서 모세에게 명령하신 대로 회막에서 종사하는 고핫인의 모든 종족 중 계수된 자이니라. [38] 게르손 자손 중 그 종족과 조상의 가문을 따라 계수된 자는 [39] 삼십 세부터 오십 세까지 회막 봉사에 참여하여 일할 만한 모든 자라. [40] 그 종족과 조상의 가문을 따라 계수된 자는 이천육백삼십 명이니 [41] 이는 모세와 아론이 여호와의 명령대로 회막에서 종사하는 게르손 자손의 모든 종족 중 계수된 자니라. [42] 므라리 자손의 종족 중 그 종족과 조상의 가문을 따라 계수된 자는 [43] 삼십 세부터 오십 세까지 회막에서 복무하고 봉사할 모든 자라. [44] 그 종족을 따라 계수된 자는 삼천이백 명이니 [45] 이는 모세와 아론이 여호와께서 모세에게 명령하신 대로 므라리 자손들의 종족 중 계수된 자니라. [46] 모세와 아론과 이스라엘 지휘관들이 레위인을 그 종족과 조상의 가문에 따라 다 계수하니 [47] 삼십 세부터 오십 세까지 회막 봉사와 메는 일에 참여하여 일할 만한 모든 자 [48] 곧 그 계수된 자는 팔천오백팔십 명이라. [49] 그들이 할 일과 짐을 메는 일을 따라 모세에게 계수되었으되 여호와께서 모세에게 명령하신 대로 그들이 계수되었더라.

4장은 다시 레위 지파 자손들의 성막 관련 직분을 세분한다. 레위 자손 중에서 고핫 자손을 그들의 종족과 조상의 가문에 따라 30세 이상으로 50세까지 회막 일을 하기 위하여 그 역사에 참가할 만한 모든 자를 계수하니 2,750명이었다.4:34-37 4:4-20은 고핫 자손의 과업을 말한다. 고핫 자손은 회막 안의 지성물을 관리하고 운반하고 보존하는 일을 한다. 진영이 전진할 때에 아론과 그의 아들들이 들어가서 칸 막는 휘장을 걷어 증거궤를 덮고 그 위를 해달 가죽으로 덮고 그 위에 순청색 보자기를 덮은 후에 그 채를 꿰고 메어야 한다. 진설병의 상에 청색 보자기를 펴고 대접들과 숟가락들과 주발들과 붓는 잔들을 그 위에 두고, 또 항상 진설하는 떡을 그 위에 두고 홍색 보자기를 그 위에 펴고 그것을 해달의 가죽 덮개로 덮은 후에 그 채를 꿰고 메어야 한다. 청색 보자기를 취하여 등잔대와 등잔들과 불 집게들과 불똥 그릇들과 그 쓰는 바 모든 기름 그릇을 덮고, 등잔대와 그 모든 기구를 해달의 가죽 덮개 안에 넣어 메는 틀 위에 두고, 금제단 위에 청색 보자기를 펴고 해달 가죽 덮개로 덮고 그 채를 꿰고 메어야 한다. 또 성소에서 봉사하는 데에 쓰는 모든 기구를 취하여 청색 보자기에 싸서 해달 가죽 덮개로 덮어 메는 틀 위에 두고, 제단의 재를 버리고 그 제단 위에 자색 보자기를 펴고 봉사하는 데에 쓰는 모든 기구, 곧 불 옮기는 그릇들과 고기 갈고리들과 부삽들과 대야들과 제단의 모든 기구를 두고 해달 가죽 덮개를 그 위에 덮고 그 채를 꿸 것이다. 진영을 떠날 때에 아론과 그의 아들들이 성소와 성소의 모든 기구 덮는 일을 마치거든 고핫 자손들이 와서 메어야 한다. 그러나 그들은 성물을 만져서는 안 된다. 만지면 죽임을 당하기 때문이다.

제사장 아론의 아들 엘르아살은 등유와 태우는 향과 항상 드리는 소제물과 관유와 또 장막 전체와 그중에 있는 모든 것과 성소와 그 모든 기구를 맡아야 한다. 하나님은 모세에게 이렇게 고귀한 직분을 맡은 고핫 족속의 지파가 레위인 중에서 끊어지지 않도록 각별히 신경을 쓰라고 명하신다. 지성물을 메려고 접근할 때 고핫 자손은 아론과 그 아들들의 지휘감독을 받아야 한다. 그렇지 않으면 지성물을 부주의하게 보거나 만지다가 죽임을 당할 수 있기 때문이다. "잠시라도 들어가서 성소를 보면 죽으리라"는 엄명을 받고 일한다. 이처럼 고핫 자손의 직분이 가장 거룩하다. 수레로 끌 수 없고 직접 메고 가야 하는 거룩한 성물을 운반하는 책임을 부여받았기 때문이다. 그런데 역설적으로 고핫 자손이 바로 이 불편하고 힘겨운 운반 사역 때문에 나중에 모세에게 반역하는 죄에 연루된다.

4:21-28은 게르손 자손 중 사역 참여자들을 계수하라는 명령과 그들의 과업을 말하며, 4:38-41은 게르손 자손 중 사역 가능한 자손의 숫자를 말한다. 그 종족과 조상의 가문을 따라 30세부터 50세까지 회막 봉사에 참여할 만한 모든 자는 2,630명이었다. 게르손 종족은 성막의 휘장들과 회막과 그 덮개와 그 위의 해달 가죽 덮개와 회막 휘장 문을 메고, 뜰의 휘장과 성막과 제단 사방에 있는 뜰의 휘장 문과 그 줄들과 그것에 사용하는 모든 기구를 메며 이 모든 것을 관리하고 운반해야 한다. 게르손 자손도 멜 것과 성막 시설물을 처리하는 일에 있어서 아론과 그의 아들들의 지휘감독을 따라야 한다. 즉, 제사장들이 게르손 자손이 멜 짐을 맡긴다. 특히 제사장 아론의 아들 이다말이 게르손 자손들의 회막 봉사일 모두를 감독할 것이다.

4:29-33은 회막 봉사에 참여 가능한 므라리 자손의 숫자를 계수하라는 명령과 그들 자손의 과업을 말하고, 4:42-45은 실제로 계수된 므라리 자손의 숫자를 말한다. 그 종족과 조상의 가문을 따라 30세부터 50세까지 회막에서 복무하고 봉사할 모든 사람의 숫자는 3,200명이었다. 므라리 자손은 장막의 널판들과 그 띠들과 기둥들과 받침들과 뜰 둘레의 기둥들과 그 받침들과 말뚝들과 줄들과 모든 기구들과 그것에 쓰는 모든 것을 메거나 운반해야 한다. 므라리 자

손도 제사장 아론의 아들 이다말의 지휘감독을 받으며 회막 시설물을 메고 운반하며 봉사일을 감당해야 한다.

이상에서 살펴본 것처럼 레위인 중 30세부터 50세까지 회막 봉사와 메는 일에 참여하여 일할 만한 모든 자는 8,580명이었다. 야웨께서 모세에게 명령하신 대로 그들이 할 일과 짐을 메는 일을 따라 모세에게 계수되었다.

부정한 사람, 죄를 위한 속전, 아내의 간음을 입증하는 절차 ●5장

5 ¹ 여호와께서 모세에게 말씀하여 이르시되 ² 이스라엘 자손에게 명령하여 모든 나병 환자와 유출증이 있는 자와 주검으로 부정하게 된 자를 다 진영 밖으로 내보내되 ³ 남녀를 막론하고 다 진영 밖으로 내보내어 그들이 진영을 더럽히게 하지 말라. 내가 그 진영 가운데에 거하느니라 하시매 ⁴ 이스라엘 자손이 그같이 행하여 그들을 진영 밖으로 내보냈으니 곧 여호와께서 모세에게 이르신 대로 이스라엘 자손이 행하였더라. ⁵ 여호와께서 모세에게 말씀하여 이르시되 ⁶ 이스라엘 자손에게 이르라. 남자나 여자나 사람들이 범하는 죄를 범하여 여호와께 거역함으로 죄를 지으면 ⁷ 그 지은 죄를 자복하고 그 죄 값을 온전히 갚되 오분의 일을 더하여 그가 죄를 지었던 그 사람에게 돌려줄 것이요 ⁸ 만일 죄 값을 받을 만한 친척이 없으면 그 죄 값을 여호와께 드려 제사장에게로 돌릴 것이니 이는 그를 위하여 속죄할 속죄의 숫양과 함께 돌릴 것이니라. ⁹ 이스라엘 자손이 거제로 제사장에게 가져오는 모든 성물은 그의 것이 될 것이라. ¹⁰ 각 사람이 구별한 물건은 그의 것이 되나니 누구든지 제사장에게 주는 것은 그의 것이 되느니라. ¹¹ 여호와께서 모세에게 말씀하여 이르시되 ¹² 이스라엘 자손에게 말하여 그들에게 이르라. 만일 어떤 사람의 아내가 탈선하여 남편에게 신의를 저버렸고 ¹³ 한 남자가 그 여자와 동침하였으나 그의 남편의 눈에 숨겨 드러나지 아니하였고 그 여자의 더러워진 일에 증인도 없고 그가 잡히지도 아니하였어도 ¹⁴ 그 남편이 의심이 생겨 그 아내를 의심하였는데 그의 아내가 더럽혀졌거나 또는 그 남편

이 의심이 생겨 그 아내를 의심하였으나 그 아내가 더럽혀지지 아니하였든지 ¹⁵ 그의 아내를 데리고 제사장에게로 가서 그를 위하여 보리 가루 십분의 일 에바를 헌물로 드리되 그것에 기름도 붓지 말고 유향도 두지 말라. 이는 의심의 소제요 죄악을 기억나게 하는 기억의 소제라. ¹⁶ 제사장은 그 여인을 가까이 오게 하여 여호와 앞에 세우고 ¹⁷ 토기에 거룩한 물을 담고 성막 바닥의 티끌을 취하여 물에 넣고 ¹⁸ 여인을 여호와 앞에 세우고 그의 머리를 풀게 하고 기억나게 하는 소제물 곧 의심의 소제물을 그의 두 손에 두고 제사장은 저주가 되게 할 쓴 물을 자기 손에 들고 ¹⁹ 여인에게 맹세하게 하여 그에게 이르기를 네가 네 남편을 두고 탈선하여 다른 남자와 동침하여 더럽힌 일이 없으면 저주가 되게 하는 이 쓴 물의 해독을 면하리라. ²⁰ 그러나 네가 네 남편을 두고 탈선하여 몸을 더럽혀서 네 남편 아닌 사람과 동침하였으면 ²¹ (제사장이 그 여인에게 저주의 맹세를 하게 하고 그 여인에게 말할지니라.) 여호와께서 네 넓적다리가 마르고 네 배가 부어서 네가 네 백성 중에 저줏거리, 맹셋거리가 되게 하실지라. ²² 이 저주가 되게 하는 이 물이 네 창자에 들어가서 네 배를 붓게 하고 네 넓적다리를 마르게 하리라 할 것이요 여인은 아멘, 아멘 할지니라. ²³ 제사장이 저주의 말을 두루마리에 써서 그 글자를 그 쓴 물에 빨아 넣고 ²⁴ 여인에게 그 저주가 되게 하는 쓴 물을 마시게 할지니 그 저주가 되게 하는 물이 그의 속에 들어 가서 쓰리라. ²⁵ 제사장이 먼저 그 여인의 손에서 의심의 소제물을 취하여 그 소제물을 여호와 앞에 흔들고 제단으로 가지고 가서 ²⁶ 제사장은 그 소제물 중에서 한 움큼을 취하여 그 여자에게 기억나게 하는 소제물로 제단 위에 불사르고 그 후에 여인에게 그 물을 마시게 할지라. ²⁷ 그 물을 마시게 한 후에 만일 여인이 몸을 더럽혀서 그 남편에게 범죄하였으면 그 저주가 되게 하는 물이 그의 속에 들어가서 쓰게 되어 그의 배가 부으며 그의 넓적다리가 마르니 그 여인이 그 백성 중에서 저줏거리가 될 것이니라. ²⁸ 그러나 여인이 더럽힌 일이 없고 정결하면 해를 받지 않고 임신하리라. ²⁹ 이는 의심의 법이니 아내가 그의 남편을 두고 탈선하여 더럽힌 때나 ³⁰ 또는 그 남편이 의심이 생겨서 자기의 아내를 의심할 때에 여인을 여호와 앞에 두고 제사장이 이 법대로 행할 것이라. ³¹ 남편은 무죄할 것이요 여인은 죄가 있으면 당하리라.

I.

성막 중심으로 조직화되는 이스라엘과 거룩한 전쟁

5장은 진을 정결케 하는 조치들을 취급한다. 1-4절은 부정한 사람의 처리 규정이다. 5-10절은 진 성결유지법을 위반할 때 치러야 하는 속죄의 비용(제물의 등급)을 다룬다. 11-31절은 이스라엘의 진을 더럽히는 죄 가운데 하나로 간음죄를 적시하고 여자가 간음죄를 범한 여부를 판별하기 위한 시죄법^{試罪法}을 다룬다. 그것은 현대적인 기준으로 볼 때 다소 야만적이고 여성비하적인 시죄법^{ordeal}으로서 아내의 간통 혐의를 규명하는 절차를 담고 있다.

야웨께서는 모든 나병 환자와 유출증이 있는 자와 주검으로 부정하게 된 남자나 여자를 진영 밖으로 내보내어 그들이 진영을 더럽히지 않도록 하라고 명하신다. 그 이유는 "야웨께서 그 진영 가운데에 거하시기" 때문이다.^{5:3} 거룩하신 하나님이 이스라엘 진 가운데 계시기 때문에 이스라엘은 거룩해야 한다. 거룩하신 하나님과 동행하는 하나님의 백성이 거룩한 공동체가 되어야 하는 이유가 바로 여기에 있다. 나병 환자, 유출병 환자, 주검으로 부정케 된 자가 왜 한 범주로 분류되어 진 밖으로 나가야 하는지는 분명하지 않지만, 이들 모두가 이스라엘 군대조직의 일사불란한 행진을 더디게 할 가능성 때문에 이런 조치가 내려진 것 같다. 이 규정이 모든 약한 자, 병든 자에 대한 하나님의 멸시와 배척을 의미하는 것이 아님은 분명하다. 나병 환자는 타인에게 전염될 가능성 때문에, 유출병 환자는 정상 속도로 걷는 데 어려움을 느꼈기 때문에 제일 더디게 걷는 행렬(진밖)에 배치하는 것이 더 나았을 것이다. 주검으로 부정케 된 자는 죽은 자의 장례 절차에 집착하느라고 진의 행진에 어려움을 초래했거나 주검이 된 동물의 고기를 먹으려는 허물을 범해 진 정결법을 위반했을 가능성이 있다. 하지만 이 본문의 규정만으로는 왜 주검으로 부정케 된 자가 진 밖으로 나가야 하는지는 확실하게 단정하기 힘들다. 아무튼 모세와 이스라엘은 명령에 순종하여 세 부류의 사람들을 진 밖으로 내보냈다.

5:5-8은 민사상 손해배상을 통한 속죄 방법을 다룬다. 이스라엘 남자나 여자가 야웨께 거역하는 죄를 범하여 다른 사람에게 해를 끼쳤다면, 죄 지은 사람은 죄를 자복하고 그 죗값을 온전히 갚되 오분의 일을 더하여 자신의 죄로 피해를 입은 사람에게 돌려주어야 한다. 만일 그 죗값을 받을 사람이나 친척도 없으면 그 죗값을 야웨께 드려 제사장에게 바쳐야 한다. 이때 죄지은 자를 대신해 죽을 속죄의 숫양과 함께 제사장에게 바쳐야 한다. 5:9-10은 거제 규정이다. 이스라엘 자손이 거제로 제사장에게 가져오는 모든 성물은 제사장의 것이 된다. 각 사람이 하나님께 드리려고 구별한 물건은 제사장의 것이 된다.

5:11-31은 간통 혐의를 받는 여인의 혐의를 벗겨 주거나 혹은 혐의를 확정 짓는 꽤 복잡한 절차를 다룬다. 이 단락은 먼저 이스라엘의 한 여자가 간통 혐의가 있는데 증인도 없고 현장에서 즉발되지도 아니한 상황을 상정한다. 그 여자의 남편이 아내를 의심해 그녀를 제사장에게 데려가 의심의 소제(기억의 소제)를 바칠 수 있다. 남편은 제사장에게 보리 가루 십분의 일 에바를 헌물로 드리되 그것에 기름도 붓지 말고 유향도 두지 말아야 한다. 이것이 의심의 소제요 죄악을 기억나게 하는 기억의 소제라고 불린다. 우선 제사장은 그 여인을 가까이 오게 하여 야웨 앞에 세우고 토기에 거룩한 물을 담고 성막 바닥의 티끌을 취하여 물에 넣는다. 야웨 앞에 세워진 여인은 머리를 풀고 기억나게 하는 소제물, 곧 의심의 소제물을 두 손에 들고 있고 제사장은 저주가 되게 할 쓴물을 자기 손에 들고 여인에게 다음과 같이 두 가지 시나리오를 염두에 두고 맹세하게 한다. "네가 네 남편을 두고 탈선하여 다른 남자와 동침하여 더럽힌 일이 없으면 저주가 되게 하는 이 쓴물의 해독을 면하리라."5:19 "그러나 네

가 네 남편을 두고 탈선하여 몸을 더럽혀서 네 남편 아닌 사람과 동침하였으면 (제사장이 그 여인에게 저주의 맹세를 하게 하고 그 여인에게 말할지니라.) 여호와께서 네 넓적다리가 마르고 네 배가 부어서 네가 네 백성 중에 저줏거리, 맹셋거리가 되게 하실지라. 이 저주가 되게 하는 이 물이 네 창자에 들어가서 네 배를 붓게 하고 네 넓적다리를 마르게 하리라."[5:20-22] 여인은 제사장이 낭독하는 각각의 맹세문에 "아멘! 아멘!"이라고 응답해야 한다.

이 저주맹세 의식이 끝나면 실제로 여인의 혐의를 확증하거나 벗겨 주는 약물 투여 방식의 절차가 뒤따른다. 제사장은 자신이 읽은 저주의 말을 두루마리에 써서 그 쓴물에 빨아 넣고 여인에게 그 저주가 되게 하는 쓴물을 마시게 한다. 저주가 되게 하는 물이 여인의 배 속에 들어가서 쓴맛을 낼 것이다. 다음으로 제사장은 여인의 손에서 의심의 소제물을 취하여 그것을 야웨 앞에 흔들고, 제단으로 가지고 가서 그 소제물 중에서 한 움큼을 취하여 그 여자에게 기억나게 하는 소제물로 제단 위에 불사르고, 그 후에 여인에게 그 물을 마시게 해야 한다.

5:27-31은 이 시죄법의 시행 결과를 말한다. 만일 여자의 혐의가 사실이라면 저주가 되게 하는 물이 그녀의 배 속에 들어가서 쓰게 되어 배가 부으며 넓적다리가 마를 것이다. 그렇다면 그 여인이 백성 중에서 저줏거리가 될 것이다. 넓적다리가 마른다는 말은 임신을 하지 못하는 상태, 곧 여성의 생식기능에 치명적인 손상이 입혀진 것을 의미한다. 그러나 여인이 결백하다면 이런 기괴한 쓴물을 마셔도 임신할 수 있게 될 것이다. 당연하겠지만 이 절차를 거쳐 여인의 혐의가 확정되면 남편은 무죄하고 그 아내는 죄를 담당해야 한다.

민

6 ¹여호와께서 모세에게 말씀하여 이르시되 ²이스라엘 자손에게 전하여 그들에게 이르라. 남자나 여자가 특별한 서원 곧 나실인의 서원을 하고 자기 몸을 구별하여 여호와께 드리려고 하면 ³포도주와 독주를 멀리하며 포도주로 된 초나 독주로 된 초를 마시지 말며 포도즙도 마시지 말며 생포도나 건포도도 먹지 말지니 ⁴자기 몸을 구별하는 모든 날 동안에는 포도나무 소산은 씨나 껍질이라도 먹지 말며 ⁵그 서원을 하고 구별하는 모든 날 동안은 삭도를 절대로 그의 머리에 대지 말 것이라. 자기 몸을 구별하여 여호와께 드리는 날이 차기까지 그는 거룩한즉 그의 머리털을 길게 자라게 할 것이며 ⁶자기의 몸을 구별하여 여호와께 드리는 모든 날 동안은 시체를 가까이 하지 말 것이요 ⁷그의 부모 형제 자매가 죽은 때에라도 그로 말미암아 몸을 더럽히지 말 것이니 이는 자기의 몸을 구별하여 하나님께 드리는 표가 그의 머리에 있음이라. ⁸자기의 몸을 구별하는 모든 날 동안 그는 여호와께 거룩한 자니라. ⁹누가 갑자기 그 곁에서 죽어서 스스로 구별한 자의 머리를 더럽히면 그의 몸을 정결하게 하는 날에 머리를 밀 것이니 곧 일곱째 날에 밀 것이며 ¹⁰여덟째 날에 산비둘기 두 마리나 집비둘기 새끼 두 마리를 가지고 회막 문에 와서 제사장에게 줄 것이요 ¹¹제사장은 그 하나를 속죄제물로, 하나를 번제물로 드려서 그의 시체로 말미암아 얻은 죄를 속하고 또 그는 그 날에 그의 머리를 성결하게 할 것이며 ¹²자기 몸을 구별하여 여호와께 드릴 날을 새로 정하고 일 년 된 숫양을 가져다가 속건제물로 드릴지니라. 자기의 몸을 구별한 때에 그의 몸을 더럽혔은즉 지나간 기간은 무효니라. ¹³나실인의 법은 이러하니라. 자기의 몸을 구별한 날이 차면 그 사람을 회막 문으로 데리고 갈 것이요 ¹⁴그는 여호와께 헌물을 드리되 번제물로 일 년 된 흠 없는 숫양 한 마리와 속죄제물로 일 년 된 흠 없는 어린 암양 한 마리와 화목제물로 흠 없는 숫양 한 마리와 ¹⁵무교병 한 광주리와 고운 가루에 기름 섞은 과자들과 기름 바른 무교전병들과 그 소제물과 전제물을 드릴 것이요 ¹⁶제사장은 그것들을 여호와 앞에 가져다가 속죄제와 번제를 드리고 ¹⁷화목제물로 숫양에 무교병 한 광주리를 아울러 여호와께 드리고 그 소제

I.

성막 중심으로 조직화되는 이스라엘과 거룩한 전쟁

와 전제를 드릴 것이요 ¹⁸ 자기의 몸을 구별한 나실인은 회막 문에서 자기의 머리털을 밀고 그것을 화목제물 밑에 있는 불에 둘지며 ¹⁹ 자기의 몸을 구별한 나실인이 그의 머리 털을 민 후에 제사장이 삶은 숫양의 어깨와 광주리 가운데 무교병 하나와 무교전병 하나를 취하여 나실인의 두 손에 두고 ²⁰ 여호와 앞에 요제로 흔들 것이며 그것과 흔든 가슴과 받들어올린 넓적다리는 성물이라. 다 제사장에게 돌릴 것이니라. 그 후에는 나실인이 포도주를 마실 수 있느니라. ²¹ 이는 곧 서원한 나실인이 자기의 몸을 구별한 일로 말미암아 여호와께 헌물을 드림과 행할 법이며 이외에도 힘이 미치는 대로 하려니와 그가 서원한 대로 자기의 몸을 구별하는 법을 따라 할 것이니라. ²² 여호와께서 모세에게 말씀하여 이르시되 ²³ 아론과 그의 아들들에게 말하여 이르기를 너희는 이스라엘 자손을 위하여 이렇게 축복하여 이르되 ²⁴ 여호와는 네게 복을 주시고 너를 지키시기를 원하며 ²⁵ 여호와는 그의 얼굴을 네게 비추사 은혜 베푸시기를 원하며 ²⁶ 여호와는 그 얼굴을 네게로 향하여 드사 평강 주시기를 원하노라 할지니라 하라. ²⁷ 그들은 이같이 내 이름으로 이스라엘 자손에게 축복할지니 내가 그들에게 복을 주리라.

(민)

6장은 나실인 제도를 다룬다. 이 제도는 이스라엘 민족의 광야 유목 시절의 경건주의적 이상을 보존하려는 제도였다. 1-21절은 레위인이 아닌 사람이 성막의 수종자가 되어 부분적으로 성직자로 살 수 있는 나실인 제도를 규정한다. 삼손, 사무엘, 세례 요한, 사도 바울 (겐그레아에서 머리를 깎은 바울)^{행 18장} 등은 나실인 출신이다. 나실인 제도의 신학적 이상은 예레미야 35장의 레갑 족속의 신학적 이상과 궤를 같이 한다. 이 제도는 포도주 금지(노아의 포도 경작과 포도주 만취 경계),^{창 9장} 주택 생활 부정, 삭발 금지, 시체 접촉 행위 금지 등을 통해 이스라엘 민족이 유목민적인 경건성을 보양함으로써 가나안의 포도주 문화, 욕망 방출의 문화, 정착민적인 집착 문화에 동화되지 말 것을 경고하는 종교적 안전판과 같은 장치였다. 22-27절은 아론 계열 대제사장의 축도를 담고 있다.

나실은 히브리어 나지르(נָזִיר)의 음역인데 이는 네제르^{nēzer}에서 파생된 단어다. 네제르는 헌신, 면류관, 보석, (여성의) 긴 머리털을 의미한다. 아마도 이 긴 머리털을 의미하는 네제르가 나실인^{Nazirite}의 어근일 것이다.[5] 이스라엘 남자나 여자가 특별한 서원, 곧 나실인의 서원을 하고 자기 몸을 구별하여 여호와께 드리면 여러 가지 금지사항을 지켜야 한다. 첫째, 포도주와 독주, 포도주로 된 초나 독주로 된 초를 마시지 말아야 하며 포도즙도 마시지 말며 생포도나 건포도도 먹지 말아야 한다. 심지어 자기 몸을 구별하는 모든 날 동안 포도나무 소산은 씨나 껍질도 먹어서는 안 된다. 창세기 9:20-25의 노아 포도주 만취 사건에 암시되어 있듯이, 가나안 농경문화의 포도는 하나님을 향한 일편단심을 와해시키는 만취의 핵이다. 포도주를 마시고 만취하는 것은 가나안 족속에게 그 하체를 드러내는 사건이다. 즉, 가나안의 타락한 문화에 정신과 몸을 팔아넘기는 행위라는 경고가 들어 있다.

둘째, 나실인 서원을 하고 구별하는 모든 날 동안은 머리에 삭도를 대지 말아야 한다. 자기 몸을 구별하여 여호와께 드리는 날이 차기까지 "거룩하게 구별되었기 때문에" 머리털을 길게 자라게 해야 한다. 7절 하반절에 머리털을 길게 자라게 해야 하는 이유가 제시되어 있다. "자기의 몸을 구별하여 하나님께 드리는 표가 그의 머리에 있음이라."[6] 사사 삼손의 길게 자란 머리털은 하나님의 권능을 매개하는 통로가 되었다. 삼손의 머리털 일화에는 야웨께 거룩하게 구별되어 사는 것은 영적 능력의 원천이 된다는 함의가 들어 있다. 삼손이 블레셋 여인 들릴라에게 빠져 나실인적 경건을 포기했을 때 블레셋에 붙들려 비참한 최후를 맞았다. 셋째, 나실인은 그 서원 기간 동안 시체를 가까이 하지 말아야 하되, 심지어 부모 형제 자매가 죽은 때에라도 그 시체로 말미암아 몸을 더럽히지 말아야 한다. 자기의 몸을 구별하는 모든 날 동안 그는 야웨께 거룩하게 성별된 자이기 때문이다. 그런데 만일 갑자기 누가 나실인 서원자 곁에서 죽어서 나실인의 머리를 더럽히면 그의 몸을 정결하게 하는 날, 곧 일곱째 날에 그 부정케 된 머리털을 밀고, 여덟째 날에 산비둘기 두 마리나 집비둘기 새끼 두 마리를 가지고 회막 문에 와서 제사장에게 바쳐야 한다. 제사장은 그 하나를 속죄제물로, 다른 하나를 번제물로 드려서 시체로 말미암아 얻은 죄를 속하고 또 그날부터 머리털을 길게 기름으로써 머리를 성결하게 해야 한다. 속죄 의식을 마친 나실인 서원자는 자기 몸을 구별하여 야웨께 드릴 날을 새로 정하고 1년 된 숫양을 가져다가 속건제물로 드린 후 다시 나실인 서원을 이행해야 한다. 시체로 인해 부정케 된 그날 이전의 모든 날들은 무효로 간주된다.

나실인 서원자가 서원한 구별이 차면 제사장은 그를 회막 문으로 데리고 가되 나실원 서원 종결 의식을 거치도록 해야 한다. 나실인 서원자는 1년 된 흠 없는 숫양 한 마리를 번제물로, 1년 된 흠 없는 어린 암양 한 마리를 속죄제물로, 흠 없는 숫양 한 마리를 화목제물로 바쳐야 한다. 또 나실인 서원자는 무교병 한 광주리와 고운 가루에 기름 섞은 과자와 기름 바른 무교전병을 가지고 소제물을 바쳐야 하고 아울러 전제물도 드려야 한다. 제사장은 이 모든 것을 야웨 앞에 가져다가 속죄제와 번제를 드리고, 숫양에 무교병 한 광주리를 화목제물로 야웨께 드리고 소제와 전제를 아울러 드려야 한다. 이렇게 복잡하고 복합적인 제물을 바친 후 나실인 서원자는 회막 문에서 자기의 머리털을 밀고 그것을 화목제물 밑에 있는 불에 던져야 한다. 나실인이 머리털을 민 후에 제사장이 삶은 숫양의 어깨와 광주리 가운데 무교병 하나와 무교전병 하나를 취하여 나실인의 두 손에 두고, 제사장은 그것을 야웨 앞에서 요제로 흔들어 제사장 몫으로 챙겨야 한다. 요제로 흔든 제물과 흔든 가슴과 받들어 올린 넓적다리는 성물이라서 다 제사장에게 귀속된다. 이렇게 제사장에게 응분의 몫을 돌린 후에 나실인이 서원에서 해제되어 포도주를 마실 수 있다. 이것이 나실인이 자기 서원에서 풀려나는 복잡한 절차다.

6:22-27은 제사장의 축복기도문이다. 이 기도문이 나실인의 서원 해제와 직접 관련된 것인지는 분명치 않다. 아마도 제사를 드리고 난 이스라엘 회중을 위한 일반적인 축복기도문으로 보는 것이 좋겠다. 하나님께 제사 드리러 오는 이스라엘 회중(개인)에게 복을 주시고 그를 지키시며, 야웨께서 그 얼굴을 이스라엘 회중과 개인에게 비추사 은혜 베푸시며, 평강 주시기를 원하는 제사장의 축복기도문이다. 제사장은 이처럼 하나님의 이름으로 이스라엘 자손을 축복하고 하나님은 제사장의 축복기도에 응하여 이스라엘 자손에게 복을 주실 것이다.

9

지휘관들이 드린 성막 봉헌물 ●7장

7 ¹ 모세가 장막 세우기를 끝내고 그것에 기름을 발라 거룩히 구별하고 또 그 모든 기구와 제단과 그 모든 기물에 기름을 발라 거룩히 구별한 날에 ² 이스라엘 지휘관들 곧 그들의 조상의 가문의 우두머리들이요 그 지파의 지휘관으로서 그 계수함을 받은 자의 감독된 자들이 헌물을 드렸으니 ³ 그들이 여호와께 드린 헌물은 덮개 있는 수레 여섯 대와 소 열두 마리이니 지휘관 두 사람에 수레가 하나씩이요 지휘관 한 사람에 소가 한 마리씩이라. 그것들을 장막 앞에 드린지라. ⁴ 여호와께서 모세에게 말씀하여 이르시되 ⁵ 그것을 그들에게서 받아 레위인에게 주어 각기 직임대로 회막 봉사에 쓰게 할지니라. ⁶ 모세가 수레와 소를 받아 레위인에게 주었으니 ⁷ 곧 게르손 자손들에게는 그들의 직임대로 수레 둘과 소 네 마리를 주었고 ⁸ 므라리 자손들에게는 그들의 직임대로 수레 넷과 소 여덟 마리를 주고 제사장 아론의 아들 이다말에게 감독하게 하였으나 ⁹ 고핫 자손에게는 주지 아니하였으니 그들의 성소의 직임은

그 어깨로 메는 일을 하는 까닭이었더라. [10] 제단에 기름을 바르던 날에 지휘관들이 제단의 봉헌을 위하여 헌물을 가져다가 그 헌물을 제단 앞에 드리니라. [11] 여호와께서 모세에게 이르시기를 지휘관들은 하루 한 사람씩 제단의 봉헌물을 드릴지니라 하셨더라. [12] 첫째 날에 헌물을 드린 자는 유다 지파 암미나답의 아들 나손이라. [13] 그의 헌물은 성소의 세겔로 백삼십 세겔 무게의 은반 하나와 칠십 세겔 무게의 은 바리 하나라. 이 두 그릇에는 소제물로 기름 섞은 고운 가루를 채웠고 [14] 또 열 세겔 무게의 금 그릇 하나라 그것에는 향을 채웠고 [15] 또 번제물로 수송아지 한 마리와 숫양 한 마리와 일 년 된 어린 숫양 한 마리이며 [16] 속죄제물로 숫염소 한 마리이며 [17] 화목제물로 소 두 마리와 숫양 다섯 마리와 숫염소 다섯 마리와 일 년 된 어린 숫양 다섯 마리라. 이는 암미나답의 아들 나손의 헌물이었더라.……[84] 이는 곧 제단에 기름 바르던 날에 이스라엘 지휘관들이 드린 바 제단의 봉헌물이라. 은 쟁반이 열이요 은 바리가 열둘이요 금 그릇이 열이니 [85] 은 쟁반은 각각 백삼십 세겔 무게요 은 바리는 각각 칠십 세겔 무게라 성소의 세겔로 모든 기구의 은이 모두 이천사백 세겔이요 [86] 또 향을 채운 금 그릇이 열둘이니 성소의 세겔로 각각 열 세겔 무게라. 그 그릇의 금이 모두 백이십 세겔이요 [87] 또 번제물로 수송아지가 열두 마리요 숫양이 열두 마리요 일 년 된 어린 숫양이 열두 마리요 그 소제물이며 속죄제물로 숫염소가 열두 마리이며 [88] 화목제물로 수소가 스물네 마리요 숫양이 육십 마리요 숫염소가 육십 마리요 일 년 된 어린 숫양이 육십 마리라. 이는 제단에 기름 바른 후에 드린 바 제단의 봉헌물이었더라. [89] 모세가 회막에 들어가서 여호와께 말하려 할 때에 증거궤 위 속죄소 위의 두 그룹 사이에서 자기에게 말씀하시는 목소리를 들었으니 여호와께서 그에게 말씀하심이었더라.

7장은 지휘관들, 특히 감독된 자들이 성막에 드린 제물을 열거한다. 1-88절은 아주 지루하고 반복적인 나열을 보여주는데, 이는 하나님이 제물들을 낱낱이 기억하고 계시며 계수하심을 나타낸다. 여기서 감독들이 드린 세겔은 광야 시대의 금속화폐가 아니라 왕국 시대의 금속화폐였음을 기억해야 한다. 그것은 민수기가 이미 가나안 정착

862

이 오랫동안 이루어진 점을 전제하고 있음을 말한다. 89절은 속죄소 그룹 사이에서 자신에게 말씀하시는 여호와의 음성을 듣는 모세를 보여줌으로써, 모세와 하나님의 일상적 의사소통이 회막 증거궤 앞에서 이루어졌음을 알려 준다. 시내산의 구름 덮인 영봉 아래서 하나님께 기도하고 하나님의 말씀을 듣는 모세의 초상화와 같은 그림이다.

모세가 장막 세우기를 끝내고 그것에 기름을 발라 거룩히 구별하고 또 그 모든 기구와 제단과 그 모든 기물에 기름을 발라 거룩히 구별한 날에, 이스라엘 조상 가문의 우두머리들이요 각 지파의 지휘관(감독자)들이 헌물을 드렸다.[7:1-2, 10-11] 그들은 덮개 있는 수레 여섯 대(지휘관 두 사람에 수레 한 대)와 소 열두 마리(지휘관 한 사람에 소 한 마리)를 장막 앞에 드렸다. 모세는 하나님의 명령대로 그것을 레위인에게 주어 성막 시설 운반 시 사용하도록 했다. 게르손 자손들에게 수레 둘과 소 네 마리, 므라리 자손들에게 수레 넷과 소 여덟 마리를 주고 제사장 아론의 아들 이다말에게 그들을 감독하게 했다. 그런데 고핫 자손에게는 수레나 소를 주지 않았다. 그들의 성소 직임은 어깨로 메는 일이이었기 때문이다.

7:12-83은 지파별 감독자들이 바친 봉헌물을 지루할 정도로 정확하게 동일한 어구를 반복하여 열거한다. 첫째 날에 헌물을 드린 유다 지파 암미나답의 아들 나손은 130세겔의 은반 하나와 70세겔의 은 바리 하나였다. 이 두 그릇에는 소제물로 기름 섞은 고운 가루를 채웠다. 나손은 또 10세겔의 금 그릇 하나에 향을 채워 바쳤다. 그는 또 번제물로 수송아지 한 마리와 숫양 한 마리와 1년 된 어린 숫양 한 마리, 속죄제물로 숫염소 한 마리, 화목제물로 소 두 마리와 숫양 다섯 마리와 숫염소 다섯 마리와 1년 된 어린 숫양 다섯 마리를 바쳤다. 이하 동문이라고 말하지 않고 정확하게 같은 종류, 같은

양의 봉헌물을 반복 진술하는 정성을 고려해 지휘관들의 면면을 알아보자.

둘째 날에 헌물을 드린 잇사갈의 지휘관 수알의 아들 느다넬은 나손과 정확하게 같은 양, 동일한 종류의 헌물을 바쳤다. 셋째 날에 헌물을 드린 스불론 자손의 지휘관 헬론의 아들 엘리압도 나손과 정확하게 같은 양, 동일한 종류의 헌물을 바쳤다. 넷째 날에 헌물을 드린 르우벤 자손의 지휘관 스데울의 아들 엘리술도 나손과 정확하게 같은 양, 동일한 종류의 헌물을 바쳤다. 다섯째 날에 헌물을 드린 시므온 자손의 지휘관 수리삿대의 아들 슬루미엘도 나손과 정확하게 같은 양, 동일한 종류의 헌물을 바쳤다. 여섯째 날에 헌물을 드린 갓 자손의 지휘관 드우엘의 아들 엘리아삽도 나손과 정확하게 같은 양, 동일한 종류의 헌물을 바쳤다. 일곱째 날에 헌물을 드린 에브라임 자손의 지휘관 암미훗의 아들 엘리사마도 나손과 정확하게 같은 양, 동일한 종류의 헌물을 바쳤다. 여덟째 날에 헌물을 드린 므낫세 자손의 지휘관 브다술의 아들 가말리엘도 나손과 정확하게 같은 양, 동일한 종류의 헌물을 바쳤다. 아홉째 날에 헌물을 드린 베냐민 자손의 지휘관 기드오니의 아들 아비단도 나손과 정확하게 같은 양, 동일한 종류의 헌물을 바쳤다. 열째 날에 헌물을 드린 단 자손의 지휘관 암미삿대의 아들 아히에셀도 나손과 정확하게 같은 양, 동일한 종류의 헌물을 바쳤다. 열한째 날에 헌물을 드린 아셀 자손의 지휘관 오그란의 아들 바기엘도 나손과 정확하게 같은 양, 동일한 종류의 헌물을 바쳤다. 열두째 날에 헌물을 드린 납달리 자손의 지휘관 에난의 아들 아히라도 나손과 정확하게 같은 양, 동일한 종류의 헌물을 바쳤다.

제단에 기름 바르던 날에 이스라엘 지휘관들이 드린 바 제단의 봉헌물 총합은 다음과 같다.[7:84-89] 130성소세겔 무게를 가진 은쟁반이 열둘, 70성소세겔 무게를 가진 은 바리가 열둘로 모두 2,400세겔의 은이 봉헌되었다. 금은 모두 120세겔 봉헌되었다. 또 번제물로 수송 아지 열두 마리, 숫양 열두 마리, 1년 된 어린 숫양 열두 마리, 속죄 제물로 숫염소 열두 마리가 봉헌되었다. 마지막으로, 화목제물로 수소 스물네 마리, 숫양 육십 마리, 숫염소 육십 마리, 1년 된 어린 숫양 육십 마리가 제단에 기름 바른 후에 봉헌되었다. 모세가 회막에 들어가서 야웨께 말하려 할 때에 증거궤 위 속죄소 위의 두 그룹 사이에서 자신에게 말씀하시는 목소리를 들었으니, 야웨께서 거기서 그에게 규칙적으로 말씀하셨다.

재정적 기여를 한 족장들의 이름을 지루할 정도로 자세히 기록하는 목적은 하나님께서 백성들이 드린 헌신을 세고 달아보심을 보여주기 위함이다. 하나님은 성도 개개인의 헌신과 투신을 매우 소중하게 여기심을 알 수 있다. 또한 지파 감독자들의 봉헌물 목록 나열은 12지파의 균등한 헌신과 충성심으로 성막이 운영되고 유지되었다는 것을 강조한다.

성막의 일곱 등잔 관리와 요제로 바쳐진 레위인의 임무 ●8장

8 [1] 여호와께서 또 모세에게 말씀하여 이르시되 [2] 아론에게 말하여 이르라. 등불을 켤 때에는 일곱 등잔을 등잔대 앞으로 비추게 할지니라 하시매 [3] 아론이 그리하여 등불을 등잔대 앞으로 비추도록 켰으니 여호와께서 모세에게 명령하심과 같았더라. [4] 이 등잔대의 제작법은 이러하니 곧 금을 쳐서 만든 것인데 밑판에서 그 꽃까지 쳐서 만든 것이라. 모세가 여호와께서 자기에게 보이신 양식을 따라 이 등잔대를 만들었더라. [5] 여호와께서 모세에게 말씀하여 이르시되 [6] 이스라엘 자손 중에서 레위인을 데려다가 정결하게 하라. [7] 너는 이같이 하여 그들을 정결하게 하되 곧 속죄의 물을 그들에게 뿌리고 그들에게 그들의 전신을 삭도로 밀게 하고 그 의복을 빨게

하여 몸을 정결하게 하고 ⁸ 또 그들에게 수송아지 한 마리를 번제물로, 기름 섞은 고운 가루를 그 소제물로 가져오게 하고 그 외에 너는 또 수송아지 한 마리를 속죄제물로 가져오고 ⁹ 레위인을 회막 앞에 나오게 하고 이스라엘 자손의 온 회중을 모으고 ¹⁰ 레위인을 여호와 앞에 나오게 하고 이스라엘 자손이 그들에게 안수하게 한 후에 ¹¹ 아론이 이스라엘 자손을 위하여 레위인을 흔들어 바치는 제물로 여호와 앞에 드릴지니 이는 그들에게 여호와께 봉사하게 하기 위함이라. ¹² 레위인으로 수송아지들의 머리에 안수하게 하고 네가 그 하나는 속죄제물로, 하나는 번제물로 여호와께 드려 레위인을 속죄하고 ¹³ 레위인을 아론과 그의 아들들 앞에 세워 여호와께 요제로 드릴지니라. ¹⁴ 너는 이같이 이스라엘 자손 중에서 레위인을 구별하라. 그리하면 그들이 내게 속할 것이라. ¹⁵ 네가 그들을 정결하게 하여 요제로 드린 후에 그들이 회막에 들어가서 봉사할 것이니라. ¹⁶ 그들은 이스라엘 자손 중에서 내게 온전히 드린 바 된 자라. 이스라엘 자손 중 모든 초태생 곧 모든 처음 태어난 자 대신 내가 그들을 취하였나니 ¹⁷ 이스라엘 자손 중에 처음 태어난 것은 사람이든지 짐승이든지 다 내게 속하였음은 내가 애굽 땅에서 모든 처음 태어난 자를 치던 날에 그들을 내게 구별하였음이라. ¹⁸ 이러므로 내가 이스라엘 자손 중 모든 처음 태어난 자 대신 레위인을 취하였느니라. ¹⁹ 내가 이스라엘 자손 중에서 레위인을 취하여 그들을 아론과 그의 아들들에게 주어 그들로 회막에서 이스라엘 자손을 대신하여 봉사하게 하며 또 이스라엘 자손을 위하여 속죄하게 하였나니 이는 이스라엘 자손이 성소에 가까이 할 때에 그들 중에 재앙이 없게 하려 하였음이니라. ²⁰ 모세와 아론과 이스라엘 자손의 온 회중이 여호와께서 레위인에 대하여 모세에게 명령하신 것을 다 따라 레위인에게 행하였으되 곧 이스라엘 자손이 그와 같이 그들에게 행하였더라. ²¹ 레위인이 이에 죄에서 스스로 깨끗하게 하고 그들의 옷을 빨매 아론이 그들을 여호와 앞에 요제로 드리고 그가 또 그들을 위하여 속죄하여 정결하게 한 ²² 후에 레위인이 회막에 들어가서 아론과 그의 아들들 앞에서 봉사하니라. 여호와께서 레위인의 일에 대하여 모세에게 명령하게 하신 것을 따라 그와 같이 그들에게 행하였더라. ²³ 여호와께서 또 모세에게 말씀하여 이르시되 ²⁴ 레위인은 이같이 할지니 곧 이십오 세 이상으로는 회막에 들어가서 복무하고 봉사할 것이요 ²⁵

오십 세부터는 그 일을 쉬어 봉사하지 아니할 것이나 ²⁶ 그의 형제와 함께 회막에서 돕는 직무를 지킬 것이요 일하지 아니할 것이라. 너는 레위인의 직무에 대하여 이같이 할지니라.

8장은 등잔을 차려 놓는 방식과 '요제'^{搖祭}로 바쳐진 레위인들에 대하여 말한다.⁷ 1-4절은 등잔대의 제작법을 다룬다(보이신 양식대로). 등불을 켤 때는 일곱 등잔을 등잔대 앞으로 비추게 할 것이다. 5-26절은 "레위인을 흔들어 바치는 요제로 삼으라"는 규정이다. 흔들어 바쳐진 레위인들만이 성막에 들어가서 봉사할 수 있다. 이스라엘의 초태생을 대신하여 레위인은 성막 봉사를 감당하는데, 여기서는 25세 이상된 레위인이 회막에서 봉사할 수 있고 50세에 은퇴하는 것으로 규정된다.

회막 안을 비추는 등불은 일곱 등잔을 켜서 두되 등잔대 앞으로 비추게 해야 한다. 등잔대는 금을 쳐서 만들되 밑판에서 그 꽃까지 쳐서 만들어야 한다. 야웨께서 모세에게 보여주신 양식을 따라 이 등잔대를 만들었다.

8:5-26은 레위인이 이스라엘의 초태생을 대신하여 선택된 성막 봉사자로 선임되는 과정을 보도한다. 야웨의 명대로 모세는 이스라엘 자손 중에서 레위인을 뽑아 정결케 하되, 속죄의 물을 그들에게 뿌리고 그들의 전신을 삭도로 밀게 하고 그 의복을 빨게 하여 몸을 정결하게 한 후에, 그들로 하여금 수송아지 한 마리를 번제물로, 기름 섞은 고운 가루를 소제물로 가져오게 해야 한다. 모세 자신도 수송아지 한 마리를 속죄제물로 회막에 가져와야 한다. 이렇게 번제물과 속죄제물이 준비된 후에 모세는 이스라엘 자손의 온 회중을 모으고 레위인을 회막 앞, 곧 야웨 앞에 나오게 하여 이스라엘 자손이 그들에게 안수하도록 해야 한다. 온 이스라엘 자손의 안수를 받은 레

위인을 아론은 이스라엘 자손을 위하여 "흔들어 바쳐진 제물"(제사
장의 지휘감독을 받는 봉사자가 된다는 의미)로 야웨 앞에 드려야 한다.
이것이 그들을 하나님의 성막 봉사자로 성별하는 의식이다. 이렇게
레위인을 성별하고 야웨께 봉헌하는 목적은 그들이 야웨께 봉사하
도록 하기 위함이다. 온 이스라엘 자손의 안수를 받은 레위인은 이
제 자신이 수송아지들의 머리에 안수하되 모세는 수송아지 한 마리
로는 그들을 위한 속죄제물로, 또 다른 모세가 준비한 수송아지로는
번제물로 야웨께 드려야 한다. 이렇게 레위인을 속죄한 후에 모세는
레위인을 아론과 그의 아들들 앞에 세워 야웨께 요제로 드려야 한
다. 이것이 이스라엘 자손 중에서 레위인을 구별하는 의식이다. 레
위인은 이렇게 해서 야웨 하나님만을 배타적으로 섬기는 일을 하는
직분자, 곧 하나님께 속한 자로 여겨질 것이다. 이렇게 비교적 복잡
한 절차를 거쳐 정결케 되어 야웨께 요제로 드려진 레위인들이 회막
에 들어가서 봉사할 것이다.

민

앞서 여러 번 말했듯이,^{8:16-19} 레위인은 이스라엘 자손 중 모든 초
태생을 대신하여 하나님께 바쳐진 하나님 봉사자들이다. 하나님께
서는 이스라엘 자손의 모든 장자를 대신해 취하신 레위인을 아론과
그의 아들들에게 주어 그들로 회막에서 이스라엘 자손을 대신하여
봉사하게 하며 또 이스라엘 자손을 위하여 속죄하게 하신다. 레위인
은 이스라엘 자손이 성소에 가까이 할 때에 그들 중에 재앙이 없게
하려고 만드는 거룩한 완충지대인 셈이다. 레위인의 성막 봉사는 일
반 이스라엘 백성이 성막에 직접 육박하거나 접촉할 때 생길 수 있
는 신적 돌격 사고를 미연에 방지하는 예방 역할이기도 했다. 이처
럼 모세는 야웨의 명을 따라 레위인을 성별했다. 레위인이 죄에서
스스로 깨끗하게 하고 자신들의 옷을 빨매 아론이 그들을 야웨 앞에
요제로 드리고 또 속죄하여 정결하게 한 후에, 레위인이 회막에 들

어가서 아론과 그의 아들들 앞에서 봉사할 수 있었다. 이렇게 성별된 25세 이상된 레위인은 회막에 들어가서 복무하고 봉사할 수 있으며, 50세부터는 회막 봉사의 일을 그친다. 은퇴한 레위인은 그의 형제와 함께 회막에서 돕는 직무를 지키되, 회막 안에 들어가 본격적인 직무를 맡지는 않아야 한다.

두 번째로 축성되는 유월절 • 9장

9 ¹ 애굽 땅에서 나온 다음 해 첫째 달에 여호와께서 시내 광야에서 모세에게 말씀하여 이르시되 ² 이스라엘 자손에게 유월절을 그 정한 기일에 지키게 하라. ³ 그 정한 기일 곧 이 달 열넷째 날 해 질 때에 너희는 그것을 지키되 그 모든 율례와 그 모든 규례대로 지킬지니라. ⁴ 모세가 이스라엘 자손에게 명령하여 유월절을 지키라 하매 ⁵ 그들이 첫째 달 열넷째 날 해 질 때에 시내 광야에서 유월절을 지켰으되 이스라엘 자손이 여호와께서 모세에게 명령하신 것을 다 따라 행하였더라. ⁶ 그 때에 사람의 시체로 말미암아 부정하게 되어서 유월절을 지킬 수 없는 사람들이 있었는데 그들이 그 날에 모세와 아론 앞에 이르러 ⁷ 그에게 이르되 우리가 사람의 시체로 말미암아 부정하게 되었거니와 우리를 금지하여 이스라엘 자손과 함께 정한 기일에 여호와께 헌물을 드리지 못하게 하심은 어찌함이니이까. ⁸ 모세가 그들에게 이르되 기다리라. 여호와께서 너희에게 대하여 어떻게 명령하시는지 내가 들으리라. ⁹ 여호와께서 모세에게 말씀하여 이르시되 ¹⁰ 이스라엘 자손에게 말하여 이르라. 너희나 너희 후손 중에 시체로 말미암아 부정하게 되든지 먼 여행 중에 있다 할지라도 다 여호와 앞에 마땅히 유월절을 지키되 ¹¹ 둘째 달 열넷째 날 해 질 때에 그것을 지켜서 어린 양에 무교병과 쓴 나물을 아울러 먹을 것이요 ¹² 아침까지 그것을 조금도 남겨두지 말며 그 뼈를 하나도 꺾지 말아서 유월절 모든 율례대로 지킬 것이니라. ¹³ 그러나 사람이 정결하기도 하고 여행 중에도 있지 아니하면서 유월절을 지키지 아니하는 자는 그 백성 중에서 끊어지리니 이런 사람은 그 정한 기일에 여호와께 헌물을 드리지 아니하였은즉

I.

성막 중심으로 조직화되는 이스라엘과 거룩한 전쟁

그의 죄를 담당할지며 ¹⁴만일 타국인이 너희 중에 거류하여 여호와 앞에 유월절을 지키고자 하면 유월절 율례대로 그 규례를 따라서 행할지니 거류민에게나 본토인에게나 그 율례는 동일할 것이니라. ¹⁵성막을 세운 날에 구름이 성막 곧 증거의 성막을 덮었고 저녁이 되면 성막 위에 불 모양 같은 것이 나타나서 아침까지 이르렀으되 ¹⁶항상 그러하여 낮에는 구름이 그것을 덮었고 밤이면 불 모양이 있었는데 ¹⁷구름이 성막에서 떠오르는 때에는 이스라엘 자손이 곧 행진하였고 구름이 머무는 곳에 이스라엘 자손이 진을 쳤으니 ¹⁸이스라엘 자손이 여호와의 명령을 따라 행진하였고 여호와의 명령을 따라 진을 쳤으며 구름이 성막 위에 머무는 동안에는 그들이 진영에 머물렀고 ¹⁹구름이 성막 위에 머무는 날이 오랠 때에는 이스라엘 자손이 여호와의 명령을 지켜 행진하지 아니하였으며 ²⁰혹시 구름이 성막 위에 머무는 날이 적을 때에도 그들이 다만 여호와의 명령을 따라 진영에 머물고 여호와의 명령을 따라 행진하였으며 ²¹혹시 구름이 저녁부터 아침까지 있다가 아침에 그 구름이 떠오를 때에는 그들이 행진하였고 구름이 밤낮 있다가 떠오르면 곧 행진하였으며 ²²이틀이든지 한 달이든지 일 년이든지 구름이 성막 위에 머물러 있을 동안에는 이스라엘 자손이 진영에 머물고 행진하지 아니하다가 떠오르면 행진하였으니 ²³곧 그들이 여호와의 명령을 따라 진을 치며 여호와의 명령을 따라 행진하고 또 모세를 통하여 이르신 여호와의 명령을 따라 여호와의 직임을 지켰더라.

9장은 시내산에서 두 번째로 준수된 유월절 절기를 다룬다. 두 번째 유월절은 첫째 달 14일 해 질 녘 시내 광야에서 축성되었다. 여기서 한 가지 융통성 있는 예외가 허용된다. 시체에 접촉한 자는 2월 14일에 지키도록 하라는 규정이다.대하 30:2-3 사람의 시체로 말미암아 부정하게 되어서 유월절을 지킬 수 없는 사람들이 모세에게 찾아가 "우리가 사람의 시체로 말미암아 부정하게 되었거니와 우리를 금지하여 이스라엘 자손과 함께 정한 기일에 여호와께 헌물을 드리지 못하게 하심은 어찌함이니이까"라고 항의를 하자, 모세가 하나님의 응답을 받고 답변을 주겠다고 한 후에 이런 융통성 있는 결정이 내려진 것이다.[9:7-8] 구약성경의 율법은 절대적으로 하늘에서 떨어진 명령들의 조합물이 아니라, 인간의 요구와 현실을 잘 반영하고 숙고한 후 하나님이 내려주신 현실주의적 조정과 협치의 산물이기도 하다. 하나님은 율법에 인간을 강압적으로 복종시키는 분이 아니라 인간의 현실을 배려해 율법을 조정하시는 사랑의 하나님이시다.

9:10-14은 모세를 통해 주신 하나님의 응답을 말한다. 날짜를 한 달 늦춰 축성할 수 있으되 유월절 예식, 참석 범위, 먹는 음식 등에 대해서 원래의 규정을 준수하라는 것이었다. 둘째 달 열넷째 날 해질 때에 그것을 지켜서 어린 양에 무교병과 쓴 나물을 아울러 먹되 다음 날 아침까지 유월절 음식을 조금도 남겨 두지 말며 어린 양의 뼈를 하나도 꺾지 말고 구워 먹어야 한다. 사람이 정결하기도 하고 여행 중에 있지도 않은데 유월절을 지키지 아니하는 자는 그 백성 중에서 끊어질 것이다. 그 사람은 정한 기일에 야웨께 헌물을 드리지 않았기 때문이다. 그는 스스로 자신의 죄를 담당해야 한다. 만일 타국인이 이스라엘 중에 거류하여 야웨 앞에 유월절을 지키고자 하면 유월절 율례대로 축성에 참여할 수 있다. 유월절 축성 율례는 본토인에게나 거류민에게나 동일하게 적용되기 때문이다. 이처럼 하나님의 율법은 인간의 현실을 포용하는 방향으로, 신축적인 방향으로 적용된다는 점이 놀랍다.

9:15-23은 이스라엘의 광야 여정을 안내하는 구름기둥과 불기둥의 활동을 기술한다. 15절은 출애굽기 40:34-38 상황을 이어받는다. 출애굽기의 마지막 장면은 모세가 성막을 세운 날에 구름이 성막, 곧 증거의 성막을 덮은 상황이었다. 평소 낮에는 하나님의 영광을 덮고 있는 구름이 성막을 덮고 있다. 그런데 저녁이 되면 성막 위에 불 모양 같은 것이 나타나서 아침까지 머물렀다. 이것은 규칙적

이었다. 구름이 성막에서 떠오르는 때에는 이스라엘 자손이 행진했고 구름이 머무는 곳에 진을 쳤다. 이처럼 이스라엘 자손은 야웨의 명령을 따라 행진하였고 야웨의 명령을 따라 진을 쳤으며, 구름이 성막 위에 머무는 동안에는 그들이 진영에 머물렀다. 심지어 구름이 성막 위에 머무는 날이 오랠 때에는 이스라엘 자손이 야웨의 명령을 지켜 행진하지 않았다. 혹시 구름이 성막 위에 머무는 날이 적을 때에도 그들이 다만 야웨의 명령을 따라 진영에 머물고 야웨의 명령을 따라 행진하였으며, 혹시 구름이 저녁부터 아침까지 있다가 아침에 그 구름이 떠오를 때에는 행진하였고 구름이 밤낮 있다가 떠오르면 곧 행진하였다. 이틀이든지 한 달이든지 1년이든지 구름이 성막 위에 머물러 있을 동안에는 이스라엘 자손이 진영에 머물고 행진하지 아니하다가 떠오르면 행진하였는데, 이스라엘 자손은 야웨의 명령을 따라 진을 치며 야웨의 명령을 따라 행진하고 또 모세를 통하여 이르신 야웨의 명령을 따라 여호와의 직임을 지켰다. 하나님의 구름 기둥이 뜨면 이동하라는 명령이 떨어지는 셈이다. 머물면 정지하라는 의미다. 하나님과 이스라엘의 이인삼각 광야 여정은 순조로울 것 같은 인상을 준다. 다시 애굽으로 돌아가자는 반역의 기운은 아직 전혀 감지되지 않는다. 10:11 이후 이스라엘은 실제 광야 여정에 돌입하게 될 터인데, 과연 하나님의 인도하심에 이스라엘은 어느 정도 신실하게 응답할 것인가?

II.

민수기 10-15장

광야로 내몰린 자유민의 반역 종착지, 환애굽 운동

민수기 10장은 군대적 행렬로 조직화된 이스라엘 12지파의 광야 행진 개시를 다룬다. 11-15장은 히브리 노예들이 자유인으로 환골탈태되는 과정에서 치르는 혹독한 대가를 증언한다. 이 단락은 10:11-36에서부터 시작한다. 1년 이상 머물렀던 시내산을 떠나 이스라엘 백성은 이제 본격적인 광야 여정에 돌입한다. 출애굽한 지 2년 2월 20일에 출발하여 바란 광야에서 멈춘다. 10:35-36은 향도 역할을 하던 언약궤의 출입 및 행진 시에 모세가 외친 기도문이다. "여호와여, 일어나사 주의 대적들을 흩으시고 주를 미워하는 자가 주 앞에서 도망하게 하소서. 여호와여, 이스라엘 종족들에게로 돌아오소서." 이처럼 광야 행진은 성막 위에 떠 있는 구름기둥과 불기둥의 인도에 위탁되어 있다. 히브리 노예들은 이제 12지파라는 준準군대조직체로 편성되어 가나안 땅을 향해 힘찬 진군을 시작한 것이다. 하지만 11장부터 25장까지 펼쳐지는 광야 여정에서 이스라엘 백성은 가나안 땅을 향한 올곧은 진군이 아니라 매 순간 그 영적 정진으로부터 탈선하거나 반역하고 있다. 여기서 '반역'은 가나안 땅으로 전진하는 것이 아니라, 원래 자신들을 노예화했던 애굽으로 되돌아가려는 영적 퇴행 행위를 가리킨다.

10 ¹ 여호와께서 모세에게 말씀하여 이르시되 ² 은 나팔 둘을 만들되 두들겨 만들어서 그것으로 회중을 소집하며 진영을 출발하게 할 것이라. ³ 나팔 두 개를 불 때에는 온 회중이 회막 문 앞에 모여서 네게로 나아올 것이요 ⁴ 하나만 불 때에는 이스라엘의 천부장 된 지휘관들이 모여서 네게로 나아올 것이며 ⁵ 너희가 그것을 크게 불 때에는 동쪽 진영들이 행진할 것이며 ⁶ 두 번째로 크게 불 때에는 남쪽 진영들이 행진할 것이라. 떠나려 할 때에는 나팔 소리를 크게 불 것이며 ⁷ 또 회중을 모을 때에도 나팔을 불 것이나 소리를 크게 내지 말며 ⁸ 그 나팔은 아론의 자손인 제사장들이 불지니 이는 너희 대대에 영원한 율례니라. ⁹ 또 너희 땅에서 너희가 자기를 압박하는 대적을 치러 나갈 때에는 나팔을 크게 불지니 그리하면 너희 하나님 여호와가 너희를 기억하고 너희를 너희의 대적에게서 구원하시리라. ¹⁰ 또 너희의 희락의 날과 너희가 정한 절기와 초하루에는 번제물을 드리고 화목제물을 드리며 나팔을 불라. 그로 말미암아 너희의 하나님이 너희를 기억하시리라. 나는 너희의 하나님 여호와니라.
¹¹ 둘째 해 둘째 달 스무날에 구름이 증거의 성막에서 떠오르매 ¹² 이스라엘 자손이 시내 광야에서 출발하여 자기 길을 가더니 바란 광야에 구름이 머무니라. ¹³ 이와 같이 그들이 여호와께서 모세에게 명령하신 것을 따라 행진하기를 시작하였는데 ¹⁴ 선두로 유다 자손의 진영의 군기에 속한 자들이 그들의 진영별로 행진하였으니 유다 군대는 암미나답의 아들 나손이 이끌었고 ¹⁵ 잇사갈 자손 지파의 군대는 수알의 아들 느다넬이 이끌었고 ¹⁶ 스불론 자손 지파의 군대는 헬론의 아들 엘리압이 이끌었더라. ¹⁷ 이에 성막을 걷으매 게르손 자손과 므라리 자손이 성막을 메고 출발하였으며 ¹⁸ 다음으로 르우벤 진영의 군기에 속한 자들이 그들의 진영별로 출발하였으니 르우벤의 군대는 스데울의 아들 엘리술이 이끌었고 ¹⁹ 시므온 자손 지파의 군대는 수리삿대의 아들 슬루미엘이 이끌었고 ²⁰ 갓 자손 지파의 군대는 드우엘의 아들 엘리아삽이 이끌었더라. ²¹ 고핫인은 성물을 메고 행진하였고 그들이 이르기 전에 성막을 세웠으며 ²² 다음으로 에브라임 자손 진영의 군기에 속한 자들이 그들의 진영별로 행진하였으니 에브라임

군대는 암미훗의 아들 엘리사마가 이끌었고 ²³ 므낫세 자손 지파의 군대는 브다술의 아들 가말리엘이 이끌었고 ²⁴ 베냐민 자손 지파의 군대는 기드오니의 아들 아비단이 이끌었더라. ²⁵ 다음으로 단 자손 진영의 군기에 속한 자들이 그들의 진영별로 행진하였으니 이 군대는 모든 진영의 마지막 진영이었더라. 단 군대는 암미삿대의 아들 아히에셀이 이끌었고 ²⁶ 아셀 자손 지파의 군대는 오그란의 아들 바기엘이 이끌었고 ²⁷ 납달리 자손 지파의 군대는 에난의 아들 아히라가 이끌었더라. ²⁸ 이스라엘 자손이 행진할 때에 이와 같이 그들의 군대를 따라 나아갔더라. ²⁹ 모세가 모세의 장인 미디안 사람 르우엘의 아들 호밥에게 이르되 여호와께서 주마 하신 곳으로 우리가 행진하나니 우리와 동행하자. 그리하면 선대하리라. 여호와께서 이스라엘에게 복을 내리리라 하셨느니라. ³⁰ 호밥이 그에게 이르되 나는 가지 아니하고 내 고향 내 친족에게로 가리라. ³¹ 모세가 이르되 청하건대 우리를 떠나지 마소서. 당신은 우리가 광야에서 어떻게 진 칠지를 아나니 우리의 눈이 되리이다. ³² 우리와 동행하면 여호와께서 우리에게 복을 내리시는 대로 우리도 당신에게 행하리이다. ³³ 그들이 여호와의 산에서 떠나 삼 일 길을 갈 때에 여호와의 언약궤가 그 삼 일 길에 앞서 가며 그들의 쉴 곳을 찾았고 ³⁴ 그들이 진영을 떠날 때에 낮에는 여호와의 구름이 그 위에 덮였었더라. ³⁵ 궤가 떠날 때에는 모세가 말하되 여호와여, 일어나사 주의 대적들을 흩으시고 주를 미워하는 자가 주 앞에서 도망하게 하소서 하였고 ³⁶ 궤가 쉴 때에는 말하되 여호와여, 이스라엘 종족들에게로 돌아오소서 하였더라.

10장은 나팔 신호와 더불어 마침내 시작된 이스라엘의 광야 행진을 다룬다. 길고 장황한 준비가 출발 나팔로 극적 전환점에 이른다. 1-10절은 나팔 신호의 규정이다. 하나님은 모세에게 은 나팔 둘을 만들어 회중 소집, 진영 출발, 정지 등을 위해 사용할 것을 명하신다. 두 개를 동시에 불 때는 회중 모두가 회막 앞으로 집합하라는 뜻이다. 이때 소리는 크게 내어서는 안 된다. 하나만 불 때는 천부장 집합 신호다. 크게 불 때에는 동쪽 진영들이 행진하라는 신호다. 두 번째로 크게 불 때에는 남쪽 진영들이 행진하라는 신호다. 떠나려 할 때에도 나팔소리를 크게 불어야 한다. 아론 계열의 제사장들만이 이 나팔을 불 수 있는데 이것은 영원한 규례다. 대적을 치러 나가는 전쟁에서 나팔을 크게 불면 하나님이 기억하시고 구원하실 것이다. 또한 희락의 날과 정한 절기와 초하루에도 번제물과 화목제물을 드리며 나팔을 불어야 한다. 하나님이 나팔소리로 인해 이스라엘을 기억하실 것이며 이스라엘의 하나님 야웨의 현존을 보여주실 것이다. 그래서 기드온의 삼백 용사도 나팔소리와 함께 미디안을 공략했고, 여호수아와 이스라엘 백성도 여리고 성을 나팔소리로 정복했다. 50년 주기인 희년 희락의 날에도 나팔을 불면 하나님께서 당신의 언약백성을 기억하시고 그들의 원기업의 땅으로 되돌아가게 하실 것이다.

11-28절은 행진 시작을 다룬다. 출애굽한 지 2년 2월 20일에 이스라엘이 출발하여 바란 광야에서 멈춘다. 행진 선두로 유다 자손 진영의 군기에 속한 자들이 진영별로 행진하였는데, 유다 군대는 암미나답의 아들 나손이 이끌었다. 잇사갈 자손 지파의 군대는 수알의 아들 느다넬이 이끌었으며, 스불론 자손 지파의 군대는 헬론의 아들 엘리압이 이끌었다. 멈췄다가 다시 가는 경우에는 게르손 자손과 므라리 자손이 성막을 걷어 메고 출발했다. 다음으로 르우벤 진영의 군기에 속한 자들이 그들의 진영별로 출발하였는데, 르우벤의 군대는 스데울의 아들 엘리술이 이끌었다. 시므온 자손 지파의 군대는 수리삿대의 아들 슬루미엘이 이끌었으며, 갓 자손 지파의 군대는 드우엘의 아들 엘리아삽이 이끌었다. 이들과 함께 고핫인은 성막을 걷고 성물을 메고 앞서서 행진하였고 다른 지파들이 다음 장막 칠 곳에 이르기 전에 성막을 세웠다.

다음으로 에브라임 자손 진영의 군기에 속한 자들이 그들의 진영별로 행진하였는데, 에브라임 군대는 암미훗의 아들 엘리사마가 이끌었다. 므낫세 자손 지파의 군대는 브다술의 아들 가말리엘이 이끌었으며, 베냐민 자손 지파의 군대는 기드오니의 아들 아비단이 이끌었다. 다음으로 단 자손 진영의 군기에 속한 자들이 그들의 진영별로 행진하였는데, 이 군대는 마지막으로 행진하는 진영이었다. 단 군대는 암미삿대의 아들 아히에셀이 이끌었고, 아셀 자손 지파의 군대는 오그란의 아들 바기엘이 이끌었으며, 납달리 자손 지파의 군대는 에난의 아들 아히라가 이끌었다. 이처럼 이스라엘 자손이 행진할 때에는 진영별로 나뉘어서 그들이 속한 진영의 군대를 따라 행진했다.

29-32절은 모세의 장인 르우엘(이드로와 동일 인물)의 아들 호밥의 광야 인도 역할을 인정한다. 모세는 이스라엘과 동행하면 선대하겠다고 제안하지만 호밥이 거절한다. '선대하다'는 말은 계약 함의적인 용어로 정식으로 보호, 혜택, 주거지 등을 제공할 선한 의지(계약적 의무로서의 제공 의지)를 가리키는 말이다. 그동안 광야 행진의 안내자 역할을 했던 호밥이 더 이상의 동행을 거절한다. 모세는 그럴수록 더욱 간청한다. "모세가 이르되 청하건대 우리를 떠나지 마소서. 당신은 우리가 광야에서 어떻게 진 칠지를 아나니 우리의 눈이 되리이다. 우리와 동행하면 여호와께서 우리에게 복을 내리시는 대로 우리도 당신에게 행하리이다."¹⁰:³¹⁻³² 이런 간청에도 불구하고 호밥은 자기 친족에게로 돌아간 것으로 보인다. 그동안 광야 행진의 눈 역할을 해주던 호밥이 떠난 후에 이스라엘 자손에게는 하나님의 구름기둥 인도만이 유일한 안내자다.

33-34절은 향도 역할을 하던 언약궤를 말한다. 이스라엘 자손이 야웨의 산, 곧 시내산에서 떠나 3일 길을 갈 때에(아마도 다베라까지 3일이 걸린 것 같다),민 11:3 ¹ 야웨의 언약궤가 그 3일 길 여정보다 앞서 가며 이스라엘 자손의 쉴 곳을 찾았고, 그들이 진영을 떠날 때에 낮에는 야웨의 구름이 그 위에 덮였다. 호밥이 떠난 이후에는 언약궤

를 멘 레위인과 그들을 지휘감독하는 제사장들이 '쉴 곳'을 찾는 향도 역할을 한 셈이다. 35-36절은 행진할 때 모세가 외친 기도문을 보존하고 있다.

이렇게 해서 가나안을 향해 진군하는 군대로 조직화된 이스라엘은 하나님의 법궤와 보조를 맞추어 행진하는 훈련에 돌입한다. 이러한 행진 연습을 통해 구름기둥, 불기둥 아래서 보낸 광야 38년은 히브리 노예 오합지졸을 용사와 전사 집단으로 서서히 변화시켜 갈 것으로 기대된다.민 33:38, 암 5:25 곧 밝혀지겠지만, 이스라엘 자손은 시내산에서 보낸 1년을 제외하고 사실상 대부분의 시간을 가데스 바네아와 그 부근에서 보내면서 좌충우돌의 광야 방랑을 겪는다.

이제부터 민수기 독자들도 이스라엘 백성이 장소를 옮겨 가면서 장막을 치듯이 이스라엘 자손이 머무는 장소를 따라가면서 해석의 장막을 칠 수 있을 것이다. 이스라엘 백성이 항상 "한곳에 오래 머물지 말고 계속 전진하라"는 명령을 듣듯이 독자들도 가나안 땅이 시야에 나타날 때까지 이스라엘 자손의 일진일퇴의 여정을 놓쳐서는 안 된다. 많은 경우 이스라엘 자손은 가나안을 향한 전진인 줄 알고 여행을 했지만, 가나안 쪽으로 한 걸음도 더 나아가지 못한 환상 방황Ring Wanderung으로 끝난 경우가 많았다(신명기 2장의 38년 방랑사 회고).신 2:14-16

앞서 살펴보았듯이, 민수기 1-10장의 현저한 주제는 질서와 순종의 분위기에 의해 지탱된다. 그러나 그 저류에는 위험과 죽음의 주제가 흐르고 있고, 장이 거듭될수록 이 부정적인 주제가 표면 위로 부상한다. 11-25장은 갑자기 죽음, 무질서, 그리고 반역에 의해 장악된다. 민수기는 이스라엘 백성이 광야의 악조건과 가나안 정복전쟁을 두려워하는 나머지 다시 애굽으로 돌아가려는 환還애굽 운동에 끊임없이 유혹받았음을 증거한다. 민수기가 제시하는 회중 교육

모델은 엄밀한 의미에서 보면 영적 전쟁을 가르치는 조직화와 정병 육성 교육이다.^{엡 6:12-17}

모세의 불평과 하나님의 응답, 70장로와 메추라기 ●11장

11 ¹ 여호와께서 들으시기에 백성이 악한 말로 원망하매 여호와께서 들으시고 진노하사 여호와의 불을 그들 중에 붙여서 진영 끝을 사르게 하시매 ² 백성이 모세에게 부르짖으므로 모세가 여호와께 기도하니 불이 꺼졌더라. ³ 그곳 이름을 다베라라 불렀으니 이는 여호와의 불이 그들 중에 붙은 까닭이었더라. ⁴ 그들 중에 섞여 사는 다른 인종들이 탐욕을 품으매 이스라엘 자손도 다시 울며 이르되 누가 우리에게 고기를 주어 먹게 하랴. ⁵ 우리가 애굽에 있을 때에는 값없이 생선과 오이와 참외와 부추와 파와 마늘들을 먹은 것이 생각나거늘 ⁶ 이제는 우리의 기력이 다하여 이 만나 외에는 보이는 것이 아무 것도 없도다 하니 ⁷ 만나는 깟씨와 같고 모양은 진주와 같은 것이라. ⁸ 백성이 두루 다니며 그것을 거두어 맷돌에 갈기도 하며 절구에 찧기도 하고 가마에 삶기도 하여 과자를 만들었으니 그 맛이 기름 섞은 과자 맛 같았더라. ⁹ 밤에 이슬이 진영에 내릴 때에 만나도 함께 내렸더라. ¹⁰ 백성의 온 종족들이 각기 자기 장막 문에서 우는 것을 모세가 들으니라. 이러므로 여호와의 진노가 심히 크고 모세도 기뻐하지 아니하여 ¹¹ 모세가 여호와께 여짜오되 어찌하여 주께서 종을 괴롭게 하시나이까. 어찌하여 내게 주의 목전에서 은혜를 입게 아니하시고 이 모든 백성을 내게 맡기사 내가 그 짐을 지게 하시나이까. ¹² 이 모든 백성을 내가 배었나이까. 내가 그들을 낳았나이까. 어찌 주께서 내게 양육하는 아버지가 젖 먹는 아이를 품듯 그들을 품에 품고 주께서 그들의 열조에게 맹세하신 땅으로 가라 하시나이까. ¹³ 이 모든 백성에게 줄 고기를 내가 어디서 얻으리이까. 그들이 나를 향하여 울며 이르되 우리에게 고기를 주어 먹게 하라 하온즉 ¹⁴ 책임이 심히 중하여 나 혼자는 이 모든 백성을 감당할 수 없나이다. ¹⁵ 주께서 내게 이같이 행하실진대 구하옵나니 내게 은혜를 베푸사 즉시 나를 죽여 내가 고난 당함을 내가 보지 않게 하옵소서. ¹⁶ 여호와께서 모세에게 이

II.

광야로 내몰린 자유민의 반역, 종착지, 환애굽 운동

르시되 이스라엘 노인 중에 네가 알기로 백성의 장로와 지도자가 될 만한 자 칠십 명을 모아 내게 데리고 와 회막에 이르러 거기서 너와 함께 서게 하라. ¹⁷ 내가 강림하여 거기서 너와 말하고 네게 임한 영을 그들에게도 임하게 하리니 그들이 너와 함께 백성의 짐을 담당하고 너 혼자 담당하지 아니하리라. ¹⁸ 또 백성에게 이르기를 너희의 몸을 거룩히 하여 내일 고기 먹기를 기다리라. 너희가 울며 이르기를 누가 우리에게 고기를 주어 먹게 하랴. 애굽에 있을 때가 우리에게 좋았다 하는 말이 여호와께 들렸으므로 여호와께서 너희에게 고기를 주어 먹게 하실 것이라. ¹⁹ 하루나 이틀이나 닷새나 열흘이나 스무 날만 먹을 뿐 아니라 ²⁰ 냄새도 싫어하기까지 한 달 동안 먹게 하시리니 이는 너희가 너희 중에 계시는 여호와를 멸시하고 그 앞에서 울며 이르기를 우리가 어찌하여 애굽에서 나왔던가 함이라 하라. ²¹ 모세가 이르되 나와 함께 있는 이 백성의 보행자가 육십만 명이온데 주의 말씀이 한 달 동안 고기를 주어 먹게 하겠다 하시오니 ²² 그들을 위하여 양 떼와 소 떼를 잡은들 족하오며 바다의 모든 고기를 모은들 족하오리이까. ²³ 여호와께서 모세에게 이르시되 여호와의 손이 짧으냐. 네가 이제 내 말이 네게 응하는 여부를 보리라. ²⁴ 모세가 나가서 여호와의 말씀을 백성에게 알리고 백성의 장로 칠십 인을 모아 장막에 둘러 세우매 ²⁵ 여호와께서 구름 가운데 강림하사 모세에게 말씀하시고 그에게 임한 영을 칠십 장로에게도 임하게 하시니 영이 임하신 때에 그들이 예언을 하다가 다시는 하지 아니하였더라. ²⁶ 그 기명된 자 중 엘닷이라 하는 자와 메닷이라 하는 자 두 사람이 진영에 머물고 장막에 나아가지 아니하였으나 그들에게도 영이 임하였으므로 진영에서 예언한지라. ²⁷ 한 소년이 달려와서 모세에게 전하여 이르되 엘닷과 메닷이 진중에서 예언하나이다 하매 ²⁸ 택한 자 중 한 사람 곧 모세를 섬기는 눈의 아들 여호수아가 말하여 이르되 내 주 모세여, 그들을 말리소서. ²⁹ 모세가 그에게 이르되 네가 나를 두고 시기하느냐. 여호와께서 그의 영을 그의 모든 백성에게 주사 다 선지자가 되게 하시기를 원하노라. ³⁰ 모세와 이스라엘 장로들이 진중으로 돌아왔더라. ³¹ 바람이 여호와에게서 나와 바다에서부터 메추라기를 몰아 진영 곁 이쪽 저쪽 곧 진영 사방으로 각기 하룻길 되는 지면 위 두 규빗쯤에 내리게 한지라. ³² 백성이 일어나 그 날 종일 종야와 그 이튿날 종일토록 메추라기를 모으니 적게 모은 자도 열 호멜이라. 그들이 자기들을 위하여 진영 사면에 펴 두었더라. ³³ 고기가 아직 이 사이에 있어 씹히기 전에 여호와께서 백성에게 대하여 진노하사 심히 큰 재앙으로 치셨으므로 ³⁴ 그곳 이름을 기브롯 핫다아와라 불렀으니 욕심을 낸 백성을 거기 장사함이었더라. ³⁵ 백성이 기브롯 핫다아와에서 행진하여 하세롯에 이르러 거기 거하니라.

광야 여정이 오래 연장되고 험하고 고단해지자 지쳐 가는 이스라엘 자손은 악한 말로 원망하기 시작한다. 다베라에서 백성들이 불평하자 하나님께서 그 원망을 들으시고 진노하셔서 진의 바깥 언저리를 태우신다. 모세가 긴급하게 기도하자 불이 꺼졌다. 이스라엘 자손은 야웨의 불이 붙은 그곳 이름을 다베라(불사름)라고 불렀다.

　이 위기가 수습되자마자 또다시 반역적 기운이 도진다. 이번에는 기브롯 핫다아와에서 이스라엘 자손 중에 섞여 사는 다른 인종들이 고기를 먹고 싶은 탐욕을 품고 불평하자 이스라엘 자손도 다시 울며 부화뇌동했다. 이처럼 불평은 전염성이 있다. "누가 우리에게 고기를 주어 먹게 하랴."¹¹:⁴ 애굽의 기름진 식단과 광야의 만나 식단을 비교하며 애굽의 풍요로운 시절을 그리워한다. "우리가 애굽에 있을 때에는 값없이 생선과 오이와 참외와 부추와 파와 마늘들을 먹은 것이 생각나거늘 이제는 우리의 기력이 다하여 이 만나 외에는 보이는 것이 아무것도 없도다."¹¹:⁵⁻⁶ 그들이 불평하는 광야 음식인 만나는 깟씨와 같고 모양은 진주와 같았는데, 이스라엘 백성이 두루 다니며 그것을 거두어 맷돌에 갈기도 하며 절구에 찧기도 하고 가마에 삶기도 하여 과자를 만들었다. 그 맛이 기름 섞은 과자 맛 같았다. 밤에 이슬이 진영에 내릴 때에 만나도 함께 내린 것을 볼 때 이슬을 머금고 열매가 맺히는 식물열매였던 것으로 보인다. 기브롯 핫다아와에서 먹거리 문제로 백성의 온 종족들이 각기 자기 장막 문에서 우는 것을 모세가 들었다. 이 상황을 보신 여호와의 진노가 심히 크고 모세 또한 이 상황을 기뻐하지 아니했다. 결국 백성들의 완악함 앞에 모세가 불평한다. 완악한 회중이 지도자를 완악하게 만든다.

11:11-15은 비무장 혈혈단신으로 이스라엘 장정 60만 명을 이끄느라고 탈진한 모세가 하나님께 괴로움을 쏟아 내는 기도를 드린다. "어찌하여 주께서 종을 괴롭게 하시나이까. 어찌하여 내게 주의 목전에서 은혜를 입게 아니하시고 이 모든 백성을 내게 맡기사 내가 그 짐을 지게 하시나이까."11:11 모세는 이 거친 광야에서 이스라엘 자손을 능히 이끌 은혜와 능력도 주시지 않고 그들의 모든 불평과 원망을 듣게 하시느냐고 하나님께 대든다. 12절에서 좀 더 노골적이고 뜨거운 불평이 모세의 입에서 터져 나온다. "이 모든 백성을 내가 배었나이까. 내가 그들을 낳았나이까. 어찌 주께서 내게 양육하는 아버지가 젖 먹는 아이를 품듯 그들을 품에 품고 주께서 그들의 열조에게 맹세하신 땅으로 가라 하시나이까." 11-12절이 광야 여정과 가나안 인도 과업 자체의 고단함을 말한다면, 13절은 이스라엘 자손의 당면한 불평거리를 다룬다. 모세 자신은 자신을 향해 울며 "고기를 먹게 해달라"고 요구하는 이 모든 백성에게 고기를 구해 줄 능력이 없다고 탄식한다. 14-15절은 모세의 격렬한 마무리 요구다. 모세는 이스라엘 자손의 광야 인도와 가나안 인도 책임이 심히 중하여 홀로는 감당할 수 없다고 고백한다. 자신이 홀로 책임을 져야 한다면 은혜를 베풀어 즉시 자신을 죽여 더 이상 고난당하지 않게 해달라고 간청한다.

이 격렬한 기도에 대한 하나님의 응답은 두 가지다.11:16-30 먼저, 하나님께서 모세의 짐을 덜어 주기 위해 70장로를 선발하여 그들에게도 성령을 부어 주신다. 다음으로 메추라기 고기를 원없이 공급하심으로 육식을 허락하신다. 그러나 메추라기 고기 제공은 심판의 노기

민

가 깃든 기도 응답이었다. 하나님께서 먼저 모세에게 장로와 지도자가 될 만한 자 70명을 모아 회막에 데리고 오라고 명하신다. 모세에게 임한 영을 70장로에게도 임하게 해 그들이 모세와 함께 백성의 짐을 나누어 지게 하시겠다고 약속하신다.² 모세가 백성의 장로 70인을 모아 장막에 둘러 세우자 야웨께서 구름 가운데 강림해 모세에게 말씀하시고 그에게 임한 영을 70장로에게도 임하게 하셨다. 영이 임하신 때에 70장로도 일시적으로 예언을 했다. 장로로 선임되었으나 회막에 나아오지 않고 진영에 머물던 엘닷과 메닷에게도 영이 임하여 그들도 예언했다. 70장로로 선택된 자 중 한 사람이자 모세의 시종인 눈의 아들 여호수아가 모세에게 그 두 사람의 예언을 막아 달라고 요구하자, 모세는 오히려 자신에게 임한 영이 모든 백성에게 임해 그들도 다 선지자가 되기를 원한다며 여호수아의 요구를 거절한다.

11:18-23, 31-35은 하나님의 분노가 깃든 메추라기 제공 사건을 다룬다. 메추라기 고기를 제공하기 하루 전날 하나님의 심판 경고가 내려졌다. "너희의 몸을 거룩히 하여 내일 고기 먹기를 기다리라. 너희가 울며 이르기를 누가 우리에게 고기를 주어 먹게 하랴. 애굽에 있을 때가 우리에게 좋았다 하는 말이 여호와께 들렸으므로 여호와께서 너희에게 고기를 주어 먹게 하실 것이라."11:18 이에 대한 하나님의 반응은 격한 분노다. 하루나 이틀이나 닷새나 열흘이나 스무 날 정도만 고기를 먹을 뿐 아니라 냄새도 싫어하기까지 한 달 동안 먹게 하실 것이라고 경고하신다. 이스라엘 자손이 그들 가운데 계시는 야웨를 멸시하고 그 앞에서 울며 늘상 "우리가 어찌하여 애굽에서 나왔던가"라고 항의했기 때문이다. 모세마저도 한 달 동안 고기를 먹게 하시겠다는 하나님의 약속을 의심하며 주저한다. 모세 자신이 하나님의 약속을 전해 놓고도 의심하는 상황에 빠진 것이다. "이

백성의 보행자가 육십만 명이온데 주의 말씀이 한 달 동안 고기를 주어 먹게 하겠다 하시오니 그들을 위하여 양떼와 소 떼를 잡은들 족하오며 바다의 모든 고기를 모은들 족하오리이까"11:21-22 야웨는 응답하신다. "여호와의 손이 짧으냐. 네가 이제 내 말이 네게 응하는 여부를 보리라."11:23

이런 대화가 오고 간 지 하루도 안되어 야웨의 바람이 바다에서부터 메추라기를 몰아 이스라엘 자손의 진영 사방으로 각기 하룻길 되는 지면 위 두 규빗쯤에 내리게 했다. 가히 충격적인 장면이 아닐 수 없었다. 백성이 일어나 이틀 내내 정신없이 메추라기를 모았는데 적게 모은 자도 열 호멜이었다. 그들은 자기들을 위하여 진영 사면에 펴 두었다. 그런데 이스라엘 자손이 메추라기 고기를 씹으려고 하는 바로 직전에 야웨께서 심히 큰 재앙으로 이스라엘 자손을 치셨다. 고기 맛도 보기 전에 재앙이 닥친 것이다. 이 재앙이 임한 곳의 이름을 이스라엘 자손은 기브롯 핫다아와라고 불렀다. 문자적 의미는 '탐욕의 무덤'이다. 자신들의 탐욕으로 자초한 하나님의 심판임을 인정하는 이름이었다. 고기 욕심을 낸 반역적인 이스라엘 백성을 거기 매장했기 때문에 '탐욕의 매장지'라는 지명이 만들어졌다. 이렇게 메추라기 고기 공급 파동은 희비극으로 끝났다. 고기 맛도 보지 못한 이스라엘 자손은 기브롯 핫다아와를 떠나 하세롯에 가서 진을 쳤다. 탐욕이 만들어 낸 비극의 기억만 안고 이스라엘은 맥없이 하세롯으로 갔다. 이스라엘 자손의 반역적인 기운이 이 재앙으로 진정되었을까? 곧 밝혀지겠지만 이렇게 재앙으로 억제된 반역 기운은 용암처럼 끓고 있었다. 아직 분출되지 않은 채 광야를 배회하고 있었다. 13-14장에 가서야 반역의 용암 대폭발이 일어난다. 기브롯 핫다아와는 대폭발의 예후陳後였음이 드러난다.

민

12

¹ 모세가 구스 여자를 취하였더니 그 구스 여자를 취하였으므로 미리암과 아론이 모세를 비방하니라. ² 그들이 이르되 여호와께서 모세와만 말씀하셨느냐. 우리와도 말씀하지 아니하셨느냐 하매 여호와께서 이 말을 들으셨더라. ³ 이 사람 모세는 온유함이 지면의 모든 사람보다 더하더라. ⁴ 여호와께서 갑자기 모세와 아론과 미리암에게 이르시되 너희 세 사람은 회막으로 나아오라 하시니 그 세 사람이 나아가매 ⁵ 여호와께서 구름 기둥 가운데로부터 강림하사 장막 문에 서시고 아론과 미리암을 부르시는지라. 그 두 사람이 나아가매 ⁶ 이르시되 내 말을 들으라. 너희 중에 선지자가 있으면 나 여호와가 환상으로 나를 그에게 알리기도 하고 꿈으로 그와 말하기도 하거니와 ⁷ 내 종 모세와는 그렇지 아니하니 그는 내 온 집에 충성함이라. ⁸ 그와는 내가 대면하여 명백히 말하고 은밀한 말로 하지 아니하며 그는 또 여호와의 형상을 보거늘 너희가 어찌하여 내 종 모세 비방하기를 두려워하지 아니하느냐. ⁹ 여호와께서 그들을 향하여 진노하시고 떠나시매 ¹⁰ 구름이 장막 위에서 떠나갔고 미리암은 나병에 걸려 눈과 같더라. 아론이 미리암을 본즉 나병에 걸렸는지라. ¹¹ 아론이 이에 모세에게 이르되 슬프도다 내 주여, 우리가 어리석은 일을 하여 죄를 지었으나 청하건대 그 벌을 우리에게 돌리지 마소서. ¹² 그가 살이 반이나 썩어 모태로부터 죽어서 나온 자 같이 되지 않게 하소서. ¹³ 모세가 여호와께 부르짖어 이르되 하나님이여, 원하건대 그를 고쳐 주옵소서. ¹⁴ 여호와께서 모세에게 이르시되 그의 아버지가 그의 얼굴에 침을 뱉었을지라도 그가 이레 동안 부끄러워하지 않겠느냐. 그런즉 그를 진영 밖에 이레 동안 가두고 그 후에 들어오게 할지니라 하시니 ¹⁵ 이에 미리암이 진영 밖에 이레 동안 갇혀 있었고 백성은 그를 다시 들어오게 하기까지 행진하지 아니하다가 ¹⁶ 그 후에 백성이 하세롯을 떠나 바란 광야에 진을 치니라.

민수기 1-10장에서 묘사되는 이스라엘 진은 질서, 명령 복종, 전진감에 의해 지배되는 것처럼 보인다. 하나님의 명령에 대한 모세의 순전한 복종과 모세를 통해 중개되는 하나님의 명령에 대한 이스라엘 백성의 일사불란한 복종이 1-10장의 정서를 지배한다. 여기서는 어떤 반역의 조짐도 보이지 않는다. 이스라엘 12지파 백성은 견고하고 응집력 있는 하나의 유기체처럼 느껴진다. 이스라엘 백성은 법궤를 중심으로 12지파라는 질서정연한 군대 행진 조직으로 거듭 태어났고 힘찬 광야 여정에 돌입했으니, 이제 약속의 땅이 시야에 들어올 듯했다. 영적 동력의 차원에서 보자면, 출애굽기 18장부터 민수기 10:10까지에서 그려진 이스라엘은 시내산 영봉과 구름영광의 영권 아래 고분고분해진 백성들이다. 그들은 하나님의 압도적인 신현현과 계시의 폭풍 앞에 기가 죽어 반역의 본성을 숨기고 있다. 광야 행진과 관련해서는 극히 수동적인 위치에 서 있다. 그러나 민수기 10:11에서 광야 여정이 시작되자마자 노예근성을 서서히 드러낸다. 그들은 아예 가나안 땅은 자신들의 미래가 아니며 대신 애굽의 고기 가마솥이 자신들의 미래라고 주장한다. 자유인의 신분을 벗어 버리고 다시 바로의 채찍 아래 자신을 위탁하는 노예의지(자유를 양도)를 드러낸 것이다. 일종의 자유로부터의 도피 행각을 드러낸다.

에리히 프롬[Erich Fromm]이 『자유로부터의 도피』[Escape from Freedom]에서 잘 분석했듯이, 인간은 자유를 몹시 힘들어 한다. 특히 고립된 개인들—언약적 유대감으로 결속되지 못한 개인들—은 불안과 소외감으로 자신에게 열린 자유를 포기하고 일차적인 생존 욕구를 해결해 주는 권위주의 체제에 투항한다.[3] 이 책에서 프롬은 히틀러와 나치즘의 출현을 촉발시킨 제1차 세계대전 후의 독일 대중을 사회심리학적으로 분석했다. 제1차 세계대전 패전 후에 독일 대중은 자신들에게 맡겨진 과업(전쟁채무 청산, 경제와 국가 재건)에 허덕였다. 그들은 자유로웠지만 그것은 너무나 무겁고 고된 자유였다. 그래서 그들은 무거운 자유를 감당하지 못하고 강력한 의지와 지도력을 가진 절대군주형 지도자에게 자신들의 자유를 양도했다. 프롬은 이런 과정을 거쳐 자유로부터 도피하고자 하는 대중의 노예근성과 그것을 바탕으로 출현한 국가사회주의라는 전무무후한 악마적 전체주의 현상을 분석했다.[4] 긴 시간 동안 노예로 살던 이스라엘 자손은 광야의 모험을 감수하며 자유인으로 성장하기를 싫어한다. 그들은 모험적이고 불확실한 광야를 거쳐 자유의 젖과 주체성의 꿀이 흐르는 가나안 땅까지 가는 여정을 몹시도 힘들어 한다. 그들은 애굽의 풍요로운 식탁만 생각하고 바로의 혹독한 채찍은 망각하고 있다. 파시즘적인 체제에 익숙한 1930년대의 독일 군중이 강력한 독재자 히틀러의 강권통치 앞에 연체동물같이 흐느적거리는 '맹목적 군중'으로 전락했듯이, 이스라엘 백성은 자신들의 진면목, 곧 노예적 본성을 고통스럽게 직면하고 있다. 노예는 자유를 두려워하여 자신의 책임으로 자신의 인생 노정을 선택하고 그것에 책임지려는 자세가 결여되어 있다. 이스라엘 자손은 광야 여정이 계속될수록 자신들 안에 내면화된 거대한 노예의지와 고통스럽게 조우한다.

특히 11-12장부터 이스라엘 백성은 법적으로는 자유인이지만 품성적인 면에서는 자신의 운명을 스스로 개척하는 자유를 무서워하는 노예임을 드러낸다. 그래서 그들은 애굽으로 되돌아가려고 모세와 하나님께 정면으로 저항하고 반역한다. '반역'은 이스라엘 백성을 향한 하나님의 가나안 인도 정착 계획에 대항하는 환애굽 운동[슙 미츠라이마(שׁוּב מִצְרָיְמָה)]을 가리킨다. '반역' 주제는 11장부터 21장까지 계속 민수기를 관통한다. 이 주제는 변주되거나 증폭되면서 민수기를 관류하고 흘러가다가, 21장에서 마침내 절정의 반역으로 치닫고 결국 이 지점에서 영적 지도자들도 실족한다. 그리하여 반역적인 백성들을 이끌던 모세와 아론도 반역의 죄와 직간접적으로 연루되어 광야에서 완전 소멸되는 옛 세대(갈렙과 여호수아 제외)의 운명에 휩쓸려 간다.

왜 이스라엘 백성은 광야 여정에서 징계와 심판을 그토록 자주 경험하면서도 방황과 퇴행을 되풀이하고 있을까? 하나님과 모세에 대한 불신앙 때문이다. 광풍에 드세어지는 파도처럼 백성과 그들을 이끄는 반역적 대항 지도자들은 출애굽과 광야 여정과 가나안 진군 계획 전체를 '하나님의 계획'이라고 보지 않고 모세 자신의, 모세 자신을 위한 야심찬 프로젝트라고 공격한다. 자신들을 그토록 박해하던 애굽 왕 바로에게로 다시 돌아가려는 슬픈 노예들을 향한 하나님의 외로운 싸움이 눈물겹다. 하나님의 비전에 사로잡힌 지도자 모세와 아론의 고뇌와 고독이 절절하게 느껴진다.

대체로 민수기에서 하나님은 오래 참으시는 중에 또한 심판하신다. 그것도 즉각 심판하신다. 특히 반역자들이 모세와 아론을 죽이려는 위태로운 순간에 하나님은 즉시 개입하신다. 하나님은 그들에게 활화산처럼 폭발하여 진노의 화염을 방사하신다. 출애굽의 영도자들인 모세와 아론의 권위를 세워 주신다. 위기의 순간마다 돌을 든 군중에게 목숨을 내걸어 놓은 지도자들의 카리스마와 영도자적 지위를 공개적으로 증시證示하신다. 이런 퇴행과 심판의 악순환 속에서도 하나님은 이스라엘을 가나안 땅으로 전진하게 하신다. 죄와 벌의 악순환 속에서도 이스라엘 백성의 가나안 광야 여정은 계속된다.

12장은 하세롯으로 이동한 후에 미리암과 아론이 모세의 권위에 도전하는 사건을 보도한다. 이것은 이스라엘 자손이 모세에게 제기한 세 번째 불평이다. 앞에서 살펴보았듯이, 하나님의 광야 여정과 그것을 중개하는 모세의 지도력에 대한 이스라엘 백성의 첫 불평은 다베라에서 있었다.[11:1-3] 광야생활의 고달픔과 역경에 대하여 백성들이 하나님 앞에서 모세에게 불평하자 하나님은 그들의 진 언저리를 불태우셨다. 그러자 그들은 모세에게 도움을 구하고 모세는 하나님께 기도했다. 그래서 그 장소의 이름은 다베라로 불렸다. 다베라는 '불탐'을 의미하는데 이 장소는 아마도 기브롯 핫다아와 근처의 한 지역이었을 것이다.민 33장 5 이 짧은 단락은 앞으로 나오게 될 민수기 이야기체 단락들에서 공유되는 구성 요소를 모두 가지고 있다. 불평,11:4-5, 12:1-2, 14:1-4, 17:6-7, 20:3-5, 21:5 하나님의 거룩한 심판,11:33, 12:9-10, 14:20-37, 16:32, 17:11, 21:7 사건이 일어난 장소의 이름에 대한 원인론적 설명과 그 사건의 의미에 대한 영속적 증언화.11:34, 20:13, 21:3, 출 15:23, 17:7 6 이 짧은 반역 일화는 앞으로 있게 될 하나님의 계획과 섭리에 대한 이스라엘 백성의 반역의 선두에 위치한 사건이다.

두 번째 불평은 기브롯 핫다아와 사건이다.11:4-35 여기서 이스라엘 백성은 가나안 땅에 대한 전향적인 기대보다는 애굽 시절에 대한 강력한 향수를 드러낸다.10:29, 11:5, 18, 20 이스라엘 백성과 함께 출애굽한 수많은 잡족들 중 일부가 애굽의 기름진 식단과 광야의 만나 식단을 악의적으로 대조하면서 하나님에 대한 반역을 주도한다. "이제는 우리 정력이 쇠약하되 이 만나 외에는 보이는 것이 아무것도 없도다." 그들은 하나님이 주신 일용할 양식 만나를 거부하고 애굽으로 돌아가자고 백성들을 선동한다. 만나에 대한 불평은 단지 음식에 대한 불평이 아니라 광야생활 자체, 곧 가나안 땅을 향한 진군 자체에 대한 의심과 적의를 표현하는 셈이다. 섞여 사는 무리들이 주도한 절망적인 탄식에 장단을 맞추듯이 온 백성은 각기 장막 문에서 통곡하는 장면을 연출한다. 이것은 슬픔의 통곡이 아니라 차가운 분노와 폭동으로 바뀔 수 있는 저항의 시위였다. 모세는 이 일로 심각한 지도력의 좌절을 경험하기 시작한다. 모세의 내면성이 손상을 입는 첫 순간이다. 여기서 한 가지 주목할 만한 사실은 애굽 희구적인 불평을 터뜨리는 데 앞장선 무리들은 이스라엘 본 백성이 아니라 이스라엘 가운데 와서 사는 '잡족들'rabble, 출 12:38이라는 점이다. 여기서 우리는 이스라엘 가운데 사는 '잡족들'에 대한 혐오감과 배타적 태도는 포로기 이후의 귀환 공동체의 신학적 저류를 형성하였음을 기억할 필요가 있다. 잡족들에게 책임을 전가시키는 저자의 해설은 포로기 이후의 경험을 보존해 주는 간기刊記처럼 들린다.

이와 같이 음식에 대한 무리의 불평을 접수한 모세는 자신이 짊어진 사명의 과중함 때문에 불평을 터뜨린다. 차라리 죽고 싶은 심정을 토로하는 모세의 탈진은 독자의 동정을 불러일으키기에 충분하다. 이처럼 불평은 전염성이 강한 바이러스 같은 것이다. 섞여 사는 무리들이 온 이스라엘 회중을, 그리고 회중이 지도자를 감염시킨 것이다. 또한 음식 불평이 다른 소송 사건들을 연쇄적으로 촉발시켰던 것처럼 보인다. 모세는 백성들 사이에서 벌어지는 소송과 재판 사건이 너무나 폭주하여 탈진해 갔다.^{출 18장} 업무과중은 자포자기적 기도와 탄식을 낳는다.^{11:11-15} 결국 하나님은 메추라기를 공급하심으로, 그리고 성령으로 충만케 된 70장로를 세워 모세에게 집중된 일을 분담케 하심으로 이스라엘과 모세 각각의 곤경에 응답하신다.

메추라기를 한없이 공급해 주심으로 이스라엘의 당면한 불평에 응답하시는 하나님께서는 70장로를 세워 그들에게도 야웨의 신을 부어 주셔서 모세의 책임 일부를 떠맡게 하신다. 하나님은 만나 식단에 싫증난 백성들에게 동물성 단백질과 지방을 허락하신다.^{11:18} 정력 쇠퇴에 대한 염려에 사로잡힌 백성들에게 칼로리 높은 양식을 원 없이 공급하신다. 한 달 내내 먹고, 질릴 만큼 많이 주신다. 탐욕에 대한 기도를 탐욕이 질리도록 과도하게 응답해 주신다(시적 정의).^{11:16-30} 백성 일부가 메추라기를 너무나 과도하고 탐욕스럽게 모으며 먹자 하나님은 그들을 심하게 치셨다. 메추라기 고기를 엄청나게 쌓아 놓고 막 씹어 소화시키려는 찰나에 하나님의 거룩한 돌격이 일어났다. 하나님의 진노가 폭발하여 고기 맛에 사로잡혀 애굽을 사모하던 무리들을 강하게 타격하셨다. 그때 죽임을 당한 무리들이 매장된 곳이 바로 기브롯 핫다아와인데, 그것은 '탐욕의 무덤들'을 의미한다. 불평에 대한 하나님의 응답은 냉정하고 절제되었음에도 불구하고 그 안에는 일촉즉발의 진노가 꿈틀거리고 있었던 것이다. 하나님께서는 그들이 요구한 것을 주셨을지라도 그 영혼을 쇠약하게 하셨다.^{시 106:15} 이렇게 해서 또 한 차례 반역의 광풍이 잦아지고 이제 백성들은 하세롯으로 이동하여 거기서 일정 기간 체류한다.

이제 12장에서 모세의 누이 미리암이 모세가 구스 여자를 아내로 취한 것을 인하여 그를 비방했고 아론이 이 비방에 동조했다. 1절에 의하면 비방의 빌미는 모세가 '구스 여자'를 아내로 취했다는 사실이다. 이 구스 여인은 통상적으로 미디안 여인으로 알려진 십보라를 가리킬 수도 있고^{출 2:16-18} 아니면 십보라 사후 모세가 맞아들인 둘째 부인 '이디오피아 여인'일 수도 있다.^{창 10:6} 본문을 자세히 읽어 보면 미리암이 불평을 주도한 것을 알 수 있다. 그 이유는 세 가지다. 첫째, 1절에서 그녀의 이름이 먼저 언급된다(4-5절에서는 아론이 먼저 언급된다). 둘째, '비방하다'라는 동사가 삼인칭 여성단수[봐터다뻬르(וַתְּדַבֵּר)]로 되어 있다.^{출 15:1, 삿 5:1, 에 9:29} 미리암이 주도하고 아론이 추종했다는 말이다. 셋째, 야웨의 진노 어린 심판을 직접 받은 사람이 미리암이다.^{12:9-10} 일견 모세가 구스 여인을 아내로 맞아들인 사건에 대한 두 남매의 비난은 가정 내의 분쟁처럼 보인다. 하지만 이 사건은 사소한 집안 싸움이 아니다. 백성들 사이에 퍼져 있는 반역과 도전의 연장선상에 있는 사건이면서 동시에 그것과는 조금 다르다. 모세를 뒤흔드는 두 직분자의 동맹적 반역 사건인 것이다.

아니나 다를까 그들의 숨은 어젠다가 2절에서 표출된다. "여호와께서 모세와만 말씀하셨느냐. 우리와도 말씀하지 아니하셨느냐." 이 도발적인 질문은 16-19장에서 병발하는 레위 지파 반역의 예고편처럼 보인다. 가만히 보면 이 사건의 본질은 과연 "하나님이 오로지 모세에게만 혹은 모세를 통해서만 말씀하시는가?"였다. 하나님께서 이 불평을 심각하게 접수하시지만("야웨께서 이 말을 들으셨다"), 모세 자신은 일체의 온유한 침묵으로 일관한다. 지면의 모든 사람보다 더 온유한 모세는 자기를 방어하지 않고 비방을 감수했다. 자신의 독점적이고 배타적인 영도적 권위를 내세우지 않는다. 모세가 위임받은 영도자적 권위와 카리스마에 비추어 보면 모세의 침묵이 얼마나 위대한 겸손인지 알 수 있다. 하나님께서는 이 분쟁을 종식시키기 위하여 세 사람을 구름기둥 아래 장막 문으로 불러내시고 그후 미리암과 아론을 특별히 거명하며 불러 깨우치신다. 모세와 일반 선지자의 건널 수 없는 차위差位를 설명하신다.

야웨께서 먼저 모세와 아론과 미리암에게 "너희 세 사람은 회막으로 나아오라"고 명하셨다. 야웨께서 구름기둥 가운데로부터 강림하사 장막 문에 서셔서 아론과 미리암을 불러 모세의 배타적 지위와 권위를 공언하셨다. 야웨께서는 보통 선지자들에게 환상이나 꿈으로 당신의 뜻을 계시하거나 말씀하시지만, 하나님의 종("내 종 모세")에게는 대면하여 명백히 말하고 은밀한 말로 의사소통하지 않는다는 점을 명백하게 밝히신다. 하나님은 모세에게는 인격적인 어조로, 일대일로 말씀하신다(모세가 받은 말씀이 대부분 명령체인 이유 설명). 모세는 하나님과 대면하면서 대화를 나누는 중보자요, 하나님의 형상의 영광을 목격하는 영도자임이 공증된다.신 34:10 모세는 "내 온 집에 충성한" 특별한 종이며 심지어 야웨의 형상을 보는 자라는 점을 공포하신다. 야웨는 이런 하나님의 종 모세를 비방하기를 두려워하지 않는 미리암과 아론을 크게 질책하셨다. 하나님의 집에 바치는 모세의 충성심과 그의 배타적인 권위가 확증된다. 하나님은 모세의 배타적인 권위를 천명하신 후 장막 문을 떠나시고 미리암과 아론에게 벌을 내리신다. 미리암에게는 즉시 나병이 발병하게 하신다(7일 동안 격리). 아론은 즉시 회개하며 모세의 용서와 중보기도를 요청한다. 과연 모세의 전격적인 중보기도로 미리암의 나병은 떠났다. 그러나 미리암은 지도자의 얼굴에 침을 뱉은 수준 이상의 죄를 범했기에 진영 밖에서 이레 동안 감금되었다가 풀려나는 징계를 받았다. 이 과정을 통하여 미리암은 모세의 영도자적 중보자 지위를 뼈저리게 실감한다. 모세에 대한 미리암과 아론의 도전과 그들을 위한 모세의 중보기도, 그리고 그 결과 그들에게 임한 치유는 이스라엘 자손이 모세의 배타적인 권위를 재확증하시는 야웨의 의도를 다시금 깨닫는 계기가 된다.

미리암이 진영 밖에 감금된 그 기간만큼 이스라엘 자손의 행진은 지연되었다. 미리암이 진영 밖에서 되돌아온 후에야 이스라엘 백성이 하세롯을 떠나 바란 광야에 진을 쳤다. 10:12의 그 바란 광야로 되돌아온 것이다. 시내산에서 출발한 이스라엘 자손이 처음으로 장막을 치고 체류한 곳이 바란 광야인데 하세롯까지 갔다가 다시 바란 광야로 되돌아간 것이다. 그런데 하세롯에서 바란 광야로 이동하며 백성들은 세 가지 영적인 실패와 범과를 저지른다. (1) 열두 정탐 파견과 이에 대한 불신앙,[13:1-15:41] (2) 고라, 다단, 아비람 자손의 반역,[16:1-19:22] (3) 므리바 물 사건.[20:1-21:34] 므리바 사건에서 모세와 아론은 백성들과 다투다가 하나님의 거룩하심을 충분히 나타내지 못하는 죄를 범한다.[20:1-9] 백성들과 지도자들의 죄와 허물 속에서도 이스라엘의 진은 여전히 약속의 땅을 향하여 전진한다.

11장이 황홀경 중에서 예언을 하는 70장로와 모세를 대조시킨다면,[11:14-17, 24-30] 12장은 모세와 예언자들, 특히 그들의 예언자적 은사를 바탕으로 모세의 영도력에 반기를 드는 아론과 미리암을 대조시킨다. '모세의 지도력에 대한 도전'이라는 주제가 11장과 12장을 묶어 주는 것이다. 미리암과 아론은 장막에 나아가지 않고도―모세와 독립적으로 예언한―하나님의 영을 받아 예언하였던 두 사람 엘닷과 메닷[11:26-29]의 예를 보면서 용기를 얻어 도전했을 수 있다. 그러나 11-12장에서 하나님은 모세를 어떤 예언자와도 견줄 수 없는 하나님의 최측근confidant 예언자로 확고하게 세우시고 확증하신다.[7] 모세의 독특한 영도자적 지위는 아주 극적인 방식으로 신원되고 옹호된 것이다. 또 한 차례의 반역적 광풍이 가라앉고 백성들은 이제 하세롯을 떠나 바란 광야로 진행한다.

문학적인 관점에서 보면 11-12장에 나타난 세 가지 작은 반역 사건은 민수기의 중심적 반역 사건에 대한 예비적 징후들이며 해일을 몰고 오는 작은 파도들이다. 민수기에서 중심적인 반역 사건은 16-21장에서 집중적으로 발생하고 그것들의 예비적 징후인 작은 불평과 저항은 11-12장에서 발생한다. 이 두 장에서는 모세의 권위와 관련된 쟁점이 다뤄진다. 백성과 그들의 지도자들(심지어 아론과 미리암마저)이 탐욕과 질투심 때문에 모세의 영도력과 영도자적 지위에 대하여 불평했을 때 하나님의 진노가 촉발되었다. 하나님은 백성들을 심판하시고 모세의 권위에 대한 신적 후견과 승인을 천명하신다. 모세는 하나님의 손 안에 들려진 영도자임을 증시하신 것이다. 그러나 머지않아 모세는 전무후무한 지도력의 위기를 맞는다. 이제까지의 반역과 불평은 "다시 애굽으로 돌아가겠다"며 한 지휘관을 내세워 조직적으로 반란을 시도하는 가데스 바네아 반역 사건에 비하면 지극히 경미한 해프닝이다. 13-14장에서 이스라엘 백성을 가나안 땅으로 인도하려는 모세에 대한 이스라엘 자손의 불평은 극에 달한다. 출애굽-입가나안 비전을 추진하는 하나님과 모세는 혼연일체가 되어 환애굽 운동을 벌이는 반역적 무리와 날카로운 대치전선을 형성한다. 그럴수록 모세는 출애굽-입가나안이라는 하나님의 비전에 온전히 사로잡힌다. 하나님과 모세의 가나안 정착 프로젝트가 애굽으로 되돌아가려는 백성들의 대항적 계획에 의해 중대하게 도전을 받을수록 모세의 지도력은 강해진다. 13-14장은 하나님의 출애굽 구원을 완전히 무효화시키고 폐기하려는 가장 체계적이고 조직적인 반역 사건을 증언한다.

엇갈린 정탐 보고: 갈렙 대 열 지파의 수령 ●13장

13 ^{1} 여호와께서 모세에게 말씀하여 이르시되 ^{2} 사람을 보내어 내가 이스라엘 자손에게 주는 가나안 땅을 정탐하게 하되 그들의 조상의 가문 각 지파 중에서 지휘관 된 자 한 사람씩 보내라. ^{3} 모세가 여호와의 명령을 따라 바란 광야에서 그들을 보냈으니 그들은 다 이스라엘 자손의 수령 된 사람이라. ^{4} 그들의 이름은 이러하니라. 르우벤 지파에서는 삭굴의 아들 삼무아요 ^{5} 시므온 지파에서는 호리의 아들 사밧이요 ^{6} 유다 지파에서는 여분네의 아들 갈렙이요 ^{7} 잇사갈 지파에서는 요셉의 아들 이갈이요 ^{8} 에브라임 지파에서는 눈의 아들 호세아요 ^{9} 베냐민 지파에서는 라부의 아들 발디요 ^{10} 스불론 지파에서는 소디의 아들 갓디엘이요 ^{11} 요셉 지파 곧 므낫세 지파에서는 수시의 아들 갓디요 ^{12} 단 지파에서는 그말리의 아들 암미엘이요 ^{13} 아셀 지파에서는 미가엘의 아들 스둘이요 ^{14} 납달리 지파에서는 웝시의 아들 나비요 ^{15} 갓 지파에서는 마기의 아들 그우엘이니 ^{16} 이는 모세가 땅을 정탐하러 보낸 자들의 이름이라. 모세가 눈의 아들 호세아를 여호수아라 불렀더라. ^{17} 모세가 가나안 땅을 정탐하러 그들을 보내며 이르되 너희는 네겝 길로 행하여 산지로 올라가서 ^{18} 그 땅이 어떠한지 정탐하라. 곧 그 땅 거민이 강한지 약한지 많은지 적은지와 ^{19} 그들이 사는 땅이 좋은지 나쁜지와 사는 성읍이 진영인지 산성인지와 ^{20} 토지가 비옥한지 메마른지 나무가 있는지 없는지를 탐지하라. 담대하라. 또 그 땅의 실과를 가져오라 하니 그 때는 포도가 처음 익을 즈음이었더라. ^{21} 이에 그들이 올라가서 땅을 정탐하되 신 광야에서부터 하맛 어귀 르홉에 이르렀고 ^{22} 또 네겝으로 올라가서 헤브론에 이르렀으니 헤브론은 애굽 소

안보다 칠 년 전에 세운 곳이라. 그곳에 아낙 자손 아히만과 세새와 달매가 있었더라. ²³또 에스골 골짜기에 이르러 거기서 포도송이가 달린 가지를 베어 둘이 막대기에 꿰어 메고 또 석류와 무화과를 따니라. ²⁴이스라엘 자손이 거기서 포도를 베었으므로 그곳을 에스골 골짜기라 불렀더라. ²⁵사십 일 동안 땅을 정탐하기를 마치고 돌아와 ²⁶바란 광야 가데스에 이르러 모세와 아론과 이스라엘 자손의 온 회중에게 나아와 그들에게 보고하고 그 땅의 과일을 보이고 ²⁷모세에게 말하여 이르되 당신이 우리를 보낸 땅에 간즉 과연 그 땅에 젖과 꿀이 흐르는데 이것은 그 땅의 과일이니이다. ²⁸그러나 그 땅 거주민은 강하고 성읍은 견고하고 심히 클 뿐 아니라 거기서 아낙 자손을 보았으며 ²⁹아말렉인은 남방 땅에 거주하고 헷인과 여부스인과 아모리인은 산지에 거주하고 가나안인은 해변과 요단 가에 거주하더이다. ³⁰갈렙이 모세 앞에서 백성을 조용하게 하고 이르되 우리가 곧 올라가서 그 땅을 취하자. 능히 이기리라 하나 ³¹그와 함께 올라갔던 사람들은 이르되 우리는 능히 올라가서 그 백성을 치지 못하리라. 그들은 우리보다 강하니라 하고 ³²이스라엘 자손 앞에서 그 정탐한 땅을 악평하여 이르되 우리가 두루 다니며 정탐한 땅은 그 거주민을 삼키는 땅이요 거기서 본 모든 백성은 신장이 장대한 자들이며 ³³거기서 네피림 후손인 아낙 자손의 거인들을 보았나니 우리는 스스로 보기에도 메뚜기 같으니 그들이 보기에도 그와 같았을 것이니라.

13-21장은 민수기 중심 반역사의 핵심부를 구성한다. 여기서 우리는 11-12장의 세 가지 불평 사건과는 질적으로 차원을 달리하는 대규모 반역 사건을 만난다. 그것은 민수기의 3대 반역 사건, 곧 가데스 바네아 정탐 파견, 고라와 다단의 반역, 므리바의 불평이다. 이스라엘 백성은 이 세 가지 반역을 통해 하나님의 계획을 불신하고 배척하는 모습을 보인다. 그들은 모세가 하나님의 계획을 대표하고 집행하는 영도자임을 인정하지 않으며 마침내 모세와 하나님에 대해 파상적인 반역을 감행한다. 급기야 12지파 수령들의 정탐보고를 불신앙으로 받아들이고(10지파의 불신앙과 불순종에 입각한 편견에 찬 보

고를 보라), 온 백성들은 한 지휘관을 세워 환^還애굽 운동을 주도한다. 이후 이 반역 사건에 편승하여 레위 지파의 지도자들이 모세와 아론에게 대규모로 반역한다. 그들은 특히 아론 계열의 제사장 독점에 대해 비난하고 반역한다. 고라, 다단, 아비람, 온 등은 250명 족장들의 지원을 받아 모세와 아론을 거의 전복시킬 만큼 기세를 드높였다. 백성들의 반역, 불순종, 인내 부족 등에 압도된 모세와 아론도 마침내 불순종과 불신앙에 휘둘린다. 마지막으로 므리바 반역 사건이 바로 그것이다. 11장부터 21장까지 반역은 나선형적 확장의 방식으로 심화되고 확장되다가 므리바 반역 사건에서 치명적으로 악화된다. 모세의 불신앙은 회중 반역의 절정이요 불행한 완성점이다. 반역적인 회중이 반역적인 지도자를 낳는다. 이런 반역 사건을 해결하고 해소하는 모든 과정에서 하나님은 모세가 자신의 어젠다가 아니라 하나님의 비전을 추구하는 사심 없는 영도자임을 선포하시고 맹수 같은 반역자들을 제압하신다.13:1-21:34

13-14장과 12장의 문맥상 연결은 가나안 정탐 후 일어난 '이스라엘 회중의 반역'이라는 주제에 의해 매개된다. 기브롯 핫다아와, 하세롯에 이어 바란 광야12:16, 13:26도 반역의 기운이 감도는 땅이다. 아마도 다른 의미의 심리적인 연결도 발견될 수 있을 것이다. 즉 미리암과 아론의 공개적인 도전12:1-2, 8이 이스라엘 백성 사이의 불만과 반기를 촉발시켰을 가능성이 크다.8 반역적인 기운이 완전히 소멸되지 않은 채 이스라엘 백성은 가나안 땅을 목전에 둘 만큼 가까이 왔다. 바란 광야에서 모세는 가나안 정복 이전에 먼저 가나안 땅을 종합적으로 조사하는 정탐을 보낸다. 이는 정복전쟁을 염두에 둔 계획으로, 원주민들의 군사적 강약 상태, 도시의 무장 방비 상태, 자연의 풍성함 유무(열매를 따 올 것) 등을 알아보려고 했다. 신명기 1:19-33의 병행본문에서와는 달리 여기서는 정탐을 파견하는 주도권을 야

웨께서 쥐고 계신다.^{13:1} 하나님은 12지파의 대표자를 정탐으로 파견하라고 하신다. 모세는 정탐들에게 네겝 길로 행하여 헤브론 산지로 올라가는 정탐로를 지정해 주고, 그 땅 거민이 강한지 약한지, 많은지 적은지와 그들이 사는 땅이 좋은지 나쁜지, 사는 성읍이 진영인지 산성인지와 토지가 비옥한지 메마른지, 나무가 있는지 없는지를 탐지하고 돌아오라는 명령을 주었다. 각 정탐에게 담대하라고 격려하며 그 땅의 실과를 가져오라고 말했다. 포도가 처음 익을 즈음이었기에 포도 실과를 따서 가져오라고 덧붙였다.

정탐꾼들은 남쪽 지역 신^{Zin} 광야와 북쪽 지역에 대한 종합적 정탐을 40일 동안 실시하고 에스골로부터 포도송이를 따서 돌아온다. 정탐들은 바란 광야의 가데스에 체류하던 이스라엘 백성에게 두 가지 상반된 보고서를 내 놓는다. 10명의 정탐은 그곳에서 아주 강력한 백성들과 난공불락의 요새들을 보았다고 주장하며, 그들의 무장 상태와 군사적 강력함에 비하면 이스라엘 백성은 메뚜기에 불과하다고 말한다. 정탐들은 네겝 길을 거쳐 애굽 소안보다 7년 전에 세워진 오래된 도시 헤브론에 이르렀다. 그곳은 아낙 자손 아히만과 세새와 달매가 거주하던 곳으로 알려져 있었다.^{13:22} 또 에스골 골짜기에 이르러 포도송이가 달린 가지를 베어 둘이 막대기에 꿰어 메고 또 석류와 무화과를 땄다. 포도를 채취한 장소가 에스골('송이')^{ʾeškōl} 골짜기로 불린 이유는 거기서 정탐들이 포도송이를 채취해 왔기 때문이다.^{13:24}

이렇게 해서 가나안 남부 지역을 40일 동안 정탐하고 돌아온 수령들은 이스라엘 온 회중에게 정탐 보고를 한다. 첫째, 모세가 정탐하라고 한 그 땅은 젖과 꿀이 흐르는 좋은 땅⁹이라는 것이다. 그곳이 얼마나 좋은 땅인지를 증명하기 위해 큰 과일을 보여준다. 둘째, 땅은 좋지만 들어가 차지하여 살기에는 불가능하다는 보고였다. 그 땅 거주민은 강하고 성읍은 견고하며 심히 클 뿐 아니라 심지어 거기서 아낙 자손을 보았다는 것이다. 그 외에도 이미 이스라엘을 공격한 적이 있는 숙적 아말렉인은 남방 땅에 거주하고[요셉(ישוב), 온전히 주도권을 쥐고 정착한 상태], 헷인과 여부스인과 아모리인은 산지에 거주하고 가나안인은 해변과 요단 가에 거주하고 있어서 이스라엘 자손이 들어가 살 곳을 확보하기가 힘들다는 것이었다. 이 정탐 보고를 듣다가 참지 못한 갈렙이 황급히 끼어들었다. 갈렙이 모세 앞에서 백성을 조용하게 한 후 "우리가 즉시 올라가서 그 땅을 취하자. 능히 이기리라"고 소리를 쳤다. 그러나 그것은 지극히 미미한 소수 의견이었다. 그와 함께 올라갔던 다른 정탐들은 강력하게 반발했다. "우리는 능히 올라가서 그 백성을 치지 못하리라. 그들은 우리보다 강하니라."13:31 심지어 그들은 자신들이 두루 다니며 정탐한 땅은 "그 거주민을 삼키는 땅이요 거기서 본 모든 백성은 신장이 장대한 자들"13:32이라고 공언하며 이스라엘 자손의 가나안 정복 입성 의지를 급격히 냉각시켰다. 그들은 이미 마음속에서 엄청난 두려움으로 붕괴되고 있었다. "거기서 네피림 후손인 아낙 자손 거인들을 보았나니 우리는 스스로 보기에도 메뚜기 같으니 그들의 보기에도 그와 같았을 것이니라."13:33 그들은 가나안 땅에 강대한 원주민 족속이 견고하게 정착하여 살고 있음을 '보았다'고 증언한 것이다.

여기에서 우리는 '보는 행위'의 중요성을 깨닫는다. 10명의 정탐꾼은 불신앙과 불순종의 마음으로 가나안 땅을 보았기 때문에 가나안 정복 불가능이라는 지극히 현실적인 진단을 내놓을 수밖에 없었다. 합리적이고 겸손한 자기인식처럼 보이는 분석이다. 하지만 그들의 보고에는 '하나님'이라는 말이 전적으로 누락되어 있다. 정탐꾼을 보내어 땅을 탐지하도록 명령을 주도하는 분은 하나님이신데, 그들은 '모세가' 그들을 보냈다고 생각한다.13:27

14 ¹온 회중이 소리를 높여 부르짖으며 백성이 밤새도록 통곡하였더라. ²이스라엘 자손이 다 모세와 아론을 원망하며 온 회중이 그들에게 이르되 우리가 애굽 땅에서 죽었거나 이 광야에서 죽었으면 좋았을 것을 ³어찌하여 여호와가 우리를 그 땅으로 인도하여 칼에 쓰러지게 하려 하는가. 우리 처자가 사로잡히리니 애굽으로 돌아가는 것이 낫지 아니하랴. ⁴이에 서로 말하되 우리가 한 지휘관을 세우고 애굽으로 돌아가자 하매 ⁵모세와 아론이 이스라엘 자손의 온 회중 앞에서 엎드린지라. ⁶그 땅을 정탐한 자 중 눈의 아들 여호수아와 여분네의 아들 갈렙이 자기들의 옷을 찢고 ⁷이스라엘 자손의 온 회중에게 말하여 이르되 우리가 두루 다니며 정탐한 땅은 심히 아름다운 땅이라. ⁸여호와께서 우리를 기뻐하시면 우리를 그 땅으로 인도하여 들이시고 그 땅을 우리에게 주시리라. 이는 과연 젖과 꿀이 흐르는 땅이니라. ⁹다만 여호와를 거역하지는 말라. 또 그 땅 백성을 두려워하지 말라. 그들은 우리의 먹이라. 그들의 보호자는 그들에게서 떠났고 여호와는 우리와 함께 하시느니라. 그들을 두려워하지 말라 하나 ¹⁰온 회중이 그들을 돌로 치려 하는데 그 때에 여호와의 영광이 회막에서 이스라엘 모든 자손에게 나타나시니라. ¹¹여호와께서 모세에게 이르시되 이 백성이 어느 때까지 나를 멸시하겠느냐. 내가 그들 중에 많은 이적을 행하였으나 어느 때까지 나를 믿지 않겠느냐. ¹²내가 전염병으로 그들을 쳐서 멸하고 네게 그들보다 크고 강한 나라를 이루게 하리라. ¹³모세가 여호와께 여짜오되 애굽인 중에서 주의 능력으로 이 백성을 인도하여 내셨거늘 그리하시면 그들이 듣고 ¹⁴이 땅 거주민에게 전하리이다. 주 여호와께서 이 백성 중에 계심을 그들도 들었으니 곧 주 여호와께서 대면하여 보이시며 주의 구름이 그들 위에 섰으며 주께서 낮에는 구름 기둥 가운데에서, 밤에는 불 기둥 가운데에서 그들 앞에 행하시는 것이니이다. ¹⁵이제 주께서 이 백성을 하나 같이 죽이시면 주의 명성을 들은 여러 나라가 말하여 이르기를 ¹⁶여호와가 이 백성에게 주기로 맹세한 땅에 인도할 능력이 없었으므로 광야에서 죽였다 하리이다. ¹⁷이제 구하옵나니 이미 말씀하신 대로 주의 큰 권능을 나타내옵소서. 이르시기를 ¹⁸여

호와는 노하기를 더디하시고 인자가 많아 죄악과 허물을 사하시나 형벌 받을 자는 결단코 사하지 아니하시고 아버지의 죄악을 자식에게 갚아 삼사대까지 이르게 하리라 하셨나이다. ¹⁹ 구하옵나니 주의 인자의 광대하심을 따라 이 백성의 죄악을 사하시되 애굽에서부터 지금까지 이 백성을 사하신 것 같이 사하시옵소서. ²⁰ 여호와께서 이르시되 내가 네 말대로 사하노라. ²¹ 그러나 진실로 내가 살아 있는 것과 여호와의 영광이 온 세계에 충만할 것을 두고 맹세하노니 ²² 내 영광과 애굽과 광야에서 행한 내 이적을 보고서도 이같이 열 번이나 나를 시험하고 내 목소리를 청종하지 아니한 그 사람들은 ²³ 내가 그들의 조상들에게 맹세한 땅을 결단코 보지 못할 것이요 또 나를 멸시하는 사람은 한 사람도 그것을 보지 못하리라. ²⁴ 그러나 내 종 갈렙은 그 마음이 그들과 달라서 나를 온전히 따랐은즉 그가 갔던 땅으로 내가 그를 인도하여 들이리니 그의 자손이 그 땅을 차지하리라. ²⁵ 아말렉인과 가나안인이 골짜기에 거주하나니 너희는 내일 돌이켜 홍해 길을 따라 광야로 들어갈지니라. ²⁶ 여호와께서 모세와 아론에게 말씀하여 이르시되 ²⁷ 나를 원망하는 이 악한 회중에게 내가 어느 때까지 참으랴. 이스라엘 자손이 나를 향하여 원망하는 바 그 원망하는 말을 내가 들었노라. ²⁸ 그들에게 이르기를 여호와의 말씀에 내 삶을 두고 맹세하노라. 너희 말이 내 귀에 들린 대로 내가 너희에게 행하리니 ²⁹ 너희 시체가 이 광야에 엎드러질 것이라. 너희 중에서 이십세 이상으로서 계수된 자 곧 나를 원망한 자 전부가 ³⁰ 여분네의 아들 갈렙과 눈의 아들 여호수아 외에는 내가 맹세하여 너희에게 살게 하리라 한 땅에 결단코 들어가지 못하리라. ³¹ 너희가 사로잡히겠다고 말하던 너희의 유아들은 내가 인도하여 들이리니 그들은 너희가 싫어하던 땅을 보려니와 ³² 너희의 시체는 이 광야에 엎드러질 것이요 ³³ 너희의 자녀들은 너희 반역한 죄를 지고 너희의 시체가 광야에서 소멸되기까지 사십 년을 광야에서 방황하는 자가 되리라. ³⁴ 너희는 그 땅을 정탐한 날 수인 사십 일의 하루를 일 년으로 쳐서 그 사십 년간 너희의 죄악을 담당할지니 너희는 그제서야 내가 싫어하면 어떻게 되는지를 알리라 하셨다 하라. ³⁵ 나 여호와가 말하였거니와 모여 나를 거역하는 이 악한 온 회중에게 내가 반드시 이같이 행하리니 그들이 이 광야에서 소멸되어 거기서 죽으리라. ³⁶ 모세의 보냄을 받고 땅을 정탐하고 돌아와서 그 땅을 악평하여 온 회중이 모세를 원망하게 한 사람 ³⁷곧 그 땅에 대하여 악평한 자들은 여호와 앞에서 재앙으로 죽었고 ³⁸그 땅을 정탐하러 갔던 사람들 중에서 오직 눈의 아들 여호수아와 여분네의 아들 갈렙은 생존하니라. ³⁹모세가 이 말로 이스라엘 모든 자손에게 알리매 백성이 크게 슬퍼하여 ⁴⁰아침에 일찍이 일어나 산 꼭대기로 올라가며 이르되 보소서, 우리가 여기 있나이다. 우리가 여호와께서 허락하신 곳으로 올라가리니 우리가 범죄하였음이니이다. ⁴¹모세가 이르되 너희가 어찌하여 이제 여호와의 명령을 범하느냐. 이 일이 형통하지 못하리라. ⁴²여호와께서 너희 중에 계시지 아니하니 올라가지 말라. 너희의 대적 앞에서 패할까 하노라. ⁴³아말렉인과 가나안인이 너희 앞에 있으니 너희가 그 칼에 망하리라. 너희가 여호와를 배반하였으니 여호와께서 너희와 함께 하지 아니하시리라 하나 ⁴⁴그들이 그래도 산 꼭대기로 올라갔고 여호와의 언약궤와 모세는 진영을 떠나지 아니하였더라. ⁴⁵아말렉인과 산간지대에 거주하는 가나안인이 내려와 그들을 무찌르고 호르마까지 이르렀더라.

다수파 정탐들의 보고를 듣자마자 온 회중이 소리를 높여 부르짖고 밤새도록 통곡했다. 이스라엘 자손이 다 모세와 아론을 원망하며 하나님의 출애굽 구원 자체를 비난하고 다시 애굽으로 돌아가겠다고 소리쳤다. "우리가 애굽 땅에서 죽었거나 이 광야에서 죽었으면 좋았을 것을 어찌하여 여호와가 우리를 그 땅으로 인도하여 칼에 쓰러지게 하려 하는가. 우리 처자가 사로잡히리니 애굽으로 돌아가는 것이 낫지 아니하랴."¹⁴:²⁻³ 하나님의 최선의 의도를 최악으로 해석하는 이스라엘 자손의 반역적인 언사는 행동으로 즉각 옮겨졌다. 그들은 한 지휘관을 세우고 애굽으로 돌아가자고 회중을 설득했다. 그 환애굽 반역 기세가 너무 등등해 모세와 아론이 이스라엘 자손의 온 회중 앞에서 즉각 엎드리지 않을 수 없었다. 이때 여호수아와 갈렙이 옷을 찢고 회중들에게 황급하게 호소했다. 두 사람은 희망적이고 낙관적이며 아주 공세적인 보고를 내놓는다. 하나님이 함께하시므로 능히 그들을 정복할 수 있다고 주장한다. 갈렙과 여호수아의 보고에는 '하나님'이 주어이며 가나안 땅 정복은 하나님이 주도하시는 계획임이 강조되고 있다. "여호와께서 우리를 기뻐하시면 우리를 그 땅으로 인도하여 들이시고 그 땅을 우리에게 주시리라.……그들의 보호자는 그들에게서 떠났고 여호와는 우리와 함께하시느니라. 너희는[아템(אַתֶּם), 이인칭 남성복수 강조대명사] 그들을 두려워하지 말라."14:8-9

결국 10지파의 다수 의견은 가나안 정복 기획은 실패를 잉태하는 불길한 기획이라는 주장이요, 갈렙과 여호수아의 보고는 승리가 확정된 싸움이라는 주장이었다. 이렇게 상반된 두 보고에 백성들은 어떻게 반응하였는가? 백성들은 10명의 보고를 철석같이 믿고 소리를 높여 부르짖으며 밤새도록 절망하고 통곡하며 울었다. 모세에 대한 저항과 하나님에 대한 반역이 서로를 견인하며 불신앙의 기운을 최고조로 격앙시켰다. "차라리 애굽에서 죽었더라면 얼마나 좋았을까?"를 외치는 그들은 가나안 땅에 데려와 원주민의 칼에 맞아 죽도록 자신들을 출애굽시켰다며 하나님을 정죄하기 시작했다. 반역적인 정탐들과 백성들은 가나안 정복 기획 자체가 모세의 무모한 야심이라고 비난하며 애굽으로 돌아가는 길만이 살길이라고 주장한다. 이것은 하나님의 출애굽 구원을 무효화시키는 대반역이다. 이런 형국에서 모세와 아론은 얼굴을 땅에 대고 엎드렸다. 갈렙과 여호수아의 분전은 찻잔 속의 태풍 같았다. 그들은 백성의 불신앙을 정죄하며 분위기 반전을 시도하였지만 역부족이었다. 백성들이 모세와 아론을 돌로 쳐죽이려고 하자 바로 그 순간에 하나님께서 개입하신다. 회막의 영광 중에서 현현하신 것이다. 하나님께서 출애굽 세대를 전염병으로 전멸시키시고, 모세의 후손을 중심으로 '크고 강한 나라'를 창조해 주겠다고 제안하신다.14:12

이 돌연스러운 제안을 듣고 다시 모세의 감동적인 중보기도가 시작된다.[14:13-19] 호렙산에서 드린 중보기도의 수정증보판 격이다. 모세는 예상을 뛰어넘는 중보기도로 하나님의 마음을 감동시킨다. 첫째, 그는 하나님의 국제적 명성에 호소한다. 만일 하나님께서 출애굽시킨 백성들을 광야에서 멸절시키신다면 애굽 사람이나 가나안 원주민이나 열국 백성은 "하나님이 가나안 땅을 주실 능력이 없기 때문에 멸절시켰다"고 오해할 수 있음을 환기시킨다. 둘째, 모세는 호렙산 금송아지 숭배 사건에서 선포된 하나님의 이름[출 34:6-7]에 호소한다. 이스라엘과 맺은 시내산 계약 정신에 충실해 달라는 것이다. 시내산 계약에서 드러난 하나님의 이름은 '야웨'시다. 야웨는 "노하기를 더디 하시고 인자가 광대하신 하나님"의 이름이다. 애굽에서부터 이제까지 보여주신 그 광대한 인자하심[헤세드(חֶסֶד)]을 보여 달라는 것이다.

하나님께서는 모세의 중보기도 요청에 절충적인 응답을 내놓으신다. 즉각적이고 전면적인 멸절 대신에 범죄하고 반역한 출애굽 1세대의 광야 소멸이라는 징벌을 집행하실 것이라는 선포다. 애굽에서부터 지금까지 하나님의 영광과 이적을 보고도 열 번이나 하나님을 격동하고 시험한 출애굽 1세대는 아무도(갈렙과 여호수아 제외) 가나안 땅에 들어가지 못할 것이다. 가나안 땅을 악평하며 보지 않겠다고 불평한 백성들의 불평대로 해주시겠다는 것이다. 이때부터 광야 38년의 환상방황이 시작된다. "너희는 그 땅을 정탐한 날수인 사십 일의 하루를 일 년으로 쳐서 그 사십 년간 너희의 죄악을 담당할지니 너희는 그제서야 내가 싫어하면 어떻게 되는지를 알리라 하셨다 하라. 나 여호와가 말하였거니와 모여 나를 거역하는 이 악한 온 회중에게 내가 반드시 이같이 행하리니 그들이 이 광야에서 소멸되어 거기서 죽으리라."[14:34-35] 정탐꾼의 정탐 기간 40일을 40년으로 환산하여 40년 광야 방황을 명령하시겠다는 것이다. 이미 2년이 지났으므로 38년 방황이 남은 셈이다. 골짜기 지역에 정착하고 있는 아말렉 족속과 가나안 족속을 피해 다시 홍해길로 이어지는 더 깊은 광야 속으로 들어가 "행진을 계속하라"는 명령으로 이 반역 단락이 마무리된다.

결국 지척의 거리에 약속의 땅을 두고 이스라엘 백성의 옛 세대는 40년 광야 방황 후(정확하게는 38년 방황) 소멸이라는 심판을 선고받은 것이다. 그래서 이제 가나안 땅 정복은 다음 세대(출애굽 2세대)의 몫으로 넘겨진다. 모세는 하나님의 성품과 명성에 입각하여 효과적인 중보기도를 통해 즉각적인 심판은 막았지만 광야세대 멸절이라는 장기간에 걸쳐 집행되는 심판을 막지는 못했다. 오로지 갈렙과 여호수아만이 새 세대와 함께 가나안 땅에 들어갈 것이다. 40일의 불순종이 40년의 방황을 가져온 것이다.

하지만 이 반역의 여진이 후폭풍 형태로 나타나는데, 그것은 이스라엘 백성이 자의적으로 가나안 땅 점령을 시도하다가 패퇴하는 사건이다. 모세와 언약궤가 동반하지 않는 가나안 남부 지방(아말렉과 가나안 족속) 원정을 시도하는 이스라엘 백성은 심대한 타격을 입고 패배한다. 불신앙 상태의 진격은 패배를 가져오기 때문에 분명히 하나님께서 진격 금지를 명하신다. 그러나 그들은 기어코 가나안으로 진격하고 대패한다. "그들이 그래도 산 꼭대기로 올라갔고 여호와의 언약궤와 모세는 진영을 떠나지 아니하였더라. 아말렉인과 산간지대에 거주하는 가나안인이 내려와 그들을 무찌르고 호르마까지 이르렀더라."[14:44-45] 항상 자의적인 신앙(불신앙)에 입각한 자가추진적 전진은 만용의 표현이며, 만용은 광기가 곁들여진 신앙과 쉽게 제휴한다. "야웨께서 너희 중에 계시지 아니하면 대적 앞에서 패한다"는 진리를 큰 대가를 치르고 터득했다.[14:42]

가나안 땅 정복에 대한 갱신된 신앙과 투신

: 정기적인 속죄의 필요성 ●15장

15 ¹여호와께서 모세에게 말씀하여 이르시되 ²이스라엘 자손에게 말하여 그들에게 이르라. 너희는 내가 주어 살게 할 땅에 들어가서 ³여호와께 화제나 번제나 서원을 갚는 제사나 낙헌제나 정한 절기제에 소나 양을 여호와께 향기롭게 드릴 때에 ⁴그러한 헌물을 드리는 자는 고운 가루 십분의 일에 기름 사분의 일 힌을 섞어 여호와께 소제로 드릴 것이며 ⁵번제나 다른 제사로 드리는 제물이 어린 양이면 전제로 포도주 사분의 일 힌을 준비할 것이요 ⁶숫양이면 소제로 고운 가루 십분의 이에 기름 삼분의 일 힌을 섞어 준비하고 ⁷전제로 포도주 삼분의 일 힌을 드려 여호와 앞에 향기롭게 할 것이요 ⁸번제로나 서원을 갚는 제사로나 화목제로 수송아지를 예비하여 여호와께 드릴 때에는 ⁹소제로 고운 가루 십분의 삼 에바에 기름 반 힌을 섞어 그 수송아지와 함께 드리고 ¹⁰전제로 포도주 반 힌을 드려 여호와 앞에 향기로운 화제를 삼을지니라. ¹¹수송아지나 숫양이나 어린 숫양이나 어린 염소에는 그 마리 수마다 위와 같이 행하되 ¹²너희가 준비하는 수효를 따라 각기 수효에 맞게 하라. ¹³누구든지 본토 소생이 여호와께 향기로운 화제를 드릴 때에는 이 법대로 할 것이요 ¹⁴너희 중에 거류하는 타국인이나 너희 중에 대대로 있는 자나 누구든지 여호와께 향기로운 화제를 드릴 때에는 너희가 하는 대로 그도 그리할 것이라. ¹⁵회중 곧 너희에게나 거류하는 타국인에게나 같은 율례이니 너희의 대대로 영원한 율례라. 너희가 어떠한 대로 타국인도 여호와 앞에 그러하리라. ¹⁶너희에게나 너희 중에 거류하는 타국인에게나 같은 법도, 같은 규례이니라. ¹⁷여호와께서 모세에게 말씀하여 이르시되 ¹⁸이스라엘 자손에게 말하여 이르라. 너희는 내가 인도하는 땅에 들어가거든 ¹⁹그 땅의 양식을 먹을 때에 여호와께 거제를 드리되 ²⁰너희의 처음 익은 곡식 가루 떡을 거제로 타작 마당의 거제 같이 들어 드리라. ²¹너희의 처음 익은 곡식 가루 떡을 대대에 여호와께 거제로 드릴지니라. ²²너희가 그릇 범죄하여 여호와가 모세에게 말씀하신 이 모든 명령을 지키지 못하되 ²³곧 여호와께서 모세를 통하여 너희에게 명령한 모든 것을 여호와께서

명령한 날 이후부터 너희 대대에 지키지 못하여 ²⁴ 회중이 부지중에 범죄하였거든 온 회중은 수송아지 한 마리를 여호와께 향기로운 화제로 드리고 규례대로 소제와 전제를 드리고 숫염소 한 마리를 속죄제로 드릴 것이라. ²⁵ 제사장이 이스라엘 자손의 온 회중을 위하여 속죄하면 그들이 사함을 받으리니 이는 그가 부지중에 범죄함이며 또 부지중에 범죄함으로 말미암아 헌물 곧 화제와 속죄제를 여호와께 드렸음이라. ²⁶ 이스라엘 자손의 온 회중과 그들 중에 거류하는 타국인도 사함을 받을 것은 온 백성이 부지중에 범죄하였음이니라. ²⁷ 만일 한 사람이 부지중에 범죄하면 일 년 된 암염소로 속죄제를 드릴 것이요 ²⁸ 제사장은 그 부지중에 범죄한 사람이 부지중에 여호와 앞에 범한 죄를 위하여 속죄하여 그 죄를 속할지니 그리하면 사함을 얻으리라. ²⁹ 이스라엘 자손 중 본토 소생이든지 그들 중에 거류하는 타국인이든지 누구든 부지중에 범죄한 자에 대한 법이 동일하거니와 ³⁰ 본토인이든지 타국인이든지 고의로 무엇을 범하면 누구나 여호와를 비방하는 자니 그의 백성 중에서 끊어질 것이라. ³¹ 그런 사람은 여호와의 말씀을 멸시하고 그의 명령을 파괴하였은즉 그의 죄악이 자기에게로 돌아가서 온전히 끊어지리라. ³² 이스라엘 자손이 광야에 거류할 때에 안식일에 어떤 사람이 나무하는 것을 발견한지라. ³³ 그 나무하는 자를 발견한 자들이 그를 모세와 아론과 온 회중 앞으로 끌어왔으나 ³⁴ 어떻게 처치하는지 지시하심을 받지 못한 고로 가두었더니 ³⁵ 여호와께서 모세에게 이르시되 그 사람을 반드시 죽일지니 온 회중이 진영 밖에서 돌로 그를 칠지니라. ³⁶ 온 회중이 곧 그를 진영 밖으로 끌어내고 돌로 그를 쳐죽여서 여호와께서 모세에게 명령하신 대로 하니라. ³⁷ 여호와께서 모세에게 말씀하여 이르시되 ³⁸ 이스라엘 자손에게 명령하여 대대로 그들의 옷단 귀에 술을 만들고 청색 끈을 그 귀의 술에 더하라. ³⁹ 이 술은 너희가 보고 여호와의 모든 계명을 기억하여 준행하고 너희를 방종하게 하는 자신의 마음과 눈의 욕심을 따라 음행하지 않게 하기 위함이라. ⁴⁰ 그리하여 너희가 내 모든 계명을 기억하고 행하면 너희의 하나님 앞에 거룩하리라. ⁴¹ 나는 여호와 너희 하나님이라. 나는 너희의 하나님이 되려고 너희를 애굽 땅에서 인도해 내었느니라. 나는 여호와 너희의 하나님이니라.

한 차례 반역과 배교의 폭풍이 지나간 후 이스라엘 백성은 야웨 하나님께 대한 갱신된 투신과 순종을 드릴 필요에 직면했다. 불순종이 가져온 하나님의 심판은 항상 중보기도나 제물 바침을 통하여 해소된다. 11:1-2에서 백성들의 불평으로 야기된 불 심판은 모세의 기도로 꺼진다. 12장 미리암과 아론의 반역이 초래한 심판은 모세의 중보기도에 의해 중지된다. 13-14장의 회중 대반역 사건은 하나님의 대파국적 심판을 초래할 즈음에 모세의 중보기도에 의해 심판의 강도가 크게 완화된다.^{출 32-34장, 겔 22:30} 16장의 고라 자손 주도의 반역 사건이 초래한 심판은 아론의 향불 제사를 통하여 완화된다. '제사'는 하나님의 진노 아래 사는 피조물이 하나님 앞에서 지속적으로 살아가고자 할 때 거치는 필수적인 생존 통과의례다. 사무엘하 24장에서 다윗의 인구조사 범죄에 대한 하나님의 심판을 그치게 한 것은 아라우나 타작마당에서 드려진 제사였다. 이처럼 제사와 중보기도는 하나님의 심판을 중지시킨다. 이것이 레위기 제사신학의 근본 명제다.

15장은 이스라엘 백성 가운데 왕성하게 일고 있는 환애굽 운동의 광기를 진정시키는 제사 지침들을 다룬다. 야웨께서는 가나안 땅 자체에 들어가지 않으려는 이스라엘 백성에게 아예 가나안 땅 정착을 기정사실로 전제하고 그 땅에 들어가서 준행해야 할 제사 원칙들을 천명하신다. 하나님은 고의적인 반역과 비고의적인 반역(부지중 저지르는 죄)을 구분하시고 그것의 해결 방법을 각각 다르게 처방하신다. 안식일을 어기는 죄에 대해서는 각별히 엄중하게 처벌하신다. 이스라엘 백성에게 가나안 땅 다신교 환경 안에 살면서 하나님의 말씀(계명)을 적은 옷술을 달고 다니게 함으로써 사회적인 거룩을 유지하도록 명령하신다.

15:1-16은 동물희생제사에 첨가되는 제물들을 다룬다. 음식제사

(소제)와 기름과 포도주가 동물희생제물에 첨가되야 한다. 그들이 땅에서 거둔 소출을 가지고 하나님께 제물로 바쳐야 한다는 의미다. 가나안 농경문화에 적응하는 미래를 예상하고 있거나 반영하고 있다. 이스라엘 자손뿐만 아니라 가나안 땅에 사는 외국인이나 거류자들도 이 제사 규정으로 하나님께 나아갈 수 있다. 이스라엘의 가나안 정착생활이 외국인과의 공존임이 전제되고 있다. 여기서는 아직 외국인과 가나안 원주민에 대한 신명기적인 호전성이 명시적으로 부각되지는 않는다.

15:17-21은 거제물과 죄 문제를 해결하기 위한 예물과 준비물을 언급한다. 이스라엘 자손이 가나안 땅에 들어갔을 때 그들은 처음으로 거둔 곡식 가루를 가지고 가야 한다. 그들이 경작하여 얻는 소출로 곡식 반죽을 만들어 예물로 바쳐야 한다. 이것은 모든 소출은 하나님의 손을 통해 공급된다는 의식을 반영하는데, 이 규례는 세대를 넘어 지켜야 한다. 이것이 '첫 반죽 예물' 규정이다(농사짓지 아니한 사람에게도 적용). 이 첫 곡식 가루는 하나님의 복(번영과 생육의 복)을 받는 예물이므로 하나님께 떡을 만들어 높이 들려진 제물, 곧 거제물로 바쳐진다. 거제물로 바쳐진 제물은 제사장의 몫이거나 사회복지적인 시혜의 대상자들 몫으로 돌아간다. 이 제물을 드리는 과정에서 만일 허물을 범하면 그것을 속량하는 규례가 주어진다. 나라 전체나 한 개인이(외국인이나 내국인 할 것 없이) 부지중에 하나님의 계명을 범하는 일이 발생하면 속죄제를 드려야 한다. 하나님께서는 인간이 허물을 범할 가능성을 근본적으로 동정하시고 해결책을 제시하신다.

그러나 그들이 고의적으로 죄를 범한다면 그것은 신성모독죄로 간주될 것이며 백성들로부터 끊어지는 벌을 받게 될 것이다.[15:22-31] 예를 들어 안식일을 고의적으로 어긴 자는 회중에 의하여 돌로 쳐

죽임을 당한다.[15:32-36] 여기서 취해진 절차들은 레위기 24:10-23에서 다뤄지는 신성모독자 기소 및 처형 절차와 매우 유사하다. 그 당시 이미 안식일 위반은 죽음을 초래하는 중범죄로 인식되었다.[출 31:15, 35:2-3] 온 회중이 돌로 쳐죽이는 일에 가담하는 것은 그런 고의적인 범죄의 공동체적인 배척을 의미한다. 안식일은 하나님과 이스라엘 사이에 맺어진 계약의 하나이기 때문에 그것을 더럽히는 것은 심각한 죄로 규정되는 것이다.[신 5:15] 이 경우 나무를 모은 그 사람은 안식일에 불을 피워 무엇인가를 요리하려고 한 것으로 추정된다.[10]

15:37-41은 가나안 땅에서 입게 될 이스라엘 백성의 거룩한 의복 표지, '옷술'[치치트(ציצת), 보아야 할 대상으로서 '보다'를 의미하는 동사 추트에서 파생]에 대한 규정을 담고 있다. 하나님께서 이스라엘 자손들의 옷에 술을 달도록 명령하신다. 옷 규정은 옷이 소속감과 문화의 식별 척도였던 고대 사회를 전제한다. 옷술을 옷단 귀에 부착해야 하는 이유는 이스라엘 자손이 그들을 출애굽시켜 주신 하나님의 계명을 지켜야 할 의무들을 옷을 입고 생활을 하는 동안, 곧 깨어 있는 낮 시간 내내 기억해야 한다는 것을 의미한다. 그들은 옷술에다 청색 끈을 추가하여 매달고 다녀야 한다. 자신의 눈에 보이는 대로 추구하는 욕망 추동적인 사람이 아니라 하나님의 일관성 있는 가르침에 복종하는 사람임을 가리키는 표식이 청색 끈이다. 39절을 직역하면 치치트가 이스라엘의 영적 간음 충동을 억제하는 자경적 파수 역할을 하도록 기대된 것을 알 수 있다. "그것(이 술)은 너희에게 옷술이 될 것이며 너희가 그것을 보고 그리고 야웨의 계명 하나하나를 기억하고 그리고 그것들을 준행하라. 너희들의 마음을 따라, 너희 눈들이 보는 대로 따라가다가 간음하게 된 바 그 눈들을 따라 너희가 방황하지 말아야 할 것이다"라는 뜻이다. 옷술에 청색 끈을 부착한 이 자경적인 표식은 우리의 마음과 눈의 방종적인 움직임에 따라 행동하지 말라

고 부단히 경계하는 신적 초자아 같은 파수꾼인 셈이다.

또한 치치트는 옷술도 되지만 나실인을 생각나게 하는 긴 머리털을 의미한다. 하나님께서 에스겔의 머리털을 잡아(브치치트 로쉬) 영적 환상 투시의 세계로 입문시키신다("내 머리털 한 모숨을 잡으며"). 겔 8:3 '옷술'로 번역된 치치트는 민수기 13-14장의 정탐 보고 사건을 연상시키기 위하여 여기 사용되고 있다. 거기서 이스라엘 열 정탐은 '척후하러'[투르(תור)] 나갔다가,13:2, 25, 14:34 그들의 눈이 지시하는 대로 봄으로써 영적으로 간음해 하나님을 배반하였다.[11] 39절은 눈에 보이는 대로 보고, 마음이 동요되고 오염된 상태로 판단하는 이스라엘 자손의 영적 허약성을 경고한다. 그런데 이런 사태가 실제로 일어난 것이 민수기 14장의 가데스 바네아 정탐 보고 사건이다. 열 지파의 수령들은 그들의 눈이 보는 대로 판단하고 그들의 마음이 충동질하는 대로 행동하다가 하나님의 출애굽-입가나안 대역사에 정면으로 대항했던 것이다. 그들이 가나안 땅을 정탐하고 그 지세, 거주민, 성채 등을 평가했을 때 하나님을 배제한 계산을 한 것은 배교요 간음이라는 것이다. 그래서 이스라엘 자손은 옷술을 달고 다님으로써 다시는 거짓된 척후 활동을 하지 못하도록 금지당하게 된 것이다(투르, '방종하게 행하다'). 여기서 정교한 어희語戱 수사법word play이 작동하고 있다. '척후활동을 하다'를 의미하는 투르가 전치사 아하르와 함께 사용되면 '무엇을 뒤따라가다', '추종하다'를 의미하기도 한다. "이 술은 너희가 보고 여호와의 모든 계명을 기억하여 준행하고 너희를 **방종하게 하는** 자신의 마음과 눈의 욕심을 따라 음행하지 않게 하기 위함이라."15:39 이미 하나님을 경외하지 않는 눈과 마음의 척후활동에 지배를 받지 말라는 것이다. 가데스 바네아의 열 정탐은 바로 하나님을 더 이상 경외하거나 신뢰하지 않는, 심히 동요된 눈과 마음의 척후활동을 대표한다.

결국 이 옷술은 가데스 바네아 반역 사건을 영구적으로 기억하고 다시는 환애굽 운동을 벌이지 않도록 이스라엘 자손의 마음을 하나님께 붙들어 매는 충성의 끈이다. 이 옷술은 그것을 착용한 이스라엘 자손이 야웨 계명을 기억하고 행하게 함으로써 이스라엘의 하나님 앞에 거룩하게 구별된 존재로 공공연하게 살도록 감시하는 역할도 한다. 이 옷술을 착용함으로써 이스라엘의 하나님이 되려고 이스라엘 자손을 애굽 땅에서 인도해 내신 야웨 하나님과의 언약적 결속감을 매일 강화시킬 수 있다. 뿐만 아니라 옷술을 단 옷을 입고 다닌다는 것은 이스라엘 백성이 하나님의 왕 같은 제사장들임을 보여준다. 옷술이 달린 옷은 지휘관이나 지도자의 옷이기 때문이다.[12] 이것은 이스라엘 백성의 영적 기백을 표현하는 셈이다. 청색 혹은 자주색은 왕적 위엄과 신성을 나타낸다.[민 4:6, 에 8:15] 성막의 청색 휘장은 성막이 만왕의 왕 하나님의 보좌임을 가리킨다.[출 26:31, 36] 청색은 또한 대제사장 제복의 색깔이기도 하다.[출 28:31, 37] 청색 끈을 단 사람은 자신이 제사장 나라에 속한 백성임을 늘 자각했을 것이다.[출 19:6] 그는 자신의 외적이고 내면적인 삶의 모든 영역에서 하나님의 거룩함을 대표하는 사명을 띠고 있음을 기억했을 것이다.[13]

III.

민수기 16-21장

광야의 대반역과 모세, 아론의 죄

16-21장은 민수기의 핵심 주제인 반역과 불순종, 불신앙과 징계의 악순환을 심층적으로 그리고 확장적으로 보여준다. 가데스 바네아에서 가나안 남부 지역을 정찰하기 위해 12명의 정탐을 파견한 모세는 10지파 수령의 절망적인 보고로 진 전체가 반역적 기운으로 되돌아가는 절체절명의 위기 앞에 깊숙이 엎드린다. 그때 지도자 모세와 아론은 돌을 든 군중 앞에 언제든지 살해당할 수 있는 위기에 처해 있었다. 하지만 하나님의 극적이고 즉각적인 개입과 응징으로 가데스 바네아 반역 광풍은 진정되었다. 그러나 이번에는 레위 지파 지도자 중심의 반모세 반아론 저항이 아주 조직적이고 체계적으로 일어난다. 이 단원의 첫 주제는 레위 지파 중심의 반역 운동이다. 물론 결과적으로 이 반역은 모세의 영도적 지위와 아론 계열의 레위 지파에 대한 영도적·우월적 지위를 확증하는 계기를 만들어 준다.[16-19장]

이 단원의 두 번째 사건은 모세와 아론의 불신앙 사건이다. 물이 없어서 다시 하나님을 원망하는 회중과 충돌하다가 모세도 반역적이고 불평 가득 찬 회중의 기운에 압도당한다. 모세도 자신의 혈기를 이기지 못하고 큰 허물을 범하고 만다. 이 므리바 사건에서 모세와 아론은 백성들과 다투다가 하나님의 거룩하심을 충분히 나타내지 못하는 죄를 범하고 말았다.[20:1-13] 이 단원의 세 번째 주제는 인간의 불순종과 불신앙을 초극하는 하나님의 은총의 힘, 곧 약속에 신실하신 하나님의 일방적인 신실성이다. 백성들이 호르산을 떠나 에돔을 우회하여 가나안 땅을 향해 길을 떠났을 때 그들은 고달픈 광야 방황 여정으로 인해 하나님께 또다시 불평을 터뜨린다. 그러자 하나님께서는 불뱀을 보내어 불평하는 이스라엘 사람들을 물게 하신다.²¹:⁴⁻⁹ 그런 가운데서도 하나님께서는 완만하고 더디지만 이스라엘 백성을 약속의 땅으로 이동시키고 있다. 백성들과 지도자들의 죄와 허물 속에서도 이스라엘의 진은 여전히 약속의 땅을 향하여 조금씩 전진한다.²⁰:¹⁴⁻²¹:³⁵ 약속의 땅으로 직행하려는 이스라엘 백성의 장도를 방해하거나 도와주지 않는 에돔, 모압, 암몬의 완강한 방해에도 불구하고 이스라엘 백성은 가나안 땅 길목에 당도한다. 마침내 요단 동편에 도착한 이스라엘 백성은 아모리 족속의 왕 시혼과 바산의 왕 옥을 격파한다.²¹:¹⁻³⁵ 이 단원은 인간 지도자가 겪어야 하는 좌절과 방황을 보여주면서 동시에 인간의 불순종과 불신앙을 초극하는 하나님의 압도적인 은총의 위대성을 강조한다. 인간의 죄와 불순종에도 불구하고 하나님의 구속 역사는 죄와 불순종을 초극하면서 진척된다.

복의 근원이자 저주의 근원이 될 수 있는 레위인 ●16-17장

16 ¹ 레위의 증손 고핫의 손자 이스할의 아들 고라와 르우벤 자손 엘리압의 아들 다단과 아비람과 벨렛의 아들 온이 당을 짓고 ² 이스라엘 자손 총회에서 택함을 받은 자 곧 회중 가운데에서 이름 있는 지휘관 이백오십 명과 함께 일어나서 모세를 거스르니라. ³ 그들이 모여서 모세와 아론을 거슬러 그들에게 이르되 너희가 분수에 지나도다. 회중이 다 각각 거룩하고 여호와께서도 그들 중에 계시거늘 너희가 어찌하여 여호와의 총회 위에 스스로 높이느냐. ⁴ 모세가 듣고 엎드렸다가 ⁵ 고라와 그의 모든 무리에게 말하여 이르되 아침에 여호와께서 자기에게 속한 자가 누구인지, 거룩한 자가 누구인지 보이시고 그 사람을 자기에게 가까이 나아오게 하시되 곧

그가 택하신 자를 자기에게 가까이 나아오게 하시리니 ⁶이렇게 하라. 너 고라와 네 모든 무리는 향로를 가져다가 ⁷내일 여호와 앞에서 그 향로에 불을 담고 그 위에 향을 두라. 그 때에 여호와께서 택하신 자는 거룩하게 되리라. 레위 자손들아, 너희가 너무 분수에 지나치느니라. ⁸모세가 또 고라에게 이르되 너희 레위 자손들아, 들으라. ⁹이스라엘의 하나님이 이스라엘 회중에서 너희를 구별하여 자기에게 가까이 하게 하사 여호와의 성막에서 봉사하게 하시며 회중 앞에 서서 그들을 대신하여 섬기게 하심이 너희에게 작은 일이겠느냐. ¹⁰하나님이 너와 네 모든 형제 레위 자손으로 너와 함께 가까이 오게 하셨거늘 너희가 오히려 제사장의 직분을 구하느냐. ¹¹이를 위하여 너와 너의 무리가 다 모여서 여호와를 거스르는도다. 아론이 어떠한 사람이기에 너희가 그를 원망하느냐. ¹²모세가 엘리압의 아들 다단과 아비람을 부르러 사람을 보냈더니 그들이 이르되 우리는 올라가지 않겠노라. ¹³네가 우리를 젖과 꿀이 흐르는 땅에서 이끌어 내어 광야에서 죽이려 함이 어찌 작은 일이기에 오히려 스스로 우리 위에 왕이 되려 하느냐. ¹⁴이뿐 아니라 네가 우리를 젖과 꿀이 흐르는 땅으로 인도하여 들이지도 아니하고 밭도 포도원도 우리에게 기업으로 주지 아니하니 네가 이 사람들의 눈을 빼려느냐. 우리는 올라가지 아니하겠노라. ¹⁵모세가 심히 노하여 여호와께 여짜오되 주는 그들의 헌물을 돌아보지 마옵소서. 나는 그들의 나귀 한 마리도 빼앗지 아니하였고 그들 중의 한 사람도 해하지 아니하였나이다 하고 ¹⁶이에 모세가 고라에게 이르되 너와 너의 온 무리는 아론과 함께 내일 여호와 앞으로 나아오되 ¹⁷너희는 제각기 향로를 들고 그 위에 향을 얹고 각 사람이 그 향로를 여호와 앞으로 가져오라. 향로는 모두 이백오십 개라. 너와 아론도 각각 향로를 가지고 올지니라. ¹⁸그들이 제각기 향로를 가져다가 불을 담고 향을 그 위에 얹고 모세와 아론과 더불어 회막 문에 서니라. ¹⁹고라가 온 회중을 회막 문에 모아 놓고 그 두 사람을 대적하려 하매 여호와의 영광이 온 회중에게 나타나시니라. ²⁰여호와께서 모세와 아론에게 말씀하여 이르시되 ²¹너희는 이 회중에게서 떠나라. 내가 순식간에 그들을 멸하려 하노라. ²²그 두 사람이 엎드려 이르되 하나님이여, 모든 육체의 생명의 하나님이여, 한 사람이 범죄하였거늘 온 회중에게 진노하시나이까. ²³여호와께서 모세에게 말씀하여 이르시되 ²⁴회중에게 명령하여 이르기를 너희는 고라와 다단과 아비람의 장막 사방에서 떠나라 하라. ²⁵모세가 일어나 다단과 아비람에게로 가니 이스라엘 장로들이 따랐더라. ²⁶모세가 회중에게 말하여 이르되 이 악인들의 장막에서 떠나고 그들의 물건은 아무 것도 만지지 말라. 그들의 모든 죄중에서 너희도 멸망할까 두려워하노라 하매 ²⁷무리가 고라와 다단과 아비람의 장막 사방을 떠나고 다단과 아비람은 그들의 처자와 유아들과 함께 나와서 자기 장막 문에 선지라. ²⁸모세가 이르되 여호와께서 나를 보내사 이 모든 일을 행하게 하신 것이요 나의 임의로 함이 아닌 줄을 이 일로 말미암아 알리라. ²⁹곧 이 사람들의 죽음이 모든 사람과 같고 그들이 당하는 벌이 모든 사람이 당하는 벌과 같으면 여호와께서 나를 보내심이 아니거니와 ³⁰만일 여호와께서 새 일을 행하사 땅이 입을 열어 이 사람들과 그들의 모든 소유물을 삼켜 산 채로 스올에 빠지게 하시면 이 사람들이 과연 여호와를 멸시한 것인 줄을 너희가 알리라. ³¹그가 이 모든 말을 마치자마자 그들이 섰던 땅바닥이 갈라지니라. ³²땅이 그 입을 열어 그들과 그들의 집과 고라에게 속한 모든 사람과 그들의 재물을 삼키매 ³³그들과 그의 모든 재물이 산 채로 스올에 빠지며 땅이 그 위에 덮이니 그들이 회중 가운데서 망하니라. ³⁴그 주위에 있는 온 이스라엘이 그들의 부르짖음을 듣고 도망하며 이르되 땅이 우리도 삼킬까 두렵다 하였고 ³⁵여호와께로부터 불이 나와서 분향하는 이백오십 명을 불살랐더라. ³⁶여호와께서 모세에게 말씀하여 이르시되 ³⁷너는 제사장 아론의 아들 엘르아살에게 명령하여 붙는 불 가운데에서 향로를 가져다가 그 불을 다른 곳에 쏟으라. 그 향로는 거룩함이니라. ³⁸사람들은 범죄하여 그들의 생명을 스스로 해하였거니와 그들이 향로를 여호와 앞에 드렸으므로 그 향로가 거룩하게 되었나니 그 향로를 쳐서 제단을 싸는 철판을 만들라. 이스라엘 자손에게 표가 되리라 하신지라. ³⁹제사장 엘르아살이 불탄 자들이 드렸던 놋 향로를 가져다가 쳐서 제단을 싸서 ⁴⁰이스라엘 자손의 기념물이 되게 하였으니 이는 아론 자손이 아닌 다른 사람은 여호와 앞에 분향하러 가까이 오지 못하게 함이며 또 고라와 그의 무리와 같이 되지 않게 하기 위함이라. 여호와께서 모세를 시켜 그에게 명령하신 대로 하였더라. ⁴¹이튿날 이스라엘 자손의 온 회중이 모세와 아론을 원망하여 이르되 너희가 여호와의 백성을 죽였도다 하고 ⁴²회중이 모여 모세와 아론을 칠 때에 회막을 바라본즉 구름이 회막을 덮었고 여호와의 영광이 나타났더라. ⁴³ 모세와 아론이 회막 앞에 이르매 ⁴⁴ 여호와께서 모세에게 말씀하여 이르시되 ⁴⁵ 너희는 이 회중에게서 떠나라. 내가 순식간에 그들을 멸하려 하노라 하시매 그 두 사람이 엎드리니라. ⁴⁶ 이에 모세가 아론에게 이르되 너는 향로를 가져다가 제단의 불을 그것에 담고 그 위에 향을 피워 가지고 급히 회중에게로 가서 그들을 위하여 속죄하라. 여호와께서 진노하셨으므로 염병이 시작되었음이니라. ⁴⁷ 아론이 모세의 명령을 따라 향로를 가지고 회중에게로 달려간즉 백성 중에 염병이 시작되었는지라. 이에 백성을 위하여 속죄하고 ⁴⁸ 죽은 자와 산 자 사이에 섰을 때에 염병이 그치니라. ⁴⁹ 고라의 일로 죽은 자 외에 염병에 죽은 자가 만 사천칠백 명이었더라. ⁵⁰ 염병이 그치매 아론이 회막 문 모세에게로 돌아오니라.

1) 고라, 다단, 아비람, 그리고 250명 지휘관의 반역 사건 • 16장

16-19장은 레위인들의 죄와 그것의 파국적 결과를 다룬다. 레위 지파 중 가장 거룩한 지성물을 메고 운반하는 책임을 맡은 사람들이 고핫 자손이다. 그들에게는 지성물(법궤 등)을 운반하는 성스러운 책임 때문에 수레가 공급되지 않았다. 이 고핫 자손의 한 지도자인 고라가 주도하고 르우벤 지파의 수령급 인물이자 형제 사이인 다단과 아비람, 그리고 르우벤 지파 벨렛의 아들인 온이 일치단결하여 모세와 아론의 영도적 권위에 대항했다.^{16:1-35} 이들의 반역에는 250명의 족장급 지도자도 합세하였다. 특히 이 족장들이 이스라엘 자손의 총회에서 선택된 그리고 회중 가운데서 명망 있는 지휘관 250명이었다는 점에서 고라 일당의 반역은 '거의 온 회중'의 지지를 규합한 반역이라고도 볼 수 있다. 그들은 모세와 아론에게 거칠게 그리고 단도직입적으로 저항한다.^{16:3} "온 회중이 다 각각 거룩하고 야웨께서 그들 중에 계시거늘 너희 모세와 아론이 야웨의 총회 위에 자신들을 높였다." 이것이 고라 일당의 반역 선언문 모토다. 회중 모두가 거룩

하며, 모세와 아론 안에 뿐만 아니라 '회중 안에도' 하나님이 계시다는 주장이다. 일종의 영靈 민주주의적인 평등주의 개혁 요구인 셈이다. 이들의 주장은 모세가 집회하는 장막에 없었던 두 장로 엘닷과 메닷도 예언을 하였다고 증거하는 11:24-26과 모종의 관련이 있을지도 모른다. 하지만 이들이 특정 사건을 적시하지 않고 막연히 모세와 아론이 야웨의 총회 위에 자신들을 높인 것을 비난하고 있다는 점에서 이들의 반역 이유는 다소 불분명하다. 하지만 이들의 개혁 요구를 들은 모세는 즉각 엎드린다. 영적인 지도자가 반역하는 무리들을 다스리는 데 가장 효과적인 무기는 낮은 포복으로 자신을 급진적으로 낮추는 일이다. 단지 무리를 두려워한 비굴한 낮춤이 아니라 하나님을 두려워하는 급진적인 낮은 포복인 것이다. 납작 엎드린 모세는 "누가 과연 거룩한 하나님의 중보자인지를 검증하는 시험을 해보자"고 전격적으로 제안한다.16:5-7 하나님께 속한 거룩한 중보자만이 하나님께 가까이 나아감을 얻을 수 있다는 공통의 인식에 근거한 검증 과정인 셈이다. 즉, "고라와 그의 추종자들도 모두 각자의 향로를 가져다가 야웨 앞에 두게 하라. 물론 아론의 향로도 야웨 앞에 두게 하라. 야웨께서 택하신 자들의 향로는 거룩하게 될 것이다." 제사장의 향로는 중보자의 권위와 봉사의 상징이다. 만일 레위 지파 고라와 그의 추종자들의 향로가 제사장 아론의 향로처럼 불붙는다면 그들의 제사장직 요구가 정당하다고 볼 여지가 있다는 것이다.

이런 제안을 한 후 모세는 고라 일당의 핵심 요구가 분수에 지나친 것임을 갈파한다. 레위인으로 성막에서 봉사할 수 있는 직분도 거룩하고 황송스러운 영광의 직분인데 '제사장'의 직분을 구하는 고라 일당의 요구는 하나님의 진노를 촉발시키는 죄임을 역설한다. 그는 레위 자손들에게 회중을 위한 성막 봉사직이 얼마나 거룩한지를 주지시키고, 모세와 아론의 영도적 지위를 탐하는 저항 행위의 위험성을 설파한다. 16:10에 의하면 레위인들은 성막 봉사자(하급 성직자, 도살 도우미, 성막 기구 운반 짐꾼)의 자리에 만족하지 않고 분향 봉헌까지 포함하는 제사장직을 원한 것을 알 수 있다(수입이나 사회적 존경에서 모두 탐할 수 있는 자리). 레위인들은 아론 계열의 제사장직 독점과 그것을 정당화하는 모세의 배타적 권위에 강하게 반발했던 것이다. 모세와 아론의 족벌 체제라고 비난했을 가능성이 있다. 그런 상황에서 모세의 전격적인 제안이 이루어진 것이다.

하지만 모세가 과연 누가 하나님이 선택하신 적법한 제사장적 중보자인지를 검증하기 위한 시험에 다단과 아비람(두 주동자)을 참여시키려고 했을 때 그들은 또 다른 이유로 거부했다.[16:12-14] 다단과 아비람은 모세의 제안 자체를, 아니 모세의 이런 지도력 행사 자체를 인정하지 않은 것이다. 그들의 말을 종합해 볼 때 그들이 바로 민수기 13-14장의 가데스 바네아 반역 사건에 깊숙하게 관여한 인물들임이 드러난다. 그들은 출애굽 구원과 광야 인도, 가나안 땅으로의 인도 여정 등 모든 일이 하나님께서 주도하시는 구원 행위라고 생각하지 않고 모세의 정치적 야심을 충족시키는 프로젝트라고 주장한다. 모세 자신이 폭군적인 왕이 되기 위하여 벌이는 정치적 실험이라는 것이다. 결국 이 반역자들은 출애굽의 하나님, 시내산의 하나님에 대한 극단적 불신앙으로 굳어진 마음을 드러낸 것이다. 광야 40년간 일어난 가장 큰 기적은 메추라기 공급이나 만나 공급, 반석에서 물을 내신 사건이 아니라, 비무장 모세가 이런 반역적이고 사나운 군중에 둘러싸여 죽임을 당하지 않고 지도력을 행사한 것이었다. 하나님의 살아 계신 간섭과 향도가 없었다면 모세는 이렇게 드센 군중의 살해 위협으로부터 살아남지 못했을 것이다.

고라와 다단 일당의 중보자 검증시험 참여 거절을 들은 모세는 심히 노하여 야웨 하나님께 직접 하소연한다. "주는 그들의 헌물을 돌아보지 마옵소서. 나는 그들의 나귀 한 마리도 빼앗지 아니하였고 그들 중의 한 사람도 해하지 아니하였나이다."16:15 모세는 자신이 왕같이 군림한 적이 없으며 어느 누구의 재산도 빼앗지 않았으며(사무엘의 고별설교)삼상 12장 한 사람도 손상하거나 해하지 않았음을 밝히며 그 반역자들의 예물(하나님과 사람을 가깝게 만들어 주는 제물인 코르반)을 받지 마시라고 간청한다. 모세는 다음 날 재차 고라에게 자신의 제안을 받아들일 것을 촉구한다. 250개의 향로와 고라의 향로와 아론의 향로(향로는 제사장직을 의미)를 회막 앞으로 가져다 놓고 하나님의 최종 심판을 받자고 제의한다. 거의 최후통첩식 통보였다. 고라는 모세의 권위에 눌렸는지 어쩔 수 없이 향로를 가지고 회막으로 나아온다. 결국 고라와 아론의 대결인 셈이다. 고라는 회중의 명망가들의 지지를 받고 아론은 모세의 지지를 받아 대결장에 나아간다. 다음 날 그들 모두가 회막 앞으로 나아갔을 때 야웨의 영광이 회막에 나타났다. 모세와 아론을 제외한 온 회중을 멸절하려고 야웨께서 친히 나타나신 것이다. 그러나 모세의 중보기도를 듣고 오로지 고라와 다단과 아비람의 거처들만을 파멸시키기로 결정하신다.16:16-24 모세는 곧 집행될 심판이 모세 자신의 영도자적 지위를 확증하는 일임을 선포한다.

　모세는 고라, 다단, 아비람 일당의 반역자들이 지진으로 죽는다면 그것이 자신이 추진하는 출애굽-입가나안 과업이 하나님이 시켜서 하는 일임을 결정적으로 확증하는 계기라고 온 회중에 알린다.16:28-30 모세의 이 말이 끝나기가 무섭게 하나님의 심판이 집행되었다. 이 선포 직후에 바로 하나님은 땅을 열어 고라, 다단, 아비람과 그들의 장막 및 소유물을 삼켜 버리신다. 아울러 250명의 중간 지도자들도 심판하신다.16:31-35 결국 하나님께서는 모세와 아론의 영도자적인 지도력에 대항한 고라 일당이 반역자임을 증명하시고 모세가 출애굽과 시내산 계약의 합법적 영도자요 중보자임을 확증하여 주신다. 모세는 멸망당하기 전의 반역 무리에게 출애굽 구원과 광야 인도 여정, 가나안 정착 등 모든 일의 주도자가 자신이 아니라 하나님임을 엄숙하게 강조한다. 자신은 하나님께 파송받은 사명자요 중보자임을 역설한 것이다.

16:36-50(히브리어 원전 17:1-15)은 고라 일당의 반역이 남긴 후유증을 다룬다. 야웨는 아론의 아들 제사장 엘르아살에게 명령하여 반역자들이 가져온 거룩한 향로를 망치로 펴서 제단을 싸는 철판을 만들라고 하신다. 그들의 놋향로를 망치로 쳐서 이스라엘 자손의 기념물이 되게 하셨다. 아론 자손이 아닌 자들이 야웨 앞에 분향하러 가까이 나오지 못하게 하려는 것이다. 고라와 그의 추종자들의 비참한 말로를 널리 알리는 기념물이 될 것이다. 이런 일련의 수습 과정에서도 일반 백성들은 모세와 아론에게 반역한다. 큰 죽음을 초래한 잘못을 모세와 아론에게 돌린 것이다. 야웨는 다시 회막에 구름영광으로 나타나셔서 회중을 멸망시키려 하신다. 두 지도자는 또다시 신속하게 엎드려 중보기도를 드린다. 아론이 모세의 명령으로 자신의 향로에 불을 담아 급하게 달려가서 회중들을 위하여 속죄한다. 모세는 야웨의 진노가 시작되어 회중 가운데 염병이 시작된 것임을 즉각 알아차렸기 때문이다. 역설적이게도 이 염병 사건을 통하여 아론의 제사장적 중보직은 변증법적으로 재확증된다.[16:41-50] 아론의 속죄 중보기도가 즉각 효력을 드러내었기 때문이다. 그는 진정으로 제사장이요 중보자로 증명되었다. 아론이 백성을 위하여 속죄하고 죽은 자(1만4천7백 명)와 산 자 사이에 섰을 때 염병이 그친 것이다. 아론의 합법적인 제사장직 중보 지위는 17장에 기록된 싹 난 지팡이 사건으로 다시 한 번 확증된다. 회중은 이제 아론과 모세에게 범접할 수 없는 영적 카리스마와 합법적 영도 지위가 주어졌음을 믿지 않을 수

없게 된 것이다.

17
¹ 여호와께서 모세에게 말씀하여 이르시되 ² 너는 이스라엘 자손에게 말하여 그들 중에서 각 조상의 가문을 따라 지팡이 하나씩을 취하되 곧 그들의 조상의 가문대로 그 모든 지휘관에게서 지팡이 열둘을 취하고 그 사람들의 이름을 각각 그 지팡이에 쓰되 ³ 레위의 지팡이에는 아론의 이름을 쓰라. 이는 그들의 조상의 가문의 각 수령이 지팡이 하나씩 있어야 할 것임이니라. ⁴ 그 지팡이를 회막 안에서 내가 너희와 만나는 곳인 증거궤 앞에 두라. ⁵ 내가 택한 자의 지팡이에는 싹이 나리니 이것으로 이스라엘 자손이 너희에게 대하여 원망하는 말을 내 앞에서 그치게 하리라. ⁶ 모세가 이스라엘 자손에게 말하매 그들의 지휘관들이 각 지파대로 지팡이 하나씩을 그에게 주었으니 그 지팡이가 모두 열둘이라. 그 중에 아론의 지팡이가 있었더라. ⁷ 모세가 그 지팡이들을 증거의 장막 안 여호와 앞에 두었더라. ⁸ 이튿날 모세가 증거의 장막에 들어가 본즉 레위 집을 위하여 낸 아론의 지팡이에 움이 돋고 순이 나고 꽃이 피어서 살구 열매가 열렸더라. ⁹ 모세가 그 지팡이 전부를 여호와 앞에서 이스라엘 모든 자손에게로 가져오매 그들이 보고 각각 자기 지팡이를 집어들었더라. ¹⁰ 여호와께서 또 모세에게 이르시되 아론의 지팡이는 증거궤 앞으로 도로 가져다가 거기 간직하여 반역한 자에 대한 표징이 되게 하여 그들로 내게 대한 원망을 그치고 죽지 않게 할지니라. ¹¹ 모세가 곧 그 같이 하되 여호와께서 자기에게 명령하신 대로 하였더라. ¹² 이스라엘 자손이 모세에게 말하여 이르되 보소서, 우리는 죽게 되었나이다. 망하게 되었나이다. 다 망하게 되었나이다. ¹³ 가까이 나아가는 자 곧 여호와의 성막에 가까이 나아가는 자마다 다 죽사오니 우리가 다 망하여야 하리이까.

2) 아론의 싹 난 지팡이
: 아론 계열의 제사장직 독점의 역사적 기원 ●17장

17:1-13(히브리어 원전 17:16-28)은 아론의 영도자적 지위를 재확증하는 '아론의 싹 난 지팡이' 사건을 다룬다. 이는 다른 세속 지파들

926

의 다툼의 대상이 될 수 없을 정도로 레위 지파인 아론 자손의 배타적 제사장직을 옹호하는 사건이다. 아론 자손의 제사장직 독점에 대한 의혹을 불식시키는 하나님의 전략인 셈이다. 이스라엘 회중은 하나님의 명에 의하여 다른 12지파 수령들과 레위 지파 아론의 지팡이를 땅에 꽂아 놓고 싹이 나기를 기다린다. 하나님께서는 제사장으로 택한 레위 지파 아론의 지팡이에만 싹이 나게 하신다. "이튿날 모세가 증거의 장막에 들어가 본즉 레위 집을 위하여 낸 아론의 지팡이에 움이 돋고 순이 나고 꽃이 피어서 살구 열매가 열렸더라."17:8 야웨께서 아론의 싹 난 지팡이를 통하여 레위 지파의 제사장직 보유권을 공공연히 확증하실 뿐만 아니라 특히 아론 계열의 제사장직 보유의 합법성을 공포하신다. 다시 말하면 아론의 싹 난 지팡이는 제사장직에 대한 세속 지파 및 레위 지파 내 고핫 자손의 도전에 대해 종지부를 찍는 사건이다. "여호와께서 또 모세에게 이르시되 아론의 지팡이는 증거궤 앞으로 도로 가져다가 거기 간직하여 반역한 자에 대한 표징이 되게 하여 그들로 내게 대한 원망을 그치고 죽지 않게 할지니라."17:10 아론의 싹 난 지팡이는 앞으로 있을지 모르는 모든 평신도 지파들의 반역을 원천적으로 경계하는 기념물로 승격된다. 이 기념물은 나중에 영구적으로 보존되기 위하여 십계명 돌판과 함께 법궤 안에 담긴다.히 9:4

다른 한편, 반역 사건의 후유증으로 수많은 사람이 죽게 된 형국을 보고 놀란 백성들은 자신의 추가적인 반역이 전멸의 심판을 가져올 것에 대해 엄청난 두려움에 휩싸인다. "우리는 죽게 되었나이다. 망하게 되었나이다."17:12 즉, 그들이 아론에게 품었던 반역적 의심과 저항심 때문에 이제 자신들도 죽게 될 것이라고 절망적으로 외치고 있다. 그들은 야웨의 성막으로 나아가는 자(레위 지파와 다투는 자, 아론 계열의 제사장과 다투는 자)는 다 죽었다고 말함으로써 이 사태의 심각성을 조금씩 깨달아 간다. 그런 위기의 순간에 아론의 중보자적 권위는 한층 더 공고해진다.

제사장 지파인 레위인 내부 위계질서에 대한 갱신된 규례 ●18-19장

18 ¹여호와께서 아론에게 이르시되 너와 네 아들들과 네 조상의 가문은 성소에 대한 죄를 함께 담당할 것이요 너와 네 아들들은 너희의 제사장 직분에 대한 죄를 함께 담당할 것이니라. ²너는 네 형제 레위 지파 곧 네 조상의 지파를 데려다가 너와 함께 있게 하여 너와 네 아들들이 증거의 장막 앞에 있을 때 그들이 너를 돕게 하라. ³레위인은 네 직무와 장막의 모든 직무를 지키려니와 성소의 기구와 제단에는 가까이 하지 못하리니 두렵건대 그들과 너희가 죽을까 하노라. ⁴레위인은 너와 합동하여 장막의 모든 일과 회막의 직무를 다할 것이요 다른 사람은 너희에게 가까이 하지 못할 것이니라. ⁵이와 같이 너희는 성소의 직무와 제단의 직무를 다하라. 그리하면 여호와의 진노가 다시는 이스라엘 자손에게 미치지 아니하리라. ⁶보라, 내가 이스라엘 자손 중에서 너희의 형제 레위인을 택하여 내게 돌리고 너희에게 선물로 주어 회막의 일을 하게 하였나니 ⁷너와 네 아들들은 제단과 휘장 안의 모든 일에 대하여 제사장의 직분을 지켜 섬기라. 내가 제사장의 직분을 너희에게 선물로 주었은즉 거기 가까이 하는 외인은 죽임을 당할지니라. ⁸여호와께서 또 아론에게 이르시되 보라, 내가 내 거제물 곧 이스라엘 자손이 거룩하게 한 모든 헌물을 네가 주관하게 하고 네가 기름 부음을 받았음으로 말미암아 그것을 너와 네 아들들에게 영구한 몫의 음식으로 주노라. ⁹지성물 중에 불사르지 아니한 것은 네 것이라. 그들이 내게 드리는 모든 헌물의 모든 소제와 속죄제와 속건제물은 다 지극히 거룩한즉 너와 네 아들들에게 돌리리니 ¹⁰지극히 거룩하게 여김으로 먹으라. 이는 네게 성물인즉 남자들이 다 먹을지니라. ¹¹네게 돌릴 것은 이것이니 곧 이스라엘 자손이 드리는 거제물과 모든 요제물이라. 내가 그것을 너와 네 자녀에게 영구한 몫의 음식으로 주었은즉 네 집의 정결한 자마다 먹을 것이니라. ¹²그들이 여호와께 드리는 첫 소산 곧 제일 좋은 기름과 제일 좋

928

은 포도주와 곡식을 네게 주었은즉 ¹³ 그들이 여호와께 드리는 그 땅의 처음 익은 모든 열매는 네 것이니 네 집에서 정결한 자마다 먹을 것이라. ¹⁴ 이스라엘 중에서 특별히 드린 모든 것은 네 것이 되리라. ¹⁵ 여호와께 드리는 모든 생물의 처음 나는 것은 사람이나 짐승이나 다 네 것이로되 처음 태어난 사람은 반드시 대속할 것이요 처음 태어난 부정한 짐승도 대속할 것이며 ¹⁶ 그 사람을 대속할 때에는 난 지 한 달 이후에 네가 정한 대로 성소의 세겔을 따라 은 다섯 세겔로 대속하라. 한 세겔은 이십 게라이니라. ¹⁷ 오직 처음 태어난 소나 처음 태어난 양이나 처음 태어난 염소는 대속하지 말지니 그것들은 거룩한즉 그 피는 제단에 뿌리고 그 기름은 불살라 여호와께 향기로운 화제로 드릴 것이며 ¹⁸ 그 고기는 네게 돌릴지니 흔든 가슴과 오른쪽 넓적다리 같이 네게 돌릴 것이니라. ¹⁹ 이스라엘 자손이 여호와께 거제로 드리는 모든 성물은 내가 영구한 몫의 음식으로 너와 네 자녀에게 주노니 이는 여호와 앞에 너와 네 후손에게 영원한 소금 언약이니라. ²⁰ 여호와께서 또 아론에게 이르시되 너는 이스라엘 자손의 땅에 기업도 없겠고 그들 중에 아무 분깃도 없을 것이나 내가 이스라엘 자손 중에 네 분깃이요 네 기업이니라. ²¹ 내가 이스라엘의 십일조를 레위 자손에게 기업으로 다 주어서 그들이 하는 일 곧 회막에서 하는 일을 갚나니 ²² 이 후로는 이스라엘 자손이 회막에 가까이 하지 말 것이라. 죄값으로 죽을까 하노라. ²³ 그러나 레위인은 회막에서 봉사하며 자기들의 죄를 담당할 것이요 이스라엘 자손 중에는 기업이 없을 것이니 이는 너희 대대에 영원한 율례라. ²⁴ 이스라엘 자손이 여호와께 거제로 드리는 십일조를 레위인에게 기업으로 주었으므로 내가 그들에 대하여 말하기를 이스라엘 자손 중에 기업이 없을 것이라 하였노라. ²⁵ 여호와께서 모세에게 말씀하여 이르시되 ²⁶ 너는 레위인에게 말하여 그에게 이르라. 내가 이스라엘 자손에게 받아 너희에게 기업으로 준 십일조를 너희가 그들에게서 받을 때에 그 십일조의 십일조를 거제로 여호와께 드릴 것이라. ²⁷ 내가 너희의 거제물을 타작 마당에서 드리는 곡물과 포도즙 틀에서 드리는 즙 같이 여기리니 ²⁸ 너희는 이스라엘 자손에게서 받는 모든 것의 십일조 중에서 여호와께 거제로 드리고 여호와께 드린 그 거제물은 제사장 아론에게로 돌리되 ²⁹ 너희가 받은 모든 헌물 중에서 너희는 그 아름다운 것 곧 거룩하게 한 부분을 가져다가 여호와께 거제로 드릴지니라. ³⁰이러므로 너는 그들에게 이르라. 너희가 그 중에서 아름다운 것을 가져다가 드리고 남은 것은 너희 레위인에게는 타작 마당의 소출과 포도즙 틀의 소출 같이 되리니 ³¹너희와 너희의 권속이 어디서든지 이것을 먹을 수 있음은 이는 회막에서 일한 너희의 보수임이니라. ³²너희가 그 중 아름다운 것을 받들어 드린즉 이로 말미암아 죄를 담당하지 아니할 것이라. 너희는 이스라엘 자손의 성물을 더럽히지 말라. 그리하여야 죽지 아니하리라.

1) 업무분장의 경계가 더욱 정교해진 레위인의 과업 ●18장

18-19장은 레위 지파 내부의 위계질서에 대한 갱신된 규례를 담고 있다. 여기서 다른 지파에 대한 레위 지파의 성직 보유 독점권이 보장되고, 레위 지파 중에서는 아론 자손의 제사장직 독점권이 공증된다. 전후 문맥을 자세히 살펴보면 고라 반역 사건 이전에는 회막 봉사 자격이 다소 느슨했던 것으로 보인다. 아마도 지휘관 250명이 향로를 가지고 있던 것을 볼 때, 이전까지는 일반 지파들도 성막 제사일에 제한적으로 참여했을 가능성이 크다. 그렇지 않으면 족장들이 저마다 자신의 향로를 가지고 있었다는 보도가 다소간 납득하기 어려울 정도로 돌연스럽다. 그들은 종족 내에서건 어디에서건 제한적인 제사장직 사역을 감당했을 가능성이 있다고 보는 것이 나을 것이다. 아무튼 회막에서 그들의 지휘관 250명의 전멸 장면을 목격하고 역병에 의하여 죽임을 당하는 심판 현장을 지켜보면서 이스라엘 백성은 회막 자체를 두려워하기 시작했을 것이다. 회막에 접근하자마자 죽임을 당할 것이라는 막연한 공포감이 지배한 것이다. 이 두려움을 진정시키고 완화시키기 위하여 이제 제사장과 레위인만이 성막(회막) 접근 및 봉사의 책무를 배타적으로 떠맡게 되는 규정이 생기게 된다. 고라, 다단, 아비람, 온의 반역 사건은 성막 봉사에 참여할 수 있는 자격과 관련하여 더 명시적이고 갱신된 규례를 제정하

는 촉매 작용을 한 셈이다. 제사장과 고핫 자손은 이스라엘 백성에게 책임적인 존재(대표)다(성소에 관한 죄와 제사장 직분에 관한 죄를 감당할 것이다).[18:1] 성소의 직무와 제단의 직무를 완수하는 것이 야웨의 진노가 이스라엘 자손에게 미치는 것을 막아 주기 때문이다.[1]

무엇보다도 제사장과 레위인은 이스라엘 백성을 대표하는 회막 일꾼들이다. 그래서 그들은 백성들이 범한 죄악의 죄책과 결과들의 파급 효과를 친히 감당해야 하지만 또한 백성들이 가져온 예물을 통하여 그들의 생계를 보장받아야 한다. 특히 레위인은 자신들이 받은 십일조의 십일조를 다시금 제사장에게 바침으로서 레위인과 제사장 사이에 있는 위계질서를 존중해야 한다. 제사장은 시체와 접촉하여 불결해진 백성들을 부정으로부터 정결하게 하기 위하여 그들에게 물과 재를 뿌리고, 동시에 진 바깥에서 도살된 붉은 암소를 희생제물로 바치는 속죄제물을 드려야 한다. 그래야만 시체를 만진 자가 회막을 더럽혔다는 혐의 때문에 백성들로부터 멸절되는 일이 일어나지 않을 것이다.

18장은 레위 지파의 의무와 특권을 다룬다. 앞서 언급했듯이, 고라 반역 사건의 후폭풍은 이스라엘 백성에게 회막 자체가 갖는 부정적인 잔상이다. 이제 회막은 일반 이스라엘 백성에게는 죽음과 심판의 부정적인 기념물로 각인될 위기에 놓여 있다. 생명의 장소가 죽음과 멸망의 장소로 변질된 것처럼 보인다. 회막에 대한 백성들의 두려움과 공포는 신학적으로, 신앙적으로 다루어지지 않으면 안 되었다. 백성들이 회막에 대해 품고 있는 두려움과 공포를 치료하기 위한 하나의 방편으로서 야웨 하나님은 아론과 그의 아들들에게 앞으로 성막(성소)과 관련된 죄책을 전적으로 지도록 명령하신다. 즉, 성막 안 경내 봉사는 제사장에게 독점된다. 이것은 제사장들에 대한 엄중한 권계임과 동시에 레위인의 도전으로부터 그들을 보호하는 하나님의 현실적인 방편이었다. 비록 레위인이 성막 봉사에 필요한 여러 일에서 그들의 도우미가 되겠지만 오로지 제사장만이 성막 안 봉사를 감당할 수 있도록 하신다. 따라서 제단과 성소의 기구에 대한 레위인들의 접근은 금지당해야 한다. 레위인과 백성들이 부주의하게 제단과 성소의 기구를 만지거나 접근해서 죽지 않도록 제사장들이 거룩구역holy zone을 사수해야 한다는 것이다. 제사장이 거룩구역을 사수하지 않으면 일반 백성이 잘못 접근하여 죽게 될 것이다. 성막으로 부주의하게 접근하는 외인도 죽게 될 것이다.[18:1-7]

대신 하나님은 제사장과 레위인의 봉사 직분에 대하여 알맞은 생계유지 수단을 확보하게 하실 것이라고 말씀하신다. 제사장은 백성들이 흔들어 바친 거제물, 곧 모든 헌물을 주관하도록 위임받은 사람들이다. 그들은 바쳐진 예물 중에서 다음과 같은 것을 영구한 몫의 음식으로 취할 수 있다. 지성물 중 불사르지 아니한 것, 곧 모든 소제, 속죄제, 속건제물은 지성물로서 아론 제사장들의 몫이다. 11-20절은 제사장이 받을 몫을 나열한다. 여기서 독자들은 하나하나 정확하게 따져 읽을 필요가 있다. 곡식제사(소제), 속죄제, 속건제물, 요제물, 기름, 포도주, 만물 예물, 초태생 예물, 사람(난 지 한 달 이후에 은 5세겔 속전 지불)과 부정한 짐승을 대속한 속전, 그리고 처음 태어난 소, 양, 염소의 흔들어 바친 고기 부분(가슴과 오른쪽 넓적다리) 등이 제사장의 몫이다. 이상이 제사장의 급료 규정인데 영원한 소금 언약covenant of salt이다. 제사장 급료 규정을 소금 언약[대하 13:5]이라고 부르는 이유에 대하여 제이콥 밀그롬Jacob Milgrom은 다음과 같이 주장한다. "소금은 예로부터 음식 부패를 방지하는 최고의 방부제였다. 모든 희생제물에는 소금을 사용하도록 규정되어 있다.[레 2:13, 겔 43:24] 그것은 누룩이나 다른 발효제와 대조되는 상징물로서 누룩과 발효제들은 제단 사용이 금지되었다.[레 2:11] 그래서 소금은 영속성의 상징이요 소금 언약은 깨질 수 없는 언약을 의미한다."[2] 제사장 지파는 가나안 땅에서 어떤 경작지 기업도 받지 못할 것이기 때문에 나머지 세속 지파는 제사장들을 먹여 살려야 한다. 이 규정은 "야웨 하나님이 생존 세계에서 제사장들의 분깃이 될 것이다"라는 시편 기자의 고백을 잘 설명해 주고 있다.

레위인이 바친 십일조가 제사장의 주수입원이 되듯이 이스라엘 자손이 바친 십일조가 레위인의 급료가 될 것이다. 레위인들은 이스라엘 초태생들을 대신하여 회막에서 봉사하며 초태생을 대표하는 장자 지파다.[18:21-24] 그런데 레위인이 받은 십일조의 십일조는 다시 하나님께로, 곧 제사장에게 바쳐진다. 레위인은 백성들의 십일조 예물 중 최선의 것을 하나님께 바치도록 규정된다. 나머지는 그들의 급료로서 어디서든지 사용 가능하다.[18:25-32] 레위인은 이스라엘 자손의 성물을 잘못 사용함으로써 하나님께 죽임을 당할 죄를 범하지 말아야 한다. 헌금 유용과 착복은 목회자에게 사형을 초래하는 죄다.

19 ¹ 여호와께서 모세와 아론에게 말씀하여 이르시되 ² 여호와께서 명령하시는 법의 율례를 이제 이르노니 이스라엘 자손에게 일러서 온전하여 흠이 없고 아직 멍에 메지 아니한 붉은 암송아지를 네게로 끌어오게 하고 ³ 너는 그것을 제사장 엘르아살에게 줄 것이요 그는 그것을 진영 밖으로 끌어내어서 자기 목전에서 잡게 할 것이며 ⁴ 제사장 엘르아살은 손가락에 그 피를 찍고 그 피를 회막 앞을 향하여 일곱 번 뿌리고 ⁵ 그 암소를 자기 목전에서 불사르게 하되 그 가죽과 고기와 피와 똥을 불사르게 하고 ⁶ 동시에 제사장은 백향목과 우슬초와 홍색 실을 가져다가 암송아지를 사르는 불 가운데에 던질 것이며 ⁷ 제사장은 자기의 옷을 빨고 물로 몸을 씻은 후에 진영에 들어갈 것이라. 그는 저녁까지 부정하리라. ⁸ 송아지를 불사른 자도 자기의 옷을 물로 빨고 물로 그 몸을 씻을 것이라. 그도 저녁까지 부정하리라. ⁹ 이에 정결한 자가 암송아지의 재를 거두어 진영 밖 정한 곳에 둘지니 이것은 이스라엘 자손 회중을 위

하여 간직하였다가 부정을 씻는 물을 위해 간직할지니 그것은 속죄제니라. ¹⁰ 암송아지의 재를 거둔 자도 자기의 옷을 빨 것이며 저녁까지 부정하리라. 이는 이스라엘 자손과 그중에 거류하는 외인에게 영원한 율례니라. ¹¹ 사람의 시체를 만진 자는 이레 동안 부정하리니 ¹² 그는 셋째 날과 일곱째 날에 잿물로 자신을 정결하게 할 것이라. 그리하면 정하려니와 셋째 날과 일곱째 날에 자신을 정결하게 하지 아니하면 그냥 부정하니 ¹³ 누구든지 죽은 사람의 시체를 만지고 자신을 정결하게 하지 아니하는 자는 여호와의 성막을 더럽힘이라. 그가 이스라엘에서 끊어질 것은 정결하게 하는 물을 그에게 뿌리지 아니하므로 깨끗하게 되지 못하고 그 부정함이 그대로 있음이니라. ¹⁴ 장막에서 사람이 죽을 때의 법은 이러하니 누구든지 그 장막에 들어가는 자와 그 장막에 있는 자가 이레 동안 부정할 것이며 ¹⁵ 뚜껑을 열어 놓고 덮지 아니한 그릇은 모두 부정하니라. ¹⁶ 누구든지 들에서 칼에 죽은 자나 시체나 사람의 뼈나 무덤을 만졌으면 이레 동안 부정하리니 ¹⁷ 그 부정한 자를 위하여 죄를 깨끗하게 하려고 불사른 재를 가져다가 흐르는 물과 함께 그릇에 담고 ¹⁸ 정결한 자가 우슬초를 가져다가 그 물을 찍어 장막과 그 모든 기구와 거기 있는 사람들에게 뿌리고 또 뼈나 죽임을 당한 자나 시체나 무덤을 만진 자에게 뿌리되 ¹⁹ 그 정결한 자가 셋째 날과 일곱째 날에 그 부정한 자에게 뿌려서 일곱째 날에 그를 정결하게 할 것이며 그는 자기 옷을 빨고 물로 몸을 씻을 것이라. 저녁이면 정결하리라. ²⁰ 사람이 부정하고도 자신을 정결하게 하지 아니하면 여호와의 성소를 더럽힘이니 그러므로 회중 가운데에서 끊어질 것이니라. 그는 정결하게 하는 물로 뿌림을 받지 아니하였은즉 부정하니라. ²¹ 이는 그들의 영구한 율례니라. 정결하게 하는 물을 뿌린 자는 자기의 옷을 빨 것이며 정결하게 하는 물을 만지는 자는 저녁까지 부정할 것이며 ²² 부정한 자가 만진 것은 무엇이든지 부정할 것이며 그것을 만지는 자도 저녁까지 부정하리라.

2) 시체 접촉으로 부정하게 된 자의 정결 회복 규정 ●19장

큰 틀에서 보면 19장은 "이스라엘의 진을 어떻게 정결하게 유지할 것인가?"를 다룬다. 이 장은 시체와 접촉해서 더럽혀진 사람을 정결케 함으로써 진과 공동체의 정결을 유지할 수 있는 방법을 가르치는 법령이다. 시체 접촉으로 더럽혀진 사람 혹은 물건은 붉은 암소 희생제물로 정결케 될 수 있다. 이스라엘 자손은 제사장 엘르아살에게 붉은 암송아지[3]를 가져가 진 밖에서 전적으로 불살라야 한다(백향목과 우슬초와 홍색 실을 가져다가 암송아지와 함께 불에 던짐). 그 짐승의 피 일부는 성막의 앞쪽을 향하여 뿌려야 한다. 그리고 그 암소와 백향목, 우슬초, 홍색 실을 태운 재를 가지고 잿물을 만들어야 한다. 제 3일과 제7일에 물과 재를 합성한 잿물에 뿌림을 당함으로써 정결케 될 수 있다. 이 규정의 목적은 여러 가지 이유로 시체와 접촉하는 자들이 부지중에 회막을 더럽혀서 백성들로부터 끊쳐지는 일이 없도록 하기 위함이다.[19:1-13]

여기서 중요한 것은 시체와 접촉함으로써 부정케 된 자를 정결케 하는 과정에서 제사장도 부정하게 된다는 점이다. 제사장은 백향목과 우슬초와 홍색 실을 가져다가 암송아지를 사르는 불 가운데 던지며 자기 옷을 빨고 몸도 물로 씻은 후에 진영에 들어가야 한다. 그는 시체와의 접촉을 통해 부정케 된 자와 접촉함으로 저녁까지 부정한 상태로 지내야 한다. 물론 직접 시체와 접촉한 자, 송아지를 불사른 자도 자기 옷을 물로 빨고 그 몸을 물로 씻어야 한다. 그도 저녁까지 부정할 것이기 때문이다. 제사장은 이렇게 만들어진 암송아지의 재를 거두어 진영 밖 정한 곳에 두어야 한다. 이것은 이스라엘 자손 회중을 위하여 간직하였다가 부정을 씻는 물에 타야 한다("부정을 씻는 물을 위해 간직할지니").[19:9] 이 절차가 시체와 접촉함으로 부정케 된 자를 위한 속죄제 규례다. 이 암송아지 재 보관 규례, 곧 시체 접촉으로 부정케 된 자의 정결 회복 규례는 이스라엘 자손과 그중에 거류하는 외인에게 영원한 율례가 된다.

사람의 시체를 만진 자는 이레 동안 부정하니 셋째 날과 일곱째 날에 잿물로 자신을 정결하게 해야 한다. 셋째 날과 일곱째 날에 자신을 정결하게 하지 아니하면 그냥 부정한 상태로 머물게 된다. 누구든지 죽은 사람의 시체를 만지고 자신을 정결하게 하지 아니하는 자는 야웨의 성막을 더럽힌 자로 간주되어 이스라엘에서 끊어지는 벌을 당한다. 이 붉은 암송아지 잿물 규례는 가족 장례식을 치른 사람들이 진으로 다시 돌아오는 것을 승인하는 절차로 통용되었을 가능성이 크다.

19:14-22은 어떤 사람이 시체와 접촉하여 불결해질 수 있는지를 상세하게 규정한다. 장막에서 사람이 죽을 때의 규정이 포함된다. 여기서 인상적인 사실은 장막에서 사람이 죽은 경우 그 장막 안에 있던 사람들은 7일간 부정하며 그때 뚜껑이 열려진 채 담겨진 그릇의 음식도 부정하다. 시체가 주변 사물이나 사람을 더럽힐 수 있는 힘이 강력하다는 점이다. 고대 가나안 및 근동 종교에서는 장례 의식이 엄청난 중요성을 갖고 제사장의 중보와 참여를 전제하고 있는 데 비하여, 구약의 야웨종교는 거룩한 제사장과 시체(장례식) 사이를 최대한 멀리 떨어지게 한다. 구약은 어설픈 종교 제의를 통하여 삶과 죽음의 경계선을 완화시키거나 무효화시키려는 고대 이방 종교의 사생관과 거리를 두고 있다. 죽음의 불결성과 시체의 불결케 하는 힘을 강조함으로써, 죽음을 자연의 순환으로 보려는 자연적 종교와 차위를 보인다. 구약성경은 죽음을 죄의 삯이라고 규정할 뿐만 아니라, 죽음의 의식인 장례식에 너무나 많은 의미를 부여하면서 생과 사의 경계를 넘을 수 있을 것처럼 허세를 부리는 고대 근동의 어떤 종교와도 차별을 보인다.

밀그롬에 의하면 시체와의 접촉이 성소를 더럽힐 수도 있다는 두 차례의 경고[13, 20절]가 이 장을 고라 반역 사건[16-18장]의 자연스런 후속 장이 되도록 만든다. 고라 사건의 핵심은 성소에 무자격적인 방법으

936

로 접근하여 성소를 더럽힌 경우 죽음으로 다스린다는 것이다. 그런데 여기서는 아론이 아니라 엘르아살이 제사장직을 수행한다는 점이 특이하다. 시체 접촉과 관련되는 상황에서는 아론의 제사장 직무가 정지되어 있고 엘르아살이 직무를 대신한다는 점이다. 결국 엘르아살의 직무 수행 이야기가 고라 이야기와 아론의 죽음 기사20:20-29 중간에 배치된다는 점은 의미 있는 변화가 아닐 수 없다.[4] 여기서 아론의 현역 은퇴가 암시되고 있다. 이것은 곧 아론이 역사의 무대로부터 퇴장할 것이라는 문학적 복선이다.

19장 전체를 관통하는 사상은 두 가지다. 첫째, 사람이 부정하고도 자신을 정결하게 하지 아니하면 야웨의 성소를 더럽히게 되고 그 결과 회중 가운데서 끊어질 것이다. 정결하게 하는 물을 뿌린 자는 자기의 옷을 빨고, 정결하게 하는 물을 만진 자는 다음 날에야 진으로 되돌아갈 수 있다.19:20-21 둘째, 부정한 자가 만진 것은 무엇이든지 부정할 것이며 그것을 만지는 자도 적어도 하루 동안(저녁까지) 부정하게 될 것이다. 이것은 제사장의 접촉신학의 중요한 명제다. 이스라엘은 더럽혀진 사람을 정상 사회로 복귀시키는 절차가 있어서 한 방향으로 부정케 되는 일을 막을 수 있었다. 시체는 죽음을 의미한다. 구약성경은 죽은 자에게 신성한 지위를 부여하지 않고 오히려 생명의 중심선에서 볼 때 부정케 된 것으로 본다. 죽은 자는 후손에게 모종의 영향을 끼치는 신적 지위로 격상되지 않을 뿐더러 '부정케 된 자'에 불과하다. 예수님의 시신을 만지고 장례를 치른 아리마대 사람 요셉이나 장례를 치를 때 도움을 준 니고데모는 예수님을 사랑하다가 '부정케 된 자'가 되었다. 사도들이 예수님의 무덤으로 달려가 그 시신이라도 보기를 원한 마음도 부정케 될 것을 각오한 걸음이었다. 예수님은 제자들이 부정케 되는 것을 막기 위하여 당신의 무덤을 텅 빈 곳으로 비워 두셨다.

모세와 아론의 죄

: 하나님의 거룩함을 드러내지 못한 지도자의 불신앙 ● 20:1-13

20 ¹ 첫째 달에 이스라엘 자손 곧 온 회중이 신 광야에 이르러 백성이 가데스에 머물더니 미리암이 거기서 죽으매 거기에 장사되니라. ² 회중이 물이 없으므로 모세와 아론에게로 모여드니라. ³ 백성이 모세와 다투어 말하여 이르되 우리 형제들이 여호와 앞에서 죽을 때에 우리도 죽었더라면 좋을 뻔하였도다. ⁴ 너희가 어찌하여 여호와의 회중을 이 광야로 인도하여 우리와 우리 짐승이 다 여기서 죽게 하느냐. ⁵ 너희가 어찌하여 우리를 애굽에서 나오게 하여 이 나쁜 곳으로 인도하였느냐. 이곳에는 파종할 곳이 없고 무화과도 없고 포도도 없고 석류도 없고 마실 물도 없도다. ⁶ 모세와 아론이 회중 앞을 떠나 회막 문에 이르러 엎드리매 여호와의 영광이 그들에게 나타나며 ⁷ 여호와께서 모세에게 말씀하여 이르시되 ⁸ 지팡이를 가지고 네 형 아론과 함께 회중을 모으고 그들의 목전에서 너희는 반석에게 명령하여 물을 내라 하라. 네가 그 반석이 물을 내게 하여 회중과 그들의 짐승에게 마시게 할지니라. ⁹ 모세가 그 명령대로 여호와 앞에서 지팡이를 잡으니라. ¹⁰ 모세와 아론이 회중을 그 반석 앞에 모으고 모세가 그들에게 이르되 반역한 너희여, 들으라. 우리가 너희를 위하여 이 반석에서 물을 내랴 하고 ¹¹ 모세가 그의 손을 들어 그의 지팡이로 반석을 두 번 치니 물이 많이 솟아나오므로 회중과 그들의 짐승이 마시니라. ¹² 여호와께서 모세와 아론에게 이르시되 너희가 나를 믿지 아니하고 이스라엘 자손의 목전에서 내 거룩함을 나타내지 아니한 고로 너희는 이 회중을 내가 그들에게 준 땅으로 인도하여 들이지 못하리라 하시니라. ¹³ 이스라엘 자손이 여호와와 다투었으므로 이를 므리바 물이라 하니라. 여호와께서 그들 중에서 그 거룩함을 나타내셨더라.

이스라엘 회중과 중간 지도자급 인물들의 반역, 불순종과 불신앙(하나님과의 다툼, 하나님이 우리 중에 계신가 안 계신가를 끊임없이 시험함)을 간단없이 직면한 모세와 아론 자신도 드디어 불신앙의 바이러스에 전염된다. 그들은 출애굽의 영도자요 시내산 계약 체결의 중보자들이었지만 가나안 정복전쟁의 지도자로 살아남지는 못한다. 그들은 광야에서 소멸되는 광야세대의 대표로서 전혀 화려하지 않은 모양으로 역사의 무대로부터 퇴출당한다. 밀그롬에 의하면 "므리바에서의 모세와 아론의 죄는 민수기를 관통하는 일련의 반역 사건, 곧 가데스 바네아 정탐 소동과 반역,[14장] 고라·다단·아비람과 그들의 추종자 250인 지휘관의 반역,[16장] 지도자들의 반역 및 불순종[21장]의 절정이다. 그들 모든 반역자들이 받는 벌은 동일하다. 가나안 땅을 상속하지 못할 것이며 광야에서 죽을 것이다.[5]

과연 40년이 되는 해의 첫 달에 미리암이 죽고 그 후 모세와 아론은 청천벽력 같은 하나님의 통고를 듣는다. 그 둘은 이스라엘 백성을 가나안 땅으로 인도하여 들이는 일에는 쓰임받을 수 없다는 것이다. 즉, 가나안 입성 금지를 명령받은 것이다. 대신 그들은 이제 죽음과 더불어 역사로부터 퇴장을 준비해야 하는 것이다. 고든 웬햄Gordon Wenham에 의하면 "미리암의 죽음과 뒤따라 나오는 두 형제의 죽음 통고는 이 일련의 죽음 이야기를 민수기에서 가장 비장미 넘치는 문단 중 하나로 만들어 준다."[6] 모세와 아론은 그들의 인생 노년기에 므리바 물 반역에 연루되어 가장 완악한 백성들과 겨루다가 하나님의 거룩함을 드러내야 하는 순간에 혈기를 부리는 죄를 범한다. 특히 모세는 "반석을 명하여 물을 내라"는 명령을 어기고 반석을 "두 번 쳐서" 물을 내는 방자한 행동을 범한다. 이 사건으로 둘(특히 모세)은 하나님의 엄중한 질책을 받은 것이다. 40년 되는 해 첫 달인 미리암이 죽던 달에 에돔 족속은 이스라엘 백성이 그들의 영토를 가로질러 여행하게 해달라고 한 요청을 거절한다(신명기 2장의 다른 해석은 하나님이 에돔 영토를 범하지 말라고 명령). 그런 부정적인 거절을 들을 즈음에 아론이 호르산에서 (하나님의 명령에 따라) 죽는다. 20장의 사건을 네 가지로 분류하면 다음과 같다. 미리암의 죽음, 므리바 반역 사건, 에돔과의 조우, 아론의 죽음.

이스라엘 자손이 신 광야 가데스에 체류하고 있을 어느 해 '첫 달'에 미리암은 거기서 죽고 묻힌다.[20:1] 비록 출애굽 구원 후 몇 년차인지는 명시되어 있지 않지만, 아마도 40년째 되는 해일 것이다. 아론이 출애굽한 지 40년 되는 해 5월 첫날에 죽었다는 점을 고려해 볼 때 이런 추측이 가능하다.[20:22-29, 33:38] 미리암의 죽음에 대한 간략한 통고는 출애굽기-민수기에 있어서 세 번째이면서 가장 최종적인 여행 이야기를 도입한다. 첫 여행 이야기는 홍해에서 시내산까지 이르는 여정을 다룬다.[출 13-19장] 두 번째 여행 이야기는 시내산에서 가데스까지 이르는 여정을 다룬다.[민 11-12장] 세 번째이자 마지막 여행 이야기는 가데스에서 요단 강 동편(트랜스 요르단)까지 이르는 여행을 포함한다.[민 20-21장] 여행 일지에서 공통적으로 등장하는 주제들은 다음과 같다. 원수들과의 전투,[출 14장, 17:8-16, 민 14:45, 21:1-35] 양식과 물 결핍 때문에 터져 나온 불평과 기적적인 양식 공급,[출 16-17장, 민 11장, 20:2-13] 믿음의 필요성,[출 14:31, 민 14:11, 20:12] 모세와 아론과 미리암의 지도자적인 분투와 좌절.[출 15:20-21, 민 12장, 20:1] 공통적인 주제에도 불구하고 세 여행 이야기는 이 주제들을 다른 방식으로 전개한다.

첫째 여행 이야기는 애굽인들의 패배와 홍해에서 벌어진 하나님이 일으키신 승리에 대한 모세와 미리암의 승전 찬송시를 다룬다. 그리고 하나님뿐만 아니라 그의 종 모세를 믿고 신뢰하는 백성들의 모습을 보여준다.[출 14:31, 15장] 그런데 이 승전의 기쁨을 간직한 분위기는 물과 양식의 결핍으로 인한 불평 분위기로 급전된다. 두 번째 여행 이야기는 이스라엘 백성을 약속의 땅으로 인도하는 구름기둥과 불기둥 장면에서 시작된다.[민 10:11-13] 그러나 백성들과 미리암 그리고 나중에는 절망적인 보고를 가져온 열 명의 정탐들이 터뜨린 불평과 의심은 가나안 정복 자체를 극적으로 연기시키는(40년!) 결과를 가져온다. 마침내 이스라엘은 의심과 불평 속에 가나안 족속과의 첫 조우에서 패배한다. 호르마에서 일격을 당한 것이다.

그러나 세 번째 여행 이야기는 매우 다른 양상으로 진행된다. 그것은 먼저 음울하게 시작하였다가 억제된 그러나 실제적인 환희를 통고하는 짧은 보고로 끝난다. 20장은 미리암과 아론의 죽음을 기록하고 그 자신의 가나안 입성 거부를 초래한 모세의 불신앙을 보도한다. 그러나 이 음울한 보도 뒤에는 곧장 호르마에서의 승리를 보도하는 21장이 뒤따라 나온다. 일찍이(수년 전에) 호르마에서 패배 당한 적이 있었음을 상기하면 의미 있는 승리였을 것이다.^{14:45} 호르마의 승리 기사 뒤에는 곧 시혼과 옥에 대한 승리 기사로 이어진다(그리고 짧은 승리의 찬가를 보라).^{21:17-18, 27-30} 이 세 승리와 그것을 기리는 노래들은 모세와 미리암이 주도하던 이스라엘(실상 하나님)이 애굽에 대하여 거둔 최초의 그리고 가장 위대한 홍해 승리를 상기시킨다.^{출 15장} 그래서 이 마지막 여행 이야기는 앞의 두 여행 이야기의 도식을 뒤집는다. 즉, 앞의 두 이야기가 후에는 결국 비극으로 전락할 승리를 먼저 배치하는 데 비하여, 이 마지막 이야기는 비극적인 분위기로 시작했다가 결국은 승리의 개가 및 약속의 땅 입성에 대한 재점화된 희망으로 끝난다. 세 번째 여행 이야기를 여는 비극적인 이야기는 미리암의 죽음과 모세, 아론의 실족 이야기다.[7]

미리암이 죽은 후 가데스 지역의 므리바에서 이스라엘 백성은 또다시 반역과 불신앙을 노정한다. 물이 없자 그들은 즉각적으로 모세와 아론에게 반역을 저질렀다. 그들은 모세와 아론이 그들을 공연히 애굽(젖과 꿀이 흐르는 땅)에서 광야로 끌어내어 죽게 했다고 불평한다.^{20:2-5} 불평하는 무리들은 고라, 다단, 아비람 반역 사건으로 죽은 형제들("우리 형제들이 여호와 앞에서 죽을 때에")을 부러워하는 듯한 자극적인 발언을 한다.[20:3] 그들은 시종일관 모세와 아론이 야웨의 뜻과 반대로 회중을 출애굽시켜 광야에서 죽음을 맞게 한다고 비난한다. 그리고 애굽의 풍요를 광야의 궁핍과 고통스럽게 대조한다. "이곳에는 파종할 곳이 없고 무화과도 없고 포도도 없고 석류도 없고 마실 물도 없도다."[20:5] 한 마디 한 마디가 모세와 아론에게 치명상이 되는 비수다.

이 격렬한 불평을 듣자 모세와 아론은 늘 그렇듯이 회중을 떠나 다시 회막 문 앞에서 납작 엎드린다. 그때 회막에서 야웨의 영광이 나타나시며 하나님께서 모세에게 명령하신다.[20:8] "네 손에 지팡이를 잡고 네 형 아론과 함께 이스라엘 회중을 모아 그들이 보는 앞에서 너희가 바위에게 명하여 물이 나오게 하라." 이 명령은 모세만 들은 명령이었다. 모세는 야웨의 말씀대로 아론과 함께 지팡이를 손에 쥐고 이스라엘 회중을 반석 앞에 회집시킨다. 이 지팡이는 나일 강을 치던 바로 그 지팡이었다.[출 17:5] 그런데 출애굽기 17:1-7에 기록된 반석 샘물 기적에서와는 달리 이번에는 하나님께서 반석을 치라고 명하시지 않고 반석에게 명령을 하라고 하신다. 출애굽기 17장의 반석은 호렙산에 있는 한 반석이었는데,[출 17:6] 민수기 20장의 반석은 신 광야 한복판 가데스의 한 반석이다.[8] 신 광야의 석회석 바위였을 것이다. 회중을 모은 모세는 회중에게 화를 내며 일갈대성한다. "반역한 너희여, 들으라. 우리가 너희를 위하여 이 반석에서 물을 내랴."[20:11] 모세는 하나님의 명령대로 한 것이 아니라 자신의 혈기에 휩싸여 이스라엘 회중의 반역성을 질책하고 하나님을 내세우기보다는 '우리'(모세 자신과 아론)를 내세운다. 하나님의 의도는 반석을 명하여 물을 용출케 해 회중과 짐승들을 다 해갈시켜 주시려는 것이었다. 그러나 모세는 하나님의 절제되고 거룩한 마음을 대변하기보다는 자신이 마치 해결사인 양 화를 내며 바위를 두 번씩이나 쳤다. 모세의 행동을 이해하지 못할 바는 아니지만 어쨌든 모세는 하나님의 명령을 초과하는 분노를 터뜨리며 하나님이 명하신 방식과 다른 방식으로 반석에서 물이 솟아나게 했다.

모세가 자제력을 잃을 정도로 극도의 스트레스를 받았을 가능성은 충분히 있다. 특히 20:3의 '다투다'[립(רִיב)]라는 용어는 빈번히 법정에서의 다툼을 의미한다. 물을 내놓지 못하면 법정에서 회중이 달려들어 모세를 단죄할 것 같은 기세로 모세와 다투었을 개연성을 표현하는 것처럼 보인다. 따라서 이스라엘 백성의 '다툼'은 단발적인 불평이 아니라 정식으로 모세를 인민재판 같은 법정에 세워 물을 내놓으라고 윽박지르는 행위였을 것이다. 이처럼 극도로 긴장된 상황에서 모세는 중대한 판단 착오를 일으킨다. 그는 이런 백성들의 반역적인 분위기를 자기 수준에서 처리해야 할 문제라고 간주했다. 그래서 그들에게 참지 못하고 화를 내었다. "우리가 너희를 위하여 물을 내랴!" 반석을 명하여 물을 내게 해 이스라엘 회중과 짐승까지 해갈시켜 주시려는 하나님의 마음과는 너무 동떨어진 경거망동이었다. 10절의 이 말로 모세는 반석에서 물을 내게 하는 일을 하고 싶지 않다고 말한 셈이었다. 모세가 경솔한 발언을 마치자마자 손에 잡은 지팡이로 반석을 두 번 치니 많은 물이 솟아나왔다. 결국은 회중과 짐승이 그 반석에서 나온 물을 마셨다. 나름대로 문제가 해결된 것이다. 그래서 일견 아무 문제가 없어 보인다. 그러나 깊이 들여다보면 하나님의 원래 시나리오와 모세가 연출한 시나리오는 상당히 달랐다.

반역하는 이스라엘 회중에 대한 분노와 짜증 속에서 모세는 하나님이 의당 보여주셔야 할 은혜로운 방법, 거룩하고 절제된 은혜로운 대처를 감지하는 데 실패한 것이다. 그는 반석을 명하여 물이 솟아나게 해야 하는데 반석을 두 번이나 거칠게 내리쳤던 것이다. 그는 백성 앞에서 하나님을 그릇된 수준과 방식으로 대표한 것이다. 출애굽기 17:6에서 야웨는 모세에게 그가 반석을 쳤을 때 하나님 당신이 그 앞에 설 것임을 말씀하신 적이 있다. 그러므로 모세가 반석을 친 것은 어찌 보면 하나님을 향하여 지팡이를 친 것과 방불한 것처럼 보인다. 처음에는 반석이 침을 당하여 물을 내도록 예정되었고, 두 번째는 요청만 해도 물을 내도록 의도되었던 것이다. 혹자는 먼저는 침을 당하고 두 번째는 말의 요청을 통해 반석이 물을 내는 것에 십자가 원리가 들어 있다고 하지만 무리한 영해나 우의적 해석을 하지 않고는 쉽게 착상할 수 없는 해석 방법이다. 그러나 사도 바울은 광야에서 물을 낸 반석이 그리스도라고 말하고 있다.^{고전 10:4} 바울이 과연 여기서 십자가에 타격당하신 그리스도를 상정하고 있었는지는 잘 모른다. 다만 바울이 샘물을 내는 반석, 이스라엘 회중을 따라 다닌 반석을 그리스도라고 해석한 것은 사실이다. "다 같은 신령한 음료를 마셨으니 이는 그들을 따르는 신령한 반석으로부터 마셨으매 그 반석은 곧 그리스도시라."

어쨌든 모세는 반석을 두 번이나 침으로써 하나님의 성품을 그릇되게 대표했다. 확실히 모세는 자신의 감정과 하나님의 감정을 동일시하는 우를 범하였다. 하나님은 절제하지 못하고 참지 못하는 조급증의 의미로서 거룩하신 분이 아니라, 절제되고 주도면밀하게 계산된 거룩의 하나님이시다. 모세의 절제하지 못하고 성질을 부리는 방식은 하나님을 충분하게 드러내지 못하였다. 하나님 백성의 면전에서, 동시에 하나님 존전에서 바위를 두 차례나 세차게 두들긴 행위는 회중을 다루는 하나님의 중보자에게 기대되는 행동은 아니었다(하나님을 바위로 비유한 곳은 시편 18:2, 31:3, 42:9에서 발견된다). 그럼에도 불구하고 결과적으로 하나님의 물 공급이 있었다. 모세가 세차게 내리친 그 반석에서 물이 쏟아져 나왔다. 그렇게 해서 용출된 물은 므리바(다툼) 물로 불린다. 이스라엘 자손이 하나님과 '다투었기'

때문이다. 이스라엘 회중의 목전에서 하나님의 거룩함을 나타내지 못한 모세에 비하여 하나님이 친히 당신의 거룩함을 나타내신다.[20:13]

모세는 하나님의 거룩함을 드러내지 못했지만 하나님은 자신의 내적인 일관성과 신실성을 드러냄으로써, 곧 반석을 명하여 물을 내게 하심으로써 당신 자신이 거룩하신 하나님임을 입증하셨다.[9] 그러나 두 지도자는 가나안 인도 사명에서 탈락한다. 백성들이 거기서 하나님과 다투었다고 해서 그 지역 이름을 므리바(다툼)라고 명명하였다. 므리바는 원래 히브리어 립(ריב, 다툼)에서 나왔으나 그것은 또한 '쓰라림'을 뜻한다. 밀그롬에 의하면 "이스라엘 백성은 오로지 모세하고만 다투었다." 그런데 다른 곳에서 보면 모세와의 다툼은 실제로는 빈번히 하나님과의 다툼으로 간주된 적이 많았다.[민 14:2, 9, 11, 27] 실제로 므리바 사건 뒤에 언급되는 다툼의 경우를 보면 이 점이 명백해진다.[21:5] 게다가 신명기는 백성들이야말로 모세가 받은 징벌의 원인 제공자요 책임 당사자라는 전승을 담고 있다.[신 1:37, 3:26, 4:21] 구약성경의 오랜 전승은 이스라엘 백성이 므리바에서 하나님의 진노를 촉발시켰음을 한결같이 증언한다.[시 106:52] 이런 관점에서 보면 모세는 이스라엘 백성 때문에 수난을 당한 셈이다. 그들이 하나님의(혹은 모세의) 영을 쓰라리게(embittered his spirit) 만들었기 때문에, 쓰라리게 된 영을 가지게 된 모세가 하나님의 영을 쓰라리게 한 것이다. 그 이유 때문에 모세는 아주 거칠게 말하였던 것이다. 하지만 시편 95:7-11은 약간 다른 전승을 보존하고 있다. 이스라엘의 광야 40년 방랑은 그들의 맛사와 므리바에서의 범죄 때문에 초래되었다는 것이다.

그는 우리의 하나님이시요 우리는 그가 기르시는 백성이며 그의 손이 돌보시는 양이기 때문이라. 너희가 오늘 그의 음성을 듣거든 너희는 므리바에서와 같이 또 광야의 맛사에서 지냈던 날과 같이 너희 마음을 완악하게 하지 말지어다. 그때에 너희 조상들이 내가 행한 일을 보고서도 나를 시험하고 조사하였도다. 내가 사십 년 동안 그 세대로 말미암아 근심하여 이르기를 그들은 마음이 미혹된 백성이라. 내 길을 알지 못한다 하였도다. 그러므로 내가 노하여 맹세하기를 그들은 내 안식에 들어오지 못하리라 하였도다.

가데스 바네아의 정탐 사건 때문이 아니라는 것이다.[14:26-35, 신 1:34-35] 므리바 반역 사건은 그만큼 중차대한 사건이었다. 결국 모세와 아론이 므리바 반역 사건에 연루되었다는 혐의를 뒤집어쓰고 광야에서 불순종 세대와 함께 죽는 것이 마땅하다.[10]

이상에서 우리가 확인하는 것은 당신의 거룩함을 드러내지 못한 지도자들에 대한 야웨 하나님의 질책은 예상을 초월할 정도로 엄중했다는 것이다. 일반 독자들이 도저히 이해할 수 없을 정도의 가혹한 평결이 내려진 것이다. 모세와 아론이 야웨의 말을 믿지 않았기 때문에(그분의 말씀을 순종하지 않음으로써) 혹은 야웨 하나님을 거룩하신 하나님으로 인정하지 않았기 때문에 너무나 가혹해 보이는 심판을 받는다. 가나안 땅에 들어갈 수 없다는 판결이다.

에돔과의 조우 ● 20:14-21

20 [14] 모세가 가데스에서 에돔 왕에게 사신을 보내며 이르되 당신의 형제 이스라엘의 말에 우리가 당한 모든 고난을 당신도 아시거니와 [15] 우리 조상들이 애굽으로 내려갔으므로 우리가 애굽에 오래 거주하였더니 애굽인이 우리 조상들과 우리를 학대하였으므로 [16] 우리가 여호와께 부르짖었더니 우리 소리를 들으시고 천사를 보내사 우리를 애굽에서 인도하여 내셨나이다. 이제 우리가 당신의 변방 모퉁이한 성읍 가데스에 있사오니 [17] 청하건대 우리에게 당신의 땅을 지나가게 하소서. 우리

가 밭으로나 포도원으로 지나가지 아니하고 우물물도 마시지 아니하고 왕의 큰길로만 지나가고 당신의 지경에서 나가기까지 왼쪽으로나 오른쪽으로나 치우치지 아니하리이다 한다고 하라 하였더니 ¹⁸ 에돔 왕이 대답하되 너는 우리 가운데로 지나가지 못하리라. 내가 칼을 들고 나아가 너를 대적할까 하노라. ¹⁹ 이스라엘 자손이 이르되 우리가 큰길로만 지나가겠고 우리나 우리 짐승이 당신의 물을 마시면 그 값을 낼 것이라. 우리가 도보로 지나갈 뿐인즉 아무 일도 없으리이다 하나 ²⁰ 그는 이르되 너는 지나가지 못하리라 하고 에돔 왕이 많은 백성을 거느리고 나와서 강한 손으로 막으니 ²¹ 에돔 왕이 이같이 이스라엘이 그의 영토로 지나감을 용납하지 아니하므로 이스라엘이 그들에게서 돌이키니라.

이 단락의 주요 논지는 이웃 족속들에 대한 이스라엘의 상반된 태도를 드러내는 데 있다. 비록 이스라엘 백성이 가나안 본토(요단 강 서쪽) 주민들을 거칠게 다루도록 명령을 받았을지라도(신명기, 여호수아), 요단 강 동쪽 지역의 족속에게는 훨씬 신사적으로 대하도록 요구받는다.^{신 2:4-12, 20:10-18} 특히 신명기 2:4-8에서 이스라엘 백성은 에돔이 이스라엘의 형제라는 이유 때문에 신사적으로 대하도록 명령을 받는다.^{창 27:30, 32:28, 36:1, 신 23:7 11} 반면에 에돔의 반응은 놀랄 정도로 차갑고 무자비하다. 이스라엘이 두 차례나 에돔에게 영토를 가로질러 여행하는 것을 허락해 달라고 요청했음에도 불구하고(절대로 영토를 범하지 않을 것이라는 확신을 주었음에도 불구하고) 에돔은 두 번이나 그 요청을 거절한다. 모세는 가데스에서 에돔 왕에게 사신을 보내어 간청했다.^{20:14-17} 모세의 간청 내용을 살펴 보면 에돔의 통과 거절이 얼마나 가혹한 냉대였는지를 실감할 수 있다.

　모세는 에돔의 형제애를 기대하고 간청했는데 거절당한 것이다. 에돔은 강력한 군사력 시위를 통하여 40년 광야생활로 지친 형제 나라 이스라엘의 애절한 소원을 냉담하게 거절하고 배척한 것이다.

예언서 여러 곳에서 에돔은 이스라엘의 곤경을 이용하여 자기 이익을 챙기는 잔혹한 이웃으로 묘사되고 있다(이사야 34장의 에돔 단죄 신탁). 결과적으로 이스라엘은 그 길을 떠나 불편하고 힘겨운 우회로를 찾지 않으면 안 되었다.^{20:14-21} 이스라엘 백성은 모압으로 가는 여정에서 에돔을 빙 돌아갔다.^{20:21-22, 21:4, 신 2:1-8}

아론의 죽음 ● 20:22-29

20 ²² 이스라엘 자손 곧 온 회중이 가데스를 떠나 호르산에 이르렀더니 ²³ 여호와께서 에돔 땅 변경 호르산에서 모세와 아론에게 말씀하시니라. 이르시되 ²⁴ 아론은 그 조상들에게로 돌아가고 내가 이스라엘 자손에게 준 땅에는 들어가지 못하리니 이는 너희가 므리바 물에서 내 말을 거역한 까닭이니라. ²⁵ 너는 아론과 그의 아들 엘르아살을 데리고 호르산에 올라 ²⁶ 아론의 옷을 벗겨 그의 아들 엘르아살에게 입히라. 아론은 거기서 죽어 그 조상에게로 돌아가리라. ²⁷ 모세가 여호와의 명령을 따라 그들과 함께 회중의 목전에서 호르산에 오르니라. ²⁸ 모세가 아론의 옷을 벗겨 그의 아들 엘르아살에게 입히매 아론이 그 산 꼭대기에서 죽으니라. 모세와 엘르아살이 산에서 내려오니 ²⁹ 온 회중 곧 이스라엘 온 족속이 아론이 죽은 것을 보고 그를 위하여 삼십 일 동안 애곡하였더라.

이스라엘 자손이 에돔 국경 근처인 호르산에 이르자 야웨께서는 모세와 아론에게 청천벽력 같은 심판을 통고하신다. "아론은 그 조상들에게로 돌아가고 내가 이스라엘 자손에게 준 땅에는 들어가지 못할 것이다." 그 이유는 모세와 아론이 므리바 물에서 야웨의 말을 거역했기 때문이다. 20:8을 보면 모세와 아론이 반석에서 물을 내라고 명하는 명령을 동시에 받았음을 알 수 있다. 그런데 20:10에서 모세와 아론은 회중을 반석 앞에 모아 놓고 '반역하는 무리'라고 질책했다. "우리가 너희를 위하여 이 반석에서 물을 내랴!" 20:12에서 하나님은 모세와 아론에게 "너희는 이 회중을 가나안 땅으로 인도하여 들이지 못할 것이다"라는 심판을 내리셨다. 이 심판을 집행하기 위하여 하나님은 먼저 아론을 호르산에 보내 죽게 하신다. 야웨의 명에 따라 모세는 아론을 호르산으로 데리고 올라갔다. 거기서 그는 아론의 옷을 벗겨 그의 아들 엘르아살에게 입힌다. 그리고 아론의 죽음 후 제사장 엘르아살과 함께 돌아온다. 아론 또한 므리바 물 사건에서의 불신앙 때문에 죽음의 벌을 당한 것이다. 백성들은 30일 동안 그의 죽음을 애도하였다. 그러나 이 장면은 아무리 보아도 위대한 지도자의 '초라한' 퇴장 장면이다. 구약성경의 전통은 아무리 영웅적인 지도자라고 할지라도 그를 신격화하지 않는다. 연약한 피조물의 자리로 내려보낸다. 구약성경은 영웅의 비신화화에 특별한 열의를 보인다.

III. **광야의 불뱀과 높이 들린 놋뱀** ● 21:1-20

21

¹ 네겝에 거주하는 가나안 사람 곧 아랏의 왕이 이스라엘이 아다림 길로 온다 함을 듣고 이스라엘을 쳐서 그 중 몇 사람을 사로잡은지라. ² 이스라엘이 여호와께 서원하여 이르되 주께서 만일 이 백성을 내 손에 넘기시면 내가 그들의 성읍을 다 멸하리이다. ³ 여호와께서 이스라엘의 목소리를 들으시고 가나안 사람을 그들의 손에 넘기시매 그들과 그들의 성읍을 다 멸하니라. 그러므로 그곳 이름을 호르마라 하였더라. ⁴ 백성이 호르산에서 출발하여 홍해 길을 따라 에돔 땅을 우회하려 하였다가 길로 말미암아 백성의 마음이 상하니라. ⁵ 백성이 하나님과 모세를 향하여 원망하되 어찌하여 우리를 애굽에서 인도해 내어 이 광야에서 죽게 하는가. 이곳에는 먹을 것도 없고 물도 없도다. 우리 마음이 이 하찮은 음식을 싫어하노라 하매 ⁶ 여호와께서 불뱀들을 백성 중에 보내어 백성을 물게 하시므로 이스라엘 백성 중에 죽은 자가

많은지라. ⁷백성이 모세에게 이르러 말하되 우리가 여호와와 당신을 향하여 원망함으로 범죄하였사오니 여호와께 기도하여 이 뱀들을 우리에게서 떠나게 하소서. 모세가 백성을 위하여 기도하매 ⁸여호와께서 모세에게 이르시되 불뱀을 만들어 장대 위에 매달아라. 물린 자마다 그것을 보면 살리라. ⁹모세가 놋뱀을 만들어 장대 위에 다니 뱀에게 물린 자가 놋뱀을 쳐다본즉 모두 살더라. ¹⁰이스라엘 자손이 그곳을 떠나 오봇에 진을 쳤고 ¹¹오봇을 떠나 모압 앞쪽 해 돋는 쪽 광야 이예아바림에 진을 쳤고 ¹²거기를 떠나 세렛 골짜기에 진을 쳤고 ¹³거기를 떠나 아모리인의 영토에서 흘러 나와서 광야에 이른 아르논 강 건너편에 진을 쳤으니 아르논은 모압과 아모리 사이에서 모압의 경계가 된 곳이라. ¹⁴이러므로 여호와의 전쟁기에 일렀으되 수바의 와헙과 아르논 골짜기와 ¹⁵모든 골짜기의 비탈은 아르 고을을 향하여 기울어지고 모압의 경계에 닿았도다 하였더라. ¹⁶거기서 브엘에 이르니 브엘은 여호와께서 모세에게 명령하시기를 백성을 모으라. 내가 그들에게 물을 주리라 하시던 우물이라. ¹⁷그 때에 이스라엘이 노래하여 이르되 우물물아, 솟아나라. 너희는 그것을 노래하라. ¹⁸이 우물은 지휘관들이 팠고 백성의 귀인들이 규와 지팡이로 판 것이로다 하였더라. 그들은 광야에서 맛다나에 이르렀고 ¹⁹맛다나에서 나할리엘에 이르렀고 나할리엘에서 바못에 이르렀고 ²⁰바못에서 모압 들에 있는 골짜기에 이르러 광야가 내려다 보이는 비스가산 꼭대기에 이르렀더라.

숱한 반역과 불신앙(불순종)에도 불구하고 이스라엘 백성은 가나안 땅을 향해 조금씩 전진하고 있다. 21장은 징계와 연단 속에서도 가나안을 향해 계속 전진하는 이스라엘 자손의 행로를 보여준다. 먼 대양으로 출어한 배들이 귀항하듯이 이스라엘은 이제 열조들이 묻혀 있는 약속의 땅으로 접근하고 있다. 하나님의 은혜와 용서, 가나안 땅을 아브라함의 후손들에게 주기로 작정하신 약속과 그것을 지키기 위한 하나님의 신실하심이 이 궁극적 전진을 가능하게 한다. 비록 이스라엘 자손들이 다시금 모세와 야웨께 불평을 터뜨려 징계와 연단을 받지 않으면 안 되었지만, 야웨는 이스라엘 백성을 궁극적으로 가나안 땅쪽으로 점점 접근하게 하신다. 그 가운데 이스라엘 백성은 가나안 남쪽의 족속들과 군사적으로 조우하여 그들을 무찔렀다. 그리고 요단 강 동쪽 지역으로 진입하는 데 성공을 거두어, 바산 왕 옥과 헤스본 왕 시혼을 격파하고 그들의 땅과 성읍을 차지한다.

21:1-3은 이스라엘 백성이 가나안 땅으로 북상하다가 겪은 작은 전쟁을 증언한다. 이스라엘 백성이 가나안 땅을 향하여 북진하였을 때 아랏 왕의 지배하에 있는 가나안 사람들이 행진 중인 이스라엘 백성 몇을 사로잡아 갔다. 그래서 이스라엘 백성은 야웨께서 그들을 격퇴하도록 허락하시면 그들을 헤렘(전적으로 파멸시켜 야웨께 제물로 바치는 행위)으로 바치겠다고 서원한다. 단말마적인 기상으로 전쟁을 벌였다는 뜻이다. 그러자 야웨께서는 그 가나안 사람들을 이스라엘의 손에 넘기셨다. 그들은 그 남방 거주 가나안 족속을 전멸하여 하나님께 바쳤다. 그래서 그곳 이름은 '전멸'이라는 의미의 호르마라고 불린다. 밀그롬에 따르면 "이 승리는 이스라엘의 군사적인 개선행진 역사에 전환점을 이룬다. 그들은 이제 후로는 모든 전투에서 승리하게 될 것이다."[12]

21:4-9은 또다시 불평 이야기가 시작된다. 하지만 마지막은 하나님의 구원 이야기로 마무리된다. 이 단락은 불뱀에 물려 죽은 백성을 장대 높이 매달린 놋뱀으로 치유해 주시는 구원 이야기를 담고 있다. 아랏의 가나안 족속을 격파한 승리가 주는 감사의 마음도 순식간에 냉각되고 이스라엘은 또다시 완악해진다. 호르마에서 바로 가나안으로 직진하지 못하고 에돔 땅을 우회해야 하는 여정 때문에 다시 하나님과 모세를 향하여 원망과 불평을 터뜨린다. 거친 광야길로 마음이 상한 것이다. 이에 더하여 상습적인 먹거리와 물 결핍 불

평이 덧붙여졌다. "어찌하여 우리를 애굽에서 인도해 내어 이 광야에서 죽게 하는가. 이곳에는 먹을 것도 없고 물도 없도다. 우리 마음이 이 하찮은 음식을 싫어하노라."21:5 만나 식단에 대한 권태와 혐오, 물 결핍으로 인한 격한 원망 등은 출애굽 구원 자체에 대한 불평으로 금세 확장된다. 아직도 이스라엘 자손은 출애굽의 주체가 하나님임을 믿지 못하고 있다.

이에 대하여 하나님은 불뱀을 보내어 물게 하는 심판을 신속하게 집행하신다. 많은 사람들이 불뱀에 물려 죽었다. 그러자 이스라엘 백성이 즉각 죄를 회개하고 모세의 중재와 중보기도를 요청한다. 이때 하나님은 놋뱀을 높이 달아 물린 사람들이 쳐다보게 하심으로써 물린 자들이 죽지 않고 구원받게 하셨다.21:8-9 놋뱀 자체가 치유의 능력을 가진 신성한 성물이어서가 아니라, 불뱀이 하나님의 심판임을 믿고 그 심판에서 건져 주실 하나님을 믿는 자들은 놋뱀을 쳐다보았기 때문이다. 놋뱀은 더 이상 물지 않는 뱀이다. 죄 용서가 선포된 사실을 알려 주는 뱀인 것이다. 자신의 죄를 돌이키고 하나님의 죄 사함을 기대하고 간청한 사람마다 놋뱀을 쳐다보고 살아났다.

예수님은 이 놋뱀 일화에서 당신의 십자가 죽음의 의미를 이끌어 내신다. 요한복음에서 예수님은 인자가 높이 달릴 것을 말씀하시고 이 높이 들린 놋뱀과 인자를 동일시하신다. "인자도 [뱀처럼] 들려야 하리라."요 3:14 자신의 죄를 자백하고 하나님이 마련하신 놋뱀을 믿음으로 쳐다보는 자가 죄 용서를 받듯이, 자신의 죄악을 고백하고 죄 사함의 은총을 구하는 사람마다 높이 들린 주 예수의 십자가를 쳐다보면 치유를 받는다. 요한복음 8:28, 12:32도 '인자의 들림'에 대한 말씀으로 십자가에 달려 죽으신 죽음의 구원 효력을 증언한다.

너희가 인자를 든 후에 내가 그인 줄을 알고 또 내가 스스로 아무것도

하지 아니하고 오직 아버지께서 가르치신 대로 이런 것을 말하는 줄도 알리라.^{요 8:28}

내가 땅에서 들리면 모든 사람을 내게로 이끌겠노라.^{요 12:32}

불뱀-놋뱀 사건은 죄 용서는 다른 사람이 죄짐을 저줄 때 일어난다는 원리를 예해한다. 이스라엘의 대속죄일 제사 때에 이루어지는 죄 용서는 아사셀 염소가 광야로 죄를 지고 가기 때문에 가능하다. 죄는 스스로 소멸되지 않고 죄에 대한 징벌이 이루어져야 그 효력을 잃는다. 죄는 죄인에 대한 정죄권을 갖고 있다. 하나님은 불뱀에 물린 자들의 죄를 놋뱀에 전가시켜 정죄 효력을 일시 정지시키신 것이다. 놋뱀을 쳐다본 사람은 자신을 문 불뱀이 하나님의 심판임을 믿는다. 자신의 가슴을 찢는 죄의 정죄 효력에 죽음을 경험해 본 사람에게 예수 그리스도의 놋뱀 복음은 참으로 복음이다. 기독교는 자신의 죄가 갖는 그 무시무시한 정죄력에 몸서리치게 괴로워해 본 사람에게 참 복음이다.

21:10-20은 민수기 독자들에게 오아시스 같은 길목을 제공한다. 목이 타는 사막 한복판에서 용출하는 오아시스 같은 이야기를 담고 있다. 이 단락은 우회로를 가는 것처럼 보이지만 실제로는 목적지인 약속의 땅을 향하여 조금씩 전진하고 있는 이스라엘 백성의 영적 분투를 보여준다. 이 단락에서 묘사되는 이스라엘 백성은 불평과 반역 없이 하나님의 샘물을 공급받는다. 이 부분을 좀 더 은혜롭게 음미하기 위해서는 지도를 펼쳐 놓고 읽는 것이 좋다. 이스라엘은 에돔을 통과하는 가나안 직행로 대신에 요단 동편(트랜스 요르단)을 통과하여 가는 우회로를 선택했다. 마음을 상하게 하던 그 우회로 여정에도 하나님의 샘물은 풍성하게 솟아난다는 사실이 하나님의 백성

들에게 더없는 위로가 된다. 이스라엘 백성은 호르산에서 발행하여 모압을 돌아(암몬과 모압 사이 지역) 바못에 이르렀다. 좀 더 문자적으로 이해하자면 그 여행 궤적은 다음과 같다. 이스라엘 백성은 오봇에서 광야에 있는 이예아바림(모압 맞은편 지역에 있는 성읍)으로 이동한다. 세렛 시내 쪽으로 이동하여 거기서 진을 친다. 그리고 그 후 아모리와 모압 국경을 따라 형성되어 있는 아르논에 도착한다. 아르논은 모압과 암몬의 국경 지역이다. 여기서 아모리인의 영토에서 흘러나와 광야에 이른 아르논 강 건너편에 이스라엘 백성이 당도하는 장면을 노래하는 고대 문서가 인용된다. 「야웨의 전쟁기」라고 일컬어지는 문서는 이때 아르논에 도착한 광경, 곧 가나안 땅 목전까지 이른 광경을 감동적인 어조로 노래한다. "수바의 와헙과 아르논 골짜기와 모든 골짜기의 비탈은 아르 고을을 향하여 기울어지고 모압의 경계에 닿았도다."21:14-15

이스라엘 백성은 아르논에서 발행하여 이제 오아시스 지역인 브엘에 도착한다. '브엘'은 우물이라는 뜻인데 여기서 이스라엘 백성은 불평과 심판의 악순환을 거치지 않고 샘물을 풍성하게 공급받는다. 하나님께서는 이미 있는 우물을 발견케 하신 것이 아니라, 지하수 샘이 흐르는 수맥을 찾는 것을 도와주신 것처럼 보인다. 브엘에서 생수를 공급받은 백성들이 부른 노래가 17-18절에 기록되어 있는데, 그 노래에 의하면 족장들과 백성 중 귀인들이 우물을 팠다. "우물물아, 솟아나라. 너희는 그것을 노래하라. 이 우물은 지휘관들이 팠고 백성의 귀인들이 규와 지팡이로 판 것이로다." 그동안 족장들과 귀인들의 역할이 두드러진 적이 없었고 있더라도 반역에 연루되는 등 주로 부정적이었는데, 여기서 그들은 단지 불평하는 데 머물지 않고 우물물을 주실 것이라는 하나님의 약속과 명령("여호와께서 모세에게 명하시기를 백성들을 모으라. 내가 그들에게 물을 주리라 하시던 우물이라")[21:16]을 믿고 적극적으로 지하 수맥을 찾고 샘 근원을 찾아 우물을 판 능동적인 지도자로 그려진다. 지도자들의 지팡이와 홀[笏]이 백성들의 갈증을 해소시키는 우물을 파는 도구로 순기능을 한 것이다. 이 짧은 일화는 민수기에서 가장 아름다운 이야기이자, 능동적인 믿음으로 지하 수맥을 찾는 노력이 얼마나 중요한지를 일깨우는 일화다. 지도자에게 맡겨진 권위의 지팡이와 권력의 홀은 백성의 갈증을 해소하는 데 긴요한 도구라는 사실이 중요하다. 전 세계 어디서나 지도자들의 권력 남용과 부패 이야기는 백성들의 갈증을 심화시킨다. 이 땅의 민중은 그들을 위해 지팡이를 들고 우물을 파는 지도자의 출현에 목이 타들어 간다.

이제 이스라엘 백성은 광야의 오아시스 브엘을 지나 또 다른 광야 지역인 맛다나에 이른다. 거기서 나할리엘에 이르고, 나할리엘에서 바못에 이른다. 바못은 마침내 신명기의 고별설교 및 강론의 무대가 되고, 출애굽 2세대 계약 입교식이 이루어지는 모압 골짜기에 이른다. 모압 골짜기 위에 솟은 비스가산은 가나안 땅을 조망하는 조망점을 제공하고, 모세는 마침내 이 산에서 파란만장한 생애를 마감할 것이다. 이제 지리적 무대의 관점에서 보면 이스라엘 진은 신명기의 중앙 무대로 이동해 온 것이다. 광야 여정의 발걸음이 비스가산 꼭대기에서 멈추고 이제 여행자와 독자는 산 정상에서 가나안 땅 내부를 깊숙이 들여다본다. 바야흐로 신명기가 시작되려는 것이다. 그러나 이 비스가산 정상에 당도한 이스라엘 백성은 가나안 정복전쟁의 전초전에 해당하는 요단 동편의 방해 세력과 조우해야 한다.

요단 동쪽 점령 ● 21:21-35

21 ²¹ 이스라엘이 아모리 왕 시혼에게 사신을 보내어 이르되 ²² 우리에게 당신의 땅을 지나가게 하소서. 우리가 밭에든지 포도원에든지 들어가지 아니하며 우물물도 마시지 아니하고 당신의 지경에서 다 나가기까지 왕의 큰길로만 지나가리이다 하나 ²³ 시혼이 이스라엘이 자기 영토로 지나감을 용납하지 아니하고 그의 백성을 다 모아 이스라엘을 치러 광야로 나와서 야하스에 이르러 이스라엘을 치므로 ²⁴ 이스라엘이 칼날로 그들을 쳐서 무찌르고 그 땅을 아르논에서부터 얍복까지 점령하여 암몬 자손에게까지 미치니 암몬 자손의 경계는 견고하더라. ²⁵ 이스라엘이 이같이 그 모든 성읍을 빼앗고 그 아모리인의 모든 성읍 헤스본과 그 모든 촌락에 거주하였으니 ²⁶ 헤스본은 아모리인의 왕 시혼의 도성이라. 시혼이 그 전 모압 왕을 치고 그의 모든 땅을 아르논까지 그의 손에서 빼앗았더라. ²⁷ 그러므로 시인이 읊어 이르되 너희는 헤스본으로 올지어다. 시혼의 성을 세워 견고히 할지어다. ²⁸ 헤스본에서 불이 나오며 시혼의 성에서 화염이 나와서 모압의 아르를 삼키며 아르논 높은 곳의 주인을 멸하였도다. ²⁹ 모압아, 네가 화를 당하였도다. 그모스의 백성아, 네가 멸망하였도다. 그가 그의 아들들을 도망하게 하였고 그의 딸들을 아모리인의 왕 시혼의 포로가 되게 하였도다. ³⁰ 우리가 그들을 쏘아서 헤스본을 디본까지 멸하였고 메드바에 가까운 노바까지 황폐하게 하였도다 하였더라. ³¹ 이스라엘이 아모리인의 땅에 거주하였더니 ³² 모세가 또 사람을 보내어 야셀을 정탐하게 하고 그 촌락들을 빼앗고 그곳에 있던 아모리인을 몰아 내었더라. ³³ 그들이 돌이켜 바산 길로 올라가매 바산 왕 옥이 그의 백성을 다 거느리고 나와서 그들을 맞아 에드레이에서 싸우려 하는지라. ³⁴ 여호와께서 모세에게 이르시되 그를 두려워하지 말라. 내가 그와 그의 백성과 그의 땅을 네 손에 넘겼나니 너는 헤스본에 거주하던 아모리인의 왕 시혼에게 행한 것 같이 그에게도 행할지니라. ³⁵ 이에 그와 그의 아들들과 그의 백성을 다 쳐서 한 사람도 남기지 아니하고 그의 땅을 점령하였더라.

21:21-32, 33-35은 각각 아모리 족속 헤스본 왕 시혼과 바산 왕 옥과 벌인 전쟁의 승리를 증언한다. 두 왕은 각각 모압 족속 윗 지방에 근거지를 둔 세력의 대표자들로서, 가나안 땅으로 입성하는 이스라엘의 주요 길목을 차단하던 적극적인 적대 세력이었다. 21:21-22에 의하면 이스라엘 백성은 처음에는 전쟁 의지를 갖고 있지 않고 평화로운 통과만을 허락해 달라고 요청하였다. 그러나 헤스본 왕 시혼은 그들의 영토를 통과하여 가나안 땅에 가게 해달라고 요청하는 이스라엘의 요청을 무력시위하듯이 거절하고 배척했다. 시혼은 매우 적대적으로 이스라엘을 공격한다. 시혼은 이스라엘이 자기 영토로 지나감을 용납하지 않는 정도를 지나 자기 백성을 다 모아 이스라엘을 치러 광야로 나와서 야하스에 이르러 이스라엘을 쳤다. 이스라엘이 칼날로 그들을 쳐서 무찌르고 그 땅을 아르논에서부터 얍복까지 점령하여 암몬 자손에게까지 미쳤다. 이처럼 하나님의 주장하심으로 이스라엘 백성은 강력한 아모리 세력의 본거지인 헤스본을 함락시켜 자신들의 기업의 땅으로 삼았다. 헤스본의 파괴와 관련하여 정체 불명의 자료에서 나온 한 시인의 시가 인용된다.[21:27-30] 그 내용은 한때 모압을 공략하고 정복하였던 헤스본 왕 시혼을 이스라엘 백성 자신들이 정복하였음을 자랑스럽게 노래하는 것이다.

"모압을 정복하고 노예화하던 아모리인의 왕 헤스본 시혼을 우리가 정복하고 격파하였으니 우리 이스라엘 백성은 모압보다 훨씬 강하지 아니한가?"라는 자긍심이 배어 있는 노래다. 이 시는 22-24장에서 펼쳐지는 모압과 이스라엘 간의 갈등과 각축을 예기케 하는 복선 역할을 하고 있음이 틀림없다.

21:33-35은 바산 길로 북상하는 이스라엘과 대항하려고 출정한 바산 왕 옥을 격파하는 이야기를 보도한다. 하나님은 모세에게 옥을 두려워하지 말라고 말씀하신다. 헤스본 왕 시혼에 대한 전쟁과 마찬

가지로 이 전쟁은 야웨 하나님이 기획하시고 주도하시는 '야웨의 전쟁'이기 때문이다. 야웨의 전쟁 혹은 '거룩한 전쟁'the Holy War의 가장 현저한 특징은, "하나님께서 적을 하나님의 백성의 손에 넘기신다"는 표현이 등장하는 것이다. 그리하여 이스라엘은 바산 왕 옥과 그 백성을 진멸하여 그 땅을 차지하였다. 므낫세 반 지파와 갓 지파와 르우벤 지파가 아마도 이 전쟁에서 주도적인 역할을 한 지파였을 것이다. 그들이 요단 동쪽 지역을 할당받고 차지한 지파가 된 것을 볼 때, 이 세 지파가 두 왕의 정복에 현저한 공을 세웠을 것이다. 이제 이스라엘 백성의 가나안 입성 준비는 거의 끝난 것처럼 보인다. 그러나 요단 동쪽 지역의 방해 세력이 완전히 제거된 것은 아니다. 모압 왕 발락이 마지막 저항자로 대항하려고 총력전을 준비하고 있기 때문이다.

민

IV.

민수기 22-25장

하나님 나라에 저항하는 정사와 권세들

: 발락, 발람 그리고 바알브올

이스라엘 백성이 호르산을 떠나 에돔을 우회해 가나안 땅을 향하여 발행했을 때 그들은 또 고달픈 광야 방황 여정으로 인해 하나님께 불평하다가 불뱀으로 큰 심판을 당했다. 하지만 마침내 트랜스 요르단(요단 동편)에 도착하여 아모리 족속의 시혼과 바산의 왕 옥을 격파하기에 이르렀다. 이런 가운데 이스라엘은 모압과 미디안 족속의 영적 유혹과 군사적 공격 및 종교적 저주를 돌파하고 약속의 땅을 향하여 진군한다.^{22-25장} 이 여정에서 우리의 주목을 끄는 것은 모압 왕 발락이 고용한 예언자 발람의 행동이다.^{22:2-23:6} 발락이 발람을 설득하여 이스라엘을 저주하도록 요청했지만, 발람은 하나님의 강권적인 영의 작용에 의하여 오히려 이스라엘을 '축복하는' 예언을 한다. 발람은 하나님께서 이스라엘을 축복하시고 함께하실 뿐만 아니라, 이스라엘은 앞으로 열방 중에 우뚝 서게 될 민족이 되리라고 예언한다. 그중에서도 야곱의 별이라는 존재가 나와서 이스라엘을 열방 중에 우뚝 서는 영광의 나라가 되게 할 것이라고 예언한다.^{23:18-24:9} 네 번째 예언에서 발람은 메시아적인 존재가 일어날 것을 예언한다.^{24:14-24} 그 메시아적인 인물(다윗)은 모압과 인근 족속들을 이스라엘의 통치 아래 복속시키는 왕이 될 것임을 예언한다.

이렇게 이스라엘 자손이 모압 왕 발락과 발람의 영적 총공세로 힘겨운 영적 전쟁을 벌이고 있는 틈 사이에 이스라엘 진중에서는 모압의 신 바알브올을 섬기는 배교가 발생한다. 이것은 일종의 다산과 풍산의 제의인데 아마도 음란한 종교의식을 동반했을 것이다. 이 과정에서 모압 여인들과 이스라엘 남자들의 통교가 일어난다.²⁵:¹⁻³ 비느하스가 여기서 영적인 지조와 패기를 가지고 배교자들을 처단하는 일에 앞장선다.²⁵:⁶⁻¹⁸ 이스라엘이 바알브올 숭배에 빠질 때 미디안 족속이 모종의 역할을 감당하였음에 틀림없는데, 특히 시므온 족속과 미디안 족속은 이때 많이 혼합된다. 미디안 족속에 대한 이스라엘의 적대적인 태도는 이때부터 비롯된다.²⁵:¹⁴⁻¹⁸ 전체적으로 민수기 22-25장은 이스라엘 회중의 가나안 진군 행렬을 와해시키려는 마지막 위기를 다루고 그 위기를 어렵게 돌파해 가는 이스라엘의 영적 생존 분투기를 증언한다.

발람을 고용하여 이스라엘을 저주하려는 모압 왕 발락 ●22:1-6

22 ¹이스라엘 자손이 또 길을 떠나 모압 평지에 진을 쳤으니 요단 건너편 곧 여리고 맞은편이더라. ²십볼의 아들 발락이 이스라엘이 아모리인에게 행한 모든 일을 보았으므로 ³모압이 심히 두려워하였으니 이스라엘 백성이 많음으로 말미암아 모압이 이스라엘 자손 때문에 번민하더라. ⁴미디안 장로들에게 이르되 이제 이 무리가 소가 밭의 풀을 뜯어먹음 같이 우리 사방에 있는 것을 다 뜯어먹으리로다 하니 그 때에 십볼의 아들 발락이 모압 왕이었더라. ⁵그가 사신을 브올의 아들 발람의 고향인 강 가 브돌에 보내어 발람을 부르게 하여 이르되 보라, 한 민족이 애굽에서 나왔는데 그들이 지면에 덮여서 우리 맞은편에 거주하였고 ⁶우리보다 강하니 청하건대 와서 나를 위하여 이 백성을 저주하라. 내가 혹 그들을 쳐서 이겨 이 땅에서 몰아내리라. 그대가 복을 비는 자는 복을 받고 저주하는 자는 저주를 받을 줄을 내가 앎이니라.

하나님의 강권적인 은총으로 이스라엘은 요단 동쪽의 적대적인 아모리 족속의 두 왕 시혼과 옥을 격파하고, 이제 가나안 땅 입구에 거의 당도했다. 그러나 이스라엘 백성이 치러야 할 마지막 영적 전쟁이 남아 있었다. 모압왕 발락과 미디안 족속의 파상적인 협공에 직면한 것이다.

이스라엘이 최근 아모리 족속에 대하여 거둔 승리 때문에 모압은 이스라엘의 국경 접근을 전율스럽게 바라본다. 이스라엘의 인구가 자신들 나라 자원을 다 탕진하고도 남을 만큼 중다함을 보고 공포에 사로잡힌 것이다. 이스라엘 백성이 이미 하나님으로부터 친족인 모압을 공격하거나 약탈하지 말라는 명령^{창 19:3-38, 신 2:9}을 들었다는 것을 모르는 모압 왕 발락은 이와 같은 국가적 비상사태에 직면하여 비책을 강구했다. 발락은 엄청나게 먼 거리에도 불구하고 국제적으로 신통한 저주 전문 기도가인 예언자 발람을 초청한다.[1] 발람의 거주지인 브돌은 유프라테스 강변의 도시였으므로 모압과 미디안의 사신들은 약 600km나 되는 먼 거리를 여행했다. 이것은 당시의 여행 속도로 20-25일이 걸리는 거리이며 따라서 네 번 왕복하려면 약 90일이 소요된다.[2] 복채를 든 모압 장로들과 미디안 장로들은^{22:7} 일종의 모압판 삼고초려를 한 셈이다.

그런데 발람을 초청하러 가는 사절단에 모압 장로들 외에 미디안 장로들도 포함되었다는 사실이 중요하다. 이것은 모압과 미디안이 동맹 관계임을 보여준다. 둘 다 이스라엘의 친족인데(아브라함의 후처 그두라의 후손이며 모세의 처족인 미디안),^{창 25:1-4} 지금은 이스라엘의 대적자로 맞선다. 친족과 형제가 시간과 세월의 풍화침식을 거치면 어느새 대적으로 만나는 경우가 많다. 데라-아브라함의 허리에서 나온 모압-미디안이 형제 이스라엘의 앞길을 가로막는다. 모압과 미디안이 연합하여 모시려고 하는 영험 깊은 국제 예언자 발람은 야웨 하나님의 예언자였는데, 거짓 예언자로 타락한 자인가?^{신 13장, 18장} 아니면 단지 야웨의 영에 영통한 이방 예언자였는가?[3] 이 질문에 대한 대답은 선뜻 내리기 힘들다. 그러나 그는 천지를 지으신 하나님이 바로 이스라엘과 언약을 맺으신 그 하나님임을 알지 못하는 것처럼 보인다. 그는 타락한 야웨의 예언자라기보다는 야웨와 이스라엘의 구원사를 모르는 하나님의 예언자로 분류될 수 있는 인물이다. 비록 22:18에서 그가 "나의 하나님, 야웨"라고 말할지라도 그는 야웨 하나님과 이스라엘의 언약 관계는 숙지하지 못한 채 저주기도 현장에 붙들려 온 것으로 보인다. 특히 발람은 최근 이스라엘의 구원 사건들에 대하여 잘 모르고 있는 것 같다. 모압 왕 발락도 이스라엘의 출애굽 구원 경험을 인정하지 않는다. 그에게 이스라엘 백성은 그저 애굽에서 나온 노예들일 뿐이다. 이스라엘의 출애굽 구원과 가나안 인도가 하나님의 기획이며 목적이요 역사임을 인정하지 않는다. 하나님과 이스라엘이 맺은 언약은 물론이거니와 시내산 언약 사건도 언급하지 않는다. 하나님의 강권적인 인도로 시작된 이스라엘의 38년 광야 방랑사도 인정하지 않는다.

그럼에도 불구하고 파죽지세로 가나안 땅을 향해 진군하는 이스라엘 백성의 육박에 놀란 모압 왕 발락은 위기를 감지하고 혼비백산했다. 그래서 그는 600km나 떨어진 발람에게 모압까지 와서 이스라엘을 저주해 달라고 요청한다. 이스라엘을 저주하여 자신이 이스라엘을 격퇴할 수 있게 해달라고 간청하는 것이다. "우리보다 강하니 청하건대 와서 나를 위하여 이 백성을 저주하라. 내가 혹 그들을 쳐서 이겨 이 땅에서 몰아내리라. 그대가 복을 비는 자는 복을 받고 저주하는 자는 저주를 받을 줄을 내가 앎이니라."22:6 발락은 발람이 저주와 축복을 배분하는 영권을 갖고 있다고 믿으며 발람에게 여러 차례 부귀영화를 약속한다. 창세기 12:1-3을 이미 알고 있는 독자의 입장에서 보면 발락의 이 행동은 가히 자기파멸적인 방략이 아닐 수 없다. 그는 열방을 위한 복의 근원으로 부름받은 이스라엘 백성을 저주해 달라고 요청하는 치명적인 실수를 범하고 있는 것이 아닌가? 그는 창세기 12:1-3에 나오는 아브라함 언약을 무효화하려는 것이 아닌가? 따라서 창세기의 아브라함 약속(축복과 저주 약속)을 아는 독자들은 여기서부터 서스펜스에 사로잡힌다. 과연 창세기의 저주와 축복 약속은 어떤 모양으로 성취될 것인가?

부귀영화의 약속에 흔들리는 예언자 ●22:7-14

22 ⁷모압 장로들과 미디안 장로들이 손에 복채를 가지고 떠나 발람에게 이르러 발락의 말을 그에게 전하매 ⁸발람이 그들에게 이르되 이 밤에 여기서 유숙하라. 여호와께서 내게 이르시는 대로 너희에게 대답하리라. 모압 귀족들이 발람에게서 유숙하니라. ⁹하나님이 발람에게 임하여 말씀하시되 너와 함께 있는 이 사람들이 누구냐. ¹⁰발람이 하나님께 아뢰되 모압 왕 십볼의 아들 발락이 내게 보낸 자들이니이다. 이르기를 ¹¹보라, 애굽에서 나온 민족이 지면에 덮였으니 이제 와서 나를 위하여 그들을 저주하라. 내가 혹 그들을 쳐서 몰아낼 수 있으리라 하나이다. ¹²하나님이 발람에게 이르시되 너는 그들과 함께 가지도 말고 그 백성을 저주하지도 말라. 그들은 복을 받은 자들이니라. ¹³발람이 아침에 일어나서 발락의 귀족들에게 이르되 너희는 너희의 땅으로 돌아가라. 여호와께서 내가 너희와 함께 가기를 허락하지 아니하시느니라. ¹⁴모압 귀족들이 일어나 발락에게로 가서 전하되 발람이 우리와 함께 오기를 거절하더이다.

발람은 먼 거리에서 달려온 모압 장로들과 미디안 장로들을 자신의 집에 하룻밤 유숙하게 함으로써 처음부터 호의적인 반응을 보인다. 자신을 축복과 저주의 운명을 배분할 수 있는 영적 권능을 가진 예언자로 존숭하는 발락 왕의 부귀영화 보장 약속이 그를 감동시켰을 수도 있다. 그러나 발락의 요청을 받은 그는 가부간의 결정은 하나님의 응답에 달려 있다고 말함으로써 짐짓 하나님의 결정을 따를 것임을 암시한다. 산술적인 중립을 취한 것이다. 그런데 놀랍게도 하나님이 이 순간에 끼어드신다. 하나님의 응답은 "이 사람들이 누구냐?"라는 질문으로 다가온다. 이 질문에 대한 발람의 대답은 간결하고 우회적이다. "이 사람들은 십볼의 아들 모압 왕 발락의 사신들"이라며 그들이 자신에게 "애굽에서 나온 한 백성을 저주해 달라"고 부탁하러 왔다는 사실만을 사무적으로 보고한다. 모압 왕 발락처럼 그 또한 '이스라엘'이라는 이름을 생략함으로써 이스라엘의 존재를 묵살하는 것처럼 보인다. 이스라엘을 하나님과 아무 상관없는 민족으로 간주해 버린 것이다.

　형식상으로는 하나님의 뜻을 묻는 발람에게 보이신 하나님의 응답은 아주 직설적이다. "가지 말라. 이스라엘을 저주하지도 말라. 왜냐하면 그들은 복받은 민족이니까!" 발람은 여기서 처음으로 발락에게 우환거리가 된 '애굽에서 나온 이 백성'이 하나님께 '복받은 민족'이라는 진실을 듣게 된다. 하지만 발람은 "가지도 말고 이 백성을 저주도 하지 말라"는 하나님의 분명한 거절 명령을 중화시킨 채 발락의 사자들에게 하나님의 응답을 축소해 전달한다. 하나님 응답의 전모를 밝히지 않는다. 이스라엘이 하나님께 복받은 민족이기 때문에 자신은 이스라엘을 저주할 수 없다는 원천적인 진실을 털어놓지 않는다. 애매모호하게 (마치 석연치 않은 이유로) "하나님이 허락하시지 않는다"는 말만 한다. 그가 하나님을 설득할 여지가 있다는 말처럼 들린다. 복채를 더 얹어 놓기 전에는 신의 말 전체를 중개할 수 없다고 하는 무당의 수작처럼 들린다. 발람은 당시 마리나 메소포타미아의 복술가들처럼, 더 큰 보장을 바라는 사람처럼 말꼬리를 흐리는 것 같다. 하지만 발락의 사신들은 하나님의 응답을 순진하게 믿고 너무나 쉽게 철수하고 만다.

22

¹⁵ 발락이 다시 그들보다 더 높은 고관들을 더 많이 보내매 ¹⁶ 그들이 발람에게로 나아가서 그에게 이르되 십볼의 아들 발락의 말씀에 청하건대 아무것에도 거리끼지 말고 내게로 오라. ¹⁷ 내가 그대를 높여 크게 존귀하게 하고 그대가 내게 말하는 것은 무엇이든지 시행하리니 청하건대 와서 나를 위하여 이 백성을 저주하라 하시더이다. ¹⁸ 발람이 발락의 신하들에게 대답하여 이르되 발락이 그 집에 가득한 은금을 내게 줄지라도 내가 능히 여호와 내 하나님의 말씀을 어겨 덜하거나 더하지 못하겠노라. ¹⁹ 그런즉 이제 너희도 이 밤에 여기서 유숙하라. 여호와께서 내게 무슨 말씀을 더하실는지 알아보리라. ²⁰ 밤에 하나님이 발람에게 임하여 이르시되 그 사람들이 너를 부르러 왔거든 일어나 함께 가라. 그러나 내가 네게 이르는 말만 준행할지니라.

그러나 발락은 집요했다. 두 번째는 더 많은 그리고 더 존귀한 사신(이번에는 왕자들)을 보낸다. 더욱 엄청난 부귀영화를 보장하는 왕의 전갈이 처음부터 강조적으로 전달된다. 이번에도 발람은 고상하게 거절한다. "은금으로 가득 찬 그의 집을 내게 준다 할지라도 나는 나의 하나님 야웨의 명령을 위반할 수 없다." 그러면서도 또 여운을 남긴다. "일단 우리 집에 하루 머물라. 혹시 하나님이 나에게 추가적으로 주실 메시지가 있는지 알아보겠노라." 발람은 야웨 하나님도 이 방신들처럼 집요하고 조작적인 기도에 의해 변심할 것을 기대했는지도 모른다. 더 큰 부귀영화를 보장하는 발락의 두 번째 제안이 그에게 하나님의 변심을 이끌어 낼 만큼 집요한 기도 제의를 또 한 번 시도하도록 촉발했을 수도 있다. 이방신들은 자주 복술가와 제사장의 집요한 설득으로 변심하지 않았던가? 그러나 그는 제의적 조작에 넘어가지 않는 독특한 하나님을 발견하게 될 것이다(세 번째 예

언). 그래서 발람은 다시 간절하게 자신의 소원을 하나님께 아뢰었을 것이다. 과연 그의 소원대로 하나님은 놀라운 반전을 허락하신다. 하나님은 이제 발람의 소원을 자신의 조건부 뜻과 일치시켜 사신들과 함께 가도 된다고 말씀하신다. 한 가지 단서를 붙이긴 했지만 일단 모압행을 허락하신 것이다. "발람이여, 일어나 함께 가라. 그러나 내가 네게 이르는 말만 준행할지어다."[22:20] 발람의 집요하게 조르는 기도를 듣고 하나님은 발람의 모압행을 허락하신 것이다. 아마 발람은 처음에는 자신의 제의가 효험이 있었기에 하나님이 변심하셨다고 생각했는지도 모른다.

하지만 과연 하나님이 변심하셨을까? 가는 것을 허락하신다고 "이스라엘을 저주하지 말라"는 하나님의 뜻이 바뀐 것일까? 결코 아니다. 그 명령은 불변이다. 그러나 발람은 제의를 통해 부귀영화에 대한 자신의 욕심을 에누리 없이 드러냈을 것이다. 모압에 가서 한번 기도해 주고 부귀영화를 누리고 싶은 소원을 품고 기도했을 것이다. 그는 하나님이 소원하시는 대로 간청하거나 기도하지 않고 자신의 소원대로 말하고 간청했을 것이다. 이처럼 하나님은 발람의 심층심리학적 준동을 간파하신다. 하나님은 발람의 심층심리 안에서 작용하는 잠재의식적 소원을 하나님의 뜻인 것처럼 일치시켜 주신다.

그러나 뒤따라 나오는 하나님의 사자 출현 사건을 보면 '하나님의 허락'이 가지는 복합적인 차원을 만나게 된다. 쉽게 말해, 하나님은 가라고 명령하시지만 다른 한편으로는 가지 말기를 기대하신다. 칼을 빼든 사자가 발람의 나귀의 앞길을 막은 사건이 바로 진실로 하나님의 속마음을 드러내신 것이다. 하나님은 허락하셨지만 발람의 모압행에 대해 진노하셨던 것이다.[22:22] 하나님의 허락이 하나님의 진노를 감추지 못하는 셈이다. 하나님은 당신을 화나게 만드는 결정도 허락하시는 분이라는 것이다. 하나님은 악인에게 악행을 하도록

968

허용하실지라도 그에게 진노하신다. 하나님의 허락이 악인의 악행을 정당화할 수 없는 것이다. 물론 하나님이 자신이 금지한 일을 인간이 행하도록 허용할 때에도, 그것이 하나님의 궁극적인 목적을 성취시키는 데 이바지하는 것은 사실이다. 비록 하나님이 인간의 죄악된 행동을 사용해 당신의 영광을 드러내실 때가 있지만, 그것이 인간의 도덕적 책임이나 죄악을 면책시키는 것은 아니다. 그래서 영리하고 신실한 당나귀는 죽음의 길로 떠나는 주인을 구하기 위하여 주인의 발을 다치게까지 하며 세찬 매질을 자초한다.

신실한 당나귀 ● 22:21-35

22 ²¹ 발람이 아침에 일어나서 자기 나귀에 안장을 지우고 모압 고관들과 함께 가니 ²² 그가 감으로 말미암아 하나님이 진노하시므로 여호와의 사자가 그를 막으려고 길에 서니라. 발람은 자기 나귀를 탔고 그의 두 종은 그와 함께 있더니 ²³ 나귀가 여호와의 사자가 칼을 빼어 손에 들고 길에 선 것을 보고 길에서 벗어나 밭으로 들어간지라. 발람이 나귀를 길로 돌이키려고 채찍질하니 ²⁴ 여호와의 사자는 포도원 사이 좁은 길에 섰고 좌우에는 담이 있더라. ²⁵ 나귀가 여호와의 사자를 보고 몸을 담에 대고 발람의 발을 그 담에 짓누르매 발람이 다시 채찍질하니 ²⁶ 여호와의 사자가 더 나아가서 좌우로 피할 데 없는 좁은 곳에 선지라. ²⁷ 나귀가 여호와의 사자를 보고 발람 밑에 엎드리니 발람이 노하여 자기 지팡이로 나귀를 때리는지라. ²⁸ 여호와께서 나귀 입을 여시니 발람에게 이르되 내가 당신에게 무엇을 하였기에 나를 이같이 세 번을 때리느냐. ²⁹ 발람이 나귀에게 말하되 네가 나를 거역하기 때문이니 내 손에 칼이 있었더면 곧 너를 죽였으리라. ³⁰ 나귀가 발람에게 이르되 나는 당신이 오늘까지 당신의 일생 동안 탄 나귀가 아니냐. 내가 언제 당신에게 이같이 하는 버릇이 있었더냐. 그가 말하되 없느니라. ³¹ 그 때에 여호와께서 발람의 눈을 밝히시매 여호와의 사자가 손에 칼을 빼들고 길에 선 것을 그가 보고 머리를 숙이고 엎드리니 ³² 여호와의

사자가 그에게 이르되 너는 어찌하여 네 나귀를 이같이 세 번 때렸느냐. 보라, 내 앞에서 네 길이 사악하므로 내가 너를 막으려고 나왔더니 ³³ 나귀가 나를 보고 이같이 세번을 돌이켜 내 앞에서 피하였느니라. 나귀가 만일 돌이켜 나를 피하지 아니하였더면 내가 벌써 너를 죽이고 나귀는 살렸으리라. ³⁴ 발람이 여호와의 사자에게 말하되 내가 범죄하였나이다. 당신이 나를 막으려고 길에 서신 줄을 내가 알지 못하였나이다. 당신이 이를 기뻐하지 아니하시면 나는 돌아가겠나이다. ³⁵ 여호와의 사자가 발람에게 이르되 그 사람들과 함께 가라. 내가 네게 이르는 말만 말할지니라. 발람이 발락의 고관들과 함께 가니라.

발람은 발락의 초청을 수락해 떠나는 자신의 모압행이 하나님의 뜻을 거스르는 길임을 심각하게 깨닫지 못했다. 하나님은 당신의 거룩한 사자를 보내어 막으신다. 야웨의 사자는 하나님의 불쾌하심과 진노를 표출하는 중개자다. 그런데 발람과 그의 두 사환은 하나님의 사자를 전혀 보지 못하였다. 발람은 본래 '보는 자'(선견자)인데 지금은 '보지 못하는 자'가 된다. 눈을 감은 자가 되어 버린다.^{삼상 9:9, 11, 19} 그래서 짐승 나귀에게 책망을 받는 자가 된다.^{벧후 2:16} 당나귀는 모두 세 차례나 야웨의 사자를 보고 당혹하며 뒤로 물러선다.

처음으로 나귀는 야외 들판으로 나가는 길목에서 야웨의 사자를 만난다. 그 짐승은 황급히 길을 비켜선다. 그러자 주인이 즉각 세게 때린다. 발람은 나귀를 때려서 다시 들판 길로 나가도록 압박하는 것이다. 그러자 이제 나귀는 포도원 길로 들어선다. 마침내 그 포도원 길에서 두 담벼락 사이에 들어서자 나귀는 칼을 빼든 채 자신의 앞길을 막는 야웨의 사자와 정면으로 조우한다. 그때 나귀는 발람의 발을 돌벽에 세차게 부딪쳐서 상처가 나게 한다. 발람은 다시 세차게 때린다. 이제 나귀는 막다른 좁은 골목길에 갇혀 버린다. 드러누울 수밖에 없다. 발람은 세 번째로 지팡이를 가지고 세차게 때린다.

발람은 자신의 나귀에게 극도의 적개심을 표출한다. 당나귀는 주인의 잔혹한 매질을 견딘다. 그러다가 갑자기 당나귀가 주인에게 너무나 조리정연한 항변을 쏟아 낸다. "나는 이제까지 당신의 신실한 나귀가 아니냐? 내가 언제 주인님을 이렇게 대한 적이 있었느냐?" 나귀의 조리 있는 항변을 듣고서야 발람의 눈이 열린다. 사태의 진상을 파악한다. 그제야 발람은 칼을 빼든 야웨의 사자 앞에 바로 엎드린다. 그때 사자가 묻는다. "왜 너는 네 나귀를 세 번이나 때리느냐? 나는 네가 사악한 일을 하고 있기에 너를 대적하기 위해 왔다. 당나귀는 너보다 더 나은 선견자다. 그는 나를 세 번이나 보고 세 번이나 피했다. 너를 살리기 위함이었다. 만일 그러지 아니하였더라면 너를 죽이고 그를 살렸으리라."

이처럼 하나님이 예정하신 이스라엘의 복을 저주로 바꾸려는 발람의 길은 죽음의 길이요 파멸의 길임이 드러났다. 야웨의 사자는 모압의 사신들과 함께 떠나는 길이 허락된 길이지만 하나님의 진노를 불러일으키는 길임을 분명히 한다. "가되 절대로 하나님 명령 외에 가감하지 말라"는 엄명을 기억하라는 것이다. 결론적으로 본문은 죄악된 결단으로 떠나는 길은 필시 죽음의 길임을 잘 보여준다.시 10:4-11 발람은 마침내 31장에서 죽임을 당한다. 많은 사람들이 하나님의 뜻을 묻는다고 하면서 사실 자신의 숨은 욕망을 추구한다(왕상 22장의 아합 왕을 보라). 이때 멸망의 징후는 자신의 숨은 욕망을 하나님의 뜻이라고 강변하는 광기다. 아합 왕은 길르앗 라못으로 원정 가는 것이 하나님의 반대를 받는 길임에도 불구하고 400인 예언자의 집단 승인을 근거로 하나님의 뜻이라고 믿고 원정을 강행했다. 결과는 참담한 패배와 죽음이었다.

발락의 환대와 하나님의 명령 사이에서 방황하는 발람 ● 22:36-23:6

22 ³⁶발락은 발람이 온다 함을 듣고 모압 변경의 끝 아르논 가에 있는 성읍 까지 가서 그를 영접하고 ³⁷발락은 발람에게 이르되 내가 특별히 사람을 보내어 그대를 부르지 아니하였느냐. 그대가 어찌 내게 오지 아니하였느냐. 내가 어찌 그대를 높여 존귀하게 하지 못하겠느냐. ³⁸발람이 발락에게 이르되 내가 오기는 하였으나 무엇을 말할 능력이 있으리이까. 하나님이 내 입에 주시는 말씀 그것을 말할 뿐이니이다. ³⁹발람이 발락과 동행하여 기럇후솟에 이르러서는 ⁴⁰발락이 소와 양을 잡아 발람과 그와 함께 한 고관들을 대접하였더라. ⁴¹아침에 발락이 발람과 함께 하고 그를 인도하여 바알의 산당에 오르매 발람이 거기서 이스라엘 백성의 진 끝까지 보니라.

23 ¹발람이 발락에게 이르되 나를 위하여 여기 제단 일곱을 쌓고 거기 수송아지 일곱 마리와 숫양 일곱 마리를 준비하소서 하매 ²발락이 발람의 말 대로 준비한 후에 발락과 발람이 제단에 수송아지와 숫양을 드리니라. ³발람이 발락에게 이르되 당신의 번제물 곁에 서소서. 나는 저리로 가리이다. 여호와께서 혹시 오셔서 나를 만나시리니 그가 내게 지시하시는 것은 다 당신에게 알리리이다 하고 언덕 길로 가니 ⁴하나님이 발람에게 임하시는지라. 발람이 아뢰되 내가 일곱 제단을 쌓고 각 제단에 수송아지와 숫양을 드렸나이다. ⁵여호와께서 발람의 입에 말씀을 주시며 이르시되 발락에게 돌아가서 이렇게 말할지니라. ⁶그가 발락에게로 돌아간즉 발락과 모압의 모든 고관이 번제물 곁에 함께 섰더라.

우여곡절 끝에 발람은 발락의 왕국에 당도하여 극진한 환대를 받는다. 발락은 잔치를 베푼 후 다음 날 아침 일찍 이스라엘 백성이 메뚜기 떼처럼 육박해 오는 전체 광경을 볼 수 있는 높은 곳으로 발람을 안내하였다. 이에 발람은 아침 일찍부터 저주기도 자세로 돌입한다.

그러나 발람은 자신을 위한 최소한의 피난처를 만들어 놓는다. "하나님이 주시는 말씀만을 말할 뿐이다"라고 말하는 것이다. 그런데 그는 오히려 하나님께 엄청난 향응을 베풀고서 자신이 하나님을 위하여 엄청난 번제를 드렸음을 상기시킨다. 하나님과의 거래를 시작한 것이다.[23:4] 정상적인 신탁중개를 위한 제사 때보다 훨씬 거창하고 풍성한 희생제물을 바침으로써, 이방신의 마음을 조작하듯이 하나님의 마음을 조작해 보려고 덤벼드는 것이다. 그는 하나님을 설득하여 이스라엘을 향한 저주의 말을 한 마디라도 얻어 내려고 하는 것이다.

　일곱 수송아지와 일곱 숫양을 번제로 바친 후 아침부터 저주의 축문을 외우기 시작하던 발람에게 하나님은 아주 신속하게 응답하신다. 발람은 23:7-10의 기도 응답을 받아 발락에게 돌아간다. 이것이 바로 첫 번째 예언이다. 발람의 네 예언을 살펴보기 전에 우리는 이 예언들이 갖는 신학적 의의를 잠깐 살펴볼 필요가 있다.

발람의 예언　● 23:7-24:25

이 단락에서 인상적인 장면은 발람의 점진적인 영적 개안 과정이다. 발락은 진보를 이루지 못하고 집요하기만 한데[22:39, 23:6, 13-17, 27-30] 발람은 영적 통찰력 면에서 비약적으로 진보한다. 문학적 전진의 관점에서 보면 네 예언은 역동적인 짜임새를 가지고 있다. 첫째, 각각의 예언은 바로 뒤따라 나오는 예언이 앞의 것보다 약간씩 더 길어지고 더 구체적이 된다. 또한 발락의 입장에서 볼 때는 사태가 더욱 악화되고 이스라엘에게는 더욱 상서로운 축복 선언이 확장되고 추가된다. 둘째, 처음에는 발람의 예언이 하나님의 백성을 저주하는 것의 불가능성을 강조하다가, 나중에는 이스라엘을 저주하는 인근 족속들에 대한 저주예언으로 초점을 옮긴다. 셋째, 특히 하나님께서 당신의 백성 이스라엘에게 가져다주실 미래 축복으로 예언의 초점이 이동된다. 그리하여 24장 마지막에서는 22장 첫 장면에 등장한 발람과 너무나 동떨어진 인물로 바뀌어져 있음을 알 수 있다. 발람이 엄청난 영적 개안을 한 셈이다.

23

⁷ 발람이 예언을 전하여 말하되 발락이 나를 아람에서, 모압 왕이 동쪽 산에서 데려다가 이르기를 와서 나를 위하여 야곱을 저주하라, 와서 이스라엘을 꾸짖으라 하도다. ⁸ 하나님이 저주하지 않으신 자를 내가 어찌 저주하며 여호와께서 꾸짖지 않으신 자를 내가 어찌 꾸짖으랴. ⁹ 내가 바위 위에서 그들을 보며 작은 산에서 그들을 바라보니 이 백성은 홀로 살 것이라 그를 여러 민족 중의 하나로 여기지 않으리로다. ¹⁰ 야곱의 티끌을 누가 능히 세며 이스라엘 사분의 일을 누가 능히 셀고 나는 의인의 죽음을 죽기 원하며 나의 종말이 그와 같기를 바라노라 하매 ¹¹ 발락이 발람에게 이르되 그대가 어찌 내게 이같이 행하느냐. 나의 원수를 저주하라고 그대를 데려왔거늘 그대가 오히려 축복하였도다. ¹² 발람이 대답하여 이르되 여호와께서 내 입에 주신 말씀을 내가 어찌 말하지 아니할 수 있으리이까.

1) 발람의 첫 번째 예언 ● 23:7-12

발람은 발락의 기대와는 전혀 다른 신탁을 전달한다. 이스라엘은 열국 중에서 아주 독특한 백성이요 의로운 백성이라고 선포한다. 이스라엘은 열국 중에 어떤 나라와도 비견될 수 없는 하나님의 거룩한 백성출 19:5-6이라는 것이다(아직 언약사상이 명시적으로 나오지는 않는다). 열방 중에서 오직 하나님께만 속한 백성이라는 것이다. 이것이 바로 "열방 중에 홀로 거하는 백성"의 의미다. 또한 그는 야곱의 인구수는 티끌처럼 중다하여 셀 수가 없음을 미리 예견한다.창 13:16 발람은 이제 발락이 "그저 애굽에서 나온 한 백성"이라고 말한 그들이 하나님께서 애굽에서 일부러 구출하신 백성임을 알아차린다.^{22:5,} ^{23:22} 발락이 저주를 부탁한 그 백성이 바로 하나님이 축복하신 백성, 열방을 축복과 저주의 운명으로 가를 기준이 되는 백성임을 알아차린 것이다. 발람은 시간이 갈수록 자신과 하나님, 자신과 이스라엘을 동일시하기 시작한다. 그는 심지어 그 자신도 이스라엘처럼 축복되기를 원한다고 말한다.^{23:10}

23

¹³발락이 말하되 나와 함께 그들을 달리 볼 곳으로 가자. 거기서는 그들을 다 보지 못하고 그들의 끝만 보리니 거기서 나를 위하여 그들을 저주하라 하고 ¹⁴소빔 들로 인도하여 비스가 꼭대기에 이르러 일곱 제단을 쌓고 각 제단에 수송아지와 숫양을 드리니 ¹⁵발람이 발락에게 이르되 내가 저기서 여호와를 만나뵐 동안에 여기 당신의 번제물 곁에 서소서 하니라. ¹⁶여호와께서 발람에게 임하사 그의 입에 말씀을 주시며 이르시되 발락에게로 돌아가서 이렇게 말할지니라. ¹⁷발람이 가서 본즉 발락이 번제물 곁에 섰고 모압 고관들이 함께 있더라. 발락이 발람에게 이르되 여호와께서 무슨 말씀을 하시더냐. ¹⁸발람이 예언하여 이르기를 발락이여, 일어나 들을지어다. 십볼의 아들이여, 내게 자세히 들으라. ¹⁹하나님은 사람이 아니시니 거짓말을 하지 않으시고 인생이 아니시니 후회가 없으시도다. 어찌 그 말씀하신 바를 행하지 않으시며 하신 말씀을 실행하지 않으시랴. ²⁰내가 축복할 것을 받았으니 그가 주신 복을 내가 돌이키지 않으리라. ²¹야곱의 허물을 보지 아니하시며 이스라엘의 반역을 보지 아니하시는도다. 여호와 그들의 하나님이 그들과 함께 계시니 왕을 부르는 소리가 그 중에 있도다. ²²하나님이 그들을 애굽에서 인도하여 내셨으니 그의 힘이 들소와 같도다. ²³야곱을 해할 점술이 없고 이스라엘을 해할 복술이 없도다. 이 때에 야곱과 이스라엘에 대하여 논할진대 하나님께서 행하신 일이 어찌 그리 크냐 하리로다. ²⁴이 백성이 암사자 같이 일어나고 수사자 같이 일어나서 움킨 것을 먹으며 죽인 피를 마시기 전에는 눕지 아니하리로다 하매 ²⁵발락이 발람에게 이르되 그들을 저주하지도 말고 축복하지도 말라. ²⁶발람이 발락에게 대답하여 이르되 내가 당신에게 말하여 이르기

를 여호와께서 말씀하신 것은 내가 그대로 하지 않을 수 없다고 하지 아니하더이까.

2) 발람의 두 번째 예언 ● 23:13-26

발락은 화가 났지만 어찌할 도리가 없어 발람의 두 번째 신탁을 구한다. 그러나 발람은 요지부동이다. 그는 또 하나님의 말씀만 증거할 것이라고 말한다. 그러자 발락은 이스라엘 백성이 보다 적게 보이는 지역으로 발람을 데려간다. 발락은 이스라엘의 압도적인 강력함에 의해 발람의 예언이 영향을 받았을 것이라고 생각했을지도 모른다. 그는 발람이 신탁의 내용을 바꾸어 줄 수 있을 것이라는 희망을 가지고 이스라엘의 끝만 보이는 비스가산 꼭대기로 인도한 것이다. 물론 이번에도 일곱 황소 및 염소 희생제물들을 드린다. 야웨의 호의를 받아내려고 안간힘을 쓴다. 이내 발람은 발락에게 줄 두 번째 메시지를 받는다.

발람은 이스라엘 백성은 하나님을 자신들의 힘으로 삼는 백성이라서 강력하고 난공불패의 공동체라고 선포한다. 하나님은 거짓말을 하지 않으시고 스스로 말씀하신 바를 변개할 수 없기 때문에, 자신도 하나님의 축복 의도에 입각하여 이스라엘에게 축복예언을 할 수밖에 없다는 점을 부각시킨다.[23:18-20] 발람의 영적 지각에서 중요한 것은, 하나님은 여전히 이스라엘과 함께하신다는 사실이다.[23:21] 또한 하나님은 이스라엘에게 작정하신 것, 약속하신 것을 반드시 실행하신다. 이스라엘에 대한 하나님의 계약적 투신은 야곱의 허물도 초극한다는 것이다. 이스라엘은 그들의 패역을 초극하면서 그들을 보호해 주시는 하나님을 왕으로 모시고 사는 신정 왕국이다! 따라서 어떤 나라도 이스라엘을 대적해서는 안 된다. 이스라엘을 해할 어떤 복술도 없다. 발람은 더 나아가 하나님 자신이 이스라엘의 방호벽이요 방패임을 선언한다. 그래서 이스라엘은 앞으로 대적들과의 싸움에서 마치 사자가 그 먹이를 덮치듯이 항상 승리하게 될 것이다. 여기서 창세기 49:8-12의 유다 지파의 형상이 떠오른다. 규, 별, 사자 등 이미지 면에서 24절은 창세기 49장의 유다에 대한 야곱의 축복을 되울리고 있다. 발람 신탁의 숨은 주제가 다윗 왕국에 대한 칭송이요 다윗 왕권의 열방 지배 정당화임을 알게 된다. 아브라함 언약은 다윗 언약에 와서 중간결산이 이루어지는 셈이다.

이스라엘의 찬란한 미래를 예언하는 발람의 불가항력적 신탁에 대해 발락은 격노하였으나 어찌할 도리를 찾지 못했다. 그래서 발락은 발람에게 차라리 아무 말도 하지 말라고 명령하기에 이른다. 하지만 발람은 하나님의 명하시는 바를 초지일관 숨김없이 선포한다.

23 ²⁷발락이 발람에게 또 이르되 오라, 내가 너를 다른 곳으로 인도하리니 네가 거기서 나를 위하여 그들을 저주하기를 하나님이 혹시 기뻐하시리라 하고 ²⁸발락이 발람을 인도하여 광야가 내려다 보이는 브올산 꼭대기에 이르니 ²⁹발람이 발락에게 이르되 나를 위하여 여기 일곱 제단을 쌓고 거기 수송아지 일곱 마리와 숫양 일곱 마리를 준비하소서. ³⁰발락이 발람의 말대로 행하여 각 제단에 수송아지와 숫양을 드리니라.

24 ¹발람이 자기가 이스라엘을 축복하는 것을 여호와께서 선히 여기심을 보고 전과 같이 점술을 쓰지 아니하고 그의 낯을 광야로 향하여 ²눈을 들어 이스라엘이 그 지파대로 천막 친 것을 보는데 그 때에 하나님의 영이 그 위에 임하신지라. ³그가 예언을 전하여 말하되 브올의 아들 발람이 말하며 눈을 감았던 자가 말하며 ⁴하나님의 말씀을 듣는 자, 전능자의 환상을 보는 자, 엎드려서 눈을 뜬 자가 말하기를 ⁵야곱이여, 네 장막들이, 이스라엘이여, 네 거처들이 어찌 그리 아름다운고. ⁶그 벌어짐이 골짜기 같고 강 가의 동산 같으며 여호와께서 심으신 침향목들 같고 물 가의 백향목들 같도다. ⁷그 물통에서는 물이 넘치겠고 그 씨는 많은 물 가에 있으리로

다. 그의 왕이 아각보다 높으니 그의 나라가 흥왕하리로다. ⁸ 하나님이 그를 애굽에서 인도하여 내셨으니 그 힘이 들소와 같도다. 그의 적국을 삼키고 그들의 뼈를 꺾으며 화살로 쏘아 꿰뚫으리로다. ⁹ 꿇어 앉고 누움이 수사자와 같고 암사자와도 같으니 일으킬 자 누구이랴. 너를 축복하는 자마다 복을 받을 것이요 너를 저주하는 자마다 저주를 받을지로다.

3) 발람의 세 번째 예언 ● 23:27-24:9

그럼에도 불구하고 발락은 이스라엘을 저주하려는 자신의 초지를 결코 포기하지 않는다. 그래서 발락은 조작적 제의를 통해 야웨가 혹시나 마음을 바꾸지 않을까 하여 발람을 또 다른 장소로 데리고 간다. 광야가 내려다보이는 브올산에서 마지막으로 일곱 수송아지, 일곱 숫양 번제를 드리며 모압 왕은 발람에게 또 신탁중개를 요청한다. 하지만 발람은 이제 더 이상 야웨 하나님께 어떤 길흉의 신탁을 구하지 않는다. 그는 이스라엘의 하나님이 인간의 제의나 기도로 조작될 분이 아닌, 절대주권을 가진 독특한 하나님임을 깨달았기 때문이다. 자신이 말씀하신 바를 성취하시는 하나님임을 알게 되었기 때문이다. 그는 이제 하나님이 이교도적인 제사로 뜻을 바꾸시는 분이 아님을 알고 이전에 쓰던 사술을 포기한 것이다.²³:²⁹⁻²⁴:¹

지파별로 행진해 오고 있는 이스라엘을 처음부터 축복해 주는 것이 야웨 하나님을 기쁘게 할 것임을 안 후부터 발람은 광야로 낯을 돌려서 이스라엘을 위한 축복기도를 쏟아 낸다. 지파대로 거하는 이스라엘의 미래 번영과 풍요, 위세당당한 민족 웅비를 노래한다. 하나님의 영으로 가득 찬 상태에서 미래를 통찰하고 예견한다.

발람은 이제 한 걸음 더 나아가서 이스라엘의 위대성을 알아차리고 그들을 축복하는 자들을 축복하고 저주하는 자들을 저주하게 된다(아브라함 언약의 실행). 발람은 자신이 이스라엘을 축복하는 것을 야웨께서 선히 여기신다는 것을 감지하고 점술에 호소하지 않고 광야에서 쇄도하는 이스라엘을 주목한다. 그는 적극적으로 이스라엘을 향한 하나님의 의지를 알아차리고 하나님을 찬양한다. 이스라엘의 장엄함과 복스러움을 선포한다. 야곱은 엄청난 부와 번영을 누릴 것이다. 장차 이스라엘 백성은 더욱 위대하고 강력해질 것이며, 그의 대적들을 멸절시킬 만큼 강력한 공동체가 될 것이다. 야웨 하나님이 이스라엘의 방패가 될 것이기 때문이다. 이스라엘의 거처가 얼마나 아름답고 번성할 것인가? 물 가에 심긴 나무처럼 번성할 것이다. 이스라엘의 위력은 통에 물이 넘치듯이 주변에 흘러넘칠 것이다. 이스라엘은 열방을 축복과 저주의 운명으로 가르는 기준점이 될 것이다. 그래서 결국 이스라엘을 축복하는 자는 복을 받을 것이요 저주하는 자는 저주를 받을 수밖에 없을 것임을 예언한다. 먹을 것을 움킨 사자 이미지가 9절에서 다시 사용된다.

IV.
하나님 나라에 저항하는 정사와 권세들

24

¹⁰ 발락이 발람에게 노하여 손뼉을 치며 말하되 내가 그대를 부른 것은 내 원수를 저주하라는 것이어늘 그대가 이같이 세 번 그들을 축복하였도다. ¹¹ 그러므로 그대는 이제 그대의 곳으로 달아나라. 내가 그대를 높여 심히 존귀하게 하기로 뜻하였더니 여호와께서 그대를 막아 존귀하지 못하게 하셨도다. ¹² 발람이 발락에게 이르되 당신이 내게 보낸 사신들에게 내가 말하여 이르지 아니하였나이까. ¹³ 가령 발락이 그 집에 가득한 은금을 내게 줄지라도 나는 여호와의 말씀을 어기고 선악간에 내 마음대로 행하지 못하고 여호와께서 말씀하신 대로 말하리라 하지 아니하였나이까. ¹⁴ 이제 나는 내 백성에게로 돌아가거니와 들으소서. 내가 이 백성이 후일에 당신의 백성에게 어떻게 할지를 당신에게 말하리이다 하고 ¹⁵ 예언하여 이르기를 브올의 아들 발람이 말하며 눈을 감았던 자가 말하며 ¹⁶ 하나님의 말씀을 듣는 자가 말하며 지극히 높으신 자의 지식을 아는 자, 전능자의 환상을 보는 자, 엎드려서 눈을 뜬 자가 말하기를 ¹⁷ 내가 그를 보아도 이 때의 일이 아니며 내가 그를 바라보아도 가까운

일이 아니로다. 한 별이 야곱에게서 나오며 한 규가 이스라엘에게서 일어나서 모압을 이쪽에서 저쪽까지 쳐서 무찌르고 또 셋의 자식들을 다 멸하리로다. ¹⁸ 그의 원수 에돔은 그들의 유산이 되며 그의 원수 세일도 그들의 유산이 되고 그와 동시에 이스라엘은 용감히 행동하리로다. ¹⁹ 주권자가 야곱에게서 나서 남은 자들을 그 성읍에서 멸절하리로다 하고 ²⁰ 또 아말렉을 바라보며 예언하여 이르기를 아말렉은 민족들의 으뜸이나 그의 종말은 멸망에 이르리로다 하고 ²¹ 또 겐 족속을 바라보며 예언하여 이르기를 네 거처가 견고하고 네 보금자리는 바위에 있도다. ²² 그러나 가인이 쇠약하리니 나중에는 앗수르의 포로가 되리로다 하고 ²³ 또 예언하여 이르기를 슬프다. 하나님이 이 일을 행하시리니 그 때에 살 자가 누구이랴. ²⁴ 깃딤 해변에서 배들이 와서 앗수르를 학대하며 에벨을 괴롭힐 것이나 그도 멸망하리로다 하고 ²⁵ 발람이 일어나 자기 곳으로 돌아가고 발락도 자기 길로 갔더라.

4) 발람의 네 번째 예언 • 24:10-25

발락은 이제 격노하여 발람을 통해 이스라엘을 저주할 수 있다는 계획을 포기하기에 이른다. 이 기가 막힌 세 번째 축복예언을 들은 발락은 노하여 손뼉을 치며 "썩 꺼지라!"고 소리친다. 발람은 하나님이 자신에게 주신 말씀을 벗어날 수 없다는 원칙을 고수하며 버틴다. 발람이 돌아가는 귀로에 저 유명한 네 번째 예언, 곧 이상왕 도래에 대한 예언을 선포한다.

발람은 진실로 이스라엘을 향하신 하나님의 장엄한 계획을 간파하고 하나님을 찬양한다.[24:15-16] 발람은 야곱의 별로 일컬어지는 한 이상왕의 등장과 그가 이끌 한 이상적인 미래 왕국의 도래, 그리고 현재의 근방 왕국들의 몰락을 예언한다. 이스라엘이 발락의 백성에게 가할 공세적인 제압을 예언한다. 먼 미래에 이스라엘에서 나올 그 별과 규는 세계를 다스릴 이상왕의 정치적 영도력을 발휘할 것이다. 열방들은 이상왕에게 복종해야 한다(동방박사). 모압과 인근 나라들은 그 이상왕이 지도하는 미래 이스라엘에게 예속될 것이다. 현재 활약하고 있는 세상 지도자(왕국)들은 멸망될 것이다. 아말렉, 가인 족속(겐 족속, 곧 미디안 족속), 앗수르, 에벨은 쇠망하거나 학대를 당할 것이다. 이스라엘 숙적들의 미래는 참혹하고 가련할 것이지만, 이스라엘의 왕인 야곱의 별은 용감한 이스라엘을 만들어 주변 대적들을 정복할 것이다. 여기서 심지어 앗수르의 포로됨이 언급되고 앗수르 자체가 깃딤의 배들에게 공격을 받는 이야기가 언급된다. 엄청난 천리안적 혜안이다. 야곱의 별, 이스라엘에게서 나온 홀^笏 예언은 부분적으로 다윗과 다윗의 왕적인 영도력을 계승한 왕들에 의하여 부분적으로 성취되었다(다윗, 웃시야, 히스기야 등). 결국 발람의 세 번째 예언이 사사 시대 혹은 12지파의 이상적인 통일을 이룬 통일왕국 시대를 이상화하고 있다면, 네 번째 예언은 통일왕국 시대가 가져올 부국강성의 번영을 미리 내다본다고 볼 수 있다. 전체적으로 다윗 시대가 발람의 예언이 겨냥하는 중간 기착점이며, 예수 그리스도와 그의 나라가 종말론적 목적지로 해석될 수 있다.

발람의 예언을 떠받치는 중심: 아브라함 언약

발람의 예언을 떠받치는 신학은 아브라함 언약과 다윗 언약이다. 발락은 전혀 이해하지 못했던 것이자 또 이해하려고도 하지 않은 사실이지만, 시간이 갈수록 발람이 점점 깊이 깨달았던 엄청나게 중차대한 사실은 하나님께서 아브라함과 맺은 언약이다. 발람의 예언은 이스라엘과 하나님 사이에 있는 언약 관계의 본질과 위력을 이방인의 관점에서 매우 생동감 넘치는 필치로 그린다. 하나님은 이스라엘의 허물에도 불구하고 계약을 파기하지 않으신다. 하나님은 약속하신 것, 작정하신 것을 반드시 이루시는 분이다. 하나님은 역사의 주관자이시며 절대주권적 자유자이시기 때문이다. 저주 예언자 발람을 고용해도 모압 왕 발락은 이 계약 관계를 소멸시킬 수 없다. 이교도적 사술이나 복술로 이 계약 관계는 깨어질 수 없는 것이다. 심지어 이스라엘의 죄악도 하나님이 아브라함에게 은혜로 베푸신 언약을 단절시킬 수 없다. 하물며 어찌 한갓 허무한 이교도 복술가인 발람이 이 언약 관계를 변형시킬 수 있거나 반전시킬 수 있겠는가?[23:7-8] 이런 사태의 진실을 전혀 모르는 발락은 발람에게 이스라엘을 저주해 달라고 했으니 이 얼마나 어리석은 시도였던가?

결론적으로 네 편의 발람 예언은 광야 38년 동안 시내산 계약의 요구 아래서 무수한 징계와 심판을 경험한 이스라엘 백성에게 주어진 예기치 않은 위로였다. 시내산 계약의 요구에는 한없이 넘어지고 실패했지만 이스라엘 백성은 가나안 쪽으로 진일보하였던 것이다. 가나안 땅 정복은 하나님께서 아브라함과 후손에게 그 땅을 선물로 주시겠다는 언약의 핵심이었다.[창 12-15장] 결국 발람의 예언은 창세기 12:1-3의 실제적 반증 사건이다. 열국을 축복과 저주의 운명으로 양분할 기준 백성인 이스라엘과 하나님 사이에 작용하는 엄청난 계약적 특권과 위력을 생생하게 보여준다. 가나안 정착 후 이스라엘의 역사는 숱한 '발락'과 '발람'의 발악에 찬 도전을 받을 것이다. 그러나 하나님께서 아브라함과 맺은 언약이 이스라엘을 지켜 줄 것이다. 왕국 시대 초입에 아브라함 언약은 부분적으로 다윗 언약으로 발전 계승된다. 다윗 언약 속에서 아브라함 언약은 중간 단계의 성취를 맛본다.

결론적으로 발락과 발람은 각자 자기 길로 돌아간다. 둘의 동맹은 대실패로 끝난 것처럼 보인다. 이방 선지자의 입을 통한 이스라엘의 번영 예언은 광야 경험의 모든 부정적인 양상을 상쇄할 만한 예언이요, 현실 초극적이고 기투(企投)적인 예언이다. 발람의 예언은 왜 이스라엘이 약속의 땅을 차지하는 전진에서 거침없이 돌진할 수 있는지 그 이유를 설명하는 계시적인 내용을 제공한다. 비록 이스라엘은 아직도 죄를 짓고 하나님께 심판과 징벌을 당하고 있는 백성이지만, 또한 승승장구하면서 약속의 땅을 정복하기 위해 육박한다. 그런데 이스라엘의 가나안행 전진은 이스라엘 백성 자체의 용기로 설명될 수는 없다. 하나님께서 아브라함에게 베푸신 언약의 말씀을 성취하고 계시기 때문인 것이다.[창 12:3, 27:29]

바알브올 음란 제의에 넘어지는 출애굽 2세대 ●25장

25 [1]이스라엘이 싯딤에 머물러 있더니 그 백성이 모압 여자들과 음행하기를 시작하니라. [2]그 여자들이 자기 신들에게 제사할 때에 이스라엘 백성을 청하매 백성이 먹고 그들의 신들에게 절하므로 [3]이스라엘이 바알브올에게 가담한지라. 여호와께서 이스라엘에게 진노하시니라. [4]여호와께서 모세에게 이르시되 백성의 수령들을 잡아 태양을 향하여 여호와 앞에 목매어 달라. 그리하면 여호와의 진노가 이스라엘에게서 떠나리라. [5]모세가 이스라엘 재판관들에게 이르되 너희는 각각 바알브올에게 가담한 사람들을 죽이라 하니라.

1) 선 줄로 생각한 자가 넘어질까 조심해야 하는 이유 25:1-5

노골적인 저주기도를 통하여 이스라엘의 기세를 꺾으려다가 실패한 모압과 미디안 동맹 세력은 이제 전혀 다른 전쟁을 걸어 온다. 영적 전쟁이다. 이번에는 모압-미디안 여인들이 주도 세력이 되어 바알브올 제의를 통해 이스라엘 남자들을 집단적으로 유혹하는 데 성공한다. 이 과정에서 발람의 유혹이 크게 작용했음이 드러난다.[31:16] 사실 24장에서 25장으로 넘어가면서 발락과 발람의 종국이 어떻게 되었는지 잘 드러나지 않는다. 발락과 발람의 활동은 24장에서 끝난 것처럼 보인다. 발락과 발람은 25장에 등장하지 않지만 사실상 이 두 사람이 사건의 배후 인물임이 나중에 드러난다. 발람과 발락은 헤어지면서 또 다른 이면 계약(영적 공격)을 맺었던 것처럼 보인다. 발람은 야웨의 영에 사로잡힐 때에는 이스라엘을 축복하고 맨정신일 때에는 발락의 협조자로 살았던 것이다. 이중간첩이었던 셈이다.

이스라엘 남자들이 싯딤(약속의 땅에 들어가기 전 마지막 체류지)^{수 2:1}에 있을 때, 모압의 신 바알브올을 섬기는 우상숭배에 빠져 버린다. 모압 여인들은 이스라엘 남자들을 유혹하여 야웨 신앙에서 이탈하도록 이끈다. 모압과 미디안 여인들을 통한 영적 공격 앞에 이스라엘 남자들이 무너져 버린 것이다(모압과 암몬 족속은 야웨의 총회 입회 금지).^{신 23:3-5} [4] 이스라엘 남자들이 모압의 딸들과 음행했다고 할 때 '음행하다'는 동사는 단수다. 즉, 온 백성(이스라엘 남자들)이 한 덩어리가 되어 한 몸처럼 범죄했다는 의미다. 그래서 이스라엘 남자들은 바알브올에게 연합하였다. 이것은 이중적인 의미에서의 음행이었다. 실제로 이스라엘 남자들이 모압-미디안 여자들과 행음했다. 둘째, 성경은 우상숭배를 행음이라고 본다.^{출 34:15-16, 레 17:7, 20:5-6} 성적 음란 제의 참여는 곧장 영적 행음인 것이다. 출애굽기 32장의 출애굽 1세대의 영적 음란 범죄와 2세대의 음란 범죄가 흡사하다.[5] 앞서 언급했듯이 이 신속한 집단 배교에는 발람의 계략이 연루되었음이 밝혀진다(버가모 교회의 발람의 교훈을 따르는 사람들).^{계 2:14} 31:8-18에 가서야 우리는 사태의 진실에 접근한다. 이스라엘 백성은 이미 죽은 미디안 왕들 외에 자신들을 영적 행음죄로 유인하는 데 참여한 것처럼 보이는 또 다른 미디안 왕들을 죽인다. 그리고 마지막으로 그들은 브올의 아들 발람도 죽인다. 아울러 미디안 여인들을 끌어내고 그들의 아이들을 끌어낸다. 가축과 재산을 약탈하고 성읍을 태워 버린다. 모든 인적·물적 전리품을 가지고 모세에게로 왔다. 모세는 그들이 여인들을 살려둔 것에 대해 격노하였다. "이들은 발람의 지략에 따라 이스라엘 사람들로 하여금 야웨께 반역하도록 부추긴 자들이 아닌가? 그리고 공동체 내에서 역병을 불러일으키지 아니하였던가?" 그러므로 모세는 다시 한 번 엄명을 내린다. "모든 남자아이와 사내를 아는 미디안 여인을 죽여라."

결국 이스라엘 남자들이 바알브올(모압-미디안 여인들)과 연합되었으므로 2만4천 명이 염병으로 죽는 심판이 초래되었다. 하나님께서 모세에게 배교에 연루된 모든 수령급 인물들을 도륙하여 그분의 거룩한 진노가 온 백성에게까지 미치지 않도록 하라고 명령하신다. "모든 남자들의 두목을 잡아 태양을 향하여(환한 대낮에) 야웨 앞에서 목매어 죽이라." 공개적으로 죽여서 일벌백계로 삼으라는 것이다. 그래야 하나님의 진노에서 피할 것이다. 신속한 일벌백계가 하나님의 진노를 그치게 하였지만, 또 하나 하나님의 진노를 그치게 만든 것은 제사장 비느하스의 거룩한 질투심이었다.

25 ⁶ 이스라엘 자손의 온 회중이 회막 문에서 울 때에 이스라엘 자손 한 사람이 모세와 온 회중의 눈앞에 미디안의 한 여인을 데리고 그의 형제에게로 온지라. ⁷ 제사장 아론의 손자 엘르아살의 아들 비느하스가 보고 회중 가운데에서 일어나 손에 창을 들고 ⁸ 그 이스라엘 남자를 따라 그의 막사에 들어가 이스라엘 남자와 그 여인의 배를 꿰뚫어서 두 사람을 죽이니 염병이 이스라엘 자손에게서 그쳤더라. ⁹ 그 염병으로 죽은 자가 이만 사천 명이었더라. ¹⁰ 여호와께서 모세에게 말씀하여 이르시되 ¹¹ 제사장 아론의 손자 엘르아살의 아들 비느하스가 내 질투심으로 질투하여 이스라엘 자손 중에서 내 노를 돌이켜서 내 질투심으로 그들을 소멸하지 않게 하였도다. ¹² 그러므로 말하라. 내가 그에게 내 평화의 언약을 주리니 ¹³ 그와 그의 후손에게 영원한 제사장 직분의 언약이라. 그가 그의 하나님을 위하여 질투하여 이스라엘 자손을 속

죄하였음이니라. ¹⁴죽임을 당한 이스라엘 남자 곧 미디안 여인과 함께 죽임을 당한 자의 이름은 시므리니 살루의 아들이요 시므온인의 조상의 가문 중 한 지도자이며 ¹⁵죽임을 당한 미디안 여인의 이름은 고스비이니 수르의 딸이라. 수르는 미디안 백성의 한 조상의 가문의 수령이었더라. ¹⁶여호와께서 모세에게 말씀하여 이르시되 ¹⁷미디안인들을 대적하여 그들을 치라. ¹⁸이는 그들이 속임수로 너희를 대적하되 브올의 일과 미디안 지휘관의 딸 곧 브올의 일로 염병이 일어난 날에 죽임을 당한 그들의 자매 고스비의 사건으로 너희를 유혹하였음이니라.

2) 역병을 그치게 한 비느하스의 거룩한 질투심 ●25:6-18

하나님의 진노가 결정적으로 누그러뜨려지고 역병이 그치게 된 상황 변화의 계기는 비느하스의 거룩한 질투와 배교자 처단이었다. 하나님의 거룩성을 수호하기 위한 거룩한 질투심과 그것에서 유발된 영적 척결 작업이 하나님의 진노와 역병을 멈추게 만드는 제의적인 효력을 발휘한 것이다. 사건의 발단은 이렇다.

이스라엘 백성이 역병으로 죽은 가족과 처형당한 가족 때문에 모두 다 회막 문 앞에서 크게 울고 있는데도 시므온 지파의 족장인 시므리가 미디안 제사장 수르의 딸 고스비를 데리고 온다. 이 여인은 바알브올 사건의 총기획자였던 것처럼 보인다.²⁵:¹⁸, ³¹:⁸ 역병은 이스라엘 진중에 한참 번지고 있었고 회막에 총회가 소집되어 있었는데, 시므리는 공공연히 미디안 여인을 장막으로 데리고 가는(성적 관계를 위해) 과정에서 시위하듯이 회막 문으로—"모세와 온 회중의 눈앞에"²⁵:⁶—나아오는 것이 아닌가? 이것은 부주의에 의한 실수가 아니라 온 회중의 통곡과 애통 분위기에 맞서는 일종의 시위였을 것이다. "미디안 여자랑 어울리는 것과 역병이 무슨 상관이냐? 미디안 여자가 어때서?" 이런 식의 공공연한 항변이었을 것이다. 바로 이때 제사장 비느하스가 일어나서 회중을 대신하는 자세로 그 배교자와 미디안 여자를 공개적으로 처단한다. 이 거룩한 질투심으로 유발된 행동으로 이미 2만4천 명의 목숨을 앗아 간 역병이 즉시 그친다.^{고전 10:8} 이런 연유로 하나님은 모세에게 미디안 족속과는 영원한 적대 관계(교전 상태)를 유지하도록 명하신다. 우상숭배와의 영원한 전쟁을 명하신 것이다. 이것은 어떤 인종에 대한 적대 행위 명령 지침이 아니다. 기만적인 종교로 이스라엘의 집단 배교를 촉발시킨 모든 이방 족속들의 유혹 행위에 대한 항구적인 교전 행위인 셈이다. 한편 하나님은 비느하스를 옹호하고 그의 영웅적인 투쟁에 대한 보상으로 영원한 제사장직을 보장하신다.^{25:10-13}

저주기도 전문가 발람을 앞세워 무섭게 육박하는 이스라엘의 기세를 꺾어 보려던 모압 왕 발락의 마지막 전략도 하나님의 은혜와 비느하스 같은 야훼의 열심 소유자로 인해 실패로 돌아갔다. 마지막 전략은 모압이 발람의 계략에 의지하여 미디안 여인들의 바알브올 제의를 앞세워 이스라엘의 영적 대오를 다시금 크게 흐트러뜨리려는 계략이었다. 하지만 이스라엘은 하나님의 계약적 신실성에 힙입어 위기를 극복할 수 있었다. 이 최후의 위기를 초기에 수습할 수 있었던 요인은 야훼를 향한 거룩한 질투심에 사로잡힌 비느하스와 같은 지도자의 활약이었다. 앞에서 보았듯이 비느하스의 지도력은 백성들의 우상숭배 죄를 상쇄시키고 대속하는 위력을 발휘했다. 이처럼 출애굽 2세대인 이스라엘 백성은 모압-미디안 연합 세력의 영적 공세를 돌파하는 과정에서 광야 시절의 마지막 징계를 당하지만 약속의 땅을 향해 한 걸음 더 진군할 수 있었다. 시내산 계약의 기준으로 볼 때는 전혀 불신실한 계약 파트너인 이스라엘의 실패를 하나님의 계약적 은총(아브라함 언약)이 초극하였기 때문이다. 시내산 계약에 의한 심판과 징계 자체가 하나님께서 아브라함에게 주신 약속("네 후손이 가나안 땅을 상속하리라")^{창 15:13-14}을 무효화하지 못한다. 특히 민수기 22-24장은 아브라함과 맺은 하나님의 언약이야말로 위대하며 이스라엘 역사를 지탱하고 추진하는 견인차였음을 잘 예해하고 있다. 우리는 네 차례에 걸친 발람의 예언을 자세히 살펴봄으로써 이스라엘 민족의 미래를 견인할 아브라함 언약의 효력을 가늠할 수 있다.

V.

민수기 26-36장

가나안 정복전쟁을 향한 새 세대 이스라엘의 징집령

민수기를 양분하는 사건은 두 차례 실시되는 인구조사(징병조사)다. 1-25장과 26-36장은 여러 대강과 세목에서 병행을 이루고 있다.[1] 인구조사는 옛 세대의 소멸과 퇴장, 그리고 새로운 세대의 등장을 부각시킨다. 민수기는 세대교체의 문제, 곧 세대를 넘는 신앙 전수의 문제와 씨름하고 있다. "과거의 구원 및 심판 이야기가 새로운 세대에게도 신선하고 역동적으로 읽힐 수 있는가?"를 다룬다. 그것은 세부적으로 삶과 죽음의 한계 상황과 양극성polarities을 다룬다. 민수기는 여러 쟁점들에 연루되어 있는 '경계선'에 대한 이야기와 율법을 많이 간직하고 있다.[2] 옛 세대와 새 세대 간의 경계선, 이스라엘과 다른 나라들과의 경계선, 하나님의 거룩한 현존과 이스라엘의 죄악된 삶 사이의 경계선, 지도자와 추종자의 경계선, 지파의 영토들 사이의 경계선, 축복과 저주의 경계선, 의도적인 죄와 우발적인 죄 사이의 경계선, 하나님의 심판과 용서의 경계선이다.

이러한 경계선을 중심으로 펼쳐지는 갈등과 쟁투들은 민수기 안에서 하나의 대화 구조(변증법적인 의사소통)를 만든다. 해소되지 않는 주제적 긴장을 가진 대화가 다양한 방식으로 진행된다. 따라서 민수기 26-36장은 가나안 정착생활을 임박한 미래 사건으로 전제한 규례들을 다룬다. 그것은 가나안 땅에서 펼쳐질 하나님 나라의 영토성을 집중적으로 부각시킨다. 여기서 하나님 나라 운동은 하나님의 다스림 아래 들어오지 않는 반역 상태의 세상(땅)을 정복하는 데서 시작되기 때문에 전쟁은 불가피한 것으로 이해된다. 그래서 가나안 정복전쟁에 참여할 출애굽 2세대 전사들의 징집령이 내려지는 것은 자연스럽다.[26장] 아브라함에게 베푸신 언약의 성취물인 가나안 땅 하사는 단지 한 민족국가의 시작이 아니라 하나님의 세계 통치 거점을 확보하는 일의 시작이다. 가나안 땅 상속은 하나님의 약속이지만 아브라함과 하나님 사이에 맺어진 쌍방속박적 언약 조항이다. 야웨 하나님은 아브라함의 후손들에게 가나안 땅을 하사할 의무가 있고, 아브라함의 후손들은 그 하사하시는 땅을 받아서 차지할 의무에 매여 있다는 말이다.

　가나안 땅을 차지할 하나님의 거룩한 군사를 징집한 후에 가나안 정복전쟁을 주도하고 영도할 새로운 지도자가 세워지는 것 또한 자연스럽다. 모세의 영도자적 카리스마는 새 지도자 여호수아에게로 이양된다. 마지막으로 땅의 항구적인 점유를 위한 규례가 추가된다. 이 규례들은 하나님이 주신 기업으로서의 땅을 지파 공동체 안에서 계속 점유하는 것이 얼마나 중요한지를 가르친다. 이스라엘은 가나안 땅을 차지하기 위해 하나님에 대한 배타적인 예배를 드려야 하며 동시에 땅의 보전을 위해 주어진 율법을 준행해야 한다.[28-29장, 33-36장, 레 1-7장, 23장, 25장] 여기서 이스라엘 백성은 가나안 땅의 분배와 상속, 사용에 대한 중요한 지침을 받는다.[28-36장]

출애굽 2세대의 군대조직화 ● 26:1-56

26 ¹염병 후에 여호와께서 모세와 제사장 아론의 아들 엘르아살에게 말씀하여 이르시되 ²이스라엘 자손의 온 회중의 총수를 그들의 조상의 가문을 따라 조사하되 이스라엘 중에 이십 세 이상으로 능히 전쟁에 나갈 만한 모든 자를 계수하라 하시니 ³모세와 제사장 엘르아살이 여리고 맞은편 요단 가 모압 평지에서 그들에게 전하여 이르되 ⁴여호와께서 애굽 땅에서 나온 모세와 이스라엘 자손에게 명령

하신 대로 너희는 이십 세 이상 된 자를 계수하라 하니라.…… ⁵¹ 이스라엘 자손의 계수된 자가 육십만 천칠백삼십 명이었더라. ⁵² 여호와께서 모세에게 말씀하여 이르시되 ⁵³ 이 명수대로 땅을 나눠 주어 기업을 삼게 하라. ⁵⁴ 수가 많은 자에게는 기업을 많이 줄 것이요 수가 적은 자에게는 기업을 적게 줄 것이니 그들이 계수된 수대로 각기 기업을 주되 ⁵⁵ 오직 그 땅을 제비 뽑아 나누어 그들의 조상 지파의 이름을 따라 얻게 할지니라. ⁵⁶ 그 다소를 막론하고 그들의 기업을 제비 뽑아 나눌지니라.

모세의 마지막 과업은 가나안 정복전쟁에 참여할 전투 역량(병력 수, 지휘관 인적 구조, 지파별 구성)을 점검하여 여호수아에게 인계하는 일이었다. 그래서 모세와 엘르아살의 영도력 아래 두 번째 인구조사(광야 심판에서 살아남은 세대를 위한 인구조사)가 모압 평지에 속한 여리고 맞은편 요단 강 앞에서 실시된다.^{26:1-4} 20세 이상된 남자들의 총인구는 60만1천730명이요, 레위인 인구는 2만3천 명으로 집계되었다. 또한 모세는 땅 정복을 기정사실화하고 땅을 어떻게 나눌 것인가 하는 문제까지 다룬다. 따라서 출애굽 2세대의 인구조사는 실제로 그들이 가나안 땅에 들어가서 차지할 땅 수요 조사(지파별 땅 분배를 위한 조사)이기도 한 셈이다. 그런 점에서 므낫세 지파 슬로브핫의 딸들이 땅(기업)의 딸 상속 가능성을 제기한 것은 적절한 문제 제기였다.

20세 이상 전쟁에 나갈 만한 이스라엘 백성의 총합은 60만1천730명이었는데, 1차 인구조사(60만3천550명)^{민 1:1-46}에 비하여 인구가 약간 감소되었음을 알 수 있다. 이것은 광야 40년 방랑은 '복과 번영'의 경험이 아니라 '심판과 징계'의 경험이었음을 보여준다. 르우벤 지파는 도합 4만3천730명이다. 여기서 고라의 반역 사건에 대한 간결한 회고가 삽입된다. 이스라엘의 장자 르우벤 자손은 하녹 종족, 발루 종족, 헤스론 종족, 갈미 종족 등 네 종족으로 분화되었다. 이중에 발루의 아들 엘리압으로부터 느무엘과 다단과 아비람이 났는데, 다단과 아비람은 회중 가운데서 부름을 받은 자들로서 고라의 무리에 들어가서 야웨께 반역하는 일에 동참했으며 고라와 함께 지진으로 죽었다. 하지만 고라 자손들은 고라, 다단, 아비람과는 달리 자연사했다는 사실이 강조된다.[26:11]

시므온 자손은 2만2천2백 명이다. 시므온 자손은 느무엘 종족과 야민 종족과 야긴 종족과 세라 종족과 사울 종족, 총 다섯 종족으로 분화되었다. 갓 자손은 4만5백 명이다. 갓 자손은 스본 종족, 학기 종족, 수니 종족, 오스니 종족, 에리 종족, 아롯 종족, 아렐리 종족의 총 일곱 종족으로 분화되었다. 유다 자손은 7만6천5백 명이다. 유다의 원래 장차남인 에르와 오난이 가나안 땅에서 죽었고 그 후에 유다의 자손들은 셀라 종족, 베레스 종족, 세라 종족으로 분화되었다. 그중에서도 베레스 자손은 헤스론 종족과 하물 종족으로 분화되었다. 잇사갈 자손은 6만4천3백 명이다. 잇사갈 자손은 돌라 종족과 부와에게서 난 부니 종족, 야숩 종족, 시므론 종족의 모두 네 종족으로 분화되었다. 스불론 자손은 6만5백 명이다. 스불론 자손은 세렛 종족, 엘론 종족, 얄르엘 종족으로 분화된다.

므낫세 자손은 5만2천7백 명이요 에브라임 자손은 3만2천5백 명이다. 므낫세의 자손은 마길 종족에게서 길르앗 종족으로 바로 세대가 이어지다가 길르앗 대에 와서 여러 종족으로 분화된다. 길르앗 자손은 이에셀 종족, 헬렉 종족, 아스리엘 종족, 세겜 종족, 스미다 종족, 헤벨 종족의 모두 여섯 종족으로 분화된다. 그런데 이 헤벨의 아들 슬로브핫에 와서 아들 상속자가 끊기고 다섯 딸들(말라, 노아, 호글라, 밀가, 디르사)이 아버지의 땅을 상속하게 될 운명이었다. 에브라임 자손은 수델라 종족, 베겔 종족, 다한 종족으로 분화되었으며 수델라 자손에게서 에란 종족이 나왔다. 베냐민 자손은 4만5천6백

명이다. 베냐민 자손은 벨라 종족, 아스벨 종족, 아히람 종족, 스부밤 종족, 후밤 종족의 다섯 종족으로 분화되었다. 그중 벨라에게서 두 아들 아릇과 나아만이 나왔고, 아릇에게서 아릇 종족과 나아만에게 서 나아만 종족이 나왔다. 단 자손은 6만4천4백 명이다. 단 자손은 수함 종족 단일계통으로 대가 이어졌다. 아셀 자손은 5만3천4백 명 이다. 아셀 자손은 임나 종족, 이스위 종족, 브리아 종족으로 분화되 었다. 그중 브리아의 자손에서 헤벨 종족과 말기엘 종족이 분화되어 나왔으며, 아셀의 경우 세라라는 딸도 계수되었다. 납달리 자손은 4 만5천4백 명이다. 납달리 자손은 야셀 종족과 구니 종족으로 분화 되었다. 그중에서 예셀에게서 난 예셀 종족과 실렘에게서 난 실렘 종족이 나왔다.

그래서 출애굽 2세대의 20세 이상된 전사의 총합은 60만1천730 명이었다.[26:51] 여기서 언급되는 '이름들'은 창세기 46:8-27과 밀접 하게 연관되어 있다. 창세기 46장에서는 각 지파의 조상급 인물들만 소개되는 데 비하여 여기에서는 종족[미쉬파호트(מִשְׁפָּחֹת)]들의 이름 까지 소개된다. 만일 슬로브핫의 딸들[26:33, 27:1-11]과 레위 자손의 종족 들까지 모두 포함한다면,[26:57-62] 이스라엘 백성은 '70종족'으로 구성 된 확장된 가족 공동체로 이해될 수 있다. 그렇다면 이 인구조사는 애 굽에 들어간 이스라엘 '개인'의 숫자가 70명인데 비하여 가나안 땅 에 들어오는 이스라엘은 70종족으로 불어났다는 것을 강조하는 셈 이다.[창 46:27, 출 1:5] 여기서 흥미로운 사실은 야곱이 에서보다 한 민족을 이루는 데 훨씬 더 긴 세월이 걸렸다는 사실이다.[창 36장] 사람이 한 나 라를 이루는 데 걸리는 시간보다 하나님이 한 나라를 형성하는 데 걸 리는 시간이 더 많다는 사실은 시사적이다.

26:52-56은 이상의 인구조사에 열거된 종족/가족을 따라 제비 를 뽑아 땅을 나누라고 명령하는 '하나님의 규례'를 다룬다. 더 큰

가족에게는 더 큰 기업의 땅이 상속되어야 하고, 상대적으로 규모가 작은 가족에게는 그만큼 더 작은 땅이 할당되어야 한다. 그래서 이스라엘은 가나안 땅에서 각기 하나님으로부터 기업을 분배받은 자작자영의 자유농민들로 구성된 언약 공동체로 발전될 것이다. 북왕국의 오므리와 아합은 바로 이 자유농민들을 기층구조로 삼고 건설된 계약 공동체 이스라엘을 파괴했던 자들이다.^{미 6:16} 바알종교는 바로 이스라엘의 천부불가양 자산인 '기업' 소유권을 박탈하고 자유농민을 소작인이나 노예로 전락시키는 악한 사회경제 체제를 강요하였다(나봇의 포도원 사건).^{왕상 21장}

레위 종족의 계수 ●26:57-65

26 ⁵⁷ 레위인으로 계수된 자들의 종족들은 이러하니 게르손에게서 난 게르손 종족과 고핫에게서 난 고핫 종족과 므라리에게서 난 므라리 종족이며 ⁵⁸ 레위 종족들은 이러하니 립니 종족과 헤브론 종족과 말리 종족과 무시 종족과 고라 종족이라. 고핫은 아므람을 낳았으며 ⁵⁹ 아므람의 처의 이름은 요게벳이니 레위의 딸이요 애굽에서 레위에게서 난 자라. 그가 아므람에게서 아론과 모세와 그의 누이 미리암을 낳았고 ⁶⁰ 아론에게서는 나답과 아비후와 엘르아살과 이다말이 났더니 ⁶¹ 나답과 아비후는 다른 불을 여호와 앞에 드리다가 죽었더라. ⁶² 일 개월 이상으로 계수된 레위인의 모든 남자는 이만 삼천 명이었더라. 그들은 이스라엘 자손 중 계수에 들지 아니하였으니 이는 이스라엘 자손 중에서 그들에게 준 기업이 없음이었더라. ⁶³ 이는 모세와 제사장 엘르아살이 계수한 자라. 그들이 여리고 맞은편 요단 가 모압 평지에서 이스라엘 자손을 계수한 중에는 ⁶⁴ 모세와 제사장 아론이 시내 광야에서 계수한 이스라엘 자손은 한 사람도 들지 못하였으니 ⁶⁵ 이는 여호와께서 그들에게 대하여 말씀하시기를 그들이 반드시 광야에서 죽으리라 하셨음이라. 이러므로 여분네의 아들 갈렙과 눈의 아들 여호수아 외에는 한 사람도 남지 아니하였더라.

레위 자손의 인구조사는 성막 봉사자들을 충원하고 조직화하며[3-4장] 레위인들이 거주하게 될 48개의 성읍을 할당하기 위해서였다.[35:1-8] 48개의 성읍은 전국적으로 흩어져 이스라엘을 영적으로 지도할 레위인들의 집단 거주지다. 레위인은 1개월 이상된 남자 아이의 숫자가 모두 2만3천 명으로 집계된다. 전통적인 레위 지파 종족들은 게르손 종족, 고핫 종족, 그리고 므라리 종족이다. 레위 직계는 아니지만 레위 지파에 배치된 준[準]레위 종족은 립니 가족, 헤브론 가족, 말리 가족, 무시 가족, 그리고 고라 가족이 있다.

또한 모세와 아론의 직계 조상인 고핫 자손의 족보는 다음과 같다. 고핫은 아므람을 낳고 아므람은 요게벳과 결혼하여 아론, 모세, 그리고 미리암을 낳았다. 아론은 나답, 아비후, 엘르아살, 이다말을 낳았다. 혹자는 레위인 광야세대는 심판으로부터 면제되지 않았을까 하고 생각하는 경향이 있지만 그들도 다 멸절되었다.[14:29-32] 갈렙과 여호수아를 제외하고는 어떤 광야세대도 2차 징집병력 조사에 포함되지 못했다.

슬로브핫의 딸들을 위한 땅 상속 판례법 ●27:1-11

27 ¹요셉의 아들 므낫세 종족들에게 므낫세의 현손 마길의 증손 길르앗의 손자 헤벨의 아들 슬로브핫의 딸들이 찾아왔으니 그의 딸들의 이름은 말라와 노아와 호글라와 밀가와 디르사라. ²그들이 회막 문에서 모세와 제사장 엘르아살과 지휘관들과 온 회중 앞에 서서 이르되 ³우리 아버지가 광야에서 죽었으나 여호와를 거슬러 모인 고라의 무리에 들지 아니하고 자기 죄로 죽었고 아들이 없나이다. ⁴어찌하여 아들이 없다고 우리 아버지의 이름이 그의 종족 중에서 삭제되리이까. 우리 아버지의 형제 중에서 우리에게 기업을 주소서 하매 ⁵모세가 그 사연을 여호와께 아뢰니라. ⁶여호와께서 모세에게 말씀하여 이르시되 ⁷슬로브핫 딸들의 말이 옳으니 너는

반드시 그들의 아버지의 형제 중에서 그들에게 기업을 주어 받게 하되 그들의 아버지의 기업을 그들에게 돌릴지니라. ⁸ 너는 이스라엘 자손에게 말하여 이르기를 사람이 죽고 아들이 없으면 그의 기업을 그의 딸에게 돌릴 것이요 ⁹ 딸도 없으면 그의 기업을 그의 형제에게 줄 것이요 ¹⁰ 형제도 없으면 그의 기업을 그의 아버지의 형제에게 줄 것이요 ¹¹ 그의 아버지의 형제도 없으면 그의 기업을 가장 가까운 친족에게 주어 받게 할지니라 하고 나 여호와가 너 모세에게 명령한 대로 이스라엘 자손에게 판결의 규례가 되게 할지니라.

이 단락은 남자 후계자 없이 딸들만 남겨 놓고 죽었을 때 여자들이 아버지의 땅을 상속하게 되는 상황을 다룬다. 므낫세 지파의 슬로브핫이 아들 상속자를 남기지 못하고 딸들만 남긴 채 죽었다. 이 사건은 "아들을 낳지 못하고 죽은 사람의 딸이 과연 아버지의 기업을 이어받을 수 있을까?"라는 법률적 쟁점을 불러일으킨다. 슬로브핫의 딸들은 모세에게 나아가 자신들의 아버지가 고라의 광야 반역에 가담하지 않았음을 강조하며 아버지의 이름으로 점유된 땅이 상실되지 않게 해달라고 간청한다. 모세는 그들의 처지를 하나님께 아뢰고 하나님의 판결을 구하였다. 하나님께서는 슬로브핫의 딸들이 제기한 상속법 소송이 정당함을 인정하신다. 그래서 딸들도 아버지의 땅을 상속할 수 있다는 판결을 내리신다.

　이 과정에서 여자들의 땅 상속 판례법과 기타 상속 권리의 순차적인 위임 규정이 세부적으로 주어진다. 어떤 남자가 아들은 물론이거니와 딸도 남기지 않고 죽었다면 그의 땅 수익권은 그의 형제들에게로 넘어가도록 규정된다. 만일 형제도 없는 경우 그의 아버지의 형제들에게 수익권이 넘어가고 그의 아버지의 형제도 없을 경우 그의 가장 가까운 친족에게로 땅의 수익권이 넘어가게 된다는 것이다.²⁷:⁸⁻¹¹ 결국 슬로브핫의 딸들은 하나님의 공평과 정의에 대한 믿음과 지도자 모세의 상식적인 판단에 대한 믿음을 가지고 새로운 전통을 창조한 것이다.

그런데 슬로브핫의 딸들은 무엇을 근거로 이런 소송을 낼 수 있었을까? 그 근거는 레위기 25:23이었다. 즉, "땅은 하나님께 속한 것이다. 그 땅을 원래의 사용자로부터 떼어 내는 것은 하나님께 징벌을 받는다." 이 말씀(전통)에 의지하여 그녀들은 아들을 남기지 않고 죽은 아버지의 유산을 아버지의 이름으로 유지하기를 희망했다. 지도자 모세는 참으로 융통성 있게 그들의 요구를 호의적으로 처리해 주었다. 우리는 여기서 구약성경의 율법이 생성되는 하나의 생생한 예를 목격한다. 구약율법은 인간의 현실에 대한 깊고 신중한 심사숙고 끝에 선포되고 제정되었다. 하나님의 율법은 인간의 구체적인 현실의 문제 상황을 해결하기 위해 제정되고 선포되었다.

여호수아의 지도력 승계 ●27:12-23

27 ¹² 여호와께서 모세에게 이르시되 너는 이 아바림산에 올라가서 내가 이스라엘 자손에게 준 땅을 바라보라. ¹³ 본 후에는 네 형 아론이 돌아간 것 같이 너도 조상에게로 돌아가리니 ¹⁴ 이는 신 광야에서 회중이 분쟁할 때에 너희가 내 명령을 거역하고 그 물 가에서 내 거룩함을 그들의 목전에 나타내지 아니하였음이니라. 이 물은 신 광야 가데스의 므리바 물이니라. ¹⁵ 모세가 여호와께 여짜와 이르되 ¹⁶ 여호와, 모든 육체의 생명의 하나님이시여. 원하건대 한 사람을 이 회중 위에 세워서 ¹⁷ 그로 그들 앞에 출입하며 그들을 인도하여 출입하게 하사 여호와의 회중이 목자 없는 양과 같이 되지 않게 하옵소서. ¹⁸ 여호와께서 모세에게 이르시되 눈의 아들 여호수아는 그 안에 영이 머무는 자니 너는 데려다가 그에게 안수하고 ¹⁹ 그를 제사장 엘르아살과 온 회중 앞에 세우고 그들의 목전에서 그에게 위탁하여 ²⁰ 네 존귀를 그에게 돌려 이스라엘 자손의 온 회중을 그에게 복종하게 하라. ²¹ 그는 제사장 엘르아살 앞에 설

것이요 엘르아살은 그를 위하여 우림의 판결로써 여호와 앞에 물을 것이며 그와 온 이스라엘 자손 곧 온 회중은 엘르아살의 말을 따라 나가며 들어올 것이니라. ²² 모세가 여호와께서 자기에게 명령하신 대로 하여 여호수아를 데려다가 제사장 엘르아살과 온 회중 앞에 세우고 ²³ 그에게 안수하여 위탁하되 여호와께서 모세에게 명령하신 대로 하였더라.

마침내 출애굽의 영도자 모세가 역사의 무대로부터 퇴장하라는 통지를 받는다. 하나님께서 모세에게 아바림산에 올라가 가나안 땅을 일별하도록 명령하신다. 마치 아론을 호르산에 데리고 가서 대제사장의 의관을 벗겨 그의 아들 엘르아살에게 착복케 하듯이,^{20:22-29} 이제 모세 자신이 아바림산으로 올라가야 한다. 아론의 경우에서처럼 하나님은 모세에게도 그가 왜 가나안 땅에 들어가지 못하고 광야세대와 함께 죽어야 하는지를 설명하신다. 다시금 신 광야의 가데스바네아, 므리바 사건을 고통스럽게 상기시키신다. 회중이 반역적 기세로 하나님과 다투고 있을 때, 모세가 하나님의 명령을 거역하고 그들의 목전에서 하나님의 거룩함을 드러내지 못한 죄를 범했음을 다시금 지적하시는 것이다. 이제 모세는 아바림산에서 다시 이스라엘 진으로 내려오지 말고 거기서 죽어야 한다. 모세는 자신을 대신하여 회중을 영도할 지도자를 세워 달라고 탄원하고, 하나님은 즉시 여호수아를 모세의 후계자로 임명하신다. 모세는 그의 지도자적인 권위와 권능을 엘르아살과 온 백성이 보는 앞에서 여호수아에게 넘겨주라는 하나님의 명령을 듣고 지체 없이 준행한다. 마침내 가나안 땅 정복전쟁을 통하여 가나안 정착 시대를 열어 갈 여호수아가 영도자로 세움받는다. 그의 영도자적 지위는 그를 가득 채우는 '야웨의 신'에 의하여 확증된다.^{신 31:1-8}

28

¹ 여호와께서 모세에게 말씀하여 이르시되 ² 이스라엘 자손에게 명령하여 그들에게 이르라. 내 헌물, 내 음식인 화제물 내 향기로운 것은 너희가 그 정한 시기에 삼가 내게 바칠지니라. ³ 또 그들에게 이르라. 너희가 여호와께 드릴 화제는 이러하니 일 년 되고 흠 없는 숫양을 매일 두 마리씩 상번제로 드리되 ⁴ 어린 양 한 마리는 아침에 드리고 어린 양 한 마리는 해 질 때에 드릴 것이요 ⁵ 또 고운 가루 십분의 일 에바에 빻아 낸 기름 사분의 일 힌을 섞어서 소제로 드릴 것이니 ⁶ 이는 시내산에서 정한 상번제로서 여호와께 드리는 향기로운 화제며 ⁷ 또 그 전제는 어린 양 한 마리에 사분의 일 힌을 드리되 거룩한 곳에서 여호와께 독주의 전제를 부어 드릴 것이며 ⁸ 해 질 때에는 두 번째 어린 양을 드리되 아침에 드린 소제와 전제와 같이 여호와께 향기로운 화제로 드릴 것이니라. ⁹ 안식일에는 일 년 되고 흠 없는 숫양 두 마리와 고운 가루 십분의 이에 기름 섞은 소제와 그 전제를 드릴 것이니 ¹⁰ 이는 상번제와 그 전제 외에 매 안식일의 번제니라. ¹¹ 초하루에는 수송아지 두 마리와 숫양 한 마리와 일 년 되고 흠 없는 숫양 일곱 마리로 여호와께 번제를 드리되 ¹² 매 수송아지에는 고운 가루 십분의 삼에 기름 섞은 소제와 숫양 한 마리에는 고운 가루 십분의 이에 기름 섞은 소제와 ¹³ 매 어린 양에는 고운 가루 십분의 일에 기름 섞은 소제를 향기로운 번제로 여호와께 화제를 드릴 것이며 ¹⁴ 그 전제는 수송아지 한 마리에 포도주 반 힌이요 숫양 한 마리에 삼분의 일 힌이요 어린 양 한 마리에 사분의 일 힌이니 이는 일 년 중 매월 초하루의 번제며 ¹⁵ 또 상번제와 그 전제 외에 숫염소 한 마리를 속죄제로 여호와께 드릴 것이니라. ¹⁶ 첫째 달 열넷째 날은 여호와를 위하여 지킬 유월절이며 ¹⁷ 또 그 달 열다섯째 날부터는 명절이니 이레 동안 무교병을 먹을 것이며 ¹⁸ 그 첫날에는 성회로 모일 것이요 아무 일도 하지 말 것이며 ¹⁹ 수송아지 두 마리와 숫양 한 마리와 일 년 된 숫양 일곱 마리를 다 흠 없는 것으로 여호와께 화제를 드려 번제가 되게 할 것이며 ²⁰ 그 소제로는 고운 가루에 기름을 섞어서 쓰되 수송아지 한 마리에는 십분의 삼이요 숫양 한 마리에는 십분의 이를 드리고 ²¹ 어린 양 일곱에는 어린 양 한 마리마다

십분의 일을 드릴 것이며 ²² 또 너희를 속죄하기 위하여 숫염소 한 마리로 속죄제를 드리되 ²³ 아침의 번제 곧 상번제 외에 그것들을 드릴 것이니라. ²⁴ 너희는 이 순서대로 이레 동안 매일 여호와께 향기로운 화제의 음식을 드리되 상번제와 그 전제 외에 드릴 것이며 ²⁵ 일곱째 날에는 성회로 모일 것이요 아무 일도 하지 말 것이니라. ²⁶ 칠칠절 처음 익은 열매를 드리는 날에 너희가 여호와께 새 소제를 드릴 때에도 성회로 모일 것이요 아무 일도 하지 말 것이며 ²⁷ 수송아지 두 마리와 숫양 한 마리와 일 년 된 숫양 일곱 마리로 여호와께 향기로운 번제를 드릴 것이며 ²⁸ 그 소제로는 고운 가루에 기름을 섞어서 쓰되 수송아지 한 마리마다 십분의 삼이요 숫양 한 마리에는 십분의 이요 ²⁹ 어린 양 일곱 마리에는 어린 양 한 마리마다 십분의 일을 드릴 것이며 ³⁰ 또 너희를 속죄하기 위하여 숫염소 한 마리를 드리되 ³¹ 너희는 다 흠 없는 것으로 상번제와 그 소제와 전제 외에 그것들을 드릴 것이니라.

28-29장은 가나안 땅 정착생활을 시작할 때 이스라엘 백성이 일상적으로 준수해야 할 삶의 원칙과 매년 지켜야 할 축제적 절기규례들을 규정한다. 빈도수가 제일 많은 것부터 빈도가 가장 적은 것 순서로 규정되고 있다. 매일 드리는 상번제, 안식일, 월삭, 그리고 1년에 한 번씩 축성되는 축제절기의 순서로 규정된다. 모든 희생제물은 수컷이다(수송아지, 숫양, 1년 되고 흠 없는 숫양, 속죄제물로 쓰이는 숫염소). 이것은 남성만 성직을 차지할 수 있다는 원칙의 근거 본문이라기보다는, 암컷이 개체 수의 증식에 보다 더 결정적인 역할을 하기 때문에 보호되고 있다는 인상을 풍긴다.

상번제는 매일 아침과 해 질 녘에 드리는 화제다.²⁸:³⁻⁸, 출 ²⁹:³⁸⁻⁴⁶ 화제의 핵심은 불로 태우거나 볶아서 향기를 만들어 발산하는 데 있다. 매일 아침과 저녁에 각각 한 마리의 양이 상번제로 바쳐져야 한다. 이 숫양 번제와 같이 드려져야 하는 제사가 고운 가루와 기름을 섞어 만든 과자 소제와 독주 제사인 전제다. 저자는 이 상번제가 시내산에서 정해진 규례로서 영구적으로 준행되어야 할 율법임을 강조한다. 상번제는 하루를 마감하는 아침 제사와 하루를 여는 해 질녘 제사를 통해 우리의 일상생활 전체가 하나님께 향기로운 냄새를 발산하는 제물이 되어야 함을 의미한다.^{롬 12:1-2} 상번제는 하나님이 마시고 기뻐하실 향기를 발산하는 제사다. 하나님의 백성들이 자신을 태워 발산하는 향기로운 냄새가 하나님께 음식처럼 원기를 북돋우는 제물이 된다는 것이다. 각처에서 그리스도를 아는 향기를 풍기는 하나님의 백성들의 삶 자체가 하나님이 섭취하시는 음식이라는 것이다.

매일 드리는 상번제 외에 1년 된 흠 없는 숫양이 소제와 전제와 함께 안식일 예물로 드려져야 한다.^{28:9-10} 여기서 강조되어야 할 것은 안식일과 절기들에 드리는 예물은 일상적인 예물과는 별도로 드려져야 한다는 점이다. 그래서 새해 예물은 매일 드리는 예물과 새달의 예물과는 별도로 드려져야 한다는 것이다. 만일 새해 첫날이 안식일과 겹치면 매일 드리는 예물, 안식일 예물, 새달 첫날에 드리는 월삭 예물, 그리고 새해 첫날에 드리는 예물이 드려져야 한다.

월삭^{Rosh Hodesh} 제사는 매달 첫날에 드려지는 제사다. 상번제와 안식일 예물 외에 수송아지 두 마리, 성장한 숫양 한 마리, 1년 되고 흠 없는 어린 숫양 일곱 마리, 속죄제물로 드려지는 숫염소 한 마리, 그리고 적절한 곡식제사들과 전제가 매월 첫날에 하나님께 바쳐져야 한다.^{28:11-15} 번제물의 종류에 따라 소제에 쓰이는 고운 가루의 양과 전제로 쓰이는 포도주의 양이 달라진다는 점이 눈에 띈다. 제물이 비싸고 클수록 소제의 고운 가루(수송아지 3/10에바, 숫양 2/10에바, 어린 양 1/10에바)와 전제의 포도주 양도 비례적으로 많아진다. 이 원칙은 1년에 한 번씩 지켜지는 절기에 드려지는 제사에도 거의 유사하게 적용된다.

28:16-25은 유월절 희생(정월 14일)과 무교절(정월 15-22일) 동안에 드려지는 제사와 예물 규정을 담고 있다.^{레 23:5-8} 유월절과 무교절 동안 이스라엘 자손은 첫날에 안식하고 두 수송아지 예물과 한 마리 숫양, 그리고 1년 되고 흠 없는 어린 양 일곱 마리를 소제와 속죄의 숫염소 제물과 함께 드려야 한다. 첫날(15일)과 마지막 날(22일)에는 아무 일을 하지 말고 거룩한 총회로 모여야 한다. 초실절(칠칠절)은 유월절 50일 후의 절기로서 첫 열매를 바치는 절기(오순절)다. 제물은 무교절에 드려지는 예물과 거의 동일하다.^{28:26-31}

희생제사와 절기규례 2 • 29장

29 ¹일곱째 달에 이르러는 그 달 초하루에 성회로 모이고 아무 노동도 하지 말라. 이는 너희가 나팔을 불 날이니라. ²너희는 수송아지 한 마리와 숫양 한 마리와 일 년 되고 흠 없는 숫양 일곱 마리를 여호와께 향기로운 번제로 드릴 것이며 ³그 소제로는 고운 가루에 기름을 섞어서 쓰되 수송아지에는 십분의 삼이요 숫양에는 십분의 이요 ⁴어린 양 일곱 마리에는 어린 양 한 마리마다 십분의 일을 드릴 것이며 ⁵또 너희를 속죄하기 위하여 숫염소 한 마리로 속죄제를 드리되 ⁶그 달의 번제와 그 소제와 상번제와 그 소제와 그 전제 외에 그 규례를 따라 향기로운 냄새로 화제를 여호와께 드릴 것이니라. ⁷일곱째 달 열흘 날에는 너희가 성회로 모일 것이요 너희의 심령을 괴롭게 하며 아무 일도 하지 말 것이니라. ⁸너희는 수송아지 한 마리와 숫양 한 마리와 일 년 된 숫양 일곱 마리를 다 흠 없는 것으로 여호와께 향기로운 번제를 드릴 것이며 ⁹그 소제로는 고운 가루에 기름을 섞어서 쓰되 수송아지 한 마리에는 십분의 삼이요 숫양 한 마리에는 십분의 이요 ¹⁰어린 양 일곱 마리에는 어린 양 한 마리마다 십분의 일을 드릴 것이며 ¹¹속죄제와 상번제와 그 소제와 그 전제 외에 숫염소 한 마리를 속죄제로 드릴 것이니라. ¹²일곱째 달 열다섯째 날에는 너희가 성회로 모일 것이요 아무 일도 하지 말 것이며 이레 동안 여호와 앞에 절기를 지킬 것이라. ¹³너희

번제로 여호와께 향기로운 화제를 드리되 수송아지 열세 마리와 숫양 두 마리와 일

년 된 숫양 열네 마리를 다 흠 없는 것으로 드릴 것이며 ¹⁴ 그 소제로는 고운 가루에

기름을 섞어서 수송아지 열세 마리에는 각기 십분의 삼이요 숫양 두 마리에는 각기

십분의 이요 ¹⁵ 어린 양 열네 마리에는 각기 십분의 일을 드릴 것이며 ¹⁶ 상번제와 그

소제와 그 전제 외에 숫염소 한 마리를 속죄제로 드릴 것이니라. ¹⁷ 둘째 날에는 수송

아지 열두 마리와 숫양 두 마리와 일 년 되고 흠 없는 숫양 열네 마리를 드릴 것이며

¹⁸ 그 소제와 전제는 수송아지와 숫양과 어린 양의 수효를 따라서 규례대로 할 것이며

¹⁹ 상번제와 그 소제와 그 전제 외에 숫염소 한 마리를 속죄제로 드릴 것이니라. ²⁰ 셋

째 날에는 수송아지 열한 마리와 숫양 두 마리와 일 년 되고 흠 없는 숫양 열네 마리

를 드릴 것이며 ²¹ 그 소제와 전제는 수송아지와 숫양과 어린 양의 수효를 따라서 규례

대로 할 것이며 ²² 상번제와 그 소제와 그 전제 외에 숫염소 한 마리를 속죄제로 드릴

것이니라. ²³ 넷째 날에는 수송아지 열 마리와 숫양 두 마리와 일 년 되고 흠 없는 숫

양 열네 마리를 드릴 것이며 ²⁴ 그 소제와 전제는 수송아지와 숫양과 어린 양의 수효를

따라 규례대로 할 것이며 ²⁵ 상번제와 그 소제와 그 전제 외에 숫염소 한 마리를 속죄

제로 드릴 것이니라. ²⁶ 다섯째 날에는 수송아지 아홉 마리와 숫양 두 마리와 일 년 되

고 흠 없는 숫양 열네 마리를 드릴 것이며 ²⁷ 그 소제와 전제는 수송아지와 숫양과 어

린 양의 수효를 따라서 규례대로 할 것이며 ²⁸ 상번제와 그 소제와 그 전제 외에 숫염

소 한 마리를 속죄제로 드릴 것이니라. ²⁹ 여섯째 날에는 수송아지 여덟 마리와 숫양

두 마리와 일 년 되고 흠 없는 숫양 열네 마리를 드릴 것이며 ³⁰ 그 소제와 전제는 수

송아지와 숫양과 어린 양의 수효를 따라서 규례대로 할 것이며 ³¹ 상번제와 그 소제와

그 전제 외에 숫염소 한 마리를 속죄제로 드릴 것이니라. ³² 일곱째 날에는 수송아지

일곱 마리와 숫양 두 마리와 일 년 되고 흠 없는 숫양 열네 마리를 드릴 것이며 ³³ 그

소제와 전제는 수송아지와 숫양과 어린 양의 수효를 따라 규례대로 할 것이며 ³⁴ 상번

제와 그 소제와 그 전제 외에 숫염소 한 마리를 속죄제로 드릴 것이니라. ³⁵ 여덟째 날

에는 장엄한 대회로 모일 것이요 아무 일도 하지 말 것이며 ³⁶ 번제로 여호와께 향기로

운 화제를 드리되 수송아지 한 마리와 숫양 한 마리와 일 년 되고 흠 없는 숫양 일곱

마리를 드릴 것이며 [37] 그 소제와 전제는 수송아지와 숫양과 어린 양의 수효를 따라 규례대로 할 것이며 [38] 상번제와 그 소제와 그 전제 외에 숫염소 한 마리를 속죄제로 드릴 것이니라. [39] 너희가 이 절기를 당하거든 여호와께 이같이 드릴지니 이는 너희의 서원제나 낙헌제로 드리는 번제, 소제, 전제, 화목제 외에 드릴 것이니라. [40] 모세가 여호와께서 모세에게 명령하신 모든 일을 이스라엘 자손에게 말하니라.

나팔절로 불리는 7월 첫째 날에 이스라엘 자손은 안식해야 한다.[레 23:23-25] 그들이 이날에 바쳐야 할 제물은 수송아지 한 마리, 숫양 한 마리, 어린 양 일곱 마리와 적절한 소제들과 속죄제를 위한 숫염소다.[29:1-6] 대속죄일로 불리는 7월 10일에는 이스라엘이 안식해야 한다.[레 23:26-32] 이날에 이스라엘 자손은 무교절이나 초실절에 드려진 제물과 거의 동일한 제물을 드려야 한다(수송아지 한 마리, 숫양 한 마리, 1년 되고 흠 없는 어린 양 일곱 마리, 적절한 소제, 그리고 속죄를 위한 숫염소 제물 한 마리).[29:7-11] 그런데 레위기 16장의 대속죄일 규정과 달리 여기서는 금식 선포와 애통 명령 규례가 누락되어 있다.

마지막으로 7월 15-22일에 축성되는 초막절 규정이 소개된다.[레 23:33-44] 7월 15일과 22일에 각각 이스라엘 자손은 안식해야 하고 아무 일도 해서는 안 된다. 그들은 7일 동안 수송아지 제물은 한 마리씩 차등을 두면서(첫날 13마리, 마지막 일곱째 날에는 7마리) 모두 70마리를 바쳐야 하고, 숫양은 7일 동안 매일 두 마리씩 모두 14마리를 바쳐야 하고, 1년 되고 흠 없는 어린 양은 7일 동안 매일 14마리를 바쳐 모두 98마리를 바쳐야 한다. 그리고 마지막 날에는 수송아지 한 마리와 숫양 한 마리와 1년 되고 흠 없는 어린 양 일곱 마리를 번제로 바쳐야 한다. 이 외에도 매일 적절한 소제와 전제를 드려야 한다. 하지만 속죄를 위한 숫염소 제물은 한 번만 드리면 된다.[29:12-38]

이 단원의 마지막 단락은, 모든 예물은 이스라엘 백성이 개별적으로 드리는 서원예물, 낙헌예물, 번제, 소제, 전제, 화목제물과는 별도로 드려져야 함을 다시 강조한다.[29:39-40]

여자가 드린 서원의 법적 효력과 위치 ● 30장

30 [1]모세가 이스라엘 자손 지파의 수령들에게 말하여 이르되 여호와의 명령이 이러하니라. [2]사람이 여호와께 서원하였거나 결심하고 서약하였으면 깨뜨리지 말고 그가 입으로 말한 대로 다 이행할 것이니라. [3]또 여자가 만일 어려서 그 아버지 집에 있을 때에 여호와께 서원한 일이나 스스로 결심하려고 한 일이 있다고 하자. [4]그의 아버지가 그의 서원이나 그가 결심한 서약을 듣고도 그에게 아무 말이 없으면 그의 모든 서원을 행할 것이요 그가 결심한 서약을 지킬 것이니라. [5]그러나 그의 아버지가 그것을 듣는 날에 허락하지 아니하면 그의 서원과 결심한 서약을 이루지 못할 것이니 그의 아버지가 허락하지 아니하였은즉 여호와께서 사하시리라. [6]또 혹시 남편을 맞을 때에 서원이나 결심한 서약을 경솔하게 그의 입술로 말하였으면 [7]그의 남편이 그것을 듣고 그 듣는 날에 그에게 아무 말이 없으면 그 서원을 이행할 것이요 그가 결심한 서약을 지킬 것이니라. [8]그러나 그의 남편이 그것을 듣는 날에 허락하지 아니하면 그 서원과 결심하려고 경솔하게 입술로 말한 서약은 무효가 될 것이니 여호와께서 그 여자를 사하시리라. [9]과부나 이혼 당한 여자의 서원이나 그가 결심한 모든 서약은 지킬 것이니라. [10]부녀가 혹시 그의 남편의 집에서 서원을 하였다든지 결심하고 서약을 하였다 하자. [11]그의 남편이 그것을 듣고도 아무 말이 없고 금하지 않으면 그 서원은 다 이행할 것이요 그가 결심한 서약은 다 지킬 것이니라. 12 그러나 그의 남편이 그것을 듣는 날에 무효하게 하면 그 서원과 결심한 일에 대하여 입술로 말한 것을 아무것도 이루지 못하나니 그의 남편이 그것을 무효하게 하였은즉 여호와께서 그 부녀를 사하시느니라. [13]모든 서원과 마음을 자제하기로 한 모든 서약은 그의 남편이 그것을 지키게도 할 수 있고 무효하게도 할 수 있으니 [14]그의 남편이 여러 날이 지나도록 말이 없으면 아내의 서원과 스스로 결심한 일을 지키게 하는 것이니 이는 그

가 그것을 들을 때에 그의 아내에게 아무 말도 아니하였으므로 지키게 됨이니라. ¹⁵ 그러나 그의 남편이 들은 지 얼마 후에 그것을 무효하게 하면 그가 아내의 죄를 담당할 것이니라. ¹⁶ 이는 여호와께서 모세에게 명령하신 규례니 남편이 아내에게, 아버지가 자기 집에 있는 어린 딸에 대한 것이니라.

이 단락은 아마도 앞 장의 마지막 절에 '서원예물'이 언급되었기 때문에 여기 배치된 것처럼 보인다. 서원을 갚는 것이 희생제물을 바치는 양식을 띠었기 때문이라는 점에서 정규적인 희생제사 규정 다음에 서원예물 규정을 다루는 단락이 뒤따라 나오는 것은 자연스럽다. 또한 시내산 율법 안에서 이미 다루어지고 있는 서원법^{레 27장, 민 6장}을 여기에 포함하는 것은, 또다시 시내산에서의 첫 율법 수여와 모압 평지에서의 두 번째 율법 사이에 있는 연속성을 강조하기 위한 저자의 의도를 반영하고 있다. 그렇다면 과연 이스라엘의 보통 사람들은 언제 어떤 경우에 서원을 하였을까?

먼저 하나님께 특별한 요청이 있을 때 서원하는 모습을 볼 수 있다(아들을 낳게 해달라는 기도 등). 엘가나의 아내 한나는 실로 성소에 올라가 아들을 낳게 해주시면 그 아들을 하나님께 드리겠다고 서원한다. 그녀의 가족은 매년 실로 성소에 올라간 것으로 보도된다. 이처럼 오랜 기도가 응답되는 경우에 감사와 보은의 서원예물로서 희생제물이 바쳐졌을 것이다.^{레 7:16, 시 50:14} 이럴 경우 예배자는 성소에 가야 할 것이다. 성소를 순례하는 가장 적절한 시점은 매년 이루어지는 순례 축제절기였을 것이다. 이 순례 절기가 바로 28-29장이 다루는 주제다.^{삼상 1장}

둘째, 서원은 주로 전시에 전쟁 당사자인 남편이나 아들을 전장에 보낸 아내나 어머니들에 의해 이루어졌을 것이다.^{21:2, 삿 11:30-31, 21:1-7} 특별히 장기간 치러지는 가나안 정복전쟁 시에 많은 서원이 이루어겼을 것이다. 예를 들면, 가나안 본토 정복전쟁에 출전한 요단 강 동쪽 지파 소속 전사들의 아내들은 홀로 남겨진 채 하나님께 여러 가지 서원을 바쳤을 것이다.³²:²⁶ 그럼에도 불구하고 이 단락에서는 상당히 많은 경우에 여자들이 드린 서원과 맹세는 무효화된다. 남자의 서원은 법적 구속력이 인정될지라도³⁰:² 여자의 서원은 남편 혹은 아버지에 의해 취소될 수도 있다고 규정한다. 남편이나 아버지가 아내나 딸이 서원한 바로 그날에 취소하면 취소될 수 있었다. 만일 서원을 들은 당일에 취소하지 않으면 그 서원은 유효하게 될 것이다. 만일 과부나 이혼한 여인이 야웨께 서원을 드려 자신을 어떤 의무에 속박하게 될 때, 그녀가 남편의 집에서 서원을 하였으되 그가 (이혼녀의 경우) 들은 날 그것을 금지하지 않는다면 그녀는 서원을 갚아야 한다. 요약컨대, 남편이 그의 아내가 서원한 그날에 듣고 즉시 취소하면 서원은 취소되고, 나중에 취소하게 되면 그 남편(아버지)이 서원을 갚아야 할 책임을 진다. 서원 제물 규정을 까다롭게 만든 이유는 서원의 남발을 막으려는 하나님의 의도를 반영하는 것으로 보인다.

미디안 세력을 격파하고 가나안 정복 의지를 갱신하다 ●31장

31 ¹여호와께서 모세에게 말씀하여 이르시되 ²이스라엘 자손의 원수를 미디안에게 갚으라. 그 후에 네가 네 조상에게로 돌아가리라. ³모세가 백성에게 말하여 이르되 너와 함께 있는 사람들 가운데서 전쟁에 나갈 사람들을 무장시키고 미디안을 치러 보내어 여호와의 원수를 갚되 ⁴이스라엘 모든 지파에게 각 지파에서 천 명씩을 전쟁에 보낼지니라 하매 ⁵각 지파에서 천 명씩 이스라엘 백만 명 중에서 만 이천 명을 택하여 무장을 시킨지라. ⁶모세가 각 지파에 천 명씩 싸움에 보내되 제사장 엘르아살의 아들 비느하스에게 성소의 기구와 신호 나팔을 들려서 그들과 함께 전쟁

에 보내매 ⁷ 그들이 여호와께서 모세에게 명령하신 대로 미디안을 쳐서 남자를 다 죽였고 ⁸ 그 죽인 자 외에 미디안의 다섯 왕을 죽였으니 미디안의 왕들은 에위와 레겜과 수르와 후르와 레바이며 또 브올의 아들 발람을 칼로 죽였더라. ⁹ 이스라엘 자손이 미디안의 부녀들과 그들의 아이들을 사로잡고 그들의 가축과 양 떼와 재물을 다 탈취하고 ¹⁰ 그들이 거처하는 성읍들과 촌락을 다 불사르고 ¹¹ 탈취한 것, 노략한 것, 사람과 짐승을 다 빼앗으니라. ¹² 그들이 사로잡은 자와 노략한 것과 탈취한 것을 가지고 여리고 맞은편 요단 강 가 모압 평지의 진영에 이르러 모세와 제사장 엘르아살과 이스라엘 자손의 회중에게로 나아오니라. ¹³ 모세와 제사장 엘르아살과 회중의 지도자들이 다 진영 밖에 나가서 영접하다가 ¹⁴ 모세가 군대의 지휘관 곧 싸움에서 돌아온 천부장들과 백부장들에게 노하니라. ¹⁵ 모세가 그들에게 이르되 너희가 여자들을 다 살려두었느냐. ¹⁶ 보라, 이들이 발람의 꾀를 따라 이스라엘 자손을 브올의 사건에서 여호와 앞에 범죄하게 하여 여호와의 회중 가운데에 염병이 일어나게 하였느니라. ¹⁷ 그러므로 아이들 중에서 남자는 다 죽이고 남자와 동침하여 사내를 아는 여자도 다 죽이고 ¹⁸ 남자와 동침하지 아니하여 사내를 알지 못하는 여자들은 다 너희를 위하여 살려둘 것이니라. ¹⁹ 너희는 이레 동안 진영 밖에 주둔하라. 누구든지 살인자나 죽임을 당한 사체를 만진 자는 셋째 날과 일곱째 날에 몸을 깨끗하게 하고 너희의 포로도 깨끗하게 할 것이며 ²⁰ 모든 의복과 가죽으로 만든 모든 것과 염소털로 만든 모든 것과 나무로 만든 모든 것을 다 깨끗하게 할지니라. ²¹ 제사장 엘르아살이 싸움에 나갔던 군인들에게 이르되 이는 여호와께서 모세에게 명령하신 율법이니라. ²² 금, 은, 동, 철과 주석과 납 등의 ²³ 불에 견딜 만한 모든 물건은 불을 지나게 하라. 그리하면 깨끗하려니와 다만 정결하게 하는 물로 그것을 깨끗하게 할 것이며 불에 견디지 못할 모든 것은 물을 지나게 할 것이니라. ²⁴ 너희는 일곱째 날에 옷을 빨아서 깨끗하게 한 후에 진영에 들어올지니라. ²⁵ 여호와께서 모세에게 말씀하여 이르시되 ²⁶ 너는 제사장 엘르아살과 회중의 수령들과 더불어 이 사로잡은 사람들과 짐승들을 계수하고 ²⁷ 그 얻은 물건을 반분하여 그 절반은 전쟁에 나갔던 군인들에게 주고 절반은 회중에게 주고 ²⁸ 전쟁에 나갔던 군인들은 사람이나 소나 나귀나 양 떼의 오백분의 일을 여호와께 드릴지니라.

²⁹ 곧 이를 그들의 절반에서 가져다가 여호와의 거제로 제사장 엘르아살에게 주고 ³⁰ 또 이스라엘 자손이 받은 절반에서는 사람이나 소나 나귀나 양 떼나 각종 짐승 오십 분의 일을 가져다가 여호와의 성막을 맡은 레위인에게 주라. ³¹ 모세와 제사장 엘르아살이 여호와께서 모세에게 명령하신 대로 하니라. ³² 그 탈취물 곧 군인들의 다른 탈취물 외에 양이 육십칠만 오천 마리요 ³³ 소가 칠만 이천 마리요 ³⁴ 나귀가 육만 천 마리요 ³⁵ 사람은 남자와 동침하지 아니하여서 사내를 알지 못하는 여자가 도합 삼만 이천 명이니 ³⁶ 그 절반 곧 전쟁에 나갔던 자들의 소유가 양이 삼십삼만 칠천오백 마리라. ³⁷ 여호와께 공물로 드린 양이 육백칠십오요 ³⁸ 소가 삼만 육천 마리라. 그 중에서 여호와께 공물로 드린 것이 칠십이 마리요 ³⁹ 나귀가 삼만 오백 마리라. 그 중에서 여호와께 공물로 드린 것이 육십일 마리요 ⁴⁰ 사람이 만 육천 명이라. 그 중에서 여호와께 공물로 드린 자가 삼십이 명이니 ⁴¹ 여호와께 거제의 공물로 드린 것을 모세가 제사장 엘르아살에게 주었으니 여호와께서 모세에게 명령하심과 같았더라. ⁴² 모세가 전쟁에 나갔던 자에게서 나누어 이스라엘 자손에게 준 절반 ⁴³ 곧 회중이 받은 절반은 양이 삼십삼만 칠천오백 마리요 ⁴⁴ 소가 삼만 육천 마리요 ⁴⁵ 나귀가 삼만 오백 마리요 ⁴⁶ 사람이 만 육천 명이라. ⁴⁷ 이스라엘 자손의 그 절반에서 모세가 사람이나 짐승의 오십분의 일을 취하여 여호와의 장막을 맡은 레위인에게 주었으니 여호와께서 모세에게 명령하심과 같았더라. ⁴⁸ 군대의 지휘관들 곧 천부장과 백부장들이 모세에게 나아와서 ⁴⁹ 모세에게 말하되 당신의 종들이 이끈 군인을 계수한즉 우리 중 한 사람도 축나지 아니하였기로 ⁵⁰ 우리 각 사람이 받은 바 금 패물 곧 발목 고리, 손목 고리, 인장 반지, 귀 고리, 목걸이들을 여호와께 헌금으로 우리의 생명을 위하여 여호와 앞에 속죄하려고 가져왔나이다. ⁵¹ 모세와 제사장 엘르아살이 그들에게서 그 금으로 만든 모든 패물을 취한즉 ⁵² 천부장과 백부장들이 여호와께 드린 거제의 금의 도합이 만 육천칠백오십 세겔이니 ⁵³ 군인들이 각기 자기를 위하여 탈취한 것이니라. ⁵⁴ 모세와 제사장 엘르아살이 천부장과 백부장들에게서 금을 취하여 회막에 드려 여호와 앞에서 이스라엘 자손의 기념을 삼았더라.

26 · 36

V.

가나안 정복전쟁을 향한 새 세대 이스라엘의 징집령

25장에서 살펴보았듯이, 출애굽 2세대 이스라엘 남자들은 미디안 여인들의 성적·종교적 유혹에 넘어가 브올에서 집단적인 배교에 빠진다. 이스마엘 족속, 모압 족속, 아말렉 족속 그리고 에바 족속 등 여러 소수 종족으로 구성된 미디안 족속은 시내산과 네게브 그리고 요단 동편 지역을 배회하고 있던 부족 집합체였다. 여기서 보복 대상이 된 미디안 족속은 모압과 관련된 족속이었다.[31:8, 16] 3 모세의 마지막 사명은 바로 이 미디안 족속에 대한 보복을 가하는 것이었다.[25:16-18, 31:1-2] "야웨께서 아말렉과 더불어 대대로 싸우시리라."[출 17:8-16]

그래서 하나님은 야웨종교의 존립에 결정적인 위협 세력으로 각인된 미디안과의 항속적인 적대전선을 형성하도록 명령하신다. 하나님은 이스라엘 백성에게 미디안을 쳐부수고 멸절시킴으로써 자신들을 깨끗하게 하라고 명령하신다. 미디안은 멸절되어 하나님께 바쳐져야 할 전리품으로 지정된다. 1만2천 명의 별동대와 선두 엘르아살의 아들 비느하스가 전쟁을 주도하여 한 명의 사상자도 없이 미디안 족속을 전멸시킨 후[31:5-7] 전리품(약 210kg의 금 포함)을 하나님께 바침으로써[31:48-54] 가나안 정복 의지를 재점화한다. 비느하스와 그의 별동대는 이때 미디안의 다섯 왕(에위, 레겜, 수르, 후르, 레바)과 이스라엘을 향해 저주기도를 해달라는 요청을 받고 수락했던 브올의 아들 발람을 칼로 죽였다.[31:8]

전쟁에 나갔던 군인들은 탈취물을 노획해 모압 평지에 진치고 있던 모세와 제사장 엘르아살과 이스라엘 자손의 회중에게로 되돌아왔다. 제사장 엘르아살과 회중의 지도자들을 데리고 참전군을 출영하러 간 모세는 그들이 여자들을 살려 데려온 것을 보고 천부장과 백부장들에게 화를 냈다.[31:13-18] 이스라엘 군사들은 이스라엘 배교의 원인을 제공한 여인들을 대수롭지 않게 생각하고 아마도 아내로 삼기 위해 살려 두었을 것이다. 이런 사정을 모르지 않았겠지만 모세는 미디안 여자들이 발람의 꾀를 따라 이스라엘 자손을 바알브올 사건에서 야웨 앞에 범죄하게 하여 야웨의 회중 가운데 염병이 일어나게 한 사실을 들어 여자 포로 중 이미 성관계를 해본 여자(바알브올 사건에 연루된 자)는 다 죽이라고 명령했다. 아울러 남자아이 포로도 함께 죽이라고 명령했다. 다만 남자와 동침하지 아니하여 사내를 알지 못하는 여자(어린 여자들)는 참전자들을 위한 전리품으로 처분하도록 했다.

또한 모세는 참전군인들이 진영 밖에 7일간 대기하면서 자신들을 정결케 한 후에 이스라엘 본진으로 돌아오도록 했다.[31:19-24] 살인에 연루된 자나 죽임을 당한 사체를 만진 자는 이레 동안 진 밖에 머물며 자신을 정결하게 해야 한다. 셋째 날과 일곱째 날에 몸을 깨끗하게 하고 그들의 포로도 정결케 하도록 해야 한다. 모든 의복과 가죽으로 만든 모든 것과 염소털로 만든 모든 것과 나무로 만든 모든 것도 다 정결케 되어야 한다. 이 정결예식은 엘르아살이 주도했던 것처럼 보인다. 또한 금, 은, 동, 철과 주석과 납 등 불에 견딜 만한 모든 물건은 불로 정결케 하되, 불로 정결하게 할 수 없는 것은 물로 깨끗케 해야 한다. 일곱째 날에는 모든 사람이 옷을 빨아서 깨끗하게 한 후에 진영에 들어와야 한다.

참전군인들이 정결의례를 마치고 본진으로 돌아온 후에 하나님은 모세를 통하여 전리품의 배분에 관한 규정을 내리신다.[31:25-47] 전리품 배분의 대원칙은 절반은 참전자들에게, 절반은 회중에게 나누어준다는 것이다. 또한 참전군인은 모든 전리품 중 소, 양, 나귀, 사람의 경우 500분의 1일을 야웨께 드려야 한다. 이스라엘 회중은 자신이 받은 전리품 중 소, 양, 나귀 사람의 경우 50분의 1일을 레위인에게 주어야 한다. 모세와 엘르아살은 야웨의 명령에 따라 전리품 배분을 완료했다. 32-46절은 군인들의 탈취물 중 소, 양, 나귀, 사람 전리품 할당 과정을 보도한다.

군인들의 다른 탈취물 외에, 양이 67만5천 마리, 소가 7만2천 마리, 나귀가 6만1천 마리, 사내를 알지 못하는 여자가 3만2천 명이었다. 이중 양은 참전자들의 소유가 그 절반인 33만7천5백 마리였다. 야웨께 공물(메켐, 일종의 성전세금)로 드린 양이 675마리였다. 소 절반은 참전자들의 몫으로 할당되고 나머지 3만6천 마리 중에서 야웨께 72마리가 공물로 드려졌다. 전체 탈취물 중 100분의 1이 야웨께 공물로 드려진 것이다. 나귀에 대해서도 마찬가지다. 전체 탈취물 중 절반은 참전자들이 가져가고 나머지 3만5백 마리 중에서 61마리가 공물로 드려졌다. 사람 탈취물도 마찬가지로 처리되었다.[4] 절반은 참전자들에게 주어졌고 나머지 1만6천 명 중에서 32명이 야웨께 공물로 드려졌다. 야웨의 공물로 드려진 모든 탈취물은 거제(터루마)로 드려졌다. 모세는 야웨의 명령에 따라 이 모든 공물을 제사장 엘르아살에게 주었다. 42-46절은 각 탈취물의 절반이 전쟁 참여 군인들에게 주어졌음을 보고한다. 그런데 모세는 야웨의 명령에 따라 비참전자들, 곧 이스라엘 회중의 절반 탈취물(사람이나 가축)에서 50분의 1을 취해 야웨의 장막을 맡은 레위인에게 주었다. 결국 야웨의 전쟁에서 거둔 모든 탈취물은 제사장과 레위인에게까지 배당되었다는 것이 중요하다.

이 미디안 대첩은 앞으로 시작될 가나안 정복전쟁의 분위기(격파와 전리품을 바치는 사건)를 선취하도록 돕는다. 전쟁, 전리품 배분, 제사장과 레위인에게 할당된 전리품의 양도 등은 앞으로 전개될 큰 가나안 정복전쟁에서 따르게 될 범례적 전형을 보여준다. 제사장과 레위인에게 할당된 전리품의 상대적인 양은 35장에서 제사장과 레위인이 거할 성읍의 특별 할당 규례를 예기케 한다.

32 ¹ 르우벤 자손과 갓 자손은 심히 많은 가축 떼를 가졌더라. 그들이 야셀 땅과 길르앗 땅을 본즉 그 곳은 목축할 만한 장소인지라. ² 갓 자손과 르우벤 자손이 와서 모세와 제사장 엘르아살과 회중 지휘관들에게 말하여 이르되 ³ 아다롯과 디본과 야셀과 니므라와 헤스본과 엘르알레와 스밤과 느보와 브온 ⁴ 곧 여호와께서 이스라엘 회중 앞에서 쳐서 멸하신 땅은 목축할 만한 장소요 당신의 종들에게는 가축이 있나이다. ⁵ 또 이르되 우리가 만일 당신에게 은혜를 입었으면 이 땅을 당신의 종들에게 그들의 소유로 주시고 우리에게 요단 강을 건너지 않게 하소서. ⁶ 모세가 갓 자손과 르우벤 자손에게 이르되 너희 형제들은 싸우러 가거늘 너희는 여기 앉아 있고자 하느냐. ⁷ 너희가 어찌하여 이스라엘 자손에게 낙심하게 하여서 여호와께서 그들에게 주신 땅으로 건너갈 수 없게 하려 하느냐. ⁸ 너희 조상들도 내가 가데스바네아에서 그 땅을 보라고 보냈을 때에 그리 하였었나니 ⁹ 그들이 에스골 골짜기에 올라가서 그 땅을 보고 이스라엘 자손을 낙심하게 하여서 여호와께서 그들에게 주신 땅으로 갈 수 없게 하였었느니라. ¹⁰ 그 때에 여호와께서 진노하사 맹세하여 이르시되 ¹¹ 애굽에서 나온 자들이 이십 세 이상으로는 한 사람도 내가 아브라함과 이삭과 야곱에게 맹세한 땅을 결코 보지 못하리니 이는 그들이 나를 온전히 따르지 아니하였음이니라. ¹² 그러나 그 나스 사람 여분네의 아들 갈렙과 눈의 아들 여호수아는 여호와를 온전히 따랐느니라 하시고 ¹³ 여호와께서 이스라엘에게 진노하사 그들에게 사십 년 동안 광야에 방황하게 하셨으므로 여호와의 목전에 악을 행한 그 세대가 마침내는 다 끊어졌느니라. ¹⁴ 보라, 너희는 너희의 조상의 대를 이어 일어난 죄인의 무리로서 이스라엘을 향하신 여호와의 노를 더욱 심하게 하는도다. ¹⁵ 너희가 만일 돌이켜 여호와를 떠나면 여호와께서 다시 이 백성을 광야에 버리시리니 그리하면 너희가 이 모든 백성을 멸망시키리라. ¹⁶ 그들이 모세에게 가까이 나아와 이르되 우리가 이곳에 우리 가축을 위하여 우리를 짓고 우리 어린 아이들을 위하여 성읍을 건축하고 ¹⁷ 이 땅의 원주민이 있으므로 우리 어린 아이들을 그 견고한 성읍에 거주하게 한 후에 우리는 무장하고 이스라엘 자손을 그곳

으로 인도하기까지 그들의 앞에서 가고 ¹⁸ 이스라엘 자손이 각기 기업을 받기까지 우리 집으로 돌아오지 아니하겠사오며 ¹⁹ 우리는 요단 이쪽 곧 동쪽에서 기업을 받았사오니 그들과 함께 요단 저쪽에서는 기업을 받지 아니하겠나이다. ²⁰ 모세가 그들에게 이르되 너희가 만일 이 일을 행하여 무장하고 여호와 앞에서 가서 싸우되 ²¹ 너희가 다 무장하고 여호와 앞에서 요단을 건너가서 여호와께서 그의 원수를 자기 앞에서 쫓아내시고 ²² 그 땅이 여호와 앞에 복종하게 하시기까지 싸우면 여호와 앞에서나 이스라엘 앞에서나 무죄하여 돌아오겠고 이 땅은 여호와 앞에서 너희의 소유가 되리라마는 ²³ 너희가 만일 그같이 아니하면 여호와께 범죄함이니 너희 죄가 반드시 너희를 찾아낼 줄 알라. ²⁴ 너희는 어린 아이들을 위하여 성읍을 건축하고 양을 위하여 우리를 지으라. 그리하고 너희의 입이 말한 대로 행하라. ²⁵ 갓 자손과 르우벤 자손이 모세에게 대답하여 이르되 주의 종들인 우리는 우리 주의 명령대로 행할 것이라. ²⁶ 우리의 어린 아이들과 아내와 양 떼와 모든 가축은 이곳 길르앗 성읍들에 두고 ²⁷ 종들은 우리 주의 말씀대로 무장하고 여호와 앞에서 다 건너가서 싸우리이다. ²⁸ 이에 모세가 그들에 대하여 제사장 엘르아살과 눈의 아들 여호수아와 이스라엘 자손 지파의 수령들에게 명령하니라. ²⁹ 모세가 그들에게 이르되 갓 자손과 르우벤 자손이 만일 각각 무장하고 너희와 함께 요단을 건너가서 여호와 앞에서 싸워서 그 땅이 너희 앞에 항복하기에 이르면 길르앗 땅을 그들의 소유로 줄 것이니라. ³⁰ 그러나 만일 그들이 너희와 함께 무장하고 건너지 아니하면 그들은 가나안 땅에서 너희와 함께 땅을 소유할 것이니라. ³¹ 갓 자손과 르우벤 자손이 대답하여 이르되 여호와께서 당신의 종들에게 명령하신 대로 우리가 행할 것이라. ³² 우리가 무장하고 여호와 앞에서 가나안 땅에 건너가서 요단 이쪽을 우리가 소유할 기업이 되게 하리이다. ³³ 모세가 갓 자손과 르우벤 자손과 요셉의 아들 므낫세 반 지파에게 아모리인의 왕 시혼의 나라와 바산 왕 옥의 나라를 주되 곧 그 땅과 그 경내의 성읍들과 그 성읍들의 사방 땅을 그들에게 주매 ³⁴ 갓 자손은 디본과 아다롯과 아로엘과 ³⁵ 아다롯소반과 야셀과 욕브하와 ³⁶ 벧니므라와 벧하란들의 견고한 성읍을 건축하였고 또 양을 위하여 우리를 지었으며 ³⁷ 르우벤 자손은 헤스본과 엘르알레와 기랴다임과 ³⁸ 느보와 바알므온들을 건축하고 그 이름을 바꾸었고 또

십마를 건축하고 건축한 성읍들에 새 이름을 주었고 ³⁹ 므낫세의 아들 마길의 자손은 가서 길르앗을 쳐서 빼앗고 거기 있는 아모리인을 쫓아내매 ⁴⁰ 모세가 길르앗을 므낫세의 아들 마길에게 주매 그가 거기 거주하였고 ⁴¹ 므낫세의 아들 야일은 가서 그 촌락들을 빼앗고 하봇야일이라 불렀으며 ⁴² 노바는 가서 그낫과 그 마을들을 빼앗고 자기 이름을 따라서 노바라 불렀더라.

민수기 21:21-35에서 요단 강 동쪽 지역의 정복을 다루고, 후속적인 이야기(22-24장의 발람 사건, 25장의 바알브올 배교 사건, 31장의 미디안과의 전쟁)는 이스라엘의 존재를 위협하는 여러 가지 안팎의 대적들을 다루고 있다. 그리고 32장은 새롭게 전개된 형국, 가나안 정착 시대의 제1장을 다루고 있다. 이스라엘 지파들이 어떻게 그들의 영구적인 보금자리를 발견하기 시작하였는지에 대한 기록이 32장부터 나온다. 32장의 많은 용어들은 13-14장의 정탐을 둘러싼 반역 사건을 되비추는 의도를 가진 채 사용되고 있다. 두 부분은 거의 비슷한 문제를 다루고 있다.⁵ 그래서 32장은 문학적 긴장을 불러일으킨다.

  본문은 요단 강 동쪽 지역에 먼저 정착하는 지파들의 가나안 정복전쟁 참여 의지와 그들의 가나안 동쪽 정착이 가져올 문제를 방지하기 위한 노력을 다룬다. 갓과 르우벤 지파는 요단 강 동편에 이미 보금자리를 확보했지만 가나안 본토 정복전쟁에 기꺼이 동참하겠다고 다짐함으로써, 가나안 정복에 대한 이스라엘 12지파의 투신을 과시한다. 그들은 비록 먼저 요단 동쪽 땅을 기업으로 받았을 지라도 형제 지파들이 가나안 본토에서 기업을 얻을 때까지 열심히 싸우겠다고 다짐한다.

  하지만 이 두 지파가 처음 요단 동쪽에 정착하겠다고 했을 때, 모세는 그들의 제안을 거절한다. 모세는 가데스 바네아에서 일어난 가나안 땅 정복전쟁 거부 사건을 기억한 것이다. 두 지파의 중도하차는 다른 지파들의 가나안 본토 정복 의지를 냉각시키고 가나안 땅을 차지하고 싶은 열망을 꺾을지도 모른다고 판단했던 것이다. 하지만 두 지파의 가나안 본토 정복전쟁 참여 결의를 듣고서 그들의 요청을 수락한다. 타협이 이루어진 것이다. 두 지파의 요단 동편 조기 정착이 지파들 간의 분열을 촉발시키는 것이 아니라, 가일층 강화된 일치와 단결을 도모하는 계기가 될 것이라고 기대했을 것이다.⁶ 결국 르우벤 지파와 갓 지파는 모세가 명한 대로 하나님 앞에서 성심껏 전쟁에 참여한다. 모세는 이 모든 결의와 협정을 엘르아살과 여호수아 그리고 각 지파 족장들이 보는 앞에서 처리한다. 두 지파가 가나안 본토까지 출전하여 형제들을 돕는다면 길르앗은 그들에게 할당될 것임을 공적으로 선포한다. 그러나 출전하지 않으면 가나안 본토에 와서 살게 될 것이다. 갓과 르우벤 지파는 이 결의를 전적으로 수용한다. 가나안 땅에 출전하여 요단 강 동편에 정착할 것을 다짐한 것이다.

결국 모세는 이 두 지파와 뒤늦게 협상에 참여했을 므낫세 반 지파에게 요단 강 동쪽 지역을 기업으로 제공한다. 시혼의 왕과 바산의 왕이 다스리던 모든 성읍과 땅들이 이 지파들에게 할당된다. 므낫세 반 지파는 요단 상부, 곧 길르앗 지역에 정착하는데, 이 지역은 므낫세의 아들 마길의 자손이 아모리 사람들로부터 빼앗은 땅이다 (신 3:13, 수 13:29-31, 17:1-3은 므낫세 지파의 일부가 트랜스 요르단 땅에 정착한 것을 전제한다). 므낫세 지파는 모세가 르우벤 지파와 갓 지파의 요단 동쪽 지역 정착을 허락하기 전까지는 협상에 주도적으로 참여하지 못하다가, 거의 마지막 단계 아니면 그 후에 길르앗 지역에 정착하도록 허락받았을 것이다.

33 ¹모세와 아론의 인도로 대오를 갖추어 애굽을 떠난 이스라엘 자손들의 노정은 이러하니라. ²모세가 여호와의 명령대로 그 노정을 따라 그들이 행진한 것을 기록하였으니 그들이 행진한 대로의 노정은 이러하니라. ³그들이 첫째 달 열다섯째 날에 라암셋을 떠났으니 곧 유월절 다음 날이라. 이스라엘 자손이 애굽 모든 사람의 목전에서 큰 권능으로 나왔으니 ⁴애굽인은 여호와께서 그들 중에 치신 그 모든 장자를 장사하는 때라. 여호와께서 그들의 신들에게도 벌을 주셨더라. ⁵이스라엘 자손이 라암셋을 떠나 숙곳에 진을 치고 ⁶숙곳을 떠나 광야 끝 에담에 진을 치고 ⁷에 담을 떠나 바알스본 앞 비하히롯으로 돌아가서 믹돌 앞에 진을 치고 ⁸하히롯 앞을 떠 나 광야를 바라보고 바다 가운데를 지나 에담 광야로 사흘 길을 가서 마라에 진을 치 고 ⁹마라를 떠나 엘림에 이르니 엘림에는 샘물 열둘과 종려 칠십 그루가 있으므로 거 기에 진을 치고 ¹⁰엘림을 떠나 홍해 가에 진을 치고 ¹¹홍해 가를 떠나 신 광야에 진을 치고 ¹²신 광야를 떠나 ¹³돕가에 진을 치고 돕가를 떠나 알루스에 진을 치고 ¹⁴알루스 를 떠나 르비딤에 진을 쳤는데 거기는 백성이 마실 물이 없었더라. ¹⁵르비딤을 떠나 시내 광야에 진을 치고 ¹⁶시내 광야를 떠나 기브롯핫다아와에 진을 치고 ¹⁷기브롯핫 다아와를 떠나 하세롯에 진을 치고 ¹⁸하세롯을 떠나 릿마에 진을 치고 ¹⁹릿마를 떠나 림몬베레스에 진을 치고 ²⁰림몬베레스를 떠나 립나에 진을 치고 ²¹립나를 떠나 릿사 에 진을 치고 ²²릿사를 떠나 그헬라다에 진을 치고 ²³그헬라다를 떠나 세벨산에 진을 치고 ²⁴세벨산을 떠나 하라다에 진을 치고 ²⁵하라다를 떠나 막헬롯에 진을 치고 ²⁶막 헬롯을 떠나 다핫에 진을 치고 ²⁷다핫을 떠나 데라에 진을 치고 ²⁸데라를 떠나 밋가에 진을 치고 ²⁹밋가를 떠나 하스모나에 진을 치고 ³⁰하스모나를 떠나 모세롯에 진을 치 고 ³¹모세롯을 떠나 브네야아간에 진을 치고 ³²브네야아간을 떠나 홀하깃갓에 진을 치고 ³³홀하깃갓을 떠나 욧바다에 진을 치고 ³⁴욧바다를 떠나 아브로나에 진을 치고 ³⁵아브로나를 떠나 에시온게벨에 진을 치고 ³⁶에시온게벨을 떠나 신 광야 곧 가데스 에 진을 치고 ³⁷가데스를 떠나 에돔 땅 변경의 호르산에 진을 쳤더라. ³⁸이스라엘 자

손이 애굽 땅에서 나온 지 사십 년째 오월 초하루에 제사장 아론이 여호와의 명령으로 호르산에 올라가 거기서 죽었으니 ³⁹ 아론이 호르산에서 죽던 때의 나이는 백이십삼 세였더라. ⁴⁰ 가나안 땅 남방에 살고 있는 가나안 사람 아랏 왕은 이스라엘 자손이 온다는 소식을 들었더라. ⁴¹ 그들이 호르산을 떠나 살모나에 진을 치고 ⁴² 살모나를 떠나 부논에 진을 치고 ⁴³ 부논을 떠나 오봇에 진을 치고 ⁴⁴ 오봇을 떠나 모압 변경 이예 아바림에 진을 치고 ⁴⁵ 이임을 떠나 디본갓에 진을 치고 ⁴⁶ 디본갓을 떠나 알몬디블라다임에 진을 치고 ⁴⁷ 알몬디블라다임을 떠나 느보 앞 아바림산에 진을 치고 ⁴⁸ 아바림산을 떠나 여리고 맞은편 요단 강 가 모압 평지에 진을 쳤으니 ⁴⁹ 요단 강 가 모압 평지의 진영이 벧여시못에서부터 아벨싯딤에 이르렀더라.

33:1-49은 광야 여정(방황)을 개별 장소에 따라 회고한다. 이스라엘 백성이 38년 동안 진을 쳤거나 지나친 거점들이 열거된다. 거점과 함께 중요한 사건들이 간략하게 언급된다. 여행은 세 부분으로 구성된다. 라암셋에서부터 시내 광야까지 첫 여정,^{5-15절} 시내 광야에서 가데스 바네아까지의 둘째 여정,^{16-36절} 그리고 마지막으로 가데스 바네아에서 모압 평지까지의 셋째 여정^{37-49절}이 바로 그것이다. 광야 거점들의 나열과 방랑 회고는 출애굽한 후 시내 광야를 가로질러 전진하며 겪고 극복했던 엄청난 장애물들을 상기시킨다. 특별히 광야 방황 회고는 백성들의 부단한 불충성스러움과 하나님의 무궁한 신실함을 극명하게 대조시키고 있다. 그것은 이스라엘의 패역에도 불구하고 베풀어 주신 하나님의 신실한 공급하심(돌봄과 보호, 먹거리)을 기리고 기억하도록 촉구한다. 이스라엘의 끝없는 패역을 견디시면서 그들을 마침내 가나안 땅 입구까지 인도하신 하나님의 무궁한 인자하심, 이것이 민수기의 핵심 주제 아니었던가? 아마도 저자는 "만일 하나님께서 광야 40년 동안 이렇게 신실하게 도우셨다면, 이스라엘 백성이 최후 목적지 가나안 땅에 도달할 때까지도 신실하

게 도와주실 것이다"라는 확신을 독자들과 나누려는 것처럼 보인다. 이런 점에서 33장의 광야 시절 회고는 가나안 땅 정복과 분배를 다루는 땅에 관한 율법들^{33:50-36:13}에 대한 적절한 서언이다. 불원간에 가나안 땅에 가서 실행하고 준행해야 할 규례들 앞에 이 광야 방랑사를 배치함으로써, 저자는 가나안 땅은 이스라엘의 무수한 불신앙과 패역을 참아 내신 하나님의 선물임을 다시금 강조하고 싶었을 것이다.[7]

가나안 정복을 전제한 땅에 관한 율법들 ●33:50-34장

33 ⁵⁰ 여리고 맞은편 요단 강 가 모압 평지에서 여호와께서 모세에게 말씀하여 이르시되 ⁵¹ 이스라엘 자손에게 말하여 그들에게 이르라. 너희가 요단 강을 건너 가나안 땅에 들어가거든 ⁵² 그 땅의 원주민을 너희 앞에서 다 몰아내고 그 새긴 석상과 부어 만든 우상을 다 깨뜨리며 산당을 다 헐고 ⁵³ 그 땅을 점령하여 거기 거주하라. 내가 그 땅을 너희 소유로 너희에게 주었음이라. ⁵⁴ 너희의 종족을 따라 그 땅을 제비 뽑아 나눌 것이니 수가 많으면 많은 기업을 주고 적으면 적은 기업을 주되 각기 제비 뽑은 대로 그 소유가 될 것인즉 너희 조상의 지파를 따라 기업을 받을 것이니라. ⁵⁵ 너희가 만일 그 땅의 원주민을 너희 앞에서 몰아내지 아니하면 너희가 남겨 둔 자들이 너희의 눈에 가시와 너희의 옆구리에 찌르는 것이 되어 너희가 거주하는 땅에서 너희를 괴롭게 할 것이요 ⁵⁶ 나는 그들에게 행하기로 생각한 것을 너희에게 행하리라.

34 ¹ 여호와께서 모세에게 말씀하여 이르시되 ² 너는 이스라엘 자손에게 명령하여 그들에게 이르라. 너희가 가나안 땅에 들어가는 때에 그 땅은 너희의 기업이 되리니 곧 가나안 사방 지경이라. ³ 너희 남쪽은 에돔 곁에 접근한 신 광야니 너희의 남쪽 경계는 동쪽으로 염해 끝에서 시작하여 ⁴ 돌아서 아그랍빔 언덕 남쪽에

이르고 신을 지나 가데스바네아 남쪽에 이르고 또 하살아달을 지나 아스몬에 이르고 ⁵ 아스몬에서 돌아서 애굽 시내를 지나 바다까지 이르느니라. ⁶ 서쪽 경계는 대해가 경계가 되나니 이는 너희의 서쪽 경계니라. ⁷ 북쪽 경계는 이러하니 대해에서부터 호르산까지 그어라. ⁸ 호르산에서 그어 하맛 어귀에 이르러 스닷에 이르고 ⁹ 그 경계가 또 시브론을 지나 하살에난에 이르나니 이는 너희의 북쪽 경계니라. ¹⁰ 너희의 동쪽 경계는 하살에난에서 그어 스밤에 이르고 ¹¹ 그 경계가 또 스밤에서 리블라로 내려가서 아인 동쪽에 이르고 또 내려가서 긴네렛 동쪽 해변에 이르고 ¹² 그 경계가 또 요단으로 내려가서 염해에 이르나니 너희 땅의 사방 경계가 이러하니라. ¹³ 모세가 이스라엘 자손에게 명령하여 이르되 이는 너희가 제비 뽑아 받을 땅이라. 여호와께서 이것을 아홉 지파 반 쪽에게 주라고 명령하셨나니 ¹⁴ 이는 르우벤 자손의 지파와 갓 자손의 지파가 함께 그들의 조상의 가문에 따라 그들의 기업을 받을 것이며 므낫세의 반쪽도 기업을 받았음이니라. ¹⁵ 이 두 지파와 그 반 지파는 여리고 맞은편 요단 건너편 곧 해 돋는 쪽에서 그들의 기업을 받으리라. ¹⁶ 여호와께서 또 모세에게 말씀하여 이르시되 ¹⁷ 너희에게 땅을 기업으로 나눌 자의 이름은 이러하니 제사장 엘르아살과 눈의 아들 여호수아니라. ¹⁸ 너희는 또 기업의 땅을 나누기 위하여 각 지파에 한 지휘관씩 택하라. ¹⁹ 그 사람들의 이름은 이러하니 유다 지파에서는 여분네의 아들 갈렙이요 ²⁰ 시므온 지파에서는 암미훗의 아들 스무엘이요 ²¹ 베냐민 지파에서는 기슬론의 아들 엘리닷이요 ²² 단 자손 지파에서는 지휘관 요글리의 아들 북기요 ²³ 요셉 자손 중 므낫세 자손 지파에서는 지휘관 에봇의 아들 한니엘이요 ²⁴ 에브라임 자손 지파에서는 지휘관 십단의 아들 그무엘이요 ²⁵ 스불론 자손 지파에서는 지휘관 바르낙의 아들 엘리사반이요 ²⁶ 잇사갈 자손 지파에서는 지휘관 앗산의 아들 발디엘이요 ²⁷ 아셀 자손 지파에서는 지휘관 슬로미의 아들 아히훗이요 ²⁸ 납달리 자손 지파에서는 지휘관 암미훗의 아들 브다헬이니라 하셨느니라. ²⁹ 이들이 여호와께서 명령하사 가나안 땅에서 이스라엘 자손에게 기업을 받게 하신 자들이니라.

이스라엘 백성이 광야 여정을 끝내고, 모든 대적을 아우를 수 있는 군사적 요충지를 요단 강변에 확보한 후,^{22-25장, 31장} 하나님께서는 2와 1/2지파가 요단 강 동쪽에 정착하도록 허용하신다.^{32장} 이스라엘 백성은 이제 본격적으로 가나안 정복 및 분할 문제에 전심의 관심을 기울일 수 있게 되었다. 이 단원에 속한 각 단락들은 동일한 방식으로 시작한다. 첫째, 하나님께서 모세에게 "이스라엘 백성에게 지침을 하달하라"고 명령하신다.^{33:50, 34:1, 16, 35:1, 9} 둘째, 그 지침은 거의 대부분 "너희가 요단 강을 건너 가나안 땅에 이를 때"^{33:51, 34:2, 35:10}라는 말로 시작된다. 따라서 이 거룩한 명령 안에 포함된 주제들은 매우 논리적이다.

첫째 주제는 정확한 경계선에 관한 언급이다. 가나안 땅 정복과 배당^{33:50-56}은 정확한 경계 지점^{34:1-15}을 중심으로 정확하게 이루어질 것이다. 땅의 경계선에 대한 규정은 가나안 땅을 도상圖上 정복하기 위해 제비뽑기를 하는 절차를 보도하는 33:50-56의 자연스런 귀결이다. 이스라엘 백성은 현재의 가나안 원주민들을 몰아내고 대신하여 그 땅을 차지하라는 명령을 받았기 때문에, 그 땅의 경계를 알아두지 않으면 안 된다는 것이다. 이스라엘 자손이 차지하게 될 가나안 땅의 동서남북 국경은 다음과 같다.^{34:1-12}

- 남쪽 경계: 사해에서부터 아카바 오르막길을 거쳐, 가데스 바네아의 남쪽 지역인 신 광야를 지나 지중해까지
- 서쪽 경계: 지중해
- 북쪽 경계: 지중해로부터 호르산, 르보하맛(시리아 남쪽?), 제다드(다메섹 북동쪽 100km), 시브론, 하살에난(다메섹 북동쪽 130km)까지
- 동쪽 경계: 하살에난에서 스밤을 지나 리블라혼 아래 방향까지(갈릴리 동쪽), 이어 요단 강을 따라 사해까지

여기서 묘사된 가나안 땅은 역사상 이스라엘이 실제로 정복하여 차지한 지역보다 훨씬 더 넓은 땅이다. 심지어 다윗이 정복한 땅보다도 더 넓다. 그러므로 여기서 제시된 국경은 관념상의(이상적인) 국경일 뿐 이스라엘 백성에 의하여 한 번도 지켜져 본 적이 없는 국경이었을 수도 있다. 그래서 학자들은 민수기 34장의 가나안 땅 경계는 기원전 14-13세기의 애굽 자료에서 공인된 가나안 땅의 지리적 경계와 일치한다는 점을 주목한다. 그렇다면 하나님께서 동시대에 애굽 학문에 정통했던 모세가 알고 있는 가나안 국경 개념을 이용해 이 규례를 주시지 않았을까 하고 추정해 볼 수 있을 것이다. 이런 점에서 보면 민수기 34장이 얼마나 오래된 자료인지를 알 수 있을 것이다.[8]

둘째 주제는 누가 중심이 되어 땅을 분배할 것인지를 다룬다. 그러나 먼저 땅을 정복하는 일을 완수해야 한다. 여기서 '땅 정복'은 거주민의 축출, 거짓된 예배 체제의 멸절, 지파별/종족별/가족별 제비뽑기를 통한 땅 분배의 성취를 의미한다. 만일 이스라엘 백성이 원주민을 추방하거나 축출하지 못하면 그들에 의해 괴로움을 받게 될 것이라는 경고를 덧붙인다.[33:50-56] 이것은 이미 26장에서 이루어졌으나 여기서 되풀이된다. 일부 지파가 요단 동쪽 지역에 정착했기 때문이다. 일단 정복된 땅의 경우에는 엘르아살과 여호수아가 중심이 되어 땅 분배가 이루어지는데, 여기에는 각 지파의 실무자급 지도자들이 함께 참여할 것이다.[34:16-29] 지파들은 가장 남쪽 지역에 정착한 유다와 시므온 지파부터 시작하여 대체로 위도 순서에 따라 나열되어 있다. 북쪽에 정착한 아셀과 납달리 지파의 정착으로 끝난다.[수 14-19장] 르우벤, 갓, 므낫세 반 지파는 이미 요단 동쪽 지역에 정착했기 때문에 가나안 본토 땅 분배에는 참여하지 못한다. 마지막으로 엘르아살, 여호수아, 그리고 임명된 족장들은 레위인에게 모두

48성읍을 배당할 것이며^{35:1-8} 그중에서 여섯 성읍은 도피성이 될 것이다.^{35:9-34}

이 율법들은 단순한 율법 이상이며 함축적인 약속이다. 즉, 하나님께서 이스라엘 백성에게 그 거대한 가나안 땅^{34장}을 차지하게 하실 것^{33장}이라는 믿음의 표현인 셈이다.

레위인에게 할당된 성읍과 도피성 제도 ●35장

35 ¹ 여호와께서 여리고 맞은편 요단 강 가 모압 평지에서 모세에게 말씀하여 이르시되 ² 이스라엘 자손에게 명령하여 그들이 받은 기업에서 레위인에게 거주할 성읍들을 주게 하고 너희는 또 그 성읍들을 두르고 있는 초장을 레위인에게 주어서 ³ 성읍은 그들의 거처가 되게 하고 초장은 그들의 재산인 가축과 짐승들을 둘 곳이 되게 할 것이라. ⁴ 너희가 레위인에게 줄 성읍들의 들은 성벽에서부터 밖으로 사방 천 규빗이라. ⁵ 성을 중앙에 두고 성 밖 동쪽으로 이천 규빗, 남쪽으로 이천 규빗, 서쪽으로 이천 규빗, 북쪽으로 이천 규빗을 측량할지니 이는 그들의 성읍의 들이며 ⁶ 너희가 레위인에게 줄 성읍은 살인자들이 피하게 할 도피성으로 여섯 성읍이요 그 외에 사십이 성읍이라. ⁷ 너희가 레위인에게 모두 사십팔 성읍을 주고 그 초장도 함께 주되 ⁸ 너희가 이스라엘 자손의 소유에서 레위인에게 너희가 성읍을 줄 때에 많이 받은 자에게서는 많이 떼어서 주고 적게 받은 자에게서는 적게 떼어 줄 것이라. 각기 받은 기업을 따라서 그 성읍들을 레위인에게 줄지니라. ⁹ 여호와께서 또 모세에게 말씀하여 이르시되 ¹⁰ 이스라엘 자손에게 말하여 그들에게 이르라. 너희가 요단 강을 건너 가나안 땅에 들어가거든 ¹¹ 너희를 위하여 성읍을 도피성으로 정하여 부지중에 살인한 자가 그리로 피하게 하라. ¹² 이는 너희가 복수할 자에게서 도피하는 성을 삼아 살인자가 회중 앞에 서서 판결을 받기까지 죽지 않게 하기 위함이니라. ¹³ 너희가 줄 성읍 중에 여섯을 도피성이 되게 하되 ¹⁴ 세 성읍은 요단 이쪽에 두고 세 성읍은 가나안 땅에 두어 도피성이 되게 하라. ¹⁵ 이 여섯 성읍은 이스라엘 자손과 타국인과 이스라엘 중에

거류하는 자의 도피성이 되리니 부지중에 살인한 모든 자가 그리로 도피할 수 있으리라. ¹⁶ 만일 철 연장으로 사람을 쳐죽이면 그는 살인자니 그 살인자를 반드시 죽일 것이요 ¹⁷ 만일 사람을 죽일 만한 돌을 손에 들고 사람을 쳐죽이면 이는 살인한 자니 그 살인자는 반드시 죽일 것이요 ¹⁸ 만일 사람을 죽일 만한 나무 연장을 손에 들고 사람을 쳐죽이면 그는 살인한 자니 그 살인자는 반드시 죽일 것이니라. ¹⁹ 피를 보복하는 자는 그 살인한 자를 자신이 죽일 것이니 그를 만나면 죽일 것이요 ²⁰ 만일 미워하는 까닭에 밀쳐 죽이거나 기회를 엿보아 무엇을 던져 죽이거나 ²¹ 악의를 가지고 손으로 쳐죽이면 그 친 자는 반드시 죽일 것이니 이는 살인하였음이라. 피를 보복하는 자는 살인자를 만나면 죽일 것이니라. ²² 악의가 없이 우연히 사람을 밀치거나 기회를 엿봄이 없이 무엇을 던지거나 ²³ 보지 못하고 사람을 죽일 만한 돌을 던져서 죽였을 때에 이는 악의도 없고 해하려 한 것도 아닌즉 ²⁴ 회중이 친 자와 피를 보복하는 자 간에 이 규례대로 판결하여 ²⁵ 피를 보복하는 자의 손에서 살인자를 건져내어 그가 피하였던 도피성으로 돌려보낼 것이요 그는 거룩한 기름 부음을 받은 대제사장이 죽기까지 거기 거주할 것이니라. ²⁶ 그러나 살인자가 어느 때든지 그 피하였던 도피성 지경 밖에 나가면 ²⁷ 피를 보복하는 자가 도피성 지경 밖에서 그 살인자를 만나 죽일지라도 피 흘린 죄가 없나니 ²⁸ 이는 살인자가 대제사장이 죽기까지 그 도피성에 머물러야 할 것임이라. 대제사장이 죽은 후에는 그 살인자가 자기 소유의 땅으로 돌아갈 수 있느니라. ²⁹ 이는 너희의 대대로 거주하는 곳에서 판결하는 규례라. ³⁰ 사람을 죽인 모든 자 곧 살인한 자는 증인들의 말을 따라서 죽일 것이나 한 증인의 증거만 따라서 죽이지 말 것이요 ³¹ 고의로 살인죄를 범한 살인자는 생명의 속전을 받지 말고 반드시 죽일 것이며 ³² 또 도피성에 피한 자는 대제사장이 죽기 전에는 속전을 받고 그의 땅으로 돌아가 거주하게 하지 말 것이니라. ³³ 너희는 너희가 거주하는 땅을 더럽히지 말라. 피는 땅을 더럽히나니 피 흘림을 받은 땅은 그 피를 흘리게 한 자의 피가 아니면 속함을 받을 수 없느니라. ³⁴ 너희는 너희가 거주하는 땅 곧 내가 거주하는 땅을 더럽히지 말라. 나 여호와는 이스라엘 자손 중에 있음이니라.

레위인은 영구적인 경작지는 받지 못했을지라도(그들은 농토를 받지 못한 것이다)[18:23] 거주지와 목초지를 할당받았다. 48성읍과 인근의 들판이 그들의 기업이었다. 그들이 지방에 거주 공간을 할당받은 것은 모든 레위인이 동시에 성막 봉사를 한 것이 아니기 때문이었다. 48성읍의 면면은 여호수아 21장에 기록되어 있다. 여기서 48(4 곱하기 12)은 상징적인 숫자다. 4는 하나님 나라(사방)를 상징하고 12는 12지파를 상징한다. 레위인이 12지파들 한복판에 흩어져 살아야 하는 이유는 이스라엘 백성이 하나님의 거룩한 백성(하나님 나라)으로 살도록 교육시키는 그들의 거룩한 소명 때문이었다.[출 19:5-6, 레 10:11, 신 33:9-10] 가나안 땅은 레위인들과 하나님 자신이 그 안에 거한다는 점에서 거룩한 땅인 것이다.[35-36장] 한편 경작지가 없었기에 레위인의 생계는 일반 세속 지파들의 아낌없는 예물에 의존해야 했다. 레위인은 일반 세속지파를 위해 복을 빌어 주고 그들이 받은 복에 의존해야 했다.[18:20, 23-24] 레위 지파와 세속 지파는 상호의존적으로 번영하도록 예정되어 있다.[9]

레위인이 할당받은 48성읍 중 여섯 성읍은 도피성(일종의 감옥)으로 구별되어야 한다.[신 19:1-13, 수 20:1-9] 가나안 본토에 셋(유다 지파의 산지 헤브론, 에브라임 지파의 산지 세겜, 납달리 지파의 산지 게데스), 요단 동쪽 지역에 셋(르우벤 지파의 평지 광야 베셀, 갓 지파의 길르앗 라못, 므낫세 지파의 바산 골란)을 설치해야 한다.[신 4:43, 수 20:7-8, 21:13, 21, 27, 32, 36, 38] 이스라엘인이나 체류자나 외국인이나 상관없이 비고의적으로 살인한 모든 사람이 도피성 혜택을 입을 수 있다.[35:9-15 10]

도피성 설치 규정은 살인사건의 경우 이스라엘 백성이 돈으로 보상하는 것도 허락하지 않고 무분별한 사적 보복도 허락하지 않던 과도기적인 사법 해결책이었다. 아마도 도피성 창설은 고대 근동 사회에서 일반적으로 용인된 피붙이 복수(사적 보복) 제도를 완화시키기 위한 것이었다. 살해당한 자의 피붙이 복수자[고엘(לֵאֹג)]는 살인 당사자를 죽이거나 그의 가족 중 한 사람의 피를 흘리거나(죽이거나) 혹은 재정적인 보상을 받음으로 복수를 실행할 수 있었다.[35:16-21] 민수기의 도피성 제도는 당시 만연한 사적 보복 관습을 몇 가지 점에서 완화하거나 수정하려고 했던 것처럼 보인다. 첫째, 오직 살인자만이 연루되어야 하며 다른 어떤 가족 구성원도 살해되어서는 안 된다. 둘째, 유죄성은 살인자의 의도 유무에 의해 결정된다. 고의적 살인이라고 인정되기 위해서는 살인 행위의 고의성(고의적인 살인의 예는 매복해 있다가 철제 도구, 돌, 나무 혹은 주먹으로 쳐죽인 경우)을 입증할 수 있는 증거들이 확보되어야 했다. 준비 증거, 사전 계획, 그리고 이전의 증오 및 적대심[신 19:11]이 증명되어야 했다. 비고의적 살인자는 사형에 처할 수 없었다. 따라서 순간적으로 욱하면서 터뜨려진 분노의 결과 일어난 살인은 고의적 살인이 아닐 경우가 많다. 22절에 의하면 오랫동안 존재해 온 불화의 일부로 일어난 싸움에서 발생한 살인사건만이 고의적인 살인이라고 볼 수 있다.

셋째, 피살인자의 피값은 어떤 돈으로도 보상할 수 없다. 넷째, 고의성 혹은 비고의성 여부는 이해 당사자에 의해 판단될 수 없고 회중(사법당국)에 의해 판단받아야 한다. 비고의적인 살인사건의 연루자는 회중에 의해 비고의성을 인정받고 도피성으로 가서 살아야 한다. 회중은 비고의성이 인정되면 피붙이 복수자의 손에서 그 비고의 살인자를 구출해 도피성으로 보내야 한다.[35:24-25, 수 20:4] 다섯째, 살인 혐의자의 재판은 국가기관이 맡아야 하며 이해 당사자가 맡을 수 없다. 여섯째, 고의적 살인의 경우는 고엘에 의하여 보복이 집행될 수 있으나 비고의적 살인자는 도피성으로 추방된다. 대제사장이 죽을 때까지 도피성 안에서만 살아야 하지만 그 대제사장이 죽은 후에는 자유롭게 도피성을 떠날 수 있다. 만일 대제사장이 죽기 전에 자기 본토로 돌아가면 피붙이 복수자는 그 살인자를 죽이는 것이 허용되었다. 고대 다른 근동 문명에서도 도피성 제도는 고증되고 있지만 도피성에 피할 수 있는 권리는 오직 비고의적 살인자에게만 국한된다는 점에서 성경의 도피성 제도는 혁신적이다.[11]

이 사실에서 추론할 수 있는 진실은 비고의적 살인자의 추방 그 자체가 죽은 자의 피를 대속하는 것으로 이해되지는 않았다는 것이다. 이 사실은 살인자를 속량할 수 없다고 규정하는 금지 규정에 의해 분명하게 나타난다. 살인자는 돈으로 자유를 살 수 없다.[35:31-32] 오로지 살인자의 대속은 대제사장의 죽음으로부터 왔다는 점이 강조된다. 다른 한 사람의 죽음을 통해서만 살인자는 자유케 될 수 있었다는 점이다. 살인자의 죄를 가볍게 하는 것은 유배 자체가 아니라 대제사장의 죽음 자체라는 것이다. 해당 대제사장이 죽은 후에는 비고의적인 살인자가 더 이상 도피성 유배생활을 계속할 필요가 없다는 탈무드의 규정[Makkoth 11b]도 이러한 해석에 근거한다. 그러므로 고대 이스라엘의 대제사장은 예수 그리스도의 중보사역을 예기한다.[히 4-9장 12]

도피성 제도와 관련된 규례가 땅을 오염시키는 죄악들에 관한 규정이다. 35:30-34은 어떤 역내에서 벌어진 미해결 살인사건을 처리하는 규정을 다룬다. 무죄한 자가 흘린 피는 땅을 더럽힌다는 것은 성경의 철칙이었다.[창 4:10] 민수기의 도피성 제도에 의하면 피 흘린 자의 피가 흘려지거나[창 9:6] 대제사장이 죽지 아니하면 죗값에 대한 하나님의 진노를 누그러뜨릴 수 없다. 고의적인 살인자의 경우 어떤 속전도 받아들여질 수 없다. 그런데 어떤 범법자에게 죽음의 형벌을 선고하여 형을 집행하려면 두 증인 이상의 증거를 확보해야만 했다. 무죄하게 흘려진 피가 땅을 더럽힌다는 규정의 근거에는 이스라엘의 땅 성결의 신학이 있다. 하나님의 거룩한 현존이 살인사건으로 더럽혀진 땅에 머물 수 없다는 전제다. 고의적인 생명 파괴와 살인은 땅의 오염을 초래하고 하나님께서 그 살인사건이 일어난 지역의 성소와 거주민을 버리시는 심판을 초래한다.

여자들의 땅 상속 권리 ● 36장

36 [1] 요셉 자손의 종족 중 므낫세의 손자 마길의 아들 길르앗 자손 종족들의 수령들이 나아와 모세와 이스라엘 자손의 수령 된 지휘관들 앞에 말하여 [2] 이르되 여호와께서 우리 주에게 명령하사 이스라엘 자손에게 제비 뽑아 그 기업의 땅을 주게 하셨고 여호와께서 또 우리 주에게 명령하사 우리 형제 슬로브핫의 기업을 그의 딸들에게 주게 하셨은즉 [3] 그들이 만일 이스라엘 자손의 다른 지파들의 남자들의 아내가 되면 그들의 기업은 우리 조상의 기업에서 떨어져 나가고 그들이 속할 그 지파의 기업에 첨가되리니 그러면 우리가 제비 뽑은 기업에서 떨어져 나갈 것이요 [4] 이스라엘 자손의 희년을 당하여 그 기업이 그가 속한 지파에 첨가될 것이라. 그런즉 그들의 기업은 우리 조상 지파의 기업에서 아주 삭감되리이다. [5] 모세가 여호와의 말씀으로 이스라엘 자손에게 명령하여 이르되 요셉 자손 지파의 말이 옳도다. [6] 슬로브핫의 딸들에게 대한 여호와의 명령이 이러하니라. 이르시되 슬로브핫의 딸들은 마음대로 시집가려니와 오직 그 조상 지파의 종족에게로만 시집갈지니 [7] 그리하면 이스라엘 자손의 기업이 이 지파에서 저 지파로 옮기지 않고 이스라엘 자손이 다 각기 조상 지파의 기업을 지킬 것이니라 하셨나니 [8] 이스라엘 자손의 지파 중 그 기업을 이은 딸들은 모두 자기 조상 지파의 종족되는 사람의 아내가 될 것이라. 그리하면 이스라엘 자손이 각기 조상의 기업을 보전하게 되어 [9] 그 기업이 이 지파에서 저 지파로 옮기게 하지 아니하고 이스라엘 자손 지파가 각각 자기 기업을 지키리라. [10] 슬로브핫의 딸들이 여호와께서 모세에게 명령하신 대로 행하니라. [11] 슬로브핫의 딸 말라와 디르사와 호글라와 밀가와 노아가 다 그들의 숙부의 아들들의 아내가 되니라. [12] 그들이 요셉의 아들 므낫세 자손의 종족 사람의 아내가 되었으므로 그들의 종족 지파에 그들의 기업이

남아 있었더라. ¹³이는 여리고 맞은편 요단 가 모압 평지에서 여호와께서 모세를 통하여 이스라엘 자손에게 명령하신 계명과 규례니라.

27:1-11에서 슬로브핫의 딸들에 의해 제기되었던 여자들의 땅 상속 권리 허용이 가져오는 문제들을 해소하기 위한 부칙 조항이 첨가된다. 한 가족의 땅이 딸의 상속으로 인하여 다른 가족의 땅으로 이전될 경우를 막기 위해서는 땅을 상속하는 미혼 여자는 땅의 손실을 막기 위해 종족 내에서 결혼해야 한다는 규정이 추가된 것이다. 그래서 슬로브핫의 다섯 딸인 말라, 노아, 호글라, 밀가, 디르사는 그들의 숙부의 아들들과 결혼하여 아버지의 땅을 종족 안에서 보전하게 되었다. 출애굽의 위대한 영도자 모세가 마지막으로 처리한 과업이 슬로브핫의 딸들의 땅 상속 문제라는 것은 언뜻 보면 잘 이해가 안된다. 그러나 이것은 민수기의 전체 주제, 그중에서도 33-36장의 전체 주제를 생각해 보면 납득이 되는 편집적인 배려처럼 보인다. 33:50-36:13의 땅에 대한 율법은 땅 자체와 그것의 분배, 그것의 규모와 거룩성(성결한 보존)과 관련되어 있다. 실로 민수기 전체의 이야기는 약속의 땅으로 접근해 가는 이동의 이야기 아닌가? 그렇다면 땅의 정복과 보전만큼 더 중요한 주제가 어디 있겠는가? 슬로브핫 딸들에 대한 마지막 일화는 조상에게 물려받은 기업의 땅을 보전하는 일의 중요성을 확증하고자 하는 민수기의 전체 논지를 확연하게 부각시키고 있다.³⁶:⁹ 민수기 독자는 조상에게서 물려받은 땅을 종족의 자산으로 보전하기 위하여 슬로브핫의 딸들처럼 공세적이고 창의적이 되어야 한다는 메시지를 듣는 셈이다.

40년에 걸친 출애굽의 영도자 모세의 마지막 명령도 땅과 관련된 명령이라는 점은 지극히 자연스럽다. 그는 슬로브핫의 딸들의 판례와 결단을 예로 삼아 각각의 모든 이스라엘 사람은 그의 아버지의 기업을 떠나지 말고 지켜야 한다고 외치고 있는 것이다.[36:7] 이것은 지파 간의 땅 소유권 이전 금지 명령일 뿐만 아니라, 가나안 땅을 이스라엘의 영원한 기업으로 주신 하나님에 대한 감사와 믿음을 가지고 그 땅을 굳게 지키고 보전하라는 항구적인 명령인 셈이다. "이스라엘 온 백성이여, 슬로브핫의 딸들처럼 아버지의 기업의 땅을 지키기 위하여 분투하라. 가나안 땅 전체가 바로 우리 아버지의 기업의 땅임을 기억하고 그것을 보전하는 데 만전을 기하라."

민

申命記

● 신명기 │ 하나님 나라는 땅 위에 건설되고 확장된다

I.

신명기 1-4장

40년 광야 방랑사 회고와 전망

: 공세적인 하나님 나라

신명기는 창세기-민수기를 꿰뚫고 흐르는 '하나님 나라 신학'의 중간결산이다. 모세오경은 하나님께서 아브라함과 그 후손을 '위대한 나라'(고이 가돌, 큰 민족, 강대한 나라, 거룩한 백성)로 만들어 주시겠다는 약속의 초기 성취 과정을 다룬다. 하나님이 설계하시는 이 위대한 나라는 천하 만민에게 복이 되는 나라^{창 22:18}며 의[츠다카(צְדָקָה)]와 공도[미쉬파트(מִשְׁפָּט)]를 실천하는 나라다.^{창 18:19} 천하 만민에게 복이 되려면 이스라엘이 천하 만민 한복판에 한 거레와 나라로 존재해야 한다. 아브라함의 후손은 천하 만민에게 복이 되기 위하여 하나님과 언약을 맺은 언약백성이 되어야 하며, 그 언약의 의무 조항인 십계명과 부대율법을 개인, 가문, 지파 그리고 국가 단위에서 지켜야 한다. 아브라함의 후손이 천하 만민에게 복이 될지 저주가 될지는 시내산 언약의 준수 여부에 달려 있다.

모세오경, 특히 출애굽기부터 신명기까지는 이스라엘 백성 안에 '한 나라'(국가 경영과 개인 삶의 모든 영역에서 토라에 순종하는 공동체)를 세우시려는 하나님의 의지를 극명하게 보여준다. 신명기는 하나님께서 이스라엘을 '나라'로 만드시는 마지막 과정을 다룬다. 하나님이 생각하신 나라는 일정한 영토적 자율성을 갖춘 나라다. 신명기 단계에서 착상된 하나님 나라는 관념의 나라가 아니라 구체적인 시공간에 정립되는 정치적·경제적·문화적 체제이기 때문이다. 가나안 땅에 정착한 이스라엘 백성이라는 구체적인 역사적 실체 안에 거점을 확보한 하나님 나라가 세계 속에 뿌리를 내릴 수 있다. 따라서 이스라엘은 하나님의 통치를 받는 객체가 되어야 하며 동시에 세계 속에 하나님의 다스림을 매개하는 주체가 되어야 한다. 이스라엘은 정치와 경제, 문화와 종교 등 모든 영역에서 하나님의 다스림을 구현하고 육화시켜야 한다. 이와 같은 주제를 다루는 신명기는 하나님의 통치를 받는 나라가 천하 만민의 한복판에 세워지는 과정에서 발생하는 세상 만민들과의 충돌과 전쟁, 이스라엘 민족 내부에서 벌어지는 온갖 종류의 갈등과 다툼을 정면으로 다루지 않을 수 없다. 신명기가 그리는 하나님 나라의 모습은 전쟁을 통한 평화 구축이라는 역설적인 양상을 띤다. 하나님께 저항하는 정사와 권세들을 무장해제시키는 전쟁은 인종학살처럼 보이기도 한다. 신명기는 구약성경에서 드러난 하나님의 총괄적 관심이 이 땅에 임하는 하나님 나라임을 가장 현실주의적이고 다채롭게 보여준다. 신명기는 이스라엘을 하나님의 직접 통치(성령의 감화감동 통치)를 받는 하나님 나라로 승화시키려는 하나님의 분투와 열심을 명확하게 보여준다. 그런 점에서 신명기만큼 구약성경의 핵심, 곧 하나님 나라 신학으로 곧장 인도하는 책은 없다.

구약성경의 핵심을 하나님 나라로 총괄요약하신 분은 나사렛 예수다. 예수님께서 선포하시는 하나님 나라는 '땅에 임하는' 나라다. 그런데 땅은 하나님의 통치에 저항하는 반역자들과 정사들이 이미 기득권을 발판 삼아 자율적 왕국과 권세를 구축하고 있는 반역의 세계다. 이 자율적 왕국과 권세들이 하나님 나라의 땅 진입에 필사적으로 저항하는 반역의 요새다. 가나안 원주민들이 하나님 백성의 진입을 필사적으로 저지하듯이, 지상 권력자들과 정사들과 권세들도 나사렛 예수가 선포한 하나님 나라에 필사적으로 저항한다. 신명기는 이 정사와 권세들이 이스라엘 안과 밖 모두에서 준동하고 있음을 보여준다.

정경적 관점에서 보면, 신명기는 모세의 설교와 모세의 권위를 가진 설교자(모세적 권위를 잇는 예언자들)의 설교적 강론을 묶어 놓은 책이다. 신명기 전체에 걸쳐서 이 모든 설교들은 '오늘'이라고 하는 '특정한 하루' 동안에 모세에 의해 구두로 선포된 말씀이다. 그 설교들은 하나님의 선행적인 은혜에 대한 응답으로 하나님의 율법에 대한 자발적인 순종을 호소하고 있다. 따라서 신명기는 단순한 율법서가 아니라 이스라엘의 심장에 호소하는 설교요 사활적인 가르침이다. 그것은 인간 행동의 하한선을 설정하고 그것을 위반하는 경우에 받게 될 징벌을 중심으로 결집된 육법전서와 다르다. 그것은 오히려 이스라엘 백성의 심장을 향하여 설교된 율법으로서, 인간 행동의 상한선을 설정하며 그것을 준수했을 때 받게 될 축복을 강조한다. 이런 점에서 볼 때 신명기에서 '토라'를 '율법'이라고 번역하는 것은 불완전하다. 토라는 사활적 중요성을 가진 가르침instruction이다. 토라는 하나님의 일방적인 구원과 은혜의 역사와 그것에 후발적으로 응답하는 인간의 최소 의무를 규정하고 있다.

신명기는 장르상 토라에 속하지만 예언자적인 기상을 강력하게 풍기고 있다. 신명기는 또한 오랜 교회사를 통해 가장 첨예한 신학적·윤리적 쟁점을 제기하고 있기에 현대 독자들에게도 쉽게 읽히는 책은 아니다. 거기에는 인종학살 명령처럼 들리는 종교적 도그마가 있고, 다원주의적 가치를 신봉하는 현대인이 용납하기 힘든 배타적 주장도 여과 없이 분출되고 있다. 유일신 야웨 외에 다른 신적 존재들을 부정하는 신정주의적 이상이 신명기 안에 저류처럼 흐른다. 그러나 또 한편 신명기는 다른 신적 존재들과 야웨 하나님의 불편하고 위험한 공존 현실을 받아들이는 것처럼 보인다.신 32:16-17 그렇기 때문에 신명기는 유일신 신앙에 대한 배타적 예배를 그만큼 더 강조하고 있다("나 외에는 다른 신들을 네게 두지 말지니라").출 20:3, 신 5:7

신명기에 대한 통속적인 이해에 따르면 율법의 순종에는 구원과 축복으로, 율법의 불순종에는 징벌과 심판으로 응답하시겠다는 하나님의 흑백논리가 이른바 신명기 신학의 대지大旨다. 그러나 신명기에 대한 깊은 공부는 이런 통속적인 이해를 어느 정도 교정해 줄 것이다. 신명기는 율법을 지키면 구원을 줄 것이며 불순종하면 환난과 죽음을 준다는 단순화된 이분법 신학을 제시하지 않는다. 그것은 하나님의 신실성, 곧 하나님의 언약적 의리로 말미암아 구원받는다는 개신교적인 신앙 원리를 옹호할 뿐만 아니라, 전체적으로 보아서 하나님의 절대주권적인 은총이 죄를 극복하는 '불순종 초극신학'으로 평가되어야 할 것이다. 신명기는 이스라엘의 불순종과 불신앙을 초극하는 하나님의 은총을 송축하기 때문이다. 이러한 점에서 신약성경(예수님과 바울)의 광범위한 신명기 인용과 인증은 주목할 만하다. 이 사실은 신명기가 바로 믿음으로 말미암아 의롭게 되는 교리, 곧 하나님의 은혜가 인간의 죄를 이기는 궁극적 승리를 기리는 교리의 본령임을 한층 더 분명하게 일깨워 준다. 특히 모압 언약을 담고 있는 29-30장은 신명기에 대한 인과응보적 해석을 경계하고 상대화시킨다. 모압 언약에서는 시내산 계약의 준수 실패로 완전히 파산당한 이스라엘 백성을 회복과 회개로 초청하시는 하나님의 절대주권적인 은총이 왕노릇하고 있다.

끝으로 신명기의 이름들을 살펴봄으로써 이 책의 중심 내용과 저작 의도를 미리 엿볼 수 있을 것이다. 먼저 신명기의 히브리어 성경 제목은 '(하)드바림'(הַדְּבָרִים, 말씀들)이다. '말씀들'이라는 제목은 첫 구절로 제목을 대신하는 오경의 제목 붙이는 관습에 따라 붙여졌다.[1] '말씀들'이란 명령과 훈계, 선포와 권고를 가리킨다. 권고적이며 설교적인 문체가 이 '말씀들'을 지배하고 있다. 그래서 청중들에게 이 책의 가르침을 순종하도록 권고하기 위해 고안된 목적절이 많은 장절을 채우고 있는 것은 자연스럽게 보인다. 한국어 제목인 '신명기'申命記는 17:18의 '율법의 사본'이라는 말의 그리스어 번역문에서 취해진 말이다. 그런데 그것이 전의되어 '반복된(혹은 갱신된) 율법', '다시 가르쳐진 율법'을 지칭하는 말이 되었다. 따라서 한국식 이름인 '신명기'도 모압 평지에서 출애굽 2세대에게 시내산 율법을 새롭게 가르치는 모세의 강론을 담고 있는 이 책의 대지를 잘 드러내고 있는 셈이다.

심장에 호소하는 설교된 율법heart-engraved instruction인 신명기의 구조와 흐름을 개관해 보면, 신명기는 "십계명(쉐마)에 대한 길고 자세한 해설"이라고 주장한 칼빈 이래 많은 학자들의 통찰에 동의하지 않을 수 없게 된다. 십계명은 하나님의 다스림을 받는 이스라엘 백성이 지켜야 할 헌법적 대요강이자 국체다. 따라서 이스라엘 백성이 하나님 나라의 통치 아래 살아가기 위해서는 십계명의 경계선 안에 머물러야 한다.[2]

신명기는 민수기가 끝나는 부분의 이야기를 계속 이어 가고 있다. 38년 동안 광야를 헤쳐 나온 모세와 이스라엘은 마침내 가나안 땅을 지척에 둔 모압 평지에 당도한다. 신명기의 중심 무대인 모압 평지는 광야와 약속의 땅 사이의 경계 지점이다. 모압은 단지 지리적인 차원에서의 경계선만을 가리키지 않고, 여러 차원에서 신명기의 경계선적 특성을 상징적으로 보여준다.[3]

무엇보다도 신명기의 경계선적 특징은 정경적 위치에 있다. 그것은 모세오경의 마지막 책이면서 가나안에서 시작될 이스라엘의 가나안 정착 역사를 통사적으로 쓴 이른바 '신명기 역사서'(여호수아-열왕기하)의 서론 역할을 맡고 있다.[4] 신명기는 하나님의 천지창조부터 시작되는 이스라엘 역사의 출발, 곧 이스라엘 백성의 형성사를 종결짓는 책이다. 모세의 죽음으로 완성되는 신명기의 결론은 모세 시대의 종말을 가리킨다. 동시에 신명기는 또한 단지 과거의 기록이

1-4장 모세의 첫 번째 강론

- 가데스 바네아의 반역을 극복하고 약속의 땅 입구까지 당도한 이스라엘(1-3장)
- 거룩하신 하나님의 영원한 각인: 시내산 폭풍 속에 현현하신 하나님(4장)

5-28장 모세의 두 번째 강론: 출애굽 2세대를 위해 최신판으로 증보된 율법

- 토라신학의 중심 명제들(5-11장)
- 약속의 땅에서 요청된 십계명 실천세칙으로서의 신명기 법전(12-26장)
  - 제1-3계명의 실천세칙(12-14장)
  - 제4계명의 실천세칙(15:1-16:17)
  - 제5계명의 실천세칙(16:18-19:21)
  - 제6계명의 시행세칙: 살인과 전쟁의 함수관계?(20장, 21:10-14, 23:9-14, 24:5)
  - 제7-10계명의 실천세칙(21-26장)
- 가나안 땅 세겜에서 실행되어야 할 계약 체결 의식과 규정들(27-28장)

29-32장 모세의 세 번째 강론

- 갱신된 시내산 계약으로서의 모압 계약(29-30장)
- 지도력 교체(31-32장)

33-34장 모세의 죽음과 그가 남긴 유산, 토라

- 열두 지파를 위한 모세의 유언적 축복(33장)
- 가나안 땅에 대한 그리움을 안고 죽는 모세(34장)

아니고 미래를 대비한 가르침이다. 신명기는 가나안 땅에서 살아가야 할 미래 세대를 위한 규범이며, 후세대들의 삶의 토대를 건축하는 다림줄이다. 신명기는 과거를 해석적으로 회고하는 책으로 이해되어야 할 뿐만 아니라 또한 미래를 전망하는 관점에서 이해되어야 한다.

신명기 1-4장은 어떻게 이스라엘이 현재의 장소, 곧 광야 방랑과 정착생활을 보장하는 약속의 땅 사이에 있는 경계선까지 오게 되었는지를 말해 준다. 4장 서두의 '이제 지금'은 뒤따라오는 내용이 앞선 역사 회고의 적절한 함축적 결과임을 가리킨다. 이스라엘이 서

있는 경계선은 순전히 지리적인 의미만을 갖는 것이 아니라 1-3장과 4장 사이, 곧 하나님의 은혜에 의해 형성되었으나 인간적 두려움에 의해 왜곡된 과거의 경험과 아직 형성되지 않은 미래 사이에 있는 경계선이기도 하다.[5]

하나님의 인도를 믿지 못하는 불신앙의 대가: 패배와 퇴행 ●1장

1 [1]이는 모세가 요단 저쪽 숩 맞은편의 아라바 광야 곧 바란과 도벨과 라반과 하세롯과 디사합 사이에서 이스라엘 무리에게 선포한 말씀이니라. [2]호렙산에서 세일산을 지나 가데스 바네아까지 열 하룻길이었더라. [3]마흔째 해 열한째 달 그 달 첫째 날에 모세가 이스라엘 자손에게 여호와께서 그들을 위하여 자기에게 주신 명령을 다 알렸으니 [4]그 때는 모세가 헤스본에 거주하는 아모리 왕 시혼을 쳐죽이고 에드레이에서 아스다롯에 거주하는 바산 왕 옥을 쳐죽인 후라. [5]모세가 요단 저쪽 모압 땅에서 이 율법을 설명하기 시작하였더라. 일렀으되 [6]우리 하나님 여호와께서 호렙산에서 우리에게 말씀하여 이르시기를 너희가 이 산에 거주한 지 오래니 [7]방향을 돌려 행진하여 아모리 족속의 산지로 가고 그 근방 곳곳으로 가고 아라바와 산지와 평지와 네겝과 해변과 가나안 족속의 땅과 레바논과 큰 강 유브라데까지 가라. [8]내가 너희의 조상 아브라함과 이삭과 야곱에게 맹세하여 그들과 그들의 후손에게 주리라 한 땅이 너희 앞에 있으니 들어가서 그 땅을 차지할지니라. [9]그 때에 내가 너희에게 말하여 이르기를 나는 홀로 너희의 짐을 질 수 없도다. [10]너희의 하나님 여호와께서 너희를 번성하게 하셨으므로 너희가 오늘날 하늘의 별 같이 많거니와 [11]너희 조상의 하나님 여호와께서 너희를 현재보다 천 배나 많게 하시며 너희에게 허락하신 것과 같이 너희에게 복 주시기를 원하노라. [12]그런즉 나 홀로 어찌 능히 너희의 괴로운 일과 너희의 힘겨운 일과 너희의 다투는 일을 담당할 수 있으랴. [13]너희의 각 지파에서 지혜와 지식이 있는 인정 받는 자들을 택하라. 내가 그들을 세워 너희 수령을 삼으리라 한즉 [14]너희가 내게 대답하여 이르기를 당신의 말씀대로 하는 것이 좋다 하기에

¹⁵ 내가 너희 지파의 수령으로 지혜가 있고 인정 받는 자들을 취하여 너희의 수령을 삼되 곧 각 지파를 따라 천부장과 백부장과 오십부장과 십부장과 조장을 삼고 ¹⁶ 내가 그 때에 너희의 재판장들에게 명하여 이르기를 너희가 너희의 형제 중에서 송사를 들을 때에 쌍방간에 공정히 판결할 것이며 그들 중에 있는 타국인에게도 그리 할 것이라. ¹⁷ 재판은 하나님께 속한 것인즉 너희는 재판할 때에 외모를 보지 말고 귀천을 차별 없이 듣고 사람의 낯을 두려워하지 말 것이며 스스로 결단하기 어려운 일이 있거든 내게로 돌리라. 내가 들으리라 하였고 ¹⁸ 내가 너희의 행할 모든 일을 그 때에 너희에게 다 명령하였느니라. ¹⁹ 우리 하나님 여호와께서 우리에게 명령하신 대로 우리가 호렙산을 떠나 너희가 보았던 그 크고 두려운 광야를 지나 아모리 족속의 산지 길로 가데스 바네아에 이른 때에 ²⁰ 내가 너희에게 이르기를 우리 하나님 여호와께서 우리에게 주신 아모리 족속의 산지에 너희가 이르렀나니 ²¹ 너희의 하나님 여호와께서 이 땅을 너희 앞에 두셨은즉 너희 조상의 하나님 여호와께서 너희에게 이르신 대로 올라가서 차지하라. 두려워하지 말라. 주저하지 말라 한즉 ²² 너희가 다 내 앞으로 나아와 말하기를 우리가 사람을 우리보다 먼저 보내어 우리를 위하여 그 땅을 정탐하고 어느 길로 올라가야 할 것과 어느 성읍으로 들어가야 할 것을 우리에게 알리게 하자 하기에 ²³ 내가 그 말을 좋게 여겨 너희 중 각 지파에서 한 사람씩 열둘을 택하매 ²⁴ 그들이 돌이켜 산지에 올라 에스골 골짜기에 이르러 그 곳을 정탐하고 ²⁵ 그 땅의 열매를 손에 가지고 우리에게로 돌아와서 우리에게 말하여 이르되 우리의 하나님 여호와께서 우리에게 주시는 땅이 좋더라 하였느니라. ²⁶ 그러나 너희가 올라가기를 원하지 아니하고 너희의 하나님 여호와의 명령을 거역하여 ²⁷ 장막 중에서 원망하여 이르기를 여호와께서 우리를 미워하시므로 아모리 족속의 손에 넘겨 멸하시려고 우리를 애굽 땅에서 인도하여 내셨도다. ²⁸ 우리가 어디로 가랴. 우리의 형제들이 우리를 낙심하게 하여 말하기를 그 백성은 우리보다 장대하며 그 성읍들은 크고 성곽은 하늘에 닿았으며 우리가 또 거기서 아낙 자손을 보았노라 하는도다 하기로 ²⁹ 내가 너희에게 말하기를 그들을 무서워하지 말라. 두려워하지 말라. ³⁰ 너희보다 먼저 가시는 너희의 하나님 여호와께서 애굽에서 너희를 위하여 너희 목전에서 모든 일을 행하신 것 같이 이제도 너희를

위하여 싸우실 것이며 ³¹ 광야에서도 너희가 당하였거니와 사람이 자기의 아들을 안는 것 같이 너희의 하나님 여호와께서 너희가 걸어온 길에서 너희를 안으사 이곳까지 이르게 하셨느니라 하나 ³² 이 일에 너희가 너희의 하나님 여호와를 믿지 아니하였도다. ³³ 그는 너희보다 먼저 그 길을 가시며 장막 칠 곳을 찾으시고 밤에는 불로, 낮에는 구름으로 너희가 갈 길을 지시하신 자이시니라. ³⁴ 여호와께서 너희의 말소리를 들으시고 노하사 맹세하여 이르시되 ³⁵ 이 악한 세대 사람들 중에는 내가 그들의 조상에게 주기로 맹세한 좋은 땅을 볼 자가 하나도 없으리라. ³⁶ 오직 여분네의 아들 갈렙은 온전히 여호와께 순종하였은즉 그는 그것을 볼 것이요 그가 밟은 땅을 내가 그와 그의 자손에게 주리라 하시고 ³⁷ 여호와께서 너희 때문에 내게도 진노하사 이르시되 너도 그리로 들어가지 못하리라. ³⁸ 네 앞에 서 있는 눈의 아들 여호수아는 그리로 들어갈 것이니 너는 그를 담대하게 하라. 그가 이스라엘에게 그 땅을 기업으로 차지하게 하리라. ³⁹ 또 너희가 사로잡히리라 하던 너희의 아이들과 당시에 선악을 분별하지 못하던 너희의 자녀들도 그리로 들어갈 것이라. 내가 그 땅을 그들에게 주어 산업이 되게 하리라. ⁴⁰ 너희는 방향을 돌려 홍해 길을 따라 광야로 들어갈지니라 하시매 ⁴¹ 너희가 대답하여 내게 이르기를 우리가 여호와께 범죄하였사오니 우리 하나님께서 우리에게 명령하신 대로 우리가 올라가서 싸우리이다 하고 너희가 각각 무기를 가지고 경솔히 산지로 올라가려 할 때에 ⁴² 여호와께서 내게 이르시되 너는 그들에게 이르기를 너희는 올라가지 말라. 싸우지도 말라. 내가 너희 중에 있지 아니하니 너희가 대적에게 패할까 하노라 하시기로 ⁴³ 내가 너희에게 말하였으나 너희가 듣지 아니하고 여호와의 명령을 거역하고 거리낌 없이 산지로 올라가매 ⁴⁴ 그 산지에 거주하는 아모리 족속이 너희에게 마주 나와 벌 떼 같이 너희를 쫓아 세일산에서 쳐서 호르마까지 이른지라. ⁴⁵ 너희가 돌아와 여호와 앞에서 통곡하나 여호와께서 너희의 소리를 듣지 아니하시며 너희에게 귀를 기울이지 아니하셨으므로 ⁴⁶ 너희가 가데스에 여러 날 동안 머물렀나니 곧 너희가 그 곳에 머물던 날 수대로니라.

1장의 첫 단원은 호렙에 이르기까지 이스라엘 백성의 여정을 소개한다. 본격적인 여행은 19절에서 시작된다. 첫 번째 일화$^{1:19-46}$는 야웨 하나님을 신뢰하지 못하여 지불한 불신앙의 대가를 증언한다. 이 단락은 광야 40년 동안 가장 치명적인 출애굽 구원 무효 투쟁이었던 가데스 바네아 반역에 대한 회고다. 그것은 신명기가 후세대의 야웨 백성들에게 남기고자 하는 교훈이다.

1:1-5은 지리적 및 시간적으로 아주 세밀하게 기록된 여행 일지와 모세의 율법 강론 개시 장면을 보도한다. 특히 2절은 호렙산에서 세일산을 지나 가데스 바네아까지 열하룻길 여정이었음을 강조한다. 호렙산에서 가나안 남부지방의 관문격인 가데스 바네아까지 열하룻길 여정밖에 안된다는 것을 강조하는 이유는, 가나안 땅 입구까지 오는 데 걸린 40년이란 세월이 불순종으로 인한 방황과 퇴행이 쌓인 결과임을 넌지시 말하는 셈이다. 출애굽한 지 40년째 되는 해 11월 1일 하루 동안에 모세가 요단 저쪽 숲 맞은편의 아라바 광야, 곧 바란과 도벨과 라반과 하세롯과 디사합 사이에서 야웨께서 이스라엘 무리에게 전하라고 하신 모든 명령을 알렸다. 그때는 모세가 헤스본에 거주하는 아모리 왕 시혼을 쳐죽이고 에드레이에서 아스다롯에 거주하는 바산 왕 옥을 쳐죽인 후였다. 가나안 본토에 있는 백성의 입장에서는 모세가 하나님이 주신 율법을 설명하기 시작한 장소는 '요단 저쪽'인 모압 땅이다. '설명하다'$^{be'er}$라는 것은 시내산에서 주신 율법을 가나안 땅에 들어갈 출애굽 2세대에게 현실적 상관성과 구체적 적용점을 중심으로 해설하는 것이다. 율법에 대한 순종을 유발하는 방식으로 그 율법의 문자 너머에 있는 하나님의 마음을 전하는 중개 작업이었다.

1:6-8은 선물^{Gabe}이자 과업^{Aufgabe}으로서의 땅 정복전쟁을 도입한다. 6절은 호렙산에서 받은 하나님의 명령을 인용한다. 하나님은 호렙산에 오랫동안 거주한 이스라엘 자손에게 아모리 족속의 산지와

그 근방 곳곳, 아라바 산지와 평지, 네겝과 해변과 가나안 족속의 땅과 레바논과 큰 강 유브라데까지 퍼져 살아야 한다고 명하신다. 아모리 족속, 가나안 족속이 사는 산지와 평지와 해변은 빈 땅이 아니다. 이스라엘 자손보다 먼저 와서 이미 정착한 상대적 선주민들의 본거지다. 그리고 유브라데 강은 아브라함이 떠나온 갈대아 우르까지 가야 만나는 강이다. 가나안-시리아 일대를 다 차지하고 살아야 그 북쪽 국경이 유브라데가 될 가능성이 있다. 8절이 이스라엘 자손이 그렇게 넓은 땅을 차지하고 살아야 하는 이유를 말한다. 그 땅은 하나님이 400년도 더 전에 이스라엘의 조상 아브라함, 이삭, 야곱에게 그들의 후손에게 주리라고 맹세하신 땅이기 때문이다. 하나님은 이 엄청난 땅을 아브라함, 이삭, 야곱의 후손에게 기업으로 하사할 계약적 부담을 안고 계시다는 것이다.^{창 12:1, 7, 13:14-17, 15:7, 15:18-21, 17:8, 26:3, 28:4, 13, 35:12} 그 땅은 처음부터 이스라엘을 통하여 지상 만민을 축복하시려는 하나님의 의도적인 계획 속에 아브라함의 후손들에게 상속되기로 작정된 땅이었다. 이런 원대한 목적 때문에 하나님은 가나안 땅을 이스라엘에게 주실 것이고 이스라엘은 들어가 차지해야 하는 것이다.

그래서 "돌이켜 행진하라"는 7절의 명령이 1-3장을 관통하고 있다. 호렙산에 오래 거주하면서 가나안 땅에 대한 열심을 잃어 가는 그 순간에 돌이켜 행진하라는 명령이 들려온 것이다. 행진하여 수행해야 할 과업이 있는데도 불구하고 친숙한 환경에 눌러앉아 있는 하나님 자녀들에게 이와 같은 명령이 들려올 수 있다. 1-3장에서 이스라엘 자손도 행진하여 새 땅을 차지하는 고단한 과업을 피하려고 친숙한 환경에 안주하고 있을 때 빈번히 "돌이키라"(פָּנָה), "행진하라"(נָסַע), "건너가라"(עָבַר) 등의 명령을 받는다. 그런데 이스라엘 백성이 차지해야 할 땅은 남쪽의 네겝에서 북쪽의 유브라데까지 뻗쳐 있는 땅이다. 그 땅은 하나님의 맹세로 인봉된 약속이 걸린 땅이요 선물로 주어진 땅이면서 동시에 정복되어야 할 땅이다. 바로 이 사실이 모압 평지에 모여 있는 아브라함의 후손들을 두렵게 만들고 있다.

가나안-시리아 일대가 '약속된 땅'이라는 사실은 하나님과 이스라엘 조상들 사이에 오고 간 언약의 역사를 전제한다. 창세기는 가나안을 약속으로 주신 하나님을 믿고 그 땅을 종횡하는 아브라함, 이삭, 야곱의 신앙적 좌충우돌을 증언한다. 이스라엘의 고향 땅은 하나님의 맹세 속에 담긴 거룩한 의도 때문에 조성된 약속의 땅이지만 이스라엘이 들어가 차지해야 얻을 수 있는 땅이다. 선물로 제공된 그 땅은 또한 정복하여 얻어야 하는 땅이라는 것이다. 특히 신명기에서 땅과 관련해서 빈번하게 사용되는 동사 나탄(נָתַן, 주다), 야라쉬(יָרַשׁ, 차지하다)의 능동형(차지하다)과 사역형(차지하게 하다)이 한 문장에서 전후로 사용되는 경우가 있다. 이런 구문에서는 하나님이 주시면 이스라엘이 차지해야 한다는 논리가 부각된다. 즉, 하나님의 거룩한 선물 수여 행위와 이스라엘 백성이 실제로 전쟁을 해서 차지하는 행동은 동연적이며 상응적인 행동이라는 것이다.[2:31, 33, 3:3, 12, 18, 7:1-3, 9:1-3] 그것은 절대주권적인 하나님의 사역(선물 수여)과 그것에 응답하는 인간의 약속 성취적 행동(가나안 정복전쟁)을 통일시키려고 노력하는 구약성경의 신인협력적 성격을 잘 반영한다.[6]

1:9-18은 모세를 위해 재판 동역자들을 세우시는 하나님의 배려를 보여준다. 이 단락은 출애굽기 18장의 이드로 방문 일화를 반추하고 있다. 여기서 신명기는 모세에게 집중된 영도력과 사법활동을 하위 지도력에게 분산시키는 분권화를 부각시킴으로써 모세 부재시에도 신정통치가 계속 유지될 것임을 시사한다. 모세의 업무를 나눌 지도자들은 진실무망하며 하나님의 정의와 자비를 집행할 수 있는 품성의 소유자여야 하고 동시에 아래로부터 백성들의 신망과 존경

을 획득할 수 있는 인물이어야 한다. 신명기는 지도자들의 선임 과정을 하나님의 임명과 아울러 백성의 승인이라는 이중적인 검증 절차에 맡김으로써 신정통치가 비의秘義에 찬 전제정치로 전락하지 않도록 만든다. 또한 재판관의 역할을 어떤 신정통치 중개자의 역할보다 앞에 배치함으로써 이제 전개될 가나안 땅에서의 신정통치 실험의 성패가 재판 정의의 확보에 있음을 강력하게 시사하고 있는 것처럼 보인다. 1세기 유대인 학자였던 플라비우스 요세푸스Flavius Josephus 가 잘 지적하듯이 신명기의 토라는 국가의 기초를 다지는 헌법적 대요강인데,[7] 그 대요강이 재판 절차의 정당성과 공평성을 가장 중심적인 과제로 삼았다는 것은 사법적 정의의 실현 여부가 하나님 나라 실현에 결정적인 역할을 맡게 될 것임을 보여준다. 이 단락은 가나안 땅에 들어가는 이스라엘이 오합지졸이 아니라 공평하고 진실무망한 중간 지도자들의 지도력으로 촘촘히 향도되는 준국가적 조직체라는 인상을 준다. 공평한 재판을 통해 이스라엘 자손 사이에 원망과 시비가 없어야 약속의 땅을 차지해 의와 공도를 실천하는 강대한 나라가 될 것이다.창 18:19

1:19-33은 두려움과 패배를 낳는 불신앙의 파괴적인 효과를 냉정하게 분석하고 있다. 이 단락은 민수기 13-14장의 가데스 바네아 반역 사건의 심층심리학적 분석이요 신학적 성찰을 담고 있다. 그것은 모세의 가나안 진격 명령과 점점 강화되어 가는 가나안 땅 정복 확신에 대한 백성들의 예기치 못한 응답을 다룬다. 가나안 진격 명령에 대한 백성들의 첫 번째 반응은 간결하고 건전한 것처럼 들린다. 아직은 막 터져 나올 것 같은 잠재적인 두려움을 노출시키지 않는다. 그들은 다만 어느 길로 올라가는 것이 최선의 길인지를 결정하기 위해 정탐꾼을 보내어 땅을 탐색하자고 제안한다. 모세도 긍정적으로 응답하여 정탐꾼을 파견하였고, 그들은 정확하고 고무적이면서

심지어 신학적 판단까지 포함하는 보고를 내놓았다. 즉, 하나님이 주신 그 땅은 좋더라는 것이다.[8] 그런데 모세에 의해 보고된[1:26-28] 백성들의 두 번째 반응은 첫 번째 반응과는 사뭇 다른 어조를 보인다. 두려움과 공포심이 주조를 이룬다. 이스라엘 장막 중에서 들려온 말은 단순한 원망이 아니라 야웨의 은혜와 호의에 대한 최악의 왜곡이자 반역이었다. 출애굽 목적 자체가 야웨께서 이스라엘 자손을 미워하사 아모리 족속의 손에 넘겨 멸하시기 위함이라는 아우성으로 바뀐다. 야웨의 의도를 곡해하니 이스라엘 정탐들이 보고 온 가나안 남부 지역의 원주민들은 공포 그 자체였다. "그 백성은 우리보다 장대하며 그 성읍들은 크고 성곽은 하늘에 닿았으며 우리가 또 거기서 아낙 자손을 보았노라 하는도다."[1:28]

이제까지 하나님께서 그들에게 보여주신 엄청난 능력과 인도하심에 비추어 보면 이 고조된 두려움과 야웨의 출애굽 의도에 대한 최악의 곡해는 노골적인 불순종을 표출하는 응답이었음이 드러난다. 이제까지 얼마나 자주 강력하고 확실하게 하나님께서는 그들에게 확신의 말씀을 더해 주었던가? 뿐만 아니라 그 땅이 얼마나 좋은지에 대한 실제적인 보고까지 곁들여 그 좋은 땅을 차지할 열망까지 고취해 주시지 않았던가?

모세는 부정적이고 두려움에 가득 찬 백성의 반응에 대하여 훨씬 더 광범위하고 심화된 확신으로 응답한다. 모세가 이스라엘 백성에게 "무서워하지 말라. 두려워하지 말라"[1:29]고 호소한 이유는, 야웨의 압도적인 관여 의지 때문이다. 첫째, 야웨는 이스라엘 자손보다 가나안에 먼저 가신다. 둘째, 출애굽 구원 시 애굽과 싸우셨던 것처럼 야웨께서는 이스라엘을 위하여, 이스라엘 자손의 목전에서 이스라엘 자손을 위하여 싸우실 것이기 때문이다. 30절의 히브리어 구문은 야웨를 "너희들 앞서 가시는 분"[하홀렉 리프네켐(הַהֹלֵךְ לִפְנֵיכֶם)]으로 규정한다. 능동분사(홀렉)에 정관사(하)가 붙은 구문은 하나님의 일관된 행동을 강조한다. 야웨 하나님은 단 한 번이 아니라 가나안 정복 전쟁에서 항상 이스라엘에 앞서 행하신다는 말이다. 유사한 구문(능동분사-정관사)이 3:22에 나온다. "야웨께서 친히 너희를 위하여 싸우시리라." 엘로헤켐 후 한닐함 라켐(אֱלֹהֵיכֶם הוּא הַנִּלְחָם לָכֶם), 직역하면 "너희의 하나님, 그는 너희를 위하여 싸우시는 자다"이다. 한닐함은 하(정관사)-닐함(라함 동사의 니팔분사)이다. 야웨는 아예 이스라엘을 위하여 싸우는 자로 자신을 규정하신 것이다. 이 구문은 하나님이 이스라엘보다 앞에 가셔서 이스라엘을 위해 가나안 원주민과 전쟁을 벌이실 것이라는 말이다. 그러나 이런 말을 듣고도 이스라엘 자손은 두려움과 원망을 떨쳐 내지 못한다. 모세는 친숙한 그림언어로 하나님의 신적 안전보장을 믿도록 호소한다. 야웨 하나님을 어린아이를 안고 가는 아버지로 비유한다. 이 그림언어는 광야 여정 내내 이스라엘과 동행하시는 하나님의 신적 안전보장, 신실한 의식주 제공을 강조하는 수사법이다. 출애굽기 19:4-6과 신명기 32:10-12에서 하나님은 새끼를 업고 돌보시는 어미 독수리에 견주어지고 있다.

그러한 확신의 그림언어를 통한 모세의 설득작업도 별다른 효과가 없어 보인다. 이렇게 아버지가 아들을 업듯이 광야를 거쳐 가나안 입구까지 인도해 오셨건만 이스라엘 백성은 믿지 않았다. 모세는 마지막으로 가나안 땅 입성을 두려워하는 이스라엘 자손에게 지나간 광야 시절에 보여주신 야웨의 압도적인 향도 리더십을 상기시킨다. "그는 너희보다 먼저 그 길을 가시며 장막 칠 곳을 찾으시고 밤에는 불로, 낮에는 구름으로 너희가 갈 길을 지시하신 자이시니라."[1:33] 여기서도 하홀렉 리프네켐 구문이 등장한다. 야웨는 항상 이스라엘보다 먼저 가시며 장막 칠 곳을 찾아 주시고 이스라엘이 취해야 할 길을 친히 지시해 주셨다는 것이다.

1:34-46은 가데스 바네아의 반역 사건으로 인해 광야 40년 방황이 시작된 배경을 회고한다. 이스라엘 장막에서 들려온 원망과 출애굽 구원을 악의로 왜곡하는 항변을 들으신 야웨는 광야세대를 '이 악한 세대'[하도르 하라아 하제(הַדּוֹר הָרָע הַזֶּה)]로 규정하시고 가나안 땅에 들어가지 못하는 징벌을 내리셨다. 이 가나안 입성 금지 징벌은 하나님의 진노로 서명된 맹세였기에 취소 불가능한 최후통첩적인 선고였다. 야웨의 진노에 찬 반응이 역설적인 성격을 지닌 심판의 맹세로 나타난다. "그 땅이 너희에게 주어졌다. 그런데 너희는 그 땅을 차지하기를 두려워한다. 그러므로 너희는 그 땅을 받지 못할 것이다." 오직 하나님의 가능성을 믿었던 갈렙과 여호수아만이 땅 약속이 현실로 바뀌는 것을 보도록 허용될 것이다. 갈렙은 과연 이 약속 그대로 85세가 된 해에 그가 밟았던 헤브론 일대를 정복하고 기업의 땅으로 삼았다.^{수 14:6-15} 40-46절은 가데스 바네아에서 가나안 땅으로 들어가기를 거절한 이스라엘 자손이 방향을 돌려 홍해길을 따라 다시 광야로 퇴행하다가 뼈아픈 패전을 당한 일화를 보도한다. 광야길로 역주행하다가 뒤늦게 후회한 이스라엘 백성이 가나안 산지의 아모리 족속을 도발했다가 호르마에서 크게 패퇴한 이야기다. 야웨의 향도 없이 자신들의 무기를 믿고 시작한 전쟁은 통곡을 초래한 패전으로 끝났다. 이 패전의 비통함으로 이스라엘 자손은 가데스에서 오랫동안 머물렀다.

왜 모세는 모압 평지 가나안 땅 입구에서 약 40년 전의 가데스 바네아 반역 사건을 고통스럽게 회상하고 있는가? 가데스 바네아의 반역과 불순종을 되풀이하지 말라는 것이다. 다시 한 번 가데스 바네아 반역과 불순종을 되풀이한다면, 이스라엘 백성은 또다시 광야로 내몰리며 기약 없는 방랑생활을 감수해야 한다는 것이다.

요단 동편 아모리인의 두 왕과
그들의 땅을 정복하는 이스라엘 ●2:1-3:11

2 ¹ 우리가 방향을 돌려 여호와께서 내게 명령하신 대로 홍해 길로 광야에 들어가서 여러 날 동안 세일산을 두루 다녔더니 ² 여호와께서 내게 말씀하여 이르시되 ³ 너희가 이 산을 두루 다닌 지 오래니 돌이켜 북으로 나아가라. ⁴ 너는 또 백성에게 명령하여 이르기를 너희는 세일에 거주하는 너희 동족 에서의 자손이 사는 지역으로 지날진대 그들이 너희를 두려워하리니 너희는 스스로 깊이 삼가고 ⁵ 그들과 다투지 말라. 그들의 땅은 한 발자국도 너희에게 주지 아니하리니 이는 내가 세일산을 에서에게 기업으로 주었음이라. ⁶ 너희는 돈으로 그들에게서 양식을 사서 먹고 돈으로 그들에게서 물을 사서 마시라. ⁷ 네 하나님 여호와께서 네가 하는 모든 일에 네게 복을 주시고 네가 이 큰 광야에 두루 다님을 알고 네 하나님 여호와께서 이 사십 년 동안을 너와 함께 하셨으므로 네게 부족함이 없었느니라 하시기로 ⁸ 우리가 세일산에 거주하는 우리 동족 에서의 자손을 떠나서 아라바를 지나며 엘랏과 에시온 게벨 곁으로 지나 행진하고 돌이켜 모압 광야 길로 지날 때에 ⁹ 여호와께서 내게 이르시되 모압을 괴롭히지 말라. 그와 싸우지도 말라. 그 땅을 내가 네게 기업으로 주지 아니하리니 이는 내가 롯 자손에게 아르를 기업으로 주었음이라. ¹⁰ (이전에는 에밈 사람이 거기 거주하였는데 아낙 족속 같이 강하고 많고 키가 크므로 ¹¹ 그들을 아낙 족속과 같이 르바임이라 불렀으나 모압 사람은 그들을 에밈이라 불렀으며 ¹² 호리 사람도 세일에 거주하였는데 에서의 자손이 그들을 멸하고 그 땅에 거주하였으니 이스라엘이 여호와께서 주신 기업의 땅에서 행한 것과 같았느니라.) ¹³ 이제 너희는 일어나서 세렛 시내를 건너가라 하시기로 우리가 세렛 시내를 건넜으니 ¹⁴ 가데스 바네아에서 떠나 세렛 시내를 건너기까지 삼십팔 년 동안이라. 이 때에는 그 시대의 모든 군인들이 여호와께서 그들에게 맹세하신 대로 진영 중에서 다 멸망하였나니 ¹⁵ 여호와께서 손으로 그들을 치사 진영 중에서 멸하신 고로 마침내는 다 멸망되었느니라. ¹⁶ 모든 군인이 사망하여 백성 중에서 멸망한 후에 ¹⁷ 여호와께서 내게 말씀하여 이르시되 ¹⁸ 네가 오늘 모압 변경 아

40
년
광
야
방
랑
사
회
고
와
전
망

르를 지나리니 ¹⁹ 암몬 족속에게 가까이 이르거든 그들을 괴롭히지 말고 그들과 다투지도 말라. 암몬 족속의 땅은 내가 네게 기업으로 주지 아니하리니 이는 내가 그것을 롯 자손에게 기업으로 주었음이라. ²⁰ (이곳도 르바임의 땅이라 하였나니 전에 르바임이 거기 거주하였음이요 암몬 족속은 그들을 삼숨밈이라 일컬었으며 ²¹ 그 백성은 아낙 족속과 같이 강하고 많고 키가 컸으나 여호와께서 암몬 족속 앞에서 그들을 멸하셨으므로 암몬 족속이 대신하여 그 땅에 거주하였으니 ²² 마치 세일에 거주한 에서 자손 앞에 호리 사람을 멸하심과 같으니 그들이 호리 사람을 쫓아내고 대신하여 오늘까지 거기에 거주하였으며 ²³ 또 갑돌에서 나온 갑돌 사람이 가사까지 각 촌에 거주하는 아위 사람을 멸하고 그들을 대신하여 거기에 거주하였느니라.) ²⁴ 너희는 일어나 행진하여 아르논 골짜기를 건너라. 내가 헤스본 왕 아모리 사람 시혼과 그의 땅을 네 손에 넘겼은즉 이제 더불어 싸워서 그 땅을 차지하라. ²⁵ 오늘부터 내가 천하 만민이 너를 무서워하며 너를 두려워하게 하리니 그들이 네 명성을 듣고 떨며 너로 말미암아 근심하리라 하셨느니라. ²⁶ 내가 그데못 광야에서 헤스본 왕 시혼에게 사자를 보내어 평화의 말로 이르기를 ²⁷ 나를 네 땅으로 통과하게 하라. 내가 큰길로만 행하고 좌로나 우로나 치우치지 아니하리라. ²⁸ 너는 돈을 받고 양식을 팔아 내가 먹게 하고 돈을 받고 물을 주어 내가 마시게 하라. 나는 걸어서 지날 뿐인즉 ²⁹ 세일에 거주하는 에서 자손과 아르에 거주하는 모압 사람이 내게 행한 것 같이 하라. 그리하면 내가 요단을 건너서 우리 하나님 여호와께서 우리에게 주시는 땅에 이르리라 하였으나 ³⁰ 헤스본 왕 시혼이 우리가 통과하기를 허락하지 아니하였으니 이는 네 하나님 여호와께서 그를 네 손에 넘기시려고 그의 성품을 완강하게 하셨고 그의 마음을 완고하게 하셨음이 오늘날과 같으니라. ³¹ 그 때에 여호와께서 내게 이르시되 내가 이제 시혼과 그의 땅을 네게 넘기노니 너는 이제부터 그의 땅을 차지하여 기업으로 삼으라 하시더니 ³² 시혼이 그의 모든 백성을 거느리고 나와서 우리를 대적하여 야하스에서 싸울 때에 ³³ 우리 하나님 여호와께서 그를 우리에게 넘기시매 우리가 그와 그의 아들들과 그의 모든 백성을 쳤고 ³⁴ 그 때에 우리가 그의 모든 성읍을 점령하고 그의 각 성읍을 그 남녀와 유아와 함께 하나도 남기지 아니하고 진멸하였고 ³⁵ 다만 그 가축과 성읍에서 탈취한 것은 우리의 소유로 삼았으며 ³⁶ 우리 하나님 여호와께서 그 모든 땅을 우리에게 넘겨주심으로 아르논 골짜기 가장자리에 있는 아로엘과 골짜기 가운데에 있는 성읍으로부터 길르앗까지 우리가 모든 높은 성읍을 점령하지 못한 것이 하나도 없었으나 ³⁷ 오직 암몬 족속의 땅 얍복 강 가와 산지에 있는 성읍들과 우리 하나님 여호와께서 우리가 가기를 금하신 모든 곳은 네가 가까이 하지 못하였느니라.

3 ¹ 우리가 돌이켜 바산으로 올라가매 바산 왕 옥이 그의 모든 백성을 거느리고 나와서 우리를 대적하여 에드레이에서 싸우고자 하는지라. ² 여호와께서 내게 이르시되 그를 두려워하지 말라. 내가 그와 그의 모든 백성과 그의 땅을 네 손에 넘겼으니 네가 헤스본에 거주하던 아모리 족속의 왕 시혼에게 행한 것과 같이 그에게도 행할 것이니라 하시고 ³ 우리 하나님 여호와께서 바산 왕 옥과 그의 모든 백성을 우리 손에 넘기시매 우리가 그들을 쳐서 한 사람도 남기지 아니하였느니라. ⁴ 그 때에 우리가 그들에게서 빼앗지 아니한 성읍이 하나도 없이 다 빼앗았는데 그 성읍이 육십이니 곧 아르곱 온 지방이요 바산에 있는 옥의 나라이니라. ⁵ 그 모든 성읍이 높은 성벽으로 둘려 있고 문과 빗장이 있어 견고하며 그 외에 성벽 없는 고을이 심히 많았느니라. ⁶ 우리가 헤스본 왕 시혼에게 행한 것과 같이 그 성읍들을 멸망시키되 각 성읍의 남녀와 유아를 멸망시켰으나 ⁷ 다만 모든 가축과 그 성읍들에서 탈취한 것은 우리의 소유로 삼았으며 ⁸ 그 때에 우리가 요단 강 이쪽 땅을 아르논 골짜기에서부터 헤르몬산에까지 아모리 족속의 두 왕에게서 빼앗았으니 ⁹ (헤르몬산을 시돈 사람은 시룐이라 부르고 아모리 족속은 스닐이라 불렀느니라.) ¹⁰ 우리가 빼앗은 것은 평원의 모든 성읍과 길르앗 온 땅과 바산의 온 땅 곧 옥의 나라 바산의 성읍 살르가와 에드레이까지이니라. ¹¹ (르바임 족속의 남은 자는 바산 왕 옥뿐이었으며 그의 침상은 철 침상이라. 아직도 암몬 족속의 랍바에 있지 아니하냐. 그것을 사람의 보통 규빗으로 재면 그 길이가 아홉 규빗이요 너비가 네 규빗이니라.)

2장은 이스라엘 백성이 가나안 땅 경계까지 이르기 위하여 가데스 바네아에서 인근 민족들의 국경을 우회하고 통과하는 과정에서 일어난 사건을 보도한다. 여기서 인상적인 것은 인근 에돔, 모압, 암몬에 대한 이스라엘의 우호적인 태도[2:1-25]와 아모리 족속에 대한 호전적인 태도[2:26-3:11]가 선명하게 대조되는 점이다. 에돔, 모압, 암몬은 이스라엘이 가나안 땅에 정착한 이래 전개된 역사의 대부분 동안 적대적인 관계를 형성해 온 가시 같은 존재들이었다는 역사적 사실에 비추어 볼 때 이들에 대한 우호적 태도 견지는 놀랍다.[9] 하나님께서 이스라엘에게 발상의 전환을 요구하신다. 에돔, 모압, 암몬 족속도 하나님의 은혜로 나름대로 그 이전의 더 강력한 원주민들을 몰아내고 현재의 영토를 차지했다는 사실을 인정하라고 하신다. 에돔, 모압, 암몬도 나름대로 이스라엘식의 가나안 정복전쟁을 거쳐 현재 자신들의 영토를 하나님으로부터 기업으로 받았다는 것이다. 창세기 14장은 에돔, 모압, 암몬이 현재의 땅에 정착하게 된 역사적 배경을 제공한다. 창세기 14장에 따르면 메소포타미아의 그돌라오멜 연합군이 아스드롯 가르나임에서 르바 족속을, 함에서 수스 족속을, 사웨기랴다임에서 엠 족속을 치고, 호리 족속을 그 산 세일에서 쳐서 광야 근방 엘바란까지 이르렀다고 증언한다.[창 14:5-7] 이후 원주민들이 약화된 어느 때에 에돔 족속과 모압 족속, 그리고 암몬 족속이 각각 호리 족속,[신 2:12] 에밈 족속,[2:11] 르바임 족속[2:20]을 쫓아내고 그들의 땅을 차지했을 것이다.[10] 그들이 하나님께로부터 받은 천부불가양의 영토를 결코 침략하지 말라고 하신다. 따라서 그들의 영토를 지나갈 때는 우호적으로 지나가야 한다. 이스라엘 백성이 이들 인근 부족의 땅을 침략하거나 그들과 전쟁을 벌이지 말아야 할 또 하나의 이유는 그들이 이스라엘의 형제 부족이라는 사실이다. 이런 점에서 볼 때 신명기 2장의 형제 개념은 아주 포괄적이다.

2:13-16은 가데스 바네아에서 세렛 시내를 건넌 후 38년 동안에

가데스 바네아 반역 세대가 야웨의 치심으로 인해 광야에서 다 소멸되었음을 말한다. 에돔, 모압에 대한 우호적 태도 견지와 도발 없는 통과를 강조한 맥락과 암몬에 대한 우호적 태도 견지를 강조하는 맥락 사이에 이 네 절이 삽입절처럼 끼어들었다. 이 네 절은 이스라엘 광야세대의 멸절을 말하는 삽입 단락으로 12절과 17절의 흐름을 끊어 놓는다. 모압과 암몬의 위치가 매우 가깝기 때문에 광야세대의 소멸 언급이 갑자기 끼어들 이유가 없기 때문이다. 다만 암몬 족속을 조우하기 전에 모든 광야세대가 하나님의 신적 타격으로 죽었다는 점을 강조하는 것이 신명기 저자의 의도라면 이 13-16절의 삽입은 납득할 수 있다. 어느 쪽으로 생각하는 것이 맞는지 확실하지는 않지만 일단 신명기 저자의 의도가 들어 있다고 믿고 읽어 보자.

23절은 갑돌(크레타 섬)에서 나온 블레셋 족속이 이스라엘이 가나안 땅에 들어가기 전에 이전의 원주민을 쫓아내고 지중해 해변 성읍 가사와 그 인근에 정착하고 있다고 말한다. 블레셋도 하나님의 기업으로 그 땅을 받았으니 그들의 영토도 존중하라는 의미가 여기에 들어 있는 것처럼 들린다.^{암 9:7, 창 10:14} 그런데 24-25절에서 하나님은 아르논 골짜기를 지나 헤스본 왕 시혼의 땅을 공략하라고 명하신다.

에돔, 모압, 암몬에 대한 우호적인 조우 명령과는 대조적으로 아모리 왕 시혼(바산 왕 옥 포함)의 왕국에 대하여는 가차 없는 정복전쟁 명령이 하달된다. 하나님께서 아모리 족속에 대해서는 형제적인 우애를 발휘하라고 명령하지 않으신다. 무엇이 이 차이를 만들어 냈는가? 인종주의적 편애요 편견인가? 아니다. 민수기 22-31장이 잘 보여주듯이, 두 아모리 왕은 이스라엘의 가나안 진입을 필사적으로 막았을 뿐만 아니라 갑자기 선제공격을 감행해 왔다. 이스라엘의 경우 일종의 정당방위 전쟁을 치른 셈이었다. 이스라엘 백성의 가나안 진입을 주도하시는 하나님의 절대주권적인 기획에 반대하는 세력은 하나님 나라에서 어떤 분깃도 얻지 못한다. 하나님이 헤스본 왕 시혼과 그 땅을 이스라엘의 손에 넘기셨기에 이스라엘은 그와 싸워 차지하면 된다.[2:24] 하나님이 이미 천하 만민으로 하여금 이스라엘을 두려워하게 만드셨고 특히 시혼과 그 왕국은 이스라엘의 명성을 듣고 근심하며 떨고 있다. 2:26-37은 심리전에서 이미 패배한 헤스본 왕 시혼을 공략하는 이스라엘 자손의 승전보를 보도한다. 3:1-11 은 바산 왕 옥을 공략한 이야기다. 이미 민수기 21:21-30과 21:31-35에서 각각의 전쟁에서 거둔 이스라엘의 승리를 다루었으므로, 여기서는 신명기 기사에서 두드러진 점만을 강조하고자 한다. 민수기와 신명기가 모두 강조하는 것은 하나님의 전쟁 향도권과 주도권이다.[민 21:34, 신 2:24] 다만 민수기가 좀 더 모세와 이스라엘 백성의 전쟁 주도성을 부각시키는 경향이 있다.[민 21:7-30] 신명기는 두 왕의 마음을 강퍅(완고)하게 하여 이스라엘의 평화 인사를 수용하지 못하게 만들어 전쟁 도발을 부추기는 하나님의 신적 계략을 부각시킨다.[2:30, 3:2] 이스라엘 자손은 오직 암몬 족속의 땅 얍복 강가와 산지에 있는 성읍들과 하나님 야웨께서 가지 말라고 금하신 모든 곳을 제외하고는 헤스본의 모든 땅을 정복했다.[2:37] 마찬가지로 바산 왕 옥의 왕국도 다 정복했는데 60성읍을 빼앗았다.[3:4] 바산 왕은 마지막 르바임 족속(아낙 거인)이었다. 그 거대한 철 침상도 포획했는데, 그것은 신명기 저자가 살아 있던 당시까지 암몬 족속의 랍바에 있었다.

요단 강 동쪽에 정착한 지파들 ● 3:12-22

3 [12] 그 때에 우리가 이 땅을 얻으매 아르논 골짜기 곁의 아로엘에서부터 길르앗 산지 절반과 그 성읍들을 내가 르우벤 자손과 갓 자손에게 주었고 [13] 길르앗의 남은 땅과 옥의 나라였던 아르곱 온 지방 곧 온 바산으로는 내가 므낫세 반

지파에게 주었노라. (바산을 옛적에는 르바임의 땅이라 부르더니 ¹⁴ 므낫세의 아들 야일이 그술 족속과 마아갓 족속의 경계까지의 아르곱 온 지방을 점령하고 자기의 이름으로 이 바산을 오늘날까지 하봇야일이라 불러오느니라.) ¹⁵ 내가 마길에게 길르앗을 주었고 ¹⁶ 르우벤 자손과 갓 자손에게는 길르앗에서부터 아르논 골짜기까지 주었으되 그 골짜기의 중앙으로 지역을 정하였으니 곧 암몬 자손의 지역 얍복 강까지며 ¹⁷ 또는 아라바와 요단과 그 지역이요 긴네렛에서 아라바 바다 곧 염해와 비스가산기슭에 이르기까지의 동쪽 지역이니라. ¹⁸ 그 때에 내가 너희에게 명령하여 이르기를 너희의 하나님 여호와께서 이 땅을 너희에게 주어 기업이 되게 하셨은즉 너희의 군인들은 무장하고 너희의 형제 이스라엘 자손의 선봉이 되어 건너가되 ¹⁹ 너희에게 가축이 많은 줄 내가 아노니 너희의 처자와 가축은 내가 너희에게 준 성읍에 머무르게 하라. ²⁰ 여호와께서 너희에게 주신 것 같이 너희의 형제에게도 안식을 주시리니 그들도 요단 저쪽에서 너희의 하나님 여호와께서 그들에게 주시는 땅을 받아 기업을 삼기에 이르거든 너희는 각기 내가 준 기업으로 돌아갈 것이라 하고 ²¹ 그 때에 내가 여호수아에게 명령하여 이르기를 너희의 하나님 여호와께서 이 두 왕에게 행하신 모든 일을 네 눈으로 보았거니와 네가 가는 모든 나라에도 여호와께서 이와 같이 행하시리니 ²² 너희는 그들을 두려워하지 말라. 너희의 하나님 여호와께서 친히 너희를 위하여 싸우시리라 하였노라.

이 단락은 가나안 땅에 들어가지 않는 르우벤, 갓, 므낫세 반 지파의 이야기로서 민수기 32장을 압축적으로 회고한다. 모세는 아르논 골짜기 곁의 아로엘에서부터 길르앗 산지 절반과 그 성읍들을 르우벤 자손과 갓 자손에게 주었고, 길르앗의 남은 땅과 옥의 나라였던 아르곱 온 지방, 곧 온 바산 땅(옛적 이름은 르바임의 땅)은 므낫세 반 지파에게 주었다. '주었다'는 말은 수여받은 지파가 그 해당 지역을 정복할 때 선봉대 역할을 했음을 암시한다. 므낫세 반 지파가 받은 땅은 므낫세의 아들 야일과 마길이 주도해 정복한 땅이었다. 므낫세의 아들 야일이 그술 족속과 마아갓 족속의 경계까지 아르곱 온 지방을 점령했고, 신명기 저자가 살아 있던 당시까지("오늘날까지") 바산을 그 이름을 따 하봇야일(חות יאיר, 야일의 마을들)이라 부르고 있었다.[11] 마찬가지로 마길은 길르앗을 쳐서 빼앗았다. 르우벤 자손과 갓 자손이 차지한 땅은 길르앗에서부터 아르논 골짜기의 중앙 지역이었는데 암몬 자손의 지역 얍복 강까지였으며, 또 아라바와 요단과 그 지역, 긴네렛에서 아라바 바다, 곧 염해와 비스가산기슭에 이르기까지의 동쪽 지역이었다. 민수기 32장의 요단 동쪽 정복 기사에 비해 신명기 3장은 영토의 경계를 중심으로 서술하고 있다.

모세는 이 세 지파에게 먼저 기업을 할당받은 것에 대한 감사로 가나안 본토 정복전쟁에 선봉대가 되어 줄 것을 요청하고 그들의 동의를 얻는다. 요단 동편 영토에 먼저 정착하기를 원하는 지파들은 우선적인 혜택을 본 대가를 지불해야 한다는 모세의 요구에 그들은 나머지 지파가 요단강 서편 땅을 완전히 차지하여 정착할 수 있게 될 때까지 가나안 본토 정복전쟁의 선봉대가 되겠다고 약속한 것이다. 이것만이 그들 지파의 요단 동편 정착은 가나안 본토 정복전쟁의 포기나 회피가 아니며, 심지어 12지파의 형제적 연대로부터의 이탈도 아님을 증명하는 길이었을 것이다. 앞에서 살펴보았듯이, 르우벤, 갓, 므낫세 반 지파는 요단 동편 땅의 정복전쟁―시혼과 옥에 대한 정복전쟁―의 선봉대 역할을 했고 그 과정에서 자신들의 기업의 땅을 스스로 차지했다. 다시 말해 용맹무쌍한 선봉대 지파들이라는 뜻이다. 그래서 그들은 비록 자신들의 영지를 이미 상속받았지만 12지파의 일치와 연합을 위하여 기꺼이 부녀들과 가축을 남겨 두고 가나안 정복전쟁의 선봉대를 이룬다. 이 선봉 지파들이 나머지 지파들에게 상당한 격려가 되었을 것이다. 신명기는 여기서 무엇을 가르치려고 하는 것일까? 아마도 요단 동편의 지파들처럼 12지파의 형제

우애적 연합의 대의명분에 투신하여 가나안 정복전쟁을 추진하라는 격려를 보내고 싶었을 것이다. 끝으로 모세는 가나안 본토에서도 요단 동쪽의 두 아모리 왕에게 하시듯이 하나님께서 친히 싸울 것이니 조금도 두려워하지 말라고 명한다.

모세도 함께 받은 징벌: 가나안 입성 금지 ● 3:23-29

3 23 그 때에 내가 여호와께 간구하기를 24 주 여호와여, 주께서 주의 크심과 주의 권능을 주의 종에게 나타내시기를 시작하셨사오니 천지간에 어떤 신이 능히 주께서 행하신 일 곧 주의 큰 능력으로 행하신 일 같이 행할 수 있으리이까. 25 구하옵나니 나를 건너가게 하사 요단 저쪽에 있는 아름다운 땅, 아름다운 산과 레바논을 보게 하옵소서 하되 26 여호와께서 너희 때문에 내게 진노하사 내 말을 듣지 아니하시고 내게 이르시기를 그만해도 족하니 이 일로 다시 내게 말하지 말라. 27 너는 비스가산 꼭대기에 올라가서 눈을 들어 동서남북을 바라고 네 눈으로 그 땅을 바라보라. 너는 이 요단을 건너지 못할 것임이니라. 28 너는 여호수아에게 명령하고 그를 담대하게 하며 그를 강하게 하라. 그는 이 백성을 거느리고 건너가서 네가 볼 땅을 그들이 기업으로 얻게 하리라 하셨느니라. 29 그 때에 우리가 벳브올 맞은편 골짜기에 거주하였느니라.

이 단락은 가나안 땅에 들어가고 싶어도 못 들어가는 모세의 꺾인 꿈을 보도한다. 모세가 받은 징벌은 광야세대의 일원으로서 광야세대와 함께 받는 연좌제적 징벌이다. 백성들의 죄악 때문에, 더 정확하게 말하면 백성들의 완악함을 처리하는 과정에서 범한 자신의 죄 때문에 가나안 땅에 들어가지 못하는 모세는 가나안 입성을 허락해 달라고 간청하지만 거절당한다. "구하옵나니 나를 건너가게 하사 요단 저쪽에 있는 아름다운 땅, 아름다운 산과 레바논을 보게 하옵소서."³:²⁵ 자신의 평생 사명인 가나안 땅 입성 요청은 하나님 앞에서 아주 냉정하게 거절당한다. "여호와께서 너희 때문에 내게 진노하사 내 말을 듣지 아니하시고 내게 이르시기를 그만해도 족하니 이 일로 다시 내게 말하지 말라."³:²⁶ 그는 어떤 의미에서 불순종한 광야세대의 일원이 되어 광야에서 소멸되는 중보자다. 신명기는 거의 모든 영역에서 모세가 야웨 하나님의 신실한 종이었으며 그가 약속의 땅 밖에서 죽을 수밖에 없었던 것은 백성들을 향한 하나님의 진노 때문이었다고 본다.¹:³⁴⁻³⁷

그럼에도 불구하고 모세의 이 징벌은 엄격한 의미에서의 대속적 징벌은 아니다. 연대적 심판을 받은 것일 뿐이다. 모세가 그 땅에 들어가지 못한 것은 여기서 하나의 무의미한 사건 혹은 심지어 그에게 가해진 하나의 개인적 심판으로 간주되지 않는다. 어떤 의미에서는 이스라엘 백성의 죄악 때문에 그는 죄인이 되었고 마침내 반역적인 백성의 일원이 되어 광야에서 죽는다. 그리하여 그는 출애굽 2세대를 가나안에 입성시킨 채 그 땅 밖에서 죽는다. 출애굽 2세대가 살아남아 가나안 땅에 들어가는 것을 가능케 했다는 점에서는 모세의 징벌이 죄악에 대한 심판만은 아니다. 그는 자기를 희생시켜 다른 사람들을 살린 고난의 종으로서 가나안 밖의 불순종 세대의 일원으로 죽는다. 이런 다소 느슨한 의미에서 모세가 당한 징벌은 출애굽 2세대에게는 대속적인 징벌로 간주될 수 있을 것이다.

거룩하신 하나님의 영원한 각인

: 시내산 폭풍 속에 현현하신 하나님 ●4장

4

¹ 이스라엘아, 이제 내가 너희에게 가르치는 규례와 법도를 듣고 준행하라. 그리하면 너희가 살 것이요 너희 조상의 하나님 여호와께서 너희에게

주시는 땅에 들어가서 그것을 얻게 되리라. ² 내가 너희에게 명령하는 말을 너희는 가감하지 말고 내가 너희에게 내리는 너희 하나님 여호와의 명령을 지키라. ³ 여호와께서 바알브올의 일로 말미암아 행하신 바를 너희가 눈으로 보았거니와 바알브올을 따른 모든 사람을 너희의 하나님 여호와께서 너희 가운데에서 멸망시키셨으되 ⁴ 오직 너희의 하나님 여호와께 붙어 떠나지 않은 너희는 오늘까지 다 생존하였느니라. ⁵ 내가 나의 하나님 여호와께서 명령하신 대로 규례와 법도를 너희에게 가르쳤나니 이는 너희가 들어가서 기업으로 차지할 땅에서 그대로 행하게 하려 함인즉 ⁶ 너희는 지켜 행하라. 이것이 여러 민족 앞에서 너희의 지혜요 너희의 지식이라. 그들이 이 모든 규례를 듣고 이르기를 이 큰 나라 사람은 과연 지혜와 지식이 있는 백성이로다 하리라. ⁷ 우리 하나님 여호와께서 우리가 그에게 기도할 때마다 우리에게 가까이 하심과 같이 그 신이 가까이 함을 얻은 큰 나라가 어디 있느냐. ⁸ 오늘 내가 너희에게 선포하는 이 율법과 같이 그 규례와 법도가 공의로운 큰 나라가 어디 있느냐. ⁹ 오직 너는 스스로 삼가며 네 마음을 힘써 지키라. 그리하여 네가 눈으로 본 그 일을 잊어버리지 말라. 네가 생존하는 날 동안에 그 일들이 네 마음에서 떠나지 않도록 조심하라. 너는 그 일들을 네 아들들과 네 손자들에게 알게 하라. ¹⁰ 네가 호렙산에서 네 하나님 여호와 앞에 섰던 날에 여호와께서 내게 이르시기를 나에게 백성을 모으라. 내가 그들에게 내 말을 들려주어 그들이 세상에 사는 날 동안 나를 경외함을 배우게 하며 그 자녀에게 가르치게 하리라 하시매 ¹¹ 너희가 가까이 나아와서 산 아래에 서니 그 산에 불이 붙어 불길이 충천하고 어둠과 구름과 흑암이 덮였는데 ¹² 여호와께서 불길 중에서 너희에게 말씀하시되 음성뿐이므로 너희가 그 말소리만 듣고 형상은 보지 못하였느니라. ¹³ 여호와께서 그의 언약을 너희에게 반포하시고 너희에게 지키라 명령하셨으니 곧 십계명이며 두 돌판에 친히 쓰신 것이라. ¹⁴ 그 때에 여호와께서 내게 명령하사 너희에게 규례와 법도를 교훈하게 하셨나니 이는 너희가 거기로 건너가 받을 땅에서 행하게 하려 하심이니라. ¹⁵ 여호와께서 호렙산 불길 중에서 너희에게 말씀하시던 날에 너희가 어떤 형상도 보지 못하였은즉 너희는 깊이 삼가라. ¹⁶ 그리하여 스스로 부패하여 자기를 위해 어떤 형상대로든지 우상을 새겨 만들지 말라. 남자의 형상이든지, 여자의 형상이든지, ¹⁷ 땅 위에 있는 어떤 짐승의 형상이든지, 하늘을 나는 날개 가진 어떤 새의 형상이든지, ¹⁸ 땅 위에 기는 어떤 곤충의 형상이든지, 땅 아래 물 속에 있는 어떤 어족의 형상이든지 만들지 말라. ¹⁹ 또 그리하여 네가 하늘을 향하여 눈을 들어 해와 달과 별들, 하늘 위의 모든 천체 곧 너희의 하나님 여호와께서 천하 만민을 위하여 배정하신 것을 보고 미혹하여 그것에 경배하며 섬기지 말라. ²⁰ 여호와께서 너희를 택하시고 너희를 쇠 풀무불 곧 애굽에서 인도하여 내사 자기 기업의 백성을 삼으신 것이 오늘과 같아도 ²¹ 여호와께서 너희로 말미암아 내게 진노하사 내게 요단을 건너지 못하며 네 하나님 여호와께서 네게 기업으로 주신 그 아름다운 땅에 들어가지 못하게 하리라고 맹세하셨은즉 ²² 나는 이 땅에서 죽고 요단을 건너지 못하려니와 너희는 건너가서 그 아름다운 땅을 얻으리니 ²³ 너희는 스스로 삼가 너희의 하나님 여호와께서 너희와 세우신 언약을 잊지 말고 네 하나님 여호와께서 금하신 어떤 형상의 우상도 조각하지 말라. ²⁴ 네 하나님 여호와는 소멸하는 불이시요 질투하시는 하나님이시니라. ²⁵ 네가 그 땅에서 아들을 낳고 손자를 얻으며 오래 살 때에 만일 스스로 부패하여 무슨 형상의 우상이든지 조각하여 네 하나님 여호와 앞에 악을 행함으로 그의 노를 일으키면 ²⁶ 내가 오늘 천지를 불러 증거를 삼노니 너희가 요단을 건너가서 얻는 땅에서 속히 망할 것이라. 너희가 거기서 너희의 날이 길지 못하고 전멸될 것이니라. ²⁷ 여호와께서 너희를 여러 민족 중에 흩으실 것이요 여호와께서 너희를 쫓아 보내실 그 여러 민족 중에 너희의 남은 수가 많지 못할 것이며 ²⁸ 너희는 거기서 사람의 손으로 만든 바 보지도 못하며 듣지도 못하며 먹지도 못하며 냄새도 맡지 못하는 목석의 신들을 섬기리라. ²⁹ 그러나 네가 거기서 네 하나님 여호와를 찾게 되리니 만일 마음을 다하고 뜻을 다하여 그를 찾으면 만나리라. ³⁰ 이 모든 일이 네게 임하여 환난을 당하다가 끝날에 네가 네 하나님 여호와께로 돌아와서 그의 말씀을 청종하리니 ³¹ 네 하나님 여호와는 자비하신 하나님이심이라. 그가 너를 버리지 아니하시며 너를 멸하지 아니하시며 네 조상들에게 맹세하신 언약을 잊지 아니하시리라. ³² 네가 있기 전 하나님이 사람을 세상에 창조하신 날부터 지금까지 지나간 날을 상고하여 보라. 하늘 이 끝에서 저 끝까지 이런 큰 일이 있었느냐. 이런 일을 들은 적이 있었느냐. ³³ 어떤 국민이 불 가운데에

서 말씀하시는 하나님의 음성을 너처럼 듣고 생존하였느냐. ³⁴ 어떤 신이 와서 시험과

이적과 기사와 전쟁과 강한 손과 편 팔과 크게 두려운 일로 한 민족을 다른 민족에게

서 인도하여 낸 일이 있느냐. 이는 다 너희의 하나님 여호와께서 애굽에서 너희를 위

하여 너희의 목전에서 행하신 일이라. ³⁵ 이것을 네게 나타내심은 여호와는 하나님이

시요 그 외에는 다른 신이 없음을 네게 알게 하려 하심이니라. ³⁶ 여호와께서 너를 교

훈하시려고 하늘에서부터 그의 음성을 네게 듣게 하시며 땅에서는 그의 큰 불을 네게

보이시고 네가 불 가운데서 나오는 그의 말씀을 듣게 하셨느니라. ³⁷ 여호와께서 네 조

상들을 사랑하신 고로 그 후손인 너를 택하시고 큰 권능으로 친히 인도하여 애굽에서

나오게 하시며 ³⁸ 너보다 강대한 여러 민족을 네 앞에서 쫓아내고 너를 그들의 땅으로

인도하여 들여서 그것을 네게 기업으로 주려 하심이 오늘과 같으니라. ³⁹ 그런즉 너는

오늘 위로 하늘에나 아래로 땅에 오직 여호와는 하나님이시요 다른 신이 없는 줄을

알아 명심하고 ⁴⁰ 오늘 내가 네게 명령하는 여호와의 규례와 명령을 지키라. 너와 네

후손이 복을 받아 네 하나님 여호와께서 네게 주시는 땅에서 한 없이 오래 살리라. ⁴¹

그 때에 모세가 요단 이쪽 해 돋는 쪽에서 세 성읍을 구별하였으니 ⁴² 이는 과거에 원

한이 없이 부지중에 살인한 자가 그 곳으로 도피하게 하기 위함이며 그 중 한 성읍으

로 도피한 자가 그의 생명을 보전하게 하기 위함이라. ⁴³ 하나는 광야 평원에 있는 베

셀이라 르우벤 지파를 위한 것이요 하나는 길르앗 라못이라 갓 지파를 위한 것이요

하나는 바산 골란이라 므낫세 지파를 위한 것이었더라. ⁴⁴ 모세가 이스라엘 자손에게

선포한 율법은 이러하니라. ⁴⁵ 이스라엘 자손이 애굽에서 나온 후에 모세가 증언과 규

례와 법도를 선포하였으니 ⁴⁶ 요단 동쪽 벳브올 맞은편 골짜기에서 그리하였더라. 이

땅은 헤스본에 사는 아모리 족속의 왕 시혼에게 속하였더니 모세와 이스라엘 자손이

애굽에서 나온 후에 그를 쳐서 멸하고 ⁴⁷ 그 땅을 기업으로 얻었고 또 바산 왕 옥의 땅

을 얻었으니 그 두 사람은 아모리 족속의 왕으로서 요단 이쪽 해 돋는 쪽에 살았으며

⁴⁸ 그 얻은 땅은 아르논 골짜기 가장자리의 아로엘에서부터 시온산 곧 헤르몬산까지요

⁴⁹ 요단 이쪽 곧 그 동쪽 온 아라바니 비스가 기슭 아래 아라바의 바다까지이니라.

4장은 모세의 호렙산 신현현 성찰과 그것에 따른 훈계, 도피성 규정, 그리고 1-4장을 요약하는 한편 5-28장에 나오는 모세의 두 번째 강론을 도입하는 전환 단락으로 구성되어 있다.

4:1-8 안에 있는 두 개의 소문단인 1-4절과 5-8절은 청중이나 독자의 주의를 요청하는 영탄적 명령으로 시작한다. 1-4절은 쉐마(שְׁמַע, 들으라)로 시작하고 5-8절은 르에(רְאֵה, 보라)로 시작한다. 각각의 영탄사 뒤에 나오는 말들을 비상한 집중력으로 경청하라는 뜻이다. 1절은 모세오경에서 처음으로 야웨의 규례들[하훅킴(הַחֻקִּים)]과 법도들[함미쉬파팀(הַמִּשְׁפָּטִים)]의 준행을 야웨가 조상들에게 주시기로 맹세한 땅을 차지하는 것과 연동시킨다. 즉, 규례와 법도 준행이 가나안 땅을 차지하는 데 결정적인 조건이라는 것이다. 도대체 여기서 말하는 규례와 법도가 무엇을 말하는 것일까? 시내산 계약 단락인 출애굽기 19-24장, 레위기 율법, 그리고 민수기의 숱한 규례들 중 무엇을 적시하는가? 분명하지 않다. 아니면 신명기 4장에서 다루어지는 형상숭배 금지계명을 가리키는 것일까? 이것도 분명하지 않다. 분명한 것은 모세의 청중이 이미 알고 있는 규례와 법도들이라는 것이다. 그렇다면 창세기 26장¹²부터 민수기까지 나온 모든 규례와 법도를 총망라하는 신명기 5-26장에 나오는 율법들을 통칭하는 말로 보는 것이 무리가 없을 것 같다.¹³

2절은 야웨의 명령이나 율법을 가감하지 말고 준행할 것을 다시한 번 강조한다. 야웨의 명령을 지키는 것이 결정적으로 중요한 미덕이다. 3-4절은 민수기 25장의 바알브올 사건을 회상함으로써 야웨의 명령을 지키는 것과 지키지 않는 것의 차이를 강조한다. 야웨께서 바알브올을 따른 모든 사람을 멸망시키셨지만, 오직 야웨께 붙어 떠나지 않은 신명기의 청중 모두는 오늘까지 다 생존하였음을 일깨운다. 우상을 따른 사람은 진멸되었으나 야웨께 붙어 있는 사람은 생존했다는 이 분명한 원칙을 이스라엘은 명심해야 한다. 5-6절은 모세가 야웨가 명한 규례와 법도를 이스라엘 자손에게 가르친 목적과 이스라엘 자손이 야웨의 규례와 법도를 준행했을 때 맺을 열매를 진술한다. 모세의 율법 교육의 목적은 이스라엘 자손이 기업으로 차지할 땅에 들어가서 그대로 행하도록 하기 위함이다. 야웨의 규례와 법도를 행하면 이스라엘에게 엄청난 영예를 가져다주고 이스라엘의 영적 지도력이 현저히 고양될 것이다. 야웨의 규례와 법도를 준행하는 것은 여러 민족 앞에서 빛날 이스라엘의 지혜요 지식이 될 것이다. 이스라엘로부터 이 모든 규례를 듣고 열방들은 "이 큰 나라[고이 가돌(גּוֹי גָּדוֹל)] 사람은 과연 지혜와 지식이 있는 백성이로다"라고 감탄하고 예찬할 것이다. 이스라엘의 큰 나라 됨에는 야웨의 법도와 규례의 준행이 결정적으로 중요한 요소다. 이스라엘은 군대, 병거, 영토, 식량, 지하자원 등의 힘으로 큰 나라가 되는 것이 아니라, 야웨의 규례와 법도를 준행함으로써 큰 나라가 된다.

7절은 야웨의 규례와 법도의 준행은 야웨와 이스라엘의 영적 소통의 원할함과 이스라엘의 기도의 효력을 증대시킬 것임을 말한다. 야웨의 규례와 법도를 준행할수록 이스라엘은 기도를 통해 하나님의 현존을 효과적으로 확보한다. 큰 나라는 기도로 하나님의 현존(가까이 하심)을 확보하는 나라다. "우리 하나님 여호와께서 우리가 그에게 기도할 때마다 우리에게 가까이 하심과 같이 그 신이 가까이 함을 얻은 큰 나라가 어디 있느냐."⁴˙⁷ 8절은 큰 나라의 의미를 부연한다. 야웨의 규례와 법도처럼 공의로운 규례와 법도를 가진 나라가 큰 나라다. 큰 나라는 기도로 야웨의 가까이하심을 확보하는 나라요 공의로운 규례와 법도를 준행하는 나라며 따라서 야웨의 공의롭고 자비로운 성품이 법과 제도 속에 작동하는 나라다. '공의로운' 법도는 이스라엘과 하나님의 언약 관계를 지탱시키는 데 적합한 법도다. 여러 가지 이유로 하나님의 언약적 축복과 혜택에서 소외된 자들을 재활복구시켜 하나님의 언약백성으로 살아가도록 돕는 규례.

결국 6-8절은 비길 수 없는 하나님의 현존을 그토록 가깝게 향유하고 소유한 이스라엘 백성이 누릴 지복至福적 지위를 강조한다. 하나님이 이스라엘에게 주신 특권적 지위는 자기영화를 위한 것도 아니고 타민족에 대한 우월감을 고취하려는 정신적 사치도 아니다. 이스라엘에게 주신 하나님의 특권은 열방에게 하나님 백성다움을 과시하여 하나님의 법도와 규례의 통치를 받는 백성이 얼마나 강한 나라인지를 입증하라는 책임감을 동반한다. 야웨의 법도와 규례를 준수함으로써 하나님께 드리는 이스라엘의 일편단심의 충성은 하나님과 이스라엘의 친밀한 동행을 결실하며, 이것이야말로 '강하고 큰 나라' 이스라엘의 근원적 토대가 된다.

4:9-40은 제2계명에 대한 감동적인 설교와 훈계를 담고 있다. 이 단락은 호렙산에 나타나신 하나님 현현 사건 회고와 그것의 함의, 그리고 호렙산에 나타나신 하나님의 출애굽-입가나안 종합 목적 진술("이것을 네게 나타내심은 여호와는 하나님이시요 그 외에는 다른 신이 없음을 네게 알게 하려 하심이니라"),[4:35] 그리고 야웨 하나님의 거룩한 통치를 받는 데 실패할 경우 이스라엘이 가나안 땅에서 겪게 될 무서운 심판(열국 중에 흩으심)[4:27] 통고까지 언급한다.

4:9-14은 출애굽기 19-24장에 이미 기록된 호렙산 신현현 사건을 회고한다. 호렙산에서 하나님이 당신의 거룩하신 위엄과 영광을 드러내신 목적은, 이스라엘 회중이 세상에 사는 날 동안 하나님 경외하기를 배우게 하며, 그들이 하나님을 두려워하며 사는 법을 자녀에게 가르치게 하려 하심이었다. 이스라엘은 호렙산에 나타나신 하나님을 늘 기억하며, 거기서 하나님이 반포하신 모든 명령과 법도와 규례를 스스로 삼가며 마음을 다해 힘써 지켜야 하고 눈으로 본

그 일을 잊어버려서는 안 된다. 생존하는 날 동안에 그 일이 그들의 마음에서 떠나지 않도록 조심해야 하며 더 나아가 그 일을 대대로 올 후손들에게 알게 하여야 한다. 특히 어둠과 구름과 흑암이 덮였던 호렙산 불길 중에서 들려온 하나님의 음성을 영원히 기억해야 한다. 시내산 신현현 현장에는 오직 말씀(목소리)만 있었지 어떤 형상도 없었다는 사실을 한시도 망각해서는 안 된다. 굳이 보았다면 이스라엘 자손은 하나님의 형상이 아니라 불과 흑암과 구름과 흑운만 '보았다'는 것이다.[히 12:20-24] 형용하기 어려운 그 생생한 역설은 한편으로 하나님이 밝게 타고 있는 불로 표현되며 다른 한편으로는 매우 짙고 검은 흑암으로 대표된다는 것이다. 불과 흑암은 범접할 수 없는 신비와 접근 가능할 정도로 가까이 계심, 곧 초월성과 내재성의 역설적 병치다.[14] 이러한 초월성과 내재성의 역설적 병립이 호렙산에서 모세와 이스라엘 백성이 경험한 야웨 하나님의 초절성의 정수다.

특히 4장에서 중요한 상징은 일곱 번이나 언급된 불이다.[11, 12, 15, 24, 33, 36절, 사 6:4-5, 33:14] 여기서 불의 상징성은 조명과 소멸이라는 이중적 의미로 사용되고 있다. 그것은 하나님의 영광[카보드(כָּבוֹד)]과 같이 발광체로부터 발산되어 피조물의 세계를 환히 비추어 드러내며 밝게 타는 불이다. 이런 의미에서 불은 하나님의 임재를 가리키는 데 적절한 상징이다. 그것은 명백하게 보여질 수는 있으나, 접근되거나 만져질 수는 없다.[4:24, 33, 삼하 6:6-7] 33절에는 어떤 민족이 이제까지 불 가운데서 말씀하시는 하나님의 음성을 듣고도 여전히 살았느냐고 묻고 있는데, 이때 하나님의 거룩한 현존을 표현하는 불은 위협적이며 위험한 존재라는 함축적 이해가 전제되어 있다. 하나님의 초월성과 내재성 모두를 전달하는 불의 상징적 힘은 36절에서 잘 포착된다. "여호와께서 너를 교훈하시려고 하늘에서부터 그의 음성을 네게 듣게 하시며 땅에서는 그 큰 불을 네게 보이시고 네가 불 가운데서 나오는 그의 말씀을 듣게 하셨느니라."

　구름과 불과 형상 없는 음성 등의 상징물은 4장에서 해석되는 형상에 대한 십계명의 금지 규정의 핵심이 무엇인지를 가리키고 있다. 이 계명의 신학적 근거는 하나님의 초절성과 형용할 수 없는 비의성이다. 보거나(천체 신들을 보듯이) 만질(우상들을 만지듯이) 수 있는 방식으로는 자신을 계시하지 않으시는 하나님의 '전적 타자성' 때문에 하나님을 국지적으로 표현하거나 하나의 고착된 이미지나 개념 속에 가두어 두려는 어떤 종교적 시도도―아무리 선한 동기라고 할지라도―우상숭배로 단죄된다.[15] 그래서 "너희들은 아무 형상도 보지 못하였다"는 주장이 두 번씩이나 되풀이된다. 이처럼 제2계명은 이스라엘의 하나님의 초월성을 끊임없이 자각시킨다. 왕국 시대 말기에 일어난 이스라엘의 예언 운동은 호렙산의 폭풍과 구름 속에서 자신을 계시하신 거룩하신 하나님에게 돌격당한 모세적 예언자들의 영성에서 발원되었던 것이다.

　하나님은 당신의 형상을 보여주시는 대신, 하나님의 형상보다 하나님을 더 잘 계시하는 하나님의 언약과 그 의무 조항인 십계명을 두 돌판에 친히 써서 내려 주셨다.[4:13] 십계명과 그 부대조항인 규례들과 법도들도 모세를 통해 중개해 주셨다. 모세가 이 규례와 법도를 이스라엘에게 교훈하게 하셨는데 그 목적은 이스라엘이 들어가 살 가나안 땅에서 그대로 행하게 하려 하심이었다. 하나님의 형상을 보려면 십계명과 부대조항을 보면 된다. 하나님의 공의롭고 정의로운 성품, 하나님의 거룩하고 인애 가득 찬 얼굴을 만날 수 있다.

　4:15-24은 호렙산 음성 계시의 함의를 진술한다. 하나님을 어떤 형상으로 표현하려는 형상 매개적 야웨 경배를 강력하게 규탄한다. 호렙산 금송아지 형상 주조와 경배 사건에서 이미 노정되었듯이, 이스라엘 자손은 "스스로 부패하여 자기를 위해 어떤 형상대로든지

우상을 새겨"^{16절, 23절, 5:8} 땅 위에 있는 것들,^{17절, 5:8} 하늘에 나는 것들,¹⁷
^절 땅 아래 물 속에 있는 것들^{18절, 5:8}을 본떠 야웨의 형상을 만들어
"그것에 경배하며 섬길"^{19절, 5:9} 집요한 경향성을 미리 무섭게 추궁당
한다. 16-18절은 다른 신들 혹은 다른 신들의 형상을 예배하는 것도
금지되고 있을 뿐만 아니라, 어떤 형상 매개적 야웨 예배도 용납될
수 없다는 것이다. 우상숭배적 형상으로 표현된 거짓된 신들은 그들
의 경쟁적인 매력을 가지고 창조주와 피조물 사이에 있어야 할 참된
관계성을 모호하게 하고, 하나님의 백성들의 순전한 마음을 도적질
해 간다. 더 나아가서 그것들은 하나님의 신비를 해소시키고 초월성
을 제거하며 신 중의 신이신 하나님을 우리의 목적에 봉사하는 신으
로 격하시킨다. '형상으로 주조된 신들'은 인간을 통치하시는 하나
님을 조종하거나 조작하려는 인간의 종교적 열망에 복무한다. 그것
들은 하나님을 경배하기보다는 스스로 통제하려고 하는 인간의 종
교적 권력 욕망을 정당화한다. 아무리 형상 제작의 동기가 순수하다
고 할지라도, 그런 모든 상징물, 은유, 표상(가촉적, 가시적)의 진정한
위험은, 그것 배후에 계시고 그것을 초월해 계시는 축소될 수 없는
거룩하신 하나님을 축소시킬 수 있다는 데 있다. 하나님의 초월적
절대주권을 강조하는 존 칼빈이 우상 타파를 그의 신학의 중심 주제
중 하나로 삼았다는 것은 우연이 아니다.¹⁶ 칼빈의 지적처럼, 예배와
예전도 하나님을 조정하고 역사의 주관자이신 야웨를 대상화함으로
써 한 장소나 물건으로 제한하려는 시도의 수단이 될 수 있다. 칼빈
은 심지어 우리의 신학적 노력들까지도, 하나님마저 신학적 사변의
대상이 될 수 있다는 자기기만에 빠져 초월적인 영역을 대상화하려
는 우상 공장으로 전락할 수 있다는 잠재적인 위험성을 지적했다.¹⁷

16-18절에서 인간과 동물계에서 우상숭배의 대상이 될 잠재적
피조물(남자, 여자, 짐승, 새, 곤충, 어류)을 열거한 후에, 19절은 또 다

른 우상숭배의 대상을 열거한다. 해, 달, 별, 천체 등이 우상숭배의 대상이 될 수 있다. 창세기 1장에서 야웨 하나님이 창조하신 피조물들이 이스라엘의 우상으로 기능할 수 있다는 것이 참 역설적이다. 창세기 1장이 얼마나 중요한지 새삼스럽게 느껴진다. 19절은 신명기 32:8-9과 더불어 해와 달과 별, 하늘 위의 모든 천체 숭배가 이스라엘에게는 우상숭배가 되지만 다른 천하 만민에게는 허용되는 것처럼 말한다. "너희의 하나님 여호와께서 천하 만민을 위하여 배정하신 것을 보고 미혹하여 그것에 경배하며 섬기지 말라." 이 말은 천하 만민은 아브라함, 이삭, 야곱의 후손들처럼 참된 한 분 하나님을 알지 못하기 때문에 이런 천체 우상숭배에 유기되었다는 것이다. 하나님을 아는 지식을 거부하는 열방은 우상숭배 외에 다른 종교를 상상할 수 없다는 말이다. 이스라엘은 과연 가나안에 들어가 16-19절의 계명을 잘 준행할 것인가?[18]

20-23절에서 모세는, 자신은 가나안에 들어가지 못하지만 이스라엘 자손은 가나안 땅에 들어가서 어떤 우상숭배에도 빠지지 말 것을 엄중하게 경고한다. 자신이 이스라엘의 완악함을 잘 다스리지 못해 하나님의 진노를 초래했다고 말하며, 자신과 이스라엘 자손의 갈라진 운명을 강조한다. 야웨께서 이스라엘을 택하시고 쇠 풀무불, 곧 애굽에서 인도하여 내사 당신의 기업 백성(암 나할라)을 삼으셨지만, 자신은 요단을 건너지 못한다는 것을 강조한다. 22절에서 모세는 이 달라진 운명을 강조하기 위해 인칭대명사를 돌출적으로 사용하고 상황절을 사용한다. "나는(아노키) 이 땅에서 죽고 요단을 건너지 못하려니와 너희는(아템) 건너가서 그 아름다운 땅을 얻으리니." 23절에서 모세는 자신이 가나안 땅에 함께 들어가지 못하는 상황을 염두에 두고 다시 한 번 형상을 통한 야웨숭배나 우상숭배에 빠지지 말 것을 강력하게 경고한다. "너희의 하나님 여호와께서 너희와 세

우신 언약을 잊지 않기 위해, 그리고 네 하나님 여호와께서 금하신 어떤 형상의 우상도 조각하지 않기 위해 너희는 스스로 삼가라." 스스로 삼가는 행위는 가차 없는 자기금지와 비타협적인 우상숭배 배척, 형상숭배 배척을 의미한다. 그러나 야웨 하나님을 믿는 백성들의 아름다운 미덕은 지극히 조심하고 삼가는 데 있다. 개신교는 은혜만능주의(마음씨 좋은 하나님만 강조)에 빠져 하나님의 진노를 촉발시킬 수 있는 인간의 죄악된 경향성과 우상숭배적 습속을 참으로 관대하게 대한다. 한국사회가 지금 돈숭배, 쾌락숭배, 육체와 외모숭배, 자아도취적 권력숭배에 빠져 공평과 정의 등 인간의 보편적인 미덕마저 상실해 가고 있는 가운데, 지극히 삼가는 삶을 가르치는 교회와 지도자가 참 희귀하다. 죄와 우상숭배에 빠진 당신의 백성에게 진노로 응답하시는 하나님을 잊어버렸다. 그런 점에서 하나님의 진노와 공의를 가르치지 않는 교회는 이단이다.

이스라엘을 사랑하시는 하나님을 그토록 강조하는 모세는, 야웨 하나님을 특정 형상으로 만들어 경배하는 행위가 "질투하시는 하나님"[24절, 5:9]의 격렬한 분노를 촉발시킨다는 점을 분명히 밝힌다. 하나님이 애굽에서 이스라엘을 끌어내신 것은 하나님을 형상으로 주조해 섬기려는 모든 우상숭배 체제로부터 이스라엘을 건져 내신 사건이었다. 하나님을 특정 주물, 석재, 목재로 형상화하는 것은 하나님의 살아 계신 성품과 역사 변혁적인 임재를 완전히 배척하는 행위다. 이것은 하나님의 특정 면모를 전체화하는 축소주의적 하나님 이해이며, 종교 엘리트들과 성전 관리자들이 하나님 현존을 대표하는 죄악을 낳는다.

4:25-31은 이스라엘이 가나안 땅에 들어가서 호렙산 하나님 현현을 망각하고 우상숭배에 빠져 버리면 어떤 재앙이 닥쳐올 것인지를 말한다. 열국 중에 이산과 유랑, 그리고 이방 땅에서 강요된 우상

숭배로 쇠잔해 가는 재앙을 맞이할 것이다. 그 고난의 끝자락에 한 가닥 실낱같은 회복의 가능성이 있다. 4:32-40은 압도적이고 무서운 호렙산 폭풍계시와 현현은 야웨 하나님 외에 다른 신이 없음을 영원히 각인시켜 주기 위함임을 말한다. 거룩하고 두려워할 만한 하나님 계시는 이스라엘 자손이 위로 하늘에나 아래로 땅에 오직 야웨만 하나님이시요 다른 신이 없는 줄을 알아 명심하고, '오늘' 모세가 명하는 야웨의 규례와 명령을 지킴으로써 신명기의 청중과 그 후손들이 복을 받아 이스라엘의 하나님 야웨께서 주시는 땅에서 한없이 오래 살도록 하기 위함이다. 추론컨대 32-40절이 전제하는 상황은, 땅에 아직 들어오지 못한 이스라엘 세대의 상황이면서 이미 가나안 땅에 정착한 상황,[4:38] 그리고 한때 이 땅에 살았다가 하나님의 폭풍 계시에 의해 추방당하여 이방 땅에서 포로살이를 하고 있는 하나님 백성들의 상황[4:26-31] 등 복층적이다.

4:41-43은 요단 강 동쪽에 정착한 지파들을 위한 세 도피성 설치 규정이다. 왜 요단 강 동쪽 정착 지파들을 위한 도피성 규정이 이 자리에 배치되었는지는 언뜻 이해가 안된다. 아마도 5장부터는 모세가 가나안 본토에 정착할 지파들을 주청중으로 삼아 율법을 반포하기 때문이 아닌가 짐작해 볼 수 있다. 도피성은 과거에 원한 없이 부지중에 살인한 자가 시시비비가 온전히 가려질 때까지, 악에 받친 피붙이 보복자의 복수로부터 생명을 보존하기 위해 도피하는 성읍이다. 광야 평원에 있는 베셀은 르우벤 지파의 도피성이며, 길르앗 라못은 갓 지파를 위한 도피성이고, 바산 골란은 므낫세 지파를 위한 도피성이었다.

4:44-49은 5-28장에 등장할 가나안 정착세대를 위한 호렙산 율법을 다룬다. 이스라엘 자손이 애굽에서 나온 후 모세가 선포한 모든 증거와 규례와 법도를 망라한 율법들이다. 여기서 말하는 '증거

들'[하에도트(הָעֵדֹת)]은 십계명^{5-11장}을 지칭하는 반면, '법도들'[하훜킴(הַחֻקִּים)]과 '규례들'[함미쉬파팀(הַמִּשְׁפָּטִים)]은 12-26장에서 발견되는 가나안 정착생활을 전제한 십계명 시행세칙들을 가리킨다. 모세는 헤스본에 사는 아모리 족속의 왕 시혼에게 속했던 요단 동쪽 벳브올 맞은편 골짜기에서 율법을 반포했다. 여기에 아모리 족속의 두 왕으로부터 빼앗은 영토 경계가 다시 언급된다.

4

I.

40년 광야 방랑사 회고와 전망

II.

신명기 5-11장

영원히 갱신되는 시내산 계약

모세의 둘째 강론은 5-11장(십계명과 쉐마)과 12-28장(신명기 법전과 시행세칙들)으로 구성되어 있다. 5-28장 긴 강론의 서론은 4:44-49에서 발견된다. 둘째 강론의 전반부인 5-11장은 가나안 땅에 정착하게 될 출애굽 2세대에게 사활적인 중요성을 가진 시내산 계약의 핵심 언약 조항인 십계명과 쉐마 해설이다. 시내산이라는 '무대'에는 올라가지 못하였을지라도 모든 이스라엘 후세대들은 시내산 언약에 묶인 계약 당사자라는 것이다. 시내산 계약은 야웨 하나님과 이스라엘 백성 사이에 맺어진 가장 엄숙하고 순전한 쌍방계약이기 때문에 이스라엘과 하나님 각각에게 이 계약을 수호할 의무를 부과한다. 하나님은 이스라엘의 하나님이 되시기 위해 땅과 신적 보호와 안전보장, 곧 이스라엘이 그 계약을 지키는 데 결정적으로 중요한 영토적 안전보장을 제공해 주셔야 한다. 반면 이스라엘은 하나님께 받은 선물인 그 땅에서 야웨의 모든 율법을 개인, 가정, 부족, 그리고 국가 단위로 지키고 준수해야 한다.

시내산 계약은 쌍방계약이지만 또 한편에서 보면 엄격한 의미에서의 쌍방계약은 아니다. 더 강한 계약 당사자인 하나님과 더 약한 계약 당사자인 이스라엘 사이의 은혜로운 불평등계약이다. 잘 알려져 있듯이, 시내산 계약은 기원전 14세기경에 고대 근동(히타이트 제국이나 애굽과 여러 작은 나라 사이에 맺어진 조약)에서 행해졌던 종주-봉신 조약 체결 형식을 따르고 있다. 이 고대 종주-봉신 조약의 핵심은 종주가 봉신에게 베푼 선행적 은혜가 봉신의 배타적 충성심을 요구하는 근거라는 점에 있다. 이처럼 신명기에서 하나님은 거룩한 종주로서 출애굽 구원, 광야 인도 등 은혜로운 전사에 입각하여 이스라엘의 배타적인 충성심을 요구하신다. 이스라엘이 야웨 하나님 한 분만을 섬기고 사랑하라는 요구가 신명기 전체에 걸쳐서 쩌렁쩌렁 울리고 있다. 이스라엘의 이 자발적이고 의지적인 사랑은 하나님의 앞선 자발적이고 의지적인 사랑에 대한 응답이라는 점이 모든 중요한 순간마다 상기되고 있다.

신명기 5-11장은 시내산 계약의 핵심 조약인 십계명과 그것을 둘러싸고 있는 부대 상황을 다룬다. 광야에서 사멸한 부모 세대를 대신하여 이제 출애굽 2세대가 시내산 계약의 당사자로 소환된다. 시내산 계약의 관점에서 보자면, 이스라엘 백성이 된다는 것은 시내산 계약의 멍에를 메겠다는 결단에 동참하는 것을 의미한다.

시내산 언약의 심장이자 구약성경의 토대, 십계명 ● 5:1-21

5 ¹모세가 온 이스라엘을 불러 그들에게 이르되 이스라엘아, 오늘 내가 너희의 귀에 말하는 규례와 법도를 듣고 그것을 배우며 지켜 행하라. ²우리 하나님 여호와께서 호렙산에서 우리와 언약을 세우셨나니 ³이 언약은 여호와께서 우리 조상들과 세우신 것이 아니요 오늘 여기 살아 있는 우리 곧 우리와 세우신 것이라. ⁴여호와께서 산 위 불 가운데에서 너희와 대면하여 말씀하시매 ⁵그 때에 너희가 불을 두려워하여 산에 오르지 못하므로 내가 여호와와 너희 중간에 서서 여호와의 말씀을 너희에게 전하였노라. 여호와께서 이르시되 ⁶나는 너를 애굽 땅, 종 되었던 집에서 인도하여 낸 네 하나님 여호와라. ⁷나 외에는 다른 신들을 네게 두지 말지니라. ⁸너는 자기를 위하여 새긴 우상을 만들지 말고 위로 하늘에 있는 것이나 아래로 땅에 있는 것이나 땅밑 물 속에 있는 것의 어떤 형상도 만들지 말며 ⁹그것들에게 절하지 말며 그것들을 섬기지 말라. 나 네 하나님 여호와는 질투하는 하나님인즉 나를 미워하는 자의

죄를 갚되 아버지로부터 아들에게로 삼사 대까지 이르게 하거니와 ¹⁰ 나를 사랑하고 내 계명을 지키는 자에게는 천 대까지 은혜를 베푸느니라. ¹¹ 너는 네 하나님 여호와의 이름을 망령되이 일컫지 말라. 나 여호와는 내 이름을 망령되이 일컫는 자를 죄 없는 줄로 인정하지 아니하리라. ¹² 네 하나님 여호와가 네게 명령한 대로 안식일을 지켜 거룩하게 하라. ¹³ 엿새 동안은 힘써 네 모든 일을 행할 것이나 ¹⁴ 일곱째 날은 네 하나님 여호와의 안식일인즉 너나 네 아들이나 네 딸이나 네 남종이나 네 여종이나 네 소나 네 나귀나 네 모든 가축이나 네 문 안에 유하는 객이라도 아무 일도 하지 못하게 하고 네 남종이나 네 여종에게 너 같이 안식하게 할지니라. ¹⁵ 너는 기억하라. 네가 애굽 땅에서 종이 되었더니 네 하나님 여호와가 강한 손과 편 팔로 거기서 너를 인도하여 내었나니 그러므로 네 하나님 여호와가 네게 명령하여 안식일을 지키라 하느니라. ¹⁶ 너는 네 하나님 여호와께서 명령한 대로 네 부모를 공경하라. 그리하면 네 하나님 여호와가 네게 준 땅에서 네 생명이 길고 복을 누리리라. ¹⁷ 살인하지 말지니라. ¹⁸ 간음하지 말지니라. ¹⁹ 도둑질하지 말지니라. ²⁰ 네 이웃에 대하여 거짓 증거하지 말지니라. ²¹ 네 이웃의 아내를 탐내지 말지니라. 네 이웃의 집이나 그의 밭이나 그의 남종이나 그의 여종이나 그의 소나 그의 나귀나 네 이웃의 모든 소유를 탐내지 말지니라.

5:1은 '오늘'이라고 특정된 한 날에 모세가 온 이스라엘 백성을 불러 그들의 귀에 규례와 법도를 들려주고 그들로 하여금 준행하도록 당부하는 상황을 보도한다. 모세는 호렙산에서 야웨가 '우리'와 언약을 체결하셨음을 상기시킨다. 그런데 여기서 '우리'는 지금 출애굽 2세대를 가리킨다. 여기서 모세는 시내산 계약이 이스라엘의 조상 세대와만 맺은 계약이 아니라 "지금 여기(모압 평지) 살아 있는 현세대"와 맺은 계약임을 강조하고 있다. 시내산 계약의 동시대화를 규정하는 3절의 히브리어 성경 구문[이타누 아나흐누 엘레 포 하욤 쿨라누 하임(אִתָּנוּ אֲנַחְנוּ אֵלֶּה פֹה הַיּוֹם כֻּלָּנוּ חַיִּים)]을 직역하면 "우리와 함께, 이 사람들 곧 여기 오늘 살아 있는 우리 모두에게"라고 번역된다.[1] 계약의

동시대적 요구를 강조하기 위하여 서로 중첩되는 일곱 개의 낱말을 중복해 사용하고 있는 것이다. 여기서 출애굽 1세대와 2세대의 시간적 간격은 용해되어 버린다. 이것은 무엇을 말하는가? 그것은 시내산 계약의 영속적 속박력을 역설한다. 시내산 계약은 단지 과거의 사건이 아니고 현재에 속한 사건이라는 것이다. 그래서 신명기^{申命記}는 이름 그대로 되풀이하여(申, 거듭 신) 가르쳐진 율법으로서 항상 새로운 세대(가나안 정착세대)에게 십계명을 선포한다.

4-5절은 모세가 왜 야웨 하나님과 이스라엘 사이의 언약 중보자, 율법 중개자로 활약하게 되었는지를 말한다. 이스라엘 자손이 야웨께서 불 가운데서 말씀하시는 것을 두려워하여 모세에게 중보자가 되어 달라고 요청했다는 것이다. 이스라엘 백성이 야웨의 신적 임재와 충돌하여 죽지 않으려고 모세에게 적극적인 중재사역을 요청하는 것으로 묘사된다. 십계명을 직접 들었던 백성들이^{5:22} 야웨의 말씀을 더 이상 직접적으로 듣기를 무서워하여 나머지 말씀은 모세를 통해 들었던 것처럼 보인다. 직접계시로 주어진 십계명과 나머지 율법이 구별되고 있다. 결국 모세의 중보자적 지위에 대한 회고는 십계명의 으뜸 지위를 강조하는 데 쓰이고 있다. 즉, 십계명은 하나님께서 불 가운데서 이스라엘 백성에게 직접 하신 말씀이며 이스라엘 자손이 직접 들은 말씀이기에 다른 모든 법도와 규례와 구분되어 우선적으로 중요시되어야 한다. 십계명은 다른 법도와 규례들과는 달리 후시대 다른 장소에서 영구적으로 적용될 수 있다는 것이다.

6절은 왜 야웨께서 이스라엘에게 십계명을 지키라고 명하시는지 그 근거를 밝힌다. "나는 너희를 애굽 땅, 종 되었던 집에서 이끌어 낸 너희 하나님 야웨로다." 종주-봉신 조약의 양식에 비추어 볼 때 이것은 종주의 자기소개를 담은 '서언'과 은혜로운 전사를 담은 '역사적 서론'에 해당한다. 야웨와 애굽 땅 노예였던 이스라엘이 서언과 역사적 서론에서 언약 당사자임이 드러난다. 형식과 성격의 관점에서 볼 때 십계명은 쌍방속박적 계약의 짜임새를 지니고 있기 때문에, 계약 체결의 두 당사자가 어떤 관계로 계약을 맺게 되었는지를 처음부터 밝히는 것이 자연스럽다. 종주-봉신 조약의 틀을 전용한 십계명의 서언과 역사적 서론의 내적 논리는 하나님께서 하나님의 선행적 해방이라는 토대 위에 이스라엘 백성으로부터 계약적 복종이라는 응답을 요구하고 계신다는 것이다. 하나님은 먼저 자유케 하신 이후에 율법으로 통치하신다. 하나님의 율법은 하나님의 성품(진리)에 이스라엘을 속박하고 하나님의 성품과 하나가 되게 만듦으로써, 이스라엘이 왜 하나님의 율법에 순종해야 하는지를 설복시킨다. 십계명은 창조주 하나님만이 주실 수 있는 자유케 하는 율법이다. 유일하신 창조주 하나님만이 "나 외에 다른 신을 경배하지 말라"고 요구하실 수 있다. 이스라엘은 참되신 하나님의 마음을 이해하고 하나님과 동행하기 위하여 하나님의 율법을 지키도록 요구받는다. 율법은 그 내적 논리와 설복력으로 이스라엘을 하나님께 스스로 순종하게 만든다. 이 자발적 순종이 바로 자유다. 인간 본성의 무규범적 충동에 맡기는 것이 자유가 아니다.

십계명은 하나님 경배와 이웃 사랑을 가르치는 하나님의 강령이다. 그것은 이스라엘과 하나님의 관계를 지탱시키는 근본적인 계명을 먼저 제시하고 그 후에 공동체적 삶을 지탱하는 데 필수적인 계명을 다룬다. 하나님에 대한 전폭적인 사랑과 이웃에 대한 사랑을 순차적으로 취급한다. 하나님의 성품을 부단하게 묵상하게 만드는 첫 네 계명과 하나님이 원하시는 이상사회를 늘 생각하게 만드는 나머지 여섯 계명은, 400여 년간의 노예살이로부터 생겨난 노예근성을 근절하고 완전한 자유인의 품성을 함양케 해주는 자유의 명에다.^{약 1:25}

제1계명: 다른 어떤 신들도 두지 말라. 창세기 1장이 이 첫 계명의 창조신학적 근거라면 출애굽 구원은 역사적 근거다. 첫째 계명은 출애굽의 은혜로운 전사를 회고하는 역사적 서언(하나님의 자기계시)으로부터 도출된다. 출애굽기 19:4-6은 출애굽 구원의 궁극적인 목적이 하나님께 배타적으로 소속되는 한 공동체의 창조임을 선언한다. 이스라엘은 하나님께 바쳐질 충성심을 도적질해 갈 다른 모든 신들을 배척해야 한다. 하나님은 분열된 마음을 받으실 수 없는, 나뉘질 수 없는 '하나님'이시다.^{마 6:22-24} 구약성경이 말하는 다른 신(들)은 이스라엘의 해방과 구원에 어떤 기여나 공로가 없으면서도 이스라엘의 경배와 충성을 요구하는 신이다. 애굽의 태양신 레, 바벨론의 신 마르두크, 벨과 느고는 다른 신이며 가나안의 토착신인 바알과 아세라, 하늘여왕이라고 불리는 천체들도 다른 신이다. '다른 신'이란 다른 민족이나 인종의 신을 가리키는 말이 아니라, 야웨와 전혀 이질적인 신, 야웨의 거룩하시고 공의롭고 자비로운 성품과는 정반대의 특질을 가진 신을 가리킨다. 그리스 신화에 나오는 제우스 등 20명 정도의 주신은 야웨의 성품과는 전혀 다르다. 이 세상의 어떤 신들도 야웨 하나님처럼 "내가 거룩하니 너희도 거룩하라"고 요구한 적이 없다. 야웨 하나님만이 자신을 비길 데 없는 야웨 하나님, 유일무이하신 하나님이라고 주장하신다. 제1계명은 이방 신상과 제단을 파괴하도록 명령하는 전쟁 시행세칙의 토대가 된다.^{신 12장} 가나안 정복전쟁은 아주 단순화시켜 말하자면 다른 신들이 관할하는 것으로 간주되는 영토를 해방시키는 전쟁이며 다른 신들을 무장해제시키는 전쟁이다. 그것은 가나안 토착인들에게 신으로 군림하는 것을 부서뜨리는 전쟁이다.

그런데 야웨 하나님이 이스라엘에게만 나타나신 하나님인가? 가나안에는 하나님을 아는 지식을 가진 사람이 전혀 없었는가? 그렇지 않다. 야웨 하나님은 창조주 하나님으로서 창조 질서와 천체 안에 당신의 영광, 신성의 능력을 새겨 두셨다.^{롬 1:18-20, 시 19:1-2} 또한 하나님은 자연과 역사를 주재하시면서 당신의 통치 현존을 드러내셨다.^{행 14:12-17, 17:22-28, 암 9:7} 가나안 땅에도 라합 같은 사람이 있었으며, 하나님을 아는 희미한 지식으로 이스라엘 진영에 가담한 토착인들도 있었다. 하나님은 가나안 문명과 사람 전체를 몰살시키고 학살하라는 명령을 주신 것이 아니라 다른 신들을 정벌하라고 하신 것이다. 야웨 하나님은 이스라엘의 하나님이지만 온 세계 열방을 다스리시는 창조주 하나님이다. 소아시아 루스드라에서 전도하던 바나바와 바울은 자신들을 각각 제우스와 헤르메스로 알고 경배하는 토착인들을 만류하면서 다음과 같이 말한다.

여러분이여, 어찌하여 이러한 일을 하느냐……여러분에게 복음을 전하는 것은 이런 헛된 일을 버리고 천지와 바다와 그 가운데 만물을 지으시고 살아 계신 하나님께로 돌아오게 함이라. 하나님이 지나간 세대에는 모든 민족으로 자기들의 길들을 가게 방임하셨으나 그러나 자기를 증언하지 아니하신 것이 아니니 곧 여러분에게 하늘로부터 비를 내리시며 결실기를 주시는 선한 일을 하사 음식과 기쁨으로 여러분의 마음에 만족하게 하셨느니라.^{행 14:15-17}

또한 바울은 엄청난 신전들로 가득 찬 아테네에서 다음과 같이 소리친다.

우주와 그 가운데 있는 만물을 지으신 하나님께서는 천지의 주재시니 손으로 지은 전에 계시지 아니하시고……만민에게 생명과 호흡과 만물을 친히 주시는 이심이라. 인류의 모든 족속을 한 혈통으로 만드사 온 땅에 살게 하시고 그들의 연대를 정하시며 거주의 경계를 한정하셨으니 이는 사람으로 혹 하나님을 더듬어 찾아 발견하게 하려 하심이로되 그는 우리 각 사람에게서 멀리 계시지 아니하도다. 우리가 그를 힘입어 살며 기동하며 존재하느니라. 너희 시인 중 어떤 사람들의 말과 같이 우리가 그의 소생이라.^행 17:24-27

하나님은 각 사람에게서 멀리 계시지 아니하며 사람들로 하여금 더듬어서라도 하나님을 찾아 발견케 하실 만큼 당신의 현존을 이런 모양 저런 모양으로 드러내신다. 심지어 이스라엘을 하나님의 선민으로 믿었던^{암 3:2} 아모스마저도 출애굽 구원 역사 같은 하나님의 역사가 다른 민족에게도 일어났다고 말한다. "여호와의 말씀이니라. 이스라엘 자손들아, 너희는 내게 구스 족속 같지 아니하냐. 내가 이스라엘을 애굽 땅에서, 블레셋 사람을 갑돌에서, 아람 사람을 기르에서 올라오게 하지 아니하였느냐."^{암 9:7} 심지어 신명기 2:9-23은 에돔, 암몬, 모압 족속도 하나님의 은혜로 각각 자신의 기업의 땅을 얻었다고 말한다.^{신 32:8-9}

이런 구절은 우리에게 무엇을 말하는가? 살아 계신 창조주 하나님, 이스라엘의 하나님 야웨를 아는 지식이 다른 나라, 다른 족속, 다른 인종에게도 있을 수 있다는 것이다. 따라서 제1계명은 다른 민족이나 인종의 종교를 무조건 배척하라는 것이 아니다. '다른 신'은 야웨와 성품이 전혀 다른 악하고 열등한 인간성과 악한 제도를 정당화하는 신이다. 노예제도를 폐하고 모든 인류를 형제자매로 대우하도록 장려하고 독려하고 명하시는 분이 우리 하나님이다. 그런데 인종차별을 정당화하거나 특정 계급만을 옹호하는 지배 권력 옹호적인 신은 '다른 신'이다. 아놀드 토인비^{Arnold Toynbee}는 『역사가의 종교관』^{An Historian's Approach to Religion}에서 인류의 고등윤리 종교(그에 따르면 자기

를 부인하고 선을 이루기 위해 고통 감수를 가르치는 기독교와 대승불교)
안에 남아 있는 고귀한 유산을 주목하도록 했다.[2] 스탠리 존스Stanley
Jones의 『인도의 길을 걷고 있는 예수』*The Christ of the Indian Road*는 힌두교 사
상 안에 잔존해 있는 하나님 나라 복음의 요소를 발견해 낸다.[3] 이런
입장은 모든 종교는 정상으로 올라가는 다른 등산로라고 주장하는
종교다원주의와는 다르다. 야웨 하나님의 만유 통치, 만유 섭리를
강조하는 것이며 온 세상이 야웨 하나님께 속하였음을 강조하는 것
이다.출 19:4

제2계명: 질투하시는 하나님. 이 계명은 다른 신들과 주들을 잠재
적인 예배 대상으로 규정한 제1계명과 밀접하게 관련되어 있다. 이
계명의 핵심은 보이지 않는 하나님을 보이는 형상으로 새겨 숭배하
려는 종교심리학적 욕구를 원천적으로 금지한다. 하나님은 인간의
공작적 상상력에 의하여 포착된 시각 이미지에 갇힐 수 없는 전체시
다. 인간의 하나님 경험은 광활하고 심원한 하나님의 인격적 신비를
온전히 포착할 수 없다. 이 진리를 이스라엘 백성은 직접 경험했다.
그들은 시내산 신현현에서 어떤 하나님 형상도 보지 못했다. 양심을
세차게 뒤흔드는 외경스러운 음성을 들은 경험은 있을지라도 그들
은 하나님을 시각화할 수 있는 어떤 경험도 하지 못했다.5:22-23 심지
어 하나님의 영광(앞 얼굴)을 보여 달라고 간청한 모세에게도 하나
님은 당신의 형상(앞 얼굴)을 보여주시지 않았다.출 33:12-23 모세는 하
나님의 영광이 지나갈 때 바위틈 사이에 숨어 오로지 하나님의 등을
보았을 뿐이다. 하나님의 영광이 남긴 그림자를 본 것이다. 이처럼
모세의 하나님 '목격' 경험마저도 상대화되고 있다. 심지어 신약성
경은 모세가 하나님의 등을 봤다는 출애굽기 증언마저도 묵살하는
것처럼 보인다. 신약성경은 아무도 하나님을 본 사람이 없으되 오로
지 태초부터 계신 독생하신 하나님요 1:17-18이 하나님의 얼굴에 있는

영광을 알고 그 영광을 계시하신다[고후 4:6]고 주장하기 때문이다. 물론 하나님을 형상으로 축소시키려는 경향은 기독교 조각이나 고대 우상숭배자들에게만 나타난 것이 아니다. 어쩌면 2,000년 동안 계속된 기독교회의 신학 역사 자체가 하나님을 특정 형상과 밀착시키는 형상 고착적인 시도의 경연장일지도 모른다. 하나님을 특정 이미지로 고착시키는 신학적 축소주의는 형상숭배의 전형이다. 어떤 교단은 하나님의 무한 보편적인 사랑을 강조하고 어떤 교파는 하나님의 예정과 선택을 더 강조한다. 어떤 신학은 지옥을 강조하고 어떤 신학은 지옥마저 삼키는 하나님 사랑의 궁극성을 더 강조한다. 하나님에 대한 인간의 경험과 성찰 자체가 얼마나 축소 지향적이 되기 쉬운지를 아는 사람은 하나님을 특정 이미지로 형상화하려는 유혹이 과거지사가 아님을 깨닫는다.

제3계명: 하나님의 이름을 경외하라. 이 계명의 히브리어 구문 직역은 "너는 하나님의 이름을 헛되이 들지 말라"이다. 여기서 하나님의 '이름'이라는 목적어는 '들다'라는 동사에 의해 지배되고 있다. 이것은 도대체 무엇을 의미하는가? 하나님의 명의도용을 금지하는 계명이다. 즉, 하나님의 이름을 '들어서' 자신의 명예를 보호하거나 거짓을 은폐하려고 하지 말라는 것이다.[사 1:10-11, 암 5:18-23] 기도, 공예배, 그리고 법정 맹세 시 우리는 하나님의 이름을 '들어야' 한다. 하나님의 이름을 불러야 한다. 그런데 우리가 선을 행하지 않고 하나님의 이름을 들면 하나님의 명예를 더럽히게 된다. 하나님의 이름은 하나님의 인격적 현존 자체를 의미하기 때문이다. 정상적인 경우 하나님의 백성이 하나님의 이름을 부르면 하나님께서 당신의 인격적 현존을 드러내 주셔야 한다.[4:8-20] 그런데 하나님의 현존을 감당할 자질이 없는 자들이 하나님의 현존을 요청하면 그것은 전혀 헛되고 망령된 일이라는 것이다. 신들의 형상을 제작해 놓고 그 형상에 의지하여 신의 현존을 확보하려는 이교도들과는 달리, 이스라엘은 형상에 의지하지 않고 대신 하나님의 이름을 불러서 하나님의 현존을 확보해야 한다. 그래서 그들은 '형상숭배'를 통한 하나님 현존 요청 대신에 하나님의 '이름'을 부를 수 있다. 하나님의 이름은 믿음의 공동체가 하나님을 이해하고 하나님의 현존과 하나님의 능력을 요청하는 통로이기 때문이다. 신명기에서 하나님의 이름은 하나님 자신과 거의 같다(솔로몬의 성전 낙성식 기도문을 보라).^{왕상 8장} 그렇기 때문에 하나님의 이름이 경솔하게 다루어 질 수 없는 것이다. 이사야 58장이 하나님의 이름을 헛되이 부르는 자들의 예를 제시한다. 금식하면서 논쟁하며 다투며 악한 주먹으로 서로를 치는 자들이 자신들의 기도가 하나님께 열납되지 않는다고 불평한다.^{사 58:4-6} 이사야는 하나님의 거룩한 성품을 전혀 닮지 않은 자들이 아무리 하나님의 이름을 부르며 간구해도 그들의 기도가 하나님께 열납되지 못한다고 말한다. 반면에 주린 자에게 양식을 나누어 주며 유리하는 빈민을 집에 들이며 헐벗은 자를 보면 입히며 또 골육을 피하여 스스로 숨지 아니하는 정직한 자들이 야웨의 이름을 정당하게 부를 수 있다고 말한다.^{사 58:7-8} "네가 부를 때에는 나 여호와가 응답하겠고 네가 부르짖을 때에는 내가 여기 있다 하리라."^{사 58:9}

제4계명: 안식일을 지키라. 안식일 계명은 하나님 사랑 계명에서 이웃 사랑 계명으로 넘어가는 전환 계명이다. 신명기에서 안식일 계명은 출애굽기 판본과 주요한 차이점이 발생하는 유일한 계명인데 이 차이점은 신명기적인 특성을 잘 드러낸다. 출애굽기 안식일 계명^{20:8-11}이 안식일의 기원을 하나님의 창조 사역에서 찾는 데 반해, 신명기는 야웨의 출애굽 구원 사건이 안식일을 기억하고 지켜야 하는 근거가 된다는 점을 강조한다. 출애굽기에서는 안식일에 끝난 야웨의 창조 사역을 기억함으로써[4] 이스라엘 백성은 야웨의 승리에 동참하도록 초청받는다. 이에 비하여 신명기의 안식일 계명은 안식일을 지킬 것을 기억하라는 것이 아니고 그 반대다. 즉, 안식일을 지켜서 너희도 한때 안식을 박탈당한 노예들이었음을 기억하라는 것이다. 신명기의 안식일 계명은 구속의 기억을 생생하게 살림으로써 공동체의 모든 구성원을 수고로운 노동으로부터 해방시키라고 명령한다. 특히 종과 노비, 그리고 광대한 농장을 가진 유산자 계층의 탐욕과 우상숭배적 성취주의를 경계하고 있다. 하지만 신명기에서도 심신이 안식해야 하는 궁극적인 목적은 하나님의 왕적 다스림에 들어가기 위한 준비라고 보아야 한다. 전체적으로 안식일의 휴식은 저등사역(이윤 추구나 부의 확장을 위한 노동)을 그치고 고등사역(예배와 안식, 이웃 사랑)에 몰입하기 위한 거룩한 멈춤이다. 이런 점에서 안식일을 거룩하게 지키는 것은 제1계명과 제2계명을 지키는 데 결정적으로 중요하다. 그것은 안식을 가치와 의미의 중심에 둠으로써 일(노동·생산성)의 우상화를 막는 데 도움을 준다. 안식일은 인간의 노동을 금하는 것이 아니라 인간적 노동에 궁극적인 신뢰를 두는 것을 금지한다. 인간의 노동가치를 상대화하고 하나님의 은총의 절대가치를 다시금 인정하라고 명하는 날이다. 안식일은 우리가 하나님에 의해 자유케 되었고 하나님에 의해 영접되었음을 기억하는 시간이다. 이러한 의미에서 안식일은 "하나님의 언약적 신실성으로 말미암아 의롭게 되는" 영적 진리를 주기적으로 가르쳐 준다.

제5계명: 부모를 공경하라. 이 계명은 나이 어린 자녀들에게 적용될 수 없다는 뜻은 아니지만 일차적으로는 성년이 된 자식들에게 초점을 맞추고 있다. 그것은 성인이 된 자녀들에게 짐스러운 존재로 하찮게 대접받거나 다 자란 자녀들을 통제할 수도 없이 약하고 가난해진 연로한 부모들을 염두에 두고 있다. 연로한 부모세대에 대하여 성인이 된 자녀세대가 가질 수 있는 태도는 저주하는 행위 혹은 공경하는 행위일 것이다. 여기서 '저주하는 행위'는 경멸적으로 대우한다는 뜻이다. '공경하는 행위'는 부모세대가 자녀세대에게 남겨준 영적 유산, 물질적 유산, 그리고 양육의 수고에 대한 정당한 보은의 마음으로 존경하는 행위다.^{잠 6:20-25} 또한 부모 공경은 부모의 출산과 돌봄, 양육과 훈육의 수고를 통하여 하나님의 백성 공동체를 창조하시는 하나님의 질서를 존중하는 행위다. 하나님에 대한 경외와 경배가 부모 공경 계명의 대전제인 셈이다.^{엡 6:1} 또 한 가지 주목할 것은, 제5계명은 약속―"하나님께서 주시는 땅에서 장수하리라"―이 첨가되어 있는 첫 계명이라는 점이다.^{엡 6:1-4} 각 세대가 연로한 사회 구성원을 공경하고 사랑할 때 그 공동체는 하나님이 주신 땅에서 아름답고 장수하는 삶을 살 가능성이 커지는 사회 분위기가 조성된다는 것을 의미한다.

제6계명: 생명을 보호하라. "살인하지 말라"라는 계명은 사람의 목숨(생명가치) 보호를 최우선적 목표로 삼고 있다. '살인하다'로 번역된 히브리어는 흔히 쓰이는 동사 하락(הָרַג)이 아니고 라차흐(רָצַח)다. '라차흐'라는 동사는 통상적으로 살인 행위로 여겨지는 것은 물론, 살인 행위에 이르는 심리적인 중간 과정까지도 포괄한다. 따라서 그것은 증오, 분노, 탐욕, 욕심, 혹은 어떤 개인을 고의적으로 살해할 마음(적개심)까지도 가리킨다. 이 계명은 결국 이스라엘 언약 공동체의 구성원을 배제하고 제거하려는 의도적인 반사회적 살해 행위를 금지한다.⁶ 특정한 목적으로 숙고를 거친 후에 범하는 권력 개입적 살인도 포함된다. 아합 왕이 이스라엘 자유농민 나봇을 재판을 통해 죽이는 행위, 밧세바의 남편 우리야를 가장 위험한 전쟁터로 몰아 죽게 하는 다윗의 기획 청부살인 등이 이 계명이 금지하는 주요 범죄 행위다. 그래서 산상수훈에서 예수님은 형제에 대해 분노하고 형제를 바보 같은 놈이라고 욕하는 것도 살인금지 계명을 범한 것이라고 말씀하신다.[마 5:22] 이 폭력적 언어나 비방도 형제의 생명가치를 치명적으로 손상시키기 때문이다. 형제의 명예를 치명적으로 손상시키는 온라인상의 댓글 달기나 비방도 살인금지 계명의 위반 사례들이다.

제7계명: 간음하지 말라. 이 계명은 아내와 남편 사이에 이루어지는 성관계가 우선적으로 보호되어야 할 상호 인격적인 친밀성의 중심임을 인정하고 있다. 현대사회는 간음을 부추기는 음란한 사회다. 대중문화 혹은 예술이라는 이름으로 일부일처제 중심의 가정이 세찬 조롱과 공격을 받고 있다. 특히 최근 대법원이나 헌법재판소가 간통죄를 위헌이라고 보는 판결을 내리는 추세도 인간의 죄악 충동을 추인하는 꼴이 된다. 대다수의 시민이 성적 자기결정권의 이름으로 혼인의 신성성을 파괴하는 문화적 다수파를 형성한 시대에, 간음금지 계명은 시대착오적일 정도로 억압적으로 보일지도 모른다. 그러나 이 계명은 단지 부부가 서로에 대하여 최소한의 법적 책임을 다함으로써 유지되는 가정을 상정하지 않는다. 오히려 이 계명은 부부가 역동적인 혼인관계를 유지하기 위해서 서로에게 남편이 되고 아내가 되기로 매 순간 엄숙하게 서약하는 마음으로 서로 충실하라고 명령하고 있다. 부부 사이의 인격적 친밀도를 매 순간 점검하고 서로의 사랑의 진정성을 맛보고 살라는 명령이다.

제8계명: 도둑질하지 말라. 이 계명은 직역하면 "인신 납치하지 말라"이다. '도둑질하다'로 번역되는 히브리어 동사 가납(גנב)은 인신 납치 혹은 그에 준하는 도둑질을 가리킨다. 이 계명의 요점을 잘 파악하려면 부족 간에, 종족 간에 그리고 개인 사이에서 노동력을 징발하기 위하여 혹은 배우자를 찾기 위하여 인신 납치가 광범위하게 자행되던 고대 사회를 떠올려 볼 필요가 있다.[삿 21장] 이 금지 규정은 어쩌면 동료 인간을 노예로 부리는 것을 막기 위한 방패였을 것이다. 애굽의 노예였던 요셉은 자신을 가리켜 히브리인의 땅에서 '확실히 훔

처진'[군놉(בֻּנָּב)] 사람^{창 40:15, 출 21:16, 신 24:7}이라고 말한다. 여기서 푸알(강세수동) 부정사 절대형(군놉)이 먼저 나오고 푸알완료형 동사[군납티(גֻּנַּבְתִּי)]가 나온다. 단지 재산상의 절도를 금지하는 경우는 열 번째 계명에서 다루어지고 있다.

제9계명: 거짓 증거하지 말라. 이 계명의 무대는 법정이다. 이 계명은 공동체 내의 개개인이 법정에서 부당하게 대우받는 것을 막아주는 보호장치로 설정되었다(나봇의 포도원 사건).^{왕상 21장} 거의 대부분 거짓 증거를 동원한 재판은 사법적 정의의 철저한 유린을 위한 구실에 불과하였다. 과거 군사독재 시절에 이루어진 재판은 거짓 증인들의 조작된 증언으로 행해진 것이 많았다. 따라서 이 계명은 거짓 증언을 동원하여 공동체의 존립 근거인 공평과 정의를 파괴하는 유력자들의 죄악을 금지하는 계명이다. 물론 이 계명이 가난한 자나 약한 자의 거짓 증언을 정당화시켜 주지는 않는다.

제10계명: 탐내지 말라. 탐욕[하마드(חָמַד), 히트아봐(הִתְאַוָּה)]을 금지하는 이 계명은 행동으로 드러나기 이전의 심리적인 차원의 행위까지 금지한다. 탐심은 자신에게 허용되지 않은 것을 가지려고 하는 악한 충동 내지는 갈망이다. 그것은 하나님보다는 자신의 마음이 원하는 바를 숭배한다. 자기의 욕심을 숭배하듯이 집착하는 것이 바로 우상숭배로서의 탐심이다.^{삼하 11-12장, 수 7:21, 겔 14:1-4, 미 2:2} 특히 물질에 대한 사랑이 하나님에 대한 사랑을 압도할 정도로 인간의 마음을 사로잡을 때에는 제1, 2계명이 깨어진다. 이처럼 이 계명은 해악스러운 행동을 유발하는 심층심리적 기제를 다룬다. 그래서 시편 기자는 입술의 말과 마음의 묵상이 주께 열납되기를 갈망하고 있다.^{시 19:14} 또 다른 시편 기자는 자신에게 무슨 악한 행위가 있는지 심장과 폐부를 시험해 달라고 요청한다.^{시 139:23-24}

십계명은 앞의 강해에서 잠깐씩 언급했듯이 더 급진적이고 내면

화된 해석을 거쳐 신약성경으로 이월되었다.^{마 5:17-48} 구약성경의 제
사법(레위기 1-16장과 민수기 일부), 의식법(식사법과 정결예식법), 시
민 행정법은 발전적으로 폐지되거나 그 정신만 신약성경으로 계승
되었다. 예수님이 율법을 완성하셨다는 로마서 10:4의 선언은 제사
법과 의식법 등 성전 관련 율법을 완성시켜 용도 폐기하셨음을 의미
한다. 더 구체적으로 제사법의 문자적 규정이 폐기되었다는 뜻이다.
예수님 자신이 하늘 성소에 자신의 몸을 영단번에 제물로 드려 구
약의 반복적 제사, 동물로 드리는 제사를 완성시켰다는 의미다. 일
부 구약 의식법은 전적으로 폐기되었다기보다는 신약 성도들의 삶
과 윤리로 발전되었고, 일부 구약의 시민 행정법은 현대의 국가 공
동체의 법으로 발전되었다. 하지만 십계명이 대표하는 도덕법은 하
나도 폐기되지 않았다. 구약성경 전체는 십계명을 중심으로 돌아가
는 책이라고 해도 과언이 아니다. 십계명이 무너지면 사회나 공동체
자체가 무너지게 되어 있다. 오늘날 한국교회 일각에서는 구약율법
은 이제 신약시대를 사는 성도들에게는 필요가 없어졌다고 생각하
는 이들이 많이 있다. 그러나 그것은 올바르지 못한 생각이다. 종교
개혁자 칼빈은 십계명을『기독교 강요』의 핵심 부분으로서, 참으로
구원받은 성도들이 힘써 지켜야 할 계명임을 역설한다. 로마서 7:6-
11에 나오는 일련의 말씀 때문에 신약의 성도들은 구약율법을 지킬
의무에서 풀려났다고 생각하고 십계명을 무시하는 사람들이 있는데
그것은 잘못된 생각이다. 기독교적 참 구원은 십계명을 지킬 수 있
는 능력을 얻었음을 의미한다. 성령 충만의 목적 가운데 하나가 신
약 성도들에게 율법의 요구가 이루어져 그리스도의 형상을 본받은
자가 되도록 하는 것(성화)이다. 예수 그리스도를 보라. 그분은 십계
명을 삶과 인격, 메시아 사역으로 완성하신 분이다. 메시아의 백성
들은 산상수훈^{마 5:21-48}이 말하는 수준으로 철저하고 급진적으로 십계

명을 준수하고 육화시킨 사람들이다. 따라서 성령의 권능에 덧입어 신약 성도들도 십계명의 참 정신을 깨달아야 한다. 십계명을 지키려고 분투하다 보면 이 계명을 주신 하나님 아버지의 마음을 알게 되고, 하나님 아버지께 복종하기 위하여 자신을 삶을 100퍼센트 드린 예수님의 마음과 연락하게 된다.

모세의 중재사역을 적극적으로 간청하는 이스라엘 ●5:22-33

5 ²² 여호와께서 이 모든 말씀을 산 위 불 가운데, 구름 가운데, 흑암 가운데에서 큰 음성으로 너희 총회에 이르신 후에 더 말씀하지 아니하시고 그것을 두 돌판에 써서 내게 주셨느니라. ²³ 산이 불에 타며 캄캄한 가운데에서 나오는 그 소리를 너희가 듣고 너희 지파의 수령과 장로들이 내게 나아와 ²⁴ 말하되 우리 하나님 여호와께서 그의 영광과 위엄을 우리에게 보이시매 불 가운데에서 나오는 음성을 우리가 들었고 하나님이 사람과 말씀하시되 그 사람이 생존하는 것을 오늘 우리가 보았나이다. ²⁵ 이제 우리가 죽을 까닭이 무엇이니이까. 이 큰 불이 우리를 삼킬 것이요 만일 우리가 우리 하나님 여호와의 음성을 다시 들으면 죽을 것이라. ²⁶ 육신을 가진 자로서 우리처럼 살아 계시는 하나님의 음성이 불 가운데에서 발함을 듣고 생존한 자가 누구니이까. ²⁷ 당신은 가까이 나아가서 우리 하나님 여호와께서 하시는 말씀을 다 듣고 우리 하나님 여호와께서 당신에게 이르시는 것을 다 우리에게 전하소서. 우리가 듣고 행하겠나이다 하였느니라. ²⁸ 여호와께서 너희가 내게 말할 때에 너희가 말하는 소리를 들으신지라. 여호와께서 내게 이르시되 이 백성이 네게 말하는 그 말소리를 내가 들은즉 그 말이 다 옳도다. ²⁹ 다만 그들이 항상 이같은 마음을 품어 나를 경외하며 내 모든 명령을 지켜서 그들과 그 자손이 영원히 복 받기를 원하노라. ³⁰ 가서 그들에게 각기 장막으로 돌아가라 이르고 ³¹ 너는 여기 내 곁에 서 있으라. 내가 모든 명령과 규례와 법도를 네게 이르리니 너는 그것을 그들에게 가르쳐서 내가 그들에게 기업으로 주는 땅에서 그들에게 이것을 행하게 하라 하셨나니 ³² 그런즉 너희 하나님 여호와께

서 너희에게 명령하신 대로 너희는 삼가 행하여 좌로나 우로나 치우치지 말고 33 너희 하나님 여호와께서 너희에게 명령하신 모든 도를 행하라. 그리하면 너희가 살 것이요 복이 너희에게 있을 것이며 너희가 차지한 땅에서 너희의 날이 길리라.

5:22-33은 4:32-40과 5:4-5에 대한 더 자세한 상황 보도다. 시내 산 불 가운데서 하나님의 음성을 들은 이스라엘의 수령과 지파의 우두머리들이 모세의 적극적인 중재사역을 요청하는 과정을 묘사하고 있다. 외경심을 불러일으키는 하나님의 시내산 현현은 이스라엘 백성들로 하여금 하나님의 명령을 준행할 것을 결단하도록 만든다. 29절에는 신명기에서는 아주 드문(구약성경 전체에서도 드문) 가정법이 등장한다. "오, 그들이 항상 이같은 자세로 나를 경외하며 나의 모든 명령을 지켜 그들과 그들의 후손이 영원히 복받기를!"

결국 하나님께서는 백성들이 모세에게 요청한 중재사역을 옳게 여겨 그들은 각각 자기 장막으로 돌아가게 하시고 모세는 하나님 곁에 서 있게 하신다. 중보자는 하나님 곁에 서서 백성들에게 전달되고 해설되고 적용되어야 할 말씀을 잘 듣고 배워야 한다. 27절은 중보자에게 기대되는 결정적인 덕목을 말한다. "당신은 가까이 나아가서 우리 하나님 여호와께서 하시는 말씀을 다 듣고 우리 하나님 여호와께서 당신에게 이르시는 것을 다 우리에게 전하소서. 우리가 듣고 행하겠나이다." 모세 같은 중보자는 일반 백성보다 하나님께 더 가까이 가서 하나님 말씀을 들어야 한다는 것이다. 중보자는 하나님께 더 가까이 가서 직접 듣고 전할 때 영적 권위가 확정된다. 하나님께 가까이 가서 들은 중보자의 말을 백성은 신뢰한다. "당신이 하나님께 더 가까이 듣고 와서 우리에게 가르치면 우리가 듣고 행하겠습니다"라고 말하는 이스라엘의 응답은 진정한 중보자가 청중에게 불러일으켜야 할 반응이다. 이런 중보자의 충실한 중보 행위를 통해 이스라엘 백성의 율법 준행 능력이 증대된다. 이스라엘 백성은 모세의 중보를 통해 터득하고 체득한 하나님 말씀을 토대로 살되, 가나안 땅에 들어가서 잘 살기 위해서는 좌우로 치우치지 않고 야웨의 명령만을 준행해야 한다. 가나안 땅에 들어가는 것은 하나님의 선물이자 구원의 일부이지만, 그 땅에서 오래 살고 그것을 즐기기 위해서는 이스라엘 백성이 도를 행해야 한다는 것이다. "너희 하나님께서 너희에게 명하신 모든 도를 행하라. 그리하면 너희가 삶을 얻고 복을 얻어서 너희의 얻은 땅에서 너희의 날이 장구하리라."

율법의 심장, 쉐마 ●6장

6 ¹ 이는 곧 너희의 하나님 여호와께서 너희에게 가르치라고 명하신 명령과 규례와 법도라. 너희가 건너가서 차지할 땅에서 행할 것이니 ² 곧 너와 네 아들과 네 손자들이 평생에 네 하나님 여호와를 경외하며 내가 너희에게 명한 그 모든 규례와 명령을 지키게 하기 위한 것이며 또 네 날을 장구하게 하기 위한 것이라. ³ 이스라엘아, 듣고 삼가 그것을 행하라. 그리하면 네가 복을 받고 네 조상들의 하나님 여호와께서 네게 허락하심 같이 젖과 꿀이 흐르는 땅에서 네가 크게 번성하리라. ⁴ 이스라엘아 들으라. 우리 하나님 여호와는 오직 유일한 여호와이시니 ⁵ 너는 마음을 다하고 뜻을 다하고 힘을 다하여 네 하나님 여호와를 사랑하라.

1) 율법의 심장이자 으뜸 계명인 쉐마 6:1-5

6장 이하에서는 이스라엘 백성이 가나안 땅에서 준행해야 할 명령과 규례와 법도가 더욱 구체적으로 소개된다. 6:1-2의 개역개정 번역은 히브리어 구문의 강조점을 다소 흐리고 있다. 개역개정은 두 절에 있는 히브리어 접속사 르마안(לְמַעַן, 하도록 하기 위하여)을 부각시키지 못하고 있다. 두 절 안에 있는 목적절을 부각시켜 히브리어 구문을 직역하는 것이 모세의 취지를 더 잘 살릴 수 있다. "이것은 너희의 하나님 야웨께서, 너희가 친히[아템(אַתֶּם)] 이제 지금 막 들어가 차지할 그 땅에서 행하도록 너희를 가르치라고 (내게) 명하신 명령과 규례와 법도들이다. 너희에게 가르치는 목적은 내가[아노키(אָנֹכִי), 모세 혹은 야웨] 네게 명하는 모든 규례와 명령을 (네가) 지킴으로써, 너와 네 아들과 네 아들의 아들이 네 모든 사는 날 동안 너희 하나님 야웨를 경외하도록 그리고 너의 날들이 장구해지도록 하기 위함이다." 결국 1-2절은 6장 이하의 계명이 가나안 땅에 가서 지켜야 할 것들임을 강조한다. 모세의 청중, 곧 출애굽 2세대가 잘 지키면 그 세대와 다음 세대도 하나님을 경외하게 될 것이며 그들은 가나안 땅을 오래 차지할 수 있게 될 것이다.

1-2절은 이스라엘이 가나안 땅에 들어가 그 땅을 차지할 것이 기정사실화된 상황에서, 가나안 땅에서 장구하게 살기 위해 야웨가 명한 규례와 법도를 지켜야 한다는 사실을 강조한다. 3절은 이스라엘 백성이 가나안 땅을 오래 차지하려면 그리고 그 땅에서 인구가 번성하고 강대한 공동체로 성장하려면 시내산 계약에 딸려 있는 법도, 규례, 명령을 지켜야 한다는 사실을 강조한다. 하나님께서 아브라함과 그 후손에게 주신 두 가지 위대한 약속(땅과 후손 번성)은 이제 일방적인 약속이 아니라 이스라엘이 일정한 조건을 충족시키지 않으면 안 되는 계약의 일부로 격상되었음을 강조한다. 가나안 땅을 차지하고 후손 번성을 이루는 것이 이스라엘에게 부과된 언약 조항이라는 것이다.

6:4-5은 '쉐마'(들으라)라고 불린다. "이스라엘아 들으라. 우리 하나님 여호와는 오직 유일한 여호와이시니." 첫 명령문[쉐마 이스라엘 아도나이 엘로헤누 아도나이 에하드(שְׁמַע יִשְׂרָאֵל יְהוָה אֱלֹהֵינוּ יְהוָה אֶחָד)]은 히브리어 성경(마소라 본문)에 쉐마의 마지막 자음인 아인(ע)과 에하

드의 마지막 자음인 달렛(ד)이 대문자로 굵게 인쇄되어 있다. 이 두 단어를 합해 읽으면 에드(עד, 증거)가 된다. 쉐마는 이스라엘의 근본 증언이라는 것이다. 이스라엘의 하나님은 야웨이며, 이스라엘에게는 야웨 하나님 한 분만 계시다는 신앙고백이다. 그런데 이 고백은 다른 세계 만민에게도 이스라엘 하나님 야웨만이 유일하신 참 하나님이라는 선교적 증언으로 승화된다.^{사 40-48장} 쉐마의 둘째 명령문은 미완료 시제로 표현된다. "너는 네 하나님 야웨를 네 온 마음으로 그리고 네 온 열망으로 그리고 네 온 힘으로 사랑하여라." 마음은 지성, 감정, 의지의 중추다. 시간과 재산, 인간관계, 미래 계획 등 가장 중요한 결정은 우리 마음에서 일어나는 활동이다. 우리의 최고 그리고 궁극적 관심이 모두 하나님의 뜻을 준행하고 그의 계명을 준수하는 데 있으라는 말이다. 개인의 내적 묵상, 가족관계, 사회생활 등 모든 영역은 하나님의 계명이 준수되어야 할 영역이다. 이 모든 영역에서 하나님 계명이 우리 마음을 선점해야 우리가 하나님을 더욱 잘 알고 사랑하게 되고 하나님의 마음과 연합되어 자유를 누리게 된다. 네페쉬(נֶפֶשׁ)는 열망, 욕망, 감정적 추구 행위를 가리킨다. 우리의 모든 욕망하고 갈망하는 힘으로 하나님을 사랑하라는 것이다. 하나님을 사랑하는 데 우리의 욕망과 열정을 최우선으로 소진하면 사람과 피조물에 쏟는 우리의 나머지 열정과 욕망은 건전해지고 승화된다. 힘은 우리가 가진 재산, 지위, 업적, 성취 등을 다해서 하나님을 사랑하라는 말이다. 느헤미야와 에스라는 그들의 벼슬자리를 이용해 하나님을 사랑했고, 에스더는 그의 아름다움과 황후의 지위를 이용해 하나님 사랑에 진력했다. 최우선 궁극 관심으로 하나님 사랑에 모든 귀한 것을 드린 사람은 광활한 자유를 누릴 수 있다. 하나님을 온 마음, 온 열망, 온 힘으로 사랑해 본 사람들이 남긴 유산이 바로 성경이다.

이처럼 쉐마는 신명기의 다른 모든 가르침의 중심축이 되는 으뜸 계명이면서 신구약 통틀어서 가장 으뜸되는 계명이다. 쉐마는 십계명의 서언과 제1, 2계명의 긍정적 요약이다. 쉐마 용어는 이것들뿐만 아니라 신명기 전체에 걸쳐서 울려 퍼지고 있다.6:12-15, 7:8-10, 16, 19, 8:11, 15, 19, 9:1, 10:12-13, 11:1, 13, 16, 18-22, 28, 13:2-5, 6, 10, 13, 18:9, 26:16-17, 29:26, 30:2, 6, 8, 10, 16-17 쉐마의 첫 고백문인 "우리 하나님 여호와는 한 분이시니"(엘로헤누 아도나이 에하드)라는 구절은 "여호와는 (복수의 신들이 아니라 한 분으로 존재하는) 하나이시다" 혹은 "오직 한 분(지역적으로 다른 하나님이 아니라) 여호와뿐이시다"로 번역될 수 있다. 전자의 경우 에하드가 보통은 '독특함'[러바드(לְבַד)]이라기보다는 일치, 단일성, 포괄성과 관계가 있다는 점에서 지지될 수 있는 해석이다. 반면 후자는 신명기가 이스라엘의 하나님에 대한 복수적인 표현이 아니라 야웨에 대한 유일신앙적 숭배에 관심을 가지고 있다는 점에서 역사적 논거에 의해 지지될 수 있다. 이 후자의 가능성은 네게브 지역의 쿤틸레트 아주르드Kuntillet Ajrud에서 발견된 기원전 8세기 히브리어 비명碑名들에서 나타나는 '사마리아의 야웨'와 '데만의 야웨'라는 언급에 의해 더욱 구체적으로 지지된다.7 이것은 고대 이스라엘 사람들이 하나님 야웨를 자신들의 지역과 관련시켜 불렀을 가능성을 강력하게 시사한다. 이렇게 보면 쉐마는 하나님 야웨는 지역을 초월하여 한 분 하나님임을 천명함으로써 지방 산당의 야웨 이름 남용을 금지하거나 경계하는 기능을 수행했을 것이다.

6 ⁶오늘 내가 네게 명하는 이 말씀을 너는 마음에 새기고 ⁷네 자녀에게 부지런히 가르치며 집에 앉았을 때에든지 길을 갈 때에든지 누워 있을 때에든지 일어날 때에든지 이 말씀을 강론할 것이며 ⁸너는 또 그것을 네 손목에 매어 기호를 삼으며 네 미간에 붙여 표로 삼고 ⁹또 네 집 문설주와 바깥 문에 기록할지니라. ¹⁰네 하나님 여호와께서 네 조상 아브라함과 이삭과 야곱을 향하여 네게 주리라 맹세하

신 땅으로 너를 들어가게 하시고 네가 건축하지 아니한 크고 아름다운 성읍을 얻게 하시며 11 네가 채우지 아니한 아름다운 물건이 가득한 집을 얻게 하시며 네가 파지 아니한 우물을 차지하게 하시며 네가 심지 아니한 포도원과 감람나무를 차지하게 하사 네게 배불리 먹게 하실 때에 12 너는 조심하여 너를 애굽 땅 종 되었던 집에서 인도하여 내신 여호와를 잊지 말고 13 네 하나님 여호와를 경외하며 그를 섬기며 그의 이름으로 맹세할 것이니라. 14 너희는 다른 신들 곧 네 사면에 있는 백성의 신들을 따르지 말라. 15 너희 중에 계신 너희의 하나님 여호와는 질투하시는 하나님이신즉 너희의 하나님 여호와께서 네게 진노하사 너를 지면에서 멸절시키실까 두려워하노라. 16 너희가 맛사에서 시험한 것 같이 너희의 하나님 여호와를 시험하지 말고 17 너희의 하나님 여호와께서 너희에게 명하신 명령과 증거와 규례를 삼가 지키며 18-19 여호와께서 보시기에 정직하고 선량한 일을 행하라. 그리하면 네가 복을 받고 그 땅에 들어가서 여호와께서 모든 대적을 네 앞에서 쫓아내시겠다고 네 조상들에게 맹세하신 아름다운 땅을 차지하리니 여호와의 말씀과 같으니라. 20 후일에 네 아들이 네게 묻기를 우리 하나님 여호와께서 명령하신 증거와 규례와 법도가 무슨 뜻이냐 하거든 21 너는 네 아들에게 이르기를 우리가 옛적에 애굽에서 바로의 종이 되었더니 여호와께서 권능의 손으로 우리를 애굽에서 인도하여 내셨나니 22 곧 여호와께서 우리의 목전에서 크고 두려운 이적과 기사를 애굽과 바로와 그의 온 집에 베푸시고 23 우리 조상들에게 맹세하신 땅을 우리에게 주어 들어가게 하시려고 우리를 거기서 인도하여 내시고 24 여호와께서 우리에게 이 모든 규례를 지키라 명령하셨으니 이는 우리가 우리 하나님 여호와를 경외하여 항상 복을 누리게 하기 위하심이며 또 여호와께서 우리를 오늘과 같이 살게 하려 하심이라. 25 우리가 그 명령하신 대로 이 모든 명령을 우리 하나님 여호와 앞에서 삼가 지키면 그것이 곧 우리의 의로움이니라 할지니라.

2) 이스라엘의 미래를 결정짓는 쉐마 교육의 긴급성과 우선성 ● 6:6-25

6:6-9은 쉐마 교육의 주체가 부모이며 그 현장이 가정임을 전제하

고 있다. 이스라엘이 하나님의 백성 공동체로 존립할 수 있느냐 없느냐는 후세대에게 쉐마를 각인시킬 수 있느냐 없느냐에 달려 있다. 어떻게 자녀세대에게 쉐마를 가르칠 수 있는가? 먼저 부모세대가 쉐마와 그것에 부속된 계명을 심장에 두어야 한다.[11:18, 30:14, 32:46] '심장에 둔다'는 말은 최우선 관심사로 삼으라는 뜻이다. 또한 율법의 논리와 그것을 준수해야 할 근거를 마음 깊이 이해하라는 말이다. 하나님 말씀을 마음속 깊은 곳으로부터 받아들여야 그것에 설복될 수 있기 때문이다. 둘째, 하나님의 율법을 마음에 새긴 부모세대는 이제 자녀에게 부지런히 가르쳐야 한다. 집 안에 있을 때, 누웠을 때, 일어날 때에라도 이스라엘 하나님은 나눠지지 않는 마음으로 사랑해야 할 한 분 하나님임을 강론해야 한다. 자녀들이 길을 갈 때에나 문설주와 바깥문을 통과하여 사회생활을 할 때에도 쉐마가 그들의 삶을 지배하도록 가르쳐야 한다. 쉐마의 말씀을 자녀들의 심장에 새겨 주어야 하며 손목의 표와 미간의 표로 부착시켜 주어야 한다. 손은 행동의 중추며 미간(두 눈 사이)은 판단과 사유 행위의 중추기관이다. 쉐마의 가르침을 제2의 본성으로 만들 수 있을 만큼 내면적으로 이해시키고 소화시키라는 것이다. 셋째, 쉐마의 말씀은 우리 자신의 몸의 일부가 될 뿐만 아니라 우리 가옥의 일부가 되어야 하며, 거주지와 도시 안에 부착되고 유지되어야 한다.[11:18-20 8] 유일하신 하나님에 대한 일편단심 사랑이 개인, 가정, 마을, 그리고 도시와 국가 전체를 보호하는 신적 징표가 된다.

6:10-19은 쉐마(긍정적 명령)[6:4-5]와 십계명[5:6-11]의 첫 세 계명(부정문으로 표현된 명령들)에 대한 자세한 해설과 권계적 강론을 제시하고 있다. 이 단락에서 하나님의 계명에 대한 복종은 하나님이 일방적으로 주신 구원의 선물(가나안 땅)을 계속 향유할 수 있게 만드는 필수조건이다. 율법에 대한 복종은 구원을 얻는 데는 무력하지만 은

혜로 주어진 구원을 심화시키고 유지하는 데 결정적으로 중요하다는 것이다.

10-16절에서는 이스라엘이 야웨에 의해 가나안 땅으로 인도된 후 그 땅을 향유하기 위해 부단하게 복종하도록 촉구받고 있는 데 비하여, 17-19절에서는 이스라엘 백성이 그 땅에 들어가기 위해 또한 먼저 복종해야만 함을 강조한다. "여호와 보시기에 정직하고 선량한 일을 행하라. 그리하면 네가 복을 받고⋯⋯아름다운 땅을 차지하리니."6:18-19 물론 이 경우에는 복종 그 자체가 구원을 창조하는 것은 아니다. 복종은 여기서도 하나님의 구원 선물을 누리기 위한 필요조건일 뿐이다. 하나님이 주신 땅에서 누리는 아름답고 영속적인 삶의 선물은 인간의 공로나 업적에 앞서 주신 하나님의 선행적 선물이면서 동시에 이스라엘이 으뜸 계명의 '말씀들'을 주의하고 지킬 때 주어진 상급이기도 한 것이다. 오랜 노예살이와 광야 방황을 경험한 이스라엘의 관점에서 볼 때 땅에 정착하여 사는 것은 지상에서 맛볼 수 있는 거의 궁극적인 구원이었을 것이다. 신명기에서는 '구원'이라는 말보다 '안식'이라는 말을 선호한다. 신약성경의 구원에 해당하는 말이 구약성경의 안식이다. 땅은 안식처요 보금자리요 손에 만져지는 구원이었다. 신명기가 상정하는 최고의 구원은 사방 대적으로부터 안전하게 보호된 땅에서 누리는 안정된 삶과 땅에서 나오는 선물들을 자유롭게 향유하는 것이다. 더 나아가 신명기가 그리는 영속적 구원은 부모세대가 '좋은 땅'에서 '좋은 삶'을 스스로 구현하여 후세대가 따라올 모범을 보여줌으로써 후세대도 '좋은 삶'을 계승하는 상황이다.5:16, 6:18, 28:11 그렇지 않은 다른 삶은 죽음이요 땅의 상실이다. 14-15절은 너무나 이르게도 벌써부터 가나안에 들어간 이스라엘이 사면 인근 족속들의 신을 따르다가 야웨 하나님의 질투를 촉발시켜 가나안 땅으로부터 멸절될 수 있는 최악의 시나리오

까지 언급한다. 맛사에서처럼 "야웨가 우리 가운데 계신가?"라는 가시 돋친 시험성 질문으로 야웨 하나님의 분노를 격발시키지 말고 야웨가 명하신 증거, 규례, 법도 준행에 전심전력을 다해야 한다.

6:20-25은 6-9절의 예상되는 결과를 전제하고 다시금 자녀들에 대한 토라 교육의 중요성을 강조한다.^{4:9-10, 6:7, 11:1-7, 19, 29:22-23, 31:13} 신명기는 자녀세대에 대한 교육적 관심으로 가득 차 있다.^{1:36, 39, 4:40, 5:9, 29,} ^{6:2} 이 단락에서는 자녀들이 시큰둥하고 냉담한 자세로 복잡하고 번거로워 보이는 하나님의 법도와 규례의 의미가 무엇인지 묻는 상황이 예기된다. 그럴 경우 부모세대는 하나님의 구원사를 자세하게 강론해야 하며 하나님의 율법과 규례가 하나님의 계약백성에게 수여된 자유인의 멍에임을 역설해야 한다. 이스라엘 백성은 하나님의 명령과 법도와 규례를 준행함으로서 계약백성의 의무, 곧 의를 성취시켜야 함을 가르쳐 주어야 한다는 것이다.^{6:25, 30:2} 자녀들의 질문과 답변 과정도 모세오경(더 나아가 구약성경) 같은 정경이 배태되는 데 기여했을 것이다. 특히 창세기의 족장 이야기와 출애굽기의 구원 드라마는 왜 이스라엘이 하나님의 언약백성이 되어 그의 멍에를 지게 되었는지를 자녀들에게 설명하는 후세대 교육용 구원사다.

가나안 정착 속에 담긴 잠재적 위험과 위협들

7-11장은 가나안 땅이 선물이면서 동시에 야웨에 대한 이스라엘의 일편단심을 와해시키는 유혹의 원천이 됨을 말한다. 7장은 가나안 정착생활이 초래할 영적 위기를 미리 내다보고 강력하게 경고하는 설교로 이루어져 있다. 모세는 광야 시대의 배교와 불순종의 기억을 회상시킴으로써 가나안 정착생활이 안고 있는 잠재적 위험성을 예리하게 지적한다. 8장의 40년 광야 시절에 대한 회고는 입고 먹고

마시는 일차원적 욕구 충족보다 하나님의 입에서 떨어지는 말씀에 대한 순종이 이스라엘의 존립에 훨씬 더 중요한 변수가 됨을 실증한다. 광야는 하나님께 의존하며 사는 길이야말로 가나안 주류문화에 흡수당하지 않는 영적 자주성의 근거가 됨을 가르쳐 준다. 9장은 이스라엘 민족의 가나안 땅 정복의 신학적 근거를 재차 천명한다. 신명기는 이스라엘의 땅 정복에 담긴 하나님의 구원 의지를 강조하는 만큼이나 이스라엘의 땅 상실 가능성을 처음부터 시사하고 있다. 이런 점에서 신명기는 땅 정복 이데올로기를 현양하지 않고 땅 정복의 신학을 제시한다. 9:6-10:11은 이스라엘 민족의 배교와 반역의 역사를 고통스럽게 회상함으로써 이스라엘의 땅 정복이 이스라엘 백성의 의로움에 대한 선물이 아님을 강조한다. 오히려 이스라엘은 모세의 중보기도가 아니었으면 전멸될 위기에 놓였었음을 상기시킨다. 10:12-11:32은 이스라엘이 가나안 땅에 들어가서 그 아름답고 광대한 땅을 영속적으로 향유하기 위해 준행해야 할 규례와 법도, 계명과 명령을 또 한 번 총괄적으로 요약한다.

선택과 계약 전승에 대한 비판적 성찰 ●7장

7 ¹ 네 하나님 여호와께서 너를 인도하사 네가 가서 차지할 땅으로 들이시고 네 앞에서 여러 민족 헷 족속과 기르가스 족속과 아모리 족속과 가나안 족속과 브리스 족속과 히위 족속과 여부스 족속 곧 너보다 많고 힘이 센 일곱 족속을 쫓아내실 때에 ² 네 하나님 여호와께서 그들을 네게 넘겨 네게 치게 하시리니 그 때에 너는 그들을 진멸할 것이라. 그들과 어떤 언약도 하지 말 것이요 그들을 불쌍히 여기지도 말 것이며 ³ 또 그들과 혼인하지도 말지니 네 딸을 그들의 아들에게 주지 말 것이요 그들의 딸도 네 며느리로 삼지 말 것은 ⁴ 그가 네 아들을 유혹하여 그가 여호와를 떠나고 다른 신들을 섬기게 하므로 여호와께서 너희에게 진노하사 갑자기 너희를 멸

하실 것임이니라. ⁵ 오직 너희가 그들에게 행할 것은 이러하니 그들의 제단을 헐며 주상을 깨뜨리며 아세라 목상을 찍으며 조각한 우상들을 불사를 것이니라. ⁶ 너는 여호와 네 하나님의 성민이라. 네 하나님 여호와께서 지상 만민 중에서 너를 자기 기업의 백성으로 택하셨나니 ⁷ 여호와께서 너희를 기뻐하시고 너희를 택하심은 너희가 다른 민족보다 수효가 많기 때문이 아니니라. 너희는 오히려 모든 민족 중에 가장 적으니라. ⁸ 여호와께서 다만 너희를 사랑하심으로 말미암아, 또는 너희의 조상들에게 하신 맹세를 지키려 하심으로 말미암아 자기의 권능의 손으로 너희를 인도하여 내시되 너희를 그 종 되었던 집에서 애굽 왕 바로의 손에서 속량하셨나니 ⁹ 그런즉 너는 알라. 오직 네 하나님 여호와는 하나님이시요 신실하신 하나님이시라. 그를 사랑하고 그의 계명을 지키는 자에게는 천 대까지 그의 언약을 이행하시며 인애를 베푸시되 ¹⁰ 그를 미워하는 자에게는 당장에 보응하여 멸하시나니 여호와는 자기를 미워하는 자에게 지체하지 아니하시고 당장에 그에게 보응하시느니라. ¹¹ 그런즉 너는 오늘 내가 네게 명하는 명령과 규례와 법도를 지켜 행할지니라. ¹² 너희가 이 모든 법도를 듣고 지켜 행하면 네 하나님 여호와께서 네 조상들에게 맹세하신 언약을 지켜 네게 인애를 베푸실 것이라. ¹³ 곧 너를 사랑하시고 복을 주사 너를 번성하게 하시되 네게 주리라고 네 조상들에게 맹세하신 땅에서 네 소생에게 은혜를 베푸시며 네 토지 소산과 곡식과 포도주와 기름을 풍성하게 하시고 네 소와 양을 번식하게 하시리니 ¹⁴ 네가 복을 받음이 만민보다 훨씬 더하여 너희 중의 남녀와 너희의 짐승의 암수에 생육하지 못함이 없을 것이며 ¹⁵ 여호와께서 또 모든 질병을 네게서 멀리 하사 너희가 아는 애굽의 악질에 걸리지 않게 하시고 너를 미워하는 모든 자에게 걸리게 하실 것이라. ¹⁶ 네 하나님 여호와께서 네게 넘겨주신 모든 민족을 네 눈이 긍휼히 여기지 말고 진멸하며 그들의 신을 섬기지 말라. 그것이 네게 올무가 되리라. ¹⁷ 네가 혹시 심중에 이르기를 이 민족들이 나보다 많으니 내가 어찌 그를 쫓아낼 수 있으리요 하리라마는 ¹⁸ 그들을 두려워하지 말고 네 하나님 여호와께서 바로와 온 애굽에 행하신 것을 잘 기억하되 ¹⁹ 네 하나님 여호와께서 너를 인도하여 내실 때에 네가 본 큰 시험과 이적과 기사와 강한 손과 편 팔을 기억하라. 네 하나님 여호와께서 네가 두려워하는 모든 민족에게 그와 같이 행하실 것이요 ²⁰네 하나님 여호와께서 또 왕벌을 그들 중에 보내어 그들의 남은 자와 너를 피하여 숨은 자를 멸하시리니 ²¹너는 그들을 두려워하지 말라. 너희의 하나님 여호와 곧 크고 두려운 하나님이 너희 중에 계심이니라. ²²네 하나님 여호와께서 이 민족들을 네 앞에서 조금씩 쫓아내시리니 너는 그들을 급히 멸하지 말라. 들짐승이 번성하여 너를 해할까 하노라. ²³네 하나님 여호와께서 그들을 네게 넘기시고 그들을 크게 혼란하게 하여 마침내 진멸하시고 ²⁴그들의 왕들을 네 손에 넘기시리니 너는 그들의 이름을 천하에서 제하여 버리라. 너를 당할 자가 없이 네가 마침내 그들을 진멸하리라. ²⁵너는 그들이 조각한 신상들을 불사르고 그것에 입힌 은이나 금을 탐내지 말며 취하지 말라. 네가 그것으로 말미암아 올무에 걸릴까 하노니 이는 네 하나님 여호와께서 가증히 여기시는 것임이니라. ²⁶너는 가증한 것을 네 집에 들이지 말라. 너도 그것과 같이 진멸 당할까 하노라. 너는 그것을 멀리하며 심히 미워하라. 그것은 진멸 당할 것임이니라.

신명기 7장은 하나님께 배타적으로 소속된 거룩한 백성으로 살아가야 할 이스라엘이 치를 대가를 기술한다. 거룩한 백성은 주변의 이방문화와 창조적 거리감을 유지해야 한다. 이스라엘은 족장들에게 주신 하나님의 약속을 '믿고' 땅을 정복해야 하고 그 땅의 민족을 멸망시켜야 한다. 가나안 토착족속과는 혼인을 포함해 어떤 언약도 맺지 말아야 한다. 그들(특히 가나안 며느리들)이 이스라엘의 아들들을 유혹해 다른 신들을 섬기게 하여 야웨 하나님의 질투를 촉발시킬 것이기 때문이다. 야웨 하나님의 질투는 이스라엘을 갑자기 가나안 땅에서 진멸시키는 파괴적 질투다. 이스라엘은 그들의 제단을 헐며 다른 신들의 우상(형상)을 불살라야 한다. '다른 신들'은 야웨 하나님의 공의롭고 거룩한 성품과는 정반대의 특징을 갖는 신들로서, 이스라엘 자유민들의 사회를 기초부터 허물어뜨리는 언약 파기적인 신이다. 이스라엘이 가나안 땅에 들어가 그 땅의 원주민은 물론이며 그 신들에게 바쳐진 제단과 신의 형상을 철저히 파멸시켜야 하는 이유는, 이스라엘이 하나님께 순결하고 전적으로 충성스러운 상태(거룩한 백성의 정체성)로 자신을 보존해야 하기 때문이다. 멸절되어야 할 이방민족들은 이스라엘의 영적 순결성을 해칠 잠재적인 배교 사주세력으로 간주된다. 그러나 이런 논리는 모든 종류의 국수적이고 오만한 오해를 낳을 수 있기에 '다른 신들'이 무엇을 가리키는지를 규명하는 데 신중을 기해야 한다. 백인이 인디언 종교와 제단을 마구 파괴하고 학살해도 된다는 말로 이해되어서도 안 되고, 불교 사찰에 가서 불상을 훼손하고 승려를 공격해도 된다는 말로 해석되어서도 안 된다. '다른 신들'은 야웨 하나님의 공평, 의, 자비 등을 부정하고 야웨가 설계하시는 이상사회를 훼파하는 신들이다. 인류의 양심과 이성, 합리성과 도덕성을 파괴하는 데 앞장서는 반인륜적 신들이다. 모세는 이스라엘이 야웨 하나님의 특별 선택민족이요 특별 계약백성이라는 사실이 이스라엘 자손으로 하여금 그들이 타민족보다 강하고 우월하다고 착각할 가능성을 열어 주어서는 안 된다는 사실을 강조한다. 7-11절에서 이런 오해의 가능성은 신명기의 자기비판적 선택 신앙에 의하여 거의 완벽하게 차단된다.

7절은 이스라엘 선민사상의 진수를 보여준다. 이스라엘을 선택하신 하나님의 선택은 이스라엘의 내적 자질과 미덕이나 매력, 인간적 위대성에 터하지 않는다. 오히려 "그의 사랑을 두시사"[하샤크(חָשַׁק)]라는 표현은 하나님의 이스라엘에 대한 비타산적인 사랑 의지를 잘 설명한다.^{창 34:8, 신 21:11} 이 단어는 보통 남녀 간의 성애를 묘사하는 데 사용된다. 야웨의 사랑의 몰두가 이스라엘의 매력에 의해 촉발된 것이 아니라 순전히 일방적인 자유의지의 분출 결과라는 것이다. 이스라엘의 육체적 외모와 본성적 성향 속에는 하나님으로부터 강력한 사랑의 욕망을 불러일으키는 어떤 요소도 없기 때문이다.

그렇다면 하나님께서 이스라엘을 선택하신 이유는 무엇인가? 두 가지 이유 때문이다. 한 가지 이유로는 "야웨께서 (아무 조건 없이) 너희를 사랑하셨다"는 것이다. 이 사랑[아헤브(אָהֵב)]은 하나님의 전적 자유의지의 소산이다. 이스라엘을 향한 하나님의 일방적이고 주도적인 사랑만 강렬하게 부각된다. 두 번째 이유는 하나님 자신이 스스로 제시한 약속에 속박되어 있다는 사실이다. 아브라함을 부르셨을 때 야웨께서는 땅과 후손을 주시겠다고 맹세하셨다. 그래서 '땅'은 신실하여 스스로 맹세를 지키시는 야웨의 일관된 일편단심으로부터 비롯된 선물이다. 하나님은 이스라엘에게 마음과 뜻과 힘을 다하여 일편단심의 사랑을 베푸시는 것이다. 바로 이러한 근거에 입각하여 하나님은 이스라엘에게도 신앙[7:9-10]과 삶[7:11] 두 영역 모두에서 일편단심의 사랑, 전심의 충성을 요구하시는 것이다.

이처럼 하나님의 일방적인 계약적 사랑 때문에 이스라엘은 세계 열방 가운데서 하나님께 특별하게 소유된 백성이 된 것이다. 어떤 의미에서 모든 민족이 야웨께 속하였지만, 이스라엘은 특별한 의미로 야웨께 속한 특별한 보화[쉬굴라(סְגֻלָּה)]다.[출 19:5-6] 히브리어 쉬굴라는 금은과 같은 보물 혹은 매우 소중한 재산을 가리키는 전문 경제용어다. 하나님의 특별한 소유가 된다는 것은 야웨를 섬기기 위해 다른 모든 민족들로부터 따로 떼어져서 야웨께 거룩해지는 것을 의미한다('제사장들의 왕국'과 비교).[출 19:5-6] 다른 열국들과는 달리, 이스라엘은 열국을 대신해서 하나님과 거룩한 관계를 유지하면서 야웨를 섬겨야 한다. 이를 위해서 그들 스스로를 온전히 하나님께만 속한 백성으로 드려야 하고, 다른 모든 충성의 대상들로부터 자신을 분리시켜 오직 야웨의 의와 공도를 세상에 밝히 드러내야 한다.[창 18:19] 만일 의와 공도를 드러내는 데 실패하면 이스라엘이 누리는 보배로서의 특별한 지위가 끝날 것이다. 특별히 7-11절은 이스라엘의 특별한 지위의 근거로서 제시되었을 수도 있는 거짓된 관념을 부정한다. 이스라엘이 강성하고 번성한 민족이기 때문에 선택된 것이 아니라 정반대이기 때문에 선택되었다는 것이다.

9-10절은 제2계명의 용어와 표현을 사용해 하나님의 계약적 신실성을 다시 한 번 강조한다. 야웨께서는 당신의 신실성에 응답하여 계약을 지키는 사람에게는 변함없이 계약적 사랑과 의무를 지키시겠지만, 동시에 하나님을 미워하는 자, 곧 계명을 지키지 않는 자에게는 보응하실 것이다. 이스라엘의 (잠재적) 불순종과 야웨를 미워하는 행동은 세상 가운데 신실한 공동체와 의로운 삶의 도를 창조하시려는 하나님의 의도를 좌절시키기 때문이다. 하나님을 미워하는 자는 공의롭고 정의로우며 자비로운 공동체의 출현을 미워하는 자요 좌절시키는 자다. 하나님을 미워하는 일은 의와 공도가 가득 찬 세상을 만들려고 주신 하나님의 율법을 미워하는 자다. 반면에 하나님을 사랑하는 자는 하나님의 거룩하고 공의로운 성품을 즐거워하며 하나님이 건설하시려는 의와 공도의 공동체, 곧 하나님을 아는 지식이 상식이 되는 세상을 즐거워하고 기뻐한다. 하나님을 사랑하는 자는 하나님이 주신 근본 율법을 존귀하게 여기고 사랑한다. 하나님을 사랑하는 자들은 마음, 뜻, 힘을 다해 하나님을 사랑하라는 요구를 받고 즐거워한다.

이때 자연스럽게 하나의 질문이 떠오른다. 과연 이스라엘은 하나님을 사랑하는 일에 무한한 진보를 보일까? 아니면 하나님을 격분케 하는 불순종의 길로 일탈할까? 여기서는 적어도 긍정적인 기대가 더 우세하다. 그래서 계약적인 의무를 지키시는 야웨의 신실함은 천대까지 미친다는 사실이 부각된다. 이스라엘이 신실하게 응답할 때 모든 기대를 초월한 풍성한 생명의 기회가 제공된다.7:12-16 이스라엘 자손이 이 모든 법도를 듣고 지켜 행하면 이스라엘의 하나님 야웨께서 그들의 조상에게 맹세하신 언약을 지켜 후손인 이스라엘 백성에게 인애를 베푸실 것이다.[7:12, 28:1-14] 인애는 바벨론 귀환 포로들에게 가장 중요하게 부각된 술어였는데, 바벨론 포로들의 가나안 고토 귀환은 하나님이 조상들에게 베푸신 맹세적 언약에 대한 의리 때문에 실현된 일이었다. 이스라엘이 으뜸 계명인 십계명과 쉐마를 잘 지키면 야웨께서 이스라엘을 사랑하시고 복을 주실 것이다. 조상들에게 주겠다고 맹세하신 가나안 땅에서 많은 후손을 낳게 될 것이고 토지소산과 곡식과 포도주와 기름을 풍성하게 수확할 것이며 소와 양 등 가축도 크게 번식시켜 주실 것이다. 가나안 땅에서 이스라엘이 받을 복은 만민이 누리는 복보다 훨씬 더 많고 클 것이다. 인구와 가축 모두 놀라운 생육의 번성을 누리게 될 것이다. 뿐만 아니라 모든 질병을 이스라엘에게서 멀리 떠나게 하실 것인데 특히 이스라엘이 두려워하는 애굽발 악질에 걸리지 않게 하실 것이다. 이스라엘을 미워하는 모든 자에게 이 악질이 걸리게 하실 것이다.

따라서 이스라엘은 이제 가나안 땅 진입을 두려워하지 말고, 야웨께서 이미 정복하도록 넘겨주신 모든 가나안 토착족속을 긍휼히 여기지 말고 진멸하며 그들의 신을 섬기지 말아야 한다. 가나안 토착민족과 그들의 신이 남겨지게 되면 그것은 이스라엘에게 올무가 되어 이스라엘의 정체성을 파괴하고 왜곡할 것이다. 이 가차 없는 가나안 토착족속 진멸은 아무리 잘 읽어도 선하시고 의로우시고 공평하신 하나님의 입에서 나온 계명으로 들리지 않고 납득되지도 않는다. 이것은 윤리적이지도 않고 도덕적이지도 않다. 그러나 이 잔혹해 보이는 명령은 단 한 가지 조건에서만 겨우 이해가 된다. 가나안 토착족속과 이스라엘 사이에는 도저히 평화로운 공존이 불가능하다. 가나안 토착종교와 문화는 타락한 인간의 본성에서 우러난 것이기에 하나님의 율법과 계명대로 살아가야 할 이스라엘의 정체성을 근원적으로 부정하고 파괴할 것이기 때문이다. 이스라엘이 가나안 주변 토착족속을 영적으로나 도덕적으로 감화감동시킬 수 있다면 16절과 같은 잔혹한 명령을 하나님이 내리실 수는 없다. 이스라엘과 가나안 토착족속은 사느냐 죽느냐의 외나무다리 전쟁터에서 만난 셈이다. 하나님은 당신의 명예(의롭고 공평하신 하나님)가 의심당할 수 있었음에도 불구하고 이런 잔혹한 명령을 내리실 수밖에 없었다. 이스라엘의 생존 자체가 온 세상 만민을 향하신 하나님의 궁극적 사랑과 공의를 드러낼 기회를 제공할 것을 믿고 하나님은 가나안 토착족속의 심판 진멸을 단행하신다.[9] 가나안 토착족속의 죄악이 가나안 땅 전체에 관영했기에 거룩하신 하나님은 그들을 가차 없이 심판하셔야 했고 이스라엘은 이 신적 심판의 대리자가 되었다.[10]

7:17-26은 하나님이 가나안 정복전쟁의 향도가 되고 총사령관이 되실 것을 확신시키는 강화다. 이 단락은 가나안 토착족속의 위세에 눌려 가나안 정복에 미온적인 이스라엘 자손의 속마음을 탐지하신 하나님의 가나안 정복 전략을 말해 준다. 첫째, 하나님은 출애굽 구원 전쟁에 호소하신다. 이스라엘은 야웨께서 바로와 온 애굽에 행하신 것을 잘 기억하되 야웨 하나님이 일으키신 큰 시험[함마소트 학거돌로트(הַמַּסֹּת הַגְּדֹלֹת)]과[11] 이적과 기사와 강한 손과 편 팔을 기억해야 한다. 하나님은 지금 이스라엘이 두려워하는 모든 민족에게도 시험과 이적과 기사와 강한 손과 편 팔로 임하실 것이다. 둘째, 왕벌[하치르아(הַצִּרְעָה)]이라고 불리는 특별 분견대(천사적 군대 혹은 이스라엘의 특별 군대)를[12] 그들 중에 급파해 가나안 토착족속 중 남은 자와 이스라엘을 피해 숨은 자를 멸하실 것이다. 이스라엘은 그들의 하나님 야웨, 곧 크고 두려운 하나님이 그들 중에 계심을 믿고 두려워하지 말아야 한다. 크고 두려운 하나님과 함께 동행함으로써 적들에 대한 두려움을 상쇄시키라는 것이다. 모세는 지금 가장 위대하고 두려운 하나

님과 동행하면서 훨씬 열등한 적들을 두려워하는 것이 얼마나 비합리적인지를 강조하는 셈이다.

셋째, 하나님은 특별 심리전을 기획하고 수행하실 것이다. 이스라엘의 하나님 야웨께서 가나안 토착족속을 이스라엘에게 넘기시려고 그들을 미리 크게 혼란하게 하여 마침내 진멸하실 것이다. 그래서 이스라엘은 실제 전투로 이기기보다는 심리전으로 이겨 약해진 가나안 토착족속을 패퇴시킬 것이다. 넷째, 야웨 하나님은 무엇보다도 가나안의 왕들을 이스라엘의 손에 넘겨 그들의 이름을 천하에서 제하여 버리실 것이다. 이 과정에서 이스라엘은 가나안 토착족속을 진멸하기까지 천하무적이 될 것이다. 이스라엘은 그들이 조각한 신상을 불사르고 그것에 입힌 은이나 금을 탐내지 말며 취하지 말아야 한다. 그 신상들에 붙은 금과 은이 올무가 될 수도 있다. 우상에 덧입혀졌던 금과 은은 야웨 하나님께서 가증히 여기시는 것이다. 따라서 이스라엘은 이 가증한 것을 집에 들여 그것과 함께 진멸당하는 재앙을 초래하지 말아야 한다. 이스라엘은 가나안의 우상들에게 덧입혀졌던 금과 은을 멀리하며 심히 미워해야 한다. 마지막으로 하나님 야웨께서 이 가나안 토착민족을 이스라엘 앞에서 조금씩 쫓아내실 것인데, 그 이유는 그들을 급히 멸하다가 들짐승이 번성하여 이스라엘을 해칠 수 있기 때문이다.

광야 40년의 의미: 순종을 익히는 광야학교 시절 회고 ●8장

8 ¹ 내가 오늘 명하는 모든 명령을 너희는 지켜 행하라. 그리하면 너희가 살고 번성하고 여호와께서 너희의 조상들에게 맹세하신 땅에 들어가서 그것을 차지하리라. ² 네 하나님 여호와께서 이 사십 년 동안에 네게 광야 길을 걷게 하신 것을 기억하라. 이는 너를 낮추시며 너를 시험하사 네 마음이 어떠한지 그 명령을 지

키는지 지키지 않는지 알려 하심이라. ³너를 낮추시며 너를 주리게 하시며 또 너도 알지 못하며 네 조상들도 알지 못하던 만나를 네게 먹이신 것은 사람이 떡으로만 사는 것이 아니요 여호와의 입에서 나오는 모든 말씀으로 사는 줄을 네가 알게 하려 하심이니라. ⁴이 사십 년 동안에 네 의복이 해어지지 아니하였고 네 발이 부르트지 아니하였느니라. ⁵너는 사람이 그 아들을 징계함 같이 네 하나님 여호와께서 너를 징계하시는 줄 마음에 생각하고 ⁶네 하나님 여호와의 명령을 지켜 그의 길을 따라가며 그를 경외할지니라. ⁷네 하나님 여호와께서 너를 아름다운 땅에 이르게 하시나니 그 곳은 골짜기든지 산지든지 시내와 분천과 샘이 흐르고 ⁸밀과 보리의 소산지요 포도와 무화과와 석류와 감람나무와 꿀의 소산지라. ⁹네가 먹을 것에 모자람이 없고 네게 아무 부족함이 없는 땅이며 그 땅의 돌은 철이요 산에서는 동을 캘 것이라. ¹⁰네가 먹어서 배부르고 네 하나님 여호와께서 옥토를 네게 주셨음으로 말미암아 그를 찬송하리라. ¹¹내가 오늘 네게 명하는 여호와의 명령과 법도와 규례를 지키지 아니하고 네 하나님 여호와를 잊어버리지 않도록 삼갈지어다. ¹²네가 먹어서 배부르고 아름다운 집을 짓고 거주하게 되며 ¹³또 네 소와 양이 번성하며 네 은금이 증식되며 네 소유가 다 풍부하게 될 때에 ¹⁴네 마음이 교만하여 네 하나님 여호와를 잊어버릴까 염려하노라. 여호와는 너를 애굽 땅 종 되었던 집에서 이끌어 내시고 ¹⁵너를 인도하여 그 광대하고 위험한 광야 곧 불뱀과 전갈이 있고 물이 없는 간조한 땅을 지나게 하셨으며 또 너를 위하여 단단한 반석에서 물을 내셨으며 ¹⁶네 조상들도 알지 못하던 만나를 광야에서 네게 먹이셨나니 이는 다 너를 낮추시며 너를 시험하사 마침내 네게 복을 주려 하심이었느니라. ¹⁷그러나 네가 마음에 이르기를 내 능력과 내 손의 힘으로 내가 이 재물을 얻었다 말할 것이라. ¹⁸네 하나님 여호와를 기억하라. 그가 네게 재물 얻을 능력을 주셨음이라. 이같이 하심은 네 조상들에게 맹세하신 언약을 오늘과 같이 이루려 하심이니라. ¹⁹네가 만일 네 하나님 여호와를 잊어버리고 다른 신들을 따라 그들을 섬기며 그들에게 절하면 내가 너희에게 증거하노니 너희가 반드시 멸망할 것이라. ²⁰여호와께서 너희 앞에서 멸망시키신 민족들 같이 너희도 멸망하리니 이는 너희가 너희의 하나님 여호와의 소리를 청종하지 아니함이니라.

8장은 '오늘' 모세를 통해 전달된 하나님의 모든 명령을 지켜 행하라는 호소력 넘치는 명령으로 시작한다. 하나님의 모든 명령을 지킬 때 이스라엘은 살고 번성하며 가나안을 차지할 수 있다. 2-6절은 광야 경험은 시험과 징계를 통한 연단의 시간이자 가르침과 훈계의 시간이었다고 말한다. 이렇게 아름다운 젖과 꿀이 흐르는 땅으로 이스라엘을 인도해 오신 하나님의 40년 사랑의 수고를 기억해야 한다는 것이다. 이스라엘은 지난 광야 시절의 하나님의 총체적인 은총을 망각하지 않고 번영의 시대에도 계명을 따라 사는 일에서 추호도 이탈해서는 안 된다. 전체적으로 8장은 번성과 풍요 때문에 이스라엘 백성이 오만해질 위험성을 경고하며 또한 이럴 때일수록 다른 어떤 신도 섬기지 말고 오직 하나님만 전심으로 사랑하라고 요구한다.

2절은 광야 시절의 교육적 의의를 말한다. 그것은 이스라엘이 정말 가슴속에서 하나님을 신뢰하고 하나님께 순종하는지를 확인하기 위한 시험 기간이었다. 이 하나님의 거룩한 훈육법은 백성들을 낮추고 인간이 의지할 수 있는 정상적인 자원을 빼앗아 버린 후 그들을 극단적인 곤경 가운데[11:1-7] 던져 넣으심으로써 추진된다. 모든 삶의 조건을 궁벽하게 만들어 하나님을 의존케 하는 훈련, 그리고 때마다 공급되는 하나님의 총체적 돌보심을 믿고 매일매일 하나님을 신뢰하고 의존하는 연습을 시키신 기간이었다. 이 의존은 인간 주체성을 빼앗고 노예적으로 예속되게 하는 것이 아니라 인간의 주체성과 자유를 살리는 의존이다. 하나님께 의존해야 인간은 환경에 굴복하지 않고 주체적으로 극복할 수 있는 힘을 얻는다. 하나님께 의존하는 자만이 국가, 기업, 종교 권력 등 허무한 피조물들에 대한 의존에서 자유롭다. 이스라엘이 하나님께 의존하는 연습을 해야만 주변 강대국을 의존하려는 우상숭배적 경향으로부터 자유로울 수 있다.

광야라는 총체적으로 열악한 환경 가운데서 그들은 자신의 자원으로 살아날 수 없다는 것을 배우고 그들의 모든 필요를 공급하시는 하나님의 능력과 의향을 배워 영접한 이스라엘은 가나안 토착족속의 지배력과 영향력으로부터 자유로울 수 있다. 이 의존과 신뢰 훈련은 하나님의 부성적 돌봄을 빗대어 표현하는 비유에 의해 그 의미가 잘 드러난다. 1:31(이스라엘을 자상하게 돌보시는 아버지 이미지)과는 달리 8:5에서 하나님은 훈계적 연단에 몰두하는 아버지 이미지로 표상된다.^{호 2:14-15} 광야는 징계와 초달의 시간이었다. 어린 아들 이스라엘이 아버지의 마음을 이해하고 공감하도록 하나님은 초달을 거두지 않으시고 광야의 이스라엘을 하나님 자녀답게 살도록 거세게 담금질하셨다.

8:3은 하나님의 광야교육 목표를 더욱 분명하게 진술한다. "야웨께서는 사람이 오직 빵만으로 살 수 없고 야웨께서 명하시는 어떤 것을 먹고 산다는 것을 너희가 깨닫도록 하기 위하여 너희를 굶주리게 하신 후 너희와 너희 조상들도 알지 못했던 만나를 먹이심으로써 너희를 낮추셨다." 이 낮추심의 목적, 매일 만나를 거두러 가는 훈련의 목적은 단 한 가지다. "사람이 떡으로만 사는 것이 아니요 여호와의 입에서 나오는 모든 말씀으로 사는 줄을 네가 알게 하려 하심이니라." 여기에 인간 창조의 비밀이 들어 있다. 인간은 하나님의 입에서 나온 숨결, 호흡으로 생령이 되었다. 이 구절은 창세기 2:7을 생각나게 한다. 하나님의 입에서 나오는 모든 것은 하나님의 숨결이요 그 숨결이 담긴 하나님의 말씀이다("내가 너희에게 이른 말은 영이요 생명이라").^{요 6:63} 하나님의 모든 계명, 명령, 증거, 규례, 법도에는 하나님의 영이 깃들어 있다. 하나님 말씀은 하나님의 영을 매개하는 매개체다. 따라서 하나님의 입에서 나오는 모든 것은 흙덩이 아담을 생령으로 일으켜 세우는 강력한 영이다. 8:3의 마지막 소절은 예수님께서 시험받으실 때 마귀의 궤계를 격파하기 위해 인용하신 구

절이다.마 4:4, 눅 4:4 신명기 문맥에서 볼 때 "야웨의 입에서 나오는 모든 것"은 만나와 계명 둘 다를 포함한다. 여기서 문제가 되는 것은 물질적인 음식이냐 영적인 음식이냐의 문제가 아니라, 자신에 대한 신뢰냐 야웨의 공급하심에 대한 신뢰와 복종이냐의 문제다.[13] 광야에서 굶주릴 때 이스라엘은 하나님의 선물인 만나를 먹고 생명을 유지했듯이, 가나안 땅에 들어가서도 하나님이 공급하시는 양식과 호흡(숨결)을 먹고 살아가야 한다는 것이다. 신명기는 물론 구약성경 전체를 통하여 이스라엘은 하나님의 거룩한 가르침인 계명들을 지킴으로써4:1, 5:16, 8:1, 19, 11:13-17, 30:15-20, 레 18:5 "살 수 있는 존재다." 성경에서 '살다'는 하나님과 동행하며 산다는 것을 의미하지 단순히 생물학적 연명 혹은 호흡 유지를 의미하지 않는다. 인간은 하나님과의 인격적 교제와 사랑 속에서 참된 의미로 살 수 있는 존재다.

요한복음 6장은 다시금 8:3을 자세하게 해설한다. 만나는 유대인들이 예수님에게 자주 요구했던 "하늘로서 오는 표적"의 대표였다.마 12:38, 16:1-4 요한복음 6:22-63은 디베랴 바다 건너편 산기슭에서 행하신 오병이어 표적과 그것의 의미를 해설한다. 유대 군중들은 오병이어의 표적을 베푸는 예수를 붙들어 억지로 임금 삼으려고 했으나 그분은 홀로 산으로 피신하셨다.요 6:15 그들은 이 오병이어의 표적이 예수가 하늘에서 내려온 '살리는 떡'임을 계시하는 것을 깨닫지 못하고 자신들의 물리적 허기를 해결해 준 유능한 정치경제적 해결사로 축소시켜 이해했다. 그들이 예수를 찾은 것은 표적을 본 까닭이 아니요 떡을 먹고 배부른 까닭이었다.요 6:26 오병이어의 표적으로 만들어진 떡은 썩을 양식이며 예수는 영생을 주는 양식임을 깨닫지 못하고 있다. 하늘에서 내려온 표적은 바로 하나님의 아들 예수 자체였는데 유대인들은 그들의 정치경제적 욕구를 충족시켜 줄 정치가 메시아로만 보려고 한 것이다. 예수님은 아버지 하나님께서 성령으로 인을 치신 자, 곧 하나님의 독생자다. 하나님의 생사여탈生死與奪 심판 대권을 가진 피위임자이며 하나님 아버지를 대리하고 대신하는 심판자이시다.^{요 6:29} 오병이어 표적은 예수님이 하나님께서 대권을 맡겨 인을 치신 자, 곧 하나님의 신적 권능을 독점적으로 드러내실 피위임자임을 결정적으로 공증하는 증거라는 것이다. 유대인들이 이 인자되신 예수님의 주장을 믿도록 보여준 표적이 바로 오병이어 표적이었다. 모세를 통해 광야의 이스라엘이 먹었던 만나는 아버지 하나님께서 이스라엘에게 주실 하늘로부터 기원하는 참 생명떡을 예고하는 예표이며 그림자다. "예수께서 이르시되 나는 생명의 떡이니 내게 오는 자는 결코 주리지 아니할 터이요 나를 믿는 자는 영원히 목마르지 아니하리라."^{요 6:35} 하늘에서 내려온 생명떡이신 예수님의 천상적 기원을 확인하려면 그분이 무엇을 행하셨는지를 보아야 한다.

내가 하늘에서 내려온 것은 내 뜻을 행하려 함이 아니요 나를 보내신 이의 뜻을 행하려 함이니라. 나를 보내신 이의 뜻은 내게 주신 자 중에 내가 하나도 잃어버리지 아니하고 마지막 날에 다시 살리는 이것이니라. 내 아버지의 뜻은 아들을 보고 믿는 자마다 영생을 얻는 이것이니 마지막 날에 내가 이를 다시 살리리라.^{요 6:38-40}

진실로 진실로 너희에게 이르노니 믿는 자는 영생을 가졌나니 내가 곧 생명의 떡이니라. 너희 조상들은 광야에서 만나를 먹었어도 죽었거니와 이는 하늘에서 내려오는 떡이니 사람으로 하여금 먹고 죽지 아니하게 하는 것이니라. 나는 하늘에서 내려온 살아 있는 떡이니 사람이 이 떡을 먹으면 영생하리라. 내가 줄 떡은 곧 세상의 생명을 위한 내 살이니라.^{요 6:47-51}

6:52-59은 예수님이 생명떡이라는 주장을 십자가의 피 흘리심을 염두에 둔 성만찬 언어로 부연설명한다. 예수님은 인자의 살을 먹지 아니하고 인자의 피를 마시지 아니하면 우리 속에 생명이 없다고 단언하신다. 예수님의 피를 마시고 살을 먹는 행위는 성만찬 참여를 통해 이루어진다.

> 내 살을 먹고 내 피를 마시는 자는 영생을 가졌고 마지막 날에 내가 그를 다시 살리리니 내 살은 참된 양식이요 내 피는 참된 음료로다. 내 살을 먹고 내 피를 마시는 자는 내 안에 거하고 나도 그의 안에 거하나니 살아 계신 아버지께서 나를 보내시매 내가 아버지로 말미암아 사는 것 같이 나를 먹는 그 사람도 나로 말미암아 살리라. 요 6:54-57

요한복음 6:22-63은 모세 시대의 이스라엘은 만나를 먹고 죽었지만 하늘에서 내려온 살리는 떡 예수를 먹는 자는 하나님 앞에서 영원히 산다는 명제를 자세히 풀어 준다. 요한복음 6:62은 영원히 살릴 능력이 인자의 들림에 있음을 보여준다. "너희는 인자가 이전에 있던 곳으로 올라가는 것을 본다면 어떻게 하겠느냐?" 요한복음 3:14, 8:28, 12:32은 인자가 놋뱀처럼 들리면 사람들은 그제야 나사렛 예수가 하나님이 인을 쳐서 보내신 하나님의 독생자임을 깨닫고, 높이 들린 인자는 성령을 보내 주셔서 모든 믿는 자들을 당신에게로 끌어모으실 참된 심판주 인자가 되실 것이라고 말한다. 산 자와 죽은 자를 가려내시는 종말의 심판자 인자는 두 번의 들림을 통해 생명과 죽음의 심판을 집행하실 것이다. 한 번은 십자가에 들리셔서 대속적인 죽음을 감수하시고 또 한 번은 하나님 우편보좌로 승귀하셔서 아버지로부터 성령을 보내 주실 것이다. 하나님 우편보좌에 앉으신 인자되신 우리 주 예수 그리스도는 성령으로 세상 만민 중에서 당신의 백성을 모으실 것이다. 인자가 들린 후에 사람들은 깨달을 것이다. 예수님께서 하신 모든 말씀은 영이요 생명임을.

이 긴 요한복음 생명떡 담화는 예수님의 표적으로 만들어진 떡을 먹는 자와 예수님 자신을 생명의 떡으로 먹는 자의 차이를 극명하게 대조한다. 예수님의 떡을 먹는 자는 일차원적 욕망 충족이 신앙생활의 궁극 목표가 된 자다. 그러나 예수님 자신을 생명떡으로 먹는 자는 하나님께 순종함으로 원기를 공급받는 자다.^{요 4:34} 예수님이 만드신 표적의 떡은 생물학적 원기를 공급하여 생화화적으로 인간의 목숨을 살려 준다. 그러나 그 표적의 떡을 만드신 예수가 하나님의 아들임을 믿고 그분의 말을 신뢰하고 그분을 통하여 하나님을 알고 교제하면 하나님이 원래 계획하신 대로 인간은 '사는 존재'가 된다. 성경에서 산다는 것은 앞서 말했듯이 하나님 언약에 대한 결속감과 거룩한 친교 속에서 사는 것을 의미한다. 하나님의 사랑과 하나님의 요구를 감미롭게 받아들이는 것이 사는 것이다. 하나님과 동행하면 원기가 넘치고 생기가 발산된다. 그래서 하나님을 알고 사랑하며 그 사랑의 힘으로 자아를 실현하고 이웃을 사랑하는 데 우리의 생명을 거룩하게 소진하는 것이야말로 성경이 약속한 영생이요 신의 성품에 참예하는 삶이다.

8:11-20은 가나안 땅에서 마침내 부를 이루고 물질적 번영에 이를 때에도 광야 시절을 기억하고 하나님을 잊지 말라고 경고한다. 야웨의 명령과 법도와 규례를 지키지 아니하는 것 자체가 야웨 하나님을 잊어버리는 행위다. 하나님의 은혜와 그것에 딸린 언약적 충실 의무를 잊어버리는 행위다. 언제 이런 망각이 일어나는가? 모세는 안정되고 부유하고 안락한 삶을 살 때 하나님을 잊어버리기 쉽다고 본다. 배부르게 먹고 아름다운 집을 짓고 거주하게 되며, 소와 양이 번성하고 은금이 증식되며 소유가 다 풍부하게 될 때에 마음은

교만해지기 쉽다. 그 교만한 마음의 일단이 8:17에 피력되어 있다. "내 능력과 내 손의 힘으로 내가 이 재물을 얻었다." 이런 교만한 마음이 또아리를 틀면 임박한 멸망의 징후가 나타난 것이라고 보면 된다. 교만하고 자기만족적인 자아도취보다 이스라엘은 자신을 가나안 땅에 정착케 하신 하나님의 출애굽 구원, 광야 인도, 만나를 통한 생존 구원을 늘 기억해야 한다. 이스라엘을 이 모든 열악한 환경 속에서 40년 동안 살아가게 하신 목적은 "다 너를 낮추시며 너를 시험하사 마침내 네게 복을 주려 하심이었느니라."⁸:¹⁶ 하나님이 이스라엘을 낮추셨을 때에도 이스라엘이 과연 하나님께 신뢰를 보내고 순종을 드리는지를 검증하신 것이다. 이 검증시험을 통과한 후에 이스라엘에게 복을 주시려고 하셨다. 광야 시절의 시험에 합격한 이스라엘에게 하나님은 "재물 얻을 능력을 주셨다."⁸:¹⁸ 신명기 저자는 이스라엘 조상들에게 맹세하신 언약(땅과 후손 번성을 통한 강대한 나라 약속)이 성취되는 시점을 '오늘과 같이'라는 말로 적시한다. 모세의 말을 신명기라는 책으로 만든 후대 저자의 시점은 이스라엘의 조상들에게 하신 하나님의 언약이 성취되는 시대였다. 하나님이 주신 번영의 선물은 조상들에게 하신 언약의 성취였기에 이스라엘은 스스로의 능력으로 엄청난 부와 번영을 이루었다고 생각해서는 안 된다.

19-20절은 17절의 교만한 자기확신으로 가득 찬 이스라엘이 야웨를 망각할 때 벌어지는 최악의 시나리오를 말한다. 야웨 하나님을 잊어버리고 다른 신들을 따라 그들을 섬기며 절하면 이스라엘은 반드시 멸망할 것이다. "반드시 멸망할 것이다"는 부정사 절대형 구문으로 아보드 토베둔(אָבֹד תֹּאבֵדוּן)이다. 이 필멸 운명을 하나님은 맹세적 확실성을 가지고 증거하신다. 가나안 토착족속이 멸망하는 그 궤적을 따라 반드시 멸망할 것이다. 야웨의 목소리를 청종하지 않는다는 말은 시내산에서 십계명을 반포하시던 그 하나님의 목소리를 청

종하지 않는다는 말이다. "여호와께서 너를 교훈하시려고 하늘에서 부터 그의 음성을 네게 듣게 하시며 땅에서는 그의 큰 불을 네게 보이시고 네가 불 가운데서 나오는 그의 말씀을 듣게 하셨느니라."^{4:36} 십계명처럼 중대한 하나님의 계명을 배척하고 위반하면 이스라엘은 자기해체 수순을 밟게 된다. 하나님의 언약을 배척했기에 그 언약을 준수하라고 주신 땅도 빼앗기게 되는 것은 지극히 논리적인 수순인 것이다.

19-20절은 이스라엘의 가나안 정복의 성격이 무엇인지를 분명하게 말한다. 신명기는 어디에서도 다른 인종을 멸시하라고 가르치지 않는다. 이스라엘을 야웨에 대한 충성에서 이탈시키는 다른 신들은 하나님이 이 땅에 구축하려고 하시는 하나님 나라의 도래를 정면으로 저항하는 하나님의 적들이기에 배척되고 멸절되어야 한다고 본다. 그러나 여기서 우리가 오해하지 말아야 할 것은 앞서 언급했듯이(7:16 강해), 하나님이 주도하는 가나안 원주민 심판전쟁이 인종학살을 정당화하고 특정 인종(민족)을 편애하는 한 원시 부족신 (tribal god)의 야만적인 정복 이데올로기의 분출 결과가 아니라는 점이다. 7장에서도 보았듯이 신명기에서 이스라엘 백성이 가나안 땅을 차지하게 되는 준거는 이중적이다. 하나는 아브라함을 비롯한 족장들에게 주신 약속 성취의 차원이다. 또 다른 하나는 가나안 원주민들에 대한 하나님의 거룩한 심판전쟁의 차원이다.

신명기는 확실히 원주민들이 살고 있던 땅을 차지하기 위해 그들을 축출해 내는 전쟁을 신학적으로 정당화하고 있다. 즉, 원주민들의 사악함이 족장들에게 베푸신 약속을 성취시키고자 하시는 야웨 하나님에게 적절한 계기를 제공했다는 점을 부각하고 있다. 그러나 이것은 땅에 대한 탐욕 때문에 자행되는 야만적인 정복 행위를 찬양하는 것을 의미하지 않는다. 오히려 신명기는 가나안 원주민이 축출되는 과정을 이스라엘에게 아주 불리하게 적용시킨다. 8장 마지막 두 절이 말하는 것처럼 "이스라엘 백성 너희도 동일한 이유로—땅을 더럽혔던 원주민의 죄악 때문에—땅을 빼앗길 수 있다"는 경고를 쉼 없이 발하고 있는 것이다. 이스라엘의 가나안 땅 점유는 조건적임을 역설하는 것이다. 땅의 소유가 자동적이고 기계적으로 유지되거나 영원하지 않다는 것이다. 땅이 선물로 주어졌다는 땅 선물의 신학에 기여하는 바로 그 이데올로기가 백성들에게 불리하게 사용될 수 있고, 심하게는 그 땅으로부터의 추방을 정당화하는 근거가 될 수도 있는 것이다. 이스라엘은 그들의 의로운 행위에 근거해 가나안 땅 정복을 정당화할 수 없었다. 사사기에서 밝혀지겠지만 이스라엘도 가나안 원주민처럼 땅으로부터 토해냄을 당할 패역성을 보이기 시작한다. 이스라엘이 가나안 땅을 차지하고 향유할 수 있는 길은 이전의 원주민들과는 전혀 다른 공동체를 건설하는 길, 곧 거룩한 제사장 나라, 야웨의 율법을 지켜 강성해지는 나라가 되는 길밖에 없다. 선물로 받은 땅에서 이스라엘이 자비롭고 의로운 하나님의 은혜에 응답하고 서로에 대해 자비롭고 의롭게 행동하며 심지어 난민, 체류민 등 사회의 최약자층 사람들에 대한 신적 자비와 돌봄을 보여줄 때 가나안 땅을 향유할 수 있다. 땅을 선물로 주신 하나님께 총체적이고 전면적으로 책임을 지는 언약백성으로 살 때에만이 가나안 땅을 항구적으로 차지할 수 있다는 것이다. 여기에는 어떤 야만적인 땅 정복 이데올로기도 들어설 여지가 없다.

시내산 금송아지 숭배로 위기에 처한 아브라함 언약 ●9장

9 ¹이스라엘아 들으라. 네가 오늘 요단을 건너 너보다 강대한 나라들로 들어가서 그것을 차지하리니 그 성읍들은 크고 성벽은 하늘에 닿았으며 ²크

고 많은 백성은 네가 아는 아낙 자손이라. 그에 대한 말을 네가 들었나니 이르기를 누가 아낙 자손을 능히 당하리요 하거니와 ³ 오늘 너는 알라. 네 하나님 여호와께서 맹렬한 불과 같이 네 앞에 나아가신즉 여호와께서 그들을 멸하사 네 앞에 엎드러지게 하시리니 여호와께서 네게 말씀하신 것 같이 너는 그들을 쫓아내며 속히 멸할 것이라. ⁴ 네 하나님 여호와께서 그들을 네 앞에서 쫓아내신 후에 네가 심중에 이르기를 내 공의로움으로 말미암아 여호와께서 나를 이 땅으로 인도하여 들여서 그것을 차지하게 하셨다 하지 말라. 이 민족들이 악함으로 말미암아 여호와께서 그들을 네 앞에서 쫓아내심이니라. ⁵ 네가 가서 그 땅을 차지함은 네 공의로 말미암음도 아니며 네 마음이 정직함으로 말미암음도 아니요 이 민족들이 악함으로 말미암아 네 하나님 여호와께서 그들을 네 앞에서 쫓아내심이라. 여호와께서 이같이 하심은 네 조상 아브라함과 이삭과 야곱에게 하신 맹세를 이루려 하심이니라. ⁶ 그러므로 네가 알 것은 네 하나님 여호와께서 네게 이 아름다운 땅을 기업으로 주신 것이 네 공의로 말미암음이 아니니라. 너는 목이 곧은 백성이니라. ⁷ 너는 광야에서 네 하나님 여호와를 격노하게 하던 일을 잊지 말고 기억하라. 네가 애굽 땅에서 나오던 날부터 이 곳에 이르기까지 늘 여호와를 거역하였으되 ⁸ 호렙산에서 너희가 여호와를 격노하게 하였으므로 여호와께서 진노하사 너희를 멸하려 하셨느니라. ⁹ 그 때에 내가 돌판들 곧 여호와께서 너희와 세우신 언약의 돌판들을 받으려고 산에 올라가서 사십 주 사십 야를 산에 머물며 떡도 먹지 아니하고 물도 마시지 아니하였더니 ¹⁰ 여호와께서 두 돌판을 내게 주셨나니 그 돌판의 글은 하나님이 손으로 기록하신 것이요 너희의 총회 날에 여호와께서 산상 불 가운데서 너희에게 이르신 모든 말씀이니라. ¹¹ 사십 주 사십 야를 지난 후에 여호와께서 내게 돌판 곧 언약의 두 돌판을 주시고 ¹² 내게 이르시되 일어나 여기서 속히 내려가라. 네가 애굽에서 인도하여 낸 네 백성이 스스로 부패하여 내가 그들에게 명령한 도를 속히 떠나 자기를 위하여 우상을 부어 만들었느니라. ¹³ 여호와께서 또 내게 말씀하여 이르시되 내가 이 백성을 보았노라. 보라, 이는 목이 곧은 백성이니라. ¹⁴ 나를 막지 말라. 내가 그들을 멸하여 그들의 이름을 천하에서 없애고 너를 그들보다 강대한 나라가 되게 하리라 하시기로 ¹⁵ 내가 돌이켜 산에서 내려오는데 산에는 불이 붙었고 언약의 두 돌판은 내 두 손에 있었느니라. ¹⁶ 내가 본즉 너희가 너희의 하나님 여호와께 범죄하여 자기를 위하여 송아지를 부어 만들어서 여호와께서 명령하신 도를 빨리 떠났기로 ¹⁷ 내가 그 두 돌판을 내 두 손으로 들어 던져 너희의 목전에서 깨뜨렸노라. ¹⁸ 그리고 내가 전과 같이 사십 주 사십 야를 여호와 앞에 엎드려서 떡도 먹지 아니하고 물도 마시지 아니하였으니 이는 너희가 여호와의 목전에 악을 행하여 그를 격노하게 하여 크게 죄를 지었음이라. ¹⁹ 여호와께서 심히 분노하사 너희를 멸하려 하셨으므로 내가 두려워하였노라. 그러나 여호와께서 그 때에도 내 말을 들으셨고 ²⁰ 여호와께서 또 아론에게 진노하사 그를 멸하려 하셨으므로 내가 그 때에도 아론을 위하여 기도하고 ²¹ 너희의 죄 곧 너희가 만든 송아지를 가져다가 불살라 찧고 티끌 같이 가늘게 갈아 그 가루를 산에서 흘러내리는 시내에 뿌렸느니라. ²² 너희가 다베라와 맛사와 기브롯 핫다아와에서도 여호와를 격노하게 하였느니라. ²³ 여호와께서 너희를 가데스 바네아에서 떠나게 하실 때에 이르시기를 너희는 올라가서 내가 너희에게 준 땅을 차지하라 하시되 너희가 너희의 하나님 여호와의 명령을 거역하여 믿지 아니하고 그 말씀을 듣지 아니하였나니 ²⁴ 내가 너희를 알던 날부터 너희가 항상 여호와를 거역하여 왔느니라. ²⁵ 그 때에 여호와께서 너희를 멸하겠다 하셨으므로 내가 여전히 사십 주 사십 야를 여호와 앞에 엎드리고 ²⁶ 여호와께 간구하여 이르되 주 여호와여 주께서 큰 위엄으로 속량하시고 강한 손으로 애굽에서 인도하여 내신 주의 백성 곧 주의 기업을 멸하지 마옵소서. ²⁷ 주의 종 아브라함과 이삭과 야곱을 생각하사 이 백성의 완악함과 악과 죄를 보지 마옵소서. ²⁸ 주께서 우리를 인도하여 내신 그 땅 백성이 말하기를 여호와께서 그들에게 허락하신 땅으로 그들을 인도하여 들일 만한 능력도 없고 그들을 미워하기도 하사 광야에서 죽이려고 인도하여 내셨다 할까 두려워하나이다. ²⁹ 그들은 주의 큰 능력과 펴신 팔로 인도하여 내신 주의 백성 곧 주의 기업이로소이다 하였노라.

이번 장은 7장에서 언급된 이스라엘의 선택사상을 비판적으로 재음미한다. 즉, 지나간 광야 역사를 통해 드러났듯이 이스라엘은 본디 완악한 백성이라서 어떤 의도 주장할 수 없다는 것이다. 8장 마지막 두 절의 논리를 이어받아 9장도 하나님께서 가나안 원주민들이 땅을 상실할 수밖에 없는 이유를 제시하는데, 이스라엘 역시 원주민이 축출되는 바로 그 원칙으로 가나안 땅을 빼앗길 수도 있다는 사실이 천명된다.

7장과 마찬가지로 9장도 하나님의 축복(선택과 땅 정복)을 받은 수혜자로서 이스라엘이 빠질 수 있는 오만을 공격하고, 이스라엘은 선택과 축복을 받기에 도무지 자격이 없었다는 것을 실증적으로 천명한다. 7장에서처럼 9장에서도 어떻게 이스라엘이 하나님의 백성으로 선택되었는지에 대한 이스라엘 자신의 자기중심적 상상을 논박하는 데서 출발하여 이스라엘이 하나님의 백성으로 선택받은 정당한 이유를 제시하는 데로 나아간다. 7장과 달리 9장은 이스라엘의 내적인 덕성과 매력으로 인해 하나님의 백성으로 선택되었다는 통속적 추론의 거짓됨을 폭로하기 위해 이스라엘의 뿌리 깊은 반역성, 선천적 교육 불가능성을 이야기한다. 모세는 이스라엘이 광야 시절에 얼마나 완악했고 얼마나 빈번히 하나님의 진노를 촉발했는지,[7, 8, 18, 22절] 그리고 얼마나 자주 반역했는지를 주장함으로써 이스라엘의 자기중심적 선민사상 전제를 부정한다.

8:17이 이스라엘이 경험하는 번영과 부를 자신의 공로로 되돌리는 가상적인 상황을 상정하고 그 거짓된 확신을 비판하는 데 비하여 9:1-5은 이스라엘 자손이 가나안 땅을 차지하게 된 것을 자신의 공의로움 덕분이라고 거짓되게 상상하는 상황을 상정하고 그 거짓된 논리를 논파한다. 1-3절은 이스라엘이 가나안 정복전쟁 참여를 얼마나 두려워했는지를 상기시킨다. 가나안의 장대한 원주민(아낙 자손)에 대하여 이스라엘이 원래 품었던 두려움을 다시 언급한다. 즉, 이스라엘은 원래 원주민인 아낙자손이 너무나 강력하여 아무도 정

신

복할 수 없다는 두려움에 빠져 가나안 정복전쟁에 미온적이었다는 것이다. 가나안 정복전쟁은 하나님의 압도적인 주도성으로 치러진 전쟁이었다. 이스라엘이 가나안 땅의 경계를 넘을 때, 야웨께서는 그들보다 먼저 건너가실 것이다. 이런 방식으로 하나님은 이스라엘의 가나안 정복을 도우시고 추동하셨다. 이 사실을 이스라엘은 알아야 한다.^{4:39, 7:9, 8:5, 9:6, 11:2}

그럼에도 불구하고 이스라엘은 야웨의 가나안 원주민 축출전쟁 후 시간이 지나고 자신들이 가나안 땅을 차지하고 있는 어느 순간에 "우리의 의로움과 열국의 사악함 때문에 야웨께서 우리로 하여금 가나안 땅을 차지하게 하신다"고 생각할 수 있다. 모세는 이 점을 정조준한다. 이스라엘이 가나안 땅을 차지할 수 있게 된 것은 이스라엘의 공의나 정직 때문이 아니라, 가나안 토착족속의 악함 때문에 하나님이 그들을 땅에서 쫓아내신 심판 결과라는 것이다.^{창 15:13-18} 하나님은 가나안 땅 토착족속의 죄악이 관영하여 임계점에 이를 때까지 기다리셨다가 그들을 축출하시고 새로운 거주자를 맞아들이셨다. 그 새로운 거주자들이 바로 아브라함, 이삭, 야곱의 후손 이스라엘이다. 하나님은 이스라엘 조상들에게 하신 맹세를 성취하기 위해 이스라엘 백성을 가나안 땅으로 들이신 것이다. 신명기는 이스라엘 백성의 조상인 아브라함, 이삭, 야곱에게 베푸신 땅 상속 약속이 성취되는 과정을 다루는 책이다. 이렇게 보면 창세기와 신명기는 단숨에 아치형의 연결 구조로 결속되는 하나의 연속적인 이야기로 읽히게 된다. 족장들에게 베푸신 야웨의 땅 약속은 열여덟 차례에 걸쳐서 명시적으로 언급되는데, 세 번을 제외하고는 모두 야웨의 실제적인 땅 선물 하사에 대해 말한다. 이처럼 땅 약속과 땅 정복이라는 두 주제는 신명기의 땅신학 안에서 긴밀하게 결합되어 있다. 조상들에게 주신 약속은 전적으로 땅의 관점으로 이해되고 있는데, 이 사실은 하나님의 구원 행위에 있어서 땅이 얼마나 중요한지를 보여준다. 신명기에서 땅은 하나님 나라가 실현되는 실험의 장이요 연단의 장이다. 땅은 이스라엘이 하나님의 요구를 수행하는 영역이다.[시 105:44-45] 하나님에 대한 이스라엘 백성의 복종은 그 땅에서 이루어지는 총체적인 삶과 문화를 통해 입증될 것이다.[4:5, 14, 5:31, 6:12, 12:1] 그래서 매 순간 행해지는 이스라엘의 율법 복종은 이스라엘 땅에서 계속 살기 위해 없어서는 안 될 필수요건이다.[12:1]

이와 같이 신명기에서 이스라엘 백성은 생명과 땅의 선물을 받음과 동시에 야웨 하나님의 율법을 전면적이고 총체적으로 준행할 것을 요구받는다. 즉, 그것은 하나님을 사랑하고 이웃을 사랑하며 서로 공의를 수행할 책임을 떠맡는 것이다. 이스라엘 백성은 가나안 땅에서 하나님의 통치 아래 사는 공동체적 삶이 어떻게 유지되고 행복하게 향유되는지를 익히고 체득해야 한다. 심장에 새겨진 하나님의 감동적인 계명들을 준수하기 위해 이스라엘은 부단한 감화감동 속에 살아야 한다. 하나님께 부단히 감화감동받는 길은 야웨의 율법을 즐거워하고 그것을 주야로 묵상하는 삶이다. 이스라엘의 율법 준행은 단지 하나님을 예배하거나 신적인 보복을 피하는 데 필요한 것이 아니다. 그것은 땅에서 조화롭고 만족스러운 삶을 영위하는 데 필요한 것이며, 신명기에 따르면 그것은 별 어려움 없이 성취할 수 있는 목표다.

9:6-24은 이스라엘이 근본적으로 목이 곧은 백성이며 가나안 땅을 기업으로 얻을 정도로 의로운 백성이 결코 아니었음을 논증하고 있다. 6-21절은 호렙산 금송아지 숭배 사건을 회고하고 22-24절은 광야 시절의 대표적인 반역 사건들을 회고한다. 이스라엘은 줄곧 반역적이고 불충스러웠으며 언약적 의리(공의)를 매번 헌신짝처럼 내팽개친 죄악된 백성이었음을 예증한다.

자신들보다 훨씬 더 강력한 그 땅의 원주민을 그렇게 신속할 정도로 패퇴시킬 만큼 야웨의 특별 호의를 촉발시키는 매력(공의)을 소유했다고 주장하는 것은,4-6절 그런 가정을 즉각 부인하며 오히려 그것과 정반대되는 이스라엘의 성품의 면면을 예증하는 7-24절에 의해 즉각 반박된다. 여기 호렙에서 시작하여 광야의 여정 내내 노정된 완악성과 교육 개선 불가능성을 입증하는 사실적인 소행들이 금세 인증되고 인용된다(다베라, 맛사, 기브롯 핫다아와, 가데스 바네아). 24절은 하나님의 이스라엘 공의 주장에 대한 가혹하도록 정직한 평가다. "내가 너희를 알던 날부터 너희가 항상 여호와를 거역하여 왔느니라." '알다'라는 말은 계약 함의적 용어이자 성적 함의가 깃든 말이다. "내가 너와 시내산에서 언약을 맺고 부부같은 친밀성을 교환한 이후부터 너는 항상 야웨를 배반했다"는 정도의 의미다. 그렇다면 결국 이스라엘은 자신의 공의 때문이 아니라 하나님의 공의(계약적 의리와 신실성)에 의해 "2차적으로 의롭게 되어" 구원의 선물(약속의 땅)을 받은 것이다.

그러므로 우리는 신명기 9장과 로마서 3-5장의 이신칭의론 사이에 있는 유사성을 추적할 수 있다. 신명기의 땅은 로마서에서 하나님 나라와 하나님의 의로 치환된다. 우리는 하나님 나라를 상속받기 위해 하나님의 율법 요구에 따라 스스로 의롭게 될 수가 없는 죄인이다. 하나님의 의가 우리를 다시 하나님의 자녀 삼아 주었기에 우리는 의로운 하나님의 자녀가 되었다. 하나님의 의가 우리에게 응답하는 의(우리의 신앙고백)를 파생시켰다. 하나님의 신실함faithfulness을 맛보고 하나님을 믿게 되었다. 하나님의 신실하심에 감화감동되어 우리 또한 파생적으로 믿는 자, 곧 신실한 자가 되었다. 하나님의 신실함(그리스도 안에 나타난 하나님의 의)으로 말미암아 우리는 믿는 자, 곧 의롭게 된 자가 되었다. 신명기는 하나님의 일방적인 신실함의 선물인 땅을 받아 하나님께 신실한 백성으로 자라 가는 이스라엘의 구원론이다.신 30:11-14, 롬 10:6-10 신명기는 로마서의 이신칭의를 예해하는 데 가장 유용한 구약성경 책이다.

9:25-29은 중보자 모세의 간청과 강청이 아니었더라면 이스라엘은 이 땅에서 벌써 멸절되었을 것이라고 말한다.10:10-11 이 단락은 이스라엘의 불순종과 배교가 심대할수록 모세의 중보자적인 영적 후광은 더욱 빛났음을 증언한다. 금송아지 숭배 사건에 대한 하나님의 진노는 9:14에 표현되어 있다. 하나님은 목이 곧은 아브라함의 후손을 보고 실망해 아브라함과 맺은 언약을 폐기하고, 모세를 통해 새로운 민족을 일으켜 주시되 아브라함의 후손보다 더 '강하고 번성한 나라'로 만들어 주겠다고 모세에게 제의하시기까지 하셨다. 그러나 모세는 조목조목 하나님의 성급해 보이는 결정을 반박해 아브라함과 맺은 언약을 지키시도록 간청한다. 출애굽기 32장에 대한 확장된 주석이라고 볼 수 있는 이 단락에서 모세의 중보기도는 아주 탄탄한 논리와 감성적인 호소력을 겸비하고 있다. 첫째, 모세는 하나님과 이스라엘의 계약 관계의 본질에 호소한다. 그는 이미 언급된 이스라엘의 선택, 곧 야웨께서 아브라함과 이삭과 야곱에게 하신 맹세출 32:13에 근거하여 호소한다.9:27 모세는 하나님 자신에 의해 시작된 이 계약 관계를 스스로 파괴하지 말도록 탄원한다. 둘째, 모세는 이스라엘을 노예살이에서 구속하셨던 하나님의 구속 역사를 완성시켜 달라고 간청한다. "당신께서 이 백성에게 행하신 구속 사역을 헛수고로 만들지 마십시오." 셋째, 모세는 야웨 하나님의 국제적 명성에 호소하여 이스라엘 백성 앞에서 하나님의 권능을 보여 달라고 요구한다. 마침내 야웨께서 모세의 이 철저한 중보기도에 응답해 주셨다("여호와께서 뜻을 돌이키사 말씀하신 화를 그 백성에게 내리지 아니하시니라").출 32:14 중보기도는 이미 심판을 작정하신 하나님의 마음을

돌이키는 가장 효과적인 길이다.^{겔 22:30}

다시 십계명을 받고 내려온 모세 ●10장

10 ¹ 그 때에 여호와께서 내게 이르시기를 너는 처음과 같은 두 돌판을 다듬어 가지고 산에 올라 내게로 나아오고 또 나무궤 하나를 만들라. ² 네가 깨뜨린 처음 판에 쓴 말을 내가 그 판에 쓰리니 너는 그것을 그 궤에 넣으라 하시기로 ³ 내가 조각목으로 궤를 만들고 처음 것과 같은 돌판 둘을 다듬어 손에 들고 산에 오르매 ⁴ 여호와께서 그 총회 날에 산 위 불 가운데에서 너희에게 이르신 십계명을 처음과 같이 그 판에 쓰시고 그것을 내게 주시기로 ⁵ 내가 돌이켜 산에서 내려와서 여호와께서 내게 명령하신 대로 그 판을 내가 만든 궤에 넣었더니 지금까지 있느니라. ⁶ (이스라엘 자손이 브에롯 브네야아간에서 길을 떠나 모세라에 이르러 아론이 거기서 죽어 장사되었고 그의 아들 엘르아살이 그를 이어 제사장의 직임을 행하였으며 ⁷ 또 거기를 떠나 굿고다에 이르고 굿고다를 떠나 욧바다에 이른즉 그 땅에는 시내가 많았으며 ⁸ 그 때에 여호와께서 레위 지파를 구별하여 여호와의 언약 궤를 메게 하며 여호와 앞에 서서 그를 섬기며 또 여호와의 이름으로 축복하게 하셨으니 그 일은 오늘까지 이르느니라. ⁹ 그러므로 레위는 그의 형제 중에 분깃이 없으며 기업이 없고 네 하나님 여호와께서 그에게 말씀하심 같이 여호와가 그의 기업이시니라.) ¹⁰ 내가 처음과 같이 사십 주 사십 야를 산에 머물렀고 그 때에도 여호와께서 내 말을 들으사 너를 참아 멸하지 아니하시고 ¹¹ 여호와께서 내게 이르시되 일어나서 백성보다 먼저 길을 떠나라. 내가 그들에게 주리라고 그들의 조상들에게 맹세한 땅에 그들이 들어가서 그것을 차지하리라 하셨느니라. ¹² 이스라엘아, 네 하나님 여호와께서 네게 요구하시는 것이 무엇이냐. 곧 네 하나님 여호와를 경외하여 그의 모든 도를 행하고 그를 사랑하며 마음을 다하고 뜻을 다하여 네 하나님 여호와를 섬기고 ¹³ 내가 오늘 네 행복을 위하여 네게 명하는 여호와의 명령과 규례를 지킬 것이 아니냐. ¹⁴ 하늘과 모든 하늘의 하늘과 땅과 그 위의 만물은 본래 네 하나님 여호와께 속한 것이로되 ¹⁵ 여호와께서 오직 네 조상들

을 기뻐하시고 그들을 사랑하사 그들의 후손인 너희를 만민 중에서 택하셨음이 오늘과 같으니라. ¹⁶ 그러므로 너희는 마음에 할례를 행하고 다시는 목을 곧게 하지 말라. ¹⁷ 너희의 하나님 여호와는 신 가운데 신이시며 주 가운데 주시요 크고 능하시며 두려우신 하나님이시라. 사람을 외모로 보지 아니하시며 뇌물을 받지 아니하시고 ¹⁸ 고아와 과부를 위하여 정의를 행하시며 나그네를 사랑하여 그에게 떡과 옷을 주시나니 ¹⁹ 너희는 나그네를 사랑하라. 전에 너희도 애굽 땅에서 나그네 되었음이니라. ²⁰ 네 하나님 여호와를 경외하여 그를 섬기며 그에게 의지하고 그의 이름으로 맹세하라. ²¹ 그는 네 찬송이시요 네 하나님이시라. 네 눈으로 본 이같이 크고 두려운 일을 너를 위하여 행하셨느니라. ²² 애굽에 내려간 네 조상들이 겨우 칠십 인이었으나 이제는 네 하나님 여호와께서 너를 하늘의 별 같이 많게 하셨느니라.

10:1-5은 출애굽기 34:1-10을 거의 되풀이하는 회고담이다. 금송아지 숭배로 하나님과 맺은 언약을 스스로 파기한 이스라엘에게 다시 한 번 언약백성의 지위를 부여하시는 차원에서 십계명 두 돌판을 만들어 주신 이야기다. 모세가 야웨께서 명하신 대로 조각목으로 궤를 만들고 계명을 새길 돌판을 만들어 산에 올라가 새로이 계명 돌판을 받아 왔다. 5절은 신명기 저자(모세 혹은 후대 편저자)가 살아 있는 당시까지 두 돌판을 담은 언약궤가 존재하고 있다고 말한다. 10:6-9은 레위인이 이 언약궤를 메고 섬기며 야웨의 이름으로 축복하는 권리를 얻게 된 배경을 간략히 보도한다. 6절은 아론이 죽고 그의 아들 엘르아살이 모세라는 곳에서 제사장직을 승계했다고 말한다. 6-8절은 브에롯 브네야아간-모세라-굿고다-욧바다로 옮겨 가는 이스라엘 자손의 광야 숙영지를 언급한 후 레위 지파가 욧바다에서 야웨께 성별되었다고 말한다. 욧바다에서 하나님은 레위 지파를 구별하여 언약궤를 메게 하며 야웨 앞에 서서 섬기고 또 야웨의 이름으로 축복하게 하셨다. 이 관습은 신명기 저자(구두선포

저자인 모세보다 후대의 신명기 편저자) 당시까지 지켜져 오고 있었다. 바로 이 이유 때문에 레위 지파는 그의 형제 중에서 경작지를 배분받는 데에는 참여하지 못했으며, 따라서 기업(농경작지)이 없고 이스라엘 하나님 야웨께서 레위 지파의 기업이 되었다. 레위 지파는 언약궤를 돌보고 제사장적 축복을 시행함으로써 얻는 수입에 의존하며 살아야 했다는 것이다.

10:10-11은 주제면에서 9:25-29을 이어받으면서 이야기 순서상으로 10:1-5을 이어받고 있다. 여기서도 금송아지 숭배 배교 사건으로 하나님과의 언약 파기를 자초한 이스라엘을 진멸하시려던 하나님을 만류한 모세의 중보자상이 부각된다. 이스라엘 진멸 의사를 거두신 하나님께서 모세에게 가나안 진군을 독려하면서 호렙산 금송아지 숭배 사건은 마무리된다. "일어나서 백성보다 먼저 길을 떠나라. 내가 그들에게 주리라고 그들의 조상들에게 맹세한 땅에 그들이 들어가서 그것을 차지하리라."[10:11] 모세가 가나안 진군의 선봉대가 되라는 말이다. 모세의 선봉향도 역할은 이스라엘 백성에게 하나님의 향도를 믿게 만들었을 것이다.

10:12-22은 이미 이스라엘이 가나안 땅에 들어가 살고 있는 상황을 상정한 법도와 규례 일부를 포함하고 있다. 12-13절에서 모세는 이스라엘의 선민사상을 성찰하고 하나님의 선택에 대한 마땅한 응답, 곧 야웨에 대한 전적 헌신을 요구한다.[6:4-5, 11:8, 13, 13:7-9] 12-13절은 쉐마 언어를 다시 사용하며 이스라엘을 향한 야웨 하나님의 요구를 잘 요약하고 있다.[11][6:6-8] 그것은 야웨 하나님께 청종하고 야웨의 길을 걸으며, 야웨를 사랑하고 섬기며, 야웨의 계명을 지키는 삶이다. 하나님에 대한 모든 완전한 투신은 "마음과 목숨을 다하여" 행해져야 한다는 것이다. 즉, 이스라엘의 하나님 야웨께서 이스라엘에게 요구하시는 것은, 이스라엘의 하나님 야웨를 경외하여 그의 모든

도를 행하고 그를 사랑하며 마음을 다하고 뜻을 다하여 너희 하나님 야웨를 섬기는 것이다. 하나님을 사랑하는 방법은 야웨의 명령과 규례를 지키는 것이다. 그런데 이 하나님의 요구를 준행하는 것은 하나님을 기쁘시게 하는 것만이 아니다. 그것은 바로 이스라엘의 행복을 위한 야웨의 명령이다. 하나님을 기쁘시게 하는 모든 하나님 사랑, 율법과 규례, 법도와 계명 준수는 이스라엘(인간)을 행복하게 만든다. 하나님은 당신의 행복과 인간의 행복을 연동시켜 주신 겸손하신 하나님이다.

14-16절은 야웨의 일방적 사랑에 의한 이스라엘 선택을 다시 강조한다.^{7:1-1} 이스라엘 선민사상의 대전제는 하나님의 만물 소유권과 통치권이다. 하늘과 모든 하늘의 하늘과 땅과 그 위의 만물은 본래 하나님 야웨께 속한 것이로되, 야웨께서 오직 이스라엘의 조상들을 기뻐하시고 그들을 사랑하사 그들의 후손인 이스라엘 자손을 만민 중에서 택하셨다는 것이다. 신명기 저자 당시까지 이스라엘은 하나님의 택함받은 민족 지위를 유지하고 있었다. 만유와 만민 가운데서 이스라엘을 선택하신 하나님의 유일하고 소박한 기대는, 하나님께 정직하고 진실되게 속한 언약백성이 되어 하나님의 가르침에 자신을 쳐서 복종시켜 하나님의 통치가 이 세상에 환히 나타나게 해달라는 것이다. "너희는 마음에 할례를 행하고 다시는 목을 곧게 하지 말라."^{10:16} 목을 곧게 하면 율법의 멍에를 질 수 없고 그렇다면 하나님의 가르침을 개인적으로 가정적으로 그리고 국가적으로 육화시키지 못한다. 전 존재를 바쳐 야웨께서 너희 조상과 너희를 사랑하셨으니, 너희도 마음에 할례를 행하고 율법의 가르침을 체화시키고 사회적으로 육화시켜야 한다는 것이다. 특히 "너희 마음의 가죽에 할례를 행하라"는 전적 헌신을 요구하는 명령이다. 하나님의 계약적 요구에 전 존재를 동여매라는 요구다.^{레 26:41, 렘 4:4, 9:26, 겔 44:9, 롬 2:25-29} 마

음과 의지, 지적 자아와 자유 이 모든 것이 정결케 되어야 하고 하나님과의 관계 속으로 들어가야 한다는 말이다.[14]

17-18절은 마음에 할례받은 백성, 율법의 멍에를 지고 율법의 요구를 개인적이고 공동체적으로 체화시킬 구체적 실천 영역을 제시한다. 이스라엘은 그들의 하나님 야웨가 어떤 분인지를 부단히 알아야 한다. 하나님은 신 가운데 신이시며 주 가운데 주시요 크고 능하며 두려운 하나님이시기에, 사람을 외모로 보지 아니하시며 뇌물을 받지 아니하신다. 만유를 통치하시는 하나님은 외모(외적 구별기준)를 보지 않으시고 뇌물에 영향을 받아 판결을 굽게 하지 않으신다. 외모를 보는 자들은 사회적 약자나 하층민을 멸시하겠지만 하나님은 당신의 지극히 선하고 자비로운 성품대로만 행하신다. 그래서 하나님은 한 사회의 가장 약한 자들, 자기방어 수단을 갖지 못한 최약자들인 고아와 과부를 위해 정의를 행하시며, 어떤 법적 보호도 받지 못한 채 토착인들의 학대와 압제에 시달리는 나그네를 사랑하여 그에게 떡과 옷을 주신다. 나그네는 여러 가지 이유로 난민이 된 가장 비참한 자들이다. 19절은 난민 나그네를 특별하게 사랑하라고 말한다. 나그네나 약자를 옹호하시는 야웨의 성품을 본받아서라도 나그네를 사랑해야 하겠지만 이스라엘은 동병상련의 논리로 나그네를 사랑하라고 요구받는다. 자신들도 한때 애굽 땅에서 나그네 되었음을 기억하고 자신의 땅에 들어온 나그네를 사랑하라고 요구하신다.

20절은 하나님 야웨를 경외하여 섬기고 의지하며 그의 이름으로 맹세하라고 명하신다. 21-22절은 이스라엘이 경외하고 섬기고 의지하고 그 이름으로 맹세해야 할 바로 그 하나님이 이스라엘의 부단한 찬송 대상이 되어야 할 것을 말한다. 이스라엘의 하나님은 70명이라는 소수의 애굽 기근난민을 하늘의 별처럼 번성케 하셨다. 이스라엘은 자신들을 위해 크고 두려운 일을 행하신 하나님, 70명의 무리를 하늘의 별처럼 번성케 하신 하나님을 경외하고 찬송하며 살아야 한다.

복과 저주의 갈림길에 선 이스라엘 •11장

11 ¹ 그런즉 네 하나님 여호와를 사랑하여 그가 주신 책무와 법도와 규례와 명령을 항상 지키라. ² 너희의 자녀는 알지도 못하고 보지도 못하였으나 너희가 오늘날 기억할 것은 너희의 하나님 여호와의 교훈과 그의 위엄과 그의 강한 손과 펴신 팔과 ³ 애굽에서 그 왕 바로와 그 전국에 행하신 이적과 기사와 ⁴ 또 여호와께서 애굽 군대와 그 말과 그 병거에 행하신 일 곧 그들이 너희를 뒤쫓을 때에 홍해 물로 그들을 덮어 멸하사 오늘까지 이른 것과 ⁵ 또 너희가 이 곳에 이르기까지 광야에서 너희에게 행하신 일과 ⁶ 르우벤 자손 엘리압의 아들 다단과 아비람에게 하신 일 곧 땅이 입을 벌려서 그들과 그들의 가족과 그들의 장막과 그들을 따르는 온 이스라엘의 한가운데에서 모든 것을 삼키게 하신 일이라. ⁷ 너희가 여호와께서 행하신 이 모든 큰 일을 너희의 눈으로 보았느니라. ⁸ 그러므로 너희는 내가 오늘 너희에게 명하는 모든 명령을 지키라. 그리하면 너희가 강성할 것이요 너희가 건너가 차지할 땅에 들어가서 그것을 차지할 것이며 ⁹ 또 여호와께서 너희의 조상들에게 맹세하여 그들과 그들의 후손에게 주리라고 하신 땅 곧 젖과 꿀이 흐르는 땅에서 너희의 날이 장구하리라. ¹⁰ 네가 들어가 차지하려 하는 땅은 네가 나온 애굽 땅과 같지 아니하니 거기에서는 너희가 파종한 후에 발로 물 대기를 채소밭에 댐과 같이 하였거니와 ¹¹ 너희가 건너가서 차지할 땅은 산과 골짜기가 있어서 하늘에서 내리는 비를 흡수하는 땅이요 ¹² 네 하나님 여호와께서 돌보아 주시는 땅이라. 연초부터 연말까지 네 하나님 여호와의 눈이 항상 그 위에 있느니라. ¹³ 내가 오늘 너희에게 명하는 내 명령을 너희가 만일 청종하고 너희의 하나님 여호와를 사랑하여 마음을 다하고 뜻을 다하여 섬기면 ¹⁴ 여호와께서 너희의 땅에 이른 비, 늦은 비를 적당한 때에 내리시리니 너희가 곡식과 포도주와 기름을 얻을 것이요 ¹⁵ 또 가축을 위하여 들에 풀이 나게 하시리니 네가 먹고 배부를 것이

라. ¹⁶ 너희는 스스로 삼가라 두렵건대 마음에 미혹하여 돌이켜 다른 신들을 섬기며 그 것에게 절하므로 ¹⁷ 여호와께서 너희에게 진노하사 하늘을 닫아 비를 내리지 아니하여 땅이 소산을 내지 않게 하시므로 너희가 여호와께서 주신 아름다운 땅에서 속히 멸망 할까 하노라. ¹⁸ 이러므로 너희는 나의 이 말을 너희의 마음과 뜻에 두고 또 그것을 너 희의 손목에 매어 기호를 삼고 너희 미간에 붙여 표를 삼으며 ¹⁹ 또 그것을 너희의 자 녀에게 가르치며 집에 앉아 있을 때에든지, 길을 갈 때에든지, 누워 있을 때에든지, 일 어날 때에든지 이 말씀을 강론하고 ²⁰ 또 네 집 문설주와 바깥 문에 기록하라. ²¹ 그리 하면 여호와께서 너희 조상들에게 주리라고 맹세하신 땅에서 너희의 날과 너희의 자 녀의 날이 많아서 하늘이 땅을 덮는 날과 같으리라. ²² 너희가 만일 내가 너희에게 명 하는 이 모든 명령을 잘 지켜 행하여 너희의 하나님 여호와를 사랑하고 그의 모든 도 를 행하여 그에게 의지하면 ²³ 여호와께서 그 모든 나라 백성을 너희 앞에서 다 쫓아내 실 것이라. 너희가 너희보다 강대한 나라들을 차지할 것인즉 ²⁴ 너희의 발바닥으로 밟 는 곳은 다 너희의 소유가 되리니 너희의 경계는 곧 광야에서부터 레바논까지와 유브 라데 강에서부터 서해까지라. ²⁵ 너희의 하나님 여호와께서 너희에게 말씀하신 대로 너희가 밟는 모든 땅 사람들에게 너희를 두려워하고 무서워하게 하시리니 너희를 능 히 당할 사람이 없으리라. ²⁶ 내가 오늘 복과 저주를 너희 앞에 두나니 ²⁷ 너희가 만일 내가 오늘 너희에게 명하는 너희의 하나님 여호와의 명령을 들으면 복이 될 것이요 ²⁸ 너희가 만일 내가 오늘 너희에게 명령하는 도에서 돌이켜 떠나 너희의 하나님 여호와 의 명령을 듣지 아니하고 본래 알지 못하던 다른 신들을 따르면 저주를 받으리라. ²⁹ 네 하나님 여호와께서 네가 가서 차지할 땅으로 너를 인도하여 들이실 때에 너는 그 리심산에서 축복을 선포하고 에발산에서 저주를 선포하라. ³⁰ 이 두 산은 요단 강 저쪽 곧 해지는 쪽으로 가는 길 뒤 길갈 맞은편 모레 상수리나무 곁의 아라바에 거주하는 가나안 족속의 땅에 있지 아니하냐. ³¹ 너희가 요단을 건너 너희의 하나님 여호와께서 너희에게 주시는 땅에 들어가서 그 땅을 차지하려 하나니 반드시 그것을 차지하여 거 기 거주할지라. ³² 내가 오늘 너희 앞에 베푸는 모든 규례와 법도를 너희는 지켜 행할 지니라.

11장은 이스라엘이 가나안 땅에 가서 선택해야 할 생명의 길과 배척해야 할 죽음의 길을 생생하게 대조시킨다. 11:1-7은 야웨 하나님의 출애굽 구원 대사와 광야를 회고하면서 그 과정에서 베푸신 섭리적 인도와 돌보심이 이스라엘에 대한 하나님의 '사랑', 곧 계약적 의리 실천이었음을 강조한다. 1절은 특히 야웨의 계명이 원리적으로 옳기 때문이 아니라 야웨가 베푸신 사랑에 응답해 야웨 하나님을 사랑하라고 호소한다. 야웨 하나님에 대한 사랑에 의해 추동된 마음으로 야웨가 주신 책무[미쉬메레트(מִשְׁמֶרֶת)]와 법도와 규례와 명령을 항상 지키라고 말한다. 하나님을 사랑하는 마음은 왜 하나님이 이스라엘을 그토록 열렬하게 사랑하시는지 그 내적 논리를 이해하고, 그 이해에 근거해서 하나님을 되사랑하는 마음이다. 요한복음 14-15장과 요한일서 4장에서는 하나님을 사랑하는 것을 하나님이 주신 계명을 준행하는 행위라고 여러 번 규정한다. 하나님을 사랑하는 행위는 하나님이 주신 계명과 규례와 법도를 지극히 삼가 받들어 지키는 행위다. 2-7절은 출애굽 구원 전쟁과 광야 시절의 보호와 돌보심을 회고함으로써[8:1-6, 15-16] 이스라엘에 대한 하나님의 언약적 사랑, 곧 의리가 얼마나 견고한지를 말해 준다. 특히 6-7절은 하나님의 출애굽 구원 대사를 원천적으로 무효화하려고 했던 반역도당 다단과 아비람의 반역 사건을 회고한다. 다단과 아비람을 지진으로 삼켜 버리신 이유는 그들이 하나님의 출애굽 구원을 배척하고 이스라엘 회중을 다시 애굽으로 끌고 가려고 했기 때문이다.

11:8-17은 이스라엘 백성이 이제 곧 들어가 차지할 가나안 땅의 신학적 지위를 말하며 이스라엘의 계약적 신실성과 땅의 비옥도와 생산성의 연동 관계를 말한다. 개역개정 성경 8-9절은 이 연동 관계를 효과적으로 부각시키지 못한다. 히브리어 본문 안에 있는 두 개의 목적절[르마안(לְמַעַן)]을 충분히 주목하지 않고 번역하기 때문이

다. 개역개정은 "하라. 그러면 어떤 결과가 나올 것이다"의 논리로 번역되어 있다. 목적절이 아니라 결과절로 해석했기 때문이다. 그 논리는 "야웨의 모든 명령을 지키라. 그러면 강성해질 것이며 땅을 차지할 것이며 젖과 꿀이 흐르는 그 땅에서 살 날이 장구해질 것이다"이다. 두 개의 목적절을 살려 직역하면 이렇다. "너희가 강성해서 너희가 친히[인칭대명사 아템(אַתֶּם) 돌출사용으로 강조] 이제 막 건너가 차지하려고 하는 그 땅에 들어가 그 땅을 차지할 수 있도록 그리고 야웨 하나님께서 너희 조상들에게 그들과 그들의 후손에게 주시겠다고 맹세했던 그 땅, 곧 젖과 꿀이 흐르는 땅에서 날들을 오래 늘릴 수 있도록 하기 위하여, 너희는 오늘 내가[아노키(אָנֹכִי)] 네게 명령하는 각각의 명령을 지켜야 할 것이다." 이스라엘이 강성해지기 위해, 가나안 땅을 차지하고 그것을 오랫동안 누리기 위해 하나님의 모든 계명 하나하나를 다 지켜야 한다. 이스라엘은 강대한 나라, 큰 민족(고이 가돌)이 되도록 부름을 받았는데 그 강성함은 하나님과의 언약적 유대의 견고함에서 오는 것이며 하나님의 계명을 준수해 공의롭고 거룩한 공동체를 이룰 때 오는 것이다. 이스라엘의 강성함은 인구의 번성으로만 보장되지 않는다. 야웨의 모든 명령 하나하나를 준수하는 영적 순전성과 하나님과의 인격적 친밀도로 인해 이스라엘은 강성한 나라가 된다.

이스라엘이 들어가 차지하려 하는 땅은 이스라엘이 막 탈출해 나온 애굽 땅과 같지 않다. 거기에서는 씨를 파종한 후에 발로 물 대기를 채소밭에 댐과 같이, 곧 인위적으로 조성된 관개시설로 땅을 윤택케 했다. 반면에 이스라엘이 이제 막 건너가 차지할 땅은 산과 골짜기에 물이 저장되어 있는 땅이다. 자연 관개시설이 없는 땅이다. 하늘에서 내리는 비를 흡수해 농작물을 키우는 땅이다. 야웨 하나님께서 늘 돌보아 주시는 땅이며 연초부터 연말까지 이스라엘의 하나님 야웨의 눈이 항상 지켜보고 감찰해 주시는 땅이다. 자연적인 강수량에 의존하지 않고 하나님의 눈동자가 특별히 권고해 주실 때 농작물 재배가 가능하다는 말이다. 즉, 계절의 순환에 맡기면 저절로 농사가 되는 땅이 아니다. 오히려 하나님은 그 땅 거주자의 하나님 명령 순종 여부와 강우의 은혜를 연동시키신다. 만일 이스라엘이 하나님께서 명하시는 모든 명령을 청종하고 그들의 하나님 야웨를 사랑하여 마음을 다하고 뜻을 다하여 섬기면, 야웨께서 이른 비, 늦은 비를 적당한 때에 내리사 이스라엘은 곡식과 포도주와 기름을 얻을 수 있을 것이며,^{6:10-11, 8:7-10, 12-13} 또 가축을 위하여 들에 풀이 나게 하사 이스라엘이 먹고 배부르게 하실 것이다. 이스라엘의 농사 성공 여부는 그들의 신앙의 순전성에 달려 있다는 말이다. 그런데 만일 이스라엘이 마음에 미혹을 당하여 돌이켜 다른 신들을 섬기며 그것에게 절하면,^{6:14-15, 7:4-5, 16, 25-26, 8:19} 야웨께서 진노하사 이스라엘 땅의 하늘을 닫아 비를 내리지 아니하여 땅이 소산을 내지 않게 하실 것이다. 그렇게 되면 이스라엘은 야웨께서 주신 아름다운 땅에서 속히 멸망당할 것이다. 가나안 땅 점유는 이스라엘의 부단한 율법 준수에 의해 유지된다는 것이다.

신명기는 여러 군데에서 이스라엘에게 땅은 하나님과 이스라엘이 맺은 언약에 딸린 하나님의 선물이라는 점을 강조한다. 시내산 율법을 준행하는 토대로서 하나님은 율법을 주심과 함께 땅도 주신 것이다. 이스라엘에게 야웨 하나님이 하나님 노릇하시기 위해 성취해야 할 계약 의무조항은 이스라엘에게 땅을 주시는 것이었다.^{출 3:6-13, 17:7-8} 야웨 하나님은 이스라엘에게 땅을 종주의 선물로 하사하심으로써 모든 계명과 규례와 법도에 대한 순종을 기대하고 요구하실 수 있었다. 따라서 율법 준수를 하지 않는 이스라엘, 곧 야웨 하나님의 계약적 요구에 전혀 응답하지 않는 이스라엘은 하나님의 계약적 선물인 땅을 차지할 어떤 명분도 없다. 이 땅 선물은 야웨께서 이스라엘에게 주신 다른 선물(도시들, 성문 혹은 성읍들, 인근 부족들에 대한 승리, 전리품, 소떼와 양떼, 아들들과 딸들, 재산을 모으는 능력)을 선물되게 만드는 결정적으로 유일무이한 계약적 선물인 것이다. 위에서 말한 나머지 선물은 땅 선물로부터 이차적으로 파생된 것들이다. 구약성경에서 이스라엘 백성이 경험하는 구원은 하나님이 주신 땅에서 사는 삶이었다. 따라서 이스라엘이 받을 수 있는 최고의 형벌은 땅을 잃는 것이다. 이스라엘은 가나안 땅에 살면서 자신들이 야웨의 언약에 매인 백성임을 자각하도록 되어 있었다. 그런데 이스라엘 편에서 야웨의 언약을 파기하고 다른 신들을 섬겨 경배하면 야웨 하나님의 계약 선물인 땅 상실은 지극히 논리적인 귀결이다.

11:18-25은 쉐마에 대한 충성과 그것을 바탕으로 한 후세대 교육이 가나안 정복전쟁을 성공적으로 이끌 것이라는 긍정적 기대를 말한다.[6:4-9, 20-25] 18-20절은 신명기 6:4-9을 거의 되풀이하고 있다. 18절이 말하는 "나의 이 말"이 무엇을 가리키는지는 분명하지 않지만 그것을 대하는 방식에 대한 언급에 비추어 추론해 볼 수 있다. 그것은 쉐마, 곧 6:4-5을 지칭하는 것으로 보아야 한다. 이스라엘 하나님의 유일무이한 하나님 되심을 가르치는 쉐마를 이스라엘 백성은 마음과 뜻에 두고, 또 그것을 손목에 매어 기호를 삼고 미간에 붙여 표를 삼으며, 또 그것을 자녀에게 시간과 장소를 가리지 않고 부단히 가르쳐야 한다. 집에 앉아 있을 때에든지, 길을 갈 때에든지, 누워 있을 때에든지, 일어날 때에든지 이 말씀을 강론하고 또 각자 자기 집 문설주와 바깥문에 이 쉐마를 기록해 두어야 한다. 다른 신들이 이스라엘의 눈과 손을 지배하게 내버려 두어서는 안 되고 집과 가정을 지배해서도 안 된다. 눈과 손은 물론이며 집과 가정도 유일하신 하나님을 사랑하는 마음으로 가득 차야 한다.

쉐마의 가르침이 이스라엘 사람 개개인과 가정, 그리고 사회에 육화되고 준행되면 야웨께서 조상들에게 주리라고 맹세하신 땅에서 이스라엘 자손과 그 후손이 영속적으로 살게 될 것이다. "땅 위에 하늘이 떠 있는 날들 만큼"은 "땅 위에 궁창을 내신 하나님의 창조 질서가 존속하는 날 동안"을 의미한다.^{시 89:30} 장구하고 영원한 가나안 땅 거주를 강조하는 말이다.[15] 22절은 '사랑하기 위하여' 부정사 구문에 주목해 그 의미를 파악해야 한다. 개역개정 성경은 세 개의 부정사 구[르아하바(לְאַהֲבָה), 라레케트(לָלֶכֶת), 르다브카(לְדָבְקָה)]를 주목하지 않고 번역해 22-23절의 논리적 연관을 잘 부각시키지 못한다. 히브리어 구문을 두 개의 부정사 구를 주목해 직역하면 이러하다. "만일 그의 모든 도들을 따라 걸음으로써 그리고 그에게 붙좇음으로써[16] 너희의 하나님 야웨를 사랑하기 위하여, 내가(아노키) 너희에게 명하는 이 모든 각각의 명령 하나하나[엣-콜-하미츠봐 하조트(אֶת־כָּל־הַמִּצְוָה הַזֹּאת)]를 확실히 지켜 행하면[샤모르 티쉬머룬(שָׁמֹר תִּשְׁמְרוּן), 부정사 절대형 구문], 야웨께서 그 모든 나라 백성을 너희 앞에서 다 쫓아내실 것이며 그런 후에 너희가 친히(아템) 너희보다 위세등등하고 강대한 나라들을 몰아낼 것이다." 하나님을 사랑하는 각론적 행위는 그의 모든 도들을 따라 걸음으로써 그리고 그에게 붙좇음으로써 표현된다. 이스라엘이 하나님을 사랑한다는 사실을 입증하려면 일상생활과 모든 단위의 공적 생활에서 그의 모든 도를 따라 걷고 야웨를 붙좇되 모든 명령 하나하나를 다 지켜 행해야 한다는 것이다. 하나님을 사랑하는 행위는 하나님의 모든 명령을 지키는 행위라고 보는 이 신명기적 정형화는 요한복음과 요한일서에서 가장 선명하게 계승되었다.

24-25절은 이스라엘의 영토 확장 방식을 말한다. 하나님을 사랑하고 그를 붙좇는 이스라엘 자손이 땅을 정복하고 그 경계를 확장한다. 하나님의 명령 하나하나에 심혈을 기울여 경청하고 준행하면 이

스라엘은 천하무적이 될 것이며,[7:17-26] 그들이 발바닥으로 밟는 곳은 다 그들의 소유가 될 것이다. 이스라엘의 영적 최전성기 때의 경계는 아라바 광야(사해)에서부터 레바논까지와 유브라데 강에서부터 지중해(서해)까지가 될 것이다. 이것이 가장 이상화된 이스라엘이 차지할 영토의 경계다. 이스라엘의 역사 어느 때에도 이렇게까지 넓고 광활한 영토를 차지한 왕이나 부족이나 국가는 없었다. 이스라엘의 극대치 순종으로 차지할 영토는 아직 이스라엘 경계 밖에 있다. 이스라엘은 이 하나님의 약속에 제시된 광활한 영토를 정복하지 못했다. 왜냐하면 아직까지 이스라엘은 최상의 이상화된 하나님 사랑을 보여주지 못했기 때문이다.

마지막으로 11:26-32은 곧 시작될 가나안 정착 시대가 복이 될지 저주가 될지를 결정하는 중차대한 순간이 이스라엘 자손에게 당도했음을 역설한다. 5-11장의 마지막 단락인 여기서 청중(독자)은 복과 저주의 갈림길에서 선 이스라엘이 끝내 복을 선택하기를 기대하시는 하나님의 신적 파토스를 감지한다. '으뜸 계명'을 구성한 십계명과 쉐마에 대한 모세의 긴 훈계는 11장에서 끝난다. 이제 야웨는 이스라엘 앞에 축복과 저주를 제시하고 백성들은 둘 중 하나를 선택하도록 요구받는다. 이스라엘 앞에 놓인 축복과 저주의 두 길은 계약에 대한 순종 및 불순종 여부에 따라 예상되는 결과를 규정하는 계약상의 상벌규정이다.[11:26-28] 모세는 가나안 땅에 있는 그리심산에서 축복을 선포하고 에발산에서 저주를 선포하라고 명한다. 그래서 이스라엘은 가나안 땅에 들어가서 그리심산과 에발산 산기슭에서 축복 선언과 저주 선언을 동시에 듣게 될 것이다.[신 27장 17] 과연 이스라엘은 에발산의 저주 선언을 따라 갈 것인가, 그리심산의 축복 선언으로 역사의 항로를 개척할 것인가? 축복과 저주, 생명과 죽음을 두고 이스라엘은 어떤 선택을 할 것인가? 선택의 책임은 이스라엘에게 달려 있다. 약속의 땅에서 사는 동안 야웨의 뜻에 대한 순종은 생명과 축복의 가능성을 열고, 불순종은 풍성한 소산과 그 땅 자체의 상실을 초래할 것이며 궁극적으로는 죽음을 초래할 것이다. 땅에서 결실되는 모든 생명의 혜택을 누리는 후세대 백성은 전부 아니면 전무를 결정하는 선택이 기다리는 바로 그 순간으로 소환된다. 하나님의 백성은 순종과 불순종의 갈림길에서 매 순간 선택하며 그들의 미래를 엮어 가야 한다.

31절은 이제 가나안 땅 진입과 정복 활동이 임박한 미래라는 인상을 준다. 모세는 이스라엘이 친히(아템) 하나님이 주시는 땅에 들어가 그것을 차지하여 거기 거주해야 할 것을 명령한다. 31절도 땅 상속을 신명기의 전형적인 야웨 하나님의 주심과 이스라엘의 차지함이라는 비대칭적 신인협력 모델로 표현한다. 가나안 땅은 이스라엘에게 선물이지만 또한 성취해야 할 과업이라는 것이다. 가나안 땅은 선물처럼 포장되어 이스라엘 백성 앞에 택배로 전달되는 것이 아니다. 오히려 하나님이 주신 선물임을 믿고 정복하여 쟁취해야 할 과업이다. 하나님께서 족장들에게 주신 약속을 믿지 못하면 감히 쟁취할 수 없는 선물이 가나안 땅인 것이다. 신명기 전체에 걸쳐서 "가나안 땅은 하나님의 선물이다"라는 확언 바로 옆에는 "들어가서 그 땅을 정복하고 차지하라"는 거룩한 명령이 빈번하게 나타나고 있다.[3:12] 그러므로 하나님의 선물 하사 행위는 인간의 능동적인 순종(정복전쟁 포함)을 통해 실현된다. 대부분 신명기가 그리는 땅 차지 활동은 야웨-이스라엘의 비대칭적 동맹군의 군사적인 투쟁이라는 절차를 통해 이루어진다. 야웨께서 이스라엘에게 먼저 절대적으로 가나안 땅을 기업으로 하사하셨기 때문에 이스라엘은 그 땅으로 들어가서 원주민을 몰아내고 땅을 차지할 수 있다는 논리인 것이다. 하나님의 선행적인 땅 주심과 이스라엘의 후속적인 땅 정복이라는 두 가지 관념이 신명기에서 자주 나오는 관용어 "야웨께서 너희로 하여금 정복하도록 한 땅"[3:18, 5:31, 12:1, 15:4, 19:2, 14, 25:19]이라는 표현 속에 공존하고 있다.[7:1-2] 하나님께서 이스라엘을 그 땅으로 끌어들이심과 이스라엘이 그 땅으로 들어감을 병치시키고, 또 하나님께서 대적을 넘겨주심과 이스라엘이 대적을 쳐서 승리함을 병행시키고 있다. 하나님의 거룩한 선물로서의 땅 개념과 인간적인 투쟁을 통해 얻는 전리품으로서의 땅 개념은 양립 불가능한 것이 아니고 오히려 전체의 부분들이다.[18] 이스라엘 백성은 그들 자신이 원주민들과 싸워 이겨서 땅을 차지했다는 사실을 명백하게 알고 있었으면서도 다른 한편 그들의 역사를 통해 전쟁에 개입하신 하나님의 주권적인 역사를 송축하는 데 주저함이 없었다.

32절에서 하나님은 이스라엘이 복을 선택하도록 거룩하게 압박하신다. "내가 오늘 너희 앞에 베푸는 모든 규례와 법도를 너희는 지켜 행할지니라." 12장부터는 이 모든 규례와 법도가 구체적인 삶의 자리에서 어떻게 준행되어야 하는지를 다채롭게 보여줄 것이다.

III.

신명기 12-16장

가나안 정복전쟁은 하나님의 거룩한 심판인가

이 단락은 이른바 '신명기 법전'이라고 불리는 신명기 12-26장의 첫 부분이다. 신명기 12-26장은 출애굽 2세대가 종교적으로나 물질적으로 매우 풍요로운 가나안 땅에서 정착생활을 시작할 때 꼭 준행해야 할 세부적인 시행세칙용 율법을 담고 있다. 12-26장은 쉐마와 십계명이라는 대강령을 가나안 다신교/다인종 문명에서 구체적으로 어떻게 지켜갈 것인지에 대한 질문을 가진 가나안 정착세대를 예상 청중(독자)으로 삼는다. 광야의 방랑 시절을 청산하고 시작된 가나안 땅 정착은 과연 이스라엘이 하나님에 대한 배타적 예배를 유지할 것인지 못할 것인지를 검증하는 시금석이 될 것이다. 12-26장의 규례와 판례법 중 많은 것들은 출애굽기 21-23장에 기록되어 있는 보다 초기의 법도와 규례를 반복하지만,[1] 가나안 땅 정착이 초래한 다신교적인 환경에 맞게 개정되거나 증보되었다(예를 들어 12장의 합법적 제단법).[2] 또한 이 율법적인 지침들은 십계명의 확장된 구체적 적용 사례를 보여준다. 12-26장은 거의 대부분 십계명 순서대로 편집되어 있다. 크게 보면 12-16장은 십계명 제1-4계명의 확장적 적용 사례를 보여준다.

12장은 십계명 제1-2계명 안에 내재된 호전적·배타적 성격을 유감없이 드러낸다. 언뜻 보면 인종청소적인 학살을 명령하는 것처럼 들린다. 이 본문은 사실상 종교의 이름으로 자행된 숱한 전쟁(내전이건 국제전이건)을 정당화하는 데 동원되어 왔다. 12:2-3은 가나안의 종교체제와 부대시설을 파괴하라고 명령한다. 신명기나 여호수아서의 다른 부분에서는 이 명령이 가나안의 토착종교 사제들, 그리고 그것을 떠받치는 사람들까지 학살하라는 명령으로 이어지고 있다. 야웨 하나님에 대한 이스라엘의 배타적인 예배를 좌절시킬 수 있는 모든 잠재적인 배교 유혹 세력을 멸절하라는 것이다. 이러한 전쟁을 구약성경에는 '야웨의 전쟁'(Yahweh's war) 혹은 '거룩한 전쟁'(the divine war)이라고 한다. 전쟁의 목적이 신학적이기 때문에, 곧 하나님이 설정하신 이유로 전쟁이 치러지기 때문에 붙여진 이름이다. 하나님을 배타적으로 섬길 이스라엘 공동체를 창설하고 유지하려는 지상 과제 때문에 하나님은 문명파괴적인 명령을 하달하시는 것이다. 도올 김용옥은 이런 신명기의 야웨를 '사막의 깡패'라고 부른다.[3] 많은 시대의 성경 독자들에게 하나님의 잔혹한 전쟁 이미지는 극단적인 혐오감을 유발시켜 왔다. 그래서 서구 신학자들은 이 신명기의 호전성과 야웨 하나님의 호전적인 이미지를 희석화시켜 보려고 노력했다.

마틴 노트[Martin Noth]-폰라드[Gerhard von Rad] 계열의 학자들은, 이 명령은 실제 모세-여호수아 시대에 주어진 명령이 아니라 가나안 정착 이후에 이스라엘 민족이 가나안 문화와 종교에 포섭되어 정체성을 잃어버렸을 때 사후적으로 선포된 지극히 관념적이고 이론적인 명령이었다고 본다. 즉, 기원전 7세기 신명기 종교개혁 운동의 주창자들이 자신의 시대에 벌어진 종교전쟁, 문화전쟁의 정당화를 위해 이런 극단적인 명령을 모세의 입에 집어넣었다고 보는 것이다. "너희는 애초에 가나안 토착족속을 멸절시켰어야만 했다"는 것이다. 이러한 노력에도 불구하고 국제적 평화와 다원적 가치관이 지배적인 규범이 되어 있는 오늘날의 문화와 조화되지 못하는 이런 종족신적인 이념을 독일의 아돌프 하르낙[Adolf von Harnack]과 같은 학자들은 원시적 선민의식의 잔재라고 폄하한다.

그러나 우리는 출애굽기, 레위기, 민수기, 신명기에 걸쳐서 가나안 토착종교는 철저하게 부정되거나 혐오되고 있음을 기억하여야 한다. 가나안 토착종교와 문명은 이스라엘과 공존 불가능한 타락과 부패의 극치를 보여주는 것으로 묘사된다. 이것은 무엇을 말하는가? 아마도 가나안 토착문명에 대한 하나님의 파괴 명령의 가혹성을 완화시키려는 심리적인 준비 과정일 것이다. 가나안 토착세력은 자신들의 관영한 죄악 때문에 멸망당한다는 사실을 받아들이게 된다. 여기서 우리는 모세오경의 땅신학의 한 면모를 이해할 필요가 있다. 모세오경의 땅신학 중 하나는 인간은 땅의 거류자에 불과하다는 사상이다. 어떤 누구도 땅을 영구적으로 소유하지 못한다. 현재의 가나안 토착족속들도 그 이전 시기의 토착족속을 몰아내고 정착하였고, 이제 이들도 이스라엘 백성에 의해 쫓겨날 운명에 놓인 것이다. 땅은 그 토착민들이 공의와 정의를 드러내지 못할 때 그들을 몰아내게(토하게) 마련이라는 것이다.^{창 15:1-15, 레 18:25, 28} 그런데 역사적으로 우연하게도 땅이 가나안 토착거민을 토해 내는 과정에 이스라엘 백성이 하나님의 공변된 심판의 대리자로 참여하는 것이다. 따라서 가나안 정복전쟁에서 이스라엘이 거둔 승리는 가나안 원주민에 대한 하나님의 심판의 결과일 뿐, 다른 어떤 것도 의미하지 않는다. 이스라엘의 군사적 승리도 아니고 도덕적 승리도 아니다. 하나님의 심판이자 공의와 정의가 악행과 불의에 대하여 거둔 승리일 뿐이다. 오히려 가나안 정복전쟁에서 멸절되거나 예속되는 토착민의 운명은 장차 이스라엘 민족이 겪을 운명의 전조가 될 수도 있다는 경고가 쩌렁쩌렁 울려 퍼지고 있다.

그렇다면 무엇이 한 문명, 한 민족으로 하여금 땅을 잃고 소멸되거나 이산과 유랑의 신세가 되게 하는가? 신명기는 하나님과 맺은 계약, 곧 공평과 정의의 계약을 어기는 죄를 범할 때(열방들의 멸망

원인: 형제조약의 파기, 가난한 자들에 대한 착취, 사법정의의 타락, 영적·도덕적·윤리적·성적 타락) 거주민은 땅의 사용권을 잃고 소멸되거나 추방된다고 본다. 소돔과 고모라, 아드마와 스보임 등 사해 근처의 네 도시국가는 공평과 정의의 결핍, 도덕적·성적 문란으로 땅 위에서 문명의 자취를 감추었다. 베수비오 화산의 화산재 아래로 함몰된 고대 로마의 저 유명한 라스베이거스급 음란도시 폼페이의 운명도 마찬가지였다.

한 문명의 창조와 발전을 견인하는 중심 요소는 인구, 문자, 교육, 그리고 종교다. 그중에서도 종교는 으뜸 요소다. 종교宗教는 문자 그대로 '으뜸 가르침'이기 때문이다. 으뜸 가르침은 문명과 제도, 국가 경영, 이웃관계, 상거래 등 개인, 가정, 공동체, 국가, 국제관계를 틀 지우는 토대적인 가르침이다. 이런 점에서 종교의 파탄은 문명의 파탄을 의미한다. 그릇된 신관이 종교 파탄을 초래하여 문명을 타락시킨다. 신명기는 가나안의 신관이 가나안 문명을 존립할 수 없을 정도로 타락시키고 부패시켰다고 본다. 그래서 하나님은 가나안 문명을 심판하신다는 것이다. 특히 가나안의 신들에 대한 심판, 가나안 문명의 으뜸 가르침에 대한 심판이 우선순위 1번으로 배치된 것은 당연하다.[12장] 바로 이 때문에 신명기 도처에서는 가나안 종교에 대한 아주 살벌할 정도의 호전적인 명령이 발포되고 있다. 과연 부정적이고 파괴적인 이미지와 언어가 신명기 12장을 가득 채운다.

하지만 우리는 이때 하나님만을 잔인하고 잔혹한 이미지로 그려낼 것이 아니라 우리 문명의 토대와 내 삶의 토대가 하나님께 얼마나 역겨운지를 먼저 생각해야 한다. 우리 문명의 토대가 하나님의 창조 주권을 얼마나 크게 훼손하고 공격하였는지를 생각해야 한다. 가나안 토착문명, 토착 으뜸 가르침과 사제들과 토착민(특히 상류층)에 대한 파괴 명령은 달리 생각하면 바로 이스라엘 백성 안에 잠재된 그릇된 신관에 대한 파괴 명령인 것이다. 따라서 신명기의 가나안 토착족속에 대한 명령은 인종청소적 학살 명령이 아니라, 인류 일반의 악행에 대한 하나님의 심판이다. 그것은 창조주 하나님을 배반하고 우상을 섬기는 인류의 하나님 위엄 훼손과 창조주 영광 침탈에 대한 대항 공격이자 공변된 심판인 것이다. 이 하나님의 거룩하고 공변된 심판의 대행자가 이스라엘 백성이다. 따라서 이스라엘의 가나안 정복전쟁은 본질적으로 하나님의 전쟁이다. 영토적 야심, 자원 약탈, 신붓감 확보를 위한 전쟁이 아니다. 종교가 다르기 때문에 벌이는 협량한 종교전쟁은 더더욱 아니다. 전쟁의 본질적인 당사자는 이스라엘과 가나안 족속이 아니라 하나님과 가나안의 신들이다.

이렇게 해서 출애굽 2세대이자 가나안 정착 1세대인 이스라엘 백성은 가나안 토착문화에 대한 하나님의 심판을 대행하는 대리자로 부름을 받았다. 아브라함의 후손을 통하여 의와 공도[미쉬파트(מִשְׁפָּט)와 체데크(צֶדֶק)]를 구현하는 전혀 새로운 공동체를 창조하시려는 하나님의 계획 첫 단계는 가나안 토착문명의 전복이다. 이스라엘은 가나안의 토착종교와 토착신들로부터 분리되어야 한다. 그런데 이전까지의 가나안은 다양하고 화려한 우상신의 땅이었고 그 신들과 종교는 이스라엘에게 유혹과 시험이 될 것이 틀림없다. 하지만 이 혼돈의 땅에서도 이스라엘은 유일하신 하나님에 대한 일편단심의 예배12:1-32, 14:22-29, 15:19-16:17를 유지하기 위하여 전쟁을 해야 한다. 즉, 가나안 토착신과 그들이 대표하는 가치체제를 전복해야 한다.

'다른 신들'의 신상과 제단을 파괴하라 •12장

12 ¹네 조상의 하나님 여호와께서 네게 주셔서 차지하게 하신 땅에서 너희가 평생에 지켜 행할 규례와 법도는 이러하니라. ²너희가 쫓아낼 민족들이

그들의 신들을 섬기는 곳은 높은 산이든지 작은 산이든지 푸른 나무 아래든지를 막론하고 그 모든 곳을 너희가 마땅히 파멸하며 ³ 그 제단을 헐며 주상을 깨뜨리며 아세라 상을 불사르고 또 그 조각한 신상들을 찍어 그 이름을 그 곳에서 멸하라. ⁴ 너희의 하나님 여호와께는 너희가 그처럼 행하지 말고 ⁵ 오직 너희의 하나님 여호와께서 자기의 이름을 두시려고 너희 모든 지파 중에서 택하신 곳인 그 계실 곳으로 찾아 나아가서 ⁶ 너희의 번제와 너희의 제물과 너희의 십일조와 너희 손의 거제와 너희의 서원제와 낙헌 예물과 너희 소와 양의 처음 난 것들을 너희는 그리로 가져다가 드리고 ⁷ 거기 곧 너희의 하나님 여호와 앞에서 먹고 너희의 하나님 여호와께서 너희의 손으로 수고한 일에 복 주심으로 말미암아 너희와 너희의 가족이 즐거워할지니라. ⁸ 우리가 오늘 여기에서는 각기 소견대로 하였거니와 너희가 거기에서는 그렇게 하지 말지니라. ⁹ 너희가 너희 하나님 여호와께서 주시는 안식과 기업에 아직은 이르지 못하였거니와 ¹⁰ 너희가 요단을 건너 너희 하나님 여호와께서 너희에게 기업으로 주시는 땅에 거주하게 될 때 또는 여호와께서 너희에게 너희 주위의 모든 대적을 이기게 하시고 너희에게 안식을 주사 너희를 평안히 거주하게 하실 때에 ¹¹ 너희는 너희의 하나님 여호와께서 자기 이름을 두시려고 택하실 그 곳으로 내가 명령하는 것을 모두 가지고 갈지니 곧 너희의 번제와 너희의 희생과 너희의 십일조와 너희 손의 거제와 너희가 여호와께 서원하는 모든 아름다운 서원물을 가져가고 ¹² 너희와 너희의 자녀와 노비와 함께 너희의 하나님 여호와 앞에서 즐거워할 것이요 네 성중에 있는 레위인과도 그리할지니 레위인은 너희 중에 분깃이나 기업이 없음이니라. ¹³ 너는 삼가서 네게 보이는 아무 곳에서나 번제를 드리지 말고 ¹⁴ 오직 너희의 한 지파 중에 여호와께서 택하실 그 곳에서 번제를 드리고 또 내가 네게 명령하는 모든 것을 거기서 행할지니라. ¹⁵ 그러나 네 하나님 여호와께서 네게 주신 복을 따라 각 성에서 네 마음에 원하는 대로 가축을 잡아 그 고기를 먹을 수 있나니 곧 정한 자나 부정한 자를 막론하고 노루나 사슴을 먹는 것 같이 먹으려니와 ¹⁶ 오직 그 피는 먹지 말고 물 같이 땅에 쏟을 것이며 ¹⁷ 너는 곡식과 포도주와 기름의 십일조와 네 소와 양의 처음 난 것과 네 서원을 갚는 예물과 네 낙헌 예물과 네 손의 거제물은 네 각 성에서 먹지 말고 ¹⁸ 오직 네 하나님 여호와께서 택하실 곳에서 네 하나님 여호와 앞에서 너는 네 자녀와 노비와 성중에 거주하는 레위인과 함께 그것을 먹고 또 네 손으로 수고한 모든 일로 말미암아 네 하나님 여호와 앞에서 즐거워하되 ¹⁹ 너는 삼가 네 땅에 거주하는 동안에 레위인을 저버리지 말지니라. ²⁰ 네 하나님 여호와께서 네게 허락하신 대로 네 지경을 넓히신 후에 네 마음에 고기를 먹고자 하여 이르기를 내가 고기를 먹으리라 하면 네가 언제나 마음에 원하는 만큼 고기를 먹을 수 있으리니 ²¹ 만일 네 하나님 여호와께서 자기 이름을 두시려고 택하신 곳이 네게서 멀거든 내가 네게 명령한 대로 너는 여호와께서 주신 소와 양을 잡아 네 각 성에서 네가 마음에 원하는 모든 것을 먹되 ²² 정한 자나 부정한 자를 막론하고 노루나 사슴을 먹는 것 같이 먹을 수 있거니와 ²³ 다만 크게 삼가서 그 피는 먹지 말라. 피는 그 생명인즉 네가 그 생명을 고기와 함께 먹지 못하리니 ²⁴ 너는 그것을 먹지 말고 물 같이 땅에 쏟으라. ²⁵ 너는 피를 먹지 말라. 네가 이같이 여호와께서 의롭게 여기시는 일을 행하면 너와 네 후손이 복을 누리리라. ²⁶ 오직 네 성물과 서원물을 여호와께서 택하신 곳으로 가지고 가라. ²⁷ 네가 번제를 드릴 때에는 그 고기와 피를 네 하나님 여호와의 제단에 드릴 것이요 네 제물의 피는 네 하나님 여호와의 제단 위에 붓고 그 고기는 먹을지니라. ²⁸ 내가 네게 명령하는 이 모든 말을 너는 듣고 지키라. 네 하나님 여호와의 목전에 선과 의를 행하면 너와 네 후손에게 영구히 복이 있으리라. ²⁹ 네 하나님 여호와께서 네가 들어가서 쫓아낼 그 민족들을 네 앞에서 멸절하시고 네가 그 땅을 차지하여 거기에 거주하게 하실 때에 ³⁰ 너는 스스로 삼가 네 앞에서 멸망한 그들의 자취를 밟아 올무에 걸리지 말라. 또 그들의 신을 탐구하여 이르기를 이 민족들은 그 신들을 어떻게 섬겼는고. 나도 그와 같이 하겠다 하지 말라. ³¹ 네 하나님 여호와께는 네가 그와 같이 행하지 못할 것이라. 그들은 여호와께서 꺼리시며 가증히 여기시는 일을 그들의 신들에게 행하여 심지어 자기들의 자녀를 불살라 그들의 신들에게 드렸느니라. ³² 내가 너희에게 명령하는 이 모든 말을 너희는 지켜 행하고 그것에 가감하지 말지니라.

III.

12장은 이스라엘이 그들의 "조상의 하나님 야웨께서 하사해 주신

땅"에서 평생에 지켜 행할 규례와 법도를 소개하면서 시작된다. 2-3
절에서 모세는 가나안 토착족속의 신들을 정조준하여 하나님의 심판
을 대리하라고 명한다. 야웨께서 하사하신 그 땅은 텅 빈 땅이 아니
라 이미 원주민들이 살고 있는 땅이다. 그 원주민들은 하나님이 허락
하신 임차기간이 만료되어(그들의 죄악이 관영해)^{창 15:13-15} 그 땅의 주
도권을 잃을 처지에 놓여 있는 사람들이다. 그래서 이스라엘은 "너희
가 쫓아낼 민족들이 그들의 신들을 섬기는 곳은 높은 산이든지 작은
산이든지 푸른 나무 아래든지를 막론하고 그 모든 곳을 너희가 마땅
히 파멸하며 그 제단을 헐며 주상을 깨뜨리며 아세라 상을 불사르고
또 그 조각한 신상들을 찍어 그 이름을 그 곳에서 멸하라"는 명령을
받는다. 멸절 대상은 가나안 토착민의 신들, 예배 장소, 바쳐진 제단,
주상, 아세라 상, 조각한 신상, 그리고 이름이다. 2절은 아바드(אָבַד)
동사의 피엘(강세) 절대형 부정사가 문두에 배치된 구문으로 시작한
다. 아베드 터압둔(אַבֵּד תְּאַבְּדוּן). "반드시 멸절시키라"는 말이다. 3절
의 주요 동사 세 개가 강세형이다. '헐다'는 나타츠(נָתַץ) 동사의 강세
형 니타츠(נִתַּץ), '찍다'는 가다(גָּדַע)의 강세형 기데아으(גִּדַּע), '멸하라'
는 샤바르(שָׁבַר) 동사의 강세형 시뻬르(שִׁבֵּר)가 각각 사용되고 있다.
이 강세형 동사의 전면배치는 이스라엘 자손이 얼마나 격렬한 적의
를 가지고 가나안 토착신과 그들에게 바쳐진 종교 시설을 파괴해야
하는지를 보여준다.

　가나안 땅 정복의 핵심은 가나안을 지배한다고 신봉되는 토착신
들의 비신격화 무장해제이기 때문에, 가나안 토착신과 그들의 대리
자에 대한 하나님의 심판 집행이 가나안 정복전쟁의 최우선 과업인
것은 자연스럽다. 여기서 중요한 것은 가나안 토착신이 가나안 사람
들(외국인)이 섬기는 신이었기에 파괴되는 것이 아니라, 그 신들이
창조주 야웨 하나님의 다스림에 대적하고 그들을 섬기는 인간들을

비인간화시키며 창조주 하나님으로부터 멀어지게 만드는 역할을 하기 때문에 멸절 대상이 된 것이라는 사실이다. 창조주 하나님의 거룩한 영광과 위엄을 막고 불법적이고 음란한 종교 제의로 인간을 지배하던 신들은 '다른 신들'이며 따라서 그들에게 바쳐진 제단을 파괴하라는 명령이 가나안 정복 과업의 최우선이 된 것은 당연하다. 우상신들에게 바쳐진 제단에서 드려진 예배는 하나님이 받으실 수 없는 예배다. 따라서 12장에서는 합당하고 적법한 성소에서 예배 드리는 문제에 대한 가르침이 가장 먼저 제시된다. 야웨의 이름(성품)이 있는 곳, 야웨의 현존이 확보되는 곳에서 드린 예배만이 하나님께 받아들여지는 예배임이 분명하게 선포된다. 예배란 하나님의 왕적인 다스림에 감미롭게 복종하는 의식이다. 참된 예배는 하나님의 현존에게 드려져야 한다. 야웨의 이름이 현존하는 곳이 야웨의 현존이 계신 곳이다. 야웨의 이름은 야웨의 성품과 의지가 집약된 단어다. 신명기 저자가 야웨의 이름이 있는 처소에서 드려지는 예배만을 명령하는 이유는, 하나님의 성품에 적합한 가르침이 선포되고 하나님의 거룩한 요구를 구현하는 제의가 집행되는 곳에서 드려진 예배만이 하나님의 다스림을 매개하기 때문이다.

신명기 저자가 합법적인 예배 장소에 대한 가르침을 첫 번째로 배치한 것은 십계명 중 제1계명의 우선적 중요성을 명백하게 강조하기 위함이다. 하나님의 다스림이 이스라엘 백성 개인의 삶, 공동체의 문화, 그리고 국가 경영과 국제관계에서 세밀하게 스며들기 위해 이스라엘은 야웨에 대한 자원적이고 정통적인 순종을 드려야 한다. 이 순종 의식이 바로 예배다. 예배는 이스라엘이 하나님을 사랑하는 가장 대표적인 방법이다. 하나님 나라(다스림)는 하나님을 자발적으로 사랑하는 공동체와 개인에게 임한다.

십계명 제1-2계명과 쉐마에서 분명하게 천명되듯이, 올바르고 완전하며 또한 배타적인 사랑의 첫 출발점은 이스라엘의 배타적이고 순결한 예배 안에서 발견된다. "하나님을 향하여 전적으로 헌신하라", 곧 "하나님 한 분만을 섬기고 예배하라"는 급진적이고 단호한 요구는 이방 신상과 제단의 파괴에서 실현된다. 예배는 경배(절함)이자 교제이기 때문에 하나님만을 사랑하려면 하나님께 바쳐져야 할 우리의 충성과 일편단심의 사랑을 도적질하려는 우상신들을 배척할 수밖에 없다. 예배는 실로 하나님의 이름(본질과 성품)을 불러 하나님의 현존과 접촉하는 경험이 아닌가? 여기에 어떤 경쟁자나 인간적 매개물도 끼어들어서는 안 된다. 이런 이유 때문에 이스라엘은 가나안 원주민이 종교행사를 벌인 모든 장소와 그것에 대한 기억을 소멸해야 한다. 제단, 아세라 상, 조각한 신상을 파괴해야 한다.

　12:4-7은 이스라엘이 따라야 할 올바른 야웨 예배 장소와 목적에 대한 규정이다. 이스라엘은 가나안 토착족속이 그들의 신을 섬기듯이 이스라엘의 하나님 야웨를 섬겨서는 안 된다. 오직 이스라엘의 하나님 야웨께서 당신의 이름을 두시려고 모든 지파 중에서 택하신 곳, 야웨가 계실 그곳으로 찾아 나아가서, 번제와 제물과 십일조와 손의 거제와 서원제와 낙헌예물과 소와 양의 초태생을 바쳐야 한다. 야웨의 이름이 있는 곳, 곧 야웨의 현존이 있는 성소로 나아가 하나님 야웨 앞에서 먹고 하나님 야웨께서 그들의 손으로 수고한 일에 복 주심으로 말미암아 온 가족이 한데 모여 즐거워해야 한다. 여기서 중요한 것은 이스라엘은 아무 데서나 야웨께 예배를 드릴 수 없고 하나님이 지정하신 장소, 곧 야웨 하나님의 이름이 계시되는 성소와 제단에서 그들의 희생, 십일조, 거제, 서원제, 낙헌제물을 바쳐야 한다는 것이다. 또한 이스라엘은 하나님 앞에서 먹어야 한다. 야웨 앞에서 먹는다는 말은 공동체 구성원들과 함께 가족적 우애를 누리며 먹는다는 말이다. 야웨께 드려진 예배는 가족적 우애를 돈독하

게 만들고 가족 구성원 사이에 즐거움과 희락을 증대시킨다. 형제우애가 강한 가족 공동체를 이루어 그들의 노동의 수고를 복으로 응답하신 하나님을 함께 즐거워하는 것이 야웨의 이름이 있는 합법적인 장소에서 드려진 예배다. 야웨 앞에서 먹고 마시고 함께 즐거워하는 예배는 이스라엘 언약 공동체를 가족적인 우애와 인애로 더욱 결속시켰을 것이다.

12:8-12은 4-7절을 부연설명한다. 5-7절은 이스라엘이 가나안 땅에 들어가자마자 실천할 수 있는 규정이 아니라는 것이다. 위 규정대로 실천하려면 한 가지 조건이 충족되어야 한다. 8절은 먼저 이스라엘이 가나안 땅에서 새롭게 실행해야 할 야웨 예배 방식과 이스라엘 재래의 예배 방식을 대조시킨다. '오늘 여기'는 아직 가나안 땅을 완전히 장악하지 못한 상태를 의미한다. 9절이 말하는 것처럼 신명기 저자(모세 혹은 후대의 신명기 편저자)의 시대는 야웨께서 주시는 안식[함머누하(הַמְּנוּחָה)]과 기업[한나할라(הַנַּחֲלָה)]에 이르지 못한 때였다. 5절의 규정처럼 야웨께서 택하실 성소에 가서 예물을 드리는 일은 "너희가 요단을 건너 너희 하나님 여호와께서 너희에게 기업으로 주시는 땅에 거주하게 될 때 또는 여호와께서 너희에게 너희 주위의 모든 대적을 이기게 하시고 너희에게 안식을 주사 너희를 평안히 거주하게 하실 때에"^{12:10}야 실천가능한 일이다.^{삼하 7:1} 즉, 가나안 땅 정착 이후에 하나님께서 사방의 대적들로부터 '안식'을 허락하실 때 하나님의 이름을 두신 성소와 제단으로 나아가야 할 의무가 다시금 강조된다. 11절은 6절을 거의 그대로 되풀이한다. 이스라엘은 야웨 하나님께서 당신의 이름을 두시려고 택하실 그곳으로 번제와 희생과 십일조와 손의 거제와 모든 아름다운 자원적 서원물을 가져가야 한다. 이렇게 드려진 예배에서는 자녀, 노예, 그리고 성중에 거하는 레위인도 이스라엘이 바치는 제물의 사회복지적 혜택의 수혜자가 되어야

한다. 특히 예배 봉헌물은 경작지 분깃을 할당받지 못한 레위인을 부양하는 데 소용되어야 한다. 이스라엘 백성은 각자 자신의 성읍에서 벗어나서 하나님이 정하신 공동체적인 성소와 제단에 나아가 제물을 바치고 즐거워해야 한다. 이것은 무엇을 의미하는가? 예배, 곧 야웨 하나님께 예물을 드리는 행위는 공동체의 결속력을 강화시키는 사회적인 장치였음을 의미한다. 이런 점에서 보면 예배 행위는 이웃 사랑을 실천하는 사회복지적 활동이었다.

12:13-19은 20-28절에서 확장적으로 설명되고 있는 올바른 희생제사에 대한 최초의 그리고 근본적인 정의를 제공한다. 13-14절은 번제 드릴 장소도 야웨가 택한 장소임을 강조한다. 11절의 반복적 부연이다. 15절은 13-14절이 너무 엄격하게 지켜졌을 때 생긴 사태를 해결하기 위하여 13-14절의 엄정한 규정을 다소 완화시킨다. 이스라엘은 예배 드리는 경우가 아니면 육식을 할 수 없었는가? 13-14절의 규정이 육식까지 금하는 것으로 들릴 수 있다는 것을 고려해 15절은 이스라엘 백성은 하나님 야웨께서 주신 복을 따라 각 성에서 마음에 원하는 대로 가축을 잡아 그 고기를 먹을 수 있다. 정한 자나 부정한 자를 막론하고 노루나 사슴을 먹는 것 같이 먹을 수 있다. 다만 피는 먹지 말고 물 같이 땅에 쏟아 버려야 한다.[레 17:11] 하지만 곡식과 포도주와 기름의 십일조와 소와 양의 초태생 봉헌물과 서원을 갚는 예물과 낙헌예물과 손의 거제물은 여전히 각 성에서 먹지 말고 오직 야웨 하나님께서 택하실 곳에서, 야웨 하나님 앞에서 먹어야 한다. 이때에는 이전 규정에서와 마찬가지로 자녀와 노비와 성중에 거주하는 레위인과 함께 야웨께 바쳐진 예물을 먹고 손으로 수고한 모든 일로 말미암아 하나님 야웨 앞에서 즐거워해야 한다.[4] 이번에는 레위인에 대한 특별 배려와 돌봄 의무를 상기시킨다. "너는 삼가 네 땅에 거주하는 동안에 레위인을 저버리지 말지니라."[12:19]

12:20-28은 13-19절 단락을 확장적으로 설명한다. 야웨 하나님이 자기 이름을 두시려고 택하실 한 장소에 가서 예배 드릴 것을 다시 강조한다. 또한 가나안 족속들과는 달리 희생제물을 피째 먹지 말아야 할 것이 다시금 강조된다. 여기서 야웨 하나님이 지정하신 장소에서 예물을 바치라는 명령이 피째 희생제물을 먹는 가나안 제의풍습과의 단절 명령과 긴밀하게 연관되어 있다. 피를 신성시하여 마셨던 고대 가나안 제의풍습에 비하여 이스라엘에게 희생제물의 피는 죄를 대속하는 기능을 하였다.^{레 17:11} 피를 마심으로 신적 능력에 참여하는 일이 있을 수 없다는 것이다. 그래서 피는 헌제자가 마실 수 없으며 오로지 제단에 쏟아부어져야 한다.

결론 단락인 29-32절은 다시 중심 주제인 올바른 예배 문제로 돌아간다. 즉, 가나안 신들의 유혹과 예배 관습에 대해 저항하라는 것이다. 여기서 중요한 하나의 경고가 발해진다. 가나안 토착종교를 척결하는 이스라엘 백성이 스스로 그들의 발자취를 밟아 그들이 놓은 올무에 빠질 것에 대한 경고다. 그들의 신을 탐구하여 이르기를 "가나안 토착족속은 그들의 신을 위하여 어떻게 헌신하였는가?" 하지 말라는 것이다. 자녀들을 불살라 드리기까지 하는 극단적인 예배를 모방하지 말라는 것이다. 31절은 왜 가나안 토착종교가 혁파되어야 하는지 윤리도덕적 이유를 제시한다. "네 하나님 여호와께는 네가 그와 같이 행하지 못할 것이라. 그들은 여호와께서 꺼리시며 가증히 여기시는 일을 그들의 신들에게 행하여 심지어 자기들의 자녀를 불살라 그들의 신들에게 드렸느니라." 자녀 인신희생제사 같은 반인륜적이고 반인권적인 종교 제의가 가나안 토착종교의 이름으로 자행되었던 것이다. 이 결론 단락은 또한 가나안의 이교적 예배 관습으로부터 올바른 야웨 예배를 보호하기 위한 추가 규례를 제시하는 13장으로 넘어가는 전환 기능을 맡고 있다.

이상의 소단락들을 관통하여 엮어 주고 있는 공통적인 주제는 올바르고 열납될 만한 배타적 일편단심의 예배다. 배타적 일편단심의 예배는 하나님이 당신의 이름을 두시려고 지정하신 한 장소에 모여서 예배를 드리는 것이다. 하나님의 이름이 계시된 곳에서 드리는 예배, 함께 모여 공동체적으로 드리는 예배가 열납되는 예배인 것이다. 요약하자면 12장의 근본 주장은 신명기 으뜸 가르침의 반복적 확증이다. 즉, "한 분 야웨 너희 하나님"에 대한 완전한 충성이다. 12장의 근본 주장은 이스라엘의 하나님의 절대주권에 대한 급진적인 요구이며, 이스라엘을 향한 다른 신들의 예배 요구에 대한 전적인 거부다. 이 전적인 거부는 다른 신을 예배하는 데 포함되는 모든 요소, 곧 예배 장소, 예배 관습 및 이름을 완전히 폐기하라는 명령이 2-3절에 나오는 데서 처음부터 분명히 드러난다(예배는 왕족과 지배층의 통치 토대이며, 나쁜 종교가 나쁜 정치를 가져온다). 이방신을 예배한 성소와 더불어 다른 신들의 이름을 도말하라는 명령은 그것들이 야웨 하나님의 현존을 드러내는 통로가 결코 아닐 뿐만 아니라 하나님을 거짓되게 대표하기 때문이다. 하나님은 기존의 가나안 신들의 제단에 현존하지 않으시고 하나님 자신이 선택한 제단에서 자신의 현존을 드러내신다. 야웨 자신이 자신을 드러내기로 작정하신 제단(하나님의 이름을 두기로 하신 곳)에서 하나님의 현존이 드러난다.

다른 여러 신들의 이름을 한 분 하나님의 거룩한 이름으로 대신하는 것은 실상 하나의 새로운 질서 요구이자 전면적 사회 변혁을 내포한다. 인간의 충성심을 요구하는 다수의 신에 대한 예배가 자의적 방식으로 이루어지는 사회 질서로부터 오로지 한 분 하나님에 대한 배타적 예배만이 용납되는 새로운 질서로의 변동이다. 일본의 유명한 기독교 사상가인 우찌무라 간조內村鑑三는 『나는 어떻게 크리스찬이 되었는가?』에서 일본 다신교 사회에서 한 분 하나님만 섬기는 것의 의미, 특히 정신위생학적 의의를 잘 설명하고 있다.[5] 그는 평소에 자신이 섬기던 마늘신, 달걀신, 활의 신, 그리고 글쓰기 신의 이름을 부르지 않고도 아무런 해를 입지 않고 하루를 보낼 수 있었다는 사실에 감격해한다. 우찌무라 간조는 예수 그리스도를 주라고 부르기 위해 다른 모든 신의 이름을 도말해 버렸다. 이스라엘에게 하달된 "다른 신들의 이름을 도말하라"는 명령도 더 이상 그들의 이름을 부르지 말고 그들을 의지하지 말라는 명령인 셈이다. 이제 가나안의 신들은 가나안 땅에서 어느 누구에 의해서도 고백되거나 예배되어서는 안 된다. 그래서 이스라엘에 관한 한 그들은 더 이상 효력을 끼치지 못하는 신으로 전락했다(시편 82편에서 다른 신들을 필멸적 유한자로 강등시키는 하나님의 선고를 참조하라). 죄악된 인간의 의도가 모든 예배 장소와 성격을 결정하는 사회 질서(가나안 질서)는 하나님의 다스림이 인간의 자의적 예배보다 우선하고 한 분 거룩한 하나님의 이름이 모든 다른 이름을 대신하는 전혀 다른 질서(이스라엘 질서)에게 굴복해야 한다는 것이다.[6]

여기서 바로 하나님의 거룩한 이름이 거할 장소를 선택하시는 야웨의 뜻이 드러난다. 중요한 것은 특정한 장소에 대한 강조가 아니라, 야웨께서 당신의 이름을 두시려고 선택하시는 장소에 대한 강조다. "모든 산들과 언덕들과 모든 푸른 나무 아래"는 야웨의 이름이 없는 곳이다. 그곳에서 드려지는 예배는 야웨의 성품과 의도를 전혀 반영하거나 드러내지 못한다. 예배 장소를 신성하게 만드는 것은 예배를 받으실 분인 야웨의 현존, 이름이다. "너희 지파들 중 한 지파의 영토"[12:14]는 특정 도시를 선택하고 나머지 도시는 배제하는 것을 의미하지 않는다. 야웨의 명령 안에서, 야웨께서 친히 거하시고 인생과 하나님의 백성을 만나실 장소를 선택하고 계시하실 것이다. 이 점에서 본문은 하나님 나라의 도래를 예기한다. 즉, 그것은 다수의 신들이 무질서하고 가증스럽게 인간의 충성심을 차지하려고 쟁탈하는 현재 상황을 전제하지만, 종국적으로는 야웨의 이름만이 존귀케 되고 야웨의 질서가 확립되는 상당히 다른 상황을 예기한다(주기도문의 "Thy name be hallowed"). 옛 질서로부터 새 질서로의 이행은 단지 다른 신들의 예배 요구로부터 야웨의 배타적 요구로의 이동만이 아니다. 그것은 또한 각자의 소견대로 행하는 삶에서부터[12:8] 야웨의 눈에 선한 것을 행하는 삶에로의[12:28, 13:18] 이동이다.

배타적 일편단심 예배의 시금석, 거짓 선지자 ●13장

13 [1] 너희 중에 선지자나 꿈 꾸는 자가 일어나서 이적과 기사를 네게 보이고 [2] 그가 네게 말한 그 이적과 기사가 이루어지고 너희가 알지 못하던 다른 신들을 우리가 따라 섬기자고 말할지라도 [3] 너는 그 선지자나 꿈 꾸는 자의 말을 청종하지 말라. 이는 너희의 하나님 여호와께서 너희가 마음을 다하고 뜻을 다하여 너희의 하나님 여호와를 사랑하는 여부를 알려 하사 너희를 시험하심이니라. [4] 너희는 너희의 하나님 여호와를 따르며 그를 경외하며 그의 명령을 지키며 그의 목소리를 청종하며 그를 섬기며 그를 의지하며 [5] 그런 선지자나 꿈 꾸는 자는 죽이라. 이는 그가 너희에게 너희를 애굽 땅에서 인도하여 내시며 종 되었던 집에서 속량하신 너희의 하나님 여호와를 배반하게 하려 하며 너희의 하나님 여호와께서 네게 행하라 명령하신 도에서 너를 꾀어내려고 말하였음이라. 너는 이같이 하여 너희 중에서 악을 제할지니라. [6] 네 어머니의 아들 곧 네 형제나 네 자녀나 네 품의 아내나 너와 생명을 함께 하는 친구가 가만히 너를 꾀어 이르기를 너와 네 조상들이 알지 못하던 다른 신들 [7] 곧 네 사방을 둘러싸고 있는 민족 혹 네게서 가깝든지 네게서 멀든지 땅 이 끝에서 저 끝까지에 있는 민족의 신들을 우리가 가서 섬기자 할지라도 [8] 너는 그를 따르지 말며 듣지 말며 긍휼히 여기지 말며 애석히 여기지 말며 덮어 숨기지 말고 [9] 너는 용서 없이 그를 죽이되 죽일 때에 네가 먼저 그에게 손을 대고 후에 뭇 백성이 손을 대라. [10] 그는 애굽 땅 종

되었던 집에서 너를 인도하여 내신 네 하나님 여호와에게서 너를 꾀어 떠나게 하려 한 자이니 너는 돌로 쳐죽이라. ¹¹ 그리하면 온 이스라엘이 듣고 두려워하여 이같은 악을 다시는 너희 중에서 행하지 못하리라. ¹² 네 하나님 여호와께서 네게 주어 거주하게 하시는 한 성읍에 대하여 네게 소문이 들리기를 ¹³ 너희 가운데서 어떤 불량배가 일어나서 그 성읍 주민을 유혹하여 이르기를 너희가 알지 못하던 다른 신들을 우리가 가서 섬기자 한다 하거든 ¹⁴ 너는 자세히 묻고 살펴 보아서 이런 가증한 일이 너희 가운데에 있다는 것이 확실한 사실로 드러나면 ¹⁵ 너는 마땅히 그 성읍 주민을 칼날로 죽이고 그 성읍과 그 가운데에 거주하는 모든 것과 그 가축을 칼날로 진멸하고 ¹⁶ 또 그 속에서 빼앗아 차지한 물건을 다 거리에 모아 놓고 그 성읍과 그 탈취물 전부를 불살라 네 하나님 여호와께 드릴지니 그 성읍은 영구히 폐허가 되어 다시는 건축되지 아니할 것이라. ¹⁷ 너는 이 진멸할 물건을 조금도 네 손에 대지 말라. 그리하면 여호와께서 그의 진노를 그치시고 너를 긍휼히 여기시고 자비를 더하사 네 조상들에게 맹세하심 같이 너를 번성하게 하실 것이라. ¹⁸ 네가 만일 네 하나님 여호와의 말씀을 듣고 오늘 내가 네게 명하는 그 모든 명령을 지켜 네 하나님 여호와의 목전에서 정직하게 행하면 이같이 되리라.

III.

가나안 정복전쟁은 하나님의 거룩한 심판인가

배타적 야웨 예배로부터 이스라엘을 이탈시켜 다른 신을 섬기도록 배교를 부추기는 잠재적 유혹은 공동체 내부에서 생길 수 있다. 선지자/꿈꾸는 자, 친인척/친구, 온 공동체 모두 배교를 방조하거나 사주하는 죄를 범할 수 있다.^{13:1-8} 히브리 마소라 본문의 13:1은 한글성경이나 영어성경의 12:32로 편집되어 있다. 따라서 마소라 본문 13:2이 개역개정 성경의 1절인 셈이다. 어떤 선지자[나비(נָבִיא)]나 꿈을 통해 계시를 받는 영적 지도자[홀렘 할롬(חֹלֵם חֲלוֹם)]가 일어나 이적과 기사를 만들어 보임으로써 '다른 신들'[엘로힘 아헤림(אֱלֹהִים אֲחֵרִים)]을 섬기자고 유혹하더라도 그들의 말을 청종해서는 안 된다. 그런데 왜 이런 유혹하는 선지자나 꿈꾸는 자가 일어나는가? 3절이 대답해

준다. 이스라엘 백성이 진실로 마음을 다하고 성품을 다하여 하나님 야웨를 사랑하는지를 검증하기 위함이라는 것이다. 이 거짓 선지자들과 악한 영매들의 출현 목적은 출애굽의 하나님을 배반하도록, 그리하여 하나님이 주신 법도와 규례를 어기도록 유혹하는 데 있다. 하나님은 이들을 통해 이스라엘의 가슴 깊은 곳에 참된 충성심이 자리하는지 아니면 피상적이고 외식적인 경건이 자리하는지를 검증하고 싶으신 것이다. 이때 이스라엘 백성은 야웨 하나님을 따르고 경외하며 그의 명령을 지키며 그의 목소리를 청종하며 그를 섬기며 그를 붙좇음으로써 '다른 신들'로 기울어지는 마음을 원천봉쇄해야 한다. 이 야웨에 대한 지극한 충성과 사랑과 경외를 바탕으로 비상한 영 분별의 능력을 발휘해 일편단심의 야웨 예배로부터 이탈시키는 선지자나 꿈꾸는 영매들을 죽여야 한다.

5절은 "그 선지자나 꿈꾸는 자"가 주어로 나오는 상황절이다. 그 선지자나 꿈꾸는 자, "그로 말할 것 같으면" 그는 반드시 죽어야 한다는 것이다. 이 극단적인 대책만이 이스라엘 공동체의 존립을 가능케 한다. 5절은 배교 사주 선지자나 꿈꾸는 자의 죄가 얼마나 중대한지를 말한다. 히브리어 구문을 살려 직역하면 이렇다. "그 선지자나 꿈꾸는 자는 이스라엘의 하나님 야웨께서 행하라 명령하신 도에서 이스라엘을 이탈시키려고 이스라엘을 애굽 땅에서 인도하여 내시며 종 되었던 집에서 속량하신 이스라엘의 하나님 야웨을 거슬러 반역을 말했기[디뻬르 사라(דִּבֶּר־סָרָה)] 때문이다." '배반, 반역'을 의미하는 히브리어 '사라'는 출애굽의 구원을 원천 무효화하는 전면적이고 비타협적인 반역을 의미한다. 민수기 13-14장이 말하는 가데스 바네아 반역 같은 사태다. 6절은 아마도 고라, 다단, 아비람이 예언자 형세를 했거나 꿈을 꾸어 계시를 받았다고 주장함으로써 250명의 우두머리를 규합했을 가능성을 은근히 암시하고 있다. 이런 반역은 이스라엘 중에서 속히 근절시켜야 할 국가적 악행이다.

그런데 배교 유혹은 또한 형제, 배우자, 그리고 친구를 통해서 올 수도 있다. 사방 다른 족속의 신들, 곧 '다른 신들'을 섬기자고 은밀히 부추기는 가장 가까운 골육지친이나 친구도 가차 없이 죽여야 한다. 유혹당한 당사자가 배교자에게 가장 먼저 손을 대고 공동체 전체가 응징해야 한다. "너는 용서 없이 그를 죽이되 죽일 때에 네가 먼저 그에게 손을 대고 후에 뭇 백성이 손을 대라." "용서 없이 그를 죽이되"라고 번역된 히브리어 구문은 '죽이다'를 의미하는 하락(הָרַג) 동사의 부정사 절대형[하록(הָרֹג)]이 정동사(이인칭 남성복수미완료 타하르겐누) 앞에 나온 구문이다. "반드시 죽여라"는 뜻이다. 이처럼 다른 사람을 배교로 이끌면 아무리 가까운 사람이라 할지라도 가차 없이 죽임을 당하도록 규정된다. 다른 신들을 섬기자고 유혹하는 행위는 이스라엘을 탄생시킨 야웨의 출애굽 구원을 원천 무효로 돌리는 죄악이므로 배교자를 돌로 쳐죽여[7] 온 이스라엘이 듣고 두려워하도록 해야 한다. 재발 방지를 위한 공동체적인 잔혹응징이 배교자에게 집행될 때 다른 이스라엘 사람들에게 학습 효과를 일으킬 것으로 본 것이다.

마지막으로 한 도시가 배교의 범죄를 범하고 다른 도시에게 배교를 부추기면 성 전체가 파괴될 것이다.[12-18절] 사마리아와 예루살렘의 전적인 파괴는 바로 이런 원칙의 집행 결과였다.[겔 16:1-59] 사마리아는 기원전 721년에, 예루살렘은 기원전 586년에 재기불능 수준으로 파괴되었다. 두 도시의 파괴는 '다른 신들'을 섬김으로써 하나님의 출애굽 구원을 배척한 배교죄에 대한 응징이었다.[8] 이 배교 선동 성읍 응징 규정에 따르면 배교가 일어난 도시의 모든 물건도 불살라져야 한다. 하나님을 위하여 진멸(헤렘, ban of utter destruction)되어야 한다.[2:34, 3:6, 7:2, 수 6:21] 그래야만 하나님의 진노가 그치고 복 주심의 역사가 시작된다. 여기서 하나님의 복은 인구 번성의 복이다. 이 논리를 좀 더 확장해 보면 왜 하나님께서 이스라엘 자손에게 가나안 토착족속의 성읍을 파괴하라고 명령하셨는지를 짐작할 수 있다. 가나안 토착족속 성읍이 가나안 땅에 들어온 새 거주민들에게 잠재적 배교 유혹의 죄를 범할 가능성 때문에 진멸 대상이 되었다고 볼 수 있다는 것이다. 민수기 25장의 바알브올 사건을 돌이켜 볼 때 이런 추론은 사실이다. 이로 보건대, 가나안 도시문명에 대한 파괴와 진멸은 창조주 하나님에 대한 참된 예배를 배척하고 인간이 섬겨서는 안될 다른 신들을 섬겼기 때문에 가해진 응징이었던 셈이다. 결국 이스라엘이 대리하는 야웨 하나님의 가나안 정복전쟁은 가나안 토착민과 그들의 종교와 문명 자체에 대한 하나님의 거룩한 심판전쟁이었음을 알 수 있다. 놀라운 사실은 하나님의 심판을 대행하는 이스라엘도 이 심판의 예외가 될 수 없다는 것이다. 하나님의 진노를 초래할 수 있는 잠재적인 요소가 이스라엘에게 일어날 수 있다는 예단이 불길한 전조를 드리운다. 그래도 13장의 마지막 두 절은 진멸되는 도시에서 취득한 어떤 물건에도 손을 대지 말 것을 명하며 야웨의 명령을 순종했을 때 받게 될 복을 상기시킨다. 진멸 대상이 될 물건을 탐내지 않고 진멸시켜 야웨 앞에서 정직하게 행하면 야웨께서 이스라엘에게 자비를 더하사 조상들에게 맹세하신 대로 이스라엘을 번성케 하실 것이다.

죽은 자 애도, 음식, 십일조를 통해 성민으로 구별되는 이스라엘 ●14장

14 ¹ 너희는 너희 하나님 여호와의 자녀이니 죽은 자를 위하여 자기 몸을 베지 말며 눈썹 사이 이마 위의 털을 밀지 말라. ² 너는 네 하나님 여호와의 성민이라. 여호와께서 지상 만민 중에서 너를 택하여 자기 기업의 백성으로 삼으셨느니라. ³ 너는 가증한 것은 무엇이든지 먹지 말라. ⁴ 너희가 먹을 만한 짐승은 이러하니

곧 소와 양과 염소와 ⁵사슴과 노루와 불그스름한 사슴과 산 염소와 볼기가 흰 노루와 뿔이 긴 사슴과 산양들이라. ⁶짐승 중에 굽이 갈라져 쪽발도 되고 새김질도 하는 모든 것은 너희가 먹을 것이니라. ⁷다만 새김질을 하거나 굽이 갈라진 짐승 중에도 너희가 먹지 못할 것은 이것이니 곧 낙타와 토끼와 사반, 그것들은 새김질은 하나 굽이 갈라지지 아니하였으니 너희에게 부정하고 ⁸돼지는 굽은 갈라졌으나 새김질을 못하므로 너희에게 부정하니 너희는 이런 것의 고기를 먹지 말 것이며 그 사체도 만지지 말 것이니라. ⁹물에 있는 모든 것 중에서 이런 것은 너희가 먹을 것이니 지느러미와 비늘 있는 모든 것은 너희가 먹을 것이요 ¹⁰지느러미와 비늘이 없는 모든 것은 너희가 먹지 말지니 이는 너희에게 부정함이니라. ¹¹정한 새는 모두 너희가 먹으려니와 ¹²이런 것은 먹지 못할지니 곧 독수리와 솔개와 물수리와 ¹³매와 새매와 매의 종류와 ¹⁴까마귀 종류와 ¹⁵타조와 타흐마스와 갈매기와 새매 종류와 ¹⁶올빼미와 부엉이와 흰 올빼미와 ¹⁷당아와 올응과 노자와 ¹⁸학과 황새 종류와 대승과 박쥐며 ¹⁹또 날기도 하고 기어다니기도 하는 것은 너희에게 부정하니 너희는 먹지 말 것이나 ²⁰정한 새는 모두 너희가 먹을지니라. ²¹너희는 너희의 하나님 여호와의 성민이라. 스스로 죽은 모든 것은 먹지 말 것이나 그것을 성중에 거류하는 객에게 주어 먹게 하거나 이방인에게 파는 것은 가하니라. 너는 염소 새끼를 그 어미의 젖에 삶지 말지니라. ²²너는 마땅히 매 년 토지 소산의 십일조를 드릴 것이며 ²³네 하나님 여호와 앞 곧 여호와께서 그의 이름을 두시려고 택하신 곳에서 네 곡식과 포도주와 기름의 십일조를 먹으며 또 네 소와 양의 처음 난 것을 먹고 네 하나님 여호와 경외하기를 항상 배울 것이니라. ²⁴그러나 네 하나님 여호와께서 자기의 이름을 두시려고 택하신 곳이 네게서 너무 멀고 행로가 어려워서 네 하나님 여호와께서 그 풍부히 주신 것을 가지고 갈 수 없거든 ²⁵그것을 돈으로 바꾸어 그 돈을 싸 가지고 네 하나님 여호와께서 택하신 곳으로 가서 ²⁶네 마음에 원하는 모든 것을 그 돈으로 사되 소나 양이나 포도주나 독주 등 네 마음에 원하는 모든 것을 구하고 거기 네 하나님 여호와 앞에서 너와 네 권속이 함께 먹고 즐거워할 것이며 ²⁷네 성읍에 거주하는 레위인은 너희 중에 분깃이나 기업이 없는 자이니 또한 저버리지 말지니라. ²⁸매 삼 년 끝에 그 해 소산의 십분의 일을 다 내어 네 성읍에 저축하

III.

가나안 정복전쟁은 하나님의 거룩한 심판인가

여 ²⁹ 너희 중에 분깃이나 기업이 없는 레위인과 네 성중에 거류하는 객과 및 고아와 과부들이 와서 먹고 배부르게 하라. 그리하면 네 하나님 여호와께서 네 손으로 하는 범사에 네게 복을 주시리라.

14장의 요지는 죽은 자 애도와 음식 문화, 그리고 소득의 거룩한 처분인 십일조를 통해서도 이스라엘은 자신이 야웨 하나님의 성민(암 카도쉬)임을 드러내야 한다는 것이다. 1절과 2절에는 각각 2인칭 복수대명사(아템)와 단수대명사(아타)가 돌출적으로 사용됨으로써 "다른 자들이 아닌 바로 너희가 하나님의 자녀들"임을, "다른 자가 아닌 바로 네가 하나님의 성민"임을 강조하려는 신명기 저자의 의도가 선명하게 부각된다. 1절은 도치구문이다. 바님 아템 라도나이 엘로헤켐 (בָּנִים אַתֶּם לַיהוָה אֱלֹהֵיכֶם). 도치를 살려 번역하면 "아들들이다, 너희는, 너희 하나님 야웨께!" 2절 첫 소절도 키('왜냐하면') 접속사로 시작되는데 서술어가 문두에 나오는 도치구문이다. "왜냐하면 거룩한 백성이니까, 네가, 네 하나님 야웨께!" 1-2절은 하나님의 성민으로서 주변 족속의 종교(애도 문화, 의식)에 영향을 받지 말아야 한다는 사실을 강조한다.

이스라엘은 하나님의 자녀들이며 성민이기에 가나안 애도 문화의 배교적 습속에 오염되지 말아야 한다. 레위기 21-22장에서 이미 언급되고 있듯이 이스라엘은 죽음의 미화와 극화를 경계해야 하며 죽은 자를 위한 배교적인 가나안 애도 문화를 배격해야 한다. 죽은 자를 과도하게 애도하기 위해 산 자의 몸을 손상시켜서는 안 된다.호 7:14, 왕상 18:28, 렘 47:5 9 육체를 손상하는 극단적인 행동을 통해 애도하는 습속을 배척해야 한다. 죽은 자 애도 행위는 어떤 의미에서 종교의 특질을 보여준다.레 19:27-28 삶과 죽음에 대한 이해를 극명하게 보여주는 장례제의를 통해 이스라엘은 성민다움을 드러내야 한다.¹⁰ 고대 가나안의 다른 종교들과 달리 성경에서는 장례제의가 거의 발전되지 않는다. 왜냐하면 하나님은 죽은 자의 하나님이 아니라 산 자의 하나님이기 때문이다. 앞서 말했듯이 2절은 이스라엘이 가나안의 장례 문화와 음식 등에서 주변 족속들과 달라야 하는 이유가, 이스라엘은 야웨 하나님이 지상 만민 중에서 택한 성민(암 카도쉬)이기 때문임을 분명히 밝힌다.

또한 이스라엘은 가나안/애굽의 게걸스러운 육식 문화와 거룩한 거리를 유지해야 한다. 부정한 음식은 먹지 말아야 한다. 돼지를 먹으면 더러워지듯이 더러운 음식은 자신을 더럽게 한다.[11장] 이것은 오랫동안 문자적으로 지켜졌지만 후기 유대교에 가서는 다소간 풍유적으로 해석되기도 한다. 특히 기원전 2세기경에 나온 위경문서 중 하나인 「아리스테아스의 편지」는 부정한 동물을 이방인, 정한 동물을 유대인 선민이라고 해석한다(사도행전 10장의 고넬료 회심 사건을 참조하라).[11] 발굽이 갈라지고 되새김질을 하는 동물은 정한 동물로 분류되는데 이것은 하나님 앞에서 자아가 갈라지고(제물처럼 쪼개어지고), 하나님의 말씀을 소화하기 위해 깊이 묵상하고 되새김질하는 하나님의 백성을 대표하는 동물이라는 것이다.[12] 특히 21절의 "스스로 죽은 정한 동물의 고기를 먹지 말라"는 계명은 이스라엘과 열방을 가르는 보다 명백한 기준이 된다. 이스라엘은 오로지 하나님께 희생제물로 바쳐진, 곧 거룩하게 도살된 제물의 고기만을 먹어야 한다는 것이다. 21절의 마지막 소절은 다소 신비스러운 규정이다. 염소 새끼를 그 어미젖으로 삶지 말라는 규정은 어미젖을 자기 새끼 요리에 이용하는 행위의 잔혹성을 일깨우는 듯하다. 육식하지만 동물의 감정과 처지를 이해하라고 말하는 것처럼 보인다. 보건영양학적인 이유나 위생학적 이유는 달리 발견하기 어렵다. 21절은 3-20절의 식용과 비식용 육식 규정을 자세히 지켜야 하는 이유를 제시한다. 2절에서처럼 이스라엘은 야웨의 성민(암 카도쉬)이기 때문에 이모든 정결음식 규정을 준수해야 한다는 것이다. 결국 3-21절은 특정한 동물 고기 자체의 부정함을 넘어서 이런 괴악스러운 육식 문화가 가나안 문화에 대한 저항력을 저하시키는 것을 경계하는 말씀이다. 음식 문화나 장례 문화는 종교적 가치의 내면화를 위해 동원되는 가장 일상적이고 초보적인 통로다. 사람은 무엇을 먹는지에 따라그 존재가 결정되는 면이 있음을 인정하지 않을 수 없다. 부정하고맹폭한 맹금류와 육식성 짐승의 고기를 먹는 사람은 맹폭하고 잔인한 야수성을 드러낸다는 것이다. 음식결정론처럼 들리지만 사람이먹는 음식이 사람의 인성을 결정할 가능성이 엄존한다는 사실은 간과될 수 없는 진리다. 교도소의 재소자들을 순화시키는 특수 식단이고안되는 이유도 여기에 있으며, 똑같은 이유로 완성될 하나님 나라에서는 사자도 소처럼 풀을 먹어야만 한다. 피를 흥건히 흘리는 날고기를 뜯어 먹는 인간의 모습은 가나안 육식 문화의 혐오스러운 양상이었을 것이다.

하나님의 성민 이스라엘은 모든 소출(맏아들과 맏물)의 십일조를매년 합법적인 하나님의 성소 제단에 드림으로써 자신의 거룩성을드러내어야 한다.^{22-29절} 야웨 하나님이 자신의 이름을 두려고 선택하신 곳에서 축제의 절기를 행할 때 십일조를 바쳐서 자신들의 삶이하나님의 선물에 의존한다는 사실을 늘 기억해야 한다. 여기에는 하나님의 이름을 두시려고 선택한 성소로부터 멀리 떨어져 사는 사람들이 화폐를 가지고 그 성소에 와서 제물을 사서 드리는 방법도 제시되고 있다. 이스라엘의 율법은 인간의 곤경이나 현실적인 상황을이해하고 스스로 약간의 변용을 감수한다. 구약의 율법은 인간의 처지와 형편에 대한 민감한 이해를 잘 반영하고 있다.

28-29절은 매 3년마다 바쳐지는 십일조의 특수 용도에 대해 말

한다. 이스라엘의 가나안 정착 초기에는 매 3년에 한 번씩 긴급구제를 위한 십일조 저축이 있었던 것 같다. 레위인, 객, 고아 등을 위한 사회복지 기금의 확보는 이스라엘 공동체가 배타적 야웨 예배를 드릴 때 가능하다. 사회 안전망의 확충으로 생계형 범죄가 발생할 여지를 급격하게 줄였던 것이다. 레위인, 고아, 객과 과부 등 사회 최빈곤층을 배부르게 하면 하나님께서 친히 이스라엘의 범사를 축복하실 것이다. 하나님이 주시는 번영의 길은 미시경제학이나 거시경제학을 초월한다. 자비와 사회적 애휼이 가져오는 신적 축복, 이것은 경제적 번영 확보의 신기원을 열 것이다.^{고후 8:9-10}

안식일 계명의 사회경제적 함의

15-16장은 안식일 계명의 각론적이고 세부적인 시행령을 담고 있다. 안식년 계명은 육체노동을 팔아 살아가는 히브리 노예들에게 안식을 베풀고 6년간 혹사당하여 비옥도를 상실한 땅을 휴경하게 하는 규정이다. 하나님 자신은 피로하지 않으시고 곤비치 않으신 하나님이지만^{사 40:28} 피조물 인간의 유익을 위하여 친히 안식일을 제정하신다.^{창 2:4, 출 20:8-11, 신 5:12-15} 안식일 계명은 하나님을 향하여, 그리고 인간 자신을 위하여 안식하는 제도로서 창조주 하나님에 대한 참된 의존과 신뢰가 없이는 준수할 수 없는 계명이다. 잘 알려져 있듯이 안식일 계명은 출애굽기판 십계명과 신명기판 십계명 사이에 차이를 보인다. 출애굽기 20:8-11은 창조신학적인 근거를 가지고 안식일 계명을 선포한다. 혼돈 세력을 제압하고 승리하신 하나님이 안식하셨기에 이스라엘도 하나님의 승리에 참예하기 위해 안식해야 한다. 신명기 5:12-15은 애굽의 노예였던 이스라엘의 해방을 기념하기 위해 안식할 것을 명령한다. 신명기에서 "안식일을 지킨다"는 말은 노

예 같은 최하층민에게까지 안식을 베푼다는 것을 의미한다. 안식일 계명은 노예와 객, 농사용 가축을 소유한 사회 유력자들에게 노예와 동물의 쉴 권리, 그리고 땅의 쉴 권리를 보장하라는 정치경제적인 명령이었다. 이 안식일 명령이 안식년 제도로 발전되어 간다.

안식년 해방법 ●15장

15 ¹ 매 칠 년 끝에는 면제하라. ² 면제의 규례는 이러하니라. 그의 이웃에게 꾸어준 모든 채주는 그것을 면제하고 그의 이웃에게나 그 형제에게 독촉 하지 말지니 이는 여호와를 위하여 면제를 선포하였음이라. ³ 이방인에게는 네가 독촉 하려니와 네 형제에게 꾸어준 것은 네 손에서 면제하라. ⁴⁻⁵ 네가 만일 네 하나님 여호 와의 말씀만 듣고 내가 오늘 네게 내리는 그 명령을 다 지켜 행하면 네 하나님 여호와 께서 네게 기업으로 주신 땅에서 네가 반드시 복을 받으리니 너희 중에 가난한 자가 없으리라. ⁶ 네 하나님 여호와께서 네게 허락하신 대로 네게 복을 주시리니 네가 여러 나라에 꾸어 줄지라도 너는 꾸지 아니하겠고 네가 여러 나라를 통치할지라도 너는 통 치를 당하지 아니하리라. ⁷ 네 하나님 여호와께서 네게 주신 땅 어느 성읍에서든지 가 난한 형제가 너와 함께 거주하거든 그 가난한 형제에게 네 마음을 완악하게 하지 말 며 네 손을 움켜 쥐지 말고 ⁸ 반드시 네 손을 그에게 펴서 그에게 필요한 대로 쓸 것을 넉넉히 꾸어주라. ⁹ 삼가 너는 마음에 악한 생각을 품지 말라. 곧 이르기를 일곱째 해 면제년이 가까이 왔다 하고 네 궁핍한 형제를 악한 눈으로 바라보며 아무것도 주지 아니하면 그가 너를 여호와께 호소하리니 그것이 네게 죄가 되리라. ¹⁰ 너는 반드시 그 에게 줄 것이요, 줄 때에는 아끼는 마음을 품지 말 것이니라. 이로 말미암아 네 하나 님 여호와께서 네가 하는 모든 일과 네 손이 닿는 모든 일에 네게 복을 주시리라. ¹¹ 땅에는 언제든지 가난한 자가 그치지 아니하겠으므로 내가 네게 명령하여 이르노니 너는 반드시 네 땅 안에 네 형제 중 곤란한 자와 궁핍한 자에게 네 손을 펼지니라. ¹² 네 동족 히브리 남자나 히브리 여자가 네게 팔렸다 하자. 만일 여섯 해 동안 너를 섬

겼거든 일곱째 해에 너는 그를 놓아 자유롭게 할 것이요 ¹³그를 놓아 자유하게 할 때에는 빈 손으로 가게 하지 말고 ¹⁴네 양 무리 중에서와 타작 마당에서와 포도주 틀에서 그에게 후히 줄지니 곧 네 하나님 여호와께서 네게 복을 주신 대로 그에게 줄지니라. ¹⁵너는 애굽 땅에서 종 되었던 것과 네 하나님 여호와께서 너를 속량하셨음을 기억하라. 그것으로 말미암아 내가 오늘 이같이 네게 명령하노라. ¹⁶종이 만일 너와 네 집을 사랑하므로 너와 동거하기를 좋게 여겨 네게 향하여 내가 주인을 떠나지 아니하겠노라 하거든 ¹⁷송곳을 가져다가 그의 귀를 문에 대고 뚫으라. 그리하면 그가 영구히 네 종이 되리라. 네 여종에게도 그같이 할지니라. ¹⁸그가 여섯 해 동안에 품꾼의 삯의 배나 받을 만큼 너를 섬겼은즉 너는 그를 놓아 자유하게 하기를 어렵게 여기지 말라. 그리하면 네 하나님 여호와께서 네 범사에 네게 복을 주시리라. ¹⁹네 소와 양의 처음 난 수컷은 구별하여 네 하나님 여호와께 드릴 것이니 네 소의 첫 새끼는 부리지 말고 네 양의 첫 새끼의 털은 깎지 말고 ²⁰너와 네 가족은 매년 여호와께서 택하신 곳 네 하나님 여호와 앞에서 먹을지니라. ²¹그러나 그 짐승이 흠이 있어서 절거나 눈이 멀었거나 무슨 흠이 있으면 네 하나님 여호와께 잡아 드리지 못할지니 ²²네 성중에서 먹되 부정한 자나 정한 자가 다 같이 먹기를 노루와 사슴을 먹음 같이 할 것이요 ²³오직 피는 먹지 말고 물 같이 땅에 쏟을지니라.

안식년 계명은 안식일 계명의 연장선상에 놓여 있다. 7년마다 실시되는 면제법(안식년 해방법)의 목표는 하나님의 구속 활동(노예해방 활동)을 주기적으로 그리고 집단적으로 기억하는 것이다.[15:15] 여기서 '기억하는 행위'는 하나님의 노예해방을 모방하여 노예 소유자들이 노예를 풀어 줌으로써 하나님 역할(기업 무르는 자, 고엘)을 하는 행위다. 7년에 한 번씩 노예를 소유한 유력자들은 과중한 노동의 짐과 의무로부터 노예들을 풀어 주고 쉬게 해주어야 한다. 또한 표토를 상실하여 비옥도가 뚝 떨어진 땅은 휴경되어야 한다.[출 23:10-11] 15:2에서 채무 면제를 가리킬 때 사용된 쉬미타(שְׁמִטָּה)는 출애굽기 23:11에서는 "땅을 갈지 않고 내버려 두다"(휴경하다)를 의미한다. 이 단어는 가난한 자들이 휴경된 땅에서 자연스럽게 나는 소출을 먹도록 "경작을 포기하라"는 의미와 함께 사용된다. 7년째에 땅을 "휴경하라"[티쉬머텐나(תִּשְׁמְטֶנָּה)]는 것이다. 이 휴경 명령을 시행하면 농토는 "쉬게 된다."[13] 결국 출애굽기 23:11의 쉬미타는 땅의 휴경과 가난한 자들의 수확권, 그리고 야생동물의 먹을 권리를 연동시킨다. "일곱째 해에는 너는 그것을 풀어 두고 버려 두어라. 네 백성 중 가난한 자들과 들의 야생짐승들이 먹을 수 있도록!"[14] 이 땅의 휴경 규정 앞^{출 23:9}과 뒤^{출 23:11} 모두에 나그네와 사회적 약자에 대한 자비로운 대우를 명하는 법이 배치되어 있다. 아마도 이 법은 땅 자체를 위한 것이기도 하겠지만 보다 더 분명한 이유로는 경작되지 않은 그 땅 자체에서 나오는 소출^{레 25:2-7}을 가난한 자들과 야생동물이 가지도록 배려하기 위한 법이었을 것이다.

안식일의 안식 효력은, 출애굽기 23장의 농경사회 영역으로부터 이제 신명기 율법의 일반적인 경제 영역에까지 확장된다. 즉, 안식년에는 가혹한 채무 변제의 짐이 중지될 수 있고^{15:1-6} 속박된 노예들이 풀려나 자유를 얻을 수 있다.^{15:12-18} 이 후자의 규정은 특별히 안식일 계명과 같은 동기와 목적에 근거하고 있다. "너는 애굽 땅에서 종되었던 것을 기억하라."

안식년 규정은 15:1-3에서 "제7년째에 채무를 탕감하라"는 선언으로부터 시작한다. 2절의 빚 탕감은 채무 전체의 면제를 취급하고 있는 것처럼 보인다(12-18절의 병행 율법과 2-3절의 명시적 용어에 비추어 볼 때). 그런데 이 율법은 오직 공동체 내의 구성원에게만 적용된다. 그것은 마치 15:12-18의 노예해방법이 히브리 노예들에게는 적용되지만 이방인 포로 노예들에게는 적용되지 않듯이 외국인에게는 적용되지 않는다. 아마도 이런 규정 때문에 유대인은 형제들에게는 관대하면서도 이방인들에게는 가혹한 채주 노릇을 했는지도 모른다(셰익스피어의 『베니스의 상인』에 나오는 유대인 채주 샤일록의 가혹성을 보라). 이 면제년법을 잘 지키면 국부가 증가될 것이며 나라 안에서는 가난한 자가 생기지 않을 것이라는 축복 선언이 뒤따라 나온다.4-6절, 7:12-16 그러한 경우에 땅에서는 더 이상 가난이 없을 것이며, 경제적인 채무 탕감을 염려할 필요도 없을 것이다. 이처럼 하나님께서는 율법 복종의 상급을 제시해 가면서까지 안식년 면제법을 지킬 수 있도록 배려하신다. 인간 정부의 육법전서에서는 기대할 수 없는 신적 친절과 자비가 아닐 수 없다. 그럼에도 불구하고 이스라엘의 후대 역사는 이 안식년법이 지켜지지 않았음을 증거하고 급기야 기원전 8세기 예언자들은 '가난한 자들'의 집단적이고 절망적인 출현 앞에 경보음을 울리기 시작했다.[15] 그들은 이스라엘 백성이 야웨의 법도에 따라 사는 데 실패하면 땅에서는 가난이 더 늘어 간다는 사실을 비상한 어조로 각성시키고자 하였던 것이다.

4-6절의 권고에 의해 잠시 중단된 1-3절의 율법은 7-11절에서 다시 계속된다. 여기서는 가난한 자들이 생길지 모르는 인간의 현실을 인정하고, 야웨와 계약으로 결속된 성민 이스라엘 백성이 공동체 내의 가난한 자들을 어떻게 대우해야 하는지를 규정한다. 일련의 금지와 긍정 명령이 순차적으로 소개된다. "너희의 마음을 완악하게 하지 말라." "너희의 손을 움켜쥐지 말라." "너희 손을 벌려라." 즉, "이웃의 필요에 대하여 빌려주어라." 이 명령들에는 몸언어가 현저하게 사용되고 있다. 손7, 8절 마음7, 9, 10절 눈9절 등 몸언어는 듣는 사람에게 마음의 내적 태도와 겉으로 드러나는 행동, 성향과 개별적 행위 두 가지 요소 모두가 가난한 자들을 대하는 태도 속에 드러난다는 사실을 일깨워 주고 있다. 몸언어를 사용한 구절들의 논지를 보다 쉽게 풀면 다음과 같다.[16] "이스라엘 백성아, 너희가 너희 가난한

형제자매들을 어떻게 '바라보는가' 하는 것도 관심 사항이지만, 그보다 더 중요한 것은 마음과 생각의 태도다. 너희의 생각을 가난한 자를 향하여 거슬러 품지 말라. 즉, 너희 마음속에 가난한 사람을 무시해도 될 법한 합리적이고 지적인 이유들을 생각해 내지 말라. 너희 중에 아무도 가난한 사람을 향하여 마음을 강퍅케 하지 말고 무자비하게 대하지 말라." 동정과 열린 마음은 하나님의 질서이며, 마음과 마찬가지로 중요한 것은 항상 이웃을 향해 닫히지 않고 열려 있어야 하는 손의 행동을 통해 표현되는 태도다.

이 단락의 본문이 갖는 두 번째 특징은 가난한 사람이 항상 한결같이 이웃[레아(רֵעַ)] 또는 형제[아흐(אָח)]로 규정되고 있다는 사실이다. 이웃이나 형제라는 말은 계약 공동체의 구성원을 가리킨다. 형제는 서로 돌보아 주고 지켜 주는 관계다(가인은 아벨에게 '형제'계약을 파기한 자로 묘사된다).^{창 4:1-1} 형제와 자매 혹은 이웃이라는 말이 적용될 수 있는 모든 관계에서 적개심, 경멸, 무시, 무관심은 시내산 계약으로 결속된 이스라엘의 내적 유대감을 크게 손상시킨다.^{시 133:1-3} 모세가 가르친 시내산 계약의 정신에 비추어 볼 때 동정, 돌봄, 관심은 형제와 자매 혹은 이웃과 함께 공존공영의 삶을 추구하는 것이 정상이다.^{눅 10:25-37} 가난한 사람과 풀려난 몸종을 대우하는 가르침 속에서 가장 손쉽게 식별되는 또 다른 특징은 아낌없이 주는 아량과 관대함의 요구다. 움켰던 손은 가난한 형제자매를 향하여 활짝 펴 열려야 한다. 가난한 형제자매가 필요로 하는 것은 반드시 빌려주어야 한다. 가축 떼들과 쌓아 놓았던 포도주로부터 아낌없이 주어야 한다. 14절의 문자적인 표현은 "너희는 너희의 가축 떼들과 타작마당과 너희 포도주 틀로부터 이웃과 형제를 위하여 풍성한 목걸이를 만들어 주라"이다. 즉, 모든 개인적 자산으로부터 나온 소산들을 가지고 이웃과 형제에게 풍성하게 안겨 주라는 것이다. 풀려난 몸종에게는 다시 사회 안에서 삶의 보금자리를 확보하는 데 필요한 재산이 주어져야 한다. 그러므로 아낌없이 주고 베푸는 관대한 정신과 행위는 가난과 역경 앞에서도 요구되는 삶의 자세인 것이다. 이것은 결코 아까워하거나 주기 싫어하거나 마음이 열리지 않은 채 이루어지는 자선적 응답을 요구하는 것이 아니다.

예수님의 말씀 가운데 언급된 것처럼 보이기도 하는 11절은("가난한 자들은 항상 너희와 함께 있거니와")마 26:11, 막 14:7, 요 12:8 **17** 신명기의 원의도와 달리 오해되어 온 면이 없지 않다. 이 절은 "가난은 항상 있게 마련이다"라는 식으로 곡해되어 종종 가난한 자들을 무시해도 된다는 핑계거리로 여겨져 왔다. 패트릭 밀러Patrick D. Miller가 잘 지적하듯이 이러한 오해는 신명기 본문이 말하는 바와 정반대의 내용이다. 첫째로, 11절 상반절은 "왜냐하면 가난한 사람은 결코 땅으로부터 끊겨서는 안 될 것이기 때문이다"("땅의 소산물을 누리는 일로부터 배제되지 않도록 해야 할 것이다")로 번역되어야 한다.**18** 전체적으로 11절은 "너는 반드시 너희 중 곤란한 자와 궁핍한 자에게 도움의 손길을 펼쳐 그들이 땅의 소산을 누리는 일에서 소외되지 않도록 하여야 할 것이다"로 이해되어야 한다. 그럴 때 4, 10절이 밝혀 주고 있는 것처럼, 하나님의 복 주심 때문에 이스라엘은 참다운 번영을 누릴 수 있을 것이다. 왜냐하면 야웨의 가르침을 순종하는 사람들로 가득 차 있는 땅에서는 결코 가난한 사람이 없을 것이기 때문이다. 이스라엘 백성이 가나안 땅에서 어떻게 살아가야 할 것인지를 알려 주는 지침으로서 신명기는 정확하게 사회 구성원 모두에게 삶의 자원과 안전보장을 제공하는 공동체적이고 연대적인 삶의 길을 제시하고 있다. 설령 이상향적일지라도, 그것은 또한 하나님의 의도 안에서 삶이 어떻게 계획되고 작정되었는지를 보여주고 있다. 어쨌든 가난이 계속된다는 사실은 가난한 자들에 대한 도움의 포기, 혹은 체념적 방관을 조장할 수는 없다. 반대로 계속되는 가난은 이스라엘이 공세적으로 대처해야 할 부정적인 현실이다. 즉, "가난한 자들을 향하여 너희 손을 넓게 펴고 그들에게 선을 행하라."^{막 14:7, 요일 3:17-18} 가난한 형제자매의 존재가 세상이 돌아가는 대로 내버려 두는 묵인의 근거가 되어서는 안 된다. 이스라엘 계약 공동체 구성원은 그들의 가난에 응답해야 한다. 이스라엘 백성은 가난한 동포에게 아낌없이 베풀고 주는 삶으로 부르심을 받은 자들이다.

이처럼 안식 원리에 입각한 해방(면제)에 관한 15장에서 우리는 인간 존재에게 부과되는 가혹한 노동과 짐으로부터 해방되고 회복되기 위해 요청되는 최소한의 안식과 해방마저도 누리지 못한 공동체 내의 구성원들에 대한 따뜻한 사회적 배려를 만난다. 여기서 우리는 사회적인 약자들을 위하여 공평한 기회를 제공하고 그들을 얽어매는 사슬과 짐으로부터 그들을 자유롭게 하기 위한 정규적인 시간을 확보하려는 하나의 해방 원리를 만나게 된다. 하나님은 7년에 한 번씩 제한적이고 잠정적인 사회적 해방과 질서 재편을 명령함으로써, 가난과 부의 세습을 원천봉쇄하고 있다. 안식년 면제법은 인간 이성이 고안한 제도가 아니라 하나님의 계약적 자비가 인류 양심에게 부과한 양심의 멍에다.

이처럼 안식 원리는 불가피한 상황에 의해 한 사람이 노예 상태로 전락하게 되면 어떤 일이 있어도 해방될 수 없다는 전제를 부정하며, 역사적으로 발생한 모든 인과응보적 관계의 사슬 작용은 계속되어야 한다는 전제를 부정한다. 그것은 사람을 기혹할 정도의 채무로 옥죄이는 경제 체제를 거부한다. 또한 땅은 그것을 획득한 사람에게 완전히 그리고 영원히 소유된다는 주장을 거부하고, 하나의 당연한 현실로서 쉽게 받아들여지는 가혹한 가난의 악순환을 허용하지 않는다.

매 7일마다, 매 7년마다, 매 50년마다 예속과 피폐, 채무와 가난, 땅 없이 사는 불안정을 초래한 시간은 정지되어야 한다. 그 정지를 통해 새로운 자유가 시작되어야 한다. 이스라엘 백성이 하나님께서 해방시켜 주시기 전에 살았던 것처럼 현실이 흘러가도록 내버려 두어서는 안 된다. 그들은 스스로를 재충전하여 새롭게 출발한다. 이것은 현실성이 없을 뿐 아니라 진지하게 받아들여져서도 안 되는 단지 고상한 이상이 아니었다. 예레미야 34:13-16은 면제법을 실행하지 못했을 뿐만 아니라, 이 법에 따라 노예해방을 선언했다가 다시 귀족들에 의해 취소되고 노예제도가 부활하도록 방치한 이스라엘의 실패에 대한 예언자적 정죄를 보여준다.

신명기적 특성과 급진성을 가진 안식 원리는 예수님의 메시아 취임설교에서 다시금 부활하였다. 예수님이 나사렛 회당에서 이사야서를 읽으실 때 천명하셨던 메시아 사역의 구조 안에 이 안식 원리가 부활되고 있는 것이다.[눅 4:16-19, 21] "주의 성령이 내게 임하셨으니…… 포로된 자에게 자유를, 눈먼 자에게 다시 보게 함을 전파하며 눌린 자를 자유롭게 하고." 누가복음 본문에서는 이사야서의 두 본문이 하나의 연결어인 헬라어 아페시스(ἄφεσις)에 의해 결합되어 있다. 이 단어는 해방 혹은 자유를 의미하는데, 안식 원리에 따라 시행되는 노예해방 혹은 채무자의 채무 면제를 의미하는 히브리어 드로르(דְּרוֹר)의 헬라어 번역어다. 이것은 예수님께서 성경을 읽고 해석하는 데 작용하는 열쇠어이며, 누가복음에서 예수님의 전체 사역을 해석하는 규정적인 범주가 된다. 이사야가 예언하였고 야웨의 안식일 안에서 구현되고 실행되는 그 해방이야말로 예수님의 공생애 사역의 진정한 의도요 목표다.[19] 그러나 신약에서 이 '아페시스'라는 말은 또 다른 종류의 해방, 곧 죄책의 속박과 사슬로부터의 풀려남을 의미하는 죄 사함을 통한 해방을 의미한다. 죄는 하나님이 주신 자유를 잃고 하나님 나라에서 추방당한 상황이다. 하나님과의 계약적 결속감을 느끼게 하는 '땅'(계약을 보증하는 물적 토대)을 잃은 상황이다. 하나님에 대한 언약적 책임을 전혀 느끼지 못하는 자가 하나님 나라의 땅에서 추방당한 자다. 죄 사함은 다시 하나님 나라의 영토로 회복되어 다시금 하나님 자녀의 삶을 시작하게 한다.

죄 사함이 안식과 희년의 회복이라는 주장의 참 뜻을 깨닫기 위해서는 구약성경에서 제시되고 누가복음과 다른 신약 문서들에 의해 해석된 바와 같이 하나님의 의도를 수행하시고 성취하신 분으로서의 예수님을 이해하는 하나의 틀을 가져야 한다. 그 틀이 바로 안식 원리라는 하나의 해석학이다. 구약성경은 우리로 하여금 하나님께서 예수님 안에서 시작하신 일이 단순히 죄로부터의 해방만이 아니라 모든 구체적인 종류의 해방, 곧 신체적, 사회적, 경제적 해방임을 이해하도록 촉구한다. 하나님께서 그리스도를 통해 우리에게 주시기로 작정하신 복음적 자유는 우리의 삶 속에 역사하는 죄의 권세와 옥죄이는 속박과 짐으로부터의 풀려남이며 궁극적으로 우리의 전 존재를 바쳐서 야웨를 사랑할 수 있을 정도로 자유케 하는 전면적인 해방이다.

야웨 앞에서 실연하는 자기양도의 축제
: 사회복지 기금인 감사 자원예물 ●16장

16 ¹아빕월을 지켜 네 하나님 여호와께 유월절을 행하라. 이는 아빕월에 네 하나님 여호와께서 밤에 너를 애굽에서 인도하여 내셨음이라. ²여호와께서 자기의 이름을 두시려고 택하신 곳에서 소와 양으로 네 하나님 여호와께 유월절 제사를 드리되 ³유교병을 그것과 함께 먹지 말고 이레 동안은 무교병 곧 고난의 떡을 그것과 함께 먹으라. 이는 네가 애굽 땅에서 급히 나왔음이니 이같이 행하여 네 평생

에 항상 네가 애굽 땅에서 나온 날을 기억할 것이니라. ⁴ 그 이레 동안에는 네 모든 지경 가운데에 누룩이 보이지 않게 할 것이요 또 네가 첫날 해 질 때에 제사 드린 고기를 밤을 지내 아침까지 두지 말 것이며 ⁵ 유월절 제사를 네 하나님 여호와께서 네게 주신 각 성에서 드리지 말고 ⁶ 오직 네 하나님 여호와께서 자기의 이름을 두시려고 택하신 곳에서 네가 애굽에서 나오던 시각 곧 초저녁 해 질 때에 유월절 제물을 드리고 ⁷ 네 하나님 여호와께서 택하신 곳에서 그 고기를 구워 먹고 아침에 네 장막으로 돌아갈 것이니라. ⁸ 너는 엿새 동안은 무교병을 먹고 일곱째 날에 네 하나님 여호와 앞에 성회로 모이고 일하지 말지니라. ⁹ 일곱 주를 셀지니 곡식에 낫을 대는 첫 날부터 일곱 주를 세어 ¹⁰ 네 하나님 여호와 앞에 칠칠절을 지키되 네 하나님 여호와께서 네게 복을 주신 대로 네 힘을 헤아려 자원하는 예물을 드리고 ¹¹ 너와 네 자녀와 노비와 네 성 중에 있는 레위인과 및 너희 중에 있는 객과 고아와 과부가 함께 네 하나님 여호와께서 자기의 이름을 두시려고 택하신 곳에서 네 하나님 여호와 앞에서 즐거워할지니라. ¹² 너는 애굽에서 종 되었던 것을 기억하고 이 규례를 지켜 행할지니라. ¹³ 너희 타작마당과 포도주 틀의 소출을 거두어 들인 후에 이레 동안 초막절을 지킬 것이요 ¹⁴ 절기를 지킬 때에는 너와 네 자녀와 노비와 네 성중에 거주하는 레위인과 객과 고아와 과부가 함께 즐거워하되 ¹⁵ 네 하나님 여호와께서 택하신 곳에서 너는 이레 동안 네 하나님 여호와 앞에서 절기를 지키고 네 하나님 여호와께서 네 모든 소출과 네 손으로 행한 모든 일에 복 주실 것이니 너는 온전히 즐거워할지니라. ¹⁶ 너의 가운데 모든 남자는 일 년에 세 번 곧 무교절과 칠칠절과 초막절에 네 하나님 여호와께서 택하신 곳에서 여호와를 뵈옵되 빈손으로 여호와를 뵈옵지 말고 ¹⁷ 각 사람이 네 하나님 여호와께서 주신 복을 따라 그 힘대로 드릴지니라. ¹⁸ 네 하나님 여호와께서 네게 주시는 각 성에서 네 지파를 따라 재판장들과 지도자들을 둘 것이요 그들은 공의로 백성을 재판할 것이니라. ¹⁹ 너는 재판을 굽게 하지 말며 사람을 외모로 보지 말며 또 뇌물을 받지 말라. 뇌물은 지혜자의 눈을 어둡게 하고 의인의 말을 굽게 하느니라. ²⁰ 너는 마땅히 공의만을 따르라. 그리하면 네가 살겠고 네 하나님 여호와께서 네게 주시는 땅을 차지하리라. ²¹ 네 하나님 여호와를 위하여 쌓은 제단 곁에 어떤 나무로든지 아세라

상을 세우지 말며 ²² 자기를 위하여 주상을 세우지 말라. 네 하나님 여호와께서 미워하시느니라.

하나님께 제물을 가지고 감사를 드리는 절기는 사유재산권의 신성불가침 권리를 믿는 근대 부르주아 계급의식을 가진 사람에게는 생소하다. 이 세상의 모든 가치 있는 농산품과 공산품은 땅이라는 부의 근원으로부터 파생된 재산이다. 신명기의 안식법은 땅에서 발생하는 모든 소출을 하나님의 것이라 믿고 그 믿음을 표현하기 위해 야웨 앞에서 감사의 축제를 가질 것을 규정한다. 이스라엘의 존재 자체를 가능케 한 유월절과 무교절은 야웨 앞에 성회로 모여 하나님의 근본 구원을 송축하는 절기다.^{1-8절}

　1절은 출애굽기 12:1-20의 유월절 규정을 이어받아 아빕월 유월절 축성을 명한다. 아빕월은 이스라엘의 하나님 야웨가 밤 중에 이스라엘 회중을 애굽에서 인도하여 내셨던 바로 그 달, 첫 달이다. 2절은 신명기 12장의 원칙이 적용되는 가나안 정착 시기의 유월절 축성을 규정한다. 이스라엘 자손은 더 이상 자기 집이나 장막에서가 아니라 야웨께서 자기의 이름을 두시려고 택하신 곳에서 소와 양으로 하나님 여호와께 유월절 제사를 드려야 한다. 유교병 대신 이레 동안 무교병, 곧 고난의 떡을 함께 먹으며 하나님의 급격한 출애굽 구원을 기억해야 한다. 이 유월절-무교절 축성을 통해 이스라엘은 평생에 항상 그들 자신이 야웨의 손에 이끌려 애굽 땅에서 나온 날을 기억해야 한다. 이레 동안의 무교절 기간에는 이스라엘의 모든 지경 가운데 누룩이 보이지 않게 해야 하며, 또 첫날 해 질 때에 제사 드린 고기를 다음 날 아침까지 남겨 두지 말아야 한다. 유월절 식사로 나온 고기는 당일 식사 때에 모두 소비되어야 한다는 것이다. 5-6절은 2절을 반복한다. 야웨 하나님께서 당신의 이름을 두시려고 택하신 곳에서 이스라엘 자손이 애굽에서 나오던 시각, 곧 초저녁 해 질 때에 유월절 제물을 드리고, 유월절 고기를 구워 먹고 아침에 각기 장막으로 돌아가야 한다.

8절의 "아무 노동도 하지 말고 야웨 하나님 앞에 성회로 모이라"는 표현이 감사 절기들과 안식일 계명을 연결 짓는 고리다. 16:9-12은 칠칠절 규정이다.^{출 34:22, 레 23:15-21} 곡식에 낫을 대는 첫날부터 일곱 주를 세어 맞이하는 절기다. 야웨 하나님께서 각자에게 복을 주신 대로 힘을 헤아려 자원하는 예물을 드리되 헌제자 자신은 물론이거니와 자녀와 노비와 성중에 있는 레위인과 및 객과 고아와 과부가 함께 야웨 하나님께서 자기의 이름을 두시려고 택하신 곳에서 하나님 야웨 앞에서 즐겨야 한다. 이스라엘이 애굽에서 종 되었던 것을 기억하고 축성한다는 점에서 칠칠절은 유월절-무교절의 후속 절기라고 할 수 있다. 결국 칠칠절은 사회복지의 수혜자가 되는 사람들과 함께 자원하는 첫 열매 제물을 가지고 야웨 앞에서 축제를 벌이는 절기다.

16:13-17은 초막절 규정인데^{레 23:33-43} 히브리 노예들의 40년 초막 생활을 기억하는 절기로서 이 또한 유월절-무교절의 기억을 예전화하여 영구 기념하는 축제다. 유월절-무교절-칠칠절과 마찬가지로 이 초막절도 사회적 약자들을 보살피고 먹이는 절기다. 이스라엘은 타작마당과 포도주 틀의 소출을 거두어들인 후에 이레 동안 초막절을 지키도록 명령받는다. 초막절 절기도 자원하는 제물이 넘치는 감사의 축제요 가난한 이웃에게 혜택을 입히는 절기였다. 초막절은 바벨론 귀환 포로들이 주축이 되었던 제2성전 시기의 가장 중요한 절기 중 하나로, 이스라엘의 영적 부흥과 쇄신의 견인차 역할을 했다(매 7년째 초막절의 율법 낭독 규정).^{31:9-13, 느 8:1-18, 슥 14:15-18} 이처럼 하나님께 감사예물을 가지고 자원하여 드리는 예물들이 사회복지 기금 역

할을 하였다. 안식일 계명은 이처럼 다양한 사회복지적·사회통합적 축제로 확장되어 준수됨으로써 사회경제적 약자에 대한 하나님의 부드러운 돌보심을 맛보게 하는 은혜로운 계명으로 작동하도록 규정된다. 16-17절은 3대 야웨종교 절기를 규정한다. 모든 남자는 1년에 세 번, 곧 무교절과 칠칠절과 초막절에 야웨 하나님께서 택하신 곳에서 야웨를 뵈옵되 빈손으로 뵈옵지 말고 야웨 하나님께서 각자에게 주신 복을 따라 그 힘대로 드리라고 요구받는다.

16:18-22은 재판의 공정성 제고 규정과 야웨의 혐오를 촉발시키는 우상숭배(아세라 주상숭배)를 말한다. 이 단락은 출애굽기 18:3-17과 신명기 1:9-18의 재판관 임명 규정을 이어받아 가나안 정착 상황에 맞게 재조정한다. 신명기 1:9-18은 공정한 재판제도와 사법행정이 가나안 땅에서 살게 될 이스라엘의 공동체적 존립에 결정적인 중요성을 가지게 될 것임을 예고하고 있다. 이스라엘 12지파는 각 성에 지파별로 재판장들[쇼퍼팀(שֹׁפְטִים)]과 지도자들[쇼테림(שֹׁטְרִים)]을 둘 수 있는데 그들은 공의로 백성을 재판해야 한다. '공의'라고 번역된 히브리어는 미쉬파트(מִשְׁפָּט)-체데크(צֶדֶק)다. 최근 개정된 개역개정 번역에서는 각각 정의-공의로 번역하는데 비교적 애매모호한 번역이다. 미쉬파트는 강자나 유력자의 법 위반 사태나 경향을 억제하고 교정하며 약자를 옹호하는 형평화 활동을 가리키고, 체데크는 법률적 논리를 뛰어넘는 친절과 계약 보호적 의리를 말한다. 계약 당사자 일방이 계약을 지키지 못한 상황에서 계약을 유지하려면 다른 계약 당사자가 자신의 정상적인 계약 의무 수행을 초월하는 비상한 호의와 친절을 베풀어야 한다.^{사 46:12-13} 언약적 의무를 다하지 못해 계약 백성의 일원으로 지위를 더 이상 유지할 수 없는 이에게 비상한 친절을 베풀 때, 의를 베푼다고 말한다. 예를 들어 여러 이유로 땅을 잃고 이방을 떠도는 사람이 고향에 되돌아왔을 경우 가까운 친족이 매각

된 그 땅을 다시 사주어 기업을 잇게 할 때, 이 친족이 가난한 이웃에게 의를 베풀었다고 말해진다. 고아와 과부는 권력자나 유력자들이 희생양 삼기 쉬운 최약자들이다. 재판관이 이들의 인권과 생존권, 그리고 언약백성의 신분을 지켜 주고 옹호해 주도록 기대된다.

재판관과 지도자는 어떤 경우에도 재판을 굽게 하지 말며 사람을 외모로 보지 말아야 한다. 뇌물을 받아서는 안 된다. 왜냐하면 뇌물은 지혜자의 눈을 어둡게 하고 의인의 말을 굽게 하기 때문이다. 20절은 공정한 재판과 땅을 차지하는 것을 연동시킨다. "마땅히 공의만을 따르라. 그리하면 네가 살겠고 네 하나님 여호와께서 네게 주시는 땅을 차지하리라." 이 20절의 첫 소절 "마땅히 공의만을 따르라"의 히브리어 구문은 체데크 체데크 티르도프(צֶדֶק צֶדֶק תִּרְדֹּף)다. 직역하면 "의, 의를 추구하라"이다. 체데크는 약자에게 언약백성의 지위와 신분을 유지하게 해주는 하나님의 자비로운 성품을 반영하는 재판 행위인 것이다.

21-22절은 이스라엘 자손은 야웨 하나님을 위해 쌓은 제단 곁에 어떤 나무로든지 아세라 상을 세우거나 자신을 위하여 주상을 세우지 말아야 한다고 말한다. 이것은 이스라엘의 하나님 야웨가 가증히 여기시기 때문이다. 하나님은 당신을 우상신처럼 예배하거나 우상신과 병렬적으로 경배하고 섬기는 것 자체를 모욕으로 간주하고 싫어하신다. 그런데 여기서 한 가지 질문이 제기된다. 우상숭배와 공평과 정의를 관철시키는 재판제도가 무슨 상관이 있는가? 21-22절은 앞 단락인 18-20절(공의로운 재판)과 뒤에 나오는 17장(신중하고 공평한 재판 규정)과 관련이 없어 보인다. 즉, 우상숭배 단죄 규정은 외견상 공평과 정의에 바탕한 재판을 명령하는 단락과 별 관련이 없어 보인다. 그러나 앞서 12장 강해에서 말했다시피, 신들에 대한 예배는 종교(으뜸 가르침)의 근본이다. 종교는 한 사회의 정신적 척추

와 같은 역할을 맡는다. 바른 종교는 공평과 정의를 확장시키고 악한 종교는 공평과 정의를 약화시킨다. 따라서 정의와 공평에 대한 관심을 전혀 보이지 않는 신(아세라와 바알)에 대한 숭배는 공평과 정의에 대한 백성의 관심을 현저하게 약화시킨다. 그런 점에서 볼 때 거짓 신들인 이방의 우상에게 절하는 것이나 하나님 앞에 악하고 결점 많은 제물을 바치는[17:1-2] 것은 둘 다 공평과 정의의 요구를 상대화시킨다. 아세라와 바알을 배격하고 멸절시켜야 하는 이유는 그 신들이 이스라엘 공동체의 공평과 정의의 토대를 파괴하기 때문이다. 시돈 출신 왕비인 이세벨의 바알숭배 장려 정책은 이스라엘에게 지주제도와 소수에 의한 토지겸병 사태를 초래하였다.[미 6:16] 이스라엘 하나님 야웨만이 공평과 정의의 수호에 투신된 하나님이시다. 따라서 21-22절에서 다시 강조되고 있는 십계명 제1-3계명은 공평과 정의 수호를 위해 반드시 지켜져야 하는 계명들이다. 이방신을 섬기는 행위는 이스라엘과 하나님이 맺은 언약, 동시에 이스라엘 백성 구성원이 서로에게 맺은 언약을 파괴하는 행위가 된다. 이방신을 섬기는 것은 야웨의 이름을 망령되이 부르는 종교적 일탈의 첫걸음이다.

IV.

신명기 17-21장

신정통치의 대리자들

: 왕, 제사장, 예언자

신명기 17-21장, 이 다섯 장은 언뜻 보면 매끄럽게 연결되지 않는 것처럼 보인다. 그러나 깊이 읽어 보면 이 다섯 장은 하나님 나라 보좌의 기초인 공평과 정의를 다루고 있음을 알 수 있다.[시 89:11-14] 그중에서도 특히 17-19장[16:18-19:21]은 가나안 땅에서 펼쳐질 하나님 나라 (신정통치) 대리자들의 자격과 그들에게 요청되는 미덕을 다룬다. 공평과 정의를 집행하도록 위임받은 대리자는 하나님 나라의 건설에 결정적으로 중요한 사람들이다. 이스라엘 공동체의 존립 자체를 위한 필수적인 요소가 공평과 정의의 실현이기 때문이다. 이 공평과 정의에 대한 요구는 너무나 강력하고 보편적이어서 후대 여러 예언자들의 말씀 속에서 끊임없이 메아리치고 있다. 이스라엘 역사 내내 공평과 정의에 대한 항구적인 위협세력은 권력자와 권력기관이었다.

신명기에 따르면 국가나 정부의 지배 권력은 하나님의 통치권을 위임받은 권력기관이다. 신명기는 국가 권력의 기원을 민중들의 일반의지라고 보는 장 자크 루소의 사회계약설과는 다른 기원을 제시한다. 신명기는 이스라엘 공동체를 거룩한 백성이요 제사장 나라라고 규정한 시내산 계약에서 이스라엘 국가의 기원을 찾는다. 시내산 계약은 이스라엘 백성을 이중적인 계약에 동여맨다. 첫째, 그것은 야웨 하나님만을 주요 왕으로 섬기겠다는 정치적 계약 행위다. 다른 신이나 인간적인 주나 왕의 지배 아래 들어가지 않겠다는 자기속박이다. 둘째, 시내산 계약은 이스라엘 백성을 수평적인 형제자매로 재창조하는 속박이다. 하나님과 계약을 맺은 이스라엘 동포들은 이제 서로에 대하여 형제요 자매 관계로 재정의된다.

　이와 같은 이중적인 계약으로 결속된 이스라엘 공동체는 하나님을 대신하여 하나님의 다스림을 매개해야 할 대리자를 요청한다. 재판관, 왕, 제사장, 예언자가 바로 그들이다. 그들은 하나님께 책임을 지는 존재일뿐만 아니라 이스라엘 형제자매들에게 책임을 지는 존재다. 고대 그리스 도시국가에서처럼 자유시민의 투표나 민의에 의하여 지도자를 뽑는 대의적 민주주의는 항상 중우정치와 금권정치의 희생양이 될 가능성이 크다. 민주주의는 중우정치(페론주의)나 금권정치(미국-일본식 부르주아 민주주의)를 통하여 계급독재로 이어질 가능성이 매우 크다. 그래서 카를 마르크스는 이른바 자유주의 체제 아래서 국가 권력을 한 사회의 부르주아(시민) 지배계급의 이익을 무차별적으로 관철하는 악한 기관으로 폄하한다. 다른 한편 사회주의나 공산주의는 육체노동자를 우대하는 이념독재형 국가 권력을 창조한다. 자유의 양과 질을 현저하게 축소하는 대신 평등 이데올로기를 극대화하려는 국가 권력인 셈이다. 자유주의적 자본주의나 공산주의 둘 다의 경우 국가 권력은 지배계급의 충견 신분을 벗어날 수 없다. 또한 역사적인 경험의 관점에서 보면 신정통치는 성직의 권력기관화라는 끔찍한 재난을 초래했다. 이란의 호메이니 체제나 최근 이슬람 국가들의 종교 권력 우위 추세에서 보듯이, 신정통치라는 말은 항상 전근대적인 억압적 후진성을 대표하는 말처럼 들린다. 기독교 종말론에 의하면 모든 형태의 인간 정부나 국가는 예수 그리스도가 왕으로 통치하는 하나님 나라 안에서 발전적으로 해체될 것이다.[계 11:15] 신명기가 전제하는 신정통치는 나사렛 예수에 의하여 완성될 하나님 나라의 희미한 그림자다. 신명기 단계에서 착상되는 하나님 나라는 거의 신정 민주주의적인 통치에 가깝다.

17:1-19:21은 이스라엘 계약 공동체 안에서 하나님의 다스림을 매개하는 신정통치 중개자들을 개괄하고 그런 지도자들의 충원 과정과 그들에게 요청되는 필수적 자질을 다룬다. 이 율법들은 "네 부모를 공경하라"는 제5계명의 확장적 적용으로 간주된다. 신명기에서 모든 지도자적 직분은 토라의 지도와 감독 아래 놓여 있다(17:18-19의 왕, 17:11의 제사장과 재판관, 13:1-5의 선지자). 신명기는 고대 동방의 전제군주적인 권세를 휘두르는 왕은 상상할 수도 없다. 왕권신수설의 이름으로 절대왕권을 휘둘렀던 중세 유럽의 절대왕정 체제도 용납될 수 없다. 신정통치의 대리자(지도자)들은 각기 할당된 고유의 기능을 갖고 있다. 분리된 권위적 지도력의 영역, 그리고 독재적 경향성에 대한 제한은 신명기적 신정체제의 특징이다.

이 신명기 율법은 비록 모세의 입을 통하여 일방적으로 선포되는 형식을 취하고 있지만 실상 이스라엘 공동체의 역사적·정치적 경험의 산물이었을 가능성이 크다. 모세의 입을 통해 선포되었다는 말은 그 법들이 이스라엘 공동체의 안녕과 존립에 결정적인 중요성을 가진 헌법적 권위였다는 것을 의미하지, 모세오경에 있는 모든 법이 실제로 기원전 13세기경 혹은 그 이전 시대의 역사적 실제 인물인 모세의 입에서 반포되었다는 말은 아니다. 이 신정통치의 대리자들에 관한 법이 실제로 고대 이스라엘의 행정 및 사법 역사의 다양한 단계에서 사용되었던 법령들의 집성물일 것이라고 보는 이유는 여러 가지다. 첫째, 그것은 사사 시대의 초보적인 사법제도를 반영하거나 전제하는 율법들을 가지고 있다. 둘째, 그것은 왕정이 남기고 간 쓰라린 환멸을 추스르는 듯한 구절들을 내포하고 있다.

17 ¹흠이나 악질이 있는 소와 양은 아무것도 네 하나님 여호와께 드리지 말 지니 이는 네 하나님 여호와께 가증한 것이 됨이니라. ²네 하나님 여호와께서 네게 주시는 어느 성중에서든지 너희 가운데에 어떤 남자나 여자가 네 하나님 여호와의 목전에 악을 행하여 그 언약을 어기고 ³가서 다른 신들을 섬겨 그것에게 절하며 내가 명령하지 아니한 일월성신에게 절한다 하자. ⁴그것이 네게 알려지므로 네가 듣거든 자세히 조사해 볼지니 만일 그 일과 말이 확실하여 이스라엘 중에 이런 가증한 일을 행함이 있으면 ⁵너는 그 악을 행한 남자나 여자를 네 성문으로 끌어내고 그 남자나 여자를 돌로 쳐죽이되 ⁶죽일 자를 두 사람이나 세 사람의 증언으로 죽일 것이요 한 사람의 증언으로는 죽이지 말 것이며 ⁷이런 자를 죽이기 위하여는 증인이 먼저 그에게 손을 댄 후에 뭇 백성이 손을 댈지니라. 너는 이와 같이 하여 너희 중에서 악을 제할지니라. ⁸네 성중에서 서로 피를 흘렸거나 다투었거나 구타하였거나 서로 간에 고소하여 네가 판결하기 어려운 일이 생기거든 너는 일어나 네 하나님 여호와께서 택하실 곳으로 올라가서 ⁹레위 사람 제사장과 당시 재판장에게 나아가서 물으라. 그리하면 그들이 어떻게 판결할지를 네게 가르치리니 ¹⁰여호와께서 택하신 곳에서 그들이 네게 보이는 판결의 뜻대로 네가 행하되 그들이 네게 가르치는 대로 삼가 행할 것이니 ¹¹곧 그들이 네게 가르치는 율법의 뜻대로, 그들이 네게 말하는 판결대로 행할 것이요 그들이 네게 보이는 판결을 어겨 좌로나 우로나 치우치지 말 것이니라. ¹²사람이 만일 무법하게 행하고 네 하나님 여호와 앞에 서서 섬기는 제사장이나 재판장에게 듣지 아니하거든 그 사람을 죽여 이스라엘 중에서 악을 제하여 버리라. ¹³그리하면 온 백성이 듣고 두려워하여 다시는 무법하게 행하지 아니하리라. ¹⁴네가 네 하나님 여호와께서 네게 주시는 땅에 이르러 그 땅을 차지하고 거주할 때에 만일 우리도 우리 주위의 모든 민족들 같이 우리 위에 왕을 세워야겠다는 생각이 나거든 ¹⁵반드시 네 하나님 여호와께서 택하신 자를 네 위에 왕으로 세울 것이며 네 위에 왕을 세우려면 네 형제 중에서 한 사람을 할 것이요 네 형제 아닌 타국인을 네 위에 세우지 말 것이며 ¹⁶

그는 병마를 많이 두지 말 것이요 병마를 많이 얻으려고 그 백성을 애굽으로 돌아가게 하지 말 것이니 이는 여호와께서 너희에게 이르시기를 너희가 이 후에는 그 길로 다시 돌아가지 말 것이라 하셨음이며 ¹⁷ 그에게 아내를 많이 두어 그의 마음이 미혹되게 하지 말 것이며 자기를 위하여 은금을 많이 쌓지 말 것이니라. ¹⁸ 그가 왕위에 오르거든 이 율법서의 등사본을 레위 사람 제사장 앞에서 책에 기록하여 ¹⁹ 평생에 자기 옆에 두고 읽어 그의 하나님 여호와 경외하기를 배우며 이 율법의 모든 말과 이 규례를 지켜 행할 것이라. ²⁰ 그리하면 그의 마음이 그의 형제 위에 교만하지 아니하고 이 명령에서 떠나 좌로나 우로나 치우치지 아니하리니 이스라엘 중에서 그와 그의 자손이 왕위에 있는 날이 장구하리라.

17:1은 16:22의 주제(야웨에게 가증한 것)를 이어받는다. 아세라 상이나 주상이 야웨에게 가증한 것인 것과 마찬가지로 흠이나 악질이 있는 소나 양을 야웨께 제물로 드리는 것은 가증한 죄악이다.^{말 1:13-14} 흠이나 악질이 있는 동물을 야웨께 바치는 행위는 제물과 헌제자(제물 드리는 자)를 동일시하는 제사신학의 명제에 비추어 볼 때, 흠이나 악질 같은 죄악된 행동을 하면서 제사를 드리는 행위는 야웨께 가증스럽게 여김을 받는다는 것이다. 이사야 1:15이 증언하듯이 손에 무죄한 자의 피를 흥건히 묻힌 채로 기도하고 제물을 가져오는 행위는 바로 야웨께 가증스러운 행위다. 제사 드리는 자의 삶이 흠이나 악질로 손상되었기에 이들이 드리는 제사는 가증스럽다는 것이다.

17:2-7은 우상숭배를 꼬드긴(다른 신들을 섬기자고 유혹) 죄를 사형으로 다스릴 것을 명령한다.^{13:6-11} 13장에서처럼 여기서 사용된 용어들은 으뜸 계명(십계명 제1-2계명과 쉐마)에 대한 순종 여부를 다룬다. 그런데 으뜸 계명을 어긴 죄를 조사하고 재판할 때에라도 공평과 정의는 지켜져야 한다. 그래서 2-7절은 우상숭배자를 고소하고 단죄하는 재판이라 할지라도 공평과 정의는 지켜져야 한다는 점

을 강조한다. 재판관들은 진실을 찾기 위해 세심하게 노력해야 하고 ^{17:4, 19:18} 송사에 관련된 사실 확인에 최우선 순위를 두어야 한다. 아울러 유죄 판결이 지탱될 수 있기 전에 충분한 수의 증인이 증언에 동의해야 한다는 요구가 강조되고 있다. 다른 신이나 야웨가 명하지 아니한 일월성신에게 절한 자들이 나타나면, 이 가증한 일을 행한 자를 성문으로 끌어내어 돌로 쳐죽여야 한다. 단, 투석 사형이 이루어지기 전에 그 조사의 사실성을 지지해 줄 두세 증인의 증언이 있어야 한다. 한 사람의 증언만으로는 결코 돌로 쳐죽이는 형을 집행할 수 없다.

다만 증인의 중요성은 사형 집행 순서에 의해 강조된다. 재판에 연루된 공동체 자체에게 지워진 책임과 의무에 대한 관심은 증인이 가장 먼저 선고된 재판의 집행에 앞장서고 공동체 내의 나머지 구성원들이 뒤따라야 한다는 요구 속에 반영되어 있다. 재판관과 공동체 전체가 재판의 전 과정에 책임을 지며 그들의 인격적인 순전함과 진실함을 보여주어야 한다. 더 나아가 유죄 선고뿐만 아니라 그 선고의 집행에도 책임을 지는 당사자가 됨으로써 소송에 대한 공정한 절차를 보증해야 하는 것이다. 신명기에 따르면 이러한 방식이야말로 재판 절차의 온전한 공정성을 유지하는 방법이다. 이 점은 거짓 증인이 자신의 위증으로 다른 사람에게 가했을지도 모르는 바로 그와 똑같은 벌을 받도록 규정하고 있는 19:16-20에서 매우 직접적으로 강조되고 있다.

17:8-13은 일종의 중앙 재판소의 존재 이유를 설명한다. 이 법은 하나님께서 선택하신 곳에 중앙(최고) 재판소를 둘 것을 명령하고 있다.^{출 18:22, 신 1:17} 최고 재판정은 평신도 재판관들과 제사장 재판관들이 함께 송사를 심판하였던 중앙 성소에 세워졌던 것 같다.^{17:8} 그들의 재판은 최종적이었고, 이 법정을 멸시하면 죽음의 벌을 받게 되

어 있었다. 이 중앙 성소 재판에 불복하는 행위는 즉시 근절되어야 할 악이었으며, 불복자에 대한 처형을 통해 중앙 재판소의 판결을 능멸하려는 무정부적 자의성이라는 악을 근절시켜야 한다.

17:14-20은 신명기적 이상왕, 율법에 순종하는 이상적인 왕정을 규정한다. 분량으로 보자면 왕에 대한 율법은 재판관과 법정에 대한 율법에 비하여 소략하다. 이 점은 적어도 신명기(북이스라엘 왕국 신학)에서는 왕이 신정통치의 중심인물이 아니었다는 사실을 반영하고 있다. 신명기에서 '왕'은 고대 가나안의 왕정신학에서와는 달리 신적인 성품의 공유자가 아니라 이상적인 이스라엘 사람의 본보기일 뿐이다. 이 단락에서 묘사된 왕의 면모도 왕정 아래서 일어났던 역사적 경험을 반영하고 있는 것처럼 보인다. 이스라엘의 왕정통치 경험에 의해 단련되고 결정화된 이상적인 왕의 모습이 신명기적 이상왕으로 확정되었을 것이다. 사무엘상 8-12장은 왕정제도의 시작 안에 하나님의 통치에 대한 저항이 내재되어 있음을 인정하고 있다. 하나님께서는 열방과 같이 왕을 달라고 요구하는 이스라엘의 유력 계층들에게 왕정이 가져올 폐해를 자세히 나열해 주신다. 왕정은 위험한 제도라는 것이다.^{삼상 8:10-18, 호 8장} 하지만 논쟁이 계속되면서 하나님은 이스라엘이 왕을 세울 것을 허락하신다.^{삼상 12장} 이처럼 인간 왕은 하나님의 통치 아래서 영위되는 가나안 땅에서의 삶을 위한 필수 요소가 아니라, 인간들의 소원에 대한 하나님의 소극적 묵인의 결과인 것이다.

그러나 신명기의 왕의 율법 단락에서는 소극적 묵인 단계보다는 한 단계 더 나아간다. 확고부동하고 강조적인 허용이 주어진다("네 위에 왕으로 세울 것이며").^{17:15} 왕정제도는 명백히 이스라엘 인근 족속들의 왕정 관습 본을 따라 틀지워졌지만, 인근 족속의 왕들이 누리는 전형적인 전제왕권은 이스라엘 안에서 금지되어야 한다는 조건 아래서의 허용이었다. 왕은 백성들 '위에' 세워지지만, 그의 마음은 동포들 위에 자고하게 높아져서는 안 된다. 왕이라는 지도자적 직분이 하나님의 다스림을 어느 정도 효과적으로 매개할지는 왕적인 지도력이 신명기의 토라와 얼마만큼 충실하게 밀착되는지에 달려 있다. 신명기의 왕정은 고대 동방 전제군주제가 아니라 오히려 신권 입헌군주제와 유사하다.

여기서도 물론 세습왕조의 통치가 명백히 전제되어 있다(20절의 "그의 자손"). 그러나 왕은 반드시 야웨에 의해 선택되어야 하고,[1] 세습왕조의 계속적인 존립 여부는 야웨의 요구에 대한 왕의 복종 여하에 달려 있다는 점이 강조된다. 또한 왕은 반드시 이스라엘 사람이어야 한다. 전체적으로 왕의 전제적 대권과 통제 기능은 극히 제한되어 있고 오히려 하나의 기능으로 축소되어 있다. 그는 인근 족속의 왕들이 행하는 관습을 본받아서는 안 된다. 큰 재물을 모으고 많은 처첩을 거느리고 많은 말들을 모아서는 안 된다. 여기서 말들은 군마와 병거로 무장된 대규모의 상비군 조직을 가리킨다.^{삼상 8:11, 왕상 10:26} 왕의 유일한 적극적인 기능은 생애 동안 내내 '이 율법의 필사본', 곧 신명기 법전을 곁에 두고 그것을 끊임없이 읽고 연구하며 모든 가르침을 충실히 따르는 것이다. 유일신 하나님 야웨를 섬기는 일을 옹호하고 격려하는 일에 최우선적 과제를 두라는 것이다. 국방, 외교, 재판도 중요하지만 제일 중요한 것은 나라 전체를 유일신 하나님에 대한 복종 상태에 묶어 두는 일이다. 이처럼 신명기는 백성들에 대한 야웨의 다스림을 왕이 가로채는 위험성과 전제적 지배를 피하기 위해서 왕의 권력을 명백하게 제한한다. 권력의 전제조건인 재산, 부인들과 군사적 힘은 명백히 부정된다. 왕의 책임은 한정되어 있고 다른 지도적 역할들과 분리되어 있다. 신명기는 왕의 마음이 형제 동포들 위에 자고하여 높아지지 못하도록 왕권을 억제하고 있다.

그런데 이 제한 조치와 명령들은 오직 야웨에게만 온전한 일편단심의 충성을 바치도록 명령하는 신명기의 주요한 목적에 이바지한다. 으뜸 계명은 이 구절들 요소요소에 스며들어 있다. 말과 군마와 재물에 대한 제한은 예언자들, 특히 이사야[사 2:7-9]와 미가[미 5:10-15]에 의해 명백한 종교적 함축을 지닌 채 이해되고 있다. 군마를 구입하기 위해 애굽으로 내려가는 일은 출애굽 구원을 무효화하는 배교 행위인 것이다.[사 30:1-5] 보다 더 본질적으로는 재물과 군마들이 왕이 오만에 빠지도록 자극하고 야웨에 대한 전적 신뢰 의무를 망각케 하여 마침내 배교로 몰고 간다는 것이다. 이방 출신 부인들이 왕의 마음을 돌이켜 야웨를 좇지 못하게 할 위험은 17절에 명시적으로 진술되어 있고, 그 경고는 솔로몬[왕상 11:1-8]과 아합[왕상 16:29-33]의 역사적 사례에 의해 되울리고 있다. 이런 위험한 상황에서 왕은 토라를 끊임없이 읽고 하나님 야웨 경외하기를 체득해야 한다. 왕의 제일 사명은 십계명의 첫째 계명 수호다.[6:13, 10:20] 결국 왕정에 대한 율법도—신명기의 모든 가르침과 마찬가지로—배교와 우상숭배에 대한 경고인 셈이다.[2]

또 하나 인상적인 사실은, 율법에 따르면 왕은 이스라엘 사람 각각에게 부과된 의무에 매여 있다는 것이다. 왕의 본질적인 책임으로 규정된 말씀 공부와 말씀 준행 의무는 모든 평범한 이스라엘 사람에게 부과된 의무와 책임이 아닌가? 그런 의미에서 이 왕정 헌장에 나타난 신명기의 일차적 관심은 왕이 평범한 이스라엘 사람의 본보기가 되라는 뜻이다. "그의 마음이 형제 위에 교만하지 아니하여야 한다"는 경고는 8:14에 있는 보통 이스라엘 사람들에게 들려진 경고를 되울려 주고 있으며 또한 은금을 증식시키지 말라는 금지명령은 이스라엘이 은금을 증식시켜 마침내 재물을 주신 분이 야웨 하나님임을 잊어버릴지도 모르는 위험성을 경고한 8:13-17의 말씀을 생각나게 한다. 또한 "이 명령에서 떠나 좌로나 우로나 치우치지 말라"는 경고는 신명기 전체에 걸쳐서 개개인의 이스라엘 혹은 다른 직분자들에게 겨냥된 경고의 말과 비슷하거나 같다.^{5:32, 11:28, 17:17, 28:14, 31:29, 수 23:6} 그러므로 백성을 다스리는 지도자의 근본적인 과업은 왕조와 왕국의 안녕을 위해 야웨 하나님에 대한 복종의 모범을 보여주는 것이다. 왕과 백성은 야웨 경외하기를 배워야 한다는 공통의 목표를 가지고 있다.

패트릭 밀러가 잘 지적하듯이, 나사렛 예수의 왕도야말로 이 신명기적 왕도를 온전히 구현한 것이다.³ 그분은 왕적 지배를 실현시키기 위하여 관료조직, 군마, 상비군, 거대한 궁궐을 소유하지 않으셨다. 그분은 온전한 일편단심의 충성을 하나님께만 바쳤으며, 전 생애를 야웨의 토라와 하나님의 순간순간적인 가르침을 받으며 사셨던 바로 신명기적 이상왕이셨다.

또 다른 신정통치 대리자, 레위인
: 제사장과 선지자의 사역 규정 ●18장

18 ¹ 레위 사람 제사장과 레위의 온 지파는 이스라엘 중에 분깃도 없고 기업도 없을지니 그들은 여호와의 화제물과 그 기업을 먹을 것이라. ² 그들이 그들의 형제 중에서 기업을 가지지 않을 것은 여호와께서 그들의 기업이 되심이니 그들에게 말씀하심 같으니라. ³ 제사장이 백성에게서 받을 몫은 이러하니 곧 그 드리는 제물의 소나 양이나 그 앞다리와 두 볼과 위라. 이것을 제사장에게 줄 것이요 ⁴ 또 네가 처음 거둔 곡식과 포도주와 기름과 네가 처음 깎은 양털을 네가 그에게 줄 것이니 ⁵ 이는 네 하나님 여호와께서 네 모든 지파 중에서 그를 택하여 내시고 그와 그의 자손에게 항상 여호와의 이름으로 서서 섬기게 하셨음이니라. ⁶ 이스라엘 온 땅 어떤 성읍

에든지 거주하는 레위인이 간절한 소원이 있어 그가 사는 곳을 떠날지라도 여호와께서 택하신 곳에 이르면 7여호와 앞에 선 그의 모든 형제 레위인과 같이 그의 하나님 여호와의 이름으로 섬길 수 있나니 8그 사람의 몫은 그들과 같을 것이요 그가 조상의 것을 판 것은 별도의 소유이니라.

1) 제사장과 레위인의 몫 ●18:1-8

신명기는 아론 계열 제사장과 레위인을 구분하는 이전의 출애굽기, 레위기, 민수기의 진술과는 약간 다른 입장을 보인다. 신명기에서는 '레위 사람 제사장'[코하님 하르비임(כֹּהֲנִים הַלְוִיִּם)]이라는 말이 자주 사용된다. 제사장과 레위인을 통칭한다. 1-2절은 이스라엘 중에서 분깃[헬렉(חֵלֶק)]도 없고 기업[나할라(נַחֲלָה)]도 할당받지 못한 레위 사람 제사장과 레위의 온 지파는 야웨의 화제물과 그 기업을 먹고 살도록 규정한다. 불로 태워진 모든 제물과 야웨의 직할 땅에서 얻은 수입으로 생계를 유지해야 한다. 야웨께서 레위 제사장과 온 레위 지파의 기업이 되신다는 말은 이런 뜻이다. 제사장이 백성에게서 받을 몫은 이스라엘 백성이 제물로 드리는 소나 양의 앞다리와 두 볼과 위다. 또 이스라엘 일반 지파가 처음 거둔 곡식과 포도주와 기름과 처음 깎은 양털도 제사장의 몫이다. 이런 방식으로 레위 제사장 집단을 먹여 살려야 하는 이유는 이스라엘의 하나님 야웨가 모든 지파 중에서 레위 지파를 택하여 내시고 그와 그의 자손에게 항상 야웨의 이름으로 서서 섬길 직분을 주셨기 때문이다("종신토록 주의 앞에서 성결과 의로 두려움이 없이 섬기게 하리라 하셨도다").눅 1:75 아마도 이스라엘 역사의 초창기에는 사사기 17-18장이 암시하듯이(미가의 집에 고용되었다가 단 지파에게 거의 강압적으로 선택된 소년은 기업을 분배받지 못한 레위인이다),삿 18장 레위인들이 12지파의 촌락과 성읍으로 파송되어 살았던 것처럼 보인다. 적어도 1년의 특정 기간에는 각 지파의 성읍과 마을에

17 · 21

IV.

신정통치의 대리자들

파송되어 활동했을 가능성이 있다. 레위인은 집단 거주지에서 일부가 살고,[4] 일부는 지방 파견 근무지에서 살았을 가능성도 있다. 이렇게 생각하면 6-18절이 이해가 된다. 이스라엘 온 땅 어떤 성읍에든지 거주하는 레위인이 간절한 소원이 있어 그가 사는 곳을 떠날지라도, 야웨께서 택하신 곳(지방 성소)에 가서 그곳에서 이미 제사장으로 활동하는 모든 형제 레위인과 같이 야웨 하나님의 이름으로 섬길 수 있는 것이다. 즉, 레위인의 전근이 가능하다는 것이다. 그가 근무지를 옮겨 다른 지방 성소에 가더라도 생계비는 동일하게 지급받을 수 있고 그가 이전에 살던 곳에서 가졌던 목초지나 조상의 땅을 매각한 재산은 자신이 별도로 처분할 수 있는 재산으로 간주된다.

이상에서 살펴본 것처럼 아론 계열의 제사장만이 제사장직을 차지하고 나머지 레위인들은 성전의 보조 요원이라고 규정하는 이른바 제사장 문서(출애굽기 28-31, 35-40장, 민수기, 레위기, 에스겔)들과는 달리 신명기와 이른바 신명기 역사서(여호수아-열왕기하)에서는 레위 지파 일반이 제사장직을 차지할 수 있는 것처럼 말한다. 다시 말해 아론 계열의 레위인에게만 제사장직을 배타적으로 귀속시키지 않는다. 제사장 문서에 비해 신명기는 제사장과 레위인, 혹은 아론 계열의 제사장과 일반 레위 계열의 제사장 사이에 있었던 서열상의 구분이나 직능상의 구분에 별다른 관심을 보이지 않는다. 그런 구별이나 차별이 있었더라도 영속적인 것이었음을 증거하는 실마리는 적어도 신명기에서는 보이지 않는다. 하지만 레위 계열 제사장들 사이에도 책임 영역상의 구별은 있었던 것 같다. 어떤 레위인은 전국적으로 흩어져 있는 성읍들에서 봉사하고[18:6] 다른 레위인은 중앙 성소에서 봉사하는[18:7] 정도상의 차이였을 것이다. 이 차이마저도 어떤 레위인도 중앙 성소에서 일할 수 있었다는 규정에 의해 상대화된다. 율리우스 벨하우젠이 『이스라엘 역사서설』에서 레위인과 제사장의 관계에 대해 나름대로의 논의를 제공했지만,[5] 적어도 구약성경에서는 제사장과 레위인의 관계를 일목요연하고 체계적으로 규정하는 법령 체계가 발견되지 않는다. 그렇다면 제사장 문서층과 신명기 문서층의 레위인 지위 규정 차이는 어떻게 설명하여야 하는가? 아마도 두 문서층이 레위인의 역할에 관한 규정에서 완전하게 대립한다기보다는 부분적으로 다른 측면을 강조하거나 다른 시대의 레위인 역할 묘사를 하고 있다고 보는 것이 나을 것이다. 이런 불확실성에도 불구하고 레위인 혹은 레위 제사장은 이스라엘 역사 전체에 걸쳐서 지도자적 역능을 행사해 왔음이 분명하다. 특히 신명기는 신정통치적 이스라엘 사회에서 가장 중심적인 지도자 집단 중 하나로 제사장을 꼽는다. 그들은 중앙 성소[17:9]에 설치된 '최고 법정'의 재판관들이다.

민수기 35장에서 자세히 규정되듯이, 레위 지파는 특정한 경작지 영토를 갖는 대신에 전국적으로 흩어진 48개의 성읍을 할당받는다. 그들은 전국적으로 흩어진 성읍과 촌락에 체류자의 신분으로 붙어 사는 자들이다. 그들은 다양한 축제절기에 초청받을 때[14:29, 16:11, 14] 백성들에 의해 드려진 예물뿐만 아니라 드려진 희생제물에 의해 생계를 꾸려간다.[18:3-5, 8] 신명기가 제시하는 레위 제사장의 지도자적 면모를 요약하면 다음과 같다.[6]

첫째, 이스라엘의 종교적 지도력은 레위 지파에게 할당되었다.[10:8, 27:9, 14, 31:9-13, 33:8-11] 레위 지파는 하나님을 섬기고 예배하는 일에 있어서 이스라엘 공동체를 지도하는[10:8, 18:5, 21:5] 제사장이 된다. 이스라엘 백성 교육[31:9-13, 33:10]과 사법행정[17:9, 21:5]과 군사적 기능(언약궤를 메고 선봉대 역할)[20:2-4] 또한 레위 제사장에게 할당되었다. 특히 거룩한 전쟁에서 레위인들이 수행한 역할은 주목되어야 한다. 사무엘, 사울, 그리고 다윗 왕 때에도 전쟁하러 나갈 때 법궤 혹은 제사장 에봇(우림과 둠밈)을 들고 나갔다.^{삼상 4-5장, 22:10, 15, 28:6} 아마도 레위인의 상무적 역할은 이스라엘 왕정기에도 어느 정도 계속되었을 것이다.

둘째, 레위인은 이스라엘 동포들의 형제로 소개되며 그들이 비록 세속 지파의 몫인 기업을 소유하지 못한다 할지라도 하나님께서 주신 좋은 땅에서 나는 모든 양식과 혜택을 누릴 수 있다. 땅 대신에 야웨 하나님이 레위 지파의 기업이시다.^{18:1-2} 그들은 백성들에 의해 드려진 예물과 의무적 납부금 혹은 헌물을 먹고 산다. 성소에서 야웨께 드려진 의무적이고 자원적인 제물은 레위족의 기업으로서 레위인 및 레위 계열 제사장을 부양하기에 충분하다. 따라서 세속 지파들이 하나님과의 화목한 관계를 유지하여 감사 자원예물을 많이 바칠수록 레위 지파의 생활은 윤택해지고, 다른 지파들이 야웨를 버리고 우상숭배에 몰입하면 레위인의 수입이 없어져 객, 고아, 과부의 신세로 전락한다. 신명기 저자가 살던 시대는 일반 지파들의 레위인 공궤 의무가 강조되는 것을 볼 때 아마 야웨에 대한 이스라엘의 충성심이 쇠락하던 때였을 것이다. 레위인의 생활 수준은 이스라엘의 영적 건강도를 가늠하는 시금석이 되었다. 신명기에서 레위인은 번성하리라는 복을 받지만, 그 복은 다른 지파들의 영적 번성에 연동되어 있다. 레위인의 번성은 의존적으로 실현될 것이다. 야웨에 대한 레위인의 의존은 다른 형제 지파들이 소유하는 어떤 사유재산도 갖고 있지 않다는 점에서, 야웨에 대한 형제 지파들의 의존보다 훨씬 더 현저하다. 그의 번영은 하나님께 제의적 예물을 매일 바치는 동포들의 부단한 순종이라는 요인에 의존하고 있다.

따라서 레위인은 자신들의 생존 기반 확보를 위해서라도 이스라엘 일반 지파에게 야웨의 율법을 잘 가르쳐 그들로 하여금 야웨의 법도와 규례를 충실히 지켜 야웨가 약속한 모든 번영과 복을 누리도록 할 영적 지도력을 잘 발휘해야 한다. 사사기 17-21장은 사사 시대의 영적·정치적 무정부 상황을 입체적으로 보여준다. 이 영적·정치적 무정부 상황을 촉발시키는 인물 중 하나가 첩을 데리고 임지를 다니는 레위인이다.삿 19장 레위인의 첩을 베냐민 지파의 기브아 사람들이 윤간하여 거의 죽게 만들자 그 레위인은 첩의 몸을 열두 토막으로 내 모든 지파들의 대對 베냐민 내전을 선동한다. 하나님의 법궤를 가지고 거룩한 가나안 땅 정복을 향도해야 할 레위인이 이스라엘 지파를 분열시키는 내전을 선동하고 있다. 사사기는 영적 제사장 레위인의 영적 타락과 쇠락이 이스라엘의 수치요 분열이며 자기파괴적 갈등의 원인이라고 말한다. 이 사사기 이야기는 낯설지 않게 들린다. 한국사회의 영적·정치적·사회적 무정부 상황의 이면에는 영적 지도력의 몰락과 타락이라는 항구적 요인이 자리 잡는다. 법관, 기업인, 정치인, 공무원의 타락과 지도력 붕괴는 레위 제사장들의 타락이라는 근원적인 문제 상황을 직시하도록 경보음을 울리는 징후다.

18

⁹ 네 하나님 여호와께서 네게 주시는 땅에 들어가거든 너는 그 민족들의 가증한 행위를 본받지 말 것이니 ¹⁰ 그의 아들이나 딸을 불 가운데로 지나게 하는 자나 점쟁이나 길흉을 말하는 자나 요술하는 자나 무당이나 ¹¹ 진언자나 신접자나 박수나 초혼자를 너희 가운데에 용납하지 말라. ¹² 이런 일을 행하는 모든 자를 여호와께서 가증히 여기시나니 이런 가증한 일로 말미암아 네 하나님 여호와께서 그들을 네 앞에서 쫓아내시느니라. ¹³ 너는 네 하나님 여호와 앞에서 완전하라. ¹⁴ 네가 쫓아낼 이 민족들은 길흉을 말하는 자나 점쟁이의 말을 듣거니와 네게는 네 하나님 여호와께서 이런 일을 용납하지 아니하시느니라. ¹⁵ 네 하나님 여호와께서 너희 가운데 네 형제 중에서 너를 위하여 나와 같은 선지자 하나를 일으키시리니 너희는 그의 말을 들을지니라. ¹⁶ 이것이 곧 네가 총회의 날에 호렙산에서 네 하나님 여호와께 구한 것이라. 곧 네가 말하기를 내가 다시는 내 하나님 여호와의 음성을 듣지 않게 하시고

다시는 이 큰 불을 보지 않게 하소서. 두렵건대 내가 죽을까 하나이다 하매 ¹⁷ 여호와

께서 내게 이르시되 그들의 말이 옳도다. ¹⁸ 내가 그들의 형제 중에서 너와 같은 선지

자 하나를 그들을 위하여 일으키고 내 말을 그 입에 두리니 내가 그에게 명령하는 것

을 그가 무리에게 다 말하리라. ¹⁹ 누구든지 내 이름으로 전하는 내 말을 듣지 아니하

는 자는 내게 벌을 받을 것이요 ²⁰ 만일 어떤 선지자가 내가 전하라고 명령하지 아니한

말을 제 마음대로 내 이름으로 전하든지 다른 신들의 이름으로 말하면 그 선지자는

죽임을 당하리라 하셨느니라. ²¹ 네가 마음속으로 이르기를 그 말이 여호와께서 이르

신 말씀인지 우리가 어떻게 알리요 하리라. ²² 만일 선지자가 있어 여호와의 이름으로

말한 일에 증험도 없고 성취함도 없으면 이는 여호와께서 말씀하신 것이 아니요 그

선지자가 제 마음대로 한 말이니 너는 그를 두려워하지 말지니라.

2) 모세와 모세 같은 정경적 선지자의 관계 ● 18:9-22

18:15-22에 있는 예언자적 지도력과 관련된 규정은 이스라엘 인근

의 토착족속 가운데 만연한 영매술에 대한 전적인 부정에서 출발한

다.^{18:9-14} 이 단락은 고대 가나안 문명에 퍼져 있던 어떤 종류의 영적

인 중개작용도 모방하지 말도록 경고한다. 미래를 예측하거나 신들

의 뜻을 알아내려고 시도하는 일곱 가지의 상이한 영매술이 여기에

언급되고 있다(유아 인신희생제사는 아마도 영매술과 더불어 또 하나의

가증할 만한 종교관습이었을 것이다). 이 모든 영매술은 몇 가지 마술적

인 방법으로―제비뽑기, 활을 통한 영매술, 잔 속에 있는 찌꺼기를

읽고 해석하기, 자연현상 관찰을 통한 길흉 징조 판단, 죽은 자들의

영과 상담―미래의 길흉회복을 예측하기 위한 다양한 인간적 노력

과 주도권을 대표한다. 이 긴 목록의 나열은 신적인 뜻이나 계획을 마

술이나 영매술을 통해 알아내려는 모든 상투적 방법을 부정하기 위

함이다. 야웨께서는 이런 일을 행하는 모든 자를 가증히 여기시나니

이런 가증한 일로 말미암아 이스라엘의 하나님 야웨께서 가나안 토

착족속을 이스라엘이 보는 앞에서 쫓아내신다. 하나님은 가나안 토착족속의 부정한 영매술에 오염되지 말고 "야웨 하나님에게 순전하라"[타밈 티흐예 임 아도나이 엘로헤카(תָּמִים תִּהְיֶה עִם יְהוָה אֱלֹהֶיךָ)]는 명령을 받는다.[18:13] 전치사 임(עִם)은 개역개정이 말하듯이 '앞에서'가 아니라 '에게'를 의미한다. 야웨에게 일편단심의 충성을 유지하라는 뜻이다. 야웨의 지도와 지침에만 충실하라는 것이다. 따라서 이스라엘의 하나님 야웨께서는 가나안 토착족속이 길흉을 말하는 자나 점쟁이의 말을 듣는 것은 일시적으로 용인하실지 모르지만, 이스라엘 중에서는 이런 일을 결코 용납하지 않으신다. 바로 이때 이스라엘 백성은 "그렇다면 하나님의 백성은 하나님께서 미래에 무슨 일을 행하게 하실 것인지를 어떻게 식별하고 알아낼 수 있겠는가"라는 의문을 제기할 수 있을 것이다.

그 대답은 모세적인 권위를 가진 정경적 예언자의 활동이다. 인간적 주도권과 노력에 의해 특징지워진 고대 가나안 문명의 영매작용과는 달리 여기서는 하나님의 주도권이 강조된다. '내가' 그들을 위해 예언자를 일으키며 '내가 나의' 말들을 그의 입에 두리니, 그가 '내가' 그에게 명하는 모든 것을 무리에게 다 고할 것이다.[18:18] 가나안 족속들의 길과 대조되는 또 다른 신명기적 강령의 명백한 특징은 말씀 계시에 대한 강조다.[18-22절] 현재뿐만 아니라 미래를 위한 하나님의 뜻의 계시는 야웨의 말씀을 통해서 일어난다. '말씀'은 신명기 안에서 이스라엘의 삶을 위한 야웨의 가르침과 미래를 위한 하나님의 의도를 천명함에 있어서 신명기 전체를 지탱하고 연결시키는 범주다. 예언자가 중개해 주는 하나님의 '말씀'을 통해서 하나님의 통치가 집행된다.

그러나 하나님께서 백성들이 복종해야 할 말씀과 하나님의 미래 사역을 밝혀 주는 말씀을 오직 한 사람에게만 말씀하시고 그를 통해서만 말씀하셔야 한다면 또 다른 문제가 야기될 수 있다. 두 예언자가 동시에 나타나 하나님의 말씀을 받았다고 할 때 어떻게 식별할 것인가?^{왕상 22장, 렘 27-28장, 14:13-16}

20절은 거짓 선지자를 식별하는 방법을 제시한다. 첫 번째 유형은 야웨의 이름으로 거짓되게 예언하는 거짓 선지자이며 두 번째 유형은 다른 신들의 이름으로 예언하는 거짓 선지자다. 이 두 번째 유형의 선지자는 식별하기 쉽다.^{13:1-5} 그러나 야웨의 이름으로 서로 대립되는 말씀을 선포하는 예언자들의 갈등은 곤혹스러운 상황이 아닐 수 없었을 것이다. 22절이 제시하는 식별 기준은 너무나 단순하다. 즉, 야웨께로부터 나온 말씀이란 현실 속에서 사건으로 나타나며 성취되는 말씀이라는 것이다. 이 기준은 신명기와 더 넓게는 성경 전체에 반영되어 있는 역사 해석학의 한 부분이다. 말하자면 하나님의 역사는 하나님의 통치 아래 있고, 그 역사는 하나님의 말씀에 의해 예언되고 성취되어 간다는 믿음이다. 신빙성 있는 하나님의 말씀은 역사 속에서 실현되고 성취되는 말씀이다. 열왕들의 역사를 하나의 전체적인 체계로 묶어 주는 주요한 끈 가운데 하나가 예언에서 성취로 전진하는 운동이라는 점에서 열왕기서는 이러한 신명기의 역사철학을 반영하고 있다.^{사 40-55장, 41:25-29}

이처럼 참 예언의 기준은 예언적인 말씀과 역사적 현실이 일치되어야 한다는 것이다. 구약과 신약 공히 그 속에 포함된 예언적 말씀들이 역사 속에서 객관적으로 성취되었음을 거듭하여 증명하고 있다. 실로, 오늘날 정경의 일부가 된 성경의 개별적인 책들은 바로 이와 같은 기준에 의해 진정성 있는 하나님의 말씀으로 검증된 것이다.

그러나 당대의 청중에게는 당장 예언의 성취 여부를 판별할 기회가 적었기 때문에, 이 예언-성취 기준은 후대 사람들에 의해 사용된 기준이었다고 보아야 할 것이다. 참 예언과 거짓 예언을 성취 기준으로 판단하는 능력은 후대 시점, 곧 과거를 뒤돌아보는 자의 관점에서 사용할 수 있는 능력이라는 점이 인정되어야 할 것이다. 당대의 청중은 자신들이 들은 메시지가 과연 성취될 것인지 아닐지를 확인할 길이 없었는데, 왜냐하면 예언자들의 예언은 30-40년 후에 성취되는 경우가 허다하기 때문이다. 예레미야의 예언마저도 23년 이상 성취되지 않았기 때문에 동시대인들에게 그가 야웨 하나님께 기만당했다는 비난을 받기도 하였다.^{렘 20:7-13}

그래서 구약성경은 참 예언자를 식별하는 데 도움이 되는 몇 가지 기준을 제시한다. 첫째, 신적 강압으로 소명을 받았다고 주장하는 소명 일화의 존재유무다. 야웨의 강압에 의해 예언자적 역할을 떠맡았다고 증거하는 예언자의 소명 기사가 그의 신적 기원을 확증시키는 데 동원된 기준이 된다. 둘째, 이미 참 선지자로 판명된 앞선 시대의 예언자의 예언과 일치하면 그 예언자는 참 선지자다.^{렘 26:19-19, 28:6-9} 셋째, 야웨의 천상 어전회의에 참여했는지의 여부가^{렘 23:21-22, 왕상 22:19-22} 예언자의 진정성을 결정하는 기준이 되기도 한다. 마지막으로, 야웨 하나님에 대한 배타적 예배를 강조하는 모세의 가르침과 일치하는 예언자는 참 선지자다. 설령 성취 여부의 기준으로 볼 때는 참 선지자로 판명 날지라도 그 예언자의 의도가 야웨 하나님으로부터 백성들을 이탈시키는 것이라면 거짓 선지자라는 것이다. 즉, 야웨 하나님에 대한 유일신적 예배 기준이 성취 기준보다 더 우선적으로 고려되어야 한다는 것이다. 13:1-5에 따르면 거짓 선지자의 꿈이나 예언(징조나 표징)도 단기적으로 성취되는 것처럼 보인다. 18:22의 성취 기준으로 보면 그는 참 선지자다. 그러나 거짓 선지자의 말이나 징조가 현실 속에서 성취된다 할지라도, 그 결과가 야웨의 백성들을 야웨 하나님에 대한 배타적 예배로부터 돌이켜 배교하게 하는 것이라면 그 말씀은 결코 야웨로부터 나온 진정한 하나님의 예언일 수 없다는 것이 최종적인 판단이다. 13:1-5의 경우 어떤 예언자에 의해 선포된 예언의 성취는 미래에 대한 하나님의 계획을 드러내는 참 예언이 아니고 백성들의 내적 신실성을 시험하는 과정이다.

도피성 제도와 복수증인 제도 ●19장

19 ¹네 하나님 여호와께서 이 여러 민족을 멸절하시고 네 하나님 여호와께서 그 땅을 네게 주시므로 네가 그것을 받고 그들의 성읍과 가옥에 거주할 때에 ²네 하나님 여호와께서 네게 기업으로 주신 땅 가운데에서 세 성읍을 너를 위하여 구별하고 ³네 하나님 여호와께서 네게 기업으로 주시는 땅 전체를 세 구역으로 나누어 길을 닦고 모든 살인자를 그 성읍으로 도피하게 하라. ⁴살인자가 그리로 도피하여 살 만한 경우는 이러하니 곧 누구든지 본래 원한이 없이 부지중에 그의 이웃을 죽인 일, ⁵가령 사람이 그 이웃과 함께 벌목하러 삼림에 들어가서 손에 도끼를 들고 벌목하려고 찍을 때에 도끼가 자루에서 빠져 그의 이웃을 맞춰 그를 죽게 함과 같은 것이라. 이런 사람은 그 성읍 중 하나로 도피하여 생명을 보존할 것이니라. ⁶그 사람이 그에게 본래 원한이 없으니 죽이기에 합당하지 아니하나 두렵건대 그 피를 보복하는 자의 마음이 복수심에 불타서 살인자를 뒤쫓는데 그 가는 길이 멀면 그를 따라 잡아 죽일까 하노라. ⁷그러므로 내가 네게 명령하기를 세 성읍을 너를 위하여 구별하라 하노라. ⁸네 하나님 여호와께서 네 조상들에게 맹세하신 대로 네 지경을 넓혀 네 조상들에게 주리라고 말씀하신 땅을 다 네게 주실 때 ⁹또 너희가 오늘 내가 너희에게 명하는 이 모든 명령을 지켜 행하여 네 하나님 여호와를 사랑하고 항상 그의 길로 행할 때에는 이 셋 외에 세 성읍을 더하여 ¹⁰네 하나님 여호와께서 네게 기업으로 주시는 땅에서 무죄한 피를 흘리지 말라. 이같이 하면 그의 피가 네게로 돌아가지 아니하리라. ¹¹그러나 만일 어떤 사람이 그의 이웃을 미워하여 엎드려 그를 기다리다가 일어나 상처를 입혀 죽게 하고 이 한 성읍으로 도피하면 ¹²그 본 성읍 장로들이 사람을 보내어 그를 거기서 잡아다가 보복자의 손에 넘겨 죽이게 할 것이라. ¹³네 눈이 그를 긍휼히 여기지 말

고 무죄한 피를 흘린 죄를 이스라엘에서 제하라. 그리하면 네게 복이 있으리라. ¹⁴ 네 하나님 여호와께서 네게 주어 차지하게 하시는 땅 곧 네 소유가 된 기업의 땅에서 조상이 정한 네 이웃의 경계표를 옮기지 말지니라. ¹⁵ 사람의 모든 악에 관하여 또한 모든 죄에 관하여는 한 증인으로만 정할 것이 아니요 두 증인의 입으로나 또는 세 증인의 입으로 그 사건을 확정할 것이며 ¹⁶ 만일 위증하는 자가 있어 어떤 사람이 악을 행하였다고 말하면 ¹⁷ 그 논쟁하는 쌍방이 같이 하나님 앞에 나아가 그 당시의 제사장과 재판장 앞에 설 것이요 ¹⁸ 재판장은 자세히 조사하여 그 증인이 거짓 증거하여 그 형제를 거짓으로 모함한 것이 판명되면 ¹⁹ 그가 그의 형제에게 행하려고 꾀한 그대로 그에게 행하여 너희 중에서 악을 제하라. ²⁰ 그리하면 그 남은 자들이 듣고 두려워하여 다시는 그런 악을 너희 중에서 행하지 아니하리라. ²¹ 네 눈이 긍휼히 여기지 말라. 생명에는 생명으로, 눈에는 눈으로, 이에는 이로, 손에는 손으로, 발에는 발로이니라.

19장은 세 개의 주제, 곧 비고의적 살인자는 살려 주고 의도적으로 매복해 이웃을 살해한 자는 응징하도록 명하는 도피성법,^{민 35:9-28, 수} ^{20:1-9} 토지의 사취와 강탈을 금지하는 지계표 이동금지법, 복수증인 채택법을 다룬다. 4:41-43에서 이미 요단 동쪽 지파들을 위한 도피성 규정이 소개되었다. 그런데 거기서는 사법적 정의와 관련되지 않은 채 단편적으로 소개되었다. 이 본문은 가나안 본토에 정착한 상황을 염두에 둔 도피성 규정이다. 19:1은 도피성 규정의 발효 시점을 "네 하나님 여호와께서 이 여러 민족을 멸절하시고 네 하나님 여호와께서 그 땅을 네게 주시므로 네가 그것을 받고 그들의 성읍과 가옥에 거주할 때"라고 말한다. 가나안 본토가 야웨께서 주신 기업으로 이스라엘에게 점유되었을 때 세 성읍을 도피성으로 구별해야 한다. 사법행정상의 고려에 따라 가나안 본토를 세 구역으로 나누어 길을 닦고 모든 비고의적 살인자를 그 성읍으로 도피하게 하라는 규정이다. 19:4-6은 도피성에 피신할 조건을 말한다. 첫째, 본래 원한

이 없이 부지중에 이웃을 죽인 사람이 도피성에 갈 수 있다. 예를 들어, 이웃과 함께 벌목하러 삼림에 들어가서 손에 도끼를 들고 벌목하려고 찍을 때에 도끼가 자루에서 빠져 그의 이웃을 맞혀 죽게 한 사람의 경우다. 본래 원한이 없는데 일어난 업무상 과실치사인 경우에라도 죽은 자의 가족이나 가까운 피붙이가 복수심에 불타서 살인자를 뒤쫓아 죽일 수가 있다. 따라서 비고의적인 오살자가 도피성까지 가는 길이 너무 멀면 피붙이 복수자에게 살해당할 수가 있다는 점을 의식해야 한다. 세 구역으로 나눠진 지방에 각각 하나의 도피성을 두어야 한다. 그런데 야웨가 맹세하신 대로 이스라엘 자손이 가나안 땅에서 지경을 넓혀 영토가 넓어지면 세 개의 도피성이 추가적으로 지정될 수 있다. 19:7-9의 개역개정 번역은 지극히 애매모호하다. 원인과 결과의 관계를 분명히 밝히는 히브리어 구문을 살리지 못하고 있다.

이렇게 번역되어 있기에 9절과 10절은 도저히 자연스럽게 연결되지 않는다. "이 셋 외에 세 성읍을 더하여 네 하나님 여호와께서 네게 기업으로 주시는 땅에서 무죄한 피를 흘리지 말라." 7-9절의 히브리어 본문을 구문적 특징을 살려 번역하면 이렇다. 구문론상 이유접속사 키(כִּי)가 있는 9절을 먼저 번역해야 한다. 개역개정은 9절의 키를 이유접속사로 보지 않고 시간접속사로 번역했기에 어려움이 발생한 것이다.

그러므로 나는[아노키(אָנֹכִי)] 너를 위하여 세 개의 성읍을 구별하라고 네게 명한다. 네가 네 하나님 야웨를 사랑함으로써 그리고 항상 그의 길을 따라 걸음으로써 오늘 내가(아노키) 네게 명하는 이 모든 명령 하나하나를 지켜 행하기 때문에, 만일[접속사 임(אִם)] 네 하나님 여호와께서 네 조상들에게 맹세하신 대로 네 지경을 넓혀 네 조상들에게 주리라고 말씀

하신 땅을 다 네게 주신다면, 너는 앞에 말한 이 세 성읍 외에 세 성읍을
더 추가해야 할 것이다.[7]

이렇게 도피성 제도를 잘 활용함으로써 야웨 하나님께서 기업으
로 주시는 땅에서 비고의적으로 사람을 죽인 사람의 피, 곧 무죄한
피를 흘리는 일을 막아야 한다. 10절의 무죄한 자의 피는 도피성으
로 가서 살아야 할 비고의적 오살자의 피다. 그는 도피성 제도가 없
다면 복수심에 불타는 피붙이 복수자에게 살해당하여 피를 흘리게
될 수 있고, 그러면 그것은 무죄한 피를 흘리는 죄를 범한 셈이 되어
그 피 흘림이 일어난 성읍이나 촌락의 죄책이 된다.[19:10] 이처럼 고대
이스라엘의 재판에서는 외견상 범죄행위처럼 보이는 행동을 그 동
기까지 조사하여 자비를 베풀 여지가 있다면 기꺼이 응보적인 정의
집행을 유예하기도 하였다.

그러나 만일 평소의 원한을 숨긴 채 업무상 과실치사 형식을 빌어
이웃을 죽인 경우나 의도적인 살기를 가지고 매복했다가 이웃을 상
처 입혀 죽인 사람이 도피성으로 가면, 그가 피신해 간 성읍 장로들
이 그를 붙잡아 보복자의 손에 넘겨 죽이게 해야 한다. 그런 경우에
는 고의적 살인자에 의해 죽임을 당한 이웃의 피가 무죄한 피가 된
다. 이스라엘 사회는 고의적 살인자를 긍휼히 여기지 말고 무죄한
피를 흘린 죄를 이스라엘에서 제하여야 한다. 이러한 사법정의가 살
아 있어야 하나님의 복이 임할 것이다. 여기서 특기할 만한 사실은
'성문 장로들'의 역할이다. 재판정과 관련된 다른 본문[21:2-9, 19-20, 22:15-19, 25:7-10]에서와 마찬가지로 12절의 성문에 앉아 있는 장로들에 대한
언급은 각 성읍의 장로들이 성문에서 열린 재판을 담당했던 사사 시
대를 반영하고 있는 것처럼 보인다.[룻 4장] 또한 중앙 재판소의 존재뿐
만 아니라 각 성읍에 재판관과 행정관리들을 임명한 것은[1:9-18, 16:18

아마도 기원전 9세기 유다 왕 여호사밧의 사법 개혁의 결과를 반영하는 것일 수도 있다.^{대하 19:5-11}

　도피성 제도에 대한 논의를 요약하면, 이 제도는 어떤 우발적 상황에서 일어난 살인사건을 다루는 제도로서 사적 보복을 완화시키는 선진 관습이었다. 이것은 살해당한 친족이 그 살인자를 추적하여 죽일 수도 있었던 고대 사회의 피붙이 보복 관습의 한계를 보완하도록 제정되었다. 업무상 과실치사 정도로 간주되는 비고의적 살인 행위가 사형을 선고받을 만한 행위가 아니었다면("죽이기에 합당한", 곧 사형선고를 받을 만한)^{19:6} 살해당한 자의 친족이 뜨거운 보복 감정으로 그 오살자를 죽일 수 없도록 한 것이었다. 그런데 도피성소를 찾는 어떤 사람이 실제로 악의로 살해했다면 자칭 오살자는 피붙이 복수자의 손에 붙여질 수가 있었다. 그러나 심지어 살인자에 대한 피붙이 복수자의 분노와 목숨 요구마저도 도피성 제도 안에 내재된 사법적 안전장치들을 무시한 채 행해질 수는 없었다. 원시적 보복 감정이 사법적인 절차를 앞지를 수 없다는 의미다. 죽임을 당한 자의 친족도 도피성소까지 쫓아갈 수는 없었다. 오직 그 성읍의 장로들과 책임 있는 당국자들이 그 문제에 대한 판결을 내려 살인자를 그 성읍 밖으로 끌어내어 줄 때에만 피붙이 보복자는 사형 집행의 권리를 가질 수 있었다. 원시적인 사적 보복은 객관적인 사법정의의 요구 아래 종속되어야 하고 그것에 의해 통제되어야 한다는 것이다.

　그런데 19:21은 다시 동해동량의 법칙을 첨기함으로써 사적인 보복 관습을 허용하는 것처럼 보인다. 그것은 생명에는 생명, 눈에는 눈, 이에는 이, 손에는 손, 발에는 발의 보복을 규정한 동해보복의 원칙을 객관적인 사법제도의 일부분으로 용인하는 것처럼 보인다. 아마도 피붙이 복수법에 의해 복수하더라도 동해동량의 법칙을 따라 최소 보복을 허락하는 것처럼 보인다.^{출 21:23-25, 레 24:19-20, 신 19:21} 흔히 이 형벌 원칙이 '무자비한' 구약율법 체제의 핵심인 것으로 보여져 왔지만, 꼭 그렇게만 볼 수 없는 점이 있다. 이 원칙은 오직 구약성경 중 세 구절에만 나타나는데 그것은 살인자의 처형에 연루된 사람과 (피붙이 복수자) 관련되는 사실을 제외하고는 어떤 개별적인 법령에서도 결코 징벌 형태로 사용되지 않는다. 벌로서 신체의 일부를 자르는 행위는 오직 한 경우^{신 25:11-12}를 제외하고는 신명기 법령 속에 나타나지 않는다. 그런데 그 한 경우도 생명에 대해 생명을 요구하는 피붙이 보복법인데, 이것이 동해보복의 법칙과 관련되는 구약성경 내의 유일한 법령이다. 어떤 의미에서 실수로 살해된 사람의 친척에게 동행동량 보복의 원칙은 원시적인 초과 보복 의지를 꺾어 놓는 인도주의적인 강제 장치였을 것이다. 왜냐하면 먼저 공격을 당하여 친족을 잃었거나 치명적인 상처를 입었다면 동해동량 보복으로는 정의감을 온전히 만족시키지 못하였을지도 모르기 때문이다. 이렇게 보면 동해동량 보복 법칙은 최소한의 균형 보복을 강조하는 것이다.

19:14은 지계표(경계표)를 옮기는 행위를 단죄하고 있다. 이는 가나안 땅의 제한적 사유를 인정하고 보호하는 법령이다.^{27:17} 아모스나 이사야 시대에 가면 이 지계표를 옮겨 대규모로 토지를 겸병하는 대지주들이 등장한다.^{사 5:8-10} 이 지계표 율법은 대지주의 출현을 막는 공평과 정의의 법령이다. 잠언, 욥기, 전도서 등은 신명기 율법이 공공연히 배척되고 무시되는 상황을 빈번히 언급한다. "어떤 사람은 땅의 경계표를 옮기며 양떼를 빼앗아 기르며."^{욥 24:2 8} 이웃의 지계표 이동금지 규정이 공정한 재판을 다루는 단락에 삽입되어 있다는 것은, 고대 이스라엘의 많은 재판이 땅의 경계 확정에 관련된 소송이었을 가능성을 말해 준다. 다른 한편 원인미상의 살인사건이 났을 때 그것이 어떤 지파, 어떤 가문의 땅에서 일어났는지를 따지는

일에서 무죄한 피를 흘린 죄책을 면하려고 일시적으로 지계표를 옮길 가능성 때문에 이 규정이 생겼을 수도 있다. 이런 추론이 가능한 이유는 원인미상의 살인자에 의해 피살된 시체가 한 공동체 내에서 발견되었을 때 공평과 정의의 관점에서 처리하는 방법을 다루는 21:1-9이 있기 때문이다("너희의 장로들과 재판장들은 나가서 그 피살된 곳의 사방에 있는 성읍의 원근을 잴 것이요").^{21:2} 무죄한 피는 그것이 흘려진 성읍의 모든 주민과 그들의 거주지인 땅의 연대적 책임과 성결을 요구하는 규정이다.

19:15-21은 다른 사람을 죽음으로 몰아갈 수도 있는 악의적 위증의 위험성을 일깨운다. 이 단락에 의하면 다수의 증인에 대한 강조가 명시적으로는 위증의 가능성을 차단하고(제9계명) 암시적으로는 편파적 증언과 뇌물을 받은 증인의 개입을 차단하는 안전판 역할을 한다. 거짓 증언죄는 이스라엘이 공동체적으로 근절시켜야 하는 죄임이 강조된다. "너희 중에서 악을 제하라"(19절의 동해보복의 법칙 직전에 나오는 표현)는 신명기의 특징적인 표현은, 십계명에 의해[17:7, 12, 19:19, 21:21, 22:21, 22, 24, 24:7] 금지된 행위인 살인, 간음, 부모에 대한 불경스런 언행 등과 같은 범죄를 저지른 사람을 처형시키도록 요구하는 법령의 결론부에 항상 등장하고 있음을 기억해야 한다. 위증죄는 이스라엘 공동체의 존립을 결정적으로 위태롭게 하는 악행이라는 것이다. 두세 사람의 증인을 요구하는 것이 공정한 재판을 위해 절대로 무오한 보증이 되는 것은 아니지만, 복수증인 제도가 인간의 오판 가능성 혹은 죄악으로 인해 사법제도 자체가 붕괴되는 위험을 막아 주는 것은 사실이다. 복수의 증인을 요청하는 재판제도는 사회정의를 보존하려는 열망의 표현인 셈이다. 이스라엘의 자유농민인 나봇의 땅을 빼앗기 위해 아합 왕과 이세벨이 급조한 재판과 동원된 거짓 증언의 행태를 보라.^{왕상 21장} 나사렛 예수를 죽이기 위해 동원된

거짓된 증인들의 일치하지 않는 증언을 보라.^{마 26장}

16장부터 19장에 이르는 긴 단원에서 우리는 정의로운 사법체제, 공정한 재판 절차, 인도주의적 배려와 죄와 벌의 균형감각 등에 대해 배운다. 모세는 이 긴 단원에서 가나안 땅에서 시작될 이스라엘의 공동체적 삶이 모세의 정신을 구현하여 공평과 정의를 집행하는 재판관과 지도자들에게 달려 있음을 강조한다. 가나안 땅에서 이루어질 이스라엘 공동체의 하나님 나라 실험에서 가장 중요한 과정은 공동체 내에 발생하는 불공평한 상황을 고치고 공평한 사회를 가능케 하는 법과 제도의 운용이라는 것이다. 그리스도인들이 단지 개인적인 경건생활 외에 법과 제도가 하나님의 공평과 정의에 부합하는지를 감시하고 감독해야 하는 이유가 여기에 있다. 하나님 나라의 근본 토대인 공평과 정의의 실현을 위해 각 단위의 재판관이 각 공동체 안에서 선출되어야 하며,^{16:18-20} 법정에서 진실을 밝히는 과정은 공평하고 무사해야 한다.^{17:2-7, 19:15-21} 지방 법정에서 처리될 수 없을 만큼 무거운 소송은 중앙 재판소로 이송되어야 한다.

여기서 놀라운 것은 재판 체제의 효율적인 분화와 권력분산 장치다. 재판관이 각 지역 공동체로 파견되어 가벼운 송사를 친히 관할하고 더 어려운 송사는 중앙 재판소로 이송시키도록 되어 있다. 또한 일반 백성이 재판관을 선출해 그들이 백성에게 책임을 지고 신임을 얻도록 했다. "하나님이 임명하고 일반 백성이 선출한다"는 이중 안전장치가 작동하고 있다. 이런 점에서 신명기 사법체제는 대법원장과 대법관 일부를 대통령이 임명하는 대한민국 헌법보다 더 진전된 민주화의 경향을 보인다. 왜냐하면 여기서는 재판관을 왕이 임명한다는 사실이 조금도 암시되지 않기 때문이다. 오늘날 우리나라의 사법정의 붕괴는 권력 집중체인 대통령이 검찰 간부와 대법원장을 임명하는 데서 비롯된다. 민주화의 성숙과 진전은 사법정의의 실현이 없이는 불가능하다. 우리나라의 고위 검찰 간부, 법관, 그리고 법 집행 간부들의 자의적인 권력 남용과 권력 강제 행위는 하나님이 임명하고 백성이 선출한다는 원리에 의해 다소 완화될 수 있을 것이다. 물론 '백성'도 타락한 인간 본성에서 자유롭지 못하기에 이런 제도 자체의 도입이 사법정의의 실현을 보장한다는 생각을 맹신해서는 안 된다.

신명기에서 하나님이 재판관에게 요구하시는 것은 공의로운 재판 뿐이다.[16:18] 공의로운 재판을 좌절시키는 범죄행위, 곧 재판관이 어떤 특정한 사람을 편파적으로 편드는 결정을 하거나(얼굴을 알아보는 행위 금지) 뇌물을 취해서는 안 된다. 최근에 뇌물을 취해 투옥된 법조인, 검찰 고위간부들과 전현직 재판관들의 사례가 실제로 우리나라의 재판에 뇌물이 얼마나 위력적인 영향을 발휘하는지를 생생하게 증거한다. 재판을 받는 원고, 피고, 피의자의 얼굴을 알아보는 행위는 그들에게 품은 개인적인 감정 때문에 공의로운 재판을 망치게 될 것이며 뇌물을 받은 재판관은 이미 이성과 양심의 작동을 중지시켰을 것이다. 이 두 행위는 야웨 하나님의 성품을 거스르는 행위이기 때문에 정죄된다.[10:17] 물론 오직 재판관들만 홀로 공평하고 뇌물을 거절한다고 해서 재판제도가 자동적으로 공평과 정의를 구현하는 것은 아니다. 재판에 연루된 모든 사람이 똑같은 법적·도덕적 요구에 민감하게 응답해야 한다. 전체적으로 오늘날 우리나라의 사법정의는 고대 이스라엘의 사법정의 기준에 너무나 미달하는 진창과 수렁에 빠져 있다. 기독교 선교는 하나님을 아는 지식을 온 세상에 상식이 될 정도로 가득 차게 하는 것이다. 하나님을 아는 지식은 공평과 정의에 대한 인식과 실천 능력으로 표현된다. 교회는 정의를 하수처럼 흐르게 하는 선지자적 사명을 제쳐 두고 소시민들의 상업화된 사적 구원 열망에만 장단을 맞추지 말고, 무죄하게 흘려진 피를 신원하는 공정한 재판관이 되어야 한다.

거룩한 전쟁과 살인 행위의 차이 ● 20장

20 ¹ 네가 나가서 적군과 싸우려 할 때에 말과 병거와 백성이 너보다 많음을 볼지라도 그들을 두려워하지 말라. 애굽 땅에서 너를 인도하여 내신 네 하나님 여호와께서 너와 함께 하시느니라. ² 너희가 싸울 곳에 가까이 가면 제사장은 백성에게 나아가서 고하여 그들에게 ³ 말하여 이르기를 이스라엘아, 들으라. 너희가 오늘 너희의 대적과 싸우려고 나아왔으니 마음에 겁내지 말며 두려워하지 말며 떨지 말며 그들로 말미암아 놀라지 말라. ⁴ 너희 하나님 여호와는 너희와 함께 행하시며 너희를 위하여 너희 적군과 싸우시고 구원하실 것이라 할 것이며 ⁵ 책임자들은 백성에게 말하여 이르기를 새 집을 건축하고 낙성식을 행하지 못한 자가 있느냐. 그는 집으로 돌아갈지니 전사하면 타인이 낙성식을 행할까 하노라. ⁶ 포도원을 만들고 그 과실을 먹지 못한 자가 있느냐. 그는 집으로 돌아갈지니 전사하면 타인이 그 과실을 먹을까 하노라. ⁷ 여자와 약혼하고 그와 결혼하지 못한 자가 있느냐. 그는 집으로 돌아갈지니 전사하면 타인이 그를 데려갈까 하노라 하고 ⁸ 책임자들은 또 백성에게 말하여 이르기를 두려워서 마음이 허약한 자가 있느냐. 그는 집으로 돌아갈지니 그의 형제들의 마음도 그의 마음과 같이 낙심될까 하노라 하고 ⁹ 백성에게 이르기를 마친 후에 군대의 지휘관들을 세워 무리를 거느리게 할지니라. ¹⁰ 네가 어떤 성읍으로 나아가서 치려 할 때에는 그 성읍에 먼저 화평을 선언하라. ¹¹ 그 성읍이 만일 화평하기로 회답하고 너를 향하여 성문을 열거든 그 모든 주민들에게 네게 조공을 바치고 너를 섬기게 할 것이요 ¹² 만일 너와 화평하기를 거부하고 너를 대적하여 싸우려 하거든 너는 그 성읍을 에워쌀 것이며 ¹³ 네 하나님 여호와께서 그 성읍을 네 손에 넘기시거든 너는 칼날로 그 안의 남자를 다 쳐죽이고 ¹⁴ 너는 오직 여자들과 유아들과 가축들과 성읍 가운데에 있는 모든 것을 너를 위하여 탈취물로 삼을 것이며 너는 네 하나님 여호와께서 네게 주신 적군에게서 빼앗은 것을 먹을지니라. ¹⁵ 네가 네게서 멀리 떠난 성읍들 곧 이 민족

들에게 속하지 아니한 성읍들에게는 이같이 행하려니와 ¹⁶ 오직 네 하나님 여호와께서 네게 기업으로 주시는 이 민족들의 성읍에서는 호흡 있는 자를 하나도 살리지 말지니 ¹⁷ 곧 헷 족속과 아모리 족속과 가나안 족속과 브리스 족속과 히위 족속과 여부스 족속을 네가 진멸하되 네 하나님 여호와께서 네게 명령하신 대로 하라. ¹⁸ 이는 그들이 그 신들에게 행하는 모든 가증한 일을 너희에게 가르쳐 본받게 하여 너희가 너희의 하나님 여호와께 범죄하게 할까 함이니라. ¹⁹ 너희가 어떤 성읍을 오랫동안 에워싸고 그 성읍을 쳐서 점령하려 할 때에도 도끼를 둘러 그 곳의 나무를 찍어내지 말라. 이는 너희가 먹을 것이 될 것임이니 찍지 말라. 들의 수목이 사람이냐. 너희가 어찌 그것을 에워싸겠느냐. ²⁰ 다만 과목이 아닌 수목은 찍어내어 너희와 싸우는 그 성읍을 치는 기구를 만들어 그 성읍을 함락시킬 때까지 쓸지니라.

20장과 21:10-14(또한 23:9-14, 24:5)은 '거룩한 전쟁'을 수행할 때 벌어질 수 있는 전쟁의 참혹한 야만성을 완화시키는 전쟁 법령을 담고 있다. 20장의 전쟁 지침은 주로 전쟁에 임하는 이스라엘의 정신적·심리적 강건함을 강조한다. 이것은 정상적인 군인들이 전쟁 참여 시에 들을 수 있는 전투교범에서 잘 다루어지지 않는 지침이다. 이 지침들은 고대 이스라엘의 초기 역사에서 이스라엘 백성이 그들의 대적들을 대항하여 '야웨의 전쟁'⁹에 참여했을 때 사용했던 전쟁 이데올로기를 되울려 주는 전쟁관을 반영한다.¹⁰ 이스라엘은 적군과 교전할 때 적군이 보유한 이스라엘보다 더 많은 말과 병거와 병사들을 볼지라도, 그들을 두려워하지 말라는 명령을 받는다. 그 이유는 애굽 땅에서 이스라엘을 인도하여 내신 그들의 하나님 야웨께서 이스라엘과 함께하시기 때문이다. 1절에서 하나님은 "너를 애굽 땅에서 이끌어 올리신 분"[함알카 메에르츠 미츠라임(הַמַּעַלְךָ מֵאֶרֶץ מִצְרָיִם)]으로 묘사된다. 함알카는 정관사 하와알라(올라가다, עָלָה) 동사의 히필(사역)분사로 구성되어 있다. 하나님의 별명은 '이스라엘의 출애굽자'이시다. 이

어구는 이스라엘을 출애굽시켰던 야웨께서 이스라엘 역사의 첫 시작에서부터 전쟁을 주도하시고 친히 승리를 거두셨음을 영구적으로 기리고 있다. 아브라함과 이삭과 야곱에게 맹세하신 것처럼 그들의 후손 이스라엘을 가나안 땅에 정착시키려고 애굽 땅에서 끌어내신 야웨 하나님이 **너와 함께하시기** 때문에 그들로 인해 공포에 사로잡혀서는 안 된다는 것이다.

이와 같은 영적·정신적 강건함이 임전 시 중요한 요소이기에 이 전쟁의 향도는 야전사령관이 아니라 언약궤를 멘 레위 제사장 집단이었다. 제사장은 전장에 가서 이스라엘 백성에게 공포와 두려움, 위축감을 극복하라고 훈화를 베풀어야 한다. "이스라엘아, 들으라. 너희가 오늘 너희의 대적과 싸우려고 나아왔으니 마음에 겁내지 말며 두려워하지 말며 떨지 말며 그들로 말미암아 놀라지 말라"20:3 이스라엘 백성이 전쟁터에 와서 보일 수 있는 모든 종류의 심리적 균열과 동요를 예상하여 확신을 주려는 용기고취 담화가 사중적으로 발설된다. "겁내지 말며, 두려워하지 말며, 떨지 말며, 그들로 말미암아 놀라지 말라." 4절은 다시 그 이유를 말한다. "너희 하나님 여호와는 너희와 함께 행하시며 너희를 위하여 너희 적군과 싸우시고 구원하실 것이라." 따라서 이스라엘은 하나님의 능력을 전적으로 신뢰하고 대적의 위세 앞에서도 두려워하지 말아야 한다. 왜냐하면 "야웨, 너희 하나님은 너희와 함께하시는 분이시기 때문이다." 야웨의 전쟁에서 전쟁을 주도하고 승리를 거두시는 분은 야웨이심을 분명하게 공포하는 제사장은 이처럼 야웨의 향도와 선봉대 역할을 강조하고 이스라엘 진영에 꿈틀대는 두려움과 공포감을 진정시킬 사명을 부여받은 것이다. 20장의 다른 절에서 언급된 전쟁 법령을 함께 보면 확실히 고대 이스라엘은 항상 대적에 대한 그들의 승전 공로를 야웨의 역사하심과 간섭에 돌렸음을 알 수 있다.4, 13, 14, 16절, 21:10, 23:14

전쟁은 결코 인간의 노력으로 얻어 내는 성취가 아니라는 것을 깨달았던 것이다. 이 소단락도 강조하듯이, 야전사령관이 아니라 제사장의 정신훈화를 통해 전쟁에 임하는 이스라엘은 스스로는 가나안 도시국가들의 철병거와 요새, 많은 군사를 이길 수 없다. 하나님이 가나안 토착족속의 가나안 땅 점유를 더 이상 허락하시지 않고 새 임차인을 받아들이는 이 빈틈에 이스라엘은 가나안에 정착할 수 있을 것이다.

20:5-9은 이스라엘 사람 중 징집 면제를 받는 네 가지 사례를 말한다. 첫째, 새 집을 건축하고 낙성식을 행하지 못한 사람은 집으로 돌아갈 수 있다. 전사하면 타인이 그 집을 빼앗아 대신 낙성식을 할 가능성을 차단하기 위함이었다. 둘째, 포도원을 만들고 그 과실을 먹지 못한 자다. 전사하면 타인이 그 과실을 먹을 수 있기 때문이다. 셋째, 여자와 약혼하고 결혼하지 못한 자다. 전사하면 타인이 그의 정혼한 아내를 취할 가능성이 있기 때문이다. 마지막으로 두려워서 마음이 허약해진 자다. 그가 다른 참전 형제들의 마음도 허약하게 만들 가능성이 있기 때문이다. 이렇게 네 부류의 장정을 제외한 나머지 백성들을 군대 지휘관들이 거느려 참전해야 한다. 전체적으로 5-9절은 잔혹한 전쟁을 위한 징집에서도 인도주의적 정신과 자비심을 드러낸 규정이다.

20:10-18은 이스라엘이 어떤 성읍에 전쟁을 도발하고 수행하려고 할 때 지켜야 할 규정을 다룬다. 이스라엘은 어떤 성읍을 공격할 때 먼저 화평을 선언해야 한다. 정확하게 말하면 이스라엘이 제시하는 화평조약을 받아들일 것, 곧 항복해서 전쟁을 피할 길을 제시해야 한다. 만일 공격당하기 직전의 그 성읍이 화평의 회답을 보내고 성문을 열면 이스라엘은 그 모든 주민을 봉신으로 받아 주고 그들로 하여금 이스라엘에게 조공을 바침으로써 종주로 섬기게 해야

한다. 여호수아가 여리고에 정탐을 파견했을 상황에 여리고 성주에게 종주-봉신 조약을 맺자고 제안한 장면은 없지만,수 2:1-21 여리고 성문이 굳게 닫혔다는 것은 여리고 성주와 주민이 이스라엘이 가나안 땅에 들어오는 것을 군사적으로 대응하겠다는 의도의 표현이었던 셈이다.수 6:1 이스라엘이 요단 동쪽 헤스본 왕 시혼에게도 평화의 말을 먼저 제의했던 것을 상기해 보면신 2:26 이런 추론은 가능하다. 고대 사회에서 '평화'를 제안하는 쪽은 종주가 되려는 자였다. 로마제국의 국가 계관시인이었던 베르길리우스의 『아이네이스』*Aineis*는 로마의 평화를 정의한다.[11] 모든 이민족들이 로마의 힘 앞에 항복하는 것, 팍스 로마나*Pax Romana*라는 것이다. 이처럼 고대 사회의 국가 간 평화는 대등한 국력을 가진 자들의 평화가 아니라 비대칭적인 국력을 가진 나라들의 종주-봉신 조약으로 유지되던 평화였다.[12]

만일 헤스본 왕 시혼처럼 화평하기를 거부하고 대적하여 싸우려 하거든 이스라엘은 그 성읍을 에워싸되, 이스라엘의 하나님 야웨께서 그 성읍을 이스라엘의 손에 넘기실 때 그 성의 남자를 칼로 다 쳐 죽여야 한다. 다만 여자들과 유아들과 가축들과 성읍 가운데 있는 모든 것을 탈취물로 삼아야 한다. 이스라엘은 하나님께서 넘겨 주신 적군에게서 빼앗은 것을 먹을 수 있다. 이것은 여리고 성 전투의 전리품 처리 규정보다 완화된 규정이고, 여자들까지 죽이고 가축들은 전리품으로 취하도록 명한 아이 성 전투의 전리품 처리 규정보다 더 완화된 수준이다.수 8:24-27 야웨의 전쟁 법령에서 전리품 처리 규정에는 융통성이 있었던 것처럼 보인다. 그런데 이 완화된 전리품 처리 법령은 이스라엘에서 먼 성읍들, 곧 이스라엘을 둘러싼 인근의 가나안 민족에게 속하지 아니한 성읍(이스라엘에게 기업으로 주신 영토 밖의 성읍)을 공략해서 얻은 전리품 처리 규정이며, 하나님 여호와께서 이스라엘에게 기업으로 주시는 땅에 사는 가나안 토착족속의 성읍을 공략한 후에 얻은 전리품의 처리 규정은 훨씬 가혹하다. "호흡 있는 자를 하나도 살리지 말지니."^{20:16} 헷 족속과 아모리 족속과 가나안 족속과 브리스 족속과 히위 족속과 여부스 족속에 대해서는 하나님 여호와께서 명령하신 대로 진멸해야 한다. 개역개정은 "반드시 진멸하라"고 번역될 수 있는 하람(חרם) 동사의 사역형 부정사 절대형 구문을 주목하지 않는다. 18절은 가나안 토착부족의 진멸 이유를 말한다. "그들이 그 신들에게 행하는 모든 가증한 일을 너희에게 가르쳐 본받게 하여 너희가 너희의 하나님 여호와께 범죄하게 할까 함이니라."^{20:18} 가나안 토착족속이 자신들의 종교와 신 경배 제도를 갖고 이스라엘의 하나님 예배에 영향을 미쳐 이스라엘로 하여금 야웨 하나님께 범죄하게 할 가능성 때문이다. 이스라엘이 야웨 하나님을 경배하고 섬기는 방식이 가나안 족속이 그들의 신을 경배하고 섬기는 방식에 영향을 받는 순간 이스라엘은 야웨 하나님과의 계약 의무를 파기하게 된다. 그렇다면 계약 선물의 일부로 주어진 땅을 더 이상 차지할 이유와 명분을 잃게 되고 이스라엘은 열강의 침략으로 공중분해된다. 이스라엘의 국가적·민족적 존립을 위협하기에 가나안 토착부족은 진멸 대상이 된다. 여기는 국가적 생존이 윤리나 도덕보다 우선시되는 비상한 상황이 전제되고 있다.

이처럼 이스라엘이 멀리 사는 민족과 전쟁을 치르는 방법과 이스라엘의 영토 안에 사는 인근 족속을 대하는 방법이 다른 이유는 무엇일까? 야웨 하나님이 이스라엘로 하여금 가나안 땅을 차지하게 하실 때 전쟁은 최후의 수단으로 간주하셨음을 암시한다. 이스라엘은 가능한 한 하나님께서 주신 땅 바깥에 사는 민족들과는 화평을 유지해야 했고 또 유지할 수 있었다. 전쟁이 불가피하다면 포로들은 그 당시의 전쟁 관습에 따라 처리해야 했는데,^{20:13-14} 살아남았을 경우 계속 위협적인 세력을 형성할 수 있었던 남자들은 다 죽이고 여자들과 어린아이, 재물은 전리품으로 취하는 것이었다. 그러나 이스라엘의 영토 안에 살고 있는 족속과 그들의 성읍은 철저하게 파멸되어야만 했다. 그 이유는 살아남은 가나안 족속은 이스라엘과 하나님 사이를 갈라놓는 잠재적 배교 사주 세력이 될 것이기 때문이다. "너희 가운데 가나안 족속의 계속적인 존재는 아마도 이스라엘 백성을 미혹하여 그들의 신들을 섬기고 그들의 종교적 관습을 따르도록 할 것이며, 그들의 신 예배 방식으로 이스라엘이 야웨를 섬기도록 하다가 마침내 이스라엘 백성이 그들의 하나님 야웨를 망각하게 만들 것이기" 때문이었다.20:18 이처럼 야웨에 대한 이스라엘 예배의 순결성은 언제나 주변 가나안 족속의 영향으로 왜곡될 위기에 내몰려 있었기 때문에, 신명기는 어떤 타협도 용납치 않고 절대적 순결을 강조하고 있다. 이 순결에 대한 강조가 야웨께서 이스라엘 진중에 계시기 때문에 이스라엘도 정결하고 거룩해야 한다고 규정한 진의 정결 유지에 관한 법령에서23:9-14 또 다른 형태로 들려지고 있다.[13] 하나님의 백성의 거룩함 안에7:6 반영되고 대표되어야 할 하나님의 거룩성은 단순히 하나의 추상적인 개념이 아니다. 그것은 이스라엘의 삶의 모든 영역에서 확실히 드러나야 하고, 특히 이스라엘이 인근 민족의 종교적 관습의 유혹으로부터 전적으로 순결을 지켜 내며, 심지어 야웨께서 좌정하시고 출입하시는23:14 전쟁의 병영마저도 거룩하고 정결하게 유지해야 함을 의미한다.

20:19-20은 거룩한 전쟁법의 마지막 규정으로 생태계적 관심을 표명한다. 전쟁 중에는 자연 파괴와 삼림 훼손도 불가피하다는 전제를 상대화한다. 하나님은 동정으로 가득 찬 합리적 설득("밭의 수목이 사람이냐. 너희가 어찌 그것을 에워싸겠느냐")으로 정규적으로 전쟁에 동반되는 광범위한 자연환경 파괴를 막으려고 하신다.[14] 다만 여기서도 과목과 무기 재료로 사용될 수 있는 수목을 구분하신다. 과

목은 작벌하지 말아야 하지만 수목은 찍어 내어 성읍을 치는 무기를 만들어 그 성읍을 함락시킬 때까지 쓸 수 있다.

다시 이스라엘에서 관철되어야 할 공평과 정의
: 땅과 백성의 성결 ●21장

21 ¹네 하나님 여호와께서 네게 주어 차지하게 하신 땅에서 피살된 시체가 들에 엎드러진 것을 발견하고 그 쳐죽인 자가 누구인지 알지 못하거든 ²너희의 장로들과 재판장들은 나가서 그 피살된 곳의 사방에 있는 성읍의 원근을 잴 것이요 ³그 피살된 곳에서 제일 가까운 성읍의 장로들이 그 성읍에서 아직 부리지 아니하고 멍에를 메지 아니한 암송아지를 취하여 ⁴그 성읍의 장로들이 물이 항상 흐르고 갈지도 않고 씨를 뿌린 일도 없는 골짜기로 그 송아지를 끌고 가서 그 골짜기에서 그 송아지의 목을 꺾을 것이요 ⁵레위 자손 제사장들도 그리로 갈지니 그들은 네 하나님 여호와께서 택하사 자기를 섬기게 하시며 또 여호와의 이름으로 축복하게 하신 자라 모든 소송과 모든 투쟁이 그들의 말대로 판결될 것이니라. ⁶그 피살된 곳에서 제일 가까운 성읍의 모든 장로들은 그 골짜기에서 목을 꺾은 암송아지 위에 손을 씻으며 ⁷말하기를 우리의 손이 이 피를 흘리지 아니하였고 우리의 눈이 이것을 보지도 못하였나이다. ⁸여호와여, 주께서 속량하신 주의 백성 이스라엘을 사하시고 무죄한 피를 주의 백성 이스라엘 중에 머물러 두지 마옵소서 하면 그 피 흘린 죄가 사함을 받으리니 ⁹너는 이와 같이 여호와께서 보시기에 정직한 일을 행하여 무죄한 자의 피 흘린 죄를 너희 중에서 제할지니라. ¹⁰네가 나가서 적군과 싸울 때에 네 하나님 여호와께서 그들을 네 손에 넘기시므로 네가 그들을 사로잡은 후에 ¹¹네가 만일 그 포로 중의 아리따운 여자를 보고 그에게 연연하여 아내를 삼고자 하거든 ¹²그를 네 집으로 데려갈 것이요 그는 그 머리를 밀고 손톱을 베고 ¹³또 포로의 의복을 벗고 네 집에 살며 그 부모를 위하여 한 달 동안 애곡한 후에 네가 그에게로 들어가서 그의 남편이 되고 그는 네 아내가 될 것이요 ¹⁴그 후에 네가 그를 기뻐하지 아니하거든 그의 마음대로 가게 하고

결코 돈을 받고 팔지 말지라. 네가 그를 욕보였은즉 종으로 여기지 말지니라. ¹⁵ 어떤 사람이 두 아내를 두었는데 하나는 사랑을 받고 하나는 미움을 받다가 그 사랑을 받는 자와 미움을 받는 자가 둘 다 아들을 낳았다 하자. 그 미움을 받는 자의 아들이 장자이면 ¹⁶ 자기의 소유를 그의 아들들에게 기업으로 나누는 날에 그 사랑을 받는 자의 아들을 장자로 삼아 참 장자 곧 미움을 받는 자의 아들보다 앞세우지 말고 ¹⁷ 반드시 그 미움을 받는 자의 아들을 장자로 인정하여 자기의 소유에서 그에게는 두 몫을 줄 것이니 그는 자기의 기력의 시작이라. 장자의 권리가 그에게 있음이니라. ¹⁸ 사람에게 완악하고 패역한 아들이 있어 그의 아버지의 말이나 그 어머니의 말을 순종하지 아니하고 부모가 징계하여도 순종하지 아니하거든 ¹⁹ 그의 부모가 그를 끌고 성문에 이르러 그 성읍 장로들에게 나아가서 ²⁰ 그 성읍 장로들에게 말하기를 우리의 이 자식은 완악하고 패역하여 우리 말을 듣지 아니하고 방탕하며 술에 잠긴 자라 하면 ²¹ 그 성읍의 모든 사람들이 그를 돌로 쳐죽일지니 이같이 네가 너희 중에서 악을 제하라. 그리하면 온 이스라엘이 듣고 두려워하리라. ²² 사람이 만일 죽을 죄를 범하므로 네가 그를 죽여 나무 위에 달거든 ²³ 그 시체를 나무 위에 밤새도록 두지 말고 그 날에 장사하여 네 하나님 여호와께서 네게 기업으로 주시는 땅을 더럽히지 말라. 나무에 달린 자는 하나님께 저주를 받았음이니라.

21장은 무죄한 피를 흘린 죄를 처리하는 규정, 여자 포로 처리 규정, 장자 상속권 규정, 패역하고 불효막심한 아들에 대한 공동체적 응징 규정, 그리고 신성모독자 처형법을 다루고 있다. 이스라엘 백성을 공평하고 정의로우며 성결한 백성으로 살아가도록 단련시키는 법령들이다. 21:1-9은 밝혀지지 않은 살인자에 의해 피살된 시체가 한 공동체 내에서 발견되었을 때 공평과 정의의 관점에서 처리하는 방법을 다룬다. 백성과 그들의 거주지인 땅의 연대적 성결을 요구하는 규정이다.¹⁵ 이 단락의 요지는 미해결된 살인사건, 곧 심판되지 않은 범죄는 공동체를 더럽힌다는 것이다. 적법한 절차를 통해 공동체는 그 범죄로부터 깨끗케 되어야 한다. 2000년대 초 참여정부에서 실시했던 과거사 위원회나 의문사 조사위원회의 활동은 이런 차원에서 사법적 공평과 정의를 관철시키는 한 도구가 될 수 있었다. 신원 미상의 피살자가 발견된 곳에서 가장 가까운 성읍의 장로들은 어린 암소 한 마리를 물이 항상 흐르는 골짜기 개울물에 데리고 가서 목을 부러뜨려 죽임으로써 억울한 죽음에 연루된 공동체의 죄책을 씻어 내야만 한다.[21:4] 한 공동체 안에서 미해결 살인사건이 일어났다는 이유 때문에 생긴 도덕적 죄책은 법적으로 규명되고 처리되어야 한다는 것이다.

야웨께서 이스라엘에게 주어 차지하게 하신 땅에서 피살된 시체가 들판에 엎드려진 것이 발견되었는데 그를 쳐죽인 자가 누구인지 알지 못할 때, 그것을 발견한 사람이 속한 성읍의 장로들과 재판장들은 나가서 그 피살된 곳의 사방에 있는 성읍의 원근을 재어 무죄한 자의 피 흘린 죄책을 처리할 책임이 있는 성읍이 어딘지를 결정해야 한다. 가장 가까운 성읍 장로들은 자신들의 성읍에 이 죄책 해소 부담이 있음을 인정하고 죄인을 대신한 어린 암송아지, 곧 멍에를 메지도 않은 암송아지를 취해, 물이 항상 흐르고 갈지도 않고 씨를 뿌린 일도 없는 골짜기로 끌고 가서 그 송아지의 목을 꺾어야 한다. 이 어린 암송아지는 무죄한 자의 피를 흘린 죄인을 대역한 셈이다. 장로들이 어린 암송아지를 죽인 후에 레위 계열 제사장이 올라와서 그 성읍에 복을 선언함으로써 모든 소송과 투쟁은 종결된다. 피살된 곳에서 제일 가까운 성읍의 모든 장로들은 그 골짜기에서 목을 꺾은 암송아지 위에 손을 씻으며, 다음과 같이 기도해야 한다. "우리의 손이 이 피를 흘리지 아니하였고 우리의 눈이 이것을 보지도 못하였나이다. 여호와여, 주께서 속량하신 주의 백성 이스라엘을 사하시고 무죄한 피를 주의 백성 이스라엘 중에 머물러 두지 마옵소서."²¹:⁷⁻⁸ 이렇게 소정의 정결의식과 하나님의 용서를 구하는 기도를 드리면 그 피 흘린 죄가 사함을 받는다. 그래서 그 공동체는 도덕적 죄책으로부터 벗어난다. 기도의 말씀과 더불어 속죄의 희생제사라는 행동이 하나님의 용서를 불러일으키고 그렇게 해서 공동체의 도덕적 순결성이 유지된다. 이 율법의 근본정신은 공동체 내에서 억울하게 죽임을 당하여 피 흘리는 일이 결코 일어나서는 안 된다는 것이다. 이처럼 공동체의 범죄를 처리하는 재판 절차에 관한 지침은 공동체로부터¹⁷:²,¹²,¹⁹:¹³,¹⁹ 악을 근절시키려는 목적에 이바지한다.²¹:⁹,¹⁷장,¹⁹장 그것은 야웨의 백성의 도덕적 순결성을 유지할 목적으로 제정되었다.

21:10-14은 포로로 잡혀 온 여인을 아내로 삼는 경우와 아내의 지위를 박탈하는 과정에서 연루될 수 있는 야만성을 완화시키는 규정을 다룬다. 이스라엘 남자가 적군과의 싸움에서 사로잡힌 아리따운 여자 포로를 보고 사랑하는 감정이 생겨 아내를 삼으려고 하면 집으로 데려가 머리털을 밀고 손톱을 베고 포로의 의복을 벗겨 주어야 한다. 그리고 그녀를 집에 들여 같이 살되 그녀가 자신의 고향 부모를 위하여 한 달 동안 애곡하게 한 후에 그녀를 아내로 삼을 수 있다. 그러나 그렇게 아내로 데리고 살다가 그녀를 더 이상 사랑하지 않아 아내로 데리고 살 의향이 없으면 그녀는 마음대로 가게 하되 결코 돈을 받고 팔지 말아야 한다. 왜냐하면 그 이스라엘 남편이 그녀를 욕보였기 때문에 종으로 취급해서는 안 되기 때문이다. 이 마지막 규정("종으로 여기지 말고 자유롭게 가게 하라")은 야만의 한복판에서 싹이 트는 작은 인도주의적 배려로 보인다. 포로로 잡혀 온 여인의 인권에 대한 배려가 엿보이며, 그녀를 소박하는 과정에서도 최소의 공평과 정의를 드러내야 한다는 것이다. 그렇지만 이 포로로 잡혀 온 여인이 소박맞아 황망히 길을 떠나는 장면은 아무리 잘 보

아도 쓰라리고 슬프다.

21:15-17은 장자 상속의 법을 다루되 소박맞은 아내의 아들이라도 그가 장자인 한에 있어서 갑절의 상속을 받아야 한다고 규정한다. 17절은 그 이유를 말한다. 장자는 아버지 자신의 기력의 시작이기 때문이다. 르우벤은 야곱에게 장자로서 기력의 시작이었으나^{창 49:3} 갑절의 상속을 받기보다는 이스라엘 지파 중에서 가장 빨리 세력을 잃어 존재가 미미해진 지파다. 야곱의 아들들의 장자권 상속의 경우는 장자 상속이 지켜지지 않은 셈이다. 왜냐하면 요셉이 장자의 대우를 받으며 갑절의 상속을 받았기 때문이다. 아마도 야곱-르우벤-요셉의 얽힌 관계가 이스라엘 사회에서 장자 상속 전통을 흔들었던 적이 있었던 것처럼 보인다. 따라서 이 법은 일부다처제 사회에서 장자 상속법이 흔들리면서 가족 분쟁이 격화되었을 경우를 상정한 법일 것이다. 이 법의 취지는 법적 공평과 정의가 이스라엘 남자의 사사로운 애증 관계보다 더 우위에 있다는 것이다.

21:18-21은 패역하고 불효막심한 아들을 공동체적으로 응징하는 법을 제시한다(잠 13:24 개별 가정 체벌 정당화, 잠 19:13 미련한 아들은 부모에게 재앙, 잠 20:30 체벌의 교화 효과, 잠 22:15 아동체벌의 악근절 효과, 잠 23:13 체벌 정당화). 술에 취하여 패역하고 완악한 행동을 일삼는 아들은 공동체의 안정을 손상시키는 죄악으로 간주하여 공동체적 응징을 가한다. "그 성읍의 모든 사람들이 그를 돌로 쳐죽일지니 이같이 네가 너희 중에서 악을 제하라. 그리하면 온 이스라엘이 듣고 두려워하리라."^{21:21} 일벌백계인 셈이다.¹⁶

21:22-23은 우상숭배자나 이스라엘 신앙의 배교자, 혹은 패역한 아들이나 간음 중에 붙잡힌 자를 돌로 처형한 후 일벌백계를 위해 나무에 달아 놓되, 하루를 넘기지 말 것을 명령한다. 시신으로 나무에 달려 있는 자는 하나님께 저주받아 죽은 자이기 때문에 그의 시

체는 땅을 더럽힌다고 보았던 것이다. 예를 들어 바알브올 숭배 두령을 태양을 향해 목 매달아 죽임,^{민 25:4} 사울의 후손을 목 매달아 죽임,^{삼하 21:6-9} 여호수아가 예루살렘 왕을 포함해 다섯 왕을 매달아 죽임^{수 10:26} 등이다. 여기서도 이스라엘에게 주신 땅을 더럽히는 일이 얼마나 위험한 것인지가 다시 강조되고 있다.

IV.

신정통치의 대리자들

V.

신명기 22-26장

약속의 땅을 누릴 백성의 품격

: 자유케 하는 율법과 하나님 나라

22-26장은 소위 말하는 '신명기 율법'[12-26장]의 마지막 단원이다. 신명기 법전은 이스라엘 백성이 가나안 땅에 정착하여 살게 될 때 벌어질 상황에서 십계명을 어떻게 지킬 것인가를 가르치는 판례법이나 시행세칙의 묶음이다. 신명기 율법에 대한 준수는 가나안 땅을 차지할 수 있는 품격을 부여하지는 않지만, 그것을 하나님의 구원 선물로 영속적으로 향유할 수 있는 품격을 획득케 한다. 이미 받은 구원을 지키기 위한 성화구원을 위해 율법 준수가 필요하다는 것이다(칼빈이 말한 율법의 세 번째 용도). 구약율법의 신학적 차원을 등한시한 마르틴 루터와 달리 개혁교회의 창시자라고 불릴 수 있는 칼빈은 율법의 성화 기능을 강조한다. 그의 『기독교 강요』 중 가장 탁월한 부분은 십계명 강해 부분이다. 그는 구원받은 성도가 성화를 이루기 위해 율법 준수의 의무를 심각하게 받아들여야 할 것을 여러 차례 가르친다.

　22-26장은 가나안 땅과 그 땅에 사는 계약백성의 영적·도덕적 품격을 사안별로 그리고 쟁점별로 제시한다. 야웨의 거룩한 백성인 이스라엘 백성에게 요구되는 일상생활의 성결과 공동체적인 삶에서 구현되어야 할 거룩함, 결혼과 가정 관계의 신성성과 그것을 보호하기 위한 장치, 그리고 계약 공동체 안팎의 연약한 사람들에 대한 존중과 보호 책임 등이 이 다섯 장의 주제다. 신명기 12-26장은 십계명의 자세하고 확장적인 강해라고 보는 학자들의 견해를 대략적으로 적용해 보면, 22:1-12은 제6계명과 대략적으로 상응하고, 22:13-

23:19(아내 순결 검증 규정, 총회 입회 규정, 진영 성결법)은 제7계명에, 23:20-24:7(이자 금지법, 서원 성취법, 손이삭 허용, 빈자 전집물 처리 규정, 유인 및 납치 금지법)은 제8계명에 상응한다고 볼 수 있다. 24:8-25:4(빈자 전집물 처리 규정, 약자의 법적 보호 규정, 빈자를 위해 과잉 추수를 금지하는 규정, 태형 제한 규정)은 제9계명에, 25:5-16(형사취수법, 공평한 도량법, 아말렉 기억 도말 규정)은 제10계명에 상응하고 있다. 26장은 이웃 사랑의 계명을 다루는 제6-10계명의 긍정적인 표현인 사회적 자비 실천 계명을 담고 있다.[1]

거룩한 백성 이스라엘아! 네 이웃을 네 몸과 같이 사랑하라 ●22장

22 ¹네 형제의 소나 양이 길 잃은 것을 보거든 못 본 체하지 말고 너는 반드시 그것들을 끌어다가 네 형제에게 돌릴 것이요 ²네 형제가 네게서 멀거나 또는 네가 그를 알지 못하거든 그 짐승을 네 집으로 끌고 가서 네 형제가 찾기까지 네게 두었다가 그에게 돌려 줄지니 ³나귀라도 그리하고 의복이라도 그리하고 형제가 잃어버린 어떤 것이든지 네가 얻거든 다 그리하고 못 본 체하지 말 것이며 ⁴네 형제의 나귀나 소가 길에 넘어진 것을 보거든 못 본 체하지 말고 너는 반드시 형제를 도와 그것들을 일으킬지니라. ⁵여자는 남자의 의복을 입지 말 것이요 남자는 여자의 의복을 입지 말 것이라. 이같이 하는 자는 네 하나님 여호와께 가증한 자이니라. ⁶길을 가다가 나무에나 땅에 있는 새의 보금자리에 새 새끼나 알이 있고 어미 새가 그의 새끼나 알을 품은 것을 보거든 그 어미 새와 새끼를 아울러 취하지 말고 ⁷어미는 반드시 놓아 줄 것이요 새끼는 취하여도 되나니 그리하면 네가 복을 누리고 장수하리라. ⁸네가 새 집을 지을 때에 지붕에 난간을 만들어 사람이 떨어지지 않게 하라. 그 피가 네 집에 돌아갈까 하노라. ⁹네 포도원에 두 종자를 섞어 뿌리지 말라. 그리하면 네가 뿌린 씨의 열매와 포도원의 소산을 다 빼앗길까 하노라. ¹⁰너는 소와 나귀를 겨리하여 갈지 말며 ¹¹양 털과 베 실로 섞어 짠 것을 입지 말지니라. ¹²너희는 너희가 입는 겉옷의 네

귀에 술을 만들지니라.

1) 형제의 잃어버린 재산 보호, 동물 배려, 범주 혼동 경계 ●22:1-12

22장은 이스라엘 백성이 일상생활에서 실천해야 할 이웃 사랑의 계
명(생명 존중의 계명)과 이스라엘 백성의 영적 순결이라는 주제를 한
데 모아둔 22-25장 단원의 일부다. 이 네 장이 중시하는 이스라엘
의 성결은 거룩한 백성으로서의 이스라엘의 존재 자체에서 파생되
어 나온 의무였다.[7:6, 14:2, 21] 그러나 레위기에서와는 달리, 신명기에서
는 성결 실현의 주영역이 제의가 아니라 일상적인 삶 자체였다.

22:1-12은 거룩한 이스라엘 백성에게 부과된 비상한 이웃 사랑
실천 계명이다. "네 이웃을 네 몸과 같이 사랑하라"는 으뜸 계명의
실천 사례를 보여준다. 동시에 그것은 "살인하지 말라"는 부정적인
명령(제6계명)을 "이웃의 생명을 보호하라"는 긍정적인 명령으로 전
환해 실천하는 사례이기도 하다. 1절은 형제의 소나 양이 길 잃은 것
을 보거든 못 본 체하지 말고 반드시 그것들을 끌어다가 형제에게
돌려주라고 명한다. 그 가축의 주인이 먼 곳에 산다면 발견한 자가
자기 집에 보관했다가 주인에게 돌려주라고 덧붙인다. 나귀나 의복
의 경우도 마찬가지로 주인에게 돌려줘야 한다. 심지어 형제의 나귀
나 소가 길에 넘어진 것을 보거든 못 본 체하지 말고 반드시 가축 주
인인 형제를 도와 그것들을 일으켜 세워 주어야 한다. 참 마음이 따
뜻해지게 만드는 계명이다.

이 단락은 결국 공동체 구성원의 재산이 손실되거나 파손될 위
험에 처해 있을 때 그의 재산을 어떻게 돌보고 지켜 주어야 하는지
를 다루고 있다. 이 규정은 보다 이른 시기의 율법인 출애굽기 23:4
보다 어떤 면에서는 확장된 율법이다. 출애굽기 23:4은 설령 그 주
인이 원수라고 할지라도 길 잃고 방황하는 가축을 주인에게 돌려줄

것을 요구한다. 신명기는 한 걸음 더 나아가 가축은 물론이요 이웃이 잃어버린 모든 재산을 주인에게 찾아 줄 것을 명한다. 어느 누구도 동포의 재산이 상실되거나 유실되는 사건의 현장으로부터 자신을 숨겨서는 안 된다. 이 법은 다른 사람의 문제에 연루되거나 다른 사람을 도와줘야 할 책임을 피하려는 이기주의적 무관심을 경계한다. 이 계명에 비추어 보면 여리고 도상에서 강도 만나 죽게 된 자를 버려두고 간 제사장과 레위인의 냉혹한 책임 회피가 얼마나 큰 죄악인가를 깨닫게 된다.^{눅 10:25-37} 형제자매의 재산이 상실되는 현장을 보고 도와주지 않는 것도 잘못인데, 이웃의 생명이 죽어 가는 데도 그것을 못 본 체한 행위는 얼마나 냉혹한 이기주의요 무자비한 무관심인가? 1-4절이 장려하는 이웃 재산 보호 책임 명령은 이웃 사랑 계명의 구체적 실천 사례를 보여준다. 더 나아가서는 "살인하지 말라", 곧 "생명가치를 손상시키지 말라"는 계명의 구체적 시행 사례이기도 하다.

5절은 전후에 있는 계명들과 유기적으로 잘 연결되는 것처럼 보이지 않는다. 포괄적으로 보면 이스라엘의 거룩한 복장 착용 규정의 일부다. 여자는 남자의 의복을, 남자는 여자의 의복을 입지 말아야 하는데, 이성복장 착용자는 이스라엘의 하나님 야웨께 가증한 자로 간주되기 때문이다. 하나님은 이스라엘 백성의 거룩함을 내면화시키기 위한 일상적인 훈련의 일환으로, 현대적 용어로 말하면 유니섹스 패션을 강하게 비판한다. 남자와 여자가 각각 이성의 옷을 입는 것을 금지하는데 이것은 단지 이성복장 도착증 혹은 변태적 복장 풍습의 금지 이상을 의미한다. 아마도 당시의 이스라엘 기준으로 볼 때 가나안 토착족속의 의복 착용 관습이 남녀구분을 없애는 유행을 겨냥해 이 규정이 생겨났을 것이다. 따라서 이 규례의 보다 더 깊은 의미는 이스라엘이 가나안이나 애굽의 다신교적 문화 및 종교와 동화되지 말아야 할 것을 일깨우는 단호한 신학적 언명으로 이해하는 데 있다.

6-7절은 동물(조류)에게까지 인륜존중적인 배려와 동정심을 표현하라고 명한다(염소 새끼를 어미의 젖으로 삶지 말라).[14:21] 길을 가다가 나무에나 땅에 있는 새의 보금자리에 새 새끼나 알이 있고 어미 새가 그의 새끼나 알을 품은 것을 보거든 그 어미 새와 새끼를 아울러 취하지 말고, 새끼는 취하되 어미는 반드시 놓아 주어야 한다. 그래야 하나님이 주신 복을 누리고 가나안 땅을 오랫동안 차지하고 살 것이다. 동물에게까지 확장된 배려와 동정심이 넘치는 공동체는 창조주 하나님의 권고를 받아 번성할 것이다. "장수하리라!"

8절은 새 집을 지을 때에 지붕에 난간을 만들어 낙상 사고를 막도록 명한다. 난간이 없는 지붕을 거닐다가 아래로 떨어져 사상을 당해 억울하게 죽은 이웃의 피가 새 집 주인에게 전가되지 않도록 하라는 것이다. 이 법령은 현대사회의 가건물 안전 규칙 조항을 생각나게 한다. 이러한 논리를 확장해 보자면 자신의 집을 방문한 이웃의 안전을 고려하여 집을 안전하게 수리하는 것도, 계단이나 지붕 난간 등을 안전하게 만드는 것도 넓게 보면 이웃 사랑의 실천이다. 이웃은 나의 자비와 사랑 실천의 잠재적 수혜자이면서 동시에, 나의 불순종과 악행의 잠재적 피해자가 될 정도로 가까운 존재다. 이런 점에서 세계는 이웃이라는 개념의 그물망 안에 붙들린 마을 공동체로 인식된다.

9-12절은 파종과 가축 이용, 옷 제작과 착용 등에서 이질적인 범주를 뒤섞지 말라는 계명이다. 하나님은 이스라엘 백성의 거룩함을 내면화시키기 위한 일상적인 훈련의 일환으로 이번에는 모든 물건을 질서정연하게 보전하되 섞여서는 안 될 개체의 특성을 보전하는 데 주의를 기울이라고 명하신다. 즉, 뒤섞여서는 안 되는 이질적인

개체들의 범주를 혼란시켜 섞어서는 안 된다는 율법인 것이다. 예를 들어, 이스라엘 백성은 서로 다른 두 종류의 씨를 한 포도원에 동시에 심어서는 안 되며,^{레 19:19} 다른 동물을 한 겨리의 멍에를 메게 해 땅을 갈아서는 안 된다. 그리고 두 종류의 다른 실로 한 옷감을 짜지 말아야 하고 그런 혼합천으로 만든 옷을 입지 말아야 한다. 12절은 특별히 중요하다. 이스라엘은 토라 경청 및 순종 백성임을 과시하기 위해 겉옷의 네 귀에 술을 만들어 입어야 한다는 것이다. 12절에 비추어 볼 때 이상의 범주 혼동 금지 규정은 이스라엘의 성민다운 정체성 보존과 과시를 연습시키기 위함임을 알 수 있다. 전체적으로 두 씨앗을 한 포도원에 파종하는 것에 대한 금지와 두 동물이 한 멍에를 메게 하고 땅을 가는 것에 대한 금지, 두 천으로 혼합된 옷감 착용 금지 규정은 언뜻 보면 잡다하고 무연결적인 금지조항처럼 보인다. 그러나 깊이 묵상해 보면 그것들을 하나의 연속적인 금지 목록으로 묶어 주는 주제를 발견할 수 있다. 그것은 서로 다른 범주에 속한 것을 부자연스럽게 뒤섞는 것에 대한 본질적 저항이다. 이런 사소해 보이는 문화적 관습을 통해서도 이스라엘은 거룩한 백성의 정체성을 심화시켜 가도록 가르쳐졌다. 순도 높은 이웃 사랑의 계명도 실상 거룩한 백성에게 주어진 계명이었던 것이다.

특히 5절 및 9-12절은 일상생활 속에서 이스라엘이 거룩한 백성임을 자각하는 훈련의 일부를 다룬다. 이 단편적인 구절들 속에는 이스라엘이 거룩한 백성으로서의 성결함을 유지해야 하는 근거가 전제되거나 암시되어 있다. 그 근거는 백성들 한가운데 거하시는 야웨의 현존^{23:14} 자체의 요구와, 땅은 하나님의 선물이기 때문에 더럽혀져서는 안 된다^{21:23}는 의식이었다.

22

¹³누구든지 아내를 맞이하여 그에게 들어간 후에 그를 미워하여 ¹⁴비방거리를 만들어 그에게 누명을 씌워 이르되 내가 이 여자를 맞이하였더니 그와 동침할 때에 그가 처녀임을 보지 못하였노라 하면 ¹⁵그 처녀의 부모가 그 처녀의 처녀인 표를 얻어가지고 그 성문 장로들에게로 가서 ¹⁶처녀의 아버지가 장로들에게 말하기를 내 딸을 이 사람에게 아내로 주었더니 그가 미워하여 ¹⁷비방거리를 만들어 말하기를 내가 네 딸에게서 처녀임을 보지 못하였노라 하나 보라, 내 딸의 처녀의 표적이 이것이라 하고 그 부모가 그 자리옷을 그 성읍 장로들 앞에 펼 것이요 ¹⁸그 성읍 장로들은 그 사람을 잡아 때리고 ¹⁹이스라엘 처녀에게 누명을 씌움으로 말미암아 그에게서 은 일백 세겔을 벌금으로 받아 여자의 아버지에게 주고 그 여자는 그 남자가 평생에 버릴 수 없는 아내가 되게 하려니와 ²⁰그 일이 참되어 그 처녀에게 처녀의 표적이 없거든 ²¹그 처녀를 그의 아버지 집 문에서 끌어내고 그 성읍 사람들이 그를 돌로 쳐죽일지니 이는 그가 그의 아버지 집에서 창기의 행동을 하여 이스라엘 중에서 악을 행하였음이라. 너는 이와 같이 하여 너희 가운데서 악을 제할지니라. ²²어떤 남자가 유부녀와 동침한 것이 드러나거든 그 동침한 남자와 그 여자를 둘 다 죽여 이스라엘 중에 악을 제할지니라. ²³처녀인 여자가 남자와 약혼한 후에 어떤 남자가 그를 성읍 중에서 만나 동침하면 ²⁴너희는 그들을 둘 다 성읍 문으로 끌어내고 그들을 돌로 쳐죽일 것이니 그 처녀는 성안에 있으면서도 소리 지르지 아니하였음이요 그 남자는 그 이웃의 아내를 욕보였음이라. 너는 이같이 하여 너희 가운데에서 악을 제할지니라. ²⁵만일 남자가 어떤 약혼한 처녀를 들에서 만나서 강간하였으면 그 강간한 남자만 죽일 것이요 ²⁶처녀에게는 아무것도 행하지 말 것은 처녀에게는 죽일 죄가 없음이라. 이 일은 사람이 일어나 그 이웃을 쳐죽인 것과 같은 것이라. ²⁷남자가 처녀를 들에서 만난 까닭에 그 약혼한 처녀가 소리질러도 구원할 자가 없었음이니라. ²⁸만일 남자가 약혼하지 아니한 처녀를 만나 그를 붙들고 동침하는 중에 그 두 사람이 발견되면 ²⁹그 동침한 남자는 그 처녀의 아버지에게 은 오십 세겔을 주고 그 처녀를 아내로 삼을 것이라. 그가 그 처녀를 욕보였은즉 평생에 그를 버리지 못하리라. ³⁰사람이 그의 아버지의 아내를 취하여 아버지의 하체를 드러내지 말지니라.

2) 결혼과 가정의 신성성 보호 ●22:13-30

22:13-30은 제7계명의 확장적 적용을 다루는 소단락들로 구성되어 있다. 이 단락은 전체적으로 간음을 금지하는 제7계명이 어떻게 결혼관계를 보호하기 위해 작동되는지 구체적인 사례를 보여준다. 첫째, 가정의 신성성을 보호하려는 제7계명은 남편이 아내의 처녀성을 고의적으로 의심하여 거짓되이 정죄함으로써 결혼관계를 파탄에 이르게 하는 것을 막는다. 아내의 처녀성을 막무가내로 의심해 아내를 내보내는 것은 아내에게 간음죄를 짓게 만드는 죄가 된다. 22:13-19이 이 상황을 다룬다. 어떤 남자가 아내를 맞이한 후 살다가 그녀를 미워하여 자기 아내가 처녀가 아니었다고 누명을 씌워 비방하는 경우에, 그 여자의 부모가 결혼할 당시 딸의 처녀성을 입증할 표(초야 속옷)를 가지고 성문 장로들에게로 정식으로 소송을 걸어야 한다. 자신들의 딸을 고의적으로 소박맞히려는 사위를 무고죄로 고소할 수 있다. 이때 부모는 딸의 처녀성을 증명하는 자리옷(초야 속옷)을 성읍 장로들에게 제시해야 한다. 이 경우 장로들은 그 못된 남편을 잡아 때리는 징벌을 가하며, 아울러 은 100세겔의 벌금을 장인에게 지불하도록 선고해야 한다. 이렇게 되면, 그 남편은 자신에 의해 억울하게 모욕을 당한 아내를 어떤 이유로도 버릴 수 없는 종신 이혼불가 아내로 대우하며 살아야 한다.

둘째, 반대의 경우다. 간음금지 계명의 시행세칙인 22:20-21은 이미 부정해진 여자가 처녀인 것처럼 주장하면서 신성한 결혼관계에 들어가는 것을 막음으로써 가정의 신성성을 보호한다. 앞의 상황에서 남편의 고발이 참으로 인정된다면, 곧 아내가 처녀가 아니었음이 밝혀지면, 성읍 사람들은 그 여자를 친정 아버지 집 문밖으로 끌어내 돌로 쳐죽여야 한다. 왜냐하면 그 여자가 아버지 집에서 창기의 행동을 하여 이스라엘 중에서 일어나서는 안 될 악을 행하였기 때문이다. 간음, 곧 이미 더럽혀진 여자가 마치 처녀인 것처럼 꾸며 가정을 이루려고 하는 것은 이스라엘 가운데서 존재해서는 안 될 악이라고 단죄한다. 이런 관점에서 보면 호세아가 고멜을 맞이한 것은 이 신명기 법을 어긴 사랑과 인애의 과시였다. 호세아의 이해할 수 없는 아내 사랑이 바로 음부가 되어 버린 이스라엘에 대한 야웨 하나님의 율법 초극적인 사랑이다. 율법의 기준에 의하면 돌로 쳐죽임을 당할 처지에 놓인 당신의 신부 이스라엘을 하나님은 율법에 의해 정죄를 당하면서까지 사랑하셨다. 하나님의 독생자 예수는 율법의 저주를 받으심으로 우리를 율법의 저주에서 속량하셨다. 호세아의 율법 초극적 고멜 사랑 이야기와 그것이 궁극적으로 가리키는 야웨 하나님의 율법 초극적 이스라엘 사랑 이야기가 요한복음 8:1-11에 나온다. 간음하다 붙잡힌 여인은 바로 고멜이요, 야웨의 아내 이스라엘이다. 그러면서 독자는 고멜과 음부가 된 이스라엘 안에서 바로 죄인된 자기 자신을 본다. 야웨 하나님은 21-22절에 의하면 사형에 처해져야 할 간음한 아내의 부정을 발견하고도 그를 돌로 쳐죽이지 않고 그 저주와 심판의 자리에 당신의 독생자를 보내셨다. 어쩌면 율법 파기적이고 율법 초극적인 사랑 모험이다. 이 과정에서 하나님 아버지의 독생자가 율법의 저주를 한 몸에 다 받으셨다.^{갈 3:13, 벧전 2:21-22}

22:22-30은 다양한 경우의 부적절한 성관계에 대한 사례별 징벌 및 처리 규정을 다룬다. 가정의 신성성을 지키려는 제7계명은 다양한 혼외·혼전 성관계를 처벌하는 시행세칙으로 확장된다. 단순한 사례부터 복잡한 사례까지 언급된다. 우선 제일 분명한 간음금지 위반 사례다. 어떤 남자가 유부녀와 동침한 것이 드러나면 공동체는 그 동침한 남녀 둘 다를 죽임으로써 이스라엘 중에 악을 근절해야 한다. 다음 경우도 비교적 분명하다. 어떤 남자와 약혼한 여자가 성

읍 중에서 어떤 남자를 만나 동침하면 성읍 사람들은 앞의 사례에서처럼 그들을 둘 다 성읍 밖으로 끌어내 돌로 쳐죽여야 한다. 그런데 돌로 쳐죽임을 당하는 이유가 남자와 여자의 경우 서로 다르다. 동침한 그 여자가 성안에 있으면서도 소리를 지르지 않았기 때문이다. 여자가 도와 달라고 소리치지 않은 행위는 강간당한 것이 아니라 화간을 한 것으로 간주될 수 있기 때문이다. 심지어 이미 약혼한 처녀가 자신의 약혼을 파기할 목적으로 자작극(강간당한 것처럼)을 꾸밀 수도 있다고 본 것 같다. 남자의 경우는 여자가 동의했건 안했건 이웃의 아내를 욕보였기 때문에 돌로 쳐죽임을 당해야 한다. 이 간음자들을 가혹한 공동체응징으로 다스려야 이스라엘 가운데서 이런 악의 창궐을 막고 근절시킬 수 있다. 세 번째 상황은 다소 복잡하다. 만일 어떤 남자가 어떤 약혼한 처녀를 들에서 만나서 강간하였으면 그 강간한 남자만 죽여야 한다. 이처럼 23-25절은 성적인 행위의 비자발성과 자발성 여부를 면밀하게 구별해 처벌 여부를 결정한다. 들에서 강간당한 여자의 경우 죄책이 면제되는 이유는, 설령 그녀가 들에서 소리쳐도 도와줄 사람이 없었기 때문이다. 이런 경우 여자에게는 죽일 죄가 없다. 여자는 일방적으로 살해당한 피해자(희생자)로 간주된다. 따라서 위력에 의해 성폭행당한 사람을 희생자로 여기는 마음이 중요하다. 한국사회에서는 성폭행 희생자에게도 낙인을 찍는 경향이 있는데 그것은 잘못된 생각이다. 성폭행 희생자는 살인당한 자와 같은 전적인 피해자일 뿐이다. 마지막 경우는 한층 더 복잡하다. 어떤 남자가 약혼하지 아니한 처녀를 만나 강간하다가 그 현장에서 발견되면, 남자는 처녀의 아버지에게 은 50세겔을 지참금으로 주고 그 처녀를 아내로 데려와야 한다. 그리고 그 처녀를 욕보였은즉 그녀를 종신 이혼불가 아내로 대우하며 살아야 한다.

30절은 근친상간을 단죄한다. 르우벤이 서모 빌하와 통간해 아버지 야곱의 저주를 초래했듯이^{창 49:4} 어떤 사람도 아버지의 아내를 취하여 아버지의 하체를 드러내서는 안 된다. 아버지의 하체는 아버지의 성적 활동 중추부를 가리킨다. 아버지의 아내는 아버지의 하체와 하나가 되는 존재다. 따라서 아버지의 아내와 통간하는 것은 아버지의 하체를 들추어내는 것과 같은 행위가 된다. 압살롬이 아버지 다윗 왕의 후궁을 범했고,^{삼하 16:20-22} 다윗의 아들이자 학깃의 아들인 아도니야는 아버지의 동녀인 수넴 여인 아비삭을 아내로 달라고 요구했다가 솔로몬으로부터 죽임을 당했다.^{왕하 2:16-25}

전체적으로 이 단락에서는 여성 비하적인 관점이 살짝 보인다. 특히 28-30절에서 약혼하지 아니한 여인이 남자에게 성폭행을 당한 경우에, 가해자 남자가 받는 벌이 가볍다는 인상이 든다. 물론 고대 사회가 잦은 전쟁으로 인해 남성과 여성의 성비가 균형을 잃어 현저한 여초현상이 있었다는 점을 고려하면 이 규정을 전혀 이해할 수 없는 것은 아니지만, 우리는 신명기 율법 형성의 배후에 있는 남성 중심의 고대 이스라엘 사회의 완악함을 시인하지 않으면 안 된다.² 하나님의 율법은 인간에게 기대할 수 없는 최고선이나 최선의 도덕률을 반영하지 못하고 인간 마음의 완악함을 반영할 때도 있다는 것이다. 이런 점에서 예수님의 이혼법 해석은 탁월한 예를 제공한다.^{렘 3:1, 막 10:1-4} 하나님의 본심은 이혼금지 규정인데 인간의 마음이 완악하여 불가피하게 이혼을 허용한 법을 주셨다는 것이다. 우리는 구약법이 하나님은 인간의 완악함 때문에 —지킬 수 있는 능력이 현저하게 약할 때에— 너무나 이상적인 고상한 법을 주신 것이 아니라, 더 이상 나빠져서는 안 된다는 하한선을 제시하는 현실주의를 채택하실 수도 있다는 점을 기억해야 한다. 그래서 우리는 구약율법을 예수님의 정신과 얼의 빛 아래서 재해석할 수 있어야 한다.

23장은 땅과 그 땅에 사는 백성들의 성결, 결혼과 가정 관계, 그리고 특히 계약 공동체 밖에 있는 사람들이나 혹은 공동체 안의 보다 연약한 사람들에 대한 존중과 보호 책임을 다루는 21-25장 단락의 일부다. 다소간 애매모호한 점은 있지만 1-18절은 제7계명의 확장적 적용으로 볼 수 있으며 19-24절은 제8계명의 확장적 적용 사례로 볼 수 있다.

　신명기 23장은 세 단락으로 나누어진다. 그것은 총회 구성 시 배제되어야 하는 족속과 조건적으로 용납될 수 있는 족속에 대한 규정, 거룩한 전쟁을 앞두고 진을 거룩하게 유지할 것에 대한 규정, 이스라엘 공동체 내의 형제자매 사이에 용납될 수 없는 행동에 대한 규정이다. 언뜻 보면 세 단락 사이의 유기적 응집성이 잘 보이지 않지만, 깊이 들여다보면 거룩한 백성의 길에 대한 규정이라는 공통점을 드러내고 있다. 23장은 거룩한 땅과 그것을 차지하는 백성에게 요구되는 거룩한 성품 사이에 있는 상관성을 부각시키고 있다.

23 ¹고환이 상한 자나 음경이 잘린 자는 여호와의 총회에 들어오지 못하리라. ²사생자는 여호와의 총회에 들어오지 못하리니 십 대에 이르기까지도 여호와의 총회에 들어오지 못하리라. ³암몬 사람과 모압 사람은 여호와의 총회에 들어오지 못하리니 그들에게 속한 자는 십 대뿐 아니라 영원히 여호와의 총회에 들어오지 못하리라. ⁴그들은 너희가 애굽에서 나올 때에 떡과 물로 너희를 길에서 영접하지 아니하고 메소보다미아의 브돌 사람 브올의 아들 발람에게 뇌물을 주어 너희를 저주하게 하려 하였으나 ⁵네 하나님 여호와께서 너를 사랑하시므로 네 하나님 여호와께서 발람의 말을 듣지 아니하시고 네 하나님 여호와께서 그 저주를 변하여 복이 되게 하셨나니 ⁶네 평생에 그들의 평안함과 형통함을 영원히 구하지 말지니라. ⁷너는 에돔

사람을 미워하지 말라. 그는 네 형제임이니라. 애굽 사람을 미워하지 말라. 네가 그의 땅에서 객이 되었음이니라. ⁸그들의 삼 대 후 자손은 여호와의 총회에 들어올 수 있느니라.

1) 야웨의 거룩한 총회 구성: 배제와 포용의 기준 ●23:1-8

23:1-8은 이스라엘의 총회 구성원의 자격을 규정하는 요소들을 다룬다. 야웨의 총회는 종교 및 정치경제 활동에 정당한 구성원으로 참여할 수 있는 자유민의 공동체를 가리킨다.

야웨의 총회원이 되기 위해서는 정결이 요구되었다. 구체적으로 고환(신낭)이 상한 자들이 배제된다. 고환이 상한 자는 종교적 혹은 문화적으로 거세된 남자를 가리키는 것으로 보아야 한다.^{사 56:4-5, 행 8:26-39} 또한 금지된 성적 결합, 가령 근친상간에 의해 출생된 자녀들은 정결의 요구를 충족시키지 못하기 때문에 총회 참여가 금지되었다. 그래서 롯과 두 딸 사이에서 출생한 암몬과 모압 족속은 총회 참여가 원천적으로 금지된다.^{2:9, 19} ³ 3-5절은 이런 이유 외에도 두 족속이 출애굽한 이스라엘 백성이 가나안 땅으로 진입하는 것을 적대적으로 방해한 과거 전력을 거론한다. 물과 음식을 제공해 주지 않은 불친절과 무자비한 행위가 야웨의 총회 참여를 막은 행동이 된다. 특히 발람을 이용하여 이스라엘을 저주하도록 사주까지 한 모압의 죄가 회상된다. 그래서 모압과 암몬 족속의 경우 10대 후손까지 야웨의 총회에 들어오지 못한다. 이스라엘은 이 두 족속과는 어떤 평화우호 조약도 맺지 말아야 한다. 즉, 혼인관계를 맺지 말아야 한다.^{7장} 그러나 놀랍게도 이 율법이 에돔과 애굽에 대해서는 상대적으로 호의적이다. 에돔은 형제라는 이유로,^{2:1-8} 애굽은 한때 이스라엘 백성을 영접하고 살 곳을 제공하였다는 이유로 조건적으로 용납된다. 그들은 3대만에 야웨의 총회에 참여할 수 있다. 이 율법은 이런 족속들이 이미 가나안 이스라엘 공동체 안의 주변화된 소수자로 남아 있는 상황을 전제하고 있는 것처럼 보인다. 애굽에 대한 호의적인 태도는 한때 자신들도 주변화된 거류자의 신세로 전락한 적이 있었던 이스라엘의 경험에서 비롯되어졌을 법한 인도주의적 배려를 반영하고 있다.

100만 명 이상의 외국인 노동자가 코리안 드림을 이루기 위해 한국에 체류하고 있다. 그들에 대한 한국사회의 차별 대우와 잔혹한 노동착취 사례가 우리의 양심을 고통스럽게 타격할 때가 적지 않다. 한국교회는 외국인 노동자들의 인권에 대해 비상한 감수성을 가지고 깨어 있어야 한다. 우리도 한때 외화벌이를 위해 호주나 독일로 일하러 간 고단한 경험을 되살려 그들에게 특별한 친절과 배려를 표현해야 할 것이다. 신명기는 시종일관 주변화된 자들에 대한 하나님의 인도주의적 배려와 동정심을 다층적으로 드러내고 있다. 따라서 우리는 일부 족속에 대해 야웨의 총회 참여를 금지하는 법령 속에서 외국인 혐오증xenophobia이나 인종차별의 정당성을 찾아내어서는 안 되고, 오히려 하나님의 인도주의적 포용의 정신을 놓치지 말아야 한다.

23 ⁹네가 적군을 치러 출진할 때에 모든 악한 일을 스스로 삼갈지니 ¹⁰너희 중에 누가 밤에 몽설함으로 부정하거든 진영 밖으로 나가고 진영 안에 들어오지 아니하다가 ¹¹해 질 때에 목욕하고 해 진 후에 진에 들어올 것이요 ¹²네 진영 밖에 변소를 마련하고 그리로 나가되 ¹³네 기구에 작은 삽을 더하여 밖에 나가서 대변을 볼 때에 그것으로 땅을 팔 것이요 몸을 돌려 그 배설물을 덮을지니 ¹⁴이는 네 하나님 여호와께서 너를 구원하시고 적군을 네게 넘기시려고 네 진영 중에 행하심이라. 그러므로 네 진영을 거룩히 하라. 그리하면 네게서 불결한 것을 보시지 않으므로 너를 떠나지 아니하시리라.

2) 거룩한 전쟁을 수행하기 위해 진을 항상 성결케 하라 ● 23:9-14

신명기 20장과 21:10-14에서 이미 다루어진 적이 있는 '거룩한 전쟁' 수행 규칙의 일부가 23:9-14에서 다루어지고 있다. 23:9-14은 야웨께서 계시는 이스라엘 진 성결유지법 정도라고 불릴 수 있는 규정을 다룬다. 이 단락은 다시 한 번 이스라엘의 가나안 정복전쟁은 야웨의 지휘 아래 치러지는 거룩한 전쟁임을 강조한다. 이 '거룩한 전쟁' 수행 지침에서 일반적인 군사작전 준칙보다 더 중요한 것은 진을 거룩하게 유지하는 것이다. 보다 더 구체적으로 말하자면 병사들의 의식적儀式的 성결이 거룩한 전쟁의 성패를 좌우한다.

병사가 몽설하여 자신의 옷을 적실 때는 하루 동안 진 바깥에 가서 머물다가 하루 후에 몸을 씻고 들어와야 한다. 몽설은 성적 에너지의 발산을 의미한다. 거룩한 전쟁을 수행할 때 남자의 성적 에너지는 거룩하게 억제되어야 한다. 일반적인 전쟁 시 병사들의 성적 에너지는 부녀자 강간 행위 등으로 폭력적으로 표출된다. 여기서 병사의 몽정 자체를 부정한 것으로 보는 이유는 순전히 제의적인 이유 외에 함락당한 도시나 촌락의 부녀자에 대한 병사들의 야만적인 성적 에너지 방출을 원천적으로 억제하려는 의도였을 것이다. 이스라엘의 가나안 정복전쟁은 거룩한 전쟁으로, 하나님의 거룩성을 반영하는 전쟁이어야 한다. 진을 거룩하게 유지하는 방법 중 또 하나는 공중 화장실 설치다. 12절은 병사들의 막사 생활이 가져올 제의적 혹은 보건위생학적 문제 상황 때문에 화장실을 진 바깥 멀리에 설치하라고 명령한다. 배변물을 땅에 묻고 흙으로 덮으라는 것이다. 배변의 냄새가 적들에게 정체를 드러내는 실마리가 되기 때문이다. 이런 사소해 보이는 규례들은 "하나님께서 대적들을 이스라엘의 손에 넘겨주기 위하여 진 가운데를 돌파하실 기세로 통과하신다"는 믿음을 반영한다. 14절의 논리가 참 중요한데 히브리어 구문(마소라 15

절)을 직역하면, "왜냐하면 야웨 네 하나님이 너를 구해 내고 네 대적들을 네 앞에 넘겨주시기 위해 네 진영 가운데 종횡무진하실 것이며, 그래서 네 진은 거룩하게 되어야 할 것이며, 그(야웨)가 네 안에서 불결한 것을 보지 않으셔야 하며, 그래서 너를 떠나시지 않게 해야 한다." 하나님이 이스라엘 진영에 종횡무진하시는 이유는 이스라엘을 구해 내고 그들의 대적을 이스라엘에게 양도해 주기 위함이라는 것이다. 14절(마소라 15절)의 논리는, 이스라엘이 전쟁에서 승리하기 위해서는 야웨가 이스라엘 진에 종횡무진하는 방식으로 현존하셔야 하며, 이 하나님의 거룩한 인격적 현존을 감당하기 위한 이스라엘 진은 성결을 구비해야 한다는 것이다.

아무리 야만적이고 거친 전쟁의 한복판에서도 이스라엘 백성은 거룩한 하나님을 모시며 살아야 한다. 전쟁에 임하는 세상 나라들은 병사들에게 악랄하고 야만적인 적개심과 호전성을 고취시키지만, 하나님은 당신의 병사들에게 하나님 앞에서의 거룩한 삼감과 억제를 명령하신다. 자신의 배출물이 하나님과 동료 병사들에게 악취를 가져올 것을 아는 사람은 땅 깊은 곳에 구덩이를 파서 그것을 묻을 것이다. 자신의 배설물을 땅에 묻는 것도 거룩 훈련의 일환이다. 하나님과 동료에게 역겨움을 안겨 주는 입에서 나오는 모든 악취 나는 말과 주장은 배설물처럼 땅 깊숙이 묻어 버리는 것이 거룩한 겸손이요 하나님과 동행하기 위한 자기은닉이다. 예수님은 우리 마음에서 온갖 악취 나는 배설물이 배출된다고 간파하신다.^{막 7:20-23} 영적 전쟁에 임하는 거룩한 병사는 자신의 속에서 나오는 역겨운 배설물을 땅에 묻음으로써 하나님의 동역자가 될 수 있다.

23 ¹⁵종이 그의 주인을 피하여 네게로 도망하거든 너는 그의 주인에게 돌려주지 말고 ¹⁶그가 네 성읍 중에서 원하는 곳을 택하는 대로 너와 함께 네

가운데에 거주하게 하고 그를 압제하지 말지니라. ¹⁷이스라엘 여자 중에 창기가 있지 못할 것이요 이스라엘 남자 중에 남창이 있지 못할지니 ¹⁸창기가 번 돈과 개 같은 자의 소득은 어떤 서원하는 일로든지 네 하나님 여호와의 전에 가져오지 말라. 이 둘은 다 네 하나님 여호와께 가증한 것임이니라. ¹⁹네가 형제에게 꾸어주거든 이자를 받지 말지니 곧 돈의 이자, 식물의 이자, 이자를 낼 만한 모든 것의 이자를 받지 말 것이라. ²⁰타국인에게 네가 꾸어주면 이자를 받아도 되거니와 네 형제에게 꾸어주거든 이자를 받지 말라. 그리하면 네 하나님 여호와께서 네가 들어가서 차지할 땅에서 네 손으로 하는 범사에 복을 내리시리라. ²¹네 하나님 여호와께 서원하거든 갚기를 더디하지 말라. 네 하나님 여호와께서 반드시 그것을 네게 요구하시리니 더디면 그것이 네게 죄가 될 것이라. ²²네가 서원하지 아니하였으면 무죄하리라. 그러나 ²³네 입으로 말한 것은 그대로 실행하도록 유의하라. 무릇 자원한 예물은 네 하나님 여호와께 네가 서원하여 입으로 언약한 대로 행할지니라. ²⁴네 이웃의 포도원에 들어갈 때에는 마음대로 그 포도를 배불리 먹어도 되느니라. 그러나 그릇에 담지는 말 것이요 ²⁵네 이웃의 곡식밭에 들어갈 때에는 네가 손으로 그 이삭을 따도 되느니라. 그러나 네 이웃의 곡식밭에 낫을 대지는 말지니라.

3) 주변화된 공동체 구성원에 대한 인도주의적 배려 ● 23:15-25

23장과 24장의 많은 규정들은 계약 공동체 내의 주변화되고 가장 약해진 구성원들을 어떻게 보호하고 돌볼 것인가 하는 문제를 다룬다. 다른 나라로부터 도망쳐 나온 노예에게 도피처를 제공하도록 명하는 법은 노예제도에 대한 이스라엘의 태도를 이해하는 데 중요한 법이다. 구출의 손길을 찾는 노예는 다시 주인의 손으로 양도되어서는 안 된다.²³:¹⁵, 사 ¹⁶:¹⁻⁴ 이미 하나님에 의해 노예살이로부터 구출되었던 사람들(이스라엘 백성)에게 노예살이를 하는 다른 사람은 보호하고 돌보아 주어야 할 형제요 자매였다. 이 율법은 심지어 노예제도가 시행되었던 사회적 배경에서도 노예제도의 독성을 줄이는 데 도움을 주었다. 따라서 인권의 사각지대에 방치되어 있는 노예들을 학대하는 것은 이스라엘 공동체 내에서 용납될 수 없는 중범죄로 분류되었다.[4]

17-18절은 이스라엘의 남자나 여자가 성전 창기나 남창으로 사는 것을 금지하는 법령이다. 고대 가나안 신전들에는 바알-아세라 신의 풍요와 다산 제의를 실연하기 위해 성창[sacred prostitute]들이 활동하고 있었다.[호 4:14] 여자 창기는 쿼데샤(קְדֵשָׁה)이며 남창은 카데쉬(קָדֵשׁ)다(여인들이 아세라를 위하여 휘장을 짜는 처소인 남창의 집).[왕하 23:7] 이스라엘 사람들은 이런 성창으로 활동하지 말아야 한다. 즉, 어떤 풍요와 다산 종교의 촉진자, 실행자, 보급자가 되어서는 안 된다는 것이다. 남창과 성전 창녀가 서원한 것을 갚기 위해 바치는 어떠한 은금패물도 하나님께서는 받지 않으신다. 이스라엘 자유민은 성막과 성전을 짓거나 수리할 때 자신들의 은금패물을 하나님께 바칠 수 있었지만, 이방신들의 신전이나 심지어 예루살렘이나 지방의 야웨 성소에서 성전 남창이나 창녀로 활동하는 사람에게는 이런 자유도 허락되지 않았다. 여기서 우리는 성전에 바치는 모든 은금패물이 하나님께 바쳐지는 것이 아님을 알 수 있다. 제물은 제물 드리는 자의 인격과 성품의 연장선상에 놓여 있다. 우리의 삶 자체가 거룩한 궤도를 이탈한다면 우리의 제물이나 서원예물 자체는 하나님께 용납될 수 없다는 것이다.

19-20절은 동족을 향한 고리대금업을 금지하는 계명이다. 19절에 의하면 이스라엘 사람은 자신의 동족을 향하여서는 경제적 자본을 늘리기 위한 어떤 상업적인 대부활동도 할 수 없다.[출 22:25-27, 레 25:35-36] 21-23절은 성급한 서원에 대해 경고하고 일단 서원한 것은 반드시 지킬 것을 명령하는 규례다. 서원은 조건부 기도다. 하나님을 향하여 값싸고 성급한 흥정이나 거래를 하듯이 기도하지 말아야 한다는 것이다.

24-25절에 의하면 가난한 자의 긴급 생존권이 '사유재산권 신성 불가침'이라는 근대 부르주아 사유재산 개념을 상대화한다. 이 법에 의하면 3일 굶은 사람은 절도죄를 범하지 않고도 기아를 면할 수 있다. 빅토르 위고의 소설『레 미제라블』Les Misérables의 주인공 장발장과 같은 불행한 사람이 생겨날 수 없다는 것이다. 누구든지 긴급한 생계 문제를 해결하기 위해서는 남의 곡식밭이나 포도원에 들어가 곡식이나 과일(감람 혹은 포도)을 따먹을 수 있다. 그러나 기본적인 생계의 필요를 위해 허용된 권리를 남용하여 남의 곡식밭을 이용해 이익을 얻으려고 해서는 안 된다. 손으로 이삭을 잘라 비벼 먹는 정도는 허용되나 낫을 대어 본격적인 추수 행위를 하는 것은 금지된다.^{눅6:1} 그러므로 이 법은 공동체 구성원의 재산, 곧 곡식이나 열매를 궁핍한 사람들의 생계유지를 위해 제공할 수 있는 길을 열어 줌과 동시에 또한 곡식밭이나 포도원 소유자의 재산을 보호하고 있다. 여기서 우리는 사유재산권의 자발적인 유보를 기대하시고 명령하시는 하나님의 따뜻한 마음을 보는 동시에 사유재산권을 전적으로 부정하려는 충동도 억제하시는 질서의 하나님을 만난다.

사회적 약자를 우선 배려하는 법령 ●24장

24 ¹ 사람이 아내를 맞이하여 데려온 후에 그에게 수치되는 일이 있음을 발견하고 그를 기뻐하지 아니하면 이혼 증서를 써서 그의 손에 주고 그를 자기 집에서 내보낼 것이요 ² 그 여자는 그의 집에서 나가서 다른 사람의 아내가 되려니와 ³ 그의 둘째 남편도 그를 미워하여 이혼 증서를 써서 그의 손에 주고 그를 자기 집에서 내보냈거나 또는 그를 아내로 맞이한 둘째 남편이 죽었다 하자. ⁴ 그 여자는 이미 몸을 더럽혔은즉 그를 내보낸 전남편이 그를 다시 아내로 맞이하지 말지니 이 일은 여호와 앞에 가증한 것이라. 너는 네 하나님 여호와께서 네게 기업으로 주시는 땅을

범죄하게 하지 말지니라. ⁵ 사람이 새로이 아내를 맞이하였으면 그를 군대로 내보내지 말 것이요 아무 직무도 그에게 맡기지 말 것이며 그는 일 년 동안 한가하게 집에 있으면서 그가 맞이한 아내를 즐겁게 할지니라. ⁶ 사람이 맷돌이나 그 위짝을 전당 잡지 말지니 이는 그 생명을 전당 잡음이니라. ⁷ 사람이 자기 형제 곧 이스라엘 자손 중 한 사람을 유인하여 종으로 삼거나 판 것이 발견되면 그 유인한 자를 죽일지니 이같이 하여 너희 중에서 악을 제할지니라. ⁸ 너는 나병에 대하여 삼가서 레위 사람 제사장들이 너희에게 가르치는 대로 네가 힘써 다 지켜 행하되 너희는 내가 그들에게 명령한 대로 지켜 행하라. ⁹ 너희는 애굽에서 나오는 길에서 네 하나님 여호와께서 미리암에게 행하신 일을 기억할지니라. ¹⁰ 네 이웃에게 무엇을 꾸어줄 때에 너는 그의 집에 들어가서 전당물을 취하지 말고 ¹¹ 너는 밖에 서 있고 네게 꾸는 자가 전당물을 밖으로 가지고 나와서 네게 줄 것이며 ¹² 그가 가난한 자이면 너는 그의 전당물을 가지고 자지 말고 ¹³ 해 질 때에 그 전당물을 반드시 그에게 돌려줄 것이라. 그리하면 그가 그 옷을 입고 자며 너를 위하여 축복하리니 그 일이 네 하나님 여호와 앞에서 네 공의로움이 되리라. ¹⁴ 곤궁하고 빈한한 품꾼은 너희 형제든지 네 땅 성문 안에 우거하는 객이든지 그를 학대하지 말며 ¹⁵ 그 품삯을 당일에 주고 해 진 후까지 미루지 말라. 이는 그가 가난하므로 그 품삯을 간절히 바람이라. 그가 너를 여호와께 호소하지 않게 하라. 그렇지 않으면 그것이 네게 죄가 될 것임이라. ¹⁶ 아버지는 그 자식들로 말미암아 죽임을 당하지 않을 것이요 자식들은 그 아버지로 말미암아 죽임을 당하지 않을 것이니 각 사람은 자기 죄로 말미암아 죽임을 당할 것이니라. ¹⁷ 너는 객이나 고아의 송사를 억울하게 하지 말며 과부의 옷을 전당 잡지 말라. ¹⁸ 너는 애굽에서 종 되었던 일과 네 하나님 여호와께서 너를 거기서 속량하신 것을 기억하라. 이러므로 내가 네게 이 일을 행하라 명령하노라. ¹⁹ 네가 밭에서 곡식을 벨 때에 그 한 뭇을 밭에 잊어버렸거든 다시 가서 가져오지 말고 나그네와 고아와 과부를 위하여 남겨두라. 그리하면 네 하나님 여호와께서 네 손으로 하는 모든 일에 복을 내리시리라. ²⁰ 네가 네 감람나무를 떤 후에 그 가지를 다시 살피지 말고 그 남은 것은 객과 고아와 과부를 위하여 남겨두며 ²¹ 네가 네 포도원의 포도를 딴 후에 그 남은 것을 다시 따지 말고 객과 고아와 과부를

신

위하여 남겨두라. ²² 너는 애굽 땅에서 종 되었던 것을 기억하라. 이러므로 내가 네게 이 일을 행하라 명령하노라.

24장은 고대 사회에서 여러 가지 이유로 자신의 목소리를 내기 힘든 최약자들을 배려한 규정을 담고 있다. 그들의 대표자는 여성, 가난한 자, 일용 노동자, 아버지/아들의 죄로 연좌제 고초를 당하는 자녀와 부모, 고아, 난민, 그리고 과부다. 24:1-4은 정상적인 이혼과 재혼 규정이지만 실제로는 한 여자가 자신의 첫 남편에게 되돌아가 결혼하는 것을 막는다는 점에서 여성에게 불리한 규정처럼 보인다. 1절은 한 남자가 아내를 맞이하여 데려온 후에 그녀에게 수치되는 일이 있음을 발견해 더 이상 아내로 여기지 아니하면 이혼증서를 손에 들려 자기 집에서 내보낼 수 있다고 말한다. 이 경우 이혼 당한 여자는 다른 사람의 아내가 될 수 있는데, 두 번째 남편도 이 여자를 미워해 이혼증서를 써주고 집에서 쫓아낼 수도 있고 혹은 그러기 전에 그녀를 아내로 맞이한 둘째 남편이 죽을 수도 있다. 이와 같은 경우에라도, 두 번째 남편에게서 자유롭게 된 이 여자는 첫 남편의 아내는 될 수 없다는 것이다. 왜냐하면 이미 둘째 남편과 결혼해 몸을 더럽힌 것으로 간주되기 때문이다. 그럼에도 불구하고 첫 남편이 그녀를 다시 아내로 맞이한다면 그것은 야웨께 가증한 행위가 된다. 이 행위는 야웨 하나님께서 이스라엘에게 기업으로 주시는 땅으로 하여금 범죄하게 만든다. 복수의 남편이 생겨 가정과 자녀 문제에 엄청난 혼란을 자아내고 감정적인 복잡성뿐 아니라 가정의 질서와 평화, 상속의 문제 등 복잡한 쟁점을 양산할 가능성이 있다. 그래서 한 남자의 아내되었던 여인이 첫 남편과 이혼한 후 다른 남자와 결혼하면 다시 옛 남편의 아내가 될 수 없도록 규정한다. 이 금지의 가장 큰 이유는 이 잠재적인 재혼으로 이혼당한 여인이 두 번째 남편과 성관계를 가진 후 다시 첫 남편과 성관계를 가지게 될 때 일종의 합법적인 간음의 가능성을 열어 준다고 보았기 때문이었을 것이다. 두 번째 결혼은 비록 합법적이긴 하지만, 첫 남편과의 결혼 시 정립된 결혼 계약 관계를 깨뜨리는 셈이 된다. 결혼, 이혼, 옛 남편과의 재결혼의 여정은 이스라엘 공동체를 치정에 얽힌 삼각관계로 무너뜨릴 수도 있었을 것이다.[5]

24:1-4의 법령은 후에 예레미야 3:1에서 하나의 신학적 비유의 근거로 채택되었다. 예레미야도 호세아처럼 이스라엘의 계약 위반에 대하여 말하기 위해 아내와 남편, 간음과 매춘의 비유를 사용한다. 예레미야는 신명기 24:1-4의 법률적 전례를 인용하면서, 야웨가 바람나서 이혼당한 이스라엘을 다시 아내로 맞아들이는 것이 얼마나 힘든 일인지를 말한다. 만일 보통 이스라엘 남자가 자신에게 이혼당한 후 두 번째 남편과 결합된 그 여자를 다시 아내로 맞을 수 없는 것이 법적인 상식이듯이, 많은 애인들(바알)을 좇아가서 매춘 행위를 하였던 유다가 야웨께로 되돌아와 그분의 아내로 재결합할 수 없다는 것은 당연하다. 즉, 하나님께서 바람난 아내였던 이스라엘을 다시금 받아들 수 없음을 말한다. 신명기에서처럼, 예레미야서에도 땅은 그 거주자들의 매춘과 간음 행위들로 더럽혀진다. 이스라엘의 정숙치 못한 행동이 땅을 더럽혔고 그녀로 하여금 첫 남편인 야웨에게로 '되돌아가는 것'을 가로막고 있다. 예레미야는 신명기 24:1-4을 언급함으로써 이스라엘의 회개에 대한 하나님의 기대와 요구가 얼마나 당대의 법률적인 상식을 크게 손상시키고 있는지를 보여주고 싶었을 것이다.

한 걸음 더 나아가 호세아서에서는 야웨가 자신의 옛 아내인 이스라엘이 바알이라는 두 번째 남편을 버리고 다시 자신에게로 되돌아오면 받아주시겠다고 선언하고 있다. 야웨 자신은 신명기 24:1-4의 이혼녀 재결합 금지를 명령하는 법을 어겨 가면서까지 이스라엘을 다시금 계약백성으로 삼아 주시려고 하는 것이다. 호세아서의 하나님은 율법을 초극하는 사랑과 자비의 하나님이다. 이 호세아서의 하나님이 바로 예수 그리스도를 파송하여 죄악된 인류를 구속하고자 분투하시는 하나님 아버지다.

23:15-25에 뒤이어 24:5-22의 많은 규정들도 계약 공동체 내의 주변화되고 가장 약해진 구성원들을 어떻게 보호하고 돌볼 것인가 하는 문제를 다룬다. 5절의 전쟁 법령은 아무리 다급한 전쟁 분위기에서도 신혼부부의 행복권을 옹호한다. 6절은 돈을 빌려주고 담보로 맷돌이나 그 위짝을 전당 잡지 말아야 한다고 말한다. 양식을 만들어 요리하는 데 결정적으로 필요한 맷돌을 부채 담보물로 잡는 행위는 채무자의 생명을 전당 잡음과 같기 때문이다. 노예화 혹은 인신매매를 위해 동포를 납치하지 말도록 명하는 금지 규정은 제8계명의 구체적 천명이며, 따라서 이 계명의 위반자는 반드시 사형에 처해져야 한다.

8-9절은 나병에 걸린 사람을 다시 정상인의 사회로 복귀시키는 규정을 말하는 것처럼 보인다. 나병에 걸렸다가 나은 사람은 레위 제사장들에게 소정의 제물을 드리고 나았음을 공증받아 정상인의 사회로 복귀해야 한다. 애굽에서 나오는 길에 이스라엘의 하나님 야웨께서 미리암에게 행하신 것처럼 나병이 걸린 사람은 이레 동안 진 밖에서 격리되었다가 치유되면 진으로 되돌아갈 수 있다.^{민 12:15-16}

10-13절은 가난한 자들을 위한 전집물 처리 규정이다. 어떤 사람이 이웃에게 물건이나 돈을 꾸어 줄 때에 채주인 이스라엘 사람이 채무자의 집에 들어가서 임의대로 전당물을 취해서는 안 된다. 채주는 밖에 서 있고 채무자가 골라 주는 전당물을 받아야 한다. 만일 채무자가 가난한 자이면 채주인 이스라엘 사람은 그 가난한 이웃의 전

당물을 가지고 가지는 말아야 한다. 채주는 해 질 때에 전당물을 반드시 가난한 이웃 채무자에게 돌려주어야 한다. 아마도 그 전당물은 겉옷이었던 것처럼 보인다. 이렇게 전당물을 돌려주면 그 가난한 이웃은 돌려받은 겉옷을 입고 자며 채주인 이스라엘 동포를 위해 축복할 것이다. 가난한 채무자에게 받는 축복기도가 이스라엘의 하나님 야웨 앞에서 채주인 이 사람의 공의로움을 증명하는 행위로 간주될 것이다.

14절은 곤궁하고 빈한한 품꾼(동포든지 객이든지 상관없이)에 대한 학대 금지를 말한다. 15절은 품꾼을 고용한 사람은 반드시 품삯을 당일에 주고 해 진 후까지 미루지 말아야 한다고 말한다. 왜냐하면 품꾼은 가난하므로 그 품삯을 간절히 바라기 때문이다. 만일 이 가난한 품꾼의 임금을 체불하면 그가 고용주를 야웨께 고소하게 될 것이며 그것은 임금 체불 고용주에게 죄책을 전가시키게 될 것이다.

16절은 연좌제로 고초당할 가능성이 있는 사람들의 생명을 보호하는 규정이다. 아버지는 그 자식 때문에, 자식은 아버지로 말미암아 죽임을 당해서는 안 된다. 각 사람은 자기 죄로 말미암아 죽임을 당할 것이다.^{겔 18:1-4} 열왕기하 14:4-6은 이 신명기 법이 지켜진 사례를 보여준다. 유다 왕 아마샤가 부왕 요아스를 죽인 신복들을 죽였으나 그들의 자녀들은 죽이지 아니하였다. 그는 "여호와께서 명령하여 이르시기를 자녀로 말미암아 아버지를 죽이지 말 것이요 아버지로 말미암아 자녀를 죽이지 말 것이라. 오직 사람마다 자기의 죄로 말미암아 죽을 것이니라"^{왕하 14:6}고 명한 모세의 율법책을 따랐던 것이다.

17절은 객이나 고아의 송사를 억울하게 하지 말며 과부의 옷을 전당 잡지 말라고 명한다. 18절에서 야웨 하나님은 이스라엘에게 애굽에서 종 되었던 일과 이스라엘의 하나님 야웨께서 거기서 그들 자신을 속량하신 것을 기억하라고 명한다. 출애굽의 은총을 기억하는 이스라엘에 '이 일'을 행하라고 명하신다. 그런데 이 일은 19-22절을 가리키는지 1-17절을 가리키는지가 분명하지 않다. 둘 다를 가리킨다고 보아도 무리가 없으며 둘 중 하나만 가리킨다고 해도 무방하다. 왜냐하면 1-17절과 19-22절이 모두 주변화된 계층 사람들에게 비상한 자비와 친절, 동정을 실천하라고 명하기 때문이다. 22절에 동일한 후렴구가 나오는 것을 보면 18절의 '이 일'은 1-17절의 법령들을 가리키는 것으로 보는 것이 좋을 것이다. 결국 모든 사회적 최약자층에 대한 자비와 동정을 법적으로 제도화하라고 명령하시는 하나님은, 이스라엘로 하여금 노예해방주 하나님을 본받아 다른 동포들에게 속량적인 해방 이웃이 되라고 명하신다.

출애굽의 구원과 해방을 이스라엘에게 선사하신 하나님께서 이스라엘에게 해방과 속량을 선사하는 이웃이 되라고 촉구하신다.[24:19-22] 밭에서 곡식을 벨 때에 나그네와 고아와 과부를 위하여 그 한 뭇을 남겨 두면 야웨 하나님께서 이스라엘의 손으로 하는 모든 일에 복을 내리실 것이라고 약속한다. 감람나무 열매 추수에도 마찬가지로 객과 고아와 과부를 위하여 열매를 남겨 두고, 포도원의 포도 수확 시에도 객과 고아와 과부를 위하여 열매 일부를 남겨 두라고 명하신다. 이런 일을 행하라고 명하시는 분은 바로 이스라엘을 출애굽시켜 주신 해방과 구원의 주 야웨 하나님임을 기억해야 한다. 이 기억 행위는 이스라엘이 다른 최약자층 동포들에게 하나님처럼 자비로운 해방자가 되도록 격려할 것이다.

요약하자면 6절, 10-13절, 14-15절, 17-18절, 19-22절은 기본적인 생존 수단마저도 확보하지 못하게 하는 경제적 압제로부터 사회경제적 약자(과부, 고아, 나그네 및 가난한 사람들)를 보호하기 위해 제정된 법령이다. 이 법령들은 두 가지 요점을 다양한 맥락을 배경으로 메아리처럼 되울리고 있다. 첫째, 이 법령들은 비단 가난하고 약한 자에게만 국한된 것이 아니라는 점이다. 공동체의 모든 구성원이 기본적인 생계 수단도 얻지 못할 만큼 위협적인 경제적 압제 행위로부터 보호되어야 한다는 것이다. 둘째, 그것들은 숱한 다른 범죄들도 감출 수 있는 압제와 불의[14, 17절]에 대해서 일반적으로 말하고 있을 뿐만 아니라, 언뜻 보면 악행처럼 보이지 않는 행동까지 금지하고 있다는 사실이다. 여기서 금지된 행동들이 어쩌면 실로 합법적이고 타당한 행위들인 것처럼 보일 수도 있다는 것이다. 대부, 임금, 추수 세 가지 구체적인 영역에서 제시된 율법들은 경제적인 이익을 극대화하기 위한 모든 자기정당화와 충돌할 수 있다. 대부, 임금, 추수에 대한 신명기 법령은 어떤 점에서 무한 이익을 추구하는 인간의 탐욕을 억제하고 비판하는가?

첫째, 이스라엘에서 대부는 경제적 자본을 늘리거나 이용하기 위해 이루어지는 상업적인 대부가 아니었다. 따라서 이스라엘 동포에게 이자를 받는 것이 법으로 금지되었다.[23:19, 출 22:25-27, 레 25:35-36] 이스라엘 동포이기 때문에 이자를 받지 않는 것이라기보다는 가난한 동포의 기본적인 의식주의 필요를 충족시키기 위한 대부이기 때문에 이자 취식이 금지된다는 점이 중요하다. 경제적인 기준이 인종적인 기준에 우선한다. 24장의 법규정이 대부금 대신에 취한 저당물[6, 10-11, 17절]에 대해 언급할 때, 그것은 이자를 요구하는 대부라기보다는 가난한 사람을 우선 도울 수 있는 대부, 곧 담보물로 얻은 대부를 염두에 두고 있다. 그러나 이자를 갈취함으로써 곤경에 처한 사람을 압제하거나 괴롭혀서는 안 되는 것처럼, 담보로 잡힌 저당물을 처리하는 과정도 인도주의적이어야 하며, 채무자의 필수적 생계 수단(맷돌, 겉옷)을 위태롭게 해서는 안 된다. 그러므로 맷돌/겉옷을 저당물로 취하는 것은 금지된다. 최근에 기원전 7세기경(대략 요시야 왕 시기) 이스라엘의 한 해안 지역에서 출토된 고고학적 유물에 의하면 겉옷을 돌려받지 못한 여인이 자신의 억울함을 보고하는 기록이 전해진다.[6] 그런데 이런 문제에서 이스라엘 공동체가 동포를 자비롭게 대우하면 어떤 결과가 오는가? 하나님의 풍성한 복이 선물로 주어진다. 이스라엘은 땅을 경작하고 농사짓는 모든 활동에서 하나님의 복을 누리게 된다. 복은 번성과 생산성의 증가를 의미한다. 동족을 자비롭게 대하면 위로부터 쏟아지는 복을 누리게 된다. 사회적 자비를 증가시키는 것이 경제적 번영의 지름길이라는 진리를 안타깝게도 거시경제학이나 미시경제학은 깨닫지 못한다.

둘째, 가난한 사람은 모아 놓은 재산 혹은 상속받은 다른 자산도 없기 때문에 그들을 위한 임금은 긴급하게 지급되어야 한다. 즉시 지불되지 않으면 먹을 양식과 입을 옷이 없게 되기 때문이다. 생계가 위태로운 일꾼에게 임금 체불은 엄청난 범죄다.

셋째, 곡식밭과 포도원의 소유자들을 보호하고 가난한 자, 궁핍한 자, 굶주린 나그네에게 먹을 것을 제공하기 위한 추수법은 23장과 24장에 나타난다. 누구든지 생계를 위해서는 남의 곡식밭이나 포도원에 들어가 곡식(감람 혹은 포도)을 따먹을 수 있다.[23:24-25] 실로 그런 곡식밭을 가진 주인은 하나도 남은 것이 없을 정도로 과도하게 추수하지 말아야 하며 곡식밭이 없는 사람들이 따먹을 수 있도록 얼마를 남겨 놓아야 한다.[24:19-21] 그러나 기본적인 생계의 필요를 위해 허용된 권리를 남용하여 남의 곡식밭을 이용해 이익을 얻으려고 해서는 안 된다. 그러므로 이 법은 공동체 구성원의 곡식이나 열매를 궁핍한 사람들의 생계유지를 위해 제공할 수 있는 길을 열어 줌과 동시에 곡식밭이나 포도원 소유자들의 재산을 보호하고 있다. 우리의 포도원 소출 가운데 가난한 자의 몫이 포함되어 있다는 생각은 나눔과 베풂의 경제학을 만들 것이다.

무한 형벌주의 경계, 형사취수,
야웨께 가증한 불공평한 도량형, 아말렉 증오 규정 ●25장

25 ^{1}사람들 사이에 시비가 생겨 재판을 청하면 재판장은 그들을 재판하여 의인은 의롭다 하고 악인은 정죄할 것이며 ^{2}악인에게 태형이 합당하면 재판장은 그를 엎드리게 하고 그 앞에서 그의 죄에 따라 수를 맞추어 때리게 하라. ^{3}사십까지는 때리려니와 그것을 넘기지는 못할지니 만일 그것을 넘겨 매를 지나치게 때리면 네가 네 형제를 경히 여기는 것이 될까 하노라. ^{4}곡식 떠는 소에게 망을 씌우지 말지니라. ^{5}형제들이 함께 사는데 그 중 하나가 죽고 아들이 없거든 그 죽은 자의 아내는 나가서 타인에게 시집 가지 말 것이요 그의 남편의 형제가 그에게로 들어가서 그를 맞이하여 아내로 삼아 그의 남편의 형제 된 의무를 그에게 다 행할 것이요 ^{6}그 여인이 낳은 첫 아들이 그 죽은 형제의 이름을 잇게 하여 그 이름이 이스라엘 중에서 끊어지지 않게 할 것이니라. ^{7}그러나 그 사람이 만일 그 형제의 아내 맞이하기를 즐겨하지 아니하면 그 형제의 아내는 그 성문으로 장로들에게로 나아가서 말하기를 내 남편의 형제가 그의 형제의 이름을 이스라엘 중에 잇기를 싫어하여 남편의 형제 된 의무를 내게 행하지 아니하나이다 할 것이요 ^{8}그 성읍 장로들은 그를 불러다가 말할 것이며 그가 이미 정한 뜻대로 말하기를 내가 그 여자를 맞이하기를 즐겨하지 아니하노라 하면 ^{9}그의 형제의 아내가 장로들 앞에서 그에게 나아가서 그의 발에서 신을 벗기고 그의 얼굴에 침을 뱉으며 이르기를 그의 형제의 집을 세우기를 즐겨 아니하는 자에게는 이같이 할 것이라 하고 ^{10}이스라엘 중에서 그의 이름을 신 벗김 받은 자의 집이라 부를 것이니라. ^{11}두 사람이 서로 싸울 때에 한 사람의 아내가 그 치는 자의 손에서 그의 남편을 구하려 하여 가까이 가서 손을 벌려 그 사람의 음낭을 잡거든 ^{12}너는 그 여인의 손을 찍어버릴 것이고 네 눈이 그를 불쌍히 여기지 말지니라. ^{13}너는 네 주머니에 두 종류의 저울추 곧 큰 것과 작은 것을 넣지 말 것이며 ^{14}네 집에 두 종류의 되 곧 큰 것과 작은 것을 두지 말 것이요. ^{15}오직 온전하고 공정한 저울추를 두며 온전하고 공정한 되를 둘 것이라. 그리하면 네 하나님 여호와께서 네게 주시는 땅에서 네 날

이 길리라. ¹⁶ 이런 일들을 행하는 모든 자, 악을 행하는 모든 자는 네 하나님 여호와께 가증하니라. ¹⁷ 너희는 애굽에서 나오는 길에 아말렉이 네게 행한 일을 기억하라. ¹⁸ 곧 그들이 너를 길에서 만나 네가 피곤할 때에 네 뒤에 떨어진 약한 자들을 쳤고 하나님을 두려워하지 아니하였느니라. ¹⁹ 그러므로 네 하나님 여호와께서 네게 기업으로 주어 차지하게 하시는 땅에서 네 하나님 여호와께서 사방에 있는 모든 적군으로부터 네게 안식을 주실 때에 너는 천하에서 아말렉에 대한 기억을 지워버리라. 너는 잊지 말지니라.

25장은 이스라엘 공동체 안에서 벌어질 수 있는 사건들과 제기될 수 있는 쟁점들에 대해 간결하면서도 단호한 지침을 주고 있다. 그런데 배려와 동정과 엄중한 법 집행이 불협화음을 이루고 있는 것처럼 보인다. 이 장은 여섯 가지의 작은 계명으로 요약될 수 있다. 첫째, 엄중한 징벌 중에라도 자비를 베풀라.²⁵:¹⁻³ 죄인으로 판명난 사람에게 가할 수 있는 태형은 한 번에 40대를 넘지 못하게 하라는 계명이 등장한다. 재판의 핵심은 소송에 연루된 사회 공동체 구성원을 재판해 의인은 의롭다 하고 악인은 정죄하는 데 있다.ᵃ ⁵:²⁰⁻²³, ³²:⁵ 그런데 공정한 재판이 붕괴되면 "악을 선하다 하며 선을 악하다 하며 흑암으로 광명을 삼으며 광명으로 흑암을 삼으며 쓴 것으로 단 것을 삼으며 단 것으로 쓴 것을 삼는" 재판관들이 나타난다.ᵃ ⁵:²⁰ 그들은 "뇌물로 말미암아 악인을 의롭다 하고 의인에게서 그 공의를 빼앗는다."ᵃ ⁵:²³ 2절은 재판 결과 악인에게 태형이 선고되는 경우에 40대 이상의 매질을 금지한다. 과도한 태형 응징은 형제자매의 존엄을 파괴하는 데까지 나갈 수가 있기 때문이다. 바울 자신이 사십에 하나 감한 매를 다섯 번 맞았다고 진술하는 고린도후서 11:24이 이 규정을 반영한다. 가혹한 법 집행은 인권 개념을 흐릴 수 있다고 본 것이다. 그런데 아직도 한국을 비롯한 여러 나라에서는 재판이 아니라 수사 단계부터 반인권적인 고문을 자행하고 있으니 신명기의 자비로운 법 정신에서 너무나 동떨어진 야만의 유물이 아닐 수 없다. 재판은 인권 존중의 틀 안에서 이루어져야 한다.

둘째, 4절의 곡식 떠는 소에게 망을 씌우지 말라는 법령은 일용 노동자들의 임금을 갈취하거나 체불하지 말라는 계명[24:14-15]과 그 정신이 동일하다. 곡식 떠는 소는 생계를 위해 인신을 저당 잡힌 채 일하는 날품팔이 같은 일꾼일 수 있다. 그의 입에 먹을 것을 주어야 한다. 모든 노동에는 생계유지라는 보상이 주어져야 한다는 것이다. 생계를 유지할 수 없는 가혹한 경제 성장, 기술집약적 기계화 주도 성장은 이른바 고용 없는 성장$^{jobless\ prosperity}$이다. 신자유주의 경제가 이상화하고 있는 경제 성장이 대중을 실업자로 만드는 성장이라면 이것은 사회 안전망을 급격하게 허물어뜨리는 반공동체적인 행위다. 사회 약자를 희생양 삼아 이룬 번영도 반하나님 나라 경제이며, 경제 성장의 결과 양극화가 심화되면 그것도 반하나님 나라 경제다. 하나님은 온 세상 만민이 풍족하게 쓰고도 남을 땅과 자원을 주셨건만 하나님의 통치에 대항하는 자들, 불의로 진리를 막는 자들(강대국, 착취적·약탈적 기업체, 악한 정권, 지방 토호세력, 국제통화기금 같은 국제기구)이 온 세상 만민에게 고루 돌아가야 할 은총의 선물, 곧 식량과 자원을 독점하거나 공평한 분배를 가로막고 있다. "곡식 떠는 소에게 망을 씌우지 말라"는 이 계명은 목회나 선교에 전념하느라고 다른 직업을 갖추지 못한 사람들을 위한 회중의 생계보장 의무도 말하고 있다. 고린도전서 9:9-14은 이 계명으로 사도나 복음사역자가 회중으로부터 생계보장을 받을 권리가 있다고 말한다.

모세의 율법에 곡식을 밟아 떠는 소에게 망을 씌우지 말라 기록하였으니 하나님께서 어찌 소들을 위하여 염려하심이냐……밭 가는 자는 소망을 가지고 갈며 곡식 떠는 자는 함께 얻을 소망을 가지고 떠는 것이라.……성전의 일을 하는 이들은 성전에서 나는 것을 먹으며 제단에서 섬기는 이들은 제단과 함께 나누는 것을 너희가 알지 못하느냐. 이와 같이 주께서도 복음 전하는 자들이 복음으로 말미암아 살리라 명하셨느니라.

셋째, 죽은 형제의 대[代]가 끊어지지 않게 하라[25:5-10]는 형사취수 제도다. 형제들이 함께 살다가 그중 하나가 죽고 아들이 없거든 남편의 형제가 그 죽은 자의 아내를 아내로 삼아 그의 남편의 형제된 의무를 행해야 한다. 형제의 아내(제수 혹은 형수)를 아내로 맞이하여 낳은 첫 아들은 죽은 형제의 아들로 입양되고 그 형제에게 남겨진 땅을 그 형제의 이름으로 보전하는 사명을 부여받는다. 그런데 이 의무가 있는 형제가 죽은 형제의 아내를 아내로 맞이하기를 즐겨하지 아니하면 그 형제의 아내는 성문 장로들에게 고발할 수 있다. "내 남편의 형제가 그의 형제의 이름을 이스라엘 중에 잇기를 싫어하여 남편의 형제된 의무를 내게 행하지 아니하나이다."[25:7] 성읍 장로들은 그를 불러 사실 조사를 해 정말 여자가 고발한 대로 죽은 형제의 아내를 아내로 맞아들이기를 싫어하면, 죽은 형제의 아내가 장로들 앞에서 형사취수 의무를 기피하는 그 자의 신을 벗기고 그의 얼굴에 침을 뱉으며, "그의 형제의 집을 세우기를 즐겨 아니하는 자에게는 이같이 할 것이라"고 말해야 한다.[25:9] 이렇게 되면 형사취수 의무 기피자의 집은 이스라엘 중에서 '신 벗김 받은 자의 집'이라 불리게 된다. 아마도 형사취수 관습은 죽은 형제의 아내를 아내로 맞이해야 하는 형제의 경제적인 손실이나 희생을 의미했을 것이다. 이스라엘 사람 중 이 의무를 회피한 이들이 있었을 것이다. 그래서 하나님은 이 상황에 응답하기 위해 자연스러운 인정에 맡기지 않으시고 신적 권위로 형사취수를 의무화한 것이다. 룻기 4장에서 나오는 나오미의 친척(엘리멜렉의 가장 가까운 친척)은 죽은 형제의 가업을 이어주기 위하여 죽은 형제의 아내(룻)를 취할 의무를 포기하게 된다. 그때 그는 성문 앞에서 공식적으로 죽은 형제의 아내를 자신의 아내로 맞이하여 죽은 형제의 기업을 이어 주는 신성한 의무를 거부하였기 때문에 공동체에게 불명예스러운 심판, 곧 신발을 벗기우는 벌을 받았다. 신발은 고대 이스라엘 사회에서 사회적 자아(계약 구성원의 책임)를 의미했다.

넷째, 남자들의 싸움에 폭력적으로 개입하는 여인을 엄중하게 징벌하라는 규정이다. 23:1-2에 의하면 음경이나 고환이 상한 자가 야웨의 총회에 가입할 수 없는데 25:11-12은 남자가 어떻게 음낭이 상할 수 있는지 구체적인 상황을 보여준다. 남자의 급소를 잡아 손상시키려는 여인의 행위가 무조건적으로 단죄되는 듯한 인상을 준다. 아마도 야웨의 총회 입회 자격과 관련되는 음낭의 건강을 보호해 주려는 배려인 듯하다.

다섯째, 부당한 도량형으로 부당 이익을 취하지 말라는 규정이다.^{25:13-16} 저울추나 되나 말 등의 도량형은 물건을 파는 상인에게 항구적인 유혹이 되었을 것이다. 약간의 차이를 내어도 반복하면 엄청난 부당 이익이 발생하는 곳이 부당한 도량형 사용 현장 아닌가? 정직한 도량형을 사용하는 상인에게 주는 복은 약속의 땅을 장구하고 영속적으로 향유하는 복이다. 그러나 부당 도량형으로 축재하는 사람에게는 야웨의 엄중한 심판이 기다릴 것이다.

여섯째, 아말렉에 대한 기억을 도말하라는 규정이다.^{25:17-19} 출애굽 행진 시 아말렉 족속이 이스라엘의 부녀자와 어린아이들에게 가한 만행과 천인공노할 악행은 이스라엘과 아말렉을 불구대천의 원수지간으로 만들어 버렸다. 그럼에도 불구하고 성경의 다른 어떤 구절보다도 아말렉 족속에 대한 이 지침은 가장 당황스러운 구절 가운데 하나다. 여기서 우리는 일반적으로 이스라엘이 가나안 족속을 포함하여 다른 집단에 대해 품게 되는 적대심의 수준을 훨씬 초월하는 타민족에 대한 영구적인 적개심을 목격하게 된다. 그것의 뿌리는 17-18절에서 암시되듯이 출애굽기 17장에 기록된 아말렉 족속과의 전쟁에 있는데, 17장에서 아말렉 족속에 대한 기억이 영원히 소멸될 것이라는 저주 선언이 나온다.민 24:20, 삼상 15장, 30장, 대상 4:41-43 이 적개심의 수준은 거의 종족학살의 경지에 이르고, 심지어 호전적 전쟁 선동 정신에 고취된 많은 전쟁 이야기에서 기대할 수 있는 수준의 적개심을 무색하게 하는 극단적 인종 혐오의 경지다. 우리는 여기서 하나의 영원불변한 법칙이나 윤리적 준칙을 발견해 내려고 해서는 안 된다. 아말렉에 대한 증오심은 이스라엘 역사의 특정한 시대에 고조되었던 특정 민족에 대한 극단화된 증오심이라고 보아야 한다.

그럼에도 불구하고 거의 인종학살적인 명령을 내리는 듯한 하나님의 추상같은 이미지가 현대의 평화주의적 가치를 숭상한 윤리학자들에게 심각한 걸림돌이 되었다. 그러나 여기서 두 가지를 일러두고 싶다. 첫째, 여기서 아말렉은 전쟁의 야만성, 비인도적인 무자비와 악행의 화신을 의미한다고 보자는 것이다. 역사상 한때 등장하였다가 소멸해 버린 대양의 포말 같은 한 무리의 족속에 대한 증오심의 분출이 아니라 아말렉이 행한 악행에 대한 단죄라고 보아야한다는 것이다. 여기서 '아말렉'은 하나님의 영구적인 적을 상징하는 일반명사로 사용된다고 보는 것이 좋다. 궁지에 몰린 약자를 희생양으로 삼아 자신의 야욕을 극대화시키는 자를 가리키는 말이 아말렉 족속이라는 것이다. 이런 악행자들의 이름은 하나님 나라에서 영구 도말되어야 한다. 둘째, 하나님의 백성에게 그들과 대립하였던 사람들을 어떻게 대해야 할 것인지에 대해 다른 길을 보여주는 다른 하나님의 말씀과 행위들(자비심과 보편적인 하나님의 사랑)에 의해 아말렉 족속 도말 명령을 내리는 냉혹하고 잔혹한 하나님 이미지가 어느 정도 상쇄된다는 것이다.^{사 19:16-25} 실로 성경의 더 많은 곳에서 하나님의 백성과 대립하였던 이민족에까지 확장되는 하나님의 무한 자비를 말하고 있기 때문이다.[7]

모세오경 구원사 신앙고백과 이스라엘의 토지소산 봉헌 의무 ● 26장

26 ¹네 하나님 여호와께서 네게 기업으로 주어 차지하게 하실 땅에 네가 들어가서 거기에 거주할 때에 ²네 하나님 여호와께서 네게 주신 땅에서 그 토지의 모든 소산의 맏물을 거둔 후에 그것을 가져다가 광주리에 담고 네 하나님 여호와께서 그의 이름을 두시려고 택하신 곳으로 그것을 가지고 가서 ³그 때의 제사장에게 나아가 그에게 이르기를 내가 오늘 당신의 하나님 여호와께 아뢰나이다. 내가 여호와께서 우리에게 주시겠다고 우리 조상들에게 맹세하신 땅에 이르렀나이다 할 것이요 ⁴제사장은 네 손에서 그 광주리를 받아서 네 하나님 여호와의 제단 앞에 놓을 것이며 ⁵너는 또 네 하나님 여호와 앞에 아뢰기를 내 조상은 방랑하는 아람 사람으로서 애굽에 내려가 거기에서 소수로 거류하였더니 거기에서 크고 강하고 번성한 민족이 되었는데 ⁶애굽 사람이 우리를 학대하며 우리를 괴롭히며 우리에게 중노동을 시키므로 ⁷우리가 우리 조상의 하나님 여호와께 부르짖었더니 여호와께서 우리 음성을 들으시고 우리의 고통과 신고와 압제를 보시고 ⁸여호와께서 강한 손과 편 팔과 큰 위엄과 이적과 기사로 우리를 애굽에서 인도하여 내시고 ⁹이곳으로 인도하사 이 땅 곧 젖과 꿀이 흐르는 땅을 주셨나이다. ¹⁰여호와여, 이제 내가 주께서 내게 주신 토지 소산의 맏물을 가져왔나이다 하고 너는 그것을 네 하나님 여호와 앞에 두고 네 하나님 여호와 앞에 경배할 것이며 ¹¹네 하나님 여호와께서 너와 네 집에 주신 모든 복으로 말미암아 너는 레위인과 너희 가운데에 거류하는 객과 함께 즐거워할지니라. ¹²셋째 해 곧 십일조를 드리는 해에 네 모든 소산의 십일조 내기를 마친 후에 그것을 레위인과 객과 고

아와 과부에게 주어 네 성읍 안에서 먹고 배부르게 하라. ¹³ 그리 할 때에 네 하나님 여호와 앞에 아뢰기를 내가 성물을 내 집에서 내어 레위인과 객과 고아와 과부에게 주기를 주께서 내게 명령하신 명령대로 하였사오니 내가 주의 명령을 범하지도 아니하였고 잊지도 아니하였나이다. ¹⁴ 내가 애곡하는 날에 이 성물을 먹지 아니하였고 부정한 몸으로 이를 떼어두지 아니하였고 죽은 자를 위하여 이를 쓰지 아니하였고 내 하나님 여호와의 말씀을 청종하여 주께서 내게 명령하신 대로 다 행하였사오니 ¹⁵ 원하건대 주의 거룩한 처소 하늘에서 보시고 주의 백성 이스라엘에게 복을 주시며 우리 조상들에게 맹세하여 우리에게 주신 젖과 꿀이 흐르는 땅에 복을 내리소서 할지니라.

1) 예전으로 마무리되는 신명기 법전 • 26:1-15

이스라엘 백성의 일상적인 삶을 위한 구체적인 규례와 법령은 26장에서 드디어 대단원의 막을 내린다. 12-26장에 걸쳐 전개된 신명기 법전 단원은 이스라엘 백성이 가나안 땅에서 얻은 수확물 중에서 하나님께 드릴 예물과 관련된 두 가지 가르침과 함께 종결된다. 십계명을 비롯한 으뜸 계명 안에 선포된 근본적 지침을 삶 속에 적용하기 위한 구체적인 법규정과 규례들을 상세히 전개하는 신명기 법전 단원은, 12장의 예배 지침으로 시작해서 26장의 예배 지침으로 끝난다. 신명기 법전의 마지막은 경건하고 진지한 예배와 사회적인 자비 실천을 아름답게 조화시키고 있다.

신명기 법전의 서두가 참 하나님에 대한 올바른 예배로 시작되고 마지막도 올바른 예배로 종결된다는 점은 의미심장하다. 하나님에 대한 올바른 예배 없이는 신명기 법전에 기록된 어떤 계명도 준행할 수 없다는 것이다. 26:1-11의 토지소산의 만물을 헌물로 드리라는 율법은 이미 18:4에서 언급되었으며, 26:12-15에서 규정된 3년마다 시행하는 십일조 헌물 규정도 14:28-29에서 이미 다루어졌다. 그러나 여기서는 이스라엘이 약속의 땅에 들어가 살게 되었을 때,

어떤 예전적 맥락에서 어떻게 예물을 드릴 것인가 하는 규정을 중점적으로 소개하고 있다. 즉, 그것은 야웨에 의해 속량되어 의식주를 공급받았고 마침내는 구원의 선물을 받았던 자들의 특징적인 삶인 감사와 순종의 태도를 드러내는 구체적인 사례로 기능한다.

26:1-11에서 이스라엘 백성은 매우 구체적이고 정기적이며 공개적인 고백과 함께 그 땅의 첫 열매들을 성소로 가져오도록 부름받고 있다. 26:1은 토지소산 만물 봉헌 규정이 "이스라엘의 하나님 야웨께서 기업으로 주어 차지하게 하실 땅에 이스라엘 백성이 들어가 거주할 때에" 지켜져야 할 법임을 말한다. 신명기에서 하나님을 예배할 수 있는 사람은 땅을 경작하는 자유민이어야 한다. 이 법을 비롯해 신명기의 모든 율법은 자신의 노동으로 경작할 하나님께서 주신 땅을 가진 자유농민을 염두에 둔 규정이다.^{시 105:44-45} 신명기 12:5의 원칙을 따라 이스라엘 자유농민은 토지의 모든 소산의 만물을 광주리에 담아 이스라엘의 하나님 야웨께서 당신의 이름을 두시려고 택하신 성소로 가져가야 한다. 성소의 제사장에게 이 토지소산 만물을 맡기면서 "내가 오늘 당신의 하나님 여호와께 아뢰나이다. 내가 여호와께서 우리에게 주시겠다고 우리 조상들에게 맹세하신 땅에 이르렀나이다"^{26:3}라고 말해야 한다. 그러면 이 고백을 들은 제사장은 헌제자의 손에서 광주리를 받아 야웨 하나님의 제단 앞에 놓는다.

이렇게 한 후에 헌제자 자유농민은 창세기부터 신명기에 이르는 하나님의 위대한 구원 전사를 신앙고백적인 용어로 고백해야 한다.^{5-9절} 고백 내용은 야곱의 애굽 이주부터 시작한다. "내 조상은 방랑하는 아람 사람으로서 애굽에 내려가 거기에서 소수로 거류하였더니 거기에서 크고 강하고 번성한 민족이 되었습니다." 창세기 28장부터 출애굽기 1장까지의 상황이다. 구원 전사에서 고백되는 두 번째 사건은 출애굽기 2장에 나오는 애굽인들에 의한 히브리 노예들의 학대 이야기다. "애굽 사람이 우리를 학대하며 우리를 괴롭히며 우리에게 중노동을 시키므로 우리가 우리 조상의 하나님 야웨께 부르짖었더니 야웨께서 우리 음성을 들으시고 우리의 고통과 신고와 압제를 돌아보셨습니다." 셋째 고백은 출애굽기 4-12장에 기록된 출애굽 구원 사건이다. "야웨께서 강한 손과 편 팔과 큰 위엄과 이적과 기사로 우리를 애굽에서 인도하여 내셨습니다." 넷째로 고백하는 내용은 가나안 땅 정착이다. "이곳으로 인도하사 이 땅 곧 젖과 꿀이 흐르는 땅을 주셨나이다." 기승전결의 구조를 갖춘 하나님의 위대한 구원 전사에 대한 응답이 바로 토지소산 만물 봉헌이다. 10절은 이 위대한 구원 전사에 바탕을 둔 이스라엘의 감사 응답을 말한다. 마지막 고백은 위대한 선물에 대한 마땅한 감사와 되바침이다. "야웨여, 이제 내가 주께서 내게 주신 토지소산의 만물을 가져 왔나이다." 이렇게 하나님에 대한 구원 전사 진술과 그에 뒤이은 감사 고백을 마친 후에 봉헌물을 야웨 하나님 앞에 두고 경배해야 한다. 그런데 이 자유농민의 만물 봉헌은 엄숙한 감사예배이면서 동시에 가난한 이웃과 함께 즐기는 화목 촉진적인 공동체 축제로 승화된다. 자유농민의 만물 봉헌예배는 자유농민의 집에 주신 모든 복으로 말미암아 그가 레위인과 객(난민)과 함께 즐거워하는 축제로 발전된다. 하나님께 예배가 풍성히 드려질수록 경제적으로 소외된 자들이 하나님의 은혜 통치 혜택을 그만큼 많이 누린다.

이처럼 26:5-10의 감사에 가득 찬 신앙고백은 하나님의 땅 주심과 그 선물 수납에서 파생되는 이스라엘의 책임 관계를 명확하게 밝힌다. 자신이 누리는 번영을 하나님께 감사히 되바치는 이 행위는 하나님 중심의 선순환 경제활동의 토대다. 하나님이 주신 땅에서 나오는 풍성한 소산을 누리는 사람들이 하나님께 바치는 감사에 찬 예물은 하나님을 거쳐 땅의 혜택에서 소외된 이들에게 배분된다. 하나님께 바치는 특별한 감사와 복 주심 인정 행위는 단지 종교적 언사가 아니라 이스라엘 사회 전체를 하나님의 은혜 통치에 동여매는 사회통합적 기능을 수행한다. 1-11절의 토지소산 만물 봉헌 규정은 예배의 본질이 감사와 바침에 있음을 알 수 있다. 예배는 하나님께 무언가를 더 달라고 요구하는 행위가 아니라 하나님께 이미 받은 것을 감사함으로 되바치는 행위라는 것이다. 하나님께 감사로 바쳐진 만물들은 하나님의 손을 거쳐 토지 분깃이 없는 제사장들과 땅의 소출을 충분히 누리지 못하는 가난한 자들에게 분배된다. 토지소산을 통하여 하나님께서 복 주셨음을 기억하는 시간은 하나님과의 화목을 확인하는 자리이자 이웃에게 나누는 순간이다.

이 만물 봉헌 규정에는 이스라엘 자손이 가나안 정착 후 땅의 풍요와 소산을 정기적으로 누려 왔음이 전제되고 있다. 가나안 땅의 풍요를 누리자마자, 이스라엘 지파의 각 구성원 혹은 가족의 대표들은 그 땅이 생산한 모든 생산물 중의 일부를 취하여 제사장의 중보를 통해 성소에 있는 야웨의 존전에 갖다 바쳐야 한다. 그것은 삶에 필요한 모든 필요를 풍성하게 공급하시는 하나님에 대한 깊은 감사를 표현한다. "내가 야웨께서 주신 땅에 이르렀나이다"라고 말하는 것은 "내가 이 땅을 선물로 받았나이다"라고 말하는 것이다. 한때는 정착할 땅이 없어 유랑민이었던 과거를 기억하고 현재 가나안 땅에서 누리는 삶의 안정과 풍요를 하나님의 복 주심으로 돌리라는 것이다. 이 짧은 신앙고백 안에 창세기부터 출애굽기, 레위기, 민수기, 신명기가 압축적으로 요약되고 있다. 파노라마 같은 구원사의 절정이 바로 토지 만물을 들고 야웨의 성소에 가서 감격적인 신앙고백과 만물을 봉헌하는 예배 행위라는 것이다.

26:12-15은 예배 행위의 본질은 감사와 봉헌임을 다시금 천명한다. 이 단락은 감사와 봉헌의 구체적인 표현 중 하나가 십일조임을

밝힌다. 셋째 해, 곧 십일조를 드리는 해에 이스라엘 자유농민은 모든 소산의 십일조 내기를 마친 후에 그것을 그가 사는 성읍 안의 레위인과 객과 고아와 과부에게 주어 배부르게 먹게 해야 한다. 셋째 해에 십일조는 중앙 성소의 제사장의 손을 거치지 않고 바로 자신이 속한 최약자층 사람들에게 분배된 것 같다. 이렇게 셋째 해 십일조를 사회복지 확충 기금으로 쓰면서 하나님께 13-15절의 사실을 고백해야 한다.

이처럼 3년마다 드려진 십일조는 여러 가지 이유로 가나안 땅의 혜택을 누리지 못하는 사람들, 구체적으로 레위인, 체류자, 과부, 고아를 부양하는 데 사용된다. 이 십일조 봉헌 규정은 이미 복을 받은 사람이 계속 복을 누리는 길이 무엇인지를 가르쳐 준다. "땅에서 계속적인 축복"을 누리는 방법은 십일조의 사회 환원이다. 셋째 해 십일조 규정에 담긴 근본 메시지는, 하나님의 선한 축복의 열매를 모든 공동체 구성원이 나누어 가지는 삶이야말로 예배의 중심 요소 중 하나라는 것이다. 이스라엘 계약 공동체 구성원은 그들의 수입 중 일부를 떼어 생계의 위협 속에 사는 동포들을 먹여 살리도록 기대되었다. 14장이 잘 보여주듯이 십일조 규정은 이스라엘 백성이 가나안 땅의 풍요를 쉼 없이 누리는 정도다. 14:29은 레위인과 고아와 과부를 위해 십일조를 드리는 사람에게 자동적으로 축복이 임한다고 가르치지 않는가? 그래서 26:15에서 십일조 의식이 이스라엘과 토지(생산물을 내는)를 축복해 달라고 요청하는 기도문으로 끝나는 것은 우연이 아니다. 이미 복을 받은 자유농민은 십일조의 사회 환원을 통해 하나님의 부단한 권고하심(농사, 가축의 번성, 대적으로부터의 안보)을 기대하는 간구로 봉헌예배를 마친다.

26 ¹⁶오늘 네 하나님 여호와께서 이 규례와 법도를 행하라고 네게 명령하시나니 그런즉 너는 마음을 다하고 뜻을 다하여 지켜 행하라. ¹⁷네가 오늘 여호와를 네 하나님으로 인정하고 또 그 도를 행하고 그의 규례와 명령과 법도를 지키며 그의 소리를 들으리라 확언하였고 ¹⁸여호와께서도 네게 말씀하신 대로 오늘 너를 그의 보배로운 백성이 되게 하시고 그의 모든 명령을 지키라 확언하셨느니라. ¹⁹그런즉 여호와께서 너를 그 지으신 모든 민족 위에 뛰어나게 하사 찬송과 명예와 영광을 삼으시고 그가 말씀하신 대로 너를 네 하나님 여호와의 성민이 되게 하시리라.

2) 종결된 계약 ● 26:16-19

이 단락은 26장의 전체 결론으로 읽힐 수 있다. 이스라엘이 약속의 땅에서 어떻게 살아갈 것인지를 지도하는 계명들에 대한 강론은 26:15에서 끝난다. 26:16은 구체적인 법도와 규례를 공포하는 신명기 법전 단락의 서론인 12:1뿐만 아니라 5-26장 전체 단원에 대한 모세의 서론인 5:1과도 어울리며, 5-26장을 한 단원으로 묶어 주는 역할을 한다. 26:16은 5:1("이스라엘아, 오늘 내가 너희 귀에 말하는 규례와 법도를 듣고 그것을 배우며 지켜 행하라")과 12:1("여호와께서 네게 주셔서 차지하게 하신 땅에서 너희가 평생에 지켜 행할 규례와 법도는 이러하니라")을 생각나게 한다는 점에서 5-26장 단원 전체의 종결부 도입 구절로 이해하는 것이 좋다.

이 단락은 이스라엘에게 율법 준수의 의무가 부과된 이유를 다시금 강조한다. 이미 출애굽기 19:5-6은 이스라엘이 야웨의 언약을 잘 지키면 야웨의 보배, 제사장 나라, 거룩한 백성이 될 것이라고 말했다. 신명기 26:16-19는 출애굽기 19:5-6이 제시한 이스라엘의 정체성을 실현시키는 방식을 구체적으로 말한다. 첫째, "오늘 네 하나님 여호와께서 이 규례와 법도를 행하라고 네게 명령하시나니 그런즉 너는 마음을 다하고 뜻을 다하여 지켜 행하라."²⁶:¹⁶ 둘째, "네가 오늘 여호와를 네 하나님으로 인정하고 또 그 도를 행하고 그의 규례와 명령과 법도를 지키며 그의 소리를 들으리라."²⁶:¹⁷ 이러한 조건이 충족되면 야웨께서 출애굽기 19:5-6에서 약속하신 대로 이스라엘을 야웨 당신의 '보배백성'(암 쉬굴라)⁸이 되게 하실 것이다. 야웨 하나님을 유일하신 하나님으로 인정하고 그의 음성을 청종하고 그의 규례, 명령, 법도 하나하나를 잘 지키면 야웨 하나님은 이스라엘을 "모든 민족 위에 뛰어나게 하사 찬송과 명예와 영광을 삼으시고 그가 말씀하신 대로" 이스라엘을 이스라엘의 하나님 야웨의 성민(암 카도쉬)이 되게 하실 것이다.⁹ 이 16-19절의 논리를 총괄적으로 요약하면, 야웨 하나님과 이스라엘은 서로에게 '말을 하여'(아마르 동사의 사역형, 각각의 목적어는 야웨와 이스라엘) 야웨는 이스라엘에게 하나님이 되고 이스라엘은 야웨에게 보배백성이 되기로 하는 계약에 서명했다. 이스라엘이 야웨께 하나님이 되어 달라고 요청할 때 그 조건은 그의 법도를 따라 행하고 규례와 명령과 법도를 준행하는 것이다. 그리고 야웨의 보배백성이 되었다고 계약이 끝나는 것이 아니다. 이 쌍방계약의 궁극적인 열매는 이스라엘이 야웨의 모든 명령 하나하나를 다 준수함으로써 모든 민족 위에 뛰어나고 야웨께 찬송, 명예, 영광ᵃ⁴³:⁷, ²¹이 되는 것이며 궁극적으로 야웨께 성민(암 카도쉬)이 되는 데 있다.

암 카도쉬는 창세기 12:2에서 약속된 큰 민족(고이 가돌), 창세기 18:18에서 약속된 강대한 나라(고이 가돌) 그리고 출애굽기 19:6의 거룩한 백성(고이 카도쉬)과 같은 개념이다. 암 카도쉬는 열방을 이끌고 야웨의 산에 올라가 토라를 배우게 해 세계 평화를 창조하는 역할을 맡는다. 암 카도쉬는 열방을 하나님께 이끌고 가 순복시킨다.ᵖᵒᵐ ¹:⁵ 암 카도쉬는 제사장 나라이기에 자신을 제물로 드려 열방을 하나님과 화목시키는 백성이다. 이스라엘이 열방 위에 뛰어난 민족이 되는 이유는 하나님께 영광이요 열방에게는 복의 근원이 되기 위함이다.^{창 12:2-3} 아브라함의 후손이 천하 만민에게 복이 될 것이라는 창세기 22:18은 이스라엘이 암 카도쉬가 될 때 실현된다. 궁극적인 의미에서 이스라엘이 열방을 하나님과 화목케 하고 순복시키는 사건은 암 카도쉬를 대표한 하나님의 아들 예수가 십자가에 들려서 그리고 마침내 하나님 우편보좌에 들려서 열방을 하나님께 이끄는 사역과 성령 강림으로 완성되었다.^{요 12:32}

신명기에서 율법 준수는 구원을 창조하지는 않지만 하나님께서 주신 구원을 지키는 데 필수적이다. 하나님의 계명과 율법에 대한 일상생활에서의 순종이 없는 곳에 하나님의 통치, 하나님 나라는 들어설 수가 없다. 12-26장은 이스라엘 백성이 가나안 땅 다신교 문화권에서 겪을 수 있는 모든 잠재적인 도전과 유혹, 위협과 압력을 총망라하여 그것을 극복할 대안으로 율법을 주시고 계명을 주신다. 하나님의 율법에 대한 복종만이 자유에 이르는 첩경이다.^{약 1:25} 하나님의 율법에 자발적으로 순종하는 상태가 자유다. 하나님과 인격적 교제와 연대를 누리는 상황이 자유의 향유다. 시내산 언약과 율법으로 이스라엘을 얽어매는 거룩한 속박이 하나님 통치의 본질이다. 이 통치의 목적은 이스라엘이 아무리 마음의 소원대로 행해도 죄를 짓지 않을 자유에 이르게 하기 위함이다.

VI.

신명기 27-30장

은혜 안에서 누리는 하나님 나라

: 모압 언약의 신학적 의의

신명기 27-30장은 모세의 두 번째 강론의 결론부와 겹치면서 세 번째 강론의 도입부를 이룬다. 이제 종장으로 치닫는 이 단락에서 그동안 지류처럼 흘러내리던 하나님의 계약적 요구가 세찬 급류를 이루며 이스라엘 백성의 가슴속으로 쇄도한다. 너무나 추상같은 하나님의 요구 앞에 이스라엘 백성은 매 순간 결단함으로써 자신의 미래를 개척해야 한다. 27-30장은 야웨 하나님의 계약백성으로 사는 것이 얼마나 고단하고 위험한 일인가를 냉혹할 정도로 자세하게 묘사한다. 이 단락은 계약 갱신과 계약 파기, 그리고 잔혹한 대파국적 징벌 이후에 새롭게 시작되는 계약적 사랑을 다채롭게 보여준다. 모세 오경 어디에도 본 단락에서만큼 하나님의 계약적 요구를 이토록 자세하게 기술한 곳은 없다. 마치 하나님은 진노의 화염을 쏟아 당신이 이스라엘과 함께 엮어 온 역사를 끝장내시려는 기세로 계약 파기와 계약 준수가 초래할 전혀 다른 미래의 엄숙성을 한껏 부각시키신다. 27장은 가나안 땅에 들어간 직후 이스라엘 백성이 세겜에 모여 ^{수24장} 시내산 계약을 재확증하는 계약 체결식을 가질 것을 명령한다. 가나안 입성 후 처음으로 계약 체결이 이루어지는 곳이 세겜이라는 사실이 주목할 만하다. 세겜 계약은 근본적으로 시내산 계약과 질적으로 차이가 없는 것으로 하나님과 이스라엘 백성의 쌍방계약이다. 여기서는 다시금 계약 위반 시 당하게 될 저주의 내용을 공동체적으로 낭독하는 의례가 매우 인상적이다. 계약적 저주 내용이 불원간에 시작될 것 같은 분위기 속에서 이스라엘 12지파는 에발산과 그리심산으로 나누어 올라가 계약적 저주와 계약적 축복을 크게 낭독한다. 그런데 계약적 저주 내용에 대하여 백성들이 큰 함성으로 아멘으로 화답하는 장면만이 부각되어 있다. 이 일련의 계약 체결(갱신) 의식으로 시내산 계약은 이제 시내산-세겜 계약으로 계승되었다.

28장은 시내산-세겜 계약에 순종하였을 때 받게 될 복과 번영을 아주 간략하게 언급하고 파기하였을 때 받게 될 엄청난 재난을 장황하게 제시한다. 이 불균형은 무엇을 암시하는가? 이스라엘 백성은 율법을 지키며 번영을 구가할 것인가? 아니면 나선형적인 불순종과 반역을 확장하여 마침내 28:15-68에 예고된 무서운 재난을 맞이할 것인가? 독자들은 이 불균형을 보고 심리적으로 부정적인 가능성을 대비하는 쪽으로 준비되어야 할 것처럼 보인다. 28장의 심판과 저주 단락 안에는 이스라엘의 과거, 현재, 미래가 무시간적으로 농축되어 있다. 이스라엘의 반역과 패역, 불순종과 불신앙이 이스라엘 공동체 안에서 자기파멸적인 프로그램처럼 움직이고 있다. 이스라엘 백성은 시한폭탄을 안고 사는 존재처럼 불순종의 가능성과 그것의 참담한 결과를 54절에 걸쳐 들어야 한다.

29-30장은 모압 언약을 다룬다. 모압 언약은 신학적으로 매우 중요함에도 불구하고 주석가들과 학자들에게 시내산 계약만큼 주목받지 못했다. 시내산 계약이 양陽의 하나님을 대표한다면 모압 언약은 음陰의 하나님을 대표한다. 모압 언약에는 확실히 시내산 계약에서처럼 쌍방적 책임이 강조되기보다는 하나님의 일방적인 약속과 같은 면모가 부각된다. 내용과 형식에 있어서 모압 계약은 시내산 계약과 다르다. 시내산 계약은 산 정상에서 하나님과 이스라엘이 대등하게 계약을 맺고 서로 비준서를 주고받은 외교적인 관계였으나 모압 언약은 광야, 모압 평지, 가나안 땅의 경계 지점에서 맺어진 계약이다. 어떤 이유로 가나안 땅을 상실해 약속의 땅으로부터 멀리 추

방탕하고 쫓겨난 유랑과 이산의 경험을 한 백성을 상대로 맺어 주시는 재활복구 계약인 것이다. 즉, 심판의 대파국이 지난 후의 정경을 그리고 있다. 문학적인 분위기상 폭발한 하나님의 진노는 휴화산처럼 잦아든 것처럼 보인다. 마치 자녀에게 분노를 쏟아 낸 후에 다시 부모의 정을 회복하듯이, 하나님의 마음은 이미 맹렬한 진노를 분출한듯 자못 누그러뜨려져 있다. 부드럽고 감미로운 희망과 갱신의 언어가 미래의 불순종을 경각시키는 언어들을 거의 삼켜 버린 듯하다.

29-30장은 이스라엘이 실존적으로 다시금 광야로 내몰려 추방당해 있는 상태를 상정한다. 그들은 가나안 땅 약속의 낙토를 오랫동안 떠나온 유배자들처럼 보인다. 그들은 이제 고토로 돌아가야 할 뿐만 아니라 하나님께 전심으로 되돌아가야 할 귀향의 무리로 설정된다. 적어도 현재의 문맥에서 모압 언약은 시내산 계약의 실패자들을 위한 보조 언약임과 동시에 새 시대, 은혜 시대를 열어 가는 선도적 계약이다. 이스라엘 백성이 28장에서 열거된 시내산 계약 조항을 어겨 심판을 받는다면 이제 이스라엘과 야웨 하나님과의 계약 관계는 끝장나 버리는가? 아니다. 모압 계약은 이 질문에 대한 답이다. 하나님과 이스라엘이 맺은 시내산 계약은 유효하다. 하나님의 일방적이고 압도적인 은혜 계약인 모압 언약 때문에 이스라엘은 이역만리로 추방당했을지라도 돌아갈 귀향대로가 열려 있다는 것이다. 결국 모압 언약은 시내산 계약 준수의 실패자들을 위한 신학적 퇴로이면서 동시에 예레미야와 에스겔이 예언한 새 언약 시대[렘 31:31-34, 겔 36:25-26]의 준비 단계를 대표한다. 이 언약은 모압 계약에서 발원하여 예수 그리스도 안에서[눅 22:20] 종말론적으로 완성될 새 언약의 선구자인 셈이다.

27 ¹모세와 이스라엘 장로들이 백성에게 명령하여 이르되 내가 오늘 너희에게 명령하는 이 명령을 너희는 다 지킬지니라. ²너희가 요단을 건너 네 하나님 여호와께서 네게 주시는 땅에 들어가는 날에 큰 돌들을 세우고 석회를 바르라. ³요단을 건넌 후에 이 율법의 모든 말씀을 그 위에 기록하라. 그리하면 네 하나님 여호와께서 네게 주시는 땅 곧 젖과 꿀이 흐르는 땅에 네가 들어가기를 네 조상들의 하나님 여호와께서 네게 말씀하신 대로 하리라. ⁴너희가 요단을 건너거든 내가 오늘 너희에게 명령하는 이 돌들을 에발산에 세우고 그 위에 석회를 바를 것이며 ⁵또 거기서 네 하나님 여호와를 위하여 제단 곧 돌단을 쌓되 그것에 쇠 연장을 대지 말지니라. ⁶너는 다듬지 않은 돌로 네 하나님 여호와의 제단을 쌓고 그 위에 네 하나님 여호와께 번제를 드릴 것이며 ⁷또 화목제를 드리고 거기에서 먹으며 네 하나님 여호와 앞에서 즐거워하라. ⁸너는 이 율법의 모든 말씀을 그 돌들 위에 분명하고 정확하게 기록할지니라. ⁹모세와 레위 제사장들이 온 이스라엘에게 말하여 이르되 이스라엘아, 잠잠하여 들으라. 오늘 네가 네 하나님 여호와의 백성이 되었으니 ¹⁰그런즉 네 하나님 여호와의 말씀을 청종하여 내가 오늘 네게 명령하는 그 명령과 규례를 행할지니라.

1) 돌 위에 기록된 야웨의 율법 ●27:1-10

세겜 계약은 독자적인 계약도 아니고 새로운 계약도 아니다. 시내산 계약의 세대 계승을 위한 갱신된 계약이다. 이제 가나안 땅 다신교 문화에서 살아가야 할 출애굽 2세대에게 시내산 계약의 멍에를 지우는 통과의례인 것이다. 여러 차례 말했지만 신명기 율법은 이스라엘 백성의 공동체적 삶과 역사를 지도하는 헌법적 대요강이다. 그것을 보존하며 이스라엘 백성에게 준행 의무를 상기시키고 개별적인 법령들을 끊임없이 지키도록 일깨워 주는 장치가 있어야 하는데, 그것은 엄숙한 계약 체결 의식과 계약 갱신 의식이다. 더 나아가 만일

이 율법이 세대를 넘어 보전되고 준행되어야 하고 그것의 준수 여부가 생명과 죽음을 가르는 사활적 문제라면, 율법이 행해지고 규정의 준수를 촉진할 공공연한 수단이 있어야 한다. 그것이 28장의 중심 주제인 상과 벌이다. 27장의 후반부와 28장은 하나님께서 주장하시는 상벌체제를 도입하여 이 필요에 응답하고 있다.10:12-11:32, 30:15-20, 31장

27장은 이제 막 가나안 정착생활이 시작되는 상황을 전제한 명령으로 가득 차 있다. 1절에는 다시 이스라엘 장로들이 모세와 함께 서서 지도력을 발휘하고 있는 장면이 나온다(9절에는 모세와 레위 제사장들이 같이 등장). '명령하여' 동사의 주어는 삼인칭 단수 모세이지만 또한 이스라엘 장로들을 대표하는 모세이기도 하다. 이스라엘 장로들은 모세 사후에 이스라엘을 영적으로 이끄는 지도력을 분유할 지도자들이다. 유대교에서는 출애굽기 24장의 70장로 등장과 신명기 27장의 장로 등장을 매우 의미심장하게 본다. 유대교는 이들이 모세가 별도로 남겨 준 구전 토라의 전승자들이라고 본다. 아무튼 장로들의 등장은 모세가 이제 곧 퇴장할 때가 되었음을 암시하는 것이기도 하다. 2-4절에 세 차례 연속으로 이스라엘이 '요단을 건너는' 상황이 언급된다. 이스라엘은 요단을 건넌 후 가나안 땅에 들어가는 날에 큰 돌들을 세우고 석회를 바르라는 명령을 듣는다. 이스라엘 백성은 가나안 땅을 '건넌 후' 하나님의 명령에 의하여 취득된 돌 위에 석회를 바르고 그것 위에 '모든' 말씀을, 곧 시내산 율법을 '분명하고 정확하게' 기록해야 한다. 일반 백성이 읽을 수 있도록 분명하고 정확하게 새겨 놓아야 한다. 영구적으로 기억하라는 명령이다. 그리고 석회를 바른 돌로 된 율법 석판을 에발산 위에 세워 두어야 한다. 이스라엘의 영적 중심지인 '세겜'에 둔다는 것은 이스라엘 백성의 삶의 중심을 차지하는 곳에 둔다는 뜻이다. 이렇게 영구적으로 기록해 이스라엘의 삶의 한복판에 두면 이스라엘은 젖과 꿀이 흐

르는 땅, 풍요의 땅에 가서도 하나님의 명령대로 살 수 있는 힘을 얻을 것이라는 약속이 추가되어 있다.

이처럼 석회 위에 율법을 기록하는 의도는 하나님의 약속의 땅 경계선에 와 있는 백성들이 그 땅의 축복을 누리기 시작할 때 직면할 가나안 문명과 종교에 창조적으로 대응하기 위함이다. 즉, 이스라엘이 야웨의 백성임을 잊어버리지 않고^{9절, 26:16-19} 하나님의 백성으로서 어떻게 살아갈 것인지를 확실하게 제시하기 위한 것이다. 여기서 하나의 경고가 주어진다. 돌들 위에 율법을 새기는 과정 자체도 절대로 가나안 문명에 영향을 받지 말아야 한다는 점이다. 이스라엘 백성이 돌제단을 만들 때나 율법을 기록할 돌판을 만들 때에 어떠한 철 연장도 사용해서는 안 된다는 것이다. 그들은 에발산에 쇠 연장을 대지 아니한 돌들로 제단을 만들어서 신명기에서 정한 적법한 방법에 따라 그들의 예물을 야웨께 가져와서 거기서 먹고 마셔야 한다.^{5-7절, 12장} 철 연장은 가나안의 선진 농경문화를 대표하는 도구다(사울과 요나단만이 철제 무기 소장).^{삼상 13:19-22} 가나안 문명을 부러워하거나 그것에 의존할 수 있게 만드는 문명 접촉을 금지하신 것이다. 석회석 위에 율법을 기록하는 것은 땅을 선물로 주신 하나님에 대한 감사와 그 땅에 대한 야웨의 소유권과 통치권을 인정하는 행위다. 또한 땅의 혜택을 즐기는 삶에 대한 공공연한 감사 표현이다. 다른 말로 하면 야웨 하나님과 계약적으로 결속된 신분임을 제의적으로 드러내는 행위다.

신명기는 하나님에 대한 이스라엘의 복종이 기계적으로 이루어지기보다는 밝고 명민한 이해 속에서 이루어지기를 기대한다. 27:9-10이 이 점을 잘 부각시킨다. 9절에는 모세와 레위 제사장이 함께 등장한다. 물론 주어는 3인칭 단수 모세지만 레위 제사장도 모세의 권면 담화에 권위를 실어 준다. "이스라엘아, 잠잠하여 들으라.

오늘 네가 네 하나님 여호와의 백성이 되었으니 그런즉 네 하나님 여호와의 말씀을 청종하여 내가 오늘 네게 명령하는 그 명령과 규례를 행할지니라." 이것은 에발산의 석회 바른 돌판 위에 율법을 기록한 것이 언약 체결과 갱신의 절차 중 일부였음을 확인시켜 준다.

언약 체결식의 한 절차였던 27장의 율법 기록 의식이 26:16-19 바로 뒤에 배치되어 있는 것은 의미심장하다. 26장의 마지막 단락은 쉐마 언어로 감미롭고 자발적인 복종을 권고하고 유도하고 있다. 야웨의 계명을 지켜야 할 이유와 명분(보배백성, 야웨의 성민)과 그것을 지켰을 때 주어질 미래의 영예와 축복을 감동적으로 제시하고 있다. 이스라엘이 하나님의 율법을 지켜야 할 이유는 야웨 하나님에 의해 이미 보배백성이 되었고 다른 한편 거룩한 백성으로 자라 가야 하기 때문임을 강조한다. 이처럼 26-28장의 각 끝에 계약적 결속에 대한 견고한 재확증과 계약 관계를 비준하고 영속화하며 그 관계에 수반된 요구와 기대를 가리키는 자료들이 배치되어 있다. 전체적으로 27:1-10과 26:16-19과의 연결은 자연스럽다. 27:9-10에서 모세와 제사장들은 26장에서 비준된 계약 관계의 당사자들인 이스라엘 백성이 '오늘날' 하나님의 백성이 되었다는 사실을 선포한다. 여기서도 26:16-19에서와 마찬가지로 일단 야웨의 백성이 되기로 한 그 결단에 근거하여 하나님을 향한 계속적인 순종의 삶을 권고하고 있다. 27:9-10에서는 쉐마[6:4-5]에서 구체화되고 신명기 안에서 거듭해서 되풀이되고 있는 신명기적 신앙의 핵심 구조가 발견된다. 그것은 이스라엘 백성은 하나님께 속하고 야웨는 그들의 하나님이 된다는 사실이다. 이와 같은 계약 관계로 묶인 하나님의 백성이 되었다는 것은 야웨께서 가르쳐 주신 대로 살기로 다짐했다는 것을 의미한다. 이스라엘의 존재 목적은 하나님의 말씀에 대한 청종과 복종인 것이다.

27장에서 규정된 계약 갱신 의식은 실제로 여호수아 시대에 일어난 것으로 보도된다. 아마도 27장은 모든 가나안 세대를 시내산 계약의 '현재'로 소환하는 나팔 역할을 했을 것이다. 27장에 대한 첫 순종은 여호수아와 그의 동시대 백성들에 의해 이루어졌다.^{수 8:30-35} 여호수아는 여호수아 8:30-32에서 신명기 27장의 말씀들을 직접적으로 인용하고 언급하고 있다. 다만 여기서는 이방인과 가나안 본토인까지 계약 체결의 당사자로 참여하고 있다는 점이 다르다. 이처럼 이스라엘에게는 가나안 땅 정착생활의 첫 시작부터 가나안의 다신교 문화와 종교 한복판에서 어떻게 살아가야 할 것인가 하는 것이 매우 중차대한 문제였던 것이다. 그래서 여호수아 1장과 8장의 끝에서 율법책이 지도자 여호수아와 백성 앞에 제시된다. 여호수아는 책 전체에 걸쳐 신명기의 신실한 준행자로 묘사된다.

27

¹¹ 모세가 그 날 백성에게 명령하여 이르되 ¹² 너희가 요단을 건넌 후에 시므온과 레위와 유다와 잇사갈과 요셉과 베냐민은 백성을 축복하기 위하여 그리심산에 서고 ¹³ 르우벤과 갓과 아셀과 스불론과 단과 납달리는 저주하기 위하여 에발산에 서고 ¹⁴ 레위 사람은 큰 소리로 이스라엘 모든 사람에게 말하여 이르기를 ¹⁵ 장색의 손으로 조각하였거나 부어 만든 우상은 여호와께 가증하니 그것을 만들어 은밀히 세우는 자는 저주를 받을 것이라 할 것이요 모든 백성은 응답하여 말하되 아멘 할지니라. ¹⁶ 그의 부모를 경홀히 여기는 자는 저주를 받을 것이라 할 것이요 모든 백성은 아멘 할지니라. ¹⁷ 그의 이웃의 경계표를 옮기는 자는 저주를 받을 것이라 할 것이요 모든 백성은 아멘 할지니라. ¹⁸ 맹인에게 길을 잃게 하는 자는 저주를 받을 것이라 할 것이요 모든 백성은 아멘 할지니라. ¹⁹ 객이나 고아나 과부의 송사를 억울하게 하는 자는 저주를 받을 것이라 할 것이요 모든 백성은 아멘 할지니라. ²⁰ 그의 아버지의 아내와 동침하는 자는 그의 아버지의 하체를 드러냈으니 저주를 받을 것이라 할 것이요 모든 백성은 아멘 할지니라. ²¹ 짐승과 교합하는 모든 자는 저주를 받을 것이라

할 것이요 모든 백성은 아멘 할지니라. [22] 그의 자매 곧 그의 아버지의 딸이나 어머니의 딸과 동침하는 자는 저주를 받을 것이라 할 것이요 모든 백성은 아멘 할지니라. [23] 장모와 동침하는 자는 저주를 받을 것이라 할 것이요 모든 백성은 아멘 할지니라. [24] 그의 이웃을 암살하는 자는 저주를 받을 것이라 할 것이요 모든 백성은 아멘 할지니라. [25] 무죄한 자를 죽이려고 뇌물을 받는 자는 저주를 받을 것이라 할 것이요 모든 백성은 아멘 할지니라. [26] 이 율법의 말씀을 실행하지 아니하는 자는 저주를 받을 것이라 할 것이요 모든 백성은 아멘 할지니라.

2) 에발산에서 선포된 저주 선언에 아멘으로 화답하는 이스라엘 ● 27:11-26

비록 27:11-26이 28장의 축복과 저주 규정과 주제적으로 연결되어 있지만 문학적으로 보면 구별된다. 11절의 '그 날에'라는 표현은 이 단락을 세겜 계약 단락의 일부로 보게 한다. 이스라엘 12지파는 여섯 지파씩 나누어서 세겜 주변의 두 산, 곧 에발산과 그리심산에 올라가야 한다. 시므온, 레위, 유다, 잇사갈, 요셉, 베냐민 지파는 백성을 축복하기 위하여 그리심산에 올라가야 하고 르우벤, 갓, 아셀, 스불론, 단, 납달리 지파는 저주 규정을 낭독하기 위하여 에발산에 올라가야 한다. 율법조문 낭독과 아멘 화답 의식은 레위 지파가 담당한다. 결국 모세오경의 모든 언약 기록은 레위 지파가 남긴 문서적 유산임을 강력하게 시사하는 대목이다. 그래서 폰라드 같은 학자는 오늘날의 책 신명기를 문서로 완성한 집단은 레위 제사장 집단이라고 보는데,[1] 근거 없는 추론은 아니다.

두 산의 중간에서 레위 지파는 모든 백성에게 저주받을 행동을 나열하고 백성은 큰 소리로 아멘으로 응답해야 한다. 일종의 자기 저주 의식인 셈이다. 여기서 열한 가지의 저주받을 행동이 단죄된다.[15-25절] 은이나 구리로 우상을 은밀히 주조해 세우는 행위(우상숭배 조장), 부모를 멸시하는 행위, 이웃의 땅을 침범하기 위해 경계표를 옮기는 행위, 맹인을 오도하는 행위,^{마 23:24} 객이나 고아나 과부의 송사를 억울하게 하는 자, 곧 사회적 약자를 압제하는 행위(이웃에게 신적 친절을 베풀기를 거부하는 잔인한 무관심), 서모(아버지의 첩)와 동침하는 행위, 수간 행위, 이복자매와의 근친상간, 장모와의 성관계, 은밀하고 고의적인 이웃 살해, 그리고 뇌물을 수수해 무죄한 자를 죽게 만드는 재판을 하는 자가 저주 촉발적 죄인으로 분류되어 강력하게 단죄된다. 이 율법의 말씀을 각각 실행하지 아니하는 자는 저주를 받을 것이며, 이 율법 중 어느 하나라도 어기면 다른 율법을 지킨 것이 무의미해진다.^{약 2:10} 이 에발산 석판에 새겨진 율법들을 위반하면 신적 저주를 초래한다는 명확한 사실을 알고 이해한다는 의미로 이스라엘 모든 백성은 '아멘'이라고 응답해야 한다. 율법을 어기면 하나님의 저주를 초래한다는 의식은 율법 파기를 국가나 공동체가 개입해 응징하거나 처벌하는 단계에 이르기 전의 상황을 반영하고 있는 것처럼 보인다. 사사 시대나 왕정 초기까지 율법 위반에 대한 이런 신적 저주 의식이 실행되었을 가능성이 크다.

축복과 저주의 갈림길에 선 이스라엘 ●28장

28 ¹네가 네 하나님 여호와의 말씀을 삼가 듣고 내가 오늘 네게 명령하는 그의 모든 명령을 지켜 행하면 네 하나님 여호와께서 너를 세계 모든 민족 위에 뛰어나게 하실 것이라. ²네가 네 하나님 여호와의 말씀을 청종하면 이 모든 복이 네게 임하며 네게 이르리니 ³성읍에서도 복을 받고 들에서도 복을 받을 것이며 ⁴네 몸의 자녀와 네 토지의 소산과 네 짐승의 새끼와 소와 양의 새끼가 복을 받을 것이며 ⁵네 광주리와 떡 반죽 그릇이 복을 받을 것이며 ⁶네가 들어와도 복을 받고 나가도 복을 받을 것이니라. ⁷여호와께서 너를 대적하기 위해 일어난 적군들을 네 앞에서 패하

게 하시리라. 그들이 한 길로 너를 치러 들어왔으나 네 앞에서 일곱 길로 도망하리라.

⁸ 여호와께서 명령하사 네 창고와 네 손으로 하는 모든 일에 복을 내리시고 네 하나님 여호와께서 네게 주시는 땅에서 네게 복을 주실 것이며 ⁹ 여호와께서 네게 맹세하신 대로 너를 세워 자기의 성민이 되게 하시리니 이는 네가 네 하나님 여호와의 명령을 지켜 그 길로 행할 것임이니라. ¹⁰ 땅의 모든 백성이 여호와의 이름이 너를 위하여 불리는 것을 보고 너를 두려워하리라. ¹¹ 여호와께서 네게 주리라고 네 조상들에게 맹세하신 땅에서 네게 복을 주사 네 몸의 소생과 가축의 새끼와 토지의 소산을 많게 하시며 ¹² 여호와께서 너를 위하여 하늘의 아름다운 보고를 여시사 네 땅에 때를 따라 비를 내리시고 네 손으로 하는 모든 일에 복을 주시리니 네가 많은 민족에게 꾸어줄지라도 너는 꾸지 아니할 것이요 ¹³ 여호와께서 너를 머리가 되고 꼬리가 되지 않게 하시며 위에만 있고 아래에 있지 않게 하시리니 오직 너는 내가 오늘 네게 명령하는 네 하나님 여호와의 명령을 듣고 지켜 행하며 ¹⁴ 내가 오늘 너희에게 명령하는 그 말씀을 떠나 좌로나 우로나 치우치지 아니하고 다른 신을 따라 섬기지 아니하면 이와 같으리라. ¹⁵ 네가 만일 네 하나님 여호와의 말씀을 순종하지 아니하여 내가 오늘 네게 명령하는 그의 모든 명령과 규례를 지켜 행하지 아니하면 이 모든 저주가 네게 임하며 네게 이를 것이니 ¹⁶ 네가 성읍에서도 저주를 받으며 들에서도 저주를 받을 것이요 ¹⁷ 또 네 광주리와 떡 반죽 그릇이 저주를 받을 것이요 ¹⁸ 네 몸의 소생과 네 토지의 소산과 네 소와 양의 새끼가 저주를 받을 것이며 ¹⁹ 네가 들어와도 저주를 받고 나가도 저주를 받으리라. ²⁰ 네가 악을 행하여 그를 잊으므로 네 손으로 하는 모든 일에 여호와께서 저주와 혼란과 책망을 내리사 망하며 속히 파멸하게 하실 것이며 ²¹ 여호와께서 네 몸에 염병이 들게 하사 네가 들어가 차지할 땅에서 마침내 너를 멸하실 것이며 ²² 여호와께서 폐병과 열병과 염증과 학질과 한재와 풍재와 썩는 재앙으로 너를 치시리니 이 재앙들이 너를 따라서 너를 진멸하게 할 것이라. ²³ 네 머리 위의 하늘은 놋이 되고 네 아래의 땅은 철이 될 것이며 ²⁴ 여호와께서 비 대신에 티끌과 모래를 네 땅에 내리시리니 그것들이 하늘에서 네 위에 내려 마침내 너를 멸하리라. ²⁵ 여호와께서 네 적군 앞에서 너를 패하게 하시리니 네가 그들을 치러 한 길로 나가서 그들 앞에서 일곱 길로 도망할

것이며 네가 또 땅의 모든 나라 중에 흩어지고 ²⁶ 네 시체가 공중의 모든 새와 땅의 짐승들의 밥이 될 것이나 그것들을 쫓아줄 자가 없을 것이며 ²⁷ 여호와께서 애굽의 종기와 치질과 괴혈병과 피부병으로 너를 치시리니 네가 치유 받지 못할 것이며 ²⁸ 여호와께서 또 너를 미치는 것과 눈 머는 것과 정신병으로 치시리니 ²⁹ 맹인이 어두운 데에서 더듬는 것과 같이 네가 백주에도 더듬고 네 길이 형통하지 못하여 항상 압제와 노략을 당할 뿐이리니 너를 구원할 자가 없을 것이며 ³⁰ 네가 여자와 약혼하였으나 다른 사람이 그 여자와 같이 동침할 것이요 집을 건축하였으나 거기에 거주하지 못할 것이요 포도원을 심었으나 네가 그 열매를 따지 못할 것이며 ³¹ 네 소를 네 목전에서 잡았으나 네가 먹지 못할 것이며 네 나귀를 네 목전에서 빼앗겨도 도로 찾지 못할 것이며 네 양을 원수에게 빼앗길 것이나 너를 도와 줄 자가 없을 것이며 ³² 네 자녀를 다른 민족에게 빼앗기고 종일 생각하고 찾음으로 눈이 피곤하여지나 네 손에 힘이 없을 것이며 ³³ 네 토지 소산과 네 수고로 얻은 것을 네가 알지 못하는 민족이 먹겠고 너는 항상 압제와 학대를 받을 뿐이리니 ³⁴ 이러므로 네 눈에 보이는 일로 말미암아 네가 미치리라. ³⁵ 여호와께서 네 무릎과 다리를 쳐서 고치지 못할 심한 종기를 생기게 하여 발바닥에서부터 정수리까지 이르게 하시리라. ³⁶ 여호와께서 너와 네가 세울 네 임금을 너와 네 조상들이 알지 못하던 나라로 끌어 가시리니 네가 거기서 목석으로 만든 다른 신들을 섬길 것이며 ³⁷ 여호와께서 너를 끌어 가시는 모든 민족 중에서 네가 놀람과 속담과 비방거리가 될 것이라. ³⁸ 네가 많은 종자를 들에 뿌릴지라도 메뚜기가 먹으므로 거둘 것이 적을 것이며 ³⁹ 네가 포도원을 심고 가꿀지라도 벌레가 먹으므로 포도를 따지 못하고 포도주를 마시지 못할 것이며 ⁴⁰ 네 모든 경내에 감람나무가 있을지라도 그 열매가 떨어지므로 그 기름을 네 몸에 바르지 못할 것이며 ⁴¹ 네가 자녀를 낳을지라도 그들이 포로가 되므로 너와 함께 있지 못할 것이며 ⁴² 네 모든 나무와 토지 소산은 메뚜기가 먹을 것이며 ⁴³ 너의 중에 우거하는 이방인은 점점 높아져서 네 위에 뛰어나고 너는 점점 낮아질 것이며 ⁴⁴ 그는 네게 꾸어줄지라도 너는 그에게 꾸어주지 못하리니 그는 머리가 되고 너는 꼬리가 될 것이라. ⁴⁵ 네가 네 하나님 여호와의 말씀을 청종하지 아니하고 네게 명령하신 그의 명령과 규례를 지키지 아니하므로 이 모든 저주가 네게 와

서 너를 따르고 네게 이르러 마침내 너를 멸하리니 ⁴⁶이 모든 저주가 너와 네 자손에

게 영원히 있어서 표징과 훈계가 되리라. ⁴⁷네가 모든 것이 풍족하여도 기쁨과 즐거운

마음으로 네 하나님 여호와를 섬기지 아니함으로 말미암아 ⁴⁸네가 주리고 목마르고

헐벗고 모든 것이 부족한 중에서 여호와께서 보내사 너를 치게 하실 적군을 섬기게

될 것이니 그가 철 멍에를 네 목에 메워 마침내 너를 멸할 것이라. ⁴⁹곧 여호와께서

멀리 땅 끝에서 한 민족을 독수리가 날아오는 것 같이 너를 치러 오게 하시리니 이는

네가 그 언어를 알지 못하는 민족이요 ⁵⁰그 용모가 흉악한 민족이라 노인을 보살피지

아니하며 유아를 불쌍히 여기지 아니하며 ⁵¹네 가축의 새끼와 네 토지의 소산을 먹어

마침내 너를 멸망시키며 또 곡식이나 포도주나 기름이나 소의 새끼나 양의 새끼를 너

를 위하여 남기지 아니하고 마침내 너를 멸절시키리라. ⁵²그들이 전국에서 네 모든 성

읍을 에워싸고 네가 의뢰하는 높고 견고한 성벽을 다 헐며 네 하나님 여호와께서 네

게 주시는 땅의 모든 성읍에서 너를 에워싸리니 ⁵³네가 적군에게 에워싸이고 맹렬한

공격을 받아 곤란을 당하므로 네 하나님 여호와께서 네게 주신 자녀 곧 네 몸의 소생

의 살을 먹을 것이라. ⁵⁴너희 중에 온유하고 연약한 남자까지도 그의 형제와 그의 품

의 아내와 그의 남은 자녀를 미운 눈으로 바라보며 ⁵⁵자기가 먹는 그 자녀의 살을 그

중 누구에게든지 주지 아니하리니 이는 네 적군이 네 모든 성읍을 에워싸고 맹렬히

너를 쳐서 곤란하게 하므로 아무것도 그에게 남음이 없는 까닭일 것이며 ⁵⁶또 너희 중

에 온유하고 연약한 부녀 곧 온유하고 연약하여 자기 발바닥으로 땅을 밟아 보지도

아니하던 자라도 자기 품의 남편과 자기 자녀를 미운 눈으로 바라보며 ⁵⁷자기 다리 사

이에서 나온 태와 자기가 낳은 어린 자식을 남몰래 먹으리니 이는 네 적군이 네 생명

을 에워싸고 맹렬히 쳐서 곤란하게 하므로 아무것도 얻지 못함이리라. ⁵⁸네가 만일 이

책에 기록한 이 율법의 모든 말씀을 지켜 행하지 아니하고 네 하나님 여호와라 하는

영화롭고 두려운 이름을 경외하지 아니하면 ⁵⁹여호와께서 네 재앙과 네 자손의 재앙

을 극렬하게 하시리니 그 재앙이 크고 오래고 그 질병이 중하고 오랠 것이라. ⁶⁰여호

와께서 네가 두려워하던 애굽의 모든 질병을 네게로 가져다가 네 몸에 들어붙게 하실

것이며 ⁶¹또 이 율법책에 기록하지 아니한 모든 질병과 모든 재앙을 네가 멸망하기까

지 여호와께서 네게 내리실 것이니 ⁶² 너희가 하늘의 별 같이 많을지라도 네 하나님 여호와의 말씀을 청종하지 아니하므로 남는 자가 얼마 되지 못할 것이라 ⁶³ 여호와께서 너희에게 선을 행하시고 너희를 번성하게 하시기를 기뻐하시던 것 같이 이제는 여호와께서 너희를 망하게 하시며 멸하시기를 기뻐하시리니 너희가 들어가 차지할 땅에서 뽑힐 것이요 ⁶⁴ 여호와께서 너를 땅 이 끝에서 저 끝까지 만민 중에 흩으시리니 네가 그 곳에서 너와 네 조상들이 알지 못하던 목석 우상을 섬길 것이라. ⁶⁵ 그 여러 민족 중에서 네가 평안함을 얻지 못하며 네 발바닥이 쉴 곳도 얻지 못하고 여호와께서 거기에서 네 마음을 떨게 하고 눈을 쇠하게 하고 정신을 산란하게 하시리니 ⁶⁶ 네 생명이 위험에 처하고 주야로 두려워하며 네 생명을 확신할 수 없을 것이라. ⁶⁷ 네 마음의 두려움과 눈이 보는 것으로 말미암아 아침에는 이르기를 아하 저녁이 되었으면 좋겠다 할 것이요 저녁에는 이르기를 아하 아침이 되었으면 좋겠다 하리라. ⁶⁸ 여호와께서 너를 배에 싣고 전에 네게 말씀하여 이르시기를 네가 다시는 그 길을 보지 아니하리라 하시던 그 길로 너를 애굽으로 끌어 가실 것이라. 거기서 너희가 너희 몸을 적군에게 남녀 종으로 팔려 하나 너희를 살 자가 없으리라.

28장은 창세기부터 이제까지 하나님의 입에서 발설된 모든 계약을 누적적으로 파기할 때 초래될 대파국적인 심판과 그것을 지켰을 때 주어질 축복을 불균형적으로 기록하고 있다. 이 장은 주제적으로는 27:11-26과 자연스럽게 연결된다. 28장은 순종의 대가로 주어지는 좋은 일을 열거하는 데는 다소 미지근한 태도를 취하는 반면에 불순종의 결과에 대한 묘사는 너무나 처절하고 참혹하다. 신명기 저자는 불순종의 대가로 겪게 될 참담한 결과들을 묘사함으로써 불순종에 빠지지 말도록 권고하는 데 초점을 맞춘다. 이것은 11:26-31과 30:15-20에 비해 다소 간결하게 제시된 상벌 규정이다. 그런데 11:26-31과 30:15-20에서 저자(모세)는 백성들 앞에 축복과 저주를 하나의 중립적인 가능성인 것처럼 말한다. 즉, 이스라엘이 결단만 하면 최악의 시나리오는 피할 수 있는 여지가 많아 보인다. 또한 결단과 선택의 중요성이 부각된다. 그런데 28장(27장에서도 약간)의 초점은 선택의 행위 자체에 맞춰져 있지 않고 오히려 이스라엘의 선택 여하에 따라 어떤 일이 일어날 것인지에 대한 세부적인 진술에 맞춰져 있다. 좀 더 정확하게 말하자면 28장에서 모세는 부정적인 선택의 가능성을 거의 기정사실인 것처럼 전제한 듯이 어둡고 참담한 시나리오를 장황하게 제시한다.

즉, 세부적인 예언들은 순종의 긍정적인 결과의 관점에서라기보다는 불순종의 부정적인 결과의 관점으로 제시되었다. 이것은 27장에서도 이미 감지되고 있다. 순종의 긍정적인 결과는 아예 언급도 되지 않거나 지극히 지나가는 말투로 언급된다. 실로 그것은 27:11-26의 축복과 저주 목록에서는 나타나지도 않고 28장의 68절들 가운데서 오직 열 네 절에서만 나타난다. 물론 이런 불균형은 신명기에서만 독특한 것이 아니다. 기원전 14-13세기 혹은 기원전 7세기에 유행했던 고대 근동의 종주-봉신 조약에서 보면 엄청나게 긴 저주 목록이 빈번하게 등장한다. 널리 알려져 있듯이 신명기 28장의 저주 목록의 문헌양식사적 배경은 고대 근동의 종주-봉신 조약문이다. 이 장의 저주 목록은 국제조약 당사자들이 조약의 규정을 확실하게 준수하도록 하기 위해 조약 문서의 끝에 배치하는 상벌 규정의 잔존물일 가능성이 크다는 것이다. 그래서 대다수의 양식비평적 연구가들은 신명기 28장의 문학적 참조의 틀을, 축복과 저주 선언을 배치하여 국제조약을 보호하려고 했던 고대 근동의 종주-봉신 조약 문서에서 찾는다. 신명기는 이스라엘과 야웨 사이의 관계를 종주-봉신 관계로 규정하여 이 축복과 저주 선언의 법적 정당성과 효력을 공포한다. 고대 근동의 조약, 특히 기원전 2000년대의 조약들에서는 흔히 저주 목록이 축복 목록보다 훨씬 더 길었다. 과연 신명기의 형식은 이런 고대 근동의 국제조약 문서에 첨가된 전형적인 저주 및 축복 선언과 일치하고 있다.

앞서 말했듯이, 가나안 땅에 들어가 살게 되었을 때 시내산 계약을 충실하게 준수하면 축복을 받는다. 부지런하고 성실하게 야웨의 계명을 준수하는 자에게, 성읍과 빈 들에서 공히 복을 주신다. 짐승과 가축의 풍요와 다산, 풍족한 양식, 대적으로부터의 안전보장, 생계노동에서의 풍성한 보상, 그리고 하나님과의 관계에서의 친밀함을 보상으로 주신다. 이 모든 복을 열방이 보는 앞에서 누리게 될 것이며 마침내 열국보다 월등한 우수 민족이 될 것이다. 군사작전에서도 개가를 올릴 것이며 열국들에게 빌려주는 채권국가가 될지언정 채무국가가 되지 않을 것이다.1-14절, 레 26:3-13, 신 7:12-24 1절은 26:19을 되울리며 순종의 중요성과 그것이 가져올 포괄적인 민족 성세에 대한 비전을 제시한다. 이인칭 단수로 지칭되는 이스라엘이 오늘 모세를 통해 들려오는 하나님의 모든 명령을 하나하나 지켜 행하면 이스라엘의 하나님 야웨께서 그들을 세계 모든 민족 위에 뛰어나게 하실 것이다. 이스라엘이 얻게 될 탁월한 지위는 이스라엘에게도 좋은 일이지만 하나님에게도 영광과 명예가 되고, 온 열방이 이렇게 탁월해진 이스라엘을 통해 하나님을 아는 지식을 공급받게 되니 열방에게도 좋은 일이다. 열방의 질투와 경쟁을 불러일으키는 탁월이 아니라 열방에게 유익을 끼치는 탁월이다. 이 탁월한 지위는 이스라엘 민족의 모든 활동 영역을 통해 세분화된 복 향유를 통해 구축된다.

2절은 하나님의 복을 받아 누리게 되는 간결한 원리를 말한다. "네가 네 하나님 여호와의 말씀을 청종하면 이 모든 복이 네게 임하며 네게 이르리니." 3-12절은 야웨의 복이 임하고 미치는 다양한 양상들을 열거한다. 성읍(도시 생활, 치안), 들(안전, 야수로부터의 보호)에서도 복을 받을 것이다. 사람, 토지소산, 가축에서 다산과 번성의 복을 누리게 될 것이다. 광주리와 떡 반죽 그릇이 복을 받을 것이다. 즉, 음식 마련에 어려움이 없을 것이며 궁핍이 사라질 것이다. 들어와도 나가도 복을 누릴 것인데, 사회생활에서도 복을 받고 가정생활에서도 복을 받는다는 말이다. 또한 이스라엘이 전쟁을 위하여 성읍을 떠날 때에도 돌아올 때에도 복을 받을 것이라는 뜻도 암시되어 있다. 7절과 연결시켜 읽으면 이런 해석이 지지를 받을 수 있다. 침략자들로부터 나라와 공동체를 보호하는 전쟁에서 복을 받을 것이다. 야웨의 복 주심으로 한 길로 쳐러 들어온 적군을 일곱 길로 도망치게 할 정도로 압도적으로 우세할 것이다. 국가적 안전보장은 무기 구입에 의존하는 것이 아니라 야웨의 법도와 규례를 준수하고 그의 목소리를 청종하는 영적 순전성에 의존한다. 하나님이 보시기에 지켜 줄 만한 공동체로 우뚝 서는 것이 더욱 중요한 국방 안보 전략인 것이다.

이스라엘이 야웨의 법도와 규례를 지키고 그 목소리를 청종하면 곡식물 수확과 저장에도 복을 누리고 손으로 하는 모든 일에서 복을 받을 것이다. 땅에서 이루어지는 모든 농경 활동이 복을 받게 될 것이다. 부문별로 각 영역에서 임한 복을 총 누적시켜 주셔서 이스라엘을 만국 위에 뛰어난 민족, 야웨 앞에서 야웨를 대변하는 성민(암 카도쉬)이 되게 하실 것이다. 이 모든 부문에 임하는 복은 이스라엘이 그들의 하나님 야웨의 명령을 지켜 그 길로 행하는 데서 보장된다. 이스라엘이 야웨 하나님께 속한 백성, 야웨의 이름으로 불리는 백성이 될 때 이스라엘은 천하무적이 된다. "땅의 모든 백성이 여호와의 이름이 너를 위하여 불리는 것을 보고 너를 두려워하리라."28:10 이스라엘은 이스라엘의 급박한 위기에 혹은 결정적인 시점에 야웨의 이름을 부른다. 야웨의 현존을 요청하는 간구를 할 특권이 이스라엘에게 있다. 감히 야웨의 이름이 이스라엘의 필요를 위해 불리워진다(이스라엘이 부를 때 언제나 응답하실 만큼 가까이 계신다).^{신 4:7} 야웨와 이스라엘의 돈독한 유대와 밀착은 야웨의 거룩한 현존이 이스라엘을 지탱하고 동행하고 지지함을 만천하에 공포하는 것이다. 이 사실은 열방에게 두려움을 안겨 준다.

28:11-14은 다시 이스라엘이 가나안 땅에서 누릴 인구 번성, 농경과 목축의 복을 열거한다. 하나님은 야웨께 순종하는 이스라엘을 위하여 몸의 소생과 가축의 새끼와 토지의 소산을 많게 하시며, 하늘의 아름다운 보고를 열어 때를 따라 비를 땅에 내려 주시고 이스라엘이 손으로 하는 모든 일에 복을 주실 것이다. 그래서 이스라엘이 채권국이 될지라도 채무국이 되지 않을 것이며, 이렇게 받은 누적적인 복으로 인해 이스라엘을 머리가 되고 꼬리가 되지 않게 하시며 위에만 있고 아래에 있지 않게 하실 것이다. 이러한 미래를 현실이 되게 하는 것은 이스라엘의 몫이다. "오직 너는 내가 오늘 네게 명령하는 네 하나님 여호와의 명령을 듣고 지켜 행하며 내가 오늘 너희에게 명령하는 그 말씀을 떠나 좌로나 우로나 치우치지 아니하고 다른 신을 따라 섬기지 아니하면 이와 같으리라."^{13-14절}

이 간략한 축복 목록이 소개된 이후 갈수록 강도를 더해 가는 저주 목록이 독자들을 당황스럽게 만든다. 만일 이스라엘이 그들의 하나님 야웨의 말씀을 순종하지 아니하여 모세가 명령하는 모든 명령과 규례를 지켜 행하지 아니하면, 28:15-19에서는 축복 단락^{28:3-14}에서 받은 축복이 동일한 맥락에서 정반대의 저주로 돌변할 것이다. 성읍, 들, 광주리와 떡 반죽 그릇, 몸의 소생과 토지소산과 가축의 새끼, 이스라엘의 출입 등 모든 부분에 하나님의 저주가 임하여 미칠 것이다. 이스라엘이 야웨를 잊어버리고 악을 행하면 이스라엘이 손으로 하는 모든 일에 야웨께서 저주와 혼란과 책망을 내리사(원래 신 7:23에서 가나안 토착족속에게 임한 징벌, "그들을 크게 혼란하게 하여 마침내 진멸하시고") 이스라엘이 망하며 속히 파멸되게 하실 것이다. 이스라엘 백성이 야웨 하나님의 현존과 동행이 없으면 가나안 땅에서 맞이할 운명은 저주, 혼란, 책망밖에 없다는 말이다. 하나님의 저주는 가나안 땅에 파멸을 가져올 것이다. 이스라엘을 가나안 땅에서 멸망시킬 전염병, 이스라엘을 진멸시킬 만성 질병(폐병과 열병과 염증과 학질과 한재와 풍재와 썩는 재앙), 이스라엘을 멸망시킬 가뭄과 기근(놋 하늘과 쇳덩이가 된 땅, 비 대신 내리는 티끌과 모래), 전쟁 패배(적군을 치러 한 길로 갔다가 일곱 길로 패주, 열국 중에 이산, 매장되지 못한 채 공중의 새와 땅의 짐승의 밥이 될 운명), 육체적·정신적 질병의 만연(애굽의 종기와 치질과 괴혈병과 피부병, 미치는 것과 눈머는 것과 정신병), 그리고 이민족이 행할 압제와 약탈²을 목격하는 것만으로 이스라엘은 미치게 될 것이다.²¹⁻³⁴절

이 재앙이 끝이 아니다. 점점 강도를 더해 가는 저주 목록이 35절부터 68절까지 거침없이 나열된다. 걷는 것을 불가능하게 하는 무릎과 다리의 종기(발바닥에서 정수리까지 성한 곳이 없는 이스라엘),사 1:6 열국 유배와 우상숭배 강요 감수로 열국의 속담과 비방거리로 전락(자녀도 이방의 포로가 되어 부모와 생이별하고 가족 해체), 불임과 생산성 격감(메뚜기와 벌레 재앙으로 포도와 감람 수확량 급감), 그리고 자신의 땅에 우거하는 이방인보다 더 쇠락해져 열방으로부터 빚을 지기만 하는 열등 민족으로 전락하는 국력 쇠락이 예고된다.

28:45-46은 잠시 숨 고르기를 한다. 왜 이런 재앙이 분출하는가? 이스라엘이 그들의 하나님 야웨의 말씀을 청종하지 아니하고 그들에게 명하신 명령과 규례를 지키지 아니했기에 이 모든 저주가 와서 이스라엘을 따르되 마침내 이스라엘을 멸망시킬 때까지 따라다닐 것이다. 극단적으로 그리고 총체적으로 실현된 저주는 이스라엘과 그 자손에게 모세를 통해 주신 야웨의 율법이 가나안 땅 정착과 장

구한 향유를 위해 얼마나 사활적인 중요성을 갖는지를 영원히 증거하고 각성시키는 표징과 권계가 될 것이다. 어조상 여기서 저주 목록이 종결되어야 하는데 신명기 저자는 47절부터 새로운 저주 목록과 그것이 임하는 이유를 제시한다.

28:47-57은 바벨론 느부갓네살의 유다 침략과 3년간의 예루살렘 포위 상황을 예언하거나 그것을 추후적으로 반영하고 있다. 이스라엘이 모든 것이 풍족하여도 기쁨과 즐거운 마음으로 그들의 하나님 야웨를 섬기지 아니하면, 야웨께서 강력한 적군을 보내 이스라엘을 멸망시키고 많은 기간요원들을 포로로 잡아가게 하실 것이다. 적군은 예루살렘을 포위하고, 도성 사람들은 인육을 먹어 가면서까지 저항하다가 종국에는 멸망당해 이산과 유배의 운명을 면치 못할 것이다. 풍족한 삶 가운데 야웨를 버리고 배척하면 순식간에 이스라엘은 주리고 목마르고 헐벗고 모든 것이 부족하게 될 것이다. 그 와중에 야웨께서 이스라엘을 치게 하실 적군을 보내실 텐데 이스라엘은 패배해 그를 섬기게 될 것이다. 그 적군은 이스라엘의 목에 철 멍에를 메워 마침내 이스라엘을 멸할 것이다. 그 적군은 멀리 땅끝에서 독수리처럼 날아오는 잔혹한 강대국이며 그들의 언어를 알아들을 수 없는 완전 외국 민족일 것이다. 그 적군은 용모가 흉악한 민족인데, 노인을 보살피지 아니하며 유아를 불쌍히 여기지 아니할 정도로 잔혹하다. 그들은 이스라엘의 가축 새끼와 토지소산을 먹어 치워 마침내 이스라엘을 멸망시킬 것이다. 또 곡식이나 포도주나 기름이나 소의 새끼나 양의 새끼를 조금도 남기지 않고 다 먹어 치워 마침내 이스라엘을 굶겨서 멸절시킬 것이다. 그들은 이스라엘이 의뢰하는 높고 견고한 성벽을 다 헐며 이스라엘의 하나님 야웨께서 주신 땅의 모든 성읍에서 이스라엘을 에워쌀 것이다. 이 포위가 이스라엘에 극단적인 궁핍을 가져다줄 것이며 마침내 적군에게 에워싸이고 맹렬

한 공격을 받아 곤란을 당하는 이스라엘은 극단적인 자구책을 강구할 것이다. 즉, 야웨 하나님께서 자신들에게 주신 자녀, 곧 자기 몸의 소생의 살을 먹고 연명할 것이다. 얼마나 굶주렸는지 포위된 성안에 있는 이스라엘 사람은 인륜을 포기할 정도까지 사악하고 잔악해질 것이다. 이스라엘 사람 중 온유하고 연약한 남자까지도 그 형제와 그 품의 아내와 그 남은 자녀를 미운 눈으로 바라보며, 자기가 먹는 자녀의 살을 그중 누구에게든지 주지 아니할 것이다. 왜냐하면 적군이 이스라엘의 모든 성읍을 에워싸고 맹렬히 쳐서 곤란하게 하므로 아무 먹을 것도 그에게 남아 있지 않기 때문이다. 더욱 비극적인 장면은 다음에 진술되는 상황이다. 이스라엘 중에 온유하고 연약한 부녀, 곧 자기 발바닥으로 땅을 밟아 보지도 않았던 여인도 자기 품의 남편과 자기 자녀를 미운 눈으로 바라보며, 자기 다리 사이에서 나온 태와 자기가 낳은 어린 자식을 남몰래 먹을 것이다. 왜냐하면 적군이 이스라엘의 생명을 에워싸고 맹렬히 쳐서 곤란하게 하므로 먹을 것이 남아 있지 않을 것이기 때문이다.

28:58-68은 이 긴 저주 예고의 또 하나의 종결부인데 이번에는 '율법책'58, 61절에 근거한 저주 목록이다. 이미 앞에서 나온 목록들의 완결판이라고 볼 수 있다. 58절은 이미 책에 적힌 저주 목록을 알고 있는 독자(청중)를 염두에 두고 있다. "만일 이 책에 기록한 이 율법의 모든 말씀을 지켜 행하지 아니하고", 이스라엘의 하나님 야웨라 하는 "영화롭고 두려운 이름을 경외하지 아니하면", 야웨께서 이스라엘에게 임할 재앙과 그 자손에게 임할 재앙을 극렬하게 하시리니 그 재앙이 크고 오래 지속될 것이며 그 재앙의 일환으로 오는 질병은 위중하고 오래 지속될 것이다. 그런데 그 질병은 이스라엘이 평소에 두려워하던 애굽발 풍토병이다("애굽의 악질에 걸리지 않게 하시고").신 7:15 야웨께서 애굽의 모든 질병을 이스라엘에게로 가져다가

이스라엘 백성의 몸에 들어붙게 하실 것이다. 심지어 이 율법책에 기록되지 아니한 모든 질병과 재앙을 이스라엘에게 내리되 이스라엘이 멸망하기까지 내리실 것이다. 그 결과 아브라함, 이삭, 야곱에게 행한 모든 약속과 언약의 축복은 무효화될 것이다. 이스라엘 자손이 하늘의 별 같이 많을지라도 이스라엘의 하나님 야웨의 말씀을 청종하지 아니하므로 남는 자가 얼마 되지 못할 것이다.

63절은 축복 구문을 저주 구문으로 반전시키는 야웨의 반어적 수사를 한층 부각시킨다. 야웨께서 이스라엘에게 선을 행하시고 번성케 하시기를 기뻐하시던 것만큼이나^{신 7:13} 강렬한 친근함의 반대인 반감과 진노의 강렬함으로 이제는 야웨께서 이스라엘을 망하게 하시며 멸하시기를 기뻐하실 것이다. 그래서 이스라엘이 들어가 차지할 땅에서 뿌리째 뽑힐 것이요, 야웨께서 이 뿌리 뽑힌 이스라엘을 땅 이 끝에서 저 끝까지 만민 중에 흩으시리니 그곳에서 이스라엘은 그들은 물론이요 그들의 조상들도 알지 못하던 목석 우상을 섬기게 될 것이다. 이스라엘은 유배당한 여러 민족 중에서 결코 평안함을 얻지 못하며 발바닥이 쉴 곳도 얻지 못하고, 야웨께서 거기에서 이스라엘의 마음을 떨게 하고 눈을 쇠하게 하고 정신을 산란하게 하실 것이다. 이스라엘은 정신적·정서적 파산을 겪을 것이다. 그곳에서 이스라엘의 생명이 위험에 처하고 주야로 두려워하며 자신의 생명이 유지될지도 확신할 수 없을 것이다. 그래서 그들은 마음의 두려움과 눈이 보는 것으로 말미암아 아침에는 이르기를 "아하, 저녁이 되었으면 좋겠다" 할 것이요 저녁에는 이르기를 "아하, 아침이 되었으면 좋겠다"고 말할 것이다. 더 끔찍한 재앙은 그들이 야웨의 손에 이끌려 탈출한 애굽으로 노예선에 태워진 채 끌려갈 것이라는 사실이다. "네가 다시는 그 길을 보지 아니하리라 하시던 그 길로" 야웨께서 이스라엘을 "끌어가실 것이라."^{28:68} 그러나 슬프게도 이스라엘이 그들의 몸을 적군에게 남겨 종으로 팔려 하나 살 자가 없을 것이다. 노예로 일하기에도 힘들 정도로 쇠약해질 것이다. 28:15부터 시작된 저주 목록의 절정은, 민족 공동체의 멸망으로 다른 나라에 끌려가 이역만리에서 이민족의 노예로 전락하는 것이다. 이스라엘의 존립 근거였던 출애굽 구원의 원천 무효를 의미하는 반출애굽, 곧 환애굽이 이루어진 것이다. 이스라엘 백성이 다시 애굽의 노예시장으로 팔려 가는 시나리오는 지나간 이스라엘 역사의 모든 의미를 원천 부정하는 사태다. 하나님은 더 이상 출애굽의 하나님이 아니라 환애굽의 하나님, 노예화의 하나님이 되어 버리신 것이다. 이스라엘 역사는 출애굽으로 시작했다가 환애굽으로 종결될 것이다. 이것이 저주 목록의 무서운 의미다.

하나님의 저주를 초래하는 이런 일련의 죄악들은 그동안 레위기와 신명기 앞부분에서 언급된 것들이다. 저주받은 운명을 초래하는 행동들은 십계명의 금지 규정과 다른 이스라엘 법률 전승을 파괴한 결과인 것이다.[3] 과연 이스라엘 백성은 배교와 반역의 잠재성을 극대화하여 자기파멸적 운명에 처할 것인가? 아니면 하나님의 저주 선언을 듣고 크게 각성하여 신실한 야웨의 봉신으로 살아남을 수 있을 것인가? 비록 모세의 입에서 예언과 경고의 형식을 빌려 선포되었지만 이 저주 단락은 이미 바벨론 포로 경험을 여러 가지 형식과 모양으로 반영하고 있는 것처럼 보인다. 이 저주들은 특정한 세대가 한꺼번에 받은 것이라기보다는 약 600년간의 가나안 정착생활에서 겪은 저주와 심판의 적분인 셈이다. 하지만 정경적인 순서를 존중하자면 이 저주 단락은 예고와 경고로 일단 읽혀야 한다. 독자들은 이스라엘의 가나안 본토 생활이 안고 있는 엄청난 위험성을 감지하면서 여호수아서로 넘어가야 한다.

과연 이제까지 신명기의 일차적인 초점은 이스라엘 백성이 그 땅에 정착하고 살 때 받게 될 야웨의 축복과 혜택에 맞춰져 왔다. 그러나 여기서는 불순종의 부정적인 결과가 더 부각되고 있다. 이것은 부정적인 결과들이 현실로 나타났던 시대(포로기)에 이 책이 최종적으로 정경화되고 광범위하게 유포되었다는 사실에 비추어 볼 때 적절한 초점 이동으로 보인다. 이 저주 선언은 백성들에게 일어난 재앙을 설명하는 신학적인 이유를 제시하는 데 도움을 준다. 재앙은 현실이 되었다. 신명기에서 듣는 주장은 이 재앙들이 백성의 선택과 행위의 결과로 발생했으며 그것들 또한 하나님의 의도를 성취시키는 계획의 일부라는 주장이다. 신명기와 그것이 제시하는 규범들에 근거하여 구성된 이스라엘의 이야기는 고난과 재앙의 효과에 대한 어떤 일반화된 이해(기계주의적 적용)를 허용하지 않는다. 그 이야기는 하나님과 특별한 관계에 있는 백성의 경우 그들이 걸었던 길과 그들이 걷게 될 길과 그들이 보여주었던 행동양식과 그것의 결과인 전쟁의 패배, 죽음, 포로생활 사이에는 모종의 관련이 있었다는 것을 힘써 가르친다.

바로 이러한 점 때문에 구약학자들은 신명기 28장에 천명된 순종에는 축복을, 불순종에는 죽음과 저주를 선언하는 내용이 신명기 역사관의 핵심이라고 말해 왔다. 그러나 조금 있으면 알 수 있겠지만 이것은 지나친 단순화다. 신명기에는 이런 냉혹한 인과응보를 초월하는 하나님의 일방적인 자비와 의가 역사한다. 그것이 바로 모압 계약(언약)이다. 만일 모압 계약이 신명기에 포함되지 않았더라면 신명기 신학은 모든 일을 원인과 결과의 작용으로 100퍼센트 설명하는 불교의 연기론緣起論 혹은 인과응보론과 크게 다르지 않았을 것이다. 다행스럽게도 신명기에는 인간의 절대적인 의의 결핍을 만회하고 보상하고 상쇄시키는 하나님의 압도적인 의가 작용한다.사 46:12- 13 모압 언약은 신명기에서 이미 신약성경의 예수 그리스도와 사도 바울의 새 언약의 복음을 선취할 수 있는 조망점을 제공한다.

모압 언약 ●29장

모압 언약을 담은 신명기 29장의 서두(마소라 본문 28:69)는 다음과 같이 시작된다. "그(야웨)가 호렙에서 그들과 세운 언약 이외에 야웨께서 모압 땅에서 모세를 명하여 이스라엘 백성과 맺은 언약의 말씀은 이러하니라." 여기서 분명한 것은 모압 언약이 적어도 정경 안에서 역사적·신학적 실체를 갖는 언약이라는 것이다. 우리가 여기서 언약이라는 말을 더 빈번하게 사용하는 이유는 모압 언약이 갖는 일방적인 신적 주도성을 부각시키기 위함이다. 모압 언약은 하나님이 '별도로' 모압 평지에서 이스라엘 백성과 세우신 언약이다. 그것은 한편으로는 시내산 계약의 연장이면서 또 한편으로 그것을 넘고 상보적으로 대체한다.

그렇다면 호렙에서 맺은 계약이 있는데 왜 하나님은 모압에서 두 번째 계약을 맺으시는가? 이 질문은 매우 중요하다. 대부분의 구약 성경 독자들은 시내산 계약, 다윗 계약, 그리고 미래의 언젠가 맺게 될 새 계약에는 익숙하다. 그러나 그들은 대부분 모압 계약에 낯설다. 엄밀하고 자세한 성경 읽기가 중요한 이유가 여기에 있다. 우리는 주요한 부분만 편식하지 말고 고루 읽고 소화시켜야 한다.

이 두 번째 계약을 이해하는 주요한 실마리는 이스라엘 백성이 서 있는 지리적·영적 위치다. 지금 이스라엘 백성은 약속의 땅의 경계선에 와 있지만 아직 가나안 땅에 들어가지 못했다. 바로 이 지점이 모압 언약이 활동하는 지점이다. 자신의 힘으로, 도덕성으로, 영적 순결성으로 가나안 땅에 들어가지 못하고 오로지 하나님의 절대은총으로만 가나안 땅에 들어갈 수 있는 한때의 계약 실패자들을 위한 피난처인 것이다. 신명기는 처음부터 하나님의 백성의 실존적 상황, 곧 경계선상의 존재로서의 하나님의 백성의 특성에 주목한다. 새 시대에 진입해야 하지만 스스로는 진입할 자원을 남겨두지 못한 백성들을 위한 언약이 바로 모압 언약이다. 모압 평지에 와 있는 이스라엘 백성이나 후대의 바벨론 포로들이나 경계선적 존재가 아니었던가? 어느 누구도 자신의 도덕성이나 경건으로 가나안 땅에 들어갈 수는 없다. 모두 실패한 경험을 안고 있고 땅끝으로 추방된 상처를 안고 있는 백성이 아닌가? 출애굽한 이스라엘 백성도 알고 보면 원래 자신들의 조상에게 선사된 땅으로부터 오랫동안 추방된 상처를 안고 이제 복귀하는 것이 아닌가? 이 점이 바로 바벨론 귀환 포로들의 실존적인 정황과 겹쳐 울리는 상황이다.

모세가 신명기 세 번째 강론을 시작하면서 백성들에게 야웨에 대한 충성의 서약으로서 계약을 맺도록 요청할 때 이스라엘 백성은 약속과 성취의 경계선상에 있다. 그들은 땅을 받지 못했거나 (이 본문의 최종판이 포로기 편집의 산물이라면) 땅을 잃어버렸기 때문에 땅에 다시 들어가기 전, 곧 땅으로부터 떨어진 상태에 있다. 가나안 땅 정착 후 시내산 계약을 파기하여 실제로 땅을 잃어버렸던 사람들에게 약속의 땅에 들어가기 위한 선결조건으로 새로운 충성의 맹세를 바치라는 요구야말로 참으로 시의적절하다. 하지만 오랜 광야생활 끝에 모압 평지까지 도달한 기원전 13세기 모세 시대 첫 이스라엘 백성의 신학적 정황이건 기원전 6세기 바벨론 귀환 포로들의 영적 정황이건, 어떤 자리에서나 이스라엘 백성이 가나안 땅을 차지하는 일은 영적 갱신을 요청한다. 땅이라는 구원의 선물을 누리는 필요조건 중 하나는 야웨 하나님께 자신들을 결속시키는 일이기 때문이다.

출애굽 1세대 이스라엘이 호렙(시내)에서 시내산 계약(십계명)을 준행하겠다고 엄숙히 맹세하였듯이, 출애굽 2세대 이스라엘도 땅 선물을 이제 막 누리려는 시점에서 계명들을 잘 지키겠다는 맹세를 바치는 것은 자연스러운 반응이다. 모압 평지에서 출애굽 2세대 이스라엘은 가나안 땅에 정착한 후에도 하나님의 율법 준수 약속에 자신들을 결박한다. 만일 포로기 청중이 이 본문을 읽었다면 그들은 계약을 파기한 자신들을 징벌하시되 아예 멸절시키지 아니하신 하나님께 감사한 마음으로 회개했을 것이다. 진실로 29-30장은 신학적으로나 이념적으로 볼 때 포로 이전 시기 요소와 포로기 요소들의 절묘한 통합을 보여준다. 고대 근동의 종주-봉신 조약의 빛 아래서 보면 모압 언약의 구조는 다음과 같이 정돈될 수 있다. 29:1은 표제와 배경을 구성한다. 29:2-9은 역사적 서언이며 29:10-15은 계약 당사자들의 정체를 규정한다. 29:16-19(특히 18절)은 계약의 기본 조항을 다루고 29:20-28은 저주 선언을 담고 있다. 29:29-30:14은 회개와 회복의 설교를 담고 있는데, 이 부분은 고대 근동의 조약 양식에는 없는 요소로서 신명기의 신학적 특질을 크게 부각시킨다. 여기에는 고대 근동의 종주-봉신 조약의 논리를 초월하는 논리가 작용한다는 것을 암시한다. 30:15-20은 계약적 결단을 다룬다. 좀 더 구체적으로 15-18절은 생명과 죽음의 갈림길에서의 결단을 다루고, 19절 상반절은 하늘과 땅을 증인으로 세우는 문제를 다루며, 19절 하반절과 20절은 살기 위하여 생명을 선택하는 결단을 촉구한다.

29 ¹호렙에서 이스라엘 자손과 세우신 언약 외에 여호와께서 모세에게 명령하여 모압 땅에서 그들과 세우신 언약의 말씀은 이러하니라. ²모세가 온 이스라엘을 소집하고 그들에게 이르되 여호와께서 애굽 땅에서 너희의 목전에 바로와 그의 모든 신하와 그의 온 땅에 행하신 모든 일을 너희가 보았나니 ³곧 그 큰 시험과 이적과 큰 기사를 네 눈으로 보았느니라. ⁴그러나 깨닫는 마음과 보는 눈과 듣는 귀는

오늘까지 여호와께서 너희에게 주지 아니하셨느니라. ⁵ 주께서 사십 년 동안 너희를 광야에서 인도하셨거니와 너희 몸의 옷이 낡아지지 아니하였고 너희 발의 신이 해어지지 아니하였으며 ⁶ 너희에게 떡도 먹지 못하며 포도주나 독주를 마시지 못하게 하셨음은 주는 너희의 하나님 여호와이신 줄을 알게 하려 하심이니라. ⁷ 너희가 이곳에 올 때에 헤스본 왕 시혼과 바산 왕 옥이 우리와 싸우러 나왔으므로 우리가 그들을 치고 ⁸ 그 땅을 차지하여 르우벤과 갓과 므낫세 반 지파에게 기업으로 주었나니 ⁹ 그런즉 너희는 이 언약의 말씀을 지켜 행하라. 그리하면 너희가 하는 모든 일이 형통하리라.

1) 역사적 서언 ● 29:1-9

29:1은 모압 언약의 기원을 말한다. 29:2 이하는 호렙에서 이스라엘 자손과 세우신 언약 외에 야웨께서 모세에게 명령하여 모압 땅에서 그들과 세우신 언약의 말씀이다. 모세가 주도해 세운 언약이기에 시내산 언약의 논리와 구조를 이어받을 수밖에 없다. 그런데 신명기 5:3에는 이 모압 언약을 이해하는 결정적인 실마리가 보인다. 출애굽 2세대가 시내산에서 야웨와 언약을 맺었다는 주장은 바로 모압 언약을 에둘러 말하는 것이다. 출애굽 2세대는 모압 언약을 맺으면서 시내산 언약의 현장으로 초치되어 시내산 언약의 정신, 조약 조항 등을 상속했다는 것이다. 그래서 모압 언약에서 '모압'은 가나안 땅에 들어가 하나님과 더불어 언약의 역사를 시작하려는 모든 이스라엘 후세대가 '서야 할 자리'다. 모압을 통해 가나안 땅으로 들어가는 후세대는 모압 언약의 독특한 구조와 논리 때문에 하나님의 언약적 저주로 가나안 땅에서 추방되어 이방을 유랑하던 실패와 좌절의 역사를 창조적으로 망각하고 그것을 초극할 길을 제공받는다. 모압 언약은 하나님의 언약적 요구를 지키지 못해 하나님의 무서운 저주를 맛본 후세대가 하나님의 일방적인 신실함과 자비와 인애로 다시 가나안 땅에서 새 삶을 시작할 수 있게 만드는 결정적인 방편이다.

모압 언약의 논리는 이미 출애굽기 32-34장에서 어느 정도 간취될 수 있다. 금송아지 우상숭배로 끝장난 계약 관계를 하나님의 일방적인 은혜와 죄 사함으로 다시 되살린 경험이 바로 모압 언약의 핵심 배경으로 자리 잡았다.

2절은 온 이스라엘이 모압 언약 체결 대상자임을 말한다. 시내산 계약에서처럼 역사적 서언은 바로와 애굽에게 행한 하나님의 위대한 구원사를 회고함으로 시작된다. 하나님께서 이 백성을 어떻게 안보하셨는지를 세 단계로 회고하는 구원사의 간략한 낭독 전개 방식은 다른 계약들의 서언과 유사하다. 그 세 단계의 구원사는 출애굽구원, 광야 인도, 그리고 시혼과 옥의 땅 정복이다. 하나님의 구속사적 활동에 대한 회고는 출애굽 2세대에게는 물론 가나안 땅 복귀를 앞둔 바벨론 포로들에게도 공히 중요하다. 다른 계약들의 역사적 서언과 비슷하면서도 다르기도 한 이 역사적 서언은 아직도 구원사의 의미를 깨닫지 못하는 영적 몽매 상태에 빠져 있는 이스라엘 백성의 형편을 강조한다. 왜냐하면 야웨께서 출애굽 전쟁시 보여주신 큰 시험과 이적과 기사를 눈으로 보고도 깨닫지 못하는 청중을 언약 체결 대상자로 불렀기 때문이다. 대개 시내산 언약은 야웨의 구원 전사와 그 의미를 아는 청중과 체결된 것으로 전제된다.출 24:8-11 그런데 모압 언약은 아직도 야웨의 출애굽 구원사의 의미를 깨닫는 마음과 보는 눈과 듣는 귀가 닫힌 청중과 맺어지는 언약이다. '오늘' 야웨께서 이스라엘에게 주지 아니하신 것이 세 가지다. 깨닫는 마음, 보는 눈, 듣는 귀.4절 이를 갖지 못한 청중이 언약 체결 대상이다. 이사야 6:9-13의 논리와 거의 동일하다. 이사야도 깨닫지 못하고 듣지 못하고 보지 못하는 청중에게 하나님을 말씀을 전했는데 이사야 시대의 청중은 대파국적인 몰락과 멸망을 맛본 후에야 소수의 남은 자로 간신히 살아남았다. 모압 언약의 당사자도 같은 궤적을 그릴 가능성이 열려 있다.

5-6절은 40년간의 광야훈련의 교육적 목적을 말한다. 이스라엘의 40년 광야생활은 실패로 돌아간 하나님의 교육훈련 기간이었음이 밝혀진다. 왜냐하면 하나님은 이 40년의 광야생활을 통해 야웨 하나님이 이스라엘의 주이심을 깨닫게 하시고 각인시키려 하셨는데 이스라엘 자손은 아직도 깨닫지 못하고 있기 때문이다. 광야 여정 기간 동안에 이스라엘이 자신이 직접 재배한 양식(떡과 포도주)을 의존하지 않고 하나님의 만나를 의존하게 하신 이유가 밝혀진다. 즉, 40년의 광야 방황은 야웨 하나님에 대한 의존과 복종을 배우는 훈육 과정임을 알려 주신다. 그런데도 이 40년의 광야 인도, 의식주 공급도 이스라엘의 마음에 야웨 하나님만이 이스라엘의 주이심을 확신시키는 데 성공하지 못한 것이다.

마지막으로 회고되는 은혜의 전사前史는 헤스본 왕과 바사 왕을 정복한 것과 그들의 영토를 르우벤과 갓과 므낫세 반 지파에게 기업으로 준 것이다.[29:7-9] 이 요단 동편 땅의 정복은 이스라엘에게 가나안 본토도 주시려는 야웨의 의도와 권능을 우선 과시한 것이었다.[민 21장] 또한 그것은 가나안 본토 정복의 필연성도 각인시켜 준 사건이었다. 르우벤과 갓, 므낫세 반 지파에게 할당된 땅을 확신의 발판으로 삼아 가나안 본토 정복에 용력을 내라는 격려가 뒤따른다. 9절이 말하는 '언약에 대한 순종'은 이스라엘 백성 모두에게 기대되는 것이지만 특히 요단 동쪽 지파가 가나안 정복전쟁에 능동적으로 참여하라[민 31:22-27]는 말로 이해될 수 있다. 9절이 말하는 순종과 형통의 인과관계는 가나안 땅을 실제로 차지하는 데서 실증될 것이다. 결국 이 세 가지 구원 전사(출애굽, 광야 인도, 시혼과 옥의 땅 정복)에 입각해 이스라엘은 그들이 하는 모든 일에서 형통하기 위하여 모압 언약의 말씀을 지켜 행하라고 요구받는다.

결국 역사적 서언에서 천명되는 계약적 논리는, 인간 존재에게 있어서 가장 근본적인 관계성은 우리 밖에서부터 시작되고 계약적 사랑(헤세드)이라고 하는 보다 우선적이고 선행적인 실재에 의해 창조되었다는 것이다. 계약적 요구에 대한 충성과 율법에 대한 순종, 축복과 저주로 구성된 상벌규정의 열거도 하나님의 백성이 하나님의 강력한 사랑의 손길에 붙잡히고 지탱되지 못할 때는 성립될 수 없다. 즉, 하나님의 일방적인 은혜 선포와 초청이 계약 체결의 대전제라는 것이다. 계약 체결 행위가 우리로 하여금 선택과 결단을 촉구하며 압박하지만수 24:15 이것 자체가 벌써 은혜와 특권이라는 것이다. 선택과 결단에로 부름을 받은 사람은 어떤 의미에서 이미 선택된 자들이었고, 하나님께서 그들을 위하여 행하신 사역으로 말미암아 그들 자신이 계약 관계 속으로 이미 이끌려 들어와 있음을 명심해야 한다는 것이다.

모압 계약의 역사적 서언의 내용은 그것의 논리만큼이나 중요하다. 하나님께서 행하신 구원 사역은 이스라엘 계약 공동체가 하나의 플라톤적인 이상 공동체가 아니라 땅 위에서 살아가야 할 정치적 실체라는 것을 잘 부각시킨다. 이스라엘 공동체가 관념의 영역에서 형성된 공동체가 아니라 인간 역사 속에서, 곧 특정한 백성들의 경험 안에서 창조된 공동체라는 점에서 하나님의 이스라엘 공동체 창조 행위는 역사적 행위이며, 하나님께서 이 특별한 백성을 다루시는 방법이 곧 세상의 모든 백성을 다루시는 방법을 대표한다는 점에서 이스라엘의 역사는 범례적일 수밖에 없다. 그래서 공룡의 자취를 찾기 위해 공룡 발자국이 찍힌 바위를 찾듯이 하나님의 발자국이 선명하게 찍힌 이스라엘의 역사가 세계 역사를 해석하는 잣대가 되는 것이다. 여기서 자세히 열거된 하나님의 구속-역사적 사역, 곧 애굽의 압제로부터의 구출, 어렵고 낯설며 무서운 광야 여정의 인도, 이 세상 안에서의 물리적 생존을 위한 의식주 공급, 하나님의 축복과 가르침 아래서 살아갈 땅의 확보는 이스라엘에게만 일어난 유별난 역사가 아니라는 것이다. 그것은 오히려 천지의 창조주되신 하나님을 향하여 인간이 기대할 수 있는 하나님의 보편적인 구원 사역이다. 하나님께서 세계 도처에서 부단히 출애굽, 광야 인도, 땅 정복의 역사를 일으키시는 분이라는 것이다.[암 9:7, 신 2장] 이런 선행적 구원 역사에 입각하여 하나님의 도덕적·영적 요구가 뒤따라 나온다. 이스라엘 백성은 야웨와의 계약 관계 속으로 들어감으로서 야웨에 대한 응답을 자기 자신의 삶의 길로 받아들이고 주장할 때가 된 것이다.[29:12]

29

[10] 오늘 너희 곧 너희의 수령과 너희의 지파와 너희의 장로들과 너희의 지도자와 이스라엘 모든 남자와 [11] 너희의 유아들과 너희의 아내와 및 네 진중에 있는 객과 너를 위하여 나무를 패는 자로부터 물 긷는 자까지 다 너희의 하나님 여호와 앞에 서 있는 것은 [12] 네 하나님 여호와의 언약에 참여하며 또 네 하나님 여호와께서 오늘 네게 하시는 맹세에 참여하여 [13] 여호와께서 네게 말씀하신 대로 또 네 조상 아브라함과 이삭과 야곱에게 맹세하신 대로 오늘 너를 세워 자기 백성을 삼으시고 그는 친히 네 하나님이 되시려 함이니라. [14] 내가 이 언약과 맹세를 너희에게만 세우는 것이 아니라. [15] 오늘 우리 하나님 여호와 앞에서 우리와 함께 여기 서 있는 자와 오늘 우리와 함께 여기 있지 아니한 자에게까지이니.

2) '확대된' 계약 당사자들 • 29:10-15

29:10-15(마소라 본문 29:9-14)은 모압 계약의 인간 당사자들을 말하고 29:16-19(마소라 본문 29:15-18)은 계약의 기본 의무조항을 말한다. 29:10-15 단락에서 인상적인 것은 참여자들에 대한 세밀한 나열과 '오늘날'[10, 12, 13, 15절]의 반복적 강조다. 먼저 10절은 2인칭 남성복수 대명사 아템[(אתֶּם), 너희들]을 문두에 배치한다. 10절 첫 소절은 "너

희 모두 오늘 야웨, 너희 하나님 야웨 앞에 모여 서 있다"이다. 10절 하반절은 '너희 모두'를 구성하는 각각의 구성원을 망라한다. 이들은 모세가 소집한 '온 이스라엘'을 구성하는 구성원들이기도 하다. 개역 개정은 비평장치의 권고대로 수정하지 않고 마소라 본문 로쉐켐 쉬 브테켐(רָאשֵׁיכֶם שִׁבְטֵיכֶם)을 그대로 번역해 '지파'가 마치 구성원인 것처럼 지파를 구성원의 하나로 넣고 있다. 그런데 마소라 본문의 BHS 비평장치 권고안을 따라 "너희의 수령들, 너희의 지파들"(로쉐켐 쉬브 테켐)은 "너희 지파들의 수령들"[로쉐 쉬브테켐(רָאשֵׁי שִׁבְטֵיכֶם)]로 수정하는 것이 좋다. 따라서 모압 언약 체결에 참여한 개별 구성원은 지파들의 수령들, 장로들, 이스라엘 회중의 지도자들[쇼터림(שֹׁטְרִים)], 이스라엘 모든 남자, 그리고 유아들과 아내들 및 이스라엘 진중에 있는 객과 이스라엘을 위해 나무를 패는 자로부터 물 긷는 자(성전 잡역부인 느디님 사람들)다. 이들이 다 이스라엘의 하나님 야웨 앞에 모여 서 있다. 이 '온 이스라엘'은 바벨론 포로 귀환 이후 시대에 구성된 구성원들이다(특히 스 8:20에서 느디님 사람 언급).[4]

12절(마소라 11절)은 온 이스라엘이 야웨 앞에 서 있는 목적을 말한다. 히브리어 구문에서 르오브르카(לְעָבְרְךָ)를 그대로 두면 말이 안 된다. 이것은 아바르(עָבַר) 동사와 이인칭 목적어가 붙은 부정사연계형 구문이다. 그런데 아바르(지나다, 건너다) 동사가 바로 인칭대명사 목적어를 갖는 경우는 거의 없다. 따라서 BHS 마소라 비평장치의 권고대로 르오브르카를 르하아비르카(לְהַעֲבִירְךָ)로 고치는 것이 좋다. 그러면 아바르 동사의 히필부정사 연계형 구문이 되어 말이 통한다. "너로 하여금 건너가게 하기 위하여"라는 번역이 가능하다. 전체를 직역해 보면 이렇다. (너희 온 이스라엘 모두가 야웨 앞에 선 목적은) "야웨께서 너로 하여금 야웨, 너희 하나님이 오늘 너와 맺으시려고 하는 그의 언약과 맹세를 통과하게 하려 하심이다." "언약과 맹세를 통과하다"라는 표현은 흔한 구문이 아니다. 아마도 언약과 맹세 의식을 치른다는 의미일 것이다. 개역개정은 '참여하다'라고 했는데 무난한 번역이다.

13절(마소라 12절)은 이 모압 언약 체결 전체의 목적을 목적접속사 르마안(לְמַעַן)을 가지고 도입한다. "여호와께서 네게 말씀하신 대로 또 네 조상 아브라함과 이삭과 야곱에게 맹세하신 대로 오늘 너를 세워 자기 백성을 삼으시고 그는 친히 네 하나님이 되시려 함이니라." 모압 언약 체결의 근거는 두 가지다. 첫째, 야웨 하나님께서 아브라함과 이삭과 야곱에게 그들의 후손을 하나님 백성으로 삼아 주겠다고 맹세하셨기 때문이다. 둘째, 출애굽 2세대인 모압 청중에게도 이미 시내산 언약에서 하나님 백성으로 삼아 주겠다고 약속하셨기 때문이다. 모압 언약은 이미 하나님 백성으로 부름받은 이스라엘을 다시 한 번 하나님 백성으로 확증해 주기 위해 체결된다는 것이다. 히브리어 구문은, "오늘 너를 그에게 백성으로 세우고 그 야웨가 네게 하나님이 됨을 확정짓기 위함이다"라고 번역될 수 있다. 이것은 하나님께서 이스라엘 백성을 야웨의 백성으로 맞이하고 이스라엘 백성이 야웨를 그들의 하나님으로 확정짓는 전형적인 구약성경의 공식 계약 체결 문구다. 결국 모압 언약은 아브라함과 이삭과 야곱과 맺은 언약의 후속 언약이며 그런 점에서 시내산 언약의 형제 언약이다. 이처럼 모압 언약도 쌍방속박적 언약이다. 온 이스라엘은 야웨께 언약백성이 되고 야웨는 이스라엘에게 하나님이 되어 주셔야 한다. 야웨가 이스라엘에게 하나님이 되시려면 땅을 주셔야 한다. 야웨의 언약과 율법을 총체적으로 실현하고 준수할 터전이 이스라엘에게 주어져야 하고, 이스라엘은 야웨를 사랑하고 그의 모든 명령 하나하나를 지켜야한다. 이것이 쌍방속박적 언약이라는 말의 의미다.

14-15절도 신명기 5:3의 논리를 이어받는다. 이 언약은 모압 평

지에 모여든 모세 시대의 이스라엘 자손과만 맺어진 언약이 아니다. "오늘 우리 하나님 여호와 앞에서 우리와 함께 여기 서 있는 자와 오늘 우리와 함께 여기 있지 아니한 자"와도 맺은 언약이다. 즉, 모든 후세대에게 열려진 언약이라는 것이다. 이처럼 모압 계약 참여자 중에는 가나안 땅에 가서야 이스라엘 공동체의 일원이 되었을 법한 구성원도 등장한다(물 긷는 자, 장작 패는 자).수 9:21, 23, 27 이미 앞에서 관찰했듯이 야웨와의 계약 당사자들의 정체를 낱낱이 밝히는 데 12가지 표현이 사용되었다.10-11, 14-15절 이 확대된 목록은 두 가지 중요한 사실을 일깨워 준다. 첫째, 계약은 공동체 각각의 모든 구성원을 상대로 맺어진다. 여기 서 있는 자와 여기 서 있지 않은 자에 대한 마지막 언급뿐만 아니라 그 목록의 범위와 세밀한 규정은 공동체의 모든 구성원이 약속의 땅에서 하나님의 축복을 누리며 야웨의 말씀 가운데 제시된 삶의 원리대로 살도록 이끌림 받았음을 강조한다. 둘째, 15절에 있는 일반화된 범주는 계약 공동체의 구성원의 자격을 포괄적으로 규정함으로써 공간과 시간의 한계를 뛰어넘어 미칠 모압 계약의 효력을 강조한다. 그 계약은 아직도 미래를 향해 열려 있고 시간과 공간을 초월하여, 계약 체결 시 함께 있지 않았던 사람과 심지어 태어나지 않은 세대까지도 계약 당사자로 소환한다. 이 수단을 통해 계약은 말씀들을 읽고 말씀들의 호소와 명령을 들을 후세대에게까지 열려 있다.

29 ¹⁶(우리가 애굽 땅에서 살았던 것과 너희가 여러 나라를 통과한 것을 너희가 알며 ¹⁷너희가 또 그들 중에 있는 가증한 것과 목석과 은금의 우상을 보았느니라.) ¹⁸너희 중에 남자나 여자나 가족이나 지파나 오늘 그 마음이 우리 하나님 여호와를 떠나서 그 모든 민족의 신들에게 가서 섬길까 염려하며 독초와 쑥의 뿌리가 너희 중에 생겨서 ¹⁹이 저주의 말을 듣고도 심중에 스스로 복을 빌어 이르기를

내가 내 마음이 완악하여 젖은 것과 마른 것이 멸망할지라도 내게는 평안이 있으리라 할까 함이라.

3) 계약 기본의무 조항 ●29:16-19

보통 계약 체결 당사자가 소개되면 계약이 요구하는 의무 조항,covenant stipulations 모압 언약을 지탱시킬 핵심 조항이 나와야 하는데 여기서는 호렙산에서 선포된 십계명과 같은 계약 조항들의 목록을 제시하지 않는다. 이는 무엇을 의미하는가? 모압 언약은 사건적으로나 시공간적으로 볼 때 별도로 체결된 조약이지만 전체적으로 시내산 언약의 후속으로서 그 기본 조항을 전제하고 있기 때문일 것이다. 여기서는 고대의 종주-봉신 조약과 계약 문서들에서 특징적으로 나타나는 기본 조항을 간략하게 언급한다. 16-27절 전체로 보면 야웨에 대한 배타적 예배 의무와 우상배척 의무가 계약 조항이라고 볼 수 있다.29:16-18

야웨에 대한 배타적 예배 의무와 우상배척 의무는 신명기 전체에 걸쳐서 반복적으로 나타났던 으뜸 조항과 똑같다. 즉, 이스라엘의 야웨 한 분 하나님에 대한 배타적 예배와 섬김이 그것이다. 그래서 시내산 언약을 계승하고 상보적으로 확장하는 모압 언약에서 십계명의 첫째 계명과 쉐마에서 들었던 내용이 계약의 주요한 요구로서 다시 한 번 등장하고 있다. 여기서 그것은 우상숭배와 다른 신들에 대한 예배를 경고하는, 친숙하지만 부정적인 용어로 표현되어 있다. 야웨를 떠나 이방신을 섬기면 이스라엘 공동체 내에 독초와 쑥의 뿌리가 생겨난다는 경고는 우상숭배가 이스라엘 공동체의 토대를 허물어뜨리는 일임을 경각시키기 위해 주어졌다.

²⁰ 여호와는 이런 자를 사하지 않으실 뿐 아니라 그 위에 여호와의 분노와 질투의 불을 부으시며 또 이 책에 기록된 모든 저주를 그에게 더하실 것이라. 여호와께서 그의 이름을 천하에서 지워버리시되 ²¹ 여호와께서 곧 이스라엘 모든 지파 중에서 그를 구별하시고 이 율법책에 기록된 모든 언약의 저주대로 그에게 화를 더하시리라. ²² 너희 뒤에 일어나는 너희의 자손과 멀리서 오는 객이 그 땅의 재앙과 여호와께서 그 땅에 유행시키시는 질병을 보며 ²³ 그 온 땅이 유황이 되며 소금이 되며 또 불에 타서 심지도 못하며 결실함도 없으며 거기에는 아무 풀도 나지 아니함이 옛적에 여호와께서 진노와 격분으로 멸하신 소돔과 고모라와 아드마와 스보임의 무너짐과 같음을 보고 물을 것이요 ²⁴ 여러 나라 사람들도 묻기를 여호와께서 어찌하여 이 땅에 이같이 행하셨느냐. 이같이 크고 맹렬하게 노하심은 무슨 뜻이냐 하면 ²⁵ 그 때에 사람들이 대답하기를 그 무리가 자기 조상의 하나님 여호와께서 그들의 조상을 애굽에서 인도하여 내실 때에 더불어 세우신 언약을 버리고 ²⁶ 가서 자기들이 알지도 못하고 여호와께서 그들에게 주시지도 아니한 다른 신들을 따라가서 그들을 섬기고 절한 까닭이라. ²⁷ 이러므로 여호와께서 이 땅에 진노하사 이 책에 기록된 모든 저주대로 재앙을 내리시고 ²⁸ 여호와께서 또 진노와 격분과 크게 통한하심으로 그들을 이 땅에서 뽑아내사 다른 나라에 내던지심이 오늘과 같다 하리라. ²⁹ 감추어진 일은 우리 하나님 여호와께 속하였거니와 나타난 일은 영원히 우리와 우리 자손에게 속하였나니 이는 우리에게 이 율법의 모든 말씀을 행하게 하심이니라.

4) 계약 저주 ● 29:20-29

기본 조항에 비해 저주 조항은 상대적으로 길게 소개된다. 더 놀라운 것은 계약 순종 시 받을 복 목록이 아예 없다. 이는 모압 언약은 계약적 저주를 경험하고 대파국을 맛본 개인과 공동체를 위해 체결된 언약임을 암시한다. 이 단락은 계약 파기 시 이스라엘에게 임할 재난 묘사에 집중한다. 20-21절에서는 특별히 은밀하게 자기 고집대로 야웨의 배타적 예배로부터 이탈한 자가 어떤 징벌을 받을지에 주의를 집중시킨다. 20절에서 하나님의 가차 없는 징벌을 자초하는 자는 18-19절에 묘사된 자다. '이런 자'는 은밀한 다른 신 숭배자이면서도 독초나 쑥의 뿌리처럼 확산과 전염성을 가진 우상숭배자다. 심지어 우상숭배자에 대한 야웨의 저주의 말을 듣고도 심중에 스스로 복을 빌어, "내가 내 마음이 완악하여 젖은 것과 마른 것이 멸망할지라도 내게는 평안이 있으리라"고 말하는 자다. 젖은 것과 마른 것은 모든 사회 구성원을 가리킨다. 착하고 의로운 자나 악하고 불의한 자, 야웨숭배자나 우상숭배자 모두를 망라한다. 즉, 옥석을 가리지 않고 전 구성원에게 재앙이 임할지라도 자신만은 평안하기를 비는 자가 야웨가 용서하지 않을 죄인이다. 이러한 사람은 개인적으로 야웨의 심판을 받게 될 것이다.[20-21절] 보다 더 큰 공동체에게 임하는 심판 속에서 개인의 책임이나 개인이 받아야 할 징벌이 용해되지 않는다는 것이다. 사회 구조악을 구실 삼아 저지르는 사회 구성원의 은밀한 죄악은 간과되지 않는다는 것이다. 그러나 그런 개인들이 이룬 공동체에게도 징벌이 임하는데, 그 징벌은 실제로 후손들에게 전가되고 이월될 것이다. 결국 개인과 그가 속한 보다 큰 전체 공동체의 상호작용은 계약의 기본 명령을 불순종하여 초래되는 징벌에 대한 선고 속에서 한층 심화된다.

22-29절(특히 25-29절)의 배후에는 계약을 지키지 못하고 야웨의 도에 따라 살지 못한 망령된 조상의 행실 때문에 저주를 받았다고 느끼는 이스라엘 후손 공동체의 역사적 성찰이 숨겨져 있다. 22-28절은 후손 공동체와 멀리서 온 객(일련의 국외자적 관찰자)이 주고받는 대화로 되어 있다. 이스라엘 후손 공동체와 멀리서 온 객은 이스라엘 땅에 임한 재앙과 야웨께서 그 땅에 유행시키시는 질병을 보며, 옛적에 야웨께서 진노와 격분으로 멸하신 소돔과 고모라와 아드마와 스보임처럼 이스라엘 온 땅이 유황이 되며 소금이 되며 불

에 타서 심지도 못하며 결실함도 없으며 아무 풀도 나지 않는 것을 보고 물을 것이다. 왜 이런 일이 일어났는지를 추적하고 캐묻는 후손 세대의 질문 제기에 여러 나라 사람들도 동참한다.²⁴절 이 질문에 답변을 주는 사람은 국외적 관찰자들이다. 그들은 25-28절과 같이 대답한다.

놀라운 사실은, 모세는 이스라엘이 다른 나라에 집어던져진 상황에서 이런 질문이 제기되고 대답이 주어지는 상황을 내다보고 있다는 것이다. 이스라엘 후세대와 멀리서 온 객은 이스라엘이 재기불능의 파괴를 당했다고 본다. 창세기 19장에 나오는 사해 근처 네 도시의 멸망 예화는 이스라엘과 하나님의 계약 관계가 영원히 소멸될 수도 있다는 이스라엘의 자기암시를 반영하는 것처럼 보인다. 아드마, 스보임, 소돔, 고모라는 한때 융성한 도시였으나 하나님의 심판으로 역사의 기억에서 소멸된 공동체였다.⁵ 19절은 보다 큰 징벌이 하나의 독뿌리가 맺은 열매로서 초래될 수 있음을 제시하지만, 본문은 문제의 원인이 개인이라기보다는 야웨의 계명을 지키지 못한 사회 전체의 광범위한 실패라는 사실을 더욱 강조한다. 모세는 고대 근동의 조약 문서에 규정된 저주에서 전형적으로 나타나는 용어를 가지고 하나님과 맺은 계약을 지키지 못하고 범죄한 백성에 대한 징벌을 선고한다. 다시 한 번 그 실패의 뿌리는 야웨에 대한 배타적 예배와 섬김으로부터의 이탈과 배반임이 강조된다. 마음속 깊은 곳에서부터 우러나는 충성을 하나님께 바치지 않고 다른 예배 대상에게 옮기는 행위는 한 개인이나 공동체에게 자기파멸적인 행위로 선포된다.

26-29절은 신명기 저자가 서 있는 신학적 정황이 무엇인지를 짐작케 하는 실마리를 던져 준다. 신명기 최종 저자와 독자들은 지금 가나안 땅에서 뿌리 뽑혀 다른 나라에 던져져 있는 상황에 놓여 있다. "여호와께서 또 진노와 격분과 크게 통한하심으로 그들을 이 땅

에서 뽑아내사 다른 나라에 내던지심이 오늘과 같다 하리라"(여기서 '오늘'은 모세 시대의 맥락을 지칭).²⁸절, 30:4-5 비록 미래에 등장할 이방인 관찰자의 입에서 나온 예언적 담화이기는 하지만, 이 논평은 바벨론 포로기를 살고 있던 신명기 독자들의 실존적인 상황을 반영한 것이었으리라. 적어도 기원전 6세기 모압 언약의 청중은 땅을 잃고 유배생활을 하다가 다시금 가나안 땅으로 돌아갈 카이로스를 맞이한 바벨론 포로들이었을 것이다. 그들은 이스라엘 역사의 파국적 종말인 민족의 유배 상황에 처해 있는 실패한 공동체가 아니었던가? 그들에게 하나님의 심판은 공변되고 정당한 심판이었지만 나라와 공동체의 멸망은 받아들이기 힘든 신비였던 것처럼 보인다. 신명기 저자는 이 신비를 다 헤아리기 힘들지라도 남은 과제는 여전히 하나님의 말씀에 대한 순종 의무임을 강조한다. 아마 모압 언약은 하나님의 일방적이고 절대주권적인 자비와 은혜에 의하여 가나안 본토 귀환길이 열리기를 기대하는 경계선적 공동체인 바벨론 포로들을 향해 증폭된 위로의 메시지로 들렸을 것이다. 30장에서 드러나는 모압 언약의 다소 고조되고 격앙된 분위기와 또한 그것이 자동적인 구원으로 오해되지 않도록 억제하는 듯한 정조情操는 기원전 538년 고레스 칙령 직후의 포로 공동체의 영적 상황을 반영하는 것처럼 보인다. 가나안 고토로 복귀하는 길은 과연 열린 것인가?

미래에 있을 대파국적 상황을 배경으로 선포되는 복락원의 비전 ●30장

30 ¹내가 네게 진술한 모든 복과 저주가 네게 임하므로 네가 네 하나님 여호와로부터 쫓겨간 모든 나라 가운데서 이 일이 마음에서 기억이 나거든 ²너와 네 자손이 네 하나님 여호와께로 돌아와 내가 오늘 네게 명령한 것을 온전히 따라 마음을 다하고 뜻을 다하여 여호와의 말씀을 청종하면 ³네 하나님 여호와께서 마

음을 돌이키시고 너를 긍휼히 여기사 포로에서 돌아오게 하시되 네 하나님 여호와께서 흩으신 그 모든 백성 중에서 너를 모으시리니 ⁴네 쫓겨간 자들이 하늘 가에 있을지라도 네 하나님 여호와께서 거기서 너를 모으실 것이며 거기서부터 너를 이끄실 것이라. ⁵네 하나님 여호와께서 너를 네 조상들이 차지한 땅으로 돌아오게 하사 네게 다시 그것을 차지하게 하실 것이며 여호와께서 또 네게 선을 행하사 너를 네 조상들보다 더 번성하게 하실 것이며 ⁶네 하나님 여호와께서 네 마음과 네 자손의 마음에 할례를 베푸사 너로 마음을 다하며 뜻을 다하여 네 하나님 여호와를 사랑하게 하사 너로 생명을 얻게 하실 것이며 ⁷네 하나님 여호와께서 네 적군과 너를 미워하고 핍박하던 자에게 이 모든 저주를 내리게 하시리니 ⁸너는 돌아와 다시 여호와의 말씀을 청종하고 내가 오늘 네게 명령하는 그 모든 명령을 행할 것이라. ⁹⁻¹⁰네가 네 하나님 여호와의 말씀을 청종하여 이 율법책에 기록된 그의 명령과 규례를 지키고 네 마음을 다하며 뜻을 다하여 여호와 네 하나님께 돌아오면 네 하나님 여호와께서 네 손으로 하는 모든 일과 네 몸의 소생과 네 가축의 새끼와 네 토지 소산을 많게 하시고 네게 복을 주시되 곧 여호와께서 네 조상들을 기뻐하신 것과 같이 너를 다시 기뻐하사 네게 복을 주시리라.

1) 이스라엘의 돌이킴을 촉구하시는 야웨 하나님의
재활복구 비전 ●30:1-10

30장은 대파국적인 상황을 배경으로 선포되는 감동적인 복락원의 노래다. 신명기 저자는 열국 중에 이미 흩어지는 저주를 경험하고 있거나 경험한 (미래) 청중을 염두에 두고 있다. 29-30장에는 적어도 다섯 구절 이상이 열국 가운데 쫓겨나 흩어진 상황을 예상하거나 반영하고 있다.²⁹:²⁸, ³⁰:¹, ³, ⁴, ⁵

따라서 30장은 모압 언약의 일부가 아니라 모압 언약(시내산 언약)의 저주가 실현된 상황이다. 30:1은 "내가 네게 진술한 모든 복과 저주가 네게 임하므로 네가 네 하나님 여호와로부터 쫓겨간 모든 나라 가운데서 이 일이 마음에서 기억이" 날 미래 상황을 염두에 둔다. 모세의 입장에서는 미래이지만 바벨론 포로 입장에서는 이미 시내산-모압 언약의 저주가 실현된 상황이다. 모압 언약에 참여한 최초 세대는 출애굽 2세대다. 그들은 아직도 가나안 땅에 들어가지 못한 세대다.[30:16] 하지만 모압 언약에 참여한 최후 세대는 바벨론 포로들이다. 바벨론 포로세대는 5:3, 29:5, 15의 원리에 따라 오래전 조상 세대가 맺은 하나님과의 언약에 참여했던 것으로 전제된다. 그들도 시내산-모압 언약을 상속했기 때문이다. 29:2-8에서 모압 언약의 1세대 참여자들에게 말하고, 29:28 이후부터는 모압 언약의 마지막 세대인 바벨론 포로들에게 말한다. 모세에게는 먼 미래에 있을 일을 경험한 세대다. 바벨론 포로의 입장에서 자신들의 처지는 오래전 모세가 선포한 시내산-모압 언약의 저주가 실현된 셈이다. 따라서 30장은 모압 언약 1세대와 마지막 세대 모두에게 말하고 있다. 둘의 공통점은 아직 가나안 땅에 들어가지 못했다는 것이다. 하지만 30:1-5에서 현저하게 드러나듯이 30:1-5은 적어도 바벨론 포로세대에게 맞춰진 강론으로 읽는 것이 좋다. 바벨론 포로세대는 시내산-모압 언약의 저주를 온 몸으로 살아낸 세대다.

30:1-5에 따르면 확실히 야웨의 저주가 실현되고 땅은 상실되었다. 이스라엘과 야웨 하나님이 다시 언약 관계로 되돌아갈 길이 있는가? 적어도 이스라엘이 다시 야웨 하나님의 계약적 축복을 기대하기는 힘들다. 그러므로 야웨 하나님의 계약 선물인 땅을 되찾아 그곳에 재정착할 길이 없다. 야웨의 불합리할 정도의 선한 마음과 죄와 벌의 논리를 초극하는 헤세드, 계약 복원적 의리와 비상한 자비 외에는 어떠한 다른 요소도 끼어들 수 없다. 야웨가 이스라엘을 다시 언약백성 삼아 주시겠다고 선제적이고 선행적인 결단을 해서야만 이스라엘의 회개도 의미가 있다. 이러한 의미에서 이스라엘의

회개는 2차적으로 중요하다. 이스라엘이 야웨로부터 쫓겨 간 모든 나라 가운데서 자신들에게 하나님이 예고한 저주가 임했다는 것을 깨닫는 데서 희망의 문이 열린다. 이스라엘이 자신에게 닥친 엄청난 재앙을 하나님과 맺은 언약의 빛 아래서 해석하고 하나님이 내리신 심판임을 기억해,[6] 온 이스라엘이 이스라엘의 하나님 야웨께로 돌아와 '오늘' 모세를 통해 야웨가 명령하신 것을 온전히 따라 마음을 다하고 뜻을 다하여 야웨의 말씀을 청종하면, 이미 선제적이고 선행적으로 이스라엘을 재활복구시키기로 결단하신 하나님의 마음을 움직일 수 있다. 여기서 중요한 점은, 인간의 회개가 중요하지만 그것에 의해 하나님의 자비가 자동적으로 촉발되는 것은 아니라는 사실이다. 오히려 하나님의 일방적인 은총이 인간의 회개를 촉발하는 양상이 전개될 것이다. 하나님의 일방적인 은총은 포로생활의 종식과 고토 회복이다. 하나님이 조성해 주신 은총의 시간에 복을 의지적으로 선택해야 경험하는 복이다. 따라서 모압 언약에서 기대되는 하나님의 핵심 복은 포로살이 운명으로부터의 회복이며 열방으로부터 고토로의 복귀 약속이다. 이스라엘은 이 약속을 의지적으로 믿음 가운데 붙들어야 한다. 그래야 그 약속은 현실이 된다. 그래서 가슴 깊은 곳으로부터의 충성과 복종을 독려하는 계약 함의적인 용어, 특히 쉐마와 으뜸 계명을 되울리고 있는 감미로운 언어가 2-10절을 가득 채우는 것은 우연이 아니다(마음을 다하고 성품을 다하여 순종). 계약적 축복을 묘사하는 구체적인 용어가 9절에 나타난다.[28:4, 11] 풍요와 다산, 그리고 농작물의 풍성한 수확이 고토로 귀환한 공동체에게 약속된다.

그러므로 모세는 이 단락에서 하나님의 주도적이고 선행적인 돌이킴이 이스라엘의 후발적이고 응답적인 돌이킴(회개)을 창조한다는 것을 역설한다. 모세는 심판을 넘어서는 복음을 드높인다. "너희는 하나님의 선행적인 돌이킴 때문에 너희 하나님 야웨께 온전한 순종으로 돌이키겠고 야웨는 너희에게 자비를 베푸사 너희의 운명을 회복하실 것이다"라고 강론한다. 이스라엘이 주께로 돌이키는[2, 8절] 이 회개는 이스라엘의 운명을 회복시키는 야웨의 돌이킴[3절]과 맞물린다. 여기서 이스라엘의 돌이킴은 야웨를 온 마음과 성품을 다해 사랑하라는 이스라엘의 삶의 본질적인 요건을 실현하는 돌이킴이다. 하나님께 감미롭게 결박당한 백성으로의 환골탈태다. 이 돌이킴은 하나님께서 백성들에게 마음의 할례를 통해 전적으로 헌신된 마음을 주시고 그것에 대한 응답으로 백성들이 순종할 때 일어난다. "네 하나님 야웨께서 네 마음에 할례를 베푸실 것이며……너희는(히브리어 원전에 강조적 표현) 돌아와 야웨의 목소리를 청종할 것이다."[6-8절] "너희가 야웨께 돌아오기 때문에 너희는 야웨의 목소리를 청종하게 될 것이다."[10절]

여기서 우리는 모압 계약이 바로 예레미야[렘 31:31-34]와 에스겔[겔 36:25-26]이 선포한 새 언약 시대를 열어젖히는 선구자적 언약임을 어렴풋이 깨닫게 된다. 하나님의 영이 율법에 대한 순종을 가능케 할 것이라는 두 예언자의 예언은 이미 그리스도 예수의 시대와 바울 시대를 내다본 것이었다.[눅 3:16, 롬 8:2-4] 아마도 이 설교를 들었을 즈음의 이스라엘 백성(주로 바벨론 포로세대)은 역사적 경험을 통해 하나님의 율법에 대한 순종이 불가능한 과업임을 처절하게 깨달았을 것이다. 즉, 순종하는 마음을 하나님께서 주시지 않으면 이러한 순종은 불가능하다는 것을 알게 되었을 것이다(중세 랍비들의 심오한 통찰). 실로 이러한 깨달음은 불순종-심판-포로 추방이라는 험악한 현실로부터 비롯되었다. 신명기는 여기서 한 걸음 더 나아가 인간의 도덕성과 관계없이 작동하는 하나님의 자비와 용서의 가능성뿐만 아니라 율법에 대한 백성들의 온전한 순종의 가능성까지도 감히 주장하고 있는 것이다. 육신이 연약하여 행할 수 없는 율법의 요구를 성령의 감동으로 말미암아 준행할 수 있게 해주신다는 것이다. 마음이 완악하여 하나님의 의에서 멀리 떠난 불의한 자를 감동시켜 다시금 하나님과의 의로운 관계, 계약적 결속 상태로 불러들이는 것이다. 이것이 바로 바울이 말하는 복음에 나타난 하나님의 의가 아닌가?^{사 46:12-13} 하나님은 하나님의 계약적 요구대로 살 수 없는 자를 은혜로 구원하시고 감동시키셔서 계약적 요구대로 살 수 있는 능력을 주신다. 의로운 자가 되게 하신 것이다. 하나님의 구원 사역은 의롭지 못한 자를 의롭다고 선언하시는 칭의 사역과 실제로 의로운 성품을 창조해 주시는 성화 사역으로 나누어진다. 모압 계약에서 하나님이 주도하시는 칭의와 성화 사역은 심판당한 자들을 위한 축복이요 순종의 힘을 제공하는 원천이다. 이처럼 모압 계약은 하나님의 강력한 은혜와 그것이 창조하는 삶의 총체적인 변화를 아주 명확하게 부각시킨다. 그러나 이 둘 중 어떤 것도 우리의 온 마음과 뜻을 다하여 야웨 하나님을 사랑해야 할 책임을 조금도 경감시켜 주거나 면제해 주지 않는다. 이 점은 특히 30:15-20에 나오는 계약적 강론의 절정 부분에서 극적으로 부각되어 있다.

요약컨대 이스라엘의 청종과 회개보다 먼저 이스라엘을 재활복구시키기로 결단하신 하나님 야웨께서 마음을 돌이키시고 이스라엘을 긍휼히 여기사 포로살이로부터 돌아오게 하시되, 하나님 야웨께서 흩으신 그 모든 백성 중에서 이스라엘을 모으실 것이다. 그리고 이스라엘의 쫓겨 간 자들이 하늘 가에 있을지라도 이스라엘의 하나님 야웨께서 거기서 이스라엘을 모으실 것이며 거기서부터 이스라엘을 이끌어 내실 것이다. 그리하여 이스라엘의 하나님 야웨께서 이스라엘을 그 조상들이 차지한 땅으로 돌아오게 하사 이스라엘로 하여금 **다시** 그것을 차지하게 하실 것이며, 야웨께서 또 이스라엘에게 선을 행하사 그들의 조상들보다 더 번성하게 하실 것이다. 나아가 이스라엘의 마음과 그 자손의 마음에 할례를 베푸사 쉐마를 실천할 능력으로 가득 차게 할 것이다. 마음에 할례받은 이스라엘은 마음을 다하며 뜻을 다하여 이스라엘의 하나님 야웨를 사랑하게 되고 생명을 얻게 될 것이다. 뿐만 아니라 이스라엘의 적군과 이스라엘을 미워하고 핍박하던 자에게 이스라엘에게 임한 이 모든 저주[28:15-68, 29:22-28]를 내리게 하실 것이다. 그러므로 이스라엘은 돌아와 **다시** 야웨의 말씀을 청종하고 모세를 통해 '오늘' 이스라엘에게 명령하는 그 모든 명령 하나하나를 행해야 한다. 하나님의 선제적이고 선행적인 돌이킴에 대한 응답으로서 이스라엘의 후발적 회개와 청종이 이스라엘의 운명을 **다시 한 번** 복과 생명으로 이끌 것이다.

30장은 모압 언약의 마지막 언약 당사자에게 제시되는 적실한 역사 해석과 권면을 담고 있다. 특히 8-14절이 그렇다. 모압 언약의 마지막 당사자인 바벨론 포로세대에게는 하나님의 저주가 이미 실현되었으므로 이제 기대되는 것은 이스라엘의 전심 회개를 통한 하나님의 계약 축복이며 그로 인한 번영 가능성이다. 따라서 모압 계약의 관계 자체에 내재해 있는 축복은 이제 저주의 동시대적 대안이 아니라 시간적으로 볼 때 저주의 후속물이다. 저주는 실현되었기에 이제 축복이 실현될 차례라는 것이다. 그러나 이 축복도 자동적으로나 기계적인 순차에 따라 오는 것이 아니라 여전히 이스라엘 백성의 순종과 믿음을 통해 현실화된다. 여기서 순종과 믿음은 회개를 통해 실현된다. 하나님의 백성에게 회개란 과거와의 단절을 의미한다. 물론 언뜻 보면 30:1은 분명 이 계약적 설교가 이스라엘이 축복과 저주를 둘 다 경험해 보았던 한 시기, 혹은 둘 다를 경험하게 될 불특정한 미래 시대를 염두에 두고 있는 것처럼 보인다. 더 자세히 읽어 보면 30장의 나머지 부분은 이미 압도적인 비율로 저주를 더 많이 경험한 세대에게 선포된 말씀처럼 들린다(1절 '쫓겨간 모든 나라', 2절 '돌아와', 3절 '포로에서 돌아오게', '모으시리니', 4절 '네 쫓겨간 자들이', 5절 '열조의 땅으로 돌아오게 하사'). 즉, 저주를 경험했지만 저주가 하나님의 마지막 말씀이 아니라 그 너머에 있는 하나님의 위로와 계약 복원적 약속을 믿고 싶은 세대를 겨냥한 것처럼 보인다. 그래서 30장에서 '다시'라는 말이 자주 사용된다.

스가랴서에서 하나님이 '다시' 시온을 선택하시듯이, 하나님이 다시 이스라엘을 하나님 백성 삼기로 선택해 주셨기에 이스라엘의 미래가 열릴 수 있는 것이다. 8-10절은 돌아온 이스라엘의 순종을 기대하는 하나님의 마음을 보여준다. "너는 돌아와 다시 여호와의 말씀을 청종하고 내가 오늘 네게 명령하는 그 모든 명령을 행할 것이라."30:8 6절은 이스라엘의 율법 순종 능력이 하나님이 행하실 '마음의 할례'에서 비롯된다는 사실을 공포한다. 마음에 할례를 받은 이스라엘 백성은 마음을 다하며 뜻을 다하여 야웨 하나님을 사랑할 능력을 부여받고 그 결과 생명을 얻게 된다. 따라서 뒤이어 나오는 9-10절의 야웨의 말씀 청종 명령은 준행하기 어렵지 않다. 이미 마음의 할례를 받았기 때문이다. 마음에 할례를 받은 이스라엘이 야웨 하나님의 말씀을 청종하여 이 율법책에 기록된 명령과 규례를 지키고 마음을 다하며 뜻을 다하여 그들의 하나님 야웨께 돌아오면, 이스라엘의 하나님 야웨께서 그들의 손으로 하는 모든 일과 그들의 몸의 소생과 가축 새끼와 토지소산을 많게 하실 것이다. 야웨께서 그들의 조상들을 기뻐하신 것과 같이 모압 계약 당사자인 후손세대를 '다시' 기뻐하사 복을 주실 것이다. 30장은 '다시'의 복음을 선포하는 셈이다. 30:11-14은 야웨께서 '다시 한 번' 이스라엘 백성을 축복하셔서 하나님의 도를 순종할 수 있는 힘을 주실 미래를 정겹게 그리고 있다.

VI.

은혜 안에서 누리는 하나님 나라

30

¹¹ 내가 오늘 네게 명령한 이 명령은 네게 어려운 것도 아니요 먼 것도 아니라. ¹² 하늘에 있는 것이 아니니 네가 이르기를 누가 우리를 위하여 하늘에 올라가 그의 명령을 우리에게로 가지고 와서 우리에게 들려 행하게 하랴 할 것이 아니요 ¹³ 이것이 바다 밖에 있는 것이 아니니 네가 이르기를 누가 우리를 위하여 바다를 건너가서 그의 명령을 우리에게로 가지고 와서 우리에게 들려 행하게 하랴 할 것도 아니라. ¹⁴ 오직 그 말씀이 네게 매우 가까워서 네 입에 있으며 네 마음에 있은즉 네가 이를 행할 수 있느니라. ¹⁵ 보라, 내가 오늘 생명과 복과 사망과 화를 네 앞에 두었나니 ¹⁶ 곧 내가 오늘 네게 명령하여 네 하나님 여호와를 사랑하고 그 모든 길로 행하며 그의 명령과 규례와 법도를 지키라 하는 것이라. 그리하면 네가 생존하며 번성할 것이요 또 네 하나님 여호와께서 네가 가서 차지할 땅에서 네게 복을 주실 것임이니라. ¹⁷ 그러나 네가 만일 마음을 돌이켜 듣지 아니하고 유혹을 받아 다른 신들에게 절하고 그를 섬기면 ¹⁸ 내가 오늘 너희에게 선언하노니 너희가 반드시 망할 것이라. 너희가 요단을 건너가서 차지할 땅에서 너희의 날이 길지 못할 것이니라. ¹⁹ 내가 오늘 하늘과 땅을 불러 너희에게 증거를 삼노라. 내가 생명과 사망과 복과 저주를 네 앞에 두었은즉 너와 네 자손이 살기 위하여 생명을 택하고 ²⁰ 네 하나님 여호와를 사랑하고 그의 말씀을 청종하며 또 그를 의지하라. 그는 네 생명이시요 네 장수이시니 여호와께서 네 조상 아브라함과 이삭과 야곱에게 주리라고 맹세하신 땅에 네가 거주하리라.

2) 야웨의 선제적이고 선행적인 돌이킴에
응답하는 이스라엘 ● 30:11-20

30:11-14은 야웨 하나님께서 베푸신 마음의 할례를 받은 이스라엘에게 율법 준수가 얼마나 쉬운지를 해설한다. 마음에 할례를 받은 이스라엘에게 야웨의 명령은 어려운 것도 아니요 먼 것도 아니다. 하늘에 올라가 하나님의 명령을 가져와야 하는 일이 아니다. 하나님처럼 되어야 준행할 수 있는 것도 아니다. 바다 밖에 있는 명령을 가져오기(준행하기) 위해 바다를 건너가야 하는 것도 아니다. 이 바다

는 태초의 바다, 심연$^{창 1:2}$을 말한다. 땅의 가장 밑뿌리 아래 있는 원시 바다 심연을 의미한다. 음부에 있는 그 심연을 의미한다. 음부에 내려가서 거기에 있는 하나님의 명령을 이 땅으로 가져오는 어려운 과업이 아니다. 야웨의 말씀은 매우 가까워서 입으로 음송할 만큼 친숙하며 마음에 깊이 영접되어 새겨질 정도로 감미로워 능히 준행할 수 있다. 마음의 할례를 받아 감동으로 격앙되고 고조된 상태에서는 하나님의 말씀을 지키는 것이 어려운 일이 아니다. 음부에 내려가는 일도 아니고 하늘에 올라가는 일도 아니다. 야웨의 가르침을 따라 살 수 있다는 것이다.

11-14절은 야웨의 율법은 현실적으로 도무지 지켜질 수 없다는 고대 및 현대의 전제(특히 극단적 루터파교회)에 대한 중요한 반론이다. 이 간결한 문단 안에는 하나님의 율법은 지켜질 수 있다는 격려로 가득 차 있다. 모든 계명과 법도에 들어 있는 하나님의 말씀은 실제로 인간이 지키지 못할 만큼 어렵지 않다는 것이다. 가르쳐지고 연구되고 익혀지면 하나님의 가르침은 삶의 일부로 전유되어 소화될 수 있다는 것이다("네 입과 네 마음에"). 이 짧은 단락의 격려는 우리 마음속에 새겨져야 할 쉐마에 대한 가르침을 되울려 준다. 야웨의 율법이 실제 우리 마음에 있고 우리 입에 있으면 그때 "이 율법을 지킬 수 있다." 그래서 "야웨께서 우리에게 무엇을 요구하시는가? 우리는 하나님의 율법을 지킬 수 있는가?"라는 질문에 대하여 신명기는 확실하고 명백하게 대답한다. "너희는 야웨의 가르침 혹은 말씀 속에서 야웨께서 원하시는 모든 것을 식별할 수 있고 그것은 실천하기가 그렇게 어려운 것이 아니다. 오히려 그것은 바로 생명력 넘치는 삶의 수단이다." 로마서 10:5-12에서 바울은 이 말씀을 인증하여 율법 준수의 가능성을 한껏 고조시킨다. 바울에게 있어서 야웨의 길이요 삶의 수단인 하나님의 말씀은 율법의 마침과 완성점인

예수 그리스도 안에서[롬 10:4] 가장 철저하고 완전하게 계시되었다. 율법 준수의 가능성과 용이성에 대한 이 짧은 설명 바로 뒤에 이스라엘 백성으로 하여금 생명을 선택하도록 촉구하는 모세의 요구가 따라 나온다.[30:15-20]

"보라, 내가 오늘 생명과 복과 사망과 화를 네 앞에 두었나니."[30:15] 모세는 이스라엘이 그들의 하나님 야웨를 사랑하고 그의 모든 길로 행하며 그의 명령과 규례와 법도를 지키라고 명한다. 야웨의 명령과 규례와 법도를 지키면 살 것이며 번성할 것이다. 그 생존과 번성의 결정적 조건이자 토대는 땅이다. "또 네 하나님 여호와께서 네가 가서 차지할 땅에서 네게 복을 주실 것임이니라."[30:16] 땅은 야웨의 모든 명령, 규례, 법도를 지킬 백성에게 요청되는 선결 요건이다. 그러나 이 복의 길 대신 저주를 선택하면 이스라엘의 미래는 지극히 암울할 것이다. 만일 마음을 돌이켜 야웨의 목소리를 듣지 아니하고 유혹을 받아 다른 신들에게 절하고 그들을 섬기면, 이스라엘은 반드시 망할 것이며 요단을 건너가서 차지할 땅에서 오래 살지 못할 것이다. 복과 저주의 갈림길에 소환된 이스라엘에게 두 길 중 하나를 선택하라고 기회를 주시는 하나님께서는 이 장면을 목격하고 나중에 증언해 줄 증인으로 하늘과 땅을 부르신다. 고대 근동의 종주-봉신 조약에서는 종주국과 봉신국에서 숭배되는 많은 신들이 증인으로 소환되었는데, 이에 비해 유일신 신앙을 옹호하는 신명기는 하늘과 땅을 증인으로 삼는다.[사 1:2, 신 32:1] 하늘과 땅은 하나님이 이스라엘을 생명과 사망, 복과 저주의 갈림길로 소환해 그들과 그들의 자손이 살기 위하여 생명을 택하라고 촉구하는 이 상황의 증인이 되어야 한다. 야웨는 두 길을 중립적 선택 옵션으로 주시기보다는 생명과 복을 선택할 것만을 기대하고 요구하신다. "네 하나님 여호와를 사랑하고 그의 말씀을 청종하며 또 그를 의지하라."[30:20] 야웨는 이스라엘의 생명이요 가나안 땅에서 오랫동안 사는 것을 보장하시는 하나님이다. 이스라엘의 생명을 보장하시고 지지하시는 하나님께서 이스라엘로 하여금, 야웨를 사랑하고 그의 말씀을 청종하며 또 그를 의지해 그들의 조상 아브라함과 이삭과 야곱에게 주리라고 맹세하신 땅에 들어가 정착하게 하실 것이다.

결국 모압 언약의 궁극적 목적을 요약하는 이 마지막 단락에서 30:15-20 이스라엘은 사망과 화가 아니라 생명과 복을 선택하도록 격려받는다. 그 선택과 결단은 가나안 땅에 들어가기 전 '오늘'이라는 현재에 이루어져야 한다. 가나안 땅에서의 미래 번영은 '오늘'의 결단에 달려 있다. 이렇게 결단을 요청받는 것을 볼 때 바벨론 포로세대가 다시금 유혹을 받아 이방신을 섬겨 멸망당하는 시나리오가 완전히 폐기된 것이 아님은 분명하다. 하나님의 진노가 한 번 쏟아부어졌다고 해서 진노의 가능성이 아예 사라진 것은 아니라는 말이다. 그래서 하나님께서는 하늘과 땅을 증인으로 삼아 이스라엘의 선택과 결단의 경과에 대해 증언하게 하실 것이다. 나중에 이스라엘이 계약 위반으로 정죄를 당할 때 천지가 이스라엘의 죄를 규탄하는 증인으로 나타날 것이다. 영적 순전성을 지키기 위한 이스라엘의 영적 분투와 매 순간의 결단은 천지의 감시 아래 이루어질 것이며, 그 결단과 선택이 누적되어 어느 한순간에 산사태 같은 심판을 초래할 수도 있고 복락원의 희락을 가져다줄 수도 있을 것이다.

많은 점에서 이 단락은 신명기 전체를 대단원의 결미로 이끌고 있다. 모세를 통해 야웨께서 백성들에게 아직도 들려주어야 할 몇 가지 말씀이 있지만, 모세의 나머지 말씀들은31-34장 모세가 역사의 무대를 떠나고 이스라엘이 새로운 지도력을 맞아들이는 과도기적 맥락에 배치되어 있다. 이스라엘의 미래와 관련되어 언급될 필요가 있는 모든 강화, 권면, 경고 그리고 격려는 이제 다 청취되었다. 이제 미래는 이스라엘 백성의 손에 달려 있다. 야웨와의 계약 관계 속으로 들어가는 것은 결단을 내린다는 뜻이고 자신을 하나님과 하나님의 뜻에 전적으로 내어 맡기는 투신을 하는 것이다.^{출 19:3-9, 수 24:15-24} 이 전적인 투신이야말로 계약의 주제인 동시에 신명기 전체의 주장이다. 이제 이스라엘의 계약 갱신 예전에 참여하는 사람들, 야웨의 말씀과 모세의 말씀을 듣는 사람들, 고대 및 현대의 신명기 독자들 모두가 성경이 제시하는 결단의 촉구 중에서 가장 명시적인 요구 앞에 직면해 있다. 인생의 가장 근본적인 선택이 약속의 땅 경계선까지 당도해 있는 사람들 앞에 놓여 있다. 이 선택은 삶과 죽음을 가르는 선택이요 축복과 저주를 가르는 선택이다. 복과 저주의 길 가운데 하나를 선택하는 결단이다. 이미 암시되었지만, 이 자리에 오는 독자들은 은혜와 용서로 마음이 이미 감동되어 있기 때문에 생명과 복을 선택하는 것은 조금도 고통스럽지 않다.

신

모세오경의 율법은 신약시대 그리스도인에게
어떤 의미가 있는가

모세의 율법[1]이 그리스도인에게 어느 정도의 구속력이 있는가? 이
문제는 초대교회에서도 가장 뜨거운 논쟁거리였다. 기원후 50년 초
중반에 쓰여진 사도 바울의 갈라디아서와 로마서는 이 쟁점을 집중
적으로 다루고 있다. 사도행전 15장에 기록된 1차 사도공의회[48-49년
경]는 갈라디아서와 로마서의 핵심 쟁점 중 이방인 신자의 할례 문제
와 율법준수 문제를 다루었다. 1차 사도공의회의 의장은 주의 형제
야고보였고 논쟁 당사자는 유대교 출신 유력 장로들과 이방 선교사
바울과 바나바였다. 바울과 바나바는 1차 전도여행을 통해, 할례를
받지 않았는데도 복음을 듣고 성령을 받아 의롭게 되는 개종 과정
을 목격하면서 많은 개종자를 교회로 받아들이며, 할례와 율법의 멍
에를 강요하지 않았다. 그래서 1차 사도공의회 때 그들은 이방인 출
신 신자에게는 할례를 요구하지 말자고 제의한다. 바울의 입장을 베
드로가 지지하여 결국 의장 야고보는 오랜 시간의 토론과 논쟁을 종
합하면서 바울과 바나바의 입장을 채택하기에 이른다.[행 15:13-21] 주 예
수의 십자가 복음을 듣고 믿어 성령을 받아 이미 의롭게 된 이방인
출신 신자들에게 할례(모든 율법 준수 의무의 멍에)를 강요할 수 없다
("우리 조상과 우리도 능히 메지 못하던 멍에").[행 15:8-11] 이방인 개종자에
게 할례를 강요하지 않기로 결정하면서도 사도공의회는 몇 가지 중
요한 결정을 추가적으로 했다. 이방인 신자들에게는 우상숭배 금지,
음행 금지, 목매어 죽인 것 접촉 금지(이방 종교제사에 사용된 부정한

제사음식 취식 금지), 피를 멀리할 것을 명령하는 지침을 내려 주기로 합의했다.^{행 15:29} 이 네 가지 금지는 그레코-로만 문명에 퍼져 있는 음란종교 제의와 각종 우상숭배 제의 참여를 금지한 계명이었다. 사도공의회는 이방인 출신 그리스도인들과 교회가 모세의 율법에 대해 절충적인 태도를 취하도록 허용해 준 셈이었다.

마르키온에서 하르낙까지 이어지는 구약 폄하론과 율법 폐기론

그러나 144년에 로마교회의 유력 평신도였던 마르키온^{Marcion}이라는 인물이 등장해 구약 폐기론과 모세의 율법 폐기를 본격적으로 주도하고 자신이 정한 기준에 따라 정경 성경책을 고르기 시작했다. 그는 진노에 가득 찬 구약의 하나님과 모든 죄를 용서하시는 참 하나님, 곧 예수 그리스도를 보내신 하나님을 날카롭게 구별했다. 그 결과 마르키온은 누가복음 일부와 바울의 열 개 서신을 합해 모두 11권으로 된 그리스도인을 위한 정경을 만들었다. 하지만 마르키온의 구약 폐기론은 이내 카르타고의 교부 테르툴리아누스 등에 의해 이단으로 단죄되었다(208년의 「마르키온 논박」).² 마르키온이 이단으로 단죄된 이후 초대교회 교부들은 대개 구약과 신약의 통일성을 옹호하는 신학을 정통으로 정립했고 이 전통은 4세기 말 아타나시우스의 신약 정경 27권 확정 이후에는 정통교회의 입장이 되었다. 그래서 아타나시우스 이래 교회는 구약과 신약 총 66권을 교회의 정경으로 승인하고 사용했다.

교회의 구약정경화 결정에도 불구하고 구약성경 특히 모세의 율법에 대한 교회의 저항이 완전히 자취를 감춘 것은 아니었다. 중세 때에 득세한 반유대인주의 정서와 더불어 모세율법의 가치를 손상시키는 경향이 가톨릭교회 내에서도 완전히 사라지지는 않았다. 특히 모세오경을 613개³의 율법 규정으로 압축한 유대교 전통(12세기

스페인의 유대인 학자 마이모니데스)⁴이 생기고 나서부터 모세오경에 대한 그리스도인들과 교회의 편견은 심화되었다. 교회 일각에서는 모세오경을 케케묵고 시대착오적인 율법들의 모음이라고 간주해 버렸다.

이러한 중세적 반유대인 정서의 영향을 받은 종교개혁자가 독일의 마르틴 루터였다. 루터는 가끔 구약을 율법으로, 신약을 복음으로 단순 도식화했으나 신구약 모두에서 율법과 복음이 발견된다는 점을 인정했다. 무엇보다도 루터는 율법이 하나님의 요구대로 살 수 없는 우리의 총체적 파탄을 노정시키며 하나님의 일방적인 은혜와 약속으로 이끄는 기능에 주목했다. 율법의 최고 기능을 그리스도의 은혜로 이끄는 기능으로 과도하게 강조한 것이다. 그는 신약이 구약 안에 감추어져 있고 구약이 신약 안에 환히 드러났다고 말했다. 로마서 3:28로 솔라 피데*sola fide*를 옹호하고 에베소서 2:8로 솔라 그라티아*sola gratia*를 강조하는 데서 짐작되듯이, 신약성경 본문 설교를 구약 본문 설교보다 30배 이상 많이 했다. 그는 32년간의 비텐베르크 대학 교수 시절에 3-4년 정도만을 구약성경 연구에 바쳤다(대부분 시편 강의). 당시 원문 연구를 중시하던 르네상스 분위기에도 불구하고 구약성경과 히브리어를 과도하게 공부하면 유대인이 될 것이라는 우려 때문이었는지 루터는 히브리어 공부를 등한시했다.⁵ 그럼에도 불구하고 루터는 구약을 독일어로 번역하면서 구약성경의 정경적 가치를 때때로 인정하고 옹호했다. 그는 구약이 율법의 지침을 제시하고 인간의 죄를 드러내며, 선을 요구하고 율법준수에 좌절한 죄인을 그리스도의 은혜로 이끈다는 점을 강조했다.⁶ 그러나 루터의 구약 이해는 철저하게 그리스도 중심적이었다. 구약의 가치는 그리스도의 도래를 예고하고 예언한 것이었다. 이런 루터의 구약 이해는 신명기 18장 주해에서 극명하게 드러났다. 그는 신명기 18:15-19에서 모세가 자신의 사역이 그리스도가 오실 때까지 존속될 것이라고 예언했다고 해석했고, 모세오경 중에서 가장 고상한 부분이 이 신명기 단락이라고 주장했다. 따라서 루터는 구약성경 대부분의 율법이 유대인(고대 이스라엘 백성)에게 적용되고 그리스도가 열어 주신 새 언약의 시대를 사는 백성들에게는 직접적으로 적용되지 않는다고 주장했다.[7] 도덕법을 제외하고 모든 구약율법은 폐기되었다는 것이다.[8] 루터의 입장을 극단적으로 밀어붙이는 입장이 19-20세기 독일에서 또 나타났다.

19세기의 반유대주의 정서를 타고 점화된 구약성경에 대한 고등비평은 특히 모세오경 부분을 철저하게 폄하하고 율법의 가치를 깎아내리는 데 선봉대 역할을 했는데, 그 절정에 율리우스 벨하우젠이 있었다. 이런 구약 폄하적이고 율법 폐기론적인 태도는 20세기의 독일 교회사학자인 아돌프 하르낙에게 와서 또 한 번 증폭되었다.[9] 마르키온에서 하르낙까지 이어지는 구약 폐기론적인 입장이 이른바 정통교회 신자들에게도 잔존하고 있으며, 한국 대부분의 대형교회 목회자들도 구약을 외면하면서 특히 율법 본문을 자세하게 강해하는 경우는 거의 없다. 이러한 이유 때문에 예수 그리스도의 십자가 공로를 믿어 구원을 받아 의롭게 되었다고 믿는 그리스도인들에게 모세오경의 율법은 사족蛇足처럼 보일지도 모른다. 이들 중 율법 폐기론을 넘어 심지어 구약성경마저도 폐기하려는 일부 극단적인 그리스도인들은 몇몇 신약 구절을 인증하며 예수 그리스도가 오시기 전에 이스라엘 백성을 회초리로 가르친 몽학선생 같은 모세의 율법은 더 이상 준수할 필요가 없다고 말한다.롬 6:14, 10:4-10 모세오경 자체의 구원사적 드라마는 예수 그리스도 안에 와서 완성되었지만 모세오경의 율법 조항은 더 이상 그리스도인에게 구속력이 없다고 믿는 이들은 사도 바울의 율법에 관한 여러 진술에 대해 피상적이고 단선적인 이해에 머물고 있다. 그들은 바울이 그의 서신 여러 군데에서 "그리스도인은 더 이상 모세의 율법 아래 있지 않다"고 선언했다고 믿으며롬 6:14, 7:1-14, 10:4, 갈 3:10-13, 24-25, 4:21, 5:1, 13, 고후 3:7-18 10 따라서 이제 그리스도인은 율법 준수의 의무로부터 면제되었다고 믿는다. 이들보다 좀 더 온건한 율법 폐기론자들도 극단적인 자들과 오십보백보 정도의 차이를 보인다. 그들은 모세의 나머지 모든 율법은 폐기되었지만 십계명은 아직도 그리스도인에게 유효하며 구속력이 있다고 믿는다. 이들은 극단적이지는 않지만 대체로 구약율법을 인간의 내면 정화를 위한 내면화된 도덕법으로 축소시키는 경향을 보인다. 이들은 모세의 율법을 인간사회의 공적 질서를 규율하고 지도하는 데 도움이 된다고 믿지 않고 오로지 개인 도덕과 윤리의 영역에만 국한시킨다.

모세의 율법에 대한 정통 기독교회의 입장

이 구약 폄하적이고 율법 폐기론적인 태도가 과연 정통 기독교의 입장인가? 결코 아니다. 구약을 폄하하고 손상하는 그리스도인들은 모세오경과 모세의 율법의 본질에 대한 이해가 전적으로 결여된 이들이다. 모세오경의 골격은 하나님의 이스라엘 구원사이자 언약백성 훈육의 역사였으며, 모세의 율법은 단지 무엇을 금지하고 명령하는 경직된 법조문 묶음이 아니었다. 오히려 감미로운 하나님의 인간 구원과 사랑의 드라마가 모세의 율법을 지탱시키는 중핵中核이다. 이스라엘을 하나님의 선행적 구원과 언약에 붙들어 매기 위해 하나님은 십계명과 그 부대조항을 주셨다. 지루해 보이는 레위기의 제사법과 제사장 계열의 본문에 기록된 모든 의식법마저도 실상은 온 마음과 온 뜻과 온 힘을 다해 하나님을 사랑하는 법을 가르치는 규례들이다.

사도 바울을 비롯해 초대교회 교부들, 그리고 종교개혁교회의 주창자인 존 칼빈을 잇는 정통 신자들은 모세 율법의 다층적 용도를 믿는다. 그들이 개진하는 의견 가운데 하나는, 우리는 비록 율법에 의해 구원받는 것은 아닐지라도 일단 우리가 믿음으로 말미암아 의롭게 된 이상 모세의 율법도 우리 삶의 규칙이 되었다고 본다.[11] 이들은 대부분 모세의 율법을 도덕법과 의식법으로 날카롭게 구분하고 의식법은 그리스도의 초림 때에 성취되고 실현되었기 때문에 이제 폐기되었으며 도덕법은 여전히 그리스도인에게 구속력이 있다고 믿는다. 이런 입장을 어떻게 평가할 수 있을까? 이 입장은 부분적으로 정당하지만 충분히 정당하지는 않다. 결론부터 말하자면 원칙적으로 그리스도인은 더 이상 모세의 율법 아래 있지 않다. 그러나 이 말 자체의 의미가 매우 중요하다. 예수를 주로 영접하고 성령을 받은 신자들이 율법 초극적이고 율법 폐기론적인 태도를 취할 수 있는데, 그것은 한 가지 경우에서만 정당하다. 생명의 성령의 율법을 따라 살면서 모세의 율법이 요구하는 바 이상으로 하나님의 뜻과 명령을 실천할 수 있을 때에만 모세의 율법을 초극하고 궁극적으로 폐기할 수 있다는 것이다. 다시 말해 모세율법의 요구 이상을 실천할 능력이 생명의 성령의 율법 아래 사는 그리스도인에게 생겨났기 때문에 그리스도인들은 더 이상 모세의 율법 아래 있지 않다는 것이다. 이러한 생명의 성령의 율법에 따라 사는 자들에게는 모세의 율법을 지키라는 요구 자체가 걸림돌이 될 수 없다. 모세의 율법을 존중하는 것도 그들에게 전혀 문제가 되지 않는다.

이와 같은 정교한 내적 논리를 납득하지 못하는 사람들은 신약성경이 여러 번 명백하게 "그리스도인은 더 이상 모세의 율법 아래 있지 않고 오히려 모세의 율법으로부터 구조되었다"고 말하는 상황에서 우리가 여전히 모세의 율법을 존중하며 자세히 공부할 필요가 있다는 말을 들을 때 의아해할 수도 있다. 예수 그리스도의 십자가 피 공로와 믿음의 의가 신자를 의롭게 했다고 믿는 그리스도인들에게 새삼스럽게 모세의 율법을 자세히 공부하고 그것의 요구에 따라 살려고 노력하는 것은 마치 다시 율법의 통제 아래 자신을 맡기는 것이며 심지어 "은혜에서 떨어져 나가는 것"으로 보일 수 있기 때문이다. 이런 오해는 예수 그리스도가 주신 은혜가 다름 아닌 모세의 율법의 요구를 준행할 능력을 주는 은혜임을 망각한 데서 비롯된다.

나사렛 예수와 바울 사도는 공히 그리스도인들이 받은 '은혜'가 율법 준수 의무를 면제시켜 주는 것이 아니라 강화시켜 주고 오히려 율법의 준수를 가능케 한다는 점을 강조한다. 율법의 마침이라고 불리는 예수 그리스도는 자신이 율법을 폐하러 오신 것이 아니라 완성하러 오셨다고 분명하게 공포하신다.[마 5:17] 사도 바울도 믿음으로 의롭게 된 그리스도인은 사랑으로 역사하는 믿음을 실천함으로써 그리스도의 율법을 성취하는 사람들이라고 확언한다.[갈 5:6, 6:2] 사도 바울의 '은혜'관을 대표적으로 표현하는 로마서 8:1-4과 디도서 2:11-14, 그리고 로마서 10:4-10은 이 점을 더욱 명료하게 강조한다.

로마서 8:1-4

로마서 8:1-4의 핵심 주장은 예수 그리스도를 믿는 자에게 부어지는 성령으로 말미암아 그리스도인이 율법의 요구를 준행할 수 있게 되었다는 것이다. 바울 당시 이스라엘의 오류는 율법 준수를 은혜 안에서 생각하지 않고 공로체제로 변질시킨 것이다.[출 19:8, 롬 10:3] 그러나 율법 준수 실패는 정죄와 저주와 죽음을 가져온다.[갈 3:10-12, 고후 3:6-7, 9, 롬 7:9-10] 율법은 하나님 앞에 죄가 누적되도록 정죄한다.[롬 7:10-13, 비교, 롬 5:10] 율법은 모든 인간이 죄 아래 있다고 선언한다.[롬 3:19] 죄와 죽음의 노예로 억류한다.[갈 4:3-5, 9, 24, 롬 7:10-14] 이것은 인간이 죄 아래 있기 때문에 율법의 요구를 성취할 능력이 근원적으로 박탈되었기 때문이다. 죄인은 하나님의 영광에 이르지 못하고 정죄 아래 있다.^{롬 3:19, 23} 그런데 율법의 마침이신 그리스도께서 생명의 성령의 법(율법)을 가져오셨다.^{롬 10:4, 8:2} 바로 이 이유 때문에 사도공의회가 이방 신자들을 율법의 멍에 아래 두는 것을 거절하는 결정을 내렸다.^{행 15:6-11} 사도공의회는 유대인 신자들에게 거슬리는 문제에 대해 이방 신자들이 그들의 자유를 억제해 줄 것을 권고했지만 율법 준수의 멍에를 더 이상 강요하지는 않았다. 할례도 강요하지 않았다. 왜냐하면 '생명의 성령의 율법'이 '죄와 사망의 율법'에서 죄인을 해방했기 때문이다.

그러므로 이제 그리스도 예수 안에 있는 자에게는 결코 정죄함이 없나니 이는 그리스도 예수 안에 있는 생명의 성령의 법이 죄와 사망의 법에서 너를 해방하였음이라. 율법이 육신으로 말미암아 연약하여 할 수 없는 그것을 하나님은 하시나니 곧 죄로 말미암아 자기 아들을 죄 있는 육신의 모양으로 보내어 육신에 죄를 정하사 육신을 따르지 않고 그 영을 따라 행하는 우리에게 율법의 요구가 이루어지게 하려 하심이니라.^{롬 8:1-4}

죄와 사망의 법은 로마서 7:7-25이 말하는 죄와 타락한 인간 자아의 역설적 제휴 상황에서 맹위를 떨치는 율법이다. 7:7-25은 모세의 율법(죄와 사망의 율법과 동일시)이 타락한 죄인에게 엄청난 요구를 하지만 죄성의 힘에 눌려 율법의 요구를 준행하지 못하는 악순환을 묘사한다. 죄는 율법의 요구를 발판으로 죄인으로 하여금 죄를 짓게 만들고, 죄의 권세 아래 예속시키며 마침내 정죄하여 죽게 만든다. 죄인은 율법을 지키려고 발버둥 쳐도 죄인의 자아를 지배하는 죄의 권세에 예속되어 죽음에 이른다. 이런 상황에서는 모세의 율법 같은 아무리 신령한 율법이라도 타락한 죄인을 죄에 대한 예속에서 건져 주지 못한다. 율법은 죄를 짓지 말라고 타락한 자아를 위협하고 윽박지르지만, 타락한 자아는 그 율법의 육박에 저항하고 자아를 근원적으로 옥죄이는 압도적인 죄의 권세를 이겨 내지 못해 다시 죄 짓고 정죄당하고 죽음의 형벌을 감수하는 악순환에 예속되고 만다. 그러나 예수 그리스도는 십자가에서 이 타락한 아담인류를 대신해 징벌을 받음으로써 죄의 지배 아래 놓인 아담인류에게 죄로부터의 해방을 선사하셨다. 예수 그리스도를 죽은 자 가운데서 부활시킴으로써 아버지 하나님께서는 예수 그리스도가 대신 짐진 아담인류의 죄가 용서되었음을 선포하셨다. 용서의 결과 주어진 선물이 더 이상 죄짓지 않게 해주시는 생명의 성령의 율법이다. 그것은 우리 마음에 새겨진 율법이다. 예수 그리스도가 가져오신 생명의 성령의 율법이 죄와 사망의 법에서 죄인을 구원해 주심으로, 성령으로 거듭난 그리스도인들은 성령의 감화감동으로 율법의 요구를 준행할 수 있게 되었다. 여기서 바로 그리스도의 신실함으로 그리고 그것을 믿는 믿음으로 말미암는 의가 창조된다.^{롬 1:17} 믿음으로 말미암는 의는 성령의 추동으로 말미암아 율법의 요구를 준행하는 의를 가리킨다. 예수 그리스도가 주신 구원의 은혜란 다름 아닌 모세의 율법의 요구(혹은 그 이상의 요구)를 준행할 수 있는 능력을 선사받은 것이다.^{롬 8:4}

디도서 2:11-14

디도서 2:11-14 또한 하나님의 구원의 은혜가 율법이 요구하는 삶을 가능케 하는 은혜임을 역설한다. "모든 사람에게 구원을 주시는 하나님의 은혜가 나타나 우리를 양육하시되 경건하지 않은 것과 이 세상 정욕을 다 버리고 신중함과 의로움과 경건함으로 이 세상에 살고……그가 우리를 대신하여 자신을 주심은 모든 불법에서 우리를 속량하시고 우리를 깨끗하게 하사 선한 일을 열심히 하는 자기 백성이 되게 하려 하심이라." 디도서 2:11-14은 정확하게 구약율법의 준수 목적을 진술한다. 하나님의 은혜가 하는 일과 구약의 율법이 하는 일이 동일하다는 것이다. 구약율법은 경건하지 않은 것과 이 세상 정욕을 다 버리고 신중함과 의로움과 경건함으로 이 세상을 살도록 하나님의 백성을 양육한다. 그리스도께서 자신을 주신 이유는 신자들을 속량하시고 깨끗하게 하사 선한 일을 열심히 하는 자기 백성이 되게 하려 하심이다. 구약율법의 으뜸 목적은 하나님의 백성 이스라엘을 모든 종류의 우상숭배로부터 속량하시고 깨끗케 하사 선한 일을 열심히 하는 친백성 삼으시고자 함이었다. 예수 그리스도의 은혜가 가져올 최고의 열매는 구약율법의 교육적 최고 열매와 100퍼센트 동일하다.

로마서 10:4-10

흔히 통속적으로 알려진 이해와는 달리 로마서 10:4은 율법(율법 준수)과 믿음을 대립시키지 않고, 율법으로 말미암는 의와 믿음으로 말미암는 의를 대조시키고 있다. 모세의 율법 체제에서나 기독교 신앙에서나 공히 의義에 이르러 구원받는 원리는 동일하다. 죄인은 스스로 율법 준수를 통해서는 구원을 받지 못하고 의에 이르지 못한다. 대신에 그리스도가 이루신 율법 준수의 의에 의지하여 의에 이른다. 그리스도가 십자가에서 죽기까지 복종하신 그 죽으심이 율법의 요구를 이루기 위한 죽음이며 나의 죄악을 대신해 짐지고 저주받고 징벌받으셨음을 믿는 믿음으로 말미암아 의에 이른다. 이때 중요한 것은 하나님 앞에 율법의 요구를 100퍼센트 준행하기 위해 드린 그리스도의 언약적 신실성(믿음)이다. 이 그리스도의 신실함faithfulness이 우리에게 믿음faith을 창조하고 촉발시킨다. 믿음으로 말미암는 의란 이 그리스도의 신실함에 추동된 우리의 믿음으로 율법의 요구를 준행하는 의를 가리킨다. 이러한 의미에서 "그리스도는 모든 믿는 자에게 의를 이루기 위하여 율법의 마침이 되신다."^{롬 10:4} 모세도 먼저 구원의 은혜를 받은 이스라엘 백성을 향하여 "율법으로 말미암는 의를 행하는 사람은 그 의로 살리라"^{롬 10:5, 레 18:5}고 말했다. 이스라엘 백성이 율법만 지켜서 의를 이루라는 명령을 들은 것이 아니라, 이스라엘 백성마저도 은혜를 덧입은 상황에서 율법의 요구를 준행하라는 명령을 들은 것이다. 사도 바울이 로마서 10:6-7에서 인용하는 신명기 30:12-14은 은혜로 추동된 마음에는 "율법을 준행하는 일은 결코 어렵지 않다"는 점을 강조한다. "말씀이 네게 가까워 네 입에 있으며 네 마음에 있다 하였으니 곧 우리가 전파하는 믿음의 말씀이라."^{롬 10:8} 사도 바울이 전하는 말씀은 은혜받은 사람의 입에 있고 마음에 있어 순종하기가 어렵지 않다는 것이다. 하나님의 은혜에 추동되지 않고는 율법의 요구를 행할 수 없으나 은혜로 달구어진 마음은 율법의 요구를 준행할 수 있다는 것이다.

로마서 10:6이 말하는 "믿음으로 말미암는 의"는 "입으로 예수를 주로 시인하며 또 하나님께서 그를 죽은 자 가운데서 살리신 것을 마음에 믿으면 구원을" 받게 만드는 의인 것이다.^{롬 10:9} "마음으로 믿어 의에 이르고 입으로 시인하여 구원에 이르느니라."^{롬 10:10} 이상에서 살펴본 것처럼 율법 폐기론자들이 가장 강조하는 로마서 10:4-10은 율법을 대신하는 믿음을 내세우는 본문이 아니라 믿음으로 의에 이르러 구원을 받게 되는 것을 강조한다. 로마서 10:4-10은 율법 대 믿음의 대립을 말하지 않고, 율법을 스스로 준수하여 의에 이르려는 율법으로 말미암는 의와 그리스도의 십자가 죽으심과 부활하심을 마음에 믿어 의에 이르는 믿음으로 말미암는 의를 대조한다. 둘 다 의를 강조하는 것은 마찬가지다. 의롭게 되는 것이 구원을 받는 것임을 둘 다 인정하고 있다.

원칙적으로 그리스도가 오심으로 그리고 그의 십자가 죽으심으로 인해 삶의 규칙으로서의 모세율법은 폐기되었다는 말은 맞다. 그런데 그리스도인들이 더 이상 지킬 필요가 없다는 의미에서가 아니라, 모세의 율법이 요구하는 이상을 실천할 수 있도록 영적 능력을 덧입게 되었다는 의미에서 폐기되었다. 구약율법 대부분은 인간 행동의 최저 하한선을 설정하지 최고 상한선을 제시하지 않기에, 성령으로 충만한 그리스도인은 구약율법의 요구에 맞춰 사는 것에 머물 수가 없다는 점에서 율법의 지배 아래 있지 않다는 것이다. 그리스도인은 이제 생명의 성령의 권능에 추동되어 살 수 있을 만큼 자유케 되었으므로 율법의 지배와 통제로부터 자유로운 것이다. 그리스도인에게 모세의 율법은 격려하고 요구하고 정죄하며, 그리스도께 인도하고 성령의 능력으로 그리스도를 닮도록 추동한다. 성령 충만한 그리스도인에게 모세의 율법은 성화를 촉진하고 삶의 구체적인 영역에서 그리스도의 형상을 닮도록 격려한다. 율법의 제1사용은 신학적 사용이며 율법의 정죄 기능을 가리킨다. 루터에게도 이것이 으뜸 기능이었다. 율법의 제2사용은 언약 공동체를 훼손하고 손상시키는 죄악들을 정죄하는 시민행정적 사용이다. 율법의 제3사용은 그리스도가 주신 은혜에 감격하여 그리스도를 닮아 가도록 그리스도께 인도하여 그리스도를 닮게 만드는 기능이자 성화촉진을 위한 사용이다. 개혁교회에서는 율법의 제3사용이 율법의 으뜸 기능이다.[12]

초극되고 폐기되었지만 여전히 중요한 모세의 율법

확실히 갈라디아서 전체와 고린도후서 3:6-18(그리고 롬 7:1-3)은 모세율법의 한시적 효용성을 강조한다. 그러나 이 모든 본문들은 단순히 모세의 율법은 더 이상 지키지 않아도 되고 공부하지 않아도

된다는 수준의 율법 폐기를 말하지 않고 실천적인 율법 초극, 실천적인 율법 폐기를 강조하고 있다. 즉, 두 서신 모두 성령의 추동에 의하지 않고 인간적 열심과 분투로 율법을 지켜 의를 이루려고 하는 율법주의적 의義 성취주의를 경계하고 비판한다.[13] 이 본문들의 요점은 구약율법의 본원적 가치를 훼손하거나 폄하하는 데 있지 않고, 하나님의 영에 추동됨이 없이 자기의를 내세우기 위한 율법 준수 노력을 경계하고 비판한다. 모세의 수건은 바로 유대인들이 우월적 지위와 그릇된 선민의식을 가지고 율법을 지켜 자신들이 이방인보다 더 의롭다고 믿는 바리새적 경건을 표현하는 제유법적 수사다.눅 18:11-12

비록 마르틴 루터가 복음과 율법 모두가 하나님의 한 말씀을 이루는 부분이라고 했지만, 그는 신학자의 주요 과업은 복음으로부터 율법을, 영으로부터 문자를, 믿음으로부터 행위를 정제해 내는 일이어야 한다고 주장했다. 이에 반하여 존 칼빈이 이끈 개혁교회는 이 둘의 차이와 특이적 요소들을 인지하면서도 행위언약과 은혜언약의 역사적 경륜을 강조하는 언약신학의 틀 안에서 양자 관계를 주목했다. 개혁교회는 율법을 하나님의 은혜의 적극적 부분으로 이해하려는 데 더욱 큰 관심을 보인다. 야웨의 율법은 완전하여 영혼을 소성케 하고 우둔한 자를 지혜롭게 만든다고 선언하는 시편 19편이 개혁교회 경건의 토대적 확신이다. 비록 구약시대의 엄격한 의식법 규정은 그리스도의 십자가 복음이 옴으로써 폐기되었지만, 그리스도가 주신 구원과 그 구원이 선사해 준 그리스도의 자유는 하나님의 계명에 초과순종할 것을 요구하는 기독교 윤리적 엄명을 창조한다.

그래서 신약성경도 율법을 제거할 수 없었다. 신약성경도 그리스도인이 준수해야 할 법을 몇 차례 다른 방식으로 제시한다. 예수 그리스도는 구약성경의 모든 율법을 하나님 사랑 계명과 이웃 사랑의 계명으로 압축하고 요약하신다. "예수께서 이르시되 네 마음을 다하

VI.

은혜 안에서 누리는 하나님 나라

고 목숨을 다하고 뜻을 다하여 주 너의 하나님을 사랑하라 하셨으니 이것이 크고 첫째 되는 계명이요, 둘째도 그와 같으니 네 이웃을 네 자신 같이 사랑하라 하셨으니 이 두 계명이 온 율법과 선지자의 강령이니라."마 22:37-40, 막 12:28-34, 눅 10:25-28

야고보는 "온전케 하는 자유의 율법"약 1:25을 그리스도인들이 준수할 것을 권고한다. 야고보는 야고보서 2:8에서 "네 이웃을 네 몸처럼 사랑하라"는 법을 최고의 법(왕의 법)이라고 명하면서 이 법을 지키는 일은 잘하는 일이라고 말한다. 바울은 갈라디아서에서 그리스도의 율법을 성취하라고 권고한다. 그리스도의 율법, 온전케 하는 자유의 율법은 로마서 8:2에서 생명의 성령의 율법이라고 말한다(호 노모스 프뉴마토스 테스 조에스 엔 크리스토 예수). 이 생명의 성령의 율법이 율법의 의를 성취시킬 수 있도록 신자들을 동력화한다. 신자들은 율법의 초보적 요구와 통제 아래 있지 않고 성령의 추동과 격동 속에서 율법의 의를 성취한다.

예수 그리스도의 구원
: 아브라함 언약과 시내산 언약의 완전한 성취의 열매

구약과 신약이라는 대립적이고 병렬적인 용어 사용은 어떤 점에서 혼선을 일으키는 면이 있다. 고린도후서나 히브리서가 '구약'이라고 부르는 그 '구약'은 아브라함과 맺은 언약을 의미하지 않고 시내산에서 연원한 그 '언약'(십계명, 제사법, 의식법, 시민법)을 가리킨다.렘 31:31-34 이스라엘을 하나님 백성으로 삼으신 시내산 언약이 폐기된 것이 아니라, 그 시내산 언약에 딸린 부대조항인 율법 조항이 폐기되거나 발전적으로 해체되었다. 엄격하게 말하면 시내산 언약 자체가 아니라 그 언약을 유지하는 부대조건이 폐지된 것이다. 예수 그리스도는 철두철미하게 아브라함, 이삭, 야곱과 맺은 야웨의 언약과 이스라엘과 맺은 시내산 언약의 틀을 수용하고 그 틀 안에서 사역하셨으며 마침내 아브라함 언약과 시내산 언약 모두를 성취하셨다. 예수 그리스도는 아브라함 언약과 시내산 언약을 완성하러 오셨다는 의식으로 충만했으며 그것을 폐지하거나 대체하려는 의식으로 가득 차 있지 않으셨다. 예수 그리스도에게는 아브라함 언약과 모세 언약을 완성하려는 사명감이 충만했다. 특히 예수 그리스도는 모세의 율법을 더 철저하게 지키고 완성하러 오셨다는 사명감을 공공연히 피력하셨다.^{마 5:17-20} 모세의 율법이 보호하려는 그 언약 관계(이스라엘은 야웨의 백성, 야웨는 이스라엘의 하나님이라는 언약 관계)는 예수 그리스도에 의해 폐지되거나 해체되지 않았다. 예수 그리스도는 이 언약관계를 100퍼센트 성취하신 이스라엘의 왕이자 아브라함의 후손이며 모세가 예언한 바로 "모세 같은 그 예언자"이시다.^{신 18:15-18}

출애굽기 19:5-6 이하 많은 오경 구절들이 가리키듯이 모세법의 토대는 야웨 하나님께서 이스라엘의 조상 아브라함, 이삭, 야곱과 맺으신 언약이다. 아브라함과 맺으신 언약의 특징은 형식상으로는 쌍방속박적인 언약이지만 내용상으로는 하나님 편에서 성취해야 할 의무가 훨씬 더 크고 엄중한 불균등한 쌍방언약이다. 하나님은 아브라함의 하나님이 되어 주시기 위해 땅 하사, 후손 번성 보증, 임재와 보호 제공, 이름을 창대케 하여 만민의 복이 되게 해주실 의무를 스스로 지신다. 반면에 아브라함과 이삭과 야곱은 가나안 땅을 상속받기 위해 가나안 땅에 와서 정주定住해야 하고, 하나님이 주시는 거룩한 후손을 낳기 위해 믿음의 가정을 이루어야 할 의무를 성취해야 한다. 이 비대칭적인 쌍방속박적 언약을 통해 하나님께서 성취하고자 하시는 목적은, 아브라함의 후손들을 먼저 축복하신 후 온 세계 열방을 축복하시려는 것이었다. 하나님께서는 먼저 이스라엘을 하나님의 품에 간직된 보배, 제사장들의 왕국, 거룩한 백성으로 삼으신 후에 궁극적으로는 온 세계 열방을 다시 하나님 나라로 회복하실 것이다.^{창 12:1-2, 15장, 17:1-3, 26:24-25, 28:13-14} 아브라함 언약의 성취 여부는 이스라엘의 끝없는 불충과 불순종을 초극하면서까지 당신의 약속을 지키시려는 하나님의 절대주권적 의지와 열망에 달려 있다.^{겔 20:1-44}

반면에 모세 언약은 아브라함 언약에 비해 거의 대등할 정도로 쌍방속박적 언약이었다.^{신 28장} 하나님과 이스라엘 각각에게 언약 준수의 의무가 거의 동등하게 배분되어 있었다는 말이다. 그럼에도 불구하고 모세 언약 자체도 철저하게 아브라함 언약에 터하고 있다.^{출 19:5-6, 신 4:4-8, 출 2:24-25, 신 4:36-38, 29:31, 대상 16:15-19} 모세의 율법은 아브라함 언약 성취를 구체화시키는 데 결정적이다. 따라서 모세가 보호하려고 한 그 언약은 아브라함 언약에 있는 이스라엘-야웨의 관계이므로 그 언약 관계는 폐지될 수 없는 언약이다. 아브라함 언약의 목적은 먼저 아브라함의 후손을 고이 가돌(큰 민족, 강대한 나라)로 만들어 천하 만민에게 복이 되게 하는 것이다. 아브라함의 후손이 고이 가돌이 되기 위해서는 이제 고이 카도쉬, 암 카도쉬(거룩한 나라, 거룩한 백성)가 되어야 한다. 고이 카도쉬가 되지 않으면 결국 열국과 천하 만민을 지배하고 압제하는 강대한 나라로 타락하게 된다. 모세의 율법은 자기부인을 가르치며 하나님을 경외하고 예배(사랑)하며, 이웃을 배려하고 최약자층을 보호하는 데 열심인 언약 공동체를 만드는 데 있다. 따라서 모세의 율법을 지키면 시내산 언약을 준수하는 행위가 되고 아브라함, 이삭, 야곱에게 주신 약속이 성취되는 길을 여는 셈이 된다.

'구약'과 '신약'의 구분은 시내산에서 맺은 언약과 예수 그리스도의 피흘리심으로 맺어진 새 언약의 차이를 강조할 뿐이지 구약성경의 모든 언약을 '낡은 언약'이라고 폄하하려는 의도를 드러낸 표현이 아니다. 사실상 문자적으로 폐기된 모세의 율법은 동물희생제사

제도와 이스라엘 백성이 성전(성막) 중심으로 살 때 요청된 법도들과 규례들이다. 나머지 모든 율법은 신약성경으로 이월되었거나 더 급진화되고 철저화되어 그리스도인들에게 상속되었다. 언약 공동체 유지법(시민법)은 이방인과 유대인 출신의 그리스도인 공동체인 새 이스라엘에게도 이런 모양 저런 모양으로 상속되었다. 정치, 경제, 사회, 그리고 세속적인 영역에 관한 모세율법의 모든 규정의 문자적 준수 의무가 그리스도인들에게 상속되지는 않았지만 그 정신은 계승되었다(이자 금지, 약자 보호, 나그네 환대, 희년적 상호부조와 사랑, 십일조). 도덕법을 대표하는 십계명은 더욱 철저하게 해석되어 그리스도인들에게 상속되었다.^{마 5:21-48} 결국 신구약성경 모두 아브라함, 이삭, 야곱에게 주어진 언약의 성취를 다룬다. 예수 그리스도가 선포한 하나님 나라는 아브라함과 이삭과 야곱에게 주신 비전의 성취였다.^{마 8:11}

27 · 30

VI. 모세율법의 빛과 그림자

모세의 율법은 거룩하고 선하며 신령하다.^{롬 7:12, 14} 그것은 확실히 그리스도가 오실 때까지 이스라엘을 하나님의 언약에 결속시키기 위해 의도된 잠정적인 율법이다. 그리스도가 오실 때까지 한시적으로 이스라엘을 인도하고 규제하며 통제하고 연단한 율법이다.^{고후 3:7, 11, 갈 3:23-24, 롬 10:4} 모세의 율법은 인간에게 최선을 기대하시는 하나님의 마음이 100퍼센트 반영된 것이 아니다(막 10:5의 "너희 마음이 완악하여" 등의 하나님 본심 해석학). 예를 들면, 신명기 21:10-14의 여자 포로에 관한 규정도 하나님의 본심이 100퍼센트 반영된 율법이 아니다. 하나님 나라에서는 다른 나라를 침략해 여자 포로를 잡아와 노예나 아내로 삼는 일이 일어날 수 없기 때문이다. 예수 그리스도가 세우실 하나님 나라에서는 다른 나라의 영토를 침략하는 일 자체가 불법이다. 가나안 7부족에 대한 학살 명령은 예수 그리스도의 하나님 나라에는 없다. 이런 점에서 모세의 율법은 철저하게 한시적이고 잠정적인 법이다. 또한 모세의 율법은 이스라엘(인간)의 순종 의지와 능력에 그 성취 여부가 달려 있기에 연약하다. 율법이 연약한 것이 아니라, 연약한 인간을 의롭게 만들기에는 연약하다.^{롬 8:3}

모세의 율법은 나눠질 수 없는 한 몸체로서 주 예수 그리스도의 압도적 하나님 사랑과 이웃 사랑 계명 실천에 의해 발전적으로 폐지되었다. 모세의 율법은 성령에 추동된 그리스도인에게 요구되는 최고의 윤리도덕적 삶보다 더 낮은 도덕적 하한선을 상정하고 있기 때문에 폐기되었다. 생명의 성령의 율법은 그리스도인에게 모세의 율법보다 한층 더 고결한 삶과 윤리를 요구한다. 모세의 율법은 성령의 거룩한 요구에 자리를 내주고 발전적으로 폐기된 것이다. 그래서 그리스도인은 모세의 율법 중 제의법(의식법)과 언약 공동체 유지를 위한 세속사회법^{civil laws}을 문자적으로 준수할 필요가 없다. 왜냐하면 그 이상의 법, 곧 생명의 성령의 율법을 지킬 의무를 새롭게 부여받았기 때문이다. 심지어 그리스도인은 도덕법, 곧 십계명도 문자적으로 준수할 필요가 없다. 대신 그리스도인은 마태복음 5:21-48이 가리키듯이 훨씬 더 급진적으로 내면화된 십계명 준수를 요청받는다. 구약시대에는 위 세 가지 법 가운데 어느 하나만 어겨도 사형으로 응징되었다.¹⁴ 안식일에 나무를 하러 갔던 사람이 돌로 쳐죽임을 당했다.^{민 15:32-36} 안식년을 어긴 유다를 하나님께서 바벨론 포로살이로 응징하셨다.^{렘 25:11} 나답과 아비후는 이상한 불로 야웨께 분향했다는 이유로 즉각 죽임을 당했다.^{레 10:1-7} 그래서 고린도후서 3장에서 바울은 세 차례나 모세의 율법이 폐지되고 제거되었다고 말한다.^{7, 11, 13절} 여기서 바울은 "돌에 쓰여지고 새겨진" 율법인 십계명마저도 폐기되었다고 말하는 것처럼 보인다. 옛 언약의 대표였던 모세율법의 핵심인 십계명마저도 훨씬 더 영화로운 은혜의 통치, 성령의 통치에 자리를 내주기 위하여 폐지되었다는 것이다. 우상숭배 금지 계명, 안식일 준수 계명, 부모 공경 계명, 간음·살인·도적질·거짓 증거·이웃 탐심 금지 계명은 온 마음과 뜻과 힘을 다해 하나님을 사랑하고 네 이웃을 네 몸처럼 사랑하라는 이중계명 안에서 발전적으로 초극되었다.롬 13:8-10 주 예수 그리스도는 사랑의 이중계명을 100퍼센트 성취하신 후 하나님의 생명의 성령의 율법을 신자들의 마음에 새겨 주신 구주가 되셨다.

주 예수의 십자가 죽음은 하나님에 대한 최고의 사랑이었고 이웃에 대한 최고의 사랑이었다. 십자가에서 죽기까지 하나님께 복종하신 그리스도는 자기 목숨(피 흘림)을 바쳐 하나님에 대한 사랑을 실천했고 이웃(죄인)의 죄짐을 대신 지고 대신 징벌받으심으로써 이웃 사랑의 극대치를 실천하셨다. 나사렛 예수가 성취한 이 하나님 사랑과 이웃 사랑의 실천이 그리스도인들이 지향하고 모방해야 할 삶의 기준이다. 이것은 모세의 율법이 요구하는 것 이상의 헌신을 요청한다. 주 예수 그리스도가 주신 생명의 성령의 율법은 바로 예수 그리스도를 따르도록 그리고 그리스도에게까지 성장하도록 부단히 감화감동한다. 나사렛 예수가 십자가의 죽음으로 실천하신 하나님 사랑과 이웃 사랑을 모방하도록 격려하고 추동하는 생명의 성령의 율법의 대표적인 사례가 주 예수 그리스도께서 주신 산상수훈이다.마 5-7장 산상수훈은 성령으로 추동된 그리스도인에게 기대되는 생명의 성령의 율법이다. 원수에게까지 사랑을 확장하라는 산상수훈은 원수와 이웃을 잠정적으로 나눈 모세율법 체제를 초극하고 발전적으로 해체한다.

또한 로마교회 교인들에게 준 사도 바울의 권면인 "우리 몸을 산 제사로 드리라"롬 12:1 안에서 모든 제사 계명은 발전적으로 해체되었

VI.

은혜 안에서 누리는 하나님 나라

다. 이스라엘을 깨끗케 하려고 의도된 의식법 내의 정결규정은 마가복음 7:15-23에서 재해석되었다. 예수께서는 밖에서 들어가는 음식이 사람을 더럽게 하는 것이 아니라 사람 안에서 나오는 것이 사람을 더럽게 하며, 잔과 대접의 겉은 깨끗하게 하지만 그 안에 가득 찬 탐욕과 방탕은 깨끗하게 하지 못한다고 말씀하셨다.^{마 23:25} 모세의 율법을 아무리 문자적으로 성실히 지켜도 안에 있는 외식과 불법을 깨끗케 하지는 못한다는 것이다. 그런데 주 예수의 영으로 거듭나면 우리 내면을 정결케 하시는 하나님의 영적 정화를 경험할 수 있다. 우리 내면을 정결케 하시는 성령의 성화 작용 앞에서 이스라엘을 정결케 하려고 선포된 정결규정은 발전적으로 해체되었다. 성령의 부단한 역사에 노출된 그리스도인은 바리새인과 서기관의 의보다 더 나은 의를 성취할 수 있기 때문에, 나사렛 예수는 마태복음 23장 전체에서 바리새인과 서기관의 의를 통렬하게 공박하시고 제자들에게 바리새인과 서기관의 의보다 더 나은 의를 이루지 못하면 결단코 천국에 들어가지 못할 것이라고 단언하신 것이다.^{마 5:20} 하나님 나라를 위해 전토를 버리고 가족도 일시적으로 버릴 수 있는 십자가 제자도에 의해 물질적 탐욕을 경계하고 이웃을 해하는 죄악들을 단죄하는 언약 공동체 유지법(시민법)도 발전적으로 초극되고 해체되었다.

바울이 우리가 더 이상 율법 아래 있지 않다고 말할 때,^{롬 6:14} 그것은 생명의 성령의 율법이 우리 그리스도인에게 모세의 율법이 요구하는 것보다 더 높은 수준으로 하나님을 만족시킬 정도로 고결하고 의롭고 거룩한 삶을 살 수 있는 능력을 주기 때문이다. 그런 점에서 성령으로 추동된 그리스도인은 십계명 아래 있지 않고 산상수훈 아래 있다. 십계명의 요구 이상의 삶을 살기 때문이다.

모세율법의 목적과 기능도 폐지되었는가?

그렇다면 모세의 율법이 잠정적인 것이었다고 해서 율법을 주신 하나님의 목적과 기능 자체도 폐지되었는가? 그렇지 않다. 율법이 이스라엘에게 구원을 가져다주는 역할에서는 실패했지만 율법을 주신 하나님의 목적과 모세의 율법 자체의 기능은 여전히 유효하다.딤전 1:8-10, 약 2:1-10, 갈 5:1-3, 6:1 첫째, 모세의 율법은 예수 그리스도가 오실 때까지 이스라엘 공동체를 하나님과 이웃과 조화롭게 살도록 훈련시킨다. 일반적으로 율법은 의의 기준으로 제시되었고, 대개 하나님의 성품을 반영하고 있다. 그것은 하나님의 의로우심, 거룩하심, 선하심을 계시한다.신 4:8, 레 11:44-45, 19:2, 20:7, 롬 7:12-14 시내산에서 계시된 그 율법은 하나님이 어떤 분이신지와 인간과 하나님 사이에 있는 메울 수 없는 간극의 실재성을 보여준다.롬 3:19, 23 신약 성도들에게 모세의 율법은 이러한 기능을 유지하고 있으며, 성도들은 모세의 율법을 문자적으로 준수할 의무에서 면제되지만 율법이 이루려고 하는 목적을 외면할 수는 없다.

둘째, 모세율법은 의로운 재판장이신 하나님 앞에 전적으로 무기력하고 절망적인 인간의 타락성을 노출시킨다.딤전 1:9 율법은 인간의 죄성을 드러내고 하나님 앞에 총체적으로 파탄난 죄인임을 규정한다.롬 3:19-20, 5:20, 7:7-8, 갈 3:19 율법은 율법을 준수함으로 획득한 의로 구원을 받을 수 없는 죄인의 전적 무능력을 고발한다. 모세율법의 최고 공헌은 타락한 인류에게는 그리스도가 유일한 의의 길임을 예고하고 확증하는 것이다.갈 3:19-20, 20-24, 딤전 1:8-9, 롬 3:21-24, 히 9:22 모세의 율법은 인간이 총체적으로 죄 안에 갇혀 있음을 보여준다.[15] 십계명은 하나님의 의에 이르지 못하는 죄인의 영적 파탄을 노출시킨 후 레위기 제사법과 의식법으로 인도함으로써 죄를 용서받는 길을 제시한다. 제사법과 의식법은 예수 그리스도께서 영단번에 드릴 피제사를 예고하고 예기한다. 모세의 율법은 어디까지나 고난받는 종 예수 그리스도가 오실 때까지 일시적으로 주어진 길잡이다. 그래서 히브리서는 모세의 율법을 가진 옛 언약은 잠정적이며 예수 그리스도가 오심으로 폐지되었다고 말한다.[히 7-10장] 첫 언약이 완전했다면 두 번째 새 언약이 올 필요가 없었을 것이다.[히 7:11-12, 8:1-13] 그런데 모세의 율법을 100퍼센트 성취한 예수 그리스도의 십자가 죽음은 의로우신 하나님 앞에서 무기력하고 절망적인 인간의 타락성을 노출시킨 모세율법의 목적과 기능까지 폐기했는가? 결코 그렇지 않다. 구약 동물희생제사의 완성이신 예수의 십자가 죽음도 결국 하나님의 저주 아래 있는 타락한 인간성을 정죄하고 심판하는 현장이다. 예수의 저주받은 죽으심은 우리의 죄와 타락성을 하나님 앞에 전적으로 드러내면서 단죄하는 하나님의 심판 행위다.

그렇다면 결론은, 모세의 율법의 목적과 기능은 여전히 유효하다는 것이다. 그리스도인들도 여전히 모세율법을 공부할 이유가 충분히 있는 셈이다. 모세의 율법은 죄인을 의롭게 할 수 없고[갈 2:16] 생명을 줄 수 없으며[갈 3:21] 성령을 줄 수는 없다.[갈 3:2, 14] 따라서 율법은 죄인을 100퍼센트 거룩하게 성화시킬 수 없으며[갈 3:21, 5:5, 롬 8:3] 죄를 완전히 제거하지 못한다.[히 7:19] 모세율법은 자연인으로서의 죄인을 구원하지는 못하지만, 예수 그리스도의 피 공로로 구원받고 성령의 권능 안에 사는 그리스도인들이 거룩함을 이루도록 연단한다. 우리로 하여금 우리의 구원을 이루어 가도록 돕는다. 이것이 칼빈이 말하는 율법의 제3용도다.

결론: 신약시대 신자들에게 모세율법의 위치와 의미

바로 이와 같은 이유 때문에 신약의 신자들에게도 십계명이 지켜져야 할 의무인 것처럼 반복적으로 강조된다. "안식일을 지키라"는 계명을 제외하고는 십계명과 심지어 십계명 밖의 계명들(레 19:18의 이웃 사랑)도 신약성경에서 지켜져야 할 계명인 것처럼 반복된다. 그 이유는 구약성경의 많은 율법들이 신약성경에서는 구원받은 성도들의 성화를 촉진하기 위해 강조되고 있기 때문이다.

의로운 수많은 구약율법은 생명의 성령의 율법,롬 8:2 그리스도의 율법고전 9:21, 갈 6:2으로 이월되었다. 어떤 율법은 이월되었고,롬 13:9 어떤 경우에는 훨씬 더 급진적으로 해석되어 그리스도의 법으로 재편입되었다. 마태복음 5:21-48은 산상수훈을 훨씬 더 급진적으로 해석하여 그리스도의 제자들이 성취해야 할 그리스도의 율법으로 제시한다. 어떤 율법에는 새 명령과 지침이 추가되었다.엡 4:11-12, 딤전 3:1-2, 4:4 어떤 율법은 완화된 채 개정되었다(롬 13:4의 정부가 집행하는 사형제). 그럼에도 불구하고 공관복음서(특히 마태복음)와 야고보서는 모세율법은 그리스도인이 여전히 성취해야 할 그리스도의 율법인 것처럼 말한다. 특별히 십계명이 그리스도인도 반드시 지켜야 할 계명으로 자주 강조되는 이유는, 십계명을 단지 모세의 율법이 아니라 모세 이전부터 있던 하나님이 주신 도덕법이라고 보았기 때문이다. 따라서 십계명에 의해 대표되는 하나님의 영원한 도덕법은 그 일점 일획도 감소되지 않는다.마 5:17-20 십계명은 시내산에서 시작된 것이 아니라 영원한 하나님의 도덕법이기 때문이다.[16] 하나님의 불변 성품처럼 십계명이 대표하는 도덕법도 불변하다. 이같이 영원한 하나님의 성품에서 우러나온 도덕법에 반영된 도덕 원칙들을 바울 사도는 '율법의 의'라고 말한다.롬 8:4 이러한 율법 원칙들을 실천하고 사는 것이 바로 생명의 성령의 율법이 그리스도인에게 선사하는 삶의 목표다. 그리스도인은 이제 더 이상 율법 아래 있지 않고, 성령의 감화감동 속에 살면서 하나님의 영원한 율법 안에 있는 하나님의 율법의 의를 성취하도록 부름받았다.롬 6-8장

요약컨대, 그리스도인은 더 이상 삶의 모든 세세한 지침으로서 모세율법의 요구 아래 있지는 않다(희생제물·안식일 준수·십일조).^{행 15:5,} ²⁴ 또한 그리스도인은 죄와 사망의 율법에 따라 행하지 않고 성령에 따라 행함으로써, 곧 율법의 요구를 초월적으로 수행함으로써 율법으로부터 자유케 되었다. 예수를 주라고 고백하는 신자에게 주어진 성령은 그리스도인에게 생명의 성령의 율법^{롬 8:4, 갈 5:5}이 되어 모세율법의 요구 이상의 의를 성취하며 살아갈 수 있게 한다. 모세율법을 100퍼센트 성취하신 예수 그리스도와 함께 연합함으로써 율법에 대해 죽은 자^{롬 7:1-6, 갈 2:19}가 된 그리스도인은 모세율법의 문자적 준수보다 훨씬 더 높은 차원에서 '율법의 의'를 성취하도록 성령의 감화 감동을 받는다. 생명의 법이신 성령의 권능 아래 붙들린 그리스도인은 마태복음 10:37-40이 말하는 그리스도의 사랑의 이중계명(하나님 사랑과 이웃 사랑)^{약 2:9}을 성취할 수 있다. 이런 점에서 생명의 성령의 법 안에서 그리스도인들은 십계명의 문자적 준수를 넘어 십계명을 주신 하나님이 요구하시는 본원적 의^義를 충족시키는 삶을 살 수 있다. 어떻게 이것이 가능한가?

우리가 그리스도를 믿을 때 그리스도의 의가 각 개인에게 전가되어 우리를 의롭게 하기 때문이다. 이렇게 전가된 그리스도의 의는 우리에게 하나님의 율법의 요구를 행할 능력을 공급하여 더 이상 죄와 죽음의 악순환에 빠지지 않도록 보호한다. 이것이 바로 "그리스도 안에서 더 이상 정죄함이 없다"^{롬 8:1}는 선언의 의미다. 그리스도의 의가 우리에게 전가되면 우리가 율법의 요구 이상의 의를 성취하고 살기 때문에, 모세율법은 더 이상 생명의 성령의 법에 따라 사는 그리스도인을 정죄할 수 없다.^{롬 3:24-25, 4:4-8, 5:1, 7:1-6, 8:1, 골 2:14} 이 현상을 신약성경은 "그리스도가 율법의 마침이기 때문에 그리스도의 의를 덧입고 구원받은 신자들은 모세율법 아래 있지 않다"고 말한다.

신약 성도들은 율법 아래 있지 않고 은혜 아래 있다는 말은,^{롬 6:14} "우리 그리스도인들이 어떤 죄를 지어도 그리스도는 우리를 영단번에 용서하셨으므로 일사부재리 원칙에 따라 다시는 정죄하실 수 없다"는 말이 결코 아니다. 주 예수 그리스도께서 그의 인격과 사역으로 율법을 성취하셨고, 그 결과 신자들도 최고의 율법인 생명의 성령의 율법 아래 살며 성령의 요구보다 낮은 요구를 하는 모세율법을 능히 성취하고 살기 때문에 더 이상 율법의 정죄가 없다는 말이다.

VI.

은혜 안에서 누리는 하나님 나라

VII.

신명기 31-34장

이스라엘의 실패와 배교를 넘어서는 하나님 나라

: 모세를 넘어 그리스도 예수를 바라보는 신명기 약속

신명기 전체는 모세의 죽음이라는 임박한 현실을 전제하고 선포되는 비장한 유언적 강론이다.[1] 모세는 르비딤 맛사에서 야웨 하나님의 거룩함을 드러내지 못했기 때문에 가나안 땅 입성 자체가 거부당한다. 광야세대의 불순종이라는 죄짐을 지고 광야에서 소멸되는 출애굽 1세대의 운명에 동참한다. 신명기 31-34장은 모세의 다양한 유산들을 다룬다. 첫째, 모세는 탁월한 후계자를 남겨 놓고 역사의 중심 무대를 떠난다.[31:1-6, 14-15] 둘째, 모세는 이제까지의 가르침을 문서로 정리한 율법서(토라)를 남겨 놓는다.[31:9-13, 23-30] 셋째, 모세는 이스라엘의 미래 배교를 예고하고 이스라엘 자신에 대한 계약적 기소를 주제로 한 증거의 노래를 남겨 놓는다.[31:16-22, 32:1-43] 넷째, 모세는 이스라엘 12지파의 미래를 위한 축복과 심판의 예언을 남겨 놓는다. 마지막으로, 모세는 예언자적인 사명의 모범과 예언자적인 사역의 항구적인 영향력을 남겨 놓는다.

31장과 32장은 모세가 역사의 무대로부터 퇴장할 때 발생될 두 가지 문제를 다룬다. 누가 이스라엘 백성을 이끌 것인가라는 문제와 어떻게 그들이 야웨의 가르침을 계속 지킬 것인가 하는 문제다. 모세의 영향력과 영적 교도 기능은 여호수아와 같은 후계 지도자들과 성문화된 토라에 의하여 계승될 것이다.

31

¹ 또 모세가 가서 온 이스라엘에게 이 말씀을 전하여 ² 그들에게 이르되 이 제 내 나이 백이십 세라. 내가 더 이상 출입하지 못하겠고 여호와께서도 내게 이르시기를 너는 이 요단을 건너지 못하리라 하셨느니라. ³ 여호와께서 이미 말 씀하신 것과 같이 네 하나님 여호와께서 너보다 먼저 건너가사 이 민족들을 네 앞에 서 멸하시고 네가 그 땅을 차지하게 할 것이며 여호수아는 네 앞에서 건너갈지라. ⁴ 또 한 여호와께서 이미 멸하신 아모리 왕 시혼과 옥과 및 그 땅에 행하신 것과 같이 그들 에게도 행하실 것이라. ⁵ 또한 여호와께서 그들을 너희 앞에 넘기시리니 너희는 내가 너희에게 명한 모든 명령대로 그들에게 행할 것이라. ⁶ 너희는 강하고 담대하라. 두려 워하지 말라. 그들 앞에서 떨지 말라. 이는 네 하나님 여호와 그가 너와 함께 가시며 결코 너를 떠나지 아니하시며 버리지 아니하실 것임이라 하고 ⁷ 모세가 여호수아를 불 러 온 이스라엘의 목전에서 그에게 이르되 너는 강하고 담대하라. 너는 이 백성을 거 느리고 여호와께서 그들의 조상에게 주리라고 맹세하신 땅에 들어가서 그들에게 그 땅을 차지하게 하라. ⁸ 그리하면 여호와 그가 네 앞에서 가시며 너와 함께 하사 너를 떠나지 아니하시며 버리지 아니하시리니 너는 두려워하지 말라. 놀라지 말라. ⁹ 또 모 세가 이 율법을 써서 여호와의 언약궤를 메는 레위 자손 제사장들과 이스라엘 모든 장로에게 주고 ¹⁰ 모세가 그들에게 명령하여 이르기를 매 칠 년 끝 해 곧 면제년의 초 막절에 ¹¹ 온 이스라엘이 네 하나님 여호와 앞 그가 택하신 곳에 모일 때에 이 율법을 낭독하여 온 이스라엘에게 듣게 할지니 ¹² 곧 백성의 남녀와 어린이와 네 성읍 안에 거 류하는 타국인을 모으고 그들에게 듣고 배우고 네 하나님 여호와를 경외하며 이 율법 의 모든 말씀을 지켜 행하게 하고 ¹³ 또 너희가 요단을 건너가서 차지할 땅에 거주할 동안에 이 말씀을 알지 못하는 그들의 자녀에게 듣고 네 하나님 여호와 경외하기를 배우게 할지니라. ¹⁴ 여호와께서 모세에게 이르시되 네가 죽을 기한이 가까웠으니 여 호수아를 불러서 함께 회막으로 나아오라. 내가 그에게 명령을 내리리라. 모세와 여호 수아가 나아가서 회막에 서니 ¹⁵ 여호와께서 구름 기둥 가운데에서 장막에 나타나시고

신

구름 기둥은 장막 문 위에 머물러 있더라. ¹⁶ 또 여호와께서 모세에게 이르시되 너는 네 조상과 함께 누우려니와 이 백성은 그 땅으로 들어가 음란히 그 땅의 이방 신들을 따르며 일어날 것이요 나를 버리고 내가 그들과 맺은 언약을 어길 것이라. ¹⁷ 내가 그들에게 진노하여 그들을 버리며 내 얼굴을 숨겨 그들에게 보이지 않게 할 것인즉 그들이 삼킴을 당하여 허다한 재앙과 환난이 그들에게 임할 그 때에 그들이 말하기를 이 재앙이 우리에게 내림은 우리 하나님이 우리 가운데에 계시지 않은 까닭이 아니냐 할 것이라. ¹⁸ 또 그들이 돌이켜 다른 신들을 따르는 모든 악행으로 말미암아 내가 그 때에 반드시 내 얼굴을 숨기리라. ¹⁹ 그러므로 이제 너희는 이 노래를 써서 이스라엘 자손들에게 가르쳐 그들의 입으로 부르게 하여 이 노래로 나를 위하여 이스라엘 자손들에게 증거가 되게 하라. ²⁰ 내가 그들의 조상들에게 맹세한 바 젖과 꿀이 흐르는 땅으로 그들을 인도하여 들인 후에 그들이 먹어 배부르고 살찌면 돌이켜 다른 신들을 섬기며 나를 멸시하여 내 언약을 어기리니 ²¹ 그들이 수많은 재앙과 환난을 당할 때에 그들의 자손이 부르기를 잊지 아니한 이 노래가 그들 앞에 증인처럼 되리라. 나는 내가 맹세한 땅으로 그들을 인도하여 들이기 전 오늘 나는 그들이 생각하는 바를 아노라. ²² 그러므로 모세가 그 날 이 노래를 써서 이스라엘 자손들에게 가르쳤더라. ²³ 여호와께서 또 눈의 아들 여호수아에게 명령하여 이르시되 너는 이스라엘 자손들을 인도하여 내가 그들에게 맹세한 땅으로 들어가게 하리니 강하고 담대하라. 내가 너와 함께 하리라 하시니라.

1) 탁월한 영도력 ●31:1-23

이스라엘 백성을 복과 저주, 생명과 죽음의 갈림길에 소환하여 생명을 위하여 결단하도록 촉구하는 마지막 강론30:15-20을 행함으로써 모세의 사명은 끝난 셈이다. 이제 백성들은 매 순간 내리는 실존적 결단으로 그들의 미래를 열어가야 한다. 모세에게 남겨져 있는 최우선 과업은 여호수아에게 이스라엘 백성을 가나안 땅으로 인도할 수 있는 영도력을 넘겨주는 일이다. 그는 이제 백성들을 시험의 장소인 약속의 땅으로 이끌어 들어 갈 수 있도록 지도력의 횃불을 여호수아에게 넘겨주고 역사의 무대로부터 퇴장해야 한다. 31:1은 또다시 모세가 온 이스라엘을 회집시키는 장면을 보여준다. 그것은 온 이스라엘에게 중요한 말씀이 있게 될 것임을 가리킨다. 그 중요한 의제는 자신의 은퇴와 후계자 문제다. 31:2에서 모세는 자신의 120세된 나이를 상기시키며 자신의 군사적 지도력이 한계에 왔음을 토로한다. 또한 자신이 가나안 땅에 들어가지 못하는 심판을 초래한 맛사 르비딤 사건을 슬픈 어조로 회고한다. 자신이 광야에서 죽는 세대의 지도자임을 인정한 것이다. 출애굽 1세대는 갈렙과 여호수아를 제외하고는 모두 광야에서 죽었다.

31:3-6은 자신의 사후에 있을 가나안 정복 과업과 관련되어 여호수아를 포함한 전 이스라엘에게 주신 권고와 명령의 말씀이다. 먼저 모세는 온 이스라엘을 독려하며 여러 가지 구원 신탁을 동원해 가나안 정복전쟁에 대한 두려움과 공포를 논리적으로 불식시킨다. 첫째, 야웨께서 이미 말씀하신 것과 같이 이스라엘보다 먼저 건너가사 가나안 토착 민족들을 이스라엘이 보는 데서 멸하시고 그 땅을 차지하게 하실 것이다. 둘째, 모세의 후계자 여호수아가 온 이스라엘 앞에서 건너갈 것이다. 여호수아가 곧 이스라엘보다 먼저 가시는 야웨의 향도와 선봉대적 진취 기상을 구현하고 체현할 것이다. 셋째, 이미 야웨가 주도하신 가나안 동쪽 정복 과업을 이스라엘은 성공적으로 치렀고 야웨의 앞서 가서 싸워주심을 경험했다. 야웨께서 이미 멸하신 아모리 왕 시혼과 옥과 및 그 땅에 행하신 것과 같이 가나안 본토 거주 토착족속도 이스라엘에게 넘기실 것이다. 이스라엘은 야웨께서 명한 모든 명령대로 그들에게 행하면 된다. 넷째, 이스라엘이 가나안 정복전쟁을 앞두고 강하고 담대해 두려워하거나 떨지 말아야 할 결정적인 이유는, 야웨 하나님이 이스라엘과 함께 가시며 이스라

신

엘을 결코 떠나지 아니하시고 버리지 아니하실 것이기 때문이다. 결국 가나안 정복 대업을 이루어야 할 새 세대인 온 이스라엘에게 모세는 두 가지를 강조한다. 첫째, 요단 강 동편의 아모리 왕 시혼과 옥에 대한 승리를 본받아 가나안 본토 정복을 추진해야 한다. 둘째, 강하고 담대해야 한다. 두려워하거나 놀라지 말아야 한다. 모세는 가나안 정복전쟁이 얼마나 고단하고 힘든 과업이 될 것인지를 여러 차례 암시한다. 가나안 정복전쟁은 본질적으로 이스라엘과 가나안 원주민들과의 전쟁이 아니라 가나안 원주민에 대한 하나님의 전쟁(심판)임을 기억해야 한다는 것이다.^{창 15:13-15}

31:7-8은 모세가 여호수아를 따로 불러 들려주는 용기 고취 강론이다. 온 이스라엘에게 들려준 격려 강론과 거의 같다. 모세가 여호수아를 불러 온 이스라엘의 목전에서 사령관 임무를 부여한다. "너는 강하고 담대하라. 너는 이 백성을 거느리고 여호와께서 그들의 조상에게 주리라고 맹세하신 땅에 들어가서 그들에게 그 땅을 차지하게 하라."^{32:7} 여호수아가 이 근본 과업을 일단 받아들이고 나면 야웨 그분이 앞서 가시며 여호수아와 함께하사 떠나지 아니하시며 버리지 아니하실 것이다. 그러니 여호수아는 두려워하거나 놀라지 말아야 한다. 여호수아는 하나님의 선도 투쟁과 함께하심을 믿고 진군해야 한다. 이처럼 모세는 여호수아의 영도력이 효과적으로 발휘되도록, 자신에게 집중된 영도자의 카리스마를 이스라엘 온 회중이 보는 앞에서 이양하여야 한다. 온 회중 앞에서 여호수아의 마음을 강하고 담대하게 무장시켜 주어야 한다.^{31:6-8} 이제 가나안 땅에 정착해야 할 출애굽 2세대는 여호수아와 함께 배교의 유혹과 위협이 드셀 가나안 땅으로 진입하여야 한다. 지도력 교체로 대표되는 세대 교체는 신명기의 중요한 주제다. 하나님께서 모세에게 여호수아를 강하고 담대하게 하여 지도자의 임무를 계승하도록 명령하는 신명기

VII.

이스라엘의 실패와 배교를 넘어서는 하나님 나라

1:38과 3:28은 이 주제가 신명기의 중심 관심사 중의 하나임을 이미 예고했다. 이렇게 보면 신명기 서두에서 암시된 지도력 교체가 신명기의 마지막 단원에서 집행된 셈이다.

모세가 남겨준 유산 중 더욱 더 영구적인 것은 성문 토라다.31:9-14 모세는 하나님의 율법(시내산 율법과 언약)을 책에 기록하여 언약궤를 메는 레위 자손 제사장과 장로들에게 전달한다. 레위 자손 제사장과 이스라엘 모든 장로는 7년에 한 번씩(안식년마다), 곧 정기적 면제년의 초막절에 야웨가 택하신 곳에서 이 율법을 온 백성에게 읽어 주고 가르쳐 주어야 한다(느 8-10장의 수문 앞 광장 사경회의 근거). 31:12-13은 이스라엘 일반 백성 외에 이 초막절 율법낭독으로 훈도하여야 할 대상을 적시한다. 이스라엘 남녀노소, 이방인 등 이스라엘 공동체 안에 거하는 모든 구성원은 하나님의 율법 학습에 참여해야 한다. 초막절 율법 낭독과 교육의 목적은 이스라엘 백성의 남녀와 어린이와 이스라엘의 성읍에 거류하는 타국인이 레위 제사장과 장로들에게 듣고 배워 이스라엘의 하나님 야웨를 경외하며 이 율법의 모든 말씀을 지켜 행할 수 있게 만드는 것이다. 특히 이스라엘이 요단을 건너가서 차지할 땅에 거주할 동안에 태어나 이 말씀을 알지 못하는 그들의 자녀들이 이스라엘의 하나님 야웨를 경외하기를 배우게 하려는 것도 이 초막절 율법 낭독의 중심 목적이다.[2] 즉, 하나님의 율법을 읽어, 이스라엘 백성의 마음에 들려주는 행위의 목적은 이스라엘의 후세대가 가나안 땅에 들어가서도 하나님을 경외하며 살도록 가르치기 위함이었다.

이처럼 책에 기록된 율법의 정기적인 낭독 규정과 그것을 보존하기 위한 법적 규정은 모세의 지도력을 영구적으로 기념하는 행위다. 여호수아는 모세의 현존인 성문 율법을 영도력의 교본으로 상속받는 것이다. 과연 이스라엘의 후세대들은 가나안 땅에서 하나님을 일편단심으로 믿고 순종하며 살아가는 데 성공할 것인가? 미래에 대한 독자들의 예측이 일어날 즈음에 바로 모세와 여호수아의 영도자 이취임식이 하나님의 주도 아래 열린다.[31:14-19]

하나님께서 두 사람을 회막으로 나아오게 한 후 여호수아에게 직접 명령을 내리실 태세를 갖추신다. 이제 하나님의 구름기둥 형상의 영광이 회막 문 위에서 머물고 있을 때 여호수아는 하나님의 명령을 직접 하달받는 지도자가 된다. 영도자는 하나님의 회막 문에서 하나님으로부터 직접 명령과 계명을 듣고 전달하는 중보자다.[출 33:7-11] 23절에서 이제 하나님은 직접 여호수아에게 명령하신다. "여호와께서 또 눈의 아들 여호수아에게 명령하여 이르시되 너는 이스라엘 자손들을 인도하여 내가 그들에게 맹세한 땅으로 들어가게 하리니 강하고 담대하라. 내가 너와 함께하리라 하시니라." 여기서 우리는 후계자 여호수아의 미래가 과연 순탄할지 아니면 숱한 고난으로 가득찰지에 대하여 잠시 상념에 빠진다. 놀라운 것은 여호수아를 기다리는 미래는 불길하고 위험하다는 것이다. 모세는 이스라엘 백성의 예상된 배교를 너무나 확실한 어조로 말한다.[31:16-18] 여호수아가 마음을 강하고 담대하게 하여야 할 이유는 가나안 원주민들과의 전쟁뿐만 아니라 이스라엘 자손들의 마음속에 있는 배교와 불순종 의지와의 고단한 싸움이 기다리고 있기 때문이다.

이스라엘 자손에게 정기적으로 율법을 읽어 주어야 할 의무 규정에는 하나의 특징적 요소가 들어 있다. 그것은 이스라엘 백성의 미래 배교를 예언하는 증거의 노래다.[31:16-22] 하나님께서는 모세의 죽음을 예고한 직후 곧장 이스라엘 백성이 가나안 땅에 들어가서 야웨 하나님을 버리고 이방신들을 섬기고 이방인들과 언약을 맺을 것이라고 예언한다. 하나님은 어떻게 하실 것인가? 31:17-18은 단도직입적으로 하나님의 대응을 말한다. 하나님은 이스라엘 자손을 버

VII.

이
스
라
엘
의
실
패
와
배
교
를
넘
어
서
는
하
나
님
나
라

릴 것이며, 그들로부터 얼굴을 숨겨 버릴 것이며, 그들은 하나님이 함께하지 않음의 상황 속에서 온갖 환난과 고초를 당할 것이다. 가나안 땅에 들어가기도 전에 가나안 땅에서 벌어질 이 비관적이고 파국적인 미래 예측은 모세를 낙담케 하였을 것이다. 하나님께서는 모세를 크게 낙담시킨 후 이스라엘 자손들의 배교와 영적 일탈을 방지하기 위한 일종의 자기암시적인 노래를 지어 이스라엘 자손에게 부르게 하신다.[31:19-22] 이스라엘 자손의 미래 배교와 불순종을 미리 경고한 노래를 부름으로써 이스라엘 자손들은 하나님께 굳게 결속되어 있어야 할 이유를 매 순간 되새긴다. 또한 불순종과 불신앙이 초래한 곤경을 증거하는 계약적 기소covenant lawsuit는 장엄한 자기비판적 노래가 되어 이스라엘 백성의 심장과 골수 속에 갈무리되어야 한다. 모세가 이제 마지막으로 이스라엘 자손들에게 지어 가르칠 노래는, 가나안 땅에 들어간 이스라엘 자손이 풍요를 누리다가 하나님을 배반한 결과 겪게 될 하나님의 심판의 정당성을 옹호하고 자신들의 불의함을 고백하는 노래다. 그들은 야웨의 돌보심에도 불구하고 신실성을 저버린 백성으로 전락했을 때 그들이 어떻게 야웨의 계명과 법도와 규례를 지키는 데 실패하였는지를 일깨워 주는 이 노래를 불러야 한다는 것이다.

31 ²⁴모세가 이 율법의 말씀을 다 책에 써서 마친 후에 ²⁵모세가 여호와의 언약궤를 메는 레위 사람에게 명령하여 이르되 ²⁶이 율법책을 가져다가 너희 하나님 여호와의 언약궤 곁에 두어 너희에게 증거가 되게 하라. ²⁷내가 너희의 반역함과 목이 곧은 것을 아나니 오늘 내가 살아서 너희와 함께 있어도 너희가 여호와를 거역하였거든 하물며 내가 죽은 후의 일이랴. ²⁸너희 지파 모든 장로와 관리들을 내 앞에 모으라. 내가 이 말씀을 그들의 귀에 들려주고 그들에게 하늘과 땅을 증거로 삼으리라. ²⁹내가 알거니와 내가 죽은 후에 너희가 스스로 부패하여 내가 너희에게 명

령한 길을 떠나 여호와의 목전에 악을 행하여 너희의 손으로 하는 일로 그를 격노하게 하므로 너희가 후일에 재앙을 당하리라 하니라. [30] 그리고 모세가 이스라엘 총회에 이 노래의 말씀을 끝까지 읽어 들리니라.

2) 책에 기록된 토라와 토라 보존 명령 • 31:24-30

야웨와 맺은 계약을 지킨다는 말은 전체 율법적 의무들과 규정들을 수행하는 것을 의미한다. 이런 계약적 요구들에 자신을 속박하기 위하여 이스라엘 공동체는 하나님의 율법에 정통한 이해를 획득해야 한다. 그러기 위해서 이스라엘은 언약의 두 돌판을 담은 법궤 곁에 모세의 율법을 기록한 율법책을 둠으로써 늘 기억해야 한다. 망각의 속도보다 기억의 속도가 빨라야 이스라엘의 가나안 정착 실험은 성공할 수 있다. 이처럼 율법책을 기록하여 그것을 십계명 두 돌판 곁에 두는 이유는 이스라엘 백성이 하나님의 계약적 요구들을 망각하지 못하도록 하기 위함이다. 또 하나의 이유는 출애굽의 구원과 시내산 언약 사건을 경험하지 못한 본토 가나안에서 출생한 이스라엘의 후세대들을 하나님의 계약백성으로 길러내기 위함이다. 이 점에서 이 단락은 4:9-10과 6:5-9, 20-25과 11:1-7에서 표명된 요리문답적·교육적 관심을 되울려 준다. 조상들이 남겨준 율법과 언약의 위대한 유산과 구원사적 드라마에 대해서도 냉담할 정도로 무관심할 수 있는 이스라엘 후세대들을 위하여 구두로 선포되고 가르쳐진 율법들은 책으로 보존되어야 하며 더 나아가 정기적으로 낭독되고 습득되어야 한다는 것이다. 아니나 다를까 31:27에서 모세는 이스라엘 후세대들의 배교와 완악함을 예언적으로 언급한다. 이 부정적인 예고 후에 모세는 즉시 이스라엘의 지도자급 인물들을 총망라하여 회집시킨다. 모든 지파의 장로들과 관리들을 불러 한층 강도 높게 이스라엘 후세대들의 배교와 그로 인해 초래될 재난을 예고한다. "내가 알거니와 내가 죽은 후에 너희가 스스로 부패하여 내가 너희에게 명령한 길을 떠나 여호와의 목전에 악을 행하여 너희의 손으로 하는 일로 그를 격노하게 하므로 너희가 후일에 재앙을 당하리라 하니라."³¹:²⁹ 이런 이유 때문에 율법을 보관하고 보존하며 정기적으로 낭독하도록 규정하는 법조항이 만들어진다. 이스라엘의 장로들과 관리들의 심장에 들려지고 새겨진 이 성문화된 율법은 언약궤와 함께 영구적으로 보존되어야 한다.

여기서 율법책이 언약궤 옆에 놓여야 한다는 것은 의미심장하다. 기록되고 보존되어 언약궤 옆에 보관되어야 하는 율법책은 이스라엘의 공동체적이고 거룩한 삶을 지탱하는 근본 원칙이며 으뜸 지침에 해당하는 십계명과 다른 시행세칙을 가리킨다. 십계명에 대한 확장된 해설과 구체적인 적용을 담은 율법이 성문화된 율법책이다. 그것은 내용적으로는 아마도 출애굽기-신명기까지의 대부분의 율법을 가리킬 것이다. 신명기 율법 혹은 신명기 자체를 가리키는 말일 수도 있다. 아무튼 돌판에 기록된 십계명과 책에 기록된 모세의 율법책을 나란히 보관하라는 규정 안에는 보다 구체적으로는 다음과 같은 두 가지 의미심장한 함의가 들어 있다. 첫째, 언약궤 안에 놓인 열 가지 말씀이 하나님의 임재를 대표하고 매개하듯이, 이 성문화된 율법책이 또한 백성들 한가운데 계시는 하나님의 임재를 대표하고 대변한다. 백성들 한가운데 하나님의 임재를 대변하는 이 기능이 율법의 가장 적극적인 기능이다. 하나님의 임재는 그 자체가 이스라엘에게는 위험하고도 위태로운 임재로서 이스라엘 공동체가 외부의 적으로부터 멸망당하는 것을 막아 주는 보호와 구원을 위한 임재인 동시에, 이스라엘 공동체가 내적으로 부패하고 스스로 붕괴되고 해체되는 것을 막아 주는 경고와 경계를 위한 임재다. 둘째, 그래서 그 율법책은 이스라엘 백성의 배교와 일탈을 고발하는 증언자 기능을 떠맡는다. 이스라엘이 과연 신명기가 선포하는 율법을 전심으로 지켜 가나안 땅에 성공적으로 정착하여 땅을 누릴 수 있을 것인가? 아니면 내적으로 부패하고 영적인 배교와 일탈에 빠져 해체와 땅 상실의 재난을 초래할 것인가? 여기서 신명기는 먼저 생명력 넘치는 삶의 수단으로서의 율법을 선포하지만 생명을 위한 율법 순종의 길을 버린 결과에 대해서도 냉혹한 미래상을 예고한다. 율법은 재난의 순간마다 이스라엘 공동체가 왜 재난과 이산과 유랑의 운명으로 굴러 떨어졌는지를 해석하게 해주고 그들의 재난이 율법에 대한 누적된 불순종의 결과임을 증언하는 증인으로 서 있다. 율법이 정기적으로 백성들에게 낭독될 때 이스라엘 공동체는 그들이 야웨의 가르침을 어떤 점에서 불순종했는지를 깨닫게 되었을 것이며 그때마다 돌이킬 수 있는 영적 복원력을 제공받았을 것이다.^{왕하 22-23장}

율법책의 낭독과 보존 규정은 모세의 죽음과 퇴장과 직접적으로 연결되어 있다. 참으로 놀랍게도 모세는 그가 백성들에게 쏟아부은 모든 권고와 훈계에도 불구하고 과거의 경험에 비추어 볼 때 이스라엘 공동체의 미래 전망은 어두울 것임을 말하고 있다. 무시무시한 상황들 속에서 하나님의 보호하심과 돌보심을 경험하고도 숱하게 반역하였던 과거사에 비추어 볼 때 가나안 땅에 정착하게 될 이스라엘 백성은 하나님의 축복을 더욱 풍성하게 누릴 때에도 반역할 가능성이 많다는 것이다. 모세는 거의 신적 예지와 통찰력을 구사하여 이스라엘 공동체의 마음속에 있는 잠재적 반역 성향이 미래에 결실하여 재난의 역사를 맞을 것임을 예고한다. 바로 이런 배경에서 32장의 증거의 노래가 등장한다. 그것의 기능은 재난의 도래와 그것의 필연적인 이유를 증거하는 데만 그치지 않고, 재난의 순간에 하나님께로 되돌아갈 퇴로를 열어 주는 일종의 복원력을 제공하는 데 있다.

1) 모세가 가르쳐 준 증거의 노래

31:16-21은 32:1-47에 나오는 증거의 노래의 맥락을 제시한다. 이스라엘은 미래의 특정 시점이 도래하면 야웨로부터 돌이켜 다른 신들을 사랑하며 섬기는 '간음' 및 '매춘'에 빠질 것이다. 신학적으로나 이스라엘의 역사적 진행 과정에서 보자면, 이스라엘 공동체가 매춘 혹은 간음에 빠졌다고 격렬하게 비판당하는 시점은 기원전 8세기 북이스라엘과 유다의 상황이다.^{호 1-3장} 이 증거의 노래는 기원전 8세기부터 현저하게 창궐한 영적 일탈을 미리 내다보고 있거나 아니면 이 시기를 반영하고 있는 것처럼 보인다. 기원전 9세기 예언자들은 모세 시대의 시내산 계약을 하나님과 이스라엘 사이에 맺은 혼인계약이라고 보았다. 십계명과 부대계명은 부부관계의 정절과 순결한 충성심을 확보하는 수단이었다. 그러나 하나님의 신부인 이스라엘이 간음죄를 범하면 어떤 일이 벌어질 것인가? 이 단락은 민족적 재난과 고통은 하나님의 임재가 이스라엘을 떠났기 때문이며 하나님의 임재가 이스라엘을 떠난 이유는 이스라엘의 범죄 때문임을 분명하게 밝힌다. 구약성경, 특히 예언서에서 하나님의 심판 행위는 하나님의 진노와 하나님의 숨기심으로 표현된다. 하나님의 임재는 하나님의 현실적 도우심과 너무나 밀접하게 연결되어 있기 때문에 고난과 재난은 하나님께서 당신의 얼굴을 숨기신 사건의 반영으로 느껴졌다. 재난의 희생자 편에서 보면 설명할 수 없는 재난이나 혹은 마땅히 받아야 할 재난 상관없이 그것은 하나님의 부재 증명이다. 능히 구원하실 수 있는 하나님이, 곧 그토록 친밀하게 당신의 임재를 이스라엘 중에 현존케 하신 그분이 함께하시지 않기 때문에 엄청난 국가적 재난과 자연재앙이 일어난다고 본 것이다.^{신 4장}

32장의 증거의 노래는 이스라엘 백성이 야웨의 길을 떠나 야웨를 버리도록 운명지워졌다는 예단[31:24-29]을 강화하고 급기야 실현시킨다. 이스라엘 공동체는 율법의 정기적 낭독에서 그들의 불순종과 배교를 겨냥한 율법의 단죄와 심판 선언을 들을 뿐만 아니라 이 증거의 노래 속에서 그들 자신의 죄책을 고백하게 될 것이다. 이런 관점에서 보면, 율법 낭독처럼 증거의 노래를 부르는 행위 자체도 사법적 기능과 동시에 권계적 기능을 가진다. 증거의 노래는 가르치고 권계하면서 동시에 정죄하고 탄핵한다. 그것도 책으로 기록된 토라처럼 기록되어야 하고 가르쳐져야 하고 백성들의 입 속에 주입되어져야 한다. 기록된 율법책의 중심 초점이 이스라엘 공동체의 삶을 인도하며 축복에 이르게 하는 데 있다면, 이 증거의 노래의 중심 기능은 그들이 야웨의 도를 떠나 다른 신들에게 충성을 바칠 때 그들을 고발하는 것이 될 터였다.

VII.

이스라엘의 실패와 배교를 넘어서는 하나님 나라

32

¹ 하늘이여, 귀를 기울이라. 내가 말하리라. 땅은 내 입의 말을 들을지어다. ² 내 교훈은 비처럼 내리고 내 말은 이슬처럼 맺히나니 연한 풀 위의 가는 비 같고 채소 위의 단비 같도다. ³ 내가 여호와의 이름을 전파하리니 너희는 우리 하나님께 위엄을 돌릴지어다. ⁴ 그는 반석이시니 그가 하신 일이 완전하고 그의 모든 길이 정의롭고 진실하고 거짓이 없으신 하나님이시니 공의로우시고 바르시도다. ⁵ 그들이 여호와를 향하여 악을 행하니 하나님의 자녀가 아니요 흠이 있고 삐뚤어진 세대로다. ⁶ 어리석고 지혜 없는 백성아, 여호와께 이같이 보답하느냐. 그는 네 아버지시요 너를 지으신 이가 아니시냐. 그가 너를 만드시고 너를 세우셨도다. ⁷ 옛날을 기억하라. 역대의 연대를 생각하라. 네 아버지에게 물으라. 그가 네게 설명할 것이요 네 어른들에게 물으라. 그들이 네게 말하리로다. ⁸ 지극히 높으신 자가 민족들에게 기업을 주실 때에, 인종을 나누실 때에 이스라엘 자손의 수효대로 백성들의 경계를 정하셨도다. ⁹ 여호와의 분깃은 자기 백성이라. 야곱은 그가 택하신 기업이로다. ¹⁰ 여호와께서 그를

황무지에서, 짐승이 부르짖는 광야에서 만나시고 호위하시며 보호하시며 자기의 눈동자 같이 지키셨도다. ¹¹ 마치 독수리가 자기의 보금자리를 어지럽게 하며 자기의 새끼 위에 너풀거리며 그의 날개를 펴서 새끼를 받으며 그의 날개 위에 그것을 업는 것 같이 ¹² 여호와께서 홀로 그를 인도하셨고 그와 함께 한 다른 신이 없었도다. ¹³ 여호와께서 그가 땅의 높은 곳을 타고 다니게 하시며 밭의 소산을 먹게 하시며 반석에서 꿀을, 굳은 반석에서 기름을 빨게 하시며 ¹⁴ 소의 엉긴 젖과 양의 젖과 어린 양의 기름과 바산에서 난 숫양과 염소와 지극히 아름다운 밀을 먹이시며 또 포도즙의 붉은 술을 마시게 하셨도다. ¹⁵ 그런데 여수룬이 기름지매 발로 찼도다. 네가 살찌고 비대하고 윤택하매 자기를 지으신 하나님을 버리고 자기를 구원하신 반석을 업신여겼도다. ¹⁶ 그들이 다른 신으로 그의 질투를 일으키며 가증한 것으로 그의 진노를 격발하였도다. ¹⁷ 그들은 하나님께 제사하지 아니하고 귀신들에게 하였으니 곧 그들이 알지 못하던 신들, 근래에 들어온 새로운 신들 너희의 조상들이 두려워하지 아니하던 것들이로다. ¹⁸ 너를 낳은 반석을 네가 상관하지 아니하고 너를 내신 하나님을 네가 잊었도다.

2) 하나님의 구원사에 우상숭배로 응답한
이스라엘의 반역사 ●32:1-18

1-3절은 증거의 노래가 어떤 장르로 읽힐 수 있는지를 알려 준다. 이 절들은 증거의 노래와 신명기의 두 개의 근본적인 주제적 구조들인 시내산 계약과 모세의 가르침을 결속시킨다. 하늘과 땅을 증인으로 설정하는 것은 히타이트의 고대 근동 종주-봉신 조약의 마지막 조항에 등장하는 여러 증인 신들의 소환과 비교된다. 이스라엘은 야웨 하나님의 봉신이라는 암묵적 전제가 드러나고 있다. 4-6절은 증거의 노래가 다룰 주제를 압축적으로 소개한다. 이 절들은 하나님의 장구하고 장엄한 구원사에 우상숭배와 반역으로 응답한 이스라엘의 반역사를 부각시키는 도입부를 이룬다. 증거의 노래 전체를 통해 부각되는 야웨의 행사 및 야웨의 길과 백성들의 길과 행태 사이의 생

생한 대조가, 환난 중인 이스라엘 공동체에게 심판의 필연성을 각인시킨다.

증거의 노래는 백성들을 위하여 행하신 야웨의 이적과 기사들을 기억하라[5:15, 8:18, 9:7, 15:15, 16:3, 24:9, 18, 22]는 요구와 부모세대로부터 그 이야기를 배워 익히라는 요구를 바탕으로 중심 주제를 전개한다. 이스라엘에 대한 야웨의 돌보심의 역사에 대한 역동적인 기억과 재현을 강조하는 것이다. 신명기 전체에서도 반복되듯이, 여기서도 다시 한 번 기억의 중요성과 계약 공동체 내에서 세대 간에 걸친 이야기 구술 전승의 중요성이 강조되고 있다. 우리는 여기서 모세오경을 비롯한 구약성경 전체가 어떤 실제적인 목적 때문에 저작되었는지를 추정해 볼 수 있다. 부모세대가 자녀세대에게 하나님에 대한 신앙을 계승시키기 위한 교육적 필요가 바로 구약성경의 저작 배경이 된다는 것이다. 구약성경의 구원사는 가족 이야기의 형태로 전승되는데, 가족 이야기들은 새 세대에게 어떻게 살아가야 할 것인지를 배우도록 도와주기 위해서 반복적으로 구술되고 들려진다.

증거의 노래가 펼치는 중심 주제는 가족 비유를 통해서 전개된다. 부모-자식 비유와 남편-아내 비유다. 7절은 자상하게 돌보아 주시고 사랑을 쏟아 주신 부모님에 대한 자녀의 반역이라는 이 시의 중심 주제를 도입하기 위한 요청이다. 8절은 야웨 하나님에게 이스라엘이 얼마나 사랑스럽고 특별한 존재였는지를 웅변한다.[출 19:5-6] 여기서 고대 근동의 만신전 회의 정경이 그려진다. 먼저 야웨 하나님은 열방들에게 기업을 주고, 사람의 아들들(버네 아담)을 나눴을 때, 이스라엘 자손의 숫자 70명을 기준으로 민족들의 경계를 정했다.[3]

여러 신들은 각자 한 민족을 선택하여 각각의 후견신이 되기로 결정하는데[4] 이스라엘은 만신전의 최고신인 하나님 야웨의 직접 관할 아래 다스려질 백성으로 선택되었다는 것이다. 신명기 저자는 열방

VII.

이스라엘의 실패와 배교를 넘어서는 하나님 나라

들은 다른 신적 존재들에게 위탁하고 만신전의 최고신이신 야웨 당신은 이스라엘을 직접 통치하고 관할하기로 했다고 말한다. 이사야 40-55장에서 강조되는 유일신 신앙이 이스라엘 역사 초기부터 교리로 뿌리박혔다고 믿는 독자들의 눈에는 유일신 신앙을 수호하는 데 앞장서는 신명기가 다신교적인 배경을 전제하는 듯한 구절을 담고 있다는 것이 언뜻 보면 이상해 보일지 모른다.[5] 그러나 신명기는 여러 곳에서 이스라엘의 충성심을 도중에 가로챌 야웨 하나님의 잠재적 경쟁자들을 부단히 언급하거나 전제하고 있다는 것을 기억해야 한다.

10-11절은 야웨 하나님이 이스라엘을 광야에서 만나 구원해 주시고 보호해 주신 역사를 회고한다. 시내산 기슭에서 만나 이스라엘을 계약백성으로 창조해 주신 사건이 중심적으로 회고된다. 11절의 독수리 비유는 출애굽기 19:3-4의 독수리 날개 구절을 상기시킨다. 출애굽기 19장의 독수리 비유가 하나님의 독자적이고 일방적이며 주도적인 구원 행위를 강조하는 데 효과적이라면, 신명기 32:11의 독수리 비유는 이스라엘이 스스로 율법의 멍에를 지고 자유를 체득하도록 하는 어미 독수리의 새끼 교육과 훈련을 부각시킨다.[6] 10-12절은 결국 왜 야웨 하나님만이 이스라엘 공동체 안에서 경배받아야 하는지를 말해준다. 13-14절은 가나안 땅에서 정착한 후에 하나님께서 베푸신 농업, 목축, 낙농업상의 번영과 축복을 기술한다. 이스라엘이 과연 젖과 꿀이 흐르는 땅에서 하나님의 극진한 사랑과 돌보심을 받았다는 것이다. 그런데 그 결과는 무엇인가? '여수룬'(의로운 자들)이라고 불리는 이스라엘 공동체는 극한 번영과 풍요를 누리는 가운데 야웨 하나님의 요구를 거절하고 배척하며 다른 신들을 추종하기 시작하였다. 모세가 이제까지 모든 강론들과 설교에서 경고했던 일들이 일어나버린 것이다. 이스라엘은 자신을 창조하신 하나님,

자신을 구원하신 반석을 모멸하고 멸시했으며 다른 신들을 섬김으로써 하나님의 격렬한 질투를 불러일으킨다.

17절은 이스라엘이 심지어 귀신을 숭배했으며 조상들이 알지 못하던 근래에 새로 들어온 신들을 섬기게 되었다고 고발한다. 비록 이 고발은 모세의 입에서 나온 말이지만 한편으로는 증거의 노래를 불렀던 백성 자신의 정죄와 자책적 고백으로 들리기도 한다. 이 고백과 자책이 증거의 노래 한가운데 내재율을 이루고 있다. 결국 백성들에 대한 직접적인 호소문 문체와 삼인칭 서술문 문체를 교대로 사용하는 이 단락은 신명기에서 예기되고 경고되어 왔던 온갖 죄악이 고백되는 슬픈 고해성사적 기도문으로 바뀐다. 야웨를 버린 죄,[28:20, 29:25, 31:16] 야웨를 격동한 죄,[9:7, 22] 야웨의 질투를 불러일으킨 죄,[4:24, 5:9, 6:15, 29:20] 살찌고 윤택해져 다른 신들을 좇아간 죄,[31:20] 가증하고 혐오스러운 관습을 좇은 죄,[7:25, 26, 13:14, 17:1, 4] 야웨를 잊어버린 죄[8:11, 19]가 고통스럽고 연쇄적으로 고백된다.

32

[19] 그러므로 여호와께서 보시고 미워하셨으니 그 자녀가 그를 격노하게 한 까닭이로다. [20] 그가 말씀하시기를 내가 내 얼굴을 그들에게서 숨겨 그들의 종말이 어떠함을 보리니 그들은 심히 패역한 세대요 진실이 없는 자녀임이로다. [21] 그들이 하나님이 아닌 것으로 내 질투를 일으키며 허무한 것으로 내 진노를 일으켰으니 나도 백성이 아닌 자로 그들에게 시기가 나게 하며 어리석은 민족으로 그들의 분노를 일으키리로다. [22] 그러므로 내 분노의 불이 일어나서 스올의 깊은 곳까지 불사르며 땅과 그 소산을 삼키며 산들의 터도 불타게 하는도다. [23] 내가 재앙을 그들 위에 쌓으며 내 화살이 다할 때까지 그들을 쏘리로다. [24] 그들이 주리므로 쇠약하며 불 같은 더위와 독한 질병에 삼켜질 것이라. 내가 들짐승의 이와 티끌에 기는 것의 독을 그들에게 보내리로다. [25] 밖으로는 칼에, 방 안에서는 놀람에 멸망하리니 젊은 남자도 처녀도 백발 노인과 함께 젖 먹는 아이까지 그러하리로다. [26] 내가 그들을 흩어서 사람들

사이에서 그들에 대한 기억이 끊어지게 하리라 하였으나 ²⁷혹시 내가 원수를 자극하여 그들의 원수가 잘못 생각할까 걱정하였으니 원수들이 말하기를 우리의 수단이 높으며 여호와가 이 모든 것을 행함이 아니라 할까 염려함이라.

3) 야웨의 심판 선고 ●32:19-27

19절의 '그러므로'는 이스라엘을 치시는 야웨 심판의 정당성을 옹호하는 단락을 시작한다. 이스라엘에 대한 야웨의 선하심과 신실하심과 이스라엘의 패역을 묘사할 때 동원된 시적인 이미지와 웅변적 문체는 심판의 정당성을 옹호하는 데 효과적이다. 하나님의 심판은 야웨 하나님을 격동시킨 이스라엘 백성의 죄에 걸맞은 선고라는 것이다. 하나님은 당신의 얼굴을 숨겨, 패역한 세대요 진실이 없는 자녀인 이스라엘의 종말을 친히 목격하실 것이다. 먼 훗날 이스라엘 공동체가 하나님이 아닌 것들로 야웨의 질투를 촉발시켰으므로, 야웨는 원래 하나님의 백성이 아니었던 자들로 이스라엘의 투기를 격동케 할 것이다. 그들이 무가치한 것들과 허무한 우상들로 하나님을 자극하였으므로 이스라엘은 어리석은 것들, 곧 무지몽매한 이방 민족에 의해 격동케 되고 괴롭힘을 당할 것이다. 경악할 만한 비례적 정의poetic justice가 관철된다. 뒤따라 나오는 이미지는 야웨의 심판의 수단인 전쟁 이미지다. 21-26절은 점층적으로 고조되는 하나님의 진노 격발을 그린다. 어리석은 민족으로 이스라엘의 질투를 불러일으키겠고, 농작물의 파멸과 전쟁의 참화, 질병의 공격, 들짐승의 창궐, 공동체 구성원 모두를 경악시킬 내우외환적이고 다차원적인 혼돈과 적군 침략, 그리고 마침내 이산과 추방의 재난이 이스라엘 공동체를 덮칠 것이다. 아무도 이 진노의 화염을 끌 수 없다. 그런데 한 가지 상황이 야웨의 진노를 멈추게 한다. 대적의 격동과 야웨 자신의 이름에 대한 심사숙고가 자신의 백성을 향한 야웨의 진노를 누그러뜨리게 한다.

야웨께서는 이스라엘 백성에 대한 기억을 역사의 기록들에서 도 말하는 전적 파멸의 직전에서 진노를 멈추신다. 하나님 자신의 명예 와 이름에 대한 대적들의 오해와 악평 때문이다. 신명기 9장에서처 럼 27절에서도 이스라엘에 대한 야웨의 심판이 중지되는 계기는 야 웨에 대한 대적들의 오해와 악평이다. 대적들은 이스라엘에 대한 그 들의 승리가 야웨의 섭리 때문이 아니고 그들 자신의 권능의 결과라 고 생각할 것이다. 그리고 더 나아가 그들이 야웨 하나님은 자기 백 성도 도와주지 못하고 구원하지 못하는 무기력한 신으로 간주할지 도 모른다는 논리다. 열방의 오해와 악평은 이스라엘 백성을 심판함 에 있어서 하나님 자신의 행동을 결정하는 데 빈번히 고려되는 토대 가 된다. 이 고려가 하나님의 심판이 극단까지 집행되지 않게 막고 결국 하나님의 백성을 변호하는 하나님의 결단을 이끌어 낸다. 하나 님은 죄를 심판하셔야 하지만 당신의 거룩한 이름을 보존하시기 위 하여, 죄를 도말하고 제거하는 심판이 아닌 죄를 초극하는 심판을 기획하시지 않으면 안 된다. 여기서 죄를 초극하는 심판이란 이스 라엘이 스스로 죄를 이기도록 돕는 심판이다. 그것은 자비와 진리를 동시에 드러내는 심판이다. 신명기의 하나님이 바로 인간의 죄를 스 스로 끌어안고 해결하기 위해 독생자를 파송하시기까지 이 세상을 사랑하신 예수 그리스도의 아버지 하나님이시다.

VII.

이스라엘의 실패와 배교를 넘어서는 하나님 나라

32 [28] 그들은 모략이 없는 민족이라. 그들 중에 분별력이 없도다. [29] 만일 그들 이 지혜가 있어 이것을 깨달았으면 자기들의 종말을 분별하였으리라. [30] 그들의 반석이 그들을 팔지 아니하였고 여호와께서 그들을 내주지 아니하셨더라면 어 찌 하나가 천을 쫓으며 둘이 만을 도망하게 하였으리요. [31] 진실로 그들의 반석이 우리 의 반석과 같지 아니하니 우리의 원수들이 스스로 판단하도다. [32] 이는 그들의 포도나

무는 소돔의 포도나무요 고모라의 밭의 소산이라. 그들의 포도는 독이 든 포도이니 그 송이는 쓰며 ³³ 그들의 포도주는 뱀의 독이요 독사의 맹독이라. ³⁴ 이것이 내게 쌓여 있고 내 곳간에 봉하여 있지 아니한가. ³⁵ 그들이 실족할 그 때에 내가 보복하리라. 그들의 환난날이 가까우니 그들에게 닥칠 그 일이 속히 오리로다. ³⁶ 참으로 여호와께서 자기 백성을 판단하시고 그 종들을 불쌍히 여기시리니 곧 그들의 무력함과 갇힌 자나 놓인 자가 없음을 보시는 때에로다. ³⁷ 또한 그가 말씀하시기를 그들의 신들이 어디 있으며 그들이 피하던 반석이 어디 있느냐. ³⁸ 그들의 제물의 기름을 먹고 그들의 전제의 제물인 포도주를 마시던 자들이 일어나 너희를 돕게 하고 너희를 위해 피난처가 되게 하라. ³⁹ 이제는 나 곧 내가 그인 줄 알라. 나 외에는 신이 없도다. 나는 죽이기도 하며 살리기도 하며 상하게도 하며 낫게도 하나니 내 손에서 능히 빼앗을 자가 없도다. ⁴⁰ 이는 내가 하늘을 향하여 내 손을 들고 말하기를 내가 영원히 살리라 하였노라. ⁴¹ 내가 내 번쩍이는 칼을 갈며 내 손이 정의를 붙들고 내 대적들에게 복수하며 나를 미워하는 자들에게 보응할 것이라. ⁴² 내 화살이 피에 취하게 하고 내 칼이 그 고기를 삼키게 하리니 곧 피살자와 포로된 자의 피요 대적의 우두머리의 머리로다. ⁴³ 너희 민족들아 주의 백성과 즐거워하라. 주께서 그 종들의 피를 갚으사 그 대적들에게 복수하시고 자기 땅과 자기 백성을 위하여 속죄하시리로다. ⁴⁴ 모세와 눈의 아들 호세아가 와서 이 노래의 모든 말씀을 백성에게 말하여 들리니라. ⁴⁵ 모세가 이 모든 말씀을 온 이스라엘에게 말하기를 마치고 ⁴⁶ 그들에게 이르되 내가 오늘 너희에게 증언한 모든 말을 너희의 마음에 두고 너희의 자녀에게 명령하여 이 율법의 모든 말씀을 지켜 행하게 하라. ⁴⁷ 이는 너희에게 헛된 일이 아니라. 너희의 생명이니 이 일로 말미암아 너희가 요단을 건너가 차지할 그 땅에서 너희의 날이 장구하리라.

4) 무지몽매하고 타락한 대적 앞에서
이스라엘을 변호하시는 하나님 ●32:28-47

이스라엘을 정복하고 압제한 열방들이 하나님의 절대주권을 시인하지 않고 자신의 권능으로 이스라엘을 제압했다고 생각하는 순간이 이스라엘이 해방되는 날이다.^{사 10:7, 10-12, 24-45} 하나님이 친히 자신의 백성을 팔아 버리셨다는 사실을 알지 못한 채 대적들은 자신들의 반석, 곧 신의 권능을 자랑한다. 그러나 대적들에 대한 하나님의 진노가 쌓여 복수의 화염을 뿜는 날 대적들은 초개처럼 쓰러질 것이다.^{29-35절} 또한 이스라엘 공동체가 한때 섬기고 추종하던 우상들이 이스라엘을 구원하는 데 전적으로 무기력하다는 것을 깨닫기까지 이스라엘을 우상의 지배하에 잠시 방치할 것이지만 하나님은 궁극적으로 이방 대적들을 향하여 핏빛 복수를 실행할 것이다. 42절은 아주 야만적이고 참혹한 살육전 이미지를 가지고 이방인을 겨냥한 하나님의 극적 보복전쟁(이스라엘을 위해서는 신원과 위로를 위한 전쟁)을 묘사하고 있다. 이스라엘의 우상숭배와 투기가 이방 열방을 통한 이스라엘의 심판을 초래하고 이방 열방의 교만과 잔인무도한 어리석음이 그들을 향한 하나님의 심판을 초래한다. 이스라엘의 위로와 구원은 이방 열방을 향한 하나님의 심판에서 어부지리로 획득되는 셈이다. 한 무지몽매하고 타락한 나라에 대한 야웨의 심판도 그 심판이 집행되기 오래전에 설정된 하나님의 계획의 일부임이 드러난다. 결국 이 단락은 하나님의 능력과 하나님의 통치를 옹호하는 것이^{43절} 또한 하나님의 백성을 변호하는 길임을 밝힌다.

35-36절은 이스라엘을 파멸시킨 나라들은 물러가고 이스라엘은 야웨 하나님의 자비와 긍휼을 덧입으며 신원되는 극적인 반전을 묘사하고 있다. 37-38절의 주제는 하나님의 보복하심이다. 39-40절은 한때 우상숭배에 빠져 하나님의 투기를 격동시킨 죄악으로 심판을 받아 영락한 이스라엘 백성에게 들리는 하나님의 방백이다. 이스라엘 공동체는 그토록 철저한 굴욕과 환난 속에서 역사하시는 하나님의 의도와 목적을 알아차려야 한다는 것이다. 모든 환난의 배후에서 역사를 주도하시는 하나님의 의도와 목적을 감지하여야 한다는

VII.

이
스
라
엘
의
실
패
와
배
교
를
넘
어
서
는
하
나
님
나
라

것이다. 41-43절은 37-38절 주제를 회화적으로 부연하고 있다. 이 세 절에서 사용되는 용어의 야만적인 분위기는 평화롭고 자애로운 사랑의 하나님만을 알아온 현대인에게 거슬리는 요소다. 하지만 여기서 복수의 대상이 숱한 약소국들을 잔인하게 정복하고 병탄한 초강대국 열방이라는 점이 고려되어야 한다. 칼과 활과 화살을 손에 든 거룩한 전사 이미지는 하나님의 야만적인 호전성을 선전하지 않고 국제 관계 안에서 붕괴된 공평과 정의 질서를 회복하려는 데 투신되어 있는 하나님의 책임감을 부각시킨다. 그것은 하나님의 세계적 통치를 수행하는 권능을 표현하기 위하여 채택된 중요한 이미지다. 물론 '보수' 혹은 '복수'라는 말보다 '변호' 혹은 '신원'이라는 개념이 오히려 '보복'이라고 번역된 성경적 용어들[나캄(נָקָם), 쉴렘(שָׁלֵם)]이 표현하고자 의도하는 의미의 전체성을 더욱 잘 표현한다. 그것은 하나님의 백성들을 보호하기 위한 하나님의 권능의 행사요, 이 우주 안에 도덕적이고 공의로운 다스림을 실현시키기 위한 하나님의 공권력의 집행이다. 그런 신적 보복의 가능성은 오직 홀로 선과 악, 삶과 죽음의 문제에 작용하는 최종적인 힘의 원천이신 절대주권자이신 야웨께만 속한다. 그 하나님의 복수가 발현되는 방법은 심지어 야웨의 통치를 지상에 펼칠 대리자였던 자들이라 할지라도 그들의 대리 행위가 부패하고 오만방자해졌을 때 그들마저도 파멸시키고 근절시키는 역사 속에 잘 드러난다.[사 10:11-34] 하나님의 신원하심은 또한 힘없고 무기력하며 고통과 상처로 신음하는 자들, 심지어 야웨 하나님의 보복에 의해 영락해 버렸던 자들을 소생시킴으로써 이뤄질 수 있다. 야웨의 심판으로 쇠잔케 되고 무력해져서 야웨 이외에는 어떤 도움도 없다는 것을 뼈저리게 깨달은 사람들을 위로하심으로써 하나님의 신원하심이 표현될 수도 있는 것이다.[사 40:1-3]

　요약하자면, 신명기 32:1-47의 모세의 노래는 세월이 가져오는 망각 작용에 대항하는 노래다. 그 노래는 환난이 닥칠 때마다 작열하는 일종의 시한폭탄이다.[7] 그것은 폭발하도록 예정된 시간을 기다리다가 때가 되면 폭발하여 거친 현실을 살아가는 백성들의 기억을 흔들어 놓는다. 그래서 그것은 백성들의 마음과 입 속에서 다시 살아 움직이며 그들을―그들이 좋아하건 싫어하건 간에―광야 방황 시절의 거친 기억으로 되돌아오게 한다. 이 증거의 노래는 실로 백성들의 불순종과 계약 파기를 고소하는 증거지만, 그것은 또한 하나님의 신실하신 돌보심의 역사들과 더 나아가 모든 심판을 뛰어넘는 구원과 그들에 대한 하나님의 궁극적인 변호와 칭의를 증거한다.

32:44-47은 이 증거의 노래가 율법을 지키도록 독려하는 교육적이고 권계적인 목적에서 가르쳐지고 불리워졌음을 다시 한 번 강조한다. 가나안 땅에서 장구하게 거주하기 위해서는 율법의 말씀을 준행하는 일이 필수불가결한 것임을 강조한다.

32 [48] 바로 그 날에 여호와께서 모세에게 말씀하여 이르시되 [49] 너는 여리고 맞은편 모압 땅에 있는 아바림산에 올라가 느보산에 이르러 내가 이스라엘 자손에게 기업으로 주는 가나안 땅을 바라보라. [50] 네 형 아론이 호르산에서 죽어 그의 조상에게로 돌아간 것 같이 너도 올라가는 이 산에서 죽어 네 조상에게로 돌아가리니 [51] 이는 너희가 신 광야 가데스의 므리바 물 가에서 이스라엘 자손 중 내게 범죄하여 내 거룩함을 이스라엘 자손 중에서 나타내지 아니한 까닭이라. [52] 네가 비록 내가 이스라엘 자손에게 주는 땅을 맞은편에서 바라보기는 하려니와 그리로 들어가지는 못하리라 하시니라.

5) 모세의 퇴장 ● 32:48-52

48-52절은 모세가 느보산에 올라가서 임종을 맞이하라는 명령을 한 번 더 상기시킨다. 광야세대의 운명을 지고 모세는 가나안 땅 밖

에서 죽어야 한다. 이제 모세 대신에 모세가 가르쳐 준 율법과 증거의 노래, 그리고 하나님이 친히 하사하신 십계명이 가나안 땅에 따라 들어갈 것이다. 그러나 모세는 느보산에서 가나안 땅 전체를 한눈에 조망하며 12지파의 미래를 축복하고 각각의 지파가 걸어갈 행로를 직관하고 예측하는 노래를 남긴다. 각 지파가 차지하게 될 땅과 관련된 복을 언급하며 이스라엘 지파들의 활기차고 복된 미래를 시적인 언어로 노래한다. 33장의 지파들의 행로에 관한 모세의 축복은 12지파의 사사 시대 행로를 추적하는 데 아주 긴요한 정보를 제공하고 있다.[8]

12지파를 위한 모세의 유언적 축복 ●33장

33 ¹하나님의 사람 모세가 죽기 전에 이스라엘 자손을 위하여 축복함이 이러하니라. ²그가 일렀으되 여호와께서 시내산에서 오시고 세일산에서 일어나시고 바란 산에서 비추시고 일만 성도 가운데에 강림하셨고 그의 오른손에는 그들을 위해 번쩍이는 불이 있도다. ³여호와께서 백성을 사랑하시나니 모든 성도가 그의 수중에 있으며 주의 발 아래에 앉아서 주의 말씀을 받는도다. ⁴모세가 우리에게 율법을 명령하였으니 곧 야곱의 총회의 기업이로다. ⁵여수룬에 왕이 있었으니 곧 백성의 수령이 모이고 이스라엘 모든 지파가 함께 한 때에로다. ⁶르우벤은 죽지 아니하고 살기를 원하며 그 사람 수가 적지 아니하기를 원하나이다. ⁷유다에 대한 축복은 이러하니라. 일렀으되 여호와여, 유다의 음성을 들으시고 그의 백성에게로 인도하시오며 그의 손으로 자기를 위하여 싸우게 하시고 주께서 도우사 그가 그 대적을 치게 하시기를 원하나이다. ⁸레위에 대하여는 일렀으되 주의 둠밈과 우림이 주의 경건한 자에게 있도다. 주께서 그를 맛사에서 시험하시고 므리바 물 가에서 그와 다투셨도다. ⁹그는 그의 부모에게 대하여 이르기를 내가 그들을 보지 못하였다 하며 그의 형제들을 인정하지 아니하며 그의 자녀를 알지 아니한 것은 주의 말씀을 준행하고 주의 언약을 지

킴으로 말미암음이로다. [10] 주의 법도를 야곱에게, 주의 율법을 이스라엘에게 가르치

며 주 앞에 분향하고 온전한 번제를 주의 제단 위에 드리리로다. [11] 여호와여, 그의 재

산을 풍족하게 하시고 그의 손의 일을 받으소서. 그를 대적하여 일어나는 자와 미워하

는 자의 허리를 꺾으사 다시 일어나지 못하게 하옵소서. [12] 베냐민에 대하여는 일렀으

되 여호와의 사랑을 입은 자는 그 곁에 안전히 살리로다. 여호와께서 그를 날이 마치

도록 보호하시고 그를 자기 어깨 사이에 있게 하시리로다. [13] 요셉에 대하여는 일렀으

되 원하건대 그 땅이 여호와께 복을 받아 하늘의 보물인 이슬과 땅 아래에 저장한 물

과 [14] 태양이 결실하게 하는 선물과 태음이 자라게 하는 선물과 [15] 옛 산의 좋은 산물과

영원한 작은 언덕의 선물과 [16] 땅의 선물과 거기 충만한 것과 가시떨기나무 가운데에

계시던 이의 은혜로 말미암아 복이 요셉의 머리에, 그의 형제 중 구별한 자의 정수리

에 임할지로다. [17] 그는 첫 수송아지 같이 위엄이 있으니 그 뿔이 들소의 뿔 같도다. 이

것으로 민족들을 받아 땅 끝까지 이르리니 곧 에브라임의 자손은 만만이요 므낫세의

자손은 천천이리로다. [18] 스불론에 대하여는 일렀으되 스불론이여, 너는 밖으로 나감

을 기뻐하라. 잇사갈이여, 너는 장막에 있음을 즐거워하라. [19] 그들이 백성들을 불러

산에 이르게 하고 거기에서 의로운 제사를 드릴 것이며 바다의 풍부한 것과 모래에

감추어진 보배를 흡수하리로다. [20] 갓에 대하여는 일렀으되 갓을 광대하게 하시는 이

에게 찬송을 부를지어다. 갓이 암사자 같이 엎드리고 팔과 정수리를 찢는도다. [21] 그가

자기를 위하여 먼저 기업을 택하였으니 곧 입법자의 분깃으로 준비된 것이로다. 그가

백성의 수령들과 함께 와서 여호와의 공의와 이스라엘과 세우신 법도를 행하도다. [22]

단에 대하여는 일렀으되 단은 바산에서 뛰어나오는 사자의 새끼로다. [23] 납달리에 대

하여는 일렀으되 은혜가 풍성하고 여호와의 복이 가득한 납달리여, 너는 서쪽과 남쪽

을 차지할지로다. [24] 아셀에 대하여는 일렀으되 아셀은 아들들 중에 더 복을 받으며 그

의 형제에게 기쁨이 되며 그의 발이 기름에 잠길지로다. [25] 네 문빗장은 철과 놋이 될

것이니 네가 사는 날을 따라서 능력이 있으리로다. [26] 여수룬이여, 하나님 같은 이가

없도다. 그가 너를 도우시려고 하늘을 타고 궁창에서 위엄을 나타내시는도다. [27] 영원

하신 하나님이 네 처소가 되시니 그의 영원하신 팔이 네 아래에 있도다. 그가 네 앞에

서 대적을 쫓으시며 멸하라 하시도다. ²⁸ 이스라엘이 안전히 거하며 야곱의 샘은 곡식과 새 포도주의 땅에 홀로 있나니 곧 그의 하늘이 이슬을 내리는 곳에로다. ²⁹ 이스라엘이여, 너는 행복한 사람이로다. 여호와의 구원을 너 같이 얻은 백성이 누구냐. 그는 너를 돕는 방패요 네 영광의 칼이시로다. 네 대적이 네게 복종하리니 네가 그들의 높은 곳을 밟으리로다.

32장이 이스라엘을 고발하는 노래라면 33장은 이스라엘 지파들을 축복하는 노래다. 32장에서 이스라엘은 하나님의 요구와 하나님의 요구를 성취하지 못한 자신들의 실패를 증거하고 야웨 하나님을 향한 의무들을 체득하기 위하여 노래를 배워 부르도록 명령받고 있다. 반면에 33장은 창세기 49장을 생각나게 만드는 조상의 유언적 축복시다. 고대 이스라엘은 조상의 유언적 축복은 현실 속에서 실현되는 준ᅟ주술적인 힘을 가지고 있었다고 믿었다. 이 장은 12지파가 가나안 땅에서 걷게 될 미래 역사를 조망한다. 이 축복시의 주제는 하나님의 출애굽 구원과 광야 인도라는 근원적 구원사를 공통유산으로 삼는 12지파 부족의 흥망과 부침의 역사 속에 드러난 하나님의 임재와 보호하심이다. 역사적으로 보면 이스라엘에 왕을 중심으로 두령이 모일 때를 기점으로 이 축복 예언이 전개된다. 이것은 왕정 시대에 진입하면 12지파들의 공동체인 이스라엘이 가나안 땅에 전개될 일들을 예기하면서 한편으로는 '반영'하고 있다. 지파들을 위한 개별적인 축복을 관통하고 있는 주제는 크게 두 가지다. 그것은 지파들의 안녕과 번영을 위한 하나님의 물질적인 풍요의 축복과 원수 대적들로부터의 안전보장이다.

　2-4절은 이스라엘이 가나안 땅에 들어오기까지의 출애굽 구원, 광야 인도, 그리고 시내산 계약 체결이라는 구원사를 간략하게 언급한다. 이 구원사는 12지파의 공통 전승이다. 5절은 왕정이 시작되었

으나 아직 사사 시대의 12지파 부족 연맹체적인 연대감이 잔존하던 때를 미리 가리키거나 반영하고 있다. 6절은 인구 감소를 통해 거의 소멸되어 가는 르우벤 지파의 세력 약화를 근심스럽게 주목하며 르우벤 지파의 부흥을 기원한다. 7절은 유다 지파의 군사적 지도력과 영도력을 간구하는 모세의 짧은 기도를 담고 있다.

8-11절은 레위 지파를 위한 긴 축복기도문이다. 창세기 49:7에서 야곱은 레위에 대하여 부정적인 예언을 발설한다. 레위 지파는 이스라엘 형제들 중에서 흩어지는 지파가 될 것, 곧 독립적인 영토를 갖지 못하는 지파가 될 것을 예언한다. 그런데 여기서는 그 흩어짐이 긍정적이고 적극적으로 해석되고 있다. 우리는 여기서 구약의 유언적 기도를 너무 결정론적으로나 운명주의적으로 해석해서는 안 된다는 것을 암시받는다. 창세기 49:6-7에서는 부정적으로 말해진 레위 지파, 곧 영락없는 세속 지파 중 하나로 분류되던 레위 지파가 여기서는 거룩한 중보자 지파, 영적 제사장 지파로 격상되어 있지 않은가? 8-11절은 이스라엘의 교사들과 제사장들로서 레위인을 위한 일종의 성무헌장이다. 출애굽기 32:25-29에 따르면 레위 지파의 제사장직은 야웨의 계약에 대한 그들의 신실성 때문에 주어진 축복의 결과였다. 그래서 그들은 야웨의 법도로 백성들을 가르치고 야웨 앞에서 희생제사를 드릴 때 전체 백성을 대신하고 대표하는 권리와 역할을 위임받도록 운명지어졌다. 8-11절은 시내산 금송아지 사건 처리 과정에서 보여준 열심이 제사장 직분을 얻게 된 레위 지파의 역사적인 배경임을 암시한다. 여기서 우리는 하나님의 백성을 훈계하고 야웨의 말씀을 전달하고 야웨 앞에서 서서 온 백성을 대신하여 야웨의 은총과 죄 사함과 계속적인 돌보심을 간청하며 섬기는 중보자 전문 집단이 형성되는 초기 역사를 발견한다. 앞서 말했듯이, 출애굽기 32:25-29과 민수기 25장에서 레위인은 야웨를 향한 그들

의 열정적인 투신과 오직 야웨만을 사랑하라는 기본 계명에 대한 복종 때문에 제사장 직분을 할당받았다. 이 사건들에서 나타난 그들의 열심은 극단적인 행동을 통하여 발휘되었다. 레위 지파는 하나님에 대한 충성심을 과시하기 위하여 혈연적인 유대를 초월하는 거룩한 냉혹함을 과시한 사람들이다. 제사장직의 권리와 책임이 다른 사람들은 계약적 의무를 버렸을 때에도 그 계약적 요구를 끝까지 지켰던 사람들에게 허락되었다는 사실을 놓쳐서는 안 된다.18:1-8, 27:9-26, 31:24-25

12절은 베냐민 지파가 누리게 될 지정학적 안전성과 견고성을 말하는 것처럼 보인다. 13-17절은 요셉 지파가 산지 지역에서 누리게 될 풍성한 과일 및 농작물 수확을 그린다. 17절은 에브라임과 므낫세 지파의 세력 확장을 노래한다. 18-19절은 스불론 지파와 잇사갈 지파에게 쏟아진 바다의 풍요(해운 활동 및 대상 무역과 관련된 해상 무역)를 예언한다. 24절은 아셀 지파가 누릴 풍성한 기름과 튼튼한 안전보장과 군사적인 방어 능력을 노래한다. 20-21절은 갓 지파가 이스라엘 지파 가운데 행사할 영도력과 지도력을 칭송한다. 특히 이스라엘 공동체 가운데 법령을 제정하고 공의를 실천하는 데 공헌을 세운 갓 지파의 암사자 같은 용맹과 광대한 세력이 찬양된다. 22절은 단 지파의 용맹성을, 23절은 은혜가 풍성하고 야웨의 풍성한 복을 누리는 납달리 지파와 그 지파의 서방과 남방에서의 세력 확장을 노래한다.

앞서 말했듯이, 다양하고 개별적인 축복 예언들 속에서 공통적으로 찬양되고 언급되는 것은 야웨의 보호하심 아래서 대적들과 맞설 수 있는 지파들의 군사적 공세성과 안보 능력이다. 그것은 유다 지파에게 공급되었던 야웨의 도우심과 능력, 대적들에 대한 레위의 공격, 그리고 다른 민족들과 맞서 황소처럼 싸우는 요셉 지파의 능력 속에서 특히 두드러진다. 개별적인 축복 전체에 걸쳐서 모세는 하나님의 섭리적인 돌보심이야말로 지파들의 삶이 의존하는 토대임을 강조하고 있다. 전체적으로 보면 모세의 축복은 대제사장 아론의 축도^{민 6:22-27}를 지파들의 상황에 맞게 적용시킨 기도다.

이제 모세의 축복은 이스라엘을 돌보시는 야웨의 능력에 대한 찬양과 송축으로 마무리된다.^{26-29절} 하나님은 12지파라는 독수리 새끼들을 보금자리에 둔 채 그것을 뒤흔들기도 하고 떨어지는 새끼들을 날개로 받아 내시는 하나님이며, 하늘을 타고 내리시는 우주적 대왕이시다. 이스라엘은 이 우주적인 권위와 위엄을 갖추신 야웨 하나님을 영원한 거처 삼아 절대적 안전보장을 누린다. 가나안 땅이 아니라 궁극적으로 하나님 안에 거주할 때 대적을 파하시는 하나님의 권능을 맛볼 것이며 가나안의 온갖 혜택을 누릴 것이다. 이스라엘이 하나님과의 계약적 결속 안에 거할 때에만, 땅은 비옥할 것이고 온갖 천혜의 자원이 이스라엘의 번영을 가져다 줄 것이며 사방의 어떤 대적들로부터의 군사적 위협도 아랑곳하지 않고 안전히 거할 것이다. 모세는 갑자기 이스라엘이 누리는 복을 묵상하며 감격한다. "세상에 이런 하나님이 어디 있으며, 이렇게 좋으신 하나님의 보호와 양육 속에 자라는 이스라엘 백성과 같은 백성이 어디 있는가?" 하나님의 밀접한 임재와 동행, 군사적 위협으로부터의 안전보장, 그리고 시시로 베풀어 주시는 구원의 혜택, 이것이야말로 이스라엘 공동체를 비길 데 없는 백성으로 만드는 것 아닌가? 32장이 부정적인 맥락에서 하나님의 은택을 기억하게 한다면 33장은 긍정적 맥락에서 하나님의 은택에 감읍하게 만든다. 12지파의 미래상인 하나님의 축복, 물질적 번영과 풍요, 대적들로부터의 안전보장 정경이 너무나 명확한 야웨 하나님의 강력하고 자비로운 역사의 표현이기 때문에 독자들은 모세와 함께 돌연한 찬양과 감사의 고백을 드리지 않을 수 없다. 12지파의 모든 필요를 공급하시고 이토록 자상하게 돌보시는 야웨 하나님과 같은 신이 없다는 고백과 찬양이 터져 나오는 것이다.

모세를 넘어 그리스도 예수를 바라보는 신명기 약속 ●34장

34 ¹모세가 모압 평지에서 느보산에 올라가 여리고 맞은편 비스가산꼭대기에 이르매 여호와께서 길르앗 온 땅을 단까지 보이시고 ²또 온 납달리와 에브라임과 므낫세의 땅과 서해까지의 유다 온 땅과 ³네겝과 종려나무의 성읍 여리고 골짜기 평지를 소알까지 보이시고 ⁴여호와께서 그에게 이르시되 이는 내가 아브라함과 이삭과 야곱에게 맹세하여 그의 후손에게 주리라 한 땅이라. 내가 네 눈으로 보게 하였거니와 너는 그리로 건너가지 못하리라 하시매 ⁵이에 여호와의 종 모세가 여호와의 말씀대로 모압 땅에서 죽어 ⁶벳브올 맞은편 모압 땅에 있는 골짜기에 장사되었고 오늘까지 그의 묻힌 곳을 아는 자가 없느니라. ⁷모세가 죽을 때 나이 백이십 세였으나 그의 눈이 흐리지 아니하였고 기력이 쇠하지 아니하였더라. ⁸이스라엘 자손이 모압 평지에서 모세를 위하여 애곡하는 기간이 끝나도록 모세를 위하여 삼십 일을 애곡하니라. ⁹모세가 눈의 아들 여호수아에게 안수하였으므로 그에게 지혜의 영이 충만하니 이스라엘 자손이 여호와께서 모세에게 명령하신 대로 여호수아의 말을 순종하였더라. ¹⁰그 후에는 이스라엘에 모세와 같은 선지자가 일어나지 못하였나니 모세는 여호와께서 대면하여 아시던 자요 ¹¹여호와께서 그를 애굽 땅에 보내사 바로와 그의 모든 신하와 그의 온 땅에 모든 이적과 기사와 ¹²모든 큰 권능과 위엄을 행하게 하시매 온 이스라엘의 목전에서 그것을 행한 자이더라.

창세기로부터 신명기까지 이르는 모세오경과 오경의 역사적 무대인 이스라엘의 초기 형성사는 모세의 죽음과 더불어 일단락된다. 신명기는 미완의 과업을 앞에 두고 끝난다. 출애굽 1세대와 그들의 대표자인 모세는 결국 가나안 땅을 받지 못한 것이다. 모세오경도 아브라함과 이삭과 야곱에게 주신 하나님의 약속의 실체인 가나안 땅을 밟아보지 못한 채 광야에서 죽는 모세의 운명에 동참한다. 적어도 정경적인 맥락에서 보면 모세오경은 가나안 땅에서 이루어질 삶을 미리 그려 보고 경계할 뿐 가나안 땅 정착 경험을 지나간 일처럼 반성하거나 회고하지는 않는다. 모세오경은 족장들에게 주신 하나님의 약속을 진수시키고 마침내 아브라함의 후손들을 가나안 땅 입구까지는 인도하였지만 정작 가나안 땅에서 벌어지는 삶에는 참여하지 못한다. 하지만 모세오경은 가나안 땅에서 벌어질 불순종을 예견하고 불순종과 심판을 뛰어넘어 먼 미래를 내다보고 있다.

출애굽의 영도자 모세는 모압 평지에 있는 느보산에 올라가 여리고 성을 중심으로 12지파가 차지할 가나안 땅 전체를 조감한다. 하나님은 느보산의 꼭대기인 비스가산 정상에 오른 모세에게 12지파가 흩어져 살게 될 가나안 땅의 전경을 보여주신다. 하나님은 아브라함, 이삭, 야곱에게 약속하신 땅의 경계 안에 있는 모든 곳을 보여주신다. 비록 몸은 들어가지 못할지라도 모세의 영은 가나안 땅을 답파하고 섭렵한 셈이 되었을 것이다. 12지파가 살게 될 영토를 다 보여주셨기 때문에 모세는 12지파를 위한 축복기도문을 지을 때 영토적·지정학적 상황을 고려했을 수도 있었을 것이다. 모세는 단지 이스라엘 12지파의 영토만을 본 것이 아니라 그들이 그곳에서 엮어갈 미래를 보았을 것이다. 마침내 모세는 모압 평지 느보산에서 죽었다. 그러나 하나님의 강권적인 간섭으로 이스라엘 백성에게 모세의 무덤이 어딘지는 알려지지 않았다. 그는 하나님의 강권적인 배려로 죽는 순간에도 자신을 비신격화한 것이다. 하나님께서는 그의 무덤이 숭배 대상이 되는 영적 퇴행을 미연에 방지하고자 이렇게 하셨을 것이다. 모세는 어찌 보면 자연사한 것이 아니라 거룩한 의지에 의하여 강제로 죽음을 요구받고 은퇴당했다는 사실이 이런 점에서 더욱 선명하게 다가온다. 120세 죽음의 순간에도 기력이 쇠하거나 눈빛이 흐릿하지 아니하였지만 여호수아와 그의 세대를 위하여 모세는 순순히 그리고 아름답게 은퇴한 것이다.

과연 신명기 34:9-12의 저자는 모세의 영도력이 여호수아에게 순조롭게 이양되었음을 증언한다. 10-12절은 모세의 카리스마와 창조적 영도력에 대한 간결한 평가를 제시한다. 10-12절의 저자는 모세 이후에 숱한 예언자들이 일어나 활동했음을 인정한다. 그러나 모세가 예언자의 최고봉이라고 단호하게 말한다. 여호수아가 아무리 위대해도 모세에게 비기지 못하였으며 사무엘, 다윗, 엘리야, 아모스, 이사야, 예레미야 등 기라성 같은 걸출한 구약의 예언자들도 모세의 영적 지도력에는 미치지 못하였다는 것이다. 이 마지막 첨기의 저자는 두 가지 이유를 제시한다. 첫째, 모세는 하나님과 얼굴과 얼굴을 맞대고 대면하면서 말씀을 받은 예언자라는 점이다. 둘째, 모세는 이스라엘 역사 자체의 시발점이 된 시초적인 구원 사건인 출애굽 구원의 영도자요 중보자라는 점이다. 모든 권능과 이적을 온 이스라엘 목전에서 행하던 공증된 국민 예언자라는 것이다. 이 논평은 구약의 구원사에서 모세가 차지하는 비중을 적절하게 평가한 것임에 틀림없다.

그럼에도 불구하고 신명기 18:15의 "나와 같은 선지자 하나를 일으키시리라"는 표현은 34:10의 "그 후에는 이스라엘에 모세와 같은 선지자가 한 사람도 일어나지 못하였다"는 표현을 다소간에 상대화하고 있는 것처럼 보인다. 18:15이 이스라엘의 후대 역사에서 출현한 예언자들도 근본적으로 모세의 권위 혹은 모세와 견줄 만한 동등한 권위를 가지고 활동할 것이라고 말하는 것처럼 보이기 때문이다. 34:10 때문에 신명기 토라에 충실한 유대교도에 의하여 나사렛 예수와 바울은 모세의 권위에 도전한 이단자로 단죄되었다. 18:15에 의거하여 예수님의 제자들은 나사렛 예수가 바로 모세가 말한 그 예언자라고 믿었으며 심지어 나사렛 예수는 의식적으로 모세를 초월하고 모세에게 율법을 주신 하나님 아버지의 참 마음에 호소함으로써 모세의 율법의 참 정신을 발전적으로 구현하려고 했던 모세보다 더 큰 자라고 믿었던 것이다.(모세의 이혼법에 대한 해석).^{마 5:17-48, 막} ^{10:2-9} 그러므로 하나님과의 친밀성, 직접적인 계시 수납의 관점에서 볼 때 모세를 능가한 예언자가 아직 나타나지 않았다고 하는 34:10-11은 나사렛 예수에게서 발전적으로 해체된다. 나사렛 예수는 한편으로는 종말에 나타날 모세적·정경적 예언자이지만("세상에 오실 그 선지자"),^{요 6:14, 행 3:22-26} 동시에 그분은 모세를 뛰어넘는 예언자이시기 때문이다. 신명기는 모세 같은 예언자가 '아직' 나타나지 않았다고 했을 뿐이다. 그러나 우리는 신명기 34장에서 모세적 예언으로 닫혀 버린 하나님의 구속사를 만나지 않고 모세를 뛰어넘어 전진하는 구속사, 한 종말론적인 예언자에 의해 완성될 하나님 나라의 어기찬 전진을 본다.

　하지만 또 한편 모세의 영도력에 대한 신명기 34장에 대한 교조적인 평가가 기원전 2세기부터 유대교를 경직된 모세종교, 율법주의적 종교로 만들어 내는 데 기여했고 모세를 넘어 전진하는 하나님의 구원사, 곧 옛 언약(시내산 언약)을 초극하는 새 언약의 시대를 내다보지 못하게 만들었다. 그래서 신약의 유대인들은 모세율법 종교의 영광을 보전하는 수건을 뒤집어쓰고 도무지 벗지 못한 채 예수 그리스도의 영광을 영접하는 데 실패했던 것이다. 모세가 가리키는 궁극적인 가나안 땅은 예수 그리스도였다는 것을 깨닫지 못한 것이었다. 모세의 율법이 말하고 가리키며 기다렸던 바로 그 이상화된 토라 순종의 화신이 나사렛 예수였다^{눅 24:27, 44}는 것을 모세의 수건을 벗지 않은 유대인들은 깨닫지 못했다.

　이렇게 모세의 수건을 벗지 못한 유대교와는 달리 나사렛 예수,

바울, 요한, 그리고 히브리서 기자 등은 모세의 율법에 대한 유대교의 교조적인 해석에 대항하여 나사렛 예수 안에 일어난 아브라함, 이삭, 야곱 약속의 절정 성취를 논증하면서 아울러 모세의 위치를 정당하게 평가하려고 분투했다.^{마 5장, 고후 3-4장, 요 1:18, 히 3-4장} 예를 들면, 요한복음 1:17-18은 모세와 예수 그리스도를 적절하게 비교한다. 하나님 아버지 품속에서 하나님과 얼굴을 맞대고 교제하던 하나님의 아들 예수 그리스도의 하나님 대면에 비하면 모세는 하나님의 얼굴을 보았다거나 하나님과 대면하여 말을 했다고 볼 수 없다는 것이다. 아무도 하나님을 본 사람이 없다는 요한복음 1:18의 선언은 모세의 하나님 영광 대면 경험을 과격하게 상대화시키거나 무효화하는 말처럼 들린다.^{신 34:10} 결국 신명기에서 모세의 영광을 찾는 데만 만족해서는 안 된다는 것이다. 우리가 신명기 29-30장에서 이미 확인하였듯이, 신명기의 율법은 율법주의로 경화되거나 각질화될 수 없는 은총의 동력과 감화력 안에서 제기능을 발휘한다. 신명기 율법은 모세의 영광을 말하는 데 그치지 않고 그리스도의 은혜와 진리의 복음을 미리 내다보는 복음적 광채를 흘리고 있는 것이다.

또한 히브리서 3:1-6은 모세의 영광을 뛰어넘는 그리스도의 우월한 영광을 논증한다. 히브리서 3:1-6의 빛 아래서, 신명기 안에서 동터오는 예수 그리스도의 하나님 나라, 곧 은혜가 먼저 감동을 불러일으킨 후 진리로 다스리는 하나님 나라의 도래를 감지할 수 있을 것이다. 모세를 진정으로 기리는 것은 그를 뛰어넘어 오시는 그리스도 예수를 바라보는 데 있다. 과연 모세는 출애굽의 위대한 지도자이며, 유일하게 하나님과 대면하여 대화했고,^{출 33:11, 신 34:10} 율법의 진수인 십계명을 하나님으로부터 직접 받았다. 그러나 모세는 어디까지나 하나님의 집의 사환이요 심부름꾼이요 종이다. 이에 비하여 예수 그리스도는 하나님의 집의 아들이다. 히브리서 3장은 기독교 신앙을 가졌다는 이유로 하나님의 집(성전 종교)으로부터 축출당했던 기독교인들에게 모세에 대한 그리스도의 우월성을 논증하고 있다. 1세기경의 유대인 출신 그리스도인들은 그들이 새로 받아들인 기독교 신앙 때문에 그들의 삶의 중심이었던 유대교를 이탈한 사람들로 구성되어 있었다. 유대교인의 하나님 집의 사환인 모세에 대한 광적인 집착은 하나님의 집의 상속자이자 주인인 아들 나사렛 예수에 대한 배척으로 이어졌던 것이다. 따라서 히브리서 저자는 그들이 그리스도 안에서 가장 확실하게 '하나님의 집'에 속한 것과 영원히 안전하다는 점을 기억시킬 필요가 있었다. 그들은 그들이 거주하는 지역의 회당에서는 출교당했으나, 영원한 구원과 소망의 근원이신 '하나님의 집'에서 버림받은 것은 아니었다는 것이다.

과연 우리가 출애굽기-신명기에서 연구해 보았듯이 모세는 하나님의 집 가솔들을 하나의 공동체로 창조하는 데 결정적인 산파였다. 모세는 애굽에서 하나님의 백성을 불러내어 한 가족을 만드는 데 중요한 역할을 담당했다. 그는 하나님의 사도로서 하나님의 권능을 갖고 이스라엘 백성을 애굽으로부터 이끌어 내어 하나님의 백성이 되게 했다. 또 모세는 대제사장의 역할도 했다. 이스라엘의 대제사장은 아론이었지만 실제 하나님과 자기 백성과의 사이에서 가장 실질적인 대제사장, 곧 중재자의 역할을 감당한 사람은 바로 모세였다. 아론이 금송아지 사건으로 하나님 앞에 죄를 지었을 때 이 죄에 대한 용서를 얻어낸 사람은 모세였다. 이처럼 모세는 하나님의 집을 맡은 청지기로서 하나님과 직접 대면하는 특권을 누리며, 하나님의 집을 위해 충성을 다하였다.민 12:7 유대교 출신 초대 기독교인들이 모세의 그늘을 쉽게 벗어나지 못하는 것도 이해할 만한 일이었다.

히브리서 저자는 "그럼에도 불구하고 모세는 하나님의 구원이신 예수 그리스도를 증거하기 위하여 하나님의 집에서 충성했던 일꾼

VII.

이스라엘의 실패와 배교를 넘어서는 하나님 나라

에 불과한 사람"이라고 말하고 있다. 모세는 최종적인 목표가 아니며, 결코 그럴 수도 없다는 것이다. 모세 자체도 그리스도의 때를 학수고대하며 그를 위하여 고난을 자취한 사람이라는 것이다.[히 11:25-26] 모세의 최고 사명은, 자신의 백성을 구원하기 위하여 하나님에 의해 하늘로부터 보내심을 받은 사도이시며 또한 지금도 그들을 위해 중보기도를 드리고 계시는 대제사장이신 예수를 예표하며 그 예수를 앙망하게 만드는 중개인의 사명이라는 것이다. 모세의 출애굽 구원 사역은 장래에 이루어질 궁극적인 출애굽 구원 사역을 미리 증거하는 사역이라는 것이다.[히 3:5] 하나님이 모세의 사역을 통해 이스라엘을 구속하신 것은 훗날 하나님이 그리스도를 통해 세계 만방의 백성을 구원하실 것에 대한 예표였던 것이다.

따라서 우리는 모세오경을 예수 그리스도 안에서 일어난 더 궁극적인 구원을 예표하는 모형적인 구원사 이야기로 읽어야 한다. 모세오경의 구원은 예수 그리스도 안에서 일어난 원형적 구원 사건의 모형적, 그림자적 구원 사건이라고 해석될 수 있다는 것이다. 모세오경은 하나님의 비대칭적이고 압도적인 신실함으로 거듭 구원을 받고 갱신되고 쇄신되는 이스라엘의 영적 성장과 성숙 궤적을 대하드라마처럼 추적한다. 모세오경은 하나님의 의가 불의한 이스라엘을 부단히 의롭게 해 기어코 가나안 땅 구원의 실체로 이끌어 가는 이야기다. 결국 이신칭의以信稱義의 이야기다. 이때의 신信은 1차적으로는 하나님의 신실성, 곧 그리스도를 보내주셔서 이스라엘과 온 인류를 의롭게 해주신 그 언약적 신실성을 가리킨다. 이 하나님의 일차적이고 근원적인 신실성을 경험하고 그것에 붙들려 하나님에 대한 언약적 의리를 회복해야 그리스도와 하나님에 대한 믿음이 생긴다. 믿음으로 의롭게 된다는 명제에서 이 믿음은 이 근원적이고 토대적인 하나님의 신뢰성, 일관성, 언약적 의리를 가리킨다. 이차적으로는 하나님의 근원적이고 계약 복원적인 이 언약적 신실성에 대한 응답이 인간의 믿음이다. 예수 그리스도가 오셔서 "회개하고 복음을 믿으라"고 외쳤을 때 바로 하나님의 근원적이고 토대적인 신실성에 응답하는 의리와 믿음을 보이라고 요구하신 것이다. 아브라함과 이삭과 야곱의 하나님이 이스라엘을 포기하거나 내팽개치지 않고 다시 하나님의 백성(암 카도쉬)으로 재활복구시켜, 끝내 온 세계 열방을 하나님께로 이끄시는 제사장 나라(맘므레케트 코하님)로 부활시켜 주신다. 이스라엘의 제사장 나라 역할을 당신의 십자가 죽음과 부활로 완수하신 분이 복음에 나타난 하나님의 의 자체이신 하나님의 아들 예수 그리스도시다.^{롬 1:2, 16-17} 예수 그리스도는 하나님의 언약적 의와 신실성(의리, 체데크)의 화신이다("이스라엘은 다 여호와로 말미암아 의롭다함을 얻고 자랑하리라").^{사 45:25, 46:12-13}

모세의 율법이 이스라엘을 끝내 의롭게 하는 데 실패했을 때 모세의 율법을 당신 안에 100퍼센트 성취하신 나사렛 예수가 오셨다. 그는 모세오경과 선지서를 완성하러 오신 하나님의 아들이다. 그는 오경과 선지서가 이스라엘 백성에게 그토록 바라는 가장 이상화된 순종을 이스라엘 자손을 대신해서 드렸다. 모세오경이 이스라엘 백성을 의롭게 하는 데 실패했으나("또 모세의 율법으로 너희가 의롭다하심을 얻지 못하던 모든 일에도 이 사람을 힘입어 믿는 자마다 의롭다하심을 얻는 이것이라")^{행 13:39} 대신 이스라엘 백성을 의롭게 하실 예수 그리스도를 기대하게 했다. 모세오경은 이상화된 이스라엘 백성을 향해, 곧 하나님의 마음을 알고 하나님을 이해하고 사랑하는 아브라함의 후손 출현을 학수고대하면서 종결된다. 나사렛 예수는 모세의 글이 그리는 가장 이상화된 이스라엘의 길을 추구했고 모세오경과 선지자가 그토록 바라던 하나님 사랑, 하나님 경외, 이웃 사랑의 율법을 100퍼센트 성취하셨다. 나사렛 예수는 모세오경의 기준으로 볼 때 100퍼센트 하나님께 의로운 인간이었고 100퍼센트 이웃에게 의로운 하나님이셨다.마 5:17 하나님이면서 이스라엘이신 예수 그리스도는 하나님과 이스라엘, 그리고 하나님과 이스라엘이 대표한 세상 만민을 화목케 하셨다. 하나님이 세상과 화목케 하신 증거는, 나사렛 예수가 대신 짐지신 이스라엘의 죄를 용서하시고 그 증거로 죽은 자 가운데서 삼일 만에 부활시켜 주신 사건이다. 이스라엘이 하나님께 의를 이루기 위하여 이스라엘의 대표자인 인자 예수는 온전히 하나님을 믿고 사랑하고 죽기까지 복종하셨다. 야웨 하나님이 그토록 기대하고 고대한 이스라엘의 완전체가 되신 것이다. 이 놀라운 중보자 예수의 이름은 하나님을 부르는 이름이 되고 하나님의 현존을 매개하는 중보가 되었다.

결국 공관복음서와 바울서신, 아니 신약성경 전체가 그리는 하나님은 광야에서 높이 들린 놋뱀인 당신의 아들 예수 그리스도를 쳐다보는 모든 사람을 의롭게 해 하나님 나라로 이끌어 들이시는 출애굽의 하나님이시다. 모세가 광야에서 이스라엘을 치유하고 소생시키기 위해 놋뱀을 쳐든 것처럼 하나님께서 전 세계 만민을 상대로 출애굽시켜 하나님 나라로 이끌어 들이기 위해 놋뱀 되신 당신의 독생자 나사렛 예수를 높이 쳐드신다. 압축해 보자면 모세오경은 곧 나사렛 예수에 관한 책이 되어 버린다.[9] "너희가 성경에서 영생을 얻는 줄 생각하고 성경을 연구하거니와 이 성경이 곧 내게 대하여 증언하는 것이니라."요 5:39 "모세를 믿었더라면 또 나를 믿었으리니 이는 그가 내게 대하여 기록하였음이라. 그러나 그의 글도 믿지 아니하거든 어찌 내 말을 믿겠느냐."요 5:46 모세의 글은 예수님을 증거하기 때문에, 모세오경에서 벌써 그리스도를 만나는 독자는 참으로 복된 자다.[10]

주 · 참고문헌 · 찾아보기

주

저자 서문 | 개정증보판에부쳐

1. William L. Holladay, *Long Ago God Spoke. How Christians May Hear the Old Testament?* (Minneapolis, IN.: Augsburg Press, 1995), 19-20. 이 책은 예수 그리스도의 신성과 인성을 동시에 옹호한 칼케돈 공의회 신조(451년)에 근거해 성경의 신적 기원과 인간적 요소를 동시에 옹호하며 역사적-비평적 입장이 구약에서 하나님의 음성을 생생하게 듣는 데 매우 큰 유익을 준다고 옹호한다.

들어가며: 이스라엘 역사의 '압축파일', 모세오경

1. 한스-요아힘 크라우스, 『조직신학. 하느님의 나라-자유의 나라』, 박재순 역(서울: 한국신학연구소, 1986), 19.
2. 크라우스, 『조직신학』, 380-382.
3. 크라우스, 『조직신학』, 28-30.
4. 크라우스, 『조직신학』, 430.
5. 쟈크 엘룰, 『뒤틀려진 기독교』, 쟈크 엘룰 번역위원회 역(서울: 대장간, 1998), 28-29, 36-37.
6. 크라우스, 『조직신학』, 469.
7. 크라우스, 『조직신학』, 471.
8. 크라우스, 『조직신학』, 479.

I. 천지창조와 하나님 나라의 시작

1. 빌렘 밴 게메렌, 『구원계시의 발전사 1』, 안병호, 김의원 역(서울: 성경읽기사, 1993), 45.
2. 밴 게메렌, 『구원계시의 발전사 2』, 45-47.
3. James B. Pritchard, *Ancient Near Eastern Texts relating to the Old Testament* (3rd ed.; Princeton, NJ.: Princeton University Press, 1969), 60-72 (Tablet VI[p. 68]).
4. 아브라함 요수아 헤셸, 『안식』, 김순현 역(서울: 복 있는 사람, 2007), 41-53.
5. *JPS Hebrew-English Tanak* Genesis 1:1("When God began to create heaven and earth—the earth being unformed and void, with darkness over the deep and a wind from God sweeping over the water")을 참조하라. 중세 유대인 랍비 라쉬(Rashi) 이래 대부분의 유대인 주석가들은 이 입장에 서 있다(Jon D. Levenson, *Creation and the Persistence of Evil: The Jewish Drama of Divine Omnipotence* [Princeton, NJ.: Princeton University Press, 1988], 5; E. A. Speiser, *Genesis* [ABC; Garden City, NY.: Doubleday, 1964], 12-13). 이와 반대의 입장을 보려면 Claus Westermann, *Genesis 1-11* (Minneapolis, IN.: Augsburg, 1984), 93-98을 참조하라.
6. 1:1을 하나님의 천지창조의 첫째 날 창조 사역을 포괄적으로 표현한다고 주장하는 학자들의 견해도 본문의 지지를 받기 힘들다. 하늘들은 둘째 날에, 땅은 셋째 날에 창조되었다고 말해지기 때문이다(Levenson, *Creation and the Persistence of Evil*, 5).
7. 에누마 엘리쉬-창조서사시(Enuma Elish-The Epic of Creation)의 첫째 토판(The First Tablet)의 첫 단락은 아래와 같다(L. W. King[Trans], The Seven Tablets of Creation, London 1902): "When in the height heaven was not named, And the earth beneath did not yet bear a name, And the primeval Apsu, who begat them, And chaos, Tiamut, the mother of them both. Their waters were mingled together, And no field was formed, no marsh was to be seen." 창세기의 창조 설화가 바벨론 창세기격인 『에누마 엘리쉬』를 어떻게 유일신 신앙의 틀에서 창조적으로 변형해 수용했는지를 보려면, Peter Enns, *Inspiration and Incarnation. Evangelicals and the Problem of the Old Testament* (Grand Rapids, MI.: Baker Academic, 2005), 27, 39-41을 보라. "하나님께서는 당신의 말씀이 고대 이스라엘 사람들에게 그들이 이해했던 기준들에 따라 수용되는 것을 허용하셨다"(Enns, 41).

8. Levenson, *Creation and the Persistence of Evil*, 3-13.

9. 공관복음서의 몇 구절은 나사렛 예수의 인간적 기원과 출신 배경을 공공연히 밝히고 인정하고 있다(마 13:56, 막 6:3).

10. 프랜시스 쉐퍼, 『창세기의 시공간성』, 권혁봉 역(서울: 생명의 말씀사, 1974), 2장 '피조물의 구별과 인간창조' 중 4. '하와와 아담의 구별화'를 참조하라.

11. 또 다른 한편 2:16-17은 아담이 죄를 짓기 전에 이미 선과 악의 경계는 나눠져 있었고, 죽음이 이미 땅에 존재했을 가능성을 암시하기도 한다. 아담이 죄를 짓기 전에 이미 선과 악은 나눠져 있었고 하나님은 악의 실재성을 당연히 전제하고 아담에게 선악과 취식 금지령을 내리신다. 특히 "반드시 죽으리라"는 2:17의 위협은 아담이 죄를 짓기 전에 이미 '죽음'이 존재한 것처럼 말한다. 하나님의 계명을 어기면 죽는다는 말이 아담에게 위협적인 경고로 납득되려면 아담은 적어도 '죽는다'는 말의 뜻을 이해하고 있었어야 한다.

12. 움베르토 카수토, 『반문서설』, 배제민 역편(서울: 기독교문사, 1982), 138.

13. Geerhardus Vos, *Biblical Theology* (Grand Rapids, MN.: Eerdmans, 1948), 30-31.

보설 | 하나님의 선한 창조 질서와 악의 끈질긴 존속

1. 성 아우구스티누스, 『하나님의 도성』, 조호연, 김종흡 역(고양: 크리스챤다이제스트, 2010), 555-564.

2. 구약신학자 버나드 앤더슨(Bernhard W. Anderson)은 레벤슨이 '혼돈과의 전쟁을 통한 천지창조론'을 옹호하기 위해 인증한 시편 104, 89, 74편이나 욥기 38장 등은 '태고적 우주 창조'에 관한 내용이라기보다는 이스라엘을 창조하던 그 시기에 관한 것이라고 말함으로써 레벤슨의 '선재하는 악' 이론과 다른 입장을 취한다. 그는 전통적인 기독교 신앙(무로부터의 신앙)을 옹호하면서도 구약성경의 창조신학을 구성하는 신화적 요소들에 대한 나름대로의 설명을 제시한다(*Creation versus Chaos* [Minneapolis, IN.: Fortress Press], 1987). 이런 점에서 앤더슨은 레벤슨이 비판하는 유대인 학자 Y. 카우프만과 유사한 입장을 취한다(Y. Kaufmann, *The Religion of Israel—From Its Beginnings to the Babylonian Exile* [trans. Moshe Greenberg; Chicago, IL.: The University of Chicago Press], 1960).

3. Levenson, *Creation and the Persistence of Evil*, pp. xviii-xxv.

II. 인간 창조와 하나님 나라의 좌절

1. 아롬과 아롬 두 단어는 동일한 자음을 가지고 있다는 것이지 엄밀하게 말하면 '동음이의 관계'라고 말하기는 어렵다. 그러나 창세기 저자가 여기서 아담-하

와의 벌거벗음(아루밈)의 상태가 천의무봉한 상태가 아니라 자신들의 신분의 상승을 위해 뭔가를 궁리하고 기획하는(아룸) 간교하고 영악한 존재였음을 암시하는 어희(wordplay)를 구사하고 있는지도 모른다. 이것은 벌거벗은 인간 부부가 뱀에게 휘둘릴 가능성을 암시하는 어희법일 수도 있다.

2. C. S. 루이스, 『고통의 문제』, 이종태 역(서울: 홍성사, 2002). 동물의 고통을 다루는 9장을 보라.

3. 뱀과 하나님 백성의 최초의 의미심장한 조우는 민수기 21:4-9에서 일어난다. 광야의 혹독한 우회노선으로 인하여 이스라엘 백성이 하나님과 모세를 원망하자 하나님께서 불뱀을 보내어 물게 하셨다. 모세의 중보기도로 불뱀 공격이 그치자 하나님은 물린 자들을 살려 주시기 위하여 불뱀 형상의 놋뱀을 만들어 장대에 매달게 하셨다. 불뱀에 물린 자마다 그 놋뱀을 쳐다본즉 나았다(요 3:14-16).

4. 에릭 사우어, 『세계구속의 여명』, 권혁봉 역(서울: 생명의 말씀사, 1974), 113-114.

5. 제레드 다이아몬드의 『총, 균, 쇠』(김진준 역, [서울: 문학사상사, 1997])나 클라이브 폰팅의 『녹색 세계사』(이진아, 김정민 역, [서울: 그물코, 2007]) 등에 비추어 볼 때 아담이 받은 저주를 인류학적으로 해석해 볼 수 있다. 비록 두 저자가 창세기의 아담을 언급하지 않고 인류의 에덴 기원을 부인하지만(『총, 균, 쇠』, 55) 아담이 받은 저주를 고려해 보면 아담은 풍요로운 채집경제가 끝나고 척박한 곡물경작 농업이 시작되던 기원전 4-2만 년경의 호모 사피엔스 인류 단계(크로마뇽인 혹은 호모 사피엔스 사피엔스)를 대표하는 것처럼 보인다. 폰팅은 서남 아시아가 인류 최초의 농경지였다고 본다(『녹색 세계사』, 72).

6. 창 3:24의 그룹 천사는 선악을 알게 하는 나무와 생명나무가 서 있는 에덴동산이 성막과 성소였음을 은근히 암시하고 있다. 그룹은 회막 안 지성소의 법궤 위에 새겨진 천사다(출 25:18-22, 민 7:8-9, 비교. 사 6:2의 스랍, 겔 1:5의 네 생물). 또한 성소와 지성소를 나누는 휘장에 수놓아진 천사다(출 26:21, 36:8, 35, 37:7-9). 솔로몬의 성전에 장식된 천사이기도 했다(왕상 6:23-35, 7:36, 8:6-7). 에스겔의 환상 중에 회복된 성전에도 그룹은 다시 나타난다(겔 41:18-20, 25, 비교. 삼상 4:4, 삼하 6:25, 왕하 19:15, 사 37:16, 시 80:2). 야웨는 가끔 '그룹 위에 좌정하신 야웨'라고 불린다(삼하 22:11, 시 18:11, 겔 9:3, 10:14). 메소포타미아 지역의 신전에서 발견된 '독수리 날개를 가진, 사람 얼굴을 한 황소' 상(像)들과 관련된 것처럼 보인다(겔 1:10의 사람, 사자, 소, 독수리의 얼굴을 가진 네 생물). 나훔 사르나(Nahum M. Sarna)는 그룹의 어원이 아카드어 카라브(karâbu, '축복을 선언하다', '기도하다')라고 본다. 요약하면 그룹은 성전(지성소, 혹은 하나님) 호위 천사로서 엄청난 기동성을 상징하는 날개를 가지고 있으며 하나님의 편재(divine omnipotence)를 실현시키는 천사다. 사람-사자-황소-독수리 이미지를 가지고 있으며 법궤

를 보호하는 역할을 맡는다. 고대 이스라엘은 그룹 천사 조각이나 수예 장식을 제2계명 위반이라고 보지 않았다(Nahum M. Sarna, *The JPS Torah Commentary. Genesis* [Philadelphia et al.: The Jewish Publication Society, 1989], 375-376).

7. Sarna, *Genesis*, 35. 사르나는 가인의 잠재적 살인자는 아담과 하와가 낳을 미래 후손을 가리킨다고 본다. 아담과 하와는 셋을 낳은 후에도 800년을 더 살며 자녀들[바님(아들들)과 바노트(딸들)]을 낳았다(창 5:4). 5:4이 처음으로 아담과 하와가 딸들을 낳았다고 말한다. 가인과 아벨이 결혼했는지, 누구와 결혼했는지는 추정할 단서가 없다.

8. 김기동의 베뢰아 아카데미 계열에서 '아담 이전의 인류'(pre-adamic human race)를 언급하기 때문에 아담 계열 이외의 인간이 존재했다는 생각은 보수적 신앙인들이 언뜻 듣기에 이단적인 주장처럼 들릴지 모른다. 그러나 복음적-보수적 계열의 학자들도 아담 계보 밖의 인간 존재 가능성을 신중하게 다루고 있다. 이런 문제에 대해 너무 경직된 교조주의를 취하기보다는 다양한 입장이 있다는 것을 알아둘 필요가 있다. 아담 계열 밖의 인간 존재를 인정하면 아담과 하와의 자손들이 근친상간으로 번성했다는 것을 반박하기에는 유리하다. 그러나 우리가 주님을 얼굴 맞대고 볼 때까지는 부분적으로 알며, 사랑의 영원성에 비해 우리가 가진 지식은 시효가 있어 언젠가 폐기될 것이다. 아담 계보 외의 인간 존재 가능성을 신중하게 논한 보수적 학자들은 다음과 같다. 밀라드 에릭슨,『인죄론』, 나용화, 박성민 역(서울: 기독교문서선교회, 1993), 65-67; 루이스 벌코프,『조직신학』, 권수경, 이상원 역(서울: 크리스챤다이제스트, 1991), 398-399; 글리슨 L. 아처,『구약총론』, 김정우 역(서울: 기독교문서선교회, 1985), 224-225; John W. R. Stott, *Understanding the Bible* (London: Scripture Union, 1972), 63. 특히 복음주의 진영에서 광범위한 신망을 얻고 있는 존 스토트는 이 문제에 대해 현대의 인류학적 발견과 창세기 1-2장을 조화시키려는 마음으로 다음과 같이 말한다. "아담과 하와를 역사적 인물로 받아들이는 내 입장은 아담 이전의 유인원급 인류(hominid)의 여러 유형이 아담 이전에 수천 년 동안 존재했다고 믿는 나의 믿음과 공존하지 못하는 것이 아니다.……하나님께서는 아마도 아담 이전의 인류 중 하나로부터 아담을 창조했다고 생각할 수 있다.……나는 우리가 그들 중 일부를 호모 사피엔스라고 부를 수도 있다고 생각한다"(*Understanding the Bible* [rev. ed.: Sydney, Australia: Scripture Union Publishing, 1984], 49). 마찬가지로 글리슨 아처도 아담 이후의 모든 인류는 아담으로부터 유래했다고 믿지만 크로마뇽인 같은 아담 이전의 인류가 존재했다는 개념을 유지하고 있으며 "그들은 현생인류의 조상이 창조되기 이전에 알 수 없는 이유로 멸절되었을 가능성이 있다"고 말한다(*A Survey of Old Testament Introduction* [rev. ed.: Chicago, IL.: Moody Press, 1985], 204-205).

9. 가인(kayn)은 셈어로 대장장이(smith)이다. 두발가인(Tubal-cain)의 다른 이름인 두발은 야완, 메섹 등과 함께 자주 등장한다(사 66:19). 또한 두발은 야완, 메섹과 함께 사람과 놋그릇을 가지고 두로와 무역을 했다. "사람과 놋그릇을 가지고 네 상품을 바꾸어갔도다"(겔 27:13, Sarna, *Genesis*, 38).

10. 제임스 쿠걸(James L. Kugel)은 라멕의 초과보복 호언장담이 유목민에게 허용된 초과보복 허용관습을 반영한다고 본다. 고대 셈족 사회에서 보복은 최소 보복의 원칙인 탈리오의 법칙으로 이뤄졌는데(출 21:23), 자기 보호장치를 갖지 못한 유목민들에게 일곱배 보복이 허용된 관습이 있었다는 것이다(『구약성경개론』, 김구원, 강신일 역[서울: 기독교문서선교회, 2011], 121-122).

11. 기독교인들에게 히브리서 11:5, "믿음으로 에녹은 죽음을 보지 않고 옮겨졌으니 하나님이 그를 옮기심으로 다시 보이지 아니하였느니라"라는 구절이 에녹 승천설을 지지하는 근거구절이 된다. 그러나 창세기 이 문맥은 죽음을 통과하지 않은 승천설을 지지하기보다는 특별한 방식의 죽음을 의미하는 것으로 보인다.

보설 | 왜 전능하신 하나님이 인간의 신뢰와 순종을 필요로 하실까

주   1. 톰 크루즈 주연의 미국 영화 '마이너리티 리포트'(Minority Report)는 범행 직전의 잠재적인 범죄자들을 미리 체포해 투옥시키는 범죄예방(pre-crime) 체제의 폐해를 다룬다. 만일 하나님의 전능하심이 인간의 범행 의지를 사전에 알아차리고 그것을 막아 버리는 전능하심이라면, 인간은 죄는 짓지는 않겠지만 죄인으로 낙인찍히는 운명을 피할 수 없다. 사람들은 하나님의 전능성을 이런 범죄예방적 공권력의 무한정한 사용 안에서 보려고 하는데, 이것은 하나님의 전능하심이 인간의 주체성을 박제하지 않는 전능하심이라는 사실을 망각하는 데서 기인한다.

III. 창조 질서에 저항하는 정사와 권세들의 세계

1. 게르할더스 보스(Geerhardus Vos)는 6:1-4을 인간 죄악의 우주적 기원을 강조하는 본문이라고 생각해 이 단락을 신화적 맥락에서 해석하는 입장이 더 주류 의견임을 인정하면서도, 하나님의 아들들은 셋 족속을, 사람의 딸들은 가인 족속을 각각 가리킨다고 본다(Vos, *Biblical Theology*, 48-49).

2. 나훔 사르나(N. Sarna)는 이 본문에는 신화적인 요소가 있지만 성경의 중심인 유일신 신앙을 훼손하거나 부정하지 않는다고 본다. 6:1-4이 신적 권능을 자랑하는 반인반신적 존재들도 유일하신 절대자 하나님의 심판 아래 있다는 것을

강조한다고 본다. 인간 세상에 퍼진 악이 천상 세계에까지 침투했는지 천상 세계도 이미 땅의 현실과 병행적으로 타락했는지는 모른다. 사르나는 '하나님의 아들들'을 하나님의 어전회의에도 출입하는 천상적 존재(욥 1:6, 21, 38:7, 왕상 22:19)로 본다. 사르나는 사 14:12, 욥 4:18-19, 겔 32:27 등에 근거해 천상적 존재들의 타락과 땅 침투를 상정한다. 그는 전체적으로 6:1-4이 창세기에서 가장 이상한 단락이고 전후 문맥상 흐름을 끊어 놓는 끼어든 문단이며, 극단적으로 간결하고 그 단어와 어휘들이 전후 문맥이나 창세기 전체의 언어와 너무 다른 점을 들어 원래 독립된 이야기의 일부라고 추정한다(*Genesis*, 45).

3. J. Wellhausen, *Die Composition des Hexateuchs und der historischen Bücher des Alten Testaments* (Berlin: Walter de Gruyter, 1963[orig. 1876]). 벨하우젠의 가설에 대한 대표적 반대자인 Y. 카우프만의 입장과 벨하우젠의 가설을 비교 연구한 최신 저작으로는 Aly Elrefaei, *Wellhausen and Kaufmann: ancient Israel and its religious history in the works of Julius Wellhausen and Yehezkel Kaufmann* (Boston, MA.: De Gruyter, 2016)을 보라. 벨하우젠의 P문서 포로기 기원설에 대한 효과적인 반박을 보려면, Moshe Weinfeld, *The Place of the Law in the Religion of Ancient Israel* (VTS 100; Leiden: Brill, 2004)을 참조하라.

4. 하지만 결국 방주에 들어간 생명체는 암수 한 쌍, 곧 둘씩 들어갔다고 말하는 7:15을 생각하면 이런 설명 시도가 100퍼센트 만족스러운 것은 아님을 인정해야 한다. 하나님의 명령대로 다 준행한 결과 모든 생명체의 암수 한 쌍이 방주에 들어갔다면 이것이 하나님의 마지막 최종 명령이었을 가능성을 생각해 볼 수 있다. 이에 대해 나훔 사르나는 6:19-20은 홍수 후에 번식을 위한 최소한의 숫자를 말하고, 7:2-3은 희생제물로 충당하기 위해 정한 동물의 숫자를 늘린 추가 규정이라고 본다(*Genesis*, 53-54).

5. 이 점은 또다시 6:19, 7:2-3과 충돌한다. 과연 방주에 몇 쌍의 동물과 생물체가 들어갔을까? 이런 차이가 만드는 난점을 앞서 설명한 방식으로 만족스럽게 해결할 수 없음을 인정하는 한에서 우리의 사색을 멈춰야 할 것 같다. 이런 차이가 여러 자료를 뒤섞어 놓은 결과인지, 사본의 필사 전승에서 벌어진 서기관의 착오 때문인지 규명할 수는 없다. 다만 하나님은 혼선을 일으킬 모순된 명령을 내리실 수 없는 정확한 하나님임을 믿는 신앙고백으로 이 본문이 불러일으키는 곤란을 견디어 내어야 할 것이다.

6. 이사야와 에스겔에서는 창세기의 들짐승 뱀을 바다에 사는 거대한 용 리워야단(Leviathan)과 동일시한다(사 27:1, 계 20:2-3, 비교. 창 1:21 바다 짐승 탄닌).

7. 아브라함 요수아 헤셸, 『예언자들』, 이현주 역(서울: 삼인, 2008), 8장 '이라이 데이'를 보라.

8. 8:21의 히브리어 본문 첫 소절을 개역개정 성경이 "여호와께서 그 향기를 받으

시고"라고 한 것은 원의를 흐리는 번역이다. 이것은 '흠향한다'고 번역한 이전 판본인 개역한글이 더 정확하다. 흠향은 향기를 맡으시고 취식하는 행위를 가리키는 신인동형론적 표현이다. 이 표현은 하나님에게 인간이 드리는 예배에 대해 음식을 드시는 효과를 일으킨다는 점을 강조하는 데 효과적이다. 노아의 번제가 풍기는 냄새를 흠향하신 하나님의 모습은 인간의 예물과 예배를 정말 진지하게 대하신다는 것을 잘 보여준다. 이스라엘 자손이 불태워 드리는 번제는 야웨께 향기로운 냄새가 된다(레 1:9). 이사야 11:3 첫 소절 "그가 여호와를 경외함으로 즐거움을 삼을 것이며"의 히브리어 구문을 직역하면 "그의 냄새 맡음(흠향)이 야웨를 경외하는 것이다"이다. 하나님은 이스라엘이 당신을 경외하는 것을 제물로 간주하고 흠향하신다는 뜻이다.

9. 사르나는 가나안이 아마도 아버지 함의 죄악에 동참했을 것이라고 본다 (*Genesis*, 66).

10. 갈대아라고 번역된 히브리어는 '우르 카쉬딤'('ûr kaśdîm)이다. 영어성경은 그리스어 역본에 바탕을 둔 음역을 반영하고 있다. 고대 수메르 문명의 중심지 우르는 하부 메소포타미아의 우르다. 수메르의 우르 3왕조(기원전 2060-1950년) 중심지가 바로 수메르 우르다. 하지만 기원전 1천년대 이전의 어떤 자료에도 남부 바빌로니아에 있는 갈대아 우르에 대한 언급이 나오지 않는다. 갈대아 우르의 갈대아인들은 기원전 7-6세기가 되어서 메소포타미아의 지배층으로 부상했다. 따라서 갈대아 우르가 아브라함 시대에 있었던 것처럼 말하는 창세기 11:31은 시대착오적 언급처럼 보일 수가 있다. 여기서 말하는 갈대아 우르는 상부 메소포타미아에서 우르라고 불린 여러 도시 중 하나를 가리킬 것이다. 상부 메소포타미아의 우르라고 불린 도시들은 모두 하란과 훨씬 더 가깝다(Sarna, *Genesis*, 87). '갈대아인의 우르'는 기원전 7-6세기의 바벨론 포로들에게 알려진 바로 그 우르였을 것이다.

보설 | 바벨론 창조 설화의 빛 아래서 본 노아 홍수 이야기

1. 하나님이 아브람을 부르셨을 때 그는 대홍수 경험을 간직한 메소포타미아인이었다(수 24:2). 그래서 창세기 1-11장이 아브람이 원래 속했던 메소포타미아의 창조 설화와 유사한 것은 자연스럽다(Enns, *Inspiration and Incarnation*, 53).

2. 티아마트의 동등어가 히브리어 터홈(심연)이다. 이는 '원시 바다'를 의미하는데 개역개정 성경은 이 단어를 '수면'이라고 얼버무리며 그것의 신학적 상징성을 주목하지 않는다.

3. 밴 게메렌, 『구원계시의 발전사 I』, 90-91. 밴 게메렌은 노아 홍수 기사와 고대 근동의 병행자료의 유사성과 공통 주제(신들의 회의와 판결, 영웅적 인물 주인공,

방주 건조, 희생물 봉헌)를 인정하면서도, 구약성경이 야웨에 대한 절대유일신앙을 옹호하기 위한 변증적 동기로 고대 근동 병행자료를 전용했다고 본다.

4. Levenson, *Creation and the Persistence of Evil*, 14-25.

5. 19세기 말 베른하르트 둠(Bernhard Duhm) 이래 역사적-비평적 학자들은 이사야 1-66장을 삼등분하여 1-39장을 제1이사야, 40-55장을 제2이사야, 56-66장을 제3이사야라고 불렀다(*Das Buch Jesaja* [Göttingen: Vandenhoeck & Ruprecht, 1968, orig. 1892], 10-15).

6. Levenson, *Creation and the Persistence of Evil*, 6-11.

7. 바다 용은 남성으로 묘사된다. 그것은 바다의 왕자(Prince Yamm), 혹은 심판자 강(Judge River), 로탄(Lotan, Leviathan), 꼬불꼬불한 일곱 머리 용, 탄닌, 바다 괴물 등으로 번역된다(사 27:1).

8. Levenson, *Creation and the Persistence of Evil*, 18-26.

9. 창세기 1:2의 하나님의 바람과 8:1의 큰 바람은 둘 다 원시 바다(거대한 물)를 향해 무엇인가를 '행하고 있다.' 우리는 창세기 1:2의 '하나님의 신 혹은 영'도 하나님의 바람으로 번역하는 것이 더 낫다고 본다. 반면에 차준희는 1:2의 '루아흐 엘로힘'을 하나님의 영으로 번역함으로써 생명보양적이고 잉태적인 모성적 하나님의 이미지를 찾아낸다. 그는 '운행하다'라는 히브리어 동사 '라하프'가 사용되고 있는 신명기 32:11과 창세기 1:2을 비교해서 이런 결론에 도달한다(차준희, "구약에 나타난 창조의 영," 「구약논단」 55[2015년 3월], 190-191). 하지만 우리는 창세기 1:2의 루아흐 엘로힘이나 노아 홍수를 말리는 창세기 8:1의 큰 바람이 동일한 역할을 하고 있다고 본다. 두 경우 모두 바람은 물이 나타나게 만드는 역할을 한다.

IV. 아브람의 순종과 믿음 속에서 자라 가는 하나님 나라

1. 창세기 11:26 "데라는 칠십 세에 아브람과 나홀과 하란을 낳았더라"는 진술을 가지고 추론할 수 있고, 또 그의 이름에 붙은 '람'(רם)이 '존귀한'을 의미할 가능성에 비추어 아브람을 장남이라고 추정한다(Sarna, *Genesis*, 86). 또한 11:10-25에 언급된 인물들이 장남이며 나머지 자녀들의 이름은 언급되지 않는다. 데라가 낳은 자녀 중에서 아브람이 처음으로 언급된다는 점에서 장남이라고 추론해 볼 수 있다. 하지만 아브람과 하란의 아들 롯이 거의 동년배처럼 활동하는 동선을 고려해서 하란을 장남이라고 보는 견해도 있다. 또한 나홀이 자기 형제 하란의 딸 밀가와 결혼하는 것을 볼 때 하란이 장남이었을 가능성도 있다. 특히 창세기 19-21장에 기록된 사건을 연대순으로 이해할 경우 롯의 나이가 어느 정도 짐작된다. 이삭 출생 이전에 19장의 소돔 멸망 사건이 나온다. 19장과 21장이 연대

기순으로 기록되었다면 소돔 멸망은 아브라함 100세 이전에 일어난 일로, 소돔 멸망은 17장의 가족 남자 할례(아브라함 99세) 사건과 이삭 출생 사이에 일어났다. 따라서 소돔의 멸망 당시 아브람의 나이는 99세 혹은 100세라 추정해 볼 수 있다. 이때 롯의 나이가 정확히 얼마인지는 알 수 없지만, 그에게 결혼을 앞둔 두 딸이 있었음을 통해 간접적으로 추정해 볼 수 있다. 당시 남자의 결혼 연령이 대부분 40세임을 고려해 볼 때(이삭, 에서 등) 여성 결혼 연령은 그보다 어린 30세 정도라고 볼 수 있다(아브람과 사래의 나이 차이 10세). 단순화시켜 보면, 롯이 40세에 결혼하자마자 딸을 낳았다고 할 때, 소돔 멸망 당시 롯의 나이는 최소 70세 정도가 되었을 것이며, 롯의 아버지 하란이 40세에 결혼하여 롯을 장남으로 낳았다 하더라도 롯의 아버지 하란은 최소 110세 이상이 되었을 것이다. 이런 경우 롯의 아버지 하란은 아브람보다 연장자임을 알 수 있다는 것이다. 그러나 이런 추론도 창세기 11:26의 진술을 명쾌하게 해명하지는 못한다.

2. 사도행전 7:4은 아브람이 아버지 데라가 죽은 후에 하란을 떠났다고 말하지만 적어도 창세기 11:26-32과 12:4에 따르면 아브람은 데라가 하란에 살아 있었을 때 데라와 이별했다. 전체적으로 창세기 11:26-12:4은 아브람이 하나님의 명령에 순종하기 위해 치른 창조적 분리의 고통과 모험을 부각시키는 것처럼 보인다.

3. 예루살렘 지역의 왕을 가리키는 독특한 명칭으로, 여호수아에게 저항한 예루살렘의 왕은 아도니-세덱이다(수 10:1). 예루살렘이 고대에 공평과 정의가 융성한 도시로서 가진 명성에 대한 성경의 증언은 사 1:21, 렘 31:23, 33:16에 나온다 (Sarna, *Genesis*, 380-381).

V. 열국의 아버지 아브라함, 열국의 어머니 사라

1. 브엘라해로이(běʾēr laḥay rōʾî)는 직역하면 "나를 감찰하시는 살아 계신 이에게 속한 우물"(브엘-라하이-로이)이다.

2. 기원전 15-14세기 고대 근동의 외교 관계를 규정하는 종주-봉신 조약은 대략 여섯 가지 요소로 구성되어 있었다. 종주의 정체를 소개하는 서언, 종주가 봉신에게 베푼 은혜로운 과거 역사 진술, 봉신에게 부과된 조약 준수 조항, 봉신이 조약 준수 혹은 위반시 받게 될 복과 저주, 조약 증인들 열거, 조약 문서 보관 규정. "나는 전능한 하나님"은 종주의 정체 소개에 해당되며, "행하여 완전하라"는 준수해야 할 조항에 해당된다(G. E. Mendenhall, "Ancient Oriental and Biblical Law' and 'Covenant Forms in Israelite Tradition,'" *BA* 17[1954]: 26-46, 50-76).

VI. 온유한 이삭의 인격 속에 자라 가는 하나님 나라

1. 키르케고르의 『공포와 전율』(*Frygt og Baeven*)은 독자 이삭을 번제로 바치라는 하나님의 명령에 대해 아브라함이 보여준 행위에 대한 심리적·윤리적·종교적 이해를 시도하고 있다. 독자 이삭을 모리아산으로 끌고 가서 번제의 제물로 바치라고 명하는 하나님의 명령은 반인륜적이며, 윤리적으로 보면 아브라함을 살인 미수자로 전락시킬 수 있는 불합리한 명령이었다. 키르케고르에 따르면 아브라함은 윤리적 의무를 무한히 체념(infinite resignation)하고 하나님에 대한 절대적 경외의 경지로 들어간다. 아브라함은 자신을 제약하는 윤리적 의무와 그 의무를 지지하는 보편적 세계를 넘어서서 하나님 앞에 홀로 선 '단독자'가 된다. 심미적인 것을 추구하고 개별자에게 부과된 윤리적 과업을 성취하느라고 애쓰는 사람들에게 단독자 아브라함의 비합리적인 신앙 도약은 설명될 수 없는 것이다. 아브라함이 성취한 이 신앙 도약은 자기 자신을 떠맡음이며 신과의 독대다. 이때 인간 실존이 느끼는 감정은 다름 아닌 공포와 전율이다(Søren Kierkegaard, *Fear and Trembling. Repetition*, ed. & trans. Howard V. Hong & Edna H. Hong [Princeton, NJ.: Princeton University Press, 1983], 25-81).

2. 고든 웬햄, 『WBC 창세기 주석 하』, 윤상문, 황수철 역(서울: 솔로몬, 2001), 366. 웬햄은 이삭의 온유를 다소 소극적으로 평가한다. 그에게 이삭은 소심하고 수세적인 인물이다. 하지만 본문은 이삭의 수동적 태도를 적극적으로 평가한다. 하나님의 섭리에 대한 믿음 때문에 그가 조금씩 온유해져 가는 장면을 부각시키고 있기 때문이다.

3. Elie Wiesel, *Messengers of God* (New York et al.: A Touch Stone Book, 1976), 91-97.

4. 요람 하조니, 『구약성서로 철학학기』, 김구원 역(서울: 홍성사, 2016), 83-86. 요람 하조니는 구약의 선민사상이 인류의 보편적 복지를 위한 철학사상과 같다고 본다.

VII. 고난과 연단 속에서 성화되는 야곱

1. J. M. 로흐만, 『그리스도냐, 프로메테우스냐?』, 손규태 역(서울: 대한기독교서회, 1988), 19-20. 로흐만은 체코의 공산주의 신학자인 가르다스키의 사상에 의거하여 야곱을 운명을 초극한 전형적인 구약적 인물이라고 말한다. 야곱은 자연과 도덕에 의해서 그에게 부과된 위치(먼저 태어난 형의 뒤에 놓인 둘째로서)를 단 한 번에 주어진 운명적인 것으로 받아들이기를 거부한 인물이며, 예정(Vorbestimmung)에 항거한 인물이자, 하나님 자신과의 투쟁을 감행하여 마침

내 하나님으로부터 축복을 받아 '이스라엘'이 된 사람이라고 말한다. 야곱으로 대표되는 구약성경의 인간은 고정화된 한계선으로서가 아니라 '모든 가능성의 집약점'으로서의 하나님을 향하고 있다는 것이다. 이런 마르크스주의적 해석은 경쟁과 각축을 신학적으로 재가하는 것처럼 보인다. 그러나 야곱 전체의 이야기를 살펴보면 하나님의 야곱 축복은 엄청난 고통과 희생을 대가로 요구했음을 알 수 있다.

2. 야곱의 장자권 매입과 장자 복 절취 사건은 당시 기준으로 볼 때 법적으로는 문제가 없었던 것처럼 보인다. 또한 창세기 저자는 야곱의 비열해 보이는 이 행동이 리브가에게 주어진 하나님의 태몽 계시가 이루어지기 위한 과정이라고 은근히 말함으로써 야곱을 도덕적 책임으로부터 면제시켜 주려는 것처럼 보인다. 그러나 창세기 저자는 또 한편으로 야곱의 인생이 아브라함과 이삭의 향년에 비하여(25:8, 35:29) 연한이 짧았으나 실상은 험악한 세월이었다고 말함으로써(47:9) 야곱의 비열한 행동에 대한 도덕적 평가를 내리고 있다. 창세기 저자는 야곱이 밧단아람과 그 이후에 겪었던 모든 고난의 세월을 자세히 기록함으로써(약간은 신명기적 역사 관점에 기대어) 그의 초기의 도덕의식 붕괴와 과잉된 경쟁과 각축을 총체적으로 비판적으로 바라본다. 예언서(호 12:2, 렘 9:3)에서 그의 행동은 더욱 노골적으로 비판당하고 있다는 점도 인상적이다(Sarna, *Genesis*, 397-398).

3. 야곱이 밧단아람으로 떠날 때의 나이는 무엇을 기준으로 하느냐에 따라 달리 계산된다. 77세 가설과 60세 가설 두 가지를 우선 생각해 볼 수 있다. 먼저 야곱이 파라오 앞에 섰을 때를 기준으로 보면 77세로 볼 수 있다. 파라오와의 만남 때 야곱은 130세였다(47:9). 이때 요셉의 나이는 39세. 왜냐하면 요셉은 30세에 총리가 되었고(41:46), 총리 후 7년간은 풍년이 들었으며, 흉년 2년째에 형들을 만나 자신의 정체를 밝히기 때문이다(45:6). 그리고 나서 아버지 야곱을 애굽으로 모셨으니 야곱 130세에 요셉은 39세임을 알 수 있다. 그렇다면 야곱이 요셉을 낳았을 때의 나이는 91세임을 알 수 있다. 요셉이 출생했을 때 야곱은 라반에게 떠나겠다고 말하였고(30:25), 이때 라반은 임금을 줄테니 더 일해 달라고 하면서 6년을 더 있게 한다(31:41). 91세에 요셉을 낳고 6년을 더 머문 후에 97세에 라반의 집을 떠났음을 알 수 있다. 야곱이 라반의 집에 머문 기간이 총 20년이니(31:41), 77세에 와서 97세에 갔음을 알 수 있다(양진일 외 다수 학자 의견). 둘째, 창세기 41:46의 요셉의 총리 취임 연령을 30세가 아니라 47세로 보면 야곱은 60세에 밧단아람으로 떠난 셈이 된다. 요셉이 하나님께 부름을 받은 지가(17세 되던 해 노예로 팔린 시점) 30년이 된 시점이라면 요셉의 총리 취임이 47세 때 일이라고 보는 입장이다(소수 의견). 어쨌든 야곱은 늦은 청년기 혹은 장년기에 밧단아람으로 떠났다. 에서에 비해 최소한 20년 이상 늦게 결혼

을 한 셈이기도 하다.

4. 유연희, "아브라함과 리브가와 야곱의 하나님," 「신학사상」 120(2003년 3월), 99-129. 이 논문은 리브가의 모가장적 지도력과 하나님의 족장 구속사에서 차지하는 비중을 여성신학적인 자세히 읽기 방식으로 잘 드러낸다. 창세기의 중심 주제인 하나님의 땅과 자손 약속을 다음 상속자 야곱에게 안전하게 전달하는 모가장 책임을 잘 수행했다고 본다. 그런 점에서 리브가는 여자 아브라함인 셈이다(125).

5. '시력이 약한'으로 번역된 히브리어 라코트(rakkôt)는 라크(rakh)라는 형용사의 여성복수형이다. 이것은 유약한, 미발육한, 세심하고 약한, 부드러운 정도의 의미를 가지는데 육체적인 외모를 묘사할 때는 긍정적으로는 거의 사용되지 않는다(Brown F., Driver, S. R., and Briggs, Charles A, *The Brown-Driver-Briggs Hebrew and English Lexicon* [Peabody, MA.: Hendrickson Publishers, 2014], 940). NIV의 난외주는 '우아한'을 의미하기보다 '쇠약한'을 의미한다. 라코트가 못생긴 외모를 표현하는 완곡어법이라고 보는 이유는 두 가지다. 첫째, 29:17이 두 자매의 외모를 비교하고 있다는 점이다. 아름다운 라헬과 그렇지 못한 레아가 비교되고 있다. 시력이 약하다는 것은 얼굴이 아름답지 못한 것의 제유법적 표현이라는 것이다. 둘째, 29:31에서 사랑받음이 없다는 표현, 곧 미움받고 있다는 히브리어 본문의 강한 표현이 그녀의 성적 매력 결핍을 암시한다. 본문의 정황상 레아에 대한 야곱의 냉담함은 그녀의 외모에 대한 야곱의 견해를 반영하는 것처럼 보인다. 전체적으로 약한 시력이라는 주제는 이삭을 속이는 문제와 관련되어 야곱의 과거 허물을 기억나게 하는 장치이기도 하다.

VIII. 야곱, 마침내 새날을 맞다

1. 아람어 여갈사하두다는 정확하게 음역하면 여가르-사하두타로서 '증거의 무더기'라는 뜻이다. 히브리어 사헤드(증거)가 아람어 사하두타의 동등어다.

2. 우리가 서로 떠나 있을 때에 '여호와께서' 나와 너 사이를 '살피시옵소서'[이체프 아도나이(יְהוָה יִצֶף)]라는 의미다. 미스바는 '돌보다', '감찰하다'를 의미하는 동사 차파(צפה)의 명사형이다.

3. '형제들'은 생물학적 형제가 아니라 아마도 동맹이나 기타 계약을 통해 맺어진 동맹자들을 가리킬 것이다.

4. 마하나임은 마하네의 쌍수로서 아마도 두 진영의 군대를 가리키는 듯하다.

5. 27:27-29의 야곱이 받은 장자의 복, 27:37-40의 에서에게 남겨진 운명(황량하고 예속된 삶의 터전).

6. 야곱이 형 에서를 반복적으로 '주'라고 부르는 장면을 고려해 보면 우리는 야곱

이 그토록 갈망한 장자의 축복이 자신과 형의 당대에 일어난 사건과 관련된다기보다는 그의 후손과 형의 후손 사이에 있게 될 정치적 역학관계에 오히려 초점이 맞추어져 있음을 추론할 수 있다. 창세기 저자는 야곱의 장자권 승계 일화를 다윗(유다) 왕국의 에돔 지배를 정당화하는 신학적-이데올로기적 수사로 활용했을 것이다.

IX. 야곱의 종교개혁

1. 여러 단어로 번역되는 히브리어 톨레도트(혹은 톨러도트)는 창세기를 문학적 단위로 구분하는 실마리를 제공하기도 한다. 천지창조의 내력(2:4), 아담의 계보(5:1), 노아의 족보(6:9), 셈과 함과 야벳의 족보(10:1), 셈의 족보(11:10), 데라의 족보(11:27), 이스마엘의 족보(25:12), 아브라함의 아들 이삭의 족보(25:19), 에서의 족보(36:1), 야곱의 족보(37:2).

X. 아브라함의 후손 요셉과 동행하신 하나님

1. 요셉 당시 애굽의 제사장 가문과 결혼한다는 것은 최고 지배층의 일원으로 격상되었다는 것을 의미하기도 한다. 이름 개명과 결혼은 요셉이 마음만 먹으면 애굽의 최고 지도자로 부귀영화를 누리고 사는 데 만족할 수 있었다는 뜻이다.
2. 45:7-8과 50:17-20, 그리고 시편 105:16-22은 하나님의 섭리를 잘 예해한다.

XI. 막벨라 굴에 묻어다오: 약속의 땅에 묻히는 야곱과 요셉

1. 10-12절이 전체적으로 번영을 예고하는 말로 들리지만 창세기 저자가 '포도나무와 포도즙'에 대해 갖는 선입견(9:20-22)을 고려하면, 이 절들이 유다가 포도주로 인해 흥청망청에 빠질 것이라는 부정적인 예고로 읽힐 수도 있을 것이다.
2. 하경택, "요셉 이야기 안에서의 야곱의 축복-창세기 49장 1-28절에 대한 주석적 연구," 「장신논단」 46/1(2014년 3월 30일), 37-66. 하경택은 창세기 49장과 신명기 33장, 민수기 23-34장의 발람의 예언과의 공통점과 차이점을 동시에 규명함으로써, 야곱의 축복이 유다 지파가 미래에 수행하게 될 지도력과 이 유다 지파 지도력의 극적 표현으로서의 메시아적 인물의 출현을 기대하는 예언적 요소를 갖추고 있다고 주장한다(61-63).

- **출애굽기** | 하나님 나라는 억압과 노예근성으로부터의 해방이다

I. 하나님 나라, 억압과 노예근성으로부터의 해방

1. 홍해 바다에서 거둔 하나님의 승리를 혼돈의 바다 자체에 대하여 거둔 하나님의 승리로 해석하는 데 긴요한 고대 근동의 문헌적 증거들을 참조하려면, Bernard F. Batto, *Slaying the Dragon* (Louisville, KY.: Westminster/John Knox Press, 1992), 120-152을 보라.

2. Bernhard W. Anderson, *Understanding the Old Testament* (4th ed.; Englewood Cliffs, NJ.: Prentice Hall, 1986), 46-52.

3. Anderson, *Understanding the Old Testament*, 59

4. 어떤 학자는 모세의 어머니 요게벳의 이름에 YHWH 신명의 요소가 있음을 들어 모세의 야웨 하나님 신앙이 어머니 요게벳과 연관되어 있을 가능성을 말하기도 한다(Sarna, *Genesis*, 40).

5. 모세의 이름을 한국어로 음역한 모쉐(משה)는 '끌어올리다'를 의미하는 히브리어 마샤(משה)에서 파생된 단어다.

6. 2:24-25에 나오는 신적 인지와 지각을 묘사하는 세 가지 히브리어 동사 자카르(zākar, 기억하다), 라아(rā'ā, 보다), 야다(yādā', 알다)는 하나님이 아브라함, 이삭, 야곱과 맺은 언약에 매인 당사자로서 아브라함의 후손인 히브리 노예들을 구속해야 한다는 강한 부담감을 느끼고 계심을 보여준다.

7. Henrietta C. Mears, *What the Bible is All About?* (Ventura, CA.: Gospel Light Publications, 1966), 33.

8. Anderson, *Understanding the Old Testament*, 69-71.

9. 바로의 마음 상태를 묘사하는 이 단어는 히브리어 하자크(ḥāzaq)에서 온 것인데, 개역개정에서는 '완악함' 또는 '완강함'으로 번역했다. 그러나 '완악하다'는 정도로는 그 의미를 다 살릴 수 없어 여기서는 '강퍅함'이라는 단어를 택하기로 한다.

II. 자유를 향한 대탈출로서의 하나님 나라

1. 신자유주의 체제의 바로는 무한자유경쟁의 화신이다. 이 무한경쟁 체제의 총통인 바로는 경쟁을 통한 발전과 개선을 독려하며 경쟁에서 이긴 자가 낙오하고 패배한 자를 시혜적으로 돌보아 주도록 권고한다. 신자유주의 체제는 인간의 도덕성과 사회적 연대성을 근원적으로 부정하지 않는다. 무한경쟁을 거의

절대선으로 생각하고 모든 공적 영역을 민영화하며 개인들과 집단들을 무한경쟁을 통해 생산성을 추구하도록 압박한다. 이 과정에서 인간은 인간성을 상실하게 되고 경쟁에서 마침내 이긴 자가 패배한 자에게 자비를 베풀려고 해도 더 이상 도덕적 자비심과 인간애적 연대심이 남아 있지 않게 된다. 장 지글러(Jean Ziegler)의 『왜 세계의 절반은 굶주리는가?』와 『굶주리는 세계, 어떻게 구할 것인가?』는 신자유주의 체제가 남아메리카와 아프리카를 어떻게 상시 빈곤 및 기아 지역으로 몰아가는지를 잘 보여준다.

2. B. S. Childs, *The Book of Exodus* (Louisville, KY.: The Westminster Press, 1974), 52-53, 111.

3. Enns, *Inspiration and Incarnation*, 100-101.

4. 애굽의 신들과 그들의 주요 관장 영역에 대한 논의는 주로 아래 세 책에 빚지고 있다: James P. Allen, *Middle Egyptian: An Introduction to the Language and Culture of Hieroglyphs* (Cambridge: Cambridge University Press, 2000); George Hart, *The Routledge Dictionary of Egyptian Gods and Goddesses* (Second Edition; Florence, KY.: Routledge, 2005); Richard H. Wilkinson, *The Complete Gods and Goddesses of Ancient Egypt* (New York, NY.: Thames & Hudson, 2003).

5. 애굽을 강타한 재앙들에 대한 시편 78:43-51, 105:27-36과 출애굽기 7-12장을 비교해 보면 열 가지 재앙 목록에 다소간 차이가 나고 있음을 알게 된다. 앤더슨은 애굽 재앙 전승 과정에서 이런 차이가 생겨났다고 본다(*Understanding the Old Testament*, 70).

6. 시로 이기노 트레비사나토는 출애굽기 7-12장에 나오는 열 가지 재앙의 원인을 기원전 1600년대 초기에 그리스의 산토리니 화산 폭발로 생긴 화산재에서부터 추적한다(『이집트 10가지 재앙의 비밀』, 김회권 역[서울: 새물결플러스, 2011]). 열 가지 재앙의 역사적·과학적 사실성 규명에 초점을 맞춘 이 책은 재앙이 하나님 때문에 일어났다는 신학적 주장을 논증하지는 않지만, 열 재앙을 그저 전설이나 조작된 설화로 여기려는 사람들에게는 강력한 반제(antithesis)를 제공한다.

7. Hart, 61.

8. 트레비사나토는 산토리니 화산재가 나일 강을 급격하게 산성화시켜 가는 과정을 묘사한다고 본다(앞의 책, 55-80).

9. Hart, 67-68.

10. 폭력, 혼돈, 정력의 신으로서 사막과 관련된 신이다. 오시리스를 죽인 신으로서 호루스의 원수이지만, 바로의 후견신이다(Hart, 145-146).

11. 이집트 여신 중 가장 중요한 여신 중 하나로서 하늘, 태양, 성, 모성, 음악과 춤, 외국 땅과 상품들, 사후의 생명을 관장하는 여신이다(Hart, 61-65).

12. 세크메트는 암사자 신으로서 파괴적이며 잔혹하지만 질병을 쫓아내는 신이다. 프타의 배우자다(Hart, 138-139).

13. Hart, 110–112.

14. 오시리스는 죽음과 부활의 신으로 지하세계를 관장하며 채소와 죽은 자들을 소생시킨다고 믿어진다(Hart, 114–124).

15. 태양신 라(혹은 레)는 이집트의 태양신으로 으뜸신이며 창조에 관여하고 사후 세계도 관장한다. 태양신 라/레는 이집트 모든 왕의 아버지 신으로 추앙되며 도시 헬리오폴리스의 후견신이다(Hart, 133–135). 호루스는 독수리, 혹은 어린 아이로 묘사되는 신으로서 태양, 하늘, 왕권, 그리고 치유의 신으로 신봉된다. 가끔은 오시리스와 이시스의 아들로 간주된다(Hart, 70–76).

16. Childs, *The Book of Exodus*, 160.

17. Hart, 92–95.

18. J. P. Fokkelman, "Exodus," in *The Literary Guide to the Bible* (1987), 56-65.

19. 이야기의 서사적 흐름으로 보자면 11장 바로 뒤에 12:21-42이 나오는 것이 자연스럽다. 12:1-20은 최초의 유월절에 바탕을 둔 유월절 및 무교병 축성 지침에 관한 것이며, 12:43-51도 유월절 내러티브의 각주에 해당하는 유월절 축성 참여 범위를 다룬다.

보설 ｜ **출애굽의 역사성과 연대 논쟁**

1. 이 보설은 저자의 역서인 『이집트 10가지 재앙의 비밀: 고고학, 역사, 과학이 밝혀낸 출애굽의 기적들』, 433-449에 실린 '역자 해설'을 수정한 글임을 밝힌다.

2. Andrew E. Hill & John H. Walton, *A Survey of the Old Testament* (Grand Rapids, MI.: Zondervan Publishing House, 2009), 108.

3. Edwin Thiele, *A Chronology of the Hebrew Kings* (Grand Rapids, MI.: Zondervan Publishing House, 1977), 83-85.

4. 2세기경의 문서인 *The Seder Olam Rabbah*. Jack Finegan, *Handbook of Biblical Chronology: Principles of Time Reckoning in the Ancient World and Problems of Chronology in the Bible* (rev. ed.; Peabody, MA.: Hendrickson Publishers, 1998), 111.

5. 초기 연대설을 옹호하는 간략한 글을 보려면 John Rea, "The Time of the Oppression and the Exodus," *Grace Theological Journal* 2/1 (1961): 5-14을 참조하라.

6. John J. Bimson, *Redating the Exodus and Conquest* (Sheffield: Almond, 1978). 빔슨의 연구가 붙드는 두 가지 전제는 첫째, 히브리 노예들이 실제로 이집트에

서 노예살이를 했고 그래서 출애굽을 했다고 하는 성경적 전통은 확고한 역사적 토대가 있으며 둘째, 이 역사적 사건은 절대적 연대기와도 연결될 수 있고 그래서 연대 추정이 가능하다는 것이다(10-13).

7. J. M. Miller, "Book Review of *Redating the Exodus and Conquest*," *JBL* 99 (1980): 133-135; A. F. Rainey, "Book Review of *Redating the Exodus and Conquest*," *IEJ* 30(1980): 249-51; J. A. Soggin, "Book Review of *Redating the Exodus and Conquest*," *VT* 31 (1981): 98-99.

8. Gerald L. Mattingly, "The Exodus-Conquest and the Archaeology of TransJordan: New Light on and Old Problem," *Grace Theological Journal* 4/2 (1983): 245-262. 매팅리는 요단 동쪽에서 발굴한 넬슨 글뤽의 고고학적 증거를 재검토해 13세기 가설을 비판한다.

9. Bimson, *Redating*, 330-73; cf. K. A. Kitchen, *Ancient Orient and Old Testament* (London: Tyndale, 1966), 57-69; C. F. Aling, *Egypt and Bible History from Earliest Times to 1000 B.C.* (Grand Rapids, MI.: Baker, 1981), 77-96.

10. Anderson, *Understanding the Old Testament*, 46-52.

11. William F. Albright, *The Biblical Period from Abraham to Ezra* (New York, NY.: Harper & Row, 1963), 6-13.

12. 넬슨 글뤽의 4권짜리 고고학 보고 자료 "four-volume Explorations in Eastern Palestine"(1934, 1935, 1939, 1951)과 *The Other Side of the Jordan* (2nd ed.; New Haven, CONN.: American Schools of Oriental Research 1970[orig. 1940])은 요단 동쪽 중부 및 남부 지역의 고고학 지표조사 보고서 총람인 셈이다.

13. Kenneth A Kitchen, *On the Reliability of the Old Testament* (Grand Rapids: Eerdmans, 2003), 309–310.

14. William G. Dever, *Who Were the Early Israelites and Where Did They Come From?* (Grand Rapids, MI.: Eerdmans, 2003), 44–46.

15. 바바라 J. 시베르트센은 애굽의 재앙에 대한 자연적 설명을 제공하려는 시도를 했다. Barbara J. Sivertsen, *The Parting of the Sea: How Volcanoes, Earthquakes, and Plagues Shaped the Story of the Exodus* (Princeton, NJ.: Princeton University Press, 2009).

16. 요람 하조니, 『구약성서로 철학하기』, 69-75.

17. 이 초기 연대설을 약간 수정한 가설은 후기청동기 1기(BC 1570-1400)와 2기 (BC 1400-1300) 연대설인데, 이 입장은 출애굽과 가나안 정복이 기원전 1570-1400년 사이에 이루어졌다고 본다. 포괄적인 연대 추정 가설인 셈이다.

III. 광야로 내몰린 자유민의 공동체

1. Charles A. Beard, "Four Lessons of History," in *The Readers' Digest* (Feb. 1941).

2. Batto, *Slaying the Dragon*, 127-128.

3. 1절과 시편 66:6, 68:18, 106:12. 2절과 시편 118:14, 21, 28. 3절과 시편 24:8. 4절과 시편 136:15. 5-17절과 시편 78:52-54. 5-13절과 시편 77:14-21. 5-10 절과 시편 106:11. 7절과 시편 78:49. 8절과 시편 78:13. 11절과 시편 66:3, 5, 78:4, 12, 86:8. 13-17절과 시편 44:2, 4, 74:2. 17절과 시편 80:9. 16-18절과 시편 146:10, 이사야 12:2, 43:1-3, 14-21, 44:24-28, 50:2-3, 51:9-11, 52:3-6, 11-12, 예레미야 16:14-15, 23:7-8, 호세아 7:16, 8:13, 9:3, 6, 11:5, 11, 누가복음 9:31, 요한계시록 15:1-4.

4. 고든 맥도날드, 『내면세계의 질서와 영적 성장』, 홍화옥 역 (서울: IVP, 2013), 25-47.

IV. 거룩한 백성, 제사장 나라 이스라엘

1. Jon D. Levenson, *Sinai & Zion: An Entry into the Jewish Bible* (San Francisco, CA.: Harper, 1985), 21-22; Enns, *Inspiration and Incarnation*, 33-34.

2. Anderson, *Understanding the Old Testament*, 98-101.

3. S. R. Driver, *Deuteronomy* (ICC; Edinburgh: T & T Clark, 1973[orig. 1895]), 357-358; G. R. Driver, "Once Again Birds in the Bible," *Palestine Exploration Quarterly* 90 (1958): 56-57. 사무엘 롤즈 드라이버는 자신의 신명기 32:11 주석에서 독수리 새끼 비상 훈련을 직접 목격한 듯한 두 저자(W. L. Alexander 등)를 인용하고 있다(358).

4. 유대교, 가톨릭교회, 루터파교회, 그리고 개혁교회는 십계명을 세는 방식에서 차이를 보인다. 이 차이는 서언과 제1계명과 끝 두 계명(제9-10계명)을 어떻게 보느냐에 따라 발생한다. 유대교는 역사적 서언(the historical prologue) 자체를 첫째 계명으로 본다. 따라서 유대교 전통은 로마가톨릭교회와 루터파교회처럼 다신숭배 금지와 형상숭배 금지 계명을 하나의 계명으로 간주한다. 십계명의 마지막 계명인 탐욕금지 계명을 가톨릭교회와 루터파교회는 두 가지 계명의 결합으로 파악하는데, 하나는 이웃의 아내와 관련되어 있고 다른 하나는 이웃의 재산과 관련되어 있다고 보기 때문이다.

5. 존 칼빈, 『칼빈의 십계명 강해』, 김광남 역 (서울: Vision Book, 2011), 98.

6. 이 단락의 모든 율법이 모세 시대에서 기원한 것은 아니다. 이 단락은 이스라엘

역사의 다양한 시기에 유래한 율법들이 지층 형태를 이루며 병렬되어 있다. 이 단락 안에는 역사적으로 모세보다 훨씬 후대의 상황을 반영하거나 그것에 응답하여 제정된 율법도 발견된다. 그러나 하나님과 이스라엘의 언약 관계를 유지하는 데 결정적으로 중요한 모든 율법은 모세 시대의 시내산에서 반포되었다는 이스라엘 백성의 신앙 때문에 헌법적 권위를 갖는 최고의 법은 모두 모세의 율법으로 총칭된다.

V. 시내산 계시와 거룩한 배척을 영속화하는 성막

1. 멜기세덱 반열의 대제사장인 예수님은 자신을 위하여 속죄제를 드릴 필요가 없다(히 7-10장).
2. 힌은 액체 계량 단위로서 약 4리터다(출 29:40, 30:24, 레 19:36, 23:13, 민 15장, 28장, 겔 4:11, 45:24, 46장). 액체의 양을 산정하는 단위인 바트(bath)는 22리터 정도며 고체의 등가 단위는 에바다.
3. 이인칭 단수(아타)로 표현되는 이스라엘(엘레카)에게 말씀하신다. 동시에 바로 뒤에는 이인칭 복수 이스라엘 백성(아템)이 야웨의 말씀을 듣는 청중(라켐)이다. 이인칭 단수와 복수 모두 이스라엘 전체 회중을 가리킨다.

주

VII. 성막을 가득 채운 하나님의 영광

1. 어떤 학자들은 회막과 성막이 다른 구조물이라고 주장하기도 하지만 근거 없는 추론이다. 성막이 준공되고 나서 이루어지는 하나님의 첫 활동이 레위기에서 모세를 회막으로 부르는 일임을 고려해 볼 때 성막은 하나님이 이스라엘을 만나시는 회막이기도 한 것이다. 이렇게 보는 결정적인 이유는 "[그 후에] 구름이 회막에 덮이고 여호와의 영광이 성막에 충만하매"(출 40:34)라는 구절이다. 아주 거칠게 말해 회막은 성막의 모든 시설(바깥 말뚝까지 포함)을 포함한 전체를 가리키고 성막은 지성소에 해당하는 거룩한 구역만을 지칭한다고 볼 수 있을지도 모른다.

보설 | 천지창조와 성막(성전) 창조의 상응성

1. 이 보설은 Levenson, *Creation and the Persistence of Evil*, 78-99과 같은 저자의 *Sinai & Zion*, 142-145의 통찰에 크게 빚지고 있다.
2. Michael D. Coogan, *Stories from Ancient Canaan* (Louisville, KY.: The Westminster John Knox Press, 2012), 103-104.

● 레위기 | 하나님 나라는 거룩하신 하나님과의 연합과 동거다

I. 레위기의 제사신학과 하나님 나라

1. Julius Wellhausen, *Prolegomena to the History of Ancient Israel* (New York, NY.: Meridian, 1961[orig. 1878]). 한국어 번역판이 없으니 『이스라엘 역사서설』이라고 부르기로 한다.

2. 와인펠드는 벨하우젠의 『이스라엘 역사서설』 출간 100주년 기념 강연(미간행 영문 원고, Centennial Lecture Commemorating J. Wellhausen's *Prolegomena to the History of Ancient Israel*)에서 벨하우젠의 이스라엘 역사 재구성의 최대 약점이 P문서의 고대성을 간과한 것이라고 비판하면서, 기원전 15세기경의 우가릿이나 에블라 토판에 이미 속건제(아셈)라는 말이 나온다고 주장했다. P문서의 고대성을 옹호하는 노력의 최신 결실은 와인펠드의 *The Place of the Law in the Religion of Ancient Israel*, 33, 74을 보라.

3. 노세영, "창조와 구속의 관계성에 대한 이해," 「구약논단」 11(2001년 10월): 7-25. "제사의 목적은 장소와 시간 등의 분리를 통한 거룩의 회복과 유지이며 이 분리 개념은 혼돈에서 분리를 창조해 질서를 창조하는 하나님의 창조를 송축하는 창조신학에 뿌리를 두고 있다"(24).

4. 고대 메소포타미아의 창조 설화인 아트라하시스(Atra-ḫasīs)는, 신들이 인간을 창조한 목적은 열등한 육체노동 담당신들의 노동 고역을 대신해 주고 신들에게 음식과 음료를 제공하는 종으로 부려 먹기 위해서였으며 신들은 실제로 인간이 바친 제물을 게걸스럽게 먹으려고 파리떼처럼 몰려왔다고 묘사한다(W. G. Lambert & A. R. Millard, *Atra-ḫasīs: The Babylonian Story of the Flood* [Oxford: Clarendon Press, 1969], 15, 44).

5. William H. Hallo, "The Origins of the Sacrificial Cult: New Evidence from Mesopotamia and Israel," in Patrick D. Miller et al.(eds), *Ancient Israelite Religion. Essays in Honor of Frank M. Cross* (Philadelphia, PA.: Fortress, 1987): 1-13(특히 11).

6. 개역개정은 아샴을 5:6에서는 '속죄제'라고 번역하되, 아샴에는 '벌금'을 의미할 수도 있다는 난외주를 첨가한다. 그런데 5:15에서는 '속건제'라고 번역한다. 아샴의 의미에 대한 더 근원적인 토의가 요청된다. 바룩 레빈(Baruch A. Levine)은 아샴이 '벌금'의 의미와 '속건제'의 의미 둘 다를 가지고 있다고 본다(*The JPS Torah Commentary. Leviticus* [Philadelphia et al.: The Jewish Publication Society, 1989], 28, 31). 레위기 전문학자 김경열도 유사한 입장을 취한다. 아샴은 '배상

을 요구하는 죄'를 가리키면서 동시에 '배상'을 의미한다는 것이다(『레위기의 신학과 해석』[서울: 새물결플러스, 2016], 170).

7. 히브리어 마소라 본문(MT)과 개역개정 성경이 5-7장의 장 구분에서 상당한 차이를 보인다. 개역개정은 5:19로 끝나는데 히브리어 성경은 개역개정 6:1-7을 5:20-26로 배치한다. 주제상 개역개정보다 히브리어 성경이 더 적절한 장 구분을 하고 있다. 번제 규정을 다루는 개역개정 6:8-13은 히브리어 성경 6:1-6이다(이하 소제 규정, 제사장 위임식 소제물 규정, 속죄제 규정 순). 레위기 1-4장, 7-27장의 장 구분은 두 성경이 차이를 보이지 않는다. NRSV 등 영어성경도 개역개정과 동일하게 5-6장을 구분한다.

8. J. Milgrom, *Leviticus: A book of Ritual and Ethics* (Minneapolis, IN.: Fortress Press, 2004), 30-31.

9. 6:18(마소라 6:11)과 6:27(마소라 6:20)은 지극히 거룩한 성물인 제물을 만진 자가 거룩해질 것이라는 뉘앙스로 말한다. '접촉하다'를 의미하는 동사 나가와 '거룩해지다'는 동사 이콰다쉬(키데쉬) 모두 미완료시제다. 지극히 거룩한 성물을 접촉하는 자가 거룩해질 것이라는 말은 성물의 거룩화 작용을 가리키는 규정일 수 있지만, 달리 생각하면 이 규정은 지극히 거룩한 성물을 접촉하는 자는 반드시 거룩한 상태에 있어야 함을 가리킬 수도 있다. 바룩 러빈은 출 29:37, 30:39의 용례와 유대학자 므나헴 하란(M. Haran)의 주장("The Priestly Image of the Tabernacle," *HUCA* 36[1965]:261-217)에 동조해 이렇게 해석한다(Levine, *Leviticus*, 37-38, 40, 204). 러빈은 거룩은 접촉에 의해 매개되는 부정과 달리 접촉에 의해 매개될 수 없다고 보기 때문이다.

10. 바룩 러빈은 앞 단락(개역개정 6:19-23)과 같이 이 단락도 제사장 위임식 때 드려진 속죄제 규정이라고 본다(*Leviticus*, 40).

11. 대부분의 속죄제물은 제사장의 몫으로 취식되었으나, 내성소에 피를 뿌린 속죄제물과 제사장 자신의 죄 때문에 드려진 속죄제물(레 4:3-12, 8-9장)은 제사장의 음식으로 사용될 수 없고 진 밖의 한 정결한 장소에서 태워졌다(김경열, 『레위기의 신학과 해석』, 151).

12. 사도행전 15장의 제1차 사도공의회가 이방신자들에게 주는 최소한의 율법 준수 목록은 레위기 정결규정의 가장 요긴한 것들로 구성되어 있다. "우상의 제물과 피와 목매어 죽인 것과 음행을 멀리 할지니라"(행 15:29).

13. Levine, *Leviticus*, 241-242.

II. 내가 거룩하니 너희도 거룩할지어다

1. 제사장을 속죄하기 위한 수송아지 한 마리, 번제용 숫양과 위임제사용 숫양, 도

합 숫양 두 마리와 무교병 한 광주리와 향유(출 29:1-4, 레 8:1-5), 제사장 정결화
와 착복(출 29:4-9, 레 8:6-9), 속죄제용 수송아지(출 29:10-14, 레 8:14-17), 번제용
숫양(출 29:15-18, 레 8:18-21), 위임식 제물 숫양(출 29:19-28, 레 8:22-29), 제사장
도유식(출 29:29-30, 레 8:30), 위임식 제물 숫양은 제사장 몫의 음식(출 29:31-34,
레 8:31-36).

2. L. Koehler, W. Baumgartner, J. J. Stamm (eds.), *The Hebrew-Aramic Lexicon of the Old Testament* vols. 1-5 (Leiden: Brill, 2006).

3. 대부분의 유대교 주석가들의 입장이다(Levine, *Leviticus*, 243-248). 정한 음식과 부정한 음식을 결정짓는 두 가지 중요기준은 소화 체계(digestion)와 이동 방법 (locomotion)이다(246). 레위기 저자는 가축을 인간 공동체의 준(準)구성원으로 보고 동물을 인간 성향 평가 기준에 비추어 판단하는 세계관을 갖고 있다. 제사 장 문서로 분류되는 창세기 8:6-12에서 저자는 까마귀와 비둘기의 행동을 인 간의 미덕 판단 기준으로 평가한다. 부정한 새인 까마귀는 방주에서 나간 후 물 감소 여부를 알려 주지도 않고 돌아오지도 않았는데, 비둘기는 세 번씩이나 신 실하게 되돌아왔다는 것이다(246).

4. 이 견해는 숭실대학교 화학과 학부생이었던 손진원의 가설인데 상당히 흥미롭 다. 그는 2012년 12월 18일에 '창조 질서의 보전과 회복 관점에서 분석한 레위 기 11장'이라는 글을 개인 회람용으로 저자에게 보내왔다. 그는 김회권, 박철 수, 강경민 등의 저작을 통해 획득한 '하나님 나라 신학'의 관점과 『캠벨 생명과 학』(9판, 전상학 외 역[바이오사이언스, 2012]) 등의 생명과학 지식을 동원해 레위 기 11장을 분석했다.

5. Gordon J. Wenham, *The Book of Leviticus* (NICOT; Grand Rapids, MI.: Eerdmans, 1979), 187-188.

6. 저자와 달리 이 규정을 12장의 여인의 출산 규정과 연관시켜 이해할 수도 있다 (양진일의 논평). 12장을 보면 여인이 출산 후에 부정을 씻는 두 단계가 나온다. 예를 들어 남자아이를 출산했을 경우는 7일과 33일, 여자아이를 출산했을 경 우에는 14일과 66일에 부정을 씻도록 되어 있다. 이것은 두 단계에 걸쳐 이루 어진 정결의식이다. 마찬가지로 14장의 나병 환자도 진 밖에서 7일과 자기 장 막 밖에서 7일을 보낸 후에 두 단계에 걸쳐서 정결의식을 가졌을 가능성도 있 다는 것이다. 12장의 정결의식이 상당한 기간을 두고 이루어진 두 단계 정결의 식이라는 점에서 14장의 경우와는 다소 차이를 보이고 있는 점을 어떻게 처리 할 것인지가 중요하다.

7. 저자의 입장과 유사한 입장이 에르하르트 게르쉬텐베르거(Erhard S. Gerstenberger)의 해석이다. 본문 전승사의 관점에서 볼 때, 9절은 2-8a절과 조 화시키기 힘든 첨가 구절이다. 그러나 10-32절에 나오는 희생제사를 예기케

하는 의미가 있는 첨가 구절이다(*Leviticus: A Commentary*, trans. Douglas W. Stott [OTL; Louisville, KY.: Westminster John Knox Press, 1996], 177). 그러나 존 하틀리, 사무엘 발렌타인, 김경열 등은 두 번의 몸 정결례를 요구한 본문을 수용한다. 존 하틀리는 말한다. "7일째에 치료된 사람은 다시 모든 털을 밀어야 한다. 그렇게 빨리 재차 털을 미는 것은 약간 이상하게 보이지만, 제사장의 규준은 사람이 의식적으로 정결하다는 것을 확증하는 일에 대단히 꼼꼼하다"(『레위기 주석』, 김경열 역[WBC; 서울: 솔로몬, 2006], 436-437). 하틀리의 입장을 따르는 발렌타인도 말한다. "제7일에 치유되었으며 의식적으로 정결해진 사람은⋯⋯더 철저하게 온 몸의 털을 밀고(머리, 뺨, 그리고 눈썹) 의복을 세탁하고 몸을 씻는다"(『레위기: 목회자와 설교자를 위한 주석』, 조용식 역[서울: 한국장로교출판사, 2011], 180). 김경열도 같은 입장이다(『레위기의 신학과 해석』, 391).

8. Levine, *Leviticus*, 249-250.

III. 일상에서 구현되는 거룩한 백성의 길: 거룩하신 하나님과의 위험한 동행

1. '보내어진 것'(Wycliffe) 또는 '방출'(John Knox). 아사셀을 '절벽을 위하여'라고 읽는 해석은 탈무드의 전승에서 유래한다. 자세한 논의는 R. K. Harrison, *Leviticus* (Downers Grove, IL.: IVP, 1980), 170을 참조하라.

2. Levine, *Leviticus*, 250-253. 레빈은 아사셀을 레위기 17:7이 언급하는 염소신(이스라엘이 음란하게 섬기던 숫염소)과 거의 동일시한다. 그는 광야에 결박된 숫염소 귀신(śĕʿîrim, goat-demon, goat idols)이 아사셀이라고 본다. 에녹1서 6-13장에서 아사엘은 천상에서 추방된(창 6:1-4) 대천사급 영물로 나온다. 라파엘 대천사에 의해 광야에 결박당해 광야의 악령으로 활동하는 자였다.

3. 숫염소 신은 원래 애굽인이 섬기던 풍요와 다산의 신 판이었다(요세푸스의 『아피온 반박문』 2. 7, C. F. Keil & F. Delitzsch, *Biblical Commentary on the Old Testament. Leviticus* [Grand Rapids, MI.: Eerdmans, 1968], 409). 김경열도 16:8에서 '하나님'과 '아사셀 염소'가 병행을 이루고 있다는 점에서 그리고 에녹1서 등의 아사셀 언급(8:1, 9:6, 10:4, 5, 8)을 바탕으로 아사셀을 고대의 광야 거주 악령의 이름이라고 보는 입장에 기울어진다. 그러면서도 김경열은 이 가설이 죄 용서를 사탄에게 배상하는 행위라고 보는 그릇된 속죄론이 사탄 배상설을 정당화하는 것이 아님을 잘 지적하고 있다(『레위기의 신학과 해석』, 201).

4. Harrison, *Leviticus*, 181.

5. 법도는 돌판이나 금속에 새겨진 성문법적인 선언 규정을 의미하고 규례는 판례법 묶음을 지칭한다(Harrison, *Leviticus*, 184-185).

6. 상세한 표현은 18:2, 4에 나오고, 축약된 형태는 18:5에 나온다(18:2, 4, 5-6, 30,

19:3-4, 10, 12, 14, 16, 18, 25, 30, 31, 32, 34, 37, 20:7, 24, 21:12, 22:2-3, 8, 30-31, 33, 23:22, 43, 24:22, 25:17, 38, 26:1, 2, 13, 44).

7. Harrison, *Leviticus*, 185.

8. 레위기 18:6-18과 20:19-20을 비롯한 모세오경 가족 간 결혼금지 규정(신 27:22)에 따르면 아브라함-사라, 모세 가문(아므람이 고모 요게벳과 결혼, 출 6:20), 그리고 다윗의 자녀 암논-다말은 모두 금지된 결혼이었다. 그런데 후대에 생긴 율법이 그 규정 이전에 일어난 결혼을 불법화하지 못한다. 모세의 율법으로 분류된 율법도 시간과 조건에 따라 변화되었다(Levine, *Leviticus*, 253-254).

9. 이 형벌은 즉각적이고 물리적인 죽음, 상속자를 남기지 못하고 죽음, 거룩한 땅에서 축출됨을 의미한다(노세영, "끊어짐(Kareth)의 형벌의 의미,"「구약논단」 55(2015년 3월): 9-32).

IV. 제사장 나라 이스라엘의 중보자, 제사장의 성결 요건

1. '거룩한 백성'은 암 카도쉬(ʿam qādôš)다. 둘은 거의 같은 개념이라고 보인다. 그러나 굳이 번역하자면 개역개정 성경이 고이 카도쉬를 '거룩한 백성'보다는 '거룩한 민족'으로 번역하는 것이 더 나았을 것이다. 개역개정은 그동안 아브라함에게 약속된 나라인 고이 가돌(gôy gādôl)을 두 가지로 다르게 번역했다. 창세기 12:2에서는 '큰 민족'으로, 창세기 18:18에서는 '강대한 나라'로 번역했다. 고이는 '민족' 혹은 '나라'로 번역된 것이다.

2. Levine, *Leviticus*, 155.

3. Levine, *Leviticus*, 156.

V. 하나님 나라의 근사치, 희년 공동체 이스라엘

1. 김선종, "레위기 25장의 형성-안식년과 희년의 연속성과 불연속성,"「장신논단」 40(2011년 4월 30일), 95-117. 이 논문은 안식년이 발전되어 희년이 되었다는 주장을 비판하고 양자 사이의 불연속성을 적절하게 지적한다. 안식년의 거류민과 수혜자와 희년의 거류민과 수혜자는 다르다는 것이다. 김선종은 희년법은 출애굽기 23:10-11의 휴경법을 창조신학적으로(창 2:1-4) 다듬어서 만든 법임을 잘 규명하고 있다. 다만 이 논문은 양자의 역사적 기원을 규명하는 데까지 나아가지 않고 문학적 의존관계만을 다룬다.

2. 앙드레 트로끄메, 『예수와 비폭력 혁명』, 박혜련, 양명수 역(서울: 한국신학연구소, 1986).

3. 글렌 스타센, 데이비드 거쉬, 『하나님의 통치와 예수 따름의 윤리』, 신광은, 박

종금 역(대전: 대장간, 2011), 35-51, 174-202.

4. 헨리 조지, 『진보와 빈곤』, 김윤상 역(서울: 비봉출판사, 1997), 391-401.

5. John Calvin, *Institutes of the Christian Religion* I, ed. John T. McNeill (Philadel-phia, PA.: The Westminster Press, 1961), 348-422.

6. 미크다쉬이[성소(מִקְדָּשׁ)]를 모음점을 다르게 찍으면, 머쿠다샤이[거룩한 절기 (מְקֻדָּשׁ)]로도 읽힐 수 있다. 에스라 3:5을 보라(Levine, *Leviticus*, 182).

7. 민수기 21:2 "그들의 성읍을 다 멸하리이다"에 처음 등장하는 단어인데, 신의 이름으로 치러지는 고대 근동의 전쟁 관습 중 하나다. 헤렘의 사전적 의미는 '전적 파멸', '신에게 바쳐진 전리품을 사적 용도로 사용하지 못하게 하는 금지' 등의 의미로 사용된다(J. P. U. Lilley, "Understanding the herem," *Tyndale Bulletin* 44/1 [1993]: 169-177[특히 171-173]).

● 민수기 | 하나님 나라는 자유를 위한 연단이자 자기부인이다

I. 성막 중심으로 조직화되는 이스라엘과 거룩한 전쟁

주

1. Dennis T. Olson, *Numbers* (Interpretation; Louisville, KY.: Westminster John Knox Press, 1996), 1.

2. 로마서 6-7장이 바로 민수기 단계 그리스도인의 상황을 묘사하는데, 특히 7:21-25이 민수기 단계에 머무는 그리스도인의 좌절과 분투를 집약적으로 보여준다.

3. 이스라엘 장자들은 (그들은 22,273명이고 레위인은 22,000명이라서 273명에 대하여) 다섯 세겔씩의 속전을 내고 성막 수종의 의무로부터 면제된다(민 3:44-51).

4. 한동구, "이스라엘의 정체성과 비전," 「구약논단」 29(2008년 9월): 10-30. 한동구는 민수기 1-2장의 병력 조사와 진영 배열은 이스라엘의 강력한 군사력을 표명한 것이라기보다는 그 진영 안에 거하시는 하나님의 임재로 세계의 모든 위협 세력을 제압할 수 있는 거룩한 백성임을 드러내는 데 기여한다고 본다(203). 이 문제에 대한 더 자세한 논의를 보려면 한동구, "이스라엘 진영(민 1-4장)에 반영된 이스라엘의 꿈"(「구약논단」 54[2014년 12월]: 195-221)을 참조하라. 민수기 1-4장의 광야행진 대형도는 "온 이스라엘이 성전과 성막을 중심으로 연대해 거룩한 질서와 거룩한 가치를 지켜 나감으로써 강한 민족(고이 가돌)이 될 수 있다는 이상을 보여준다"(199, 217)고 본 한동구의 통찰은 적절하다.

5. BDB, 634를 보라. 사사기 5:2에서 드보라는 '머리털을 자르지 않는 자들'의 전

시 지도력 행사를 칭찬하는데(*Hebrew-English JPS Tanak*, 523) 아마도 이들이 머리털을 길게 기른 나실인이었을 것이다. 그들이 드보라를 도와 야빈과 시스라를 격퇴하는 데 앞장선 것 같다(삿 4-5장). 개역개정이 "이스라엘의 영솔자들이 영솔하였고"라고 번역한 구문을 직역하면 "이스라엘 안에 긴 머리털를 가진 사람들이 있었고"이다(김회권, 『하나님 나라 신학으로 읽는 여호수아, 사사기, 룻기』[서울: 복 있는 사람, 2007], 228-229).

6. 아마도 서기관이 필사하는 과정에서 5절에 있어야 할 구절을 7절 뒤로 배치하는 실수를 범한 것처럼 보인다.

7. 요제의 흔드는 의식은 레위인이 제사장들에게 봉헌되는 의식이며 제사장들을 섬기고 수종 드는 자로 바쳐지는 의식이다(민 3:5-10). 벨하우젠은 에스겔 44:10-14과 에스드라3서 1:3 등에 근거해 지방성소의 제사장들이 이스라엘의 역사 후기(요시야의 종교개혁에서 산당 제사장들을 죽임, 왕하 23:20)에 강등되어 제사장들의 수종자가 되었다고 주장한다(*Prolegomena to the History of ancient Israel*, 76-78).

II. 광야로 내몰린 자유민의 반역 종착지, 환애굽 운동

1. 시내산에서 3일 길을 떠나 처음으로 정지해 장막을 친 곳이 다베라인 것처럼 보인다. 시내산에서 다베라까지 3일 걸렸다는 의미다. 이것은 애굽에서 시내산까지 가는 데 걸린 날이 3일이었음을 상기시켜 준다(Milgrom, *Numbers*, 80). 이스라엘 백성은 3일 여정 후에 쉬고 장막을 치는 패턴으로 광야를 여행했던 것처럼 보인다.

2. 랍비 유대교는 이 70장로에게 시내산에서 모세가 받은 율법이 구전되었다고 주장하며 그들로부터 구전율법 집성집인 미쉬나(Mishna)가 유래했다고 주장한다. 기원전 586년부터 기원후 70년까지 바리새파가 집성한 이 구전율법이 3세기 초에 문서로 집성되었다. 미쉬나는 6개의 대강(sederim)과 6개의 소목(tractates)으로 구성되어 있다(Ronald L. Eisenberg, "Rabbinic Literature," in *The JPS Guide to Jewish Traditions* [Philadelphia, PA.: The Jewish Publication Society, 2004], 499–500).

3. 에리히 프롬, 『자유로부터의 도피』, 이상두 역(서울: 범우사, 1999), 175.

4. 프롬, 『자유로부터의 도피』, 246-281.

5. Wenham, *Numbers*, 106.

6. Milgrom, *Numbers*, 82.

7. Wenham, *Numbers*, 93.

8. Milgrom, *Numbers*, 99.

9. 이 표현은 가나안 땅 자체가 최고의 비옥도를 가졌다는 것을 의미하기보다는 율법을 준수하는 이스라엘에게 야웨가 보증해 주시는 조건적 풍요를 제공할 것임을 가리키는 상징적 표현 어구로 이해될 수 있다(이미숙. "신명기의 '젖과 꿀이 흐르는 땅'," 「구약논단」 55[2015년 3월], 54).

10. Wenham, *Numbers*, 132.

11. 14:33 하반절을 직역하면 "그들은 자신들의 간음을 지고 다닐 것이다."이다(출 34:16-17의 우상숭배와 간음 동일시).

12. Milgrom, *Numbers*, 127.

13. Wenham, *Numbers*, 132-133.

III. 광야의 대반역과 모세, 아론의 죄

1. Milgrom, *Numbers*, 145.

2. Milgrom, *Numbers*, 154.

3. 웬햄에 의하면 "붉은 암소가 제물로 사용되어야 하는 이유는, 붉은 색이 피와 닮았기 때문이다"(*Numbers*, 146-147).

4. Milgrom, *Numbers*, 157.

5. Milgrom, *Numbers*, 163.

6. Wenham, *Numbers*, 151.

7. Wenham, *Numbers*, 148.

8. 출애굽기 17장과 민수기 20장의 반석 샘물 사화는 같은 사건의 다른 기억일지 모르나 적어도 현재 본문을 갖고 볼 때 두 사건은 다른 사건으로 보아야 할 것 같다. 반석에서 물을 내는 방식(지팡이로 치는 방식, 반석에게 명령하여 물을 내는 방식), 사건이 일어난 장소(출 17:1 신 광야에서 멀리 떨어진 호렙산에 있는 반석, 민 20장 가데스[친]의 한 반석), 사건이 일어난 시간(출애굽 원년, 출애굽 기점으로 3년째 되는 첫 달 혹은 40년째 되는 첫 달, 가데스 바네아 행진을 아론 죽음 직전 여정으로 보도) 등이 서로 다르다. 이런 연대기적인 불확실성에도 불구하고 밀그롬은 40년째에 일어난 사건이라고 본다(Milgrom, *Numbers*, 164).

9. 가데스[카데쉬(שׁדק)]는 '거룩한'을 의미하는 카도쉬(שׁדק)의 유음-(類音)이거나 동음어다. 가데스에서 하나님이 당신을 거룩한 하나님으로 계시하신다는 점에서 일종의 언어유희가 개재되어 있다. 광야 시절 가장 많은 시간을 보낸 곳이 바로 가데스였을 것이다.

10. Milgrom, *Numbers*, 166.

11. Wenham, *Numbers*, 152.

12. Milgrom, *Numbers*, 172.

주

IV. 하나님 나라에 저항하는 정사와 권세들: 발락, 발람 그리고 바알브올

1. 1933년에 발견된 마리 문서에도 발람의 주술적 기도에 근접하는 기도 혹은 제의를 집전하는 예언자들이 언급되고 있다(G. Herbert Livingston, "The Archive of Mari," *Bible and Spade* 5[1992]: 105-108). 기원전 2800년부터 바벨론의 함무라비에게 멸망당한 기원전 1760년(마리의 마지막 왕 짐리림[Zimrilim])까지 번성한 마리 왕국(시리아 북쪽 수도 하란에서 320km 이격된 곳, 현재 터키 남부)에서 발견된 15,000여 문서 중 30여 문서가 저주기원을 포함한 종교적 문서다. 여기에는 창세기의 지명과 관습이 언급되고 있다. 마리 문서 중 종교적 주술기도, 꿈, 환상신탁을 연구한 자료를 보려면 J. J. M. Roberts, "The Mari Prophetic Texts in Transliteration and English Translation," in *The Bible and the Ancient Near East* (Winona Lake, IN.: Eisenbrauns, 2002), 157-253(특히 159-161)을 참조하라.

2. Timothy R. Ashley, *The Book of Numbers* (NICOT; Grand Rapids, MI.: Eerdmans, 1993), 445.

3. 1967년에 발견된 기원전 8세기 아람 문서, 데이르 알라 문서(Deir 'Alla Inscription)에도 발람이 영험 높은 신탁 전문가로 등장한다. 요르단에서 발견된 이 문서에는 브올의 아들 발람에 대한 기록이 있는데 야웨의 예언자가 아니라 아스타롯의 예언자라고 말한다(Thomas L. Thompson, "Problems of Genre and Historicity with Palestine's Descriptions," in eds. Andre Lemaire, Magne Saebo [VTS 80; Leiden: Brill, 2000], 322). 카일 맥카아터가 일찍이 번역해 미국 고대근동 학회지에 투고했다(P. Kyle McCarter Jr., "The Balaam Texts from Deir 'Alla: The First Combination," *Bulletin of the Schools of Oriental Research* 237 [1980]: 49-60). 여기서 발람은 금식하고 울면서 엘로힘(신들)의 선견자로 자주 불려지고 있으며 발람은 신들의 음울한 결정을 통보한다. 한편 조 안 헤케트는 이 문서가 기원전 8세기 초 즈음에 유래했다고 본다. 살만에셀 5세(BC 727-722) 치세보다 더 이른 시기에 저작되지는 않았을 것이라고 본다(Jo Ann Hackett, *The Balaam Text from Deir 'Allā* [HSM 31; Decatur, GA.: Scholars Press, 1984]. 11, 15). 저자는 이 문서의 동사체제가 아람어보다는 남부 가나안어와 훨씬 더 가깝다고 주장한다. 전체적으로 기원전 8세기에 유래한 문서에 등장하는 발람이 민수기 22-24장의 발람과 동일인지는 명확하게 규명되지 않았다. 다만 민수기의 발람이 고대 근동에 잘 알려진 실존 인물이었을 가능성을 높여 줄 뿐이다.

4. 엄격하게 말하면 신명기 23:5은 모압 및 암몬 족속 출신으로 이스라엘에 귀화한 이주민의 야웨 총회 입회 금지였을 것이다. 밀그롬은 신명기 23:1-8(특히 모압과 암몬 족속 입회 금지)은 북왕국에서 기원했을 것이며 그것은 다윗 왕가에 얽힌 모압과 암몬의 피(다윗은 모압 여자 룻의 혈통이며 르호보암은 암몬 여자 나아마

의 아들)에 대한 비난과 반대를 반영하고 있다고 본다(Jacob Milgrom, "Religious Conversion and the Revolt Model for the Formation of Israel," *JBL* 101/2 [1982]: 169-176[특히 173-174]).

5. Wenham, *Numbers*, 184.

V. 가나안 정복전쟁을 향한 새 세대 이스라엘의 징집령

1. 데니슨 올슨은 1-25장과 26-36장의 크고 작은 병행을 자세히 대조, 비교하고 있다. 민수기 저자의 의도는 광야 세대는 가나안 정복대업에 저항한 반역 세대요, 새 세대는 가나안 정복대업에 적극적으로 참여한 희망 세대임을 대조하고 있다는 것이다. (1) 1장과 26장: 인구조사, (2) 3장과 26장: 레위인 인구조사, (3) 5장과 27장: 여성 관련 규정, (4) 6장과 30장: 서원법, (5) 7장, 15장과 28장, 29장: 봉헌물 목록과 규정, (6) 9장과 28:16-25: 유월절 규정, (7) 10:8-9과 31:6: 거룩한 전쟁 소집을 위해 나팔을 부는 제사장의 책임, (8) 13장과 34장: 12지파 두령의 역할, (9) 13-14장과 32:6-15: 정탐 이야기, (10) 10-25장과 33장: 산발적인 이동 및 체류지 정보, (11) 18:21-32과 35장: 레위인 급여 및 생계 보장책, (12) 21:21-35과 32장: 요단 동쪽 아모리 족속의 두 왕 정복 이야기, (13) 25장과 31장: 이스라엘의 가나안 진군 걸림돌인 미디안 족속 이야기(Olson, *Numbers*, 5-6).

2. Olson, *Numbers*, 7.

3. Wenham, *Numbers*, 209.

4. 아마도 이 사람 거제물은 성전 잡역부로 동원되었을 것이다(수 9:27, Milgrom, *Numbers*, 263).

5. Wenham, *Numbers*, 213.

6. 어느 정도 시간이 흐른 후 이 두 지파와 므낫세 반 지파는 이러한 결의를 영구적으로 기념하고 요단 강 동서편에 정착한 지파들의 형제자매적 일치와 연합을 영구적으로 보존하기 위해 요단 동편에 한 제단을 세웠다(수 22:10-34).

7. Wenham, *Numbers*, 217.

8. Wenham, *Numbers*, 232.

9. Wenham, *Numbers*, 234.

10. 밀그롬은 도피제단 제도(출 21:13-14)가 솔로몬 성전이 완공된 이후에 도피성 제도로 대체되었다고 본다(Milgrom, *Numbers*, 504-509).

11. Milgrom, *Numbers*, 291.

12. Wenham, *Numbers*, 238.

주

I. 40년 광야 방랑사 회고와 전망: 공세적인 하나님 나라

1. 창세기는 쁘레쉬트(בְּרֵאשִׁית, 태초에), 출애굽기는 쉐모트(שְׁמוֹת, 이름들), 레위기는 봐이크라(וַיִּקְרָא, 그리고 그가 부르셨다), 민수기는 쁘미드바르(בְּמִדְבַּר, 광야에서)이다.

2. 신명기 전체 구조와 흐름을 보면 알 수 있듯이, 한글 개역개정의 장 구분은 신명기 고유의 주제적 응집성과 연결성을 잘 부각시키지 못한다. 그럼에도 불구하고 저자는 그 점을 유념하면서 장 단위로 나누어 강해했다.

3. Patrick D. Miller, *Deuteronomy* (Interpretation; Louisville, KY.: John Knox Press, 1990), 9.

4. 여호수아, 사사기, 사무엘상하, 열왕기상하가 신명기 28장에 제시된 기준(율법에 대한 순종에는 축복을 내리시고 불순종에는 저주를 내리신다)에 따라 이스라엘과 유다의 멸망을 신학적으로 정당화하는 이스라엘 통사로서 '신명기 역사서'(the Deuteronomistic History)라는 용어는 마틴 노트(Martin Noth)에 의해 1943년 처음 사용되었다(*The Deuteronomistic History* [JSOTSup 15; Sheffield: JSOT, 1981]).

5. 왕대일은 신명기가 설정하는 세 역사적 시기를 구분하여 각각의 시기에 신명기가 수행한 정경적 기능을 잘 설명한다. 첫째, 가나안 땅 정착을 하지 못한 채 모압 평지에 머물던 이스라엘 백성에게 신명기는 장차 젖과 꿀이 흐르는 땅에 들어가 살게 될 삶을 틀 지우는 지침서가 된다. 둘째, 기원전 7세기 요시야 왕의 종교개혁(BC 621) 시대의 독자들에게 신명기는 국가개혁의 정경으로 읽힌다. 셋째, 기원전 6세기 바벨론 포로기의 독자들에게 신명기는 과거의 역사에 대한 성찰과 각성을 불러일으키는 회개 지침서가 된다. 가나안에서 하나님의 가르침을 마음에 새기지 못해 이방 땅에서 포로살이를 했던 독자들에게는 영적 갱신과 민족적 부흥의 희망을 고취하는 재활복구의 정경으로 기능했다는 것이다. 결론적으로 신명기는 희망적이고 개혁적이며 회고적인 어조로 읽힐 수 있다는 것이다(『다시 듣는 토라』[서울: 성서학연구소, 1998], 45-48).

6. Miller, *Deuteronomy*, 27.

7. S. Dean McBride, "Polity of the Covenant People: The Book of Deuteronomy," *Interpretation* 41/3 (1987): 229-244(특히 229-230).

8. 25절에서 정탐꾼들은 백성들에게 보여주기 위하여 채집해 온 그 땅의 과실과 채소 때문에 그 땅을 좋다고 판단한다(1:25, 35, 3:25, 4:21, 22, 6:18, 8:7, 10, 9:6, 11:17).

9. 이스라엘의 중요한 예언서 대부분이 에돔, 모압, 암몬에 대한 적대적 신탁을 갖고 있다(사 15-16장, 34장, 렘 48-49장, 겔 25장, 35장, 암 2장).

10. 신명기의 대전제는 하나님은 땅을 창조하신 분이시기에 당신이 땅의 거류자들과 그들의 거주 기간을 정하실 수 있다는 것이다(J. Gary Millar, *Now Choose Life* [Grand Rapids et al., MI.: Eerdmans, 1998], 58). 지나간 역사는 지구상의 모든 땅에 거주한 거류자들의 숱한 교체의 역사라고 정의될 수 있을 정도다.

11. 신명기 3장이 기원전 732년경 앗수르의 디글랏빌레셀 3세가 요단 동편을 정복하기 전에 쓰여졌을 가능성도 암시한다.

12. 아브라함은 벌써부터 신명기적인 기준으로 매우 모범적인 이스라엘 사람으로 서술된다. 가나안 땅 차지와 법도와 규례의 준행은 아브라함 때부터 연동되어 있었다. "이 땅에 거류하면 내가 너와 함께 있어 네게 복을 주고 내가 이 모든 땅을 너와 네 자손에게 주리라. 내가 네 아버지 아브라함에게 맹세한 것을 이루어 네 자손을 하늘의 별과 같이 번성하게 하며 이 모든 땅을 네 자손에게 주리니 네 자손으로 말미암아 천하 만민이 복을 받으리라. 이는 아브라함이 내 말을 순종하고 내 명령과 내 계명과 내 율례와 내 법도를 지켰음이라 하시니라"(창 26:3-5).

13. 좀 더 엄격하게 말하면 5-11장은 12-26장에 기록된 규례들과 법도들의 원천이 되는 증거들(4:45)로 분류될 수 있을 것이다.

14. Miller, *Deuteronomy*, 58-59.

15. Miller, *Deuteronomy*, 59.

16. Calvin, *Institutes of the Christian Religion* I, 99-120. 칼빈은 787년에 이레네라는 동로마의 황후가 소집한 니케아 종교회의 화상(畫像) 숭배 정당화 결정을 비판한다(114).

17. Miller, *Deuteronomy*, 60.

18. 열왕기하 23:1-27의 요시야 개혁 기사는 유다와 예루살렘 성전이 얼마나 우상숭배 습속으로 가득 찼는지를 자세히 증거한다. 유다는 멸망 직전에야 지나간 가나안 정착 역사가 모세의 우상숭배 금지계명을 어긴 날들의 연속임을 깨닫지만 민족멸망을 막기에는 요시야의 개혁도 역부족이었다. "요시야와 같이 마음을 다하며 뜻을 다하며 힘을 다하여 모세의 모든 율법을 따라 여호와께로 돌이킨 왕은 요시야 전에도 없었고 후에도 그와 같은 자가 없었더라.……여호와께서 이르시되 내가 이스라엘을 물리친 것 같이 유다도 내 앞에서 물리치며 내가 택한 이 성 예루살렘과 내 이름을 거기에 두리라 한 이 성전을 버리리라 하셨더라"(25, 27절).

주

II. 영원히 갱신되는 시내산 계약

1. Miller, *Deuteronomy*, 67.
2. 토인비는 16세기 일본의 예수회 선교사들처럼 참된 기독교와 그것을 둘러싼 서구 문화의 우발적인 껍데기를 구분할 수 있다면 세계의 고등종교 안에 있는 하나님을 아는 지식의 요소들을 발견할 수 있을 것이라고 본다. 그렇다고 모든 종교가 동일하며 동일한 구원을 말한다거나 모든 종교가 말하는 신(절대자)은 동일하다는 말이 아니다. 하나님의 만유 섭리와 통치를 반영하는 그 무엇이 인류의 고등종교(윤리적 종교) 안에 남아 있을 것이라고 본다(*An Historian's Approach to Religion* [London: Cumberlege, 1956]).
3. 스탠리 존스, 『인도의 길을 걷고 있는 예수』, 김상근 역(서울: 평단문화사, 2003), 9장과 10장(278-329).
4. 고대 근동의 거의 모든 민족의 창조 설화에는 거대한 혼돈(물이 뭍을 침수시키는 홍수 상황, 창 1:2의 '깊음', '심연'과 '수면')과 창조주가 전투를 벌여, 곧 혼돈 세력과의 전투(*Chaoskampf*)를 통해 물과 견고한 땅의 질서를 창조하는 장면이 포함되어 있다. 아모리 족속과 히타이트의 혼돈전투를 통한 창조 설화는 기원전 24세기 문서에 기록되어 있고, 시리아-가나안의 혼돈전투 창조 설화는 우가릿 바알 신화에 기록되어 있다(N. Wyatt, *Myths of Power* [Münster: Ugarit-Verlag, 1996], 117-158). 구약성경에서 암시된 야웨의 혼돈전투를 통한 창조 사역을 보려면 Wyatt, *Myths of Power*, 158-218쪽과 본 강해서 보설 1, 3을 참조하라.
5. David J. A. Clines, *Interested Parties* (Sheffield: Sheffield Academic Press, 1995).
6. Gerhard von Rad, *Deuteronomy*, trans. D. Barton (OTL; London: SCM, 1966), 58-59.
7. Miller, *Deuteronomy*, 98-99.
8. Miller, *Deuteronomy*, 104.
9. 전멸전쟁을 의미하는 헤렘 관습에서 엿보이듯이 고대 셈족은 세대를 넘는 복수의 악순환을 막기 위해 전멸을 지향한 몰살전쟁을 선호한다. 남겨진 자녀세대가 어른이 되어 보복을 할 가능성 때문에 자녀들도 몰살한 듯하다. 하나님은 가나안 여리고 성 거민 몰살령을 내리실 때 전쟁의 야만성을 허용할 뿐만 아니라 독려하신다. 여리고의 어린 세대를 살려 주는 것이 인도주의라고 보기보다는 더 잔혹한 트라우마의 잔존으로 보았을 가능성이 크다. 하나님의 이름으로 선포된 여리고 거민 몰살 명령은 하나님께서 윤리나 도덕이나 인권의식을 고려하기보다는 이스라엘의 생존 자체를 위협하는 세력을 제거하는 데 주안점을 두었기 때문일 것이다. 적어도 가나안 땅 입성 시점에서는 하나님께서 이스라엘 민족 생존을 윤리나 인권, 생명중시보다 더 긴급한 과제라고 보았던 것으

로 보인다. 여리고 성 거민 몰살 명령은 이스라엘의 가나안 입성을 거부하는 여리고 성의 적대적 방해에 대한 응징이다. 누가 보더라도 이 싸움은 전부 아니면 전무를 갖는 싸움이었다. 여리고 성주가 라합의 길을 걸었거나(수 6:16) 기브온 거민의 길을 걸었다면(수 9장, 삼하 21장) 전멸이 아니라 생존을 보장받았을 것이다. 어떤 점에서 보면 여리고 거민의 자녀들은 여리고 기성세대의 오판으로 목숨을 잃었다고 볼 수도 있다는 말이다. 여리고 성 거민의 어린 자녀들은 기성세대의 죄와 죽음의 권세 아래 희생된 희생자들이기에 하나님은 그들의 눈에서 흐르는 눈물을 씻겨 주실 것이다. 지상의 역사는 하나님의 최선의 그리고 궁극적 선의를 드러내기에는 너무나 야만적이고 폭력적인 드라마다.

10. 이스라엘도 동일한 이유 때문에 이방인에게 심판당하고 가나안 땅에서 진멸될 가능성을 늘 염두에 두고 가나안 땅에 들어가야 했다. 실제로 이스라엘은 가나안 땅에 들어가 가나안 7부족을 진멸하지 않았거나 못했다. 신명기 율법에 등장하는 '객'(게르)은 가나안 토착족속에게서 이스라엘로 유입된 경제난민 혹은 전쟁난민으로 간주된다. 모세오경은 외국인이라고 미워하라는 어떤 법도 담고 있지 않다. 오히려 객을 선대하고 후대하라고 부단히 명령한다.

11. '큰 시험'이라고 번역된 히브리어 함마소트 학거돌로트는 애굽인들에게 '큰 절망을 안겨주는 재앙들(시련들)'로 번역되어야 한다. 이집트에 내린 열 가지 재앙은 애굽인들의 불순종 강도, 강퍅케 된 정도를 시험하는 큰 시련이었다.

12. '왕벌'로 번역된 치르아는 '나병에 걸리다'를 의미하는 동사 차라(צָרַע)에서 나왔다. 이런 경우 하나님이 급파할 특별 분견대는 가나안 토착족속을 죽게 만든 피부괴질 같은 전염병을 가리키는 말일 수도 있다. 혹은 출애굽기 23:28, 여호수아 24:12의 침략 선봉대 정도를 의미한다(70인역 등 고대 역본은 '왕벌'로 번역). 선봉 침략군을 유사하게 표현한 은유들은 신 1:44, 사 7:18-19에서도 나타난다. 출애굽기 23:27-28에서는 이 치르아가 '공포'를 의미하는 에마(אֵימָה)와 함께 나란히 사용되었다. 그래서 J. G. 맥콘빌은 '패닉'으로 번역한다(J. G. McConville, *Deuteronomy* [Apollos OTC; Leicester: IVP, 2002], 149, 161).

13. Miller, *Deuteronomy*, 116.

14. Miller, *Deuteronomy*, 125.

15. Jeffrey H. Tigay, *The JPS Torah Commentary. Deuteronomy* (Philadelphia et al. PA: The Jewish Publication Society, 1996), 115.

16. 히브리어 다바크(דָּבַק)는 창세기 2:24을 필두로 구약성경에서 40번 사용되는데, 결정적이고 되돌이킬 수 없는 인격적 투신을 가리키는 말이다. 시편에서 가장 빈번히 사용되고 그 다음으로는 신명기에서 자주 나타난다(Millar, *Now Choose Life*, 50).

17. 11:30은 두 산의 위치를 말한다. 두 산은 요단 강 저쪽 곧 해지는 쪽으로 가는

길 뒤 길갈 맞은편 '모레 상수리나무 곁'의 아라바에 거주하는 가나안 족속의
땅에 있다. 이 지역이 신명기 27장에서는 세겜으로 밝혀지지만 세겜은 길갈 맞
은편에 있는 땅이 아니라는 이유로 어떤 주석가들은 '모레 상수리나무 곁'이 길
갈과 여리고 지역을 가리키는 것으로 보려고 했지만, 30절의 지리적 정보가 모
압 평지의 관점에서 볼 때 아주 포괄적인 위치와 방향에 대한 정보라고 본다면
세겜이라고 보아도 될 듯하다(또한 McConville, *Deuteronomy*, 206).

18. Miller, *Deuteronomy*, 45-46.

III. 가나안 정복전쟁은 하나님의 거룩한 심판인가

1. 거의 스무 군데 이상에서 신명기는 출애굽기 계약 법전(21-23장)의 법도와 규
    례를 이어받아 약간씩 개정하거나 증보하고 있다. (1) 출 21:1-11, 신 15:12-18
    의 히브리 동족 노예 처우법. (2) 출 21:12-14, 신 19:1-13의 도피성(오살자 처
    리법). (3) 출 21:16, 신 24:7의 동포 유인 납치죄. (4) 출 22:16-17, 신 22:28-29
    의 혼인빙자 처녀 동침죄. (5) 출 22:21-24, 신 24:17-22의 사회적 최약자 대우
    법. (6) 출 22:2, 신 23:19-20의 극빈 동포 이자대부 금지. (7) 출 22:26-27, 신
    24:10-13의 극빈 동포 전집물 처리 규정, (8) 출 22:29-30, 신 15:19-23의 가축
    초태생 규정. (9) 출 22:31, 신 14:3-21의 정한 짐승과 부정한 짐승 규정. (10) 출
    23:1, 신 19:16-21의 위증 처벌 규정. (11) 출 23:2-3, 6-8, 신 16:18-20의 공정
    한 재판 규정. (12) 출 23:4-5, 신 22:1-4의 이웃의 길 잃은 가축/분실물 처리 및
    보관 규정. (13) 출 23:9, 신 24:17-18의 나그네와 고아 등 최약자 학대와 재판
    불의 단죄 규정. (14) 출 23:10-11, 신 15:1-11의 면제년. (15) 출 23:12, 신 5:13-
    15의 안식일 규정. (16) 출 23:13, 신 6:13의 다른 신 이름 맹세 금지와 야웨 이
    름 맹세. (17) 출 23:14-17, 신 16:1-17의 유월절. (18) 출 23:19a, 신 26:2-10
    의 만물 봉헌 규정. (19) 출 23:19b, 신 14:21b의 염소 새끼 삶는 규정(von Rad,
    Deuteronomy, 13). 출애굽기 계약 법전 밖에 있는 율법도 신명기에서 최신판으로
    개정된 사례가 많다. (1) 출 12:1-20, 신 16:1-8의 유월절 규정. (2) 출 34:18-26,
    신 16:1-17의 여러 절기. (3) 출 34:22, 신 16:9-12의 칠칠절(레 23:15-21). (4) 출
    17:8-16, 신 25:17-19의 아말렉 도말법. 더러는 민수기의 율례와 법도들이 신
    명기에 와서 최신판으로 개정되기도 한다(민 35:9-28, 신 19:1-13의 도피성 규정).
    또 신명기 법전은 더 늦은 시기의 성결 법전(레위기 17-26장)에 가서 더 최신판
    으로 개정된다(안식년법이 희년법으로 확장적으로 개정). (1) 신 14:3-21, 레 11:1-
    47의 정한 짐승과 부정한 짐승. (2) 신 15:1-11, 레 25:1-7의 안식년법. (3) 신
    16:9-12, 레 23:15-21의 칠칠절. (4) 신 16:13-17, 레 23:33-34의 초막절.

2. von Rad, *Deuteronomy*, 91.

3. 김용옥, 『여자란 무엇인가?』(서울: 통나무, 2000). 도올 김용옥의 성경 이해와 기독교 이해에 대한 종합적 비판을 보려면 김회권, "도올 김용옥의 기독교 및 성서 이해 담론 자세히 읽기" (1), (2), (3) 「기독교 사상」 582-584호(2007년 6-8월호), 각각 208-219쪽, 158-171쪽, 256-272쪽을 참조하라.

4. 이영미, "제의중앙화와 세속화를 통한 개혁: 신명기 12장의 수사비평적 읽기," 「신학사상」 143(2008년 12월), 65-96. 하나님의 구원과 은총에 대한 신앙공동체의 응답은 "이웃 사랑과 정의 실천으로 나타나야 한다." 이영미는 12장이 세속적인 도살 허용과 제의 참여자 확대를 통한 예배의 세속화를 다루는 본문이라고 보는데 적절한 관찰로 보인다(87-89).

5. 우찌무라 간조, 『나는 어떻게 크리스찬이 되었는가?: 나의 일기에서』, 김갑수 역(서울: 홍성사, 1986).

6. 김회권, "과연 유일신신앙은 인류 문명의 적인가?" 「복음과 상황」 254호(2011년 12월호): 22-35.

7. 사도행전 7장에서 스데반 집사를 돌로 쳐죽이는 유대인들의 응징은, 그들이 돌로 된 성전 대신 예수 그리스도를 통한 구원을 설파하는 스데반이 '다른 신'(하나님 우편에 서신 인자, 행 7:57)을 섬기자고 유혹했다고 판단했기 때문이다. 여기서 스데반의 설교를 직접 들은 증인들이 돌로 쳐죽이는 응징의 선봉대 역할을 한다(행 7:58-59).

8. 사사기 19장의 기브아도 배교죄로 인해 이스라엘 공동체 전체의 집단 응징을 당했다(McConville, *Deuteronomy*, 240-241).

9. 고대 우가릿 문헌에 보면 가나안의 신 엘이 죽은 바알을 애도하면서 자기 몸을 손상시키는 의식을 행한다(*ANET*, 139: He cuts a gash with a stone; He gashes his cheeks and chin, McConville, *Deuteronomy*, 248).

10. 1절이 말하는 '죽은 자'는 보통 사람이 아니라 바알 신화 중에서 '죽었다가 살아나는' 바알신을 의미할 가능성도 있다. 왕상 18:28에는 비를 달라는 기도에 응답하지 않는 바알신을 깨우기 위해 바알 선지자들이 자신의 몸을 칼과 창으로 손상시키는 장면이 나온다. 에스겔 8:14에는 담무즈를 위해 애곡하는 여인들이 나온다. 자연적 순환(겨울과 봄)을 실연하는 바알(담무즈)은 죽은 자이며, 가나안 사람들은 바알의 이름을 부르며 몸을 상하게 했다. 그렇다면 1절의 죽은 자 애도는 일반적인 장례의 애도가 아니라 바알을 소생시키려는 의식적 애도인 셈이다(비교, McConville, *Deuteronomy*, 248). 이렇게 보면 일부 학자들이 14장은 제3계명("하나님의 이름을 망령되어 일컫지 말라")의 시행세칙이라고 보는 것도 일리 있는 통찰이다(S. Kaufmann, "The Structure of the Deuteronomic Law," *Maarav* 1/2[Sept 1978]: 105-158).

11. R. J. H. Shutt, "Letter of Aristeas," in James H. Charlesworth (ed.), *The Old*

주

Testament Pseudepigrapha(New York et al.: Doubleday, 1985), 12-34(특히 21-24).

12. 보다 더 자세한 논의를 참조하려면, 김회권, "내가 거룩하니 너희도 거룩할지니라,"「기독교사상」549호(2004년 9월호), 140-152쪽을 보라.

13. Miller, *Deuteronomy*, 135.

14. 출 23:11의 구문은 명령법(명령적 의미가 있는 미완료)-접속사(ו) 구문에서 접속사 이후 문장은 대개 목적절로 번역하는 것이 더 정확한 번역일 때가 많다. 저자는 본문에서 목적절로 번역했다.

15. 서인석,『성서의 가난한 사람들』(왜관: 분도, 1981). 기원전 8세기에 등장한 이스라엘과 유다의 가난한 자들의 형성 원인에 대한 좋은 사회과학적 연구서로는 우택주,『8세기 예언서 이해의 새 지평』(서울: 대한기독교서회, 2005), 5장 '8세기 이스라엘과 유다의 집약농업 정책의 고고학적 증거들'(121-140쪽)을 보라.

16. Miller, *Deuteronomy*, 136.

17. 이것은 "땅에는 언제든지 가난한 자가 그치지 아니하겠으므로"를 복음서 기자들이 긍정문으로 풀어쓴 결과다. 70인역 역본도 마소라 본문을 직역하고 있기에 마태복음 26:11은 70인역이 아닌 것은 분명하다. 아마 복음서 기자들은 신명기 5:11에 대한 랍비들의 해설이나 풀어쓰기 번역을 참조했을 가능성이 있다.

18. Miller, *Deuteronomy*, 137.

19. 나사렛 예수의 나사렛 설교와 그의 사역 전체를 희년회복 운동의 틀에서 본 좋은 책은 앙드레 트로끄메,『예수와 비폭력 혁명』(박혜련 역, 서울: 한국신학연구소, 1986)이다.

IV. 신정통치의 대리자들: 왕, 제사장, 예언자

1. 야웨에 의한 선택은 선택된 자가 어느 시점에 다시 민의에 의해 재선택되는 절차를 거침으로 확증될 때가 많다(김회권, "통일군주 다윗의 남북화해와 통일정치,"「구약논단」19/1 [2013]: 95-132).

2. 왕정에 대한 규정은 포로기의 신학적 반성을 담고 있는 것처럼 보인다. 17:14-20에는 인간 왕들이 야웨의 신정통치의 이상에 미치지 못했을 때 왕정은 파멸에 이르고 말았다는 반성이 내포되어 있다. 왕정은 신명기법의 이상처럼 견제와 균형 속에서 작용해야 하는 제한적인 권력기관이었음에도 불구하고, 이스라엘 남북 왕국의 왕권은 고대 가나안 전제 왕권을 모방하다가 파멸에 이르렀다는 것이다.

3. Miller, *Deuteronomy*, 149.

4. 여호수아 21장(또한 민 35장)에 따르면 레위인들도 세속 지파의 땅에 파송되어

목초지와 성읍을 할당받는다. 이 할당받은 목초지에서 레위인 일부는 동물희생 제물을 기르는 목장을 운영했을 가능성도 있다.

5. Wellhausen, *Prolegomena to the History of Ancient Israel*, 77-78. 벨하우젠은 에스겔 44:10-15 등에 근거해 신명기가 그 생계를 걱정하는 레위인들이 대부분 지방 성소(산당)에서 근무하던 제사장이었을 것이라고 본다. 그러나 이 주장은 요시야가 종교개혁을 할 당시에 지방 산당의 제사장들을 다 죽였다고 말하는 열왕기하 23:20과 충돌한다.

6. Miller, *Deuteronomy*, 150-151.

7. 이 경우 도피성은 모두 아홉 군데가 될 수 있다. 요단 동쪽 세 군데, 가나안 본토 여섯 군데로 아홉 개의 도피성이 생기게 되는 셈이다. 그런데 2절의 세 성읍과 9절의 세 성읍이 같은 성읍을 가리킨다면 여섯 성읍이 되는 셈이다. 주석가들은 3절(전체를 세 구역으로 나누라는 명령) 때문에 후자를 취하는 것 같다. 그렇다면 가나안 본토는 요단 동쪽에 비하여 상대적으로 적은 수의 도피성을 갖는 셈이라서 이상해 보인다. 우리는 9절의 '이 셋 외에'라는 구절 때문에 가나안 본토에 여섯 개의 도피성이 설치되었을 가능성을 본다. 제프리 티가이(Jeffrey H. Tigay, *Deuteronomy*, 181)나 잭 룬드봄(Jack R. Lundbom)도 이스라엘 자손이 가나안 땅에 들어가 야웨의 모든 명령에 순종해 영토가 확장되었다면 도피성은 모두 아홉 개가 되었을 것이라고 본다(*Deuteronomy: A Commentary* [Grand Rapids, MI.: Eerdmans, 2013], 569).

8. 욥기 24:3-10은 신명기의 약자 보호법이 공공연히 위반되는 상황을 언급한다. 사람들은 고아의 나귀를 몰아가며 과부의 소를 볼모 잡는다. 가난한 자들은 거친 광야의 들나귀 같아서 나가서 일하며 먹을 것을 부지런히 구하는데, 빈 들이 그들의 자식을 위해 그에게 음식을 제공한다. 그들은 악인이 남겨 둔 포도를 따며, 의복이 전집물로 잡혀 벗은 몸으로 밤을 지내며 추위도 덮을 것이 없다. 어떤 사람은 고아를 어머니의 품에서 빼앗으며, 가난한 자의 옷을 볼모 잡으므로 그들이 옷이 없어 벌거벗고 다니고 곡식 이삭을 나르지만 굶주린다.

9. '야웨의 전쟁' 혹은 '거룩한 전쟁'은 야웨의 이름으로 치러지는 전쟁으로서 야웨가 전쟁의 향도와 총사령관이 되시는 전쟁이다. 구약성경에서 야웨는 이스라엘이 뒤로 물러설 수 없는, 결정적으로 중요한 전쟁을 치를 때 그것을 '야웨의 전쟁'이라고 선언하고 전쟁 참여를 독려하셨다. 가나안 정복전쟁은 야웨의 전쟁으로 선포되었다. 가나안의 토착족속들은 야웨의 심판전쟁으로 추방되거나 멸절될 하나님의 적으로 규정된다. 이 하나님의 전쟁에서는 비정규적 전략이 구사되었다. 하나님이 적진에 엄청난 두려움과 공포, 혼란이 일어나게 하셔서 전쟁에서 패배하게 만든다. 야웨의 전쟁, 거룩한 전쟁은 야웨의 대의명분을 위한 전쟁이므로 전리품 약탈이나 개인적 취득은 허용되지 않는다. 이 관습에 대

하여 더 자세히 알기 원하면, Kang, Sa-Moon, *Divine War in the Old Testament and in the Ancient Near East* (Berlin: Walter de Gruyter, 1989)을 보라. 강사문은 헤렘 이데올로기가 고대 근동의 많은 전쟁, 특히 '신(들)의 이름'으로 치러진 전쟁에서 실행된 것으로 본다.

10. Miller, *Deuteronomy*, 156-157. 헤렘 이데올로기는 기원전 840년경에 모압 왕 메사가 남긴 비문에도 발견된다. "그리고 나는 밤에 가서 새벽부터 한낮까지 그것과 대항하여 싸웠다. 그리고 나는 그곳을 취하였고 모든 백성을 살해하였다. 7,000명의 남자 백성과 외국인, 여자 백성과 외국인 그리고 하녀들을 살해하였다. 왜냐하면 나는 그모스를 위해 그것을 전멸(헤렘, 신께 바쳐지기로 지정된 전리품으로 누구도 손대는 것이 '금지'된 사람 및 물품)에 두었기 때문이다"(Simon B. Parker, *Stories in Scripture and Inscriptions* [New York et al.: Oxford University Press, 1997], 45, 57).

11. 로마 제국의 평화는 타자를 노예화하여 온순하게 만든 후 이뤄지는 평화다(베르길리우스의 『아이네이스』 6권). 약한 타자에 대한 압제적 권력 행사를 통해 얻은 평화다. 로마 제국은 숱한 전쟁을 치르면서도 평화를 위해서 전쟁을 한다고 주장했다(성 아우구스티누스, 『하나님의 도성』, 226-228).

12. 이스라엘의 가나안 정착에 끝까지 저항하고 방해한 적대적 성읍들은 전적인 파멸을 당했지만(여리고) 항복한 성읍은 봉신국가로 남아 있을 수 있었다(기브온, 수 9장). 이런 점에서 볼 때 가나안 정복전쟁이 피비린내 나는 양상만 띤 것은 아니었을 것이다.

13. Miller, *Deuteronomy*, 158-159.

14. 또한 동일한 논리로 아름다운 여자 포로에 대해서 동정적으로 대해 줄 것을 요구하고 있다(21:11).

15. 이 단락은 16:18-17:13과 19:1-21에서 다뤄진 사법적 정의와 공평 문제를 재론하며 마무리 짓는다.

16. 바리새인과 율법교사들이 예수님에 대해 "보라, 먹기를 탐하고 포도주를 즐기는 사람이요 세리와 죄인의 친구로다"(눅 7:34)라고 비난한 것은 이 술에 찌든 패역한 아들 응징법에 의거해 예수를 제거하려고 한 의도를 드러낸 것이라고 보는 견해도 있다.

V. 약속의 땅을 누릴 백성의 품격: 자유케 하는 율법과 하나님 나라

1. Miller, *Deuteronomy*, 160. 밀러는 신명기 율법을 십계명의 시행세칙적 확장이라고 주장하며 양자의 상응관계를 추적하는 스티븐 카우프만(Stephen A. Kaufman)의 분석에 대부분 동의한다. 그러나 밀러나 카우프만의 분석에 동의

하기 힘든 부분은, 빈자의 전집물 처리 규정을 한 번은 제8계명의 시행세칙이라고 보고 다른 한 번은 제9계명의 시행세칙이라고 본 점이다.

2. 이 문제에 대한 논의를 보려면, John Goldingay, *Approaches to Old Testament Interpretation* (Leicester, Eng.: Apollos, 1990), 58을 참조하라.

3. 느헤미야 13:1-2은 이 "모압-암몬 족속을 야웨의 총회에 영원히 받아들이지 말라"는 모세의 율법을 포로기 이후 유다에 적용하는 상황을 보도한다.

4. 히브리 동포 노예법(출 21:1-11)에 따르면, 6년 동안 주인을 섬긴 채무노예의 경우 주인을 더 섬길 것인가 그만둘 것인가를 결정하는 주도권은 이제까지 종살이를 한 그 사람에게 주어진다(거주지 선정과 종살이 계속 여부의 주도권). 그것은 또한 친족의 사사로운 보복(19장 참조)을 피하려고 애쓰는 공동체 내의 구성원에게뿐만 아니라 압제를 피하여 도피성소를 찾는 공동체 밖의 사람들을 위해서도 도피성소의 제공 의무를 법률체계 안에 도입한다.

5. 배정훈, "신명기 24장 1-4절에 관한 주석—결혼, 이혼, 그리고 재혼에 관한 규정,"「장신논단」45/5(2013년 12월), 41-65. 배정훈은 24:1-4의 규정은 가정을 간음과 성급한 이혼으로부터 보호하려는 의도를 가지고 있으며 '처음 결혼이 영원하다'고 보는 창세기 2:24을 전제하고 있다고 본다(47-48).

6. Miller, *Deuteronomy*, 173.

7. Miller, *Deuteronomy*, 176-177.

8. 암 쉬굴라는 '보배로운 백성'이라기보다 '보배백성'이다. 하나님이 꼭 끼고 있는 보석 반지 같은 백성, 하나님이 아주 귀하게 여기는 백성, 하나님을 대변하는 백성이 바로 보배백성이다.

9. 야웨와 이스라엘의 계약 체결을 언명하는 16-19절의 개역개정 번역은 히브리어 원문장의 의미를 다소 얼버무리고 있어 풀어서 번역해 볼 필요가 있다. "오늘 야웨 네 하나님께서 이 규례와 법도를 준행하라고 네게 명령하고 있다. 그러므로 너는 네 마음과 뜻을 다해 그것들을 준수하여라. 오늘 너는 그의 길들을 따라 걸음으로써, 그의 규례들과 명령들과 법도들을 준수함으로써, 그리고 그의 목소리를 청종함으로써, 야웨에게 (나에게 하나님이 되어주십시오라고) 말하여 그가 네게 하나님이 되게 하여라. 그러면 네 하나님 야웨께서도 그가 네게 말씀하셨던 것처럼 너에게 '나의 모든 명령을 지킴으로써 내게 보배백성이 되어라'고 말할 것이다. 그가 너에게 보배백성이 되어 달라고 말씀하시는 목적은, 너로 하여금 그가 지으신 모든 민족 위에 뛰어나게 하시고 찬송과 영예와 영광이 되게 하시고 그가 말씀하신 대로 네 하나님의 성민이 되게 하려 함이다." 이 16-19절에는 아마르 동사의 히필사역동사가 두 번 사용되었는데 "누구에게 말하여 그 누구가 무엇이 되게 하다"의 의미를 갖는다(speak somebody into somebody). 이스라엘이 하나님께 "나의 하나님이 되어 주십시오"라고 말해 하

나님이 되어 주신다는 것이다. 그런데 이스라엘은 그의 모든 길을 따라 살고 그의 규례들과 법도들과 명령들을 지키고 그의 목소리를 청종하면서 야웨께 "나의 하나님이 되어 주십시오"라고 요청해야 한다는 것이다. 야웨 하나님은 이스라엘에게 "내 보배백성이 되어 달라"고 말씀하실 때 부대조건은 없으시다. 보배백성을 삼으시는 목적만 말씀하신다. 열방 중에 이스라엘을 뛰어나게 하시고 친송과 영예와 영광이 되게 하시며 마침내는 열방을 하나님께로 이끄는 열방 향도적 사명을 다하는 성민(암 카도쉬)이 되게 하시겠다는 비전만을 제시하신다. 여기서 중요한 점은 아마르 동사의 히필(사역)형이 이스라엘과 하나님께 사용되었다는 것이다. 이것은 세겜 계약 체결식에서 있을 쌍방속박적 계약 체결 절차를 예기케 한다.

VI. 은혜 안에서 누리는 하나님 나라: 모압 언약의 신학적 의의

1. von Rad, *Deuteronomy*, 24.
2. 29-33절의 약탈당하는 순서가 흥미롭다. 약혼녀, 집, 포도원, 소, 나귀, 양, 자녀, 토지소산과 노동 생산물 순서로 약탈 대상이 나열된다. 그런데 이 약탈은 압도적인 원수의 압제와 학대라는 틀 안에서 이루어진다. 원수와 압제와 학대라는 근원적 구조 안에서 이 모든 저주가 실현된다. 야웨를 버리고 배척하면 이스라엘은 원수의 압제와 학대의 희생물로 전락한다는 것이다.
3. 28장의 17절과 신 5:19, 19:14을, 18절과 레 19:14을, 19절과 신 24:17을, 20절과 레 18:8, 20:11을, 21절과 출 22:19, 레 18:23, 20:15을, 22절과 레 18:9, 20:17을, 23절과 레 18:7, 20:14을, 25절과 신 5:17, 16:19, 출 23:8을 각각 비교해 보라.
4. 모압 언약에 포로기 이후 시대, 곧 제2성전 시기에 성전 잡역부로 활동한 느디님 사람이 등장하는 것은, 에스라가 포로 귀환 대열에 레위 사람과 느디님 사람을 포함시킨 사건을 상기시킨다. 신명기 29장의 모압 언약 당사자로 참여하는 느디님 사람들의 존재가, 이 모압 언약이 느헤미야 8장의 초막절 계약 갱신을 반영하고 있을 가능성을 높여 준다. 여호수아 9:2-27(신 20:11)이 보여주듯이 전쟁 대신 이스라엘에 항복한 가나안 족속은 성전 잡역부가 되어 야웨 언약의 당사자로 초청받는다. 현대 학자들은 모세의 느디님 언급은 먼 미래에 있을 가나안 토착인들의 이스라엘 귀화 혹은 편입을 예견한 것이라기보다는 시대착오적 언급이라고 본다(Mark E. Biddle, *Deuteronomy* [Smyth & Helwys BC; Macon, GA.: Smyth & Helwys Co., 2003], 439). 모세가 아니라 먼 후대 신명기 저자의 언급이라는 것이다.
5. 후대의 선지자 이사야는 다시 이스라엘과 이 도시들의 운명을 차별적으로 대

우하신 하나님의 무한 은혜에 감사한다(사 1:9).

6. 역사적 재앙에 대한 신학적 해석의 좋은 예는 알렉산드르 솔제니친(Aleksandr Solzhenitsyn)의 1983년 템플턴상 수상 연설("Men Have Forgotten God")에 나온다. 유혈낭자한 볼쉐비키 혁명과 이후의 스탈린 폭정은 러시아 기독교의 실패와 러시아 민중의 하나님 망각 때문이라는 통렬한 역사 의식이 이 연설의 진수다.

보설 | **모세오경의 율법은 신약시대 그리스도인에게 어떤 의미가 있는가**

1. 모세의 율법은 통상적으로 도덕법, 제의법(의식법), 시민법(언약 공동체 유지법)으로 삼분된다. 도덕법은 십계명(출 20:1-17)과 모든 윤리도덕적 율법을 총칭한다. 언약 공동체 유지법(시민법, 출 21:1-23:13, 레 17-26장 일부, 신 12-26장 일부)은 언약백성의 일상생활, 정치, 경제, 사회생활을 지도하는 모든 규례를 통칭하며, 제의법(출 25-31, 레 1-16장, 민수기, 신명기 법전 일부)은 성전/성막 중심의 생활을 질서 지우고 규제하는 법들을 망라한다.

2. Philip Schaff, "§ 127. Marcion and his School," in *History of the Christian Church, Volume II: Ante-Nicene Christianity. A.D. 100-325* (New York, NY.: Charles Scribner's, 1889-1910).

3. 613개 조항은 창세기 1-3계명(1:28 생육과 번성 명령, 17:10 할례, 32:32 환도뼈 힘줄 식용 금지), 출애굽기 4-114계명(유월절 규정, 십계명, 제단법, 가정 질서, 이웃 사랑과 선린 관계 증진 규정, 시민법, 약자 옹호 규정, 절기 규정, 제사장 규례, 성막 규례), 레위기 115-361계명(제사, 의식적 정결규례, 음식법 규정, 성문란 금지 규정, 가난한 자를 위한 추수 규정, 범주 혼동 규정, 약자 옹호 규정, 제물 정결규정, 제사장 규정, 안식일 및 절기 규정), 민수기 362-413계명(진 정결규정, 나실인 규정, 제사장 규정, 제사 규정, 십일조 규정, 도피성 규정), 신명기 414-613계명(공정한 재판, 쉐마 옷술 규정, 나그네 환대 규정, 제사 규정, 우상숭배 단죄 규정, 정결한 음식 규정, 신정통치 대리자들 업무지침 규정, 범주 혼동 금지 규정, 이자취식 금지 규정, 외국인 분별 기준 규정, 이혼법, 담보법, 사회적 최약자 배려 규정)으로 구성되어 있다. 첫 계명은 "생육하고 번성하여 땅에 충만하라"(창 1:28)이며 마지막 611-613계명은 각각 "하나님의 길을 따라 걸으라"(신 26:17), "안식년 초막절에 모든 회중을 다 회집시켜라"(신 31:12-13), "토라를 써서 간직하라"(신 31:19)이다. 마이모니데스의 목록 첫 계명은 창세기 1:28로 동일한데, 마지막 613조항은 여자 포로와 성관계를 한 후에는 더 이상 노예 신분으로 억류하는 것을 금지하는 규정이다(신 24:16). 613개 조항은 부정금지 계명이 모두 365개, 긍정 명령이 248개 조항으로 구성되어 있다. 많은 경우 중복되고 겹치는데 다소 인위적으로 율법의 숫자를 늘

린 것으로 보인다. 이 613개조 율법은 기원후 2세기부터 편찬된 미쉬나(구전 율법을 글로 기록한 것)와 그것에 대한 랍비의 해설을 모아 만든 탈무드의 영향을 받았던 것으로 보인다. 히브리어 토라(torah) 다섯 글자를 숫자로 치환하면 611이 되는데, 이 611에 십계명의 첫 두 계명을 합하여 613개 조항의 규정이 나왔다(Talmud Tractate Makkoth 23b). 613개 조항은 도덕법(moral laws), 의식법(ceremonial laws), 언약 공동체 유지법(civil laws)으로 구분된다.

4. Israel Drazin, *Maimonides and the Biblical Prophets* (Jerusalem: Gefen Publishing House, 2009), 209.

5. 루터는 요한 로이힐린(Johann Reuchlin)의 히브리어 문법책을 공부한 것으로 알려졌으나, 히브리어 구문론 등 문법을 깊이 공부했다기보다는 주로 히브리어 단어를 중심으로 공부한 것으로 전해진다. 그의 구약 번역도 비텐베르크 동료 교수들의 도움을 크게 받아 이루어졌던 것으로 전해진다.

6. Martin Luther, "Word and Sacrament," *Luther's Works* vol. 35 (Philadelphia, PA.: Fortress, 1960), 236-237.

7. Martin Luther, "Deuteronomy," *Luther's Works* vol. 9 (St. Louis, MISS.: Concordia, 1955), 63.

8. 루터의 소책자, *How Christians should regard Moses*. Heinrich Bornkamm, *Luther and the Old Testament*, trans. Eric W. and Ruth C. Gritsch (Philadelphia, PA.: Fortress, 1969), 81.

9. Adolf von Harnack, *Marcion* (Leipzig: J. C. Hinrichs, 1921). "2세기에 구약성경을 배척하는 것은 교회가 적절하게 거절한 실수였다. 16세기에도 구약을 기독교 정경 속에 존치시킨 것은 종교개혁이 피할 수 없는 운명이었다. 그러나 19세기 이후에도 개신교에서 구약을 정경문서로 계속해서 보존하는 것은 종교적·교회적 마비의 결과다.……신앙고백과 교회 교육에 있어서 식탁을 뒤집어 깨끗하게 하고 진리를 공경하는 것이 지금 개신교에게 요구되는 행동이다. 그런데 때가 거의 너무 늦었다"(127, 222).

10. 로마서 6:14("죄가 너희를 주장하지 못하리니 이는 너희가 법 아래에 있지 아니하고 은혜 아래에 있음이라")은 모세율법의 용도 폐기를 말하지 않고 그리스도인의 성화를 촉진하는 데 은혜에 의한 선제적 추동력이 더 중요하다는 사실을 말한다. 그리스도인은 율법의 통제와 명령 때문에 거룩해지는 것이 아니라 은혜의 감동 속에서, 곧 성령의 감화감동 때문에 율법의 요구 이상을 행함으로써 성화될 수 있다는 것이다.

11. 모세의 율법이 비록 성령이 요구하는 수준보다 낮은 거룩과 정결을 요구할지라도 율법을 주신 하나님의 목적과 율법의 기능은 동일하다는 것이다.

12. Calvin, *Institutes of the Christian Religion* Vol. 1, Book II. VII. § 6-12, 354-

361. 각 절의 주제는 다음과 같다. §6 율법의 엄중한 요구는 우리 죄인으로부터 모든 자기기만을 앗아 간다. §7 율법의 징벌 기능이 그 율법의 가치를 감소시키지 않는다. §8 율법의 징벌 기능은 신자와 불신자 모두에게 작동된다. §9 아우구스티누스가 말한 것처럼 율법은 우리를 정죄함으로써 우리로 하여금 은혜를 찾게 만든다. §10 율법은 불의한 자들로부터 공동체를 보호한다. §11 율법은 아직 거듭나지 못한 자들에게 죄를 억제하는 역할을 한다. §12 심지어 신자들도 율법을 필요로 한다. §12의 첫 문장은 "율법의 본래 목적과 더 밀접하게 관련된 세 번째 용도이자 으뜸 용도는 하나님의 영이 이미 내주하시고 통치하시는 신자들의 마음속에서 본래의 쓰임새를 발견한다"이다(360). §12가 율법의 셋째 용도를 강조한다(시 19:7-8, 119:105).

13. 동시에 신약성경 여러 군데에서 사도들은 은혜로 받은 구원을 남용하고 그리스도가 주신 자유를 잘못 사용하는 것을 경계하고 있다(롬 6:1-3, 8:4-6, 갈 5:13-15, 딛 2:1-14).

14. 율법을 지켜서 의롭게 되려는 사람은 모든 계명 중 어느 한 계명만 어겨도 온 율법을 다 범한 셈이 된다(갈 3:10, 12, 5:3, 약 2:8-11). 이것이 율법의 저주가 갖는 한 측면이다. 원래 율법은 하나님의 은혜로 의롭게 된(언약백성의 신분) 이스라엘을 계속적으로 의로운 상태에 머물도록 돕기 위하여 주어졌다. 이스라엘에게 율법 준수는 의(義)의 창조가 아니라 이미 선물로 주어진 하나님의 의에 응답하는 행위로 의의 유지를 위한 것이었다.

15. 죄성을 가진 인간을 변화시키는 일에 있어서 모세의 율법은 예수 그리스도의 십자가 죽음과 부활을 통해 실재화된 하나님의 은혜와 비교할 때 연약하다(롬 6:14, 7:6, 8:3, 갈 3:12).

16. Roy L. Aldrich, "Causes for Confusion of Law and Grace," *Bibliotheca Sacra* 116/463 (July 1959): 221-229. 알드리히는 "모세의 율법의 효용성에 대한 혼란과 율법주의를 피하려면 도덕법과 십계명을 구분해야 한다"고 말한다(225-226).

VII. 이스라엘의 실패와 배교를 넘어서는 하나님 나라
: 모세를 넘어 그리스도 예수를 바라보는 신명기 약속

1. Dennis T. Olson, *Deuteronomy and the Death of Moses: a Theological Reading* (Minneapolis, MN.: Fortress, 1994). 이 책은 신명기를 모세의 죽음이 남긴 유산이라고 보고 신명기의 신학적 추동력은 모세의 퇴장과 죽음이라고 본다.

2. 개역개정 31:13은 오역처럼 보인다. "또 너희가 요단을 건너가서 차지할 땅에 거주할 동안에 이 말씀을 알지 못하는 그들의 자녀에게 듣고 네 하나님 여호와

경외하기를 배우게 할지니라." 아마도 개역개정은 이렇게 번역해야 했을 것이다. "또 너희가 요단을 건너가서 차지할 땅에 거주할 동안에 이 말씀을 알지 못하는 그들의 자녀들로 하여금 듣고 네 하나님 여호와 경외하기를 배우게 할지니라."

3. 히브리어 본문(마소라)에 나오는 "이스라엘의 자손들의 숫자"는 다른 사본들(쿰란과 70인역)에 따르면 그것은 "하나님의 천사들(앙겔론 데우)"로 읽히거나 혹은 (심마쿠스역에서는) 하나님의 아들들(버네 엘, 버네 엘로힘)로도 읽힐 수 있다 (NRSV Study Bible, 257).

4. 이 만신전 회의는 창세기 10-11장의 70열국 도표(특히 창 10장)에 비추어 볼 때, 바벨탑 사건 이후에 열린 것으로 추정된다. 32:8-9는 이스라엘의 유일신 신앙이 다른 열등 신들(혹은 신적 존재들)의 부존재를 전제한다기보다는 열등한 신들을 절대적으로 압도하고 통제하는 절대주권적 권능과 통치권을 강조하는 맥락에서 형성되었음을 암시한다.

5. 신명기 32:8-9는 열방들의 다른 신들 숭배가 바벨탑 이후에 이뤄진 결정이었다고 전제한다. 적어도 신명기 4:19-20과 32:8-9는 다른 신들을 숭배할 수 있는 다신교 환경에 노출되었음을 말한다. 하나님은 반역하는 바벨탑 세대와 그 이후의 인류에게 하나님을 아는 지식을 박탈하고 천체나 다른 열등한 영적 존재를 경배하도록 방치하셨다는 것이다(Tigay, *Deuteronomy*, 303, 435-436). 티가이는 카우프만을 인용해 야웨가 아브라함을 선택한 이유는 유일하신 참 하나님을 아는 지식을 온 세상에 퍼뜨려 하나님의 복이 온 세상에 임하도록 하시려는 것이었다고 말한다(Y. Kaufmann, *The Religion of Israel* [Chicago: Univ. of Chicago Press, 1960], 221, 294-295; Tigay, Deuteronomy, 530).

6. Tigay, *Deuteronomy*, 304, 403(각주 64). 티가이도 신명기 32:11이 어미 독수리가 새끼를 날도록 훈련시키는 과정을 말하고 있다고 본다.

7. Miller, *Deuteronomy*, 226-235.

8. 33장은 창세기 49장, 사사기 5장, 시편 68편 등과 함께 가장 오래된 히브리 시가 중 하나로 간주된다.

9. 존 H. 세일해머, 『모세오경 신학』, 김윤희 역(서울: 새물결플러스, 2013), 36, 41-44. 세일해머도 모세오경의 핵심이 이신칭의, 곧 하나님의 신실함으로 사는 삶이라고 본다. 오경이 신약성경에 끼친 직간접 영향은 엄청나며 복음서나 바울 서신이 전제하는 큰 틀의 구원사 내러티브는 모세오경이 제공해 준다. 큰 틀에서뿐만 아니라 오경의 세부적인 주제도 모형-실체, 예언-성취 도식으로 신약성경에 이월되거나 내장되어 있다(창 3장의 생명나무 길과 요 14:6의 길과 진리와 생명, 창 3장의 여자의 후손과 갈 4장의 여자의 후손, 창 18, 22장과 히 11:8-16, 창 22장과 요 8:56, 출 17장의 만나와 요 6장의 표적인 떡인 오병이어, 출 17장의 반석에서 나는

물과 고전 10:1-4, 레 16장의 대속죄일 어린 염소와 요 1:9, 35의 세상 죄를 지고 가는 어린 양, 민 21장의 놋뱀과 요 3:14, 8:28, 12:32, 레위기의 동물희생제사와 히 8-10장의 영 단번에 하늘 성소로 들어가신 대제사장, 출 19장, 24장의 시내산, 시온산과 갈 4장 여자의 후손, 아브라함과 이삭과 야곱의 식탁, 이스라엘의 40년 광야 시험과 예수의 40일 광야 시험 등).

10. 김진섭, 정진호, 김우현, 『토라로 읽는 예수 그리스도의 복음』(개정판; 서울: Eastwind, 2014). 이 책의 논지는 모세의 율법과 복음이 분리될 수 없다는 점을 강조한다.

참고문헌

김경열. 『레위기의 신학과 해석』, 서울: 새물결플러스, 2016.

김선종. "레위기 25장의 형성-안식년과 희년의 연속성과 불연속성," 『장신논단』 40(2011년 4월 30일): 95-117.

김회권. 『하나님 나라 신학의 관점에서 읽는 모세오경 1』, 서울: 대한기독교서회, 2005.

_____. 『하나님 나라 신학의 관점에서 읽는 모세오경 2』, 서울: 대한기독교서회, 2006.

_____. 『하나님 나라 신학으로 읽는 여호수아, 사사기, 룻기』, 서울: 복 있는 사람, 2007.

_____. "도올 김용옥의 기독교 및 성서 이해 담론 자세히 읽기"(1), 『기독교 사상』 582(2007년 6월): 208-219.

_____. "도올 김용옥의 기독교 및 성서 이해 담론 자세히 읽기"(2), 『기독교 사상』 583(2007년 7월): 158-171.

_____. "도올 김용옥의 기독교 및 성서 이해 담론 자세히 읽기"(3), 『기독교 사상』 584(2007년 8월): 256-272.

_____. "과연 유일신신앙은 인류 문명의 적인가?" 『복음과 상황』 254(2011년 12월호): 22-35.

_____. "통일군주 다윗의 남북화해와 통일정치," 『구약논단』 19/1(2013): 95-132.

노세영. "창조와 구속의 관계성에 대한 이해," 『구약논단』 11(2001년 10월): 7-25.

배정훈. "신명기 24장 1-4절에 관한 주석-결혼, 이혼, 그리고 재혼에 관한 규정," 『장신논단』 45/5(2013년 12월): 41-65.

서인석. 『성서의 가난한 사람들』, 왜관: 분도, 1981.

왕대일. 『다시 듣는 토라』, 서울: 성서학연구소, 1998.

유연희. "아브라함과 리브가와 야곱의 하나님," 「신학사상」 120 (2003년 3월): 99-129.

이미숙. "신명기의 '젖과 꿀이 흐르는 땅'," 「구약논단」 55 (2015년 3월): 33-59.

이영미. "제의중앙화와 세속화를 통한 개혁: 신명기 12장의 수사비평적 읽기," 「신학사상」 143 (2008년 12월): 65-96.

차준희. "구약에 나타난 창조의 영," 「구약논단」 55 (2015년 3월): 185-211.

하경택. "요셉 이야기 안에서의 야곱의 축복-창세기 49장 1-28절에 대한 주석적 연구," 「장신 논단」 46/1 (2014년 3월 30일): 37-66.

한동구. "이스라엘의 정체성과 비전," 「구약논단」 29 (2008년 9월): 10-30.

_____. "이스라엘 진영(민 1-4장)에 반영된 이스라엘의 꿈," 「구약논단」 54 (2014년 12월): 195-221.

內村鑑三. 『나는 어떻게 크리스찬이 되었는가?: 나의 일기에서』, 김갑수 역, 서울: 홍성사, 1986.

Albright, William F. *The Biblical Period from Abraham to Ezra*, New York, NY.: Harper & Row, 1963.

Aldrich, Roy L. "Causes for Confusion of Law and Grace," *Bibliotheca Sacra* 116/463 (July 1959): 221-229.

Allen, James P. *Middle Egyptian: An Introduction to the Language and Culture of Hieroglyphs*, Cambridge: Cambridge University Press, 2000.

Aling, C. F. *Egypt and Bible History from Earliest Times to 1000 B.C.*, Grand Rapids, MI.: Baker, 1981.

Anderson, Bernhard W. *Understanding the Old Testament*, 4th ed.; Englewood Cliffs, NJ.: Prentice Hall, 1986.

_____. *Creation versus Chaos*, Minneapolis, IN.: Fortress Press, 1987.

Archer, Gleason L. *A Survey of Old Testament Introduction*, rev. ed.: Chicago, IL.: Moody Press, 1985.

_____. 『구약총론』, 김정우 역, 서울: 기독교문서선교회, 1985.

Ashley, Timothy R. *The Book of Numbers*, NICOT; Grand Rapids, MI.: Eerdmans, 1993.

Balentine, Samuel E. 『레위기: 목회자와 설교자를 위한 주석』, 조용식 역, 서울: 한국장로교출판사, 2011.

Batto, Bernard F. *Slaying the Dragon*, Louisville, KY.: Westminster/John Knox Press, 1992.

Beard, Charles A. "*Four Lessons of History*," *in The Readers' Digest* (Feb. 1941).

Berkhof, Louis. 『조직신학』, 권수경, 이상원 역, 서울: 크리스챤다이제스트, 1991.

Biddle, Mark E. *Deuteronomy*, Smyth & Helwys BC; Macon, GA.: Smyth & Helwys Co., 2003.

Bimson, John J. *Redating the Exodus and Conquest*, Sheffield: Almond, 1978.

참고문헌

Bornkamm, Heinrich. *Luther and the Old Testament*, trans. Eric W. and Ruth C. Gritsch, Philadelphia, PA.: Fortress, 1969.

Calvin, John. *Institutes of the Christian Religion* I, ed. John T. McNeill, Philadelphia, PA.: The Westminster Press, 1961.

_____.『칼빈의 십계명 강해』, 김광남 역, 서울: Vision Book, 2011.

Cassuto, Umberto.『반문서설』, 배제민 역편, 서울: 기독교문사, 1982.

Childs, B. S. *The Book of Exodus*, Louisville, KY.: The Westminster Press, 1974.

Clines, David J. A. *Interested Parties*, Sheffield: Sheffield Academic Press, 1995.

Coogan, Michael D. *Stories from Ancient Canaan*, Louisville, KY.: The Westminster John Knox Press, 2012.

Dever, William G. *Who Were the Early Israelites and Where Did They Come From?*, Grand Rapids, MI.: Eerdmans, 2003.

Diamond, Jered.『총, 균, 쇠』, 김진준 역, 서울: 문학사상사, 1997.

Drazin, Israel. *Maimonides and the Biblical Prophets*, Jerusalem: Gefen Publishing House, 2009.

Driver, G. R. "Once Again Birds in the Bible," *Palestine Exploration Quarterly* 90(1958): 56-57

Driver, S. R. *Deuteronomy*, ICC; Edinburgh: T & T Clark, 1973(orig. 1895).

Duhm, Bernhard. *Das Buch Jesaja*, Göttingen: Vandenhoeck & Ruprecht, 1968(orig. 1892).

Eisenberg, Ronald L. "Rabbinic Literature," in *The JPS Guide to Jewish Traditions*, Philadelphia, PA.: The Jewish Publication Society, 2004.

Ellul, Jacques.『뒤틀려진 기독교』, 쟈크 엘룰 번역위원회 역, 서울: 대장간, 1998.

Elrefaei, Aly. *Wellhausen and Kaufmann: ancient Israel and its religious history in the works of Julius Wellhausen and Yehezkel Kaufmann*, MA.: De Gruyter, 2016.

Enns, Peter. *Inspiration and Incarnation. Evangelicals and the Problem of the Old Testament*, Grand Rapids, MI.: Baker Academic, 2005.

Erickson, Millard L.『인죄론』, 나용화, 박성민 역, 서울: 기독교문서선교회, 1993.

Finegan, Jack. *Handbook of Biblical Chronology: Principles of Time Reckoning in the Ancient World and Problems of Chronology in the Bible*, rev. ed.; Peabody, MA.: Hendrickson Publishers, 1998.

Fokkelman, J. P. "Exodus," in *The Literary Guide to the Bible*(1987), 56-65.

Fromm, Erich.『자유로부터의 도피』, 이상두 역, 서울: 범우사, 1999.

George, Henry.『진보와 빈곤』, 김윤상 역, 서울: 비봉출판사, 1997.

Gerstenberger, Erhard S. *Leviticus: A Commentary*, trans. Douglas W. Stott, OTL; Louisville, KY.: Westminster John Knox Press, 1996.

Glueck, Nelson. *Four-volume Explorations in Eastern Palestine*(1934, 1935, 1939, 1951).

_____. *The Other Side of the Jordan*, 2nd ed.; New Haven, CONN.: American Schools of Oriental Research 1970(orig. 1940).

Goldingay, John. *Approaches to Old Testament Interpretation*, Leicester, Eng.: Apollos, 1990.

Hackett, Jo Ann. *The Balaam Text from Deir 'Allā*, HSM 31; Decatur, GA.: Scholars Press, 1984.

Hallo, William H. "The Origins of the Sacrificial Cult: New Evidence from Mesopotamia and Israel," in Patrick D. Miller et al.(eds), *Ancient Israelite Religion. Essays in Honor of Frank M. Cross*, Philadelphia, PA.: Fortress, 1987: 1-13.

Haran, M. "The Priestly Image of the Tabernacle," *HUCA* 36(1965):261-217.

Harrison, R. K. *Leviticus*, Downers Grove, IL.: IVP, 1980.

Hart, George. *The Routledge Dictionary of Egyptian Gods and Goddesses*, Second Edition; Florence, KY.: Routledge, 2005.

Hartley, John E. 『레위기 주석』, 김경열 역, WBC; 서울: 솔로몬, 2006.

Hazony, Joram. 『구약성서로 철학하기』, 김구원 역, 서울: 홍성사, 2016.

Heschel, Abraham Joshua. 『안식』, 김순현 역, 서울: 복 있는 사람, 2007.

_____. 『예언자들』, 이현주 역, 서울: 삼인, 2008.

Hill, Andrew E. & Walton, John H. *A Survey of the Old Testament*, Grand Rapids, MI.: Zondervan Publishing House, 2009.

Holladay, William L. *Long Ago God Spoke. How Christians May Hear the Old Testament?*, Minneapolis, IN.: Augsburg Press, 1995.

Jewish Publication Society, *JPS Hebrew-English Tanak*, Phildelphia, PA.: JPS, 1998.

Jones, E. Stanley. 『인도의 길을 걷고 있는 예수』, 김상근 역, 서울: 평단문화사, 2003.

Kang, Sa-Moon. *Divine War in the Old Testament and in the Ancient Near East*, Berlin: Walter de Gruyter, 1989.

Kaufmann, S. "The Structure of the Deuteronomic Law," *Maarav* 1/2(Sept 1978): 105-158.

Kaufmann, Y. *The Religion of Israel-From Its Beginnings to the Babylonian Exile*, trans. Moshe Greenberg; Chicago, IL.: The University of Chicago Press, 1960.

Keil C. F. & Delitzsch, F. *Biblical Commentary on the Old Testament. Leviticus*, Grand Rapids, MI.: Eerdmans, 1968.

Kitchen, Kenneth. A. *Ancient Orient and Old Testament*, London: Tyndale, 1966.

_____. *On the Reliability of the Old Testament*, Grand Rapids, MI.: Eerdmans, 2003.

Kraus, Hans-Joachim. 『조직신학. 하느님의 나라-자유의 나라』, 박재순 역, 서울: 한국신학연구소, 1986.

Kugel, James L. 『구약성경 개론』, 김구원, 강신일 역, 서울: 기독교문서선교회, 2011.

Lambert W. G. & Millard, A. R. *Atra-ḫasis: The Babylonian Story of the Flood*, Oxford: Clarendon Press, 1969.

Levenson, Jon D. *Sinai & Zion: An Entry into the Jewish Bible*, San Francisco, CA.: Harper, 1985.

_____. *Creation and the Persistence of Evil: The Jewish Drama of Divine Omnipotence*, Princeton, NJ.: Princeton University Press, 1988.

Levine, Baruch A. *The JPS Torah Commentary. Leviticus*, Philadelphia et al.: The Jewish Publication Society, 1989.

Lilley, J. P. U. "Understanding the herem," *Tyndale Bulletin* 44/1 (1993): 169-177.

Lewis, C. S. 『고통의 문제』, 이종태 역, 서울: 홍성사, 2002.

Livingston, G. Herbert. "The Archive of Mari," *Bible and Spade* 5 (1992): 105-108.

Lochman, J. M. 『그리스도냐, 프로메테우스냐?』, 손규태 역, 서울: 대한기독교서회, 1988.

Luther, Martin. *Deuteronomy, Luther's Works* vol. 9, St. Louis, MISS.: Concordia, 1955.

Luther, Martin. *Word and Sacrament, Luther's Works* vol. 35, Philadelphia, PA.: Fortress, 1960.

Lundbom, Jack R. *Deuteronomy: A Commentary*, Grand Rapids, MI.: Eerdmans, 2013.

McBride, S. Dean. "Polity of the Covenant People: The Book of Deuteronomy," *Interpretation* 41/3 (1987): 229-244.

McCarter Jr., P. Kyle. "The Balaam Texts from Deir 'Alla: The First Combination," *BASOR* 237 (1980): 49–60.

McConville, J. G. *Deuteronomy*, Apollos OTC; Leicester: IVP, 2002.

McDonald, Gordon. 『내면세계의 질서와 영적 성장』, 홍화옥 역, 서울: IVP, 2013.

Mattingly, Gerald L. "The Exodus-Conquest and the Archaeology of TransJordan: New Light on and Old Problem," *Grace Theological Journal* 4/2 (1983): 245-262.

Mears, Henrietta C. *What the Bible is All About?*, Ventura, CA.: Gospel Light Publications, 1966.

Mendenhall, G. E. "'Ancient Oriental and Biblical Law' and 'Covenant Forms in Israelite Tradition,'" *BA* 17 (1954): 26-46, 50-76.

Milgrom, Jacob. "Religious Conversion and the Revolt Model for the Formation of Israel," *JBL* 101/2 (1982): 169-176.

_____. *The JPS Torah Commentary. Numbers*, Philadelphia: The Jewish Publication Society, 1990.

_____. *Leviticus: A book of Ritual and Ethics*, Minneapolis, IN.: Fortress Press, 2004.

Millar, J. Gary. *Now Choose Life*, Grand Rapids et al., MI.: Eerdmans, 1998.

Miller, J. M. "Book Review of Redating the Exodus and Conquest," *JBL* 99 (1980): 133-

135.

Miller, Patrick D. *Deuteronomy*, Interpretation; Louisville, KY.: John Knox Press, 1990.

Noth, Martin. *The Deuteronomistic History*, JSOTSup 15; Sheffield: JSOT, 1981.

Olson, Dennis T. *Numbers*, Interpretation; Louisville, KY.: Westminster John Knox Press, 1996.

Parker, Simon B. *Stories in Scripture and Inscriptions*, New York et al.: Oxford University Press, 1997.

Ponting, Clive. 『녹색 세계사』, 이진아, 김정민 역, 서울: 그물코, 2007.

Pritchard, James B. *Ancient Near Eastern Texts relating to the Old Testament*, 3rd ed.; Princeton, NJ.: Princeton University Press, 1969.

Rainey, A. F. "Book Review of Redating the Exodus and Conquest," *IEJ* 30(1980): 249-51

Rea, John. "The Time of the Oppression and the Exodus," *Grace Theological Journal* 2/1(1961): 5-14.

Roberts, J. J. M. "The Mari Prophetic Texts in Transliteration and English Translation," in *The Bible and the Ancient Near East*, Winona Lake, IN.: Eisenbrauns, 2002, 157-253.

Sarna, Nahum M. *The JPS Torah Commentary. Genesis*, Philadelphia et al.: The Jewish Publication Society, 1989.

Sauer, Erich. 『세계구속의 여명』, 권혁봉 역, 서울: 생명의 말씀사, 1974.

Schaeffer, Francis A. 『창세기의 시공간성』, 권혁봉 역, 서울: 생명의 말씀사, 1974.

Schaff, Philip. *History of the Christian Church, Volume II: Ante-Nicene Christianity. A.D. 100-325*, New York, NY.: Charles Scribner's, 1889-1910.

Shutt, R. J. H. "Letter of Aristeas," in James H. Charlesworth(ed.), *The Old Testament Pseudepigrapha*, New York et al.: Doubleday, 1985, 12-34.

Sivertsen, Barbara J. *The Parting of the Sea: How Volcanoes, Earthquakes, and Plagues Shaped the Story of the Exodus*, Princeton. NJ.: Princeton University Press, 2009.

Soggin, J. A. "Book Review of Redating the Exodus and Conquest," *VT* 31(1981): 98-99.

Speiser, E. A. *Genesis*, ABC; Garden City, NY.: Doubleday, 1964.

Stassen, Glen J., Gushee, David P. 『하나님의 통치와 예수 따름의 윤리』, 신광은, 박종금 역, 대전: 대장간, 2011.

Stott, John W. R. *Understanding the Bible*, London: Scripture Union, 1972.

_____. *Understanding the Bible*, rev. ed.: Sydney, Australia: Scripture Union Publishing, 1984.

Thiele, Edwin. *A Chronology of the Hebrew Kings*, Grand Rapids, MI.: Zondervan Publishing House, 1977.

Thompson, Thomas L. "Problems of Genre and Historicity with Palestine's Descriptions," in eds. Andre Lemaire, Magne Saebo, *Supplements to Vetus Testamentum* 80, Leiden: Brill, 2000.

Tigay, Jeffrey H. *The JPS Torah Commentary. Deuteronomy*, Philadelphia et al. PA: The Jewish Publication Society, 1996.

Toynbee, Arnold. *An Historian's Approach to Religion*, London: Cumberlege, 1956.

Trevisanato, Siro Igino. 『이집트 10가지 재앙의 비밀』, 김회권 역, 서울: 새물결플러스, 2011.

Trocme, André. 『예수와 비폭력혁명』, 박혜련, 양명수 역, 서울: 한국신학연구소, 1986.

van Gememren, Willem. 『구원계시의 발전사 I』, 안병호, 김의원 역, 서울: 성경읽기사, 1993.

von Harnack, Adolf. *Marcion*, Leipzig: J. C. Hinrichs, 1921.

von Rad, Gerhard. *Deuteronomy*, trans. D. Barton, OTL; London: SCM, 1966.

Vos, Geerhardus. *Biblical Theology*, Grand Rapids, MN.: Eerdmans, 1948.

Weinfeld, Moshe. "Centennial Lecture Commemorating J. Wellhausen's *Prolegomena to the History of Ancient Israel*" (1987, 미간행 영문 원고)

_____. *The Place of the Law in the Religion of Ancient Israel*, VTS 100; Leiden: Brill, 2004.

Wellhausen, J. *Die Composition des Hexateuchs und der historischen Bücher des Alten Testaments*, Berlin: Walter de Gruyter, 1963(orig. 1876).

_____. *Prolegomena to the History of Ancient Israel*, New York, NY.: Meridian, 1961(orig. 1878).

Wenham, Gordon J. *The Book of Leviticus*, NICOT; Grand Rapids, MI.: Eerdmans, 1979.

_____. 『WBC 창세기 주석 하』, 윤상문, 황수철 역, 서울: 솔로몬, 2001.

Westermann, Claus. *Genesis 1-11*. Minneapolis, IN.: Augsburg, 1984.

Wilkinson, Richard H. *The Complete Gods and Goddesses of Ancient Egypt*, New York, NY.: Thames & Hudson, 2003.

Wyatt, N. *Myths of Power. A Study of Royal Myth and Ideology in Ugaritic and Biblical Tradition*, Münster: Ugarit-Verlag, 1996.

Ziegler, Jean. 『왜 세계의 절반은 굶주리는가?』, 유영미 역, 개정증보판; 서울: 갈라파고스, 2016.

_____. 『굶주리는 세계, 어떻게 할 것인가?』, 양영란 역, 서울: 갈라파고스, 2011.